Personalführung

Personalführung

von

Prof. Dr. Jürgen Weibler

unter Mitarbeit von

Dr. Sigrid Endres, PD Dr. Thomas Kuhn,
Matthias Müssigbrodt, Dr. Malte Petersen

3., komplett überarbeitete und erweiterte Auflage

Verlag Franz Vahlen München

Jürgen Weibler ist ordentlicher Professor für Betriebswirtschaftslehre an der FernUniversität in Hagen. Er beschäftigt sich vor allem mit Fragen des Personalmanagements sowie der Organisation und gilt als einer der renommiertesten deutschen Experten im Bereich Leadership.

ISBN 978 3 8006 5171 9

© 2016 Verlag Franz Vahlen GmbH, Wilhelmstr. 9, 80801 München
Satz: Fotosatz Buck
Zweikirchener Str. 7, 84036 Kumhausen
Druck und Bindung: Beltz Bad Langensalza GmbH
Neustädter Str. 1–4, 99947 Bad Langensalza
Umschlaggestaltung: Ralph Zimmermann – Bureau Parapluie
Bildnachweis: © hunthomas – depositphotos.com

Gedruckt auf säurefreiem, alterungsbeständigem Papier
(hergestellt aus chlorfrei gebleichtem Zellstoff)

Vorwort

Führung bewegt Menschen. Menschen zu führen, ist eine verantwortungsvolle Aufgabe. In extremen Situationen entscheidet Führung über Leben und Tod, in Organisationen sind zumindest Wohl und Wehe mit ihr verknüpft. Führung macht also einen Unterschied, manchmal den entscheidenden. *John D. Rockefeller* soll einmal gesagt haben, dass er für die Gabe des Umgangs mit Menschen mehr zahlen würde als für jede andere Gabe unter der Sonne. Und vermutlich hatte er dabei vor allem die Gabe zur Führung von Menschen im Sinn.

Sämtliche Bereiche unseres Lebens sind von Führung durchdrungen. Einmal sind wir Führende, ein anderes Mal Geführte. Deutlich wird dies, wenn man bedenkt, dass die *soziale Tatsache Führung* längst nicht nur auf die formale Führung in all unseren Organisationen und Institutionen verweist, sondern überdies auch das Alltagsphänomen der spontanen Herausbildung informeller Führerschaft in Gruppen von an sich Gleichgestellten miteinschließt. Ja, womöglich wird die Bedeutung von Führung erst dann erkennbar, wenn man einmal versucht, gesellschaftliche bzw. soziale Bereiche zu benennen, in denen *keine* Führung stattfindet und feststellt, dass sich solche kaum finden lassen. Dieses *Lehr- und Handbuch* möchte den Stand der wissenschaftlichen Diskussion über Führung kommentierend aufbereiten und eine fundierte Grundlage für weitere Diskussionen und Anwendungen liefern. Dazu gehört, ihre Potenziale wie Schattenseiten mit Blick auf das eigene Führungshandeln zu reflektieren und Anregungen für eine positive Entwicklung von Führungsbeziehungen aufzuzeigen.

Führung in Organisationen

Im Mittelpunkt dieses Buches steht die *Führung in Organisationen*. Der Begriff der „Personalführung" drückt diese Fokussierung im Sprachgebrauch eingängig aus und wird deshalb titelgebend eingesetzt. „Nur deshalb", darf man präzisieren, da er mit Blick auf das, was vor uns liegt, leicht in die Irre führt und den Kern der Führung, die lebendige *Führungsbeziehung*, nahezu verdeckt. „Führung" und „Leadership" sind als Bezeichnungen wesentlich offener. Unternehmen sind sicherlich der am intensivsten beforschte Organisationstypus, doch ist Führungswissen und damit auch dieses Werk in sehr weiten Teilen nicht an einen bestimmten Organisationstyp oder eine bestimmte Organisationsform gebunden. Es gilt im Übrigen trotz des eindeutigen Bezugspunktes Organisation, dass wir viel über die Führung außerhalb von Organisationen lernen müssen, um besser mit Führungsfragen in Organisationen umgehen zu können. Dies heißt vor allem, ihre Möglichkeiten gestalterisch zu ergreifen und ihre Grenzen zu erkennen – Alternativen zur Führung inbegriffen.

Vielfalt statt Einfalt

Das Buch beansprucht nicht, die immense Vielfalt von Positionen und Zugängen zur Führung abschließend darzustellen. Ich habe jedoch Wert darauf gelegt, *Führung umfassend* und *differenziert* zu diskutieren. Theorie und Empirie finden gleichermaßen Eingang. Ausdrücklich wird nicht eine einzige Sichtweise auf Führungsphänomene angelegt, so wie es manche hervorragende monoperspektivische, in sich geschlossene Abhandlungen zur Führung praktizieren. Aber natürlich ordne ich ein, zeige Verbindungslinien auf, akzentuiere und werte. *Grundlage* hierfür sind wissenschaftliche Studien und Texte, Diskussionen mit Wissenschaftlern und Führungspraktikern sowie eigene Beobachtungen, Eindrücke und Ideen. *Meine Absicht* ist es letztendlich, jeden bei der eigenständigen Auseinandersetzung mit Führungsfragen zu unterstützen und dabei zu ermutigen, auch unbekanntes Terrain zu erkunden.

Aufbau des Buches

Die Personalführung ist in sechs Bereiche unterteilt. Deren Abfolge ist nicht zufällig gewählt. Dennoch steht jeder Bereich auch für sich selbst. Innerhalb der Bereiche finden sich vielfach geschlossene Abhandlungen. Eine Verweisstruktur erleichtert das Hin- und Herspringen.

Teil A liefert grundlegende Informationen zu Führung und ihrer Begründung, stellt die Führungsbeziehung in die Mitte des Geschehens und blickt auf die Einbettung von Führung in Gruppenprozesse wie in die Organisation. *Teil B* widmet sich anregenden Führungstheorien, die vor allem die Entstehung von Führung, aber auch die Entwicklung von Führungsbeziehungen nachzeichnen. *Teil C* beleuchtet Motivation, Lernen und Entscheiden in Führungsbeziehungen. *Teil D* greift den großen Bereich des Führungsverhaltens (Führungsstil), der Führungsinstrumente sowie das eher selten angesprochene Führungs-Controlling auf. *Teil E* bringt eine Fülle von Fragen und Antworten zu ganz aktuellen Themen, von denen einige in der Führungspraxis bereits intensiv diskutiert werden. *Teil F* streicht die besondere Verantwortung von Führenden heraus und gibt Unterstützung

Vorwort

bei der Praktizierung einer guten und gerechten, weil ethisch begründeten Führung.

Im Buch verwende ich die *Wir-Form*. Sie ist fast immer ein didaktisches Wir, das Schreiber und Leser verbinden soll. Ich habe damit an der FernUniversität in Hagen, wo es ja auch eine Distanz zu überbrücken gilt, sehr gute Erfahrungen gemacht, sei es in grundständigen Studiengängen oder in der Managementweiterbildung. Hier und da verwende ich die Wir-Form der Einheitlichkeit wegen auch als etwas antiquierten Pluralis Majestatis. Man sehe uns das nach. Zwischen weiblichen und männlichen Formulierungen wechsele ich gelegentlich.

Zielgruppen

Das Buch wendet sich an *Studierende* und *Dozenten* aller Disziplinen, die sich mit Fragen der Personalführung (Menschenführung, Mitarbeiterführung, Leadership) beschäftigen – dies für alle Qualifikationsstufen (Bachelor, Master, Diplom, Doktorandenkollegs) in grundständigen wie in weiterbildenden Studiengängen. Erfahrungsgemäß spielt Führung in den Wirtschafts- und Sozialwissenschaften immer eine große Rolle, vor allem in der Betriebswirtschaftslehre bzw. Managementlehre und der Psychologie; aber auch in der Pädagogik, der Soziologie, der Politik- und Geschichtswissenschaft sowie der Evolutionsbiologie ist sie von Bedeutung. *Wissenschaftlern* möchte ich Bezugspunkte und Anregungen für eigene Studien geben. Führung muss, so meine feste Überzeugung, nicht nur in verschiedenen Disziplinen erforscht, sondern auch interdisziplinär, besser noch transdisziplinär betrachtet werden, um weitere Fortschritte zu erzielen. Das Buch richtet sich ausdrücklich aber auch an *Führungspraktiker* sowie an *Führungskräftetrainer, Business Coaches, Organisationsentwickler* und *Fachabteilungen*, die dieses Werk in gewohnter Manier als ihr umfassendes Handbuch zur Führung nutzen können. Unter www.vahlen.de finden Leserinnen und Leser alle Abbildungen und Tabellen zum Download.

Veränderungen zur Vorauflage

Die Grundstruktur des Werkes habe ich beibehalten. Änderungen finden sich im Detail, in ihrer Bedeutung jedoch gewichtig. Für *Aktualisierungen* und *sprachliche Überarbeitungen* wurde viel Zeit verwandt. Die Aufnahme *weiterer Themen* hat den Umfang des Buches deutlich wachsen lassen, was sich endlich auch im markant erweiterten *Stichwortverzeichnis* widerspiegelt. Das *Literaturverzeichnis* weist 2.797 Quellen aus. Dass man diese Erweiterung möglicherweise nicht sofort bemerkt, ist dem neuen *Layout* geschuldet. Unverändert bleibt der *Anspruch*, mit der Personalführung sowohl der historischen Entwicklung, dem Kanon des Faches als auch den neuesten oder ein wenig abseitig liegenden Positionen in Form eines inhaltsreichen *„all in one"* gerecht zu werden. Aus einem Guss ist dies gegenwärtig ein *Alleinstellungsmerkmal*. Natürlich ist meine Auseinandersetzung mit der Führung ein immerwährender Prozess, der im dargestellten Ergebnis Kompromissen unterliegt.

Danksagungen

Während des Schreibens wurde ich am Lehrstuhl erneut vielfältig unterstützt. Eine absolut herausragende Arbeit leistete *Nadine Schumann*. Initiativ und engagiert gestaltete sie mit höchster Professionalität das Manuskript. Durch ihr kommunikatives wie organisatorisches Geschick verlor sie während des Erstellungsprozesses keinen der von ihr zahlreich aufgenommen Fäden aus den Augen. Frau *Janine Dorschu* verantworte vorbildhaft und in technisch hervorstechender Weise die inhaltliche Gesamtredaktion. Vertraut mit der Führungsmaterie setzte sie zudem umsichtig wertvolle inhaltliche Akzente. Aufnehmen in meinen Dank möchte ich *Claudia Striewe*, die an unterschiedlichen Stellen Bereicherndes beisteuerte. *Dr. Jürgen Deeg*, der als einziger bei bislang allen Auflagen eingebunden war, stand mir stets mit seinem heutzutage selten anzutreffenden interdisziplinären Wissen für impulsgebende Gespräche zu den verschiedensten Bereichen der Führung zur Verfügung. Zusammen mit *Alexander Gussone* übernahm er die anspruchsvolle Aufgabe der akribischen Schlussdurchsicht. Verlagsseitig begleitete mein Lektor, *Dennis Brunotte*, stets mit frischem Blick, beherzt und mit all seiner Erfahrung die 3. Auflage der „Personalführung". Danke dafür.

Über Anmerkungen und Anregungen freue ich mich!

weibler.pf@fernuni-hagen.de

Hagen, Frühjahr 2016 *Jürgen Weibler*

Inhaltsübersicht

Vorwort V

Inhaltsverzeichnis IX

A. Führung und Führungsbeziehungen 1
    I. Überblick 3
    II. Führung als soziale Tatsache 4
    III. Führungsbeziehungen als Orte lebendiger Führung 26
    IV. Führungsbeziehungen in sozialen Gebilden .. 69
    V. Zentrale Begriffe und Diskussionsfragen ... 93

B. Entstehung und Entwicklung von Führungsbeziehungen 95
    I. Überblick 97
    II. Führung und die Sicht des Einzelnen 98
    III. Führung und die Sicht der Gruppe 142
    IV. Zentrale Begriffe und Diskussionsfragen ... 166

C. Ausrichtung von Führungsbeziehungen ... 167
    I. Überblick 169
    II. Motivierende Führungsbeziehungen 169
    III. Lernförderliche Führungsbeziehungen 231
    IV. Entscheidungsförderung in Führungsbeziehungen 282
    V. Zentrale Begriffe und Diskussionsfragen ... 305

D. Gestaltung von Führungsbeziehungen 307
    I. Überblick 309
    II. Gestaltung durch Führungsstile 309
    III. Gestaltung durch Führungsinstrumente 365
    IV. Gestaltung durch Führungs-Controlling.... 428
    V. Zentrale Begriffe und Diskussionsfragen ... 463

E. Spezielle Blicke auf Führung und Führungsbeziehungen 465
    I. Überblick 467
    II. Führung und organisationaler Wandel 467
    III. Zentrale Perspektiven auf die Ausgestaltung von Führungsbeziehungen .. 471
    IV. Zentrale Begriffe und Diskussionsfragen ... 620

F. Ethische Reflexion von Führung und Führungsbeziehungen 623
    I. Überblick 625
    II. Führermacht und Geführtenbeeinflussung . 626
    III. The light side of leadership: Die helle Seite der Führung 629
    IV. Bad Leadership: Die dunkle Seite der Führung 632
    V. Führungsethik: Die moralische Herausforderung der Führung 648
    VI. Zentrale Begriffe und Diskussionsfragen ... 663

Glossar 665

Literaturverzeichnis 675

Stichwortverzeichnis 755

Inhaltsverzeichnis

Vorwort V

Inhaltsübersicht VII

A. Führung und Führungsbeziehungen 1
  I. Überblick 3
  II. Führung als soziale Tatsache 4
    1. Warum Führung existiert und wodurch sie sich legitimiert 4
      1.1 Evolutionstheoretische Fundierung von Führung 4
      1.2 Führungsebenen und Führungsfelder ... 9
      1.3 Führungsideologien 10
    2. Was Führung ist und wodurch sie zugeschrieben wird 13
      2.1 Führungsverständnisse 13
      2.2 Führungsdefinitionen 20
  III. Führungsbeziehungen als Orte lebendiger Führung 26
    1. Welche Personen auftreten und was ihr Handeln beeinflusst 26
      1.1 Perspektive der Geführten 26
      1.2 Perspektive der Führenden 33
    2. Wie Personen in Führungsbeziehungen interagieren 40
      2.1 Entstehung und Regulierung von Interaktion 41
      2.2 Basiskategorien von Interaktion 46
    3. Welche Rolle die Führungssituation spielt 55
      3.1 Bedeutung und Verständnis der Führungssituation 55
      3.2 Ausprägungen der Führungssituation .. 57
    4. Was Führungserfolg meint und wie er erfasst wird 62
      4.1 Definition und Bedeutung von Führungserfolg 62
      4.2 Kriterien des Führungserfolgs 65
  IV. Führungsbeziehungen in sozialen Gebilden 69
    1. Was die Führung von Gruppen auszeichnet 69
      1.1 Formen und Ziele von Gruppenarbeit . 69
      1.2 Notwendigkeit der Führung von Gruppen 71
      1.3 Besonderheiten der Führung von Gruppen 71
      1.4 Effektivität bei der Führung von Gruppen 78
    2. Wie sich Führung und Organisation ergänzen 84
      2.1 Verhaltensbeeinflussung durch Führung und Organisation 85
      2.2 Führungsbedarf und Führungssubstitution in Organisationen 86
      2.3 Organisationale Vorsteuerung von Personalführung 88
  V. Zentrale Begriffe und Diskussionsfragen .. 93

B. Entstehung und Entwicklung von Führungsbeziehungen 95
  I. Überblick 97
  II. Führung und die Sicht des Einzelnen 98
    1. Eigenschaftstheorie der Führung: Welche Merkmale Führende besitzen 98
      1.1 Hintergrund 98
      1.2 Zentrale Aussagen 98
      1.3 Kritische Würdigung 105
    2. Attributionstheorie der Führung: Wie Führung zugeschrieben wird 109
      2.1 Hintergrund 109
      2.2 Zentrale Aussagen 109
      2.3 Kritische Würdigung 114
    3. Tiefenpsychologische Führungstheorie: Warum Führung im Unbewussten verankert ist 115
      3.1 Hintergrund 115
      3.2 Zentrale Aussagen 116
      3.3 Kritische Würdigung 121
    4. Charismatische Führungstheorie: Wenn Führende beeindruckend erscheinen 123
      4.1 Hintergrund 123
      4.2 Zentrale Aussagen 124
      4.3 Kritische Würdigung 127
    5. Authentische Führungstheorie: Was das Selbst für die Führung bedeutet 129
      5.1 Hintergrund 129
      5.2 Zentrale Aussagen 129
      5.3 Kritische Würdigung 134
    6. Machttheorie der Führung: Worauf sich der Einfluss von Führenden gründet 136
      6.1 Hintergrund 136
      6.2 Zentrale Aussagen 136

Inhaltsverzeichnis

    6.3   Kritische Würdigung 141
- III. Führung und die Sicht der Gruppe 142
  1. Idiosynkrasie-Kredit-Theorie der Führung: Warum Führung gewährt wird 142
     - 1.1 Hintergrund 142
     - 1.2 Zentrale Aussagen 143
     - 1.3 Kritische Würdigung 143
  2. Divergenztheorem der Führung: Was Führende leisten müssen 146
     - 2.1 Hintergrund 146
     - 2.2 Zentrale Aussagen 147
     - 2.3 Kritische Würdigung 149
  3. Dyadentheorie der Führung: Wie Führende Beziehungsqualitäten differenzieren ... 151
     - 3.1 Hintergrund 151
     - 3.2 Zentrale Aussagen 151
     - 3.3 Kritische Würdigung 155
  4. Soziale Identitätstheorie der Führung: Warum Führende ein Stück von uns selbst sind 159
     - 4.1 Hintergrund 159
     - 4.2 Zentrale Aussagen 160
     - 4.3 Kritische Würdigung 164
- IV. Zentrale Begriffe und Diskussionsfragen .. 166

C. Ausrichtung von Führungsbeziehungen ... 167
- I. Überblick 169
- II. Motivierende Führungsbeziehungen 169
  1. Was Motivation ist und warum Motivation in Führungsbeziehungen unabdingbar ist 169
     - 1.1 Bedeutung von Motivation im Führungskontext 169
     - 1.2 Definition und Abgrenzung von verwandten Begriffen 170
     - 1.3 Entwicklungslinien der Motivationstheorie 173
  2. Welche Zugänge zur Motivation vorliegen 175
     - 2.1 Inhaltsanalytische Perspektive 175
     - 2.2 Prozessanalytische Perspektive 191
     - 2.3 Funktionsanalytische Perspektive.... 205
  3. Welche Implikationen sich für Führende und Geführte ergeben 215
     - 3.1 Handlungsoptionen 215
     - 3.2 Inhaltsanalytische Implikationen 215
     - 3.3 Prozessanalytische Implikationen.... 218
     - 3.4 Funktionsanalytische Implikationen . 224
     - 3.5 Handlungsintegration 227
- III. Lernförderliche Führungsbeziehungen 231
  1. Was Lernen ist und warum Lernen in Führungsbeziehungen unabdingbar ist ... 231
     - 1.1 Bedeutung von Lernen im Führungskontext 231
     - 1.2 Definition und Abgrenzung von verwandten Begriffen 236
     - 1.3 Entwicklungslinien der Lerntheorie .. 238
  2. Welche Rahmenkonzeption zum Lernen vorliegt 245
     - 2.1 Bedingungen des Lernens 245
     - 2.2 Prozesse des Lernens 248
     - 2.3 Ergebnisse des Lernens 253
  3. Welche Implikationen sich für Führende und Geführte ergeben 255
     - 3.1 Handlungsoptionen 255
     - 3.2 Behavioristisches Lernen in Führungsbeziehungen 259
     - 3.3 Kognitivistisches Lernen in Führungsbeziehungen 260
     - 3.4 Konstruktivistisches Lernen in Führungsbeziehungen 265
     - 3.5 Handlungsintegration 279
- IV. Entscheidungsförderung in Führungsbeziehungen 282
  1. Was Entscheidungen sind und warum Entscheidungen in Führungsbeziehungen unabdingbar sind 282
     - 1.1 Bedeutung von Entscheidungen im Führungskontext 282
     - 1.2 Definition und Abgrenzung von verwandten Begriffen 283
     - 1.3 Entwicklungslinien der Entscheidungstheorie 284
  2. Was die rationale Entscheidungstheorie leistet 286
  3. Welche Bedeutung verhaltensbasierten Entscheidungsmodellen zukommt 289
     - 3.1 Herbert Simons Konzept der begrenzten Rationalität 289
     - 3.2 Heuristiken und Biases 292
     - 3.3 Adaptive Heuristiken 294
     - 3.4 Intuitives und lebensnahes Entscheiden 297
  4. Implikationen für die Führungspraxis 299
     - 4.1 Implikationen für von Risiko geprägte Entscheidungssituationen 300
     - 4.2 Implikationen für von Unsicherheit geprägte Entscheidungssituationen .. 302
- V. Zentrale Begriffe und Diskussionsfragen .. 305

- **D. Gestaltung von Führungsbeziehungen** 307
  - **I. Überblick** 309
  - **II. Gestaltung durch Führungsstile** 309
    1. Wie sich dem Führungsstil genähert werden kann 309
    2. Welche Bedeutung macht-, aufgaben- und beziehungsorientierten Führungsstilen zukommt 311
        - 2.1 Iowa-Studien (Lewin/Lippitt/White) 312
        - 2.2 Führungsstilkontinuum (Tannenbaum/Schmidt) 314
        - 2.3 Entscheidungsmodell der Führung (Vroom/Yetton) 317
        - 2.4 Ohio-Studien (u. a. Fleishman) 320
        - 2.5 Verhaltensgitter der Führung (Blake/Mouton).................. 324
        - 2.6 Reifegrad-Modell der Führung (Hersey/Blanchard) 329
        - 2.7 Kontingenzmodell der Führung (Fiedler) 332
        - 2.8 Weg-Ziel-Theorie der Führung (u. a. Evans und House) 335
    3. Was ein transformationaler und transaktionaler Führungsstil bewirkt 339
    4. Welchen Einfluss Führungssubstitutions- und Selbstführungsansätze haben 347
        - 4.1 Substitutionstheorie der Führung 347
        - 4.2 Selbstführung 353
    5. Wo wir in der Führungsstildiskussion stehen 361
  - **III. Gestaltung durch Führungsinstrumente**... 365
    1. Was unter Führungsinstrumenten zu verstehen ist und wie sie systematisiert werden können 365
    2. Warum Führungsinstrumenten eine zentrale Bedeutung zukommen sollte..... 367
    3. Was primär aktive Führungsinstrumente sind 368
        - 3.1 Führungsgespräche/Kommunikationstechniken 368
        - 3.2 Konfliktlösungsstrategien........... 377
        - 3.3 Anerkennung und Kritik 383
        - 3.4 Sanktionierung 386
        - 3.5 Symbolnutzung 389
    4. Was sekundär aktive Führungsinstrumente sind 392
        - 4.1 Instrumente der Personalentwicklung 392
        - 4.2 Personalbeurteilungen und formalisierte Mitarbeitergespräche.......... 404
        - 4.3 Zielvereinbarungen (Management by Objectives) 409
        - 4.4 Führungsgrundsätze 414
        - 4.5 Betriebliche Anreizsysteme 417
        - 4.6 Budgets........................ 423
        - 4.7 Stellenbeschreibungen 426
  - **IV. Gestaltung durch Führungs-Controlling** .. 428
    1. Was unter Führungs-Controlling zu verstehen ist........................ 428
    2. Wie Führungs-Controlling konkretisiert und differenziert werden kann 430
    3. Welche Instrumente im Führungs-Controlling genutzt werden können 435
        - 3.1 Beobachtungen und Beurteilungen... 435
        - 3.2 Gespräche 438
        - 3.3 Mitarbeiterbefragungen 439
        - 3.4 Kennzahlen 440
        - 3.5 Kennzahlensysteme................ 442
        - 3.6 Analysemethoden 452
  - **V. Zentrale Begriffe und Diskussionsfragen** .. 463
- **E. Spezielle Blicke auf Führung und Führungsbeziehungen** 465
  - **I. Überblick** 467
  - **II. Führung und organisationaler Wandel** 467
  - **III. Zentrale Perspektiven auf die Ausgestaltung von Führungsbeziehungen** 471
    1. Female Leadership: Wenn Frauen führen (wollen) 471
        - 1.1 Hintergrund 471
        - 1.2 Zentrale Aussagen 473
        - 1.3 Kritische Würdigung 479
    2. Emotionssensible Führung: Wie Führung in die Tiefe vordringt 482
        - 2.1 Hintergrund 482
        - 2.2 Zentrale Aussagen 484
        - 2.3 Kritische Würdigung 487
    3. Neuroscience Leadership: Wie unser Gehirn Führung beeinflusst 489
        - 3.1 Hintergrund 489
        - 3.2 Zentrale Aussagen 496
        - 3.3 Kritische Würdigung 500
    4. Salutogenetische Führung: Wann Führung gesund hält..................... 504
        - 4.1 Hintergrund 504
        - 4.2 Zentrale Aussagen 505
        - 4.3 Kritische Würdigung 511
    5. Servant Leadership: Wenn Führen Dienen ist 512
        - 5.1 Hintergrund 512
        - 5.2 Zentrale Aussagen 512
        - 5.3 Kritische Würdigung 516

6. Ambidextre Führung: Wenn Führung
   effizient und innovativ ist 517
   6.1 Hintergrund 517
   6.2 Zentrale Aussagen 518
   6.3 Kritische Würdigung 522
7. Multikulturelle Führung: Wie Führung
   anderenorts gesehen wird 523
   7.1 Hintergrund 523
   7.2 Zentrale Aussagen 524
   7.3 Kritische Würdigung 534
8. Paternalistische Führung: Wo Führung
   Fürsorge bedeutet 536
   8.1 Hintergrund 536
   8.2 Zentrale Aussagen 536
   8.3 Kritische Würdigung 540
9. Distance Ladership: Wie Abstand Führung beeinflusst 541
   9.1 Hintergrund 541
   9.2 Zentrale Aussagen 542
   9.3 Kritische Würdigung 546
10. Digital Leadership: Wie elektronische
    Medien mit führen und führen lassen 547
    10.1 Hintergrund 547
    10.2 Zentrale Aussagen 552
    10.3 Kritische Würdigung 562
11. Artful Leadership: Wie eine umfassende
    Sinneswahrnehmung Führung anreichert 565
    11.1 Hintergrund 565
    11.2 Zentrale Aussagen 566
    11.3 Kritische Würdigung 577
12. Distributed/Shared Leadership: Wenn
    alle Führende sind 578
    12.1 Hintergrund 578
    12.2 Zentrale Aussagen 579
    12.3 Kritische Würdigung 589
13. Netzwerkführung: Wie Nähe und
    Gleichrangigkeit auf Führung wirken 592
    13.1 Hintergrund 592
    13.2 Zentrale Aussagen 595
    13.3 Kritische Würdigung 599
14. Complexity Leadership: Wie Führung mit
    Vielschichtigkeit umgeht 601
    14.1 Hintergrund 601
    14.2 Zentrale Aussagen 601
    14.3 Kritische Würdigung 612
15. Kooperation: Wo Führung aufhört und
    doch wieder anfängt 614
    15.1 Hintergrund 614
    15.2 Zentrale Aussagen 615
    15.3 Kritische Würdigung 619
IV. Zentrale Begriffe und Diskussionsfragen.. 620

F. Ethische Reflexion von Führung und Füh-
   rungsbeziehungen 623
   I. Überblick 625
   II. Führermacht und Geführtenbeeinflussung 626
   III. The light side of leadership: Die helle
        Seite der Führung 629
   IV. Bad Leadership: Die dunkle Seite der
       Führung.............................. 632
       1. Wie man Bad Leadership charakterisieren
          kann 632
       2. Welche Ansätze es in der Bad Leader-
          ship-Forschung gibt 634
          2.1 Bad Leadership durch schlechte
              Führer und Geführte 634
          2.2 Bad Leadership durch schlechte
              Situationen...................... 635
          2.3 Bad Leadership als Ausdruck
              schlechter Führungsmittel 637
          2.4 Bad Leadership als Ausdruck
              schlechter Führungsziele 638
       3. Wie ein Bezugsrahmen zum Bad Leader-
          ship aussehen kann 640
       4. Welche Erkenntnisse die Bad Leadership-
          Forschung noch liefert 641
          4.1 Schlechte Führer: Die „dunkle
              Triade" der Führungspersönlichkeit.. 641
          4.2 Schlechte Geführte: Erkenntnisse
              zum „bad followership" 644
          4.3 Schlechte Situationen: „The dark side
              of goal setting" und „The dark side
              of success" 645
   V. Führungsethik: Die moralische Heraus-
      forderung der Führung 648
      1. Wenn gute Führung eine Folge guter
         Führender ist 649
      2. Wenn gute Führung eine Folge guter
         Situationen ist 655
      3. Wenn gute Führung eine Folge guter
         Geführter ist 660
      4. Wenn gute Führung eine Folge guter
         Führungsziele und guten Führungshan-
         delns ist 661
   VI. Zentrale Begriffe und Diskussionsfragen.. 663

Glossar 665

Literaturverzeichnis.......................... 675

Stichwortverzeichnis 755

Führung und Führungsbeziehungen

Inhaltsübersicht

I. Überblick 3
II. Führung als soziale Tatsache 4
    1. Warum Führung existiert und wodurch sie sich legitimiert 4
        1.1 Evolutionstheoretische Fundierung von Führung 4
        1.2 Führungsebenen und Führungsfelder 9
        1.3 Führungsideologien 10
    2. Was Führung ist und wodurch sie zugeschrieben wird 13
        2.1 Führungsverständnisse 13
        2.2 Führungsdefinitionen 20
III. Führungsbeziehungen als Orte lebendiger Führung 26
    1. Welche Personen auftreten und was ihr Handeln beeinflusst ... 26
        1.1 Perspektive der Geführten 26
        1.2 Perspektive der Führenden 33
    2. Wie Personen in Führungsbeziehungen interagieren 40
        2.1 Entstehung und Regulierung von Interaktion 41
        2.2 Basiskategorien von Interaktion 46
    3. Welche Rolle die Führungssituation spielt 55
        3.1 Bedeutung und Verständnis der Führungssituation 55
        3.2 Ausprägungen der Führungssituation 57
    4. Was Führungserfolg meint und wie er erfasst wird 62
        4.1 Definition und Bedeutung von Führungserfolg 62
        4.2 Kriterien des Führungserfolgs 65
IV. Führungsbeziehungen in sozialen Gebilden 69
    1. Was die Führung von Gruppen auszeichnet 69
        1.1 Formen und Ziele von Gruppenarbeit 69
        1.2 Notwendigkeit der Führung von Gruppen 71
        1.3 Besonderheiten der Führung von Gruppen 71
        1.4 Effektivität bei der Führung von Gruppen 78
    2. Wie sich Führung und Organisation ergänzen 84
        2.1 Verhaltensbeeinflussung durch Führung und Organisation 85
        2.2 Führungsbedarf und Führungssubstitution in Organisationen 86
        2.3 Organisationale Vorsteuerung von Personalführung 88
V. Zentrale Begriffe und Diskussionsfragen 93

I. Überblick

Führung ist ein Phänomen unserer Alltagswelt, das in allen menschlichen Gemeinschaften zu beobachten ist. Es spielt dabei keine Rolle, ob es sich um Gruppen von Jägern und Sammlern, Stämme, Nationen oder Organisationen modernen Typs handelt. Immer wieder tritt Führung auf, immer wieder gibt es Führende und Geführte, immer wieder wird Führung als wichtig erachtet. Gegenwärtig erreicht Leadership gar den fragilen Status eines Hypes, wie die schwedischen Forscher *Martin Blom* und *Mats Alvesson* (2015a) wegen der drohenden Überforderung der Erwartungen an Führung in Richtung „*All-inclusive and all good*" (S. 480) schon besorgt bemerken.

Führung kann man sich in sozialen Verbänden nun aber nicht entziehen (vgl. *Bass/Bass* 2008; *Weber* 1980/1922; *Burns* 1978). Der Nobelpreisträger *William Golding* hat dies in seinem 1954 erschienenen Roman „Lord of the Flies" literarisch sehr eindringlich an dem Verhalten und den Beziehungen von sechs- bis zwölfjährigen Jungen illustriert, die sich nach einem Flugzeugabsturz auf einer unbewohnten Insel alleine durchschlagen müssen. Die Entstehung von Führung und die Bereitschaft zum Gehorsam ist schon bei diesen Kindern aus zwei rivalisierenden Gruppen ein überlebenswichtiges Thema.

Die **Entstehung von Führung** wurde – um eine andere aus Alltagssicht ungewöhnliche Situation aufzugreifen – erstmals innerhalb eines Laborexperimentes systematisch beobachtet: Der Sozialpsychologe und Führungsforscher *Robert Bales* (1950) gab einer kleinen Gruppe von Menschen, die sich zum ersten Mal in einem Laboratorium trafen, eine zu lösende Aufgabe und beobachtete, dass sich nach kurzer Zeit Personen hervortaten, die die Gruppe stärker beeinflussten als sie selbst von der Gruppe beeinflusst wurden. Aus diesem → Experiment lässt sich schließen, dass Menschen generell in der Lage sind, sehr schnell das Führungspotenzial bei anderen in einer bestimmten Situation zu erkennen. Allerdings neigen Menschen gleichzeitig auch dazu, in Führungsverantwortung stehenden Personen Einfluss auf Ergebnisse und Ereignisse über Gebühr zuzuschreiben bzw. die Wirksamkeit von Führung zu überschätzen: So kann es sein, dass manche (positiven) Ergebnisse und Ereignisse auf günstige Umstände zurückzuführen sind oder sich mehr oder minder zufällig so ergaben. Oftmals sind Ereignisse und Ergebnisse auch ohne das Zutun anderer Personen, die dabei übersehen werden, nicht denkbar (vgl. auch *Meindl* 1995).

Abb. A.1: Hieroglyphen für Führung, Führer und Geführter (vgl. *Bass/Bass* 2008, S. 5)

Bass und *Bass* (2008) haben in diesem Zusammenhang darauf hingewiesen, dass das Studium der Menschheitsgeschichte immer auch ein Studium der in ihr hervorgetretenen **Führungsgestalten** gewesen ist. Dokumentiert ist dies bereits bei den Ägyptern vor 5000 Jahren, deren Hieroglyphen Entsprechungen für den Führungsbegriff besaßen (vgl. Abb. A.1).

In der altgriechischen Mythologie finden sich in der Ilias und in der Odyssee *Homers* beredte Zeugnisse zur Auseinandersetzung mit Führungsfragen, und die einflussreichsten Philosophen der damaligen Zeit, *Platon* und *Aristoteles*, haben sich hierzu ebenso geäußert wie große Gelehrte des ostasiatischen Raumes (z. B. *Konfuzius, Lao-Tse*). Der jüdisch-arabische Philosoph *Maimonides* sah das Vermögen über die Leitung von Menschen selbst für Propheten als eine von sechs Vermögensformen an. Diese Aufzählung von Beispielen, die sich als Mischungen aus abgewogenen Grundsatzbetrachtungen und mythischen Verklärungen darstellen (*Weibler* 2013), ließe sich beliebig verlängern – oftmals gepaart mit Erfolg versprechenden Handlungsempfehlungen, wie sie exemplarisch in dem bis heute einflussreichen Renaissancewerk *Machiavellis* „Il Principe" zu finden sind. Wie eh und je sind es vor allem die Biografien, die uns mit mehr oder minder bekannten Führungsfiguren besser vertraut machen sollen. Bei allen Verdiensten dieses Genres bezieht sich Führung hier jedoch stets auf eine hervorstechende Person, sei sie nachahmens- oder verdammenswert. Damit wird der Führungsbegriff jedoch sehr undifferenziert verwendet, und wir können hieraus keine sichere Erkenntnis ziehen, denn ein Verstehen des **Führungsphänomens** bedarf nicht eines personenfixierten, oft anekdotischen oder kursorischen, sondern eines systematischen Zugangs. Eine solche Annäherung erweist sich jedoch als schwierig, wie *Neuberger* (1995a, S. 2 f.) bildhaft beschreibt:

> *„Will man sich auf dem Gebiet der Führung orientieren, so trifft man auf unübersichtliches Gelände: Es gibt beeindruckende Pracht-Straßen, die aber ins Nichts führen, kleine Schleichwege zu faszinierenden Aussichtspunkten, Nebellöcher und sumpfige Stellen. Auf der Landkarte der Führung finden sich auch eine ganze Reihe Potemkinscher Dörfer, uneinnehmbarer Festungen oder wild wuchernder Slums."*

So ist es nun an uns, metaphorisch gesprochen, die **Landkarte der Führung** lesen zu lernen. Dies ist kein leichtes Unterfangen, wurde doch der Umfang der in der Führungsliteratur dokumentierten Studien im ausgehenden letzten Jahrhundert allein im englischsprachigen Raum auf über 10.000 geschätzt (vgl. *Hunt* 1991). Natürlich hat sich diese Zahl zwischenzeitlich deutlich erhöht. Der Führungsforscher *Dennis Tourish* (2014a) hat mit Stand November 2014 allein 96.017 bei *Amazon* gelistete Bücher ausgewiesen, die „Leadership" in ihrem Titel tragen. Dem stehen im Übrigen nur 253 Bücher mit dem Ausweis „Follower" gegenüber. Geschrieben wird also auf allen Ebenen zumindest viel über das Thema – und hier sind die Berichte der einflussreichen Medien noch außen vor. Das und Weiteres (z. B. die Arbeit von Beratungen) lässt so manchen mit kritischem Unterton von einer Leadershipindustrie sprechen (*Alvesson/Spicer* 2014; *Kellerman* 2004).

Es ist angesichts dieser Materialfülle ohne Weiteres nachvollziehbar, dass kein konsistentes Bild innerhalb der selbstverständlich vorliegenden Systematisierungsversuche zu zeichnen ist (vgl. *Goethals/Sorenson* 2006). Dies liegt nicht zuletzt daran, dass Führung bis heute mit einer Fülle von Bedeutungsinhalten belegt ist oder oftmals sogar unbeschrieben bleibt, wenn sich auf sie bezogen wird (und sie dadurch möglicherweise erst zu einer verbindenden Projektionsfläche wird). In die verschiedensten Anwendungszusammenhänge fügt sie sich dann jeweils in deren Logiken ein (vgl. hierzu genauer *Carroll* 2015, S. 95 f.; *Alvesson/Spicer* 2012; *Weibler* 1996b; *Rost* 1991. So wird der Beitrag der Führungsforschung oder ihrer einzelnen Stränge zur Erhellung des Führungsphänomens wenig überraschend unterschiedlich bewertet (vgl. neben vielen anderen z. B. *Endres/Weibler* 2016; *Anderson/Sun* 2015a; *Carter u. a.* 2015; *Dinh/Lord/Gardner u. a.* 2014; *Hannah u. a.* 2014; *Osborn/Uhl-Bien/Milosevic* 2014; *Uhl-Bien u. a.* 2014; *Western* 2013; *Deeg/Weibler* 2012; *Denis/Langley/Sergi* 2012; *Hiller u. a.* 2011; *Glynn/Raffaeli* 2010; *Mumford* 2011; *Avolio u. a.* 2009; *Yukl* 1989).

> Wenn wir das Phänomen Führung im Folgenden näher untersuchen, wollen wir daher bei den folgenden ganz grundlegenden Fragen ansetzen:
> - Warum gibt es Führung? (☞ A. II. 1.1: Evolutionstheoretische Fundierung von Führung),
> - Auf welchen Ebenen und in welchen Feldern wird Führung betrachtet? (☞ A. II. 1.2: Führungsebenen und Führungsfelder),
> - Wann wird Führung ideologisch? (☞ A. II. 1.3: Führungsideologien),
> - Was versteht man eigentlich genau unter Führung? (☞ A. II. 2: Was Führung ist und wie sie zugeschrieben wird),
> - Wie ist eine Führungsbeziehung konstitutiv zu fassen? (☞ A. III.: Führungsbeziehungen als Orte lebendiger Führung),
> - Welche Besonderheiten gelten für Führung von Gruppen? (☞ A. IV. 1: Was die Führung von Gruppen auszeichnet),
> - Welche Besonderheiten gelten für Führung in Organisationen? (☞ A. IV. 2: Wie sich Führung und Organisation ergänzen).

Fangen wir also gleich mit der Hinterfragung des für uns Selbstverständlichen an. Warum gibt es überhaupt Führung?

II. Führung als soziale Tatsache

1. Warum Führung existiert und wodurch sie sich legitimiert

1.1 Evolutionstheoretische Fundierung von Führung

Führung erscheint als Phänomen der Alltagswelt als etwas so Selbstverständliches, dass nur selten die Frage gestellt wird, *warum* es Führung überhaupt gibt bzw. warum es im Zusammenleben und Zusammenwirken von Menschen Führung überhaupt bedarf. Daher müssen wir – wollen wir Führung in Organisationen unserer Zeit verstehen – genau an dieser Frage ansetzen und uns zunächst intensiver mit den **Ursprüngen von Führung** beschäftigen. Dieser Ursprung von Führung ist unmittelbar mit der evolutionsbiologischen Entwicklung des Menschen verknüpft. Wenn man so möchte, setzen alle Überlegungen zur Führung in der Neuzeit hierauf auf. An dieser Stelle verdanken wir dem Psychologen *Mark van Vugt* wichtige Einsichten, die er durch seine interdisziplinären Arbeiten zur Evolution des Menschen gewonnen hat. Mit seiner **Evolutionstheorie der Führung** schafft er einen übergeordneten, anthropologisch fundierten Rahmen zum Verständnis von Führung für menschliche Gemeinschaften (vgl. *Van Vugt* 2012; *Van Vugt/Ahuja* 2010), der damit auch für das Verständnis von Führung in Organisationen bedeutsam ist. Dies ist sogleich einer der seltenen evolutionsbiologisch fundierten Beiträge zur Führung, wobei allerdings selbst die Biologie rund 60 Jahre benötigte, der Forderung ihres Vertreters *Warder Clyde Allee* aus dem Jahre 1949 zu folgen, die vorhandenen Erkenntnisse zur Führung innerhalb von Tiergruppen systematisch zu untersuchen (vgl. *Allee u. a.* 1949; vgl. außerdem die Ausarbeitungen von *Dyer u. a.* 2009; *King/Cowlishaw* 2009 und zur Historie genauer *King/Johnson/Van Vugt* 2009).

Die Grundidee dieser Studien in ihrer Bedeutung für heutige Organisationen ist, dass der innere Kompass von Individuen durch evolutionäre Entwicklungen mitgeprägt ist, auch wenn uns dies selten bewusst ist (vgl. illustrative Beispiele nach *von Rueden/Van Vugt* 2015, S. 986). Als eine eingängige Programmatik kann hier die schöne Formulierung des berühmten Primatenforschers *Frans de Waal* (2005, S. 9) gelten:

> „Man kann den Affen aus dem Urwald nehmen, aber nicht den Urwald aus dem Affen."

Auch wenn die Befundlage zur menschlichen Natur hierbei nicht eindeutig ist (vgl. *Boehm* 2001, S. 225 ff. und die dort aufgeführte Literatur), ist unstritten, dass die evolutionäre Eignung des Menschen für die Jetztzeit von seiner Entwicklung mitbestimmt ist, ohne ihn jedoch zu determinieren. Denn im Gegensatz zu oder in erkennbarer Einzigartigkeit verglichen mit allen anderen Säugetieren verfügt der Mensch über eine ungemein produktive Möglichkeit, → Wissen an nachfolgende Generationen außerhalb des Fortpflanzungsgeschehens weiterzugeben, nämlich: **Kultur**. Diese wird um eigene Erfahrungen und Interpretationen sowie Erfahrungen anderer angereichert (vgl. *Wieser* 2007). Damit ist die Kultur eine eigenständige Form der Entwicklung und Ausgestaltung menschlicher Gemeinschaften.

Auch wenn die geschichtliche Entwicklung der Kulturen nicht vollkommen losgelöst von Evolutionsprinzipien zu sehen ist (vgl. *Lorenz* 1975, S. 310; über die Wirkung mittels variabler psychologischer Prinzipien informiert die evolutionäre Psychologie, z. B. *Moore* 2006), besitzt sie die Kraft, dem Menschen immanente Handlungstendenzen zu verstärken, abzuschwächen oder zu überformen. In welchem Umfang dies gelingt, ist weiterhin Gegenstand der Forschung. Zum Wechselspiel zwischen evolutionärer → Disposition und Umwelt liefern in jüngster Zeit die Neurowissenschaften und die Biologie wichtige Beiträge (vgl. z. B. zu Spiegelneuronen *Rizzolatti* 2008, zur → Epigenetik *Wieser* 2007 und zur Überwindung des molekularen Reduktionismus *Goldenfeld/Woese* 2007). Letztendlich haben wir es mit einem komplexen Geflecht einer Gen-Kultur-Koevolution zu tun (vgl. z. B. *Weber* 2003, S. 91).

Das, was wir heute unter dem Typus Mensch verstehen, entwickelte sich aus Tiergruppen. Vor ca. 2,5 Millionen Jahren lebten dann Menschen (Genus Homo), die wir mit unserer heutigen Erscheinung näher in Verbindung bringen. Vorwiegend in sehr kleinen Gemeinschaften. *Wuketits* (2002), Wissenschaftstheoretiker und Biologe, leitet sein Werk **„Soziobiologie"** bereits auf der ersten Seite mit der Bemerkung ein, dass die Bildung von Gruppen oder Sozietäten bei sehr vielen Arten im Tierreich vorkomme. Während Völker der Honigbiene aus 40.000 bis 70.000 Exemplaren bestehen, Wölfe in der Regel in Rudeln bis zu maximal 13 Tieren umherstreifen, lebte der moderne Mensch, der **Homo Sapiens**, die längste Zeit in autonomen Gruppen von 30 bis 50 Individuen, wahrscheinlich in größeren Netzwerken (lose) verbunden (vgl. *Boyd/Richerson* 2005). Erst um 4000 v. Chr. wird eine Staatsgründung (mit Zentralgewalt) vermutet (*Carneiro* 1970), vielleicht dort zuerst, wo besonders hohe Umgebungsrisiken dies nahelegten (vgl. *Spencer* 1993, S. 70). Interessanterweise lässt sich zeigen, dass die Größe des Verbundes an die Entwicklung des Neokortex (Denken als zentrale Aufgabe) geknüpft ist. Bei den Menschen ist die Verbindung zwischen der Größe des Neokortex und der Größe der Gemeinschaft besonders stark ausgeprägt. Durch Extrapolationen von Studien aus der Gehirnforschung kommt *Van Vugt* (2012, S. 147) zu der Aussage, dass es rund 150 Personen sind, mit denen ein Individuum in einem sozialen Netz noch wissend eingebunden sein kann.

Damit wird mit der falschen Vorstellung aufgeräumt, dass der Mensch, wie der englische Staatstheoretiker und Philosoph *Thomas Hobbes* (1588–1679) es mit großer Wirkkraft formulierte, im Urzustand ein Einzelkämpfer sei. Griffig formulierte er diese Auffassung von der menschlichen Natur in dem Diktum **„homo homini lupus"** („Der Mensch ist dem Menschen ein Wolf") und vertrat die Überzeugung, dass nur die rationale Einsicht in eine für ihn nützliche Kooperation den Menschen aus diesem Urzustand praktisch zwangsweise herausführe. Richtig ist vielmehr, dass nicht nur Wölfe ausgesprochene Gruppentiere sind, sondern dass wir uns auch den Menschen nicht ohne seine Eingebundenheit in eine Gruppe vorstellen können. Somit ist Aristoteles zuzustimmen, der den Menschen als ein **„zoon politikon"**, also als ein vergemeinschaftetes Lebewesen, einstufe, *„welches nur im Horizont einer geteilten und politisch geordneten Praxis seinen Sinn und die Verwirklichung eines ihm gemäßen Lebens finden kann"* (*Bedorf* 2011, S. 27).

In Gruppen leben Menschen wie andere Primaten aktiv zusammen, schützen und unterstützen sich gegenseitig und opfern sich in Extremsituationen sogar für das Wohl der Gruppe. Diese Auffälligkeiten haben Forscher in ihren Bann gezogen. In den 1940er-Jahren wurde die sogenannte Soziobiologie begründet. Anlass war ein Treffen verschiedener Forscher, die nach Verbindungslinien zwischen verschiedenen Disziplinen zum Verständnis sozialen Verhaltens von Tieren und Menschen suchten. Damit ist die Soziobiologie ein Teilgebiet der Evolutionsbiologie, die wiederum der Verhaltensforschung (Ethologie) zugerechnet werden kann. Wie *Wuketits* jedoch schreibt, dauerte es bis 1975, als das Werk von *Edward O. Wilson* diesen Zweig der Evolutionsbiologie in das öffentliche Bewusstsein brachte. Seitdem versuchen Vertreter der Soziobiologie, also der Wissenschaft vom Sozialverhalten der Lebewesen, auf evolutionsbiologischer und genetischer Grundlage, menschliche Sozialstrukturen mithilfe von Erkenntnissen aus tierischen Sozialstrukturen zu erklären. In der Soziobiologie werden individuelles und soziales Verhalten jedoch nicht primär hinsichtlich ihrer Vorteilhaftigkeit für die Art gesehen, sondern sie interessieren sich für Strategien, die Individuen innerhalb eines sozialen Verbandes zur Sicherung ihrer eigenen Fortpflanzungsmöglichkeit entwickelt haben. Damit besteht eine unmittelbare Schnittstelle zur Ökonomie, da hier wie dort mit individuellen Kosten-Nutzen-Kalkulationen gearbeitet wird (vgl. *Wuketits* 2002, S. 30). Für die Führungsforschung sind sowohl Evolutionsbiologie wie Soziobiologie im Speziellen von Interesse, da es sowohl um die Frage nach der Entstehung von **Führung in Kollektiven** an sich geht als auch um die Frage, welche individuellen Vor- oder Nachteile sich daraus ergeben und welche Strategien Individuen anwenden, um Führungspositionen einzunehmen.

Unser Interesse gilt hier aber vor allem der Frage, warum sich Führung evolutionär herausgebildet hat (vgl. *von Rueden/Van Vugt* 2015). Der Schlüssel hierzu findet sich in Kleingruppen, die für ihr Überleben und damit auch für ihre Reproduktion verschiedenste Aufgaben zu bewältigen haben und in denen Menschen 95% ihrer Daseinszeit verbringen. Der Mensch selbst war vor seiner evolutionär gesehenen späten Sesshaftigkeit notgedrungen immer in Bewegung (vgl. *Van Vugt* 2012, S. 147). *Harvey* (2006) spricht in diesem Zusammenhang von **drei großen Aufgabenkomplexen**: Überleben (Finden und Verteilen von Ressourcen, Gefahrenabwehr, Schmieden von Allianzen, Erfahrungsweitergabe; vgl. *Van Vugt* 2012), Verstehen des Weltzusammenhanges (Sinn, Bedeutung, Wertigkeiten) und Umgang mit Macht innerhalb der Gruppe. Es war also ganz praktisch zu entscheiden, wer was, wo und wann unternimmt.

Im Kern sind dies Entscheidungsprobleme, wie sie uns auch heute beschäftigen. Evolutionsforscher weisen in diesem Zusammenhang darauf hin, dass Konflikte und Kriege zwischen den verschiedenen Gruppen in einer Region eine besondere Herausforderung darstellten. Man muss davon ausgehen, dass dieser Wettbewerb um bessere Lebenschancen einen fundamentalen Druck auf die Evolution von Gruppenfertigkeiten ausübte. Nach dem heutigen Stand der Forschung nimmt man an, dass die Herausbildung von Altruismus, Moral, sozialer Identität und eben auch Führung einen Evolutionsvorteil schuf, der es den auf diesem Gebiet kultivierten Gruppen erlaubte, erfolgreicher als andere zu sein. In der heutigen Terminologie würde man davon sprechen, dass die natürliche Selektion (basierend auf einer für den Menschen einzigartigen Kombination aus anatomischen Strukturen, physiologischer Leistungsfähigkeit, ökologischen Faktoren sowie materiellen und immateriellen kulturellen Leistungen) eine bessere **Gruppenleistung** ermöglichte und dies wiederum eine bessere Sicherung der Existenz des Kollektivs erlaubte. Gruppen, die sich intern schlechter koordinierten und von unlösbaren Konflikten geplagt wurden, gerieten ins Hintertreffen. Die Herausbildung von Führung lässt sich in diesem Kontext leicht beschreiben.

Lesen wir hierzu aus *Charles Darwins* Werk „Descent of Man" (1871, S. 77):

> *„For with those animals which were benefited by living in close association, the individuals which took the greatest pleasure in society would best escape various dangers; while those that cared least for their comrades and lived solitary would perish in greater numbers."*

Folgt ein Individuum einem besser informierten oder besser befähigten Individuum, dann ist dies eine natürliche Reaktion auf eine potenzielle Bedrohung oder Verschlechterung der eigenen existenziellen Grundlagen oder gar der Existenz selbst.

II. Führung als soziale Tatsache

Diese bessere Gruppenleistung bezieht sich – und dies ist unmittelbar zu erkennen – sowohl auf das Lösen gruppeninterner Problemstellungen als auch auf die Auseinandersetzung der Gruppe mit ihrer Umwelt. Je intensiver diese Herausforderungen das Wohl der Gruppe bedrohen, desto schneller ist die Herausbildung einer Führungsstruktur zu erwarten. Das Folgen (d. h. das Geführtwerden) hat dabei viele Gesichter (leidenschaftlich oder gelangweilt, mit oder ohne großen Einsatz, sich verpflichtet fühlend oder opportunistisch usw.) und ist wie das Führen nicht ohne Risiken. Notgedrungen gibt man als Geführter einen Teil seiner Autonomie auf und ordnet sich dem Führenden unter. Dies kann zulasten eigener Ziele gehen und birgt stets die Gefahr, sich für die falsche Option entschieden zu haben. Der Führende profitiert von seiner Leistung durch prioritäre, mindestens aber ausreichende Ressourcenzuteilung, Anerkennung und/oder höhere Reproduktionsraten.

Im Kern geht es bei der Führung selbst ursprünglich um zwei Fragen, nämlich um die gruppenbezogene Aufgabenteilung und Handlungskoordination sowie um die entscheidende Veranlassung (Überzeugung/Tun und Nachahmung), Durchführung und Beendigung der kollektiven Handlung selbst, beispielsweise Standortwechsel. Wer losging und von anderen begleitet wurde, führte – ein Faktum, was sich erstaunlich genau in der Wortbedeutung von Führung widerspiegelt. Benötigt werden hierzu vom Einflussnehmenden neben Initiative, Kompetenz und Zutrauen die Fähigkeit, den Nutzen der Handlung anderen (d. h. den Geführten) zu vermitteln (also soziale Intelligenz, Darstellungs- und Kommunikationstechniken) sowie die gemeinsam erreichten Vorteile nach vollbrachter Tat gerecht zu verteilen (Stichwort „Gerechtigkeit", ☞ A. III. 2.2; vgl. hierzu die auch spieltheoretisch inspirierte Übersicht von *Van Vugt* (2012) im Einklang mit anderen Befunden aus der zeitgenössischen Führungsforschung; daneben auch *von Rueden/Van Vugt* (2015), die betonen, dass Gerechtigkeit nicht mit Gleichverteilung z. B. eines Fanges korrespondieren müsse).

Das Folgen (Geführtwerden) hat dann möglicherweise einen geringeren Nutzen als das Führen. Der Nutzen des Folgens wäre allerdings auch größer als jener Nutzen, der sich in einer nicht geführten (Vergleichs-)Gruppe ergäbe. Weiter gedacht heißt dies, dass der Gruppenvorteil dann maximiert wird, wenn (Teil-)Entscheidungen von jenen getroffen werden, die den größten Nutzen für die Gruppe realisieren. Wechsel oder Teilung von Führerschaft läge also – abseits von → Transaktionskosten – im natürlichen Interesse der Gruppe und wurde wohl auch im Sinne einer fähigkeitsbezogenen Gleichheit in der Ausübung einer Führerrolle mehrheitlich praktiziert, so eine vielfach geäußerte Vermutung in Folge ethnographischer Studien in Jäger-Sammler-Gemeinschaften (vgl. *Van Vugt/Hogan/Kaiser* 2008, S. 188). Eine solche, mit Blick auf Rechte und Privilegien egalitäre und damit einer demokratisch funktionalen Logik folgende **Verteilung von Führung** wird jüngst unter den Stichworten „verteilte Führung" und „geteilte Führung" diskutiert (vgl. z. B. *Weibler/Rohn-Endres* 2010; ☞ E. III. 12).

Mit Beginn der Sesshaftigkeit um 13.000 v. Chr. (Jungsteinzeit/Neolithikum) und der damit verbundenen Akkumulation von tier- bzw. pflanzenbasierten Überschüssen bildeten sich mit fließenden Übergangsformen Sozialstrukturen heraus, die Führung – im politischen Kontext besser: Herrschaft – Abhängigkeit, oft jedoch auch auf Dominanz, Nötigung, Zwang, Gewalt, Ideologie oder Wahl, fußen ließ (vgl. *Seabright* 2013). Hier ist auch zu beachten, dass die Produktion von Überschüssen ein Bevölkerungswachstum ermöglichte, was wegen der Sesshaftigkeit gleichsam zu einer höheren Bevölkerungsdichte führte. Parallel dazu entwickelten sich → Kulturtechniken, deren nutzenbringende Anwendung zu einer arbeitsteiligen Differenzierung, aber auch zu wachsendem Kooperationsbedarf führte. Dies wiederum förderte institutionelle Vorkehrungen (z. B. feste Regeln, Sanktionen), die später zu bzw. in sozialen Institutionen professionalisiert wurden (vgl. zu dieser Co-Evolution *Powers/Lehmann* 2013). Unsere heutige Organisationsgesellschaft markiert die vorläufige Spitze dieser Entwicklung, die zudem qualitativ neue Abhängigkeiten der jeweiligen Einheiten nach innen und außen wie global produziert.

Veranschaulichen wir eine evolutionäre Entwicklung des besseren Verständnisses wegen einmal anhand der vermeintlich rein kulturellen Produkte Kooperation, Altruismus und Moral. Evolutionsbiologisch kann sinnvoll nachvollzogen werden, dass Kooperation und reziproker Altruismus (vgl. *Trivers* 1971) besonders hilfreich gewesen sind, um als Art zu überleben. *Frans de Waal* (2008) erläutert, wie die **Herausbildung der Empathie**, also die Fähigkeit, sich in die Situation, zum Beispiel in das Leid anderer hineinzuversetzen, sich evolutionsbiologisch ausformte und einen Selektionsvorteil generierte. Als Ausfluss dessen besitzen wir heute alle von Geburt an eine „*vorsprachliche Form der interindividuellen Verbindung*" (S. 42), also eine in uns liegende und wirkende → Emotion, sich anderen einfühlend zu nähern und mit ihnen zu empfinden (Freude, Trauer, Leid). Diese ist bei verwandten sowie bei ähnlich (vgl. *Batson* 1991) oder gar als nahezu identisch erlebten (vgl. *Cialdini u. a.* 1997) Personen besonders intensiv. Grundlage dessen ist neueren Studien zufolge eine physiologisch nachweisbare affektive Kommunikation, die beim Beobachter eine ähnliche Qualität physiologischer Zustände hervorruft wie beim betrachteten Objekt. Erst danach werden auf kognitiver Ebene Gründe im Verhalten und in der Situation des anderen gesucht (als post hoc Attribution, siehe *Akinci/Sadler-Smith* 2012, S. 117). Dies ist deshalb wichtig, um spezifischen, hilfreichen und schnellen Beistand leisten zu können. Danach wird die rein intuitiv bewirkte Verbindung zum anderen verlassen und Aktivität auf einer höheren Bewusstseinsebene generiert. Im letzten Schritt gelingt dann die vollständige Übernahme der Perspektive des anderen (vgl. *de Waal* 2008, S. 58 f.). Dieser Prozess wird von vielen Evolutionsbiologen als notwendige Basis für die sich dann kulturell ausdifferenzierende **Moralentwicklung** des Menschen und ihrer späteren institutionellen Verankerung in seiner Gemeinschaft angesehen.

Damit thematisiert die neuere Evolutionsbiologie etwas, was in der Weisheitsgeschichte der Menschen immer wieder formuliert wurde. *Menzius* (372–289 v. Chr.), ein Schüler von *Konfuzius*, gab bereits sehr früh folgendes instruktives Beispiel (*Menzius* [372–289 v. Chr.] S. 78, zit. n. *de Waal* 2008, S. 71):

> *„Wenn ich sage, dass alle Menschen einen Geist haben, der es nicht aushält, andere leiden zu sehen, kann ich das Gemeinte vielleicht so illustrieren: Wenn Menschen plötzlich ein Kind sehen, dass in einem Brunnen zu fallen droht, werden sie ausnahmslos Angst und Sorge fühlen. Sie empfinden so nicht, weil sie damit vielleicht die Gunst der Eltern des Kindes gewinnen, und auch nicht, weil sie damit vielleicht den Lobpreis ihrer Nachbarn und Freunde ernten, und auch nicht, weil sie nicht in den Ruf geraten möchten, von solch einem Ereignis nicht angerührt zu sein. An diesem Fall mögen wir erkennen, dass das Empfinden von Mitgefühl für den Menschen wesentlich ist."*

Diese kulturelle Differenzierung ermöglicht nicht nur die Zurückdrängung von Hedonismus und Aggression als unreguliertes Handlungsstreben (vgl. *Boehm* 2001, S. 229), sondern bildet mit der Moralentwicklung eine für die Gemeinschaft viel feinere und nützlichere Ausformung. Die Ausbildung einer Moral ist deshalb notwendig, weil sich die ursprüngliche Empathie auf die unmittelbare Vorteilhaftigkeit für einen selbst (individuelle Auslese) und die biologische Verwandtschaft (Verwandtenauslese, vgl. *Hamilton* 1964) bezogen hat. Und sie ist deshalb schwierig und immanent labil, weil sie die natürliche Bereitschaft („genetic preparation", vgl. *Wilson* 1978, 1975), reflexartig in eine spezifische Richtung zu agieren, verbreitern muss. Gesellschaften haben dann in der Folge die instinktive Neigung zum reziproken Altruismus ausgearbeitet (z. B. in der Form der **„goldenen Regel"** als allgemeine oder in Form religiöser Regeln als spezifische Verhaltensrichtschnur). Dazu haben sie zusätzliche Belohnungen wie die Reputation oder Bestrafungen wie den Verstoß bereitgestellt, um den Geltungsbereich der Moral auszuweiten. Dies gilt in reifer Form ausdrücklich auch für moralische Bande zwischen Feinden, wie sie beispielsweise im Genfer Abkommen als Minimalkonsens niedergelegt sind.

Wichtig ist die praktische Konsequenz: Die Bereitschaft zur Moralität ist in unseren Instinkten verankert und gehört damit automatisch zur menschlichen Existenz. Dabei ist allerdings offen, wie sich die Moral in einem sozialen Verband konkret berücksichtigen lässt. Wie *Richter* in einem Übersichtsbeitrag herausarbeitet, darf man davon ausgehen, dass

> *„die evolutionären Mechanismen nicht direkt das Sozialverhalten steuern, sondern die psychischen Voraussetzungen hierzu"* (2005, S. 532).

Die Verbindung von Gehirn, Psyche und Sozialem ist nicht deterministisch, sondern in Grenzen gestaltbar, wobei die Gestaltbarkeit je nach Bezugsobjekt größer oder kleiner sein mag. Die Leine zwischen Genen und Sozialverhalten ist also nicht so kurz, wie anfangs einmal angenommen, es gibt sie aber durchaus (vgl. dazu auch *Wilson* 2000). Für eine eigenständige soziale Evolution besteht Raum. Für die Führung (allgemeiner: Koordination von Aktivitäten) heißt dies beispielsweise, dass eine konkrete Ausformung dem kulturellen Entwicklungsstand, den aktuellen Machtverhältnissen und konkreten Aufgaben unterliegt. Diese Melange kann dann enger oder weiter an einer rein evolutionsbiologisch nahe liegenden Lösung orientiert sein.

Die Annahme, Menschen handeln bewusst egoistisch und ein moralisches Verhalten diene nur dazu, den eigenen Vorteil zu erhöhen, kann nach den evolutionsbiologischen Befunden nicht aufrechterhalten werden. Es mag in der Tat offen bleiben, ob der Mensch die instinktiv erworbene Bereitschaft zur Moralität aus egoistischen oder altruistischen Gründen ausdifferenziert hat, denn wichtig allein ist das Ergebnis für die menschliche Handlungspraxis: Menschen verhalten sich vielfach anders, auch in der Handlungsgeschwindigkeit, wenn sie nüchtern kalkulieren oder als Gesellschaftsmitglied aus ihrer natürlichen, zum guten Teil auch sozialisierten „Tiefe" heraus agieren (z. B. Normeneinhaltung). Das eigene Erleben beim rationalen Kalkulieren oder der intuitiven Entscheidung ist – auch wenn das Ergebnis identisch ist – ein anderes und hieraus entspringen unterschiedliche Selbstkonzepte und Folgehandlungen. Dies macht einen gewaltigen Unterschied. Und darauf kommt es im Alltag an. Und es ist immer wieder erhellend zu beobachten – und inzwischen auch experimentell nachgewiesen (vgl. hier vorzugsweise *Fehr/ Fischbacher* 2003), wie wahrgenommene Verletzungen von Fairness Emotionen produzieren, die sich dem rationalen Kalkül entziehen (u. a. auch, wenn keine erneute Begegnung zu befürchten ist, vgl. *Camerer* 2003).

Der Einblick in die Evolutionsbiologie zeigt also sehr schön, warum sich **Führung als soziales Phänomen** herausgebildet hat. Natürlich können wir hieraus nicht ablesen, welche Bedeutung Führung im Detail zukommt, können den Einfluss damit auch quantitativ nicht gewichten – schon gar nicht in die Zukunft schauen (so auch *Brösel/Keuper/Wölbling* 2007). Aber Verbindungslinien werden zunehmend gesucht. Eine genauere Bestimmung ist dann der modernen Führungsforschung vorbehalten, deren Anfänge um die Jahrhundertwende 1900 zu datieren sind und die heute eine theoretisch wie methodisch abwechslungsreiche Wissenschaftsdisziplin mit Schwerpunkt auf Führung in Organisationen – als eine moderne Form der Vergemeinschaftung von Menschen – darstellt.

1.2 Führungsebenen und Führungsfelder

Zur besseren Strukturierung der Ansätze und Erkenntnisse im Bereich der Führungsforschung ist es hilfreich, zunächst die verschiedenen **Ebenen** zu unterscheiden, auf denen Führung betrachtet wird. Objekte der Führung können danach **(1)** einzelne Personen, **(2)** Personengruppen oder **(3)** soziale Gebilde sein:

(1) Führung einzelner Personen

Die möglicherweise häufigste Assoziation mit Führung ist die der Führung einer einzelnen Person bzw. das Geführtwerden durch eine einzelne Person. In diesem Fall wird der Ausdruck „Führung" verwendet, um den Einfluss, den eine Person auf eine andere ausübt, sprachlich zum Ausdruck zu bringen: Eine Mutter kann durch ihre Erziehungsbemühungen die Tischmanieren ihrer Kinder beeinflussen, ein Lehrer begeistert einen Schüler derart für französische Literatur, dass dieser nach dem Abitur ein Romanistikstudium aufnimmt oder eine Vorgesetzte schafft es durch ein intensives Gespräch, einen unzuverlässigen Mitarbeiter zukünftig zu der termingerechten Abgabe seiner Arbeiten zu veranlassen. Wenn man also sagt, jemand könne gut Menschen führen, soll damit in der Regel ausgedrückt werden, dass dieser fähig ist, jemand anderen in eine bestimmte Richtung zu bewegen.

(2) Führung von Personengruppen

Führung bezieht sich hier auf eine Mehrzahl von Personen. Dies kann eine lose, informelle Gruppe von Menschen sein, die etwas anstreben oder erreichen müssen. Oder es richtet sich der Blick auf eine formale, strukturierte Gruppe in Organisationen, die ein bestimmtes Ziel verfolgt (z. B. ein Team). Denken wir an den Führer einer Jugendbande, der die Grenzen des gemeinsamen Reviers festlegt, an die Trainerin, die ihrem Team nach einer Niederlage bereits die Chancen für den Sieg im nächsten Spiel verdeutlicht, an das Mitglied einer Arbeitsgruppe, das erkennt, dass die beabsichtigte Problemlösung mit der bisherigen Vorgehensweise nicht zu erreichen ist und die Verteilung der Aufgaben in der Gruppe spontan neu strukturiert oder an die Abteilungsleiterin in einer Organisation, die verbindliche Verhaltensregeln für die Gesamtheit der Mitarbeiterinnen und Mitarbeiter in ihrem Verantwortungsbereich formuliert.

(3) Führung sozialer Gebilde

Sprechen wir von sozialen Gebilden als Bezugspunkt der Führung, wird der Blick auf ganze Organisationen, Institutionen oder Nationen gelenkt. Konkrete Personen treten dabei mit Ausnahme des Führenden in den Hintergrund. *Alfred Krupp*, der einem Unternehmen von Weltformat vorstand oder *Alexander der Große*, der Persien eroberte, sollen dafür als Beispiele dieser – oftmals heroischen, damit aber auch verengenden – Sichtweise von Führung stehen (vgl. wesentlich differenzierter *Grint* 2000; *Helms* 2000). Man sollte dennoch nicht vergessen, dass das (undifferenzierte) Nacherzählen von insbesondere historischen, aber auch zeitgenössischen Führungsfiguren uns alle von frühester Kindheit an geprägt hat.

Wir wollen uns in diesen Lehrbuch auf die Art von Führung konzentrieren, die als Personalführung, Mitarbeiterführung, Führung von Arbeitsgruppen etc. firmiert und *in* Organisationen stattfindet (erste und zweite Objektebene). Die der dritten Objektebene zugeordnete Führung von ganzen sozialen Gebilden – speziell die Führung *von* Organisationen, noch spezieller die Unternehmensführung – steht damit nicht im Mittelpunkt des Interesses, wenngleich zahlreiche unserer Erkenntnisse auch hierauf bezogen werden können.

Die Breite der dargestellten Beispiele illustriert, dass Führung immer dann ein Thema ist, wenn Menschen sich zusammenfinden und gemeinsam agieren. Als zentrale gesellschaftliche **Felder**, in denen Führung eine Rolle spielt, seien die Folgenden genannt:

- **Wirtschaft:** Führung eines Mitarbeiters durch den Vorgesetzten,
- **Politik:** Führung eines Landes durch den Regierungschef,
- **Militär:** Führung einer Armee durch den General,
- **Sport:** Führung einer Mannschaft durch den Coach,
- **Schule:** Führung des Lehrerkollegiums durch den Schulleiter,
- **Familie:** Führung eines Kindes durch die Eltern.

Gemeinsam ist den Führenden in den genannten Kontexten, dass sie grundsätzlich aufgerufen sind, die gegenwärtigen und zukünftigen Lebens- oder Arbeitsbedingungen der ihnen folgenden Personen positiv (mit) zugestalten. Wir können uns jedoch leicht vorstellen, dass die speziellen Erwartungen, die an Führungspersönlichkeiten gerichtet werden und die Voraussetzungen auf Seiten der Führenden, diesen entsprechen zu können, je nach Kontext variieren. So muss z. B. der Vorgesetzte vielleicht zuallererst ein Gespür für die Bedürfnisse und → Fähigkeiten seiner Mitarbeiter besitzen, der Regierungschef diplomatisches Geschick aufweisen, der General sich durch absolute Präzision und Verlässlichkeit auszeichnen, der Coach besonders motivieren können, der Schulleiter die fragile Balance zwischen Kollegialität und Entscheidungsmacht halten, während von Eltern schließlich Empathievermögen erwartet wird.

Entsprechend dieser teilweise unterschiedlichen Erwartungen an Eigenschaften, → Attribute und Verhaltensweisen von Führenden wird Führung im Alltag mit zahlreichen **Synonymen** belegt: Anregen, anweisen, beeinflussen, begeistern, formen, gebieten, herrschen, koordinieren, leiten, manipulieren, motivieren, steuern, überzeugen usw. Bei der Synonymbildung vermengen sich oft Fragekomplexe wie

- „Was ist Führung?" (z. B. beeinflussen, leiten),
- „Wie führt man?" (z. B. durch Überzeugen oder Anweisen),
- „Worauf wirkt Führung?" (z. B. auf die Motivation oder Begeisterung anderer).

Wir sind nun mit unseren Ausführungen zum Phänomen der Führung an einem Punkt angelangt, an dem deutlich geworden ist, dass Führung fundamental in die Lebenswirklichkeit von Menschen eingreift. Deswegen stellt die Begründung bzw. die Herausarbeitung der Bedingungen einer Legitimation von Führung ein zentrales Anliegen der Führungsforschung dar. Jede Antwort hierauf läuft allerdings Gefahr, ideologisch motiviert zu sein, d. h. vor allem einen bestehenden Status quo zulasten bestimmter Personen oder Personengruppen zu stützen. Solchen antiaufklärerischen Argumentationsfiguren möchten wir durch die Hervorhebung der Ausformung und Funktion von Führungsideologien gleich zu Beginn begegnen.

1.3 Führungsideologien

Die anthropologische Begründung von Führung in ihrer soziobiologischen Ausführung – wir haben sie in ☞ A. II. 1.1 dargestellt – setzt argumentativ bei den unterschiedlich verteilten Fähigkeiten und Bereitschaften von Menschen an, Problemlösungsbeiträge für Gemeinschaften zu erbringen bzw. Führungspositionen überhaupt besetzen zu wollen. Dies ist nach Erkenntnissen der heutigen Führungsforschung durchaus plausibel. **Führer-** und **Geführtenpositionen** haben nämlich je spezifische **Vor-** und **Nachteile**, sodass je nach Bedürfnislage eines Individuums die Führungsposition nicht unbedingt die günstigste ist.

Aus der evolutionsbiologisch aufgezeigten **Herausbildung von Führer- und Geführtenpositionen** kann allerdings *weder* geschlossen werden, dass die Masse der Menschen von einer bestimmten Person direktiv geführt werden möchte, *noch* dass die Bedürfnisstrukturen von Individuen hinsichtlich des Führens und Geführtwerdens grundsätzlich und über alle Situationen hinweg auseinander klaffen. Ebenfalls *nicht*, dass Führende gegen den (falschen) Willen der noch Widerspenstigen das Recht besitzen, ihnen zum eigentlichen „Glück" zu verhelfen. Und schon *gar nicht*, dass eine konkret vorliegende Rollenaufteilung in einer Beziehung oder Organisation per se gerechtfertigt ist. Dies wäre in dieser Schlichtheit eine ideologische und nicht wissenschaftliche Sicht auf die Dinge. Wir kennen ideologische Gedankenmuster auch anderenorts, wenn beispielsweise platt behauptet wird, dass eine Marktlösung immer bessere Ergebnisse für alle brächte (vgl. kritisch *Thielemann/Weibler* 2007a/b). Solche Argumentationsmuster dienen dazu, Bestehendes durch diejenigen, die davon profitieren, zu legitimieren. Für Führungsfragen handelt es sich vor allem um unbegründete (möglicherweise elitäre) Rechtfertigungen für die Existenz bestehender oder die Einnahme zukünftiger Führungspositionen und die damit ausgeübte Macht (vgl. *Alvesson/Spicer* 2012, S. 369). Führung wird so nicht nur selbst gerechtfertigt („Führung weil..."), sondern dient dann wiederum selbst der Rechtfertigung bestehender Verhältnisse („Weil Führung…").

Wir wollen Ideologie mit *Neuberger* folgendermaßen definieren (vgl. hierzu *Neuberger* 2002, S. 58):

> **Definition: Ideologie**
>
> Eine Ideologie ist eine zusammenhängende gedankliche Konstruktion, die als umfassende Rechtfertigung einer bestehenden oder angestrebten/zukünftigen sozialen Wirklichkeit angeboten wird.

Ideologien erfüllen verschiedene **Funktionen** (vgl. hierzu *Neuberger* 2002, S. 63 ff., 1995a, S. 12 ff.):

(1) Kognitive Funktion: Ideologien bieten Wahrnehmungsfilter und Denkraster an.
(2) Affektive Funktion: Ideologien stimulieren und beruhigen.
(3) Identitätsstiftende Funktion: Ideologien geben der eigenen Existenz Sinn.
(4) Motivierende Funktion: Ideologien regen zu Taten an.
(5) Normative Funktion: Ideologien begründen und rechtfertigen.
(6) Soziale Funktion: Ideologien kräftigen den Zusammenhalt von Gemeinschaften.
(7) Systemerhaltende Funktion: Ideologien ermöglichen Anschlusshandeln.

(1) Kognitive Funktion von Führungsideologien

Menschen sind ständig mit einer Flut von Eindrücken in Form von Informationen, Reizen etc. aus der Außenwelt konfrontiert. Die Informationsverarbeitungskapazität des menschlichen Gehirns ist jedoch begrenzt. Deshalb müssen neue Eindrücke geordnet, strukturiert und vereinfacht verarbeitet werden, um der ständigen Informationsflut Herr zu werden. In diesem Zusammenhang sind Ideologien als vorgefertigte, im menschlichen Gehirn bereits gespeicherte Schemata (→ Schema) zu verstehen, die der Selektion und Strukturierung von Informationen dienen. Sie schließen bestimmte neue Erfahrungen von vornherein von der Kenntnisnahme und damit von der Weiterverarbeitung aus bzw. ordnen diese sofort einer bereits vorhandenen Kategorie zu.

(2) Affektive Funktion von Führungsideologien

Auf der gefühlsmäßigen Ebene wirken Ideologien in zweierlei Hinsicht: Erstens regen Ideologien durch ihren oft appellativen Charakter an; Menschen werden durch den Inhalt von Ideologien zu bestimmten Gedanken, Aussagen oder Taten bewegt. Zweitens können Ideologien eine differenzierte Ursachenanalyse und das Vergegenwärtigen von Mehrdeutigkeiten und Widersprüchlichkeiten von faktisch Gegebenem unterbinden. Menschen geben sich auf diese Weise einer subjektiven Selbsttäuschung hin und fühlen sich sicher, im Recht und gut aufgehoben.

(3) Identitätsstiftende Funktion von Führungsideologien

Menschliches Handeln ist nicht ausschließlich unbewusst instinkt- und triebdeterminiert, sondern Menschen suchen ebenso reflexiv nach Möglichkeiten der Selbstbestimmung. Ideologien erleichtern dem Einzelnen hier eine solche Selbstbestimmung, indem sie ihm seine Stelle und seinen Stellenwert in einem Zusammenhang von Ideen und Beziehungen anweisen. Insbesondere in schwierigen Zeiten kann der Mensch auf diese Weise sein Tun und Lassen (vor sich selbst oder anderen) rechtfertigen, weil genau dieses im Zweifel um des „Ganzen" Willen gefordert ist.

(4) Motivierende Funktion von Führungsideologien

Menschen können zu einem bestimmten Zeitpunkt in der Regel viele Verhaltensweisen zeigen, aber auch gegebenenfalls zögern und zaudern und vielleicht letztendlich gar keine Handlungsoption realisieren. Ideologien helfen einerseits, überhaupt zu handeln, da mit ihnen immer auch die Forderung verknüpft ist, das „Rechte" im Interesse der Sache umzusetzen. Andererseits zeigen sie klare Handlungsziele aus dem Meer der Handlungsmöglichkeiten auf und konzentrieren so die Energie, was die Erfolgswahrscheinlichkeit des Handelns erhöht.

(5) Normative Funktion von Führungsideologien

Ideologien bilden Selbstverständlichkeiten ab, die dem menschlichen Handeln zu Grunde liegen und jeglicher Diskussion und Hinterfragung entzogen sind. Dadurch werden Alternativen weder angedacht noch angesprochen. Auf diese Weise wird Bestehendes fortlaufend reproduziert.

(6) Soziale Funktion von Führungsideologien

Ideologien schaffen ein Wir-Gefühl durch ein einheitliches, von vielen geteiltes Weltbild („Wer die Dinge so sieht, wie wir sie sehen, der ist einer von uns"). Das Wir-Gefühl gewährleistet gleichzeitig die soziale Validierung der → Überzeugungen („Wenn viele so denken wie ich, dann können diese vielen nicht irren – also habe ich recht"). Stabilisierend wirken Ideologien durch „In-Group"- und „Out-Group"-Differenzierungen (☞ B. III. 3), denn wer sich gegen die herrschende Ideologie stellt, stellt sich damit auch außerhalb einer Gemeinschaft bzw. wird aus der Gemeinschaft ausgeschlossen. Diese Grenzziehung ist nicht selten Anlass für Außenkonflikte, die wiederum nach innen solidarisierend wirken können.

(7) Systemerhaltende Funktion von Führungsideologien

Handlungen in Organisationen werden durch Regeln gesteuert, die in Programmen verdichtet werden. *Luhmann* (2000) unterscheidet zwei Arten von Programmen: Konditionalprogramme als möglichst präzise Wenn-dann-Regeln schreiben dem Handelnden vor, beim Eintreten einer zuvor klassifizierten Situation eine spezifische vorgeschriebene Reaktion zu zeigen. Zweckprogramme benennen demgegenüber den zu erreichenden Zustand und überlassen es der Handelnden, diejenige Vorgehensweise zu wählen, die sie zur Zielerreichung für sinnvoll hält. Beide Arten der Steuerung sind nicht optimal: Bei buchstabengetreuer Ausführung können Konditionalprogramme zur Lähmung der Organisation führen („Dienst nach Vorschrift"). Bei Zweckprogrammen besteht die Gefahr, dass um bestimmter Ziele willen Mittel eingesetzt werden, die aus übergeordneten Gesichtspunkten nicht tolerierbar sind. In beiden Fällen können Ideologien einen Ausweg eröffnen, indem erreicht wird, dass Handelnde einen Satz von Werthaltungen und Überzeugungen so verinnerlicht haben, dass sie als Maximen ihres Handelns fungieren. Damit kann externe Kontrolle wegfallen, weil Handelnde von sich aus tun wollen, was sie tun sollen.

Fassen wir zusammen und gehen einen Schritt weiter: Ideologien beschreiben und rechtfertigen das, wofür sie stehen. Auch bieten sie in ausgefeilter Form Erklärungen für ihre Aussagen an, die sie dann unmittelbar deutend in ihren Bezugsrahmen integrieren. Im Extrem legen Führungsideologien die Basis für Unterdrückung, Krieg und Völkermord.

Aber diese Extreme – bei denen im Übrigen im Einzelfall zu würdigen ist, ob Führung vorliegt – beschäftigen uns hier nicht. Allein der Einfluss der Führenden auf die Lebenswirklichkeit von Menschen in modernen Organisationen ist jedoch Anlass genug, Führung nicht als selbstverständlich zu sehen und nicht automatisch als einzige Option anzuerkennen. Sehr wohl vertreten wir hier aber die Auffassung, dass **Führung** nach unserem Verständnis in Organisationen **unvermeidbar** ist. Nicht immer ist es allerdings ihre hierarchische Ausformung (**Hierarchie** wörtlich übersetzt: heilige Ordnung), die sich als die günstigere erweist. Führung tritt in Organisationen auch informell auf. Zudem ist es vor allem die Art und Weise ihrer Ausübung auch innerhalb einer formalen hierarchischen Einbettung, die den Unterschied macht (vgl. zur Hierarchie als Integrationsprinzip *Deeg/Weibler* 2008). Würde in einer Organisation jedes Mal, wenn eine Führungskraft eine Entscheidung trifft, hinterfragt werden, ob Führung überhaupt notwendig und wie die Hierarchie zu rechtfertigen ist, würden Entscheidungsprozesse in Organisationen stark verzögert. Beispielsweise beschränkt die Hierarchie als Koordinationsform lähmende Machtspiele im Vergleich zu egalitären Formen der Entscheidungsfindung formal besser, ohne jedoch mikropolitische Aktivitäten ausschalten zu können. So betonen auch *Alvesson/Spicer* (2012) gleich zu Beginn ihrer sehr kritischen Auseinandersetzung mit der Führungsdiskussion in Theorie und Praxis, dass Führung als distinkte Form zu Management (zum Unterschied *Zaleznik* 1977; *Nicholls* 1987) einen für jede Organisation potenziell wichtigen Beitrag zu deren Funktionieren leisten würde und man sich als Kunde oder Klient vermutlich ungern einer Organisation gegenüber sähe – oder in ihr arbeiten wolle, wo sie überhaupt keine Rolle spielte.

Die Hierarchie ist aber eben nur ein Koordinationsmechanismus in Organisationen. Pläne und Programme harmonisieren die Aktivitäten der Organisationsmitglieder ebenfalls. Evolutionär bewährt hat sich insbesondere ein anderer **Koordinationsmechanismus**, der in Organisationen in einer institutionalisierten oder spontanen Form auftritt: **Kooperation**. Sie erreicht Handlungskoordination durch Diskussion und Konsensfindung zwischen prinzipiell gleichberechtigten Akteuren, während formale **Führung** im Zweifel immer auch auf einer positionsbedingten Entscheidungsbefugnis basieren kann. Die hier angesprochenen Formen der Handlungskoordination (Führung, Kooperation) besitzen unterschiedlich vorteilhafte Auswirkungen auf die Problemlösung.

Empirie zur Vorbildfunktion

Eine Handlungskoordination durch eine Vorbildfunktion **(leading-by-example)** von Führungskräften wurde beispielsweise im Rahmen der experimentellen Spieltheorie untersucht. Teilnehmerinnen und Teilnehmer am Experiment wurde in verschiedenen Perioden (Spieldurchgängen) Geld gegeben, was sie entweder selbst behalten konnten oder zur Unterstützung einer Gruppenaktivität verwendeten. Waren sie darüber informiert, dass der Gruppenführer sein Geld (teilweise) weiterreichte (first mover), taten sie es ebenso häufiger. Ohne Führungsvorbild und geringen führerseitigen Beiträgen sanken die freiwilligen Beiträge deutlich ab. Hatte der oder die Führende die Möglichkeit, Gruppenmitglieder auszuschließen (eingegrenzte Freiwilligkeit), wurden die höchsten Abgaben bei den Geführten erreicht. Für die Forscher heißt dies, dass kooperatives Verhalten durch Führung positiv beeinflusst werden kann und, was die Studie auch zeigte, wohlmeinende Führende danach eindeutiger in ihrer Führungsrolle bestätigt wurden. Führende selbst strebten die Führungsrolle im Übrigen weniger an oder wiesen das Angebot einer erneuten Übernahme zurück, falls die Geführten ihnen bei einer finanziellen Unterstützung der Gruppe nicht folgten (*Güth u. a.* 2007).

Was unter einer Problemlösung verstanden wird, ist nicht gottgegeben. Die Entscheidung für die dabei meistens herausgestellte Optimierung von Effizienz und Effektivität ist der ökonomischen Denkfigur verpflichtet. Dieses Argumentationsmuster beinhaltet jedoch bereits eine Wertentscheidung für eine bestimmte Art der Ressourcenverwendung. Sie lässt die Frage nach der relativen Beteiligung des Einzelnen ebenso offen wie die der Nutzung bzw. Verteilung eines erreichten Mehrwerts. Gleichberechtigt zum Ziel der Optimierung von Effizienz und Effektivität könnte beispielsweise formuliert werden: „Handle so, dass eine auch nur temporäre soziale Ungleichheit zwischen Menschen minimiert wird, selbst wenn durch die Befolgung dieses Grundsatzes ansonsten vermeidbare wirtschaftliche Nachteile für mindestens einen der Beteiligten entstehen". In diesem Fall wird bei der Suche nach der optimalen Koordinationsform ein anderer Bewertungsmaßstab angesetzt. Es ist leicht ersichtlich, dass unterschiedliche Bewertungsmaßstäbe zu unterschiedlichen Schlussfolgerungen mit Blick auf das Koordinationsproblem führen. Am besten ist es für jede Organisation, dass Führung wie selbstregulierende Kooperation möglich ist. Es ist damit für alle, die Verantwortung tragen wollen, stets eine Gratwanderung zwischen kritischem Hinterfragen und Akzeptanz des Status quo.

Es wird deutlich, dass wir mit unseren Ausführungen zum Phänomen der Führung an einem Punkt angelangt sind, an dem es notwendig wird, den Begriff der Führung zu schärfen. Daher wollen wir im Folgenden der Frage nachgehen, was Führung eigentlich genau ist und dabei zunächst **gängige und ungewohnte Führungsverständnisse** darstellen. Anschließend entwickeln wir *unser* Verständnis von Führung, das in einer **Definition von Führung** mündet. Führungsverständnisse sind oftmals eine Art „Hinterkopftheorie" von Forschern oder Laien, während es bei der Definition von Führung um die genaue Bestimmung des Begriffs „Führung" durch detaillierte Auseinanderlegung und Erklärung seines Inhaltes geht.

2. Was Führung ist und wodurch sie zugeschrieben wird

2.1 Führungsverständnisse

Es hat nicht an mehr oder weniger klugen Überlegungen gefehlt, ein **Verständnis von Führung** zu entwickeln. Am Ende, zieht man einen Strich, müssen wir allerdings feststellen, dass es *das* akzeptierte Führungsverständnis nicht gibt. Dies ist wenig überraschend, da **ontologische** sowie **epistemische Grundfragen** berührt werden, die auch anderenorts vielfältige, gar divergierende Antworten hervorbringen.

Abb. A.2: Grundbedingungen des Weltverstehens

Ontologie

Lehre vom Sein.

Zentrale ontologische Fragen:
Was existiert? Wie steht etwas zueinander? Gibt es eine Welt dort draußen, die unabhängig von unserem Wissen existiert?

Epistemologie

Lehre vom Wissenserwerb (Erkenntnistheorie).

Zentrale epistemologische Fragen:
Was ist erkennbar? Was können wir davon wissen? Wie können wir Wissen/Erkenntnis erlangen? Woher kommt die Erkenntnis (z.B. aus Erfahrung oder vom Verstand)? Wie sicher ist unser Wissen?

Ganz praktisch kommt hinzu, dass neben der Eingebundenheit jedes Einzelnen (Theoretiker, Praktiker) in diese Begrenzungen der Beschaffenheit des Seins und seiner Wissensmöglichkeiten auch das Interesse am Führungsphänomen variiert. Daraus ergeben sich freiwillige Zugangsbegrenzungen oder Zugangserweiterungen ganz anderer Art (z. B. was macht einen Führenden aus, wie verhalten sich Führungskräfte, ist Führung ein Ergebnis oder Prozess usw.). Aus diesen Zugangsperspektiven entwickeln sich ggf. sehr spezifische Führungsverständnisse. Diese basieren nicht selten auf empirischen Beobachtungen, resultieren seltener rein theoretischen Betrachtungen (z. B. aus der Logik von Organisationen, was wiederum selbst uneinheitlich gesehen wird). Führungsverständnisse formen (implizit) Führungstheorien, die dann wiederum das zugrunde gelegte Führungsverständnis fortschreiben.

Wir halten es an dieser Stelle für unfruchtbar, die skizzierten Grundfragen abstrakt zu vertiefen. Es ist offensichtlich, dass es uns in allgemeine philosophisch-methodologische Betrachtungen führen würde. Ganz ist dieses Problem aber nicht beiseite zu schieben, deshalb kommen wir gleich noch einmal darauf zurück (siehe hierzu auch *Klenke* 2014). Zunächst einmal zeigen wir, worüber wir überhaupt sprechen.

Annäherung an das Führungsverständnis und konkrete Ausformungen

Eine erste Annäherung an das Führungsverständnis ist ein Einblick in die Bedeutung des Wortes selbst (vgl. auch *Wunderer/Grunwald* 1980, S. 54): **Führen** (althochdeutsch „fuoren", mittelhochdeutsch „vüeren") ist das Veranlassungswort (kausativ) zu „fahren"; es bedeutet **„in Bewegung setzen"** und dann auch „Richtung weisen". Ein Veranlassungswort drückt aus, dass jemand einen anderen zu einer Handlung veranlasst („fahren machen"). Nach gegenwärtigen Diskussionen in der Führungslehre könnte es auch der Kontext sein, der einen dann aufzunehmenden Anstoß gibt. Möglich ist es auch, dass dieser Anstoß von anderer Seite prägend mit weiterem Leben erfüllt oder sogar gemeinschaftlich erzeugt wird. Dann spricht alles dafür, unter einer Führung mehr als die reine Inbewegungsetzung auf ein Ziel hin zu sehen (vgl. so auch *Seidel/Jung/Redel* 1988, S. 3 f.). Mit inbegriffen ist auch das im Rahmen der Möglichkeiten liegende Inganghalten der Bewegung. Dies im Bewusstsein der für die Erreichung des Ziels angemessenen Geschwindigkeit (forcieren, lassen, bremsen) sowie die Beendigung des Führungsprozesses mit der offensichtlichen oder vorab definierten Erreichung des Ziels (oder dem Erkennen der Unmöglichkeit seiner Erreichung). Somit ist an das Veranlassen „*das Beginnen, Durchführen und Vollenden geknüpft*" (*Beese* 1997, S. 53). Das verweist uns auf die Wirkung von Führung: sei es die Festigung oder sei es ursprünglicher die Veränderung eines Zustandes mittels Führung. Hieraus erklärt sich vielleicht auch die etymologische Nähe zum Begriff **„Sinn"** deshalb, weil der Mensch ein sinnbedürftiges Wesen ist, vermutlich „*weil in Sinn-Zusammenhängen Energien fließen, die Menschen aufleben lassen*" (*Schmid* 2015, S. 306). Sich ohne Sinn „in Bewegung zu setzen", erscheint unattraktiv und kostspielig.

Auch wenn derartige Zusammenhänge bei der Entwicklung konkreter Verständnisse von Führung nicht beständig mitschwangen, wurden sie auf die eine oder andere Art aufgegriffen und haben zu entsprechenden inhaltlichen Akzentuierungen beigetragen. *Bass* und *Bass* (2008, S. 16 ff.) haben auf der Basis einer umfangreich angelegten Literaturdurchsicht verschiedene Führungsverständnisse herausgearbeitet, die den Kern der Auseinandersetzung mit dem Führungsphänomen repräsentieren. Diese Führungsverständnisse spiegeln die Komplexität der Materie wider, wobei sie sich zum Teil ergänzen und/oder überlappen. Dabei werden als eine mögliche und weit verbreitete Einteilung **führerzentrierte**, **effektbezogene** und **interaktionsbezogene Schwerpunkte** explizit voneinander abgegrenzt. Wir sehen sofort, dass nicht immer nur von Führung, sondern sehr oft vom Führenden gesprochen wird. Dies erklärt sich dadurch, dass traditionell die Auffassung bestand, genug über Führung zu wissen, wenn genug Wissen über den Führenden vorliegt. Dabei wurde mehrheitlich eine Gleichsetzung von Position und Führung in einem Atemzug vorgenommen („Vorgesetzte führen..."). Um die Übersicht zu wahren, verzichten wir auf eine vollständige Wiedergabe und erläutern mit eigener Akzentuierung:

Führung als Persönlichkeit des Führers
Dieses Führungsverständnis trägt der Tatsache Rechnung, dass Führung lange Zeit ausschließlich auf die prinzipiell objektiv erfassbaren Eigenschaften einer Person zurückgeführt wurde. Die Forschung konzentrierte sich dabei darauf, diejenigen Eigenschaften zu identifizieren, durch die sich Führer von Geführten bzw. erfolgreiche Führer von erfolglosen Führern unterscheiden. Obwohl sich dieses Führungsverständnis in zahlreichen Studien in seiner puristischen Form als verkürzt erwiesen hat, besitzt es in der Wahrnehmung von Managern immer noch einen überragenden Stellenwert (☞ B. II. 1).

Führung als Mittelpunkt des Gruppenprozesses
Hiermit wird zum Ausdruck gebracht, dass Gruppen in der heutigen Arbeitswelt eine bedeutende Rolle spielen. Gruppen zeichnen sich durch eine Reihe von Besonderheiten aus (z. B. Gruppendynamik, Gruppenstruktur), sodass der Führung für die Funktionsweise von Gruppen eine zentrale Bedeutung zukommt. Besonders wichtig ist ein solches Führungsverständnis für das Erklären und Verstehen von Prozessen der Führung in (teilautonomen) Arbeitsgruppen sowie in Projektgruppen (☞ A. IV. 1).

Führung als Sinngebung
Mit diesem Verständnis wird auf die Vermittlung von Orientierung abgehoben. Die Alltagserfahrung zeigt, dass Befehle und Anweisungen oftmals unzulängliche und problematische Wege für eine nachhaltige und bestmögliche Umsetzung eigener Absichten sind. Begründungen, Erläuterungen oder allein Einordnungen werden nicht oftmals nur erwartet, sondern sind wesentlich substanzreicher, um ein Bild von der Situation und der Passung des eigenen Verhaltens hierfür zu gewinnen. Dieses Führungsverständnis findet Beachtung innerhalb der neueren Führungsstildiskussion (☞ D. II. 3 und D. II. 4) und bei Fragen des Einsatzes von Symbolen (als Führungsinstrument, ☞ D. III. 3.5) oder – allgemeiner – im Zusammenhang von Kommunikation und Führung (☞ A. III 1.1 und D. III. 3.1).

Führung als Ausübung von Einfluss
Wohl die meisten Beschreibungsversuche von Führung charakterisieren Führung als eine Einflussbeziehung zwischen Personen, die unterschiedliche hierarchische Ränge in einer Organisation einnehmen. Dabei wird angenommen, dass es sich um eine wechselseitige Einflussnahme handelt, die allerdings asymmetrisch verläuft. Von der Wechselseitigkeit des Einflusses, der noch an einzelne Personen gebunden gedacht ist, wäre es dann ein folgerichtiger Schritt, Führung generell als das Resultat eines gemeinsam gestalteten Prozesses zu sehen (s. u. „Führung als Prozess").

Führung als zweidimensionales Verhalten
Nach diesem Führungsverständnis äußert sich Führung in einem bestimmten Führungsverhalten. Empirische Befunde deuten an, dass in Leistungsgemeinschaften jedes Führungsverhalten durch eine aufgabenorientierte und eine beziehungsorientierte Komponente gekennzeichnet ist. Dabei ist ein aufgabenorientiertes Führungsverhalten insbesondere durch die Definition von Aufgaben, Vorschriften und Anregungen zur Aufgabenerledigung im Hinblick auf das Erreichen von Arbeitszielen gekennzeichnet. Beziehungsorientiertes Führungsverhalten zeichnet sich dagegen durch die Rücksichtnahme auf persönliche Bedürfnisse der Geführten aus. Darüber hinaus wird durch die beziehungsorientierte Komponente des Führungsverhaltens Freundlichkeit, Anerkennung, Respekt und Vertrauen den Geführten gegenüber angezeigt. Das Verständnis von Führung im Sinne eines bestimmten Verhaltens wird vor allem im Führungsstilbereich immer wieder aufgegriffen (☞ D. II.).

Führung als eine Form der Überredung
Dieses Führungsverständnis drückt die Möglichkeit der Manipulation der Geführten durch den Führer aus, denn jemand, der überredet werden möchte/soll, scheint den betreffenden Sachverhalt selbst zunächst anders zu sehen. Insbesondere werden bei einem solchen Führungsverständnis auch die fließenden Übergänge von Führung zum Einsatz von Macht und legalem Zwang thematisiert. Dieses Führungsverständnis ist beachtenswert im Rahmen mikropolitischer Überlegungen und ethischer Fragen (☞ F.).

Führung als Machtbeziehung
Führung wird vielfach als Ausübung von Macht verstanden. Ein solches Führungsverständnis ist unmittelbar einsichtig, da sich Führung in Organisationen (insbesondere, jedoch nicht nur) in Positionen widerspiegelt, die mit einflussrelevanten Ressourcen ausgestattet sind. Hervorgehoben werden in diesem Verständnis insbesondere die Abhängigkeiten und Belastungen, denen Geführte unterliegen. Dieses Führungsverständnis regt dazu an, über die Machtbasen von Führungskräften nachzudenken (☞ B. II. 6) oder kritisch über Dominanz (inklusive Geschlechterdominanz), Emanzipation und Verantwortung in Führungsbeziehungen und damit über Einflussgrenzen zu reflektieren (☞ F.).

Führung als Ergebnis der Interaktion
Eine soziale Interaktion (☞ A. III. 2 und B. III.) definiert sich durch die wechselseitige Bedingtheit der Handlungen von zwei oder mehr Personen. Dies ist so, weil Menschen ihr Verhalten nicht lediglich an eigenen Plänen und Absichten ausrichten, sondern die (mutmaßlichen) Pläne, Absichten oder Reaktionen anderer Personen berücksichtigen. Führung als eine Form zielorientierten Verhaltens ist damit immer das Ergebnis einer solchen Interaktion. Diese Feststellung impliziert, dass Führung nicht einseitig definiert werden kann und nicht im Zeitverlauf konstant ist, sondern in Abhängigkeit des Interaktionsverlaufs variiert, der selbst wiederum durch die Persönlichkeiten der Individuen und

der umgebenden Rahmenbedingungen beeinflusst wird.

Führung als Zuschreibung

Das attributionstheoretische Verständnis von Führung sieht Führung als ein Wahrnehmungsphänomen an (→ Wahrnehmung). An Personen, die als Führende gelten sollen, werden Erwartungen hinsichtlich ihrer Eigenschaften und ihres Verhaltens gestellt. Durch die Art und Weise der Interaktionen und andere damit verbundene Informationen gewinnen potenziell Geführte Klarheit darüber, ob die wahrgenommenen Attribute und Verhaltensweisen einer anderen Person tatsächlich dem → Prototyp eines Führers bzw. einer Führerin (☞ A. II. 2.2) entsprechen. Dann, und nur dann, wird Führung attribuiert (= zugeschrieben).

Führung als Instrument der Zielerreichung

In diesem konzeptionell wie empirisch beständig auftretenden Verständnis ist Führung nur ein Instrument, um bestimmte Ziele zu erreichen. Programme, Regeln und Kulturmanagement sind Beispiele für andere organisationale Instrumente der Zielerreichung. Gemeinhin wird dabei von gegebenen Zielen ausgegangen, die sich aus der Organisationslogik ableiten. Führung wird hier strikt an die Effektivität gekoppelt. Der Effektivitätsbezug erweist sich darüber hinaus als hilfreich, wenn über den personalen Führungsbedarf und damit auch über eine Reduktion von Führung nachgedacht wird, da eine Zielerreichung eben auch durch andere Maßnahmen und Instrumente möglich sein könnte (z. B. Maßnahmen der Arbeitsgestaltung, ☞ D. II. 4.2).

Führung als Rollendifferenzierung

Dieses ebenfalls funktional verwendete Führungsverständnis verweist auf arbeitsteilige Prozesse in Organisationen, die sich in der Bildung von Gruppen manifestieren: Es gibt verschiedene → Rollen, die von den verschiedenen Gruppenmitgliedern eingenommen werden müssen, um als Gruppe erfolgreich zu sein. Die Führerrolle ist dabei zentral. Empirische Befunde haben gezeigt, dass sich neben einer (formellen) sachorientierten Führerrolle vielfach auch eine informelle Führerrolle herausbildet, deren Inhaber sich für den inneren Zusammenhalt der Gruppe einsetzt (☞ B. III. 2). Wichtig ist dieses Führungsverständnis, um über die verschiedenen Rollen in Gruppen und über das Spannungsverhältnis von organisationalen/gruppenbezogenen und individuellen Zielen nachzudenken.

Führung als Prozess

Ein Verständnis von Führung als Prozess bricht mit der traditionell vorgenommenen a priori Unterscheidung zwischen Führer und Geführten. Führung wird weder als (a priori) festgelegte Rolle noch als ein auf → Kognitionen (z. B. Attributionen) einzelner Individuen reduziertes Phänomen verstanden. Im Mittelpunkt stehen vielmehr Beziehungen *zwischen* Individuen sowie sich unterschiedlich formierende Beziehungsmuster. Führung wird daher nicht losgelöst von den Dynamiken des Systems (z. B. Gruppe, Kollektiv, Organisation), in dem sie entsteht, betrachtet. Im Mittelpunkt stehen nicht einzelne Führungspersonen (sowie deren Eigenschaften, Verhaltensweisen, Kognitionen etc.), sondern Interaktions- und Kommunikationsdynamiken, die erklären, wie sich eine gegenseitige Wahrnehmung von Führung und deren Folgen herausbildet und zur Erreichung gemeinsamer Ziele beiträgt. Führung wird – im Extrem dieses Verständnisses – nicht mehr nur einer oder wenigen einzelnen Personen zugerechnet, sondern als Resultat führungsbezogener Aktivitäten gesehen. Diese Aktivitäten sind in andere Vorgänge, die in der Regel die Organisation betreffenden, eingebettet. Führung verläuft in dieser Logik als ein über die gesamte Organisation verteilter Prozess, aus dem Koordination und Wandel (z. B. neue → Werte, → Einstellungen, Verhaltensweisen) emergent (→ Emergenz) hervorgehen. Führung entsteht damit in sozialen Interaktions- und Beziehungsprozessen und ist gleichzeitig (im Ergebnis) ein gemeinsam geteilter sozialer Einflussprozess. Ein in diesem Sinne prozessorientiertes Verständnis von Führung findet sich insbesondere in relationalen Führungsperspektiven (☞ A. III. 1. und A. III. 2; E. III. 12; vgl. weiterführend *Endres/Weibler* (2016), die auf der Basis eines systematischen Reviews und einer kritischen Synthese ein innovatives Drei-Komponenten-Modell zur relationalen Führung, das sogenannte „Three-Component-Model of Relational Social Constructionist Leadership (RSCL)" entwickelt haben).

Die vorgestellten Führungsverständnisse erlauben es bereits, Führung in ihrer Vielgestalt besser zu erkennen. Ein solcher Zugang befreit uns von der Naivität, Führung zu simplifizieren. Dies hat aber auch seinen Preis. Wir haben zur Kenntnis zu nehmen, dass wir vieles zu bedenken haben, wenn wir uns über Führung unterhalten möchten und vor allem in einer Leitungsposition auch führen wollen. Ein Verständnis, mit dem gut auf die Reise zu gehen ist, werden wir weiter unten den Führungsdefinitionen anlegen. Zunächst einmal zeigen wir jedoch, wie die Vielfalt der Verständnisse jenseits des reinen Nebeneinanderstellens noch besser durchdrungen und systematisch ordnend beherrscht werden kann. Dazu ist ein Blick aus einer Warte, die oberhalb der bisher dargelegten Verständnisse liegt, notwendig.

Wir finden diesen Ansatzpunkt beim Paradigmabegriff (vgl. *Kuhn* 2012 [1962]).

Paradigmatische Voreinstellungen für das Führungsverständnis

Ein wissenschaftliches **Paradigma** ist hiernach (vgl. *Diaz-Bone* 2015, S. 304 f.; *Morgan* 1980, S. 606 f.) ein allgemeiner Begriff für die implizite oder explizite Weltsicht oder die zentralen Annahmen sowie theoretischen Leitsätze, die von einer Wissenschaftsgemeinde geteilt werden. *Ludwik Fleck* (1980 [1935]) nutzte hierfür den einfacheren Begriff des **Denkstils**, der alles andere nach sich zieht. Dies spiegelt sich konkret in der Anwendung spezifischer Praktiken der Erkenntnisgewinnung wider. Oft handelt es sich bei Paradigmen um einfache Modelle der Realität (z. B. das Atommodell), die innerhalb einer Scientific Community oder Forschergemeinschaft einen zentralen Bezugspunkt von Denkschulen bilden. Wissenschaftler betrachten üblicherweise alle empirischen Phänomene aus der Perspektive eines bestimmten Paradigmas heraus.

Jetzt gibt es wiederum mehrere Möglichkeiten, solche Paradigmen, oder sagen wir weicher, paradigmatische Herangehensweisen, für die Führungsforschung zu benennen. Üblicherweise werden grundlegende Paradigmen nicht in der Führungsforschung selbst generiert. Paradigmen unterliegen historischen und sozialen Bedingungen, gerade auch, was ihre Ablösung als Mainstream betrifft. Umstritten ist, inwieweit Paradigmen Überschneidungen aufweisen dürfen, um eine Alleinstellung zu rechtfertigen. Sicher ist aber, dass Gegenwärtiges immer aus dem Denken der Vergangenheit gespeist wird und durch das eigene (sprachgebundene) Denkvermögen im Austausch mit anderen geformt wird und daher letztlich immer historisch und kontextuell gebunden ist.

Einen gut begründeten Zugriff, der das Schlagen einer Schneise zwischen verschiedenen gegenwärtigen Zugängen zum Führungsphänomen erlaubt, ist der Rückgriff auf die herausragende wissenschaftstheoretische Unterscheidung zwischen dem **Subjektiven** und dem **Objektiven**. Aus dem Grundlagenstreit zwischen „Rationalismus" und „Empirismus" haben sich unbeschadet von Extrempositionen verschiedene Subjekt-Objekt-Modelle entwickelt (vgl. *Scherer/Marti* 2014, S. 19). So ist es sinnvoll, subjektive und objektive Zugänge als Pole eines Kontinuums zu wählen und Raum für Zwischenformen zu geben.

Der **Positivismus**, der mit dem **Objektivismus** verknüpft ist, war und ist die wissenschaftliche Grundhaltung, in der das weiter unten besprochene funktionalistische Paradigma, so wie es in der Führungslehre (mehrheitlich) praktiziert wird, eingebettet ist. Gültigkeit hat danach nur das, was **positiv** (meint: erfahrungsgemäß gegeben, empirisch) demonstrierbar ist und sich in konkreten Messdaten mit der Chance auf Nicht-Bestätigung widerspiegelt. Forschende gehen davon aus, dass sie mittels ihrer Methoden (z. B. Experimente, Messungen) einen direkten Zugriff auf die von ihnen und prinzipiell von den handelnden Akteuren unabhängige „Wirklichkeit" haben, die sie dann entlang von Regelmäßigkeiten und kausalen Zusammenhängen organisieren. Die strenge orthodoxe positivistische Auffassung von Wissenschaft hat sich jedoch, insbesondere innerhalb der Sozialwissenschaften, abgeschwächt und sich zum sogenannten **Postpositivismus** weiterentwickelt. Vereinfacht ausgedrückt hat sich die Einsicht durchgesetzt, dass sich Theorie und Beobachtung gegenseitig bedingen und normative Fragen nicht völlig von der Empirie zu trennen sind (vgl. weiterführend *Schülein/Reitze* 2012; *Gephart* 2004).

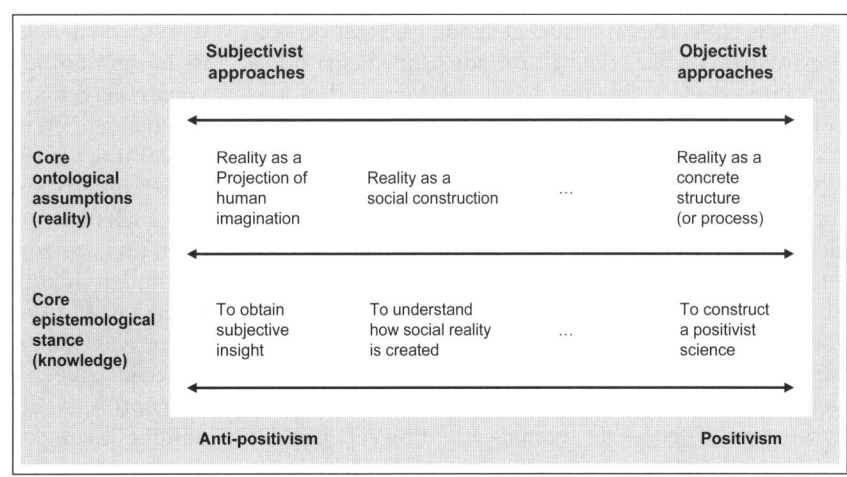

Abb. A.3: Grundpositionen subjektiv wissenschaftlicher und objektiv wissenschaftlicher Ansätze (vgl. *Morgan/Smircich* 1980, S. 492, modifiziert)

Dem Positivismus (rechter Pol) steht eine Reihe an subjektiv wissenschaftlichen Ansätzen gegenüber, hier vereinfachend unter dem Sammelbegriff „Anti-Positivismus" gefasst. Anti-positivistische Ansätze haben sich unter dem Einfluss des interpretativen Paradigmas sowie nicht zuletzt basierend auf einer Positivismuskritik in unterschiedlichen Formen entwickelt. Zu nennen sind hier vor allem der **Konstruktivismus** sowie der **soziale Konstruktionismus**. Vor allem mit dem sozialen Konstruktionismus ist ein bedeutender Ansatz innerhalb der interpretativen Forschungstradition benannt, der in der Führungsforschung eine immer wichtiger werdende Rolle spielt. Wichtig ist, dass Sozial-Konstruktionisten zwar grundsätzlich von der Existenz einer realen Welt (der Fakten) ausgehen. Abgelehnt wird aber die Annahme von einer objektiv und unabhängig vom Individuum und seinen (Inter-)aktionen existierenden sozialen Realität. Soziale Wirklichkeit existiert hiernach nicht als solche und nicht losgelöst von Menschen und deren Kontexten. Vielmehr wird die soziale Realität diskursiv und in Interaktionen zwischen Individuen, die Bezug nehmen auf ihre sozialen, kulturellen und historischen Kontexte, konstruiert Deutungen werden ausgetauscht, Bedeutungen intersubjektiv festgelegt. Wirklichkeit ist damit weder rein objektiv noch rein subjektiv. Man spricht daher von einer relativistischen Zwischenposition zwischen → Objektivität und Subjektivität.

Paradigmatische Verständnisse von Führung

Alvesson/Spicer (2012) schlagen vor, im **Führungskontext drei paradigmatische Herangehensweisen** zu unterscheiden: Die funktionalistische, die interpretative und die kritische (siehe auch *Alvesson/Spicer* 2014 sowie überschneidend *Burrell/Morgan* 1979; *Morgan* 1980 und *Carroll* 2015, die selbst von Diskursen spricht). Wir folgen dieser Dreiteilung an dieser Stelle, auch wenn die auf *Habermas* (2008 [1968]) zurückgehende Fassung diskussionswürdig ist. Sie erlaubt zumindest eine begründete Einteilung, liefert ein übersichtliches Verständnis des Vorhandenen und ermutigt, über die verständliche, aber doch einseitige und in einer theoretischen wie praktischen Sackgasse endende Frage nach dem besten Führungsweg hinwegzukommen. Die funktionalistische Herangehensweise war und ist die am meisten verbreitete, die interpretative hat sehr an Bedeutung gewonnen und die kritische schwingt weiter im Hintergrund mit, gewinnt aber angesichts von medial publiziertem Führungsversagen, Arbeitsverdichtung und ungleichen Anstellungs- und Einkommenschancen an Gewicht, wie sie es seit den 1970er Jahren, damals allerdings eher in der soziologischen Organisationsanalyse, nicht mehr hatte.

Die **funktionalistische Herangehensweise** basiert auf der Annahme, dass Führung die Funktion hat, Organisationsprozesse zu verbessern. Das, was dazu nötig ist, kann man isolieren. Zur empirischen Erfassung dienen geeignete Messinstrumente. Das Erfasste, im positivistischen Sinne Erfahrbare, wird nach Möglichkeit statistisch beschrieben, oder wie in der ökonomischen Theorie primär durch mathematische Ableitungen (idealtypisch) bestimmt. Ziel sind in der mehrheitlich praktizierten Umsetzung universelle Aussagen, die eine Gültigkeit unabhängig von Raum und Zeit haben (wohlwissend, dass dies im Sozialen nur eine Annäherung sein kann). Idealerweise werden vorab Theorien gebildet, die an der als objektiv erfahrbar gesehenen Wirklichkeit überprüft werden. Eine führerzentrierte Sichtweise dominiert, ebenso das Bemühen, Ergebnisse, die mit Führung verbunden werden, auszuweisen. In der Führung manifestieren sich diese Vorstellungen beispielhaft in der Eigenschaftstheorie der Führung, den Führungsstilansätzen oder der variablenbezogenen Situationsanalyse für Führungsbeziehungen. Dass es eine Beziehung zwischen den Akteuren gibt, wird vorausgesetzt. Sie wird ggf. bewertet, aber nicht weiter problematisiert (vgl. z. B. *Bass* 1985; *Fiedler* 1967).

Die **interpretative Herangehensweise** basiert auf der Annahme, dass Führung zwischen Individuen erst konstruiert wird. Damit ist sie nicht von außen ohne vertiefenden Einblick in das Geschehen zu begreifen. Vielmehr wird sie durch die Beziehungen der Akteure zueinander und deren vor allem kommunikativen Prozesse erst mit Leben erfüllt. Führung versteht sich relational, was den isoliert denkenden und nur aus sich heraus Handelnden als Fiktion entlarvt (vgl. *Endres/Weibler* 2016). Somit ist dieser Prozess der Beziehungsbildung von besonderem Interesse (empirisch interessanterweise weniger das Scheitern oder ihr Bruch). Wirklichkeit, so wie sie von den Akteuren gesehen und empfunden wird, ist in dem Sinne real; sie ist insofern aber doch sozial konstruiert, als sich Wirklichkeitsauffassungen zwischen Personen unterscheiden und fortlaufend in ihrer Gestaltung vor Ort im Fluss sind. In der Führung manifestieren sich diese Vorstellungen nicht deterministisch, also auch nicht quantitativ statistisch erfassbar, sondern offen und dynamisch – was wiederum durch qualitative Methoden adäquat abgebildet werden kann (vgl. zur Übersicht *Klenke* 2014). Das heißt, offen und dynamisch in der Analyse dessen, was als bedeutsam für Führung in den jeweiligen Kontexten erachten wird, wie sich Führungsprozesse durch Interaktion herausbilden und was damit Führung auszeichnet. Dabei wird unter anderem die Fragmentierung des Manageralltags gesehen (vgl.

Tengblad 2012; *Mintzberg* 1975) und Führung hierzu in Bezug gesetzt. Insbesondere ist jedoch offen, welche Rollen später dann Führende und Geführte spielen oder welche Wirkungen, auch negative, Führung in Organisationen besitzt. Führung ist damit prinzipiell vielgestaltig. Beispielsweise, was ihre Manifestation betrifft, als planvoll oder als ein Muddling Through zu begreifen. Ebenso ist sie nicht a priori auf die traditionellerweise gewählte (hierarchische) Führungsposition in ihrer Praktizierung beschränkt (vgl. z. B. die in sich z. T. sehr unterschiedlichen Ansätze von *Fairhurst/Grant* 2010; *Holmberg/Tyrstrup* 2010; *Carroll/Levy/Richmond* 2008; *Drath u.a.* 2008; *Hosking* 2007; *Wood* 2005). Übergänge bestehen nichtsdestoweniger zum funktionalistischen Paradigma, vor allem aber auch zum nachstehend geschilderten kritischen.

Die **kritische Herangehensweise** basiert auf der Annahme, dass Führung sich in keiner sterilen, klinischen Atmosphäre abspielt oder entwickelt. Stattdessen weiß sich Führung in aller Regel einseitigen Interessen verpflichtet, spielt sich eben nicht zwischen macht- und ggf. wissensbezogenen Gleichrangigen ab und ist im Verbund mit anderen organisationalen Vorkehrungen (z. B. getakteten Strukturen, prekären Arbeitsverhältnissen) ein Instrument der rigiden Verhaltensformung über gesichtslose Geführte und damit der Dominanz über Abhängige. Gefragt wird beispielsweise, wer über überhaupt mit welchem Recht Anforderungen an die Führung definiere. Diese kritische Herangehensweise (vgl. übergreifend zu den Critical Management Studies illustrativ *Blom/Alvesson* 2015b, S. 413 ff.) ist u. a. inspiriert von der Labour-Process Debatte (vgl. früh *Braverman* 1974) und dem Poststrukturalismus (zur Übersicht *Münker/Roesler* 2012). Sie greift nachdenkliche Stimmen aus dem dem interpretativen Paradigma verpflichteten Forschungsstrang auf, schärft sie aber zu einer eigenständigen Stoßrichtung. Betont wird, dass Führung und ihre organisationalen Praktiken vor allem denjenigen nutzten, die bereits machtvoll sind. Wesentliche Treiber einer Leadershipindustrie seien daran interessiert, zu zeigen, mit welcher Grandiosität heute Verantwortliche ihre Führungsaufgabe wahrnehmen (z. B. sichtbar an der Heraushebung von CEOs). Andere Formen der Koordination von Aktivitäten in Organisationen würden nicht oder weniger beachtet, die dunkle Seite der Führung untergewichtet, ebenso ihre immer noch stereotyp maskuline Zurschaustellung (vgl. z. B. *Brown u.a.* 2015; *Tourish* 2015; *Crevani/Lindgren/Packendorff* 2010; *Collinson* 2005a; *Grint* 2005a). In diesem kritischen Zugriff werden funktionale wie teilweise interpretative Paradigmen beidseitig hinterfragt, sei es, wegen ihrer Ideologie oder ihrer Methoden, sei es wegen ihrer (angeblichen) Naivität.

Halten wir fest: In den gewählten Zuordnungen werden paradigmatische Unterschiede, die die Führungsforschung prägen, sehr deutlich. Nimmt man die jeweiligen Perspektiven für sich, wissen wir zwar genauer, worauf wir zu schauen haben. Verabsolutieren wir sie, verschließen wir damit jeweils wesentliche Bereiche der Führungsrealität. Wir sehen es so, dass Führung natürlich zentrale Funktionen in Organisationen erfüllt, die manchmal nur durch sie, manchmal aber auch alternativ wahrgenommen werden können. Und natürlich können wir an den jeweiligen Führungskonstruktionen und wie sie entstehen, nicht vorbeigehen, wenn wir das Werden von Überzeugungen und das wechselwirksame Zusammenspiel von Personen und Kontext in Organisationen verstehen wollen. Dazu gehört dann auch, die den Führer selbst mit auf den Weg gegebenen Ziele sowie die formale Letztverantwortung für ihren Bereich einzubeziehen. Daneben gilt es, die zeitlichen und finanziellen Restriktionen von Organisationseinheiten zu kennen sowie Bereitschaften von Geführten und Führern, sich aktiv und reflektierend einzubringen, mitzuberücksichtigen.

Richtig ist zweifelsfrei, dass Führung oftmals auch Ziele verfehlt und sich auch in negativen Erscheinungen manifestiert. Aber deshalb besteht kein Grund, sie an sich auf den Prüfstand zu stellen. Denn Organisationen sind nun einmal keine sozialen Gebilde, die sich vollständig oder auch nur ausreichend, durch rein hierarchische und/oder formale Leitung sowie anhand von Plänen, Regeln und Programmen angemessen koordinieren lassen. Keine Organisation kommt ohne Formen der institutionalisierten oder spontanen Selbstkoordination aus und keine Organisation, die ihr Potenzial ausschöpfen will, ohne eine in ihr (irgendwo) stattfindende Führung.

Organisationen kennen, wie angedeutet, verschiedene Modi von Autoritäten (vgl. *Sennett* 1980) und Führung gehört also dazu. Worauf es nun ankommt, ist ihre Genese und ihre Präsenz nebst ihren Folgen zu verstehen, Möglichkeiten und Grenzen auszuweisen, Angebote zum konstruktiven Umgang mit Führungsproblemen anzubieten sowie Führungsbeziehungen fortzuentwickeln. Dazu sollte u. E. (an-)erkannt werden, dass Führung nicht immer und überall als gesetzt zu begreifen ist. Weiterhin sollte die Bedeutung von Führung (im Einzelfall) kritisch erkundet und auch relativiert werden sowie der Zugang zu praktischer Führungsverantwortung für alle Willigen und Befähigten offengehalten werden – und einiges mehr. Letztendlich ist es ein Lavieren zwischen den obigen Paradigmen, um Antworten zu finden. Man sollte nur wissen, was man jeweils erwarten darf, zu bekommen.

Konzeptionelle Systematisierung von Führungsverständnissen

Jenseits dieser tieferen Durchdringung des Wissens über Führung (Metasichten) sind aber verdienstvolle Systematisierungen anderer Natur vorgenommen worden, die unmittelbar an den Aussagen bzw. Theorien aus Führungssicht selbst ansetzen. Einen vielversprechenden Ansatz stellen wir hier näher vor. So verweisen *Avolio u. a.* (2014) unter Rückgriff auf *Hernandez u. a.* (2011) und *Eberly u. a.* (2013) darauf, dass sich Führung bzw. Führungstheorien und damit mindestens implizit auch **Führungsverständnisse** zunächst nach **zwei Dimensionen** unterscheiden lassen: Da ist zum einen der **Ort**, welcher Führung initiiert (provoziert, zuschreibt). Und da ist zum anderen der **Mechanismus** (Transportweg), durch den Führung vollzogen wird.

Als Orte, also die Mittelpunkte, von denen aus gedacht wird, kommen der Führer, der Geführte, die dyadische Führer-Geführten-Beziehung, das Kollektiv (Team) und der Kontext in Betracht. Ein Wort zum Kontext: Hierunter werden situationale Gelegenheiten und Begrenzungen verstanden, die das Entstehen und die Bedeutung von Führung berühren und die wiederum mal mehr, mal weniger durch die Führung selbst beeinflusst werden. Gemeint ist aber nicht einfach eine situationale Variable, die auf die Führung einwirkt, sondern die gerade bedeutsame Umgebung, die die dann manifeste Form der Führung und/oder ihre Interpretation erst hervorbringt. Die Arbeitsumgebung (Individuum), teambezogene Anreizsysteme (Gruppen), Kulturen und → Normen (Organisation) wären Beispiele für derartige Einflussfaktoren, die aber je nach Ausgestaltung auch alle Ebenen (Level) beeinflussen könnten. Als Mechanismus werden Eigenschaften, Verhaltensweisen, Kognitionen (Sensemaking-Prozesse, Schemata) und Affekte gesehen.

Beispielsweise wird in einer traditionellen Betrachtung Führung mit der Person des (meist formalen) Führers verbunden, der dies über sein Verhalten, einen bestimmten Führungsstil, vollzieht. Um das komplexe Zusammenspiel dieser beiden Dimensionen in der Zeit und über verschiedene Analyseebenen abzubilden, tritt eine dritte Dimension, die **Ereignissequenz** hinzu, die die Entwicklung des Führungsgeschehens widergibt. Fußend auf den **Event Cycle Konzept** von *Morgeson/Hofmann* (1999) wird die Ausformung und Entwicklung eines Führungsverständnisses als ein iterativer Prozess verstanden. Dieser muss nicht nur auf einen wechselseitigen Austausch (Aktion-Reaktion) zwischen zwei Personen beschränkt sein (mit konstanten oder wechselnden Führer-Geführten-Zuordnungen), sondern wird auch durch Erfahrungen durch den Austausch mit anderen mit geprägt (mit anderen Führern, zwischen Geführten, mit anderen Geführten, präzisierend unter Beachtung verschiedener Kontexte und Erwartungshaltungen in den Kontexten).

Zu ergänzen ist, dass die Spezifikationen der Orte wie der Mechanismen kategorial und nicht als ein Kontinuum zu fassen sind. Dabei sind aber sehr wohl bei der tatsächlichen Zuweisung von Theorien fließende Übergänge und Überlappungen anzunehmen (z. B. drei Mechanismen im Falle der sozialen Identitätstheorie der Führung, die mit dem Prototypenabgleich Kognitionen, Verhalten und Affekte als Schlüsselelemente berührt). Damit zeigt sich schon der Vor- und Nachteil dieser Konstruktion. Das bessere Verständnis zur Sortierung der Vielfalt in der Führung muss die innere Komplexität mancher Ansätze ignorieren, gewichtend priorisieren oder mehrfach kategorisieren. Dies verlangt eine Interpretationsleistung, die zu nicht eindeutigen Ergebnissen führt. Dennoch lässt diese Konstruktion einen schärferen Blick auf Führung zu, ohne freilich das durch eine andere Zielsetzung begründete Potenzial einer paradigmatischen Einordnung erreichen zu können. Immerhin teilen wir die Vermutung der Autoren, dass eine Führung, die ihren Sitz in mehreren Orten hat und/oder sich mehrerer Transportwege bedient, erfolgreicher sein wird als eine schlichter angelegte. Nur kann das nicht wirklich überraschen. Die Führungsforschung ist schon angetreten, die relative Bedeutung einzelner Loci und Modi zu präzisieren. Durch den Einbau von Ereignissequenzen wird der dynamisch zu denkenden Herausbildung eines Führungsverständnisses schon einmal bemerkenswert Rechnung getragen. Noch ausgefeiltere Ansätze dazu finden sich beispielsweise bei *Knights* und *Willmott* (1992) oder *Uhl-Bien* (2006). Wir selbst bauen für unser Verständnis später zur Unterfütterung unserer Führungsdefinition einen interaktionsorientierten Ansatz von *DeRue* und *Ashford* (2010) ein.

Kommen wir aber nun zu dem, was offensichtlicher als das dahinter liegende Führungsverständnis ist, den Führungsdefinitionen. Hier werden wir eine Auswahl präsentieren und unsere Fassung vorlegen.

2.2 Führungsdefinitionen

Die Etymologie des Begriffs Führung spiegelt sich in vielen **Führungsdefinitionen** wider, die die Literatur anbietet (vgl. zu diesem Komplex auch *Neuberger* 2002, S. 7 ff.; *Rost* 1991). Oftmals sind sie explizit, gelegentlich (wegen des paradigmatischen Hintergrundes) umschreibend:

- *„Führung in Organisationen: Zielorientierte soziale Einflussnahme zur Erfüllung gemeinsamer Aufgaben in/mit einer strukturierten Arbeitssituation"* (*Wunderer/Grunwald* 1980, S. 62).

- *„Führung bezieht sich allgemein auf Beeinflussungsprozesse in Organisationen, mit denen beabsichtigt wird, das Handeln und Verhalten von Personen in bestimmter Weise auszurichten"* (*Bartölke/Grieger* 2004a, Sp. 778).

- *„Unter Personalführung ist eine soziale (interpersonelle) Beziehung zu verstehen, die es Mitgliedern einer (wirtschaftlichen oder administrativen) Organisation ermöglicht, einen intendierten und (zumindest positionell) legitimierten Einfluss auf das Verhalten anderer Organisationsmitglieder im Interesse der Verwirklichung vorgegebener Organisationsziele auszuüben"* (*Kossbiel* 1990, S. 1140).

- *„Führung ist jede zielbezogene, interpersonelle Verhaltensbeeinflussung mit Hilfe von Kommunikationsprozessen"* (*Baumgarten* 1977, S. 9).

- *„Leadership is human (symbolic) communication, which modifies the attitudes and behaviors of others in order to meet shared group goals and needs"* (*Hackman/Johnson* 2009, S. 11).

- *„[...] wird durch Führung, bezogen auf einzelne Handlungssituationen, sowohl ein Handlungsanstoß, als auch eine Verhaltenssteuerung [...] erreicht"* (*Bleicher/Meyer* 1976, S. 38).

- *„Führung ist Fremd-Willensdurchsetzung im Sinne einer intendierten, direkten, asymmetrischen Fremdbestimmung, die im Wege informierender, instruierender und motivierender Aktivitäten erfolgt"* (*Seidel* 1978, S. 81).

- *„Leadership [...] is not simply about getting people to do things. It is about getting them to want to do things [...] harnessing their energies and passions"* (*Haslam/Reicher/Platow* 2011, S. ix).

- Führung wird verstanden als *„die Beeinflussung der Einstellungen und des Verhaltens von Einzelpersonen sowie der Interaktion in und zwischen Gruppen, mit dem Zweck, bestimmte Ziele zu erreichen. Führung als Funktion ist eine Rolle, die von Gruppenmitgliedern in unterschiedlichem Umfang und Ausmaß wahrgenommen wird"* (*Staehle* 1999, S. 328).

- Führung wird verstanden als *„systematisch-strukturierter Einflussprozess der Realisation intendierter Leistungs-Ergebnisse; Führung ist damit im Kern zielorientierte und zukunftsbezogene Handlungslenkung, wobei sich diese Einwirkung auf Leistung und Zufriedenheit richtet"* (*Steinle* 1978, S. 27).

- *„Leadership can be defined as the nature of the influencing process – and its resultant outcomes [...]"* (*Antonakis/Cianciolo/Sternberg* 2004, S. 5).

- *„Leadership, leaders, processes are seen as constructed in social interaction"* (*Crevani/Lindgren/Packendorff* 2010, S. 79 in einer Zusammenfassung interpretativer Positionen, die eine essentielle Bestimmung vorab, wie oben zu sehen, ausschließt).

- *„[T]he most distinctive characteristic of everyday leadership is the strong focus on processes ...Everyday leadership is triggered by unexpected occurrences and develops as a reaction to some urgent situations"* (*Holmberg/Tyrstrup* 2010, S. 368).

- *„Therefore [...] I offer a general definition of relational leadership as a social influence process through which emergent coordination (i.e., evolving social order) and change (i.e., new values, attitudes, approaches, behaviors, ideologies, etc.) are constructed and produced"* (*Uhl-Bien* 2006, S. 668).

- *„A generative dialogue is by definition shared leadership. It is a form of social interaction in which the whole team or group shares the responsibility of the process itself and improves their ability to cooperate. [...]. The quality of social interaction – in other words, the high level of trust and mutual engagement – allows the group as a whole to explore new ideas and ways of thinking and to coordinate itself easily"* (*Fletcher/Käufer* 2003, S. 38 f.).

- *„Self-leadership is defined as a process through which people influence themselves to achieve the self-direction and self motivation needed to perform"* (*Houghton/Neck/Manz* 2003, S. 124).

- Führung ist nicht „*like a coat that one could slip into for in a specific setting*", sondern „*more like a skin that we wear and it can't be taken off*" (Praktikeraussage in *Caroll/Levy/Richmond* 2008, S. 370).

Wir sehen, dass Führung unterschiedlich gefasst wird: Entweder **formal** (Einflussausübung, teilweise wechselseitig) oder über ein **Medium** (z. B. Kommunikation), über (fortlaufende) **Interaktionen** (Prozesse), über die **Richtung** (z. B. Leistung/Zufriedenheit) und über das **Ziel** des zu Erreichenden (z. B. Leidenschaft erzeugen). Spezielle Formen der Führung treten mit spezifischer Betonung hinzu (shared leadership [gemeinschaftliche] Führung; relationale Führung; vgl. weiterführend *Endres/Weibler* 2016). Shared Leadership wird dabei auch als ein Spezialfall wechselseitiger Beeinflussungen verstanden, der in einen gemeinsam geteilten sozialen

Einflussprozess einer Vielzahl an Beteiligten mündet und somit eine Führer-Geführten-Zuordnung in traditioneller Sichtweise nicht mehr sinnvoll erscheinen lässt (☞ E. III. 12). Letzteres ist bei der Selbstführung von vornherein der Fall.

Mit der Mehrheit bereits vorliegender Vorstellungen zur Führung (vgl. z. B. *Alvesson/Spicer* 2012) sehen wir eine Auffassung von Führung als **Einflussversuch** als idealen Ausgangspunkt. Genauer definieren wir:

> **Definition: Führung**
>
> Führung heißt, andere durch eigenes, sozial akzeptiertes Verhalten so zu beeinflussen, dass dies bei den Beeinflussten mittelbar oder unmittelbar ein intendiertes Verhalten bewirkt.

Folgende **Kriterien** unserer Führungsdefinition seien hervorgehoben und werden jetzt erläutert:

- (Verhaltens-)Beeinflussung,
- Akzeptanz,
- Intentionalität,
  (Un-)Mittelbarkeit.

(Verhaltens-)Beeinflussung

Das Kriterium der (Verhaltens-)Beeinflussung ist notwendig, um dem Führungsbegriff eine qualitative Form zu geben: Ein Organisationsmitglied möchte auf ein anderes Organisationsmitglied einwirken, um ein in seinen Augen sinnvolles Verhalten zu initiieren. Dabei ist es unerheblich, ob dies immer oder nur gelegentlich beabsichtigt ist. Unerheblich ist auch, ob die Idee selbst entwickelt wurde, als Abarbeitung eines Auftrages Dritter oder durch den Kontext nahe gelegt wurde. Aber: ohne eine Form der Aktivität, die einen Führungsanspruch erschließen lässt, oder ohne eine direkte Artikulation eines Führungsanspruchs kommt Führung nicht zustande, egal, wie sie danach weiter modelliert wird. Dabei kann sich die Beeinflussung ganz allgemein in der Aktivierung oder in der Verhinderung eines bestimmten Verhaltens ausdrücken. Ob man sich den Einflussversuch als einen objektiv zu wertenden Akt oder als einen Impuls vorstellt, der erst vom Adressaten dieses Einflussversuches gefiltert wird und dadurch seine subjektive Bedeutung erlangt, ist natürlich praktisch wichtig. Aber prinzipiell gegen die notwendige Einwirkungsabsicht zu wenden, ist es nicht. In der Führungsbeziehung ist Verhalten besser komplex als einfach zu denken. Je nach Verhaltensmodell wäre die Führung entsprechend auszurichten. Wenn wir in einer ersten Annäherung mit *von Rosenstiel* (2000, S. 49) die **Determinanten des Verhaltens** in den Faktoren Können (Qualifikation), Wollen (Motivation), soziales Dürfen oder soziales Sollen (Werte und Normen) und situative Ermöglichung (Infrastruktur i. w. S.) sehen, so bezieht sich Führung auf alle oder auch nur auf einzelne dieser Faktoren. Auf welche Art und Weise die Verhaltensbeeinflussung geschieht (z. B. durch Anweisung, Überzeugung oder Vorleben), ist dabei genauso offen wie die Bereiche, die bei dem zu Beeinflussenden angesprochen werden sollen (z. B. Kognition, Emotion). Eine Einschränkung dieser Beliebigkeit ergibt sich allerdings durch das Kriterium der Akzeptanz.

Akzeptanz

Die Versuche, das Verhalten anderer Personen zu beeinflussen, können nur dann der Führung zugerechnet werden, wenn sie bei den Beeinflussten auf **Akzeptanz** stoßen. Akzeptanz setzt die → Wahrnehmung dieses Einflussversuches voraus („jemand bittet mich, verlangt etwas von mir, zeigt mir etwas auf, kritisiert mich, übergibt mir Verantwortung, geht mit der Erwartung voraus, dass ich folge – und ich akzeptiere dies. Ich orientiere meine Gedanken, mein Handeln daran, versuche es doch zumindest"). Wenn wir hier den Begriff der Akzeptanz verwenden, ist damit aber nicht eine bloß tolerierende Einstellung gegenüber den Beeinflussungsversuchen durch eine andere Person gemeint, die ohne verhaltenswirksame Konsequenzen bleibt. Vielmehr ist damit die Bereitschaft angesprochen, das eigene Verhalten auch entsprechend der Vorstellung des Führers auszurichten. Zentral ist das Kriterium der Akzeptanz aus theoretischem wie praktischem Grund:

- Führung ist das Ergebnis eines Zuschreibungsprozesses.

  Diese Aussage wollen wir hier nur kurz erläutern. Eine ausführliche Begründung geben wir mit der Einbettung in die implizite Führungstheorie mitsamt einer interaktionstheoretischen Erweiterung weiter unten (☞ A. III. 1.1). So viel bereits hier: Bezugspunkt ist die auch aktuell in einem Theorievergleich (vgl. *Day/Antonakis* 2012, S. 7) als höchst lebendig und aussagekräftig eingestufte **Social Information Processing Theory** (vgl. *Medvedeff/Lord* 2007; *Lord/Maher* 1991). Sie konzipiert Führung (genauer wäre zunächst: Führerschaft) als ein Wahrnehmungsphänomen (vgl. dazu auch *Meindl/Ehrlich/Dukerich* 1985; *Calder* 1977). Dies heißt nichts anderes, als dass Führung (oder die Einstufung einer Person als Führer) das Ergebnis eines kognitiven Prozesses (Informationsverarbeitungsprozesses) ist. Die Geführten definieren, ob und in welchem Ausmaß eine Person als Führer bzw. Führerin zu betrachten ist und/oder inwieweit ein beobachtetes oder aufgrund eines Ereignisses (Zustand, Vorgang, Ergebnis) erschlossenes Verhalten mit Führung (Führungsverhalten) in Verbindung zu bringen ist. In gewisser Weise sind wir also alle Alltagspsychologen (vgl. *Pervin/Cervone/John* 2005, S. 27) mit dem Ziel, Regelmäßigkeiten bei anderen zu entdecken, um damit Vorhersagen über deren Verhalten treffen zu können. Führung (oder besser: Führerschaft) wird so verstanden als *„the process of being perceived by others as a leader"* (*Lord/Maher* 1991, S. 11). Dies setzt in aller Regel einen wahrgenommenen Einflussversuch voraus (z. B. jemanden auffordern, etwas zu tun, jemanden bitten, mitzukommen). Weiterhin können auch Ereignisse, aus denen Führerschaft durch Dritte abgeleitet werden, nicht ohne Zutun des dann als Führungsperson anerkannten gedacht werden. Andernfalls müsste doch auf Zufall oder den Einfluss anderer Personen attribuiert werden. Diese Wahrnehmung erfolgt nicht willkürlich, sondern vollzieht sich nach einem bestimmten Muster (vgl. *Medvedeff/Lord* 2007). Nur wenn dieser Prozess mit Blick auf die Einordnung in die Kategorie Führer positiv abgeschlossen ist, wird diese Person als ein Führer akzeptiert (☞ C. III. 2.2). Ansonsten verharrt die Zuschreibung in der formalen Kategorie „Vorgesetzter", die durch das Direktions- und Delegationsrechts der Organisationsleitung geschaffen wird und die mit Eintritt in die Organisation als solche unhinterfragt bleibt. Die Kategorie Führer/Nicht-Führer ist eine inhaltlich definierte Kategorie, die formale Kriterien mit aufnehmen kann, aber nicht muss. Die Erwartungen, die an die Kategorie Führer geknüpft sind, sind mindestens in *einem* entscheidenden Punkt (empirisch in mehreren) andere oder in der Umsetzungserwartung andere als die, die an die Vorgesetztenkategorie geknüpft sind. Selbstredend gibt es ansonsten Überschneidungen (z. B. ein Jahresgespräch durchführen, gemeinsam zum Kunden fahren, um Vorlagen bitten, Beförderungen oder Kündigungen aussprechen usw.).

- Die Wirksamkeit der Beeinflussung wird ohne Akzeptanz verringert.

Zur Unterstützung dieser Aussage wollen wir die Reaktanztheorie heranziehen (vgl. *Miron/Brehm* 2006; *Wortman/Brehm* 1975; *Brehm* 1966): Die Reaktanztheorie beschreibt und erklärt, wie und warum aus einer subjektiv erlebten Einengung von Entscheidungs- und Wahlfreiheiten Widerstand gegenüber dem Einflussbegehren einer anderen Person entsteht. Reaktanz ist ein motivationaler Spannungszustand, der dazu führt, dass Individuen versuchen, sich der bedrohlichen Einengung zu entziehen oder nach erfolgter Einengung bestrebt sind, den ursprünglichen Verhaltensspielraum zurückzugewinnen. Scheitert dies oder ist aktiver Widerstand nicht möglich, zum Beispiel, weil die erwartete negative Sanktion zu hoch ist, ist mit Frustration, Passivität, gar → erlernter Hilflosigkeit (vgl. *Seligman* 1975), gegebenenfalls auch mit verdeckter Aggression zu rechnen. Bereiche, die der Freiheitseinschränkung nicht unterliegen, werden wichtiger, ihnen wird (psychische) Energie zugeführt. Darüber hinaus postuliert diese auch empirisch gut gestützte Theorie, dass mit Reaktanz verstärkt zu rechnen ist, wenn sich der Einflussversuch jenseits legitimer Normen bewegt und der zu Beeinflussende das Gefühl bekommt, unter Druck gesetzt zu werden (vgl. *Fischer/Wiswede* 1997, S. 314; *Miron/Brehm* 2006).

Damit schließt unser Verständnis von Führung Mittel der Verhaltensbeeinflussung wie Zwang, Manipulation oder Überredung ausdrücklich aus. Führung findet nicht statt, wenn niemand folgt (vgl. auch *DeRue* 2011, S. 136). Führung findet im Übrigen auch nicht statt, wenn eine Folgebereitschaft besteht, aber niemand führen möchte. Wir sprechen dann von einer **Führungslücke** oder einem **Führungsvakuum** (leadership void).

Auch erscheinen nach diesem Verständnis Überlegungen, eine Führungsbeziehung als ein **Prinzipal-Agenten-Verhältnis** zu modellieren, verkürzt (vgl. *Picot/Neuburger* 1995; differenzierter dann jedoch *Jost* 2013). In dieser manchmal sogenannten **ökonomischen Führungstheorie** geht man ausdrücklich von einem durch Informationsasymmetrie gekennzeichneten Auftraggeber-Auftragnehmer-Verhältnis (Prinzipal-Agenten-Verhältnis) formaler Natur aus, wobei die Frage der Akzeptanz des Auftraggebers grundsätzlich keine Rolle spielt. Von der Vorstellung her handelt es sich vielmehr um die Betrachtung des Verhältnisses zweier Positionsinhaber, die in einem hierarchisch bedingten Über- bzw. Unterordnungsverhältnis zueinander stehen. Modelliert wird also lediglich eine Beziehung, die formal Leitende (Prinzipale), die zwangsweise die Verfolgung ihrer Interessen delegieren müssen, von formal Ausführenden (Agenten) trennt. Letztere können die ihrerseits zuwiderlaufenden Interessen verfolgen. Vom Ansatz her läuft diese Agenturtheorie, die nicht speziell für Fragen der Mitarbeiterführung konzipiert wurde, auf die Behebung des Informationsdefizits des Prinzipals hinsichtlich der Leistungsfähigkeit bzw. Leistungsbereitschaft sowie des Leistungsverhaltens des Agenten oder aber zumindest des Umgangs mit diesem Informationsdefizit hinaus. Sie legt jedoch für ihre Modellbildung mehrere diskussionswürdige Prämissen des Prinzipal-Agenten-Verhältnisses zu Grunde (vgl. z. B. *Ebers/Gotsch* 2014 sowie die Kritik *Walgenbachs* 2011, der die Agenturtheorie als „organisationslose Organisationstheorie" (S. 424) bezeichnet).

Selbst ein prominenter Vertreter der **ökonomischen Theorie**, wie *Peter Jürgen Jost*, stellt deshalb insgesamt treffend zum Status dieses Theorienzugriffs mit Blick auf Aussagen zum Führungsverhalten apodiktisch fest:

> „Nicht weniger enttäuschend [als die seiner Meinung nach verhaltenswissenschaftliche Forschung zum Führungsstil, J. W.] ist [...] die ökonomische Forschung auf dem Gebiet der Mitarbeiterführung" (2008b, S. 74).

Einige wenige Arbeiten beträfen noch die Informationsübermittlung innerhalb der Prinzipal-Agenten-Beziehung sowie die Frage, welches Gruppenmitglied denn Führender werden solle (vgl. *Jost* 2013 und die dort erwähnte Literatur mit Führungsbezug. Siehe ergänzend *Bonus* (2009), der Führung als Vertrauensgut konzipiert, u. a. aber auch den wichtigen Aspekt der situationalen Bedeutung identischen Führungsverhaltens untersucht). Sein eigener Ansatz zur Frage des optimalen Führungsstils konvergiert im Ergebnis dann interessanterweise Befunde der verhaltenswissenschaftlichen Forschung: Ohne Annahmen zur Struktur des Entscheidungsproblems, zur Anzahl der zu führenden Mitarbeiter und zur Persönlichkeit von Führer wie Geführten lässt sich kein optimaler Führungsstil bestimmen. Vertrauen wäre den Annahmen leicht hinzuzufügen.

Von Führung kann in Unterscheidung zu anderen Formen der Beeinflussung wie z. B. Überredung, Manipulation, Drohung nur dann gesprochen werden, wenn der Einflussversuch von den zu Beeinflussenden akzeptiert wird und sich in einem intendierten Verhalten niederschlägt. Die Akzeptanz wird dann gewährt, wenn der Beeinflussende implizit (also quasi automatisch) oder explizit (also durch kontrollierte Prüfprozesse) als Führer eingestuft wird. Nur dann sind Wirkungen möglich, die über die mit einer Position hinausgehenden formalen Sanktionsmöglichkeiten korrespondieren (vgl. dazu auch *Lord/Maher* 1991, S. 11). Würde diese inhaltliche Unterscheidung nicht getroffen, ließen sich verschiedene Wirkungsqualitäten einer Einflussausübung nicht differenzieren. Führung würde dann ihre begriffliche Bedeutung verlieren.

Führung ist hiernach nie der Beeinflussungsversuch selbst, sondern immer nur der *akzeptierte* Beeinflussungsversuch, der sich zudem im Verhalten der Geführten bzw. in dem ernsthaften Bemühen, dieses Verhalten zu zeigen (es könnte ja z. B. durch Dritte verhindert werden), niederschlagen muss. In letzter Konsequenz entscheiden also die *potenziell* Geführten darüber, ob freiwillige Gefolgschaft geleistet wird. Der Status des Geführten/ der Geführten setzt also bereits eine Akzeptanz voraus (dies soll das Adjektiv „potenziell" zum Ausdruck bringen). Überdies muss zwischen der Zuschreibung „Führer/Führerin" und der Zuschreibung „Führung" unterschieden werden (vgl. schon vom Grundsatz her *Wunderer/Grunwald* 1980). Beides kann zusammenfallen, doch müssen als „Führer" klassifizierte Personen nicht zwangsläufig in einer konkreten Situation führen. „Führer" ist dann einfach eine Klassifikation des Inhabers einer bestimmten Position. Umgekehrt gilt jedoch: Ein als Führungsverhalten qualifiziertes Verhalten setzt immer voraus, dass die Person, die dieses Verhalten gezeigt hat, als Führender zu klassifizieren ist.

Das Kriterium der Akzeptanz ermöglicht daher auch die terminologische Unterscheidung zwischen einem „Führer" und einem „Vorgesetzten" bzw. zwischen **Führung** („leadership") und **Leitung** („headship"). Veranschaulichen lässt sich diese Unterscheidung vor dem Hintergrund der formalen Strukturen von Organisationen. So kann zum Beispiel Person A Vorgesetzter von Person B und B seinerseits Vorgesetzter von C sowie Gleichgestellter von D sein kann (vgl. Abb. A.4). Erweitert man diese formale Struktur um den Aspekt der sozialen Akzeptanz (in der Abbildung durch einen gestrichelten Pfeil verdeutlicht), so sind folgende Variationen denkbar:

Der Führungsanspruch von Person A wird von Person B nicht akzeptiert, was bedeutet, dass hier lediglich eine Leitungs-, nicht jedoch eine Führungsbeziehung vorliegt. Der Führungsanspruch von B wird von C akzeptiert, was bedeutet, dass hier sowohl eine Leitungs- wie auch eine Führungsbeziehung vorliegt. Der Führungsanspruch von B wird auch vom Gleichgestellten D akzeptiert. Dies bedeutet, dass hier eine Führungs-, nicht

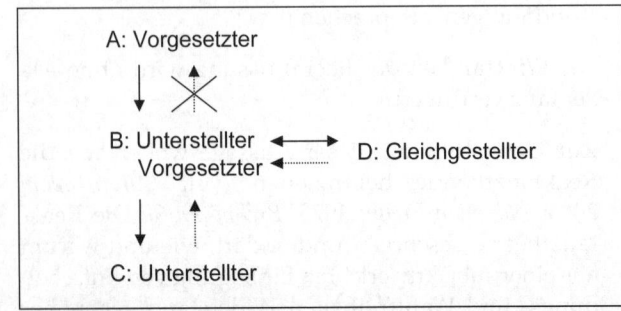

Abb. A.4: Führungs- und Leitungsbeziehungen in Organisationen

jedoch eine Leitungsbeziehung vorliegt. Man spricht hier von einer **lateralen Führung** (zur Seite hin, was hierarchische Gleichrangigkeit impliziert), einer Spielart der **informellen Führung**.

Führung ist damit eine von der **Hierarchie** grundsätzlich unabhängige Kategorie, manifestiert sich aber in Organisationen dominant innerhalb der Hierarchie. Die Zahl der Führer kann größer oder kleiner als die Zahl der Vorgesetzten sein. Größer wäre sie womöglich, wenn informelle Führerschaften mitgerechnet würden. Kleiner wäre sie, wenn nicht alle Vorgesetzten als Führungspersonen angesehen werden und die informellen Führerschaften dies nicht kompensierten. Interessant ist aber hier das „Vorgesetztenproblem". Deshalb gilt es, dies nochmals zu unterstreichen: Nicht jeder Vorgesetzte ist unbedingt ein Führer – und nicht jeder Unterstellte wird somit notwendigerweise geführt (vgl. bereits *Gibb* 1947). Die Diskrepanz dürfte empirisch nennenswert sein. Oder wie *Eva Kort* (2008, S. 424) formuliert: Mit der Übernahme einer Vorgesetztenposition wird nur die Erwartung verbunden, zu führen, gegebenenfalls werden einem Verantwortlichkeiten übertragen, *„to lead or act in the ways that leaders do."*

So gilt: Führerschaft wird nicht „von oben" oktroyiert, sondern „von unten" attribuiert. Und schließlich: Das wesentliche Ziel der Führung – das Bewirken einer intendierten Verhaltensausrichtung bei anderen – lässt sich mit formal begründeter Leitung alleine nur suboptimal realisieren; hierzu bedarf es grundsätzlich der Akzeptanz durch die Geführten. Dennoch werden wir im Folgenden die Begriffe Vorgesetzter und Führer der Einfachheit halber teilweise *synonym* verwenden – wohlwissend, dass ein „Vorgesetzter" nur eine formale Position innehat, wohingegen ein „Führer" an die Akzeptanzzuschreibung durch die Geführten gebunden ist. Zum Schluss unserer Betrachtungen werden wir dann sogar noch einmal über das Akzeptanzkriterium hinausgehen. Dazu werden wir den anspruchsvolleren Begriff der **legitimen Führung** einführen. Damit ist eine Führung gemeint, die sich nicht nur an den prototypischen Vorstellungen zur Führung bei einer Referenzgruppe orientiert, sondern zu der auch moralische Vorstellungen gehören können, die einer ethischen Würdigung standhalten (☞ F.).

Intentionalität

Das Kriterium der Intentionalität ist notwendig, weil eine Verhaltensausrichtung, die unbeabsichtigt bewirkt wird, definitorisch ausgeschlossen bleiben soll. Beispielsweise rechnet das bloße Erscheinen eines Vorgesetzten am Arbeitsplatz, welches das Verhalten seiner Mitarbeiter erkennbar verändern kann, dann nicht zur Personalführung, wenn diese Wirkung vom Vorgesetzten nicht intendiert ist (vgl. *Kossbiel* 1990, S. 1141). Implizit wird mit diesem Gedanken auch darauf hingewiesen, dass Beeinflussungsversuche in Leistungsgemeinschaften üblicherweise zielgerichtet erfolgen. Dies bedeutet, dass Führung, zumindest von der Intention her, ihrem abstrakten Auftrag entsprechend dazu beiträgt, Ziele der Organisation erreichen zu wollen. Inwieweit die Interessen/Ansprüchen ihrer Mitglieder dabei Berücksichtigung finden, ist eine normative Frage. Mehrheitlich besteht Einigkeit, sie instrumentell berücksichtigen zu müssen oder ihnen, was seltener postuliert wird, gar einen Selbstzweck zuzuerkennen. Durch unser Akzeptanzkriterium sind sie inkludiert. Akzeptanz definiert dabei nur den Korridor, innerhalb dessen verschiedene Arten der zielorientierten Beeinflussung möglich sind.

(Un-) Mittelbarkeit

Das Kriterium der (Un-)Mittelbarkeit deutet darauf hin, dass Führung nicht zwingend sofort nach dem Beeinflussungsversuch die gewünschte Verhaltensausrichtung bewirken muss. Vielfach wird Zeit benötigt, um ein Verhalten zu zeigen. Dies liegt an verschiedenen Faktoren: Erinnern wir uns an die Determinanten des Verhaltens, so kann es z. B. sein, dass die potenziell Geführten ihr Verhalten ändern wollen, dies aber aus bestimmten Gründen nicht können. Oder sie wollen und können ihr Verhalten ändern, dürfen dies aber aus anderen Gründen nicht, oder es wird ihnen situativ nicht ermöglicht. Wir können uns in diesem Zusammenhang leicht die unterschiedlichsten Begründungskombinationen vorstellen. Es bleibt festzuhalten, dass auch dann von Führung gesprochen wird, wenn sich das beabsichtige Ergebnis der Verhaltensausrichtung (Festigung, Anreicherung, Veränderung) zeitlich nicht unmittelbar an den Beeinflussungsversuch anschließt. Neben dieser zeitlichen Dimension der (Un-)Mittelbarkeit existiert noch eine inhaltliche Dimension. Diese ist zweigeteilt. Einerseits zielt Führung nicht nur direkt auf das Verhalten eines anderen (z. B. Genauigkeit, Freundlichkeit, Einsatz, Selbständigkeit, Loyalitätsbekundungen); vielmehr zielt Führung auch mittelbar auf dem Verhalten vorgelagerte Größen (z. B. Identitäten, Emotionen, Vertrauen, Zufriedenheit, Leistungswille, Fertigkeiten). Andererseits können wir uns leicht vorstellen, dass eine sogenannte strukturelle Führung, die z. B. über Organisationsstrukturen oder eine qualitative Personalstruktur operiert (vgl. *Wunderer* 2011, S. 5), ebenfalls mittelbar auf Organisationsmitglieder einwirkt. Diese Einwirkung erfolgt parallel zum personalen Führungseinfluss. Dieser kann dadurch unterstützt, begrenzt oder konterkariert werden, ggf. unbeeinflusst davon sein. Diese Form einer mittelbaren, unpersönlichen Führung wollen wir allerdings erst später aufgreifen (☞ A. IV. 2.3).

Wir haben uns nun ausführlich mit dem Phänomen Führung, möglichen zugrunde liegenden Führungsverständnissen und seiner begrifflichen Konkretisierung befasst. Nicht eingegangen sind wir bislang auf die immer wieder aufgegriffene Frage der **Unterscheidung zwischen Führern und Managern** (vgl. hierzu grundlegend *Nicholls* 1987; *Zaleznik* 1977), die wir allerdings für geklärt halten: Manager ist ein Begriff, der formal eine Position, eine hierarchische Ebene (unteres Management etc.) oder eine Stellenbezeichnung ausdrückt. Mit einer Managerposition ist in der Regel auch die formale Leitung von Personal (Mitarbeitern) verbunden. Damit ist die Managerposition auch eine Vorgesetztenposition. Diese Vorgesetztenposition kann man, muss es aber nicht, so ausfüllen, dass der Inhaber bzw. die Inhaberin der Position als Führende(r) in unserem Verständnis agiert. Und natürlich kann kein Zweifel daran bestehen, dass Fähigkeiten und → Fertigkeiten, die beispielsweise als „Management von Prozessen" oder das Beherrschen von „Managementtools" in Organisationen notwendig sind, um ziel- bzw. sachbezogen erfolgreich sein zu können. Man wäre für Kolleginnen und Kollegen oder den eigenen Vorgesetzten ansonsten nicht „anschlussfähig". Dies wird bereits von einer Leitungsposition erwartet und ist eine Basiskompetenz, um in Organisationen verantwortlich agieren zu können. Eine Akzeptanz von Führern ohne einen Fertigkeitsnachweis in dieser Hinsicht ist nahezu ausgeschlossen. Deshalb geht diese Diskussion im Kern nicht über die vorstehend bereits getroffene Unterscheidung zwischen Führung („leadership") und Leitung („headship") hinaus.

Ausdrücklich haben wir jedoch betont, dass wir Führung und ihren spezifischen Verlauf stets als in einer **Führungsbeziehung** verortet sehen (vgl. weiterführend und kritisch differenzierend zu dieser relationalen, also grundsätzlich beziehungsbezogenen, Fundierung von Führung *Endres/Weibler* 2016). Im Folgenden wollen wir der Frage nachgehen, wie Führungsbeziehungen konstitutiv zu fassen sind. Wir weisen aber an dieser Stelle ausdrücklich darauf hin, dass die weiteren Ausführungen in späteren Kapiteln teilweise auf anderen Logiken fußen. Die Vielfalt der Führung einzufangen, heißt auch, Vorstellungen aufzugreifen, die auf anderen Hintergründen entwickelt wurden (z. B. Eigenschaftstheorie der Führung). Es obliegt den Lesenden selbst, dies bei ihrer individuellen Wertschätzung von Positionen zu berücksichtigen.

III. Führungsbeziehungen als Orte lebendiger Führung

Die Charakterisierung einer Führungsbeziehung hängt von vielen Vorannahmen ab. Alleine die Entscheidung, Führung in einer Beziehung zu denken und nicht nur einen Führer zu betrachten, dessen Überzeugungen oder Anweisungen einfach gefolgt wird, ohne dass wir ihren Weg in einer Beziehung weiterverfolgen müssen, ist eine hiervon. Eine andere ist die, Führung mit dem Akzeptanzkriterium zu verbinden. Wenn wir über Führung reden, haben wir also in der Regel eine **Führungsbeziehung** vor Augen, die sich durch eine sehr einfache Grundstruktur auszeichnet (vgl. Abb. A.5): Zwei oder mehr **Personen** (ein Führender und ein Geführter bzw. mehrere Geführte) interagieren in einer spezifischen **Führungssituation**, die wiederum in einem allgemeinen Führungskontext eingebettet ist. Das, was aus dieser Interaktion mit Blick auf die Intention der Einflussnahme resultiert, bezeichnet man als **Führungserfolg**.

Vor diesem Hintergrund wollen wir die beteiligten **Individuen**, die (soziale) **Interaktion** und die **Situation** als Grundelemente einer Führungsbeziehung definieren und im Folgenden näher darstellen.

1. Welche Personen auftreten und was ihr Handeln beeinflusst

1.1 Perspektive der Geführten

Führende wie Geführte sind individuelle Persönlichkeiten, denen aufgrund ihrer dauerhaften oder temporären Zuordnung in die Kategorien „Führer" bzw. „Geführter" üblicherweise Regelmäßigkeiten im Verhalten zugeschrieben werden können. Diese Regelmäßigkeiten basieren auf allgemeinen Sozialisationsbedingungen, die bereits außerhalb von Organisationen erlernt werden (z. B. bedingte Anerkennung von formalen Positionen, Vorstellungen über Führer- wie Geführtenrollen; → Sozialisation), spezifischen Normen der Organisation sowie spezifischen Erwartungen, die sich innerhalb einer Führungsbeziehung zwischen Führern und Geführten *wechselseitig* ausbilden.

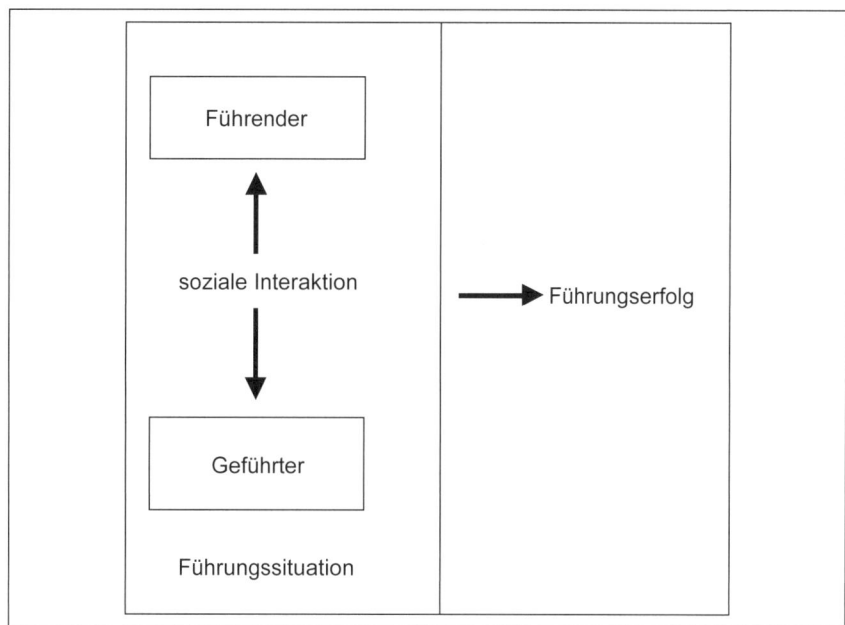

Abb. A.5: Grundstruktur einer Führungsbeziehung

Implizite Führungstheorien

Kommen wir zunächst auf die Herausbildung der Kategorien selbst zu sprechen. Hierzu haben wir schon ausgeführt, dass es sich bei der Herausbildung der Führerkategorie um einen Zuschreibungsprozess handelt. Die theoretische Fundierung finden wir in dem Verweis auf die Bedeutung sogenannter **impliziter Führungstheorien** (vgl. *Kenney/Schwartz-Kenney/Blascovich* 1996), die eine Spezifikation der impliziten Persönlichkeitstheorie von *Schneider* (1973) darstellt (vgl. *Eden/Leviatan* 2005). Die **Social Information Processing Theory**, ursprünglich formuliert von *Lord/Maher* (1991, 1990 sowie *Lord/Emrich* 2001, basierend auf *Rosch* 1978; ☞ C. III. 2.2) ist hiervon eine besonders wegweisende.

Wir haben die Social Information Processing Theory schon bei der Akzeptanzdiskussion unserer Führungsdefinition eingeführt (☞ A. II. 2.2), möchten sie aber hier weiter erläutern. Damit setzen wir – unüblicherweise, aber bewusst – bei der Geführtenposition in der Führungsbeziehung an (vgl. *Weibler* 2004a). Erleben und Verhalten von Mitarbeitern werden bei uns also nicht simplifizierend als reine Reaktion auf das Verhalten von Führungskräften betrachtet. Vielmehr wird die Eigenständigkeit in der Wahrnehmung, im Denken und im Schlussfolgern hervorgehoben. **Implizite Führungstheorien** beinhalten auch Vorstellungen darüber, welche Einflussmöglichkeiten Führungskräfte auf Personen und Ereignisse haben (vgl. *Herrmann/Felfe* 2009, S. 164). Werden Führungskräfte den impliziten Führungstheorien besonders gerecht, sind auch besonders positive Folgen für die Bewertung von Führungskräften, für die Entwicklung einer Führungsbeziehung und für Leistung und Zufriedenheit der Mitarbeiter zu erwarten (vgl. auch *Felfe* 2005). Kurzum: die Führungskraft ist effektiv, wenn sie den impliziten Führungstheorien der Geführten entspricht.

Kommen wir zur näheren Erläuterung des **Zuschreibungsprozesses**. Da die Informationsverarbeitungsfähigkeit des menschlichen Gehirns, insbesondere des Kurzzeitgedächtnisses, begrenzt ist, werden in sozialen Situationen erlernte kognitive Kategorien (→ Kognition) des Langzeitgedächtnisses aktiviert, um der ständigen Informationsflut Herr zu werden. Schemata, → Skripte oder Stereotype, die sich in der Diskussion ebenso finden, sind Unterformen des allgemeineren Kategoriebegriffs. Diese Begriffe werden oft synonym genutzt, lassen sich aber auf Basis spezifischer Bedeutungsinhalte, beispielsweise zur Art der Strukturierung des Materials, voneinander abgrenzen. In das Bewusstsein neu eindringende Informationen (Reize) werden in der Regel automatisch (unbewusst) mit diesen kognitiven Schemata verglichen und (wieder-)erkannt und damit interpretier- und verstehbar (vgl. näher *Medvedeff/Lord* 2007, S. 21 ff.).

Übertragen auf die Führungsthematik impliziert diese allgemeine kognitionstheoretische Überlegung, dass Geführte sogenannte **prototypische Vorstellungen** darüber besitzen, welche Merkmale und Verhaltensweisen vorhanden sein sollten oder auftreten müssten (bzw. erfahrungsgemäß vorliegen), um eine Person als Führer bzw. Führerin zu identifizieren. Dabei kann es der Gesamteindruck der Wahrnehmung, die sogenannte Gestalt sein, die die oberste und demnach abstrakteste Kategorie „Führer" respektive „Nicht-Führer" öffnet oder aber eine hervorstechende Verhaltensweise bzw. ein hervorstechendes Merkmal.

Es geht dabei nicht darum, ob die betreffende Person diese Merkmale oder Verhaltensweise tatsächlich (messbar) besitzt bzw. zeigt, sondern ob sie dieser Person zugeschrieben werden. Auch müssen diese Attribute oder zugeschriebenen Verhaltensweisen nicht immer positiver Natur bzw. zwingend mit Effektivität assoziiert sein, zumindest dann, wenn derartige Prototypen aus eigenen Erfahrungen mit Führern in Organisationen abgeleitet werden. In einer ersten, rein explorativen Studie zeigten *Schyns* und *Schilling*, dass sich eine solche implizite Führungstheorie auf reale (und nicht ideale!) Führende bezieht, deren Attribute sowohl mit Effektivität als auch mit Ineffektivität assoziiert werden. Zweifelsfrei entspricht dies der Lebenserfahrung vieler Menschen. Dies bedeutet, dass unter Umständen ineffektive Verhaltensweisen einer Person dazu führen, dass diese als Führer wahrgenommen bzw. Führerschaft zugeschrieben wird. In einem solchen Fall dürfte es allerdings einem Führer – ein Mindestmaß an Integrität vorausgesetzt – schwer fallen, auf Personen Einfluss auszuüben, die ein negatives Führerbild haben (vgl. auch *Schyns/Schilling* 2011). Welche Geführte gewährt schon Akzeptanz für eine dominant mit Ineffektivität assoziierte Führung? Für unsere Überlegungen zur **Akzeptanz von Führung** bedeutet dies, dass – selbst wenn wir das Ergebnis von Führung keineswegs immer mit tatsächlichem Erfolg in Verbindung bringen – eine Verhaltensbeeinflussung, deren Akzeptanz von vornherein (also bei der Entstehung/Zuschreibung von Führung) auf einem negativen Führerbild (also **impliziten Führungstheorien**, die beispielsweise mit Ineffektivität assoziiert sind) fußt, abgelehnt werden muss. An dieser Stelle ist anzumerken, dass zur empirischen Bestimmung solcher positiver wie negativer Kategorien, die teilweise toleriert, im Großen und Ganzen jedoch abträglich sind, eine Fülle von empirischen Befunden vorliegen, die bedeutende Schnittmengen aufweisen (vgl. z. B. *Weibler* 2014b; *House u. a.* 2004; *Brodbeck/Frese/den Hartog/Koopman/Weibler u. a.* 2000; *Lord/Maher* 1991).

Grundsätzlich sind Zuschreibungen dann leichter, wenn sich das Beobachtete deutlich von dem Hintergrund abhebt. **Prototypen** sind dabei verdichtete, besonders markante Merkmale und Verhaltensweisen, im Kern geteilt von denen, die sich dieser Kategorie als zugehörig erachten, die darüber hinaus zwischen verschiedenen **Führungsfeldern** (☞ A. II. 1.2) variieren können, wenngleich auch übergreifende Merkmale oder Verhaltensweisen vorliegen.

Beispiel zur Zuschreibung von Führung

Einzelne Verhaltensäußerungen, wie z. B. „um Konsens bemüht sein" werden möglicherweise bei Personen im religiösen oder militärischen Kontext weniger eindeutig mit Führerschaft in Verbindung gebracht als im politischen Kontext, wohingegen „Vertrauenswürdigkeit" weniger zwischen den verschiedenen gesellschaftlichen Feldern differieren dürfte. Aber prinzipiell heißt dies, dass ein und dasselbe Verhalten einer Person einmal bei einer Person oder Gruppe eine Führungszuschreibung begünstigt, ein anderes Mal nicht (vgl. auch *Ladkin* 2010, S. 11). Innerhalb ein und desselben Feldes gibt es nun wiederum Merkmale und Verhaltensweisen, die eine Kategorisierung in „Führer" oder „Nicht-Führer" unterschiedlich wahrscheinlich machen. In dem Falle des Auftretens einer hinreichenden Anzahl von Merkmalen und/oder Verhaltensweisen wird das Schema „Führer/Führerin" aktiviert. Möglicherweise sogar leichter und stärker, wenn in der Selbstwahrnehmung des Zuschreibenden dies dem Ideal des Führers besonders entspricht (vgl. Van *Quaquebeke/Van Knippenberg/ Brodbeck* 2011). Auch wenn diese Ideale früher schon bei einem als typisch geltenden Führer tatsächlich in der selbsterlebten Praxis ausgemacht wurden (Van *Quaquebeke/Van Knippenberg* 2012) Identifikationsprozesse werden früheren Überlegungen von *Tilman Eckloff* und *Niels van Quaquebeke* folgend (2008), vermutlich vereinfacht (vgl. zur Aktivierung von Geführten-Schemata *Sy* 2010).

Romantisierung der Führung

Aber eine einmal gebildete implizite Führungstheorie funktioniert auch andersherum. Da Führung in der Regel mit Erfolg verbunden wird, wird von Erfolg schnell und ungeprüft auf Führung geschlossen (ein sogenannter Inferenzprozess, eine Schlussfolgerung, ein abgeleitetes Urteil). Dies vereinfacht die Realität, geht aber auch leicht an ihr vorbei. Diese Neigung zur **Romantisierung von Führung** muss mit *Ross* (1977a/b) als ein dem Menschen innewohnender fundamentaler → Attributionsfehler bezeichnet werden, der insbesondere bei extremen und unerwarteten Ereignissen auftritt (vgl. *Meindl u. a.* 1985). Aber solange alle daran glauben, können Geführte dennoch zu zielführenden Verhaltensweisen veranlasst und motiviert werden. Man muss daher stets den Einzelfall betrachten, um zu entscheiden, ob die Romantisierung funktional oder dysfunktional zur Erreichung der Zielsetzung ist. Es ist vielleicht vergleichbar mit der Gründung von Unternehmen. Wer nicht glaubt, besser als andere zu sein oder den Markt ein Stück weit kontrollieren zu können, wird erst gar nicht gründen, auch wenn er objektiv im Unrecht ist. Zwar scheitern viele, andere schaffen es jedoch, und ohne ihren Glauben an sich wären sie erst gar nicht aktiv geworden. Ihre Chance entstand gerade dadurch, dass andere zweifelten und abbrachen.

In diesem Sinne kann auch ein manchmal unbegründeter oder überschätzter Glaube an den Führer entscheidend zum Erfolg beitragen (oder aber ins Verderben führen). Jemandem zu folgen ist risikobehaftet, aber das stellten wir schon bei unseren evolutionsbiologisch-anthropologischen Betrachtungen fest (☞ A. II. 1.1). Es ist Erfahrung, vielleicht Weisheit, zu entscheiden, wann eine Situation genau hinsichtlich des Einflusses von Führung analysiert werden muss und wann der lange Zeit untergewichteten Intuition der Vorrang gegeben werden muss (vgl. hierzu *Weibler/Küpers* 2008). Derartige Aspekte werden jedoch im Kontext der traditionell kognitiv ausgerichteten Forschung über implizite Führungstheorien weitgehend vernachlässigt. Erst in jüngerer Vergangenheit werden neue (dynamische) Perspektiven entwickelt, die u. a. auch die Rolle von Affekten/Emotionen einzubeziehen versuchen (vgl. *Dinh/Lord/Hoffmann* 2014; *Medvedeff/Lord* 2007).

Die Aktivierung des Schemas „Führer/Führerin" erfolgt bei gewohnten Sachverhalten automatisch (unbewusst), bei ungewohnten oder wichtigen kontrolliert (bewusst). Demnach sind Korrekturen eines ersten Eindrucks möglich (z. B. durch weitere Informationen oder genauere Analyse der Situation) und Raum für Lernerfahrungen ist gegeben. Die Inhalte des Schemas bzw. ihre Gewichte sind kulturell vorgeprägt (sozial geformt) und dadurch der individuellen, vollkommen beliebigen Zuschreibung entzogen (zur bereits frühen Entwicklung im Menschen vgl. *Brown* 2012, S. 346). Variationen können aufgrund unterschiedlicher Länderkulturen, Führungssituationen oder persönlicher Charakteristika der beurteilenden Geführten (beispielsweise spezifische Eigenschaften wie Extraversion) oder bei den zu beurteilenden Führertypen (z. B. Mann oder Frau) auftreten (vgl. *Fischbein/Lord* 2004, S. 702 ff.). Nach *Phillips* und *Lord* (1982) neigen Individuen dazu, bestätigende Informationen zu suchen. Dennoch werden sie um eigene Erfahrungen ergänzt, sofern eine kognitive Flexibilität gegeben ist. Deshalb sind in diesem Fall auch Änderungen im Zeitablauf möglich.

In der Praxis wird man davon ausgehen dürfen, dass eine einmal erfolgte Belegung einer anderen Person mit dem Label „Führer", sei sie spontan oder nach längerer Beobachtung entstanden, eine Indifferenzzone erzeugt, innerhalb derer vom Führer gezeigte Verhaltensweisen per se als führungskonform gewertet werden – ganz einfach deshalb, um innerhalb der sozialen Beziehung handlungsfähig zu bleiben (vgl. aus einer soziologischen Perspektive differenziert bestätigend *Pongratz* 2002). *Medvedeff* und *Lord* (2007) sehen aber Chancen zur unmittelbaren Änderung dann, wenn sich die Führungssituation sehr verändert oder aber starke Emotionen geweckt werden.

> **Beispiel zum Führungsschema**
>
> Taucht eine Krise auf, und haben wir dadurch eine andere Führungssituation, wird eventuell ein anderes Führerschema aktiviert, das das Attribut „entscheidungsfähig" oder „krisenerfahren" beinhaltet. Während eine tiefe Enttäuschung plötzlich ein anderes Personenschema (unzuverlässige Person) aktivieren kann, die die bisherige Einordnung in die Kategorie „Führer" in die Kategorie „Nicht-Führer" zur Folge haben kann, mag eine Begeisterung für die Person und/oder Vision einer Person mit dem Schema „charismatischer Führer" übereinstimmen und es aktivieren.

Die **Adaptive Resonance Theory** (ART) von *Grossberg* (1999) ist eine der Theorien, die sich mit dieser schwierigen Frage der Persistenz und Veränderung von **Klassifikationsprozessen** beschäftigt. Sie setzt stärker auf die Verwobenheit verschiedener Hirnareale, wird dadurch komplexer, aber auch offener für nicht-lineare, d. h. hier radikalere Brüche mit momentan vorherrschenden kategorialen Bestimmungen. Insbesondere setzt sie darauf, Veränderungen weniger durch einen Wechsel von Kategorieinhalten zu erreichen, sondern durch die Höhergewichtung/Aktivierung bestimmter Attribute innerhalb der Kategorie selbst. Diese nehmen dann mehr Raum in der (automatischen) Urteilsbildung ein. Dies ist für die Führungspraxis hilfreich, weil die Organisation die relative Bedeutung einzelner Attribute hervorheben kann, beispielsweise durch eine Artikulation einer Sollkultur. *Medvedeff* und *Lord* (2007) liefern hier zum **Prozess der Akzeptanz** von „Female Leadership" aufschlussreiche Überlegungen (☞ E. III. 1). Zukünftig benötigen wir vermehrt empirische Studien, die den auslösenden Mechanismen, ihrer Gewichtung und den Folgen der komplexen Schemabildung nachgehen. Dies beinhaltet dann auch die Identifikation von Erfahrungen, Motiven und Eigenschaften der Geführten, die auf die Herausbildung, Beibehaltung und Veränderung von Zuschreibungsprozessen Einfluss nehmen. Bei den Eigenschaften wurde hier bislang die Tendenz zur **Romantisierung von Führung** am besten untersucht, die zwar auch als ein generelles, personenunabhängiges Phänomen aufgefasst, aber auch speziell als Persönlichkeitsmerkmal konstruiert wird (vgl. *Herrmann/Felfe* 2009).

Eine bedeutsame **interaktionsorientierte** Erweiterung der vorstehend beschriebenen Prozesse der Zuschreibung von Führerschaft – und damit der Entstehung einer Führungsbeziehung – haben *DeRue* und *Ashford* (2010) vorgelegt. Sie stellen die Frage: *„Who will lead and who will follow?"* Es geht darum, aufzuzeigen, wie in Organisationen im Rahmen von Interaktions- und Beziehungsprozessen eine Differenzierung zwischen Organisationsmitgliedern, die führen („who will lead") und Organisationsmitgliedern, die eine Geführtenrolle einnehmen („who will follow"), erfolgt. Diese Frage wollen die Autoren maßgeblich auf der Basis einer Betrachtung von sozialen Prozessen der Identitätskonstruktion in Organisationen beantworten. Ausgangspunkt ist unter anderem die Idee, dass sich Beziehungen zu Führungsbeziehungen entwickeln, wenn die beteiligten Individuen im Rahmen ihrer Interaktion entsprechende **Leadership-Identitäten** im Sinne einer Differenzierung in eine Leader-Identität („leader identity") und eine Follower-Identität („follower identity") aushandeln. Wir belassen das englischsprachige Wort Leadership im Begriff „Leadership-Identitäten", weil die deutsche Übersetzung „Führerschaft-Identitäten" unglücklich klingt. Weiterhin transportiert unseres Erachtens die deutsche Übersetzung Führer- und Geführtenidentitäten nur unvollständig, was mit Leader Identity und Follower Identity gemeint ist. Im Grunde müsste es „Folgende" heißen, da dies die bedeutsame aktive Komponente, wie wir sie beim Begriff Follower haben, besser widerspiegelt. Da der Begriff „Folgende" im Deutschen noch ungewöhnlicher ist, verwenden wir hier das englischsprachige Begriffspaar Leader und Follower.

Startpunkt ist die Annahme, dass grundsätzlich keine a priori Festlegung von Führung erfolgt. Wer „führt" und wer geführt wird bzw. sich in eine Follower-Rolle begibt muss erst ausgehandelt werden. Dies bedeutet, dass sich in grundsätzlich jeder Situation im Organisationsalltag unter Bezug auf die jeweiligen Konstellationen potenziell Leadership und Followership herausbilden, ggf. etablieren oder wieder aufzulösen können. Und zwar maßgeblich über die entsprechenden Identitätskonstruktionen. Die Autoren gehen hierbei durchaus von anstrengenden Prozessen des Aushandelns von Identitäten aus (vgl. „identity work"; siehe Abb. A.6). Identitätsarbeit verläuft hiernach nicht in linearen, sondern reziproken und iterativen Prozessen. Weiterhin gehen *DeRue* und *Ashford* von einem umfassenden – und nicht nur auf der individuellen Ebene angesiedelten – Prozess aus. Individuen versuchen durch ihr Verhalten und Aktionen als Organisationsmitglied eine legitime Identität – z. B. eine Leader-Identität – zu etablieren. Im Zuge dieses Prozesses treffen sie mit ihren Bestrebungen auf bekräftigende oder abwehrende Antworten anderer Organisationsmitglieder, die durch verbale und nonverbale kommunikative Akte, Symbolik, Verhalten usw. vermittelt werden können. Derartige Rückkoppelungen, die als **reziproke Identitätsarbeit** bezeichnet wird, trägt (im

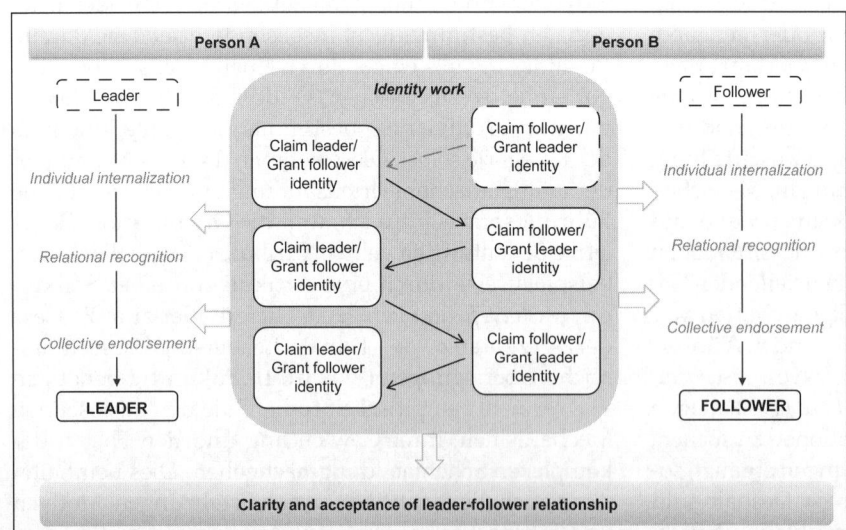

Abb. A.6: Leadership Identity: Konstruktionsprozess nach *DeRue/Ashford* (2010, S. 631)

Idealfall) dazu bei, Mehrdeutigkeiten aufzulösen und Klarheit sowie **Akzeptanz** über die Führungsbeziehung („clarity and acceptance of leader-follower relationship"; siehe Abb. A.6) herzustellen.

Nach *DeRue* und *Ashford* lässt sich der **Prozess der Leadership-Identitätskonstruktion** unter Bezug auf die Abbildung A.6 durch die Prozesse von „claiming" (beanspruchen, Anspruch erheben) und „granting" (gewähren) erklären (nachfolgend unter Bezug auf *DeRue/Ashford* 2010, S. 631 ff.; sowie der dort angegebenen Literatur): Sowohl „Beanspruchen" (Anspruch erheben) als auch „Gewähren" umfasst Taktiken, die sich entlang von zwei Dimensionen beschreiben lassen: verbal/nonverbal und direkt/indirekt. Ein direkter verbaler Akt des Beanspruchens einer Leader-Identität wäre dann etwa ein direktes Statement, dass man hier der oder die Führende sei. Ein direkter verbaler Akt des Beanspruchens einer Follower-Identität, wäre die Aussage, dass man der vorgeschlagenen Richtung folge, oder dass man erwarte, der andere möge eine Richtung vorgeben oder eine Entscheidung treffen. Die schlichte Aussagen, „das müssen Sie entscheiden" – und damit die Einforderung von Führung durch eine andere Person – wäre hier ein Beispiel für einen direkten verbalen Akt des Beanspruchens einer Follower-Identität.

Als direkter nonverbaler Akt kann beispielsweise die Nutzung der Symbolik von Artefakten angesehen werden. In diese Kategorie fällt etwa, sich wie ein Leader „zu geben" – etwa durch die, in einem Kontext entsprechend hervorstechende Kleidung, oder indem man bei einem Meeting den Platz am Kopf des Konferenztisches (als erster) einnimmt. Eine nonverbale Beanspruchungstaktik für eine Follower-Identität wäre etwa, sich in einem Meeting nur auf direkte Aufforderung zu Wort zu melden. Ähnlich kann eine Person Leader-Identität gewähren, indem sie den Platz am Kopf des Konferenztisches einer anderen Person anbietet.

Beanspruchen (claiming) und Gewähren (granting) von Leader- und Follower-Identitäten könne danach aber auch *indirekt* erfolgen. Indirekte Beanspruchung kann durch das situationsangemessene ins Spiel bringen von Beziehungen erfolgen, etwa, wenn man in einem Gespräch die besondere Nähe oder Verbindung zu anerkannten Autoritäten oder Führungspersönlichkeiten einfließen lässt. Als Beispiel für eine indirekte Form des Beanspruchens von Follower-Identitäten wird der Verzicht auf das Ergreifen von Initiative genannt. Inaktivität in diesem Sinn ist eine indirekte Form der Beanspruchung einer Follower-Identität. Wie in Abbildung A.6 visualisiert, stellt sich Beanspruchen und Gewähren als **iterativer** und **generativer** Prozess dar. Wenn eine bestimmte Person eine Leader- oder Follower-Identität beansprucht, führt dies dazu, dass andere Personen in der jeweiligen sozialen Umgebung diese Person mit ihrer entsprechenden (sich formierenden) Identität wahrnehmen. Sie artikulieren, dass sie die Identität akzeptieren, indem sie die entsprechende Identität der Person gewähren (direkt oder indirekt).

Diese Akte des Gewährens einer Identität mögen nicht immer unmittelbar erfolgen. Auch kann es sein, dass mehrere Beanspruchungsakte erforderlich sind, bis bei den anderen Organisationsmitgliedern sich bekräftigende Akte der Gewährung der beanspruchten Identität einstellen. *DeRue* und *Ashford* betonen, dass die Bestärkung der beanspruchten Identität (sei es Leader- oder Follower-Identität) die relationale Anerkennung („relational recognition") durch verstärkende Akte des Gewährens der jeweiligen Identität erforderlich ist, um letztlich zur entsprechenden Identitätsausbildung zu führen. Es wird hier auf die bedeutsame Einbindung in *interpersonale* Beziehungen abgestellt und darauf, dass die (direkten/indirekten verbalen sowie nonverbalen) Akte im Rahmen dieser Beziehungen entscheidend sind. Erst durch aufeinander bezogene reziproke Akte des Beanspruchens und Gewährens wird eine Leader- oder Follower-Identität verinnerlicht („individual internalization"). Wenn zum Beispiel eine Person B eine Follower-Identität beansprucht (z. B. indem sie kommuniziert oder durch Aktionen zu verstehen gibt, dass eine andere Person die Führung übernehmen soll) *und* die anderen Personen diesen Anspruch durch eine entsprechende Gewährung der Follower-Identität (z. B. indem sie nicht weiter auf die Ideen oder Verschläge von Person B bauen) verstärken, dann wird sich die Follower-Identität von Person B in diesem spezifischen Kontext (z. B. innerhalb einer Abteilung oder einem bestimmten Projekt/Meeting) anfangen zu etablieren.

Andere Organisationsmitglieder nehmen die sich entwickelnden Beziehungsstrukturen wahr. Es erfolgen **Rückkoppelungen** durch den breiteren organisationalen (kollektiven) *Kontext*. *DeRue* und *Ashford* sprechen von „collective endorsement", wodurch die sich formierenden Identitäten (Leader- und/oder Follower-Identitäten) kollektiv anerkannt bzw. unterstützt werden. In Abbildung A.6 verweisen die jeweils zweiten waagrechten Pfeile auf diese kollektive Beipflichtung („collective endorsement") der jeweiligen Identität. Das Ausmaß an Klarheit und Akzeptanz der Leader-Follower-Identitätskonstruktion hängt somit vom Ausmaß der kollektiven Beipflichtung („collective endorsement"), der relationalen Anerkennung („relationale recognition") und der individuellen Verinnerlichung („individual internalization") ab.

Es stellt sich die Frage, wovon es nun abhängt, ob Organisationsmitglieder eine Leader- oder Follower-Identität beanspruchen oder gewähren. *DeRue* und *Ashford* stellen hierbei ab auf: (1) die **impliziten Theorien**, die eine Person über Führung hat (wie oben dargelegt, z. B. Auffassungen darüber, was nach eigener Überzeugung einen Führer ausmacht), (2) die **motivationalen Risiken** und erwarten Vergünstigungen, die mit der Beanspruchung und Gewährung von Leader- oder Follower-Identitäten verknüpft werden, (3) **institutionelle Strukturen**, die in bestimmten Gruppen-Settings Leader- und Follower-Identitäten auferlegen können. Die Autoren sehen diese Kategorien nicht als vollständig an; vielmehr sollte ein vorläufiger, aber dennoch breiter Rahmen an Antezedenzien vorgelegt werden. Dieser Rahmen spannt sich von individuellen Sets an Überzeugungen und impliziten Theorien bis hin zum breiteren organisationalen Kontext. Er baut auf traditionellen Attributionsansätzen und der Idee der Zuschreibung von Führung auf, geht aber schon allein wegen der oben aufgeigten Betonung von (Inter-)aktionen und Beziehungen über die üblicherweise kognitiven und intraindividuell ablaufenden Zuschreibungen von Führung hinaus.

Zudem werden Kontexte situationsspezifisch, aber auch mit ihren gegebenen Strukturen, berücksichtigt. Wenn wir zum Beispiel an traditionelle Organisationen mit formalen – auch hierarchischen Strukturen – denken, dann können im Sinne der Konzeptualisierung von *DeRue* und *Ashford* (2010) formale Strukturen selbst *als* institutionalisierte Form der Gewährung von Leader/Follower-Identitäten angesehen werden. Das Innehaben einer Kontrollfunktion stellt in dieser Logik selbst eine machtvolle institutionelle Gewährung einer Leader-Identität dar, die über die formale soziale Struktur, in die alle Gruppenmitglieder eingebunden sind, vermittelt wird. Innerhalb sozialer Systeme haben Mitglieder bestimmte Erwartungen an Vorgesetzten- und Kontrollpositionen, die sich häufig auch auf die Übernahme von Führung bezieht.

Zwar ist das Innehaben einer Vorgesetzten- oder Kontrollfunktion nicht mit Führung gleichzusetzen – und viele Personen in solchen Positionen verkörpern auch keineswegs eine Führungsidentität. Aber die allgemeinen Erwartungen dieser Rolle gegenüber lenken (oder verzerren) die Wahrnehmung und Interpretation des Verhaltens jener Personen gegenüber, die eine Kontroll- oder Vorgesetztenfunktion bekleiden. Wie die Autoren weiter ausführen, neigen Menschen dazu, diesen Personen – im Vergleich zu anderen – eher eine **Leader-Identität** zu gewähren und für sich selbst entsprechend eine Follower-Identität zu beanspruchen. So kann eine (funktionierende) Führungsbeziehung durchaus in einer formalen oder positionsgebundenen Differenzierung ihren Ausgang nehmen, wenn sich gegenseitige Beanspruchungs- und Gewährungsakte in der Beziehung („relational recognition") einstellen und die Führungskonstellation von den anderen Gruppen- oder Organisationsmitgliedern ebenfalls so gesehen und akzeptiert wird („collective endorsement").

Dies wird wahrscheinlich solange anhalten, bis sich die Person in der Vorgesetzten- oder Kontrollposition nicht mehr mit den (bei anderen Personen vorhandenen) impliziten Vorstellungen über Führung deckt und/oder in der alltäglichen Praxis als untauglich erweist. Insgesamt können somit institutionelle Strukturen als identitätsstiftend (sowohl für eine Leader- als auch eine Follower-Identität) angesehen werden. Allerdings reicht dies für sich allein nicht und kann unterschiedliche Wendungen annehmen. Im Einzelfall hängt es davon ab, wie die Prozesse des „claiming" und „granting" sowie die relationale (interpersonale) und kollektive Beipflichtung („collective endorsement") verläuft.

Wie ersichtlich wurde, knüpfen *DeRue/Ashford* (2010) an traditionelle Konzepte, wie Attributions- und Zuschreibungsansätze (implizite Theorien) an und ergänzen diese: erstens, indem sie die Interaktionen bei den Beanspruchungs- und Gewährungsakten von Identitäten berücksichtigen und zweitens, indem sie auf die entscheidende Bedeutung der relationalen Anerkennung sowie die kollektive Beipflichtung für die Konstruktion der Leadership-Identitäten abstellen. Damit werden die – wie wir wissen für eine relationale Perspektive unverzichtbaren – Aspekte der Einbettung in Beziehungszusammenhänge sowie kontextuelle Charakteristika berücksichtigt. Die Vorstellung von der individuellen Identität (Selbst) wird hier deutlich mit relationalen Komponenten angereichert. Der Mensch und sein individuelles Selbstkonzept werden nicht als völlig autonome und unabhängig agierende entitative Größen angesehen, sondern als maßgeblich sozial konstruiert – in und durch Interaktions- und Beziehungsdynamiken sowie vielfältige Rückkoppelung aus dem Kontext. Damit ist es nicht die radikalste Form, die unter Bezug auf *Kenneth Gergen* sowie in orthodox (relational) sozial konstruktionistischen Ideen (vgl. z. B. *Gergen* 2002; ☞ A. III. 2.1) eingenommen werden könnte. Es gibt eben unterschiedlich starke Ausprägungen des Relationalen. Wir müssen diesbezüglich in einem Kontinuum denken.

DeRue/Ashford (2010) nehmen insgesamt eine stärker prozessorientierte Perspektive ein, indem sie die Frage nach der → Emergenz von Führung unter Berücksichtigung von relationaler und kontextueller Einbettung stellen. Es ist also offen, wer gegebenenfalls „führt" und wer „folgt", je nach dem Verlauf der Leader/Follower-Identitätskonstruktionen. Weiterhin wird deutlich, dass diese Prozesse der Konstruktion von Leadership-Identitäten keineswegs beliebig sind, sondern intersubjektiv konstruierte soziale Wirklichkeit darstellen. Diese basiert auf fortwährenden Interpretationen und gegenseitiger Aushandlung durch verbale und non-verbale Akte zwischen Individuen unter Bezug auf ihre soziale und kulturelle Verankerung. Auf dieser Basis können sich im Organisationsleben durchaus schnell Übereinkünfte darüber entwickeln, wer „führt" und wer „folgt". Es muss aber nicht sein und es kann sich schnell wieder ändern, etwa wenn neue Akte der Gewährung oder Beanspruchung (situationsbezogen) folgen oder wenn sich im Beziehungsgefüge etwas ändert (und dann die kollektive Anerkennung wegfallen könnte). Ansatzpunkte zur Betrachtung sind also vielfach aufgezeigt. Wie diese Prozesse dann konkret im organisationalen Alltag und in der sozialen Wirklichkeit aussehen ist zwar eine empirisch zu beantwortende Frage, die aber letztlich nie vollständige Sicherheit geben kann. Wichtig ist dabei, dass man sich nicht vorschnell auf zu stark verallgemeinerte Erkenntnisse verlässt, da diese den Blick auf das, was in Settings, Kontexten oder Konstellationen bedeutsam und passend ist, versperrt. Auch wird sich in der praktischen Umsetzung zeigen, inwieweit das hier konzeptionell fundierte Model in eine empirisch fundierte Theorie weiter entwickelt werden kann.

1.2 Perspektive der Führenden

Wenden wir uns nun der Person des **Führenden** zu. Auch sein Handeln ist von impliziten Theorien mitgeleitet, hier jedoch bezogen auf die **Geführten.** Konkret geht es darum, wie sich Führende ihre Geführten vorstellen (implizite Geführtentheorien; vgl. z.B. *Carsten u.a.* 2010; *Sy* 2010). Auch diese Theorierichtung sollte herangezogen werden, um ein umfassendes Verständnis impliziter Führungstheorien und der **Zuschreibung von Führung** zu gewinnen. Schließlich sind **Führung** („leadership") und **Gefolgschaft** („followership") zwei Seiten *einer* Medaille. So ist nach langer Ausblendung in den letzten Jahren das Thema „Geführte" wesentlich mehr in den Mittelpunkt des wissenschaftlichen Interesses gerückt. Dies ist nicht so selbstverständlich, wie man meinen könnte.

Im Vergleich zu Führenden erfuhren **Geführte** nämlich in der **Geschichte der Führungsforschung** wenig Interesse. Selbst die spätere Erkenntnis, dass Geführte eine wichtige Rolle im Führungsprozess durch die Zuschreibung von Führerschaft erfüllen, ließ sie noch nicht als gleichwertig erscheinen (vgl. *Uhl-Bien u.a.* 2014). Dies mag auch an dem verbreiteten Verständnis von Gefolgschaft liegen, das eine gewisse Ehrerbietung gegenüber Führenden nahe legt (vgl. *Uhl-Bien/Pillai* 2007). Hinzu treten die oben beschriebenen Identitätsprozesse, die Gefahr laufen, nicht nur eine funktionale Rollenteilung auszuweisen, sondern diese auch mit Erwartungen an eine „Untergebenheit" gegenüber dem Status, dem Verhalten oder den Zielen von Führenden zu verbinden.

Auf der Basis von negativen Konnotationen mit dem Begriff der Untergebenheit wurde deshalb Gefolgschaft (Followership) oder Geführt-Sein in der Führungsforschung abschätzig betrachtet. Mentale Trägheit, Passivität, begrenzte Fähigkeiten, geringes Urteilsvermögen, Erscheinung einer undifferenzierten Masse auf niedriger Ebene reagierend, sind nur einige, zu findende Stichworte (vgl. näher auch *DeRue/Ashford* 2010; *Agho* 2009; *Kellerman* 2009; *Collinson* 2006; *Miles* 1964). Wenig schmeichelhaft kommt, um dies einmal zu illustrieren, auch eine bei *Kelley* (2008) nachzulesende Geführten-Kategorisierung daher, die – mit Ausnahme der „star-follower" – Begriffe wie „passive Schafe" und „konformistische Ja-Sager" für Geführte fand. Aus konstruktivistischer Sicht wiederum bilden sich solch negative Geführtenbilder v.a. aus erlernten Menschenbildern wie aus weit verbreiteten organisationalen Verhaltensstandards, deren Kulturen und Führungsstilen heraus, die dem Gedanken folgen, dass ausschließlich Führende, und nicht Geführte, Wissen und Kompetenz besitzen (vgl. *Carsten u.a.* 2010). Der Weg zu einem eigenen, an diese stereotypischen Vorstellungen angepassten Führungsverhalten ist dann nicht mehr weit (vgl. *Goodwin/Wofford/Boyd* 2000). Dies kann leicht dazu führen, eine generalisierte negative Auffassung von der Geführtenposition zu entwickeln – in Ausblendung der Tatsache, dass die allermeisten Führenden auch Geführte sind.

Erst jüngere Forschungsbemühungen charakterisieren, wie oben gezeigt, die Führungsbeziehung ernsthaft als einen sozialen Prozess (vgl. *DeRue* 2011), in dem Führende und Geführte in mehr oder weniger starker Interdependenz stehen. Entsprechend werden Geführte als Teammitglieder, Gefährten und Mitarbeiter gesehen werden (vgl. *Rost* 2008). Aber auch Führende sind nicht stets „nur" Führende, sondern nehmen je nach Konstellation auch die Rolle des Kollegen, Team- oder Projektmitarbeiters o.Ä. ein. Diese Entwicklung ist auch eine Reaktion auf veränderte Umwelten (Werte, Ausbildung, Technik etc.) wie Arbeitsbedingungen zu interpretieren. Letztendlich führt diese veränderte Perspektive zur Neudefinition erwünschter Mitarbeitercharakteristika und Leistungsvorstellungen seitens der Führenden und lässt neue explizite sowie implizite Geführtenbilder entstehen.

Implizite Geführtentheorien

Implizite Theorien über Geführte werden als persönliche Annahmen bezüglich der Eigenschaften und Verhaltensweisen beschrieben, die „Geführte" charakterisieren. Sie entstehen nicht in einem Vakuum. Es wird angenommen, dass sich diese impliziten Theorien im Kindesalter durch **Sozialisationsprozesse** (→ Sozialisation) bilden (vgl. *Hunt/Boal/Sorenson* 1990) und im Arbeitskontext, u.a. durch die **Erfahrungen mit und in Führungsprozessen**, präzisiert und/oder weiterentwickelt werden (vgl. auch *Krummaker/Vogel* 2011, S. 155).

Implizite Theorien über Geführte haben Forscher erstmals in den 1970er-Jahren interessiert (vgl. *Wernimont* 1971) und werden manchmal auch mit Fokus auf Leistung (Performance Theories) von Mitarbeitern (vgl. *Sanders* 1999; *Borman* 1987) beschrieben. Die Grundlage für weitere Untersuchungen wurde von *Lord/Maher* (1991) gelegt, die explizit von **prototypischen Vorstellungen** über **Mitarbeiter** seitens der Führungskräfte sprachen. Die Autoren argumentierten, dass Führungskräfte bestimmte Vorstellungen darüber haben, wie ein effizienter Mitarbeiter sein sollte, und ihre realen Mitarbeiter mit diesem Ideal vergleichen. Auf der Basis dieses Vergleichs würden Geführte dann als „effizient" oder „ineffizient" eingeteilt. Spätere Überlegungen weiten sich von der individuellen Wahrnehmung einer Führungskraft als einzige Determinante für implizite Geführtentheorien auf den gesamten Führungskontext aus. Dabei wurde angenommen, dass mehrere Faktoren (Individuum, Aufgabe, soziale Umgebung) bei der Bildung von impliziten Theorien mitwirken (vgl. *Lord u.a.* 2001). *Ritter/Lord* (2007) verweisen ergänzend auf die besondere Bedeutung der Prägung durch vorherige Führungspersonen. Jüngere Forschungen über implizite Geführtentheorien machen wiederum eine Erweiterung vom rein leistungsorientierten Mitarbeiterbild zu einem allgemeinen kognitiven → Schema (vgl. z.B. *Sy* 2010), um die interpersonellen Beziehungen zwischen Führungskräften und Geführten zu untersuchen.

Die aussagekräftigste Studie über **implizite Geführtentheorien** und deren Auswirkungen auf die Führungsbeziehung konnte *Sy* (2010) vorlegen. Ausgangspunkt war die Suche nach Inhalten und Strukturen von impliziten Theorien, sowie nach einem Zusammenhang zwischen impliziten Führungs-, Leistungs- und Geführtentheorien, und einer Antwort auf die Frage, welche Auswirkungen implizite Geführtentheorien seitens der Führungskraft auf die **Führungsbeziehung** haben.

> **Empirie zur impliziten Geführtentheorie**
>
> In der Studie von Sy wurden insgesamt 1362 Teilnehmer aus unterschiedlichsten Branchen und hierarchischen Positionen herangezogen und in fünf getrennten Studien über ihre impliziten Geführtentheorien befragt. Im ersten Schritt wurde eine Datenbasis aus anfänglich 1003 Charakteristika geschaffen, die dann in den weiteren Studien strukturiert, auf 18 Eigenschaften reduziert (vgl. Abb. A.7), bestätigt, auf Gültigkeit überprüft und in Bezug auf ihre Auswirkungen getestet wurde.

Interessant an dieser Studie ist insbesondere, dass nicht nur Inhalte über die prototypischen (positiven) Wahrnehmungen von Eigenschaften und Verhaltensweisen der Geführten durch Führungskräfte aufgenommen wurden, sondern auch deren anti-prototypische (negative) Annahmen. Die Struktur der impliziten Theorien wird diesen Ergebnissen nach erstrangig in Klassifikationen wie Fleiß, Begeisterung und der Fähigkeit, ein gutes Organisationsmitglied zu sein (→ Prototyp) sowie Angepasstheit, Ungehorsamkeit und Inkompetenz (Antiprototyp) eingeordnet.

Doch was bedeutet diese Liste von positiv und negativ wahrgenommenen Qualitäten über Mitarbeiter für die Beziehung zwischen Führungskräften und Geführten? *Sy* (2010) argumentiert, dass implizite Theorien seitens der Führungskräfte Einfluss auf deren **Führungsstil** haben könnten (☞ D. II.). Implizite Wahrnehmungen können sich auf deren Interaktionen mit Geführten auswirken sowie auch auf die Art und Weise, wie sie Ereignisse interpretieren. In der vorliegenden Untersuchung ist auch dieser Frage nachgegangen worden, indem der Einfluss von Geführtentheorien auf Faktoren wie Qualität der Beziehung, Zuneigung, Vertrauen, Zufriedenheit zwischen den Dyadenpartnern untersucht wurde (☞ B. III. 3). Die Ergebnisse zeigen, dass es eine positive → Korrelation zwischen den prototypischen Vorstellungen einer Führungskraft und Wirkungen auf Geführte gibt was die Qualität der Beziehung, Zuneigung, Vertrauen, Zufriedenheit betrifft, während antiprototypische implizite Theorien negative Korrelationen zu diesen Faktoren aufwiesen.

III. Führungsbeziehungen als Orte lebendiger Führung — Kapitel A

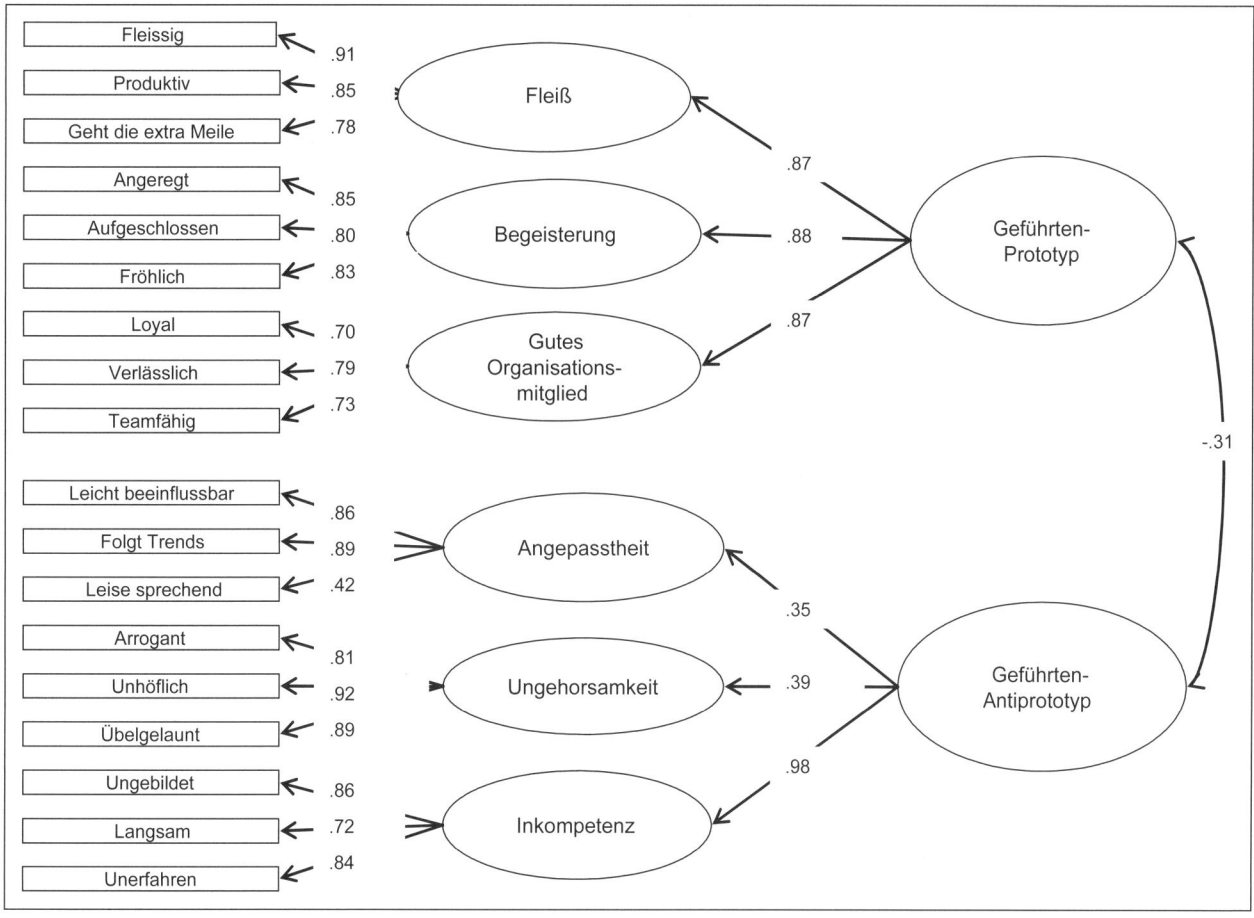

Abb. A.7: Implizite Theorien bezüglich Merkmale und Verhaltensweisen von Geführten (*Sy* 2010; übersetzt)

Auf Führungskräfte selbst haben deren implizite Theorien ähnliche **Auswirkungen auf die Führungsbeziehung**, mit der Ausnahme, dass antiprototypische Theorien nicht beeinflussen, ob eine Führungskraft Geführte dennoch mag (Zuneigung). Zusammenfassend kann daher gesagt werden, dass Führungskräfte prototypische sowie antiprototypische Wahrnehmungen über Geführte haben (**„implicit follower theories"**), und diese sich auf deren Führungsbeziehungen auswirken können.

Auch die Frage, welches Bild Mitarbeiter und Mitarbeiterinnen („follower") *selbst* über die **Rolle der Geführten** haben, wurde in der Forschung schon beleuchtet (vgl. *Carsten u. a.* 2010): Das Ziel dieser qualitativen Studie mit Mitarbeitern verschiedener Organisationen war es, zu dekonstruieren, wie Geführte ihre Rolle in Organisationen definieren. Das bedeutet, dass die komplexe Vielfalt an Sinnhaftigkeiten, welche Geführten an ihre sozialen Rollen binden, untersucht wurde, um ein ganzheitliches Verständnis von impliziten Geführtentheorien zu erhalten. Die Hauptaussage der Studie ist, dass die Definition der Geführtenrolle sowie das Verhalten der Geführten großteils vom Führungsstil der Manager beeinflusst wird (☞ D. II.). Am deutlichsten wird dieser Zusammenhang in Bezug auf die soziale Konstruktion der Geführten, die sich oft als Reaktion auf den Führungsstil der jeweiligen Vorgesetzten entwickelt (z. B. passiv oder proaktiv). Weiter ergab die Studie, dass bestehende, individuelle Geführten-Schemata („so sind Geführte") mit den kontextuellen Faktoren (z. B. Führungsstil des Managers) interagieren. Interessant ist beispielsweise die Erkenntnis, dass Geführte, deren Geführten-Schema mit den Erwartungen der Vorgesetzten und der Organisation nicht übereinstimmen, sich selbst als „ineffektiv" beschreiben und Konflikte erleben. Diese Studie ist daher ein wichtiger Schritt zum besseren Verständnis jener Faktoren, die die impliziten Theorien von Führungskräften bezüglich ihrer Geführten sowie von Geführten bezüglich ihrer Vorgesetzten beeinflussen.

Auch der Arbeitskontext kann sich auf die impliziten, prototypischen Geführtentheorien von Führungskräften auswirken. In einer Studie mit 182 Führungskräften in den USA konnte gezeigt werden, dass die Wahrnehmung exploitativer (verwertungsorientierter) Aspekte des Arbeitskontextes durch Führende deren Präferenzen für exploitatives Arbeitsverhalten in Geführten mitbeeinflusste (vgl. *Derler/Weibler* 2014). Eine weitere Studie (vgl. *Derler* 2015) zur Assoziationen zwischen wahrgenommener Organisationskultur und von Führenden bevorzugten Mitarbeitereigenschaften im deutschen Sprachraum fand qualitativ übereinstimmende Eigenschaften zwischen bestimmten Kulturtypen und impliziten Geführtentheorien. Diese Resultate weisen darauf hin, dass prototypische, implizite Geführtentheorien von Führenden in Übereinstimmung mit der wahrgenommenen Arbeitsumgebung stehen und somit den Wunsch nach Ähnlichkeiten ausdrücken. Der Trend zum impliziten Wunsch nach „passenden" Mitarbeitern kann weitreichende Folgen für tägliche Führungsinteraktionen sowie die unternehmerische Wettbewerbsfähigkeit haben, wenn tägliche Personalentscheidungen und organisationale Diversifikationsbestrebungen von impliziten Präferenzen für Anpassung und Gleichheit bestimmt werden.

Die Einstellung gegenüber Geführten und ebenso das Verhalten ihnen gegenüber ist natürlich auch von anderen Kategorien geprägt. So geben **Menschenbilder** die vorherrschenden → Einstellungen und Grundannahmen von Menschen zur Natur des Menschen wieder, die als subjektive „Hinterkopftheorien" die Wirklichkeitssicht von Individuen prägen und damit auch das Verhalten beeinflussen. Wenn man so will, kann man Menschenbilder daher auch als **implizite Theorien** verstehen.

Menschenbilder der Führung

Menschenbilder der Führung sind weiter gefasst als implizite Geführtentheorien: Ganz allgemein tragen Menschen Bilder – Vorstellungen – von dem in sich, was sie als „Mensch" verstehen; was und wie der Mensch ist und wie er sein soll. **Menschenbilder** geben Auskunft über Eigenwahrnehmung, Selbst- und Fremdkonzept von Menschen und schließen Vorstellungen über menschliche Beziehungen und über die Stellung von Menschen und Gruppen in der Welt ein. Menschenbilder entstehen auf der Grundlage der verschiedenen Eindrücke, Einflüsse und Erkenntnisse, die ein Mensch in seinem Leben erfährt. Ebenso wie persönliche Erfahrungen und Erkenntnisse führen aber auch neue Erkenntnisse bzw. Einsichten aus Naturwissenschaft, Technik und den verschiedensten gesellschaftlichen Sphären zu neuen Vorstellungen, die dann wiederum das Menschenbild des Einzelnen modifizieren können. Die Entstehung und Modifizierung von Menschenbildern verläuft unterhalb der Bewusstseinsebene, sodass dem Einzelnen das eigene Menschenbild häufig als selbstverständlich und alternativlos erscheint (vgl. *Weis* 1993, S. 11 ff.).

In der Führungslehre wird die Gesamtheit der Annahmen einer Theorie bezüglich Eigenschaften, Bedürfnissen, Motiven, Erwartungen und Einstellungen von Menschen als **Menschenbild** bezeichnet. In der Führungspraxis beschreiben Menschenbilder die Auffassungen von Vorgesetzten/Führern von der Persönlichkeit der Mitarbeiter/Geführten und umgekehrt (vgl. *Staehle* 1999, S. 191). Menschenbilder haben in der Führungsforschung zur Erklärung von Einstellungen und Verhaltensweisen von Führenden und Geführten stets eine besondere Rolle gespielt, auch wenn nicht von eindeutig feststehenden Beziehungen – oder gar von Kausalbeziehungen – etwa zwischen Menschenbildern und dem Führungsstil des Vorgesetzten/der Vorgesetzten oder der Arbeitsleistung, den Fehlzeiten oder der Arbeitszufriedenheit von Mitarbeitern gesprochen werden kann. Hierzu ist die Kriterienbestimmung sowie die Quantifizierbarkeit und Messbarkeit der postulierten Menschenbilder weder eindeutig genug (vgl. *Weinert* 1995, Sp. 1506 f.) noch würde es der Komplexität des Verhaltens (man denke auch an situative Gegebenheiten) gerecht. Dennoch lohnt sich eine nähere Beschäftigung mit ihnen. Von daher erscheint es sinnvoll, im Folgenden prominente Menschenbildkonzepte und deren Implikationen für Führungsbeziehungen zu verdeutlichen.

In den Anfängen der Beschäftigung mit Menschenbildern in der Managementliteratur ist die Neigung festzustellen, **idealtypische Polarisierungen** (→ Idealtypus) zur Beschreibung des Verhaltens von Organisationsmitgliedern zu entwickeln. Eine beispielhafte Auffassung spiegelt sich in dem sehr allgemein gehaltenen Menschenbildkonzept von *Knowles/Saxberg* (1967) wider. *Knowles* und *Saxberg* unterscheiden grundsätzlich pessimistische Menschenbilder von optimistischen Menschenbildern (vgl. Tab. A.1).

Diese Menschenbilder sind noch sehr allgemein. Dennoch lassen sie aber bereits Annahmen über Eigenschaften, Bedürfnisse und Erwartungen von Menschen erkennen: Wird der Mensch z. B. wie eine Maschine betrachtet, wird nur noch der Schaltplan benötigt, um diese Maschine in Bewegung zu setzen. Mit einem vernünftigen Menschen ist zu reden, ihm ist auch Vertrauen entgegenzubringen, bei einem machtsüchtigen Menschen sieht dies vermutlich ganz anders aus.

Der wohl prominenteste Vertreter dualistischer Ansätze, der sich explizit auf den arbeitenden Menschen in Organisationen bezieht, ist *McGregor* (1973, 1960; vgl. Tab. A.2). Mit seinem einfachen, dadurch aber eingängigen Gegensatzpaar **Theorie X** und **Theorie Y** weist er auf die Konsequenzen zweier extrem unterschiedlicher Menschenbilder hin, was angesichts einer Taylorisierung von Arbeitsprozessen (→ Scientific Management) einen sehr praktischen Bezug hatte (vgl. auch *Deeg/Weibler* 2008, S. 52 ff.). An dieser Stelle wird deutlich – wir hatten es weiter oben schon angesprochen – dass Menschenbilder vielfach mit der technologischen Entwicklung gekoppelt sind. Darauf aufbauend ergeben sich ein entsprechendes Verständnis von Organisation und eine entsprechende Gestaltung von Arbeitsprozessen. *McGregor* geht grundsätzlich davon aus, dass jede Führungsentscheidung auf einer Reihe von Annahmen über die menschliche Natur beruht. Der nachstehende Überblick vermittelt die wichtigsten Annahmen der beiden Konzepte (vgl. *McGregor* 1973, S. 47 ff. und 61 f.).

McGregor selbst fühlt sich den **motivationstheoretischen Ideen** *Maslows* (1954) verpflichtet, der die Bedürfnisse von Menschen in einem hierarchischen Ebenenkonzept fünf verschiedenen Klassen zugeordnet hat (☞ C. II. 2.1). *McGregor* weist nun darauf hin, dass Vorgesetzte, die ein der Theorie X entsprechendes Menschenbild haben, eine unzutreffende Auffassung von der eigentlichen Natur des Menschen (hier: Bedürfnisstruktur) besitzen und damit Führungsentscheidungen treffen (wie beispielsweise den ausschließlichen Einsatz von materiellen Anreizen sowie rigiden Kontroll- und Überwachungstechniken), die Motivationspotenziale bei den Mitarbeitern verschenken können.

Er argumentiert weiter, dass auf Theorie X basierende Führungsentscheidungen die Wahrscheinlichkeit dafür erhöhen, dass Mitarbeiter im Sinne einer sich selbst erfüllenden Prophezeiung so reagieren, wie der Vorgesetzte vermutet hat: Denn werden Menschen permanent überwacht, steigt deren Bedürfnis, sich dieser Überwachung zu entziehen (man denke an die **Reaktanztheo-**

Pessimistische Menschenbilder	Optimistische Menschenbilder
Der Mensch ... • ist undankbar und heuchlerisch *(Machiavelli)* • ist prestige- und machtsüchtig *(Hobbes)* • ist selbstsüchtig *(Smith)* • ist primitiv und triebgesteuert *(Freud)* • ist wie ein Teil einer Maschine *(Taylor)* • überlebt nur, wenn er tüchtig ist *(Darwin/Spencer)*	Der Mensch ... • ist vernünftig *(Locke)* • wird von der Gesellschaft geprägt *(Fromm)* • ist ein soziales Wesen und Gruppenmitglied *(Mayo)* • hat auch „hochwertige" Motive *(McGregor, Maslow)*

Tab. A.1: Menschenbildkonzept von Knowles und Saxberg (vgl. *Knowles/Saxberg* 1967, S. 23 ff.)

Theory X:	Theory Y:
• Der Mensch hat eine angeborene Abscheu vor der Arbeit und versucht, sie so weit wie möglich zu vermeiden. • Die meisten Menschen müssen kontrolliert, geführt und mit Strafandrohung gezwungen werden, einen produktiven Beitrag zur Erreichung der Organisationsziele zu leisten. • Der Mensch möchte gerne geführt werden, er möchte Verantwortung vermeiden, hat wenig Ehrgeiz und wünscht sich vor allem Sicherheit.	• Der Mensch hat keine angeborene Abneigung gegen Arbeit, im Gegenteil, Arbeit kann eine wichtige Quelle der Zufriedenheit sein. • Wenn der Mensch sich mit den Zielen der Organisation identifiziert, sind externe Kontrollen unnötig; er wird Selbstkontrolle und eigene Initiative entwickeln. • Die wichtigsten Arbeitsanreize sind die Befriedigung von Ich-Bedürfnissen und das Streben nach Selbstverwirklichung. • Der Mensch sucht bei entsprechender Anleitung eigene Verantwortung. Einfallsreichtum und Kreativität sind weit verbreitete Eigenschaften in der arbeitenden Bevölkerung; sie werden jedoch in industriellen Organisationen kaum aktiviert.

Tab. A.2: Theorie X und Theorie Y (vgl. *McGregor* 1973, S. 47 ff. und 61 f.)

rie, ☞ A. II. 2.2) oder aber lediglich das zu leisten, was unmittelbar beobachtbar und damit auch zu überwachen ist. Die Führungskraft, die im Sinne der Theorie X denkt und handelt, wird darin ihre bisherige Anschauung bestätigt sehen. Dies führt schnell zu einer sich selbst verstärkenden Spirale, die nur noch sehr schwer zu durchbrechen ist. *McGregor* empfiehlt daher, dass sich Führungskräfte der meist unbewusst vertretenen Theorie X bewusst werden und durch das in der Theorie Y skizzierte Menschenbild ersetzen sollten. Das zentrale Führungsprinzip der Theorie Y beruht auf der Integration von Individuum und Organisation (vgl. dazu *Deeg/Weibler* 2008). Aufgabe der Führungskraft ist somit, solche Bedingungen im Unternehmen zu schaffen, unter denen die Mitarbeiter bereit sind, sich mit den Zielen des Unternehmens zu identifizieren (vgl. *McGregor* 1960, S. 120). *McGregor* selbst hat es jedoch versäumt, Bedingungen zu spezifizieren, unter denen die Annahmen der Theorie X und Y jeweils Gültigkeit beanspruchen können.

In der Betriebswirtschaftslehre hat sich vor allem die Typologie von *Schein* (1980) durchgesetzt, die vier Menschenbilder historisch-chronologisch geordnet voneinander abgrenzt. Sie integriert die Typologie von *McGregor*, überwindet aber den grundsätzlichen Dualismus (gut-schlecht). Des Weiteren setzt *Schein* den Menschenbildkonzepten als Wenn-Komponente die Führungskonsequenzen als Dann-Komponente gegenüber. Auf diese Weise benennt *Schein* konkrete Bedingungen, unter denen die von ihm spezifizierten Merkmale des arbeitenden Menschen Gültigkeit beanspruchen können. Die Tabelle A.3 macht diese Zusammenhänge deutlich. *Schein* sieht im Bild des „Complex Man" den arbeitenden Menschen in den gegenwärtigen Arbeitsverhältnissen industrieller Gesellschaften adäquat charakterisiert. Dabei negiert er jedoch nicht die Relevanz der drei anderen

	Wenn-Komponente: Beschreibung des Menschenbildes	Dann-Komponente: Konsequenzen für Führung und Organisation
Rational-economic man	Ist in erster Linie durch ökonomische Anreize motiviert; ist passiv und wird von der Organisation manipuliert, motiviert und kontrolliert; seine Gefühle sind irrational und dürfen nicht mit den rationalen egoistischen Interessen kollidieren – Annahmen der Theory X.	Klassische Management-Funktionen: Planen, Organisieren, Motivieren, Kontrollieren; Organisation und deren Effizienz steht im Mittelpunkt; sie hat die Aufgabe, irrationale Gefühle zu neutralisieren und zu kontrollieren.
Social man	Ist in erster Linie für soziale Bedürfnisse motiviert; als Folge der Sinnentleerung der Arbeit wird in den sozialen Beziehungen am Arbeitsplatz Ersatzbefriedigung gesucht; wird stärker durch die sozialen Normen seiner Arbeitsgruppe als durch die Anreize und Kontrollen des Management bestimmt; der Vorgesetzte wird dann akzeptiert, wenn er das Bedürfnis nach Anerkennung und die sozialen Bedürfnisse der Mitarbeiter befriedigt.	Manager ist Mittler zwischen Untergebenen und Vorgesetzten, zeigt Verständnis und Sympathien für Gefühle und Bedürfnisse der Mitarbeiter; die Bedürfnisse nach Anerkennung, Zugehörigkeitsgefühl und Identität müssen befriedigt werden; Arbeitsgruppen sind eine Realität, Gruppenanreizsysteme müssen an die Stelle individueller treten.
Self-actualizing man	Menschliche Bedürfnisse lassen sich in einer Hierarchie anordnen; er strebt weitgehend nach Autonomie und Unabhängigkeit; er bevorzugt Selbstmotivation und Selbstkontrolle; es gibt keinen notwendigen Konflikt zwischen Selbstverwirklichung und organisationaler Zielerreichung – Annahmen der Theory Y.	Manager ist Katalysator und Förderer (nicht Motivierer und Kontrollierender); er delegiert; Übergang von Amtsautorität zu Fachautorität; Übergang von extrinsischer zu intrinsischer Motivation.
Complex man	Ist äußerst wandlungsfähig; die Hierarchie der Bedürfnisse unterliegt starkem Wandel; er ist lernfähig, erwirbt neue Motive, ändert seine Motivstruktur; seine Motive können in unterschiedlichen Systemen oder Subsystemen unterschiedlich sein.	Manager ist ein Diagnostiker; er muss Unterschiede sehen können und muss sein eigenes Verhalten variieren können; es gibt keine universell richtige Organisation.

Tab. A.3: Menschenbilder und Konsequenzen für Führung und Organisation (vgl. *Schein* 1980, S. 50 ff.; in der Übersetzung von *Staehle* 1999, S. 194 f.; modifiziert)

Menschenbilder in bestimmten Situationen und bei bestimmten Mitarbeitern (vgl. *Hentze u. a.* 2005, S. 48).

Weinert und *Langer* (1995) kritisieren die vorgestellten Menschenbildtypologien hinsichtlich ihrer mangelnden empirischen Fundierung. Sie versuchten deshalb mittels einer → Felduntersuchung in einem internationalen Energiekonzern systematisch herauszufinden, welche Annahmen Führungskräfte selbst über die Natur des Menschen machen. *Weinert* und *Langer* kommen mit dieser Untersuchung zu dem Schluss, dass Menschenbilder keine theoretischen Gedankengebäude ohne Realitätsbezug sind, sondern sich in der Praxis des Arbeitsalltags empirisch nachweisen lassen. Dies allerdings nicht in der „reinen" Form, wie sie die Literatur anbietet. Vielmehr existieren Menschenbilder als Mischtypen, die darüber hinaus nicht generalisierbar sind, sondern über verschiedene Organisationsebenen und Organisationsbereiche uneinheitlich verteilt sind.

Der Menschenbilder-Fragebogen, der den Führungskräften des Energiekonzerns vorgelegt wurde, umfasst insgesamt 179 Items (→ Item) und wurde konstruiert, indem Items der traditionellen theoretischen Ansätze zum Problemfeld „Menschenbild" (u. a. gingen aus dem Menschenbildkonzept von *Schein* 38 Items, aus dem von *McGregor* 15 Items in den Fragebogen ein) und Interviewaussagen von Führungskräften der Wirtschaft zusammengestellt wurden. Nach mehreren Schritten der statistischen Verarbeitung und Interpretation der Items erwiesen sich acht Skalen als reliabel (→ Reliabilität), die im Folgenden genannt und inhaltlich erklärt werden:

> **Empirie zu Menschenbildern**
>
> **Passivität/Unselbstständigkeit:** Die einzelnen Werte auf dieser → Skala zeigen, inwieweit eine Führungskraft ihre Mitarbeiter für passive, unselbständige und faule Menschen hält, die erst durch Führung und Kontrolle zur Leistung motiviert werden können. (Beispielitem: „Die meisten Menschen ziehen es vor, angewiesen und geführt zu werden.")
>
> **Aktivität/Eigenverantwortung:** Diese Skala stellt den Gegenpol zur Skala „Passivität" dar. Die einzelnen Werte auf der Skala „Aktivität" spiegeln damit den Grad wider, zu dem Führungskräfte bei ihren Mitarbeitern den Wunsch nach Selbstbestimmtheit und Eigenverantwortung bei der Arbeit wahrnehmen. (Beispielitem: „Mitarbeiter sind motiviert, wenn sie im Arbeitsleben eine Chance erhalten, ihre Fähigkeiten und Qualifikationen zu verbessern.")
>
> **Komplexität/individuelle Unterschiede:** Die Skala „Komplexität" zeigt, ob eine Führungskraft jeden ihrer Mitarbeiter als komplexes und einzigartiges Individuum wahrnimmt oder eher das Gemeinsame unter ihnen betont. (Beispielitem: „Auf die Führungsstrategien der Betriebsleitung reagieren Menschen unterschiedlich, je nach ihren speziellen Motiven.")
>
> **Soziale Motive:** Diese Skala gibt an, inwieweit eine Führungskraft ihre Mitarbeiter durch soziale Bedürfnisse motiviert sieht. (Beispielitem: „Menschen erhalten ihr Grundgefühl der Identität aus ihren Beziehungen zu anderen.")
>
> **Anerkennung:** Diese Skala reflektiert die Einschätzung von Führungskräften hinsichtlich des Bedürfnisses ihrer Mitarbeiter nach Bestätigung und Erfolg im Arbeitsleben. (Beispielitem: „Menschen möchten in der Arbeitswelt Gelegenheit haben, zu zeigen, was sie können.")
>
> **Materielle Ziele/Status:** Mit dieser Skala wird die Bedeutung von materiellen und statusbezogenen Anreizen gemessen. (Beispielitem: „Menschen im Arbeitsleben sind hauptsächlich durch Bezahlung, Status und die Gelegenheit zur Beförderung motiviert.")
>
> **Limitierte Rationalität/Entscheiden:** Mithilfe dieser Skala wird das Vertrauen in die Rationalität von Entscheidungen gemessen. (Beispielitem: „Der größte Teil des menschlichen Entscheidungsfällens betrifft die Suche nach zufriedenstellenden Alternativen.")
>
> **Unbewusste Motive:** Diese Skala spiegelt die Einschätzung von Führungskräften hinsichtlich der Bedeutung von unbewussten Motiven für das Handeln ihrer Mitarbeitern wider. (Beispielitem: „Das menschliche Verhalten entstammt zum größten Teil den unbewussten Bereichen ihrer Persönlichkeit.")

In einem weiteren Schritt wurde eine → Clusteranalyse über die Skalen der Führungskräfte gerechnet, um verschiedene homogene Menschenbilder-Typen zu erhalten. Aufgrund der Art und Weise, wie die Ausprägungen der betrachteten Dimensionen miteinander verbunden waren, konnten die Autoren fünf Hauptgruppen und vier Restgruppen von Führungskräften unterscheiden. Diese Gruppen (Cluster) stellen Realtypen dar, deren Merkmale wesentlich undifferenzierter sind als Idealtypen. Die Hauptgruppen von Führungskräften seien nun erläutert:

> **Empirie zu Realtypen**
>
> Der **„unprofilierte Typ"**: Bei Führungskräften dieses Typs ist keine deutlich artikulierte Position erkennbar. Mitarbeiter werden im Wesentlichen als emotional gesteuert gesehen, denen viele Ursachen ihres eigenen Verhaltens selbst gar nicht bewusst werden. Führungskräfte vom Typ des „Unprofilierten" glauben nicht, dass materielle Anreize bei ihren Mitarbeitern zentrale Motivationsfak-

toren darstellen. Attestiert wird Mitarbeitern dagegen Unselbstständigkeit, fehlende Logik, mangelnde Eigeninitiative und fehlende Selbstverantwortung.

Der „tendenziell negative Typ": Führungskräfte dieses Typs differenzieren ihre Mitarbeiter insofern kaum, als Unterschiede in Erwartungen, Interessen und Zielsetzungen für sie nicht existieren. Gemeinhin werden Mitarbeiter als egoistisch, materiell motiviert, ohne Eigenantrieb und besondere Interessen an Arbeit und Unternehmen wahrgenommen.

Der „realistisch-positive Typ": Führungskräfte dieses Typs erkennen klar die zum Teil erheblichen Unterschiede in den Werten und Interessen, Zielsetzungen und Lebensplänen ihrer Mitarbeiter. Der Stellenwert von sozialen Motiven und Anerkennung wird betont. Die Ursache für fehlendes Engagement, niedrige Motivation und innere Kündigung der Mitarbeiter sehen Führungskräfte dieses Typs im zu geringen Überschneidungsbereich von Vorstellungen der Mitarbeiter und Planungen des Unternehmens.

Der „Sowohl-als-auch-Typ": Führungskräfte dieses Typs sehen den Mitarbeiter als planbare Konstante. Sie sind zwar überzeugt davon, dass ihre Mitarbeiter zu verantwortungsvollem und kreativem Handeln fähig sind, glauben aber nicht, dass alle Mitarbeiter die gleichen Zielsetzungen mitbringen.

Der „idealistische Typ": Führungskräfte dieses Typs sehen ihre Mitarbeiter als eigeninitiativ und nach Selbstverwirklichung strebend. Generell wird das Positive im Menschen als Richtschnur aufgefasst.

Weinert und *Langer* (1995, S. 89) weisen darauf hin, dass für die Praxis des betrieblichen Führungsprozesses diese Differenzen in den Mustern von Meinungen und Einstellungen von Führungskräften bezüglich der Ziele, Motive und Bedürfnisse ihrer Mitarbeiter wünschenswert sind, um über einen Wettbewerb eine optimale Anpassung an die verschiedensten Aufgaben und Herausforderungen zu gewährleisten. Gleichförmig denkende Führungskräfte im Unternehmen können also nicht das Ziel eines betrieblichen Führungskonzeptes sein. Die Frage ist nach *Weinert* und *Langer* vielmehr, welche **Menschenbilder** und damit Führungsstile (☞ D. II. 2) an welchen Positionen in der Organisation vorherrschen und wie erfolgreich sie letztendlich sind, um eine solide Basis für die Konzeption von Organisations- und Personalentwicklungsmaßnahmen zu generieren.

Pircher-Friedrich (2005) vertritt in ihrer **Theorie der sinnorientierten Führung** eine andere Auffassung. Aufbauend auf dem Konzept der → Logotherapie von *Victor Frankl* (vgl. *Frankl* 2002) stellt sie die Einzigartigkeit und Unverwechselbarkeit von Menschen gegenüber einer Typologisierung der Führungslehre in den Vordergrund. Sie kritisiert aus normativer Warte die Humanitätsdefizite betriebswirtschaftlicher Menschenbilder (vgl. *McGregor* 1960 und *Schein* 1980) und fordert, die mechanistisch-rationalistischen Einengungen des Menschenbildes aufzuheben. Führungskräfte sollten demnach ein ganzheitliches, → **holistisches Menschenbild** vertreten und durch praktische Führungsmaßnahmen die geistigen Dimensionen Motivation, Freiheit, Verantwortung, Selbstdistanzierung und Selbsttranszendenz ihrer Mitarbeiter fördern (vgl. *Pircher-Friedrich* 2005, S. 66, S. 73, S. 100 f.).

An dieser Stelle haben wir uns bei der näheren Betrachtung von Führenden und Geführten in einer Führungsbeziehung auf das besondere Charakteristikum der **impliziten Führer- bzw. Geführtentheorie** konzentriert. Auch das Menschenbild ist ja in seiner allgemeinen wie spezifischen Ausformung eine implizite Theorie, die einer impliziten Führungstheorie vorgelagert ist; dies, entweder allgemein oder als spezifischer Bestandteil.

Die wichtige Frage nach der Bedeutung anderer Konstrukte wie Eigenschaften oder Motive der Führenden wie Geführten, die eine Führungsbeziehung vorab und im Verlauf ebenfalls prägen, haben wir hier nicht gestellt. Die Führungsforschung spürt diesem Einfluss dann auch in der Regel gesondert nach. Entweder geschieht dies, indem sie Hauptgegenstand der Betrachtung selbst sind (z. B. Eigenschaftstheorie der Führung oder Motivation, ☞ B. II. 1 bzw. C. II.) oder sie werden bei der Analyse anderer Theorien und Sachverhalte zur Verfeinerung von Aussagen herangezogen. Bei unserer Betrachtung einer Führungsbeziehung werden wir nun der **Interaktion** zwischen **Führenden** und **Geführten** nachgehen, die ja erst eine Beziehung als solche konstituiert.

2. Wie Personen in Führungsbeziehungen interagieren

Wir haben bereits festgestellt, dass Führung ein wechselseitiges Einflussgeschehen zwischen Führenden und Geführten ist. Lange Zeit hat die Führungsforschung jedoch versucht, das Führungsgeschehen personenzentriert aus einer je getrennten führer- oder geführtenbezogenen Betrachtung zu erfassen: In der traditionellen Führungsforschung wurde Führung als individuelles Eigenschaftsmuster oder Verhaltensprogramm von Führenden gesehen. Die Geführten waren danach passive Objekte, die lediglich reagieren, während die Führerenden agieren. Diese unrealistische Verengung haben geführtenzentrierte Theorien aufgehoben (vgl.

Weibler 2004a). Damit ist auch der Führungserfolg nicht mehr monokausal auf Eigenschaften oder Verhaltensweisen von Führenden zurückzuführen (vgl. z.B. *DeRue* 2011). Vielmehr weist die Führungsforschung nun darauf hin, dass sowohl Führende als auch Geführte die Führungsrealität, wie sie sich ihnen präsentiert, in einem permanenten Interpretationsprozess deuten und ihr Verhalten daraufhin auslegen. Dies lässt natürlich noch unterschiedliche konzeptionelle Ausgestaltungen dieses interpersonalen Kontextes und damit der **Interaktion** zu, und zwar einerseits auf die **Entstehung und Regulierung von Interaktion** als auch auf die **Qualität von Interaktion**. Letztere ergibt sich vor allem aus den Basiskategorien Gerechtigkeit und Vertrauen. Hierauf wollen wir in den beiden folgenden Kapiteln zu sprechen kommen.

2.1 Entstehung und Regulierung von Interaktion

Wir werden bei der Vorstellung und Besprechung von Führungstheorien (☞ B.) sehen, dass zur Entstehung und Regulierung von **Interaktionen** (implizit) verschiedene Annahmen getroffen wurden, die den Aussagebereich und Aussagegehalt des jeweiligen Ansatzes mitbestimmen. Hier ist noch einmal an unsere einführenden Betrachtungen zu den Paradigmen in der Führungsforschung zu erinnern.

An dieser Stelle werden wir **zwei grundsätzliche Verständnisse** von Interaktion darstellen: (1) eine klassische und auch bis heute noch lebendige und (2) eine sehr moderne Auffassung, die dennoch in früherer Theoriebildung verwurzelt ist:

(1) Das klassische Verständnis von Interaktion basiert auf der **struktur-funktionalistischen Rollentheorie**, also einer soziologischen Grundlagentheorie, die auf die Führungsbeziehung transponiert wird. Wir werden dies sehr allgemein tun und eine spezielle Übertragung bei der Behandlung einer Führungstheorie kennen lernen (☞ B. III. 3).

(2) Das sehr moderne Verständnis von Interaktion basiert auf einer **relationalen Perspektive**. Diese nimmt ihre Anfänge bereits bei einer Spielart der Rollentheorie, dem → symbolischen Interaktionismus (vgl. z.B. *Blumer* 1969 und *Arbeitsgruppe Soziologie* 1993).

Vorweg können wir festhalten, dass bei allen nun vorgestellten Fassungen immer dann von Interaktion – genauer: von *sozialer* Interaktion – zwischen Personen gesprochen wird, wenn die Beteiligten sich wechselseitig wahrnehmen und deren **Verhalten** (engl.: behavior) bzw. **Handeln** (engl.: action; intentionales, zielgerichtetes und sinnhaftes Verhalten; zur Begrifflichkeit *Wiswede* 1998, S. 44) aufeinander bezogen ist.

Wenn wir nun von „**sozialer Interaktion**" sprechen, unterstellen wir dabei immer den folgenden Doppelaspekt des „Sozialen" (vgl. *Wiswede* 1998, S. 150): Zum einen ist soziales Handeln insofern „sozial", als es sozial orientiert, d.h. auf den Interaktionspartner mehr oder weniger abgestimmt ist. Soziale Interaktion bezeichnet damit das wechselseitige aufeinander bezogene Handeln bzw. Verhalten zwischen Personen, die aufeinander reagieren, einander beeinflussen und steuern. Zum anderen ist ein Handeln deshalb „sozial", weil es durch Lernprozesse in Sozialisations- und Enkulturationsprozessen (→ Sozialisation, → Enkulturation, ☞ C. III.) sozial geformt wurde. Der Begriff des „Sozialen" hat also nichts mit sozialer Fürsorglichkeit im Sinne von „helfen", „unterstützen", „an andere denken" und „altruistisch (statt egoistisch) sein" zu tun. Auch solches Verhalten ist Gegenstand sozialpsychologischer Forschung; allerdings handelt es sich hierbei lediglich um eine Teilklasse sozialen Handelns, welches üblicherweise als prosoziales Verhalten bezeichnet wird.

Vor diesem Hintergrund wird in der Literatur daher teilweise der Handlungsbegriff vorgezogen, weil Verhalten im Rahmen des behavioristischen Paradigmas auf ein passiv-rezeptives Reagieren reduziert worden ist (☞ C. III. 1.3). Andererseits erscheint jedoch auch die Annahme problematisch, Handeln sei immer sinnhaft, zielgerichtet, willentlich, bewusst und kognitiv gesteuert. Dies betonen *Fischer* und *Wiswede* (1997, S. 9) zu Recht und nehmen dabei zentrale Erkenntnisse der neueren Motivationsforschung auf (☞ C. II.). Aus diesem Grund schlagen die Autoren vor, den Begriff des Handelns zunächst von solchen Zusatzkomponenten freizuhalten, weil es ansonsten keinen Sinn machen würde, den Grad der kognitiven Beteiligung oder das Ausmaß der Zielorientierung einer Handlung als → Variable im empirischen Forschungsprozess einzuführen. Deshalb werden wir weitestgehend dem Vorschlag von *Fischer/Wiswede* folgen, die Begriffe **Handeln** und **Verhalten** synonym zu gebrauchen, sofern sichergestellt ist, dass es im Kontext nicht lediglich um Reaktionen auf soziale Stimuli geht, sondern auch um die aktive Einflussnahme des Individuums auf äußere Umweltbedingungen. Lediglich an wenigen Stellen werden wir die Begriffe Handeln und Verhalten ausdrücklich differenziert verwenden.

Nichtsdestoweniger gilt, dass unter einer **Interaktion** die *wechselseitige* Beeinflussung des Verhaltens von Individuen verstanden wird (vgl. *Klima* 1995, S. 307). Wechselseitig ist sie deshalb, weil auch die Geführten durch ihre Persönlichkeit, ihre Erwartungen, ihre Attributionen, ihre Wahrnehmungen und ihre Verhaltensweisen den Führenden in seinem Verhalten beeinflussen. Auf diese Weise ist jede Person in der verhaltensrelevanten Situation der jeweils anderen Person mehr oder weniger präsent. Eine Führungsbeziehung besteht jedoch erst dann, sofern wir eine gemeinschaftliche Führung hier ausnehmen, wenn eine Person stärker als die andere akzeptierten Einfluss ausübt, im Extrem die Situation vollständig besetzt (vgl. schon *Müller* 1981, S. 7). Wir können also festhalten, dass eine Führungsbeziehung hinsichtlich der Häufigkeit und der Intensität des Einflusses zumindest temporär asymmetrisch sein muss, weil sich ansonsten **Führer-** und **Geführtenrollen** nicht differenzieren ließen. Kommen wir nun aber zur Beschreibung des klassischen Verständnisses von Interaktion.

Klassisches Verständnis von Interaktion

Nun zur **struktur-funktionalistischen Rollentheorie**, die einen traditionellen Ansatz darstellt, der beschreibt und erklärt, auf welcher Basis sich Interaktionen in Gemeinschaften abspielen können. Theoretischer Ausgangspunkt der Entwicklung des Rollenbegriffs ist die bereits in den Dreißigerjahren des 20. Jahrhunderts einsetzende Vorstellung, das Verhalten von Gesellschaftsmitgliedern in übergreifenden Begrifflichkeiten beschreiben zu können. Zutreffenderweise ging man davon aus, dass das Verhalten von Gesellschaftsmitgliedern aufeinander bezogen ist. Das Individuum (der Einzelne) formt seine Identität immer erst im Zusammenspiel mit und in Abgrenzung zu anderen aus. Frei im eigenen Verhalten ist das Individuum daher immer nur in gewissen Grenzen, wobei Grenzüberschreitungen auf verschiedenen Ebenen und in verschiedener Intensität sanktioniert werden.

Daher ist der nächste Schritt, sich eine Gesellschaft als durch miteinander verbundene Verhaltensweisen vorzustellen. Um hier analytisch tiefer zu gehen, wurde in der kulturanthropologischen, soziologischen und sozialpsychologischen Rollenforschung eine entsprechende Terminologie, wenngleich mit unterschiedlicher Akzentuierung, entwickelt. Dabei ging man mehrheitlich davon aus, dass eine Gesellschaft verschiedene Funktionen (Problemlösungsbeiträge) sicherstellen muss, um überlebensfähig zu bleiben. Um diese Funktionen zu erfüllen, müssen Strukturen herausgebildet werden, die eine sachliche, zeitliche und räumliche Verzahnung der zu erbringenden Leistungen garantieren. Dies hat man sich nun nicht als eine a priori rationale Entscheidung vorzustellen. Wie der Anthropologe *Gehlen* aufgezeigt hat, entwickeln sich im gegenseitigen Umgang eingeregelte Verhaltensmuster, verfestigte Handlungsstränge (vgl. *Gehlen* 1961), die irgendwann als so selbstverständlich wahrgenommen werden, dass auch diejenigen, die anfänglich nicht an diesem Austausch partizipierten, diese als quasi vorgegeben akzeptieren. In diesem Fall spricht man von der Herausbildung von **Institutionen** (Ehe, Familie, Organisationen usw.), deren Bedeutung im Zuge von Sozialisationsprozessen vermittelt wird. In sehr homogenen Gesellschaften bestehen nur geringe Interpretationsunterschiede hinsichtlich der Ausformung und Bedeutung dieser Institutionen. In heterogenen Gesellschaften ist der Interpretationsspielraum höher, und zwar umso mehr, je geringer diese Institutionen formal gefasst sind.

Dem einzelnen Gesellschaftsmitglied wird nun mit Blick auf diese Institutionen jeweils ein Ort zugewiesen, der seine Stellung zu dieser Institution regelt. Diese Stellung wird in der Rollenterminologie als **Position** bezeichnet. Eine Position meint also den Ort in einem Gefüge sozialer Interaktionsbeziehungen (vgl. *Sader* 1975). Hierdurch wird die relationale Bestimmung einer Position offensichtlich, d. h. eine Position ist immer nur mit Bezug auf mindestens eine andere Position zu interpretieren. So gibt es z. B. die **Führerposition** nur, wenn es die **Geführtenposition** gibt. Positionen selbst sind aber personenunabhängig definiert.

Vor diesem Hintergrund wollen wir unter einer (sozialen) **Rolle** ein in sich konsistentes Bündel normativer Verhaltenserwartungen verstehen, die sich an die Inhaber bestimmter sozialer Positionen richten (vgl. *Wiswede* 1992, Sp. 2001). Von einer **Norm** wird hier im Sinne einer Richtschnur oder einer Verhaltensvorschrift gesprochen, wobei zwischen Muss-, Soll- und Kann-Normen unterschieden wird. Insbesondere sollen dabei bestimmte gesellschaftliche Wertvorstellungen umgesetzt werden. Verstöße werden je nach Verbindlichkeit der Norm negativ sanktioniert. Die Einhaltung von Normen ist jedoch keinesfalls immer mit positiven Sanktionen verbunden, vielmehr bilden Normen, werden sie als solche wahrgenommen, einen Teil der kognitiven Struktur (→ Kognition) des Individuums und nehmen vielfach den Charakter einer Selbstverständlichkeit an (vgl. *Wiswede* 1998, S. 45). Normen besitzen dann eine antizipatorische Funktion, weil erwartet werden kann, dass sich Individuen in ihrem Verhalten an ihnen orientieren. Wir können damit unter einer Rolle auch ein gleichmäßiges und regelmäßiges Verhaltensmuster verstehen, das mit einer Position in einem sozialen System assoziiert wird.

In diesem Sinne basiert eine **soziale Interaktion** auf formellen wie informellen **Rollenerwartungen**: Die Gesellschaft und die Organisation gibt über soziale Positionen an ihre Mitglieder verbindlich definierte Erwartungen weiter, und strukturiert auf diese Weise deren Interaktionsbeziehungen (vgl. *Lührmann* 2006, S. 84). Während sich also die Position auf einen „sozialen Ort" in einer sozialen Struktur bezieht, der denjenigen, die ihn einnehmen, bestimmte Rechte und Privilegien einräumt, aber auch bestimmte Pflichten abverlangt, bezieht sich die soziale Rolle auf die Umsetzung dieser Rechte und Pflichten in konkretes Verhalten (vgl. *Buchhofer* 1995, S. 567). Soziale Rollen sorgen für regelmäßiges, vorhersagbares Verhalten; sie tragen dazu bei, dass in bestimmten Situationen klar ist, was wie getan werden muss – und zwar sowohl für den, der die Rolle „spielt", wie für die Mithandelnden. Der Rollenbegriff muss dabei immer komplementär zur zugehörigen **sozialen Position** gesehen werden, die eine Person in einem sozialen Gebilde (z. B. in einer **Gruppe** oder einer **Organisation**, ☞ A. IV.) einnimmt (vgl. *Peukert* 2006, S. 242).

Organisationale Rollen, die uns hier ja besonders interessieren, weisen durch ihre spezifischen Charakteristika insgesamt einen hohen Grad an Vorbestimmtheit auf und Organisationsmitglieder akzeptieren deswegen formulierte Regelungen als Teil der Rollendefinition und sind zumeist nur wenig geneigt, gegen formale Rollenvorschriften zu handeln (vgl. *Mangler* 2000, S. 251). Somit kann ein hoher Grad an Verhaltensvarianz in Organisationen den **Rollenerwartungen** zugeschrieben werden. Jedoch ist nicht alles Verhalten in Organisationen durch Verhaltenserwartungen, die mit formalen Rollen verbunden sind, bestimmt. Vielmehr existieren auch Rollenfreiräume (vgl. Abb. A.8).

In der struktur-funktionalistischen Fassung des Rollenansatzes sind Rollen mehr oder minder vorhanden, da gesellschaftlich oder kontextspezifisch vorgegeben. Dabei bleibt jedoch ungeklärt, wie diese Rollen entstanden sind und welche Freiräume Akteure zur Definition und Ausfüllung oder gar Neubildung von Rollen besitzen. Die **Interaktion in der Führung** wird vielmehr als etwas Selbstverständliches gesehen, das sich quasi automatisch und ohne interaktionstheoretischen Hintergrund aus der getrennten Analyse der Interaktionsbeteiligten ergeben soll (vgl. *Lührmann* 2006, S. 14.).

Wenn wir den interpretativen Freiraum jedoch dynamisch denken, müssen wir sehen, dass diese Interpretationen innerhalb von Interaktionen – und durch sie beständig vermittelt – stattfinden. Dann kommen wir zu einem modernen Verständnis der Entstehung und Regulierung von Interaktionen.

Modernes Verständnis von Interaktion

Interaktionsprozesse festigen Vorwissen zu Rollenkategorien und Rollenerwartungen und damit auch Führungsverständnisse und/oder entwickeln sie weiter. Die Interaktionspartner sind jenseits formaler Rollenerwartungen keine „seelenlosen" Akteure, die Emotionen, Stimmungen und anderweitig bewirkte Spontanreaktionen nicht kennen würden (vgl. z. B. *George* 2000; *Küpers/Weibler* 2005). Interaktion beschränkt sich deshalb auch nicht auf die Modifikation sichtbaren Verhaltens. Der Interaktionsbegriff muss daher auch die Modifikation

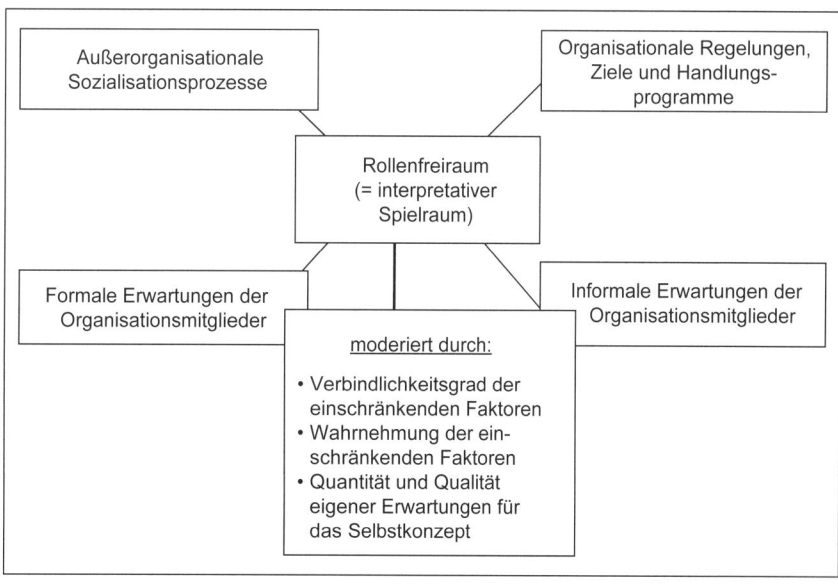

Abb. A.8: Rollenfreiraum in Organisationen (*Weibler* 1994, S. 91)

von Kognitionen und Emotionen inkludieren, denn Verhaltensänderungen kommen erst durch kognitive und emotionale Vermittlung zu Stande: Solange externe Stimuli nicht wahrgenommen und intern weiter prozessiert werden, provozieren sie auch keine Reaktion. Daher kann Interaktion nicht ausschließlich an sichtbarem Verhalten festgemacht werden.

Andererseits kommt Interaktion jedoch ohne sichtbares Verhalten nicht zu Stande, denn die Kognitionen und Emotionen von Person A blieben für Person B ohne Wirkung, wenn sie nicht *wahrnehmbar* mitgeteilt würden (vgl. auch im Folgenden, *Lührmann* 2006, S. 81 ff.). Die Interaktionspartner müssen sich in irgendeiner Art und Weise gegenseitig informieren. Dazu müssen sie sich – bewusst oder unbewusst – kommunizierend verhalten (vgl. *Weick* 1995, S. 130):

> *„Interaktion kommt nur zustande, wenn mehrere Personen füreinander wahrnehmbar werden und daraufhin zu kommunizieren beginnen"* (*Kieserling* 1999, S. 15).

Dabei reicht allerdings eine **einfache Wahrnehmung** nicht aus, denn dadurch wird nicht unbedingt ein Kommunikationsprozess ausgelöst. Erst wenn Person A wahrnimmt, dass Person B sie wahrnimmt, wenn also die einfache Wahrnehmung zur **reflexiven Wahrnehmung** wird, kommt es zwangsläufig zur Interaktion, weil die Anschlusskommunikation unumgänglich ist. Da man *„nicht nicht kommunizieren kann"* (*Watzlawick* 1985), übermittelt jedes Verhalten (bzw. Nicht-Verhalten), Sprechen oder Schweigen in Gegenwart eines anderen eine Botschaft oder kann als Botschaft gelesen werden.

Durch reflexive Wahrnehmung zweier Personen kommt es also quasi automatisch zur Interaktion: Der Adressat einer Kommunikationseinheit muss sich entscheiden, ob er deren Inhalt als Prämisse seinem eigenen Verhalten zu Grunde legt oder nicht. Er kann nur annehmen oder ablehnen, in jedem Fall aber bezieht er sich auf die vorherige **Kommunikation**. Dies bedeutet, dass eine durch reflexive Wahrnehmung initialisierte und durch Verstehen realisierte Kommunikation automatisch weitere Kommunikation auslöst. Dabei ist jede Einzelkommunikation sowohl mit der vorangegangenen als auch mit der nachfolgenden Einzelkommunikation verbunden: Sie nimmt Bezug auf die vorangegangene Kommunikation, indem sie Verstehen signalisiert (denn wenn man nicht verstanden hätte, würde man nicht weiter kommunizieren) und sie definiert eine Verstehenserwartung für die nachfolgende Kommunikation (denn wenn man nicht erwarten würde, verstanden zu werden, würde man nicht kommunizieren) (vgl. *Luhmann* 1999, S. 198 f.).

Diese **Koordinationsfunktion** können soziale Rollen ohne zusätzliche Interpretationsleistungen der Interaktionsteilnehmer jedoch nur dann erbringen, wenn man folgende Annahmen unterstellt (vgl. – auch im Folgenden – *Lührmann* 2006, S. 131 ff. und die dort angegebene Literatur):

(1) Die Verhaltenserwartungen, die an den Inhaber einer sozialen Rolle gestellt werden, sind allgemein bekannt.

(2) Jeder Interaktionsteilnehmer kann sich zu jedem Zeitpunkt an nur *einer* Rolle orientieren.

(3) Die gesellschaftlichen Erwartungen und die individuellen Bedürfnisse sind weitestgehend kongruent.

Deshalb sieht auch die (oben beschriebene) struktur-funktionalistische Rollentheorie realistischerweise, dass es vor diesem Hintergrund zu Konflikten und Verwerfungen kommen kann (vgl. *Krappmann* 2000, S. 101). Jedoch tauchen individuelle Abweichungen von den Rollenerwartungen nur als *Störungen* auf: Sie behindern die perfekte Handlungskoordination der Interaktionspartner, sind jedoch nicht komplett zu verhindern, aber möglichst zu vermeiden.

Einwände bezüglich der Rigidität des struktur-funktionalistischen Rollenansatzes sind insbesondere durch die Rollentheoretiker des → **symbolischen Interaktionismus** (vgl. z. B. *Mead* 1975; *Blumer* 1973, 1969) vorgetragen worden. Aus Sicht des symbolischen Interaktionismus gehen die genannten Annahmen (1)–(3) an der Realität vorbei und können folgendermaßen kommentiert werden:

(1) Gesellschaftliche Rollenerwartungen sind (zunehmend) nicht so eindeutig definiert, dass die Interaktionsteilnehmer daraus unmittelbar eine klar umsetzbare Handlungsgrundlage ableiten können.

(2) Die verschiedenen Rollenkontexte lassen sich nicht eindeutig voneinander trennen. Gerade in differenzierten Gesellschaften kann dies zu erheblichen Widersprüchen führen, die letztlich eine vollständige Anpassung des Verhaltens an soziale Vorgaben scheitern lassen.

(3) Zwischen individuellen Bedürfnissen und gesellschaftlichen Wertmustern gibt es nicht per se eine Übereinstimmung. Gerade in Organisationen ist häufig das Gegenteil der Fall (☞ A. IV. 2).

Der symbolische Interaktionismus reißt die Differenz zwischen Person und Rolle ein und rückt die individuelle Prägung der Rolle in den Mittelpunkt (vgl. *Lührmann* 2006, S. 134 f. und die dort aufgeführte Literatur). Vor diesem Hintergrund sind Unbestimmtheiten, diffuse

Erwartungshaltungen und → Rollenkonflikte in sozialen Interaktionen nicht der pathologische Grenzfall, sondern der empirische Normalfall. Da eine konkrete, personenunabhängige Erwartungsbildung nicht angenommen werden kann und die Interaktionsteilnehmer daher eben nicht sozial komplett vorgeformte und objektiv greifbare Rollen übernehmen können, müssen diese – so die interaktionistische Annahme – in erheblichen Umfang interpretiert, subjektiv gewichtet und ausgehandelt werden. Kurz formuliert ist die Herausbildung von Rollenerwartungen in austauschorientierten, symbolisch (d.h. durch Sprache im weitesten Sinn) vermittelten Interaktionen begründet (vgl. zur Übersicht: *Stryker/ Statham* 1985). Ausgegangen wird prinzipiell von mehr oder minder großen **Interpretationsspielräumen** der Interaktionspartner, die kreative Kompromisse eingehen (vgl. *Turner* 1962), die erst zu der von Struktur-Funktionalisten (vgl. z.B. *Parsons* 1951) a priori angenommenen Verhaltenssicherheit beitragen.

Charakteristisch ist die Konzeption des Individuums, das unter Rückgriff auf seinen Erfahrungshorizont und sein Selbstkonzept nicht Rollen im Sinne fertiger Schablonen übernimmt (sog. „role taking" im Struktur-Funktionalismus), sondern diese aushandelt (sog. „role making" i.S. *Turners*). Rollenkonstruktion und Rollenübernahme fallen damit zusammen. Aus einem interaktionistischen Verständnis heraus ist Interaktion also nicht einfach Konsequenz gesellschaftlicher Normen und sie ist auch mehr als die Summe der einzelnen Handlungen und Verhaltensweisen der Interaktionsbeteiligten. Interaktion in diesem Sinne entwickelt vielmehr eigene Strukturen und Ordnungsregeln (vgl. *Lührmann* 2006, S. 86 f.).

Mittler zwischen Person und Rolle ist die **Identität**. Denn mit den „Ich-Leistungen", die die Interaktionspartner erbringen müssen, wird der Begriff der Identität mit dem Rollenkonzept verknüpft: Vieles, was ein Individuum kennzeichnet und damit Teil seiner Identität ist, ist Ausdruck seiner Beziehung zu → bedeutsamen Anderen („significant other"; vgl. *Arbeitsgruppe Soziologie* 1993, S. 59) und des Anspruchs, den die verschiedenen Organisationen, denen das Individuum angehört, an ihn stellen. Ein Individuum gewinnt Identität, indem es – in Anlehnung an die Erwartungen seiner Referenzgruppen und Interaktionspartner – seine Rollen interpretierend für sich organisiert und sie zueinander in Beziehung setzt (vgl. *Lührmann* 2006, S. 135 f.). Identität entsteht also in der Interaktion – und wirkt gleichzeitig immer auch auf die Interaktion zurück. So kann Identität folgendermaßen definiert werden (*Arbeitsgruppe Soziologie* 1993, S. 68):

> **Definition: Identität**
>
> *„Identität ist die Eigenheit und Einheit eines Individuums in der Mannigfaltigkeit seiner gegenwärtigen und vergangenen Erlebnisse und Erfahrungen angesichts der Verschiedenheit und Widersprüchlichkeit von Rollenerwartungen."*

Identität (oder oftmals auch nur Teil-Identitäten) werden in dieser Auffassung zwangsweise in jede Interaktion mit hineingebracht und durch die Interaktion selbst beeinflusst. Auch deshalb kann sich das Individuum den Ansprüchen und Erwartungen seiner Interaktionspartner nie völlig entziehen, ganz im Gegenteil, es findet eine gemeinsame *Konstruktion* statt. So gilt auch, dass die Identitäten in der Rolle von Führenden wie Geführten erst in der Interaktion kontextspezifisch ausdifferenziert werden (☞ A. III. 1.1). Für die **Führungsbeziehung** ist Identität als zentraler Bestandteil des Selbstkonzepts doppelt wichtig. Zum einen definiert sie das Führungs- und Geführtenselbstverständnis mit, zum anderen ist sie aus Gestaltungssicht faktisch Gegenstand von Einflussversuchen des Führenden, wenn auch über die sie konstituierenden Faktoren.

Damit rücken die komplexen Prozesse, in denen sich Identitäten von Führenden und Geführten unter dem Einfluss struktureller Bedingungen einer Organisation entwickeln, in den Mittelpunkt. In der aktuellen führungsbezogenen Identitätsforschung greift etwa *Collinson* (2006) diese Thematik auf. Er nimmt dabei eine **post-strukturalistische Perspektive** ein, die weder von einer Dominanz struktureller Einflüsse (z.B. Organisationsstrukturen) auf das Individuum, noch von einer Dominanz des handelnden Individuums über Strukturen ausgeht. Dem **strukturellen Kontext** und den **handelnden Individuen** wird also gleichermaßen Beachtung geschenkt.

Im Gegensatz zu traditionellen Ansätzen begreift *Collinson* (2006) die Identität einer Person jedoch gerade nicht als singuläre, einheitliche sowie kohärent ausgeformte Größe; er verweist vielmehr auf den fragmentierten, uneinheitlichen und nicht rationalen Charakter von Identitäten, die häufig Widersprüchliches und Paradoxes in sich vereinen. Das Selbst und damit auch die Identität sind hiernach in Beziehungen eingebunden zu denken. In diesem Sinn kann es auch als spezifische, fortgeschriebene Anwendung des **symbolischen Interaktionismus** eingestuft werden (vgl. z.B. *Berger/ Luckmann* 2009).

Identitäten von Führenden und Geführten werden als stark verwoben und sich gegenseitig bedingend begriffen; als *„inextricably linked, mutually reinforcing, and shifting within specific contexts"* (Collinson 2006, S. 187). Ein ähnlich **relationales Verständnis** findet sich in der Konzeption einer **relationalen Identität** („relational identity"), wie sie von *Sluss/Ashforth* (2007) vorgestellt wird (vgl. auch *DeRue/Ashford* 2010). Die Arbeit von *Collinson* (2006, 2005a/b) sensibilisiert für die Interdependenzen und wechselseitigen Abhängigkeiten zwischen Führer und Geführten, ohne dabei die mehr oder weniger explizit hervortretenden Asymmetrien in der **Ausgestaltung von Führungsbeziehungen** zu negieren. Er zeigt auf, welche für Führende oftmals unverständlichen oder zumindest überraschenden **Identitätskonstruktionen von Geführten** hieraus resultieren können (z. B. die Ausbildung von „resistant selves" oder „dramaturgical selves"; vgl. *Collinson* 2006). Es sollte also keineswegs davon ausgegangen werden, dass Geführte entsprechend kohärente Identitätskonstruktionen vollziehen und glatt sowie vorhersehbar in eine entsprechende **Geführtenrolle** schlüpfen (können).

Die Basisannahmen zum vorstehend skizzierten interaktionsorientierten Identitätsverständnis spiegeln sich schließlich im **relationalen Führungsparadigma** (vgl. z. B. *Uhl-Bien/Maslyn/Ospina* 2012; *Uhl-Bien* 2006; ☞ A. II. 2.2) wider. Dieses nimmt neuerdings in der Führungsforschung einen zunehmend breiteren Raum ein. Dort firmiert es regelmäßig als ein post-heroisches Führungsparadigma und findet mit Führungsansätzen wie Shared/Distributed Leadership (☞ E. III. 12) aktuelle Konkretisierungen (vgl. z. B. *Denis/Langley/Sergi* 2012; *Weibler/Rohn-Endres* 2010; *Crevani/Lindgren/Packendorff* 2007 sowie *Endres/Weibler* 2016 für einen weiterführenden kritischen Überblick). Die Besonderheit ist, dass der Beziehungs*prozess* zwischen Führendem und Geführten selbst Gegenstand der Analyse ist (vgl. *Hosking* 2007; *Ospina/Sorenson* 2006). Fokussiert wird also insbesondere der „space between" (zwischen Individuen; *Bradbury/Lichtenstein* 2000) und eben *nicht* die geschlossene Einheit „Individuum" mit seinen statisch bestimmbaren Eigenschaften.

Basis dieses anderen, auch als sozial-konstruktionistisch bezeichneten Grundverständnisses ist die Auffassung, dass alles **Wissen** und **Verstehen** („knowing") in *gemeinsam* (teils emergent; Emergenz) koordinierten **sozialen Prozessen** hervorgebracht sowie verändert wird, wo es um vor allem eines geht: Sich gemeinsam darüber zu verständigen, was warum bedeutsam beim Gegenüber und im Arbeitsumfeld ist und was nicht (vgl. auch *Fairhurst/Putnam* 2004). Deshalb werden auch Sprache und **Kommunikation** hierbei als zentrales Medium der wissenschaftlichen Analyse wie der praktischen Umsetzung angesehen (vgl. *Fairhurst/Connaughton* 2014). Der dialogischen wie diskursiven Kommunikation wird konzeptionell (normativ) eine besondere Bedeutung zugemessen. Paradigmatisch führt *Gergen* – einer der prominentesten Vertreter des (relationalen) sozialen Konstruktionismus – dazu aus (2002, S. 156):

> *„Beziehungen statt Individuen, Verbindungen statt Isolation und Kooperation statt Konkurrenz."*

Führung wird in relationaler Lesart dann *nicht* beschränkt auf hierarchische Positionen oder Rollen gesehen. An die Stelle eines einzelnen Führenden bzw. von individuell initiierten Handlungen tritt – im Extrem – ein gemeinsamer sozialer Einflussprozess, der sich über die gesamte Organisation verteilt abspielen kann. Daraus folgt natürlich auch eine möglichst gemeinsame Entscheidung(sabgrenzung) und Verantwortlichkeit sowie kollektives Engagement für ein gemeinsam als bedeutsam erachtetes Ziel (vgl. *Weibler/Rohn-Endres* 2010; *Drath* 2001; *Murrell* 1997).

Es wird damit deutlich, dass die vorgestellten **Interaktionsverständnisse**, so wie wir sie eingebracht haben, nicht als sich gegenseitig ausschließend angesehen werden müssen. Die eher klassische Perspektive der struktur-funktionalistischen Ansätze wird nicht durch die interaktionistisch, interpretative Perspektive obsolet (vgl. auch *Jahnke* 2006; *Weibler* 1994). Vielmehr sehen wir mit *Sluss/Ashforth* (2007) beide rollentheoretischen Stränge als komplementär an. Es kommt auf die zu klärende Frage und auf den Anwendungskontext an: Der konventionelle struktur-funktionalistische Zugang kann eher für stark institutionalisierte und formalisierte Situationen als fruchtbar angesehen werden (z. B. organisationale Kontexte, in denen sich vorstrukturierte Abläufe und relativ stabile Beziehungsgefüge herausgebildet haben). Dahingegen hat der interaktionistische Zugang (inklusive seiner explizit relationalen Ausformung) einen hohen Erklärungsgehalt, wenn es um relativ offene, wenig strukturierte und vordefinierte Situationen geht. Weiterhin scheinen interaktionistische Konzeptionen angemessen, wenn es um die Analyse erstmaliger Rollenbildungen (Rollendifferenzierung) geht. Wir kommen also nicht daran vorbei, von Vereinfachungen Abstand zu nehmen und beide Blickweisen in Erinnerung zu behalten.

2.2 Basiskategorien von Interaktion

Zurückliegend haben wir die Beziehung zwischen Führenden und Geführten näher bestimmt. Insbesondere

III. Führungsbeziehungen als Orte lebendiger Führung

haben wir uns darauf konzentriert, herauszustellen, wie sich solche Beziehungen entwickeln und welche Bedeutung sie für den jeweils anderen haben. **Führungsbeziehungen** sind vielfältig zu qualifizieren, beispielsweise nach ihrer Dauerhaftigkeit, Belastbarkeit oder emotionalen Tiefe. Führende wie Geführte empfinden diese Beziehung dann als gut oder schlecht, angenehm oder unangenehm oder gar als erfolgsträchtig oder misserfolgsträchtig. Trotzdem stellt sich die Frage, ob es nicht Beschreibungskategorien einer solchen Führungsbeziehung gibt, die besonders hervorzuheben sind. Dies wäre eben dann der Fall, wenn sie als eine Art Basis des Zusammenspiels begriffen werden könnten. Nehmen wir die beständige Interaktion zwischen Führenden und Geführten als faktische Voraussetzung des Aufrechterhaltens einer Beziehung, können wir gut begründen, dass es die wahrgenommene **Gerechtigkeit** sowie das **Vertrauen** innerhalb dieser Interaktion sind, die über die Form und Ausprägung der Führungsbeziehung entscheiden. Wir gehen dabei davon aus, dass die von uns als zwingend erforderlich gesehene **Akzeptanz der Führenden**, die eine Führungsbeziehung erst konstituiert (☞ A. II. 2.2), ohne ein Gefühl der gerechten Behandlung und des vertrauensvollen Umgangs nicht aufrecht zu erhalten ist. Wir werden diese Auffassung von der „Ur-Kategorie", die wir sprachlich glatter als **„Basiskategorie"** ausweisen, nun näher begründen.

Gerechtigkeit als Basiskategorie von Interaktion

Gerechtigkeit, formuliert *Kreikebaum* (2004, Sp. 348),

> „bezeichnet in Philosophie und Religion eine als Lebensweisheit verstandene Haltung des Menschen, die als grundlegender Maßstab eines geordneten Zusammenlebens in der Gemeinschaft gilt".

Eine Führungsbeziehung ist eine solche, spezifische Form des Zusammenlebens in Organisationen, zumindest für eine bestimmte Zeitdauer und einen bestimmten Zeitraum. Diese notwendigerweise intersubjektive Kategorie – und um Intersubjektivität geht es in einer Beziehung – spricht in ihrer Minimalqualifizierung an, *„was wir uns gegenseitig schulden"* (*Düwell/Hübenthal/Werner* 2002, S. 365). Damit bezieht sie sich nur auf das, was im gegenseitigen Umgang von einem anderen legitimerweise gefordert werden kann und nicht auf das, was darüber hinaus noch wünschenswert wäre – auch wenn dies für eine weitere Bestimmung einer Führungsbeziehung sicherlich wichtig ist. Eine solche Fassung, die den Status einer *Conditio sine qua non* besitzt, entspricht sehr genau dem Charakter einer Basiskategorie.

Sie wird hier nicht zum ersten Mal als eine solche angesehen: Für *Platon* war in der Politeia die Tugend „Gerechtigkeit" jene Tugend, die anderen Tugenden zu Grunde liegt. Sie verkörperte dabei einen Zustand, bei dem alles so ist, wie es sein soll. Ihre hervorgehobene Bedeutung sieht auch *Aristoteles*, wonach die Tugend der Gerechtigkeit jene ganze Gutheit darstellt, *„die die Handlungen und Verhaltensweisen der Person bündelt"* (*Bedorf* 2011, S. 23) und dadurch zwangsläufig den Anderen berücksichtigt. Und *Aristoteles* forderte in seiner Nikomachischen Ethik konsequent, die Störung eines Gerechtigkeitszustandes zu beheben. Diese Forderung nach einem gerechtigkeitsorientierten Handeln ist an alle Personen gerichtet, die eine Beziehung eingehen, also in unserem Fall an Führende wie Geführte. Beide Seiten haben das ihnen Mögliche zu tun, diesen Zustand herbeizuführen und zu halten. Dann wäre ein Zustand erreicht, der für eine ausgewogene, anstrebenswerte Beziehung maßgeblich ist. Die Zukunftsfähigkeit einer Beziehung erwächst also aus ihrer Gerechtigkeitsvermutung.

Knapp 2500 Jahre später bezeichnet der liberale Denker *John Rawls* (1971) in seiner **„Theory of Justice"** die soziale Gerechtigkeit als einen archimedischen Punkt (vgl. *Kersting* 1994), der als *„erste Tugend sozialer Institutionen"* (*Rawls* 1979, S. 19) gelten müsse und ohne den ein friedliches Zusammenleben nicht existieren könne. Dabei wird die entscheidende inhaltliche Standortbestimmung gleich mitgeliefert: Fragen der Gerechtigkeit sind Fragen der Verteilung von Anerkennung, Zuwendung, Chancen usw. (materielle wie immaterielle Belohnungen, Ressourcen, Güter je nach Perspektive) auf der Basis von als gerecht angesehenen Kriterien. Diese Kriterien lassen sich in abstrakte → Konstrukte wie Leistung, Gleichheit, Bedürfnis fassen; sie sind jedoch nicht für alle Sozialgebilde gleich normiert. Dies hat den Kommunitaristen *Michael Walzer* inspiriert, sich in seiner „Theorie der Güter" (1983) eingehend mit den Bedingungen zu beschäftigen, die Gerechtigkeit in den einzelnen Sphären des sozialen Lebens bestimmen, um sie in ihrer inhaltlichen Konkretisierung nicht universal bestimmen zu müssen. Diese Schwierigkeit einer positivistischen Fassung von Gerechtigkeit hat dann, um unseren kleinen Ausflug in die Philosophiegeschichte der Gerechtigkeit abzuschließen, *Jürgen Habermas* dazu veranlasst, **Gerechtigkeit als ethische Kategorie** nur noch formal zu fassen, das heißt Bedingungen begründet vorzugeben, die zu gerechtem Handeln führen. Angesprochen ist hier seine **Diskursethik**, die wir gegen Ende des Buches noch eingehender aufgreifen (☞ F.).

Dimensionen der organisationalen Gerechtigkeit

Nachdem wir unsere Auffassung, die Gerechtigkeit als eine Basiskategorie für die Bewertung von Interaktionen in Führungsbeziehungen zu sehen, unterlegt haben, wollen wir uns der Frage zuwenden, inwieweit dieser abstrakte Zugang zur Ausgestaltung der Gerechtigkeit innerhalb einer Führungsbeziehung in Organisationen zu konkretisieren ist. Antworten dazu finden wir in der empirisch ausgerichteten **organisationalen Gerechtigkeitsforschung** (vgl. zum Überblick *Greenberg/Colquitt* 2005; *Liebig* 1997). Sie ist in Fortführung der bislang dargelegten Positionen von der Einsicht des Sozialpsychologen *Melvin Lerner* (1980) wesentlich getragen. Hiernach besitzen Personen grundsätzlich ein Bedürfnis nach bzw. einen Wunsch nach Gerechtigkeit. Er selbst bringt dies in dem griffigen Konstrukt des in uns wohnenden Glaubens an eine gerechte Welt zum Ausdruck.

Innerhalb der organisationalen Gerechtigkeitsforschung hat es sich eingebürgert, die Dimensionen der **distributiven**, **prozeduralen** und **interaktionalen Gerechtigkeit** zu unterscheiden (vgl. Abb. A.9). Als weitere Dimension wird seltener auch die Dimension der systemischen Gerechtigkeit genannt (vgl. *Beugré* 1998). Das Wissen darum hilft zu verstehen, woraus sich Gerechtigkeitsurteile in Organisationen bilden. Die summarische Qualifizierung einer Interaktion als „gerecht" oder „ungerecht" aus Sicht des Geführten hängt nun davon ab, inwieweit die Führende mit der Ausprägung oder Umsetzung dieser Dimensionen in Verbindung gebracht wird. Bei der interaktionalen Gerechtigkeit ist sie, wie wir noch sehen werden, immer unmittelbar betroffen.

Die Dimension der **distributiven Gerechtigkeit** umfasst allgemein alle Gerechtigkeitsurteile, die die Ergebnisse von Verteilungen in Organisationen zum Gegenstand haben. Die in diesem Zusammenhang bekannteste Theorie ist die sogenannte **Equity-Theorie** der Gerechtigkeit (vgl. *Adams* 1965). Dieser gemäß gilt als Grundprinzip von Gerechtigkeitsurteilen in Organisationen, dass Menschen den Quotienten der Ergebnisse (outputs), den sie in einer Situation (Arbeit) erhalten, und der Beiträge (inputs), die sie in die entsprechende Situation einbringen, mit dem Quotienten einer Bezugsperson (meist Kollegen) vergleichen (vgl. *Beugré* 1998; *Tyler/Smith* 1998). Gemäß der Equity-Theorie empfinden Menschen ein Gefühl der Gerechtigkeit, wenn die beiden Vergleichsquotienten einander entsprechen. Dieser Zustand wird auch als Equity Zustand bezeichnet. Falls die beiden Quotienten divergieren, entsteht ein Gefühl der Ungerechtigkeit. Dieses geht mit der Empfindung verschiedenster, zumeist negativer Emotionen und Reaktionen einher. Die Verteilung bezieht sich also auf Handlungsergebnisse, die aus den Interaktionen resultieren, aber auf sie zukünftig zurückwirken.

Mitte der 1970er Jahre machten schon die Forscher *Thibaut* und *Walker* (1975) darauf aufmerksam, dass sich Gerechtigkeitsurteile nicht allein auf Verteilungen beziehen, sondern auch die Abläufe organisationaler Prozesse Gegenstand der Beurteilung von Gerechtigkeit sein können. **Prozedurale Gerechtigkeit** kann dabei, einem engen Begriffsverständnis folgend, als die Gerechtigkeit von Regeln und Verfahren definiert werden, anhand deren Belohnungen verteilt werden. Einer weiter gefassten Definition gemäß stellt sie die wahrgenommene Gerechtigkeit der Methoden und Verfahren dar, die angewandt werden, um Entscheidungen zu treffen (vgl. *Greenberg* 1993). Je gerechter diese gestaltet sind, desto mehr Wertschätzung signalisiert in diesem Fall der Führende gegenüber der Geführten, wodurch diese zugleich in die Lage versetzt werden, die Vertrauenswürdigkeit des Führenden und seinen Status innerhalb der Arbeitsgruppe klar erkennen zu können. Berührt sind dadurch Fragen der Selbstachtung (vgl. *Greenberg* 1993) wie der Identität. Organisationen aufgefasst als große Gruppen bedeuten für ihre Mitglieder entsprechend mehr, als bloße Quellen des Gelderwerbs oder Anhäufungen materieller Güter zu sein.

Währenddessen sich die Dimensionen der distributiven und prozeduralen Gerechtigkeit nicht zwangsläufig auf das unmittelbare Verhältnis von zwei Interaktionspartnern beziehen müssen, unter der obigen Bedingung

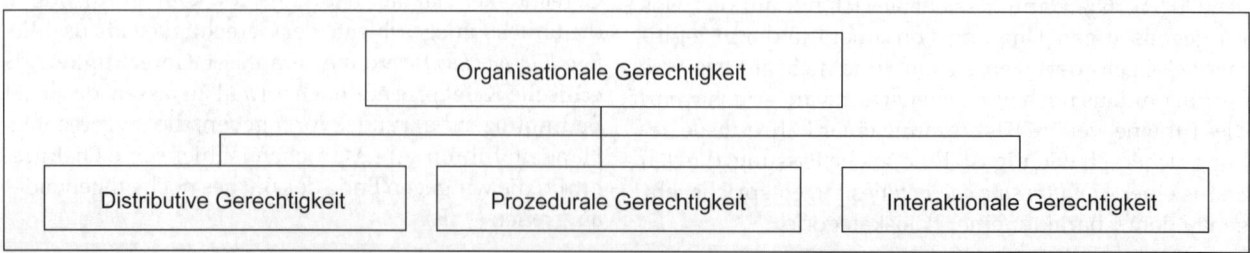

Abb. A.9: Dimensionen der organisationalen Gerechtigkeit

einer Verantwortlichkeitszuschreibung der Führungskraft aber sehr wohl tun, verweist die Dimension der **interaktionalen Gerechtigkeit** direkt auf den sozialen Aspekt der Gerechtigkeit zwischen zwei Organisationsmitgliedern, meist Vorgesetzten und Untergebenen. *Bies* und *Moag* (1986) gemäß bestimmt sich interaktionale Gerechtigkeit als die Beurteilung der Gerechtigkeit der Qualität der interpersonellen wie informationalen Behandlung des Anderen (vgl. *Colquitt* 2001). Dabei bezieht sich die interpersonale Gerechtigkeit auf den Respekt und die Umgangsformen, die die Führungskraft gegenüber ihren Mitarbeiterinnen und Mitarbeitern an den Tag legt (vgl. zum Respektbegriff *Van Quaquebeke/Henrich/Eckloff* 2007). Die informationale Gerechtigkeit zielt auf die informationelle Einbindung ab, sei es im Vorfeld oder durch eine zumindest ex post-Erklärung einer Entscheidung. Als Kriterien kommen hier unter anderem Höflichkeit, Respekt und würdevolle Behandlung in Betracht. Die Beachtung dieser Kriterien wird von den Betroffenen in der Regel als gerecht erachtet (vgl. *Colquitt* 2001).

Die besondere Bedeutung, die dem Gerechtigkeitsphänomen vor dem Hintergrund von Führung in Organisationen auch empirisch zukommt, hat die **organisationale Gerechtigkeitsforschung** denn auch intensiv herausgearbeitet (vgl. *Feldmann* 2010; *Weibler/Feldmann* 2006; *Pillai u. a.* 1999; *Tyler* 1986). Als Beispiel für den Einfluss von Gerechtigkeitswahrnehmungen auf die Einstellungen von Geführten ist, wie postuliert, als erstes die **Akzeptanz des Führenden** zu nennen (vgl. *Tyler/De Cremer* 2005; *Kershaw/Alexander* 2003). Dazu passt, dass die Wahrnehmung eines Führers oder einer Führerin als gerecht auch die Gerechtigkeitswahrnehmung anderer Bereiche, z. B. einer Leistungsbeurteilung, moderiert (vgl. *Choi* 2008). Weitere Ergebnisse sind beispielsweise die Herausbildung von **Vertrauen** zu Kollegen und Vorgesetzten (vgl. *Konovsky/Pugh* 1994) oder Zusammenhänge zum → **Commitment** (vgl. *Leung/Wang/Smith* 2001) bzw. **Organizational Citizenship Behavior** (OCB, vgl. *Moormann* 1991; *Organ* 1988). Letzteres kennzeichnet die Beiträge von Organisationsmitgliedern, die über deren vertraglich festgelegte Arbeitsleistung hinausgehen. Hierzu zählt zum Beispiel die Unterstützung von Kollegen oder auch die freiwillige Übernahme spontan anfallender Arbeiten (vgl. *Farh/Podsakoff/Organ* 1990).

Vertrauen als Basiskategorie von Interaktion

Die zweite Basiskategorie der Interaktion ist **Vertrauen**. Dessen überragende Bedeutung ist, wie *Möllering* (2006, S. 2) anschaulich ausführt, in der Philosophie, der Soziologie oder der Volkswirtschaftslehre bereits seit langem erkannt worden. Vertrauen ist phylogenetisch verankert und differenziert sich ontogenetisch bei jedem von uns individuell aus. Dies geschieht nach einer berühmt gewordenen Studie des Psychoanalytikers *Erik H. Erikson* (1973) bereits beim Säugling und mündet bei einer normalen Entwicklung in einem sogenannten Urvertrauen (Grundvertrauen). Ausgedrückt ist damit ein „Sich-Verlassen-Können" auf die erste menschliche Bezugsperson, die der Mutter, wodurch diese Interaktion maßgebend geprägt wird. Bedürfnisse nach Nähe, Zuwendung, Sicherheit Geborgenheit, Angstnahme und mehr werden hierdurch befriedigt. Damit wird das geschaffen und eingeübt, was alle erfolgreichen und gleichzeitig als befriedigend erlebten Interaktionen ausmacht, eben vertrauensvoll miteinander umzugehen. Dieses **Urvertrauen** nimmt eine je eigene Ausprägung an, wodurch sich Menschen in der Folge unterscheiden. Konsequenterweise weisen *Kosfeld u. a.* (2005) Vertrauen eine unverzichtbare, hormonell abgesicherte (Oxytocin) Rolle des Miteinander zu, sowohl in ökonomischen (z. B. Tausch am Markt) wie nicht-ökonomischen Zusammenhängen (z. B. Zuschreibung von Legitimität). Weil Vertrauen eine derartige Bedeutung in Interaktionen zugeschrieben werden muss, sind die Forschungsstudien hierzu auch im Führungsbereich nach zähem Anlauf (vgl. *Neubauer* 1999, S. 92) inzwischen zahlreich (vgl. *Nienaber/Hofeditz/Romeike* 2015; *Mineo* 2014; *Rivera-McCutchen/Watson* 2014; *Kramer* 2011).

Frederick W. Taylor (1911), Begründer des → Scientific Management, gab einer vertrauensvollen Zusammenarbeit von Meistern und Arbeitern einer durch Zank und Streit charakterisierten Führungsbeziehung den Vorzug. Er war sich der **Bedeutung des Vertrauens** bewusst, auch wenn er nicht die geeigneten Mittel fand, dieses zu befördern. Schärfer sah dies hingegen *McGregor* (1973), dessen Theorie Y das Leitbild einer vertrauensvollen Beziehung in sich trägt, ohne jedoch wesentlich zur Erhellung des Phänomens Vertrauen selbst beizutragen. Auch andere Führungstheorien nehmen immer wieder direkt oder indirekt Bezug auf den Vertrauensaspekt. So wurde innerhalb der Eigenschaftstheorie mehrfach ein positiver Zusammenhang zwischen Vertrauenswürdigkeit (als faktisch zugeschriebene Disposition) und Ausübung erfolgreicher Führerschaft ermittelt (vgl. z. B. *Sgro u. a.* 1980). In einer psychoanalytischen Interpretation, die den Führer mit dem Archetyp des Ur-Vaters in Verbindung bringt, ist Vertrauen in die – an sich ambivalente – Vaterfigur zumindest ein Element neben anderen. Oder denken wir an die charismatische Führungsbeziehung, in der das besondere Vertrauen des Geführten in die Person des Führenden herausgestrichen wird.

Des Weiteren ist an Studien zu erinnern, die Vertrauen mit anderen Konstrukten empirisch in Verbindung bringen (vgl. zum Einstieg das Mehrebenen-Review von *Burke u.a.* 2007), z.B. Vertrauen und Authentizität (vgl. *Wong/Cummings* 2009), Vertrauen und Führungsstil (vgl. *Atwater* 1988), speziell transformationale Führung (vgl. *Gillespie/Mann* 2004), Vertrauen und eine spezifische Form der Akzeptanz (vgl. *Tyler/Degoey* 1996), Vertrauen und Beziehungsqualität (vgl. *Hernandez/Long/Sitkin* 2014; *Brower/Schoorman/Tan* 2000), Vertrauen und Organisationsklima (vgl. *Bass u.a.* 1975), Vertrauen und organisationale Energie (vgl. *Bruch/Vogel/Morhart* 2006), Vertrauen und Risikobereitschaft bzw. Leistung (vgl. *Colquitt/Scott/Lepine* 2007).

Damit wird bereits ersichtlich, wie die Führungsforschung **Vertrauen** aufgreift (vgl. *Dirks/Ferrin* 2002): einmal unter dem **Aspekt des Charakters**, also der Vertrauenswürdigkeit (Motive und Intention wie Kompetenz, vgl. *Kramer* 2011, S. 139) und ein anderes Mal unter dem **Beziehungsaspekt**. Beides ist nicht losgelöst voneinander zu sehen.

Vielen **Vertrauensdefinitionen** ist mehreres gemeinsam: Die explizite/implizite Betonung der Zukunftsgerichtetheit, die Unsicherheit/das Risiko, die Verletzbarkeit des potenziell Vertrauenden, die erwartete positive Intention und die Bereitschaft zur Kooperation der Zielperson des Vertrauens sowie die beidseitige Freiwilligkeit des Vertrauensschenkens (vgl. *Weibler* 1997c). Hervorzuheben ist dabei, dass nur dann von Vertrauen zu sprechen ist, wenn die Möglichkeit besteht, dass dieses Vertrauen „enttäuscht" oder „gebrochen" werden könnte. Wenn hingegen vollkommen sicher ist, dass Vertrauen außer Frage steht, dann „verlassen" wir uns auf jemanden, ist man „sicher", dass Erwartungen nicht enttäuscht werden, „trauen wir jemandem zu", dass er unsere Erwartungen erfüllt, dass er „berechenbar" ist (hierzu ausführlich *Luhmann* 1988).

Auch das umgangssprachliche „blinde Vertrauen" ist im eigentlichen Sinne unzutreffend, da einem blind Vertrauenden die beschriebene Unsicherheit der Situation unvertraut ist. Jemandem zu vertrauen beinhaltet immer das Risiko, dass das Vertrauen enttäuscht wird (vgl. z.B. *Mayer/Davis/Schoorman* 1995). Vertrauen ist dabei nicht mit **Zutrauen** zu verwechseln (vgl. *Luhmann* 1988). Solches Zutrauen entsteht durch Gewöhnung (z.B. die Gewohnheit, unbewaffnet auf die Straße zu gehen). Die wiederholte Erfahrung, dass der Interaktionspartner Vertrauen in einer bestimmten Situation nicht missbraucht hat, führt zu **Vertrautheit**. Es wird nicht mehr in Erwägung gezogen, dass das Vertrauen gebrochen werden könnte. Ebenfalls erweist es sich als notwendig, dass man die Möglichkeit haben muss, andere Handlungsalternativen als die vom Vertrauenden konkret erwartete zu wählen. Das heißt, wenn die Zielperson abhängig ist vom Gegenüber und stark von ihm kontrolliert werden kann, spielt Vertrauen keine wichtige Rolle mehr (und vice versa). Hier greift ein **funktionales Äquivalent von Vertrauen** besser, nämlich **Macht** (vgl. *Bachmann/Lane* 1997).

Beispiel für eine misslungene Vertrauensbildung

David L. Mineo (2014, S. 1 ff.) schreibt aus seiner über dreißigjähriger Erfahrung als Consultant im Bereich der Finanzierung von öffentlichen Einrichtungen über die Wichtigkeit von Vertrauen: Eine vertrauensvolle Zusammenarbeit zwischen dem Führenden und dem Geführten bildet die Grundlage für den Führungserfolg und damit auch für den Erfolg des Unternehmens. Die Bildung von Vertrauen benötigt allerdings Zeit und kann nur entstehen, wenn auch die Führungskraft dem Mitarbeiter Vertrauen entgegen bringt. [...] Allerdings möchte eine neu ernannte Führungskraft sofortige Wirkung erzielen. Das ist das Ziel einer jeden neuen Führungskraft – die Organisation in einer rasenden Geschwindigkeit auf eine positive Weise zu beeinflussen, um den eigenen Wert zu beweisen. [...] Es ist unglaublich, wie viele Personen sofortige Ergebnisse verlangen, anstatt sich die Zeit zu nehmen, um Vertrauen zu bilden. Ein Beispiel dafür ereignete sich, als eine neue Direktorin in eine Organisation kam. Sie begann sofort in die geförderten Zentren zu gehen und über die Entwicklungen, die sie sich für die Organisation vorstellte, zu sprechen – wenn eine Ausrichtung der Organisation in die von ihr gewünschte Richtung erfolge, bekäme die Einrichtung sofort Bundesmittel zur Verfügung gestellt. Leider reichte aber die Finanzierung nicht aus, um die Vielzahl von erwarteten Maßnahmen umzusetzen. Das Ergebnis war, dass innerhalb einer sehr kurzen Zeit die Organisation das Vertrauen in ihre Führungsrolle verlor. Zwar bewegten sie sich weiter in die Richtung, die sie diktierte, allerdings in einem äußerst vorsichtigen Tempo. Dies reduzierte die Veränderungen, die hätte umgesetzt werden können, wenn sie zuvor das Vertrauen gewonnen hätte. Ihre allgemeine Wirksamkeit wurde damit verringert, denn als andere ihr Verhalten sahen, wendeten sie Energie auf, um ihren Einfluss auf die Organisation zu minimieren. (übersetzt)

Vertrauen bedeutet in einer Führungsbeziehung die **Reduktion von sozialer Komplexität** (vgl. *Luhmann* 1989). Vertrauen reduziert die Vielzahl von Handlungsalternativen auf kooperatives Verhalten und erleichtert und ermöglicht teilweise erst Leistungen und Befindlichkeiten, die ohne Vertrauen *undenkbar* wären. Durch diese riskante Vorleistung, die durch das Überziehen vorhandener Informationen entsteht, werden Handlungsmöglichkeiten erschlossen, die ohne Vertrauen „*unwahrscheinlich und unattraktiv*" (*Luhmann* 1989, S. 26) geblieben wären, nicht zuletzt, weil Gefahren, die das Handeln ansonsten irritieren, nicht weiter verfolgt werden müssen (vgl. auch *Six* 2005).

Misstrauen als funktionales Äquivalent zu Vertrauen erfüllt zwar auch die Funktion der Komplexitätsreduktion, doch ergeben sich hieraus oftmals routinisierte Umgangsformen in Organisationen (z. B. vermehrte Rivalität, stärkeres Absicherungsverhalten, Verzicht, Stress u. ä.). Diese werden vielfach als ineffizient eingestuft (vgl. z. B. *Kipnis* 1996). Dies mag, wie *Luhmann* (1989) intensiver ausführt, daran liegen, dass man im Falle des Misstrauens eigentlich einen höheren Informationsbedarf hat, gleichzeitig aber die Informationsbasis verkleinert, auf die man sich zu stützen traut – eine der vielen Erkenntnisse aus diesem Bereich, die die in der Betriebswirtschaft beliebte **Prinzipal-Agenten-Theorie** beständig ignoriert. Der in ihr innewohnende Verdacht des „wesenbedingten" Zurückhaltens von Informationen seitens der Auftragnehmer (z. B. Mitarbeiter) und deren prinzipielle Bereitschaft, den Vorgesetzten und die Organisation zu hintergehen, ist eine der am besten abgesicherten Handlungsweisen, definitiv erst das Misstrauen zu erzeugen, was man grundsätzlich schon meint, unterstellen zu dürfen (vgl. dazu auch *Kramer* 2011, S. 144).

Albert Bandura, Kognitionspsychologe und Lerntheoretiker, schreibt zum Verhalten von Menschen grundlegend:

„*if they believe they are being exploited, coerced, disrespected, or manipulated, they respond apathetically, oppositionally, or hostilely*" (2001, S. 5).

Schon deswegen eignet sich ein solcher Zugang, der meint, die Kontrollperspektive in den Vordergrund rücken zu müssen, nicht zur Herausbildung von Vertrauen. Folgerichtig muss dann mehr schlecht als recht versucht werden, die Vielfalt von (unerwünschten) Handlungsmöglichkeiten durch immer raffiniertere materielle Anreizstrukturen und weiteren Kontrollformen zu sichern.

Michael Kosfeld, der sich solchen Fragen auch experimentell zuwendet, erläutert in einem Interview mit *Kristina Enderle* (2008) den Befund, dass Führungskräfte dann gegenüber einer Vergleichsgruppe mehr Arbeitseinsatz erhielten, wenn sie keine Kontrollen einführten. Illustrativ ist hier sein betriebliches Beispiel:

„*Motivierte Mitarbeiter, die von sich aus früher zur Arbeit kommen, oder bis spät bleiben, fahren ihre Leistung zurück, sobald sie über eine Stechuhr kontrolliert werden*" (S. 16).

Reaktanztheoretisch kann man diesen Befund wunderbar erklären. Misstrauen kostet deshalb definitiv Geld, Vertrauen könnte welches kosten, viel häufiger schafft es aber Werte, auf denen dann auch finanziell aufzubauen ist (vgl. für eine empirische Studie zu den „hidden costs" *Falk/Kosfeld* 2006). Die begrenzte Ergiebigkeit von (rein) extrinsischen **Anreiz- und Kontrollstrukturen** wird in jüngster Zeit aber immer deutlicher gesehen (vgl. *Frey/Osterloh* 2002; ☞ C. II.). Offensichtliche Folge dieser paradoxen Situation ist die stärkere Abhängigkeit von weniger Informationen. Zudem: Misstrauensstrategien

„*absorbieren die Kräfte dessen, der misstraut, nicht selten in einem Maße, das wenig Raum lässt für unvoreingenommene, objektive Umwelterforschung und Anpassung, also auch weniger Möglichkeiten des Lernens bietet*" (*Luhmann* 1989, S. 79).

Individuelles und kollektives Lernen in Organisationen ist jedoch Voraussetzung für ein entwicklungs- und damit zukunftsorientiertes Management (vgl. bereits früher *Klimecki/Probst/Eberl* 1994; ☞ C. III.).

Die verschiedenen Formen der Teamarbeit, die Hierarchie reduzieren und damit Vertrauen noch wichtiger werden lassen, nehmen zu (vgl. *Oldham/Hackman* 2010). Umfangreiche Studien kooperativ arbeitender Teams zeigen, dass die Entscheidung zur Kooperation – im Gegensatz zur Entscheidung zur Nicht-Kooperation – im Hinblick auf die erfolgreiche Bewältigung anstehender Aufgaben in der Regel überlegene Ergebnisse produziert. Es gibt unabhängig davon Grund zu der Annahme, dass diese **Folgen einer vertrauensvollen Führungsbeziehung** bzw. des Vertrauens in den Führenden zumindest in abgeschwächter Form auch für vertikale Kooperationsbeziehungen gültig sind. Als Beispiel seien folgende Befunde genannt (vgl. *Johnson/Johnson* 1995):

- positivere Einstellung zur Aufgabe,
- höhere Bereitschaft, den anderen zu unterstützen,
- intensiverer Austausch von Informationen und Ressourcen,
- verstärktes gegenseitiges Feedback,
- kreativeres Denken und erhöhter Lerntransfer,
- Wahl schwieriger Aufgaben,
- höhere Bereitschaft zur Selbstkritik,
- Suche nach permanenten Verbesserungen,
- positive Befindlichkeit.

Auch *Neubauer* (1999, S. 97) erkennt den erhöhten Wirkungsgrad von Arbeitsbeziehungen, die durch interpersonales Vertrauen geprägt sind. Dabei führt er empirische Befunde auf, die verdeutlichen, dass die Kommunikation verbessert wird, Arbeitsmotivation und Arbeitszufriedenheit steigen, das Problemlösungsverhalten effektiver sowie der organisationale Wandel begünstigt wird. *Drescher u.a.* (2014) demonstrieren zunächst im ersten Schritt in einem Multiplayer-Strategiespiel, dass durch Shared Leadership (als verteilte Führung konzipiert) Vertrauen ansteigt und im zweiten Schritt, dass mit wachsendem Vertrauen eine Leistungsverbesserung der Gruppe eintritt.

Qualitäten des Vertrauens/Typen von Vertrauen

Wir können somit festhalten, dass sich die Vorteilhaftigkeit vertrauensvoller Führungsbeziehungen gut belegen lässt. Allerdings muss darauf hingewiesen werden, dass Vertrauen in den verschiedenen Studien unterschiedlich gefasst wird. Nach *Lewicki* und *Bunker* (1996, S. 119 ff.), die sich wiederum auf *Shapiro*, *Sheppard* und *Cheraskin* (1992) beziehen, sind mit **(1)** dem **kalkülbasierten Vertrauen**, **(2)** dem **wissensbasierten Vertrauen** und **(3)** dem **identifikationsbasierten Vertrauen** drei Vertrauensqualitäten (oder auch Vertrauenstypen) zu differenzieren. Die stärksten positiven Effekte sind dort zu erwarten, wo Vertrauen Kopf *und* Herz trifft (affektive Komponente des identifikationsbasierten Vertrauens; vgl. *Yang/Mossholder* 2010).

(1) Kalkülbasiertes Vertrauen: Das kalkülbasierte Vertrauen stellt die Überlegung in den Vordergrund, dass Individuen tatsächlich das tun, was sie im Vorfeld versprechen (z. B. bei der Regelung einer kommenden Geschäftsbeziehung oder aber auch bei Absprachen mit Mitarbeitern), weil sie die Konsequenzen des Auseinanderdriftens einer sozialen Beziehung fürchten. Diese Furcht ist umso ausgeprägter, je klarer und wahrscheinlicher eine Bestrafung ihres Verhaltens ist bzw. je mehr zukünftige Belohnungen ihnen hierdurch entgehen. Das absprachenkonsistente Verhalten wird also durch die antizipierten negativen Auswirkungen eines Vertrauensbruchs bewirkt. Argumentiert wird mit dem schlechten Ruf, der sich verbreiten und nachfolgende Beziehungen beeinträchtigen oder gar unmöglich machen kann, sodass zukünftige Erfolge in Frage stehen. Ein guter Ruf fördert umgekehrt die Kooperationsbereitschaft von potenziellen Geführten, ohne dass konkrete vertrauensfördernde Interaktionen stattgefunden haben müssen, und kann somit als soziales Kapital betrachtet werden (vgl. *Dasgupta* 1988).

(2) Wissensbasiertes Vertrauen: Während das kalkülbasierte Vertrauen insbesondere beim erstmaligen Aufeinandertreffen zweier sich bislang unbekannter Individuen eine Rolle spielt, setzt das wissensbasierte Vertrauen eine gemeinsame Vorgeschichte voraus. In dieser Vorgeschichte werden Informationen über die jeweils andere Seite erworben, die das Verhalten des anderen besser vorhersehbar machen können. In einem so reduzierten Risikobereich kann Vertrauen leichter, intensiver oder aber auch differenzierter geschenkt werden.

(3) Identifikationsbasiertes Vertrauen: Das identifikationsbasierte Vertrauen spricht die gegenseitige Respektierung und gegebenenfalls aktive Unterstützung der Wünsche des jeweils anderen an. Diese intensive Form des Vertrauens ist als die höchste erreichbare Stufe anzusehen. Diese Stufe setzt eine gemeinsame Entwicklungsgeschichte voraus, die zuvor die beiden anderen Stufen beinhaltet. Dieses bewirkt ein „Fühlen, wie der andere" oder „Denken, wie der andere" und ermöglicht eine nahezu kongeniale Zusammenarbeit oder Partnerschaft, die bis zu einer kollektiven Identität gehen kann. Insbesondere weiß jede Partei, welches Verhalten beim anderen Vertrauen fördert. Durch eine gemeinsame Zusammenarbeit entsteht eine Verpflichtung auf gemeinsame Ziele und gemeinsam geteilte → Werte. Es ist nachvollziehbar, dass dieser Vertrauenstypus aus Sicht der Akteure nur in wenigen sozialen Beziehungen ausgeprägt erreicht werden kann.

Determinanten des Vertrauens

Die sich nun anschließende Frage ist die nach den Faktoren (Determinanten), die die Entstehung von Vertrauen beeinflussen (vgl. hierzu auch *Zucker* 1986). Interpersonales Vertrauen, also das Vertrauen, das z. B. der Geführte einem Führenden schenkt, ist vielfältig determiniert. Auf der Basis einer Literaturrecherche hat *Weibler* (1997c) diesbezüglich verschiedene **Determinanten des Vertrauens** unterschieden (vgl. aktuell *Hernandez/Long/Sitkin* 2014), die die besondere Bedeutung einer relationalen Führung zur Bildung von Vertrauen herausstreichen (u. a. Respekt, Fairness, Interesse an anderen).

Danach ist interpersonales Vertrauen das Produkt

(1) einer persönlichen Disposition des Vertrauenden,

(2) der Vertrauenswürdigkeit der Zielperson,

(3) einer reziproken Beziehung zwischen Vertrauenden und Zielperson,

und wird

(4) durch das Systemvertrauen mitbeeinflusst bzw.

(5) durch situationale Einflüsse moderiert.

(1) Angesprochen ist hiermit eine sogenannte „**Vertrauensneigung**", also eine Art Veranlagung, die Menschen danach unterscheidet, wie leicht oder schwer sie anderen vertrauen. Auf die Überlegung von *Erik H. Erikson* hierzu haben wir bereits hingewiesen (gleichbedeutend auch: *Rotter* 1967). Generelles Vertrauen weist aber, wie Forschungsbefunde demonstrieren, für sich allein genommen keine hohe Vorhersagekraft für das Vertrauen in spezifischen Situationen auf (vgl. z. B. *Bierhoff* 1992) und bedarf somit der Ergänzung.

(2) Die weitere Forschung zu interpersonalem Vertrauen hat sich mit zusätzlichen Faktoren der Vertrauensbildung auseinandergesetzt. Danach impliziert Vertrauen nach überwiegender Literaturmeinung eine Wahrnehmung der **Vertrauenswürdigkeit der Zielperson** (vgl. hierzu den wichtigen Ansatz von *Mayer/Davis/Schoorman* 1995). Dabei handelt es sich aufseiten der Zielperson (dem zu Vertrauenden) vor allem um soziale Kategorien wie Alter, Geschlecht, Beruf und sozialer Status (Hauptkriterium für die Vertrauensbildung: Ähnlichkeit). Daneben um Kompetenz, Integrität/Loyalität, offene Kommunikation sowie Gutwilligkeit im Sinne des Fehlens destruktiver Absichten oder im Sinne expliziter Sorge um das Wohlergehen bzw. der Berücksichtigung der Interessen des potenziell Vertrauenden.

(3) Bisher wurden verschiedene Voraussetzungen von Vertrauen in Abgrenzung von benachbarten Begriffen beschrieben, wobei mehrfach der Begriff der **„Kooperation"** erwähnt wurde. Kooperation wird häufig als eine Folge oder ein Ergebnis von Vertrauen beschrieben. Ein Großteil der empirischen Erforschung des Vertrauens fand im experimentellen Paradigma des sog. Gefangenendilemmas oder vergleichbarer Spielsituationen statt (vgl. für einen Überblick *Pruitt/Kimmel* 1976). Dabei wird von der beobachtbaren Variable **kooperatives Verhalten** bzw. **nicht-kooperatives Verhalten** (sog. „Defektieren") auf das verborgene Konstrukt „Vertrauen" geschlossen.

Good (1988) stellt fest, dass Kooperation und Vertrauen zwar eng miteinander verknüpft seien, Kooperation aber nicht ausschließlich zur Bestimmung von Vertrauen benutzt werden kann: Erstens kann Kooperation auch ohne das Vorliegen von Vertrauen auftreten, z. B. wenn ein rationales Entscheidungskalkül dem Kooperierenden keine andere, bessere Verhaltensalternative als Kooperation lässt (z. B. die → Tit-for-tat-Strategie im Gefangenendilemma, vgl. *Axelrod* 1984). Zudem kann Kooperation auch in der Spielsituation schlicht ein zufälliges Verhalten sein, das im Folgenden verstärkt wird. Umgekehrt kann von einem nicht-kooperativen Verhalten nicht zwangsläufig auf **Misstrauen** geschlossen werden, da die Verhaltensmöglichkeiten aus anderen Gründen eingeschränkt sein könnten (vgl. *Gambetta* 1988). Kooperation kann durch die Herstellung von Bedingungen, die Kooperation aus Selbstinteresse erzwingt, hervorgerufen werden, wodurch Vertrauen, aber auch Altruismus und Solidarität auf ein Minimum beschränkt bleiben.

Wurche (1994) verweist zu Recht darauf, dass faktische Kooperationssituationen den skizzierten Idealbedingungen nicht allzu häufig entsprechen (u. a. aufgrund unspezifizierter und praktisch unkontrollierbarer Handlungsspielräume, Ungewissheit zukünftiger Erträge), wodurch die Vertrauensproblematik dann doch wieder virulent wird. Unabhängig davon schlägt *Gambetta* (1988) vor, **Vertrauen** eher **als Ergebnis erfolgreicher Kooperation** zu betrachten und nicht länger als deren **Voraussetzung**. Dies ist im Regelfall wohl zu hart formuliert. Dennoch: Empirische Evidenz für diese Betrachtungsweise ist gegeben, wenn das Gefangenendilemma über einen langen Zeitraum gespielt wird: Die Wahrscheinlichkeit der Kooperation steigt mit der Erfahrung, dass der Spielpartner kooperatives Verhalten zeigt (vgl. *Axelrod* 1984).

(4) **Systemvertrauen** löst sich von unmittelbaren sozialen Beziehungen zwischen Menschen. Vertrauen wir stattdessen einer Institution gegenüber gebracht – man vertraut auf die Funktionsfähigkeit eines ganzen Systems (vgl. *Luhmann* 1989) bzw. auf bestimmte Ergebnisse und Ereignisse, die das System hervorruft (vgl. *Giddens* 1990). Verstärkt wird man dabei durch die (positive) Alltagserfahrung, die man selbst mit der Organisation macht. Der Vertrauende wird im Gegensatz zum personal entstandenen Vertrauen von der Notwendigkeit der Prüfung weitgehend entlastet, zumal in diesem Fall für den Laien unüberwindliche Zugriffsbarrieren bestehen. **Personal bedingtes Vertrauen** wird auf diese Weise substituiert bzw. ergänzt: Beispiel sind professionelle Berufsrollen, der gute Ruf einer Institution, Zertifikate, Regeln zum Umgang zwischen Institution und Individuum oder anerkannte Mitgliedschaften in Organisationen. Das **Vertrauen in Institutionen** ist deshalb möglich, weil diese Systeme Sicherheitsgarantien (z. B. Beschwerdewege, Haftung) bereitstellen, die wiederum nicht an einzelne Personen innerhalb des Systems gebunden sind (vgl. auch *Kramer* 2011, S. 142 f.).

(5) Neben den bisher herausgestellten Voraussetzungen zur Gewährung und Entwicklung von Vertrauen werden gelegentlich auch **situationale Einflüsse** einzelnen Überlegungen als → Moderatorvariablen hinzugefügt. *Kee/Knox* (1970) verweisen hier z. B. auf die Art der Abhängigkeit der beiden Parteien, auf die Beschaffenheit

der Kommunikationskanäle sowie auf den Umfang der Informationen, die bezüglich des vorherigen Verhaltens der Zielperson verfügbar sind. *Kramer* (2011, 1994) verweist auf die Dauer der Unternehmenszugehörigkeit oder verbindende Werte und Einstellungen. Insgesamt besteht hier noch ein weitgehender Forschungsbedarf.

Nach dem bisher Gesagten ist Vertrauen zu verstehen als eine Funktion der Vertrauensneigung der vertrauenden Person, der Vertrauenswürdigkeit der Zielperson, der gemeinsamen Erfahrung zwischen vertrauender Person und Zielperson sowie des Systemvertrauens der vertrauenden Person, das durch die Zielperson indirekt mit in die Beziehung gebracht wird, wobei situationale Variablen moderierend einwirken (vgl. insbesondere *Schoorman/Mayer/Davis* 2007). Abbildung A.10 visualisiert das Zusammenspiel der verschiedenen Determinanten des Vertrauens.

Die besondere Bedeutung, die dem Vertrauensphänomen vor dem Hintergrund von Führung in Organisationen auch empirisch zukommt, kann anhand dieser Abbildung abschließend illustriert werden. Nachvollziehbar ist, dass sich die generelle Vertrauensdisposition, die ein Mitarbeiter in die Führungsbeziehung einbringt, sich der Beeinflussbarkeit entzieht. Denn sie wird in vorherigen Sozialisationsphasen (→ Sozialisation) erworben und muss als weitgehend stabil betrachtet werden. Anders sieht es mit der Vertrauenswürdigkeit der Zielperson aus. Hier gilt erst einmal, dass wahrgenommene **Ähnlichkeit** vertrauensfördernd ist. Ebenso **Kompetenz** (Sachkunde). Kompetenz ist aus Sicht des Mitarbeiters deshalb wichtig, weil sie positiv mit der Erreichung gesteckter Aufgabenziele korreliert. Dies ist insofern interessant, als in den letzten Jahren die Fachkompetenz einer Führungskraft zu Gunsten von Moderation, Umfeldgestaltung etc. viel zu stark in den Hintergrund gedrängt wurde. Zumindest unter der Vertrauensperspektive wird dadurch die Stellung einer Führungskraft geschwächt. Die Einschätzung der **Integrität** einer Führungskraft tritt hinzu. Sie spricht die Einheit von Wort und Tat, die Beachtung von geltenden Normen sowie die Fairness anderen gegenüber an. Wer seinen und den Prinzipien der Gruppe bzw. Organisation treu bleibt und auf manipulative Techniken verzichtet, dürfte relativ leicht einen positiven Einfluss auf die Vertrauenszuweisung – genauer: auf das wissensbasierte Vertrauen – ausüben können. Gegenteilige Effekte werden durch das Brechen von Absprachen, Verletzung formaler Regeln sowie öffentliche Kritik erzeugt (vgl. *Bies/Tripp* 1996). In engem Zusammenhang hiermit steht die einer Führungskraft zugeschriebene **Gutwilligkeit**, die sich ebenfalls vertrauensfördernd auswirkt. Wer vermeidet, nur eigene Vorteile aus einer Führungsbeziehung ziehen zu wollen, und sich klar

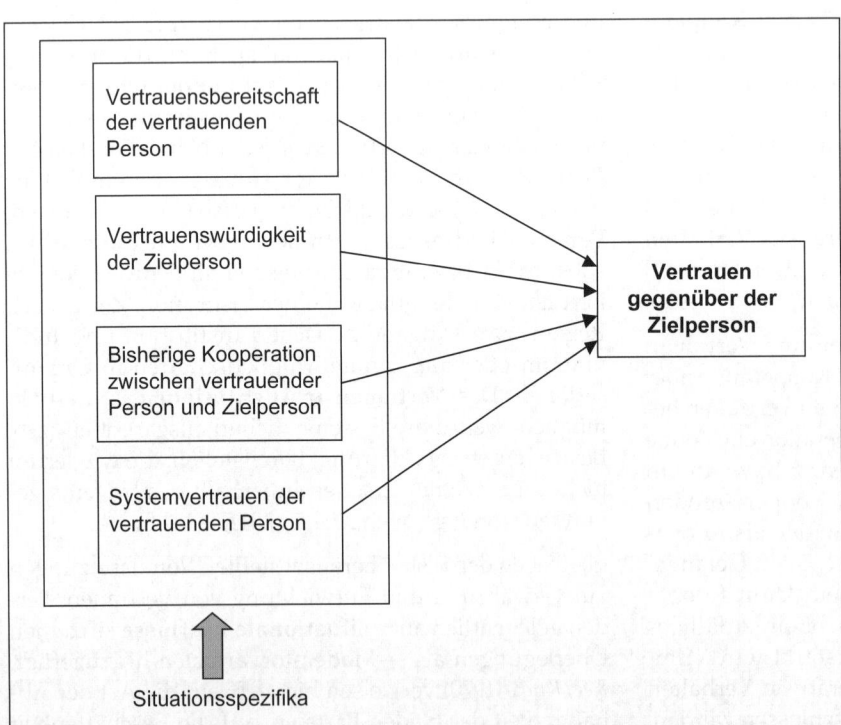

Abb. A.10: Determinanten und Typen des Vertrauens

auch für die Interessen und Ziele seiner Mitarbeiter einsetzt, also mehr zeigt als das, was in der Führungsforschung unter „consideration" (Beachtung des und Sorge um den Einzelnen) verstanden wird, erhöht ebenfalls die Wahrscheinlichkeit, dass ihm Vertrauen geschenkt wird. **Offene Kommunikation**, der als letzter zu nennende Subfaktor, setzt zumindest zweierlei voraus. Zum einen muss durch den tagtäglich praktizierten Führungsstil Kommunikation sichergestellt werden. Kommunikation ermöglicht dabei die Verdichtung einer Beziehung. So konnten *Burt* und *Knez* (1996) zeigen, dass die Intensität einer Beziehung positiv mit Vertrauen korreliert. Zum anderen müssen institutionelle Vorkehrungen getroffen werden, um eine offene Kommunikation zu fördern (z. B. Mitarbeitergespräch statt Mitarbeiterbeurteilung, regelmäßige Meetings, „Politik der offenen Tür", Verankerung der Informationspolitik in den Führungsgrundsätzen etc., ☞ D. III. 4.4).

Gambetta (1988) hat innerhalb der Vertrauensdiskussion argumentiert, dass **Vertrauen als Produkt** und nicht als **Voraussetzung** einer (hier: vertikalen) Kooperation angesehen werden sollte. Allerdings wird man in der Regel nicht ganz ohne Vertrauen beim sozialen Austausch als Vorläufer auskommen (vgl. *Holtz* 2013), es sei denn, die Struktur der Situation gibt anderweitig einen Hauch von Erwartungssicherheit. Die Genauigkeit der Einschätzung der Vertrauenswürdigkeit einer Person korreliert dann mit den gemachten Erfahrungen. Aber auch gemeinsam erreichte Resultate sind damit angesprochen. Diese können sich erst nach einer gewissen Zeit einstellen. Vorzugsweise sind also zu Beginn von Führungsbeziehungen risikoarme Situationen herbeizuführen, in denen über kleinere Erfolge Vertrauen sukzessiv gebildet werden kann. Für die Führungskraft heißt das, dass sie bemüht sein muss, Erfolge durch die gemeinsame Arbeit zu ermöglichen. Dies setzt eine genaue Kenntnis der Motive und Fähigkeiten des Mitarbeiters voraus, um diese anspruchs- und fähigkeitsgerecht einsetzen zu können. Ferner werden in diesem Zusammenhang Verhaltensweisen wichtig, wie sie z. B. in dem Begriff der „hilfreichen Unterstützung" (v. a. Feedback; → Coaching) zum Ausdruck kommen.

Als ein weiterer Faktor wurde das **Systemvertrauen** genannt. In der Diskussion sind hiermit zwar in der Regel der organisationalen Ebene übergeordnete Systeme (z. B. Rechtsordnung) oder sich außerhalb des eigenen Erfahrungshorizonts der vertrauenden Person befindende Institutionen (z. B. andere Unternehmen) angesprochen; doch kann die Logik des Systemvertrauens in seiner einfachsten Form auch auf das Vertrauen zu der Organisation, der man selbst angehört, bezogen werden. Das Sich-Verlassen-Können auf den Ruf, den die Organisation in der Öffentlichkeit und unter den Organisationsmitgliedern besitzt, auf ihre Regeln, Prinzipien und Grundsätze und insbesondere auf die Sanktionierung hiervon abweichenden Verhaltens, entsprechen den zuvor skizzierten Charakterisierungen recht gut.

Insgesamt bleibt aus den vorangestellten Überlegungen und diesen, aber auch anderen Studien der Schluss zu ziehen, dass Gerechtigkeitswahrnehmung wie Vertrauen als Basiskategorien nicht nur konstitutiv für die Interaktion und damit für die Qualität einer Führungsbeziehung sind, sondern auch empirisch nachweisbar einen sehr bedeutsamen Einfluss auf die Führungseffektivität besitzen (vgl. *Van Knippenberg/De Cremer/Van Knippenberg* 2007, S. 133; *Neubauer/Rosemann* 2006, S. 117 ff.). Verwundern kann dies indes nicht. Da Gerechtigkeit wie Vertrauen zwischen Führenden wie Geführten unterschiedlich ausgeprägt sind, variiert die Qualität von Führungsbeziehungen entsprechend. Dort, wo eine Einschätzung zum Verlust von Akzeptanz führt, entsteht keine Führungsbeziehung in der von uns verstandenen Art und Weise und man kann dann nur noch von einer formal beschreibbaren Vorgesetzten-Mitarbeiter-Beziehung **(Leitungsbeziehung)** sprechen. Studien zeigen im Übrigen, dass die beiden Größen Gerechtigkeit und Vertrauen aufeinander einwirken (vgl. *Holtz* 2013). Beide sind im Erfolgsfall der Nukleus für die Entwicklung hin zu einer aufgeklärten Führungsbeziehung, die natürlich auch des gerechten und vertrauensvollen Handelns der Geführten bedarf. Gerechtigkeit und Vertrauen können in diesem Sinne nur **gemeinsam erschaffen** und ausgelebt werden.

3. Welche Rolle die Führungssituation spielt

3.1 Bedeutung und Verständnis der Führungssituation

Eine soziale Interaktion und damit auch die **Führungsbeziehung** findet nicht in einem „luftleeren Raum" statt, sondern vollzieht sich unter den gegebenen Bedingungen ihres Umfelds. Das gesamte Umfeld der Führungsbeziehung können wir als **Führungssituation** bezeichnen. Wir können uns die situationale Seite einer Führungsbeziehung als eine Ausweitung der Betrachtung der Führungsbeziehung vorstellen. Diese Ausweitung erhöht die Güte der Betrachtung (vgl. *Johns* 2006), erzeugt bei unklarer Befundlage im Glücksfall

Eindeutigkeit, verkompliziert aber nicht selten auch die Zusammenhänge.

Dabei existieren unterschiedliche Fassungen der **Situation**: Einmal wird sie als objektive Größe gesehen, deren Einfluss exakt berechnet werden kann. Dies entspricht der bisher dominanten Forschung. Ein anderes Mal ist die Führungssituation eben keine einfach vorliegende Größe, sondern sie wird als solche bestimmt (konstruiert). Bei beiden geht dies nicht ohne Vereinfachungen, denn letztendlich ist alles, was wir betrachten, ein Ausschnitt aus einem noch größeren Zusammenhang. So bewegen wir uns in einer Welt von Modellen (vgl. *Weibler* 2004b) und haben die Hoffnung, dass diese Modelle hinreichend zur Beantwortung einer Forschungsfrage oder zur praktischen Gestaltung einer Situation sind. Dabei dürfen wir nicht übersehen, dass die Sichtweise, die wir wählen, bereits selbst aus einem bestimmten Kontext heraus eingenommen wird (vgl. auch *Grint* 2000). Dies durchzieht auch die gesamte Führungsforschung und ist zentraler Grund für die verschiedenen Ansätze, die sich herausgebildet haben.

Eines darf jedoch festgestellt werden: die Sensibilität für den Kontext, aus dem heraus wissenschaftliche Positionen formuliert werden und für die **Situation**, in denen sich **Führende** wie **Geführte** bewegen, hat in den letzten Jahren erheblich zugenommen (vgl. *Osborn/Uhl-Bien/Milosevic* 2014; *Fry/Kriger* 2009; *Liden/Antonakis* 2009; *Grint* 2005b).

In der Führungsforschung spielt die **Situation** immer dann eine Rolle, wenn nicht nach dem einem besten Weg zur Erreichung einer effektiven Führung gesucht wird. Der *eine* effektive Weg bedarf einer Situationsbetrachtung nicht. Der erste, der dies überlegt in die Führungsforschung mit Breitenwirkung einbrachte, war *Kurt Lewin* (u. a. 1947, 1936). Seine Aussage, dass das Verhalten eine Funktion der Person und der Umwelt sei (→ Feldtheorie), stimulierte die Forschung. Daraufhin entwickelten sich eine Fülle von sogenannten **Kontingenztheorien der Führung** (Situationstheorien), von denen die von *Fiedler* (1967) sowie die von *House* und *Mitchell* (1974) die frühe Forschung auf diesem Gebiet dominierte. Eine Weiterführung war der Schritt, dass die untersuchten Variablen im gegenseitigen Wechselspiel zu betrachten sind, um gegebenenfalls festzustellen, dass sie kontextspezifisch interagieren (**Interaktionsansätze der Situation**, vgl. als Beispiel *Antonakis/Avolio/Sivasubramaniam* 2003).

Die Darstellung einzelner Zusammenhänge würde unseren Anliegen hier sprengen, zumal auch nicht nur Zusammenhänge von auf einer Stufe liegenden Variablen zu berücksichtigen wären. Es ist vergleichsweise einfach, den Effekt eines mitarbeiterorientierten Führungsverhaltens auf die Zufriedenheit unter Beachtung des Reifegrades der Mitarbeiterin ceteris paribus zu erfassen. Sehr schwierig ist es hingegen, den Effekt der Ausprägung der Persönlichkeit eines Vorstandsvorsitzenden auf den Erfolg einer Organisation zu bestimmen. Hier benötigt man zahlreiche Informationen, die zudem voraussetzen, dass jeweils genug → Varianz (Unterschied) bei den Variablen auf den jeweiligen Ebenen existiert, um zu einer soliden Aussage zu kommen. In diesem Beispiel benötigte man Informationen zu Wechseln von Vorstandsvorsitzen in den einzelnen Firmen, unterschiedlichen Persönlichkeitsausprägungen von Vorstandsvorsitzenden innerhalb und zwischen den Firmen. Dazu käme eine Bereinigung von Effekten wie Firmengröße, Branche und Landeskultur (vgl. *Jacquart u. a.* 2008).

Gerade haben wir die Bedeutung der Situation so geschildert, als läge die Situation als Einflussfaktor objektiv vor (Personen und Situationen sind → Entitäten, identifizierbar und messbar). Dies verkennt jedoch die nach Meinung anderer Forscherinnen und Forscher einzunehmende Position, dass die Situation (oft synonym mit Kontext gebraucht) nicht „einfach so" vorliegt, sondern vom Betrachter wahrgenommen, eingeordnet und bewertet werden muss und dass eine isolierte Betrachtung von Führung und Kontext nicht möglich ist, da beide unweigerlich miteinander verwoben sind (vgl. auch *Grint* 2005, 2000; *Hosking* 2007). Dies meinten wir, wenn wir eingangs ausführten, dass der Kontext, aus dem jemand heraus die Führungssituation modelliert, dies wiederum selbst aus seiner (sprachlichen) Eingebundenheit in eben diesen Kontext tut. Ob Personen am Ende zu gleichen Einschätzungen kommen, ist eine empirische Frage.

Folgendes Zitat unterstreicht diese Aussage (*Fairhurst* 2009, S. 1608):

> *„Those impacted by the linguistic turn are broadly social constructionist, discursive, and more qualitative than mainstream leadership scholars. Their lens is more social and cultural than individual and psychological."*

Fairhurst (2007) spricht hier von **diskursiver Führung** (es gäbe auch andere Zuordnungen, deren Auffächerung und Abgrenzung hier aber nicht das Ziel ist), um dieses Verständnis zu kennzeichnen. Hierbei geht es nicht um die allgemeingültige, weil kontextübergreifende Generierung von Aussagen zur Führung, sondern vielmehr um die Frage, wie Führung jeweils konstruiert und damit Sinn/Bedeutung durch Führungszuschreibung produziert wird (vgl. *Fairhurst* 2009, S. 1609). Hell schimmert das interpretative Paradigma unserer vorgängigen Einteilung heraus:

> „Those who aspire to lead must figure out what leadership is in the context of what they do and persuade themselves and others that they are doing it. Stated otherwise, leadership is a set of language games, [...]" (*Fairhurst* 2009, S. 1609)

Dieses Kontextverständnis bewirkt dann auch den Blick auf die Führung. Beispielhaft illustrieren *Alvesson/Svenningson* (2003) dies am Beispiel des Zuhörens. In Abhängigkeit der Position der Person, die zuhört, wird dieses Verhalten anders klassifiziert: In der Vorgesetztenposition wird dies mit „Führung" verbunden, wohingegen es in der Geführtenposition die Bestätigung einer Verpflichtung ist. Eigentlich Alltägliches erhält seine Bedeutung vom Kontext, in dem es sich abspielt. Es geht im nächsten Schritt um die Frage, wie solche Führungsdiskurse in verschiedenen Kontexten warum so und nicht anders verlaufen, wie Kontexte geformt werden und was daraus für die, die beteiligt sind, folgt. Wie ein Kontext auch aktiv für andere konstruiert werden kann, zeigte *Barack Obama* während seines Präsidentschaftswahlkampfes 2008 (mehr zu *Obama* und seiner Rhetorik vgl. *Weibler* 2010b). Nochmals hierzu *Fairhurst* (2009, S. 1608):

> „Think of Barack Obama's campaign for the US presidency in which he chose not to frame himself as a ‚black candidate', but a candidate who ‚happened to be black' thus more carefully navigating US racial identity politics."

3.2 Ausprägungen der Führungssituation

Neben dieser wichtigen, grundsätzlichen Betrachtung zur Fassung der Führungssituation in der Forschung, kommen wir nicht umhin, die Arten der wie auch immer bestimmten Situationsfaktoren noch ein wenig näher zu beschreiben. In der Führungsliteratur wird hierunter eine Vielzahl von Aspekten gefasst, die höchst unterschiedlicher Natur sind, wie etwa die Beschaffenheit der Arbeitsaufgabe, Gruppenkohäsion, Organisationsstruktur oder Einflüsse der Landeskultur (vgl. z.B. *Bass/Bass* 2008; *Schreyögg* 1995; *Hunt* 1991). Der Begriff der Führungssituation wird dabei als eine Art Globalkategorie für eine große Zahl unterschiedlicher Einflusswirkungen auf die Führungsbeziehung und ihren Führungserfolg verwendet (vgl. aussagekräftig schon früher *Opens/Sydow* 1980). Deshalb erscheint es uns angebracht, den Begriff der Führungssituation noch weiter zu differenzieren.

Als Grundlage hierfür soll uns der Umstand dienen, dass Führungsbeziehungen in Organisationen eingebettet sind. Des Weiteren, dass sich Organisationen von ihrer Umwelt abgrenzen lassen. Daraus ergeben sich die folgenden zwei Ausprägungen der Führungssituation:

(1) Auf eine Führungsbeziehung wirken verschiedene Faktoren ein. Neben den unmittelbar an der Führungsbeziehung beteiligten Personen und den weiteren Beziehungsgeflechten, die wir unter der personalen Seite der Führungsbeziehung kennen gelernt haben, sind dies beispielsweise die Beschaffenheit der Aufgabe oder die Organisationskultur. Diese Einflussfaktoren des organisationalen Umfelds bezeichnen wir als **primäre Führungssituationsfaktoren**.

(2) Für eine Führungsbeziehung sind ferner auch über-/außerorganisationale (d.h. über die Organisation hinausgehende) Einflussgrößen zu beachten. Darunter fallen u.a. der Stand der technologischen Entwicklung, rechtliche Regelungen, gesellschaftliche Wertvorstellungen, oder landeskulturelle Besonderheiten. Diese generellen Rahmenbedingungen der Führungsbeziehung, die außerhalb der einzelnen Organisation liegen, bezeichnen wir als **sekundäre Führungssituationsfaktoren**.

Sekundäre Führungssituationsfaktoren gestalten also den allgemeinen, weit gefassten Rahmen von Führungsbeziehungen. Primäre Führungssituationsfaktoren wirken hingegen im engeren Bereich der Organisation. Wir wollen uns diesen beiden Ausprägungen der Führungssituation nun jeweils näher zuwenden.

Primäre Führungssituationsfaktoren

Die primären Führungssituationsfaktoren können sich inhaltlich auf die folgenden Aspekte beziehen:

- **Charakteristika der involvierten Personen** (Führer/Geführter): Hierunter sind geführtenseitig Faktoren wie z.B. die Leistungsbereitschaft, der Reifegrad, die Toleranz gegenüber Unsicherheit oder das Selbstvertrauen zu verstehen. Auf der Führerseite werden Faktoren wie z.B. die Positionsmacht, der Informationsstand oder Fachkompetenzen diskutiert.

- **Interaktion zwischen den Personen:** Dieser Punkt beinhaltet insbesondere Faktoren, die sich auf Beschaffenheit bzw. Qualität der Interaktion beziehen, wie z.B. kooperatives Verhalten, Solidarität, Entscheidungsakzeptanz, vertrauensvoller Umgang, offene Kommunikation.

- **Interaktionsumfeld:** Hier wird insbesondere die Bedeutung der jeweiligen Arbeitsaufgabe für die Führung und deren Erfolg unterstrichen (vgl. z. B. *Yukl* 2010; *Fiedler* 1967). Bedeutsame Aspekte sind dabei

- die Klarheit, Überschaubarkeit sowie Strukturiertheit des Problems bzw. der Aufgabe,
- die Ressourcenausstattung, mit der die Aufgabe/ das Problem zu bewältigen ist,
- der Organisationsgrad, der die „Freiheitsgrade" der Führung im Rahmen der Aufgabenbewältigung absteckt,
- der Zeitdruck, unter dem die Aufgabenbewältigung zu erfolgen hat, sowie
- der funktionsübergreifende Koordinationsbedarf, der mit der Aufgabenbewältigung einhergeht.

Neben dem unmittelbaren Aufgabenumfeld werden auch die Charakteristika der gesamten Organisation betrachtet. Hierunter zählen einerseits allgemeine Aspekte wie Organisationstyp, Organisationsgröße, Organisationskultur, aber auch spezielle Merkmale von Organisationen wie die Kontrollspanne, der Dezentralisierungsgrad, die Anzahl der Hierarchiestufen, der Verbreitungsgrad von Gruppenarbeit oder soziale Netze (vgl. *Weibler/Rohn-Endres* 2010; *Bass/Bass* 2008; *Hunt/Osborn* 1982; *Osborn/Hunt* 1975).

Sekundäre Führungssituationsfaktoren

Zu den sekundären Führungssituationsfaktoren gehören im Wesentlichen die folgenden Bestimmungsgrößen:

- **Sozio-kulturelle Bedingungen:** Hierunter fallen jene Werte und Normen, die über nicht-organisationale Sozialisationsprozesse erworben werden und für das Denken und Handeln der jeweils Führenden bzw. Geführten maßgeblich sind (vgl. *Weibler/Deeg* 2014). Der allgemeine und nachhaltige Wandel dieser Bedingungen hat entsprechende Auswirkungen auf die Führungsbeziehungen, die sich gleichermaßen substanziell verändern bzw. bereits verändert haben.
- **Ökonomische Bedingungen:** Hierunter fallen all jene Veränderungen, die innerhalb der wirtschaftlichen Prozesse zu verzeichnen sind (Veränderungen in den Märkten bzw. Nachfragestrukturen) und die (mit-) entscheidend dafür sind, welche Aufgaben in Organisationen überhaupt entstehen und wie deren Bewältigung innerhalb der Organisation zu regeln ist. Deutliche Hinweise sprechen in diesem Zusammenhang dafür, dass die Aufgaben insgesamt komplexer werden, sich als immer wandelbarer erweisen, zunehmend höhere Ansprüche an die Innovationsfähigkeit stellen und stets größere Flexibilität erfordern – was tendenziell die Notwendigkeit begründet, führungsbezogen entsprechend zu reagieren.

- **Demographische Bedingungen:** Hierunter fallen alle Ausprägungen in der Zusammensetzung der Bevölkerung, die einen Einfluss auf charakteristische Merkmale der Führungsbeteiligten ausüben. Exemplarisch ist in diesem Zusammenhang die Veränderung (Erhöhung) des Qualifikationsniveaus sowie auch die Zunahme des Anteils weiblicher Beschäftigter zu nennen. Diese Veränderungen demographischer Art rufen spezifische Auswirkungen auf die Führungsbeziehung hervor. In Bezug auf die genannten Beispiele wären dies das Problem der Führung von hoch qualifizierten Spezialisten (Professionals) sowie der viel diskutierte Bereich geschlechtsspezifischer Unterschiede im Führungsverständnis und -verhalten (vgl. hierzu z. B. *Friedel-Howe* 1999; *Wunderer/Dick* 1997).

- **Rechtliche Bedingungen:** Hierunter sind alle rechtlichen Regelungen zu verstehen, die sich in ihrer Geltung auf die Arbeitssituation oder die grundlegende Gestaltung der Führung und Zusammenarbeit in Organisationen beziehen (z. B. Arbeitsschutzvorschriften, Mitbestimmungsrechte, Gleichstellungsgebote). Exemplarisch kann hier der Einfluss von kollektiven Interessenvertretungen (Gewerkschaften, Betriebsrat) benannt werden (vgl. auch *Bass* 1990, S. 586).

- **Technologische Bedingungen:** Hierunter können alle Technologien gefasst werden, die zur Erfüllung des Leistungsziels der Organisation oder im außerorganisationalen Umfeld eine herausragende Rolle spielen. Exemplarisch sind hier die modernen Informations- und Kommunikationstechnologien und die damit verbundenen Möglichkeiten einer räumlich verteilten Leistungserstellung (Stichwort → virtuelle Organisation/virtuelles Unternehmen; vgl. hierzu *Weibler/Deeg* 1998 und *Krämer/Deeg* 2008) zu nennen, die ganz neue Anforderungen an Führende und Geführte stellen.

Zusammenfassend lässt sich festhalten, dass primäre wie sekundäre Führungssituationsfaktoren sich hinsichtlich der Art der Wirkung und hinsichtlich ihres Wirkungsbereichs unterscheiden: **Sekundäre Situationsfaktoren** haben eine grundlegende, abwandelnde Wirkung auf Führungsbeziehungen. Sie leiten sich aus den (für die gesamte Organisation geltenden) generellen Rahmenbedingungen ab. Sie wirken *umfassend* über den organisationalen Kontext, in den die Führungsbeziehung eingebettet ist. Ein prägnantes Beispiel für einen sekundären Führungssituationsfaktor ist die Landeskultur (☞ E. III. 7). **Primäre Situationsfaktoren** besitzen dagegen eine spezifische, verändernde Wirkung auf Führungsbeziehungen. Ihr Wirkungsbereich ist *begrenzt*, d. h. sie beziehen sich immer nur auf ausgewählte Komponenten der Führungsbeziehung. Ein prägnantes Beispiel hierfür ist die Abhängigkeit des Führungsstils von der Führungssituation (☞ D. II.).

Sowohl für die **primären** als auch die **sekundären Führungssituationsfaktoren** gilt jedoch, dass sie auf die Führungsbeziehung in unterschiedlicher Logik einwirken können. Hinsichtlich der **Art des Einflusses** von Führungssituationsfaktoren können folgende Wirkungsweisen unterschieden werden:

(1) moderierende Wirkung,

(2) mediierende Wirkung,

(3) substituierende Wirkung.

Die verschiedenen Wirkungsweisen der primären wie auch der sekundären Führungssituationsfaktoren wollen wir im Folgenden näher untersuchen.

(1) Moderierende Wirkung von Führungssituationsfaktoren

Von einer durch Führungssituationsfaktoren moderierten Führungsbeziehung spricht man, wenn ein Situationsfaktor die Stärke oder die Richtung des Zusammenhangs zwischen Führungsverhalten und Führungserfolg beeinflusst (vgl. *Müller* 2009, S. 237 f.). Hier wirkt der Situationsfaktor als exogene Größe und verändert das Ausmaß des Führungserfolgs über die Interaktion mit dem Führungsverhalten, weswegen man bei einer **Moderatorwirkung** auch von einem Interaktionseffekt spricht. So stellten beispielsweise *de Hoogh u. a.* (2004) fest, dass die wahrgenommene Unsicherheit der Umweltsituation die Beziehung zwischen einem charismatischen Führungsstil des Vorgesetzten und einer positiven Arbeitseinstellung der Mitarbeiter moderierte. In einem relativ unsicheren Unternehmensumfeld zeigte sich demzufolge ein stärkerer Zusammenhang zwischen einem charismatischem Führungsverhalten und einer positiven Arbeitseinstellung, als in relativ sicheren Unternehmenskontexten. Der hier aufgezeigte Zusammenhang zwischen (charismatischem) Führungsverhalten, (Unsicherheitsgehalt der) Situation und Führungserfolg wird in Abbildung A.11 grafisch veranschaulicht.

In diesem Fall interagieren der charismatische Führungsstil und die wahrgenommene Umweltunsicherheit in ihrer Beeinflussung der Arbeitseinstellung. Genauer gesagt hängt die Stärke des Effekts des charismatischen Führungsstils auf das Ausmaß einer positiven Arbeitseinstellung der Mitarbeiter von der Ausprägung der Sicherheit bzw. Unsicherheit ab.

> **Beispiel zur Moderatoranalyse**
>
> Derartige Interaktionen zwischen dem Führungsverhalten und der Führungssituation erfahren ihre Berücksichtigung in situativen Führungsmodellen wie beispielsweise dem **Reifegradmodell** von *Hersey/Blanchard* (1988; ☞ D. II. 2.6). Wie bei allen **Führungsmodellen** geht es darum, einen zentralen Zusammenhang aus dem Möglichen aller Zusammenhänge begründet auszuwählen, um diesen dann zu spezifizieren. Es geht also immer nur um Annäherungen an einen tatsächlichen Zusammenhang, wobei Vorannahmen unweigerlich eingehen (vgl. *Weibler* 2004b, S. 803), denn „*Erkenntnis kann nicht mit nichts beginnen*" (*Popper* 2000, S. 36). Beim Reifegradmodell werden zwei Größen, der Reifegrad und das Führungsverhalten, in einen Zusammenhang gebracht und zwar insofern, als der spezifische Reifegrad des Geführten unter der Prämisse Führungseffektivität ein bestimmtes Führungsverhalten bedingt. Da sich der Reifegrad des Geführten jedoch im Laufe der Zeit verändert, muss sich das Führungsverhalten diesen Veränderungen anpassen, um auch weiterhin einen Führungserfolg zu gewährleisten. Betrachtet man die Anpassung zwischen Führungsverhalten eines Vorgesetzten und dem Reifegrad seines Mitarbeiters über einen längerfristigen Zeitraum, so wird das Zusammenspiel zwischen beiden Faktoren unmittelbar ersichtlich.

Führungssituationsfaktoren können eine positive oder negative sowie eine verstärkende oder hemmende Wirkung auf den Zusammenhang zwischen Führungsverhalten und Führungserfolg ausüben. Im oben genannten

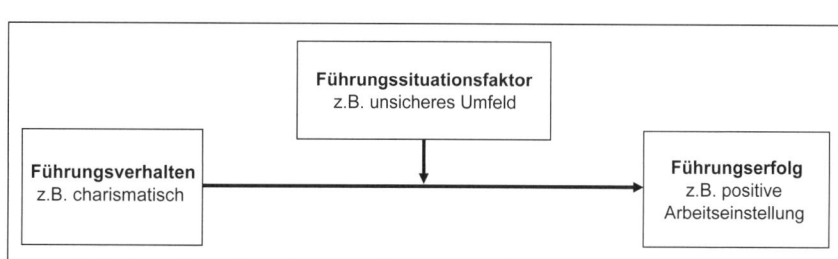

Abb. A.11: Moderierender Situationsfaktor

Beispiel wurde der fördernde Einfluss eines charismatischen Führungsstils auf die positive Arbeitseinstellung der Mitarbeiter durch Unsicherheit verstärkt. Umgekehrt wäre aber auch denkbar, dass ein charismatisches Führungsverhalten unter zunehmend sicheren Umweltbedingungen mit einer verringerten positiven Arbeitseinstellung einhergeht. In relativ sicheren Kontexten sollte sich ein charismatischer Führungsstil dann als eher ungeeignet für die Steigerung einer positiven Arbeitseinstellung erweisen.

(2) Mediierende Wirkung von Führungssituationsfaktoren

Eine **mediierende Wirkung** der Führungssituation liegt vor, wenn eine vermeintlicher Einfluss des Führungsverhaltens auf den Führungserfolg gänzlich auf einen (oder mehrere) Führungssituationsfaktoren zurückzuführen ist (vgl. *Müller* 2009, S. 245 f.). Dabei besteht ein direkter Zusammenhang zwischen dem Führungsverhalten und den Führungssituationsfaktoren, nicht jedoch (oder nur in abgeschwächter Form) zwischen dem Führungsverhalten und dem Führungserfolg. Letzterer korrespondiert dagegen wiederum direkt mit den Führungssituationsfaktoren. Betrachtet man bei Vorlage dieser Konstellation das Führungsverhalten und den Führungserfolg unter Ausschluss der Führungssituation, so unterliegt man leicht dem Trugschluss, dass das Führungsverhalten und der Führungserfolg in direkter Beziehung zueinander stehen.

Beispiel zur Mediatoranalyse

Avolio, *Zhu*, *Koh* und *Bhatia* (2004) untersuchten beispielsweise den oft berichteten positiven Zusammenhang zwischen einem transformationalen Führungsverhalten und dem Ausmaß an Commitment. Sie konnten belegen, dass dieser Zusammenhang in ihrer empirischen Studie auf das Ausmaß an Empowerment zurückzuführen war. Danach führte ein transformationales Führungsverhalten zu einem gesteigerten Ausmaß an Empowerment, das seinerseits wiederum positiv mit dem Ausmaß an Commitment verbunden war. Das Führungsverhalten selbst übte somit nur einen indirekten, über das Ausmaß an Empowerment vermittelten (mediierten) Einfluss auf das Commitment aus. Diese Wirkungskette wiesen *Cole*/*Bedeian*/*Bruch* (2011) ebenso für die Effektivität von Teams nach.

Dieser Zusammenhang ist in der folgenden Abbildung A.12 grafisch dargestellt.

Würde man den Führungssituationsfaktor vollständig aus dem Modell entfernen, so würde das Führungsverhalten keinen Einfluss mehr auf den Führungserfolg haben. Der Effekt wird also nur indirekt über den Führungssituationsfaktor vermittelt. Die Identifizierung eines vom Führungsverhalten ausgehenden indirekten Effekts auf den Führungserfolg sollte jedoch die Bedeutung von Führung in keiner Weise schmälern. Hat man, wie etwa im obigen Beispiel, im transformationalen Führungsverhalten einen kritischen Hebel für die Steigerung des → Empowerments identifiziert und zeigt Letzteres einen positiven Zusammenhang mit dem Commitment, so lassen sich daraus wertvolle Ansatzpunkte zur Steigerung des Commitments (über ein transformationales Führungsverhalten) ableiten.

Zu erwähnen bleibt, dass zwischen einer vollständigen und teilweisen Mediation unterschieden wird. Eine **vollständige Mediation** liegt vor, wenn wie im obigen Beispiel der Zusammenhang zwischen Führungsverhalten (*hier*: transformational) und Führungserfolg (*hier*: das Commitment der Mitarbeiter) vollständig auf einen Führungssituationsfaktor (*hier*: das Empowerment der Mitarbeiter) zurückzuführen ist. Kann ein situativer Faktor den Zusammenhang zwischen Führungsverhalten und Führungserfolg dagegen nur teilweise erklären, handelt es sich um eine **teilweise Mediation**. Eine solche belegen *Richardson* und *Vandenberg* (2005) in ihrer empirischen Analyse des Zusammenhangs zwischen transformationalem Führungsverhalten und Organizational Citizenship Behavior (OCB). Die Autoren beobachteten einen direkten Zusammenhang zwischen einem transformationalen Führungsverhalten und dem Arbeitsklima. Letzteres stand wiederum in enger Beziehung zum OCB. Das Arbeitsklima konnte den von der transformationalen Führung ausgehenden Effekt auf das OCB jedoch nur teilweise erklären, weswegen ein über das Arbeitsklima hinausgehender Zusammenhang zwischen transformationalem Führungsverhalten und OCB bestehen blieb.

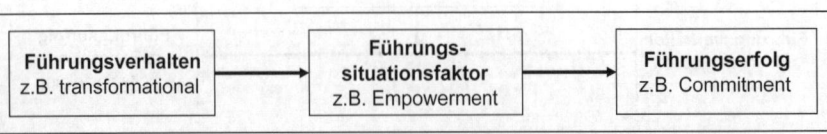

Abb. A.12: Mediierender Situationsfaktor

(3) Substituierende Wirkung von Führungssituationsfaktoren

Bei einer **substituierenden Wirkung** ersetzt der Situationsfaktor ein bestimmtes Führungsverhalten ganz oder teilweise. Dies macht Führungsverhalten im Extremfall überflüssig oder sogar kontraproduktiv.

> **Beispiel zur substituierenden Wirkung**
>
> Ein Beispiel hierfür ist ein hoher Grad an Formalisierung in einer Organisation. Sind die arbeitsorganisatorischen Abläufe in einer Organisation sehr detailliert und klar geregelt, ist ein anweisendes Führungsverhalten für die zügige Aufgabenerledigung nicht notwendig. Auf diese Substitution von Führungsverhalten gehen wir im Detail noch später ein (☞ D. II. 4.1).

Trifft ein Führungssituationsfaktor mit einem durch ihn eigentlich substituierten Führungsverhalten zusammen, wirkt sich deren Interaktion auch auf den Führungserfolg aus (vgl. Abb. A.13). Da Führungsverhalten und Führungssituationsfaktor getrennt voneinander jeweils dieselbe Wirkung auf den Führungserfolg ausüben, sollte deren Kombination im Führungsalltag eher mit negativen Konsequenzen einhergehen. Um bei dem obigen Beispiel zu bleiben wäre dies der Fall, wenn eine Führungskraft auch in einer stark formalisierten Abteilung nicht auf ein anweisendes Führungsverhalten verzichten würde. Dies könnte bei den Geführten ein Gefühl der Bevormundung und Einengung ihres individuellen „Aktionsradius" hervorrufen, infolgedessen diese ihre Leistung zurückfahren. Bei einem solchen Zusammenhang handelt es sich demnach um eine **Moderation** zwischen Führungsverhalten und Führungserfolg durch den substituierenden Führungssituationsfaktor.

Führungspraktische Konsequenzen

Für die Führungspraxis ergeben sich aus der zuvor dargestellten Differenzierung verschiedene Konsequenzen: Zunächst ist festzuhalten, dass **primäre** und **sekundäre Situationsfaktorentypen** in der Praxis kumuliert auftreten und dabei selbst auch miteinander interagieren und sich teilweise sogar substituieren. In vielen Fällen befinden sie sich dabei weitgehend außerhalb des Einflussbereichs der an einer Führungsbeziehung unmittelbar beteiligten Personen. Dies bedeutet, dass bei der **Gestaltung der Führungsbeziehung** viele Faktoren – auf alle Fälle kurzfristig – als gegeben angesehen werden müssen und einer gezielten Veränderung nicht zugänglich sind. Jede Führungskraft hat sich damit auf eine jeweils spezifische Situation einzustellen und nach bestem Vermögen ihr Potenzial in eine Führungsbeziehung einzubringen. Diese Tatsache verdeutlicht, dass Führung eine beträchtliche Varietät in der Ausformung der Verhaltenssteuerung erfordert. Je nach **Situation** werden ganz unterschiedliche Eigenschaften, Fähigkeiten oder Verhaltensweisen benötigt. Ein generelles Erfolgsrezept für Führung kann es aus diesem Grund nicht geben. Dies folgt auch aus der Tatsache, dass gemäß der Abgrenzung von für jede Organisation speziell ausgeprägten **Führungssituationsfaktoren** Erfolg versprechende Vorgehensweisen nicht ohne Weiteres von einer Organisation auf andere Organisationen übertragen werden können.

Es existieren jedoch unterschiedliche Grade der Beeinflussung von Situationsfaktoren. Da sich die **primären Führungssituationsfaktoren** per definitionem im unmittelbaren Einflussbereich der Organisation befinden, lassen sich hier grundsätzlich eher Veränderungen vornehmen. Denn auch wenn diese Veränderungen nicht unmittelbar durch die Führungskraft erreicht werden können, so doch gegebenenfalls durch andere Orga-

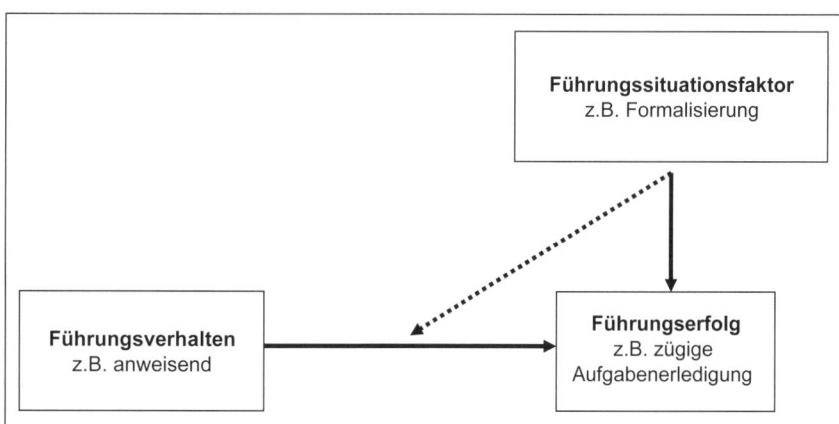

Abb. A.13: Substituierender Situationsfaktor

nisationsmitglieder bzw. andere organisationale → Instanzen (z. B. Geschäftsleitung, Ausschüsse). In der Auseinandersetzung mit den **sekundären Führungssituationsfaktoren**, die zumeist weit außerhalb des Einflussbereichs von (einzelnen) Organisationen liegen, können hingegen nur Instrumente zum Umgang mit diesen Gegebenheiten angeboten werden. Ein prägnantes Beispiel sind Führungskräftetrainings zum Umgang mit dem Situationsfaktor Landeskultur bei einem Auslandseinsatz von Führungskräften (vgl. z. B. *Weibler* 1997a, S. 175 ff. und *Weibler* 2014b). Alternativ kann durch strategisches Verhalten Einfluss auf den die Organisation umgebenden Kontext genommen werden. *Pfeffer* und *Salancik* (1978) haben dies früh im Rahmen ihrer Theorie der kritischen Ressourcen beispielhaft formuliert **(Ressourcen-Dependenz-Ansatz)**. Nachdem wir damit die situationale Seite einer Führungsbeziehung dargestellt haben, wollen wir uns nunmehr dem **Führungserfolg** als Resultante (Folge) der Interaktionsprozesse im Rahmen der Führungsbeziehung zuwenden.

4. Was Führungserfolg meint und wie er erfasst wird

4.1 Definition und Bedeutung von Führungserfolg

Die Frage nach der Wirkung von Führung ist eine der zentralen Fragen im Zusammenhang mit dem Führungsphänomen. Im Mittelpunkt möglicher Führungswirkungen steht dabei aus nachvollziehbaren Gründen der **Führungserfolg**. Wie sich eine **erfolgreiche** von einer **erfolglosen Führung** unterscheidet, ist eine theoretisch wie praktisch bedeutsame Frage. Sie betrifft sowohl Führende als auch Geführte und prägt damit die Führungsbeziehung nachhaltig.

Man setzt bei der Erfassung des Führungserfolgs beim Einzelnen, bei der Dyade bzw. Gruppe und bei der Organisation an (vgl. *Parry* 2011). Dies sind die drei **Ebenen des Führungserfolgs.** Hinzu treten müssen immer Inhalte und Beobachtungsobjekte auf den drei Ebenen (vgl. *Lord/Dinh* 2014; *DeRue u. a.* 2011). Bereits bei der engen Fassung, die den Blick auf das Individuum legt, ist sie oder er in der Einflussmacht beschränkt, denn eine Führungsperson ist immer darauf angewiesen, dass jemand anderes kongenial mitmacht. Führung ohne Gefolgschaft ist nicht möglich. Selbst wenn jemand mitmachte und unterstellen wir dabei, dass Wille und Fähigkeit vorhanden sind, besteht beim Ausführenden in der Regel ein Handlungsspielraum, der sich einer weiteren Einflussnahme faktisch entzieht.

Zudem übt die Führungssituation einen potenziellen Einfluss auf das vom Führenden vom Mitarbeiter gewünschte Verhalten aus. Zu nennen sind an dieser Stelle nur Kolleginnen und Kollegen, formale Strukturen wie Zentralisierungsgrad oder Teamstrukturen und Teamprozesse. Dieser Einfluss kann kaum merklich oder dominant sein.

Dann stellt sich die Frage, wie lange es benötigt, dass ein durch Entscheidung veranlasster Sachverhalt oder, genereller, eine akzeptierte Einflussausübung auf andere im günstigen Fall wirkt. *Day* und *Lord* (1988) haben einmal ausgeführt, dass nach dem Wechsel eines CEOs, um die Spitzenposition herauszugreifen, zwei bis drei Jahre ins Land gehen müssten, um eine Ergebnisbewertung umfänglich anzugehen.

Denken wir auch daran, dass sich Führungseinflüsse unterstützen oder konterkarieren können. Ebenso daran, dass auch von Mitarbeitenden zusätzliche, selbst initiierte Maßnahmen getroffen werden können, die sich ohne Führung auch ergäben. Wir sehen schnell, dass eine Wirkungsbestimmung umso schwieriger wird, je stärker wir Erfolgsvariablen aggregieren.

Sicherlich wäre es am einfachsten, um zu zeigen, dass Führung einen Unterschied macht, gleich mit der **Organisationsebene** anzufangen. Wenn dort bewiesen werden kann, dass Führung trotz einer Vielzahl anderer Einflüsse wirkt, wäre dies ein guter Anfang. Aber natürlich, angesichts anderer konkurrierender Einflüsse, werden wir hier den vergleichsweise schwächsten Einfluss annehmen müssen. Aus verständlichen theoretischen wie methodischen Gründen hat sich die Führungsforschung deshalb hierauf nicht im Schwerpunkt konzentriert (vgl. zu den Gründen eingehender *Uhl-Bien/Marion* 2009). Wie fast nicht anders zu vermuten, ist die Befundlage auf dieser abstrakten Ebene nicht eindeutig, aber insgesamt doch besser, als man aufgrund der immensen Zurechnungsprobleme erwarten würde.

Zunächst haben wir Befunde, die einen, zumeist schwachen Einfluss von Führung auf aggregierte Organisationsvariablen belegen (vgl. *Smith/Carson/Alexander* 1984; *Pfeffer* 1977, S. 104; *Salancik/Pfeffer* 1977; *Cohen/March* 1974; resümierend dann *Podolny/Khurana/Hill-Popper* 2005). *Lieberson* und *O'Connor* (1972) untersuchten beispielsweise in einer mittlerweile klassischen Studie 167 Unternehmen hinsichtlich ihres Jahresüberschusses, ihrer Umsätze und ihrer Umsatzrentabilität in einem 20-jährigen Verlauf. Sie fanden nur einen geringen Einfluss von Führung (gemessen am Einfluss des Top-Managers-CEO) im

Vergleich zu makroökonomischen, den Industriesektor betreffenden, oder unternehmensbezogenen Variablen.

> **Beispiel zum Führungserfolg**
>
> Der Vorstandsvorsitzende der RWE AG, Jürgen Großmann, nutzt eine solche Argumentationsfigur in einem Interview, um sich gegen den Vorwurf der Kapitalvernichtung zu wehren: *„Ein solcher Vergleich zieht nicht. Sie müssten uns schon mit unseren Wettbewerbern vergleichen, die ähnliche politische Eingriffe zu verkraften hatten [...] Dann kam die Krise. Und niemand kann sich dauerhaft einem solchen Zyklus entziehen. Dennoch hat RWE unter meiner Führung zwischen 2007 und 2010 jedes Jahr Rekordergebnisse vorgelegt"* (Hank/von Petersdorff 2011, S. 33).

Ebenso finden wir gegenteilige Befunde, die sehr wohl einen deutlichen Einfluss von Führung auf organisationale Erfolgsgrößen belegen. So demonstrierte beispielsweise *Thomas* (1988), dass Führung (hier bezogen auf die Person an der Spitze der Organisation) mehr als 50% der Varianz des finanziellen Erfolges der untersuchten angloamerikanischen Unternehmen erklärte. Bei diesem empirischen Zugriff geht es jedoch nicht um die interaktionelle Form der Führung. Vielmehr steht hier der Einfluss auf vor allem strategische Entscheidungen und die damit (angenommenen) verbundenen Folgen im Mittelpunkt des Interesses (vgl. *Hooijberg u. a.* 2007). *Schrader* hatte schon 1995 bei einer Zusammenschau der damals vorliegenden, insgesamt relativ wenigen und doch sehr heterogenen Befunde einen strategischen Einfluss der Unternehmensspitze auf den Erfolg des Unternehmens nicht in Zweifel gezogen und damit ein wichtiges Feld betriebswirtschaftlicher Forschung ausgemacht. Zuvor wiesen *Staw* und *Sutton* (1993) auf den Einfluss der Führenden hin, wenn sie strategische Entscheidungen treffen, die Organisationsstrukturen verändern, aber auch, wenn sie die Sicht organisationsexterner → Stakeholder formen oder Personal rekrutieren.

Bass/Bass (2008) sind zahlreiche derartige Beispiele und Studien zu entnehmen. *Pfeffer* (1977, S. 106 f.) benennt für die diffuse Lage drei Gründe, von denen zwei uns bereits geläufig sind: Erstens die Homogenität des Verhaltens bei Top-Führungskräften, bewirkt durch eine systematische Personalselektion nach einheitlichen Kriterien. Dort, wo die Varianz zu gering ist, lassen sich keine statistischen Effekte mehr berechnen (zu beachten ist, dass das „Wie" von „Verhaltensäußerungen" nicht untersucht wurde, was führungspraktisch einen Unterschied macht). Zweitens die Beschränkung von Verhal- tensweisen durch organisationale Normen und Rollen, was den gerade dargelegten Effekt ebenso provoziert. Drittens der Einfluss organisationsexterner (Umwelt-) Faktoren. *Hambrick* (2007, S. 341) führt 30 Jahre später aus, dass es bei dieser Frage auch weniger um den direkt zurechenbaren absoluten Effekt ankomme, den er zwischen 5% und 20% sieht (*Wasserman/Nohria/Ananad* (2010) errechnen einen rund 15% Einfluss). Vielmehr gelte es, sich zu vergegenwärtigen, was ein CEO oder ein Top-Management Team nach Abzug aller anderen kontrollierbaren Variablen zusätzlich in einer Unternehmung, auch eingedenk der unerklärten Varianz, noch bewirke könne. Und dieser Einfluss sei zum Teil erheblich, wiewohl situativ verschieden – positiv wie negativ (was u. a. wiederum auf die Effektivitätsparameter verweise, wo auch die relative Veränderung gegenüber Konkurrenten vergleichend zu interpretieren wäre). Ein Top-Management Team wird in diesem Zusammenhang in der Literatur vielfach definiert als

„the relatively small group of most influential executives at the apex of an organization – usually the CEO (or general manager) and those who report directly to him or her" (*Finkelstein/Hambrick/Cannella* 2009, S. 10).

> **Empirie zum CEO-Effekt auf den Unternehmenserfolg**
>
> *Wasserman, Nohria* und *Anand* (2010) betrachteten in ihrer Studie den Einfluss von Unternehmensleitenden bei Führungswechseln auf den Unternehmenserfolg (CEO-Effekt). Hierzu wurden in 531 Unternehmen aus 42 unterschiedlichen Branchen die Leistung des Unternehmens mit zwei unterschiedlichen betriebswirtschaftlichen Kennzahlen zur Unternehmensbewertung gemessen: die Gesamtkapitalrentabilität (ROA) und Tobins Quotient (engl.: Tobin's q). Die Gesamtkapitalrentabilität stellt dar, wie effizient das Kapital eines Unternehmens eingesetzt wird (als interner Indikator für Leistungsfähigkeit). Tobins Quotient (engl.: Tobin's q) bildet das Verhältnis vom Marktwert zum Substanzwert ab. Beide Messgrößen (13% und 15%) zeigen in dieser Studie einen ähnliche Gesamtwirkung für den CEO-Effekt, allerdings mit großen Unterschieden zwischen den Branchen. Die Gesamtkapitalrente variierte in ihrem Erklärungsanteil zwischen 4.6% und 41%, Tobins Quotient zwischen 2.4% und 22.8%. Dies zeugt von einer unterschiedlichen Bedeutung von Führung in Abhängigkeit der Branchen und verdeutlicht einmal mehr die Bedeutung des Kontexts, den es zukünftig verstärkt zu beachten gilt.

Kaiser/Hogan/Craig (2008, S. 106), führen einen weiteren wichtigen Punkt an, indem sie betonen, dass erkennbar nicht zu verantwortende Effekte bei der Ergebnisbewertung herauszurechnen wären. Erinnern wir auch nochmals an den versetzten Zeiteffekt (vgl. *Day/Lord* 1988). Aber auch dies muss noch näher erforscht werden. Mit Blick auf die Überschätzung der Wirksamkeit von Führung wird von anderen kontrastierend gerne von einer **Romantisierung der Führung** (vgl. *Meindl/Ehrlich/ Dukerich* 1985) gesprochen. Wir erinnern uns: Gemeint ist damit die den Menschen innewohnende Neigung, Ordnung in die „bedrohliche" Umwelt zu bringen und von einzelnen Personen eigentlich unabhängige Ereignisse mit diesen zu verknüpfen wie beispielsweise organisationalen (Miss-)Erfolg (☞ A. II. 1.1).

Allerdings bezweifeln *Kaiser/Hogan* (2007) und *Kaiser/ Hogan/Craig* (2008) wie auch *Hambrick* (2007) nach dem Studium der Literaturlage die Gültigkeit einer global negativen Einschätzung mit Verweis auf die Studien zum Wechsel bzw. zur Nachfolge von Top-Führungskräften. Hier lässt sich auch unter Hinzuziehung der differenzierten Darstellung bei *Bass/Bass* (2008, S. 882 ff.) sehr klar nachweisen, dass der Wechsel bei Spitzenpositionen einen Einfluss auf den Organisationserfolg hat, einen positiven wie negativen. Beides muss so sein, wenn Führung hier einen Einfluss haben soll, denn ein Wechsel kann, wie die Lebenserfahrung aus der Politik, dem Sport oder eben der Wirtschaft zeigt, beides bewirken: Erfolg oder Misserfolg. Wovon dieser nun wiederum abhängt, erhellt sich durch eine Einbeziehung von moderierenden Variablen, beispielsweise der Frage, ob ein Insider oder Outsider die Spitzenposition übernahm, in welcher Ertragssituation sich die Unternehmung überhaupt befand oder ob der Wechsel spontan erfolgte oder vorbereitet wurde. Vergessen wir aber nicht, dass auch dann, wenn die → Effektstärke in einem bescheidenen Rahmen bleibt, dieser Effekt bei ansonsten hinsichtlich ihres Leistungsspektrums homogenen Organisationen der alles entscheidende sein kann.

Solche Überlegungen werden in der **strategischen Führungstheorie** konzeptionell wie empirisch gebündelt (vgl. *Finkelstein/Hambrick* 1996; prominente Ausformung: **upper echelons theory**, *Hambrick* 2007; die Komplexität des Zugriffs analysieren gut *Hiller/Beauchesne* 2014). Die strategische Führungstheorie beschäftigt sich damit nicht, wie man vielleicht meinen möchte, mit der Frage, wie man inhaltlich strategisch, also unter Berücksichtigung der vorhandenen Mittel, zielbezogen führen kann. Dies würde auch wenig Neues gegenüber der Strategielehre oder anderen betriebswirtschaftlichen Zugängen versprechen.

Denis u. a. (2011) folgend, geht es nach vierzig Jahren Forschung vielmehr um genau zwei große Hauptlinien: (1) Um den Charakter der Top-Führungskräfte (Persönlichkeit, Werte, Überzeugungen etc.) bzw. der Beschaffenheit von Top-Management-Teams und (2) darum, was Top-Führungskräfte tun und wie sie es tun. Hervorgehoben wird damit, wie wir bereits gesehen haben, der Einfluss auf Politik, Strategie, Kultur, Organisation von Top-Führungskräften. Dabei wird gelegentlich auch der Tatsache Rechnung getragen, dass die Umsetzung solcher Ideen und Entscheidungen des Einsatzes einer Fülle weiterer Führender auf nachfolgenden Ebenen bedarf. Konzeptionell haben dies deutschsprachige Überlegungen zur strukturellen Führung breit aufgegriffen, doch finden sich quantitativ empirische Zugänge seltener (vgl. z. B. die instruktive Studie von *Gerpott* (2000) zu den Veränderungen in Top-Management-Teams nach Akquisition in Ostdeutschland und den damit einhergehenden betriebswirtschaftlichen Effekten). Weitere Fortschritte werden dann zu erwarten sein, wenn Führungs- und Strategieforscher enger zusammenarbeiten.

Sicherlich ist es aufschlussreicher, den Führungserfolg prioritär auf der **Ebene des Individuums** oder der **Gruppe** festzumachen. Dort sind es die Werte, die kognitiven, emotionalen oder motivationalen Einstellungen, das überprüfbare Verhalten oder die qualifiziert einzuschätzende Leistung, die von Interesse sind. Es geht also beispielsweise um Loyalität, Motivation, Zufriedenheit, Konfliktneigung, Kooperationsbereitschaft, Kundenakquisition, Qualität, Kosten oder gar Moral. Diese Größen sind entweder direktes oder indirektes Einwirkungsziel der Führung. Bei den nicht ökonomischen Größen wird theoriegestützt angenommen, dass sie für den ökonomischen Erfolg der – in aller Regel Unternehmung – notwendig oder hilfreich sind oder aber aus humanitären bzw. ethischen Gründen einen nicht hintergehbaren Eigenwert besitzen. Für beides steht die Mitarbeiterzufriedenheit. *Gerpott/Paukert* (2011) weisen hier einen signifikanten und relevanten Zusammenhang zur Kundenzufriedenheit aus, die wiederum mit dem Organisationserfolg in Verbindung gebracht wird. Dies wäre eine ökonomische Rechtfertigung, die Mitarbeiterzufriedenheit als Zielgröße der Führung zu nehmen. Eine nicht-ökonomische Begründung läge darin, dass die Arbeit einen wesentlichen Teil des Lebens der Mitarbeiterinnen und Mitarbeiter einnimmt. Führungskräfte hätten nicht das Recht haben, diese Zufriedenheit, die wiederum in einem empirisch nachweisbaren Zusammenhang zur Lebenszufriedenheit und körperlichen wie geistigen Befindlichkeit der Mitarbeiterinnen und Mitarbeiter steht, zu ignorieren oder bewusst systematisch, vorhersehbar und dauerhaft negativ zu beeinflussen. Zur Präzisierung dessen, was als eine erfolgreiche

Führung anzusehen ist, sind genauere Kriterien notwendig. Im Folgenden wollen wir näher auf die Bestimmung von solchen **Erfolgskriterien der Führung** eingehen.

4.2 Kriterien des Führungserfolgs

Um überhaupt den Erfolg von Führung bestimmen zu können, bedarf es, wie wir bereits festgestellt haben, der Benennung von Kriterien. Die bislang erzielten Ergebnisse sind dabei nicht eindeutig und lassen sich auch nur schwer miteinander vergleichen. Dies liegt u. a. daran, dass höchst unterschiedliche Vorgehensweisen und Messverfahren gewählt worden sind. *Neuberger* (1995a, S. 147) fordert deswegen frühzeitig, dass die verwendeten Maße zur Bestimmung des **Führungserfolgs** folgende Eigenschaften aufweisen sollten:

- zuverlässig,
- zeitlich stabil,
- umfassend,
- eindeutig,
- differenzierend.

Diese Bedingungen sind in den Beiträgen der Führungsforschung zum Führungserfolg allerdings bislang mehrheitlich nicht erfüllt. Ganz im Gegenteil erwecken viele Vorschläge den Anschein der Beliebigkeit. Außerdem bleibt festzuhalten, dass die Untersuchungen zum Führungserfolg nachhaltig von den Wertüberzeugungen der Forscher bestimmt sind.

Die Vielzahl der Erfolgskriterien lässt sich dennoch durch übergeordnete Kriterien zusammenfassen. Dies wird weithin mit den Begriffen der **Effizienz** und **Effektivität** zum Ausdruck gebracht (vgl. *Kehr* 2000, S. 64). Beides sind legitime Ziele und sollten als natürlich noch zu konkretisierende Erfolgsgrößen der Führung gesehen werden. Dies erfolgt bislang uneinheitlich. Eine Differenzierung in Effektivität als Maß der Zielerreichung (Zielerreichungsgrad) und Effizienz als Maß des Verhältnisses von Output zu Input (Ouput-Input-Relation) konnte sich bislang in der Literatur nicht durchsetzen. Vielmehr werden sie oftmals synonym verwendet (vgl. *Hentze u. a.* 2005, S. 36; *Kehr* 2000, S. 44 f.). Dies mag auch daran liegen, dass beide Begriffe sich ursprünglich von einer gemeinsamen lateinischen Wortbedeutung ableiten, die mit dem Begriff „Wirksamkeit" übersetzt werden kann (vgl. *Witte* 1995, Sp. 263; *Bohr* 1993, Sp. 855). In einem speziellen Fall allerdings fallen beide Begriffe auch in ihrer unterschiedlichen Bedeutung zusammen (vgl. *Kehr* 2000, S. 65): Denn Effektivität als Maß der Zielerreichung verstanden, bestimmt sich in Abhängigkeit von den in einer Organisation verfolgten Zielsetzungen. Wenn nun die Zielsetzung in der Erreichung einer bestmöglichen Produktivität besteht, fallen Effektivität und Effizienz in der Tat zusammen.

Da in der Ökonomie die Effizienz im Vordergrund des Interesses steht (vgl. *Witte* 1995, Sp. 264; *Bohr* 1993, Sp. 855), dominiert bei betriebswirtschaftlich orientierten Darstellungen zum Führungserfolg der Begriff der Führungseffizienz, ansonsten wird der Führungseffektivität der Vorzug gegeben. Jedoch bleibt dies insofern unbefriedigend, als eine klare Abgrenzung zum Begriff der Führungseffektivität fehlt oder – wie gesagt – Führungseffizienz mit Führungseffektivität gleichgesetzt wird. Wir wollen uns im Folgenden auf beide unterschiedlich verstandene Ausprägungen der Wirksamkeit von Führung beziehen und verschiedene Vorstellungen, die hierzu entwickelt worden sind, kurz darstellen.

Führungseffizienz

In der Effizienzbetrachtung der Wirksamkeit von Führung wird der Führungserfolg oftmals in Anlehnung an *Barnard* in die beiden folgenden Dimensionen aufgeteilt (vgl. z. B. *Wunderer* 2011, S. 13):

- **Ökonomische Effizienz:** Sie bezieht sich im Bereich der Personalführung auf die Realisierung von organisationalen Sachzielen oder Formalzielen. Die Wirksamkeit von Führung zeigt sich dabei an den Leistungszielen der Organisation (z. B. Arbeitsproduktivität, Rentabilität).

- **Soziale Effizienz:** Sie bemisst sich nach dem Grad der personellen Zielerreichung. Die Wirksamkeit der Führung lässt sich dabei an der Erfüllung von Erwartungen, Wünschen und Bedürfnissen der Geführten (z. B. Arbeitszufriedenheit) wie auch der Führenden (z. B. Einfluss, Status) ablesen (vgl. *Hentze u. a.* 2005, S. 38).

Ein differenzierteres Modell, das auf diesen beiden Dimensionen beruht, sind die **Effizienzvariablen der Führung**. *Witte* (1995, Sp. 265 f.) unterscheidet dabei ausgehend von der Gesamteffizienz folgende drei Teilbereiche der Effizienz (vgl. Abb. A.14):

- **Generelle ökonomische Effizienz:** Sie wird an Indikatoren wie Gewinn, Rentabilität, Umsatzwachstum oder Marktanteil festgemacht.

- **Leistungsprozesseffizienz:** Die Leistungsprozesseffizienz wird in materielle Leistungsprozesse (mit Indikatoren wie z. B. Planabweichungen, Ausschussquoten, Arbeitsunfälle) und immaterielle Leistungsprozesse (mit Indikatoren wie z. B. Inno-

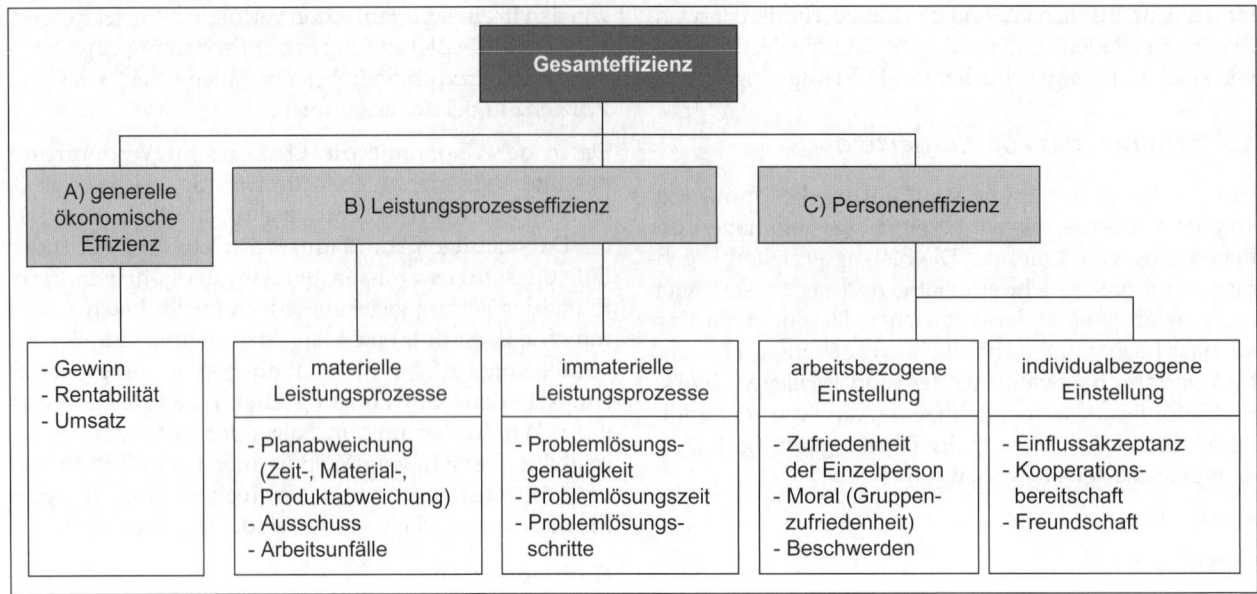

Abb. A.14: Effizienzvariablen der Führung (in Anlehnung an *Witte* 1995, Sp. 265 f.)

vationsbereitschaft, Problemlösungsgenauigkeit oder Entschlusskonsistenz) unterteilt.

- **Personeneffizienz:** Auch die Personeneffizienz wird näher unterschieden, und zwar in arbeitsbezogene Einstellungen (hier geht es um Indikatoren wie z. B. Leistungsmotivation, Kommunikationsgüte oder Zielkonformität) und individualbezogene Einstellungen (hierunter werden Indikatoren wie Kooperationsbereitschaft, Konsens oder Vertrauen gefasst).

Es ist leicht ersichtlich, dass die Messkriterien im Einzelnen einen unterschiedlich hohen Detaillierungsgrad haben und nicht in jedem Fall leicht zu erheben sind. Zudem erschwert die Vielzahl der Kriterien die Vergleichbarkeit, ruft Gewichtungsprobleme hervor und macht damit eine Effizienzbewertung der Führung zu einem sehr komplexen Unterfangen. Darüber hinaus beziehen sich die Variablen nur auf den Binnenbereich der Organisation. Organisationen haben als kontextabhängige Gebilde aber auch auf Erfordernisse aus ihrer Umwelt Rücksicht zu nehmen. Diesen Sachverhalt haben situations- bzw. kontingenztheoretische Sichtweisen der Führung schon seit längerem betont (☞ D. II. 2.7).

Wir wollen deshalb ergänzend zu den Effizienzvariablen der Führung nach *Witte* (1995, 1974) ein in der Tradition situativer Ansätze der Führung stehendes Modell der Führung vorstellen, das den Blick auch auf außerorganisationale Bereiche weitet. Aufbauend auf den Analysen verschiedener Führungstheorien entwirft *Reber* (1996) ein deskriptives, situationsbezogenes Führungsmodell, das die Wirksamkeit von Führung gleichermaßen als **Führungseffizienz** bestimmt. Führung wird dabei als wechselseitige Beziehung zwischen Führenden und Geführten einerseits und den Anforderungen von Organisation und Umwelt andererseits verstanden. Hiermit wird vor allem der Tatsache Rechnung getragen, dass die Bandbreite des möglichen Führungsverhaltens durch organisationale Erfordernisse beschränkt wird, auf die Führende gleichzeitig Einfluss zu nehmen versuchen. Ferner wird die für Führungsbeziehungen prägende Situationsvariable der Landeskultur miteinbezogen (☞ E. III. 8).

Die zentralen Dimensionen der Führung sind die Reaktionen von Geführten, die organisationalen Randbedingungen von Führung und die organisationale Umwelt (vgl. *Reber* 1996, S. 149 ff.), was die nachfolgende Abbildung A.15 veranschaulicht.

Reber (1996, S. 157) benennt darauf aufbauend die folgenden **Effizienzkriterien der Führung**:

- Individuelle Zufriedenheit der Geführten,
- Übereinstimmung mit den Normen der Geführten,
- Erfüllung persönlicher Ziele der Führenden,
- Erfüllung organisationaler Ziele durch größtmögliche Ressourcenschonung,
- Realisierung von Gewinn durch Markterfolg,

III. Führungsbeziehungen als Orte lebendiger Führung

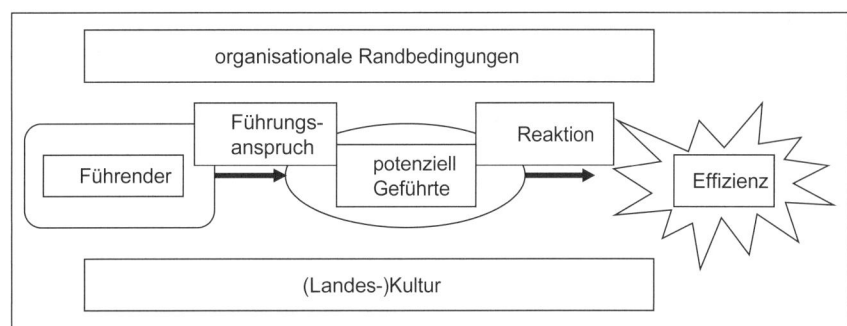

Abb. A.15: Kernfaktoren der Führung und ihre Beziehungen (in Anlehnung an *Reber* 1996)

- Erwartungen im Hinblick auf das gezeigte Führungsverhalten.

Diese Erfolgskriterien werden dabei als untereinander gleichwertig und gegenseitig in Konkurrenz stehend angesehen. Die Realisierung von **Führungserfolg** macht in diesem Zusammenhang ein sorgfältiges Ausbalancieren dieser Faktoren notwendig. Insgesamt sind die Ergebnisse von Führungsanstrengungen in ein umfassendes Wirkungsgeflecht eingebunden, was wir gleich bei der Vertiefung des Effektivitätskriteriums zeigen.

Führungseffektivität

In der sozialpsychologischen Führungsforschung wird statt des Begriffs der Führungseffizienz vor allem der Begriff der Führungseffektivität verwendet. Dabei sollen an die Stelle ökonomischer Input-Output-Größen *Ziele* als eine psychologische → Variable in den Vordergrund rücken (vgl. *Kehr* 2000, S. 65). Damit können – so wird argumentiert – auch intrinsisch motivierte Tätigkeiten, die nicht notwendigerweise an strikten Outputkriterien festzumachen sind, erfasst werden. Diese sind aber durchaus als Konkretisierung der Führungswirksamkeit in das **situative Führungsmodell** von *Reber* einzubetten (vgl. Abb. A.16).

In Anlehnung an *Kehr* (2000, S. 66 ff.) lassen sich dabei folgende **Effektivitätskriterien der Führung** – abgeleitet aus zentralen Zielen und eindeutig voneinander abgrenzbar – unterscheiden:

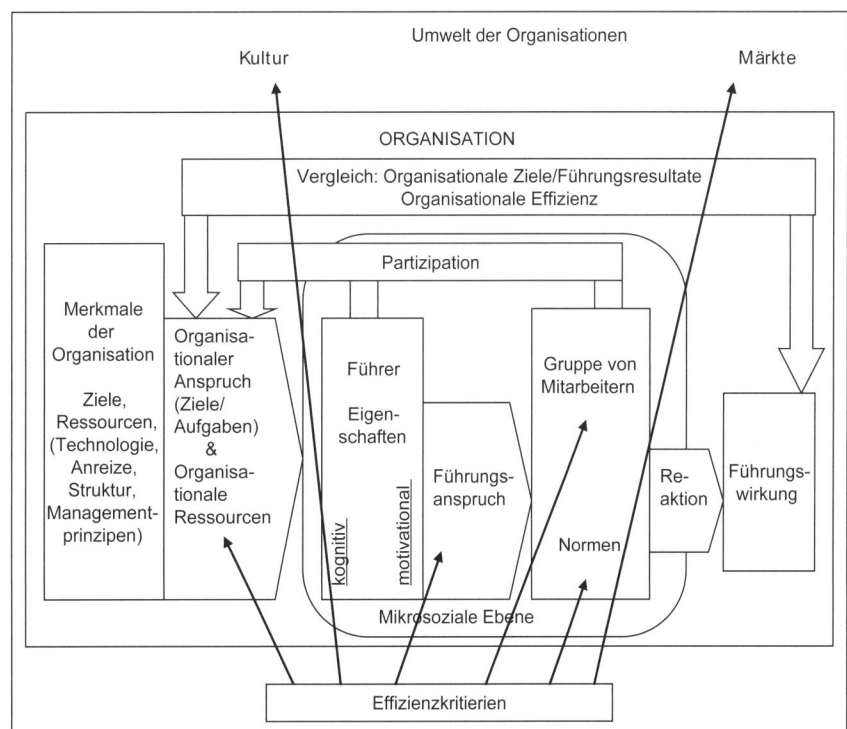

Abb. A.16: Situatives Führungsmodell nach *Reber* (in Anlehnung an *Reber* 1996, S. 158)

- **Leistung:** Leistung lässt sich an der Erfüllung organisatorisch vorgegebener Aufgaben bemessen. Je nach Art der Aufgabe können hier verschiedene Leistungsmaße (z. B. Qualität, Zeitersparnis, Kostenhöhe etc.) verwendet werden.
- **Kohäsion:** Der Begriff der Kohäsion beschreibt den Zusammenhalt und das Gemeinschaftsgefühl („Wir-Gefühl") von Organisationsmitgliedern, insbesondere im Rahmen von (Arbeits-)Gruppen (☞ A. IV. 1). Kohäsive Gruppen zeichnen sich u. a. durch starke Verhaltensnormen, eine hohe Frustrationstoleranz, gemeinsame Zielsetzungen und eine große Widerstandsfähigkeit gegenüber Auflösungserscheinungen aus (vgl. z. B. *Sandelands/St. Clair* 1993).
- **Zufriedenheit:** Im Kontext von Organisationen im Sinne strukturierter Leistungsgemeinschaften zur Erreichung bestimmter Aufgaben steht hier vor allem die sog. Arbeitszufriedenheit im Mittelpunkt. Mit diesem Begriff wird die Einstellung zur Arbeit und zur Arbeitssituation in ihren verschiedenen Fassetten bezeichnet (vgl. *von Rosenstiel* 2000, S. 390). Sie entsteht durch die Erfüllung bestimmter individuell unterschiedlicher Bedürfnisse. Als Determinanten der Arbeitszufriedenheit werden v. a. der Arbeitsinhalt und der Arbeitskontext angesehen (vgl. z. B. *Fischer* 2006).

Zunächst einmal beziehen sich alle diese Kriterien auf die Gruppe als Einheit einer Mehrzahl von Geführten. Jedoch scheint es uns geboten, die Effektivitätskriterien verschiedenen **Ebenen des Führungsgeschehens** zuzuordnen. Denn der Erfolg der Organisation oder der Gruppe kann nicht gleichgesetzt werden mit dem Erfolg der Führenden oder Geführten (vgl. *Neuberger* 1976, S. 182). Oder anders formuliert: Was aus Sicht der Organisation als Erfolg zu werten ist, muss nicht als ein Erfolg im Sinne einer (Arbeits-)Gruppe oder einer Führungskraft gelten.

Im Einzelnen lassen sich somit drei Ebenen bei der Betrachtung der **Führungseffektivität** unterscheiden, wobei sich je nach Ebene unterschiedliche Schwerpunktsetzungen mit Blick auf die Führungseffektivität ergeben:

- **Ebene der Organisation:** Der Wert eines Organisationsmitglieds wird in Organisationen in der Regel danach bemessen, was dieses Mitglied zur Erreichung der Ziele einer Organisation beiträgt (vgl. *Neuberger* 1976, S. 181). Aus Sicht der Organisation ist Führungseffektivität also vor allem die gezeigte Leistung, die in einem produktiven Zusammenhang mit dem Organisationserfolg steht.
- **Ebene der Gruppe:** Aus Sicht der Gruppe zählt hingegen nicht nur die Leistung, die durch Führung erreicht wird, sondern v. a. die Kohäsion (vgl. *Stogdill* 1972, 1959). Führungseffektivität bestimmt sich mit Blick auf die Gruppe damit in ihrem Beitrag zur Sicherung der Kohäsion der Gruppe. Jedoch stehen Kohäsion und Leistung in einem positiven Zusammenhang in der Hinsicht, dass kohäsive Gruppen im Durchschnitt oftmals eine höhere Leistung aufzeigen (vgl. *Staehle* 1999, S. 282 f.).
- **Ebene des Individuums:** Aus Sicht des Individuums steht v. a. die Zufriedenheit im Mittelpunkt. Diese soll dem Kontext gemäß v. a. als Arbeitszufriedenheit aufgefasst werden (vgl. hierzu *von Rosenstiel* 2000, S. 389 ff.). Führungseffektivität lässt sich damit an der Arbeitszufriedenheit der Organisationsmitglieder festmachen. Zur Kohäsion besteht insofern ein Zusammenhang, als dass sie einen guten Prädiktor für Zufriedenheit darstellen kann (vgl. z. B. *David/ Pierce/Randolph* 1989). Eine mit Blick auf die Kohäsion wirksame (effektive) Führung könnte damit gleichzeitig Verbesserungen in der Arbeitszufriedenheit erreichen.

Wie teils bereits angedeutet, bestehen zwischen den Ebenen Zusammenhänge, gar Wechselwirkungen. *Hooijberg/Choi* (2000) sprechen sich deshalb für eine kluge Aufteilung der Führungsaktivitäten innerhalb der Führungsebenen aus und *Yukl/Seifert/Chavez* (2008) verlangen eine gemeinsame, koordinierte Anstrengung auf allen Führungsebenen. Leider gibt es bei diesem Mehrebenenproblem prinzipielle Zurechnungs- und Messprobleme (vgl. vertiefend z. B. *Lord/Dinh* 2012). Typische Auswahleffekte (z. B. welches objektive Maß wird gewählt: Börsenkurse, Dividende, Gewinn, Umsatz, Ranking in der Branche) oder Verzerrungseffekte, wie wir sie von anderen Bewertungsproblemen kennen, verschwinden hier natürlich auch nicht von selbst, beispielsweise eine Vermischung von Sympathie und subjektiven Schätzungen der Effektivität des Führenden (vgl. *Kaiser/Hogan/Craig* 2008, S. 98). Mit dem Gesagten ist dennoch eine Orientierung auf dem ansonsten diffusen Feld der Führungserfolgsgrößen möglich. Zukünftig sollte man sich sicher stärker damit beschäftigen, *wie* sich Führungsimpulse konkret in der Organisation fortsetzen.

IV. Führungsbeziehungen in sozialen Gebilden

1. Was die Führung von Gruppen auszeichnet

1.1 Formen und Ziele von Gruppenarbeit

Die Führung von Gruppen ist Bestandteil des Führungsalltags. Denken wir an Entwicklungs- oder Fertigungsteams, Projektgruppen, Einsatztrupps oder das Operationsteam: So unterschiedlich das Zusammenspiel in diesen beispielhaft genannten **Gruppen** verläuft, immer wirken Personen zusammen und ohne dieses Zusammenwirken wird das Erreichen des Aufgabenziels gefährdet. Der Grund, warum die **Gruppenarbeit** mit dem traditionell vorherrschenden Einzelarbeitsplatz konkurriert, ist dabei schlicht darin zu sehen, dass die vielfältigen und herausfordernden Problemstellungen für Organisationen immer häufiger nur noch unter der Voraussetzung einer engen Kooperation zwischen Mitarbeiterinnen und Mitarbeitern zu bewältigen sind. Insofern, als die zu Arbeitsaufgaben immer anspruchsvoller werden, sich verändern und überraschende Entwicklungen in sich bergen, also in ihrer Komplexität steigen, bedürfen sie zunehmend einer kollektiven Problemlösungsperspektive (vgl. *Alexander/Van Knippenberg* 2014; *Ilgen u.a.* 2005). Hervorragend lässt sich dies an den sportlichen Ablegern großer Automobilfirmen studieren, den Formel-1-Teams. Eigenverantwortlich wie wohl rechenschaftspflichtig, arbeitet eine Gruppe von z.B. Konstrukteuren, Technikern, Mechanikern, unterstützt von Medizinern und vielen anderen auf das Engste mit dem Fahrer zusammen, um möglichst schnell Autos im Kreis fahren zu lassen. Erfahrene Sport- und Industriemanager leiten, organisieren und repräsentieren den Auftritt und die Zusammenarbeit, Restriktionen des Umfelds berücksichtigend. Abermillionen Zuschauer prüfen und bewerten den Erfolg über den reinen Rennausgang hinaus. Solche und andere Arbeitsgruppen liefern durch das Zusammenspiel der spezifischen Fähigkeiten und Kenntnisse ihrer Mitglieder unter bestimmten Voraussetzungen Ideen und Lösungen, die ein Einzelner so niemals zu erbringen im Stande wäre (z.B. bei der Informationsverarbeitung; vgl. *Humphrey/Aime* 2014; *Mathieu u.a.* 2008).

Denken wir an eine komplexe Softwareprogrammierung oder an die Ausarbeitung einer Marketingkampagne. Weiterhin wissen wir aus der Motivationsforschung, dass durch die Zusammenarbeit mit anderen Menschen zur Befriedigung sozialer Bedürfnisse und Anerkennung beigetragen werden kann. Zudem wird innerhalb eines Teams vielfach ein positiver „Teamgeist" aufgebaut, der Sinn und Spaß an der Arbeit erhöhen und arbeitsbezogene Belastungen und Beanspruchungen schmälern kann. Neben diesen individuellen Motivationseffekten, die nicht nur die eigene Befindlichkeit verbessern, sondern zudem Leistungssteigerungen ermöglichen, treten auch unmittelbare Effizienzeffekte auf, die sich aus verbesserten Arbeitsabläufen ergeben (vgl. weiterführend z.B. *Hu/Liden* 2015; *Humphrey/Aime* 2014). Mit diesen ist dann zu rechnen, wenn Schnittstellen in den Arbeitsvollzügen, die durch eine streng funktionale Abteilungs- und Aufgabenstruktur entstehen und bislang durch Vorgesetzte geglättet werden mussten, durch Teamarbeit verringert werden. Neuer-

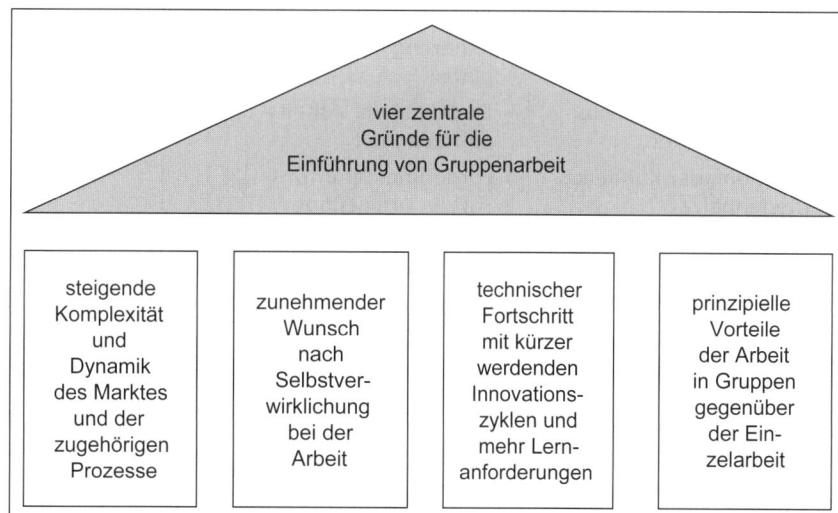

Abb. A.17: Argumente für die Nutzung von Gruppenarbeit in Organisationen (*Wegge* 2004a, S.30)

dings wird zu Gunsten der Teamarbeit auch verstärkt mit kollektiven Lerneffekten argumentiert. Da Teams die Schnittstelle zwischen individuellem und organisationsweitem Lernen darstellen (vgl. z. B. *Wilkesmann* 1999; *Wiegand* 1996), werden durch Teamarbeit kollektive Lernprozesse ermöglicht. Dabei wird vorausgesetzt, dass innerhalb des Teams ein besserer Informationsaustausch als in funktional organisierten Arbeitsvollzügen stattfindet. Gegenseitiges Lernen ist so durch Kommunikation mit und Beobachtung von Arbeitskollegen möglich (☞ C. III.). Wesentliche Argumente für die Nutzung von Gruppenarbeit finden sich in der nachfolgenden Übersicht (vgl. Abb. A.17).

Gelegentlich werden **Arbeitsgruppen** dabei terminologisch von **Teams** unterschieden. Teams sind dann beispielsweise besonders effektive Arbeitsgruppen (oder gar Hochleistungsteams; vgl. hierzu *Pawlowsky* 2008; allgemeiner: *Humphrey/Aime* 2014; *Cohen/Bailey* 1997). Bei bestimmten Fragestellungen ist diese Unterscheidung sinnvoll. Wir verwenden beide Begrifflichkeiten jedoch synonym. Die Einführung von Gruppenarbeit kann mit unterschiedlichen Zielen verbunden sein, die sich klassischerweise in **ökonomische** und **humanitäre Ziele** unterscheiden lassen (vgl. Tab. A.4):

eher ökonomische Ziele	eher humanitäre Ziele
• Erhaltung der Wettbewerbsfähigkeit der Organisation	• Bessere Arbeitsbedingungen
• Verbesserung der Produktivität	• Abbau von Belastungen
• Kostenreduktion/Personalabbau	• Förderung der Qualifikation
• Verbesserung der Qualität	• Bessere Kommunikation
• Steigerung der Flexibilität	• Sicherung der Arbeitsplätze
• Senkung von Fehlzeiten und Fluktuation	• Erhöhung der Arbeitszufriedenheit
• Erhöhung der Kundenzufriedenheit	• Förderung der intrinsischen Arbeitsmotivation
• Förderung von „Mitdenken" und Eigenverantwortung der Mitarbeiter	• Persönlichkeitsförderung

Tab. A.4: Ziele bei der Nutzung von Gruppenarbeit (*Wegge* 2004a, S. 18)

Diese plakative Abgrenzung ist nicht unproblematisch, da die humanitären Ziele nicht als Selbstzweck, sondern lediglich als Mittel zur besseren Erreichung der ökonomischen Ziele gesehen werden können (☞ F.). Ganz praktisch hat dies dann Einfluss auf die konkrete Ausgestaltung der Gruppenarbeit, die unterschiedlichste Formen annehmen kann:

Unterschieden wird diese Auswahl von recht prominenten Arbeitsgruppen hinsichtlich der Dimensionen Autonomie (Grad der vertikalen Arbeitsteilung) und Variabilität (Grad der horizontalen Arbeitsteilung, vgl. Abb. A.18). Die Entwicklung geht dabei von horizontal wie vertikal stark arbeitsteiligen Strukturen, hier symbolisiert durch die traditionelle Fließbandarbeit, hin zu integrativen, humanpotenzialorientierten Arbeitsgruppen wie → Qualitätszirkel, Projektgruppen oder auch teilautonomer Arbeitsgruppen. Es liegen auch viele andere Einteilungen vor, beispielsweise in Arbeitsteams, Innovationsteams und Entscheidungsteams (vgl. *Gemünden/Högl* 1998) sowie solche, die stärker auf die Beziehungen der Gruppenmitglieder untereinander eingehen (vgl. *Oldham/Hackman* 2010, S. 474 f.).

Aus Führungssicht stellen sich drei Fragen, nämlich (1), ob eine Führung von Arbeitsgruppen überhaupt notwendig ist, und wenn ja (2), welche Besonderheiten bei der Führung solcher Gruppen gegenüber der Führung einzelner Personen zu beachten sind sowie (3), wovon die Effektivität von Arbeitsgruppen abhängt und wie sie durch Führung zu beeinflussen ist. Auf diese Fragen wollen wir in den nächsten Kapiteln eingehen.

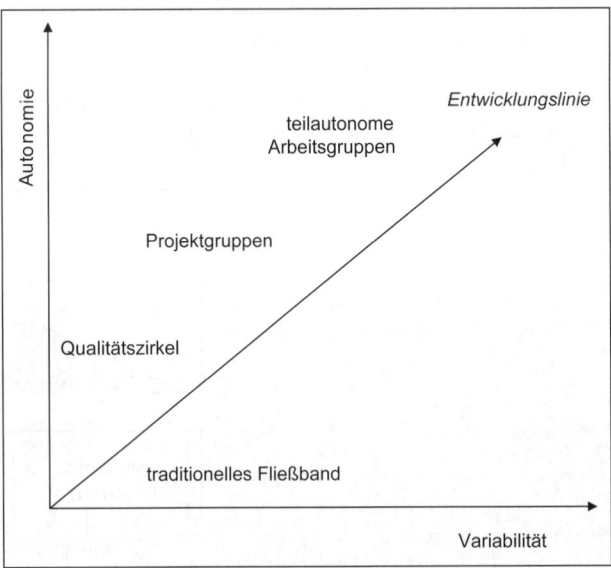

Abb. A.18: Formen der Gruppenarbeit (*Antoni* 2009, 1994; *Antoni/Bungard* 2004)

1.2 Notwendigkeit der Führung von Gruppen

Auch Arbeitsgruppen bedürfen der Bestimmung ihrer Aufgaben und Auswahl ihrer Mitglieder, der Einbindung ihres Tätigkeitsspektrums in einen größeren Zusammenhang, der Koordination von Tätigkeiten, der Energetisierung, der Konfliktschlichtung, der Ressourcensicherung und der Vertretung ihrer Interessen, um einige ganz wesentliche Punkte zu benennen. Eine detaillierte Übersicht liefert hierzu *Jürgen Wegge* (vgl. Abb. A.19).

Offensichtlich ist, dass dies eine für Führung typische Konstellation ist. Deshalb ist im Prinzip unstrittig, dass Arbeitsgruppen geführt werden müssen (vgl. auch *Kozlowski/Ilgen* 2006, S. 107 ff.). Im Einzelfall muss natürlich geschaut werden, welche Aufgaben von einer **formellen Führungskraft** und welche von den Mitgliedern der Gruppe selbst im Rahmen einer **informellen Führung** wahrgenommen werden können (vgl. weiterführend *Morgeson/DeRue/Karam* 2010). Mit diesem Schritt erweitern wir die Perspektive der „Führung *von* Gruppen" in Richtung „Führung *in* Gruppen" (vgl. auch *Day/Gronn/Salas* 2006). Damit wird gleichzeitig der Übergang von einer (traditionell) hierarchisch gesehenen Gruppenführung in eine qualitativ neue Führungsform vollzogen. Diese kann bei einer heterarchischen Gruppenstruktur intertemporal nahezu egalitär verlaufen. Dies schließt fachlich begründete Über- und Unterordnungsverhältnisse nicht aus; diese wechseln jedoch, sodass man von einer „fluktuierenden Hierarchie" sprechen kann. Im Extrem werden solche Differenzierungen jedoch auch ganz abgelehnt (vgl. z. B. *Crevani/Lindgren/Packendorff* 2010). Unabhängig vom hierbei eingenommenen (normativen) Standpunkt wird die Abflachung von Hierarchien als ein für Teams in der Zukunft verstärkt gültiges Faktum bzw. als organisationale Realität angesehen (vgl. z. B. *Tannenbaum u. a.* 2012). Innerhalb der genannten Extreme existieren viele Mischformen. Es gibt zahlreiche Forschungsbefunde, vor allem in der Arbeits- und Organisationspsychologie (vgl. *Ulich* 2011; *Antoni/Bungard* 2004), die sich auf verschiedene Formen von Arbeitsgruppen sowie unterschiedliche Ansätze zur Erklärung ihrer Funktionsweise beziehen (vgl. zum Feld auch *Nerdinger/Blickle/Schaper* 2008, S. 399 ff.). Innerhalb der Führungsdiskussion wird zur Untersuchung von Team- und Gruppensettings vor allem auf Ansätze wie **Selbstführung/Empowerment/Superleadership**, auf die **Substitutionstheorie der Führung** (☞ D. II. 4.2 und D. II. 4.1) sowie auf die Ansätze zur **verteilten** bzw. **geteilten Führung** (☞ E. III. 12) Bezug genommen. Dabei kristallisiert sich die Einsicht heraus, dass Führungsphänomene im Teamkontext auf der Basis traditioneller Führungstheorien nur unzureichend verstanden werden können. Vielmehr müssen die besonderen Funktionsprinzipien von Teams konzeptionell adäquat in Anschlag gebracht werden (vgl. *Morgeson/DeRue/Karam* 2010; *Kozlowski/Ilgen* 2006).

1.3 Besonderheiten der Führung von Gruppen

Mit der Gruppenarbeit sind besondere Chancen und Risiken verbunden, die sich grundsätzlich recht deutlich von der Einzelarbeit unterscheiden. Diese Chancen und Risiken variieren selbstredend mit der konkreten Ausformung einer Gruppe. Dennoch gibt es für die Führung relevante Besonderheiten, die erst dadurch ent-

---

- Das Gebot der Kapitalvermehrung in marktwirtschaftlich ausgerichteten Wirtschaftssystemen erfordert die permanente Sicherung der Prozess- und Produktqualität durch Führung.
- Die Arbeitsteilung zwischen und innerhalb von Gruppen erfordert eine kontinuierliche Koordination und Integration aller erbrachten Teilleistungen.
- Entscheidungen müssen in vielen Arbeitsgruppen nicht nur getroffen, sondern (ohne echtes Monopol) auch ausgeführt werden.
- Die Organisations- bzw. Gruppenmitglieder verfolgen eine Vielzahl unterschiedlicher Ziele, die nur z.T. den Organisationszielen entsprechen und auch zur Entstehung von Bereichsegoismen führen können.
- Ein Selbstmanagement von Gruppen kann die personale und strukturelle Führung von außerhalb der Gruppe immer nur in Grenzen ersetzen; es kann ferner auch misslingen bzw. kontraproduktive Formen annehmen.
- Gruppen ohne explizite Führung erzielen zumeist schlechtere Leistungen, weil die Konfliktgefahr zunimmt, Nachteile der Arbeitsteilung deutlicher zum Tragen kommen, einige gruppenspezifische Motivationsverluste eher auftreten und die Güte (Schnelligkeit) der Informationsverarbeitung sinkt.
- Gruppen mit (angemessener) externer und interner (verteilter) Führung erzielen oft besonders gute Gruppenleistungen.
- Ohne übergreifende Regeln und zentrale Institutionen steigen die Kosten für den Informationsaustausch in dezentralen Organisationen sehr stark an.
- Gruppenhandeln ist ein mehrstufiger Prozess, der ohne Führung im Sinne der Energetisierung und Koordination von Individuen gänzlich unmöglich ist.

Abb. A.19: Gründe für die Notwendigkeit von Führung bei Gruppenarbeit (*Wegge* 2004a, S. 109)

stehen, dass eine Mehrzahl von Personen (mindestens drei) zusammenarbeiten. Denn dadurch ändern sich die Voraussetzungen, Prozesse und Leistungsmöglichkeiten gegenüber einem Einzelarbeitsplatz (vgl. weiterführend *Humphrey/Aime* 2014). Eine Grundidee dabei ist, dass durch das Zusammenspiel von Personen eigenständige, qualitativ neue Prozesse oder Zustände entstehen, die sich so auf der Individuumsebene nicht finden. Die Wissenschaft spricht dann von **Emergenzphänomenen** (vgl. auch *Wegge* 2004a, S. 113; → Emergenz, ☞ E. III. 12). Von einer **isomorphen Emergenz** wird dann gesprochen, wenn Prozesse auf der Individuumsebene im Sinne einer einfachen (gewichteten) linearen Transformation auf der Gruppenebene wirksam werden, dann aber wiederum die einzelnen Individuen in ihrem zukünftigen Denken und Handeln beeinflussen. Ein schönes Beispiel sind hier die Stimmungen (vgl. *Küpers/Weibler* 2005, S. 38; *Bollnow* 2008). Die schlechte Laune einzelner Gruppenmitglieder kann zu einer schlechten Gruppenstimmung führen, von der dann wiederum ganz eigenständige Effekte auf die einzelnen Gruppenmitglieder ausgehen. Bei der sogenannten **konfigurationalen Emergenz** formen ähnliche Elemente im Rahmen einer nicht linearen Transformation ein neues, charakteristisches Muster. Beispielsweise entsteht durch das Zusammenbringen unterschiedlicher kognitiver Fähigkeiten in einer Arbeitsgruppe ein Lösungspotenzial, das die Summe der jeweils einzelnen Lösungspotenziale überschreitet.

Blicken wir einmal ein wenig tiefer in die Charakteristika von Gruppen, um uns besser vorstellen zu können, worauf solche Emergenzphänomene fußen. Mit dem Sozialpsychologen *Peter R. Hofstätter* (1986) kann man ganz allgemein festhalten, dass zwischen den Mitgliedern einer Arbeitsgruppe zunächst eine verhaltensintegrierende Ordnung, d. h. eine Rollenverteilung vorhanden sein muss, um Einzelaktivitäten geordnet und koordiniert auf ein gemeinsames Ziel hin auszurichten. Diese Minimalfassung zur Beschreibung einer Arbeitsgruppe passt auf Arbeitsgruppen, die sich täglich sehen, genauso, wie auf Arbeitsgruppen, die nur virtuell miteinander arbeiten (vgl. weiterführend *Gilson u. a.* 2015; *Hoch/Kozlowski* 2014 zur Führung virtueller Teams). Hieraus lassen sich unmittelbar weitere Anforderungen hinsichtlich der Funktionsfähigkeit von Arbeitsgruppen herleiten. Beispielsweise die, dass die Mitglieder einer Gruppe kommunizieren und fortgesetzt (sinnvoll) interagieren. Genauere Beschreibungen fallen bereits schwerer, da sie sogleich auf verschiedene Annahmen zum Wesen einer Gruppenarbeit beruhen oder mit unterschiedlichen Zielsetzungen verbunden sind (vgl. *Mathieu u. a.* 2008, S. 411; *Wegge* 2004a, S. 13 ff.; *Fischer/Wiswede* 1997, S. 552 ff.; *Guzzo/Shea* 1991). Dennoch werden vor allem in der sozial- und organisationspsychologischen Literatur **konstitutive Merkmale von Gruppen**, die insbesondere die Strukturen und Prozesse von und in Gruppen sowie Gruppeneffekte näher charakterisieren, breit diskutiert. Diese Diskussion konzentriert sich im Wesentlichen auf die nachfolgend ausgeführten Charakteristika. Diese Charakteristika sind deshalb hilfreich, weil sie uns das interessierende Phänomen näher bringen und weil die spezifische Konstellation dieser Merkmale und ihrer Ausprägungen unterschiedliche Wirkungen auf das Verhalten der Gruppenmitglieder und die Leistungskraft der Gruppe besitzen (vgl. weiterführend *Mathieu u. a.* 2008; *Nerdinger/Blickle/Schaper* 2008, S. 103 ff.).

Im Einzelnen sind die folgenden Charakteristika von Gruppen gemeint:

(1) Gruppengröße,

(2) Gruppendauer,

(3) Gruppenziel,

(4) Gruppenwerte und -normen,

(5) Gruppenkohäsion,

(6) Gruppendiversität,

(7) Diffusität der Mitgliederbeziehungen in Gruppen,

(8) Rollendifferenzierung in Gruppen.

(1) Gruppengröße

Das erste Merkmal einer sozialen Gruppe ist ihre Größe. In unserem Verständnis umfasst eine Gruppe mindestens drei Mitglieder. Dies deshalb, weil typische Gruppenphänomene wie „Mehrheit gegen Minderheit", „Koalitionsbildung" oder „Groupthink" in sogenannten Zweiergruppen (Dyaden) ohne bzw. kaum von Bedeutung sind. Der Gruppenbegriff ist außerdem nur dann sinnvoll zu verwenden, wenn eine unmittelbare Kommunikation („face-to-face"-Kommunikation) zwischen allen Gruppenmitgliedern möglich ist. Für viele Autoren stellt dies das wichtigste Kriterium dar (vgl. *Neidhardt* 1999, S. 135; *Fischer/Wiswede* 1997, S. 554). So kann ein längerfristig bestehender Kreis von 25 Personen (z. B. eine Schulklasse) durchaus noch als Gruppe bezeichnet werden, wenngleich die Gefahr besteht, dass eine Gruppe mit wachsender Größe in mehrere kleinere (informelle) Gruppen zerfällt. Damit steigt auch die Wahrscheinlichkeit einer beschränkten Kommunikation zwischen den Subgruppen. So ist es üblich geworden, den Begriff Team oder Kleingruppe für Konstellationen von etwa 12 Personen zu reservieren (vgl. *Wiendieck* 1994, S. 233).

Die immer wieder gestellte Frage der **optimalen Gruppengröße** ist pauschal nicht eindeutig zu beantworten. Dies hängt von der gestellten Aufgabe, den situativen Bedingungen, den Vorerfahrungen der Gruppenmitglieder, der (geschlechtlichen) Gruppenzusammensetzung und anderen Faktoren ab. In der Literatur wird oftmals die Fünfergruppe als eine sehr gut funktionierende Einheit für vielfältige Zielsetzungen (besonders für eine Entscheidungsfindung und Problemlösungssuche) angesehen (vgl. *Spieß/Winterstein* 1999, S. 113; *Sader* 1998, S. 63; *Grunwald* 1996). Bei dieser Gruppengröße kann das individuelle Wissen in aller Regel gut eingebracht und mit dem Wissen anderer Gruppenmitglieder koordiniert werden, sodass eine optimale Gruppenleistung zu erwarten ist. Bei größeren Gruppen besteht dagegen die Gefahr, dass sowohl der Wille als auch die Möglichkeit zum Einbringen eigener Beiträge sinkt. Dies liegt u. a. an der schwierigeren Zuordnung der eigenen Leistung zum Gruppenergebnis. Die Folge ist dann eine geringere Identifikation mit der Gruppe. Die psychologische Erklärung des Leistungsabfalls wird primär motivatorisch begründet. Beim **Social Loafing** (Faulenzen/Müßiggang) (vgl. *von der Oelsnitz/Busch* 2006; *Karau/Williams* 1993; *Latané/Williams/Harkins* 1979) wird ein Leistungsabfall des Individuums in der Gruppe diagnostiziert, der unter der Leistung des Individuums in Einzelarbeit liegt. Dies muss, wie *Wegge* (2006, S. 596 ff.) ausführt, nicht bewusst erfolgen. Die Wahrscheinlichkeit des Auftretens erhöht sich beispielsweise dann, wenn die eigene Leistung schwer bewertet werden kann, wenn die Aufgabe als unwichtig wahrgenommen wird, mit unbekannten Personen zusammengearbeitet wird und wenn man der Auffassung ist, dass andere das auch alleine hinbekommen. Dies kann bei anderen ein Gefühl des „Sich-Ausgenutzt-Fühlen" provozieren. Die übliche Folge ist eine Leistungsreduzierung („Sucker Effect"). Eine solche Leistungszurückhaltung kann auch kollektiv und aus Protest gegenüber überhöhten Anforderungen ihren Ausdruck finden („Soldiering"). Weiterhin arbeiten manche Personen viel lieber alleine, weil sie sich unwohl fühlen, wenn ihre Leistung von anderen beobachtet oder bewertet werden kann („Social Anxiety"). In der ökonomischen Variante wird primär eine rational kalkulierte Vorgehensweise unterstellt, ohne eigenes Zutun von der Leistung anderer profitieren zu wollen (**Free-Rider-Problem**, → Moral Hazard, vgl. *Gunnthorsdottir/Rapoport* 2006).

(2) Gruppendauer

Von einer Gruppe wird erwartet, dass sie eine bestimmte Dauerhaftigkeit besitzt. Ansonsten ist es kaum möglich, dass sich die für Gruppen so typischen Normen und Werte ausbilden. Je nachdem, wie lange bestimmte Personen einer Gruppe angehören, kann zwischen **geschlossenen Gruppen** und **offenen Gruppen** unterschieden werden. Exemplarisch für geschlossene Gruppenstrukturen sind qualifizierte Arbeitsgruppen, die im Grunde zeitlich unbefristet, d. h. häufig über Jahre hin-

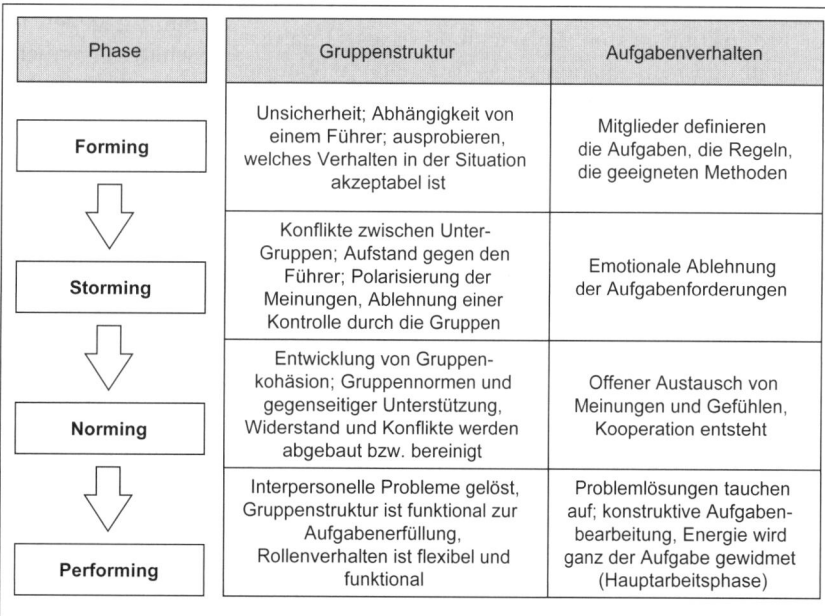

Abb. A.20: Phasen der Gruppenentwicklung (vgl. *Tuckman* 1965, S. 396; in der Übersetzung von *Staehle* 1999, S. 281; modifiziert)

weg in der gleichen personellen Konstellation zusammenarbeiten. Der Austausch von Mitgliedern ist folglich nur für Ausnahmefälle vorgesehen (z. B. Ausscheiden eines Gruppenmitglieds durch Pensionierung, Kündigung, o.ä.). Wichtigste Charakteristika solcher Gruppen sind die Entstehung einer hohen → Kohäsion, aber auch die Herausbildung zeitlich stabiler (Verhaltens- bzw. Leistungs-) Normen, deren Nichteinhaltung (z. B. von neuen Gruppenmitgliedern) subtil oder gegebenenfalls massiv sanktioniert wird. Diesen Vorgang bezeichnet man mit dem Begriff „Peer Pressure" (Gruppendruck).

Exemplarisch für offene Gruppenstrukturen sind dagegen Projektteams, die ausschließlich für die Entwicklung einer Problemlösung oder zur Erledigung eines Kundenauftrags gebildet werden und sich danach automatisch wieder auflösen. In derartigen Gruppen bleibt für gruppendynamische Prozesse wie das sogenannte „Forming, Storming, Norming, Performing" (vgl. *Tuckman* 1965; *Wellhöfer* 2007, S. 9 ff. sowie Abb. A.20) vergleichsweise wenig Zeit (vgl. zur Entwicklung von Gruppen *Comelli/ von Rosenstiel* 2009; *Simon* 2003).

(3) Gruppenziel

Wenngleich sich Gruppen in bestimmten Situationen zunächst auch ohne vorgegebenes Ziel finden können, ist in Organisationen ein gemeinsames Ziel regelmäßig vorhanden. Dies gilt zumindest für formal etablierte Gruppen (Projektteams, Arbeitsteams, teilautonome Arbeitsgruppen etc.), denen bereits bestimmte Ziele vorgegeben sind. In Organisationen ist dies regelmäßig ein organisational relevantes Ziel (z. B. Senkung der Produktionskosten, Entwicklung eines Organisationsleitbildes, Installation eines Intranets), wobei der Detaillierungsgrad variiert. Möglicherweise treten im weiteren Verlauf auch zusätzliche Ziele u. a. aufgrund der Bedürfnisstruktur der Mitglieder hinzu.

(4) Gruppenwerte und -normen

Nach einer gewissen Dauer werden in einer Gruppe explizit oder implizit spezifische Werte und Normen herausgebildet oder übernommen, die zentrale Bereiche des Gruppengeschehens betreffen. Sie unterstützen die effektive Erreichung der Gruppenziele sowie die Ausbildung gruppenspezifischer Deutungsmuster der Wirklichkeit. Eine Hintergehung, Leugnung oder auch nur Kritik von Gruppennormen zieht – je nach Toleranz der anderen – abgestufte negative Sanktionen nach sich. Zu Beginn entsprechen die Werte und Normen häufig den durchschnittlichen Präferenzen der Gruppenmitglieder (sog. Konvergenz- bzw. Trichtermuster der Normenbildung, vgl. *Spieß/Winterstein* 1999, S. 114). Leistungsnormen, Qualitätsstandards, Kommunikationsregeln oder Umgangsregeln sind nur einige Beispiele, die das Miteinander bestimmen. Diese Gruppenwerte und -normen fügen sich den in der Organisation vorherrschenden gut ein, betreffen sie nicht oder stehen mit ihnen in Konkurrenz. Die Art der Aufgabe, die Homogenität der Gruppenmitglieder oder die bisherige Organisationskultur – um nur einige plausible Faktoren zu benennen – beeinflussen diesen Prozess nachhaltig.

Hinsichtlich der Inhalte von Gruppenwerten wird aktuell beispielsweise auf die Bedeutung von altruistischer Teamorientierung (vgl. *Li/Kirkman/Porter* 2014) sowie von Bescheidenheit verwiesen. Empirische Befunde belegen, dass derartige nicht egoistische Orientierungen und entsprechende Verhaltensweisen wie die Bescheidenheit (modesty) von Mitgliedern von Top-Management Teams insgesamt positive Effekte auf die Gruppenfunktionalität, die Entscheidungsqualität sowie organisationale Leistungsgrößen haben (vgl. weiterführend *Ridge/Ingram* 2014).

(5) Gruppenkohäsion

Der Begriff Kohäsion bezeichnet allgemein das Gemeinschaftsgefühl („Wir-Gefühl") innerhalb einer Gruppe (vgl. *Festinger/Schachter/Back* 1950). Es ist eine Resultante aus den positiven wie negativen Kräften, die Personen in einer Gruppe halten. Voraussetzung für das Entstehen von Kohäsion ist eine hohe Attraktivität der Gruppenmitgliedschaft für den Einzelnen, die üblicherweise dann gegeben ist, wenn durch die Gruppenmitgliedschaft persönliche Bedürfnisse (z. B. soziale Einbindung, hohes Prestige, solidarisches Verhalten, Einkommenssicherung, interessante Aufgaben, Lernchancen) befriedigt werden. Hierzu existieren zahlreiche Befunde, die beispielsweise tendenziell ausweisen, dass in kleineren, insbesondere homogenen Gruppen die Kohäsion höher ist als in großen Gruppen. Weiterhin senkt starker, interner Wettbewerb die Kohäsion. Die **Bewertung der Kohäsion** kann, je nach Standpunkt eher positiv bzw. eher negativ ausfallen: Aus Sicht der Gruppenmitglieder ist eine hohe Kohäsion eher positiv zu bewerten, da hieraus im Allgemeinen eine Begrenzung von Angst und Anspannung entsteht und das erlebte Gemeinschaftsgefühl den Einzelnen insbesondere auch gegen Druck und Bedrohungen von außen abschirmt. Kohäsion korreliert so gesehen positiv mit der psychischen Befindlichkeit der Gruppenmitglieder. Ausnahmen ergeben sich für am Rande der Gruppe stehende Mitglieder, die der Gruppe bzw. Konformität aufgrund verschiedener

Faktoren (z. B. Fähigkeiten, bestimmte Einstellungen) nicht entsprechen wollen oder können. Aus Sicht einer Organisation ist eine hohe Kohäsion dagegen durchaus ambivalent zu bewerten. Unterstützen die sich informell herausbildenden Werte und Normen der Gruppe jene der Organisation, ist sie von Vorteil. Problematisch wird es immer dann, wenn sich die hoch kohärente Gruppe nicht oder nur bedingt mit den Organisationszielen identifiziert. In einem solchen Fall ist die normative und soziale Integration und damit auch die Leistungsfähigkeit der Organisation bedroht (vgl. *Staehle* 1999, S. 283).

(6) Gruppendiversität

Immer wieder taucht die Frage auf, ob es nun die homogen zusammengesetzten Gruppen sind, die Leistungsvorteile ausweisen, oder ob es nicht gerade die heterogenen Gruppen sind, die den homogen überlegen sind. Diese Thematik wird zum Teil unter dem Stichwort „Diversity" intensiv diskutiert. Der Begriff hat seinen Ursprung in den USA, wo die Auseinandersetzung mit Fragen der Chancengleichheit mit Blick auf Rasse, Geschlecht, Nationalität oder körperliche Beeinträchtigungen früher und intensiver als bei uns erfolgte. Die Übersetzung von „Diversity" ist Vielfalt und im doppelten Sinne ist es auch die Vielfalt an Themen (→ Variablen), die hier auffällig ist (vgl. hierzu Abb. A.21).

Die Forschung zum Zusammenhang von Diversität und Gruppenerfolg ist umfangreich, vor allem in der angloamerikanischen Literatur, aber einfache Aussagen sind hier fehl am Platz. Vielmehr muss man festhalten, dass es die Art der Aufgabe und die dafür infrage kommende Konstellation der einzelnen Parameter sind, die Vorteile oder Nachteile generieren (zur Problematik *Krell u.a.* 2007, für eine empirische Studie beispielhaft *Kearney/Gebert/Voelpel* 2009; sehr kritisch *Homberg/Bui* 2013; sowie *Peterson/Srikanth/Harvey* 2015 für einen ganz aktuellen Überblick).

(7) Diffusität der Mitgliederbeziehungen in Gruppen

Neidhardt weist für eine Gruppenkonstellation darauf hin, dass die „*Mitgliederbeziehungen nicht auf spezifische Zwecke oder Ziele eingegrenzt erscheinen, sondern mit einer Vielzahl von Bezügen auf einer formell nicht eingegrenzten Zahl von Bezugsebenen stattfinden*" (*Neidhardt* 1999, S. 136). Gemeint ist damit, dass eine radikale Verengung der Kommunikation und Handlungen auf starr festgelegte Aufgaben und fix bestimmte Partner dem Gruppengeist zuwiderläuft. Es müsse hiernach die Gelegenheit vorhanden sein, neue Konstellationen zu bilden, per-

A. Demographische Merkmale, z.B.:
- Alter
- Geschlecht
- Religion
- Körperliche Konstitution (Körperliche und/oder geistige Behinderung, angeboren oder unfallbedingt etc.)
- Kultureller Hintergrund (Geburtsland, Rasse, familiäre Wurzeln, z.B. Bürgertum, Arbeiterklasse etc.)
- Ausbildung (Facharbeiter, Akademiker, Fachrichtungen: Ingenieur, Betriebswirt etc.)
- Familienstand (Single, gebunden, verheiratet, ohne Kinder, mit großen oder kleinen Kindern, mit pflegebedürftigen Familienmitgliedern, etc.)

B. Know-how und Erfahrungen, z.B.:
- aufgabenbezogenes Wissen
- Fähigkeiten aus unterschiedlichen Karrierewegen
- frühere Einsatzgebiete
- Berufserfahrungen

C. Wertesystem, z.B.:
- Werte
- Glauben/Überzeugung
- Geisteshaltung

D. Charakter/Persönlichkeit, z.B.:
- Verhalten
- Auftreten
- Ausstrahlung
- Arbeitsorganisation

E. Sozialer Status, z.B.:
- Rang
- Position/Hierarchie
- Macht/Autorität
- Netzwerkzugehörigkeit
- Meinungsführerschaft

Abb. A.21: Diversity-Parameter (*Ladwig* 2009, S. 390)

sönliche Nuancen einzubringen und Themen zu diskutieren, die nicht zwangsläufig den spezifischen Arbeitsvorgaben entsprechen. Anders formuliert: Ohne eine Lebendigkeit, die von den Gruppenmitgliedern selbst eingebracht und ausgelebt wird, wird der Charakter der Gruppe verfehlt. Vorgesetzte, die derartige Aktivitäten missdeuten, verkennen die Eigenheiten von Gruppen.

(8) Rollendifferenzierung in Gruppen

Die sozialpsychologische Forschung macht überdies deutlich, dass es innerhalb von Gruppen spontan zu Rollendifferenzierungen kommt, die vertikal und horizontal ausgerichtet sein können. Ein besonders prägnantes Beispiel für eine **vertikale Rollendifferenzierung** ist die berühmte „Hackordnung" (vgl. *von Rosenstiel* 1995, S. 333). Hierunter versteht man eine macht- bzw. einflussbezogene Rangfolge, die vom „Alpha"- bis zum „Omega"-Gruppenmitglied reicht. Sie ist unter anderem bei der Vergabe von bestimmten Privilegien unter den Gruppenmitgliedern von maßgeblicher Bedeutung. Eine weitere vertikale Differenzierung besteht in der gruppeninternen Bestimmung zweier unterschiedlicher Führer, nämlich eines **„Tüchtigkeitsführers"**, der die Erreichung der Gruppenziele maßgeblich befördert (Lokomotionsfunktion), sowie eines **„Beliebtheitsführers"**, der den Zusammenhalt in der Gruppe entscheidend bestärkt (Kohäsionsfunktion, ☞ B. III. 2). Diese Rollendifferenzierung ist zunächst einmal unabhängig von formal vorgegebenen Rollenzuweisungen zu sehen. Sie kann sich grundsätzlich parallel bzw. informell herausbilden. Beim „Beliebtheitsspezialisten" ist dies immer so. In Organisationen besteht die Erwartung, dass die Rolle des „Aufgabenspezialisten", also desjenigen, der die Gruppenziele am aktivsten zu erreichen versucht, mit der Vorgesetztenposition, so sie dann eindeutig bestimmt ist, zusammenfällt. Die Gruppe ist jedoch frei, informell eine andere Führungsperson als eigentlichen Experten herauszubilden. Wenn zwischen formalem Vorgesetzten und informellem Führer allerdings nachhaltige Auffassungsunterschiede bestehen, ist mit Konflikten zu rechnen.

Gleichzeitig entstehen regelmäßig aber auch **horizontale Rollendifferenzierungen**, d. h. innerhalb von Gruppen übernehmen einzelne Mitglieder – freiwillig oder unfreiwillig – bestimmte Rollen wie z. B. die des „Mitläufers", des „Außenseiters" oder des „Sündenbocks". Neben wechselseitigen Ablehnungsverhältnissen (z. B. Person A möchte generell nicht mit Person B zusammenarbeiten und Person B nicht mit Person A) können gruppeninterne „Spezialisten" identifiziert (z. B. alle Gruppenmitglieder möchten bei der Lösung kreativer Aufgaben mit C zusammenarbeiten) sowie auch „Außenseiter" (niemand würde freiwillig mit Person X zusammenarbeiten) ermittelt werden.

Neben der Berücksichtigung horizontaler und vertikaler Rollendifferenzierungen verlangt eine produktive Zusammenarbeit zwischen Führungskraft und Gruppe auch eine angemessene Übertragung von Rechten und Pflichten. Angesichts der zunehmenden Delegation von Verantwortung taucht die Frage auf, ob es nicht besser wäre, die gemeinhin ausschließlich mit der Führerrolle verbundene Verantwortung für die „Aufgabenorientierung" der Gruppe auf die Gruppenmitglieder zu verteilen. Dies erscheint realistischer, da eine Einzelperson nicht überfordert würde und Kompetenzen komplementär oder ausgleichend zueinander in Bezug stünden (weiterführend ☞ E. III. 12).

Genau dies haben bereits *Charles Margerison* und *Dick McCann* (1985) unter Verwendung des Rollenkonzeptes auf einer Datenbasis von 151.000 Führungskräften und Teammitgliedern aus 80 Ländern (Stand 2003; vgl. *Tscheuschner/Wagner* 2011, S. 18) getan. Danach identifizieren die Autoren unterschiedliche **Arbeitsfunktionen zur Aufgabenerfüllung innerhalb der Gruppe**. Diese seien alle von übergreifender Wichtigkeit, besitzen aber jeweils ggf. nach Aufgabentyp komparative Vorteile. Je nach Arbeitspräferenz der Teammitglieder werden i. d. R. eine bis drei Arbeitsfunktionen als besonders attraktiv erlebt (die im Team Management Rad meist nebeneinander lägen). Es handelt sich dabei um die hier nicht weiter ausdifferenzierten **Präferenzpole** Entdecker (Explorers) und Controller sowie Berater (Adviser) und Organisator (Organizers) (vgl. Abb. A.22).

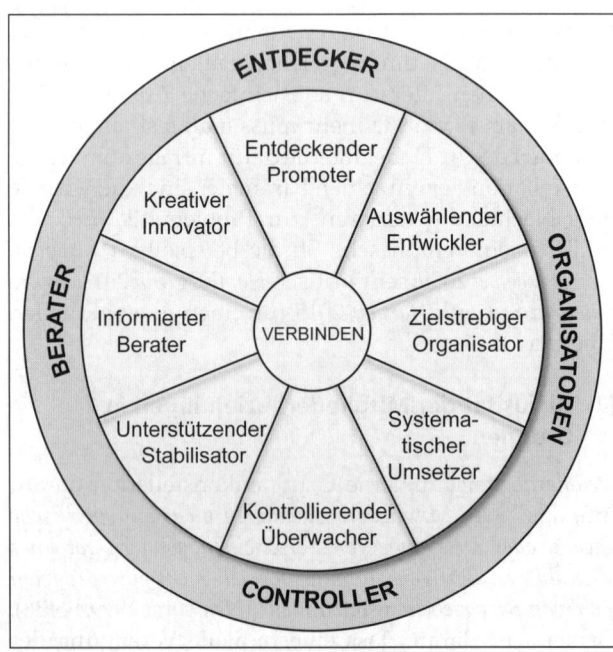

Abb. A.22: Rollenaufteilung in Gruppen (*Margerison/McCann* 1985. Nutzung mit freundlicher Genehmigung durch TMS Development International Ltd, York/UK, 2015, www.tmsdi.com)

> **Beispiel zur Rollendifferenzierung**
>
> Je näher die Präferenzen einer Person beispielsweise hinsichtlich Kreativität, analytischer Informationsanalyse und Extraversion ausgeprägt sind, desto wahrscheinlicher ist es, dass sie ein erkundendes Verhalten an den Tag legen wird und hierin auch gut ist. So lägen beispielsweise die Stärken von Personen, die für eine Creator-Innovator-Rolle prädestiniert sind, in dem Entwurf neuer, beeindruckender Ideen. Sie ließen sich jedoch schlecht auf etablierte Regeln usw. verpflichten und hielten Fristen kaum ein. Explorer-Promoter hingegen griffen neue Ideen gerne auf und versuchten sie auch umzusetzen. Sie seien kommunikationsstark und beschafften Ressourcen. Allerdings seien sie nicht detailverliebt und ihr Interesse ließe rasch nach. Dann wendeten sie sich neuen Projekten zu. Deshalb sei hier eine enge Zusammenarbeit mit Organisationstalenten und Controllern produktiv.

Die Autoren gehen aufgrund eigener Erfahrung davon aus, dass Personen maximal zwei bis drei Rollen (Haupt- und Nebenrollen) ausüben können. Je stärker eine einzige Rolle ausgeprägt ist, desto schwerer fällt es, eine andere einzunehmen. Die verschiedenen Rollen, die notwendig sind, um ein erfolgreiches Team zu generieren, müssen somit auf mehrere Schultern verteilt sein:

So liegen die Stärken von Personen, die für eine **Reporter-Adviser-Rolle** (Informierter Berater) prädestiniert sind, in der Beschaffung und Verteilung von Informationen sowie in der damit verbundenen Beratung im Hinblick auf anstehende Entscheidungen. **Creator-Innovators** (Kreativer Innovator) bestechen durch den Entwurf neuer, beeindruckender Ideen. Sie lassen sich jedoch schlecht auf etablierte Regeln verpflichten und halten Fristen kaum ein. **Explorer-Promoter** (Entdeckender Promoter) greifen neue Ideen gerne auf und versuchen sie umzusetzen. Sie sind kommunikationsstark und beschaffen Ressourcen. Allerdings sind sie nicht detailverliebt und ihr Interesse lässt rasch nach. Dann wenden sie sich neuen Projekten zu. Deshalb ist hier eine enge Zusammenarbeit mit Organisationstalenten und Controllern produktiv. Die **Assessor-Developers** (Auswählender Entwickler) haben ihre Stärke in der analytischen Bewertung von Alternativen und entwickeln diese weiter. Ihr Interesse schwindet, wenn eine Idee in das operative Handeln überführt wird. Hier liegen die Stärken der **Thruster-Organizer** (Zielstrebiger Organisator), die mit viel Zuversicht und Durchsetzungsvermögen entwickelte Ideen umsetzungsreif planen wollen. **Concluder-Producer** (Systematischer Umsetzer) mögen es, Pläne und Standards zu entwerfen. Sie achten auf Termine und sorgen minutiös für die Einhaltung von Meilensteinen für den Aufgaben-/Projekterfolg. Informationen werden vor allem aufgrund eigener Erfahrung aufgegriffen und bewertet. Der „gesunde Menschenverstand" ist ihre Orientierungslinie. **Controller-Inspectors** (Kontrollierender Überwacher) sind Personen mit der Neigung, Regeln und Sicherungssysteme einzuhalten. Sie lieben das Detail und entdecken Fehlentwicklungen schnell. **Upholder-Maintainers** (Unterstützender Stabilisator) setzen sich extrem für die Fortführung des eingeschlagenen Weges ein und bekämpfen all diejenigen, die der Aufgabenbewältigung im Wege stehen. Sie sind ihren Überzeugungen sehr verbunden. Sie bevorzugen, im Hintergrund zu arbeiten und stehen Änderungen höchst skeptisch gegenüber (Anmerkung: Die Namen der Teamrollen enthalten zunächst das bevorzugte Verhalten bzw. hierfür typische Merkmale und dann die zugehörige Arbeitsfunktion).

Linkers (Verbinder) sind die Koordinatoren. Sie können aus jeder der genannten Rollen erwachsen und integrieren (sozial und aufgabenbezogen) die anderen Teammitglieder. Es handelt sich um keine separate Rolle, sondern um eine Rolle, die von demjenigen eingenommen wird, der hinsichtlich der anderen Rollenausprägung am wenigsten extrem ist. Besonders wird diese Funktion allerdings vom Teammanager erwartet. Wenn man so möchte, handelt es sich hier um diejenigen, die besonders generalistisch und kommunikativ veranlagt sind. Man erkennt: auch genuine Leadership Skills sind hier gefragt (siehe auch Videos unter: www.tms-zentrum.de; die individuellen Teamrollen werden anhand eines psychometrischen Fragebogens bestimmt. Der Fragebogen besteht aus 60 Fragen; das daraus erstellte Feedback umfasst etwa 30 Seiten; vgl. weiterführend *Tscheuschner/Wagner* 2011).

Mit Blick auf führungspraktische Konsequenzen ist festzustellen, dass *Margerison* und *McCann* (1985) sicherlich einen wichtigen Punkt treffen, wenn sie auf eine notwendige Arbeitsteilung in Teams verweisen. Eine einzelne Person, auch der Teamleiter, kann unmöglich alle relevanten Rollen optimal ausfüllen. Ebenso schärfen sie den Blick dafür, bei der Personalauswahl und -entwicklung Einseitigkeiten zu vermeiden (z. B. nur jemanden zu suchen, der ist, wie man selbst; zu dieser empirisch nachweisbaren Tendenz auch *Derler/Weibler* 2014). Durch den Verweis auf Präferenzen und damit verbundenen Stärken wie Schwächen plädieren sie für eine differenzierende Motivierung und geben letztendlich auch einen Hinweis, warum Teams scheitern können. Die empirische Fundierung der Zusammenhänge müsste allerdings zukünftig noch ausgebaut werden.

Ganz ähnlich stellen auch *Morgeson/DeRue/Karam* (2010) in ihrem „funktionalen" **Team-Leadership Ansatz** auf die Natur teamspezifischer Funktionsprinzipien ab. Zunächst werden **zwei fundamentale Phasen** unterschieden, denen dann entsprechend Führungsfunktionen zugeordnet werden: (1) **Übergangsphasen** (transition phase) und (2) **Aktionsphasen** (action phase). Erstere beziehen sich im Gegensatz zu den Aktionsphasen mehr auf planerische, vorbereitend strukturierende und nicht direkt aufgabenbezogene Aktivitäten und Prozesse. Entsprechend unterschiedlich sind die Führungsfunktionen.

Basierend auf einem Literaturüberblick haben *Morgeson/ DeRue/Karam* (2010, S. 10 ff.) in Übergangsphasen sieben Team-Führungsfunktionen identifiziert. Die Aufgabe von Führung richtet sich hiernach auf die Zusammensetzung des Teams, die Definition einer Mission, die Herausbildung von Erwartungen und Zielen, Planung und Strukturierung, Training und Team-Entwicklung, Sinnangebote liefern bzw. Bedeutungen zuweisen sowie die Vermittlung von Feedback.

Den Aktionsphasen sind acht Führungsfunktionen zugeordnet. Führung umfasst hiernach Monitoring-Funktionen (Prozesse, Output, Kontext), „Grenzkontrollen" (Kommunikation und Koordination zu/mit anderen Organisationseinheiten), Hineinbringen von Erwartungen anderer, das Team leistungsbezogen herausfordern, aufgabenbezogene Unterstützung bereitstellen, partielle, eigene Problemlösungen liefern sowie die Zurverfügungstellung von Ressourcen aber auch die Förderung von Motivation (Ermutigung) und des sozialen Team-Klimas.

Insgesamt sieht der hier beschriebene funktionale Ansatz Team-Leadership als Set von Aktivitäten an, das der Erfüllung der Bedürfnisse der Gruppe dient (vgl. auch *Zaccaro/Rittman/Marks* 2001). Festzuhalten ist weiterhin, dass die Auflistung an Team-Leadership Funktionen zwar auf einer Betrachtung der spezifischen Funktionsweise von Teams fußt und daher auch anzunehmen ist, dass die Ausübung dieser Team-Führungsfunktionen einen positiven Einfluss auf die Team-Leistung sowie andere Ergebnisparameter (wie z. B. Zufriedenheit, Commitment) hat. Eine umfassend empirisch begründete Belegung dieser Annahme ist jedoch nicht das vorrangige Ziel der Analyse von *Morgeson/DeRue/Karam* (2010) gewesen.

1.4 Effektivität bei der Führung von Gruppen

Möchte man als Führender die potenziellen Leistungsvorteile von Gruppen nutzen, so stellt sich zu Beginn die Frage, welche Gruppeneffekte aus organisationaler Sicht von Interesse sind. Einen zusammenfassenden Überblick hinsichtlich zentraler Gruppeneffekte können wir *Franke* (1980, S. 126 ff.) entnehmen, der zwischen integrierenden und differenzierenden Effekten unterscheidet. **Integrierende Effekte** (Kraftzentrierung, Festlegung, Anpassung) steigern durch Vereinheitlichung die Intensität der Gruppenaktivitäten:

> „Durch den erreichten Zusammenschluss wird die Gruppe eigentlich erst zu einer Handlungseinheit, die dem Individuum überlegen ist" (*Franke* 1980, S. 126).

Differenzierende Effekte (Ergänzung, Anregung, Anerkennung) steigern durch die Betonung individueller Unterschiede die Leistung der Gruppe. Dadurch kommt es je nach Situation zu einer Erweiterung der Wirkungsbreite der Gruppe. *Franke* betont, dass integrierende und differenzierende Gruppeneffekte zwar in einem Spannungsverhältnis stehen, aber dennoch nicht unvereinbar sind. Eine „ideale" Gruppe ist in der Lage, je nach Anforderungen einmal den einen, einmal den anderen Effekt in den Vordergrund treten zu lassen. Es wird deutlich, dass wir hinsichtlich der positiven Auswirkungen nicht von linear verlaufenden Effekten ausgehen können, sondern dass regelmäßig Umkehrpunkte existieren, die Vorteile unter bestimmten Bedingungen zu Nachteilen werden lassen. Deren exakte Bestimmung bereitet allerdings aufgrund der Komplexität der Zusammenhänge Schwierigkeiten, sodass ein pragmatisches Vorgehen darin zu sehen ist, sich bei Gestaltungsmaßnahmen von der Tendenz der jeweiligen Zusammenhänge leiten zu lassen (siehe hierzu seine sogenannten Regulationsansätze; *Franke* 1980, S. 127 ff.).

Neben diesem doch sehr allgemeinen Zugang liegt eine andere Herangehensweise zur Bestimmung der Effektivität der Gruppenleistung im Kontext von Führung darin, von einem Grundmodell auszugehen und dies auszuarbeiten. Häufig wird in der Literatur dazu ein Modell konstruiert, das bestimmte **Inputs** definiert, um über sich anschließende **Prozesse** auf Leistungsvariablen **(Output)** zu schließen (sogenannte **IPO-Modelle**, siehe bereits *McGrath* 1964, umfangreich: *Mathieu u. a.* 2008, vgl. Abb. A.23). Als Inputvariablen fungieren hier Charakteristika der Teammitglieder (z. B. Kompetenzen, Werte), des Teamsettings (z. B. Aufgabenstruktur, Teamstruktur, Technologie, Teamtraining, Führung) und organisationale Faktoren (z. B. Personalmanage-

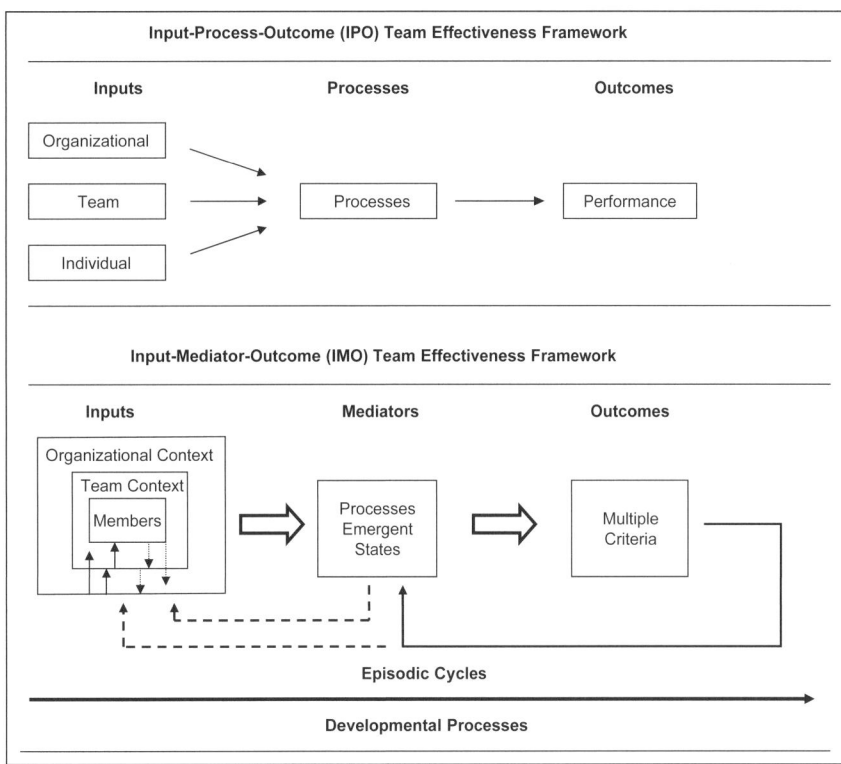

Abb. A.23: Input-Prozess-Outcome-Modell zur Teameffektivität (*Mathieu u. a.* 2008, S. 413)

mentsystem, Interteamkooperationssysteme, Umweltkomplexität, Landeskultur). Diese beeinflussen die aus sachlichen wie sozialen Gründen veranlassten Transitions-, Aktions- und Interaktionsprozesse der Teammitglieder und orchestrieren damit wiederkehrende oder einzigartige Teamprozesse. Diesen können wiederum Mediatoren zugeordnet werden, die diese Prozesse mit formen (wie beispielsweise Delegationsumfang, Klima, Vertrauen, Shared Mental Models, transaktives Gedächtnis). Diese Teamprozesse bestimmen die Outputs (Effektivitätskriterien wie z. B. Produktivität, Antwortzeiten, Qualität, Einstellungen, Zufriedenheit, Commitment, Absentismus). In der Praxis finden bei der Bewältigung von Arbeitsaufgaben viele (kleine) solcher IPO-Episoden statt (vgl. *Marks/Mathieu/Zaccaro* 2001, S. 361), oftmals überlappend und sich selbst durch Feedbackprozesse verstärkend oder auch paralysierend.

Wie aus der obigen Beschreibung des Modells zu entnehmen ist, wird Führung hier als ein Inputfaktor betrachtet. *Zaccaro/Rittman/Marks* (2001, S. 452) mussten aber noch vor etwa 15 Jahren feststellen, dass man empirisch doch noch sehr wenig weiß, wie Führende effektive Teams zusammenstellen und managen. *Day/Gronn/Salas* (2006) sehen fünf Jahre später hingegen schon einen deutlichen Fortschritt in den Forschungen zum Thema. Untersucht wird vielmehr der Einfluss von Führung auf die Prozesse bzw. die Mediatoren sowie auf die Outputvariablen. Hier ist die Bedeutung umfangreich dokumentiert (z. B. auf die emotionale Verfassung des Teams: *Pescosolido* 2002; *Pirola-Merlo u. a.* 2002). Übergreifend gesprochen, werden die Führungseinflüsse in aufgabenorientierte und beziehungsorientierte unterteilt.

Dabei kann man mit *Wegge* (2004a, S. 116 ff.) die Stellung des Führenden zur Gruppe unterschiedlich modellieren. Die Führung kann sich (a) an die gesamte Gruppe direkt richten, (b) über einen Repräsentanten der Gruppe verlaufen oder (c) sich dyadisch an einzelne Gruppenmitglieder richten. Kombinationen sind selbstredend möglich. Meistens findet man in den einschlägigen Diskussionen insofern ein klassisches Verständnis von Führung, als dass die Frage gestellt wird, wie ein Führender Einfluss auf eben diese Prozesse nehmen kann. Weniger häufig wird die Frage gestellt, inwiefern Führung Einfluss auf andere Inputvariablen nehmen kann oder selbst durch das Team beeinflusst wird. In Abkehr der klassischen Vorstellung von Führung als eine einer einzelnen Person (→ Entität) zuzuschreibende Funktion werden in diesem Zusammenhang verstärkt Vorstellungen einer geteilten und gemeinsam praktizierten Führung diskutiert (☞ E. III. 12), wobei das IPO-Modell keinesfalls Bezugspunkt sein muss. Es ist ja nur eine gedankliche Hilfe, um ein wenig Ordnung in das Beeinflussungsgeflecht zu bringen (vgl. zur Aufgabe von Modellen *Weibler* 2004b) und lässt sich zudem in statistisch rechenbare Modelle überführen.

Der Einsatz von Gruppenarbeit in Organisationen folgt dem **Subsidiaritätsdenken**. Danach sollen Aufgaben von der jeweils niedrigsten Ebene bearbeitet und verantwortet werden, die eine dem Ziel entsprechende Leistung noch erwarten lässt. Problemverständnis, Sachkunde und Motivation wie Lernen (☞ C. II. bzw. C. III.) werden hiernach gefördert und die unproduktive Überlastung höherer Ebenen vermieden. Wir haben bislang viele Überlegungen und Studien angeführt, die die Umsetzung dieses Gedankens in Organisationen näher charakterisieren. Der Stellenwert der Gruppenarbeit wird durch die wissens- und dienstleistungsorientierten Formen des Arbeitens zudem weiter zunehmen (vgl. *Morgeson/DeRue/Karam* 2010; *Oldham/Hackman* 2010). Die Erwartungen an **positive (Gruppen-)Effekte** sind regelmäßig hoch und seit langem im Fokus der Gruppenforschung. Immer wieder werden auch gruppentypische Effekte der Motivationserhöhung ins Feld geführt. So sporne, zumindest bei einfachen und eingeübten Aufgaben, die alleinige Gegenwart anderer das Individuum zu mehr Leistung an. Ob diese beispielsweise von *Wegge* (2006, S. 598 ff.) berichteten Effekte auftreten und ob dort, wo die Alternative der Einzelarbeit möglich erscheint, gar eine überlegene Leistung festzustellen ist, ist im Detail an bestimmte Ausprägungen der Zusammensetzung der Gruppe und des Umgangs miteinander sowie an weitere Rahmenbedingungen geknüpft (vgl. *Grant/Parker* 2009; *Wegge* 2004a).

Kozlowski/Ilgen (2006) kommen auf der Basis eines umfangreichen Literaturüberblicks zu dem Schluss, dass Führung einen Schlüsselfaktor bei der Erhöhung von Team-Effektivität darstellt. Führungsverantwortliche in Organisationen müssten viel mehr mit den Besonderheiten von Team-Führung vertraut gemacht werden. Daher werden entsprechende Trainings zur Entwicklung von Team-Leadership-Skills zur Steigerung von Team-Effektivität empfohlen (siehe auch *Santos/Caetano/Tavares* 2015 für eine empirische Untersuchung zur Wirksamkeit von Trainingsmaßnahmen für Führungskräfte – hier mit Fokus Situation, Strategie und Koordination – im Längsschnitt bei positivem Beleg). Dabei warnen *Kozlowski/Ilgen*, dass der allgemeine theoretische Fokus der Führungsforschung zu einseitig auf Individuen als auf Teams gerichtet sei. Die Verbindungen und Prozesse zwischen Team-Mitgliedern würden in theoretischen Team-Führungskonzepten nicht hinreichend erfasst. Hierzu seien dynamische und interaktionsorientierte Zugänge erforderlich, wie aktuell auch *Humphrey/Aime* (2014) aus einer übergeordneten Perspektive betonen. Mit Blick auf die Bewertung von Führungseffektivität sei weiterhin kritisch, dass die Evaluation von Team-Führern traditionell vorwiegend auf der Basis der individuellen Wahrnehmung von Team-Mitgliedern erfolge. Stattdessen müssten jedoch verstärkt Modelle entwickelt und getestet werden, die eine Verbindung zwischen Team-Führung und unterschiedlichen Team-Ergebnissen herstellten. Hierzu wurden mittlerweile vor allem im Kontext der Erforschung von Shared Leadership eine Reihe vielversprechender Befunde vorgelegt (☞ E. III. 12).

Weiterhin wird aktuell die führungsbezogene Realisierung positiver Teamarbeitseffekte unter Bezug auf einzelne, allerdings eher spezifische Ergebnisse untersucht. *Alexander/Van Knippenberg* (2014) fokussieren beispielsweise auf radikale Innovationsergebnisse (die sie von inkrementellen Innovationen abgrenzen). Sie identifizierten ambidextre Führung (☞ E. III. 6) als relevante Einflussgröße bei der Generierung eines radikal innovativen Team-Verhaltens. Ähnlich stellten auch *Zacher/Rosing* (2015) fest, dass ambidextre Führung, die sie im Vergleich zur transformationalen Führung untersuchten, positive Effekte auf Team-Innovation hat (vgl. auch *Boies/Fiset/Gill* 2015).

Neben positiven Ergebnissen werden aber auch **problematische Gruppeneffekte** gesehen und untersucht. Diese beziehen sich nicht auf eine einzelne Variable an sich, sondern entstehen erst durch die Gruppenarbeit selbst. Dies liegt daran, dass Gruppen eigenständige Dynamiken aufweisen, die manchmal zu erstaunlichen Effekten führen. Einige hiervon haben wir bereits weiter oben aufgeführt. Diese bezogen sich auf eine reduzierte Motivation der Gruppenmitglieder. An dieser Stelle soll hingegen zunächst die für die Führungspraxis so wichtige Entscheidungsfähigkeit von Gruppen thematisiert werden. Große Beachtung fand hier das „groupthink" **(Gruppendenken)**, auch wenn die (quantitativ) empirische Bestätigung eindrucksvoller sein könnte (vgl. *Wegge* 2006). Daneben hat das Phänomen des **Risikoschubs** („risky shift") breite Aufmerksamkeit erregt. Hierbei geht es um die Risikobereitschaft von Organisationsmitgliedern beim Treffen von Gruppenentscheidungen.

Gruppendenken und Risikoschub als negative Gruppeneffekte

Unter Guppendenken versteht man ein erstmals von *Janis* (1982, 1972) beobachtetes Denkmuster, welches vor

Jahr	Gruppe	Fiasko
1941	Admiral *H. E. Kimme* und 20 Kapitäne, Vize-Admiräle und andere wichtige Marine-Offiziere	Die Entscheidung dieser Gruppe hatte ausschließlich die Verbesserung Pearl Harbours als Trainingsbasis vor Augen und ließ sie als Marinehafen völlig ungeschützt.
1950	Die politische Beratungsgruppe von Präsident *Truman* einschließlich der Vereinigten Stabchefs und Mitglieder des National Security Council	Die Gruppe erlaubte es der Truppe, den 38. Breitengrad während des Koreakrieges zu überschreiten, was sehr schnell zur Gegenattacke von Rot-China führte.
1961	Die ad hoc gebildete Beratungsgruppe Präsident *Kennedys*, in der die Sekretäre des Außenministeriums und des Verteidigungsministeriums, Vertreter der verschiedenen Heeresteile und die Spitze des CIA versammelt waren	Die Gruppe plante eine Invasion Kubas in der Schweinebucht, die mit einem völligen Desaster endete.

Tab. A.5: Fiaskos der US-Regierung bzw. militärischer Führungsgremien (*Fischer/Wiswede* 1997, S. 538)

allem bei hoch kohäsiven Gruppen und provokanten situationalen Kontexten auftreten kann. Einige der von *Janis* in diesem Sinne analysierten Situationen entnehmen wir *Fischer* und *Wiswede* (1997, S. 583, vgl. Tab. A.5).

Auer-Rizzi (1998, S. 201 ff.) führt weitere, neuere Beispiele auf, die in die gleiche Richtung weisen. So wird die Geiselbefreiungsaktion der USA im Iran 1984 ebenso hierunter gefasst wie die Challenger-Katastrophe aus dem Jahr 1986. Diese anschaulichen Beispiele beziehen sich auf Gruppen im administrativ-politischen bzw. militärisch-wissenschaftlichen Bereich. Sicherlich ist der Fast-Zusammenbruch des weltweiten Finanzsystems Ende der ersten Dekade des 21. Jahrhunderts auch hierdurch mit bedingt. Unabhängig davon: auch selbststeuernde Arbeitsgruppen sind potenziell vom Gruppendenken gefährdet, da hier von einer hohen Kohäsion und einer starken Interdependenz zwischen den Gruppenmitgliedern auszugehen ist. Und dies sind Bedingungen, die Konformität produzieren.

In dem von *Auer-Rizzi* (1998, S. 191) wiedergegebenen Modell sind die zentralen Vorbedingungen, Symptome und Entscheidungsdefekte sehr anschaulich dokumentiert (vgl. Abb. A.24). *Auer-Rizzi* weist jedoch darauf hin, dass der Ansatz von *Janis* eine Reihe von nicht ausgesprochenen Annahmen enthält. So wird unterstellt, dass es vor allem um die Entscheidungsqualität geht. Fragen der Akzeptanz oder der Motivation der Mitglieder bleiben unberücksichtigt. Es wird davon ausgegangen, dass die Gruppenmitglieder auch im konkreten Fall die gleichen Ziele verfolgen und ein rationaler Diskurs grundsätzlich möglich ist. So erklärt das Groupthink-Phänomen zwar vor allem Entscheidungsdefizite bei schlecht strukturierten Problemen, doch sind diese oftmals genau der Grund, warum Gruppen überhaupt ins Leben gerufen werden. Das Problem liegt darin, dass Alternativen, insbesondere, wenn Lösungsvorgaben von den Mächtigen in der Gruppe unterbreitet werden, nur unzureichend hinterfragt werden und die Harmonie in der Gruppe besonders hoch gewertet wird.

Dennoch sind mit dem Groupthink-Phänomen Problemlagen mit höchst praktischer Relevanz angesprochen, die in jeder Führungsbeziehung mit mindestens zwei Geführten eine Rolle spielen können. Aus diesem Grund stellt sich die Frage, welche Vorkehrungen zu treffen sind, um das unerwünschte Phänomen hinsichtlich seiner Auftretenswahrscheinlichkeit zu reduzieren. In diesem Zusammenhang existiert eine Fülle von **führungspraktischen Vorschlägen**, um eine effektive Entscheidungsfindung wahrscheinlicher zu machen und die skizzierten Vorteile der Gruppenarbeit (Entwicklung einer zur Lösung komplexer Probleme erforderlichen „kollektiven Problemlösungsperspektive") nicht geradezu in ihr Gegenteil zu verkehren. *Janis* entwickelte hierfür folgenden **10-Punkte-Katalog** (1982; zitiert nach *von Rosenstiel* 1995, S. 326):

- Aufklärung über die Gefahren des Gruppendenkens,
- Zurückhaltung des Vorgesetzten in eigenen Stellungnahmen,
- Ermutigung der Gruppenmitglieder zur Äußerung von Einwänden bei Zweifeln,
- Fallweise Übernahme der Rolle des „Advocatus Diaboli" durch ein Gruppenmitglied,
- Gelegentliche Bildung von Untergruppen zur konkurrierenden Bearbeitung eines wichtigen Teilproblems,
- Sorgfältige Analyse der Möglichkeiten und Absichten eines eventuellen Konkurrenten oder Gegners,

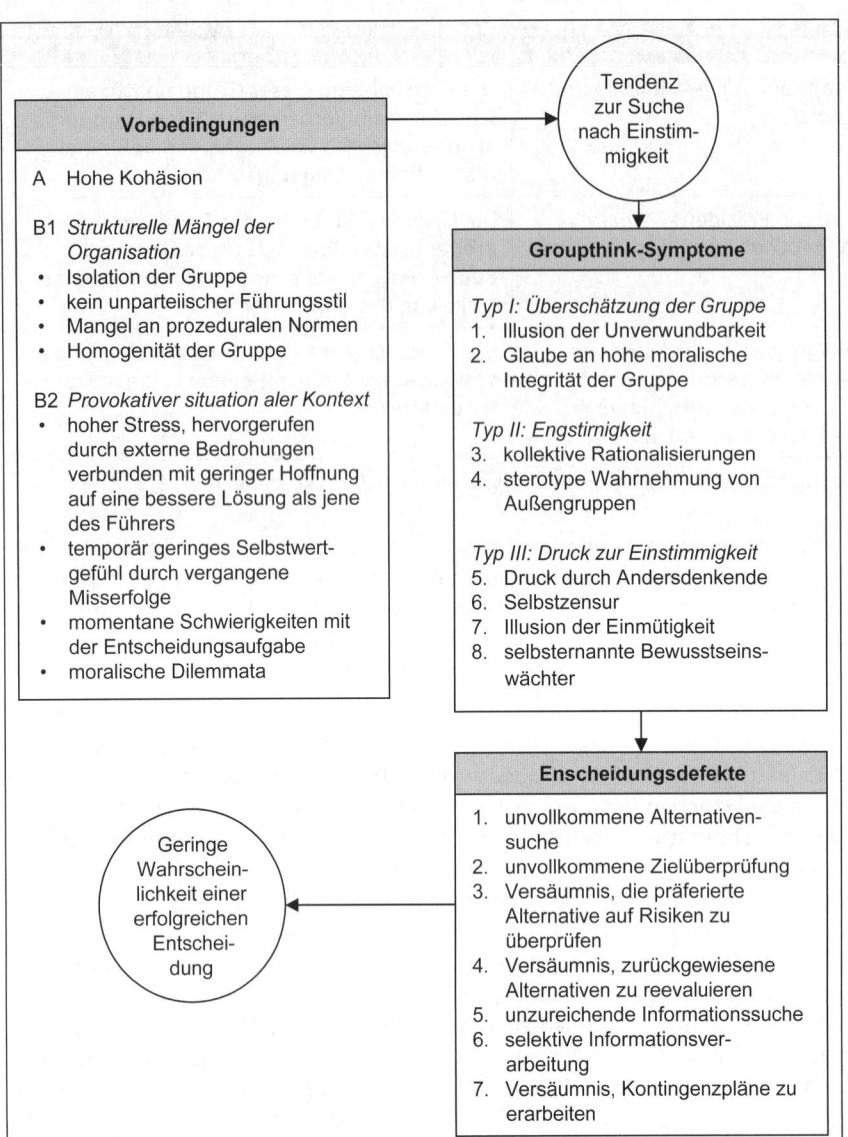

Abb. A.24: Groupthink-Modell (vgl. *Janis* 1982, S. 244; nach *Auer-Rizzi* 1998, S. 191)

- Erneutes Bedenken der (vorläufigen) Einigung auf eine Lösung,
- Beziehen externer Beobachter und Kritiker,
- Einbeziehen von Meinungen vertrauenswürdiger Kollegen durch Gruppenmitglieder,
- Einsetzen einer parallel am selben Problem arbeitenden Gruppe.

Zudem kann der Einsatz von Groupware, also einer Mehrbenutzer-Software, die die kooperative Arbeit erleichtern soll, bei der Umsetzung dieser Punkte, z. B. beim → Brainstorming, nützlich sein (vgl. *Wegge* 2006, S. 603).

Neben der Gefahr des Groupthink, wurde dem Risky Shift (**Risikoschub**) ebenfalls große Aufmerksamkeit zuteil. Unter Risikoschub verstehen wir das erstmals von *Stoner* (1961) beobachtete Phänomen, dass Gruppenentscheidungen oftmals risikoreicher ausfallen, als es der durchschnittlichen Ansicht der einzelnen Gruppenmitglieder vor der Behandlung eines Problems entsprochen hat. Dieses vor allen in Experimenten beobachtete Phänomen, dessen Übertragung auf Alltagssituationen allerdings umstritten ist, lässt beispielsweise folgende Erklärungen zu (vgl. *Fischer/Wiswede* 1997, S. 581): (1) Bei Gruppenentscheidungen findet eine Risikodiffusion statt, da sich niemand mehr für die Konsequenzen der

Entscheidung verantwortlich fühlt. (2) Risikofreudige Gruppenmitglieder wirken attraktiver und ziehen „Zauderer" mit. (3) Die Gesellschaft (man müsste genauer sagen: manche Gesellschaften, wie z. B. die USA) bewertet Risiko positiv. Im Vergleich zu anderen erkennt man, wo man selbst steht, und erhofft sich Anerkennung, wenn man vergleichsweise risikoreicher als sonst bzw. risikoreicher als andere agiert.

Andere Autoren wie z. B. *Moscovici* und *Zavalloni* (1969) sind hingegen der Ansicht, dass eine Polarisierung auch in der umgekehrten Richtung stattfinden kann. Hiernach würde je nach durchschnittlicher „Risikoverfassung" der Gruppenmitglieder zwar auch eine extremere Ausrichtung der Gruppenentscheidung gegenüber der Durchschnittsverteilung vor einer Entscheidung auftreten, doch könnte diese ebenso in einem sogenannten **„Vorsichtsschub"** münden. Hiernach würden vergleichsweise eher konservative Gruppenmitglieder eine sehr konservative Gruppenentscheidung treffen und gemäßigt risikobereite Gruppenmitglieder stärker risikoreiche. Das Phänomen des Risikoschubs kann beispielsweise dadurch begrenzt werden, dass vor einer Gruppenentscheidung jedes Gruppenmitglied für sich seine Entscheidungspräferenz niederschreibt und die Gruppenentscheidung hinsichtlich der Abweichungen noch einmal kritisch hinterfragt wird. Auch ist es wichtig, klare Verantwortlichkeiten bezüglich der Konsequenzen einer Gruppenentscheidung zu benennen. Dieses „In-die-Pflicht-nehmen" der einzelnen Gruppenmitglieder beugt einer anonymisierten Verantwortlichkeit vor.

Beenden wir hiermit unsere Ausführungen zur Begründung und der Analyse der Besonderheiten der Führung von Arbeitsgruppen. Man muss feststellen, dass diese Führung komplexer als die Führung von Einzelpersonen ist. Dies erkennt man leicht daran, wenn man sich die im obigen Modell benannten ersten beiden Kategorien und hierzu die vorliegenden Einzelstudien zur Beschreibung und Erklärung von Wirkzusammenhängen vor Augen führt. Damit hätte man noch nicht einmal die jeweiligen Interaktionen im Blick. Des Weiteren ist zu bedenken, dass Personen in Gruppen nicht nur sich als Person in die Führungsbeziehung mit einbringen, sondern auch ihre Eingebundenheit in die Gruppe. Dies gilt für Führende, stärker aber noch für Geführte (vgl. *Huettermann/Doering/Boerner* 2014; *Giessner u. a.* 2013). Neben der sowieso vorhandenen **personalen Identität** tritt also noch die **Gruppenidentität** hinzu. Direkte wie indirekte Auswirkungen der Führung sind seitens der Führenden nicht nur auf die jeweilige angesprochene Person, sondern damit auch auf das Gruppengebilde abzuschätzen. Weiterhin gilt es die Wechselwirkungen zwischen unterschiedlichen (kooperierenden) Teams innerhalb von Organisationen zu berücksichtigen. Hierbei kommt wiederum identitätsbezogenen Themen eine zentrale Bedeutung zu (vgl. *Hogg/Van Knippenberg/Rast* (2012b). *Wegge* (2004a, S. 201) kommt zu dem hier unterstützten Schluss, dass Führungsinstrumente für die Führung von Gruppen zu optimieren seien, beispielsweise hinsichtlich des Aspekts der Teilhabe an Entscheidung sowie mit Blick auf Moderationstechniken oder die Förderung und Messung von Team-Empowerment (vgl. *Maynard u. a.* 2013; *Chen u. a.* 2011; sowie *Amundsen/Martinsen* 2014 zur Messung von Empowerment basierend auf der **Empowering Leadership Scale**).

Die Notwendigkeit der besonderen Beachtung der Führung von Teams ist ausgesprochen augenfällig bei **Hochleistungsteams**. Hochleistungsteams wie die auf Ereignisse außerhalb der vertrauten Routine fokussierten Rettungsdienste oder Sondereinsatzkommandos arbeiten unter sehr speziellen Bedingungen und in genau abgrenzbaren Arbeits- bzw. Einsatzsituationen (vgl. hierzu näher *Pawlowsky/Mistele/Geithner* 2008, S. 23). Deren größte Gemeinsamkeit bei der genannten Klasse von Hochleistungsteams ist vielleicht, dass ein einziger Fehler oder ein unglückliches Missgeschick die Zielerreichung komplett verunmöglichen kann, durchaus mit dramatischen Folgen für Leib und Leben. Die Mischung aus Standardisierung und Flexibilität der ineinander greifenden und voneinander abhängigen Einzelaktivitäten verlangen einerseits bewährte Teamstrukturen und Teamprozesse, die wiederum mit dahinter liegenden Organisationseinheiten abgestimmt sein müssen. Andererseits bedingen sie auch eine Hochgewichtung von spezifischen Führungsaktivitäten wie der Stärkung dezentraler Kompetenzen, der Befähigung zur Selbstorganisation, der Vernetzung von Handlungssystemen und der beständigen Einsatzreflexion, aber eben auch einer eindeutigen Bereitschaft und Fähigkeit, Entscheidungen aufgrund von Erfahrungen zu treffen (vgl. *Pawlowsky/Mistele/Steigenberger* 2008).

Empirie zur Führung von Hochleistungsteams

Eine schöne Illustration einiger Besonderheiten der Führung von Hochleistungsteams liefern *Klein, Ziegert, Knight* und *Xiao* (2006). Sie beobachteten medizinische Teams, die sich um Schwerstverletzte nach Unfällen, Schießereien, Katastrophen etc. in der Notaufnahme eines Krankenhauses kümmern. Aufgabe dieser Teams ist es, Patienten zu stabilisieren, oft nicht bekannte Verletzungen zu diagnostizieren, weitergehende Erstversorgungsmaßnahmen vorzunehmen und einer weiteren Behandlung zuzuführen. Die Zusammensetzung der Teams war fachlich heterogen (Ärzte, Krankenpfleger, Techniker) und wechselte oft mehrfach am Tag. Manchmal arbeiteten Teamleiterinnen und Teamleiter parallel in mehreren Teams. Die Arbeitsschritte sind interdependent und zeitsensitiv, jeder baut auf Vorleistungen auf. Dies lässt uns von einer **Führung in Extremsituationen** sprechen (hierzu auch *Hannah u. a.* 2009). Ausdrücklich sind diese Teams so auch als Lernorte anzusehen. Junge Ärztinnen und Ärzte erleben neue Situationen und bereichern ihr Repertoire durch Instruktionen und Beobachtung von erfahrenen Medizinern in der Aufgabenbewältigung. In der Behandlung übernehmen sie stufenweise Verantwortung und lernen durch praktisches Tun. Das Forscherteam investierte 150 Beobachtungsstunden, sah damit weitergehende Erstversorgungen von rund 100 Patienten und führte 10 Interviews durch. Ihr Ergebnis war, dass diese herausfordernde Aufgabe nur durch eine Mischung von klar festgelegten Rollen, standardisierten Strukturen und Routinen sowie einer wechselnden Führung aufgrund verteilter Kompetenzen zu bewältigen war. Vier Führungsfunktionen waren dabei auszufüllen: Strategie der Behandlung und Aufgabenverteilung, Beobachtung und Korrektur der einzelnen Teamleistungen, direkte Arbeit am Patienten, Weitergabe von Erfahrungen durch detaillierte Anweisung in der Behandlung. Motivation der Teammitglieder gehörte im Übrigen nicht dazu, da der Einsatz für das Leben anderer motivierend genug ist.

Eine für die Forschung besonders wichtige Erkenntnis war die dynamische, kontextsensitive Übertragung einer Führungsaufgabe, die Behandlung am Patienten. Es handelte sich in diesem Fall um eine **dynamische Delegation**, d. h. in Abhängigkeit der Verfassung des Patienten, der Erfahrung des jungen Arztes, Zutrauen in andere und wahrgenommenes Selbstvertrauen, überlässt die erfahrene Ärztin dem jungen Kollegen die Behandlung, übernimmt, wenn sie es für notwendig erachtet, wieder die Eigenverantwortung, gibt sie erneut ab usw. Zur Standarderwartung der Beteiligten gehört, dies aufgrund des Expertisegefälles zu akzeptieren. Flexibilität wäre aus anderer Sicht auch eine solche Standarderwartung. Führung wird hier also als kontingent gesehen, d. h. in seiner Ausformung als abhängig von den Parametern der Situation. Deshalb können Bewertungen und Handhabungen von Führung in diesen Teams und zweifelsfrei zwischen Hochleistungsteams schwanken, denn *„there is no single best style or form of leaderhip – it depends"* (*Klein u. a.* 2006, S. 613; vgl. auch *Dust/Ziegert* 2015 zur Bedeutung situationaler Parameter sowie *Combe/Carrington* 2015 und *Maruping u. a.* 2015 zur Rolle von Teamführung in Krisen bzw. bei hohem Zeitdruck).

Kommen wir von den Besonderheiten der Gruppenführung nun auf die Besonderheiten der Führung auf der nächsthöheren Ebene zu sprechen, nämlich der Führung in Organisationen. Diese waren natürlich bei unseren bisherigen Überlegungen stets mitgedacht und hier und da ausgewiesen, doch soll diese Perspektive nun aber noch einmal grundsätzlich angegangen werden.

2. Wie sich Führung und Organisation ergänzen

Wir haben eingangs gesehen, dass Führung sich auf ganz unterschiedliche Objekte richtet (Individuen, Gruppen, soziale Gebilde etc.) und in den verschiedensten Feldern (Wirtschaft, Politik, Militär, Schule etc.) stattfindet (☞ A. II. 1.2). Dort haben wir auch bereits angedeutet, dass wir uns auf die erste und zweite Objektebene konzentrieren wollen und nur die Art von Führung betrachten möchten, die in Organisationen stattfindet. Auch implizit haben wir uns vielfach hierauf bezogen. Somit haben wir bereits den bedeutendsten Kontext von Führung benannt, da sich Führung heute wesentlich in Organisationen vollzieht (vgl. auch *Felfe* 2009, S. 2).

Organisationen in den verschiedensten Ausformungen prägen unsere Lebenswirklichkeit in vielfältiger Weise und bleiben damit auch nicht ohne Auswirkung auf die Ausgestaltung von Führungsbeziehungen (vgl. *Deeg/Weibler* 2008). Darüber hinaus ist schon mit dem Begriff der Personalführung eine Entscheidung für diese organisationale Betrachtung der Führung gefallen. Denn im Gegensatz zum allgemeineren Begriff der **Menschenführung**, der auf alle Kontexte der Führung angewendet werden kann, ist die **Personalführung** (oder Mitarbeiterführung) auf Organisationen bezogen (vgl. *Deeg* 2010, S. 93; *Kossbiel* 1990, S. 1141).

Entsprechend dieser Eingrenzung unseres Betrachtungsfeldes wollen wir nun Führung im Rahmen von Organisationen etwas näher beleuchten. Dabei geht es uns insbesondere darum, wie sich die Verbindung von Personalführung und Organisation darstellt und in welchem Verhältnis diese zueinander stehen. Diese konsequente Verbindung von Personalführung und Organisation wird in der Führungsforschung zumeist versäumt (vgl. in diesem Sinn z. B. *Alvesson/Spicer* 2012; *House/Wright/Aditya* 1997). Aus der Tatsache, dass Personalführung in Organisationen stattfindet, ergeben sich jedoch bedeutsame Konsequenzen für ihre Ausgestaltung (vgl. in diesem Sinne z. B. *Wimmer* 2009; *Wimmer/Schumacher* 2008; *Collinson* 2005a) – auch, was ihre jeweilige relative Bedeutung betrifft (vgl. *Alvesson/Spicer* 2011, S. 10).

2.1 Verhaltensbeeinflussung durch Führung und Organisation

Bevor wir diese Konsequenzen aufgreifen können, haben wir zunächst zu klären, welche besonderen Kennzeichen Organisationen unter dem Aspekt der Verhaltensbeeinflussung aufweisen. Hierbei ist zu bedenken, dass der Begriff der Organisation unter zwei verschiedenen Aspekten gesehen werden kann (vgl. *Schreyögg/ Geiger* 2016, S. 5 ff.; *Schulte-Zurhausen* 2014, S. 1 ff.):

- Organisationen können einerseits im **institutionellen Sinn** als Personenzusammenschlüsse zur Erreichung bestimmter Ziele verstanden werden. Sie stellen damit zielorientierte Leistungsgemeinschaften dar. Der Leistungsaspekt ist bei erwerbswirtschaftlichen Organisationen (Unternehmen) besonders ausgeprägt. Ihre besondere Wirkung entfalten Organisationen durch die Prinzipien der Arbeitsteilung und Koordination. Durch die Aufspaltung von Aufgaben in Teilaufgaben und eine anschließende Koordination der geteilten Aufgaben vermögen sie komplexe und lang andauernde Problemstellungen zu lösen, die von nicht-organisierten Individuen nicht in gleichem Umfang zu leisten sind.

- Andererseits können Organisationen im **instrumentellen Sinn** als verfestigtes Gefüge von Regelungen zu Steuerung des Leistungserstellungsprozesses verstanden werden. Organisieren heißt demnach, Regeln zu schaffen. Mit ihrer Hilfe soll das Verhalten von Organisationsmitgliedern in eine bestimmte Richtung koordinierend gelenkt und damit vorhersagbar gemacht werden. Indem diese Regelungen definieren, welche Verhaltensweisen in Organisationen erwünscht und welche unerwünscht sind, stellen sie eine Formulierung von Verhaltenserwartungen dar.

Wir können Organisation und Personalführung demnach als zwei unterschiedliche Versuche der zielgerichteten Verhaltenssteuerung von Personen ansehen. Aus Sicht des Einflussobjektes (d. h. der Organisationsmitglieder) sind sie als zwei Formen der Fremdsteuerung anzusehen. Denn sowohl Organisation als auch Personalführung verfolgen aus Sicht des Organisationsmitgliedes die Erreichung extern vorgegebener Ziele („Jeder hat eine bestimmte Aufgabe zu erfüllen, die zur Erreichung des Organisationsziels sachlogisch geboten ist"). Dass die obersten Organisationsziele bzw. die hieraus abgeleiteten Subziele auch vom Organisationsmitglied geteilt werden können und dass Organisationen auch vielfältige Möglichkeiten bieten, eigenen Neigungen und Interessen nachzugehen, ist hier zunächst unerheblich.

Personalführung und Organisation unterscheiden sich aber ihrem Wesen nach ganz erheblich: **Organisationen** und ihre Regelungen sind nicht an bestimmte Individuen gebunden und vermögen über lange Zeiträume hinweg zu bestehen. Ihre Regelungswirkung geht damit über einzelne Situationen und Personen hinaus. **Personalführung** ist hingegen an konkrete Personen gebunden. Sie muss flexibel auf unterschiedliche Situationen reagieren bzw. antizipierte erwünschte Zustände herbeiführen und unerwünschte Zustände vermeiden. Dass ein erweitertes Verständnis der Personalführung auch überindividuelle und überzeitliche Regelungen beinhalten kann, sei an dieser Stelle einmal vernachlässigt.

	Organisation	Personalführung
Steuerungsart	Organisationen sind durch eine *präsituative* Steuerung des Verhaltens gekennzeichnet. Sie versuchen im Vorfeld eine Steuerung über den Einzelfall hinaus für eine Vielzahl erfahrungsgemäß eintretender oder zukünftig möglicher Bedingungen mit möglichst lang andauernder Gültigkeit zu erreichen.	Personalführung ist durch eine *situative* Steuerung gekennzeichnet. Sie versucht zeitnah unter jeweils konkreten situationalen Bedingungen eine Steuerung bezogen auf den jeweiligen Einzelfall zu erreichen.
Steuerungsobjekt	Organisationsmitglieder bzw. ihr Verhalten; sie richtet sich aber – abstrahierend vom einzelnen Individuum – auf Positionen oder Stellen und auf ein angenommenes oder erwartetes Verhalten.	Personal der Organisation (Organisationsmitglieder); sie richtet sich aber auf konkrete Personen und ihr tatsächliches Verhalten.
Steuerungsmittel	Aufgaben und Regeln, abstrakt und unpersönlich formuliert, zumeist an eine Vielzahl nicht genau bekannter Adressaten gerichtet.	(Führer-/Vorgesetzten-)Verhalten; konkret und persönlich ausgestaltet, richtet sich an genau bestimmte Personen.

Tab. A.6: Verhaltensbeeinflussung durch Personalführung und Organisation

Wir werden uns damit später noch näher beschäftigen (☞ A. IV. 2.3).

Auch was die Art und Weise der Verhaltensbeeinflussung angeht, operieren Organisation und Personalführung nach einer unterschiedlichen Logik. Die **Unterschiede in der Verhaltensbeeinflussung** von Organisation und Personalführung lassen sich bezogen auf die Steuerungsart, das Steuerungsobjekt und die Steuerungsmittel als wesentliche Aspekte einer Verhaltenssteuerung wie folgt charakterisieren (vgl. Tab. A.6).

2.2 Führungsbedarf und Führungssubstitution in Organisationen

Offen ist noch die Frage, warum Personalführung in Organisationen überhaupt notwendig ist. Zunächst einmal ist es keineswegs selbstverständlich, dies zu unterstellen. Denn Organisationen versuchen Organisationsstrukturen und organisationale Regelungen genau so zu gestalten, dass ein reibungsloser Ablauf zur Erreichung des Organisationsziels gewährleistet wird (vgl. in diesem Sinn früh *Katz/Kahn* 1966, S. 303 f.). Führung kann damit also nur von Bedeutung sein, wenn dieser Versuch nicht in vollem Umfang (Zeit, Kosten, Qualität) gelingt. Genau dies ist aber im Alltag von Organisationen der Fall. Dafür existieren verschiedene Gründe, von denen wir einige kurz behandeln möchten. Wir können diese Gründe als grundlegende **Probleme der organisationalen Steuerungslogik**, d.h. der Verhaltensbeeinflussung durch Regelungen, bezeichnen (vgl. hierzu auch *Kossbiel* 1990, S. 1147 ff.; *Katz/Kahn* 1966, S. 304 ff.). Dies stellt sich im Einzelnen wie folgt dar:

- Organisationen wissen zu jedem Zeitpunkt zu wenig, um alle Konsequenzen, die aus der engen Verflochtenheit mit ihrer Umwelt entstehen, rechtzeitig im Vorfeld zu bestimmen.

- Es ist faktisch unmöglich, für alle Eventualitäten, die aufgrund bisheriger Erfahrung eintreten könnten, Vorkehrungen zu treffen. Dies würde zu viele Ressourcen binden und wäre auch vollkommen unpraktikabel. Organisationale Regeln und Strukturen bleiben damit immer bis zu einem gewissen Grad unvollkommen.

- Organisationen koordinieren die Handlungen von Organisationsmitgliedern, ohne die Personen, die eine Stelle besetzen, im Voraus genau zu kennen. Insbesondere kann die Leistungsmenge und Leistungsgüte eines Stelleninhabers im Vorfeld nur schwer mit hinreichender Genauigkeit abgeschätzt werden. Deswegen wird in Organisationen die durchschnittlich zu erwartende Leistungsmenge und Leistungsgüte unterstellt. Faktisch variiert aber die Leistungsmenge und Leistungsgüte in erheblichem Umfang, sodass sich unplanbare Leistungsunterschiede einstellen.

- Organisationen leiden nicht nur unter den Leistungsschwankungen ihrer Mitglieder, sondern sehen sich auch den Folgen der Eigenwilligkeit und Eigensinnigkeit ihrer Mitglieder ausgesetzt. Dies bedeutet, dass individuelle Mitgliederziele – wenigstens temporär, in Einzelfällen auch systematisch – organisationale Ziele behindern oder gar konterkarieren können. Und insbesondere kann das Verhalten von Organisationsmitgliedern nicht vollständig vorprogrammiert werden. Vor allem kann ein für die Existenzsicherung und die Zielerreichung von Organisationen produktives Verhalten nicht durch ausschließliche Selbststeuerung und Selbstkontrolle erwartet werden.

- Insbesondere ist auch zu bedenken, dass Organisationen soziale Gebilde sind, in denen ganz verschiedene Menschen über längere Zeit hinweg gemeinsam an der Erfüllung von Aufgaben arbeiten. Dies bleibt nicht ohne Spannungen und Konflikte. Erschwerend kommt hinzu, dass sich in Organisationen Personen zusammenfinden, deren persönliche Ziele deutliche Differenzen aufweisen und sich nur teilweise überlappen. Dies kann nicht allein durch organisatorische Mittel aufgefangen werden.

Führung hat aus diesen Gründen einen festen Platz in Organisationen. Verglichen mit ungeführten Mitarbeitern sollten sich geführte Mitarbeiter also beispielsweise durch ein höheres zeitliches Engagement für die Arbeit, eine stärkere Kooperationsbereitschaft, eine höhere Kreativität bei der Lösung betrieblicher Probleme oder schlicht durch relative Vorteile hinsichtlich Zuverlässigkeit, Berechenbarkeit, Gewissenhaftigkeit, Verantwortungsbewusstsein auszeichnen.

Mit anderen Worten: Führung zielt darauf ab, bestimmte Verhaltenserwartungen, die die Organisation bzw. die Führenden gegenüber den Geführten haben, durchzusetzen und damit gewissermaßen die „Wirksamkeit" des Personals (vgl. *Kossbiel* 2002) zu gewährleisten. Wir können jedoch festhalten, dass Personalführung aus Organisationssicht quasi einen **„Lückenbüßer"** darstellt, der erst dann zum Einsatz kommt, wenn organisationale Verhaltenssteuerung und andere Formen der Verhaltenskontrolle nicht wirken. Personalführung stellt aus dieser Warte also nur eine Form zur Sicherung von Leistungserwartungen und Konformität in Organisationen dar. Sie ist unter dem Aspekt der (organisational erwünschten) sozialen Kontrolle damit gleichsam

„ein „Residualfaktor", der situationsspezifisch immer dann und in dem Maße eingesetzt wird (einzusetzen wäre), in dem die übrigen Mechanismen sozialer Kontrolle nicht ausreichen bzw. nicht zur Wirkung oder zum Einsatz gelangt sind" (*Türk* 1981, S. 65). Auch die, die skeptisch gegenüber der tatsächlichen Leistungskraft von Führung sind, anerkennen zumeist, dass es zumindest des Glaubens daran bedarf, um die Funktionsfähigkeit zu gewährleisten. *Keith Grint* (2000, S. 418) spricht hier von einem **Talisman**, der in den Augen der Träger Gutes herbeiführt und Schlechtes abwendet und einem selbst dadurch Zuversicht verleiht.

Bezogen auf den organisationalen Kontext, den wir hier vorrangig betrachten, ließe sich also formulieren, dass Führung insbesondere dort stattfindet, wo organisationale Regelungen nicht (mehr) greifen. Dies geschieht aber regelmäßig in allen Organisationen:

> „Zwar ist Organisation gegenüber Führung ein differentes soziales Kontroll- und Zuweisungsmuster, doch kommt [...] eine Organisation in aller Regel nicht ohne Führung aus" (*Türk* 1978, S. 8).

Wir sehen aber auch, dass eine Kenntnis über die basale Logik von Organisationen leicht erkennen lässt, dass Führung als eingebettet in die Organisation und damit in ihre Strukturen und Praktiken zu sehen ist bzw. durch alltägliche Interaktionen erst ihre Bedeutung im Konkreten gewinnt (vgl. auch *Carroll/Levy/Richmond* 2008).

Ein zentrales Problem von Organisationen ist es, eine Kongruenz (Übereinstimmung) zwischen Organisa-

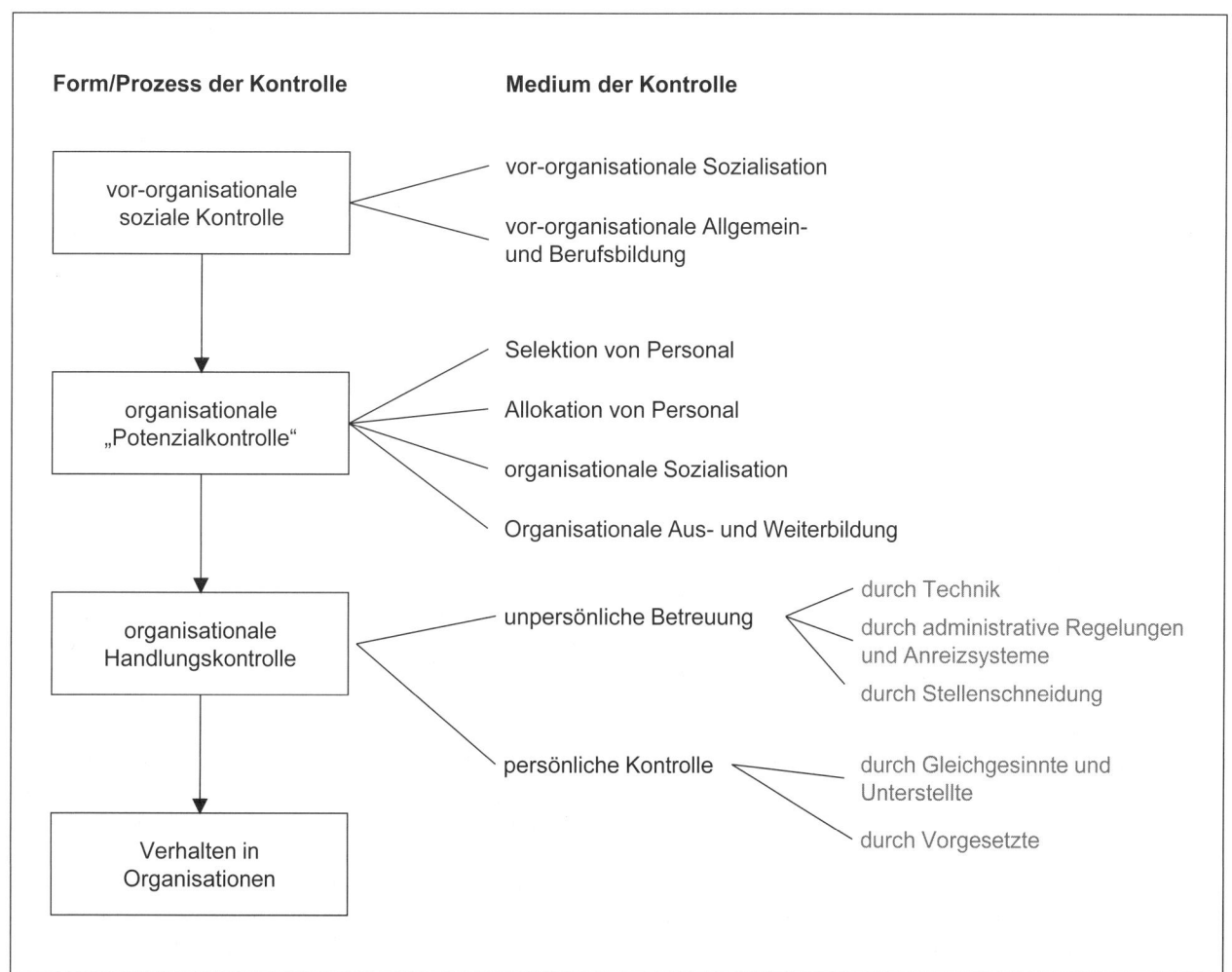

Abb. A.25: Formen und Medien sozialer Kontrolle organisationalen Handelns (vgl. *Türk* 1981, S. 46)

tions- und Personalstruktur herzustellen (vgl. *Türk* 1981, S. 36 ff.). Dies haben die zuvor aufgeführten grundlegenden Probleme der organisationalen Steuerungslogik bereits gezeigt. Weil Organisationen Zusammenschlüsse von höchst unterschiedlichen Personen sind, ist eine Deckungsgleichheit der **individuellen** und **organisationalen Ziele** sowie des organisational erwarteten und des individuell tatsächlich gezeigten Verhaltens keineswegs gesichert. Eine solche Kongruenz muss aber deshalb notwendigerweise bis zu einem gewissen Grad hergestellt werden, weil anderenfalls die Erreichung des Organisationsziels dadurch erheblich gefährdet werden könnte. Und in einem noch weitergehenderen Sinn steht damit die Existenz der Organisation auf dem Spiel.

Nun geht es uns an dieser Stelle aber nicht um die Steuerung der Gesamtorganisation (z. B. im Rahmen der Unternehmensführung), sondern wir möchten nur die Steuerung von individuellem Verhalten betrachten. Bezogen auf das Verhalten haben Organisationen die Konformität zwischen Verhaltenserwartungen (Anspruch) und faktischem Handeln (Wirklichkeit) zu sichern. Das zentrale Instrument, um eine solche Konformität zu gewährleisten, ist die bereits erwähnte **soziale Kontrolle**. Darunter können alle Prozesse verstanden werden, die der Überprüfung zwischen Erwartung und tatsächlichem Verhalten dienen. In der Organisation bedeutet soziale Kontrolle, dass auf verschiedenen Wegen nachgeprüft wird, ob die Organisationsmitglieder entsprechend der aufgestellten Verhaltenserwartungen handeln bzw. gehandelt haben. Eine solche Kontrolle individuellen Verhaltens durch die Organisation lässt sich wie folgt charakterisieren (*Etzioni* 1967, S. 110, zitiert nach *Türk* 1981, S. 44 f.):

> *„Das Ziel der Organisationskontrolle ist es, sicherzustellen, dass Vorschriften und Befehle befolgt werden. Wenn eine Organisation Individuen einstellen könnte, die sich von selbst fügten oder wenn die Organisation ihre Mitglieder so erziehen könnte, dass sie sich ohne Aufsicht einfügten, dann bestünde kein Bedarf an Kontrolle."*

Eine Organisation ist jedoch weder allein auf die ihr zur Verfügung stehenden Möglichkeiten zur Verhaltenskontrolle noch allein auf die unmittelbare Kontrolle durch hierzu besonders beauftragte Personen (z. B. Vorgesetzte) angewiesen. Es existieren vielmehr verschiedene Prozesse oder **Formen der sozialen Kontrolle,** die durch verschiedene **Medien** (z. B. Personalauswahl, fortlaufende Sozialisation durch das Kennenlernen von Routinen und das Einüben von Praktiken usw.) gesichert werden:

- **Vor-organisationale soziale Kontrolle:** Schon bevor eine Person in eine Organisation eintritt, ist sie durch ihre Sozialisation auf die Interaktion und Zusammenarbeit mit anderen Personen vorbereitet.
- **Organisationale Potenzialkontrolle:** Die Organisation kann durch die Auswahl von bestimmten Personen, ihren zielgerichteten Einsatz und ihre Weiterqualifizierung Handlungspotenziale kontrollieren bzw. gewünschte Verhaltensweisen entwickeln.
- **Organisationale Handlungskontrolle:** Schließlich kann die Organisation Handlungen der Organisationsmitglieder auf persönlichem oder unpersönlichem Weg unmittelbar kontrollieren.

Dieser Prozess erschließt sich im Eigentlichen erst in der Rekonstruktion und wird von den Organisationsmitgliedern eher unauffällig erlebt. Erst, wo eine Intensitätsschwelle überschritten wird, etwas „aus der Rolle fällt" oder Dysfunktionalitäten sichtbar werden, wird er bewusster.

2.3 Organisationale Vorsteuerung von Personalführung

Führung wird zumeist mit der **direkten Führung** bzw. der „face-to-face"-Beziehung zwischen dem Führenden/ Vorgesetzten (V) und dem Geführten/Mitarbeiter (MA) assoziiert, die in anderer Terminologie auch als interaktive bzw. **interaktionelle Führung** (vgl. *Wunderer* 1975) bezeichnet wird.

Parallel dazu lassen sich nun aber auch Führungsformen vorstellen – und tatsächlich auch in einem bedeutsamen Umfang im Organisationsalltag feststellen –, die gleichfalls geeignet sind, dem Verhalten der Organisationsmitglieder eine intendierte Richtung zu geben. Damit verfolgen sie dieselbe Intention wie die direkte Führung, verfahren dabei jedoch völlig anders.

Diese „alternative" Form der Führung in Organisationen kann als **indirekte Führung** (vgl. auch *Wunderer* 1975) bzw. (weil aus dem organisationalen Kontext von Führung resultierend) als **„kontextuelle Führung"** bezeichnet werden. In ähnlicher Weise hat diese Zweidimensionalität der Personalführung (interaktionell/ kontextuell) auch *von Rosenstiel* (2014, S. 3 f.) mit seiner Unterscheidung von Führung durch Menschen und Führung durch Strukturen zum Ausdruck gebracht. Gemeinsam ist den Möglichkeiten indirekter Führung, dass sie sich auf eine Personenmehrheit beziehen (im Extrem auf alle Organisationsmitglieder) und ihre Wirkung losgelöst von der direkten Führung entfalten, wenngleich auch sie durch Personen angestoßen wurden. Dieser Anstoß erfolgt jedoch, wenn es um den Kern der indirekten Führung geht, durch zentrale Instanzen (Organisationsleitung, Personalleitung). Dies bedeutet, dass diese Art der Führung wesentlich anonymer und unmerklicher abläuft. Jedoch kann prinzipiell auch jede Führungskraft innerhalb ihres Verantwortungsbereichs Formen der indirekten Führung nutzen, z. B. indem sie die für sie zugänglichen Führungssituationsfaktoren (u. a. Arbeitsinhalt) gestaltet.

Es stellt sich damit allerdings die Frage, wie eine solche indirekte Führung im Konkreten vollzogen werden kann. Der wesentliche Weg ist mit *Türk* (1995) darin zu sehen, dass in Organisationen sogenannte **Medien entpersonalisierter Führung** genutzt werden, die die Eintrittswahrscheinlichkeit für bestimmte Verhaltensweisen der Organisationsmitglieder erhöhen oder senken. Diese Führungsweise wird deshalb als „entpersonalisiert" bezeichnet, weil hier die Steuerungsfunktion anders als bei der direkten Führung nicht unter Anwesenden (Führender → Geführter), sondern eher verdeckt, mehr oder minder anonym (Führungsmedium → Geführter), gleichsam mit einer hohen Selbstverständlichkeit versehen ausgeübt wird.

Medien entpersonalisierter Führung

Die Medien der entpersonalisierten Führung – *„hinter denen der Führende [...] zurücktreten, wenn nicht gar verschwinden oder sich verstecken kann"* (*Türk* 1995, Sp. 333) – sind im Einzelnen (vgl. auch *Sandner* 1988):

(1) Technologie,

(2) Bürokratie,

(3) Differenzierung,

(4) Kultur.

(1) Technologie

Entpersonalisierte Führung kann zunächst einmal über das Medium Technologie bzw. maschinell geregelte Arbeitsprozesse erfolgen. Sehr anschaulich wird diese indirekte Führungsweise durch das Beispiel der Fließbandarbeit verkörpert, die ja während des gesamten 20. Jahrhunderts überaus weit verbreitet war (z. B. in der Automobilindustrie) und auch heute noch von großer Bedeutung ist. Wieso ist Fließbandarbeit nun aber eine Art der Führung? Diese historisch bedeutsame Arbeitsform ist vereinfacht gesprochen dadurch charakterisiert, dass jeder Mitarbeiter hier höchst einfache Tätigkeiten auszuüben hat (z. B. Mitarbeiter A: Aufziehen von vier Muttern am Motorblock; Mitarbeiter B: Anziehen dieser Muttern, usw.), für deren Erledigung eine vorgegebene Zeitdauer zur Verfügung steht (die durch die Laufgeschwindigkeit des Fließbandes erzeugte Taktzeit). Diese Arbeitsweise ist ebenfalls als Verhaltensbeeinflussung zu sehen. Denn es wird erkennbar, dass das Fließband im Wesentlichen die Funktion einer Führungskraft ausübt, indem dem Mitarbeiter ganz klar vermittelt wird, welche Leistung von ihm erwartet wird (z. B. Aufziehen der vier Muttern innerhalb der Taktzeit von 1 Minute) und im weiteren genauestens „überprüft" wird, ob die erwartete Leistung auch der tatsächlichen entspricht (Anhalten des Fließbandes immer dann, wenn das Aufziehen der Muttern innerhalb der Taktzeit nicht ordnungsgemäß geleistet wurde).

So gesehen ist Fließbandarbeit eine sehr effiziente Form der Führung: Eine ansonsten üblicherweise personal definierte Verhaltenserwartung wird durch die technologische Gestaltung der Arbeitssituation völlig *unpersönlich* artikuliert und zudem unmittelbar kontrolliert. Führung erfolgt entsprechend nicht mehr durch (vorgesetzte) Personen, sondern durch den (verhaltenssteuernden) Takt des Fließbandes. Insofern, als diese Arbeitsstruktur (sprich: das Fließband, die Bearbeitungsreihenfolge, die Taktzeit sowie die Regelungen, die Sonderfälle definieren) bewusst von Führenden geschaffen wurde, um den Produktionsprozess sowie die hierzu notwendigen Verhaltensweisen der Geführten wirksam zu beeinflussen, kann in diesem Zusammenhang tatsächlich von einer indirekten Führung gesprochen werden.

Selbstverständlich lassen sich auch andere Ausformungen der Technologie in diesem Sinne interpretieren: Arbeitszeiterfassungssysteme fordern die Mitarbeiter automatisch zu einem, in der Regel gewisse Freiheiten beinhaltenden korrekten Umgang mit dem arbeitsvertraglich festgelegten Zeitbudget auf. Eine diesbezügliche Kontrolle des Vorgesetzten entfällt, wird sie doch anonymisiert vollzogen. Die zunehmende Nutzung von digitaler Technik im Außendienst ist ein weiteres Beispiel: Durch die gesteuerte Menüabfolge sowie vordefinierte Feldbelegungen wird sichergestellt, dass die sachliche Bearbeitung eines Vorgangs auch ohne Anwesenheit von Vorgesetzten fehlerfrei vollzogen werden kann. Gleichzeitig wird die Produktivität des Mitarbeiters zeitnah erfasst, da seine „Arbeitsresultate" (z. B. bei einer Policenerstellung) periodisch oder „just in time" einer zentralen Organisationseinheit überspielt werden. Analoge Praktiken finden sich bei Tätigkeiten, wo standardisiert und computerisiert Kundenaufträge (teilweise) abgearbeitet werden können (z. B. Banken, Autovermietungen, Aufnahme in Krankenhäusern, Antragsbearbeitung in Verwaltungen etc.). Technologie ist damit offensichtlich eine Form von nicht-personalisierter Führung, welche die personale Führung vor allem hinsichtlich ihrer sachlich-fachlichen Aufgaben durch einen Vorgesetzten mehr oder minder weitgehend ersetzt bzw. in Einzelfällen gänzlich überflüssig macht.

(2) Bürokratie

Ein anderes – historisch gesehen nicht minder bedeutsames – Medium zur entpersonalisierten Führung ist die Bürokratie, die insbesondere im (technologisch schwieriger erschließbaren) Bereich der Verwaltungstätigkeiten breite Anwendung gefunden hat. Das Wesen der Bürokratie besteht dabei darin, alle möglichen Arbeitsgänge durch generelle Regeln, Verfahren, Formulare u.ä. so vorzustrukturieren, dass dem Einzelnen damit gleichsam unmissverständlich bedeutet wird, wie er sich zur ordnungsgemäßen Erledigung seiner Aufgaben zu verhalten hat. Hier sind es also – an Stelle der Führungskraft – die geltenden Regeln, der einzuhaltende Instanzenweg oder die auszufüllenden Formulare, welche dem Mitarbeiter „sagen", was er jeweils zu tun (oder zu unterlassen) hat. Solche bürokratischen Strukturen finden sich nun natürlich nicht nur in öffentlichen Verwaltungen. Vielmehr ist das Aufstellen von Regeln und das Entwerfen von Programmen Bestandteil fast jeder Organisation, die ihren Pionierstatus überwunden hat. Dies ist kein Zufall, weil viel Nützliches in ihnen liegt. Erinnert sei in diesem Zusammenhang nur daran, dass unter bestimmten Bedingungen eine maßvoll betriebene Bürokratisierung erhebliche Effizienzvorteile aufweist. Nicht umsonst waren beispielsweise politische Führer wie Industrielle in der Gründerzeit bemüht, bürokratische Strukturen einzuziehen.

Und auch heute noch stellen sich oftmals unbestreitbare Vorteile ein, sobald bürokratische Regelungen etabliert werden. Wer möchte sich schon einer Verwaltung gegenübergesetzt sehen, die willkürlich entscheidet? Wer möchte in einem Unternehmen immer überlegen, wie eine Reklamation behandelt wird? So gesehen ist der Begriff der Bürokratie zunächst wertfrei zu verstehen. Die heute zunehmend negative Bewertung rührt von einer Übersteuerung durch bürokratische Regelungen her und spiegelt den Sachverhalt wider, dass aufgrund veränderter Umfeldbedingungen manche ehemals bürokratisch erfolgreiche Organisationen dringend der (tendenziellen) „Entbürokratisierung" bedürfen.

Das – verglichen mit der Technologie – besondere Problem der Bürokratie ist dabei, dass der bürokratisch geführte Mitarbeiter zwar weiß, was er wie zu tun hat, hiermit jedoch noch lange nicht gewährleistet ist, dass die bürokratischen Vorgaben von den Mitarbeitern auch exakt eingehalten werden. Die Anwendung dieses Mediums entpersonalisierter Führung verlangt von den Geführten mithin viel Pflichtbewusstsein, Disziplin und Loyalität („Beamtenethos"), führt aber auch zu einem ausgeprägten **Kontrollsystem**. Diese Notwendigkeit zur separaten Kontrolle ist dabei eine der wesentlichen Ursachen für das zumindest aus der Vergangenheit bekannte Phänomen, dass Bürokratien sich fortgesetzt aufblähen (→ Parkinsonsche Gesetze), da sie mit immer neuen Regeln und Verfahren die Einhaltung der bisherigen Regeln und Verfahren überprüfen müssen.

(3) Differenzierung

Ein drittes Medium zur entpersonalisierten Führung besteht in der sogenannten Differenzierung. Dies ist eine abstrakte Sammelbezeichnung für eine status- und positionsbezogene Unterscheidung der Mitarbeiter in einer Organisation hinsichtlich verschiedener Kriterien. Wie kann nun aber durch Differenzierung geführt werden? Eine erste Variante dieser Art der indirekten Führung ist mit *Türk* (1995, Sp. 336 f.) in der Herausbildung der **Hierarchie** bzw. von unterschiedlichen hierarchischen **Positionen** zu sehen, die mit jeweils unterschiedlichem Einkommen und Ansehen verbunden sind. Eine so gestalte Differenzierung „sagt" dem Einzelnen nun, dass er seinen materiellen ebenso wie seinen (beruflichen und privaten) sozialen Status steigern kann – vorausgesetzt er steigt in der Hierarchie auf. Die „künstliche Hierarchisierung von Positionen" begründet so das Phänomen des „Karrieredenkens", das wesentlich auf die Option abstellt, Einkommen und Ansehen – auch und gerade verglichen mit anderen – auf dem Wege der beruflichen Erklimmung höherer Positionen zu mehren.

Der Kreis schließt sich nun insofern, als ein solches berufliches Fortkommen in aller Regel an ein erwartungsgemäßes Leistungsverhalten gekoppelt ist. Die (von den Führenden vorgenommene) Differenzierung durch Hierarchisierung bewirkt damit, dass die Geführten um die knappen Aufstiegspositionen konkurrieren. Um diese Positionen zu erreichen, richten sie ihr Verhalten selbst so aus, wie es aus Sicht der Führenden erwünscht ist. Die (aufbau-)organisatorische Schaffung unterschiedlicher Positionen repräsentiert so gesehen eine weitere bedeutsame Spielart der indirekten Führung. Sie bewirkt, dass die (karriereorientierten) Geführten selbst eine ursprünglich dem Führer obliegende Aufgabe (teilweise) wahrnehmen.

Eine andere Variante der indirekten Führung über Differenzierung ist die Strategie der **Segmentierung des**

Personals (vgl. *Türk* 1995, Sp. 336 f.). Im Blickpunkt einer solchen Strategie steht der für jedes Individuum im Allgemeinen höchst bedeutsame Aspekt der Beschäftigungssicherheit. Ihren wesentlichen Ausdruck findet diese Strategie dabei durch eine Differenzierung der Beschäftigten in verschiedene Gruppierungen (v. a. Stamm- und Randbelegschaft), von denen die einen (Stammbelegschaft) einem vergleichsweise geringen Beschäftigungsrisiko ausgesetzt werden. Dies steigert die Loyalität und Identifikation dieser Gruppierung gegenüber der Unternehmung und damit gleichsam deren freiwillige Bereitschaft zum systemkonformen Verhalten. Hingegen werden die anderen, die sogenannte Randbelegschaft, einem vergleichsweise hohen Beschäftigungsrisiko ausgesetzt, was starke Konkurrenz um die vorhandenen (knappen) Arbeitsplätze bewirkt. Dies führt ebenfalls zu einem systemkonformen Handeln seitens dieser Gruppierung.

Die Geführten führen sich auch bei dieser Differenzierungsvariante quasi selbstständig im Sinne der Führenden – nunmehr allerdings nicht deshalb, weil sie knappe Aufstiegschancen nutzen wollen, sondern weil sie ein hohes Beschäftigungsrisiko zu vermeiden suchen (Stammbelegschaft) bzw. weil sie einem hohen Beschäftigungsrisiko ausgesetzt sind (Randbelegschaft). Verfolgt man diesen Gedanken weiter, dann ist eine gewisse Arbeitslosigkeit innerhalb einer Gesellschaft sowie eine damit verbundene Furcht vor Arbeitslosigkeit aus Sicht der Organisation im Grunde keine unerwünschte Erscheinung. Ganz im Gegenteil sind sie durchaus zweckdienlich, denn sie bewirken, dass die Mitarbeiter aufgrund des hohen Beschäftigungsrisikos von sich aus wesentlich bemühter sind, sich in der von den Führenden intendierten Weise zu verhalten und somit weniger einer direkten Führung bedürfen.

(4) Kultur

Das vierte – und gerade in jüngster Vergangenheit viel diskutierte – Medium der entpersonalisierten Führung ist schließlich die **Organisationskultur**. Hierunter versteht man allgemein gesprochen die Werthaltungen und die daraus abgeleiteten Handlungsweisen, die die Organisationsprozesse in charakteristischer Weise prägen (vgl. *Heinen/Dill* 1986, S. 207). Der Begriff verweist somit auf den Umstand, dass *jede* Organisation (bzw. jeder ihrer Teilbereiche) eine bestimmte (Ist-)Kultur hat, die für das konkrete Leistungsverhalten der Organisationsmitglieder insofern maßgeblich ist, als sie wie ein ungeschriebener Verhaltenskodex auf die Mitarbeiter einwirkt. Die führende, sprich: das Verhalten der Mitarbeiter beeinflussende Kraft sind hier also die *gemeinsamen* Werte. Diese gemeinsamen Werte können von Organisation zu Organisation sehr unterschiedlich ausgeprägt sein. Differenzierter gesprochen heißt dies, dass Organisationen:

- eine „gute", „gesunde" oder auch „exzellente" Kultur haben können, die vorliegt, wenn die Geführten sich aufgrund ihrer Werthaltungen „automatisch" bzw. „ohne Weiteres" so verhalten, wie es von Seiten der Führenden erwünscht wird (sich also z. B. durch ein hohes zeitliches Engagement und/oder ein ausgeprägtes unternehmerisches Denken und Handeln auszeichnen),

- eine „schlechte", „ungesunde" bzw. „wenig exzellente" Kultur haben können, die vorliegt, wenn die Geführten sich aufgrund ihrer Werthaltungen alles andere als so verhalten, wie es von Seiten der Führenden erwünscht wird (z. B. lediglich einen „Dienst nach Vorschrift" verrichten und/oder wenig aktiv, kreativ oder innovativ auf betriebliche Probleme reagieren).

Aus der Erkenntnis der verhaltenssteuernden Wirkung der spezifischen (Ist-)Kultur von Organisationen wurde die Idee eines gezielten Kultur-Managements hergeleitet, womit gewissermaßen der Versuch der Führenden bezeichnet wird, die (Arbeits- und Leistungs-) Werte der Geführten so zu beeinflussen bzw. zu verändern, dass Letztere sich schließlich von sich aus im Sinne der Ersteren verhalten.

Erweiterung des Führungsverständnisses

Folgt man den Überlegungen bis zu dieser Stelle, dann ist das Verhältnis zwischen direkter und indirekter Führung durch eine zumindest partielle Austauschbarkeit gekennzeichnet. Das heißt: Die indirekte Führung vermag die direkte Führung mehr oder minder weitgehend zu ersetzen – und umgekehrt. Führung ist entsprechend als eine zweidimensionale Konzeption zu verstehen, da das Verhalten der Geführten – theoretisch wie praktisch – sowohl *direkt* (durch führende Personen) als auch *indirekt* (durch führende Medien) beeinflusst werden. Diese grundlegende **Erweiterung des (direkten) Führungsverständnisses** (um die indirekte Führung) kann grafisch wie folgt zusammengefasst werden (vgl. Abb. A.26):

Dabei ist jedoch eine Beziehung zwischen den Führungsdimensionen der interaktionellen und kontextuellen Führung herauszustellen, die nicht substituierbar, sondern vielmehr eindeutig definiert ist: Es handelt sich um die **Programmierungs-** bzw. **Vorsteuerungsfunktion**, welche die indirekte Führung in Bezug auf die

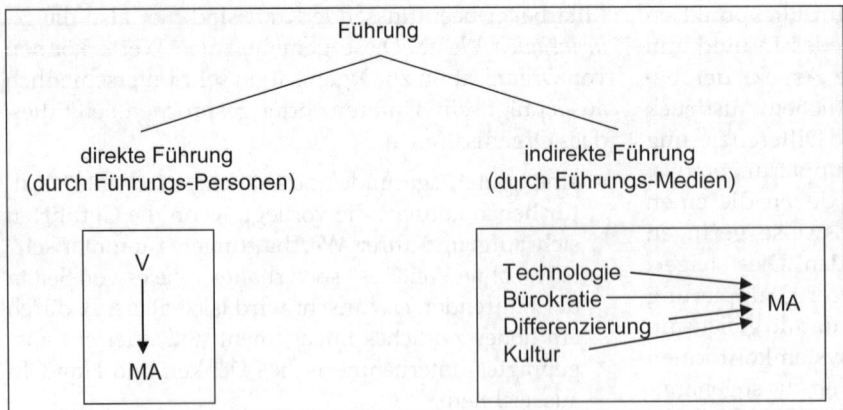

Abb. A.26: Führung als zweidimensionale Konzeption

direkte Führung wahrzunehmen hat. Was ist hierunter zu verstehen?

Die indirekte Führung wird, wie gesagt, vornehmlich von der Organisationsleitung in Zusammenarbeit mit der zentralen Personalabteilung getragen. Diese Instanzen können sich aufgrund ihrer obersten bzw. letztlichen Verantwortlichkeit für die Personalführung nun jedoch nicht damit begnügen, im Rahmen ihrer Möglichkeiten (indirekt) zu führen und die konkreten Ausgestaltungen der direkten Führung in den alleinigen Zuständigkeitsbereich der Vorgesetzten zu verweisen. Dies würde eine völlig uneinheitliche Führungspraxis innerhalb der Organisation bzw. ein völlig unkontrolliertes Führungsverhalten der Vorgesetzten zur Folge haben. Ein solcher Zustand eines gänzlich uneinheitlichen Führungsverhaltens in einer Organisation würde vermutlich vielfältige (und überaus unnötige) Konflikte innerhalb der Beziehungen zwischen Führenden und Geführten, zudem aber auch Motivationsprobleme, → innere Kündigungen, formale Kündigungen u.ä. hervorrufen. Von daher besteht eine wesentliche Aufgabe der zentralen Instanzen (Organisationsleitung, Personalabteilung) darin, die Führung in den Linieninstanzen zu „programmieren" bzw. mehr oder minder weitgehend vorzusteuern. Nur so wird ihr eine halbwegs einheitliche Ausrichtung bezüglich bestimmter grundlegender Werte gegeben (☞ D. III.: „Welche Führungsinstrumente Führende besitzen", insb. Führungsgrundsätze).

Aus abschließend übergreifender Perspektive halten wir fest: Eine persönliche (interaktive, interaktionelle) und unpersönliche (strukturelle, entpersonalisierte Führung) spielen auf Basis der vorliegenden Aufbau- wie Ablauforganisation zusammen, denn **(1)** bietet Organisation einen strukturierten Raum für Führung, Organisation ist aber **(2)** selbst erklärungs- und umsetzungsbedürftig:

(1) Organisation bietet einen strukturierten Raum für Führung: Personalführung selbst ist organisationsbedürftig. Das bedeutet, dass sie organisatorische Unterstützung für ihr Gelingen benötigt. Dies geschieht beispielsweise durch die Zuteilung von Aufgaben, Ressourcen und durch die Gewährung von Entscheidungsbefugnissen wie Verantwortungszuschreibung. Organisation schafft durch die Definition von formalen Rollen (z. B. Vorgesetzter, Mitarbeiter) auch die Basis für die Führungsbeziehung und bettet sie in eine Kultur ein. Personalführung muss deswegen nicht voraussetzungslos beginnen, ist aber aufgefordert, sich immerzu um die rechtzeitige Bereitstellung dieser Ressourcen zu kümmern, da diese in Organisationen stets knapp sind. Dies betrifft die Ausstattung der Führer- wie der Geführtenposition.

(2) Organisation ist erklärungs- und umsetzungsbedürftig: Organisationale Regelungen (Bürokratie) wie andere Formen der entpersonalisierten Führung sind nicht in allen Fällen aus sich selbst heraus verständlich (beispielsweise Kultur). Ferner sind die Verhaltenserwartungen in Organisationen nur unscharf geregelt. Die Organisationsstruktur definiert nur Verhaltensspielräume. Überdies sind Regeln für eine Vielzahl von Fällen abstrakt formuliert. Sie bedürfen aus diesem Grund einer situationsgerechten Interpretation. Personalführung interpretiert organisationale Regelungen jeweils situationsspezifisch und konkretisiert Verhaltenserwartungen individuell. Daneben existiert, um bei den organisationalen Regelungen zu bleiben, zunächst nur ein geplanter Entwurf der Wirklichkeit, eine Wunschvorstellung von einem Zustand. Erst wenn es gelingt, sie umzusetzen, erlangen sie Geltung. Die Umsetzung organisationaler Regelungen wird wesentlich durch die Personalführung getragen. Sie leistet eine situationsgerechte und individuumsbezogene Anwendung organisationaler Regeln. Personalführung setzt damit Tiefenstrukturen für Organisationen.

Übergreifend betrachtet stehen Personalführung und Organisation also in einem substitutionalen und wechselseitigen Verhältnis. Substitutional insofern, dass der Steuerungsbedarf nicht immer zwingend von beiden Seiten ausgeübt werden muss. So hängt der Bedarf an Personalführung vom Ausmaß der Kontroll-Lücke zwischen Handlungszielen und der zielbezogenen Wirksamkeit der anderen Medien der sozialen Kontrolle ab (vgl. *Türk* 1981, S. 65). Mit anderen Worten vermögen die Wirkungen anderer Kontrollmedien oder Verhaltenssteuerungsmechanismen die Personalführung zu ersetzen. Wechselseitig insofern, als beispielsweise ein aufgabenorientiertes Führungsverhalten das notwendige Ausmaß an formalen Aufgabenbeschreibungen reduziert oder aber auch, um ein negatives Beispiel zu wählen, ein Organisationsklima des Misstrauens die Entwicklung vertrauensvoller Führungsbeziehungen erschwert.

Wir wollen abschließend der vorgestellten **Erweiterung der interaktionellen Führung** durch die **kontextuelle Führung** insofern Rechnung tragen, als dass wir damit einhergehend auch unser grundlegendes Verständnis von Führung erweitern wollen. Wir hatten Führung bisher wie folgt in einem engeren Sinn rein interaktionell definiert:

> **Definition: Führung i.e.S.**
>
> Führung heißt andere durch eigenes, sozial akzeptiertes Verhalten so zu beeinflussen, dass dies bei den Beeinflussten mittelbar oder unmittelbar ein intendiertes Verhalten auslöst.

Dieses Verständnis von Führung wollen wir damit als **Führung im engeren Sinn** bezeichnen. Wir haben nunmehr aber gesehen, dass Führung auch auf anderem Wege als durch direktes Verhalten einer Person erreicht werden kann. Die Medien der entpersonalisierten Führung als eine wesentliche Ausprägung der kontextuellen oder indirekten Führung können dieselben verhaltenssteuernden Effekte wie das Führungsverhalten erzielen. Sie sind gleichermaßen an das Kriterium der Akzeptanz geknüpft. Damit lässt sich folgende umfassendere Definition von Führung formulieren:

> **Definition: Führung i.w.S.**
>
> Führung ist die akzeptierte Beeinflussung anderer, die bei den Beeinflussten mittelbar oder unmittelbar ein intendiertes Verhalten auslöst.

Dieses erweiterte Verständnis von Führung wollen wir als **Führung im weiteren Sinn** bezeichnen. Es umfasst dabei die kontextuelle *wie* die interaktionelle Dimension von Führung, da vom Mittel der Beeinflussung im interaktionellen Sinn, dem Verhalten, abstrahiert wird. Grundlegendes Element bleibt aber unverändert die *akzeptierte* Beeinflussung mit dem Zweck einer Verhaltensausrichtung, die ja auch bei der kontextuellen Führung vorausgesetzt wird. Führung im weiteren Sinn ist damit also *jede* akzeptierte Beeinflussung anderer, die bei diesen mittelbar oder unmittelbar eine intendierte Verhaltensausrichtung bewirkt. Und beide möchten, wenngleich nicht immer gleichzeitig und gleichgewichtig, Einfluss auf das Verhalten der Organisationsmitglieder nehmen.

V. Zentrale Begriffe und Diskussionsfragen

Nachfolgend führen wir Begriffe auf, die wir in Teil A als zentral erachten. Sie dienen dazu, sich noch einmal an wichtige Inhalte zu erinnern. Gleichzeitig könnten Sie – falls Sie mögen – überprüfen, ob Ihnen die Bedeutung der Begriffe im Führungskontext hinreichend klar ist und sich fragen, welche Aussagen wie Assoziationen Sie hiermit verbinden.

> Akzeptanz von Führung • Attribution von Führung • **Direkte vs. indirekte Führung** • Diskursive Führung • **Ebenen der Führung** • Effektive Führung • Effiziente Führung • Einflussstrategien • Erfolgskriterien der Führung • Evolutionstheorie der Führung • **Fluktuation** • formelle vs. informelle Führung • Führerprototyp • Führerrolle • Führer vs. Geführte • Führung als Prozess • Führung in Organisationen • Führung von Gruppen • Führung von unten • Führung vs. Leitung • Führungsbedarf • Führungserfolg • Führungsparadigma • Führungssituation • Führungssituationsfaktoren • Führungsstil • Führungsverhalten • **Geführtenrolle** • Gerechtigkeit • Groupthink • Gruppe und Gruppenarbeit • Gruppendiversität • Gruppeneffekte • Gruppenidentität • Gruppenkohäsion • Gruppenwerte und Gruppennormen • **Handeln vs. Verhalten** • **Identität** • Ideologie • implizite Führungs-

theorien • implizite Geführtentheorien • Interaktion • Interaktionelle Führung • **Kommunikation** • Kontextuelle Führung • Kontingenztheorien der Führung • Kooperation • **Leadership vs. Followership** • Legitime Führung • Leistung • **Macht** • Medien entpersonalisierter Führung • Menschenbilder der Führung • **Organisation und Führung** • Relationale Führung • Risikoschub und Vorsichtsschub • Rollenkonflikte • Rollentheorie • Romantisierung der Führung • **Selbstführung** • Soziale Kontrolle • Soziobiologie • Substitution von Führung • Symbolischer Interaktionismus • **Team** • Teamentwicklung • Theorie X, Y • **Verhaltensbeeinflussung** • Vertrauen • Zielorientierung • Zufriedenheit • Zuschreibung von Führung

Wir wollen Teil A mit einigen Diskussionsfragen abschließen, die helfen sollen, die eigene Position zu Führungsthemen zu schärfen oder auch alternative Möglichkeiten der Wahrnehmung von Führung zu entwickeln. Diese Fragen eignen sich für das Selbststudium gleichermaßen wie für die Diskussion im Seminar oder in der Arbeitsgruppe.

- Warum interessieren wir uns für Führungsgestalten aus der Geschichte? Welche fallen Ihnen ein und was verbinden Sie mit ihnen – und warum?
- Können wir Führung als Resultat der menschlichen Evolutionsgeschichte ansehen? Und würde dies bedeuten, dass eine differenzierte Gesellschaftsentwicklung immer auch eine ausdifferenzierte Führung nach sich zieht?
- Warum könnte es sinnvoll sein, Führung von Leitung zu unterscheiden? Und gilt dies auch für Macht, Überredung oder den Einsatz von Gewalt?
- Welche Bilder (Hinterkopftheorien) von Führung sind für Sie bislang prägend gewesen? Inwiefern beeinflussen solche Bilder Sie in Ihrem Urteil, bei anderen Personen Führungspotenzial zu erkennen?
- Versuchen Sie einmal, die Begriffe „Führer", „Geführter" und „Führungssituation" in einen Zusammenhang zu bringen. Welche Bedeutung für den Führungserfolg schreiben Sie den einzelnen Elementen zu?
- Können wir uns Führende vorstellen, die dauerhaft keinen Erfolg haben? Welche Kriterien würden Sie zur Bestimmung des Erfolgs von Führung heranziehen? Wie könnte man diese messen? Inwieweit können Erfolgskriterien von Ideologien beeinflusst sein?
- „Der Beitrag von Führenden zur Gruppenleistung ist gering!" Können Sie diese Aussage unterstützen?
- Wie ist das Spannungsverhältnis einer apersonalen Steuerung des Verhaltens durch Organisation (alle sind gleich) und einer individuellen Führung (alle sind unterschiedlich) im Organisationsalltag aufzulösen?
- Ist Führung letztendlich nur eine ex ante wie ex post Rationalisierung des sich sowieso Ereignenden? Oder schafft Führung Realitäten?

Entstehung und Entwicklung von Führungsbeziehungen

Inhaltsübersicht

I. Überblick 97
II. Führung und die Sicht des Einzelnen 98
    1. Eigenschaftstheorie der Führung: Welche Merkmale Führende besitzen 98
        1.1 Hintergrund 98
        1.2 Zentrale Aussagen 98
        1.3 Kritische Würdigung 105
    2. Attributionstheorie der Führung: Wie Führung zugeschrieben wird 109
        2.1 Hintergrund 109
        2.2 Zentrale Aussagen 109
        2.3 Kritische Würdigung 114
    3. Tiefenpsychologische Führungstheorie: Warum Führung im Unbewussten verankert ist 115
        3.1 Hintergrund 115
        3.2 Zentrale Aussagen 116
        3.3 Kritische Würdigung 121
    4. Charismatische Führungstheorie: Wenn Führende beeindruckend erscheinen 123
        4.1 Hintergrund 123
        4.2 Zentrale Aussagen 124
        4.3 Kritische Würdigung 127
    5. Authentische Führungstheorie: Was das Selbst für die Führung bedeutet 129
        5.1 Hintergrund 129
        5.2 Zentrale Aussagen 129
        5.3 Kritische Würdigung 134
    6. Machttheorie der Führung: Worauf sich der Einfluss von Führenden gründet 136
        6.1 Hintergrund 136
        6.2 Zentrale Aussagen 136
        6.3 Kritische Würdigung 141
III. Führung und die Sicht der Gruppe 142
    1. Idiosynkrasie-Kredit-Theorie der Führung: Warum Führung gewährt wird 142
        1.1 Hintergrund 142
        1.2 Zentrale Aussagen 143
        1.3 Kritische Würdigung 143

2. Divergenztheorem der Führung: Was Führende leisten müssen   146
   2.1 Hintergrund 146
   2.2 Zentrale Aussagen 147
   2.3 Kritische Würdigung 149
3. Dyadentheorie der Führung: Wie Führende Beziehungsqualitäten differenzieren 151
   3.1 Hintergrund 151
   3.2 Zentrale Aussagen 151
   3.3 Kritische Würdigung 155
4. Soziale Identitätstheorie der Führung: Warum Führende ein Stück von uns selbst sind 159
   4.1 Hintergrund 159
   4.2 Zentrale Aussagen 160
   4.3 Kritische Würdigung 164

IV. Zentrale Begriffe und Diskussionsfragen 166

I. Überblick

Die Frage nach den Voraussetzungen zur Entstehung und Entwicklung von Führungsbeziehungen hat unterschiedliche Antworten hervorgebracht. Während die Entwicklung von Führungsbeziehungen bereits auf Führung aufsetzen muss, setzt die Entstehung von Führung (leadership emergence) vorher an. Gemeint ist die Herausbildung von Führung, gemessen daran, ob und inwieweit eine Person von anderen als Führungsperson, als „leaderlike" gesehen wird oder faktisch Führungsaufgaben dominant wahrnimmt. Dies kann einerseits in (zuvor führerlosen) Gruppen durch eine Wahl besiegelt werden. Andererseits kann es sich um eine mehr oder minder unbewusst einschleichende Zuschreibung handeln, die von allen oder der Mehrheit der Gruppenmitglieder nach einiger Zeit des Zusammenwirkens als klar konturiert empfunden wird. Beide Varianten bedingen die Akzeptanz der Führungs- wie Folgerposition.

Wir werden im Folgenden wichtige theoretische Ansätze darstellen, die dieses ganz zentrale Führungsproblem abbilden. Dabei könnte man einwenden, dass die ausgewählten Theorien bei der Betrachtung von Führung in Organisationen teilweise wenig hilfreich sind, weil sie einen Erklärungsbeitrag im Hinblick auf die Entstehung von Führung nur unter einer ganz allgemeinen Perspektive (d.h. in **hierarchiefreien Räumen**) geben, während in Organisationen Führer (Vorgesetzte) bestimmt werden. Dieser Einwand besäße allerdings nur dann Gültigkeit, sofern vorausgesetzt würde, dass eine formal eingenommene Führungsposition automatisch die gewünschte Gefolgschaft nach sich zöge. Wir haben jedoch schon darauf hingewiesen, dass dies eine unzutreffende Annahme ist. Vielmehr ist es so, dass sich auch Inhaber von Führungspositionen stets um Gefolgschaft bemühen müssen.

Wenn man freiwillige Gefolgschaft und damit akzeptierte Führung in Hierarchien erreichen will, erscheint es nützlich, die Bereitschaft zur Gefolgschaft dort zu untersuchen, wo diese nicht notwendigerweise gezeigt werden müsste. Mit anderen Worten: Wir wollen uns der Entstehung und Entwicklung von Führung gerade auch außerhalb von Organisationen bzw. Hierarchien zuwenden, um diese Erkenntnisse für die Führungspraxis in eben diesen Organisationen bzw. Hierarchien zu nutzen.

Im Einzelnen werden wir nun sechs **individuumsbezogene** (☞ B. II.) und vier **gruppenbezogene Ansätze** (☞ B. III.) vorstellen, die jeweils unterschiedliche theoretische Bezugspunkte aufweisen. Während die individuumsbezogenen Zugänge im Kern die Entstehung von Führung (die personenbezogene Wahrnehmung von Führung oder die Etablierung oder Übernahme einer faktischen Führerposition) aus der Sicht eines einzelnen Akteurs der Führungsbeziehung heraus betrachten, gehen die gruppenbezogenen Zugänge konzeptionell von einer Mehrzahl von Geführten aus. Dabei wird der Theorienbegriff im Übrigen so weit gefasst, wie in der Führungsforschung selbst. Theorien, Theoreme, Ansätze, Konzeptionen oder Modelle werden hier sehr uneinheitlich verwendet, auch wenn vergleichende Einordnungen immer wieder vorgelegt werden (vgl. z.B. *Grint* 2011, S. 12; *Wren* 2006, S. 13; *Weibler* 2004a). Wissenschaftstheoretische Reflexionen hierzu gibt es (vgl. *Goethals/Sorenson* 2006; *Hunt/Dodge* 2000; *Sutton/Staw* 1995), doch haben sie bislang keine erkennbare Auswirkung gezeigt. *Walker* kann deshalb auch für den jetzigen Stand mit Blick auf die wissenschaftliche Gemeinschaft zu Recht behaupten:

„we can barely agree on what a „theory" is" (2006, S. 49).

Dennoch sollte dies nicht zu vorschnellen Wertungen verleiten, denn ein weites Begriffsverständnis des Theoretischen sagt noch gar nichts über die Qualität der hierunter gefassten Aussagen aus, die wir mit *Neuberger* (2002, S. 28) ja erst hinsichtlich ihrer Strukturkerne (Kernannahmen, Basisannahmen, Grundprinzipien) zu befragen hätten, um sie hiernach zu würdigen (beispielsweise Nützlichkeit). Und da gibt es ganz im Gegenteil ausgesprochen wertvolle Beiträge, von denen wir nachfolgend zu berichten wissen.

Wir möchten vorab noch darauf hinweisen, dass die nun kommende Erörterung von Führungstheorien nur *einen* **Schwerpunkt** in unserer Theorienbetrachtung bildet. Wir erinnern daran, dass bereits die evolutionsorientierte Hinführung zur Führung theoriegetrieben war. An anderer Stelle werden wir noch auf bedeutsame Theorien (Ansätze) zum Führungsstil eingehen und diese Klassiker mit neuen oder aber alternativen Ansichten zum Führungsverhalten konfrontieren (z.B. transformationale Führung); vorher haben wir dann schon grundlegende Theorien zum Führungslernen und zur Motivation besprochen und viel später greifen wir nochmals ganz aktuelle (theoretische) Entwicklungen in der Diskussion auf, die besondere Eigenheiten von Führung und von Führungsbeziehungen herausheben. Diese vielleicht eigenwillige Verteilung von Führungstheorien erlaubt es uns, die theoretischen Anstrengungen zur Erhellung des Führungsgeschehens akzentuierter aufzufächern.

II. Führung und die Sicht des Einzelnen

1. Eigenschaftstheorie der Führung: Welche Merkmale Führende besitzen

1.1 Hintergrund

Als *Francis Galton* sein umstrittenes Werk „Hereditary Genius" 1869 vorlegte, war die Führungsforschung bis weit in die 40er Jahre des nächsten Jahrhunderts sehr beeinflusst von dem Gedanken, dass es einzelne, außerordentliche Personen sind, die Großes schaffen, gar den Lauf der Geschichte prägen und dass hierfür ihre einzigartigen, überdurchschnittlich ausgebildeten kognitiven Fähigkeiten verantwortlich zu machen sind. Die zentrale Botschaft war dabei die, dass diese Qualitäten erblich sind und von Generation zu Generation weitergegeben werden. D. h. nichts anderes, als dass durch eine Laune des Schicksals manche die Möglichkeiten besitzen, Führerinnen und Führer zu werden, andere trotz Anstrengung jedoch keine, mindestens aber keine maßgeblichen Führungspositionen einnehmen können. Andererseits vermutete *Galton*, dass Führende durch die besondere Beanspruchung des Gehirns Gefahr laufen, Geisteskrankheiten auszubilden – was jene, deren Schicksal lediglich ein Leben als Geführte vorgesehen zu haben schien, als lindernd empfunden haben mögen.

Nach dieser um Wissenschaftlichkeit bemühten, aber auch von persönlichen Einschätzungen und Mutmaßungen *Galtons* durchtränkten längeren Abhandlung zum Thema, lag das **Erkenntnisinteresse** der Eigenschaftstheorie fortan in der spannenden Frage der **Identifizierung von Eigenschaften**, die Personen besitzen müssen, um Führungspositionen zu übernehmen und sie erfolgreich ausüben zu können (vgl. z. B. *Judge/Long* 2012; *Antonakis* 2011; *Mumford u. a.* 2000; *Mann* 1959; *Stogdill* 1948; *Bird* 1940; *Kohs/Irle* 1920). Theoretisch könnte es sich hier um genau *eine* Eigenschaft handeln **(„unitary trait theory")** oder um eine Kombination *mehrerer* Eigenschaften **(„constellation of traits theory")**, ggf. gar zwingend in einer bestimmten, ausprägungsabhängigen Wechselwirkung.

Dabei löste sich die Diskussion immer wieder von einer rein eigenschaftstheoretischen Betrachtung (vgl. *Zaccaro* 2007) und nahm verschiedenste Qualitäten zur Unterscheidung mit auf, beispielsweise Sozialkompetenz und moralische Haltung. Zu Letzterer hatte *Thomas Carlyle* interessanterweise schon bei seiner viel beachteten Analyse historischer Führungsfiguren 1846 festgestellt, dass Führer zwar eine kreative Energie bei der Bewältigung von Widerständen besäßen, Moralität aber dabei keines ihrer besonderen, durchgehend zu entdeckenden Kennzeichen sei (auch mit dem illustren Verweis auf den Diener, der keinen Helden kennt). Angesichts des unstrittigen Faktums, dass Sozialverhalten eine personen- wie umweltbezogene Komponente widerspiegelt, tritt in der einschlägigen Diskussion auch die Frage nach der relativen Bedeutung der einzelnen Komponenten hinzu, womit wir dann mitten in einer der hitzigsten Diskussionen der Wissenschaft überhaupt angekommen wären (vgl. für eine aktuelle Kurzeinordnung *Lucas/Donnellan* 2009). Relevant für Organisationen sind diese Fragen allemal, denn es werden ja beständig Personen gesucht, die Führungspositionen einnehmen sollen. Und an Fehlbesetzungen ist man nicht interessiert. Zumal wenn Geld für Führungskräftetrainings ausgegeben wird, möchte man schon erfahren, ob damit überhaupt Änderungen im Führungserfolg erreicht werden können. Diese Sorge ist nicht neu. Bereits *Plato* trieb das Problem um. Er definierte zentrale Eigenschaften (bis hin zu Tugenden) und beschäftigte sich mit der Frage, wie es gelingen könnte, dass die Begabtesten einer Gemeinschaft Verantwortung für den Staat übernehmen könnten.

1.2 Zentrale Aussagen

Klären wir zunächst den **Eigenschaftsbegriff** selbst (vgl. dazu Abb. B.1). Die meisten führungsbezogenen Eigenschaften können in die drei übergeordneten Kategorien Demographia (z. B. Geschlecht, Größe, Alter, Erziehung), aufgabenbezogene (z. B. Intelligenz, Gewissenhaftigkeit, emotionale Stabilität) und beziehungsbezogene (interpersonelle) Eigenschaften (z. B. Extraversion, Verträglichkeit, Kommunikationsfähigkeit) unterteilt werden (*DeRue u. a.* 2011, S. 11). Motive bilden eine weitere, seltener verfolgte Kategorie. Eigenschaften sind demnach biologische oder psychologische Charakteristika, die nach *Antonakis* (2011) selbst vier Eigenschaften aufweisen müssen, um für Führungsfragen interessant zu sein: (1) Sie müssen messbar sein, (2) zwischen Individuen variieren, (3) eine zeitliche und übersituationale Stabilität aufweisen bzw. situationsnotwendige Ausprägungen anderer Faktoren erleichtern (vgl. *Zaccaro* 2007, S. 7) und (4) Einstellungen, Entscheidungen oder Verhalten und die damit verbundenen Ergebnisse vorhersagen können. Daneben sollte man sehr wohl eine begründete Vorstellung davon haben, warum die so identifizierten Eigenschaften Führerschaft und eine effektive Führung vorhersagen.

Eine Eigenschaft, die alle vier Bedingungen erfüllt und in der Führungsforschung eine dominante Stellung eingenommen hat, ist die allgemeine Intelligenz (general

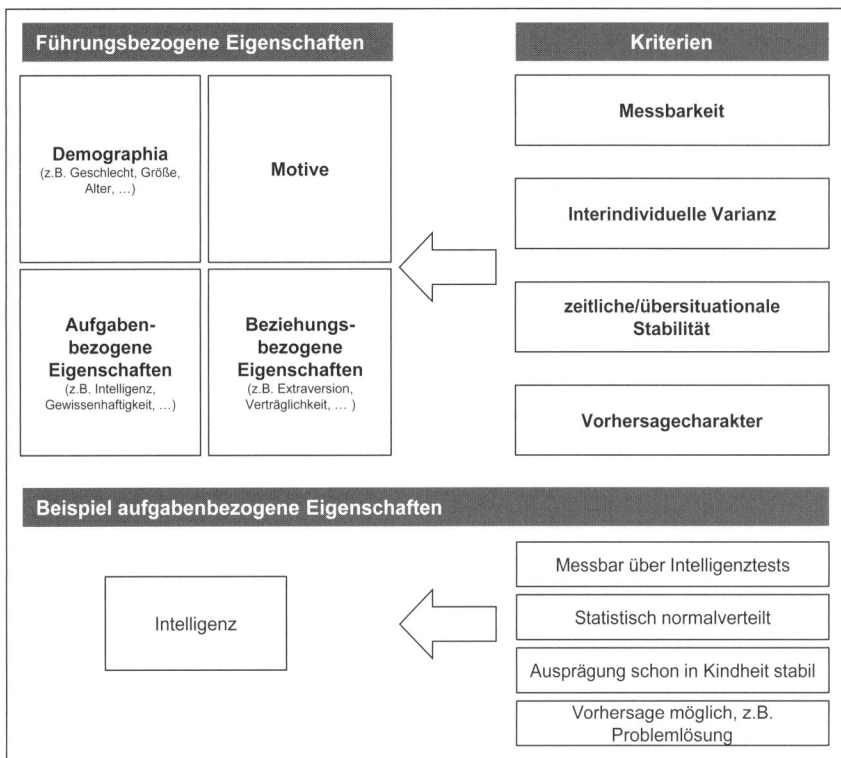

Abb. B.1: Anforderungen an führungsbezogene Eigenschaften (vgl. *Antonakis* 2011; *DeRue u. a.* 2011; *Zaccaro* 2007)

intelligence, kurz „g"). Sie ist (1) messbar, wenngleich hier verschiedene Messverfahren mit etwas anderer Schwerpunktsetzung existieren, sie ist (2) zwischen den Menschen statistisch normalverteilt und damit unterschiedlich, sie ist (3) bereits in der Kindheit in ihrer Ausprägung recht stabil und kann für eine Reihe von Situationen, vor allem bei der Lösung von komplexen Problemen, (4) gute Vorhersagen liefern. Sofern angenommen wird, dass es bei der Führung vor allem um analytische Fähigkeiten zur Überwindung von Schwierigkeiten geht oder auch um das Finden schneller Lösungen innerhalb eines Möglichkeitsraum von Entscheidungen, ist sie offensichtlich relevant, um eine effektive (vor allem aufgabenorientierte) Führung auszuüben. Und in der Tat: Viele Studien zeigen, dass Intelligenz Führerschaft begünstigt. *Salgado u. a.* (2003) weisen in einer Metaanalyse für den Zusammenhang von Intelligenz und Arbeitsleistung bemerkenswerte Korrelationen zwischen .51 und .62 aus – und Kompetenz ist eine zentrale Erwartung an Führerschaft. Der Zusammenhang von Intelligenz und Führung ist notgedrungen geringer und wird bei *Van Vugt* (2012, S. 162) mit Literaturreferenz mit *durchschnittlich* .33 ausgewiesen, nachvollziehbar abhängig von der Komplexität der zu bewerkstelligenden Aufgabe. Bei dem komplexeren Konstrukt von Führung bzw. Führungserfolg muss im Übrigen nicht zwingend eine lineare Beziehung angenommen werden. Dies hat bereits *Zaccaro* (2007, S. 7) herausgestellt. So kann auch und gerade bei der Intelligenz ein kurvenlinearer Zusammenhang existieren. Danach verliefe die Führungsleistung bei Personen mit zu niedriger und zu hoher Intelligenz weniger effektiv (vgl. bereits *Ghiselli* 1963). Erläuternd hierzu, aber auch weiterführend, kommen andere Studien zu dem Schluss, dass der Abstand zum Durchschnitt der Gruppe eine bestimmte Größe nicht überschreiten darf, um Ähnlichkeitszuschreibungen zwischen Geführten und Führer nicht zu gefährden oder eine verständliche Kommunikation zu verunmöglichen (vgl. die allerdings älteren Studien in *Bass/Bass* 2008, S. 83 f.).

Heute besteht kein Zweifel daran, dass die **Eigenschaftstheorie der Führung** eine Anzahl von Eigenschaften fokussiert, die mit Führung empirisch nachweisbar in Verbindung gebracht werden. Diese werden dann sowohl auf die Entstehung als auch auf die Ausübung von Führung bezogen sowie für den hierarchischen Erfolg von Führenden in der Organisation verantwortlich gemacht (vgl. Abb. B.2).

In dem vorgestellten Modell, das in seinem Aufbau vielen Erkenntnissen aus der Führungsforschung folgt und

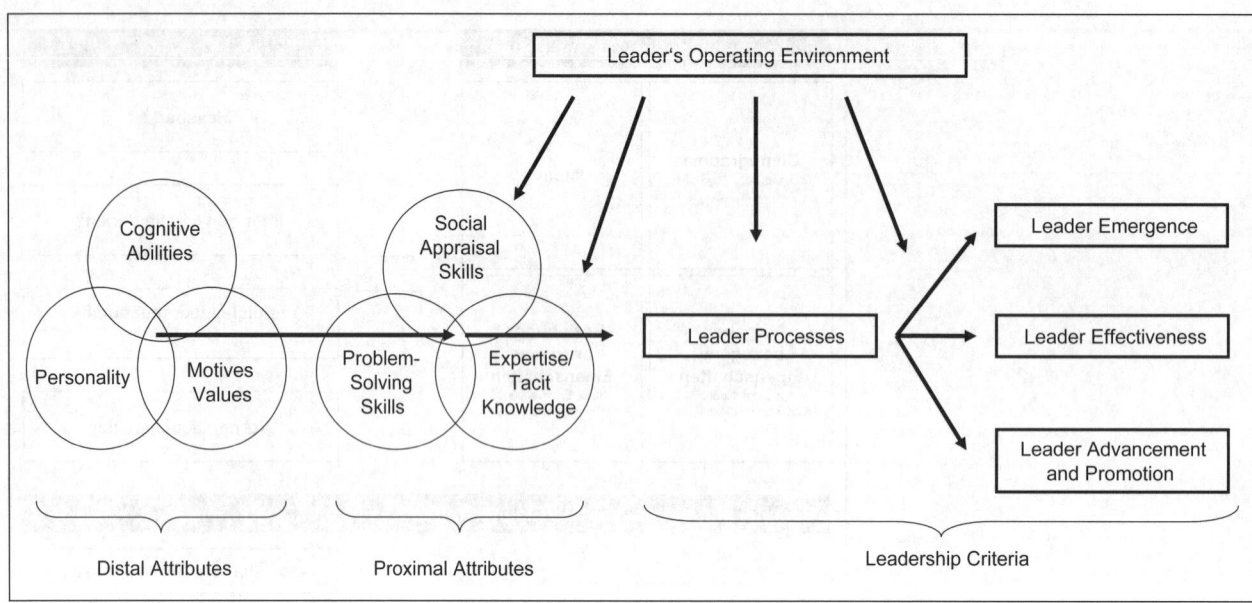

Abb. B.2: Modell von Führerattributen und -leistung (*Zaccaro/Kemp/Bader* 2004, S. 122)

so Eigenschaften, Motive wie Wissen und Fertigkeiten integriert, wird der in drei grundsätzlichen Ausprägungen bestimmte Führungserfolg auf zwei Klassen von Attributen zurückgeführt. Bei der ersten Klasse handelt es sich um sogenannte handlungsferne (distale) Attribute. Als handlungsfern werden kognitive Fähigkeiten, Motive sowie Werte als auch bestimmte Eigenheiten der Persönlichkeit angesehen. Handlungsfern sind sie deshalb, weil die jeweilige Handlung zwar durch ihre konkrete Ausformung beeinflusst wird, sie aber in ihrer Allgemeinheit keine hinreichenden Aussagen über die Qualität dieser Handlung ermöglichen. Ihr Einfluss manifestiert sich aber auch als Grundlage zur Herausbildung spezifischer Fähigkeiten, die für die konkrete Handlung von größerer Bedeutung sind. Hiermit ist die Klasse der handlungsnahen (proximalen) Attribute angesprochen, die aus Problemlösungsfähigkeiten, explizitem und implizitem Wissen sowie einer Reihe von sozialen Fähigkeiten und Fertigkeiten wie emotionaler Sensibilität und Kommunikation besteht. Handeln fußt hierauf, unterliegt aber auch dem Einfluss situativer Umstände. Diese situativen Umstände, vornehmlich sind Gruppen- und Organisationsparameter gemeint, können jede Ausprägung von unterstützend bis hemmend einnehmen. Dieses Handeln ist dreifach führungsrelevant: Kriterien sind die personenbezogene Zuschreibung von Führung, die Effektivität des Führenden oder der persönliche Erfolg des Führenden, beispielsweise festgemacht am hierarchischen Aufstieg. Es wird davon ausgegangen, dass jedes Feld von Prädiktoren gemeinsam mit anderen Prädiktoren die jeweiligen Ergebnisse bewirkt. Jedes einzelne Set von Prädiktoren wird damit als notwendig, aber nicht alleine als hinreichend für die Voraussage von Führungserfolg erachtet. So lernen wir beispielsweise, warum kognitive Fähigkeiten ohne soziale Fertigkeiten nutzlos bleiben können („sehr intelligent, aber einflusslos").

Ausdrücklich wird einer **Konstellation von Eigenschaften**, eingebettet in eine Führungssituation, das Wort geredet. *Zaccaro* (2007) ist der Überzeugung, dass eine Führungskräfteentwicklung kaum Einfluss auf das Set handlungsferner Merkmale haben kann, allenfalls kann es den vorhandenen Möglichkeitsraum spreizen. Der Einfluss auf die handlungsnahen Fertigkeiten ist jedoch größer und damit erfolgversprechender. Auch sollte nicht vergessen werden, dass konstante situationale Bedingungen bei einer längerfristigen Betrachtung nicht zwingend gegeben sind, sondern dass Führende hierauf teilweise gestaltend Einfluss nehmen können. Dennoch – und dies ist die Grundauffassung einer eigenschaftstheoretischen Betrachtung – sind Unterschiede zwischen Personen in den Hauptlinien gegeben und nicht einfach durch Training anzugleichen. Deshalb hat sich entweder die Person, wie *Fiedler* (1967) bereits feststellte, eine passende Situation zu suchen oder einer entsprechenden Empfehlung zu folgen. Manchmal lassen sich vorhandene förderliche Eigenschaften so stärken, dass sie die eigentlichen von vornherein passenden, aber bei der Person fehlenden Eigenschaften, substituieren können. In Grenzen ein gangbarer Weg, der aber im Einzelfall analysiert werden muss.

Das obige Modell beugt einer einfachen **Gleichsetzung von Eigenschaften** und **Führungserfolg** vor und entspricht in seiner Grundlogik dem heutigen Stand des Wissens eigenschaftsbezogener Zugänge sehr gut. Offen ist dieses Modell auch für die Integration von Merkmalsmustern („pattern"), die anderenorts mit Führung in Verbindung gebracht werden oder nun zumindest werden könnten. Nehmen wir einmal das Set von Persönlichkeitsvariablen („personality"). Hier hat sich seit längerer Zeit ein Persönlichkeitsmodell vorgeschoben, dessen einzelne Faktoren unter anderem auch hinsichtlich ihrer Günstigkeit für die Erlangung und Ausübung von Führung getestet werden. Schauen wir uns dieses **Big Five-Modell** doch deshalb einmal etwas näher an.

Big Five-Ansatz der Persönlichkeit
Bei dem sogenannten Big Five-Modell der Persönlichkeit handelt es sich um ein (Eigenschafts-)Modell zur Beschreibung der Persönlichkeit, das aus dem **lexikalischen Ansatz** hervorgegangen ist. Letzterer Ansatz beruht auf der Grundannahme, dass all diejenigen Persönlichkeitsmerkmale, die besonders wichtig und nützlich für den sozialen Umgang der Menschen miteinander sind, im allgemeinen Sprachgebrauch vorkommen. *Asendorpf* spricht von einem „*Koordinatensystem für alltagspsychologische Persönlichkeitsbeschreibungen*" (2005, S. 149). Menschen sollten danach in der Lage sein, sich selbst zu beurteilen bzw. von anderen beurteilt werden zu können. Obwohl zahlreiche Studien von unterschiedlichen Forschern immer wieder (vergleichbare) fünf Persönlichkeitsfaktoren belegten (vgl. *Ostendorf* 1990, S. 10 ff.), erfuhr das auf dieser Forschung basierende Big Five-Modell erst in den 90er-Jahren – insbesondere durch die Forschungsaktivitäten von *Costa* und *McCrae* – verstärkt Beachtung (vgl. *Gade* 2003, S. 270; *Laux* 2003, S. 170 f.; *Becker* 2002, S. 18).

Beispiel zur Messung der Big Five

1992 entwickelten *Costa/McCrae* einen (Persönlichkeits-)Fragebogen, das sogenannte NEO-Personality Inventory Revised (NEO-PI-R), um so die Big Five der Persönlichkeit messen zu können. *Costa* und *McCrae* hatten sich ursprünglich in ihrer Forschung allein auf die drei Faktoren N = Neuroticism, E = Extraversion und O = Openness to experience (NEO-Personality Inventory, kurz: NEO-PI) (vgl. *Laux* 2003, S. 173; *Pervin* 2000, S. 258) konzentriert, später jedoch diese Faktoren, ausgehend von den Ergebnissen der lexikalischen Studien zu den in einer Gesellschaft verwendeten Adjektiven, um zwei weitere Faktoren erweitert. *Costa/McCrae* testeten daraufhin die in ihrem dreidimensionalen Modell (noch) fehlenden zwei Faktoren, nämlich A = Agreeableness und C = Conscientiousness und konnten schließlich anhand ihrer Ergebnisse den Nachweis für eine fünffaktorielle Struktur der Persönlichkeit liefern. Das NEO-PI wurde somit zum NEO-PI-R erweitert, indem die Faktoren A und C hinzugefügt wurden (vgl. *Muck* 2006, S. 530). Der so überarbeitete Fragebogen wurde zwischenzeitlich in verschiedene (europäische und asiatische) Sprachen übersetzt.

Auch eine deutschsprachige Version liegt infolge der Bemühungen von *Ostendorf* und *Angleitner* (2004) mittlerweile vor. In ihr werden die fünf grundlegenden Dimensionen des NEO-PI-R wie folgt beschrieben (vgl. *Muck* 2006, S. 530 f.; *Muck* 2004, S. 203):

- **Neurotizismus** (neuroticism) bedeutet, dass jemand dazu neigt, empfindlich zu sein und unter Stress leicht aus dem Gleichgewicht kommen kann. In Stresssituationen tendieren neurotische Personen dazu, sich häufiger zu ärgern, traurig, verlegen, ängstlich, beschämt, erschüttert und besorgt zu sein. Auch entwickeln sie eher unangepasste Formen der Problembewältigung, neigen zu unrealistischen Ideen und sind weniger in der Lage, ihre Bedürfnisse zu kontrollieren.

- **Extraversion** (extraversion) bedeutet, dass jemand gesellig, gesprächig, freundlich, unternehmungslustig und aktiv ist. Extravertierte Personen mögen die Gesellschaft anderer, fühlen sich wohl in Gruppen, sind aber auch durchsetzungsfähig, selbstbewusst und dominant. Sie lieben aufregende Situationen und Stimulierungen, neigen zu Optimismus und sind eher heiter gestimmt.

- **Offenheit für Erfahrungen** (openness) bedeutet, dass jemand interessiert ist an neuen Erfahrungen, Erlebnissen und Eindrücken. Offene Personen sind interessiert an der Außenwelt, aber auch an ihrer Innenwelt. Sie haben ein reges Fantasieleben und nehmen eigene und fremde Gefühle deutlich wahr. Sie lassen sich auf neue Ideen ein und sind unkonventionell in ihren Wertorientierungen.

- **Verträglichkeit** (agreeableness) bedeutet, dass jemand hilfsbereit, entgegenkommend und vertrauensbereit ist. Verträgliche Personen sind meist überzeugt, dass andere Personen ebenso hilfsbereit reagieren. Sie begegnen anderen Personen mit Wohlwollen, neigen zu Gutmütigkeit, sind bereit in Auseinandersetzungen

nachzugeben und können im Extremfall als unterwürfig oder abhängig erscheinen.
- **Gewissenhaftigkeit** (conscientiousness) bedeutet, dass jemand zielstrebig, willensstark und entschlossen ist. Gewissenhafte Personen sind leistungsorientiert, pflichtbewusst, prinzipientreu und ordentlich.

Der Ansatz von Costa und McCrae ist ein hierarchisch konzipierter Top-Down-Ansatz. Jeder dieser fünf Persönlichkeitsfaktoren (sog. Dimensionen) ist sehr breit gefasst und beinhaltet jeweils sechs Unterfaktoren (sog. Facetten), die eine differenzierte Beschreibung der Hauptfaktoren ermöglichen. Die sechs Unterfaktoren umfassen wiederum acht Items, sodass das NEO-PI-R insgesamt aus 240 Aussagen besteht (nämlich 5 Persönlichkeitsbereiche × 6 Unterfaktoren × 8 Items), die auf einer Fünf-Punkte-Skala (völlig unzutreffend – unzutreffend – weder noch – zutreffend – völlig zutreffend) beantwortet werden. D.h. bei jedem dieser 240 Items gibt der Befragte auf einer fünffach abgestuften → Skala an, ob bzw. inwieweit das → Item auf ihn zutrifft (vgl. *Asendorpf* 2005, S. 148 f.; *Laux* 2003, S. 173 f.; *Amelang/Bartussek* 2001, S. 372; *Pervin* 2000, S. 258). In der folgenden Abbildung B.3 sind die fünf Persönlichkeitsbereiche und ihre zugehörigen Unterfaktoren dargestellt.

Eine Vielzahl von Untersuchungen bestätigt die Güte des von *Costa/McCrae* entwickelten Persönlichkeitsfragebogens und damit auch die Existenz der **Big Five** als grundlegende Dimensionen zur Beschreibung der menschlichen Persönlichkeit. Man sollte beachten, dass dieser Ansatz umfassend erklärungsmächtig sein möchte. Diese Breite lässt sich empirisch nachweisen, d. h. sehr viele Verhaltensphänomene korrelieren mit den Big Five, aber oft nicht mit einem hohen oder sehr hohen Erklärungsanteil. Für spezifische Fragestellungen sind spezifischere Persönlichkeitsvariablen mit geringerem Generalisierungsfaktor dann sinnvoller.

> **Empirie zu den Big Five**
>
> *Judge u. a.* (2002) bestimmen mittels einer Metastudie den Einfluss der Big Five auf die Entstehung/Zuschreibung von Führerschaft und auf die Führungseffektivität. Sie folgen damit einer Unterscheidung von *Hogan/Curphy/Hogan* (1994). Für den hier besonders relevanten Zusammenhang der Zuschreibung von Führerschaft durch andere bzw. zur Bestimmung einer Person als „leaderlike" haben wir mit Ausnahme des Faktors Verträglichkeit Korrelationen in Höhe von .24 bis .33 (Neurotizismus negativ). Für die Führungseffektivität (Einflussmacht, Zielerreichung etc.) liegen die Werte durchgängig zwischen .16 bis .22 (Neurotizismus negativ). Zusammen klären alle Faktoren, bereinigt um Interkorrelationen, rund 25 % der Varianz auf. Danach unterscheiden sich Personen in der Wahrscheinlichkeit, Führungspositionen einzunehmen und sie effektiv auszuüben (vgl. *Ilies/Gerhardt/Le* 2004, S. 215). Allerdings gibt es nach dieser Studie immer noch einen 75 %igen Erklärungsbedarf, um eine absolut sichere Aussage vornehmen zu können. Dies können dann andere Persönlichkeitsfaktoren sein (Intelligenz, „mental general ability", war hier ebenfalls erklärungsmächtig) oder aber Größen wie erworbenes Wissen und situative Spezifika. Oder aber – und dies zeigen *DeRue u. a.* (2011) – es müssen beispielsweise bekannte, persönlichkeitsbasierte Zusammenhänge noch feiner differenziert werden. Auch sie stellen übergreifend fest, dass Gewissenhaftigkeit, Extraversion und Verträglichkeit besonders wichtige Prädiktoren für Erfolg in Führungspositionen sind, aber *„Conscientiousness was the most consistent trait predictor of leadership effectiveness"*

Neurotizismus	Extraversion	Offenheit	Verträglichkeit	Gewissenhaftigkeit
Ängstlichkeit	Herzlichkeit	für Fantasie	Vertrauen	Kompetenz
Reizbarkeit	Geselligkeit	für Ästhetik	Freimütigkeit	Ordnungsliebe
Depression	Durchsetzungsfähigkeit	für Gefühle	Altruismus	Pflichtbewusstsein
Soziale Befangenheit	Aktivität	für Handlungen	Entgegenkommen	Leistungsstreben
Impulsivität	Erlebnissuche	für Ideen	Bescheidenheit	Selbstdisziplin
Verletzlichkeit	Positive Emotionen	für Werte- und Normsysteme	Gutherzigkeit	Besonnenheit

Abb. B.3: Facetten der Big Five (vgl. *Costa/McCrae* 1992; in der Übersetzung von *Ostendorf/Angleitner* 2004)

(S. 37). **Gewissenhaftigkeit** (conscientiousness) ist hiernach der konsistenteste Faktor zur Vorhersage von effektiver Führung. Im Einzelnen zeigen ihre Ergebnisse auf, dass Gewissenhaftigkeit insbesondere mit der Teamleistung positiv korreliert und hier mit 61,5 % zur insgesamt aufgeklärten Varianz von 14 % beiträgt. Die relative Bedeutung von Gewissenhaftigkeit ist damit noch fast drei Mal so hoch wie die zweitwichtigste Eigenschaft, die Verträglichkeit (agreeableness). Besonders deutlich fällt jedoch der Abstand zur viel diskutierten Eigenschaft der Intelligenz aus. Die **relative Bedeutung von Intelligenz** für die Teamleistung liegt bei isolierter Messung abgeschlagen bei 1,5 %, bei der Führereffektivität jedoch schon bei relativen 8,2 % (von 22 % aufgeklärter Varianz); allerdings müsste man stets die Korrelation zur Gewissenhaftigkeit mit sehen, die als Subkomponente auch Kompetenz oder zur Offenheit, die Kreativität beinhaltet. Beide korrelieren trotz konzeptioneller Selbstständigkeit offensichtlich mit Intelligenz (vgl. z. B. *Brand* 1994). Hinzuzurechnen wäre auch der Einfluss der Intelligenz auf das Führungsverhalten, das in dieser Studie die Bedeutung der Eigenschaften für Effektivitätskriterien deutlich überstieg. Erstaunlich ist weiterhin, dass für die Gruppenleistung die Extraversion der Führungskraft mit einem relativen 0,3 % Erklärungsanteil an der Gesamtvarianz nahezu bedeutungslos ist. Dahingegen ist Extraversion bei der Vorhersage des persönlichen Erfolgs der Führungsleistung mit 35,1 % die relativ wichtigste Eigenschaft (S. 29). Und: Gewissenhaftigkeit und Extraversion sind besonders wichtig, wenn es um die Mitarbeiterzufriedenheit geht, wiewohl diese gesamthaft nur sehr schlecht durch die Ausprägung der Big Five erklärt wird (das Führungsverhalten klärt bei der Zufriedenheit beeindruckende 51 % bis 70 % der Gesamtvarianz auf!). Dennoch: Am Beispiel des Persönlichkeitsmerkmals Extraversion sehen wir sehr schön, wie wichtig es ist, eine differenzierte und auf spezifische Effektivitätskriterien ausgerichtete Analyse vorzunehmen.

Die Big Five helfen auch, die persönlichkeitsorientierten Grundlagen einer **transformationalen Führung** (☞ D. II. 3) besser zu verstehen, allerdings wesentlich schwächer. Allein Extraversion sorgt mit einem Korrelationskoeffizienten von .23 für Aufmerksamkeit. Natürlich stellt sich sofort als nächstes die Frage, welche weiteren allgemeinen Attribute **Führende** von **Nichtführenden** unterscheiden. Nach Auswertung zahlreicher Studien, in denen auch Metastudien wie die obige enthalten sind, ergibt sich für die untersuchte Zeitspanne von 1990–2003 nachfolgendes Bild (vgl. Abb. B.4).

Wir können diese Auflistung als Ausfüllung der handlungsfernen und handlungsnahen Klassen lesen. Selbstverständlich ist dies keine abschließende Auflistung und auch keine, die nicht weiter konkretisiert werden könnte, aber doch immerhin eine begründete. *Bass* und *Bass* (2008) und *Antonakis* (2011) weisen hier ergänzende, teilweise noch enger umgrenzte Eigenschaften aus. Bei dieser Auflistung wird davon ausgegangen, dass es sich um signifikante Unterscheidungen hinsichtlich der Effektivität von Führenden handelt. Angesichts dort wiedergegebener und anderer Studien muss davon ausgegangen werden, dass rund 50–60 % der Unterschiede auf eben diese Merkmale zurückgeführt werden können. Dies sollte nicht überraschen, denn diese Liste an Merkmalen ist sehr umfangreich. *Antonakis* (2011) wird aufgrund eigener Studien und sehr sorgfältiger Analysen bislang publizierter Studien nicht müde zu betonen, dass es vor allem die kognitiven Fähigkeiten sind, die den Löwenanteil an Führereffektivität erklären.

1. Cognitive capacities
   General intelligence
   Creative thinking capacities
2. Personality
   Extroversion
   Conscientiousness
   Openness
   Agreeableness
   MBTI preferences for extroversion, intuition, thinking, and judging
3. Motives and needs
   Need for power
   Need for achievement
   Motivation to lead
4. Social capacities
   Self-monitoring
   Social intelligence
   Emotional intelligence
5. Problem-solving skills
   Problem construction
   Solution generation
   Metacognition
6. Tacit knowledge

Abb. B.4: Schlüsselattribute von Führenden (*Zaccaro/Kemp/Bader* 2004, S. 118)

In diesem Zusammenhang ist eine aktuelle Studie von *Daly/Egan/O'Reilly* (2015) beachtenswert. Es wurde im Rahmen zweier Längsschnittstudien mit rund 17.000 Teilnehmenden geprüft, inwieweit das allgemeine kognitive Leistungsvermögen von 10- bzw. 11-jährigen Kindern die Übernahme einer Führungsrolle zu verschiedenen Lebenszeitpunkten (zwischen 26 und 42 Jahren bzw.

23 und 50 Jahren) voraussagt. Als Instrument dienten die British Ability Scales (BAS), die bedeutsame Schnittmengen zu anderen kognitiven Fähigkeitstests (Intelligenztests) aufweisen. Dabei wurde die Übernahme einer Führungsrolle („Do you have any managerial duties, or are you supervising any other employees?", S. 327) funktional nicht näher klassifiziert. Allerdings wurden „wichtigere" Führungspositionen dadurch definiert, dass 25 und mehr Mitarbeiter zugeordnet waren. In der Tat konnte eine nicht überraschende Beziehung nachgewiesen werden, über deren Bedeutung man sicherlich unterschiedlicher Meinung sein darf. So erreichten Kinder, die ein kognitives Leistungsvermögen von einer Standardabweichung über dem Durchschnitt besaßen, eine 6,2 % höhere Rate zur Übernahme einer Führungsposition. Vergleicht man diese Gruppe mit der, die eine Standardabweichung niedrigeres kognitives Leistungsvermögen aufweist, waren die Werte 37,3 % zu 25,4 % (Studie 1) und 27,8 % zu 15,1 % (Studie 2). Für Frauen waren die Effekte im Übrigen schwächer, reduzierten sich aber bei den jüngeren Geburtsjahren. Wird nun allerdings der schulische/akademische Abschluss eingerechnet, reduziert sich der Zusammenhang von kognitivem Leistungsvermögen und Einnahme einer Führungsrolle um mehr als ein Drittel. Auch dies ist nachvollziehbar, ist also letztendlich der akademische Abschluss ein wichtiger Prädiktor für die Übernahme einer Führungsposition. Über die Qualität der ausgeübten Leitung, ggf. Führung, liefern die Daten keine Aussage. Bei nüchterner Betrachtung zeigt sich nun noch besser als vorher, dass das kognitve Leistungsvermögen für die Übernahme von Führungsaufgaben durchschnittlich Vorteile bietet (Probleme erkennen, Lösungen suchen usw.) und dass dieser Pfad schon bereits recht früh angelegt wird (gemessen wurde dieses Leistungsvermögen dort aber nur ein einziges Mal), dass diese Beziehung aber für viele andere Einflüsse offen ist oder wie es *Hollander* (2009, S. 3) für eine erfolgreiche Führungspraxis ausdrückt:

„A leader's 'vision', or cognitive skill, alone will not do."

Eine andere, immer noch sehr aktuelle Diskussion entzündet sich deshalb an der Frage, inwieweit eine sogenannte **emotionale Intelligenz** (☞ E. III. 2) als ein separater Faktor aufzuführen ist, der einen eigenen Erklärungsbeitrag liefert oder inwiefern diese zweifelsfrei wichtigen Fähigkeiten bereits durch die allgemeine Intelligenz, die ja auch viele Subklassen kennt, abgebildet wird. Der Einfluss von Alter und Führungserfahrung auf die Führungseffektivität ist im Einzelfall immer noch wichtig, über alle Situationen hinweg als rein numerische Führungserfahrung wohl eher gering; wichtiger sind die Erfahrungsinhalte. Der Zusammenhang von Körpergröße ist allerdings positiv und für das Hervortreten als Führer nicht ganz unerheblich (r = .24, vgl. *Judge/Cable* 2004). *Antonakis* und *Jacquart* (2013) vermuten, dass Größe mit Effektivität aufgrund des nachweisbaren Zusammenhanges von Größe und Status (Einkommen) verbunden wird. *Blaker u. a.* (2013) finden empirische Belege für positive Assoziationen mit Dominanz, Gesundheit und Intelligenz. *Van Vugt* (2012, S. 163) bestätigt und vertieft mit der **„Savannah Hypothesis"** diese evolutionäre Erklärung, die sich wie Gewicht und Alter (in Form eines personenbezogenen, nicht selten singulären Wissens!) auf in diesen Merkmalen liegende Vorteile frühmenschlicher Umwelten bezog (mit im letzten Jahrhundert stark abnehmender *realer* Bedeutung). Interessanterweise besteht eine mittlere Korrelation von Größe und Selbstachtung, was nach außen getragen als ein Selbstbewusstsein wahrgenommen werden könnte, mit dem Kompetenz und damit Effektivität assoziiert wird. Wahrgenommene **Kompetenz** war und bleibt für Führung zentral. Dies kann auch durch eine aktuelle Studie zur Bewertung der Stimme bei einer Führerauswahl untermauert werden. Frauen wie Männer bevorzugten bei einem Online-Stimmexperiment Personen, die eine tiefere, dunklere Stimme besaßen. Die Begründung war: Diese Kandidaten erschienen stärker und kompetenter (und auch älter, was aber einen geringeren Einfluss hatte). Für Frauenstimmen ist dieser ebenfalls evolutionsbiologisch zu interpretierende Befund sogar noch deutlicher (vgl. *Klofstad/Anderson/Nowicki* 2015).

Der große Einfluss kognitiver Fähigkeiten auf die Entstehung und Ausübung von Führung zielt, dies zur Verdeutlichung, auf eine Problemlösung hin, was wiederum mit Führung verbunden wird. Fachliche Fertigkeiten kommen hinzu (Expertise; **expert leadership** als dessen monothematische Manifestation, steht dafür. Vgl. etwas exotisch, aber anschaulich für die Formel 1 *Goodall/Pogrebna* 2015).

Empirie zur Bedeutung von Kompetenz

John Antonakis und *Olaf Dalgas* (2009) konnten die Bedeutung von Kompetenz in einem sehr originellen Experiment jüngst demonstrieren. 5–13 Jahre alte Kinder wurden gebeten, anzugeben, welche der ihnen jeweils als Fotopaar vorliegenden Personen sie als Kapitän ihres Bootes haben wollten. Die Personen auf den Fotos bewarben sich um politische Ämter oder hatten bereits welche inne. Kinder (wie dann vergleichbar auch Erwachsene) prognostizierten den Wahlausgang mit 71 % sehr gut. *Antonakis* und *Dalgas* interpretieren dies als eine bereits genetisch verankerte Fähigkeit von

Menschen, bereits aus Gesichtern (denken wir an Entschlossenheit) Kompetenzurteile abzuleiten. Über einen tatsächlichen Zusammenhang von Erscheinung und Effektivität ist damit im Übrigen nichts ausgesagt, vermutlich weil die evolutionär angelegten Muster zwar attrahieren, aber in ihrer Ausdifferenzierungsfähigkeit den komplexen Problemen von heute in all ihrer Vernetzung nicht mehr ausreichend entsprechen. Oft liegen genauere Informationen für eine Entscheidung vor – aber eben nicht immer oder erst später, manchmal dann zu spät. Eine finnische Forschergruppe fand zudem bei einer Re-Analyse von Wahlergebnissen einen sehr robusten Zusammenhang von empfundener Schönheit und Wahlerfolg, der insbesondere bemerkenswert ist, als dieser Zusammenhang um andere Einflussfaktoren wie beispielsweise Kompetenz bereinigt wurde. Erklärt wird dieses mit einer vom Wähler unbewusst vermuteten höheren sozialen Vernetzungsfähigkeit oder aber ganz einfach damit, dass man sich schönere Menschen lieber anschaue. Weiterer Forschungsbedarf wird signalisiert (vgl. *Berggren/Jordahl/Poutvaara* 2010 sowie *Fruhen/Watkins/Jones* 2015 zum Zusammenhang von physischer Erscheinung und Bezahlung).

Diese und andere Überlegungen führen dazu, dass wir die Bedeutung von Eigenschaften (oder anderer Charakteristika einer Person) für die Führung abschließend differenzierter fassen müssen.

Antonakis (2011, S. 273) legt hierzu eine **eigenschaftsfundierte Prozesstheorie der Führung** vor **(Actuality-Ascription Trait Theory of Leadership)**. Seine Überlegungen münden im folgenden Modell, was aber als „Theorie" im Original untertitelt ist (vgl. Abb. B.5).

Gene und Umweltfaktoren wirken auf die Ausprägung und Nützlichkeit von Eigenschaften, die zur Differenzierung von Personen herangezogen werden, ein. Diese Eigenschaften („distal differences") beeinflussen sowohl die Effektivität als auch die Zuschreibung von Führung. *Antonakis* differenziert dann weiter zwischen tatsächlichen und für die Effektivität nur mutmaßlich wichtigen Fähigkeiten und Fertigkeiten („proximal differences"). Tatsächlich wichtige Eigenschaften würden einen objektiv nachweisbaren Einfluss ausüben („actual leader skills"), mutmaßliche nur deshalb, weil sie die Zuschreibung von Führerschaft faktisch bestimmen („ascribed leader skills"). Diese mutmaßlichen Eigenschaften können, müssen aber nicht statistisch nachweisbar einflussreich sein, ggf. auch nur in bestimmten Führungssituationen, besäßen aber durchaus das Potenzial einer „self fulfilling prophecy". Eigenschaftsbasierte Zuschreibungen seien deshalb „folk theories": Beobachter sähen Unterschiede zwischen Führenden und schlössen daraus auf Unterschiede in der Effektivität. Dieses Modell ist instruktiv, als Eigenschaften (distale Ebene) und damit in Verbindung gebrachte konkrete Fähigkeiten und Fertigkeiten (proximale Ebene) differenziert mit den beiden Outcome-Größen „Führungseffektivität" und „Entstehung von Führerschaft" in Verbindung gebracht und gegenseitige Abhängigkeiten beachtet werden.

1.3 Kritische Würdigung

Die Eigenschaftstheorie erlebt eine Renaissance. Damit einher geht eine intensivere Analyse zur Bedeutung **biologischer Faktoren**, die personenseitig mitschwingen.

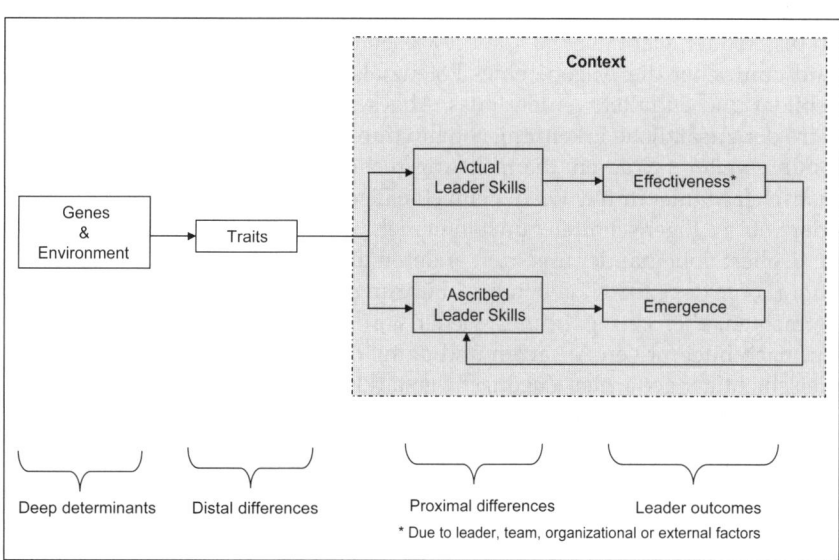

Abb. B.5: Eigenschaftsfundierte Prozesstheorie der Führung (*Antonakis* 2011, S. 273)

Sie sind den Eigenschaften vorgelagert, üben auf deren Ausprägung zum Teil Einfluss aus und interagieren mit Umweltreizen. Deren Erkenntnisse speisen sich aus der Evolutionsbiologie, der Verhaltensgenetik, der Physiologie, der Neurologie, der Gehirnforschung sowie der Ethologie (vgl. zur Übersicht *Arvey u. a.* 2014; *Ilies/Arvey/Bouchard* 2006). Diese Entwicklung ist aus Erkenntnisinteresse dann zu begrüßen, wenn sie dazu beiträgt, die oft sehr ideologisch ausgetragenen Debatten zu versachlichen. Dies setzt Studien voraus, die bereits vom Design her ergebnisoffen angelegt sind.

Zweifelsfrei zeigt die Debatte, dass es kein „Führungsgen" gibt (so auch der Evolutionsforscher *Mark van Vugt* 2012, S. 146), sondern dass mehrere Eigenschaften bzw. Komponenten von entsprechenden Persönlichkeitsmodellen für die (Wahrscheinlichkeit in der) Herausbildung von Führerschaft bzw. zur Unterscheidung von Personen in **Führende** und **Nichtführende** herangezogen werden müssen. Diese können wiederum teilweise auch die Effektivität von Führung erklären, wie wohl ihr Einfluss hier angesichts einer Vielzahl von sehr gut erlernbaren Fertigkeiten und situationalen Faktoren geringer zu sein scheint. Alles in allem ist es nicht einfach, alle Studien ausreichend im Blick zu haben und zu würdigen. Wir denken aber schon, dass die hier herausgestellten Befunde die für Führung wesentlichen sind. Die Allermeisten werden seit Jahrzehnten immer wieder angeführt, nur werden sie heute genauer, weil verzerrungsfreier statistisch bestimmt.

Forschungsstand ist also gegenwärtig, die Bedeutung von Eigenschaften ausdrücklich zu bejahen, doch **situative Komponenten** zu berücksichtigen. Je nach Sachverhalt kann der Einfluss sehr schwach sein, wird aber auch oft bis zu oder leicht über 50 % ausgewiesen. Diese 50 % sind dann eher die Angabe eines Potenzials, was ausgebildet und entfaltet werden muss. Abgesehen davon wäre der zusätzliche Erkenntnisgewinn durch die Auflistung weiterer Studien, die in häufig recht reduktionistischer Manier immer wieder einzelne Eigenschaften oder Sets an Eigenschaften zum einen mehr oder weniger isoliert voneinander und zum anderen unabhängig vom (kontextspezifisch gebotenen) Führungsverhalten betrachten, eher gering. Immer wieder wird daher der Ruf nach integrativen Ansätzen und damit breiter und vielschichtiger gedachten Zugängen verstärkt artikuliert (vgl. z. B. *DeRue u. a.* 2011; *Avolio* 2007).

Einen verdienstvollen Beitrag zur Überwindung bisheriger genannten Limitationen haben neben *Zaccaro* (2007) vor allem *DeRue u. a.* (2011) durch die Entwicklung eines integrativen Führungsmodells, das Eigenschaften des Führenden und sein Führungsverhalten zusammenführt, geleistet. In der umfangreichen Untersuchung, die sich auf eine meta-analytische Aufarbeitung von 59 einschlägigen Studien (davon wiederum 13 Metastudien) stützt, werden sowohl Eigenschaften als auch Verhalten von Führenden mit ihrer relativen Bedeutung für Führungserfolg untersucht. Verdienstvollerweise setzen sich die Autoren hierbei zunächst einmal damit auseinander, was effektive Führung ausmacht und welche Effektivitätskriterien herangezogen werden können. Dies ist im Kontext eigenschaftstheoretischer Analysen ganz wichtig, denn wie wir bereits früher gesehen haben, werden in Studien ganz unterschiedliche Auffassungen (basierend auf unterschiedlichen Wertsetzungen) vertreten und folglich unterschiedliche Effektivitätskriterien zu Grunde gelegt. Für den einen ist Führung effektiv, wenn sie den Einfluss der Führungskraft und damit deren Vorankommen sichert. Für andere ist Führung effektiv, wenn sie die Gruppenleistung erhöht. Hierbei sind heutzutage Zufriedenheitswerte oder beziehungsbezogene (relationale) Kriterien unverzichtbar, so die Meinung vieler – längst jedoch nicht aller. Die Frage, welche Eigenschaften ein Führender haben sollte, um effektiv zu sein, kann also nicht ohne die Frage nach „effektiv wozu?" beantwortet werden.

In ihrer wichtigen Metaanalyse weisen *DeRue u. a.* (2011) für die Erklärung der Effektivität differenziert aus, dass die Eigenschaften der Führungskraft deutlich geringer zu Buche schlagen als das Führungsverhalten. Zusammen erklären **Eigenschaften und Verhalten** je nach betrachtetem Effektivitätskriterium zwischen 31 % (Gruppenleistung) und 92 % (Zufriedenheit mit dem Führer) der Varianz (56 % Geführtenzufriedenheit; 58 % Führerleistung). Davon entfallen auf das Führungsverhalten jedoch zwischen 20 % und 70 % der Varianz, auf die Eigenschaften lediglich 2 % bis 22 %. Insgesamt ist damit das Führungsverhalten bei der Vorhersage von Führungseffektivität viel wichtiger als es die Eigenschaften des Führenden sind, wie *DeRue u. a.* (2011, S. 37) herausstellen:

> „Overall, we found that leader behaviors had a greater impact on leadership effectiveness criteria than did leader traits."

Die Eigenschaften selbst waren in ihrer Bedeutung für beziehungsorientierte Erfolgskriterien stärker als für aufgabenbezogene. Transformationales Führungsverhalten (inklusive der transaktionalen Komponente) war das wichtigste Verhalten mit Blick auf die gewählten Erfolgskriterien (☞ D. II. 3). Es überlappte dabei sehr stark mit den beiden Dimensionen des Führungsverhaltens aus den Ohio-Studien (aufgabenorientiertes und beziehungsorientiertes Verhalten, ☞ D. II. 2.4), die wir später noch kennen lernen werden. Hier muss man jedoch sehen, dass Verhalten wiederum auf Dispositionen und Lernerfahrungen basiert. Ein zielbezogenes aufgabenorientiertes Verhalten ist ohne analytische Fähigkeiten zur Beurteilung des Sachverhaltes und seiner Zusammenhänge nicht möglich, wie ein beziehungsorientiertes Verhalten emotionale Sensibilität voraussetzt. Ein wandelorientiertes Verhalten ist ohne Kreativität, Risikoneigung oder die Fähigkeit zur Motivation anderer vermutlich wenig erfolgreich. Zu diesen Eigenschaften gesellen sich andere, für die Ausprägung des Verhaltens wichtige Faktoren wie ein Gefühl für den richtigen Zeitpunkt (Timing) oder vor allem Einübung (Training). Verhalten ist also mehrfach determiniert, wodurch der höhere Varianzerklärungsanteil verständlich wird. Allerdings sind die hierzu hilfreichen oder notwendigen Eigenschaften in unterschiedlichen Situationen von unterschiedlicher Bedeutung, wodurch der relative Anteil einer einzigen Eigenschaft jeweils sinkt (vgl. in diesem Sinne auch *Lord/Dinh* 2012, S. 43).

Die alte Lewinsche Frage, wodurch Verhalten determiniert ist (Person, Umwelt) ist damit nicht beantwortet. Pragmatisch ist das Setzen auf eine verhaltensorientierte Herangehensweise insofern schon, als Verhalten leichter in der Führungspraxis beobachtet werden kann. Allerdings ist eine Prognose für erfolgreiches Handeln in anderen Situationen als in den bisherigen begrenzt. Hier haben Eigenschaften und Motive einen umfassenderen Anspruch. Offen bleibt zudem stets, inwieweit aktuelle oder zukünftige Veränderungen von Führungsbeziehungen andere Gewichte oder Verschiebungen in den einzelnen Bereichen zur Folge haben werden, da Metaanalysen nur nach hinten schauen können und dem dort zu Grunde gelegten Paradigma verhaftet sind. Beispielsweise gibt es Belege dafür, dass im Rahmen einer kollektiv gedachten Führung das beziehungsorientierte Verhalten und damit notgedrungen auch entsprechende förderliche Dispositionen an relativem Einfluss gewinnen werden und auch erweiterte Effektivitätskriterien erfordern (vgl. *Weibler/Rohn-Endres* 2010; beispielsweise „process outcomes": „Wie spielte das Team zusammen" und „achievement outcomes": „Hat das Team gewonnen", vgl. *Kaiser/Hogan/Craig* 2008).

Es gibt zudem sehr interessante Hinweise, dass eine frühe Ausübung von Führungsfunktionen, beispielsweise in der Schule, einen beachtlichen Einfluss auf die spätere Übernahme von Führungspositionen besitzt (siehe bestätigend auch *Ilies/Arvey/Bouchard* 2006). *Ligon*, *Hunter* und *Mumford* (2008) betonen anhand einer biografischen Analyse von 120 unterschiedlichen Führungspersonen, dass es der Umgang mit prägenden, auch frühen Ereignissen ist, der Führungswunsch und Führungsform ausbildet. Beispielsweise machten an der Gemeinschaft orientierte Führer wichtige Erfahrungen: Sie bildeten ein sehr stabiles Wertesystem aus, u. a. weil negative Ereignisse, die sie ereilten, später positiv oder als hilfreich von ihnen gewertet wurden und sie darüber hinaus die Bedeutung von Freundlichkeit und die Berücksichtigung der Anliegen anderer rechtzeitig lernten. D.h. wiederum, dass eine starke Prädisposition alleine nicht ausreicht, sondern dass Anstrengung und Wille, zu lernen und das Gelernte einzuüben, mit entscheidend sind.

Nach einer Studie von *Arvey u. a.* (2007), die die Einnahme von **formalen** wie **informellen Führungsrollen** thematisierte, wurde beispielsweise der genetische Einfluss auf rund 30 % und der berufsrelevante sozialisatorische Einfluss (→ Sozialisation) auf rund 15 % taxiert, der Rest blieb offen. Sie selbst plädieren deshalb für eine Investition in die Personalentwicklung, weil sehr viel Spielraum für die Herausbildung von Führungsfähigkeiten bleibe.

Selbst für die Big Five wird angenommen, dass sie erst im frühen Erwachsenenalter relativ stabil sind und also während der vorherigen Lebensspanne entwickelt werden können. Einer allgemeinen Metastudie zur Stabilität von Persönlichkeitseigenschaften folgend (vgl. *Roberts/DelVecchio* 2000; aber ohne Intelligenz, Stimmungen, Affekte u. a., sehr wohl aber die **Big Five**) ist der Höhepunkt der Konsistenz erst bei einem Lebensalter von 50 gegeben, wie wohl (spätere) lebensverändernde Ereignisse, z. B. eine Pensionierung, wiederum Variabilität hineinbringen können. Danach besteht sehr lange also noch ein Veränderungsspielraum, sicherlich immer etwas kleiner werdend (keine lineare, sondern durch altersbedingte Lebenspunkte markierte Entwicklung in Sprüngen). Dispositionale wie sozialisatorische Einflüsse können natürlich auch zusammenfallen und dann sind die Chancen zu führen, folgt man den einschlägigen Studien, ungleich verteilt, aber selbst diese lassen wie gesehen noch viel Raum für andere Parameter.

Es ist letztendlich auch eine Frage, inwieweit man Fertigkeiten wie Empathie oder Netzwerkbildung als eigenschaftsbasiert oder vollständig erlernbar erachtet. Wird eigenschaftstheoretisch argumentiert, kommen hier große Varianzerklärungsanteile für die Führung hinzu, ebenso, wenn man die Fähigkeiten und Fertigkeiten zur Änderung von Situationsfaktoren hier zuschlagen würde, was deren a priori angenommenen Einfluss verringerte. Letztendlich kann an dieser Stelle die notwendige methodische Diskussion nicht geführt werden. Dazu würde auch gehören, auf eine breitere Autorenschaft in der Erforschung dieses Themas zukünftig zu setzen. Auch wären Erkenntnisse aus der Willenspsychologie in die Diskussion einzuführen (wegbereitend *Ach* 1935), wo die Kraft des Wollens, etwas zu initiieren und auch beizubehalten, besonders für erfolgreiche Handlungen herausgestellt wird, manchmal auch entgegen eigener Bedürfnisse. Und über die Moralität sagen alle Studien zudem nichts aus.

Diese Reflexion sollte auch in der Praxis deponiert werden, wo die **Eigenschaftstheorie der Führung** nach wie vor breite, oft aber leider unkritische Anerkennung findet. Dies ist wohl in erster Linie darauf zurückzuführen, dass sie herkömmlichen Denkgewohnheiten und Wunschvorstellungen entspricht (vgl. *Kunczik* 1972, S. 265). Auch sollte nicht übersehen werden, dass die Eigenschaftstheorie zur **ideologischen Rechtfertigung** von Führungsansprüchen herangezogen werden kann (☞ A. II. 1.3). Die Argumentationsfigur „Führungspositionen können nur von denjenigen besetzt werden, die dispositionale (d. h. kaum erlernbare) Eigenschaften mitbringen", legitimiert die gegenwärtigen Inhaber von Führungspositionen, da diese quasi aus „zwingenden Gründen" diese Position einnehmen. Andere scheinen dann wiederum gerade für Geführtenpositionen prädestiniert zu sein. Einen durchaus mit gegenwärtigen Befunden vereinbaren Weg beschreiten *Weinert/Scheffer* (1999), wenn sie von einem erkennbaren *„Führungspotenzial"* sprechen, dabei allerdings konzedieren, dass die hierfür relevanten Persönlichkeitsvariablen *„in den verschiedenen Positionen und Funktionen einer Führungskraft unterschiedlich wirksam und wichtig sind"* (S. 195). Das sogenannte **Führungstalent**, welches sich bereits sehr frühzeitig entwickelt, manifestiert sich in verschiedenen Dispositionen, die mehrere Bereiche berühren:

- Interpersönlicher Bereich (z. B. Durchsetzungskraft, Ehrgeiz, Unabhängigkeit),
- Intrapersönlicher Bereich (z. B. Arbeitsverhalten, Selbstdisziplin, Toleranz),
- Leistungspotenzial (z. B. Leistungsmotivation (☞ C. II.), Unternehmergeist, Commitment),
- Ausdrucksformen des Intellekts und der Interessen (z. B. Beharrlichkeit, Suche nach neuen Perspektiven, Orientierung im Neuland).

Zur Erfassung dieser Merkmale und stabilen Verhaltensweisen hat *Weinert* eine revidierte deutsche Fassung des „California Psychological Inventory" entwickelt, der anhand von Einzelskalen, Skalenkombinationen und Skaleninteraktionen präzise und berufsgruppenspezifische Aussagen zum Führungstalent (und Managementpotenzial) ermöglichen soll (vgl. *Weinert* 2004).

Vor dem Hintergrund der Notwendigkeit einer situativen Relativierung (☞ A. III. 3) der Eigenschaftstheorie ist es nicht so sinnvoll, konstante Eigenschaftslisten bei der Personalauswahl zu verwenden. Diese müssten dem Arbeitsumfeld entsprechend – zumindest in Teilen – variieren. Dies stellt insbesondere dann ein Problem dar, wenn mit Versetzungen neue Aufgabengebiete verantwortet werden sollen. Deshalb werden in jüngerer Zeit eher **Schlüsselqualifikationen** zu erfassen versucht, die als Metafertigkeiten eine Brücke zwischen Führereigenschaften und Führungsverhalten darstellen (vgl. *Day* 2012, S. 120 f., z. B. Selbst-Management) und möglicherweise die Passung von individuellem Vermögen und Situationserfordernis bewerkstelligen können (☞ C. III.).

Zu beachten ist zukünftig aber auch stärker die umgekehrte Frage, was Misserfolg provoziert. Hier darf nicht automatisch davon ausgegangen werden, dass es nur oder überhaupt das Gegenteil einer positiven Eigenschaft (oder eines positiven Verhaltens) ist. Des Weiteren hängt es wie im Erfolgsfall nicht nur und nicht zwingend überwiegend an solchen auszumachenden Persönlichkeitseigenschaften. Forschungen zum **Managementversagen** (Führungsversagen, Derailment, Entgleisung von Führung) zeigen, dass hier mehrere Kandidaten infrage kommen (subklinische Formen des Narzissmus, unangebrachter Führungsstil, fehlende soziale oder fachliche Fertigkeiten (vgl. *Kanning* 2014); provozierte Verschlossenheit der Mitarbeiter (vgl. *Frömmer/Wegge/Strobel* 2014); Selbststeuerung, z. B. Problemverschiebung als ungünstige kognitive Strategie (vgl. *Kennecke/Frey* 2014). Vom **Derailment**, dem hier momentan populärsten Begriff in diesem Wortkonzert, spricht man dann, wenn eine Führungskraft wider Erwarten an ihrer Aufgabe scheitert und ausscheidet (freiwillig oder nicht), unfreiwillig auf der Stelle tritt oder hierarchisch zurückgestuft wird (vgl. *Kanning* 2014, S. 13; *Sobek* 2012).

Kommen wir zurück auf die erfolgssuchende Eigenschaftstheorie. Summarisch wäre festzuhalten, dass sich neben diesen besonderen auf die erkannten, allgemeinen Persönlichkeitsfaktoren (inklusive kognitive Fähigkeiten) konzentriert werden sollte. Des Weiteren wären implizite Motive zu erheben. Insbesondere sozial-emotionale Fähigkeiten bzw. Fertigkeiten sollten ebenfalls erfasst sowie das ethische Reflexionsvermögen ermittelt werden.

Damit hätte man unserer Ansicht nach, ergänzt um spezifische Wissenselemente (insbesondere Fachkompetenz) und erfahrungsbedingte, vergangenheitsorientierte Führungs-, Verhaltens- wie Leistungsdaten (siehe hier das strukturierte Interview als Informationsmedium) ein – unter den gemachten Einschränkungen – aktuelles Gerüst zur Einschätzung von dem bei dieser Person erwarteten Führungserfolg. Das aus den Basismotiven abgeleitete **Führungsmotiv** nähme für die Frage des Anstrebens von Führerschaft eine Sonderrolle ein (vgl. zur Übersicht *Gatzka/Felfe* 2015).

2. Attributionstheorie der Führung: Wie Führung zugeschrieben wird

2.1 Hintergrund

Die Attributionstheorie ist eine kognitive sozialpsychologische Theorie. In ihrer Ausformulierung ist sie mit den Namen *Heider* (1958), *Weiner u. a.* (1971) und *Kelley* (1967) verbunden. Ende der Siebzigerjahre wurde sie erstmalig auf den Führungsbereich angewandt (vgl. zur Übersicht *McElroy* 1982) und hinsichtlich ihres Aussagebereichs erweitert (vgl. *Weiner* 2004). Sie beschäftigt sich damit, wie Personen Urteile über die Ursachen ihres eigenen Verhaltens und das Verhalten anderer Personen bilden bzw. wie Personen Handlungsresultate oder Ereignisse auf die sie bestimmenden Faktoren zurückführen. Unter **Attribution** versteht man dabei die subjektive Zuschreibung verschiedener Geschehnisse auf bestimmte, sie bedingende Ursachen. Diese Vorgehensweise stellt insofern eine wichtige Voraussetzung für die individuelle Handlungsfähigkeit dar, als durch Attributionen die heterogene Umwelt geordnet, strukturiert und damit durchschaubar erscheint (vgl. *Meyer/Schmalt* 1978). Erst so wird es möglich, Aussagen über zukünftige Entwicklungen zu tätigen (vgl. *Stiensmeier-Pelster/Heckhausen* 2010).

Im Bereich der Führung fand die Attributionstheorie in zwei verschiedenen Forschungsrichtungen Anwendung. Das **Erkenntnisinteresse** der einen Forschungsrichtung zielt auf die Frage ab, wann eine Person als Führer von den (dann) Geführten identifiziert wird und welche Zuschreibungsprozesse sich dabei abspielen (vgl. *Calder* 1977). Die andere Forschungsrichtung fragt danach, welche systematischen Zuschreibungen Führer (Vorgesetzte) bei der Einschätzung der Leistung ihrer Geführten (Mitarbeiter) vornehmen, wodurch und wie diese moderiert werden und welche Folgen für das Führungsverhalten daraus resultieren (vgl. *Green/Mitchell* 1979). Hier, bei der Behandlung der Frage nach der Entstehung von Führerschaft, wollen wir lediglich die erste Forschungsrichtung weiterverfolgen. In der Regel wird die Anregung zu diesen Forschungen auf einen Aufsatz von *Calder* (1977) zurückgeführt. Seine **Attributionstheorie der Führung** soll deshalb nachgezeichnet werden. *Calder* bezieht in seine Theorie allgemeine attributionstheoretische Überlegungen von *Kelley* (1973) mit ein. Auf diese wollen wir daher zunächst eingehen. Die oben ausgesprochene Frage nach Attributionsprozessen bei der Einschätzung von Leistungen der Geführten greifen wir intensiv im Motivationskapitel (☞ C. II.) auf (eine umfassende Übersicht liefern *Martinko/Harvey/Douglas* 2007; zudem *Lakshman* 2008), wiewohl das *Kelley*-Modell auch hierfür unverzichtbar ist. Dort werden dann allerdings noch weitere, notwendige attributionstheoretische Grundlagen abgehandelt.

2.2 Zentrale Aussagen

Kelleys Grundlegung der Attributionstheorie
Nach Auffassung von *Kelley* (1973) verhält sich jeder Laie wie ein Sozialwissenschaftler, wenn er aus der Beobachtung von Handlungen auf deren Ursachen schließt. In einer unsicheren und dynamischen Umwelt sucht er nach Hinweisen, die ihm zutreffende Erklärungen über das Zustandekommen von Handlungen ermöglichen. *Kelley* hat diesen Attributionsprozess mit dem Verfahren der Kovariation von Ursache und Wirkung unter verschiedenen Bedingungen verglichen. Attribution nach dem **Prinzip der Kovariation** setzt voraus, dass Informationen aus mehreren Beobachtungen vorliegen. Das Kovariationsprinzip besagt, dass eine Wirkung derjenigen Ursache aus der Menge möglicher Ursachen zugeschrieben wird, mit der sie über die Zeit hinweg gemeinsam auftritt (kovariiert) (vgl. *Kelley* 1973, S. 108). In der Ursachenzuschreibung für Verhalten unterscheidet *Kelley* drei Kategorien, von denen er behauptet, dass sie zur Erklärung von Verhalten im Alltag hinreichend sind:

- **Entitäten:** Das sind isolierbare Größen, auf die sich die beobachtete Handlung richtet (z. B. Aufgaben, andere Personen).
- **Personen:** Hiermit sind diejenigen Personen gemeint, die mit diesen Entitäten in Kontakt stehen.
- **Situationsbedingungen:** Darunter werden besondere Umstände zu verschiedenen Zeitpunkten verstanden, in denen ein Kontakt zwischen Personen und Entitäten stattfindet.

Wir wollen den eigentlichen Ursachenzuschreibungsprozess anhand eines Beispiels verdeutlichen: Ein Vorgesetzter stellt fest, dass eine Mitarbeiterin ein überragendes Resultat erzielt hat (Information zur Person).

Er stellt weiter fest, dass die betreffende Person dieses überragende Resultat schon öfter, auch in anderen Abteilungen, gezeigt hat (Information zum Zeitpunkt/Kontext). Ferner hat er beobachtet, dass die Mitarbeiterin bei verschiedenen Aufgaben mit unterschiedlichen Inhalten überragende Resultate erzielt hat (Informationen zur Entität).

Was macht der um eine Ursachenanalyse bemühte Vorgesetzte nun mit diesen unterschiedlichen Informationsklassen? Sie oder er handelt wie ein Laienpsychologe: Die genannten drei Dimensionen gehen als unabhängige Variable in eine „kognitive Varianzanalyse" ein, deren abhängige Variable das zu erklärende Ereignis, d.h. die beobachtete Handlung ist. Wo liegt hier nun eine Kovarianz vor und welche Folgen hinsichtlich der Ursachenbestimmung sind daraus zu ziehen? Die Ursachenbestimmung hängt entscheidend von den Informationen ab, die der Attribuierende (hier der Vorgesetzte) über die Stabilität des beobachteten Effekts besitzt und zwar hinsichtlich der Entität, der Personen und der Zeitpunkte bzw. situativen Umstände. Die Informationsmuster werden nach den folgenden drei Kriterien gebildet:

- **Distinktheit** (= Einzigartigkeit): Bei diesem Kriterium stellt sich die Frage, ob die Effekte immer nur bei der Konfrontation mit einer bestimmten Entität auftreten und demnach nicht bei anderen Entitäten zu beobachten sind. Die Distinktheit ist hoch, wenn der Sachverhalt nur gegenüber einer oder wenigen Entitäten zu beobachten ist, sie ist niedrig, wenn bei vielen anderen Entitäten kein Unterschied besteht.
- **Konsensus:** Bei diesem Kriterium stellt sich die Frage, ob die Reaktion der betrachteten Person der Reaktion vergleichbarer Personen gegenüber dieser Entität entspricht. Der Konsensus ist hoch, wenn sich alle dem Objekt gegenüber gleich verhalten, er ist niedrig, wenn sich nur diese Person in dieser speziellen Art und Weise verhält.
- **Konsistenz:** Bei diesem Kriterium stellt sich die Frage, ob sich die Reaktion bei der Konfrontation mit der gleichen Entität zu verschiedenen Zeitpunkten wiederholt (die Person also immer so handelt) oder ob sich unterschiedliche Ergebnisse zeigen. Die Konsistenz ist hoch, wenn gleiches Verhalten zu unterschiedlichen Zeiten *und* auch unter anderen Umständen bezogen auf eine bestimmte Entität auftritt, sie ist niedrig, wenn ein Verhalten einmalig oder zumindest selten gezeigt wird.

In Bezug auf Entitäten führt der Attribuierende also eine **Distinktheitsprüfung**, in Bezug auf Personen eine **Konsensusprüfung** und in Bezug auf Zeitpunkte und Umstände eine **Konsistenzprüfung** durch. Nun gibt *Kelley* an, wie aufgrund des Einsatzes dieser Informationsverarbeitungsregeln Ereignisse bzw. Handlungen entweder auf die Person, auf die Entität oder die Situation attribuiert werden. Demnach können folgende Arten der Attribution vorgenommen werden:

- Personenattribution,
- Entitätenattribution,
- Situationsattribution.

Werden die Informationen vereinfachend jeweils dichotom (hoch/niedrig) erfasst, ergeben sich insgesamt 9 (= 3^2) verschiedene Informationsmuster, von denen allerdings nur drei zu relativ eindeutigen kausalen Schlussfolgerungen führen. Die folgende Tabelle B.1 verdeutlicht diesen Sachverhalt:

	Distinktheit	Konsensus	Konsistenz
Personen-attribution	niedrig	niedrig	hoch
Entitäten-attribution	hoch	hoch	hoch
Situations-attribution	hoch	niedrig	niedrig

Tab. B.1: Schematische Darstellung des Attributionsprozesses nach *Kelley* (1973)

Wir sehen, dass eine **Personenattribution** bei niedriger Distinktheit, niedrigem Konsensus und hoher Konsistenz vorliegt. Die Ursache für das gezeigte Verhalten ist also innerhalb der beobachteten Person zu finden. Folgendes Beispiel verdeutlicht diesen Sachverhalt: Der Vorgesetzte stellt fest, dass eine Mitarbeiterin bei allen Aufgaben (Entwicklung von Marktstudien, Projektleitungen) im Gegensatz zu ihren Kollegen und zu allen Zeitpunkten unter verschiedenen Rahmenbedingungen herausragende Leistungen erbringt.

Eine **Entitätenattribution** liegt bei hoher Distinktheit, hohem Konsensus und hoher Konsistenz vor. Die Ursache für das gezeigte Verhalten ist außerhalb der beobachteten Person zu verorten. Dazu käme man, wenn eine beobachtete Person bislang nur an einer Aufgabe (in der Region X den Marktanteil um 2 % zu erhöhen) scheiterte, es ihren Kollegen bislang auch nicht besser erging und eine Bewältigung dieser konkreten Aufgabe auch bei mehreren Anläufen (3 Werbeaktionen pro Monat) unter wechselnden Rahmenbedingungen (Sommer/Winter) nicht gelang.

Eine **Situationsattribution** liegt bei hoher Distinktheit, niedrigem Konsensus und niedriger Konsistenz vor. Die Ursache für das gezeigte Verhalten ist also auch hier außerhalb der beobachteten Person zu finden. Beispielhaft heißt dies: Die beobachtete Mitarbeiterin zeigt nur bei einer konkreten Aufgabe (eine neue Werbung vor der Konkurrenz schalten) einmal eine herausragende Leistung, was bei anderen Aufgaben (z. B. Projektleitungen) ausdrücklich nicht zu beobachten ist. Kollegen ist diese konkrete Aufgabe bislang noch nicht geglückt, sie selbst konnte diese Leistung bei der gleichen Aufgabe zu früheren Zeitpunkten (2013 und 2014) unter den verschiedensten Rahmenbedingungen (in Kooperation mit der Werbeagentur A und B) nicht zeigen.

Abschließend folgt eine vereinfache Darstellung alternativer Formen der **Kausalattribution**, in der nur die beiden Fälle der **Entitätenattribution** und der **Personenattribution** aufgenommen wurden (vgl. Abb. B.6). Die **Situationsattribution** ist hier nicht berücksichtigt. Damit wollen wir die vorbereitenden Erläuterungen abschließen und uns Calders Attributionstheorie der Führung zuwenden.

Calders Attributionstheorie der Führung

Calder (1977) schließt mit seiner Ausarbeitung an die „naive Psychologie" von *Fritz Heider* an, der davon ausgegangen war, dass Menschen ihre Welt dadurch ordnen und vorhersagbar machen, dass sie Ereignisse nicht einer unüberschaubar großen Anzahl situativer Faktoren zuordnen, sondern lieber einzelne Handelnde dafür verantwortlich machen. Führung ist in diesem Zusammenhang ein besonders markanter Fall dieser Tendenz, Komplexität zu reduzieren und personale Ursachen für ein Verhalten bzw. die Wirkung eines Verhaltens zu suchen (vgl. auch *Meindl* 1990).

Ob jemand „Führer" genannt wird, ist durch persönliche Merkmale aber nicht festgelegt: Ein Führer kann selbstlos oder egoistisch, sensibel oder rücksichtslos sein. Als Führer gilt eine Person auch immer nur für eine bestimmte Gruppe, deren Erwartungen sie erfüllt (in einer Fußballmannschaft gelten z. B. teilweise andere Führungskriterien als in einem Industriebetrieb). So wird deutlich, dass Führerschaft nicht aus einem Anspruch einer Person abgeleitet werden kann, sondern von den potenziell **Geführten** erschlossen und zugeschrieben werden muss.

Bei der Beschreibung des Attributionsprozesses geht *Calder* dementsprechend von der Grundthese aus, dass Führung nicht „an sich" existiert, sondern ein hypothetisches Konstrukt (→ Konstrukt) oder Etikett ist, das Geführte in ihren Köpfen selbst gebildet haben. Im Ein-

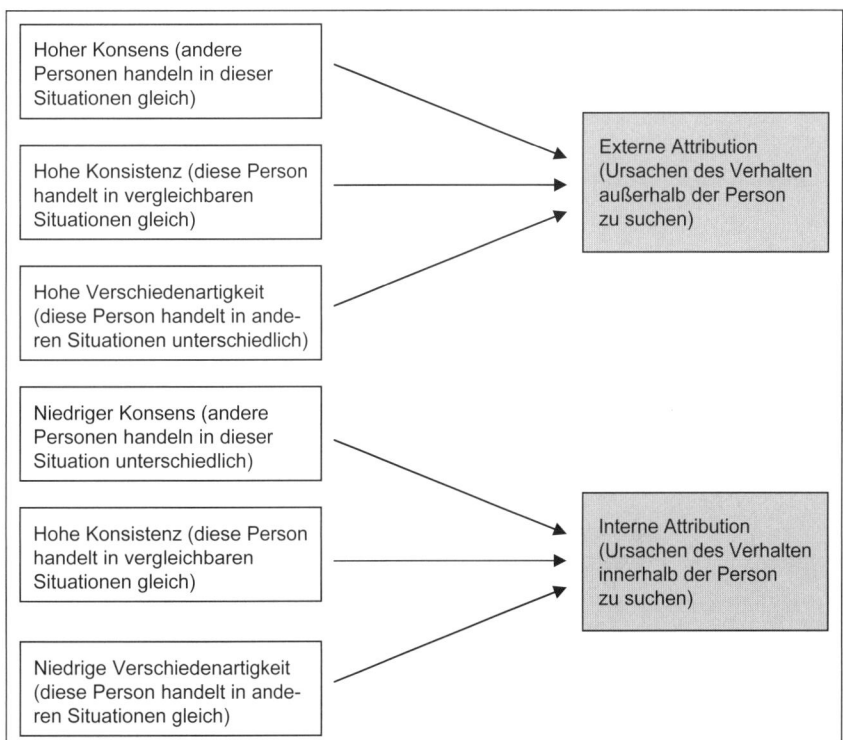

Abb. B.6: Alternative Formen der Kausalattribution (in Anlehnung an *Kelley* 1973 und *Staehle* 1999, S. 206)

zelnen ist nach *Calder* (1977, S. 196) von nachfolgendem Attributionsprozess auszugehen, wobei das Diagramm in Abbildung B.7 von unten nach oben gelesen werden muss (vgl. dazu *Neuberger* 2002, S. 557 ff.).

Das dort gezeichnete Attributionsmodell beantwortet die Frage, wie ein Attributionsprozess bei einem Beobachter abläuft, der sich dafür interessiert, ob es sich bei der beobachteten Person nach ihrer Einschätzung um eine Führungsperson handelt. Dazu müssen Handlungen, Ergebnisse und Ereignisse auf eben diese Person zurückgeführt werden können. Dies war auch die Überlegung von *Kelley*.

Grundlage beim Start des Attributionsprozesses ist das stereotype Vorverständnis, das die beobachtende Person

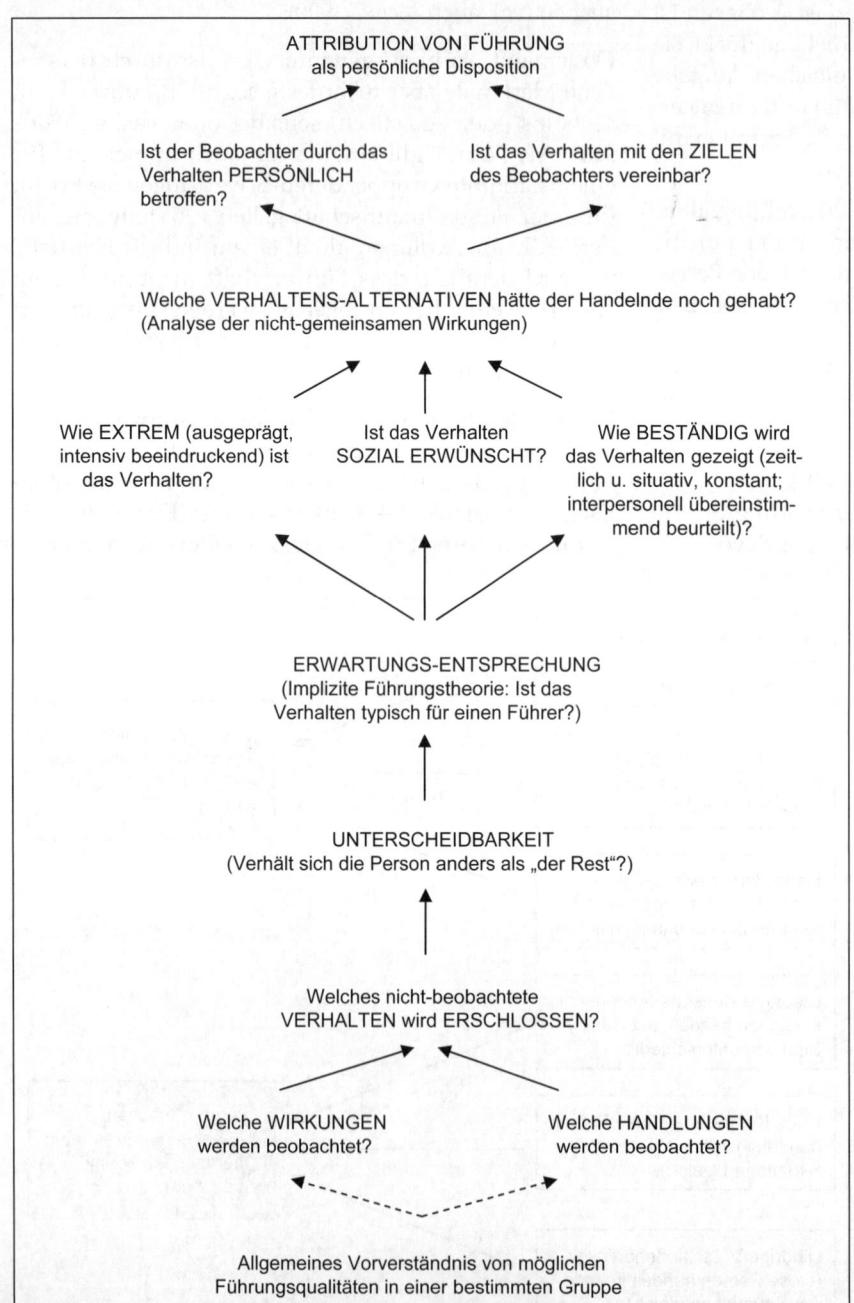

Abb. B.7: Flussdiagramm des Attributionsmodells
(*Calder* 1977, in der Übersetzung von *Neuberger* 2002, S. 558)

in Bezug auf Führungsqualitäten hat. Dieses Vorverständnis wird durch die Sozialisation und eigene Erfahrungen erworben. Der eigentliche Attributionsprozess verläuft hierauf aufsetzend über insgesamt vier Stufen:

In der **ersten Stufe** werden die Handlungen dieser Person beobachtet oder beobachtete Wirkungen mit dieser Person in Verbindung gebracht. Damit hat man zunächst einfach Informationen zu dieser Person.

In der **zweiten Stufe** wird in einer Art „Beweisführungsprozess" untersucht, ob diese Informationen zum Verhalten oder zu den Effekten überhaupt führungsrelevant sind. Diese Stufe des Attributionsprozesses läuft in mehreren Schritten ab:

- Zuerst wird den gesammelten Indizien (Beobachtungen, Berichte) – wenn möglich – weiteres Material hinzugefügt, indem aus nicht selbst beobachtetem Verhalten auf den Anteil der Person daran zurückgeschlossen wird (die Kosten wurden reduziert, der neue Abteilungsleiter muss wohl „durchgegriffen" oder seine Mitarbeiter zu Kosteneinsparungen „motiviert" haben).
- Hiernach wird überprüft, ob sich diese Person anders als die anderen Personen in der Bezugsgruppe verhält, ansonsten könnte sie ja nicht nachhaltig für bestimmte Wirkungen verantwortlich gemacht werden (wenn sich z. B. in einer Fußballmannschaft ein Stürmer selbst auswechselt oder auch Spieler Mitspieler anweisen und Trainingspläne machen, dann kann der Trainer nicht als Führer ausgemacht werden).
- Anschließend erfolgt der Vergleich dieser Wahrnehmungsdaten mit den eigenen Erwartungen an einen Führer (Führerprototyp, ☞ A. II. 2.2). Dies bedeutet, dass der potenziell Geführte die ihm vorliegenden Informationen hinsichtlich der Entsprechung mit der eigenen (gruppenspezifischen) **impliziten Führungstheorie** (☞ A. III. 1.1) überprüft (z. B. in einer Straßenbande muss sich ein „typischer Führer" bei Meinungsverschiedenheiten im Extremfall mit physischer Gewalt durchsetzen können, während ein solches Verhalten bei einem Manager in einem Industriebetrieb ein Kündigungsgrund wäre).
- Danach laufen drei Prüfungsschritte parallel ab. Erstens wird geprüft, ob das wahrgenommene Verhalten ausgeprägt genug war, dass es tatsächlich einen gravierenden Unterschied zum üblichen Verhalten machte. Zweitens wird geprüft, ob das Verhalten nicht externalen Faktoren wie sozialer Erwünschtheit oder Gruppendruck attribuiert werden kann. Eine internale, d. h. auf Führungs-Qualitäten bezogene Attribution ist wahrscheinlicher, wenn ein Verhalten nicht nur breite Zustimmung einbringt, sondern vielmehr ein sozialer Widerstand zu überwinden war. Drittens wird geprüft, ob das gezeigte Verhalten charakteristisch für die Person ist. Die Grundfrage dabei ist, ob das beobachtbare Verhalten eindeutig dieser Person zugeordnet werden kann. Eindeutig zugeordnet werden kann ein Verhalten dann, wenn es kontinuierlich von dieser Person im Kontakt mit verschiedenen Entitäten gezeigt und von anderen in dieser Form nicht gezeigt wird sowie situativ, d. h. im Zeitablauf konstant, ist. Bei diesem Prüfungsschritt bedient sich der potenziell Geführte mehr oder weniger bewusst der **Kovarianzanalyse** von *Kelley*, die wir bereits kennen gelernt haben. Mit *Kelley* fragt sich der Beobachter (hier: der potenziell Geführte) im Idealfall also: Hatte die Person nur bei dieser Aufgabe, bei diesem Ereignis Erfolg? (nein? Distinktheit dann niedrig!). Haben andere Personen bei dieser Aufgabe, bei diesem Ereignis ebenfalls Erfolg? (nein? Konsensus dann niedrig!). War die Person in Ausübung dieser Aufgabe auch unter unterschiedlichen Rahmenbedingungen in der Vergangenheit erfolgreich? (ja? Konsistenz dann hoch!). Fällt auch diese Prüfung positiv aus, ist ein weiteres Hindernis zur Zuerkennung von Führerschaft beseitigt, denn eine eindeutige Personenattribution liegt vor.

In der **dritten Stufe** werden die bisher gewonnenen Informationen bewertet. Der potenzielle Führer wird noch daraufhin begutachtet, ob er in dieser Situation überhaupt hätte anders handeln können bzw. ob nicht jede Handlung letztendlich die gleiche Wirkung gezeigt hätte. Besonders aussagekräftig mit Blick auf die Zuerkennung von Führerschaft sind diejenigen Verhaltensweisen, von denen angenommen wird, dass sie nicht durch die Situation erzwungen wurden und vermutlich deshalb andere Wirkungen aufweisen als ein alternatives Handeln. Typische Aussagen wären: „Hier hätte jeder neue Trainer Erfolg gehabt" vs. „Hier wäre ansonsten jeder gescheitert" bzw. „Üblicherweise spricht man doch in einer solchen Angelegenheit zuerst mit dem Abteilungsleiter" vs. „Das hätte sich wohl kaum jemand getraut, weil der Abteilungsleiter als nachtragend bekannt ist".

In der **vierten Stufe** kommen abschließend noch Prüfkriterien ins Spiel, die zum Ausdruck bringen, dass die Attribution nicht sachlich-neutral, sondern interessengebunden ist. Auf dieser Stufe ist insbesondere die Prüfung der wahrgenommenen Verhaltensweisen im Hinblick auf die persönliche Betroffenheit und die

Vereinbarkeit mit persönlichen Zielen des potenziell Geführten relevant. Dabei wird ein potenziell Geführter als Führung eher solche Akte klassifizieren, die ihm selbst Vorteile bringen. Der Attributionsprozess schließt mit der **Attribution** oder **Nicht-Attribution von Führereigenschaften**.

Calder gelingt es damit, Führung als eine Wahlentscheidung darzustellen, in der der Beobachter frei ist, Führung zuzuschreiben oder nicht. Diese Freiheit wird natürlich dadurch beschritten, dass der Beobachter einzelne Prüfstadien durchläuft und dadurch zu einem geleiteten Urteil kommt. Dieser Prüfprozess kann durch äußere Einflüsse verzerrt werden, beispielsweise weil Misserfolg stärker als Erfolg gewichtet wird (vgl. detailliert zu solchen Verzerrungen in Organisationen *Schyns/Hansbrough* 2008). Die grundlegende Bedeutung von organisationsbezogenen Leistungssignalen für führungsbezogene Attributionsprozesse wird auch in aktuellen Studien betont. So stellen etwa *Jacquart/Antonakis* (2015) heraus, dass im Führungskontext **attributionale Mechanismen** vorwiegend dann aktiviert werden, wenn deutliche Leistungssignale im Sinne von klaren Informationen über (vergangene) gute oder schlechte (organisationale) Leistungsergebnisse vorliegen; diese können (und werden in der Regel) dann der Führungsperson (ob gerechtfertigt oder nicht) ursächlich zugeschrieben werden (vgl. *Bligh/Kohles/Pillai* 2011). Fehlen dahingegen derartige klare (organisationale) Leistungsindikatoren, wird der Attributionsprozess und damit die Evaluation einer Person als Führer aufgrund von Ambiguität erschwert. In derartigen Situationen attributionaler Ambiguität („**attributional ambiguity**") machen Individuen stärker von ihren impliziten Führertheorien (z.B. ihre prototypischen Vorstellungen von einem Führer (→ Prototyp, ☞ A. III. 1) Gebrauch. Daraus ziehen *Jacquart/Antonakis* (2015) auch den Schluss, dass die (prototypenbasierte) Evaluation einer Person als (charismatischer) Führer eher in Situationen mit fehlenden Leistungsindikatoren und einer damit verbundenen attributionalen Ambiguität auftritt. Dahingegen wird Führungscharisma sowie prototypisierte Führungszuschreibung in Kontexten mit klaren Leistungssignalen relativ bedeutungslos. Denn hier kann die Führungsperson durch die vorhandenen (organisationalen) Erfolgs- oder Misserfolgsindikatoren als (kompetenter) Führer oder Führerin evaluiert werden. Das heißt, Charisma erstrahlt am besten, wenn attributionsrelevante Informationen (z.B. über organisationale Leistungsergebnisse) unklar sind (vgl. weiterführend *Jacquart/Antonakis* 2015; ☞ B. II. 4). Allerdings darf trotz der vorstehend beschriebenen Bedeutung von Leistungsindikatoren für die Führungsattribution keinesfalls übersehen werden, dass Attributionsprozesse auf Personen mit der Frage, ob es sich um eine Führungsperson handelt, und die tatsächliche Evaluation von Führungsleistung bzw. Führungseffektivität zwei ganz verschiedene Prozesse sind, die auf unterschiedlichen Konstrukten basieren (vgl. *Lord/Dinh* 2014; *Bligh/Kohles/Pillai* 2011; ☞ A. III. 1.1 und A. III. 4).

2.3 Kritische Würdigung

Zugegebenermaßen mutet dieser Prüfgang kompliziert an und man fragt sich, ob dieser Prozess immer so durchlaufen wird. In diesem Sinne könnte man von einer normativen Theorie sprechen, die einen Idealablauf modelliert, ohne genau zu wissen, wie genau sich Mitarbeiterinnen daran halten (vgl. auch *Stiensmeier-Pelster/Heckhausen* 2010). Wir denken, dass die Grundlogik vieles für sich hat, dass aber die einzelnen Prüfschritte in den wenigsten Situationen in ihrer Gesamtheit benötigt werden. Auch wenn dieses Modell von *Calder* im Rahmen seiner Führungstheorie einen rationalen Zugang darstellt, laufen die einzelnen Prozesse vielfach sehr schnell und automatisch, damit unmerklich ab. Nur dort, wo hohe Abweichungen von den Erwartungen bestehen oder wo die Einschätzung eine extreme Bedeutung für die attribuierende Person besitzt, ist eine vollständige Übernahme des rekonstruierten Ideals oder wesentlicher Teile wahrscheinlich. Natürlich kann dies in der Führungspraxis zum Schluss zu der schwierigen Entscheidung führen, wie man mit gemischten oder fehlenden Informationen umgeht, denn die hier unterstellte vollständige Information ist nicht die Regel. Menschen benutzen dann kausale Schemata, die auf Erfahrungen oder Vorurteilen basieren oder vertagen die Entscheidung über die Zuerkennung von Führerschaft.

Abschließend bleibt hinzuzufügen, dass die allgemeinen attributionstheoretischen Grundlagen, auf die *Calder* rekurriert, empirisch gut abgesichert sind. Dies steht für die Absicherung des gesamten Prüfprozesses zur Zuschreibung von Führung noch aus, wiewohl Ergebnisse zu einzelnen Bereichen vorliegen (vgl. *Martinko/Harvey/Douglas* 2007). Dies gilt insbesondere für die Behauptung, dass der Beobachter seine Beobachtungen mit von ihm geteilten Führungsprototypen abgleicht. Diese grundsätzliche Annahme, dass Menschen über prototypische Vorstellungen (→ Prototyp) hinsichtlich Führerqualitäten verfügen, hat seit der Studie von *Lord/Maher* (1991) vielfältige empirische Bestätigung gefunden: *Lord* und *Maher* konnten zeigen, dass personenübergreifend gewisse Grundstrukturen hinsichtlich erwarteter Merkmale und Verhaltensweisen von Führern auszumachen sind. Dies haben wir bereits bei der Besprechung der impliziten Führungstheorie aufgezeigt. Hiermit wird das Defizit des Ansatzes von *Calder* aufgefangen, das sich in der ausschließlich formalen Struktur und der fehlenden inhaltlichen Ausfüllung (Was sind prototypische Führerqualitäten?) konkretisiert. Das rein individualistische Modell von *Calder* erscheint auf diese Weise für soziale Kontexte zwar grundsätzlich verträglich und immer noch gültig Allerdings sollte die eingängige Plausibilität des Attributionsmodells nicht als Rechtfertigung für die Anwendung allzu einfacher stereotypisierter Zuschreibungs- und Bewertungsprozesse herangezogen und dadurch unreflektiertes Schubladendenken hoffähig gemacht werden. Überdies verweisen aktuelle attributionstheoretische Forschungsergebnisse darauf, dass gerade im Kontext von komplexen sozialen Phänomenen wie Führung allzu einfache Attributionsmechanismen kontraproduktiv sind.

So belegen *Sun/Anderson* (2012) empirisch basiert die Vorteile eines komplexen Attributionsstils (sogenannte **attributional complexity**). Attributionale Komplexität (attributional complexity, AC) ist verbunden mit einer erhöhten kognitiven Komplexität und bezieht sich auf die *„capability of discriminating and integrating dimensions related to social judgment in order to understand social behavior"* (*Sun/Anderson* 2012, S. 1001). Attributionale Komplexität kann zum einen dabei helfen, fundamentale Attributionsfehler (☞ A. III. 1.1) zu vermeiden. Zum anderen ist attributionale Komplexität von Vorteil für Führung, indem sie zur Folge hat, dass Führende von Geführten eher als transformational Führende wahrgenommen werden. Das liegt darin, dass Führende, die komplexe Attributionsmuster mit entsprechend nuancierten Bewertungen anwenden, eine höhere soziale Urteilsfähigkeit und ein besseres Verständnis für soziale (organisationsbezogene) Verhaltensweisen zugeschrieben werden. *Sun/Anderson* (2012, S. 1017) empfehlen daher, dass Führungskräfte mit niedrig ausgeprägter attributionaler Komplexität besondere Trainings zur Erhöhung der Komplexität und Differenziertheit ihres Attributionsstils erhalten sollten, um insgesamt die Qualität von Führungsprozessen zu verbessern.

Weiterhin wird aktuell dazu aufgerufen, gruppenbezogenen oder kollektiven Attributionen mehr Aufmerksamkeit zuteilwerden zu lassen. So betonen *Martinko/Harvey/Dasborough* (2011), dass Attributionen noch viel stärker als Gruppenphänomen verstanden werden müssen. Es gilt, mehr über die dynamischen Prozesse, in denen Gruppen bestimmte Attributionsstile entwickeln, zu erfahren. Inwiefern unterscheiden sich Führungsattributionen, wenn diese von Individuen alleine oder im Gruppenkontext entwickelt wurden? Könnte beispielsweise die überzogene Überzeugung von der eigenen Überlegenheit einer Gruppe, provoziert durch ein Gruppendenken (Groupthink), eine internale Fähigkeitsattribution eher wahrscheinlich werden lassen als es die Summe der zuvor isoliert erfassten Einzelattributionen ausweisen würde? Insgesamt gilt es also, mehr über Attributionsstile und ihre Einflussfaktoren (sowohl auf der individuellen als auch auf der kollektiven Ebene) zu erfahren (vgl. weiterführend *Lord/Shondrick* 2011).

3. Tiefenpsychologische Führungstheorie: Warum Führung im Unbewussten verankert ist

3.1 Hintergrund

Eine bislang zumindest im Mainstream der Führungsforschung eher ungewohnte Sicht der Entstehung und Entwicklung von Führerschaft liefert die psychoanalytisch orientierte Tiefenpsychologie. Die psychoanalytische Bewegung wurde von *Sigmund Freud* begründet und im Laufe der Jahrzehnte mannigfaltig ausdifferenziert (vgl. einführend *Freud* 1996 sowie *Arnaud* 2012 und *Fotaki/Long/Schwartz* 2012 für einen organisations- und managementbezogenen Überblick). Dabei wird längst nicht nur auf Sigmund Freud Bezug genommen (siehe Kasten), sondern allgemein auch von einer psychodynamischen Perspektive gesprochen.

Empirie zur Analytischen Psychologie

Eine andere tiefenpsychologische Schule, die sich von *Freud* abspaltete, ist die **Analytische Psychologie**, begründet von *C. G. Jung*. Dieser erklärt die Entstehung von Führerschaft durch den Verweis auf sogenannte **Archetypen** (Urbilder der Seele), die der Führer repräsentiert (z.B. Vater, Held; vgl. hier detaillierter *Gabriel* 2015; *Neuberger* 2002, S. 120f.; *Steyrer* 1995). Ähnlich hat auch *Lindsey* (2011, S. 60) fünf **Archetypen** identifiziert, die sie durch eine **qualitative empirische Studie** von Kunstgemälden ermittelte. Danach wären folgende Führerfiguren fest im kollektiven Gedächtnis verhaftet:

- Lehrer/Mentor (Rollenmodell, Entwicklung anderer)
- Vater/Richter (Übersicht, Kontrolle, Moral, Schutz)
- Krieger/Ritter (Risiko, Krisenhandeln, Loyalität, Dienen, Selbstaufgabe)
- Revolutionär/Kreuzfahrer (Erneuerer, Missionar)
- Visionär/Alchemist (Visionär, Interessenmakler, Heilsbringer)

Generell beschäftigt sich die Psychoanalyse mit den Beweggründen menschlichen Verhaltens (= Motive und Bedürfnisse, ☞ C. II.), wobei sie das Unbewusste als besonders bedeutsam für das Erleben und Verhalten von Individuen herausstellt. Die psychoanalytische Theorie steht für eine gefühls- bzw. trieborientierte Konzeptualisierung menschlichen Verhaltens. Psychoanalytische Ansätze betrachten das Individuum mit seinen diffusen subjektiven Bedürfnissen in all seinen Widersprüchlichkeiten und emotionalen sowie rationalen (Gewissens-)Konflikten, die auch aufgrund der Einbettung in soziale (Macht-)Strukturen entstehen, und gleichzeitig auf die individuelle Identität zurückwirken (vgl. z. B. *Freud* 1936, 1915). Ihr Anspruch ist umfassend, weil sie in ihr Gedankengebäude alle zentralen menschlichen Lebensäußerungen integrieren möchte. Dieser Anspruch gilt auch für das Führungsphänomen. Führung in Organisationen ist hierbei nur *ein* Anwendungsfeld neben anderen (z. B. neben Massenansammlungen, Familie, unstrukturierten Gruppen). Das **Erkenntnisinteresse** richtet sich u. a. auf die Frage, *warum* Menschen andere als Führer akzeptieren bzw. Führung sogar wünschen und insbesondere, wie die mit der Entwicklung von Führerschaft verbundenen identitätsbasierten Dynamiken ablaufen.

3.2 Zentrale Aussagen

Bevor wir auf die Aussagen zur Führung innerhalb der psychoanalytischen Theorie zu sprechen kommen können, ist eine Darlegung einiger zentraler Positionen dieser Theorie notwendig. Diese wird etwas vage bleiben müssen, da das psychoanalytische Gedankengebäude selbst sehr komplex ist und sich einer umfassenden Darstellung an dieser Stelle entzieht. Dennoch erscheint ein erster Einstieg sinnvoll, nicht nur weil diese Überlegungen vielfach kommentarlos ausgeblendet werden, sondern auch, weil die noch folgenden Ausführungen zur Entstehung von Führungsbeziehungen aufgrund charismatisch erscheinender Führungspersönlichkeiten (☞ B. II. 4) eine gewisse Nähe zu diesem Gedankengut aufweisen. Auch im Kontext der authentischen Führung (☞ B. II. 5) wird auf psychoanalytische Ideen zurückgegriffen (vgl. *Costas/Taheri* 2012 für eine aktuelle psychoanalytisch basierte Diskussion authentischer Führung).

Wir haben bereits angedeutet, dass die **psychoanalytische Theorie** auf das „Warum" spezifischer Verhaltensäußerungen fokussiert. Dabei wird das Un(ter)bewusstsein, und damit ein psychisches System, das unterhalb der Wahrnehmungsschwelle arbeitet, als zentral für das Erleben und Verhalten von Individuen erachtet. Im Unterbewusstsein verankerte Triebe sowie daraus resultierende komplexe Konfliktdynamiken veranlassen Menschen nicht selten auf verwobenen psychischen Wegen, etwas Bestimmtes zu tun oder zu unterlassen. Die psychoanalytische Theorie hat in diesem Zusammenhang ein vielschichtiges, mit speziellen Begrifflichkeiten belegtes Beschreibungs- und Erklärungssystem zur Erfassung der Persönlichkeit eines Menschen entworfen (vgl. zum ersten Überblick *Freud* 1996; *Heckhausen* 2010, S. 21 ff.; *Steyrer* 1995). In den Grundzügen basiert es auf charakteristischen Entwicklungsphasen in der insbesondere frühkindlichen Sozialisation sowie einer ganz spezifischen Konstruktion des „psychischen Apparates" – ein von Freud geprägter Begriff für sein spezifisches Persönlichkeitsmodell sowie seine Vorstellung von der menschlichen Psyche.

Grundlegend für das Verständnis des Führungsphänomens ist die **Dreiteilung** der menschlichen **Psyche** in die folgenden Instanzen (vgl. Abb. B.8), die spezifische Funktionen besitzen und aufeinander bezogen sind, nämlich **(1)** das Über-Ich, **(2)** das Es und **(3)** das Ich (vgl. z. B. *Freud* 1936, 1915; siehe auch *Hall/Lindzey* 1978, S. 49 ff.):

(1) Das **Über-Ich,** die moralische Instanz des Individuums, entsteht durch die Verinnerlichung der elterlichen Werte, Forderungen und Verbote sowie durch erfahrene Belohnungs- und Bestrafungspraktiken. Hier werden zensorisch wirkende Informationen gespeichert, die das eigene Erleben und Verhalten kontinuierlich, aber nicht immer voll bewusst bewerten. Eine Substruktur des Über-Ich bildet das sogenannte **Ich-Ideal**. Dies geht von eigenen Erfahrungen aus, kombiniert diese mit Erwartungen anderer und mündet in einer verdichteten Idealisierung eines So-Sein-Wollens (Selbstbild) oder So-Sein-Sollens (Fremdpersonenbild, vor allem der Eltern). Das Ich-Ideal bewirkt ein Gefühl des Stolzes. Daneben bildet sich im Über-Ich auch ein Gewissen aus, welches bestraft und Schuldgefühle provoziert, aber nur teilweise bewusstseinsfähig ist. Durch die Ausformung des Über-Ich wird die ehemals elterliche Autorität durch Selbstkontrolle ersetzt.

(2) Das **Es** ist die Quelle der psychischen Energie (Libido), die sich ebenfalls der bewussten Kontrolle entzieht. Das Es umfasst die angeborenen Triebe (insbesondere den Sexualtrieb und den Todes- bzw. Aggressionstrieb). Das Es beliefert das Über-Ich und das Ich mit psychischer Energie und stellt damit ihr Funktionieren sicher. Notwendigerweise steht es in einem engen Austausch mit den physischen und physiologischen Prozessen, die die „materiale" (primäre) Energiequelle des Individuums darstellen. Ein Übermaß an psychischer Energie

(bewirkt durch äußerliche Reize oder innere Faktoren) hat einen Spannungszustand des Organismus zur Folge. Das Es sorgt dafür, dass diese überschüssige Energie abgeführt wird und der Organismus wieder einen angenehm gleichförmigen Energiezustand unterhält.

(3) Das **Ich** stellt eine Mittlerfunktion zwischen den Impulsen aus dem Es, den Befehlen des Über-Ichs und den Forderungen der Realität dar. Das Ich wird bewusst erlebt und stellt im eigentlichen Sinne die unmittelbar erfahrbare Realität dar. Ebenso ist das, was wir als wahrgenommene Persönlichkeit auf der Bewusstseinsebene bezeichnen, hier zu verorten. Das Ich vermittelt zwischen der bedingungslosen Erfüllung innerer, unbewusster (Trieb-)Wünsche und den Normen des Über-Ich unter Einbezug einer realitätsgerechten Anpassung an die Umwelt. Diese realitätsgerechte Anpassung an die Umwelt ist in der Regel nur dadurch zu erreichen, dass auf der Ebene des Ich eine Triebabwehr der Forderungen des Es stattfindet, die als „Verdrängung" Einzug in unsere Umgangssprache gehalten hat. In diesem Zusammenhang geht die Psychoanalyse davon aus, dass gewisse Wünsche oder Eindrücke vom Über-Ich dermaßen sanktioniert werden, dass sie das Individuum schwer belasten könnten und der Mensch deshalb Vorkehrungen getroffen hat, sich nicht immerfort mit Schuldgefühlen, Ängsten oder unerfüllten Begehrlichkeiten auseinander setzen zu müssen. Diese **Abwehrmechanismen** sind Reaktionen, die der bewussten Kontrolle und Selbstreflexion entzogen sind (vgl. *Freud* 1936). Diese drei Komponenten der Persönlichkeit spielen normalerweise gut zusammen und fungieren als Einheit, wobei dem Ich eine quasi administrative „Führungsrolle" zukommt (vgl. *Hall/Lindzey* 1978). Dort, wo außergewöhnliche Spannungen auftreten, die nicht mehr innerhalb des „normalen" Funktionierens der drei Komponenten der Persönlichkeit zu bewältigen sind, fängt das breite Feld der klinischen Betrachtung derartiger Konflikte und ihrer Manifestationen im psychischen Apparat an (vgl. *Freud* 1936, 1915).

In der Übertragung psychoanalytischen Gedankenguts auf die Entstehung von Führung spielen diese angedeuteten Abwehrmechanismen eine besondere Rolle.

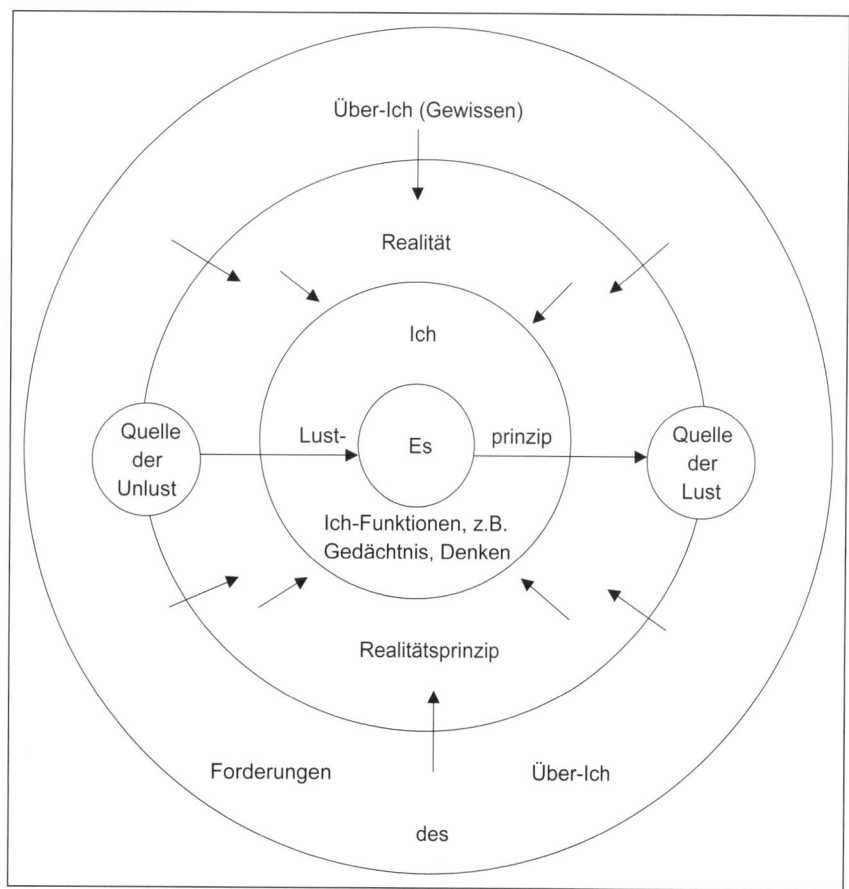

Abb. B.8: Instanzen der Persönlichkeit (vgl. von *Rosenstiel* 1999, S. 32; modifiziert)

Drei Abwehrmechanismen sind für die Erklärung von Führungsphänomenen zentral: die **Projektion**, die **Identifikation** sowie die **Spaltung**. Auch wenn diese drei Mechanismen unabhängig voneinander beschrieben werden können, spielen sie in der Führungsdynamik aufs Engste zusammen und treten immer gleichzeitig auf.

Ursprung der Überlegungen ist dabei eine hypothetische Vermutung *Freuds* über die Vergemeinschaftung von Menschen (vgl. *Freud* 1921). Er geht davon aus, dass die Menschen in archaischen Zeiten in einer **Urhorde** (einer Art überindividueller Masse) zusammenlebten, die von einem **Urvater** angeführt wurde. Dieser Urvater gewann seine herausgehobene Stellung dadurch, dass er – im Gegensatz zu den anderen (der Masse) – in der Lage war, seinen Willen entsprechend seinen Bedürfnissen umzusetzen. Dies gelang ihm vor allem dadurch, dass er die Anerkennung durch andere nicht benötigte und zu ihnen auch keine gefühlsmäßige Bindung aufbaute. Er war sich selbst genug und orientierte sich emotional nur solange an anderen, wie diese die Befriedigung seiner Bedürfnisse erleichterten. Der Masse gelang dies annahmegemäß nicht oder nur unzureichend.

Hofstätter (1995) führt in diesem Zusammenhang aus, dass bestimmte Personen zur Anhäufung von Macht und Prestige streben, wobei bei ihnen die natürliche Begrenzung des Ich durch das Über-Ich schwächer ausgeprägt ist. Man könnte vielleicht interpretierend formulieren, dass sie sich Zwängen der Anpassung an die Gemeinschaft weniger ausgesetzt sehen. Im weiteren Verlauf der Menschheitsgeschichte haben sich zunehmend mehr Personen herauskristallisiert, die aus den genannten Gründen für eine Führungsposition prädisponiert sind. Man spricht in diesem Zusammenhang von sogenannten **narzisstischen Persönlichkeiten** (vgl. *Grijalva/Harms* 2014 sowie *Pullen/Rhodes* 2008 für aktuelle organisations- und führungsbezogene Überblicke). Ohne eine Portion Narzissmus, sei, so *Kets de Vries* (2004, S. 71), die Erlangung einer Führerposition unmöglich. Der Begriff rührt von einer altgriechischen Sage her, die darum kreist, dass der Hauptdarsteller – *Narziss* – liebesunfähig im sozialen Sinne ist, weil er sich in sein eigenes Äußeres verliebt hat. Dies ist aber erst das Ende der angelegten Ausprägung. Im Führungskontext ist eine Person mit einer gesunden (konstruktiven) narzisstischen Ausprägung sehr wohl in der Lage, durch hilfreiche Leistungen für andere hervorzutreten, aber die Bestimmung von Umkehrpunkten fällt schwer (vgl. auch *Stein* 2013; *von der Oelsnitz/Busch* 2010). Dies würde von vornherein bei einem reaktiven Narzissmus gefährlich, so *Kets de Vries* (2004, S. 64), der sich aus persönlichen Verwundungen in früheren Lebensphasen, vor allem vermutlich besonders in der Kindheit, entwickelt und zu schrankenlosem, sich selbst glorifizierenden Verhalten führe.

Die Entwicklung einer Führungsbeziehung nimmt demzufolge ihren Ausgangspunkt in der Unabhängigkeit und Selbstsicherheit einzelner Personen. Diese Personen werden von anderen bewundert, da sie selbst diese Vorzüge nicht gleichermaßen erlangen können. Dieses Defizit versuchen sie dadurch aufzufangen, dass sie ihr Ich-Ideal in der Person des Führers verkörpert sehen. Der Urvater bzw. seine alltäglichen Nachfolger werden so zu einem **Massen-Ideal**, das an die Stelle des eigenen nicht zufriedengestellten Ich-Ideals tritt. Das Ich der nun Geführten wird so elementar beeinflusst. Hiernach besteht also ein phylogenetisch erworbenes Bedürfnis nach Gemeinsamkeit und Unterwerfung unter eine Vaterfigur, die „natürlich" vorgegeben ist und sich diesem psychodynamischen Prozess selbst entzieht. Eine zentrale These der psychoanalytischen Führungstheorie kann in diesem Zusammenhang folgendermaßen skizziert werden:

Führung ist ein **komplexes Produkt libidinöser Bindung** an eine Autorität und dient der Selbstentlastung sowie der stellvertretenden Teilhabe an Erfolg und Macht. Eine **führerlose Gruppe** ist für *Freud* nur ein flüchtiges **Übergangsstadium** oder wird durch eine von außen nicht sichtbare symbolische Führungsfigur zusammengehalten (vgl. *Gabriel* 2011, S. 394).

Wenden wir uns diesem unbewussten Prozess von **Projektion**, **Identifikation** und **Spaltung** etwas eingehender zu. Die **Projektion** lässt sich allgemein mit der Metapher des „Diaprojektors" erklären: ein „Dia" (ein eigener Wunsch, Gefühl, Verhalten etc.) wird auf eine „Leinwand" (Zielperson) „projiziert" (dieser Person als deren Wunsch etc. unterstellt). Wenn man das eigene Ich-Ideal auf eine Zielperson projiziert, spricht man von einer **Idealisierung**. Damit ist die Voraussetzung für eine gefühlsmäßige (hier: libidinöse) Bindung zu der anderen Person gelegt. Diese Idealisierung führt hiernach zu einer **Identifikation** mit der betreffenden Person. Hier greift zusätzlich der Abwehrmechanismus der **Spaltung**, indem der idealisierten Person ausschließlich gute Eigenschaften zugeschrieben und alle negativen Eigenschaften aberkannt werden. Dieser geschilderte Prozess erlaubt die eigene Vervollkommnung durch eine andere Person. Alltäglicher gesprochen vielleicht die Regelung einer schwierigen Situation oder das Erreichen eines gewünschten Zustandes, wozu er oder sie alleine nicht fähig gewesen wäre.

Wie verläuft also die Zuschreibung von Führerschaft? Durch die **Projektion** des eigenen Ich-Ideals auf die bewunderte Person (potenzieller Führer) kommt es bei dem potenziell Geführten zu einer **Identifikation**, mit dieser Person (Führer-Geführten-Dynamik). Die Identifikation ist nach *Freud* die ursprünglichste Form einer **gefühlsmäßigen Bindung** an eine andere Person (zuerst mit den Eltern). In einer Gruppe ersetzen die Gruppenmitglieder ihre individuellen Ich-Ideale durch die idealisierte Person des Führers (das Ich-Ideal wird zu einem Massen-Ideal). Hierdurch entsteht eine Geführtengruppe. Die einzelnen Gruppenmitglieder entwickeln ein Gemeinschaftsgefühl, da sie nun ein Ich-Ideal teilen (Geführten-Gruppendynamik). Dies erklärt wiederum die Kohäsion einer Geführtengruppe. In einer solchen Führungskonstellation werden primäre Beziehungen, Gefühle und Konflikte wiederbelebt und neu durchlebt. Libidinöse Energie wird, unbemerkt vom Einzelnen, in eine soziale Bindung transformiert (vgl. *Gabriel* 2011, S. 395; zur Führer-Gruppendynamik siehe detaillierter *Cluley* 2008). Dieses Verständnis unterstützt Vermutungen, dass dort, wo besonders feste Bindungen bestehen, wie beispielsweise bei Sekten oder führerzentrierten Diktaturen (meist dann in der Anfangsphase), gleichermaßen große Emotionen mit im Spiel sind (vgl. *Islam* 2014; *Popper* 2011). Dieser Sublimierungsprozess erklärt die Intensität der Verbindung, aber auch die Dramatik der Konflikte, die in einer Führer-Geführten-Beziehung auftreten können (vgl. z.B. *Driver* 2015; *Gabriel* 2015, 1997).

Führung wird durch das Phänomen der **Spaltung** aufrechterhalten. Der Führer wird als „grundsätzlich gut" wahrgenommen. Schlechte Eigenschaften werden geleugnet (vgl. *Gabriel* 2015). Der britische Psychoanalytiker *Wilfred Bion* (1961) führt den freiwilligen Gang in die Abhängigkeit auf gemeinsam geteilte Führerfantasien zurück, die Versagensängste (bei der Aufgabenerledigung) und Bedrohungsängste minimieren oder gar energetisierende Erfolgshoffnungen provozieren (vgl. auch *Voronov/Vince* 2012). *Kohut* (1971) stellt auch noch einmal die Anlehnung an das Verständnis einer Ur-Mutter heraus, die liebend, sorgend und gebend ist. Durch die Identifikation der Geführten mit dem Führer sind die Geführten grundsätzlich gefährdet, in eine **regressive**, d.h. der bisherigen **Entwicklung** ihrer Persönlichkeit nicht mehr entsprechende Phase zu geraten. Die Identifikation schränkt das Funktionieren der Persönlichkeit ein. Das Über-Ich, und damit verantwortungsvolles Handeln und Selbstkritik, wird ausgeschaltet (vgl. *Freud* 1921). Kultische Formen der Abhängigkeit, basierend auf der überzogenen Idealisierung vermeintlich heroischer Führungsfiguren, sowie messianische Verklärungen werden damit unter bestimmten Bedingungen möglich (vgl. *Gabriel* 2015; *Spector* 2015; *Tourish* 2011).

Der **Führungsanspruch** wird **aberkannt**, wenn der Führer den Identifikationsbedürfnissen der Geführtengruppe nicht mehr gerecht werden kann. Er wird dann als „grundsätzlich schlecht" wahrgenommen und die Geführten sind bestrebt, ihn auszuwechseln oder zu beseitigen. Wir kennen diesen Wechsel in den Reaktionen mit Blick auf Leitfiguren in der alltäglichen Anschauung sehr gut: eine narzisstische Persönlichkeitsstruktur, die Positives schuf und deshalb bewundert wurde, löst sich vom Werk, von der Problemlösung und beschäftigt sich nun vor allem nur mit sich selbst. Der Charakter des **Narzissmus** ist in fortgeschrittenen Entwicklungsstufen und insbesondere bei gleichzeitig hoher individueller Macht nicht mehr sozial verträglich, sondern mutiert ins Pathologische (vgl. weiterführend *Stein* 2013; *Cluley* 2008). Dies wird von anderen gesehen und bestraft, manchmal für die Gruppe allerdings zu spät.

So beleuchten beispielsweise *Petriglieri* und *Stein* (2012) die Geschichte der italienischen Unternehmerfamilie *Gucci* und zeigen dabei auf, warum, wie und mit welchen Konsequenzen Mechanismen sogenannter **projektiver Identifikation** Bestandteil führungsbezogener Identitätsentwicklungen sind. Wir haben im Kontext der Zuschreibung von Führung (☞ A. III. 1.1) bereits dargelegt, dass die interaktive Herausbildung von Leadership-Identitäten (z.B. das Beanspruchen einer Führer-Identität; vgl. *DeRue/Ashford* 2010) und die damit verbundene **Identitätsarbeit** ein wesentlicher Bestandteil der **Entstehung von Führungsprozessen** ist. Hieran knüpfen die psychodynamischen und empirisch illustrierten Überlegungen von *Petriglieri/Stein* (2012) an. Die Autoren gehen der Frage nach, wie eine Person bei der Entwicklung einer Führer-Identität mit den Aspekten ihres Selbst umgeht, die sich für die entsprechende Führungsrolle nicht ziemen. Und, welcher (möglicherweise versteckte) Preis dafür bezahlt werden muss, wenn es der Person gelingt, die eigene Identität auf eine entsprechende Führungsrolle hin maßzuschneidern.

Petriglieri/Stein argumentieren, dass durch psychodynamische Mechanismen projektiver Identifikation unbewusst entwickelte unerwünschte Aspekte des eigenen Selbst ausgegrenzt und auf andere übertragen werden, um die gewünschte Führer-Identität zu entwickeln sowie überzeugend nach außen hin darzustellen bzw. zu verkörpern. Unter projektiver Identifikation verstehen die Autoren

> „the unconscious projection of unwanted aspects of the leader's self into others so that it appears that they, and not the leader, have these unwanted characteristics and the identities they imply" (Petriglieri/Stein 2012, S. 1218).

Dieser Mechanismus unterstützt die Grenzziehung zwischen bewusst gewünschten Aspekten der Führer-Identität und ihren nicht erwünschten Aspekten. Dadurch reduziert projektive Identifikation die inneren Konflikte des Führers (bzw. des Aspiranten einer Führungsrolle) und versetzt ihn in die Lage, die gewünschte und rollenkonforme Identität zu verkörpern. Dieser Mechanismus generiert allerdings unerwartete negative Effekte, etwa in Form destruktiver intrapsychischer Konflikte sowie dysfunktionaler organisationaler Phänomene.

Wie sieht die Anwendung dieser Überlegungen konkret aus? *Petriglieri/Stein* (2012, S. 1223 ff.; sowie die dort angegebene Literatur) beschreiben die Projektions-Mechanismen und Folgeerscheinungen **psychodynamischer Führungs-Identitätsarbeit** als vier miteinander verwobene Phasen.

Die erste Phase („creating the leader's identity") beschreibt, wie *Aldo*, Sohn des Firmengründers *Guccio Gucci*, als zunächst informeller Führer zu einer treibenden Kraft im Unternehmen wurde. Aldos Identität als Führender war vom Bild des edlen toskanisch-aristokratischen Imperators geprägt, das zugleich mit hoher moralischer Autorität und Integrität verbunden war. Diese Identitätsaspekte standen symbolisiert für die Exklusivität, Reinheit und den makellosen Stil, mit dem das *Gucci*-Label assoziiert wurde. Aldos Führerschaft sollte als Symbol für die mit dem *Gucci*-Label zu transportierende Aura fungieren. Tatsächlich jedoch war *Aldo* weder von aristokratischer Abstimmung (er stammte aus eher bescheidenen Verhältnissen), noch konnte sein tatsächliches Geschäftsgebaren als integer bezeichnet werden (schließlich hatte er u. a. mehrere Millionen an Steuern hinterzogen).

Die zweite Phase („projective identification") beschreibt, wie sich Aldo diejenigen Aspekte seines Selbst und seiner Führer-Identität vom Leib zu halten versucht, die nicht zum beschriebenen Idealbild passten – und zwar indem sie auf andere Personen (hier: auf andere Mitglieder der *Gucci*-Unternehmerfamilie sowie auf Mitarbeiter) übertragen wurden. Konkret äußerte sich dieser Mechanismus der Projektion auf andere durch massive, oftmals objektiv weder gerechtfertigte noch rational nachvollziehbare Anschuldigungen und Denunzierungen. Unpassende und unerwünschte Aspekte des Selbst müssen durch (anstrengende, jedoch unbewusst ablaufende) Identitätsarbeit ausgegrenzt werden, um in der Lage zu sein, die gewünschte Führer-Identität möglichst umfassend zu verkörpern. Schließlich reicht es zur Etablierung von Führerschaft nicht aus, eine entsprechende Identität zu entwickeln; vielmehr muss diese, wie oben ausgeführt auch **verkörpert** und überzeugend **dargestellt** sowie von anderen **anerkannt** werden (vgl. auch *DeRue/Ashford* 2010; ☞ A. III. 1.1). Im Ergebnis dient die beschriebene projektive Identifikation dazu, Führerschaft zu stützen und auszuüben. Der Preis dafür ist allerdings hoch, wie sich in den nächsten beiden Phasen, der dritten Phase („returning projective identifications") und der vierten Phase („projective identification and toxicity") zeigt.

Massive Probleme stellen sich spätestens dann ein, wenn die Empfänger der Identitätsprojektionen des Führers ablehnen, als Hauptpersonen im Führungsdrama zu fungieren und folglich die Projektion des Führenden zurückweisen. Diese Dynamiken werden verschärft, wenn die Personen dem Führer besonders nahestehen oder wenn die projizierten Identitätsaspekte mit entsprechenden Aspekten der eigenen Identität der Geführten zusammenfallen. Im *Gucci*-Fall traf beides zu: *Aldo* projizierte z. B. seine negativen moralbezogenen Identitätsaspekte auf seinen Sohn *Paolo*. Dieser wies allerdings selbst eine „moralisch problematische" Laufbahn auf. *Paolo* seinerseits wies die Identitätsprojektion seines Vaters vehement auf seinen Vater *Aldo* zurück, mit der Folge einer sich teils völlig irrational und hochemotional entfaltenden Konfliktdynamik. Weiterhin erfolgten Identitätsübertragungen auf ganz unterschiedliche andere Mitglieder des *Gucci*-Unternehmens, die ihrerseits mit entsprechenden (ebenfalls unbewussten) Abwehrmechanismen (z. B. Übertragungen auf Dritte) reagierten, was schließlich die gesamte Kultur des Unternehmens zu vergiften begann.

Insgesamt konnten hier komplexe organisationale Führungsphänomene, die sich durch eine dynamische **Verwobenheit mehrschichtiger identitätsrelevanter Mechanismen** mit organisationsbezogener Symbolik (z. B. vermittelt durch das *Gucci*-Label und die Familientradition) auszeichnen, erhellt werden. Aufgrund der Irrationalität und hohen Emotionalität der hier beschriebenen Führungsphänomene leistet die interpretative Anwendung psychoanalytischer Konzepte einen Erklärungsbeitrag, der von anderen theoretischen Erklärungskonzepten bislang nicht umfassend zur Verfügung gestellt werden konnte.

Es stellt sich die Frage, was diese Erkenntnisse für Führungsprozesse und deren Verbesserung für alle Beteiligten bedeuten. Diesem Anliegen verpflichtet, zeigen *Petriglieri/Stein* (2012) nicht nur lediglich auf, was im Führungsgeschehen schon bei der Entstehung von Führerschaft schief gelaufen ist, sondern leiten **Empfehlungen** ab. Beispielsweise sollten sich Führende sowie Personen, die eine Führungsrolle anstreben, bei der Entwicklung und Verkörperung ihrer Führer-Identität Freiräume zur Reflexion schaffen. Es gelte u. a. zu erkennen, dass Über-Identifikation mit einer (potenziellen) Führungsrolle sowie die damit verbundenen Versuche eine entsprechende Führer-Identität aufzubauen, die Wahrscheinlichkeit zu (unbewusster) projektiver Identifikation samt ihrer, für alle Beteiligten letztlich toxischen Folgen, erhöhen. Anstatt sich übermäßig mit organisationalen Werten und deren Symbolik zu identifizieren, sollte die Fähigkeit zur eigenverantwortlichen Infragestellung derartiger Praktiken und symbolisch vermittelter Rationalitäten kultiviert werden. Dies ist besonders schwer für Individuen im Rampenlicht, die einen hohen Status haben und zugleich hoch intrinsisch motiviert sind; diese neigen eher zur projektiven Identifikation, um dem Druck gerecht zu werden.

Wie *Petriglieri/Stein* (2012, S. 1230 f.) weiterhin betonen, sollten Führende bei ihrer Identitätsarbeit auf die Unterstützung anderer Personen zurückgreifen. Eine besondere Rolle kommt hierbei wohlgemerkt gerade den Mitarbeitern bzw. den (potenziell) Geführten zu. Wenn Führende im Rampenlicht operieren sowie unter Druck, benötigen sie mehr Unterstützung durch verantwortungsvolle Mitarbeiter/Geführte, um die Gefahr, dass sie unbewusst in Mechanismen projektiver Identifikation verfallen, zu verringern. Verantwortungsvolle Mitarbeiter würden daher auf überzogene oder idealisierte Erwartungen hinsichtlich der Verkörperung und Darstellung von Führer-Identitäten möglichst verzichten oder sich zumindest bewusst machen, welche toxischen Folgen aus einmal in Gang gekommenen projektiven Identifikationen resultieren können. Dadurch sollte es Führenden erleichtert werden, eine integrative Führer-Identität zu entwickeln, die es erlaubt vielfältige Aspekte des Selbst zu verkörpern und nicht in eine idealisierte Schablone gezwängt wird. Selbstverständlich sollten Organisationsmitglieder weiterhin hohe Ansprüche an ihre Führungspersönlichkeiten stellen, sich dabei aber **emanzipieren**, indem sie sich soweit als möglich innerlich von heroisch verzerrten und verklärten Führer-Idealbildern lösen. Da diese, wie oben beschrieben (vgl. aktuell auch *Gabriel* 2015), im Unterbewusstsein verankert sind, bedarf dies der fortgesetzten, oft mühevollen Reflexion darüber, dass derartige überhöhte Idealbilder nicht als Evaluations- oder Bewertungsschema für *reales* Führungsgeschehen in zeitgenössischen Organisationen taugen.

3.3 Kritische Würdigung

Die psychoanalytische Theorie als solche sowie insbesondere die Freud'sche Fundierung ist für das naturwissenschaftliche, positivistische Denken inhaltlich wie sprachlich gewöhnungsbedürftig. Lässt man sich darauf ein, wird man in eine Geschichte hineingezogen, die mit anderen Augen auf Vertrautes schaut. Dass sie in Prozessen argumentiert, macht sie überraschend modern. Nicht zuletzt deshalb nimmt in der internationalen organisations- und managementbezogenen Literatur die Zahl an Forschungsarbeiten, die die Dynamiken der Entstehung und Entwicklung von Führung unter Bezug auf psychoanalytische Theorieperspektiven untersuchen, deutlich zu (vgl. z. B. *Driver* 2015, 2013; *Gabriel* 2015; *Spector* 2015; *Islam* 2014, 2009; *Arnaud* 2012; *Ford* 2010 und *Fotaki/Long/Schwartz* 2012; *Rieken* 2010).

Aber natürlich hat die psychoanalytische Theorie vielfältige, vehemente Kritik erfahren (vgl. z. B. *Weiner* 1994), die sich nicht zuletzt darauf richtet, dass der Sexualtrieb als eine dominante Erklärungsgröße für menschliches Erleben und Verhalten angesehen wird. Unbehagen löst bei manchem Führungs- und Organisationsforscher auch die oftmalige Negativität sowie der Pessimismus aus, der mit psychoanalytischen Befunden einhergeht. Dies ist sicherlich auch der Tatsache geschuldet, dass psychoanalytische Forschung im klinischen Bereich angesiedelt war und daher auf die Erklärung pathologischer Persönlichkeits- und Verhaltensstörungen zielte. Hinzu tritt die Schwierigkeit, die Gültigkeit der Thesen empirisch nachprüfbar zu belegen.

Mittlerweile gibt es dennoch vielfältige Versuche, sie auf das Organisationsgeschehen anzuwenden (vgl. z. B. *Linstead/Maréchal* 2015; *Voronov/Vince* 2012; *Kets de Vries/Miller* 1985, 1984; *Kernberg* 1979; sowie *Arnaud* 2012 und *Fotaki/Long/Schwartz* 2012 für einen Überblick). *Kets de Vries* und *Miller* (1984) sprechen dann beispielsweise von der neurotischen Organisation, die durch neurotische Führer geformt werde, in der sich dann anfänglich Positives ins Dysfunktionale verkehre (Vorsicht führt zur Lähmung oder Optimismus zum Claqueurtum). Tyrannische Vorgesetze, graduiert von der „Joseph Stalin School of Management" (*Kets de Vries/Balazs* 2011, S. 386), „lieben den Geruch von Napalm am Morgen", machen ihre Untergebenen zu Opfern. Manchen gelänge es, durch eine Identifikation mit dem Aggressor von dessen Macht zu partizipieren, andere gingen eine → „Folie à deux" ein und entfernen sich immer weiter von der Realität. Letzteres, wie bei den Enron-Verantwortlichen, die nach einer biographischen Studie und Interpretation von *M. Stein* (2008) durch einen angeblich unbewältigten Ödipus-Komplex, ein zentrales psychoanalytisches Motiv, empfänglich für eine Desavouierung externer Autoritäten gewesen seien. Auch *Price* (2008) weist auf eine solche Gefahr der Überhöhung des moralischen Rechtes bei Führungskräften hin und widerlegt einen solchen Anspruch mit ethischer Begründung. Was insbesondere auch die psychoanalytische Betrachtung ausweist, ist, dass wir nie in eine **Beziehung** ohne unsere Vergangenheit an Beziehungen gehen können und dass die ersten besonders wirkmächtige sind. Dort gemachte Erfahrungen und Emotionen können danach leicht auf die neue übertragen werden, ein Prozess, der als Transferenz bezeichnet wird (vgl. *Racker* 2001).

Die ursprünglich von *Freud* beschriebene Ausgangssituation der Urhorde, die in der Formulierung von *Le Bon* (1922) den Durst der Unterwerfung spürt, ist durch die von *Freud* angenommenen genetischen Verankerung dieser Neigungen in jedem Einzelnen von uns noch präsent und leitet unser Verhalten ebenso wie das derjenigen, die das Zutrauen zur Tat besitzen. Man wird sich allerdings die Intensität der Bindung der Geführten zu dem Führenden im Arbeitsalltag auf einem breiten Kontinuum vorzustellen haben, die die von *Freud* geschilderte intensive Beziehung mit all ihren Folgen nur als einen Extrempunkt markiert. Immer wieder haben Führungsansätze das Element einer **starken Bindung** aufgenommen und vor allem auf Emotionen bezogen (aktuell z. B. *Gabriel* 2015). Praktisch alle Betrachtungen, die historisch argumentieren (vgl. *Weber* 1980/1922; *Burns* 1978) greifen dies auf. Die jüngere Führungslehre hat die Kraft der Emotion (☞ E. III. 2) wieder entdeckt, wie es in dem Aufkommen der neo-charismatischen Ansätze seit Ende der Siebzigerjahre und in der Diskussion zur Bedeutung der emotionalen Intelligenz, dann ein wenig konkreter und unspektakulärer, gut zu studieren ist.

Insgesamt trägt die psychoanalytische Theorie dazu bei, umfassender zu **verstehen**, wie Menschen Organisationen und Institutionen subjektiv erleben sowie durch ihre emotionalen Erfahrungen gleichzeitig die Organisation aufrechterhalten bzw. als solche erst erschaffen (vgl. *Voronov/Vince* 2012, S. 61; *Suddaby* 2010a, S. 16). Dabei lehnen aktuelle organisations- und managementbezogene Führungsbeiträge, die sich auf psychoanalytische Rahmen beziehen, ausdrücklich eine „Psychoanalysierung" sowie die Anwendung „klinischer Management-Tools" ab, wie etwa *Fotaki/Long/Schwartz* (2012, S. 1106) in ihrem Überblick über psychoanalytische Organisations- und Managementforschung herausstellen. Hier werden psychoanalytische Einsichten als wertvoll angesehen für ein umfassendes Verständnis institutioneller Einflüsse auf Identitätsbildungsprozesse sowie der Rolle von Emotionen hierbei. So verbinden beispielsweise *Voronov* und *Vince* (2012) institutionsbezogene Theorieströmungen mit psychoanalytischen Theorien und entwickeln ein psychoanalytisch fundiertes Rahmenmodell zur umfassenden Integration von Emotionen in die Analyse von institutioneller Arbeit. Der (Mehr-)wert einer solchen Vorgehensweise liegt u. a. darin, aufzuzeigen, inwiefern Individuen eine bestimmte Identität (z. B. eine Führer-Identität) nicht lediglich aufgrund institutioneller bzw. organisationaler Erfordernisse und Möglichkeiten entwickeln. Vielmehr übernehmen Menschen derartige Identitäten auch aufgrund sehr subjektiver Bedürfnisse (vgl. *Driver* 2015, 2013); diese dürften allerdings nicht als rein intrapsychisch basiert verstanden werden. Psychodynamische Befunde verweisen stattdessen darauf, dass solche Identitäten unbewusst durch vielerlei soziale Faktoren wie Machtbeziehungen sowie dominante sozio-kontextuelle (Ordnungs-)Strukturen maßgeblich geformt werden, wie *Voronov* und *Vince* (2012, S.74) betonen. Diese gelte es aufzudecken und reflektorisch zu bearbeiten. In diesem Sinn liegt die Rolle psychoanalytischer Ansätze in der De-Mystifizierung illusorischer Positivität des Organisationsgeschehens und der darin ablaufenden Management- und Führungspraktiken (vgl. auch *Weibler* 2013) – alles mit dem Ziel der Generierung praxisnaher und realistischer Erkenntnisse (vgl. *Arnaud* 2012, S. 1130). Um dies zu leisten, sind innovativ-methodologische, insbesondere interpretative sowie biographisch orientierte Ansätze und Forschungsdesigns erforderlich (vgl. z. B. *Driver* 2013; *Petriglieri/Stein* 2012; *Islam* 2009).

Mit einem derartigen Ansatz, der deutlich über eine pessimistische Fokussierung auf Dysfunktionales sowie Pathologisches hinausreicht, zielen aktuelle psychoanalytisch basierte Beiträge auf eine Verbesserung von Führungsprozessen für alle Beteiligten ab. Sie nehmen hierbei einen oftmals kritischen Ton an und fühlen sich ethischen und emanzipatorischen Anliegen verpflichtet (vgl. z. B. *Arnaud* 2012; *Fotaki/Long/Schwartz* 2012; *Ford* 2010). Abschließend sei darauf hingewiesen, dass psychodynamische Prozesse der Entstehung von Führerschaft auf der Basis psychoanalytischer Ansätze nicht mittels traditionell quantitativer Methoden erfasst werden können.

4. Charismatische Führungstheorie: Wenn Führende beeindruckend erscheinen

4.1 Hintergrund

Führerinnen und Führer heben sich oftmals aus unterschiedlichen Gründen vom Hintergrund hervor. Zumindest erscheint es uns so. Vielleicht haben sie mehr Informationen, können umsichtiger entscheiden oder sitzen durch Zufall an einer Stelle, wo sie wichtige Ressourcen für andere beschaffen können. Vielleicht sind sie aber auch gewählt oder treten einfach nur in die Fußstapfen ihrer Vorgänger. Jedoch haben wir vermutlich alle bereits Situationen erlebt, in denen wir spürten, dass eine andere Person ausgesprochen präsent war, wir ihr gerne zuhörten und gerne auf sie eingingen. Diese sich anbahnende Beziehung ist noch steigerungsfähig, wenn die Bindung intensiver wird und uns zu dem Schluss kommen lässt, dass diese Person nahezu magnetisch auf uns wirkt oder von einer Aura umgeben ist, die wir als attraktiv empfinden. Ob diese Einschätzung dann von anderen geteilt wird, ist unerheblich. Für uns würde gelten, dass wir diese Person als charismatisch empfinden.

Da sich derartige Wahrnehmungen von charismatischen Führungsfiguren im öffentlichen Raum immer wieder einmal manifestieren, hat sich die Führungsforschung nach einer größeren Unterbrechung in den Siebzigerjahren des letzten Jahrhunderts diesem Phänomen wieder mit zugewandt. Das **Erkenntnisinteresse** besteht darin, zu verstehen, warum und wie sich eine charismatische Führung bzw. als charismatisch wahrgenommene Führende von anderen Führenden unterscheiden. Immer geht es auch um die Frage, welche spezifischen (insbesondere organisationsbezogenen) Folgen gegenüber anderen Führungsformen hiermit verbunden sind. Die charismatische Führungstheorie, die verschiedene Facetten und Protagonisten kennt (vgl. z. B. *Conger/Kanungo* 1988a; *House* 1977; zur Übersicht *Conger* 2011; früh *Bryman* 1992; *Steyrer* 1999), basiert im Grundsatz auf den Überlegungen des deutschen Soziologen *Max Weber* zur charismatischen Herrschaft (vgl. *Weber* 1980/1922, S. 140 ff. und *Weber* 1956, S. 159 ff., aktuell reflektiert von *Jacquart/Antonakis* 2015; *Weibler* 2013; *Tänzler* 2007; *Turner* 2007).

Webers Ausgangspunkt war ein soziologisch-politologischer, der die Frage nach den Gründen zur **Legitimierung von Herrschaft** in den Mittelpunkt stellte. Dabei definierte er Herrschaft (gleichermaßen führungsrelevant) als *„die Chance, Gehorsam für einen bestimmten Befehl zu finden"* (*Weber* 1956, S. 151). Neben der **legalen Herrschaft** (z. B. Bürokratie) und der **traditionalen Herrschaft** (z. B. Patriarchat, Monarchie) beschreibt *Weber* einen dritten Typus der legitimen Herrschaft, eben die **charismatische Herrschaft**. Diese entsteht und legitimiert sich *„kraft affektueller Hingabe an die Person des Herrn und ihre Gnadengaben (Charisma)"* (*Weber* 1956, S. 159). Das Charisma des „Herrn" ist also in diesem Fall der **Legitimitätsgrund,** der zur Anerkennung von Herrschaft führt. Zeichen dafür, dass der Herr begnadet ist, treten in magischen Fähigkeiten, Offenbarungen, erwiesenem Heldentum, Macht des Geistes und der Rede zu Tage. Dementsprechend definiert *Weber* „Charisma" folgendermaßen (*Weber* 1980/1922, S. 140):

> *„Charisma soll eine als außeralltäglich [...] geltende Qualität einer Persönlichkeit heißen, um derentwillen sie als mit übernatürlichen oder übermenschlichen oder mindestens spezifisch außeralltäglichen, nicht jedem anderen zugänglichen Kräften oder Eigenschaften (begabt) oder als gottgesandt oder als vorbildlich und deshalb als ‚Führer' gewertet wird."*

Wir sehen an dieser Stelle zunächst, dass sich das Verhältnis von Befehlendem und Beherrschten auf der großen Weltbühne, aus denen *Weber* seine Beispiele wählt, nach dem Modell von Führer und Jünger bzw. Anhänger darstellt. Statt von **„Herrschaft"** können wir in diesem Fall also auch von **„Führung"** sprechen. *Weber* benennt als Führer insbesondere Propheten, Kriegshelden und große Demagogen (vgl. *Weber* 1956, S. 159).

Darüber hinaus ist es nach *Weber* (1980 [1922], S. 140) vollkommen gleichgültig, wie diese betreffende Qualität von irgendeinem objektiven Standpunkt aus zu bewerten ist. Entscheidend ist allein die Bewertung durch die charismatisch Beherrschten. Im Vordergrund steht also die **Zuschreibung der Geführten** (☞ B. II. 2.2 und A. II. 2.2). Damit wird der Blick weg von ausschließlich persönlichkeitszentrierten Überlegungen hin zu einer **interaktionellen** Betrachtung charismatischer Führung gelenkt (vgl. *Jacquart/Antonakis* 2015; *Davis/Gardner* 2012; *Willner* 1984).

Führung entsteht nun, indem sich die (potenziell) Geführten der als begnadet **angesehenen** Person hingeben (d. h. sich ihr unterwerfen und ihren Befehlen Folge leisten). Wichtig in diesem Zusammenhang ist die Art der Hingabe an den Führer (vgl. auch *Parry/Kempster* 2014). Sie ist nicht rational, durch Zweck-Mittel-Abwägungen motiviert (→ Kognition), sondern folgt ganz im Gegenteil aktuellen Stimmungen und Gefühlslagen (→ Emotion). So sieht *Weber*, der vier **Typen sozialen Handelns** unterscheidet (vgl. *Weber* 1980/1922, S. 12), als Interaktionsgrundlage einer charismatischen Führungsbeziehung konsequenterweise den Typus des **affektuel-**

len Handelns. Der Übergang zu einem **wertrationalen Handeln** ist jedoch fließend. Dies erklärt, warum im weiteren Verlauf der Auseinandersetzung mit dem Charisma-Konzept vom Führenden artikulierte Werte, die Sinn für das Dasein anbieten, oft hiermit verbunden werden.

Neben Aussagen zu den beteiligten **Personen** und deren Art der **Interaktion** gibt Weber auch Hinweise bezüglich **situationaler Kontextfaktoren** (☞ A. III. 3), die die Entstehung charismatischer Führungsbeziehungen erst ermöglichen. So erscheint für die Genese des Phänomens Charisma zunächst die Existenz *„psychischer, physischer, ökonomischer, ethischer, religiöser [oder] politischer Not"* (Weber 1980/1922, S. 654) unabdingbar. Darüber hinaus betont Weber den außeralltäglichen Charakter (das „ewig Neue", „Außerwerktägliche", „Niedagewesene" [Weber 1956, S. 159]) der charismatischen Herrschaft im konsequenten Vergleich mit der bürokratischen Herrschaft (als reinster Form der legalen Herrschaft) und der traditionalen Herrschaft, die er als spezifische Alltags-Formen der Herrschaft beschreibt (vgl. Weber 1980/1922, S. 141). Damit weist er (indirekt) darauf hin, dass die charismatische Herrschaft in ungewöhnlichen Situationen (= **Krisensituationen**) vergleichsweise wahrscheinlich ist. Diese sind nicht oder schlecht vorstrukturiert bzw. werden eben nicht von bindenden Traditionen beherrscht.

Charismatische Herrschaft ist auf diese Weise aber in sich labil und bedarf der steten Bewährung (Kriterium: „Wohlergehen für die Beherrschten"; vgl. z. B. aktuell dazu *Parry/Kempster* 2014; *Chen u. a.* 2013). Die Bewährung äußert sich in der Anerkennung durch die Beherrschten, die sich wiederum auf deren aus „Begeisterung" oder „Not und Hoffnung" geborene persönliche Hingabe stützt. Handelt es sich bei dieser Hingabe nicht nur um eine vorübergehende Erscheinung, sondern nimmt sie den Charakter einer Dauerbeziehung an, so wird die charismatische Herrschaft traditionalisiert und/oder rationalisiert (in legale, bürokratische Formen überführt) (vgl. Weber 1980/1922, S. 140 ff.). Charisma hat also die Tendenz, sich zu veralltäglichen, und damit werden einer charismatischen Führungsbeziehung auch in zeitlicher Hinsicht Grenzen gesetzt.

Im Folgenden wollen wir Webers Ausführungen zur charismatischen Führung vor dem Hintergrund aktueller Ergebnisse der modernen Führungsforschung präzisieren. Diese Präzisierung erinnert in ihrem grundlegenden Mechanismus an die **psychoanalytische Führungstheorie** (☞ B. II. 3), ohne dabei deren Psychodynamik oder Terminologie explizit aufzugreifen. Die entscheidende Differenzierung liegt jedoch in dem relativ ausgearbeiteten Personen- und Situationsgefüge, das die Entstehung von Charisma begünstigt. Diese Differenzierung basiert wiederum auf Kategorien der **Eigenschafts- wie Attributionstheorie** (☞ B. II. 1 und ☞ B. II. 2), die sich bereits in Webers Überlegungen widerspiegeln, aber dort nicht hinlänglich ausgearbeitet werden. Während Weber durch seine Beschreibung und durch die von ihm gewählten Beispiele die Außerordentlichkeit der Entstehung einer Führungsbeziehung mittels charismatischer Zuschreibung hervorhebt, führen die von seinen Epigonen verbreiteten Ansichten zu einer Profanierung der Voraussetzungen, ohne jedoch – was konsequent wäre – die dann näher bestimmte Form des Charismas von dem Nimbus der Außerordentlichkeit zu befreien (vgl. *Weibler* 1997b).

Dabei wollen wir nicht die verschiedenen **Ansätze zur Charisma-Forschung** im Allgemeinen und zur charismatischen Führung im Besonderen referieren (*Steyrer* identifiziert 1999 bereits rund 220 einschlägige Quellen und gibt einen differenzierten Überblick, aktuell *Antonakis* 2012), sondern einen exemplarischen Ansatz präsentieren. Eine wesentliche Erweiterung lernen wir bei der Erörterung der **transformationalen Führung** (☞ D. II. 3) kennen, die die charismatische Komponente integriert. Ein solches Vorgehen bietet sich an, liegen doch die Unterschiede in den Charismaentwürfen eher im Detail als im Grundsätzlichen.

4.2 Zentrale Aussagen

Bei der Entstehung von Führerschaft mittels Charisma handelt es sich um einen Prozess, der von *Klein* und *House* (1995) mit folgender Metaphorik verdeutlicht wird:

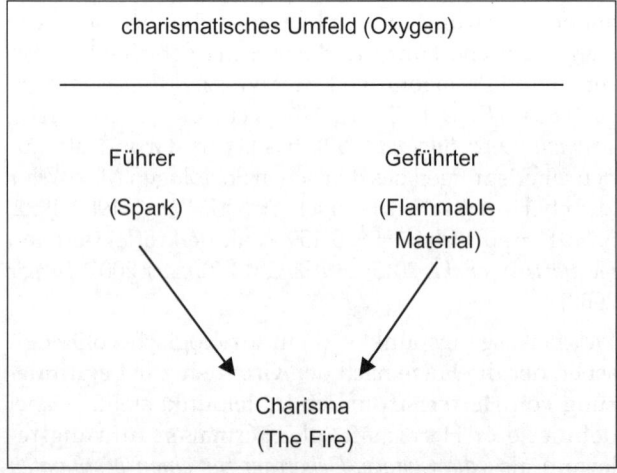

Abb. B.9: Komponenten charismatischer Führung (vgl. *Klein/House* 1995, S. 186)

Wenn „Sauerstoff" (oxygen) in der Atmosphäre vorhanden ist und ein „Funke" (spark) auf „entflammbares Material" (flammable material) trifft, dann wird es ein „Feuer" (fire) geben – Charisma entsteht (vgl. Abb. B.9).

Zum Verständnis dieses Bildes wollen wir die benannten Komponenten charismatischer Führung im Einzelnen und genauer betrachten:

Der Führer (spark)

Der Person des Führers, die ungeachtet des interaktionellen Verständnisses eindeutig im Mittelpunkt dieses Führungsansatzes steht, kann man sich auf verschiedene Art und Weise nähern. So versuchen *House/Shamir* (1995, Sp. 881 ff.) Führer, die Charisma zu erzeugen imstande sind, durch die genaue Erfassung und Beschreibung ihrer **Verhaltensdispositionen** bzw. **Verhaltensweisen** zu bestimmen. Sie kommen dabei zu folgenden Ergebnissen:

- Führer haben eine Vision, gleichsam den Traum einer besseren Zukunft.
- Führer sind ihrer Vision ergeben, d. h. von deren moralischer Richtigkeit und Notwendigkeit überzeugt sowie zu außerordentlichen Opfern im Interesse ihrer Vision bereit.
- Führer verfügen über Selbstvertrauen, Entschlossenheit und Ausdauer (v. a. gegenüber mächtigen Gegnern).
- Führer wecken wichtige Motive bei den Geführten, v. a. Anschluss-, Macht- und Leistungsmotive.
- Führer haben eine außergewöhnliche Bereitschaft zum Risiko, scheuen keine persönlichen Wagnisse.
- Führer haben hohe Erwartungen an die Geführten (z. B. in Bezug auf Entschlossenheit, Ausdauer, Selbstaufopferung, Leistung), gleichsam aber auch ein hohes Vertrauen in die Geführten.
- Führer bewerten die Geführten grundsätzlich positiv (sind stolz auf sie, loben sie, usw.).
- Führer bemühen sich um die Entwicklung der Geführten (z. B. Entwicklung von Kompetenzen, Förderung des Vertrauens in die eigene Leistungsfähigkeit).
- Führer zeigen symbolische Verhaltensweisen (z. B. zur Demonstration der eigenen Entschlossenheit).
- Führer verstehen sich in der Selbstdarstellung und in der Schaffung eines positiven Images (z. B. in Bezug auf ihre Kompetenz, Glaubwürdigkeit, Vertrauenswürdigkeit).
- Führer leben ihre Vision (demonstrativ) vor.
- Führer zeichnen sich durch moralische Integrität (z. B. Fairness, Redlichkeit, Verantwortlichkeit, Übereinstimmung von Worten und Taten) aus.
- Führer fungieren als Sprachrohr der Gemeinschaft.
- Führer gleichen ihre Werte und Vorstellungen in der Kommunikation mit den Geführten an deren Werte und Vorstellungen an.
- Führer zeigen oft ein außergewöhnliches Verhalten (z. B. in Bezug auf Interaktion oder Innovation).
- Führer sind anregende Kommunikatoren, die Botschaften einfallsreich und emotional ansprechend transportieren.

Sosik (2005) versucht zur weiteren Identifizierung von charismatischen Führungskräften einen Zusammenhang zwischen dem persönlichen Wertesystem von Konzernmanagern und der Möglichkeit zu charismatischer Führung zu entwickeln. Mittels einer Feldstudie untersucht er multiple Daten von fünf Organisationen unterschiedlicher technologischer Branchen. Die Ergebnisse deuten darauf hin, dass Führungskräfte gerade dann von den Geführten als charismatisch bewertet werden, wenn die Führungskräfte nach Werten leben, die die Intensität von traditioneller und kollektivistischer Arbeit steigern. Auch sind Werte für charismatische Führung förderlich, die einerseits zu altruistischem und sozial gerechtem Verhalten führen und andererseits ein Autoritäts- und Machtstreben der Führungskräfte offenbaren.

Der Geführte (flammable material)

Charismatische Führung – verstanden als ein Interaktionsprozess – setzt jedoch nicht nur Führende im beschriebenen Sinne voraus. Vielmehr bedarf es zur Entstehung einer charismatischen Führungsbeziehung auch des Vorhandenseins von Geführten, die bereit sind, dem Führer sowie seiner Vision zu folgen. *De Vries/Roe/Taillieu* (1999) zeigen beispielsweise, dass das Bedürfnis nach Führung und die Zuschreibung von Charisma moderat positiv verbunden sind. Damit legt dieser Führungsansatz eine ganz bestimmte Vorstellung vom charismatisch Geführten zu Grunde. Wie oben bereits angedeutet, ist dies weniger der rein materiell orientierte Mensch, sondern vielmehr der Sinn (in seinen Tätigkeiten, in seinem Leben) suchende Mensch. *Ehrhart/Klein* (2001, S. 173) sahen eine solche Präferenz, hier für einen charismatischen Vorgesetzten gegenüber einem beziehungs- bzw. aufgabenorientierten, in einer allerdings sehr eingeschränkten (Methode und Teilnehmer) zu interpretierenden Studie bei 30 % der befragten Studierenden als gegeben an. Das grundlegende **Menschenbild**

(☞ A. III. 1.2) sieht also in etwa wie folgt aus (vgl. *House/Shamir* 1993, S. 89 f.):

- Menschen sind nicht nur pragmatisch und zielorientiert. Selbstinteresse kann nicht als alleinige Antriebsfeder angesehen werden. Das Verhalten wird auch durch Gefühle, ästhetische Werte u. ä. motiviert. Menschen streben danach, sich selbst auszudrücken.

- Menschen sind motiviert, ihre Selbstachtung zu erhalten und zu erhöhen. Diese resultiert aus ihrem Selbstwertgefühl, das eng mit sozialen Normen und kulturellen Werten verbunden ist, sowie dem Glauben an ihre Fähigkeit, Einfluss auf die relevante Umwelt nehmen und die hieraus erwachsenden Aufgaben bewältigen zu können (sog. „Selbstwirksamkeit").

- Menschen sind motiviert, sich selbst als authentisch wahrzunehmen und damit ein Gefühl der Selbstkonsistenz, auch zwischen ihrer Person und ihrem Verhalten zu erzeugen und fortzuschreiben.

- Diese Authentizität (im Sinne eines Selbst-Konzepts) wird teilweise durch eine stabile, aber nicht unbeeinflussbare Hierarchie von identitätsgenerierenden Lebenssituationen (z. B. Familie, Beruf) herausgebildet. Diese Hierarchie definiert die relative Bedeutung einer jeden Lebenssituation.

- Menschen werden durch Zutrauen in die Zukunft genauso motiviert wie durch eine rationale Kalkulation von Erfolg oder Misserfolg.

Das Umfeld charismatischer Führung (oxygen)

Diese Überlegungen werden grundsätzlich bestätigt durch das üblicherweise als ideal für charismatische Führung konstatierte Umfeld, denn die Entstehung einer charismatischen Führungsbeziehung wird nach allgemeiner Einschätzung (vgl. *House/Shamir* 1995, Sp. 891 ff.) vor allem durch eine krisenhafte Situation auf der **Meso-Ebene** (Organisation) bzw. **Makro-Ebene** (Gesellschaft) begünstigt. So wird charismatische Führung zumeist in Situationen als wahrscheinlich erachtet, in denen viel auf dem Spiel steht – etwa die Freiheit eines Volkes (z. B. im Fall von *Mahatma Gandhi* als charismatisch erlebter politischer Führer) oder das Überleben einer Unternehmung (z. B. im Fall von *Lee Iacocca* als charismatisch erlebter Chrysler-Manager).

Kim/Dansereau/Kim (2002) entwickeln in diesem Zusammenhang ein Modell der charismatischen Geführten, mit dessen Hilfe sie klären möchten, wer sich einer charismatischen Führungsperson anschließt und welche Situation so ein Verhalten begünstigen kann. Die Autoren unterscheiden einerseits bedingungslose Akzeptanz bzw. willentlichen Gehorsam und andererseits freiwillige oder selbstständige Akzeptanz gegenüber der Führungsperson als die zwei möglichen Ausprägungen von charismatischen Geführten. Ein charismatischer Führer kann darüber hinaus einerseits durch soziale Machtmotive und andererseits durch personalisierte Machtmotive angetrieben werden. Im ersten Fall beachtet der Führer die Wünsche und Ziele seiner Geführten, wobei er im zweiten Fall seine Geführten vergegenständlicht und ihre Wünsche nur dann erfüllt, wenn sie auch seinen eigenen Zielen dienen können. Es werden nun vier verschiedene Ausgangssituationen entwickelt, die ein bestimmtes Gefolgschaftsverhalten hervorrufen können (vgl. *Kim u. a.* 2002, S. 155 ff.):

- Krisensituation und Geführte mit geringem Selbstbewusstsein,
- Krisensituation und Geführte mit hohem Selbstbewusstsein,
- Keine Krisensituation und Geführte mit geringem Selbstbewusstsein,
- Keine Krisensituation und Geführte mit hohem Selbstbewusstsein.

Kim u. a. (2002, S. 164) stellen nun die Behauptung auf, dass eine bedingungslose Akzeptanz der Führungsperson wahrscheinlich genau dann auftreten kann, wenn eine Krisensituation besteht, die Geführten durch geringes Selbstbewusstsein geprägt sind und der Führer personalisierte Machtmotive vertritt. Eine freiwillige Akzeptanz der Führungsperson ließe sich genau dann feststellen, wenn keine Krise vorliegt, die Geführten über ein hohes Selbstbewusstsein verfügen und der charismatische Führer soziale Machtmotive zeigt. In den beiden anderen Ausgangssituationen sei die Wahrscheinlichkeit geringer, weder den personalisierten noch den sozialen Führer zu akzeptieren. Dies deutet darauf hin, dass unterschiedliche Arten von Geführten von unterschiedlichen Arten charismatischer Führer in unterschiedlichen Situationen angezogen werden. Auch zeigen die Autoren, dass eine Krisensituation nicht unwillkürlich zu einer charismatischen Führung führt, da z. B. hier Geführte mit hohem Selbstbewusstsein unbeeinflusst vom charismatischen Führer bleiben. Eine Krisensituation erleichtert somit das Erscheinen von charismatischer Führung, ist aber nicht unbedingt ein notwendiger Faktor hierfür.

Aktuell wird neben der Krisenhaftigkeit auf ähnliche, aber weitere spezifizierte Situations- und Kontextmerkmale verwiesen, die die Attribution von Charisma an Führende erleichtern (vgl. *Davis/Gardner* 2012). So scheint gerade das Subtile und Nebulöse hierbei die Phantasie von (potenziell) Geführten besonders anzuregen. So kommt Charisma gerade in ambigen und undurchsichtigen Situationen relativ stark zum Tragen. Hingegen wird beispielsweise in Situationen und Kontexten, die klare Leistungssignale aufweisen, eher auf diese Bezug genommen, wenn es darum geht, führungsbezogene Zuschreibungen zu bilden (vgl. *Jacquart/Antonakis* 2015).

Die Folgen charismatischer Führung (fire)
Damit das „Feuer" Charisma brennen kann, werden in der Metaphorik von *Klein* und *House* (1995) also „Sauerstoff" (eine krisenhafte Situation), ein „Funken" (initiierender Führer) sowie „entflammbares Material" (empfänglichen Geführte) benötigt. Damit ist klar, dass das Fehlen eines Elementes den ganzen Prozess erst gar nicht entstehen ließe. *Campbell u.a.* (2008) arbeiten für diesen Prozess, bezogen auf den CEO und das Top-Management-Team, empirisch die besondere Bedeutung einer konstruktiven Beziehungsgestaltung (fairer Austausch, individuelles, positives Feedback, Verbundenheit und mehr) durch den CEO (im Gegensatz zu einer wettbewerbsorientierten) für die Zuschreibung von Charisma heraus und führen uns dadurch wieder einmal die **relationale** Perspektive von Charisma vor Augen (vgl. aktuell *Parry/Kempster* 2014). *Conger* (1993) weist aber sehr wohl darauf hin, dass auch eine Situation, die große Möglichkeiten in sich berge, ebenfalls ein geeignetes Spielfeld für charismatische Führer sei. Wir sollten uns deshalb nicht nur auf Krisensituation konzentrieren, zumal dadurch die organisationale Realität weiter eingefangen werden kann. Wie aber sieht das „Feuer" selbst aus? Was sind die prognostizierten Wirkungen einer charismatischen Führungsbeziehung?

In der Theorie wird diesbezüglich übereinstimmend die zentrale These formuliert (vgl. *Conger* 2011, S. 88), dass eine charismatische Führung(-sbeziehung) Wirkungen zeigt, wie sie keine andere Führungsform je erreichen könnte. So verheißt z. B. *Bass* (1985) eine weit überdurchschnittliche Leistung („performance beyond expectations"). *House/Shamir* (1995) haben diesen Effekt mit dem Begriff des **Motivationssyndroms** bezeichnet. Diese Bezeichnung meint ein

> „Gefolgschaftsverhalten, das Verhaltensweisen beinhaltet wie die Bereitschaft, länger zu arbeiten, freiwillig unangenehme und mühevolle Arbeiten zu übernehmen sowie im Interesse der Vision und der Gemeinschaft eigene Interessen zurückzunehmen" (*House/Shamir* 1995, Sp. 891).

Wichtig zu erwähnen ist hier, dass die zahlreichen unterstützenden empirischen Befunde verschiedenste Personengruppen einbeziehen (zum Beispiel Arbeitsgruppe oder US-Präsidenten) und auch auf verschiedenen Methoden basieren (Befragung, Laborexperiment, → Inhaltsanalyse, Interviews, Beobachtung sowie Dokumentenanalysen). Genauere empirische Ergebnisse finden wir später im Kontext der transformationalen Führung.

4.3 Kritische Würdigung

Wir wollen es an dieser Stelle bei diesen beiden Beispielen belassen. Charisma ist ein ausgesprochen facettenreiches Konstrukt (erhellend hierfür: *Parry/Kempster* 2014; *Turner* 2007) und die neo-charismatischen Führungstheorien (wenn wir als Ausgangspunkt *Max Weber* wählen) sind in sich komplexer, als es zunächst den Anschein hat. Zu bemerken ist allerdings auch, dass die Auseinandersetzung mit dem Charisma-Konzept eine Fülle empirischer Studien – oftmals auch unter Einbezug von Komponenten transformationaler Führung – generiert hat, deren Ziel vor allem darin liegt, zu demonstrieren, welche Effekte ein als charismatisch eingestufter Führer im Vergleich zu einer blasseren Führungskraft provoziert (vgl. z.B. *Baur u.a.* 2016; *Berson u.a.* 2015; *Boehm u.a.* 2015; *Griffith u.a.* 2015 *Davis/Gardner* 2012 oder die Übersicht bei *Steyrer* 1999). Seltener hat man sich die Aufgabe gestellt, sich den Schwächen oder ethisch bedenklichen Aspekten einer charismatischen Führungskonzeption zuzuwenden (vgl. jedoch *Takala u.a.* 2013 für eine beachtenswerte Ausnahme).

Versucht man die vielfältigen, z.T. recht enthusiastisch anmutenden Aussagen in der Führungsliteratur zu strukturieren, dann sind es letztlich zwei zentrale Wirkungsweisen, die der charismatischen Führung zugeschrieben werden (vgl. *Kuhn* 2000, S. 31 ff.): Erstens **leistungsbezogene Wirkungen**, d.h. charismatische Führung verursacht eine fortgesetzte Leistungs-Entgrenzung (Bereitschaft, zeitbezogen extensiver und aufgabenbezogen intensiver zu arbeiten). Zweitens **integrationsbezogene Wirkungen**, d.h. charismatische Führung bewirkt eine faktische Konfliktbegrenzung innerhalb der Geführtengruppe (Bereitschaft, eigene Ziele zu Gunsten gemeinschaftlicher Ziele aufzugeben und harmonisch und vertrauensvoll mit anderen zusammenzuarbeiten). Nicht selten werden diese Ergebnisse auch dazu genutzt, insbesondere die Leistung von Topführungskräften ungeprüft zu **glorifizieren**, indem die von einer Organisation erreichten Erfolge einzig und allein auf diese Person oder diese Personengruppe zurückgeführt werden – ein Phänomen, das wir bereits in Zusammenhang mit der Romantisierung von Führung, die u.a. mit einer verzerrten Attribution einhergeht, kennengelernt haben (☞ A. III. 1.1; vgl. auch *Weibler* 2013).

Dabei wird nicht genug hingeschaut, inwieweit dieser als charismatisch angenommene Führungseinfluss entscheidend gewesen ist oder ob nicht andere mit dieser Person verbundenen Fähigkeiten (zum Beispiel analytische Intelligenz, Durchsetzungsvermögen gegenüber Konkurrenten) wesentlich oder wesentlicher gewesen sind (oder der Erfolg eine ganz andere Quelle besaß). Hierbei darf der Einfluss von **Symbolik und Artefakten** nicht unterschätzt werden. Es sind weniger die gezeigten individuellen (z. B. rhetorischen) Fähigkeiten oder Verhaltensweisen eines Führenden, die ihm dazu verhelfen, den Nimbus von Charisma zu erwecken. So analysierten beispielsweise *Fairhurst* u. a. den kometenhaften Aufstieg von Rudy Giuliani als charismatischen Führer, der als Bürgermeister von New York im Zusammenhang mit den Terroranschlägen des 11. September 2001 auf die Türme des World Trade Centers zu weltweitem Ruhm gelangte (vgl. *Fairhurst/Cooren* 2009; *Fairhurst* 2007). Die Analysen zeigen, wie einer bis dato eher blassen Führungspersönlichkeit durch die **verschleierte Wirkmächtigkeit von Symbolik und Materialität** (d. h. von Objekten und Artefakten wie z. B. ehrwürdige Verwaltungsgebäude, Feuerwehrleute, Polizeiaufgebote, Begräbniszeremonien und so fort) in extrem hohen Maß Charisma zugeschrieben wurde. Zwar wird mit diesen Untersuchungen die Bedeutung der Krisenhaftigkeit einer Situation (wie oben dargelegt) bestätigt. Wichtiger aber ist, dass der Schleier einer Charisma-Attribution ein Stück weit gelüftet wird, indem die Bedeutung von Materialität (Objekten oder Artefakte) für eben diese Attribution erhellt wird. Folgerichtig verweisen die Autoren auf die „*textual, scenic, technological, cultural, and embodied [...]*" Natur von Charisma (*Fairhurst/Cooren* 2009, S. 476). Nicht zu vernachlässigen ist daher auch, dass bei derartigen Wahrnehmungs- und Zuschreibungsprozessen von Charisma die **Massenmedien**, vor allem im Zeitalter der umfassenden und sekundenschnellen Verbreitung von **Bildern**, einen signifikanten, aber in der Führungsforschung bislang wenig beachteten, Einfluss haben. Charisma-Attributionen sind oftmals vom **Ideologien** geleiteten medialen Diskurs beeinflusst, wie zum Beispiel *Bewernik/Schreyögg/Costas* (2013) am Beispiel von *Ferdinand Piëch* oder *Takala* u. a. (2013) am Beispiel von *Barack Obama* aufzeigen (vgl. auch *Weibler* 2013, 2010a). Systematisch werden auch die Gefahren, die eine charismatische Führung in Organisationen zeitigt, untergewichtet. *Weibler* (1997b) hat hier schon früh u. a. auf die für Organisationen eigentlich wesensfremde Risikoakkumulation hingewiesen, die durch die Dominanz einer Person entsteht. Eine generelle Lösungsstrategie für Probleme kann dies eh nicht sein, nicht nur, weil Charisma definitionsgemäß selten ist. Charisma wird in vielen Fällen nämlich so behandelt, als sei es aus Führersicht automatisch zu erreichen, wenn nur bestimmte Voraussetzungen vorlägen. Gerne wird diese Sichtweise in Stellenanzeigen ausgedrückt, wo sogenannte charismatische Persönlichkeiten gesucht werden. Damit wird aber die unplanbare Beziehungsdynamik, die Charisma prägt, verkannt. Charisma ist eine höchst **fragile Attribution**, deren Entstehung unkalkulierbar ist, da diese mit vielerlei widersprüchlichen und paradoxen Beziehungsdynamiken verbunden ist. Hierbei sind vor allem (stets unkalkulierbare) identitätsbezogene Entwicklungsprozesse (für Führende wie Geführte) zu berücksichtigen. Dies geht grundlegend einher mit der Identifikationen mit dem Führerenden in einer als außergewöhnlich wahrgenommenen, tief emotionalen Führungsbeziehung (vgl. *Parry/Kempster* 2014; *Chen* u. a. 2013).

Eine deterministische Beziehung zwischen dem Bestehen bestimmter Voraussetzungen und dem Auftreten charismatischer Führung existiert schon deshalb nicht. Eine krisenhafte Situation mit verunsicherten Menschen bringt nicht notwendigerweise einen charismatischen Führer hervor, selbst wenn in dieser Situation Personen grundsätzlich Eigenschaften und Verhaltensweisen zeigen, die mit charismatischen Führern gemeinhin verbunden werden. Darüber hinaus besteht auch überhaupt keine Gewähr, dass eine charismatisch geprägte Führungsbeziehung bei einem Wechsel der Personen oder der Situation erhalten bleibt oder wieder neu entsteht. Und geradezu abwegig ist es, anzunehmen, dass sich charismatische Führungsbeziehungen als Zielsetzung der Gestaltung einer Führungsbeziehung quer durch alle Hierarchieebenen hinweg formulieren ließen. Schließlich ist Charisma zunächst einmal ein Attributionsphänomen und nicht etwas unabhängig davon „faktisch" Existierendes (vgl. *Jacquart/Antonakis* 2015; *Davis/Gardner* 2012). Charisma ist somit weder etwas „von Individuen Erlernbares", noch etwas „von Gott Gegebenes", sondern allenfalls etwas „von den Geführten Gegebenes", also etwas, das einer Führungsperson von (potenziell) Geführten zugeschrieben wurde. Überdies ist eine derartige Zuschreibung bzw. Attribution von Charisma, wie oben ausgeführt, besonders kontextsensitiv und vielerlei subtilen, materialen wie immateriellen Einflussbedingungen unterworfen. Insgesamt verweisen aktuelle Befunde der Charisma-Forschung darauf, dass das im Sinne von Max Weber entwickelte komplexe Gesamtgebilde von charismatischer Herrschaft und Führung keinesfalls auf eine personenbezogene Betrachtung von Eigenschaften, Fähigkeiten oder individuellem Verhalten reduziert werden darf.

5. Authentische Führungstheorie: Was das Selbst für die Führung bedeutet

5.1 Hintergrund

In beruflichen wie privaten Beziehungen erwartet man Verlässlichkeit in einer positiven Grundausrichtung. Sie schafft Sicherheit, fördert Vertrauen und eröffnet Perspektiven. Damit reduziert sie materielle und immaterielle Kosten der Interaktion. Erwartungen werden im Alltag gehalten und enttäuscht. Im Führungskontext spielen Enttäuschungen in den letzten Jahren eine prominente Rolle. Immer wieder und immer häufiger beobachten wir neben überragenden Leistungen von Führungskräften inkompetente, versagende oder gar moralisch verwerflich agierende Führende. Dies hat eine Reduktion oder die Aufgabe von Akzeptanz zufolge oder provoziert sogar Widerstände. Diese äußern sich beispielsweise in Abwesenheiten bzw. Fehlzeiten, Disziplinlosigkeit, reduziertem Engagement oder Sabotage (vgl. *Ackroyd/Thompson* 1999). Verlässlichkeit verliert dort schlagartig ihre handlungsstabilisierende Kraft. Gleichzeitig wird ein über die einzelnen Ereignisse hinausgehender Misstrauensverlust befürchtet.

Während diese Fehlleistungen und Missstände auf der Organisationsseite ein erwachtes Interesse an nachhaltiger Orientierung und unternehmerischer Sozialverantwortung (CSR) hervorrufen, wird innerhalb der Führungslehre der Ruf nach einer positiven Führung artikuliert (vgl. *Avolio/Gardner/Walumbwa u.a.* 2004; *Luthans/Avolio* 2003). Zwar hat schon *Bass*, der Begründer der populärsten Führungstheorie der letzten zwei Dekaden relativ früh erkannt, dass ein Führungsverhalten nur dann als transformational zu würdigen ist, wenn es eine Anbindung an ethische Moralvorstellungen besitzt (☞ F.); ansonsten ließe es sich nur als pseudotransformational oder unauthentisch bezeichnen (vgl. *Bass/Steidlmeier* 1999, S. 184). *Duignan/Bhindi* (1996, S. 195) fordern kongenial, Werte und Moral im organisationalen Leben sichtbar werden zu lassen, zuvorderst durch das Verhalten von Führungskräften. Hierzu wird vielfach eine authentische Führung als förderlich erachtet und als eine positive Form der Führung herausgestellt (vgl. *Gardner u.a.* 2011; *Küpers* 2006; *Gardner u.a.* 2005). Natürlich gibt es außerhalb dieser „Bedrohungssituation" weitere gute Gründe, das Verhalten von Führungskräften an eine Authentizität zu koppeln. Unser **Erkenntnisinteresse** ist in diesem Zusammenhang vor allem, die Entstehungsbedingungen und Auswirkungen einer solch authentischen Führung näher zu erhellen.

5.2 Zentrale Aussagen

Das „Authentische" und die „Authentizität" sind seit der Antike verwendete Begrifflichkeiten. In den verschiedensten Lehren wird die Forderung nach einem authentischen Leben immer wieder erhoben; gerade in Zeiten, in denen sich vorherrschende Werte und Institutionen in Umbrüchen befinden (vgl. *Golomb* 1995). Historisch betrachtet ist diese Ausrichtung also nicht neu, aber wird diesmal ausdrücklich mit Führungsfragen verbunden. Bereits der griechische Begriff des „authentikos" (original, echt) abgeleitet vom Substantiv „authentes" (Handelnder, Meister), das aus den Begriffen „auto" (selbst) und „-hentes" (Macher, Wesen) geformt wird, verweist auf diese autonome Selbstsetzung und Selbstexpression. Das Authentische als Lebenskunst und körperliche, seelische und geistige „Sorge für sich", diente nicht nur der Selbsterkenntnis, sondern auch der Selbstermächtigung und Selbstgestaltung (vgl. *Küpers* 2006, S. 339; *Schmid* 2004, 1998). Praktisch formuliert es der Drogeriemarkt-Unternehmer *Werner*:

> „Authentisch wirkt, wer wirklich danach strebt, in gelassener Selbstführung und aus eigener Kraft und Einsicht zu arbeiten und zu leben" (*Werner* 2004).

Aus sich heraus leben – im Gegensatz zu passiver Unterwerfung unter ein bestimmtes Ethos oder einer externen Identitätsvorgabe –, führt danach zu einem sinnvollen und erfüllten Leben (vgl. *Fromm* 2000).

Authentisch Führende werden definiert (*Avolio/Gardner/Walumbwa u.a.* 2004, S. 802) als

> „those individuals who are deeply aware of how they think and behave and are perceived by others as being aware of their own and others' values/moral perspectives, knowledge, and strengths; aware of the context in which they operate; and who are confident, hopeful, optimistic, resilient, and of high moral character."

Solche Führungskräfte kennzeichnet demnach einer hoher Grad an Authentizität, da sie wissen, wer sie sind und an was sie glauben. Sie richten ihre Handlungen an ihren Werten, Überzeugungen und Glaubensvorstellungen aus, agieren nach hohen integeren Maßstäben und führen aufgrund einer inneren, wertebasierten Überzeugung.

Authentische Führung geht noch einen Schritt weiter; sie erstreckt sich über die Authentizität der Führungskraft als Person hinaus und umfasst dabei auch authentische Beziehungen mit Geführten und Kollegen (vgl. *Gardner u.a.* 2005, S. 345). *Luthans* und *Avolio* (2003, S. 243) betonen hierbei den **Prozesscharakter** einer Entwicklung zur authentischen Führung und zwar genauer *"as a process that draws from both positive psychological capacities and a highly developed organizational context, which results in both greater self-awareness and self-regulated behaviors on the part of leaders and associates, fostering positive self-devlopment."*

Somit ist die Entwicklung einer authentischen Führung auch immer an die Entwicklung hin zu einer sich als authentisch handelnd empfindenden Gefolgschaft („authentic followership") geknüpft (vgl. *Leroy u.a.* 2015; *Gardner u.a.* 2005, S. 346; *Shamir/Eilam* 2005, S. 401). Eine gelebte authentische Führung vermag einen hierfür förderlichen Einfluss auf die Einstellungen und das Verhalten der Geführten auszuüben (vgl. *Küpers* 2006, S. 344). *Eagly* benutzt in diesem Zusammenhang den Begriff der „relational authenticity" und konstruiert die Authentizität somit als zweiseitiges Konstrukt, um auf die **Bedeutung der Geführten** aufmerksam zu machen: Es reiche nicht aus, dass Führungskräfte die Interessen einer bestimmten Gruppe befürworten und transparent gegenüber ihren Geführten vertreten, sondern die Geführten sollten sich auch ihrerseits mit den Werten persönlich identifizieren können und diese als angemessen für ihre Gemeinschaft akzeptieren (vgl. *Eagly* 2005, S. 461). In einer späteren Arbeit verdeutlichen *Endrissat* und ihre Kollegen noch einmal, dass die Authentizität eines Führenden keine Qualität ist, die dieser einfach innehat, sondern dass die Authentizität als **relationales Phänomen** nur von seinen Geführten zugeschrieben werden kann – und erst nachdem diese ihn als authentisch wahrgenommen haben (vgl. *Endrissat/Müller/Kaudela-Baum* 2007, S. 208). Anderenfalls könne er sonst die hieraus stammenden positiven Folgen nicht für seine Führung in Anspruch nehmen (vgl. *Fields* 2007, S. 196 f.). Um den Einfluss des Führenden auf die Einstellung, das Verhalten und die Leistung ihrer Geführten detailliert nachvollziehen zu können, entwickelten *Gardner* und

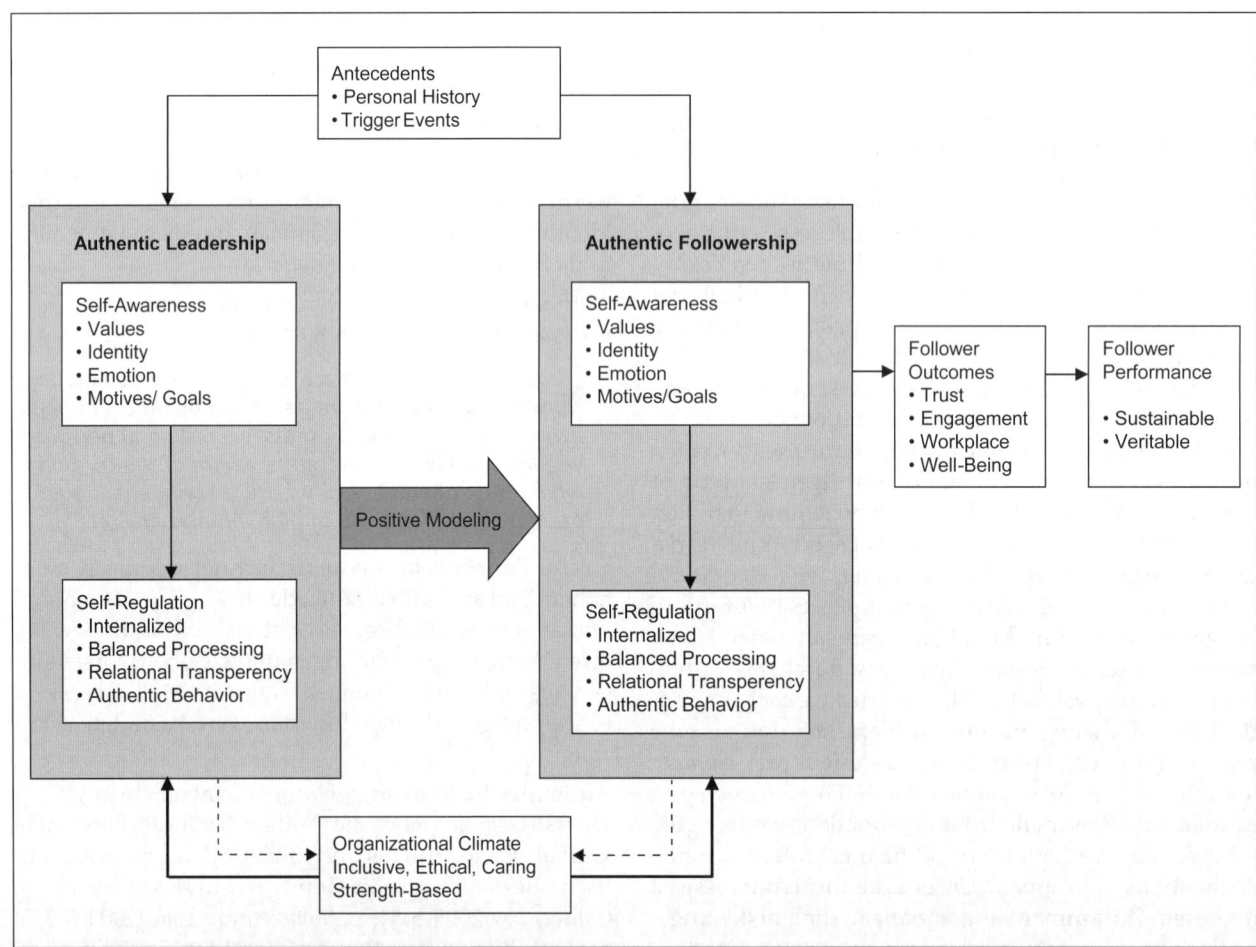

Abb. B.10: Bezugsrahmen authentische Führung (vgl. *Gardner u.a.* 2005, S. 346)

seine Kollegen einen Bezugsrahmen zur authentischen Führung (vgl. Abb. B.10; *vgl. Gardner u. a.* 2005, S. 346 ff.).

Danach erreicht der Führende zuallererst Authentizität durch Selbst-Bewusstheit/Einsicht („Self-Awareness"), die Voraussetzung für eine notwendige Selbstregulation („Self-Regulation") ist. Hieraus erwachsen authentische, vorbildhafte Handlungsweisen, die das Eingehen authentischer Beziehungen ermöglichen. Antezedenzien (vorausgehende Bedingungen und Entwicklungen) wie die persönliche Biografie (Familie, Kultur, Kindheit, Erziehung, Berufserfahrung, Führungserfahrung) und darin besonders hervorzuhebende bewegende Einzelereignisse („Trigger-Events"; z. B. Verarbeitung von Schicksalsschlägen, Karriereherausforderungen, Auslandsaufenthalte), die durch gelungene Bewältigung zum persönlichen Wachstum und Reife beigetragen haben, stellen den Resonanzboden dar. Sie tragen in ihrer spezifischen Ausformung dazu bei, authentizitätsfähig zu werden.

Als erster Schlüsselfaktor zur Herausbildung einer authentischen Führung wird die Selbsteinsicht erachtet, die über → Introspektion erworben werden kann. Die Methode der Introspektion, das Schauen in sich selbst – genutzt bereits von *Sigmund Freud* als Erkenntnisquelle zum Verstehen der eigenen Persönlichkeit – soll über einen nie abgeschlossenen Prozess der Selbst-Reflexion selbstvertrauensfördernde Klarheit über die eigene Identität (siehe Soziale Identitätstheorie, ☞ B. III. 4; vgl. *Hogg* 2001) sowie die eigenen Werte, Emotionen, Motive, Ziele und Grundverständnisse (Eigenschaften, Basisüberzeugungen) fördern.

Als zweiter Schlüsselfaktor zur Herausbildung einer authentischen Führung wird die Selbstregulation gesehen. Hiermit ist gemeint, dass der Führende alle auf das Selbst bezogenen Informationen, seien sie durch Introspektion gewonnen oder von außen vermittelt, vorurteilsfrei einbeziehen und reflektieren und sie dabei in Beziehung zu seinen ureigensten Werten, Motiven usw. setzt und entsprechend Rückschlüsse hieraus zieht.

Dem Modell zufolge bewirkt beides ein authentisches Führungshandeln, wodurch, so wiederum die Annahme, der Führende zum Vorbild für seine Mitarbeiter wird. Modellimmanent gedacht fungiert er als „bewegendes Einzelereignis" (trigger event), das in der Lage ist, Authentizität auch bei anderen auszubilden. Setzt dieser Prozess ein, beginnt sich eine einfache Führer-Geführten-Beziehung in eine beidseitig durch Authentizität geprägte Führungsbeziehung zu verwandeln, die ebenfalls als entwicklungsfähig gedacht wird. Dies alles spielt sich in Organisationen in einem je spezifischen Kontext ab (Strukturen, Kulturen), in dem förderliche (Offenheit, Transparenz, Unterstützung, Ethik-Kodes etc.) wie hinderliche Bedingungen zur Entwicklung authentischer Beziehungen gegeben sind. Resultate auf Seiten der Geführten sind dann ein Mehr an Vertrauen, Wohlfühlen und Engagement, das alles zu einer nachhaltigen Leistungsverbesserung beitragen soll (zum Modell vgl. *Gardner u. a.* 2005, S. 346 ff.).

Ilies, Morgeson und *Nahrgang* (2005, S. 376 f.) entwickelten ein komplementäres Modell zur Entwicklung von Führenden- und Geführten-Authentizität, das sich aus den vier folgenden Komponenten zusammensetzt: Selbsteinsicht (self-awareness), vorurteilsfreie Verarbeitung von Informationen (unbiased processing), authentisches Verhalten (authentic behavior/acting) und relationale Orientierung/Fähigkeit zu authentischen Beziehungen (authentic relational orientation).

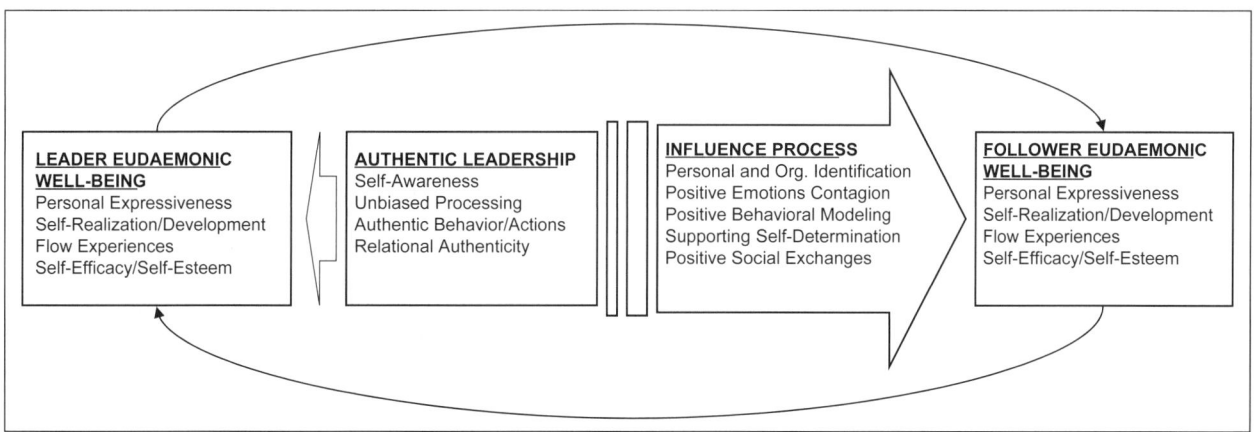

Abb. B.11: Authentische Führung und Wohlbefinden (vgl. *Ilies/Morgeson/Nahrgang* 2005, S. 377)

Die Autoren stellen die Prozesse heraus, durch die authentische Führung zu einem eudaemonischen Wohlbefinden von Führenden und Geführten führen kann. Der Begriff der Eudaemonie – abstammend von Aristoteles – bezeichnet ursprünglich das Gedeihen oder Gelingen der Lebensführung und ist mit Glückseligkeit oder seelischem Wohlbefinden zu übersetzen (vgl. *Ilies/Morgeson/Nahrgang* 2005, S. 375). Im dargestellten Modell (vgl. Abb. B.11) wird z. B. deutlich, dass Selbsteinsicht und die vorurteilsfreie Verarbeitung von Informationen zu gesteigerter Selbst-Akzeptanz sowie durch Selbst-Entwicklung zu persönlicher Größe führen können; relationale Orientierung könnte positivere Beziehungen nach sich ziehen.

Beide bisher vorgestellten Modelle beziehen sich in großem Maße auf die Arbeit von *Kernis*, der schon in seiner **Theorie der optimalen Selbstwertschätzung** die gleichen vier Elemente wie *Ilies* und seine Kollegin bzw. Kollegen als Kernelemente der Authentizität identifiziert hat (vgl. *Kernis* 2003, S. 13 f.). Gegenüber diesem eher kognitiven Fokus untersuchen *Michie* und *Gooty* (2005) den Effekt von Werten und Emotionen auf die Authentizität des Führenden. Sie zeigen auf, dass positive fremdbestimmte Emotionen (wie z. B. Dankbarkeit, Interesse an Anderen) authentisch Führende zu Handlungen motivieren können, die im Einklang mit ihren selbst-transzendenten Werten sind (universale Werte wie z. B. Gleichheit, soziale Gerechtigkeit und mildtätige Werte wie z. B. Ehrlichkeit, Loyalität; S. 451).

Auf der Suche nach einer geeigneten praktischen Methode zur Entwicklung einer Führungs-Authentizität konstruieren *Shamir* und *Eilam* einen **lebensgeschichtlichen Ansatz**, der auf der Annahme basiert, dass die Fähigkeit zu einer authentischen Führung stark mit Geschehnissen zusammenhängt, die ein Führender während seiner Lebensgeschichte als für sich selbst bedeutend identifiziert („life-stories approach", vgl. *Shamir/Eilam* 2005). Sie sind der Meinung, dass die eigene Lebensgeschichte Selbsterkenntnis und die Klarheit des Selbstkonzeptes prägt und über Reflexion so zu einem im Einklang mit dem Selbstkonzept stehenden Handeln führen kann. Darüber hinaus könnte die Lebensgeschichte den Geführten als Hinweis zur Bewertung der Authentizität ihres Führenden dienen (vgl. *Shamir/Eilam* 2005, S. 396 ff.).

Empirie zum Storytelling

Empirisch untersucht wurde die Methode des **Storytelling** hauptsächlich durch qualitative Forschung. *Shamir*, *Dayan-Horesh* und *Adler* (2005) näherten sich dem autobiografischen Storytelling durch einen narrativen Ansatz. Ihr Ziel war es, umfassende Führungsentwicklungsthemen in den Lebensgeschichten von Führungskräften zu identifizieren. Die Autoren analysierten zwei verschiedene Arten von Lebensgeschichten – publizierte Autobiografien von Führern sowie Interviews mit Führungskräften. Sie führten dazu 16 Tiefeninterviews mit verschiedenen Führungskräften, und lasen 10 Autobiografien von Führern aus Militär, Politik und Wirtschaft. Die von ihnen dafür angewendete narrative Methode (vgl. *Lieblich/Tuval-Mashiach/Zilber* 1998) nutzt individuelle Beschreibungen, Erklärungen und Interpretationen von Ereignissen und Handlungen, um auf die Bedeutung zuzugreifen, die Menschen ihren eigenen Erfahrungen zuschreiben. Dabei konzentrieren sich die Autoren gerade auf die frühen, prägenden Phasen einer Lebensgeschichte. Dabei war ihr Ziel nicht, einzelne Lebensgeschichten zu interpretieren oder zu rekonstruieren, sondern aus all diesen Geschichten die zentralen Themen der Führungsentwicklung zu destillieren. Dazu wurden die Geschichten mehrmals gelesen und schrittweise bedeutende Themen der Führungsentwicklung identifiziert, die sich in den Geschichten abgezeichnet haben (*Shamir u. a.* 2005, S. 19). Die Autoren bestimmen auf diese Weise vier Hauptgeschichten: Führungsentwicklung als natürlicher Prozess, Führungsentwicklung als Lernprozess, Führungsentwicklung als Schwierigkeitsbewältigung und Führungsentwicklung als Ursachensuche. In diesem Kontext führten *Turner* und *Mavin* (2008) teilstandardisierte Interviews mit 22 erfahrenen Führungskräften, die anschließend transkribiert (→ Transkription) und kategorisiert wurden, um die individuelle Entwicklung der Führungsauthentizität innerhalb der Lebensgeschichte herausarbeiten zu können. Wichtig waren hiernach vor allem negative Erlebnisse (trigger) im Leben einer Führungskraft, da sie Einfluss auf die Selbstwahrnehmung, den Antrieb, die Werte und Emotionen haben und somit direkt in die Entwicklung der Identität einer Führungskraft eingreifen. Storytelling als solches scheint daher geringe Effekte zu haben. Die Ergebnisse von *Turner* und *Mavin* (2008) verweisen vielmehr auf die Bedeutung von negativen Trigger Events beim Life-Storytelling.

Eine experimentelle Videostudie zur Authentizitätswahrnehmung von Führenden von *Weischer*, *Weibler* und *Petersen* (2013) unterstützte die Ergebnisse zur Bedeutung von negativen Wendepunkten beim Life-Storytelling. Es zeigte sich unter anderem, dass die Effekte des Storytelling, die hier auf die wahrgenommene Authentizität einer fiktiven Führungskraft untersucht wurden, als solche gering waren. Erst im Zusammenwirken mit anderen Faktoren – und dies war die entscheidende Erweiterung – wie der Art und Weise der Darstellung der Geschichte sowie dem Inhalt der Geschichte zeigten sich deutlichere Effekte. Entscheidend scheint hierbei somit

> die körperlich stimmige Erzählung einer persönlichen Geschichte zu sein, die jedoch negative Trigger Events, also negative Wendepunkte im Leben der Führungsperson für eine optimale Wirksamkeit beinhalten müsse.

Wie ein solcher Erfahrungsaufbau ganz praktisch aussieht, entnehmen wir dem folgenden Beispiel, das auf die Bedeutung von (stellvertretenden) Lernerfahrungen für eigene Sichtweisen abzielt. Negative Erlebnisse (trigger), aus denen Positives gezogen wird, sind hier von besonderem Gewicht. Gegeben wurde es von *Jörn Kreke* in einem Gespräch mit *Hugo Müller-Vogg* (2010, S. 116):

Beispiel zu Lernerfahrungen

„Dr. Sandler war ein hervorragender Coach und ganz wichtiger Ratgeber. Er half, wo er nur konnte, schob an, gab Impulse und Denkanstöße. Unvergesslich bleibt, wie er mir nach meinem katastrophalen Micron-Desaster Mut machte. Er erzählte mir, welches Missgeschick Oetker passiert sei. Sie hatten für viel Geld ein Schiff bauen lassen, um damit Schafe von Neuseeland in die arabischen Länder zu transportieren. Als die erste Schiffsladung dann in Arabien ankam, stellte sich heraus, dass das Schiff in keinen dortigen Hafen passte. Seine Botschaft: Alle machen mal Fehler. Wichtig ist, dass man die Krise übersteht und daraus lernt. Mir wurde sehr schnell klar, wie unendlich wichtig und hilfreich es ist, einen erfahrenen, über den Dingen stehenden Ratgeber an seiner Seite zu haben."

Dies deckt sich sehr gut mit der Auffassung, zu der *Gardner* u. a. (2011) nach ihrem Literaturüberblick kommen. Explizit würdigen sie nämlich den Wert von Verletzlichkeit und Schwäche (weakness) für authentisch Führende, denn

> *„truly authentic leaders must lead, but they must do so in a way that honors their core values, beliefs, strengths – and weaknesses"* (S. 1142; vgl. weiterführend *Conroy/O'Leary-Kelly* 2013; *Diddams/Chang* 2012).

Sparrowe (2005) versucht, durch die Anwendung der hermeneutischen Philosophie den narrativen Prozess zu erklären, durch den sich das authentische Selbst eines Führenden fortentwickelt. Aufbauend auf dem Verständnis, dass sich die eigene Identität prinzipiell durch einen narrativen Prozess konstruieren lässt (vgl. *Ricoeur* 1992), schlägt er zur praktischen Weiterentwicklung der eigenen Authentizität z. B. das Schreiben einer Autobiografie oder eines Tagebuchs oder die schriftliche Wiedergabe von besonders wichtigen Begebenheiten vor (S. 436). Dies kann allerdings auch instrumentalisiert werden, wenn Führende sich die Wirkung einer bestimmten Lebensgeschichte bewusst zu Nutze machen und eine nicht authentische Lebensgeschichte anfertigen, nur um ein Image von Authentizität bei ihren Geführten zu projizieren (vgl. *Shamir/Eilam* 2005, S. 413; → CEO-Blogs als Instrument der Unternehmenskommunikation). Nachhaltig prägend ist dies wohl nur dann, wenn man plötzlich an das glaubt, was man kontrafaktisch „gebaut" hat, also in eine neue Teilidentität schlüpft. Hier bedarf es jedoch weiterer Forschung.

Empirie zur authentischen Führung

Um die vorgestellten Hypothesen zur authentischen Führung auch quantitativ empirisch überprüfen zu können, führten *Jensen* und *Luthans* als eine der Ersten eine empirische Untersuchung durch (vgl. *Jensen/Luthans* 2006). Durch eine Befragung von 179 Mitarbeitern von 62 jungen (<10 Jahre am Markt), kleineren Unternehmen, die alle von einem einzelnen, immer noch im Geschäftsbetrieb aktiven Inhaber gegründet wurden, ermittelten die Autoren einen statistischen Zusammenhang zwischen der von den Mitarbeitern wahrgenommen Authentizität des Inhabers sowie ihrer eigenen Einstellung und Zufriedenheit. Im Detail werden mehrere Maßnahmen mit weitgehend anerkannten standardisierten Skalen genutzt, um die wahrgenommene Authentizität des Inhabers durch sein authentisches Verhalten sowie die Zukunftsorientierung und das ethische Klima, das er innerhalb seines Unternehmens erschaffen hat, zu untersuchen. Die Autoren kommen zu dem Ergebnis, dass gerade diejenigen Mitarbeiter, die ihren Unternehmensinhaber als authentisch wahrnehmen, auch ein stärkeres organisationales Commitment sowie eine ausgeprägtere Arbeitszufriedenheit aufweisen. Diese könne sich wiederum positiv auf die Geschäftsergebnisse wie die Gesamtunternehmensproduktivität, den Profit oder die Kundenzufriedenheit auswirken (vgl. *Jensen/Luthans* 2006, S. 652 ff.).

Einen etwas anderen Weg zur empirischen Begründung von authentischer Führung schlagen *Endrissat* und ihre Kollegen vor: Sie vergleichen empirisch gestützte, subjektive Theorien von Führungskräften – gewonnen durch narrative Interviews in einer qualitativen Führungsstudie im deutschsprachigen Teil der Schweiz – mit den bestehenden theoretischen Konzepten und stellen auf diese Weise Konsequenzen für die praktische Entwicklung von Authentizität heraus. Die Autoren vertreten die Meinung, dass jeder Führende ein eigenes Verständnis von Authentizität entwickeln und individuell dementsprechend handeln sollte, da keine standardisierten Lösungen von der Theorie angeboten werden können (vgl. *Endrissat* u. a. 2007, S. 297 ff.).

Kurze Zeit später entwickelten *Walumbwa* und seine Kollegen (2008) ein multidimensionales Modell zur Erklärung authentischer Führung, den theoriebasierten Fragebogen authentischer Führung („Authentic Leadership Questionnaire ALQ"). Der ALQ besteht aus den vier Dimensionen Selbsterkenntnis („Self-Awareness"), Transparenz („Relational Transparency"), Moral („Internalized Moral Perspective") und der ausgewogenen Verarbeitung von Information („Balanced Processing"). Diese Dimensionen wurden auch schon von *Gardner* und Kollegen (2005) herausgestellt. Insgesamt besteht der ALQ aus 16 Items (für Beispiel-Items siehe Abb. B.12).

Empirie zur authentischen Führung

Mithilfe einer konfirmatorischen → Faktorenanalyse (CFA – Confirmatory Factor Analysis) konnten *Walumbwa u. a.* (2008) die → Konstruktvalidität des Fragebogens bestätigen. Die einzelnen Dimensionen der Authentischen Führung korrelieren allerdings und sind nicht unabhängig voneinander. Zusätzlich konnten die Autoren durch weitere Befragungen zeigen, dass sich die Wahrnehmung von Authentischer Führung positiv auf die Arbeitszufriedenheit der Mitarbeiter sowie die Arbeitsleistung auswirkt.

Zu beachten gilt, dass *Walumbwa* und seine Kollegen auf der **Individualebene** argumentieren. Demgegenüber vertreten z. B. *Yammarino u. a.* (2008) die Ansicht, Authentizität nicht nur als individuelles Konstrukt zu beschreiben, sondern seinen Ursprung, seine Determinanten und seine Auswirkungen auch auf **Gruppenebene** (die authentische Gruppe) und **Organisationsebene** (die authentische Organisation) zu erforschen (vgl. weiterführend *Gill/Caza* 2015; *Hmieleski/Cole/Baron* 2012).

5.3 Kritische Würdigung

Im Vergleich mit anderen Führungskonzepten fällt sofort die theoretische Nähe zum Ansatz der transformationalen Führung auf (☞ D. II. 3; vgl. *Bass/Avolio* 1993). Transformationale Führer werden als optimistisch, hoffnungsvoll, entwicklungsorientiert und mit einem hohen moralischen Charakter versehen, beschrieben (vgl. *Bass* 1998); alles Attribute, die auch auf einen authentisch Führenden passen könnten. Allerdings muss ein **authentischer Führer** nicht unbedingt auch ein **transformationaler Führer** sein, da für das Konstrukt der Authentizität z. B. eine Fokussierung auf die aktive Entwicklung der Geführten zu Führenden kein Gewicht gelegt wird (vgl. *Avolio/Gardner* 2005, S. 329). Auch ist zu bedenken, dass transformationalen Führern bestimmte Führungsverhaltensweisen nachgesagt werden, dass allerdings die Konzeptualisierung der Authentizität nichts über den **Führungsstil** an sich aussagt (vgl. *Shamir/Eilam* 2005, S. 398). Gegenüber der **charismatischen Führung** (☞ B. II. 4; vgl. *Shamir u. a.* 1993; *Conger/Kanugo* 1988a) ist

---

Authentic Leadership Questionnaire Sample Items

Self-Awareness

1. Seeks feedback to improve interactions with others.
2. Accurately describes how others view his or her capabilities.

Rational Transparency

3. Says exactly what her or she means.
4. Is willing to admit mistakes when they are made.

Internalized Moral Perspective

5. Demonstrates beliefs that are consistent with actions.
6. Makes decisions based on his/her core beliefs.

Balanced Processing

7. Solicits views that challenge his or her deeply held positions.
8. Listens carefully to different points of view before coming to conclusions.

Abb. B.12: Beispiel-Items des Fragebogens zur authentischen Führung
(vgl. *Walumbwa u. a.* 2008, S. 121)

anzuführen, dass bei dem Konzept der authentischen Führung viel größer Beachtung auf die Gewinnung der Selbsteinsicht gelegt wird, und dass Führende ihre Geführten eher durch ihren eigenen Charakter und persönliche Hingabe zu Selbsteinsicht und einer moralischen Perspektive zu beeinflussen versuchen und nicht durch dramatische Präsentationen oder eine Form des Impressionsmanagements (vgl. *Avolio/Gardner* 2005, S. 330). Letztendlich lässt sich authentische Führung als Ursprungskonstrukt verstehen, das als generischer Ansatz andere Formen der positiven Führung wie eine **ethische** und eine **dienende Führung** einzubeziehen vermag (vgl. *Avolio/Gardner/Walumbwa u. a.* 2004, S. 805 f.; ☞ E. und F.). Gar erst eine Kombination von authentischer, ethischer und transformationaler Führung verspreche – laut *Walumbwa* – den größten Erfolg auf die Steigerung der Langzeitmotivation der Geführten sowie ihrer Leistung (vgl. *Walumbwa u. a.* 2008, S. 121).

Allerdings herrschen hinsichtlich der Frage, inwieweit authentische Führung als ethische Führung qualifiziert werden könne, durchaus unterschiedliche Meinungen (vgl. *Gardner u. a.* 2011 für einen Überblick), wiewohl Zusammenhänge empirisch ausgewiesen werden (z. B. *Cianci u. a.* 2014, wonach eine authentische Führung eine ethische Entscheidung angesichts einer manipulierten „Versuchung" signifikant erhöhte und höhere Schuldgefühle bei Nachgebenden provozierte). Manche Wissenschaftler zweifeln grundsätzlich daran, dass „authentisch" automatisch „ethisch" bedeute und lehnen die Aufnahme ethischer Dimensionen als (konstitutives) Element von authentischer Führung aus unterschiedlichen Gründen ab (vgl. *Alegra/Lips-Wiersma* 2012; *Shamir/Eilam* 2005). *Nyberg* und *Sveningsson* (2014) heben hier beispielsweise nach einer Interviewstudie darauf ab, dass konkrete Führungserwartungen, die für einen Führenden in der Gruppe stehen, der als „(moralisch) gut" angesehen wird, einzuhalten wären (z. B. Zeiten für Trainings), auch wenn der Führende der Auffassung wäre, dass man es eben können oder sonst auch nie lernen würde. Dies sei eine permanente Spannung, die man mit sich tragen würde und die Authentizitätsanforderung verletze. Zwar herrscht *Gardner u. a.* (2011, S. 1129) zufolge weitgehende Einigkeit darüber, dass es wichtig für authentisch Führende sei, ihren eigenen Werten treu zu bleiben. Allerdings impliziere dies ja nicht automatisch, dass diese Werte stets moralisch und ethisch wertvoll seien. So haben beispielsweise *Shamir/Eilam* (2005, S. 398) in ihrem Ansatz zur authentischen Führung nichts über den **ethischen Gehalt** der Werte ausgesagt. Sie betonen ausdrücklich, dass ihr Konzept bezüglich des Inhalts der Werte und der persönlichen Überzeugungen des Führenden indifferent ist. Hier sind wir bei **Definitionsfragen** des Authentischen angelangt, die auf dieser Ebene nicht zu lösen sind.

Eine besondere Schwierigkeit der Umsetzung und Realisation authentischer Führung liegt – laut einem Großteil der gegenwärtigen Forschung (vgl. z. B. *Endrissat u. a.* 2007; *Cooper/Scandura/Schriesheim* 2005) – in deren Vermittlung. Obwohl die Frage nach einer möglichen Lehr- und Lernbarkeit authentischer Führung noch weitgehend ungeklärt ist, wird seit einiger Zeit die Möglichkeit der Förderung einer authentischen Führung diskutiert. Die Berücksichtigung des Authentischen in der Aus- und Weiterbildung von Führungskräften stellt eine besondere anwendungspraktische Herausforderung dar. *Küpers* schlägt in diesem Zusammenhang z. B. ein besonderes Management-Training zur Persönlichkeitsentwicklung vor, wo die Führungskräfte in einem geschützten Erfahrungsraum ihre eigenen Rollen und Wirkungen lernen und bisher nicht gelebte Formen des Authentischen erproben können. Seiner Meinung nach kann auch **Mentoring**, das auf längerfristige Sozialisation und persönliche Unterstützung ausgerichtet ist, genauso wie gemeinsam entwickelte und gelebte Unternehmensleitsätze sowie eine entsprechende Kultur-, Strategie- und Organisationsgestaltung zur Vermittlung des Authentischen beitragen (vgl. *Küpers* 2006, S. 353 ff.).

Endrissat und ihre Kollegen machen darauf aufmerksam, dass die Vermittlung des Authentischen überhaupt nur durch ein stark personalisiertes, auf die Vereinbarkeit zwischen eigenen inneren Werten und Arbeitsanforderungen ausgerichtetes Management-Training zum Erfolg führen könnte, da jede Führungskraft für sich selbst ein Verständnis von Authentizität entwickeln sollte (vgl. *Endrissat u. a.* 2007, S. 218). Spezielle Trainings-Programme, die gerade Minoritäten in Führungspositionen (z. B. Frauen, ☞ E. III. 1, Außenseiter ohne privilegierte Familienverhältnisse) durch die Schulung von zwischenmenschlichen Prozessen zu relationaler Authentizität führen, werden von *Eagly* (2005) gefordert. Sie zeigt in ihrer Arbeit, dass für diese Minoritäten ein Handeln nach eigenen Werten im Sinne der Authentizität besonders schwierig sei und manchmal sogar eher davon abgeraten werden sollte, da diese von ihren Geführten aufgrund fehlender Identifikations-Möglichkeiten und aufgrund einer Rollen-Inkongruenz nicht als Führende akzeptiert würden (vgl. *Eagly* 2005, S. 470 f.). Daneben sollte nicht vergessen werden, dass das Verständnis und die Bedeutung von Authentizität in unterschiedlichen Ländern und Kulturen verschiedenen Ausprägungen annehmen (vgl. *Shamir/Eilam* 2005, S. 414; ☞ E. III. 7) und kontextabhängig ausgeformt sein kann (vgl. *Cooper u. a.* 2005, S. 488).

Dass eine bloße Einführung von Trainings-Programmen nicht ausreichend zur Vermittlung einer authentischen Führung sein kann, wird noch einmal von *Küpers* (2006, S. 357) verdeutlicht:

> *„Soll eine authentische Führung nicht nur moralisierend gefordert, sondern auch gelebt und umgesetzt werden, sind auf jeden Fall Voraussetzungen für ihre Praxis zu schaffen. Dies wird nicht ohne Veränderungen von individuellen und kollektiven Einstellungen, vorhandenen Strukturen und Machtgefügen sowie einer moralischen (Selbst-)Verpflichtung möglich sein."*

Das hier anklingende Verständnis von authentischer Führung schließt gut an die oben beschriebene Idee von authentischer Führung als wechselseitiges und beziehungsbezogenes Phänomen an. Derartige Vorstellungen von authentischer Führung werden auch in aktuellen Beiträgen herausgestellt. Betont wird hier vor allem die in empirischen Studien vielfach vernachlässigte Bedeutung von **„authentic followership"** (vgl. *Gardner u. a.* 2011, S. 1141; sowie weiterführend *Leroy u. a.* 2015; *Wang u. a.* 2014). Insgesamt ist somit eine vergleichsweise stärkere und notwendige Hinwendung zu den geführtenbezogenen und kontextuellen Faktoren von authentischer Führung zu verzeichnen (vgl. *Gill/Gaza* 2015; *Cianci u. a.* 2014; *Alegra/Lips-Wiersma* 2011).

6. Machttheorie der Führung: Worauf sich der Einfluss von Führenden gründet

6.1 Hintergrund

Macht hat die Menschen immer schon fasziniert. Dies erkennen wir leicht, wenn wir die Wappentiere von Königshäusern oder Verzierungen von Tempeln betrachten. Macht ist begehrt, weil sie Vorteile verschafft und auf viele anregend wirkt. *Henry Kissinger*, der 56. Außenminister der USA, ließ diesbezüglich am 28.10.1973 in der New York Times – und immer wieder gerne zitiert – verlauten: „Power is the ultimate aphrodisiac" (und weniger häufig zitiert: „Every morning I pray to God to give me the wisdom to do the right thing during the day"). Sein Träger, seine Trägerin lebt latent gefährdet, vor allem dann, wenn sie nicht geteilt wird oder sich gegen andere richtet. Deshalb neigt Macht zur Absicherung und Ausdehnung. Verfassungen tun deshalb gut daran, Macht institutionell zu begrenzen und Mitarbeiterinnen und Mitarbeiter gut daran, Gegenmacht in den Händen zu halten.

Seiner Etymologie nach stammt der Begriff der Macht im Übrigen nicht von „machen", sondern von „(ver)mögen" (vgl. *Neuberger* 1995b, Sp. 953). Macht ist somit die Möglichkeit oder die Potenz, etwas in Bewegung zu setzen. Damit berührt der Begriff Macht unmittelbar den Begriff der Führung, dessen Wortwurzel, wie bereits angedeutet, auf das alte Veranlassungswort zu „fahren machen" in der Bedeutung von „in Bewegung setzen" und „Richtung weisen" zurückgeht (☞ A. II. 2.2). *Max Weber* (1980/1922, S. 28) definierte Macht als

> *„[...] jede Chance, innerhalb einer sozialen Beziehung den eigenen Willen auch gegen Widerstreben durchzusetzen, gleichviel worauf diese Chance beruht."*

Wichtig hierbei ist, dass *Weber* Macht als **Potenzial** versteht, sich gegen den Widerstand anderer durchzusetzen. Die Chance zu haben, sich gegen diesen Widerstand durchzusetzen, heißt somit, Macht zu haben. Seinen Willen gegen den Widerstand anderer auch tatsächlich durchzusetzen, bedeutet Macht auszuüben (vgl. *Sukale* 2002, S. 364). *House* definierte Macht als

> *„the ability of an individual or group to cause others to engage in behavior in which they would not otherwise engage"* (*House* 1991, S. 29).

Macht versetzt eine Person in die Lage, Kontrolle über andere auszuüben. Hierbei wird von einem asymmetrischen Prozess ausgegangen, wie beispielsweise *Mooijman, Van Dijk, Ellemers* und *Van Dijk* (2015) herausstellen. Die Autoren definieren Macht als:

> *„asymmetric control over critical resources [...]; that is, power entails the capacity to control the outcomes of others"* (*Mooijman u. a.* 2015, S. 75; vgl. *Fleming/Spicer* 2014 sowie *Sturm/Antonakis* 2015 für einen weiterführenden Überblick).

Insgesamt wird Macht mehrheitlich verstanden als die Möglichkeit von Personen oder Personengruppen, auf das Handlungsfeld bzw. die Handlungsfelder anderer Personen oder Personengruppen einzuwirken (vgl. *Krüger* 1992, Sp. 1314). Das **Erkenntnisinteresse** der Führungsforschung konzentriert sich vor allem auf Art und Bedeutung von Machtgrundlagen.

6.2 Zentrale Aussagen

Machttheoretische Ansätze sind innerhalb der führungstheoretischen Diskussion immer wieder aufgegriffen worden (vgl. z. B. *Rus/Knippenberg/Wisse* 2010; *Yukl* 2010; *Sosik/Dinger* 2007; *Hinkin/Schriesheim* 1989; *House* 1988; *House/Singh* 1987; *McClelland/Boyatzis* 1982). Einfluss und Macht werden hier gekoppelt und all das, was bewirkt, dass die Wahrscheinlichkeit des Einflusses steigt, wird gleichzeitig als Erhöhung der Macht interpretiert. So werden Führungsbeziehungen oftmals sofort als Machtbeziehungen gesehen und das Verhalten der Akteure beispielsweise austauschtheoretisch modelliert (☞ A. II. 2.1). Nutzen und Kosten von Einflussversuchen werden dann hinsichtlich Zugewinnung und Verlust von Macht erfasst. Oder man erfasst die Macht einer Person über die Zentralität in Arbeits- und Kommunikationsnetzwerken. Ambivalent wurde mit der Frage umgegangen, ob Macht nun etwas Gutes oder etwas Schlechtes sei. Sehr wohl ist hier ein Bonmot des britischen Historikers *Lord Acton* (1834–1902) in Erinnerung:

> „Power tends to corrupt and absolute power corrupts absolutely."

Dies wurde nun nicht undifferenziert in die Führungsforschung übernommen, sondern man unterscheidet hier zwischen einer Macht, die sozial eingesetzt wird und einer Macht, die nur der Vervollkommnung eigener Interessen dient, eine Überlegung, die stets bei der kritischen Bewertung von machtvollen Führern herangezogen wird, so wie wir sie auch aus der **transformationalen** und **charismatischen Führungsdiskussion** kennen (vgl. *Howell* 1988).

Besondere Aufmerksamkeit haben **machtbasenorientierte Ansätze** erfahren, die die Grundlagen oder Quellen der Macht untersuchen. Dies ist auch der differenzierende Beitrag dieser Forschungen zu anderenorts Bekanntem. In diesem Zusammenhang sind mit Machtbasen alle Ressourcen im weitesten Sinne gemeint, die ein Beeinflussender einsetzen kann, um den Beeinflussten zu bestimmten Handlungen zu veranlassen (vgl. *Krüger* 1992, Sp. 1315).

Dabei trifft der Beeinflussende (Führender) aber in der Regel auf Gegenmacht (vgl. *Hollander* 1993, S. 31 und *Steinmann/Schreyögg* 2005), weil auch die Geführten über Sanktionspotenziale verfügen. Deshalb sind die Machtbasen des Beeinflussenden stets mit denen des zu Beeinflussenden in Beziehung zu setzen, soll eine Aussage über einen möglichen Erfolg des Einwirkungsversuchs gemacht werden. Die Führungsfunktion geriete allerdings völlig aus dem Ruder, wenn sich Macht und Gegenmacht stets die Waage hielten (vgl. *Lührmann* 2006, S. 48 ff.): Führungserfolg wäre dann entweder auf zufällige Ungleichverteilungen angewiesen oder im Extremfall sogar ganz unmöglich, weil sich die Einflusschancen der Interaktionsbeteiligten gegenseitig aufheben würden. Systematische Einflussnahme ist hingegen nur realisierbar, wenn einer der Interaktionsbeteiligten dauerhaft über mehr Sanktionsmöglichkeiten verfügt als alle anderen. Führung entspringt somit einer asymmetrischen Machtverteilung zwischen Führer und Geführten: Zwar ist der Beeinflussende seinerseits immer auch Objekt von Einflussversuchen (und der zu Beeinflussende stets auch Beeinflussender), aber die Möglichkeiten, die eigenen Kommunikationsinhalte mit Macht zu versehen, sind ungleich verteilt und in einer hierarchischen Organisation strukturell zu Gunsten des Vorgesetzen verankert.

Die Führungsbeziehung kann somit – wie wir bereits eingangs postuliert haben – als ein zwar grundsätzlich asymmetrischer, aber dennoch wechselseitiger Einflussprozess begriffen werden, in denen ein Vorgesetzter die ihm zur Verfügung stehenden Machtgrundlagen zur Durchsetzung seiner Einflussversuche verwendet (vgl.

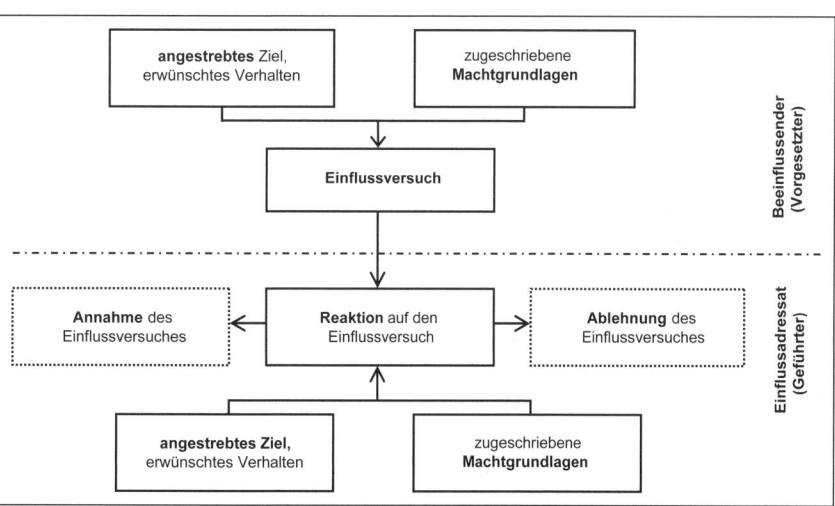

Abb. B.13: Einflussprozessmodell (vgl. *Lührmann* 2006, S. 49; in Anlehnung an *Steinmann/Schreyögg* 2005)

Lührmann 2006). Die Geführten auf der anderen Seite diagnostizieren die Auswirkungen des Einflussversuchs auf die eigene Ziel- und Bedürfnissituation, wägen die Einflusspotenziale des Vorgesetzten gegen die eigenen Einflussmöglichkeiten ab und bestimmen auf Basis dieses Kalküls, ob sie dem Einflussversuch stattgeben oder ihn ablehnen. Ein tatsächliches Führungsproblem lässt sich demnach immer nur im Konfliktfall ausmachen – also nur dann, wenn eine Diskrepanz zwischen den Einflussversuchen des Vorgesetzten und den Zielen und Bedürfnissen der Geführten besteht. Nur in diesem Fall geben die auf beiden Seiten vorhandenen Machtgrundlagen den Ausschlag für die Annahme oder Ablehnung des jeweiligen Einflussversuchs. Die Abbildung B.13 veranschaulicht den Stellenwert der Macht in der Interaktion von Führenden und Geführten.

Machtbasentypologie von French/Raven

Welche Machtgrundlagen lassen sich nun im Einzelnen unterscheiden? Die **Machtbasentypologie** von *French/Raven* (1959) bildet die Grundlage für viele machtbasenorientierte Ansätze innerhalb der Sozialwissenschaften. Macht als Mittel der Verhaltensbeeinflussung kann sich demzufolge gründen auf:

(1) Legitimation (legitimate power),

(2) Einsatz von Belohnungen (reward power),

(3) Einsatz von Bestrafung und Zwang (coercive power),

(4) Identifikation (referent power),

(5) Expertentum (expert power).

(1): Macht, die auf Legitimation basiert, wird von *French* und *Raven* als **legitime Macht** („legitimate power") bezeichnet. Sie stützt sich auf die Auffassung, dass es dem Beeinflussenden zusteht, vom Beeinflussten etwas zu erwarten, und dass der Beeinflusste die Pflicht hat, dieser Erwartung nachzukommen. Die Grundlage solcher Ansprüche sind allgemein anerkannte Werte. Der Beeinflusste handelt im Sinne des Beeinflussenden, weil er bereit ist, das eigene Handeln an diesen Werten auszurichten. Beispielsweise wird die Position eines Vorgesetzten als entscheidungssetzende und anweisungsgebende Instanz akzeptiert, weil es sich nach der Auffassung des Mitarbeiters in Organisationen eben „so gehört". Die Legitimation wird hier aus dem ebenfalls akzeptierten Direktionsrecht der Organisationsspitze abgeleitet (zu den Grenzen beispielsweise *Ulrich* 2010 oder im Diskurs zur Wirtschaftsdemokratie, vgl. *Weibler* 2010b).

(2): Macht, die auf dem Einsatz von Belohnung basiert, bezeichnen *French* und *Raven* als **Belohnungsmacht** („reward power"). Hierbei nimmt die beeinflusste Person wahr, dass der Beeinflussende kraft seiner Position sie in eine als vorteilhaft empfundene Lage versetzen kann. Mit Blick auf eine erwartete Belohnung handelt sie deshalb im Sinne des Beeinflussenden. Beispielsweise können wir dabei an eine Beförderung, an die Zuweisung angenehmerer Aufgaben oder an die Gewährung eines Sonderurlaubes denken.

(3): Macht, die auf dem Einsatz von Bestrafung oder Zwang gründet, nennen *French* und *Raven* **Bestrafungsmacht** („coercive power"). Sie stellt das Gegenstück zur Belohnungsmacht dar. Hierbei nimmt der Beeinflusste wahr, dass der Beeinflussende die Möglichkeit besitzt, Bestrafungen auszusprechen. Um diese zu vermeiden, handelt der Beeinflusste im Sinne des Beeinflussenden. Beispielsweise können wir uns leicht vorstellen, dass ein Vorgesetzter die Möglichkeit besitzt, einem Mitarbeiter wenig attraktive Arbeiten zuzuweisen, Abmahnungen auszusprechen oder die Kündigung anzudrohen.

(4): Macht, die durch Identifikation entsteht, bezeichnen *French* und *Raven* als **Identifikationsmacht** („referent power"). Hierbei bildet der Beeinflussende eine Bezugsperson bzw. Identifikationsfigur für die beeinflusste Person. Der Beeinflusste handelt im Sinne des Beeinflussenden, weil er sich mit der anderen Person emotional gleichsetzt, und ihre Motive und Ideale übernimmt. Er stimmt also aus innerer Überzeugung mit dem Beeinflussenden überein. Die Gründe hierfür sind unterschiedlichster Natur: Beispielsweise können Personen aufgrund ihres Charakters oder ihrer Lebensgeschichte derart bewundernswert sein, das sie spontane Gefolgschaft finden und damit Einfluss auf andere Personen haben.

(5): Macht, die auf fachlicher und sachlicher Überlegenheit gründet, nennen *French* und *Raven* **Expertenmacht** („expert power"). Sie entspringt dem Vertrauen der beeinflussten Person in die Informationen und Fähigkeiten des Beeinflussenden. Beispielsweise kann sich ein Vorgesetzter in einer langjährigen Tätigkeit einen großen Erfahrungs- und Wissensschatz erarbeitet haben, der, sofern ihm dafür Respekt gezollt wird, als Einflussgrundlage dienen kann.

Machtbasentypologie von Yukl/Falbe

Um inhaltliche Unvollkommenheiten der Machtbasentypologie von *French/Raven* zu überwinden, legten *Yukl/Falbe* (1991) und *Yukl* (2010) eine revidierte Fassung vor (vgl. Tab. B.2). Diese hat entweder die **Position** oder die **Person des Machtträgers** als Bezugspunkt, wobei die einzelnen Machtbasen – wie bei *French/Raven* – nicht völlig unabhängig voneinander sind.

Machtbasen	
Positionsmacht	Personenmacht
• Amtsautorität • Belohnungsmacht • Bestrafungsmacht • Informationsmacht • Situationsgestaltungsmacht	• Expertenmacht • Überzeugungsmacht • Identifikationsmacht • Charismatische Macht

Tab. B.2: Modifikation der klassischen Machtbasentypologie (vgl. *Yukl/Falbe* 1991; *Yukl* 2010)

Wir wollen an dieser Stelle nur jene Arten der Macht kurz erläutern, die in der Machtbasentypologie von *French/Raven* nicht erfasst wurden: Die Typologie von *Yukl/Falbe* berücksichtigt die heutige Bedeutung des Wissens stärker, indem sie sowohl die bereits vorgestellte Expertenmacht als auch die **Informationsmacht** thematisiert. Mit Letzterer ist gemeint, dass mit einer Position auch eine Kontrolle über die Nutzung und Verteilung von Informationen verbunden ist, die für andere Personen wichtig sind. Beispielsweise beeinflusst das Ausmaß an Informationen, welches ein Vorgesetzter an seine Mitarbeiter weitergibt, deren Handlungsfeld erheblich. Die **Macht zur Situationsgestaltung** weist aus, dass auch über Strukturen Verhalten gesteuert werden kann. *Yukl* bezieht sich hier auf die Arbeitsgestaltung und ein sogenanntes „*cultural engineering*" (2010, S. 211), wobei Letzteres insbesondere in kleinen Organisationen aus Sicht des Einzelnen wirksamer sein sollte.

Amtsautorität fällt unter die bereits bekannte legitimierte Macht. Die stärkere Differenzierung der personalen Machtgrundlagen drückt aus, dass diese Art der Macht über verschiedene Kanäle zu erreichen ist. Während die Identifikationsmacht vielfältige Grundlagen haben kann, beruhen die durch empirische Forschungen festgestellte **Überzeugungsmacht** vor allem auf der Fähigkeit zur rationalen Argumentation und die **charismatische Macht** auf der Begeisterung für eine als „begnadet" angesehene Person (☞ B. II. 4). Die Trennung ist gerechtfertigt, weil sie die wesentlichen personalen Machtgrundlagen pointierter als zuvor veranschaulicht.

Wir sehen, dass dem Vorgesetzten bestimmte Machtbasen qua formaler Position zur Verfügung gestellt werden, wodurch im Einflussprozess zwischen Vorgesetzen und Mitarbeiter von vornherein ein Machtgefälle entsteht (vgl. *Lührmann* 2006, S. 51 f.) – durch die Zuweisung der Vorgesetzten-Rolle wird also von vornherein eine Struktur in die Interaktion zwischen Führungskraft und Geführten gelegt, die die Einflusschancen asymmetrisch werden lässt (vgl. *Stogdill* 1997, S. 116). Allerdings entfaltet sich die Positionsmacht nicht komplett unabhängig von der konkreten Führer-Geführten-Beziehung, denn die positionalen Machtbasen (wie natürlich auch die personalen Machtbasen) existieren nicht unbedingt in einem objektiven Sinn. Sie müssen von den Geführten als solche wahrgenommen und dem Vorgesetzten erst zugeschrieben werden (vgl. dazu vor allem die **Attributionstheorie der Führung** von *Calder* 1977, ☞ B. II. 2). Dieser Attributionsprozess hat jedoch einen essenziell interaktiven Charakter, sodass ein eventueller Machtvorteil keine der Führungsbeziehung von außen auferlegte Selbstverständlichkeit ist. **Führungserfolg** hängt damit ganz umfänglich auch von den in der Führungsbeziehung herausgearbeiteten **Interaktionsmustern** ab.

Durch verschiedenste Veränderungen in der Arbeit der Organisation wie in ihrem Umfeld (beispielsweise bessere Mitarbeiterqualifizierung, Verlagerung der Entscheidungskompetenzen nach unten [→ Empowerment]; Vernetzung von Aufgaben, siehe auch *Yukl/Becker* 2007), sind die Einflusschancen der Mitarbeiter auf die Führungsprozesse stark gestiegen. Sicherlich, die bislang besprochenen Machtressourcen stehen den Mitarbeiterinnen und Mitarbeitern damit teilweise nun selbst auch zur Verfügung (entweder äquivalent [z. B. Expertenmacht] oder informell subtil [z. B. Bestrafungsmacht durch Leistungszurückhaltung]), doch sind effektive Machtressourcen eben auch an bestimmte → **Positionen** geknüpft. Deshalb hat sich die **mikropolitische Forschung** immer schon stärker den Einflusstechniken zugewandt, die aus einer Geführtenposition heraus genutzt werden können. *Neuberger* (1995c, S. 15) sieht in der Mikropolitik einen Zugang, der „*die unterschwellige Feinstruktur in den politischen (Inter-)Aktionen der Akteure aufzudecken versucht*". Und unauffällig und beiläufig müssen Beeinflussungsversuche hierarchisch schwächerer Akteure oftmals sein, möchte nicht der offene Kampf gesucht werden. So hat sich eine primär induktiv ausgerichtete Forschungsrichtung bestimmten mikropolitischen Strategien, die taktisch variiert werden können, zugewandt. Geführte wählen diese, um sachliche wie persönliche Ziele durch die Beeinflussung ihres Vorgesetzten zu erreichen (vgl. dazu z. B. *Yukl* 2010; *Yukl/Seifert/Chavez* 2008; *Yukl/Kim/Falbe* 1996; *Wunderer/Weibler* 1992; *Kipnis/Schmidt/Wilkinson* 1980).

Führung von unten

Diese Einfluss-Strategien werden in ihrer Gesamtheit plakativ, aber ein wenig ungenau als „**Führung von unten**" bezeichnet (vgl. *Wunderer* 2009a; *Weibler* 1998;

Wunderer/Weibler 1992). Sie sind jedoch keinesfalls exklusiv hierfür (vgl. *Yukl* 2010, S. 226), sondern bezeichnen Einfluss-Strategien, die generell in Beziehungen angewandt werden können. Dass die instrumentelle Nutzung beabsichtigt und auch in dieser Hinsicht empirisch untersucht wurde, hat eine offensichtlich machiavellistische Note. Aufklärerisch ist es trotzdem, als wir wissen sollten, mit welchen Strategien und Techniken uns andere gelegentlich beeinflussen möchten:

- Einflussnahme durch **rationale Argumentation** (sachbetonte Diskussionsführung, Vorbereitung von Schriftstücken, Unterlegung von Vorlagen mit Zahlen, Schaubildern usw.),
- Einflussnahme durch **Verweis auf geltende Werte und Normen** (Führungsgrundsätze, bisherige Praktiken etc., auch unter Legitimationsstrategie laufend),
- Einflussnahme durch **anregende Präsentation** (Begeisterung, motivierende Vision, Aufzeigen einer einzigartigen Gelegenheit),
- Einflussnahme durch **Beharrlichkeit** (Bestimmtheit, Hartnäckigkeit und Konsequenz in der Zielverfolgung),
- Einflussnahme durch **Konsultation des Vorgesetzten**, um ihn durch die Bitte um Rat einzubinden und dadurch für die eigene Sache zu gewinnen,
- Einflussnahme durch **Koalitionsbildung** mit Gleichgesinnten (mehrere versuchen allein, dieselben Ziele zu verfolgen oder man tritt gemeinsam auf),
- Einflussnahme durch besondere **Freundlichkeit** in der Zielverfolgung.

Zusammengefasst zeigen die empirischen Studien, dass sich Geführte insbesondere der rationalen Überzeugung zuwenden, um Ziele zu erreichen. Dies ist auch am ehesten mit ihrer Position vereinbar, da dies dem gängigen Mitarbeiterbild am besten entspricht. Als sehr effektiv hat sich allerdings auch eine Einflussnahme durch die Konsultation des Vorgesetzten herausgestellt, da der Vorgesetzte hier sehr schön sein Gesicht wahren kann, indem er zum einen als Entscheider unhinterfragt bleibt, und zum anderen sich beteiligt und so seine eigene Entscheidung mit den unterbreiteten Argumenten, die auch so seine hätten sein können, unterfüttern kann. Als hoch effektiv wird auch die anregende Präsentation von Vorschlägen eingestuft, in der Regel allerdings nur als Zusatzstrategie eingesetzt. In aller Regel werden diese Strategien mit einer Freundlichkeit, die im Arbeitsalltag erwartet werden kann, hinterlegt. Eine in einer extremen Ausprägung verfolgte Freundlichkeitsstrategie mutiert jedoch zu Schmeichelei – die in Abhängigkeit der Persönlichkeit des Vorgesetzten – auch schlecht ankommen kann. Eine durchaus erfolgreiche Strategie, die allerdings risikobehaftet ist, ist die der Beharrlichkeit oder Hartnäckigkeit. Hier hängt es sehr vom Geschick des Beeinflussten ab, inwieweit ihm die schmale Gratwanderung zwischen Anerkennung eines besonderen Anliegens und nervtötender Penetranz gelingt. So weisen hier auch *Ames* und *Flynn* (2007) einen kurvilinearen Effekt nach, nachdem ein zu geringes und ein zu hohes Ausmaß an Beharrlichkeit suboptimal für eine effektive Zielerreichung ist. *Yukl* (2010) führt diese Strategie vielleicht deshalb gar nicht mehr auf, sondern beschreibt als eine wenig erfolgreiche Strategie die Extremform „pressure" (Druck), die andere immer wieder auf die Noch-Nicht-Erledigung des Anliegens hinweist, in dem Sinne kontrollierend ist und mit Drohungen arbeitet. Augenscheinlich als Beeinflussungsversuch von unten höchst untauglich.

Grenzwertig, wenngleich nicht in diesem Ausmaß, ist eine weitere Strategie, die aber bei der Führung von unten nicht besonders in den Fokus rückt, nämlich die Bitte, jemanden einen persönlichen Gefallen zu tun, beispielsweise, weil man gerade eine schlechte Zeit durchlebt („personal appeal"). Dies ist laut der empirischen Ergebnisse von *Yukl* eine besonders geeignete Form für die Einflussnahme auf Kolleginnen und Kollegen. Setzt man hingegen auf die Verbindung eigener Absichten mit vorherrschenden Werten und Normen, so ist man formal nicht angreifbar, kann aber dort, wo es um Wandel geht, sich auch schnell den Konter des Uninspirierten einfangen – vielleicht deshalb von *Yukl* nicht sehr optimistisch hinsichtlich ihrer Effektivität eingeschätzt.

In 2005 legten *Yukl, Chavez* und *Seifert* noch eine Studie zu zwei damals neuen Einflusstaktiken vor, „collaboration" (Persönliche Unterstützung des anderen bei der Umsetzung des eigenen Wunsches, z. B. durch Ressourcenzufuhr, Beseitigung von Hindernissen und damit Senkung der Kosten sowie Erhöhung der Erfolgswahrscheinlichkeit) sowie „apprising" (Aufzeigen von potenziellen persönlichen Vorteilen bei der erwünschten Aufgabenerledigung, beispielsweise einen schnelleren Karrieresprung, eine höhere Einkommensentwicklung oder Lerneffekte), ohne aber wie bei der „Austauschstrategie" selbst diese Güter auch bereitstellen zu müssen. Beide Einflussstrategien ließen sich von den bisherigen neun statistisch separieren und bewiesen ihre Effektivität, wobei „apprising" wegen der vergleichsweise geringeren Wirkung vor allem als eine ergänzende Taktik eingestuft wird. Diese beiden Einfluss-Strategien sind aber vor allem für die Beeinflussung von Kolleginnen und Kollegen oder Mitarbeitern geeignet.

6.3 Kritische Würdigung

Zusammenfassend sehen wir, dass beide – Vorgesetzte wie Mitarbeiter – mittels ihrer Machtressourcen über Handlungsspielräume verfügen. Damit zeigt sich ganz klar der interaktive Charakter sowohl von Macht als auch von Führung, denn das Handeln und Verhalten von Führenden und Geführten sind das **Ergebnis einer wechselseitigen Orientierung** aneinander: Der Vorgesetzte wählt seine Einflussstrategie mit Rücksicht auf die Persönlichkeit und Erfahrung seines Mitarbeiters und dieser stimmt wiederum seine Reaktion auf das (wahrgenommene) Verhalten des Vorgesetzten mit ihm oder anderen ab. Die Verhaltensketten von Führenden und Geführten werden auf diese Weise miteinander verwoben, sodass „doppelte Interakte" (*Weick* 1995, S. 130) entstehen, also Sequenzen, in denen das Verhalten einer Person eine Reaktion bei einer anderen Person provoziert, von der sich Erstere ihrerseits wieder stimulieren lässt (vgl. *Lührmann* 2006, S. 52).

Machttheoretische Überlegungen der Führung sind, das muss man sehen, alles andere als neu, denn sie haben den **Beginn der Führungsforschung** bereits mit geprägt. Hier hat man dann stärker auf den Persönlichkeitsfaktor der Dominanz gesetzt und sich nicht so sehr mit positionalen Machtbasen beschäftigt. Erinnern wir auch an frühe politisch-philosophische Abhandlungen zur Macht wie die von *Niccolò Machiavelli*, die er in seinem Werk „Il principe" der Nachwelt hinterlassen hat. In diesem geht es genau um die Frage, inwieweit ein Fürst oder Monarch, ganz allgemein ein politisch Herrschender, unter Nutzung von Macht beständigen Einfluss gewinnen kann. Furcht und Liebe werden ebenso abgewogen wie Verlässlichkeit und Opportunismus. Die stärkste Macht ist natürlich die, die nie eingesetzt werden muss, weil alleine ihr Drohpotenzial ausreicht, um andere zu einem bestimmten Verhalten zu bewegen (vgl. hier auch *Pongratz* 2002, S. 259). In diesem Sinne ist Macht in der Tat gut allein als eine Chance zu verstehen, den eigenen Willen auch gegen Widerstände durchsetzen zu können. Mit Führung hat dies allerdings nur dann etwas zu tun, wenn diese Durchsetzung von einem Führenden auch erwartet wird. Wird diese Macht hingegen dazu genutzt, nur die eigene Position abzusichern und die berechtigten Interessen von Mitarbeitenden zu ignorieren, darf man, wie internationale Führungsstudien zeigen (vgl. *Weibler* 2014b), nicht nur im deutschsprachigen Raum sicher sein, entweder nie einen Führungsstatus zu erreichen oder diesen sehr schnell zu verlieren. Dies ist dann der Stoff, der uns über eine **tyrannische Führung** sprechen lässt (☞ F.).

In krassem Gegensatz dazu stehen daher aktuelle Führungsverständnisse, die auf die Qualität von Interaktions- und Beziehungsprozessen sowie die Akzeptanz von Führung abstellen (vgl. z. B. *Ospina/Uhl-Bien* 2012; *Crevani u. a.* 2010; *Uhl-Bien* 2006; *Fletcher* 2004). Hier wird asymmetrische individuelle Macht als Medium der Konstitution von Führung weitgehend abgelehnt. Dennoch ist Macht auch hier Bestandteil des Führungsgeschehens. Es geht allerdings nicht um „Macht über" (*power over*), sondern um „Macht mit" (*power with*). Führung wird dann als pluraler oder als ein gemeinsam praktizierter Einflussprozess verstanden (vgl. *Crevani* 2015, S. 199; *Denis u. a.* 2012; ☞ E. III. 12 – ganz früh im Übrigen schon *Mary Parker Follett*). Derartige Überlegungen erhalten seit einiger Zeit verstärkten Zuspruch, was vor dem Hintergrund sich häufender (Korruptions-)Skandale im Wirtschafts- und Bankensektor wenig überraschend ist (☞ F.). Daher ist es auch nur folgerichtig, wenn die Führungsforschung sich nicht mehr lediglich unter Bezug auf das oben zitierte Bonmot des britischen Historikers Lord Acton dem Zusammenhang zwischen Macht und Korruption widmet, sondern eine kritische wissenschaftliche Aufklärung des Zusammenhangs von Macht und Führung anstrebt (vgl. auch *Willmott* 2013; *Collinson* 2005a). Dazu gehört auch, wie sich Macht im Führungsprozess im Alltäglichen entfaltet und durch Führung stabilisiert, ggf. untergraben wird.

Aktuell findet sich eine zunehmende Anzahl an Untersuchungen, die aufzeigen, dass Macht einen starken Einfluss auf diejenigen hat, die Macht besitzen (vgl. z. B. *Tourish* 2013). So haben beispielsweise *See u. a.* (2011) festgestellt, dass Personen, die mit (subjektiver) Machtfülle ausgestattet sind, weniger Interesse an den Perspektiven anderer zeigen, zu Intoleranz neigen und ihre eigene Einschätzung überbewerten. Insgesamt ergab sich, dass die mächtigsten Entscheidungsträger zugleich die am wenigsten präzisen waren (vgl. weiterführend *See u. a.* 2011).

Dass sich dies auch auf Leistungsparameter durchschlägt, zeigten *Tost/Gino/Larrick* (2013). Die Autoren untersuchten den Einfluss von Macht in Führungsprozessen und wie sich diese auf die Teamleistung auswirkt. Die Ergebnisse mit dem Titel „*when power makes others speechless*" demonstrieren, dass die Konzentration von Macht in formalen Führungspositionen die verbale Dominanz von Führenden fördert und andere kommunikativ unterdrückt. Dies führte zur Verschlechterung der teaminternen Kommunikation und reduzierte die Teamleistung. Von Bedeutung ist, dass diese Effekte auf der stillschweigenden Billigung der Gruppenmitglieder beruhten und insbesondere bei erhöhter Machtausübung durch Personen mit formalen Führungspositionen (z. B. hierarchischen Vorgesetztenposition) auftraten. Das heißt, die negativen Auswirkungen von individueller Machtausübung waren paradoxerweise weniger ausgeprägt, wenn die formale Legitimation (z. B. durch eine hierarchische Führungsposition) fehlte.

Ähnlich weisen *Galperin/Bennett/Aquino* (2011) vor allem auf die negativen Auswirkungen von Macht bei gleichzeitig hohen Statusunterschieden zwischen Führenden und Geführten hin. Die damit einhergehende Isolation und das sich abgehobene Zurückziehen in elitäre Kreise verleite zu unethischen Entscheidungen und korruptem Verhalten. Allein das Innehaben von Machtpositionen stellt somit eine wichtige Basis für Machtmissbrauch dar und verleitete dazu, moralisch bedenkliche Entscheidungen zu treffen (vgl. auch *Tourish* 2014b). Möglicherweise spielen hier interpersonell variierende hormonelle Prozesse eine besondere, ergänzende Rolle (vgl. *Bendahan u. a.* 2015; siehe auch *Sturm/Antonakis* 2015).

Weiterhin wurde festgestellt, dass Macht das Belohnungs- und Bestrafungsverhalten von Führenden auf moralisch bedenkliche Weise verändern kann. So zeigten die Ergebnisse von insgesamt 9 Studien, die *Mooijman u. a.* (2015) durchführten, dass Macht Misstrauen schürt und Führende mit zunehmender Machtfülle verstärkt Strafen zur Abschreckung einsetzten. Das heißt, der Beweggrund für die Strafe war nicht, eine „wohlverdiente" Strafe zu verhängen. Vielmehr wurde mit dem Ziel der Abschreckung gestraft (z. B. öffentliche Nennung von Abweichlern). Im Kontext der vorstehend dargelegten Befunde wird daher u. a. zur Vermeidung von Machtkonzentration aufgerufen, zur Reduktion von Statusdifferenzen, zur Etablierung von stärker gemeinschaftsbasierten Führungsformen sowie zu mehr Offenheit und Transparenz in täglichen Arbeits- und Entscheidungsprozessen.

Zusammengefasst kann festgehalten werden, dass Macht und Führung in paradoxer Weise zusammenwirken. Machtbesitz erweist sich als offensichtlich zweischneidiges Schwert. Zum einen stellt Macht eine Ressource dar, die es einzelnen Personen ermöglicht, ihren Einflussversuchen Nachdruck zu verleihen. Macht ist – zumindest insofern sie von (potenziell) Geführten akzeptiert wird – ein legitimer und konstitutiver Bestandteil von Führung. Andererseits ist Macht ein Faktor, der das Verhalten von Führenden sowie die Interaktions- und Beziehungsmuster signifikant verändert. Vielfältige aktuelle Forschungsbefunde verweisen darauf, dass dies mit unterschiedlichen negativen Folgen verbunden sein kann (vgl. weiterführend *Sturm/Antonakis* 2015; *Williams* 2014). Wie vorstehend aufgezeigt schlagen sich machtbasierte negative Auswirkungen auf das gesamte Führungsgeschehen, auf die Qualität der Entscheidungs- und Kommunikationsprozesse sowie auf individuelle wie organisationale Lern- und Leistungsergebnisse nieder (vgl. *Bendahan u. a.* 2015; *Mooijman u. a.* 2015; *Tost/Gino/Larrick* 2013; *Tourish* 2014b, 2013; *Galperin/Bennett/Aquino* 2011; *See u. a.* 2011). Die machtspezifischen negativen Folgeerscheinungen treten insbesondere in formalen (hierarchischen) Machtstrukturen sowie bei hoher Statusdifferenzierung auf und können dann zur Aberkennung von Führerschaft bzw. zur Verweigerung von Gefolgschaft bis hin zu Widerstand führen (z. B. *Collinson* 2005a, S. 1428; zu **Resistance** speziell *Fleming* 2005). Paradoxerweise könnte somit gerade eine (relativ zu) große individuelle Machtfülle dem Führenden eher schaden und stimulierende *Führungs*prozesse verhindern bzw. bestehende negativ beeinflussen.

III. Führung und die Sicht der Gruppe

1. Idiosynkrasie-Kredit-Theorie der Führung: Warum Führung gewährt wird

1.1 Hintergrund

Edwin Hollander, der sich vor allem für die Führung in Gruppen interessierte, bemerkte sehr früh, dass Führerinnen und Führer akzeptiert sein müssen, um Einfluss auszuüben (vgl. z. B. *Hollander* 2009, 1961, 1958). Ausgangspunkt der Überlegungen war für *ihn* dabei ein scheinbares Paradoxon: Von dem Inhaber einer Führerposition wird erwartet, dass er sowohl überdurchschnittliche Konformität im Hinblick auf die Verfolgung von **Gruppennormen** (→ Norm) zeigt, als auch Veränderungen, die eine Abweichung von etablierten Denk- und Verhaltensmustern impliziert, initiiert. Führende sind demnach Konformisten wie Abweichler. Nur, wann gilt was und worauf stützt sich die Akzeptanz, die Kredit verleiht? In seiner Idiosynkrasie-Kredit-Theorie der Führung gab er eine Antwort, die bis heute sehr anregend ist. Das **Erkenntnisinteresse** lag vor allem in der Frage, wie Führerschaft entsteht, welche unterschiedlichen Anforderungen im Zeitablauf an die Führungsposition gestellt werden, und damit auch darin, wie eine einmal erworbene Führerschaft aufrecht erhalten werden kann.

1.2 Zentrale Aussagen

Wie lassen sich diese entgegengesetzten Erwartungen an Führende also erklären? Die Antwort ist verblüffend einfach. *Hollander* wählt für seine Erklärung zunächst einen austauschtheoretischen Rahmen (**Austauschtheorie/exchange theory**; vgl. z. B. *Homans* 1958). Dies bedeutet, dass er eine Führungsbeziehung als eine **soziale Interaktion** ansieht, die durch den Austausch von Leistungen und Gegenleistungen innerhalb einer Gruppe gekennzeichnet ist. Dabei hat jede Gruppe zwei Grundprobleme zu lösen: Zum einen müssen die Ziele, die sich die Gruppe gesetzt hat oder die an sie gestellt wurden, erreicht werden. Zum anderen ist jede Gruppe auf ein Mindestmaß an Zusammenhalt angewiesen, um als Gruppe bestehen zu können (**Gruppenkohäsion**, ☞ A. IV. 1). Dieser Zusammenhalt wird vor allem durch die Verdeutlichung und Umsetzung akzeptierter Gruppennormen gefördert. Und dann denkt er Führung im **Zeitverlauf**.

Nun ist es in aller Regel so, dass einige Gruppenmitglieder mehr als andere nützliche Beiträge zur Lösung der Hauptaufgabe der Gruppe liefern und/oder sich um den Gruppenzusammenhalt besonders verdient machen. *Hollander* nimmt an, dass die einzelnen Gruppenmitglieder diese Anstrengungen sehr genau wahrnehmen und auch honorieren. Personen, die Leistungs- und Konformitätsbeiträge erbringen, erwerben einen Kredit. Dieser Kredit ist eine Form der Anerkennung, die **idiosynkratisch**, d. h. spezifisch auf eine einzelne Person bezogen, gewährt wird. Der Kredit ist vergleichbar mit einem Sparbuch, auf dem unregelmäßig Einzahlungen getätigt werden, sodass sich das Vermögen stufenweise erhöht.

Hollander geht davon aus, dass *eine* Person erst mit der Zeit einen überdurchschnittlichen Kredit erwirbt. Dies bedeutet, dass sich diese Person durch ihre Kompetenz und Konformität um die Gruppe in einem besonderen Maße verdient gemacht hat. Dafür wird dieser Person Führerschaft zuerkannt. Aus austauschtheoretischer Perspektive geben die jetzt Geführten dem Führer für seine Leistungen ihre Bereitschaft zurück, auf seine Ideen, Anweisungen etc. einzugehen, und gewähren ihm einen höheren Status und Wertschätzung. Es wird dabei angenommen, dass nur jene Personen für Führungspositionen in Frage kommen, von denen man annimmt oder die erkennen lassen, diese Position auch besetzen zu wollen.

Dieser Kredit ermöglicht nun dem Führer, vom bisherigen Verhalten abweichende Aktivitäten zu zeigen, was auch als **produktive Nonkonformität** (vgl. *Hollander* 1995, Sp. 927) bezeichnet wird. Diese Innovationen (z. B. neue Vorgehensweisen, kreative Problemlösungen etc.) würde man als „Abweichungen" bezeichnen, wenn sie von Personen, die geringere Anerkennung genießen, durchgeführt würden. Dies heißt, dass identische Verhaltensweisen in einer Gruppe nicht dieselben Folgen zeitigen („wenn zwei das Gleiche tun, so ist es nicht dasselbe"). Ist der Führer aufgrund dieses abweichenden Verhaltens erfolgreich, wird sein Kredit weiter aufgebaut. Der spätere Führer tritt kompetent und konform auf, wodurch ihm Anerkennung entgegengebracht wird, welche von ihm für zeitlich folgende Neuerungen genutzt werden kann (vgl. *Hollander* 1995, Sp. 927).

Es konnte gezeigt werden, dass der Führer zwar von **Gruppennormen** (z. B. Pünktlichkeit) selbst abweichen darf, dass er jedoch die Erwartungen, die an seine Führungsposition geknüpft sind (z. B. anderen zuhören, Innovationen wagen und nicht den Kredit „horten", gerecht sein, nicht den eigenen Vorteil suchen), weiterhin strikt zu erfüllen hat (vgl. *Hollander* 1961). Der Kredit ist also kein Freibrief für jegliches abweichendes Verhalten. Ganz im Gegenteil kann ein einmal erworbener Kredit im Laufe der Zeit von den Geführten wieder abgebaut werden. Auch hier erkennen wir also die Notwendigkeit von **Akzeptanz**, die ebenfalls dann ausschlaggebend ist, wenn bereits einmal eine Anerkennung als Führer stattgefunden hat (☞ A. II. 2.2).

In den Fällen, in denen ein Führer nicht von der Gruppe selbst bestimmt wird, sondern einer Gruppe vorgesetzt wird (der Regelfall in Organisationen, wenn man informelle Führungsprozesse außer Acht lässt), gilt nach *Hollanders* Auffassung dasselbe Prinzip. Hier wird dem neuen Führer von den Gruppenmitgliedern quasi ein **Blanko-Kredit** zugeschrieben, der von der Auffassung herrührt, dass jemand in der Vergangenheit Beiträge erbracht haben muss, die ihn nun zur Übernahme einer Führerposition befähigen. Äquivalent hierzu ist ein bestimmter Ruf, der jemandem vorauseilt (z. B. „der Sanierer") oder gegebenenfalls auch das Dienstalter. Allerdings ist dieser Kredit bei ernannten Führern tendenziell geringer. An gewählte Führer werden aber im Gegenzug auch höhere Ansprüche gestellt. Erfolg und Misserfolg werden zudem stärker gewählten als ernannten Führern zugeschrieben. Deshalb wird der Kredit auch schneller gewählten als ernannten Führern entzogen.

1.3 Kritische Würdigung

Hollander erklärt auf originelle Art und Weise die Veränderungen, die sich innerhalb einer Gruppe mit Blick auf die Führungsposition ergeben. Es wird verdeutlicht, warum ein abweichendes Verhalten eines neuen Gruppenmitglieds, das darauf zielt, andere zu beeinflussen, von den übrigen Gruppenmitgliedern möglicherweise sehr skeptisch betrachtet wird: Er/sie ist jemand, der sich bis dato noch nicht um die Gruppe verdient gemacht hat und die Bereitschaft, ihm/ihr zu folgen, ist hiernach geringer (vgl. *Hollander* 1978, S. 41). Eine Ausnahme könnte sich ergeben, wenn diese Person so außergewöhnliche Fähigkeiten besitzt, dass die Gruppe insgesamt stark davon profitiert. Werden dabei allerdings **Gruppennormen** früh verletzt, steigt die Wahrscheinlichkeit, die kompetenzbasierten Beiträge unterzugewichten und damit eine geringere Einflussausübung zuzuschreiben. Da wir unterstellen, dass die Anforderungen und die Erwartungen, die Gruppen hegen, im Detail differieren, ist zu folgern, dass eine Person mit Führungsambitionen situationsspezifisch vorgehen muss, möchte sie erfolgreich sein. Insbesondere ist, was als Abweichung zählt, stets kontextsensitiv zu erkunden. Maßgeblich sind dabei nicht nur die vormaligen Erwartungen der (potenziell) geführten Gruppenmitglieder, sondern auch das Verhalten eines vorangegangenen Gruppenführers (vgl. *Stone/Cooper* 2009, S. 793).

Hollander hat mit seiner Idiosynkrasie-Kredit-Theorie, die eine prominente Konkretisierung der **transaktionalen Führung** (= Führung, die auf Transaktionen beruht, ☞ D. II. 3) darstellt, eine nachvollziehbare und in Teilen empirisch fundierte Führungstheorie vorgelegt, die die Entstehung von Führung ebenso erklärt wie die Etablierung einer Führungsposition. Da das → **Reziprozitätsprinzip** die zentrale Regulation im sozialen Austauschsystem „Arbeitsgruppe" ist, werden sowohl Führer als auch Geführte als aktiv Handelnde gesehen. Mitarbeitende nehmen über ihre Erwartungen und durch ihre Reaktion auf Vorschläge oder Taten des Vorgesetzten vehement Einfluss auf das Verhalten des Führenden.

Hollander (2009) verdeutlicht die ausgeprägte Position der Geführten noch einmal durch seine später veröffentlichte Theorie des **Inclusive Leadership**, einer Art Zusammenfassung seiner bisher veröffentlichten Ideen. Inclusive Leadership bedeutet hier *„doing things with people, rather than to people"*. Es untermauert die besondere Bedeutung der Geführten für die Entstehung und Beurteilung einer Führung und akzentuiert überdies die beziehungsbezogene Fähigkeit des Zuhörens und Lernens im Führungsprozess (vgl. *Hollander* 2009, S. 3; ☞ C. III. sowie E. III. 12).

Hollanders Verständnis von Führung ist in dieser Fassung keinesfalls auf eine traditionelle transaktionale Sicht zu begrenzen. Zwar verwendet *Hollander* in seinen älteren Werken den Begriff transaktional, wechselt aber verstärkt zur Bezeichnung **„relational"** (vgl. *Hollander* 2009, S. xxii). *Hollanders* Ansatz lässt sich somit auch nicht in der beliebten → Dichotomie transaktional versus transformational verorten. Vielmehr muss *Hollanders* Werk als grundlegender Ideengeber für interaktionsorientierte, relationale und plural gedachte Führungsformen (☞ E. III. 12) angesehen werden (vgl. *Denis/Langley/Sergi* 2012). *Hollander* war einer der ersten, der sich gegen führerzentrierte Betrachtungen wandte; stattdessen verstand er **Führung als Prozess**:

> *„leadership is a process, not a person"* (*Hollander* 1992, S. 71).

Aus heutiger Sicht wird deutlich, dass *Hollanders* eigentliche Idee einer prozessorientierten Führungstheorie in der Vergangenheit häufig fehlinterpretiert bzw. untergewichtet wurde. An sich ist dies nicht verwunderlich. Schließlich hat die Führungsforschung damals vorwiegend auf Eigenschaften und Verhalten von Personen in formalen Führungspositionen zur Erklärung von Effektivität fokussiert. Die Entstehung von Führerschaft sowie die Rolle der (potenziell) Geführten hierbei interessierte kaum (vgl. auch *Stone/Cooper* 2009). Zwar hat sich daran bis heute nichts radikal geändert, wie eine Analyse der aktuellen Führungsliteratur jüngst aufzeigte (vgl. z. B. *Dinh/Lord/Gardner u. a.* 2014). Aber vor dem Hintergrund sich wandelnder organisationaler Kontexte (zunehmende Teamarbeit, Netzwerkbildung, ☞ E. III. 13) wird aktuell gerade auch die Frage der Entstehung von Führerschaft verstärkt aufgeworfen. Da derartige Kontexte hinsichtlich der Führung oftmals nicht vorstrukturiert sind und sich Führungsstrukturen infolge erst entwickeln müssen, wird zunehmend erkannt, dass wir viel mehr über die generativen Mechanismen von Führung lernen müssen (vgl. *Dinh/Lord/Gardner u. a.* 2014; *Avolio/Walumbwa/Weber* 2009). Aber selbst dort, wo Führungsstrukturen bereits vorliegen und dann ein für das Team neuer Vorgesetzter oder eine neue Vorgesetzte eingesetzt wird, sind *Hollanders* Überlegungen wie gesagt analog zu interpretieren.

Nicht übersehen werden sollte allerdings, dass die in vergangenen Jahrzehnten teils mangelnde Beliebtheit der Idiosynkrasie-Kredit-Theorie wohl auch auf begriffliche Unklarheiten, die *Hollander* selbst mitverursacht hat, zurückzuführen ist. Dies gilt beispielsweise auch für den zentralen Begriff der **Konformität**. Nun scheint *Hollander* selbst aktuell nicht ganz glücklich zu sein mit diesem Begriff und stellt im Nachhinein klar:

"The term 'conformity' was not the best way to describe sufficient displays of loyalty to the group, rather than a slavish adherence to a norm, called 'conformism'" (Hollander 2009, S. xxii).

Es gehe also vielmehr um hinreichend gezeigte **Loyalität** der Gruppe gegenüber.

Derartige Erkenntnisse wurden von *Stone/Cooper* (2009) basierend auf einem Literaturüberblick in eine Zusammenschau integriert, die folgerichtig auch eine Reformulierung des Konformitätsbegriffs umfasst. Die Autoren ersetzen Konformität (*conformity*) durch das Konzept der **Treue oder Redlichkeit** (*fidelity*). Abbildung B.14 visualisiert die Idee von der Entstehung von Führerschaft als einen sequenziell ablaufenden Prozess des Aufbaus eines Kredits, des (teilweisen) Abflusses von Kredit (*leakage*) und der Verwendung von Kredit für abweichendes Verhalten (*deviance*). Der Aufbau von Kredit erfolgt durch die Demonstration von Kompetenz (*competence*) und Treue (*fidelity*) der Gruppe gegenüber. Das Konzept „fidelity" umfasst *Stone/Cooper* (2009, S. 792) zufolge das Zeigen von Loyalität, Solidarität, Commitment und Vertrauen sowie eine Identifikation mit der Gruppe. Im Kern geht es darum, als Führungsaspirant zu zeigen, dass man sich in besonderer Weise um die Gruppe und deren Anliegen verdient macht. Sofern Kredit erworben wurde, wird dieser durch zu früh gezeigtes abweichendes Verhalten oder wahrgenommene Inkompetenz verringert. Ein Leck (*leakage*) trübt die Bilanz, die am Ende eine Führerschaft zur Folge haben kann. Modellimmanent muss davon ausgegangen werden, dass bei einer Führungsbereitschaft (die faktisch unterstellt wird) die Person mit dem höchsten individuellen Kredit die Führerschaft übernimmt. Prinzipiell wären u. E. aber auch Bereichsführerschaften vorstellbar. Personen in entsprechender formeller wie informeller Funktion wird eine Lizenz zum Abweichen von etablierten Standards unausgesprochen erteilt, weil dies mit Führung implizit verbunden wird. Dabei stehen im Übrigen nicht alle Standards beliebig zur Diskussion. Die Abweichung verringert den Kredit. Der Erfolg oder Misserfolg des Handelns wird aus Sicht der Gruppe den Kredit wieder stückweise aufbauen oder weiter absinken lassen. **Führung muss sich also bewähren**, wieder hinsichtlich Kompetenz und Treue (ggf. zu den neuen Standards), weitergedacht auch gegenüber anderen erfolgreichen „Kreditsammlern".

Trotz dieser hier anklingenden Qualitätsansprüche, resultierend aus dem geforderten steten Bemühen des Führers um die Gruppenanliegen, darf nicht davon ausgegangen werden, dass die entstandene Führerschaft automatisch eine besonders effektive Art der Führung darstellt. Die Idiosynkrasie-Kredit-Theorie trägt zur Erklärung der Entstehung (→ **Emergenz**) von Führung und nicht zur Erklärung der Effektivität von Führung bei. Emergenz von Führerschaft und deren Effektivität sind zwei unterschiedliche und getrennt voneinander zu betrachtende Vorgänge.

Die Idiosynkrasie-Kredit-Theorie sagt weiterhin auch wenig darüber aus, inwiefern die zugebilligte Führung, selbst wenn sie durch die Gruppe legitimiert ist, tatsächlich „gut" ist. Etwa, inwieweit sie auch übergeordneten moralischen Ansprüchen gerecht wird. Wie *Hollander* (2009, S. xxii) betont, ist die Idiosynkrasie-Kredit-Theorie eine **nicht-normative Theorie**, die im Kern beschreibe,

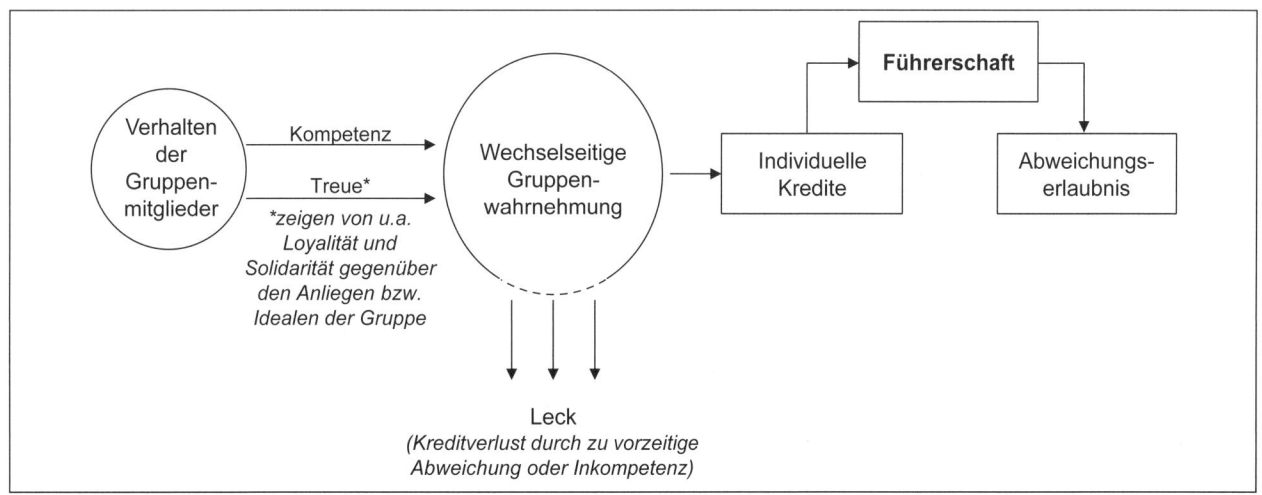

Abb. B.14: Hollanders Idiosynkrasie-Kredit-Modell der Führung (*Stone/Cooper* 2009, S. 787; stark modifiziert)

was sich führungsseitig zuzutragen scheint, wenn Individuen im Kontext von Gruppen oder größeren Organisationseinheiten einen Zuwachs an Status oder Wertschätzung erfahren. Die Idiosynkrasie-Kredit-Theorie ist zwar empirisch durchaus immer wieder gut bestätigt worden. Forschungsseitig stellt sich jedoch die vorherrschende Fokussierung auf Laborstudien (mit experimentellem Design) als insgesamt unzureichend heraus, wie u. a. auch *Stone/Cooper* (2009) anmahnen. Konsequenterweise wird die Anwendung eines viel breiteren, auch qualitativen Methodenpools zur Entwicklung stärker praxisbezogener Erkenntnisse empfohlen. Insbesondere interaktionsorientierte ethnographische Feldforschung (z. B. teilnehmende Beobachtung) seien hier verstärkt gefordert.

Aktuell wird neben dem Gewähren von Kredit auch die Inanspruchnahme oder das **Nehmen von Kredit** (*taking credit*) beschrieben. *Graham/Cooper* (2013, S. 403) verstehen unter Kreditnahme („taking credit") *„the process through which organizational members claim responsibility for work activities."* Damit rückt der (potenziell) **Führende als „Kreditnehmer"** mit seiner (auch moralischen) **Verantwortlichkeit** in den Mittelpunkt. Das Nehmen eines Kredits wird hier als ein inhärent ethischer Akt verstanden, der persönliche, organisationale und gesellschaftliche Konsequenzen haben kann. Die Verantwortlichkeit des Kreditnehmenden bezieht sich zunächst auf die Frage, inwieweit der in Anspruch genommene Kredit gerechtfertigt und angemessen für die zu bewältigende Führungsaufgabe ist. Eine gute Passung zwischen Kredit und Aufgabe sowie dem zu leistenden Beitrag stellt hiernach die Ausgangsbasis für ethisches Führungshandeln dar. Darüber hinaus bezieht sich die ethische Verantwortlichkeit bei der Inanspruchnahme von Kredit auf übergeordnete gesellschaftliche Anliegen. Das heißt:

> *„doing something that violates widely accepted civil standards is indefensible, even if it is seen as justified within the organization"* (Graham/Cooper 2013, S. 404).

Diese aus ethischer Sicht schon fast banal anmutende Aussage ist allerdings keineswegs obsolet, wie ein Blick auf sich aktuell ereignende Wirtschafts- und Finanzskandale zeigt. Und: Sie stellt eine gleichermaßen relevante wie notwendige Erweiterung der ursprünglichen Idee von *Hollander* dar. Denn organisationsinterne Dynamiken können vor allem bei starker Identifikation mit dem Unternehmen, seinen Zielen und Werten zur verschwenderischen und unvorsichtigen Gewährung von Kredit an Organisations- und Führungsverantwortliche verleiten. Der Idiosynkrasie-Kredit-Theorie folgend, wäre ein Führender nämlich nun aufgrund der hohen Kreditausstattung mit entsprechend weitreichenden Handlungsoptionen für seine Führungsaufgabe ausgestattet. Dennoch darf er einen noch so umfangreich gewährten gruppen- oder organisationsinternen Kredit nicht automatisch annehmen und als Blanko-Scheck für Führerschaft verstehen, die quasi alles – auch Abweichendes – erlaubt, solange es nur dem Gruppenwohl dient. Vielmehr muss die Inanspruchnahme eines Kredits auch hinsichtlich allgemeiner gesellschaftlicher Standards und sozialer Anliegen vertretbar sein.

So gesehen wird die Abrechnung des Kredits für Führungskräfte am Ende sehr viel „teurer" als im ursprünglichen Modell von *Hollander*. Wie wir vorstehend aufgezeigt haben, ist die originäre Idiosynkrasie-Kredit-Theorie eine ausdrücklich nicht normative Theorie. Mit der hier unter Bezug auf *Graham/Cooper* (2013) skizzierten Erweiterung erhält sie eine kritisch normative Komponente, die die Frage nach der **legitimatorischen Basis** von Führung schon bei ihrer Entstehung möglichst umfassend – und nicht nur mit Blick auf die unmittelbar relevante Gruppe oder Organisation – in Anschlag zu bringen versucht.

2. Divergenztheorem der Führung: Was Führende leisten müssen

2.1 Hintergrund

Das Divergenztheorem der Führung von *Bales* und *Slater* (1969) erklärt die Entstehung von Führerschaft konsequent als Antwort auf die Bewältigung der Aufgaben von Arbeitsgruppen. Damit wird die Entstehung von Führerschaft **funktional** gefasst. Grundlage ist die **Rollentheorie** (☞ A. III. 2.1). Das **Erkenntnisinteresse** von *Bales* und *Slater* besteht darin, die Ausdifferenzierung von **Führerrollen** zu beschreiben und zu erklären. Wir beobachten doch beständig, dass Gruppen, die sich außerhalb von Freundeskreisen etc. bilden, formieren, um Ziele zu erreichen. Arbeitsgruppen sind eine prominente Ausprägung. Damit dies effektiv und effizient geschieht, sind solche Ziele genau zu definieren, Aufgaben an einzelne Gruppenmitglieder zu verteilen, geteilte Arbeit wieder zusammenzubringen und Rückmeldung über den Fortschritt oder die Güte der Zielerreichung zu geben. Gelegentlich sind Personen auszutauschen, die in einer bestimmten Situation überfordert sind. Dieses und mehr läuft unter der Bezeichnung der „Aufgabenerledigung" oder der „Aufgabenorientierung". Wir sehen aber auch, dass Gruppenmitglieder ihre sozialen Bedürfnisse nicht außerhalb der Gruppe belassen, sondern ganz im Gegenteil, sehr oft diese gerade in der Gruppe und durch die Gruppe befriedigt sehen wollen. Diese Betrachtungsebene wird mit den Begriffen „Beziehung" oder „Kohäsion" abgedeckt (man denke gleichzeitig an die sprachlich leicht anders gefasste Einteilung in die Lokomotions- und Kohäsionsfunktion der Führung oder an gleichnamig lautende Führungsstile der Ohio-Schule, ☞ D. II. 2.4).

2.2 Zentrale Aussagen

Durch die systematische Beobachtung der Interaktionsprozesse in problemlösenden Experimentalgruppen konnten *Bales* und *Slater* feststellen, dass sich in Bezug auf die Führung von Gruppen eine eben solche **Rollendifferenzierung** ergibt.

Empirie zur Rollendifferenzierung

Das Experiment lief wie folgt ab: In vierzehn kleinen Gruppen zu je drei bis sechs Personen sollte eine Standardaufgabe bearbeitet werden. Insgesamt fanden sich die Gruppen, deren Mitglieder durch Zufall zusammengesetzt worden waren, zu vier Sitzungen zusammen. Die Personen kannten sich zuvor nicht und wurden einander auch nicht vorgestellt. Grundlage der Aufgabe bildete ein Informationsblatt, welches ein Vorgesetzten-Mitarbeiter-Problem innerhalb einer Organisation thematisierte. Dieses Informationsblatt wurde wieder eingesammelt, sodass unbekannt blieb, ob jedes Gruppenmitglied identische Informationen besaß. Die offizielle Aufgabe lag nun darin, die Informationen zusammenzutragen, das Problem zu diskutieren und abschließend auf Basis eines Gruppenentscheids einen auf Tonband gesprochenen Bericht inklusive Lösungsmöglichkeiten zu verfassen. Das Experiment zielte generell auf ein besseres Verständnis von interpersonalem Verhalten in Gruppen ab. Praktisch wurde dabei so vorgegangen, dass geschulte Beobachter das Diskussionsverhalten (inklusive nonverbaler Kommunikation) jedes Gruppenmitglieds mit technischer Unterstützung (Tonband, Videokamera) aufzeichneten, anschließend das Material in kleinste Beobachtungseinheiten zerlegten und in ein Kategoriensystem mit zwölf Items einordneten.

Diese von *Bales* (1950) entwickelte Methode zur Beschreibung und Klassifikation sozialer Interaktionen in kleinen Gruppen wird **Interaktions-Prozess-Analyse** genannt. Die verschiedenen Beobachtungsbereiche der Interaktions-Prozess-Analyse gibt die Abbildung B.15 wieder. Bei der Konzeption dieses Kategoriensystems ging *Bales* davon aus, dass Interaktionen einen **Inhalts- oder Beziehungsaspekt** haben und sah deshalb je sechs Kategorien für informierende, aufgabenorientierte und sozio-emotionale Äußerungen vor. Die Kategorien sind dabei in vier Triaden eingeteilt: Im sozio-emotionalen Bereich werden positive und negative Reaktionen, im aufgabenorientierten Bereich fragende und antwortende Beiträge unterschieden. Darüber hinaus werden die Kategorien durch paarweise Kombination zu sechs Problembereichen zusammengefasst. Damit stellt jedes Kategorienpaar einen Indikator für jeweils ein typisches Gruppenproblem dar. Eine spezifische Gruppensituation lässt sich auf diese Weise in einer Reihe tabellarischer Übersichten darstellen, aus denen neben der Gesamtzahl der einzelnen Verhaltensakte hervorgeht, wer wem gegenüber wie häufig welche Verhaltensweisen gezeigt hat.

Außerdem wurden die Gruppenmitglieder nach jeder der vier Einzelsitzungen mit soziometrischen Methoden (→ **Soziometrie**) befragt, wer die besten Ideen zur Problemlösung beisteuerte, wer die Diskussion am effektivsten lenkte, wer als besonders sympathisch erlebt wurde und (nach der letzten Sitzung) wer als „Führer" anzusehen war.

Bales und *Slater* gingen zunächst davon aus, dass eine hohe positive Korrelation zwischen den verschiedenen Rangordnungen dahingehend besteht, dass das ideenreichste Gruppenmitglied gleichzeitig das aktivste und beliebteste ist (sog. **„Great Man"-Hypothese**, ☞ B. II. 1). Die Auswertung des Experiments ergab jedoch ein ganz anderes Bild. Typisch war nämlich, dass „Aktivität" und „Ideenreichtum" positiv korrelierten, aber das „tüchtigste" Gruppenmitglied keineswegs das beliebteste war. Dieses erhielt in der Beliebtheitsrangordnung nur einen mittleren Platz. Interessant ist auch die Entwicklung der Rangordnungen im Verlauf von vier Sitzungen: Von der ersten zur vierten Sitzung sank der Prozentsatz der Fälle, in denen dieselbe Person gleichzeitig die Spitzenposition in der Ideen- und Beliebtheitsrangordnung einnahm von 56,5 % (1. Sitzung) auf 8,5 % (4. Sitzung). *Bales* (1972, S. 205) kommentiert diesen Befund folgendermaßen:

„Bestand die Möglichkeit, dass mit dem Innehaben einer Spitzenstatusposition aufgrund fachmännischer Beiträge zur Lösung der Gruppenaufgabe die Tendenz verknüpft war, ‚Freunde zu verlieren und sich die anderen zu entfremden'? Wenn dies der Fall wäre, würde es dann wahrscheinlich sein, dass eine andere Person auftrat, die den sozial-emotionalen Problemen der Gruppe mehr Aufmerksamkeit widmete und sich deshalb mehr Sympathien erwarb? Die Vorstellung, dass dies mit genügender Häufigkeit geschieht, sodass es als typisch angesehen werden kann, lässt sich als die ‚Hypothese der beiden komplementären Führer' bezeichnen."

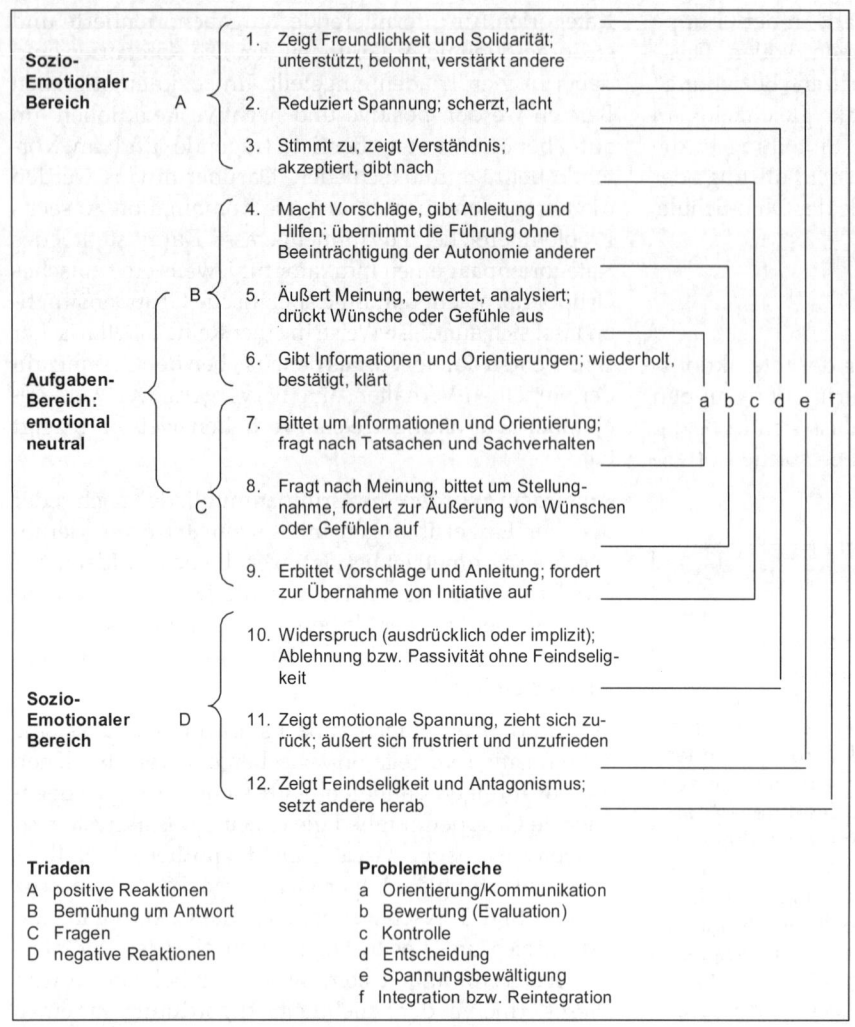

Abb. B.15: Beobachtungsbereiche der Interaktions-Prozess-Analyse (vgl. *Bales* 1950)

Die von *Bales* und *Slater* entwickelte Methode zur Analyse von Interaktionen wurde fortwährend ausdifferenziert (z. B. hinsichtlich der Erfassung von nonverbalem Verhalten sowie von Wertorientierungen; vgl. *Heinze/Farwer* 2009 für einen Überblick). Aus inhaltlicher Sicht ging der von *Bales* und *Slater* formulierte **Führungsdual** als „**Divergenztheorem der Führung**" in die Literatur ein. Das Divergenztheorem der Führung sagt aus, dass in sozialen Gruppen eine Differenzierung hinsichtlich der Führungsrolle insofern zu beobachten ist, als sich neben einem **Tüchtigkeitsführer** ein **Beliebtheitsführer** herauskristallisiert. Ersterer hat die meisten Ideen, äußert vermehrt seine Meinung und konzentriert sich auf die Problemlösung. Dazu ist es notwendig, zu strukturieren (u. a. Arbeit zu teilen), andere zu bestätigen, zu ermuntern usw. Dies geschieht gelegentlich auch um den Preis, Vorschläge anderer direkt zurückzuweisen.

Ein solches **aufgabenorientiertes Verhalten** kann Spannungen auslösen, die zum Zerfall der Gruppe führen könnten, wenn nicht zumindest ein Gruppenmitglied für eine **positive emotionale Atmosphäre** sorgt und sich damit um die Gruppenkohäsion verdient macht. Ein Zuviel dieser Aufmerksamkeit im zwischenmenschlichen Bereich lähmt jedoch die eigentliche Aufgabenaktivität und gefährdet damit ihrerseits die Existenz der Gruppe. So sind Bestand und Leistungsfähigkeit einer Gruppe von dem Bemühen abhängig, beide Gruppenfunktionen in einem ausgewogenen Verhältnis zu halten. Im Zentrum dieses Spannungsfeldes stehen Beliebtheitsführer und Tüchtigkeitsführer, die ihren Führungsanspruch im Zeitablauf wechselnder Beziehungsmuster immer aufs Neue zu verteidigen und zu begründen haben.

2.3 Kritische Würdigung

Dieser letzte Gedanke leitet über zu einer abschließenden kritischen Reflexion des Divergenztheorems der Führung. Es drängt sich die Frage auf, ob und inwieweit grundsätzlich die einer Arbeitsgruppe vorgesetzte Person die Sachfunktion ausfüllen, d. h. den **Tüchtigkeitsführer** darstellen wird und *gleichzeitig* eine weitere Person als sozio-emotionaler Spezialist (**Beliebtheitsführer**) identifizierbar ist.

Die Befunde von *Bales* und *Slater* lassen folgende Implikation zu: Werden Gruppen nicht als starre Konfigurationen betrachtet, kann theoretisch jedes Gruppenmitglied temporär Führungsfunktionen übernehmen, insbesondere, wenn mehr Funktionen bzw. funktional orientierte Führungsrollen identifiziert würden. Die genaue Ausprägung solcher funktional orientierter Rollen hängt von Möglichkeiten und Notwendigkeiten auf verschiedenen Hierarchiestufen oder in verschiedenen Situationen ab. Bezüglich der **Ausprägung** hat eine sehr frühe Studie von *Mintzberg* (1973) viel Aufmerksamkeit erfahren. Sie bietet bis heute eine immer noch erste, gute Grundlage. *Mintzberg* identifizierte 10 Managementrollen, eingepasst in drei Hauptkategorien, die je nach dem Verständnis zur Abgrenzung von Management und Führung, auch als **Führungsrollen** (vgl. *Neuberger* 2002, S. 328) oder vielleicht besser als Rollen, die mit einer Führungskraft assoziiert werden müssen, in Verbindung zu bringen sind (vgl. Abb. B.16).

Derartige Einteilungen sind instruktiv, bedürfen aber zwingend der Ausarbeitung nach Gewichtungen, Spannungen und Erfolgsbeiträgen (vgl. *Weibler* 1994). Hierzu sind weitere empirische Forschungen, insbesondere hinsichtlich relevanter Situationsfaktoren erforderlich. Die Frage würde darauf hinauslaufen, wie viele Personen wann welche Rollen ausfüllen und wie dies koordiniert wird.

Interessant ist in diesem Zusammenhang ein inzwischen zwar auch nicht mehr taufrischer, aber dennoch auch heute noch anregender Zugriff von *Bartlett/Goshal*

Interpersonelle Rollen:

- **Repräsentant** (figurehead): Der Manager fungiert nach innen und außen als symbolischer Kopf einer Organisation oder Abteilung und erfüllt Repräsentationsroutinen gesetzlicher oder sozialer Art (z.B. Jubiläumsreden).
- **Führer** (leader): Im Mittelpunkt dieser Rolle stehen Aufgaben der Motivation und Anleitung von Mitarbeitern, der Stellenbesetzung und Personalentwicklung.
- **Koordinator** (liason): Im Zentrum dieser Rolle stehen der Aufbau und die Pflege interner und externer Kontakte auf formellen und informellen Wegen.

Informationelle Rollen:

- **Informationssammler** (monitor): Als Informationssammler sucht und empfängt der Manager sehr unterschiedliche Informationen, die sein Verständnis über das Funktionieren der Organisation und ihrer Umwelt fördern.
- **Informationsverteiler** (disseminator): Diese Rolle beschreibt die Weitergabe externer und interner Informationen – sowohl Fakten als auch Spekulationen – an Organisationsmitglieder.
- **Sprecher** (spokesman): Als Sprecher gibt der Manager Informationen über Pläne, Maßnahmen oder erzielte Ergebnisse der Organisation an Externe weiter.

Entscheidungsrollen:

- **Unternehmer** (entrepreneur): Als Unternehmer sucht der Manager in der Organisation und ihrer Umwelt nach Chancen zu Innovation und Wandel und leitet gegebenenfalls Innovationsprojekte (ein).
- **Krisenmanager** (disturbance handler): Mit dieser Rolle werden Aufgaben der (durch Sachzwänge induzierten) Handhabung unerwarteter und wichtiger Störungen des organisationalen Leistungsprozesses erfasst.
- **Ressourcenzuteiler** (resource allocator): Kern dieser Rolle sind Entscheidungen über die Vergabe von Ressourcen aller Art an Personen oder Abteilungen; durch den Entscheidungsvorbehalt behält der Manager die Kontrolle über Zusammenhänge zwischen verschiedenen Einzelentscheidungen.
- **Verhandlungsführer** (negotiator): In dieser Rolle tritt der Manager als Verhandlungsführer gegenüber Externen auf und verpflichtet die Organisation für künftige Aktivitäten.

Abb. B.16: Rollen von Führungskräften (vgl. *Mintzberg* 1973)

(1998), der Führungsrollen und **Hierarchieebenen** verbindet. *Bartlett* und *Goshal* haben ein Vierteljahrhundert nach *Mintzberg* eine empirische Untersuchung zur Rollenthematik mit dem Ziel durchgeführt, Veränderungen in der Ausübung von Führerrollen zu erkennen. Hierzu interviewten sie über 400 Manager unterschiedlicher Ebenen in 20 erfolgreichen Großunternehmen in den USA, Europa und Asien. Sie beobachteten Veränderungen in der Organisation, die sich mit den Stichworten **Empowerment**, **Dezentralisierung** und **Netzwerkbildung** (☞ E. III. 13) umreißen lassen. Dabei kamen sie zu dem Schluss, dass sich das Rollenverständnis gewandelt hat und die Manager auf unterschiedlichen Ebenen des Managements zwar alle einen Beitrag zum Wertzuwachs des Unternehmens leisteten, dieser jedoch durch eine unterschiedliche Akzentuierung in der Rollenausübung generiert werde. **Linienmanager** werden zunehmend zu Entrepreneuren im eigenen Unternehmen. **Mittelmanager** werden zu „Entwicklungshelfern". Und von **Topmanagern** wird erwartet, Unternehmensführung im eigentlichen Sinne des Wortes ernst zu nehmen und nicht nur Geschäftsstrategien zu entwerfen. Dabei wandeln sich die Rechte und Pflichten, die mit den jeweiligen Positionen bzw. Rollen verbunden sind. Die Anforderungen an die Rollenträger wandeln sich entsprechend. Einigermaßen bekannt sind die Probleme, die sich einstellen, wenn eine Fachkraft zum ersten Mal Führungsverantwortung übernimmt (vgl. *Weibler/Oswald* 1996). Noch differenzierter muss jedoch der hierarchische Aufstieg in der Führungsleiter gesehen werden. Die Autoren ergänzen mit einer solchen differenzierten Betrachtung von Führungsebenen hier einen Gedanken, der von *Jaques* (1989) bereits viel früher, angelehnt an Überlegungen von *Katz* und *Kahn* (1966), formuliert wurde. *Jaques* ging davon aus, dass mit fortschreitender Hierarchieebene die Komplexität der zu bewältigenden Aufgaben zunimmt und dementsprechend auch unterschiedliche Anforderungen an die Aufgabenträger zu richten sind. Die Komplexität definierte er über die Zeitspanne, mit der zu rechnen ist, um eine Aufgabe erfolgreich anzugehen. Während *Jaques* eine Entsprechung von individueller und organisational notwendiger Komplexität zur erfolgreichen Aufgabenerledigung postuliert, wählen *Bartlett/Goshal* allerdings ein differenzierteres Kompetenzverständnis, um „stufengerecht" agieren zu können.

Analysen wie die von *Mintzberg* und *Bartlett/Goshal* sind hilfreich, um die übergeordneten Kategorien „Aufgabenerledigung" und „Beziehungspflege" des **Divergenztheorems der Führung** zu konkretisieren und über die unmittelbare Ebene der Führung von Gruppen auf die Realitäten in der Organisation anzupassen. Allerdings können sie noch keine gesicherten Verteilungen zwischen den Rollen und hierarchischen Ebenen und vor allem den damit verbundenen Auswirkungen angeben. Aktuelle empirische Forschung sucht diese Lücken weiter zu schließen. So haben etwa *Fernandez/Cho/Perry* (2010) erfolgreiche Führung als eine **Kombination unterschiedlicher Führungsrollen** beschrieben, die in Summe von Managern und Beschäftigten auf unterschiedlichen Hierarchieebenen ausgeübt werden. Im Detail handelt es sich um folgende fünf Führungsrollen, die eine integrierte Führung repräsentieren sollen: *„task-, relations-, change-, diversity-, and integrity-oriented leadership"* (*Fernandez/Cho/Perry* 2010, S. 308).

Der Bezug zum ursprünglichen Führungsdual von *Bales* und *Slater* wird hier mit den ersten beiden Führungsrollen, der aufgabenorientierten (task-orientation) und der beziehungsorientierten (relations-oriented) Führung deutlich. Eine weitere Ausdifferenzierung erfolgt mittels der veränderungsorientierten (change-oriented), der diversitäts-orientierten (diversity-oriented) sowie der integritäts-orientierten (integrity-oriented) Führung. Die Ergebnisse von *Fernandez/Cho/Perry* (2010) verweisen darauf, dass alle fünf Führungsrollen als unverzichtbar für den Erfolg von Führung angesehen werden müssen. Da schon jede einzelne dieser Führungsrollen für sich allein sehr anspruchsvoll ist, kann eine einzelne Person kaum alle zusammen alleine ausüben. Basierend auf ihrer empirischen Untersuchung im öffentlichen Sektor, argumentieren die Autoren, dass für eine erfolgreiche Führung in diesem Kontext die einzelnen Führungsrollen von unterschiedlichen Personen ausgeübt werden müssen. Eine im eigentlichen Sinne gemeinsame Führung, die funktionsspezifische Rollen vor der Entscheidung mit dem Ziel einer Kollaborationsentscheidung zusammenführt, konnte alternativ nicht kontrastierend verfolgt werden.

Damit wird ersichtlich, dass das sehr früh von *Bales* und *Slater* entwickelte Konzept des Führungsduals ein fundamentaler Ideengeber für plurale Führungsformen darstellt (vgl. *Denis/Langley/Sergi* 2012 für einen Überblick sowie weiterführend ☞ E. III. 12). Mit Blick auf die Ausdifferenzierung von funktional orientierten Führungsrollen, die etwa bei Mintzberg sehr umfangreich ausfällt, stellt sich die Frage, inwieweit sogenannte Führungsfunktionen in einer Person vereinigt oder aber in der Gruppe breiter gestreut werden sollten. Was den tatsächlichen Einfluss und die funktionalen Beiträge anbelangt, kann dann von einem Führungsplural – auch im Sinne von einem Plural von (informellen) „Führern" gesprochen werden (vgl. *Neuberger* 2002, S. 329 ff.).

Tendenziell lässt sich hierbei folgendes festhalten: Angesichts von sich dynamisch verändernden organisationalen Kontexten (z. B. verstärkte Team- und Projektarbeit sowie Netzwerkbildung) sowie zunehmender Komplexität (vgl. *Marion/Uhl-Bien* 2001; ☞ E. III. 13 und E. III. 14) sind diese Führungsrollen so herausfordernd, dass sie nicht hinreichend von einer Person erfüllt werden können und es daher erfolgversprechender ist, diese Rollen auf mehrere Personen zu verteilen. Angesichts aktueller Anforderungen wird somit die eingangs für dieses Kapitel gewählte Überschrift, *„Was Führende leisten müssen"* um den Zusatz, *„und warum Führende all dies heutzutage nicht mehr alleine leisten können"* zu ergänzen sein. Sowohl in der organisationalen Praxis (man denke an prominente „Doppelspitzen" in Politik und Wirtschaft) wie auch in der Führungsforschung hat diese Einsicht zunehmend an Fundament und Gewicht gewonnen (siehe weiterführend ☞ E. III. 12).

3. Dyadentheorie der Führung: Wie Führende Beziehungsqualitäten differenzieren

3.1 Hintergrund

Die einflussreiche Dyadentheorie der Führung sieht die Beziehungsqualität zwischen Führendem und Geführten als Ausgangspunkt aller Führungsanalysen (vgl. *Erdogan/Bauer* 2016; *Graen* 1976; *Dansereau/Graen/Haga* 1975; *Graen/Cashman* 1975). Sie zählt somit mittlerweile zu den am meisten untersuchten Theorien der Führungsforschung (vgl. *Dinh/Lord/Gardner u.a.* 2014). Anlass ist die Beobachtung, dass Führungskräfte sich in der Regel offensichtlich oder im Detail unterschiedlich gegenüber ihren Mitarbeiterinnen und Mitarbeitern verhalten. Auch verhalten sich Mitarbeiter einer Arbeitsgruppe wiederum unterschiedlich gegenüber Vorgesetzten. Damit bildet die Dyadentheorie, die heute als Leader-Member Exchange Theory firmiert (LMX-Theorie), einen Gegenpool zu den Führungstheorien, die davon ausgehen, dass Vorgesetzte beständig und undifferenziert ein relativ gleiches Führungsverhalten an den Tag legen und dabei ein mehr oder minder einheitliches Verhalten der Mitarbeiter gegenüber ihrem Vorgesetzten unterstellen. Das **Erkenntnisinteresse** ist, zu erfahren, wie sich in Organisationen formale Vorgesetzten-Mitarbeiter-Beziehungen zu einer Führungsbeziehung ausformen, wie sich diese stabilisiert und wie sie sich entwickelt. Daneben, welche unterschiedlichen Qualitäten von Führungsbeziehungen sich aufgrund welcher Voraussetzungen und mit welchen Konsequenzen unterscheiden lassen.

Bis heute sind die **Rollentheorie** (vgl. *Katz/Kahn* 1978) und die **soziale Austauschtheorie** (vgl. *Blau* 1964) für die Dyadentheorie die wichtigsten Grundlagen, um die Qualität von Führungsbeziehungen zu fassen. Gemäß der Rollentheorie entsteht die LMX-Qualität als Ergebnis von ausgehandelten Rollen (vgl. *Dienesch/Liden* 1986). Gegenseitige Prüfung der Loyalität und Kompetenz der Austauschpartner wird als Schlüssel zur Entwicklung eines qualitativ hochwertigen Austausches angesehen (vgl. *Erdogan/Bauer* 2016, S. 414). Bei der austauschtheoretischen Fundierung wird die Führungsbeziehung als ein wechselseitiges Geben und Nehmen modelliert. Führende und Geführte möchten, so die Annahme, ihre persönlichen Ziele in Organisationen erreichen. Sie sind dabei auf wechselseitige Unterstützung angewiesen: Der Führer, weil seine berufliche Leistung an den Leistungen seiner Arbeitsgruppe gemessen wird, der Geführte, weil seine beruflichen Chancen und seine gegenwärtigen Entfaltungsmöglichkeiten durch seine Stellung zum Führer bestimmt werden. Sowohl Führende als auch Geführte stellen in diesem Ansatz aktiv Handelnde dar (vgl. *Law-Penrose/Wilson/Taylor* 2016).

Die frühe Fassung des hier betrachteten Theoriestranges wird als **„Vertical Dyad Linkage Theory"** (*Dansereau/Graen/Haga* 1975) bezeichnet. Damit kommt zum Ausdruck, dass die Ausgangssituation der Beziehung eine formal hierarchische ist und die Verbindung zweier Personen genauer betrachtet wird. Die Bedeutung der sozialen Qualität der Beziehung, die über den Fokus der Arbeitsaufgabe als Tauschreferenz allein hinausreicht, führte dann mit fließenden Übergängen zur jetzt etablierten Theoriebezeichnung. So ist auch der Wechsel in der Bezeichnung des Mitarbeiters zu verstehen: Vom „Untergebenen" bzw. dem Führenden zugewiesenen Mitarbeiter („subordinate") hin zum „member" (Mitglied) und damit zur **Leader-Member Exchange Theory** (vgl. *Graen/Uhl-Bien* 1995). Die **Dyade** (Führungsdyade) und damit die „Zweier-Beziehung" zwischen einem Führenden und seinem Geführten bleibt natürlich weiterhin der Dreh- und Angelpunkt aller Überlegungen, die mit zahlreichen Größen der Verhaltensforschung angereichert werden (Vertrauen, Commitment, Eigenschaften etc; vgl. zum Überblick *Day/Miscenko* 2014).

3.2 Zentrale Aussagen

Die Grundidee der LMX-Theorie hat ihren Ursprung in der Beobachtung, dass Führende sich nicht gegenüber allen ihren Mitarbeitern gleich verhalten, sondern die stets begrenzten Ressourcen selektiv unter ihren Mitarbeitern verteilen. Damit gehen sie qualitativ unterschiedliche

Austauschbeziehungen mit ihren Mitarbeitern ein, d. h. die Führer-Geführten-Beziehung wird hinsichtlich ihrer Qualität weder über alle Geführten hinweg als homogen (gleichartig) angenommen noch wird ursprünglich davon ausgegangen, dass dies überhaupt erstrebenswert sei. Vielmehr gebe es so viele unterschiedliche Führungsbeziehungen wie eine Arbeitsgruppe Mitarbeiter hat. So wird angenommen, dass die einzelnen Führungsbeziehungen auf einem gedachten Kontinuum zwischen den Polen „low-quality exchange relationships" und „high-quality exchange relationships" (*Graen/Uhl-Bien* 1995) variieren. Die Qualität der Führungsbeziehungen ist auf diesem Kontinuum jedoch nicht normalverteilt. Hochqualitative, soziale Austauschbeziehungen bestehen nur mit wenigen Mitarbeitern. Rein ökonomische Austauschtheorien, die kurzfristig Leistung gegen Gegenleistung tauschen, würden dominieren.

Dieser in der frühen Phase der Theoriebildung im Vordergrund stehende **Prozess der Differenzierung** (differentiation) in unterschiedliche Beziehungsqualitäten können wir uns so vorstellen: Mit dem Eintritt eines Mitarbeiters in eine Organisation beginnt eine Folge von **Rollenepisoden** (vgl. *Katz/Kahn* 1978, S. 187 ff.), die sich jedoch im Laufe der Zeit verändern. *Graen/Sandura* (1987, S. 180) beschreiben dieses Rollenhandeln als dreistufigen Prozess. In einer ersten Phase, der **Rollenübernahme** (role-taking), treffen Führer und Geführte erstmalig aufeinander (Vorgesetztenwechsel, Neueinstellung). Ihre Interaktion ist aufgrund einer eingeschränkten Informationsbasis durch organisational festgelegte Rollen geprägt. Noch übergreifend ist die Beziehungsqualität eher niedrig und gleicht im Grunde einem ökonomischen Austausch (vgl. *Walumwba/Cropanzano/Goldman* 2011, S. 743). In der zweiten Phase, der **Rollenbildung** (role-making), tauschen die Akteure gegenseitige Erwartungshaltungen aus (v. a. zu den Aufgabenanforderungen bzw. zur Güte der Aufgabenerledigung) und gewinnen dabei ein besseres Verständnis von einander. Dieser Austausch ist immer noch begrenzt, bildet jedoch eine Art „Testphase". Nach einiger Zeit der Zusammenarbeit tritt die dritte Phase, die der **Rollenstabilisierung** (role-routinization), ein, d. h. jeder der beiden Interaktionspartner weiß, was er vom anderen erwarten kann. Der Führende ordnet daraufhin seine Mitarbeiter zwei (ggf. drei) Gruppen zu:

- Die eine Gruppe zeichnet sich durch eine hohe Qualifikation und Motivation aus. Die Geführten verhalten sich ihrem Führer gegenüber loyal und sind bereit, über das arbeitsvertraglich erwartbare Maß hinaus Leistung zu erbringen. Sie bilden die sogenannte **In-Group**. Zwischen Führer und Geführten besteht eine respektvolle, vertrauensorientierte Beziehung. Der Führer gewährt diesen Geführten besondere Handlungsspielräume, unterstützt sie fachlich und engagiert und sorgt dafür, dass sie von Belohnungen besonders profitieren. Vor allem im weiteren Verlauf der Theorieentwicklung fokussierte die LMX Forschung auf die vielfältigen positiven Ergebnisse von hochqualitativen LMX-Beziehungen (vgl. weiterführend z. B. *Erdogan/Bauer* 2014; *Dulebohn u. a.* 2012). Sehr viele empirische Studien, auch Metastudien, weisen positive Effekte auf Einstellungen und andere organisationsrelevante Größen nach (vgl. *Martin u. a.* 2015; *Gerstner/Day* 1997; *Ilies/Nahrgang/Morgeson* 2007). So zeigen beispielsweise *Cogliser u. a.* (2009) klare, positive Zusammenhänge reifer LMX-Beziehungen zu Leistung, Commitment und Arbeitszufriedenheit auf. Des Weiteren konnten *Dulebohn u. a.* (2012) nachweisen, dass eine gute Beziehungsqualität die Wahrnehmung von **prozeduraler** und **distributiver Gerechtigkeit** (☞ A. III. 2.2) erhöht.

- Die andere Gruppe setzt sich aus Geführten zusammen, deren Leistungsvermögen bestenfalls den üblichen Standards entspricht. Diesen Geführten gelingt es nicht, eine intensive Beziehung zum Führer zu entwickeln und sie werden demnach bei der Vergabe von Chancen und Belohnungen nur am Rande berücksichtigt. Austauschtheoretisch bedeutet dies, dass ihre in den Augen des Führers geringeren Investments nur mit vergleichbar geringen Erträgen abgegolten werden. Diese Geführten bilden die **Out-Group**.

Es ist nicht zu übersehen, dass die von der Führungsperson gepflegte Beziehung zur In-Group dem Gedanken des sozialen Austauschs entspricht, wohingegen die Führungskraft zur Außengruppe ein in seinen Grundzügen ökonomisch geprägtes Austauschverhältnis hat. Diese Unterscheidung geht auf *Blau* (1964) zurück – das folgende Zitat verdeutlicht diese frühere Konzeption sehr gut (*Zalesny/Graen* 1995, Sp. 865):

> „als Ergebnis früherer Verhandlungen ähneln manche Führer-Mitarbeiter-Austauschbeziehungen ökonomischen Transaktionen und werden durch minimale Bindung und den Austausch direkter, universeller Mittel gekennzeichnet. Andere Wechselbeziehungen gleichen sozialen Transaktionen, in denen Führer und Mitarbeiter spezielle Ressourcen austauschen und einen höheren Grad an Vertrauen und Loyalität aufweisen. Diese letzteren Austauschbeziehungen charakterisieren ‚reife' Führungsbeziehungen."

Und „reife Führungsbeziehungen" sind langfristig orientiert. Die Entwicklung von unterschiedlich qualitativen Führungsbeziehungen ist nicht notwendigerweise eine Intention des Führenden. Es ist nicht notwendig, anzunehmen, dass Vorgesetzte sich dieser Gruppenbildung bewusst sind, noch dass sie diese verbal kommunizieren. Vielmehr lässt sich aufgrund des beobachtbaren Verhaltens von Führern und Geführten in Organisationen auf diese Einteilung rückschließen. Auch wenn die entscheidenden Weichenstellungen bereits sehr frühzeitig nach dem Kennenlernen stattfinden und danach sehr stabil sind, werden Änderungen der **Transaktionsqualität** nicht prinzipiell ausgeschlossen, wobei der Anstoß sowohl durch den Geführten als auch durch den Führer erfolgen kann (vgl. *Graen/Scandura* 1987; *Dienesch/Liden* 1986).

Bereits Mitte der 1990er Jahre sahen jedoch *Graen* und *Uhl-Bien* die LMX-Theorie längst in einer Phase, in der die Fokussierung auf die Differenzierung zu Gunsten einer Fokussierung auf die Entwicklung hochqualitativer Austauschbeziehungen mit *allen* Geführten aufgegeben worden ist. *Graen/Uhl-Bien* (1995) haben die LMX Forscher u.a. auch aufgrund ethischer Überlegungen dazu aufgerufen, die vielfach kritisierte Einteilung in **In-Group-** und **Out-Group-Geführte** zu überwinden. Ein recht deutlicher und zum damaligen Zeitgeist passender Schwenk in Richtung transformationaler Führung war damit verbunden. Passenderweise bestehen zwischen diesen beiden Führungstheorien statistische Überlappungen (ausgewiesen wird eine positive Korrelation von 0.69; vgl. *Tse/Huang/Lam* 2013). Die ursprünglichen transaktionalen Aspekte (austauschorientierte Leistung-Gegenleistung) von Führung wurden zwar nicht ausgeklammert, galten aber fortan als ein zu überwindender Anfangszustand in der Entwicklung einer LMX-Beziehung. Erklärtes Ziel war es nun, den Anteil an hochqualitativen LMX-Beziehungen in einer Organisation möglichst zu erhöhen. Führende wurden daher dazu aufgerufen, im Rahmen des Möglichen zu *allen* Geführten Beziehungen von hoher Qualität aufzubauen. Damit hat sich die LMX-Theorie in dieser Phase von einer ursprünglich **deskriptiven** Version (d.h. insb. Beschreibung der empirisch beobachteten Differenzierung in unterschiedliche Beziehungsqualitäten) in einen **präskriptiven** Ansatz (d.h. insb. Empfehlungen für die Entwicklung hochqualitativer LMX-Beziehungen) gewandelt. Angemerkt sei jedoch schon an dieser Stelle, dass das der LMX-Theorie inhärente Differenzierungsschema, wenn auch in abgewandelter Form, bis zum heutigen Tag weiterhin in der Literatur verwendet wird. So sprechen etwa *Rosen/Harris/Kacmar* (2010) von „low-quality LMX employees" vs. „high-quality LMX employees" und auch Unterteilungen von „high quality exchange relationships" vs. „low quality exchange relationships" sind üblich; eine Reihe an Studien hat sich mittlerweile mit den negativen Auswirkungen einer solchen Differenzierung beschäftigt (vgl. weiterführend *Anand/Vidyarthi/Park* 2016; *Harris/Li/Kirkman* 2014). In diesem Zusammenhang wird davon ausgegangen, dass Führende und Geführte schon vor oder früh in der zweiten Phase (role-making) Erwartungen voneinander bilden, und dass diese Erwartungen einen deutlichen Einfluss auf die Entwicklung der Beziehungsqualität haben. Nicht von der Hand zu weisen ist hier im Sinne des → **Pygmalion-Effektes** die Argumentation, dass (manche) Mitarbeiter erst dann ein bestimmtes Verhalten zeigen, wenn der Vorgesetzte direkt oder indirekt vermittelt, er sähe sie so (vgl. *Nahrgang/Seo* 2016, S. 10).

Darüber, was im Einzelnen die Beziehung konstituiert sowie die Beziehungsqualität ausmacht, gibt es jedoch unterschiedliche Ansätze. So wurden im Laufe der Zeit auch eine Reihe unterschiedlicher Fragebögen zur Erhebung von LMX entwickelt (vgl. *Liden u.a.* 2016 für einen Überblick). Früher stand die Messung der Beziehungsqualität aus Geführtensicht prioritär, was sich aber nun durch die spiegelbildliche Erfassung aus Führersicht erweitert hat. Der wohl am meisten verbreitete Fragebogen zur Erfassung von LMX ist der LMX 7 von *Graen* und *Uhl-Bien* (1995; vgl. Abb. B.17).

- Wie gut erkennt Ihre Vorgesetzte Ihre Entwicklungsmöglichkeiten?
- Ich habe genügend Vertrauen in meine Vorgesetzten, um ihre Entscheidungen zu verteidigen und zu rechtfertigen, wenn sie nicht zugegen ist.
- Wie würden Sie das Arbeitsverhältnis mit Ihrer Vorgesetzten beschreiben?

Abb. B.17: Beispiel-Items aus dem LMX 7 – Mitarbeitersicht (vgl. *Graen/Uhl-Bien* 1995, S. 237, übersetzt)

Eine hochqualitative Austauschbeziehung ist folglich durch hohes gegenseitiges Vertrauen, Respekt und gegenseitige Verpflichtung gekennzeichnet. In frühen LMX-Konzeptionen wird davon ausgegangen, dass LMX ein **eindimensionales Konstrukt** ist, das verschiedene (sich überschneidende) Facetten aufweist (vgl. *Graen/Uhl-Bien* 1995). Mittlerweile existiert eine **mehrdimensionale Weiterentwicklung,** der **LMX-MDM** (vgl. Abb. B.18). Hier werden vier unabhängige Dimensionen bzw. Austauschinhalte zur Charakterisierung des LMX vorgeschlagen (vgl. *Liden/Maslyn* 1998; *Dienesch/Liden* 1986; dt.: *Paul/Schyns* 2014). *Schyns/Day* (2010, S. 5) beschreiben diese:

> *„the relationship quality between leader and member can be described using several quality indicators or currencies of exchange […], namely affect or mutual liking, loyalty or faithfulness across situations, contribution in terms of effort and support, and respect in the form of a personal reputation for excellence."*

- Positive **Gefühle** dem anderen gegenüber
- **Loyalität** dem anderen gegenüber
- **Beiträge** (Anstrengung/Unterstützung) zur Erreichung von Zielen
- **Respekt** für die fachliche/berufliche Kompetenz des anderen

Abb. B.18: Dimensionen zur Charakterisierung von Beziehungen aus dem LMX-MDM (vgl. *Liden u. a.* 2016, S. 31)

Eine **hochqualitative LMX-Beziehung** ist dabei immer auf sozialen Austausch gegründet. Sowohl Geführter als auch der Führer erbringen Beiträge im Sinne von Ressourcen in die Beziehung ein, die vom anderen wertgeschätzt werden müssen, um zu wirken. Beide Parteien müssen den Austausch als fair ansehen; Loyalität beruht dann auf Gegenseitigkeit. Ein Vertrauensvorschuss existiert. Die Beziehung lässt sich nicht auf konkrete Transaktionen reduzieren und durch Vertragsbedingungen angemessen einfangen. Die zentrale Bedeutung der Gegenseitigkeit im LMX-Konstrukt impliziert wie erwähnt weiterhin, dass die einzelnen Dimensionen zur Einschätzung der Beziehungsqualität sowohl vom Führenden als auch vom Geführten erhoben werden (vgl. *Schyns/Day* 2010; *Liden/Sparrow/Wayne* 1997). Allerdings gelingt dies aufgrund der konkreten Zuordnungsnotwendigkeit in der Praxis weniger häufig als erwünscht. Die Bedeutung der Gegenseitigkeit wurde etwa von *Bernerth u. a.* (2007b) herausgestellt, die eine Rückbesinnung der LMX-Theorie auf deren historische Verwurzelung in der Sozialen Austauschtheorie fordern. Entsprechend entwickeln die Autoren eine Skala zur Messung von LMX. In dieser Leader-Member Social Exchange (LMSX)-Skala wird die soziale Austauschkomponente in ihrer Wesentlichkeit berücksichtigt. LMSX wird nämlich definiert als

> *„the perception held by subordinates as to whether or not voluntary actions on their part will be returned by the supervisor in some way"* (*Bernerth u. a.* 2007b, S. 985).

Damit wird der Blick auf Aspekte wie die freiwillige Erwiderung einer durch die Gegenseite (ebenfalls freiwillig) erbrachten Handlung oder in die Beziehung eingebrachter Ressourcen gelenkt, hinausgehend über eine rein ökonomische Orientierung.

Die Diskussion dauert allerdings weiterhin darüber an, was genau die **Ressourcen** sind, die in einer hochqualitativen „LMX-Beziehung" ausgetauscht werden (sollen); erschwerend kommt hinzu, dass die eingebrachten Ressourcen ja, wie angeführt, von der jeweils anderen Seite wertgeschätzt werden müssen. Dabei stellt sich die Frage, welche Ressourcen dann von der jeweils anderen Seite sinnvoller Weise eingebracht werden können. Hierzu haben *Wilson*, *Sin* und *Conlon* (2010) eine Übersicht vorgelegt (vgl. Abb. B.19). Die Autoren nutzen einen **ressourcentheoretischen Hintergrund** und beschreiben sechs übergeordnete Austausch-Kategorien („Leader and Member Resource Categories"). Diese werden entlang von zwei Dimensionen angeordnet. Die erste Dimension unterscheidet Ressourcen danach, ob sie eher konkret (*concrete*) oder eher abstrakt (*abstract*) sind: Konkrete Ressourcen umfassen etwa „greifbare" Produkte oder Aktivitäten (z. B. Serviceleistungen), während abstrakte Ressourcen eher sprachlich oder durch ihren symbolischen Gehalt vermittelt werden (z. B. Respekt, Anerkennung, informelle Information). Die zweite Dimension klassifiziert Ressourcen danach, ob sie eher identitätsbasiert und damit in besondere Weise mit der Person verknüpft sind (z. B. Zuneigung, Loyalität, Ermutigung) oder ob sie eher allgemeiner Natur sind (wie z. B. geldwerte Leistungen oder Bezahlung). Die erstgenannten werden auch als „besondere Ressourcen", die letztgenannten als „universelle Ressourcen" bezeichnet.

Die Besonderheit des (konzeptionellen) Beitrags von *Wilson/Sin/Conlon* (2010) liegt in der Präzisierung der Austauschkategorien selbst und nicht – wie so oft – in den Ergebnissen des Ressourcentausches. Dieser Perspektivenwechsel sensibilisiert u. a. dafür, dass Ressourcenaustausch in einer Führer-Geführten Beziehung nicht vollständig mit einfachen Austauschprinzipien wie Reziprozität oder Gegenseitigkeit zu fassen ist. Die Prozesse sind viel differenzierter, da sie rollen- und wahrnehmungsgebunden sind. So können zwar einige Ressourcen gegenseitig ausgetauscht werden (z. B. Freundschaft). Andererseits sind selbst Ressourcen innerhalb der gleichen Kategorie spezifisch entweder dem Führenden oder dem Geführten zuzuordnen (z. B. die Art und Weise von Begünstigungen, die sich Führende und Geführte einräumen können). Konkret hat dies etwa zur Folge, dass eine vom Führenden eingebrachte

Ressource häufig nicht mit der gleichen Ressource von Seiten des Geführten erwidert werden kann. *Wilson/Sin/Conlon* (2010) liefern u. a. mehrere Vermutungen, welche Ressourcen Führende quasi ersatzweise („resource substitutes") von Geführten erwarten könnten. Hiernach würde etwa eine Bonuszahlung („money-related resource") von Seiten des Führenden mit einem Mehr an Informationen („information-related resource") von Seiten des Geführten erwidert. Oder Ermutigung („affiliation-related resource") von Seiten des Führenden würde durch erhöhten Respekt („status-related resource") sowie besonderes Engagement („service-related resource") erwidert werden. Die Autoren verweisen weiterhin u. a. darauf, dass die eher identitätsbasierten Ressourcen („particular resources") wie z. B. Status und Zuneigung („status and affiliation") eher wertgeschätzt werden, wenn diese von einem „high-quality LMX member" in die Führungsbeziehung eingebracht werden. Die Autoren kommen daher u. a. zu dem Schluss, dass Geführte ihre Chefs und deren Bedürfnisse, Werte und Erwartungen möglichst gut kennen und verstehen lernen sollten. So könnten Geführte die jeweils am besten passenden Ressourcen in die LMX-Beziehung einbringen.

3.3 Kritische Würdigung

Die LMX-Theorie kann auf eine lange und breite Forschungstradition zurückblicken. Immer wieder hat die LMX-Theorie aktuelle Strömungen der Organisations- und Führungslehre aufgenommen (vgl. *Dinh/Lord/Gard-*

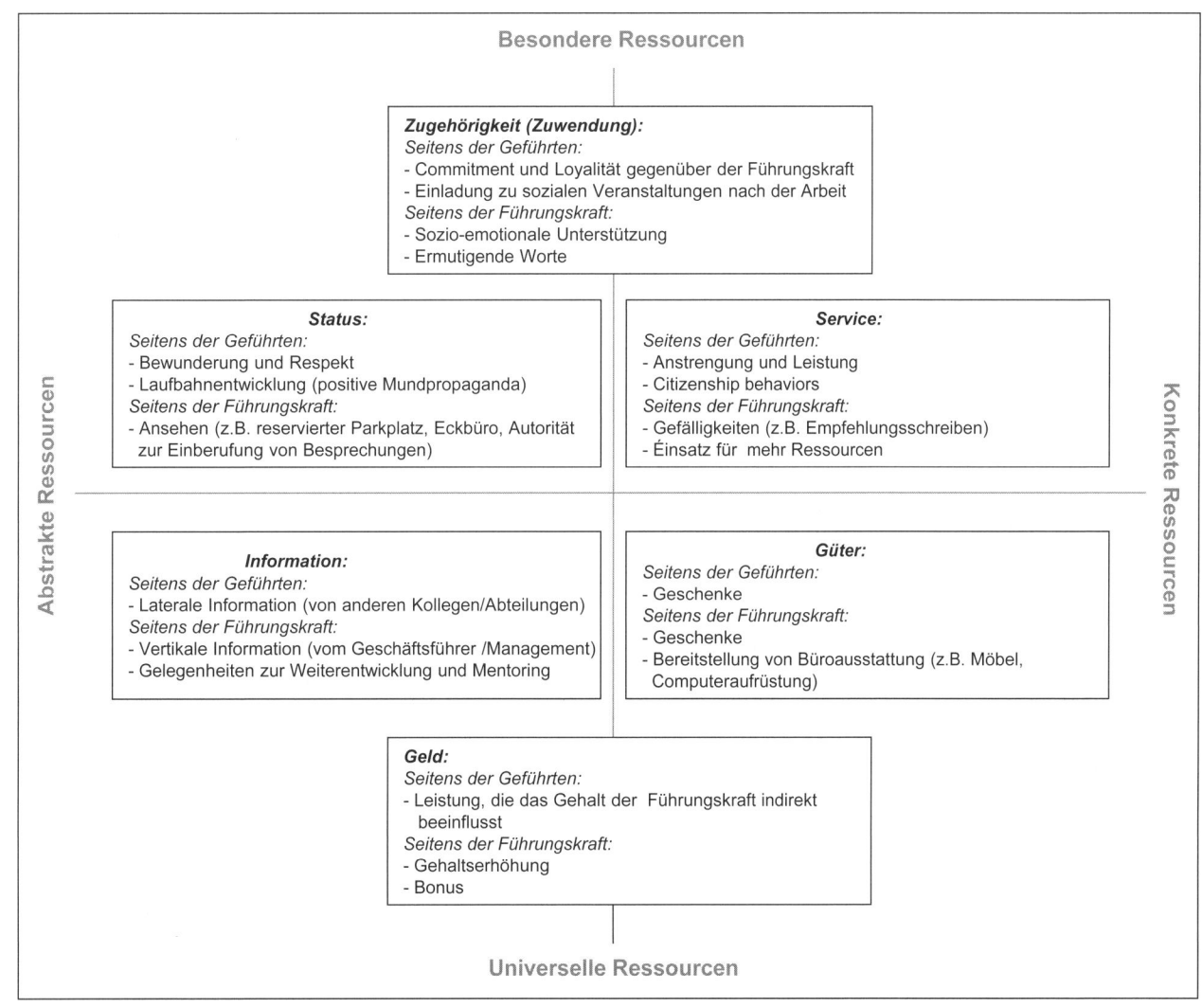

Abb. B.19: Ressourcenkategorien für Führende und Geführte (*Wilson/Sin/Conlon* 2010, S. 362, übersetzt)

ner u. a. 2014). Seit ihrer Einführung ist sie wegweisend. Durch die Fokussierung auf die Dyade besetzt sie einen einzigartigen Raum zwischen den vielen personenzentrierten Führungstheorien und den neueren Formen von geteilter und kollektiver Führung (vgl. *Day/Miscenko* 2016, S. 19). Von frühen Versionen mit ihrer deskriptiven Differenzierungskonzeption („in-group" versus „out-group") hat sich die LMX-Theorie schon in den 1990er Jahren in einen vorwiegend präskriptiven Ansatz gewandelt, der geleitet von den vielfältigen positiven Ergebnissen hochqualitativer LMX-Beziehungen die Kehrseite seiner Konzeption, die „low quality exchange relationships", weitgehend aus dem Fokus verbannte. Das Bild vom beziehungsorientierten Führungsansatz wurde zu festigen versucht; dies war verbunden mit einer Orientierung in Richtung transformationale Führung. Mit der Weiterentwicklung der Forschung und der sich zunehmenden Konzentration auf die Differenzierung von Beziehungsqualität innerhalb von Gruppen und der Auswirkungen auf Individuum und Arbeitsgruppen-Level entstand ein neuer Trend, der die Austauschbeziehungen in einem breiteren Gruppenkontext betrachtet (vgl. *Day/Miscenko* 2016, S. 11; *Erdogan/Bauer* 2016, S. 419).

Bei diesen Konzepten steht allerdings weiterhin die dyadische Beziehung im Mittelpunkt. Die Auffassung, dass Führung nicht allein auf der Basis einer dyadischen Betrachtung hinreichend konzeptualisiert werden kann, wurde früh von *Weibler* (1994) aufgegriffen, der den Grundgedanken der **Führungsdyade** aufgrund der konsequenten Übertragung auf den organisationalen Kontext in Richtung einer **Führungstriade** systematisch erweiterte (vgl. Abb. B.20). Er konnte empirisch zeigen, dass und wie Führungsbeziehungen miteinander verschränkt sind und welche Effekte für die Mitarbeiterführung daraus resultieren. Für seine Analyse wählte er zwei unmittelbar folgende Führungsdyaden, die in der Zusammenfassung nun aus drei Personen bestanden: Geführter und direkt Führender (Führungsdyade 1) sowie direkt Führender und dessen Boss (Führungsdyade 2). Der „direkt Führende" ist in der Führungsdyade 2 selbst Geführter. Zur klaren terminologischen Abgrenzung wurden dann Geführter, Führer und nächsthöherer Vorgesetzter unterschieden (Führungstriade).

Der Führer nimmt, wie man sieht, die Stellung eines **linking pin** (vgl. *Likert* 1975, 1961, S. 60) ein, stellt also ein Bindeglied zwischen zwei Führungsbeziehungen her. Die Führung durch den nächsthöheren Vorgesetzten wurde sowohl vom Führer als auch von den Geführten erkannt und als für ihre Beziehung wichtig erlebt. *Tangi-*

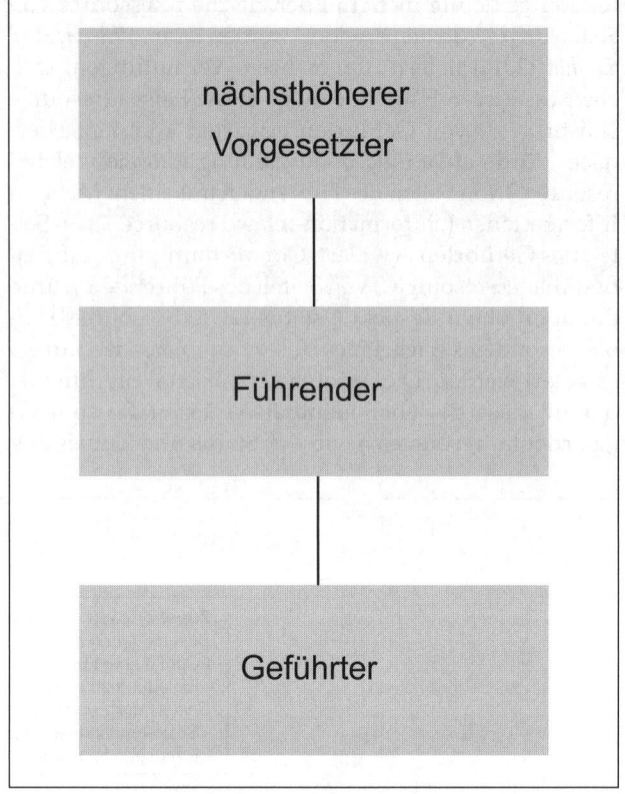

Abb. B.20: Führungstriade

rala/Green/Ramanujam (2007) unterstützen diesen frühen Befund, indem sie in ihrer Studie nachweisen, dass die Qualität der Beziehung nächsthöherer Vorgesetzter-Führer **(Leader-Leader Exchange; LLX)** einen Einfluss auf Einstellungen der Geführten hinsichtlich Identifikation mit der Organisation, empfundener Wertschätzung und Commitment gegenüber dem Kunden (hier Patienten eines Krankenhauses) besitzt. Damit ist es nun möglich, eine ganz zentrale vertikale Verflechtung von Einflussbeziehungen in der Organisationsrealität angemessen zu würdigen, ohne gleich ganze Einflussgeflechte betrachten zu müssen.

Durch die Verknüpfung mit dem Netzwerkansatz wird jüngst eine Verbindung zur Führung in Teams hergestellt. Ein Team wird einfach als ein Netzwerk an interagierenden Dyaden definiert, in denen nicht nur eine Austausch mit dem Vorgesetzten stattfindet, sondern auch die Interaktion unter den Mitarbeitern in die Betrachtung mit einbezogen werden (vgl. *Zagenczyk u.a.* 2015). Diese gegenseitige Einflussnahme zwischen den Mitarbeitern, die nach vergleichbaren Dimensionen wie LMX konzipiert ist, wird auch in neueren Untersuchungen als **„Co-Worker Exchange" (CWX)** bezeichnet (vgl. Abb. B.21). Eine positive CWX-Ausprägung wird mit einer dann positiven LMX-Ausprägung in Verbindung gebracht (vgl. *Takeuchi/Yun/Wong* 2011).

Kommen wir nach der verbesserten Anbindung an die betriebliche Wirklichkeit zu den Begrenzungen. Man muss sich zunächst bewusst sein, dass es sich um einen Interaktionsansatz handelt, der entitativ konzipiert ist. Dies heißt, dass die Beziehung aus Sicht der Protagonisten beschrieben wird, aber prozessuale Beziehungsaspekte, was die Etablierung von Führungs- und Geführtenrollen und deren Identitäten betrifft, nicht detailliert nachvollzogen werden. Die Positionen sind gesetzt. Ein alter und nach wie vor artikulierter Kritikpunkt betrifft methodische Probleme bei der Konzeption von LMX. Der Kern der LMX-Theorie ist die Entwicklung dyadischer Austauschbeziehungen zwischen Führer und Geführten. Austauschbeziehungen sind jedoch nur hinreichend zu charakterisieren, wenn stets beide Seiten einbezogen werden. Dies deshalb, weil dadurch mehr Erklärungsspielraum für die Folgen der Beziehungsqualität besteht. Sollte sich gar, wie jetzt verstärkt gefordert, eine hochqualitative Austauschbeziehung als Soll für Führungskräfte entwickeln, müsste sich zwingend für die Einlösung dieser Forderung auch eine *übereinstimmende* **Bewertung der Beziehungsqualität** einstellen. Vereinfacht argumentiert könnte man etwa sagen, dass in einer hochqualitativen reifen Beziehung eine Führende und ihr Geführter eine in etwa gleiche Einschätzung darüber haben sollten, ob ihre Beziehung gut oder eher schlecht ist. Allerdings haben empirische Studien ergeben, dass eine solche Übereinstimmung in der Bewertung selten ist. So stellten *Gerstner/Day* (1997) in ihrer Metaanalyse fest, dass die Übereinstimmung der Einschätzung der LMX-Qualität nur schwach ist (r = 0.29). Eine neuere Metaanalyse weist nur einen leicht besseren Wert aus (r = 0.37, vgl. *Sin/Nahrgang/Morgeson* 2009). Dies nährt bis heute u. a. Zweifel an der Skalenvalidität von LMX und führt aktuell zu der Empfehlung, LMX zu rekonzeptualisieren (z. B. Inhalte getrennt aus einer Führersicht und Geführtensicht entwickeln). Hier bleibt offen, inwieweit eine Beziehung anhand einer individuell konstanten Bewertung oder immer nur in

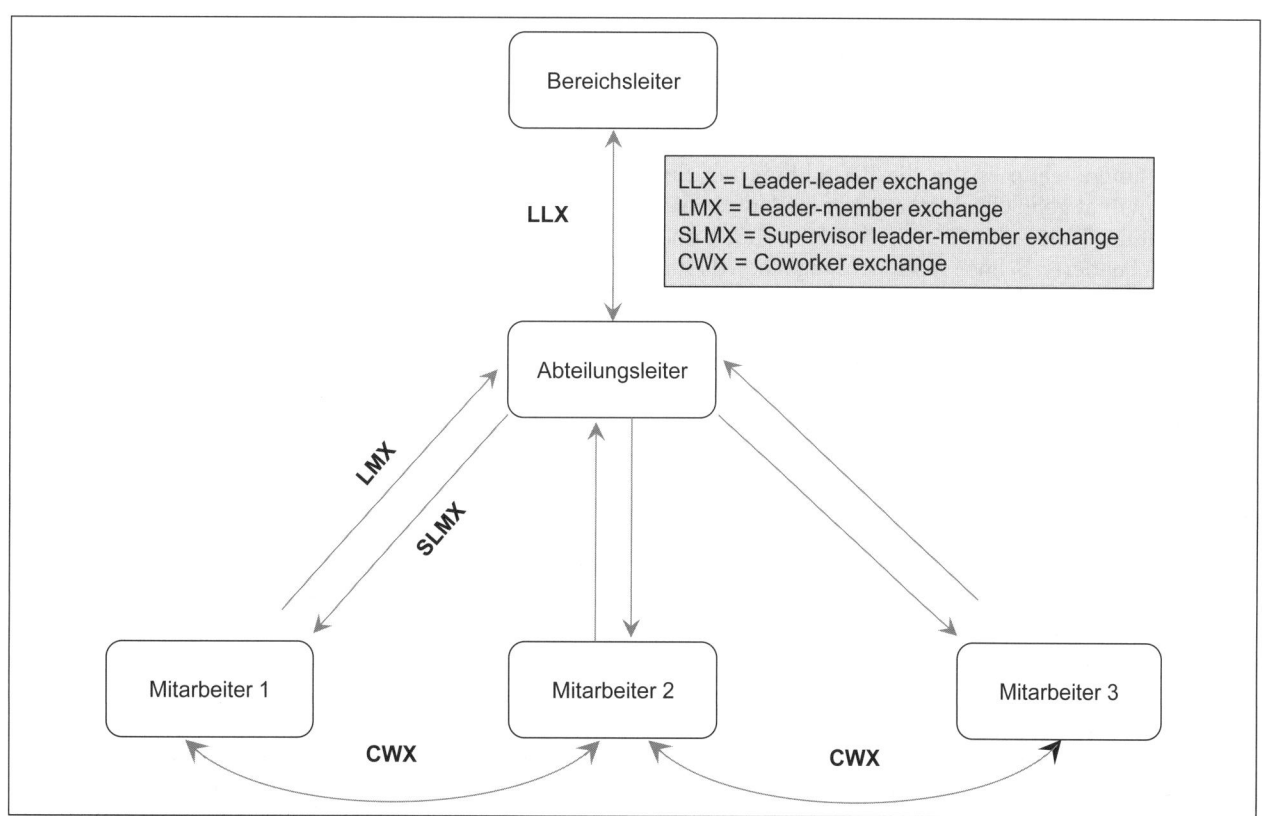

Abb. B.21: Beziehungen am Arbeitsplatz (in Anlehnung an *Erdogan/Bauer* 2014, S. 410)

Relation zu vorherigen oder beobachtbaren anderen Beziehungen gemessen wird.

Die empirische Untersuchung von *Zhou/Schriesheim* (2010) fügt dem Ergebnis, dass es nur eine geringe Übereinstimmung in der Bewertung von Beziehungsqualitäten bei Führenden und Geführten gibt, einen weiteren interessanten Aspekt hinzu: Führende und Geführte haben hiernach eine unterschiedliche Vorstellung davon, was die Qualität einer Führungsbeziehung ausmacht. So würden Führende mehr auf aufgabenorientierte Dimensionen fokussieren und dementsprechend diesen Aspekten ein größeres Gewicht bei der Bewertung der LMX-Beziehung einräumen. Dahingegen würden Geführte soziale Aspekte der Beziehung stärker in den Vordergrund rücken. Die Ergebnisse sollten (den Autoren zufolge) Führende wie Geführte dafür sensibilisieren, dass es im Sinne der LMX-Qualität darauf ankommt, die jeweils für die andere Seite wichtigen Aspekte anzuerkennen. Führende sollten daher beachten, dass sich ihre Mitarbeiter mit größerer Wahrscheinlichkeit auf Aufmerksamkeit, Unterstützung, Rücksicht, Taktgefühl/Autonomie und Anerkennung stützen, wenn sie die Qualität der Führungsbeziehung (LMX-Qualität) einschätzen. Umgekehrt sollten sich Mitarbeiter allerdings vor Augen halten, dass ihre Chefs dazu neigen, die erbrachte Arbeitsleistung, Fähigkeiten, Kompetenz, Kenntnisse, Arbeitseinstellung, außergewöhnliches Engagement, Einsatz und Zuverlässigkeit als wichtiger wahrzunehmen, wenn es um die Beurteilung der Beziehungsqualität geht. Glücklicherweise stellen die Autoren nicht nur Unterschiede zwischen Führenden und Geführten bei deren Schwerpunktsetzung fest. Als immerhin gemeinsamer Nenner wird die beiderseits hoch eingeschätzt Bedeutung von Kommunikation, Vertrauen und gegenseitigem Respekt herausgestellt. Des Weiteren konnten Studien zeigen, dass die Übereinstimmung der LMX-Qualität von einer Reihe an Faktoren einschließlich der Beziehungsdauer, der Interaktionshäufigkeit innerhalb von Führungsbeziehungen und – hier ist ein potenzielles Artefakt – von der Stichprobenmethodik (vgl. *Sin/Nahrgang/Morgeson* 2009) abhängt.

Auch *Schyns/Day* (2010) widmen sich dieser Thematik. Die Autoren argumentieren, dass mit zunehmender LMX-Qualität auch die Übereinstimmung hinsichtlich der Bewertung dieser Qualität zunähme. Sie führen hierzu das Konstrukt **LMX agreement** an, das sich darauf bezieht, ob Führender und Geführter in der Bewertung ihrer Beziehung übereinstimmen. Sie sehen LMX agreement folgerichtig als eine Komponente einer **LMX excellence** an, die in dieser Form selbstredend als eine reife Beziehung gedacht ist. Diese reife Beziehung muss dann zusätzlich noch aus Sicht aller Geführten typisch für das Beziehungsnetz des Führenden in seinem direkten Einflussbereich sein. Hierfür stehen der Ausdruck und die Messung des **LMX consensus**. Dies ist allerdings leichter zu formulieren als umzusetzen, denn die bereits früh erkannte konstitutive Begrenzung an Konzentration, an Zeit und an Austauschgütern (zu denen dann wieder die Zeit gehört), vermutlich auch an Verhaltensflexibilität, gilt im Prinzip fort. Dies sensibilisiert nicht zuletzt dafür, dass es darauf ankommt, dass Führende und Geführte klare Rollenvorstellungen und Vorstellungen zum Ziel einer Führer-Geführten-Beziehung besitzen. Schon jetzt ist aber offensichtlich, dass organisatorische wie gruppenbezogene Faktoren die Wahrscheinlichkeit einer erfolgreichen Implementation einer LMX excellence moderieren.

Diese gruppenbezogene Perspektive hat einen Strom an Forschung auf der Suche nach Auswirkungen von verschiedenen Kontextfaktoren auf die LMX-Qualität ausgelöst, die bislang weitestgehend vernachlässigt wurden (vgl. *Day/Miscenko* 2016, S. 11). *Schyns*, *Maslyn* und *Weibler* (2010) haben dies beispielsweise konzeptionell für die in der Führungspraxis bedeutende Variable der Führungsspanne aufgezeigt. Dabei verdeutlichen sie, dass sich bei einer aus Führersicht großen Leitungsspanne begünstigende Kontextfaktoren positiv auf die LMX excellence auswirken können. *Gajendran* und *Joshi* (2012) zeigen in diesem Zusammenhang, dass in globalen Teams eine hohe LMX-Qualität die Mitwirkung an Teamentscheidungen steigert, wenn diese durch eine kontinuierliche Kommunikation zwischen Führungskraft und Mitarbeiter begleitet wird. Und auch die anfangs wenig berücksichtigten Persönlichkeitsfaktoren wurden in aktuelleren Studien führer- wie geführtenseitig untersucht (vgl. *Schyns* 2016; *Schyns/Maslyn/Veldhoven* 2012; *Bernerth u. a.* 2007a). Bisher wenig Aufmerksamkeit hat die Umsetzung der Erkenntnisse aus der LMX-Forschung in die Praxis erhalten (vgl. *Erdogan/Bauer* 2016, S. 420) – auch wenn die klare Botschaft bereits jetzt heißt, dass die Entwicklung einer vertrauensvollen, von Sympathie geprägten und auf Respekt beruhenden Führungsbeziehung den entscheidenden Unterschied zwischen einer erfolgreichen und einer weniger erfolgreichen Führung ausmacht. Aber es ist die Frage des „Wie" und des „Was noch wann", die mit den Fundamenten der Theorie zu verbinden sind. Dazu gehören dann auch die Antezedenzien und Konsequenzen einer qualitativ hochwertigen Führungsbeziehung (vgl. z. B. *Dulebohn u. a.* 2012). Man denke hier einerseits an begünstigende oder hemmende Faktoren (Wie groß ist der

Spielraum eines Führenden auf die Beziehungsqualität gerade und in Relation zu strukturellen/kulturellen/personalen Faktoren?) und andererseits an noch offene Folgen für ethisches Handeln (Könnte vielleicht die kritische Sicht getrübt werden?), Stress (Engagiert man sich zu sehr?) oder für den Verbleib in der Organisation (Verlässt man die Organisation mit dem Vorgesetzten? Hat es der Nachfolger umso schwerer?). Und überhaupt: Wird eine Gleichbehandlung akzeptiert, auch wenn sie positiv gemeint ist, wenn doch die eigenen Beiträge als wertvoller als die der Kolleginnen und Kollegen gesehen werden? Wie kann man sich da noch für höhere Aufgaben empfehlen? Weiterer Forschungsbedarf ist also angezeigt.

4. Soziale Identitätstheorie der Führung: Warum Führende ein Stück von uns selbst sind

4.1 Hintergrund

Ein relativ neues Konzept der Führungsforschung ist die **Soziale Identitätstheorie der Führung** (vgl. *Hogg* 2001). Sie ist die populärste Ausformung einer Identitätstheorie im Führungsbereich (vgl. zum Überblick *Lührmann* 2006, S. 237 ff.). Ihren Charme erhält sie dadurch, dass sie einen Bestandteil menschlicher Existenz, das **Selbstkonzept**, zum Ausgangspunkt der Herausbildung von Führung in Gruppen bestimmt (vgl. *Hogg/Van Knippenberg/Rast* 2012). Menschen gehören Gruppen, die ihnen ein positives Selbstbild vermitteln, gerne an, und meiden oder verlassen solche, die weniger attraktiv oder gar negativ für das Selbstbild sind, falls möglich. Arbeitsgruppen sind einer dieser und zwar in unserer Gesellschaft ganz zentralen Orte, die das Selbstbild berühren. Dort wie anderswo wird Führung nun als ein sozialer Einflussprozess konzipiert. Ihre Entstehung von den sonst oftmals üblichen Vorab-Verankerungen an die Person, an die Position oder an den Führungserfolg wird gelöst (vgl. *Steffens u. a.* 2014, S. 1022). Stattdessen wird die soziale Identität als eine maßgebliche Einflussgröße auf das Selbstkonzept in den Mittelpunkt gerückt. Führung entsteht dann emergent (→ Emergenz), entwickelt sich also unter benennbaren, aber nicht vorausberechenbaren Bedingungen als neues Phänomen aus einer Konstellation von Gruppenmitgliedern zu einer dann spezifischen Erscheinungsform.

Im Kern geht es um die alte Frage, wann jemand von einer Gruppe, deren Mitglied er in Präsenz oder in Vorstellung ist, als verantwortlich für die Gruppe angesehen wird. Diese Frage hat v. a. die sozialpsychologischen Gruppenforscher frühzeitig bewegt und wurde beispielsweise anderenorts mit dem Zeigen problemlösender oder der Kohäsion dienender Verhaltensweisen beantwortet. Hier wird nun eine Antwort gegeben, die mit der Identität eine Kognition in den Mittelpunkt stellt. Diese Kognition ist aber wiederum tief mit Motiven und Emotionen verknüpft (vgl. z. B. *Harquail* 1998) und dadurch sind andere Basiskategorien von Führung von Anfang an enthalten. So wird der von der Sozialen Identitätstheorie der Führung konzipierte Zusammenhang, dass die soziale Identität ebenso mit der Effektivität von Führung verknüpft ist, intuitiv nachvollziehbar.

Die Theorie selbst (vgl. *Hogg* 2001; *Hogg/Van Knippenberg* 2003) fußt wiederum auf eng verwandten sozialpsychologischen Theorien; zum einen einer zur **sozialen Identitätsbildung** (vgl. *Tajfel/Turner* 1986), zum anderen einer zur **sozialen Kategorisierung** (vgl. *Turner* 1987). Die **Theorie der Sozialen Identität** erkennt, dass Menschen nach einer positiven Selbsteinschätzung streben, sich aber nicht nur über ihre personale Identität definieren (Ich, mir), sondern auch über ihre soziale Identität (Wir, uns) (vgl. Abb. B.22). Die personale Identität (einzigartige Merkmale des individuellen Selbst) wie die soziale Identität sind Teil des Selbstkonzeptes, also *„der individuellen Selbstdefinition des Individuums"* (*Lührmann* 2006, S. 241, FN 19). Ihre soziale Identität gewinnen sie durch die Mitgliedschaft in Gruppen. So ist die soziale Identität theoriegemäß eine distanzlose Widerspiegelung kollektiver, allerdings idealisierter Gruppenidentitäten.

Genauer wird sie als der Teil des Selbstkonzeptes eines Menschen verstanden:

> *„Der sich aus seinem Wissen um seine Mitgliedschaft in sozialen Gruppen und aus dem Wert und der emotionalen Bedeutung ableitet, mit der diese Mitgliedschaft besetzt ist"* (*Tajfel* 1982, S. 102).

Dieser Wert erschließt sich v. a. in einem Intergruppenvergleich. Deshalb wird die Attraktivität einer Gruppenmitgliedschaft durch Vergleiche mit anderen Gruppen taxiert. Die Identifikation mit der Gruppe wird wiederum mit der Bedeutung der Gruppe zur Erlangung einer positiven Selbstbewertung im Hier und Jetzt sowie zukünftig verbunden. Die Bindung an die Gruppe sowie das Engagement für die Gruppe hängt von dem zuerkannten Wert ab (vgl. *Schuh/Van Dick* 2015, S. 131; *Van Knippenberg* 2012, S. 479; *Van Knippenberg/Hogg* 2003, S. 245).

Die **Selbstkategorisierungstheorie** stellt vor (vgl. auch *Giessner/Jacobs* 2015), wie diese kognitive Aktivität näher zu fassen ist. Danach ist das Zugehörigkeitsgefühl zu

Gruppen das Ergebnis eines Zuordnungsprozesses. Die in eigener Anschauung idealen Charakteristika, Werte und Normen von Gruppen und damit auch die Abgrenzungskriterien zu anderen, weniger favorisierten Eigenheiten von Gruppen bilden sich zu einem Gruppenprototyp aus. Dieser eher automatisierte Prozess lenkt das eigene Denken, Fühlen und Wollen. Dabei können verschiedene Gruppen unterschiedlich attraktiv erlebt werden, je nach Kontext, den man aufsucht (Beruf, Freizeit) bis hin zu einzelnen Kriterien, die in diesem Kontext geschätzt werden (Wohlergehen, Gesundheitsfürsorge, harter Leistungswettbewerb). Erfahrungen, auch mit Blick auf Attraktivitätsveränderungen der Vergleichsgruppen, lassen die Kategorisierung der eigenen Gruppe flexibel erscheinen. Dies erklärt beispielsweise, warum sich Personen, überraschend für andere, von ehemals vertrauten Gruppen abwenden. Möglicherweise schon dann, wenn nur die idealisierten Werte und Normen nicht mehr so sichtbar wie ehedem herausgestellt werden, also ihre **Salienz** verlieren, auch wenn grundsätzlich weiterhin Wertschätzung in der Gruppe besteht.

4.2 Zentrale Aussagen

Im Arbeitskontext ist das Team, die Abteilung, möglicherweise auch die „Großgruppe" Organisation normalerweise Bestandteil der Sozialen Identität. Wie stark und wie umfassend, variiert zwischen Personen. Die Identifikation mit einer oder mehrerer dieser Einheiten hat nun nach der Sozialen Identitätstheorie der Führung Einfluss darauf, was von der Führung erwartet, wie sie wahrgenommen und wie sie bewertet wird. Je stärker und umfassender diese Identifikation mit den idealisierten Charakteristika, Werten und Normen der Gruppe ist, umso intensiver wird die Team-Prototypikalität die Führung beeinflussen. Da Vorgesetzte selbst Mitglieder der Gruppe sind, der sie vorstehen, wird davon ausgegangen, dass auch sie von solchen Prozessen beeinflusst werden (vgl. *Tee/Paulsen/Ashkanasy* 2013, S. 904).

Diejenige Person, die diese prototypischen (→ Prototyp) Merkmale und Werte am intensivsten verkörpert, wird am ehesten als **Führer einer Gruppe** angesehen (vgl. *Hogg* 2001, S. 191). Führerschaft hat damit viel mit dem Eingehen auf geführtenseitige soziale Erwartungen zu tun. Im Gegensatz zur klassischen **Attributionstheorie der Führung** (☞ B. II. 2) werden dem Führer aber keine

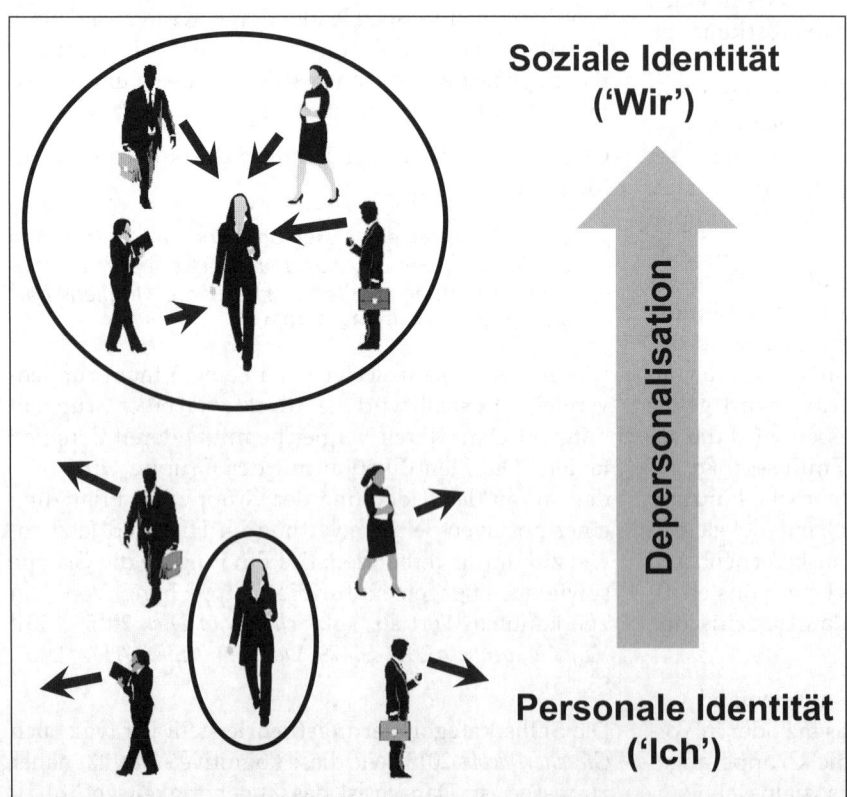

Abb. B.22: Der Prozess der Depersonalisation (vgl. *Haslam/Reicher/Platow* 2011, S. 53)

abstrakten Führer-Eigenschaften von den Geführten zugeschrieben. Stattdessen ist die wahrgenommene soziale Identität der Gruppe die entscheidende Referenzgröße für den Urteilenden. Per definitionem ist dies eine kollektive Gruppenidentität und muss mindestens von der großen Mehrheit der Gruppenmitglieder geteilt werden. Allerdings werden die Führungschancen des prototypischsten Gruppenmitgliedes von den Geführten nicht als Resultat ihrer eigenen Suche nach Konformität mit dem sozialen Teil ihres Selbstkonzepts erkannt, sondern ganz im Sinne des fundamentalen **Attributionsfehlers** (vgl. *Hogg/Hains/Mason* 1998, S. 1249; *Ross* 1977b) der Persönlichkeit (Eigenschaften, Verhalten) der Führungsperson essentiell (wesenhaft) zugeschrieben.

Innerhalb einer sozialen Gruppe werden andere Menschen nun nicht mehr als einzigartige und facettenreiche Individuen wahrgenommen, sondern als Mitglieder einer Gemeinschaft. Die Ausbildung einer sozialen Identität ist daher immer auch mit einer Art **Depersonalisation** verbunden (vgl. *Hogg* 2001, S. 187; *Hogg/Terry/White* 1995, S. 261; zum Begriff ursprünglich *Turner* 1982). Das Eintreten in eine Gruppe beginnt aus dieser Sichtweise zuerst einmal mit einen sozialen Anpassungs- und Deindividuierungsprozess. Dies bedeutet, dass die Individuen die prototypischen Eigenschaften der Gruppe größtenteils unbewusst zur Grundlage ihrer Selbst- und Fremdeinschätzung machen (vgl. *Lührmann* 2006, S. 242). Die Gruppenmitglieder sehen jetzt immer mehr das als ideal an, was dem Prototyp der Gruppe entspricht. Dies führt dazu, dass Mitglieder motiviert sind, den jeweiligen Gruppencharakteristika zu entsprechen und damit ein kohärenteres und gleichgesinnteres Kollektiv zu schaffen (vgl. *Ibarra u.a.* 2014). Ihre personale Identität tritt zurück. Über die soziale Identität findet eine Prägung des Selbst statt (vgl. *Haslam/Reicher/Platow* 2011, S. 54). Es handelt sich so zwar aus Sicht des Attribuierenden letztendlich ebenfalls um ein individuelles Selbstkonzept, was aber im Sinne der Sozialen Identitätstheorie lediglich die erwähnte Widerspiegelung einer für diese Gruppe beispielhaften (zusammenwachsenden) kollektiven Gruppen-Identität ist. Die Interaktion wirkt hier demnach als eine zwischen Gruppenmitgliedern und nicht zwischen idiosynkratischen Einzelpersonen.

Aus dieser Perspektive lässt sich die eigene soziale Identität nur aufrechterhalten und stabilisieren, wenn eine Referenzgruppe existiert, von der man sich abheben und differenzieren kann. Aus Sicht des Gruppenmitgliedes wird nun in Anlehnung an die **Selbstkategorisierungstheorie** von *Turner* (1999, 1987) die soziale Welt in „in-groups" und „out-groups" segmentiert; dabei werden andere Personen einer dieser beiden Kategorien zugeordnet. In einem **sozialen Vergleichsprozess** wird die Werthaftigkeit der eigenen Gruppe positiv bewertet, um diese von anderen relevanten Gruppen („out-groups") abzugrenzen. Wenn also ein Individuum, z. B. indem es sich aufgrund eines hohen Status oder Statuspotenzials der eigenen Gruppe von anderen Gruppen differenzieren kann, eine positive soziale Identität entwickelt, dann spricht man auch davon, dass eine soziale Identität eine **Salienz** (Bedeutsamkeit) besitzt. Je salienter eine Gruppe ist, desto höher ist auch die Identifikation der Mitglieder mit der Gruppe (vgl. *Hogg* 2001, S. 189). Und wenn sich Personen stärker mit einer Gruppe identifizieren, dann geben sie Informationen über den Gruppen-Prototyp mehr Aufmerksamkeit (vgl. *Hogg/Van Knippenberg/Rast* 2012b, S. 264).

In Gruppen haben aber gerade die prototypischen Gruppenmitglieder mehr Informationen über den Prototyp der Gruppe. Durch dieses Wissen um die „richtigen" Werte, die erwünschte Erscheinung usw. können sie die Unsicherheitsgefühle bei anderen Gruppenmitgliedern reduzieren. Für die Führungssituation ist dies besonders wichtig, da von Führenden erwartet wird, Sinn zu stiften und mehrdeutige Situationen zu klären. Der Führer entwickelt eine gruppenspezifische Vorbildfunktion und kann seinen Einfluss auf die Geführten weiter ausbauen. Prototypische Gruppenmitglieder besitzen somit eine Informationsmacht (vgl. *Turner* 1987), die sie einflussreicher macht als weniger prototypische Gruppenmitglieder (vgl. *Hogg* 2001). Dieser Einfluss kann auch bei organisationalen Veränderungen, also gerade in Zeiten von Unsicherheit, positive Auswirkungen haben. So konnte in der von *Pierro u.a.* (2005) durchgeführten Studie festgestellt werden, dass die Prototypikalität des Führenden die Offenheit für Veränderungen bei den Geführten positiv beeinflusst, als Folge deren Bedürfnisses nach Nähe und Identifikation. Des Weiteren gab es in zwei Studien Evidenz dafür, dass prototypische Führende effektiver waren, bei den Geführten eine Bereitschaft zum Wandel zu erzeugen, da diese als Bewahrer von Kontinuität und Unternehmensidentität angesehen wurden (vgl. *Van Knippenberg* 2012).

Insgesamt spielt die Prototypikaliät der Führungskraft bei dieser Theorie eine entscheidende Rolle für die Effektivität der Führungskraft (vgl. Abb. B.23). Solange dem Führenden beispielsweise die Entsprechung der Gruppennorm zugeschrieben wird, werden seine Einflussnahmen alleine aus dieser Tatsache befolgt. Die Ausübung von Macht kann sogar eine entgegengesetzte Wirkung haben, da dieses den Grundsätzen eines

„prototype-based leadership" widersprechen würde. Denn wenn Statusunterschiede zwischen Führenden und Geführten als Grundlage für Einflussversuche dienen, verliert die soziale Identität an Bedeutung und damit auch die Machtbasis des Führenden die Grundlage (vgl. *Hogg* 2001, S. 193 f.). In dieser Hinsicht wird argumentiert, dass Führende, um effektiv zu sein, nicht nur prototypisch zu sein haben, sondern sich auch eindeutig mit der Gruppe identifizieren müssen. Denn diese Wahrnehmung wird als Indikator für die Motivation des Führenden genommen, sich loyal sowie treu den Gruppenwerten, Interessen und Zielen gegenüber zu verhalten (vgl. *Steffens u. a.* 2015, S. 182).

Die empirische Überprüfung dieser Hypothese in zwei Experimentalstudien konnte einen kausalen Effekt eines Führer-Geführten-Identitätstransfers zeigen. Geführte von sich stark identifizierenden Führern berichteten von einer höheren Gruppenidentifikation als Geführte von sich nur schwach identifizierenden Führern. Darüber hinaus stellte die zweite Studie fest, dass eine hohe organisationale Identifikation die Leistung der Geführten verbessert (vgl. *Van Dick/Schuh* 2010). *Steffens u. a.* (2015) konnten in ihrer Untersuchung demonstrieren, dass zum einen die persönliche Identifikation der Geführten mit dem Führenden und zum anderen das wahrgenommene Charisma nicht nur von der Prototypikalität des Führenden abhängt, sondern auch davon, inwieweit sich der Führende mit der Gruppe identifiziert.

Gruppenmitglieder mögen gewöhnlicherweise prototypische Mitglieder mehr als Mitglieder, die weniger den Gruppennormen entsprechen. Das prototypischste Mitglied – der Führende – wird demzufolge von allen Mitgliedern gemocht (vgl. *Hogg/Hains/Mason* 1998, S. 1249). Da Menschen stärker demjenigen zustimmen und auf denjenigen hören, den sie mögen, verstärkt diese Form der Attraktivität auch die Effektivität von Führung (vgl. *Hogg/Van Knippenberg/Rast* 2012b, S. 265). Des Weiteren verbinden die Gruppenmitglieder mit einem prototypischen Führer einen intensiveren Einsatz für das Interesse der Gruppe. *Giessner u. a.* (2013) konnten diese Annahme in ihrer Studie bestätigen. Sie fanden heraus, dass sich Führungskräfte, die sich selbst als prototypisch für ihre Gruppe wahrnehmen, auch teamorientierter handeln, unabhängig davon, ob ihnen eine Rechenschaftspflicht auferlegt wurde. Durch das in die Führungskraft gesetzte Vertrauen wird diese von den Gruppenmitgliedern stärker unterstützt. Damit wird die Voraussetzung für eine effektive Einflussnahme der Führungskraft geschaffen. Führungskräfte bekommen so mehr idiosynkratischen Spielraum und können daher auch effektiv handeln, wenn ihr Verhalten nicht eindeutig im Interesse der Gruppe zu stehen scheint. Sie werden unabhängig von ihrem Verhalten per se als effektiv eingeschätzt (vgl. *Van Knippenberg/Van Knippenberg* 2005).

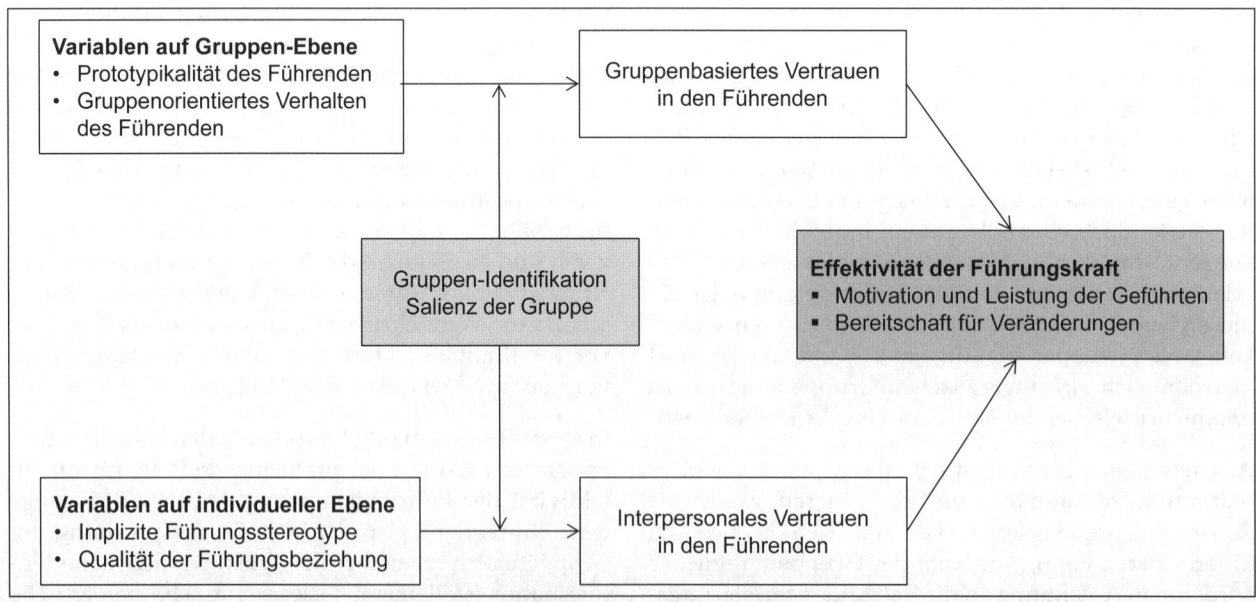

Abb. B.23: Ein Überblick über neue Erkenntnisse aus der Sozialen Identitätstheorie der Führung (in Anlehnung an *Giessner/Jacobs* 2015, S. 119; *Van Knippenberg/Hogg* 2003, S. 284)

Nicht-prototypische Führende hingegen können neueren Studien zufolge ihre schwächere Position in der Gruppe kompensieren, wenn sie sichtbar im Sinne der Gruppe handeln (vgl. *Hogg/Van Knippenberg/Rast* 2012b, S. 266). Indem sie sich teamverpflichtend verhalten, bejahen sie ihre Übereinstimmung mit der salienten Gruppenidentität. Im Ergebnis scheint die Anerkennung einer Führungskraft dann weniger daran zu liegen, „wer" diese Person ist, und mehr an dem „was" diese Person für die Gruppe macht (vgl. *Tee/Paulsen/Ashkanasy* 2013, S. 906). So konnte nachgewiesen werden, dass nicht-prototypische Führende als effektiver eingeschätzt wurden, wenn sie selbstaufopferndes Verhalten zeigten (vgl. *Van Knippenberg/Van Knippenberg* 2005). Auch in Bezug auf Fairness konnte dieses Phänomen festgestellt werden (vgl. *Ullrich/Christ/Van Dick* 2009; *De Cremer/Van Dijke/Mayer* 2010). Gelingt ihnen dies jedoch nicht, und verkörpern sie eben die Prototypikalität der Gruppe auch nicht, wird ihnen nach dieser Theorie keine Führerschaft zuerkannt. Dies ist im Eigentlichen nur für **von außen eingesetzte Vorgesetzte** ein Problem, was allerdings in Organisationen der Normalfall ist.

Indem die Soziale Identitätstheorie der Führung die gruppenbasierte Art der Herausbildung von Führung betont, bildet sie einen Gegensatz zur langjährigen Forschungstradition der interpersonalen und dyadischen Führungsforschung. Studien zufolge gewinnen erst bei einer geringen Identifikation mit der Gruppe Variablen auf individueller Ebene an Bedeutung (vgl. *Van Knippenberg* 2012; *Giessner/Van Knippenberg/Sleebos* 2009). Abstrakte und bereits vorhandene Führungskategorien (z. B. Entschlossenheit, Integrität) (Implizite Führungstheorien, ☞ A. II. 2.2) oder auch die Qualität der individuellen Beziehung zur Führungskraft (LMX-Theorie, ☞ B. III. 3) spielen dann eine größere Rolle bei der Einordnung in die Kategorie Führer bzw. Nicht-Führer (vgl. *Giessner/Jacobs* 2015, S. 118). Hogg u. a. (2005) argumentieren in Bezug auf das gegenseitige Verhalten, dass die soziale Identifikation das Ausmaß moderiert, in welcher Weise Geführte ihrem Führenden gegenüber agieren. Gruppenmitglieder, die sich stark mit der Gruppe identifizieren, erwarten eine Gleichbehandlung innerhalb der Gruppe (vgl. *Hogg/Van Knippenberg/Rast* 2012b, S. 281). Des Weiteren konnten *Van Knippenberg, Van Dick* und *Tavares* (2007) feststellen, dass sowohl die organisationale Unterstützung als auch die soziale Unterstützung durch die Führungskraft (im Sinne von sozialem Austausch) sich insbesondere dann negativ auf die Wechselabsichten von Mitarbeitern auswirkten, wenn sich Mitarbeiter mit der Organisation identifizierten. Studien wie diese sind allerdings nur ein erster Schritt in Richtung eines vollständigeren Bildes der Integration dieser beiden Perspektiven.

Die oben dargestellten Führungsprozesse beschränken sich weitgehend darauf, wie Geführte als Gruppe effektive Führung ermöglichen und stärken. Allerdings sind Führende nicht unbeteiligt in dem Prozess. Ihnen wird, nachdem ihnen aufgrund ihrer prototypischen Eigenschaften eine Führungsposition zugeschrieben wird, ein beträchtlicher Spielraum gewährt, um ihren Einfluss auszuüben (vgl. *Van Knippenberg* 2012, S. 267). Jüngste theoretische Entwicklungen betonen diese sozialen Einflussmöglichkeiten des Führenden, indem sie argumentieren, dass auch auf der Gruppenebene die Prototypikalität des Führenden alleine nicht ausreicht, um Geführte effektiv zu führen. Führungskräfte sollten daher selbst auf die Mitarbeiter einwirken, sodass sich eine gemeinsame Identität bei den Mitarbeitern herausbildet (vgl. *Steffens u. a.* 2014, S. 1002). Prototypikalität ist damit nicht mehr nur eine „passive Qualität" des Füh-

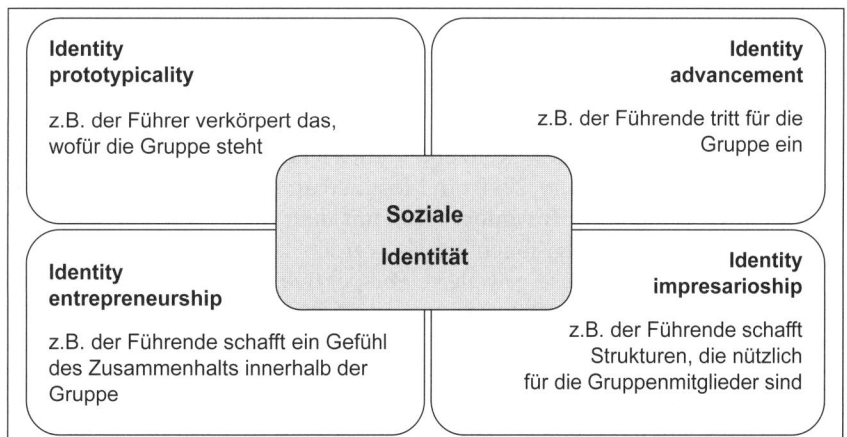

Abb. B.24: Ein Vier-Dimensionen Modell des Sozialen Identitätsmanagements (vgl. *Steffens u. a.* 2014)

renden, sondern etwas, was der Führende selbst „aktiv" verfolgt; einerseits, um die Effektivität als Führungskraft zu erhöhen, andererseits um den Bestand seiner Führung zu sichern. Soziale Identitäten sind also nicht statisch und unveränderlich, sondern entwickeln sich im Laufe der Zeit ebenso wie die individuelle Identität (vgl. Van Knippenberg 2011, S. 1086 ff.).

Wie Führungskräften dies gelingen kann, verdeutlicht das **Modell des Sozialen Identitätsmanagements**. Es unterscheidet im Einzelnen vier Aktivitätsgruppen.

Zunächst gilt es, die Gruppenprototypikalität zu fördern („Identity prototypicality"). Gemeint ist damit nach *Steffens u.a.* (2014, S. 1003):

> „[r]epresenting the unique qualities that define the group and what it means to be a member of this group. Embodying those core attributes of the group that make this group special as well as distinct from other groups. Being an exemplary and model member of the group."

Des Weiteren sollten Führende die gemeinsamen Interessen der Gruppe fördern („Identity advancement"). In diesem Sinne konnte empirisch nachgewiesen werden, dass Führungskräfte in dem Maße als effektiv angesehen wurden, in dem sie als „ingroup champions" handeln – also wenn sie die Interessen der eigenen Gruppe vertreten und nicht eigene Interessen oder die von anderen Gruppen verfolgen (vgl. *Giessner u.a.* 2013). Zu den Interessen sind ebenso die Zielrealisierung, Gefahrensensibilität oder die Bewältigung von Hindernissen zu zählen. Des Weiteren sollen Führende, damit sich eine gemeinsame soziale Identität herausbildet, zunächst ein Gefühl der Gemeinsamkeit durch die Betonung von Werten etc. schaffen, um zu verdeutlichen, wofür die Gruppe steht, und alles unternehmen, was den Gruppenzusammenhalt fördert („Identity entrepreneurship"). Schließlich soll durch die gelebten Erfahrungen (z. B. Schaffung von Strukturen, Einführung von Praktiken, Formalisierung von Ritualen und Organisation von Gruppenaktivitäten) der Mitglieder die Bedeutsamkeit der Gruppe gefestigt werden („Identity impresarioship").

Für die Darstellung dieses Konzeptes entwickelten und validierten *Steffens u.a.* (2014) ein Messinstrument, den **Identity Leadership Inventory** (ILI), mit dem die vier beschriebenen Dimensionen erfasst werden können (siehe Abb. B.24). Diese erweiterte Perspektive im Sinne eines „Sozialen Identitätsmanagements" eröffnet neue Möglichkeiten der Einflussnahme auf die soziale Identitätsbildung durch die Führungskraft. Doch auch in diesem Zusammenhang gilt, dass die Stärke einer Gruppe aus der gemeinsamen Identität das Ausmaß an Führung bestimmt. Der Wert der Führung selbst wird dahingegen vom Inhalt dieser Identität bestimmt (vgl. *Haslam/Reicher/Platow* 2011, S. 218).

4.3 Kritische Würdigung

Heute lässt sich Führung durch die Dynamisierung von Strukturen und Prozessen in Organisationen nicht mehr wie selbstverständlich aus klassischen Hierarchien ableiten (vgl. *Schreyögg/Lührmann* 2006). Hier bietet die Soziale Identitätstheorie der Führung zum einen eine Antwort darauf, wie sich Führung in Gruppen jenseits von hierarchischen Strukturen herausbildet und aufrechterhalten wird. Zum anderen haben ihre theoretischen Annahmen aber auch Konsequenzen für die betriebliche Praxis. Demnach müssen Führungskräfte sich zu einem bestimmten Grad an die gemeinsamen Werte und Normen in einer Arbeitsgruppe anpassen, um akzeptiert zu werden und effektiv zu handeln – und somit letztlich die soziale Identität der Gruppenmitglieder prägen zu können (vgl. *Ellemers/De Gilder/Haslam* 2004).

Die Soziale Identitätstheorie der Führung gilt damit als wichtige Erweiterung bestehender Führungstheorien, da sie auf die Bedeutung der Zugehörigkeit der Führungskraft zu einer Gruppe hinweist und die Folgen dieser Intergruppenbeziehungen erläutert (vgl. *Tee/Paulsen/Ashkanasy* 2013, S. 903 f.). In diesem Sinne ist sie eine genuine **Gruppentheorie der Führung.** Sie verweist auf den dynamischen Prozesscharakter der Gruppeninteraktion (*DeRue/Ashford* 2010) und stellt nicht nur die Identität der Führungskraft („leader identity") in den Vordergrund, sondern verweist dabei auf die zentrale Rolle der Geführten für diesen Prozess, inklusive der Übernahme einer eigenen Geführten-Identität („follower identity"). Somit ist sie ein eigenständiger Beitrag sowohl zur Idiosynkrasie-Kredit-Theorie der Führung (☞ B. III. 1) als auch zur Attributionstheorie der Führung (☞ B. II. 2).

Doch die **Aussagekraft** auch **dieser Führungstheorie ist beschränkt**. Sie steht und fällt mit ihrer Basisannahme, dass sich die soziale Identität nahezu beiläufig über die sozialen Beziehungen untereinander herausbildet. Sie wird dort aktiv konstruiert (Worte, Taten bzw. Praktiken, Setzungen, Reflexionen) und nicht durch fleißiges Suchen in den Köpfen der Gruppenmitglieder quasi dort vorliegend gefunden (vgl. auch *Grint* 2000, S. 8). Als Theorie konkurriert sie mit anderen Ansätzen, auch hinsichtlich der relativen Bedeutung von Identität (Selbstkonzept) zu anderen Erklärungsgrößen. So spielt bei der transformationalen Führungstheorie die Identitätsbildung auch eine Rolle, aber nur als ein Faktor und nicht zwingend als soziale, sondern eben auch individuelle Identitätsbildung, beispielsweise durch intellektuelle Stimulierung des Mitarbeiters. Kritisch ist ebenso anzumerken, dass sie detaillierter bislang nur den Prozess der Entstehung von Führung erklären kann und nicht hinreichend die allseits relevante Frage zu erklären vermag, warum es immer wieder zu **Abweichungen von der Gruppennorm** gerade im Kontext einer Organisation kommt. Denn eigentlich ist der Führende ein Gruppenmitglied und unterliegt somit ebenso den Konformitätszwängen der Gruppe. Zudem verdankt er ja erst der besonderen Erwartungsentsprechung einer idealisierten Gruppengestalt seine Position. Dieser rekursive Bezug kann innerhalb der harmonistisch konzipierten Theorie nicht so einfach, wie *Hogg* (2001, S. 196) annimmt, durchbrochen werden, es sei denn, man würde in die soziale Identität „Wandel" als konstitutive Norm mitdenken oder die eigentlich nicht für Gruppensituationen weiter verfolgte persönliche Identität ins Spiel bringen (vgl. *Lührmann* 2006, S. 245). Gedankliche Anleihen wären natürlich bei der **Idiosynkrasie-Theorie der Führung** zu finden, die aber im Konkreten des Umschwungs von Stabilität und Wandel theoretisch wie empirisch auch vage bleibt.

Trotz der Vielschichtigkeit des Ansatzes, hat sich ein Großteil der Forschung vor allem damit auseinandergesetzt, welche Bedeutung die **Konformität** mit der Gruppenidentität für Führung hat. In diesem Rahmen erklärt die theoretisch fundierte Soziale Identitätstheorie der Führung gut die Effektivität von prototypisch agierenden Führern. Allerdings hat sie dabei mit zwei miteinander verbundenen methodischen **Schwächen** zu kämpfen. Die erste von den beiden bezieht sich darauf, dass es bislang kein validiertes Messinstrument gab, das die verschiedenen Aspekte der Theorie erfassen konnte (vgl. *Steffens u. a.* 2014, S. 1002). So wurde bislang Identifikation oftmals durch organisationale Identifikation gemessen, davon ausgehend, dass sich Personen nicht nur stark mit dem Unternehmen identifizieren, sondern auch mit der Arbeitsgruppe (vgl. *Schuh/Van Dick* 2015, S. 130). Dies steht stark im Kontrast zu anderen prominenten Führungstheorien (z. B. LMX, Transformationale Führung oder Authentische Führung) für die eine Reihe an Messwerkzeugen zur Verfügung stehen und die deren Entwicklung erleichtert haben. Des Weiteren scheint es kein einheitliches Verständnis der exakten Bedeutung von Protoypikalität zu geben, was zu Inkonsistenzen bei der Messung geführt hat. Mehrere aktuelle Reviews (vgl. *Bartel/Wiesenfeld* 2013; *Hogg/Van Knippenberg/Rast* 2012b; *Van Knippenberg* 2011) haben darauf hingewiesen, dass die Prototypikalität des Führenden nicht einfach mit maximaler Gleichheit zu anderen Gruppenmitgliedern oder anhand eines durchschnittlichen Gruppenmitglieds zu definieren sei. Prototypikalität bezieht sich hingegen mehr auf den **Idealtypus** von dem, was es bedeutet, „einer von uns" zu sein (vgl. *Steffens u. a.* 2014, S. 1002 f.).

In **Zukunft** wären Verbindungen zu anderen Führungszugängen feiner zu analysieren, wie bereits angedeutet beispielsweise zur transformationalen bzw. neo-charismatischen Führung (☞ D. II. 3 bzw. B. II. 4). Charismatische Führung ist gemäß der Sozialen Identitätstheorie effektiv, da sie die Bedeutung der sozialen Identität hervorhebt und Selbstbewusstsein bei den Geführten und der Gruppe erzeugt, ganz im Sinne von prototypisch agierenden Führenden (vgl. *Platow u. a.* 2006). Die Frage des Wandels von Gruppenwerten mit Rückgriff auf die Idiosynkrasie-Kredit-Theorie der Führung wurde bereits angesprochen.

Hinsichtlich der Effektivität einer so entstandenen Führung gilt wohl im Großen und Ganzen das, was wir aus der Gruppenkohäsionsforschung wissen. Identifikation mit dem Führenden und der Gruppe sind Motivatoren für das Handeln, besitzen aber auch Umkippeffekte (siehe „groupthink" nach *Janis* 1982, ☞ A. IV. 1.4): Je größer die Prototypikalität, desto geschlossener wird die Gruppe faktisch agieren. Gleichermaßen ist es möglich, dass ein starker prototypischer Führer suboptimale Prozesse für die Entscheidungsfindung anwendet, seine Macht ausnutzt und demzufolge ethisch bedenklich handelt (vgl. *Hogg* 2001, S. 195).

Schuh/Van Dick (2015, S. 135 f.) stellen aufgrund von vorliegenden Arbeiten den Transfer von Identifikationen zwischen Führenden und Geführten erneut heraus, was man auch wechselseitig konzipieren kann und berichten von einer spannenden Erweiterung über die Organisationsgrenze (und damit Gruppengrenze) hinweg. Danach ergäben sich bei positivem Verlauf kaskadenartige Ansteckungseffekte bis hin zur Identifikation der Kunden mit der Organisation, was in ihrer Studie wiederum mit einem signifikanten Umsatzwachstum einherging. Offen sind weiterhin Fragen divergierender Identifikationen auf den verschiedenen Ebenen (z. B. ungleich ausgeprägte Identifikation mit der Organisation und dem Team) oder der Umgang der Gruppe mit in ihrer Identifikation abweichenden Gruppenmitgliedern.

In einem prototypischen Verständnis von Führung wird sozialen Minoritäten, Newcomern, oder Frauen der **Zugang zu Führerrollen erschwert**: Sie bilden sozusagen eine „out-group" innerhalb der „in-group" (für die Bedeutung von demographischen Merkmalen für das Erlangen einer Führerrolle, vgl. *Hogg u. a. 2006*). Hier stellt sich die Frage, wie es diesen Organisationsmitgliedern trotzdem gelingen könnte, Führerschaft zu übernehmen (z. B. weibliche Führungskräfte in männerdominierten Unternehmen, ☞ E. III. 1). Die Antwort wird so gegeben: Ein sichtbar teamorientiertes Handeln würde alternativ verdeutlichen, dass man sich mit der Gruppe selbst als Führende(r) identifiziert. Diese Kompensationsmöglichkeit, die gleichzeitig in eine zeitliche Folge gebracht werden kann (wer genug Identifikation mit der Gruppe zeigt, nähert sich irgendwann dem prototypischen Status der Gruppenidiosynkrasie an oder ändert sie infolge zu seinen Gunsten), ist zweifelsfrei eine wichtige und konkrete empirische Erweiterung des bisherigen Verständnisses mit praktischer Bedeutsamkeit. Diese Kompensationsmöglichkeit gilt es fortan bei der Sozialen Identitätstheorie der Führung mitzubedenken. Allerdings wissen wir über die genauen Substitutionseffekte sehr wenig. Auch wird durch die Einbeziehung dieses selbst kontrollierbaren, teamorientierten Handelns, was für andere Theorien *analog* gesehen werden könnte (Charisma, Authentizität), eine geführtenseitige Zuschreibung sicherlich gefördert (z. B. wenn andere Gruppen mit Verweis auf eigene Normen (über Gebühr) angegriffen werden oder sich in der Organisation für den Ruf des Teams mit eigenem Risiko eingesetzt wird). Doch wird dafür gleichzeitig die charmante Schlichtheit der natürlichen Prototypikalität als Treiber für Führerschaft aufgehoben. Durch diesen Komplexitätsanstieg wird die Theorie verbreitert. Seine Relevanz für Führungspraktiker wird sie jedoch erst erhöhen, wenn der postulierte positive Zusammenhang der sozialen Identität auf Effektgrößen der Führung noch breiter und anhaltend nachgewiesen werden kann und wenn Praktiker durch einschlägige **Führungskräftetrainings** nachweisbar lernen können, auf diese Prozesse der Sozialen Identitätsbildung tatsächlich Einfluss zu nehmen.

IV. Zentrale Begriffe und Diskussionsfragen

Nachfolgend führen wir Begriffe auf, die wir in Teil B als zentral erachten. Sie dienen dazu, sich noch einmal an wichtige Inhalte zu erinnern. Gleichzeitig könnten Sie – falls Sie mögen – überprüfen, ob Ihnen die Bedeutung des Begriffs im Führungskontext hinreichend klar ist und sich fragen, welche Aussagen wie Assoziationen Sie hiermit verbinden.

Archetypus • **A**ttribute • **A**ttributionen • **A**uthentizität • **B**eliebtheitsführer • **B**ig Five • **C**harisma • **D**ivergenztheorem der Führung • **E**benen der Führung • **E**igenschaften • **F**ormelle vs. informelle Führung • **F**ührer-Identität vs. Geführten-Identiät • **F**ührerverhalten • **F**ührung von unten • **F**ührungsdual vs. Führungsplural • **F**ührungsdyade vs. Führungstriade • **F**ührungserfolg • **F**ührungsrollen • **G**reat Man-Hypothese • **G**ruppe vs. Individuum • **G**ruppenkohäsion • **G**ruppennormen • **H**errschaft • **I**dentität • **I**diosynkrasie • **I**n-Group vs. Out-Group • **K**ausalattribution • **L**MX • **M**acht • **M**achtbasen • **M**enschenbild • **M**otivationssyndrom • **N**arzissmus • **P**ersönlichkeit • **R**elationales Paradigma • **R**essourcen • **R**ollendifferenzierung • **S**ituationsfaktoren • **T**iefenpsychologie • **T**ransaktionale Führung • **T**ransformationale Führung • **T**üchtigkeitsführer • **T**ypen sozialen Handelns • **Z**uschreibung von Führung

---

Wir wollen Teil B wieder mit einigen Diskussionsfragen abschließen, die helfen sollen, die eigene Position zu Führungsthemen zu schärfen oder auch alternative Möglichkeiten der Wahrnehmung von Führung zu entwickeln. Diese Fragen eignen sich für das Selbststudium gleichermaßen wie für die Diskussion im Seminar oder in der Arbeitsgruppe.

- Warum müssen wir uns mit der Entstehung von Führung außerhalb von Organisationen beschäftigen, um Führung in Organisationen besser zu verstehen? Welche Rolle spielen hier Literatur und Film?
- „Führungsfähigkeiten werden vererbt und deshalb kann man vom geborenen Führer sprechen." „Führer machen Geschichte." Besteht zwischen den beiden Aussagen ein Zusammenhang? Wie würden Sie vorgehen, um eine theoretisch begründete Antwort zu finden?
- „Wenn ich eine Person beobachte, weiß ich nach einiger Zeit, ob sie als eine Führungsperson einzustufen ist." Können Sie das stellvertretend nachvollziehen? Welche Bewertungsgrundlage könnte man hierzu anlegen?
- Was versprechen sich Geführte davon, anderen zu folgen, sich führen zu lassen und warum möchten andere gerne führen?
- Nach welchen Kriterien könnten wir die Qualität einer Führungsbeziehung beschreiben? Wie könnten wir dies dann messen?
- Sind alle guten Führer authentisch?
- Wenn Führende einer Gruppe die Mitglieder dieser Gruppe besonders repräsentieren müssen, wie ist Wandel in der Gruppe möglich, ohne dass die Führenden ihre Akzeptanz verlieren?

Ausrichtung von Führungsbeziehungen

Inhaltsübersicht

I. Überblick 169
II. Motivierende Führungsbeziehungen 169
    1. Was Motivation ist und warum Motivation in Führungsbeziehungen unabdingbar ist 169
        1.1 Bedeutung von Motivation im Führungskontext 169
        1.2 Definition und Abgrenzung von verwandten Begriffen 170
        1.3 Entwicklungslinien der Motivationstheorie 173
    2. Welche Zugänge zur Motivation vorliegen 175
        2.1 Inhaltsanalytische Perspektive 175
        2.2 Prozessanalytische Perspektive 191
        2.3 Funktionsanalytische Perspektive 205
    3. Welche Implikationen sich für Führende und Geführte ergeben 215
        3.1 Handlungsoptionen 215
        3.2 Inhaltsanalytische Implikationen 215
        3.3 Prozessanalytische Implikationen 218
        3.4 Funktionsanalytische Implikationen 224
        3.5 Handlungsintegration 227
III. Lernförderliche Führungsbeziehungen 231
    1. Was Lernen ist und warum Lernen in Führungsbeziehungen unabdingbar ist 231
        1.1 Bedeutung von Lernen im Führungskontext 231
        1.2 Definition und Abgrenzung von verwandten Begriffen 236
        1.3 Entwicklungslinien der Lerntheorie 238
    2. Welche Rahmenkonzeption zum Lernen vorliegt 245
        2.1 Bedingungen des Lernens 245
        2.2 Prozesse des Lernens 248
        2.3 Ergebnisse des Lernens 253
    3. Welche Implikationen sich für Führende und Geführte ergeben 255
        3.1 Handlungsoptionen 255
        3.2 Behavioristisches Lernen in Führungsbeziehungen 259
        3.3 Kognitivistisches Lernen in Führungsbeziehungen 260
        3.4 Konstruktivistisches Lernen in Führungsbeziehungen 265
        3.5 Handlungsintegration 279
IV. Entscheidungsförderung in Führungsbeziehungen 282
    1. Was Entscheidungen sind und warum Entscheidungen in Führungsbeziehungen unabdingbar sind 282
        1.1 Bedeutung von Entscheidungen im Führungskontext 282
        1.2 Definition und Abgrenzung von verwandten Begriffen 283
        1.3 Entwicklungslinien der Entscheidungstheorie 284
    2. Was die rationale Entscheidungstheorie leistet 286

3. Welche Bedeutung verhaltensbasierten Entscheidungsmodellen
      zukommt 289
      3.1 Herbert Simons Konzept der begrenzten Rationalität 289
      3.2 Heuristiken und Biases 292
      3.3 Adaptive Heuristiken.................................. 294
      3.4 Intuitives und lebensnahes Entscheiden................. 297
   4. Implikationen für die Führungspraxis....................... 299
      4.1 Implikationen für von Risiko geprägte
          Entscheidungssituationen 300
      4.2 Implikationen für von Unsicherheit geprägte Entschei-
          dungssituationen 302
V. Zentrale Begriffe und Diskussionsfragen 305

I. Überblick

Die Förderung der Mitarbeiter durch Führungsbeziehungen ist alles andere als eine einfache Aufgabe. Grundlegend ist dabei zunächst, dass Mitarbeiter durch Führungsbeziehungen so gefördert werden sollten, dass im Endeffekt die gesteckten Ziele erreicht werden und die Beteiligten mit der Art und Weise, wie dieses geschah, nach Möglichkeit auch zufrieden sind. So richtig dies ist, für eine konkrete Förderung individuellen Verhaltens reicht solch eine allgemeine Erkenntnis natürlich nicht aus. Verhalten ist jedoch ein guter Ausgangspunkt für konkretere Überlegungen. Wir wollen uns noch einmal vor Augen führen, dass Führung im Kern die Beeinflussung von Verhalten ist. Verhalten selbst ist komplex und besitzt unterschiedliche Determinanten. Wenn wir mit *von Rosenstiel* (2000, S. 49) die **Bestimmungsgrößen des Verhaltens** in den Bereichen *Wollen* (Motivation), *Können* (Qualifikation), *soziales Dürfen* (kulturelle Normen) und *situative Ermöglichung* (strukturelle Regelungen) sehen, so beeinflusst Führung alle diese Faktoren (☞ A. II. 2.2).

Schauen wir uns die genannten Determinanten des Verhaltens noch einmal genauer an: Mit **Wollen** ist die Motivation, also die Anstrengungsbereitschaft, die Energie, gemeint, die jemand aufbaut bzw. besitzt, um eine Handlung auszuführen. Bedürfnisse, Absichten, Unbewusstes wie Vorbewusstes und Emotionen wirken hier zusammen. Solange keine Motivation aufgebracht wird, passiert erst einmal gar nichts. Hieraus erklärt sich die immer wieder gesuchte Verbindung von Führung und Motivation, die mitunter in dem verabsolutierenden Satz mündet: Führung ist Motivation. Auch wenn diese Gleichsetzung überzogen ist, so ist **Motivation** bzw. Motivierung der Mitarbeiter selbstredend zentral für jede Führung, weshalb wir hierin auch den ersten Ansatzpunkt für die Ausrichtung von Führungsbeziehungen sehen (☞ C. II.).

Mit **Können** ist im Organisationskontext insbesondere die Qualifikation gemeint, die eine Person in die Organisation mitbringt, dort erwirbt bzw. weiterentwickelt. Diese drückt sich in dem Wissen, den Fähigkeiten, Fertigkeiten, Kompetenzen etc. aus, die die Organisationsmitglieder benötigen, um den Leistungserwartungen und -anforderungen gerecht zu werden. Wissen, Fähigkeiten, Fertigkeiten und Kompetenzen sind ihrerseits stets Ergebnisse von Lernprozessen. Und Lernen findet insbesondere in Führungsbeziehungen statt, allerdings nicht immer so, wie es sein müsste. Daher wollen wir **Lernen** als zweite bedeutsame Ausrichtung von Führungsbeziehungen betrachten (☞ C. III.).

Mit **sozialem Dürfen** und **situativer Ermöglichung** sind schließlich die kulturellen und strukturellen Bedingungen herausgestellt, die individuelles Verhalten im organisationalen Kontext beeinflussen. Das heißt: Es reicht eben nicht aus, dass ein Organisationsmitglied motiviert und qualifiziert ist. Für das konkrete Verhalten spielen (fast) immer auch situative Faktoren (bspw. Unsicherheiten, Anreizstrukturen, formale Befugnisse) eine zentrale Rolle. Motivation und Qualifikation sind so gesehen notwendige, aber noch keineswegs hinreichende Bedingungen für das Zustandekommen erfolgreichen Verhaltens. Daher soll das Thema individueller Entscheidungsprozesse und insbesondere deren Förderungsmöglichkeiten durch die passende Gestaltung situativer Gegebenheiten durch die Führungskraft als dritte wesentliche Ausrichtung von Führungsbeziehungen betrachtet werden (☞ C. IV.).

II. Motivierende Führungsbeziehungen

1. Was Motivation ist und warum Motivation in Führungsbeziehungen unabdingbar ist

1.1 Bedeutung von Motivation im Führungskontext

Allem menschlichen Handeln wohnt ein **Streben nach Wirksamkeit** inne (vgl. *Heckhausen/Heckhausen* 2010b; *Cube/Dehner/Schnabel* 2003). Menschliches Wirksamkeitsstreben manifestiert sich – mit der voranschreitenden Entwicklung der Persönlichkeit – darin, dass Menschen all ihr Handeln einschließlich ihrer Wahrnehmungen, Gedanken und Emotionen in einer Art und Weise koordinieren, die es ihnen ermöglicht, einerseits Wünschenswertes zu erreichen und andererseits nicht Erwünschtes zu vermeiden oder zu unterlassen.

Organisationen sind Orte, in denen dieses Wirksamkeitsstreben kanalisiert wird. Jedoch sind nicht nur Individuen mit Organisationen konfrontiert, sondern auch Organisationen mit Individuen. Zwar macht der Einzelne in einem Kollektivgebilde, wie es Organisationen darstellen, einen Unterschied, und Leistungen der Organisationsmitglieder sind unverzichtbare Voraussetzung für die Realisierung von Organisationszielen. Andererseits können Gebilde wie Organisationen nicht immer einen ausreichenden Unterschied zwischen den einzelnen Individuen machen und auf individuelle Bedürfnisse in hinreichend ausgeprägter Art und Weise eingehen (vgl. *Deeg/Weibler* 2008). Dies ist potenziell und erfahrungsgemäß konfliktträchtig.

Führende sollten alleine aus wohlverstandenen eigenen Beweggründen die Motivation ihrer Mitarbeiterinnen und Mitarbeiter im Auge behalten. Dies, weil die Motivation Auswirkungen auf die Leistung hat und alle Führungskräfte von den Leistungen ihrer Nachgeordneten mehr oder minder abhängig sind. Dies aber auch, weil die Motivation der Mitarbeiterinnen und Mitarbeiter das beidseitige Wohlbefinden berührt und Führungskräfte (für die Organisation) auch hier eine Aufgabe haben.

Eine der vornehmsten Aufgaben von Führung ist es also, in das Spannungsfeld Individualinteresse versus Organisationsinteresse einzugreifen. Wie, das werden wir noch sehen. Sicherlich, es besteht immer eine Verpflichtung für die Organisationsmitglieder, das zu zeigen, wofür sie von der Organisation verpflichtet bzw. bezahlt werden. Meistens geschieht dieses Tun eigenständig. Teilweise – vielleicht auch nur in bestimmten Arbeitsphasen oder für bestimmte Arbeitsaufgaben – benötigen Organisationsmitglieder jedoch auch motivationale Unterstützung. Dazu wirkt der Lebensalltag zu sehr in die Organisation ein und berufsbedingte Enttäuschungen kommen vor. Man muss sich auch schon einmal zwingen, etwas zu tun, weil es verlangt oder selbst als notwendig erachtet wird. Wir können dann sagen, man kommt über den Kampf zum Spiel. Der eigentliche Punkt ist aber, dass besondere Leistungen oft aus Beharrlichkeit und/oder Leidenschaft heraus entstehen und beide sich nicht in einem Arbeitsvertrag als Kategorie fassen lassen. Beide sind auch nicht käuflich, aber anzuregen. Man kann es drehen und wenden wie man will: Die außerordentliche Motivierung anderer war immer schon etwas, wodurch sich erfolgreiche Führungskräfte von normalen oder nicht erfolgreichen Führungskräften unterschieden. Die Wege sind vielfältig (Inspiration, Einsicht, Hilfe, Handel, etc.), aber nicht beliebig. Das werden wir gleich sehen. Selbstredend sei vorab angemerkt, dass besonders auf diesem schwierigen Feld ethische (☞ F.) wie ökonomische Grenzen der motivationsbezogenen Einflussnahme zu beachten sind. Wäre dieses Feld einfach, würden sich nicht Forschergenerationen damit auseinandersetzen. Wir also auch. Da dieses Feld ein großes und unübersichtliches ist, nehmen wir uns angesichts der Bedeutung der Motivation für die Führung viel Zeit zur Erläuterung. Da wir entgegen vielfacher Gepflogenheiten in führungsorientierten Diskussionen zudem komplizierte Zusammenhänge dabei nicht umschiffen wollen,

wird an der einen oder anderen Stelle etwas Geduld beim Fortschreiten notwendig sein. Dadurch wird aber Tiefenwissen gewonnen und – anwendungsorientiert – Eigenständigkeit im Umgang mit Motivationsfragen im Führungsprozess gefördert. Gleichsam wird damit bei Bedarf auf die in der Führungspraxis sehr beliebten (seriösen) Trainings unterstützend vorbereitet und die Abhängigkeit von „Motivationsgurus" vermieden.

1.2 Definition und Abgrenzung von verwandten Begriffen

Wir fangen am besten ganz klassisch mit der Klärung zentraler Begrifflichkeiten und erster, grundlegender Beziehungen an. **Motivation** (abgeleitet von lat.: „movere" – in Bewegung versetzen) ist ein Begriff, der in unserer Alltagssprache eingegangen und in praktisch allen Lebenslagen von Bedeutung ist – sei es bei der Frage, ob die jahrelangen Erfolge eines Fußballtrainers auf dessen außerordentliche Motivationskünste zurückzuführen sind, ob ein Projekt letztlich scheitern musste, weil keiner der Teilnehmer richtig motiviert war, oder ob man sich abends wirklich noch zur Lektüre einiger Akten oder eines Lehrbuchs motiviert fühlt.

Motivation kann allerdings von außen nicht unmittelbar beobachtet werden. Man kann Motivation nicht wiegen oder vermessen. Man kann auf sie nur aufgrund bestimmter, erfahrungsbegründeter Anzeichen schließen. Oder sie kann, dann aber professioneller und damit aufwändiger, mittels verschiedener psychologischer Testmethoden näher charakterisiert werden (z. B. Introspektion, Befragung, projektive Tests, physiologische Korrelate). Aber auch dies sind lediglich Hilfsmittel. Deshalb bezeichnet man Motivation auch als ein hypothetisches Konstrukt. Dieses hypothetische Konstrukt „Motivation" besitzt in unserem Selbsterleben verschiedene Ausprägungen wie Wünschen, Wollen und Drängen, Spannung und Energie, Gefesseltsein und Ruhelosigkeit sowie Streben und Bemühen. Damit wird der Begriff der Motivation zu einer Sammelkategorie, in der viele Teilprozesse und Phänomene zusammengefasst sind, denen jedoch

> „die Komponente einer aktivierenden Ausrichtung des momentanen Lebensvollzugs auf einen positiv bewerteten Zielzustand" (Rheinberg/Vollmeyer 2012, S. 15)

gemeinsam ist. Aufgabe der Motivationsforschung ist es dabei, die verschiedenen Komponenten und ihre prozessuale Verknüpfung in ihrem Zusammenspiel zu beschreiben und zu erfassen, ihre Abhängigkeiten und Beeinflussbarkeiten zu bestimmen und ihre Auswirkungen im Erleben und nachfolgenden Verhalten näher aufzuklären (vgl. *Rheinberg/Vollmeyer* 2012, S. 15).

Letztendlich stellt der Motivationsbegriff also eine Abstraktionsleistung dar, die die Komponenten einer ausdauernden Zielausrichtung des Verhaltens thematisiert. Durch Motivation werden – kurz gefasst – Richtung, Intensität, Form und Dauer der Handlungsausführung erklärt. Hierbei sind verschiedene Herangehensweisen möglich (vgl. *Heckhausen/Heckhausen* 2010a; *Kehr* 2004a/b). In der nachstehenden Abbildung C.1 präsentieren wir ein erstes Grundmodell der Motivation, welches wir anschließend erläutern und auf der Erläuterung aufbauend modifizieren werden:

Ein wichtiges Kriterium in diesem Kontext ist zunächst, ob man sich motiviertes Verhalten in dem Sinne vorstellt, dass eine Person eher von etwas angetrieben (Instinkte/Triebe/Bedürfnisse/Motive) oder eher von etwas angezogen (attraktive Ziele/angestrebte Zustände) wird. Das Unterdrücken oder Meiden von Verhalten ist stets mitzubedenken. **Triebe** und basale **Bedürfnisse** stellt man sich als mit der Person verhaftete, unbewusst wirkende Größen vor, die in einer Art Eigenleben über die Zeit Spannungen oder Energien aufbauen. Diese verlangen nach Entladung. Man könnte weiterhin sagen, dass Bedürfnisse sowie Motive sich im individuellen Erleben als Wünsche ausdrücken.

Natürlich – und dies ist die Verbindung der beiden Vorstellungen – kommt man bei einer solchen Erklärung nicht ohne Annahmen zu Besonderheiten der Person aus. Person und angestrebter Zielzustand sind miteinander verknüpft. Ein bestimmter Zielzustand ist nur deshalb erstrebenswert, weil er von der Person als solcher wahrgenommen und definiert wird. So ist es für manche Menschen besonders anziehend, sich im Lösen herausfordernder Aufgaben als kompetent und tüchtig erleben zu können. Deshalb sind sie in Leistungssituationen besonders motiviert. Für andere kann es besonders attraktiv sein, sich in der Beeinflussung anderer Menschen groß, mächtig, stark und wichtig zu fühlen. Unter anderem deshalb sind sie von Führungspositionen angezogen. Oder aber auch einfach nur, weil sie eine Führungsposition als Vehikel zur Gestaltung ihres Arbeits- und Lebensbereiches benutzen.

Motive (und verwandte Konstrukte) bewirken, dass Personen aktiv nach Situationen (z. B. Leistungssituationen) oder nach den in Situationen enthaltenen Belohnungen (z. B. Chance auf ein Lob, Erleben positiver emotionaler Zustände) suchen, die eine Befriedigung/Erfüllung ihrer Motive/Ziele versprechen (und vice versa). Menschen können jedoch auch ohne eigenes Zutun in Situationen hineingeraten, nach denen sie streben. Gelegentlich wird auch auf eine antizipative, vorsorgende Komponente verwiesen, die durch erfahrungsbedingte Erlebnisse beim Individuum zu (un-)bewussten Aktivitäten führt. Oder man erachtet das Anstreben (Vermeiden) eines zukünftigen Zustands bzw. das Erreichen bestimmter Ziele als Grund für motiviertes Handeln einer Person. In diesem Fall sind es nicht unbewusste Größen, die jemanden treiben und drängen, sondern bewusst Erstrebenswertes oder Gewünschtes zieht an (bzw. stößt ab) und richtet aus. Aber auch diese Vorstellungen entstehen in der Person selbst.

Diese bewusstseinspflichtigen expliziten Motive repräsentieren die von einer Person selbst angegebenen Vorstellungen **(Werte, Ziele)**. Implizite Motive hingegen sind untrennbar mit der inneren (unbewussten) Bedürfnisstruktur der Person verbunden. Menschen entwickeln auf dieser Basis, primär beeinflusst durch frühkindliche Lernerfahrungen, charakteristische überdauernde Verhaltensdispositionen. Motive bewirken, dass Menschen in bestimmten Situationen auf bestimmte Anreize mit Verhaltensweisen reagieren, deren erfolgreiche Ausführung als emotional befriedigend erlebt wird. Wir sehen, dass wir nicht ohne die Verbindung zu **Situationen** auskommen.

Diejenigen Situationen oder diejenigen Situationselemente, die in der Lage sind, Bedürfnisse/Motive anzusprechen und im Kern die mit der Befriedigung des jeweiligen Bedürfnisses/Motivs verknüpften *affektiven* und/oder *kognitiven* Präferenzen auszulösen, werden als **Anreize** bezeichnet. Damit entsteht ein Zustand angeregter Bedürfnisse/Motive, der sich in einer Motivation im Sinne einer *Verhaltenstendenz* manifestiert. Die Verhaltenstendenz kann sich dabei – wie bereits mehrfach gesagt – auch auf das Vermeiden von (zukünftigen) Zuständen/Ergebnissen richten (Vermeidungsmotivation). Die Anreize liegen entweder in der dann antizipierten

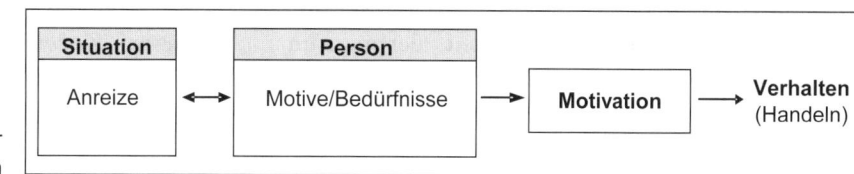

Abb. C.1: Grundmodell der Motivation

Handlung selbst, und/oder im Handlungsergebnis und/oder in den hiermit verbundenen Folgen.

Fassen wir zusammen: Bei der Entstehung von Motivation spielen personenbezogene Größen zusammen, die wiederum in Wechselwirkung mit äußeren Anreizen (Situationen/Gelegenheiten) stehen. Nun wollen wir einen Schritt weitergehen: Nicht selten kommt es vor, dass Personen in Situationen geraten, in denen es Handlungen auszuführen gilt, die nicht mit ihrer inneren Bedürfnisstruktur (impliziten Motiven/Bedürfnissen) vereinbar sind, etwa, weil zugleich widerstreitende explizite Motive (z. B. Ziele, Werte) verfolgt werden (müssen). Innere (unbewusste) Verhaltensimpulse treffen dann auf widerstreitende bewusste (kognitive) Handlungsabsichten oder von außen gesetzte Anforderungen ziehen Aufmerksamkeit ab. Daraus resultieren häufig intrapsychische Konflikte. Von innen kommende, zumeist unbewusste, stark motivierende Kräfte können dann ihr Potenzial nicht hinreichend entfalten. Eine ungehindert fließende und freudvolle Ausübung von Handlungen, zu denen man doch glaubt, motiviert zu sein, wird sich hier kaum einstellen können. Handlungseffizienz und Wohlbefinden sind dann erheblich eingeschränkt.

Unsere Erklärung des Motivationsgeschehens bezieht damit zum einen die gewissermaßen „optimalen" motivationalen Phänomene mit ein. Diese stellen sich als intrinsisch motiviertes sowie im günstigsten Fall von Flow-Erleben begleitetes Handeln dar. **Intrinsische Motivation** richtet sich auf *in* der Tätigkeit liegende Anreize, sodass die Tätigkeit um ihrer selbst willen (und daher gerne) und nicht der Ergebnisse willen ausgeführt wird. Mit **Flow** ist allgemein ein Zustand gemeint, der als ein selbstvergessenes, lustvolles Aufgehen in einer glatt laufenden Tätigkeit beschrieben werden kann.

Zum anderen müssen aber auch die Prozesse erklärt werden, die Menschen zu motiviertem Handeln und zur erfolgreichen Realisation von Handlungen befähigen, wenn sich eine dergestalt „optimale" Motivation nicht zu entfalten vermag. Es muss nicht betont werden, dass es eine Illusion ist, davon auszugehen, Organisationen könnten ausreichend Arbeitstätigkeiten und Situationen für alle bieten, die „als solche" und damit intrinsisch anregend und motivierend genug sind und Menschen quasi „von selbst" zur Handlungsausführung bewegen. Auch sind wohl immer Arbeitstätigkeiten mit auszuführen, die eben nicht mit den aktuellen oder manchmal auch ganz grundlegenden Bedürfnissen einer Person in Einklang stehen. Es leuchtet daher ein, dass Arbeitsprozesse häufig, manchmal vielleicht sogar überwiegend – **willensgeleitet** sind. Das Motivationsgeschehen ist daher nicht ohne Willensprozesse zu verstehen, die in motivationspsychologischer Begrifflichkeit als Volitionsprozesse bezeichnet werden. **Volition** bezieht sich allgemein auf willentlich regulative Prozesse einer Person, die bei der Umsetzung einer intendierten Handlung zum Tragen kommen. Motivation und Volition sind die beiden Hauptkomponenten des Motivationsgeschehens. Volitionale Prozesse müssen immer dann „zugeschaltet" werden, wenn die gerade intendierte Handlung nicht mühelos „von selbst" fließt und daher willentlicher Anstrengung und Unterstützung bedarf. Volition ist allgemein immer dann nötig, wenn es gilt Handlungen ausführen, die nicht (vollständig) mit den aktuellen Bedürfnissen/Motiven bzw. Interessen oder anderen Zielen übereinstimmen oder vielleicht sogar aversiv sind.

Um zu einer glatt laufenden – unter bestimmten günstigen Bedingungen von Flow begleiteten – Handlungsausführung zu gelangen, ist es jedoch auch erforderlich, dass die Person sich der Aufgabe gewachsen fühlt und damit ihre **Fähigkeiten subjektiv** als ausreichend hoch einschätzt. Wir haben daher mit den „subjektiven wahrgenommenen Fähigkeiten" eine weitere wichtige personenbezogene Größe im Motivationsgeschehen, die Einfluss auf motiviertes Handeln einer Person hat. Nimmt die Person ihre subjektiven Fähigkeiten als nicht ausreichend wahr, so muss dies durch **Problemlösungsstrategien** kompensiert werden. Als Problemlösungsstrategien können etwa genannt werden: Mentoring, Coaching (☞ D. III. 4.1), aufgabenspezifisches Training oder unmittelbare soziale Unterstützung durch die Führungskraft oder soziale Netzwerke. Hierzu, sowie beim Volitionsbegriff, beziehen wir neuere Forschungsergebnisse (z. B. *Kehr* 2005, 2004a/b) in unsere Konzeption des Motivationsprozesses mit ein.

Das zunächst vorgestellte klassische Grundmodell der Motivation (vgl. Abb. C.1) kann damit um die Komponenten „subjektive Fähigkeiten", „Volition" und „Problemlösungsstrategien" zu einem Grundmodell der Motivation und Volition erweitert werden (vgl. Abb. C.2).

Die einzelnen Komponenten des Grundmodells der Motivation und Volition beziehen sich auf qualitativ sehr unterschiedliche Aspekte wie Inhalte (z. B. Motive, Anreize) oder Prozesse (z. B. Handlungsdurchführung, Willensprozesse) sowie auf Konsequenzen und Funktionszusammenhänge zwischen den einzelnen Komponenten. Zudem entstammen Erklärungsansätze zu den einzelnen Komponenten sehr unterschiedlichen Theorien bzw. Forschungssträngen innerhalb der Motivations- und Volitionspsychologie. Eine einheitliche Motivationstheorie existiert nicht. Im nachfolgenden Ka-

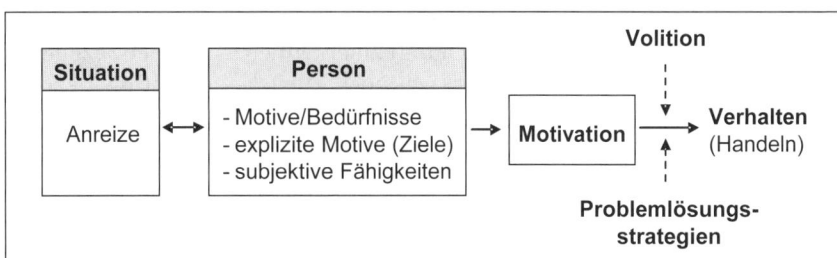

Abb. C.2: Grundmodell der Motivation und Volition

pitel sollen daher wesentliche Entwicklungslinien der Motivationsforschung nachgezeichnet werden, um die theoretische Einbettung der bereits vorgestellten Begriffe und Erklärungsansätze zu ermöglichen.

1.3 Entwicklungslinien der Motivationstheorie

Das Motivationsgeschehen wird mit unterschiedlichen und unverbundenen theoretischen Konzeptionen erklärt. Diese sind wiederum von recht spezifischen und teils widersprüchlichen Vorstellungen philosophischer Vordenker und von Pionieren der Motivationsforschung beeinflusst (die wir nachstehend insb. unter Bezug auf *Heckhausen* 2010 kurz vorstellen werden). Schon Philosophen der Antike wie *Sokrates* (470–399 v. Chr.) oder *Epikur* (341–271 v. Chr.) haben Annahmen darüber aufgestellt, was Menschen antreibt und ihr Handeln leitet. Eines der ältesten und vielleicht einflussreichsten psychologischen Prinzipien ist der **Hedonismus** (von gr.: hedon = Lust, Freude). Hiernach handeln Menschen, um Glück, Lust oder Freude zu erleben und Schmerz, Unlust oder allgemein alle negativen Zustände zu vermeiden (Lust-Unlust-Prinzip). Einer frühen inhaltlichen Klassifikation zufolge ist hedonistisches Streben gerichtet auf (1) irdischen (materiellen) Wohlstand, (2) die Erlangung von Erfolg und Ehre sowie (3) die Erlangung von Erkenntnis (vgl. *Puca* 2009, S. 109; *Rudolph* 2009). Allerdings gab es immer auch Denkrichtungen, die sich mit der Vorstellung vom hedonistischen „Lust-Menschen" ganz und gar nicht anfreunden konnten. So wurde der Mensch etwa in rationalistischer Denktradition als ein mit **Vernunft** ausgestattetes (höheres) Wesen angesehen, das einen freien Willen besitzt. Menschliches Handeln ist in einer solchen Logik von gültigen Wertsetzungen und rational leicht nachvollziehbaren Gründen geleitet. Weder Einflüsse der Umwelt noch innerorganismische („niedere" oder triebhafte) Kräfte sollten handlungsleitend sein.

Hier klingt schon deutlich an, dass der Mensch in Unterscheidung zum Tier als „höheres" Wesen angesehen wurde. Unvorstellbar wäre es daher im Kontext rationalistischer und ähnlicher Denktraditionen gewesen, dass der Mensch das genetische Erbe von Tieren in sich trägt. Doch genau diese Vorstellung wurde mit der darwinistischen Revolution u. a. auch in die Motivationsforschung eingebracht. *Charles Darwin* (1809–1882) reißt mit seiner **Evolutionstheorie** die Wesenskluft zwischen Tier und Mensch ein. Mensch und Tier wurden nicht mehr als quasi zwei unterschiedliche „Kategorien", sondern lediglich als graduell unterschiedlich weit entwickelte Ausprägungen *einer* „Kategorie" verstanden. Die Folgen für die frühe Motivationsforschung waren bahnbrechend. Es wurde u. a. angenommen, dass aus dem Verhalten von Tieren Rückschlüsse auf menschliches Verhalten gezogen werden können. Instinkte und Triebe rückten in den Forschungsfokus. Vor allem im **instinkttheoretischen Problemstrang** nahmen Pioniere wie *William McDougall* (1871–1938) stammesgeschichtlich verankerte Instinkte und Triebe als primäre Quelle menschlichen Handelns an. Etwa zur selben Zeit versuchte *Sigmund Freud* (1856–1939) als ein Pionier des **persönlichkeitstheoretischen Problemstrangs**, tief im Unbewussten des Menschen liegende, verschleierte Triebdynamiken zu verstehen. *Freud* nahm an, dass das Unbewusste und das widersprüchlich Triebhafte im Menschen den Vorrang vor bewussten Prozessen hat. Ganz andere Vorstellungen wurden innerhalb von **lern- und aktivationspsychologischen Linien** entwickelt. Neben anderen ging hier der Lerntheoretiker *Edward Thorndike* (1874–1949) davon aus, dass erlernte Reiz-Reaktions-Verbindungen (Produkt von Trieb und Gewohnheit) zielgerichtetes Verhalten erklären. In ähnlich behavioristischer Denktradition stehen Motivationsforscher wie *Clark Hull* (1884–1952), die wegen ihrer deterministischen und mechanistisch anmutenden Forschungsansätze gelegentlich auch schon einmal als *„Mechaniker der Motivation"* bezeichnet werden (vgl. *Rudolph* 2009, S. 33). Ein weiterer und recht diskontinuierlich verlaufener Problemstrang ist der **willenspsychologische Problemstrang**. Dieser schon auf Pioniere wie *Narziß Ach* (1871–1946) zurückverweisende Forschungszweig erlitt nach anfänglichen Erfolgen einen starken Bedeutungsverlust. Aktuell ist jedoch eine deutliche Wiederbelebung willenspsychologischer Forschung (Volitionsforschung) zu erkennen. Wir werden darauf später ausdrücklich noch zurückkommen.

Der Einfluss historischer Vorstellungen und Ansätze der Motivationsforschung findet sich in unterschiedlichen bis heute gültigen Konzeptionen (vgl. hierzu *Heckhausen/Heckhausen* 2010a; *Puca* 2009). So ist etwa der von *Murray* (1938) empirisch fundierte Bedürfniskatalog stark von der frühen instinkttheoretischen Forschung sowie auch vom psychoanalytischen Ansatz von *Freud* beeinflusst. Als eine wichtige Weiterentwicklung ist hier jedoch zu nennen, dass *Murray* (1938) damit begonnen hatte, neben rein personenbezogenen Faktoren auch Umwelteinflüsse (situationsbezogene Faktoren) mit aufzunehmen. Dieser Aspekt ist grundlegend für die moderne Motivationsforschung, da diese ja von einem Zusammenspiel von Person und Situation ausgeht (vgl. Abb. C.1). Doch nicht nur *Murray*, sondern ebenfalls *Kurt Lewin* (1890–1947) hat als einer der Ersten versucht, das Wechselspiel zwischen Person und Situation zu konzeptualisieren; er wählte dazu aber eine eher allgemeinpsychologische Perspektive. Auch bei *McClelland* – dessen Forschung grundlegend für unsere weiteren Ausführungen ist – wird der Einfluss einiger vorstehend vorgestellter Pioniere deutlich. Als Schüler des Lerntheoretikers *Hull* integrierte *McClelland* anfangs lerntheoretisches Gedankengut, aber auch hedonistische und psychoanalytische Vorstellungen (teils unter explizitem Bezug auf *Sigmund Freud*). Später widmete er sich zunehmend auch den biologischen Grundlagen der Motivation. *McClelland* und Kollegen haben teils revolutionäre Befunde generiert, die aktuell insbesondere funktionsanalytische Ansätze befruchtet haben (☞ C. II. 2.3).

Nach diesem kurzen Blick auf Pionierarbeiten der Motivationspsychologie bedienen wir uns nun einer klassischen und auch in der zeitgenössischen Literatur häufig anzutreffenden Kategorisierung von Motivationstheorien: Der Unterscheidung in **inhalts-, prozess-** sowie **funktionsanalytische Ansätze**.

(1) **Inhaltsanalytische Ansätze** gehören vor allem zur humanistisch orientierten Motivationspsychologie (traditionelle Inhalts- und Bedürfnistheorien wie z. B. die Bedürfnishierarchie von *Maslow* oder die Zwei-Faktoren-Theorie von *Herzberg*, ☞ C. II. 2.1). Diese Ansätze fühlen sich teilweise humanistischen Zielsetzungen und einem humanistischen Menschenbild verpflichtet. Ein weiterer, bis heute die Forschung anregender inhaltstheoretischer Ansatz ist die motivtheoretische Arbeit von *McClelland*.

Inhaltstheoretische Ansätze erklären durch **personenbezogene** (Bedürfnisse, Motive) aber auch **situationsbezogene Komponenten** (Anreizgehalt der Situation, Motivationspotenzial von Arbeitsgestaltung und -inhalten) primär, *was* für ein bestimmtes Verhalten ursächlich ist. Sie sind weitgehend statisch; die Prozesse des Motivationsgeschehens bleiben unberücksichtigt.

(2) **Prozessanalytische Ansätze** (☞ C. II. 2.2) bilden einen weiteren wichtigen Forschungsstrang der Motivationspsychologie. Solche Ansätze können zwar erklären, *wie* motiviertes Verhalten entsteht. So wurde insbesondere die Analyse von Entscheidungsprozessen und des Zielsetzens (z. B. Wert-mal-Erwartungs-Theorien) in den Mittelpunkt gerückt. Allerdings wurden dabei teilweise recht inhaltsarme, formale und zweckrationale Erklärungsansätze generiert. Prozesse der Zielrealisierung durch volitionale (willentliche) Handlungsregulation wurden jedoch lange Zeit vernachlässigt. So wurde die interessante Frage, wie Ziele erfolgreich – auch gegen Widerstände – in die Tat umgesetzt werden, den Laienpsychologen und Selbsthilfeautoren überlassen (vgl. *Heckhausen/Heckhausen* 2010a; *Achtziger/Gollwitzer* 2006). In jüngerer Zeit ist jedoch gerade auf dem Gebiet der Volitionsforschung ein erfreulicher Erkenntniszuwachs zu verzeichnen (vgl. z. B. *Kuhl* 2006; *Kuhl/Koole* 2005; *Kehr* 2004a, 2004b). Die kognitive Ausrichtung der Motivationspsychologie im Rahmen der Prozesstheorien hat neben einseitiger Theoriebildung eine weitere Folge: Es wurde ausgeblendet, dass es neben bewusst-rationalen Motivationsquellen auch *unbewusste* Motivationsquellen gibt. So sind Motivationsquellen wie subkognitive Bedürfnisse oder implizite (unbewusste affektiv getönte) Motive nach der sogenannten kognitiven Wende innerhalb der Sozialpsychologie für eine Weile in den Hintergrund des Forschungsinteresses geraten. Diese Phase findet nach einer über zwei Jahrzehnte andauernden Forschungsentwicklung aktuell wieder zu einer Perspektive, die auch die *affektiven* Dynamiken berücksichtigt (vgl. *Heckhausen/Heckhausen* 2010b). Unter Rückgriff auf evolutionstheoretische sowie neuere biologische und neurowissenschaftliche Forschung rücken derzeit wieder verstärkt *nicht bewusste* Quellen der Motivation in den Mittelpunkt.

(3) Neuere **funktionsanalytische Ansätze** (☞ C. II. 2.3) beziehen die Einflüsse affektiver und unbewusster Mechanismen mit ein, um motiviertes und willensgeleitetes Verhalten zu erklären. Darum wird auch

die Frage nach dem *Warum* der willentlichen Steuerung menschlichen Verhaltens berücksichtigt. In diesem Zusammenhang wird zentral auf Emotionen und Affekte abgestellt, dies jedoch unter gleichzeitiger Einbeziehung kognitiver Aspekte. Zudem wird das Motivationsgeschehen durch eine erweiterte Konzeptualisierung des (klassischen) Zusammenspiels von personen- und situationsbezogenen Faktoren zu erklären versucht. Es werden zusätzlich funktionale Mechanismen wie Volitionsprozesse und Problemlösungsstrategien zur Erklärung von motiviertem Verhalten mit einbezogen. Damit wird hier schon deutlich, dass es sich um eine integrative Theoriebildung handelt, die unterschiedliche ältere wie neuere Ansätze in einem originären Denkrahmen in Beziehung setzt.

Eine Zusammenfassung der verschiedenen Entwicklungslinien innerhalb der Motivationsforschung verdeutlicht Abbildung C.3. Die Inhalte dieser Rahmenkonzeption wollen wir im Nachfolgenden detailliert vorstellen.

2. Welche Zugänge zur Motivation vorliegen

2.1 Inhaltsanalytische Perspektive

Wir haben bereits angedeutet, dass sich aus einer inhaltsanalytischen Perspektive **personenbezogene Motivationskomponenten** (Bedürfnisse, Motive) sowie **situationsbezogene Motivationskomponenten** (Anreizgehalt der Situation, Motivationspotenzial von Arbeitsgestaltung und -inhalten) unterscheiden lassen. Wir haben auch bereits angedeutet, dass die inhaltsanalytische Perspektive auf das Motivationsgeschehen in zeitlicher Hinsicht die älteste ist, jedoch mit dem Fortschritt der neurowissenschaftlichen Forschung aktuell eine Renaissance

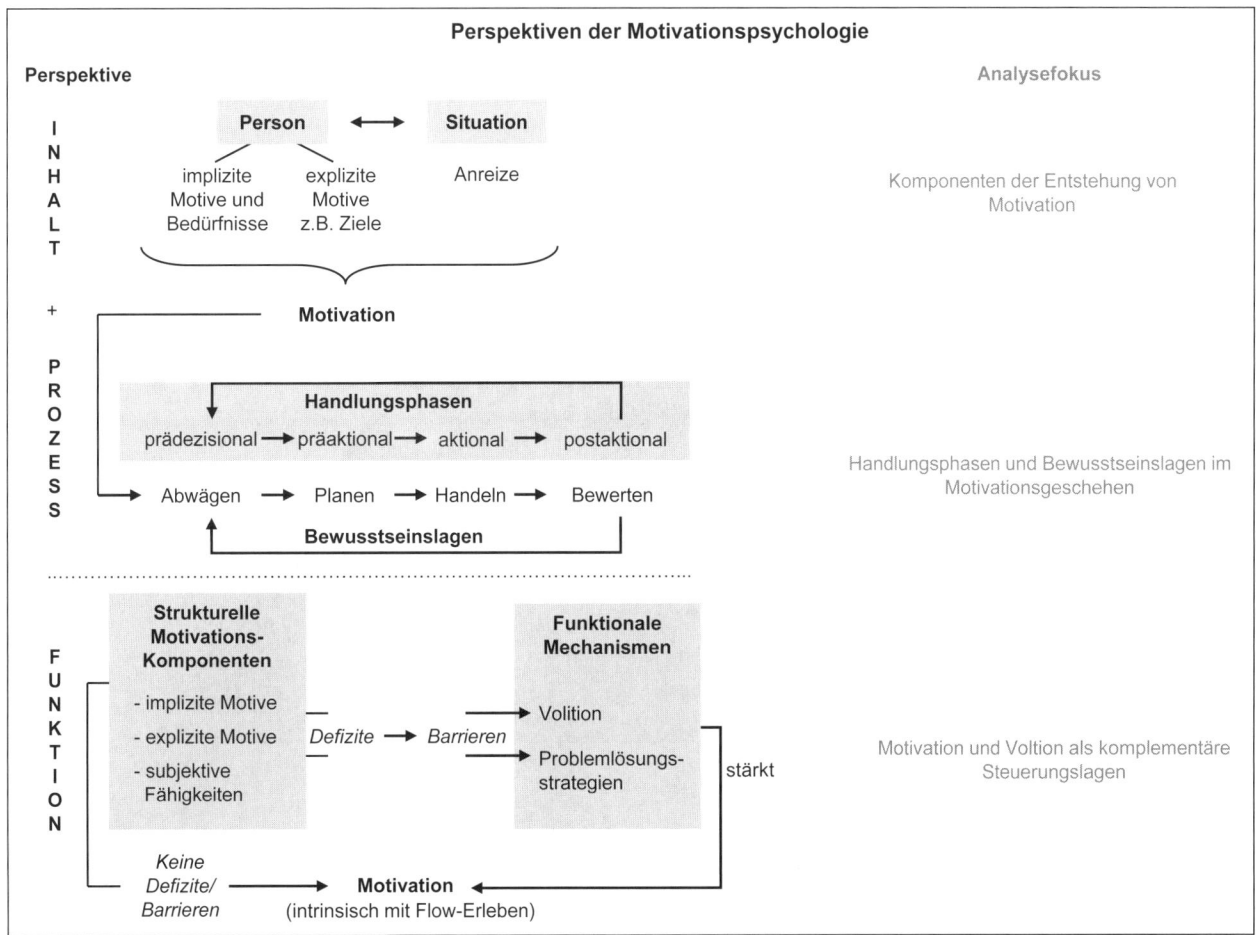

Abb. C.3: Perspektiven der Motivationspsychologie: Eine integrative Rahmenkonzeption

erlebt. Aus darstellungsökonomischen Gründen wollen wir daher auf die klassischen Vertreter der inhaltsanalytischen Perspektive – d. h. *Maslow*, *Alderfer*, (der frühe) *McClelland*, *Herzberg* und *Hackman/Oldham* – nur relativ kurz zu sprechen kommen, um der Darstellung neuerer Forschungsergebnisse (insb. der Konzeption dualer Motivsysteme und darauf aufbauender Überlegungen sowie Erkenntnisse zum Flow-Erleben) entsprechend mehr Platz einräumen zu können. Beginnen wollen wir mit der Theorie der Bedürfnishierarchie, die Anfang der 1940er Jahre von *Maslow*, einem Protagonisten der humanistischen Psychologie, entwickelt wurde.

Personenbezogene Motivationskomponenten

Theorie der Bedürfnishierarchie (Maslow)

Maslow (1954) fasst die Gesamtheit der menschlichen Motive in die folgenden fünf Bedürfnisgruppen: (1) **physiologische Bedürfnisse** (vor allem Hunger, Durst, Sexualität, Schlaf, Bewegung), (2) **Sicherheitsbedürfnisse** (z. B. Schutz, Vorsorge, Angstfreiheit, Stabilität, Ordnung), (3) **soziale Bedürfnisse/Kontaktbedürfnisse** (z. B. Liebe, Austausch von Gefühlen und Zugehörigkeit zu Gruppen wie Familie, Freundeskreis, Kollegenkreis), (4) **Ich-Bedürfnisse/Anerkennungsbedürfnisse** (positive Selbstbewertung und Anerkennung durch andere) sowie (5) **Selbstverwirklichungsbedürfnisse** (hierunter fällt alles, was der eigenen Persönlichkeitsentwicklung dient wie z. B. Verwirklichung der persönlichen Fähigkeiten und Talente, bessere Erkenntnis der eigenen inneren Natur, Einheit mit sich selbst oder die Erfüllung eines Lebensziels). Diese Bedürfnisgruppen sind als „Bedürfnispyramide" konzipiert, das heißt, sie stehen in einem hierarchischen Verhältnis zueinander (vgl. Abb. C.4).

Physiologische Bedürfnisse finden sich auf der untersten Stufe, Selbstverwirklichungsbedürfnisse auf der obersten Stufe. *Maslow* (1954) geht weiterhin davon aus, dass

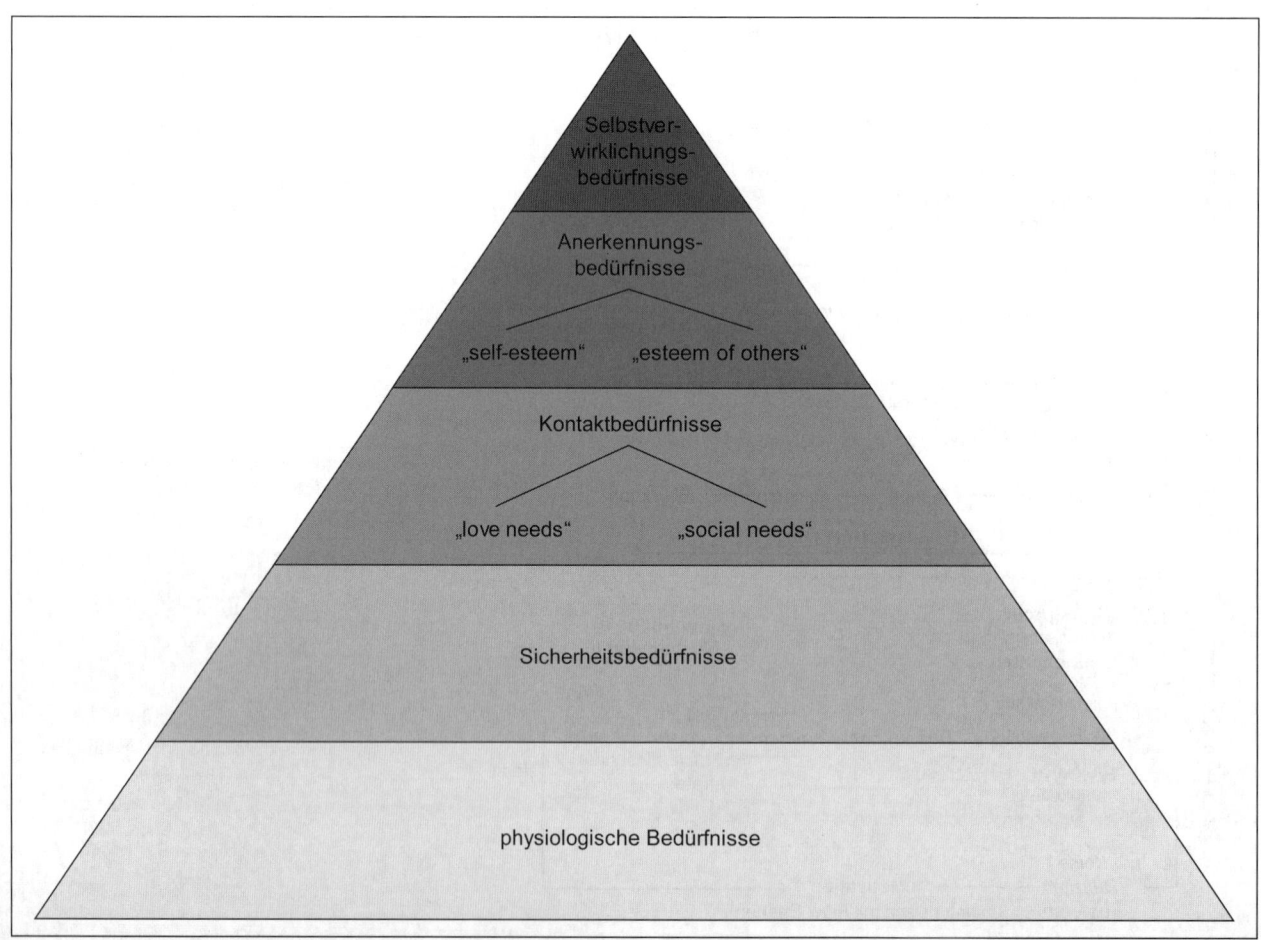

Abb. C.4: Bedürfnispyramide nach Maslow (vgl. *Wunderer* 2011, S. 113; aufbauend auf *Maslow* 1954)

die Aktivierung höherer Bedürfnisse davon abhängt, ob rangniedere Bedürfnisse ausreichend befriedigt sind oder nicht. Die Befriedigung eines rangniedrigen Bedürfnisses führt zu einem „Sprung" auf die jeweils nächste Ebene bis zur höchsten Bedürfnisgruppe – den Selbstverwirklichungsbedürfnissen. Diese Bedürfnisse sind besonders dadurch gekennzeichnet, dass sie – entgegen den vier darunter liegenden Bedürfnisgruppen – niemals abschließend befriedigt werden können. Die Selbstverwirklichung, also das zu aktualisieren, was man an Möglichkeiten besitzt – und diese Möglichkeiten werden ja durch Lernen kontinuierlich erweitert – stellt also ein immerfort motivierendes Bedürfnis dar. Aufgrund dieser Besonderheit bezeichnet *Maslow* die Selbstverwirklichungsbedürfnisse auch als **„Wachstumsbedürfnisse"**, während er die anderen als **„Defizitbedürfnisse"** deklariert.

Nun muss aber darauf hingewiesen werden, dass es sich bei der Relation der einzelnen Bedürfnisse lediglich um Vorrangverhältnisse handelt. Niedrigere Bedürfnisse sind zwar dominant verhaltenswirksam. Sie werden jedoch auch nach ihrer temporären Befriedigung nie unbedeutend. Eine länger anhaltende Nicht-Befriedigung vorgelagerter Bedürfnisse führt im Gegenteil dazu, sie erneut in den Mittelpunkt zu rücken und höherwertige Bedürfnisse weniger stark zu verfolgen. Man kann deswegen sagen, dass alle Bedürfnisse potenziell zu jeder Zeit wichtig sind, dass aber die Intensität ihrer Verfolgung individuell, situationsspezifisch und lebenszyklusbezogen variiert.

Maslows Theorie hat vielfältige Kritik erfahren, die sich auf methodische Mängel (Abgrenzbarkeit und Operationalisierbarkeit der Bedürfnisgruppen) und unzureichende empirische Bestätigung der Ergebnisse bezieht (vgl. *Walter-Busch* 2008, S. 39; *Latham/Pinder* 2005). Darüber hinaus wird insbesondere die Annahme einer Hierarchie (im Sinne einer zeitlichen Abfolge) der Bedürfnisse kritisiert. *Marie Jahoda* hat unter Bezug auf ihre klassischen, bereits in den 1930er Jahren durchgeführten Studien zur Erwerbslosigkeit („*Marienthal-Studien*", vgl. *Jahoda* 1995) die Annahme einer Hierarchie der Bedürfnisse als psychologisch falsch und reaktionär scharf kritisiert und darauf hingewiesen, dass *alle* Menschen – und zwar unabhängig von einer ausreichenden Erfüllung niedriger Bedürfnisse – immer auch nach den höheren Selbstverwirklichungsbedürfnissen streben. Der Hinweis auf diese Zusammenhänge scheint uns – nicht zuletzt aus ethischen Erwägungen (☞ Teil F.) – aktueller denn je. Und selbstredend wäre es vor diesem Hintergrund auch verfehlt, die Bedürfnishierarchie auf Hierarchiestufen innerhalb einer Organisation zu übertragen und zu schlussfolgern, dass die hierarchisch unteren Ebenen der Organisation vornehmlich mit materiellen Anreizen (Geld zur Befriedigung von physiologischen bzw. Sicherheitsbedürfnissen), die höheren Ebenen dagegen vornehmlich mit immateriellen Anreizen (Karriere, Status, Selbstverwirklichung durch herausfordernde Tätigkeiten) zu motivieren wären (vgl. auch *Ridder* 2015). Vielmehr ist davon auszugehen, dass zwischen der hierarchischen Einordnung des Einzelnen in der Organisation und seinen individuellen Bedürfnissen kein signifikanter Zusammenhang besteht (auch oberste Manager können das Bedürfnis nach [immer mehr] Geld, Anerkennung und Macht haben bzw. auch Arbeiter können nach Selbstverwirklichung streben).

Trotz vielfältiger Kritik erfreut sich die Idee der Bedürfnispyramide von *Maslow* weiterhin an Beliebtheit. Dies liegt wohl an der Plausibilität und Eingängigkeit der Argumentation, aber auch an der begrifflichen Unbestimmtheit, die viel Raum für individuelle Interpretationen bietet. Darüber hinaus scheint die humanistische Zielsetzung nichts an ihrer Attraktivität eingebüßt zu haben. Die Theorie der Bedürfnishierarchie lenkt den Blick darauf, dass *alle* Menschen die Möglichkeit zur Erreichung der höchsten Entwicklungsstufen haben sollten. *Maslow* (1994) hat als klinischer Psychologe daher, wie *Wiendieck* (1994, S. 116) herausstellt, im Grunde genommen gleichzeitig ein normatives Gesellschaftsmodell entwickelt. Hierbei stehen Fragen der Wertorientierung und des Lebenssinns im Mittelpunkt der Forschung (vgl. auch *Scheffer/Heckhausen* 2006, S. 58 ff.). Insgesamt stellen die Arbeiten von *Maslow* einen Ausgangspunkt einer humanistisch orientierten Arbeits- und Organisationspsychologie dar und haben vielfältige Anregungen für weitere Untersuchungen gegeben (z. B. *Alderfer* 1969; *Herzberg/Mausner/Snyderman* 1959).

ERG-Theorie der Motivation (Alderfer)

Alderfer (1972) hat in seiner **Existence-Relatedness-Growth** Theorie („ERG-Theorie") der Motivation die *Maslow'schen* Bedürfnisgruppen auf drei reduziert, um die seiner Ansicht nach vorhandene Gefahr der inhaltlichen Überschneidung von Teilen der Sicherheitsbedürfnisse, sozialen Bedürfnisse und Ich-Bedürfnisse auszuschalten, und ihre hierarchische Abfolge noch loser gestaltet (vgl. *Kniehl* 1998, S. 101 ff.). In seiner Theorie bilden hiernach

- die unterste Stufe die Grundbedürfnisse (Existence), die die physiologischen und materiellen Bedürfnisse des Individuums umfassen,

- gefolgt von den Beziehungs- oder sozialen Bedürfnissen (**R**elatedness). Diese beinhalten auch den Wunsch nach Anerkennung durch andere.
- Es schließen sich Wachstumsbedürfnisse (**G**rowth) an, die die Bedürfnisse nach Selbstverwirklichung und Selbstachtung einbeziehen.

Ausgehend von dieser Dreiteilung trifft *Alderfer* die folgenden Annahmen: Ein unbefriedigtes Bedürfnis wird dominant und zwar umso mehr, je unbefriedigter es ist (Frustrationshypothese). Wird dieses Bedürfnis befriedigt, wird das nächst höhere Bedürfnis dominant (Befriedigungs-Progressions-Hypothese). Im Unterschied zu *Maslow* und angelehnt an tiefenpsychologische Überlegungen postuliert *Alderfer* aber auch, dass ein nicht befriedigtes Bedürfnis einer niedrigeren Stufe dazu führen kann, ein höheres zu aktivieren (Frustrations-Progressions-Hypothese). Hier passt dann das Stichwort des Ersatzbedürfnisses. Wird ein höher positioniertes Bedürfnis nicht befriedigt, ist auch der „Abfall" auf den Befriedigungswunsch eines niedrigeren Bedürfnisses zu erwarten (Frustrations-Regressions-Hypothese).

Motivtheorie (McClelland)

McClelland (1987a) geht wie *Maslow* (1954) davon aus, dass menschliches Verhalten durch eine Vielfalt von Motiven gesteuert wird. Das größte Forschungsinteresse haben jedoch die drei grundlegend bedeutsamen Motive, das Anschluss-, Macht- und Leistungsmotiv, erfahren. Diese (impliziten) Motive können in fast allen alltäglichen Situationen angeregt werden und haben ganz erheblichen Einfluss auf das Erleben und Verhalten von Menschen. Im Einzelnen lassen sich die „drei großen Motive" wie folgt charakterisieren (vgl. *McClelland/Koestner/Weinberger* 1989; vgl. auch *Heckhausen/Heckhausen* 2010a; *Langens/Schmalt/Sokolowski* 2005, S.75):

- Das **Anschlussmotiv** („need for affiliation") beinhaltet das Bestreben von Menschen von anderen (sozial) anerkannt zu werden und zu ihnen zu gehören. Dies veranlasst sie dazu, positive wechselseitige soziale Beziehungen aufzubauen und aufrecht zu erhalten. Das Anschlussmotiv wird angeregt in Situationen, in denen man neue Kontakte aufbauen kann. Es hat insbesondere Auswirkungen auf den Zusammenhalt von Gruppen und das Ausmaß an gegenseitiger (sozialer) Unterstützung (vgl. weiterführend *Sokolowski/Heckhausen* 2006).
- Das **Machtmotiv** („need for power") umfasst das Bestreben, andere Menschen zu beeinflussen, Kontrolle über sie auszuüben sowie eine, anderen überlegene Position zu erreichen, um damit verbundene Gefühle der Stärke und Wirksamkeit zu erleben. Machtmotivation äußert sich bevorzugt in konkurrenzorientiertem Verhalten, bei dem es um Erlangung und Aufrechterhaltung von Ansehen und Prestige geht und ist häufig verbunden mit Überzeugungsfähigkeit und Kampfbereitschaft (vgl. weiterführend *Schmalt/Heckhausen* 2006).
- Das **Leistungsmotiv** („need for achievement") bezieht sich auf das Streben nach Leistung, Leistungsverbesserung sowie Leistungserfolg. Leistungsmotivierten Menschen geht es im Kern immer darum, sich mit einem *eigenen* Tüchtigkeitsmaßstab auseinander zu setzen und damit die eigene Tüchtigkeit unter Beweis zu stellen (vgl. weiterführend *Brunstein/Heckhausen* 2006).

Grundsätzlich ist zu bedenken, dass alle Motive in ihrer Ausrichtung jeweils ein (aufsuchendes) **Erwartungsmotiv** (Hoffnungskomponente) oder ein **Vermeidungsmotiv** (Furchtkomponente) darstellen können (vgl. z. B. *Ebner/Freund* 2009; *Schmalt/Sokolowski/Langens* 2000; *Grawe* 1998, 355 ff.). So beinhaltet etwa das Anschlussmotiv die Hoffnung auf Anschluss und die Furcht vor Zurückweisung (vgl. *Sokolowski/Heckhausen* 2006). Machtmotivierte Menschen richten ihr Verhalten beispielsweise auf erwartete Siege und auf die Vermeidung von Niederlagen oder Kontrollverlust aus. Das Machtmotiv beinhaltet auch die Furcht vor Gegenmacht des anderen oder Erfolglosigkeit des eigenen Machtverhaltens (vgl. *Schmalt/Heckhausen* 2006). Beim Leistungsmotiv zeigen sich die beiden Dimensionen in Form eines Erfolgsmotivs (Hoffnung auf Erfolg) oder eines Misserfolgsmotivs (Furcht vor Misserfolg; vgl. *Brunstein/Heckhausen* 2006; *Kleinbeck* 1996, S.25 ff.).

Der Kern von Motiven und damit die eigentliche Energiequelle sind dabei für jedes Motiv spezifische Affekte und die Erwartung darauf, bestimmte Emotionen erleben zu können (Erwartungsemotionen). Hierbei wird also davon ausgegangen, dass die vorweggenommene Veränderung eines emotionalen Zustandes hin zu einem lustvollen positiven Zustand hohe motivierende Eigenschaften besitzt. Erwartungsemotionen bilden damit einen antizipierten Affektwechsel ab. Die Erwartung eines veränderten emotionalen Zustandes wird als der „*eigentlich motivierende Sachverhalt*" (*Schneider/Schmalt* 2000, S. 21) angesehen, z. B. das Erleben von Stolz aufgrund eines Erfolges beim Leistungsmotiv, das Gefühl der Stärke beim Machtmotiv oder das Gefühl von Geborgenheit und zwischenmenschlicher Nähe oder Wärme beim Anschlussmotiv. Die spezifischen Gefühle werden mit den Merkmalen der jeweiligen Situation, in denen sie auftreten, verknüpft und schließlich als affektive Vorliebe für bestimmte Situationen gespeichert (vgl. weiterführend z. B. *Grawe* 1998, S. 352 ff.).

Motive bewirken, dass Menschen in unterschiedlicher Weise auf bestimmte übergeordnete Merkmalsklassen von Situationen reagieren, ja diese schon ganz unterschiedlich wahrnehmen. Wie es *Rheinberg* und *Vollmeyer* treffend beschreiben, stellen Motive daher so etwas

> „wie eine spezifisch eingefärbte Brille, die ganz bestimmte Aspekte von Situationen auffällig macht und als wichtig hervorhebt" (Rheinberg/Vollmeyer 2012, S. 63) dar.

Eine stark leistungsmotivierte Person nimmt etwa eher alle Gelegenheiten wahr, in denen sie etwas besser oder schlechter machen kann. Sie sucht insgesamt viel häufiger nach Gelegenheiten, ihre Tüchtigkeit zu erproben und zu steigern. Leistungsmotivierte Personen erleben diese Gelegenheiten auch als anregender und wichtiger als primär machtmotivierte Personen. Diesen würde es vergleichsweise viel eher auffallen, inwiefern sich ihnen Chancen auf Einflussnahme und Prestigegewinn bieten könnten (vgl. *Rheinberg/Vollmeyer* 2012, S. 62 f.; *Schmalt/Heckhausen* 2006).

Motive haben, wie diese Beispiele verdeutlichen, drei **grundlegende Funktionen**:

- Motive richten die Wahrnehmung des Individuums auf spezifische Situationsanreize aus (**Orientierungsfunktion**),
- Motive fördern die Entstehung von Verhaltensweisen, die der Befriedigung des jeweiligen Motivs dienen (**Selektionsfunktion**) und
- Motive regen zu Verhalten an, das für die Befriedigung instrumentell ist (**Energetisierungsfunktion**) (vgl. *McClelland u. a.* 1989; *McClelland* 1987a; siehe auch *Brunstein* 2006, S. 235).

Motive entwickeln sich als überdauernde Dispositionen, auf spezifische Anreize mit Verhaltensweisen zu reagieren, deren erfolgreiche Ausführung als emotional befriedigend erlebt wird (vgl. *Langens/Schmalt/Sokolowski* 2005, S. 72; *Schmitt/Brunstein* 2004, S. 88). Dabei ging *McClelland* ursprünglich davon aus, dass Motive als rein erlernte Systeme aufzufassen sind.

In neueren Arbeiten wird hingegen verstärkt auf die zusätzlich relevante verhaltensbiologische wie genetische Basis der Motivausprägung verwiesen. So werden verstärkt neurowissenschaftliche (neurobiologische bzw. biopsychologische) Erkenntnisse mit einbezogen (vgl. weiterführend z. B. *Jäncke* 2009; *Pinnow* 2009). Aus einer biologisch ausgerichteten Perspektive wird davon ausgangen, dass genetische Unterschiede in der Produktion und Aktivierbarkeit von spezifischen, mit bestimmten Affekten verbundenen **Neurohormonen** bestehen (hormonelle Korrelate von Motiven). Neurohormone haben belohnende Wirkung auf den Organismus und verstärken so den Wunsch, künftig in ähnlichen Situationen die gleichen Zustände herbeiführen zu wollen (vgl. *McClelland* 1987b; siehe auch *Schultheiss* 2007; *Schultheiss/Campbell/McClelland* 1999). Die individuelle Ausprägung der vollständigen Motivkonstellation eines Menschen hängt zudem von den individuellen, jedoch vorwiegend frühkindlichen Lernerfahrungen ab (vgl. *Rheinberg/Vollmeyer* 2012, S. 195 ff.).

Die aufgezeigte, nunmehr zu verzeichnende stärkere Berücksichtigung der genetischen Mitverursachung der Motivausprägung trägt auch dazu bei, dass unbewusste und affektive Prozesse im Motivationsgeschehen stärker in den Mittelpunkt gerückt werden (vgl. z. B. *Heckhausen/Heckhausen* 2010b; *Brunstein* 2006). Erleichtert wird diese Fokussierung auf das Unbewusste jedoch wohl nicht zuletzt durch die Pionierarbeiten von *Freud* (1996, 1915), *Adler, A.* (2006) und *Jung* (1964).

Wir können also festhalten, dass in der modernen Motivationsforschung motiviertes Handeln nicht mehr allein als das Ergebnis rationaler Überlegungen verstanden wird. Wichtige motivationspsychologische Prozesse spielen sich weitgehend im Unbewussten ab. Menschen tun daher vieles, weil sie unwillkürlich Lust dazu haben. Andererseits tun Menschen häufig Dinge, die *nicht* zu ihren unbewussten Bedürfnissen passen. Menschen sind sich auch keineswegs immer bewusst, dass aktuell verfolgte bewusst gewählte Ziele häufig nicht mit ihren unbewussten Motiven übereinstimmen. Solche Diskrepanzen waren auch in der psychologischen Motivdiagnostik häufig verzeichnet worden. So zeigte sich, dass die mittels projektiver Tests (z. B. → Thematischer Apperzeptions-Test nach *Murray* 1943) gemessenen (unbewussten) Motive häufig nicht mit den durch Selbstauskünfte angegebenen und damit bewussten motivationalen Vorlieben der Testpersonen übereinstimmten (vgl. *Rheinberg/Vollmeyer* 2012, S. 195 f.; *Brunstein/Heckhausen* 2006; *King* 1995). Eine wichtige Konsequenz dieser wie weiterer aktueller Forschung ist die deutliche Unterscheidung zwischen einer durch (unbewusste) Motive erzeugten Motivation einerseits und einer auf bewusst genannten Zielen oder Vorlieben basierenden Handlungsbereitschaft andererseits (vgl. z. B. *Brunstein* 2006; *Sheldon/Kasser* 1995). Basis für die Erklärung dieser Zusammenhänge sowie der sich hieraus ergebenden Folgen für motiviertes Handeln stellt die Konzeption **Dualer Motivsysteme** *(Dual System*

Approach to Motivation) dar (vgl. insbesondere *Sheldon/Kasser* 1995; *McClelland u.a.* 1989).

Konzeption dualer Motivsysteme

Die Konzeption Dualer Motivsysteme geht davon aus, dass es zwei unterschiedliche Steuerungsgrößen für motiviertes Verhalten gibt: ein **implizites** und ein **explizites Motivsystem** (vgl. *Sheldon/Kasser* 1995; *McClelland u.a.* 1989; siehe auch *Brunstein* 2006). Die Unterscheidung in implizite und explizite Motivsysteme korrespondiert mit der Unterscheidung in *implizite* und *explizite* Prozesse bzw. Funktionsweisen psychischer Aktivität (vgl. ausführlich *Grawe* 1998). So wird die Existenz eines unbewussten Funktionsmodus mittlerweile als empirisch gut abgesichert angesehen (vgl. z.B. *Grawe* 1998, S. 434; *Schandry* 2006; *Roth* 2003). Daher ist Kern der Forschungsaktivitäten zur Konzeption dualer Motivsysteme, wie etwa *Rheinberg/Vollmeyer* (2012, S. 196, o. Hvh.) herausstellten, die

> „fast revolutionäre Annahme [...], daß beide Motivationssysteme gänzlich unabhängig voneinander sind!"

Eine Metaanalyse von *Spangler* (1992) hat gezeigt, dass implizite Motive und selbst eingeschätzte (thematisch korrespondierende) Motive praktisch unkorreliert sind. Daraus schließt *Spangler*, dass implizite und explizite Motive jeweils verschiedene Aspekte der Persönlichkeit betreffen (vgl. auch *Kehr* 2005, S. 133).

Gestützt wird dies durch neuro- und kognitionswissenschaftliche Erkenntnisse (vgl. *Roth* 2003) sowie der Psychotherapieforschung (vgl. *Grawe* 1998). Nachdem man lange Zeit glaubte, dass die beiden Formen des Bewusstseins nur unterschiedliche Zustände desselben Hirnsystems darstellen, geht man mittlerweile davon aus, dass das Bewusstsein (explizite Prozesse) und das Unbewusste (implizite Prozesse) als zwei unterschiedliche Systeme angesehen werden können (vgl. *Jäncke* 2009; *Roth* 2003, S. 236 ff.; *Grawe* 1998, S. 236 ff., S. 329 ff.). Dies betrifft sowohl hirnanatomische als auch funktionale Aspekte.

So werden nur bestimmte Bereiche der Hirnrinde (assoziativer Cortex) als bewusstseinsfähig angesehen. Implizite, unbewusst ablaufende Prozesse werden dahingegen eher im Kleinhirn (Cerebellum), der Brücke (Pons) sowie dem subcortikalen limbischen System (z.B. Amygdala) vermutet. Damit verbunden ist aus funktionaler Sicht die Annahme, dass das implizite System eine *andere* Qualität von Lernen, Erinnern, Wahrnehmung, Gefühlen und Handlungssteuerung als das (explizite) Bewusstseinssystem ermöglicht. So benötigen explizite Prozesse viel Zeit und Aufmerksamkeit und sind störan-

fällig. Implizite Prozesse hingegen werden automatisiert in Sekundenschnelle abgerufen und laufen zuverlässig, nahezu fehlerresistent, effektiver und „billiger für das Gehirn" ab. Explizite Prozesse sind energiestoffwechsel-physiologisch sehr viel „teurer". *Roth* (2003) bezeichnet daher das Bewusstseinssystem als ein *„besonderes Werkzeug des Gehirns"* (S. 239). Bewusstsein wäre danach für das Gehirn ein Zustand, der tunlichst zu vermeiden und nur im Notfall einzusetzen ist. Übung und wiederholte Leistungserbringung tragen jedoch zu einer gewissen Automatisierung und zur Verringerung des Ressourcenverbrauchs bei (vgl. *Roth* 2003, S. 236 ff.; *Grawe* 1998, S. 287). Weitere Charakteristika von impliziten und expliziten Motiven wollen wir später anhand des Leistungsmotivs – als dem am intensivsten untersuchten Motiv – verdeutlichen.

Die von *McClelland/Koestner/Weinberger* (1989) herausgestellten und bis heute leitenden Unterschiede zwischen impliziten und expliziten Motiven sind in Tabelle C.1 gegenübergestellt (vgl. dafür: *Rheinberg/Vollmeyer* 2012, S. 201; *Kehr* 2004b, S. 27).

Bleiben wir für einen Moment noch bei der Messung von Motiven, denn ohne eine Messung gibt es wenig anwendungsbezogenen Nutzen. Da implizite Motive nicht ohne Weiteres sprachlich repräsentierbar sind, können sie nur indirekt gemessen werden. Zur Messung unbewusster Motive werden vor allem „projektive" Verfahren wie der → **Thematische Apperzeptionstest (TAT)** eingesetzt. Testpersonen, beispielsweise Führungskräfte, sollen hierbei zu mehrdeutigen motivanregenden Bildvorlagen spontane Geschichten erfinden. Es wird davon ausgegangen, dass durch die Betrachtung der Bildvorlagen unwillkürlich Gedanken und Gefühle entstehen und die damit verknüpften Motive angeregt werden. Die so entstandenen Geschichten werden danach durch einen Inhaltsschlüssel auf das Vorliegen bestimmter Motivthematiken hin analysiert (vgl. *Brunstein/Heckhausen* 2006, S. 145; *Schneider/Schmalt* 2000, S. 50 f.; weiterführend *Langens* 2009; *Langens u.a.* 2005). Die inhaltsanalytische Motivmessung mittels TAT ist sehr zeitaufwändig und setzt ein hohes Maß an Expertenwissen voraus. Mittlerweile werden daher weiterentwickelte Testverfahren eingesetzt, die beispielsweise die Vorteile des TAT mit der höheren Praktikabilität von Fragebogenverfahren kombinieren (z.B. Multi-Motiv-Gitter [MMG], vgl. *Schmalt/Sokolowski/Langens* 2000; *Schneider/Schmalt* 2000, S. 53; *Sokolowski u.a.* 2000).

Der weltweit zurzeit favorisierte Test zur Messung impliziter Basismotive nach *McClelland* ist die **Picture Story Exercise** (PSE) (vgl. *Schultheiss/Pang* 2007; zu den

Implizite Motive	Explizite Motive
neurohormonal-affektive Grundlage	kognitive Grundlage
vorsprachlich früh erworben	später erworben
individuelle Unterschiede genetisch verursacht bzw. früherfahrungsbedingt	individuelle Unterschiede sind gänzlich lernabhängig (sozialisationsbedingt)
begrenzte Anzahl universeller evolutionär verankerter Bedürfnisse (z. B. Leistung, Macht, Anschluss)	unbegrenzte Anzahl einzigartiger Selbstdefinitionen; Einteilung in Motivklassen möglich
Messung durch (teil-)projektive Instrumente mit Bildvorgaben, z. B. TAT	Messung durch Selbstberichte (z. B. Fragebogen)
unwillkürliche Aktivierung durch motivthematische Reize	Aktivierung über selbstbezogene Kognitionen (z. B. Selbstaufmerksamkeit, „ego-involvement") und selbst eingeschätzten Gründen für eine Handlung
sorgen für affektive Präferenzen und drücken sich als Wünsche nach Erfahrungen/Erlebnissen aus	es entstehen kognitive Präferenzen, die als Ziele oder Pflichten erscheinen
Verhaltenseffekte sind langfristig, besonders in offenen, wenig strukturierten Situationen	Verhaltenseffekte sind kurzfristig, besonders in stark strukturierten und sozial definierten Situationen

Tab. C.1: Merkmale expliziter und impliziter Motive (nach *McClelland/Koestner/Weinberger* 1989)

Unterschieden zwischen PSE und TAT *Winter* 1999). Der Test basiert wie der TAT ebenfalls auf spontanen Assoziationen zu kurz präsentierten Bildmotiven, zeichnet sich allerdings auf Grund einiger Vereinfachungen durch eine bessere Forschungsökonomie und Anwenderakzeptanz aus. Die Bildmotive können primär monothematisch sein oder wie jenes in Abbildung C.5 („Trapeze Artists"), mehrere Basismotive ansprechen (detailliert *Pang* 2010). Anmerkung: Und, welche sind es? – Die beiden hier angesprochenen Basismotive sind nach empirischer Testung jene, die mit dem 12. und 13. Buchstaben im Alphabet anfangen.

Im Gegensatz zum impliziten Motivsystem umfasst das explizite Motivsystem solche Motive, die sich eine Person selbst zuschreibt („self-attributed motives"). Diese haben die Form von Vorlieben, Werten und Zielen, sind dem Bewusstsein zugänglich, sprachlich repräsentierbar und daher relativ einfach mittels **Selbstbefragung** zu erheben.

Hinsichtlich der vielfach verfolgten drei Basismotive hat sich die **Personality Research Form** (PRF) von *Jackson* (1984) bislang breiter Beliebtheit erfreut (die deutsche Version wurde von *Stumpf u. a.* 1985 entwickelt). Die Skalen Leistung, Anschluss und Dominanz (= Macht) werden jeweils durch 16 Items repräsentiert, die mit „Ja oder Nein" beantwortet werden. Beispiele solcher Selbstauskünfte wären

- für das Leistungsmotiv:

  „Ich arbeite an Problemen weiter, bei denen andere schon aufgegeben haben."

- für das Anschlussmotiv:

  „Ich versuche, so oft wie möglich in der Gesellschaft von Freunden zu sein."

- und für das Machtmotiv:

  „Ich fühle mich in meinem Element, wenn es darum geht, die Tätigkeiten anderer zu leiten."

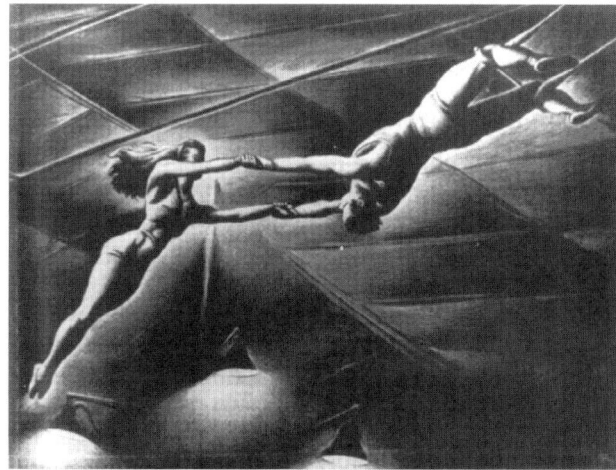

Abb. C.5: Erfassung impliziter Motive (vgl. *Smith* 1992)

Welche Folgen hat diese Unterscheidung von impliziten und expliziten Motiven für unser Verständnis von motiviertem Verhalten? Von Bedeutung ist, dass die Anregung der beiden unterschiedlichen Motivsysteme mit getrennten und qualitativ unterschiedlichen Systemen der Verhaltenssteuerung in Zusammenhang gebracht wird. Die beiden Arten von Motiven sagen daher ganz unterschiedliche Verhaltensweisen voraus: Implizite Motive sorgen für spontanes, selbst initiiertes, auch langfristig mühelos und störungsresistent ablaufendes Verhalten („operantes" Verhalten mit affektiver Präferenz). Explizite Motive sagen dahingegen ein willentlich kontrolliertes bzw. intentional beeinflussbares, an rationalen Entscheidungen und Bewertungen (z. B. Nutzenbeurteilungen) orientiertes Verhalten voraus („respondentes" Verhalten mit kognitiver Präferenz; vgl. *Brunstein* 2006).

Implizites und explizites Leistungsmotiv

Insbesondere das Leistungsmotiv wurde breit erforscht. Dies ist gut mit der Bedeutung von Leistung für eine erfolgreiche Aufgabenerledigung und damit auch für den Erfolg von Organisationen zu erklären. Kern des impliziten Leistungsmotivs ist die Effektivität und die Vervollkommnung persönlicher Fähigkeiten. Das implizite Leistungsmotiv wird daher auch als *„Selbstoptimierungsanliegen"* (*Engeser/Vollmeyer* 2005, S. 67) verstanden und weist in diesem Punkt eine große Ähnlichkeit zum Selbstverwirklichungsbedürfnis nach *Maslow* (1954) und dem Wachstumsbedürfnis nach *Alderfer* (1972) auf (vgl. auch *Nerdinger* 1996, S. 25). Der Antrieb zum Handeln geht also von der Person selbst aus, die durch das Erlernen von Kompetenzen und dem damit verbundenen Zugewinn an Beherrschbarkeit der Umwelt positive Emotionen erleben will. Ziel ist es, einen Erfolg bzw. die damit verbundenen und erwarteten ergebnisabhängigen Selbstbewertungsemotionen zu erfahren (vgl. *Schmitt/Brunstein* 2004, S. 88). Beim **impliziten Leistungsmotiv** liegt damit der Anreiz in den antizipierten Erfolgsemotionen, etwa der Freude und des Stolzes (bzw. Vermeidung von Beschämung) darüber, eine schwierige, herausfordernde Aufgabe aufgrund der eigenen Tüchtigkeit effektiv bewältigt zu haben. Auch *Rheinberg/Vollmeyer* (2012) weisen auf den Zusammenhang von impliziten Motiven und ihre Anregbarkeit durch intrinsische Anreize hin, aber betont dabei besonders die Bedeutung tätigkeitsimmanenter Anreize. Externer Leistungsdruck ist zu seiner Anregung nicht erforderlich bzw. nicht Erfolg versprechend (vgl. *Brunstein* 2006; *Brunstein/Heckhausen* 2006).

Demgegenüber strengen sich Personen mit einem **expliziten Leistungsmotiv** (leistungsorientiertes Selbstbild) häufig erst an, wenn extrinsische Anreize (z. B. Belohnungen, sozial vermittelte Anerkennung) geboten werden (vgl. *Brunstein* 2006, S. 241). In diesem Zusammenhang stellen *Rheinberg/Vollmeyer* (2012, S. 60) heraus, dass keineswegs alles Bemühen, „etwas zu schaffen", leistungsmotiviert ist. Menschen strengen sich aus ganz unterschiedlichen Gründen an und verfolgen sogenannte Leistungsziele (höheres Gehalt, materielle Annehmlichkeiten, Aufstiegschancen, Prestige- und Einflussgewinn). All dies kann **Leistungserbringung** (in einem allgemeinen Sinn) auslösen, ohne dass dieses Streben etwas mit Leistungsmotivation (in einem engeren motivationspsycholgischen Sinn) resultierend aus einem impliziten Leistungsmotiv zu tun haben muss (vgl. auch *Heckhausen/Heckhausen* 2010b, S. 416). Dies soll nun nicht bedeuten, dass sozial vermittelte (extrinsische) Anreize keine positive Wirkung auf das Arbeitsverhalten hätten. Zu betonen ist jedoch, dass extrinsische Anreize primär auf explizite Motive wirken, während sie implizite Motive dahingegen *nicht* anzuregen vermögen.

Wenn wir uns nun noch einmal die vorstehend dargelegten Unterschiede in der Qualität des durch explizite und implizite Motive ausgelösten Verhaltens vor Augen führen, wird die Bedeutung impliziter Motive wie intrinsischer Anreize deutlich. Mit Blick auf alltägliches Erleben könnte man zusammenfassend vereinfacht sagen, dass ein lediglich durch extrinsische Anreize und explizite Motive gestütztes Tun zwar als wichtig erachtet (kognitive Präferenz) wird, jedoch nicht von (nachhaltiger) Begeisterung, Leidenschaft, Freude oder Spaß begleitet oder gar geleitet ist (affektive Präferenz). Zwar kann die Beendigung der Anstrengung grundsätzlich lustvoll im Sinne einer Erleichterung erlebt werden. Bei einer Beteiligung des **impliziten Leistungsmotivs** kommt zu diesem erleichternden Gefühl der Anstrengungsbeendigung jedoch noch etwas anderes hinzu: das Gefühl der Zufriedenheit und des Stolzes darüber, eine schwierige Aufgabe durch die eigene Tüchtigkeit gemeistert zu haben (positive Selbstbewertungsemotion). Das implizite Leistungsmotiv ist damit insbesondere auf folgenden Affektwechsel spezialisiert: Ausgangspunkt ist eine unbefriedigende Situation (Schwierigkeiten, eine Aufgabe zu meistern), die in eine emotional befriedigende Situation überführt werden soll (Meisterung der schwierigen Aufgabe). Die antizipierte Selbstbewertungsemotion ist die Belohnung für Anstrengung und Ausdauer. Fehlt die Beteiligung des impliziten Leistungsmotivs, dann fehlt auch der damit verbundene Affektwechsel und es wird sich als positives Gefühl beispielsweise lediglich das vorstehend erwähnte Gefühl der Erleichterung über das Ende der Anstrengung einstellen.

Aufgrund der nachhaltigen motivationalen Effekte des impliziten Leistungsmotivs, ist es auch nicht überraschend, dass empirische Untersuchungen einen Zusammenhang von implizitem Leistungsmotiv und beruflichen, unternehmerischen und ökonomischen Erfolgen belegen (vgl. *Brunstein* 2006 sowie die dort angegebene Literatur). Oft übersehen wird, dass bei einem expliziten Leistungsmotiv (und damit einer auf extrinsischen Anreizen beruhenden Leistungsmotivation) keine vergleichbare → Validität bei der Vorhersage von Merkmalen der Produktivität, Innovation und Kreativität im Erwachsenenalter zu verzeichnen ist. Der Zusammenhang bleibt auch dann bestehen, wenn Unterschiede im Ausbildungsniveau, in der Intelligenz, im Temperament und im sozioökonomischen Status berücksichtigt werden (vgl. *Brunstein* 2006, S. 240).

Die Unterscheidung in eine von „außen" vermittelte Leistungsmotivation (Orientierung an sozialen Bezugsnormen) im Gegensatz zu einer von „innen" erwachsenden Leistungsmotivation (Orientierung an individuellen Bezugsnormen) ist in der Literatur der Leistungsmotivationsforschung schon länger (also unabhängig von der Unterscheidung in implizite und explizite Motive) bekannt und vielfach empirisch untersucht werden (vgl. *Rheinberg/Vollmeyer* 2012, S. 90 f.; *Spinath* 2009; *Dweck* 1986). Zu nennen sind hier Konzeptionen, die „Learning goals" (Lernziele) und „Performance goals" (Performanzziele, auch Leistungsziele genannt) sowie Aufgaben-Orientierung und Ego-Orientierung unterscheiden. In der deutschsprachigen Literatur hat sich die Unterscheidung in **Lernziele** und **Leistungsziele** durchgesetzt. Personen mit starker Lernzielorientierung streben nach Erweiterung von persönlichen Fähigkeiten und Kompetenzen (Selbstoptimierungsanliegen); sie fokussieren auf die Bewältigung der anstehenden Aufgabe (Aufgabenorientierung) und orientieren sich an **individuellen Bezugsnormen**. Personen, die vorrangig Leistungsziele verfolgen, sind bestrebt, (möglichst hohe) Kompetenzen (vor anderen) zu demonstrieren und niedrige Fähigkeiten zu verbergen (Ego-Orientierung); damit verbunden ist eine Orientierung an von außen vermittelten **(sozialen) Bezugsnormen**. Wir sehen, dass hier der Begriff Leistungsziel mit einer recht spezifischen Bedeutung verwendet wird. Charakteristische Unterschiede von Lern- und Leistungszielen sind in Tabelle C.2 zusammengefasst gegenübergestellt.

Lernziele kommen dem impliziten Leistungsmotiv am nächsten, da es um die Optimierung der (eigenen) Tätigkeitseffizienz geht; sie sind mit positiven Affekten gegenüber Lern- und Leistungsaufgaben sowie vermehrter intrinsischer Motivation assoziiert. Dahingegen sind Leistungsziele extrinsisch auf eine Bewertung des Selbst gestellt und zielen darauf ab, sich im sozialen Vergleich als kompetent zu erweisen **(Kompetenzdemonstration)**. In der Literatur (vor allem der pädagogischen Motivationsforschung) sind die positiven motivationalen Wirkungen einer Orientierung an individuellen Bezugsnormen und den negativen Wirkungen einer Orientierung an sozialen Bezugsnormen vielfach belegt (vgl. z. B. *Heckhausen/Heckhausen* 2010b, S. 420 f.; *Spinath* 2009).

Lernziel (Aufgaben-Orientierung)	Leistungsziel (Ego-Orientierung)
Kompetenzerwerb; Lernzuwachs, Kompetenzsteigerung zu erreichen	Kompetenzdemonstration; Fähigkeiten vor anderen zu zeigen bzw. Unfähigkeiten zu verbergen
Fähigkeiten werden als veränderbar gesehen	Fähigkeiten werden als stabil gesehen
Rückmeldungen gelten als lernrelevante Information; Misserfolg ist informativ	Misserfolgsrückmeldungen sind bedrohlich
Orientierung an individuellen Bezugsnormen	Orientierung an sozialen Bezugsnormen

Tab. C.2: Lernziele vs. Leistungsziele (vgl. *Rheinberg/Vollmeyer* 2012, S. 91)

Die (intrinsisch) leistungsmotivierende Wirkung einer *Lernziel*orientierung wird nach *Brunstein/Heckhausen* (2006) zusammengefasst über folgende Prozesse vermittelt:

- **Anstrengungsattribuierung für Erfolg und Misserfolg:** Eine Orientierung an individuellen Bezugsnormen verdeutlicht, dass die erzielte eigene Leistung vom Ausmaß der eigenen Anstrengung abhängig ist.

- **Realistische Zielsetzung:** Persönliche Zielsetzungen werden dem eigenen Leistungsvermögen bzw. der Entwicklung des individuellen Leistungsverlaufs angepasst.

- **Erfolgserlebnisse und Lernfortschritt:** Da der individuelle Lernfortschritt im Mittelpunkt steht, erleben vor allem Leistungsschwächere häufiger Erfolge, die ihnen bei einer Orientierung an sozialen Bezugsnormen fehlen würden. So ist es häufiger möglich, motivierende Gefühle (Stolz, Gefühl der Kompetenz und Wirksamkeit des eigenen Handelns) zu erleben.

Die negativen Folgen einer (extrinsischen) Leistungszielorientierung zeigen sich insbesondere nach *Misserfolg* oder bei auftretenden Schwierigkeiten. Da Leistungszielorientierung auf Kompetenzdemonstration (Fähigkeiten vor anderen zu zeigen bzw. Unfähigkeiten zu verbergen) abzielt, besteht bei Misserfolg oder auftretenden Schwierigkeiten die Gefahr, dass Anstrengungen vermieden und/oder Hilflosigkeitsreaktionen sowie selbstwertbelastende Ursachenzuschreibungen induziert werden.

Konflikte zwischen impliziten und expliziten Motiven

Der Sinn einer Unterscheidung in zwei unterschiedliche Motivsysteme wird deutlich, wenn wir die damit verbundene (und vorstehend beschriebene) unterschiedliche Qualität des resultierenden motivierten Handelns betrachten. Dennoch sind beide Motivationsformen grundlegender Bestandteil motivierten Verhaltens und Handelns von Menschen. Vor allem im Organisationskontext wäre es realitätsfremd, diese (unter bestimmten Umständen ja auch sinnvolle) (Ko-)Existenz beider Motivationsformen aus dem Blick zu verlieren. Denn Konflikte zwischen diesen beiden Motivationsformen können zu empfindlichen Problemen führen. Das ist vereinfacht immer dann der Fall, wenn das, was Menschen bewusst und zielstrebig verfolgen, nicht mit ihren impliziten Motiven übereinstimmt. Dass es derartige Diskrepanzen zwischen impliziten und expliziten Motiven häufig gibt, hat die empirische Forschung mittlerweile eindrucksvoll belegt (vgl. z.B. *Rawolle/Glaser/Kehr* 2008; *Kehr* 2004c; *Muraven/Baumeister* 2000). Welche Konsequenzen sich daraus ergeben werden wir später noch ausführlicher aus einer funktionsanalytischen Perspektive aufzeigen. An dieser Stelle soll vorerst genügen, dass eine Nicht-Übereinstimmung von impliziten und expliziten Motiven (z.B. aktuell verfolgten persönlichen Zielen) den kontinuierlichen Einsatz volitionaler Strategien (Handlungskontrolle) erfordert, sich negativ auf das Wohlbefinden auswirkt und mit dem Risiko von psychischen und physischen Erschöpfungszuständen (z.B. volitionale Erschöpfung) einhergeht (vgl. aktuell als Manifestation eines Burnouts und des Rückgangs von intrinsischer Motivation *Rawolle u.a.* 2016).

Situationsbezogene Motivationskomponenten

Ganz generell bestimmt der **Anreizgehalt einer Situation**, inwieweit die Merkmale der Situation ihre motivierende Kraft entfalten und bestimmte Motive eines Menschen anzusprechen vermögen. Der Anreiz kann dabei in unterschiedlicher Weise mit der Situation bzw. den Merkmalen von Situationen verknüpft sein. Die Motivationspsychologie unterscheidet **intrinsische** und **extrinsische Anreize**. Als intrinsisch werden Anreize bezeichnet, die im (affektiv positiv getönten) Vollzug der Tätigkeit selbst liegen oder sehr eng mit den (Ziel-) zuständen der Handlungsausführung verbunden sind. Die Handlung ist damit nicht bloßes Mittel zu einem andersartigen Zweck. Dahingegen beziehen sich extrinsische Anreize auf das Ergebnis der Tätigkeit oder das, was mit einer erfolgreichen Realisierung eines Handlungsziels verbunden ist (z.B. Entlohnung für eine ansonsten ungeliebte Tätigkeit, Aussicht auf Beförderung oder ähnliche Karriereschritte, Anerkennung, gute Noten). Diese Bestimmung von intrinsisch und extrinsisch orientiert sich damit an der Abfolgestruktur von Aktivitäten. Intrinsisch bezieht sich auf den Vollzug der Tätigkeit, extrinsisch auf das beabsichtigte Ergebnis, das der Tätigkeit nachfolgt (vgl. z.B. *Rheinberg* 2006). Im Übrigen vermögen es (tätigkeits- und aufgabenimmanente) intrinsische Anreize, **implizite Motive** anzuregen während **explizite Motive** auf sozial vermittelte, extrinsische Folgeanreize reagieren (vgl. z.B. *Rheinberg/Vollmeyer* 2012; *Brunstein* 2006).

Intrinsische Anreize und Flow-Erleben

Das Charakteristikum der unterschiedlichen Veranlassungsstruktur (Tätigkeitsanreiz vs. Folgeanreiz) verdeutlicht *Rheinberg* – auf der Basis seiner Studien zum Flow-Phänomen – durch Beispiele aus dem Freizeitbereich (z.B. Surfen, Skifahren, Motorradfahren, Tanzen, Musizieren, Computerspielen usw.; vgl. *Rheinberg* 2006, 2002, 1996, 1989; siehe auch *Rheinberg/Vollmeyer* 2012). Unter **Flow** wird in diesem Kontext das

> *„Selbstreflexionsfreie, gänzliche Aufgehen in einer glatt laufenden Tätigkeit, bei der man trotz voller Kapazitätsauslastung das Gefühl hat, den Geschehensablauf noch gut unter Kontrolle zu haben"* (*Rheinberg* 2006, S. 345) verstanden (vgl. weiterführend *Rheinberg/Vollmeyer* 2012; *Csikszentmihalyi* 2005a; *Küpers/Weibler* 2005, S. 109ff.).

So geht es beispielsweise beim Skifahren um die Freude am perfekt koordinierten dynamischen Bewegungsablauf und dem Erleben des eigenen Könnens und des optimalen Funktionierens. Der Anreiz liegt den Untersuchungen Rheinbergs zufolge darin,

> *„schöne und elegante (ästhetische) Bewegungen zu erleben; perfektes Zusammenspiel von Skiern und eigenen Bewegungen"* (*Rheinberg/Vollmeyer* 2012, S. 144ff.).

Damit soll aufgezeigt werden, dass der Skifahrer nicht deshalb den Hang hinuntereilt, um möglichst schnell wieder am Lift anzustehen. Der Anreiz liegt hier im Vollzug der Tätigkeit und nicht etwa in deren Ergebnis. Wenn sich nun allerdings der Skifahrer allein auf Grund einer Erwartung von Anerkennung durch Dritte motivieren lässt, so wäre ein Fall von extrinsischer Motivation gegeben. Diese geht einher mit einer kontrollierten ego-zentrierten Aufmerksamkeitssteuerung und Bewegungskontrolle, die sich vor allem darauf richtet, eine gute „Performance" zu zeigen. Selbstvergessenes, freudvolles Aufgehen in der Tätigkeit (Flow) liegt in diesem Fall nicht vor.

Dieses Beispiel sollte die spezifische Qualität von Tätigkeitsanreizen, die mit Flow assoziiert werden, verdeutlichen. Wir haben hierzu auf ein Beispiel aus dem Freizeitkontext zurückgegriffen, da Flow-Erleben überwiegend mit vitalen Aktivitäten außerhalb von Arbeitssituationen in Verbindung gebracht wird (vgl. *Rheinberg/Vollmeyer* 2004). Organisationen werden (zumindest in unserer westlichen Kultur, vgl. hierzu *Engeser/Vollmeyer* 2005) in der Regel nicht als Kontexte angesehen, die Tätigkeitsanreize mit Aussicht auf Flow-Erleben bieten. So betrifft ein viel diskutiertes Ergebnis der Flow-Forschung das „*Paradox der Arbeit*" (*Csikszentmihalyi/LeFevre* 1989; vgl. auch *Rheinberg u.a.* 2007; *Engeser/Vollmeyer* 2005). In diesem Zusammenhang wird nahegelegt, dass Flow-Erleben gerade und vor allem bei der Arbeit auftritt. Paradoxerweise berichten dennoch die meisten Menschen, dass sie die Freizeit der Arbeit vorziehen. Was sagt dies über den Normalarbeitsplatz aus, wo doch eigentlich Chancen einer Verbindung bestünden (vgl. *Weibler* 2010b) und Flow leistungsförderlich wäre (vgl. *Schiefele/Streblow* 2005)? Grund genug, sich diesem Phänomen verstärkt auch im Organisationskontext zu widmen.

Dabei ist zunächst festzustellen, dass der mit Flow assoziierte und vorstehend beschriebene spezifische Anreiztyp, der *Tätigkeitsanreiz*, in der motivationspsychologischen Forschung lange Zeit vernachlässigt wurde. Dennoch ist die Erkenntnis, dass es Aktivitäten gibt, deren Anreiz *in* der Tätigkeit selbst liegt, keineswegs neu. Bereits die frühe humanistisch geprägte arbeits- und organisationspsychologische Forschung betrachtete den *intrinsischen* Anreizgehalt, der sich aus der Arbeits*tätigkeit* und dem Aufgaben*inhalten* ergibt. Ganz allgemein wird hier die Bedeutung der Arbeitsaufgabe (und ihrer Inhalte) als die zentrale Kategorie einer psychologischen Tätigkeitsbetrachtung angesehen (vgl. *Schaper* 2014, S. 376 ff.; *Hacker* 2005). Wir wollen daher im Folgenden zunächst unter Bezug auf wesentliche traditionelle Ansätze zur psychologischen Arbeitsgestaltung der Frage nach dem (intrinsischen) Motivationsgehalt von Tätigkeiten im Arbeitskontext nachgehen. Die Ausführungen werden ergänzt um aktuelle Forschungsergebnisse zur motivationsförderlichen Arbeitsgestaltung.

Zwei-Faktoren-Theorie (Herzberg)

Die **Zwei-Faktoren-Theorie** von Herzberg basiert auf denselben Grundannahmen wie die bereits vorgestellten traditionellen Bedürfnistheorien. So nimmt auch *Herzberg* an, dass Menschen bestimmte Bedürfnisse haben, die sie zu befriedigen suchen. Diese untersucht *Herzberg* im Arbeitskontext. Sein Ziel ist es, Erklärungen und Vorhersagen über das Verhalten von Menschen am Arbeitsplatz treffen zu können.

> **Empirie zu motivierenden Anreizen**
>
> Mit der sog. **Pittsburgh-Studie** versuchten *Herzberg/Mausner/Snyderman* (1959), die Anreize, die auf die Motive von Menschen aktivierend Einfluss nehmen, systematisch zu erfassen. Sie baten Buchhalter und Ingenieure (n = 203) zu berichten, wann sie sich – rückblickend auf ihre Arbeit – außergewöhnlich gut und wann sie sich außergewöhnlich schlecht gefühlt haben. Das überraschende Ergebnis der Studie war, dass die Arbeitszufriedenheit keine eindimensionale Größe ist: Wurde über die „guten Erlebnisse" berichtet, die gleichsam Zufriedenheit auslösten, ging es zumeist um Arbeit und Leistung (v.a. Übernahme inhaltlich anspruchsvoller und/oder verantwortungsvoller Aufgaben, die erfolgreich bewältigt wurden und zu Anerkennung und/oder Beförderung führten). Wurde über die „schlechten Erlebnisse" berichtet, die Unzufriedenheit auslösten, ging es gerade nicht um derlei Dinge, sondern um nicht unmittelbar mit der Arbeitsaufgabe zusammenhängende Umstände (v.a. ungenügende Bezahlung, schlechte Beziehungen zu Vorgesetzten oder Kollegen, schlechte Arbeitsbedingungen oder geringe Beschäftigungssicherheit) (vgl. auch *Nerdinger* 2014a, S. 422 ff.; *Weinert* 2004; *Wiendieck* 1994, S. 117).

Herzberg schloss aus der Pittsburgh Studie, dass ein Denken im herkömmlichen Kontinuum von „Zufriedenheit – Unzufriedenheit" falsch sei und man vielmehr in zwei Kontinuen zu denken habe, nämlich: „Zufriedenheit – Nicht-Zufriedenheit" und „Unzufriedenheit – Nicht-Unzufriedenheit". Das bedeutet, dass nicht unterschiedliche Ausprägungen eines gleichen Faktors (z.B. hohe oder niedrige Bezahlung) für Zufriedenheit oder Unzufriedenheit sorgen. Vielmehr sind jeweils unterschiedliche Faktoren dafür verantwortlich, dass sich Arbeitsmotivation und -zufriedenheit einerseits und Unzufriedenheit und Demotivation andererseits entwickeln. Dementsprechend werden **Motivatoren** und **Hygienefaktoren** als zwei voneinander unabhängige Faktoren betrachtet, woraus sich die Bezeichnung „Zwei-Faktoren-Theorie" ableitet (vgl. *Nerdinger* 2014a, S. 422 ff.; *Weinert* 2004; *Wiendieck* 1994, S. 117).

Herzberg charakterisiert die beiden Faktorengruppen folgendermaßen (vgl. Abb. C.6):

- **Motivatoren** (Kontent-Faktoren): Dies sind vor allem Entfaltungsmöglichkeiten, Arbeitsinhalt, Verantwortung, Leistungserfolg, Anerkennung. Sie führen in „guten Situationen" zur Zufriedenheit, in „schlechten Situationen" jedoch nicht zur Unzufriedenheit, sondern zur „Nicht-Zufriedenheit". Hierbei handelt es sich überwiegend um *intrinsische*, also unmittelbar mit der Tätigkeit verknüpfte Faktoren. Es wird angenommen, dass die Tätigkeiten, die dies ermöglichen (z. B. interessanter Arbeitsinhalt) gerne ausgeführt werden und in sich bereits belohnend wirken, da sie z. B. dem Wunsch nach Neugier, erlebter Kompetenz und Selbstbestimmung entsprechen.

- **Hygienefaktoren** (Kontext-Faktoren): Dies sind vor allem Bezahlung, Kollegenbeziehungen, formaler Führungsstil, Firmenpolitik, Arbeitsbedingungen, Arbeitsplatzsicherheit. Sie führen in „schlechten Situationen" zur Unzufriedenheit, in „guten Situationen" jedoch nicht zur Zufriedenheit, sondern zur „Nicht-Unzufriedenheit". Es handelt sich vorwiegend um Faktoren, die im Arbeitsumfeld, also außerhalb *(extrinsisch)* der Arbeitstätigkeit liegen. Eine positive Ausprägung von Kontextfaktoren verhindert zwar Unzufriedenheit, vermag aber selbst nicht intrinsisch motivierend zu wirken. Von Hygienefaktoren spricht *Herzberg* deshalb, weil er eine medizinische Analogie zieht: Hygiene (z. B. sauberes Wasser) vermindert Krankheitsrisiken, garantiert aber keine Gesundheit.

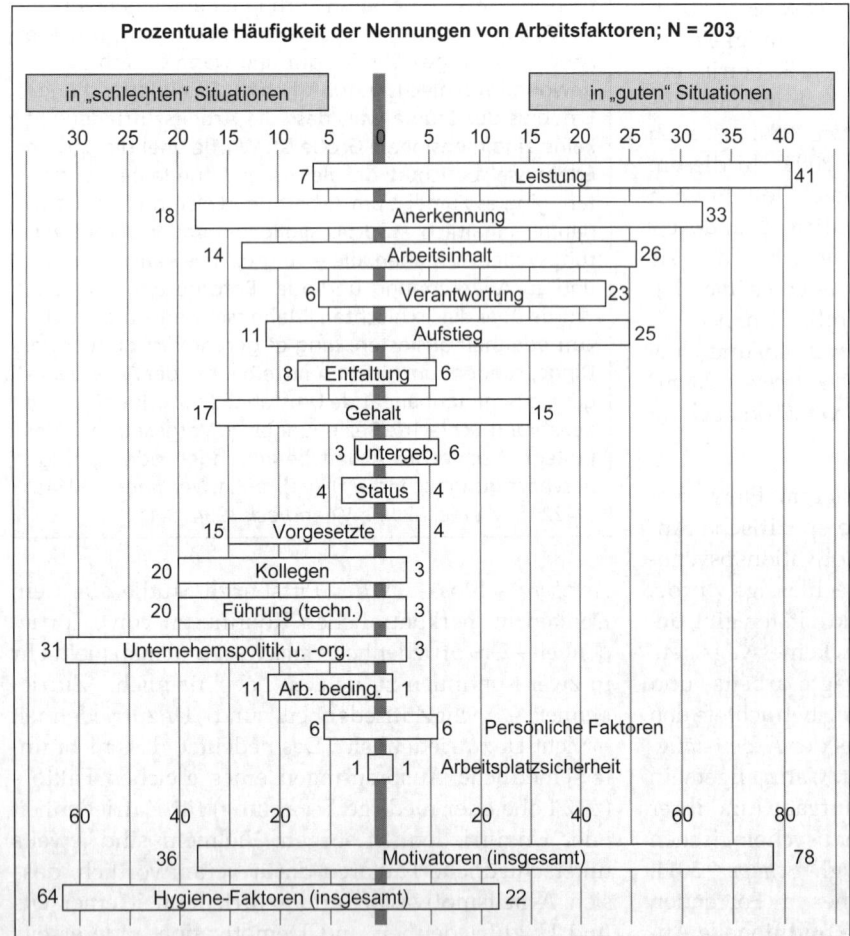

Abb. C.6: Hygienefaktoren und Motivatoren
(nach *Herzberg* 1973; Darstellung von *Wunderer* 2011, S. 115)

Die vorstehende Einteilung kann allerdings nicht in der von *Herzberg* vermuteten Trennschärfe Gültigkeit beanspruchen, insbesondere, da einige Faktoren doppeldeutig sind. Geld (Bezahlung) ist zunächst ein Hygienefaktor, mutiert aber in dem Moment, wo es als Ausdruck einer Anerkennung der Leistung gesehen wird, möglicherweise zu einem Motivator. Auch hat die Methode rückblickender Beschreibung besonders „guter" und „schlechter" Situationen einige Kritik nach sich gezogen. Denn Menschen neigen dazu, rückblickend Unzufriedenheit mit extrinsischen Faktoren zu erklären, während sie für Zufriedenheit tendenziell eher intrinsische Faktoren verantwortlich machen (vgl. *Nerdinger* 2014a, S. 423 f.).

Dennoch verdeutlichen die Ergebnisse die unterschiedliche Qualität menschlicher Motive. Alltagspraktisch zeigen sich diese Zusammenhänge etwa darin, dass ein Mitarbeiter, der angibt, nicht unzufrieden zu sein, eben noch lange nicht zufrieden ist. Es ist also nicht ausreichend, einen optimalen Arbeitskontext zur Verfügung zu stellen, da dies bestenfalls Unzufriedenheit verhindern kann. Zum Aufbau von Zufriedenheit und Motivation muss vielmehr an der Qualität der Arbeit als solcher angesetzt werden, d. h. ihr Inhalt attraktiv gestaltet werden. Der Reiz einer herausfordernden, interessanten Tätigkeit, welche die Chance beinhaltet, die eigene Tüchtigkeit unter Beweis zu stellen, wäre hiernach ein typischer Kontent-Faktor bzw. Motivator. In Einklang mit *Maslow* verweisen die Ergebnisse von *Herzberg* auf das intrinsisch motivierende Potenzial von Tätigkeiten. Das Selbstverwirklichungsmotiv von *Maslow* findet sich bei *Herzberg* prototypisch im Arbeitsinhalt wieder, sofern dieser eine bestimmte Qualität besitzt. Deshalb ist es nur konsequent, dass *Herzberg* ein → Job Enrichment als Mittel zur Qualitätssteigerung erachtet. Hieraus wurde nicht zuletzt unter Bezug auf *Deci/Ryan* (2002, 1985) der Schluss gezogen, dass eine intrinsische Motivation allgemein durch eine Situation befördert wird, die Neugier, Kompetenz und das Gefühl einer Kontrolle über die Umwelt sowie Selbstbestimmung und Selbstentfaltung ermöglicht (vgl. z. B. *Nerdinger* 2014a, S. 422 ff.; *Wiendieck* 1994, S. 117 ff.). Insgesamt ist die Arbeit von *Herzberg* richtungsweisend gewesen, da sie die intrinsische Motivation resultierend aus Tätigkeit und Arbeitsinhalten in den Mittelpunkt der Betrachtung gerückt hat. Welche Merkmale der Tätigkeit dies im Einzelnen sind und über welche psychischen Prozesse die motivierende Wirkung vermittelt wird, beschreibt das Job Characteristics Model von *Hackman* und *Oldham* (1980).

Job Characteristics Model (Hackman/Oldham)

Die vorstehende Annahme, dass die Arbeitsmotivation von der Art und Weise der Arbeitsgestaltung abhängt, regte *Hackman/Oldham* (1980, 1976) bzw. *Oldham/Hackman* (2010) zu Untersuchungen über motivationsförder-

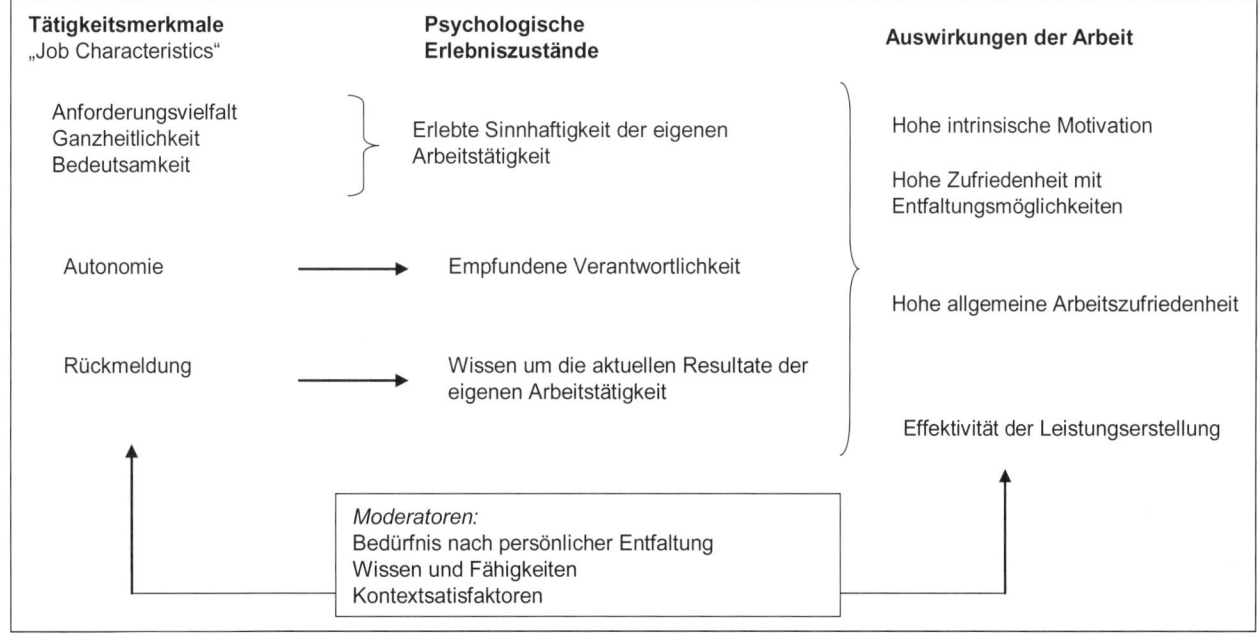

Abb. C.7: Job Characteristics Model (vgl. *Hackman/Oldham* 1980, S. 90; modifiziert)

liche Arbeitsgestaltung an. Sie versuchen, mit ihrem **Job Characteristics Model** (JCM) Tätigkeitsmerkmale („job characteristics") zu spezifizieren, die zu Motivation, Arbeitszufriedenheit und Effektivität der Leistungserstellung führen. Auch möchten sie erklären, über welche psychologischen Prozesse diese positiven Wirkungen vermittelt werden. Wesentliche Ergebnisse sind in Abbildung C.7 dargestellt.

Hackman und *Oldham* listen fünf Arbeitscharakteristika auf, die über drei zu trennende Erlebniszustände zu einer Verbesserung der Motivation und zu einem höheren Grad an Leistung und Arbeitszufriedenheit führen. Um die einzelnen Modellkomponenten zu erfassen, entwickeln *Hackman/Oldham* (1975) den *Job Diagnostic Survey*, der eine Profilanalyse zur Ableitung gezielter Verbesserungsvorschläge ermöglicht. Ansatzpunkte bieten die folgenden Kerndimensionen der Arbeit bzw. der Arbeitsgestaltung (vgl. auch *Nerdinger* 2014a, S. 424 ff.; *Van Dick/Wegge* 2004, S. 216 f.; *Weinert* 2004):

- **Anforderungsvielseitigkeit** („skill variety"): Eine Aufgabe ist umso vielseitiger, je mehr verschiedene Kompetenzen vom Individuum aktiviert werden müssen und je häufiger sich die qualifikatorischen Anforderungen verändern.

- **Ganzheitlichkeit der Aufgabe** („task identity"): Eine Aufgabe ist umso ganzheitlicher, je mehr zusammenhängende Tätigkeitselemente von einem Individuum ausgeführt werden und je mehr damit das Ergebnis der Aufgabendurchführung den Charakter einer in sich abgeschlossenen Arbeit annimmt. Ganzheitliche Aufgaben vermitteln den Mitarbeitern den Sinn und den Stellenwert ihrer Tätigkeit.

- **Bedeutsamkeit der Aufgabe** („task significance"): Eine Aufgabe ist umso bedeutsamer, je mehr sie als ein wesentlicher Beitrag zu den Zielen der Organisation bzw. als ein wesentlicher Beitrag zur Daseinsbewältigung anderer verstanden werden kann. Im Vordergrund steht die soziale Dimension einer gesellschaftlichen Bedeutsamkeit des Arbeitsergebnisses, also inwieweit die eigene Tätigkeit einen (sinnvollen) Nutzen für Kunden oder andere Abteilungen des Unternehmens hat.

Diese drei Merkmale bestimmen zusammen die erlebte Sinnhaftigkeit der eigenen Tätigkeit, das heißt, diese Merkmale können sich in ihrer Wirkung auch wechselseitig kompensieren. Die beiden verbleibenden Merkmale sind dagegen eigenständig zu betrachten.

- **Autonomie** („autonomy"): Eine Aufgabe ist umso mehr durch das Merkmal „Autonomie" gekennzeichnet, je größer der zugestandene Kontroll- und Entscheidungsspielraum ist.

- **Rückmeldung** („job feedback"): Eine Aufgabe ist umso mehr durch das Merkmal „Rückmeldung" gekennzeichnet, je mehr und je zuverlässiger der Aufgabenträger über das bisherige Gelingen informiert wird. Gemeint sind hier Rückmeldungen, die der Aufgabenträger als das Ergebnis seiner Aufgabe selbst wahrnehmen und beurteilen kann.

Die intrinsisch motivierende Kraft derartiger Tätigkeiten wird moderiert durch die Variable (1) „Bedürfnis nach persönlicher Entfaltung", die interindividuell verschiedene Ausprägungen annehmen kann. Damit tragen *Hackman* und *Oldham* der Tatsache Rechnung, dass die von ihnen identifizierten Aufgaben- und Tätigkeitsmerkmale mit potenziell intrinsischem Anreizgehalt von den betroffenen Individuen in einer je spezifischen Weise wahrgenommen und verarbeitet werden. Sie lösen überhaupt nur dann Motivationseffekte aus, wenn das Bedürfnis nach individuellem Wachstum entsprechend ausgeprägt ist (vgl. *Semmer/Udris* 2007, S. 165; *Kossbiel* 1990, S. 1174). Als weitere Moderatoren nehmen *Hackman/Oldham* (1980) neben dem Bedürfnis nach persönlicher Entfaltung (2) „Wissen und Fähigkeiten" sowie (3) „Kontextsatisfaktoren" (z. B. Bezahlung, Arbeitsplatzsicherheit usw.) in das Modell mit auf. Diese sind jedoch nicht im **Job Description Survey** (JDS) operationalisiert (vgl. *Van Dick/Wegge* 2004, S. 217 f.). Wir wollen daher an dieser Stelle nicht näher auf diese Faktoren eingehen, zumal diese – mit ähnlichen inhaltlichen Aussagen – bereits in Zusammenhang bei der **Zwei-Faktoren-Theorie** mit ihrem Motivationsgehalt beschrieben wurden.

Das **JCM** hat sich in der Praxis seit fast drei Jahrzehnten bewährt und ist mit seinem Aussagegehalt zum tätigkeitsinternen Motivationspotenzial vom Grundprinzip her empirisch bestätigt (vgl. *Nerdinger* 2014a, S. 424 ff.; *Van Dick/Wegge* 2004, S. 218 f.; *Hacker/Skell* 1993, S. 199). Auch im Kontext tätigkeits- und handlungstheoretischer Ansätze, die sich intensiv um die psychologische Analyse und Gestaltung von Arbeit befassen, wurden die im JCM genannten Kerndimensionen motivationsförderlicher Arbeitsgestaltung bestätigt. Auf die große Bedeutung und Verantwortung, die speziell den Führungskräften in diesem Gestaltungszusammenhang zukommt, werden wir im Rahmen der Führungsimplikationen noch gesondert eingehen („Motivationsförderliche Aufgabengestaltung", ☞ C. II. 3.2).

In 2010 stellen *Greg Oldham* und *Richard Hackman* allerdings ergänzend fest, dass aufgrund von Veränderungen in der Arbeitswelt (z. B. Self-Managing Teams,

Zunahme von Dienstleistungen) soziale Charakteristika der Arbeit (vgl. die Metastudie von *Humphrey/Nahrgang/Morgeson* 2007) wie

- Interdependenz,
- Rückmeldung von anderen,
- Soziale Unterstützung und
- Kontakte zum Umfeld der Organisation

wesentlich zur empfundenen Sinnhaftigkeit der Arbeit beitragen würden. Studien demonstrieren deren eigenständigen Erklärungsbeitrag für Maße wie subjektive Leistungseinstufung oder Wechselabsichten jenseits klassischer, nicht sozialer Charakteristika wie Job Komplexität oder Autonomie. Unterstützung hierfür finden wir in den aktuellen Übersichtsbeiträgen von *Grant/Parker* (2009) und *Grant* (2007, S. 398), die herausstellen:

> *„Employees not only seek meaningful tasks but also seek meaningful relationships."*

Vor diesem Hintergrund werden aktuell innerhalb der Work Design Forschung erweiterte Konzeptualisierungen empfohlen, um die immer wichtiger werdenden sozialen Charakteristika von Arbeit adäquat zu erfassen. *Grant* und *Parker* (2009) haben einen Vorschlag für ein **relationales Modell der Arbeitsgestaltung** vorgelegt (vgl. Abb. C.8). In dessen Mittelpunkt stehen jedoch nicht lediglich (vordergründig verstandene) Aspekte des sozialen Austausches (z. B. Kontaktmöglichkeiten). Vielmehr geht es darum, zu verstehen, dass der Einzelne in modernen Arbeitswelten zunehmend eingebettet ist in unterschiedlichste wechselseitige Abhängigkeiten und vielfältige Interaktionszusammenhänge (z. B. Teamarbeit) sowie (komplexe) organisationale Prozesse. Damit kommt relationalen und emotionalen Aspekten des Zusammenarbeitens eine zentrale Bedeutung zu. Abbildung C.8 zeigt mögliche Zusammenhänge zwischen sozialen Charakteristiken der Arbeit und unterschiedlichen Ergebniskategorien (auf der individuellen wie der Teamebene; „outcomes") auf. Die Wirkung sozialer Charakteristika („social characteristics") entfaltet sich hiernach über Wirkmechanismen. Hier werden unter der Sammelkategorie „relationale und emotionale Mechanismen" („relational & emotional mechanisms") eine Reihe beziehungsbezogener Prozesse und Phänomene beschrieben (z. B. Kohäsion, emotionale Verbundenheit, Commitment, Koordination). Als Moderatoren der Wirkungszusammenhänge werden verschiedene individuelle Variablen („individual moderators") sowie kontextuelle Variablen („contextual moderators") genannt.

Eine vergleichende empirische Analyse dieser sozialen Charakteristiken speziell für die Motivation steht allerdings noch aus. Dies gilt ebenso für eine Überprüfung möglicher Substitutionseffekte sowie mit Blick auf nicht-soziale Faktoren oder persönlichkeitsbezoge-

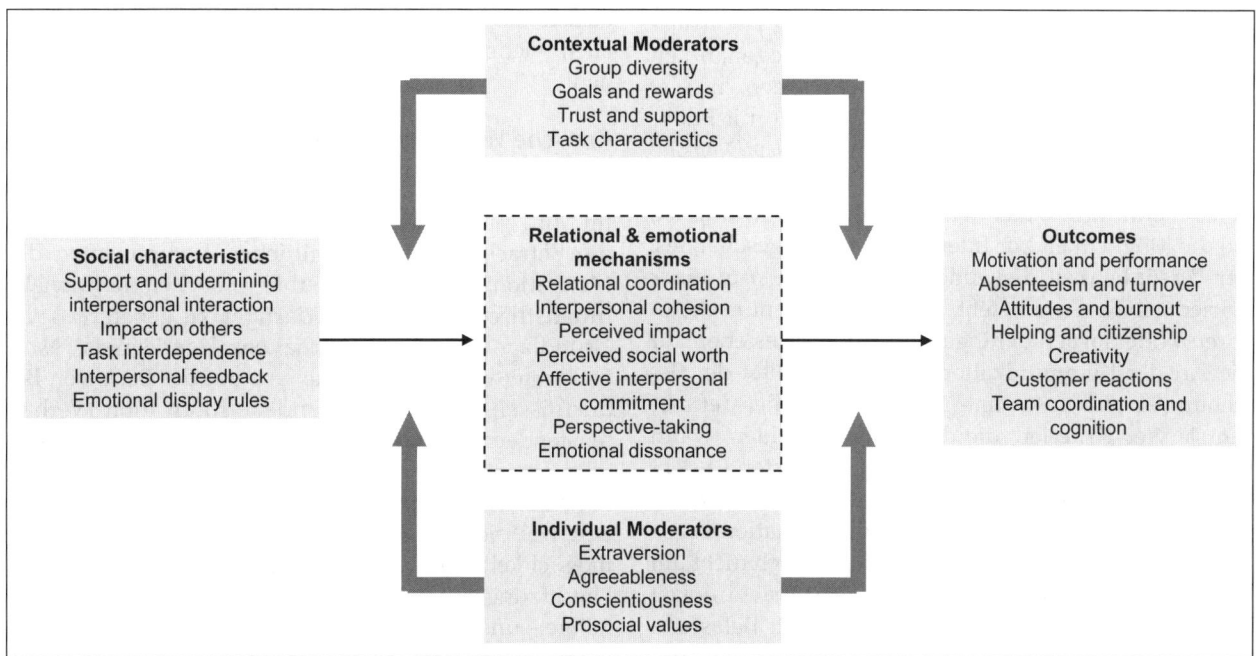

Abb. C.8: Relationales Modell der Arbeitsgestaltung (*Grant/Parker* 2009, S. 339)

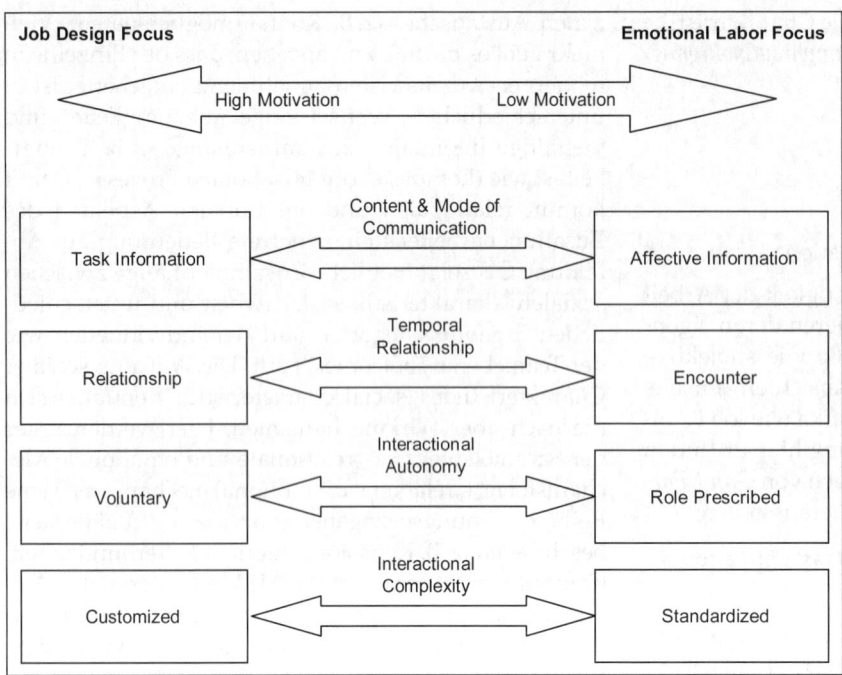

Abb. C.9: Fokus von Service-Dimensionen je nach theoretischem Zugriff (*Grandey/Diamond* 2010, S. 340)

ne Moderatoren (ausgenommen eine Studie zu den Big Five von *Mount/Barrick/Stewart* 1998). Auch sind Kontextvariablen wie Kultur oder Größe der Organisation bislang untergewichtet worden. Ebenso muss bei aller Bereicherung davor gewarnt werden, das Soziale undifferenziert mit „gut" oder „gewünscht" gleichzusetzen. Die amerikanische Soziologin *Arlie Russell Hochschild* hatte schon 1983 auf negative Folgen bei sogenannten Emotionsarbeitern hingewiesen, also Personen, die u. a. einen beständig hohen beruflichen Kontakt mit Publikum (Kunden, Patienten etc.) besaßen. *Grandey/Diamond* (2010) zeigen in der Folge, dass dies kein Gegensatz zu den Erkenntnissen aus der Job Design-Forschung ist, wo die Möglichkeit zur Interaktion für ein geschätztes, der Persönlichkeit dienendes Charakteristikum einer befriedigenden Arbeit steht. Sie lösen diesen nur scheinbaren Widerspruch dahingehend auf, dass es eben auf die Art der Kommunikation und der Qualität der Beziehung an sich ankommt (vgl. Abb. C.9). Hier definieren sie vier Kriterien, die darüber entscheiden, wann eine Beziehung als motivierend oder belastend erlebt wird. Danach wird eine persönliche Beziehung dann als bereichernd erlebt, wenn sie gute Informationen zur Bewältigung der Arbeitsaufgabe liefert, es sich nicht um eine flüchtige Beziehung handelt, sie auf Freiwilligkeit basiert und eine individuelle Note besitzt. Belastend wird sie hingegen, wenn vor allem negative Emotionen ausgetauscht werden, es sich um ein eher zufälliges Treffen mit immer wechselnden Personen oder gar um Zusammenstöße mit Kunden etc. handelt, das Rollenbild keine situationsadäquate Reaktion zulässt und generell sehr standardisiert gehandelt werden muss. Stress und mehr sind dann über kurz oder lang die Folge. Deshalb sollten dort, wo dies möglich ist, Aufgaben rotiert und belastende Jobs nur temporär ausgeübt werden, damit auch wieder positive Erlebnisse erfahren werden können.

Kritische Würdigung der inhaltsanalytischen Perspektive

Im Mittelpunkt der inhaltsbezogenen Perspektive steht die Betrachtung von inhaltlichen Komponenten der Motivationsentstehung. Hierbei versuchen traditionelle Inhaltstheorien Auskunft darüber zu geben, *was* die Grundlage motivierten Verhaltens/Handelns ist. *Nicht* betrachtet wird hierbei, wie eine auf der Basis von Bedürfnissen/Motiven entstandene Motivation (Verhaltenstendenz) in motiviertes Verhalten/Handeln transformiert wird. Motivation in inhaltstheoretischer Sicht kann auch als unspezifische Motivation bezeichnet werden, weil sie keinen Bezug zu spezifischen Handlungsmöglichkeiten mit resultierenden Entscheidungs- und Umsetzungsanforderungen herstellt. Diese Zusammenhänge – und damit die Betrachtung einer als spezifisch zu bezeichnenden Motivation – stehen in der folgenden prozessbezogenen Perspektive im Mittelpunkt.

Wir haben im Rahmen der inhaltsbezogenen Perspektive **personenbezogene Komponenten** (Bedürfnisse/Motive) und **situationsbezogene Komponenten** (Anreizgehalt von Situationen) betrachtet. Hierbei ist festzustellen, dass aktuell im Bereich der Motiv-Forschung sehr viel stärker die genetische bzw. biologische Mitverursachung der Motivausprägung herausgestellt und auf der Basis neurowissenschaftlicher Forschung auch belegt wird. Im Kontext der Neurowissenschaften werden Motive oder genauer, die mit dem jeweiligen Motiv verknüpften Affekte, mit ihren hormonellen Korrelaten (Neurohormonen) zu bestimmen versucht. Die Annahme einer neurohormonal-affektiven Grundlage von Motiven ist verbunden mit der Unterscheidung in implizite Motive und explizite Motive. Die hieraus resultierende Konzeption Dualer Motivsysteme ist mittlerweile aus der modernen Motivationspsychologie (vgl. z. B. *Heckhausen/Heckhausen* 2010a) nicht mehr wegzudenken. Sie hat insbesondere der Volitionsforschung fruchtbare Impulse gegeben. Der in diesem Forschungskontext generierte Erkenntniszuwachs wird im Mittelpunkt der funktionsanalytischen Perspektive stehen. Weitere Folge der vorstehend skizzierten Entwicklung ist eine stärkere Beachtung unbewusster Prozesse im Motivationsgeschehen. Damit verbunden ist eine Fokussierung auf Aspekte intrinsischer Motivation sowie intrinsischer Anreize. Als spezifischer (intrinsischer) Anreiztyp werden im Kontext der Untersuchung des Flow-Konzepts Tätigkeitsanreize herausgestellt.

Vor diesem Hintergrund erlebt die Betrachtung des intrinsischen Motivierungspotenzials von Arbeit, wie es bereits in traditionellen Inhaltstheorien (hier primär auf der Basis humanistischer Ansätze) herausgestellt wird, besondere Aufmerksamkeit. Hier werden Arbeits*inhalte* (Arbeitsaufgabe und Arbeitstätigkeit) als die Quellen intrinsischer Motivation mit bestimmten Gestaltungsanforderungen verbunden. Diese sind insbesondere dazu geeignet, das implizite Leistungsmotiv anzuregen. Jedoch fühlen sich nicht alle Menschen gleichermaßen von lern- und entwicklungsförderlichen Arbeitsinhalten motiviert, andere sind eher macht- oder anschlussmotiviert. In diesem Zusammenhang sollten wir wissen, dass zukünftig Möglichkeiten und Notwendigkeiten zum sozialen Austausch sachlogisch bedingt wachsen. Damit wird diese Kategorie für den fachlichen wie beruflichen Erfolg relativ wichtiger – für das Individuum selbst wie für die Bewertungskategorie von Tätigkeiten (vgl. *Oldham/Hackman* 2010). Insgesamt wird man künftig kaum ohne stärkere Berücksichtigung interindividueller Unterschiede im Motivprofil auskommen. Vor diesem Hintergrund kann festgehalten werden, (1) dass Motivierungspotenziale von Arbeitssituationen (motivthematischer Anreizgehalt) und individuelle Motivprofile der Mitarbeiter in eine größtmögliche Übereinstimmung gebracht werden sollten und (2) Arbeitssituationen zugleich immer möglichst viele motivthematisch unterschiedliche Anreizpotenziale besitzen sollten. Denn Motivation ist ein Zustand angeregter Motive und wird im Zusammenspiel von Motiv und Situation generiert (vgl. Grundmodell der Motivation, Abb. C.1). Das Verdienst (humanistisch orientierter) inhaltstheoretischer Ansätze liegt darin, für die Bedeutung von Selbstverwirklichungs- und Wachstumsbedürfnissen sowie für die intrinsisch motivierende Kraft von Arbeitsinhalten und Arbeitstätigkeiten sensibilisiert zu haben. Wie es jedoch zu erklären ist, dass ein evident vorhandenes intrinsisches Motivierungspotenzial von Arbeit sich häufig dennoch nicht entfalten kann, damit werden wir uns aus der funktionsanalytischen Perspektive weitergehend beschäftigen. Die Umsetzung von Motivation in motiviertes Verhalten/Handeln steht jedoch auch schon im Mittelpunkt der folgenden prozessorientierten Perspektive.

2.2 Prozessanalytische Perspektive

Eine prozessorientierte Betrachtungsweise stellt die Handlungsphasen des Motivationsgeschehens in den Mittelpunkt (Handlungsperspektive). Ziel traditioneller prozesstheoretischer Ansätze ist die Erklärung der Ausprägung einer spezifischen Motivation für eine ausgewählte Handlungsmöglichkeit unter Einbeziehung der hierbei ablaufenden kognitiven Prozesse. Es wird davon ausgegangen, dass bereits eine unspezifische Motivation (Motivationstendenz) vorliegt, die auf der Basis von Motiven/Bedürfnissen entstanden ist. Da darauf aufbauend jedoch gewöhnlich viele Wünsche und Anliegen entstehen, sind Menschen gezwungen, sich zwischen konkurrierenden Wünschen und Anliegen zu entscheiden (vgl. *Achtziger/Gollwitzer* 2006, S. 279). Wünschbarkeit und Realisierbarkeit verschiedener Optionen müssen also gegeneinander abgewogen werden. Dies setzt ein Menschenbild voraus, das davon ausgeht, dass Menschen nicht Gefangene ihrer (unspezifischen) Motivationstendenzen, sondern in der Lage sind, aktiv gestaltend und bewusst ihre Entscheidungen zu treffen. Dabei wurde der Mensch in traditionellen Prozesstheorien wie in der klassischen Mikroökonomie vereinfachend als rational entscheidend und Nutzen maximierend konzeptualisiert.

Um den Motivationsprozess mit seinen unterschiedlichen Phasen und damit verbundenen psychologischen Prozessen beschreiben zu können, werden wir im Folgenden das **Handlungsphasenmodell** (Rubikon-Modell, vgl. Abb. C.10) von *Heckhausen* (1989) vorstellen. Das Modell ermöglicht es, aktuelle sowie ältere Ansätze aus der Motivationsforschung, die jeweils zu Einzelphänomenen des Motivationsgeschehens Auskunft geben, in einem gemeinsamen Ansatz zu integrieren.

Überblick Handlungsphasenmodell

Das Motivationsgeschehen wird sequenziell-analytisch in vier plausible **Handlungsphasen** aufgespalten. Die Unterscheidung der Phasen erfolgt hinsichtlich der Aufgaben, die sich einem Handelnden stellen, wenn er eine bestimmte Phase erfolgreich abschließen will.

Die Handlungsphasen korrespondieren mit bestimmten **Bewusstseinslagen** (Abwägen, Planen, Handeln, Bewerten; vgl. *Achtziger/Gollwitzer* 2006; *Heckhausen* 1987). Darüber hinaus erfolgt eine Unterscheidung in **motivationale** und **volitionale** Phasen. Motivationale Prozesse beziehen sich auf die Herausbildung einer Handlungsintention in der prädezisionalen Motivationsphase und enden, wenn sich die Person entschlossen hat, ein bestimmtes Handlungsergebnis durch eine noch vorzunehmende Handlung zu erreichen (Intentionsbildung). Der Rubikon ist überschritten. Diese Metapher beschreibt den Übergang des motivgeleiteten Abwägens von Handlungsmöglichkeiten zur Herausbildung einer Intention. Das Modell ist nach einem Grenzfluss benannt, den *Cäsar* 49 v. Chr. nach langem Abwägen überschritt und damit unwiderruflich (der → Legende nach: „*alea iacta est*" [lat.] = „*die Würfel sind gefallen*") den Bürgerkrieg eröffnete. Die Prozesse, die sich in der präaktionalen Phase (Planung der Handlungsrealisierung) und in der aktionalen Phase (Handlungsrealisierung) anschließen, werden als volitionale Prozesse verstanden. Nach erfolgter Handlungsrealisierung erfolgt die Intentionsdeaktivierung mit einer anschließenden Bewertungsphase. Die Unterscheidung in Motivation und Volition erfolgt also hier nach der Zuordnung zu spezifischen Handlungsphasen. Im Einzelnen versucht das Rubikon-Modell der Handlungsphasen Antworten auf folgende Fragen zu geben (vgl. *Achtziger/Gollwitzer* 2006, S. 278):

- Wie wählt ein Handelnder seine Ziele aus? Ergebnis: Intentionsbildung (Phase 1),
- Wie plant er deren Realisierung? Ergebnis: konkrete Realisierungspläne (Phase 2),
- Wie führt er diese Pläne durch? Ergebnis: konkrete Umsetzungen, Handlungen (Phase 3),
- Wie bewertet er seine Bemühungen und die Erreichung seines Handlungsziels? (Phase 4).

Diesen Fragen wollen wir im Folgenden unter Bezug auf ausgewählte theoretische Ansätze nachgehen.

Phase 1: Prädezisionale Phase – Bewusstseinslage: Abwägen

Auskunft über psychologische Prozesse in der prädezisionalen Phase geben insbesondere die sogenannten **Instrumentalitätstheorien** oder **Erwartungs-mal-Wert-Theorien**. Die in der prädezisionalen Phase ablaufenden kognitiven Prozesse wurden von verschiedenen Theoretikern – vor allem im Detail – unterschiedlich modelliert. Wesentliche Grundaussagen finden sich insbesondere in den Ausführungen von *Vroom* (1964) im Rahmen seiner sogenannten Valenz-Instrumentalitäten-Erwartungs-Theorie (VIE-Theorie). *Vroom* ging dabei von der leicht nachvollziehbaren Beobachtung aus, dass Menschen in wechselnden Situationen einen unterschiedlichen Einsatz zeigen. Daraus schloss er, dass es sich bei der Motivation nicht um eine stabile Disposition

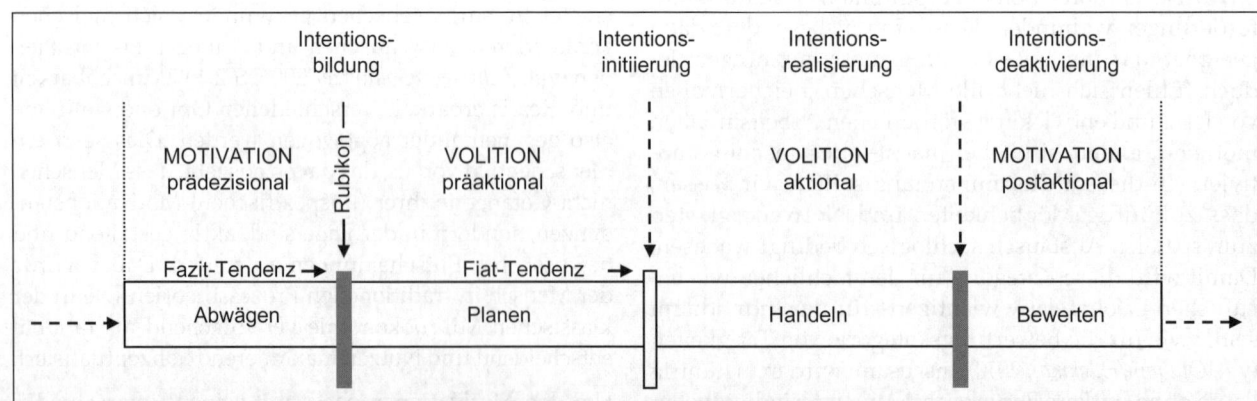

Abb. C.10: Rubikon-Modell der Handlungsphasen
(modifiziert nach *Heckhausen* 1989, S. 212; *Achtziger/Gollwitzer* 2006, S. 278)

handeln kann, sondern dass auch situative Anreize im Spiel sein müssen. Diese Erkenntnis von *Vroom* wurde in der Folgezeit präzisiert und modifiziert. Wir werden im Folgenden weder *Vrooms* VIE-Theorie noch die einzelnen hierauf aufbauenden z. T. sehr differenzierten Ansätze im Einzelnen vorstellen, sondern eine „geglättete" Fassung dieser Forschungsanstrengungen präsentieren, um eine bessere Lesbarkeit zu erreichen. *Atkinson* (1957), *Porter/Lawler* (1968), *Campbell/Pritchard* (1976), *Lawler* (1977) und *Heckhausen/Rheinberg* (1980), um einige der „Klassiker" zu nennen, haben auf diesem Feld wertvolle Forschungsbeiträge geliefert. *Scholz* (2014, S. 1079 ff.) sowie *Beckmann/Heckhausen* (2006, S. 105 ff.) geben hier weitere instruktive Einblicke.

Ausgangspunkt prozesstheoretischer Überlegungen ist die Annahme, dass Menschen zentrale **Motive** besitzen, deren Befriedigung sie anstreben. Motive werden als

> „mehr oder weniger stark sprudelnde Quellen der Wunschproduktion" (*Achtziger/Gollwitzer* 2006, S. 279)

verstanden.

Dabei wird unterstellt, dass diese Motive intra- und interindividuelle Unterschiede aufweisen können. Die Motivstruktur bewirkt, dass das Individuum in einer Gemeinschaft existierende **Werte** positiv oder negativ besetzt, ebenso wie es hiermit korrespondierende **Ziele** entsprechend einordnet. Diese Überführung der Motivstruktur in Werte bzw. Ziele ist notwendig, um überhaupt handlungsfähig zu werden. Ergebnis des Abwägeprozesses in der prädezisionalen Handlungsphase ist also ein verbindliches Ziel – der „Rubikon" vom Wunsch zum Ziel ist überschritten. Der Handelnde fühlt sich verpflichtet, das gefasste Ziel zu realisieren, was sich phänomenologisch als Gefühl der Entschlossenheit und Handlungsgewissheit manifestiert (vgl. *Achtziger/Gollwitzer* 2006, S. 279 ff.).

Die Prozesstheoretiker gehen davon aus, dass Menschen nur Handlungen anstreben, zu denen sie motiviert sind. Wir erinnern uns: Es können Handlungen sein, die deshalb angestrebt werden, weil sie Befriedigung versprechen oder aber Handlungen, die Gefahren für eine (zukünftige) Befriedigung abwehren sollen. Beispielsweise wird eine Handlung ausgeführt, um eine Zusatzprämie zu erhalten, oder sie wird ausgeführt, damit der Vorgesetzte den Bonus nicht streicht. Da im Kontext der prozesstheoretischen Perspektive davon ausgegangen wird, dass Menschen stets darauf bedacht sind, ihren subjektiv erwarteten Nutzen zu maximieren, wird im Falle alternativer Handlungsmöglichkeiten diejenige gewählt, mittels derer ein gewünschtes Ziel bestmöglich erreicht werden kann. Damit haben wir Anfangs- und Endpunkt des kognitiven Prozesses beschrieben, der die Anstrengungsbereitschaft für die Auswahl einer bestimmten Handlung festlegt. Im Einzelnen verläuft dieser Prozess natürlich noch detaillierter. Um ihn zu verstehen, müssen die Begriffe Valenz, Instrumentalität und Erwartung näher erläutert werden:

- Unter **Valenz** verstehen wir die subjektive Wertigkeit (kognitiv, emotional) eines sich in Zielen konkretisierenden Bedürfnisses/Motivs bzw. hiermit in Verbindung stehender Vorstufen. Es können verschiedene Valenzarten unterschieden werden. Wir bezeichnen die Valenz von grundlegenden Bedürfnissen/Motiven (z. B. Sicherheit, Reichtum, Macht, Leistung, als Person geschätzt zu werden, glücklich sein, seine Persönlichkeit entfalten) als Valenz erster Ordnung (äquivalent: originäre Valenz). Korrespondierende Vorstufen erhalten aufsteigende Valenzbezeichnungen (Valenz zweiter Ordnung usw.; äquivalent: derivate Valenzen). Die Valenzen können Ausprägungen zwischen -1 und +1 annehmen. Ein negativer Zahlenwert besagt, dass dieses Motiv bzw. die hiermit korrespondierenden Ziele vom Individuum nicht geschätzt werden, ein positiver Zahlenwert besagt Gegenteiliges. „0" bedeutet, dass das Individuum diesem Wert gleichgültig (indifferent) gegenübersteht.

- Mit **Instrumentalität** ist der Korrespondenzgrad, d. h. die erwartete Enge und Richtung der Beziehung gemeint, die zwischen den antizipierten Folgen eines Handlungsergebnisses und den aus den Bedürfnissen/Motiven abgeleiteten Werten/Zielen der Person besteht. Ausgedrückt wird also hiermit, inwieweit ein mögliches Ereignis X (Folge eines Handlungsergebnisses) als taugliches Instrument zur Herbeiführung (oder Verhinderung) anreizbesetzter anderer Dinge Y (Motive usw.) erscheint (vgl. *Rheinberg/Vollmeyer* 2012, S. 130). Auch die Instrumentalität kann Werte zwischen -1 und +1 annehmen. Ein negativer Zahlenwert besagt, dass die beiden Größen in einer sich beeinträchtigenden Beziehung stehen, ein positiver Zahlenwert verweist auf das Gegenteil. „0" drückt eine Beziehungslosigkeit aus.

- Mit **Erwartungen** werden ganz allgemein subjektive Wahrscheinlichkeiten beschrieben. Es sind drei verschiedene Arten von Erwartungen zu unterscheiden (vgl. *Rheinberg* 2006, S. 339). Sie drücken aus, mit welcher Wahrscheinlichkeit ein Individuum (1) glaubt, mit einer bestimmten Handlung ein bestimmtes Ergebnis herbeiführen zu können (Handlungs-Ergebnis-Erwartung), inwieweit es (2) annimmt, dass mit einem Handlungsergebnis bestimmte Konsequenzen verbunden sind (Handlungs-Ergebnis-Folgen-Erwartung bzw. Konsequenzerwartung) sowie inwieweit es (3) davon ausgeht, dass sich ein bestimmtes Ergebnis auch ohne eigenes Handeln einstellen wird (Situations-Ergebnis-Erwartung). Die Erwartungen nehmen Ausprägungen von 0 (mit subjektiver Sicherheit kein Zusammenhang) und +1 (mit subjektiver Sicherheit ein Zusammenhang) an.

Durchlaufen wir nun anhand der Abbildung C.11 die einzelnen Schritte des kognitiven Prozesses der Auswahl einer bestimmten Handlungsmöglichkeit: Ausgangspunkt sind die Handlungsmöglichkeiten, die sich in einer bestimmten Person-Umwelt-Konstellation (Handlungsfeld) darstellen (vgl. *Kossbiel* 1990, S. 1160). Das Handlungsfeld ist damit in einem Fall mehr, in einem anderen Fall minder beschränkt. Der geringste Spielraum besteht dann, wenn das Handlungsziel und der Handlungsweg vorgegeben sind und die Person nur noch zwischen dem Einleiten dieser Handlung oder der Weigerung, überhaupt zu handeln, wählen kann. Der größte Handlungsspielraum ist vorhanden, wenn das Handlungsziel und Handlungswege selbst gewählt werden können. In Organisationen finden wir beides und vor allem Mischformen (vgl. zum Handlungsspielraumkonzept *Weibler* 1989, S. 108 ff.). Jede Handlung wird zu einem Handlungsergebnis führen (Handlungszielerreichung oder Handlungszielverfehlung oder Mischformen).

Die Bewertung dieses Handlungsergebnisses wird entweder nur von der handelnden Person oder auch von einer anderen Person vorgenommen. Der Maßstab ist das jeweilige Anspruchsniveau, was uns aber hier nicht weiter interessieren soll. Die handelnde Person steht nun vor dem Problem abschätzen zu müssen, welche Folgen

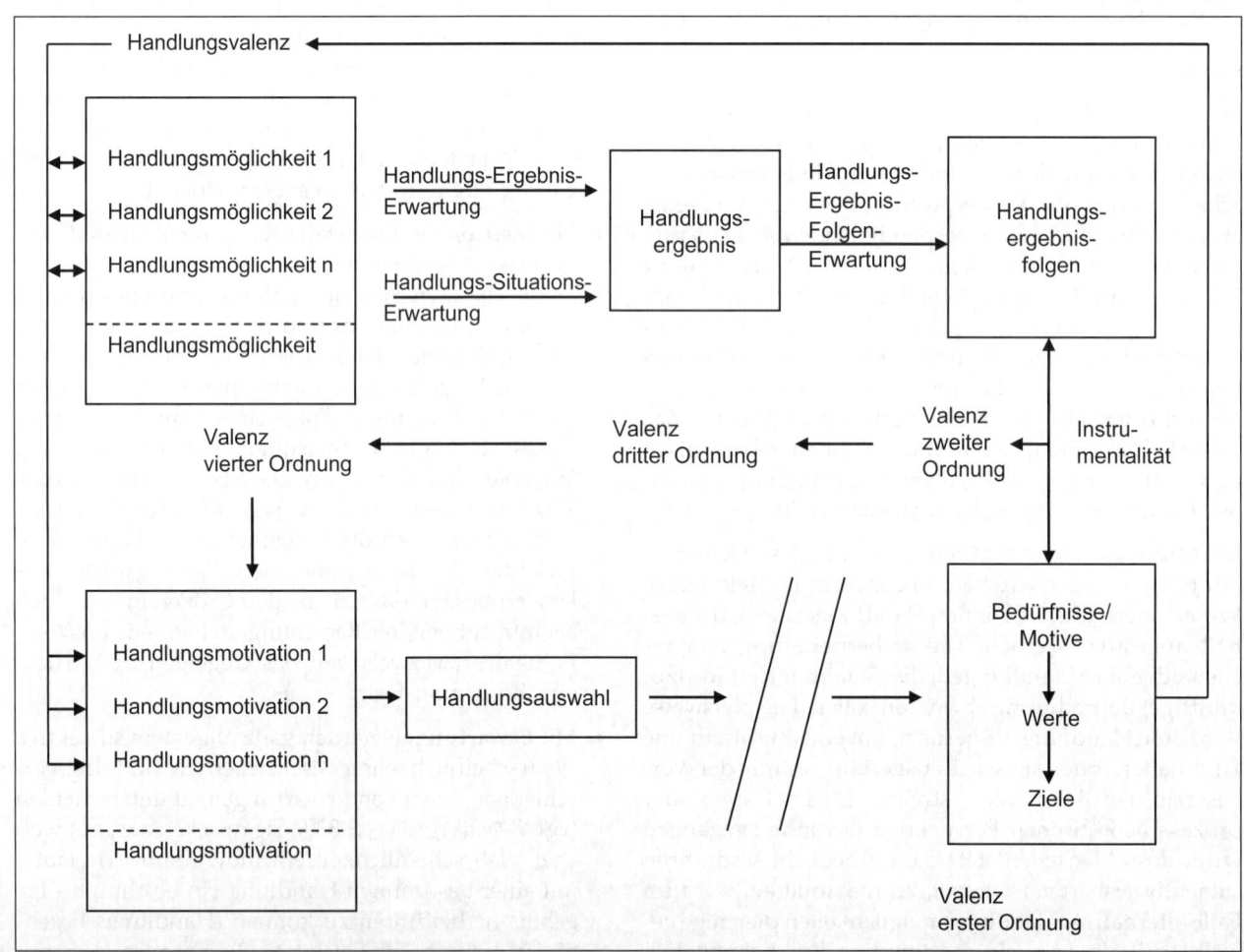

Abb. C.11: Prozess der Auswahl einer Handlungsmöglichkeit

mit einem bestimmten Handlungsergebnis verbunden sind, welches wiederum aus einer bestimmten Handlungsmöglichkeit resultiert. Sie muss diese Einschätzung vornehmen, um zumindest eine Entscheidung darüber zu treffen, ob sie handeln oder nicht handeln soll (jede Handlung verschließt temporär Möglichkeiten andere Handlungen, gegebenenfalls in einem anderen Handlungsfeld, auszuüben). Zur Lösung dieses Problems wird sie, so die Annahme, mehrere gedankliche Schritte vollziehen. Das Resultat wird in einer spezifischen Motivation für jede geprüfte Handlungsmöglichkeit münden. Letztendlich wird sich die Person für die Handlungsmöglichkeit entscheiden, die die größte spezifische Motivation besitzt.

Im Einzelnen: Zunächst bildet die Person eine Erwartung darüber aus, mit welcher subjektiven Wahrscheinlichkeit sich das zur Diskussion stehende Handlungsergebnis auch ohne eigenes Zutun einstellen wird **(Situations-Ergebnis-Erwartung)**. Zumindest in vertrauten Situationen überlegt die Person also, woraufhin sich die Situation entwickeln würde, wenn sie nicht handelnd eingreift. Wenn sich ein positives Handlungsergebnis auch ohne das eigene Zutun (z. B. Teamerfolg: „Die anderen machen das schon") oder durch eigene, erneute Aktivität (z. B. Prüfung: „Ich muss dieses Seminar nicht mehr besuchen, ich kann die Inhalte") mehr oder minder gleichermaßen einstellt, ist natürlich ebenso wie im umgekehrten Fall der Abwehr eines unerwünschten Ergebnisses keine weitere Anstrengung erforderlich. Regelt sich alles jedoch nicht von selbst, ist eigenes Handeln gefragt. Doch bevor es dazu kommt, müssen weitere Prüfschritte durchlaufen werden: Für jede vorhandene Handlungsmöglichkeit wird geprüft, welches Handlungsergebnis sich voraussichtlich einstellen wird. Diese Einschätzung ist das Ergebnis einer zweiteiligen Erwartung **(Handlungs-Ergebnis-Erwartung)**, (a) durch eine bestimmte Handlung bestimmte Handlungsergebnisse prinzipiell erreichen zu können und (b) der Überzeugung, dieses auch selbst leisten zu können. Faktisch korrespondiert diese Erwartung also ebenfalls mit dem Zutrauen in die eigene Leistungskraft (→ Selbstwirksamkeit) unter Berücksichtigung situationaler Bedingungen. Die Selbstwirksamkeitsüberzeugung führt aber nur dann zu einem möglichen Handeln, wenn die situationalen Bedingungen sie nicht unterminieren. Als situationale Bedingungen können nicht kontrollierbare Umfeldbedingungen (z. B. Arbeitsmittel) sowie zumindest zum fraglichen Zeitpunkt nicht kontrollierbare Bedingungen in der Person selbst verstanden werden (z. B. persönliche Abneigung gegen die Tätigkeit, ethische Verwerflichkeit). Beides zusammen ergibt dann die Erfolgswahrscheinlichkeit, ein bestimmtes Ergebnis erreichen zu können.

Atkinson (1957) hat nachweisen können, dass sich Menschen grundsätzlich hinsichtlich ihrer **Hoffnung auf Erfolg** bzw. **Furcht vor Misserfolg** unterscheiden lassen. Menschen, bei denen die Hoffnung auf Erfolg hinsichtlich des Erreichens eines Ergebnisses überwiegt, fühlen sich bei Aufgaben mit mittlerer Schwierigkeit (mit hoher subjektiver Gelingenswahrscheinlichkeit) besonders sicher. Deshalb wird in diesen Fällen ihre Erwartung, einen Handlungserfolg zu erzielen, allgemein recht hoch sein. Menschen, bei denen die Furcht vor Misserfolg überwiegt, bevorzugen dagegen entweder sehr leichte Aufgaben, bei denen ein Handlungserfolg nahezu sicher ist („Die schafft jeder, auch ich"), oder sehr schwierige Aufgaben, bei denen ein Handlungserfolg nahezu unmöglich ist („Die schaffen auch andere nicht, mich trifft keine Schuld").

In Abhängigkeit der Beurteilung der Quantität und Qualität des Handlungsergebnisses wird nun spekuliert, welche Handlungsergebnisfolgen das Handlungsergebnis nach sich ziehen wird **(Handlungs-Ergebnis-Folgen-Erwartung)**. Um die Handlungsergebnisfolgen einzuordnen, sind aber Informationen zur **Valenz** (Wertigkeit, Attraktivität) dieser Folgen notwendig. Angenommen wird, dass diese Valenz dadurch bestimmt wird, in welcher Beziehung **(Instrumentalität)** alle bedachten Handlungsergebnisfolgen zu den grundlegenden Bedürfnissen/Motiven bzw. hieraus abgeleiteten Werten und Zielen der kalkulierenden Person stehen, die ja wiederum für die Person die – letztendlich entscheidende – Attraktivität besitzen. Zum Schluss kommt man zu einer Gesamtvalenz des erwarteten Handlungsergebnisses, das als eine

> „Funktion der Valenzen aller weiteren Handlungsfolgen und der dem Handlungsergebnis für ihr Eintreten zugeschriebenen Instrumentalitäten" (Beckmann/Heckhausen 2006, S. 137)

gesehen werden muss.

Damit ist es im Übrigen auch möglich, den einzelnen Elementen in diesem Prüfprozess eigene Valenzen zuzuordnen. **Valenzen erster Ordnung** besitzen die grundlegenden Motive usw. Die Handlungsergebnisfolgen besitzen eine **Valenz zweiter Ordnung**, die sich aus der Unmittelbarkeit der Beziehung zu den Valenzen erster Ordnung ergibt. Das Handlungsergebnis besitzt eine **Valenz dritter Ordnung**, die sich aus der Erwartung, bestimmte Handlungsergebnisfolgen zu erreichen, und deren Attraktivität ergibt.

Alle bisher dargestellten Verbindungen werden in Größen ausgedrückt (Valenzerwartungswerte), die ein durch Multiplikation entstandenes Produkt repräsentieren (z. B. Handlungs-Ergebnis-Folgen-Erwartung [0–1] multipliziert mit der Valenz der Handlungsergebnisfolgen [-1 bis +1]). Demnach ergibt sich abschließend ein Gesamtwert, der die bisherige Stärke der spezifischen Motivation für eine bestimmte Handlungsmöglichkeit darstellt (Handlungs-Ergebnis-Erwartung x Valenz dritter Ordnung). Dieser Gesamtwert kann als **Valenz vierter Ordnung** bezeichnet werden. Zur Verdeutlichung der bisherigen Kernannahmen sei auf eine aussagenlogische Fassung von *Heckhausen/Rheinberg* (1980, S. 19) verwiesen (vgl. Abb. C.12).

Wir müssen aber davon ausgehen, dass in dem geschilderten Prozess nicht nur die mit einer Handlung erreichbaren Folgen gewertet werden. Vielmehr werden auch die Attraktivität des Handelns selbst gewertet (**Handlungsvalenz**, z. B. Nervenkitzel bei schwierigen Aufgaben, Aufgehen in einer Tätigkeit; vgl. auch *Neuberger*

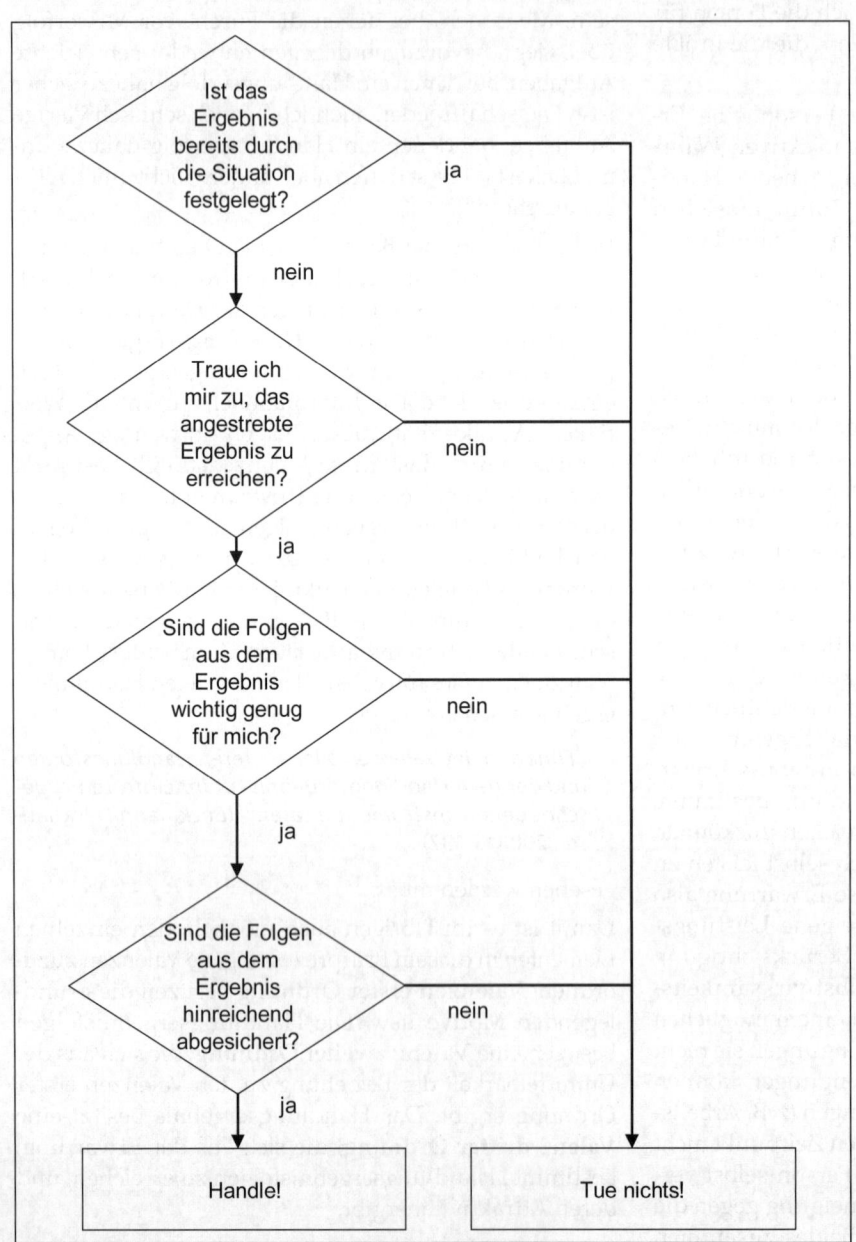

Abb. C.12: Handeln oder Nicht-Handeln im Handlungsfeld (modifiziert nach *Heckhausen/Rheinberg* 1980, S. 19)

2002, S. 533). Deshalb ist dem bisherigen Gesamtwert pro Handlungsmöglichkeit noch ein zweiter Wert additiv hinzuzufügen, wodurch sich erst dann abschließend der Gesamtwert der spezifischen Motivation pro Handlungsmöglichkeit (= Handlungsmotivation) ergibt. Hierdurch ist erklärbar, warum Handlungen vollzogen werden, obwohl die Handlungsergebnisfolgen unbedeutend oder gar aus Sicht der Person negativ sind oder sich gar nicht erst einstellen, weil die Handlungs-Ergebnis-Erwartung oder die Handlungs-Ergebnis-Folgen-Erwartung den Wert Null annimmt. Ebenso wie jetzt zu verstehen ist, warum trotz positiver Handlungsergebnisfolgen dennoch nicht gehandelt wird (die negative Handlungsvalenz ist größer). Unbeschadet dessen ist im Einklang mit der **Weg-Ziel-Theorie** (☞ D. II. 2.8), die auf den Arbeiten von *Evans* und *House* (vgl. *Evans* 1995; *House* 1971) aufbaut, anzunehmen, dass das Individuum jene Handlungsmöglichkeit wählen wird, die nicht nur die von ihm hoch bewerteten Ziele erreichen hilft, sondern die auch einen sicheren „Weg" zu diesen Zielen verspricht (vgl. *Neuberger* 2002, S. 537).

Der geschilderte Prüfprozess wird insofern kompliziert, als eine Handlungsmöglichkeit mehrere Handlungsergebnisse haben kann und sich für jedes Handlungsergebnis mehrere positiv wie negativ bewertete Handlungsergebnisfolgen einstellen können. Die idealisierte Annahme ist, dass diese Kalkulation für alle Handlungsmöglichkeiten und deren jeweilige Auswirkungen durchgespielt und zu einem Gesamtergebnis (Nettonutzen) zusammenführt wird. Bei freier Wahl würde eine Person z. B. abwägen, ob sie lieber ein Projekt leitet oder temporär eine Sonderfunktion in einer ausländischen Tochtergesellschaft übernimmt. Wird ihrer Wahl Rechnung getragen, ist mit einer vergleichsweise höheren Motivation zu rechnen. Theoretisch könnte dieser kognitive Kalkulationsprozess nahezu unendlich lang werden. Dies würde die Person nicht zum Ergreifen einer Handlungsmöglichkeit, sondern zu einem fortwährenden Nachdenken über die Wahl der optimalen Entscheidung veranlassen. Da dies jedoch letztendlich noch weniger ökonomisch als eine suboptimale Entscheidung ist, wird eine sogenannte **Fazit-Tendenz** (facit [lat.] = „es macht") angenommen, demgemäß die Person den Bewertungsprozess abbricht, wenn eine weitere Informationsverarbeitung keinen Zusatznutzen mehr verspricht (vgl. *Kleinbeck* 2006, S. 279; vgl. Abb. C.10).

Wir sollten bedenken, dass derartige Prüfprozesse in der Realität eher ungenau, unvollständig und automatisiert ablaufen, sodass als Resultat nicht ein mathematisch genauer Wert den Abschluss des Prüfprozesses bildet, sondern es eher in der Einschätzung des Ausreichenden oder Nicht-Ausreichenden, eines Besser oder Schlechter, mündet. Dies würde zum Teil auch die berechtigte Kritik an der Scheingenauigkeit des Modells und seiner faktischen Messprobleme mildern. Der grundsätzlichen Logik tut dies jedoch keinen Abbruch. Wird aus dem Abwägungsprozess eine Handlungsabsicht, ist also die Entscheidung gefallen, eine bestimmte Handlung in Angriff zu nehmen, ist der Rubikon überschritten. Damit beginnt die **präaktionale** Phase des Motivationsgeschehens (vgl. Abb. C.10), die wir im Folgenden näher beleuchten werden.

Phase 2: Präaktionale Phase – Bewusstseinslage: Planen

Mit Beginn der präaktionalen Phase des Rubikonmodells ist die Wahl für eine bestimmte Handlungsalternative getroffen. Wie nun die Realisierung geplant und tatsächlich umgesetzt wird, hängt von Volitionsprozessen ab. Der Terminus **Volition** soll nach *Achtziger/Gollwitzer* (2006) darauf hindeuten, dass das motivationale Abwägen möglicher Handlungsziele durch Überschreiten des Rubikons beendet worden ist und jetzt die Realisierung des im Ziel spezifizierten Zielzustandes gewollt wird. Dabei geht es in der präaktionalen Volitionsphase vorrangig um die Entwicklung konkreter aufgabenbezogener Pläne und Strategien. Hierbei spielen **Ziele** eine zentrale Rolle. Wir wollen daher im Folgenden einige ausgewählte grundlegende Befunde aus der umfangreichen Literatur der psychologischen **Zielsetzungsforschung** vorstellen (vgl. weiterführend z. B. *Achtziger/Gollwitzer* 2006; *Kleinbeck* 2006; *Kuhl/Koole* 2005, S. 109).

Ziele werden als Dreh- und Angelpunkte der Handlungssteuerung angesehen. Nach *Hacker* (1983) sind in Zielen die motivationalen und kognitiven Aspekte der psychischen Tätigkeitsregulation vereinigt, sodass sich die Bedeutung der Zielgerichtetheit menschlichen Handelns in drei Aspekten zeigt:

- Ziele aktivieren den Menschen für bestimmte Tätigkeiten,
- Ziele lenken Tätigkeiten über Abfolgen von Zwischenzielen, was die Antizipation zukünftiger Bedingungen und damit Planungsschritte erforderlich macht und
- Ziele bzw. ursprüngliche Zielvorstellungen sind zentral für die Bewertung sowie das Erleben in Bezug auf sich selbst und auf andere (Bewertungs- und Vergleichsmaßstab).

Vielfältige Erkenntnisse zur Wirkung von Zielen auf motiviertes Handeln (und weiterer damit verknüpfter messbarer Variablen) sind im Kontext der Theorie der Zielsetzung (vgl. *Locke/Latham* 2002, 1990, 1984) generiert worden.

Theorie der Zielsetzung (Locke/Latham)

Die Theorie der Zielsetzung stellt diejenigen Prozesse in den Mittelpunkt, die zwischen Zielsetzung und nachfolgendem Verhalten vermitteln. Die Zielsetzungstheorie stellt insbesondere Willensprozesse (im Sinne des Volitionsverständnisses des Handlungsphasenmodells) in den Mittelpunkt und wird daher in die präaktionale Volitionsphase des Rubikonmodells eingeordnet (vgl. *Heckhausen* 1989, S. 264). Die Theorie der Zielsetzung basiert auf der schlichten Annahme, dass bewusstes menschliches Handeln zweckgerichtet und durch individuelle Ziele reguliert ist (vgl. *Latham/Locke* 1991, S. 212). Ziele werden dabei als bewusste Vorannahmen der Person aufgefasst, die sich auf zukünftige von ihr angestrebte Handlungsresultate beziehen. Im Kontext der Zielsetzungstheorie wurde insbesondere die Wirkung von Zielen auf die Leistung untersucht (vgl. Abb. C.13). Gerade deshalb haben ihre Aussagen große praktische Relevanz erlangt. Weiterhin wurde die Theorie der Zielsetzung von Anfang an mehr als Führungstheorie denn als Motivationstheorie verstanden (vgl. *Locke/Latham* 1990; *Van Dick/Wegge* 2004, S. 215). So sind aus der organisationsbezogenen Forschungsrichtung der Zielsetzungsforschung prominente Management- bzw. **Führungsinstrumente** (☞ D. III.) hervorgegangen. Zu nennen sind Instrumente wie Management by Objectives (MbO) (vgl. *Bungard/Kohnke* 2000; *Rodgers/Hunter* 1991; *Odiorne* 1967) oder Partizipatives Produktivitätsmanagement (vgl. *Kleinbeck* 2004b, 1996; *Pritchard* 1990). Weitere ganz praktische Herausforderungen, die sich insbesondere für die Führung ergeben, wenn Ziele *nicht* erreicht werden, zeigen wir in ☞ C. II. 3.2 auf.

Die Wirkung von Zielen hängt von zwei Faktoren ab: Der Höhe (Zielschwierigkeit) und der Spezifität eines Ziels. So führen (1) schwierige und herausfordernde Ziele (Zielschwierigkeit) zu besseren Leistungen als mittlere oder leichte Ziele und (2) führen präzise, spezifische Ziele zu besseren Leistungen als vage (do your-best) Ziele. Die Kernaussage der Theorie der Zielsetzung fassen *Locke/Latham* (1984) zusammen und konstatieren:

> „*Goals are most effective in producing high performance when they are both specific and challenging*" (*Locke/Latham* 1984, S. 26).

Diese Aussage wurde in umfangreichen empirischen Studien (vgl. z. B. für eine Metaanalyse *Mento/Steele/Karren* 1987) bestätigt, weshalb sie mitunter als eine der empirisch am besten bestätigten Hypothesen in der Arbeits- und Organisationspsychologie angesehen wird (vgl. *Nerdinger* 2004, S. 13; 1995, S. 110). Diese Sichtweise muss angesichts einiger neuerer Forschungen (vgl. bspw. *Welsh/Ordóñez* 2014; *Bardes/Piccolo* 2010) zur (ethisch) „dunklen Seite der Führung" allerdings relativiert werden. Die kritische These lautet hier, dass **herausfordernde Zielsetzungen auf Dauer** – und insbesondere wenn sie **mit leistungsabhängigen Vergütungen** gekoppelt sind – negativen **Stress** bei den Führenden verursachen und destruktives Führungsverhalten befördern können. Auf diese sog. „*dark side of goalsetting*" werden wir an geeigneter Stelle nochmals ausführlicher eingehen (☞ F. VI. 4.3).

Die Umsetzung von Zielen in Leistung erfolgt nach der Theorie der Zielsetzung unter Berücksichtigung von **Wirkmechanismen** und **Moderatoren** (vgl. Abb. C.13). Wirkmechanismen, die dafür verantwortlich sind, dass Ziele in Leistungshandeln umgesetzt werden, sind

- Verhaltensausrichtung („direction"),
- Anstrengung („effort"),

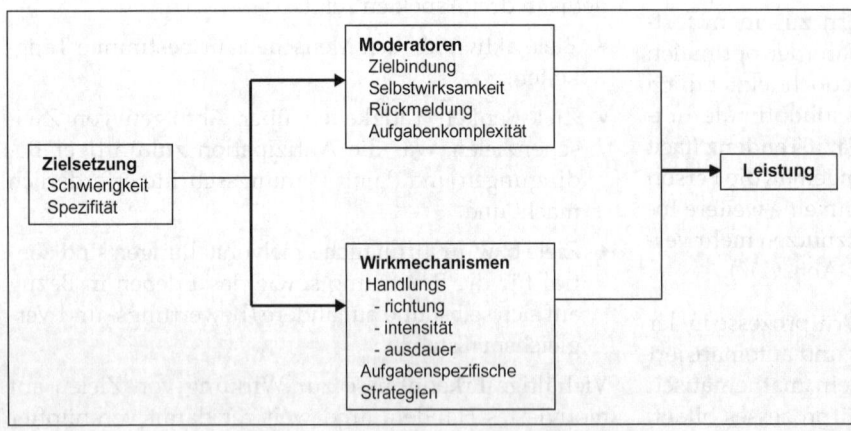

Abb. C.13: Theorie der Zielsetzung (nach *Locke/Latham* 1990; vgl. *Nerdinger* 2014a, S. 434)

- Intensität („intensity"),
- Ausdauer („persistance") und
- Aufgabenspezifische Strategien („task specific strategies") (vgl. *Locke/Latham* 1990, S. 253).

Ziele wirken demnach direkt auf Ausrichtung, Anstrengung und Ausdauer. Bei komplexen Aufgaben wirken Ziele indirekt auf das Handeln ein, indem sie die Entwicklung aufgabenspezifischer Pläne und Strategien stimulieren (vgl. *Locke/Latham* 1990; siehe auch *Nerdinger* 2014a, S. 433 ff.).

Durch ein Ziel wird demnach das bevorstehende Handeln in eine bestimmte Richtung gelenkt. Handlungsalternativen sowie zielwidrige Informationen zur Handlungsausführung werden ausgeblendet (vgl. auch *Kuhl/Koole* 2005, S. 157). Die Aufmerksamkeit wird damit auf Aspekte der Informationsverarbeitung gerichtet, die der Planung und Ausführung der intendierten Handlung bzw. des Ziels dienen. Zielsetzung initiiert somit die **planende Bewusstseinslage**, die für die **präaktionale Volitionsphase** charakteristisch ist (vgl. Abb. C.10).

Diese (unmittelbaren) Effekte herausfordernder und spezifischer Ziele auf die Leistung werden von verschiedenen **Moderatoren** beeinflusst (vgl. Abb. C.13; vgl. *Latham/Locke* 1991; *Locke/Latham* 1990; siehe auch *Nerdinger* 2004, 1995):

- **Zielbindung** bezieht sich auf den Grad, mit dem sich das Individuum dem Ziel verpflichtet fühlt, sich identifiziert und es als (persönlich) wichtig einschätzt. Zielbindung stellt im Prozess der zielorientierten Ausführung von Handlungen die eigentlich motivierende Kraft dar, weil nur eine Handlung, die gewollt ist, auch durchgeführt wird (vgl. *Kleinbeck* 1996, S. 59). Der Grad der Zielbindung hängt neben direkten persönlichen Motiven insbesondere von der Instrumentalität (vgl. *Vroom* 1964) erwarteter Leistungsergebnisse für die Folgen (z. B. Belohnungen, Anerkennung) ab (vgl. *Locke/Latham* 1990). Faktoren, die im Sinne der Theorie der Zielsetzung die Zielbindung beeinflussen, betreffen damit primär wesentliche Aspekte der Wert-mal-Erwartungs-Ansätze, wie wir sie im Kontext der prädezisionalen Handlungsphase beschrieben haben (vgl. weiterführend *Nerdinger* 1995, S. 111 f.).
- **Aufgabenkomplexität:** Der Zusammenhang zwischen schwierigen und spezifischen Zielen und der Leistung ist bei einfachen Aufgaben sehr viel stärker als bei komplexen Aufgaben. Zielsetzungen entfalten daher ihre stärkste Wirkung bei einfachen Aufgaben. Bei der Bewältigung komplexer Aufgaben sind hingegen elaborierte Pläne und Strategien erforderlich, was einer schnellen und direkten Handlungsausführung entgegensteht. Eine zu starke Zielfokussierung ist daher hier nicht leistungsförderlich, denn es gilt zunächst, aufgabenspezifische Strategien zu entwickeln (vgl. weiterführend *Nerdinger* 2004, S. 16 und 1995, S. 119 f.; *Kleinbeck* 1996, S. 62 ff.).
- **Selbstwirksamkeit** stellt ein besonders wichtiges Personenmerkmal für die erfolgreiche Bewältigung von Leistungssituationen dar. Es ist ein Schlüsselkonzept der sozial-kognitiven Lerntheorie (☞ C. III.). Selbstwirksamkeit wird definiert als aufgabenspezifisches Selbstvertrauen und beschreibt den Glauben, über die Fähigkeiten zur Bewältigung und Kontrolle künftiger Aufgaben zu verfügen (vgl. *Latham/Locke* 1991; *Bandura* 1986). Die positiven Effekte von hoher Selbstwirksamkeit auf die Leistung sind mittlerweile hinlänglich belegt (vgl. für eine Metaanalyse *Stajkovic/Luthans* 1998). Selbstwirksamkeit hat daher sowohl einen direkten Einfluss auf Leistungshandeln und wird zugleich auch als Moderator der Wirkung von Zielsetzungen auf Leistungshandeln betrachtet (vgl. *Nerdinger* 2004, S. 14 und 1995, S. 115 f.).
- **Feedback** liefert Informationen über die Ziel-Ergebnisdiskrepanz. Feedback fördert die Wahrnehmung der eigenen Selbstwirksamkeit sowie die Entwicklung effektiver Aufgabenstrategien. Die leistungssteigernde Wirkung von Feedback im Zielerreichungsprozess basiert im Einzelnen auf der Informations-, Motivations- und Lernfunktion von Feedback (vgl. *Kleinbeck* 1996; *Locke/Latham* 1990). Feedback und seine Ausgestaltung haben Einfluss auf die Selbstwirksamkeit und Entscheidung einer Person, sich weiterhin für ein Ziel zu engagieren, es zu vernachlässigen oder ganz aufzugeben (Zielbindung). Die enorme Wichtigkeit von Feedback und die Art seiner Ausgestaltung wird in der Praxis häufig übersehen (vgl. *Van Dick/Wegge* 2004, S. 223). Allerdings sind die genauen Wirkmechanismen von Feedback noch nicht vollständig erforscht und durchaus widersprüchlich (vgl. *Nerdinger* 1995, S. 118; für einen Überblick die Metaanalysen von *Neubert* 1998 und *Kluger/DeNisi* 1996). Zusammengefasst können jedoch an dieser Stelle folgende Ergebnisse formuliert werden: (a) Feedback ist bei komplexen Aufgaben leistungswirksamer und wichtiger als bei einfachen Aufgaben (b) spezifisches, aufgabenbezogenes Feedback ist leistungsförderlicher als unspezifisches und/oder allgemein verhaltensbezogenes Feedback. Feedback sollte, um Orientierung geben zu können, einen hohen aufgabenbezogenen Informationswert aufweisen. Daher sind vor allem normative

Rückmeldungen eventuell sogar kontraproduktiv, da sie die Aufmerksamkeit von der Aufgabe abziehen und auf die Person selbst lenken (vgl. *Kirchler* 2008, S. 368 ff.).

Aus motivationspsychologischer Sicht sind mit Blick auf Feedback vor allem die Effekte auf die Selbstwirksamkeitswahrnehmung der Person zu beachten. Insbesondere Misserfolgsrückmeldungen können mit negativen Folgen verbunden sein. So stellten beispielsweise *Bandura/Cervone* (1986) fest, dass eine Rückmeldung über Leistungen, die nicht dem Leistungsziel entsprachen (Misserfolgsrückmeldung), nur bei Personen mit hoher Selbstwirksamkeit zu einer anschließenden Leistungssteigerung führte. Es hielten nur diejenigen Personen an ihren Zielen fest und zeigten eine nachfolgende größere Anstrengung, die über ein großes Vertrauen in ihre Tüchtigkeit verfügten (vgl. *Latham/Locke* 1991; weiterführend *Kleinbeck* 2004a und 1996, S. 56 ff., S. 15).

Mit der Betrachtung von Zielsetzungsprozessen und damit verbundener Phänomene verlassen wir nun die zweite Handlungsphase des Rubikonmodells und stellen die beiden bisher vorgestellten Handlungsphasen resümierend gegenüber: In der **prädezisionalen Phase** herrscht eine **abwägende Bewusstseinslage** vor. Die **präaktionale Phase** hingegen ist mit einer **planenden Bewusstseinslage** assoziiert (vgl. Abb. C.10). Dazwischen liegt ein, und das in einem wörtlich zu verstehenden Sinn, entscheidender Übergang: Die Überschreitung des Rubikon und damit die Intentionsbildung.

Phase 3: Aktionale Phase – Bewusstseinslage: Handeln

In der aktionalen Handlungsphase geht es darum, die Realisierung des Ziels erfolgreich umzusetzen. Hierbei soll – der Bewusstseinslagenforschung (vgl. *Achtziger/Gollwitzer* 2006) zufolge – die handelnde Bewusstseinslage helfen, Unterbrechungen zu vermeiden und zielförderliches Verhalten in Gang zu halten. Es gilt daher ein Stocken des Handlungsflusses zu vermeiden. Ein Handelnder versucht in der aktionalen Handlungsphase die in der präaktionalen Handlungsphase gefassten Pläne zur Realisierung des (am Ende der prädezisionalen Handlungsphase) gefassten Ziels in die Tat umzusetzen. Dies wird am besten durch beharrliches Verfolgen des Ziels und durch Anstrengungssteigerung bei Auftreten von Schwierigkeiten erreicht. Die handelnde Bewusstseinslage soll also dazu beitragen, dass nur diejenigen Aspekte des Selbst und der Umgebung, die den Handlungsablauf unterstützen, Beachtung finden. Aspekte, die zu Unterbrechungen des Handlungsablaufs führen könnten (z. B. selbst reflektierende Gedanken, konkurrierende Ziele oder ablenkende Umweltreize), sollten ignoriert werden. Diese Phase ist assoziiert mit der Abwesenheit jeglicher Regulationserfordernisse. Die aktionale Bewusstseinslage sollte immer dann entstehen, wenn man sich reibungslos auf die Verwirklichung eines Ziels hinbewegt (vgl. *Achtziger/Gollwitzer* 2006, S. 280 ff.).

Die hier vorgestellte Konzeption der handelnden Bewusstseinslage erinnert zum einen an die Phänomenologie des von *Csikszentmihalyi* (2005a/b) entwickelten Flow-Konzepts. Zum anderen stellen *Achtziger/Gollwitzer* (2006, S. 280) heraus, dass die aktionale Phase durch „Anstrengungssteigerung" und „beharrliches Verfolgen des Ziels" charakterisiert ist. Wie diese Prozesse mit der Phänomenologie von Flow korrespondieren, also, wie trotz angestrengten und beharrlichen Zielstrebens zugleich ein selbst-reflexionsfreier und reibungsloser aktionaler Zustand (mit Anzeichen von Flow-Erleben) erreicht werden soll, lassen die Autoren jedoch offen. Wir werden diese Zusammenhänge im Rahmen der funktionsanalytischen Betrachtung des Motivations- und Volitionsgeschehens aufgreifen.

Phase 4: Postaktionale Phase – Bewusstseinslage: Bewerten

Nach Abschluss einer Handlung ist ein bestimmtes Ergebnis erreicht, und sei es auch nur die Erkenntnis des Scheiterns. Die Bewertung von Handlungsergebnissen ist Gegenstand der abschließenden postaktionalen Phase des Rubikonmodells (vgl. Abb. C.10). Charakteristisch für die Bewertungsphase ist ein Vergleich zwischen (1) dem, was erreicht wurde (Handlungsergebnis) und (2) dem, was aus diesem Handlungsergebnis erhalten wurde (Konsequenzen des Handlungsergebnisses) sowie (3) dem, was ursprünglich an Konsequenzen erwartet bzw. beabsichtigt worden war. Es geht also darum, herauszufinden, inwiefern die intendierten Handlungsergebnisse tatsächlich erreicht worden sind, und inwiefern die erwarteten bzw. erhofften Ergebnisfolgen (Handlungsergebnis-Erwartung und Handlungsergebnisfolge-Erwartung, vgl. Phase 1) auch tatsächlich eingetreten sind (vgl. auch *Achtziger/Gollwitzer* 2006, S. 283). Das Ergebnis dieser Bewertung hat wiederum einen Einfluss auf die Entwicklung neuer Intentionen bzw. Ziele. Im Mittelpunkt stehen damit die Rückwirkungen auf wichtige Parameter der Prozesstheorien (Wert, Instrumentalität, Erwartung, vgl. Phase 1). Bei der Bewertung von Handlungsergebnissen geht es jedoch neben den vorstehend skizzierten vorwiegend *kognitiven* Aspekten auch um *affektive* Konsequenzen und *emotionale* Reaktionen wie z. B. Stolz auf ein Ergebnis (vgl. *Försterling* 2009a/b; *Stiensmeier-Pelster/Heckhausen* 2006, S. 381 ff.; *Küpers/*

Weibler 2005, S. 50 ff., S. 102 ff.). Wir werden die skizzierten Bewertungsprozesse auf der Basis von attributionstheoretischen Ansätzen betrachten.

Zunächst ist zwischen **Attributionstheorien** und **attributionalen Theorien** zu unterscheiden: Attributionstheorien beschäftigen sich mit dem Zustandekommen von Attributionen, wobei letztere Ursachenzuschreibungen im Sinne von naiven Erklärungen von Handlungsergebnissen sind. Dahingegen fokussieren attributionale Ansätze auf die Wirkungen, die einmal identifizierte Ursachen auf nachfolgendes Verhalten und Erleben haben (vgl. *Försterling* 2009a, S. 126 und 2009b, S. 429; *Stiensmeier-Pelster/Heckhausen* 2006, S. 355 ff.). Im Mittelpunkt unserer Betrachtungen werden attributionale Ansätze stehen. Einflussreiche Arbeiten hierzu wurden von *Weiner* im Kontext seiner motivationspsychologischen Arbeiten entwickelt. Hierauf aufbauend hat er eine umfassende attributionale Emotionstheorie formuliert (z. B. *Weiner* 2006, 1986; vgl. für einen Überblick *Stiensmeier-Pelster/Heckhausen* 2006; *Nerdinger* 1995, S. 149 ff.). Ausgangspunkt der Arbeiten von *Weiner* ist ein richtungweisendes Klassifikationsschema. Hier werden drei Dimensionen von Attributionen unterschieden. Es wird angenommen, dass Menschen Ursachen oder Ereignisse daraufhin prüfen. Die Ausprägung und Kombination dieser Dimensionen entscheidet dann darüber, wie subjektive Erfolgserwartungen und affektive Reaktionen (und damit verknüpfte Emotionen) auf erlebte Erfolge bzw. Misserfolge entstehen (vgl. z. B. *Weiner* 1994, S. 257 ff.):

- **Personenabhängigkeit** bildet ab, inwieweit eine Person Ursachen auf *internale* und damit die eigene Person betreffende Faktoren (z. B. Fähigkeiten) oder auf *externale* (außerhalb der Person liegende) Faktoren oder äußere Umstände (z. B. Zufall) zurückführt.
- **Stabilität** bezieht sich darauf, inwieweit eine Ursache über die Zeit hinweg als stabil oder als variabel angesehen wird.
- **Kontrollierbarkeit** unterscheidet Ursachen danach, inwieweit sie als kontrollierbar (z. B. Anstrengung) oder als unkontrollierbar (z. B. Krankheit) angesehen werden.

Wie sehen die Folgen dieses Zuschreibungsprozesses nun aus? Zunächst kann grundlegend zwischen kognitiven und affektiven Konsequenzen von Ursachenzuschreibungen unterschieden werden: **Kognitive Konsequenzen** umfassen Erfolgs- oder Misserfolgserwartungen, die sich wiederum in Gefühlen der Zuversicht und Hoffnung oder Hoffnungslosigkeit niederschlagen (können). **Affektive Konsequenzen** von Ursachenzuschreibungen sind selbstwertbezogene Emotionen wie Stolz, Scham oder (gesteigertes oder vermindertes) Selbstwertgefühl sowie Selbstachtung. Diese attributionalen Analysen nimmt *Weiner* zunächst aus einer *intra*personalen Perspektive (auf das Selbst bezogene Kognitionen und Emotionen) vor. Später hat er eine Erweiterung auf *inter*personelle Konsequenzen vorgenommen und analysiert, welche Auswirkungen Attributionen für Handlungsergebnisse einer Person auf das Verhalten gegenüber dieser Person haben (z. B. Ärger oder Mitleid der Person gegenüber; vgl. *Weiner* 2006 und 1994, S. 282 ff.; siehe auch *Försterling* 2009a/b; *Stiensmeier-Pelster/Heckhausen* 2006, S. 358).

Wir wenden uns im Folgenden den *intra*personalen Konsequenzen von Attributionen zu und betrachten insbesondere die Konsequenzen von spezifischen Ursachenzuschreibungen für **Erfolg** und **Misserfolg** (Abb. C.14).

Grundlegend hierbei ist, dass weniger der Ursachenfaktor selbst verhaltensleitend ist, sondern die ihm zugeschriebenen Eigenschaften (Attributionsdimensionen). Das heißt, die Art und Weise, in der das Handlungsergebnis und sein Zustandekommen erklärt werden, entscheiden über die nachfolgende Wirkung auf Erleben und Verhalten von Menschen und *nicht* das Ergebnis an sich. Damit sensibilisieren attributionale Ansätze da-

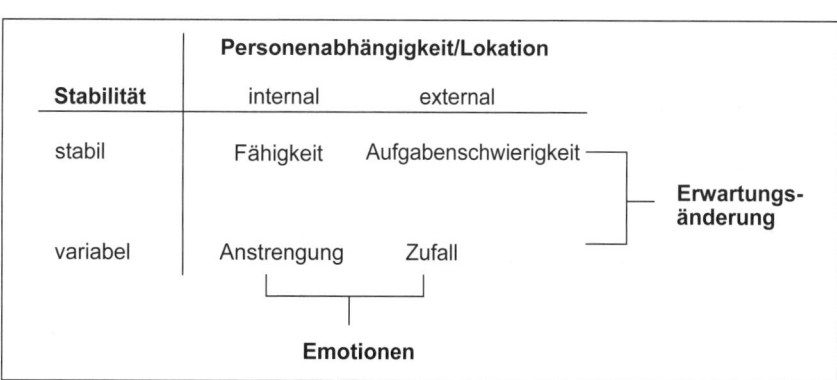

Abb. C.14: Klassifikationsschema für Ursachen von Erfolg und Misserfolg (modifiziert nach *Weiner u. a.* 1971, S. 2; *Försterling* 2009a, S. 131)

für, dass soziale Wirklichkeit nicht einfach gegeben ist, sondern von Handlungsbeteiligten auf der Basis ihres Weltbildes sowie impliziter Wirklichkeitsvorstellungen und daraus resultierender Interpretationen und Erwartungen hergestellt wird (vgl. auch *Küpers/Weibler* 2005, S. 105). Attributionen beeinflussen daher Verhalten und Erleben in vielfältiger Weise und werden als wesentliche Determinanten von kognitiven, emotionalen und motivationalen Prozessen angesehen. Attributionspsychologische Überlegungen erlauben, die wichtige Unterscheidung zwischen ergebnisabhängigen und ergebnis*un*abhängigen Kognitionen und Emotionen zu treffen, die sich bei der Bewertung von Handlungsergebnissen einstellen. Der Unterschied zwischen *ergebnis*abhängigen und *attributions*abhängigen Emotionen kann anhand eines klassischen Beispiels verdeutlicht werden: Es könne sich grundsätzlich jeder über ein gutes Essen freuen (ergebnisabhängige Emotion). Dahingegen könne nur der Koch Stolz darüber empfinden (attributionsabhängige Emotion), etwa, wenn er das Ergebnis auf seine Kochkünste (Fähigkeiten) zurückführt und damit internal attribuiert (vgl. Abb. C.14; vgl. *Försterling* 2009a, S. 130 ff. und 2009b, S. 430).

Im Kontext seiner Forschung zum **Leistungsmotiv** hat *Weiner* gezeigt, dass die Konsequenzen von Attributionen davon abhängen, welche (der eingangs aufgezeigten) Attributionsdimension bei Erfolg oder Misserfolg zum Zuge kommt (vgl. Abb. C.14 und Tab. C.4). Wesentliche Ergebnisse sind nachstehend zusammengefasst (unter Bezug auf *Weiner* 1994, S. 257 ff.; vgl. auch *Försterling* 2009a/b; *Stiensmeier-Pelster/Heckhausen* 2006):

- **Kognitive Konsequenzen,** wie die Veränderung von Erfolgserwartungen (Erwartungen von zukünftigen Erfolgen oder Misserfolgen) hängen von der angenommenen **Stabilität** der Ursache ab. Wird ein Handlungsergebnis auf als stabil angenommene Ursachen zurückgeführt, dann sinkt die Erfolgserwartung nach Misserfolg und steigt nach Erfolg. Werden die Ursachen als variabel angesehen, wird die Erfolgserwartung nach Erfolg sinken und im Misserfolgsfall steigen.

- **Affektive Konsequenzen** von Ursachenzuschreibungen werden über die Dimension **Personenabhängigkeit** erklärt. Das heißt, die Attribution auf interne vs. externe Faktoren beeinflusst affektive Reaktionen (Auftreten selbstgerichteter Gefühle) nach dem Handlungsergebnis. Führt eine Person ein Handlungsergebnis auf internale Ursachen (Fähigkeiten, Anstrengung) zurück, wird sie nach einem Erfolg Stolz sowie ein gesteigertes Selbstwertgefühl und nach Misserfolg Beschämung sowie Selbstzweifel empfinden.

Auf der Basis dieser Ergebnisse konzipiert *Weiner* **Leistungsmotivation** als kognitive Disposition, in Leistungssituationen bestimmte Zuschreibungen vorzunehmen. Unterschiede in der Ausprägung der Leistungsmotivation zeigen sich daher wie folgt:

- **Hoch Leistungsmotivierte („Erfolgsmotivierte")** sind dadurch charakterisiert, dass sie persönliche Erfolge (z. B. einen Projekterfolg) in aller Regel internal attribuieren, also entweder auf die (stabilen) eigenen Fähigkeiten oder auf die (variablen) Anstrengungen zurückführen. Da sie sich als begabt empfinden, nehmen sie im Wesentlichen eine Kovariation zwischen Handlungsergebnis und Anstrengung wahr. Bei einem Handlungserfolg glauben sie, sich genügend angestrengt zu haben; bei einem Misserfolg sind sie der Auffassung, sich nicht ausreichend angestrengt zu haben. Aufgrund ihres hohen Fähigkeitsselbstkonzeptes würden diese Personen nach Erfolg Stolz empfinden und aufgrund der Attribution auf Zufall bei Misserfolg würden sie eine geringe Beschämung im Misserfolgsfall empfinden. Damit einher geht ein hoher Erfolgsanreiz (Wert) im Erfolgsfall.

- **Niedrig Leistungsmotivierte („Misserfolgsmotivierte")** sehen dahingegen das Ausmaß an Anstrengung nicht als entscheidend für das Handlungsergebnis an. Sie sind der Auffassung, sich bei Erfolg sowie Misserfolg in gleichem Ausmaß angestrengt zu haben. Im Unterschied zu Erfolgsmotivierten führen sie Misserfolg auf den stabilen Faktor mangelnde Begabung und Erfolge auf externale Faktoren (z. B. Zufall) zurück. Damit weisen sie ein niedriges Fähigkeitsselbstkonzept auf. Spiegelbildlich führt dieses Attributionsmuster zu einem geringen Erfolgs- und einem hohen (negativen) Misserfolgsanreiz sowie geringen Erfolgserwartungen.

Da sich Stolz oder gesteigerte Selbstachtung aufgrund einer guten Leistung nur dann einstellen, wenn man diese auf hohe eigene Fähigkeiten oder hohe eigene Anstrengung zurückführt, werden sich bei Niedrig-Leistungsmotivierten positive selbstwertbezogene Emotionen selbst bei Erfolgen nicht einstellen. Da „Misserfolgsmotivierte" jedoch Fehlschläge als Zeichen unzulänglicher Fähigkeiten interpretieren, werden sie Misserfolge als beschämend und entmutigend erleben. Dass sich spätestens in dieser Situation ein akuter Führungsbedarf ergibt, werden wir im Rahmen der Führungsimplikationen noch gesondert ausführen („Ziel nicht erreicht: Führung bei Misserfolg", ☞ C. II. 3.3).

Die vorstehende Differenzierung in Personenabhängigkeit und Stabilität bei der Attribuierung reicht jedoch noch nicht aus, da für *zukünftiges* Handeln in vergleichbaren Situationen ganz entscheidend ist, ob die Person glaubt, die (internalen) Ursachen selbst kontrollieren zu können oder nicht. Denn durch die Berücksichtigung der volitionalen Dimension **„Kontrollierbarkeit"** können die internalen Ursachen weiter aufgeschlüsselt werden (vgl. Tab. C.3; *Weiner* 1994, S. 270 ff. und 1986).

Stabilität	Kontrollierbarkeit	
	kontrollierbar	nicht kontrollierbar
stabil	Arbeitshaltung (Fleiß, Faulheit)	Fähigkeit
variabel	Anstrengung (momentan)	leibseelische Verfassung (Stimmung, Müdigkeit)

Tab. C.3: Klassifikation internaler Ursachen in der Volitionsperspektive (vgl. *Weiner* 1994, S. 271; *Stiensmeier-Pelster/Heckhausen* 2006, S. 382)

Die Tabelle C.3 soll verdeutlichen, dass man sich für die Ursachen von Erfolg bzw. Misserfolg, die willentlich kontrolliert werden können (grundlegende Einstellung zur Arbeit sowie die zeitlich variable Anstrengung) meist selbst verantwortlich macht. Die generelle Begabung sowie leibseelische Verfassungen wie bestimmte Stimmungen und vorübergehende Phasen der Müdigkeit erscheinen demgegenüber wenig kontrollierbar und damit willentlich nicht beeinflussbar.

Wesentliche Zusammenhänge zwischen der Aktivierung der Teildimension „Kontrollierbarkeit" und ausgelösten affektiven Reaktionen sind weiterhin in Tabelle C.4 veranschaulicht. So werden bei einem Misserfolg, der auf kontrollierbare und gleichzeitig internale Ursachen (z. B. mangelnde Anstrengung) zurückgeführt wird, Schuldgefühle auftreten. Wird es auf mangelnde Fähigkeiten zurückgeführt, sind Gefühle der Beschämung wahrscheinlich. Ärger und Dankbarkeit sind weitere Gefühle, die von der Dimension der Kontrollierbarkeit beeinflusst werden. So wird etwa ein Misserfolg oder ein Erfolg, der auf eine externe nicht kontrollierbare Ursache zurückgeführt wird und der Kontrolle einer anderen Person unterliegt (z. B. fairer vs. unfairer Prüfer oder Hilfe durch andere Personen), im Misserfolgsfall zu Ärger und im Erfolgsfall zu Dankbarkeit führen (vgl. *Försterling* 2009b, S. 429 ff.; *Weiner* 1994, S. 282 ff.).

Wenn wir uns an dieser Stelle an die Ausführungen zum **impliziten Leistungsmotiv** erinnern, dann wird der wichtige Zusammenhang zwischen Leistungsmotivation und Attributionsmuster deutlich. Denn der tiefere Grund dafür, dass „Erfolgsmotivierte" (hoch Leistungsmotivierte) dazu neigen, Erfolge mit Anstrengung und Begabung, Misserfolge hingegen mit unzureichenden Bemühungen zu erklären, ist die grundlegende Handlungsdirektive von Erfolgsmotivierten: Erfolgsmotivierte legen ihr Handeln darauf aus, ihre Tüchtigkeit zu steigern, neue Kompetenzen zu erwerben und ihr Können zu verbessern. Getragen wird dieses Streben von einer hohen Erfolgszuversicht und positiven Erwartungsemotionen. Die erwartete und stets angestrebte Verbesserung von Kompetenz und Leistung, führt dazu, dass selbst bei einem Misserfolg das eigene Können nicht in Frage gestellt wird. Dem Misserfolgserleben entspringt vielmehr die Hoffnung, zukünftig Besseres leisten zu können. Im Erfolgsfall sieht es für die Motivation natürlich noch besser aus. Denn Erfolge vermitteln Gefühle der Freude und des Stolzes und haben daher eine verstärkende Wirkung auf die Leistungsmotivation. Selbstbewertungsemotionen werden daher als Verstärker leistungsmotivierten Verhaltens angesehen (vgl. *Schüler* 2009; *Brunstein/Heckhausen* 2006, S. 179 ff.).

Ein problematischer Aspekt dieses Denkens ist allerdings, Fähigkeiten als einen internalen, *stabilen* und *un*kontrollierbaren Faktor anzusehen. Diese Annahme widerspricht in diesem Sinne auch Ergebnissen aus dem Kontext der Forschung zu **Lern- und Leistungszielen**. Hiernach können Menschen u. a. darin unterschieden werden, inwiefern sie Intelligenz und Begabung als

Ergebnis	Internale Attribution (Anstrengung/Fähigkeiten)		Externale Attribution (Zufall/Aufgabenschwierigkeit)	
	kontrollierbar	nicht kontrollierbar	kontrollierbar	nicht kontrollierbar
positiv	Stolz	Stolz	Dankbarkeit	–
negative	Schuld	Scham	Ärger	–

Tab. C.4: Beziehung zwischen Attributionsdimensionen und Emotionen (vgl. *Weiner* 1986; *Försterling* 2009b, S. 431)

stabil und unkontrollierbar oder als veränderbar (also instabil und kontrollierbar) einschätzen. Und zur Förderung von Motivation sollte gerade die Lernzielorientierung und damit der Glaube daran, dass Fähigkeiten verbessert werden können, gestärkt werden – zumindest dort, wo ein Realisierungspotenzial vorliegt und mit angemessenem Aufwand erreicht werden kann. Besser erschiene hier wohl der Kompetenzbegriff, der davon ausgeht, dass Kompetenzen erlernbar sind (☞ C. III. 2.3). Jenseits dessen muss in Organisationen aber immer auch geprüft werden, mit welchem Aufwand eine solche Verbesserung erreichbar ist. Nicht zuletzt daraus ergeben sich wichtige Implikationen für die Führung, auf die wir noch ausführlicher zu sprechen kommen werden („Attributionstheoretische Implikationen für Führungsbeziehungen", ☞ C. II. 3.3).

Kritische Würdigung der prozessanalytischen Perspektive

Das Rubikonmodell ist ein phasendeskriptives Modell, das eine Reihe aktueller und älterer Ansätze der Motivationspsychologie integriert (vgl. *Achtziger/Gollwitzer* 2006). Es bietet damit eine prozessorientierte Beschreibung des Motivationsverlaufs nach Handlungsphasen mit entsprechenden Bewusstseinslagen (Abwägen, Planen, Handeln, Bewerten). Die phasendeskriptive Darstellung erklärt den Verlauf des Motivationsgeschehens von der Auswahl über die Entscheidung zur Realisierung. Damit wird die statische Betrachtungsweise inhaltstheoretischer Ansätze überwunden, andererseits werden jedoch wiederum teils recht inhaltsarme Erklärungsansätze generiert. Ein Großteil der Kritik an prozesstheoretischen Erklärungsmodellen bezieht sich denn auch primär auf deren vorherrschend kognitiv-rationalistische Argumentation, die insbesondere innerhalb von Erwartungs-mal-Wert-Theorien (vgl. Phase 1) sowie der Zielsetzungsforschung (vgl. Phase 2) zu verzeichnen ist. Diese sind insofern kognitionslastig, als sie affektive Prozesse und die sich im Unbewussten abspielenden Prozesse impliziter Motivanregung weitgehend ausblenden (vgl. auch *Kehr* 2005, S. 140; *Kuhl/Koole* 2005, S. 113; *Küpers/Weibler* 2005, S. 97 ff.).

Zwar sind Erwartungs-mal-Wert-Theorien schon deshalb nicht mehr aus der Motivationsforschung fortzudenken, weil Wert und Erwartung wesentliche Grundvariablen im Motivationsgeschehen darstellen. Dennoch wird gerade in der jüngeren Zeit verstärkt auf die Begrenzungen dieser Ansätze verwiesen, die aus ihrer rationalistischen Ausrichtung resultieren (vgl. z. B. *Kehr* 2005, S. 140). Zusammengefasst stellen *Beckmann/Heckhausen* (2006, S. 141) unter Bezug auf *Heckhausen* (1983) heraus, dass Motivationsmodelle der Familie von Erwartung und Wert in folgender Hinsicht Mängel aufweisen: Die Modelle sind (1) zu objektivistisch, insofern sie unterstellen, der Handelnde nutze alle Informationen zur Bildung der Erwartungs- und Wertvariablen vollständig und fehlerlos. Weitergehende kognitionspsychologische Analysen der Informationsverarbeitung werden hier empfohlen. Sie sind (2) zu sehr generalisiert, wenn sie unterstellen, Erwartungen und Wert (Valenz) seien negativ korreliert. Das scheint jedoch, wie *Beckmann/Heckhausen* (2006, S. 141) herausstellen, nur der Fall zu sein, wenn die Wertvariable vom Typ der knappen Güter ist, was für weite Bereiche sozialen Handelns ausgeschlossen wird. Die Modelle sind (3) zu universalistisch, wenn sie unterstellen, Erwartungen und Wert würden stets voll elaboriert und miteinander integriert. Hier sollten, statt ungeprüft rationalistisches Kalkül zu unterstellen, die Bedingungen aufgespürt werden, unter denen etwa nur eine der beiden Variablen Einfluss hat. Es sollte also nicht von vornherein von einer multiplikativen Verknüpfung ausgegangen werden. Weiterhin sind als problematische Aspekte eine unangemessene Formalisierung sowie die Vernachlässigung individueller Unterschiede anzuführen.

In ähnlicher Weise richtet sich die Kritik an der **Theorie der Zielsetzung** auf deren kognitive und quantitativ orientierte Argumentation. Zwar stellt die Kernaussage dieses Ansatzes die am häufigsten untersuchte Hypothese der Arbeits- und Organisationspsychologie dar, mittlerweile zeichnet sich allerdings selbst im Kontext der klassischen Theorie der Zielsetzung eine Abkehr von einer rein kognitiv-rationalistischen Argumentation ab (vgl. z. B. *Kleinbeck* 2006; *Nerdinger* 2004). Vor dem Hintergrund der neueren Forschungsergebnisse über implizite Motive und der Bedeutung affektiver Prozesse im Motivationsgeschehen ist dies indes nicht verwunderlich. Selbst *Locke/Latham* (2002, S. 714) empfehlen mittlerweile die Einbeziehung **unbewusster Motivationsprozesse** (vgl. *Locke/Latham* 2004, S. 395 f.). Allerdings sehen sie in der Verwertung dieses Wissens auch Gefahren:

> „But there is a potential risk to the implementation of findings from research in this domain: People may be inappropriately manipulated" (*Latham/Stajkovic/Locke* 2010, S. 251).

Weiterhin ist die vorwiegend quantitative Ausrichtung der Zielsetzungstheorie zu kritisieren. Leistung („performance") wird meist mithilfe „harter" Indikatoren wie Stückzahlen oder finanziellen Ergebnissen gemessen (vgl. z. B. *von Rosenstiel* 2003, S. 418). Dadurch entsteht die Gefahr des Menge-Güte-Austausches, die darin besteht, dass bei einer Steigerung der Leistungs*menge* (durch hohe Zielsetzung) oft ein Verlust an Genauigkeit und Güte einhergehen (vgl. *Kleinbeck* 1996, S. 63 f.). Weiterhin bestehen nach *Weinert* (2004) die Gefahren, dass die Aufmerksamkeit allzu stark auf kurzfristige Ziele gelenkt wird, dass eine u. U. kontraproduktive höhere Risikoneigung entwickelt wird, sowie, dass Arbeitsbereiche, für die keine explizit quantitativ messbaren Ziele festgelegt werden können, vernachlässigt werden.

Außerdem ist festzuhalten, dass phasendeskriptive Ansätze Motivation und Volition als konsekutive Handlungsphasen konzipieren. Das bedeutet, dass motivationale und volitionale Phasen aufeinander folgen. Ein besonders deutlicher Wechsel ist der Übergang des „Rubikon", also die Intentionsbildung, mit der ein Wechsel von der motivationalen zur volitionalen Phase erfolgt. Im Kontext phasendeskriptiver Darstellungen (auf der Basis des Rubikonmodells) wird allerdings nicht die Frage gestellt, *warum* es manchmal erforderlich ist, dass wir starke volitionale (willentliche) Anstrengung aufbringen müssen, um unser Ziel zu erreichen. Es wird auch nicht die Frage danach gestellt, *wie* es zu erklären ist, dass manche Menschen Ziele, die sie sich gesetzt haben, mühelos erreichen, während andere sich abquälen und nur unter hohem Energieaufwand zum Ziel gelangen. Diese (und andere) Zusammenhänge stehen im Mittelpunkt der nun folgenden funktionsanalytischen Perspektive.

2.3 Funktionsanalytische Perspektive

Im Mittelpunkt funktionsanalytischer Ansätze steht zum einen die Beschreibung, *wie* einzelne Motivationskomponenten (z. B. Motive und Ziele) oder Motivationsphänomene (z. B. willentliche Anstrengung) auf motiviertes Verhalten wirken und zum anderen, wie diese Komponenten im Motivationsgeschehen (möglichst funktionstüchtig) zusammenwirken. So geht es etwa um die Frage, wie es Menschen, die in eine Situation geraten sind, in der persönliche Motive/Bedürfnisse nicht zur aktuellen Handlung passen, dennoch gelingt, zu einer erfolgreichen und möglichst befriedigenden Handlungsausführung zu gelangen. Es geht auch darum aufzuzeigen, wie sich eine entgegengesetzte Situation, also eine Übereinstimmung von individuellen Bedürfnissen/Motiven mit der aktuellen Handlung, auswirkt und welche Mechanismen es ermöglichen, diese Konstellation (die Motivkongruenz) zu fördern. Schon der kurze Anriss der hier interessierenden Fragestellungen macht deutlich, dass nur durch eine integrative Einbeziehung von Ergebnissen der Motivations-, Volitions- und Persönlichkeitsforschung hinreichende Erklärungen für Funktionszusammenhänge der vorstehend skizzierten Art gegeben werden können.

Wir haben daher für dieses Kapitel als inhaltlichen Schwerpunkt das **Kompensationsmodell der Motivation und Volition** (vgl. *Kehr* 2005, 2004a/b) ausgewählt. Es stellt auch für den Anwendungskontext „Führung" aufbereitete und weiterentwickelte Konzeptionen bereit (vgl. z. B. *Kehr* 2005, 2015 für eine Anwendung des Kompensationsmodells als Führungsinstrument sowie *Kehr* 2002, 2009 für eine anwendungsorientierte Aufbereitung eines entwickelten Selbstmanagement-Trainings und z. B. *Kehr* 2011 für eine Weiterentwicklung des Trainingskonzeptes Führung durch Motivation). Eine thematische Vertiefung erfolgt durch die gesonderte Betrachtung von Konzepten zur Handlungsregulation auf der Basis der **Handlungskontrolltheorie** (vgl. *Kuhl* 1983) sowie der **Theorie der Persönlichkeits-System-Interaktionen** („Theory of Personality-Systems Interactions", vgl. *Kuhl* 2001). Mit einbezogen werden dabei auch ausgewählte Ergebnisse der neurowissenschaftlichen Forschung zur Selbststeuerung.

Kompensationsmodell der Motivation und Volition

Das Kompensationsmodell überwindet Begrenzungen traditioneller Ansätze bzw. beantwortet Fragen, die im Kontext traditioneller Ansätze der Arbeitsmotivation nicht gestellt worden sind: „Weshalb erreichen manche Menschen ihre Ziele leicht und mühelos, während sich andere abmühen? Weshalb setzen sich Menschen Ziele, die ihnen unangenehm sind? Welche Mechanismen gestatten es ihnen, solche an sich aversiven Ziele zu verfolgen?" (vgl. *Kehr* 2005, S. 132 und 2004a, S. 479). Um diese Fragen zu beantworten, entwickelt *Kehr* (2005, 2004a/b) ein Rahmenmodell, das bestehende Ansätze der Arbeitsmotivation berücksichtigt und in Beziehung setzt. Transmissionsriemen ist dabei die Volition. *Kehr* verfolgt damit das Ziel, ein theoretisch fundiertes erklärungsstarkes Motivationsmodell vorzulegen, das das Erkennen von Motivationsdefiziten und die Auswahl geeigneter Interventionsmechanismen erleichtert (vgl. *Kehr* 2005, S. 132 und 2004a). In praxisorientierten Fassungen liegt das Kompensationsmodell als „Schnittmengenmodell von Motivation und Wille" (vgl. *Kehr* 2009, 2001) und aktuell als „3K-Modell" vor (vgl. *Kehr* 2015, 2011).

Das Kompensationsmodell (vgl. *Kehr* 2005, 2004a/b) unterscheidet drei **strukturelle Motivationskomponenten**: implizite Motive, explizite Motive und subjektive Fähigkeiten sowie zwei **funktionale Mechanismen**: Volition und Problemlösung (vgl. Abb. C.15). Grundgedanke des Modells ist, dass „Defizite" bei den strukturellen Motivationskomponenten durch funktionale Mechanismen

„kompensiert" werden. Defizite bei den Motivationskomponenten können sich (1) als unzureichende oder fehlende Motivation darstellen, die in Inkongruenzen von impliziten und expliziten Motiven begründet ist oder (2) auf Fähigkeitsdefiziten beruhen.

Ein wesentlicher Ausgangspunkt dieser Argumentationszusammenhänge ist die Unterscheidung in unbewusste implizite Motive und explizite Motive, auch Ziele genannt. Damit ist die Feststellung verbunden, dass (1) Diskrepanzen zwischen impliziten Motiven und expliziten Motiven intrapsychische Handlungskonflikte im Sinne internaler Barrieren nach sich ziehen können und (2) dass eine „optimale" Motivation (d.h. intrinsische Motivation, vgl. *Kehr* 2008) nicht entsteht, solange eine inadäquate Motivkonstellation besteht (z.B. implizite Motive und Ziele der auszuführenden Handlung stimmen nicht überein). In diesem Fall muss durch Volition gegengesteuert werden um eine intrinsische Motivationslage herzustellen. Es gilt also eine Motivierungslücke zu schließen. Eine Fähigkeitslücke verursacht hingegen externale Handlungsbarrieren, die durch Problemlösung zu überwinden sind.

Damit sind die Kernaussagen des Kompensationsmodells skizziert, die zusammengefasst darin bestehen, dass (1) die Kongruenz von impliziten und expliziten Motiven mit intrinsischer Motivation assoziiert ist, (2) volitionale Mechanismen die Funktion haben, Motivierungslücken zu schließen und, dass (3) Problemlösungsmechanismen die Funktion haben, Fähigkeitslücken zu schließen.

Intrinsische Motivation und Flow im Kompensationsmodell

Grundlage der Konzeptualisierung von intrinsischer Motivation und Flow im Kompensationsmodell ist die Unterscheidung impliziter und expliziter Motive. Wir erinnern uns, dass implizite Motive neurohormonal-affektiv verankert sind und nicht ohne Weiteres sprachlich repräsentierbar sind. Dahingegen umfasst das explizite Motivsystem die von einer Person selbst angegebenen bewussten (kognitiv repräsentierten) Vorstellungen über ihre handlungsleitenden Präferenzen (z.B. Ziele, Werte). Implizite Motive sorgen für spontanes, selbst initiiertes, auch langfristig mühelos ablaufendes Verhalten mit affektiver Präferenz: Eine Person macht etwas von sich aus gerne und mit Freude, weil es ihr „liegt" (und was daher mit dem Begriff **„Bauch"** assoziiert wird, vgl. Abb. C.16,

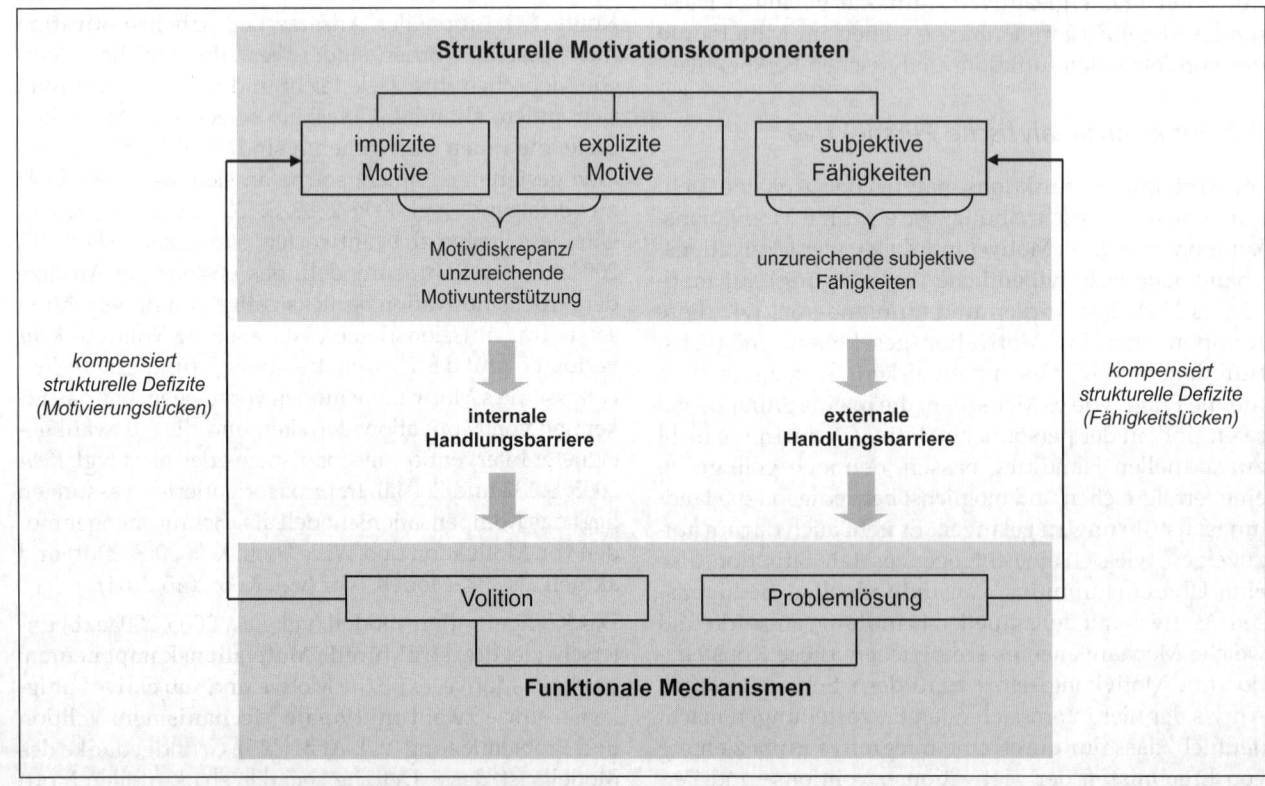

Abb. C.15: Motivationskomponenten und funktionale Mechanismen im Kompensationsmodell

linker Motivkreis). Dahingegen führen angeregte explizite Motive zu einem intentional gesteuerten und an rationalen Entscheidungen und Bewertungen orientierten Verhalten mit kognitiven Präferenzen (etwas wird als wichtig erachtet), was daher mit dem Begriff **„Kopf"** assoziiert wird (vgl. Abb. C.16, rechter Motivkreis). Von Bedeutung für das weitere Verständnis des Kompensationsmodells ist, dass selbst eingeschätzte (explizite) Motive und die thematisch korrespondierenden impliziten Motive praktisch unkorreliert sind (vgl. *Spangler* 1992). Es wird daher angenommen, dass implizite und explizite Motive jeweils verschiedene Aspekte der Persönlichkeit betreffen. Daraus resultiert die Möglichkeit von Diskrepanzen, die mit intrapsychischen Konflikten und internalen Handlungsbarrieren (sowie resultierender möglicher Beeinträchtigung von Gesundheit und Wohlbefinden) verbunden sind. Dahingegen liegt bei Motivkongruenz, also im Überlappungsbereich der beiden Motivkreise, intrinsische Motivation vor.

Die abgebildete Schnittmenge als Übereinstimmung **kognitiver Präferenzen** („Kopf") und **affektiver Präferenzen** („Bauch") stellt sicher, dass zum einen die „Kraft" impliziter Motive vorhanden ist *und* zum anderen keine konkurrierenden kognitiven Präferenzen („Kopf") vorliegen. Intrinsische Motivation und Handlungseffizienz sind die Folge. Eine Unterdrückung störender Impulse durch volitionale (Handlungs-)Regulation ist dann nicht erforderlich (vgl. *Kehr* 2005, 2004a; *Sheldon/Kasser* 1995; *Sokolowski* 1993). Eine Tätigkeit, die in der beschriebenen Weise mit den Motiven und anderen Vorlieben einer Person übereinstimmt, unterliegt nach *Sokolowski* (1993) einer *„motivationalen Steuerungslage"* (die von einer *„volitionalen Steuerungslage"* zu unterscheiden ist; wir gehen später noch genauer darauf ein).

Die vorstehende Unterscheidung in eine *notwendige* (affektive Präferenzen für die Tätigkeit aufgrund angeregter impliziter Motive) und eine *hinreichende* Bedingung (keine störenden kognitiven Präferenzen aufgrund expliziter Motive) für die Entstehung von intrinsischer Motivation verweist auf die Bedeutung impliziter Motive: Die positiven Effekte intrinsischer Motivation stellen sich demnach nur ein, wenn die aktuelle Handlung durch implizite Motive gestützt ist. So konnte *Kehr* (2004b) unter anderem in Feldstudien zum Trainingstransfer für Führungskräfte nachweisen, dass nur diejenigen Führungskräfte einen Trainingserfolg hatten, für die das Training mit ihren impliziten Motiven übereinstimmte und damit für *affektive* Präferenzen sorgte. Es war vereinfacht ausgedrückt also allein die erwartete Freude beim Trainingstransfer (→ Lerntransfer), welche den Trainingserfolg bewirkte. Die eingeschätzte Wichtigkeit des Trainings und der ausdrückliche Wille, das Gelernte umzusetzen, führten nicht zum Erfolg (vgl. *Kehr* 2009, S. 140 und 2004b, S. 66 ff., S. 104 ff.). Diese Ergebnisse unterstreichen die positive und qualitativ eigenständige Wirkung von intrinsischer Motivation und sind in der Literatur vielfach belegt (vgl. *Schiefele/Streblow* 2005; *Deci/Ryan* 2000).

So wird im Kontext der **Selbstbestimmungstheorie der Motivation** (vgl. *Deci/Ryan* 2000; *Deci/Koestner/Ryan* 1999) davon ausgegangen, dass die positive Wirkung intrinsischer Motivation daraus resultiert, dass implizite Motive durch ihre Verwurzelung im „Selbst" als selbstbestimmt und daher als besonders (intrinsisch) motivierend erlebt werden. Zu den intrinsischen Anreizen zählen in dieser Denkweise Zusammengehörigkeit, persönliche Begegnung, Austausch von Gefühlen sowie persönliches Wachstum und Kompetenzsteigerung,

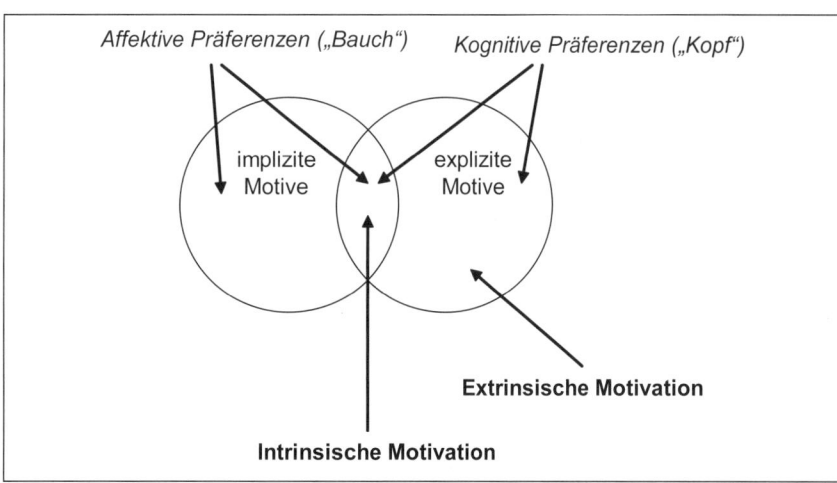

Abb. C.16: Intrinsische und extrinsische Motivation (nach *Kehr* 2004b, S. 67, 2001)

während z. B. Geld, Ansehen, Status und Aussehen als extrinsische Anreize verstanden werden (vgl. *Deci/Ryan* 2000, S. 72; siehe auch *Kuhl/Koole* 2005, S. 110 f.; *Schiefele/Streblow* 2005, S. 54). Nach *Deci/Ryan* (2000) sollen darüber hinaus Ziele und Zielfortschritte das Wohlbefinden und die Gesundheit fördern, sofern sie intrinsischer Motivation entspringen. Sie sollen sich dahingegen negativ auf Leistung und Wohlbefinden auswirken, wenn sie extrinsisch motiviert sind. *Deckop*, *Jurkiewicz* und *Giacalone* (2010) belegen diesen Zusammenhang für das arbeitsbezogene Wohlbefinden sehr anschaulich, und zwar auch dann, wenn materialistisch orientierte Personen (typische externale Orientierung) erfolgreich agieren oder überdurchschnittlich verdienen (vgl. *Kahneman/Deaton* 2010). Zudem wird davon ausgegangen, dass intrinsische Motivation durch extrinsische Anreize unterminiert wird. Dieser Effekt wird gemeinhin als **Korrumpierungseffekt** bezeichnet (vgl. kritisch sowie weiterführend *Rheinberg* 2006). Wir werden auf diese Thematik wieder zurückkommen, denn das Kompensationsmodell legt auf der Basis seiner Konzeption von intrinsischer Motivation eine andere Aussage zum Korrumpierungseffekt nahe.

Mit diesen Ergebnissen erweitert das Kompensationsmodell das Verständnis von intrinsischer Motivation und trägt darüber hinaus zu einer Neukonzeption des Verhältnisses von intrinsischer und extrinsischer Motivation bei. So muss intrinsische Motivation nicht notwendigerweise durch explizite Motive (z. B. bewusste Ziele) unterstützt sein. Dies wird plausibel, wenn man sich ein ins Spiel versunkenes Kind – das keine bewussten Ziele verfolgt – vorstellt oder auch an eigene, spontan ausgeführte, lustbetonte Aktivitäten denkt. Kognitive Handlungsabsichten sind also nicht erforderlich. Explizite Motive sind jedoch nicht zwingend schädlich.

Mit dieser Aussage kommen wir auf den vorstehend angesprochenen Korrumpierungseffekt zurück. Dem Kompensationsmodell zufolge unterminieren explizite Motive und daraus resultierende Handlungspräferenzen intrinsische Motivation nur dann, wenn sie mit der impliziten Motivkonstellation *konkurrieren* (vgl. *Kehr* 2005, S. 136 ff. und 2004b, S. 66 ff.).

Wenn über die vorstehend beschriebenen Konstellationen der beiden strukturellen Motivkomponenten (**implizite** und **explizite Motive**) hinaus nun auch die dritte strukturelle Motivationskomponente (**subjektive Fähigkeiten**) keine Defizite aufweist (vgl. Abb. C.17), also ausreichend hoch ausgeprägt ist, liegt eine „*optimale Motivation*" vor (vgl. *Kehr* 2008). Diese ist mit Fluss-Erleben (Flow) verbunden und in Abbildung C.17 als Schnittmenge der beiden Motivkreise und des Kreises, der die subjektiven Fähigkeiten repräsentiert, dargestellt.

Flow ist im Kompensationsmodell damit als eine besondere Form der intrinsischen Motivation konzeptualisiert, die durch Motivkongruenz *und* dem Vorliegen ausreichend hoher subjektiver Fähigkeiten charakterisiert ist. Diese Phänomenologie weist große Ähnlichkeiten mit dem **Flow-Konzept** von *Csikszentmihalyi* (2005a/b, 1975; ☞ C. II. 2.1). Kennzeichen von Fluss-Erleben (Flow) sind ungeteilte Aufmerksamkeit, verändertes Zeitempfinden sowie die Abwesenheit von selbstbezogenen oder anderen störenden Gedanken (vgl. *Kehr* 2005, S. 136 f.). Die Flow-Konzeption im Kompensationsmodell unterscheidet sich jedoch vom Flow-Begriff nach *Csikszentmihalyi* (2005a/b) insofern, als bei *Csikszentmihalyi* die Passung von Aufgabenschwierigkeit und Fähigkeiten die Basis für Flow darstellen, während dies nach dem Kompensationsmodell nicht ausreichend ist (vgl. *Küpers/Weibler* 2005, S. 109 ff.). Denn bei Letzterem muss die oben be-

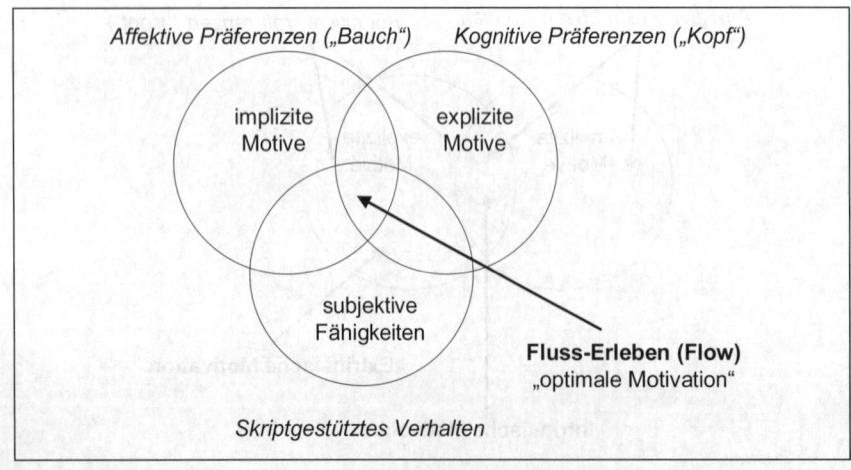

Abb. C.17: Fluss-Erleben (Flow) (nach *Kehr* 2004a, S. 490)

schriebene Motivkongruenz des Verhaltens hinzutreten. Im Falle der Übereinstimmung aller drei Komponenten (implizite Motive, explizite Motive und subjektive Fähigkeiten) ist eine „optimale" Motivationslage für eine intendierte Handlung gegeben.

Selbstwirksamkeit und Problemlösung im Kompensationsmodell

Die im Modell so wichtigen subjektiven Fähigkeiten sind theoretisch-konzeptionell in Ansätzen von *Bandura* (1977) und *Ajzen* (1991) verankert und werden auch als **Selbstwirksamkeitsüberzeugungen** bezeichnet. Selbstwirksamkeitsüberzeugungen sind charakterisiert durch die positive Überzeugung, über die Fähigkeiten zur Bewältigung und Kontrolle künftiger Aufgaben zu verfügen (vgl. *Bandura* 1977). Diese subjektive Einschätzung der eigenen Fähigkeiten in einer Aufgabensituation trägt zu Anstrengungsbereitschaft und Beharrlichkeit bei. Dadurch wird die Erfolgswahrscheinlichkeit erhöht (vgl. *Stajkovic/Luthans* 1998; siehe auch *Heckhausen/Heckhausen* 2010b, S. 409 ff.; *Nerdinger* 2004, S. 15). Im Kompensationsmodell sind subjektive Fähigkeiten allerdings noch weiter gefasst und schließen neben Fähigkeiten und Fertigkeiten auch aufgabenbezogenes Wissen – und damit *objektiv* vorhandene Fähigkeiten – mit ein (vgl. *Kehr* 2005, S. 133 und 2004a). Dies erhöht natürlich die Realitätsnähe des Modells, denn nicht immer versetzt der Glaube Berge.

Kehr legt ebenso die konzeptuelle Beziehung zwischen **subjektiven Fähigkeiten** und **Problemlösung** dar. So sind fehlende subjektive Fähigkeiten und die damit verbundenen externalen Handlungsbarrieren durch geeignete Strategien der Problemlösung zu überwinden. Das gelingt einer Person immer dann gut, wenn sie über ein hohes Repertoire an skriptgestütztem Verhalten verfügt. Hierunter versteht *Kehr* ein Repertoire an hinreichend eingeübten und routinisierten Verhaltensweisen, die im Bedarfsfall quasi automatisch „*wie durch ein Skript gestützt*" (*Kehr* 2005, S. 135) ablaufen, sodass kontrollierte (und damit Ressourcen verbrauchende) Problemlösungsaktivitäten nicht erforderlich sind (vgl. *Dörner/Wearing* 1995). Steht – etwa in neuartigen Situationen – kein adäquates Verhaltensrepertoire bereit, ist dies mit niedrigen subjektiven Fähigkeiten assoziiert, was wiederum durch Problemlösung kompensiert werden muss. Wenn jedoch hohe subjektive Fähigkeiten einer Person und gleichzeitig eine Kongruenz impliziter und expliziter Motive gegeben ist, sind bei der Handlungsausführung weder **externale** noch **internale Handlungsbarrieren** zu erwarten: Weder zusätzliche Problemlösungsaktivitäten noch volitionale Unterstützung sind dann erforderlich.

Solche Situationen sind durch Freude an der Tätigkeit und einem niedrigen Maß an erlebter Anstrengung charakterisiert und lassen daher eine erfolgreiche Ausführung (Handlungseffizienz) erwarten (vgl. *Kehr* 2004a, S. 483 ff., 2004b und 2005, S. 135 f.).

Volitionsverständnis im Kompensationsmodell

Volition wird im Kompensationsmodell strikt auf der Basis seiner Funktion definiert:

> „*Volition can be defined as an array of self-regulatory strategies to support explicit action tendencies against competing behavioral impulses*" (*Kehr* 2004a, S. 485).

Mit dieser Eingrenzung weicht das dem funktionsanalytischen Kompensationsmodell unterliegende Verständnis von Motivation und Volition vom Begriffsverständnis des Rubikonmodells ab, wonach Volition und Motivation auf der Basis von Handlungsphasen definiert werden. Hier hingegen ist eine Willensanstrengung (Volition) immer dann gefragt, wenn Diskrepanzen zwischen impliziten und expliziten Motiven bestehen. Ein solches strukturelles Defizit (**Motivierungslücke**) kann sich beispielsweise dadurch ergeben, dass ein Arbeitnehmer Wert auf Überstunden legt, (was primär mit einem hohen *expliziten* Leistungsmotiv assoziiert ist), auch wenn ihm das keinen Spaß macht (wegen seines niedrigen *impliziten* Leistungsmotivs). Hier besteht ein Motivationsdefizit, das nach *Kehr* durch volitionale Unterstützung ausgeglichen werden muss (vgl. *Kehr* 2005, S. 134 und 2004b). Die Person befindet sich dann in einer **volitionalen Steuerungslage** (vgl. *Sokolowski* 1993), die von der vorstehend bereits beschriebenen **motivationalen Steuerungslage** zu unterscheiden ist. Die wesentlichen Unterschiede von motivationaler und volitionaler Steuerungslage sind in Tabelle C.5 gegenübergestellt.

Diese beiden Steuerungslagen sind in der Logik des Kompensationsmodells durch ihre Funktion miteinander verknüpft. Motivation und Volition stellen zwei parallel operierende Systeme dar, die jeweils unterschiedliche Aufgaben erfüllen. Während das motivationale System der Entwicklung affektiver und kognitiver Präferenzen (auf der Basis impliziter und expliziter Motive) dient, ist das volitionale System für die Überwindung internaler Handlungsbarrieren zuständig. Damit wird eine deutliche Eingrenzung des Volitionsbegriffs auf solche Prozesse vorgenommen, die der Überwindung internaler und damit motivationsbedingter Handlungsbarrieren dienen. Folglich ist Volition von Planungs- oder Problemlösungsprozessen abzugrenzen, die sich auf die Überwindung externaler Handlungsbarrieren aufgrund fähigkeitsbedingter Schwierigkeiten richten.

Problem	Motivationale Steuerungslage	Volitionale Steuerungslage
Zielgenerierung	durch Motive und Anreize	durch Ziel- und Tätigkeitsvorstellungen
Aufmerksamkeitslenkung	unwillkürlich, kaum ablenkbar	kontrolliert, ablenkbar
Energetisierung	unwillkürlich	kontrolliert
Gefühle und Gedanken	förderlich, zielleitend, „macht Spaß"	störend, ablenkend, „macht keinen Spaß"
Anstrengungserleben	niedrig	hoch
bei Hindernissen oder Ablenkungen	unwillkürliche Anstrengungsadjustierung	zusätzliche Kontrollvorgänge
Zeiterleben	schnell („wie im Fluge")	langsam („kriecht")

Tab. C.5: Motivationale und volitionale Steuerungslage (nach *Sokolowski* 1993; vgl. *Schneider/Schmalt* 2000, S. 34)

Volitionale Steuerungslagen erfüllen nach *Kehr* zwei (nicht immer scharf zu trennende) Funktionen:

- **Zielunterstützung:** Stärkung der kognitiv präferierten Handlungstendenzen; Unterstützung bedürfnisdiskrepanter Absichten (Stärkung motivational ungenügend verankerter Ziele).
- **Impulskontrolle:** Unterdrückung störender Verhaltensimpulse, d. h. Unterdrückung unerwünschter Gedanken (z. B. Vermeidungsängste) oder störender impliziter Verhaltensimpulse, die nicht kongruent sind mit expliziten (kognitiven) Handlungstendenzen (z. B. Verlockungen; vgl. *Kehr* 2004b, S. 53, S. 102).

Kehr (2004c) stellt heraus, dass sich Volition bzw. volitionale Steuerungslagen im Sinne des Kompensationsmodells immer darauf richten, die (intrinsische) Motivation zu stärken. Bei hoher Motivation sind ja keine, durch strukturelle Defizite bedingte, Handlungsbarrieren vorhanden und somit volitionale Handlungssteuerung überflüssig. Alle volitionalen Strategien sollten daher als im Dienste der Motivation stehend begriffen werden. Dies wird leicht verständlich angesichts der nachstehend aufgezeigten Grenzen volitionaler Handlungsregulation.

Grenzen volitionaler Handlungsregulation

Vielfältige empirische Studien belegen nachteilige Effekte volitionaler Handlungssteuerung (vgl. *Kehr* 2004c; *Muraven/Baumeister* 2000; weiterführend *Kehr* 2004b, S. 93 ff.). *Kehr* (2004c) konnte zeigen, dass Motivdiskrepanzen zwischen impliziten und expliziten Motiven zu einem Abbau des emotionalen Wohlbefindens und zu volitionaler Erschöpfung („volitional depletion") beitragen. Im Einzelnen verweist *Kehr* darauf, dass volitionale Handlungssteuerung (1) ineffektiv ist, (2) Ressourcen verbraucht und (3) unerwünschte Nebenwirkungen hat. Zu den nachteiligen Nebenwirkungen volitionaler Handlungssteuerung zählen unmittelbar erlebbare Phänomene wie erhöhtes Anstrengungsempfinden, Unlust, verändertes Zeitempfinden (Zeit kriecht) sowie negative Emotionen. Längerfristig können negative mentale und psychische Folgen auftreten wie beispielsweise die Beeinträchtigung des emotionalen Wohlbefindens, unerwünschte Intrusion (negative trauma-ähnliche Erfahrung), neurotische Unzufriedenheit (etwa als Folge beständigen Ignorierens motivierter Verhaltenstendenzen zu Gunsten externaler Sozialkontrolle). Weiterhin kann volitionale Handlungssteuerung kognitive Kapazitäten blockieren, die dann für die aufgabenbezogene Bewältigung fehlen oder sie kann mit rigider Selbstkontrolle assoziiert sein. Inwieweit sich jedoch im Einzelfall durch Volition negative Effekte ergeben, hängt von der Art bzw. dem Modus der Handlungssteuerung ab.

Wir werden daher im Folgenden aus verschiedenen Perspektiven betrachten, wie die individuell unterschiedlichen Modi der Handlungssteuerung aussehen und welche individuellen Verhaltensdispositionen erklären, wie Personen auf unterschiedliche Weise sich „selbst" steuern und ihr Handeln regulieren.

Individuelle Unterschiede in der Handlungssteuerung

Die Betrachtung individueller Unterschiede in der Selbststeuerung (Handlungssteuerung) basiert auf der **Handlungskontrolltheorie** von *Kuhl* (1983), die mittlerweile in eine umfassende Funktionstheorie der Persönlichkeit, die **Theorie der Persönlichkeits-System-Interaktionen** (PSI) eingebettet ist (vgl. *Kuhl* 2001; für einen

Überblick *Quirin/Kuhl* 2009a/b sowie *Martens/Kuhl* 2009 für eine praxisorientierte Fassung).

Kuhl (2006) intendiert mit der **PSI-Theorie**, die Handlungskontrolltheorie mit anderen Motivationstheorien zu verbinden und damit die funktionsanalytische Lücke der Motivationstheorie zu schließen. Auf dieser Basis sollen sowohl motivationale Prozesse und die damit verbundenen affektiven Reaktionen sowie das Erleben und Verhalten durch die Beschreibung der Interaktionen zwischen Affekten und kognitiven Systemen erklärt werden. Dabei stellt die Analyse der spezifischen Funktionsweise der unterschiedlichen (bewussten und unbewussten) Systeme den Ausgangspunkt der Analysen dar. Konstruktkern der PSI-Theorie ist die genaue Beschreibung der Art und Weise, wie positiver und negativer Affekt die *Aktivierung* und *Verbindung* zwischen den unterschiedlichen (unbewussten und bewussten bzw. affektiven und kognitiven) Systemen moduliert. Es geht darum, aufzuzeigen, wie das Zusammenspiel psychischer Funktionen (Denken, Fühlen, Wahrnehmen und intuitives Handeln) durch den Wechsel zwischen verschiedenen Gefühlen herbeigeführt wird (vgl. auch *Martens/Kuhl* 2009, S. 178). In diesem Kontext werden auch die Art und Weise der Handlungssteuerung sowie individuelle Unterschiede im Einsatz volitionaler Strategien untersucht.

Modi der Handlungssteuerung: Selbstregulation vs. Selbstkontrolle

Kuhl unterscheidet zwei Modi der Handlungssteuerung: **Selbstregulation** und **Selbstkontrolle** (vgl. *Kuhl* 2006, 1996; *Kuhl/Fuhrmann* 1998). Selbstregulation bezeichnet Kuhl metaphorisch als „**innere Demokratie**", Selbstkontrolle dagegen als selbstdisziplinierende „**innere Diktatur**" (vgl. *Kuhl* 2006). Um einen ersten Überblick zu geben, stellen wir Charakteristika und wesentliche Konsequenzen dieser beiden unterschiedlichen Modi der Handlungssteuerung in einer zusammenfassenden Gegenüberstellung dar (vgl. Tab. C.6).

Kehr integriert diese Konzeption der Unterscheidung von Selbstregulation und Selbstkontrolle in das Kompensationsmodell der Motivation und Volition und bezeichnet **Selbstregulation** als die Fähigkeit einer Person, Ziele in Übereinstimmung mit ihrer individuellen Bedürfnisstruktur und damit auch mit ihren impliziten Motiven zu bilden und bei internalen Handlungsbarrieren flexibel volitionale Strategien einsetzen zu können. Selbstregulation entspricht hiernach einer weitgehend unbewussten Form des Willens, die die „*integrative Intelligenz der Motive*" (*Kuhl* 2006, S. 312, S. 326) mit einschließt, sodass bei Entscheidungen alle im (impliziten) Selbst gespeicherten (selbst)relevanten Informationen (z. B. Gefühle, Überzeugungen, Werte, Bedürfnisse) sowie Reize aus der sozialen Umwelt mit einbezogen werden. Das **Selbst** wird in der vorstehend dargelegten Konzeption von *Kuhl* als das System aufgefasst, das den umfassendsten und intelligentesten (jedoch nicht voll bewusstseinsfähigen) Überblick über alle eigenen und fremden Bedürfnisse und Werte bereitstellt (vgl. *Kuhl/Koole* 2005, S. 123). **Selbstkontrolle** verweist dagegen auf die Fähigkeit einer Person, störende Verhaltensimpulse zu unterdrücken, selbst wenn diese aufgrund der aktuellen Bedürfnislage des Organismus (implizite Motive) entstanden sind. Selbstkontrolle wird im Gegensatz zur Selbstregulation allerdings mit dysfunktionalen Effekten in Verbindung gebracht. Selbstkontrolle aktiviert das Bestrafungssystem und ist mit Instruktion und Zwang (sowohl von außen als auch von innen) sowie routinisiert zwanghaft ablaufenden Verhaltensmustern verbunden. Selbstkontrolle ist auch mit rigider Kontrolle assoziiert und führt eher zur Verfolgung fremd gesetzter Ziele, selbst wenn diese (oder auch selbst gesetzte Ziele) ganz basalen Bedürfnissen zuwider laufen. Trotzdem ist sie zumindest dann positiv, wenn sie durch eine *kurzfristige* Energetisierung die Bewältigung von Aufgaben ermöglicht, die eine hohe Priorität haben, aber nicht mit der aktuellen Bedürfnisstruktur verankert sind (vgl. *Kuhl* 2006; *Kehr* 2004b, S. 133).

Damit zeigt sich auch, dass Motivation nicht etwas ist, das von vornherein „gut oder schlecht" ist. Vielmehr hängt die **Qualität motivationaler Prozesse** und des resultierenden Verhaltens von der Art und Weise ab, *wie* Motive (Bedürfnisse) ihren Zugang zu menschlichem Verhalten (Handeln) finden – und damit von der Art und Weise der Bedürfnisbefriedigung als solche. Und diese sollte mit einer Beteiligung des impliziten Selbst erfolgen.

Zur Aufrechterhaltung der selbstregulatorischen Funktionen sind affektregulatorische Fähigkeiten von besonderer Relevanz (vgl. *Kuhl* 2006, S. 315). Denn vereinfacht ausgedrückt ist die adaptive Form der Selbstregulation mit positivem Affekt assoziiert, wohingegen die dysfunktionale Form der Selbstkontrolle mit negativem Affekt assoziiert ist. Mit dieser Unterscheidung zwischen Selbstregulation und Selbstkontrolle ist es jedoch nach *Kuhl* (2006) nicht getan. Denn der Alltag stellt insbesondere in Stresssituationen (und nach Misserfolg) besondere Anforderungen an die individuelle Affektregulation, die gerade dann darüber entscheidet, inwieweit eine Handlungssteuerung gelingend realisiert werden kann.

Selbstregulation	Selbstkontrolle
• weitgehend unbewusste, nicht sprachpflichtige Form des Willens	• bewusste, sprachnahe Form des Willens
• simultane (parallele) Verrechnung der vielen zu berücksichtigenden Informationen aus den internen Systemen und aus der sozialen Umwelt (ganzheitliche Verarbeitung)	• sequenziell-analytischer Verarbeitungsmodus von Informationen und Reizen
• Entscheidungen werden unter Einbeziehung eigener wie fremder Gefühle, Einstellungen, Werte sowie emotionaler Erfahrungen getroffen und flexibel sowie kreativ umgesetzt	• um Entscheidungen zu treffen, werden widerstreitende innere Anliegen (Stimmen) unterdrückt
• selbstintegrierende Regulation • Zugang zum Selbst (mit impliziter Bedürfnisstruktur) vorhanden	• rigide Kontrolle mit der Gefahr, den Zugang zum Selbst (mit impliziter Bedürfnisstruktur) zu verlieren
• aktiviert das Belohnungssystem • eher mit positivem Affekt assoziiert	• aktiviert das Bestrafungssystem • eher mit negativem Affekt assoziiert
• Volitionslage, die sich als adaptive Selbstmotivierung manifestiert • intrinsische Motivation resultierend aus Selbstzugang	• Volitionslage, die willentliche und bewusste Kontrolle verlangt, weil Ziele auszuführen sind, die nicht dem impliziten Motivsystem entsprechen, bzw. nicht von diesem unterstützt werden • Diskrepanz zwischen bewussten Zielen und impliziten Motiven
• korrespondiert mit Flow-Erleben mit hoher Flexibilität und Kreativität im Verhalten • unterstützt die Entwicklung eines kohärenten Selbstbildes	• korrespondiert mit Instruktion und Zwang bzw. mit routinisiert ablaufenden Verhaltensmustern • führt eher zur Verfolgung fremd gesetzter Ziele • Gefahr der Entfremdung

Tab. C.6: Selbstregulation vs. Selbstkontrolle (zusammengefasst nach *Kuhl* 2006)

Hier ist die Neigung von Personen, sich eher handlungsorientiert oder lageorientiert zu verhalten, wichtig geworden (vgl. *Kuhl/Beckmann* 1994, S. 1; *Kuhl* 1983). **Lageorientierung** beschreibt nach *Kuhl* (2006, S. 315) eine Persönlichkeitsdisposition, die sich als *„das ungewollte Perseverieren von Affekten"* (Verharren in einer unerwünschten affektiven Lage) darstellt. Lageorientierung kann sich z. B. als ungewolltes Grübeln über ein nicht mehr zu änderndes aversives Erlebnis (Lageorientierung nach Misserfolg) oder als Verharren in umsetzungshemmenden Auswirkungen von Unentschiedenheit, Zögern oder Energielosigkeit (prospektive Lageorientierung) äußern. Vielfältige empirische Befunde lassen nach *Kuhl* mittlerweile den Schluss zu, dass bei Lageorientierten auch eine Hemmung des Selbstzugangs vorliegt, sobald sie mit bedrohlichen Situationen konfrontiert sind. Dahingegen kommen Personen mit einer vorwiegenden **Handlungsorientierung** leichter von negativen Erlebnissen los und schaffen es auch leichter, Prozesse der Selbstmotivierung in Gang zu bringen. Das heißt, es gelingt Handlungsorientierten aus dem „Selbst" heraus, die nötige Energie zum Handeln zu generieren, also ohne dass diese Energie von außen zugeführt werden muss (etwa durch Unterstützung oder Ermutigung seitens anderer Personen). Lageorientierten gelingt eine Änderung einer vorhandenen „Lage" dahingegen nicht so leicht „von selbst" (daher auch die Bezeichnung als „Lageorientierung") (vgl. *Kuhl* 2006, S. 315 ff.; *Kuhl/Koole* 2005, S. 116; weiterführend *Kuhl/Beckmann* 1994). Dieses kann allerdings dann in gefährlichen und unvorhersehbaren Situationen vorteilhaft sein, wo Sensitivität und „Wachheit" Schnelligkeitsvorteile überlagern (vgl. *Quirin/Kuhl* 2009a, S. 160; siehe auch *Martens/Kuhl* 2009, S. 53), ggf. auch dort, wo Kreativität und Flexibilität vor Robustheit geht (vgl. *Kuhl/Henseler* 2004).

Förderung metamotivationaler und metavolitionaler Kompetenz

Es stellt sich die Frage, inwieweit eine hinreichende **Selbstwahrnehmung**, die ja eine unverzichtbare Voraussetzung für eine flexible intelligente **Selbstregulation** darstellt, gefördert bzw. trainiert werden kann. Eine adaptive Form der Selbstregulation ist – wie wir deutlich gesehen haben – die Voraussetzung, um motivationsschädliche Motivdiskrepanzen zu vermeiden bzw. zu reduzieren. Es gilt motivationale und volitionale Kompetenzen aufzubauen, die es Menschen ermöglichen, die vorstehend aufgezeigten motivationsförderlichen, selbstregulatorischen Prozesse nachhaltig in Gang zu bringen.

Eine Möglichkeit hierzu stellt das Selbstmanagement-Training (SMT) von *Kehr* dar, welches konkrete Interventionsmöglichkeiten und Strategien zur Förderung **motivationaler Kompetenz** (verstanden als die Fähigkeit, (Arbeits-)Situationen so mit den eigenen Tätigkeitsvorlieben in Einklang zu bringen, dass effizientes Handeln auch ohne ständige Willensanstrengung möglich ist, vgl. *Rheinberg/Vollmeyer* 2012, S. 209) und **volitionaler Kompetenz** (verstanden als Repertoire an volitionalen Regulationsmechanismen einer Person) aufzeigt. Übergeordnetes Ziel des SMT ist die Stärkung **metavolitionaler** und **metamotivationaler Kompetenzen** (vgl. auch im Folgenden *Kehr* 2004b, S. 170 ff.). Im Einzelnen benennt *Kehr* dazu empiriegestützt folgende Interventionsziele für das SMT (vgl. *Kehr* 2004b, S. 174 ff. und *Kehr* 2009, 2002 für weitere praxisorientierte Ausführungen zum SMT):

Metavolitionale Strategien

Das SMT sieht im Bereich der metavolitionalen Strategien folgende Module vor: **(1)** Zielsetzung sowie Reduzierung von Zielkonflikten, **(2)** Kennenlernen impliziter Motive und Erkennen von Motivdiskrepanzen, **(3)** Erkennung und Stärkung volitionaler Kompetenzen und **(4)** Erkennung und Reduzierung von Überkontrolle.

1. Zielsetzung sowie **Reduzierung von Zielkonflikten**: Ein Training des Zielsetzungsverhaltens soll auf der Basis einer Zielklärung erreicht werden (Hierarchie, Zeithorizont, berufliche und private Ziele, Prioritäten). Dazu sollen spezifische und herausfordernde sowie realistische Zielformulierungen erarbeitet und Beziehungen zwischen den Zielen geklärt werden. Zielkonflikte sind durch Priorisierung zu vermindern, wobei vorhandene Zielkonflikte nicht negiert werden sollten (Problemanalyse, Repriorisierung).

2. Kennenlernen impliziter Motive und **Erkennen von Motivdiskrepanzen**: Selbstbeobachtung soll die Kenntnis über eigene implizite Motive verbessern und die Herstellung einer Kongruenz von impliziten und expliziten Motiven erleichtern. Eine Modifikation impliziter Motive wird aus theoretischen, praktischen wie ethischen Gründen nicht intendiert und als kaum realisierbar angesehen. Vielmehr soll die Person versuchen, ihre zukünftigen Handlungspläne an ihren impliziten Motiven auszurichten. Selbstbeobachtung wird unterstützt durch Diagnoseverfahren (z. B. Picture Story Exercise (PSE), Multi-Motiv-Gitter (MMG), ☞ C. II. 2.1), die zum Vergleich von selbst eingeschätzten Motiven mit impliziten Motiven sowie Aufdeckung von unbewussten Motivdiskrepanzen dienen. Die Teilnehmer vergleichen ihre motivationalen Selbsteinschätzungen („Bin ich machtmotiviert?") mit ihren teilprojektiv diagnostizierten, tatsächlichen impliziten Motiven. Typische Fehleinschätzungen zeigen sich nach *Kehr* insbesondere darin, dass die Teilnehmer häufig hohe Werte beim Anschluss- oder Leistungsmotiv angeben, tatsächlich aber machtmotiviert sind. Dies wird beispielsweise offenkundig durch Bemerkungen wie „Ich bin ein anschlussmotivierter Typ – schließlich braucht man berufliche Kontakte, um weiterzukommen" (*Kehr* 2004b, S. 187). Bei Abweichungen werden Anregungen zur systematischen Selbstreflexion gegeben.

3. Erkennung und Stärkung volitionaler Kompetenzen: Das SMT bezieht insbesondere das bereits angesprochene differenzierte Volitionsverständnis von *Kuhl* (vgl. z. B. *Kuhl* 2006) in die Trainingskonzeption mit ein. So soll im SMT der Versuch unternommen werden, die von *Kuhl* aufgeschlüsselten volitionalen Strategien zu trainieren. Ausgangspunkt ist die Ermittlung des Repertoires an volitionalen Regulationsmechanismen, das als Maß für die volitionale Kompetenz einer Person angesehen wird. Daher wird im SMT eine Diagnose auf der Basis des Volitional Components Inventory (VCI) von *Kuhl/Fuhrmann* (1998) vorangestellt (vgl. *Kehr* 2004b, S. 71 ff., 131 ff. und 189 ff.).

4. Erkennung und Reduzierung von Überkontrolle: Überkontrolle hat, wie bereits im Kontext der Modi volitionaler Strategien herausgestellt, vielfältige dysfunktionale Effekte („*Schattenseite des Willens*", *Kehr* 2004b, S. 178). Dazu intendiert das SMT zunächst, die Bereitschaft zu wecken bzw. die Einsicht seitens der Betroffenen zu stärken, dass exzessive Selbstkontrolle nichts mit Stärke zu tun hat oder gar „*das Erfolgsrezept*" darstelle (*Kehr* 2004b, S. 195). Im SMT wird daher Feedback gegeben zu den vor dem Training erhobenen Ergebnissen aus dem VCI, um für die problematischen Aspekte von Überkontrolle zu sensibilisieren. Die angebotenen

Übungen zielen im Kern alle auf eine Verbesserung der Selbstwahrnehmung, da diese bei „Überkontrollierten" in erster Linie defizitär ist.

Die genannten Interventionsmaßnahmen zur Förderung volitionaler Kompetenzen wirken letztlich über affektive Prozesse und stehen immer im Dienste der Motivation. Dabei ist zu beachten, dass einzelne Strategien nicht isoliert, sondern im Verbund wirksam werden (vgl. *Kehr* 2004b, S. 72 f.).

Metamotivationale Strategien

Das Ziel metamotivationaler Strategien ist es, die intrinsische Motivation *unmittelbar* zu fördern. Metamotivationale Strategien sind verglichen mit den vorstehend ausgeführten metavolitionalen Strategien letztlich nachhaltiger, weil sie Volition überflüssig machen, indem Motivkongruenz hergestellt wird (vgl. *Kehr* 2005, S. 144 und 2004b, S. 200). Die im Kompensationsmodell für die Entstehung intrinsischer Motivation geforderte thematische Übereinstimmung (Motivkongruenz) von impliziten und expliziten Motiven lässt sich prinzipiell durch eine Intervention an *beiden* Motivationskomponenten erreichen. So ist sowohl eine Ausrichtung von Zielen an impliziten Motiven als auch von impliziten Motiven an Zielen denkbar. Wegen der *„erheblichen theoretischen und praktischen Schwierigkeiten und der ethischen Bedenken einer Motivänderung"* (*Kehr* 2004b, S. 178) nimmt *Kehr* jedoch ausdrücklich davon Abstand, durch das SMT eine Modifikation der impliziten Bedürfnis- und Motivstruktur zu intendieren.

Im SMT sollen daher Strategien entwickelt werden, die es der Person erleichtern bzw. ermöglichen ihre Handlungspläne an ihrer impliziten Bedürfnisstruktur (implizite Motive) auszurichten und Handlungsbarrieren (z. B. aufgrund von negativen Emotionen) zu überwinden. Es soll also damit eine organismische Kongruenz („organismic congruence"; vgl. *Sheldon/Kasser* 1995) hergestellt bzw. die eingangs definierte *„motivationale Kompetenz"* (*Rheinberg* 2008, S. 207) einer Person verbessert werden (vgl. *Kehr* 2005, S. 144 und 2004b, S. 178, S. 200 ff.). Hauptkomponente motivationaler Kompetenz ist nach *Rheinberg* und *Vollmeyer* das zutreffende Bild der eigenen (impliziten) Motive. Weitere Grundlagen motivationaler Kompetenz sind die Fähigkeit, anstehende Handlungssituationen anreizseitig im Vorhinein beurteilen und gegebenenfalls mit motivpassenden Anreizen anreichern zu können, sowie das Wissen, wie man sein eigenes Leistungshandeln durch richtige Zielsetzung, Anreizanreicherung und Situationsgestaltung effizient und freudvoll realisieren kann (vgl. *Rheinberg/Vollmeyer* 2012, S. 209).

Ausgangspunkt des Trainings bildet wiederum eine systematische Motivdiagnostik. Es werden jedoch auch Möglichkeiten aufgezeigt, durch die auch ohne systematische Motivdiagnostik den eigenen impliziten (unbewussten) Motiven auf die Spur gekommen werden kann. So können etwa die eigenen Emotionen (Erwartungsemotionen, Befürchtungen) oder auch subjektives Anstrengungserleben bei der Ausführung von Handlungen als zuverlässige allgemeine Lageberichte (Stimmungsbarometer) herangezogen werden. Daher wird eine systematische Sammlung emotionaler Empfindungen in verschiedenen Situationen und bei der Verrichtung unterschiedlicher Tätigkeiten empfohlen, um einen groben Eindruck davon zu gewinnen, welche Ziele eher motivkonform sind und welche nicht (vgl. *Kehr* 2004b, S. 201). Hierzu wird auf die von *Rheinberg* und *Vollmeyer* vorgeschlagenen Fragen zur Selbsteinschätzung motivspezifischer Tätigkeitsvorlieben verwiesen. Im Einzelnen schlagen *Rheinberg/Vollmeyer* (2012, S. 208) die folgenden Fragen zur Selbsteinschätzung motivspezifischer Tätigkeitsvorlieben vor:

- *„Welche Aktivitäten mache ich auch ohne Belohnung immer wieder und ziehe sie zeitlich häufig vor?*
- *Wobei und wann habe ich besonders gerne und problemlos gearbeitet, konnte kein Ende finden? Gibt es etwas Besonderes an diesen Situationen, Aufgaben und Tätigkeiten?*
- *Wann habe ich mich über ein erzieltes Ergebnis ganz besonders gefreut? Wann konnte ich mich trotz eines erfolgreichen Abschlusses über das Ergebnis meines angestrengten Bemühens erstaunlicherweise nicht richtig freuen?*
- *[…] Welche Anreize/Bedingungen müssen für mich gegeben sein, damit mein Engagement freudvoll, effektiv und flowartig verläuft?"*

Weiterhin wird vorgeschlagen, Emotionen als prospektive Orientierungshilfe zu nutzen. Antizipierte Emotionen fungieren als Hinweisreize für die Auswahl von Zielen sowie für die Umgewichtung von Prioritäten (vgl. *Kehr* 2004b, S. 201). Daher wird zur thematischen Ausrichtung der Handlungspläne an impliziten Motiven eine an *Schultheiss/Brunstein* (1999) orientierte Simulationstechnik empfohlen, welche Ziele in Handlungsschritte zerlegt und ihre Realisierung visualisiert. Zur Ausrichtung der Handlungsplanung an impliziten Motivstrukturen empfiehlt *Kehr* diejenigen Alternativen zu wählen, die insgesamt positive Emotionen entstehen lassen, da diese später weniger Barrieren und eine stärkere intrinsische Motivation erwarten lassen. Sollten bei den vorstehend beschriebenen Visualisierungsübungen der einzelnen Handlungsschritte negative Emotionen entstehen, so kann dies ein Hinweis auf latente Realisierungsbarrieren sein. Die Ursachen hierfür sollen daher analysiert und entsprechende Problemlöse- und volitionale Strategien entwickelt werden (vgl. *Kehr* 2004b).

Kritische Würdigung der funktionsanalytischen Perspektive

Ansätze der funktionsanalytischen Perspektive machen die Konzeption dualer Motivsysteme für die Analyse des gesamten Motivationsgeschehens fruchtbar. Insbesondere die Betrachtung von Volitionsprozessen erhält dadurch eine neue Bedeutung, was wiederum auf das Verständnis von Motivation zurückwirkt. Denn Motivation und Volition werden als **komplementäre Steuerungslagen** konzipiert. Damit wird zum einen Volition als untrennbar mit Motivation verbunden verstanden. Zum anderen wird die Funktion von Volition darin gesehen, Motivation zu unterstützen. Volition hat jedoch, insbesondere auf lange Sicht, nachteilige Folgen für Handlungseffizienz und subjektives Wohlbefinden. Daher wird Konzepten wie der volitionalen und motivationalen Kompetenz in funktionsanalytischen Ansätzen eine grundlegende Bedeutung zugeschrieben. Dies geht insbesondere einher mit einer Sensibilisierung für eine adaptive selbstregulatorische Variante der Handlungssteuerung.

Auf der Basis eines funktionsanalytischen Volitionsverständnisses können auch Prozesse der **Selbstmotivierung** erklärt werden, die ebenso wie **intrinsische Motivation** im Kern auf die Wirkung selbstregulatorischer Funktionen zurückgeführt werden. Dies impliziert eine Fokussierung auf unbewusste und affektive Prozesse im Motivations- und Volitionsgeschehen. Allerdings kommt all dies nicht ohne die grundlegende Einbeziehung kognitiver (expliziter) Prozesse aus. Damit hat insbesondere das Kompensationsmodell der Motivation und Volition auch zu einer Neukonzeption des Verhältnisses von intrinsischer und extrinsischer Motivation beigetragen und vermag Erklärungslücken älterer Ansätze zu schließen (z.B. zum Verdrängungs- bzw. Korrumpierungseffekt). All dies verweist zugleich darauf, dass es immer auch um die Realisierung motivationaler Handlungstendenzen in konkreten Handlungssituationen und damit um Handlungseffizienz geht.

In dieser Logik sind dann subjektive Fähigkeiten ausdrücklich Bestandteil der motivationspsychologischen Konzeption des Kompensationsmodells. Dieser Aspekt sowie die ebenfalls bereits konzeptionelle Einbeziehung expliziter Motive und damit kognitiver Größen bewahrt bei der Analyse des Motivationsgeschehens zum einen vor einer unrealistischen ausschließlichen Ausrichtung an impliziten (innerorganismischen) Größen und zum anderen vor der Vernachlässigung konkreter Realisierungsbemühungen. Das Kompensationsmodell stellt sich vor diesem Hintergrund als ein erklärungsstarkes integratives und wissenschaftlich fundiertes Motivationsmodell dar. Neben der Entwicklung von Selbstmanagement-Kompetenzen erleichtert es Führungskräften das Erkennen von Motivationsdefiziten und die Auswahl geeigneter Interventionsmechanismen. Auf die hierbei relevanten und anwendungsbezogenen Verfahren werden wir im Kontext der nun folgenden Führungsimplikationen noch näher eingehen („Erkennen von Motivationsdefiziten" und „Führung bei fehlenden Motivationskomponenten", ☞ C. II. 3.4).

3. Welche Implikationen sich für Führende und Geführte ergeben

3.1 Handlungsoptionen

Wir wollen uns nun damit beschäftigen, welche Konsequenzen sich aus der Betrachtung des Motivationsgeschehens für die Führung ergeben können. Einen ersten Anhaltspunkt bietet Abbildung C.18, in der Kernpunkte der Ergebnisse unserer perspektivenspezifischen Analyse des Motivationsgeschehens visualisiert sind.

Im Vergleich zur Ausgangsbasis (vgl. Abb. C.3) ist eine deutlich stärkere Ausrichtung am funktionsanalytischen Verständnis und damit insbesondere am Grundverständnis des **Kompensationsmodells der Motivation und Volition** von *Kehr* (2005, 2004a) zu verzeichnen. Gleichzeitig werden Aspekte der strukturell-organisationalen Ebene in größerem Ausmaß, als dies in funktionsanalytischen Ansätzen der Fall ist, berücksichtigt. Daneben spielen prozesstheoretische Größen wie Instrumentalitäten und Zielsetzungen auch im funktionsanalytischen Erklärungsansatz eine wichtige Rolle. Wir werden daher zunächst je getrennt für die **inhaltsanalytische**, die **prozessanalytische** sowie die **funktionsanalytische Perspektive** erste **Bezüge zur Führung** herstellen. Anschließend werden wir die vielfältigen Einzelergebnisse in einen integrativen Gesamtzusammenhang stellen. Auf dieser Basis werden wir zentrale Anforderungen für die Führung ableiten sowie relevante Gestaltungsansätze und konkrete Maßnahmen zur Motivierung durch Führung aufzeigen.

3.2 Inhaltsanalytische Implikationen

Traditionelle inhaltstheoretische Ansätze erklären auf der Basis personenbezogener Komponenten (Bedürfnisse, Motive) sowie situationsbezogener Komponenten

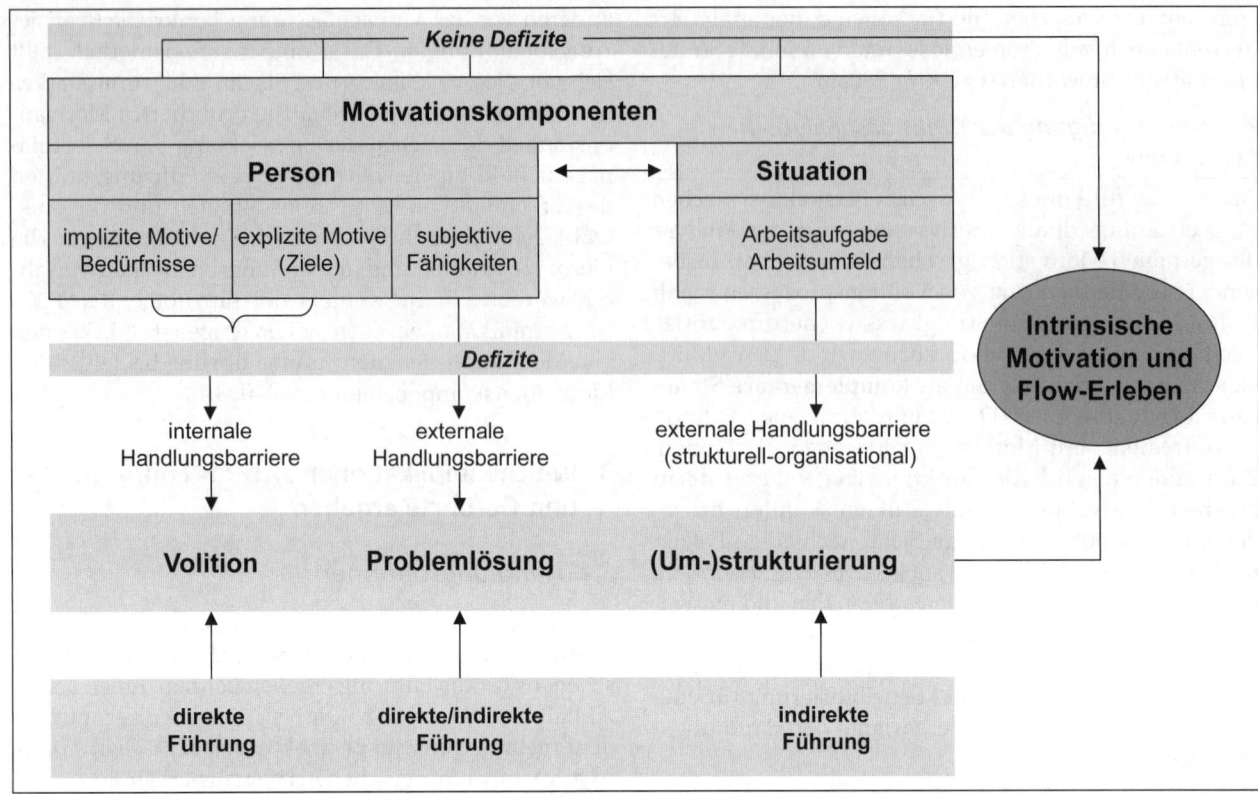

Abb. C.18: Komponenten und Bezugsebenen der Motivierung durch Führung

(Anreize), *was* die Grundlage motivierten Verhaltens/Handelns darstellt. Diese oftmals humanistisch orientierten Ansätze sensibilisieren für die Bedeutung von Wachstums- und Selbstverwirklichungsbedürfnissen sowie für das intrinsische Motivierungspotenzial von Arbeit. Sie stellen daher auf die **Arbeitsaufgabe** ab. Hohes intrinsisches Motivierungspotenzial (intrinsische Anreize) liegt hiernach bei Aufgaben vor, die vielfältig, ganzheitlich sowie lern- und entwicklungsförderlich sind, als sozial bedeutsam angesehen werden sowie hinreichend Autonomie und Rückkopplungsmöglichkeiten bieten. Gestaltungsempfehlungen richten sich damit primär auf die Förderung der intrinsischen Leistungsmotivation.

Motivationsförderliche Aufgabengestaltung
Die folgende Zusammenstellung in Tabelle C.7 zeigt wesentliche Merkmale und Wirkungen motivations- und lernförderlicher Aufgabengestaltung sowie spezifische praktische Realisierungsmöglichkeiten auf. Im Hinblick auf die Realisierungsmöglichkeiten kommt Führungskräften eine große Bedeutung zu.

Tätigkeitstheoretisch fundierte Konzepte stellen damit in besonderer Weise die Bedeutung von Tätigkeits- und Handlungsspielräumen (vgl. hierzu *Ulich* 2011; *Weibler* 1989, S. 109 ff.) heraus und verweisen auf die besonders motivierende Wirkung von Arbeitstätigkeiten, die ein hohes Lernpotenzial haben (vgl. *Wieland* 2004; *Hacker/Skell* 1993. Aus diesem Zusammenhang ließe sich beispielsweise für die Mitarbeiterführung ableiten, dass Führende sich im Rahmen der Aufgabengestaltung bzw. -verteilung immer auch dafür einsetzen müssen, die Lernförderlichkeit der Arbeitssituation zu erhöhen. Hinzu treten sollte die Möglichkeit zum selbstständigen Zielsetzen, Fehlerfreundlichkeit bzw. Spielraum für fehlerfreundliches Lernen, Anforderungsvielfalt, Transparenz, Partizipationsmöglichkeiten, zeitliche Freiräume und Entwicklungsmöglichkeiten sowie die Anerkennung von Selbstständigkeit (vgl. weiterführend *Wegge u. a.* 2010). Zudem sollten Vorgesetzte darauf achten, dass sie ihren Mitarbeitern hinreichend große Kontroll- und Entscheidungsspielräume einräumen, sowie Aufgaben zuteilen, die möglichst vielseitig, ganzheitlich und bedeutsam sind. Arbeitsaufgaben sollten zudem so gestaltet sein, dass sie eine Ergebnisrückmeldung enthalten,

Gestaltungsmerkmal	Realisierung durch	Angenommene Wirkung
Ganzheitlichkeit	• Aufgaben mit planenden, ausführenden und kontrollierenden Elementen • Möglichkeit, Ergebnisse der eigenen Tätigkeit auf Übereinstimmung mit gestellten Anforderungen zu überprüfen	• Mitarbeiter erkennen Bedeutung und Stellenwert ihrer Tätigkeit • Mitarbeiter erhalten Rückmeldung über den eigenen Arbeitsfortschritt aus der Tätigkeit selbst
Anforderungsvielfalt	• Aufgaben mit unterschiedlichen Anforderungen an Körperfunktionen und Sinnesorgane	• unterschiedliche Fähigkeiten, Kenntnisse und Fertigkeiten können eingesetzt werden • einseitige Beanspruchungen werden vermieden
Interaktionsmöglichkeiten	• Aufgaben, deren Bewältigung Kooperation nahe legt oder voraussetzt	• Schwierigkeiten werden gemeinsam bewältigt • gegenseitige Unterstützung hilft Belastungen besser zu ertragen
Autonomie	• Aufgaben mit Dispositions- und Entscheidungsmöglichkeiten	• stärkt Selbstwertgefühl und Bereitschaft zur Übernahme von Verantwortung • vermittelt die Erfahrung, nicht einfluss- und bedeutungslos zu sein
Lern- und Entwicklungsmöglichkeiten	• problemhaltige Aufgaben, zu deren Bewältigung vorhandene Qualifikationen eingesetzt bzw. neue Qualifikationen angeeignet werden müssen	• allgemeine geistige Flexibilität bleibt erhalten • berufliche Qualifikationen werden erhalten und weiter entwickelt
Zeitelastizität/stressfreie Regulierbarkeit	• Schaffen von Zeitpuffern bei der Festlegung von Vorgabezeiten	• wirkt unangemessener Arbeitsverdichtung entgegen • schafft Freiräume für stressfreies Nachdenken und selbst gewählte Interaktionen
Sinnhaftigkeit/Bedeutsamkeit	• Produkte, deren gesellschaftlicher Nutzen nicht in Frage gestellt wird • Produkte, deren ökologische Unbedenklichkeit sichergestellt werden kann	• vermittelt das Gefühl, an der Erstellung gesellschaftlich nützlicher Produkte beteiligt zu sein • gibt Sicherheit in Bezug auf Übereinstimmung individueller und gesellschaftlicher Interessen

Tab. C.7: Merkmale motivations-, persönlichkeits- und lernförderlicher Aufgabengestaltung (vgl. *Ulich* 2007, S. 229; *Schaper* 2014, S. 377)

die möglichst unmittelbar in der Aufgabe selbst angelegt ist.

Die vorstehenden Gestaltungsmerkmale der Arbeitsaufgabe decken sich in wesentlichen Punkten mit den klassischen Kerndimensionen der Arbeitsgestaltung der **Job Characteristics Ansätze** (vgl. *Hackman/Oldham* 1980, 1975). Allerdings betonen die tätigkeitstheoretisch fundierten Konzeptionen noch stärker die Bedeutung von Lern- und Entwicklungsmöglichkeiten. In späteren Arbeiten hierzu wird herausgestellt, dass die Möglichkeit der sozialen Interaktion (Kooperation, Möglichkeit zu sozial befriedigender Kommunikation sowie zur gegenseitigen Unterstützung) hinzutreten muss (vgl. *Oldham/Hackman* 2010; *Schaper* 2014, S. 377). Damit werden Aspekte des Arbeitsumfeldes mit einbezogen, die in der Begrifflichkeit traditioneller inhaltstheoretischer Ansätze der Arbeitsmotivation, wie der **Zwei-Faktoren-Theorie** von *Herzberg*, den Kontextfaktoren zugerechnet werden. Zur Erinnerung: Aspekte des Arbeitsumfeldes (z. B. Beziehungen zu Kollegen und Vorgesetzten) werden hiernach *nicht* als Kontent-Faktoren und damit Motivatoren angesehen. Dennoch müssen wir davon ausgehen, dass sozial befriedigende und unterstützende Interaktionsmöglichkeiten das (Gesamt-)Motivierungspotenzial von Arbeitssituationen erhöht. Einleuchtend ist dies, wenn wir uns vor Augen halten, dass durch hochqualitative soziale Interaktionen und Beziehungen das (implizite) Anschlussmotiv von Menschen angesprochen wird und damit für diese eine intrinsisch motivierende Wirkung hat. Die vorstehend beschriebene lern- und entwicklungsförderliche Aufgabengestaltung spricht dahingegen in erster Linie das implizite Leistungsmotiv an (intrinsische Leistungsmotivation). Denn: Nur beim impliziten Leistungsmotiv geht es um die Meisterung herausfordernder Aufgaben, die Menschen insbesondere deshalb motivierend finden, weil sie ihre eigene Tüchtigkeit unter Beweis stellen und sich dabei weiterentwickeln können. Da sich das (Gesamt-)Motivierungspotenzial von Arbeit jedoch nicht nur auf das (implizite) Leistungsmotiv beziehen sollte, sind bei der Bewertung des Motivierungspotenzials von Arbeit immer auch anschluss- und auch machtthematische Motivkomponenten mit einzubeziehen. Hierauf werden wir bei unserer integrativen Betrachtung von Motivation durch Führung noch näher eingehen.

Die Bedeutung von sozialer Interaktion und damit verbundener Kooperationsmöglichkeiten, die Zugehörigkeit und soziale Identität vermitteln, wird auch durch aktuelle Forschungsergebnisse, die motivationspsychologische Erkenntnisse mit der neueren Sozialpsychologie (insbesondere mit dem **„Social Identity Approach"**) verbinden, belegt (vgl. z. B. *Tajfel/Turner* 1986; *Tajfel* 1978; siehe auch *Van Dick/Wegge* 2004; ☞ B. III. 4). Der Grundgedanke hierbei ist, dass Menschen nach einer positiven Selbsteinschätzung streben, die sie aus ihrer sozialen Identität (Zugehörigkeit zu sozialen Kategorien wie Gruppen, Organisation oder einer Berufsgruppe) ableiten. Eine Identifikation mit der Organisation und damit eine positive Selbsteinschätzung, resultierend aus der Zugehörigkeit zur Organisation, sind mit hoher Motivation verbunden. Diese zeigt sich in hohem Engagement, geringer Kündigungsabsicht und hohen Werten bei der Arbeitszufriedenheit (arbeitsrelevante Einstellungen) (vgl. *Van Dick/Wegge* 2004, S. 225 ff.). Andererseits wirkt sich Arbeitszufriedenheit wiederum positiv auf die Arbeitsmotivation aus. Die Wechselwirkungen zwischen Arbeitsmotivation und dem komplexen Konstrukt der Arbeitszufriedenheit sollen hier jedoch nicht vertieft werden (vgl. weiterführend z. B. *Nerdinger* 2014a, 1995). Es kann an dieser Stelle als Zwischenfazit festgehalten werden: Das Motivierungspotenzial von Arbeit

kann – so plausibel die Annahme, dass *innerhalb* der Arbeitstätigkeit liegende Anreize mit *intrinsischer* Motivation assoziiert sind – wohl kaum allein aus den Inhalten der Tätigkeit bzw. der **Arbeitsaufgabe** bestimmt werden. Eine motivationsförderliche Arbeitsgestaltung wird damit auch das **Arbeitsumfeld** mit einbeziehen müssen, worauf wir an anderer Stelle im Kontext der Gallup-Studien (vgl. *Buckingham/Coffman* 2005) hinweisen (☞ E. III. 4). Hier finden sich dann auch Aussagen zu Arbeitsbedingungen, die ein Flow-Erleben am Arbeitsplatz ermöglichen.

3.3 Prozessanalytische Implikationen

Im Mittelpunkt prozessanalytischer Ansätze steht die Erklärung der Ausprägung einer spezifischen Motivation für eine ausgewählte Handlungsmöglichkeit auf der Basis kognitiver Prozesse und **sequentieller Handlungsphasen** (prädezisionale, präaktionale, aktionale und postaktionale Phase, vgl. Abb. C.10). Die statische Betrachtungsweise inhaltstheoretischer Ansätze wird dadurch überwunden. Der Mensch wird jedoch auf der Basis eines begrenzten Menschenbildes als rational entscheidendes und nutzenmaximierendes Individuum angesehen. Affektive und emotionale Prozesse werden weitgehend vernachlässigt. Die prozessanalytischen Ansätze (z. B. Zielsetzungstheorie, Wert-mal-Erwartungstheorien) weisen durch Orientierung an Instrumentalitäten, Valenzen von Handlungsoptionen und Betonung von Zielsetzungen einen ergebnisorientierten Fokus auf. Insgesamt sind **Ziele** Dreh- und Angelpunkt menschlichen Handelns. Die **Theorie der Zielsetzung** sowie die Forschungsergebnisse hierzu belegen, dass die leistungssteigernde Wirkung von Zielsetzung dann erreicht wird, wenn es sich um besonders *hohe* und herausfordernde Ziele handelt.

Da diese Ergebnisse resultierend aus der Anwendung prominenter Management- und Führungsinstrumente in der betriebswirtschaftlichen Praxis einen dominanten Niederschlag gefunden haben, ist es nicht verwunderlich, dass Menschen in Organisationen gewöhnlich mit hohen – und immer höher gesteckten – Zielen in Form von **Zielvereinbarungen** und/oder Zielvorgaben konfrontiert werden (☞ D. III. 4.3). Menschen in Organisationen haben damit aber auch immer häufiger Aufgaben anzugehen, die das Risiko des Scheiterns in sich bergen bzw. dazu führen, dass hochgesteckte Ziele verfehlt werden. Häufig sind daher **Misserfolge** zu verbuchen (vgl. *Kleinbeck* 2004a). Die organisationspsychologische Forschung belegt, dass dies oft mit Ärger, Enttäuschung, nachlassender Motivation, psychosomatischen

Beschwerden und einem Rückzug von der Arbeit einhergeht (vgl. z.B. *Richter* 2004). Hiernach würden dann, wie *Kleinbeck* (2004a, S. 280) betont, (über-)hohe Zielsetzungen genau das Gegenteil von dem, was eigentlich angestrebt wurde, bewirken. Statt eine Produktivitätssteigerung zu erreichen, kommt es zu negativen motivationalen Folgen mit einhergehender Beeinträchtigung des Wohlbefindens der Mitarbeiter sowie Leistungsminderung.

Ziel nicht erreicht: Führung bei Misserfolg

Um solche negativen Auswirkungen zu verhindern, zeigt *Kleinbeck* (2004a, S. 280 ff.) Möglichkeiten auf, durch die Führungskräfte im organisationalen Umfeld Bedingungen schaffen können, die eine angemessene Reaktion auf erlebten Misserfolg ermöglichen und negative Folgen hoher Zielsetzungen verringern oder ganz ausschließen. Nach ihm können Misserfolge sowohl positive (z.B. Anstrengungssteigerung) als auch negative Folgen (Herabsetzung der Zielschwierigkeit, voreilige Zielaufgabe) mit sich bringen. Dabei hängen die Reaktionen beispielsweise von Prozessen der Ursachenklärung, von der Identitätsrelevanz der Ziele sowie von der Lernzielorientierung der Person ab. Auf dieser Basis zeigt *Kleinbeck* Ansatzpunkte für einen angemessenen Umgang mit Misserfolgsrückmeldungen auf und leitet Empfehlungen für eine **Führung bei Misserfolg** ab. Möglichkeiten, wie Führungskräfte zu einem konstruktiven Umgang mit Misserfolg beitragen können, sind in Abbildung C.19 zusammengefasst.

Ziele sollten hiernach zunächst möglichst klar und spezifisch definiert werden. Aktuelle Ergebnisse im Kontext der Zielsetzungsforschung zeigen auf, dass es daneben von besonderer Bedeutung ist, dass sich die Person mit dem jeweiligen Ziel identifiziert. Personen geben bei Misserfolg nicht so leicht auf, wenn es sich um Ziele handelt, die als selbst-definiert und mit dem eigenen Selbstbild als kongruent empfunden werden (Identitätsziele; vgl. *Schmitt/Brunstein* 2004, S. 91 ff.). Führungskräfte könnten daher versuchen, die Bedeutung der zu bewältigenden Aufgabe als bedeutsam für das Selbstbild der Person zu beschreiben. Dies setzt freilich voraus, dass die Führungskraft sich darum bemüht, herauszufinden, wonach ihre Mitarbeiterinnen und Mitarbeiter eigentlich streben.

Ein weiterer wichtiger Ansatzpunkt betrifft die Förderung der Lernzielorientierung von Mitarbeitern: Die motivationsförderlichen Wirkungen einer hohen **Lernzielorientierung** und die für motiviertes Handeln hinderlichen Folgen einer einseitigen und zu hohen **Leistungszielorientierung** haben wir bereits aufgezeigt. Auch *Kleinbeck* greift auf Forschungsergebnisse

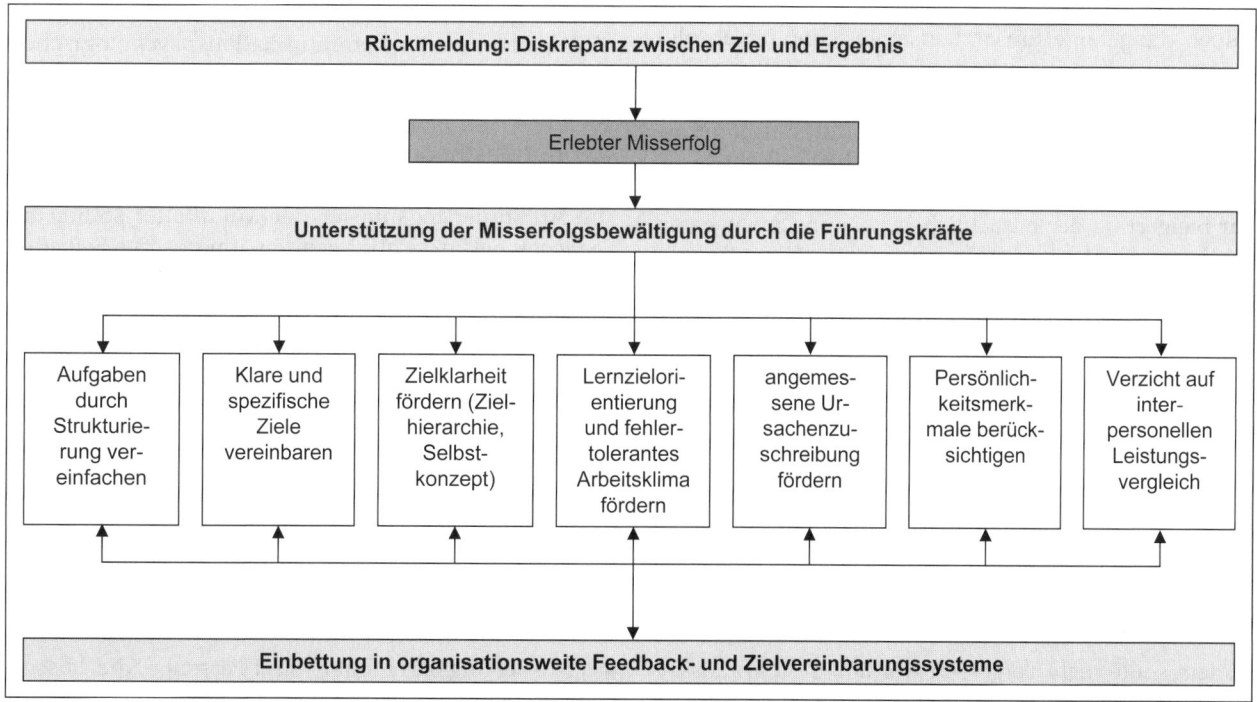

Abb. C.19: Unterstützung von Misserfolgsbewältigung durch Führungskräfte (nach *Kleinbeck* 2004a)

zur Lern- und Leistungszielorientierung zurück und integriert diese in seine Empfehlungen. Die Bewertung der eigenen Leistungsergebnisse sollte daher insbesondere bei Misserfolgen in erster Linie dazu dienen, die Fähigkeiten und Kompetenzen des Mitarbeiters zu verbessern (vgl. *Kleinbeck* 2006, S. 266 ff. und 2004a, S. 285 ff.; weiterführend *Seijts/Latham* 2005; *Dweck/Leggett* 1988). Führende sollten daher darauf achten, dass der informative Gehalt der Misserfolgs-Rückmeldung im Mittelpunkt steht und von Seiten des Mitarbeiters als *lern*relevante Information attribuiert wird. Dies impliziert (1) eine ausschließliche Orientierung an individuellen (und *nicht* an sozialen) Bezugsnormen, sodass hiernach interpersonelle Leistungsvergleiche unterbleiben müssen, und (2) eine Beschränkung auf Aspekte der konkreten Aufgabenerfüllung sowie aufgabenbezogene Lernmöglichkeiten der Person. Auf diese Weise können schädigende Wirkungen von negativem Feedback auf das Selbstkonzept der Person vermieden werden und das Vertrauen in die eigene Tüchtigkeit (wieder) gestärkt werden (vgl. *Ilgen/Davis* 2000; *Kluger/DeNisi* 1996). Da Menschen aber regelmäßig nach Vergleichen streben, die ja auch eine wichtige Orientierungsfunktion besitzen, sollten unseres Erachtens interpersonelle Vergleiche nicht per se gemieden, sondern konstruktiv aufgegriffen werden. Hier kann sich nämlich beispielsweise auch erweisen, dass eine individuelle Besserung zwar möglich und für den Einzelnen eine tolle Leistung ist, dass jedoch das jetzige Einsatzfeld angesichts der absolut besseren Leistung von Kolleginnen und Kollegen, die sich ja möglicherweise auch noch weiterentwickeln – und dies vielleicht aufgrund einer a priori besseren Passung schneller können – trotzdem nicht das Richtige ist. Deshalb sollten wir nicht aus den Augen verlieren, dass zur Steigerung der tatsächlichen Leistung mehr getan werden muss, als eine **erfolgsorientierte Attribution** sowie die Motivation zur Leistungserbringung zu fördern. Wer auch tatsächliche Leistungsergebnisse steigern will, darf die dafür maßgeblich vorhandenen Fertigkeiten und Fähigkeiten nicht ignorieren (vgl. auch *Brunstein/Heckhausen* 2006, S. 181; ☞ C. III.). Alles andere wäre eine **Romantisierung von Geführtenfähigkeiten**. Auf die Bedeutung von individuellen Fähigkeiten für motivationale Prozesse werden wir gleich anschließend aus der funktionsanalytischen Perspektive näher eingehen. Hier wird eine „Fähigkeitslücke" sogar als ein mögliches Hindernis für die Entstehung von „optimalen" Motivationszuständen angesehen.

Zudem sollte nicht vergessen werden, dass Voraussetzung für eine Lernzielorientierung bzw. (intrinsische) Leistungsmotivation (und damit für einen konstruktiven Umgang mit Misserfolg) die Schaffung eines fehlertoleranten Organisationsklimas ist (zur breiteren Übersicht *Cannon/Edmondson* 2005). Dabei ist, wie *Schwaninger* (2006) herausstellt, Fehlertoleranz durchaus ein *„zweischneidiges Schwert"*, sodass Anforderungen des Kontextes sowie die gegebenen Risiken und Gefahren zu berücksichtigen sind. Fehler*intoleranz* ist nach *Schwaninger* (2006) immer dort geboten, wo gravierende menschliche, soziale oder wirtschaftliche Auswirkungen zu befürchten sind. Dahingegen hat Fehlerintoleranz negative Folgen, wenn sie lediglich im Dienste von Perfektion steht, in unnötige Kontrollen mündet und eine Kultur des Misstrauens fördert. Insgesamt sollte Fehlerintoleranz immer dort vermieden werden, wo aus Fehlern mit vertretbarem Aufwand (und Risiko) Innovations- und Lerneffekte erzielt werden können (vgl. *Schwaninger* 2006, S. 280 f.).

Mit der Diskussion von Zielen und deren Nicht-Erreichung befinden wir uns im prozesstheoretischen Geschehen in der **präaktionalen Phase** bzw. in der planenden Bewusstseinslage (vgl. Abb. C.10). Daneben lassen sich insbesondere auch aus der **postaktionalen Phase** mit ihrer korrespondierenden bewertenden Bewusstseinslage wichtige Implikationen für eine motivierende Führung ableiten. So sollten Führungskräfte regelmäßig Feedback zum Stand der Zielerreichung geben, wobei immer auch die Gründe für positive oder negative Abweichungen diskutiert werden sollten. Hierbei sind – neben allgemeinen kommunikationspsychologischen Feedbackregeln – die Attribuierungsmuster der Mitarbeiter mit einzubeziehen.

Attributionstheoretische Implikationen für Führungsbeziehungen

Die Attribuierungsmuster der Mitarbeiter sollten im Feedback berücksichtigt werden, um positive Selbstbewertungs- und Erwartungsemotionen (z. B. Hoffnung auf Erfolg) zu unterstützten. Dabei sollte zwischen den „Erfolgsmotivierten" (Erfolgszurechnern) und den „Misserfolgsmotivierten" (Misserfolgszurechnern) unterschieden werden:

- Typischen **„Erfolgszurechnern"** (d.h. Personen, die Erfolge sich selbst und Misserfolge externen Faktoren zuordnen) ist vor allem im Falle ihres Misserfolgs (z. B. bei ungenügender Leistung) zu verdeutlichen, dass dieses Ergebnis nicht nur externale, sondern durchaus auch internale Ursachen (v. a. ungenügende Anstrengung) haben kann.

- **„Misserfolgszurechner"** sind Personen, die Misserfolge bevorzugt internal und Erfolge eher external attribuieren. Ihnen sollte im Falle ihres Misserfolgs verdeutlicht werden, dass dieses negative Ergebnis (auch) externale Ursachen haben kann (z. B. außergewöhnlich schwierige Aufgabe, außergewöhnliches Pech). Im Falle ihres Erfolgs sollte ihnen vor Augen geführt werden, dass (auch) internale Ursachen (die besonderen Fähigkeiten und Anstrengungen des Einzelnen) für das positive Ergebnis verantwortlich sind.

Führung sollte dabei insgesamt berücksichtigen, dass eine positive Beeinflussung der individuellen Motivation vorliegen kann, wenn Folgendes gegeben ist: (1) Die Bedeutung des variablen Faktors „Anstrengung" kann herausgestrichen werden. Damit wird vermieden, dass Mitarbeiter Misserfolge wie Erfolge vornehmlich auf stabile Faktoren zurückführen. (2) Anstrengungsförderliche Attributionsmuster sollten zudem durch eine Orientierung an individuellen (nicht sozialen) Bezugsnormen unterstützt werden, weil damit eine Verbesserung der Lernzielorientierung erreicht werden kann. Denn eine Fokussierung auf eigene Lern- und Leistungsfortschritte verdeutlicht, dass die Höhe der Leistung von der eigenen Anstrengung abhängig ist. Besonders im Misserfolgsfall sollte daher auf interpersonelle Vergleiche verzichtet werden (siehe aber unsere obige Anmerkung), um Selbstwertbelastungen (negative Selbstbewertungsemotionen) möglichst gering zu halten (vgl. *Schüler* 2009; *Brunstein/Heckhausen* 2006).

Stattdessen sollte die Aufmerksamkeit auf **Möglichkeiten der Verbesserung individueller Kompetenzen** gelenkt werden, um Selbstwirksamkeit sowie Erfolgszuversicht zu stärken. Nur so kann an die Stelle einer Furcht vor (weiteren) Misserfolgen eine, für leistungsmotiviertes Handeln essenzielle, Antizipation von Stolz treten. Fähigkeiten sind dann – entgegen der aufgezeigten Ergebnisse der attributionalen Theorie – gerade *keine* „gegebene" Größe und damit als stabile Ursache individueller Erfolge oder Misserfolge zu verstehen.

Es bleibt natürlich die Frage, wie Vorgesetzte Informationen insbesondere über das Leistungsverhalten ihrer Mitarbeiter gewinnen, um eine adäquate Bewertung vornehmen zu können. Es stellt doch einen gewaltigen Unterschied dar, ob der Erfolg oder Misserfolg durch den Mitarbeiter ursächlich bewirkt wurde oder ob nicht andere Gründe hierfür herangezogen werden können. Wir haben weiter oben darauf hingewiesen. In Abhängigkeit dieser Ursachensuche wird sich eine jeweils spezifische Konsequenz seitens des Vorgesetzten ergeben, unterstellt man einmal ein auch nur halbwegs rationales Verhalten seinerseits. Eine Kenntnis hierüber eröffnet führungspraktisch nicht nur ein besseres Verständnis über unterschiedliche Verhaltensweisen einer Führungskraft oder zwischen Führungskräften trotz einer anscheinend objektiv ähnlichen Ausgangssituation, sondern erlaubt der einzelnen Führungskraft auch, eigene Einschätzungen zu hinterfragen und möglicherweise abgewogenere Entscheidungen angesichts des Leistungsverhaltens des Mitarbeiters zu treffen.

In der aktuellen Führungsforschung wird zur Modellierung dieses kognitiven Prozesses ebenfalls die **Attributionstheorie** herangezogen (vgl. z. B. *Martinko/Harvey/Douglas* 2007; in der Unterscheidung von *Stiensmeier-Pelster/Heckhausen* (2006, S. 356) mit Blick auf die Auswirkungen der Attribution auf das (auch emotionale) Verhalten dann eine sogenannte attributionale Theorie). An dieser Stelle geht es nun darum, wie der Führende eine Einschätzung der Leistung seiner Geführten vornimmt und wie dieser Ursachenzuschreibungsprozess das Verhalten der Führungskraft beeinflussen kann. *Green* und *Mitchell* lieferten den ersten systematischen Ansatz, um die Beziehung zwischen Attributionsprozessen und Führungsverhalten zu erklären (vgl. *Green/Mitchell* 1979). Aufbauend auf der Theorie von *Kelley* (1973) und *Weiner* (1975) zeigen die Autoren einen systematischen Zusammenhang von Informationen über das Mitarbeiterverhalten, der Zurückführung dieser Informationen auf personale oder situationale Ursachen seitens der Führungskraft und der Ableitung entsprechender Konsequenzen in Abhängigkeit gefundener Ursachen auf. Hierzu entwarfen sie ein vielbeachtetes Modell (vgl. Abb. C.20).

Es verdeutlicht diesen Attributionsprozess: Ein bestimmtes Geführtenverhalten dient dem Führenden in einer unsicheren und dynamischen Umwelt als Reiz (Stimulus) zur Einleitung eines kognitiven Prozesses. Dieser sammelt daraufhin Informationen, die ihm die Zurückführung einer Leistung oder allgemeiner: eines Ereignisses auf die Basiskategorien Begabung und Anstrengung (beides personale Kategorien) oder Aufgabenschwierigkeit und Zufall (inklusive spezifisch wirkende Kontextfaktoren; beides situationale Kategorien) möglichst eindeutig (deterministisch) erlauben. Konsistenz (Wie sieht es in anderen Situationen und zu anderen Zeiten aus?), Distinktheit (Wie anlassspezifisch ist dieses Verhalten abgrenzbar?) und Konsensus (Was zeigen andere hier?) sind die von Führenden meist genutzten informatorischen Hinweise, die daraufhin mittels einer Kovariationsanalyse abgewogen werden (vgl. *Kelley* 1973, S. 108). Dieser Prüfprozess findet am wahrscheinlichsten bei wichtigen Entscheidungen oder bei sich überraschend einstellenden Leistungen Anwendung. Im Gegensatz zur vergleichsweise aufwändigen und infor-

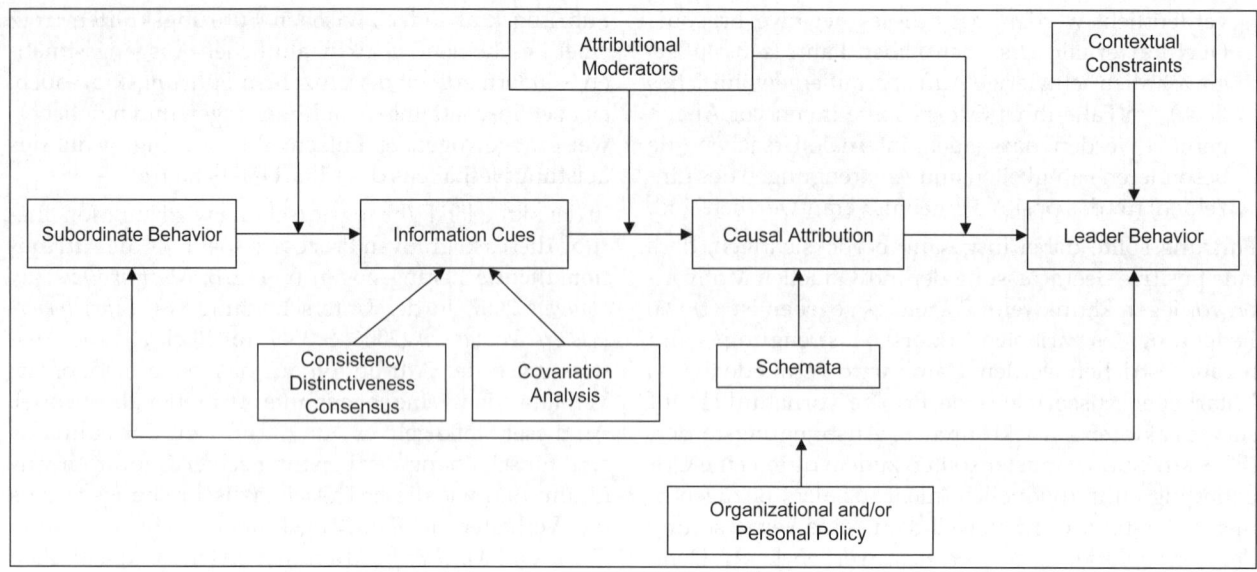

Abb. C.20: Grundlegendes Attributions-Modell (nach *Green/Mitchell* 1979, S. 450)

matorisch anspruchsvollen Kovariationsanalyse ermöglichen **kausale Schemata** eine einfachere und schnellere Attributionsanalyse. Dies sind erfahrungsbezogene oder kulturell nahegelegte Heuristiken zur Entscheidungsfindung, die vor allem dann genutzt werden, wenn die Zeit oder Motivation fehlt, alle komplexen Prüfschritte der Distinktheits-, Konsensus- und Konsistenzprüfung zu vollziehen (vgl. *Kelley* 1973). Die aus dieser umfangreichen oder verkürzt durchgeführten Ursachenforschung resultierende Attribution initiiert dann ein bestimmtes Führungsverhalten, das das so gewonnene Verständnis des Führerenden von den Ursachen des Geführtenverhaltens als Bezugspunkt besitzt. Nun ist es aber so, dass sich das Verhalten des Führenden selten eins zu eins aus dem Ergebnis des Zuschreibungsprozesses ergibt. Vielmehr wirken auf das Führungsverhalten z. B. kulturelle Randbedingungen ein, die die Optionen des Führungsverhaltens einschränken („contextual constraints"). Oder die gewünschte Reaktion des Führenden muss übergeordneten Prinzipien untergeordnet werden („organizational and/or personal policy"). Hinzu treten auf mehreren Stufen in der Abfolge der kognitiven Aktivitäten Moderatoren („attributional moderators"), die diesen Prozess selbst beeinflussen, z. B. Erfahrungen oder Erwartungen des Führenden, Beziehungen zwischen Führenden und Geführten, persönliche Charaktereigenschaften (vgl. *Green/Mitchell* 1979, 437 ff.). Dadurch wird die Deutlichkeit der Verbindung zwischen dem spezifischen Führungsverhalten und dem Attributionsprozess merklich abgeschwächt. *Green* und *Mitchell* formulierten in diesem Zusammenhang über zwanzig generelle Hypothesen, die das verschiedenartige Verhalten der Führungskraft gegenüber ihren Geführten, resultierend aus unterschiedlichen Attributionsmustern, näher verdeutlichen sollen. Bspw. wird eine Führungskraft eher vorteilhaftere Kausalattributionen für die Leistung ihrer Geführten bilden, je mehr Empathie sie für die Geführtem empfindet beziehungsweise je mehr sie sie respektiert oder mag (vgl. *Green/Mitchell* 1979, S. 452).

Aufbauend auf dem *Green/Mitchell*-Modell wurden viele weitere Studien veröffentlicht, die den Zusammenhang zwischen Führungsverhalten und Attribution betonten und weitere Variablen herausstellten, die auf den Attributionsprozess der Führungskraft einwirken sowie ihre Bewertung des Geführtenverhaltens beeinflussen könnten (vgl. u. a. *Ashkanasy* 2002, 1989; *Mitchell* 1982; *Mitchell/Kalb* 1982). *Ashkanasy* (1989) bewies z. B. durch den Einsatz von Fallstudien, dass die drei Informationsdimensionen von *Kelley* mit Attributionen zusammenhängen, welche wiederum mit den Bewertungen des Geführtenverhaltens in Verbindung stehen, die das *Green/Mitchell*-Modell vorhergesagt hatte. In einer späteren Arbeit summierte *Ashkanasy* seine bisherigen Studien zu dem Ergebnis, dass Attributionen in jedem Fall einen stabilen Einfluss auf die von der Führungskraft durchgeführte Bewertung des Geführtenverhaltens ausüben können. Diese Wirkung sei sogar noch größer, als sie durch Informationsdimensionen oder andere Variablen erklärt werden kann (vgl. *Ashkanasy* 2002, S. 13); größer heißt aber eben nicht deterministisch!

Wie bereits zu erkennen ist, setzt die Attributionstheorie auf eine Führungskraft, die möglichst objektiv eine Situation analysiert. Damit ist sie mit dem gerne präsentierten Bild eines Managers, der nach Faktenlage entscheidet, sehr gut vereinbar. Bleiben wir jedoch einmal bei dem, was sich in der obigen Abbildung bereits durch die Kategorie „Moderatorvariable" („attributional moderators") ankündigt. Die Forschung hat bereits vor Jahren gezeigt, dass in einer solchen Analyse faktisch sehr viele Fallstricke verborgen sind (vgl. für eine detaillierte Übersicht des Forschungsstandes *Martinko/Harvey/Douglas* 2007, S. 568 ff.). So wird immer wieder hervorgehoben, dass Individuen – und damit auch Führungskräfte! – einem selbstwertdienlichen Attributionsfehler („self-serving bias") unterliegen, der die Tendenz ausdrückt, Erfolg internal zuzuschreiben und als eigenes Verdienst anzurechnen und Misserfolg auf externale Ursachen zu attribuieren. In mehreren Studien wurde die Existenz des selbstwertdienlichen Attributionsfehlers nachgewiesen und seine Bedeutung für das Führungsverhältnis herausgestellt (vgl. z.B. *Dobbins/Russel* 1986). Demgegenüber ist der „actor-observer-bias" definiert als die Tendenz eines Beobachters, das Verhalten eines Akteurs und dessen Folgen eher auf internale Dispositionen des Akteurs zuzuschreiben, wobei der Beobachter bzw. die Handelnden selbst geneigt sind, ihr Verhalten und die Folgen auf externale, situationale Faktoren zu attribuieren (vgl. *Mitchell/Wood* 1980). In einer Bewertungssituation des Leistungsverhaltens führt dies leicht dazu, dass Führende einen Misserfolg eher auf die dispositionalen Eigenschaften ihrer Geführten zurückführen, während sie ihr eigenes Versagen mit externalen Umständen erklären (vgl. *Bernardin* 1989). Es ist einsichtig, dass solche Attributionsverzerrungen leicht zu Konflikten in Führungsbeziehungen führen können (vgl. *Martinko/Gardner* 1987). Dies ist bei dem ebenfalls gut dokumentierten „false consensus bias" (*Ross* 1977a) zutreffend. Dieser **fundamentale Attributionsfehler** bezieht sich darauf, das eigene (Führungs-)Verhalten als normal, als Standard zu begreifen und anzunehmen, dass andere wie man selbst agieren und entscheiden müssten (wenn sie es richtig machen wollten).

Eine ganz andere Frage ist aber auch, inwieweit Führungskräfte einen Attributionsstil pflegen können, der sich situativ gewonnenen Schlüssen offen zeigt. Es gibt nämlich ernst zu nehmende Hinweise, dass Individuen die Tendenz haben, die gleichen Ursachenzuschreibungsprozesse für verschiedene Situationen anzuwenden. Personen mit einem optimistischen Attributionsstil schreiben Erfolg eher internalen und stabilen und Misserfolg eher externalen und instabilen Faktoren zu, wobei Personen mit einem pessimistischen Attributionsstil Erfolg externalen und instabilen und Misserfolg internalen und stabilen Ursachen zuschreiben. Untersucht wurde dies u. a. von *Martinko* und seinen Kollegen, die zu dem Ergebnis kommen, dass Attributionsstile von Führenden zuverlässig gemessen werden und somit eine wichtige Tendenz für die Art der Attribution und demnach auch für die Vorhersage der Qualität der Führungsbeziehung sein können. Inkompatible Attributionsstile von Führenden und Geführten können sogar zu schlechten Führungsbeziehungen führen (vgl. *Martinko u.a.* 2007). Dies steht durchaus in einer weiteren Beziehung zu Persönlichkeitsmerkmalen. Die jüngste Forschung zeigt, dass Persönlichkeitsmerkmale in hohem Maße mit der Entstehung und Effektivität von Führung in Verbindung stehen. Auch in der Attributionsforschung ist diese Tendenz bemerkbar. Z. B. kann **das Persönlichkeitsmerkmal der Kontrollüberzeugung** („locus of control") als angemessenes Näherungsmaß für einen eher internalen oder externalen Attributionsstil verwendet werden. Personen mit einer internalen Kontrollüberzeugung glauben daran, dass sie ihr Schicksal selbst kontrollieren und werden eher internale Attributionen durchführen als Personen mit einer externalen Kontrollüberzeugung, die ihr Schicksal als von außenstehenden Faktoren kontrolliert begreifen und somit eher zu externen Attributionen fähig sind (vgl. hierzu die Studie von *Markus/Kityama* 1991). Personen mit einer hohen Selbstwirksamkeit zeigen eine starke Tendenz zu selbstwertdienlichen Attributionen gegenüber Personen mit geringer Selbstwirksamkeit (vgl. hierzu die Studie von *Silver/Mitchell/Gist* 1995). Das Persönlichkeitsmerkmal der Selbstwirksamkeit („self-efficacy") wird hier definiert als

> „beliefs in one's capabilities to mobilize the motivations, cognitive resources, and courses of action needed to meet given situational demands" (*Wood/Bandura* 1989, S. 408).

Dies kann im günstigen Fall zu sich selbst verstärkenden Entwicklungen mit gutem Realitätsbezug führen, im schlechten Fall hingegen in Sturheit und mangelnder Lernfähigkeit aus eigenen Fehlern münden. Aber auch demographische Variablen wie Geschlecht, Alter und Kultur führen zu einer Vorhersage über bestimmte Attributionstendenzen und Attributionsstile von Führenden als auch von Geführten. Z. B. führen Männer eher selbstwertdienlichere Zuschreibungen als Frauen durch (vgl. *McElroy/Morrow* 1983) und Amerikaner haben eine Tendenz zu einem eher internalen Attributionsstil gegenüber Koreanern (vgl. *Cha/Nam* 1985), um einmal die Möglichkeiten solcher Verzerrungen anzudeuten.

Demographische Variablen lassen die Teilnehmer einer Führungssituation demnach empfänglich für voreingenommene Urteile über eine Leistungsattribution sein.

Kritik an der Attributionstheorie zur Erklärung von Führungsverhalten im Allgemeinen und damit in Reaktion auf Leistungen des Mitarbeiters im Besonderen kommt aus zwei verschiedenen Richtungen. Einerseits ist es *Mitchell* (1982) selbst, der sein eigenes Modell relativierte, indem er auf zahlreiche andere Faktoren hinwies, die neben der Attribution das Führungsverhalten beeinflussen können. Die Beschaffenheit des Ergebnisses, die Kosten beziehungsweise der Nutzen eines bestimmten Führungsverhaltens sowie auch Kontext- und Situationsfaktoren beeinflussen die Reaktion des Führerenden in einem stärkeren Ausmaß, als dass es die Attribution des Verhaltens seiner Geführten vermag (vgl. *Mitchell* 1982, S. 71). Darauf haben wir bereits weiter oben etwas allgemeiner hingewiesen. *Mitchells* negative Befunde bezüglich des Einflusses von Attribution können sich z.B. dadurch erklären lassen, dass der Autor einen Ansatz verfolgt, der eine einzigartige und ursprüngliche Zuschreibung für ein bestimmtes Ergebnis fordert. Dieses Forschungsdesign ist allerdings ganz und gar unrealistisch, da verschiedene Konsequenzen bestimmter Führungsverhaltensweisen meist Resultat einer Interaktion von verschiedenen situativen Faktoren sind, und immer auch mehrere Zuschreibungsmöglichkeiten der erhaltenen Ergebnisse existieren. Dementsprechend lässt sich in komplexen sozialen Situationen Führungsverhalten sowieso nicht nur auf eine einzige Variable zurückführen. Andererseits muss man wissen, dass rational ablaufende Prozesse der Informationsverarbeitung, wie sie von *Kelley* (1973) und *Weiner* (1986) ausgewiesen wurden, ein weitaus höheres Ausmaß an Informationsverarbeitungsfähigkeit erfordern als das menschliche Gehirn kontinuierlich bereitstellen kann. Deshalb darf man, wie bereits erwähnt, solch aufwändige Prozesse nur für die Erklärung von ganz besonderen und überraschenden Ereignissen erwarten. Für den routinierten, alltäglichen Gebrauch werden nach *Lord/Smith* (1983, S. 56) eher saliente und unmittelbare Hinweise oder Skripte und Heuristiken verwendet (genauer siehe *Petty u. a.* 2005). Die limitierte Informationsverarbeitungskapazität in alltäglichen Führungssituationen führt so zur automatischen bzw. unbewussten Aktivierung **kognitiver Schemata** (vgl. *Lord/Maher* 1990, S. 18). Diese Kritik greift also nicht die Attributionsfähigkeit des Individuums generell an, sondern wendet sich nur gegen eine zu intensive Auseinandersetzung mit den potenziell verfügbaren Fakten. Es geht also in eine Richtung, die bereits *Simon* (1947) mit seinem **„Satisficing" Ansatz** (☞ C. IV.) mit großer

Wirkung für die Wirtschaftswissenschaft formuliert hat. Neuerdings findet sich zudem eine Position, die die Gültigkeit rationaler Entscheidungsfindung ohne Berücksichtigung des Einflusses von Gefühlen und Emotionen ausgesprochen kritisch kommentiert (zur Übersicht: *Küpers/Weibler* 2005). Die Bedeutung von Emotionen für den Attributionsprozess sowie die emotionalen Wirkungen von Attributionen werden aber sehr wohl untersucht (vgl. *Harvey/Martinko/Borkowski* 2007), seltener, das ist richtig, aber noch im Führungszusammenhang. *Martinko/Harvey/Douglas* (2007) zeigen hier z. B., dass bei einer schlechten Leistung, die Vorgesetzte auf mangelnde Fähigkeiten ihrer Geführten zurückführen, bei ihnen selbst negative Emotionen entstehen. Vielleicht, weil sie dann wissen, dass sich in der Zukunft nichts oder etwas nicht schnell ändern wird? Geführte bevorzugten hier eher eine externale, instabile Zuschreibung wie Pech.

Fassen wir zusammen: Die Attributionstheorie erklärt zwar nur einen begrenzten, jedoch durchaus wichtigen Teil des komplexen Führungsverhaltens. Um die Beziehung zwischen Führenden und Geführten nachvollziehen zu können, ist ein Grundverständnis der Attributionstheorie unerlässlich. Insbesondere öffnet es der Führungskraft die Augen für die Möglichkeit verkürzter und unrealistischer Zuschreibungsprozesse durch eine Erhöhung der Suchoptionen für beispielsweise unbefriedigende Leistungen.

3.4 Funktionsanalytische Implikationen

Die funktionsanalytische Perspektive mit dem Einbezug des Ansatzes dualer Motivsysteme hat zu einer Neukonzeption des Verhältnisses von intrinsischen und extrinsischen Anreizen und damit zu einem vertieften Verständnis des gesamten Motivationsgeschehens beigetragen. Auf der Basis eines integrativen Menschenbildes wird der Mensch mit seinem bewussten wie unbewussten Selbstkonzept als Individuum konzeptualisiert, das zugleich seine kognitiven, expliziten Motive (Ziele) und affektiven (impliziten) Facetten seiner Persönlichkeit in den Motivationsprozess einbringt. Dabei strebt der Mensch – zumeist implizit – in allen (Handlungs-) Situationen, in denen seine Motive angeregt werden, insbesondere unter Rückgriff auf sein autobiografisches Erfahrungswissen nach (integrativer) organismischer Kongruenz („organismic congruence"; vgl. *Sheldon/Kasser* 1995). Diese manifestiert sich – selbstredend mit unterschiedlichem individuellem Erfolg – in Handlungseffizienz und subjektivem Wohlbefinden. Das motivationspsychologische Prinzip, das dieser Logik inne wohnt, ist die Generierung intrinsischer Motivation durch Vermeidung von Motivdiskrepanzen auf der Basis einer adaptiven Anbindung motivierten Verhaltens an die je individuelle implizite (innerorganismische) Bedürfnisstruktur. Im Folgenden wollen wir darlegen, welche Implikationen sich hieraus für die Führung ergeben. Wir beziehen uns hierbei auf die in Kapitel ☞ C. II. 2.3 dargestellten Befunde, insb. auf die Ausführungen zum Kompensationsmodell.

Erkennen von Motivationsdefiziten
Zentraler Gedanke ist die Herstellung einer möglichst großen Übereinstimmung der strukturellen Motivationskomponenten: Implizite Motive, explizite Motive (Ziele) und subjektive Fähigkeiten. Denn, so die Kernaussage, bei Übereinstimmung dieser Motivationskomponenten liegt eine „optimale" Motivation vor, die sich als **intrinsische Motivation** (vgl. Abb. C.16) mit **Fluss-Erleben** (vgl. Abb. C.17) darstellt. In dieser Konstellation wird davon ausgegangen, dass weder **Volition** (aufgrund von Motivierungslücken) noch **Problemlösung** (aufgrund von Fähigkeitslücken) notwendig sind. Es liegen keine motivationsschädlichen „Barrieren" vor, die überwunden werden müssten. Die sich jeweils ergebenden Ansatzpunkte für die Motivierung durch Führung sind in Abbildung C.21 visualisiert. Dort steht „a" für den wünschenswerten Zustand der Motiv-Ziel-Fähigkeiten-Kongruenz. Die auszuführende Aufgabe bzw. das geplante Projekt lässt die Ausführung in „optimaler" motivationaler Unterstützung erwarten und kann daher an den Mitarbeiter zunächst ohne weitere Führungsmaßnahmen übertragen werden. Zu bedenken ist aber, dass auch und gerade oft ideal motivierte Mitarbeiter, will man sie nicht verlieren, gefördert werden wollen und beständig nach neuen Entwicklungsmöglichkeiten suchen (vgl. *Kehr* 2005, S. 146).

Das Kompensationsmodell in seiner Anwendung als Führungsinstrument (vgl. *Kehr* 2005) legt nahe, zunächst „Defizite" der strukturellen Motivationskomponenten zu bestimmen. Defizite können zum einen in der Ausgestaltung der einzelnen Komponenten (z. B. unzureichende Unterstützung durch Motive) und zum anderen in einer inadäquaten Konstellation der Komponenten (z. B. Motivdiskrepanzen) begründet sein. Um insbesondere Motivinkongruenzen zu vermeiden bzw. insgesamt die „Schnittmenge" der Kreise der Motivationskomponenten zu erhöhen, muss die Führungskraft zunächst die impliziten Motive, die expliziten Motive (Ziele) und die subjektiven Fähigkeiten (z. B. Problemlösungseffizienz) des Mitarbeiters einschätzen. Zur Analyse der genannten Komponenten bzw. Kompetenzen existieren eine Reihe von Diagnoseinstrumenten, auf die wir im jeweils im thematischen Kontext eingegangen sind.

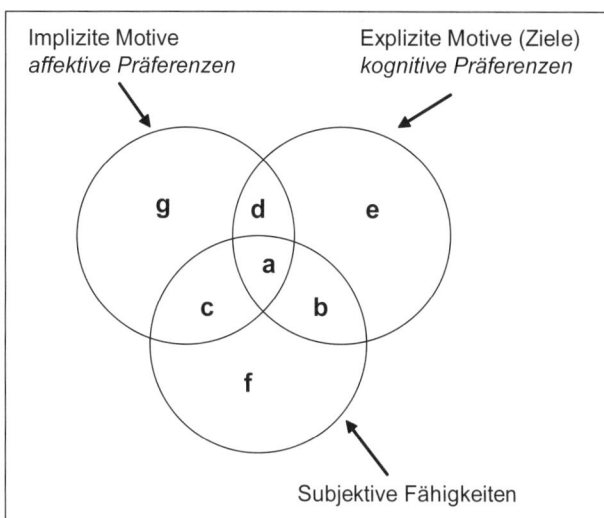

Abb. C.21: Verwendung des Kompensationsmodells als Führungsinstrument (modifiziert nach *Kehr* 2005, S. 142)

Nun sind in der Realität oftmals nicht die Voraussetzungen für eine Diagnostik auf der Basis von professionellen Diagnoseinstrumenten gegeben (mangelnde Zeit, Fachwissen oder beschränkter Zugang zu geeigneten Instrumentarien). Hier kann sich die Führungskraft durch → Proxy-Variablen behelfen (vgl. *Kehr* 2005, S. 141 und die hierzu angegebene Literatur). Gezielte Fragen dienen hierbei dazu, das Vorliegen oder Fehlen der drei Komponenten der Motivation zu prüfen. *Kehr* (2011) nennt das die **„3K-Prüfung"**. Diese basiert auf einem speziell für die Personalführung entwickelten praxisnahen Verfahren zur Motivationsdiagnose. Der Grad der Kongruenz der anstehenden Aufgabe mit den kognitiven Präferenzen (Zielkongruenz) kann etwa durch die Frage erhoben werden, ob der Mitarbeiter die Aufgabe für wichtig erachtet und sie daher auch wirklich ausführen will. Die Kongruenz der Aufgabe mit den affektiven Präferenzen (implizite Motive) lässt sich durch die Frage nach den Gefühlen, die der Mitarbeiter mit der Aufgabe verbindet, erheben (Freude, Spaß, spontane Ängste, ungutes Gefühl). Subjektive Fähigkeiten können durch die Frage, inwieweit sich der Mitarbeiter der Aufgabe gewachsen fühlt und sich diese zutraut, eingeschätzt werden. Es braucht nicht betont zu werden, dass die Bewältigung dieser hier skizzierten Führungsaufgaben eine offene Kommunikation und damit eine ausgeprägte Vertrauensbasis voraussetzt. Sich auf die eigene Einschätzung oder das Urteil anderer Kollegen zu verlassen, ist nur begrenzt aussagefähig.

Wir werden im Folgenden (unter Bezug auf *Kehr* 2005) aufzeigen, wie die vorstehend beschriebene Situationsdiagnose unter Anwendung des Kompensationsmodells durchgeführt werden kann und demonstrieren, wie geeignete Führungsmaßnahmen abgeleitet werden können. Dazu stellen wir uns vor, dass eine Führungskraft beurteilen soll, ob sich ein bestimmter Mitarbeiter für ein bestimmtes Projekt im Ausland eignen würde und motiviert ist, in dem Projekt mitzuarbeiten bzw. durch welche spezifischen Führungsmaßnahmen seine Motivation gestärkt werden könnte (siehe auch *Rawolle u. a.* 2008).

Führung bei fehlenden Motivationskomponenten

Konstellationen, in denen je eine strukturelle Motivationskomponente Defizite aufweist sind in der Abbildung C.21 mit den Sektoren c, b und d visualisiert. Wir wollen jetzt darlegen, welche Implikationen sich hieraus für die Führung ergeben:

Sektor c weist auf eine Situation, in der der Mitarbeiter die für das im Beispiel genannte Auslandsprojekt nötigen Fähigkeiten (interkulturelle Kompetenz, Sprachkenntnisse) mitbringt und auch Lust auf eine Auslandsentsendung hat. Die anstehende Aufgabe ist also von ihren **impliziten Motiven** gestützt. Was jedoch fehlt, ist der eingeschätzte „Nutzen" (Instrumentalität) aufgrund von eingeschätzten Wertigkeiten (Valenzen) und damit eine Übereinstimmung mit ihren **expliziten Motiven** (Zielen). Der Mitarbeiter erachtet etwa das Auslandsengagement als *nicht* wichtig oder vielleicht sogar hinderlich für seine weitere Karriere. Hier müssten Maßnahmen zur Erhöhung der Zielbindung eingeleitet werden (z. B. Aufzeigen alternativer Karrierepfade, extrinsische Karriereanreize, Verdeutlichung der Wichtigkeit des Projekts für das Unternehmen). Die Führungskraft müsste weiterhin den Mitarbeiter dabei unterstützen, das external gesetzte Ziele in seine persönliche Zielhierarchie zu integrieren (Identifikation mit dem Ziel) und dabei versuchen, vorhandene Zielkonflikte aufzulösen.

In **Sektor d** ist eine Situation gegeben, in welcher der Mitarbeiter die vorstehend ausgeführte Zielbindung aufweist, es also als wichtig und beispielsweise karriereförderlich ansieht, sich für das Auslandsprojekt zu engagieren (explizite Motive) und zugleich auch Lust auf einen Auslandaufenthalt hat (implizite Motive). Allerdings fehlen hier die erforderlichen **subjektiven Fähigkeiten**. Denkbar sind hier (1) ein objektives Defizit (z. B. fehlende Sprachkenntnisse, unzureichende interkulturelle Kompetenz) oder (2) ein subjektiv wahrgenommenes Fähigkeitsdefizit, also eine unzureichende Selbstwirksamkeitseinschätzung. Im ersten Fall gilt es, die objektiven Fähigkeiten zu stärken und geeignete Problemlösungsstrategien zu entwickeln bzw. bei der konkreten Problemlösung zu helfen (Mentoring, fachliches Coaching, aufgabenspezifisches Training, sowie Unterstützung bei Problemlösung unmittelbar durch die Führungskraft). Im zweiten Fall muss die (subjektive) Selbstwirksamkeitseinschätzung des Mitarbeiters gestärkt werden (z. B. Ermutigung durch selbstwertförderliches Feedback seitens der Führungskraft, Setzung erreichbarer Teilziele, die zu Erfolgserlebnissen führen).

Sektor b visualisiert eine aus motivationspsychologischer Sicht sehr herausfordernde Konstellation: Die anstehende Aufgabe wird *nicht* durch die **impliziten Motive** des Mitarbeiters unterstützt: Der Mitarbeiter kann sich nicht mit dem Auslandsprojekt anfreunden, hat aus nicht so recht ersichtlichen Gründen keine Lust oder vielleicht nicht genau zu identifizierende (latente) Ängste oder unspezifische Aversionen (z. B. mulmiges Gefühl, diffuse Ängste oder Befürchtungen). Es ist leicht vorstellbar, dass in der Praxis die geschilderten Defizite in der „gefühlsmäßigen" Einschätzung des Mitarbeiters aufgrund der hier vorhandenen expliziten Zielunterstützung (Zielbindung, ausdrückliche Bereitschaft des Mitarbeiters) sowie der ausreichend hohen subjektiven Fähigkeiten in den Hintergrund treten. Hier zeigt sich auch, dass eine im Sinne des Kompensationsmodells praktizierte Führung bei der Suche nach Lösungen, die im Einzelfall für den jeweiligen Mitarbeiter „passend" sind, weiter geht als beispielsweise eine sog. situative Führung (vgl. z. B. *Hersey/Blanchard* 1982). So nimmt z. B. das Reifegrad-Modell der Führung von *Hersey* und *Blanchard* für sich in Anspruch, besonders auf den jeweiligen Mitarbeiter (bzw. dessen aufgabenbezogenen Reifegrad) abgestimmte Lösungen zu generieren (☞ D. II. 2.6). Allerdings würde eine (traditionell) situativ führende Führungskraft im geschilderten Fall nicht weiter, d. h. insbesondere nicht in Richtung der emotionalen Dimensionen nachfragen. Das Motivationsdefizit bliebe daher unentdeckt (vgl. *Kehr* 2011). Das Kompensationsmodell legt jedoch nahe, sich keinesfalls auf diese beiden (vorhandenen) Motivationskomponenten (explizite Motive und subjektive Fähigkeiten) zu verlassen. Eine erfolgreiche und befriedigende Ausführung der anstehenden Aufgabe ist ohne eine Unterstützung durch implizite Motive des Mitarbeiters nicht optimal zu erwarten. Zudem sollte sich Führung nicht (zumindest nicht dauerhaft) darauf verlassen, dass der Mitarbeiter hinreichend ausgeprägte Fähigkeiten zur Selbststeuerung (Selbstkontrolle und -regulation) mitbringt, um die inadäquate Motivkonstellation (Motivierungslücke) in funktionaler (adaptiver) Weise auszugleichen (vgl. z. B. *Rawolle u. a.* 2008; *Kehr* 2004b/c).

Um die ausgemachten Motivierungslücken zu überwinden, können **metavolitionale** und **metamotivationale Strategien** angewandt werden. Zu den metavolitionalen Strategien (zur Förderung volitionaler Kompetenz) zählen die Motivationskontrolle, Emotionskontrolle, Aufmerksamkeitskontrolle sowie Entscheidungskontrolle. Metamotivationale Strategien dienen unmittelbar der Förderung intrinsischer Motivation und sind daher nachhaltiger als volitionale Strategien. Es gilt, die impliziten Motive mit ihrem jeweiligen thematischen Schwerpunkt (Leistung, Macht, Anschluss) sowie den damit verknüpften affektiven Kern zu aktivieren. Es muss also das „kalte Ziel" (vgl. auch *Kehr* 2008) mit positiven Erwartungsemotionen angereichert werden. Eine Möglichkeit besteht darin, **Visionen** zu entwickeln, die im Idealfall die (individuell vorhandenen und möglicherweise nur verschütteten) impliziten Motive des Mitarbeiters ansprechen. Möglichkeiten **visionärer Führung** (☞ D. II. 3) bieten beispielsweise motivierende Führungstechniken an. Bei der Entwicklung von Visionen sollte darauf geachtet werden, dass möglichst viele unterschiedliche Motivthematiken (Leistung, Macht, Anschluss) gleichzeitig angesprochen werden. Es empfiehlt sich also, multithematische (vs. monothematische) Visionen zu entwickeln. Als Beispiel für eine monothematische Vision führt *Kehr* (2008, S. 227) an: „Wir wollen die ausländische Konkurrenz schlucken."

Da diese nur das Machtmotiv anspricht, sollte, um auch anschluss- und leistungsmotivierte Mitarbeiter anzusprechen, in der Art der Kommunizierung der Vision eine Anreicherung mit weiteren motivthematischen Komponenten erfolgen (vgl. *Kehr* 2005, S. 144). Konkret kann auf Visualisierungstechniken (vgl. *Schultheiss/ Brunstein* 1999) zurückgegriffen werden, um Gefühle wach zu rufen, die den affektiven Kern des persönlichen in der jeweiligen Situation angesprochenen impliziten Motivs betreffen. Antizipierte positive Emotionen sollen dann die persönliche Bedeutsamkeit und Wünschbarkeit der anstehenden Aufgabe erhöhen (vgl. *Rawolle u. a.* 2008, S. 209). Nach der von *Schultheiss/Brunstein* (1999) entwickelten Technik (zur Imagination zielführender Wege) wird die Ausführung der Handlung imaginiert. Auftretenden Emotionen können als Indikator für die erwartete Emotionslage gewertet und zur Ausrichtung der Handlungsplanung an den impliziten Motivstrukturen genutzt werden. Es sollte dann diejenige Alternative gewählt werden, die eine möglichst starke Unterstützung durch implizite Motive erwarten lässt. Umgekehrt sollten mit negativen Erwartungsemotionen imaginierte Handlungsalternativen als antizipierte (latente) Realisierungsbarrieren ernst genommen werden (vgl. *Kehr* 2005, S. 144 und 2004b, S. 178). Dabei ist es natürlich nicht auszuschließen, dass im Ergebnis die Aufgabenverteilung geändert werden muss, falls es nicht gelingt, für den Mitarbeiter motivational gestützte Lösungen zu finden.

Bei Konstellationen mit zwei fehlenden Motivationskomponenten (**Sektoren e, f, oder g**; vgl. Abb. C.21) sollten die vorstehend aufgezeigten Maßnahmen entsprechend kombiniert werden. Wie *Kehr* jedoch herausstellt, sind Grenzen gesetzt, falls die Defizite zu viele Aufgaben betreffen bzw. längerfristiger Natur sind. Auch stellen sich unseres Erachtens dann ethische Fragen einer Einflussnahme unmittelbar. Hier, oder für den gravierenden Fall, dass alle drei Motivationskomponenten defizitär sind, schlägt *Kehr* (2005, S. 146) vor, grundlegende Maßnahmen der Arbeitsgestaltung einzuleiten. Diese sind jedoch in der vorliegenden Fassung des Kompensationsmodells bislang nicht integriert.

Selbstredend ergeben sich zwischen den besprochenen Sichtweisen Überschneidungen. Daher ist die vorgenommene Trennung nur analytisch zu verstehen – und wir wollen diese Trennung zugleich auch aufheben, um aus einer integrativen Perspektive Ansatzpunkte für die Motivierung durch Führung und Anforderungen an Führungskräfte herauszuarbeiten.

3.5 Handlungsintegration

Abbildung C.22 gibt einen Überblick über mögliche Ansatzpunkte: Danach vollzieht sich Motivierung durch Führung auf der intrapersonalen Ebene als **Selbststeuerung,** auf der interpersonalen Ebene als **direkte Führung** sowie auf der strukturell-organisationalen Ebene als **indirekte Führung**. In Abhängigkeit des Ausgangspunktes der Führungseinflussnahme zur Motivierung wird zwischen **Selbstmotivierung** (geht vom Selbst einer Person aus) und **Fremdmotivierung** (geht von anderen aus) unterschieden. Weiterhin ist zwischen zwei Wirkrichtungen der Motivierung durch Führung zu differenzieren: Einflussnahmen können sich (1) *unmittelbar* auf die Verbesserung der (intrinsischen) **Motivation** beziehen sowie (2) *mittelbar*, dann vermittelt durch **Volition.**

Welche Anforderungen an Führungskräfte können auf dieser Basis konkret formuliert werden? Abbildung C.22 lässt erkennen, dass im Bereich der Fremdmotivierung – und hier geht es ja bei der Motivation von Mitarbeitern durch Führungskräfte – grundsätzlich vier Ansatzpunkte gibt:

(1) Erhöhung des Motivierungspotenzials von Arbeit durch motivkongruente Gestaltung,

(2) Schließung von Motivierungslücken durch metavolitionale Strategien,

(3) Vermeidung von Motivierungslücken durch metamotivationale Strategien,

(4) Schließung von Fähigkeitslücken durch Entwicklung von Problemlösungsstrategien.

Wir fokussieren zunächst auf die Möglichkeiten zur Steigerung des Motivierungspotenzials von Arbeit durch motivkongruente Gestaltung, weil auf dieser Basis die Besonderheiten des funktionsanalytischen Verständnisses von Motivierung besonders deutlich zu Tage treten:

(1) Erhöhung des Motivierungspotenzials von Arbeit durch motivkongruente Gestaltung

Auf der Basis der inhaltsbezogenen Betrachtung haben wir bereits eine Reihe von Empfehlungen zur intrinsisch motivierenden Arbeitsgestaltung aufgezeigt. Aus dem nunmehr aufgezeigten Gesamtzusammenhang unserer perspektivenspezifischen Betrachtung wird ersichtlich, dass das Motivierungspotenzial von Arbeit nur vor dem Hintergrund des individuellen Motivprofils des jeweils betroffenen Mitarbeiters beurteilt werden kann. Zur Verdeutlichung ein Beispiel: Selbst ein evident vorhandenes intrinsisches Motivierungspotenzial einer lern- und entwicklungsförderlichen und herausfordernden Arbeitsaufgabe hat in vielen Fällen keine motivierende Wirkung. Denn angesprochen wird hier primär auf das *implizite Leistungsmotiv*, sodass weder Macht- noch Anschlussmotivierte hierdurch angesprochen werden können. Machtmotivierte wären dagegen eher durch

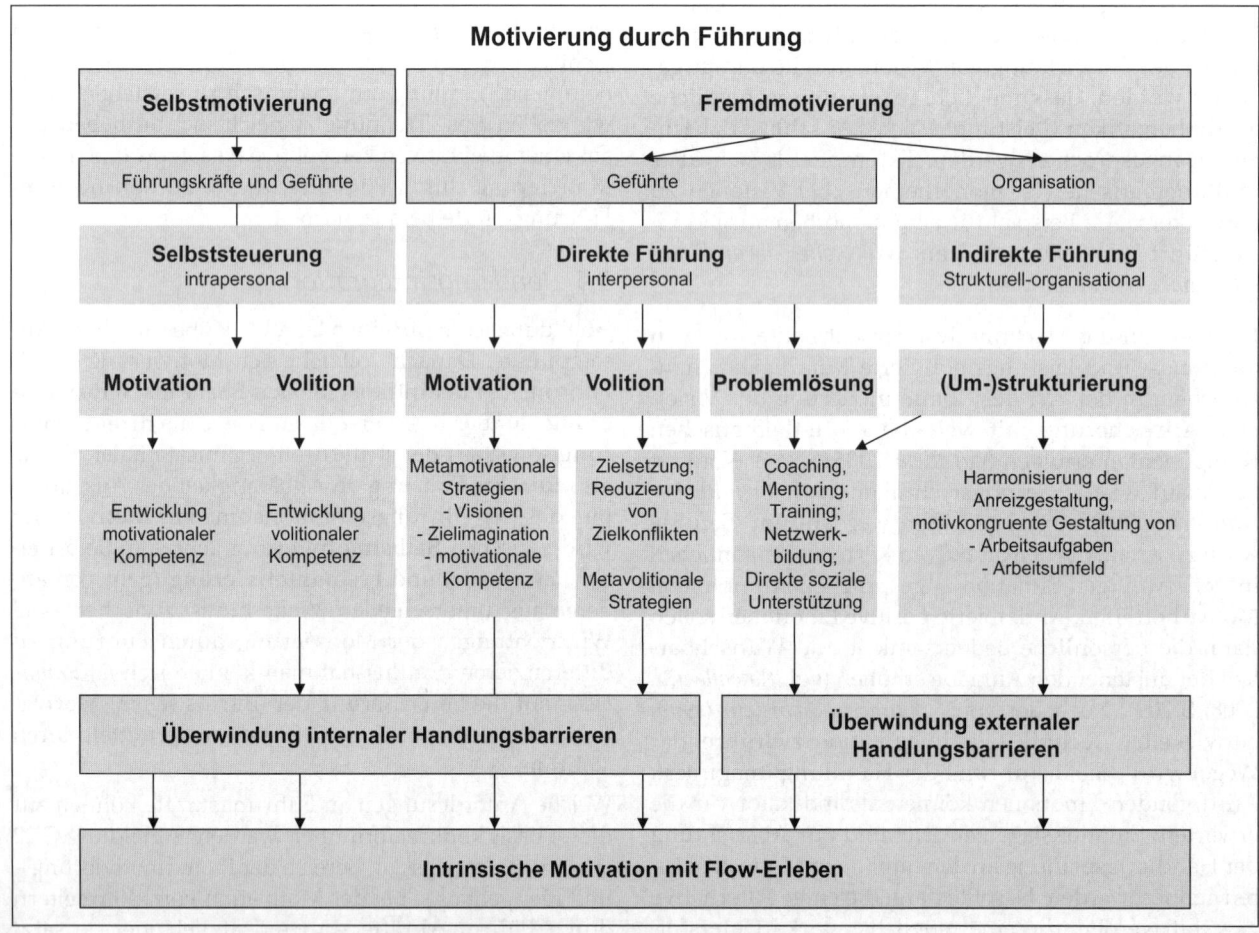

Abb. C.22: Ansatzpunkte der Selbst- und Fremdmotivierung

eine MbO-basierte Anreizgestaltung intrinsisch zu motivieren, vor allem, wenn damit die üblichen wettbewerbsorientierten Karriereanreize (Aufstieg, Prestige) verbunden sind (vgl. auch *Kehr* 2004b). Grundsätzlich ist das **Motivierungspotenzial von Arbeit** bei einer multi-motivthematischen Anreizgestaltung, bei der alle drei großen Motive – Leistung, Anschluss und Machtmotiv – angesprochen werden, höher als bei einer mono-motivthematischen Anreizgestaltung (vgl. auch *Kleinbeck* 1996).

Die funktionsanalytische Ausrichtung unserer Betrachtung geht jedoch noch weiter: Aus der inhaltsbezogenen Perspektive wäre die vorstehend geschilderte Anreizgestaltung lediglich „wirkungslos" (kein Wechselspiel zwischen Person und Situation). Aus funktionsanalytischer Sicht ist hingegen davon auszugehen, dass aus der aufgezeigten, nicht zum Motivprofil des Mitarbeiters passenden Motiv-Anreizkonstellation, Motivdiskrepanzen resultieren. Diese sind, wie wir wissen, der Motivation in hohem Maße abträglich. Dieses Ergebnis entspricht im Kern zunächst dem, was wir aus der Forschung zum Korrumpierungseffekt wissen (Unterminierung von intrinsischer Motivation durch extrinsische Anreize). Allerdings zeigt die funktionsanalytische Perspektive, dass diese negativen Folgen angeregter expliziter Motive (durch extrinsische Anreize) ja keineswegs immer eintreten. Extrinsische Anreize können sogar förderlich für eine *bereits bestehende* intrinsische Motivation sein, und zwar für den Fall, dass diese Anreize thematisch zu der intrinsisch motivierten Tätigkeit passen. Führung sollte daher:

- Den motivthematischen Anreizgehalt von Arbeitssituationen erkennen können: Handelt es sich um leistungs-, anschluss- oder machtthematische Situationen?
- Dabei insb. die intrinsische Anreizkomponente kennen: Wie ist der affektive Kern des jeweiligen Motivs beschaffen und in konkreten Arbeitssituationen anzuregen (implizite Motive)? Da der *affektive* Kern des jeweiligen Motivthemas eine eigenständige Qualität von Motivation (und resultierendem Handeln/Verhalten) vermittelt, geht es nicht lediglich um die Frage der *quantitativen* Ausprägung von Motivation.
- Die aktuelle Motivlage (Motivprofil) von Mitarbeitern einschätzen können: Geht es den Personen um Leistung, Anschluss oder Macht (Motivthema)? Erzeugt eine anstehende Aufgabe affektive Präferenzen (Freude, Begeisterung) oder kognitive Präferenzen (Pflichtbewusstsein, Nutzenbewertung, bewusste Zielverfolgung)?

- Eine größtmögliche Übereinstimmung der vorstehenden Aspekte herstellen durch (1) Abgleich des Motivierungspotenzials (Anreizgehalt) der Arbeit bzw. des motivationspsychologischen Anforderungsprofils von Arbeitsaufgaben und -situationen mit dem Motivprofil der Mitarbeiter sowie (2) Harmonisierung der Anreizgestaltung (keine widersprüchlichen Anreize durch Instrumente, Anreizsysteme und Regeln).
- Darauf achten, dass Maßnahmen zur Förderung der extrinsischen Motivation (explizite Motive) der Förderung intrinsischen Motivation (implizite Motive) nachgelagert und dieser angepasst sind. Durch eine entsprechend harmonisierte Anreizgestaltung können dann selbst *extrinsische* Anreize zu einer Steigerung eines vorhandenen *intrinsischen* Motivierungspotenzials von Arbeit beitragen.

Da jedoch die organisationale Realität motivkongruente Konstellationen keineswegs für alle Arbeitsplätze und zu jeder Zeit in ausreichendem Umfang bereitstellen kann, müssen wir immer von entsprechenden Defiziten, d. h. von Motivdiskrepanzen und daraus resultierenden Motivierungslücken ausgehen. Diese müssen durch **Volition** ausgeglichen werden. Führungskräfte sollten sich in diesem Kontext jedoch nicht darauf verlassen, dass Mitarbeiter in hinreichendem Ausmaß über **volitionale Kompetenzen** verfügen; im Bedarfsfall müssen Führungskräfte die Entwicklung **metavolitionaler Strategien** ihrer Mitarbeiter unterstützen (vgl. hierzu *Kehr* 2011, 2009, 2004b; sowie unsere Ausführungen in ☞ C. II. 2.3).

(2) Schließung von Motivierungslücken durch metavolitionale Strategien

Voraussetzung zu Förderung metavolitionaler Strategien ist, dass Führungskräfte *selbst* zunächst ein grundlegendes Verständnis dafür entwickeln, wie eine funktionale, adaptive Art der **Volition** entwickelt und gefördert werden kann (vgl. unsere Ausführungen zur Selbstregulation vs. Selbstkontrolle und zum Selbstmanagement-Training von *Kehr*) sowie über den motivationsförderlichen Einsatz dieser Strategien Bescheid wissen. Denn um Strategien zur Förderung volitionaler Kompetenz authentisch vermitteln und dadurch motivierend wirken zu können, müssen Führungskräfte selbst in hinreichend ausgeprägtem Umfang über **volitionale Kompetenzen** verfügen. Damit wird klar, dass die Schließung von Motivierungslücken durch metavolitionale Strategien auf der interpersonellen Ebene (durch direkte Führung) wie auch auf der intrapersonalen Ebene (durch Selbststeuerung) ansetzen muss (vgl. Abb. C.22).

Auf der **interpersonellen Ebene** bedeutet dies, dass Führungskräfte erkennen sollten, inwieweit sich ihre Mitarbeiter in einer bedürfnisdiskrepanten (motivinkongruenten) Arbeitssituation befinden (vgl. vorstehend zur Motivationsdiagnose) und je nach Art der Motivdiskrepanz metavolitionale Strategien zur Förderung *volitionaler Kompetenz* bei Mitarbeitern einsetzen, z. B. durch:

- Problemanalyse sowie Setzen und verdeutlichen von Zielen, Reduzieren von Zielkonflikten.
- Feedback zur besseren Einschätzung des Motivprofils; Sensibilisierung für die Wahrnehmung von Motivdiskrepanzen.
- Unterstützung zielförderlicher Motive durch bildliche Anregung.
- Unterstützung bei der Entwicklung affektregulatorischer Kompetenz (durch Stärkung der Handlungsorientierung bei lageorientierten Mitarbeitern und Stärkung der Sensibilität sowie emotionalen Differenziertheit bei handlungsorientierten Mitarbeitern).
- Stärkung der Selbstmotivierungskräfte durch emotionale Unterstützung wie z. B. Ermutigung.

Auf der **intrapersonalen Ebene** sollten Führungskräfte und Geführte metavolitionale Strategien zur Verbesserung der eigenen volitionalen Kompetenz einsetzen, z. B. durch:

- Zielsetzung, Problemanalyse, Reduzierung von Zielkonflikten, Repriorisierung von Zielen.
- Kennenlernen impliziter Motive, Erkennen von Motivdiskrepanzen.
- Aufmerksamkeitskontrolle (Konzentration auf intentionsrelevante bzw. ablenkende Informationen).
- Entscheidungskontrolle (Trennung von Informationssammlung und -bewertung).
- Motivationskontrolle (durch bewusste Anregung spezifischer zielfördernder Motive durch entsprechende Imagination).
- Emotionskontrolle (Affektregulation; Anreicherung der subjektiven Attraktivität von Handlungsoptionen durch positive Fantasien, → Reframing).
- Lernen der adäquaten Einschätzung eigener volitionaler Kompetenzen: Unterscheiden zwischen adaptiver und dysfunktionaler Handlungssteuerung (Selbstregulation vs. Selbstkontrolle).
- Vermeidung von Überkontrolle (übermäßiger Einsatz von Selbstkontrolle).
- Training der Selbstwahrnehmungsfähigkeit und Herstellung eines Bezugs zum eigenen biologischen Bewertungssystem (somatische Marker).

Die Führungskraft ist damit nicht nur untrennbar mit dem Motivierungsprozess verbunden, sondern selbst Bestandteil des Motivierungspotenzials von Arbeit (Arbeitssituation), das – in vorstehender Logik – von der Ausprägung der volitionalen Kompetenz der Führungskraft sowie ihrer Fähigkeiten zum **Einsatz metavolitionaler Strategien** bei der Mitarbeiterführung bemessen werden kann. Volition dient der Förderung intrinsischer Motivation bei Motivierungslücken auf mittelbarem Weg. Intrinsische Motivation kann darüber hinaus *unmittelbar* beeinflusst werden, sodass Motivierungslücken nicht entstehen. Dieser Weg sollte – trotz praktischer Realisierungsprobleme – nicht aus den Augen verloren werden. Denn er macht die „ressourcenhungrige" Volition überflüssig.

(3) Vermeidung von Motivierungslücken durch metamotivationale Strategien

Hierbei wird davon ausgegangen, dass sich implizite Motive einer Modifikation durch **Motivänderungsprogramme** entziehen (vgl. unsere Ausführungen zum Selbstmanagement-Training nach *Kehr*). Es wird jedoch angenommen, dass Menschen vielfältige nicht aktivierte **implizite Motive** haben bzw. diese durch kognitive Präferenzen überlagert sind. Daher können sie durch geeignete Maßnahmen angeregt werden. Auch hier gibt es wieder Ansatzpunkte auf der interpersonellen und der intrapersonalen Ebene.

Auf der **interpersonellen Ebene** sollten Führungskräfte **metamotivationale Strategien** zur unmittelbaren Förderung der intrinsischen Motivation (Förderung der Kongruenz aktueller Handlung und impliziter Motive) einsetzen, z. B. durch

- Vermittlung von multithematischen Visionen,
- Zielimagination, insb. die Entwicklung von Visionen zur Erzeugung positiver Erwartungsemotionen,
- Unterstützung der Mitarbeiter bei der Entwicklung motivationaler Kompetenz.

Auf **der intrapersonalen Ebene** sollten Führungskräfte und Geführte **metamotivationale Strategien** zur Verbesserung der eigenen motivationalen Kompetenz einsetzen sowie ihre Selbstwahrnehmungsfähigkeiten stärken. Ziel ist dabei die Ausrichtung der eigenen Handlungspläne an der impliziten Bedürfnisstruktur zur Vermeidung intrapsychischer Handlungsbarrieren, d. h. es geht um die unmittelbare Förderung der intrinsischen Motivation. Haben wir nun über die Vermeidung bzw. Schließung von **Motivierungslücken** gesprochen, zielt der letzte Ansatzpunkt der Fremdmotivierung auf die Schließung von Fähigkeitslücken ab.

(4) Schließung von Fähigkeitslücken durch Entwicklung von Problemlösungsstrategien

Um **Fähigkeitslücken** (Defizite bei objektiven und subjektiv wahrgenommenen Fähigkeiten) zu schließen, müssen strukturell-organisationale Ressourcen so gestaltet bzw. verteilt werden, dass sie zur Generierung von **Problemlösungsstrategien** beitragen (indirekte Führung). Weiterhin ist auf der Ebene der direkten Mitarbeiterführung die Erarbeitung von Problemlösungsstrategien durch direkte Unterstützung der Mitarbeiter zu fördern. In diesem Kontext sollten Führungskräfte zu einer Schließung *objektiv* vorhandener Fähigkeitslücken beitragen durch

- Vermittlung von aufgabenbezogenem Training, Weiterbildung, fachliches Coaching, Mentoring, Förderung von Netzwerkbildung,
- aufgabenbezogenes Feedback,
- Verfügbarmachung von Ressourcen (z. B. Arbeitsmaterialen, Öffnung von Informationskanälen).

Führungskräfte sollten zu einer Schließung *subjektiv* wahrgenommener Fähigkeitslücken beitragen durch

- Stärkung der Selbstwirksamkeit (Erfolgszuversicht),
- Förderung selbstwertdienlicher Attribuierungsmuster,
- Stärkung der Lernzielorientierung,
- Feedback, Coaching, Netzwerkbildung und direkte soziale Unterstützung.

Sind Motivierungslücken *und* Fähigkeitslücken geschlossen, sollte sich die Qualität der resultierenden intrinsischen Motivation zusätzlich durch **Flow-Erleben** auszeichnen. Da jedoch gerade auf der Ebene der Arbeits*umfeld*bedingungen dem Organisationskontext vielfältige Flow-hinderliche Faktoren inhärent sind, kann Flow-Erleben bei der Arbeit im Organisationskontext (nicht für Arbeit als solche) nach unserem derzeitigem Erkenntnisstand wohl kaum als ein, für alle Arbeitsfelder realistischerweise anzustrebender, Idealfall von Motivation angesehen werden.

Grundsätzlich zeigen unsere Ergebnisse jedoch deutlich auf, dass die Motivation von Mitarbeitern durch Führung deutlich gesteigert werden kann – wenn auch nicht unbedingt immer bis hin zum Ideal des Flow-Erlebens, der als Dauerzustand gleichermaßen utopisch wie kontraproduktiv wäre. Im Flow werden keine Akten abgelegt, Memos geschrieben oder unangenehme Mitarbeitergespräche geführt. Deutlich wurde jedoch auch, dass eine optimale Motivierung nicht durch isolierte Einzelmaßnahmen erreicht werden kann. Vielmehr betrifft dieser Prozess alle Ebenen und richtet sich damit an Führende wie Geführte gleichermaßen. Lesen wir hierzu *Shamir* (2004, S. 503):

> „Leadership is a relationship that is jointly produced by leaders and followers. One implication of this statement is that leaders cannot fully control the motivation of their followers."

Eine andere Implikation ist, dass auch Geführte Verantwortung für ihren motivationalen Zustand übernehmen müssen. Und noch eine andere, praktisch nie verfolgte, dass Geführte **im Falle einer gemeinsam definierten und aufgebauten Führungsbeziehung** auch an die gelegentliche Motivierung des oder der Führenden denken können (**Führungskräftemotivation**, Motivation von unten). Dies wäre eine andere Art und Weise, den Status einer einseitigen Abhängigkeit abzugeben. Prinzipiell gelten hierfür dieselben Bedingung wie für eine „Abwärtsmotivierung" außerhalb formaler Anreiz- bzw. Machtinstrumente.

III. Lernförderliche Führungsbeziehungen

1. Was Lernen ist und warum Lernen in Führungsbeziehungen unabdingbar ist

1.1 Bedeutung von Lernen im Führungskontext

Gegenwärtig befinden wir uns in einem Prozess des schnellen **gesellschaftlichen** und **wirtschaftlichen Wandels**. Kennzeichnend hierfür sind die Globalisierung der Wirtschaftsaktivitäten und damit verbunden eine beschleunigte Innovationsdynamik, Verringerung der Halbwertzeiten von Fachwissen und Zunahme internationaler Konkurrenz sowie ein wirtschaftlicher Strukturwandel mit zunehmender Konzentration von Wertschöpfungsprozessen und Beschäftigung im Dienstleistungssektor. Hinzu kommen die Einführung neuer Technologien, die Arbeitszeiten und -orte flexibel werden lassen, dezentrale Produktion ermöglichen und die Vernetzung von Arbeitsprozessen fördern sowie der demographische Wandel, der einen Rückgang des Erwerbspersonenpotenzials und die Verlängerung der Lebensarbeitszeit induziert. In diesem Zusammenhang ist vielfach von der **Wissensgesellschaft** die Rede. Vor dem Hintergrund dieser Entwicklungen kommt dem Bildungssystem insgesamt eine hohe Bedeutung zu, und es vollzieht sich eine Neukonzipierung, die sich an dem Konzept des **lebenslangen Lernens** orientiert (vgl. *Schiersmann* 2007, S. 9 auch *Zeuner/Faulstich* 2009, S. 58 und *Winkel/Petermann/Petermann* 2006, S. 239 ff. und die dort aufgeführte Literatur).

Bedeutung lebenslangen Lernens für Organisationen und Organisationsmitglieder

Im Kontext des lebenslangen Lernens – der Begriff bezieht sich in der Literatur überwiegend auf Lernprozesse bei Erwachsenen, die die schulische und berufliche Ausbildung bereits abgeschlossen haben – gewinnt das Lernen in (erwerbswirtschaftlichen) Organisationen immer mehr an Bedeutung. Dabei verweist zunächst eine **systembezogene Dimension** auf die Notwendigkeit von Lernen in Organisationen (vgl. im Folgenden *Schiersmann* 2007, S. 16 ff.): Organisationen brauchen, um konkurrenzfähig zu bleiben, Mitglieder, die mit den genannten Veränderungsprozessen einhergehenden Anforderungen zurechtkommen. So werden Arbeitsprozesse durch die Verbreitung von Informations- und Kommunikationstechnologien zunehmend abstrakter und komplexer. Z. B. waren früher in der Industriearbeit neben fachlichen Kenntnissen und Fertigkeiten Kompetenzen wie technische Sensibilität, Zuverlässigkeit, Genauigkeit und Sorgfalt zentral. Mit der Einführung von Informations- und Kommunikationstechnologien werden zusätzlich Kompetenzen wie Kreativität, Problemlösefähigkeit, Reflexionsvermögen und Selbststeuerungs- und Kommunikationsfähigkeit erforderlich.

In diesem Zusammenhang wird von arbeitenden Menschen die Bereitschaft verlangt, die eigene Wissensbasis ständig zu aktualisieren. Dies setzt wiederum die Bereitschaft zum Lernen und zur Reflexion der eigenen Lernprozesse im Sinne einer Metakompetenz voraus. Vor dem Hintergrund des demographischen Wandels gewinnt dieser Aspekt eine ungleich größere Bedeutung, denn wenn der Anteil nachwachsender Generationen zunehmend absinken wird, wird es erforderlich sein, die Bildungsreserven älterer Arbeitnehmer besser auszuschöpfen. Dabei ist zu bedenken, dass ältere Arbeitnehmer bestimmte Kompetenzen in früheren Lebensphasen nicht bzw. nicht im erforderlichen Umfang erworben haben, die für die nachwachsende Generation selbstverständlich sind. Dieser Aspekt verweist bereits auf die **individuelle Dimension** der Notwendigkeit von Lernen in Organisationen, denn die Organisationsmitglieder haben ein Interesse daran, sich durch lebenslanges Lernen eine befriedigende und existenzsichernde Erwerbsarbeit sowie selbstständiges Agieren auf dem Arbeitsmarkt zu ermöglichen. So wird deutlich, dass beide Dimensionen der Notwendigkeit von Lernen in Organisationen – die systembezogene und die individuelle – eng aufeinander bezogen sind.

Chancen und Risiken arbeitsintegrierten Lernens

Betriebliche Qualifizierung und damit verbundenes Lernen und Lehren fand lange Zeit in zentralen (teilweise überbetrieblichen) Bildungsstätten statt. Wir sprechen hier von **formalem Lernen** in Kursen und Seminaren. Mit der Einführung neuer Arbeits- und Organisationskonzepte im Zuge der Lean-Production-Debatte (vgl. *Womack/Jones/Roos* 1990; *Kern/Schumann* 1984) und der damit verbundenen Prozessorientierung von industrieller Facharbeit ermöglichten insbesondere Groß- und Mittelbetriebe verstärkt **arbeitsintegriertes Lernen**. Kausal hierfür ist, dass man einerseits erkannte, dass Lernen in modernen Arbeitsprozessen neue Qualifikations- und Bildungsmöglichkeiten bietet. Andererseits bemerkte man, dass Arbeiten in modernen Arbeitsprozessen neue Qualifikationsanforderungen stellt, die nicht in Seminaren und Kursen, sondern nur am Arbeitsplatz erworben werden können (vgl. *Dehnbostel* 2007).

Die Ursachen für die Aktualität des Lernens in der Arbeit sind damit zunächst in den eingangs genannten gewandelten wirtschaftlichen und technischen Bedingungen begründet (vgl. *Trier* 1999, S. 46 ff.). Vor einem **ökonomischen Hintergrund** wird zudem argumentiert, dass der Kosten- und Organisationsaufwand beim Lernen in der Arbeit geringer ist. Dies betrifft nicht in erster Linie die Kosten für die Weiterbildungsmaßnahme selbst, sondern resultiert aus der Tatsache, dass Mitarbeiter nicht für den Lernprozess freizustellen sind sowie ohnehin vorhandene Arbeitsmittel als Lernmittel und Fach- und Führungskräfte als Lehrer eingesetzt werden könnten (vgl. *Severing* 1995, S. 79). Dies ist jedoch nicht unproblematisch, und so argumentiert *Severing* (2002, S. 21; ähnlich kritisch auch *Kirchhof* 2007), dass man vielmehr von der Abschaffung betrieblicher Bildung anstatt von ihrer Neuausrichtung sprechen müsse, wolle man arbeitsintegriertes Lernen ohne pädagogisch fundierte Lernhilfen und ohne Freiräume für das Lernen realisieren.

Auch vor einem **pädagogischen Hintergrund** scheint zunächst vieles für eine Forcierung arbeitsintegrierten Lernens zu sprechen (vgl. *Severing* 1995, S. 80 ff.): So kann man von einer Kontinuität des Lernens und positiven Motivationseffekten ausgehen, weil Nutzen und Sinn des Gelernten von den Lernenden unmittelbar erfahren werden kann. Die Transferproblematik (→ Lerntransfer) ist nicht so ausgeprägt wie beim formellen Lernen in Seminaren und Schulungen, weil das Gelernte direkt angewendet wird. Zudem kann arbeitsintegriertes Lernen zum Abbau von Lernbarrieren besonders bei niedrig qualifizierten Mitarbeitern beitragen, für die Lernen ungewohnt bzw. mit negativen Erfahrungen verbunden ist. Jedoch kann der Arbeitsplatz auch aus einer pädagogischen Perspektive nicht per se als idealer Lernort propagiert werden; es wird immer darauf ankommen, wer was wozu lernen soll.

Mit einer zunehmenden Komplexität des Lernens steigen aber auch die Anforderungen an die Auswahl und methodisch-didaktische Gestaltung geeigneter Lerngegenstände und Lernsituationen. Denn Lernen ohne geeignete didaktische Unterstützung geschieht lediglich für einen eng abgegrenzten Anforderungsbedarf. *Seufert* (2010, S. 107 f.) weist in diesem Kontext zu Recht darauf hin, dass die Anpassung von Mitarbeitern an einen vorgegebenen Bedarf dazu führt, dass diese ihr Handeln rigide auf Vorgaben, jedoch nicht flexibel auf Veränderungen ausrichten. Und gerade Letzteres soll ja durch die Neuausrichtung des Lernens im Sinne des Lernens am Arbeitsplatz erreicht werden. Organisationsmitglieder sollen Kompetenzen entwickeln, die es ihnen ermöglichen, den Anforderungen einer prinzipiell „offenen" Zukunft zu begegnen, welche durch die eingangs genannten sozio-ökonomischen Veränderungen induziert wird.

Förderung und Entwicklung von Mitarbeitern als Führungsaufgabe

Die genannten Argumente legen nahe, dass pädagogisches Handeln in Organisationen seinen Platz hat oder haben sollte. Angesprochen sind hier zunächst Personalentwickler und Weiterbildner. Angesprochen sind jedoch auch (und gerade) Führungskräfte, denn sie sind es, die täglich face-to-face mit ihren Mitarbeitern am Arbeitsplatz interagieren. Damit können sie auch Einfluss auf das Lernverhalten als einer speziellen Form von Verhalten nehmen. In diesem Zusammenhang wird auf die „*pädagogische Rolle*" (*Dubs* 1995a, Sp. 1690) von Führungskräften und deren „*pädagogische Mitverantwortung*" (*Seufert* 2010, S. 108) verwiesen. *Regnet* (2009, S. 49) bezeichnet Personalentwicklung im Sinn des Erkennens und Förderns von Mitarbeiterpotenzialen als „*ureigenste Führungsaufgabe*".

Dabei sind beide Dimensionen der Führung von Bedeutung: Einerseits geht es im Sinne der **direkten Führung** um konkrete, aktive Anstrengungen der Führungskraft in der face-to-face-Interaktion mit Geführten. Andererseits fungieren Führungskräfte im Sinne einer **indirekten Führung** als Multiplikatoren im Hinblick auf die Gestaltung einer „guten" oder auch „exzellenten" Lernkultur (☞ A. IV. 2.3). In dieser Funktion geben sie Werte, Erwartungen und Einstellungen in Bezug auf Art und Bedeutung von Lernen in der Organisation an die Mitarbeiter weiter (vgl. *Sonntag/Schaper/Friebe* 2005, S. 68). Tun Führungskräfte dies bewusst und organisationsweit in ähnlicher Weise, sprechen wir von einer Gestaltung der Lernkultur.

Viele **Führungsinstrumente** haben einen lerntheoretischen Hintergrund. In diesem Kontext sind insbesondere Anerkennung und Kritik, das formalisierte Mitarbeitergespräch und die Personalbeurteilung, Zielvereinbarungen, Personalentwicklung, Führungsgrundsätze, betriebliche Anreizsysteme, Symbolnutzung und Sanktionen zu nennen. Wir werden an gegebener Stelle darauf verweisen (☞ D. III.).

In der Betrachtung von **Führungsstiloptionen** ist Lernen insofern von Bedeutung, als es Verhaltensweisen von Führungskräften im Umgang mit ihren Mitarbeitern gibt, die das Lernen und die Weiterbildung der Mitarbeiter fördern, aber auch behindern können (vgl. *Sonntag/Schaper/Friebe* 2005, S. 69). Auch in neueren Ansätzen, bei denen es um Führungsverhalten geht, wie z.B. bei der transformationalen Führung (☞ D. II. 3) und der Selbstführung/dem Superleadership (☞ D. II. 4.2) nimmt der Lerngedanke breiten Raum ein:

- **Transformationale Führer** sind Vorbild und Coach, die ihre Geführten individuell geistig anregen und so deren kreatives und innovatives Denken fördern sowie Problemlösungsfähigkeit verbessern. Transformationale Führer motivieren über eine fesselnde Vision, sprechen die dafür notwendigen Werte, Einstellungen und Emotionen an und transformieren dabei die gewohnheitsmäßigen, früh grundgelegten Sicht- und Fühlweisen (vgl. *Bass* 1998 und zum Begriff des **transformativen Lernens** *Arnold* 2004, Sp. 1102).

- **Selbstführung** wird prinzipiell als *erlernbar* und nicht an spezifische Persönlichkeitseigenschaften gebunden gesehen. Dem **Superleadership** liegt die sozial-kognitive Lerntheorie von *Bandura* (1976) zu Grunde, die wir noch vorstellen werden.

Auch im Kontext der **Führung von Gruppen** (☞ A. IV. 1) haben wir das Thema „Lernen" schon gestreift. Dort haben wir dargelegt, dass vor dem Hintergrund des technischen Fortschritts und kürzer werdender Innovationszyklen neuerdings zu Gunsten der Gruppenarbeit auch verstärkt mit **kollektiven Lerneffekten** argumentiert wird. Den theoretischen Hintergrund hierfür und die damit verbundene Rolle von Führungskräften wollen wir im Folgenden diskutieren. Wir wollen an dieser Stelle jedoch argumentativ noch einen Schritt weitergehen, denn Teams stellen die Schnittstelle zwischen individuellem und organisationsweitem Lernen dar. Theorien des organisationalen Lernens werden innerhalb der Organisationslehre (vgl. z. B. *Wilkesmann* 1999; *Eberl* 1996; *Wiegand* 1996), in der Organisationspädagogik (vgl. z. B. *Geißler* 2000) und auch in der Erwachsenenpädagogik (vgl. z. B. *Schiersmann/Thiel* 2000; *Faulstich* 1998) intensiv diskutiert. Das resultiert daraus, dass in der Lernfähigkeit von Organisationen die entscheidende Fähigkeit gesehen wird, mit den beschriebenen Veränderungen in der Organisationsumwelt besser zurecht kommen zu können. **Organisationales Lernen** nimmt aber seinen Ausgangspunkt letztlich im **individuellen Lernen** der einzelnen Organisationsmitglieder, denn organisationales Lernen setzt die Lernfähigkeit und -bereitschaft der einzelnen Organisationsmitglieder voraus. Und hier spielt Führung eine wichtige Rolle (vgl. *Hetland u. a.* 2011).

Auch die Debatte um organisationales Lernen und lernende Organisationen nimmt seinen Ausgang in den eingangs beschriebenen wirtschaftlichen, technischen und sozio-kulturellen Veränderungsprozessen und dem damit einhergehenden Innovationsdruck für Organisationen. Prominenteste und auch noch heute breit rezipierte Veröffentlichungen sind *Peter Senges* „fifth discipline" (1990) sowie „organizational learning" von *Argyris* und *Schön* (1978).

Grundsätzlich bewegt sich die Diskussion um organisationales Lernen auf zwei Ebenen (vgl. *Faulstich* 1998, S. 163 ff.):

(1) Zum einen geht es darum, wie sich individuelles Lernen, Team-Lernen und organisationales Lernen zueinander verhalten.

(2) Zum anderen geht es darum, wie organisationales Lernen gefördert werden kann.

Ad (1): Zum Verhältnis von individuellem und kollektivem bzw. organisationalem Lernen haben *Daft* und *Weick* (1984, S. 285) schön formuliert:

> „Individuals come and go, but organizations preserve knowledge, behaviors, mental maps, norms and values over time. The distinctive feature of organizational level information activity is sharing."

Kollektives Lernen beruht damit auf dem Austausch von in Organisationen verteiltem Wissen („distributed knowledge"), dessen gemeinsame Akzeptanz die Grundlage kollektiven Handelns bildet (vgl. *Hentze u. a.* 2005, S. 416). Neben dem Teilen von Wissen geht es auch um das Hinterfragen und Anpassen individueller und kollektiver Normen und Werte sowie die Entwicklung geteilter mentaler Modelle („shared mental models") – denn auch Normen, Werte und mentale Modelle unterliegen einer lernbedingten Veränderung. Wir werden hierauf noch ausführlich zu sprechen kommen.

Dem **arbeitsintegrierten Lernen** bzw. der Frage nach der Beziehung zwischen Arbeiten und Lernen kommt im Konzept des organisationalen Lernens eine besondere Bedeutung zu. So weisen *Argyris* und *Schön* (2008) auf die Bedeutung des Erfahrungslernens im Prozess der Arbeit hin und betonen dabei, dass für jede Arbeit mentale Modelle notwendig sind. Jene werden durch Lernen hervorgebracht und ständig weiterentwickelt (vgl. *Schiersmann/Thiel* 2000, S. 39 f.). Daher ist Lernen in der Arbeit oft unspektakulär; wir sprechen schon von Lernen, wenn sich z. B. ein mentales Modell etwas verändert hat – gleichzeitig kann diese kleine Änderung jedoch weit reichende Konsequenzen für das Handeln/Verhalten von Organisationsmitgliedern induzieren.

Ad (2): Auf die Frage, wie organisationales Lernen gefördert werden kann, gibt es aus unserer Sicht eine klare Antwort: Durch Führung! Anknüpfend an *Senge* (1992, S. 85 f.) formulieren *Hentze u. a.* (2005, S. 418 f.) in diesem Kontext folgende Rollen und Aufgaben von Führungskräften:

- **Leader as designer:** Führungskräfte erschaffen lernende Organisationen im Zuge struktureller Führung.
- **Leader as teacher:** Führungskräfte sind „Lehrende" im Sinne von Lernberatern; Ziel ist die Diffusion von Wissen und anderen Lernergebnissen (☞ C. III. 2.3) in der Organisation.
- **Leader as steward:** Führungskräfte unterstützen und fördern die Umsetzung der Idee des organisationalen Lernens.

Wiederum bei der Diskussion des konstruktivistischen Lernens werden wir ausführlich auf die Rolle von Führungskräften als Lehrende eingehen (leader as teacher, ☞ C. III. 3.4). Die anderen beiden Rollen von Führungskräften im Kontext lernender Organisationen werden wir eher am Rande streifen. Einen ersten Eindruck liefert *Yukl* (2009), der Führungsimperative formuliert hat, die alle drei Aufgabenbereiche von Führungskräften in lernenden Organisationen betreffen (vgl. Tab. C.8):

> - Encourage people to question traditional methods and look for innovative new approaches that will be more effective.
> - Articulate an inspiring vision to gain support for innovative changes from members of the organization.
> - Encourage and facilitate the acquisition of skills needed for collective learning by individuals and teams.
> - Strengthen values consistent with learning from experience and openness to new knowledge, thereby helping to create a learning culture in the organization.
> - Help people develop shared mental models about cause-effect relationships and the determinants of performance for the team or organization.
> - Encourage social networks that will facilitate knowledge sharing, collaborative development of creative ideas and the acquisition of political support
> - Help people recognize when important learning has occurred and to understand the implications for the team or organization.
> - Encourage teams to conduct after-activity reviews to identify effective and ineffective processes.
> - Develop measures of collective learning and knowledge diffusion to assess how well it is accomplished and identify ways to improve it (learning how to learn).
> - Develop, implement and support programs and systems that will encourage and reward the discovery of new knowledge and its diffusion and application in the organization.

Tab. C.8: Führungsimperative zur Verbesserung des organisationalen Lernens
(vgl. *Yukl* 2009, S. 50; gekürzt)

Diese von *Yukl* (2009) exemplarisch aufgezeigten Wege, Lernen organisationsweit zu verankern und zu verbessern, sind recht vage formuliert. Wir werden viele dieser Aussagen im Laufe der weiteren Darstellung theoretisch unterfüttern, akzentuieren und konkretisieren.

Da organisationales Lernen auf mehreren Ebenen stattfindet, fordert *Yukl* (2009, S. 50 ff.) den Einbezug von Mehr-Ebenen-Theorien in die Forschung zur Führung im Kontext des organisationalen Lernens. Hierzu passend haben *Hannah/Lester* (2009) im Hinblick auf den Aufbau und die Führung lernender Organisationen einen Mehrebenen-Ansatz vorgelegt, der einen dezidiert komplexitätstheoretischen Hintergrund aufweist (vgl. hierzu z. B. *Uhl-Bien/Marion* 2009). Im Kern argumentieren sie, dass Führende in lernenden Organisationen auf der Mikro-, Meso- und Makroebene intervenieren

können. Dabei ermöglichen Führende das Lernen von Geführten, in dem sie Bedingungen und Strukturen herstellen, in denen Lernen erfolgen kann – sie greifen jedoch nicht direkt in Lernprozesse ein. Diese Ermöglichung von Lernen geschieht erstens, indem sie die Bereitschaft einzelner Geführter zur Weiterentwicklung steigern. Dabei geht es um motivationale Aspekte, jedoch auch um die Befähigung, Lernprozesse aktiv anzugehen und mentale Modelle entsprechend anzupassen. Diese Geführten können anschließend auf der Mesoebene als Lernkatalysatoren agieren. Zweitens können Führende die Verbreitung von Wissen zwischen den Lernkatalysatoren unterstützen, indem sie Struktur und Funktionsweisen von Wissensnetzwerken positiv beeinflussen. Schließlich können Führende auch auf Organisationsebene die Verbreitung und Institutionalisierung von Wissen durch entsprechende Interventionen verbessern. Ansatzweise werden wir diese Aspekte vertiefen, wenn wir später **Complexity Leadership** vorstellen (☞ E. III. 14).

Kollektive Lernprozesse stehen auch im Mittelpunkt von **Shared Leadership** (☞ E. III. 12), genauer in der spezifisch *relationalen* Auslegung von Shared Leadership (vgl. *Fletcher/Käufer* 2003). Diese kollektiven Lernprozesse werden in einem Klima gegenseitiger Unterstützung und Wertschätzung – vermittelt durch eine besondere Form kommunikativer Interaktion („learning conversation") – generiert. Hintergrund ist die Erkenntnis, dass (bestimmte) Ziele besser gemeinsam als durch individuelle Anstrengung erreicht werden können. Individuelle Leistung und Leistungsvermögen treten dabei (zunächst) hinter die gemeinsame Leistung der Gruppe als Ganzes zurück. Hier sind deutliche Parallelen zum konstruktivistischen Lernen in Führungsbeziehungen zu erkennen (☞ C. III. 3.4). Die Idee der „learning conversation" ist auch integraler Bestandteil des **Shared Network Leadership** (☞ E. III. 13).

Lernen ist auch in weiteren aktuellen führungstheoretischen Ansätzen von Bedeutung. So fokussiert z. B. die **ambidextre Führung** das Spannungsfeld von Exploitation (Ausnutzung vorhandener Stärken) und Exploration (lerngetriebener Aufbau von Potenzialen) in Organisationen und damit verbundenes Führungshandeln (☞ E. III. 6; vgl. auch *Jansen/Vera/Crossan* 2009 und *Nemanich/Vera* 2009).

Schließlich wollen wir an diese Stelle noch die **integrale Führung** (vgl. *Deeg/Küpers/Weibler* 2010, S. 194 ff.) nennen. Aus integraler Perspektive ist Führung insbesondere auch als eine Art „Ermöglichungsmanagement" für Lehr- bzw. Lernprozesse in allen Sphären der Organisation interpretierbar. Sie kommt in besonderer Weise den Bedürfnissen der Geführten nach Selbstbestimmtheit, Selbststeuerung und Selbstverwirklichung entgegen. Auch hier sind direkte Parallelen zu unseren Ausführungen zum konstruktivistischen Lernen in Führungsbeziehungen (☞ C. III. 3.4) zu erkennen, denn dort wird der Begriff der „Ermöglichungsdidaktik" zentral sein.

Führungsbeziehungen als Lernarenen
Dieser Blick auf die Bedeutung des Phänomens Lernen zeigt, dass es eine heute immer wichtiger werdende Anforderung an Führungskräfte ist, Führungsbeziehungen so auszurichten, dass sie auch als „Lernarenen" fungieren. Um dies zu leisten, sollten Führende jedoch zunächst die Mechanismen kennen, die Lernen auf Seiten der Geführten ermöglichen. Erst dann können sie (neben Weiterbildnern und Personalentwicklern) pädagogische Mitverantwortung tragen und gezielt die Rolle eines Promotors und „Facilitators" für Lernen (vgl. *Seufert* 2010, S. 108 und die dort aufgeführte Literatur) in einer lernförderlichen und entwicklungsorientierten Führungsbeziehung spielen. Damit tragen sie ihren Teil zur Realisierung einer **lernenden Organisation** bei. Sie offerieren den Geführten gleichzeitig Chancen, ihre individuelle Position mittel- und langfristig zu verbessern (z. B. durch eine Erhöhung ihrer Arbeitsmarktfähigkeit aufgrund permanenter Weiterentwicklung).

Organisationen müssen also so gestaltet sein, dass Lernprozesse auf **individueller**, **kollektiver** und **organisationaler Ebene** stattfinden können. Führung soll ihren Beitrag dazu leisten, dass dies geschehen kann. Der Kosmos von Lernphänomenen in Organisationen erscheint nun aber so facettenreich, dass auf den ersten Blick gar nicht ersichtlich ist, wo Führungskräfte ansetzen können, um Lernprozesse zu befördern. Daher wollen wir uns zunächst einmal mit dem Lernbegriff beschäftigen und diesen von verwandten Begriffen abgrenzen (☞ C. III. 1.2). Danach wollen wir einen Überblick geben über die historische Entwicklung der Lernforschung von ihren Anfängen bis heute. Dabei werden wir die drei einflussreichsten lerntheoretischen Strömungen (**Behaviorismus**, **Kognitivismus** und **Konstruktivismus**) besonders herausstellen (☞ C. III. 1.3). Dieser Überblick wird in einer Rahmenkonzeption des Lernens münden (☞ C. III. 2), in der wir wichtige Aspekte des Lerngeschehens gezielt herausgreifen werden, um sie für unser Anliegen – der Diskussion des Phänomens Lernen in Führungsbeziehungen (☞ C. III. 3) – fruchtbar zu machen.

1.2 Definition und Abgrenzung von verwandten Begriffen

Der Begriff „Lernen" geht auf die gotische Bezeichnung für „Ich weiß" („*lais*") und das indogermanische Wort für „gehen" („*leitō*") zurück (vgl. *Wasserzieher* 1974, S. 288). Die Etymologie des Wortes deutet bereits darauf hin, dass Lernen ein Prozess ist, bei dem man einen Weg zurücklegt und dabei zu Wissen gelangt.

Nach einer Wanderung weiß man viele sehr unterschiedliche Dinge besser als vorher und man kann vieles besser tun als vorher. Man kennt beispielsweise Abkürzungen, die schneller zum Ziel führen, man weiß, wie man eine Wanderkarte liest, was Entfernung bedeutet und wie man seine Kräfte am besten einteilt. Die Erfahrungen unterwegs führen beim Wanderer zu Veränderungen, sodass die nächste Wanderung selbst bei gleich bleibender Route nicht mehr dieselbe Wanderung sein wird. Mit jeder Wanderung erweitert der Wanderer sein Wissen über Einzelheiten des Weges. Er lernt verschiedene Ortschaften kennen und voneinander zu unterscheiden. Er versteht nach und nach immer besser, was es bedeutet, sich auf andere verlassen zu können und welche Bedeutung solche Erfahrungen für die eigene Person haben. Er erwirbt neue Verhaltenskompetenzen, um seine Wanderung optimieren oder auch interessanter gestalten zu können – z. B. lernt er, Wanderkarte und Kompass zu verwenden, um die Streckenführung genauer planen zu können. Wenn auch nicht alles, was wir erfahren, unter Umständen geschieht, die denen einer Wanderung ähneln (also einer Situation, die wir gezielt herbeiführen, um eine möglichst erlebnisreiche und gleichzeitig entspannende Zeit zu verbringen), so kann man doch auf die metaphorische Bedeutung des Wortursprungs zurückgreifen und festhalten, dass wir „immer unterwegs" sind, also ständig lernen. Alles, was wir erleben, hinterlässt mehr oder weniger deutliche Spuren, führt also zu Veränderungen (vgl. *Mielke* 2001, S. 11).

Nach dieser metaphorischen Einführung in den Bereich des Lernens wollen wir das recht unübersichtliche Feld der Forschung zum Lernen über die Klärung zentraler Begrifflichkeiten und erster, grundlegender Beziehungen angehen (vgl. im Folgenden *Mielke* 2001, S. 12 f.): In der (Lern-)Psychologie umfasst der Begriff des Lernens alle Prozesse, die einen Organismus so verändern, dass er beim nächsten Mal in einer vergleichbaren Situation anders – und sei es nur schneller – reagieren könnte. Damit ist der psychologische Lernbegriff deutlich weiter gefasst als der im Alltag verwendete Begriff des Lernens. Der Mensch lernt nicht nur Schreiben, Lesen, Rechnen

III. Lernförderliche Führungsbeziehungen — Kapitel C

und erwirbt Wissen über naturwissenschaftliche Gesetzmäßigkeiten und geschichtliche Zusammenhänge. Auch Angst und Gelassenheit, Vorlieben und Abneigungen, die Ausbildung von Routinen und Gewohnheiten oder die Befähigung zu planvollem Handeln und Problem lösendem Denken werden gelernt.

Lernen gehört zu den charakteristischen Aktivitäten des Menschen (vgl. *Hasselhorn/Gold* 2009, S. 33 ff.): Menschen müssen kulturelle Fertigkeiten, konsensfähige Verhaltensnormen und Wertvorstellungen, spezifische Sachverhalte und Überzeugungen erlernen, um sich erfolgreich an die Erfordernisse einer Gesellschaft oder einer menschlichen Kultur anzupassen. Daher ist die Fähigkeit zum Lernen das entscheidende Potenzial des Menschen, sich aktiv mit seiner Umwelt auseinanderzusetzen und regelhaft und adaptiv auf aktuelle, sich stetig ändernde Anforderungen und Umweltereignisse zu reagieren. Dieses Potenzial ist angeboren – nicht jedoch seine Nutzung. Lernen ist also streng genommen

> *„die Nutzung des angeborenen, durch biologische Reifungsprozesse sich erweiternden, aber auch durch seine eigene Nutzung sich stetig weiter entwickelnden Potenzials"* (*Hasselhorn/Gold* 2009, S. 35).

Eine gänzliche Nichtnutzung des Lernpotenzials ist nicht möglich – Lernen findet im Leben jedes Menschen statt, wenn auch häufig unbewusst und beiläufig (**inzidentelles Lernen**) und seltener gezielt und damit bewusst (**intentionales Lernen**). Daher führt Lernen auch nicht per se zu Verbesserungen, sondern kann auch als Verschlechterung gesehen oder empfunden werden (z. B. Übernahme von Vorurteilen oder Entstehung lästiger Angewohnheiten).

In Bezug auf die Begriffe „organisationales Lernen" bzw. „lernende Organisation" liegt bisher kein Konsens bezüglich einer eindeutigen Definition vor. Weitgehend Einigkeit besteht lediglich dahingehend, dass es um die Entdeckung, den Aufbau, die Verbreitung, die Nutzung sowie die Weiterentwicklung/Neuentwicklung des in einer Organisation verfügbaren kollektiven Wissens geht. Ziel ist die Bewältigung des Wandels (vgl. *Yukl* 2009, S. 49 und *Hentze u. a.* 2005, S. 416). Statt der Frage, „Wie produzieren wir?" steht das „Wie verändern wir?" im Mittelpunkt, so der Bielefelder Soziologe *Stefan Kühl* (2010, S. 61). Gleichzeitig warnt er vor der zu einfachen Gleichsetzung, ein Lernen führe automatisch zum entsprechenden Handeln. Damit sei Lernen und Erfolg zu trennen.

Wir sehen, dass die Phänomene, die uns als Beispiele für Lernen dienen, äußerst vielfältig sind. Die entscheidende Frage ist daher, was diesen Phänomenen gemeinsam ist. Oder präziser: Was ist Lernen? Was ist geschehen, wenn wir sagen, dass jemand etwas gelernt hat? Bei der Beschäftigung mit dieser Frage – einer der Kernfragen der Psychologie im 20. Jahrhundert – haben sich die unterschiedlichsten Auffassungen darüber gebildet, welche Gesetzmäßigkeiten Lernen zu Grunde liegen. Trotz dieser unterschiedlichen Auffassungen (die wir in ☞ C. III. 1.3: „Entwicklungslinien der Lerntheorie" nachzeichnen wollen), lässt sich auf einer sehr allgemeinen Ebene eine gemeinsame Vorstellung, d. h. ein definitorischer Kern von Lernen identifizieren. Lernen kann daher folgendermaßen definiert werden (vgl. *Hasselhorn/Gold* 2009, S. 35):

> *„Lernen ist ein Prozess, bei dem es zu überdauernden Änderungen im Verhaltenspotenzial als Folge von Erfahrungen kommt."*

Im Begriff des Lernens ist also jegliche Erfahrungsbildung zusammengefasst: Dabei kann die Erfahrung pädagogisch vermittelt und unterstützt sein (Lernen in der pädagogischen Situation) oder unmittelbar erfolgen. Lernen in der pädagogischen Situation findet häufig – aber nicht immer – im Rahmen des **formalen Lernens** (= Lernen in organisierten Kontexten im förmlichen Bildungswesen wie z. B. betriebliche Weiterbildung und Schule) statt. **Informelles Lernen** bezeichnet dagegen ein Lernen, welches aus alltäglichen Aktivitäten am Arbeitsplatz, in der Freizeit, in der Familie erwächst. Und schließlich ist für unsere weitere Argumentation im Kontext des Lernens in Führungsbeziehungen auch das **nicht-formale Lernen** von Bedeutung. Es ist in planvolle Tätigkeiten eingebettet, die nicht explizit als Lernen bezeichnet werden, jedoch ein ausgeprägtes „Lernelement" beinhalten. Ein Beispiel hierfür ist das halbstrukturierte Lernen im Rahmen des Quality Managements (vgl. *Björnavold* 2000, S. 221 f.).

Wir wollen nun noch einen Schritt weitergehen, und eine genuin pädagogisch- und bildungstheoretische Sichtweise von Lernen präsentieren, denn wir werden uns mit unseren Überlegungen zu lernförderlichen Führungsbeziehungen im Kontext von Diskursen der pädagogischen Psychologie und der Organisationspädagogik (vgl. z. B. *Geißler* 2000) bewegen. Die nachfolgende Definition von *Roth* (1962, S. 205) erfasst Lernen und seine pädagogischen Implikationen in einem umfassenden und ganzheitlichen Zusammenhang von **Verhalten**, **Denken**, **Fühlen** und **Wollen**:

> *„Pädagogisch gesehen bedeutet Lernen die Verbesserung oder den Neuerwerb von Verhaltens- und Leistungsformen und ihren Inhalten. Lernen meint aber*

meist noch mehr, nämlich die Änderung bzw. Verbesserung der diesen Verhaltens- und Leistungsformen vorausgehenden und sie bestimmenden seelischen Funktionen des Wahrnehmens und Denkens, des Fühlens und Wertens, des Strebens und Wollens, also eine Veränderung der inneren Fähigkeiten und Kräfte, aber auch der durch diese Fähigkeiten aufgebauten inneren Wissens-, Gesinnungs- und Interessenbestände des Menschen. Die Verbesserung oder der Neuerwerb muss aufgrund von Erfahrungen, probieren, Einsicht, Übung oder Lehre erfolgen und muss dem Lernenden den künftigen Umgang mit sich selbst oder der Welt erleichtern, erweitern oder vertiefen. Das Lernen muss ihm helfen, sich selbst besser zu verwirklichen, d. h. sich selbst besser in die Welt hineinzuleben, und das Lernen muss ihm auch helfen, die Inhalte und Forderungen der Welt besser zu verstehen und zu erfüllen, d. h. ihnen besser gewachsen zu sein. Wir hoffen nach einem gelungenen Abschluss eines Lernprozesses, dass wir gleiche, ähnliche und neue Aufgaben des Lebens besser lösen können. Lernen umfasst auch den Abbau von Verhaltens- und Leistungsformen, die dem Lernenden den Umgang mit sich oder der Welt erschweren, beengen oder verflachen."

Eines wollen wir an dieser Stelle zur Bedeutung der **Erfahrung** noch festhalten: *Max* (1999, S. 230) und viele andere Autoren betonen die bildende Funktion von Erfahrungen. Jedoch mündet nicht jede Erfahrung automatisch in einen Lernprozess. Erst wenn Erfahrungen in **Reflexionen** eingebunden werden, führt dies zur Erkenntnis (vgl. *Dehnbostel* 2002, S. 6). Wir werden später darlegen, dass Vorgesetzte in Führungsbeziehungen in Bezug auf die systematische Reflexion von Erfahrungen und damit auf den Aufbau von Handlungskompetenz ihrer Mitarbeiter eine wichtige Rolle spielen – und das dies letztendlich auf die Notwendigkeit hinausläuft, formelles und informelles Lernen miteinander zu verbinden (☞ C. III. 3). Zunächst wollen wir jedoch die **Entwicklungslinien der Lerntheorie** (☞ C. III. 1.3) nachzeichnen und darauf aufbauend eine theoretische **Rahmenkonzeption des Lernens** vorstellen (☞ C. III. 2). Dies ist wichtig, denn wollen Führungskräfte lernförderliche Führungsbeziehungen gestalten, wollen sie sich gar im Hinblick auf ihre pädagogische Rolle *professionalisieren* (im Sinne eines systematischen, theoriegeleiteten Nachdenkens über ihr eigenes berufliches Handeln), müssen sie mit den relevanten Theoriebezügen vertraut sein.

1.3 Entwicklungslinien der Lerntheorie

Seitdem sich die Psychologie als wissenschaftliche Disziplin zu konsolidieren begann, befasste sie sich auch mit dem menschlichen Lernen (vgl. auch im Folgenden *Seel* 2003 und *Edelmann* 2000). Mit Beginn des 20. Jahrhunderts entstand eine systematische psychologische Lernforschung. Unabhängig von den verschiedenen Definitionen von Lernen, die im Laufe der Zeit formuliert wurden, setzt Lernen die Annahme einer Fähigkeit des Behaltens voraus. Lernen ist ohne Behalten nicht möglich oder wie es *Koffka* (1925, S. 115; zitiert nach *Seel* 2003, S. 18) formuliert hat:

„All unser Lernen beruht darauf, dass wir ein Gedächtnis haben."

Das **Gedächtnis** als Ursache dafür, dass sich Erkenntnis- und Denkvorgänge nicht im Hier und Jetzt erschöpfen, sondern auf nachfolgende Vorgänge auswirken, beschäftigte die Psychologie früher als der Vorgang des Lernens. Insofern war die Lernpsychologie in ihrer ursprünglichen Form eine experimentelle Gedächtnispsychologie (prominente Vertreter: *Hermann Ebbinghaus, Wilhelm Wundt, Georg E. Müller*).

Assoziatives Lernen

Die theoretischen Grundlagen der frühen Gedächtnisexperimente lagen in der Lehre von der **Assoziation** von Vorstellungen, die bereits von *Aristoteles* genannt wird. Dieser hat drei Assoziationsgesetzte formuliert. Aristoteles nahm an, dass zwei Gedächtnisinhalte miteinander verknüpft werden, wenn sie (1) einander ähnlich sind (Gesetz der Ähnlichkeit), (2) einander unähnlich sind (Gesetz des Kontrastes) oder (3) irgendwann gemeinsam in unserem **Bewusstsein** vorhanden waren (Gesetz der zeitlichen und räumlichen Berührung oder Kontiguität; z. B. erinnert uns ein Knoten im Taschentuch an eine Sache, die wir noch erledigen wollen).

Der assoziationspsychologische Ansatz fand einen beherrschenden Niederschlag in der russischen **Reflexologie** (u. a. *Bechterew, Pawlow*). Große Bekanntheit haben *Pawlows* Experimente mit Hunden erlangt, aus denen das Modell der **klassischen Konditionierung** entstanden ist. Der Hintergrund und die Experimentalanordnung werden im nachfolgenden Kästchen beschrieben.

> **Experiment: „Pawlows Hund"**
>
> *Pawlow* beschäftigte sich ursprünglich mit der Physiologie der Verdauung und forschte an Hunden. Hunde produzieren beim Anblick von Futter sichtbar und messbar Speichel. *Pawlow* fiel auf, dass die Hunde nach einiger Zeit im Labor nicht erst angesichts des Futters zu speicheln begannen, sondern beim bloßen Anblick des Tierpflegers, der sie gewöhnlich fütterte. Auf der Grundlage dieser Beobachtung hat *Pawlow* eine Versuchsanordnung entwickelt, bei der einem Hund gleichzeitig zwei Reize angeboten werden: Der sogenannte **unkonditionierte Reiz** (z. B. Futter) führt zu einer unbedingten oder **unkonditionierten Reaktion** (z. B. Speichelfluss). Während der Fütterung wird nun ein weiterer Reiz (z. B. Glockenton) präsentiert. Für sich alleine löst dieser Reiz keine spezifische Reaktion aus, daher wird er **neutraler Reiz** genannt. Werden die beiden Reize, Futter und Glockenton jedoch wiederholt gleichzeitig präsentiert, bildet der Hund eine **Assoziation** zwischen den beiden Reizen, er verknüpft sie. Auf diese Weise löst der ehemals neutrale Reiz (Glockenton) *allein* die Reaktion (Speichelfluss) aus, er wird zum **konditionierten Reiz** und der Speichelfluss zur **konditionierten Reaktion**. Der Hund hat gelernt, dass der Glockenton mit Fütterung gleichzusetzen ist.

Gemeinsam ist der russischen Reflexologie und der der deutschen Assoziationspsychologie, dass Lernen mit dem relativ mechanischen Prinzip der Assoziation (bzw. zusätzlich dem Lernen von Signalen) erklärt wird. Begriffe wie Absicht, Motivation, Einsicht u.ä. kommen nicht vor. Allerdings besteht ein wichtiger Unterschied (vgl. *Edelmann* 2000, S. 32 f.): Während die deutschen Assoziationspsychologen die Verknüpfung psychischer Elemente im **Bewusstsein** beschreiben, erklären die Vertreter der russischen Reflexologie Assoziationen streng **bewusstseinsunabhängig** als spezifische Verknüpfung eines Reizes mit einem anderen bzw. als Verbindung von **Reiz** und **Reaktion**. Bedingen oder Konditionieren bedeutet, die Bedingungen oder Konditionen herzustellen, unter denen gelernt wird. Von klassischer Konditionierung (im Gegensatz zur operanten Konditionierung) spricht man, weil dies die früheste in der Literatur beschriebene Lernform war.

Pawlows Gedankengänge (zur Kritik vgl. *Bitterman* 2006) wurden in Amerika bald von der Forschergruppe um *Watson* aufgegriffen, die sich insbesondere mit der Konditionierung emotionaler Reaktionen beschäftigt hat. Beiden Richtungen gemeinsam ist die Auffassung, dass bei der Erklärung von Lernprozessen ein **Bewusstsein** nicht zu interessieren habe. Im Jahr 1913 schrieb *Watson* (1913) den programmatischen Artikel „*Psychology as the behaviorist views it*". Anders als bei der in der damaligen Psychologie verbreiteten Methode der Introspektion sollten in der wissenschaftlichen Psychologie nur noch überprüfbare Vorgehensweisen wie das Laborexperiment mit dem Ziel der Erklärung und Gestaltung von **beobachtbaren Verhaltensweisen** eingesetzt werden. Mentalistische Begriffe für nicht direkt beobachtbare Prozesse und Strukturen wie „Bewusstseinsinhalt", „Seele" oder „Psyche" sollten aus der Forschung verbannt und durch Konzepte wie „Reiz" und „Reaktion" ersetzt werden. Damit war der **Behaviorismus** (engl.: behavior = Verhalten) als psychologische Richtung begründet (vgl. *Winkel/Petermann/Petermann* 2006, S. 21).

Behavioristisches Lernen
Prominentester Vertreter des Behaviorismus war *Skinner*, mit dem wir insbesondere die Begriffe des **instrumentellen Lernens** und der **operanten Konditionierung** verbinden (vgl. auch im Folgenden *Edelmann* 2000, S. 65 ff.). Ganz wesentlich ist *Skinners* Unterscheidung von Antwortverhalten und Wirkverhalten: Beim **Antwortverhalten** handelt es sich um Reaktionen, die durch identifizierbare Reize ausgelöst werden – dies sind Reiz-Reaktions-Verbindungen, die insb. *Pawlow* untersucht hat. Beim **Wirkverhalten** liegen zwar in jeder Situation auch Reizbedingungen vor, jedoch ist Wirkverhalten nicht ein *reaktives*, sondern ein *spontanes* Verhalten. Dieses Verhalten zeigen Lebewesen von sich aus. Es wirkt auf die Umwelt ein und erfährt dort bestimmte Konsequenzen. *Skinner* geht also davon aus, dass der Mensch ein grundsätzlich „aktives Wesen" ist (wir werden dies Aussage später noch relativieren). Die Konditionierung des Wirkverhaltens bezeichnet *Skinner* als operante Konditionierung, wobei operant „eine bestimmte Wirkungsweise in sich habend" bedeutet.

Beim **Reiz-Reaktions-Lernen** (klassische Konditionierung) lösen also *vorausgehende* Reize eine Reaktion aus. Beim **instrumentellen Lernen** (operante Konditionierung) steht Verhalten in Verbindung mit ihm *nachfolgenden* Ereignissen. Verhalten hat – und damit sind wir bei *Skinners* zentraler Aussage – bestimmte Konsequenzen und diese Konsequenzen entscheiden über das zukünftige (Wieder)Auftreten des betrachteten Verhaltens. Die letztgenannte Lernart wird instrumentelles Lernen genannt, weil das Verhalten ein Instrument ist, welches bestimmte Konsequenzen herbeiführt. Streng genommen handelt es sich bei den Konsequenzen auch um Reize (oder Stimuli, d.h. um Umweltereignisse, welche auf einen Organismus einwirken). Um Verwechselungen zu vermeiden, werden die Reize beim instrumentellen Lernen auch Konsequenzen genannt.

	Darbietung	Entzug
Angenehme Konsequenz	Positive Verstärkung z. B. Bonuszahlung	Negative Verstärkung z. B. Verkürzung der Probezeit bei guter Leistung
Unangenehme Konsequenz	Positive Bestrafung z. B. kritische Bemerkung des Vorgesetzten	Negative Bestrafung z. B. Streichung von Vergünstigungen

Tab. C.9: Arten von Konsequenzen beim instrumentellen Lernen (vgl. *Edelmann* 2000, S. 69; modifiziert)

In diesem Zusammenhang unterscheidet *Skinner* angenehme und unangenehme Konsequenzen als Antwort auf bestimmte Verhaltensweisen. Einen Überblick über die darauf aufbauenden Formen instrumentellen Lernens bietet Tabelle C.9.

Tabelle C.9 ist zu entnehmen, dass vier Formen des instrumentellen Lernens unterschieden werden, von denen zwei zum Aufbau und zwei zum Abbau bestimmter Verhaltensweisen führen:

- **Aufbau von Verhalten:** positive Verstärkung und negative Verstärkung.
- **Abbau von Verhalten:** positive Bestrafung und negative Bestrafung.

Verstärkung bzw. Verstärker wird folgendermaßen definiert (vgl. *Lefrancois* 2006, S. 94):

> **Definition: Verstärker**
>
> Ein Verstärker ist ein Ereignis, das auf eine Verhaltensweise folgt, und das die Wahrscheinlichkeit des Wiederauftretens dieser Verhaltensweise steigert.

Diese Definition lässt erkennen, dass das, was als Verstärkung (und auch Bestrafung) bezeichnet wird, empirisch über beobachtbares und messbares Verhalten (oder dessen → Operationalisierung) zu ermitteln ist. Eine Verstärkung oder einer Bestrafung definiert sich also ex post, d. h. *nachdem* gezeigt werden konnte, dass hierdurch die Häufigkeit eines bestimmten Verhaltens beeinflusst wird. Daher kann dasselbe Ereignis zu einem Anlass oder beim selben Anlass bei einer anderen Person verstärkend oder bestrafend wirken, ein anderes Mal nicht (vgl. *Lefrancois* 2006, S. 335). Aber natürlich bestehen hinreichend Erfahrungswerte (Erwartungen), beispielsweise in der Führungspraxis begründete Annahmen über die Auswirkung einer eigenen Handlung auf andere treffen zu können, sonst ließe sich kaum miteinander arbeiten. Aber es sind immer nur Wahrscheinlichkeiten und Wertschätzungen. Diese können sich im Zeitablauf ändern, sodass bewährte Verhaltensmuster plötzlich nicht mehr zum Erfolg führen.

Skinner beschäftigte sich mit den Auswirkungen verschiedener Arten der Präsentation von Verstärkern auf die Lernrate und die Löschungsrate (Löschung bedeutet das Ausbleiben eines Verhaltens, wenn dies keine Konsequenz erfährt). In diesem Kontext wird der Zusammenhang zwischen Verhalten und nachfolgender Konsequenz **Kontingenz** genannt. So ist ein zentrales Ergebnis von *Skinners* Forschung, dass Verstärkungen wie Bestrafungen kontingent erfolgen sollten. Damit ist gemeint, dass das Verhältnis von Verhalten und Verstärkung in einer bestimmten Zeit- und Häufigkeitsverteilung stehen muss. Zu diesem Zweck wurden sogenannte **Verstärkerpläne** entwickelt, die neben **kontinuierlicher Verstärkung** (auf ein bestimmtes Verhalten erfolgt immer eine Verstärkung) verschiedene Formen der **intermittierenden Verstärkung** (ein bestimmtes Verhalten wird nicht immer verstärkt) vorsehen. Obwohl *Skinner* in großem Umfang mit Tieren (Tauben, Ratten) experimentierte, sind viele seiner Ergebnisse auch auf menschliche Verhaltensweisen anwendbar (insb. im Kontext von Erziehung, Medizin, Werbung und Psychotherapie).

Gestaltpsychologie

Während der Behaviorismus in der ersten Hälfte des 20. Jahrhunderts vor allem in den USA die vorherrschende Form der Lernpsychologie darstellte, war die Lernforschung in Deutschland in dieser Zeit durch die → **Gestaltpsychologie** geprägt. Gestaltpsychologen stellten dem Reiz-Reaktions-Lernen ihren Ansatz des Lernens als Einsicht und des produktiven Denkens gegenüber, das einen Vorgang der gedanklichen Umstrukturierung voraussetzt. Lernen ist demnach stets Bedeutung erzeugend und bewirkt Einsicht in eine Situation oder das Verständnis einer Vorgehensweise (vgl. *Seel* 2003, S. 20). Die Grundannahme dieses Ansatzes besteht darin, dass sich psychische Strukturen und Prozesse nicht aus einzelnen Elementen assoziativ zusammensetzen, sondern nach bestimmten Gesetzmäßigkeiten Ganzheiten (Gestalten) bilden (vgl. *Winkel/Petermann/Petermann* 2006, S. 21 f.). Die Hauptvertreter der Gestaltpsychologie waren *Wertheimer*, *Koffka* und *Köhler*. Sie alle waren Angehörige der sog. Berliner Schule. Als Folge der Machtergreifung durch das nationalsozialistische Regime emigrierten sie in die USA, womit die Gestaltpsychologie in Deutschland an Bedeutung verlor. Die Arbeiten von *Wertheimer*, *Koffka* und *Köhler* beeinflussten jedoch auch zahlreiche amerikanische Wissenschaftler. Sie haben überdies aufgrund ihrer Beschäftigung mit **Wahrnehmung, Bewusstsein, Problemlösen** und **Einsicht** wesentlich zur späteren Entwicklung der **Kognitionspsychologie** beigetragen (vgl. *Lefrancois* 2006, S. 180).

Kognitivistisches Lernen

Nach dem 2. Weltkrieg versuchten Psychologen wie *Kurt Lewin, Julian Rotter* und *Edward Tolman* behavioristische und gestaltpsychologische bzw. erste kognitivistische Konzepte miteinander in Verbindung zu setzen (vgl. *Winkel/Petermann/Petermann* 2006, S. 21 f.). Der damit verbundene Aufschwung der kognitionspsychologischen Forschung in den USA und Westeuropa wurde mit dem Begriff der **kognitiven Wende** bezeichnet. Die Vertreter der kognitiven Richtung nehmen an, dass (Lern-)Verhalten nicht nur durch Verbindungen zwischen Reiz und Reaktion bestimmt wird, sondern verknüpfen Lernen mit der Gesamtheit der Prozesse, die mit der Aufnahme von Informationen, ihrer weiteren Verarbeitung und Speicherung im Gedächtnis sowie ihrer Nutzung und Anwendung verbunden sind. Dabei wird Kognition folgendermaßen definiert (vgl. *Edelmann* 2000, S. 114).

> **Definition: Kognition**
>
> Kognitionen sind jene Vorgänge, durch die ein Organismus Kenntnis von seiner Umwelt erlangt. Dies sind bei Menschen insbesondere Wahrnehmung, Vorstellung, Denken, Urteilen und Sprache. Kognitive Prozesse lassen sich von emotionalen (gefühlsmäßigen) und motivationalen (aktivierenden) Prozessen unterscheiden.

Damit zeichnen sich die kognitionspsychologischen Lerntheorien im Unterschied zu den verhaltenspsychologischen Lerntheorien dadurch aus, dass sie die *im* Lernenden ablaufenden Prozesse der Informationsverarbeitung erklären wollen. Innerhalb des kognitiven Ansatzes sind zwei Erklärungsmodelle zu unterscheiden, die mit unterschiedlichen Metaphern operieren (vgl. *Seel* 2003, S. 21 und die dort angegebene Literatur): (1) Zunächst setzte sich die Metapher vom **„Lernen als Informationsverarbeitung"** durch. (2) Dann gewann die Metapher vom **„Lernen als Wissenskonstruktion"** an Bedeutung. Diese dominiert heute das kognitionspsychologische Verständnis von Lernen. Mit dem Aufkommen der zweiten Metapher hat sich inhaltlich bedingt eine paradigmatische Verschiebung im Lernverständnis ergeben, sodass oft – und wir schließen uns hier an – nur noch von „konstruktivistischem Lernen" gesprochen wird und damit auf den ersten Blick nicht mehr erkennbar ist, dass konstruktivistisches Lernen kognitiv fundiert ist.

Der **Informationsverarbeitungsansatz** des Kognitivismus entstand parallel zum Aufkommen des Computers. Analog zur Computerarchitektur wurden wahrgenommene Umweltreize als Input und die Reaktionen darauf als Output konzipiert. Der Schwerpunkt der Untersuchungen lag auf den speziellen geistigen Prozessen, die dem Denken zugrunde liegen und deren fortwährender Erweiterung. Dies sind z. B.:

- Schnelligkeit der Informationsverarbeitung, Verarbeitungsgrenzen, Gedächtnisleistungen,
- Problemlöseverhalten (z. B. Planen: Vorwegnahme einer Sequenz von Handlungen, bevor sie ausgeführt werden),
- Selektive Aufmerksamkeit (z. B. Konzentration auf zielrelevante Informationen und Ignorierung unwichtiger Informationen).

Grundsätzlich geht der Informationsverarbeitungsansatz davon aus, dass sich kognitive Prozesse analysierend in eine Reihe von Einzelschritten (z. B. Aufmerksamkeit, Erinnerung) zerlegen lassen.

Insgesamt ist es nicht gelungen, die Fülle der Einzelergebnisse dieses Forschungszweigs in eine umfassende Theorie zusammenzuführen. Wir wollen daher an dieser Stelle nur einen kleinen Ausflug in den Bereich Handeln/Problemlösen machen und dabei die **Theorie des Modell-Lernens** (vgl. v. a. *Bandura* 1976) als einen Vorläufer von **Handlungstheorien** kennzeichnen. Diese Theoriestränge eignen sich für die Diskussion von Lernen in Führungsbeziehungen. Wenn wir im Kapitel ☞ C. III. 2 eine Rahmenkonzeption von Lernen präsentieren, werden wir detaillierter auf ausgewählte kognitive Aspekte des Lernens eingehen.

Folgendes Zitat gibt den Kern des **Modell-Lernens** (synonym: Beobachtungslernen) wieder:

> *„Lernen am Modell oder, kürzer ausgedrückt, Modelllernen liegt vor, wenn ein Individuum als Folge der Beobachtung des Verhaltens anderer Individuen sowie der darauffolgenden Konsequenzen sich neue Verhaltensweisen aneignet oder schon bestehende Verhaltensmuster weitgehend verändert"* (*Vogl* 1974, S. 85).

Hinzugefügt werden sollte, dass Modelle nicht unbedingt reale Personen sein müssen. Viele Modelle sind auch symbolisch (z. B. mündliche oder schriftliche Instruktionen, Bilder, Charaktere in Büchern und Filmen; vgl. *Lefrancois* 2006, S. 312).

Modell-Lernen ist gegenüber dem instrumentellen Lernen mit den folgenden Vorteilen verbunden (vgl. z. B. *Winkel/Petermann/Petermann* 2006, S. 199 und *Nolting/Paulus* 1999, S. 72 f.):

- Verhaltensweisen werden von selbst gezeigt und sind nicht wie beim instrumentellen Lernen eine Reaktion auf einen spezifischen Stimulus. Dadurch können unangenehme Erfahrungen (Misserfolge, Bestrafung) vermieden werden.
- Es werden auch ganz *neue* Verhaltensweisen gezeigt. Daher kann auch im strengen Sinn vom *Erwerb* neuer Verhaltensweisen bzw. von einer Erweiterung von Verhaltensmöglichkeiten gesprochen werden. Im Gegensatz dazu ist instrumentelles Lernen auf die Stabilisierung, Förderung und Verfeinerung von bereits gezeigten Verhaltensweisen reduziert.
- Es können auch relativ komplexe Verhaltensweisen (z. B. Bedienen von Geräten, Diskussionsverhalten, Umgang mit Andersdenkenden) erworben werden. Dies geschieht zudem häufig außerordentlich schnell; mit einem Schlag können zusammenhängende Verhaltensmuster erworben werden, wenngleich diese am Anfang oft noch unvollkommen sind.
- Symbolische Modelle erlauben das Lernen mit Medien wie Büchern, Fernsehen oder Computer. Hierdurch erweitern sich die Lernmöglichkeiten enorm.

Mit der Theorie des Modell-Lernens wird vor allem die **sozial-kognitive Lerntheorie** von *Albert Bandura* (1976) in Verbindung gebracht. Die Bezeichnung deutet auf zwei Aspekte in: Die Theorie versucht (1) **soziales Lernen** zu beschreiben und zu erklären (verstanden als Lernen, an dem soziale Interaktion beteiligt ist) und betont (2) **kognitive Komponenten.** In seinen frühen Arbeiten hat *Bandura* das Modell-Lernen zwar noch behavioristisch als stellvertretende Verstärkung erklärt, später tritt jedoch ein Wandel in seiner Auffassung ein. Die folgenden Zitate verdeutlichen *Banduras* Erkenntnisfortschritt:

> *„Die meisten zeitgenössischen Lernauffassungen weisen den kognitiven Funktionen für den Erwerb und die Regulierung des menschlichen Verhaltens eine wichtigere Rolle zu, als es frühere Erklärungssysteme taten. Die Theorie des sozialen Lernens […] geht davon aus, dass Modellierungseinflüssen hauptsächlich informative Funktion zukommt […]"* (Bandura 1976, S. 23).

> *„In der Theorie des sozialen Lernens […] nimmt man an, dass Verhalten vor allem durch zentrale Integrationsmechanismen, die der motorischen Ausführung vorgeschaltet sind, gelernt und organisiert wird"* (Bandura 1976, S. 45).

> *„In der Theorie des sozialen Lernens wird die Verstärkung eher als förderliche und nicht so sehr als notwendige Bedingung angesehen"* (Bandura 1976, S. 51).

Edelmann (2000, S. 191) bringt *Banduras* Auffassung von Lernen folgendermaßen auf den Punkt: Basis des menschlichen Lernens sind Informationen; das eigentliche Lernen besteht aus zentralen Integrationsprozessen, denn zwischen der Anregung des Verhaltens durch ein Modell und der Ausführung des Verhaltens liegen kognitive Prozesse. Im Einzelnen unterscheidet *Bandura* in der sogenannten Aneignungsphase **Aufmerksamkeits-** und **Speicherungsprozesse** und in der sogenannten Ausführungsphase **Reproduktions-** und **Motivationsprozesse.** Diese werden wir später genauer darstellen (☞ C. III. 2.2; vgl. auch Abb. C.23).

Wir wollen nun einen Schritt weitergehen und die **sozial-kognitive Lerntheorie** als **Vorläufer von Handlungstheorien** kennzeichnen (vgl. – auch im Folgenden – *Edelmann* 2000, S. 193 ff.). Bedeutsam beim sozial-kognitiven Lernen ist, dass die beobachtende Person in der Aneignungsphase durch die Kodierung und Speicherung des Modellverhaltens späteres Verhalten mehr oder minder ausgeprägt gedanklich *antizipiert*, d.h. gedanklich vorwegnimmt. Dies ist nun auch zugleich das herausragende Kennzeichen des **planvollen Handelns**: Ein Vorentwurf (Plan, Handlungskonzept) steuert eine spätere Tätigkeit. Ein wesentlicher Unterschied liegt darin begründet, dass das Handlungskonzept in der sozial-kognitiven Lerntheorie im Vergleich zum planvollen Handeln nicht flexibel ist. Es existiert kein Handlungsspielraum; die durch Lernen am Modell erworbenen Verhaltensweisen können sozusagen gezeigt werden oder auch nicht gezeigt werden. Daher wird im Zusammenhang mit dem Modell-Lernen von Verhalten gesprochen und nicht von Handeln (vgl. weiterführend zum Unterschied zwischen Verhalten und Handeln, ☞ A. III. 2.1).

Handlungstheoretisch fundierte Ansätze des Lernens gehen davon aus, dass Lernen ein zielgerichteter Prozess ist, bei dem die angestrebten Ergebnisse des Handelns vom Lernenden antizipiert werden, damit dieser auf der Grundlage der Zielvorstellungen das Lernen steuern und kontrollieren kann (vgl. – auch im Folgenden – *Sonntag/Stegmaier* 2007, S. 33 ff.). Startpunkt für Lernprozesse ist die praktische Handlung, die als Einheit von Wahrnehmung, gedanklicher Verarbeitung und motorischer Verrichtung verstanden wird (vgl. *Hacker* 2005). Handlungsorientiertes Lernen läuft in den folgenden **fünf Phasen** ab:

- Orientierung: Bildung von Handlungsabsichten/Motiven,
- Handlungsplanung: Entwicklung von Handlungsalternativen,

- Handlungsvollzug: Durchführung/Realisierung der Handlung,
- Handlungskontrolle: Bewertung des Handlungsergebnisses,
- Reflexion: Begleitende Reflexion in den Handlungsphasen oder abschließende Reflexion der Handlungsergebnisse.

Werden alle fünf Phasen durchlaufen, spricht man von einer **vollständigen Handlung**. Ansonsten spricht man von einer **partialisierten Handlung**, aus der sich Fehlverhaltensweisen ergeben.

Es wird deutlich, dass handlungstheoretisch fundierte Ansätze des Lernens das problemlösende, einsichtvolle und schlussfolgernde Lernen betonen und daher geeignet sind, „komplexere" Lernprozesse zu erklären (vgl. *Arnold* 2004, Sp. 1098). Ein Beispiel dafür ist die Entwicklung von Schlüsselqualifikationen oder „anspruchsvollerer" Fähigkeiten und Fertigkeiten in der beruflichen Bildung. Wenn wir hier die Adjektive, die Lernprozessen und Lernergebnissen zugeordnet sind, in Anführungszeichen setzen („komplexere", „anspruchsvollere"), so resultiert dies aus der Schwierigkeit zu bestimmen, was denn überhaupt eine „praktische Handlung" ist, die Ausgangspunkt des Lernens sein soll. *Nicht* durchgesetzt hat sich der Begriff der Tätigkeit der russischen kulturhistorischen Schule (vgl. insb. *Leontjew* 1987). Jener hat umfassende Handlungsvollzüge im Blick, die sich in einzelnen Handlungen realisieren, welche wiederum aus ganz konkreten Operationen bestehen. *Kaminski* (1981) spricht von einem „Verhaltensstrom" und gliedert diesen in Einzelhandlungen. Andere Autoren verweisen darauf, dass „komplexere" Handlungen aus Teilhandlungen zusammengesetzt seien (vgl. *Edelmann* 2000, S. 194). Nur ausnahmsweise werden dabei anschauliche Beispiele gegeben, und dann sind dies häufig Aktivitäten mit einem „mittleren" Komplexitätsgrad (Beispiel: Zubereiten und Einnehmen eines Abendessens als Handlungssequenz mit folgenden Einzelhandlungen: einkaufen, kochen, Tisch decken, essen, Tisch abräumen, Geschirr spülen). Dieser Auffassung wollen wir uns anschließen und Handlungen als Aktivitäten mit einem mittleren Differenzierungs- und Komplexitätsgrad begreifen.

Insgesamt ist zu erkennen, dass der Mensch – im Gegensatz zum behavioralen Modell – nicht mehr ein unter der Kontrolle der Umwelt stehendes mehr oder weniger passives Objekt ist, sondern als autonomes Subjekt bewusst, zielgerichtet und reflektiert Entscheidungen über Handlungsalternativen fällt und damit seine Umwelt aktiv gestaltet (vgl. *Edelmann* 2000, S. 197). Damit ist gegenüber der behavioristischen Auffassung von Lernen ein bedeutender Erkenntnisfortschritt zu erkennen. Jedoch ist es den beschriebenen lerntheoretischen Ansätzen, die mit der Metapher vom **Lernen als Informationsverarbeitung** gekennzeichnet werden können, nicht gelungen, die *Vielfältigkeit* kognitiver Aktivitäten des Menschen (z. B. spekulieren, kreieren, Sinn erzeugen) abzubilden. Dieses Manko wurde von lerntheoretischen Ansätzen aufgefangen, die mit der Metapher von **Lernen als Wissenskonstruktion** umschreiben werden können.

Konstruktivistisches Lernen

In neueren kognitivistischen Ansätzen **(kognitiv-konstruktivistisches Modell des Lernens)** wird Lernen nicht länger als individuelle Informationsaneignung und -verarbeitung gesehen, sondern es wird unterstellt, dass kognitive Prozesse eine Reaktion auf relevante Strukturen in der Umwelt sind (vgl. *Edelmann* 2000, S. 114). Lernen kann nicht von außen gesteuert werden, sondern allenfalls angeregt werden:

„Auch der Zuhörer eines Vortrages bildet das Gehörte nicht – wie ein Tonbandgerät – ab, sondern der Vortrag löst eigene Gedanken, Assoziationen, Emotionen aus, aber auch Überlegungen, die mit dem Vortrag nur lose gekoppelt sind" (*Siebert* 2001, S. 195).

Damit wird Denken als komplexer Prozess mit vielen Facetten begriffen, der symbolische Repräsentation von Objekten und Ereignissen einschließt, die nicht unmittelbar präsent sind und nur in der Vorstellung existieren (vgl. *Seel* 2003, S. 23). Auf diese symbolische Facette von Denkprozessen hat *Bruner* als ein Vorläufer der konstruktivistischen Sichtweise bereits in den späten 50er-Jahren des 20. Jahrhunderts hingewiesen:

„Wir setzen alles daran, Bedeutung wieder als das zentrale Konzept der Psychologie zu etablieren. Wir konzentrieren uns auf die symbolischen Aktivitäten von Menschen, die sie anwenden, um Bedeutungen zu konstruieren und der Welt und sich selbst einen Sinn zu geben" (*Bruner* 1990, S. 2; Übersetzung aus dem Englischen).

Damit spricht *Bruner* bereits implizit die kognitive Funktion mentaler Modelle an, die in den neueren kognitiven Theorien des Lernens eine exponierte Rolle spielen. **Mentale Modelle** sind kognitive Konstruktionen, mittels derer Individuen ihre Erfahrungen und/oder ihr Denken derart organisieren, dass sie eine systematische Repräsentation ihres Wissens erreichen, um subjektive Plausibilität zu erzeugen (vgl. *Seel* 2003, S. 23).

Das **kognitiv-konstruktivistische Erklärungsmodell** wurde jedoch im Lauf der Zeit zunehmend auch auf

Lernprozesse außerhalb des psychologischen Labors angewandt. Infolgedessen zeigte sich, dass es größtenteils nur die kognitiven Faktoren des Lernens erfasste und die in den wichtigen Lernkontexten (z. B. Schule, Arbeitsplatz) bedeutsamen emotionalen, motivationalen und sozial-kulturellen Bedingungen und Wirkungen des Lernens unberücksichtigt ließ. In der Folge schälte sich auch im Bereich des Lernens das **sozio-konstruktivistische Erklärungsmodell** heraus. Dieses liefert Ansätze, die mit den Stichwörtern → „situierte Kognition" und „situiertes Lernen" belegt werden. Sie beschäftigen sich mit der sozialen Verankerung individuellen Lernens (vgl. *Seel* 2003, S. 25).

Die erkenntnisleitende Idee der „**situated cognition**"-**Ansätze** lautet, dass jede kognitive Aktivität aus den Interaktionen des Lernenden mit konkreten Situationen der jeweiligen Umgebung erwächst. Lernen ist so in die komplexen Bezüge zwischen biologischen Gegebenheiten, sozio-kultureller Eingebundenheit sowie emotionaler und motivationaler Vorgänge eingebunden. Lernen in diesem Sinn heißt, aufbauend auf biologischer Bereitschaft, individuellen Erfahrungen und vorhandenen (individuellen und sozial geteilten) Wissensstrukturen Kompetenzen zu entwickeln, die in *realen Situationen* nützlich und nutzbar sind und somit zum Handeln befähigen (siehe den Begriff der Handlungskompetenz, ☞ C. III. 2.3). Diese mehrperspektivische Betrachtung öffnete die lerntheoretische Debatte in Richtung auf das Lernen in kooperativen Bezügen innerhalb sozialer Gebilde wie **Gruppen** und **Organisationen** (☞ C. III. 1.1). Dabei setzen Teilung, Weiterentwicklung und Aktualisierung von Wissen eine Situierung von Lernen i.S. einer Einbindung in Handlungs- und Anwendungskontexte voraus. Gleichzeitig wird Lernen nachhaltig, weil die Lernenden eine aktiv-interaktive Rolle im Lerngeschehen spielen und ihre *eigenen* Erfahrungen, Fragestellungen und Einsichten in die Konstruktion von Problemlösungen einbringen können. Individuelles und organisationales Lernen stellen dabei die beiden korrespondierenden Seiten einer Medaille dar (vgl. *Arnold* 2004, Sp. 1099 und die dort aufgeführte Literatur).

Aktuelle Richtungen in der Lernforschung

Grundsätzlich beruht die moderne Lernforschung in vieler Hinsicht immer noch auf den Hauptrichtungen des **Behaviorismus** und **Kognitivismus**. Im Laufe der Zeit haben sich die Ansätze jedoch verändert – beim kognitiven Ansatz haben wir diese Veränderung mit dem Übergang in Richtung **Konstruktivismus** bereits beschrieben. Eine weitere Erweiterung erfährt der Informationsverarbeitungsansatz z. B. mit dem Konnektivismus und mit Forschungen zur Künstlichen Intelligenz. Hinzugekommen ist unter dem zunehmenden Einfluss von Medizin und Biologie ein **neurowissenschaftlicher Ansatz** innerhalb der Lernforschung. Dieser Ansatz untersucht, welche neurophysiologischen und neuropsychologischen Vorgänge dem Lernen zu Grunde liegen. Bereits in den 1920er Jahren wurden hierzu erste Versuche gemacht. Beispielsweise wurde untersucht, welche Auswirkungen (Teil-)Verletzungen des Gehirns auf das Lernen haben, welche Effekte die elektrische Stimulierung des Gehirns bewirken und welche biochemischen Veränderungen sich im Gehirn als Resultat von Lernprozessen ergeben. Heute werden die Funktionen der verschiedenen Hirnbereiche im Hinblick auf Lernprozesse mithilfe bildgebender Verfahren untersucht. Im Rahmen neurowissenschaftlicher Forschung werden zunehmend auch Prozesse des impliziten Lernens untersucht und zu erklären versucht (vgl. *Zeuner/Faulstich* 2009, S. 80; *Winkel/Petermann/Petermann* 2006, S. 24 f. sowie *Spitzer* 2009 als prominentester deutscher Vertreter der neurobiologischen Sichtweise innerhalb der Lernforschung).

Moderne Lernforschung behavioristischer Provenienz konnte die weit reichenden Erkenntnisse der kognitiven Psychologie nicht länger ignorieren und schließt vermittelnde Prozesse nicht länger aus der Betrachtung aus – Verhalten wird nun als Indikator für die Art und Ausprägung innerer Zustände gesehen (z. B. Herumlaufen und Suchen nach Nahrung als Indikator für den Zustand „Hunger"). Die aktuelle Lernforschung berücksichtigt damit die Komplexität und Vielgestalt menschlichen Lernens und bemüht sich um eine Integration der verschiedenen Richtungen. Dabei haben die Neurowissenschaften zur Vereinbarkeit des behavioristischen und des kognitiven Ansatzes beigetragen, indem gezeigt wurde, dass im Gehirn Systeme für Verhaltensgewohnheiten und für interne Repräsentationen nebeneinander existieren (vgl. *Winkel/Petermann/Petermann* 2006).

Wir haben nun einen ersten Überblick über Strömungen innerhalb der Lerntheorie gegeben, wobei der Darstellung ein Argumentationsmuster zu Grunde liegt, welches in zeitlicher Hinsicht die einzelnen Phasen („Entwicklungslinien") lerntheoretischen Denkens nachzeichnet. Dies ist wichtig, um darzustellen, dass auch ganz aktuelle lerntheoretische Ansätze wie z. B. die Spielarten des Konstruktivismus nicht plötzlich vom Himmel gefallen, sondern im Kognitivismus verwurzelt sind – und dieser wiederum in Auseinandersetzung und Abgrenzung zum Behaviorismus entstanden ist. Aus darstellungsökonomischen Gründen haben wir darauf verzichtet im Detail aufzuzeigen, dass mit *Piaget* (1896–

1980) und *Bruner* (geb. 1915) bzw. *Wygotski* (1896–1934) schon ganz früh konstruktivistisches Denken Eingang in den Kognitivismus gefunden hat – und zwar mit der Betonung von **Lernen als Konstruktion** (so *Piaget* und *Bruner*) bzw. von **Lernen als Ko-Konstruktion** (so *Wygotski*) (☞ C. III. 3.1). Da jedoch das konstruktivistische Erklärungsmodell sehr dominant und auch sehr populär geworden ist, wird es vielfach *neben* dem Kognitivimus als eigenständige lerntheoretische Strömung genannt. Aus Gründen der vereinfachten Argumentation wollen wir dies im Folgenden auch tun und von **Behaviorismus**, **Kognitivismus** und **Konstruktivismus** (mit zwei Spielarten: kognitiver Konstruktivismus und Sozio-Konstruktivismus) als Hauptströmungen innerhalb der Lerntheorie sprechen.

2. Welche Rahmenkonzeption zum Lernen vorliegt

Es ist bereits angeklungen, dass unter dem Begriff des Lernens sehr unterschiedliche Erscheinungen zusammengefasst werden. In diese Vielfalt eine Ordnung zu bringen ist daher kein leichtes Unterfangen. Nach über hundert Jahren moderner Lernforschung – von der experimentellen Gedächtnispsychologie, der russischen Reflexologie und dem amerikanischen Behaviorismus über die kognitive Wende bis hin zu postmodernen sozio-konstruktivistischen Auffassungen von Lernen – besteht keine Einigkeit darüber, von wie vielen Unterkategorien des Lernens man sinnvoller Weise ausgehen kann (vgl. *Edelmann* 2000, S. 279 und die dort zitierte Literatur).

Um dieses unübersichtliche Feld ein wenig zu strukturieren erscheint es sinnvoll, auf folgende elementare Fragen zurückzugreifen (vgl. *Miller* 1986, S. 11 f.; ähnlich *Day/Harrison/Halpin* 2009, S. 9 f.): (1) Was wird gelernt? (2) Wie wird gelernt? (3) Warum kann gelernt werden? Antworten auf die genannten Fragen sind in Lerntheorien zu finden. Lerntheorien bezeichnen theoretische Versuche, die allgemeinen Grundlagen des (individuellen) Lernens zu erklären. Die Vertreter der verschiedenen lerntheoretischen Strömungen (**Behaviorismus**, **Kognitivismus**, **Konstruktivismus**) beantworten die Fragen jedoch unterschiedlich.

Wir können hier nicht alle angesprochenen lerntheoretischen Strömungen daraufhin untersuchen, welche Antworten sie auf die gestellten Fragen geben. Wir wollen daher eine Rahmenkonzeption des Lernens vorstellen, die eine Grundlage für das Erreichen unseres Ziels – die Diskussion des Lernphänomens vor dem Hintergrund seiner Implikationen für Führungsbeziehungen – bietet. Daher wollen wir folgendermaßen argumentieren: Da Lernen immer etwas mit Veränderung zu tun hat, kann man das Lerngeschehen als einen *Prozess* begreifen. Somit kann man einen Ausgangszustand, einen Endzustand sowie die dazwischenliegenden Operationen unterscheiden, die den Ausgangszustand in den Endzustand transformieren (vgl. *Seel* 2003, S. 30):

- Mit den Endzuständen sind dabei die **Ergebnisse des Lernens** gemeint – und in diesem Kontext werden in der Literatur Aspekte diskutiert, die Antworten geben auf Frage 1 („Was wird gelernt").

- Mit den Ausgangszuständen korrespondieren Voraussetzungen oder **Bedingungen des Lernens** – und in diesem Zusammenhang geht es um Antworten auf Frage 3 („Warum kann gelernt werden?).

- Die zwischen Ausgangszustand und Endzustand liegenden Operationen werden auch als **Prozesse des Lernens** (i. e. S.) bezeichnet – und hier ist der Bezug zu Frage 2 („Wie wird gelernt?") gegeben.

Wir wollen im Folgenden zunächst auf Bedingungen des Lernens eingehen (☞ C. III. 2.1), danach ausgewählte Prozesse des Lernens beleuchten (☞ C. III. 2.2) und schließlich die Ergebnisse des Lernens genauer untersuchen (☞ C. III. 2.3).

2.1 Bedingungen des Lernens

Erfolgreiches Lernen beruht auf folgenden **Bedingungen** und Voraussetzungen, die auf der einen Seite den Lernenden und auf der anderen Seite die Umwelt bzw. die Lernumgebung betreffen (vgl. *Winkel/Petermann/Petermann* 2006, S. 30):

- kognitive Bedingungen,
- motivationale, volitionale und affektive Bedingungen, sowie
- soziale Bedingungen.

Die ersten beiden Kategorien betreffen den Lernenden und werden auch anthropogene oder innere bzw. internale Bedingungen genannt. Die sozialen Bedingungen beziehen sich auf die Umwelt des Lernenden bzw. auf die Lernumgebung. Sie werden auch äußere oder externale Bedingungen genannt (vgl. *Seel* 2003, S. 30 und 37 sowie *Kirchhof* 2007, S. 44). Von zentraler Bedeutung ist dabei, dass die den anthropogenen Lernvoraussetzungen zugeordneten Variablengruppen miteinander interagieren und verschiedene Bereiche (Wahrnehmung, Erleben, Erinnerungen, Einstellungen und Werte, Denken und Problemlösen) integrieren (vgl. *Seel* 2003, S. 31). Schließlich ist Lernen nicht nur ein selbstreferentieller, sondern vor allem auch ein sozialer Vorgang; dies betonen – neben der Theorie des sozialen Lernens (vgl. *Bandura* 1976) und Sozialisationstheorien – speziell die sozio-konstruktivistischen Lerntheorien, indem sie hervorheben, dass Wissen meist soziales Wissen ist, dessen Erwerb vorwiegend über die Interaktion mit anderen Personen stattfindet. Im Konzept der situierten Kognition sind daher kognitive Prozesse und soziale Prozesse zusammengeführt und werden als untrennbar miteinander verbunden angesehen.

Kognitive Bedingungen des Lernens

Im Alltag wie in allen Lerntheorien wird Lernen mit Merkfähigkeit und Gedächtnis verbunden. Das Gedächtnis stellt die kognitive Struktur dar, die der Speicherung und dem Abruf von Informationen dient (vgl. *Winkel/Petermann/Petermann* 2006, S. 30). Diese Gedächtnisfunktionen stellen grundlegende Voraussetzungen für das Lernvermögen dar. In diesem Zusammenhang werden **(1)** befähigende und **(2)** vermittelnde Faktoren unterschieden (vgl. *Seel* 2003, S. 30 f.):

Ad (1): Die Fähigkeiten eines Lernenden gründen in erster Linie auf der **Kapazität des Gedächtnisses** in Bezug auf die Menge und Dauer speicherbarer und abrufbarer Informationen (Vorwissen). Die Kapazität des Kurzzeitgedächtnisses scheint begrenzt und genetisch determiniert zu sein. Sie kann jedoch z. B. durch → *Chunking* erweitert werden. Die Kapazität des Langzeitgedächtnisses ist vermutlich unbegrenzt – Vergessen und Informationsverlust ist daher eher auf Interferenz mit anderen, vorher oder später gelernten Inhalten zurückzuführen. Das optimale Zusammenspiel aller Prozesse und Strukturen scheint also eine wichtige Rolle zu spielen. Daher zählen zu den **„Befähigern"** auch die kognitiven Mechanismen, die der Erzeugung erfahrungsbegründeten Wissens zugrunde liegen („Einfügen" neuer Informationen in eine Wissensbasis, „Modifizieren" einer Wissensbasis i. S. von „auf den neuesten Stand bringen" sowie das „Löschen" von Informationen i. S. des Vergessens). Diese auf Wissen operierenden Mechanismen setzen wiederum kognitive Mechanismen voraus, die das „Aktualisieren" von Wissen (i. S. des „Findens" einer geeigneten Wissensbasis) und das „Herleiten" neuen Wissens aufgrund des Vorwissens betreffen (i. S. des „Erzeugens" einer neuen Wissensstruktur).

Ad (2): Zu den **„Vermittlern"** gehören zunächst **kognitive Schemata** und **Skripte**, die die *Geschwindigkeit* und *Genauigkeit* beeinflussen, mit der neue Informationen in bestehende Wissensstrukturen assimiliert werden können. Ist eine Assimilation nicht möglich, werden kognitive Schemata modifiziert (d. h. erweitert oder reorganisiert). Zu den „Vermittlern" zählen auch die **„kognitiven Stile"** oder → **Lernstile**. Sie weisen daraufhin, dass es stabile und situationsübergreifende, individuenspezifische Arten der Informationsverarbeitung gibt, die als relativ feste Eigenschaften der Persönlichkeit zu betrachten sind (z. B. je spezifische Aufmerksamkeitsentfaltung, Wahrnehmung, Kategorisierung und gedächtnisseitige Speicherung).

Das Gedächtnis ist im zentralen Nervensystem (Gehirn und Rückenmark) nicht eindeutig lokalisierbar. Daher sind beim Lernen immer verschiedene Gehirnregionen beteiligt. Wir können an dieser Stelle hierauf nicht weiter eingehen. Von zentraler Bedeutung für ein ganzheitliches Verständnis von Lernen ist jedoch, dass im Großhirn (genauer: im → limbischen System) **Emotionen** und **Motivationen** generiert und gesteuert werden. Daher sind die kognitiven Bedingungen des Lernens eng mit den motivationalen und affektiven Bedingungen des Lernens verbunden.

Motivationale, volitionale und affektive Bedingungen des Lernens

Neben den kognitiven Bedingungen zählen auch die motivationalen und affektiven Bedingungen zu den internalen oder anthropogenen Bedingungen von Lernen (vgl. *Seel* 2003, S. 31). Auch sie sind – als Ausgangszustände begriffen – grundsätzlich einer lernabhängigen Veränderung unterworfen. Die Frage der Motivation ist zunächst beim intentionalen Lernen wichtig (vgl. *Winkel/Petermann/Petermann* 2006, S. 57). Da das Motivationsgeschehen jedoch grundsätzlich von bewussten und unbewussten (inneren) Verhaltensimpulsen bestimmt wird, sind Fragen der Motivation auch beim inzidentellen Lernen von Bedeutung.

Im Kontext des Lernens können Aspekte wie Motive und Bedürfnisse, Interessen und Neugier, Leistungsmotivation, → Lernmotivation, Erfolgs- und Misserfolgsmotivation, Zielorientierung und Bezugsnormorientierung, Lern- und Leistungszielorientierung, Selbstwirksamkeitsüberzeugungen und Kausalattributionen von Bedeutung sein. Da wir in Kapitel ☞ C. II. in aller Ausführlichkeit auf Fragen der Motivation und Volition eingegangen sind, wollen wir uns an dieser Stelle nicht wiederholen, sondern bei Bedarf auf dieses Kapitel verweisen.

Bei den affektiven Ausgangszuständen des Lernens werden Unterschiede auf überdauernde personenspezifische Temperaments- und Persönlichkeitszüge oder auf augenblickliche Emotionen (z. B. das Ausmaß an external ausgelöster Angst oder Freude) zurückgeführt.

So kann z. B. Neugier, Lernmotivation auslösen während z. B. external ausgelöste Angst oder auch Stresserleben verhindern kann, dass jemand etwas lernt (vgl. ausführlich zu Lernen und Emotionen *Siecke* 2007).

Soziale Bedingungen des Lernens

Die sozialen Bedingungen des Lernens fußen vor allem auf zwei thematischen Schwerpunkten (vgl. *Seel* 2003): Zu nennen sind zunächst Sozialisationsvorgänge, die auch als Lernen aufgefasst werden können. In diesem Kontext sind die Bedingungen des (sozialen) Lernens im Hinblick auf den Erwerb und die Festigung von Einstellungen, Werten und Werthaltungen von Interesse **(Lernen als → Sozialisation)**. Daneben wird **Lernen als soziale Praxis** aufgefasst. In diesem Kontext stehen situierte Ansätze des Lernens im Fokus, die handelnde Personen in der Auseinandersetzung mit den Bedingungen ihres Handelns betrachten. Dabei werden insbesondere „Communities of Practice" als Bedingung für die (gemeinschaftliche) Konstruktion von Wissen durch komplexe, miteinander verwobene individuelle und soziale Prozesse gesehen (vgl. auch im Folgenden *Wenger* 1998; *Lave/Wenger* 1991). Ausgehend von Überlegungen, Lernen als integralen Bestandteil sozialer Praxis theoretisch zu fassen, greifen *Lave* und *Wenger* auf eine in der Menschheitsgeschichte uralte Praxisform der Erfahrungs- und Wissensakkumulation zurück: Jenseits der Aufzeichnung von Wissen nutzten Menschen Gemeinschaften, in denen und durch die sie Erfahrenes und Gelerntes austauschen und es sich auf diese Weise als Gemeinschaft zu „eigen" machen und weitergeben konnten.

Die **Situiertheit des Lernens** zeigt sich in der Einbettung des Lernens in den jeweiligen situativen Kontext. Lernen wird dabei als handelndes Hineinwachsen in eine „Community of Practice" konzeptionalisiert, was wie folgt abläuft (vgl. *Wenger* 1998, S. 72 ff., weitergeführt):

- „Mutual engagement": Organisationsmitglieder tauschen sich (wechselseitig) über das aus, was sie gerade tun bzw. womit sie gerade beschäftigt sind, und zwar in informeller Weise in Gesprächen unter Kollegen und Kolleginnen, beim Mittagessen, in der Zusammenarbeit etc.
- „Joint enterprise": Gemeinsam unternimmt man etwas, beispielsweise sich mit einem alle interessierenden Thema konzeptionell zu beschäftigen, einen Vorschlag auszuarbeiten, einen Prototyp zu bauen.
- „Shared repertoire": Mit der Zeit entwickeln die sich engagierenden Mitglieder ein geteiltes Repertoire über Routinen, Verfahrensweisen, wichtige Geschichten etc.

Das Hineinwachsen in eine solche Gemeinschaft verdeutlichen *Lave* und *Wenger* anhand des Konzepts der sprachlich sperrigen **„Legitimen Peripheren Partizipation"** (LPP). Ausgangspunkt ist die bekannte Lehrling/Meister-Konstellation (oder Novize/Experte). Die Bezeichnung LPP verweist darauf, dass Neulinge zu Beginn des Lernprozesses eine von der Gemeinschaft legitimierte Position am Rand einnehmen. In diesem Stadium beteiligen sie sich nur an Teilbereichen der gemeinsamen Praxis und übernehmen auch noch nicht die volle Verantwortung für ihr Tun. Zunehmend wird ihr Tätigkeitsbereich und ihr Verantwortungsbereich größer; ihr Lernen führt sie mehr und mehr in das Zentrum der Gemeinschaft. **Peripheralität der Partizipation** wird verstanden als Entlastung von der Herausforderung und Verantwortung einer vollen Mitgliedschaft. Es ist dabei ebenso wichtig wie **Legitimität der Partizipation**, verstanden als akzeptierter Zugang zur gemeinsamen Praxis der „Community of Practice" (vgl. *Arnold* 2003, S. 79 f.).

Auf diese Weise wird Lernen aus dem Wunsch nach zunehmender Teilhabe an einer Gemeinschaft erklärt. Lerngegenstände werden bedeutsam (salient) und es entsteht die Bereitschaft, die hierfür notwendigen Fähigkeiten und Fertigkeiten zu entwickeln. Am Ende des Lernprozesses steht idealtypisch die volle Partizipation in der Gemeinschaft und das damit verbundene Wissen und Können sowie die Übernahme geteilter Normen, Werte und Einstellungen (vgl. *Lave/Wenger* 1991). In Kapitel ☞ C. III. 2.3 werden wir darstellen, dass man Fähigkeiten, Fertigkeiten, Wissen, Können, Normen, Werte und Einstellungen als Ergebnisse des Lernens auffassen kann.

Dem situierten Lernen in „Communities of Practice" liegt ein **relationales Lernverständnis** zu Grunde, denn es geht immer um die Rolle des Einzelnen in einer sozialen Gruppe. Im Gegensatz dazu basiert das kognitive Lernen (☞ C. III. 1.3) auf einem **entitativen Lernverständnis** (→ Entität). Das Konzept des Lernens in „Communities of Practice" sieht demgegenüber *keine* personale Zuschreibung vor. Die Mitglieder positionieren sich *durch* ihre Teilhabe am Geschehen *zu* dem Geschehen und dies in unterschiedlicher und sich verändernder Weise. Denn im Zeitablauf können sich Verschiebungen hinsichtlich der Tätigkeits- und Verantwortungsbereiche zeigen. Lernen bezieht sich daher nicht nur auf das Lernen von Novizen, sondern auch auf das Lernen von Experten. Sobald ein neues Mitglied in eine

Gemeinschaft aufgenommen wird, können sich daraus Lerngelegenheiten und -ressourcen für die anderen Mitglieder ergeben.

Gut funktionierende „Communities of Practice" stellen damit auch einen idealen Ort der gemeinschaftlichen Wissenskonstruktion und des **Wissensmanagements** dar: Durch die enge Verbindung der Mitglieder durch gemeinsame Praxis können auch implizite Aspekte des Wissens (→ implizites Wissen) aufbewahrt und in „lebendiger Form" weitergegeben werden – und dies viel effektiver als dies z. B. Datenbanken und Handbücher jemals könnten (vgl. *Arnold* 2003, S. 86). „Communities of Practice" in Organisationen haben informellen Charakter. In Kapitel ☞ C. III. 3.4 werden wir darlegen, wie Führungskräfte dieses informelle Lernen in „Communities of Practice" organisieren und damit gezielt nutzen können. Lernen lässt sich damit auch nicht auf die passive Aufnahme von „Wissensstücken" reduzieren. Im Gegenteil, Lernen ist immer ein aktiver und konstruktiver Prozess, bei dem es um die **Entwicklung von Kompetenzen** geht, die letztlich in erfolgreiches Handeln im Hinblick auf die Lösung praktischer Problem münden. Auch diesen Gedanken werden wir später wieder aufnehmen (☞ C. III. 2.3 und C. III. 3.4).

2.2 Prozesse des Lernens

Die Annahmen hinsichtlich der Operationen, die zwischen Ausgangs- und Endzuständen des Lernens ablaufen, d. h. die Annahmen hinsichtlich der Prozesse des Lernens sind mannigfaltiger Natur. Rufen wir uns noch einmal in Erinnerung, dass weitgehende Übereinstimmung zwischen den verschiedenen lerntheoretischen Positionen erstens lediglich in dem Punkt besteht, dass Lernen die Veränderung von „Verhalten" in spezifischen Situationen bezeichnet. D. h. es wird ein Vergleich zwischen dem Verhalten zum Zeitpunkt t_1 und dem Verhalten zum Zeitpunkt t_2 vorgenommen. Zweitens wird bezüglich dieses „Verhaltens" eine Unterscheidung zwischen elementaren Formen des Lernens im Sinn der Reiz-Reaktions-Theorien und höheren Formen der kognitiven Verarbeitung vorgenommen (vgl. *Seel* 2003, S. 31). Auch an dieser Stelle müssen wir uns daher wieder beschränken und werden mit

- dem Begriffslernen,
- dem Modell-Lernen und
- dem metakognitiven Lernen

nur solche Prozesse des Lernens beschreiben, die für den Führungskontext von besonderer Bedeutung sind.

Begriffslernen

Kognitive Aktivitäten wie z. B. Erinnern, schlussfolgerndes Denken, Problemlösen oder Urteilen bei Unsicherheit setzt ein im Wissensgedächtnis verankertes System von **Begriffen** voraus. Begriffe als Bausteine des Wissens sind geistige Abstraktionen, die Klassen von Sachen, Ereignissen oder Vorstellungen repräsentieren (vgl. *Seel* 2003, S. 161 f.). Begriffe entstehen durch einen Prozess der Kategorisierung. **„Kategorie"** ist demnach nur eine andere Bezeichnung für Begriff. Weitestgehend synonym wird auch **„Konzept"** gebraucht. Grundsätzlich wäre unser Informationsverarbeitungssystem völlig überfordert, bestünde nicht die Möglichkeit der Kategorisierung von Begriffen. Die Kategorisierung bildet die Grundlage unserer kognitiven Orientierung und des daraus folgenden effizienten Handelns (vgl. *Edelmann* 2000, S. 116 f.). Was den Begriffsbildungsprozess betrifft, so stehen sich zwei Auffassungen gegenüber:

- die „klassische" Theorie von *Bruner* und
- die Prototypentheorie von *Rosch*.

Erstere wird als „klassisch" bezeichnet, weil sie in zeitlicher Hinsicht die frühere war. *Bruners* Theorie zufolge nimmt Begriffsbildung ihren Ausgangspunkt in der Feststellung der gemeinsamen Merkmale (→ Attribute) von Objekten. Kritische Attribute sind dabei Merkmale, die zwingend vorliegen müssen, damit ein Objekt einer bestimmten Kategorie zugeordnet werden kann. Benachbarte Begriffe sind in Begriffshierarchien organisiert. Das Ergebnis des Begriffslernens ist Wissen über die Welt und über die eigene Person. Dieses Wissen ist dem Bewusstsein zugänglich und kann direkt abgerufen werden (→ deklaratives Wissen) (vgl. *Winkel/Petermann/Petermann* 2006, S. 161).

Kritisch gegen *Bruners* Theorie wird eingewendet, dass die Voraussetzungen dafür, dass die Zugehörigkeit eines Objektes zu einer Begriffskategorie eindeutig entschieden werden kann, meist jedoch nur in wissenschaftlichen Kontexten gegeben sind, wo die zentralen Begriffe in der Regel *explizit* definiert werden (vgl. *Winkel/Petermann/Petermann* 2006, S. 163; siehe auch *Edelmann* 2000, S. 115). Im Alltag und in der Umgangssprache ist dies jedoch nicht immer der Fall. Viele Konzepte sind mehr oder weniger unscharf beschrieben, sodass nicht immer eindeutig entschieden werden kann, welcher Kategorie ein Objekt zugeordnet werden kann (Unschärfe von Begriffen). Aus diesem Grund können Objekte häufig nur in Abhängigkeit vom jeweiligen Kontext einer Kategorie zugeordnet werden (Kontextabhängigkeit von Begriffen).

Bruners Theorie erklärt zwar den Erwerb eindeutig definierter Begriffe, eignet sich aber weniger gut zur Erklärung des Erwerbs von unscharfen und kontextabhängigeren Alltagsbegriffen. Da Menschen jedoch trotz Unschärfe und Kontextabhängigkeit vieler Begriffe die meisten Objekte ihrer Umwelt sicher klassifizieren können, entwickelte *Rosch* (1983) mit der **Prototypentheorie** einen alternativen Ansatz des Begriffslernens. Dieser Ansatz erklärt besser, wie Menschen im Alltag Begriffe entwickeln und mit ihnen umgehen. Danach verwenden Menschen statt einer genau definierten Zahl von kritischen Attributen normalerweise nur einige charakteristische oder repräsentative Merkmale, um die Zugehörigkeit eines Objekts zu einer Kategorie zu bestimmen. Vertreter einer Kategorie, die als besonders repräsentativ angesehen werden, werden als **Prototypen** bezeichnet.

Nach *Rosch* erfolgt der Erwerb von Konzepten, indem Begriffe in Form des besten Beispiels anschaulich gespeichert werden. Dieses repräsentative Beispiel (der Prototyp) bildet das Zentrum der Kategorie, die man sich ringförmig mit mehreren Ebenen vorstellen kann. Weniger typische Beispiele der Kategorie werden um den Prototyp herum angeordnet, wobei der Abstand zum Prototyp den Grad der Repräsentativität des Beispiels (Typikalität) anzeigt. Um ein neues Objekt zu kategorisieren, wird das Objekt mit den gespeicherten Prototypen verglichen und der Kategorie zugeordnet, deren Prototyp es am meisten ähnelt. Dabei wird nicht unbedingt die „richtige" Kategorie ausgewählt, aber es wird ein Begriff gebildet, mit dem die Person im Alltag umgehen kann (vgl. *Winkel/Petermann/Petermann* 2006, S. 165). Die Prototypentheorie von *Rosch* ist Basis der **Social Information Processing Theory**, ursprünglich formuliert von *Lord* und *Maher* (1991, 1990 sowie *Lord/Emrich* 2001), auf der wir wiederum unsere Definition von Führung aufgebaut haben (☞ A. II. 2.2). Die Social Information Processing Theory ist auch eine besonders wegweisende implizite Führungstheorie (☞ A. III. 1.1).

Modell-Lernen

Mit dem sogenannten Modell-Lernen oder Beobachtungslernen wird vor allem *Albert Bandura* (1976) und seine sozial-kognitive Lerntheorie in Verbindung gebracht (☞ C. III. 1.3). *Bandura* geht davon aus, dass man Erfahrungen nicht unbedingt (im Versuch- und Irrtumsverfahren) selbst machen muss, sondern dass Lernen auch mittelbar erfolgen kann, und zwar durch die Beobachtung der wechselseitigen Auswirkungen zwischen Umwelt und dem Verhalten anderer Personen.

Veränderungen im Verhalten (insb. auch komplexer Verhaltensmuster) gehen demzufolge auf die Beobachtung eines für den Wahrnehmenden attraktiven Modells zurück. Modell-Lernen vollzieht sich in zwei Phasen (Aneignungsphase und Ausführungsphase) mit vier aufeinander aufbauenden Arten von Prozessen. Dies sind **(1)** die Zuwendung von **Aufmerksamkeit, (2)** die **Speicherung** von Beobachtungen im Gedächtnis, **(3)** das

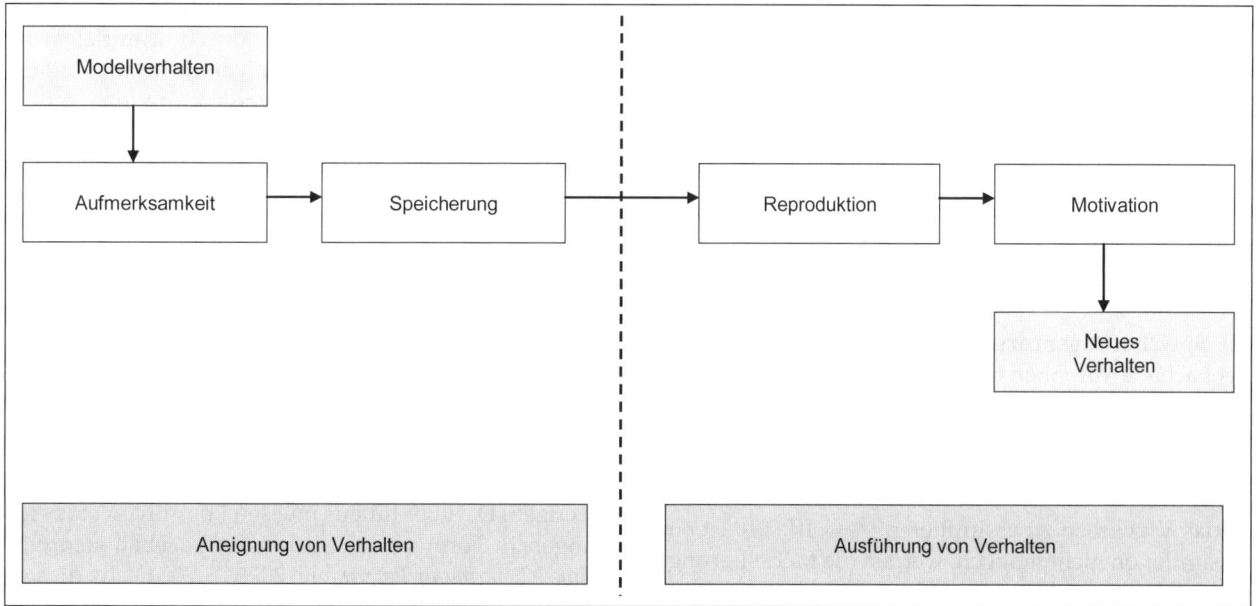

Abb. C.23: Phasen und Prozess des Modell-Lernens (vgl. *Winkel/Petermann/Petermann* 2006, S. 193)

Einüben oder **Reproduzieren** der neuen Verhaltensweisen und **(4)** die **Motivation** zur Ausführung des gelernten Verhaltens. Abbildung C.23 visualisiert die Phasen und Prozesse des Modell-Lernens.

Die einzelnen Teilprozesse seien im Folgenden beschrieben (vgl. *Bandura* 1976; siehe auch *Winkel/Petermann/Petermann* 2006, S. 193 ff.; *Edelmann* 2000, S. 191 ff.):

(1) Aufmerksamkeitsprozess: Zunächst muss das Modell Aufmerksamkeit erregen. Aus der Vielfalt von Beobachtungsmöglichkeiten muss sich eine hervorheben und als Modell wahrgenommen werden, auf das im Weiteren die Aufmerksamkeit fokussiert wird. *Bandura* unterscheidet Kompetenzmodelle und Bewältigungsmodelle. **Kompetenzmodelle** zeigen perfektes Verhalten oder die bestmögliche Lösung in einer Situation. Währenddessen verfügen **Bewältigungsmodelle** zu Beginn noch nicht über die „richtige" Lösung. Stattdessen führen Bewältigungsmodelle verschiedene Versuche der Problemlösung vor und erlauben auf diese Weise dem Beobachter, den schrittweisen Prozess bis zur Lösung des Problems oder bis zur korrekten Ausführung des Verhaltens nachzuvollziehen. Bewältigungsmodelle sind häufig wirksamer als Kompetenzmodelle. Unabhängig von der Art des Modells ist vonseiten des Lernenden eine differenzierende Beobachtung notwendig. Dabei wird die Aufmerksamkeitszuwendung durch bestimmte Charakteristika und Verhaltensweisen der Modellperson gefördert: Das Modell unterscheidet sich in seinen Eigenschaften und Fähigkeiten nicht zu stark vom Beobachter; der soziale Status ist nicht niedriger als der des Beobachters – aber auch nicht zu hoch. Das Modell wirkt glaubhaft und überzeugend. Das Modell demonstriert das Verhalten differenziert, sodass der Beobachter die Abläufe in allen Einzelheiten erfassen kann. Darüber hinaus erhöht sich die Aufmerksamkeitszuwendung aufseiten des Beobachters in dem Maß, wie er persönlich betroffen ist, d. h. sich bezüglich angemessener Verhaltensweisen unklar oder im Zweifel ist. Schließlich fördert eine intensive emotionale Beziehung zwischen Modell und Beobachter die Aufmerksamkeitszuwendung.

(2) Speicherungsprozess: Der Beobachter speichert das beobachtete Verhalten im Gedächtnis, indem die neuen Informationen symbolisch kodiert und in bestehende kognitive Strukturen integriert werden. Bereits bestehende Schemata erleichtern es, relevante Aspekte des Modellverhaltens zu identifizieren, zu kodieren und in das Vorwissen zu assimilieren (C. III. 2.1). Ist eine Assimilation nicht möglich, werden die Modellierungsreize in neue, leicht erinnerliche Schemata umgeformt, klassifiziert und organisiert. *Bandura* unterscheidet zwei durch Kodierungsvorgänge entstehende Repräsentationssysteme, ein bildhaftes und ein sprachliches. Diese multiple Repräsentation fördert vermutlich den Lernprozess. Wiederholungen tragen zur Festigung der kognitiven Repräsentationen bei.

(3) Reproduktionsprozess: Die durch Beobachtung gelernten Verhaltensweisen müssen nun eingeübt werden, denn das einfache Erinnern von Verhaltensweisen genügt nicht. Dies geschieht durch wiederholte Reproduktionen des beobachteten Verhaltens; diese Reproduktionen weisen jedoch noch keinen ernsten Charakter auf.

(4) Motivationsprozess: Mit dem erfolgreichen Einüben einer Verhaltensweise ist der eigentliche Lernvorgang beendet. Dies bedeutet jedoch noch nicht, dass das neu erlernte Verhalten auch tatsächlich gezeigt wird. Denn die praktische Umsetzung des Gelernten wird durch die letzte Phase der Motivation unterstützt. *Bandura* schreibt hierzu (1976, S. 29):

> „Ein Individuum mag zwar die Fähigkeit erwerben und behalten, ein modelliertes Verhalten auszuführen, wird das Erlernte aber nur schwerlich offen ausführen, wenn Sanktionen drohen oder die Umstände keinen Ansporn bieten."

Dies entspricht genau dem, was beim **instrumentellen Lernen** „Konsequenzen" genannt wird und als Verstärkung, Bestrafung und Löschung beschrieben wird (C. III. 1.3). Daraus folgt: Wenn der Beobachter davon ausgeht, dass das in Frage kommende Verhalten verstärkt (belohnt) wird, dann wird er es eher als in einer negativ sanktionierenden Umgebung offen zeigen. Das Verhalten wird jedoch nicht nur durch unmittelbar erfahrene Folgen reguliert (**direkte Verstärkung**), sondern auch durch **stellvertretende Verstärkung** (das Verhalten des Modells wird verstärkt) sowie durch **Selbstverstärkung**. Damit ist gemeint, dass das Verhalten in besonderem Einklang mit den Zielen, Werten und Bedürfnissen des Beobachtenden steht, sodass sich dieser letztendlich selbst verstärken kann (vgl. *Sonntag/Stegmaier* 2007, S. 44). Auch wird eine Verhaltensweise als Folge stellvertretender Verstärkung nur dann gezeigt, wenn die Konsequenz vom Beobachter auch als Belohnung empfunden wird, d. h. ein individuelles Bedürfnis vorliegt (C. II. 2.1).

Verstärkung allein reicht jedoch nicht aus, um die Motivation zur Ausführung eines gelernten Verhaltens zu erzeugen. Darüber hinaus müssen kognitive Voraussetzungen in Form von Erwartungen gegeben sein (vgl. *Winkel/Petermann/Petermann* 2006, S. 203 f.). In diesem Kontext werden drei Arten der Erwartung unterschieden:

- Bei der **Wirksamkeitserwartung** geht es um die Frage, ob die eigenen Fähigkeiten zur Ausführung des Verhaltens ausreichen.
- Die **Ergebniserwartung** beschreibt die Erwartung, dass das Verhalten – sofern es richtig ausgeführt wird – auch tatsächlich zum gewünschten Ziel führt.
- Bei der **Konsequenzerwartung** handelt es sich um die subjektive Bewertung der jeweiligen Konsequenz als wünschenswert.

Banduras Modell grenzt sich durch diese Differenzierung von den zur damaligen Zeit entwickelten **Erwartung-mal-Wert-Modellen** aus der Motivationsforschung ab, die nur die Ergebnis- und Konsequenzerwartungen berücksichtigen (☞ C. II. 2.2). Abbildung C.24 visualisiert das Zusammenspiel von Wirksamkeitserwartung, Ergebniserwartung und Konsequenzerwartung:

Für eine generalisierte Wirksamkeitserwartung prägte *Bandura* später den Begriff der → **Selbstwirksamkeit** („self-efficacy"), welcher definiert ist als *„die allgemeine Überzeugung einer Person, Verhaltensweisen oder Handlungen richtig bzw. erfolgreich durchführen zu können"* (Winkel/Petermann/Petermann 2006, S.206). Typische Beispielfragen zur Messung einer Selbstwirksamkeitserwartung im Arbeitskontext wären:

„Beruflichen Schwierigkeiten sehe ich gelassen entgegen, weil ich mich immer auf meine Fähigkeiten verlassen kann"

oder

„Durch meine vergangenen beruflichen Erfahrungen bin ich gut auf meine berufliche Zukunft vorbereitet" (Rigotti/Schyns/Mohr 2008, S.252).

Selbstwirksamkeitsüberzeugungen werden mit einer höheren Führungseffektivität in Verbindung gebracht. Dies ist nach *Hannah u.a.* (2008) empirisch gut gesichert.

Metakognitives Lernen

Metakognitionen sind Kognitionen zweiter Ordnung, also *„Kognitionen über Kognitionen"* oder auch *„Wissen über Wissen"* (vgl. Weinert 1984, S.14f.). Der Begriff der Metakognition geht auf *John H. Flavell* (z. B. 1984) zurück und wird als die Fähigkeit verstanden, Pläne für das eigene, auf die Lösung eines Problems/Erledigung einer Aufgabe gerichtete Handeln zu entwerfen („developing a plan of action"), das eigene Lernen zu beobachten („monitoring the plan") und zu bewerten („evaluating the plan").

Entsprechend besteht der Prozess des metakognitiven Lernens aus den Phasen **Planen**, **Beobachten** sowie **Bewerten**. Dabei gehen die Ergebnisse der Bewertungsphase wieder in die Planungsphase der nächsten Aufgabe ein. Metakognitive Prozesse laufen *vor*, *während* und *nach* der Problem/Aufgabenbearbeitung ab (vgl. auch im Folgenden *Seel* 2003, S.230f. und die dort aufgeführte Literatur; auch *Max* 1999, S.319ff.). Abbildung C.25 visualisiert diesen zyklischen Prozess.

Planungsphase: *Bevor* eine Person mit der Bearbeitung einer (kognitiven) Aufgabe beginnt, muss sie (1) die Auf-

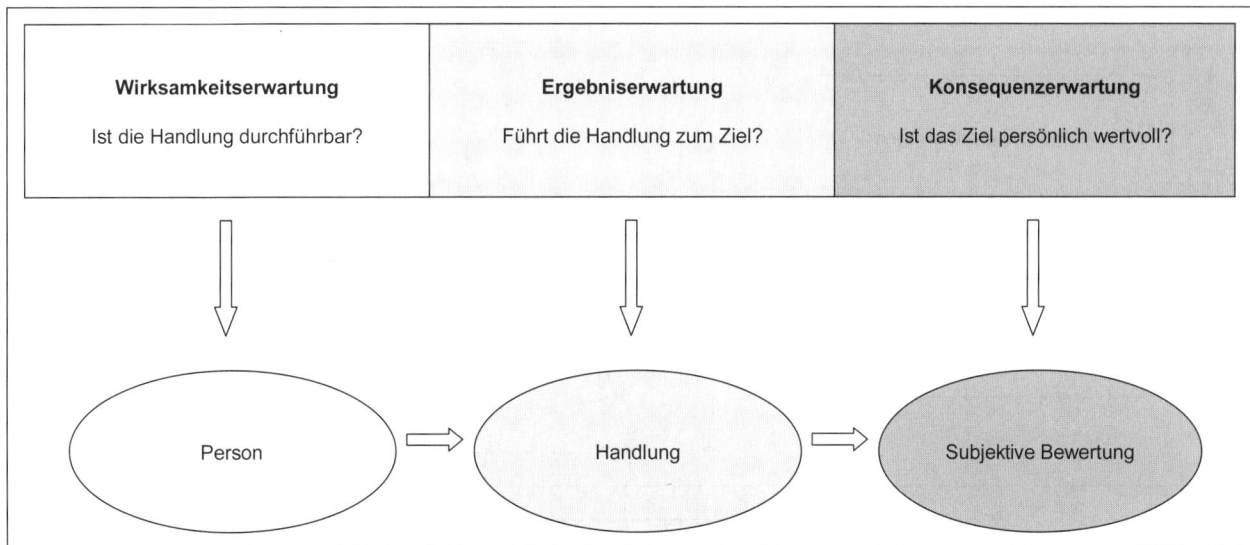

Abb. C.24: Zusammenspiel von Wirksamkeits-, Ergebnis- und Konsequenzerwartung (vgl. *Winkel/Petermann/Petermann* 2006, S.204; modifiziert)

gabenanforderungen, (2) die eigenen Ressourcen (z. B. Vorwissen, Fertigkeiten oder die Fähigkeit, verschiedene Strategien zu verwenden) sowie (3) potenzielle Entsprechungen zwischen (1) und (2) beachten. Dieses antizipatorische Planen verfolgt den Zweck, das Anpacken der Aufgabe zu erleichtern, die Wahrscheinlichkeit einer erfolgreichen Bearbeitung der Aufgabe zu erhöhen sowie ein qualitativ hochwertiges Ergebnis zu erzeugen. Folgende Fragen könnte sich die Person in dieser Phase typischerweise stellen: Auf welches Vorwissen kann ich zurückgreifen? In welche Richtung soll mein Denken gehen? Was will ich erreichen? Was soll ich zuerst machen? Wie viel Zeit habe ich, um die Aufgabe zu erledigen?

Beobachtungsphase: Das Beobachten eigener (Lern-)Handlungen ist ein komplexer Vorgang, der zu leisten ist, *während* man in der Handlung selbst involviert ist. Die betreffende Person muss (1) ein Bewusstsein dessen haben, was sie gerade macht und wie effektiv/effizient sie arbeitet, sie muss (2) ein Verständnis des aktuellen Standes in der Folge von Schritten haben sowie (3) antizipativ planen, was als nächstes getan werden muss. Folgende Fragen sind für die Beobachtungsphase typisch: Mache ich meine Arbeit gut? Bin ich auf dem richtigen Weg? Wie soll ich weitermachen? An welche wichtigen Informationen muss ich denken? Sollte ich in eine andere Richtung gehen? Soll ich die Geschwindigkeit der Aufgabenschwierigkeit anpassen? Was muss ich machen, wenn ich etwas nicht verstehe?

Bewertungsphase: *Nach* Erledigung der Aufgabe vollzieht die Person den (Lern)Prozess nach und bewertet das erzielte Produkt. Dabei reflektiert sie u.a. (1) den Gesamtprozess ebenso wie die unterstützenden Maßnahmen, um festzustellen, wie effektiv diese für die Zielerreichung waren, (2) die aufgetretenen Hindernisse, um festzustellen, wie gut sie antizipiert, vermieden und/oder überwunden wurden und (3) den Gesamtplan, um bewerten zu können, wie effektiv und effizient dieser war, um ihn in Zukunft für ähnliche Aufgaben entsprechend modifiziert nutzen zu können. In der Bewertungsphase könnte sich die betreffende Person folgende Fragen stellen: Wie gut habe ich gearbeitet? Wie gut ist das Ergebnis? Habe ich mehr erreicht als ursprünglich erwartet? Was hätte ich anders machen sollen? Welche Schwierigkeiten sind aufgetreten? Wie könnte ich diese Strategie auf andere Probleme anwenden? Muss ich die Erledigung der Aufgabe noch einmal gedanklich nachvollziehen, um Verständnislücken zu schließen?

Basis des metakognitiven Lernens ist **metakognitves Wissen**, genauer: prozedurales metakognitive Wissen. Metakognitives Wissen ist „Wissen über Wissen". Prozedurales metakognitives Wissen thematisiert handlungsbegleitende Kognitionen und ist Grundlage für Steuerungs- und Regulierungsprozesse des eigenen Denkens

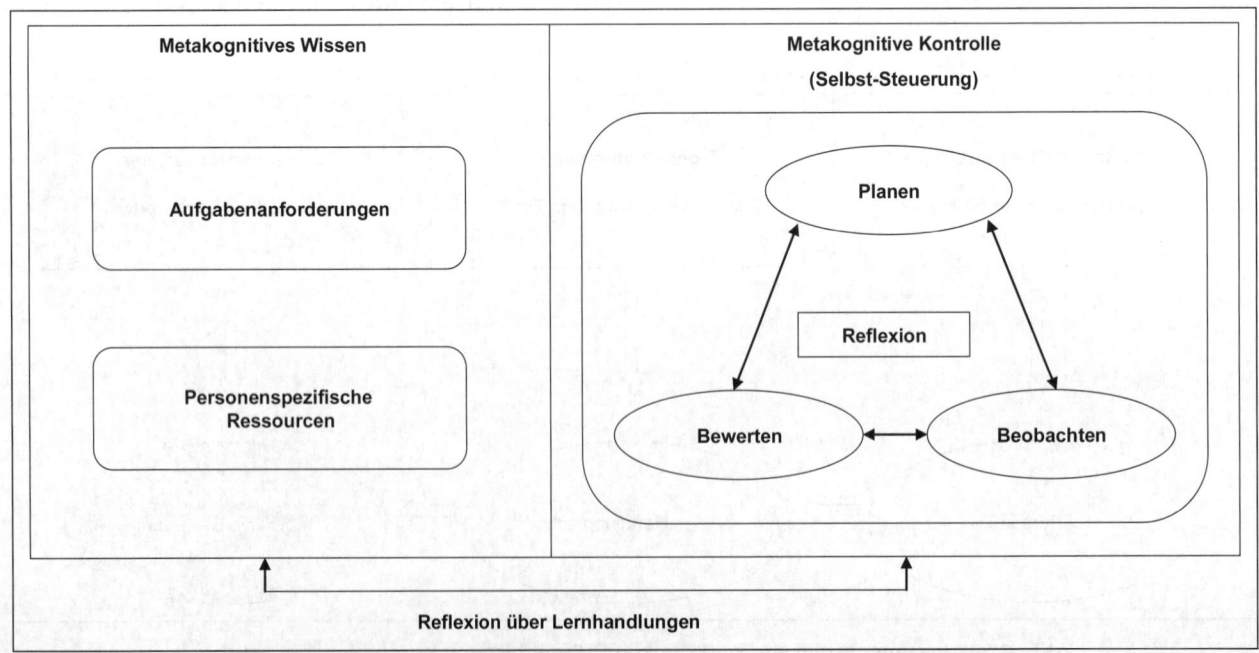

Abb. C.25: Phasen des metakognitiven Lernens (vgl. *Seel* 2003, S. 236; modifiziert)

und Handelns (vgl. *Opwis* 1998). In Abbildung C.25 ist es als Wissen über die Aufgabenanforderungen und über die personenspezifischen Ressourcen spezifiziert; wir sind bei der Beschreibung der Planungsphase hierauf eingegangen. Das Verbindungsglied zwischen **metakognitivem Wissen** und **metakognitiver Kontrolle** (Selbst-Steuerung) ist die introspektive **Reflexion**: Das Nachdenken eines Lernenden über die eigenen Lernprozesse führt zu Veränderungen der zukünftigen Informationsverarbeitung und zunehmendem metakognitiven Wissen über Lernen (vgl. z. B. *Simons* 1993).

2.3 Ergebnisse des Lernens

Wir haben bereits festgestellt, dass Lernen auf einer allgemeinen Ebene im Kern als ein Prozess verstanden werden kann, bei dem es zu überdauernden Änderungen im Verhaltenspotenzial als Folge von Erfahrungen kommt (vgl. *Hasselhorn/Gold* 2009, S. 35). Im Folgenden wollen wir darlegen, in welcher Art sich diese Änderungen ausdrücken können und damit der Frage nach dem „Was?" des Lernens nachgehen. Dazu wollen wir noch einmal auf *Roth* (1962) zurückkommen, der ganz unterschiedliche Ziele des Lernens in sein Spektrum von Lernen aufgenommen hat:

- Lernen, bei dem das Behalten und Präsenthalten von **Wissen** (→ deklarative Wissen, → prozedurales Wissen, → träges Wissen) das Ziel ist.
- Lernen, bei dem das Können im Sinne des Automatisierens von **Fähigkeiten** zu motorischen und geistigen **Fertigkeiten** das Hauptziel ist.
- Lernen, bei dem das **Problemlösen** (Denken, Verstehen, Einsicht) die Hauptsache ist.
- Lernen, bei dem das Lernen der **Verfahren** das Hauptziel ist (Lernen lernen, Arbeiten lernen, Forschen lernen, Nachschlagen lernen).
- Lernen, bei dem es um den Aufbau einer Gesinnung, **Werthaltung** oder **Einstellung** geht.
- Lernen, bei dem es um das Gewinnen eines vertieften **Interesses** an einem Gegenstand geht (Differenzierung der Bedürfnisse und Interessen).
- Lernen, bei dem das Ergebnis ein verändertes **Verhalten** ist.

Roths Zusammenstellung von Ergebnissen des Lernens stammt aus den 1960er Jahren. Zeitlich angeschlossen hat sich in den 1970er und 1980er Jahren die Debatte um **Schlüsselqualifikationen** (vgl. hierzu z. B. *Schiersmann* 2007) und seit den 1990er Jahren bis heute konzentriert sich die Debatte auf die Entwicklung von **Kompetenzen** als Ziel oder Ergebnis von Lernen, sodass bereits von der „kompetenzorientierten Wende" (*Schiersmann* 2007, S. 51) gesprochen wird.

Baltes/Zawacki-Richter (2006, S. 15) weisen jedoch zurecht darauf hin, dass in der gegenwärtigen Diskussion oft Fertigkeiten („skills") und Qualifikationen mit Kompetenzen und Training mit Kompetenzentwicklung verwechselt bzw. die Begriffe unscharf verwendet werden. Nun macht es aber im Hinblick auf die anzuwendende didaktische Konzeption einen großen Unterschied, ob das Ergebnis von Lernen die Entwicklung einfacher Fertigkeiten oder die Entwicklung komplexer Kompetenzen sein soll. Letztere sollen ihren Niederschlag im kompetenten Handeln von Organisationsmitgliedern bei der Lösung neuartiger Probleme finden – und das gilt auch für die „Didaktik" in Führungsbeziehungen.

Daher wollen wir im Folgenden begriffliche Grundlagen legen und dabei insbesondere den Kompetenzbegriff vertiefen. Einerseits dominiert dieser in der aktuellen Debatte. Anderseits integriert der Kompetenzbegriff die anderen Ergebnisse von Lernen – Wissen, Einstellungen, Werte, Fähigkeiten, Fertigkeiten etc. *Erpenbeck/Heyse* (2007, S. 163) bringen die ganzheitliche Dimension des Kompetenzbegriffs auf den Punkt:

> *„Kompetenzen werden von Wissen fundiert, durch Werte konstituiert, als Fähigkeiten disponiert, durch Erfahrungen konsolidiert und aufgrund von Willen realisiert."*

Damit finden wir auch wieder Anschluss an unsere eingangs genannte **Definition von Lernen**, in der wir Lernen in einem umfassenden Zusammenhang von Denken, Fühlen, Wollen und Verhalten gesehen haben (☞ C. III. 1.1).

Lernen als Entwicklung von (Handlungs-)Kompetenz

Grundsätzlich werden mit dem Verweis auf den Kompetenzbegriff sehr unterschiedliche Standpunkte, Perspektiven und Akzente verbunden (vgl. auch im Folgenden *Schiersmann* 2007, S. 50 ff.). Dennoch kristallisieren sich auf einer allgemeinen Ebene Gemeinsamkeiten heraus, die mit den folgenden Schlagworten beschrieben werden können:

(1) Handlungsorientierung,

(2) Selbstorganisationsfähigkeit,

(3) Reflexivität,

(4) Situationsbezug,

(5) Einbezug informeller Lernprozesse und

(6) Einbezug motivationaler Prozesse.

Ad (1): Kompetenzen bilden die Grundlage (→ Disposition; der Dispositionsbegriff wird hier in seiner Auslegung als „Verfügbarkeit über etwas" verwendet), um bestimme **Handlungen** vollziehen zu können. Kompetenzen verknüpfen „Wissen" (→ deklaratives Wissen) und „Können" (→ prozedurales Wissen) zur **Handlungsfähigkeit**, denn Menschen müssen nicht nur über Ressourcen wie Wissen und Können verfügen, sie müssen diese auch mobilisieren, integrieren, transferieren können. Bedeutsam ist demnach nicht der Besitz von Kompetenzen, sondern die Umsetzung in (erfolgreiches) Handeln (vgl. *Kirchhof* 2007, S. 65).

Ad (2): Der Kompetenzgedanke hat immer etwas mit Innovation und innovativem Handeln zu tun. Kompetenz ist daher direkt auf eine selbstorganisative, „antitayloristische", auf eine real *offene* Zukunft gerichtet. Bei der unter (1) angesprochenen Handlungsorientierung handelt es sich also genauer um selbstverantwortliches und **selbstorganisiertes Handeln**. Die Ergebnisse dieser Handlungen sind in der Regel aufgrund der Komplexität des Individuums, der Situation und des Verlaufs nicht oder nicht vollständig voraussagbar (vgl. *Erpenbeck/Heyse* 2007, S. 158 f.).

Ad (3): Hiermit wird die Fähigkeit des Menschen betont, seine eigenen Handlungen reflektieren zu können und auf die Qualität und Souveränität seines Handlungsvermögens verwiesen. Dabei ist mit **Reflexivität** *„die bewusste, kritische und verantwortliche Einschätzung und Bewertung von Handlungen auf der Basis von Erfahrungen und Wissen"* (*Dehnbostel/Molzberger/Overwien* 2003, S. 28 ff.) gemeint. In Anlehnung an *Lash* (1996, S. 203 f.) sprechen die Autoren sogar von einer zweifachen Reflexivität: Zum einen die **strukturelle Reflexivität** und zum anderen die **Selbstreflexivität**, bei der an die Stelle der früheren heteronomen Bestimmungen der Handelnden die Eigenbestimmung tritt. In Verbindung mit der Vorbereitung, Durchführung und Kontrolle von Arbeitsaufgaben bedeutet reflexive Handlungsfähigkeit demnach, sowohl über Arbeitsstrukturen und -umgebungen als auch über sich selbst zu reflektieren. Damit ist auch die Fähigkeit des Menschen angesprochen, zwischen individuellen Lern- und Handlungsprozessen zum Kompetenzerwerb und betrieblichen Arbeitsbedingungen und Organisationsstrukturen zu vermitteln (vgl. *Schiersmann* 2007, S. 55).

Ad (4): Kompetenzen werden in **Situationen** mit bestimmten → Aufgaben, Tätigkeiten und Anforderungen erworben und können in ähnlichen Situationen wieder zur Anwendung kommen. Kompetenzen werden damit immer von zwei Seiten bestimmt: Auf der einen Seite die Anforderungsseite (Situation/Kontext), in der kompetentes Handeln notwendig ist, und auf der anderen Seite die **Person** mit ihren jeweiligen Ressourcen und ihrer spezifischen Art und Weise, diese zu mobilisieren, integrieren und transferieren (s. o.). Kompetenzen sind somit immer kontextualisiert und verweisen auf die Situiertheit von Lernen (☞ C. III. 2.1).

Ad (5): Der Kompetenzansatz reagiert auf die beschriebene Tendenz, **informelle Lernprozesse** stärker in den Fokus der Betrachtung zu nehmen. Kompetenzen können auch (oder vor allem) in arbeitsbegleitenden Kontexten entwickelt werden (vgl. *Schiersmann* 2007).

Ad (6): Sowohl beim Erwerb als auch bei der Anwendung von Kompetenzen spielt die **Motivation**, also die Bereitschaft zum kompetenten Handeln eine wichtige Rolle. Die Motivation wird durch die Überzeugung beeinflusst, über die zum gelingenden Handeln notwendigen Qualitäten zu verfügen. Mit Verweis auf die sozial-kognitive Lerntheorie von *Bandura* (☞ C. III. 2.2) kann Kompetenz so auch als die subjektive Überzeugung eines Individuums verstanden werden, eine bestimmte Handlung ausüben zu können (vgl. *Pawlowsky/Menzel/Wilkens* 2005, S. 344).

Der Kompetenzbegriff ist angelehnt an die **Expertiseforschung**. Große Bekanntheit hat in diesem Kontext das Modell von *Dreyfus* und *Dreyfus* (1986) gefunden, die (in Anwendung ihres Modells auf die Krankenpflege) Anfänger, fortgeschrittene Anfänger, kompetent Handelnde, Erfahrene sowie Experten unterscheiden. Dieses Stufenmodell der Kompetenzentwicklung legt nahe, dass eine binäre Sichtweise, in der ein Mitarbeiter entweder über eine Kompetenz verfügt oder eben nicht, so gut wie nie die organisationale Realität trifft. Es gibt immer „erfahrenere" Mitarbeiter, die bestimmte Dinge „besser" beherrschen als andere, und Neulinge, die die modellhafte Theorie beherrschen, jedoch nicht die volle Bandbreite der in der Praxis auftretenden Fälle.

Es hat vielerlei Versuche gegeben, Kompetenzen zu systematisieren. Wir wollen der Systematik von *Erpenbeck* und *Heyse* (2007, S. 159) – den Protagonisten des Kompetenzansatzes im deutschsprachigen Raum – folgen und die folgenden (Grund-)Kompetenzen unterscheiden:

- **Personale Kompetenz** als die Disposition einer Person, reflexiv selbstorganisiert zu handeln, d.h. sich selbst einzuschätzen, produktive Einstellungen, Werthaltungen, Motive und Selbstbilder zu entwickeln, eigene Begabungen, Motivationen, Leistungsvorsätze zu entfalten und sich im Rahmen der Arbeit und außerhalb kreativ zu entwickeln und zu lernen.

- **Umsetzungsbezogene Kompetenz** als die Disposition einer Person, aktiv und gesamtheitlich selbstorganisiert zu handeln und dieses Handeln auf die Umsetzung von Absichten, Vorhaben und Plänen zu richten – für sich selbst und auch für andere und mit anderen im Team und in der Organisation. Diese Dispositionen erfassen damit das Vermögen, die eigenen Emotionen, Motivationen, Fähigkeiten und Erfahrungen sowie die anderen (Basis)Kompetenzen in die eigenen Willensantriebe zu integrieren und Handlungen erfolgreich zu realisieren.
- **Fachlich-methodische Kompetenz** als die Disposition einer Person, bei der Lösung von sachlich-gegenständigen Problemen geistig und physisch selbstorganisiert zu handeln, d.h. mit fachlichen und instrumentellen Kenntnissen, Fähigkeiten und Fertigkeiten kreativ Probleme zu lösen, Wissen sinnorientiert einzuordnen und zu bewerten. Das schließt Dispositionen ein, Tätigkeiten, Aufgaben und Lösungen methodisch selbstorganisiert zu gestalten sowie Methoden selbst kreativ weiterzuentwickeln.
- **Sozial-kommunikative Kompetenz** als Dispositionen einer Person, kommunikativ und kooperativ selbstorganisiert zu handeln, d.h. sich mit anderen kreativ auseinander- und zusammenzusetzen, sich gruppen- und beziehungsorientiert zu verhalten und neue Pläne, Aufgaben und Ziele zu entwickeln.

Unter **Handlungskompetenz** wird schließlich die Disposition einer Person verstanden, je nach Anforderung und Interessenlage viele oder alle der zuvor genannten Kompetenzen zu integrieren. Die nachfolgende Tabelle C.10 gibt einen Überblick über die Teilkompetenzen, die diesen Grundkompetenzen zugeordnet werden können. Im Übrigen kann **Führungskompetenz** somit als Handlungskompetenz in Führungssituationen verstanden werden, da sie als Querschnittskompetenz idealerweise alle Grund- und Teilkompetenzen integriert.

An dieser Stelle wollen wir festhalten: Kompetenzentwicklung wird als Prozess verstanden, in dem die beschriebenen Kompetenzfacetten erweitert, umstrukturiert und aktualisiert werden. Ziel in Organisationen ist die Entwicklung **beruflicher Handlungskompetenz**. Diese befähigt den Mitarbeiter, die zunehmende Komplexität seiner beruflichen Umwelt zu begreifen sowie reflektiert und gezielt zu gestalten (vgl. *Sonntag/Schaper/Friebe* 2005, S. 36). Insgesamt geht es beim Aufbau von beruflicher Handlungskompetenz um ein komplexes Lernziel, dessen Erreichen nicht allein dem Mitarbeiter überlassen werden kann, sondern wie auch immer unterstützt werden muss. Da Kompetenzen immer an bestimmte Aufgaben und Tätigkeiten gebunden sind, wird deutlich, dass sich Kompetenzentwicklung vor allem am Arbeitsplatz (und nicht in Seminaren) vollzieht und es daher in erster Linie auch die Führungskräfte sind, die die Kompetenzentwicklung ihrer Mitarbeiter unterstützen können. Hierauf werden wir detailliert eingehen, wenn wir im Folgenden die Implikationen von lerntheoretischen Überlegungen für die Führung diskutieren wollen.

3. Welche Implikationen sich für Führende und Geführte ergeben

3.1 Handlungsoptionen

Wir haben eingangs festgestellt, dass Organisationen lernen müssen, um in turbulenten und nicht mehr planbaren Umwelten bestehen zu können. Organisationales

Grundkompetenz	Teilkompetenzen
Personale Kompetenz	Bereitschaft zur Selbstentwicklung, Selbstreflexions-, Leistungs- und Lernbereitschaft, Offenheit, Risikobereitschaft, Belastbarkeit, Glaubwürdigkeit, Emotionalität, Flexibilität
Umsetzungsbezogene Kompetenz	Entscheidungsfähigkeit, Gestaltungswille, Tatkraft, Mobilität, Belastbarkeit, Optimismus, Beharrlichkeit, Initiative
Fachlich-methodische Kompetenz	Allgemein- und Fachwissen, organisatorische Fähigkeiten, betriebswirtschaftliche Kenntnisse, EDV-Wissen, fachliche Fähigkeiten und Fertigkeiten, Markt-Know-how, Gefühl für künftige Entwicklungen, Sprachkenntnisse, unternehmerisches Denken und Handeln, analytisches Denken, konzeptionelle Fähigkeiten, strukturierendes Denken, Zusammenhänge und Wechselwirkungen erkennen
Sozial-kommunikative Kompetenz	Teamfähigkeit, Empathievermögen, Kooperations- und Konfliktlösungsbereitschaft, Kommunikationsfähigkeit

Tab. C.10: Grund- und Teilkompetenzen (vgl. *Erpenbeck/Heyse* 2007, S. 161)

Lernen nimmt dabei seinen Ausgangspunkt letztlich im individuellen Lernen der einzelnen Organisationsmitglieder. Lernen – besser: nachhaltiges Lernen – geschieht aber nicht notwendigerweise von alleine, daher gibt es den Ruf nach pädagogisch-didaktischer Hilfestellung für lernende Menschen in Organisationen (vgl. *Sonntag/Schaper/Friebe* 2005, S. 82). Jedoch: Wie soll diese Hilfestellung aussehen? Wer soll Hilfestellung geben? Im Rahmen der Diskussion lernförderlicher Führungsbeziehungen rücken hier die Führungskräfte in den Fokus der Betrachtung, denn sie sind es, die über Aufgaben und Einsatzfelder ihrer Mitarbeiter entscheiden, sie sind es, die über die Gestaltung von Besprechungen, Teamsitzungen und anderen lernhaltigen Aktivitäten entscheiden. Sie sind es, die Lernthemen in Mitarbeitergesprächen ansprechen oder nicht, sie sind es, die die Entwicklung ihrer Mitarbeiter dem Zufall überlassen oder gezielt vorantreiben (vgl. *Krauss/Mohr* 2004, S. 36). So sollen also Führungskräfte das Lernen ihrer Mitarbeiter fördern, Führungskräfte sollen – so wird vollmundig gefordert – zum Trainer, Coach und (Lern)Berater ihrer Mitarbeiter werden und selbstgesteuertes individuelles und kooperatives Lernen ermöglichen und anregen (vgl. *Sonntag/Schaper/Friebe* 2005, S. 82 ff. sowie *Kauschke* 2010; *Geldermann/Severing/Stahl* 2006 und *Krauss/Mohr* 2004). Dennoch bleibt die Frage: Wie soll das gehen? Und überhaupt: Was soll gelernt werden? Wann und wo soll gelernt werden? Und: Wozu soll gelernt werden? Dies sind Grundfragen der Didaktik; für das Lernen im Kontext Schule halten elaborierte didaktische Modelle der pädagogischen Psychologie umfangreiches Wissen zur Beantwortung solcher Fragen bereit. Für das Lernen in Organisationen und speziell für das Lernen in Führungsbeziehungen gibt es solche didaktischen Modelle nicht.

Jedoch: Sobald Führungskräfte aufgefordert sind, gezielt auf das Lernverhalten von Mitarbeitern Einfluss zu nehmen, sprechen wir von einer pädagogischen Situation. *Dubs* (1995a, Sp. 1690) weist in diesem Kontext auf die *„pädagogische Rolle von Führungskräften"* hin. Vor diesem Hintergrund können wir uns die Erkenntnisse der **pädagogischen Psychologie** zunutze machen. *Mayer* (2001, S. 84; zitiert nach *Hasselhorn/Gold* 2009, S. 19) bringt die primäre Zielsetzung wissenschaftlicher Erkenntnis in Bezug auf das Kerngebiet der Pädagogischen Psychologie – Lernen und Lehren – auf folgende knappe Formel:

> *„Verstehen, wie Menschen lernen und verstehen, wie man Menschen beim Lernen helfen kann."*

Hat sich die pädagogische Psychologie jahrzehntelang ausschließlich mit dem schulischen Lernen und Lehren befasst, so sind seit den 1980er-Jahren mehr und mehr Untersuchungen über die Gesetzmäßigkeiten und Optimierungsmöglichkeiten des Kompetenz-, Wissens-, Fertigkeits- und Einstellungserwerbs bei erwachsenen Menschen durchgeführt worden (vgl. *Prenzel/Mandl/Reinmann-Rothmeier* 1997), und zwar auch im betrieblichen Kontext. Hier wird von betrieblicher Weiterbildung gesprochen, wobei man darunter alle von Unternehmen veranlassten oder finanzierten Weiterbildungsmaßnahmen versteht.

Die Vorstellungen von betrieblicher Weiterbildung haben sich in den letzten Jahrzehnten grundlegend geändert. Das dominierende Bild von betrieblicher Weiterbildung, die sich („off-the-job") in bestimmten Lehrveranstaltungen (Seminare, Kurse, Lehrgänge, Trainings) manifestiert, verändert sich durch die Berücksichtigung von Maßnahmen, die direkt am Arbeitsplatz („on-the-job") bzw. arbeitsplatznah („near-the-job") ansetzen. In diesem Kontext sind z. B. Mentoren-Programme zur Integration neuer Mitarbeiter, Coaching(☞ D. III. 4.1), kooperative Selbstqualifikation, Qualitätszirkel oder der → Lernstatt-Ansatz zu nennen (vgl. *Prenzel/Mandl/Reinmann-Rothmeier* 1997, S. 21 f. und die dort aufgeführte Literatur).

Auffällig ist jedoch, dass die Rolle von Führungskräften bzw. die Aufgaben und Funktionen, die ihnen im Kontext von betrieblicher Weiterbildung zukommen oftmals wenig explizit gemacht werden. Oder aber es werden Forderungen an Führungskräfte formuliert – wir haben erwähnt, sie sollen Coach und Berater ihrer Mitarbeiter werden – ohne genügend zu reflektieren, dass die Übernahme solcher Rollen an vielerlei Bedingungen geknüpft ist. Denn zunächst müssen Führungskräfte die Unterstützung und Orientierung der Lernprozesse ihrer Mitarbeiter bewusst in ihr Aufgabenspektrum integrieren und anschließend die für die Begleitung von Lernprozessen notwendigen Kompetenzen erwerben (vgl. *Krauss/Mohr* 2004, S. 36). Ehe es also um das Lernen der Mitarbeiter geht, müssen zuerst Führungskräfte lernen: Sie müssen ihre Einstellung zum Mitarbeiterlernen ändern, eine bestimmte Haltung erwerben. Kurz: Sie müssen ihre pädagogische Rolle zunächst einmal wahrnehmen. Und Führungskräfte müssen den Umgang mit handlungsorientierten Methoden (vgl. *Reich* 2006, S. 297) erlernen, denn selbstgesteuertes Lernen – was aus noch zu explizierenden Gründen zumeist anzustreben ist – wird idealerweise mit handlungsorientierten Methoden unterstützt. Erst dann sind die grundlegenden Bedingungen für das selbstgesteuerte Lernen der Mitarbeiter gegeben.

III. Lernförderliche Führungsbeziehungen

Im Folgenden wollen wir daher kritisch diskutieren, was Führungskräfte tun können, um das Lernen ihrer Mitarbeiter zu fördern, und dabei auf Möglichkeiten eingehen, aber auch Grenzen aufzeigen. Dabei wollen wir auf Erkenntnisse der pädagogischen Psychologie mit ihrem umfangreichen Bestand an theoretischem und empirischem Wissen zurückgreifen.

Die zentralen Themen der pädagogischen Psychologie sind Lernen und Lehren. Dabei fußen die Lehrtheorien auf Lerntheorien. Die wichtigsten lerntheoretischen Strömungen (**Behaviorismus, Kognitivismus, Konstruktivismus**) haben wir bereits beschrieben (☞ C. III. 1.3). In Tabelle C.11 sind Elemente der entsprechenden Lehrtheorien aus dem Kontext der verschiedenen Schulen aufgeführt. Wir haben die Tabelle C.11 um die Spalte „Vorgesetztentätigkeit" ergänzt. In der Spalte finden wir hier Fragezeichen, die Inhalte der entsprechenden Kästchen sollen im Folgenden entwickelt werden. Dazu gibt es Folgendes zu sagen: Bislang gibt es wenige Beiträge zur pädagogischen Rolle von Führungskräften, was nicht verwunderlich ist, denn Führungskräfte werden nicht zum Weiterbildungspersonal gezählt. So fasst z. B. *Schiersmann* (2007) unter Weiterbildungspersonal grundsätzlich nur Personalentwickler sowie (externe) Weiterbildner. Auch *Severing* (1994, S. 102) trennt Weiterbildung und Personalführung indem er darauf hinweist, dass das

> *„Mitarbeitergespräch und [die] Unterweisung eher dem Bereich der Personalführung als dem der Weiterbildung zugerechnet werden".*

Dabei sind doch gerade dies Beispiele aus dem organisationalen Alltag, wo intensiv gelernt wird – oder zumindest gelernt werden könnte, und daher Personalführung und Weiterbildung bzw. Personalentwicklung in bestimmten Bereichen zusammenfallen.

Kurzum: Lange Zeit schien Führung in Organisationen nichts mit Lernen zu tun zu haben. Dementsprechend können wir auf wenig Material zurückgreifen und müssen unsere Überlegungen zu angemessenen didaktischen und methodischen Vorgehensweisen von Führungskräften weitgehend an didaktischen Theorien orientieren, die für die „etablierte" betriebliche Weiterbildung in Seminarform und das Lernen und Lehren in Schulen entworfen wurden. Ähnlich ging es übrigens den Vertretern der Erwachsenenbildung, die sich mit Etablierung ihrer Disziplin in ihren theoretischen Begründungen (zunächst) an didaktischen Theorien orientieren mussten, die für den schulischen Unterricht entworfen wurden (vgl. *Zeuner/Faulstich* 2009, S. 82).

Erstaunlicherweise weisen jedoch Arbeitswelt und Schule als zwei autonome, weit auseinander liegende und unterschiedlich theoretisierte Bereiche eine gewisse Kongruenz der Orientierungen hinsichtlich der Diskussion von Lernen und Unterstützung des Lernens auf (vgl. *Max* 1999, S. 14). Allerdings gelten die Rahmenbedingungen des Schulkontextes nicht selbstverständlich im Feld der Erwachsenenbildung (vgl. *Prenzel/Mandl/Reinmann-Rothmeier* 1997, S. 2). Die Tabelle C.11 ist daher nur als eine Hilfe zur Annäherung an unser Problemfeld zu verstehen. Im Folgenden werden wir mögliche Antworten auf die Fragezeichen in der Spalte „Vorgesetztentätigkeit" entwickeln und am Ende dieses Kapitels in Tabelle C.14 in komprimierter Form präsentieren.

Bei der Betrachtung der Tabelle fällt zunächst auf, wie nahe die Beschreibungen der Lehrertätigkeiten bei den Spielarten des konstruktivistischen Lehrens (z. B. unterstützen, anregen und beraten, kooperative Settings bereitstellen) bereits an die Beschreibung von Anforderungen an Führungskräfte in „neuen Lernkulturen" (wir werden später auf diesen Begriff zurückkommen) herangehen. Gleichzeitig wird aber z. B. von Führungskräften auch gefordert, lernförderliche Anreizstrukturen zu etablieren, was auf eine behavioristische Fundierung hindeutet. Und im Kontext der Transfersicherung von Trainingsmaßnahmen – hier spielen Gedanken aus dem kognitiven Lernparadigma eine Rolle – wird z. B. darauf hingewiesen, dass der Vorgesetzte durch das Setzen und verbindliche Vereinbaren von Lernzielen und anschließende Rückmeldung unterstützend tätig sein soll (vgl. *Sonntag/Schaper/Friebe* 2005, S. 63). Hier sind wiederum Parallelen zu Tätigkeiten eines Lehrers im behavioristischen Lehr-Lernparadigma zu erkennen.

Folgende zusammenfassende Beschreibung lernorientierter Führungsaufgaben macht deutlich, dass im Hinblick auf die Bedeutung von Führungskräften für Lernprozesse in Organisationen das ganze lerntheoretische Spektrum – von behavioristischen über kognitive Ansätze hin zu konstruktivistischen Überlegungen – relevant zu sein scheint:

> *„Aufgaben von Führungskräften in einer Lernkultur sind es, die Mitarbeiter zu informieren, zu motivieren, Lob und Anerkennung auszusprechen und sie individuell beim Lernen und bei ihrer Kompetenzentwicklung zu fördern. Das Mitarbeitergespräch ist ein zentrales Instrument zur Unterstützung der lernorientierten Führungsaufgabe. Führungskräfte werden damit zum Coach ihrer Mitarbeiter und besitzen mit ihrem eigenen Lernverhalten eine wichtige Vorbildfunktion. In einer Lernkultur werden sie zum Multiplikator für im Unternehmen vorherrschende Erwartungen, Vorstellungen und Werte in*

Tradition	Lerntheorie (Lernen als)	Lehrtheorie (Lehren als)	Lehr(er)tätigkeit	Vorgesetztentätigkeit
behavioristisch	• Wissenserwerb durch Assoziationen • Reiz-Reaktions-Lernen • instrumentelles Lernen	• Primat der Instruktion • Verhaltenskontrolle • „explicit teaching" • aktives Lehren	• Lehrzielanalyse • Sequenzierung der Lehrinhalte • Leistungsrückmeldung	?
kognitiv	• Wissenserwerb durch Informationsverarbeitung • verstehendes Lernen • Problemlösen	• Primat der Kognition • Veränderung der kogn. Strukturen • „comprehension teaching" • aktives Lehren	• anleiten, darbieten und erklären • Lernstrategien • Lerntransfer	?
kognitiv-konstruktivitisch	• Wissenskonstruktion durch Informationserzeugung • entdeckendes Lernen	• Primat der Konstruktion • reaktives/entdecken-lassendes Lehren	• Problemsituationen und Werkzeuge bereitstellen • unterstützen, anregen, beraten	?
sozio-konstruktivistisch	• Wissenskonstruktion durch Informationserzeugung • geteilte Kognitionen	• Primat der Ko-Konstruktion • Aushandeln von Bedeutung	• kooperative Settings bereitstellen • authentische Problemsituationen	?

Tab. C.11: Auffassungen von Lehren und Lernen (vgl. *Hasselhorn/Gold* 2009, S. 225; modifiziert)

Bezug auf Lernen und Kompetenzentwicklung" (*Friebe* 2005, S. 96).

Wir erkennen, dass die jeweilige lerntheoretische Fundierung von Lehrempfehlungen für Führungskräfte nicht immer ganz deutlich wird und damit wichtige Hintergründe und Zusammenhänge im Dunkeln bleiben. Im Folgenden wollen wir daher das Thema „Lernen und Lehren in Führungsbeziehungen" dezidiert auf einem lerntheoretischen Fundament diskutieren und dabei die einzelnen lerntheoretischen Strömungen weitgehend auseinander halten.

Dabei wollen wir „Lehren" wie bereits angedeutet in einem weiteren Sinn als „Menschen beim Lernen helfen" verstehen und so auch Führungskräfte als „Lehrende" sehen. Wir wollen daher aufbauend auf den lerntheoretischen Strömungen des **Behaviorismus**, des **Kognitivismus** sowie des **Konstruktivismus** „lehrtheoretische" Überlegungen dahingehend anstellen, wie Führungskräfte das Lernen von Mitarbeitern befördern können. Dabei wollen wir folgende Lehr-Lernauffassungen unterscheiden (vgl. *Reinmann-Rothmeiner/Mandl* 1997, S. 359 ff.):

- **Traditionelle Auffassung:** Sie hat ihre Wurzeln im **Behaviorismus** und **Kognitivismus**. Lernen ist weitgehend *fremdgesteuert*. Lehrende sind „didactic leaders", die die Lernenden anleiten und ihren Lernfortschritt kontrollieren. Die Lerninhalte sind *abgeschlossene* und *klar strukturierte* Wissenssysteme; Ergebnisse des Lernens sind v.a. veränderte Verhaltensweisen sowie deklaratives Wissen (Faktenwissen) und prozedurales Wissen mit einem mittleren Differenzierungs- und Komplexitätsgrad (☞ C. III. 1.3).

- **Moderne Auffassung:** Sie hat ihre Wurzeln in den Spielarten des **Konstruktivismus**. Lernen ist weitgehend selbstorganisiert bzw. *selbstgesteuert* (→ selbstgesteuertes Lernen). Lehren bedeutet Lernunterstützung; Lehrende sind Berater und Mitgestalter von Lernprozessen. Es gibt keine spezifizierbaren Lerninhalte. Die Ergebnisse von Lernen sind aufgrund idiosynkratischer und situationsspezifischer Konstruktionsvorgänge nicht vorhersagbar. Lernen wird als Hineinwachsen in eine Expertenkultur verstanden; daher gilt als Ergebnis von Lernen die Entwicklung von Handlungskompetenz (wir haben bereits angeführt, dass sich der Kompetenzbegriff an die Expertiseforschung anlehnt und Kompetenzentwicklungsprozesse immer *ergebnisoffene* Prozesse sind, ☞ C. III. 2.3).

III. Lernförderliche Führungsbeziehungen — Kapitel C

Generell markiert die Debatte um selbstgesteuertes/selbstorganisiertes Lernen den Perspektivenwechsel vom Lehrenden zum Lernenden als das den Lernprozess gestaltende Subjekt. Diese Entwicklung wird häufig mit dem Begriff der „neuen Lernkultur" (vgl. *Schiersmann* 2007, S. 12) umschrieben. Entsprechend wandelt sich das Lehrverhalten von einem präsentierenden Verhalten zu einem arrangierenden Verhalten (Stichwort „Ermöglichungsdidaktik"). Es geht nicht um das

> „Geben von neuem Wissen, sondern um eine Verschränkung von Neuem mit Alten" (Arnold/Milbach 2002, S. 16).

Grundsätzlich hat sich gezeigt, dass selbstgesteuertes Lernen den wenigsten Menschen leicht fällt, sondern Unterstützung benötigt (vgl. *Zeuner/Faulstich* 2009, S. 89). Damit sind wir im Kontext von Lernen in Führungsbeziehungen wieder bei der Rolle der Führungskräfte, denen es zufällt, das Lernen ihrer Mitarbeiter zu unterstützen.

Bei der Auswahl von Lehr-Lern-Arrangements gilt das **Prinzip der Indikation**. Hierbei sind die Inhalte und die Ziele des Lernens (was und woraufhin soll gelernt werden?) sowie die Voraussetzungen, die die Lernenden mitbringen, zu berücksichtigen (vgl. *Reinmann-Rothmeiner/Mandl* 1997, S. 362). Somit können auch Methoden und Prinzipien des Lehrens, die ihren Ursprung in der traditionellen Lehr-Lernauffassung haben und damit hohe Fremdsteuerungsanteile aufweisen, durchaus ihren Nutzen haben, vorausgesetzt, sie kommen nur dann zum Einsatz, wenn sie *indiziert* sind. In jedem Fall kommt also Vorgesetzten im Hinblick auf das Lernen ihrer Mitarbeiter eine wichtige Bedeutung zu: Vor dem Hintergrund einer modernen Lehr-Lern-Auffassung *ermöglichen* sie das Lernen von Mitarbeitern während sie vor dem Hintergrund einer traditionellen Lehr-Lernauffassung das Lernen von Mitarbeitern aktiv *steuern*. Wir wollen nun das Lernen in Führungsbeziehungen vor dem Hintergrund der lehr-lerntheoretischen Strömungen des **Behaviorismus**, des **Kognitivismus** und des **Konstruktivismus** betrachten; beginnen werden wir mit dem Behaviorismus.

3.2 Behavioristisches Lernen in Führungsbeziehungen

Aufbauend auf der lerntheoretischen Perspektive des Behaviorismus werden die Schwerpunkte des Lehrens bei der Analyse des Zielverhaltens, bei der Planung der einzelnen Lehrschritte und bei der Leistungsrückmeldung gesetzt: Die Lehrziele sind präzise operationalisiert, die Darbietung der zu lernenden Inhalte ist kleinschrittig und erfolgt in einer zuvor sachlogisch festgelegten Sequenz und an das wiederholte und kontrollierte Üben schließt sich eine regelmäßige Ergebniskontrolle mit unmittelbarer Leistungsrückmeldung an (vgl. *Hasselhorn/Gold* 2009, S. 224).

In der Tradition der auf den Pädagogen *Johann Friedrich Herbat* (1776–1841) zurückgehenden **Formalstufenmethode** – diese ist durch eine dem Behaviorismus ähnliche Auffassung vom Lernen als ein geschlossener, sequenzieller und weitgehend mechanistischer Prozess gekennzeichnet – stehen berufliche Unterweisungsverfahren, die in ihrer Grundform aus vier Stufen bestehen **(Vier-Stufen-Methode)**: Vorbereiten – Vormachen und Erklären – Nachmachen und Erklären – selbstständig Ausführen (vgl. *Pätzold* 1993). *Severing* (1994, S. 109 f.) schätzt die Vier-Stufen-Methode folgendermaßen ein: Sie erlaubt es dem Lernenden zwar, ein operatives Abbild entlang seiner eigenen Handlungsvollzüge aufzubauen, diese Handlungsvollzüge orientieren sich jedoch unmittelbar an denen des Vormachenden; die Perspektive des Lernenden ist der des Lehrenden untergeordnet. Die Vier-Stufen-Methode ist damit auf die Vermittlung von Tätigkeiten eingeschränkt, bei der das Vorführen für das Erlernen der Tätigkeiten ausreicht – d. h. für einfache Tätigkeiten auf der Stufe sensumotorischer Regulation und Handlungsplanung, nicht aber für Arbeiten auf der Stufe der Teilzielplanung und der Koordination mehrerer Handlungsbereiche.

Eine Erweiterung hat die Vier-Stufen-Methode durch die **analytische Arbeitsunterweisung** erfahren (vgl. *Severing* 1994, S. 109 f.): Hier steht nicht das beobachtbare Verhalten des Lehrenden im Vordergrund, sondern die innere Struktur der Tätigkeit. Lernen vollzieht sich damit nicht am zufälligen (menschlichen) Vorbild, sondern entlang einer objektivierten Arbeitsanalyse, was zu einer Verkürzung der Anlernzeiten führt. Dabei treten selbstgesteuerte Tätigkeiten jedoch noch mehr in den Hintergrund, weil durch die rigidere Zerlegung von Arbeitsschritten die Führung des Lernenden noch enger wird. Damit ist auch der Aufbau von Handlungsregulation auf die Reichweite eingeschränkt, wie sie durch den detailliert geplanten Unterweisungsvorgang dieser Methode festgelegt wird (vgl. „Modell der vollständigen Handlung", ☞ C. III. 1.3 sowie C. II. 2.2.; insb. die negativen motivationalen Wirkungen „unvollständiger Handlungen" bzw. „partialisierter Handlungen").

Die Betonung der formalen Ablaufstufen des Lernens führt zu einer äußerlichen Schematisierung des Lernprozesses, die situativen und Lerner-subjektiven Besonderheiten oftmals nicht gerecht wird. Die enge Führung macht eine eigene Handlungsplanung weitgehend überflüssig. Durch diese Bindung des Lernens an die Details individueller Arbeitstätigkeiten kann nur in sehr eingeschränktem Umfang erreicht werden, dass das Erlernte auf veränderte Arbeitssituationen übertragen werden kann. Mit Lehr-Lernmethoden behavioristischer Provenienz können damit nur begrenzte, isolierbare und beobachtbare Verhaltensäußerungen im Sinne einfacher Fertigkeiten trainiert werden, während komplexere und innovative Verhaltensweisen nicht befördert werden können. Dies ist jedoch nicht verwunderlich; wir hatten bei der Beschreibung des lerntheoretischen Ansatzes des Behaviorismus darauf hingewiesen, dass immer nur bereits vorhandene Verhaltensweisen stabilisiert, gefördert und verfeinert werden können (☞ C. III. 1.3).

Nicht zufällig ist die Entwicklung dieses Verfahrens durch Trainingsprogramme tayloristisch organisierter Industriebetriebe angeregt worden – die Anwendung des Verfahrens ist damit aber auch auf tayloristisch geprägte Arbeitsvollzüge begrenzt. Und diese sind nach wie vor empirische Realität: Nachdem im Zuge der Lean-Production-Diskussion in Unternehmen vielfach prozessorientierte Strukturen eingeführt wurden und damit von einer „Ent-Taylorisierung" von Arbeit gesprochen werden konnte, sind seit Ende der 1990er-Jahre auch wieder Tendenzen zur Re-Taylorisierung von Arbeit zu beobachten (vgl. z. B. *Faulstich* 1998, S. 22).

So zentralisieren Betriebsleitungen Fachaufgaben und teilen die übrige Arbeit in kleinere Abschnitte auf, Beschäftigte müssen einzelne Handgriffe ständig wiederholen, Taktzeiten werden kürzer und Tätigkeiten, die Abwechslung bieten, fallen weg (vgl. *Müller* 2000). Im Dienstleistungsbereich wird im Kontext von Re-Taylorisierung vor allem die Arbeit in Call-Centern genannt. Aber auch im Finanzdienstleistungsbereich wird im Hinblick auf die Reduzierung der Fertigungstiefe und der zentralen Bearbeitung bestimmter Aufgaben (z. B. zentrale Kreditbearbeitung und Risikobewertung) schon von „Kredit-Fabriken" gesprochen (vgl. *Baethge-Kinsky/Holm/Tullius* 2006).

Insgesamt gesehen hat sicherlich vor allem die einfache Implementierbarkeit dieser Lehr-Lernmethoden zu ihrer auch heute noch weiten Verbreitung beigetragen (vgl. *Severing* 1994, S. 110). Sie werden am Arbeitsplatz vor allem in der betrieblichen Erstausbildung, aber auch in der Weiterbildung eingesetzt – hier insbesondere in Phasen der Unterweisung bei der Einführung neuer Mitarbeiter durch Vorgesetzte oder durch beauftragte Mitarbeiter.

3.3 Kognitivistisches Lernen in Führungsbeziehungen

Zentrales Element kognitivistischer lerntheoretischer Ansätze ist das **Modell der vollständigen Handlung** mit den Phasen „Zielbildung – Handlungsplanung – Handlungsvollzug – Handlungskontrolle – Reflexion" (☞ C. III. 1.3). Entsprechend geht *Aebli* (1993) als bekanntester Vertreter der deutschsprachigen kognitivistischen Didaktik mit seinem Diktum vom *„Denken als dem Ordnen des Tuns"* davon aus, dass didaktisches Handeln Lernhandeln in seiner zielbildenden, planenden, durchführenden und kontrollierenden Schrittfolge begleiten sollte.

Zunächst einmal ist/war die kognitiv geprägte Didaktik vor allem beim formalen Lernen in Kursen und Seminaren von Bedeutung. Hierauf wollen wir jedoch nicht weiter eingehen, denn die inhaltliche Gestaltung von formalen Weiterbildungsveranstaltungen gehört nicht zu den originären Führungsaufgaben. Jedoch ist in einer kognitiv geprägten Didaktik der → **Lerntransfer** ein wichtiges Thema. Transfer bedeutet, dass das in formalen Maßnahmen (Seminaren, Schulungen) erworbene (deklarative und prozedurale) Wissen am Arbeitsplatz angewendet und langfristig auf andere Bereiche übertragen werden kann. *Dubs* (1995a, Sp. 1692) sieht in diesem Kontext die Führungskraft als *„Vollzieherin der Ausbildungskonzeption"*. In diesem Sinne plant die Führungskraft die Weiterbildung zusammen mit ihrem Mitarbeiter und kontrolliert nach erfolgter Schulung die Durchführung des Transfers, indem sie z. B. anhand von Checklisten sicherstellt, dass das Gelernte in der Praxis (richtig) angewandt wird. Es ist leicht ersichtlich, dass der theoretisch-didaktische Hintergrund das „Modell der vollständigen Handlung" ist.

Moderner formuliert spricht man vom **„Extended Training"**, wobei sich dabei formelles Lernen in Kursen, Schulungen oder Seminaren mit informellem Lernen am Arbeitsplatz verzahnt: Dabei werden die formellen Trainingsmaßnahmen systematisch um *dialogisch* angelegte transferunterstützende Maßnahmen (z. B. gezieltere Vorbereitung und Follow-Up Unterstützung durch den Vorgesetzten) erweitert, welche einen informellen Charakter aufweisen (vgl. *Seufert* 2010, S. 109). Bei der **Vorbereitung formeller Weiterbildungsmaßnahmen** geht es zunächst darum, dass Vorgesetzte und Mitarbeiter gemeinsam – ausgehend von konkreten Arbeitsaufgaben und anknüpfend an vorausgegangene Lernerfahrungen – Lernanlässe erkennen und darauf aufbauend individuelle Weiterbildungsbedürfnisse definieren, die in hohem Maß für die tägliche Arbeit relevant sind (vgl. *Faulstich* 1998, S. 199 ff.). Im Hinblick auf die **Nachbereitung formeller Weiterbildungsmaßnahmen** müssen Vorgesetzte zunächst darauf achten, Zeit dafür einzuplanen, dass Mitarbeiter (trotz Zeitstress durch Tagesroutinen und Terminzwänge) Seminarinhalte ausprobieren und umsetzen können. Darüber hinaus geht es darum sicherzustellen, dass Mitarbeiter bezüglich der Weiterbildungsinhalte und deren Umsetzung in der täglichen Arbeit kommunizieren können: Wir haben schon angedeutet (☞ C. III. 1.3) und werden gleich ausführlich darauf zu sprechen kommen, dass Lernen im kognitivistischen Paradigma vor allem auf die sprachliche und intellektuelle Durchdringung von Handlungen abzielt. Diese Reflexion des Lernenden kann definiert werden als *„Selbstbeobachtung des Handelns und des Denkens im Lichte der erreichten Ergebnisse"* (*Aebli* 1993, S. 27). Sie ist wesentlicher Teil des kognitiv-didaktischen Programms und bekommt durch solche Maßnahmen und Vorkehrungen von Vorgesetzten bei der Vor- und Nachbereitung formeller Weiterbildungsmaßnahmen einen größeren Stellenwert, weil der Mitarbeiter als Lernender einen aktiveren Part übernimmt.

Nicht selten sind jedoch Vorgesetzte selbst **Transferbarrieren** (in Kapitel ☞ C. III. 1.1 haben wir entsprechend von **Lernbarrieren** gesprochen), wenn sie nämlich aus Angst vor Kompetenzverlust verhindern, dass ihre Mitarbeiterinnen und Mitarbeiter Inhalte formeller Trainingsmaßnahmen im Arbeitsalltag umsetzen – oder auch, wenn sie Seminarinhalte nicht ernst nehmen oder Seminare als „Kurzurlaub" abtun (vgl. *Faulstich* 1998, S. 199 f.); die zuletzt genannten Transferbarrieren können in gleicher Weise auch von Mitarbeiten induziert sein.

Handlungsregulationstheorie: Implikationen für das Lernen in Führungsbeziehungen

Abgesehen von der Unterstützung des Lerntransfers – wie können wir uns Führungskräfte vorstellen, die vor einem kognitivistischen Hintergrund aktiv das Lernen ihrer Mitarbeiterinnen und Mitarbeiter begleiten und fördern? Um hierzu Überlegungen anstellen zu können, wollen wir uns noch einmal die **Handlungsregulationstheorie** vor Augen führen, die die praktische Handlung als Ausgangspunkt für arbeitsorientiertes Lernen sieht (☞ C. III. 1.3). Arbeitsorientiertes Lernen kann demnach als Prozess verstanden werden, in dem der Lernende Ziele formuliert, Ergebnisse gedanklich vorwegnimmt und sein Handeln an diesen orientiert. Dabei geht es nicht allein darum, verhaltensbezogene Fertigkeiten aufzubauen, wichtig ist vor allem die sprachliche und intellektuelle Durchdringung der Arbeit – und genau hier können Vorgesetzte ansetzen, um ihren Mitarbeitern beim Lernen zu helfen (vgl. auch im Folgenden *Sonntag/Stegmaier* 2007; sowie aus dem Schulkontext kommend *Aebli* 2003).

Zurück zur sprachlichen und intellektuellen Durchdringung von Arbeit: Verbalisierung als inneres oder lautes Sprechen lässt ein tieferes Verstehen zu und wirkt der automatisierungsbedingten „Verarmung" des Bewusstseins entgegen (vgl. *Hacker* 2005). Durch die sprachliche Benennung von Ereignissen, Situationen und Handlungsweisen wird insbesondere die Wahrnehmung und das Erinnern von arbeitsrelevanten Sachverhalten unterstützt. Dabei ist die zu verarbeitende Komplexität umso größer, je weniger ein Mitarbeiter über Begriffe (Begriffslernen, ☞ C. III. 2.2) verfügt, um Elemente seiner Arbeitsumgebung zu benennen. Das bedeutet, dass es ihm schwerer fällt, zu entscheiden, welche Dinge wichtig sind und seiner Aufmerksamkeit bedürfen, und womit er sich nicht weiter befassen muss. Zudem können durch Verbalisierung Situationen und Handlungen gedanklich vorweggenommen werden. Sprache wird so zu einem wesentlichen Medium für das Planen von Arbeitstätigkeiten. Verbalisierung ist damit Voraussetzung für die intellektuelle Durchdringung von Arbeit im Sinn der Entwicklung einer differenzierten Wissensbasis – und damit einer geht die Fähigkeit, zunehmend neben ausführenden auch vorbereitende und steuernde Tätigkeiten übernehmen zu können. Damit hätte sich der Kreis im Hinblick auf das Ideal der „vollständigen Handlung" geschlossen.

Wir können uns nun leicht vorstellen, dass Vorgesetzte ihre Mitarbeiter bei der Begleitung von Arbeitsvollzügen auffordern können, ihre aktuell ablaufenden Gedanken in Worte zu fassen. Vorgesetzte können Mitarbeiter auch ermutigen, im Sinne der Selbstinstruktion (auch laut) mit sich selbst zu sprechen und entsprechend dafür sorgen, dass eine solche Verhaltensweise von Kollegen nicht ins Lächerliche gezogen wird. In der Kommunikation mit Mitarbeitern sollten Vorgesetzte immer darauf achten, möglichst ganze Handlungsabläufe durchzusprechen. Also: Ziele klären, begründen und evtl. rechtfertigen, die Ausgangslage beurteilen, die einzelnen Lösungsschritte bestimmen, den Plan beurteilen/reflektieren, nach Ausführung die Ergebnisse gemeinsam prüfen, abschließend Rückschau haltend den gesamten Handlungsdurchlauf reflektieren. Durch dieses wiederholte Durchdenken und Vergegenwärtigen von Arbeitsprozessen können die Mitarbeiter ihre Vorstellungen zu einer Einheit integrieren und zusammenhängendes Handlungswissen aufbauen.

Grundsätzlich sollten Vorgesetzte arbeitsbezogene Kommunikation unter Kollegen fördern, damit die Mitarbeiter jene Begrifflichkeiten erwerben, die sie brauchen, um die sie umgebende Realität intellektuell zu durchdringen. Vorgesetzte sollten jedoch immer um die grundlegenden arbeitsbezogenen Kommunikationsinhalte Bescheid wissen, um das Begriffsverständnis kontrollieren und evtl. korrigieren zu können. Vorgesetzte können auch dazu beitragen, dass entscheidende Begriffe variantenreich formuliert werden. All dies trägt zu einer differenzierten Begriffsbildung bei, die – wir haben es angesprochen – die Komplexität der Arbeitsumgebung senkt und damit zielgerichtetes Arbeiten erleichtert.

Sonntag und *Stegmaier* (2007, S. 95 ff. und die dort aufgeführte Literatur) verweisen insbesondere auf Trainings, die Lernende dabei unterstützen, Denk-, Planungs- und Entscheidungsprozesse systematisch zu vollziehen. Im Einzelnen sind dies psychoregulativ akzentuierte Trainings und kognitive Trainings:

- **Psychoregulativ akzentuierte Trainings** sind besonders im Hinblick auf die Vermittlung sensumotorischer Fähigkeiten geeignet. Der Begriff psychoregulativ verweist auf die gezielte Unterstützung des Lernens durch Sprech-, Denk- und Vorstellungsprozesse. Daher werden Elemente observativer, mentaler und verbaler Trainingsformen miteinander kombiniert: **Obversative Trainings** fokussieren das Lernen durch gezieltes Wahrnehmen planmäßig wiederholter Tätigkeitsabläufe. Sie schaffen eine Orientierungsgrundlage für die eigene Handlungssteuerung und dienen durch gleichzeitiges innerliches Mitvollziehen der Einübung einer Tätigkeit. **Mentale Trainings** werden unterschieden in kognitiv-mentale (gezieltes Nachdenken über die Tätigkeit) und imaginativ-mentale Trainings, in denen die zu erwerbende Fertigkeit wiederholt in der Vorstellung durchgespielt wird. In **verbalen Trainings** wird Sprache gezielt zur Unterstützung des Fertigkeitserwerbs genutzt – und zwar in Form des Sprechens mit anderen, begleitend zur Handlungsausführung oder als Sprechen mit sich selbst als Selbstinstruktion. Durch diese sprachliche Überformung wird die Verallgemeinerung gefördert und der Wissenstransfer erleichtert.

- Während in psychoregulativ akzentuierten Trainings konkrete Tätigkeitsabläufe gelernt werden, werden in **kognitiven Trainings** Denkleistungen wie gedankliches Probehandeln, Planen und Entscheiden geübt. In kognitiven Trainings werden verschiedene Techniken, insb. Selbstreflexions- und Selbstinstruktionstechniken, angewendet und kombiniert. **Selbstreflexionstechniken** zielen darauf ab, dass Lernende mittels relativ einfacher Fragen in Anschluss oder während der Problemlösung zur Reflexion und Modifikation ihres eigenen Denkens und Handelns angeregt werden. Mittels **Selbstinstruktionstechniken** werden Lernende angeleitet, sich selbst aufgabenrelevante Kenntnisse anzueignen; z. B. indem sie ihre eigenen Arbeitsvollzüge protokollieren und bewerten oder erfahrene Kollegen hinsichtlich der Ausführung bestimmter Tätigkeiten beobachten.

Entscheidend für Vorgesetzte ist in diesem Kontext, dass sie im Sinne eines „**Extended Training**" (s. o.) ihre Mitarbeiter auffordern und ermutigen, die Trainingsinhalte immer wieder im konkreten Arbeitsvollzug anzuwenden und auszuprobieren und ihnen dabei ggf. auch Hilfestellung geben. Sie können Trainingsinhalte – wie z. B. die angesprochenen Frageschemata – selbst in ihr Handlungsrepertoire aufnehmen und bei Bedarf modifizieren. Selbstredend müssen Vorgesetzte auch dafür Sorge tragen, dass z. B. die bei der Vermittlung von Selbstinstruktionstechniken geforderte Protokollierung der eigenen Arbeitsvollzüge zeitlich und räumlich möglich ist.

Damit arbeitsorientiertes Lernen grundsätzlich möglich wird, müssen Lernenden Handlungsspielräume gewährt werden, die es ermöglichen, sich aktiv und selbstständig mit den Arbeitsaufgaben auseinanderzusetzen (vgl. *Sonntag/Stegmaier* 2007, S. 37): Denn je vollständiger die Arbeitsaufgaben gestaltet sind, desto größer sind die Lernchancen und auch die Lernmotivation (vgl. das „Modell der vollständigen Handlung"). In diesem Sinne sollte Führung Arbeitsprozesse entsprechend organisieren, was im Wesentlichen auf Maßnahmen eines → Job Enlargements hinausläuft; dabei sind gerade die Rückkopplungen, die entstehen, wenn Beschäftigte von der Zielbildung, über die Ausführung bis hin zur Ergebniskontrolle beteiligt sind, wichtige Voraussetzungen für das arbeitsorientierte Lernen.

Aber auch Aufgabengestaltung durch Führung z. B. im Sinn von Job Enrichment kann sich als lernförderlich erweisen (vgl. ausführlich zur lern- und motivationsförderlichen Aufgabengestaltung und deren Bedeutung für die Führung Tabelle C.7). Dies würde bedeuten, dass Vorgesetzte Aufgaben hinsichtlich ihrer Schwierigkeit beurteilen und entsprechend an die Mitarbeiter verteilen bzw. Mitarbeiter systematisch an höhere Anforderungen heranführen. Damit sind wir bei dem wichtigen Aspekt der Betrachtung des Verhältnisses von Leistungsvoraussetzungen der Lernenden und Anforderungen der Arbeit angelangt. Dieses Verhältnis gilt es von Führungskräften zu beachten, denn es entscheidet darüber, ob sich die Mitarbeiter überfordert, unterfordert oder angemessen gefordert fühlen. Fehlende Übereinstimmung trägt zu Ermüdung, Langeweile, Frustration und Verlernen bei – eine Passung von Anforderungen und Fähigkeiten bestenfalls (soweit andere Voraussetzungen erfüllt sind) zu Flow bei der Arbeit (☞ C. II. 2.1). Wenn Lernende die Ziele ihrer konkreten Arbeit mit längerfristigen Zielen der beruflichen oder privaten Lebensplanung verbinden können, wird darüber hinaus deren Motivation gestärkt. Vor diesem Hintergrund ist es Aufgabe von Vorgesetzten, die berufliche Entwicklungsplanung ihrer Mitarbeiter durch Karrieremodelle, Laufbahnberatung und persönliche Förderung angemessen zu unterstützen (vgl. *Sonntag/Stegmaier* 2007, S. 37).

Sozial-kognitive Lerntheorie: Implikationen für das Lernen in Führungsbeziehungen

Aeblis (2003) zweite Grundform des Lehrens ist das „Vorzeigen", und in diesem Kontext weist er dem **Modell-Lernen** eine große Bedeutung zu. Das Modell-Lernen und insbesondere die **sozial-kognitive Lerntheorie** von *Bandura* (1976) haben wir im Rahmen unserer Darstellung der Entwicklungslinien der Lerntheorie und dort als Vorläufer des handlungstheoretischen Ansatzes von Lernen bzw. der **Handlungsregulationstheorie** kenntlich gemacht (☞ C. III. 1.3). Die zwischen Anregung des Verhaltens durch ein Modell und Ausführung des Verhaltens ablaufenden kognitiven Prozesse haben wir in Kapitel ☞ C. III. 2.2 beschrieben. Aufbauend darauf wollen wir nun Überlegungen dahingehend anstellen, welche Implikationen sich aus der sozial-kognitiven Lerntheorie für das Lernen in Führungsbeziehungen ergeben. Ganz grundsätzlich hat sich die Erkenntnis, dass Menschen an Modellen lernen, in der Führungsforschung und -praxis in zweifacher Hinsicht niedergeschlagen (vgl. *Winkler* 2004, S. 56; siehe auch *Sonntag/Stegmaier* 2007; *Winkel/Petermann/Petermann* 2006): (1) Das Modell-Lernen adressiert die Vorbildwirkung von Führungskräften und Kollegen sowie (2) Elemente des Modell-Lernens werden in Trainings (auch Führungstrainings) eingesetzt.

Ad (1): Zunächst einmal bildet die sozial-kognitive Lerntheorie einen geeigneten theoretischen Hintergrund, wenn es beständig heißt, Vorgesetze müssten Vorbilder sein. Da sich Arbeiten und Lernen in Organisationen jedoch zunehmend in Arbeitsgruppen und Teams abspielt, haben die Organisationsmitglieder auch die Möglichkeit, das Verhalten von Kollegen intensiv zu beobachten und somit voneinander zu lernen. Die sozial-kognitive Lerntheorie arbeitet heraus, unter welchen Bedingungen es hierbei zu Lernprozessen kommt. Wir wollen nun analog zu den Prozessen **Aufmerksamkeit**, **Speicherung**, **Reproduktion**, **Motivation** (vgl. Abb. C.23) beispielhaft andeuten, worauf Führungskräfte achten müssen, wenn sie in die Lernprozesse ihrer Mitarbeiter Elemente des Modell-Lernens integrieren wollen. Stellen wir uns vor, in einem Team soll eine neue Mitarbeiterin eingearbeitet werden. Der Vorgesetzte steht vor der Wahl, welches Teammitglied die Einarbeitung vornehmen soll und wie er das ausgewählte Teammitglied zu briefen hat: Im Hinblick auf die Optimierung der **Aufmerksamkeitsprozesse** sollte der Vorgesetzte zunächst ein Teammitglied auswählen, das ähnliche Eigenschaften und Fähigkeiten sowie einen ähnlichen sozialen Status hat wie die neue Mitarbeiterin. Also keinesfalls den Praktikanten, auch wenn dieser gute Arbeit leistet. Darüber hinaus sollte das Modell glaubhaft und überzeugend wirken – also sollte der Vorgesetzte *nicht* jenen Kollegen auswählen, der bis zu seiner Pensionierung im nächsten Jahr nur noch Dienst nach Vorschrift macht, sondern ein Teammitglied, das engagiert bei der Sache ist. Zwischen dem Modell und dem Beobachter sollte eine intensive Beziehung entstehen – daher sollte der Vorgesetzte ein Teammitglied für die Einarbeitung der neuen Mitarbeiterin auswählen, das er in der Vergangenheit als emotional aufgeschlossen erlebt hat.

Es ist natürlich die Frage, ob ein Teammitglied all die Voraussetzungen in sich vereint, im Zweifel muss der Vorgesetzte Prioritäten setzen. Im Hinblick auf die Optimierung der **Speicherungsprozesse** sollte der Vorgesetzte das für die Einarbeitung ausgewählte Teammitglied auffordern, wichtige Verhaltensweisen differenziert und wiederholt zu demonstrieren, damit die neue Mitarbeiterin die Abläufe in allen Einzelheiten erfassen kann. Dabei soll es ihre Verhaltensweisen verbal unterstützen, sodass im Gehirn der neuen Mitarbeiterin multiple Repräsentationen des Modellverhaltens entstehen, die den Lernprozess fördern. Während der **Reproduktionsprozesse** ist der Lernende auf Rückmeldung angewiesen, daher sollte die neue Mitarbeiterin häufig Feedback erhalten. Allerdings sollte die Einarbeitung in eine fehlertolerante Umgebung eingebettet sein, in der viel Lob und Anerkennung für positives und keine oder nur wenig Kritik für negatives Verhalten gegeben wird, da sich die neue Mitarbeiterin sonst evtl. nicht trauen würde, neue, aber noch nicht perfekt gelingende Verhaltensweisen zu zeigen. Im Hinblick auf die Optimierung der **Motivationsprozesse** muss der Vorgesetzte dafür Sorge tragen, dass gewünschtes und auch gezeigtes Verhalten den individuellen Bedürfnissen der neuen Mitarbeiterin entsprechend positiv verstärkt wird.

Ad (2): Elemente des Modell-Lernens werden in sogenannten „Behavior Modeling-Trainings" eingesetzt (vgl. *Taylor/Russ-Eft/Chan* 2005; *Davis/Yi* 2004). „Behavior Modeling-Trainings" bestehen aus mehreren Phasen, die im Folgenden beschrieben werden. In Klammern werden dabei die **Prozesse der sozial-kognitiven Lerntheorie** genannt, die in der jeweiligen Phase besonders relevant sind (vgl. *Latham/Saari* 1979; für die nachfolgende Darstellung *Sonntag/Stegmaier* 2007, S 103 f. sowie Abb. C.23):

- Einführung in den Problembereich: Der Trainer stellt die übergeordneten Ziele und den Ablauf des Trainings vor **(Aufmerksamkeits- und Motivationsprozesse)**.
- Entwicklung von Lernpunkten: Trainer und Teilnehmer erarbeiten die konkreten Lernziele; diese werden üblicherweise in Form von konkreten Verhaltensweisen formuliert **(Aufmerksamkeitsprozesse)**.
- Filmdarbietung des Modells: Die Teilnehmer bekommen in Filmen Verhaltensmodelle gezeigt; dabei sollen sie darauf achten, die Lernpunkte in der Darbietung zu erkennen **(Aufmerksamkeits- und Speicherungsprozesse)**.
- Gruppendiskussion bezüglich der Effektivität des Modells: Die Teilnehmer arbeiten die einzelnen Lernpunkte heraus und diskutieren sie hinsichtlich ihrer Vor- und Nachteile **(Aufmerksamkeits- und Speicherungsprozesse)**.
- Einübung der Lernpunkte im Rollenspiel: Die Teilnehmer erproben/erwerben die neuen Verhaltensweisen im Rollenspiel **(Reproduktionsprozesse)**.
- Rückmeldung über das Rollenspiel durch die Gruppe: Die Teilnehmer erfahren durch das Feedback, ob sie die Lernpunkte erfolgreich umgesetzt haben **(Motivationsprozesse)**.

Empirie zum „Behavior Modeling"

Burke/Day (1986) arbeiten in einer Metaanalyse heraus, dass *„Behavior Modeling"* eine sehr effektive Trainingsmethode darstellt (vgl. auch *Robertson* 1990). Durch die spezifische Gestaltung einzelner Elemente des Trainings kann der Nutzen weiter erhöht werden. In einer aktuelleren Metaanalyse zum *„Behavior Modeling"* weisen *Taylor/Russ-Eft/Chan* (2005) nach, dass der Transfer des Gelernten unter folgenden Bedingungen am stärksten ist:

- Es werden positive und negative Modelle präsentiert.
- Die Teilnehmer setzen sich Ziele und bearbeiten selbst entwickelte Szenarien.
- Annäherungen oder Verfehlungen des Lernziels werden in der Arbeitsumgebung positiv wie negativ sanktioniert.
- Führungskräfte werden selbst trainiert.

Insbesondere ist es für den Lernerfolg wichtig, dass Vorgesetzte mit einem Trainings-Follow-Up den Mitarbeiter zur Reflexion des Trainings und zur gezielten Umsetzung dort gelernter Verhaltensweisen im Arbeitsalltag auffordern.

Schließlich wollen wir noch kurz auf den Beitrag der **sozialen Lerntheorie der Führung** für das Lernen in Führungsbeziehungen eingehen (vgl. *Luthans/Rosenkrantz* 1995; *Sims/Lorenzi* 1992), die auf der **sozial-kognitiven Lerntheorie** basiert. Zusätzlich zu den Inhalten der sozial-kognitiven Lerntheorie führen die Autoren die Konzepte des Selbstmanagement und der Selbstkontrolle ein (vgl. im Folgenden die Darstellung von *Winkler* 2004):

- Unter **Selbstmanagement** werden die verschiedenen Strategien verstanden, die eine Person nutzt, um sich selbst zu beeinflussen (vgl. *Sims/Lorenzi* 1992, S. 180). Unterschieden wird dabei in Strategien, die mit Handlungen zu tun haben („behavioral self-management strategies"; z. B. selbstständiges Setzen von Zielen, Selbstbeobachtung, Selbstbelohnung und -bestrafung) und Strategien, die Denkmuster verändern sollen („cognitive self-managment strategies"; z. B. positive Selbstgespräche, mentales Umwandeln von Hindernissen in Chancen, Vorstellung zukünftiger Verhaltensweisen).
- Unter **Selbstkontrolle** wird die Fähigkeit von Menschen verstanden, Verhaltensweisen aktiv selbst zu evaluieren, noch bevor externe Konsequenzen greifen. Dazu gehört auch, dass sie die (selbst auferlegten) Konsequenzen von Verhaltensweisen – auch die für das Erreichen selbst gesetzter Ziele – geistig vorwegnehmen und ihr Verhalten ggf. korrigieren.

Diese Prozesse der Verstärkung und Überwachung werden verinnerlicht. Für die Führung bedeutet dies, dass Führende das Verhalten von Geführten nicht direkt beeinflussen können, denn Einflussversuche sind symbolisch vermittelt – sie werden von den Geführten wahrgenommen und individuell interpretiert. Innerhalb der sozialen Lerntheorie der Führung wird dieser Aspekt jedoch normativ gewendet. *Neuberger* (2002, S. 587) bemerkt hierzu in gewohnt kritischer Manier:

„Das anvisierte Ideal ist, dass hochmotivierte Organisationsmitglieder aus freien Stücken das für die Organisation Bestmögliche tun."

3.4 Konstruktivistisches Lernen in Führungsbeziehungen

Die konstruktivistische Perspektive des Lernens und Lehrens setzt ganz deutlich auf die Eigenaktivität der Lernenden (vgl. *Hasselhorn/Gold* 2009, S. 225). Ausgangspunkt von Lehrtätigkeiten sind die Erfahrungen der Lernenden, die auf einem bestimmten (und je individuellen) Vorwissen und bereits vorhandenen Wissensstrukturen (→ Skript, → Schema) fußen und in spezifischen Werten, Einstellungen und Überzeugungen (→ Sozialisation) sowie in bestimmten lernbezogenen Motivationen und Emotionen ihren Niederschlag gefunden haben. Auch die individuellen Lernstile der Lernenden sind in diesem Zusammenhang von Bedeutung. Alles dies haben wir angesprochen, als wir unsere Rahmenkonzeption zum Lernen vorgestellt haben (☞ C. III. 2).

Unter dem **Primat der Konstruktion** (vgl. Tab. C.11) versteht man in diesem Kontext, dass neue Daten und Informationen zwar die Basis für die Entstehung von Wissen bilden, Wissen aber erst dann entsteht, wenn Daten und Informationen im Gehirn des Menschen interpretiert und zum Vorwissen in Beziehung gesetzt werden, das heißt, zu *neuem* Wissen „konstruiert" werden. Daher muss der Mensch, um neues Wissen zu generieren, neue Informationen und Daten dem bisherigen Wissen zuordnen, mit seinen bereits vorhandenen kognitiven Strukturen vergleichen, die wiederum auf den bisherigen Erfahrungen basieren, und letztlich in Bezug auf die Konsequenzen seines Handelns bewerten (vgl. auch ☞ C. III. 2.1). Somit erhalten die neuen Informationen einen persönlichen Bezug. Damit wird auch klar, warum Wissen im konstruktivistischen Sinn niemals abgeschlossen sein kann und die Metapher vom gespeicherten Wissen („Mind-in-the-Container-Metapher"; vgl. *Gerstenmaier/Mandl* 2001) nicht schlüssig erscheint. Dieser persönliche Bezug wiederum – und hier geht die Argumentation der kognitiv-konstruktivistischen Variante über in die sozio-konstruktivistische Variante – wird durch die Kommunikation mit anderen Menschen erneut verglichen, bewertet und reflektiert (vgl. z. B. *Baltes/Zawacki-Richter* 2006, S. 14).

Wir werden sehen, dass insbesondere hier die Anknüpfungspunkte für die Gestaltung lernförderlicher Führungsbeziehungen liegen, denn die sozio-konstruktivistische Variante mit ihrem **Primat der Ko-Konstruktion** (vgl. Tab. C.11) fokussiert vor allem die Prozesse des sozialen Austauschs. Lernen wird als Aushandlung von Sinn und Bedeutung gesehen. So ist im sozio-konstruktivistischen Paradigma Sinn Ursache und Wirkung allen menschlichen Handelns. Menschen und Kollektive generieren ununterbrochen Sinn und halten Sinn aufrecht, um damit die notwendige Übersicht und Handlungsfähigkeit in komplexen Situationen herzustellen.

Führung und Lernen als Sensemaking und Sensegiving

Vor diesem Hintergrund ergibt sich zunächst einmal ein unmittelbarer Bezug zum **Sensemaking** in Organisationen (vgl. *Weick* 1995) und zur Idee von Führung als „Sensemaking" oder auch des „Sensegiving". Unter **Sensegiving** wird dabei die Beeinflussung des Sensemaking anderer Personen verstanden (vgl. *Kempster* 2009, S. 50). Beim Sensegiving wird ein Sinn vorgegeben bzw. ein Sinnangebot gemacht und zur Debatte gestellt. Dabei wird deutlich, dass Sensegiving nie nur in einer Richtung vom Führenden zu den Geführten bzw. von der Führungskraft zu den Mitarbeitern passiert, denn mit der Debatte und gemeinsamen Reflexion des Sinnangebots auf der Basis von Werten, Einstellungen und individuellen und gemeinsamen Erfahrungen erfolgt wiederum Sensemaking. In diesem Sinn ist Führen immer auch Lernen (vgl. die Idee des „leadership as learning", ☞ E. III. 12).

Nun sind dies aber noch ganz allgemeine Überlegungen. Gehen wir einen Schritt weiter und schauen, was die Gruppe um *Linda Lambert* (bekannt geworden vor allem durch das Werk „The Constructivist Leader"; vgl. *Lambert u. a.* 2002) zum Zusammenspiel von Führen und Lernen zu sagen haben: So weist *Walker* (2002, S. 25 ff.) auf zwei grundsätzliche Dinge hin, die im Kontext von Lernen und Lehren von großer Bedeutung sind:

- Lernende generieren **Bedeutung** auf Basis ihrer Werte, Einstellungen, Erfahrungen und ihres Vorwissens. Daher müssen Lehrende genau dort anknüpfen, und den Lernenden Zugang zu eben diesen Werten, Einstellungen und Erfahrungen ermöglichen. Auf diese Weise können Lernende auf das zurückgreifen, was sie wissen und zu neuem und bedeutungsvollem Wissen umstrukturieren. Kognitionstheoretisch ausgedrückt bedeutet dies, das Lehrende die Lernenden gezielt dabei unterstützen sollten, dass diese eine geeignete Wissensbasis „finden" und darauf aufbauend neue Wissensstrukturen „erzeugen" können (☞ C. III. 2.1).

- **Reflexion** und **Metakognition** (☞ C. III. 2.2) sind essentiell für die Konstruktion von neuem Wissen und für die Aushandlung von Bedeutung aufseiten der Lernenden. Daher müssen Lehrende diesen Reflexionsprozess unterstützen.

Für Führungskräfte als Lehrende bedeutet der erstgenannte Punkt zunächst einmal, dass sie ihre Mitarbeiter und Mitarbeiterinnen als *Individuen* begreifen müssen, d. h. als Einzelwesen mit ihren jeweiligen Besonderheiten. Denn generell gilt, dass Lernen im höchsten Maß individuell ist, weil ausgeschlossen ist, dass je zwei Menschen über identische Werte, Erfahrungen, Einstellungen und Vorwissen verfügen. Darüber hinaus müssen Führungskräfte zu einem möglichst spezifischen Bild ihrer Mitarbeiter als Individuen gelangen, welches auch deren bisherige (positiven wie negativen) Erfahrungen mit Lernen sowie die je spezifischen Lernstile (☞ C. III. 2.1) beinhaltet. Dies kann grundsätzlich durch eine gezielte Beobachtung der Mitarbeiterinnen und Mitarbeiter bzw. der in ihren Verhaltensweisen gezeigten Kompetenzen erfolgen (wir erinnern uns an den ganzheitlichen Charakter des Kompetenzbegriffs, der Wissen, Einstellungen, Werte, Fähigkeiten, Fertigkeiten, Motivationen sowie Willensprozesse integriert, ☞ C. III. 2.3). Eine solche Beobachtung kann auch durch systematische Aufzeichnungen unterstützt werden. So können Führungskräfte im **Tagebuchverfahren** wesentliche Verhaltensepisoden ihrer Mitarbeiter und beobachtete Ergebnisse festhalten (☞ D. IV. 3; Führungs-Controlling kann in diesem Sinn auch als eine Form der Reflexion von Führungsbeziehungen aufgefasst werden). Vor einem sozio-konstruktivistischen Hintergrund ist jedoch immer **Kommunikation** und **Dialog** mit den Mitarbeiterinnen und Mitarbeitern das Mittel der Wahl. Insgesamt gilt: Was hier von Führungskräften als Lehrenden verlangt wird, ist leichter gesagt als getan; wir werden später hierauf zurückkommen. Generell scheint jedoch ein Schlüssel in der Anregung und Unterstützung *gemeinsamer* Reflexionsprozesse zu liegen (vgl. die Idee des „Sharing", ☞ E. III. 12).

Der Begriff der Reflexion spielt im Konstruktivismus eine gewichtige Rolle, denn Reflexion ist Voraussetzung für Lernen. Gleichzeitig gibt es **Grenzen der Reflexionsfähigkeit** und auch der **Reflexionsbereitschaft** – auf Seiten der Lernenden und gerade auch bei Führungskräften in ihrer Rolle als Lehrende. Daher wollen wir – ehe wir auf konkrete Tätigkeiten von Führungskräften in ihrer Rolle als Lehrende zu sprechen kommen – den Begriff der Reflexion im Kontext von Lernen (in der Arbeit) problematisieren und dabei zunächst den Begriff der Erfahrung wieder aufgreifen, der ja definitionsgemäß allem Lernen zu Grunde liegt (☞ C. III. 1.2).

Reflexion als Voraussetzung für nachhaltiges Lernen

Ausgehend von der Wissensproduktion im Alltag argumentieren *Erpenbeck/Heyse* (2007), dass Alltagswissen entsteht und sich entwickelt, dass es sich anpasst und wieder vergessen wird, indem Menschen handeln und dabei **Erfahrungen** machen. Dabei schichten sich die Erfahrungen und das damit verbundene (Handlungs-) **Wissen** zu einem Erfahrungsschatz auf, über den als Ganzes in der Regel vom einzelnen Menschen nicht nachgedacht wird. Denn, so *Erpenbeck/Heyse* (2007, S. 49) „*ein auf die Erfahrungen und das eigene Bewusstsein bezogenes bewusstes Nachdenken, das das Situative übersteigend sich einen Gesamtüberblick verschaffen will*", finde eher selten statt. Damit generieren Erfahrungen lediglich ein Wissen, welches dem Menschen sichere Orientierung im Alltag auf Basis routinisierter Denk- und Handlungsfähigkeiten bietet. Dieses Wissen wird **Erfahrungswissen** genannt. Die aufgeschichteten Erfahrungen führen jedoch nicht von allein zu verbesserter Problemlösungsfähigkeit und innovativem Denken (vgl. *Erpenbeck/Heyse* 2007, S. 49 f.) – wobei ja Organisationen genau diese Qualität von Lernergebnissen ihrer Mitglieder benötigen, um in turbulenten Umwelten bestehen zu können.

An dieser Stelle setzen konstruktivistische Auffassungen vom Lernen und Lehren an und fordern, dass die Konstruktionsvorgänge der Lernenden durch **instruktionale Anleitung zur Reflexion** durch die Lehrenden flankiert werden. Der Aufbau von Handlungskompetenz als Ergebnis des Lernens (☞ C. III. 2.3) verlangt nach systematischer Reflexion. Wir haben bereits bei der Beschreibung des Kompetenzbegriffs darauf hingewiesen, dass Kompetenzen immer auch auf reflexiven Handlungen beruhen. **Konstruktion** und **Instruktion** (vgl. Tab. C.11) schließen sich demnach nicht aus – im Gegenteil, *Krauss/Mohr* (vgl. 2005a, S. 31 f.) weisen für den Führungskontext explizit darauf hin, dass das ausschließliche Setzen auf das **Erfahrungswissen** der Mitarbeiter, der Verzicht auf seine Explikation, Diskussion und Bewertung auch kontraproduktiv sein kann, denn das Erfahrungswissen spiegelt auch *alte* Routinen und Arbeitsgewohnheiten wider, die in Arbeitsprozessen verinnerlicht worden sind, jedoch *aktuellen* Anforderungen an die Arbeitsorganisation nicht mehr entsprechen. Wenn, so *Krauss/Mohr* (2005a), Unternehmen das Erfahrungswissen ihrer Mitarbeiter nutzen wollen, muss:

- Das Erfahrungswissen erkannt und seine Explikation und Kommunikation gefördert werden, denn vielen Mitarbeitern ist ihr über viele Jahre erworbenes Know-how als „Erfahrungsschatz" gar nicht bewusst.

- Das Erfahrungswissen auf seine Aktualität hinsichtlich wirtschaftlicher, technischer und sozialer Zielsetzungen überprüft und zur Disposition gestellt werden, indem es reflektiert, analysiert und dokumentiert wird.

- Die gezielte Anwendung des neu konstruierten Erfahrungswissens organisiert werden.

Führungskräfte initiieren und koordinieren Reflexionsprozesse

Führungskräften fällt in diesem Kontext die Aufgabe zu, die genannten Kommunikations-, Reflexions- und Organisationsprozesse anzustoßen und systematisch zu begleiten. Dies bedeutet auch (oder zuvorderst), Räume und Zeiten für diese Prozesse zur Verfügung zu stellen, damit sie nicht vom Druck im aktuellen Tagesgeschäft überrollt werden. Generell gilt, dass konstruktivistisches Lernen und Lehren aufwändig und zeitintensiv ist. Auf diesen Punkt kommen auch *Senge u. a.* (2000) immer wieder zu sprechen, wobei sie betonen, dass eine Vielzahl von Möglichkeiten existiere, wie Lernprozessen in Organisationen Zeit und Raum gegeben werden kann: Sei es dadurch, in regelmäßigen Abständen *„einen halben Tag"* (*Senge u. a.* 2000, S. 160) im Team zur Reflexion zu nutzen. Oder auch nur, indem den Mitarbeitern unverplante Zeit zur Verfügung gestellt wird für individuelles oder gemeinsames „Tagträumen", für Gespräche über wichtige Themen ohne *unmittelbare* Verpflichtung zu Resultaten oder für jene spontanen und zwanglosen Gespräche während der täglichen Arbeit, die Menschen dabei helfen, vielschichtige Aufgaben wie Lernen und Veränderung zu bewältigen. *Senge u. a.* (2000, S. 84 ff.) berichten auch von Unternehmen, die Bibliotheken eingerichtet haben oder auch eigene Räume für „Lernlaboratorien" mit spezieller kommunikationsfreundlicher Bestuhlung und digitalen Whiteboards inklusive allerlei Lerntools. So wie dabei die Bedeutung der Räumlichkeiten für den Dialog betont wird, so berichten die Autoren auch von Teams, denen der Gang in den „Lernraum" zu einer unangenehmen Pflicht wurde. Resultieren mag das daraus, dass sie sich in gewisser Weise noch immer an einem traditionellen (kognitivistischen) Modell des Lernens mit einem besonderen Ort orientierten, an den sich die Leute begeben, um Dinge zu lernen, von denen sie „wussten", dass sie sie normalerweise nicht anwenden würden.

Auf welche Art und Weise Führungskräfte Zeit und Raum zum Lernen zur Verfügung stellen wird daher von Führungsbeziehung zu Führungsbeziehung, von Team zu Team, von Organisation zu Organisation verschieden sein. Letztendlich entscheidend ist, dass Lernen von Führungskräften wie auch von Geführten als fester Bestandteil der *täglichen Arbeit* betrachtet wird und nicht auf Seminare und Schulungen beschränkt bleibt, welche zeitlich begrenzt und nicht mit den Kontexten verbunden sind, in dem die Resultate erzeugt werden (vgl. *Senge u. a.* 2000, S. 34; → träges Wissen, ☞ C. II. 2.3).

Gleichwohl betonen die Autoren, dass das Argument von Führungskräften *„Wir haben keine Zeit für dieses Zeug"* (*Senge u. a.* 2000, S. 79 f.) eine große Herausforderung darstellt. In diesem Kontext konstatiert *Schiersmann* (2007, S. 39), dass es wenig empirische Belege hinsichtlich der Frage gibt, ob angesichts des in Organisationen allgegenwärtig hohen Zeit-, Kosten-, Arbeits- und Konkurrenzdrucks komplexere Lernvorgänge, die eine Reflexion erlauben bzw. voraussetzen, überhaupt möglich sind. Er weist kritisch darauf hin, dass diese Faktoren bei der Diskussion informellen Lernens (und darauf läuft konstruktivistisches Lernen hinaus) regelmäßig unterschätzt bzw. ignoriert zu werden.

Voraussetzung für jegliches Lernen konstruktivistischer Provenienz in Organisationen bleibt jedoch, dass Führungskräfte als Schlüsselpersonen Zeit für neue Arbeitsmethoden wie Reflexion, Planung und Zusammenarbeit aufbringen bzw. einplanen (vgl. *Senge u. a.* 2000, S. 79). Wenn hier von Zusammenarbeit gesprochen wird, wollen wir kurz daran erinnern, dass die sozio-konstruktivistische Lerntheorie mit ihrem **Primat der Ko-Konstruktion** vor allem die Prozesse des sozialen Austauschs fokussiert. Aus Führungssicht werden damit der Team-Gedanke sowie die Idee des „Sharing" in den Mittelpunkt gerückt.

Wir sehen, dass konstruktivistisches Lernen mit der immanenten Notwendigkeit von Reflexion nicht voraussetzungslos ist. Hierauf wollen wir später noch einmal zurückkommen. Zunächst einmal muss man jedoch konstatieren, dass sich der Konstruktivismus als Paradigma für die Erwachsenenbildung geradezu anbietet (vgl. *Reinmann-Rothmeier/Mandl* 1997, S. 372 und die dort aufgeführte Literatur), denn Erwachsene verfügen aufgrund ihres Alters über einen reichhaltigen Erfahrungsschatz und ihre Wissensstrukturen enthalten große Mengen an prozeduralem und implizitem Wissen. Zudem sind Erwachsene durch kontinuierliche Lebensbewältigung in einen beständigen Lernprozess eingebunden, können eigenverantwortlich handeln und suchen sich vielfach aktiv (intentional) und individuell ihre eigenen Lernwege.

Im Schulkontext und in der seminargestützten Erwachsenenbildung fällt dem Lehrenden die Aufgabe zu, bedeutungshaltige, authentische Problemsituationen und kooperative Settings bereitzustellen um sicherzustellen, dass Wissen von Anfang an unter Anwendungsgesichtspunkten erworben wird und neben dem Erwerb von Wissen auch die Entwicklung von Denkmustern, Expertenkniffen und Überzeugungssystemen einer Expertenkultur gefördert wird (vgl. *Reinmann-Rothmeier/Mandl*

1997, S. 368). Da beim Lernen in der Arbeit solche „Inszenierungen" wegfallen, scheint konstruktivistisches Lernen und Lehren zunächst doppelt geeignet für das Lernen in Führungsbeziehungen. Jedoch ist nicht jede Arbeitssituation – weil authentisch – zugleich lernhaltig. Vielmehr ist es Aufgabe von Führungskräften, Arbeitssituationen als Lernumgebungen zu gestalten.

Führungskräfte gestalten Lernumgebungen

Im Hinblick auf die Gestaltung von Lernumgebungen müssen sich pädagogisch Handelnde – und daher auch Vorgesetze in Wahrnehmung ihrer pädagogischen Rolle – zunächst vergegenwärtigen, dass nicht nur die Räume und äußeren Bedingungen, nicht nur die Lernmaterialien und nicht nur die Lernenden mit ihren spezifischen (Lern-)Voraussetzungen (☞ C. III. 2.1), nicht nur alles um sie herum eine Lernumgebung darstellt („äußere" Lernumgebung), sondern dass *sie selbst* zunächst den wichtigsten Teil der Lernumgebung ausmachen (vgl. auch im Folgenden *Reich* 2006, S. 17 f.). Denn in ihrer Kommunikation mit den Lernern stellen Lehrende immer *Beziehungen* her, die auch über alles fachliche Lernen mitentscheiden. So wird in Interaktion und Kommunikation eine kulturell-zwischenmenschliche Atmosphäre gebildet, die für jedes Lernen einen Rahmen der Forderung und Förderung darstellt. Gelingt dieser Rahmen nicht, dann werden – so *Reich* – Forderungen unglaubwürdig und Förderungen fallen zu gering aus. Zudem ist es für Lernende wichtig, den Sinn und Verwendungszusammenhang ihres Lernens zu sehen, und die Sinnfrage – auch im Hinblick auf die eingesetzten Methoden – kann nur kommunikativ in Beziehungen vermittelt werden.

Jedoch ist eine solche Beziehungsdidaktik mit neuen Einstellungen und Ansprüchen verbunden, die sich klar von den Methoden des aktiven Lehrens unterscheiden, die in Lehr-Lernsituationen traditioneller Provenienz zur Veranschaulichung von Intentionen und Inhalten zum Einsatz kommen (vgl. *Reich* 2006, S. 26; auch Tab. C.11): In der Beziehungsdidaktik geht es vorrangig darum, *gemeinsam* ein Problem zu erfahren und zu erkennen, multiperspektivische, multimodale und kreative Sichtweisen zu generieren und Lösungen im Team (unter Einbezug individueller Leistungen) zu finden sowie den Lösungsprozess gut zu visualisieren (damit nichts schnell weggeredet oder zurückgestellt werden kann, aber auch damit Teammitglieder lernen, individuell Verantwortung für einzelne Beiträge zu übernehmen). Bei Führung vor dem Hintergrund des konstruktivistischen Paradigma geht es daher – sowohl ganz generell als auch speziell im Hinblick auf Lernen – nicht um das *Setzen* von (Lern-)Zielen, sondern um deren *Klärung* (vgl. *Arnold* 2000, S. 24). Angestrebt ist eine hohe Identifikation aller Beteiligten im Prozess der Zielbildung und der Lösung von Problemen, da diese gemeinsam erarbeitet und abgestimmt werden. Zugleich müssen individuelle Lösungen begründbar und durchsetzbar bleiben.

Die Lehrenden – in unserem Fall die Führungskräfte – treten im Vergleich zu traditionellen Lehr-Lern-Situationen, in denen sie instruiert, angeleitet, vorgemacht und erklärt haben, in den Hintergrund. Sie sind im Wesentlichen Helfer, Berater und Moderatoren der Lern- und Interaktionsprozesse (vgl. Tab. C.11), die in Offenheit, mit Wertschätzung und in lösungsorientierter Einstellung zu bewältigen sind. Sie bringen dabei ihre fachlichen, methodischen, sozial-kommunikativen, personalen und umsetzungsbezogenen Kompetenzen als Impulse und Fragen ein, die als ihr Beitrag zur Problemfindung und -lösung erkennbar sind (vgl. *Reich* 2006, S. 26).

Schlussendlich geht es bei der Gestaltung von Lernumgebungen im Organisationskontext neben Überlegungen zu Orten und Zeiten des Lernens, zu Medien und technischen Hilfsmitteln („äußere" Lernumgebung) vor allem um die Schaffung eines Klimas im sozialen Miteinander, welches Reflexion, Erfindung und (angstfreie) Erprobung zulässt und letztendlich nicht (nur) auf schnelles Problemlösen, sondern auf die gemeinsame Bewältigung komplexer Situationen durch die Konstruktion einer gemeinsamen Realität hinausläuft (vgl. hierzu auch *Franken* 2007, S. 64).

Überspannen Führungskräfte jedoch den Bogen und betrachten nur diese Hinweise zur „inneren" Lernumgebung, so mag es sein, dass Lernen von den Geführten nicht als solches, sondern als „normales" Handeln, „normale" Interaktion bzw. als „normales" Arbeiten erlebt wird. Denn Menschen lernen *immer*, das haben wir bereits mehrfach angedeutet und *Senge u. a.* (2000, S. 84) weisen darauf hin, dass „Arbeit" in den meisten Organisationen ein breites Spektrum von Tätigkeiten wie Nachdenken, etwas besprechen, Entscheidungen finden und erforschen umfasst – Tätigkeiten also, die man auch als „Lernen" qualifizieren kann. Entscheidend ist daher, dass *„wir uns unserer selbst als Lernende bewusst werden"* (*Seel* 2003, S. 237), denn nur so werden wir zu „Lernexperten" und lernen (im Sinne des metakognitiven Lernens, ☞ C. III. 2.2) zu lernen (vgl. weiterführend zum Zusammenhang von Metakognition und Expertentum *Seel* 2003, S. 228 ff.). Daher sollte insbesondere im Organisationskontext auch Wert auf eine adäquate Gestaltung der „äußeren" Lernumgebung gelegt werden – allerdings betont die konstruktivistische Didaktik, dass die Lernbedingungen soweit wie möglich von den direkt betroffenen Personen definiert und bestimmt werden sollten (vgl. *Reich* 2006, S. 232). So haben wir bereits von gewissen Attributen der äußeren Lernumgebung berichtet (z. B. „Lernraum"), die für viele Teams sicherlich lernförderlich, für einzelne Teams jedoch auch abträglich sein können. Insgesamt müssen Führungskräfte ein Gespür dafür entwickeln, wie sie für *ihr* Team passende Lernumgebungen gestalten, und ihre Mitarbeiterinnen und Mitarbeiter dabei soweit wie möglich einbeziehen.

Rollen von Führungskräften in lernförderlichen Führungsbeziehungen

Es ist bereits mehrfach angeklungen, dass mit einer konstruktivistischen Denkweise neue Rollenanforderungen an Führungskräfte verbunden sind. Wir wollen hierauf nun etwas genauer eingehen. Ganz grundsätzlich ist es schwierig, diese neuen Rollen – wir rekapitulieren: Führungskräfte sollen Berater, Moderator, Coach etc. sein – eindeutig voneinander abzugrenzen.

Gemeinsam ist diesen Rollen ein eher passives Moment, das einen Gegensatz zum aktiven Lehren vor dem Hintergrund behavioristischer und kognitivistischer Theorietraditionen bildet (vgl. Tab. C.11). Dieser Gegensatz spiegelt sich auch in der Unterscheidung von „Machen" und „Kultivieren" wider, zwei Grundperspektiven der Führung, auf die *Dachler* und *Dyllick* (1988) – als Vertreter der Idee der **relationalen Führung** (☞ A. II. 2.2), die ihrerseits im konstruktivistischen Paradigma verwurzelt ist – schon früh hingewiesen haben.

Auf die Rolle von Führungskräften als Moderatoren wollen wir später im Kontext der Diskussion ausgewählter konstruktiver Methoden zu sprechen kommen. Bleiben noch die Rollen „Coach" und „Berater". Die fehlende begriffliche Abgrenzungsmöglichkeit mag damit zusammenhängen, dass für das Feld Bildung, Beruf und Beschäftigung noch keine konsistente feldspezifische Beratungstheorie vorliegt (vgl. *Schiersmann* 2007, S. 245). Die Coachingforschung scheint diesbezüglich noch weiter zurückzuliegen (vgl. *Strikker/Flore* 2010, S. 139). Letztendlich wird eine eindeutige Abgrenzung aufgrund der inhaltlichen Nähe wohl nicht möglich sein. Wir wollen hierauf an dieser Stelle nicht weiter eingehen, denn für unseren weiteren Argumentationsgang ist lediglich wichtig, dass das Kernelement von Beratung wie von Coaching die Förderung bzw. die Anleitung zur Selbstreflexion ist (vgl. *Heidsieck* 2010 und *Strikker/Flore* 2010).

Damit sind wir wieder beim Thema **Reflexion**, das ja in modernen Auffassungen vom Lernen und Lehren eine zentrale Rolle einnimmt. Reflexionen erlauben Metaperspektiven und lassen über Metakognitionen Betrachtungen und prüfendes Denken über bereits vollzogenes Lernen (Nachdenken *über* Handlungen; „reflection on action"), gegenwärtiges Lernen (Nachdenken *während* des Handelns; „reflection in action") und zukünftiges Lernen als Antizipation neuer Erfahrungen zu (vgl. hierzu *Reich* 2006, S. 236 und *Seel* 2003, S. 232 f.; Metakognitives Lernen, ☞ C. III. 2.2).

Reflexion ist aber mehr als metakognitives Lernen, dessen Bezugspunkt immer bekannte, bereits existierende Aufgaben, Probleme oder Ziele sind – obgleich metakognitives Lernen (das Lernen zu lernen) grundsätzlich ein Ziel der konstruktivistischen Didaktik ist. Im Kontext von Führung und vor dem Hintergrund eskalierender Veralterungsraten im Bereich des fachlichen Know-hows und der wachsenden Komplexität in den organisationalen Abläufen gibt es jedoch nicht nur das Problem der (optimalen) Nutzung und Weiterentwicklung des Bekannten, sondern darüber hinaus auch das Problem, dass der Wandel immer weniger konkret-inhaltlich prognostizierbar ist (vgl. *Arnold* 2000, S. 53 f.): Es wird daher auch von einem prinzipiellen Prognosedefizit gesprochen. Dieses findet seinen Ausdruck darin, dass es kaum noch Beständiges gibt, das einzig Beständige vielmehr der Wandel selbst ist. Unbekannt ist nicht nur, was gelernt bzw. reflektiert werden muss, es ist vielmehr auch so, dass die eingeleiteten Lernprozesse selbst den Wandel prägen, beschleunigen oder entschleunigen können. Kontinuierliches Lernen ist zwar einerseits durch den Wandel ausgelöst, doch verläuft es nicht mehr in institutionalisierten, d. h. curricular vorgegebenen Mustern, sondern in Suchbewegungen, an deren Ende auch ihrerseits gewandelte Strukturen stehen können. Dies bedeutet, dass sich betriebliche Weiterbildung von dem vertrauten Muster der Kompetenzanpassung durch Lernen lösen müsste. Denn nachhaltiges Lernen ist vor dem Hintergrund unserer Ausführungen zum Wandel des Wandels paradoxerweise dann gegeben, wenn in zunächst relativ *zieloffenen* Lernprozessen neue Sichtweisen, Begründungen und Perspektiven entwickelt werden, mit deren Hilfe Wandel gestaltet werden kann. Dabei stellen Führungsbeziehungen, in denen sich der Vorgesetzte als Coach und Berater seiner Mitarbeiterinnen und Mitarbeiter sieht, in besonderer Weise einen Rahmen dar, innerhalb dessen primär reflexives Lernen gelingen kann. Wir wollen nun darstellen, welche praktischen Verfahren des Lernens und Lehrens (= Methoden) solche tiefgreifende Reflexionsprozesse unterstützen können.

Führungspraktische Konsequenzen

Für die Unterstützung von Lernprozessen in Schule und (traditioneller) Weiterbildung hat sich mit der Zeit ein ausdifferenzierter konstruktivistischer Methodenpool ergeben (vgl. *Reich* 2006, S. 297 und beiliegende CD-ROM). Dies sind Methoden, die in Gruppen bis 20, maximal 25 Personen sinnvoll eingesetzt werden können.

Daneben haben sich seit Mitte der 1990er-Jahre sog. **Großgruppenverfahren** etabliert (z. B. Open Space, Zukunftskonferenz, Appreciative Inquiry oder World Café; vgl. *Dittrich-Brauner u.a.* 2008), bei denen hinsichtlich der Teilnehmerzahl nach oben zunächst keine Grenzen bestehen. Grenzen ergeben sich eher durch die zur Verfügung stehenden Räume oder durch den explodierenden organisatorischen Aufwand bei sehr großen Gruppen. *Dittrich-Brauner u.a.* (2008, S. 2) berichten jedoch von erfolgreich durchgeführten Veranstaltungen mit bis zu 1500 Personen. Bei diesen Dimensionen wird unmittelbar klar, dass dies nicht von einzelnen Führungskräften geleistet werden kann. Solche Großgruppenveranstaltungen sind von externen Profis zu organisieren und durchzuführen. Daher wollen wir auf diese Verfahren nicht vertieft eingehen, sondern nur deren methodisches Prinzip verdeutlichen. Im Grundsatz zielen Großgruppenverfahren (wie übrigens alle konstruktivistischen Methoden) auf die Trias „Artikulieren und Reflektieren – Prozesse modellieren und dokumentieren (d. h. sichtbar machen) – Anwenden und Internalisieren" ab. Am Beispiel des **World Café** wollen wir dies erläutern:

> **Beispiel zu Großgruppenverfahren**
>
> „Im World Café finden sich die Teilnehmer in einer Atmosphäre wie in einem Straßencafé zusammen. Kleine Tischchen mit 4 oder 5 Stühlen beherrschen das Bild. Papierdeckchen mit bunten Stiften ermöglichen es den Teilnehmern, Gedanken festzuhalten, kurze Kommentare zu schreiben, kleine Bilder zu malen oder zu „scribblen". Diese besondere Ausstattung und Atmosphäre ist die Grundlage der Methode. Die Moderatoren übernehmen die Funktion des Gastgebers innerhalb des World Café. Ihnen geht es darum, Teilnehmer in lockeren, aber dennoch intensiven Gesprächen zusammenzuführen. In den Café-Runden diskutieren sie eine Frage aus unterschiedlichen Perspektiven, tragen eine Fülle von Aspekten zum Thema zusammen und setzen sich mit den Sichtweisen der „Tischpartner" auseinander. Es geht darum, das Thema intensiv zu durchdringen, ganz wie bei engagierten Diskussionen im Straßencafé im Sommer. Durch die Gespräche in wechselnden Café-Runden tragen die Teilnehmer Gedanken, Ideen und Erfahrungen von einer zur nächsten Gruppe. Die Gesprächsergebnisse verbinden sich immer stärker, Ideen und Erkenntnisse verweben sich miteinander, die kollektive Intelligenz wird spürbar, und die Teilnehmer können in einem darauffolgenden Plenum gemeinsame Erkenntnisse formulieren" (*Dittrich-Brauner u. a.* 2008, S. 109).

Wichtig ist dabei, dass von der Moderation Fragen vorgegeben werden, die für die Teilnehmer relevant und inspirierend sind, den Bedürfnissen der Teilnehmer entsprechen und damit die Wahrscheinlichkeit erhöhen, dass sie vielfältige Diskussionen auslösen. Beim Zusammenkommen im Plenum können „Tischsprecher" bestimmt werden, oder das Mikrofon wandert frei herum. Oder die Moderatoren fordern dazu auf, zentrale Ergebnisse der vorangegangen Diskussionen auf Wandplakaten festzuhalten (vgl. *Dittrich-Brauner u.a.* 2008, S. 111).

Ganz deutlich wird hier der Bezug zu **organisationalem Lernen** (☞ C. III. 1.1); insbesondere zum Themenkomplex, in welchem Verhältnis Lernen auf Ebene des Individuums (Mikroebene), Lernen auf Gruppenebene (Mesoebene) und Lernen auf Organisationsebene (Makroebene) zueinander stehen. Wir hatten an dieser Stelle auch **Lernbarrieren** durch mangelhaften Informationsfluss aufgrund der Einteilung der Organisation in viele Sub-Einheiten angesprochen. Wenn in einem World Café nun Mitglieder aus den verschiedensten Einheiten einer Organisation teilnehmen ist leicht ersichtlich, dass durch dieses Verfahren der Informationsfluss zwischen den Organisationsmitgliedern angeregt werden kann. Denn im World Café werden idealerweise Kontakte geknüpft, die über den Tag der Veranstaltung hinaus Bestand haben.

Wenden wir uns nun Methoden zu, die Führungskräfte allein (bzw. mit anfänglicher externer Unterstützung) in ihrem Team oder ihrer Abteilung verwenden können. Ganz grundsätzlich müssen Führungskräfte **Moderationstechniken** beherrschen, denn Moderation ist in ganz vielen Lernsituationen in Organisationen von Bedeutung. Im Kern ist Moderation eine Kommunikationshilfe, mit der die Arbeit in und von lernenden, denkenden und problemlösenden Gruppen effektiver gestaltet werden kann. In diesem Sinn heißt Moderation, die Arbeit einer Gruppe durch impulsgebendes Fragen zu begleiten und zu strukturieren und dabei sowohl die Fragen als auch die Antworten zu visualisieren (vgl. *Müller/Dachrodt* 2001, S. 10).

Der Einsatz von Moderationstechniken ist zeitaufwendig und daher vor allem dann sinnvoll, wenn komplexe Fragestellungen und Probleme behandelt werden sollen. Dies kann dann der Fall sein, wenn in Gruppen z. B.

(neue) Informationen gesichtet, Assoziationen gebildet, Brainstormings durchgeführt oder Planungs- und Entscheidungsprozesse transparent geklärt werden sollen. Dabei ist die Moderationsmethode sinnvollerweise mit der Methode des schriftlichen Diskutierens (→ Metaplanmethode) zu verknüpfen. Hierbei werden Stellwände/Flipcharts mit Packpapier zum Beschriften und zum Aufkleben/Anheften von farbigen Karten benutzt. Diese stellen z. B. für Ideensammlungen, für → Kartenabfragen oder für Entwicklungen von Schaubildern in kommunikativen Prozessen eine geeignete Präsentationsform dar. Wenn auf diese Weise Entscheidungen gefunden und transparent gemacht werden, erhöht sich die Wahrscheinlichkeit dafür, dass die getroffenen Entscheidungen von allen mitgetragen werden. Die Moderationsmethode ist zugleich eine demokratisch orientierte Methode, da z. B. bei Kartenabfragen *alle* Gruppenmitglieder Karten mit Stichpunkten zu einem Problem aus ihrer Sicht schreiben, sodass in einer Gruppe alle Meinungen zu dem Problem (d. h. auch Minderheitenmeinungen) erscheinen und schriftlich fixiert werden (vgl. *Reich* 2006).

In der Praxis erscheinen oftmals **moderierte Besprechungen** sinnvoll. Moderierte Besprechungen sind eine Kombination aus Moderation und Besprechung (vgl. *Müller/Dachrodt* 2001, S. 11 ff.): Bei einer Besprechung („Meeting") kommen Mitarbeiterinnen und Mitarbeiter zu einem bestimmten Zeitpunkt zusammen, um arbeitsbezogene Informationen auszutauschen, Probleme zu lösen und zukünftige gemeinsame Linien oder Strategien zu formulieren. Häufig nehmen Vorgesetzte an Besprechungen teil und leiten diese auf der Basis einer Tagesordnung. In Besprechungen wird vielfach ziel- und ergebnislos diskutiert. In *moderierten* Besprechungen werden dagegen die Vorteile der Moderation für Besprechungen nutzbar gemacht. Diese werden jedoch nicht von A bis Z durchmoderiert, um den Zeitaufwand zu begrenzen, der wiederum bei Moderation häufig negativ ins Gewicht fällt.

Will der Vorgesetzte die Besprechung selber moderieren, kommt ihm eine Doppelfunktion zu. Denn ein Moderator begleitet den Diskussionsprozess, ohne inhaltlich einzugreifen und zu steuern, weil er kein Eigeninteresse am Thema hat. Der Vorgesetzte ist jedoch meist inhaltlich involviert. Dies erschwert seine Position als Moderator; während einer moderierten Besprechung muss jedem Teilnehmer klar sein, ob der Vorgesetzte in seiner Funktion als Moderator oder als Vorgesetzter spricht. Dies kann durch das Wechseln des Standortes deutlich gemacht werden (z. B. in der Funktion als Moderator am Flip-Chart stehen, ansonsten zur Seite treten) (vgl. *Müller/Dachrodt* 2001, S. 12).

Moderation ist Bestandteil vieler Techniken des Lernens und Lehrens. Stellvertretend für viele andere Methoden seien in Tabelle C.12 zwei ausgewählte konstruktivistische Methoden vorgestellt.

Wir haben diese Methoden einerseits ausgewählt, weil sie recht leicht auch von methoden- und moderationsunerfahrenen Führungskräften eingesetzt und erprobt werden können. Andererseits verdeutlichen sie in besonderer Weise die Idee des „Sharing", die ja eine ganz zentrale Bedeutung in der konstruktivistischen Didaktik wie auch im Konzept des **organisationalen Lernens** hat (☞ C. III. 1.1). Hierzu noch folgende Bemerkung: Eingangs hatten wir gesagt, dass sich die Diskussion um organisationales Lernen auf zwei Ebenen bewegt. Zum einen geht es darum zu klären, wie sich individuelles Lernen, Team-Lernen (kollektives Lernen) und organisationales Lernen zueinander verhalten. Zum anderen geht es darum, zu spezifizieren wie organisationales Lernen gefördert werden kann. Hinsichtlich der ersten Diskussionsebene ist zu erkennen, dass die beiden vorgestellten Methoden („Think-Pair-Share", Handlungsplakat) den Übergang vom **individuellen Denken** zum **kollektiven Lernen** unterstützen. Wenn man bei der Methode „Think-Pair-Share" den Zwischenschritt „Square" (= Viereck) einbaut (die Methode heißt dann „Think-Pair-Square-Share"), also zum Ideen- und Gedankenaustausch im Viererteam auffordert, dann könnte der Schritt „Share" – bei kleineren Organisationen – bereits auf der **Ebene der Organisation** stattfinden; der Lernprozess hätte somit alle drei angesprochenen Ebenen durchdrungen. Auch mit Bezug auf die zweite Diskussionsebene wird deutlich, dass die dargestellten Methoden einen Beitrag zur Konkretisierung leisten: Führungskräfte in ihrer Rolle als Moderatoren können durch die Anwendung geeigneter Techniken des Lernens und Lehrens kollektives Lernen in Organisationen befördern.

Nachfolgend ein Auszug aus den lernorientierten Führungsgrundsätzen von *Boehringer Ingelheim* („Lead & Learn"), die in besonderer Weise das Zusammenwirken von **individuellem** und **kollektivem Lernen** zum Ausdruck bringen

Beispiel zu lernorientierten Führungsgrundsätzen
„Unsere „Lead & Learn"-Prinzipien sind die Weiterentwicklung unserer Führungsgrundsätze „Vision & Leadership". Sie beschreiben die Art und Weise, wie wir „Werte schaffen durch Innovation" umsetzen wollen.

Die Prinzipien von „Lead & Learn" helfen uns, die zukünftigen Herausforderungen zu bestehen. Somit bringt „Lead & Learn" das Unternehmen im grundlegenden Verständnis der Unternehmenskultur und des Miteinanders weiter voran. Eine wichtige Komponente von „Lead & Learn" ist „Me/We". „Me/We" unterstreicht, wie wichtig der Einzelne, aber auch die gemeinsame Leistung im Team für den Unternehmenserfolg sind."

Quelle: *Boehringer Ingelheim* 2015

Auch *Peter Senge* und Kollegen, Protagonisten der Idee eines systemisch-konstruktivistisch geprägten organisationalen Lernens, bieten in ihrem Fünfte-Disziplin-Arbeitsbuch eine Fülle von methodischen Ideen, die Führungskräfte in ihrem Team leicht umsetzen können. Exemplarisch wollen wir an dieser Stelle die Methode **„Geschichtskarte"** vorstellen (vgl. *Senge u.a.* 2000, S. 212 f.):

Beispiel zum organisationalen Lernen

Ziel des methodischen Einsatzes von Geschichtskarten ist es, innerhalb eines Teams ein gemeinsames Verständnis der Umstände und Kräfte zu entwickeln, die zu bestimmten (sozialen, technischen etc.) Veränderungen in der gemeinsamen Arbeit des Teams geführt haben. Dabei können „Veränderungen" bzw. der Umgang mit Veränderungen in einem weiteren Sinn als „Lernen" ausgelegt werden. Das Veränderungs- bzw. Lerngeschehen wird aus der Perspektive der Beteiligten wie in einem Puzzle quasi „rekonstruiert", denn normalerweise kennt jedes Teammitglied nur einen Teil der Geschichte.

Aus führungspraktischer Sicht sind für diese Übung mehrere Flipcharts, ein Magnetboard/Pinnwand oder Stellwände (wie bei der → Metaplanmethode beschrieben) und ein Moderatorenkoffer notwendig sowie zwischen 25 Minuten und mehreren Stunden Zeit. Die Führungskraft (oder auch ein anderes Teammitglied mit den notwendigen Moderations-Kompetenzen) zeichnet eine Zeitlinie, die sich rückwärts gerechnet über Monate bzw. Jahre erstreckt und an der jeder das zur Diskussion stehende Veränderungs- bzw. Lerngeschehen verfolgen kann. Am rechten Rand bleibt Platz, um die Chronologie in Zukunft weiterführen zu können. Nun werden die Teammitglieder aufgefordert, ihre Erfahrungen, Erinnerungen und Wahrnehmungen zu schildern. Sie werden Antworten geben auf (nicht explizit gestellte) Fragen wie „Was war das ursprüngliche Problem?", „Worin bestand der ursprüngliche Zweck von XY?", „Was waren die erwarteten Ergebnisse?" und „Was geschah anschließend?", „Wessen Idee war das?", „Warum hat das eigentlich nicht geklappt?" etc. Typischerweise beginnen die Teammitglieder ihre Erinnerungen zu vergleichen („Was, davon wussten Sie schon im Januar? Mir ist das erst im August zu Ohren gekommen!"). Der Moderator hält die beschriebenen Ereignisse, Episoden, Konflikte, Probleme, Vermutungen – aber auch geäußerte Stimmungen und Emotionen (wie Stresserleben) und Motivationen (z.B. Interessen und Kausalattributionen von Arbeitsergebnissen) – auf geeigneten Medien wie z.B. Moderationskarten fest und bewegt sich dabei entlang der Zeitlinie vorwärts. Insgesamt ergibt sich so ein Bild von dem, was die Teammitglieder gedacht und gefühlt haben, wie sie bestimmte Herausforderungen wahrgenommen und wie sie reagiert haben. Nach einer solchen Übung sollte das Team sich mehr darüber im Klaren sein, was ihre gemeinsame Zielsetzung ist und wie die Wege, Prinzipien, Methoden, Handlungen und Entscheidungen aussehen, die erforderlich sind, um diese Ziele zu erreichen.

Im Sinne des Sozio-Konstruktivismus regen die beschriebenen Methoden das Lernen *miteinander* an; Fokus organisationalen Lernens ist daher das **Team-Lernen** (vgl. hierzu grundsätzlich *Busch* 2015). Dabei sollen Teams lernen, ihr kollektives Denken neu zu gestalten, ihre Energien auf gemeinsame Ziele zu richten und gemeinsame Fähigkeiten zu entwickeln, die die Summe der individuellen Fähigkeiten überschreiten.

Ein wesentliches Element in der Arbeit des organisationalen Lernens ist es, die dem Denken und Handeln der Teammitglieder zugrunde liegenden **mentalen Modelle** bewusst werden zu lassen (vgl. *Senge u.a.* 2000, S. 638 f.). Erinnern wir uns kurz, was wir zu mentalen Modellen im Kontext unseres Überblicks über die Entwicklungslinien der Lerntheorie gesagt hatten (☞ C. III. 1.3): Wir hatten mentale Modelle als kognitive Konstruktionen gekennzeichnet, mittels derer Individuen ihre Erfahrungen und/oder ihr Denken derart organisieren, dass sie eine systematische Repräsentation ihres Wissens erreichen, um Plausibilität und Sinn zu erzeugen (vgl. *Seel* 2003, S. 23). *Senge u.a.* (2000, S. 638) finden hierfür eine griffigere Formel und beschreiben mentale Modelle folgendermaßen:

Definition: Mentales Modell

Mentale Modelle sind tief verwurzelte Annahmen, Einstellungen, Wertvorstellungen und Deutungsmuster, die die Wahrnehmung von Menschen und damit ihr Denken, Fühlen und Handeln beeinflussen.

Wenn wir nun den Überlegungen *Senges* und seiner Kollegen folgen, sollten Vorgesetzte mit ihrem Team über diese Weltbilder nachdenken, sprechen und erneut nachdenken und dabei gemeinsame mentale Modelle entwickeln („shared mental models"). Diese tragen wie-

Methode	Think-Pair-Share	Handlungsplakat
Ziel	Synergetisch in drei Schritten Informationen aufnehmen, Ideen sammeln, Erkenntnisse gewinnen, diese verarbeiten und wiedergeben können. Jedes Teammitglied leistet wichtige Beiträge für das gemeinsame Arbeiten durch Bündelung der Sichtweisen. Die Gruppe nimmt individuelle, durch den Austausch mit Gesprächspartnern geschärfte Beiträge zur Kenntnis und erweitert ihr Ideen- und Wissensspektrum.	Überblick über Aktivitäten und Zuständigkeiten im Team schaffen. Es wird sichtbar, welche Ressourcen genutzt werden können und für welche Aktionen eine Gruppe keine Ressourcen frei hat. Hierdurch werden euphorische Fehleinschätzungen, personelle „Nadelöhr-Situationen" und Überlastung einzelner Teammitglieder vermieden.
Material	evtl. Papier versch. Größen, Flip-Chart, Plakate	z. B. Flipchart
Zeit	20–40 Minuten	entsteht während der Arbeit
Durchführung	1. Schritt: **Think** (5–10 Min.) Jedes Teammitglied beschäftigt sich *alleine* mit einer Fragestellung und notiert seine Beiträge. 2. Schritt: **Pair** (5–10 Min.) Jedes Teammitglied wendet sich einem *Partner* zu und tritt mit ihm in den Austausch, sodass es die Beiträge des Partners in der Gesamtgruppe vorstellen könnte. Jeder sollte dem anderen aktiv zuhören und ggf. Rückfragen stellen. Der Austausch geschieht i. d. R. folgendermaßen: • Zuerst trägt Partner A seine Ergebnisse vor, während sich Partner B Notizen macht, • danach umgekehrt. 3. Schritt: **Share** (10–20 Min.) In der *Gruppe* erfolgt nun ein Austausch über die Ergebnisse. Die Beiträge der Einzelnen werden festgehalten und z. B. nach Wichtigkeit gruppiert. Die Gruppe verständigt sich auf ein Gesamtergebnis und bereitet es ggf. für eine Präsentation auf (z. B. Darstellung auf einem Plakat).	Es wird folgendes Plakat angelegt: | Was? | macht wer? | für wen? | bis wann? | |---|---|---|---| | | | | | | | | | | | | | | | Das Plakat wird während der Arbeit in der Reihenfolge der Spalten ausgefüllt. In der Regel liegen durch Vorarbeiten bereits die Tätigkeiten für die erste Spalte vor. Wichtig ist, dass in die WER- Spalte nur Personen eingetragen werden, die zum Zeitpunkt der Erstellung des Handlungsplakates anwesend sind. Eventuell ergeben sich durch das Fehlen bestimmter Personen neue Tätigkeiten in der WAS-Spalte („XY informieren …").

Tab. C.12: Ausgewählte konstruktivistische Techniken des Lehrens und Lernens
(vgl. *Heckt* 2008; *Green/Green* 2005; *Barkholz u. a.* 1997)

derum dazu bei, dass die Teammitglieder eine größere Kontrolle über ihre Handlungen und Entscheidungen erlangen. Gemeinsam ist den konstruktivistischen Methoden, dass sie Hilfsmittel sind, um dieses Ziel erreichen zu können. *Reich* (2006) empfiehlt, aus dem konstruktivistischen Methodenpool konkrete Methoden und Medien auszuwählen, diese zu mischen, zu variieren und zu kontrastieren. *Senge u. a.* (2000) argumentieren ähnlich. Dabei sollten die direkt betroffenen Personen soweit wie möglich an der Entscheidung bezüglich der Methodenauswahl beteiligt werden.

Arnold (2000) formuliert im Kontext konstruktivistischen Lernen und Lehrens in Führungsbeziehungen u. a. folgende Führungsimperative für Führungspraktiker, in denen sich ganz deutlich *Dachler* und *Dyllicks* (1988) Grundperspektive der Führung als „Kultivieren" – wir sind hierauf schon eingegangen – widerspiegelt:

• Menschen folgen der Logik ihrer eigenen Deutungsmuster (mentale Modelle). Mentale Modelle werden in Sozialisationsprozessen gelernt; sie sind tief in einer Person verwurzelt und auf Kontinuität angelegt (☞ C. III. 2.1). Deshalb: Gib den Kampf um das Rechthaben auf!

- Mentale Modelle sind „Brillen mit Scheuklappen". Sie ermöglichen, dass Menschen im Alltag routinisiert Denken und Handeln können. Gewohnheitsmäßige Sichtweisen können aber auch „blind" machen. Deshalb: Reflektiere mentale Modelle! Reflektiere zunächst deine eigenen mentalen Modelle; suche daher auch Supervisions-, Coaching- und Beratungschancen und lass dich „von außen anschauen". Lass deine Mitarbeiterinnen und Mitarbeiter ihre mentalen Modelle reflektieren; erzeuge daher systematisch eine Vielfalt der Aspekte, Kraftfelder und Lesarten im Team! Habe dabei Mut zur Situationsspezifik und verabschiede dich von Rezepten und „Rezeptologien" aus der Ratgeberliteratur, denn diese sind nicht auf deinen konkreten Fall bezogen!

- *„Erwachsene sind lernfähig, aber unbelehrbar"* (*Arnold* 2000, S. 98); lebenslanges Lernen und Kompetenzentwicklung sind nicht „erzeugbar". Deshalb: Gib die Lern- und Entwicklungszuständigkeiten an die Mitarbeiter und Mitarbeiterinnen zurück! Beziehe sie ein! Arrangiere Lernanlässe und -gelegenheiten und versuche auf diese Weise, die Lernkultur in deinem Team, deiner Abteilung oder im Unternehmen zu modifizieren (und zwar vom Modell des „veranstalteten Lernens" zum Modell des „selbstgesteuerten Lernens").

- Führung ist immer an Akzeptanz gekoppelt (☞ A. II. 2.2). Führungskräfte können nur dann etwas bewegen, nur dann lerninduzierte Veränderungen erreichen, wenn sie von ihren Mitarbeiterinnen und Mitarbeitern akzeptiert werden. Deshalb: Entwickle gezielt die Beziehungs- und Akzeptanzebene!

Fassen wir zusammen: Konstruktivistische Methoden fokussieren das Lernen im Team und zielen darauf ab, dass Organisationsmitglieder in Kontakt kommen, in Bezug auf wichtige Fragestellungen kommunizieren, gemeinsam reflektieren und sich auf diese Weise ihrer (gemeinsamen) mentalen Modelle bewusst werden – und diese ggf. modifizieren. Dann hat Lernen stattgefunden. Aber noch ein Aspekt ist diesen Methoden gemeinsam: Im Kern zielen sie auf eine *„Organisation des Informellen"* (*Seufert* 2010). Hierauf wollen wir nun näher eingehen.

Informelles Lernen (welches übrigens prozentual einen Großteil des Lernens in Organisationen ausmacht) systematischer zu organisieren, folgt dem Gedanken, Lernprozesse in Arbeitskontexten in der Breite zu fördern und einen angemessenen Rahmen zu schaffen, um Lernen zu ermöglichen (vgl. *Seufert* 2010, S. 108; *Krauss/Mohr* 2005b; *Faulstich* 1998, S. 140). Daher werden die modernen Formen des Lernens und Lehrens zusammengenommen auch „Ermöglichungsdidaktik" genannt. Für Führungskräfte ergeben sich drei Möglichkeiten, informelles Lernen ihrer Mitarbeiter systematisch in deren Kompetenzentwicklungsprozesse zu integrieren (vgl. *Seufert* 2010, S. 109 ff.):

(1) **Extended Training:** Informelles Lernen mit formellem Training verzahnen,

(2) **Moderiertes informelles Lernen:** Reflexion am Arbeitsplatz anleiten,

(3) **Selbstorganisiertes informelles Lernen:** Lernförderliche Rahmenbedingungen schaffen.

Ad (1): Die Idee des **„Extended Training"** haben wir schon angesprochen, als wir uns im Rahmen des kognitivistischen Lernens in Führungsbeziehungen mit dem Begriff „Lerntransfer" beschäftigt und die Führungskraft als *„Vollzieherin der Ausbildungskonzeption"* (*Dubs* 1995a) bezeichnet haben (☞ C. III. 3.3). Wir wollen jedoch noch folgenden Aspekt ergänzen: Beim Lerntransfer sind insofern auch Bezüge zur Motivation geboten, als Lernen abhängig von der *Bedeutsamkeit* der Lerninhalte für den Lernenden ist (vgl. *Faulstich* 1998, S. 197 ff.). In diesem Sinn können Vorgesetzte die Lernmotivation ihrer Mitarbeiterinnen und Mitarbeiter fördern, indem sie z. B. bei der Vorbereitung ihrer Mitarbeiter auf formelle Weiterbildungsmaßnahmen klären, inwieweit angebotene Lerngegenstände bedeutsam für deren persönliche Intentionen sind und sie Bezüge zu eigenen Zielsetzungen und Arbeitsbedingungen herstellen können.

An dieser Stelle gehen konstruktivistische Überlegungen über in Überlegungen, die mit **subjektwissenschaftlichen Lerntheorien** in Verbindung gebracht werden können. Diese ursprünglich von *Holzkamp* (1993) vorgelegte und breit rezipierte Theorie radikalisiert in gewissem Sinn den konstruktivistischen Blick auf das Lernen, während er gleichzeitig einem stark individualisierten Lernbegriff verpflichtet bleibt (vgl. *Arnold* 2004, Sp. 1099). *Holzkamp* sieht Lernen als menschliches Handeln, das grundsätzlich der erweiterten Verfügung über Lebensbedingungen und erhöhter subjektiver Lebensqualität dient. Mit der Einnahme der Subjektperspektive und der Verortung von Lernen im Kontext menschlichen Handelns im Rahmen (gesellschaftlicher) Handlungsmöglichkeiten hat *Holzkamp* (1993, S. 391 ff., 1996) den Begriff **„Lehr-Lern-Kurzschluss"** geprägt. Damit ist die Gleichsetzung von Lehrenden- und Lernendenperspektive und die damit verbundene fälschliche Annahme gemeint, wenn gelehrt würde, werde gleichzeitig auch gelernt. Denn wirklich nachhaltig – *Holzkamp* nennt es expansiv – wird nur gelernt, wenn der Lernende durch die (antizipierte) Erfahrung einer erhöhten Verfügung über Handlungsmöglichkeiten als Folge von erweitertem Wissen und Können motiviert ist (vgl. *Holzkamp* 1993, S. 190). Anders herum formuliert ist Ausgangspunkt expansiven Lernens das Erleben einer Handlungsproblematik, für deren Bewältigung die derzeit verfügbaren Handlungsmöglichkeiten des Lernenden nicht ausreichen (Diskrepanzerfahrung zwischen Wollen und Können). Damit vollzieht *Holzkamp* innerhalb der lehr-lerntheoretischen Debatte einen Übergang vom Bedingungs- zum Begründungsdiskurs: Ohne *„entsprechende Gründe"* (*Holzkamp* 1996, S. 21) ergibt sich kein intentionales Lernen. Der Gegenpol zum **expansiven Lernen** ist das **defensive Lernen**. Beim defensiven Lernen steht die Bewältigung einer Handlungsproblematik bzw. die Anpassung an eine gegebene Situation im Vordergrund. Lernhandlungen dienen dann der Abwehr befürchteter Sanktionen, falls die Lernhandlung nicht erfolgt. Defensives Lernen steht in Zusammenhang mit machtbesetzten Lernzusammenhängen (Schule, Betrieb) und wird vom Lernenden als äußerer Zwang empfunden.

Rückbezogen auf das Lernen in Führungsbeziehungen bedeutet dies Folgendes: Damit Organisationsmitglieder in formalen Weiterbildungskontexten expansiv lernen können, müssen sie auf die Kursinhalte Einfluss nehmen und aus ihren eigenen Diskrepanzerfahrungen ihre Problematiken in Seminare einbringen können. Aber bereits im Vorfeld von Weiterbildungsveranstaltungen, wenn Vorgesetzte diese mit/für ihre Mitarbeiter planen und auswählen, ist es wichtig zu erfassen, ob entsprechende **Lernbegründungen** vorliegen. Allerdings ist es dabei nachrangig für das Lernen des Mitarbeiters, ob dieser von selbst auf ein bestimmtes Lernziel oder einen Inhalt kommt oder ob jemand anderes (in diesem Fall der Vorgesetzte) ihm etwas gut begründet vorschlägt und zeigt, warum ein bestimmter Lerninhalt wichtig und nützlich für ihn ist; wichtig ist also die *inhaltliche* Lernbegründung (vgl. *Bender* 2002, S. 92). In diesem Sinne können Führungskräfte – nicht nur im Kontext eines **Extended Training**, sondern allgemein beim Lernen in der Arbeit – ihren Mitarbeitern und Mitarbeiterinnen Lernbegründungen liefern bzw. diese in der gemeinsamen Reflexion schärfen, konturieren oder überhaupt erst bewusst werden lassen und damit deren (intentionales) Lernen nachhaltig befördern. Ansatzpunkte für expansive Lerngründe sind z. B. nach *Straka* (1997, im Anschluss an *Deci/Ryan* 2002, 1985) auch Autonomieerleben am Arbeitsplatz, die erlebte soziale Einbindung und die Erfahrung von Handlungskompetenz in bestimmten Situationen.

Angesichts von Milliarden Euro die in Weiterbildungen investiert werden, lohnt sich daher sicherlich ein genauerer Blick, ob im Einzelfall wirkliche Lernbegründungen der Weiterbildungsteilnehmer vorliegen, die in der Folge zu expansiven und damit nachhaltigem Lernen führen oder Seminare eher abgesessen werden, weil dies vom Vorgesetzten (mit welcher Begründung auch immer) gefordert oder erwartet wird.

Fassen wir zusammen: Nachhaltiges Lernen ist abhängig von der Bedeutsamkeit der Lerninhalte für den Lernenden; Kompetenzentwicklung (die eine wirkliche Handlungsfähigkeit in realen Situationen einschließt) ist daher immer von den Lernenden selbst generiert (vgl. *Faulstich* 1998, S. 197). Erinnern wir uns in diesem Kontext daran, was wir bei der Darstellung der Ergebnisse von Lernen (☞ C. III. 2.3) zum Kompetenzbegriff gesagt haben: Organisationsmitglieder müssen nicht nur über Ressourcen wie Wissen und Können verfügen, sie müssen diese auch mobilisieren, integrieren, transferieren können. Bedeutsam ist demnach nicht der Besitz von Kompetenzen, sondern die Umsetzung in (erfolgreiches) Handeln – und dazu ist (Lern-)Motivation notwendig, die sich in der Terminologie von *Holzkamp* als Lernbegründung präsentiert. In diesem Sinn ist es wichtig, dass sich Vorgesetze nicht mechanisch als „Vollzieher der Ausbildungskonzeption" begreifen, sondern Ausbildungskonzeptionen im Dialog mit ihren Mitarbeiterinnen und Mitarbeitern begründet erarbeiten und immer wieder auf die zugrunde liegenden und sich möglicherweise im Zeitablauf ändernden Lernbegründungen hin überprüfen.

Ad (2): Beim **moderierten informellen Lernen** werden Lernsituationen geschaffen, in denen Reflexionsprozesse didaktisch organisiert werden. Diese Lernsituationen sind in den Arbeitskontext integriert. **„Action Learning"** wird in diesem Kontext als Paradebeispiel genannt. Dieser Ansatz geht davon aus, dass Wissen ein Produkt des Handelns und der kollektiven Reflexion über dieses Handeln ist. In einem Action-Learning-Programm arbeitet ein Team an der Lösung eines realen, aktuell drängenden Problems der Organisation. Das Team ist im Grunde eine Lerngruppe aus Gleichgesinnten, die sich gegenseitig ihre Unwissenheit eingestehen und daraus die Motivation zu einem gemeinsamen Lernprozess entwickeln. Wesentlich ist das Stellen von kritischen Fragen aus unterschiedlichen Perspektiven. Auf diese Weise können Routinen, Denkmuster, Einstellungen und tiefsitzende Überzeugungen des Teams bzw. der einzelnen Teammitglieder hinterfragt und ggf. modifiziert sowie Problemlösefähigkeiten im Team gefördert werden.

Unterstützung bei der Reflexion und Auswertung der bei der Lösung des Problems gemachten Erfahrungen erhält das Team durch einen Moderator. Führungskräfte können als Lernpromotoren den Lernprozess unterstützen. In allen Formen der angeleiteten Reflexion am Arbeitsplatz können sinnvollerweise → Wikis eingesetzt werden, um Ergebnisse aus der Zusammenarbeit (z. B. Erfahrungsberichte, Ergebnisprotokolle) zu dokumentieren und zu überarbeiten. Ziel hierbei ist es, gemeinsam gängige Praktiken zu dokumentieren, kritisch zu reflektieren und weiter zu entwickeln (vgl. *Seufert* 2010, S. 109 ff.).

Ad (3): Beim **selbstorganisierten informellen Lernen** reflektieren Mitarbeiter und Mitarbeiterinnen selbstgesteuert über ihre eigenen Lern- und Wissensprozesse. Im besten Fall erkunden Mitarbeiter selbst, welche Innovationsstrategien in ihrem Arbeitskontext relevant sein könnten und inwieweit konkrete innovative Elemente in ein Arbeitsumfeld implementiert werden sollten. Häufig ist es die Zugehörigkeit zu einer Profession, die hier die entscheidenden Impulse liefert. Daher besteht die Rolle der Führung darin, lernförderliche Rahmenbedingungen zu schaffen, damit sich Mitarbeiter – auch extern – in professionellen Communities (z. B. Austauschforen, Blogs für Trendwatching, Social Networks sowie Community of Practice, ☞ C. III. 2.1) austauschen können. Neben der Ermöglichung spielt die Wertschätzung solcher Handlungen durch die Führungskräfte eine wichtige Rolle.

Beispiel zur offenen Lernkultur

Ein zentraler Erfolgsfaktor für die Kompetenzentwicklung der Mitarbeiter stellt bei Hewlett Packard die Schaffung einer offenen Lernkultur dar, in der das Teilen von Wissen belohnt wird (vgl. *Hirning* 2009, S. 171). Führung kommt in diesem Kontext die Aufgabe zu, Rahmenbedingungen zu schaffen, um Austauschforen und Communities auf Eigeninitiative einrichten und pflegen lassen zu können. Dazu wurde eine Social Networking Platform eingerichtet, die den Namen WaterCooler trägt. Damit wird an den Austausch an den Wasserspendern im Büro (Äquivalent in Europa: Kaffeemaschinen; auch Kopierer etc.) angespielt – Orte, die in nicht zu unterschätzendem Umfang den Wissensaustausch zwischen Mitarbeitern und deren Weiterentwicklung ermöglichen. Um die Bereitschaft der Mitarbeiter zu fördern, ihr Wissen zu teilen, wird im WaterCooler höchste Transparenz geschaffen, wer wo aktiv ist: Alle Beiträge, die ein Mitarbeiter in den zahlreichen Foren und Communties hinterlegt, werden automatisch in dessen Profil verlinkt und mitgeführt (vgl. *Seufert* 2010, S. 109 ff.).

Wir haben nun ausführlich die Möglichkeiten entfaltet, wie und konkret mit welchen Methoden Führungskräfte vor dem Hintergrund moderner Auffassungen vom Lernen und Lehren das Lernen ihrer Mitarbeiter befördern können. *Faulstich* (1998, S. 134) warnt jedoch davor, Methodenmoden unkritisch mitzumachen, denn es gibt immer neue Modewellen, in denen „neue Ansätze", „innovative Konzepte" und „moderne Methoden" hochgespielt werden. Diese können (Führungskräften) zwar Impulse geben und hilfreich aufgenommen werden – Lernprobleme von und in Teams, Abteilungen und Organisationen können jedoch grundsätzlich nicht durch Methodenansätze gelöst werden. *Faulstich* (1998, S. 135 f.) schreibt hierzu pointiert:

> *„Es ist nicht zu bestreiten, dass mit ‚innovativen Konzepten' (Beispiele bei Herzer/Dybowski/Bauer 1990; Hofmann/Regnet 1994) durchaus Lernerfolge erzielt werden können. So sind Suggestopädie und Superlearning, künstlerische Mitarbeiterförderung, fernöstliche Kampfkunst und Outdoor-Training durchaus anregende Impulse, um festgefahrene Verhaltensweisen aufzubrechen. Kritisch wird dieses Denken erst dann, wenn vorgespielt wird, damit könnten die realen Probleme durch eine methodische Wunderwelt gelöst werden."*

Am Beispiel des neurolinguistischen Programmierens (NLP) – ein Blick in Google zeigt, dass NLP keine Methodenmode der 1990er-Jahre war, sondern auf dem Personalentwicklungsmarkt für Führungskräfte immer noch hochaktuell ist – macht *Faulstich* (1998, S. 135) deutlich, dass NLP eine neue Wahrnehmung, erfolgreiches Lernen, „persönliche Freiheit" und quasi religiös „neue Lebensperspektiven" verspricht (natürlich leicht und schnell umzusetzen). Der Ansatz bestehe letztendlich jedoch nur aus einer Reihe von Rezepten: Menschen wahrzunehmen, richtige Fragen zu stellen, Vertrauen aufzubauen, Menschen behutsam zu begleiten und zu führen, Anstöße zum Umdenken zu geben, Wahrnehmungsveränderungen bewusst zu machen etc. Dies sind im Kern jedoch alltägliche soziale Kompetenzen, die *„hypostasiert und zu einer Methodendoktrin umgeformt"* (*Faulstich* 1998, S. 135) werden. Führungskompetenz ist in ganz wesentlichem Umfang Sozialkompetenz (☞ C. III. 2.3), die jedoch nicht schnell in Seminaren hergestellt werden kann, sondern sich im Ablauf der Lernerfahrungen der gesamten Biografie eines Menschen nach und nach aufbaut. Seminare helfen jedoch, dies zu reflektieren und auszubauen.

Wir haben hiermit Grenzen aufgezeigt, die sich kritische Führungskräfte im Kontext der Auseinandersetzung mit konstruktivistischen Methoden zur Förderung des

Lernens ihrer Mitarbeiter (und ihres eigenen Lernens) selber setzen sollten. Nun möchten wir auch auf Grenzen der Umsetzung moderner Lehr-Lern-Arrangements hinweisen. Diese lassen sich insbesondere auch aus einer Generationen- und Lernkulturbetrachtung sowie aus der unterschiedlichen Nähe bestimmter Bevölkerungsgruppen zu Lernen und Bildung heraus formulieren.

Grenzen der Umsetzung konstruktivistischer Lehr-Lern-Arrangements

Grenzen der Umsetzung konstruktivistischer Lehr-Lern-Arrangements ergeben sich zunächst auf Seite der Führungskräfte selber. *Erpenbeck/Heyse* (2007, S. 81) argumentieren, dass sich die Grenzen aus den eigentlich entsprechend benötigten, aber im Allgemeinen zu gering entwickelten Befähigungen der pädagogisch Tätigen zur Selbstreflexivität ergeben. Und zu den pädagogisch Tätigen gehören in unserem Argumentationsmuster auch Führungskräfte. *Fuchs-Brüninghoff* bringt dieses Defizit pädagogisch Tätiger folgendermaßen auf den Punkt (1997, S. 228 f.):

> *„Professionelle ErwachsenenbildnerInnen brauchen Erkenntnisse über Wahrnehmung und die individuelle Konstruktion von Wirklichkeit. Sie brauchen ein hohes Maß an Bewusstsein über die eigenen Konstruktionen und Sinngebungen, […] um andere bei ihrer ‚Selbst-Bildung' professionell begleiten und unterstützen zu können. Hier geht es um Selbstverstehen als Voraussetzung für Fremdverstehen."*

Darüber hinaus scheint die Befähigung zur aktiven Teilhabe an einem für konstruktivistisches Lernen und Lehren notwendigen „offenen Erfahrungsdiskurs" – und hier sprechen wir auch Grenzen aufseiten der Lernenden an – aufgrund der in Deutschland verbreiteten Lernkultur nicht ohne Weiteres gegeben. Das heißt aber auch, dass sich die Befähigung zum selbstgesteuerten Lernen in unserer Gesellschaft nicht so ohne Weiteres herstellen lassen wird, wie das die entsprechenden öffentlichen Verlautbarungen vermuten lassen (vgl. *Erpenbeck/Heyse* 2007, S. 56 f.). *Erpenbeck/Heyse* meinen hiermit, dass die Kultur der Wissensaneignung und -verwendung, über welche die meisten Menschen verfügen, nicht den Anforderungen der (entstehenden) Wissensgesellschaft mit ihrer spezifischen Qualität des gesellschaftlichen Wissens entspricht. Zwar gebe es Gewinner der Bildungsreform, also eine zunehmende Anzahl von Menschen mit weiterführenden Schulabschlüssen, allerdings auch steigende Prozentsätze von Menschen, die die Schule ohne Abschluss verlassen. Abgesehen davon sagen Schulabschlüsse wenig darüber aus, in welchem Ausmaß Menschen über Fähigkeiten zum selbstständigen Entdecken von Problemkonstellationen und selbstständigen Erarbeiten von Problemlösungen verfügen. Hier sind spezifische Fach- und Methodenkenntnisse zum „Lernen des Lernens" (Metakognitives Lernen, ☞ C. III. 2.2) und zum → „entdeckenden Lernen" angesprochen, die in Deutschland unterhalb des Niveaus vergleichbarer Gesellschaften wie etwa Japan, Kanada, Schweden oder Finnland liegen.

Arnold/Pachner (2011, S. 300) weisen in diesem Kontext auf die „**Blindheiten**" **traditioneller Lernkulturen** und die Übernahme von Lerngewohnheiten hin. So setzen sich Kinder in der Schule nicht nur mit den angebotenen Inhalten auseinander, sondern lernen in einem „heimlichen Lehrplan" („hidden curriculum") auf das Lernen an sich bezogene Einstellungen, Gewohnheiten und Kompetenzen, die maßgeblich für eine Lernkultur sind. Sie prägen nachhaltig das Bild der Lernenden davon, wie Lehrende und Lernende sich in Lernprozessen begegnen und bestimmen die Handlungen und Deutungsmuster der am Lernprozess beteiligten Personen. Es kann daher nicht als selbstverständlich angenommen werden, dass in traditionellen (behavioristisch und kognitivistisch geprägten) Lernkulturen sozialisierte Menschen (und das sind in Deutschland zumindest die Geburtsjahrgänge bis Ende der 1970er-Jahre!) mit den Notwendigkeiten aber auch mit den Möglichkeiten **„neuer" Lernkulturen** und konstruktivistischer Lehr-Lern-Arrangements umzugehen wissen. In diesem Zusammenhang können wir uns noch einmal Tabelle C.11 vor Augen führen, und erkennen, dass Menschen, deren schulischen Lehr- und Lernerfahrungen durch das **Primat der Instruktion** bzw. das **Primat der Kognition** und damit einhergehender Sequenzierung der Lerninhalte, permanenter Leistungsrückmeldung und darbietendem Unterricht geprägt waren, im Kontext von Arbeit nun nicht quasi automatisch auf Problemlösen, entdeckendes Lernen und reflexives Aushandeln von Bedeutung umschalten können.

Diese grundsätzlichen Überlegungen lassen sich nun auch auf den Bereich des Lernens in Führungsbeziehungen übertragen. Denn einerseits sind Führungskräfte geprägt durch ihre individuellen Lernerfahrungen in Schule und bisherigem Berufsleben, die – soweit sie diese nicht reflektieren (können) – die Basis ihrer „Lehrtätigkeit" bilden. Anderseits bringen auch die Mitarbeiterinnen und Mitarbeiter ihre je spezifischen Lernerfahrungen mit in die Führungsbeziehung ein. Darüber hinaus haben sowohl Führungskräfte wie Mitarbeiter Einstellungen und Vorstellungen von Aspekten, die eng mit Lernen verbunden sind, wie z. B. ihre Einstellung zu Aus- und Weiterbildung, zum Technologiegebrauch sowie Vorstellungen von Kommunikation, Entscheidungsfindung, Problemlösung und Feedback. Diese lernrelevanten Einstellungen, Vorstellungen, Werte und Überzeugungen sind – abgesehen von individuellen Unterschieden – in erheblichem Umfang generationsbedingt. Tabelle C.13 gibt hierzu einen Überblick.

Reibungsloses Lernen ohne Anlaufschwierigkeiten im Sinne des konstruktivistischen Paradigmas dürfte vor diesem Hintergrund nur in einem Team zu erwarten sein, in dem sowohl der bzw. die Vorgesetzte als auch die Mitarbeiterinnen und Mitarbeiter (sehr) jung sind. Zusätzlich ist noch zu berücksichtigen, dass unterschiedliche Bevölkerungsgruppen eine unterschiedliche Nähe zum selbstgesteuerten Lernen aufweisen dürften. So belegt eine für Deutschland repräsentative Studie (vgl. *Schiersmann* 2006, S. 29 ff.), dass die Variablen „familiale Förderung", „Berufsbildungsniveau" und „Erwerbsstatus" signifikant mit der Variable „Selbststeuerung" korrelieren. Dieses Ergebnis ist insofern von Bedeutung, weil es einmal mehr verdeutlicht, dass die Förderung des selbstgesteuerten Lernens sehr früh beginnt (bzw. beginnen muss) und die Kompensationschancen im Rahmen von Weiterbildung und arbeitsintegriertem Lernen nicht überbewertet werden dürfen.

An dieser Stelle wird ganz deutlich, dass selbstgesteuertes Lernen an bestimmte Voraussetzungen gebunden ist. So erfordert die Planung, Gestaltung und insbesondere Reflexion der Lernprozesse weitreichende Kompetenzen, die (1) mit bestimmten Persönlichkeitsfaktoren in Verbindung stehen sowie (2) durch bestimmte situative Faktoren begünstigt werden (vgl. *Friedrich/Mandl* 1997):

- **Persönlichkeitsfaktoren:** u. a. Lernmotivation, Vorwissen, Verfügung über Lernstrategien, Autonomieerleben, Selbstwirksamkeitsüberzeugung (→ Selbstwirksamkeit).

- **Situative Faktoren:** u. a. Lerninhalte, Verwendungssituationen, situationale und soziale Support-Systeme (Bezugspersonen, mediale Informationsquellen, individuelle Beratungen).

Führungskräfte als Lehrende sind Teil der Lernumgebung ihrer Mitarbeiterinnen und Mitarbeiter – sie sind im genannten Zusammenhang als Bezugspersonen/Berater zu sehen. Wenn wir jedoch gerade darauf hingewiesen haben, dass die Förderung selbstgesteuerten Lernens sehr früh beginnen muss und die Kompensationschancen nicht überbewertet werden dürfen, so gilt dies in verstärkter Hinsicht für das selbstgesteuerte Lernen in Führungsbeziehungen, denn Führungskräfte sind im Hinblick auf ihre pädagogische Rolle letzten-

Bereich/Generation	Traditionalist *bis 1960	Babyboomer *1961+	Generation X *1971+	Generation Y *1981+
Ausbildung, Weiterbildung	auf die Ochsentour	„Bloß nicht zu viel!"	„Muss wohl sein …"	„Brauche ich ständig!"
Lernstil	Schulbank drücken	situationsgerecht	selbstständig	im Team und vernetzt
Kommunikationsstil	von oben nach unten	vorsichtig, zurückhaltend	dezentral	gemeinschaftlich
Problemlösung	„Problemlösung ist Chefsache!"	horizontal, flache Hierarchie"	selbstständig, autonom	gemeinschaftlich
Entscheidungsfindung	entscheidet, wünscht Beifall	informiert das Team	beteiligt das Team	das Team entscheidet
Führungsstil	kommandieren, kontrollieren	„Führen nur wenn es sein muss …"	coacht die Mannschaft	partnerschaftlich
Feedback an Mitarbeitende	„No news is good news"	einmal im Jahr	wöchentlich, täglich	bei Bedarf
Technologiegebrauch	„Muss das sein?!"	unsicher, zögernd	kann nicht mehr ohne	verloren, wenn sie ausfällt
Berufs- und Stellenwechsel	„Lieber nicht"	„Bringt mich in Nachteil"	„Notwendig"	„Gehört zum Alltag"

Tab. C.13: Veränderung von Arbeits- und Lernstilen im Generationenüberblick (vgl. *Weber* 2008, S. 17, leicht modifizert)

lich nur Semiprofessionelle, da ihr Handeln als „Lehrende" immer nur *einen* Bestandteil der Vorgesetztenrolle ausmacht (vgl. hierzu *Schiersmann* 2007, S. 246).

So ist die betriebspädagogische Forderung nach einer *„Didaktisierung der Führungsfunktion"* (*Diettrich* 2004, S. 40) zu relativieren: Denn es ist für Führungskräfte nicht so einfach wie es klingt, sich stärker als Berater und Weiterbildner wahrzunehmen, „Führungshandeln als Lehrhandeln zu interpretieren" und vor allem vor dem Hintergrund einer „pädagogischen Professionalisierung" über entsprechende Fähigkeiten verfügen zu müssen. So scheint es u. E. selbst hinsichtlich einer Semiprofessionalisierung Grenzen zu geben, denn auch Führungskräfte bleiben nach dem Gesagten letztendlich immer Kinder ihrer Zeit.

Unstrittig ist jedoch, dass mit dem demographischen Wandel und der zunehmenden Realität des Lernens als ein lebenslanger Prozess auch **ältere Mitarbeiter** im Fokus von Lernanstrengungen stehen. Führungskräfte sind damit angehalten, sich genauer mit den Besonderheiten des Lernens in Abhängigkeit der Lebensspanne auseinander zu setzen (vgl. *Bruch/Kunze/Böhm* 2010; *Bruch/Kunze* 2007). Grundsätzlich deuten die Ergebnisse der psychologischen Altersforschung darauf hin, dass es keine generelle Abnahme der kognitiven Fähigkeiten im Alter gibt (vgl. auch im Folgenden *Bruch/Kunze* 2007, S. 73 ff.): Lediglich die **fluide Intelligenz** (notwendig für die Verarbeitung von neuen Informationen und für abstraktes Denken) nimmt mit zunehmendem Alter hiernach ab. Die **kristalline Intelligenz** (praktische oder erfahrungsbasierte Intelligenz) kann dagegen noch bis ins hohe Alter ausgebaut werden (vgl. *Kanfer/Ackermann* 2004). Anzustreben ist daher, dass Führungskräfte auch ältere Mitarbeiter und Mitarbeiterinnen zum Lernen animieren und deren Lernanstrengungen besonders honorieren. Da jedoch aufgrund der zurückgehenden fluiden Intelligenz Lernen bei älteren Menschen anders als bei jüngeren Menschen abläuft, muss dies bei der der Gestaltung von Lernarrangements berücksichtigt werden. So lernen Ältere besser Zusammenhänge als Details, und müssen gezielt dabei unterstützt werden, Gelerntes auch anzuwenden (vgl. *Stock/Kolz* 2005). Auch sollten Führungskräfte schon bei der Verteilung von Aufgaben darauf achten, ältere Mitarbeiter nicht nur mit solchen Aufgaben zu betrauen, die ein hohes Maß an fluider Intelligenz erfordern. Dies kann ältere Mitarbeiter schnell demotivieren und negative Auswirkungen auf deren Selbstvertrauen und Selbstverständnis haben (vgl. *Kanfer/Ackermann* 2004). Ältere Mitarbeiter sollten daher nach Möglichkeit in solchen Bereichen eingesetzt werden, in denen sie ihr breites Erfahrungswissen nutzen können. Besonders motivierend kann es sein, wenn sie ihr Wissen an jüngere Kollegen weitergeben können und somit gleichzeitig auch Anerkennung erhalten. Wichtig ist also, dass Führungskräfte auch älteren Mitarbeitern Perspektiven und Entwicklungsmöglichkeiten aufzeigen, weil nur so deren Lern- und Veränderungsbereitschaft aufrechterhalten werden kann. Daher sollten Vorgesetzte systematisch mit jüngeren wie auch mit älteren Mitarbeitern Mitarbeitergespräche führen, in denen (Lern-)Ziele und Perspektiven in der Organisation besprochen werden.

Grundsätzlich gilt, dass Vorgesetzte im Hinblick auf die **Führung älterer Mitarbeiter** und Mitarbeiterinnen einen herausragenden Einfluss geltend machen können. *Ilmarinen*, *Giesert* und *Tempel* (2002, S. 245) stellen in diesem Zusammenhang fest:

> *„Gutes Führungsverhalten und gute Arbeit von Vorgesetzten ist der einzig hoch signifikante Faktor, für den eine Verbesserung der Arbeitsfähigkeit zwischen dem 51. und 62. Lebensjahr nachgewiesen wurde."*

Und weil Führungskräfte in diesem Kontext so wichtig sind, „sollte man gerade in alternden Belegschaften entsprechende Investitionen in Führungskräfte nicht scheuen" (*Roth/Wegge/Schmidt* 2007, S. 111) – eine Forderung, die wiederum in Richtung einer pädagogischen Professionalisierung von Führungskräften zielt.

3.5 Handlungsintegration

Lernen und Weiterbildung ist stets in einem engen Zusammenhang mit gesellschaftlichen Veränderungen zu sehen. Angesichts der Dynamisierung des gesellschaftlichen Wandels und der sich damit ebenfalls rasch verändernden Anforderungen an Kenntnisse, Wissen und Fähigkeiten steht die Weiterbildung vor umfassenden Herausforderungen (vgl. *Schiersmann* 2007, S. 249 f.). Vor diesem Hintergrund ist auch die Konjunktur des Kompetenzbegriffs zu verstehen (vgl. *Schiersmann* 2007, S. 49 ff.): Mit Zunahme nicht standardisierbarer beruflicher Handlungssituationen, nicht reproduzierbarer Tätigkeiten bei gleichzeitiger Unberechenbarkeit und Brüchigkeit von Erwerbsbiografien ist es schwierig geworden, Antworten auf die Frage zu finden, was eine Person mitbringen muss, um zukünftig beruflich erfolgreich zu sein. D. h. es ist schwieriger geworden, den Bedarf an Qualifikationen genau zu beschreiben. Die Identifikation und systematische Erfassung von zukünftig erforderlichen Anforderungen kann nicht ohne Weiteres aus den Befunden der Analyse aktueller Bedarfe abgeleitet werden. Daher ist der Kompetenzbegriff nicht auf berufliche Anforderungen und die zu erbringenden Leistungen ausgerichtet, sondern beschreibt und erklärt die individuellen Potenziale und Prozesse der Erzeugung von Leistungen. Somit gestatten Kompetenzen es, auch unbekannten Anforderungen gerecht werden.

Bei einer Orientierung am Kompetenzbegriff wird die Qualität von Bildungsangeboten stärker danach bemessen, inwieweit es dem Lernenden tatsächlich gelingt, sich nicht nur Wissen anzueignen und dies zu reproduzieren, sondern dieses Wissen auch kompetent bei der Lösung neuartiger Probleme *anzuwenden*. Damit richtet sich die Aufmerksamkeit stark auf informelle, d.h. arbeitsbegleitende Lernkontexte. Diese Lernkontexte hat es zwar schon immer gegeben, sie gewinnen aber angesichts der Veränderung von Arbeits- und Organisationsstrukturen sowie mit zunehmender Geschwindigkeit des Wandels an Bedeutung. Die Einbeziehung informeller Lernprozesse in die Definition von beruflicher Weiterbildung führt zu einer „Entgrenzung der Lernorte" und in der Folge auch zu einer *„didaktischen Entgrenzung"* (*Schiersmann* 2007, S. 43) im Sinne der Vielfalt von Aneignungsformen.

Hieraus ergeben sich zwei Entwicklungstrends: (1) Es wird versucht, auch informelle Lernprozesse pädagogisch zu begleiten und (2) es wird die Frage gestellt, inwieweit Arbeitsplätze so gestaltet werden können, dass sie Handlungspotenziale enthalten und damit Lernmöglichkeiten eröffnen. Wir haben uns an dieser Stelle auf den ersten Entwicklungstrend konzentriert und im Sinne einer interaktionellen Führung fruchtbar gemacht; den zweiten Entwicklungstrend haben wir bereits in die Diskussion motivierender Führungsbeziehungen (im Sinne einer strukturellen Führung) einbezogen (☞ C. II. 3).

Mit Blick auf die pädagogische Begleitung informeller Lernprozesse sind wir zu dem Schluss gekommen, dass insbesondere auch Führungskräfte angesprochen sind, das Lernen und die berufliche Entwicklung ihrer Mitarbeiter und Mitarbeiterinnen zu fördern – wir haben daher die „pädagogische Rolle" von Führungskräften in den Mittelpunkt gerückt. Darauf aufbauend haben wir diskutiert, wie wir uns Führungskräfte als „Lehrende" vorstellen können und entsprechend versucht, in Grundzügen eine „Didaktik für Führungskräfte" zu entwerfen.

Unter didaktischen Gesichtspunkten ist in den letzten 15–20 Jahren die Idee der Selbststeuerung des Lernens innerhalb einer **konstruktivistischen Didaktik** in den Mittelpunkt der Betrachtung gerückt. Selbststeuerung kann (und muss) jedoch von Dritten unterstützt werden. Daher haben wir herausgearbeitet, dass Führungskräfte ihren Mitarbeiterinnen und Mitarbeitern als Coach und Lernberater zur Seite stehen können und dabei vor allem durch die Strukturierung komplexer Zusammenhänge, durch Aufbereitung von Wissen sowie durch Visualisierung und Dokumentation deren Lernen befördern können (vgl. Tab. C.14 – mit den Inhalten dieser Tabelle füllen wir im Übrigen die Spalte „Vorgesetztentätigkeit" in Tabelle C.11, die dort mit einem Fragezeichen versehen ist, weil deren Inhalte in der Folge erst zu entwickeln waren).

Tabelle C.14 macht deutlich, dass für eine „Didaktik für Führungskräfte" auch die beiden anderen lerntheoretischen Strömungen – der **Behaviorismus** und der **Kognitivismus** – von Bedeutung sind. Dies entspricht zunächst einmal der empirischen Realität, wonach

Behaviorismus	**Kognitivismus**	**Konstruktivismus**
„Drill-Instructor": • Faktenwissen, • Know-that, • Vermittlung, • wiederholen, • richtige Antworten geben, merken, auswendig lernen	Tutor: • Prozeduren, Verfahren, • Know-how, • Dialog, • Problemlösen, • Methoden anwenden, • Fähigkeiten, Fertigkeiten	Berater, Coach: • soziale Praxis, • knowing in action, • Interaktion, • reflektieren, erfinden, • Situationen erfolgreich bewältigen, • Kompetenzen, Verantwortung
lehren i.e.S., Rückmeldung geben	**beobachten, vorführen, erklären, helfen**	**beraten, kooperieren, strukturieren, konkretisieren, visualisieren, dokumentieren**

Tab. C.14: Rollen und Tätigkeiten von Führungskräften als Lehrende (vgl. *Franken* 2007, S. 66; modifiziert)

althergebrachte Einarbeitungs- und Unterweisungsmaßnahmen – meist durch Vorgesetzte – gang und gäbe sind. Zudem ist bei vielen Formen der Gruppenarbeit der Möglichkeit zu Selbstorganisation und Partizipation, die als Zielperspektiven propagiert werden, oftmals ein enger Rahmen gesetzt. Auch die zahlenmäßige Verbreitung von als „neu" etikettierten Formen des Lernens, wie z. B. → Lerninseln und Lernstätten korreliert (noch?) nicht mit der Bedeutung, die ihnen in der wissenschaftlichen Debatte eingeräumt wird. Dies lässt die Frage zu, ob man den Wert solcher Lernformen in der Praxis schlichtweg noch nicht erkannt hat oder ob die wissenschaftliche Diskussion stellenweise an der betrieblichen Realität vorbeiläuft (vgl. *Schiersmann* 2007, S. 251).

Einführend hatten wir bereits konstatiert, dass im Hinblick auf die Arbeitsorganisation die Realität ein sehr vielschichtiges Bild zeigt, und zwischen den Polen neotayloristischer Arbeitsorganisation und Bottom-up-Konzepten lernender Organisationen vor allem Zwischenformen realisiert werden (vgl. *Geldermann/Severing/Stahl* 2006, S. 4 und die dort aufgeführte Literatur). Dementsprechend hat die traditionelle Auffassung vom Lernen und Lehren (behavioristischer und kognitivistischer Provenienz) in Organisationen auch heute noch einen praktischen Anwendungsbezug. Dieser praktische Anwendungsbezug traditioneller Auffassungen vom Lernen und Lehren hat aber auch damit zu tun, dass Mitarbeiter traditionelle Lehr-Lernmethoden *erwarten* (vgl. *Reinmann-Rothmeier/Mandl* 1997, S. 364 f.). Aufgabe von Führungskräften ist es in diesem Kontext, diese Erwartungen aufzubrechen und Mitarbeiterinnen und Mitarbeiter – bei entsprechender Indikation – an moderne Formen des Lernens und Lehrens heranzuführen.

Damit wollen wir unsere Überlegungen zu lernförderlichen Führungsbeziehungen folgendermaßen zum Ende führen: Vor dem Hintergrund des gegenwärtigen gesellschaftlichen, wirtschaftlichen und technischen Wandels ist es eine immer wichtiger werdende Anforderung an Führungskräfte eine Führungsbeziehung so auszurichten, dass sie auch als „Lernarena" fungieren kann. Dies erfordert zunächst ein Umdenken von Führungskräften insofern, als dass sie ein Bewusstsein dafür entwickeln, die Unterstützung von Lernprozessen ihrer Mitarbeiterinnen und Mitarbeiter überhaupt als Führungsaufgabe wahrzunehmen und diese in ihr Aufgabenspektrum zu integrieren (vgl. *Kraus/Mohr* 2004 und *Geldermann/Severing/Stahl* 2006). Dies erfordert zweitens, Zeit und Raum für Lernen zur Verfügung zu stellen.

Was die konkrete Umsetzung angeht, wollen wir mit *Reinmann-Rothmeier/Mandl* (1997, S. 375 ff.) eine pragmatische Perspektive für die Gestaltung des Lehr-Lern-Geschehens einnehmen, da die dargestellten Probleme sowohl traditioneller (**behavioristisch** und **kognitivistisch** fundierter) als auch moderner **konstruktivistischer Ansätze** darauf hinweisen, dass vor allem theoretische Einseitigkeiten problematisch sind. Gerade im Zusammenhang mit Erwachsenenbildung wird für eine Pluralität an Lehrmethoden plädiert, um der lebensgeschichtlich geprägten Vielfalt im Denken, Fühlen und Handeln erwachsener Lerner sowie deren multiplen Lernzielen gerecht zu werden (vgl. *Reinmann-Rothmeier/Mandl* 1997, S. 375 und die dort aufgeführte Literatur). Schließlich muss immer mitbedacht werden, dass unter dem Begriff des Lernens sehr unterschiedliche Formen von Erfahrungs- und Handlungs-/Verhaltensveränderungen zusammengefasst werden, die vom singulären Lernakt über Lernsequenzen bis zum Aufbau komplexer Wissens- und Kompetenzsysteme reichen (vgl. *Faulstich* 1998, S. 139 ff.). In Anlehnung an *Faulstich* (1998) können wir daher resümieren, dass es sicherlich keinen „one best way" in der Ausgestaltung lernförderlicher Führungsbeziehungen gibt.

Eine solche pragmatische Perspektive einzunehmen bedeutet jedoch *nicht*, eine praxeologische Sammlung von Handlungsanleitungen zu verwenden. Vielmehr geht es um eine begründete Vereinbarkeit traditioneller und moderner Vorgehensweisen im Lehr-Lerngeschehen (in Führungsbeziehungen), die den jeweiligen praktischen An- und Herausforderungen besser angepasst ist als ein ideologisches Verharren in einem einzigen „theoretischen Lager" (vgl. *Reinmann-Rothmeier/Mandl* 1997, S. 375). Letztendlich geht es dabei um die jeweils situationsgerechte Auflösung der alten Antinomie vom „Führen oder Wachsenlassen", die *Theodor Litt* (1976) für den Kontext von Lernen und Lehren bereits vor Jahrzehnten treffend formuliert hat – und die im Kontext von Lernen und Lehren in Führungsbeziehungen eine ganz besondere Bedeutung erhält.

IV. Entscheidungsförderung in Führungsbeziehungen

1. Was Entscheidungen sind und warum Entscheidungen in Führungsbeziehungen unabdingbar sind

1.1 Bedeutung von Entscheidungen im Führungskontext

Grundlage jedes individuellen und damit auch organisationalen Handelns sind **Entscheidungen**. Dabei ist es zunächst gleich, ob es dabei um einen alltäglichen Entscheidungsgegenstand wie beispielsweise die Auswahl der passenden Garderobe für den Arbeitstag oder um einen komplexen Entscheidungsgegenstand wie beispielsweise die Frage nach der richtigen Anreizsetzung für die Geführten geht. Jeder konkreten Handlung geht zunächst zwingend eine Entscheidung für die eine und gegen die andere(n) mögliche(n) Handlungsalternative(n) voraus. Oder anders gesagt: Ohne Entscheidungen gibt es kein Handeln und damit auch keinen organisationalen Erfolg. Nicht zuletzt deshalb sind zentrale Probleme in der Mitarbeiterführung unvermeidlich mit der Thematik der Entscheidungsfindung verknüpft (vgl. *Göbel* 2014).

Die Erforschung von Entscheidungen im Bereich der Wirtschaftswissenschaften beschränkte sich, im Gegensatz zur Psychologie, lange vor allem auf ein Verständnis von Rationalität als klassischer Logik. Ganz im Sinne des ureigenen Zwecks des Wirtschaftens, der bestmöglichen Verwendung knapper Ressourcen, wurde dabei angestrebt, durch logische Deduktion die jeweils optimale Lösung für ein gegebenes Entscheidungsproblem zu finden. Spätestens seit der Mitte des letzten Jahrhunderts gehört dieser auch unter dem Namen **Rational Choice Theorie** bekannt gewordene Ansatz zu den dominierenden Paradigmen im Bereich der Entscheidungsforschung (vgl. *Schulz* 2011). Ziel dieses Ansatzes ist es ist, für ein gegebenes Entscheidungsproblem unter Zugrundelegung fester Werte und Wahrscheinlichkeiten für die einzelnen zur Auswahl stehenden Optionen, einen jeweils optimalen und damit *normativen* Lösungsweg aufzuzeigen. In den letzten Jahren hat der Rational Choice Ansatz auf Grund der schwer zu erfüllenden Grundannahmen vor allem von Praktikern vielfältige Kritik erfahren (vgl. *Soros* 2009). Dennoch lassen sich, unter der Bedingung, dass die für seine Anwendung notwendigen Voraussetzungen in einem konkreten Entscheidungsfall gegeben sind, vor allem für strategische Managementaufgaben immer wieder hilfreiche Entscheidungshilfen ableiten. Gerade im Bereich von Führungsfragen allerdings, wo auf Grund der großen Abhängigkeit von subjektiven Faktoren sowie sozialen Dynamiken einzelne Variablen gar nicht oder nur unzureichend quantifiziert werden können, hat sich die Rational Choice Theorie insgesamt als wenig zielführend erwiesen. Hier ist also ein völlig anderer Zugang zur Entscheidungsfindung notwendig.

Vielversprechende Erkenntnisse für den Führungskontext lieferte in den letzten Jahren insbesondere die **Verhaltensökonomie**. Im Gegensatz zur ausschließlich normativ orientierten Rational Choice Theorie verfolgt die Verhaltensökonomie zunächst einen *deskriptiven* Ansatz. Dabei geht es nicht darum, optimale Verhaltensweisen zu identifizieren, sondern vielmehr, tatsächliches menschliches Verhalten zu beobachten und daraus Rückschlüsse über die grundsätzlichen Mechanismen menschlicher Entscheidungsfindung zu ziehen. Wie im späteren Verlauf dieses Kapitels noch deutlich gemacht werden wird, konnte dabei über eine Vielzahl von Experimenten gezeigt werden, dass die tatsächlichen menschlichen Entscheidungsmechanismen teilweise deutlich von dem postulierten Ideal der Rational Choice Theorie abweichen. Im Rahmen des **Heuristiken und Biases Ansatzes** (vgl. *Tversky/Kahneman* 1974) sind diese Abweichungen vor allem als ein Beispiel für die Schwäche menschlichen Entscheidens interpretiert worden.

Für den Führungsbereich bedeutet dies, dass die Aufgaben einer Führungskraft mit Bezug auf Entscheidungsprobleme vor allem darin liegen, ihre Geführten durch eine Bewusstmachung klassischer Entscheidungspathologien vor (allzu) irrationalen Entscheidungen zu schützen. Eine gänzlich andere Interpretation liefert hingegen der Ansatz der **adaptiven Heuristiken** (vgl. *Gigerenzer u.a.* 1999). Hiernach sind die beobachteten Abweichungen vom scheinbaren Rationalitätsideal adaptive Anpassungen an eine Umwelt, in der die Gegebenheiten zur Anwendung klassisch rationaler Strategien oft nicht gegeben waren oder sogar bis heute noch nicht gegeben sind. Für die Führung bedeutet dies, dass die Aufgaben einer Führungskraft mit Bezug auf Entscheidungsprobleme vor allem darin liegen, Geführten durch eine angemessene Gestaltung von Lern- und Feedbackprozessen eine möglichst problemlose Anpassung an die Gegebenheiten der jeweiligen organisationalen Umwelt zu ermöglichen. Da sich einmal angepasste Entscheidungsstrategien unter bestimmten Umständen auch auf andere Mitarbeiter und Kontexte übertragen lassen, beschränkt sich der Ansatz der adaptiven Heuristiken nicht allein auf einen deskriptiven Standpunkt, sondern kann in einer bestimmten Spielart auch als normativ verstanden werden (vgl. *Gigerenzer/Gaissmaier* 2011, S. 453).

So gegensätzlich diese Interpretationen der Abweichungen menschlicher Entscheidungen vom rationalen Ideal in dem Heuristiken und Biases Ansatz auf der einen und dem Ansatz der adaptiven Heuristiken auf der anderen Seite auch sind, so bestehen mit der empirischen Gründung und insbesondere einem Einbezug unbewusster Prozesse auch nicht zu übersehende Gemeinsamkeiten. Beide Ansätze gehen davon aus, dass nicht jede Handlung zwangsläufig eine bewusste Entscheidung der jeweiligen Person voraussetzt. Gerade wenn es sich um häufig wiederholte Routinen handelt, werden viele Entscheidungsprozesse ins Unbewusste verlagert. Ein häufig zitiertes Beispiel in diesem Zusammenhang ist die Führung eines Fahrzeugs, bei der die Wahl des richtigen Gangs und des Schaltprozesses durch den Fahrer zumeist automatisiert ablaufen. Die Forschungen zum Ansatz der adaptiven Heuristiken zeigen allerdings, dass unbewusste Entscheidungen nicht auf einfache Routinen begrenzt sind, sondern insbesondere auch bei komplexen Entscheidungen unter **Unsicherheit** zu guten Lösungen führen können.

So spüren auch Führungskräfte gerade bei komplexen Problemen häufig eine innere Präferenz für eine bestimmte Entscheidung, ohne dabei die Entstehung dieser Präferenz genauer erklären zu können (vgl. *Gigerenzer* 2008). Gerade diese Gruppe bemüht sich im Übrigen häufig nachfolgend darum, durch eine Rationalisierung eine so entstandene Präferenz wieder erwartungskonform als „begründet" ausweisen zu können (vgl. *Gigerenzer/Gaissmaier* 2013).

In Abgrenzung zu der ebenfalls automatisierten Entscheidungsroutine spricht man in diesem Zusammenhang von **Intuition** (☞ C. IV. 3.4). Nach *Sinclair* und *Ashkanasy* (2005, S. 357) entsteht Intuition aus einer gesamtheitlichen, erfahrungsgetränkten, unbewussten Einschätzung der Situation, unter Beteiligung von kognitiven und emotionalen Prozessen (vgl. in diesem Sinne auch *Hodgkinson u. a.* 2009; *Hodgkinson/Langan-Fox/Sadler-Smith* 2008; *Dane/Pratt* 2007). Viele organisationale Fragen werden neuerdings verstärkt mit der Intuition in Verbindung gesetzt. So spielt sie beispielsweise, um die Spannbreite zu demonstrieren, in das Projektmanagement (vgl. *Elbanna* 2015) genauso hinein wie in die Bildung moralischer Urteile (vgl. *Weaver/Reynolds/Brown* 2014); beides sind Thematiken, in denen rationale Zugänge bislang dominieren. Inwieweit sich Intuitionen im organisationalen Bereich überhaupt entwickeln können und inwieweit diese dann auch zutreffend sind, hängt,

wie auch der adaptive Einsatz von schnellen Heuristiken generell, neben dispositiven Spezifika einzelner Organisationsmitglieder vor allem von den jeweiligen Gegebenheiten in der Organisation ab. Somit bestehen hier durch die Beeinflussung konkreter Lern- und Feedbackprozesse wichtige Ansatzpunkte für Führungskräfte.

Traditionell werden im Bereich der Betriebswirtschaft und insbesondere im Management vor allem Fragen des strategischen Entscheidens behandelt. Damit stehen insbesondere die eigenen Entscheidungen von Führungskräften als Managern im Vordergrund. In Bezug auf die eigentliche Aufgabe der Personalführung sind aber weniger die eigenen Entscheidungen, als vielmehr Förderungsmöglichkeiten von Geführtenentscheidungen von Interesse. Wir werden daher den Fokus weniger auf klassische betriebswirtschaftliche Entscheidungen, sondern vor allem auf verschiedene psychologische Dynamiken legen. Denn eine effektive Förderung von Entscheidungsprozessen durch Führungskräfte über eine rein schematische Vorgehensweise hinaus, setzt zwingend tiefere Kenntnisse über die grundlegende Funktionsweise von Entscheidungen voraus. Daher wird im Folgenden ein gesamtheitlicher Zugang gewählt, der nicht nur einzelne Förderungsmöglichkeiten darstellt, sondern auf ein grundsätzliches Verständnis der Materie abzielt.

1.2 Definition und Abgrenzung von verwandten Begriffen

Bereits der ursprüngliche Sinn des Wortes **„Entscheidung"** verdeutlicht durch den Wortbestandteil der „Scheidung" den Kern der Sache (vgl. *Kluge* 2002). Beim Entscheiden geht es maßgeblich darum, verschiedene **Alternativen** voneinander zu trennen und damit sichtbar zu machen. Dass vor der Wahl einer bestimmten Alternative also eine Auftrennung des jeweiligen Problems steht, weist dabei bereits darauf hin, dass die zur Verfügung stehenden Alternativen nicht zwangsläufig immer auf den ersten Blick greifbar sein müssen. Mitunter bedarf es zunächst einer tieferen Problemanalyse, um sich überhaupt der verschiedenen Alternativen bewusst werden zu können. In der Entscheidungsforschung werden dabei dominant formalisierbare Entscheidungssituationen bevorzugt. Dort ist es am einfachsten, sich von einem zufälligem Verhalten abzugrenzen.

Sind erst einmal die verschiedenen Alternativen identifiziert, sind diese anschließend einem bewertenden **Vergleich** zu unterziehen. Wir sprechen in diesem Zusammenhang auch vom **Abwägen**, da ganz im Sinne einer Balkenwaage auf beiden Seiten die jeweiligen

Gründe gesammelt werden, bis schlussendlich deutlich ist, welche der Alternativen für uns die „gewichtigere" ist. Eine solche Abwägung kann rein qualitativ erfolgen oder aber Quantitäten einbeziehen. Eine solche Bewertung findet jedoch nicht in einem neutralen Raum statt. Damit ist eine Bewertung möglicherweise transparent für andere, nicht aber objektiv wahr. Werte, Präferenzen, Verpflichtungen, Einschätzungen des Nutzens von Ergebnissen oder die Erfolgsaussicht ihrer Erreichbarkeit sind höchst subjektive Entscheidungsparameter. Deshalb hängt die jeweilige Bewertung der Gründe (und damit ihr Gewicht) letztendlich davon ab, was der jeweilige Entscheider für **Ziele** verfolgt und wie er oder sie sich angesichts äußerer Umstände zutraut, diese Ziele zu erreichen. Möchte eine Führungskraft beispielsweise eine Mitarbeiterin einstellen, so wird die Bewertung der verschiedenen Personen maßgeblich davon abhängen, ob die Führungskraft das Ziel hat, Märkte zu erobern oder Märkte abzuschöpfen.

Hat eine Person alle Gründe für die verschiedenen Alternativen gesammelt und hinsichtlich ihrer Bedeutung für die Erreichung des gesetzten Ziels bewertet, steht schlussendlich dann das **Urteil**, durch welches die Alternative mit dem höchsten Wert ausgewählt wird. Diese „Werte" sind im Alltag der Entscheider im Management mehrheitlich „mehr oder weniger Einstufungen", auch wenn finanzielle Entscheidungen natürlich exakte Zahlen (Korridore) ausweisen. Die Annahmen hierfür sind dann vielfach doch weniger hart. Insgesamt verstehen wir damit unter dem Begriff einer Entscheidung an dieser Stelle also nicht nur den abschließenden Akt der Auswahl einer Alternative, sondern vielmehr einen umfassenderen und mitunter auch komplexen Prozess, der auch die Identifikation von Optionen und deren Bewertung mit einschließt.

Dass wir hier eine Entscheidung eher als Prozess denn als isolierte Situation begreifen wollen, muss allerdings nicht zwangsläufig heißen, dass die einzelnen Schritte dieses Prozesses der handelnden Person in allen Fällen bewusst sein müssen. So kann ein Teil oder mitunter fast sogar die Gesamtheit dieses Prozesses auch im Unbewussten ablaufen und dem Einfluss der jeweiligen Person mehr oder minder vollständig entzogen sein. Die Entschlüsselung dieser unbewussten Teile eines Entscheidungsprozesses stellt einen der zentralen Schwerpunkte der kognitiven Entscheidungsforschung dar. Die kognitive Entscheidungsforschung ist damit ein prototypisches Beispiel für einen **deskriptiven** oder anders gesagt beschreibenden Ansatz in der Entscheidungstheorie. Derartige Ansätze beschäftigen sich mit der Frage, welche Entscheidungen unter realen Bedingungen tatsächlich getroffen werden und welche Art Modelle für die Beschreibung dieser Prozesse verwendet werden kann.

Davon deutlich abzugrenzen ist der Bereich der **präskriptiven** oder auch normativen Entscheidungstheorie. Diese beschäftigt sich nicht mit tatsächlichen, sondern vielmehr mit idealen Entscheidungen. Es geht hier also genauer gesagt um die Frage, welche Entscheidung in einer bestimmten Situation getroffen werden sollten, ohne dass damit die Aussage verknüpft ist, dass solch ein Entscheidungsverhalten in der Realität auch beobachtet werden kann. Wir werden im Verlauf noch sehen, dass sich die Annahmen der präskriptiven Entscheidungstheorie mitunter als wenig realistisch und damit wenig praxistauglich erweisen. Nichtsdestotrotz kann die meist abstrakte Perspektive der präskriptiven Entscheidungstheorie mitunter dabei helfen, die grundsätzlichen Dynamiken einer Entscheidungssituation besser zu verstehen, sodass wir uns im Folgenden auch diese Perspektive näher anschauen möchten.

Ansonsten sollte klar geworden sein, dass Entscheiden in dieser Forschungsrichtung im Gegensatz zum einfachen vorgesteuerten oder sich natürlich vollziehenden Handeln immer eine vorgestellte oder tatsächliche Wahl beim Handelnden voraussetzt. Ist diese nicht gegeben (z. B. wenn genau vorgegeben ist, dass bei einer Verfehlung die Maßnahme X anzuwenden ist), wird nur eine anderenorts getroffene Entscheidung vollzogen und es kann der Begriff zwar formal (jemand ist befugt, zu entscheiden, dass der Sachverhalt eingetreten ist), aber nicht inhaltlich ausgefüllt werden.

1.3 Entwicklungslinien der Entscheidungstheorie

In den Wirtschaftswissenschaften wird zwar die Frage, welche Entscheidungen in einer gegebenen Situation getroffen werden sollten und die Frage, welche Entscheidungen dann tatsächlich getroffen werden, immer schon intensiv diskutiert. Vorläuferdiskussionen nach der in einer gegebenen Situation jeweils richtigen Entscheidung gibt es aber sehr wohl, denn seit jeher ist es ein zentraler Erkenntnisgegenstand in den verschiedensten philosophischen Strömungen wie u. a. der Scholastik, dem Rationalismus oder dem Utilitarismus gewesen. Ebenso steht die deskriptive Frage nach der Entstehung und der Systematik individueller Entscheidungen und die damit verbundene Frage zu Möglichkeiten der Einflussnahme im Mittelpunkt vieler Sozialwissenschaften und insbesondere auch der Psychologie.

Nicht nur für uns sind die Arbeiten des schottischen Moralphilosophen *Adam Smith*, den *Schumpeter* (1986 [1954]) als einen der Gründerväter der modernen Ökonomie bezeichnet, ebenfalls als ein Grundstein einer Entscheidungslehre anzusehen. Denn mit seinen Ausführungen zum Eigeninteresse als dem zentralen Motiv individuellen Handelns begründete *Smith* (2005 [1776]) eine für die Entwicklung der Ökonomie und der ökonomischen Entscheidungslehre zentrale Maxime. Smith formulierte diese Maxime so pointiert, dass seine wörtlichen Ausführungen dazu auch heute noch als Legitimation für die primär auf Eigeninteressen aufbauende Marktökonomie angeführt werden:

> *„Nicht vom Wohlwollen des Metzgers, Bauers und Bäckers erwarten wir das, was wir zum Essen brauchen, sondern davon, daß sie ihre eigenen Interessen wahrnehmen. Wir wenden uns nicht an ihre Mensch-, sondern ihre Eigenliebe, und wir erwähnen nicht die eigenen Bedürfnisse, sondern sprechen von ihrem Vorteil"* (S. 19).

Oft wird dabei allerdings übersehen, dass Smith mit seinem Bezug auf das Eigeninteresse nur auf eine Facette menschlicher Handlungsmotivation abzielte und an anderer Stelle, insbesondere in seiner Schrift **Theorie der ethischen Gefühle** (vgl. *Smith* 1994 [1759]), auch explizit auf die Relevanz sozialer und gesellschaftlicher Motive hinwies:

> *„Mag man den Menschen für noch so egoistisch halten, es liegen doch offenbar gewisse Prinzipien in seiner Natur, die ihn dazu bestimmen, an dem Schicksal anderer Anteil zu nehmen, und die ihm selbst die Glückseligkeit dieser anderen zum Bedürfnis machen, obgleich er keinen anderen Vorteil daraus zieht, als das Vergnügen, Zeuge davon zu sein"* (S. 1).

Diese beiden Mutmaßungen über menschliche Motivlagen scheinen auf den ersten Blick so schwer miteinander vereinbar, dass in diesem Zusammenhang mitunter auch vom **Adam Smith-Problem** die Rede ist (vgl. z. B. *Otteson* 2005). Schon in den Anfängen der Ökonomie als eigenständiger wissenschaftlicher Disziplin werden also grundverschiedene Annahmen über die menschliche Handlungsmotivation ins Spiel gebracht, ohne dass gleichzeitig eine befriedigende Lösung für die Vereinbarung der beiden Perspektiven angeboten worden wäre. Wie wir später noch sehen werden, ist diese Unklarheit bis heute eine Quelle wissenschaftlichen Disputs, der wegen der Frage der Bedeutung sozialer Interaktionen im individuellen Handeln insbesondere für die Führungsforschung von besonderer Relevanz ist.

Während Smith also die menschliche Handlungsmotivation in verschiedenen Facetten beschrieben hat, verengte sich die Perspektive schon kurze Zeit danach auf das Eigeninteresse. Als wegweisend können in diesem Zusammenhang die Werke von *David Ricardo* (1821) bezeichnet werden. Zwar bezog sich dieser auf Smith, er sah aber dessen Arbeiten letztlich als logisch inkonsequent an (vgl. *Schumpeter* 1986 [1954], S. 447). *Ricardo* versuchte daher, ökonomische Prinzipien durch formal logische Deduktion zu gewinnen und stützte sich dafür auf ein exemplarisches Modell auf der Basis von konsequent eigeninteressierten und rational handelnden Akteuren (vgl. *Suchaneck/Kerscher* 2007, S. 261). Dies heißt nicht, dass Ricardo behauptete, menschliche Entscheidungen würden in der Realität tatsächlich nur auf rationalem Eigeninteresse beruhen. Vielmehr ging es ihm vor allem darum, allgemeine ökonomische Gesetzmäßigkeiten aufzuzeigen, während er kein Interesse an grundsätzlichen philosophischen Überlegungen zum Wesen des Menschen hatte (vgl. *Schumpeter* 1986 [1954], S. 447). *Ricardo* nahm also, im Gegensatz zu *Smith*, eine rein präskriptive Perspektive ein. Dies heißt, dass er nicht mehr der Frage nachging, wie Menschen in der Realität (ökonomische) Entscheidungen treffen, sondern vielmehr überlegte, wie solche Entscheidungen aus idealer Perspektive aussehen sollten. Dadurch legte *Ricardo* den Grundstein für eine lange Zeit vornehmlich präskriptiv geprägte Orientierung der Entscheidungslehre in den Wirtschaftswissenschaften.

Warum ist dies nun für die Frage der Entscheidungsförderung in Führungsbeziehungen relevant? Zunächst einmal haben präskriptive Modelle scheinbar einen klaren Vorteil, indem sie bei einem Entscheidungsproblem die jeweils beste Option identifizieren und damit eine klare Handlungsanweisung geben können. Dies setzt allerdings voraus, dass Urheber und Anwender dieses Modells grundsätzlich von denselben Prämissen ausgehen. Eine zentrale und nicht immer objektiv zu beantwortende Frage ist, welches Ziel eigentlich bei einer Entscheidung erreicht werden soll. So muss eine Führungskraft in vielen Fällen Abwägungen vornehmen, ob sie durch ihr Handeln bspw. allein auf die Maximierung des Unternehmensgewinns abzielt oder ob auch andere Faktoren wie das Wohlergehen der Mitarbeiter oder weiterer Stakeholder eine Rolle spielen. *Ricardo* löste dieses Dilemma, wie bereits angesprochen, pragmatisch, in dem er sich allein an einer Maximierung ökonomischen Nutzens orientierte. Im Gegensatz zu Smith verwarf er sämtliche sozialen und gesellschaftlichen Überlegungen. Damit berief er sich (vermutlich als erster) auf einen schematischen, rein ökonomisch denkenden Menschen (vgl. *Suchanek/Kerscher* 2007, S. 261), wie er später u. a. von *Spranger* (1965 [1914]) in einer Typologie verschiedener menschlicher Lebensformen als **Homo Oeconomicus** umfassend beschrieben worden ist.

Diese Reduktion menschlichen Handelns auf ausschließlich ökonomische Zielsetzungen stellte natürlich eine Vereinfachung dar, die allerdings im weiteren Verlauf der Entwicklung der **ökonomischen Entscheidungstheorie** mehr und mehr zum Standard wurde. Als exemplarisch hierfür können die Arbeiten *John von Neumanns* und *Oskar Morgensterns* (1953) gesehen werden, die sich bei der Begründung der **Spieltheorie** – bis heute eine der einflussreichsten Theorien im Bereich der ökonomischen und sozialwissenschaftlichen Entscheidungsforschung – ebenfalls mit dem Problem der Motivdefinition konfrontiert sahen. Mit der Zielsetzung einer mathematischen Formulierungsmöglichkeit für Entscheidungsprobleme beschränkten die Autoren die Annahmen über menschliche Motive ausdrücklich auf monetäre und damit eindeutig quantifizierbare Größen oder wie die Autoren selbst schreiben:

> „the aim of all participants in the economic system, consumers as well as entrepreneurs, is money, or equivalently a single monetary commodity" (S. 8).

Obwohl *von Neumann* und *Morgenstern* an gleicher Stelle auch auf die Grenzen dieser Herangehensweise hinwiesen, fand ihr Entscheidungsmodell, gerade wegen der eindeutigen Quantifizier- und Formalisierbarkeit, in den folgenden Jahren weite Verbreitung. Tatsächlich stellt es bis heute, insbesondere in Form des **Rational Choice Ansatzes** (☞ C. IV. 2.1), eine der einflussreichsten Theorien im Bereich der Entscheidungsfindung dar, die auch weit über die Ökonomie hinaus zahlreiche Anwendungen gefunden hat (vgl. *Elster* 1986).

Trotz dieser weiten Verbreitung ist der Rational Choice Ansatz allerdings nicht ohne Kritik geblieben. So wies insbesondere der Sozialwissenschaftler *Herbert Simon* (vgl. u. a. 1979, 1956, 1955) schon kurz nach dem Erscheinen des Grundlagenwerkes zur Spieltheorie deutlich auf die Grenzen rationaler Entscheidungsmodellen hin. Grundlage seiner maßgeblich von Verhaltensbeobachtungen gestützten Kritik waren zum einen die unrealistischen Anforderungen an die Verfügbarkeit von Daten und Verarbeitungskapazität, zum anderen aber auch die Annahme, dass der Mensch über ein wohlorganisiertes und unveränderliches System von Präferenzen verfüge. Mit dem Ansatz der **begrenzten Rationalität** (engl.: bounded rationality; ☞ C. IV. 3.1) schlug er daher eine Alternative vor, welche Entscheidungsprozesse unter Berücksichtigung realer Umweltbedingungen Informationsverarbeitung untersuchte. Persönlich schreibt Simon hierzu:

> „the task is to replace the global rationality of economic man with a kind of rational behavior that is compatible with the access to information and the computational capacities that are actually possessed by organisms, including man, in the kinds of environments in which such organisms exist" (Simon 1955, S. 99).

Mit der Betonung der Bedeutung tatsächlich vorhandener Randbedingungen legte Simon einen entscheidenden Grundstein für eine **empirisch** begründete Entscheidungslehre, die sich im Gegensatz zum Rational Choice Ansatz auf dem Studium realer Entscheidungen unter realen Bedingungen aufbaut. Aus dieser Tradition heraus entwickelten sich im weiteren Verlauf verschiedene – und teilweise deutlich unterschiedliche – Schulen: U.a. (1) der **Heuristiken und Biases Ansatz** (vgl. z. B. *Tversky/Kahneman* 1974; ☞ C. IV. 3.2), der sich vor allem mit den Schwächen unter Realbedingungen getroffener Entscheidungen beschäftigt und (2) der **Ansatz der adaptiven Heuristiken** (vgl. z. B. *Gigerenzer/Selten* 2001; *Gigerenzer u. a.* 1999; ☞ C. IV. 3.3), der die Stärken menschlicher Entscheidungen unter Realbedingungen betont und (3) das **Konzept der lebensnahen Entscheidungen** (vgl. z. B. *Klein* 2008; *Lipshitz u. a.* 2001; ☞ C. IV. 3.4), das sich mit der (intuitiven) Entstehung von Expertise beschäftigt. Da sich alle diese Ansätze, wenn auch aus sehr unterschiedlichen Blickwinkeln, mit Entscheidungsprozessen unter Realbedingungen auseinandersetzen, lassen sich insbesondere aus dieser Theorieströmung konkrete Handlungsempfehlungen für den Führungsbereich ableiten.

Wir werden uns daher im weiteren Verlauf vor allem mit den verhaltensbasierten Entscheidungsmodellen beschäftigen. Der Vollständigkeit halber möchten wir allerdings zunächst auch noch einmal auf die Grundzüge der klassischen rationalen Entscheidungstheorie eingehen. Zum einen hat diese eine weite Verbreitung erfahren, zum anderen dient sie aber auch als wichtige Vergleichsvorlage, um die Unterschiede der verhaltensbasierten Entscheidungsmodelle deutlich machen zu können.

2. Was die rationale Entscheidungstheorie leistet

Wie bereits im vorigen Abschnitt angeklungen ist, reichen die Wurzeln des Rational Choice Ansatzes bis in die Anfänge der modernen Ökonomie zurück. So finden sich die bereits von *Adam Smith* beschriebene Verfolgung des Eigeninteresses und das von *David Ricardo* betriebene deduktiv logische Vorgehen zur Formulierung normativer Grundsätze in leicht abgewandelter Form als zentrale Bestandteile im Rational Choice Ansatz wieder. Dieser Ansatz hat sich, teilweise auch über die Wirtschaftswissenschaften hinaus (siehe hierzu vor allem *Elster* 1986), als ein dominantes Paradigma in der Entscheidungsforschung etabliert. Als präskriptive Theorie wird im Rational Choice Ansatz die normative Frage nach der optimalen Entscheidung für eine gegebene Entscheidungssituation gestellt. Dabei wird keine Aussage darüber gemacht, ob Entscheidungen in der Realität tatsächlich auf diesem Weg entstehen. Da der Rational Choice Ansatz zum einen im Bereich der Betriebswirtschaftslehre bereits umfangreich dargestellt ist (vgl. u.a. *Göbel* 2014; *Laux/Gillenkirch/Schenk-Mathes* 2012), zum anderen aber insbesondere in Bezug auf Fragen der Personalführung zahlreiche Probleme mit sich bringt, beschränken wir uns an dieser Stelle nur auf die wichtigsten Grundzüge, die vor allem eine Basis für einen Vergleich mit anderen Modellansätzen bieten sollen.

Die rationale Entscheidungstheorie basiert grundsätzlich auf einem **methodologischen Individualismus**. In diesem Sinne ist die Betrachtungsebene zunächst das Verhalten einzelner Personen, wobei sich durch die Kombination individueller Handlungen auch kollektive Phänomene abbilden lassen. In Bezug auf das individuelle Verhalten werden die Grundannahmen gemacht, dass Menschen sich (a) bei ihren Handlungen von **individuellen Zielen** leiten lassen und (b) diese Ziele durch die Anwendung **rationaler Entscheidungskriterien** optimal zu verwirklichen versuchen (vgl. *Nida-Rümelin* 1994, S. 4). Mit dieser rudimentären Spezifikation bietet der Ansatz allerdings noch keinen analytischen oder gar praktischen Nutzen. Hierzu müssen zunächst sowohl die individuellen Ziele als auch die Bedingungen rationaler Entscheidungsfindung näher spezifiziert werden. Für die Ziele gilt, dass sich die damit verbundenen Handlungsoptionen zunächst in irgendeiner Weise quantifizieren lassen müssen. Idealerweise geschieht dies durch die Zuordnung eines konkreten Zahlenwertes zu jeder wählbaren Option. Ist eine solche Zuordnung nicht möglich, so muss zumindest eine vergleichende Bewertung vorgenommen werden können. Entsprechend dem **Ordnungsaxiom** wird dabei gefordert, dass für jede mögliche Optionskombination angegeben werden kann, ob A im Vergleich zu B als besser, gleichwertig oder schlechter bewertet wird. Weiterhin wird darüber hinaus entsprechend dem **Transitivitätsaxiom** gefordert, dass Paarvergleiche sich logisch konsistent generalisieren lassen, d.h., wenn A gegenüber B bevorzugt wird und B gegenüber C, dann muss auch A gegenüber C bevorzugt werden (vgl. *Laux/Gillenkirch/Schenk-Mathes* 2012, S. 41).

Wenn eine Führungskraft beispielsweise das Ziel hat, den Unternehmensumsatz zu erhöhen und dafür neue Mitarbeiter einstellen möchte, so müsste sie bei der Entscheidung zwischen zwei Mitarbeitern Annahmen darüber machen können, welchen Beitrag der jeweilige Mitarbeiter zur Steigerung des Umsatzes erbringen kann bzw. welcher der beiden Mitarbeiter in dieser Hinsicht bessere Leistungen verspricht. Bereits an diesem einfachen Beispiel wird deutlich, dass eine genaue Quantifizierung des Zielbeitrags der einzelnen Handlungsoptionen nicht immer möglich sein wird und mitunter sogar eine rein vergleichende Abwägung schwierig sein kann, da die Zielbeiträge der beiden Mitarbeiter zum Zeitpunkt der Einstellung nicht immer absehbar sind. Dieses Problem gilt umso mehr, wenn wir uns vor Augen führen, dass das Ziel der Führungskraft nicht nur die Steigerung des Umsatzes, sondern alternativ auch ein gutes Betriebsklima, zufriedene Mitarbeiter oder eine ethisch handelnde Organisation sein können. Zur Umgehung der Problematik der Quantifizierbarkeit wird bei der Anwendung der Rational Choice Theorie daher als individuelles Ziel generell die Maximierung des eigenen Nutzens angenommen, wobei dieser in ökonomischen Zusammenhängen zur Vereinfachung ausschließlich in monetären Einheiten abgebildet wird (vgl. *von Neumann/ Morgenstern* 1953).

Was die Frage der Anforderungen an den rationalen Prozess der Entscheidungsfindung angeht, lassen sich unter anderem eine **formale** und eine **substantielle Rationalität** unterscheiden (vgl. *Göbel* 2014, S. 36). Ein Entscheidungsprozess erfüllt die Anforderung formaler Rationalität, wenn die getroffene Entscheidung gemäß den persönlichen Zielen des Entscheiders die bestmögliche Option darstellt. Dabei ist es unerheblich, ob dieses Ziel aus objektiver Sicht sinnvoll ist oder nicht. Die Anforderungen einer substantiellen Rationalität hingegen sind erst dann erfüllt, wenn das angestrebte Ziel auch aus objektiver Sicht als sinnvoll bezeichnet werden kann. Eine Führungskraft, die sich als persönliches Ziel setzt, ausschließlich den eigenen Wohlstand kurzfristig zu mehren und dafür eine Schädigung der Mitarbeiter und des Unternehmens in Kauf nimmt, kann nach dieser Unterscheidung formal rational handeln, die substantielle Rationalität aber verfehlen.

Bis hierhin haben wir festgestellt, dass entsprechend dem Rational Choice Model eine Person für verschiedene Handlungsoptionen absolute oder komparative Bewertungen vornimmt und anschließend die Option wählt, die ihr den höchsten (wie auch immer gearteten) Nutzen verspricht. Dieses vereinfachte Modell berücksichtigt allerdings noch nicht die Tatsache, dass verschiedene Handlungsoptionen sich nicht nur hinsichtlich ihrer Wertigkeit, sondern auch hinsichtlich ihrer **Eintrittswahrscheinlichkeit** unterscheiden können. So kann eine Handlungsoption mit einem hohen absoluten Wert wenig relevant sein, wenn ihre Realisierung als unwahrscheinlich angesehen werden kann. Dieser Umstand wird im **(subjektiven) Erwartungswertmodell** aufgegriffen, welches neben den Werten der Handlungsoptionen auch noch deren (subjektive) Eintrittswahrscheinlichkeiten berücksichtigt und sich mit Abbildung C.26 darstellen lässt.

$$SEU_{(i)} = \sum_{i=1}^{n} P_i \times U_i$$

Abb. C.26: Formel zur Berechnung des subjektiven Erwartungsnutzens

Die grundsätzliche Maxime ist dabei, dass eine Person für alle mit einer Entscheidung verknüpften Handlungsergebnisse jeweils eine Eintrittswahrscheinlichkeit (P = Probability) schätzt und diese sodann mit dem Nutzenwert (U = Utility) des jeweiligen Ergebnisses multipliziert. Aus der Summe dieser Produkte ergibt sich dann der **subjektive Erwartungswert (SEU = Subjective Expected Utility)**. Eine Person die sich rational verhält, wählt abschließend diejenige Handlungsoption, die insgesamt den höchsten Erwartungswert aufweist (vgl. *Nida-Rümelin* 1994, S.7). Als Anwendungsbeispiel wollen wir hier die Frage aufgreifen, ob eine Führungskraft einem Vertriebsmitarbeiter eine Schulung genehmigen soll oder nicht. Angenommen, die Schulung kostet 5.000 Euro und führt im Erfolgsfall zu einer Steigerung der durch den Mitarbeiter generierten Gewinne um 10.000 Euro, bei Misserfolg hingegen zu keiner Gewinnveränderung. Damit ergäbe sich im Erfolgsfall ein Vorteil von 5.000 Euro (Gewinnsteigerung abzgl. Schulungskosten) im Misserfolgsfall hingegen ein Nachteil von 5.000 Euro (Schulungskosten ohne Gewinnsteigerung). Angenommen, die Führungskraft schätzt die Erfolgswahrscheinlichkeit der Fortbildung mit 70% ein so ergäbe sich folgender subjektive Erwartungswert 0,7 x 5.000 Euro + 0,3 x -5.000 Euro = 2.000 Euro. Hinsichtlich der Alternative, die darin besteht, die Schulung nicht zu gewähren, geht die Führungskraft davon aus, dass sich in diesem Fall die Vertriebsleistung des Mitarbeiters nicht ändert, weshalb keine zusätzlichen Gewinne oder Verluste entstehen. Somit wäre hier der subjektive Erwartungswert null.

Der Vergleich der beiden subjektiven Erwartungswerte spricht hier also dafür, dass die Führungskraft die Schulung gewähren sollte. Es wird allerdings auch deutlich, dass dieses Ergebnis zum einen zentral von der subjektiven Einschätzung der Erfolgswahrscheinlichkeit abhängt, zum anderen aber auch davon, dass der Erfolg der Schulungsmaßnahme überhaupt quantifizierbar ist. Nicht umsonst haben wir hier das Beispiel eines Vertriebsmitarbeiters gewählt, dessen Erfolge zumindest potenziell in Zahlen messbar sind. Erheblich schwieriger, wenn nicht sogar unmöglich, wird die Berechnung eines subjektiven Erwartungswertes jedoch, wenn sich eine Schulung auf nicht oder nur schwer zu messende Größen wie Zufriedenheit, Motivation oder Gesundheit bezieht.

Bisher haben wir in unseren Betrachtungen der rationalen Entscheidungstheorie nur die Entscheidungen einzelner Personen betrachtet. Bereits zu Eingang dieses Abschnitts wurde allerdings erwähnt, dass über eine Generalisierung von Entscheidungen einzelner Personen auch soziale Interaktion abgebildet werden können. Gegenstand solcher Überlegungen ist insbesondere die **Spieltheorie** (vgl. *von Neumann/Morgenstern* 1953) die sich mit der strategischen Interkation einzelner rationaler Akteure beschäftigt. Zu diesem Zweck überführt die Spieltheorie allgemeine Problemstellungen in klar umrissene Dilemmata und identifiziert auf dieser Basis die optimalen Handlungsstrategien der einzelnen Akteure. Eines der bekanntesten Paradigmen aus der Spieltheorie ist das sogenannte **Gefangenendilemma**, dessen Grundzüge und Lösungsansätze im Beispielkasten näher erläutert werden, um das Grundprinzip eines spieltheoretischen Lösungsansatzes aufzuzeigen.

> **Beispiel zum Gefangenendilemma**
>
> Zwei Verbrecher werden von der Polizei bei einem Diebstahl ertappt, festgenommen und anschließend getrennt voneinander verhört. Da die Verbrecher auf frischer Tat ertappt worden sind, kann Ihnen der Diebstahl zweifelsfrei nachgewiesen und in diesem Zusammenhang eine Gefängnisstrafe von jeweils einem Jahr verhängt werden. Es wird allerdings vermutet, dass das Verbrecherduo neben dem Diebstahl auch für einen schweren Raubüberfall verantwortlich ist, für den eine fünfjährige Gefängnisstrafe verhängt werden würde. Dieser Raubüberfall kann den Verbrechern jedoch mangels stichhaltiger Beweise nicht nachgewiesen werden. Den

Verbrechern wird daher folgender Handel angeboten: Sofern einer der beiden Verbrecher in der Sache des Raubüberfalls geständig ist, wird dieser als Kronzeuge freigesprochen, während der andere Verbrecher die fünfjährige Gefängnisstrafe erhält. Machen allerdings beide Verbrecher ein Geständnis, so ist die Kronzeugenaussage gegenstandslos, sodass beide die fünfjährige Gefängnisstrafe erhalten. Entscheiden sich hingegen beide Verbrecher gegen eine Aussage, so fällt für beide nur die einjährige Gefängnisstrafe an. Die verschiedenen Handlungsoptionen lassen sich also wie folgt zusammenfassen:

	Gestehen	Schweigen
Gestehen	5 Jahre / 5 Jahre	0 Jahre / 5 Jahre
Schweigen	5 Jahre / 0 Jahre	1 Jahr / 1 Jahr

Die Tabelle macht das Dilemma deutlich. Beide Verbrecher haben das Ziel, der Gefängnisstrafe zu entgehen, bzw. diese so gering wie möglich zu halten. Aus gemeinschaftlicher Perspektive wäre Schweigen die beste Option, denn insgesamt wird so nur 2 x 1 Gefängnisjahr fällig. Aus der Sicht des einzelnen Verbrechers hingegen drohen bei einem Geständnis, je nach Verhalten des anderen, entweder 5 Jahre Gefängnis oder gar keine Haft. Beim Schweigen drohen ebenfalls fünf Jahre oder eine einjährige Haft. Somit scheint das Geständnis aus individueller Perspektive die optimale Strategie. Da allerdings beide Verbrecher als rationale Akteure diese Strategie wählen, entfällt die Kronzeugenregelung und die Verbrecher erhalten beide die höchste Strafe, sodass sowohl aus individueller als auch aus Gruppenperspektive mit 2 x 5 Gefängnisjahren das schlechteste Ergebnis erreicht wird.

(vgl. z. B. *Colman* 2003 für eine umfangreiche Darstellung relevanter Variablen und Strategien im Gefangenendilemma)

Das Beispiel des Gefangenendilemmas lässt sich natürlich nicht nur für Gefängnisstrafen anwenden. Es steht in prototypischer Form für eine Vielzahl von Kooperationskonflikten, bei denen unterschiedliche kollektive und individuelle Interessen existieren. So können z. B. auch die außervertragliche Zusammenarbeit zwischen Geschäftspartnern, die Nutzung öffentlicher Güter oder die Preissetzung unter diesem Paradigma zusammengefasst werden.

Natürlich sind derartige Betrachtungen nicht auf die oben beschriebene Reinform beschränkt. Sie können beispielsweise durch wiederholte Interaktion oder wahrscheinlichkeitstheoretische Überlegungen über die Kooperationsneigung der jeweils anderen Partei modifiziert werden und so letztendlich auch kooperative Lösungen möglich machen oder gänzlich andere Dilemmatastrukturen abbilden (vgl. z. B. *Gibbons* 1997). Auch im Gefangenendilemma kommt es aber wieder darauf an, dass mit der Reduktion der Gefängnisstrafe ein klar definiertes Ziel vorgegeben ist, das eindeutig messbar ist. Die bereits weiter oben skizzierte Problematik der Anwendbarkeit klassischer rationaler Entscheidungsmodelle auf Führungsfragen besteht also auch für Paradigmen aus der Spieltheorie.

Wir wollen es daher bei diesem kurzen Einblick in das Feld der rationalen Entscheidungstheorie bewenden lassen und uns im Folgenden vor allem mit den verhaltensbasierten Entscheidungsmodellen beschäftigen, die auf der Untersuchung von Entscheidungen unter Realbedingungen basieren. Überspitzt formuliert lässt sich also sagen, dass sich die rationale Entscheidungstheorie mit optimalen Entscheidungen unter Idealbedingungen beschäftigt, während die verhaltensbasierten Entscheidungsmodelle tatsächliche Entscheidungen unter Realbedingungen untersuchen.

3. Welche Bedeutung verhaltensbasierten Entscheidungsmodellen zukommt

3.1 Herbert Simons Konzept der begrenzten Rationalität

Um die Bedeutung des Konzepts der begrenzten Rationalität für das Feld der (Führungs-)Entscheidungen verstehen zu können, müssen wir uns zunächst näher mit den Randbedingungen realer Entscheidungen auseinandersetzen. Hierzu greifen wir auf die Arbeiten von *Frank Knight* (1921) zurück, die auf den zentralen Unterschied von **Risiko** und **Unsicherheit** hinweisen. **Risiko** ist ein Umweltzustand, bei dem alle möglichen Alternativen sowie deren Eintrittswahrscheinlichkeiten und Konsequenzen bekannt sind. In solchen Fällen lässt sich durch Berechnungsmodelle (wie vorzugsweise der gerade dargestellten Rational Choice Theorie) problemlos die jeweils beste Option identifizieren und damit eine optimale Entscheidung treffen. Davon klar abzugrenzen ist der Umweltzustand der **Unsicherheit**. Dieser ist dadurch definiert, dass die möglichen Alternativen sowie die dazugehörigen Eintrittswahrscheinlichkeiten und Konsequenzen überhaupt nicht oder nicht vollständig bekannt sind, sich zudem auch nicht sinnvoll schätzen lassen. Dies ist insbesondere dann der Fall, wenn relevante Ereignisse nur sporadisch oder sogar einmalig auftreten, sodass sich selbst durch umfängliche empirische Beobachtungen keine zuverlässigen Wahrscheinlichkeitsverteilungen gewinnen lassen.

Die wichtigsten Unterschiede zwischen Sicherheit, Risiko und Unsicherheit sind in Tabelle C.15 zusammengefasst. In der Praxis wird sich nicht in allen Fällen eine entsprechend eindeutige Trennung zwischen den Klassen vornehmen lassen, da unterschiedliche Vorstellungen darüber bestehen, inwieweit auch bei Einzelereignissen noch plausible (subjektive) Annahmen über Eintrittswahrscheinlichkeiten gemacht werden können (vgl. *Laux/Gillenkirch/Schenk-Mathes* 2012, S. 87). Insgesamt lässt sich aber ein Gros der Entscheidungen im oberen Management- und Führungsbereich klar in die Domäne der Unsicherheit einordnen. Da gerade die „großen" strategisch wichtigen Entscheidungen als Entscheidungen unter Unsicherheit eben nicht auf einfachem Weg mit rechnerisch eindeutigen Strategien wie der Rational Choice Theorie lösbar sind, liegt der Erfolg einer Organisation nach *Knight* (1921) gerade darin begründet, Entscheidungsstrategien für ebendiese Probleme der Unsicherheit zu finden. Und, so könnte man frei hinzufügen, natürlich auch die eigenen Mitarbeiter in die Lage zu versetzen, erfolgreich mit Entscheidungen unter Unsicherheit umzugehen.

Als ein Grundstein in der Erforschung realitätsnaher Entscheidungen unter Unsicherheit nicht nur, aber vor allem im organisationalen Bereich, können die Arbeiten des amerikanischen Sozialwissenschaftlers *Herbert Simon* (vgl. *Simon* 1989, 1979, 1962, 1956) angesehen werden. Dieser beschäftigt sich in deutlicher Abgrenzung von der Rational Choice Theorie insbesondere mit folgender Frage:

> *„how do human beings reason when the conditions for rationality postulated by the model of neoclassical economics are not met – for example, when no one can define the appropriate utility function, or suggest how the contribution of expenditures to utility is to be measured?" (Simon* 1989, S. 377).

Simon geht hier also ausdrücklich auf solche Situationen ein, in denen zentrale Größen nicht messbar und die im vorigen Abschnitt vorgestellten Modelle der neoklassischen Ökonomie daher nicht oder nicht ohne Weiteres anwendbar sind. Damit geht es zentral um **Entscheidungen unter Unsicherheit**. Wir haben an anderer Stelle schon kurz darauf hingewiesen, dass dieser Sachverhalt insbesondere auch für Fragen aus der Personalführung typisch ist und werden diesen Punkt im Folgenden auch im weiteren Verlauf noch einmal verdeutlichen. Als Alternative zum neoklassischen Ansatz vollständig rationaler Entscheidungen schlägt *Simon* ein Konzept der **begrenzten Rationalität** vor. Begrenzungen rationaler Entscheidungsmöglichkeiten sieht *Simon* zum einen in den kognitiven Fähigkeiten des Menschen. Darüber hinaus auch in der Verfügbarkeit notwendiger Informationen oder der Zeit, die für einen Entscheidungsprozess zur Verfügung steht. Dabei ist wichtig hervorzuheben, dass *Simon* mit dem Begriff der begrenzten Rationalität vor allem darauf abzielt, die zahlreichen Beschränkungen zu berücksichtigen, durch die Entscheidungen unter realen Bedingungen charakterisiert sind. Entscheidungsstrategien, die von dem scheinbaren Ideal vollständiger Rationalität abweichen sind in dieser Hinsicht nicht per se zweitklassig, sondern stellen oft eine gelungene Anpassung an die besonderen Bedingungen spezieller Entscheidungsumwelten dar. Zur Verdeutlichung dieser Idee greift *Simon* auf die Metapher einer Schere zurück. Für sich betrachtet muss die einzelne Klinge jeweils als ein wenig gelungenes Schneidwerkzeug betrachtet werden.

Die eigentliche Funktionsweise wird erst im Zusammenspiel beider Teile deutlich. Ebenso kann, wie in Abbildung C.27 schematisch dargestellt, das menschliche Entscheidungs- und damit Problemlöseverhalten erst

	Sicherheit	**Risiko**	**Unsicherheit**
Charakteristika	Eintritt eines Ereignisses kann als unausweichlich angenommen werden.	Alle Alternativen sind bekannt. Eintritt jeder Alternative kann mit einer Wahrscheinlichkeitsverteilung abgebildet werden. Wert jeder Alternative ist bekannt.	Nicht alle Alternativen sind bekannt. Eintritt der Alternativen kann nicht mit einer Wahrscheinlichkeitsverteilung abgebildet werden. Werte der Alternativen sind nicht bekannt.
Beispiel	Endlichkeit des Lebens	Wurf eines gleichmäßigen Würfels	Technischer Fortschritt, Wirtschaftskrisen, Katastrophen

Tab. C.15: Merkmale von Sicherheit, Risiko und Unsicherheit

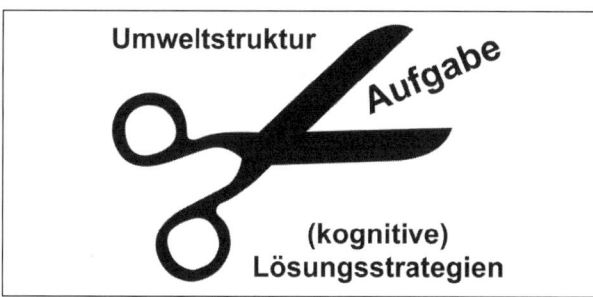

Abb. C.27: Umweltabhängigkeit von Lösungsstrategien nach dem Prinzip von *Simons* Schere (1990)

dann verstanden werden, wenn (kognitive) Lösungsstrategien im Zusammenspiel mit den relevanten Bedingungen der Umweltstruktur betrachtet werden (vgl. *Simon* 1990).

Da unter Realbedingungen fehlende Informationen und unbekannte Alternativen dazu führen, dass optimale Entscheidungen nicht deduktiv abgeleitet werden können, verfolgt *Simon* anders als die Vertreter der Rational Choice Theorie einen *deskriptiven* Forschungsansatz. Dabei steht nicht die Frage im Vordergrund, wie eine Entscheidung unter idealen Bedingungen getroffen werden sollte, sondern vielmehr die Frage, was Entscheider unter erschwerten realen Bedingungen tatsächlich tun, um praktische Probleme zu lösen. In diesem Zusammenhang kommt dem Studium von Expertenentscheidungen und den Bedingungen unter denen Expertenwissen entsteht, eine besondere Rolle zu. Wir kommen noch darauf zurück.

Ein wichtiger Ausgangspunkt in *Simons* Arbeiten zur Entstehung von Expertenentscheidungen sind u.a. die Erforschung der Entscheidungsstrategien von Schachexperten (vgl. *Chase/Simon* 1973; *de Groot* 1978). Das **Schachspiel** ist für die Erforschung realer Entscheidungen aufschlussreich. Einerseits, weil es durch seine klare Regelstruktur problemlos in logischen Entscheidungssystemen erfasst werden kann. Andererseits, weil die ideale Lösung des Spiels auf Grund der Vielzahl möglicher Stellungskombinationen bis heute nicht berechenbar ist. Damit steht Schach prototypisch für eine Vielzahl von Entscheidungsproblemen aus der realen Welt, bei denen die Anzahl der möglichen Optionen rechnerische Lösungen unmöglich macht (vgl. *Simon* 1990).

Wie aber funktionieren Entscheidungen in solch komplexen Umwelten? U.a. durch die Beobachtung des Entscheidungsverhaltens professioneller Schachspieler kam Simon zu dem Schluss, dass Experten keinesfalls versuchen, alle möglichen Aspekte einer Entscheidung in Betracht zu ziehen. Stattdessen beschränken sie sich durch

eine **selektive Wahrnehmung** auf die Kernbereiche eines Entscheidungsproblems. Durch diese sogenannte **heuristische Suche** kann es gelingen, selbst in einem (fast) unbegrenzten Problemraum wie dem Schachspiel dennoch eine Lösung zu finden und damit handlungsfähig zu bleiben. Dank heuristischer Strategien wie der **Wiedererkennung von Mustern** oder dem **Satisficing** (= Abbruch der Informationssuche beim Auffinden einer zufriedenstellenden Lösung) gelingt es professionellen Schachspielern, selbst hochspezialisierten Schachcomputern Paroli zu bieten. Wie effektiv diese heuristischen Mechanismen sein können, wird deutlich, wenn wir uns die Details einer der wohl bekanntesten Schachpartien der jüngeren Zeit vor Augen führen, die im Beispielkasten näher erläutert sind.

> **Beispiel zur Wiedererkennung von Mustern**
>
> **Schachweltmeister *Garri Kasparow* gegen *Deep Blue***
>
> Im Jahr 1997 gewann mit dem von IBM konstruierten Supercomputer *Deep Blue* erstmals eine Maschine gegen einen amtierenden Schachweltmeister, den damaligen Großmeister *Garri Kasparow*. Während *Deep Blue* 200 Millionen Stellungen pro Sekunde berechnen konnte, konnte *Kasparow* in jeder Runde nur einige dutzend Züge aktiv prüfen. Dennoch war der Ausgang des Wettkampfes keine ausgemachte Sache, denn *Kasparow* probierte nicht wie der Computer jede mögliche Lösung, sondern konnte sich durch die menschliche Fähigkeit der Mustererkennung nur auf die Stellungen konzentrieren, die ihm als besonders aussichtsreich schienen. So gelang es *Kasparow* trotz der massiv unterschiedlichen Rechen- und Speichermöglichkeiten, einzelne Partien zu gewinnen oder unentschieden zu beenden, auch wenn *Deep Blue* letztendlich in der Gesamtwertung knapp vorne lag.
>
> (vgl. *Gigerenzer/Todd/the ABC Research Group* 1999, S. 329)

Das Beispiel zeigt eindrücklich, dass die von *Simon* beschriebenen heuristischen Lösungen unter Realbedingungen überaus erfolgreich sein können und begrenzte kognitive und informationale Ressourcen effektiv zu nutzen vermögen. Es ist vor diesem Hintergrund wenig überraschend, dass im Zusammenhang mit angewandten Expertenentscheidungen, wie sie insbesondere auch in der unsicheren Entscheidungsumwelt von Führungskräften eine Rolle spielen, das heuristische Entscheiden ein großes Forschungsinteresse hervorgerufen hat.

So haben sich aufbauend auf *Simons* Konzept der begrenzten Rationalität verschiedene empirisch orientierte **Schulen** herausgebildet, die sich unter dem Titel der

Heuristiken und Biases (☞ C. IV. 3.2) mit den Schwächen heuristischer Entscheidungen, unter dem Titel der **adaptiven Heuristiken** (☞ C. IV. 3.3) mit deren Stärken und unter dem Titel der **lebensnahen Entscheidungen** (☞ C. IV. 3.4) im weiteren Sinne mit deren Entstehung beschäftigen. In der Organisationsforschung spielen sie eine wachsende Rolle (siehe *Loock/Hinnen* 2015).

Wir wollen an dieser Stelle schon darauf hinweisen, dass die verschiedenen Schulen sich zwar durchaus alle auf Simons Konzept der begrenzten Rationalität berufen, allerdings keinesfalls widerspruchsfrei zueinander stehen. Für eine passende Einordnung der verschiedenen Positionen werden wir daher, ganz im Sinne Simons, immer wieder auf eine notwendige kontextuelle Einordnung aufmerksam machen.

3.2 Heuristiken und Biases

Unter dem Titel *„Judgment under Uncertainty: Heuristics and Biases"* veröffentlichten die Psychologen *Amos Tversky* und *Daniel Kahneman* im Jahr 1974 einen Forschungsartikel, der in der Folge ein gleichnamiges Forschungsgebiet begründete. Ausgangspunkt waren, ähnlich wie bei Simon, Zweifel an der Praxistauglichkeit der Rational Choice Theorie. Genauer gesagt war es die Frage, inwieweit Menschen dazu in der Lage sind, die notwendigen Schätzungen für den subjektiven Erwartungswert einer Handlungsoption vorzunehmen. Tatsächlich zeigt eine Reihe empirischer Versuche, dass die Mehrzahl der untersuchten Personen bei der Einschätzung von Wahrscheinlichkeiten grundlegende logische Prinzipien außer Acht lässt. Stattdessen stützt sie sich auf eine Reihe heuristischer Vereinfachungsregeln, die in speziellen Fällen zu systematischen Fehlurteilen, sogenanten **Biases** führen können. Eines der klassischen empirischen Experimente die solch ein Fehlurteil belegen, ist das Linda-Problem. Es ist im Beispielkasten in seinen wesentlichen Zügen dargestellt (die ursprüngliche Problemdarstellung ist aus methodischen Gründen etwas umfangreicher, wir beschränken uns hier aber aus Gründen der Praktikabilität auf die tatsächlich relevanten Optionen).

Beispiel zu Fehlurteilen

Das Linda-Problem

„Linda ist 31 Jahre alt, Single, sehr direkt und hochintelligent. Sie hat einen Universitätsabschluss in Philosophie. Zu Zeiten ihres Studiums war sie sehr an den Themen Diskriminierung und soziale Gerechtigkeit interessiert und hat an Anti-Atom Demonstrationen teilgenommen."

Was halten Sie für wahrscheinlicher?

A.) Linda ist Bankangestellte.

B.) Linda ist Bankangestellte und engagiert sich in einer feministischen Bewegung.

(vgl. *Tversky/Kahneman* 1983, S. 297)

In der ursprünglichen Versuchsanordnung, aber auch in weiteren Studien wurde dann gezeigt, dass die große Mehrzahl der Personen es entsprechend der Beschreibung für wahrscheinlicher hielt, dass Linda Bankangestellte und engagierte Feministin als nur Bankangestellte ist. Tatsächlich kann aber nach den Prinzipien der formalen Logik die Wahrscheinlichkeit, dass zwei verknüpfte Merkmale gleichzeitig zutreffen, niemals größer sein als die Wahrscheinlichkeit der einzelnen Ereignisse für sich genommen. Oder anders gesagt: Natürlich sind alle feministischen Bankangestellten zwangsläufig immer auch ein Teil der weitaus größeren Gruppe der Bankangestellten, wobei nicht zwangsläufig alle Bankangestellten automatisch Teil der Gruppe der Feministinnen sind.

Tversky und *Kahneman* schließen aus diesem Ergebnis, dass die Versuchspersonen zur Problemlösung an Stelle formal logischer Überlegungen die sogenannte **Repräsentativitätsheuristik** verwenden. Entsprechend dieser Heuristik wird die Zugehörigkeit eines Objektes zu einer Gruppe (in diesem Fall der Zugehörigkeit von Linda zur Gruppe der Feministinnen) allein an Hand der Ähnlichkeit dieses Objektes mit einem typischen Vertreter dieser Gruppe bestimmt. Oder anders gesagt, da die Beschreibung der Person Linda in den Augen der Versuchspersonen stark an die stereotype Beschreibung einer Feministin erinnert, wird automatisch angenommen, dass Linda zu der Gruppe der Feministinnen gehören muss. Dass dies bei dem oben dargestellten Beispiel auf Grund der notwendigen Verknüpfung zweier Merkmale zwangsläufig weniger wahrscheinlich sein muss als die Zugehörigkeit zur Klasse der Bankangestellten, wird dabei vollständig außer Acht gelassen. Wenn die Verwendung einer Heuristik wie der Klassenähnlichkeit nach *Kahneman* auch in vielen Fällen ein hilfreiches Entscheidungskriterium sein mag (vgl. *Kahneman/Klein* 2009), so kann sie doch insbesondere in solchen Fällen in denen nach logischen Gesichtspunkten optimale Lösungen existieren, auch zu systematischen Fehlschlüssen führen. Diese umfassen wie die eben dargestellte Vernachlässigung von a-priori Wahrscheinlichkeiten beispielsweise auch die Würdigung von Stichprobengrößen oder die Regression zur Mitte.

Einen ähnlichen Effekt wie die Verwendung der Klassenähnlichkeit zur Wahrscheinlichkeitsschätzung stellen *Tversky* und *Kahneman* (1974) auch für die Abrufgeschwindigkeit einer Information fest, die von den Autoren als **Verfügbarkeitsheuristik** bezeichnet wird. So wurden Versuchsteilnehmern Listen mit weiblichen und männlichen Namen vorgelegt, wobei jeweils nur bei einem Geschlecht auch die Namen bekannter Persönlichkeiten enthalten waren. Anschließend wurde die Anzahl der Namen desjenigen Geschlechts als höher eingeschätzt, dem die bekannten Persönlichkeiten angehörten, obwohl tatsächlich für jedes Geschlecht genau gleich viele Namen in den Listen enthalten waren. Entsprechend der Interpretation der Autoren hatten die Versuchspersonen allerdings die Häufigkeiten der Namen nicht gezählt, sondern sich zur Bestimmung des Verhältnisses weiblicher und männlicher Namen beispielhafte Fälle aus ihrer Erinnerung abgerufen. Da die Namen bekannter Persönlichkeiten besser in Erinnerung blieben, wurden je nach Bedingung mehr weibliche oder männliche Beispiele abgerufen und auf dieser Basis eine falsche Häufigkeitsverteilung angenommen. Neben der Abrufgeschwindigkeit kann eine ähnliche Urteilsverzerrung auch durch die Vorstellbarkeit eines Ereignisses oder die Annahme illusorischer Korrelationen entstehen.

Der dritte und letzte in der originären Studie (vgl. *Tversky/Kahneman* 1974) identifizierte Effekt bezieht sich auf die Bedeutung eines (willkürlichen) Referenzpunktes für eine Schätzung. Sie wird als **Anker- und Anpassungsheuristik** bezeichnet. So wurde einer Gruppe von Versuchsteilnehmern die Aufgabe gestellt, innerhalb von fünf Sekunden das Ergebnis der Reihe 8 x 7 x 6 x 5 x 4 x 3 x 2 x 1 zu schätzen, während eine andere Gruppe die gleiche Aufgabe in umgekehrter Reihenfolge erhielt und das Ergebnis der Reihe 1 x 2 x 3 x 4 x 5 x 6 x 7 x 8 schätzen sollte. In der Konsequenz schätzte die Gruppe, die die Zahlenreihe vom höheren Ende her begonnen hatte im Mittel ein viermal so hohes Ergebnis wie die andere Gruppe. Entsprechend der Interpretation der Autoren dient das erste errechnete Produkt in der Aufgabe als Anhaltspunkt, von dem sodann eine unvollständige Anpassung nach oben oder unten vorgenommen wird. Wird also mit einem Wert oberhalb des Durchschnitts begonnen, so erfolgt eine unzureichende Korrektur nach unten und der Wert bleibt zu hoch. Wird hingegen mit einem Wert unterhalb des Durchschnitts begonnen, so erfolgt eine unzureichende Korrektur nach oben und der geschätzte Wert bleibt zu niedrig. Deshalb wird in diesem Zusammenhang vom **Bias der unzureichenden Anpassung** gesprochen. Weitere mit der Anker- und Anpassungsheuristik assoziierte Biases sind die fehlerhafte Bewertung verbundener und unabhängiger Ereignisse oder die fehlerhafte Einschätzung subjektiver Wahrscheinlichkeitsverteilungen.

Aufbauend auf den eben beschriebenen empirischen Beobachtungen erfolgten nach dem Tod von *Amos Tversky* durch *Daniel Kahneman* eine Einbettung in eine umfassendere Theorie zweier unabhängiger Entscheidungssysteme (vgl. *Kahneman* 2003), die mittlerweile auch über den wissenschaftlichen Bereich hinaus eine weite Verbreitung gefunden hat (vgl. *Kahneman* 2011). *Kahneman* beschreibt dort, dass menschliche Denk- bzw. Entscheidungsprozesse in zwei getrennten Systemen ablaufen: In einem schnellen und intuitiv zugänglichen heuristischen System 1 und einem langsameren, nur durch kognitive Anstrengung zugänglichen System 2 (vgl. Tab. C.16). Da System 1 durch seinen Geschwindigkeitsvorteil schneller Ergebnisse liefert und zudem keine kognitive Anstrengung benötigt, tendieren Menschen nach Ansicht von *Kahneman* dazu, sich bei der Entscheidungsfindung eher dieses Systems zu bedienen. Dies kann zwar in solchen Situationen, wo vor allem schnelle und routinierte Entscheidungen zählen, durchaus nützlich sein. In anderen Fällen, wo es vor allem um die Einhaltung einer formalen Logik geht, kommen Biases ins Spiel die zu systematisch fehlerhaften Entscheidungen führen können. Die Kunst guter Entscheidungen läge also nach dieser Lesart darin, in solchen Situationen, die vor allem aus logischen Problemen bestehen, in das System 2 „umzuschalten" und damit die fehlerhafte Intuition zu umgehen.

	System 1 (Intuition)	System 2 (logisches Denken)
Charakteristika	schnell, parallel, automatisch, anstrengungsfrei, assoziativ, langsam lernend, emotional	Langsam, seriell, kontrolliert, benötigt Anstrengung, regelbasiert, flexibel, neutral

Tab. C.16: Merkmale von System 1 und 2 (nach *Kahneman* 2003, S. 1451)

Neben einer umfassenden Kritik dieses Ansatzes, die wir im folgenden Abschnitt näher betrachten wollen, hat das Konzept der Heuristiken und Biases vor allem in der Praxis eine weite Anhängerschaft gefunden. Es ist in zahlreichen Anwendungsbereichen wie strategischen Entscheidungen im Management (vgl. *Bazerman/Moore* 2008) oder im Zusammenhang mit ethischen Fragestellungen untersucht worden (vgl. *Sunstein* 2005).

Seit einigen Jahren werden die Erkenntnisse des Forschungsprogramms zudem unter dem Stichwort des **Nudgings** (☞ C. IV. 4.1) auch im Bereich der gesellschaftspolitischen Regulierung angewendet (vgl. *Thaler/ Sunstein* 2008). Die Schlussfolgerung dieses Ansatzes besteht darin, dass Entscheidungsumwelten so zu gestalten sind, dass bereits mit der Anwendung des schnellen und anstrengungslosen Systems 1 gute Entscheidungen möglich sind. Dies kann dadurch erreicht werden, indem das Wissen über klassische Fehlurteile bereits in der Umweltgestaltung berücksichtigt wird, und die aus Sicht des Entscheidungsarchitekten beste Option mit dem geringsten kognitiven Aufwand erreichbar ist.

Wir werden diese Schlussfolgerung im Rahmen des Kapitels zu den Implikationen für die Führungspraxis (☞ C. IV. 4) noch einmal vertieft aufgreifen.

3.3 Adaptive Heuristiken

Ebenso wie das im vorigen Abschnitt dargelegte Heuristiken und Biases Programm, gehen auch die Arbeiten zu **adaptiven Heuristiken** (vgl. z.B. *Todd/Gigerenzer/the ABC Research Group* 2012; *Gigerenzer/Selten* 2001; *Gigerenzer u.a.* 1999) ursprünglich auf Herbert Simons Konzept der begrenzten Rationalität zurück, leiten aber daraus grundsätzlich andere Schlussfolgerungen ab. Zwar werden auch adaptive Heuristiken als vereinfachte Entscheidungsregeln verstanden. Im Gegensatz zur Interpretation von *Tversky* und *Kahneman* (1974) wird aber hier davon ausgegangen, dass durch heuristische Problemlösung im Großen und Ganzen gute Entscheidungen möglich sind, solange eine Passung zwischen der Entscheidungsstrategie und dem zugehörigen Entscheidungskontext gegeben ist. Der Fokus liegt also nicht auf der Dokumentation solcher Fälle, in denen Heuristiken zu systematischen Fehlurteilen führen, sondern vielmehr auf einer Entschlüsselung der speziellen Kontextbedingungen, unter denen Heuristiken gute Entscheidungen ermöglichen können. In diesem Zusammenhang weisen die Vertreter des Ansatzes darauf hin, dass nur die Untersuchung von Entscheidungen in realen Anwendungskontexten Aufschluss über die Güte einer Entscheidungsstrategie geben kann. Und diese unterscheiden sich in den meisten Fällen grundsätzlich von den klar definierten Entscheidungsumwelten, wie sie in der klassischen Verhaltensökonomie und auch den Studien zum Heuristiken und Biases Ansatz vorausgesetzt werden. So sind beispielsweise bei realen Entscheidungsproblemen wichtige Zielgrößen oft nicht quantitativ messbar. Oder relevante Informationen sind selbst unter entsprechendem Ressourceneinsatz nicht verfügbar zu machen. Wir haben auf dieses Problem bereits im Zusammenhang mit typischen Führungsentscheidungen wie beispielsweise der Personalauswahl oder der zukünftigen strategischen Ausrichtung einer Organisation hingewiesen. Damit kann unter Realbedingungen auf rationalem Wege häufig gar **keine optimale Lösung** bestimmt, sondern nur durch einen vergleichenden Ansatz gute und weniger gute Strategien identifiziert werden.

Neben dem generellen Verständnis heuristischer Problemlösung ist also ein zentrales Ziel in der Erforschung adaptiver Heuristiken, zu ergründen, welche heuristische Strategie für welches Problem angewendet werden kann. *Gigerenzer* und *Selten* (2001) sprechen in diesem Zusammenhang von einem **adaptiven Werkzeugkasten.** Dieser ist eine Metapher für die Vorstellung, dass der menschliche Geist über ein breites Repertoire verschiedener Problemlösungsstrategien verfügt und erfolgreiches Entscheiden vor allem in der Auswahl der passenden kognitiven Strategie für ein vorliegendes Problem begründet ist. Dabei können Strategien sowohl auf Grund evolutionärer Prägung von Natur aus im adaptiven Werkzeugkasten vorhanden sein, als auch über implizites und explizites Lernen individuell erworben werden. Gerade dieser individuelle Erwerbsweg wird auch als eine wichtige Quelle von Intuition (☞ C. IV. 3.4) gesehen.

Auch wenn Heuristiken nach dieser Lesart vor allem in Bezug auf eine Passung mit unterschiedlichen Kontexten und damit Anwendungsgebieten betrachtet werden müssen, so lassen sich dennoch einige allgemeine **Prinzipien** ausmachen, die einen Großteil der adaptiven Heuristiken charakterisiert. Ganz generell lässt sich sagen, dass Heuristiken bei der Entscheidungsfindung nur eine begrenzte Menge an Informationen berücksichtigen (wobei mitunter auch bewusst verfügbare Informationen ignoriert werden) und diese auf vereinfachten Wegen bearbeiten (wobei mitunter auch bewusst Berechnungs- oder Bearbeitungsschritte ausgelassen werden). Insbesondere bei Entscheidungsproblemen lässt sich diese Funktionsweise vieler (aber nicht aller) adaptiven Heuristiken durch drei Basiskomponenten,

(1) eine Suchregel,

(2) eine Stoppregel und

(3) eine Entscheidungsregel

näher beschreiben.

Dabei beschreibt die Suchregel, nach welcher Art von Information gesucht werden, die Stoppregel nach welchem Kriterium die Suche beendet wird und die Entscheidungsregel nach welchem Verfahren die gesammelten Informationen verarbeitet werden sollen (vgl. *Gigerenzer/Todd/the ABC Research Group* 1999). So funktioniert beispielsweise die von *Simon* (1955) beschriebene **Satisficing Heuristik** nach dem Prinzip, dass (1) zunächst alle zur Verfügung stehenden Optionen hinsichtlich eines bestimmten Kriteriums durchsucht werden, (2) die Suche beendet wird, sobald eine der Optionen die zuvor definierte Erwartungsschwelle überschreitet und (3) schlussendlich diese Option gewählt wird (vgl. hierzu auch *Gigerenzer/Gaissmaier* 2011). Bei der Personaleinstellung würde dies bedeuten, dass eine Führungskraft von Anfang an nicht darauf abzielt, den absolut besten Bewerber oder die beste Bewerberin zu finden, sondern stattdessen nur nach einer ausreichend guten Besetzung für die Stelle sucht. In diesem Sinne wäre also zunächst festzulegen, nach welchem Kriterium gesucht wird (z. B. Jahre Betriebsleitung Ausland). Danach wird so lange gesucht, bis eine Bewerberin oder ein Bewerber die Erwartungsschwelle überschreitet. Diese Person würde direkt eingestellt. Natürlich stellt dieses Beispiel eine unrealistische Vereinfachung dar, da hier nur nach einem einzigen Merkmal gesucht wird. Durch Hinzuziehung weiterer Merkmale bewegt sich das Beispiel aber näher an die Realität (z. B. Betriebsleitung und Produktionserfahrung usw.).

Die Satisficing Strategie ist daher bei Personalentscheidungen adaptiv (im Sinne von angemessen), da in diesem Zusammenhang „optimale" Entscheidungen zumeist gar nicht existieren (siehe hierzu auch das folgende Beispiel). Die Anwendung der Satisficing Heuristik spart bei der komplexen Aufgabe einer Stellenbesetzung also nicht nur Zeit und begrenzt die Suchkosten, sondern ermöglicht häufig überhaupt erst eine Entscheidung.

Beispiel zum Satisficing

Das Stellenbesetzungsproblem

Das Stellenbesetzungsproblem, welches ursprünglich unter dem Namen „Sekretärinnen-" oder auch „Hochzeitsproblem" bekannt geworden ist, beschreibt die Situation, dass eine offene Stelle in einem Unternehmen bestmöglich besetzt werden soll. Das Problem dabei ist, dass die Führungskraft Bewerbungsgespräche nur nacheinander führen kann, aber möglicherweise aufgefordert ist, aufgrund einer angespannten Arbeitsmarktsituation eine unmittelbare Zusage zu geben, um die betreffende Person, die prinzipiell infrage käme, nicht zu verlieren.

Würde sich die zuständige Führungskraft vor diesem Hintergrund gleich für die erste Kandidatin oder den ersten Kandidaten entscheiden, so hätte sie keinerlei Wissen darüber, wie diese Person im Vergleich zu anderen einzuordnen wäre und würde damit eine reine Zufallsentscheidung treffen. Damit wäre es sehr unwahrscheinlich, dass die Stelle ideal besetzt wird. Würde die zuständige Führungskraft alternativ mit allen möglichen Kandidatinnen und Kandidaten ein Gespräch führen, so kann sie besser die ideale Besetzung identifizieren. Da nach dem Abschluss der Gespräche aber die meisten (und insbesondere die guten) Bewerberinnen und Bewerber schon nicht mehr auf dem Bewerbungsmarkt verfügbar sind, würde sich die ideale Besetzung in den meisten Fällen nicht mehr realisieren lassen. Auch die Strategie der vollständigen Informationssuche führt hier also im Endeffekt nicht zur idealen Lösung.

Eine Entscheidung kann bei diesem (je nach Gestaltung der Randbedingungen auch realitätsnahen) Problem bei bekannter Bewerberzahl nur auf stochastischem und bei unbekannter Bewerberzahl (Bewerbungen treffen nicht gleichzeitig, sondern versetzt ein, bspw. bei offener Ausschreibung ohne Frist) nur auf heuristischem Weg gefällt werden. Eine mögliche Lösung ist die weiter oben dargestellte Satisficing Heuristik, bei der eine Führungskraft ihre Entscheidung auf Basis einer Erwartungsschwelle trifft. Diese kann entweder auf Vorerfahrung mit vergleichbaren Einstellungen beruhen oder über eine Stichprobe erworben werden (es werden zunächst einige Gespräche geführt, um einen Eindruck für die Qualitätsunterschiede zu bekommen).

(vgl. *Corbin* 1980)

Tatsächlich zeigt die Empirie, dass in der organisationalen Praxis die Verwendung heuristischer Lösungen ausgesprochen häufig ist (vgl. *Artinger/Petersen/Gigerenzer/Weibler* 2015; *Bingham/Eisenhardt* 2011; *Eisenhardt/Sull* 2001). Dieser Befund ist bei näherer Betrachtung auch nicht weiter verwunderlich, denn im Gegensatz zu theoretischen Entscheidungsparadigmen, bei denen zumeist alle Randbedingungen kontrolliert und alle notwendigen Informationen verfügbar sind, ist unter Realbedingungen eine heuristische Problemlösung oft die einzig sinnvolle oder sogar die einzig mögliche Lösungsstrategie. Dabei beschränkt sich heuristische Problemlösung im organisationalen Kontext nicht allein auf das klassische Satisficing, sondern umschließt eine Bandbreite verschiedener Vereinfachungsregeln. *Artinger, Petersen, Gigerenzer* und *Weibler* (2015) schlagen hierbei die folgende Unterteilung in fünf grundlegende Klassen von Heuristiken vor, für die Such-, Stopp- und Entscheidungsregeln klar benennbar sind:

(1) Satisficing,

(2) Aufreihung/Gleichverteilung,

(3) Lexikographische Vorgehensweisen,

(4) Wiedererkennung,

(5) Ähnlichkeit.

Die Funktionsweise und ein Anwendungsbeispiel für das (1) **Satisficing**, das auf der Vorabdefinition einer festen Erwartungsschwelle als Entscheidungskriterium basiert, wurden bereits im vorangehenden Abschnitt betrachtet. Bei dem Prinzip der (2) **Aufreihung** bzw. **Gleichverteilung** geht es darum, dass verschiedene für eine Entscheidung relevante Merkmale nicht gewichtet werden, sondern gleichrangig in eine Entscheidung einbezogen werden. In der Praxis würde dies bedeuten, dass bei der Personaleinstellung verschiedene Kriterien wie Abschlussnoten, Arbeitszeugnisse und Arbeitserfahrung nicht als unterschiedlich wichtig behandelt, sondern gleichrangig im Sinne eines ja/nein Votums in die Entscheidung einbezogen werden. Empirisch hat sich die Gleichgewichtung in solchen Situationen bewährt, in denen die zukünftige Bedeutung einzelner Faktoren hochgradig unsicher ist. Dies kann beispielsweise bei einem Investment in verschiedene Anlageklassen der Fall sein (vgl. *DeMiguel/Garlappi/Uppal* 2009) aber auch, wenn innerhalb eines Teams der konkrete Beitrag einzelner Mitglieder schwer messbar ist und die Entlohnung somit gleich zwischen allen Teammitgliedern verteilt wird (vgl. *Konovsky* 2000; *Messick* 1999, 1993).

Im Kontrast dazu stehen die (3) **lexikographischen Strategien**, bei denen unterschiedlich wichtige Kriterien sequenziell (= nacheinander) geprüft werden. Sobald bei einem Kriterium eine Unterscheidung möglich ist, werden keine nachrangigen Kriterien mehr überprüft, sondern sofort eine Entscheidung getroffen. Im Bereich der Personalentscheidung kann beispielsweise die Vertrauenswürdigkeit einer Person solch ein zentrales Kriterium sein. So berichten erfahrene Führungskräfte, eine Person nicht weiter für eine Stelle in Betracht zu ziehen, sofern diese nicht Vertrauenswürdig erscheint. Weitere Faktoren wie Noten und Erfahrung werden nach einem negativen Votum beim wichtigsten Kriterium Vertrauenswürdigkeit also nicht mehr geprüft (vgl. *Maidique* 2011). Aber auch auf Seiten der Geführten scheint es solche kardinalen Entscheidungsmerkmale zu geben. So konnten *Weischer*, *Weibler* und *Petersen* (2013) zeigen, dass Geführte bei der Beurteilung der Glaubwürdigkeit einer Führungskraft zunächst auf die Kongruenz der Körpersprache achten. Ist diese nicht gegeben, so wird die Führungskraft automatisch als unglaubwürdig beurteilt und inhaltliche Merkmale nicht mehr beachtet.

Einen weniger scharf abgegrenzten, dafür aber im Bereich von Expertenentscheidungen besonders relevanten Mechanismus stellt das Prinzip der (4) **Wiedererkennung** dar. In diesem Zusammenhang wird bei der Entscheidungsfindung derjenigen Option ein höherer Wert zugeordnet, die für den jeweiligen Entscheider einen Wiedererkennungswert bietet. Die Wiedererkennung kann dabei auf einfachen Kriterien wie einem Produkt- oder Firmennamen beruhen, insbesondere bei Experten ist aber eher die Wiedererkennung komplexer Muster relevant, die nicht unbedingt bewusst ablaufen muss. So wird die bereits erwähnte Fähigkeit von Schachmeistern, Großcomputern mit einem ungleich höheren Niveau an Rechenkapazität Paroli zu bieten vor allem darauf zurück geführt, dass diese in einem Spiel nicht alle möglichen Optionen durchprobieren. Vielmehr konzentrieren sich Schachmeister auf wenige, dafür aber besonders aussichtsreiche Positionen, die Sie auf Grund vorheriger Erfahrung wiedererkennen (vgl. *de Groot* 1978; *Chase/Simon* 1973). Auf allgemeiner Ebene ist das Sprachlernen ein eindrückliches Beispiel für die besondere menschliche Fähigkeit zum Erkennen und Nutzen impliziter Muster, die selbst einer hoch entwickelten künstlichen Intelligenz bis heute große Probleme bereitet.

Eng mit dem Prinzip der Wiedererkennung ist die Heuristik der (5) **Ähnlichkeit** verknüpft. Hier wird jene Entscheidungsoption ausgewählt, die eine Ähnlichkeit mit bereits bekannten Optionen aufweist (vgl. *Read/Grushka-Cockayne* 2011). Es wird also kein direkter Abgleich mit einem Zielwert vorgenommen oder ein konkretes Muster erkannt, sondern lediglich auf Basis einer hinlänglichen Ähnlichkeit entschieden. In einem Bewerbungsverfahren könnte dies beispielsweise bedeuten, eine Person einzustellen, die Ähnlichkeiten mit bereits im Unternehmen vorhandenen (erfolgreichen) Mitarbeitern aufweist. Eine solche, auf Ähnlichkeiten basierende heuristische Entscheidungsstrategie ermöglicht es, erfolgreiche Entscheidungen aus der Vergangenheit einfach zu reproduzieren, bringt aber auch die erhebliche Gefahr einer zu einseitigen Ausrichtung im Personalbereich mit sich.

Als Schlussfolgerung aus dem Ansatz der adaptiven Heuristiken ergibt sich zunächst, dass die häufig beobachteten Abweichungen menschlicher Entscheidungen von einer klassischen Rationalität unter Risiko unter den grundsätzlich unterschiedlichen Bedingungen einer unsicheren Umwelt keine Fehlanpassungen sein müssen. Vielmehr erweist sich hier das Auslassen von Informationen und Vereinfachen von Entscheidungswegen oft nicht nur als einzig mögliche, sondern auch erfolgreiche Strategie. Hier besteht also eine deutliche Differenz zum Heuristiken und Biases Ansatz. Damit soll allerdings nicht gesagt werden, dass heuristische Problemlösungen in jedem Fall zu einem besseren Ergebnis führen. Entsprechend des Konzepts des adaptiven Werkzeugkastens ist vor allem die Passung zwischen Aufgabe und Lösungsstrategie ausschlaggebend. Darüber hinaus müssen aber auch die richtigen Bedingungen bestehen, unter denen Mitarbeiter aber auch Führungskräfte selbst überhaupt zutreffende heuristische Strategien entwickeln können. Damit eng verknüpft ist das Gebiet intuitiver Entscheidungen, welches wir im Folgenden näher betrachten werden.

3.4 Intuitives und lebensnahes Entscheiden

Sowohl der Ansatz der Heuristiken und Biases als auch jener der adaptiven Heuristiken gehen davon aus, dass heuristisches Entscheiden oft im Unbewussten abläuft (wenn auch nach dem Ansatz der adaptiven Heuristiken dies nicht zwingend der Fall sein muss, sondern Heuristiken auch bewusst einsetzbar sind). Dies bedeutet im Umkehrschluss auch, dass Intuitionen zumindest teilweise auf heuristischen Prozessen beruhen. Je nach Lesart sind Heuristiken damit als eine Ursache anzusehen, warum Intuitionen entweder regelmäßig zu Fehlurteilen (Heuristiken und Biases) oder im Kontrast dazu besonders gelungenen Entscheidungen (adaptive Heuristiken) führen können.

Im Zusammenhang mit einer überwiegend positiven Bewertung unbewusster Entscheidungsmechanismen ist die nähere Erforschung des Phänomens der **Intuition** allerdings vor allem im Zusammenhang mit den adaptiven Heuristiken relevant. Bei einer ausschließlich negativen Einschätzung genügte der einfache Rat, seiner Intuition grundsätzlich zu misstrauen und stattdessen auf andere Entscheidungsmechanismen auszuweichen. Dies hieße jedoch, andere Erkenntnisse zur Bedeutung von Intuition für den Entscheidungsprozess zu ignorieren (vgl. z. B. *Sinclair/Ashkanasy* 2005).

Damit soll allerdings nicht gesagt sein, dass in der Schule der adaptiven Heuristiken intuitive Entscheidungen grundsätzlich als besser erachtet werden. Vielmehr geht es wie immer darum, die Bedingungen zu spezifizieren, unter denen eine berechtigte Annahme gemacht werden kann, dass eine Intuition zutreffend und somit eine geeignete Entscheidungshilfe sein kann. Typische Situationen, die in der Diskussion hier immer genannt werden, sind schlecht strukturierte Probleme, unklare Informationslagen und konfligierende, nicht auflösbare Entscheidungsgrundlagen (z. B. auch dilemmatische Situationen, beschrieben in *Deeg/Küpers/Weibler* 2010, S. 77 ff.). Aber auch bei der **Improvisation** und damit der Fähigkeit zur spontanen und praxisnahen Lösung unerwartet auftretender organisationaler Probleme wird die Intuition neben der Kreativität als eine zentrale Erfolgskomponente angesehen (vgl. *Leybourne/Sadler-Smith* 2006). Damit kann eine gut ausgebildete Fähigkeit zum intuitiven Entscheiden in verschiedenerlei Hinsicht zu erfolgreichen Entscheidungen beitragen und damit einen entscheidenden Wettbewerbsvorteil bedeuten.

Bei den meisten Problemstellungen haben viele der involvierten Personen ein inneres Gefühl dafür, wie mit der entsprechenden Situation am besten umzugehen ist, ohne dass sich diese Einschätzungen notwendigerweise überschneiden müssen. Da es sich bei Intuitionen allerdings per Definitionem um gefühltes, nicht explizit begründbares Wissen handelt (vgl. *Gigerenzer/Gaissmaier* 2013, S. 5), kann die Angemessenheit einer Intuition nicht auf direktem Wege durch ein Nachvollziehen der zu Grunde liegenden Argumentation überprüft werden. Dadurch könnte die Verwendung einer Intuition als (legitime) Entscheidungsgrundlage auf den ersten Blick in Misskredit geraten. Auf den zweiten Blick existieren allerdings einige Anhaltspunkte, an Hand derer sich die Güte einer Intuition über indirekte Faktoren abschätzen lässt. Als erster Ansatzpunkt gilt, dass gute Intuitionen notwendigerweise einer entsprechenden Vorerfahrung bedürfen und damit auf ausreichend vorhandenen Lerngelegenheiten basieren (vgl. *Gigerenzer/Gaissmaier* 2013). Damit lässt sich als erstes Kriterium die **Vorerfahrung** der entsprechenden Person als Entscheidungskriterium in Betracht ziehen.

Eine Vorerfahrung alleine ist allerdings für die Entstehung einer (guten) Intuition allein noch nicht ausreichend. So benennt *Hogarth* (2001) verschiedene Umweltbedingungen, unter denen auch bei langjähriger Erfahrung unterschiedliche Qualitäten von Intuition zu Stande kommen können (Tab. C.17). Ausschlaggebend ist auf der einen Seite die Art des Feedbacks, die eine Person zu ihren Handlungen erhält und auf der anderen Seite die Art der Konsequenzen, die aus einer Fehlentscheidung folgen.

Das **Feedback**, welches eine Person zu ihren Handlungen bekommt, ist dann relevant, wenn erstens das zurückgemeldete Ergebnis möglichst eindeutig auf die Handlung zurückzuführen ist und zweitens diese Rückmeldung möglichst zeitnah erfolgt. Wenn im gegenteiligen Fall kein kausaler Zusammenhang zwischen Handlung und Ergebnis besteht, bzw. die Zeitspanne so groß ist, dass ein solcher Zusammenhang nicht mehr ausgemacht werden kann, spricht *Hogarth* von irrelevantem Feedback. Hinsichtlich der Folgen eines Fehlers geht

		Art des Feedbacks	
		relevant	irrelevant
Folgen eines Fehlers	gering	Intuitives Handeln mit geringer Genauigkeit möglich und sinnvoll	Intuitives Handeln fehlerbehaftet aber ohne gravierende Folgen
	gravierend	Intuitives Handeln mit hoher Genauigkeit möglich und sinnvoll	Intuitives Handeln fehlerbehaftet und gefährlich

Tab. C.17: Bedingungen zur Entstehung von Intuition (nach *Hogarth* 2001, S. 88)

Hogarth davon aus, dass bei geringen Konsequenzen kein oder nur ein niedriger Anpassungsdruck vorliegt und somit nur eine geringe Motivation besteht, neue Strategien zu lernen. Bei gravierenden Fehlern hingegen ist mit unpassenden Strategien kein Erfolg möglich, sodass hier ein hoher Veränderungsdruck herrscht und damit bei Bedarf schnell neue Strategien gelernt werden.

Als ein hierfür exemplarisches Beispiel für eine gute Umwelt zum Intuitionslernen nennt *Hogarth* u. a. ein sportliches Training, bei dem der jeweilige Spieler die Folgen seines Verhaltens direkt als Erfolg oder Misserfolg zurückgemeldet bekommt und das jeweilige Ergebnis (weitestgehend) eindeutig auf die eigene Handlung zurückführen kann. Eine falsche Strategie führt zu einem ganz offensichtlichen Misserfolg („der Ball landet im Netz", „der Pfeil trifft nicht ins Schwarze").

Als ein reales Beispiel für eine hochproblematische Umwelt für das Intuitionslernen verweist *Hogarth* auf die Geschichte eines Arztes, der zur Zeit des frühen zwanzigsten Jahrhunderts davon überzeugt war, durch Betasten der Zunge eines Patienten eine Typhusinfektion diagnostizieren zu können. Tatsächlich erkrankte auch die Mehrzahl der von diesem Arzt diagnostizierten Patienten an Typhus. Der Grund für das Zutreffen der Diagnose war hier allerdings nicht die erfolgreiche Tastmethode des Arztes, sondern dass der Arzt die Patienten durch das Betasten im Mundraum überhaupt erst mit dem Erreger infizierte. Hier führte also ein durch falsche kausale Annahmen und zeitliche Verzögerung geprägtes Feedback in Kombination mit deutlichen Fehlerfolgen zur Ausbildung einer dramatisch falschen Intuition.

Vor diesem Hintergrund empfiehlt *Hogarth* (2001, S. 219) folgende erweiterte Vorgehensweise zur Prüfung der Validität einer intuitiven Entscheidung:

1. Vergleich der eigenen Lernumwelt mit typischen Beispielen für gute und problematische Lernumwelten,
2. Überprüfung der Häufigkeit und des Erfolgs vergleichbarer Entscheidungen in der Vergangenheit,
3. Überprüfung des Feedbacks bei vergleichbaren Entscheidungen in der Vergangenheit, war dieses *eindeutig, direkt, korrekt, nicht zufallsbedingt,*
4. Einschätzung der Bedeutung der Entscheidung.

Kurz gesagt sollte einer Intuition nicht blind vertraut werden. Problematisch wird es insbesondere dann, wenn vergangene Erfolge, die auf Intuition basierten, über Gebühr generalisiert werden und damit zur Überheblichkeit führen (vgl. dazu die Beispiele bei *Claxton/Owen/Sadler-Smith* 2013). Vielmehr soll eine kritische Analyse der Bedingungen, unter denen diese zu Stande gekommen ist, immer in den Entscheidungsprozess einbezogen werden. Intuitive Entscheidungen, die auf einer längeren Lerngeschichte in einer guten Lernumwelt basieren, können durchaus zu guten Ergebnissen führen. Die bereits im vorigen Abschnitt im Zusammenhang mit der Mustererkennung angesprochenen Fähigkeiten professioneller Schachspieler hat dies bereits veranschaulicht.

Eine nicht zu unterschätzende Bedeutung bei realen Entscheidungsproblemen wird der Intuition auch vom Ansatz der **lebensnahen Entscheidungen** bzw. dem Naturalistic Decision Making attestiert (vgl. *Klein* 2008; *Lipshitz u. a.* 2001). Untersuchungsgegenstand im Bereich der lebensnahen Entscheidungen sind vor allem die Beobachtung von Experten in realen Entscheidungssituationen, was nicht zuletzt auch auf die primäre Verwurzelung der federführenden Autoren im organisationalen und nicht im akademischen Bereich zurückzuführen ist. Dabei konnten die Autoren an Hand verschiedener Untersuchungen in Praxiskontexten zeigen, dass intuitive Entscheidungen auch bei komplexen Problemstellungen hochgradig erfolgreich sein können. Ausgangspunkt ist eine mittlerweile einschlägige Studie von *Klein, Calderwood* und *Clinton-Cirocco* (1986), die die Entscheidungsprozesse professioneller Mitarbeiter einer Feuerwache untersucht. Hier wird u. a. die Entscheidung eines Feuerwehrmannes nachvollzogen, ein Gebäude auf Grund einer Intuition abrupt zu verlassen, kurz bevor dieses tatsächlich einstürzte. Eine spätere Analyse des Vorgangs an Hand der Technik einer **kognitiven Aufgabenanalyse** (engl.: Cognitive Task Analysis = CTA) machte dabei deutlich, dass der Feuerwehrmann sich an der Art und der Ausbreitung der Flammen orientiert hatte. Insbesondere war hier ein ungewöhnliches Geräuschmuster für ihn ausschlaggebend, ohne dass der Feuerwehrmann jedoch zu diesem Zeitpunkt bewusst eine entsprechende rationale Analyse vornahm und daraufhin zu einer Entscheidung kam. Der „Bauch" sagte ihm wie zu handeln ist.

Kleins Erklärung für diesen und zahlreiche ähnliche von ihm dokumentierte Fälle läuft etwas vereinfacht darauf hinaus, dass über die Jahre hinweg im Gehirn unbewusste Muster abgespeichert werden und diese dann laufend mit der gegenwärtigen Situation verglichen werden. Sobald eine Übereinstimmung zwischen dem abgespeicherten und dem vorliegenden Muster entsteht, wir dann automatisch entsprechendes Handlungswissen aktiviert, ohne dass es dazu noch einmal einer bewussten Überlegung bedarf.

Trotz seines in Praktikerkreisen mitunter zweifelhaften Rufs können wir also festhalten, dass intuitives Entscheiden auch, oder wenn nicht sogar gerade bei komplexen professionellen Entscheidungen eine bedeutende Rolle spielt. Empirische Erkenntnisse liefern hierzu harte Fakten. Auf Grund der wenig kontrollierbaren und nur schwer nachzuvollziehenden Dynamiken intuitiver Entscheidungen ist deren Einsatz gerade im organisationalen Bereich, wo es oft auf Transparenz und Nachvollziehbarkeit ankommt, jedoch nicht immer unproblematisch. Die Aufgabe einer Führungskraft wird in diesem Zusammenhang vor allem darin bestehen, zu überprüfen, an welchen Stellen der Einsatz intuitiver Kompetenzen sinnvoll und verantwortbar ist und an welcher Stelle eher auf andere Methoden der Entscheidungsfindung zurückgegriffen werden sollte. In den Bereichen, in denen intuitives Entscheiden unumgänglich ist, weil z. B. eine hohe Unsicherheit herrscht und somit keine Routinen definiert werden können, wird es vor allem darum gehen, die richtigen Rahmenbedingungen für die Entstehung guter Intuitionen zu schaffen und darüber hinaus natürlich auch, entsprechende Handlungsfreiräume zu gewähren. Wir werden uns den dazu notwendigen Instrumenten im nun anschließenden Teil zu den Implikationen für die Führungspraxis widmen.

4. Implikationen für die Führungspraxis

Die Frage, welche Handlungsoptionen sich aus dem Vorangegangenen für die Führungspraxis ergeben, lässt sich, trotz der deutlichen Unterschiede der verschiedenen theoretischen Ansätze, grundsätzlich auf zwei verschiedenen Ebenen betrachten. Zum einen ist da die Ebene der eigenen Entscheidungen der Führungskraft selbst. Zum anderen betrifft es die Ebene der möglichen Förderung von Entscheidungsprozessen bei den Geführten. Beide Ebenen sind zweifelsohne im Führungsbereich wichtig. Da zur Frage von Entscheidungen bei Führungskräften verschiedenste Ausarbeitungen vorliegen, fokussieren wir uns im Folgenden auf die Frage, wie Führungskräfte die Entscheidungsprozesse ihrer Geführten durch geeignete Maßnahmen sinnvoll unterstützen können (dies soll natürlich nicht davon abhalten, die dabei gewonnenen Erkenntnisse auch für das eigene Führungshandeln zu nutzen).

Nun ist es jedoch so, dass sich vor dem Hintergrund der bisher dargestellten, teilweise deutlich unterschiedlichen Theorieansätze sehr vielfältige und nicht immer widerspruchsfreie Handlungsempfehlungen ableiten lassen. Um dennoch zu einer praxistauglichen Lösung zu kommen, wollen wir uns an dem bereits weiter vorne vorgestellten Scherenprinzip *Herbert Simons* (1990) orientieren und die Handlungsempfehlungen, die sich aus den verschiedenen theoretischen Ansätzen ergeben, mit den speziellen Bedingungen verschiedenartiger Handlungsumwelten verknüpfen. Dazu differenzieren wir die Handlungsempfehlungen: Erstens nach **Risikosituationen**, d.h. solche Situationen, in denen uns Ereigniswerte und Wahrscheinlichkeiten zur Verfügung stehen. Zweitens nach **Unsicherheitssituationen**, d.h. solche Situationen, in denen Ereigniswerte und Wahrscheinlichkeiten nicht oder nur sehr schwer in Erfahrung zu bringen sind.

Natürlich wird jede Handlungsumwelt von einer Vielzahl verschiedener Faktoren geprägt und ist somit für sich genommen einzigartig. Eine eindeutige Aufteilung der Entscheidungsumwelt in die Domänen Risiko und Unsicherheit wird daher in der Praxis nicht in allen Fällen möglich sein. Allerdings kann in solchen Fällen natürlich auch auf eine Kombination der nachfolgend vorgestellten Maßnahmen zurückgegriffen werden.

4.1 Implikationen für von Risiko geprägte Entscheidungssituationen

Die Details einer von **Risiko** geprägten Entscheidungsumwelt haben wir bereits im Zusammenhang mit *Herbert Simons* Konzept der begrenzten Rationalität kennengelernt. Darum sei an dieser Stelle nur noch einmal zur Erinnerung darauf hingewiesen, dass Risikosituationen dadurch geprägt sind, dass maßgebliche Informationen über mögliche Ereignisse, deren Ausprägung (Werte) und Eintrittswahrscheinlichkeiten zur Verfügung stehen. Dies ist idealerweise dann der Fall sein, wenn entsprechende Informationen analog der Wahrscheinlichkeiten der verschiedenen Ergebnisse eines Münzwurfes deduktiv abgeleitet werden können. Aber auch, wenn über den eigenen Erfolg in einer Situation aufgrund einer ausreichend wiederholten Tätigkeit hinreichend genaue subjektive Erwartungen gebildet werden können (vgl. hierzu auch *Laux/Gillenkirch/Schenk-Mathes* 2012). So wissen z. B. große Videospielanbieter sehr gut, mit welcher Wahrscheinlichkeit ein Spieler die Plattform verlassen wird, wenn ihm keine neuen, attraktiven Angebote unterbreitet werden. Hier kann sogleich das kalkulatorische Verlustrisiko aus Anbietersicht aufgrund bisheriger Umsätze bestimmt werden. Denken wir aber auch an Ausfallzeiten von Maschinen in der Produktion in Abhängigkeit von Wartungsintervallen oder an die Häufigkeit von Besuchen des Außendienstes, um Wahrscheinlichkeiten und Ausprägungen von (Miss-)Erfolg zu prognostizieren. Die Aufgabe eines Entscheiders in Risikosituationen besteht neben der Beschaffung der notwendigen Informationen also vor allem darin, aus ebendiesen Informationen an Hand formaler Methoden die richtigen Schlüsse zu ziehen.

Im Rahmen der Forschungsarbeiten zu Heuristiken und Biases (☞ C. IV. 3.2) wurde deutlich gemacht, dass viele Menschen auch bei korrekt vorliegenden Informationen oft an der formalen Integration scheitern und somit logische Fehlschlüsse produzieren. Wir hatten in diesem Zusammenhang als ein Beispiel das Linda-Problem aufgegriffen (vgl. *Tversky/Kahneman* 1983). Ein erster Ansatzpunkt, um diese und ähnliche Problematiken anzugehen, wäre zunächst einmal die Information der Mitarbeiter zum Problem klassischer Fehlschlüsse, sodass deren Auftreten in Zukunft bewusst vermieden werden kann. Dieser vor allem auf Selbsteinsicht und einer darauf aufbauenden Verhaltensänderung basierende Ansatz ist in der Literatur unter dem Stichwort **„Debiasing"** bekannt geworden. Es erfreut sich nicht nur in der Personalführung, sondern ganz allgemein im Bereich des Managements einer immer größeren Beliebtheit (vgl. *Croskerry/Singhal/Mamede* 2013; *Tokar/Aloysius/Waller* 2012).

Die Handlungsimplikationen sind dabei ebenso wie der Grundgedanke denkbar einfach: Eine möglichst breite Streuung des Wissens über eine möglichst große Zahl kognitiver Verzerrungen sowie einfacher Techniken zu deren Vermeidung (u. a. Perspektivenwechsel, analytische Orientierung) sollte ausreichen, um seine Mitarbeiter vor den gefürchteten systematischen Fehlentscheidungen zu bewahren. Ansatzpunkt ist hier jeweils der einzelne Mitarbeiter, der durch die Teilnahme an einem solchen Debiasing Programm individuell gestärkt wird.

Über die Erfolgsaussichten solcher rein auf Einsicht basierenden Programme gibt es jedoch deutlich kritische Meinungen. Diese Kritik basiert vor allem auf *Kahnemans* (2003) Grundannahme zweier getrennter Entscheidungssysteme, einem schnellen und automatischen **System 1** und einem langsameren, rational denkenden **System 2**. So argumentieren u. a. *Thaler* und *Sunstein* (2008), dass ebensolche Aufklärungsprogramme lediglich auf der Ebene des rationalen System 2 ansetzen würden, die meisten Menschen bei einem Großteil ihrer Entscheidungen aber aus Bequemlichkeit eher auf das anstrengungslose System 1 setzen würden. Um tatsächlich eine Veränderung zu erreichen, müssten Entscheidungen also grundsätzlich so gestaltet werden, dass auch bei Benutzung des automatischen Systems 1 gute Ergebnisse erreicht werden.

Ansatzpunkt hierfür ist allerdings nicht das nur schwer veränderbare System 1 selbst, sondern vielmehr der **Entscheidungskontext**, in dem sich eine Person bewegt. *Thaler* und *Sunstein* (2008) bezeichnen diese Herangehensweise als **„Nudging"** (sanftes Anstoßen), da der Entscheider durch entsprechende Hinweise oder Anreize automatisch in Richtung der „richtigen" Entscheidung gestoßen werden soll. Dabei wird unter anderem das Setzen von Standards als eine zentrale Einflussmöglichkeit genannt, da Menschen im Allgemeinen dazu tendieren, gesetzte Standards auf dem Status-Quo zu belassen (vgl. *Goldstein u.a.* 2008). Im Führungsbereich kann dies unter anderem genutzt werden, um erwünschte Ziele der Organisation zu fördern, ohne dabei jedoch die Entscheidungsfreiheit der einzelnen Mitarbeiter zu beschränken. So könnte beispielsweise im Sinne einer besseren Personalförderung die Teilnahme an bestimmten organisationsrelevanten Fortbildungen als Standard gesetzt werden. Ein Wechsel oder Ausstieg aus diesen Fortbildungen wäre zwar jederzeit möglich, würde aber zuvor ein aktives Handeln der jeweiligen Mitarbeiterin erfordern. Damit dürften analog anderer empirischer Erfahrungen die Teilnehmerzahlen an Fortbildungsprogrammen erheblich gesteigert werden (die Auswirkungen eines solchen Vorgehens für eine motivierte Teilnahme sind allerdings offen).

Der Führungskraft kommt beim Ansatz des Nudgings die Rolle eines „**Entscheidungsarchitekten**" zu. Dieser muss zunächst überlegen, welche Entscheidungsausgang überhaupt wünschenswert ist, bevor das Zustandekommen dieses Ergebnisses sodann durch eine bewusste Strukturierung der Entscheidungsumwelt herbeizuführen versucht wird. Nicht nur, aber gerade im Führungsbereich ist dieser Ansatz nicht unproblematisch, da er kontrafaktisch voraussetzt, dass der Führungskraft *immer* die richtige Entscheidung bekannt ist bzw. die Führungskraft grundsätzlich bessere Entscheidungen als die Geführten trifft. Im Endeffekt muss damit jede Entscheidung durch die Führungskraft selbst getroffen werden. Zudem bietet das Nudging gerade durch die Möglichkeit der unbewussten Einflussnahme ein erhebliches Missbrauchspotenzial, was kritisch diskutiert wird (vgl. z. B. *Gigerenzer* 2015; *Hausman/Welch* 2010). Nicht selten trifft es deshalb bei den Betroffenen auf Ablehnung.

Als einen alternativen Ansatz, um bessere Entscheidung unter Risiko zu ermöglichen, schlagen *Gigerenzer u.a.* (2007) vor allem eine Stärkung der individuellen **Risikokompetenz** vor. Dabei ist der Ansatzpunkt wiederum die Entscheidungsumwelt, die so verändert werden soll, dass ein eigenständiges Entscheiden erheblich vereinfacht wird. Dabei soll explizit keine richtige oder falsche Entscheidung vorgegeben werden, sondern vielmehr die Grundlage für ein umfassendes Verständnis und damit eine fundierte eigenständige Entscheidung geschaffen werden. Die Autoren basieren ihr Argument auf einer Reihe empirischer Beobachtungen, die zeigen, dass das Verständnis statistischer Daten vor allem von den geeigneten Präsentationformaten abhängt und die richtige Darstellungsform auch auf intuitiver Ebene ein korrektes Erfassen der Daten möglich machen kann. So waren beispielsweise knapp 80 % der Fachärzte in einer von den Autoren durchgeführten Studie nicht in der Lage, anzugeben, wie hoch die Wahrscheinlichkeit ist, dass ein positives Testergebnis bei einem medizinischen Screening auch tatsächlich eine Erkrankung bedeutet. Das Problem lag den Autoren zufolge aber nicht im Unvermögen der Ärzte, sondern vielmehr in der klassischen Darstellungsform bedingter Wahrscheinlichkeiten als Grundlage der Berechnung der tatsächlichen Wahrscheinlichkeit einer Erkrankung bei positivem Testergebnis. Ein einfacher Wechsel hin zu einem System mit natürlichen Häufigkeiten, so wie es

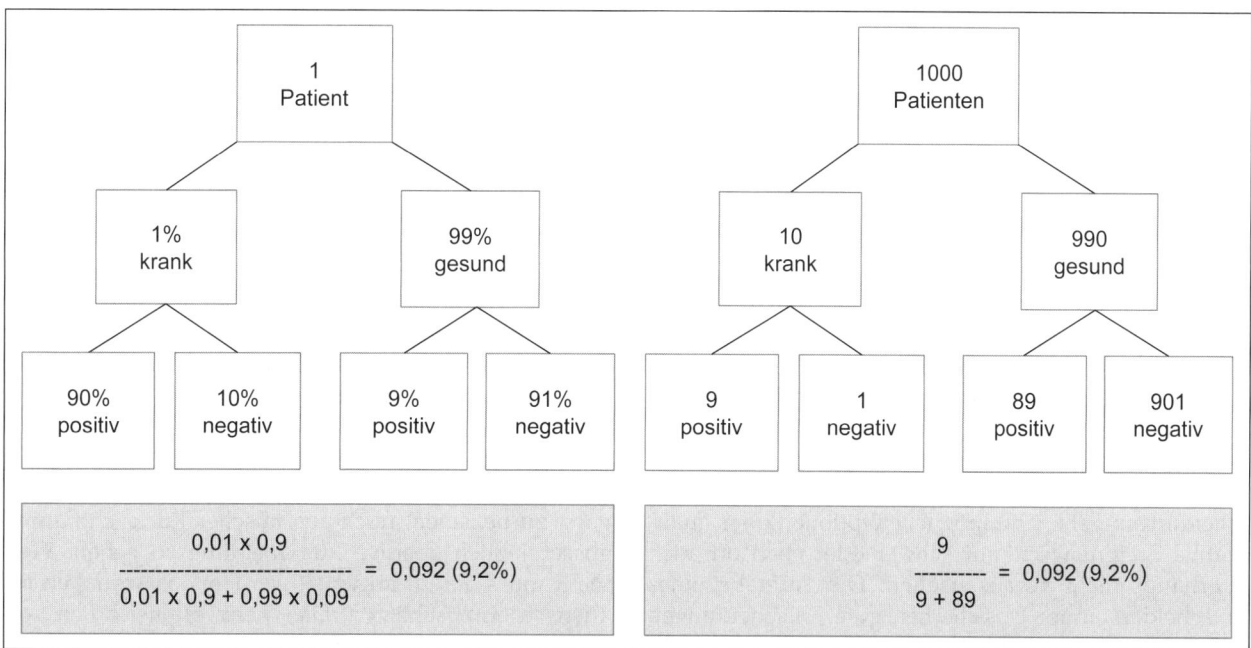

Abb. C.28: Bedingte Wahrscheinlichkeiten (links) und natürliche Häufigkeiten (rechts) stellen unterschiedliche Anforderung an die Fähigkeiten des jeweiligen Entscheiders, führen aber beide zum gleichen Ergebnis (nach *Gigerenzer u. a.* 2007, S. 56)

in Abbildung C.28 dargestellt ist, führte dazu, dass über 80% der Ärzte in der Lage waren, die korrekte Wahrscheinlichkeit zu bestimmen.

Für den Führungsbereich sind diese Ergebnisse gleich aus zweierlei Gründen richtungweisend. Zum einen geben Sie einen klaren Anhaltspunkt, dass über Kommunikationsformate eine erhebliche Steigerung kompetenter Entscheidungen unter Risiko erreicht werden kann und somit eine eindeutige Handlungsmöglichkeit für die Führungskraft besteht. Auch hier muss gewissermaßen die Entscheidungsumwelt in Form der Einführung spezieller Darstellungsformate modifiziert werden. Zum anderen muss im Gegensatz zum Nudging die Führungskraft aber hier nur die Entscheidungsgrundlagen schaffen, während der eigentliche Prozess des Entscheides in Form des Abwägens zwischen verschiedenen Optionen Aufgabe des Mitarbeiters bleibt. Somit ist eine Delegation und somit effektives Handeln weiterhin möglich.

4.2 Implikationen für von Unsicherheit geprägte Entscheidungssituationen

Auch auf die Eigenschaften einer von Unsicherheit geprägten Umwelt sind wir im Zusammenhang mit *Simons* Konzept der begrenzten Rationalität schon einmal eingegangen. Zusammenfassend sei noch einmal erwähnt, dass Entscheidungen unter **Unsicherheit** (in Abgrenzung von Risiko) davon geprägt sind, dass keine oder keine ausreichenden Informationen über mögliche Ereignisse, deren Werte und Eintrittswahrscheinlichkeiten zur Verfügung stehen und diesbezüglich auch keine hinreichenden (subjektiven) Erwartungen gebildet werden können.

Während im Rahmen der akademischen Erforschung von Entscheidungen wegen der guten experimentellen Kontrollierbarkeit vor allem Entscheidungen unter Risiko im Fokus stehen (vgl. *Laux/Gillenkirch/Schenk-Mathes* 2012), bewegt sich ein Großteil der realen Entscheidungen einer Führungskraft und der von ihr Geführten eher im Bereich der Unsicherheit als im Bereich des Risikos. Denn gerade wenn es um strategische, in die Zukunft gerichtete Entscheidungen oder auch um Personalentscheidungen geht, sind mögliche Optionen oder quantitative Ereigniswerte nur schwer oder eben oft auch überhaupt nicht vorauszusehen. Die Aufgabe eines Entscheiders, unter Unsicherheit gute Entscheidungen zu treffen, ist damit, wie bereits *Knight* (1921) feststellte, ungleich schwieriger und ungleich bedeutsamer für den organisationalen Erfolg als unter Risiko. Unter Unsicherheit geht es nicht mehr nur darum, notwendige Informationen zu beschaffen und diese in einem formalen Modell korrekt zu integrieren; vielmehr ist es notwendig, robuste Lösungen für unerwartete und häufig einzigartige Probleme zu finden. Führung im engeren Sinne eben.

Im Rahmen der Forschungsarbeiten zu adaptiven Heuristiken (☞ C. III. 3.3) sowie zur Intuition und dem lebensnahen Entscheiden (☞ C. III. 3.4) wurde deutlich, dass eine der großen Stärken menschlicher Entscheidungen gerade in der Wahrnehmung und **Verarbeitung impliziter Muster** besteht. Diese sind unter anderem die Grundlage heuristischer Entscheidungsprozesse, die in vielen Fällen auch bei nicht quantifizierbaren Problemen oder einer nur unzureichenden Datenlage angemessene Entscheidungen ermöglichen. Zwar ist in bestimmten Situationen auch eine gewisse Formalisierung und damit Übertragbarkeit heuristischer Strategien möglich. Doch die Voraussetzung für eine Übertragung ist, dass solche Strategien innerhalb der Organisation überhaupt bestehen bzw. entstehen können. Auch hier geht es also für die Führungskraft zunächst darum, die richtigen **Rahmenbedingungen** zu schaffen, um individuelles Lernen zu ermöglichen.

Ein zentraler Ansatzpunkt ist in diesem Zusammenhang die Förderung organisationalen und individuellen Lernens, das nach *Hogarth* (2001) vor allem von geeigneten **Feedbackmechanismen** abhängig ist. Entsprechend dem im Zusammenhang mit der Intuitionsentstehung vorgestellten Lernmodell von *Hogarth* (☞ C. III. 3.4) sind dabei auf der einen Seite die Art des Feedbacks wichtig, andererseits aber auch die Folgen eines Fehlers. In einer idealen Lernumwelt sollte das entsprechende Feedback zu einer Handlung so genau und zeitnah wie möglich gegeben werden. Dann ist prinzipiell garantiert, dass kausale Verknüpfungen zwischen Handlungen und Konsequenzen erkannt und für die Bildung intuitiver Kompetenzen genutzt werden können. In diesem Zusammenhang liegt es vor allem an der Führungskraft, Bedingungen zu schaffen, die dazu führen, dass Mitarbeitende konkretes und für ihre jeweilige Aufgabe relevantes Feedback erhalten. Dabei ist es natürlich weder hilfreich, sich nur auf Ereignisse mit negativem Ausgang zu beziehen, noch aus falscher Rücksichtnahme ausschließlich positive Rückmeldung zu geben. Vielmehr muss darauf abgezielt werden, das Verhalten realistisch einzuschätzen. Dies kann offensichtlich von der Führungskraft direkt kommen. Oder es wird durch regelmäßige Teamrunden, ggf. sogar durch technische Mechanismen wie ein automatisch aufgespieltes Kundenfeedback davon losgelöst institutionalisiert.

Welcher Weg für ein regelmäßiges Feedback letztendlich zu wählen ist, wird in der Einzelsituation von zahlreichen organisationalen Faktoren wie Teamgröße, Prozessgestaltung und Hierarchiegefüge, aber natürlich auch der Art der Tätigkeit selbst abhängen. Eine Grundvoraussetzung ist allerdings, dass insbesondere negative Rückmeldungen so kommuniziert werden, dass dadurch bei dem Gegenüber keine (dauerhaften) Abwehrhaltungen hervorgerufen werden. Eine grundsätzliche Voraussetzung hierfür ist eine durchweg **positive Fehlerkultur**.

In diesem Zusammenhang sollte die Führungskraft grundsätzlich verdeutlichen, dass Fehler ein unvermeidlicher Bestandteil menschlicher Entscheidungsprozesse sind. Des Weiteren ist das Augenmerk auf die Vermeidung wiederholter Fehler zu legen. Die Leitfrage darf also (prioritär) nicht heißen, *wer* für einen Fehler verantwortlich ist, sondern vielmehr, *welcher Ablauf* einen Fehler verursacht hat und wie eine Wiederholung in Zukunft vermieden werden kann. Damit verliert das Aufzeigen eines Fehlers den Charakter der Schuldzuweisung und schafft ideale Lernbedingungen. Dass ein Bearbeiten des „weichen" Faktors Fehlerkultur durchaus „harte" Erfolge erzielen kann, zeigen eindrückliche Zahlen aus dem Bereich der Luftfahrt. Dort hat die Frage nach einem konstruktiven Umgang mit Fehlern inzwischen zu einem branchenweiten Bewusstseinswandel geführt. So konnte durch die Einführung veränderter Sprachregelungen zur Adressierung von Fehlern in Kombination mit strukturierten Systemen zur Fehlersammlung, sogenannten **Critical Incident Reporting Systems (CIRS)**, erreicht werden, dass der Anteil von Pilotenfehlern an kritischen Zwischenfällen von über 70 % vor Beginn der Einführung eines Fehlermanagements auf weniger als 30 % danach reduziert wurde (vgl. *Hagen* 2013; *Baker u. a.* 2008).

Das dargestellte Beispiel macht noch einmal deutlich, dass die richtigen **Rahmenbedingungen** eine zentrale Voraussetzung für den Erfolg individuellen Handelns darstellen. Auch wenn sich die Kompetenz zu einer intuitiven Problemlösung letztendlich immer innerhalb einer Person entwickelt, so ist es doch vor allem die Führungskraft, die durch eine entsprechende Gestaltung der Rahmenbedingungen erst die Möglichkeiten schafft, dass der Erwerb intuitiver Kompetenzen überhaupt stattfinden kann.

Natürlich wird es nicht in jeder neuen Situation die Möglichkeit geben, Mitarbeiter zunächst durch einen umfassenden individuellen Lernprozess zu führen, solange bis diese in der Lage sind, bezüglich eines zuvor unbekannten Sachverhaltes eigenständig kompetent entscheiden zu können. Hier stellen mitunter eine schnelle Veränderung von Aufgabenfeldern, eine hohe Personalfluktuation mit entsprechend geringen Verweilzeiten oder hohe Fehlerkosten eine natürliche Grenze des Lernens dar. In solchen Situationen, in denen eigenständiges Intuitionslernen auf Grund der äußeren Bedingungen nicht realisierbar ist, liegt die Handlungsempfehlung in einer **Formalisierung intuitiver Entscheidungsprozesse**.

Dazu gilt es, den einer intuitiven Entscheidung unterliegenden heuristischen Prozess zu identifizieren und diesen in ein formales Entscheidungsmodell zu überführen. Selbstredend ist dies nicht für jede Intuition in jedem Handlungsfeld möglich. Die im vorherigen Abschnitt angesprochene Mustererkennung eines Schachgroßmeisters wird sich nicht in einem einfachen Prozess abbilden lassen. Andere Tätigkeiten hingegen, die eine gewisse Regelmäßigkeit aufweisen, lassen aber durchaus eine Formalisierung zu.

Gute Entscheidungen unter Unsicherheit sind vor allem davon geprägt, dass relevante von irrelevanten Informationen unterschieden werden müssen. Kongruent hierzu wurde wiederholt empirisch gezeigt, dass Experten für eine Entscheidung oft weniger, aber dafür relevantere Informationen heranziehen als Novizen (vgl. *Albar/Jetter* 2013; *Achleitner u. a.* 2012; *Shanteau* 1992). Eine effektive Möglichkeit zur Steuerung der Informationssuche sind **Checklisten**. Zum einen erfüllen sie eine lenkende Funktion (Was ist für einen Experten wichtig?). Zum anderen kommt ihnen auch eine begrenzende Funktion zu (Wann kann die Informationssuche abgebrochen werden?). Insgesamt kann eine Führungskraft durch die Einführung von Checklisten im Arbeitsprozess sicherstellen, dass Novizen bei einer Entscheidung die gleichen Informationen verwenden, die auch ein erfahrener Experte auf dem Gebiet zu Rate ziehen würde.

Eine Bereitstellung der notwendigen Informationen allein wird jedoch in vielen Fällen nicht ausreichend sein, vor allem dann nicht, wenn neben der reinen Informationssuche auch der Prozess der Verarbeitung dieser Information von Bedeutung ist. Eine Weiterführung der einfachen Checkliste stellen sogenannte **schnelle Entscheidungsbäume** dar (vgl. *Martignon/Katsikopoulos/Woike* 2008). Diese helfen ebenfalls bei der Steuerung der Informationssuche, geben darüber hinaus aber auch den konkreten Prozess der Informationsverarbeitung und Entscheidung vor.

Im Gegensatz zu einem vollständigen Entscheidungsbaum sind bei den schnellen Entscheidungsbäumen die einzelnen Merkmale nach absteigender diagnostischer

Wichtigkeit sortiert, sodass potenziell jede Ebene des Baumes zu einer Entscheidung führen kann (Abb. C.29). Nur im ungünstigsten Fall muss damit der ganze Baum durchlaufen werden. Der schnelle Entscheidungsbaum integriert damit gleich zwei grundlegende heuristische Prinzipien: Erstens die Begrenzung der berücksichtigten Information, zweitens aber auch einen vereinfachten Verarbeitungsprozess. Damit kann insbesondere in Situationen mit hohem Handlungsdruck ein erheblicher Zeitvorteil und eine Entlastung des Entscheiders erreicht werden.

Stellen wir uns zur besseren Veranschaulichung eine extreme Führungssituation vor (vgl. zum Komplex der Führung in extremen Situationen *Giannantonio/Hurley-Hanson* 2013): Soldaten haben in einem Kriegsgebiet die Aufgabe, eine Einrichtung zu überwachen. Davor werden Checkpoints eingerichtet. Sie wissen, dass diese Einrichtung durch Anschläge mit gefährlichen Fahrzeugen bedroht ist. Jedoch muss diese Einrichtung permanent von Fahrzeugen passiert werden. Die Zeit zur Beratung mit Dritten oder dem Vorgesetzten für eine Entscheidung, ob das eigenen Leben und/oder die Einrichtung durch ein ankommendes Fahrzeug bedroht sind, steht nicht zur Verfügung. Es muss selbst entschieden werden. Außer dem, was man sieht, gibt es keine weiteren Informationen. Jede falsche Entscheidung ist fatal, denn sie kostet das Leben Unschuldiger (Angehörige der Einheit oder Insassen des ungefährlichen Fahrzeuges) oder das eigene. Nach aufwendigen Analysen konnte die Entscheidungsqualität durch eine einfache, in einen Entscheidungsbaum gefasste Heuristik, in der maximal drei Stufen vor der Entscheidung sekundenschnell zu durchlaufen sind, signifikant verbessert werden:

Der Erfolg solcher auf das Wesentliche reduzierten Entscheidungsbäume liegt daran, dass besonders umfangreiche oder komplexe Vorgaben häufig dazu führen, dass Vorgesetzte wie Mitarbeitende diese Vorgaben ignorieren und in der Konsequenz völlig unstrukturiert entscheiden. Die Anforderungen des im Entscheidungsbaum enthaltenen heuristischen Systems hingegen sind auch in kritischen Situationen noch problemlos anwendbar und können daher auch unter realen Bedingungen genutzt werden.

Auch das vorangegangene Beispiel macht noch einmal den mitunter komplexen Zusammenhang von Umwelt und Entscheidungsstrategien deutlich. So ist nicht nur wichtig, ob ein Entscheidungsproblem in Anbetracht von Unsicherheit überhaupt in einem optimalen, klassisch rationalen Entscheidungsprozess erfasst werden

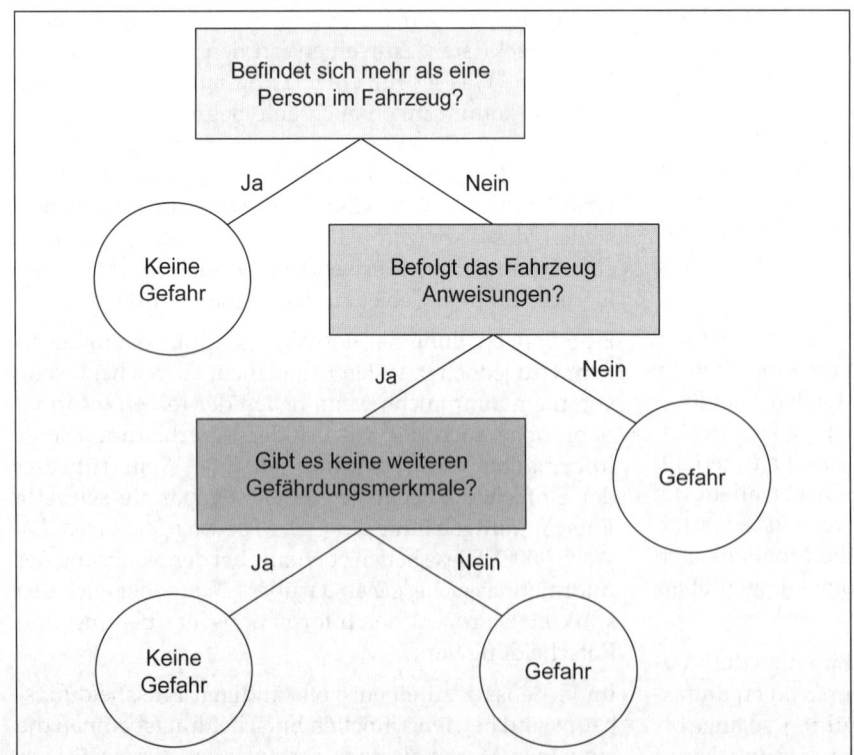

Abb. C.29: Schneller Entscheidungsbaum zur Identifizierung gefährlicher Fahrzeuge an militärischen Checkpoints (nach *Keller/Katsikopoulos* 2016, S. 1070)

kann. Es spielt immer auch eine bedeutende Rolle, ob solch ein Prozess unter den in der realen Anwendung gegebenen Bedingungen dann auch noch umsetzbar ist. Alles in allem lässt sich damit abschließend festhalten, dass einer Führungskraft auch in den Fällen, in denen diese nicht direkt an einem Entscheidungsprozess beteiligt ist, eine zentrale Rolle bei der Sicherstellung eines Entscheidungserfolgs zukommt. Denn in vielen Fällen wird die Führungskraft maßgeblich für die Gestaltung des entsprechenden Entscheidungskontexts verantwortlich sein, sei es durch die regelmäßige Rückmeldung von Feedback, sei es durch die Schaffung einer angemessenen Lern- und Fehlerkultur oder sei es durch die Bereitstellung passender Unterstützungssysteme. Eher noch als von einem Entscheidungsarchitekten ließe sich also in diesem Zusammenhang von einer **Führungskraft** als einem **Architekten des Entscheidungskontexts** sprechen. Dessen Ziel liegt nicht darin, die einzelnen geführtenseitigen Entscheidungen vorher zu bestimmen, sondern vielmehr darin, einen idealen Rahmen zu schaffen, innerhalb dessen den Mitarbeitenden eigenständiges und kompetentes Entscheiden ermöglicht wird.

V. Zentrale Begriffe und Diskussionsfragen

Nachfolgend führen wir Begriffe auf, die wir in Teil C als zentral erachten. Sie dienen dazu, sich noch einmal an wichtige Inhalte zu erinnern. Gleichzeitig könnten Sie – falls Sie mögen – überprüfen, ob Ihnen die Bedeutung des Begriffs im Führungskontext hinreichend klar ist und sich fragen, welche Aussagen wie Assoziationen Sie hiermit verbinden.

Aging Workforce • Anreize • Arbeitsaufgabe und Arbeitsumfeld • Arbeitsgestaltung • Arbeitsintegriertes Lernen • **B**edürfnisse • Behaviorismus • Bewusstseinslagen • Bias • **C**oaching • Communities of Practice • **D**emotivation • Didaktik • Direkte vs. indirekte Führung • **E**motion • Entscheidungen • Erwartungs-mal-Wert-Modelle • Expertise • Explizite Motive • Extrinsische vs. intrinsische Motivation • **F**ähigkeiten und Fertigkeiten • Flow • Followership • Formelles vs. informelles Lernen • Führung bei Misserfolg • Führungskompetenz • Führungskräftemotivierung • **G**ruppenlernen • **H**andeln vs. Verhalten • Handlungsbarrieren • Handlungskompetenz • Handlungsorientierung vs. Lageorientierung • Heuristiken • **I**mplizite Motive • Inhaltstheorien der Motivation • Innovation • Intentionales vs. inzidentelles Lernen • **J**ob Characteristics Model • **K**ognition • Kognitivismus • Kommunikation • Kompetenzen • Konditionierung • Konstruktivismus • **L**ebenslanges Lernen • Lehr-Lern-Arrangement • Lernen aus Erfahrung • Lernende Organisation • Lernkultur • Lernstil • Lerntransfer • Lernziele vs. Leistungsziele • **M**entale Modelle • Mentoring • Metakognition • Modell-Lernen • Motiv-Ziel-Kongruenz • Motive • **N**eurowissenschaften • **P**ädagogische Situation • Prototyp • Prozesstheorien der Motivation • **R**ationalität • Reflexion • Reiz-Reaktions-Lernen • Relationales Paradigma • Rubikonmodell • **S**chlüsselqualifikation • Selbstgesteuertes Lernen • Selbstkontrolle • Selbstmanagement • Selbstmotivierung vs. Fremdmotivierung • Selbstregulation • Selbstverstärkung • Selbstwahrnehmung • Selbstwirksamkeit • Situierte Kognition • **T**acit Knowledge • Träges Wissen • **V**alenz • Verstärkerplan • Visionäre Führung • Volition • volitionale Kompetenz • Vollständige Handlung • **W**ahrnehmung • Wertewandel • Wissen vs. Können • Wissensgesellschaft • **Z**iele • Zielkonflikte • Zielvereinbarungen

Wir wollen Teil C wieder mit einigen Diskussionsfragen abschließen, die helfen sollen, die eigene Position zu Führungsthemen zu schärfen oder auch alternative Möglichkeiten der Wahrnehmung von Führung zu entwickeln. Diese Fragen eignen sich für das Selbststudium gleichermaßen wie für die Diskussion im Seminar oder in der Arbeitsgruppe.

- „Es reicht, Mitarbeiter nicht zu demotivieren". Inwiefern ist die Motivierung anderer überhaupt eine Führungsaufgabe?
- Warum führt eine Handlungsabsicht nicht zur Handlung, auch wenn sie offensichtlich objektiv möglich ist und vom Führenden gutgeheißen wird?
- Was sind zentrale Motive für Menschen? Wie könnten Ihnen Ihre eigenen Motive bewusst werden? Wie hängen Motive und Leistung zusammen? Wie können Führungskräfte Motive erkennen? Wann ist es vorstellbar, dass Führungskräfte Einfluss auf die Motive von Geführten nehmen können und dies zudem dürfen?
- Was wären für Sie ideale Lehr-Lernarragements? Was bedeutet dies für das Lernen in Führungsbeziehungen?
- Inwiefern ist Lernen eine generationenübergreifende Thematik? Welche Konsequenzen ergeben sich hieraus für Führungskräfte, die in ihrem Team Mitarbeiterinnen und Mitarbeiter aus mehreren Generationen haben?

- An welche Voraussetzungen ist selbstgesteuertes Lernen gebunden? Was bedeutet dies für das Lernen in Führungsbeziehungen?
- In welchem Zusammenhang stehen Lernen und Motivation?
- Was ist die fundamentale Kritik an der rationalen Entscheidungstheorie? Und warum ist dies gerade aus der Praktikerperspektive relevant?
- Was ist der Unterschied zwischen Risiko und Unsicherheit? Und warum ist dies für den Erfolg einer Entscheidungsstrategie so zentral?
- Welche grundsätzlichen Verständnisse zu Heuristiken gibt es?
- An welche Voraussetzungen ist adaptives Intuitionslernen gebunden? Wie können Führungskräfte bei ihren Mitarbeiterinnen und Mitarbeitern darauf einwirken?

Gestaltung von Führungsbeziehungen

Inhaltsübersicht

I. Überblick 309
II. **Gestaltung durch Führungsstile** 309
   1. Wie sich dem Führungsstil genähert werden kann 309
   2. Welche Bedeutung macht-, aufgaben- und beziehungsorientierten Führungsstilen zukommt 311
      2.1 Iowa-Studien (Lewin/Lippitt/White) 312
      2.2 Führungsstilkontinuum (Tannenbaum/Schmidt) 314
      2.3 Entscheidungsmodell der Führung (Vroom/Yetton) 317
      2.4 Ohio-Studien (u. a. Fleishman) 320
      2.5 Verhaltensgitter der Führung (Blake/Mouton) 324
      2.6 Reifegrad-Modell der Führung (Hersey/Blanchard) 329
      2.7 Kontingenzmodell der Führung (Fiedler) 332
      2.8 Weg-Ziel-Theorie der Führung (u. a. Evans und House) 335
   3. Was ein transformationaler und transaktionaler Führungsstil bewirkt 339
   4. Welchen Einfluss Führungssubstitutions- und Selbstführungsansätze haben 347
      4.1 Substitutionstheorie der Führung 347
      4.2 Selbstführung 353
   5. Wo wir in der Führungsstildiskussion stehen 361
III. **Gestaltung durch Führungsinstrumente** 365
   1. Was unter Führungsinstrumenten zu verstehen ist und wie sie systematisiert werden können 365
   2. Warum Führungsinstrumenten eine zentrale Bedeutung zukommen sollte 367
   3. Was primär aktive Führungsinstrumente sind 368
      3.1 Führungsgespräche/Kommunikationstechniken 368
      3.2 Konfliktlösungsstrategien 377
      3.3 Anerkennung und Kritik 383
      3.4 Sanktionierung 386
      3.5 Symbolnutzung 389
   4. Was sekundär aktive Führungsinstrumente sind 392
      4.1 Instrumente der Personalentwicklung 392
      4.2 Personalbeurteilungen und formalisierte Mitarbeitergespräche 404
      4.3 Zielvereinbarungen (Management by Objectives) 409
      4.4 Führungsgrundsätze 414
      4.5 Betriebliche Anreizsysteme 417
      4.6 Budgets 423
      4.7 Stellenbeschreibungen 426

IV. Gestaltung durch Führungs-Controlling 428
   1. Was unter Führungs-Controlling zu verstehen ist 428
   2. Wie Führungs-Controlling konkretisiert und differenziert werden kann 430
   3. Welche Instrumente im Führungs-Controlling genutzt werden können 435
      3.1 Beobachtungen und Beurteilungen 435
      3.2 Gespräche 438
      3.3 Mitarbeiterbefragungen 439
      3.4 Kennzahlen 440
      3.5 Kennzahlensysteme 442
      3.6 Analysemethoden 452
V. Zentrale Begriffe und Diskussionsfragen 463

I. Überblick

Mit der Gestaltung von Führungsbeziehungen kommen wir zu einem Kernbereich der Führungslehre und Führungsforschung, der zugleich im Fokus der Praxis steht. Dies ist insofern verständlich, als dort beständig gehandelt werden muss. Umso wichtiger ist es, sich darüber zu informieren, was an Führungswissen hierzu vorliegt. Dieses Führungswissen bezieht sich sowohl auf die zur Verfügung stehenden Mittel wie auf die Wirkung dieser Mittel. Ohne die genauere Kenntnis dieser Grundlagen gestalterischen Einwirkens verschenkt jeder Gestaltungsversuch Potenzial oder bewegt sich in einem nicht ausgereizten Bereich.

Nachfolgend sollen drei zentrale Gestaltungsmittel vorgestellt werden: Erstens werden wir ein besonderes Augenmerk auf die Gestaltung von Führungsbeziehungen durch den Führungsstil richten (☞ D. II.). Neben dem Rückgriff auf „klassische" Positionen, die jahrzehntelang das Feld prägten, und für die nun eine konsolidierte Bilanz vorzulegen ist, fügen wir mit einer umfänglichen Würdigung der transformationalen Führung, der Führungssubstitutionstheorie sowie der Selbstführung aktuellere oder alternative Sichtweisen zur Führungsstilfrage hinzu. Zweitens werden wir uns den Führungsinstrumenten zuwenden, mit deren Hilfe Führungskräfte ihren Zielsetzungen bei der Verhaltensbeeinflussung der Geführten nachhaltige Wirkung verleihen können (☞ D. III.). Hier werden wir wichtige Führungsinstrumente einordnen, anschaulich präsentieren und kommentieren. Drittens kommen wir zum Abschluss auf einen Bereich zu sprechen, der für viele auf dem ersten Blick vielleicht weniger mit einer Gestaltung von Führungsbeziehungen in Zusammenhang steht, als dies bei Führungsstilen oder Führungsinstrumenten der Fall sein mag: Dem Führungs-Controlling (☞ D. IV.). Wir werden jedoch zeigen, wie wertvoll das Führungs-Controlling bei der Gestaltung von Führungsbeziehungen sein kann. Besondere Aufmerksamkeit werden wir dabei den Instrumenten des Führungs-Controlling zukommen lassen. Damit verbinden wir nicht zuletzt den Wunsch, einen Impuls für die dringend notwendige Debatte zur Bewertung von Führungskräftetrainings zu geben.

II. Gestaltung durch Führungsstile

1. Wie sich dem Führungsstil genähert werden kann

Beobachtet man den Führungsalltag, so stellt man fest, dass Führungskräfte sich sehr unterschiedlich gegenüber ihren Mitarbeitern und Mitarbeiterinnen verhalten. Manche nehmen sich viel Zeit für Gespräche, andere weniger. Die einen reden immerfort über die anstehenden Aufgaben, die anderen konzentrieren sich auf das Feedback gegenüber den laufenden. Manche lassen die genauen Anforderungen im Dunkeln, andere unterstützen aktiv bei der Aufgabenerledigung. Oft geht es nur um Ergebnisse, dann wieder um die Förderung von Teammitgliedern. Solche Verhaltensweisen zeigen Führungskräfte entweder halbwegs konsistent gegenüber allen Teammitgliedern, oder sie ändern ihr Verhalten mehr oder minder systematisch zwischen einzelnen Mitgliedern. Selbstverständlich kann es auch sein, dass das Führungsverhalten gegenüber ein und derselben Person häufig variiert, in konsistenter oder gar inkonsistenter Weise.

Solange man davon ausgeht, dass das mitarbeiterseitige Verhalten eines Vorgesetzten einen positiven oder negativen Einfluss auf die Verfassung und das Verhalten des Anderen besitzt, lohnt ein genauer Blick. Denn dann, und dies ist folgerichtig eine der größten Anstrengungen der Führungsforschung schlechthin, sind die einzelnen Verhaltensakte passend zu bündeln und als ein Verhaltenszug oder ein Set von Verhaltenszügen auszuweisen. Danach ist die Wirkung dieses Verhaltenszugs auf Führungserfolgsgrößen qualitativ oder quantitativ zu bestimmen.

Hierzu hat die Führungsforschung viel geleistet und es besteht kein Zweifel, dass das von Führenden gezeigte Verhalten in der Regel eine Wirkung, wenngleich nicht immer die beabsichtigte, ausübt. Beispielsweise ist die Motivation eine empirisch gesicherte Wirkgröße. So oder so bleibt die schwierige Frage festzustellen, worauf und wie intensiv das Verhalten einwirkt. Im günstigen Fall kann das Führungsverhalten auf diesen Erkenntnissen aufbauend dann gezielt gestalterisch eingesetzt werden. Mindestens aber kann der Zusammenhang von Führungsverhalten und Führungserfolg angesichts dieses Wissens führungspraktisch besser verstanden werden.

Der oben erwähnte Verhaltenszug wird, sofern er klar konturiert ist und sich in beständiger Wiederkehr über alle Situationen hinweg zeigt, gemeinhin als **Führungs-**

stil bezeichnet (vgl. ähnlich *Frey/Schmalzried* 2013, S. 36; *Steinle* 1978, S. 163). Ein so verstandener Führungsstil (strenggenommen ohne Kenntnis der Akzeptanz lediglich ein Leitungsstil) ist dann die mitarbeiterbezogene **Grundausrichtung** des Verhaltens (vgl. *Lattmann* 1975a, S. 9). Diese Grundausrichtung prägt entsprechend die Führungsbeziehung.

Bislang sind wir von *einem* Führungsstil ausgegangen. Führungskräfte können aber auch unterschiedliche Verhaltenszüge in Abhängigkeit bestimmter Situationsmerkmale zeigen. Erfolgt dies wiederum mit beständiger Wiederkehr konsistent, ist von verschiedenen Führungsstilen zu sprechen. Ein **„situationsflexibler Führungsstil"** meint verkürzend genau dies. Aber in welcher Situation ist dann welcher Führungsstil angemessen? Das die Forschung treibende Problem nach der Effektivität ist damit nicht gelöst. Wir kommen also nicht umhin, einen vertieften Blick in die Auseinandersetzung zu werfen.

Hier fällt zunächst ein großes Durcheinander auf. Vorschläge gibt es viele, deren Stand zueinander ist jedoch vielfach undurchsichtig (vgl. aber dazu *Anderson/Sun* 2015a). Eine Schneise im Dickicht tut sich in dem Moment auf, wo **Führungsstiltypologien** und **Führungsstiltaxonomien** unterschieden werden. Während eine **Führungsstiltypologie** das Ergebnis einer theoretischen Durchdringung ist, ist die **Führungsstiltaxonomie** das Ergebnis eines empirischen Zugangs. Mehr als drei Dimensionen sind zur Bildung einer Typologie oder Taxonomie dabei unüblich (siehe aber *Bleicher/Meyer* 1976, S. 155 f.). Auch wenn diese Differenzierung changiert und sich wechselseitig beeinflusst hat, werden wir im Folgenden mit der notwendigen Unschärfe zentrale eher theoretisch bzw. empirisch entwickelte Führungsstile vorstellen. Dies funktioniert für die große Zeit der Führungsstildiskussion, die in den 1930er begann und in den 1980er endet, leidlich gut.

Später scheinen die uns neu vorgelegten Ansätze auf diesem Feld, deren mit Abstand prominentester der transformationale Führungsansatz (*Bass* 1985) ist, selbst nicht mehr danach differenzieren zu wollen, ob sie als Führungstheorie oder als Führungs*stil*theorie gesehen werden möchten. Sprachlich war das vorher auch schon so, aber die Ausrichtung der Aussage war klarer. Beispielsweise firmiert der noch vorzustellende Ansatz von *Fred Fiedler* als „Kontingenztheorie der Führung", hat als Ziel jedoch allein die Bestimmung der Effektivität eines Führungsstils in verschiedenen Führungssituationen. Der Führungsstil selbst wird bipolar differenziert. In der englischen Bezeichnung wird dies sofort deutlich (*„A contingency model of leadership effectiveness"*). Es ist also unstrittig eine Führungsstiltheorie (die ggf. Anleihen anderer Theorien bedarf). So eindeutig ist es nicht immer. Während *Rowold* und *Borgmann* (2013) die bereits vorgestellte **LMX-Theorie** von *Graen* und anderen (☞ B. III. 3) als „Style" in ihrer originären empirischen Studie mit anderen vergleichen, schließen *Anderson* und *Sun* (2015) diese in ihrem theoretischen Vergleich von (aktuellen) Stiltheorien ausdrücklich mit der Begründung aus, dass es sich im Kern um ein Konzept zur Führungsbeziehung handelt. Es wird dort selbst von einem ethischen Führungsstil gesprochen, wo doch die Ethik mit gutem Grund als eine Bewertungsfrage an jedweden Führungsstil angelegt werden könnte. Zudem geht es bei der Führungsstildebatte als Leitmotiv stets um Effektivität, ggf. Effizienz (hier differenziert die angloamerikanische Literatur nicht systematisch), bei der Ethik um argumentative Gültigkeit bzw. Gerechtigkeit. Dies ist im Auge zu behalten.

Nicht ungewöhnlich ist, dass identifizierte Führungsstile so kombiniert werden, dass sich hieraus neue Führungsstile ergeben. Bei fortschreitender Differenzierung kommt es dann zu verschiedenartigen **Führungsstilmodellen** (zum Modellbegriff vgl. *Weibler* 2004b). Diese Modelle bilden eine gedankliche Wirkkette oder formulieren Normstilstrategien in Abhängigkeit zuvor definierter anderer Größen. Als „andere Größen" kommen vor allem in Frage: **Charakteristika der Führer** (z. B. Positionsmacht), **Charakteristika der Geführten** (z. B. Qualifikation und Motivation der Mitarbeiter), **Charakteristika der Führungsbeziehung** (z. B. Entscheidungspartizipation) oder die **Charakteristika der Führungssituation** (z. B. Beschaffenheit der Entscheidungssituation). Prinzipiell kann eine Typologie oder Taxonomie rein beschreibend sein: Wie verhält sich die Führungskraft, wie ist dieses Verhalten zu bezeichnen und inwiefern variiert dieses Verhalten innerhalb der Person oder zwischen Personen? In der Führungsstilforschung schwingt der Führungserfolg als Bezugsgröße des Verhaltens jedoch immer mit, mindestens implizit. Damit würde es nahezu zwangsweise analytisch, weil Zusammenhangs- und Wirkbeziehungen verstanden bzw. erklärt werden wollen. Dies bleibt aber oftmals aus. Aus der Warte der Wirkung unterscheidet man klassischerweise zwischen Führungserfolgsgrößen der **Leistung** und **Zufriedenheit** in verschiedensten Annäherungen und Ausdifferenzierungen. Zufriedenheit kann entweder als Selbstzweck, Mittel der Festigung von Beziehungen oder als Vehikel zur Erreichung von organisationalen Ergebniszielen begriffen werden.

Im Folgenden wollen wir die richtungsweisenden **Grundlagenstudien** zu **Führungsstilen** und die wichtigsten darauf aufbauenden **Führungsstilmodelle** darstellen. Die Vorgehensweise orientiert sich dabei an den zentralen Entwicklungslinien der Führungsstildiskussion. Dies stellt eine nachträgliche Rekonstruktions- und Integrationsleistung dar. Wir wollen damit die Entwicklungen in der Führungsstildiskussion Schritt für Schritt nachzeichnen und auf diese Weise eine vergleichende Betrachtung ermöglichen. Es steht also nun zunächst eine historischer Überblick über Führungsstiltheorien im Mittelpunkt. Anschließend wird mit dem **transformationalen und transaktionalen Führungsstil** und der **Theorie der Führungssubstitution**, die Auskunft darüber gibt, wann ein Führungsverhalten überflüssig oder gar schädlich ist, eine zurzeit höchst aktuelle bzw. alternative Sicht in der Führungsstilforschung betrachtet.

2. Welche Bedeutung macht-, aufgaben- und beziehungsorientierten Führungsstilen zukommt

Als Ausfluss der in den 1930er Jahren startenden und als Überwindung der strikten eigenschaftstheoretischen Zugangsweise anzusehenden Stildiskussion, standen zwei Entwicklungslinien verkörpernde Schulen: Die erste Linie reicht von den **Iowa-Studien** (*Lewin/Lippitt/White* 1939) bis zum **normativen Entscheidungsmodell der Führung** von *Vroom* und *Yetton* (1973); die zweite Linie reicht von den **Ohio-Studien** (unter anderem *Fleishman* 1953) bis zum **Reifegrad-Modell der Führung** von *Hersey* und *Blanchard* (1988). Eine Sonderstellung zwischen diesen zentralen Entwicklungslinien nimmt das **Kontingenzmodell der Führung** von *Fiedler* (1967) sowie die **Weg-Ziel-Theorie der Führung** (prominente Vertreter: *Evans* 1970 und *House* 1971) ein.

Die nachfolgende Abbildung D.1 verdeutlicht diese **Entwicklungslinien** und deutet verschiedene Einflussbeziehungen an, auf die wir bei der Darstellung der Grundlagenstudien bzw. der darauf aufbauenden Führungsstilmodelle jeweils zu sprechen kommen werden.

Im Schwerpunkt der diesbezüglichen Überlegungen stehen Fragen der **Macht (Entscheidungspartizipation)**, der Rücksichtnahme auf Mitarbeiterinteressen und die Betonung von guten Beziehungen im sozio-emotionalen Bereich **(Mitarbeiter- oder Beziehungsorientierung)** sowie die Betonung der Sachaufgabenerfüllung **(Aufgabenorientierung)**. Unsere Darstellung lehnt sich hieran an: So orientieren sich die auf den **Iowa-Studien** aufbauenden Führungsstilmodelle (Führungsstilkontinuum und Entscheidungsmodell der Führung) am Grad der Beteiligung der Mitarbeiter an den Entscheidungsprozessen, d. h. am **Partizipationsgrad**. Die in der Tradition der **Ohio-Studien** stehenden Führungsstilmodelle (Verhaltensgitter der Führung und Reifegrad-Modell der Führung) legen mit der **Aufgabenorientierung** und der **Mitarbeiterorientierung** gleich zwei (*prinzipiell* voneinander unabhängige) Verhaltensdimensionen zu Grunde, denen dann in der Fortführung eine kontextspezifische Bedeutung zugesprochen wird.

Das **Kontingenzmodell der Führung** steht aus zweierlei Gründen zwischen diesen beiden Entwicklungslinien. Erstens, weil sich *Fiedler* (1967) explizit auf die Ergebnisse der **Ohio-Studien** beruft und auch zwischen dem aufgabenorientierten und dem mitarbeiterorientierten Führungsstil unterscheidet – diese beiden jedoch im Rahmen eines eindimensionalen Führungsstilkontinuums verwendet. Zweitens, weil *Fiedler* den Weg für das **situations- oder kontingenztheoretische Paradigma** innerhalb der Führungsforschung bereitet hat, in das auch die **Weg-Ziel-Theorie der Führung** eingeordnet werden kann. Daher ist die Weg-Ziel-Theorie ebenso zwischen den beiden Entwicklungslinien in der Abbildung D.1 positioniert. Das kontingenztheoretische Paradigma postuliert, dass es nicht möglich ist, situationsinvariante Eigenschaften erfolgreicher Führungskräfte und/oder ein immer erfolgreiches Führerverhalten zu bestimmen. Es gibt keinen „*one best way*" der Führung und auch keinen stets erfolgreichen „*great man*". Stattdessen unterstreichen die Vertreter des kontingenztheoretischen Paradigmas die Notwendigkeit einer systematischen Differenzierung des Führungserfolgs in Abhängigkeit von in der Führungssituation wirkenden Faktoren (sog. **situativ-kontingente Relativierung**; vgl. *Bartscher* 1990, S. 457). Dem kontingenztheoretischen Paradigma sind wiederum auch *Vroom*, *Yetton* und *Jago* sowie *Hersey* und *Blanchard* verhaftet. Auch die Weg-Ziel-Theorie von *Evans* (1970) bzw. dann nachfolgend von *House* (1971) ist kontingenztheoretisch konzipiert, wobei *House* jedoch ausdrücklich die zweidimensionale Unterscheidung in Aufgaben- und Mitarbeiterorientierung zum Ausgangspunkt seines Entwurfs gemacht hat. Die Fähigkeit und Notwendigkeit zur Partizipation an Entscheidungen (bis hin zur Autonomie) seitens der Mitarbeiter ist letztendlich wie bei den Iowa-Studien auch hier eine Schlüsselfrage, die die Wahl des Führungsverhaltens bestimmt. Die Positionierung der kontingenztheoretischen Kernmodelle im Zentrum der Abbildung D.1 soll aber auf keinen Fall die Vermutung nahelegen, dass die gesamte Führungsstilforschung in diesen Modellen kulminiert.

Kapitel D — Gestaltung von Führungsbeziehungen

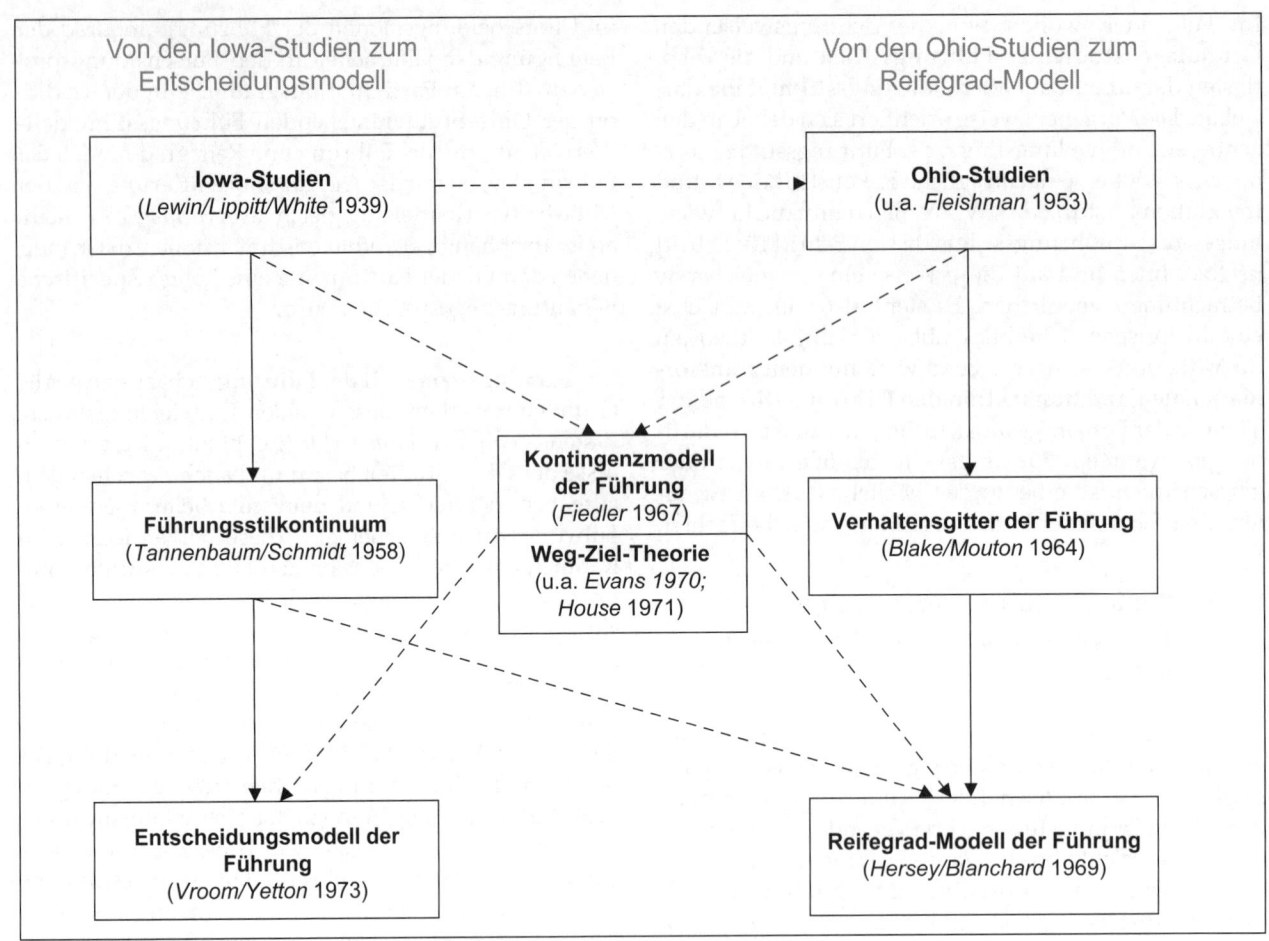

Abb. D.1: Entwicklungslinien der Führungsstildiskussion

Nachdem wir uns nun einen ersten Überblick verschafft haben, wenden wir uns der Darstellung der beiden Entwicklungslinien der Führungsstildiskussion zu. Da in zeitlicher Hinsicht die Führungsstildiskussion mit dem Bezugspunkt **„Entscheidungspartizipation"** ihren Anfang nahm, beginnen wir mit der Vorstellung der **Iowa-Studien**.

2.1 Iowa-Studien (Lewin/Lippitt/White)

Die Führungsstildiskussion hat ihre Wurzeln in den Laborexperimenten, die unter der Leitung von *Kurt Lewin* gegen Ende der dreißiger Jahre an der Iowa University Elementary School mit Arbeitsgruppen durchgeführt wurden (vgl. *Lewin/Lippitt/White* 1939). Diese richtungsweisenden Grundlagenstudien wurden deshalb später **Iowa-Studien** genannt.

Das Interesse der Forscher galt der Bestimmung von Verhaltenswirkungen (Individual- und Gruppenverhalten wie Kreativität, Produktivität, soziales Klima etc.; abhängige → Variable) infolge alternativer Führungsstile (unabhängige Variable). Differenzierendes Merkmal war hierbei das Ausmaß an Entscheidungsbeteiligung, das den Geführten zugestanden wird (Partizipationsgrad). Durch Dichotomisierung (→ Dichotomie) entstanden die beiden folgenden Führungsstile (vgl. *Lewin* 1975, S. 117 f.):

- autokratischer Führungsstil,
- demokratischer Führungsstil.

Der **autokratische Führungsstil** ist dadurch gekennzeichnet, dass die Führungskraft die Aktivitäten und Ziele der Einzelnen und der Gruppe bestimmt und lenkt: So legt die Führungskraft fest, was jedes Gruppenmitglied zu tun hat und mit wem es zusammenarbeiten soll. Die zu entfaltenden Aktivitäten werden dabei immer nur für einen kurzen Zeitabschnitt diktiert, sodass das zukünftige Vorgehen in Richtung Aufgabenziel für die Gruppenmitglieder stets sehr ungewiss ist. Bei der

Bewertung der Tätigkeiten lässt die Führungskraft den zugrunde liegenden Maßstab nicht erkennen. Sie nimmt nicht aktiv an der Arbeit der Gruppe teil und ist weder erkennbar feindlich noch freundlich, sondern unpersönlich.

Der **demokratische Führungsstil** ist dadurch gekennzeichnet, dass die Führungskraft die Gruppenmitglieder ermutigt, ihre Aktivitäten und Ziele zum Gegenstand von Gruppendiskussionen und -entscheidungen zu machen: Dabei dürfen die Gruppenmitglieder nach eigenem Belieben mit jedem zusammenarbeiten, mit dem sie wollen; die Teilung der Aufgaben ist der Gruppe überlassen. Die Führungskraft gibt frühzeitig einen Überblick über die Gesamtaufgabe und deren Teilschritte. Sie versucht, der geistigen Haltung nach und bei Diskussionen Gruppenmitglied zu sein, aber nicht viel von der eigentlichen Arbeit auszuführen, sondern nur Ratschläge zu erteilen. Sie äußert objektives Lob und objektive Kritik.

> **Empirie zu Führungsstilen**
>
> Versuchspersonen in der ersten Untersuchung waren zehn Kinder, die in zwei Gruppen zu je fünf Mitgliedern eingeteilt wurden und in den Experimenten Papiermasken anfertigten und bemalten. Geführt wurden diese Gruppen von einem Erwachsenen, der zuvor die beiden Führungsstile als Verhaltensmuster eingeübt hatte. Der Gruppenleiter praktizierte in jeweils zwölf Versuchen bei der einen Gruppe den **autokratischen**, bei der anderen Gruppe den **demokratischen** Führungsstil. Die Wirkungen der Eigenschaften einer Person sollten so von dem Führungsstil getrennt werden.
>
> Es folgten weitere Versuche mit größeren Gruppen, unterschiedlichen Gruppenleitern und einem dritten „leadership treatment", das als **Laissez-faire-Stil** bezeichnet wurde (vgl. *Lewin* 1998, S. 14 f.). Diese Verhaltensdefinition war Ergebnis einer Beobachtung, als einer der „demokratischen" Gruppenleiter während eines Experiments die Kontrolle über seine Gruppe verlor. „Lass sie machen", mag sich der Gruppenleiter in dieser Situation gesagt haben. Dementsprechend wurde der Laissez-faire-Stil folgendermaßen gekennzeichnet: Die „Führungsperson" spielt eine freundliche, aber passive Rolle und beantwortet Fragen lediglich mit der gewünschten Information, ohne selber Vorschläge zu machen. Auf Steuerung und Bewertung der Aktivitäten wird konsequent verzichtet. Der Laissez-faire-Stil wurde jedoch als eine Form des Nicht-Führens angesehen und daher weitestgehend vernachlässigt.

Hinsichtlich der Verhaltenswirkungen der Geführten können die Ergebnisse dieser Laborexperimente nicht eindeutig interpretiert werden (vgl. *Lewin/Lippitt/White* 1939):

- Die **Zufriedenheit** der Gruppenmitglieder war bei demokratischer Führung insofern größer als bei autokratischer Führung, als es weniger Spannungen unter den Gruppenmitgliedern sowie zwischen ihnen und dem Führendem gab.

- Hinsichtlich der **Leistung** der Gruppe muss eine Fallunterscheidung vorgenommen werden: Sie war bei demokratischer Führung im Falle der Anwesenheit des Führers etwas geringer als bei autokratischer Führung, im Falle der Abwesenheit des Führenden jedoch annähernd konstant und höher als bei autokratischer Führung, bei der in diesem Fall ein starker Leistungsabfall festzustellen war.

Kritische Würdigung der Iowa-Studien

Das grundsätzliche Novum der Forschungsanstrengungen von *Kurt Lewin* und seinen Mitarbeitern war die Trennung des Führungsstils und seiner Wirkung von den persönlichen Eigenschaften der Führungskraft, womit der Weg für eine **verhaltenstheoretisch orientierte Forschung** geebnet wurde. Bis dahin dominierte im Führungsbereich nämlich der **eigenschaftstheoretische Ansatz**, der den Erfolg von Führung in Abhängigkeit von bestimmten Eigenschaften bzw. Persönlichkeitsmerkmalen des Führenden zu bestimmen versucht (☞ B. II. 1). Die Unterscheidung zwischen den Polen **autokratisch** (bzw. autoritativ, autoritär) und **demokratisch** (bzw. partizipativ, kooperativ) fand Eingang in die Wissenschafts- und Alltagssprache und prägte die Führungsstilforschung nachhaltig.

Dennoch existieren begründete Zweifel an der Gültigkeit und Übertragbarkeit der Forschungsergebnisse, die in den Iowa-Experimenten gewonnen wurden. Insbesondere die Auswahl der Verhaltensmuster und die implizite ideologische Färbung des Gegensatzpaares autokratischer vs. demokratischer Führungsstil stößt auf Bedenken. Die typologische Einteilung mit den darin vorgesehenen Verhaltensmustern beruht auf Plausibilitätsüberlegungen. Diese sind geprägt von den persönlichen Vorstellungen und Erfahrungen des Emigranten *Kurt Lewin* mit autoritärer (totalitärer) Führung im nationalsozialistischen Deutschland (vgl. *Lewin* 1998, S. 9 ff.). Ebenso wird die Führungswirklichkeit auf die extrem polarisierenden idealtypischen Verhaltensmöglichkeiten reduziert. Der normative Charakter der Bezeichnungen „autokratisch" und „demokratisch" könnte die Ergebnisse von empirischen Untersuchungen einseitig beeinflusst haben.

In Nachfolgeuntersuchungen zeigten sich dann in der Tat teilweise Unstimmigkeiten bei den Ergebnissen (vgl. *Kühlmann* 2008; *Neuberger* 2002). Eine spätere Nachstellung der Iowa-Laborexperimente ergab, dass sich die Ergebnisse nur mit ideologisch vorbereiteten Beobachtern wiederholen ließen, nicht jedoch mit unvoreingenommenen „naiven" Beobachtern (vgl. *Seidel/Jung/Redel* 1988, S. 117). Eine weitere Schwäche zeigte sich im Transfer der Laborergebnisse auf die **Führungspraxis**, da dieser kaum hinreichend durch den spezifischen Versuchsaufbau und die Versuchspersonen (Kinder) abgebildet werden kann. Die Konzentration auf die Extreme „autokratisch" vs. „demokratisch" wurde zudem schon bald als unzureichend erkannt, da keine Handlungsmöglichkeiten zwischen den gegensätzlichen Verhaltensmustern vorgesehen waren (Ausnahme: Laissez-faire als Möglichkeit des Nicht-Handelns) (vgl. *Neuberger* 2002, S. 496). Diese Lücke zwischen den Polen wurde später durch sogenannte **Führungsstilkontinuen** geschlossen. Diese eindimensionale Betrachtungsweise lässt feinere Abstufungen zwischen den Polen zu (vgl. *Kossbiel* 1990, S. 1218). Ein prominentes Beispiel für ein Führungsstilkontinuum wurde von *Tannenbaum* und *Schmidt* (1958) vorgelegt, das wir nun vorstellen wollen.

2.2 Führungsstilkontinuum (Tannenbaum/ Schmidt)

Tannenbaum und *Schmidt* waren als Mitglieder der **Human Relations Research Group (HRRG)** an der *University of California* unter anderem mit der Entwicklung, Durchführung und Evaluation von **Führungskräftetrainings** befasst (vgl. *Tannenbaum/Weschler/Massarik* 1961, S. VII ff.). Dabei hatten sie festgestellt, dass Führungskräfte nach Trainings Schwierigkeiten hatten, das erlernte und gewünschte kooperative Führungsverhalten in der Praxis einzusetzen. Ein anderes Problem für viele Vorgesetzte war die zunehmend enger werdende Interpretation der *Lewin'schen* Kategorien des Führungsverhalten autokratisch (= unerwünscht) oder demokratisch (= erwünscht). Dies führte zu einer Verunsicherung der partizipativ orientierten Führungskräfte, die aufgrund von situativen Bedingungen, etwa Zeitrestriktionen oder geographischen Gegebenheiten, eine vermeintlich autoritäre Alleinentscheidung treffen mussten.

Um hier Abhilfe zu schaffen, forderten *Tannenbaum* und *Schmidt* (1958, S. 95 ff.) von Führenden u. a. die Fähigkeit zur **Situations-, Selbst- und Mitarbeiteranalyse**. Ihr Ansatz sollte eine **Orientierungshilfe** bieten. Das Hauptelement ist eine Typologie mit sieben idealtypischen Führungsstilen, die zwischen den Extrema „autoritär" und „**autonom**" liegen und eine Klassifizierung von beobachtbarem Führungsverhalten ermöglichen sollen. Hinzu kommt die Anleitung für eine normativ-analytische Vorgehensweise zur Analyse derjenigen Faktoren, die bei der Wahl des „richtigen" Führungsstils zu berücksichtigen sind.

Die nachfolgende Abbildung D.2 zeigt die Typologie mit den sieben Führungsstilalternativen.

Aus dieser Darstellung geht hervor, dass Vorgesetzte den Anstoß bzw. die Anregung zum Handeln geben. Es bleibt ihre alleinige Entscheidung, in welchem Umfang sie Mitarbeiter an Entscheidungen partizipieren lassen wollen.

Für das Treffen einer **situationsgerechten Entscheidung** müssen drei wesentliche Faktoren analysiert und in ein Verhältnis gesetzt werden (vgl. *Tannenbaum/Schmidt* 1958, S. 98 ff.):

(1) Merkmale des Vorgesetzten (Vorgesetztenanalyse),
(2) Merkmale der Mitarbeiter (Mitarbeiteranalyse),
(3) Merkmale der Situation (Situationsanalyse).

(1) Vorgesetztenanalyse: Merkmale des Vorgesetzten

Der oder die Vorgesetzte überprüft zunächst sein/ihr **Wissen** und **Können**, seinen/ihren individuellen **Lebenshintergrund**, seine/ihre **Wertvorstellungen**, sein/ihr **Vertrauen** in die Mitarbeiter, die **eigenen Vorlieben** und **Fähigkeiten** hinsichtlich des Führungsstils sowie seine/ihre → **Ambiguitätstoleranz**. Diese und andere persönliche Elemente, die Vorgesetzte in die Situation einbringen, werden mit den Merkmalen der Mitarbeiter und den jeweiligen situativen Anforderungen in Beziehung gestellt.

(2) Mitarbeiteranalyse: Merkmale der Mitarbeiter

Bei der Wahl des Ausmaßes der Entscheidungspartizipation müssen insbesondere die jeweiligen **Erfahrungen**, **Kenntnisse** und **Sicherheitsbedürfnisse** der Mitarbeiter sowie deren Erwartungen an den Vorgesetzten berücksichtigt werden. *Tannenbaum* und *Schmidt* (1958, S. 99) nennen u. a. die folgenden Bedingungen, die gegeben sein müssen, um Mitarbeitern größere Entscheidungsfreiräume zu gewähren:

- ein relativ großes Bedürfnis nach Unabhängigkeit,
- die Bereitschaft, Verantwortung für eine Entscheidung zu übernehmen,
- der Willen und die Fähigkeit, mit Unsicherheit umzugehen,

II. Gestaltung durch Führungsstile — Kapitel D

	Willensbildung beim Vorgesetzten				Willensbildung beim Mitarbeiter		
1	**2**	**3**	**4**	**5**	**6**	**7**
Vorgesetzter entscheidet ohne Konsultation der Mitarbeiter	Vorgesetzter entscheidet; er versucht aber, die Mitarbeiter von seiner Entscheidung zu überzeugen, bevor er sie anordnet	Vorgesetzter entscheidet; er gestattet jedoch Fragen zu seinen Entscheidungen, um dadurch Akzeptanz zu erreichen	Vorgesetzter informiert Mitarbeiter über beabsichtigte Entscheidungen; Mitarbeiter können ihre Meinung äußern, bevor der Vorgesetzte die endgültige Entscheidung trifft	Mitarbeiter/Gruppe entwickelt Vorschläge; Vorgesetzter entscheidet sich für die von ihm favorisierte Alternative	Mitarbeiter/Gruppe entscheidet nachdem der Vorgesetzte die Probleme aufgezeigt und die Grenzen des Entscheidungsspielraums festgelegt hat	Mitarbeiter/Gruppe entscheidet; Vorgesetzter fungiert als Koordinator nach innen und außen
„Autoritär"	„Patriarchalisch"	„Informierend"	„Beratend"	„Kooperativ"	„Delegativ"	„Autonom"

Abb. D.2: Das Führungsstilkontinuum nach Tannenbaum/Schmidt
(vgl. *Tannenbaum/Schmidt* 1958, S. 96; ergänzt nach *Wunderer* 2011, S. 209)

- Interesse und Gespür für das zu entscheidende Problem,
- Verständnis für und Übereinstimmung mit den Organisationszielen,
- ausreichende Kenntnisse zur Lösung des Problems sowie
- Vorbereitung für die Entscheidungsbeteiligung.

(3) Situationsanalyse: Merkmale der Situation

Als Merkmale der Situation werden insbesondere **Art und Wesen der Organisation** (z. B. Größe, Organisationskultur, geografische Verteilung der Subeinheiten) (vgl. *Bass/Bass* 2008, S. 472 ff.), **Eigenschaften der Arbeitsgruppe**, **Eigenheiten der zu Grunde liegenden Problemstellung** sowie die zur Verfügung stehende **Zeit** genannt.

Eine erfolgreiche Führungskraft zeichnet sich nach *Tannenbaum/Schmidt* (1958, S. 101) durch eine **akkurate Einschätzung** und **Inbeziehungsetzung** der drei Faktoren sowie ein darauf abgestimmtes **flexibles Führungsverhalten** aus. Je nach Anforderung der Aufgabe, Qualifikation der Mitarbeiter oder eigenen Bedürfnissen nach Machtausübung und Einflussnahme sind den Mitarbeitern Entscheidungsfreiräume zu gewähren, die eine möglichst effektive und fristgerechte Zielerreichung ermöglichen. Hierzu ein Beispiel:

> **Beispiel zu Entscheidungsfreiräumen**
>
> Angenommen, die Bedingungen für einen größeren Partizipationsgrad auf Seiten der Mitarbeiter sind erfüllt und die Führungskraft selbst hat keine Befürchtungen, auf Kontrolle zu verzichten, so wird sie einen delegativen Führungsstil wählen, sofern die eigenen Vorstellungen und die Merkmale der Situation dem nicht widersprechen.

Die von *Tannenbaum* und *Schmidt* vorgeschlagene konzeptionelle Unterscheidung zwischen den sieben Führungsstilen und ihren Begriffsinhalten wurde von anderen Autoren auch für empirische Untersuchungen adaptiert. Hierbei zeigte sich, dass es nicht ohne Einschränkungen möglich ist, die idealtypisch beschriebenen Verhaltensmuster mit festen Begriffen zu kennzeichnen. Beispielsweise kam es in Untersuchungen zu rollenspezifischen Bewertungsdifferenzen (Vorgesetzten- vs. Mitarbeiterperspektive) bei der Festlegung der Bedeutungsinhalte der einzelnen Führungsstile, u. a. bei den Begriffen delegativ und kooperativ (vgl. z. B. *Bass/Bass* 2008, S. 463).

Im deutschsprachigen Raum setzt *Wunderer* mit seiner **Führungsstiltypologie** auf *Tannenbaum* und *Schmidt* auf (vgl. *Wunderer* 2011, S. 210; man beachte: der informierende Führungsstil wird bei *Wunderer* in den konsultativen integriert). Dabei liefert er ein anschauliches Beispiel für die Abgrenzung verschiedener Führungsstile (vgl. Abb. D.3). Die Dimensionen werden vorwiegend nach theoretischen Gesichtspunkten, aber auch aufgrund von eigenen empirischen Befragungen und in Kenntnis empirischer Studien gebildet. *Wunderer* (2011) übernimmt die Machtdimension von *Tannenbaum/Schmidt* und fügt die für ihn zentrale soziale Beziehungsdimension hinzu, die wir später noch bei den Ohio-Studien, dort allerdings als eigener Führungsstil ausgewiesen, kennenlernen werden. Die dort ebenfalls als separater Führungsstil ausgewiesene Aufgabenorientierung wird von *Wunderer* mit der Begründung zurückgewiesen, dass Sach- bzw. Aufgabenorientierung für jeden Stil als bedeutsam zu erachten ist (dies könnte man allerdings für die Beziehungsorientierung gleichermaßen annehmen).

Die beiden in dieser Führungsstiltypologie verwendeten Dimensionen sind inhaltlich folgendermaßen definiert (*Wunderer* 2011, S. 210, Hervorhebungen im Original):

> „In der **Machtdimension der Führung** wird die dem Mitarbeiter gewährte Entscheidungsbeteiligung beziehungsweise Autonomie abgebildet. Die **prosoziale Dimension der Führung** charakterisiert die zwischenmenschliche Qualität der Führungsbeziehung, insbesondere das Ausmaß an wechselseitigem Vertrauen, gegenseitiger Unterstützung und Akzeptanz."

Mit Hilfe einer solchen beschreibenden Typologie, die im Übrigen im deutschsprachigen Raum einen breiten Widerhall gefunden hat, können Führungswirklichkeiten bei Bedarf dann, in der Regel durch einfache Abfragen oder durch Rekonstruktionsleistungen der Wissenschaftler, abgebildet werden. Diese Abbildung ist maximal so gut wie die Typologie und unterliegt selbstredend ihrem Definitionsrahmen.

Kritische Würdigung des Führungsstilkontinuums

Das Führungsstilkontinuum greift einen für die Führungspraxis bis heute extrem wichtigen Faktor auf: Wie stark teilen Vorgesetzte ihre Macht mit den Mitarbeitern. Sicher, problematisch ist generell die eindimensionale Betrachtungsweise. Damit hat das Führungsstilkontinuum die typische Schwäche aller Typologien, bei denen immer nur ein kleiner idealtypischer Ausschnitt der Wirklichkeit erfasst wird. Der Ansatz von *Tannenbaum* und *Schmidt* ist dennoch als ein **(anschaulicher) Ordnungsversuch** mit **heuristischem Wert** einzustufen, der es aber versäumt, den einzelnen Führungsstilvarianten auch entsprechende Verhaltenswirkungen (z. B. in Form von Leistungs- und Zufriedenheitswirkungen) zuzuordnen. Der Ansatz eignet sich aber in der Praxis für eine erste Bestimmung der erlebten Führungswirklichkeit von Führungskräften und Mitarbeitern. Eine Gegenüberstellung von erwünschtem und erfahrenem Führungsstil der Führungskräfte, gegebenenfalls kontrastiert mit ihrem Selbstbild, liefert einen geeigneten Einstieg, um ein vorherrschendes Führungsverhalten zu hinterfragen und den situativen Erfordernissen anzupassen. So hat *Wunderer* (1995, Sp. 1353 f.) schon früh in

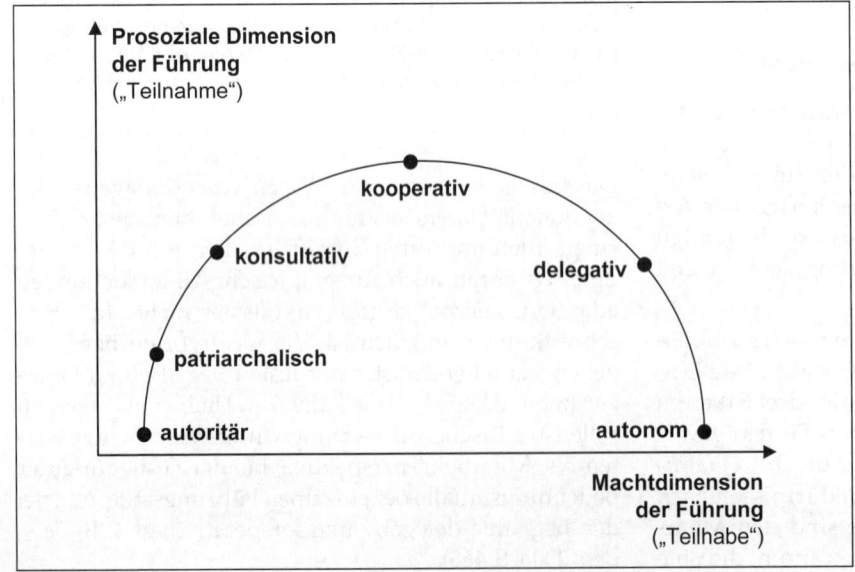

Abb. D.3: Die Führungsstiltypologie nach Wunderer (vgl. *Wunderer* 2011, S. 210)

seinen Führungsanalysen festgestellt, dass ein deutlicher Unterschied zwischen gewünschtem und praktiziertem Führungsverhalten besteht. Demnach werden von der Mehrzahl kooperative und delegative Führungsformen bevorzugt, wohingegen in Unternehmen überwiegend konsultative Führungsformen praktiziert werden. Auch konnte er zeigen, dass sich die Erwünschtheit eines Führungsstils nach seiner Typologie bei ein und derselben Person in Abhängigkeit der eingenommen Rolle bei der Befragung (Mitarbeiter bzw. Vorgesetzter) wie im Vorsatz entsprechend unterschied. Es besteht also eine nicht unerhebliche Lücke zwischen Sollen und Tun, möglicherweise zwischen Wollen und Können.

Ein Fortschritt gegenüber den Iowa-Studien ist insofern gegeben, als *Tannenbaum/Schmidt* das Problem der Entscheidungspartizipation differenzierter präsentieren und mit insgesamt sieben idealtypischen Führungsstilen eine Vielzahl von möglichen Realtypen in ihren Abstufungen zulassen. Darüber hinaus haben die Autoren in ihrem Beitrag wichtige Hinweise auf mögliche situative Einflussfaktoren geliefert, die bei einer Entscheidung bezüglich des Partizipationsgrades der Mitarbeiter zu berücksichtigen sind. Damit wird erstmals die **Führungssituation**, wenn auch noch in sehr schlichter Weise, in die Betrachtung einbezogen.

Ein in dieser Hinsicht elaborierteres kontingenztheoretisches Modell, das direkt auf den Ergebnissen von *Tannenbaum/Schmidt* aufbaut und damit auch in der Tradition der Iowa-Studien steht, stellt das normative **Entscheidungsmodell der Führung** von *Vroom/Yetton* dar. Dieses wollen wir nun präsentieren.

2.3 Entscheidungsmodell der Führung (Vroom/Yetton)

Die Monographie von *Victor Vroom* und *Philipp Yetton* (1973), in der das normative Entscheidungsmodell der Führung erstmals präsentiert wurde, trägt den Titel *„Leadership and decision-making"*. Dabei sehen die Autoren in zweifacher Weise einen engen Zusammenhang zwischen **Führung** („leadership") und dem **Treffen von Entscheidungen** („decision-making"):

- Zum einen gehen sie von der Annahme aus, dass eine Führungskraft zwischen verschiedenen Verhaltensweisen gegenüber ihren Mitarbeitern wählen kann. Das Führungsproblem reduziert sich auf das **Entscheidungsproblem** der rationalen Wahl eines situationsadäquaten Führungsstils.
- Zum anderen wird der Führungsstil vor allem durch **das Ausmaß an Partizipation** beschrieben, das die Führungskraft ihren Mitarbeitern bezüglich des Treffens von Entscheidungen im gemeinsamen Aufgabenbereich gewährt.

Die Normativität des Modells drückt sich in der Absicht von *Vroom* und *Yetton* aus, der Führungskraft einen Entscheidungsbaum an die Hand zu geben, der ihr für spezifische Situationen den jeweils effizienten Führungsstil empfiehlt. Effizientes Führungsverhalten wird von *Vroom* und *Yetton* durch die beiden Kriterien **Qualität der Entscheidung** und **Akzeptanz der Entscheidung** durch die Mitarbeiter operationalisiert (vgl. *Vroom/Yetton* 1973, S. 20). Dabei ist mit Qualität der Entscheidung die „rationale" bzw. „objektive" Richtigkeit der Entscheidung gemeint, d. h. es wird danach gefragt, inwieweit die gewählte Alternative z. B. unnötige Kosten vermeiden hilft oder welchen Beitrag sie zum Erreichen von Organisationszielen leisten kann (vgl. *Jago* 1995, Sp. 1062).

Das normative Entscheidungsmodell basiert im Einzelnen auf

(1) einer Menge von Führungsstilalternativen,

(2) einer Menge von Führungssituationsdeterminanten und

(3) einer Menge von Entscheidungsregeln.

Ad (1): *Vroom* und *Yetton* ziehen für den Fall, dass Probleme zu lösen sind, die eine Gruppe von Mitarbeitern betreffen, und nur dieser Fall soll aus Vereinfachungsgründen hier behandelt werden, **fünf alternative Führungsstile** (Entscheidungsstrategien) in Betracht (vgl. *Vroom/Yetton* 1973, S. 12):

- **AI:** Alleinentscheidung der Führungskraft auf der Grundlage ihres derzeitigen Informationsstandes
- **AII:** Alleinentscheidung der Führungskraft nach Einholung von Informationen von den Mitarbeitern
- **CI:** Alleinentscheidung der Führungskraft nach Diskussion des Problems getrennt mit einzelnen Mitarbeitern
- **CII:** Alleinentscheidung der Führungskraft nach Diskussion des Problems in der Gruppe
- **GII:** Präsentation des Problems durch die Führungskraft, gemeinsame Entwicklung und Bewertung von Alternativen, Herbeiführung einer Gruppenentscheidung, die von der Führungskraft getragen und verantwortet wird

„A" charakterisiert dabei autoritäre, „C" konsultativ-beratende und „G" gruppenorientierte Entscheidungsprozesse. Die römischen Ziffern kennzeichnen Varianten des jeweiligen Grundtyps.

Ad (2): Die **Führungssituation** wird im Entscheidungsmodell der Führung über sieben Determinanten beschrieben, deren Ausprägungen vom Führenden durch Abfragen mit den Antwortmöglichkeiten „ja" oder „nein" erfasst werden. Die Checkliste (Entscheidungskriterien), die teils die **Qualität**, teils die **Akzeptanz von Entscheidungen** betrifft, umfasst die folgenden diagnostischen Fragen (vgl. *Jago* 1995, Sp. 1063):

- **A:** Ist die Entscheidungsqualität wichtig?
- **B:** Habe ich genügend Informationen, um eine qualitativ hochwertige Entscheidung selbst treffen zu können?
- **C:** Ist das Problem strukturiert?
- **D:** Ist die Akzeptanz der Entscheidung durch meine Mitarbeiter entscheidend für deren effektive Umsetzung?
- **E:** Wenn ich die Entscheidung selbst treffe, würde sie von meinen Mitarbeitern akzeptiert werden?
- **F:** Ist davon auszugehen, dass sich meine Mitarbeiter bei ihren Lösungsbeiträgen am Organisationsziel orientieren?
- **G:** Sind Konflikte zwischen meinen Mitarbeitern über präferierte Lösungen zu erwarten?

Durch Kombination der Antworten auf diese Fragen ergeben sich theoretisch $2^7 = 128$ Führungssituationskonstellationen. Die Autoren halten davon aber nur 14 für praktisch bedeutsam und reduzieren so die Komplexität des Modells.

Ad (3): Die Zuordnung der fünf Führungsstile zu den vierzehn Führungssituationen erfolgt über sieben **Entscheidungsregeln** (vgl. *Vroom/Yetton* 1973, S. 32 ff.). Diese Entscheidungsregeln, schließen jeweils eine Teilmenge aus der Menge der Führungsstilalternativen für bestimmte Konstellationen der Führungssituationsdeterminanten aus. Die ersten drei Regeln dienen dabei der **Sicherung der Entscheidungsqualität (Qualitätsregeln)**, die anderen vier der **Sicherung der Akzeptanz (Akzeptanzregeln)**. Die Entscheidungsregeln, für die Plausibilität beansprucht wird, lauten im Einzelnen:

- **Informationsregel:** Wenn die Qualität der Entscheidung hoch sein soll, die Führungskraft aber nicht genügend Informationen oder Fachwissen besitzt, um das Problem selbst zu lösen, sollte der Führungsstil AI nicht angewendet werden.
- **Vertrauensregel:** Wenn die Qualität der Entscheidung hoch sein soll, die Mitarbeiter die Ziele der Organisation in Bezug auf die Problemlösung vermutlich jedoch nicht teilen, dann sollte der Führungsstil GII nicht angewendet werden.
- **Strukturregel:** Wenn die Qualität der Entscheidung hoch sein soll, die Führungskraft jedoch nicht über genügend Informationen oder Fachwissen verfügt, um das Problem, welches zudem unstrukturiert ist, allein zu lösen, dann sollten die Führungsstile AI, AII und CI nicht angewendet werden.
- **Akzeptanzregel:** Wenn die Akzeptanz der Entscheidung durch die Mitarbeiter wichtig für deren effektive Umsetzung ist, dies jedoch bei autokratischer Entscheidungsweise nicht hinreichend sichergestellt ist, dann sollten die Führungsstile AI und AII nicht angewendet werden.
- **Konfliktregel:** Wenn die Akzeptanz der Entscheidung durch die Mitarbeiter wichtig für deren effektive Umsetzung ist, dies jedoch bei autokratischer Entscheidungsweise nicht hinreichend sichergestellt ist und darüber hinaus Meinungsverschiedenheiten der Mitarbeiter über mögliche Lösungen wahrscheinlich sind, dann sollten die Führungsstile AI, AII und CI nicht angewendet werden.
- **Fairnessregel:** Wenn die Qualität der Entscheidung unwichtig, deren Akzeptanz jedoch wichtig und bei autokratischer Entscheidungsweise nicht hinreichend sichergestellt ist, dann sollten die Führungsstile AI, AII, CI und CII nicht angewendet werden.
- **Akzeptanz-Vorrang-Regel:** Wenn die Akzeptanz der Entscheidung durch die Mitarbeiter wichtig für deren effektive Umsetzung ist, dies jedoch bei autokratischer Entscheidungsweise nicht hinreichend sichergestellt ist, auf der anderen Seite aber auch wahrscheinlich ist, dass die Mitarbeiter die Ziele der Organisation im Zusammenhang mit dem vorliegenden Problem teilen, dann sollten die Führungsstile AI, AII, CI und CII nicht angewendet werden.

Entscheidungsbaum

Zur Erleichterung der Situationsanalyse entwerfen die Autoren auf Basis der zuvor erläuterten Entscheidungsregeln einen **Entscheidungsbaum** (vgl. die folgende Abb. D.4). Die praktische Anwendung dieses Entscheidungsbaums erfolgt, indem die Führungskraft ihn gedanklich von oben nach unten durchläuft. Dabei ist die Führungssituation durch die Beantwortung der Fragen A bis G mit „ja" oder „nein" zu beschreiben. Je nachdem, wie die jeweilige Antwort ausfällt, wird von Knotenpunkt zu Knotenpunkt gegangen. Ist der Entscheidungsbaum durchlaufen, zeigt das zugehörige Lösungsmuster im unteren Teil der Abbildung den bzw. die jeweils situationsspezifisch „zulässigen" Führungsstil(e) auf.

Da die Entscheidungsregeln jedoch derart strukturiert sind, dass sie Entscheidungsprozesse kontraindizieren, d. h. dem Vorgesetzten sagen, was *nicht* zu tun ist, ergibt sich, dass acht der vierzehn Lösungsmuster mehrere Führungsstile zulassen. Die Verwendung eines der beiden (zusätzlichen) Entscheidungskriterien führt schließ-

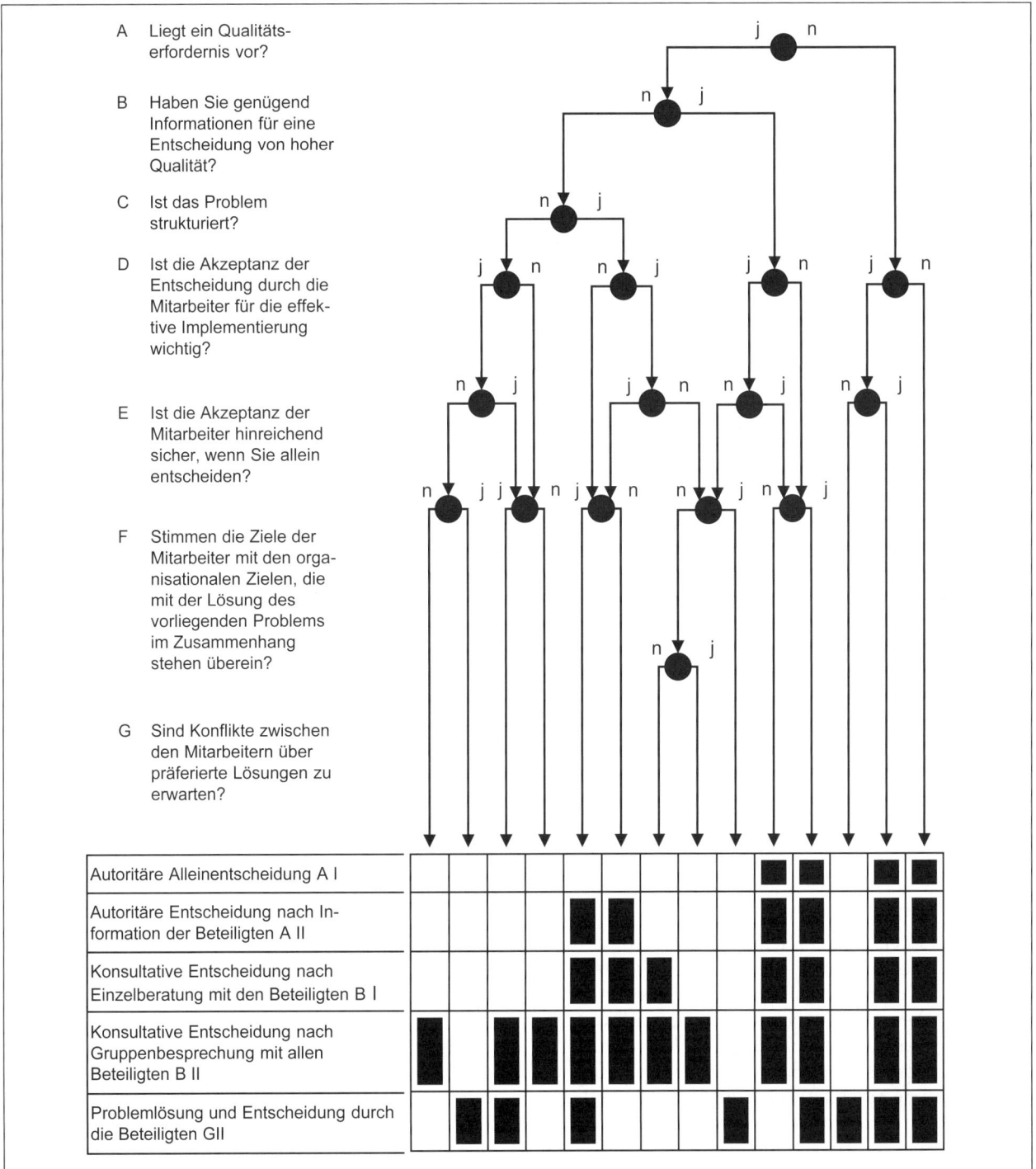

Abb. D.4: Der Entscheidungsbaum nach *Vroom/Yetton/Jago* (nach *Vroom/Jago* 1991, S. 60)

lich zu eindeutigen normativen Aussagen (vgl. *Vroom/Yetton* 1973, S. 44 f.):

- **Schnelligkeit der Entscheidungsfindung:** „Wähle den Führungsstil, der im situationsspezifischen Lösungsmuster ganz oben steht!" (Modell A)
- **Förderung der Teamentwicklung:** „Wähle den Führungsstil, der im situationsspezifischen Lösungsmuster ganz unten steht!" (Modell B)

Kritische Würdigung des Entscheidungsmodells der Führung

Wir sehen, dass *Vroom* und *Yetton* die auf Plausibilitätsüberlegungen gründenden Thesen und Vorschläge von *Tannenbaum* und *Schmidt* (1958) aufgegriffen, modifiziert und darauf aufbauend ein Werkzeug zur Entscheidungsfindung bei der Wahl eines situationsgerechten Führungsstils entwickelt haben. Das Entscheidungsmodell der Führung wurde in empirischen Studien begrenzt überprüft und dann überwiegend als geeignet für wissenschaftliche Untersuchungen und praktische Führungskräftetrainings beurteilt (vgl. hierzu u. a. *Reber/Jago* 1997; *Böhnisch* 1991; *Vroom/Jago* 1991; *Field/House* 1990), auch durch **retrospektive Befragungen** von Führungskräften. Dort wurde gefragt, ob eine modellkonforme Entscheidung oder eine andere Strategie zu einem erfolgreichen Entscheidungsprozess beizutragen vermochte. Hierfür berichteten die Befragten selbst über die Problemsituationen. Zum ersten Mal wurde diese Frage in einer Studie von *Field* und *House* (1990) auch an Mitarbeiter gestellt. Sie mussten hierzu in einem Interview vergangene und aktuelle Entscheidungsprozesse beurteilen. Im Ergebnis dieser Untersuchung zeigte sich, dass das Modell nur durch die Berichte der Führungskräfte gestützt wurde. Bei der Mitarbeiterbefragung ergab sich keine Überlegenheit eines modellkonformen Entscheidungsprozesses. Dies wirft die Fragen auf, ob die subjektive Situations- und Erfolgsanalyse zu Verzerrungen des Ergebnisses führt und welchen Einfluss die jeweilige Rolle der Befragten in der Organisation auf das Ergebnis nimmt.

Das *Vroom/Yetton*-Modell zeichnet sich nichtsdestoweniger durch einen logischen Aufbau aus. Es konzentriert sich dabei auf die wichtige Frage der **Entscheidungspartizipation**. Dies schränkt die theoretische Reichweite des Modells ein, ermöglicht aber zugleich den intendierten Nutzen der praktischen Anwendung. Der Beitrag für die Theoriebildung beschränkt sich daher im Wesentlichen auf die Betonung der Situation als bestimmenden Faktor für die richtige Wahl eines Führungsstils. Hieraus folgt, dass es keinen idealen, sondern nur einen situationsadäquaten Führungsstil geben kann.

Ebenso kritisch ist, dass bei Anwendern des Verfahrens die Illusion erweckt werden kann, dass komplexe Zusammenhänge vollständig berechenbar sind. Denn *Vroom* und *Yetton* konzipieren ihr Führungsmodell letztendlich als **Operations Research-Problem** (→ Operations Research), bei dem das Entscheidungsproblem „Wahl des situationsadäquaten Führungsstils" mithilfe des Entscheidungsbaums optimiert werden soll. Die von *Vroom* und *Jago* modifizierte, erheblich komplexer gewordene Version des Modells wird konsequenterweise durch ein Computermodell präsentiert (vgl. *Vroom/Jago* 1991). Entscheidungen müssen aber oft kurzfristig erfolgen und es ist fraglich, ob die zutreffenden Merkmalsausprägungen der Situationsvariablen überhaupt treffend erfasst werden können. Insbesondere die präjudizierende Restriktion „Zeit" im Modell A könnte einen Vorgesetzten angesichts der permanenten Zeitrestriktion im Alltag dazu verleiten, von einer genaueren Situationsanalyse abzusehen. Im Modell wird jedoch implizit angenommen, dass ein Vorgesetzter in jedweder Situation in der Lage ist, dieses „Programm" auszuführen und damit zu einer **rationalen Entscheidung** zu kommen. Ähnliches gilt für die Beherrschbarkeit aller Führungsstilalternativen. Die Frage, ob eine Führungskraft überhaupt in der Lage ist, die fünf Führungsstile anwenden zu können und dabei auch jederzeit zwischen dem jeweils erforderlichen Führungsverhalten zu wechseln, wird nicht berücksichtigt.

Ebenso wie bei dem Modell von *Vroom* und *Yetton* steht auch bei den Modellen, die innerhalb der zweiten großen Entwicklungslinie der Führungsstildiskussion aus den Ohio-Studien abgeleitet wurden, neben dem Erkenntnisinteresse die Führungsstiloptimierung und der Einsatz in Führungskräftetrainings im Vordergrund. Die zugrundeliegenden Dimensionen der Führungsstiltaxonomie sind hier die Aufgabenorientierung und die Mitarbeiterorientierung.

2.4 Ohio-Studien (u. a. Fleishman)

Bis in die fünfziger Jahre war die **eindimensionale** Charakterisierung von Führungsstilen die bevorzugte Art und Weise, Verhaltensvarianten im Bereich der Personalführung zu betrachten. Der Anstoß zur **mehrdimensionalen** Betrachtungsweise ging bereits 1945 von einer Gruppe von Forschern an der Ohio State University aus (initiiert von *Hemphill*, daneben *Coons*, *Halpin*, *Stogdill*, *Shartle*, *Winer* und natürlich vor allem *Fleishman*), die basierend auf der Erfassung *realer* Führungs-Verhaltensmuster zu beschreib- und definierbaren Führungsstilen (unabhängige Variable) gelangten, denen dann bestimmte Verhaltensauswirkungen (abhängige Variable) zugeordnet wurden (vgl. *Fleishman* 1953; siehe auch *Korman* 1966). Diese wichtigen Grundlagenstudien wurden später **Ohio-Studien** genannt.

> **Beispiel zur Messung von Führungsverhalten**
>
> Im Rahmen der Ohio-Studien wurde ein Fragebogen entwickelt, der Aussagen von Mitarbeitern über das Verhalten ihrer Vorgesetzten enthielt. Die ursprüngliche Fragebogenkonzeption wurde mehrfach revidiert. Die letzte von *Fleishman* (1973) entwickelte Fassung des sogenannten **LBDQ** (*Leader Behavior Description Questionnaire*) umfasst 48 Items, die aus vorliegenden Beschreibungen des Führungsverhaltens (= Verhalten von Führenden, die zielorientiert einwirken) zusammengestellt wurden, und mit deren Beantwortung (Markierung auf fünfstufigen Beurteilungsskalen) ein Mitarbeiter das Verhalten seines Vorgesetzten differenziert beschreiben kann. *Tscheulin/Rausche* (1970) haben eine deutsche Version des Fragebogens geliefert, aus dem im Folgenden einige typische Aussagen genannt werden sollen:
> - „Er macht es seinen Mitarbeitern leicht, unbefangen mit ihm zu reden."
> - „Er steht seinen Mitarbeitern in persönlichen Fragen zur Seite."
> - „Er lässt andere so arbeiten, wie sie es für richtig halten."
> - „Er verlangt von seinen Mitarbeitern, sich den Zielen der ganzen Abteilung unterzuordnen."
> - „Er besteht darauf, dass alles so gemacht wird, wie er es sich vorstellt."
> - „Er herrscht mit eiserner Hand."

Beobachtung und anschließende Befragungsergebnisse führten zur Herausbildung eines Instrumentes, dem **LBDQ** (*LBDQ Form XII* aus dem Jahre 1962 wurde später wohl am meisten genutzt), der mittels statistischer Verfahren (→ Faktorenanalyse) validiert wurde. Letztendlich erwiesen sich von ursprünglich 12 Dimensionen die beiden Dimensionen „**Consideration**" und „**Initiating Structure**" als am wichtigsten (vgl. *Fleishman/Quaintance* 1984). Deshalb wurden diese dominant weiterverfolgt. Deren Validität wurde in einer viel beachteten **Metastudie** von *Judge/Piccolo/Illies* (2004) erneut bestätigt.

„**Consideration**" (abgekürzt „C") macht deutlich, in welchem Maße ein Vorgesetzter auf die persönlichen Bedürfnisse seiner Mitarbeiter Rücksicht nimmt, um ihr Wohlergehen besorgt ist und ihre eigenen Vorstellungen respektiert. Gleichzeitig wird mit Consideration Freundlichkeit, gegenseitige Anerkennung und Vertrauen in den Beziehungen zwischen Vorgesetzten und Mitarbeitern angezeigt. Consideration wird zweckmäßigerweise mit „Mitarbeiterorientierung" oder „Beziehungsorientierung" übersetzt (vgl. *Tscheulin/Rausche* 1970, S. 50).

„**Initiating Structure**" (abgekürzt „IS") bezeichnet das Ausmaß, in dem ein Vorgesetzter durch Aufgabendefinition, Sicherung der Kooperation und Kommunikation innerhalb der Mitarbeitergruppe, Vorschriften und Anregungen zur Aufgabenerledigung das Erreichen von (Organisations-)Zielen vorantreibt. Initiating Structure wird zweckmäßigerweise mit „(Sach)Aufgabenorientierung" übersetzt (vgl. *Tscheulin/Rausche* 1970, S. 50).

Da Mitarbeiter- und Aufgabenorientierung nicht Extrempunkte eines eindimensionalen Kontinuums, sondern zwei voneinander abgesetzte Führungsstile sind, ist es jetzt möglich, ein Führungsverhalten zu beschreiben, das beide Orientierungen in „beliebiger" Konstellation kombiniert. Die nachfolgende Abbildung D.5 verdeutlicht diesen Sachverhalt.

Das Koordinatenkreuz in der Abbildung D.5 wird aus den unabhängigen Dimensionen **Mitarbeiterorientierung** (Abszisse) und **Aufgabenorientierung** (Ordinate) gebildet. Es entsteht eine Vierfelder-Matrix. Der Führungsstil einer Führungskraft kann innerhalb der Quadranten unterschiedliche Positionen zu den Achsen einnehmen. So ist das Führungsverhalten im Punkt A sowohl durch ein mittleres Ausmaß an Aufgabenorientierung als auch durch ein mittleres Ausmaß an Mitarbeiterorientierung gekennzeichnet, während im Punkt B das gezeigte Führungsverhalten als weitestgehend aufgabenorientiert zu bezeichnen ist. Die Kennzeichnungen der Punkte C bis E ergeben sich analog. Es ist leicht ersichtlich, dass darüber hinaus beliebig viele Konstellationen denkbar sind.

Die beiden Führungsstile korrelieren im LBDQ (XII) moderat bis stark, sind also nicht statistisch unabhängig voneinander, weisen aber zueinander dennoch eine hinreichende Trennschärfe aus und damit differenzierbare Erklärungskraft auf. Diese Korrelationen sind bei anderen Erfassungsinstrumenten, dem **LOO** (*Leadership Opinion Questionnaire*: Gefragt wird beim Führenden nach der Meinung nach einem für geeignet empfundenen Führungsstil) und dem **SBDQ** (*Supervisory Behavior Description Questionnaire*), die nur die beiden zentralen Dimensionen des LBDQ verwenden, sogar (wesentlich) geringer, hängen darüber hinaus auch von Moderatorvariablen ab (z. B. parallele Erhebung von einer Datenquelle, Querschnitt- oder Längsschnittuntersuchung).

Die Erklärungsmächtigkeit gegenüber führungsrelevanten Variablen ist angesichts situationsübergreifender

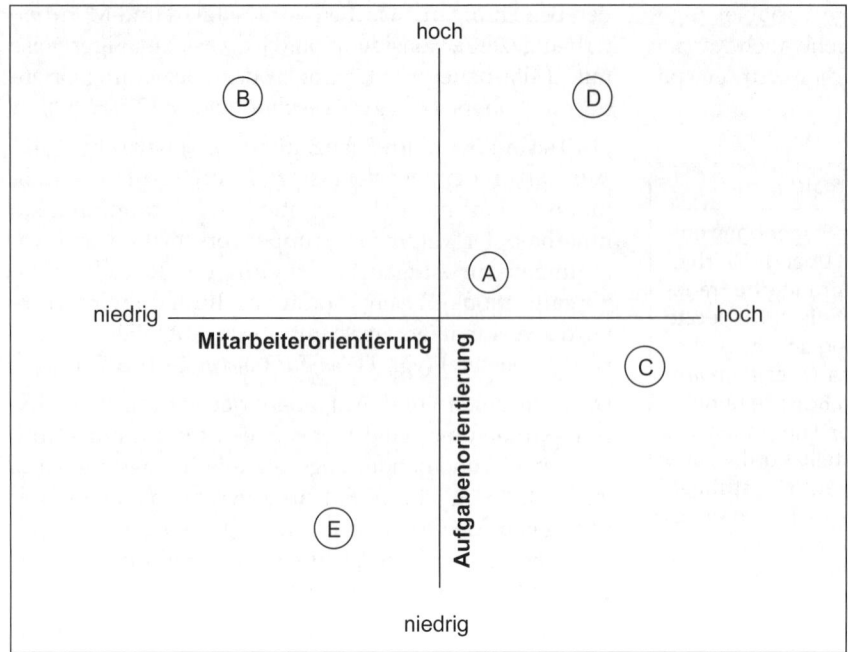

Abb. D.5: C/IS-Matrix nach *Gagné/Fleishman* (in Anlehnung an *Gagné/Fleishman* 1959, S. 325)

Messungen akzeptabel bis gut: „Consideration" korreliert mit Arbeitszufriedenheit, Zufriedenheit mit dem Vorgesetzten, Motivation und verwandten Größen (in der Regel zwischen r = .30 bis r = .50), abgeschwächt auch mit Leistungsdaten, deutlich. *Judge/Piccolo/Illies* (2004) fanden auch positive Zusammenhänge mit der wahrgenommenen Effektivität der Führungskraft, die aber möglicherweise durch „Liking" indirekt ausgelöst sein könnte. „Inititating Structure" korreliert vor allem mit subjektiven wie objektiven Leistungsdaten (Korrelationen zwischen rund = .25 bis .40), aber auch mit Motivation und (abgeschwächt) mit Zufriedenheitsdaten. Dabei sind die Zusammenhänge zu den Leistungsdaten nicht unbedingt höher oder gleich hoch wie bei „Consideration", um hier Missverständnissen vorzubeugen. Beide Konstrukte besitzen aber jeweils distinkte Auswirkungen, die nicht untereinander kompensiert werden können. Deshalb haben beide Führungsstile ihre Berechtigung.

Neben den Ergebnissen der Ohio-Studien verweisen auch andere Forschungsergebnisse auf die Zweidimensionalität des Führungsverhaltens: So betonen die zeitlich parallelen Studien der **Michigan-Gruppe** (vgl. *Katz/Maccoby/Morse* 1950) die Bedeutung der Unterscheidung zwischen aufgaben- und mitarbeiterorientiertem Führungsverhalten. Die hier vorgefundenen Dimensionen werden **„production centered"** und **„employee centered"** genannt. Die Harvardforscher *Bales* und *Slater* (1969) haben in führerlosen Experimentalgruppen insofern eine Aufgaben- und Rollendifferenzierung nachgewiesen, als hier von verschiedenen führenden Personen Aufgaben zur Erreichung des Gruppenziels und Aufgaben zur emotionalen Stabilisierung der Gruppe erfüllt wurden. Sie unterschieden daher **Aufgabenspezialisten** und **sozio-emotionale Spezialisten** und haben darauf aufbauend den Begriff des **Führungsduals** geprägt (☞ B. III. 2: **Divergenztheorem der Führung**). Zu denken ist in diesem Zusammenhang aber auch an die von *Lewin, Lippitt* und *White* (1939) eingeführte eindimensionale Unterscheidung von demokratischer und autokratischer Führung, die ebenfalls an Aspekten des mitarbeiterbezogenen und aufgabenbezogenen Führungsverhaltens orientiert war. So werden z. B. die durch die Punkte B und E beschriebenen Führungsstile (vgl. Abb. D.5) analog zu *Lewins* Führungsstiltypologie mit „autoritär" bzw. „laissez-faire" bezeichnet (vgl. *Gagné/Fleishman* 1959, S. 325). In der Literatur wurde vor allem der Ohio-Ansatz empirisch getestet (vgl. *Judge/Piccolo/Illies* 2004, S. 36).

Kritische Würdigung der Ohio-Studien

Das Ergebnis der Ohio-Studien ist bis heute extrem relevant. Die beiden gefunden zentralen Dimensionen „Consideration" und „Initiating Structure" haben auch nach jüngeren empirischen Erkenntnissen eine auch plausible generelle **Gültigkeit** im Führungsbereich. Nicht verwunderlich, denn es geht immer um Aufgaben und Personen und damit darum, wie sich eine Führungskraft hiermit verhaltensbezogen auseinandersetzt. Natürlich gibt es berechtigte Kritik, die das Messinstrument und die durchaus begrenzte Aufklärung der Führungserfolgsgrößen betreffen (vgl. hierzu z. B. *Neuberger* 2002, S. 426 ff.).

Verlieren wir ein paar Worte zur **psychometrischen Qualität** (→ Psychometrie) der beiden Skalen zur Erfassung des Führungsverhaltens (vgl. *Nachreiner/Müller* 1995, Sp. 2120 ff.). So wird in diesem Zusammenhang argumentiert, dass auf der Basis der verwendeten Fragebögen keine objektiv beobachtbaren Verhaltensäußerungen des Führenden erfasst werden, sondern dass diese Skalen eher die Einstellung des Beschreibenden (also des Mitarbeiters) zum Beschriebenen (also des Vorgesetzen) widerspiegeln. Oder anders formuliert: Die Mitarbeiter haben im Laufe der Zusammenarbeit mit dem Vorgesetzten ein Bild von diesem entwickelt und passen ihr Antwortverhalten diesem *generellen* Bild an, anstatt die einzelnen Items des Fragebogens mit Zielrichtung Führungsverhalten differenziert zu beantworten. Auf diese Weise werden insbesondere Bedenken hinsichtlich der Validität des **LBDQ** geäußert. In diesem Fall ergäben sich natürlich auch Auswirkungen auf die Güte der Bestimmung des Zusammenhanges zwischen **Führungsverhalten** und **Führungserfolgsgrößen**: Würde beispielsweise tatsächlich nur eine allgemeine Zufriedenheit mit dem Vorgesetzten durch „Consideration" erfasst, könnten die empirisch gesicherten Korrelationen zwischen „Consideration" und Arbeitszufriedenheit nicht überraschen, da lediglich eine Teilmenge („Consideration" als eine Zufriedenheitsäußerung) mit der Gesamtmenge (Arbeitszufriedenheit) in Beziehung gesetzt würde. Damit stellen diese Korrelationen, die

> „theoretisch als Beziehungen zwischen der unabhängigen Variable Vorgesetztenverhalten und der abhängigen Variable Zufriedenheit des Mitarbeiters postuliert werden, [...] faktisch Beziehungen zwischen zwei – voneinander abhängigen – abhängigen Variablen dar" (*Nachreiner/Müller* 1995, Sp. 2121).

Denn nicht das unabhängige Vorgesetztenverhalten, sondern bereits abhängige Effekte beim Beschreibenden (dessen Einstellung zum Beschriebenen) werden hier in Beziehung zueinander gesetzt, und dies macht die gefundenen Korrelationen durchaus erklärlich.

Klar ist auch, dass durch diese beiden Führungsstile mitnichten alles, was ein Führungsverhalten bewirkt, erklärt werden kann. Aber es ist wiederum auch mehr als ein Anfang. Es ist eine gute **Richtschnur**, die **situationsspezifisch** und **den Möglichkeiten des Führenden sowie den Erwartungen der Mitarbeiter** entsprechend operationalisiert werden kann. Hier helfen die einzelnen Items der Dimensionen im Fragebogen allerdings nur begrenzt weiter, da sie einem teilweise überkommenen Führerverhaltensbild (autoritär, instrumentell agierend, positivistisch mechanistisch agierend) verhaftet sind. Für die Umsetzung empfiehlt es sich, Führung wesentlich relationaler zu denken.

Zum Feintuning ist Folgendes zudem noch von Interesse. *Pelz* (1952, S. 240 ff.) konnte in einer Untersuchung feststellen, dass die Zufriedenheit von Mitarbeitern nicht generell mit zunehmender Mitarbeiterorientierung steigt. Dies ist nur dann der Fall, wenn der Vorgesetzte mit seinen Bemühungen um Berücksichtigung der Mitarbeiterinteressen bei dem ihm vorgeordneten Instanzen auch Erfolg hat. Wird ein Vorgesetzter wegen seines mitarbeiterorientierten Führungsstils vom **nächsthöheren Vorgesetzten** negativ beurteilt, nährt er bei seinen Mitarbeitern Hoffnungen, denen er wegen seines geringen Einflusses „nach oben" nicht entsprechen kann. Als Folge ergibt sich, dass das Zufriedenheitsniveau der Mitarbeiter absinkt (vgl. auch *Weibler* 1994, S. 33 ff.). Im Hinblick auf die Kriteriumsvariable Zufriedenheit kann sich in solchen Fällen ein aufgabenorientierter Führungsstil als überlegen erweisen. *Fleishman* und *Harris* (1962, S. 250 ff.) haben gezeigt, dass einerseits die Zufriedenheit der Mitarbeiter besonders stark steigt, solange die Mitarbeiterorientierung des Vorgesetzten noch schwach ausgeprägt ist. Andererseits sinkt die Zufriedenheit dann besonders stark, wenn die Aufgabenorientierung sich dem oberen Extrem nähert. Kaum Auswirkungen auf das Zufriedenheitsniveau der Mitarbeiter haben demzufolge die übermäßige Betonung der Mitarbeiterorientierung sowie die geringe Betonung der Aufgabenorientierung.

Eine Reihe von Untersuchungsergebnissen deutet an, dass die **Erwartungen der Mitarbeiter** bezüglich der Verhaltensdimensionen Mitarbeiter- und Aufgabenorientierung in verschiedenen organisationalen Tätigkeitsbereichen unterschiedlich ausgeprägt sind und dass diese Erwartungen die Wirksamkeit eines Führungsstils wesentlich beeinflussen. So konnten z. B. *Fleishman, Harris* und *Burtt* (1955) sehr früh auf die damaligen Verhältnisse bezogen zeigen, dass ein mitarbeiterorientierter Führungsstil in Abteilungen im Produktionsbereich negativ, in Abteilungen, die nicht dem Produktionsbereich zuzurechnen sind, dagegen positiv auf die Leistungen der Mitarbeiter wirkt. Ein aufgabenorientierter Führungsstil löst genau umgekehrte Effekte aus.

Trotz dieser und weiterer Kritik wurden die Ohio-Studien in der Organisationspraxis vielfach aufgegriffen und bildeten die Basis für eine Reihe von Modellen zur **Schulung von Führungskräften**. Wir wollen im Folgenden das Verhaltensgitter der Führung von *Blake/Mouton* und das Reifegrad-Modell der Führung von *Hersey* und *Blanchard* vorstellen, weil diese beiden Trainingsansätze einen prominenten Platz innerhalb der Führungsstildiskussion einnehmen.

2.5 Verhaltensgitter der Führung (Blake/Mouton)

Das **Verhaltensgitter** (engl.: managerial grid) ist in zeitlicher Hinsicht das erste auf den Ohio-Studien aufbauende Modell (vgl. ursprünglich *Blake/Mouton* 1964; im Folgenden *Blake/McCanse* 1995). Programmatisch wird das Ziel des Verhaltensgitters folgendermaßen beschrieben:

> „Grundziel des GRID-Systems ist die Optimierung organisatorischer und persönlicher Produktivität. Führen bedeutet also, betriebliche Ziele durch den besten Einsatz der Mitarbeiter entwickeln zu können" (Blake/McCanse 1995, S. 19).

Eine Führungskraft erwirkt dabei durch ihr Beziehungsverhalten (Relation) die Umsetzung von Ressourcen in Resultate. Daher sprechen *Blake* und *McCanse* (1995) auch vom **„RRR des Führungsverhaltens"**. Dieser Umsetzungsprozess ist in der nachfolgenden Abbildung D.6 einmal schematisch dargestellt.

Unter diesen R's verstehen *Blake* und *McCanse* (1995) im Einzelnen Folgendes:

- **R1:** (Human-)Ressourcen stehen für die von den einzelnen Mitarbeitern eingebrachten individuellen Fähigkeiten und Fertigkeiten, für das einsetzbare Wissen und die vorhandene Motivation.
- **R2:** (Human-)Relationen bezeichnen die alltäglichen Interaktionen zwischen zwei oder mehr Menschen (z. B. die Zusammenarbeit zwischen Kollegen oder Abteilungen bzw. die Beziehungen zu Kunden).
- **R3:** Resultate geben Auskunft über den Grad der Zielerreichung. Sie sind die messbaren Ergebnisse, die sich aus den Interaktionen ergeben.
- **R4:** Reflexion bedeutet Selbstbeobachtung, informelles Feedback und formelle konstruktive Kritik.

Im Bereich R2 hat eine Führungskraft die entscheidenden Einflussmöglichkeiten. Hier geht es darum, die Ressourcen R1, die potenziell zur Lösung von Problemstellungen verfügbar sind, durch ein entsprechendes Führungsverhalten optimal einzusetzen. Die Funktionsweise eines in R2 angewandten Führungsstils ähnelt der eines Katalysators, der den Umwandlungsprozess von Ressource R1 in Resultat R3 in Gang setzt bzw. beschleunigt. Nur der Einsatz des geeigneten Führungsstils kann jedoch den Prozess in die gewünschte Richtung lenken. Die Analyse des Führungsverhaltens R2 im Reflexionsprozess R4 ist bedeutsam, weil hierdurch Diskrepanzen zwischen gewünschtem und tatsächlichem Führungsverhalten erkannt und damit Richtungsänderungen möglich werden.

Grundidee des Verhaltensgitters ist, dass eine Führungskraft aufgrund ihrer Grundeinstellung ein bestimmtes Führungsverhalten bevorzugt anwendet. Mithilfe des Verhaltensgitters soll diese Verhaltensdisposition als **Hauptführungsstil** identifiziert und gegebenenfalls al-

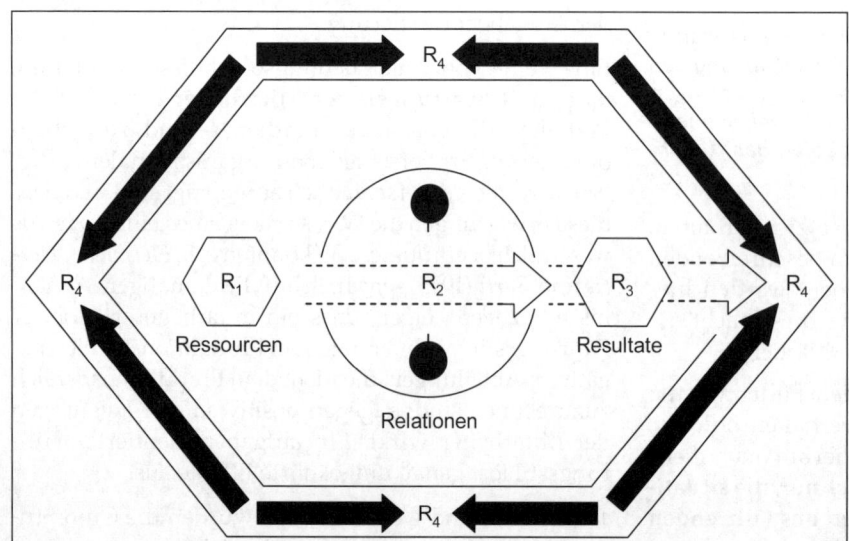

Abb. D.6: RRR des Führungsverhaltens nach *Blake/McCanse* (in Anlehnung an *Blake/McCanse* 1995, S. 305)

II. Gestaltung durch Führungsstile — Kapitel D

ternative **Nebenstile**, die die Führungskraft nur in bestimmten Situationen anwendet, aufgezeigt werden. Auf Alternativstile greift die Führungskraft zurück, wenn sie z. B. unter Druck steht oder wenn sich Konflikte nicht auf die ihr eigene Art lösen lassen (vgl. *Blake/McCanse* 1995, S. 65). Die Abbildung D.7 zeigt das Verhaltensgitter.

Das Grundschema des Verhaltensgitters basiert auf den Erkenntnissen der Ohio-Studien und den Michigan-Studien. Die beiden bekannten Dimensionen werden hier **„Sachorientierung"** („concern for production") und **„Menschenorientierung"** („concern for people") genannt. Für die Dimensionen sind jeweils neun Ausprägungen vorgesehen. Diese Ausprägungen nehmen die Werte 1 (sehr niedrige Orientierung) bis 9 (sehr hohe Orientierung) an. Insgesamt ergeben sich damit 81 Kombinationen, die in der Abbildung D.7 als Gitterpunkte erscheinen.

Fünf Kombinationen werden als besonders typische Formen des Führungsverhaltens ausführlich beschrieben:

- **1.9:** Führungsverhalten **„Glacéhandschuh-Management"**: Rücksichtnahme auf die Bedürfnisse der Mitarbeiter nach zufriedenstellenden zwischenmenschlichen Beziehungen bewirkt ein gemächliches und freundliches Betriebsklima und Arbeitstempo.

- **1.1:** Führungsverhalten **„Überlebensmanagement"**: Minimale Anstrengung zur Erledigung der geforderten Arbeit genügt gerade noch, sich im Unternehmen zu halten.

- **9.1:** Führungsverhalten **„Befehl-Gehorsam-Management"**: Der Betriebserfolg beruht darauf, die Arbeitsbedingungen so einzurichten, dass der Einfluss persönlicher Faktoren auf ein Minimum beschränkt wird.

- **9.9:** Führungsverhalten **„Team-Management"**: Hohe Arbeitsleistung vom engagierten Mitarbeiter. Interdependenz im gemeinschaftlichen Einsatz für das Unternehmensziel verbindet die Menschen in Vertrauen und gegenseitiger Achtung.

- **5.5:** Führungsverhalten **„Organisationsmanagement"**: Eine angemessene Leistung wird ermöglicht durch die Herstellung eines Gleichgewichts zwischen der Notwendigkeit, die Arbeit zu tun und der Auf-

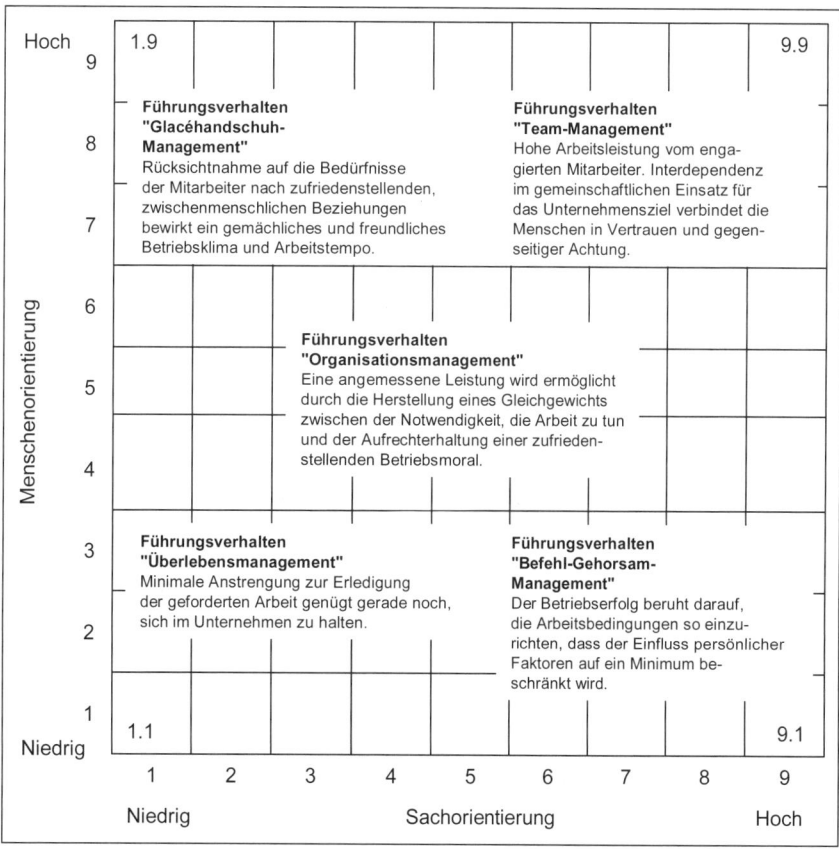

Abb. D.7: Die fünf Hauptgitterstile nach *Blake/McCanse* (1995, S. 51)

rechterhaltung einer zufriedenstellenden Betriebsmoral.

Hinzu kommen zwei weitere Führungsstile, die aus einzelnen Hauptgitterstilen kombiniert werden (vgl. *Blake/McCanse* 1995, S. 52 f., S. 125 ff. und S. 203 ff.):

- Der erste ist die sogenannte **patriarchalische Orientierung** (in der nachfolgenden Tabelle D.1: PO). Sie verbindet die Stile „Befehl-Gehorsam-Management" (9.1) und „Glacéhandschuh-Management" (1.9) additiv. Dies heißt nichts anderes, als dass die Elemente der Gitterstile 1.9 und 9.1 gleichzeitig oder schnell aufeinanderfolgend ausgeübt werden. Die patriarchalische Orientierung ist daher kennzeichnend für eine Beziehung, in der Belohnung und Anerkennung vom Führenden gegen Loyalität und Gehorsam der Mitarbeiter getauscht werden. Entsprechend folgt auf fehlenden Gehorsam die Bestrafung. Abgegrenzt werden muss dieser additive Stil von dem Stil 9.9, wo es zu einer Integration zwischen Sach- und Menschenorientierung kommt.

- Der zweite Führungsstil wird als **opportunistische Orientierung** (in der Tabelle D.1: OO) bezeichnet. Hier werden von der Führungskraft einzelne oder Kombinationen aus den anderen sechs Stilen angewendet. In einem Austauschsystem wird Leistung gegen Gegenleistung aufgerechnet. Der persönliche Vorteil steht hier im Vordergrund. Dabei stellt sich die jeweilige Führungskraft die Frage, mit welchem Umgangsstil sie ihre Mitarbeiter dazu bewegen kann, das zu tun, was sie möchte.

Für die Orientierungsanalyse und der damit verbundenen Frage nach dem Hauptstil des jeweiligen Führenden wird ein spezieller Katalog verwendet, der → Items zu den folgenden **Problembereichen** enthält (vgl. *Blake/McCanse* 1995, S. 37): Konfliktlösung, Initiativverhalten, Informationsbeschaffung, Meinungsverhalten, Entscheidungsverhalten, konstruktive Kritik. Diese Problembereiche sind nach Ansicht der Autoren die wesentlichen Elemente, die die **Effizienz des Führungsprozesses** bestimmen. Diese Elemente werden kurz beschrieben. Zu jedem Item werden sieben Antwortmöglichkeiten (A-G) vorgegeben, in denen verschiedene Führungsansätze charakterisiert werden. Durch die einzelnen Aussagen sollen Verhaltensmuster identifiziert werden, die dem Vorgesetzten Aufschluss über sein eigenes Führungsverhalten geben. Dies geschieht durch die Zuordnung von Punkten. Dabei bezeichnet die „7" in jedem Element die Aussage, mit der sich die Führungskraft am ehesten beschrieben sieht. Demgegenüber bezeichnet die „1" jeweils diejenige Aussage, die für das eigene Führungsverhalten am wenigsten zutrifft.

> **Empirie zum Problembereich „Konfliktlösung"**
>
> Beispielhaft sei nun das Element „Konfliktlösung" mit einigen zugehörigen Aussagen wiedergegeben (*Blake/McCanse* 1995, S. 38):
>
> „Wenn Menschen verschiedene Ansichten haben und sie äußern, müssen Meinungsverschiedenheiten und Konflikte zwangsläufig entstehen. Ein Konflikt kann zersetzend und zerstörerisch wirken, er kann aber auch kreative und konstruktive Kräfte freisetzen, je nachdem, wie man mit dem Konflikt umgeht. Führungskräfte, die sich dem Konflikt mit anderen stellen und ihn im gegenseitigen Einvernehmen lösen, werden hoch geachtet. Die Unfähigkeit, einen Konflikt konstruktiv zu meistern, oder Neigung, Konflikten aus dem Weg zu gehen und sie zu verschleiern, führen zu Respektlosigkeit und sogar zu Gegnerschaft und Feindschaft:
>
> A: Wenn ein Konflikt entsteht, gestehe ich es zwar ein, betone aber erneut die Bedeutung meines Vorschlags, um andere von meiner Auffassung zu überzeugen.
>
> B: Ich bleibe neutral und halte mich aus Konflikten möglichst heraus.
>
> C: Wenn ein Konflikt entsteht, drehe und wende ich mich bei dem Bemühen, ihn zu umgehen. Nach Möglichkeit vermeide ich Konfliktsituationen.
>
> D: Im Konfliktfall bemühe ich mich, eine vernünftige Position zu finden, die auch anderen genehm ist.
>
> E: In Konfliktfällen versuche ich, die Gründe festzustellen und mit der Lösung bei den tieferliegenden Ursachen anzusetzen.
>
> F: Wenn ein Konflikt entsteht, versuche ich entweder, ihn sofort zu beenden, oder aber meine Auffassung durchzusetzen.
>
> G: Ich bemühe mich, einen Konflikt gar nicht entstehen zu lassen. Wenn er aber aufbricht, versuche ich, die Wogen zu glätten und die Menschen beisammenzuhalten."

Die vergebenen Punkte werden jeweils in einem Lösungsbogen notiert und addiert (vgl. Tab. D.1). Hat beispielsweise eine Führungskraft die Frage F im Element Konfliktlösung mit einem Punktwert von 7 beantwortet, so wird diese Zahl entsprechend neben dem F in die Zeile Konfliktlösung eingetragen. Nach diesem Vorgehen wird die gesamte Tabelle D.1 durchgegangen, sodass letztendlich neben jedem Buchstaben ein Punktwert zwischen 1 und 7 zu finden ist. Abschließend kann dann die jeweilige Führungskraft ihre Gesamtpunktzahl pro

II. Gestaltung durch Führungsstile — Kapitel D

	9.1	1.9	1.1	5.5	9.9	OO	PO
Konfliktlösung	F	G	B	D	E	C	A
Initiativverhalten	B	C	E	F	A	G	D
Informationsbeschaffung	D	E	G	F	C	A	B
Meinungsverhalten	E	F	A	C	D	B	G
Entscheidungsverhalten	G	A	C	E	F	D	B
konstruktive Kritik	A	B	D	F	G	E	C
Gesamtpunktzahl pro Gitterstil							

Tab. D.1: Selbstbewertung des Gitterstils (vgl. *Blake/McCanse* 1995, S. 318)

Gitterstil durch eine Addition relativ leicht ermitteln. Die höchste Summe steht dabei für denjenigen Stil, den die Führungskraft für ihren Hauptstil hält.

In neueren Versionen des Verhaltensgitters ist über die Sachorientierung und die Menschenorientierung hinaus eine dritte Dimension eingeführt worden (vgl. *Blake/McCanse* 1995, S. 47 f.): Die **Motivationsdimension**. Diese Dimension zeigt die Motivationen auf, die jedem Gitterstil zugrunde liegen. Entscheidend ist in diesem Zusammenhang die Frage nach dem warum der spezifischen Handlungsweise einer Führungskraft. Den Autoren war es in diesem Zusammenhang besonders wichtig, die Gründe für das Verhalten von Menschen einer bestimmten Orientierung mit in die Betrachtungen einzubeziehen. Anders als die beiden vorangehenden Dimensionen, die von einer geringen bis zu einer hohen Punktzahl reichen, ist die Motivationsdimension zweipolig. Der Plus-Pol repräsentiert dabei jene Gefühle der Führungskraft, die entstehen, wenn die Erreichung persönlicher Zielvorstellungen mehr als wahrscheinlich ist (Plusmotivation), während der Minus-Pol Aspekte eines möglichen Misserfolgs der Führungskraft und eine damit verbundene Defensivhaltung beschreibt (Minusmotivation). Im Mittelpunkt dieser zweipoligen Achse befindet sich die sogenannte neutrale Zone (Ruhezone), in der weder eine positive noch eine negative Motivation zu erkennen ist. Das gezeigte Verhalten erscheint der Führungsperson hier als „selbstverständlich" (*Blake/McCanse* 1995, S. 54). Betrachten wir noch einmal die Abbildung D.7, so lässt sich die beschriebene Motivationsdimension in die Abbildung integrieren, indem sie mit ihrem Mittelpunkt das Gitter aufschneidet und somit für jeden reinen Gitterstil einen Pluspol (Plusmotivation) und einen Minuspol (Minusmotivation) erzeugt (vgl. Abb. D.8). Für den dort nicht aufgeführten Kombinations-Gitterstil „patriarchalische Orientierung" ergibt sich alternativ ein Minuspol „Angst vor Ablehnung" und ein Pluspol „Wunsch nach Verehrung", während die Achse der opportunistischen Orientierung Motivationen wie „Angst vor Entlarvung" (Minuspol) bis hin zum „Wunsch, ganz oben zu sein" (Pluspol) beschreibt.

Auf diese Weise wird es der Führungskraft ermöglicht, die eigenen Grundeinstellungen, auf denen das gezeigte Führungsverhalten (d.h. der Führungsstil) basiert, zu identifizieren und zu verstehen.

„Die Situation – mag sie günstig oder ungünstig sein – ist nicht entscheidend dafür, welcher Hauptgitterstil eingesetzt wird. Den Gitterstil bringt die Führungskraft in jede mögliche Situation ein" (*Blake/McCanse* 1995, S. 54).

Wir wollen an dieser Stelle nicht weiter darauf eingehen, weil der Grundgedanke, der hinter dem Verhaltensgitter steht, hiervon unberührt bleibt.

Kritische Würdigung des Verhaltensgitters der Führung

Trotz der erkennbaren Verbindungen des Verhaltensgitters mit den Untersuchungsergebnissen der Ohio-Gruppe ist der **wissenschaftliche Wert** des Ansatzes **zweifelhaft** (vgl. *Kossbiel* 1990, S. 1222; siehe auch *Neuberger* 2002, S. 513 ff.). Dieses Urteil stützt sich insbesondere auf die methodisch wenig sorgfältige → **Operationalisierung der beiden Dimensionen**, für die keine spezifischen Messvorschriften angegeben werden. Statt dessen werden zu den genannten Problembereichen Initiativverhalten, Informationsbeschaffung, Meinungsverhalten, Konfliktlösung, Entscheidungsverhalten und konstruktive Kritik jeweils sieben Aussagen getroffen, aus denen jene Alternative auszuwählen ist, die das Verhalten des zu Beurteilenden am besten charakterisiert. Dabei ist jede dieser Antwortalternativen einem der sieben Führungsstile zugeordnet. Unklar bleibt, warum gerade die genannten Problembereiche, also nicht mehr oder

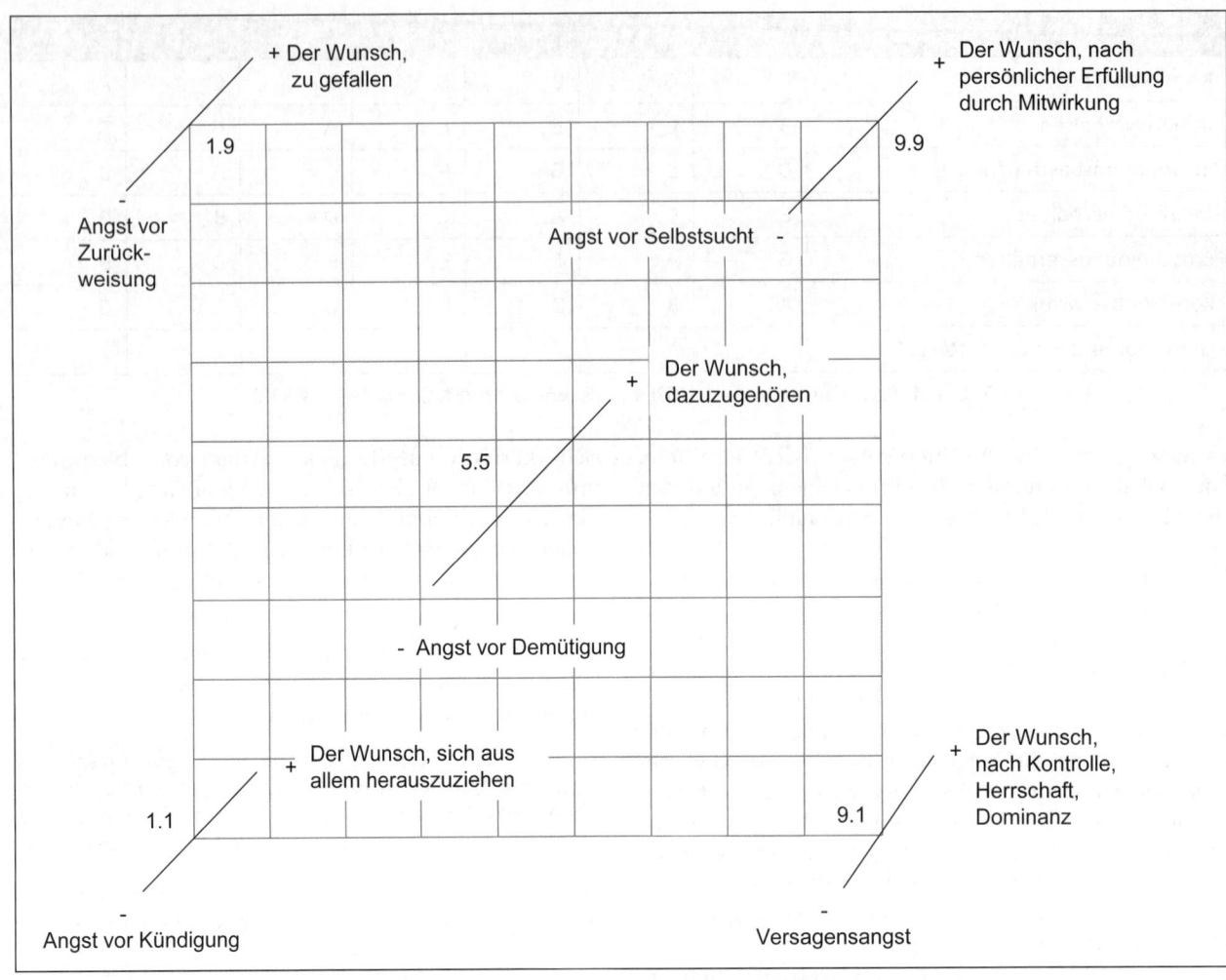

Abb. D.8: Die Motivationsdimensionen des Verhaltensgitters (vgl. *Blake/McCanse* 1995, S. 55)

weniger oder andere, ausgewählt worden sind und in welcher Beziehung sie zu den genannten Führungsstilen stehen. Der Vorteil des Verhaltensgitters liegt eventuell in seiner an Ausbildungszwecken orientierten Konzeption, die einfach nachzuvollziehen ist und inhaltlich die Bedeutung des Führungsverhaltens zur Zielerreichung betont. Damit verweist es auf die Notwendigkeit einer Analyse und der bewussten Auseinandersetzung mit dem eigenen Führungsverhalten. Dies wird aber mit einem dann recht mechanistischen, erneut führerzentrierten Denken erkauft. Der nachhaltige Erfolg des Grid-Konzepts beruht wahrscheinlich darauf, dass es der erste Ansatz im Führungsstilbereich war, der neben plausibel wirkenden Überlegungen auch ein komplettes Trainingsprogramm als Gesamtkonzept bot und der bis heute weiterentwickelt und weltweit vermarktet wird (vgl. zur Kombination mit Erkenntnissen aus der positiven Psychologie *Creusen/Müller-Seitz* 2010). Während *Blake* und *Mouton* – ähnlich wie *Tannenbaum* und *Schmidt* (1958) in der ersten Entwicklungslinie der Führungsstildiskussion – Andeutungen hinsichtlich der Notwendigkeit einer situationalen Differenzierung des Führungsverhaltens vornehmen, versuchen *Reddin* (1981) in seinem **3-D-Konzept** und *Hersey* sowie *Blanchard* (1982) in ihrem **Reifegrad-Modell** die Führungssituation auf je spezifische Weise konsequent mit einzubeziehen. Dem Reifegrad-Modell der Führung von *Hersey* und *Blanchard* wollen wir uns an dieser Stelle beispielhaft zuwenden.

2.6 Reifegrad-Modell der Führung (Hersey/Blanchard)

Paul Hersey und *Kenneth Blanchard* (1988, 1969) gehen von der Grundüberlegung aus, dass situative Führung auf einem Zusammenspiel von

(1) aufgabenorientiertem Führungsverhalten,

(2) beziehungsorientiertem Führungsverhalten und

(3) dem Reifegrad des Geführten

beruht (vgl. hier *Hersey/Blanchard* 1982, S. 150 ff.).

Ad (1): Unter **aufgabenbezogener Führung** wird die Definition der Mitarbeiterrollen durch den Vorgesetzten, die Vorgabe von Zielen, Strukturen, Anordnungen, Regeln und Zeitrahmen sowie deren externale Kontrolle verstanden.

Ad (2): Beziehungsorientiertes Führungsverhalten beinhaltet Aspekte wie Kommunikation, sozio-emotionale Unterstützung und Förderung der Mitarbeiter, Motivation und Anerkennung der Leistungen.

Ad (3): Der **Reifegrad**, die einzige Situationsvariable des Ansatzes, wird definiert als die Fähigkeit („ability") und Bereitschaft („willingness"), eine geforderte Aufgabe eigenverantwortlich zu erfüllen. Dabei bezieht sich der Reifegrad einer Person immer nur auf *eine* spezielle Aufgabe. Die Fähigkeit zur Aufgabenerfüllung drückt sich in der Ausbildung, in dem Wissen und in der Arbeitserfahrung der betreffenden Person aus und wird auch „**Arbeitsreife**" genannt. Die Bereitschaft zur Aufgabenerfüllung („**psychologische Reife**") wird als ein Leistungsmotiv konzipiert, das auf Selbstverpflichtung gründet. Da sich der Reifegrad aus Kombinationen dieser beiden Dimensionen zusammensetzt, werden Mitarbeiter vom Vorgesetzten folgendermaßen kategorisiert (vgl. *Hersey/Blanchard* 1982, S. 154):

- Mitarbeiter, die Verantwortung weder übernehmen wollen noch können (M1: geringe psychologische Reife und niedrige Arbeitsreife; „M" steht dabei für „maturity"),
- Mitarbeiter, die zwar Verantwortung übernehmen wollen, aber (noch) nicht können (M2: hohe psychologische Reife und niedrige Arbeitsreife),
- Mitarbeiter, die zwar Verantwortung übernehmen können, aber nicht wollen (M3: hohe Arbeitsreife und niedrige psychologische Reife),
- Mitarbeiter, die sowohl Verantwortung übernehmen wollen als auch können (M4: hohe psychologische Reife und hohe Arbeitsreife).

Das **Reifegrad-Modell der Führung** beruht auf der Vorstellung, dass der Mensch im Verlaufe seines (Arbeits-)Lebens eine natürliche Entwicklung zu größerer Reife und Unabhängigkeit durchlaufen kann. Vorgesetzte sollen in die Lage versetzt werden, den bestehenden Reifegrad eines Mitarbeiters festzustellen, um situationsadäquat führen zu können. Zur Ermittlung des Reifegrades haben *Hersey* und *Blanchard* einen Fragebogen entwickelt, auf dem der Vorgesetzte seine Mitarbeiter hinsichtlich Arbeitserfahrung, Arbeitswissen, Verantwortungsbereitschaft und Leistungsmotivation auf einer Skala von eins bis acht einstuft und die Gesamt-Reife schließlich in einem einzigen Summenwert zusammenfasst.

Führungsstiloptionen

In Abhängigkeit vom situativen Faktor „Reifegrad des Mitarbeiters" soll nun von der Führungskraft ein **differenziertes Führungsverhalten** gezeigt werden. *Hersey* und *Blanchard* unterscheiden vier **Führungsstile** (S1 bis S4; „S" steht für „style"), die in unterschiedlichen Anteilen aufgaben- und beziehungsorientierte Inhalte aufweisen, und den jeweiligen Reifegraden wie folgt zugeordnet werden (vgl. *Hersey/Blanchard* 1982, S. 153):

- **Telling (S1):** Bei niedrigem Reifegrad: Da die mangelnde Bereitschaft eine Folge der Unsicherheit hinsichtlich der zu erfüllenden Aufgabe ist, muss die Führungskraft genaue Vorgaben machen und die Leistung kontrollieren.
- **Selling (S2):** Bei niedrigem bis mittlerem Reifegrad: Aufgrund der mangelnden Fähigkeiten des Mitarbeiters muss die Führungskraft in hohem Maße direktiv führen, sollte jedoch die Bereitschaft und den Enthusiasmus ihres Mitarbeiters durch sozio-emotionale Unterstützung in Form intensiver Kommunikation verstärken. Durch intensive Kommunikation kann sich die Führungskraft in dieser Situation das erwünschte Verhalten psychologisch „erkaufen".
- **Participating (S3):** Bei mittlerem bis hohem Reifegrad: Der Mitarbeiter ist im Prinzip fähig, eine Aufgabe selbstständig zu erfüllen, ist aber inhaltlich unsicher. Die Führungskraft sollte in dieser Situation durch aktives Zuhören in Erfahrung bringen, wo ihr Mitarbeiter Probleme bei der Aufgabenerfüllung hat und durch Ideenaustausch zu gemeinsamen Entscheidungen kommen, um ihm so den Weg zur Aufgabenerfüllung zu erleichtern (Anmerkung: An dieser Stelle fließen mit der Partizipationsrate Forschungsergebnisse von *Tannenbaum/Schmidt* (1958) ein, die in der Tradition der Iowa-Studien stehen, und in der

Abbildung D.1 durch einen gestrichelten Pfeil gekennzeichnet sind).

- **Delegating (S4):** Bei hohem Reifegrad: Aufgrund der hohen Verantwortungsfähigkeit und -bereitschaft des Mitarbeiters kann die Führungskraft Aufgaben vollständig delegieren.

Die Abbildung D.9 zeigt, dass den Reifegraden M1 bis M4 die Führungsstile S1 bis S4 entsprechen. Graphisch kann die Führungskraft die optimale situationsspezifische Mischung von **Aufgaben-** und **Beziehungsorientierung** im Führungsverhalten folgendermaßen ermitteln: Nachdem sie den Reifegrad des Mitarbeiters festgelegt hat, zieht sie von dem entsprechenden Punkt auf dem Reifegrad-Kontinuum eine senkrechte Linie nach oben; ihr Schnittpunkt mit der eingezeichneten Kurve markiert das situationsadäquate Führungsverhalten.

Der eingezeichnete (Lebens-)Kurvenverlauf steht für den vorgesehenen Entwicklungsverlauf des Reifeprozesses und ist das charakteristische Merkmal des Modells, das in der ursprünglichen Fassung noch als **Life Cycle Theory of Leadership** bezeichnet wurde (vgl. z.B. *Hersey/Blanchard/Johnson* 1996, S. 580 ff.). Denn nach den Vorstellungen von *Hersey* und *Blanchard* sollen sich Vorgesetzte keineswegs nur auf die reaktive Anpassung an ihre Mitarbeiter beschränken. Vielmehr ist es Aufgabe von Vorgesetzten, ihre Mitarbeiter in Richtung eines möglichst hohen Reifegrades zu entwickeln (vgl. *Hersey/Blanchard* 1982, S. 155). Dies soll durch Anpassung des Führungsstils entlang der Normalverteilungskurve geschehen.

Drei-Stufen-Prozess der Verhaltensmodifikation

Dazu wird ein Drei-Stufen-Prozess der Verhaltensmodifikation vorgeschlagen (vgl. *Hersey/Blanchard* 1982, S. 202 f.): Zunächst wird die Führungskraft noch stark aufgabenorientiert Struktur und Richtung vorgeben (Stufe 1). In einem ersten Entwicklungsschritt (Stufe 2) werden die **aufgabenbezogenen Direktiven** reduziert. Die Führungskraft delegiert einen begrenzten Aufgabenbereich. Führt dieses Verhalten zu angemessenen Resultaten, wird in einem zweiten Entwicklungsschritt (Stufe 3) das Verhalten durch Belohnung und Anerkennung positiv verstärkt. Die **Beziehungsorientierung** wird damit erhöht. Dieser Prozess der inkrementalen Approximation des Führungsverhaltens an den Entwicklungsprozess des Mitarbeiters wird so lange wiederholt, bis das Maximum der Normalverteilungskurve

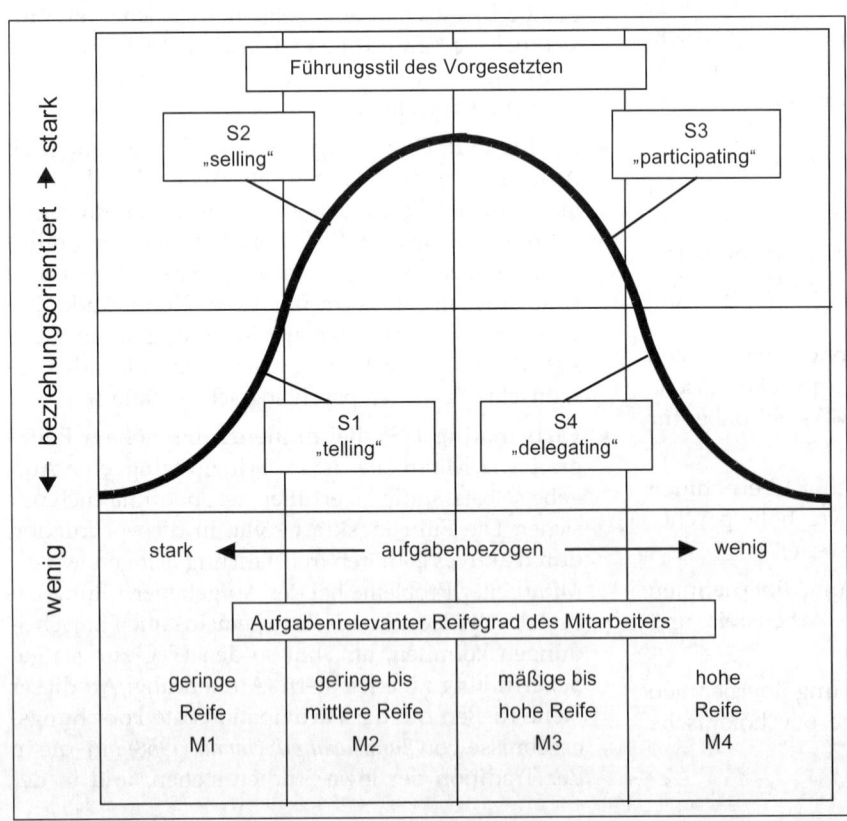

Abb. D.9: Reifegrad-Modell der Führung nach *Hersey/Blanchard* (vgl. *Hersey/Blanchard* 1982, S. 152)

erreicht ist. Danach wird, da der Mitarbeiter mit seiner Verantwortung umzugehen gelernt hat, sowohl die **aufgabenbezogene** als auch die **beziehungsorientierte Führung** in Richtung kompletter Delegation schrittweise zurückgenommen.

Damit Führende ihre (Führungs-)Leistungen im Sinne des Reifegrad-Modells einschätzen können, setzen die Autoren in ihren Trainingsprogrammen ein Diagnose-Instrument ein, das sie **LEAD** („Leader Effectiveness and Adaptability Description") nennen. Mit diesem Instrument kann zum einen die Anzahl der vom Führenden angewandten Führungsstile festgestellt werden. Zum anderen kann die Führungskraft erfahren, ob sie „richtig", d.h. situationsadäquat führt (vgl. *Hersey/Blanchard/Johnson* 1996, S. 137f.). Wir wollen an dieser Stelle nicht auf Einzelheiten eingehen.

Kritische Würdigung des Reifegrad-Modells der Führung

Das Reifegrad-Modell der Führung mit seinen vereinfachenden und leicht nachvollziehbaren Strukturen deckt sich bis zu einem gewissen Grad mit Alltagserfahrungen. *Hersey* und *Blanchard* sehen die wesentlichen Aussagen ihres Modells durch langjährige **Praxisanwendung** und eigene Untersuchungen bestätigt. Diesem Anspruch wird von unabhängiger Seite teilweise vehement widersprochen, da bislang keine empirische Untersuchung, die nicht von den Autoren selbst stammte, die zentralen Modellannahmen hinreichend stützen konnte (vgl. z. B. *Norris/Vecchio* 1992; *Blank/Weitzel/Green* 1990; *Goodson/McGee/Cashman* 1989).

Die Autoren weisen diese Kritik u.a. mit dem Argument zurück, dass das Reifegrad-Modell der Führung keine Theorie im strengen Sinn sei und die verwendeten Instrumente ausschließlich für **Trainingszwecke** entworfen wurden (vgl. *Hersey/Blanchard/Johnson* 1996, S. 138, S. 190). Das Argument, dass ein Instrument nur für Trainingszwecke entworfen wurde, mindert jedoch nicht die Anforderungen an die Güte. Schließlich muss gewährleistet sein, dass es auch zuverlässig das misst, was es messen soll, ansonsten können die gewonnenen Daten zu falschen Schlussfolgerungen führen (→ Validität). Problematisch bleibt auch die Beschränkung auf eine einzige Situationsvariable und die damit verbundene Ausblendung aller weiteren möglichen Einflüsse, insbesondere wenn diese Variable nicht empirisch gestützt werden kann.

Über methodische Unzulänglichkeiten hinaus sind auch aus ideologischer Sicht einige Anmerkungen zu machen (☞ A. II. 1.3): So erscheint auf den ersten Blick die Vorstellung für beide Seiten annehmbar, dass der Geführte durch seine Reife selbst das angemessene Verhalten des Führenden bestimmt und im Laufe der Zeit an Reife und Autonomie gewinnt (vgl. hierzu *Hersey/Blanchard/Johnson* 1996, S. 206f.). Bei näherer Betrachtung fällt jedoch auf, dass die Situationsbedingungen im Wesentlichen auf den Mitarbeiter „verengt" werden, und er allein mit allen (vor)gegebenen Bedingungen zurechtkommen muss, die im Ansatz als Situationsvariablen nicht berücksichtigt werden (z. B. Technologie, Aufgabenstruktur) (vgl. *Neuberger* 2002, S. 521). Hinzu kommt, dass der Mitarbeiter nicht selbst seinen Bereitschaftsgrad mitbestimmen kann, weil diese Analyse dem Führenden überlassen wird. Außerdem erfordert der gewünschte Reifeprozess vom Mitarbeiter eine uneingeschränkte Anpassung an die Ziele der Organisation. Konflikte zwischen Organisationszielen und Mitarbeiterzielen werden konzeptionell ausgeschlossen, denn dem Reifegrad-Modell liegt eine **Harmonie-These** zu Grunde, demzufolge ein reifer Mensch gar nicht anders kann, als die Ziele der Organisation zu seinen eigenen zu machen (vgl. z.B. *Hammer/Kaltenbrunner* 2009, S.190; *Kühlmann* 2008, S. 163). Auf diese Weise können Mitarbeiter auf der höchsten Stufe ohne Führung bleiben, denn ein wirklich reifer Mitarbeiter ist einer, der von sich aus (gerne und kompetent) tut, was er tun soll.

Die angeführten Defizite des Modells minderten bislang nicht den Zuspruch in der **Führungspraxis**. Es ist ein gutes Beispiel für ein in sich geschlossenes, leicht erlernbares und erfolgreich vermarktetes populärwissenschaftliches Modell, mit dem simplen Fazit, dass sich eine gute Führungskraft dadurch auszeichnet, dass sie die jeweilige Situation treffend einschätzen kann und über ein relativ großes Führungsstilspektrum verfügt. Allerdings wird mit der konzeptionellen Berücksichtigung des Reifegrads die notwendige situative Differenzierung bei der Wahl des Führungsstils prominent herausgestellt.

Historisch gesehen war es *Fred Fiedler*, der auf diese Notwendigkeit zum ersten Mal hingewiesen hat. Mit seinem Kontingenzmodell der Führung hat er ein neues Paradigma innerhalb der Führungsstildiskussion begründet, welches nach diesem Modell benannt wurde, und dem u. a. eben auch *Hersey/Blanchard* gefolgt sind. Wir werden das Kontingenzmodell erst jetzt im Detail präsentieren, weil hierdurch auf die Sonderstellung, die es innerhalb der Entwicklungslinien der Führungsstildiskussion einnimmt, pointiert hingewiesen werden kann.

2.7 Kontingenzmodell der Führung (Fiedler)

Fred Fiedler geht in seinem Kontingenzmodell der Führung von der zentralen Hypothese aus, dass die **Effektivität von Führung** – ausgedrückt durch die Gruppenleistung – von zwei interagierenden Faktoren abhängt. Dies sind zum einen der Führungsstil zum anderen das Ausmaß, in dem die Führungssituation (☞ A. III. 3), Einfluss- und Kontrollchancen des Führenden auf den Arbeitsprozess und das Arbeitsergebnis enthält (vgl. *Fiedler* 1967, S. 15; siehe auch *Fiedler/Mai-Dalton* 1995). Damit sieht *Fiedler* in seinem Modell die folgenden Kernvariablen vor:

(1) Führungsstil (aufgabenorientiert vs. beziehungsorientiert),

(2) Grad der Günstigkeit der Situation,

(3) Leistung der Gruppe.

(1) Führungsstil

Fiedler definiert Führungsstil als

„the underlying need-structure of the individual which motivates his behavior in various leadership situations" (*Fiedler* 1967, S. 36).

Der Führungsstil ist somit – im Gegensatz zum üblichen Sprachgebrauch – als ein konstantes Persönlichkeitsmerkmal des Führenden zu verstehen, welches dem konkret situationsbezogenen Führungsverhalten als strukturelle Konstante zu Grunde liegt. *Fiedler* unterscheidet dabei zwischen dem **beziehungsorientierten** und dem **aufgabenorientierten Führungsstil**. Die mitarbeiterorientierte Führungskraft hat ein Bedürfnis nach guten zwischenmenschlichen Beziehungen, während die aufgabenorientierte Führungskraft primär aus erfolgreicher Aufgabenbewältigung Befriedigung zieht (vgl. *Fiedler* 1967, S. 45).

Empirie zur motivationalen Orientierung

Die motivationale Orientierung des Führenden wird mittels der von *Fiedler* selbst entwickelten **LPC-Skala** (*Least Preferred Coworker-Skala*) ermittelt. Dazu wird die befragte Führungskraft aufgefordert, diejenige Person, mit der sie am wenigsten gern zusammenarbeitet, anhand von sechzehn bipolaren Adjektivpaaren zu beschreiben. Beispielsweise werden dabei folgende Gegensatzpaare verwendet: „angenehm-unangenehm" und „freundlich-unfreundlich" (vgl. Tab. D.2). Diesen Eigenschaften müssen nun jeweils Ausprägungen von eins (völlig unangenehm bzw. total unfreundlich) bis acht (ausgesprochen angenehm bzw. freundlich) zugeordnet werden. Der LPC-Wert errechnet sich schließlich durch einfaches Summieren der markierten Itemwerte (→ Item). Einen hohen LPC-Wert, d. h. eine relativ wohlwollende Beurteilung des am wenigsten geschätzten Geführten, betrachtet *Fiedler* als Indikator für einen beziehungsorientierten, einen niedrigen LPC-Wert dagegen als Indikator für einen aufgabenorientierten Führungsstil (vgl. *Fiedler* 1967, S. 39 ff.).

Anhand dieser Operationalisierung können wir erkennen, dass *Fiedler* ein **eindimensionales** (bipolares) **Führungsstilkonzept** verwendet, in dem er den beziehungsorientierten und den aufgabenorientierten Führungsstil als Gegensatzpaar verwendet (vgl. *Kossbiel* 1990, S. 1232). Da *Fiedler* jedoch explizit auf die Untersuchungsergebnisse der **Ohio-Gruppe** verweist, die Mitarbeiterorientierung und Aufgabenorientierung als zwei statistisch unabhängige Faktoren kennzeichnen, wird an dieser Stelle deutlich, warum das Kontingenzmodell der Führung zwischen den beiden zentralen Entwicklungslinien der Führungsstildiskussion steht. Sehr wohl kann dieses Kontinuum auch als eine personalisierte Vorversion des späteren bipolaren Michigan-Verhaltenskontinuums von Führungskräften gesehen werden.

(2) Grad der Günstigkeit der Situation

Der Grad der Günstigkeit der Situation, d. h. die Einflussmöglichkeiten des Führenden auf das Verhalten der Geführten, ist wiederum abhängig von den folgenden drei Variablen (vgl. *Fiedler* 1967, S. 22 ff.):

- **Art der Beziehung zwischen Führungskraft und Geführten:** Die Situation gestaltet sich für den Führenden umso günstiger, je besser die affektive Beziehung zu den Geführten ist, d. h. je mehr diese ihn akzeptieren und loyal gegenüberstehen.

- **Aufgabenstruktur:** Die situationale Günstigkeit ist umso größer, je höher der Strukturiertheitsgrad der zu erfüllenden Aufgaben ist, d. h. je mehr die Aufgaben klar definiert, Ziele deutlich und Wege zur Zielerreichung festgelegt sind.

- **Positionsmacht des Führenden:** Die Situation ist für den Führenden umso günstiger, je mehr seine Position mit formellen Befugnissen und Möglichkeiten ausgestattet ist, die Geführten zur Konformität mit den Organisationszielen anzuhalten, d. h. je höher insbesondere sein Belohnungs- und Bestrafungspotenzial ist.

LPC-Skala									
angenehm	8	7	6	5	4	3	2	1	unangenehm
freundlich	8	7	6	5	4	3	2	1	unfreundlich
zurückweisend	1	2	3	4	5	6	7	8	entgegenkommend
gespannt	1	2	3	4	5	6	7	8	entspannt
distanziert	1	2	3	4	5	6	7	8	persönlich
kalt	1	2	3	4	5	6	7	8	warm
unterstützend	8	7	6	5	4	3	2	1	feindselig
langweilig	1	2	3	4	5	6	7	8	interessant
streitsüchtig	1	2	3	4	5	6	7	8	ausgleichend
verdrießlich	1	2	3	4	5	6	7	8	heiter
offen	8	7	6	5	4	3	2	1	verschlossen
verleumderisch	1	2	3	4	5	6	7	8	loyal
unzuverlässig	1	2	3	4	5	6	7	8	zuverlässig
rücksichtsvoll	8	7	6	5	4	3	2	1	rücksichtslos
widerlich	1	2	3	4	5	6	7	8	nett
akzeptabel	8	7	6	5	4	3	2	1	nicht akzeptabel
unaufrichtig	1	2	3	4	5	6	7	8	aufrichtig
gefällig	8	7	6	5	4	3	2	1	nicht gefällig

Tab. D.2: LPC-Skala (*Fiedler/Chemers/Mahar* 1979, S. 16)

Zur Bestimmung verschiedener Führungssituationen werden die Situationsdimensionen dichotomisiert (→ Dichotomie), d.h. es wird jeweils zwischen guten und schlechten Führer-Geführten-Beziehungen, strukturierten und unstrukturierten Aufgaben sowie starker und schwacher Positionsmacht unterschieden. Die Kombination der drei Situationsvariablen ergibt dementsprechend $2^3 = 8$ mögliche Situationen (vgl. *Fiedler* 1967, S. 33). Je besser alle drei Variablen ausgeprägt sind, umso günstiger ist die Führungssituation für die Führungskraft nach der Kontingenztheorie der Führung.

(3) Leistung der Gruppe

Die abhängige Variable des Modells, die Effektivität der Führung als **Leistung der Gruppe**, interpretiert *Fiedler* ausschließlich aufgabenbezogen. Als Indikatoren kommen daher nur Outputgrößen wie z.B. Produktivität in Frage. Arbeitszufriedenheit, Absentismus, Fluktuation sowie Gruppenmoral werden lediglich als „*interesting by-products*" angesehen (vgl. *Fiedler* 1967, S. 9 f.; ☞ A. III. 4). Allerdings konnten *Chemers u.a.* (1985) zeigen, dass ein Mismatch bei den Führenden Stress und andere negative Befindlichkeiten auslöste. Dies deutet auf Zusammenhänge mit weichen Erfolgsgrößen hin.

Auf der Grundlage dieses Beziehungsrahmens klassifiziert *Fiedler* alle seine bis dahin durchgeführten empirischen Führungsstil-Studien (63 an der Zahl) nach der gezeigten Rangreihe der situationalen Günstigkeit. Jede der 63 aus diesen Studien sich ergebenden Korrelationen teilt er der entsprechenden Situation zu und errechnet dann für jeden Oktanten (Situationseinheit) eine Mediankorrelation als Prognosewert (vgl. *Fiedler* 1967, S. 142). Die Verbindung der errechneten Mediane über die Korrelationen zeigt einen kurvenlinearen Verlauf und wurde als **Kontingenzmodell** bezeichnet (vgl. Abb. D.10). In der Abbildung sind zudem die einzelnen Korrelationen ausgewiesen und mit einem „x" gekennzeichnet. Es sind sowohl positive als auch negative Korrelationen ersichtlich.

Auf der Basis dieses Arrangements schließt *Fiedler*, dass die Effektivität eines Führungsstils nur in Abhängigkeit der jeweiligen Situation bestimmt werden kann: Der Kurvenverlauf in der Abbildung D.10 veranschaulicht, dass anweisende, aufgabenorientierte Führungskräfte effektiver sind, wenn die Situation sich ihnen entweder sehr günstig (I, II, III) oder sehr ungünstig (VIII) darstellt. Deshalb ergeben sich negative Korrelationen zwischen LPC-Wert und Gruppenleistung. Nicht-direktive, personenbezogene Führungskräfte sind dagegen in Situationen mittlerer Günstigkeit (IV, V, VI) effektiver, was sich durch entsprechende positive Korrelationen ausdrückt (vgl. *Fiedler* 1967, S. 147). Da die Korrelation in Oktant VII null ist, kann nach *Fiedler* hier keine eindeutige Führungsstil-Empfehlung gegeben werden.

Fazit des Modells ist, dass nicht ein Führungsstil per se besser ist als der andere, noch ein Typ des Führungsverhaltens für alle Bedingungen geeignet ist, sondern dass **Führungseffektivität** gleichermaßen durch den **Führungsstil** und durch die **Situation** bestimmt wird. *Fiedler* macht diese Aussage zur Grundlage seiner praktischen Empfehlungen: Soll die Führungseffektivität gesteigert werden, ist ein „match" von Führungsstil und Führungssituation zu realisieren, was einerseits durch die gezielte **Platzierung von Führungskräften in Führungssituationen**, andererseits durch die **Anpassung von Führungssituationen** an den Führungsstil geschehen kann (vgl. *Fiedler* 1967, S. 147 ff., S. 255 ff.). *Fiedler* war aber davon überzeugt, und viele werden ihm beipflichten, dass bei der modellimmanent angenommen Führungsstilpräferenz einer Person (LPC-Wert, vorzugsweise als ein Verhalten, einer Persönlichkeitsdisposition folgend zu verstehen) der klugen Platzierung der Vorzug zu geben ist, was aber wiederum rein führungspraktisch die unrealistischere Position ist.

Kritische Würdigung des Kontingenzmodells der Führung

Im Folgenden soll auf die Kritik am Kontingenzmodell nur überblicksartig eingegangen werden. So stellt *Kossbiel* (1990, S. 1237 ff.), aufbauend auf einer Literaturanalyse, die folgenden Kritikpunkte zusammen:

- Die Operationalisierung der verwendeten Prädiktorvariable Führungsstil ist unbefriedigend.

- Die Auswahl und Rangordnung der intervenierenden Situationsvariablen Führer-Geführten-Beziehung, Aufgabenstruktur und Positionsmacht erscheint willkürlich; bezüglich der verwendeten Methoden zu deren Messung bestehen Zweifel hinsichtlich Objektivität, → Reliabilität und → Validität; insbesondere die behauptete Unabhängigkeit von Führer-Geführten-Beziehung einerseits und Positionsmacht bzw. Führungsstil andererseits ist in Zweifel zu ziehen, da hier enge korrelative Beziehungen bestehen.

- Die einseitige Betonung der Leistung als Kriteriumsvariable ist verkürzend.

- Die behauptete Abhängigkeit des LPC-Leistungs-Zusammenhangs von der Günstigkeit der Situation ist insofern ungenügend abgesichert, als von den 63 dem

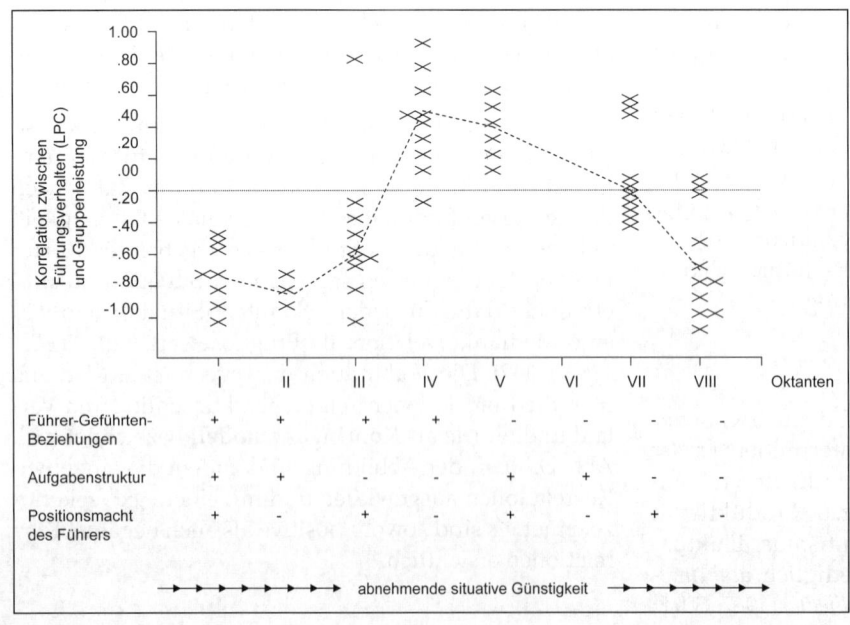

Abb. D.10: Kontingenzmodell der Führung von *Fiedler*
(in Anlehnung an *Fiedler* 1967, S. 146)

Modell zugrunde liegenden Einzelkorrelationen lediglich 11 signifikant sind sowie die Streuung der Einzelkorrelationen um die Mediankorrelation so groß sind, dass durch die gewählte kurvilineare Darstellung eine Eindeutigkeit lediglich „vorgetäuscht" wird. *Ayman* und *Adams* (2012) sehen aber die Grundzüge mit Verweis auf ältere Metastudien bestätigt.

Neuberger (2002, S. 499) sieht in diesem Führungsstilmodell ein Beispiel dafür, dass *Fiedler* und seine Kollegen es versäumt haben, eine induktiv entwickelte „Theorie" zu reflektieren und fortzuschreiben. Dennoch wird man sagen müssen, dass die drei Ausprägungen der Führungssituation von jeder Führungskraft in ihrer Ausprägung eingeschätzt werden sollten, denn sie beeinflussen den Führungsspielraum in die von *Fiedler* postulierte Richtung maßgeblich. Deshalb setzen sich andere Führungs(stil)theorien auch unsystematisch damit auseinander. Nur ist wie so oft die *eine* Empfehlung dann überzogen, für die Führungspraxis u. a. kontraproduktiv. Umkippeffekte einer einseitigen Orientierung werden ebenso wenig in Betracht gezogen wie die unterschiedlichen Bedürfnislagen von Geführten oder die Möglichkeit einer fallweisen Substitution von aktivem Führungsverhalten durch Führungssituationsgrößen (z. B. intrinsische Tätigkeiten mit eindeutigem Feedback).

Fred Fiedler hat mit *Joseph Garcia* 1987 eine weitere Kontingenztheorie vorgelegt, die **Theorie der kognitiven Ressourcen**. Die Grundannahme ist, dass die Führungssituation darüber entscheidet, ob es die Intelligenz der Führenden oder aber ihre Erfahrung ist, die Führungseffektivität besonders beeinflusst. Die Führungssituation wird ausschließlich durch das Stressniveau der Führenden modelliert (bewirkt durch die Aufgabe, Rollenkonflikte, Ärger mit Kollegen und Vorgesetzten usw.). Hiernach fördere Stress den Nutzen von Erfahrung und ist mit Intelligenz negativ verbunden, wohingegen Intelligenz in geringen Stress-Situationen positiv mit Führungserfolg korreliere und Erfahrung kaum einen Einfluss besäße (vgl. auch *Fiedler* 2002). Der empirische Status dieser Theorie ist aus heutiger Sicht unklar. Weitere Arbeiten, auch zur aktuellen Intuitionsforschung (vgl. z. B. *Gigerenzer* 2008), sind zwingend erforderlich. Kommen wir nun zu einem anderen, sehr prominenten situativen Führungsansatz, der **Weg-Ziel-Theorie der Führung**.

2.8 Weg-Ziel-Theorie der Führung (u. a. Evans und House)

Die Weg-Ziel-Theorie der Führung (vgl. *House/Dessler* 1974; *House/Mitchell* 1974; *House* 1971; *Evans* 1970), die in den 1970er-Jahren entwickelt wurde, nimmt einen Pionierstatus ein, da sie als erste der Führungstheorien die **Motivation der Geführten** (☞ C. II.) als eine beeinflussbare Größe besonders berücksichtigt. *Evans* (1970) entwickelte ein grundlegendes Modell der Weg-Ziel-Theorie, das dann von *House* (1971) erweitert und spezifiziert wurde. Die Weg-Ziel-Theorie hat in der wissenschaftlichen Forschung insgesamt viel Aufmerksamkeit erfahren, wurden doch alleine bis zum Jahre 1993 mehr als 120 Studien über diese Theorie publiziert (vgl. *Wofford/Liska* 1993), allerdings mit stark rückläufiger Tendenz (vgl. *Schriesheim/Neider* 1996).

Die Besonderheit der Weg-Ziel-Theorie, deren primäres Ziel in der Erklärung von Führungserfolg liegt, ist insbesondere die Verbindung der **Erwartungstheorie der Motivation** von *Vroom* (1964) mit der Frage nach dem effektiven Führungsverhalten. Aufbauend auf den **Ohio-Studien** (☞ D. II. 2.4) werden in der Weg-Ziel-Theorie dafür die Führungsstile **Mitarbeiter- und Aufgabenorientierung** integriert. Analog zum **Kontingenzmodell der Führung** von *Fiedler* (☞ D. II. 2.7) ist die Weg-Ziel-Theorie damit zwischen den beiden grundsätzlichen Entwicklungslinien der Führungstheorien einzuordnen.

$$M = IV_b + P_1 \left[IV_a + \sum_{i=1}^{n} P_{2i} EV_i \right]; \; i = 1, ..., n$$

mit:
M = Arbeitsmotivation
IV_b = Intrinsische Valenz assoziiert mit zielbezogenem Verhalten
IV_a = Intrinsische Valenz assoziiert mit der Zielerreichung
EV_i = Extrinsische Valenz assoziiert mit der Zielerreichung
P_1 = Subjektive Wahrscheinlichkeit, dass das Ziel erreicht werden kann
P_{2i} = Wahrscheinlichkeit, dass die Zielerreichung als taugliches Instrument zur Herbeiführung anreizbesetzter anderer Dinge erscheint

Abb. D.11: Motivationsgleichung in der Weg-Ziel-Theorie (vgl. *House* 1971)

Mit der Erwartungstheorie der Motivation (☞ C. II. 2.2) als Bezugspunkt stellt die Weg-Ziel-Theorie eine motivational fundierte Führungstheorie dar, in der die strategische Funktion eines Führenden in der Verbesserung bzw. Optimierung der psychologischen Grundverfassung (Leistungsmotivation, Arbeitszufriedenheit) des Geführten zu sehen ist (vgl. *House* 1996, 1971). **Erwartungen, Instrumentalitäten** und **Valenzen**, die nach *Vroom* (1964) als die entscheidenden Größen innerhalb des **Motivationsprozesses** betrachtet werden, sollen durch den Führenden beeinflusst werden und entsprechend einen positiven Effekt auf die Arbeitszufriedenheit und die Leistungsmotivation der Geführten bewirken. Unter Erwartungen werden in diesem Zusammenhang subjektive Wahrscheinlichkeiten der Zielerreichung verstanden. Während → Valenzen die subjektive Wertigkeit der Zielerreichung eines Geführten bezeichnen, beziehen sich Instrumentalitäten auf die Wahrscheinlichkeiten, dass Leistungen zu Belohnungen führen (vgl. *Vroom* 1964). *House* (1971) fasst die Erwartungstheorie der Motivation von *Vroom* (1964) dabei in einer **Motivationsgleichung** zusammen (vgl. Abb. D.11).

Die Motivationsgleichung verdeutlicht, dass die Arbeitsmotivation von der intrinsischen und extrinsischen Valenz, von der subjektiven Wahrscheinlichkeit der Zielerreichung und von der Instrumentalität abhängig ist. Als unabhängige Variable kann das Führungsverhalten diese Faktoren nun beeinflussen. Diese Einflussnahme kann etwa durch eine einfachere und attraktivere Zielerreichung für den Geführten gewährleistet werden. Nach *House* und *Dessler* (1974) sollte eine Führungskraft dabei in der Lage sein, folgende **strategische Funktionen** zu erfüllen (S. 30; übersetzt):

> „1) Geführtenrelevante Ziele erkennen und/oder wecken, die der Führende (mit) kontrolliert, 2) Zuteilung geführtenrelevanter Belohnungen [Beförderung, Bezahlung, Arbeitsplatzsicherheit, Anerkennung] für die Erreichung von Arbeitszielen, 3) Vereinfachung des Weges zur Erlangung dieser Belohnungen durch Coaching und Lenkung, 4) die Geführten bei der Formulierung ihrer Erwartungen zu unterstützen, 5) frustrierende Barrieren zu reduzieren und 6) die Chancen zur Erlangung persönlicher Befriedigung [intrinsisch, extrinsisch] kontingent zur effektiven Leistung zu erhöhen."

In diesem Zusammenhang wird von der Weg-Ziel-Theorie angenommen, dass das Führungsverhalten in dem Maße akzeptiert wird, wie es der Führungskraft gelingt, diese Aufgaben zu erfüllen (vgl. auch *Evans* 1995, Sp. 1076). Hauptaufgabe der Führungsperson ist es somit, die Geführten zu motivieren und ihre Wahrnehmung hinsichtlich der Arbeitsziele, der Selbstverwirklichung und den Weg zur Zielerreichung zu schärfen (vgl. *House* 1971, S. 323 f.).

Angenommen wird weiter, dass die Beziehung zwischen dem Führungsverhalten, den Erwartungen, Instrumentalitäten und Valenzen der Geführten und deren Arbeitszufriedenheit und Leistungsmotivation durch die konkrete Führungssituation moderiert wird. So konnte *House* (1971) zeigen, dass Situationsvariablen die Beziehung zwischen dem wahrgenommenen Führungsverhalten und dem Führungserfolg entscheidend beeinflussen. Dabei sind als zentrale, theoretisch jedoch erweiterbare Größen dieser Führungssituation zu nennen:

- **Charakteristika der Geführten** und hier insbesondere Abhängigkeitsneigung, Autoritarismus, Anspruchsniveau und Fähigkeiten, Kontrollüberzeugungen (vgl. *Evans* 1987; siehe auch *Wofford/Liska* 1993),
- **Umgebungsvariablen**, die nicht vom Geführten kontrolliert werden können und hier insbesondere die Aufgabenstruktur, aber auch das formale Autoritätssystem und die Arbeitsgruppe (vgl. *House/Dessler* 1974).

Die Führungskraft muss somit bei der Wahl eines adäquaten Verhaltens neben dem Motivationsprozess eines beliebigen Geführten auch die entsprechende Situation mitberücksichtigen und interpretieren können. Entsprechend sollten Führungskräfte nach der Weg-Ziel-Theorie denjenigen Führungsstil praktizieren, der unter Beachtung der Charakteristika der Geführten und anderer situativer Gegebenheiten am besten zur Zielerreichung beiträgt. Führungsverhalten soll demnach, orientiert an der konkreten Situation, kompensierend wirken, indem es für die Leistungsmotivation oder Arbeitszufriedenheit der Geführten hinderliche Faktoren beseitigt oder fehlende Elemente zuführt. Orientiert sich die Führungskraft nicht an diesem Zusammenhang, kann ihr Führungsverhalten unter Umständen kontraproduktiv sein. Der Führungskraft stehen nach Darstellung der Theorie vier unterschiedliche Führungsstile zur Verfügung (vgl. *House/Mitchell* 1974):

- Der **direktive Führungsstil** („directive path-goal leader behavior") ist zu bevorzugen, wenn die Aufgabenstellungen der Mitarbeiter von der Führungsperson sehr strukturiert vorgegeben werden können. Planung, Organisation, Kontrolle und klare Erwartungen zeichnen diesen Führungsstil aus.
- Der **ergebnisorientierte Führungsstil** („achievement-oriented leader behavior") ist dadurch gekennzeichnet, dass die Mitarbeiter anspruchsvolle

und herausfordernde Aufgaben erhalten. Die Mitarbeiter sollen motiviert werden, auch höhere Ziele erreichen zu können.

- Von einem **partizipativen Führungsstil** („participative leader behavior") ist die Rede, sofern der Führende die Mitarbeiter in Entscheidungsprozesse mit einbezieht.

- Zuletzt kann die **unterstützende Führung** („supportive leader behavior") als ein Führungsstil bezeichnet werden, bei dem der Führungsperson ein freundliches und unterstützendes Arbeitsklima sehr wichtig ist. Das Wohlergehen der Mitarbeiter ist der Führungskraft ebenso bedeutsam wie die Rücksichtnahme auf persönliche Bedürfnisse.

Die Abbildung D.12 zeigt die wichtigsten Einflussgrößen der Weg-Ziel-Theorie mit ihren wechselseitigen Einflussbeziehungen.

Nachdem wir uns einen ersten Überblick über die wichtigsten Annahmen der Weg-Ziel-Theorie verschafft haben, wollen wir uns nun genauer mit der empirischen Überprüfung der Theorie beschäftigen. Im Sinne der Weg-Ziel-Theorie ist es die Aufgabe der Führungskraft, einen der vier vorgestellten Führungsstile passend zur momentan vorliegenden Situation auszuwählen.

Wie bereits erwähnt, sind zahlreiche Studien aufbauend auf den Arbeiten von *House* (1971) über die Weg-Ziel-Theorie veröffentlicht worden, die sich jedoch teilweise in ihren Aussagen zu den Wirkungen einzelner Führungsstile auf den Führungserfolg unter dem moderierenden Einfluss einer konkreten Führungssituation widersprechen. Um die Ergebnisse dieser Studien systematisch und quantitativ vergleichen und Aussagen über deren Variabilität treffen zu können, ist in der wissenschaftlichen Forschung die **Metaanalyse** ein geeignetes Instrument. Insbesondere ist die Metaanalyse von *Wofford/Liska* aus dem Jahre 1993 hervorzuheben. Sie umfasst insgesamt 120 Studien, die zwischen 1967 und 1992 zur Weg-Ziel-Theorie publiziert wurden. Viele dieser Studien befassen sich mit dem Zusammenhang zwischen der Beziehungs- und der Aufgabenorientierung (dem unterstützenden und direktiven Führungsstil) und verschiedenen abhängigen Variablen. Aufgrund der Dominanz dieser beiden Führungsstile in den Studien zur Weg-Ziel-Theorie werden in der Metaanalyse von *Wofford* und *Liska* (1993) mit Blick auf die Ohio-Studien

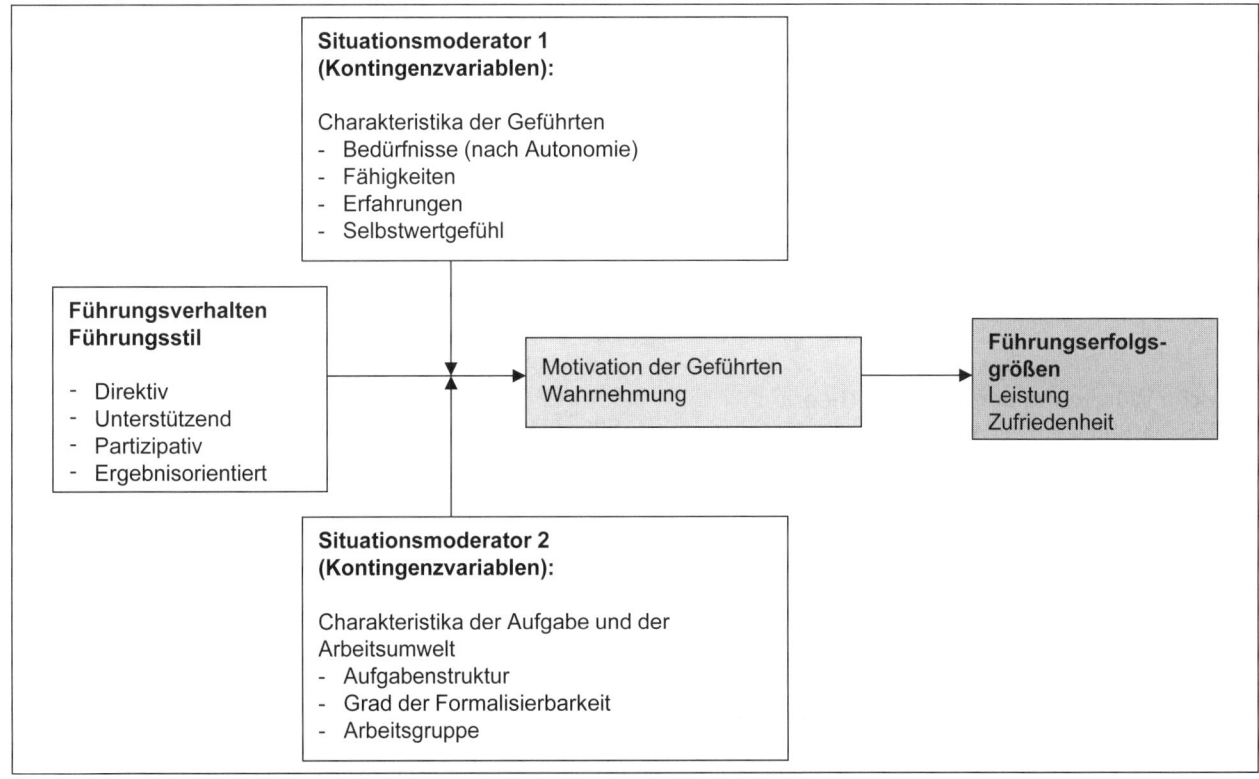

Abb. D.12: Einflussgrößen der Weg-Ziel-Theorie (vgl. *House* 1971; nach *Weinert* 2004; modifiziert)

(LBDQ, SBDQ, LOO) ausschließlich der direktive und der unterstützende Führungsstil getestet. Ausgewählte Moderatorvariablen wie etwa die Aufgabenstrukturiertheit, der Handlungsspielraum oder die Fähigkeiten des Geführten, wurden ebenso einbezogen wie Erfolgsgrößen (z. B. Rollenklarheit, Effektivität der Leistung, Erwartung, Ziele zu erreichen).

Einige zentrale Annahmen der Theorie wurden hier bestätigt:

- Das direktive, strukturierende Führungsverhalten ist dann sehr effektiv, wenn die Aufgaben sehr unklar sind und die Geführten eine externale Kontrollüberzeugung haben.
- Die direktive Führung ist nicht zu empfehlen, wenn die Geführten bereits über viel Erfahrung verfügen und gute Fähigkeiten aufweisen.
- Es existiert ein positiver Zusammenhang zwischen dem direktiven Führungsstil und der Rollenklarheit sowie dem organisationalen Commitment.
- Kein Zusammenhang lässt sich zwischen dem direktiven Führungsstil und der Leistung der Geführten ausmachen.
- Der unterstützende Führungsstil wirkt sich positiv auf die Zufriedenheit der Geführten aus.
- Der unterstützende Führungsstil steht nicht signifikant in Beziehung zur Leistung der Geführten, allerdings besteht ein positiver Zusammenhang zur Rollenklarheit und dem organisationalen Commitment.
- Für Mitarbeiter mit einer internalen Kontrollüberzeugung ist der unterstützende Führungsstil am besten geeignet.
- Die Aufgabenstrukturiertheit beeinflusst die Erwartung, Ziele erreichen zu können, die Zufriedenheit und die Leistung.

Kritische Würdigung der Weg-Ziel-Theorie

Zahlreiche Studien zur Weg-Ziel-Theorie kommen zu unterschiedlichen und gegensätzlichen Ergebnissen (vgl. *Schriesheim/Neider* 1996). Dies kann zum einen mit dem methodischen Vorgehen erklärt. So weichen die Ergebnisse etwa bei Verwendung des LBDQ und des SBDQ voneinander ab. Das SBDQ misst bspw. produktionsorientiertes Verhalten und autokratische Führung, die allerdings in der Weg-Ziel-Theorie gar keinen Eingang finden (vgl. *House* 1996). Diese messtechnischen Probleme können durchaus als eine Ursache für die geringe Anzahl an Publikationen in den letzten Jahren herangezogen werden. Insgesamt ist es ohnehin – auch aufgrund der Komplexität der Theorie – zunehmend schwieriger geworden, im Bereich der Weg-Ziel-Theorie neue fundierte Ergebnisse zu liefern. So sind die einfachen Beziehungen zwar schon vielfach empirisch getestet worden, doch finden sich bislang kaum Anstrengungen hinsichtlich eines Ausbaus oder einer Modifikation der Theorie (vgl. *Schriesheim u. a.* 2006). Selbst die beiden Pioniere der Theorie – *Evans* und *House* – haben ebenfalls nicht zu einem weiteren Fortschritt der Theorie beigetragen (vgl. *Schriesheim/Neider* 1996). Ein weiterer Kritikpunkt neben diesen **methodischen** und **wissenschaftspraktischen Gesichtspunkten** kann in den restriktiven Annahmen der Weg-Ziel-Theorie gesehen werden. So baut die Weg-Ziel-Theorie bekanntlich auf die Erwartungstheorie der Motivation von *Vroom* auf, welche mit dem Konstrukt des den Nutzen maximierenden **Homo Oeconomicus** arbeitet (Menschenbild, ☞ A. III. 1.2). Damit werden wesentliche Bereiche realen Verhaltens in Organisationen von vornherein ausgeblendet (vgl. *Küpers/Weibler* 2005). Ferner geht die Weg-Ziel-Theorie davon aus, dass die Führenden die kognitiven Prozesse der Geführten exakt erfassen können. Diese Annahme ist allerdings problematisch und vermutlich nur in Ausnahmefällen zutreffend, wiewohl erfahrungsbedingte Vereinfachungen brauchbare Annäherungen liefern können. Ein weiterer Kritikpunkt aus **theoretischer Sicht** ist darin zu sehen, dass lediglich eine dyadische Führungsbeziehung betrachtet wird und keine Gruppenprozesse berücksichtigt werden (vgl. *Kühlmann* 2008). Aus **praktischer Sicht** ist wie bei allen stilflexiblen Ansätzen eine offene Frage, ob es einer Führungskraft wirklich möglich ist, ihr Führungsverhalten außerhalb von Trainingsseminaren an die jeweilige Situation punktgenau anzupassen. Stellt man sich vor, dass eine Führungskraft den jeweiligen Geführten nicht nur hinsichtlich seiner Bedürfnisse/Motive korrekt einschätzen, sondern auch noch die jeweiligen Charakteristika der Aufgaben und der Arbeitsumwelt einbeziehen muss, so wird die Schwierigkeit der praxisnahen Anwendung der Theorie erkennbar.

Aber auch die positiven Aspekte der Weg-Ziel-Theorie sollen nicht unberücksichtigt bleiben. So hat die Weg-Ziel-Theorie eine ausschließliche Fokussierung auf die beiden **Ohio-Dimensionen** der Beziehungs- und Aufgabenorientierung aufgebrochen und durch die Variation von vier Führungsstilen aufgezeigt, dass eine effektive Führung Situationsfaktoren einzubeziehen hat (vgl. *Jermier* 1996).

Dennoch erscheint die Zukunft der Weg-Ziel-Theorie heute mehr denn je unsicher, da seit der nachfolgend wiedergegeben Einschätzung zwei Dekaden ins Land gegangen sind, ohne dass sich am beklagten Entwicklungsstand, der die eine oder andere Studie noch nach sich gezogen hat (z. B. *Fukushige/Spicer* 2011), etwas geändert hätte:

> „However, we are also gravely concerned about the future of the theory if active theorization and empirical research is not forthcoming to move path-goal theory from its current arrested state to a newer and more vibrant one" (*Schriesheim/Neider* 1996, S. 320).

Um diesem negativen Entwicklungspfad entgegenzuwirken und der Theorie wieder eine praxisnahe Anwendung zu ermöglichen, schlagen die Autoren eine Integration der Weg-Ziel-Theorie in das Themengebiet der charismatischen Führung vor. Dies überrascht insofern, als damit eine streng rational konzipierte führerzentrierte Theorie einer auf Emotionen und emotionaler Ansteckung basierenden Theorie zugeführt werden soll, die zudem geführtenseitig funktioniert. Angeregt hatte dies *House* (1996) bei seiner partiell überarbeiteten Theorie, wo er neuere werteorientierte Theorien einbezog, selbst. *Schriesheim u. a.* (2006) fanden in ihrer Studie denn auch hierfür keinen überzeugenden Beleg.

3. Was ein transformationaler und transaktionaler Führungsstil bewirkt

Im Zusammenhang mit der transformationalen Führung spricht die Literatur gerne – und insbesondere zum Zwecke einer bewussten Abgrenzung dieser Forschungsrichtung von der traditionellen Führungsforschung – vom **„new-genre leadership"** oder auch vom **„new leadership paradigm"** (vgl. *Bryman* 1996, 1992; siehe auch *Avolio/Walumbwa/Weber* 2009, S. 428 ff.). Wesentliches Moment dieses neuartigen „Genres" der Führung ist dabei kurz gesprochen die Idee einer führungsgeleiteten „Sinnerzeugung" („meaning-making") bei den Mitarbeitern. Wichtigster Ursprung dieses Führungsstilansatzes, der aufgrund seines weitreichenden Zugriffs auf Führungsfragen gleichermaßen auch als Führungstheorie kategorisiert werden kann, dürfte die Schrift des Organisationspsychologen *Bernhard Bass* (1985) sein, die den durchaus programmatischen Titel *„Leadership and Performance Beyond Expectations"* trägt. Die mit dieser Schrift eingeläutete Auseinandersetzung mit dem Konstrukt der transformationalen Führung dauert bis heute unvermindert an und hat die jüngere Führungsforschung zweifellos nachhaltig geprägt – was sich nicht zuletzt auch in dem Umstand vergegenwärtigt, dass dieses Konstrukt derzeit als das innerhalb der Führungstheorie am häufigsten beforschte gilt (vgl. *Dinh/Lord/Gardner u. a.* 2014).

Anspruch und Zielsetzung des transformationalen Führungsstils sind dabei gleichermaßen hoch wie eindeutig: Durch grundlegende Veränderungen in den Werten, Bedürfnissen und Zielen der Mitarbeiter sollen Leistungen herbeigeführt werden, die weit über die normalen Erwartungen hinausgehen („performance beyond expectations"). Eingetreten, wirken Leistungssteigerung und Erfolg auf den Führenden zurück und münden in einer für beide Seiten positiven Entwicklungsspirale. Der Ansatz steht damit in erkennbarer Nähe zur Theorie der charismatischen Führung (vgl. *Avolio/Yammarino* 2013, 2002; *Antonakis/House* 2002; *Klein/House* 1995; *House* 1977), auf deren Erkenntnissen die transformationale Führung in weiten Bereichen aufbaut bzw. welche sie integriert (vgl. in diesem Sinne *Judge u. a.* 2006, S. 205 und *Rowold/Heinitz* 2007). Die Vertreter des Ansatzes nehmen für sich allerdings auch in Anspruch, bedeutsame Elemente weiterer Führungstheorien aufzunehmen bzw. in ihren Aussagen mit vorhandenen Führungstheorien kombinierbar zu sein (vgl. *Sosik/Jung* 2010, S. 19 ff.).

Theoretischer Hintergrund der transformationalen Führung

Der Begriff der transformationalen Führung selbst geht auf eine Unterscheidung des Politologen und Pulitzer-Preisträgers *James MacGregor Burns* zurück. In einer umfangreichen und inzwischen zu einem Standardwerk aufgestiegenen Untersuchung über Führung im politischen Kontext differenzierte *Burns* (1978) zwischen Führenden, die Gefolgschaft dadurch erreichen, dass sie Belohnungen (Vorteile aller Art) gegen Leistungen der Geführten tauschen, und Führenden, denen es durch die Entwicklung einer wechselseitigen Pflichtgemeinschaft mit den Geführten gelingt, Motivation und Zusammenhalt beständig zu steigern. Den ersten Führungsstil bezeichnete *Burns* als **transaktional**, letzteren als **transformierend** – welcher später dann als transformational bezeichnet und bekannt wurde. *Burns* ließ im Übrigen keinen Zweifel daran, dass es allein die transformierende Führung sei, die wirklich große Veränderungen herbeizuführen vermag (vgl. hierzu bereits *Downton* 1973).

Diese Erkenntnisse aus *Burns* historischer Analyse von Ereignissen im Kontext der politischen Führung griff *Bass* (1985) auf und entwickelte sie mit Blick auf die Führung in Unternehmen weiter. Dabei erkannte er sehr wohl, dass auch die transaktionale Führung für einen Führungserfolg unabdingbar ist. Deshalb war es notwendig, die von *Burns* angenommene Eindimensionalität (transformierend *oder* transaktional) in ein zweidimensionales Konstrukt zu überführen. Laut *Bass* sind beide Führungsstile somit unabhängig voneinander und können demnach, wenn nötig, gleichzeitig angewandt werden (transformational *und* transaktional). Bei der transaktionalen Führung orientiert sich der Führende an gegebenen Zielen sowie am bestehenden Werte- und Wunschniveau der Geführten (gleichsam an ihrer Persönlichkeitsstruktur und den hieraus folgenden Erwartungen etc.). Für die Entwicklung einer intensivierten Führungsbeziehung sowie zur nachhaltigen Bewältigung von Unsicherheiten und Veränderungen reiche eine derartige (transaktionale) Führung jedoch nicht aus. In solchermaßen herausfordernden Situationen bestehe die Aufgabe von Führung nach *Bass* (1985) vielmehr darin, vorhandene Ziele, Werte und Wünsche der Mitarbeiter und Mitarbeiterinnen nicht lediglich als Ausgangs- und ständigen Bezugspunkt zu erachten, sondern diese vielmehr tiefgreifend und dauerhaft zu wandeln, gleichsam auf eine „höhere Stufe" zu transformieren.

Erkennbares Resultat dessen ist dann, dass die Mitarbeiter mehr Energie für die Erreichung der Organisationsziele, die durch den Führenden repräsentiert und heruntergebrochen werden, aufwenden. Unterstellt wird dabei, dass solche „höheren Stufen" in einer Führungsbeziehung auch und gerade für die „Transformierten" positiv wirken, da sie eine höhere moralische Qualität besitzen (vgl. *Bass/Steidlmeier* 1999). Hiermit korrespondiert die Überlegung, dass die Arbeit für den Einzelnen durch die im Zuge einer transformationalen Führung entstandene **gemeinsame Vision** erheblich sinnvoller erscheint, was dann eben zu überdurchschnittlichen Anstrengungen („extra efforts") und Leistungsgewinnen („performance beyond expectations") führe, gleichzeitig aber auch deutliche Steigerungen im Selbstvertrauen und in der Zufriedenheit der Geführten nach sich ziehe (vgl. *Heinitz/Rowold* 2007; *Felfe* 2006b; *Bass* 1985). Als Grundvoraussetzung für all dieses gilt schließlich, dass der Führende möglichst charismatisch agiert, hoch gesteckte und uneigennützige Ziele verfolgt und damit als gutes Beispiel (Vorbild) fungiert.

Mit dem **„new-genre leadership"** findet insgesamt eine Entgrenzung bzw. Erweiterung bisher angenommener Einflussspielräume von Führungsverhalten statt. Denn jenen Führungstheorien, die transaktional denken (z. B. die Dyadentheorie der Führung oder die Idiosynkrasie-Kredit-Theorie), ebenso wie den oben vorgestellten Führungsstiltheorien, die explizit oder implizit allesamt unterstellen, dass Mitarbeiter primär ihren Eigeninteressen folgen, wird vermittels des transformationalen Führungsstils ein in der Tat völlig neu- und andersartiger Zugang zur Gestaltung von Führungsbeziehungen eröffnet.

Komponenten transformationaler Führung

Transformationale Führung erfolgt – anders als die transaktionale Führung – nicht auf der Basis zweiseitiger rational-individueller Nutzenkalküle, sondern vielmehr auf dem Wege einer vom Führenden initiierten und geleiteten „Wandlung" der Geführten, genauer: einer **Transformation** ihrer **Ideale**, **Werte** und **Ziele** auf ein „höheres Niveau". Um dieses zu bewerkstelligen, muss der transformationale Führungsstil nach *Bass* (1999, 1998, 1985; vgl. aber auch *Sosik/Jung* 2010; *Bass/Riggio* 2006; *Tichy/Devanna* 1986) durch vier Komponenten geprägt sein, die im englischen Original als **„4 i's"** bezeichnet und wie folgt benannt werden (vgl. *Kirkbride* 2006, S. 24 ff.; *Avolio/Waldman/Yammarino* 1991):

(1) „Idealized Influence",

(2) „Inspirational Motivation",

(3) „Intellectual Stimulation",

(4) „Individualized Consideration".

Gelingt es, ein solches Führungsverhalten zu zeigen – was dann auch mit einer charismatischen Attribuierung der entsprechenden Führungsperson einhergehen kann –, dann sind ansonsten nicht oder kaum erreichbare positive Auswirkungen auf Leistung und Zufriedenheit wahrscheinlich. Was verbirgt sich aber nun im Einzelnen hinter den benannten Komponenten transformationaler Führung?

(1) Idealized Influence

„Idealized Influence", also der idealisierte Einfluss, wird auf das Verhalten der Führungskraft („idealized influence behavior") sowie im günstigen Fall auch auf die Person der Führungskraft („idealized influence attributed") bezogen. Mit einem vorbildlichen Verhalten bzw. einer vorbildlichen Person wird eine glaubwürdige Führungskraft beschrieben, die charakterliche Stärke, ausgeprägte Tugendhaftigkeit, ein sichtbar moralisches, oftmals als charismatisch charakterisiertes Verhalten aufweist. Dadurch gewinnt sie Respekt, Anerkennung, Vertrauen und Glaubwürdigkeit und erzeugt so eine Begeisterung für die Sache, für das Team und für sich selbst, mit der sie angemessen umzugehen versteht. Die Zuschreibung des Verhaltens einer Führungsperson als vorbildlich und die Anerkennung dieser Person als Vorbild kann, muss aber nicht, theoriegemäß zusammenfallen. Dies ist vernünftig, da die besondere Wertschätzung einer Person in der Regel über eine Anerkennung ihres Verhaltens hinausgeht. Dadurch erkennen wir aber sogleich, dass diese Dimension des transformationalen Führungsverhaltens konzeptionell nicht nur eine verhaltensbezogene Komponente (Beispielitem des *„Multifactor Leadership Questionnaire"*(MLQ) zur Erfassung transformationaler Führung: „Ich spreche über Werte und Überzeugungen, die mir wichtig sind"), sondern auch eine eigenschaftsbezogene Komponente enthält (Beispielitem des MLQ: „Ich bringe andere dazu, stolz über die Zusammenarbeit mit mir zu sein", *Rowold* 2004). Dies ist bei den weiteren Dimensionen nicht mehr der Fall. Diese beziehen sich ausschließlich auf das beobachtbare Verhalten der Führungsperson. Auch erkennen wir, dass es sich bei der inhaltlichen Ausfüllung der Dimension nicht um eine exakte Bestimmung konkreter Verhaltensweisen oder Eigenschaften handelt. Selbstredend wird bei den später noch angesprochenen Messinstrumenten eine genauere Erfassung vorgenommen, doch variieren zum einen die Messinstrumente (mit Schnittmengen) und zum anderen können auch sie keinen Anspruch erheben, alle Facetten dieser Dimension einzufangen. Alles in allem handelt es sich hier somit um eine begründete Annäherung.

(2) Inspirational Motivation

Die Komponente „inspirierende Motivation" beschreibt das Verhalten einer visionären Führungskraft, die überzeugend kommuniziert und dabei engagiert für die Entwicklung höherrangiger Bedürfnisse der Geführten im *Maslow'schen* Sinne (1954) eintritt. Sie verdeutlicht enthusiastisch zukunftsbezogene Zielsetzungen und spricht die dafür notwendigen Werte und Einstellungen an. Hoch gesteckte Ziele und Herausforderungen werden formuliert, gleichzeitig wird aber auch ein großes Zutrauen und Vertrauen in die Fähigkeiten der Mitarbeiter zum Ausdruck gebracht. Inspirierende Motivation verkörpert damit Optimismus, spricht den Organisationszielen Sinn zu, betont die Leistungspotenziale des Einzelnen wie des Kollektivs und ist in der Lage, Emotionen anderer wahrzunehmen, selbst zu zeigen und gezielt hervorzurufen. In der Konsequenz steigt damit der Wille der Mitarbeiterinnen und Mitarbeiter, die angesprochenen Ziele zu erreichen und sich in einer festen Bindung zur Führungsperson zu sehen (Beispielitem MLQ: „Ich

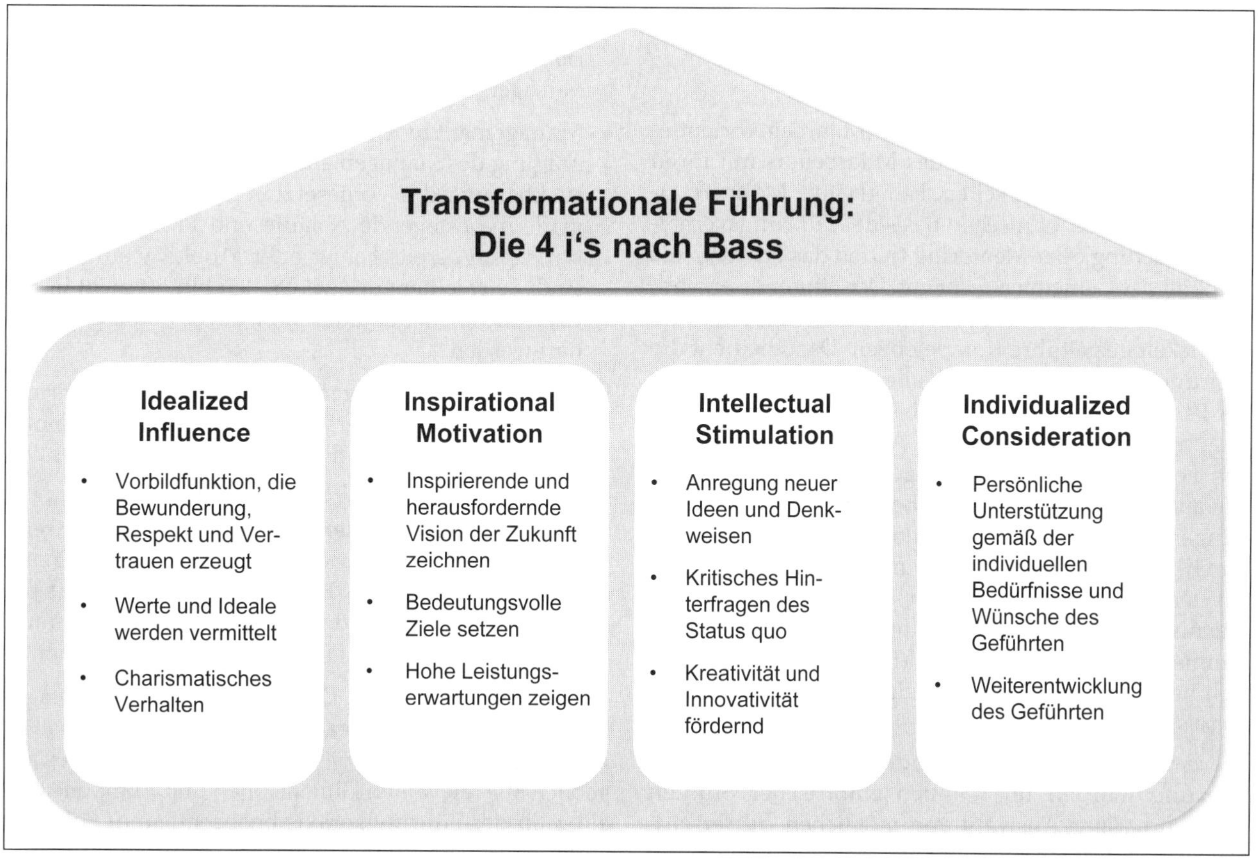

Transformationale Führung: Die 4 i's nach Bass

Idealized Influence	Inspirational Motivation	Intellectual Stimulation	Individualized Consideration
• Vorbildfunktion, die Bewunderung, Respekt und Vertrauen erzeugt • Werte und Ideale werden vermittelt • Charismatisches Verhalten	• Inspirierende und herausfordernde Vision der Zukunft zeichnen • Bedeutungsvolle Ziele setzen • Hohe Leistungserwartungen zeigen	• Anregung neuer Ideen und Denkweisen • Kritisches Hinterfragen des Status quo • Kreativität und Innovativität fördernd	• Persönliche Unterstützung gemäß der individuellen Bedürfnisse und Wünsche des Geführten • Weiterentwicklung des Geführten

Abb. D.13: Komponenten transformationaler Führung (vgl. *Bass/Avolio* 1990; *Avolio/Waldman/Yammarino* 1991)

spreche optimistisch über die Zukunft", *Rowold* 2004). Die Komponenten inspirierende Motivation und idealisierter Einfluss des Führenden wurden im Übrigen ursprünglich als „Charisma"-Dimension zusammengefasst betrachtet (vgl. *Bass* 1985; siehe auch *Felfe* 2006b).

(3) Intellectual Stimulation

Intellektuelle Stimulierung oder auch geistige Anregung fördert bei Mitarbeitern kreatives und innovatives Denken und zielt vor allem darauf ab, die Problemlösungsfähigkeit zu verbessern. Dies soll vor allem dadurch gelingen, dass etablierte Sichtweisen infrage gestellt und neue Blickwinkel unabhängig von Vorgaben oder Gewohnheiten eingenommen werden. Hierzu sind nicht selten unkonventionelle Ideen gefragt, die ohne die Bereitschaft, sich selbst und seine bisherige Arbeit zu hinterfragen, nicht entstehen könnten. Die Ermutigung durch die Führungspersonen soll Mitarbeitern helfen, diesen lernorientierten Weg zunehmend auch eigenständig zu gehen und nicht den Status quo als automatisch besten Zustand zu erachten (Beispielitem MLQ: „Ich schlage vor, neue Wege zu finden, um Aufgaben anzugehen", *Rowold* 2004).

(4) Individualized Consideration

Bei der individuellen Zuwendung (Mitarbeiterorientierung) ist die Persönlichkeit des Mitarbeiters mit ihren je individuellen Fertigkeiten, Fähigkeiten, Motiven, Eigenschaften und Wünschen Basis des Führungsverhaltens. Coaching oder Mentoring treffen das Handeln als Sinnbild des Gemeinten recht gut. Der Führende erkennt die (Wachstums-)Bedürfnisse des Mitarbeiters an und entwickelt gezielt ihre Kompetenzen. Dazu bedient die Führungskraft sich prinzipiell aller verfügbaren Formen der Personalentwicklung, wie beispielsweise der Übertragung verantwortungsvoller Aufgaben, des Besuchs von Fortbildungsveranstaltungen außerhalb des Jobs wie auch der stufengerechten Beteiligung an Entscheidungen. Die Entwicklungsphilosophie lautet Fördern durch Fordern. Die Führende nimmt sich dabei Zeit, auf den Einzelnen einzugehen, seine emotionalen Bedürfnisse zu befriedigen und unterstützt so jeden im Rahmen seiner Möglichkeiten (Beispielitem des MLQ: „Ich helfe anderen dabei, ihre Stärken zu entwickeln", *Rowold* 2004).

Die einzelnen Komponenten der transformationalen Führung wurden im Rahmen empirischer Studien nach vorheriger Auswahl von möglichen führerseitigen Bezugspunkten bestimmt (vgl. *Bass* 1986). Sukzessiv wurden die Komponenten inhaltlich und methodisch verfeinert und in ein Fragebogeninstrumentarium überführt. Das bekannteste ist der sogenannte **Multifactor Leadership Questionnaire** (MLQ; vgl. *Avolio/Bass* 2004; *Bass/Avolio* 1995), dem die Aufteilung transformationaler Führung in vier Faktoren zugrunde liegt. Inzwischen liegen verschiedene Versionen vor (aktuell: MLQ 5X, kurz wie lang), die innerhalb einer neun Faktoren Struktur auch versuchen, Ausformungen einer transaktionalen Führung einzufangen. Hierzu zählen:

- **Contingent Reward:** Die bedingte Belohnung basiert auf klar artikulierten Leistungserwartungen bzw. Leistungszielen. Grundgedanke ist dann der Austausch von Leistung und Gegenleistung. Dies ist der Kern einer transaktionalen Führung. Beispielitem des MLQ: „Ich mache deutlich, wer für das Erreichen eines Zieles verantwortlich ist".

- **Management by Exception active:** In der aktiven Ausprägung des Management by Exception erfolgt eine Überwachung und Kontrolle der Mitarbeiteraktivitäten, um Fehler und Störungen in den Arbeitsvorgängen frühzeitig zu erkennen. Standards werden mithin offen und klar artikuliert, Abweichungen gezielt gesucht. Beispielitem des MLQ: „Ich konzentriere mich auf Probleme, Beschwerden und Fälle von Versagen".

- **Management by Exception passive:** Die passive Ausprägung des Management by Exception ist durch Zurückhaltung des Vorgesetzten gekennzeichnet. Eingriffe in bestehende Abläufe und Prozesse erfolgen nur, wenn bereits Fehler oder Probleme aufgetreten sind. Beispielitem des MLQ: „Ich bin oft nicht in der Lage, rechtzeitig einzugreifen, bevor Probleme ernsthaft werden".

Schließlich wird eine sogenannte vermeidende Führung in den Multifactor Leadership Questionnaire aufgenommen, die zusammen mit dem Management by Exception passive als passive Führungsform gilt:

- **Laissez-faire-Verhalten:** Dieses Verhalten beschreibt die weitgehende Abwesenheit von Führung, ist gleichsam durch ein Höchstmaß an Passivität bestimmt. Beispielitem des MLQ: „Ich halte mich raus, wenn wichtige Fragen bzw. Probleme aufkommen".

Dieses Modell (vgl. Abb. D.14) wird von seinen Protagonisten als **„Full Range Leadership Model"** bzw. als *„Full Range of Leadership Theory"* (FRLT) bezeichnet, da es angeblich alle relevanten Dimensionen und Komponenten einer (in der Führungspraxis beobachtbaren) Führung einfängt und die multidimensionale Natur der Führung in einzelne Verhaltensweisen herunterbricht (vgl. *Anto-*

nakis/House 2002; *Sosik/Godshalk* 2000). Führungskräfte zeigen alle diese Führungsstile im Alltag, allerdings signifikant unterschiedlich in ihrer Häufigkeit und Kombination. Den einzelnen Komponenten werden Erfolgsaussichten zugeordnet. Tenor ist (wenig überraschend), insbesondere den transformationalen Komponenten zu folgen und überdies auch auf das austauschorientierte Contingent Reward zu setzen. Den anderen transaktionalen Führungsstilen sowie dem Laissez-faire wird entsprechend eine kontinuierlich abnehmende Bedeutung für den Führungserfolg bis hin zu kontraproduktiven Effekten zugeschrieben (im Führungsalltag sind sie aber je nach Ausprägung aus Mitarbeitersicht nennenswert verbreitet, vgl. *Gatzka u. a.* 2014).

Erfolgsgrößen im Konzept der transformationalen Führung

Die Bestandteile der *„Full Range of Leadership Theory"* (FRLT) werden in unterschiedlicher Ausprägung mit verschiedenen Erfolgsgrößen verbunden und instrumentell erfasst. So erhebt beispielsweise der MLQ 5X drei **Erfolgsmaße der Führung**: Erstens die **zusätzliche Anstrengungsbereitschaft** („extra effort"). Damit ist die Förderung des Wunsches bei den Mitarbeitern nach erstklassiger Leistung, auch durch Mehreinsatz, gemeint, sowie deren Bemühen um die Erfüllung hoher Erwartungen seitens des Vorgesetzten, der Gruppe und der Organisation. Zweitens die **Produktivität** („effectiveness"). Führende stellen die fachlichen Ansprüche ihrer Geführten zufrieden, vertreten ihre Gruppe in der Hierarchie effektiv, Erreichen die organisationalen (Gruppen-)Ziele und schaffen generell eine Effektivitätsverbesserung in den Strukturen, in denen sie sich bewegen. Drittens die **Zufriedenheit mit dem Führenden** („satisfaction with the leader"). Führende erzeugen hier bei hoher Ausprägung eine große Zufriedenheit bei den Geführten und ihren Kollegen. Drei Beispielitems nach *Felfe* (2006b) in der obigen Reihenfolge: „Die Führungskraft, die ich einschätze, spornt mich an, erfolgreich zu sein/kann eine Gruppe effektiv führen/gestaltet die Zusammenarbeit so, dass ich wirklich zufrieden bin".

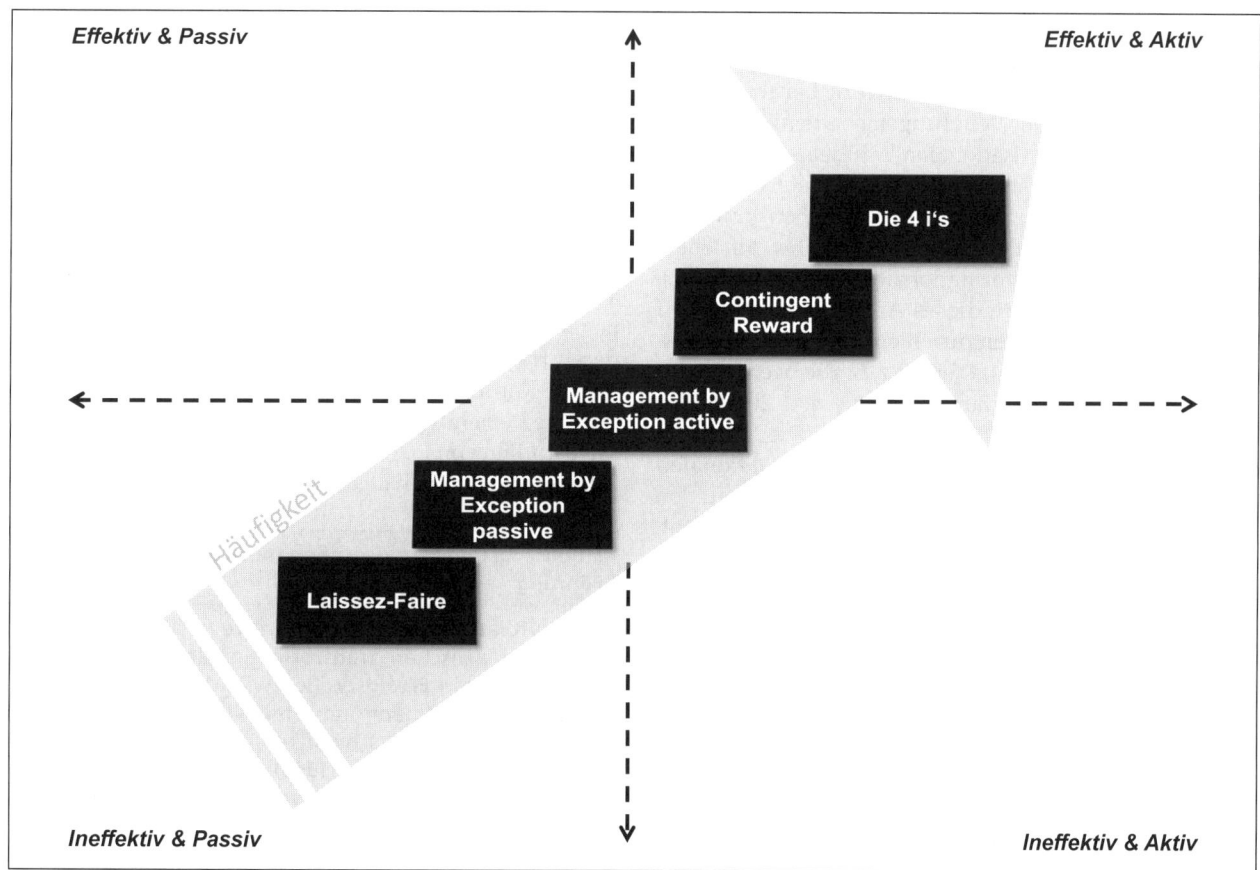

Abb. D.14: Optimale Profile nach *Bass/Avolio* (1994)

Der MLQ ist grundsätzlich sowohl von den Mitarbeitern als Fremdeinschätzung wie auch von der Führungskraft, dann als Selbsteinschätzung, zu beantworten. Wird die Führungskraft beurteilt, wird die Frageformulierung entsprechend angepasst.

Gelingt es, einen transformationalen Führungsstil erfolgreich zu praktizieren, dann wird, so die Prognose, die Leistung der Geführten weit über das herkömmliche oder zu erwartende Maß hinausgehen, sich gleichsam eine *„performance beyond expectations"* (*Bass* 1985) einstellen. Mittels einer Kombination aus transaktionaler und transformationaler Führung wird zudem ein Zusatzeffekt erzielt, der einen Führungserfolg über das gemeinhin zu erwartende Maß bei einer rein transaktionalen Führung hinaus bewirkt. Ein transformationaler Führungsstil kann neben dem transaktionalen Führungsstil also einen zusätzlichen Anteil der Varianz von Erfolgsvariablen aufklären. Dies wird als **„Augmentationseffekt"** bezeichnet (vgl. z.B. *Judge/Piccolo* 2004; *Bass u. a.* 2003; sowie kritisch *Wang u. a.* 2011). Um den Augmentationseffekt besser nachvollziehen zu können, kann man sich zum Beispiel vorstellen, dass mit einer transaktionalen Führung, also einer v. a. leistungsabhängigen Belohnung, Routineaufgaben angegangen werden, während die transformationale Führung bei anspruchsvolleren Aufgaben, bei Neuerungen sowie nicht zuletzt im Rahmen des organisationalen Wandels erst ihre volle Kraft entfaltet. Deshalb wird die transformationale Führung auch als ein Führungsstil gesehen, mit dem ein Wandel in Einstellungen und Verhalten am ehesten möglich ist (Transformationales Lernen, ☞ C. III.). Die von den Verfechtern dieses Ansatzes artikulierten Zusammenhänge werden durch eine Vielzahl von empirischen Studien gestützt (siehe z.B. die Metaanalyse von *Judge/Piccolo* 2004; daneben *Wang u. a.* 2011; *Bass/Bass* 2008, S. 618 ff.; *Felfe* 2006a; *Bass* 1999). Die Ergebnisse sprechen insgesamt dafür, der transformationalen Führung einen hohen positiven Zusammenhang zu den erfassten subjektiven (z.B. Motivation, Zufriedenheit, Commitment, Organizational Citizenship Behavior, Vertrauen, Kreativität) wie, allerdings abgeschwächt, objektiven Erfolgsgrößen der Führung zuzuerkennen (z.B. Zielerreichung, Produktivität). Positive Auswirkungen wurden ebenso für die Fluktuationsneigung (vgl. *Bycio/Hackett/Allen* 1995) und den Absentismus (vgl. *Frooman/Mendelson* 2012) ermittelt.

Neuere Forschungen widmen sich überdies nicht nur der dyadischen Ebene, sondern verfolgen zunehmend eine Multilevel-Perspektive, was das folgende empirische Beispiel belegt.

> **Empirie zur Multilevel-Perspektive**
>
> Eine Bestätigung für den positiven Effekt transformationaler Führung auf die Arbeitszufriedenheit konnten *Braun u. a.* (2013) in ihrer Studie nicht nur für die individuelle Ebene, sondern auch für die Teamebene nachweisen. Mittels der Befragung von 39 Professoren und 360 Mitarbeitern einer deutschen Universität konnten sie zeigen, dass das Vertrauen in den Vorgesetzten und das Vertrauen in das Team mit dem Ausmaß einer transformationalen Führung auf individueller Ebene zusammenhängen. Darüber hinaus wiesen sie über die Anzahl der Veröffentlichungen als Maßstab der objektiven Teamperformance eine positive Beziehung zur transformationalen Führung nach. So sind auch Teamerfolgsgrößen angesprochen (vgl. dazu auch *Kearney/Gebert* 2009; *Schaubroeck/Lam/Cha* 2007).

Hervorzuheben ist die Möglichkeit, durch transformationale Führung auf Gefühle und Emotionen der Geführten einwirken zu können (vgl. *Brown/Keeping* 2005). Dies gelingt Führungskräften mit einer ausgeprägten **emotionalen Intelligenz** (☞ E. III. 2) noch besser (vgl. *Dasborough u. a.* 2009; *Leban/Zulauf* 2004). Überhaupt wurden Persönlichkeitseigenschaften und -merkmale herausgearbeitet, die mit Führungskräften, die transformational führen, überdurchschnittlich oft einhergehen. Zu denken ist hier an Integrität, Selbstbewusstsein, Extraversion, Offenheit oder Proaktivität (vgl. beispielsweise *Bono/Judge* 2004). Bis auf das Laissez-Faire-Verhalten des Vorgesetzten, das sehr eindeutige negative Zusammenhänge aufzeigt und den eher gemischten Resultaten des aktiven (leicht positiv) bzw. passiven (moderat oder stark negativ) Problemmanagements, zeigen aber auch die anderen transformationalen wie die verbliebene transaktionale Komponente – die anlassbezogene Belohnung –, positive Beziehungen zu den Erfolgsgrößen auf (vgl. die Metastudien von *Judge/Piccolo* 2004; *Dumdum/Lowe/Avolio* 2002 und schon früh *Lowe/Kroeck/Sivasubramaniam* 1996).

> **Empirie zu den Erfolgsgrößen transformationaler Führung**
>
> Die *korrelativen Durchschnittswerte (r)* für den Zusammenhang zwischen transformationaler Führung (als Block) und den Erfolgsgrößen wie Motivation, Zufriedenheit, Commitment und Effektivität, ermittelt durch diese Metastudien, schwanken zwischen .73 (*Lowe/Kroeck/Sivasubramaniam* 1996) und .44 (*Judge/Piccolo* 2004), wobei die aus subjektiver Perspektive erhobenen Angaben grundsätzlich höher als objektiv messbare Angaben ausfallen. Nachfolgende Einzelstudien bestätigen die Zusammenhänge vielfach, ebenso eine neuere

Metastudie (vgl. *Dumdum/Lowe/Avolio* 2013). *Schyns, Felfe* und *Blank* (2007) berichten in ihrer Metastudie ergänzend, dass die Neigung von Geführten, Führung zu romantisieren, theoriekonform positiv mit der Höhe der Einschätzung der Führenden als transformational einhergeht (.25; korrigiert .15) und damit den wahren Wert leicht überschätzt. *Dumdum, Lowe* und *Avolio* (2002) weisen mittlere bis hohe (korrigierte) Werte auf, die für Zufriedenheitsmaße höher als für Effektivitätsmaße ausfallen. Die Werte bewegen sich zwischen (attributed charisma, entspricht dem idealized attributed) von .90 für Zufriedenheit und .68 für Effektivität und für die anderen Komponenten um rund .75 und .60. Vergleichbar hohe Werte finden sich bei der anlassbedingten Belohnung (.50 bzw. .40). Es lässt sich darüber hinaus in den verschiedenen Studien zeigen, dass diese Dimension der transaktionalen Führung unabhängig von der transformationalen Dimension operiert und dass die relative Überlegenheit der einen oder anderen Dimension kontextspezifisch ist. Für den sogenannten Augmentationseffekt, also der zusätzlichen Erklärungskraft der transformationalen Dimension bei den abhängigen Variablen wie Zufriedenheit und Effektivität, finden sich immer wieder Belege (vgl. z.B. *Parry* 2002). Zahlreiche Moderatoren, die die Effekte einer transformationalen Führung beeinflussen, wurden getestet (für viele hier nur das Beispiel der Altersdifferenz zwischen Führenden und Geführten, *Kearney* 2008; sowie das der Dauer ihrer Zusammenarbeit, *Hoffman u.a.* 2011).

Im Unternehmenskontext scheint die bedingte Belohnung besonders beachtenswert, da hier eindeutige Belohnungsformen im Zugriff des Führenden liegen. Im Umkehrschluss ergibt sich daraus, dass dort, wo Ressourcen für ernst zu nehmende Belohnungen nicht zur Verfügung stehen, transformationale Verhaltensweisen erfolgsversprechender sind. Generell gilt aber das, was *Bass* (1998) bereits festhielt: Die effektivsten Führungskräfte sind die, die sich sowohl transformational wie transaktional verhalten. Die Ergebnisse zeigen allerdings auch – und dies wird bislang unzureichend in der Diskussion beachtet –, dass eine sogenannte **Nichtführung** gleichwohl Effekte auf die Führungserfolgsfaktoren hat, allerdings in negativer Form (vgl. *Judge/Piccolo* weisen für die Geführtenzufriedenheit und Führungseffektivität hier *negative* Korrelationskoeffizienten (r) mit der Zufriedenheit und Effektivität von über .50 aus). Dies wirft ein interessantes Licht auf eine mögliche Steigerung negativ bewerteter Führung (**destruktive Führung**). Dies werden wir dann später aufgreifen (☞ F. IV. 2.2).

Alternativer Zugang zur transformationalen Führung

Abschließend möchten wir noch einen anderen Zugang zum Komplex der transformationalen Führung aufgreifen, der viel Beachtung erfahren hat. Es handelt sich um das *Transformational Leadership Inventory* (TLI) von *Podsakoff u.a.* (1990), das eine begründete Alternative zum dominant eingesetzten Verfahren von *Bass* darstellt und für den deutschen Sprachraum von *Heinitz/Rowold* (2007) adaptiert wurde (ein anderes, allerdings weniger beachtetes Instrument entwickelten *Alimo-Metcalfe/Alban-Metcalfe* 2007, 2001). *Podsakoff u.a.* (1990) verbreitern den Zugriff auf das Transformationale und identifizieren sechs Komponenten: Visionen aufzeigen, Vorbild sein, Gruppenziele fördern, hohe Leistungserwartungen artikulieren, individuelle Unterstützung gewähren, geistige Anregung geben. *Heinitz* und *Rowold* stellen heraus, dass damit die transformationale Führung schon eher dem von *Bass* und anderen artikulierten „*full range model of leadership"* entspräche.

> **Empirie zur Dimensionalität von transformationaler Führung**
>
> Bei der statistischen Untersuchung in den USA zeigten die drei Komponenten Vision, Vorbild und Gruppenziele eine sehr hohe Interkorrelation (um r = .90), sodass sie zu einem Faktor zweiter Ordnung zusammengefasst und als der Kern einer transformationalen Führung bestimmt wurden („core transformational"). Die bedingte Belohnung tritt auch hier wieder als transaktionale Skala hinzu. *Heinitz* und *Rowold* (2007) weisen bei zwei deutschen Populationen eine siebenfaktorielle Lösung theoriegemäß aus (wobei sie keine Überlegenheit einer Zusammenfassung einzelner Skalen der transformationalen Führung fanden). Dabei waren die transformationalen Komponenten wie in den Studien von Bass und anderen in der Lage, einen Augmentationseffekt zu erzielen, das heißt eine deutlich höhere erklärte Varianz bei den Variablen zusätzliche Anstrengung, Effektivität und Zufriedenheit auszuweisen. Eine neue Metaanalyse von *Sturm u.a.* (2011) zeigt, dass alle im TLI repräsentierten Skalen erwartungskonform mit dem Führungserfolg korrelieren (korrigierte Effektstärken zum Führungserfolg zwischen .23–46 und damit teilweise etwas unter den Werten des parallel untersuchten MLQ; für beide Messinstrumente gilt: Effekte höher in öffentlichen als in privaten Organisationen!, wobei allerdings „contingent reward" nicht nachrangig zu sehen ist).

Auch wenn die Zuverlässigkeit der einen oder anderen Skala noch zu verbessern ist, liegt mit der transformationalen Führung nach *Podsakoff* eine begründete Alternative zum MLQ vor, und das sogar bei geringerer Itemanzahl. Die inhaltlichen Bedenken, die gegenüber einer transformationalen Führung geäußert werden (beispielsweise ihre besondere Bedeutung in schwierigen, unsicheren Situationen und weniger in Routinesituationen) oder methodische Schwierigkeiten, die eine exakte Bestimmung ihrer Wirkkraft erschweren, bleiben selbstredend davon unberührt.

Abschließend sei noch erwähnt, dass *Rafferty/Griffin* (2004) einen eigenständigen Zugang zu dem Führungsstil der transformationalen Führung und *Shamir/House/Arthur* (1993) sowie *Conger/Kanungo* (1994) zu der eng verwandten bzw. oft sogar gleichgesetzten charismatischen Führung bieten – zweifelsohne sind diese wiederum nicht überschneidungsfrei zu der vorgestellten Definition von *Bass*.

Kritische Würdigung des Konzepts der transformationalen Führung

Seit der frühen **Kritik** von *Yukl* (1999) und *Tejeda/Scandura/Pillai* (2001) entzündet sich die Auseinandersetzung nicht nur an der Neigung, einen **one-best-way** in der Führung entwerfen zu wollen, der zudem zu führerzentriert sei. Vermisst wird von den Kritikern insbesondere eine konzeptionell wie operationell **nicht trennscharfe Fassung** der vier Dimensionen des transformationalen Führungsstils. Ältere Metaanalysen diagnostizieren mehrheitlich Zusammenhänge mit hohen **Interkorrelationen** im Bereich von bis zu r = .80 (*Judge/Piccolo* 2004). Bei den statistischen Analysen liegt dann ein sogenanntes **Multikollinearitätsproblem** vor (vgl. *Judge/Piccolo* 2004, S. 764). Dies führt dazu, dass die unterschiedlichen Erklärungsbeiträge der Einzelskalen infrage stehen und die Wirkungsschätzung auf die abhängigen Variablen ungenau wird. Jedoch sei erwähnt, dass eine neuere Studie von *Rowold* und *Borgmann* (2013) im Rahmen einer validen multi-perspektivischen Datenerhebung geringere **Interkorrelationen** von „nur" noch r = .51 ausweist. In der wohl berühmtesten Streitschrift zur transformationalen Führung kritisieren *Van Knippenberg* und *Sitkin* (2013) nicht nur diese strittige **Konzeptualisierung** und **Operationalisierung** der Führungsstile, sondern vor allem auch, dass die Effekte weitgehend dasselbe widerspiegeln, was bereits in der Art und Weise der Führungsdefinition hineingelegt wurde. Damit sei die notwendige Trennung zwischen unabhängiger und abhängiger Variable nicht mehr gewährleistet. Auch wird eine mangelhafte Abgrenzung zu verwandten Konstrukten, insbesondere zur charismatischen wie auch zur authentischen Führung beklagt (vgl. *Anderson/Sun* 2015a; *Van Knippenberg/Sitkin* 2013; *Suddaby* 2010b). Ein Beispiel ist die hohe Korrelation (r = 0.88; bei *Rowold/Heinitz* 2007) zwischen der transformationalen Führung (*Multifactor Leadership Questionnaire* von *Bass* – MLQ) und der charismatischen Führung (*Conger-Kanungo Scale* – CKS; vgl. *Conger/Kanungo* 1994). Verwundern kann dies allerdings nicht, bezieht sich doch eine Dimension der transformationalen Führung auf die Führungsperson selbst und wurde von *Bass* früher auch als charismatische Komponente innerhalb der transformationalen Führung gesehen.

Generell kritisch muss die häufige Verwendung von **Selbstauskünften** bei der Beschreibung des Führungsstils und der Bewertung seiner Effekte betrachtet werden, zumal beides oftmals vom selben Personenkreis stammt. Dies schwächt potenziell die Gültigkeit der Befunde (Stichworte sind hier die Problematiken der „common method variance" sowie der „common source variance"; vgl. *Podsakoff u. a.* 2003). Beides ist den Forschern sehr wohl bewusst, aber der Datenzugang in Organisationen ist vielfach extrem eingeschränkt. Dies gilt auch für beispielsweise objektive Leistungsmaße, die, sofern sie überhaupt in den Organisationen systematisiert vorliegen, aus datenrechtlichen Gründen nicht zur Verfügung gestellt werden dürfen oder von der Organisation wegen des fraglichen oder nicht gesehenen Nutzens angesichts des Aufwandes auch nicht erhoben werden. Die Zuverlässigkeit der Messung ließe sich, so *Rowold* und *Borgmann* (2013), durch eine multiperspektivische Betrachtung verbessern.

Die Kritik weist aber noch weitere Punkte aus. Hier geht es dann um mögliche Verzerrungen der Ergebnisse aufgrund von nicht erfassten Drittvariablen, beispielsweise der Sympathie zwischen Führenden und Geführten (vgl. *Brown/Keeping* 2005). Nach einem systematischen Vergleich der Komponenten transformationaler Führung mit den Befunden aus der Emotionsforschung bezweifeln *Küpers* und *Weibler* (2005, S. 377) den Anspruch, einen „full range" im Führungsstilbereich abzudecken. Des Weiteren liegt eine Fülle von kontextuellen Spezifikationen vor, beispielsweise zur möglichen differenzierenden Wirkungen ihrer Komponenten auf verschiedenen Hierarchiestufen (vgl. *Bruch/Walter* 2007). *Alimo-Metcalfe* und *Alban-Metcalfe* (2001) weisen in ihrer Operationalisierung zudem auf kulturelle Unterschiede der Definition transformationaler Verhaltensweisen hin. Auf Basis einer qualitativen und quantitativen Analyse (*Repertory Grid Technique*) identifizieren sie selbst neun bzw. zwölf Dimensionen transformationaler Führung (Version des öffentlichen/industriellen Transformational Leadership Questionnaire).

Die Kritik ließe sich weiter fortführen (vgl. *Anderson/ Sun* 2015a). Hier sollte man das Kind aber nicht mit dem Bade ausschütten. Natürlich wäre eine Neufassung wünschenswert, die vorhandene methodische Probleme minimiert. Und es wäre wünschenswert, das Handwerkliche und Alltägliche der Führung, das Instrumentelle, wie es in den Ohio-Studien mit der Aufgabenorientierung stärker geschah, auch hier intensiver einzubauen, denn der transaktionale Führungsstil wird in der vorgelegten Fassung der Führungspraxis nicht vollständig gerecht (vgl. *Rowold* 2014; *Antonakis/House* 2002). Und sicherlich sollte allen bewusst sein, dass auch ein transformationaler Führungsstil vielleicht noch stärker als andere für unmoralische Zwecke missbraucht werden kann. Insgesamt wissen wir zu wenig darüber, wo die Grenzen auch bei „bestimmungsmäßigem Gebrauch" liegen (Stress, Abhängigkeit, Frustration nach Führungswechsel etc.). Aber man kommt nicht darum festzustellen, dass die Themen, die hier mit Führung verbunden werden, Klassiker sind und bleiben.

4. Welchen Einfluss Führungssubstitutions- und Selbstführungsansätze haben

Während Forscher auf dem Gebiet des Führungsverhaltens im Allgemeinen der Frage nachgehen, welche Art des Verhaltens welchen Effekt auf Führungserfolgsgrößen zeitigt, wechseln andere Wissenschaftler die Perspektive. Sie fragen sich, ob es nicht Konstellationen gäbe, in denen eine personale Führung in Gänze unnötig, weil unwirksam, im Extrem gar schädlich für die Absicht des Führenden sein könnte. Dies war zum damaligen Zeitpunkt insofern eine kleine Revolution in der Führungsforschung, als man sich damit explizit eine erfolgreiche Aufgabenbewältigung wie auch die hierzu notwendige Koordination und Kooperation ohne unmittelbaren Einfluss des direkten Vorgesetzten vorstellte. Und in der Tat ist der Gedanke weiterhin attraktiv. Empirische Ergebnisse und führungspraktische Erfahrungen stützen bis heute den Ursprungsgedanken, wenngleich eingeschränkt. Während die **Substitutionstheorie der Führung** spezifische Charakteristika von Person, Aufgabe und Organisation für den Wegfall von Führung überhaupt thematisiert und Führungsstilüberlegungen in diesem Fall (teilweise) obsolet erscheinen lässt, beschreibt die **Theorie der Selbstführung** allgemeiner kognitive Voraussetzungen, um in diesem Sinne überhaupt agieren zu können. Beides werden wir uns nachfolgend in unterschiedlicher Gewichtung anschauen.

4.1 Substitutionstheorie der Führung

Im Mittelpunkt der von *Kerr* (1977) und *Kerr/Jermier* (1978) entwickelten und von *Howell*, *Dorfman* und *Kerr* (1986) noch einmal überarbeiteten **Substitutionstheorie der Führung** steht die Behauptung, dass die Einflussausübungen der (direkten) Führungskraft unter bestimmten Bedingungen unwirksam oder gar kontraproduktiv sind (siehe auch *Podsakoff/MacKenzie* 1993). Die Theorie befasst sich so gesehen mit den **Begrenzungen der Wirksamkeit des Führungsverhaltens**. Ihr zufolge sind Aussagen herkömmlicher Führungstheorien, die vor allem die Annahme gemeinsam haben, dass personale Führung grundsätzlich notwendig sei, entscheidend zu modifizieren. Dies bedeutet aber nicht, dass eine interaktionelle Führung gänzlich überflüssig wäre. *Kerr* und *Jermier* sehen die Aufgabe des Führenden unverändert darin, durch aufgaben- und mitarbeiterorientiertes Führungshandeln einen im Sinne der Organisation positiven Einfluss auf den Geführten auszuüben. Allerdings, und dies ist der Ansatzpunkt ihrer Überlegungen, kann das Ziel der positiven Verhaltensbeeinflussung unter bestimmten Bedingungen auch anderweitig als durch eine personenzentrierte Führung erreicht werden. Mit ihren Forschungen haben sie versucht aufzuzeigen, in welcher Form dies möglich ist.

Theoretischer Hintergrund der Substitutionstheorie der Führung
Die Vertreter der Substitutionstheorie unterteilen zunächst das Führungsverhalten analog der **Ohio-Schule** in eine aufgabenorientierte und eine beziehungsorientierte Dimension. Wir haben diese Unterteilung bereits kennen gelernt (☞ D. II. 2.4). Die entscheidende Modifikation der Forschergruppe um *Kerr* liegt nun darin, situationale Bedingungen zu bestimmen, unter denen der aufgabenorientierte bzw. beziehungsorientierte Führungsstil wenig Aussicht auf Erfolg verspricht. Dies verblüfft zunächst, da hier mit der traditionellen Auffassung gebrochen wird, einen Einfluss von Führenden grundsätzlich positiv zu sehen. Wie haben wir uns dies vorzustellen?

Diese Forscher gehen bildlich gesprochen davon aus, dass sich sogenannte → **Moderatorvariablen** zwischen die Beziehung von Führungsverhalten und Führungserfolgsgrößen schieben (☞ A. III. 4.2) und damit wie ein Filter wirken, der den Effekt des Führungsverhaltens auf eine Führungserfolgsgröße verändert (z. B. Leistung, Commitment oder Mitarbeiterzufriedenheit; zur weiteren Differenzierung vgl. *Howell/Dorfman/Kerr* 1986; vgl. Abb. D.15).

Substitute und Neutralisierer als Moderatoren

Innerhalb der Substitutionstheorie werden die Moderatorvariablen dabei mehrheitlich entweder im Sinne einer **Substitution** (*„a person or thing acting or used in place of another"*, Kerr/Jermier 1978, S. 395) oder im Sinne einer **Neutralisation** gesehen (vgl. *Howell u. a.* 1990). Allerdings kennen wir auch die Konstellation, dass eine solche Moderatorvariable den Führungseinfluss noch verstärkt (ein sogenannter **„enhancer"**). In diesem Fall spielen Führungsverhalten und Moderatorvariablen gleichstimmig zusammen. Denken wir an Gruppennormen, die ein positives Führerbild zeichnen oder an Erfahrungen, die auch etwas unklare Anweisungen richtig deuten können. Daneben werden Variablen ausgewiesen, die als eine eigenständige Einflussgröße die direkten Wirkungen des Führungsverhaltens des Führenden unterstützen (ein sogenanntes **„supplement"**). Sie liefern dabei einen eigenständigen Erklärungsbeitrag. Denken wir zum besseren Verständnis an den Einfluss einer führungskulturellen Variable, beispielsweise einen Führungsgrundsatz (☞ D. III. 4.4), der die Führungskräfte zur Fortentwicklung ihrer Mitarbeiter verpflichtet und dadurch das mitarbeiterorientierte Führungsverhalten eigenständig flankiert, gemessen z. B. durch eine positive Wirkung auf die Arbeitszufriedenheit. „Enhancers" und „Supplements" werden hier jedoch nicht weiter verfolgt. Bleiben wir stattdessen beim Kern der Substitutionstheorie:

- Als **Substitute** lassen sie das Führungsverhalten als unnötig, weil redundant oder gar kontraproduktiv, erscheinen, besitzen jedoch denselben Effekt auf die Führungserfolgsgröße wie das Führungsverhalten.
- Als **Neutralisierer** bewirken sie, dass entweder ein beabsichtigtes Führungsverhalten nicht ausgeübt werden kann, oder aber, dass es unwirksam wird und keinen Erklärungsbeitrag für Führungserfolgsgrößen (z. B. Leistung) mehr besitzt („influence vacuum", vgl. *Kerr/Jermier* 1978, S. 395), ohne jedoch selbst einen gleichartigen Effekt wie das Führungsverhalten hervorzurufen.

Eine Moderatorvariable, der nun die Eigenschaft eines **Substituts** zukäme, würde also den Effekt, den das Führungsverhalten auf die Führungserfolgsgröße bewirkt, komplett selbst hervorrufen. Beim Auftreten dieses Moderators würde vom zuvor genau definierten Führungsverhalten kein Effekt mehr auf die Führungserfolgsgröße ausgehen bzw. es würde sich ggf. ein negativer Effekt einstellen. Letzteres wäre eine Konterkarierung des Führungsverhaltens durch eine bestimmte Moderatorvariable. Beispielsweise ist der fachkundige Mitarbeiter, der die Aufgabe allein optimal umsetzen könnte, durch die ständigen fachlichen Hinweise der Führungskraft so gereizt, dass seine eigentlich mögliche Leistung verschlechtert wird. Die Moderatorvariable wäre hierbei die hervorragende Fachkunde des Mitarbeiters. Das aufgabenorientierte Führungsverhalten der Führungskraft wäre in dieser Situation kontraproduktiv. Bei einem gelasseneren Mitarbeiter würde das gleiche Verhalten vielleicht dazu führen, dass die Leistung trotz der Intervention der Führungskraft unverändert bliebe. Damit wäre das Führungsverhalten nur irrelevant, d. h. es würde keine Wirkung zeigen. Da Führung aber auch Opportunitätskosten produziert, erwiese sich dieses Führungsverhalten definitiv als ineffizient. In anderen Fällen käme es auf eine gezielte Kosten-Nutzen-Betrachtung an, für die aber zurzeit handhabbare → Operationalisierungen fehlen.

Ein **Neutralisierer** hemmt oder verhindert hingegen ein bestimmtes Führungsverhalten, ohne selbst an dessen Stelle treten zu können. Denken wir beispielsweise an einen mit der Neukundenakquisition betrauten Außendienstmitarbeiter, der nur sehr selten mit seiner Führungskraft interagiert. Als Moderatorvariable könnten wir die räumliche Entfernung zwischen der Führungskraft und dem Mitarbeiter ansehen. Denn ein aufgabenorientiertes Führungsverhalten ist beim eigentlichen Geschäft, dem intensiven Gespräch mit einem potenziellen Neukunden, nicht möglich. Bestenfalls sind im Vorfeld hier einige Rahmenbedingungen zu definieren, wobei die Führungskraft jedoch in der alles entscheidenden

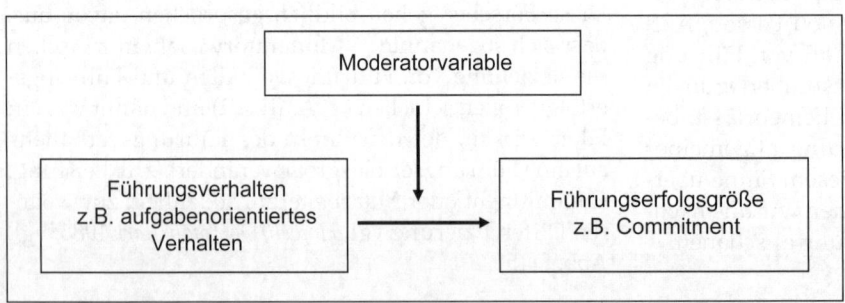

Abb. D.15: Wirkung von Moderatorvariablen in der Substitutionstheorie

Situation keinen Einfluss mehr besitzt. Sie ist bei den Gesprächen mit potenziellen Kunden nicht zugegen. Die räumliche Entfernung neutralisiert hier also aufgabenorientiertes Führungsverhalten.

Oder gehen wir von einer Führungskraft aus, die in den Augen des Mitarbeiters zentrale Belohnungen (z. B. Gehaltserhöhungen) nicht vergeben kann, weil dies die Personalabteilung bestimmt oder wir stellen uns einen Mitarbeiter vor, der über Geld nicht zu motivieren ist. In beiden Fällen versagen die Möglichkeiten von Führung unter dem jeweiligen Aspekt: Im ersten Fall wirken organisationale Regelungen als Moderator; die Belohnungen befinden sich nicht im Einflussbereich der Führungskraft, sondern bei einer anderen organisatorischen Einheit (Personalabteilung). Im zweiten Fall verhindert die Gleichgültigkeit gegenüber organisationalen Belohnungen die Wirkung eines Führungsverhaltens, das mit dem Versprechen von Belohnungen versucht, bestimmte Verhaltensausrichtungen zu erreichen. Wir möchten die Neutralisierer hier jedoch ebenfalls vernachlässigen und uns den Substituten näher zuwenden.

Führungssubstitute
Kerr und *Jermier* (1978) spezifizieren ihre Überlegungen nun dahingehend, dass sie drei Dimensionen der Führungssituation bestimmen (**Personstruktur, Aufgabenstruktur, Organisationsstruktur i. w. S.**), die sich – v. a. im Sinne eines Substituts – moderierend auf das Führungsverhalten auswirken können. Grundlage ihrer Ausführungen ist dabei die Auffassung, dass – wie *Kerr* und *Mathews* (1995) verdeutlichen – die Organisation die Leistungen ihrer Mitglieder auf zwei Wegen besonders beeinflussen kann:

- Bereitstellung von Informationen zur Aufgabenerkennung (Ziel), Aufgabenbewältigung (Weg) und Aufgabenbewertung (Feedback).
- Schaffung von motivierenden Anreizen, die eine den Organisationszielen entsprechende Arbeitsweise bzw. -leistung gewährleistet.

Diesbezüglich räumen die Vertreter der Substitutionstheorie ein, dass entsprechende Informationen und Anreize in Organisationen selbstverständlich über hierarchische Führung bzw. den formal Vorgesetzten vermittelt werden können, gleichwohl aber auch festzustellen ist, „[…] dass in einigen Situationen das Führerverhalten völlig irrelevant sein kann" (*Kerr/Mathews* 1995, Sp. 1026). Insbesondere folgende Führungssubstitute gelten hierbei als besonders bedeutsam:

(1) Professionelle Orientierung (Personstruktur),

(2) Aufgabenzuschnitt (Aufgabenstruktur),

(3) Automatisches Leistungs-Feedback (Aufgabenstruktur),

(4) Arbeitsgruppen (Organisationsstruktur i. w. S.).

(1) Professionelle Orientierung

Angesprochen ist hier die Erkenntnis, dass der aufgabenorientierte Einfluss des direkten Vorgesetzten auf die Geführten in aller Regel dann gering ist, wenn es sich bei den Geführten um Spezialisten bzw. Fachleute handelt, also um Personen, die einen langen und schwierigen Ausbildungsgang durchlaufen haben und als Folge dessen zumeist eine starke Identifikation mit dem eigenen Beruf bzw. Berufsstand entwickelt haben. In diesem Falle ist der Einfluss eines formalen (fachfremden) Vorgesetzten nachweislich gering, weil die Leistungsmotivation des Einzelnen weitestgehend das Ergebnis stark verinnerlichter (sozialisierter) Leistungsnormen innerhalb des Berufstandes ist. Zur Leistungserbringung werden benötigte Informationen eher von Fachkollegen, seltener vom Vorgesetzten, nachgefragt bzw. anerkannt. Die aufgabenorientierte Führung von solchen „Professionals" fällt demzufolge tatsächlich weniger in den Bereich der direkten Führung als vielmehr in jenen von spezifischen Führungssubstituten, nämlich eines sozialisierten Berufsethos sowie akzeptierter Fachkollegen.

Weniger eindeutig ist die Frage zu beantworten, inwieweit auch das beziehungsorientierte Verhalten des Vorgesetzten substituiert wird. Eine gänzliche Substitution ist insbesondere dann vorstellbar, wenn diese Professionals in Gruppen gleichartig ausgebildeter Kollegen arbeiten oder mit diesen anderweitig, beispielsweise auf elektronischem Wege, vernetzt sind. Man wird allerdings sagen dürfen, dass auch dann ein moderates beziehungsorientiertes Verhalten nicht abträglich ist, zumal die Professionals hinsichtlich ihrer Persönlichkeits- und damit Bedürfnisstruktur ja keine vollkommen homogene Gruppe sind.

(2) Aufgabenzuschnitt

Ein weiteres Führungs-Substitut kann im Aufgabenzuschnitt gesehen werden, womit zunächst einmal gemeint ist, dass maschinengesteuerte und stark repetitive Tätigkeiten ebenso wie äußerst formalisierte Direktiven (Regeln und Verfahrensweisen) die Notwendigkeit einer direkten Führung drastisch verringern und gegebenenfalls sogar überflüssig machen. Damit wird auf zwei der bereits erläuterten **Medien der indirekten Führung** („Technologie" und „Bürokratie") Bezug genommen (☞ A. IV. 2.3).

Die Substitutionstheorie geht überdies aber auch davon aus, dass anspruchsvolle und/oder sinnvolle Aufgaben ein Führungssubstitut darstellen (vgl. *Kerr/Mathews* 1995, Sp. 1028). Denn solchermaßen zugeschnittene Aufgaben werden aufgrund ihres herausfordernden Charakters von Geführten üblicherweise sehr engagiert und verantwortungsbewusst ausgeführt, zumal sie die **intrinsische Motivation** nachhaltig zu steigern vermögen. Es kann also davon ausgegangen werden, dass nicht nur einfachste (technologisch oder bürokratisch strukturierte) Tätigkeiten, sondern durchaus auch (intellektuell) schwierige und persönlich anspruchsvolle Aufgaben den Bedarf an direkter Führung einzuschränken vermögen.

In diesem Fall erweist sich ein beziehungsorientiertes Führungsverhalten als weniger notwendig. Denn das beziehungsorientierte Führungsverhalten hat bekanntlich das Ziel, die Zufriedenheit, das Wohlergehen des Geführten zu stabilisieren bzw. zu verbessern. Geführte, die persönliche Anregung, im Extremfall Erfüllung, durch und in ihre(r) Tätigkeit erleben, benötigen eine vom Vorgesetzten geschaffene angenehme Arbeitsatmosphäre weniger stark. So gesehen wäre bereits viel erreicht, wenn es Vorgesetzten gelänge, ihre Mitarbeiter nicht zu demotivieren, beispielsweise dadurch, dass sie den Mitarbeitern ihre Arbeit durch unnötigen Bürokratismus erschwerten.

(3) Automatisches Leistungs-Feedback

Ein weiteres Führungssubstitut liegt dann vor, wenn der Mitarbeiter ohne den „Umweg" eines Feedback-gebenden Vorgesetzten unmittelbar erfährt, ob die Arbeit gut oder schlecht erledigt wurde. Exemplarisch für solche Aufgaben sind gewissermaßen alle „Bingo-Tätigkeiten" (z. B. Recherche-, Reparatur- oder Programmier-Tätigkeiten), deren Abschluss und Erfolg man plötzlich klar vor Augen hat („Ich hab's!" oder „Es funktioniert!" oder eben: „Bingo!"). Eine aufgabenorientierte Führung, die beständig die Arbeitsleistung bewertet, entfällt in diesen Fällen. Wenn derartige direkte und genaue Informationen über die Qualität der eigenen Leistung auch das Selbstwertgefühl des Einzelnen ansprechen und die intrinsische Motivation zu steigern vermögen, entfällt die Notwendigkeit einer beziehungsorientierten, direkten Führung ebenfalls ein gutes Stück weit.

(4) Arbeitsgruppen

Als ein viertes wichtiges Substitut für die direkte Führung durch den hierarchisch Vorgesetzten ist schließlich die Arbeitsgruppe anzusehen. Die Arbeitsgruppe besitzt die für eine optimale Leistung benötigten Informationen und aktiviert ihre Mitglieder durch die Herausbildung von gruppeninternen Leistungsnormen und leistungsadäquaten Verhaltenssanktionen. Das heißt, in dem Maße, wie intakte Gruppenstrukturen gegeben bzw. geschaffen werden, nimmt die Notwendigkeit zur hierarchischen Führung der einzelnen Gruppenmitglieder sowohl in ihrer aufgabenbezogenen als auch beziehungsbezogenen Variante ab. Die nachfolgende Tabelle D.3 zeigt überblicksartig einige Substitute für beziehungs- und aufgabenorientiertes Führungsverhalten.

Versucht man die Substitutionstheorie handlungsbezogen zu interpretieren, dann ist der **Bedarf an direkter Führung** reduzierbar, wenn es den zentralen und indirekt führenden Instanzen (Organisationsleitung, Personalabteilung) gelingt,

- professionelle **Mitarbeiter** auszuwählen bzw. zu entwickeln,
- **Handlungsspielräume** zu gestalten, die entweder so starr sind, dass eine Abweichung kaum möglich ist, oder aber sich so flexibel ausnehmen, dass sie intrinsisch motivieren,
- **Aufgaben** so zuzuschneiden, dass ein automatisches Feedback ermöglicht wird, der Bearbeitende das Resultat seiner Bemühungen also unmittelbar erkennt und ggf. auch eigenständig Verbesserungen einleiten kann, sowie
- selbststeuernde **Arbeitsgruppen** zu etablieren.

Organisationssubstitute

Vor diesem Hintergrund kann darüber hinaus natürlich auch der Frage nachgegangen werden, unter welchen Bedingungen eine indirekte Führung schwierig bis unmöglich wird und der Bedarf an direkter Führung entsprechend zunimmt. Quasi im Umkehrschluss zu den oben skizzierten Erkenntnissen lassen sich auch **Organisationssubstitute** („substitutes for organization") benennen (vgl. vor allem auch *Wunderer* 2011, S. 316 f.):

- Die Geführten sind wenig „professionell", d.h. sie weisen nur einen geringen Reifegrad (eine geringe Qualifikation und/oder eine geringe Motivation) auf bzw. sind stark bürokratisch sozialisiert. Eine Überwindung dieser Situation setzt vornehmlich eine intensive direkte Führung voraus (Informierung und Motivierung durch den Vorgesetzten).
- Die Geführten arbeiten in Gruppen zusammen, die nur kurzzeitig bestehen bzw. gruppenintern eine niedrige Leistungsnorm entwickelt haben. In diesen Fällen bedürfen auch Gruppen einer intensiven direkten Führung.

- Die zu bewältigenden Aufgaben entziehen sich aufgrund ihrer Komplexität bzw. Instabilität eines tayloristischen bzw. bürokratischen Zuschnitts, wirken „an sich" (intrinsisch) nicht motivierend oder sogar demotivierend auf den Mitarbeiter und/oder geben nach ihrer Erledigung wenig Aufschluss über die Qualität ihrer Bewältigung. Auch unter diesen Bedingungen erscheint eine ausgeprägte Führung durch den hierarchisch Vorgesetzen vorteilhaft.
- Geführte oder Teams besitzen Potenziale, die durch die eigenen Aufgaben nicht zur Entfaltung kommen. Hier hätte der Vorgesetzte eine gezielte Entwicklungsfunktion.

Charakteristika	Führt zur Substitution oder Neutralisation von	
	beziehungsorientierter/unterstützender/mitarbeiterorientierter Führung; Rücksichtnahme, Unterstützung und Interaktion, Förderung	aufgabenorientierter/instrumentaler/arbeitsorientierter Führung; Zielbetonung und aufgabenbezogene Unterstützung
des Mitarbeiters:		
1. Fähigkeit, Erfahrung, Training, Wissen		X
2. Bedarf an Unabhängigkeit	X	X
3. „professionelle" Orientierung	X	X
4. Gleichgültigkeit gegenüber organisationalen Belohnungen	X	X
der Aufgaben:		
5. Nicht ambitioniert, routinemäßig		X
6. Methodisch invariabel		X
7. Liefert eigenes Feedback bzgl. Durchführung		X
8. Intrinsisch befriedigend	X	
der Organisation:		
9. Formalisierung (klare Pläne, Ziele und Verantwortungsbereiche)		X
10. Inflexibilität (strenge, unbeugsame Regeln und Verfahren)		X
11. Hoch spezialisierte und aktiv beratende Stabsfunktionen		X
12. Eng verbundene, kohäsive Arbeitsgruppen	X	X
13. Organisationale Belohnungen nicht innerhalb des Einflussbereiches des Führers	X	X
14. Räumliche Distanz zwischen Vorgesetzten und Mitarbeitern	X	X

Tab. D.3: Substitute der Führung (vgl. *Kerr/Mathews* 1995, Sp. 1033)

Jernigan und *Beggs* (2010) fanden beispielsweise Unterstützung für Teile der Substitutionsfaktoren für die Ausprägung Arbeitszufriedenheit. Im Einklang mit den Überlegungen von *Herzberg*, *Mausner* und *Snyderman* (1959) war es eine intrinsisch befriedigende Aufgabe, die hier den größten Einfluss besaß. *Künzle u. a.* (2010) konnten zeigen, dass in Anästhesieteams Routinesituationen und hohe Standardhandlungen ein Führungsverhalten bei gleichzeitig positivem Leistungsbezug neutralisierten und daher als unnötig auswiesen.

Kritische Würdigung der Substitutionstheorie der Führung

Es sollte an dieser Stelle nicht unerwähnt bleiben, dass die dargelegten Aussagen der Substitutionstheorie nicht unumstritten und unter Einbezug der insgesamt noch begrenzten empirischen Untersuchungen differenzierter zu beurteilen sind. So hat eine Forschergruppe um *Podsakoff* eine Überprüfung der Postulate der Substitutionstheorie vorgelegt (vgl. *Podsakoff/MacKenzie* 1993). Hierzu haben die Autoren die Operationalisierung der Moderatoren erweitert und ebenso wie die Erfassungsskala verbessert. Ihr wichtigstes Ergebnis ist darin zu sehen, dass sie die Bedeutung zahlreicher Führungssubstitute für mehrere Kriteriumsvariablen (dies sind Variablen, die den Führungserfolg zu messen versuchen: z. B. allgemeine Zufriedenheit, Commitment, → Rollenambiguität) eindrucksvoll nachweisen konnten. Dies verdeutlicht die grundsätzliche Richtigkeit der Überlegungen insofern, als es nachweislich Variablen gibt, die in bestimmten Situationen einen bedeutsamen, partiell sogar größeren Effekt auf Führungserfolgsgrößen besitzen als das direkte Führungsverhalten selbst. Allerdings hat aber das Führungsverhalten trotzdem immer noch einen empirisch nachweisbaren Einfluss auf Führungserfolgsgrößen und wird durch die Moderatoren nicht völlig substituiert.

Nach diesen früheren Befunden wäre es demnach so, dass Führungsverhalten *und* Moderatoren den Führungserfolg beidseitig beeinflussen, ohne dass das Führungsverhalten in der Vielzahl der Fälle durch die Moderatoren substituiert würde. In diesem Sinne wies *Keller* (2006) einen verstärkenden Einfluss von personaler Fähigkeit und intrinsisch befriedigenden Aufgaben bei transformationalem und aufgabenorientiertem Führungsverhalten in Projektteams nach. *Strang* (2011) fand Indizien für einen Einfluss bestimmter Persönlichkeitsfaktoren. *Nübold*, *Muck* und *Maier* (2013) zeigten einen Substitutionseffekt für transformationale Führung auf die Erfolgsgrößen Leistung und Motivation, sofern ein positives Selbstbild bei den Geführten vorlag („Core Self-Evaluation", ein Mischkonstrukt auf das Selbst bezogener Persönlichkeitsmerkmale). Alles in allem ist die Lage jedoch unklar, tendenziell muss man heute sagen, dass die bisherigen Forschungsdesigns zur Erfassung von Substituten paradoxerweise eher die stabile Bedeutung von Führung als die vollständige Reduktion ihres Einflusses nachgewiesen haben.

Eines ist sowieso sicher: Es kann nicht darum gehen, den Einfluss von Führung generell infrage zu stellen, denn auch wir haben ja breit erläutert, warum Führung in Organisationen wichtig ist. Vielmehr wird man da hinkommen müssen, genauere Situationsanalysen empirisch zu bestimmen, in denen Substitutionseffekte eine Rolle spielen. Deshalb sind Nicht-Nachweise auch dahingehend zu befragen, ob hier nicht zu grob gesucht wurde (vgl. kritisch, aber auch zum Aufbau von Perspektiven *Dionne u. a.* 2002 und für einen speziellen Negativbefund zu Teams als Substitut *Huusko* 2007). Eine weitere Standortbestimmung liefern *Dionne u. a.* (2005). Wichtig hierbei ist u. a. die Erkenntnis, dass Substitute, Neutralisierer oder auch Verstärker des Führungsverhaltens nicht in Stein gemeißelt sind, sondern bei einer dynamischen Betrachtung im Zeitablauf die eine oder andere Form wechselhaft annehmen können. Denken wir beispielsweise daran, dass durch geschicktes Agieren des Vorgesetzten eine Arbeitsaufgabe auf einmal intrinsisch motivierend wird und sein bisheriger Führungsstil, der u. a. darauf abzielte, die Arbeitszufriedenheit seines Mitarbeiters zu erhöhen, gar nicht oder in dem vorherigen Ausmaß nicht mehr notwendig ist. Auch sollte daran gedacht werden, dass die bisherigen Variablen keine abgeschlossene Liste möglicher Substitute darstellen.

So fanden beispielsweise *Starke u. a.* (2011) in einer qualitativ angelegten Studie heraus, das Management-Informationssysteme sowie die tief verwurzelte Überzeugung, als Organisationen einen Wandel gemeinschaftlich und eigenständig bewirken zu können, den aktuell führerseitigen Einfluss auf eine Änderung der strategischen Ausrichtung substituierten, gar in der Ausrichtung überspielten. Möglich wurde dies allerdings nur aufgrund eines Führungsaktes des Vorgängers, dessen Ideen die Organisationsmitglieder erst befähigten, nach einiger Zeit eigenständig zu handeln. Dies spricht für einen verstärkten Einsatz von **Längsschnittstudien**, denen eine vorherige Überprüfung bislang eingesetzter Messinstrumente vorausgehen sollte (vgl. *Avolio/Walumbwa/Weber* 2009, S. 436) und die zu einer Reformulierung der Substitutionstheorie führen sollten. Auch ist evident, dass im Regelfall präzise definierte Neutralisierer und

Substitute nicht wirklich die sehr breiten Aktivitäten, die mit einem aufgaben- und mitarbeiterorientierten Führungsstil verbunden sind, komplett ausschalten können. Deshalb empfehlen *Podsakoff/MacKenzie* (1993) ja auch, beide stets zusammen zu erheben, um genauer schauen zu können, was wie stark entfällt. Hier sollten also keine überzogenen Erwartungen an diese Kontingenztheorie der Führung angelegt werden.

4.2 Selbstführung

Es ist kein weiter Schritt von der Überlegung, dass darüber nachgedacht werden sollte, wie das Mehr an Entscheidungsgewalt, was durch eine Rücknahme des Führungsverhaltens für den Mitarbeiter entsteht, auch faktisch umgesetzt werden kann. Die Setzungen der Substitutionsdebatte basieren allesamt darauf, dass die Geführten eine kognitive Reife besitzen, diese Chance für Verantwortung durch Selbstführung auch autonom zu nutzen. Andere merken zu Recht an, dass die Frage einer **autonomen Beeinflussung des Selbst** gleichermaßen Wert für die Führungskräfte hätte. Begründet wird dies mit dem Diktum, dass nur der andere führen kann, der sich selbst situationsangemessen zu steuern in der Lage ist. Eine immer noch seltene empirische Stützung dieses plausiblen Diktums findet sich in einer jüngeren Studie von *Furtner, Baldegger* und *Rauthmann* (2013). Sie zeigen, dass die Ausübung eines aktiven Führungsstils, hier des transformationalen und transaktionalen, von der erhöhten Fähigkeit zur Selbstführung profitiert.

Die nähere Erforschung der **Selbstführung** („Self-Leadership") fußt auf Erkenntnissen einer weit über den Führungsaspekt hinausragenden Diskussion zur Selbststeuerung (vgl. hierzu auch *Kuhl* 2010) sowie zum breiter gefassten Selbstmanagement, was auch durch Erkenntnisse aus der klinischen Verhaltenspsychologie inspiriert ist (vgl. *Manz/Sims* 1980; siehe auch *Neck/Manz* 2012; *Sims/Lorenzi* 1992; *Manz* 1986, 1983). Mit Selbstführung ist ein umfassender **kognitiver Prozess** gemeint, der Individuen in die Lage versetzt, Kognitionen, Affekte sowie das Verhalten eigenständig hinsichtlich zu erreichender (selbstgesteckter) Ziele zu beeinflussen (vgl. *Neck u. a.* 2013, S. 470; *Neck/Manz* 2012; *Neck/Houghton* 2006, S. 270). Dies schließt die Änderung bestehender Standards und Operationen im Falle von erkannten Problemen der Ineffektivität und Ineffizienz ein (vgl. *Stewart/Courtright/ Manz* 2011, S. 186). Der Aufmerksamkeitsgewinn der Selbstführung ist durch die Wiederentdeckung des **eigenen Selbst**, wie wir es z. B. besonders bei der authentischen Führung sehen, bedingt.

Theoretische Basis der Selbstführung und ihre Effekte

Die theoretische Basis des Konzepts der Selbstführung liegt in den Ansätzen zur Selbstregulation (vgl. *Carven/ Scheiver* 1998, 1981) und zur Selbstkontrolle. Hinzu treten die soziale Kognitionstheorie (vgl. *Bandura* 1986) sowie die Selbstbestimmungstheorie (vgl. *Deci/Ryan* 1985). Nach *Neck* und *Houghton* (2006) gehört beispielsweise zu diesem schnell auch ins *normative* gewandte Konzept (**„Führe Dich selbst"**), sich durch Selbstbeobachtung, Selbstzielsetzung, Selbstbelohnung, Selbstbestrafung und positiven Selbstgesprächen fortzuentwickeln. Anleihen aus der positiven Psychologie und Psychotherapie, wie dies umzusetzen ist, sind gängig (z. B. „Nehmen Sie sich Zeit, Ihre Gedanken und Verhaltensweisen bewusst zu beobachten", „Entfernen Sie Belohnungen, die negative Verhaltensweisen unterstützen", „Fokussieren Sie sich auf angenehme und genussvolle Momente der Arbeitsaufgabe", „Nutzen Sie die Kraft positiver Selbstgespräche"; vgl. *Furtner/Baldegger* 2013, S. 63 ff.). Sie werden innerhalb der Selbstführungstheorie auch als **Strategien** bezeichnet, wobei dann genauer zwischen **verhaltensorientierten Strategien**, **Belohnungsstrategien** und **konstruktiven Verhaltensmusterstrategien** unterschieden wird (vgl. *Furtner/Baldegger* 2013, S. 60). Letztendlich geht es darum, die eigene Fähigkeit zur **Selbstregulation** (vgl. *Carver/Scheier* 1998) und den Glauben an die → **Selbstwirksamkeit** (vgl. *Bandura/Cervone* 1986) zu erhöhen und damit ein charakteristisches Gedankenmuster für sich und seine Stellung in der Umwelt zu generieren („*thought pattern*", *Neck u. a.* 2013, S. 473).

Hier lohnt sich für den Hintergrund ein genauer Blick in die Motivationstheorien. Positive Auswirkungen auf Autonomieerleben, Commitment, Vertrauen, Emotionen, Arbeitsfreude, Rollenerwartungen, Zielerreichung, Innovation etc. sollen damit einhergehen (vgl. z. B. *Elloy* 2005; *DiLiello/Houghton* 2004; einen Überblick liefern *Stewart/ Courtright/Manz* 2011, S. 194; *Müller u. a.* 2013; *Hauschildt/ Konradt* 2012). Die empirische Absicherung bereitet bislang Schwierigkeiten (siehe hierzu *Neck/Houghton* 2006); dies nicht zuletzt wegen der → Operationalisierung des Konstrukts (vgl. hierzu aber den Fragebogen *„Revised Self-Leadership Questionnaire"* von *Houghton/Neck* 2002. Dessen psychometrische Überprüfung der deutschen Fassung (*RSLQ-D*) durch *Andreßen* und *Konradt* (2007) fällt positiv aus. Beispielitems (insgesamt 27 Items): „Ich setze mir ständig spezifische Ziele für meine Arbeitsleistung", „Für mich ist es wichtig zu wissen, wie gut ich in meiner Arbeit bin", „Ich plane gezielt Tätigkeiten, die mir Spaß machen".

In einer jüngeren Veröffentlichung entwirft *Charles Manz* (2015) in Weiterführung ein **„higher-level self-leadership"**. Damit bindet er moralische Inhalte an das von ihm früher geprägte Konzept an. Diese Art von höherer Selbstführung ist dann ausgereift erreicht, wenn **Authentizität** und **Verantwortung**, Letztere in der Linie von → **Corporate Social Responsibility**, ebenso wie das individuelle Leistungsvermögen zur Selbstführung hoch ausgeprägt sind. Damit bringt *Manz* die **Selbstführung** an aktuelle Diskussionen zu einer **wertgeladenen Führung** heran (vgl. *Weibler/Deeg* 2014). So möchte er zum Ausdruck bringen, dass er den Nutzen einer Selbstführung nur sieht, wenn sie sinnvoll eingesetzt wird. Die positive Verarbeitung von Rückschlägen, Fehlern und Erfahrungen des Misslingens sei dafür zentral.

Achtsame Selbstführung
Nachdem wir soeben das Konzept der Selbstführung erläutert haben, wollen wir dies nun mit einem anderen, sehr aktuellen Konzept in Verbindung bringen: der **Achtsamkeit** (engl.: mindfulness). Damit folgen wir der noch in den Anfängen stehenden Forschung zur Integration der Achtsamkeit in die Führungsforschung,

was sich aktuell als Ausfluss in einer achtsamen Führung bzw. eines „mindful leadership" (z. B. *Reb u. a.* 2015; *Raich* 2014; *Reb/Narayanan/Chaturvedi* 2014) in der Literatur zeigt. Streng genommen könnte man daher hier auch von einer **achtsamen Selbstführung** („mindful self-leadership") sprechen, insbesondere dann, wenn man Achtsamkeit als eine Strategie zur persönlichen Effizienzsteigerung auffasst: *„[…] mindfulness is more than just being tuned in; it's a strategy to improve person and company-wide performance and productivity"* (*Bruce* 2014).

Aber was ist nun eigentlich konkret unter Achtsamkeit zu verstehen? Welche Potenziale bringt Achtsamkeit in die Selbstführung mit ein und ist Achtsamkeit auch mit dem erweiterten Konzept des *„self-leadership-high road"* (*Manz* 2015) vereinbar?

Der Begriff der **Achtsamkeit** fand Eingang in die wissenschaftliche Forschung westlicher Kulturen in den 1980er Jahren und hier zunächst insbesondere im Bereich der Medizin und klinischen Psychologie (vgl. *Brown/Creswell/Ryan* 2015, S. 2; *Shapiro u. a.* 2006, S. 374). Ursprünglich stammt der Begriff Achtsamkeit aus dem **buddhistischen Kulturkreis** und ist eine Übersetzung

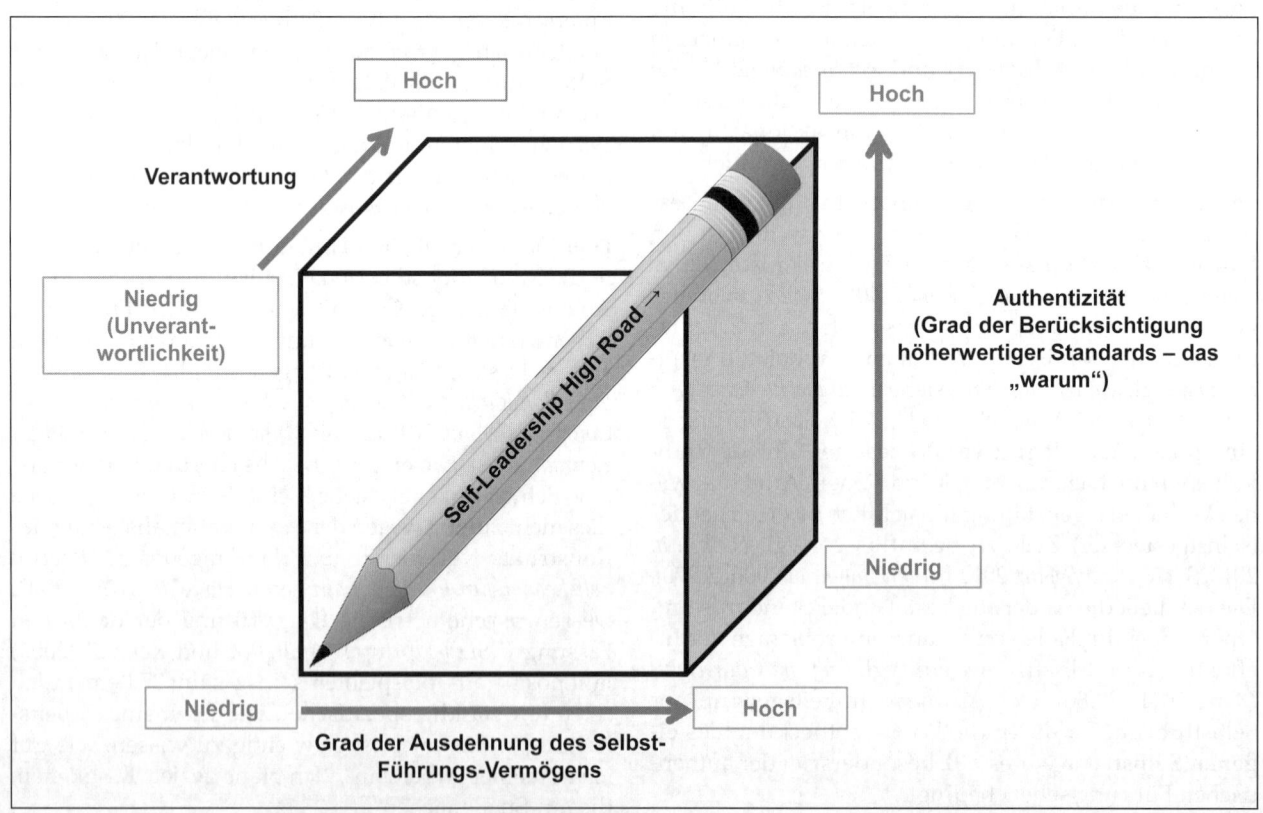

Abb. D.16: Selbstführung auf höherer Ebene (nach *Manz* 2015, S. 134)

des Pali-Begriffes „*sati*" (vgl. *Schmidt* 2011, S. 24; *Brown/ Ryan/Creswell* 2007, S. 212). Bei Pali handelt es sich um die Sprache der buddhistischen Psychologie vor 2500 Jahren. *Sati* bezeichnet die Fähigkeit des Geistes, bei etwas zu verweilen, mit der **Aufmerksamkeit** im **gegenwärtigen Augenblick** zu sein und vom Gedächtnis immer wieder daran erinnert zu werden, in die Gegenwärtigkeit zurückzukehren (vgl. *Schmidt* 2011, S. 24). Diese Fähigkeit wird in der buddhistischen Tradition durch die Praxis der **Achtsamkeitsmeditation** kultiviert (vgl. *Shapiro u. a.* 2006, S. 374) und soll dort zur Selbsterkenntnis und spirituellen Erleuchtung beitragen. Der Begriff der Achtsamkeit hat aber auch in ähnlicher Form in anderen Kulturkreisen eine lange Tradition.

Beispiel einer Achtsamkeitsübung

Im Hier und Jetzt zu sein mag für viele Leser auf den ersten Blick relativ trivial klingen. Doch versuchen Sie es selbst: Schließen Sie einmal für 20 Sekunden ihre Augen und achten Sie nur auf ihren Atem, wie dieser in ihre Nase ein- und ausströmt. Vielleicht bemerken Sie, wie ihre Gedanken versuchen schon nach kurzer Zeit von der klaren Wahrnehmung ihres Atems wegzuziehen. Ganz gegenwärtig zu sein ist alles andere als einfach und stellt für viele Menschen eine große Herausforderung dar.

Ab dem Jahr 2000 begann ein exponentieller Anstieg an wissenschaftlichen Publikationen und empirischen Studien zu Achtsamkeit, der sich bis in die heutige Zeit ununterbrochen fortsetzt und sich – wie am bereits erwähnten Begriff „mindful leadership" eindrücklich zeigt – in andere Bereiche wie die Organisations- und Führungsforschung ausweitet (vgl. etwa *Brown/Creswell/ Ryan* 2015, S. 2; *Reb/Atkins* 2015; *Glomb u. a.* 2011). Aufbauend auf dem hohen wissenschaftlichen Interesse ist Achtsamkeit inzwischen auch im beruflichen und privaten Alltag zu einem „*Modethema*" (*Schnabel* 2013) aufgestiegen.

Beispiel zur Achtsamkeit im Organisationskontext

Das Unternehmen *Google* hat bereits im Jahr 2007 das firmeninterne Meditationsprogramm „*Search inside yourself*" ins Leben gerufen (vgl. *Peters* 2014, S. 39; *Schnabel* 2013). *Steve Jobs* als Gründer von *Apple* etablierte eine Kultur der Achtsamkeit und im Silicon Valley findet jährlich die Achtsamkeitskonferenz „*Wisdom 2.0*" statt (vgl. *Felix* 2015; *Peters* 2014, S. 39). Auch deutsche Unternehmen wie beispielsweise *Siemens*, *Bosch* und *BMW* sind in jüngster Vergangenheit diesem Achtsamkeits-Trend gefolgt und auch im Mittelstand gewinnt Achtsamkeit zunehmend an Interesse (vgl. *Peters* 2014, S. 39). Im privaten Alltag stößt man neuerdings auf den Begriff der Achtsamkeit in Fitnessstudios oder Sportvereinen in Form von Achtsamkeitstagen. Achtsamkeits-Apps wie etwa den „*Insight Meditation Timer*", die den Handybesitzer daran erinnern sollen ins Hier und Jetzt zurückzukommen und geleitete Meditationen anbieten, sind ebenfalls Zeugen dieser Entwicklung (vgl. *Schnabel* 2013).

Die Verwendung des Begriffes der Achtsamkeit in der westlichen Welt ist eng mit dem Namen des Molekularbiologen *Jon Kabat-Zinn* verbunden. Losgelöst vom buddhistischen Hintergrund entwickelte *Kabat-Zinn* Ende der 1970er Jahre an der *University of Massachusetts* die **Achtsamkeitsbasierte Stressreduktion** („*Mindfulness Based Stress Reduction*" (*MBSR*); *Kabat-Zinn* 2003, 1990, 1982), dessen Wirkungen in zahlreichen empirischen Untersuchungen nachgegangen wurde (vgl. etwa *Chiesa/ Serretti* 2009; *Grossman u. a.* 2004; *Baer* 2003; *Kabat-Zinn/ Lipworth/Burney* 1985).

Beispiel einer Achtsamkeitsmethode

Konkret handelt es sich beim *MBSR* um ein achtwöchiges Programm zur Stressbewältigung, das sich aus verschiedenen Übungselementen wie achtsamen Körperwahrnehmungen, Yoga-Übungen, und Sitzmeditationen zusammenfügt. Die Teilnehmer an dem Programm – in der Regel nicht mehr als 35 Personen – treffen sich wöchentlich zu zweieinhalb- bis dreistündigen Gruppensitzungen. Zusätzlich müssen sie innerhalb der 8 Wochen CD-basiert 6mal wöchentlich 45-minütige Achtsamkeitsübungen als „Hausaufgabe" durchführen. Religion spielt in diesem Programm keine Rolle, weshalb *MBSR* damit auch Menschen ohne spirituellen Bezug ansprechen soll. Ursprünglich richtete sich das Programm im klinischen Kontext auf Menschen mit chronischen Schmerzen oder psychischen Krankheiten. Die Besinnung auf das Hier und Jetzt soll es ihnen ermöglichen, aus eingefahrenen Verhaltensweisen und Denkmustern auszubrechen und in stressigen Situationen bedacht zu reagieren. Aktuell hat sich *MBSR* auch außerhalb der klinischen Psychologie etabliert und soll gesunden Menschen – ob Erwachsenen oder Kindern – zu einem Abbau von Stress und zu einem glücklichen und erfüllten Leben verhelfen (vgl. *Black* 2015; *Shapiro/Jazaieri* 2015). Studien verdeutlichen die Wirksamkeit von *MBSR*. *Grossman u. a.* (2004) führten etwa eine Metaanalyse der existierenden Forschungsstudien zu der Wirksamkeit von *MBSR* auf die mentale und körperliche Gesundheit durch. Bezüglich der Auswirkungen auf die psychische Gesundheit untersuchten sie 18 Studien mit insgesamt 894 Probanden und ermittelten eine beachtliche Effektstärke von $d = 0.50$ ($p < 0{,}0001$).

> Hinsichtlich der physischen Gesundheit wurden 9 Studien mit insgesamt 566 Probanden untersucht und eine Effektstärke von d = 0.42 (p < 0,0001) festgestellt (vgl. *Grossman u. a.* 2004, S. 39).

Neben dem *MBSR* gibt es noch weitere achtsamkeitsbasierte Interventionen wie etwa die **Achtsamkeitsbasierte Kognitive Therapie** (*„Mindfulness Based Cognitive Therapy": MBCT*), in der neben Übungselementen aus dem *MBSR* auch kognitiv verhaltenstherapeutische Interventionen durchgeführt werden (vgl. *Segal/Williams/Teasdale* 2001).

In der aktuellen wissenschaftlichen Literatur und in der Praxis wird der Begriff Achtsamkeit zum Teil für die beschriebenen achtsamkeitsbasierten Interventionen bzw. die Achtsamkeitsmeditation selbst verwendet. Achtsamkeit stellt aber nicht nur eine Methode dar. Vielmehr sollen achtsamkeitsbasierte Interventionen Menschen darin unterstützen, ihre **Kapazität in Achtsamkeit** nachhaltig zu kultivieren, sodass achtsame Bewusstseinszustände auch außerhalb der eigentlichen Übungsphasen im Alltag häufiger erlebt werden können (vgl. *Shapiro/Wang/Peltason* 2015, S. 17 ff.). Häufig sind unsere Gedanken ungewollt mit der Vergangenheit oder der Zukunft beschäftigt, sodass wir den jetzigen Moment nicht klar wahrnehmen können (vgl. *Shapiro/Wang/Peltason* 2015, S. 20). Der Begriff Achtsamkeit wird daher auch verwendet, um einen besonderen **Bewusstseinszustand** („state") zu beschreiben. Dieser kann allerdings nicht nur durch achtsamkeitsbasierte Methoden induziert, sondern etwa auch von der Arbeitsumgebung (vgl. *Reb u. a.* 2015, S. 258; z. B.: architektonische Gestaltung) beeinflusst werden. Auch weisen Erwachsene, die in ihrer Kindheit eine sichere Bindung zu ihren Eltern besaßen, eine höhere Kapazität in Achtsamkeit auf (vgl. *Pepping/Duvenage* 2015). Es existieren daher **individuelle Unterschiede** in der Tendenz eines Individuums, im gegenwärtigen Moment zu sein und Zustände des achtsamen Gewahrseins zu erleben (vgl. *Glomb u. a.* 2011; *Brown/Ryan/Creswell* 2007). Deshalb wird Achtsamkeit gelegentlich auch als eine **Persönlichkeitseigenschaft** („trait") aufgefasst (vgl. *Reb u. a.* 2015, S. 258). Aufgrund der Möglichkeit Achtsamkeit zu trainieren, wird sie häufig auch als **kognitive Fähigkeit** („skill") bezeichnet (vgl. *Romhardt/Eppler* 2013, S. 13). Zudem hatten wir bereits von Achtsamkeit als Strategie gesprochen. Im Rahmen einer Selbstführung geht es aber darum, Achtsamkeit bewusst als **Haltung** in das eigene Leben zu integrieren.

Die beschriebene **Heterogenität von Achtsamkeit** hat dazu geführt, dass eine große Anzahl unterschiedlicher Definitionen in der Literatur zu finden sind. Eine häufig zitierte stammt von *Brown* und *Ryan* (2003), die Achtsamkeit **eindimensional** als eine offene, auf den Moment gerichtete **Aufmerksamkeit** auf und **Gewahrsein** von unmittelbar ablaufenden Ereignissen oder Erfahrungen bezeichnen:

> „Mindfulness can be considered an enhanced attention to and awareness of current experience or present reality" (S. 822).

Eine weitere Definition, drei Dimensionen beinhaltend, hat *Kabat-Zinn* (1994) eingebracht. Demnach ist Achtsamkeit eine bestimmte Form der Aufmerksamkeit, die **absichtsvoll** ist, sich auf den **gegenwärtigen Moment** bezieht und **nicht wertend** ist (S. 4). Nicht wertend meint dabei die Akzeptanz des gegenwärtigen Zustands, sowohl körperlich als auch mental. Andere Definitionen ziehen neben diesen drei Dimensionen von Achtsamkeit (Aufmerksamkeit, nicht wertende Akzeptanz, Absicht) weitere Dimensionen hinzu (z. B. „clarity", „witnessing awareness") Ohne hier weiter ins Detail zu gehen, ist festzuhalten, dass die meisten Definitionen von Achtsamkeit die Dimension der „present-moment attention" beinhalten. Der Präsenzfaktor ist danach die zentrale Dimension von Achtsamkeit (vgl. *Reb u. a.* 2015, S. 259 ff.). Aufbauend auf den unterschiedlichen Definitionen wurden unterschiedliche Messinstrumente entwickelt, die das Konstrukt Achtsamkeit in Form einer Selbsteinschätzung messen sollen. Die Fragebögen unterscheiden sich dabei hinsichtlich ihrer **Konstruktion** (Anzahl der Items und Skalen), ihrer **Zielgruppen** (Achtsamkeitserfahrene oder -anfänger) und ihrer **Dimensionalität** von Achtsamkeit (Anzahl der Faktoren; ein- oder mehrdimensional).

> **Beispiel zur Messung von Achtsamkeit**
>
> Ein häufig verwendeter Fragebogen stellt die Mindful Attention Awareness Scale (*MAAS: Brown/Ryan* 2003; deutsche Version: *Michalak u. a.* 2008) dar. Der Fragebogen erfasst durch Selbsteinschätzung die Tendenz, im Alltag aufmerksam und sich der gegenwärtigen Erfahrung gewahr zu sein. Andere Dimensionen von Achtsamkeit werden in dieser Skala nicht berücksichtigt. Der Fragebogen besteht aus 15 Items, dessen Bewertung über eine 6-Punkt-Likert-Skala (1 = fast immer bis 6 = fast nie) erfolgt. Beispielitems sind *„Ich finde es schwierig, auf das konzentriert zu bleiben, was im gegenwärtigen Moment passiert"* und *„Ich merke, wie ich Dinge tue, ohne auf sie zu achten"*. Der *MAAS* ist auf negativ gepolte Items beschränkt und misst damit letztendlich Unachtsamkeit. Die interne Konsistenz beträgt .83. Weitere häufig in der Literatur zu findende Fragebögen sind der

Freiburger Fragebogen zur Achtsamkeit (FFA) (*Buchheld, Grossman/Walach* 2001) und das Kentucky Inventory of Mindfulness Skills (KIMS) (*Baer/Smith/Allen* 2004).

Nachdem deutlich geworden sein sollte, was unter dem heterogenen Konstrukt der Achtsamkeit zu verstehen ist, wollen wir nun der Frage nachgehen, welche Potenziale Achtsamkeit in die Selbstführung einbringt. Ein ganzer Strauß an empirischen Untersuchungen außerhalb der Führungsforschung zeigt positive intrapersonale Auswirkungen von Achtsamkeit, die eng mit einer autonomen Selbstbeeinflussung in Beziehung stehen (wobei innerhalb der jeweiligen Studie dann genauer geschaut werden muss, wie Achtsamkeit konzeptualisiert und gemessen wird). Besonders sind hier die Studien herauszustellen, die positive Beziehungen zwischen Achtsamkeit und **Selbstregulation** als eine zentrale theoretische Basis der Selbstführungstheorie zeigen konnten (vgl. z. B. *Congleton/Hölzel/Lazar* 2015; *Teper/Segal/Inzlicht* 2013; *Papies/Barasalou/Custers* 2012; *Brown/Ryan* 2003). Achtsamkeit wird in der Literatur sehr häufig in Zusammenhang mit effizienter Selbstregulation thematisiert, sodass sie daher im Rahmen der Selbstführung potenziell besonders in denjenigen Situationen förderlich sein wird, in denen effiziente Selbstregulation zur Selbstbeeinflussung benötigt wird. Beispielsweise in Situationen, in denen Individuen automatischen emotionalen Reaktionen unterliegen und in denen innerliche Gewohnheiten und alte Verhaltensmuster das aktuelle Geschehen negativ beeinflussen (z. B. impulsives Verhalten gegenüber Gesprächspartnern; vgl. *Dietz/Dietz/Stierlin* 2008, S. 18).

Wie sieht der Mechanismus hier konkret aus? Mit Achtsamkeit kann die beschriebene Automatik unterbrochen werden. Es entsteht eine Entscheidungslücke zwischen der unmittelbaren Erfahrung und der meist automatischen handlungsorientierten Verarbeitung, die dann konstruktiv genutzt werden kann. Das Innehalten schafft die Basis für bewusstes Entscheiden und die Auswahl adäquater Verhaltensstrategien (vgl. *Dietz/Dietz/Stierlin* 2008, S. 26). Aber nicht nur situationsspezifisch, auch globaler scheint Achtsamkeit hilfreich zu sein. So ermöglicht Achtsamkeit beispielsweise eine effiziente Selbstregulation in Form einer **kognitiven und emotionalen Segmentierung** zwischen dem Arbeits- und Privatleben, was insgesamt zur signifikanten Erhöhung der Zufriedenheit mit der eigenen → Work-Life-Balance beitragen kann. Dies hat zumindest kürzlich eine experimentelle Studie von *Michel*, *Bosch* und *Rexroth* (2014) in Deutschland anhand eines dreiwöchigen Achtsamkeitstrainings zeigen können.

Neben Selbstregulation ist aber auch **Selbstkontrolle** eine wichtige Komponente innerhalb der Selbstführungstheorie. Auch hier konnten einige empirische Studien positive Beziehungen zu Achtsamkeit aufdecken (vgl. z. B. *Friese/Messner/Schaffner* 2012). Eine sehr aktuelle Studie von *Yusainy* und *Lawrence* (2015) zeigt beispielsweise, dass bereits eine kurze Achtsamkeitsmeditation nach vorherigen Willensanstrengungen (z. B. eine Aufgabe, die wenig Spaß bereitet) einer **Selbsterschöpfung** („ego-depletion") vorbeugen und dadurch die Wahrscheinlichkeit des Auftretens nachfolgender aggressiver Verhaltensweisen aufgrund aufgebrauchter Selbstkontrollkapazitäten reduzieren kann.

Wird explizit auf das Konzept der „*self-leadership high road*" (*Manz* 2015) abgestellt, so sind sicher Untersuchungen relevant, die positive Beziehungen zwischen Achtsamkeit und **Authentizität** zeigen konnten (vgl. z. B. *Leroy u. a.* 2013; *Lakey u. a.* 2008). Exemplarisch wollen wir die Studie von *Leroy u. a.* (2013) näher betrachten.

> **Empirie zum Achtsamkeitstraining**
>
> Konkret ist die Studie von *Leroy* und Kollegen (2013) der Frage nachgegangen, ob ein Achtsamkeitstraining mit Authentizität und Arbeitsengagement in positiver Beziehung steht. Durch Achtsamkeitstraining erhöht sich – so vermuten die Autoren – einerseits die Qualität der Erfahrungen und damit verbunden der Spaß und das Engagement bei der Arbeit. Andererseits wird prognostiziert, dass ein Achtsamkeitstraining gleichzeitig eine erhöhte „internal awareness" von Emotionen, Gedanken und Verhalten und damit verbunden ein Handeln im Einklang mit dem „true self" erzeugt. Zudem stellen die Autoren die Hypothese auf, dass Authentizität den Zusammenhang zwischen Achtsamkeit und Arbeitsengagement partiell vermittelt. In dem in der Studie gewählten experimentellen Längsschnittdesign nahmen insgesamt 76 Versuchspersonen an einem *MBSR-Training* teil (68 Personen füllten alle Fragebögen (u. a. den *MAAS*) zu den 3 Messzeitpunkten vor, 2 Monate nach sowie 4 Monate nach dem Training aus). Die Kontrollgruppe bestand aus 14 Personen, die im Untersuchungszeitraum kein Training erhielten. Die Ergebnisse bestätigen weitgehend die aufgestellten Hypothesen: Achtsamkeitstraining steigert im Zeitverlauf die Authentizität ($\beta = 0.51$, $p < .05$) und die Authentizitätssteigerung erhöht wiederum das Arbeitsengagement ($\beta = .28$ $p < .05$). Eine direkte Beziehung zwischen Achtsamkeitstraining und Arbeitsengagement wird allerdings nicht mehr signifikant, wenn Authentizität gleichzeitig berücksichtigt wird ($\beta = .18$; n.s.). Der letztgenannte Aspekt zeigt, dass Authentizität nicht nur partiell, sondern vollständig den Zusammenhang zwischen Achtsamkeitstraining und Arbeitsengagement vermittelt.

Ferner sind Untersuchungen von Bedeutung, die sich mit Achtsamkeit und **ethischem Verhalten** genauer beschäftigen. So haben *Eisenbeiss* und *Van Knippenberg* (2015) in ihrer aktuellen Untersuchung zeigen können, dass Geführte etwa dann empfänglicher für **ethische Führung** sind und mehr „extra effort" und „helping behavior" zeigen, wenn sie neben moralischen Emotionen auch eine größere Kapazität in Achtsamkeit aufweisen. Begründet wird dies mit der **tieferen und bewussteren Verarbeitung** des ethischen Führungsverhaltens vom jeweiligen Geführten. Achtsamkeit dient hier somit als Moderatorvariable für die positiven Auswirkungen ethischer Führung. *Van Gils u.a.* (2015) zeigen allerdings, dass Personen mit einer höheren **moralischen Achtsamkeit** geneigt sein könnten, bei Verletzung ihrer moralischen Erwartungen durch ihren Vorgesetzten stärker ein Verhalten an den Tag zu legen, was sich letztendlich gegen die Interessen der Organisation wendet (Arbeitsverlangsamung als noch mildeste Form). Diese Personen registrieren schneller und intensiver moralische Signale und wehren sich bei einer (gelegentlich überbetonten) Erwartungsenttäuschung auf eine für sie gerechtfertigten Art und Weise. Und zwar heftiger als Personen, die moralisch weniger sensibel sind. Für Organisationen käme es deshalb darauf an, durch vorbildhaftes moralisches Auftreten oder durch die Herausstellung vorbildlichen Verhaltens anderer Führungskräfte eine automatische Gleichsetzung des devianten Vorgesetzten mit der Organisation prophylaktisch zu verhindern. Der Zusammenhang von Achtsamkeit und Ethik wird ansonsten insbesondere auf den bewussteren Umgang mit der Umwelt, besseren Selbstkontrollkapazitäten, größerer Akzeptanz auch gegensätzlicher Ansichten sowie auf größere Selbsterkenntnis zurückgeführt (vgl. *Ruedy/Schweitzer* 2010).

Die Ausführungen sollten deutlich gemacht haben, dass mit Achtsamkeit Potenziale in der Selbstführung verbunden sind. Deutlich wird, wie wichtig es ist, sich zunächst selbst achtsam führen zu können, bevor man andere achtsam führen kann. Bei der Achtsamkeit kommt es darauf an, eine **achtsame Haltung** zu etablieren. Führung und Lebenswelt wären danach dies betreffend nicht zu trennen. Wer dagegen Achtsamkeit nur als Pflichtaufgabe sieht und als oberflächliches Instrument benutzt, wird nach evidenzbasierten Erkenntnissen wenig Erfolg haben. In diesem Zusammenhang wird dann auch schon von **„McMindfulness"** (*Felix* 2015) gesprochen. Darunter wird verstanden,

> „[...] dass Achtsamkeit heute allzu oft aus serieller Fertigung stammt und in leicht verdaulichen Portionen zum unmittelbaren Verzehr angeboten wird" (*Felix* 2015).

Also so wie ein Hamburger bei *McDonalds*. Wird Achtsamkeit jedoch wirklich gelebt, können, so der Tenor der Diskussion, dann neben den skizzierten **intrapersonellen Effekten** auch nachhaltige **interpersonelle Effekte** hinzutreten (auf die Arbeitszufriedenheit, auf die Work-Life-Balance, auf die Arbeitsleistung der Geführten; vgl. hierzu eine aktuelle Untersuchung von *Reb/Narayanan/Chaturvedi* 2014). Allein durch „being"; durch „non-doing" und eben nicht durch Aktionismus und Window Dressing. Es ist die **Präsenz** des Führenden, die hier stark gemacht wird. Etwas im Übrigen, was bei der Beschreibung besonders intensiver positiver Führungserlebnisse von Geführten formuliert wird und im Charisma-Kontext vielfach auftaucht. So entstehen aus Mosaiksteinen unterschiedlicher Forschungsrichtungen plötzlich Führungsbilder.

Superleadership

Vorgesetzte, deren Anliegen es ist, aus einer gefestigten Position des Selbst heraus bei *anderen* die Fähigkeit zur Selbstführung zu befördern, werden in einem Segment der Führungsdiskussion als **„Superleader"** bezeichnet. Sie praktizieren **„Superleadership"**. In dieser führerzentrierten Sichtweise, die von den jüngeren, oben vorgestellten Erkenntnissen profitieren kann, geht es darum, wie das autonome Selbst der Geführten durch den Führenden, also von außen, positiv entwickelt werden kann. Das „Super" bezieht sich darauf, dass „die Führung ein ganzheitliches Spektrum der selbstbeeinflussenden Strategien, der Potenziale, des Wissens und der Fähigkeiten aller Organisationsmitglieder ausschöpft".

> „Die beiden Begriffe **Superleadership** und **Empowering Leadership** [...] werden in der Führungsforschung [weitgehend, J.W.] synonym verwendet [...] Sowohl Superleadership als Empowering Leadership zielen darauf ab, die Self-Leadership-Fähigkeiten der Geführten und aller Organisationsmitglieder zu erhöhen" (*Furtner/Baldegger* 2013, S.195; in diesem Sinne schon *Manz/Sims* 1992, S.313).

Ein Messinstrument hierfür wäre hier der **Empowerment Leadership Questionnaire** (ELQ) von *Arnold u.a.* (2000), der die Dimensionen des Vorbilds, der Partizipation, des Coachings, der Information sowie der Anteilnahme/Interaktion mit dem Team in den Vordergrund stellt. Sicherlich vereinfacht es die Anwendung dieses Führungsverhaltens, das im Sinne einer Grundhaltung auch als ein situativer Führungsstil interpretiert werden kann, wenn die Geführten bereits über entsprechende kognitive Fähigkeiten, verbunden mit Eigeninitiative und intrinsischer Motivation, verfügen. Allerdings dienen ja die ersten Schritte dazu, genau diese Günstigkeit zu unterstützen und fortzuentwickeln. Nur so kann die Selbstführung selbst als ein Führungssubstitut fungieren. Der Superleader macht sich konzeptimmanent (partiell) überflüssig. Auf alle Fälle ist er oder sie bereit, Macht zu teilen. Auch wenn sie es ist, die die Kontrolle über diesen Prozess weiterhin besitzt, schiebt sie sich doch verstärkt in den Hintergrund.

Wie *Ridder* (2015, S. 333) nochmals deutlich ausweist, steht dieser Entwurf durchaus in der Tradition des sozio-technischen Systemansatzes, insofern er die Verfolgung ökonomischer wie sozialer Ziele propagiert. Wie ehemals dort lässt sich auch hier der Ansatz beispielhaft auf eine Veränderung der Gruppenarbeit in Organisationen beziehen und wurde als eine entsprechende Erweiterung auch von den einschlägigen Forschern begriffen; für das Konzept des weniger weitreichenden Selbstmanagements (vgl. *Stewart/Courtright/Manz* 2011, S. 189 f.) gilt dies im Übrigen ebenso. Das Leitmotiv wären nun wieder selbststeuernde Gruppen, denen ein Großteil jener Kompetenzen und Funktionen übertragen werden, die vormals dem hierarchisch Vorgesetzten zugewiesen waren, beispielsweise die Verteilung der Aufgaben auf die Mitarbeiter, die Bestimmung der Vorgehensweise bei der Aufgabenerfüllung oder die Überprüfung des Erfüllungsgrads der Aufgaben (vgl. *Manz/Sims* 1995a, Sp. 1876).

Hieraus folgt jedoch auch in diesem Ansatz nicht, wie bereits erwähnt, dass die direkte Führung überflüssig würde, sondern es wird davon ausgegangen, dass diese nach wie vor unverzichtbar ist. Dies wird damit begründet, dass die hierarchische Führung in der Phase der Einführung selbststeuernder Gruppen zunächst einmal eine eher noch größere Bedeutung erhält, als einen Bedeutungsverlust erleidet. Denn insbesondere in dieser Phase sei ein **Superleadership** notwendig, demzufolge die Führungskraft nicht länger die traditionelle Rolle des „Führers", sondern nunmehr jene eines „Superführers" auszufüllen haben, welcher – kurz gesagt – die Gruppe dazu führt, sich selbst zu steuern. Der „Superführer" fungiert damit als Begleiter bzw. Förderer all jener **Lernprozesse innerhalb der Gruppe**, die notwendigerweise für eine erfolgreiche Selbststeuerung erst einmal durchlaufen werden müssen. Ohne direkte Führung durch Superleadership wäre das Ziel der Selbststeuerung hiernach gar nicht zu erreichen. Hierzu muss der „Superführer" unter anderem die Funktion eines kompetenten „Trainers" einnehmen (Förderung des fachlichen Lernens der Gruppenmitglieder), sich als gerechter „Schiedsrichter" erweisen (Förderung des sozialen Lernens der Gruppenmitglieder) oder auch die Rolle eines „Animateurs" spielen, dessen Aufgabe es ist, eine positive Atmosphäre für Selbst-Steuerungsverfahren zu schaffen (vgl. *Manz/Sims* 1995a, Sp. 1875 ff.).

In Analogie beschreibt der Ansatz des Superleadership damit gewissermaßen eine Wandlung der Führungsrolle „vom Autor zum Herausgeber" (vgl. *Wunderer* 1992) – was meint: Führungskräfte dürfen als Superleader Leistung und Zielerreichung nicht mehr (wie in arbeitsteilig-hierarchischen Strukturen üblich) als im Wesentlichen abhängig von ihrem Führungshandeln bzw. ihren Führungsfähigkeiten sehen (wie ein Autor, der für das gesamte Werk alleinverantwortlich zeichnet); vielmehr müssen sie Leistung und Zielerreichung als gemeinschaftliches (Gruppen-)Resultat verstehen, zu dem sie durch die Erfüllung ihrer spezifischen Aufgaben nur anteilig beizutragen vermögen. So wie ein Herausgeber, der Autoren für Einzelbeiträge gewinnt, einzelne Autoren gegebenenfalls zur Überarbeitung/Verbesserung ihres Beitrags motiviert, des Weiteren die Einzelbeiträge thematisch strukturiert und in seinem Vorwort zu einem Ganzen integriert. Oder noch anders formuliert: Superführer dürfen Mitarbeiter keinesfalls so führen, wie abhängig Beschäftigte traditionell geführt wurden – nämlich über den Modus von „*Befehl, Kontrolle des Gehorsams, Sanktion (Belohnung oder Bestrafung)*" (*Minssen* 1990, S. 365 f.). Sie müssen stattdessen bestrebt sein, die neuen **Rollen des Moderators, Beraters, Animators, Koordinators**, usw. exzellent auszufüllen (☞ C. III.). So wirkt sich Superleadership z. B. positiv auf die Selbstwirksamkeit in Teams (vgl. *Srivastava/Batrol/Locke* 2006) und von Verkäufern (vgl. *Ahearne/Mathieu/Rapp* 2005), die Wissensteilung in Teams (vgl. *Xue/Bradley/Liang* 2011), die Arbeitszufriedenheit und das organisationale Commitment (vgl. *Elloy* 2005) sowie auf die intrinsische Motivation und die Kreativität (vgl. *Zhang/Bartol* 2015) aus.

Die Entwicklung hin zu Superleadership kann anhand eines siebenstufigen Prozessmodells beschrieben werden. Dieses Modell ist in der folgenden Abbildung D.17 einmal dargestellt.

Deutlich wird, dass eine Führungskraft im Rahmen von Superleadership verschiedene Stufen durchlaufen muss, um eine Selbstführung der Geführten zu bewirken und damit ihre Potenziale entfalten zu können. Dabei ist wichtig, dass die Führungskraft zunächst selber Selbstführungsfähigkeiten aufweist (1) und diese vor ihren Geführten demonstriert (2). Ferner sollte die Führungskraft die Geführten zur Selbstzielsetzung ermutigen (3), positive Gedankenmuster fördern (4), ein effektives Belohnungssystem bei den Geführten anregen (5), die Selbstführung von Teams fördern (6) sowie eine Selbstführungskultur für die Nachhaltigkeit der Wirkung etablieren (7).

Kritische Würdigung von Selbstführung und Superleadership

Selbstführung wäre danach der Kern jeder zielorientierten Handlung ohne externe Anleitung. Dies kann man so sehen, ist aber eigentlich nicht neu. Denn es verweist auf den Kern des Individuums, autonom zu agieren. Insbesondere in Verbindung mit dem Superleadership-Ansatz wird jedoch latent ein Bild suggeriert, dass die Selbstführungsfähigkeiten empirisch nur sehr schwach ausgeprägt seien. Belastbare Daten liegen hierzu in der Fläche nicht vor. Die Gegenthese würde lauten, dass es die momentan vorherrschenden Praktiken sind, die dies in einem anscheinend von dem ein oder anderen gewünschten Ausmaß noch nicht erkennen lassen. Richtig ist jedoch, dass derartige Fähigkeiten und Bereitschaften durch persönliche, führerseitige Ermunterung und Gestaltung des Arbeitskontextes zu stabilisieren und auszuweiten sind. Einige Arbeitskontexte erhöhen sogar die Notwendigkeit hierzu von sich aus. Dies offensichtlich dann, wenn eine tiefergreifende Abkehr von starren Hierarchien vollzogen wird, wie wir es beispielhaft in intra- wie interorganisationalen Netzwerken erleben (vgl. z. B. *Sydow* 2010a). Generell steigt die Bedeutung eines derartigen Führungsstils, wenn angesichts aufgabenbestimmter Notwendigkeiten

„eine zunehmende Kluft zwischen formaler Autorität bzw. Zuständigkeit und dem zur Problemlösung erforderlichen Expertenwissen" (Reihlen 1999, S. 284).

konstatiert werden muss. Hier folgen dann die Führungsstrukturen beständig dem in der Organisation vorhandenen Problemwissen. Beispielsweise wird das **heterarchische Prinzip** (temporäre Leitungsverantwortung) dann dem **hierarchischen Prinzip** (stabile Leitungsverantwortung) beigestellt. Das bereits früher schon von *Likert* postulierte Prinzip der **überlappenden Gruppenmitgliedschaft** (vgl. *Likert* 1975) könnte in solch einem Fall eine kommunikative und wissensbasierte Vernetzung einzelner Gruppen-, Abteilungs- und Bereichsebenen sichern helfen.

Realistischerweise wird diese mögliche Entwicklung, die durch die Digitalisierung von Entscheidungs- und Wertschöpfungsprozessen weiter an Fahrt gewinnen kann, nicht jeden mit Freude erfüllen. Ein Übermaß an Flexibilität gefährdet die Stabilität der Organisation. Der Verlust von Kontrolle hat für Vorgesetzte auch Schattenseiten. Etablierte Rollenmuster wanken (Führungskräfte verstehen sich selbst häufig eher als „Macher" denn als

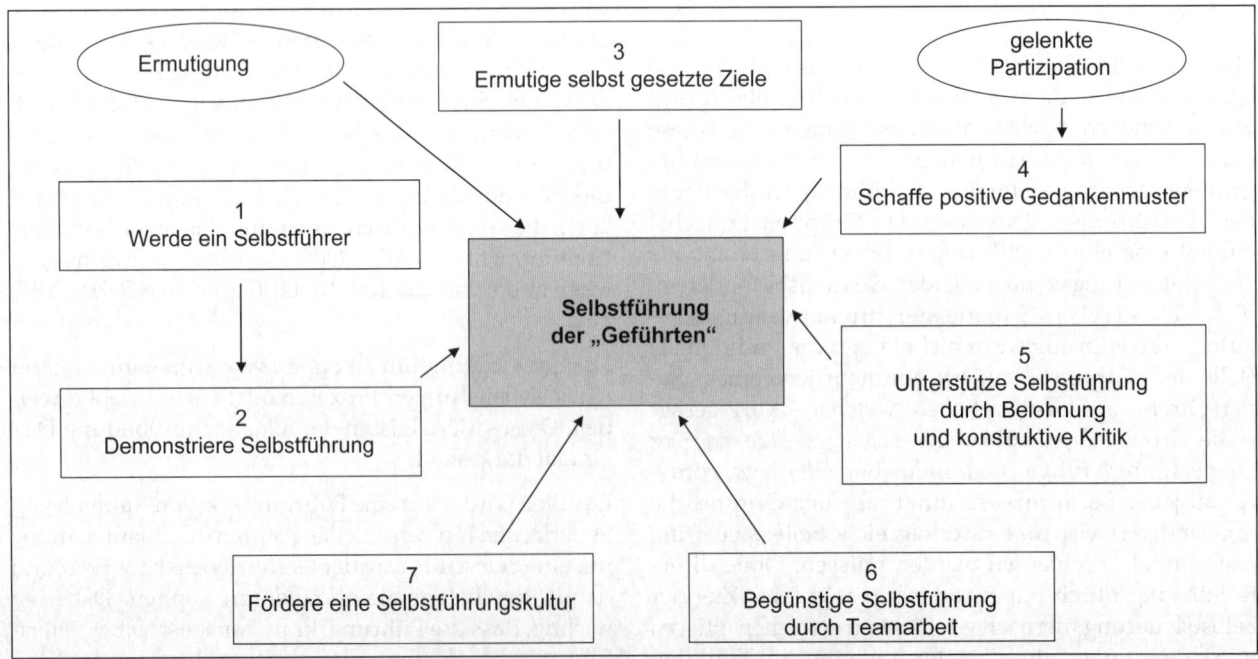

Abb. D.17: Der Weg zur Selbstführung nach *Manz/Sims* (1981, S. 33, übersetzt)

„Kultivierer", vgl. *Dachler/Dyllick* 1988) und die Übernahme neuer Rollenmuster ist kein Selbstläufer, denn *„die Fähigkeit, zuhören zu können, Sichtweisen zu ändern, sich einzufühlen und Grundverhaltensmuster zu ändern"* (*Manz/Sims* 1995b, S. 23), muss in einem ausreichenden Maße vorhanden sein (☞ C. III.). Ungewöhnlich wäre zudem nicht, dass Führungskräfte objektive Kontrollverluste durch ein Übermaß an zentralistischer Autorität (vergeblich) wieder einfangen möchten. Fairerweise gehört dazu, festzustellen, dass nicht zuletzt die Bereitschaft der Organisationsmitglieder, sich an diesem Wettbewerb um Einfluss und Verantwortung (!) zu beteiligen, nicht einfach pauschal flächendeckend angenommen werden darf. Dies wäre genauso kontrafaktisch wie zuvor eine generelle Förderungsnotwendigkeit zur Selbstführung auf der Mitarbeiterseite anzunehmen. Der Wunsch nach Autonomie ist dabei eine wichtige intervenierende Variable (vgl. *D'Intino u. a.* 2007; *Yun/Cox/Sims* 2006), ebenso wie die Leistungsbereitschaft schlechthin. Situationale Moderatoren thematisieren hier *Stewart/Courtright/Manz* (2011), *Konradt/Andreßen/Ellwart* (2009) und *Houghton/Yoho* (2005).

Dennoch bieten die bisher vorliegenden Anregungen sehr gute Grundlagen, um die **Selbstreflexion** von Führungskräften zu fördern und die Führungsperspektiven auszuweiten. Damit werden auch Voraussetzungen gestärkt, die im Sinne von *Rolf Wunderer* (2011) unternehmerisches Denken und Handeln breitflächiger ermöglichen.

5. Wo wir in der Führungsstildiskussion stehen

Ziel der Führungsstilforschung ist es in letzter Konsequenz immer gewesen, die Effektivität eines definierbaren Führungsverhaltens auf verschiedenste Führungserfolgsgrößen zu bestimmen. Als man erkannt hatte, dass dies die eigenschaftsgetriebene Persönlichkeitsforschung nicht liefern konnte, wurde sich in behavioristischer Tradition dem Verhalten zugewandt. Verbunden mit der damals doch vorherrschenden Metapher, die Organisation als Maschine zu sehen, waren die Forscher mindestens implizit der Ansicht, dass ein definierter Führungsstil entweder (am besten) eine generelle oder situationsspezifisch variierende, auf alle Fälle prognostizierbare Wirkung entfaltet.

Dies ist prinzipiell in Ordnung. Für die wichtigsten Ansätze, Aufgabenorientierung („Initiating Structure") und Mitarbeiterorientierung („Consideration") sowie der transformationalen und transaktionalen Führung sei der Forschungsstand noch einmal zusammenfassend angeführt (vgl. Tab. D.5; dazu in Ergänzung die Übersichten von *Wesche/May/Muck* 2015). Vorangestellt werden in der Tabelle D.4 nochmals deren wichtigste Leitinhalte.

Um das Dickicht des Führungsalltags zu entflechten, müssen die zentralen Wirkbeziehungen im Auge behalten werden. Und natürlich hat ein Führungsstil, also die beständige Art und Weise, sich gegenüber den Geführten zu verhalten, einen vielfältigen Einfluss. Aber ist dieser gleichermaßen beständig wie das Verhalten selbst? Das ist tatsächlich nicht der Fall. Dies liegt daran, dass dieses Verhalten auf unterschiedlichste Personen trifft, deren Erwartungen differieren und die zu unterschiedlichen Zeiten möglicherweise unterschiedliche Ansprech- und Beteiligungswünsche haben. Wichtiger noch: Die empirischen Studien zeigen, wie wir sehen, zwar differierende Wirkumfänge auf. Allerdings wäre es eine Überinterpretation, hieraus nun eine Matrix aus zu wählendem Führungsstil und Zielgröße konstruieren zu wollen. Vor allem sehen wir, dass der unerklärte Teil der Führungserfolgsgrößen immer noch deutlich höher ist als der erklärte.

Anders formuliert: Leistung und Zufriedenheit lassen sich nicht nur, und sehr oft sogar im Wesentlichen nicht, direkt auf den Führungsstil zurückführen. Warum? Erstens gibt es bereits thematisierte methodische Probleme, die die Konstruktion und Erfassung der an sich wichtigen und richtigen Inhalte betreffen. Zweitens gibt es indirekte Wirkungen von Führungsstilen, die hier nicht eingerechnet sind, da sie erst über Zwischengrößen wie Emotionen ihre vollständige Kraft entfalten. Drittens gibt es strukturelle (z. B. Arbeitsorganisation) und kulturelle (z. B. Risikovermeidung, Chauvinismus) Parameter, die sich ebenfalls auf die Erfolgsgrößen auswirken. Und viertens gibt es neben dem Führenden auch andere Personen innerhalb und außerhalb der Organisation, die einen direkten oder wiederum indirekten Einfluss auf eben diese Erfolgsgrößen besitzen.

Probleme, mit der sich die **Führungsstilforschung** teils vehemente **Kritik** eingehandelt hat sind, neben bereits erwähnten, die individuelle Wahrnehmung eines jeden Verhaltens und die personenspezifische Wirkung des Führungsstils außer Acht zu lassen (*Anderson/Sun* 2015a; *Breevaart u. a.* 2015). Dazu gehört in Erweiterung auch, sich zu sehr auf die positiven Effekte zu versteifen und mögliche negative Effekte eines an sich sinnvollen Führungsstils, die wir uns beispielsweise als Umkippeffekte vorstellen, nicht ins Kalkül zu ziehen (vgl. hierzu instruktiv *Gebert/Kearney* 2011, S. 83). Die

Mitarbeiter-orientierung	Transformationale Führung			Transaktionale Führung	Aufgaben-orientierung
	Individuelle Wertschätzung	Intellektuelle Stimulierung	Inspiration Charisma		
Das Wohlergehen der Mitarbeiter fördern	Mitarbeiter individuell beachten	Eingefahrene Denkmuster aufbrechen	Über fesselnde Visionen, Strategien motivieren	Ziele klar und operational definieren bzw. vereinbaren	Betonung von Leistung und Arbeitseinsatz
Aufbau einer guten Beziehung	Mitarbeiter fördern und entwickeln	Neue Einsichten vermitteln	Relevanz von Zielen und deren Bedeutung erhöhen	Erfolgserwartung steigern	Tadel bei mangelhafter, langsamer Arbeit
Faire, gleichberechtigte Behandlung aller	Hilfestellung geben	Kreatives Denken ermöglichen	Als Identifikationsobjekt fungieren	Zusammenhang zwischen Zielerreichung und Belohnung verdeutlichen	Aktivierung zu höchster Leistung
Unterstützung bei der Aufgabenerfüllung	Verträglichkeit von Mitarbeiter- und Arbeitszielen analysieren		Als exzeptionell bzw. exemplarisch erscheinen	Zielerreichung durch monetäre Anreize belohnen	Fokus liegt auf voller Einsatzbereitschaft
Freie, offene Kommunikation					Durchsetzungsbereitschaft
Bereitschaft zum Einsatz für die Mitarbeiter					

Tab. D.4: Leitinhalte zweier Führungsstilansätze (nach *Steyrer/Meyer* 2010, S. 150)

	Mitarbeiter-orientierung	Aufgaben-orientierung	Transformationale Führung	Transaktionale Führung	Bedingte Verstärkung
Arbeitszufriedenheit der Mitarbeiter	.40	.19	.27	.24	.39
Mitarbeiterzufriedenheit mit Führungskraft	.68	.27	.57	.21	.64
Führungseffektivität (subjektiv)	.39	.28	.52	.27	.56
Führungseffektivität (objektiv)			.10	-.05	.16
Führungseffektivität (objektiv) (*Geyer/Steyrer* 1994)	.12	.13	.17	-.06	.13

Tab. D.5: Wirksamkeit von Führungsstilen (*Steyrer/Meyer* 2010, S. 151; angegeben sind Effektstärken, aufgenommen wurden Literaturbefunde und eine eigene Studie)

Kritik greift im Prinzip für alle Führungsstile bzw. für alle Forschungsprogramme gleichermaßen stark. Besonders in die Kritik geraten sind aber ausgerechnet die beiden populärsten Führungsstile, „Consideration" und „Initiating Structure", sowie die transformationale Führungsstiltheorie (die man wahlweise übergreifender auch als Führungstheorie bezeichnen darf). Dies liegt wohl daran, dass diese zum einen am meisten beforscht sind, zum anderen aber auch die einzigen, zu denen solide und umfangreiche empirische Ergebnisse vorliegen. Während sich die Kritik an der Ohio-Klassifikation nach der empirischen Analyse von *Judge* und *Piccolo* (2004) gelegt hat, ohne dass damit alle Probleme vom Tisch wären, ist sie in den letzten Jahren mit ähnlichen Argumenten bei der transformationalen Führungsstiltheorie aufgeflammt (siehe weiter oben).

Lassen wir methodische Details der Kritik hier jedoch außer Acht (allerdings sei der Hinweis auf mögliche systematische Verzerrungen der Datengrundlage aufgrund der Anfälligkeit von Geführtenratings, wie bei der Erfassung von Führungsstilen üblich, noch deponiert; vgl. *Hansbrough/Lord/Schyns* 2015). Einzelne Forscher kommen unter anderem zu dem Ergebnis, dass sich die Führungsforschung anstelle der Untersuchung einzelner Führungsstile viel stärker auf klarer definierte Führungsverhaltensaspekte konzentrieren solle. Beispielsweise wird üblicherweise der Inhalt der Vision, die ein Stil wie die transformationale Führung anspricht, außen vor gelassen. Es ist aber eine offene Frage, ob sich Inhalte einer Vision hinsichtlich ihrer mobilisierenden und motivierenden Effekte unterscheiden. Hier besteht Forschungsbedarf. Wenig alltagstauglich ist ebenfalls die Vorstellung, dass ein bestimmter Führungsstil ohne seine spezifischen und in der alltäglichen Organisationspraxis vielschichtig und oftmals subtil ablaufenden kommunikations- und beziehungsbezogenen Aspekte betrachtet werden kann. Die Idee, man könne durch die Ausübung der Verhaltensweisen eines bestimmten Führungsstils beim Gegenüber eine stete und somit kausale Wirkung (welcher Art auch immer) „erzeugen", stellt eine simplifizierende Vorstellung dar, die sozialen Prozessen wie Führung nicht gerecht wird. Zu leicht verbleibt man mit einem derartigen Ansinnen in der Nähe behavioristischer Reiz-Reaktions-Schemata. Vielmehr sind also sowohl auf der Ebene des „Aussendens" eines bestimmten Führungsstils zwischen Führungskräften Unterschiede wahrscheinlich, als dass auch auf der Ebene der intraindividuellen Wahrnehmung bzw. des Erlebens bei den Geführten viele unterschiedliche Möglichkeiten in Betracht zu ziehen sind. Stellen wir uns zum Beispiel eine Führungskraft vor, die gerade in einer schlechten Stimmung ist. Sie wird trotz formal gleichem Inhalt ganz andere Signale senden, als dies im normalen „Alltagsbetrieb" der Fall wäre. *Breevaart, Bakker, Demerouti* und *Derks* drücken dies so aus (2015, S. 2):

> „[W]e adopt the view that leadership behaviors may fluctuate within individuals from day to day (and, hence, from week to week)."

Auch wenn man Persönlichkeitsmerkmale, wie die Extraversion (die sich u. a. auf die Kommunikationsstärke und auf eine Fähigkeit, offen auf andere zuzugehen, bezieht), als wichtige Moderatorvariable für einen z. B. beziehungsorientierten Führungsstil ansehen würde, so haben selbst Extravertierte Tage, an denen sie nicht in Lage sind oder es nicht wünschen, im Zentrum der Aufmerksamkeit zu stehen. Ähnlich variiert Führungsverhalten selbst bei Führenden, denen ein bestimmter Führungsstil aufgrund ihrer Persönlichkeit auf den Leib geschneidert zu sein scheint. Im Kontrast dazu nimmt die Führungsstilforschung traditionellerweise an, dass Führende allgemein und auf konsistente Art und Weise einen bestimmten Führungsstil ausüben könnten:

> „A daily, within-person approach of life in general and of organizational behavior in particular is much more realistic than a between-person approach that lumps all the behaviors shown on different days together and looks at the averages" (Breevaart u. a. 2015, S. 17).

Passend zum gerade dargestellten Befund findet eine Tagebuchstudie der Forscherinnen und Forscher einen ähnlichen zeitlichen Effekt für die Mitarbeiterseite: Nicht immer wollen diese geführt werden oder benötigen Unterstützung oder Inspiration. Häufig sind Mitarbeiter sehr gut in der Lage, sich selbst zu motivieren und zu führen – dies passend zum Befund, dass Fähigkeit zum „Self-Leadership" ebenfalls zeitlich variieren kann. Im Zusammenhang mit einem transformationalen Führungsstil zeigt sich, dass dieser bei den Mitarbeitern nur in Wochen mit hohem Führungsbedürfnis positive Leistungseffekte hat. In Wochen mit einem niedrigen Führungsbedürfnis hingegen, bei gleichzeitig gerade hoch ausgeprägter Fähigkeit zu Self-Leadership, bleiben die üblicherweise positiven Effekte transformationaler Führung bei den Mitarbeitern aus. Damit wird eine Tür erneut aufgestoßen, die bereits *Shamir* (2011) wegweisend öffnete: Die Vernachlässigung, gar Ignorierung von **Zeitaspekten** in der Führungsstilforschung (Effekte im Zeitverlauf einschließlich Latenz- und Abnutzungseffekte). Der Zeitaspekt ist im Übrigen die vielleicht mit am stärksten vernachlässigste Größe in der gesamten Führungsforschung (vgl. hierzu auch *Day* 2014).

Dieses Beispiel verdeutlicht eindrücklich, dass man sich selbst im Kontext der (quantitativen und positivistisch fundierten) Führungsstilforschung von der Idee der zeit- und kontextübergreifenden Generalisierbarkeit von Führungsverhalten und seiner identischen Wirksamkeit zu verabschieden beginnt. Sowohl die Art und Weise der Ausübung bzw. Vermittlung eines bestimmten Führungsstils als auch die Wahrnehmung und das Erleben dieses Führungsstils bei den Mitarbeitern kann innerhalb relativ kurzer Zeitspannen stark variieren. Nicht jeder Tag ist gleich. Hierbei sind die zeitlichen und situationsspezifischen „Schwankungen" bei den Geführten eine essentielle, aber bislang weitgehend vernachlässigte Größe in der traditionellen Führungsstilforschung. Dies impliziert aber, dass „Geführte" oder „Follower" als aktiver Teil des Führungsprozesses betrachtet werden (vgl. z. B. *Hannah u. a.* 2014; *DeRue/Ashford* 2010; ☞ A.). Deshalb sollte sich die quantitative Führungsforschung im Grunde den zentralen Ideen und Aussagen der sozial konstruktionistischen Führungsforschung annähern, die seit jeher grundlegend auf die dynamischen und interaktionsbezogenen (relationalen) Prozesse von Führung abstellt (vgl. *Uhl-Bien* 2006; siehe auch *Crevani/Lindgren/Packendorff* 2010; *Weibler/Rohn-Endres* 2010).

Zwar hat sich die Führungsstilforschung bereits um eine – aus guten Gründen geforderte – differenziertere und stärker kontextualisierte Betrachtung bemüht. Dies hat aber auch dazu geführt, dass die identifizierten **Moderatorvariablen** mittlerweile kaum mehr überschaubar sind und somit die Konsistenz und Trennschärfe der einzelnen Führungsstile verwässert haben. Man sieht hier bereits ganz deutlich, dass Bestrebungen, einen bestimmten Führungsstil (egal welchen) über Kontexte hinweg als (generell) wirksam zu betrachten, notwendig an ihre Grenzen stoßen.

Daneben ist leider auch den **negativen Folgen** eigentlich passender Führungsstile bislang wenig Aufmerksamkeit zugekommen. Implizit ist diese Frage zwar bereits in der Substitutionstheorie angelegt, wird dort aber nur sehr generell diskutiert. Wir denken hier an etwas anderes. Wird ein Mitarbeiter durch seine Führungskraft bei der Aufgabenerledigung unterstützt, weil er alleine kein befriedigendes Ergebnis zustande bringen würde, wäre dies ein passendes Führungsverhalten. Doch wie viel Mitarbeiterorientierung (v)erträgt ein Mitarbeiter? Wann reichen Vertrauensbeweise und wann muss nicht mehr miteinander geredet werden? Wann, um es salopp und drastisch zu formulieren, hängen einer Mitarbeiterin die beständigen Motivationsanstrengungen ihrer Vorgesetzten zum Halse raus und wann ist denn auch einmal gut mit Leistungsfeedback? Hierüber sagt die Führungsstilforschung nichts.

Gebert und *Kearney* (2011) gehen davon aus, dass Führungsverhalten wie vieles im Leben seine zwei Seiten hat und dass, wie sie es nennen, Führungsweisen mit positiven und negativen Effekten verbunden sind. Die Autoren haben hierauf in ihrem **Führungsmodell** zwar auch keine empirische Antwort, doch ist ihr Modell, welches die Frage der **Wissensgenerierung und Wissensintegration** zum Gegenstand hat, konzeptionell so angelegt, in Komplementaritäten zu denken. Unter einer Komplementarität verstehen die Autoren entgegengerichtete Führungsweisen. Dabei empfehlen sie, ihre vier Dimensionen der Führungsweisen jeweils parallel in demselben Subsystem zu praktizieren. Die Praktizierung ist potenziell jeweils mit erwünschten und unerwünschten Effekten verbunden (Entscheidungsvollmachten: direkte vs. delegative Führung; zeitliche Vorgaben: zeit- begrenzende/effizienzorientierte vs. zeitgewährende/qualitätsorientierte Führung; Wissensnutzung: auf beim Geführten setzende wissensabrufende vs. wissensgenerierende Führung; Kommunikation: konsensorientierte vs. dissensorientierte Führung).

Was sind Erkenntnisse zu Führungsstilen also wert? Die Führungsstildiskussion gibt begründete Hinweise, welche Effekte mit einem Führungsstil tendenziell erwartet werden dürfen und spezifiziert ggf. Bedingungen, unter denen diese Wirkungen tendenziell eintreten sollten. Dabei ist allerdings die Möglichkeit einer starken Streuung zu beachten, die in ungünstigen Konstellationen oder bei unpassender Umsetzung auch ins Gegenteil umschlagen kann. Tröstlich sind hier aber wiederum Studien, die zeigen, dass die von uns besonders herausgestellten Führungsstile der Aufgaben- wie Mitarbeiterorientierung und der transformationalen bzw. transaktionalen Führung eine nennenswerte inhaltliche **Schnittmenge** aufweisen (r = rund .25 - .70; *Rowold/Borgmann/Diebig* 2015; vgl. auch *Rowold/Borgmann* 2013). Daraus folgt, dass das Verhaltensspektrum, was hier offeriert wird, angesichts der oben gezeigten vergleichbaren und nennenswerten Wirkungen dem stilsuchenden Führungspraktiker sehr viel in die Hand gibt. Wie flexibel er oder sie damit umgehen kann (oder sollte), werden die jeweiligen Geführten zu beantworten wissen.

Für einen zu großen Optimismus, so viel zum Schluss, ist allerdings kein Raum. Vielmehr ist von erlernten, eingeübten und regelmäßig wiederholten Verhaltensweisen auszugehen, die in einem zwischen Führungskräften variierenden Führungsstilkorridor münden. Dieser fällt aber in der Regel wohl enger aus, als manche Verfechter der optimalen Situationsanpassung annehmen (vgl. z. B. ähnlich sehr früh *Fiedler* 1967 oder später dann *Steyrer/Meyer* 2010). Nicht jedes erwünschte oder richtige Verhalten können Menschen so einfach aufgrund von Dispositionen und notwendiger Erfahrung erkennen und abrufen. Aber wie überall kann man sich hier verbessern, in der Art und Weise des auf den anderen Zugehens wie in der Flexibilität seiner Antwort auf eine bestimmte Führungssituation. Deshalb ist die Führungsstildiskussion auch heute nicht obsolet. Und es spricht auch nichts dagegen, aus Organisationssicht eine Grundausrichtung des Führungsverhaltens zu postulieren, wie es beispielsweise mit dem **kooperativen Führungsstil** vielerorts der Fall ist (z. B. auch bei der deutschen Polizei in der Vorschriftenlage; vgl. dazu *Thielmann/Weibler* 2014). Nur hier steht dann die wertgetriebene Norm, nicht die Effektivität im Vordergrund und es wird damit die Begründungsseite gewechselt. Wie es umgesetzt wird, ist dann eine empirische Frage.

So oder so: Die Führungsstildiskussion ermöglicht jeder Führungskraft einen ausreichenden Einblick in die Zusammenhänge und damit darüber, was prinzipiell geht und womit in der Folge als geführtenseitige Antwort ungefähr zu rechnen sein wird. Dies sollte jedoch im Bewusstsein verstanden werden, dass ein Verhaltensstil konstitutives Element einer Führungsbeziehung ist. Deshalb gilt hier ebenfalls, dass er einer Akzeptanz bedarf, um aus Sicht der Geführten mit Führung in Verbindung gebracht zu werden (vgl. zur Kritik an der ansonsten anzunehmenden Unmündigkeit des Anderen übergreifender *Alvesson/Spicer* 2013).

III. Gestaltung durch Führungsinstrumente

1. Was unter Führungsinstrumenten zu verstehen ist und wie sie systematisiert werden können

Nachdem wir uns mit Führungsstilen ausführlich auseinandergesetzt haben, werden wir nun den Blick auf ein weiteres Gestaltungsmittel von Führungsbeziehungen richten, den **Führungsinstrumenten**. Stellen wir auf die Perspektive eines Führenden als Initiator der Beziehungsgestaltung ab, so kann sie hierfür kraft ihrer formalen Position entweder standardisierte, bereits vorgefertigte organisationale Steuerungsinstrumente nutzen (z. B. Instrumente der Personalentwicklung, Führungsgrundsätze, Stellenbeschreibungen) oder selbst auszuformende Führungsinstrumente unmittelbar durch ihr Tun im Arbeitsalltag *„just in time"* kreieren (z. B. Anerkennung und Kritik, Symbolnutzung).

Führungsinstrumente können wir somit auch als Werkzeuge interpretieren, die dazu beitragen sollen, dass Führung nachhaltig gelingen kann. Dabei wollen wir von Führungsinstrumenten nur dann sprechen, wenn sie (mehr oder minder) als zielgerichtete Beeinflussung eingesetzt werden. Analog der Führungsdefinition bedürfen sie der **Akzeptanz**, sonst sind sie reine Leitungsinstrumente. Die Akzeptanz kann durchaus eine automatische Folge der zugeschriebenen führungsbezogenen Autorität des Vorgesetzten sein oder in eine Indifferenzzone fallen, in die deren Einsatz unhinterfragt und damit faktisch akzeptiert hineinfällt. Dass sich die grundsätzliche (In-)Akzeptanz durch das tägliche Miteinander und die Art und Weise der je spezifischen beidseitigen Erfahrung mit dem Instrument im Einsatz positiv wie negativ verschiebt, muss mitgedacht werden.

Das **Bild des Werkzeugs** (Tools) drückt zwar die Absicht eines Führungsinstrumentes gut aus, erweist sich aber dann als irreführend, falls angenommen würde, es funktionierte automatisch als Reiz-Reaktions-Abfolge in der Führungspraxis. Dann verfiele man der mythischen Vorstellung der vollständigen Planbarkeit einer sozialen Beziehung (vgl. *Weibler* 2013, S. 30 ff.). Realistisch ist hingegen anzunehmen, dass sich Führungsinstrumente erst in der Anwendung mit Leben füllen und auf die Beziehung einwirken, prinzipiell mit offenem Ausgang. Eigentlich sind es nur genormte oder individuell akzentuierte **Impulse**, die in erprobten Standardsituationen die Wahrscheinlichkeit erhöhen, ein beabsichtigtes Handlungsergebnis zu erreichen. Im günstigen Fall ist ihr Einsatz durch Theorien abgesichert. Faktisch sind es jedoch vielfach erfahrungsgestützte Annahmen über ihre Bedeutung. Damit ist es pauschal unmöglich, Führungsinstrumenten eine generelle Wirkungsmächtigkeit zuzuschreiben. Voraussetzungen, Anwendungsbreite, ins Visier genommene Beobachtungsgrößen und natürlich auch die Art und Weise ihrer Ausgestaltung und Umsetzung variieren zu stark.

Um ein bestimmtes Handlungsergebnis zu erreichen, benötigt man aber mindestens Vorstellungen darüber, was das Verhalten determiniert. Hierzu geben verschiedene Theorien verschiedene Antworten (wie z. B. Motivations- und Lerntheorien), konkurrierende oder sich ergänzende. **Führungspraktisch** bringt es uns weiter, wenn wir ganz allgemein formulieren, dass Führungsinstrumente die Qualifikation (Kompetenzen), die Motivation und die Arbeitssituation (u. a. Normen und Regelungen, Organisationskultur; hemmende oder begünstigende äußere Umstände) als Determinanten des Verhalten beeinflussen (vgl. *Comelli/von Rosenstiel* 2009, S. 1 ff.). Wenn eine Führungskraft sich also dazu entschließt, Anerkennung als ein Führungsinstrument anzusehen, erwartet sie eine positive Auswirkung auf die Motivation. Dabei kann diese Erkenntnis durchaus wie die Anwendung eines jeden Instrumentes in eine Handlungsroutine überführt werden. Damit muss nicht beständig über den Einsatz eines Führungsinstrumentes entschieden oder reflektiert werden.

Hinzu kommt der Einsatz von Führungsinstrumenten zur Verbesserung der Beziehung selbst, z. B. beim Führungsgespräch. Dies kann als Selbstzweck verstanden werden, aber auch der Einsicht entspringen, dass in einer schlecht laufenden Führungsbeziehung Standardinstrumente wirkungslos bleiben. Hier stünde dann eine mittelbare Verhaltenseinwirkung im Hintergrund.

Pragmatisch wäre von Führungsinstrumenten dann zu sprechen, wenn auf eine Standardmethode der Beeinflussung des Führungsprozesses zurückgegriffen wird. Dies heißt letztendlich, dass das, was als ein Führungsinstrument gilt, immer im Hinblick auf Führungsbeziehungen zu definieren ist. Dasselbe Verhalten (Anerkennung zeigen) wäre in einem formal kooperativen Setting kein Führungsinstrument, sondern wird erst zu einem Führungsinstrument, wenn es von einer Führungskraft zur zielorientierten Beeinflussung formal nachgeordneter Ebenen eingesetzt wird. Oder denken wir an das Instrument der Stellenbeschreibung. Häufig wird es in Organisationen etabliert, um die Personalbeschaffung auszurichten, was es erst einmal nicht zu einem Führungsinstrument macht. Wird diese Stellenbeschreibung jedoch von der Führungskraft zur Verhaltensbeeinflussung im Rahmen von Führungsbeziehungen eingesetzt, beispielsweise, indem hieraus sukzessiv qualitativ höhere Anforderungen in der Umsetzung definiert werden, mutiert es zu einem Führungsinstrument. Wichtig ist also: die **Perspektive**, aus der ich etwas sehe, lässt etwas zu einem Führungsinstrument werden, sofern es dann bewusst oder unbewusst Akzeptanz findet.

Wir haben bereits eine Reihe von möglichen Führungsinstrumenten genannt, allerdings stellen diese nur eine kleine Auswahl an möglichen Führungsinstrumenten im organisationalen Kontext dar. Genauso wie ein qualitativ hochwertig ausgestatteter Werkzeugkasten als eine zentrale Voraussetzung für eine effiziente Ausübung handwerklicher Tätigkeiten zu sehen ist, benötigen Führungskräfte zur Unterstützung einer gelingenden Führung einen **Werkzeugkasten**, der aus einer Vielzahl an Werkzeugen besteht. Führungsinstrumente, die in der Literatur häufig diskutiert werden sowie in der Praxis zur Anwendung kommen, sind in der Abbildung D.18 einmal dargestellt.

Dabei haben wir die einzelnen Führungsinstrumente nach der Perspektive eines Führenden grob in primär aktive und sekundär aktive Führungsinstrumente untergliedert:

Primär aktive Führungsinstrumente werden von einem Führenden situationsspezifisch in einem hohen Maß selbstbestimmt genutzt oder gar erst durch eigenes Tun geschaffen. Zu den primär aktiven Führungsinstrumenten wollen wir im Folgenden Führungsgespräche und

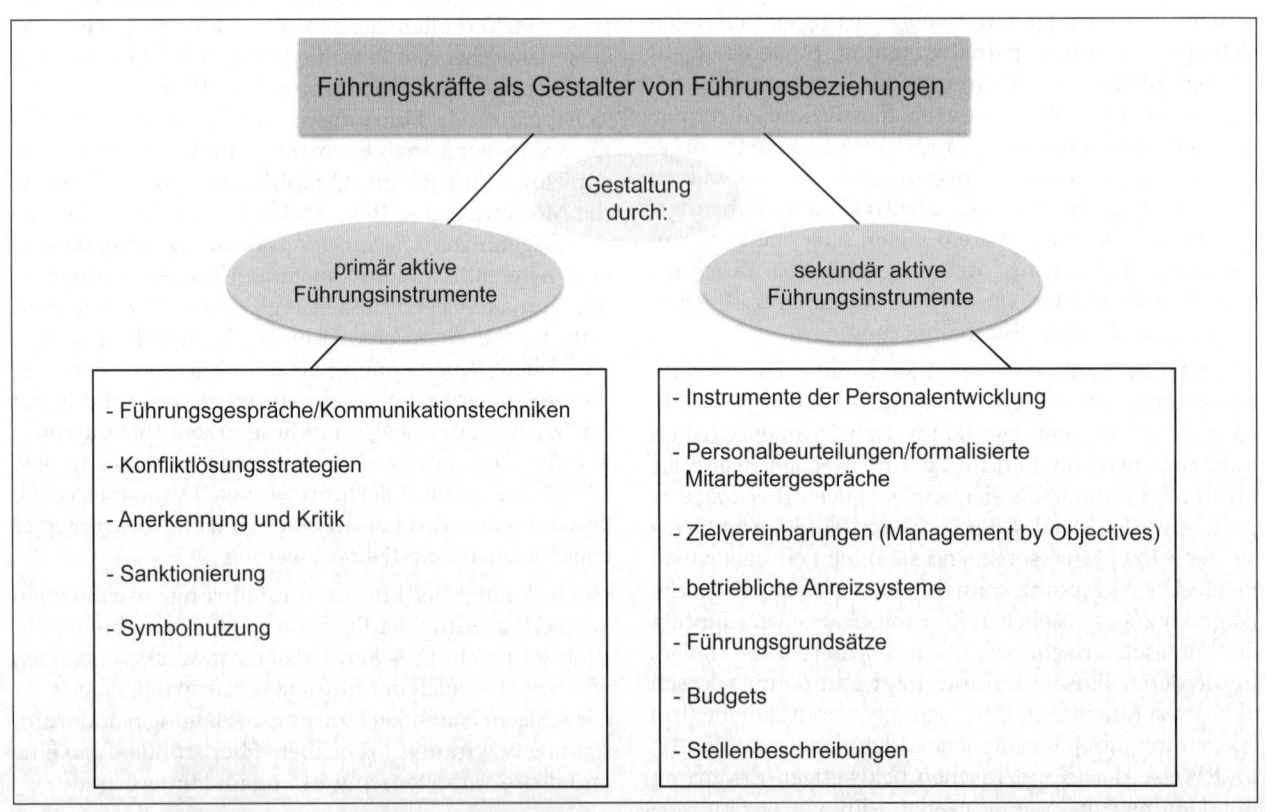

Abb. D.18: Systematisierung von Führungsinstrumenten

Kommunikationstechniken, Konfliktlösungsstrategien, Anerkennung und Kritik, Sanktionierung sowie die Symbolnutzung zählen. So wird das Führungsinstrument Anerkennung und Kritik als abstraktes Führungsinstrument beispielsweise von einem Führenden in der Regel durch sein Tun unmittelbar selbst kreiert und ausgedrückt (sei es durch lobende/kritisierende Worte oder durch die Gewährung einer Prämie/Entziehung einer chancenträchtigen Aufgabe). Dass dabei auf Richtlinien oder Empfehlungen für den Einsatz zurückgegriffen werden kann, steht auf einem anderen Blatt.

Sekundär aktive Führungsinstrumente lassen sich dagegen dadurch charakterisieren, dass eine Führungskraft in einer konkreten Führungssituation standardisierte, bereits vorgefertigte organisationale Instrumente aktiv nutzt und anwendet. Dazu rechnen wir bestimmte Instrumente der Personalentwicklung (Führungskräfte- und Mitarbeiterentwicklung), Personalbeurteilungen und formalisierte Mitarbeitergespräche, Zielvereinbarungen (Management by Objectives), betriebliche Anreizsysteme, Führungsgrundsätze, Budgets und Stellenbeschreibungen. Ein betriebliches Anreizsystem wird beispielsweise vorab von der Geschäftsleitung bzw. übergeordneter Instanzen gestaltet und muss – um den von uns definierten Status als sekundär aktives Führungsinstrument zu erhalten – vom Führenden im Führungsalltag umgesetzt werden. Organisationsweit etablierte Instrumente der Personalentwicklung werden vom Führenden z. B. eingesetzt, um die mitarbeiterseitige Erhöhung der fachlichen Kompetenz zu fördern, damit sich die Führungskraft perspektivisch aus der operativen Tätigkeit zurückziehen kann. Oder denken wir an schriftlich fixierte Führungsgrundsätze. Eine Führungskraft kann ihr Führungsverhalten selbst an ihnen ausrichten (und damit selbst eine Geführtenposition einnehmen) oder ein hieraus erwachsendes Geführtenverhalten mit Anspruch auf Legitimität einfordern.

2. Warum Führungsinstrumenten eine zentrale Bedeutung zukommen sollte

Warum sind Führungsinstrumente nun eigentlich wichtig? Warum beschäftigen wir uns ausführlich mit der Thematik? Dies können durchaus berechtigte Fragen sein, haben Führungsinstrumente etwa in der nordamerikanischen Führungslehre als eigenständige Kategorie und jenseits von behavioristischen Sanktionsinstrumenten nur partiell eine Rolle gespielt. Dort werden sie vor allem im Rahmen des Personalmanagements behandelt.

Unserer Meinung nach ist dies jedoch eine etwas unglückliche Trennung, da die Nutzung von Führungsinstrumenten proaktives Führen (z. B. die Definition von Zielen im Rahmen von Zielvereinbarungen) ermöglicht und somit maßgeblich für den Erfolg einer Organisation mitentscheidet. Dies zeigt beispielsweise eine in Deutschland durchgeführte Studie des *Bundesverbandes Materialwirtschaft, Einkauf und Logistik (BME)* in Zusammenarbeit mit einer Unternehmensberatung aus dem Jahre 2015, an der 78 Einkaufsleiter teilgenommen haben (vgl. *Penning Consulting GmbH/BME e.V.* 2015). In erfolgreichen Einkaufsabteilungen investieren die befragten Einkaufsleiter 46,5 % ihrer Führungszeit in proaktive Führungsaufgaben, während in weniger erfolgreichen Einkaufsabteilungen hierfür lediglich eine Führungszeit von 32,4 % aufgewendet wird. In den letztgenannten Abteilungen stehen mit einem Anteil von 45,5 % stärker reaktive Führungsaufgaben (z. B. Korrektur entstandener Probleme) im Vordergrund, die in erfolgreicheren Abteilungen nur einen Anteil von 32,9 % der Führungszeit in Anspruch nehmen (vgl. Abb. D.19). Die Arbeitszeit für Führungsaufgaben lag bei erfolgreichen Einkaufsabteilungen insgesamt bei 22,3 %, in weniger erfolgreichen Einkaufsabteilungen lediglich bei 15,7 %.

Trotz der Bedeutung des Einsatzes von Führungsinstrumenten für den Organisationserfolg haben Führungskräfte im Führungsalltag vermutlich eher eine begrenzte Auswahl an Führungsinstrumenten oder nutzen sie dort, wo sie breiter vorhanden sind, nicht optimal. Beispielsweise werden in der genannten Studie Mitarbeitergespräche (85 %) und Teamsitzungen (83 %) von den befragten Einkaufsleitern zwar noch häufig eingesetzt, aber schon Führungsinstrumente wie Zielvereinbarungen (62 %), schriftliche Mitarbeiterbeurteilungen (38 %) oder finanzielle Anreize (33 %) zählen deutlich seltener zu ihrem Instrumentarium. Ähnlich gering ist die Nutzung von Führungsleitbildern, des 360-Grad-Feedbacks sowie von strukturierten Analysen des Potenzials ihrer Mitarbeiter mit jeweils 14 %. Einer Sensibilisierung von Organisationen und Führungskräften für den vielschichtigen Werkzeugkasten der Führungsinstrumente kommt daher eine hohe Bedeutung zu. Für die Anwendung sollte bedacht werden, dass rund die Hälfte der befragten Einkaufsleiter einen Verbesserungsbedarf bei ihren Führungskompetenzen sieht. Diese Selbstanalyse ist eine gute Basis, um voranzuschreiten. Die u.a. aus Gesprächen in der Weiterbildung gewonnene Erfahrung zeigt uns jedoch, um etwas Wasser in den Wein zu gießen, dass die Aktiven seltener diejenigen sind, die den größten Bedarf erkennen lassen.

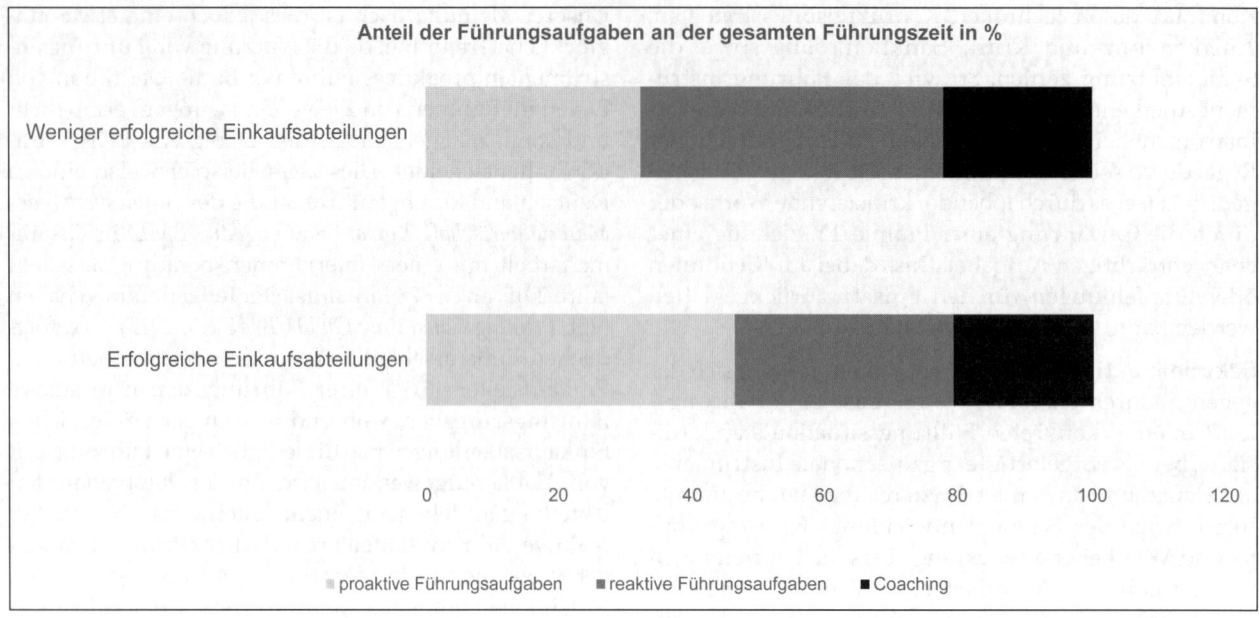

Abb. D.19: Führungskräfte erfolgreicher Einkaufsabteilungen nutzen mehr ihrer Führungszeit für proaktive Aufgabengestaltung (modifizierte Darstellung in Anlehnung an *Penning Consulting GmbH/BME e.V.* 2015)

Wir werden uns in den folgenden Ausführungen mit dem Werkzeugkasten der Führungsinstrumente eingehender vertraut machen. Auch dies ist ein Beitrag zur Erhöhung der Führungskompetenz, der von vielen gewünscht wird. Wir werden die Führungsinstrumente in ihren wesentlichen Aspekten kurz beschreiben und dort, wo es nützlich erscheint, auch auf theoretische Hintergründe eingehen. Zudem werden wir auch genauer schauen, was bei der Gestaltung und Anwendung der jeweiligen Führungsinstrumente berücksichtigt werden sollte. So können Ansatzpunkte ausfindig gemacht werden, die es ermöglichen, die Wahrscheinlichkeit einer Akzeptanz der Verhaltensbeeinflussung durch Führungsinstrumente zu erhöhen.

3. Was primär aktive Führungsinstrumente sind

3.1 Führungsgespräche/Kommunikationstechniken

Allgemein stellen Gespräche die primäre Form menschlicher Kommunikation dar und sind somit grundlegend für jede Form menschlicher Begegnung und Beziehung (vgl. *Widuelle* 2012, S. 27). Menschen kommunizieren pro Tag ungefähr 16.000 Wörter; hochgerechnet auf eine durchschnittliche Lebenserwartung von 79 Jahren entspricht dies einer Kommunikationsdauer von 14 Jahren (vgl. *Widuelle* 2012, S. 28). Diese Zahlen lassen darauf schließen, dass auch im Organisationskontext Gespräche ein weit verbreitetes Phänomen darstellen. Tatsächlich verbringen Führende einen Großteil ihrer Arbeitszeit mit der Führung von Gesprächen (vgl. *Lippmann* 2013a, S. 264). Nach *Lay* (2001) ist dies nachvollziehbar, stellt **„Führen durch das Wort"** doch die unmittelbare und ursprüngliche Form des Führens dar (vgl. *Weibler* 2010a/b). Die Gesprächsdauer der meisten Gespräche ist dabei in der Regel recht kurz und die Gespräche laufen zudem häufig ungeplant und ad-hoc ab. Daneben existieren auch geplante Gespräche, die einen größeren zeitlichen Aufwand von Führenden erfordern (vgl. *Wahren* 1992). Führungsgespräche nehmen also erhebliche zeitliche Ressourcen eines Führenden in Anspruch.

Neben der Quantität spielt aber insbesondere auch die Qualität der Führungsgespräche eine Schlüsselrolle für die Gestaltung von Führungsbeziehungen (vgl. *Thielmann/Weibler* 2014, S. 171). Kommunikationstechniken sind hierfür zentral. Deren Beherrschung ist zwar auch für die Anwendung weiterer Führungsinstrumente notwendig, doch bietet es sich an dieser Stelle an, für Führungsgespräche einmal genauer darauf einzugehen. Ziel ist es damit, Führenden ein kommunikatives Rüstzeug mit auf den Weg zu geben, das auch bei dem Einsatz anderer Führungsinstrumente bzw. Gestaltungsmittel verwendet werden kann.

Funktionen von Führungsgesprächen

Eine allgemeingültige Definition von Gesprächen sowie seinen Merkmalen und Funktionen existiert in der Literatur fachübergreifend nicht (vgl. *Widuelle* 2012, S. 27). Nach dem Lexikon der Psychologie wird unter einem Gespräch ein zwischenmenschlicher Kontakt verstanden,

> *„[...] bei dem über das Sprechen, Hören und Verstehen eine Begegnung, Verständigung und (wechselseitige) Einwirkung erzielt wird"* (*Wirtz* 2013, S. 629).

Bezogen auf Führungsgespräche als **primär aktives Führungsinstrument** bedeutet dies, dass eine Führungskraft im Führungsalltag den unmittelbaren Kontakt mit ihren Geführten sucht, um auf das Verhalten der Geführten einzuwirken oder direkt eine Verbesserung der Beziehung anzustreben.

Eine Führungskraft kann etwa ein **Führungsgespräch** aufsuchen, um die Motive des Geführten zu erschließen und darauf aufbauend auf ihre Motivation und ihr Verhalten einzuwirken (vgl. *Comelli/von Rosenstiel* 2009, S. 21). Ferner können durch Gespräche Faktoren identifiziert werden, die die Erzielung eines Verhaltensergebnisses behindern. Dort thematisierte Sachprobleme können so analysiert und gelöst werden. Dabei sollte sich eine Führungskraft allerdings bewusst sein, dass viele Probleme nicht direkt in den Gesprächen zur Oberfläche dringen. So ist es häufig das nur nebenbei Erwähnte, das in alltäglichen Gesprächen einen hohen Erklärungsgehalt besitzt (vgl. *Cunliffe* 2011). Aber nicht nur Sachprobleme spielen in Gesprächen eine Rolle, ebenso Beziehungsprobleme. Deshalb ist dies ein weiteres Einwirkungsfeld von Führungsgesprächen.

Führende sollten aber von dem Gedanken Abstand nehmen, in Führungsgesprächen unbedingt bestimmte Probleme lösen zu wollen. Führungsgespräche mit Geführten beinhalten nämlich auch unabhängig von konkreten Zielen das Potenzial, allein durch die Präsenz des Führenden und dem damit verbundenen Ausdruck von Wertschätzung motivierend zu wirken und die Lebendigkeit der Führungsbeziehung zu fördern (vom Small Talk bis zu gewichtigen Themen). **Wertschätzung** bezeichnet eine generelle Haltung der Achtung und des Respekts vor der anderen Person, die ihr unabhängig von besonderen Merkmalen, Leistungen oder Anlässen entgegenzubringen ist (vgl. *Rettler/Göll* 2010, S. 4). Sie wird damit zum Ausdruck einer Kultur des Dialogs und des konstruktiven Miteinanders zwischen Führenden und Geführten in Organisationen.

Kommunikationsprozesse und Kommunikationsmodelle

Damit Führungsgespräche zur Gestaltung von Führungsbeziehungen erfolgreich eingesetzt werden können, sollten Führungskräfte **Kommunikationsprozesse** genauer verstehen. Kommunikationsprozesse sind potenziell vielschichtig, komplex und mehrdeutig. Als ein Grund lässt sich hierfür der *„Simultancharakter von Kommunikation"* (*Pörksen/Schulz von Thun* 2014, S. 19) anführen. Kommuniziert eine Führungskraft etwa beim Einsatz von Führungsgesprächen mit ihren Mitarbeitern, werden dabei gleichzeitig auch Informationen weitergeben, die die Gefühle der Führungskraft gegenüber dem jeweiligen Mitarbeiter betreffen (z. B. Respekt, Wertschätzung, Sympathie oder auch Abneigung, Neid, Misstrauen).

> **Definition: Kommunikation**
>
> Der Begriff **Kommunikation** geht auf das lateinische Wort „communicare" zurück, das übersetzt etwa so viel wie „etwas miteinander teilen, den anderen an etwas teilhaben lassen, etwas gemeinschaftlich machen" meint. In der Wissenschaft bestehen unterschiedliche Definitionen von Kommunikation. *Nerdinger* (2014b, S. 56) definiert Kommunikation beispielsweise als eine Teilmenge und spezielle Form der **Interaktion**. Unter einer Interaktion ist die wechselseitige Einwirkung verschiedener Personen aufeinander zu verstehen, ohne dass die Einwirkung notwendigerweise eine Absicht, einen Plan oder auch nur das Wissen der Personen über die wechselseitige Einwirkung voraussetzt (vgl. *Blickle* 2004). Kommunikation ist dagegen die Übermittlung bzw. der Austausch von Informationen, wobei diesem Austausch für gewöhnlich eine Absicht zugrunde liegt. Daher ist jede Kommunikation als Interaktion, d. h. als eine Einwirkung, aufzufassen, allerdings ist nicht jede Interaktion als Kommunikation interpretierbar. Da im Rahmen unserer Definition von Führung das Kriterium der Intentionalität notwendige Voraussetzung für Führung ist, steht beim bewussten Einsatz von Führungsgesprächen – folgt man der Definition *Nerdingers* – Kommunikation im Fokus. Die Geführten erleben Kommunikation jedoch in ihrer Mannigfaltigkeit und reagieren ebenso, manchmal sogar stärker, auf die unbewusst ausgesendeten Signale des Führenden.

In der Praxis scheinen viele Führungskräfte für die Komplexität von Kommunikationsprozessen bislang wenig sensibilisiert zu sein. Im Alltag jedes Führenden ist Kommunikation nämlich häufig eine Selbstverständlichkeit, die keiner Reflexion bedarf. Als der Organisationspsychologe *Edgar Schein* vor einigen Jahren in einem

Interview gefragt wurde, welche Management Skills er für den organisationalen Wandel für am unterentwickeltsten halte, antwortete er mit ausdrücklichem Verweis auf das Top-Management:

> „I am very clear about that: I think it's amazing that leaders at very high levels do not understand the communication process between people [...] they are to a surprising degree interpersonally incompetent" (2011, S. 32).

Damit ist der erfolgreiche Einsatz von Führungsgesprächen latent gefährdet, ebenso der Organisationserfolg (vgl. *Lapp* 2013, S. 95; *Ober* 2007). Kommunikation scheint daher alles andere als einfach. Nicht umsonst wird sie auch als *„Lebenskunst"* (*Pörksen/Schulz von Thun* 2014) bezeichnet oder, wie es *McCallister* (1992) schön auf den Punkt gebracht hat, als „[...] the nucleus of almost everything we do [...]" (S. 12).

Auch wenn der Begriff der Kommunikation nicht in jeder Verwendung einem einheitlichen Begriffsverständnis unterliegt, so lassen sich unabhängig von der Begriffsdefinition innerhalb von Kommunikationsprozessen unterschiedliche Formen der Kommunikation identifizieren.

Definition: Verbale und nonverbale Kommunikation

Eine erste Unterscheidung ist die zwischen verbaler und nonverbaler Kommunikation. Als verbale Kommunikation wird prinzipiell die Kommunikation über Worte, schriftlich (Brief, E-Mail, Fax, SMS, Mitarbeiterzeitungen, Aushänge) wie mündlich (Gespräch, Rede), bezeichnet. Als nonverbale Kommunikation werden – im Gegensatz zur verbalen Kommunikation über Sprache und Schrift – Mitteilungen durch Mimik (Gesichtsausdrücke), Blickverhalten, Gestik und andere Körperbewegungen, Körperhaltung, Körperkontakt, Raumverhalten (Proxemik), Kleidung und andere Aspekte des Aussehens, Geruch sowie nonverbale auditive Signale (Stimmlage, Lautstärke, Sprechgeschwindigkeit) gefasst (vgl. *Argyle* 2013, S. 11). Kommunikative Aktionen verlaufen hier weitgehend intuitiv und somit unterhalb der Bewusstseinsschwelle (vgl. *Flammer* 1997, S. 27 ff.), können jedoch auch bewusst eingesetzt werden. Über nonverbale Kommunikation können Emotionen unterstrichen oder erst geäußert, interpersonale Einstellungen vermittelt, sprachliche Äußerungen begleitet und Persönlichkeitseigenschaften kommuniziert werden (vgl. *Argyle* 2013, S. 16). Die stimmige Anwendung nonverbaler Ausdrucksformen ist ein wesentlicher Bestandteil sozialer Kompetenz.

Die Kenntnis von **Kommunikationsmodellen** kann Führenden dazu verhelfen, komplexe Kommunikationsprozesse genauer zu analysieren und darauf basierend den Einsatz von Führungsgesprächen zu optimieren. Kommunikationsmodelle veranschaulichen und generalisieren die essentiellen Kommunikationselemente und -prozesse und erklären zudem die Struktur und Funktion von Kommunikation (vgl. *DeVito* 1976). Im Folgenden wollen wir uns zuerst mit **Sender-Empfänger-Modellen** beschäftigen. Daran anschließend werden wir weitere Entwicklungen in der Kommunikationsforschung betrachten. Mit den fünf **Axiomen der Kommunikation** von *Watzlawick*, *Beavin* und *Jackson* (1967) sowie mit dem **Vier-Seiten-Modell der Kommunikation** von *Schulz von Thun* (1981) richten wir unseren Blick auf zwei zentrale Kommunikationsmodelle, die sich mit psychologischen Effekten im Rahmen von Kommunikation genauer auseinandersetzen.

Sender-Empfänger-Modelle

Als Ausgangspunkt, auch in historischer Hinsicht, dient das Sender-Empfänger-Modell der Kommunikation von den Mathematikern *Claude Shannon* und *Warren Weaver* (vgl. *Shannon/Weaver* 1963). Kommunikation ist gemäß dieses informationstechnischen **Shannon-Weaver-Modells**, das ursprünglich als technisches Sender-Empfänger-Modell für die Übermittlung von Signalen bzw. Zeichen in Form von Codes entwickelt wurde, ein linearer Fluss. Konkret kommt es im Rahmen von Kommunikationsprozessen zu einer Übertragung von Zeichen als endliche Anzahl an Wörtern oder Gesten. Ein Wort oder eine Geste bzw. mehrere Wörter und Gesten bilden ein Signal. Der Empfänger dekodiert dieses erhaltene Signal und kann somit die Botschaft verstehen. Bei dieser Signalübertragung kann es allerdings zu Problemen kommen; insbesondere dann, wenn Sender und Empfänger nicht dieselben Codierschemata verwenden. Grundsätzlich lassen sich drei Ebenen der Kodierung voneinander abgrenzen (vgl. *Thielmann/Weibler* 2014, S. 173):

- Erstens die **Syntax**, d.h. welchen formalen Regeln die Zusammensetzung von Zeichen und Signalen folgt.

- Zweitens die **Semantik**, d.h. welche Bedeutung die Zeichen jeweils haben.

- Die dritte Ebene ist die **Pragmatik**, die beschreibt, welche Wirkungen die entstandene Nachricht hat und welche möglichen Reaktionen sie nach sich zieht.

Eine Folgerung ist, dass Sender und Empfänger grundsätzlich über den gleichen Zeichenbestand und dessen Interpretationen verfügen müssen, um überhaupt miteinander kommunizieren zu können. Das erscheint relativ einleuchtend, wenn es sich etwa um bestimmte Flaggensignale oder Schriftzeichen handelt. In sozialen

Beziehungen scheitert Kommunikation aber oft daran, dass bestimmte komplexe Zeichen, die z. B. in einer Organisation üblich sein können, von Externen oder neuen Mitarbeitern nicht verstanden bzw. beherrscht werden. Für die Semantik gilt, dass die Bedeutungen von bestimmten Wörtern, Sätzen oder Handlungen je nach Sender und Kontext völlig unterschiedlich aufgefasst werden können (vgl. *Thielmann/Weibler* 2014, S. 174).

Kritisch an dem Shannon-Weaver-Modell wird trotz dessen Anschaulichkeit gesehen, dass das Modell einen linearen Prozess annimmt. Eine Reziprozität des Austauschs bleibt unberücksichtigt. Die Gefahr des Missverstehens ist dann groß, wenn nur eine Information gesendet und keine Antwort, sondern Kenntnis (Wissensweitergabe) oder gar nur Ausführung (Anweisung) erwartet wird.

Die **dialogische Gesprächsführung** entspricht hingegen immer einer zweiseitigen Kommunikation. Sie setzt die Fähigkeit des gegenseitigen Mitteilens voraus und ist zugleich auf Feedback ausgerichtet. Diese Erweiterung greift das Sender-Empfänger-Modell von *Johnson* (1951) auf. Dort werden miteinander verwobene und voneinander abhängige Kommunikationsprozesse integriert. Auch *Meyer-Eppler* (1959) weist auf die kybernetische, zirkuläre Form der Kommunikation hin, wenn Feedback in das Sender-Empfänger-Modell integriert wird. Nur über Feedback kann Erfolg und Misserfolg der Kommunikation dem Empfänger vermittelt werden (vgl. *Giffin/ Patton* 1971). Danach ist Kommunikation ein Prozess, der daraus besteht, dass ein Sender ein Signal an einen Empfänger übermittelt, das dieser interpretiert. Anschließend gibt der Empfänger eine Rückmeldung darüber, dass und wie das Signal aufgefasst wurde (Feedback).

Für die Führung und den Einsatz von Führungsgesprächen ergeben sich auf Basis der Sender-Empfänger-Modelle folgende Implikationen: So sollten Führende bei der Wahl der Zeichen und Signale bewusst darauf achten, dass der jeweilige Geführte diese auch dekodieren kann. Entsprechend ist auf Verständlichkeit von Wörtern und Sätzen zu achten. Sätze sollten relativ einfach, kurz und mit gängigem Vokabular formuliert werden. Kommunikative Ferne erzeugt soziale Distanz.

Die fünf Axiome der Kommunikation

Watzlawick, Beavin und *Jackson* (2011, 1985, 1967) sehen die menschliche Kommunikation als ein komplexes Geschehen aus vielfältigen mentalen Prozessen. Bestimmte Grundeigenschaften, die auf kommunikative Aktionen anwendbar sind, werden von den drei Autoren formuliert. Bekannt wurden diese Eigenschaften als sogenannte **Axiome der menschlichen Kommunikation**. Ein Axiom ist eine Setzung, z. B. ein für wahr gehaltener Erfahrungsgrundsatz, der keines Beweises oder keiner Begründung bedarf. *Watzlawick/Beavin* und *Jackson* erheben damit keinen Anspruch auf Vollständigkeit, haben jedoch ihre praktische Nützlichkeit immer wieder herausgestellt. In ihren Ausführungen unterscheiden die Modellautoren nicht explizit zwischen Kommunikation und Interaktion und heben sich dadurch von der zuvor präsentierten Definition *Nerdingers* (2014b) ab, in der Kommunikation lediglich als Teilmenge von Interaktion beschrieben wurde. Besonders eindrücklich wird dies bei Betrachtung des ersten Axioms.

Das erste Axiom **(Der Mensch kann nicht nicht kommunizieren)** besagt, dass ein Verhalten, ob gewollt oder ungewollt, immer kommunikativen Charakter hat, d. h. es gibt kein „Nicht-Verhalten". Sobald also zwei oder mehr Menschen aufeinandertreffen und sich wahrnehmen, kann nicht nicht kommuniziert werden. Das menschliche Individuum ist somit in der Lage, bewusst oder unbewusst Signale an andere Personen zu übermitteln. Hier sei erneut erwähnt, dass bei einem unbewussten Einsatz von Signalen nicht von Führung gesprochen wird, auch wenn diese natürlich wichtig sind. So könnte etwa eine abfallend wirkende unbewusste Geste eines Führenden in einem Führungsgespräch zur Verringerung der Akzeptanz eines Verhaltensbeeinflussungsversuchs beitragen.

Das zweite Axiom **(Jede Kommunikation hat einen Inhalts- und einen Beziehungsaspekt, wobei Letzterer den ersten bestimmt)** sagt aus, dass jede Kommunikation über die reine Sachinformation hinaus einen Hinweis darauf gibt, wie der Sender seine Botschaft verstanden haben will und wie er seine Beziehung zum Empfänger sieht. Unsere Beziehung bestimmt, über welche Inhalte und wie wir miteinander kommunizieren. Ebenso kann eine bestehende Uneinigkeit über den Inhalt z. B. auf die persönliche Beziehungsebene übertragen und dort ausgetragen werden. Störungen können entstehen, wenn der Beziehungsaspekt vernachlässigt wird bzw. ausgeblendet werden soll. Zur Lösung solcher Konflikte kann eine Kommunikation über die Kommunikation als Metakommunikation beitragen. Einer Faustformel zur Folge fallen 80 % der Entscheidungen auf der **Beziehungsebene** (vgl. *Rosner* 2008, S. 16). Entsprechend sollte eine Führungskraft für die Beziehungsebene sensibilisiert sein, ohne jedoch die inhaltliche Ebene zu vernachlässigen.

Das dritte Axiom **(Die Beziehung zwischen Kommunikationspartnern ist durch die Interpunktion von Kom-**

munikationsabläufen geprägt)** besagt, dass Sender und Empfänger den Kommunikationsablauf unterschiedlich gliedern und so ihr Verhalten oft nur als Reaktion auf das Verhalten des Anderen interpretieren. D.h., beide interpretieren das eigene Verhalten als Reaktion auf das Verhalten des Anderen. Deutlich wird hier, dass Kommunikation nicht länger unter dem Aspekt der Ursache und Wirkung betrachtet werden kann, sondern dass sich Verhalten „aus der Dynamik des Systems" (*Pörksen/Schulz von Thun* 2014, S. 57) ergibt.

Das vierte Axiom **(Menschliche Kommunikation bedient sich digitaler und analoger Modalitäten)** sagt aus, dass im Kommunikationsprozess nicht nur das übermittelte Wort (digitale Modalität), sondern auch nonverbale Äußerungen wie Mimik und Gestik (analoge Modalität) eine Rolle spielen. Mit analogen Elementen wird häufig die Beziehungsebene vermittelt, mit digitalen Elementen die Inhaltsebene. Analoge Kommunikation ist mehrdeutig und kann daher zu Fehlinterpretationen führen.

Aus dem fünften Axiom **(Kommunikation kann auf symmetrischen und komplementären Beziehungen beruhen)** ergibt sich die Aussage, dass Kommunikationsbeziehungen entweder auf Gleichheit oder auf Unterschiedlichkeit beruhen. Kommunikation verläuft somit entweder zwischen gleichberechtigten Partnern (symmetrische Kommunikation) oder zwischen nicht gleichrangigen Partnern (komplementäre Kommunikation). Besteht somit eine Führungsbeziehung zwischen hierarchisch unterschiedlich gestellten organisationalen Akteuren, so findet bei Einsatz von Führungsgesprächen eine komplementäre Kommunikation statt.

Vier-Seiten-Modell der Kommunikation

Schulz von Thun (1981) hat das **Vier-Seiten-Modell der Kommunikation** konzipiert. In diesem Modell, das in der Literatur teilweise auch den Namen „**Kommunikationsquadrat**" trägt, wird davon ausgegangen, dass eine Nachricht nie eindeutig ist und stets mehrere Aussagen (Botschaften) gleichzeitig enthält. Konkret wird jede Nachricht immer auf vier Ebenen zugleich gesendet, nämlich auf (1) der **Sachebene**, (2) der **Appellebene**, (3) der **Selbstoffenbarungsebene** und (4) der **Beziehungsebene** (vgl. *Pörksen/Schulz von Thun* 2014, S. 18 ff.; *Schulz von Thun* 1981, S. 30).

Die Sachebene beinhaltet dabei zunächst die Sachinformation nach Kenntnis und Wahrnehmung des Senders (Worüber wird informiert und was ist die objektive Botschaft?). Demgegenüber impliziert die Appellebene den Versuch, den Empfänger in einer bestimmten Art und Weise zum Denken, Handeln oder Unterlassen zu beeinflussen (Wozu wird veranlasst?). Bei der Selbstoffenbarungsebene, die *Schulz von Thun* aktuell auch durch den leichter zu vermittelnden Begriff der **Selbstkundgabe** ersetzt (vgl. *Pörksen/Schulz von Thun* 2014, S. 19), präsentiert der Sender Informationen über sich selbst, seine Fähigkeiten und Gefühle (Was wird über den Sender selbst preisgegeben?), wobei ein Sender in den meisten Fällen versuchen wird, möglichst kompetent und integer zu erscheinen. Letztlich beinhaltet die Beziehungsebene Informationen darüber, was der Sender vom Empfänger hält und wie die Beziehung zwischen Sender und Empfänger zu bewerten ist (Was denkt der Sender vom Gegenüber und wie stehen sie zueinander?).

Der Empfänger empfängt die Nachricht entsprechend ebenfalls immer auf diesen vier Ebenen, wobei sich Hörende jedoch dahingehend unterscheiden, welche Ebene für sie besondere Bedeutung besitzt. *Schulz von Thun* hat dies mit „**Vier Ohren**" beschrieben. So besitzt der Empfänger ein „Sachohr", „Appellohr", ein „Selbstoffenbarungsohr" und ein „Beziehungsohr", mit denen er jeweils Nachrichten aufnimmt. Auf welchem Ohr der Empfänger nun die Nachricht interpretiert, ist für den Sender nicht eindeutig vorhersehbar und erhöht somit die Wahrscheinlichkeit für Kommunikationsprobleme. Interpretationen und subjektive Wahrnehmungen nehmen also einen starken Einfluss auf Kommunikationsabläufe. Der Tonfall sowie die Mimik und Gestik sowie eventuell die bestehende Vorgeschichte zwischen den Kommunikationspartnern müssen daher bei der Betrachtung von Kommunikationsprozessen mitberücksichtigt werden (vgl. *Pörksen/Schulz von Thun* 2014, S. 21).

> **Beispiel zum Kommunikationsmodell**
>
> Um dies zu illustrieren und das dargestellte Modell mit Leben zu füllen, betrachten wir ein Beispiel aus dem Führungsalltag genauer. Nehmen wir an, dass eine Führungskraft die Nachricht „*Ich schreibe den Bericht jetzt selbst zu Ende*" an ihre Mitarbeiterin sendet, nachdem diese ihren Abschlussbericht zuvor gelesen hat. Die Nachricht der Führungskraft kann nun auf den vier zuvor beschriebenen Ebenen genauer analysiert werden.
>
> Die gesendete Nachricht der Führungskraft ist auf der Sachebene unzweideutig. So will die Führungskraft den Bericht selber zu Ende schreiben. Wird jedoch auf die Appellebene abgestellt, so kommt es jedoch schon zu Uneindeutigkeiten. So könnte die Führungskraft etwa durch die Nachricht veranlassen wollen, dass sich die Mitarbeiterin kritisiert fühlt und sich beim nächsten Bericht doch bitte viel mehr Mühe geben müsse. Die Mitarbeiterin könnte den Appell jedoch auch auf ihrem „Appellohr" so auffassen, dass die Führungskraft sie als

> Anerkennung über die schnelle Berichtsabgabe entlasten möchte und sie daher auch einmal eher Feierabend machen könne. Auch auf der Selbstoffenbarungsebene gibt es Interpretationsspielräume. So ist denkbar, dass die Führungskraft mit der Nachricht im vorliegenden Fall ihre Enttäuschung über den gelesenen Bericht zum Ausdruck bringen möchte, während die Mitarbeiterin mit ihrem Selbstoffenbarungsohr die Nachricht so interpretiert, dass ihre Führungskraft einmal mehr ihr fürsorgliches und beziehungsorientiertes Führungsverhalten offenbart. Uneindeutige Botschaften der Nachricht werden auch auf der Beziehungsebene sichtbar. Während die Führungskraft etwa die Mitarbeiterin als sehr inkompetent einschätzen könnte, könnte die Mitarbeiterin mit ihrem „Beziehungsohr" die Beziehung zu ihrer Führungskraft auch als gut wahrnehmen, unterstützt diese sie doch bei ihren Aufgaben und bei der Umsetzung ihrer Work-Life-Balance. Das einfache Beispiel verdeutlicht eindrucksvoll, wie Missverständnisse und Fehldeutungen aus unterschiedlichen Interpretationen einer einzigen Aussage auf jeder der vier Ebenen entstehen können. Diese Interpretationen beeinflussen wiederum nachfolgende Führungsgespräche zwischen den Kommunikationspartnern, aber auch den nachfolgenden Einsatz weiterer Führungsinstrumente und ihrer Akzeptanz.

Für Führungskräfte ergeben sich aus dem dargestellten Beispiel der Verständnisasymmetrie bei der Kommunikation Implikationen für ihre Optimierung und damit verbunden für die Führung. So hätte die Führungskraft den Sachverhalt in ihrem Gespräch beispielsweise eindeutiger und klarer formulieren können, indem sie eine Begründung hinzugefügt hätte. Dadurch wäre es für die Mitarbeiterin sicherlich einfacher gewesen, aus der Vielzahl der mit der Nachricht verbundenen Botschaften tatsächlich diejenige Botschaft herauszufiltern, die die Führungskraft tatsächlich meint.

Kommunikation ist also nicht einfach ein linearer Transfer zwischen Sender und Empfänger, wie in dem Sender-Empfänger-Modell angenommen, vielmehr hat Kommunikation vier Seiten. Allerdings sollte berücksichtigt werden, dass *Schulz von Thun* mit seinem Modell nicht beabsichtigt, eine Checkliste für korrekte Kommunikation zu entwickeln. Daher rät er ausdrücklich davon ab, innerhalb von Gesprächen permanent ein analytisches Vorgehen an den Tag zu legen. Vielmehr soll sein Modell zur Sensibilisierung für Kommunikationsprozesse beitragen. Ziel ist also, dass Menschen *„[...] kommunikativ musikalisch"* (*Pörksen/Schulz von Thun* 2014, S. 33) agieren. Kein Ziel ist es dagegen, mit dem Vier-Seiten-Modell der Kommunikation eine *„[...] Richtschnur für die richtigen, korrekten Töne"* (*Pörksen/Schulz von Thun* 2014, S. 33) zu bieten.

Fundierte Kommunikation

Wir haben bei Darstellung der *„Fünf Axiome der Kommunikation"* sowie dem *„Vier-Seiten-Modell der Kommunikation"* gesehen, dass Kommunikation beziehungsgerecht ablaufen sollte. Darüber hinaus bildet auch eine persönlichkeitsgerechte Kommunikation eine wichtige psychologische Komponente wirkungsvoller Kommunikation. Hierbei ist gemeint, dass sich Kommunikation an die Unterschiede in den Persönlichkeiten und Charakteren der jeweiligen Gesprächspartner orientieren sollte. Neben der psychologischen Komponente von Kommunikation sind bei der Kommunikation auch Anforderungen aus der **Neuro- und Sozio-Logik** zur Kenntnis zu nehmen. Neurologisch treffend ist Kommunikation dann, wenn Erkenntnisse der Gehirnforschung nicht außer Acht gelassen werden. Die rechte Gehirnhälfte ist, bei aller Vernetzung der Gehirnareale an sich, primär für alle emotional-kreativ-bildhaften Dinge zuständig. Die linke Gehirnhälfte arbeitet dagegen sachlich, logisch und rational. Diese neurologischen Kenntnisse können für die Gestaltung von Kommunikationsprozessen und für Führungsgespräche hilfreich sein. So wird besonders dann optimal kommuniziert, wenn beide Gehirnhälften in einem ausgewogenen Verhältnis zueinander angesprochen werden (vgl. *Rosner* 2008, S. 12 f.; ☞ E. III. 3). Kommunikation sollte daher nicht nur faktenorientiert ablaufen, sondern auch die Emotionen der Geführten berücksichtigen. Hierbei tun sich viele Führende jedoch häufig schwer, was neben dem Rationalitätsmythos des Managements auch damit begründet werden kann, dass in der Ausbildung von Führenden insbesondere Wert auf die Analyse von Fakten, dem Entwerfen von zahlenbasierten Strategien sowie rationales Handeln gelegt wird (vgl. *Lapp* 2013, S. 99). In der Regel wird daher lediglich die linke Gehirnhälfte angesprochen, einer analog-bildhaften Aufbereitung von Informationen müsste daher mehr Aufmerksamkeit zukommen (vgl. *Rosner* 2008, S. 12 f.).

Geeignet ist in diesem Zusammenhang die Praktizierung des sogenannten **„Mixed-Media-Ansatzes"**. Hierbei kann ein und derselbe Sachverhalt zeitgleich oder hintereinander durch verschiedene Kommunikationsmittel (z. B. verbale Aussagen, grafische Darstellungen Tabellen) veranschaulicht werden (vgl. *Neuberger* 2015, S. 101 f.). **Sozial ansprechend** ist Kommunikation dann, wenn sie **zielgruppengerecht** (bestehende Werte, Konflikthandhabungen), **problemgerecht** (historische und gesellschaftspolitische Aspekte eines Themas; soziologische und politische Rahmenbedingungen) und **situationsgerecht** (z. B. Stimmung der Kommunikationspartner) ausgestaltet ist (vgl. *Rosner* 2008, S. 14).

Kommunikationstechniken

Nachdem wir uns genauer mit Kommunikationsprozessen und -modellen beschäftigt haben, wollen wir nun gezielt auf den Einsatz von Kommunikationstechniken zu sprechen kommen. In Führungsgesprächen können diese vom Führenden bewusst eingesetzt werden, um die Wahrscheinlichkeit der Akzeptanz eines Verhaltensbeeinflussungsversuchs zu erhöhen.

Eine erste wichtige Technik stellt das **Zuhören** dar. Neben Lesen, Sprechen und Schreiben bildet Zuhören eine „*zentrale Dimension der Sprachfertigkeit*" (*Imhof* 2003, S. 8) und der Verständigung (vgl. *Galliker/Weimer* 2006, S. 14). Auf den ersten Blick könnte man vermuten, dass Zuhören lediglich geringe Aktivitätsanforderungen an eine Führungskraft in einer konkreten Führungssituation stellt und eher eine „*passive Angelegenheit*" (*Galliker/Weimer* 2006, S. 14) darstellt. Schaut man jedoch einmal genauer hin, so wird deutlich, dass Zuhören sowohl kognitive als auch motivationale Aktivitäten sowie ein hohes Maß an Konzentration voraussetzt. Zuhören geht mit bewusster Aufmerksamkeitszuwendung und Sinnzuschreibung einher (vgl. *Gans* 1994, S. 3). Entsprechend benötigt der Prozess viel Energie und ist mit Sättigungs- und Ermüdungserscheinungen verbunden (vgl. *Imhof* 2003, S. 16). Sind Führende unter Zeitdruck, abgelenkt oder durch vorherige Tätigkeiten bereits erschöpft, so ist eine Einstimmung auf den jeweiligen Gesprächspartner durch Zuhören nur schwer möglich. Entsprechend sollte zur Gewährleistung eines optimalen Gesprächsverlaufs das Gespräch auf einen anderen Zeitpunkt verlegt werden.

Neben dem Zuhören stellt auch die Gestaltung von Gesprächen durch **Schweigen** eine Kommunikationstechnik dar. Schweigen wird häufig als bloßes Nichts-Sagen interpretiert und wird insbesondere im beruflichen Kontext als Belastung empfunden. Dabei kann Schweigen – sofern richtig eingesetzt – für einen optimalen Gesprächsverlauf hilfreich sein. Schweigen öffnet den Raum zur Reflexion über das Gesagte (vgl. *Feinbier* 2015, S. 140 ff.). Der Schweigende kann durch die Sprechpause in sich hineinspüren und seine Körpergefühle wahrnehmen. So wird die Voraussetzung für ein authentisches Verhalten gelegt. Durch Schweigen fühlt sich der Kommunikationspartner zudem verstanden und ernst genommen (vgl. *Weber* 2012, S. 158), ein zentraler Aspekte von Wertschätzung. Darüber hinaus kann gerade in längeren Gesprächen das Schweigen der Erholung dienen und dadurch die Konzentration steigern. Allerdings ist zu bedenken, dass ein zu langes Schweigen auch verunsichernd wirken kann (vgl. *Feinbier* 2015, S. 240).

Neben Zuhören und Schweigen können Gespräche auch dahingehend gelenkt werden, dass eine Führungskraft das Gehörte mit den eigenen Worten wiedergibt. In diesem Zusammenhang wird auch von **Paraphrasieren** gesprochen. Ähnlich wie das Zuhören signalisiert Paraphrasieren Aufmerksamkeit und Wertschätzung und dient der Vermeidung von Missverständnissen. Kernaussagen lassen sich am Gesprächsende zusammenfassen und Unklarheiten beseitigen. Nachteilig sind der Zeitaufwand und die Tatsache, dass sich der Sender schnell langweilt und bei übertriebenem Einsatz nicht ernst genommen fühlt (vgl. *Kanitz/Scharlau* 2012, S. 35 ff.).

Als eine weitere Kommunikationstechnik können Führungskräfte **Ich-Botschaften** nutzen (vgl. *von der Heyde/von der Linde* 2009, S. 46 ff.). Die Verwendung von Ich-Botschaften führt dazu, dass eine Führungskraft weniger häufig in der „Man"- und „Wir"-Form kommuniziert. Zudem werden „Du"- bzw. „Sie-Botschaften" durch die Verwendung der ersten Person Singular vermieden. Dies wird deshalb als sinnvoll erachtet, da „Du"- bzw. „Sie-Botschaften" die Gesprächssituation belasten können. Dem Gegenüber wird permanent signalisiert, was er falsch gemacht hat, was an folgender Aussage eindrücklich deutlich wird: „*Da haben Sie unrecht*" (*von der Heyde/von der Linde* 2009, S. 48). Sinnvoller sind dagegen Formulierungen, die explizit verdeutlichen, wie „ich" als Führender etwas empfunden habe („*Dies ist für mich unstimmig*"). Somit wird die eigene Wahrnehmung in den Mittelpunkt gerückt. Ich-Botschaften kann man in der Regel zudem nur schwer widersprechen, was an folgender Aussage deutlich wird „*Es hat mich enttäuscht, dass Sie mich nicht vorher darüber informiert haben*" (*von der Heyde/von der Linde* 2009, S. 48). Zu Bedenken ist sicherlich, dass nicht jede Situation eine Selbstkundgabe erfordert. Sie darf somit nicht als ein Allheilmittel und als Verpackungstechnik für Du-Botschaften eingesetzt werden.

Ferner stellt die gezielte Gesprächssteuerung durch **Fragen** eine sinnvolle Kommunikationstechnik dar. Fragen können Gespräche gezielt steuern und dazu beitragen, das Gespräch in der Hand zu behalten. Zudem können Fragen den Empfänger motivieren, ihr Commitment und Engagement zu erhöhen. Des Weiteren dienen sie zur Informationsgewinnung des Fragenstellers (vgl. *von der Heyde/von der Linde* 2009, S. 34 f.).

Das Führen mit Fragen sollte insbesondere in der Klärungsphase eines Gesprächs eingesetzt werden, da es hier darum geht, den Sachverhalt genauer zu verstehen. Wichtig ist, dass sich der Fragensteller vorab über Zweck und Auswirkungen seiner Fragen im Klaren ist (vgl. *Kanitz/Scharlau* 2012, S. 43 ff.). Nur ein zielgerichteter Einsatz kann in die richtige Richtung führen. Empfohlen wird, Fragen kurz und offen zu stellen. Suggestiv- oder Alternativfragen sind zu vermeiden und die Anzahl von schließenden Fragen sollte auf ein Minimum reduziert werden (vgl. *Kartmann* 2001, S. 110; siehe auch *Weber* 2012, S. 168 f.; *Ternes* 2008, S. 72 ff.).

Das **Überzeugen durch Argumente** ist die klassische rhetorische Figur einer Kommunikationstechnik. Sie ermöglicht, den Sinn des Gesagten zu erschließen. Instrumentell gesehen bedarf es der Überzeugung, wenn die Führungskraft auf das Expertenwissen der Geführten angewiesen ist. Das Überzeugen sollte auf das Gegenüber zugeschnitten sein und respektvoll, sachlich, mit der nötigen Zeit, aber nicht zwingend allein rational erfolgen. Argumente dürfen eindringlich, aber niemals aufdringlich sein. Zwischen Fakten und Interpretationen ist klar zu trennen (vgl. *Steiger* 2008, S. 85 ff.).

Feedback (Rückmeldung) geben sowie fordern sind für erfolgreiche Kommunikationsbeziehungen unerlässlich. Konstruktives Feedback ist motivierend und hilft, aus Fehlern zu lernen. Es soll zeitnah, einfühlsam, wertschätzend sowie situationsbezogen sein und nicht zu selten erfolgen. Im Gegensatz zu Tadel wird Lob als Rückmeldung häufig gar nicht oder inflationär genutzt (vgl. *Kanitz/Scharlau* 2012, S. 178 ff.). Dabei ist es ein sehr banales Instrument, um Wertschätzung zu zeigen und Motivation zu erhöhen. Evolutionsbiologisch gesehen drückt es die Anerkennung einer Person in der Gruppe aus. Dies hat vielfältige positive Effekte und entspricht einem Grundbedürfnis. Es sollte nicht als stupide Konditionierung eingesetzt werden. Durchschaut der Mitarbeiter dies, drohen Enttäuschung und Rückzug (vgl. *Sternberg* 2011, S. 87 ff.). Dies spricht nicht gegen einen bewussten Einsatz in Kenntnis von Lernprinzipien, muss aber stets authentisch und anlassrelativ bleiben.

Feedback ermöglicht eine zielgerichtete Verhaltensänderung durch Reflexion. Es gilt in vertrauensvollen Beziehungen als sehr positiv, kann aber auch verletzend wirken, weshalb es in problematischen Beziehungen sehr feinfühlig und wohlwollend formuliert sein muss (vgl. *Schulz von Thun/Zach/Zoller* 2012, S. 40). Eine sehr zentrale Regel ist, dass mehr positives als negatives Feedback gegeben werden sollte. Gerade in diesem Aspekt sind Führungskräfte allerdings wenig objektiv. So weisen *Leitl* und *Sackmann* (2010) daraufhin, dass bei Befragungen 61 % der oberen Führungskräfte sowie 43 % der mittleren Führungsebene der Meinung waren, Mitarbeiter erführen ausreichende Wertschätzung und Anerkennung. Erkenntnisse von *Nink* (2011) deuten allerdings in eine andere Richtung: Nur 19 %, d. h. jeder Fünfte, gibt an, dass für gute Arbeit Lob und Anerkennung ausgesprochen wird. Lediglich 22 % der Beschäftigten sind der Ansicht, dass ihnen regelmäßiges Feedback über ihre geleistete Arbeit gegeben wird.

Eine etwas andere Technik als die zuvor beschriebenen Kommunikationstechniken stellt die Kommunikation durch den gezielten **Einsatz von Körpersprache** dar. Der Einsatz von Körpersprache gewinnt in der aktuellen Führungsforschung zunehmend an Bedeutung. So finden sich in der Literatur bspw. Aufsätze, die sich mit „embodied leadership" (vgl. z. B. *Ladkin* 2008) auseinandersetzen. Im Fokus stehen hier Fragen nach der Verkörperung von Führungsverhalten. Führung ist in dieser Auffassung nicht mehr nur eine Aktivität des Verstandes, sondern stellt vielmehr eine *„bodily practice"* (*Sinclair* 2005, S. 387) dar. Körpersprache kann dazu verhelfen, das Gesagte zu verstärken und somit die Akzeptanz eines Verhaltensbeeinflussungsversuchs zu erhöhen. Es kommt somit auch auf das „Wie" der Vermittlung von bestimmten Informationen an. In einer aktuelleren experimentellen Studie konnten etwa *Weischer, Weibler* und *Petersen* (2013) zeigen, dass sich die Art und Weise der Vermittlung lebensgeschichtlicher Erfahrungen auf die Zuschreibung von Authentizität eines Führenden bei entsprechender Gestik, Mimik, Stimme, kurz der Gesamterscheinung, auswirken kann. Auf den ersten Blick könnte eine Führungskraft nun salopp zu der Erkenntnis kommen: „Ein wenig Einsatz von Körpersprache, verbunden mit dem Erzählen von einem Fehler aus meinem Leben im Rahmen meines Führungsgespräches, dann wird mein Anliegen akzeptiert werden". Tatsächlich ist dies schwieriger als gedacht, denn ein gezielter Einsatz von Körpersprache ist an bestimmte Voraussetzungen gebunden (vgl. *Lapp* 2013, S. 100 f.; *Weischer/Weibler/Petersen* 2013). Die wichtigste ist Stimmigkeit von Person, Anliegen und Körper(sprache). Nicht umsonst ist Schauspielerei ein Beruf und wird Führungskräften nicht empfohlen. Erfahrungsgemäß überschätzen sie sich hier dramatisch.

Abschließend sei noch die **Steuerung durch Metakommunikation** als Kommunikationstechnik erwähnt. Hierbei wird die Gesprächsebene gewechselt und das Gespräch von außen betrachtet. Unsicherheiten und Beziehungsprobleme können so einfacher gelöst werden. Diese Technik eignet sich, um Gesprächsverläufe zu strukturieren, zu motivieren oder Diskussionen zu steuern (vgl. *Kanitz/Scharlau* 2012, S. 69 ff.).

Die genannten Kommunikationstechniken weisen Unterschiede, aber auch Gemeinsamkeiten bzgl. ihrer Voraussetzungen, Durchführung und Wirkungen auf. Bei einer kritischen Betrachtung zeigt sich, dass zwei Kategorien identifiziert werden können. Zum einen diejenigen Techniken, die sich auf die Aufnahme des Gesagten beziehen, d.h. das Empfangen einer Nachricht. Zum anderen die Techniken, die sich auf das Äußern von Informationen beziehen, d.h. das Senden einer Nachricht. Zur ersten Kategorie gehören das Zuhören und das Schweigen. Beim Schweigen muss jedoch unterschieden werden, ob es sich um die Informationsaufnahme handelt oder ob es bereits als Stellungnahme gewertet werden kann. Bei Letzterem muss es der zweiten Kategorie zugeordnet werden. Zur zweiten Kategorie gehören Schweigen (als Stellungnahme), Paraphrasieren, Fragen, Körpersprache, Metakommunikation, Ich-Botschaften, Argumente und das Geben von Feedback. Welche der genannten Techniken hat sich nun besonders bewährt? Ist eine Kombination der Techniken möglich?

In der Literatur und Praxis stößt man in Zusammenhang mit Kommunikationstechniken häufig auf den Begriff des sogenannten **„Aktiven Zuhörens"** (vgl. z.B. *Rogers* 2012; *Hintz* 2011; *Steil/Summerfield/DeMare* 1986). Im Rahmen dieses Konzeptes werden viele der zuvor isoliert betrachteten Gesprächsführungstechniken vereint. So bilden nach *Carl Rogers* drei wesentliche Elemente die Basis des „Aktiven Zuhörens". Zum einen sollte die Grundhaltung empathisch und offen sein. Ferner sollten die Gesprächspartner authentisch und kongruent auftreten und dem Gegenüber Akzeptanz und bedingungslose positive Beachtung entgegenbringen (Zuhören und Schweigen). Ferner äußert sich → Aktives Zuhören non-verbal in zugewandter Haltung, kurzen Blickkontakten und bestätigenden Gesten und Lauten (Feedback und Körpersprache). Verbal sollte eine Führungskraft das Gehörte dem Geführten spiegeln, d.h. die Aussagen mit den eigenen Worten und aus eigener Sicht replizieren und zusammenfassen (Ich-Botschaften und Paraphrasieren, Metakommunikation) sowie durch kurze Rückfragen klären (Fragen). Das Überzeugen durch Argumente ist allerdings nicht innerhalb des „Aktiven Zuhörens" zu finden, da es ja auf Verstehen ausgelegt ist. Man muss aber davon ausgehen, dass es in Form des „einfühlenden Argumentierens" zur späteren Verdeutlichung der eigenen, ggf. konträren inhaltlichen Position damit kompatibel ist.

Einflussfaktoren auf die Gesprächsführung

Zahlreiche Faktoren nehmen Einfluss auf das Führen von Führungsgesprächen. Daher lohnt sich hier ein genauer Blick. Nach *Dutfield* und *Eling* (1993, S. 56 ff.; vgl. auch *Lippmann* 2013a, S. 268) stellen die **Charakteristika der jeweiligen Gesprächspartner** einen zentralen Einflussfaktor auf die Gesprächsführung dar. So unterscheiden sich die Gesprächspartner beispielsweise hinsichtlich ihrer Persönlichkeitsstruktur, ihren Werten, Verhaltensweisen und Motiven. Darüber hinaus spielen aber auch das **Ziel** sowie die **Situationsvariablen des Gesprächs** eine wichtige Rolle. Ferner sind Einzel- von Gruppengesprächen sowie geplante und ungeplante Gespräche zu differenzieren. Ebenfalls von Bedeutung sind **Prozess- und Interaktionsvariablen** (z.B. Beziehung zwischen den Gesprächspartnern, Vertrauen, Bereitschaft zur Offenheit) und **Außenvariablen** (z.B. Zeitaspekte, räumliche Verhältnisse), **Variablen zur Gruppenzugehörigkeit** (z.B. Soziale Rolle und Status der Beteiligten, Alter, Geschlecht, Erwartungen), **historische Variablen** (z.B. frühere Erfahrungen mit Gesprächspartnern in ähnlichen Situationen) sowie **Einflüsse der Organisation und der Gesellschaft** (z.B. betriebliche Strukturen, rechtliche Rahmenbedingungen). Gerade die geplanten Gespräche bieten entsprechend größere Planungsmöglichkeiten bei der Einwirkung auf die Einflussfaktoren der Gesprächsführung im Vergleich zu Gesprächen, die zwar bewusst, aber eher spontan zu Stande kommen. Es sollte jedoch beachtet werden, dass eine gute Gesprächsvorbereitung eine Erreichung des Gesprächsziels begünstigt. Besteht somit die Möglichkeit, Einflussfaktoren der Gesprächsführung vorab gestalten zu können, so sollte dies genutzt werden. So ist etwa für einen wirklichen Erfolg eines Gespräches ein ungestörtes und ruhiges Gesprächsklima sinnvoll. Elektronische Geräte sollten zudem das Gespräch nicht stören, eine optische Einsehbarkeit, Lärm und Nebenarbeiten vermieden werden (vgl. *Fersch* 2005, S. 52).

Gesprächsaufbau

Neben diesen Einflussfaktoren sollten sich Führende auch über den grundsätzlichen **Gesprächsaufbau** im Klaren sein. Dies ist insbesondere bei Führungsgesprächen wichtig, die ein konkretes Ziel verfolgen. Nach *von der Heyde/von der Linde* (2009) besteht ein Führungsgespräch – soweit es sich nicht um Konferenzen oder formelle Tagungsabläufe handelt – in der Regel aus den folgenden vier Schritten (S. 19 ff.):

- **Schritt 1:** Einleitungsphase: Hierbei handelt es sich um eine sehr wichtige Phase, denn schon in den ersten Minuten entscheidet sich, ob ein Gespräch erfolgreich verlaufen wird oder nicht. Es sollte zu Beginn nicht direkt mit „der Tür ins Haus" gefallen werden. Stattdessen ist es sinnvoller, einen gleitenden Einstieg zu wählen. Small Talk kann hier hilfreich sein, um die Atmosphäre aufzulockern und für eine positive Stimmung zu sorgen. Gerade bei sehr wichtigen oder sensiblen Gesprächen wird empfohlen, einen vier- bis fünfminütigen Small Talk zu führen. Zudem sollten in der Einleitungsphase das Ziel und der Zweck des Gesprächs deutlich herausgestellt werden. Der freundlich-lockere Beginn sollte jedoch wirklich ernst gemeint sein und unter dem Aspekt der Wertschätzung des Geführten erfolgen (vgl. *Rettler/Göll* 2010, S. 22). Ansonsten wird sich wahrscheinlich bereits in der Einstiegsphase entscheiden, dass das Führungsgespräch auf keinerlei Akzeptanz stößt.

- **Schritt 2:** Klärungsphase: In dieser Phase geht es darum, das Problem bzw. die Aufgabe zu beschreiben und für Klarheit zu sorgen. Es sollen Fragen gestellt, allerdings keine Wertungen vorgenommen werden.
- **Schritt 3:** Argumentationsphase: In dieser Phase werden Argumente und Meinungen ausgetauscht. Es geht darum, bestimmte Sachverhalte zu begründen.
- **Schritt 4:** Ergebnisphase: Hier werden die wesentlichen Punkte festgehalten, weitere Schritte verarbeitet und Verbindlichkeiten festgelegt. Wichtig ist hier, sich zu vergewissern, dass beide Gesprächspartner auch das Gleiche verstanden haben. Im Zuge der Komplexität und mehrdeutig von Kommunikation ein sehr zentraler Aspekt.

Gesprächsstörer

Über Führungsgespräche nachzudenken bedeutet auch, sich abschließend einmal genauer mit **Gesprächsstörern** auseinanderzusetzen, die die Gesprächsführung in Organisationen erschweren oder zerstören können. Erwähnt seien hier exemplarisch (1) das **Warnen** oder **Drohen**, (2) das **Bagatellisieren**, (3) das Anbringen von **Lebensweisheiten** und (4) die Nutzung von **Killerphrasen** („Totschlagargumenten").

Stellen wir uns vor, die Führungskraft greift den Mitarbeiter zu Beginn des Führungsgesprächs direkt an, indem sie ihm z. B. mit den Worten (1) droht: *„Wenn Sie nicht ab sofort wieder richtig arbeiten, hat das Konsequenzen"* oder seine Situation (2) bagatellisiert: *„Sie haben Angst, ihren Job zu verlieren. Nun übertreiben Sie nicht. So schlimm wird's ja wohl nicht werden"*. Die Umsetzung beider Möglichkeiten würde die Führungsbeziehung (momentan) zweifelsohne negativ beeinflussen. Infolge der Drohung der Führungskraft wäre der Mitarbeiter irritiert und sähe sich womöglich zu „Vergeltungsschlägen" veranlasst. Beim Bagatellisieren würde sie sich hingegen mit ihren Sorgen nicht ernst genommen fühlen und das

Vertrauen zum Gesprächspartner verlieren. Auch das (3) Anbringen von Lebensweisheiten wie *„Nach dem Fallen kommt das Aufstehen"* oder das „Abwürgen" eines Gesprächs durch (4) Nutzung von Killerphrasen (*„Und Sie zahlen den Misserfolg?", „Wofür Sie so Zeit haben!"*) sind als belanglose Anmerkungen bzw. abwertende Angriffe in einer Diskussion zu werten. Diese Gesprächsstörer sind nicht an der Sache orientiert, sondern werden im Gegenteil vorzugsweise außerhalb von Unbedarftheit dann verwendet, wenn stichhaltige Sachargumente fehlen, auch, um den anderen zu verunsichern.

3.2 Konfliktlösungsstrategien

Konfliktlösungsstrategien können als primär aktive Führungsinstrumente gelabelt werden, wenn sie von einem Führenden gezielt dazu eingesetzt werden, um das Verhalten der Geführten zu beeinflussen (z. B. Verbesserung der Arbeitssituation der Geführten durch die Lösung von Konflikten in Gruppen) sowie um durch Konfliktlösungen direkte Beziehungsverbesserungen zwischen Führungskraft und Geführten zu bewirken. Das Lösen von Konflikten ist von hoher Bedeutung, denn bestehen Konflikte über einen längeren Zeitraum, so kann es zu einer Eskalation kommen, die hohe Transaktions- und Opportunitätskosten verursacht (vgl. *Wunderer* 2011, S. 496). Mögliche negative Folgen von Konflikten sind häufig Stress, Demotivation, verminderte Produktivität und erhöhte Fluktuation (vgl. *Eder/Bös* 2008). Entsprechend sollte die Führungskraft versuchen, Konflikte mittels geeigneter Strategien zu lösen.

Gerade die Zusammenarbeit in heutigen Organisationen, die geprägt ist durch zunehmende Teamarbeit, teilautonome bzw. virtuelle Arbeits- bzw. Projektgruppen, sowie interdisziplinär und international zusammengesetzte Teams, bringt vielfältige Konfliktpotenziale hervor. Immer dort, wo Menschen also zusammenleben und gemeinsam Ziele erreichen oder Aufgaben erledigen wollen bzw. müssen, kommt es wahrscheinlich zu Konflikten. So belastend dies auch vom Einzelnen erlebt werden mag, so wenig wäre eine Konfliktfreiheit erstrebenswert; denn Organisationen ohne Konflikte wären starr bzw. erstarrt. Damit sind Konflikte auch Anzeichen von Lebendigkeit und Dynamik sozialer Gebilde. Nach heutiger Auffassung dienen Differenzen geradezu als Lebensgrundlage (vgl. *Glasl* 2004a, Sp. 629). Sie bestimmen dabei ganz wesentlich nicht nur über den Erfolg oder Misserfolg von Organisationen oder ihren Teileinheiten, sondern sind maßgeblich für deren Zukunftsfähigkeit verantwortlich (siehe *Hauser* 2014, S. 354). Dennoch sollte eine Führungskraft in der Lage sein und das Gespür dafür haben, in den entscheidenden Situationen Konflikte zu lösen. Wie kann sie dabei vorgehen? Wir werden hier im Folgenden einmal genauer schauen und Konfliktlösungsstrategien vorstellen. Zunächst werden wir einzelne Grundlagen zu Konflikten herausstellen.

Konkretisierung des Konfliktbegriffes

Es besteht keine einheitliche (wissenschaftliche) **Definition von Konflikt** (vgl. *Rahim* 2011, S. 15), sodass dieser Begriff oft in inflationärer Weise für jede Form von Differenz gebraucht wird (vgl. *Glasl* 2004a, Sp. 630). Von seiner Wortherkunft verweist der Begriff des Konfliktes (lat.: confligere/conflictum) wörtlich auf „zusammenschlagen, zusammenstoßen", „Zusammentreffen verschiedener Interessen" oder auch „Streit, Widerstreit der Dinge" bzw. „um des Kontrastes willen zusammenhalten" (vgl. auch *Heigl* 2014, S. 2; *Schwarz* 2014, S. 15 ff.). Wie dieser etymologische Zusammenhang zeigt, braucht es, damit Konflikte überhaupt entstehen können, eine Einheit, unter welcher der Gegensatz überhaupt zum Tragen kommt.

Ursache von Konflikten

Konflikte sind dann zu beobachten, wenn verschiedene Bedürfnisse, Erwartungen, Einstellungen, Ziele, Absichten, Interessen oder (Wert-)Orientierungen/Normen sowie Handlungen, Rollen oder Gefühle gleichzeitig aktiviert werden, in sich gegensätzlich und ggf. unvereinbar sind. Gerade widersprüchliche Zielsetzungen (z. B. zwischen Organisationsmitgliedern, einzelnen Abteilungen, Bereichen oder zwischen Stab und Linie) generieren vielfältige Konflikte. Bereits da, wo ein Akteur Unvereinbarkeiten in seinem Denken, Vorstellen, Wahrnehmen und/oder Fühlen und/oder Wollen in der Beziehung mit einem anderen Handelnden als beeinträchtigend für sein Handeln erfährt, liegt also ein Konflikt vor (vgl. *Bonacker/Imbusch* 2010, S. 69; weiterführend *Glasl* 2011). *DeDreu* (2011) sieht zudem den Aspekt der **Deprivation** als besonders relevant für die Konfliktentstehung an. Demgemäß liegt allen Konflikten das Erleben zugrunde, dass als wichtig erachtete Ressourcen (z. B. Geld, Einfluss oder auch Respekt) verloren gehen bzw. nicht gehalten werden, wobei die Ursache hierfür wiederum dem Wirken einer anderen Partei, dem Konfliktgegner, zugesprochen wird (vgl. *Solga* 2011, S. 112).

Konfliktsituationen und Konfliktarten

Konfliktlösungsstrategien setzen die Wahrnehmung eines Konfliktes voraus. Eine Kenntnis über unterschiedliche Konfliktsituationen und Konfliktarten erleichtert einer Führungskraft das aufmerksame Scannen.

Im organisationalen Kontext lassen sich grundsätzlich zwei Konfliktsituationen unterscheiden. Zum einen kann ein Konflikt zwischen einem Führenden und einem oder mehreren Geführten bestehen. Hier ist also direkt die Führungsbeziehung betroffen. Neben diesem direkten Konflikt kann es auch zu einem Konflikt zwischen den hierarchisch gleichgestellten Organisationsmitgliedern innerhalb einer Gruppe (abteilungsinterner Konflikt) oder auch zwischen verschiedenen Abteilungen (abteilungsübergreifender Konflikt) kommen (vgl. *Wunderer* 2011, S. 495). Diese Konflikte werden auch als „**laterale Kooperationskonflikte**" (*Wunderer* 2011, S. 481) bezeichnet. Hier ist nicht direkt die Führungsbeziehung betroffen, sondern die Konflikte beeinträchtigen die Arbeitssituation der Geführten. Entsprechend ist die Führungskraft hier nicht direkt involviert, kann dennoch als eine mögliche Strategie die Wahrnehmung von **Schiedsrichter- und Schlichterfunktionen** einnehmen, so auf den Konfliktprozess einwirken und damit die Verhaltensdeterminante der Arbeitssituation der Geführten beeinflussen. Die folgende Abbildung D.20 veranschaulicht nochmals die dargestellten Konfliktsituationen.

Ferner lassen sich Konflikte in **latente** und **manifeste Konflikte** differenzieren. Bestehen zwischen den Zielen zweier Konfliktgegner objektive Gegensätze, die als solche noch nicht wahrgenommen wurden und auch nicht zu feindseligem Verhalten geführt haben, so handelt es sich um latente Konflikte. Wird ein Gegensatz von mindestens einem Akteur als solcher erlebt und führt dieser zu einem Konfliktverhalten, welches benachteiligende Auswirkungen für den anderen Akteur hat, so wird von manifesten Konflikten gesprochen (vgl. *Glasl* 2011, S. 56). Darüber hinaus können Konflikte in sieben unterschiedliche Konfliktarten klassifiziert werden, wobei auch Mischformen möglich sind (vgl. *Deeg/Küpers/Weibler* 2010, S. 70; siehe dazu auch *von Rosenstiel/Molt/Rüttinger* 2005, S. 230):

- **Beurteilungskonflikte:** Unterschiedliche Informationsquellen und Kenntnisstände (Qualifikationen, Erfahrungen) der am Konflikt beteiligten Personen führen zu abweichenden Einschätzungen über den jeweiligen Streitpunkt (z. B. mögliche bzw. zweckmäßige Durchführungspraktiken).

- **Beziehungskonflikte:** Diese entstehen durch mangelnde Anerkennung oder persönliche Kränkung durch andere.

- **Handlungskonflikte:** Sie beruhen auf unvereinbaren Handlungstendenzen oder einer Unvereinbarkeit von Handlungen bzw. deren Realisierung (z. B. die Art und Weise der Durchführung).

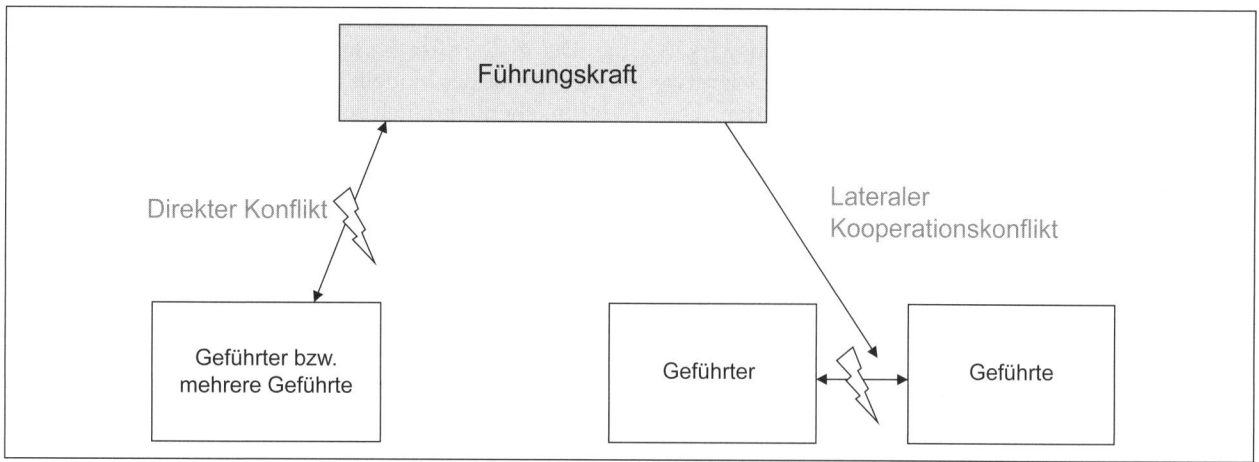

Abb. D.20: Mögliche Konfliktsituationen in Organisationen

- **Rollenkonflikte:** Hier geraten unterschiedliche Rollenanforderungen miteinander in einen Widerstreit.
- **Sachkonflikte:** Entgegengesetzte Meinungen bzw. die Uneinigkeit sind auf einen Sachverhalt bezogen (z. B. unterschiedliche Vorstellungen darüber, welches Problem Priorität haben soll).
- **Verteilungskonflikte:** Dabei wird eine ungleiche Verteilung von Ressourcen und Gratifikationen (wie z. B. Geld, Macht, Prestige, Statussymbole, Beförderungen) konfliktwirksam.
- **Wertkonflikte:** Hier provozieren unterschiedliche Einstellungen, Beweggründe, Ziele oder Werthaltungen einen Konflikt.

Konfliktarten können ferner auch analog zum aufgabenorientierten und beziehungsorientierten Führungsstil (☞ D. II. 2.4) grob in **aufgabenorientierte** und **beziehungsorientierte Konflikte** eingeordnet werden (vgl. *DeDreu/Weingart* 2003; *Jehn/Bendersky* 2003). Aufgabenkonflikte entstehen auf Basis einer erlebten Unvereinbarkeit, die einen unmittelbaren Bezug zur Bearbeitung einer gemeinsamen Aufgabe besitzen. Sie können in **Prozesskonflikte** (Wer macht was? Wer nutzt welche Ressourcen?) sowie **Beurteilungskonflikte** untergliedert werden (vgl. *de Wit/Greer/Jehn* 2012). Beziehungsorientierte Konflikte umfassen dagegen Konflikte über persönliche Vorlieben und allgemeine Werthaltungen. Sie beziehen sich also nicht auf die gemeinsame Aufgabe und die Differenzen und sind somit eher persönlicher Natur. Im Zusammenhang mit der Untergliederung von Konflikten in aufgaben- und beziehungsorientierte Konflikte lässt sich eine bedeutende empirische Untersuchung hervorheben, die gleichzeitig auch für die möglichen Folgen von Konflikten sensibilisiert.

> **Empirie zu aufgaben- und beziehungsorientierten Konflikten**
>
> Eine Metaanalyse von *DeDreu/Weingart* (2003), die 30 Studien über Konflikte im Zeitraum zwischen den Jahren 1994 und 2001 in ihre Untersuchung einbezieht, betrachtet den Zusammenhang zwischen beziehungsorientierten Konflikten, aufgabenorientierten Konflikten, Gruppenleistung und Gruppenzufriedenheit. Dabei kommt die Studie zu dem Ergebnis, dass sowohl ein negativer Zusammenhang zwischen beziehungsorientierten Konflikten und Gruppenzufriedenheit (durchschnittliche Korrelation r = -.54) als auch zwischen aufgabenorientierten Konflikten und Gruppenzufriedenheit (durchschnittliche Korrelation r = -.32) besteht (S. 744). Es wird deutlich, dass sich der beziehungsorientierte Konflikt stärker negativ auf die Zufriedenheit der Gruppe auswirkt als der aufgabenorientierte Konflikt. Dies entspricht Aussagen der Führungspraxis. Ursächlich hierfür ist, dass beziehungsorientierte Konflikte persönlicher und häufig emotionaler geführt werden und diesen Konflikten mehr Bedeutung für die Identität und den Selbstwert von Personen zukommt (S. 746 f.). Hinsichtlich der Gruppenleistung kommt die Studie zu dem Ergebnis, dass beziehungsorientierte Konflikte wie aufgabenorientierte Konflikte vergleichbar negativ mit der Leistung der Gruppe korrelieren (r = -.22 vs. r = -.23, S. 745).

Die empirischen Ergebnisse der beschriebenen Metastudie von *DeDreu* und *Weingart* (2003) stehen scheinbar im Gegensatz zu den obigen Aussagen und denen einiger Studien, die aufgabenorientierte Konflikte durchaus als gewinnbringend für die Gruppenleistung bezeichnen. Hier ist auf Drittvariablen wie den Entdeckungszeitpunkt und die Art und Weise des Umgangs mit Konflikten zu verweisen. Interessant ist weiterhin, dass sich aufgabenorientierte und beziehungsorientierte Konflikte stärker negativ auf die Gruppenleistung auswirken, wenn Aufgaben sehr komplex sind und hohe kognitive Anforderungen an die Arbeiter gestellt werden. Dies lässt darauf schließen, dass Konflikte die Informationsverarbeitungskapazität (Stress, Konzentration) beeinträchtigen. Außerdem zeigt die Metaanalyse, dass bei einer geringen Korrelation zwischen dem aufgabenorientierten und dem beziehungsorientierten Konflikt die Leistung der Gruppe nicht so stark beeinträchtigt wird, als wenn eine hohe Korrelation zwischen beiden Konfliktarten besteht.

Wichtig ist anzumerken, dass bei der Betrachtung der Auswirkungen von Konflikten auf Beziehungen und Verhalten nicht immer nur nach der Existenz/Nicht-Existenz von Konflikten gefragt werden sollte. Dies hat eine aktuelle Studie von *Jehn u.a.* (2015) zeigen können. Vielmehr spielt auch die Parallelwahrnehmung eine Rolle, d.h. ob beide Beziehungsakteure den Konflikt als gleichartig und gleichgewichtig wahrnehmen. So wirkt sich beispielsweise ein von beiden Akteuren als hoch wahrgenommener Aufgabenkonflikt (symmetrischer Konflikt) weniger negativ auf die Leistung und die Beziehungsqualität aus, als eine abweichende Wahrnehmung an sich (asymmetrischer Konflikt; z.B. Führungskraft erkennt keinen Konflikt, Geführter sieht einen Konflikt).

Verlaufsformen von Konflikten

Konflikte lassen sich durch typische Verlaufsformen charakterisieren. Einen der bekanntesten Ansätze hierzu liefert *Glasl* (2004b, S. 233 ff.) mit seinem **Konflikteskalationsmodell**, das den Konfliktverlauf in zunehmend gefährlich werdender Weise anhand von 9 Stufen darstellt. Die Eigendynamik eines Konflikts führt dazu, dass sich die am Konflikt beteiligten Akteure immer weiter in den Konflikt hineintreiben lassen. Die nachfolgende Abbildung D.21 zeigt diese Dynamik in einer symbolträchtig gewählten, absteigenden Stufenform.

Die einzelnen Stufen können wie folgt beschrieben werden: Zu Beginn eines Konfliktes kommt es zu Reibungen bei der Zusammenarbeit der Konfliktbeteiligten. Auf der ersten Stufe verhärten sich dabei die jeweils vertretenen Standpunkte und stoßen aufeinander. Es sind noch keine starren Lager oder Meinungen vorhanden. Die zweite Stufe zeichnet sich durch eine Polarisation im Denken, Fühlen und Handeln aus. Teilweise finden ermüdende Debatten und erste taktische Finessen statt. Es bilden sich zunehmend Subgruppen und verhärtete Standpunkte heraus. Taten stehen auf der dritten Stufe im Mittelpunkt. Auffällig ist hier, dass Reden hier nicht mehr hilft, d.h. keine Partei mehr nachgeben möchte. Die ersten drei Stufen bilden zusammen die erste Hauptphase des Modells, in der die Konfliktlösung noch dahingehend möglich ist, insgesamt zu einem für beide Seiten günstigen Ergebnis zu kommen („win-win"-Situation). Das heißt, dass, obwohl zu diesem Zeitpunkt die Beziehung schon von gegenseitigen Unterstellungen und Skepsis durchdrungen sein kann und der Gegner womöglich bereits in seinem Handeln blockiert wird, besteht meist auf beiden Seiten noch der Wunsch zur Kooperation.

Innerhalb der Stufen „Images und Koalitionen" (4), „Gesichtsverlust" (5) und „Drohstrategien" (6), die gemeinsam die zweite Hauptphase bilden, kann dagegen nur noch eine „win-lose"-Lösung erlangt werden, die ausgehend von zwei Konfliktparteien für eine negative, für die andere positive Konsequenzen mit sich bringt. Den Konfliktkontrahenten geht es hauptsächlich nur noch um Sieg oder Niederlage, d.h. den Wunsch nach einer rigorosen Durchsetzung der eigenen Ideen oder Vorstellungen. Auf der vierten Stufe bilden sich dabei zunächst Klischees heraus. Der „Gegner" wird allmählich zum „Feind" und es findet eine Werbung von Anhängern statt. Außerdem werden symbiotische Koalitionen gebildet. Auf der fünften Stufe (Gesichtsverlust) kommt es bereits zur öffentlichen Bloßstellung und Diffamierung des anderen. Die Gegenseite wird in eine negative Rolle manövriert, gleichzeitig bemüht sich jeder um die Wahrung des eigenen guten Rufs. Die Eskalation von Drohungen und Gegendrohungen sowie „Schläge unter der Gürtellinie" erfolgen auf der sechsten Stufe.

Ist der Konflikt bei den Stufen „Begrenzte Vernichtungsschläge" (7), „Zersplitterung" (8) oder „Gemeinsam in den Abgrund" (9), also in der dritten Hauptphase angelangt, kann die Lösung nur noch in einer „lose-lose"-Situation bestehen, in der beide Konfliktparteien Schaden erleiden. Auf der siebten Stufe dominieren begrenzte Attacken, bei denen der Feind immer mehr zur Sache wird. Auf der achten Stufe kommt es zur Zersplitterung, wobei der Feind vernichtet werden muss bzw. das feindliche System zerbrechen soll. Die neunte Stufe „Gemeinsam in den Abgrund" ist durch „totalen Krieg" gekennzeichnet. Hier steht die Vernichtung des Feindes auch zum Preis der Selbstvernichtung im Vordergrund. Der eigentliche Streitauslöser ist längst vergessen.

Eine Führungskraft sollte sich beim Einsatz von Konfliktlösungsstrategien die Frage stellen, auf welcher Stufe sich der Konflikt gerade befindet. Entsprechend sind dann auch unterschiedliche Strategien einsetzbar. Im Folgenden wollen wir der Frage nachgehen, welche Stra-

III. Gestaltung durch Führungsinstrumente

Kapitel D

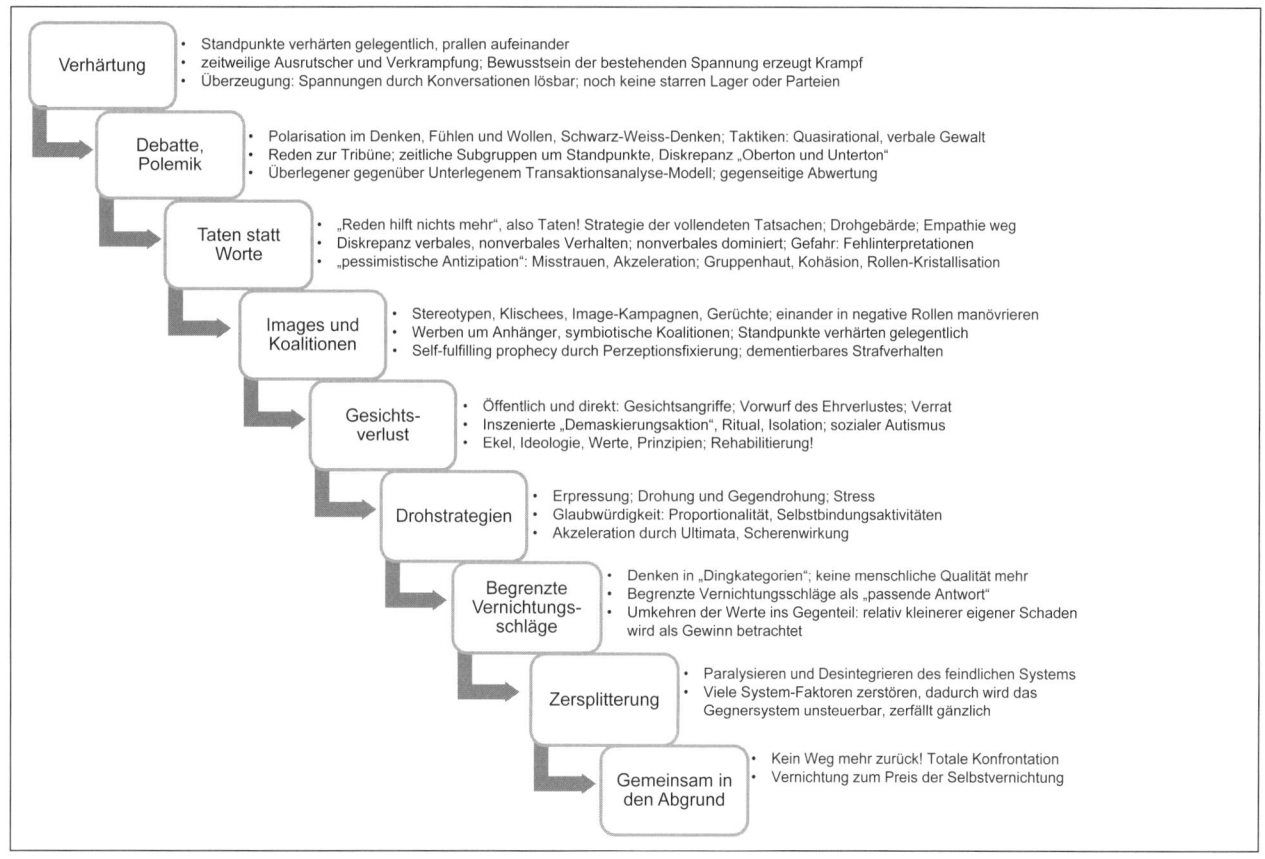

Abb. D.21: Konflikteskalationsmodell nach *Glasl* (in Anlehnung an *Glasl* 2004b, S. 236f.)

tegien Führende bei direkten und lateralen Konflikten grundsätzlich zum Einsatz bringen sollten.

Konfliktlösungsstrategien bei lateralen Kooperationskonflikten

Bestehen Konflikte zwischen mehreren Geführten untereinander und ist die Führungskraft nicht in den Konflikt involviert, so bieten sich verschiedene Möglichkeiten der Konfliktlösung an. *Glasl* (2004b, S. 385 ff.) hat in seinem Konflikteskalationsmodell differenziert den Einsatz verschiedener Interventionsstrategien in Abhängigkeit von der jeweiligen Eskalationsstufe empfohlen. Zusammenfassend für die 3 Hauptphasen („win-win"; „win-lose"; „lose-lose") des Konfliktverlaufes kann Folgendes festgestellt werden: Konflikte innerhalb der ersten Hauptphase können innerhalb der Organisation durch den Einsatz von Moderation oder interner Mediation gelöst werden. Tritt eine Führungskraft etwa als Mediator (Vermittler) auf, so arbeitet die Führungskraft gemeinsam mit den Konfliktparteien systematisch strittige Punkte heraus, um Optionen und Alternativen zur bisherigen Auseinandersetzung zu entwickeln. Die Führungskraft agiert dabei mit dem Ziel, eine akzeptable Lösung für alle beteiligten Parteien zu finden. Dazu muss insbesondere eine Klärung der Ziele und Bedürfnisse erfolgen, um gemeinsame Lösungen für die Zukunft zu finden. Hierbei ist es zentral, dass die Führungskraft neutral agiert, inneren Abstand vom Geschehen und von den eigenen Befindlichkeiten nimmt, sowie die Konfliktlage richtig erfasst.

Zwischen der ersten und zweiten Hauptphase gibt es nach *Glasl* hingegen einen qualitativen Sprung. Die zweite Hauptphase ist dadurch gekennzeichnet, dass das Ziel nicht länger in einer gemeinsamen Problemlösung liegt, sondern in der Durchsetzung der eigenen Vorstellungen mit einer Gewinner-Verlierer-Strategie. Ist der Konflikt bereits soweit eskaliert, dass er sich in der zweiten Hauptphase befindet, ist nur noch die Mediation mit einem externen Experten anzuraten. Befindet sich der Konflikt bereits in der dritten Hauptphase, ist auch die Mediation nicht mehr einsetzbar. Stattdessen kann der Konflikt nur noch mittels eines Machteingriffs gelöst werden. So besteht etwa die Möglichkeit, dass Führende die Kontrahenten räumlich trennen. Ferner könnten Aufgaben und Verantwortungsbereiche der Kontrahenten neu organisiert werden. Auch Abmahnungen, Versetzungen oder Kündigungen sind mögliche Strategien, die eine Führungskraft anwenden kann.

Als weitere Strategie bietet sich an, dass Führende ihren Geführten Verhandlungshilfen geben. So sollte die Führungskraft die Fähigkeit besitzen, die Lage stabilisieren zu können, den Kommunikationsprozess zwischen den Parteien zu unterstützen und die Zusammenarbeit zu fördern (vgl. *Hill* 1995, Sp. 2145 f.). Wichtig ist, dass Führende als Vorbild dienen, indem diese selbst Verhandlungskompetenzen zeigen und ihr Wissen über wirksames Verhandeln an ihre Geführten weitergeben. In diesem Zusammenhang sollten Führungskräfte etwa mit dem **Harvard-Konzept** vertraut sein.

Das Prinzip des Harvard-Konzeptes formulierte *Roger Fisher* im Jahr 1981 gemeinsam mit *William L. Ury* in dem Buch *„Getting to Yes"*. In späteren Auflagen kam *Bruce Patton* hinzu. Das Konzept beruht auf dem *Harvard Negotiation Project* der Harvard-Universität. Das Harvard-Konzept basiert grundsätzlich auf folgenden vier Bedingungen (vgl. *Fisher/Ury/Patton* 2014, S. 47 ff.):

- **Menschen und Probleme getrennt voneinander behandeln:** Sinnvoll ist es, die Sachebene von der Beziehungsebene zu trennen und auf den Gegenüber unmittelbar einzugehen, da es sich hierbei auch um Menschen mit eigenen Gefühlen und Überzeugungen handelt („Problem Mensch"). Dadurch werden Vorstellungen, Emotionen und Kommunikation in der Verhandlung zentrale Bausteine. So soll man sich beispielsweise innerhalb der Kategorie „Vorstellungen" in die Lage des Gegenübers hineinversetzen, seine Absichten keinesfalls aus den eigenen Befürchtungen ableiten, das Gegenüber nicht für die eigenen Probleme verantwortlich machen, unterschiedliche Ansichten diskutieren und jedem ermöglichen, sein Gesicht zu wahren. Innerhalb der Kategorie „Emotionen" sollten die eigenen Emotionen und die des anderen erkannt und verstanden werden, die eigenen Emotionen deutlich gemacht sowie auf emotionale Ausbrüche nicht direkt reagiert werden. Außerdem sind symbolische Gesten hilfreich, um eine gespannte emotionale Situation zu verbessern.

- **Fokussierung auf die Interessen und nicht auf Positionen:** Die eigenen Interessen sollen bestimmt und die des anderen herausgefunden werden. Hierbei ist es sinnvoll, danach zu fragen, warum der andere bestimmte Positionen vertritt bzw. warum gerade nicht. Das Erstellen von Listen der Interessen kann hier hilfreich sein. Neben dem Herausfinden der Interessen sollte auch über die Interessen gesprochen werden. Die eigenen Interessen sollen deutlich gemacht und die des anderen als Teil des Problems anerkannt werden.

- **Entwicklung von Entscheidungsmöglichkeiten zum beiderseitigen Vorteil:** Für eine erfolgreiche Verhandlung ist die Existenz verschiedener Entscheidungsmöglichkeiten bedeutsam. Allerdings ist die Entwicklung unterschiedlicher Optionen nicht einfach, existiert aufgrund mangelnder Kreativität häufig nur eine begrenzte Zahl an Optionen. Menschen sind darüber hinaus häufig der Meinung, dass viele Wahlmöglichkeiten den Verhandlungsprozess noch komplexer machen und dass es sich um eine Entweder-oder-Entscheidung handelt. Um Entscheidungsmöglichkeiten zu entwickeln, kann z. B. ein Brainstorming helfen.

- **Das Ergebnis soll auf neutralen Beurteilungskriterien aufbauen:** Sind Lösungswege gefunden worden, erfolgt anschließend die Auswahl einer Entscheidungsmöglichkeit. Die Entscheidung soll dabei anhand objektiver Kriterien erfolgen. Wichtig ist, die Bewertung eines Lösungsvorschlags stets an diesen objektiven Kriterien zu orientieren. Es sollen faire und gemeinsam anerkannte Verfahrensweisen entwickelt werden. Gerechtigkeitsgefühlsverletzungen wiegen schwer und nachhaltig.

Ferner können Führungskräfte die Strategie verfolgen, ihre Geführten an Trainingsmaßnahmen zum Umgang mit Konflikten teilnehmen zu lassen. Zu denken ist etwa an eine Verbesserung der Kommunikationsfähigkeiten. Auch das Anbieten eines Seminars, in dem Techniken wie das Harvard-Konzept vorgestellt werden, ist hilfreich. Leitmaxime sollte stets die Erreichung eines Gewinner-Gewinner-Resultats sein sowie die Bewusstseinsschulung, dass Auffassungsunterschiede in aller Regel auf unterschiedliche Erfahrungskontexte zurückzuführen sind und nicht auf Dummheit oder Böswilligkeit beruhen (vgl. *Hill* 1995, Sp. 2144).

Konfliktlösungsstrategien bei einem direkten Konflikt

Bei einem direkten Konflikt ist die Führungskraft selbst direkt in den Konflikt involviert. Ist der Konflikt bereits sehr stark eskaliert, so ist sicherlich die Einbeziehung einer dritten Partei die empfehlenswerteste Strategie (vgl. *Lippmann* 2013b, S. 335 ff.). Denkbar ist etwa, dass der **nächsthöhere Vorgesetzte** (vgl. *Weibler* 1994) hinzugezogen wird. Befindet sich der Konflikt noch auf einer der oberen Eskalationsstufen, so gewinnen erneut kommunikative Kompetenzen zur Konfliktklärung an Bedeutung. Der Einsatz des Harvard-Konzeptes scheint jedoch in diesem Fall begrenzt, was an der Macht- und Verantwortungsasymmetrie zwischen Führungskraft und Geführten liegt (vgl. *Lippmann* 2013b, S. 350).

3.3 Anerkennung und Kritik

Ein weiteres primär aktives Führungsinstrument ist **Anerkennung und Kritik**. Sowohl in der Theorie als auch in der Praxis hat die Bedeutung von Anerkennung und Kritik stetig zugenommen, was etwa mit der steigenden Relevanz weicher Faktoren in der Gestaltung von Arbeitsbeziehungen begründet werden kann (vgl. *Rettler/Göll* 2010, S. 2). So stellt etwa Anerkennung in der jährlich durchgeführten Studie „*Great Place to Work*" vom US-amerikanischen *Great Place to Work Institute* ein wichtiges Element für die Zuschreibung einer guten Qualität der Personalmaßnahmen von Unternehmen dar (vgl. *Rettler/Göll* 2010, S. 5). Untermauert wird diese durch den HR-Report 2014/2015: Zumindest geben in einer Onlinebefragung 71 % der insgesamt 665 befragten Führungskräfte in Deutschland, Österreich und der Schweiz an, dass die **Etablierung einer Feedbackkultur** zu den bedeutendsten Anforderungen gehört, die an Führende gestellt werden (noch vor der Motivation der Belegschaft (69 %), dem Aufzeigen von Entwicklungsmöglichkeiten für Mitarbeiter (66 %) und dem Führen regelmäßiger Mitarbeitergespräche (60 %); vgl. *Eilers u. a.* 2014). Der hohe Stellenwert von Anerkennung und Kritik ist auch damit begründbar, dass sie selbst wie auch die mit ihr verbundene Zuwendung ganz grundlegende menschliche, biologische und emotionale Bedürfnisse befriedigt, etwa das Bedürfnis nach Geborgenheit, sozialer Sicherheit, Selbstachtung, Akzeptanz und Bestätigung.

Wir wollen Anerkennung und Kritik in Anlehnung an *Kossbiel* (1995) als ein Gegensatzpaar von Verhaltensweisen auffassen, mit denen eine Person einer anderen Person oder Personengruppe eine positive bzw. negative Bewertung von Verhalten oder Verhaltensergebnissen mitteilt. Werden Anerkennung und Kritik als Führungsinstrument aufgefasst, dann werden sie als Verhalten einer Führungskraft betrachtet, mit denen diese das Ziel verfolgt, auf das Verhalten ihrer Geführten einzuwirken (vgl. *Kossbiel* 1995, S. 22). Dabei werden die Begrifflichkeiten Anerkennung und Kritik weit ausgelegt und jegliche Form von Verhaltensweisen wie verbale Stellungnahmen (z. B. Vorwurf/Dank, Lob wie „Gut gemacht"!), die Nutzung von Mimik (z. B. Stirnrunzeln) und Gestik (z. B. Abwinken/auf Schulter klopfen) oder weitere Handlungen (z. B. Entziehung einer chancenträchtigen Aufgabe, Abmahnung/Gewährung einer Gehaltserhöhung, Vorschlag zur Beförderung) miteinbezogen. Wichtig für den Status als Führungsinstrument ist die klare Zuordnung zu einem Anlass, sei es ein Ergebnis, Ereignis oder ein Verhalten. Der Einsatz von Anerkennung und Kritik erfolgt somit **situationsbezogen** (vgl. *Rettler/Göll* 2010, S. 22). Zudem wird es unmittelbar selbstbestimmt kreiert. Entsprechend handelt es sich um ein primär aktives Führungsinstrument.

Anerkennung und Kritik unterscheiden sich vom Begriff der **Wertschätzung**. Letztere ist eine **generelle Haltung der Achtung und des Respekts** vor der anderen Person, die ihr unabhängig von besonderen Merkmalen, Leistungen oder Anlässen entgegengebracht wird. Wertschätzung ist damit Ausdruck einer **Kultur des Dialogs und des konstruktiven Miteinanders** zwischen Führenden und Geführten in Organisationen, aber auch im zwischenmenschlichen Bereich allgemein. Wertschätzung sollte somit im Gegensatz zu Anerkennung und Kritik permanent vorhanden und nicht nur an bestimmte Situationen gebunden sein. Eine wertschätzende Haltung wird gleichermaßen als Voraussetzung für gelingende Kommunikation und menschliche Interaktion insgesamt betrachtet (vgl. *Rettler/Göll* 2010, S. 4).

Das Führungsinstrument der Anerkennung und Kritik nimmt sowohl Einfluss auf die Zufriedenheit als auch auf die Leistungsbereitschaft der Geführten (vgl. *Rettler/Göll* 2010, S. 22; *von Rosenstiel* 2003, S. 270). *Podsakoff u. a.* (2006) haben die Bedeutung von belohnendem wie bestrafendem Führungsverhalten eindrücklich, u. a. durch eine Metaanalyse, nachgewiesen. Angemessen angewandt kann dieses transaktionale, austauschorientierte Führungsverhalten die Führungsaufgaben ganz erheblich erleichtern und zu einer erhöhten Mitarbeiterleistung und Mitarbeiterzufriedenheit beitragen. Diskutiert wird, dass diese Erleichterung über eine verbesserte Rollenklarheit, über eine erhöhte Gerechtigkeitswahrnehmung, über ein größeres Vertrauen in die Führungskraft, über eine als größer empfundene organisationale Unterstützung sowie über stärkere organisationale Bindung der Geführten vermittelt wird (vgl. *Podsakoff/Podsakoff/Kuskova* 2010, S. 295 ff.). Entscheidend ist allerdings die Angemessenheit in der Anwendung: Anlassnah, dem Anlass entsprechend, dabei begründend und erläuternd, wo nicht selbstevident.

Ziele von Anerkennung und Kritik

Die Ziele von Anerkennung und Kritik sind vor allem in der Orientierung und Motivation der Geführten zu sehen (vgl. *Kossbiel* 1995, Sp. 25):

- **Orientierungsfunktion:** Anerkennende oder kritische Verhaltensäußerungen von Führenden geben den Geführten eine Vorstellung darüber, wie ihr Verhalten eingeschätzt wird. Daraus gewinnen die Geführten auch Anhaltspunkte, wie sie sich zukünftig verhalten sollen.
- **Motivationsfunktion:** Da Menschen im Allgemeinen nach Anerkennung streben und sich ungern Kritik ausgesetzt sehen, beeinflussen anerkennende und kritische Verhaltensäußerungen von Führenden das Verhalten der Geführten.

Zusätzlich lassen sich die folgenden **Funktionen** von Anerkennung und Kritik nennen (vgl. *Muck/Schuler* (2004) in Anlehnung an *Neuberger* 1998; *von Rosenstiel* 1995):

- **Informationsfunktion:** Im Dienste der Klärung von Arbeitsaufgaben erfolgt eine Soll-Ist-Betrachtung der Dinge, an denen die Geführten hauptsächlich noch arbeiten sollten. Durch Anerkennung und Kritik werden Informationen gewonnen, die zu einer Vermeidung von Fehlverhalten führen sollen.
- **Lernfunktion:** Positives Verhalten soll verstärkt und negatives Verhalten verhindert werden. Anerkennung bestätigt gewünschtes Verhalten mit dem Wunsch, dass es sich wiederholt. Sie steigert die Leistungsbereitschaft als auch die Zufriedenheit der Geführten. Gerade selten anerkannte Tätigkeiten können so attraktiv gemacht werden. Durch Kritik wird unerwünschtes Verhalten durch Thematisierung transparent, mit dem Ziel, es zukünftig zu vermeiden. Dabei ist darauf zu achten, dass gleichzeitig auch Verhaltensalternativen aufgezeigt werden.
- **Soziale Funktion:** Das Finden des eigenen Selbstbildes wird durch Anerkennung und Kritik gefördert. Mitarbeiter werden sich so entwickeln, wie es Führungskräfte von ihnen erwarten. So wird eine Führungskraft, die Hoffnung in ihre Mitarbeiter investiert und gute Leistungen durch Anerkennung honoriert, die Selbstsicherheit ihrer Mitarbeiter stärken. Eine Führungskraft, die ihre Mitarbeiter dagegen ständig kritisiert, kann ihr Selbstvertrauen schwächen und sie verunsichern. Anerkennung und Kritik nehmen somit auch Wirkung auf zukünftige soziale Interaktionen zwischen Führungskraft und Mitarbeiter.

Lerntheoretischer Hintergrund von Anerkennung und Kritik

Anerkennung und Kritik als Führungsinstrument lassen sich lerntheoretisch begründen (☞ C. III.): Es hat sich gezeigt, dass Geführte verstärkt diejenigen Verhaltensweisen zeigen, die belohnt werden und diejenigen meiden, die keine oder gar eine negative Reaktion des Führenden hervorrufen. Insbesondere ist die Überlegenheit von Belohnungen gegenüber Bestrafungen eindeutig abgesichert. *Podsakoff* und Kollegen (2006, S. 135) erklären dies auch damit, dass die Anwendung und damit der Wirkmechanismus für Belohnungen einfacher ist. Führungskräfte können also ein bestimmtes Verhalten ihrer Mitarbeiter hervorrufen, stabilisieren oder verändern, indem sie deren als erwünscht erachteten, z. B. Lob, Sonderurlaub, oder einen aversiven Reiz entfernen, z. B. eine unangenehme Berichtspflicht aufheben und nur gelegentlich nicht erwünschtes Verhalten direkt bestrafen, z. B. eine Berichtspflicht auferlegen, oder einen positiven Reiz, z. B. ein Privileg, entfernen.

Während sich beim Aufbau eines gewünschten Mitarbeiterverhaltens eine kontinuierliche und zeitlich nahe positive Verstärkung anbietet, kann im Zeitablauf die Dauer, der Umfang und die Qualität der Verstärkung theoriegemäß reduziert werden. Es bedarf also bei einem bereits über längere Zeit hinweg gezeigten erwünschten Verhalten nur noch der gelegentlichen Verstärkung. Anzuführen ist ferner, dass Geführte die positiven Emotionen, die sie bei der Anerkennung durch die Führungskraft empfinden, auf die jeweils anerkannte Tätigkeit übertragen. In diesem Sinne wird auch von der *„klassischen Konditionierung von Emotionen"* (*Staats/Staats* 1958, zitiert nach *Comelli/von Rosenstiel* 2009, S. 94) gesprochen. Beispielsweise führen die anerkennenden Worte einer Führungskraft über die Ablieferung eines fehlerfreien Berichtes eines Geführten dazu, dass dieser die positiv empfundenen Emotionen bei Äußerung der Anerkennung durch die Führungskraft auf das Schreiben des nächsten Berichtes überträgt. Dieser Aufgabe wird sie dann vermutlich engagiert und mit Freude nachgehen (☞ E. III. 3).

Mitarbeiter lernen aber nicht nur durch **eigene Erfahrung**, sondern auch durch **Beobachtung** der Erfahrungen anderer Mitarbeiter (Beobachtungslernen, Modell-Lernen; vgl. *Bandura* 1979, 1976). Sie sind in der Lage, Zusammenhänge zu erkennen, auch wenn auslösende Bedingungen nicht immer offensichtlich sind und Konsequenzen nicht unmittelbar folgen. Führende sind hingegen darauf angewiesen, sich auf beobachtbares Verhalten zu konzentrieren und konkurrierende Einflüsse (z. B. Gruppennormen) zu bedenken.

Anwendungskompetenz im Umgang mit Anerkennung und Kritik

Führende können sowohl Anerkennung als auch Kritik jederzeit und damit flexibel einsetzen. In der Praxis führen fehlende Übung in der Anwendung und Unkenntnis über die Wirkungszusammenhänge bei der Anwendung von Anerkennung und Kritik oftmals dazu, dass sich eine Führungsbeziehung durch ihren Einsatz ungünstig entwickelt. Es handelt sich demnach um ein Werkzeug, das eine hohe Anwendungskompetenz und einen überlegten Einsatz erfordert, weshalb wir hier einmal genauer hinschauen.

Unerwähnt blieb bislang, dass Anerkennung und Kritik als Führungsinstrument vermutlich nur dann erfolgreich sein wird, wenn ihre Anwendung vom Führenden – neben dem nötigen Bewusstsein und der sozialen Kompetenz für die „richtigen Worte" – aus einer **Haltung der Selbstachtung** und eines **„gesunden" Selbstwertgefühls** heraus erfolgt (vgl. *Rettler/Göll* 2010, S. 22). Wer das Führungsinstrument benötigt, um sich selbst zu stärken, hat ein Problem.

Darüber hinaus ist zu bedenken, dass Anerkennung und Kritik in der Ausübung von anderen Faktoren als dem Ereignis mit geprägt werden (vgl. auch *Kossbiel* 1995, Sp. 23). Man denke an

- die Anzahl und die Qualität der dem Führenden zur Verfügung stehenden materiellen und immateriellen Ressourcen,
- die Flexibilität des Führenden, die Ressourcen zu nutzen,
- das Menschenbild des Führenden,
- die Person des Adressaten (Status, Alter, Geschlecht, Vorerfahrung, persönliche Wertschätzung) sowie
- kulturelle Gegebenheiten und Standards der Organisation.

Zu beachten ist, dass Führende bei der Auswahl unterschiedlicher Formen von Anerkennung und Kritik abwägen müssen, welche Effekte mit welchen Ressourcen erzielt werden können. Auch muss berücksichtigt werden, dass die Wirkungen von Anerkennung und Kritik von Person zu Person sehr verschieden sein können. Der Empfänger hat die Definitionsmacht. So freut sich nicht jeder Mitarbeiter über eine Beförderung, wenn ein Ortswechsel hiermit verbunden ist (statt eines Anerkennungseffekts wird ein Kritikeffekt erreicht); und nicht jeder Mitarbeiter ist besorgt darüber, wenn er nicht die Vorstellung eines in seinen Augen inkompetenten Vorgesetzten getroffen hat (statt eines Kritikeffekts wird ein Anerkennungseffekt erreicht). Ohne genauere Kenntnis der anderen Person können über diese Konsequenzen vom Führenden nur Vermutungen angestellt werden. Dies bedeutet, dass für einen wirksamen Einsatz von Anerkennung und Kritik als Führungsinstrument neben motivationspsychologischen Fertigkeiten vor allem auch spezifisches Wissen über die Geführten notwendig ist. Wer seine Geführten nicht einzuschätzen weiß, wird keine differenzierte Führung erbringen können. Spannend ist dies für die Frage, ob es Unterschiede in der Anerkennung und Kritik von Mitarbeitern oder geführten Führungskräften gibt. Es reicht dazu jedoch nicht aus, die Geführten nur zu beobachten, um hieraus Rückschlüsse für die Wirkungen für Anerkennung oder Kritik zu ziehen. Entscheidend ist vielmehr, dass Gespräche mit den Geführten gesucht werden. Erst hierdurch sind zuverlässige Kenntnisse über die personenspezifischen Wirkungen von Anerkennung und Kritik zu gewinnen. Beobachtung kann also Kommunikation (☞ D. III. 3.1) niemals ersetzen.

Vor dem Hintergrund des angesprochenen Beobachtungslernens sollte Führungskräften weiterhin bewusst sein, dass die von ihnen ausgehenden Aktionen kognitive Filter geführtenseitig passieren. Dies erfordert, sich zu vergewissern, dass eine identische Wahrnehmung des Verhaltens vorliegt, um ein effizientes Handeln zu gewährleisten. Eine weitere entscheidende Voraussetzung für eine zielgerichtete Wirksamkeit von Anerkennung und Kritik in der Führungsbeziehung ist die Verlässlichkeit des Führungsverhaltens. Ein unkalkulierbares Verhalten des Führenden führt zu negativen Effekten. Der Geführte ist nicht in der Lage, eindeutige Erwartungen der Führungskraft zu identifizieren, da ihre Reaktion auf identisches Geführtenverhalten nicht konsistent ist. Berechenbarkeit stellt also eine erfolgskritische Größe dar. Führungskräfte sind zudem Lernmodelle für ihre Geführten. Dies bedeutet, dass Geführte sich in ihrem Verhalten an ihrem Vorgesetzten orientieren. Zeigt dieser selbst die von ihm gewünschte Verhaltensweise nicht oder gar das Gegenteil davon, wird eine Realisierung der erwünschten Verhaltensweise unwahrscheinlich. Ein beispielhaftes Vorleben gewünschter Verhaltensweisen lässt hingegen die Chancen für ein entsprechendes Geführtenverhalten steigen.

Schließlich ist zu beachten, dass ein effizienter Einsatz von Anerkennung und Kritik unterschiedliche Anwendungsregeln erforderlich macht. Dies wird insbesondere deutlich, wenn auf verbale Äußerungen von Anerkennung und Kritik im Rahmen von Anerkennungs- und Kritikgesprächen abgestellt wird. Äußern Führende Anerkennung verbal, so sollten insbesondere folgende Aspekte besonders beachtet werden (vgl. *Comelli/von Rosenstiel* 2010, S. 96 ff.):

- Anerkennung sollte vom unmittelbaren Vorgesetzten geäußert wird, da dieser aufgrund seines direkten

Kontaktes zum Geführten ein gezeigtes Verhalten besser bewerten kann.

- Anerkennung sollte sich auf konkrete Verhaltensweisen oder Verhaltensergebnisse des Geführten beziehen und nicht auf Charakterzüge.
- Anerkennung des Verhaltens eines einzelnen Geführten sollte in der Regel unter vier Augen geäußert werden; Anerkennung des Verhaltens von Gruppen dagegen in der Gruppe.
- Anerkennung sollte ausdrücklich angesprochen werden, wobei die Art und Wortwahl nach dem jeweiligen Anlass auszurichten ist (von „Gut gemacht!" bis hin zur Durchführung eines ausführlichen Gesprächs).
- Anerkennung sollte möglichst unmittelbar nach dem erwünschten und damit anzuerkennenden Verhalten geäußert werden.
- Kontinuierliche Anerkennung des Verhaltens eines Geführten sollte in der langen Frist durch weitere Handlungen (andere Formen von Anerkennung) vom Führenden untermauert werden.

Greifen Führende im Werkzeugkasten der Führungsinstrumente auf das Instrument der Kritik zurück, sollten folgende Regeln beachtet werden (vgl. *Comelli/von Rosenstiel* 2010, S. 98 ff.):

- Kritik ist schwerer zu äußern als Anerkennung, weshalb der Einsatz von Kritik als Instrument sorgfältig geplant werden sollte.
- Ein Kritikgespräch sollte ungestört und in der Regel unter vier Augen stattfinden, wobei je nach Art des zu kritisierenden Verhaltens auch Zwischenformen vor den Augen anderer Mitarbeiter möglich sind.
- Etwaige negative Emotionen der Führungskraft, die bei der Übermittlung von Kritik störend wirken, sollten keine Rolle spielen.
- Kritik sollte vom unmittelbaren Vorgesetzten geäußert werden, wobei auf konkrete und vom Vorgesetzten beobachtbare Sachverhalte abzustellen ist und nicht auf überdauernde Persönlichkeitsmerkmale des jeweiligen Mitarbeiters.
- Ein Kritikgespräch sollte konstruktiv enden, um so eine gemeinsame Basis für zukünftiges Verhalten zu schaffen (Was ist anders zu machen? Wie geht es besser?).

Ein wesentlicher Unterschied zwischen dem Einsatz von Anerkennung und dem Einsatz von Kritik mit Blick auf die Geführten liegt darin, dass ihnen Anerkennung die richtige Richtung signalisiert, Kritik gegebenenfalls nur die falsche Richtung. Deshalb ist bei Äußerung von Kritik unbedingt darauf zu achten, diese zu begründen und Handlungsalternativen anzuführen. Dann sprechen wir von einer **konstruktiven Kritik**. Gerade dieser Punkt wird in der Praxis oftmals vernachlässigt. Dies führt dazu, dass mit der Äußerung von Kritik keine Verhaltensänderungen möglich werden, weil den Geführten vorher nicht verdeutlicht worden ist, in welche Richtung diese gehen soll.

Kritische Würdigung von Anerkennung und Kritik
Das Führungsinstrument **Anerkennung und Kritik** nimmt insofern eine Sonderstellung ein, als es den Führungsalltag beständig zu prägen im Stande und praktisch innerhalb einer Führungsbeziehung unvermeidbar ist. Immer wieder ist die Führungskraft aufgefordert, auf Leistungen der Geführten wertend zu reagieren, indem Gutes bestätigt und weniger Gutes zukünftig zu verbessern ist. Die Bedeutung dieses Instrumentes kann nicht überschätzt werden, da Geführte sehr sensibel auf Anerkennung und Kritik reagieren. Zum Führungsinstrument werden Anerkennung und Kritik aber erst, wenn die Führungskraft in einem wertschätzenden Umfeld gezielt und unter Kenntnis lerntheoretischer Befunde sich dieses Instrumentes bedient. Dann sollte es auch nicht vorkommen, dass – wie so häufig im Führungsalltag – eine gelungene Arbeit als selbstverständlich unkommentiert aufgefasst und eine misslungene Arbeit eingehend destruktiv kommentiert wird. Die persönliche Beziehung zwischen Führungskraft und Geführten hängt vor allem von der angemessenen Nutzung dieses Instrumentes ab. Nach *Cameron* (2008) wird eine effiziente Leistung des jeweiligen Feedback-Empfängers bei einem Verhältnis von **fünf bis sechs Anerkennungen zu einer geäußerten Kritik** besonders gefördert (S. 52 f.).

3.4 Sanktionierung

Allgemein werden unter **Sanktionen Maßnahmen gegen unerwünschtes Verhalten** von Mitarbeiterinnen und Mitarbeitern verstanden (vgl. *Dubs* 1995b, Sp. 1868). Unter einer **Sanktionierung** verstehen wir im Folgenden eine Bestrafung oder den Entzug von Annehmlichkeiten, die Führende in Folge eines Fehlverhaltens eines oder mehrerer Geführten anlassbezogen **(kontingent)** anwenden können (vgl. *Church* 1963). Aus unserer Perspektive handelt es sich demnach um ein primär aktives Führungsinstrument. Grundsätzliches Ziel einer Sanktionsmaßnahme besteht dabei darin, die Auftretenswahrscheinlichkeit des unerwünschten Verhaltens zu reduzieren (vgl. *Butterfield/Treviño/Ball* 1996, S. 1479).

Sanktionen sind hinsichtlich ihres Ziels inhaltlich somit dem zuvor vorgestellten Führungsinstrument der Kritik (☞ D. III. 3.3) in seiner weiten Auslegung gleichzusetzen und nicht immer leicht davon abzugrenzen. Nach *Wheeler* (1976) werden Sanktionen vor allem bei unangemessenen Verhaltensweisen wie Abwesenheit, Unehrlichkeit, Diebstahl, Betrug, Alkohol- und Drogenmissbrauch, Verletzung von geltenden Regeln und Vorschriften innerhalb der Organisation sowie bei Streitigkeiten zwischen den Organisationsmitgliedern eingesetzt. Mit der Sanktionierung benennen wir ein Führungsinstrument, dass insbesondere bei grundlegenderen (z. B. Abweichung von zentralen Normen), schwerwiegenderen Verstößen (z. B. Drogenmissbrauch, Betrug) und nicht akzeptierbaren ergebnisorientierten Verfehlungen eingesetzt wird. Kritik ist da eher rückmeldend hinsichtlich Alltagsaktivitäten zu sehen. Die Härte von Sanktionen zeigt sich darin, dass Sanktionen in der Regel erst dann ergriffen werden, wenn andere Maßnahmen, z. B. ein vorheriges Kritikgespräch, keine Wirkung zeigen (vgl. auch nachfolgend *Dubs* 1995b, Sp. 1869 ff.). Häufig wird eine Sanktion deshalb als „letztes Mittel" gesehen. In diesem Fall kann die Sanktion möglicherweise auch dem Geführten nützlich sein, da dieser so vor noch „Schlimmerem" aus Führungssicht bewahrt wird. Es handelt sich im Kern um Maßnahmen wie Versetzung, finanzielle Konsequenzen, Nichtbeförderung, Abmahnung, im Extrem um Entlassung, aber auch um informelle Maßnahmen wie durchgängigem Vertrauensentzug, Bloßstellungen und die Streichung von Privilegien. Dies belastet die Führungsbeziehung, beendet sie möglicherweise. Aber wie in jeder Beziehung ist dies eine Option, die ein Führender ggf. ausüben muss. Hier ist immer auch die Auswirkung des (Nicht-) Handelns auf andere zu bedenken.

Wirksamkeit von Sanktionsmaßnahmen

Die obigen Ausführungen verdeutlichen, warum es wichtig ist, sich mit dem Führungsinstrument der Sanktionierung zu beschäftigen. Insbesondere sollten Führende im Führungsalltag in der Lage sein, Sanktionen wirksam einzusetzen. Um Wirksamkeit von Sanktionsmaßnahmen zu gewährleisten, sollten Führende sich mit denjenigen Faktoren auseinandersetzen, die auf die Wirksamkeit von Sanktionsmaßnahmen Einfluss nehmen. Nach *Arvey/Ivancevich* (1980) wird die **Wirksamkeit von Sanktionen** dabei von folgenden Faktoren beeinflusst (vgl. hierzu die Ausführungen von *Dubs* 1995b):

- **Zeitpunkt der Sanktion:** Sanktionen sollten unmittelbar nach dem Auftreten des unerwünschten Verhaltens eingesetzt werden, da verspätete Sanktionen weniger wirksam sind.
- **Intensität der Sanktion:** Gemäßigte Sanktionen scheinen am besten geeignet zu sein, die Auftretenswahrscheinlichkeit des unerwünschten Verhaltens zu reduzieren. Ursächlich hierfür ist, dass Sanktionen mit zu geringer Intensität keine Herausforderung zur Überwindung des unerwünschten Verhaltens haben und Sanktionen mit zu hoher Intensität eher Angstprozesse- oder Abwehrprozesse in Gang setzen und Lernprozesse behindern. Allerdings sollte bei der Festlegung der Intensität auch genau geschaut werden, welches Fehlverhalten denn überhaupt vorliegt.
- **Beziehung der beteiligten Personen:** Besteht eine relativ gute Beziehungsqualität zwischen Führenden und Geführtem, so wird die Sanktion eher auf einer sachlichen Ebene anstatt auf einer persönlichen Ebene interpretiert. Dies kann sich wiederum positiv auf die Wirksamkeit der Sanktionierung auswirken. Allerdings beeinträchtigt das Fehlverhalten des Geführten vermutlich die Führungsbeziehung selbst (z. B. Distanzierung der Führungskraft bei Diebstahl).
- **Systematik der Sanktionen:** Um Wirksamkeit von Sanktionen zu gewährleisten, sollten Sanktionen für alle Geführten bei gleichem Fehlverhalten auch in gleicher Art verwendet werden. Neben dieser Gleichheit sollte eine Sanktion nach jedem Fehlverhalten eingesetzt werden.
- **Kognitiver Aspekt der Sanktion:** Wird den Geführten der Grund für eine Sanktion sowie dessen Sinnhaftigkeit vermittelt, so kann ihre Wirksamkeit gesteigert werden. Kommunikation ist somit auch in Verbindung mit Sanktionen sehr wichtig.
- **Alternative Vorschläge:** Neue und erwünschte Verhaltensweisen, die in Lage sind das Fehlverhalten zu überwinden, sollten besonders belohnt werden, um die Aufmerksamkeit auf dieses Verhalten lenken zu können.

Vor dem Hintergrund dieser Faktoren sollten sich Führungskräfte allerdings bewusst werden, dass gleiche Sanktionen auf verschiedene Geführte nicht immer gleich wirken. Ursächlich hierfür ist, dass die tatsächlichen Wirkungen stark vom jeweiligen Kontext abhängig sind. So nehmen neben der konkreten Arbeitssituation bspw. auch die Persönlichkeitsmerkmale der Geführten Einfluss auf die Wirkungen einer Sanktion.

Anwendungskompetenz bei Sanktionierung

Im Zusammenhang mit der Betrachtung von Sanktionierung als Führungsinstrument bietet es sich einmal an, einzelne empirische Untersuchungen hervorzuheben, die sich mit Bestrafungen im Organisationskontext auseinandergesetzt haben und wertvolle Hinweise für die Anwendung von Sanktionen im Führungsalltag liefern. Zu Beginn der Forschung in diesem Bereich standen insbesondere dyadische Beziehungen zwischen einer Führungskraft und einem Geführten (Führungsdyade) im Mittelpunkt der Betrachtung. Im Laufe der Zeit wurde diese Sichtweise nach und nach erweitert (vgl. *Butterfield u.a.* 2005; *Atwater u.a.* 2001; *Treviño* 1992; *Arvey/Jones* 1985). Diese Erweiterung ist vor allem auf die Erkenntnis zurückzuführen, dass Bestrafungen nicht nur unmittelbar den Führenden und den Geführten betreffen, sondern dass auch die Beobachter der Bestrafungsmaßnahmen in die Untersuchung einbezogen werden müssen (vgl. *Butterfield u.a.* 2005, S. 364). *Atwater u.a.* (2001) konnten zeigen, dass eben auch **Auswirkungen auf die Beobachter** (mehrheitlich Kolleginnen oder Kollegen des Sanktionierten) der jeweiligen Bestrafungsmaßnahmen messbar sind. Hier verloren nicht nur die unmittelbar von der Bestrafung betroffenen Geführten, sondern ebenfalls auch die Beobachter von Bestrafungsmaßnahmen den Respekt gegenüber dem, der die Maßnahme angeordnet hat (vgl. kritisch dazu *Butterfield/Treviño/Ball* 1996). So oder so erhalten Beobachter der Sanktionsmaßnahmen wichtige Informationen über Verhaltensstandards, Arbeitsplatzgerechtigkeit und die Auswirkungen von Fehlverhalten (vgl. *Treviño* 1992). Der Einsatz von Sanktionen läuft somit nicht ohne Risiken ab. Es ist deshalb entscheidend, dass Führende Sanktionen so einsetzen, dass sie als angemessen wahrgenommen werden.

Weitere Forschungen haben sich mit dem Einsatz von Bestrafungen aus der **Sichtweise von Führenden** (vgl. *Butterfield u.a.* 2005; *Guffey/Helms* 2001; *Rollinson* 2000) beschäftigt. Wann nehmen sie selbst diese als angemessen wahr? Verstärkt dann, wenn ein Geführter zu Beginn des Bestrafungsprozesses signalisiert hat, dass er sich erstens seines Fehlverhaltens bewusst ist und zweitens aufgrund seines Fehlverhaltens auch eine Bestrafung erwartet. So ist es für Führungskräfte einfacher zu handeln (vgl. *Butterfield u.a.* 2005, S. 376), da Sanktionierungen von Geführten für Führende normalerweise stark negativ emotional belastend sind (vgl. *Butterfield/Treviño/Ball* 1996; *Ball/Sims* 1991). Für die Sanktionierung liefert diese Studie wichtige Implikationen: Möchte ein Geführter nach einem tatsächlichem Fehlverhalten fair und angemessen sanktioniert werden, so sollte dieser sein Fehlverhalten einsehen und dem Führenden durch sein Verhalten deutlich machen, dass er mit Konsequenzen rechnet. Die Verhältnismäßigkeit ist immer zu wahren, was für Nachdenken statt Impuls und ggf. kurzzeitigen Abstand spricht. Zudem sollte die Führungskraft über die Gründe reflektieren, warum der Geführte ein zu sanktionierendes Fehlverhalten gezeigt oder gar nicht als solches erlebt hat.

Geführte sind wiederum in der Lage, **strategisches Verhalten** einsetzen zu können, um im Bestrafungsprozess Führende zu beeinflussen. Dies konnten *Hoggervorst, De Cremer* und *Van Dijke* (2010) zumindest bei Studierenden zeigen. In einer **Vignettenstudie** sollten die Versuchspersonen sich jeweils in die Rolle eines Geführten versetzen, der sich illegal eine Liste von vertrauenswürdigen Daten potenzieller Kunden beschafft hat. Anschließend sollten sie vor diesem Hintergrund jeweils einschätzen, wie ihre fiktive Führungskraft reagieren würde, wenn diese von dem **Fehlverhalten** erfährt. Dabei wurden verschiedene Situationen manipuliert, wobei die Situationen zum einen dahingehend variierten, ob das Fehlverhalten des Geführten für die jeweilige Führungskraft selber einen hohen oder einen geringen Nutzen stiftet **(instrumentality)**. Ferner wurde die Situation dahingehend variiert, dass die Führungskraft einmal mit hoher und einmal mit geringer Wahrscheinlichkeit das Fehlverhalten des Geführten und ihren Umgang mit diesem Fehlverhalten vor Dritten rechtfertigen muss **(accountability)**. Als Ergebnis wurde deutlich, dass die Geführten insbesondere dann eine Bestrafung ihres Fehlverhaltens (in welcher Form auch immer) durch ihre jeweilige fiktive Führungskraft antizipierten, wenn diese keinen Nutzen aus dem Fehlverhalten zieht und zudem noch Rechenschaft an Dritte über den Umgang mit diesem Fall abgeben muss.

Dass diese Antizipation tatsächlich dem wahrscheinlichen Verhalten von Führenden im Umgang mit Fehlverhalten ihrer Geführten entspricht, wird dadurch deutlich, dass *Hoggervorst, De Cremer* und *Van Dijke* (2010) in einer vorgelagerten experimentellen Studie zeigen konnten, dass Führende Geführte tatsächlich dann eher bestrafen, wenn sie gegenüber Dritten Rechenschaft abgeben müssen und zudem keinen persönlichen Nutzen aus dem Fehlverhalten ziehen. Interessant ist, dass Instrumentalität dabei einen stärkeren Effekt auf die Aussetzung von Bestrafungen hat, als die Rechtfertigung gegenüber Dritten. Die Ergebnisse deuten darauf hin, dass Führende nicht immer konsistent im Umgang mit ihren Geführten agieren und dass Geführte diese Inkonsistenzen antizipieren können. Im Zusammenhang mit der Anwendung von Sanktionierung als Führungsinstrument sollten sich Führende diesen Mechanismus ins Bewusstsein rufen. Da Sanktionen insbesondere bei schwerwiegenderem Fehlverhalten eingesetzt werden, scheint hier ein Nichtagieren von Führenden aus **ethischer Sicht** besonders problematisch. Dass dieser Mechanismus aufgrund seines Bestrafungscharakters auch auf das Führungsinstrument der Kritik übertragbar ist, scheint plausibel. Ferner scheinen Menschen generell dazu zu neigen, gleiches Fehlverhalten von Anderen nicht immer gleich zu bewerten. So kann eine Vergebung und Toleranz von schwerwiegendem Fehlverhalten etwa auch von der jeweiligen Position des Missetäters in der **In-Group** oder **Out-Group** abhängen. Es wird dann ein sogenannter **Verstoßkredit ("transgression credit")** gewährt (vgl. *Abrams/de Moura/Travaglino* 2013).

Allerdings deuten nicht nur mögliche Inkonsistenzen im Bestrafungsverhalten eines Führenden im Zeitablauf und in Abhängigkeit vom jeweiligen Geführten auf Herausforderungen bei Anwendung von Sanktionen als Führungsinstrument hin, sondern auch bestehende individuelle Unterschiede im Bestrafungsverhalten von Führenden selbst. So neigen etwa Führende, die über mehr Macht verfügen, grundsätzlich dazu, zu schärferen Bestrafungsmaßnahmen zu greifen (vgl. *Wiltermuth/Flynn* 2013). Die Autoren konnten anhand ihrer Untersuchung zeigen, dass der Zusammenhang zwischen Macht und Bestrafungsverhalten über ein Gefühl **moralischer Klarheit** vermittelt wird. Moralische Klarheit bedeutet, dass sich die jeweilige Führungskraft ihres moralischen Urteils sicher ist und auch nach diesem handelt. Je größer die Macht, umso mehr haben Führende das Gefühl, ihr moralisches Urteil nicht mehr hinterfragen zu müssen. Diese Ergebnisse haben Implikationen für den Umgang mit Sanktionen im Organisationskontext. Führende könnten etwa, bevor sie als Antwort auf ein Fehlverhalten einer ihrer Geführten eine Sanktion aussprechen, Informationen bei anderen Führungskräften auf niedrigeren Hierarchieebenen (und damit geringerer Machtausstattung) einholen und erfragen, wie diese das Fehlverhalten im konkreten Fall einschätzen. Auf diesem Wege können wertvolle Informationen über die Angemessenheit der geplanten Sanktion gewonnen und Urteilsverzerrungen vermieden werden. Grundkenntnisse im Arbeitsrecht sind bei gravierenden Maßnahmen unerlässlich oder müssen im Vorfeld eingeholt werden. Über die Angemessenheit von Sanktionen wird im Streit hier entschieden.

Schon die hier erfolgte Darstellung einiger exemplarischer Ergebnisse empirischer Studien verdeutlicht, warum es für einen Führenden sinnvoll und nützlich sein kann, sich genauer mit dem Führungsinstrument der Sanktionierung zu beschäftigen. Allerdings ist es nicht einfach, das vorhandene Wissen ohne Verzerrungen zu erweitern, da Führungskräfte selten direkt beim Einsatz von Sanktionsmaßnahmen beobachtet werden können.

3.5 Symbolnutzung

Symbole stehen für etwas und zwar für mehr, als das Wort, das Verhalten oder der Gegenstand eigentlich selbst hergibt. Unter **Symbolen** verstehen wir deshalb **Überschussbedeutungen** von Dingen, Taten und Gesten u.ä., die erst interpretativ erschlossen werden. Sie existieren oder werden eingesetzt, um zu orientieren, und (emotional) zu motivieren. Warum liegen die Büros des Top-Managements oftmals in der obersten Etage eines Gebäudes? Was bedeutet es, wenn der Einkaufschef seine Mitarbeiter persönlich statt schriftlich über neue Strategien informiert? Wieso fährt der neue Forschungsleiter als Erstes demonstrativ zu den Kunden, bevor er sich über die Weiterführung laufender Projekte äußert? Warum verlangte IBM-Gründer *Thomas J. Watson Sr.* von seinen Mitarbeitern, konservativ gekleidet zu sein? Was bedeutet es, wenn in einem Unternehmen die automatische Arbeitszeiterfassung ersatzlos gestrichen wird? Warum verzichten manche Organisationen auf Organigramme?

Die Liste solcher Fragen ließe sich beliebig verlängern. Suchen wir nach den Gemeinsamkeiten der ausgewählten Beispiele, so ist ersichtlich, dass hinter der Beschreibung der Sachverhalte eine tiefere Bedeutung liegt. Es ist die **Symbolik**, die hiermit verbunden ist. Bevor wir den Zusammenhang zur Führung eingehender verdeutlichen, soll der vielfach benutzte, aber selten hinterfragte **Symbolbegriff** genauer erläutert werden. Dabei sei daran erinnert, dass sich die Verwendung von Symbolen bereits in den Frühkulturen der Menschheit nachweisen lässt. Der Anthropologe *Cassirer* (1944) bezeichnete den Menschen einmal als ein *„animal symbolicum"* (symbolisches Lebewesen) und der Tiefenpsychologe *C. G. Jung* (1964) betrachtete Symbole u.a. als eine Verkörperung des archetypischen Materials des Menschen (Symbole als Urbilder der Seele). Anschließend werden wir dann auf Typen und Funktionen sowie Facetten einer in diesem Sinne zu bezeichnenden „symbolischen Führung" genauer zu sprechen kommen. Ferner werden wir schauen, was Führungskräfte bei einer Symbolnutzung berücksichtigen sollten.

Symbolbegriff

Symbol meint in seiner ursprünglichen Wortbedeutung *„Zusammenfügung"* (*Blessin/Wick* 2014, S. 188). Passten die Teile eines auseinander gebrochenen Gegenstands (z. B.

einer Tontafel) bei ihrer erneuten Zusammenfügung zusammen, galt dies als gegenseitiges Erkennungszeichen ihrer beiden Besitzer. Es ging dabei jedoch nicht so sehr um die Tontafel selbst, sondern diese stand für etwas anderes (sie hatte damit also eine **Überschussbedeutung**), z. B. für geistige Verbundenheit der beiden Personen. Dieser ursprüngliche Wortsinn hat sich bis heute erweitert. Geblieben ist, dass „Symbolisches" stets über sich selbst hinausweist. Symbole sind somit besonders durch ihren Verweisungscharakter definiert und *„stehen als etwas für etwas für jemand"* (Blessin/Wick 2014, S. 218). So soll z. B. die eingangs angesprochene konservative Kleidung der IBM-Mitarbeiter (als etwas: objektiver Sachverhalt, der aber nicht als solcher von Bedeutung ist, sondern in seiner Mehrdeutigkeit interessiert) dem Kunden (für jemand: Sozialerfahrungen ermöglichen das Gemeinte zu dechiffrieren) gleichbleibend hohe Qualität der Produkte und Seriosität der Unternehmensmitarbeiter signalisieren (für etwas: Verweisungscharakter; vgl. *Blessin/Wick* 2014, S. 188; siehe auch *Bass* 1990, S. 209).

Typen und Funktionen symbolischer Führung

Symbole können in der Kommunikation, in den Handlungen und in konkreten Objekten oder Gegenständen ihren Ausdruck finden (vgl. *Danbridge/Mitroff/Joyce* 1980, S. 79 f.; siehe auch *Scholz* 2014, S. 907):

- **Kommunikationsorientiert** sind Symbole dann, wenn sie sich über das Medium des geschriebenen oder gesprochenen Wortes artikulieren.

- Symbole sind **handlungsorientiert**, wenn sie sich an Aktionen festmachen.

- **Objektbezogen** sind Symbole dann, wenn sie sich auf physische Artefakte beziehen.

Die Ziele der symbolischen Führung unterscheiden sich nicht von denen anderer Führungsaktivitäten. Jedoch setzt diese Einflussnahme nicht bei dem unmittelbaren Verhalten der Geführten an, sondern richtet sich auf die der Verhaltensebene vorgelagerten Wirklichkeitsbilder, Überzeugungen, Einstellungen und ähnliches. Möchte die instrumentell angewandte symbolische Führung glaubwürdig sein, ist es aber unabdingbar, dass organisationale Strukturen und Prozesse das durch Symbole Vermittelte verstärken (z. B. Anreizpolitik, Selektion), um der Schaffung einer Pseudowelt vorzubeugen (vgl. *Alvesson/Berg* 1992, S. 171, 192; *von Rosenstiel* 1992).

Insbesondere zielen Symbole auf **Sinnvermittlung**, **Sinnverstärkung** und **Sinnveränderung** ab (vgl. *Danbridge/Mitroff/Joyce* 1980, S. 79 f.; *Scholz* 2014, S. 907), wobei unter Sinn eine *„[...] Verortung und Vernetzung einer sozialen Tatsache (z. B. eines Gedankens, einer Äußerung, eines Produkts, eines Lebensentwurfs etc.)"* (Blessin/Wick 2014, S. 188) verstanden werden kann. Sinn ist also nur in und durch einen Bezugsrahmen möglich. Daher hört man im Alltag auch häufig den Satz „Das macht für mich wenig Sinn", wenn eine soziale Tatsache (z. B. die Antwort eines Geführten auf eine Frage des Führenden) völlig aus dem Kontext gerissen (d. h. zusammenhangslos) und nicht stimmig (hier mit dem Inhalt der Frage des Führenden) ist. Symbole dienen also zur Sinnstiftung, wobei Inhalte auf einem Kontinuum zwischen **instrumenteller Ebene** (Ziel der Erfüllung der Unternehmensaufgaben) und **expressiver Ebene** (Ziel der Bedürfnisbefriedigung der Organisationsmitglieder) vermittelt werden (vgl. *Daft* 1983, 202 ff.; siehe auch *Scholz* 2014, S. 907). Die folgende Abbildung D.22 stellt die Symboltypen und Symbolfunktionen einmal überblicksartig dar.

Facetten symbolischer Führung

Neben Typen und Funktionen von Symbolen sind auch verschiedene **Facetten von symbolischer Führung** von Bedeutung (vgl. *Weibler* 1995). So können Symbole als primär aktive Führungsinstrumente von einem Führenden unmittelbar selbstbestimmt kreiert werden (z. B. das Erzählen einer Geschichte). Dieser Fall ist im vorliegenden Kontext der Symbolnutzung für uns relevant. Gleichzeitig können Symbole aber auch eine entpersonalisierte Führung markieren (Führungssubstitute wie Techniken, Artefakte, Routinen), aus denen sich Verhaltensanweisungen bis hin zu erwünschten Einstellungen und Emotionen erschließen lassen. Führungsverhalten kann aber auch selbst ein Symbol sein (eine Abmahnung wegen Verstoßes gegen die Richtlinien der Meidung zwielichtiger Lieferanten) oder der Führende selbst kann symbolisch gedeutet werden (Gleichsetzung der Person mit einem innovativen Unternehmen, z. B. *Steve Jobs*). Die Abbildung D.23 verdeutlicht die Facetten symbolischer Führung.

Im Rahmen der Symbolnutzung als primär aktives Führungsinstrument durch einen Führenden werden insbesondere die kommunikations- und handlungsorientierten Symbole verstärkt zum Einsatz kommen, während hingegen die objektbezogenen Symbole wie die Organisationsstruktur bereits in einer konkreten Führungssituation organisationsweit gegeben sind. So kann eine Führungskraft etwa eine Bahnreise an Stelle der Inanspruchnahme des Dienstwagens samt Chauffeur in einer finanziell kritischen Situation zur Förderung eines kostenbewussten Verhaltens nutzen (Handlungsorientierung). Möchte eine Führungskraft zentrale Ziele formulieren, benutzt sie leicht verständliche Slogans (Kommunikationsorientierung).

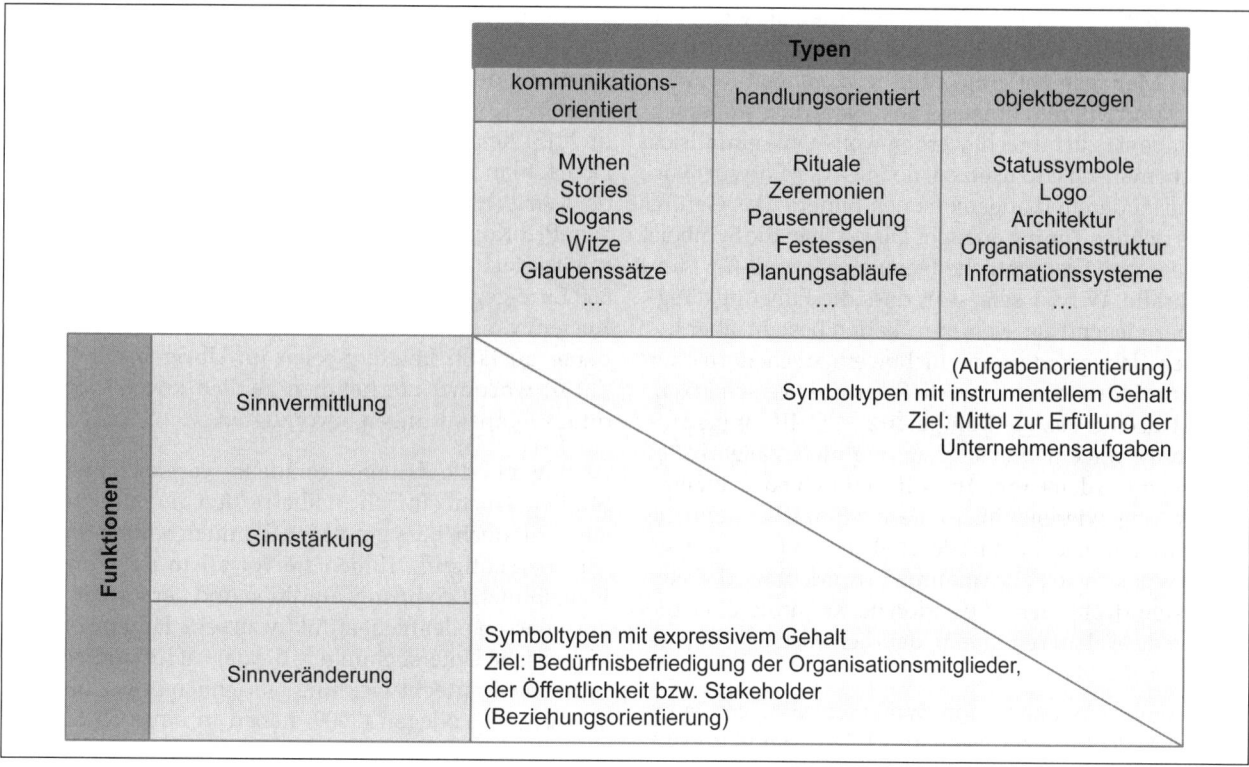

Abb. D.22: Symboltypen und Symbolfunktionen (*Scholz* 2014, S. 908)

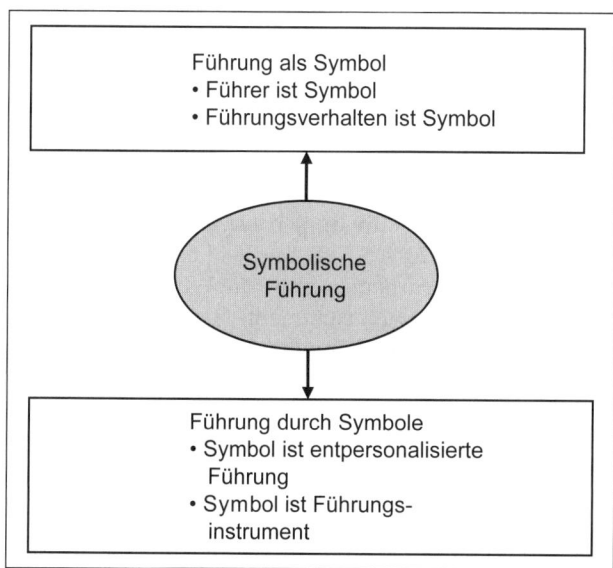

Abb. D.23: Facetten symbolischer Führung (*Weibler* 1995, Sp. 2019)

Anwendungskompetenz bei der Symbolnutzung

Es ist nachvollziehbar, dass es bestimmte Situationen gibt, in denen eine Symbolnutzung besonders wirksam ist. Dies ist dort der Fall, wo beispielsweise

- Unsicherheit über das zu Erreichende besteht,
- Zweifel bei der Bewertung zu erreichender Ziele aufkommen,
- die Akzeptanz erhöht werden soll,
- Veränderungen eingeleitet und begleitet werden sollen,
- Führende und Geführte in einem verminderten persönlichen Kontakt zueinander stehen,
- eine Selbststeuerung beim Geführten erwünscht ist, diese sich jedoch in einem zuvor verbindlich definierten Rahmen zu bewegen hat,
- Loyalität, Commitment und Konsens wichtiger als Fachkenntnisse für den Erfolg sind,
- eher Kollektive als einzelne Individuen angesprochen werden sollen.

Ein besonderes Problem ergibt sich im Fall der bewussten Nutzung von Symbolen für die Führungskraft, was die Umsetzung angeht. Von ihr werden nun sprachliche und dramaturgische Fähigkeiten erwartet, die weit über die doch oftmals recht technizistisch anmutenden klassischen Managementfähigkeiten (z. B. planen, organisieren, kontrollieren) hinausgehen. Natürlich sind auch diese, falls sie gut erbracht werden wollen, nie einfallslos und schematisch einzusetzen, doch ist der Entwurf von ansprechenden und angemessenen Bildern, das Gefühl für das richtige Timing oder der Dialog über die Symbole selbst eine außerordentliche Herausforderung für Führungskräfte. Wir wissen zwar, dass die Führungstätigkeit überwiegend aus Kommunikation besteht, aber leider auch, dass gerade daran nicht wenige scheitern oder doch zumindest nennenswerte Potenziale verschenken. Hier ist also die **soziale Kompetenz** (☞ C. III.) angesprochen, ohne die eine Symbolnutzung nicht zielgerichtet eingesetzt werden kann. Abschließend sei noch auf eine Gefahr hingewiesen: Eine in diesem Sinne verstandene Symbolnutzung lebt zumindest teilweise davon, dass sie nicht als gekünstelt oder manipulativ erlebt wird. Denn ansonsten droht, dass die rationale Kenntnis über die irrationale Welt deren Effekte deutlich abschwächt (vgl. bereits *Pfeffer* 1999).

Die bewusste Nutzung von Symbolen, d. h. von symbolträchtigen Worten, Gesten und Taten, ist im Hinblick auf die Umsetzung ohne Frage ein sehr anspruchsvolles Führungsinstrument. Es setzt nicht nur die Passung der Ausformung des Symbols mit der Anwendungssituation voraus, sondern bedarf auch der Passung von Personen und ihren Handlungen. Demnach ist Symbolnutzung Führungskräften vermutlich nur in geringer Dosis zu empfehlen. Gelingt jedoch ein authentischer Einsatz (vgl. *Avolio/Gardner* 2005; *Gardner u. a.* 2005; ☞ B. II. 5), so gibt es Indizien, dass die Führungsabsicht und die Führungsrichtung damit besonders eindrucksvoll unterstrichen werden können. Die Bedeutung einer Symbolnutzung nimmt in einer komplexer werdenden Welt zu, wo nicht jede Aktivität mehr so dargestellt werden kann, *„as it really is"* (*Czarniawska* 2008, S. 76). In dieser Situation sind symbolische Handlungen vertrauenserweckende und transparente Botschaften, die für eine Vielzahl von Aktivitäten gleichzeitig signalisieren, auf dem rechten Weg zu sein.

4. Was sekundär aktive Führungsinstrumente sind

4.1 Instrumente der Personalentwicklung

Jedes Jahr investieren Organisationen Milliarden in die **betriebliche Aus- und Weiterbildung**. *Lamoureux* (2007) schätzte den jährlichen Betrag allein für die Führungskräfteentwicklung in den USA auf bis zu 45 Milliarden Dollar. *O'Leonard* (2014) ermittelte für Organisationen in einer für den US-Markt sehr aussagekräftigen Studie eine Pro-Kopf-Trainingsausgabe von rund 1.169 Dollar in 2013. *Kauffeld* (2010) weist mit Literaturreferenz für Deutschland ein jährliches Weiterbildungsinvestment bei Wirtschaftsunternehmen von 27 Milliarden Euro aus. Pro Kopf würden danach rund 1000 Euro pro Beschäftigtem ausgegeben, wobei der reine Lernanteil mit 360 Euro gegenüber den hier eingerechneten indirekten Kosten, v. a. Lohn- und Gehaltsfortzahlungen, bescheidener ausfällt. Letztere seien im Übrigen der Grund dafür, warum Unternehmen zeitlich kurze Weiterbildungsveranstaltungen bevorzugten.

Auch wenn die Zahlen – gerade im Vergleich zwischen Studien – nicht einfach zu überprüfen und zu würdigen sind, gilt doch, dass gewaltige Summen bewegt werden; ihre Berechtigung finden sie vor allem aufgrund von Plausibilität, Erfahrung, Tradition und der Furcht, etwas auszulassen oder nicht attraktiv zu sein. Hinzu kommen empirische Untersuchungen, die darauf hindeuten, dass Führungskräfteentwicklung tatsächlich etwas bewirkt. *Avolio* und Kollegen (2009) haben in einer 35 Studien umfassenden Metaanalyse zeigen können, dass Führungskräfteentwicklung mit einer Effektstärke von d = 0.65 verbunden ist. Allerdings lassen sich Unterschiede zwischen Profitbereich (d = 0.34) und Non-Profitbereich (d = 0.72) sowie zwischen Hierarchieebenen (untere Hierarchieebene: d = 0,71; obere Hierarchieebene: d = 0.51) ausfindig machen. Insgesamt ist die Anzahl der Studien allerdings noch überschaubar, ein breitflächiger Nachweis insbesondere im Hinblick auf Entwicklungsmaßnahmen, die auf aktuelleren Führungstheorien (z. B. authentische Führung) basieren, steht noch aus (vgl. *Hannah u. a.* 2014, S. 615). Das Feld boomt weiter und die Wissenschaft arbeitet daran, die Wirkung einzelner Personalentwicklungsinstrumente besser qualifizieren und quantifizieren zu können (☞ D. IV.), doch der Weg ist noch lang (vgl. auch *Day/Antonakis* 2012).

Unbeschadet dessen ist die Personalentwicklung eine Führungsaufgabe, auch humanitär motiviert, und doch aus anderer Warte gleichsam Führungsinstrument, um das Arbeits- wie Sozialverhalten zu verbessern (☞ C. III.). Unter Personalentwicklung wollen wir sowohl Mitarbeiterentwicklung als auch Führungskräfteentwicklung subsumieren. Das Führungsinstrument **Mitarbeiterentwicklung** setzen Führende ein, indem sie innerhalb einer strategisch ausgerichteten Personalentwicklung auf organisationsweit implementierte Mitarbeiterentwicklungsinstrumente zugreifen und dadurch indirekt versuchen, das Verhalten ihrer Geführten zu beeinflussen. Aus der Perspektive eines Führenden ist das Instrument daher den sekundär aktiven Führungsinstrumenten zuzuordnen. Ähnlich verhält es sich mit der **Führungskräfteentwicklung**. Das Führungsinstrument Führungskräfteentwicklung wird von Führenden eingesetzt, um bestimmte Geführte besonders zu fördern. Zu bedenken ist, dass bis auf die unterste und oberste hierarchische Stufe der Organisation Führende immer zugleich auch Geführte sind (vgl. *Weibler* 1994), was für die große Summe aller Maßnahmen dazwischen bedeutet: Mitarbeiterentwicklung ist faktisch Führungskräfteentwicklung. Manche Maßnahmen sind allerdings nur für die Personen reserviert, denen eine klare Aufstiegsperspektive zugeschrieben wird (z. B. Führungsnachwuchspool, vgl. schon *Weibler/Oswald* 1996). Zum anderen können Führende zur Gestaltung ihrer Führungsbeziehungen selbst an Führungstrainings teilnehmen, um durch eigene Verhaltensänderungen Effekte zu erzielen. In der Praxis entscheiden Führende häufig selbst, welche Führungskräfteentwicklungsmaßnahmen sie in bestimmten Situationen für die Verbesserung ihrer Führungsbeziehung als notwendig erachten (z. B. die Hinzuziehung eines Coaches bei Problemen im Durchsetzungsvermögen).

Im Folgenden werden zunächst theoretische Grundlagen der Personalentwicklung dargestellt. Neben einer Definition von Personalentwicklung wird auf den Regelkreis der Personalentwicklung sowie grundsätzliche Ziele der Personalentwicklung in Organisationen eingegangen. Abschließend werden wir dann Instrumente der Personalentwicklung genauer betrachten. Hier werden wir uns vertieft mit Coaching und Mentoring auseinandersetzen.

Begriff der Personalentwicklung

Eine allgemeingültige Definition des Begriffes Personalentwicklung ist nicht vorhanden. So listet *Mudra* (2004, S. 137 ff.) insgesamt 51 Definitionen der Personalentwicklung auf. Dabei erweist sich ihre große Anzahl als Resultat einer abweichenden Auffassung hinsichtlich ihrer inhaltlichen Reichweite. Während sich die Forschung im angloamerikanischen Raum fast ausschließlich auf Personalentwicklung in Form von Trainingsmaßnahmen bezieht und diese als *„die systematische Aneignung von Fähigkeiten, Regeln, Konzepten oder Einstellungen mit dem Ziel einer verbesserten Leistung bei der Aufgabenbewältigung"* (*Sonntag* 2002, S. 60) definiert, nimmt *Becker* (2013, S. 4) symptomatisch für den deutschsprachigen Raum eine inhaltlich feinere Gliederung vor. Er unterscheidet:

- **Personalentwicklung im engeren Sinne** – Bildung (Aus- und Weiterbildung),
- **Personalentwicklung im erweiterten Sinn** – Bildung und Förderung,
- **Personalentwicklung im weiten Sinne** – Bildung, Förderung und Organisationsentwicklung.

Damit der Personalentwicklung stets eine ganzheitliche Betrachtung der Wissens-, Fähigkeits- und Motivationsstrukturen im Unternehmen verbunden ist, eignet sich die anschließende Definition in besonderer Weise, um diesen Aspekt der Ganzheitlichkeit der Personalentwicklung zu betonen. Sie bildet die Grundlage für die nachfolgenden Ausführungen:

„Ganzheitlich ausgerichtete Personalentwicklung umfasst als Gesamtsystem alle Informationen, Institutionen, Entscheidungen und Maßnahmen in einem Unternehmen, die Bildungs- und Förderungsprozesse bei den Mitarbeitern bewirken, um diese hierdurch in die Lage zu versetzen und zu motivieren, gegenwärtige und zukünftige berufliche Anforderungen zu erfüllen" (*Mudra* 2004, S. 145).

Unter Mitarbeitern werden innerhalb der Definition auch Führungskräfte subsumiert. Bezogen auf die gegenwärtig aktuellen Rahmenbedingungen von Organisationen ist zu konstatieren, dass die während einer Ausbildung erworbenen Fähigkeiten eines Organisationsmitglieds nicht ausreichen, um den im Laufe des Erwerbslebens fortwährenden Veränderungen beruflicher Anforderungen standzuhalten (vgl. *Holling/Liepmann* 2004, S. 345). Als Folge dessen sieht sich das Organisationsmitglied quasi einem ständigen Anpassungsprozess an seinen Arbeitskontext ausgesetzt, wobei einmal erworbene Fähigkeiten und Kenntnisse sowie die individuelle Persönlichkeitsstruktur lediglich die Ausgangsbasis bzw. Potenziale für einen sogenannten lebenslangen Lernprozess darstellen.

Folgende Dimensionen gelten dabei als Gegenstände personaler Förderung im Sinne der Personalentwicklung in Unternehmen:

- Persönlichkeit,
- Verhalten,
- Wissen.

Regelkreis der Personalentwicklung

Im Rahmen einer praktischen Vorgehensweise bietet sich der von *Oechsler* (2011) vorgeschlagene Regelkreis der Personalentwicklung an (vgl. Abb. D.24). Ausgangspunkt ist hier die strategische Personalentwicklungsplanung. Hierbei werden auf Grundlage eines

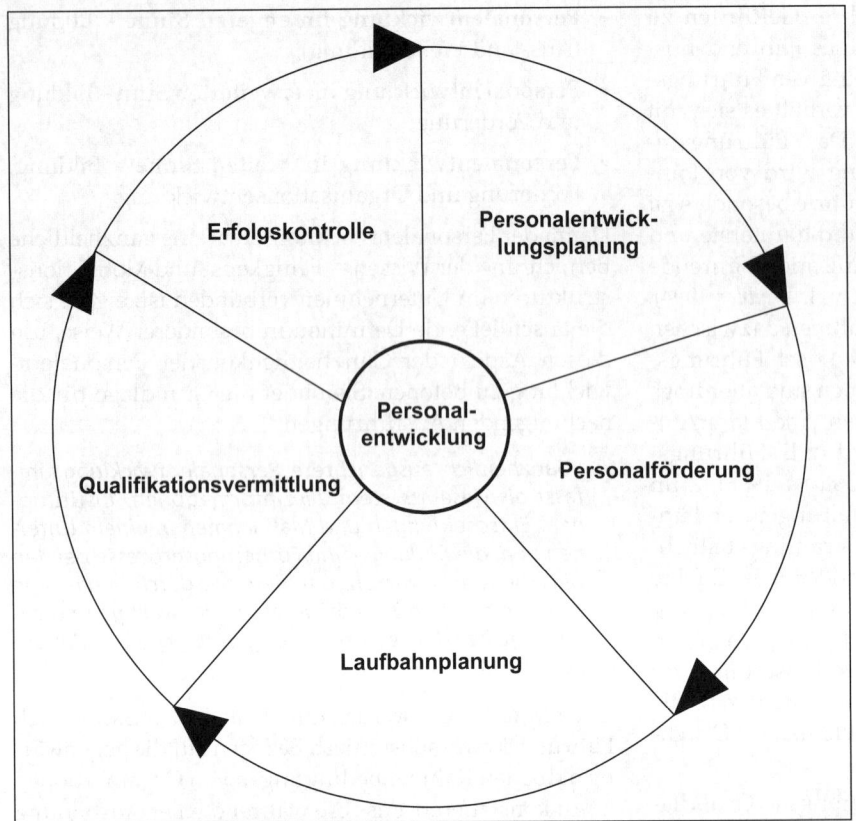

Abb. D.24: Regelkreis der Personalentwicklung (in Anlehnung an *Oechsler* 2011, S. 497)

Soll-Ist-Abgleichs organisationsweit die Ziele der Personalentwicklung festgelegt. Aufgrund unterschiedlicher, zum Teil sogar divergenter Personalentwicklungszielsetzungen, wird die Lernzielbestimmung zu einer unabdingbaren Voraussetzung einer erfolgreichen Personalentwicklung. Die Personalentwicklungsplanung wird unterstützt und weitergeführt durch die Instrumente der sogenannten Personalförderung. Hierzu zählen die Personalentwicklungsdatei (Informationen zur Förderungs- und Entwicklungsfähigkeit und Entwicklungswilligkeit aller Mitarbeiter), Beratungs- und Fördergespräche sowie die innerbetriebliche Stellenausschreibung. Die sich anschließende Laufbahnplanung (inkl. Nachfolgeplanung) wird wegen ihres besonderen Stellenwertes separat ausgewiesen, wenngleich diese in der Regel nur für Führungskräfte stattfindet.

Es sollte nicht unerwähnt bleiben, dass sich in den letzten Jahren die Planungshorizonte deutlich verkürzt haben. Dies ist ein Tribut an die zunehmende Schwierigkeit hinsichtlich der Vorhersage beabsichtigter Entwicklungen. Sind die Ziele einer Personalentwicklungsmaßnahme bekannt, und der Entwicklungsbedarf der Mitarbeiter ermittelt, kann anhand einer Vielzahl von Personalentwicklungsinstrumenten die Auswahl des oder der geeigneten Verfahren erfolgen. In einer abschließenden Evaluation (Erfolgskontrolle) der jeweiligen Maßnahmen muss sich dann der Nutzen der eingesetzten Instrumente einer kritischen Bewertung unterziehen lassen (☞ D. IV.). Das Ergebnis dieser Analyse gibt letztlich Auskunft darüber, ob die zuvor festgelegten Ziele tatsächlich auch erreicht wurden. Für den effizienten Einsatz von Personalentwicklung kommt es besonders auf das Zusammenspiel zwischen Organisationsleitung, Personalmanagement und Führungskräften an. Zudem werden häufig externe Dienstleister (z. B. Coaches) zur konkreten Umsetzung hinzugezogen. Wer konkret welche Aufgaben innerhalb des Regelkreises übernimmt, kann von Organisation zu Organisation differieren. Eine Führungskraft gestaltet ihre Führungsbeziehungen im Rahmen der Personalentwicklung somit nicht autonom, sondern bewegt sich in einem größeren Geflecht von Akteuren (Stichwort „sekundär aktives Führungsinstrument").

Ziele der Personalentwicklung

In Anlehnung an die obige Kategorisierung der Personalentwicklung in eine enge, erweiterte und weite

Auffassung lassen sich Personalentwicklungsmaßnahmen hinsichtlich ihres Adressatenkreises unterscheiden, wodurch sich jeweils spezifische Zielsetzungen ergeben: **organisationsbezogene**, **gruppenbezogene** und **individuumszentrierte** Maßnahmen, die für uns im Vordergrund stehen.

Entsprechend den vorhergehenden Ausführungen der **Personalentwicklung** ergeben sich ihre **Zielgrößen** (vgl. *Sonntag* 2002, S. 60):

- Persönlichkeitsentwicklung,
- Verhaltensmodifikation und
- Wissensvermittlung.

Personalentwicklung im Allgemeinen zielt ab auf den Ausbau sowie die Weiterentwicklung der beruflichen Handlungskompetenzen und Persönlichkeitsmerkmale, die zur Bewältigung tätigkeitsbezogener Situationen befähigen. Berufliche Handlungskompetenzen gehen dabei über bloße Qualifikationen hinaus, indem sie neben fachlichen Aspekten auch soziale, motivationale und emotionale Aspekte des menschlichen Verhaltens im Arbeitskontext umfassen (vgl. hier *Küpers/Weibler* 2005). Neben den klassischen Kompetenzbereichen – Fach-, Methoden-, Sozial- und Persönlichkeitskompetenz – werden zunehmend auch breiter angelegte Qualifizierungsmaßnahmen angeboten. Diese haben die Vermittlung sogenannter Schlüsselqualifikationen wie Eigeninitiative, Kommunikationsfähigkeit, Kooperationsfähigkeit, Problemlösefähigkeit und Verantwortungsfähigkeit zum Ziel (☞ C. III. 2.3). Indirekt, weil vermittelt über die berufliche Handlungskompetenz, sollen Personalentwicklungsmaßnahmen damit auch personale Ressourcen des Adressaten stärken, damit qualitative Überforderungssituationen im Umgang mit Anforderungen vermieden oder zumindest reduziert werden (vgl. *Sonntag* 2002, S. 60 f.).

Im Speziellen lassen sich die Ziele der Personalentwicklung weiter konkretisieren. Dabei muss berücksichtigt werden, dass die Ziele aus Sicht des Unternehmens und aus Sicht des Adressaten jeweils unterschiedlich interpretiert werden. In der Tabelle D.6 sind einzelne Ziele der **Personalentwicklung** aus **Sicht von Unternehmen** und aus **Sicht von Mitarbeitern** einmal dargestellt (für eine vollständige Übersicht vgl. *Mudra* 2004, S. 132 f.).

Zweifelsohne geht von der Personalentwicklung auch eine motivationale Kraft aus, weswegen ausgewählte Personalentwicklungsmaßnahmen dem Adressaten nicht selten als **Incentive** für die Erreichung besonderer Leistungen in Aussicht gestellt werden (☞ D. III. 4.5). Dabei wird der Wunsch nach beruflicher bzw. auch persönlicher Weiterentwicklung des Adressaten zumeist als gegeben angenommen, was jedoch nicht immer zu-

Ziele	aus Unternehmenssicht	aus Mitarbeitersicht
Erhöhung der Wettbewerbsfähigkeit	• Verbesserung der Arbeitsleistung • Anpassungsfähigkeit hinsichtlich veränderter Anforderungen • Senkung der Mitarbeiterfluktuation	• Anpassung der Qualifikationen an den Arbeitsplatz • Verbesserung der Qualifikation • Erhöhung der Aufstiegsmöglichkeiten
Erhöhung der Flexibilität	• Flexible Organisationseinheiten • Teamarbeit	• Vielfältigere/abwechslungsreichere Aufgaben • Sicherung/Erhöhung der unternehmensinternen bzw. beruflichen Mobilität
Erhöhung der Motivation und Integration	• Höhere Mitarbeiterzufriedenheit • Förderung der Identifikation mit dem Unternehmen	• Einkommensverbesserung • Persönliches Prestige • Karriere- und Aufstiegsmotive
Sicherung/Anpassung der Qualifikation	• Nutzung der Mitarbeiterpotenziale • Mittel- und langfristige Nachwuchssicherung	• Vorausschauende Qualifizierung • Sicherung der erreichten Stellung
Berücksichtigung individueller Befähigungen und Erwartungen	• Vermeidung von Überforderung • Realisierung von Chancengleichheit unter Berücksichtigung der Eignungsgrundlagen	• Materielle Verbesserungen • Erfüllung individueller Lern- und Entwicklungsbedürfnisse

Tab. D.6: Ziele der Personalentwicklung (in Anlehnung an *Mudra* 2004, S. 132 f.)

trifft. Denn genau dann, wenn der Inhalt der Personalentwicklungsmaßnahme nicht auf implizite Motive, Werte oder Förderung von vorhandenen erwünschten Eigenschaften bzw. allgemein auf das Interesse des Adressaten stößt, ist eine positive motivationale Wirkung von ihr nicht zu erwarten. Wann immer es darum geht, Personalentwicklungsmaßnahmen durchzuführen, sollten zuvor die Ziele des Unternehmens mit den jeweiligen Zielen des Adressaten abgestimmt sein. Liegt keine Übereinstimmung vor, wird ein Adressat sich erst gar nicht oder nur sehr widerwillig einer Entwicklungsmaßnahme unterziehen (vgl. *Hentze/Kammel* 2001, S. 347). Daher ist die Ermittlung des adressatenspezifischen Entwicklungsbedarfs unabdingbar für eine zielgerichtete Personalentwicklung.

Im Zusammenhang mit unserer Betrachtung von Führungsinstrumenten steht die Führungskraft im Mittelpunkt. Entsprechend ist zudem die Frage relevant, welche **Personalentwicklungsziele** aus Sicht eines Führenden von Bedeutung sind. Zu nennen sind hier (vgl. *Graf* 2007, S. 3):

- Förderung der **Fach-, Führungs- oder Projektkompetenzen** der Mitarbeitenden.
- Vermittlung bzw. Sicherstellung der im Team benötigten **Schlüsselkompetenzen**.
- Verbesserung des **Leistungs- und Sozialverhaltens** der Mitarbeitenden und des Teams als Gesamtes.
- Erhöhung der **Veränderungsbereitschaft** und der **Motivation** der Mitarbeitenden.

Instrumente der Personalentwicklung

Kommen wir nun auf die Instrumente der Personalentwicklung zu sprechen. Dabei sollte man wissen, dass Personalentwicklung beständig im Fluss ist. Ständig finden neue Lernkonzepte und -verfahren Eingang, deren wissenschaftliche Fundierung manchmal mehr als fragwürdig erscheint. Die Bewertung eines Instrumentes oder einer bestimmten Maßnahme lässt sich aber erst im Hinblick ihres Wertbeitrags für das Lernziel, für das sie konzipiert wurde, vornehmen. Ein Vergleich der einzelnen Maßnahmen und Instrumente untereinander kann hier aufgrund der spezifischen sowie unterschiedlichen Zielsetzungen und betrieblichen Problemlagen nicht durchgeführt werden (vgl. *Mudra* 2004, S. 224). Die Qualifizierungsmaßnahmen finden in einem **Lernfeld** statt, zu dessen Gestaltung eine breite Auswahl an Instrumenten zur Verfügung steht. Klassische Unterrichtsformen nehmen dabei einen ebenso breiten Raum ein, wie die berufliche Weiterbildung in Form computergestützter Trainings (vgl. auch *Holling/Liepmann* 2004, S. 358). Dabei lassen sich die Maßnahmen nicht nur nach ihrer inhaltlichen Ausgestaltung, sondern auch hinsichtlich ihrer **Nähe** bzw. **Distanz** zum Arbeitsplatz sowie des **spezifischen Entwicklungszeitpunkts** unterscheiden (vgl. hierzu auch die Abb. D.25).

Bei den **Into-the-job-Maßnahmen** werden erst die Qualifikationen geschaffen, die den Berufseinstieg oder den Arbeitsbeginn in einem neuen Unternehmen vorbereiten (z. B. Berufsausbildung, Einarbeitung). Unter **Out-off-the-job** fallen Maßnahmen, die Mitarbeiter auf den Austritt aus dem Unternehmen vorbereiten oder sie auf alternative Tätigkeiten vorbereiten (z. B. Ruhestandsvorbereitung, Outplacement). **On-the-job Maßnahmen** finden direkt am Arbeitsplatz statt und umfassen in qualifikationsfördernder Sicht die → Job Rotation (systematischer Aufgabenwechsel zur Kenntnis- und Perspektiverweiterung), das Job Enlargement (horizontale Erweiterung der Aufgaben ohne Ausdehnung der Entscheidungskompetenzen), das Job Enrichment (vertikale Aufgabenerweiterung) sowie die teilautonome Gruppenarbeit (vgl. *Holtbrügge* 2015, S. 140; *Scholz* 2014, S. 580 ff.; *Berthel/Becker* 2013, S. 498; *Wunderer/Dick* 2007, S. 236). Aber auch Projektarbeit, Stellvertretung sowie Traineeprogramme fallen in die Kategorie der On-the-job Maßnahmen (konkret als Training on the job bezeichnet). Maßnahmen **Parallel-the-job** haben einen konkreten inhaltlichen Bezug zum Aufgabenbereich des Mitarbeiters und beinhalten etwa das Coaching (im Arbeitskontext eine individuelle Beratung und Unterstützung von Mitarbeitern und Führungskräften durch einen internen oder externen Coach mit dem Ziel der Förderung von beruflichen Selbstgestaltungspotenzialen; vgl. *Scholz* 2014, S. 1185) und Mentoring (traditionell eine mehrjährige persönlichkeits- und berufsbezogene Entwicklungsförderung eines Mentees durch einen zugeteilten oder selbst gewählten Mentor, bei dem es sich um eine ältere und berufliche erfahrene Person handelt; vgl. *Kram* 1985; siehe auch *Wanberg/Welsh/Hezlett* 2003). Mit **Near-the-job** werden von der Kerntätigkeit losgelöste, zeitlich begrenzte Aufgaben auf Gruppenebene zusammengefasst. Dazu gehören z. B. die Lernstatt und der Qualitätszirkel (Arbeitsgruppen, die periodisch während der Dienstzeit selbst gewählte, ihre Tätigkeit betreffende Probleme diskutieren und Lösungsvorschläge erarbeiten, die partiell selbst eigenverantwortlich umgesetzt werden können, wobei ein externer oder selbst bestimmter Moderator die Sitzungen leitet; vgl. *Holtbrügge* 2015, S. 141). **Off-the-job Maßnahmen** beziehen sich auf Instrumente, die in räumlicher Entfernung zum direkten Tätigkeitsumfeld stattfinden. Dazu gehören etwa Vorträge, die akademische Weiterbildung (z. B.

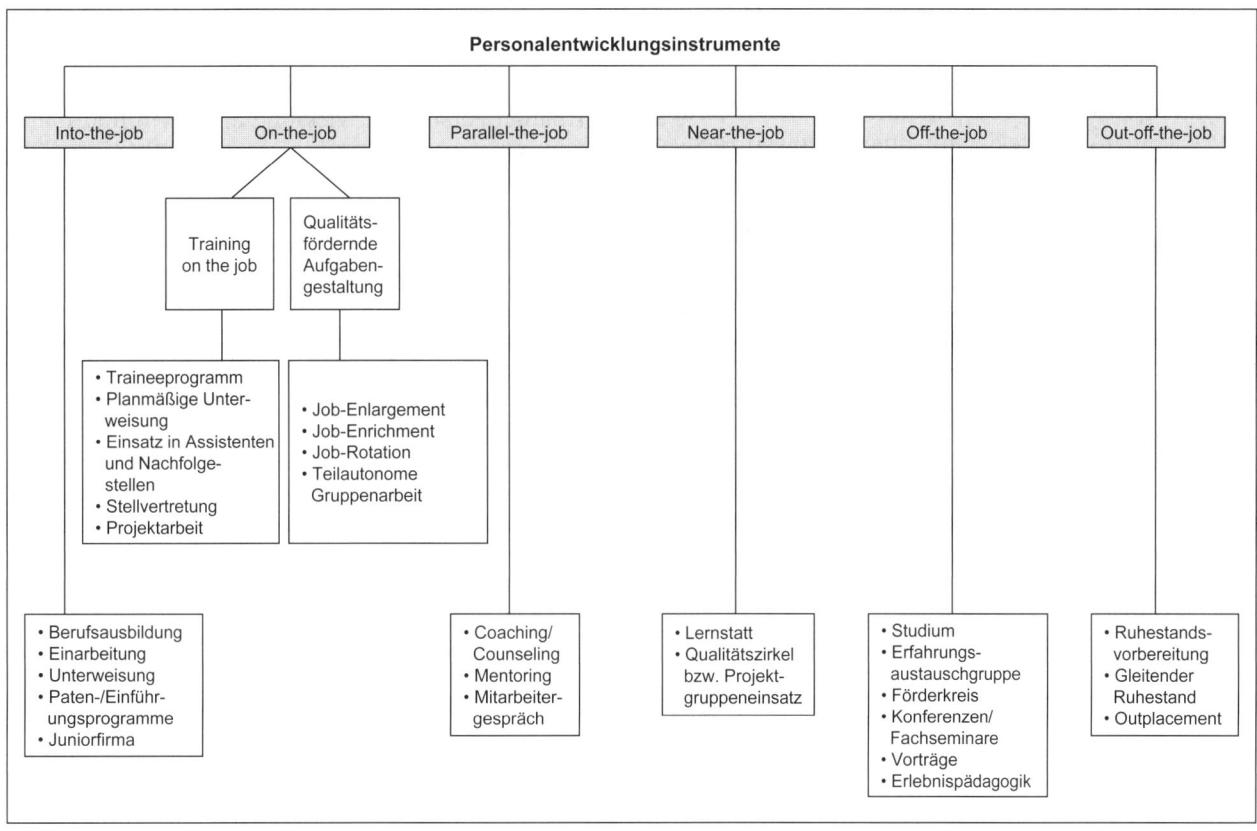

Abb. D.25: Instrumente der Personalentwicklung (*Wunderer/Dick* 2007, S. 136)

Fernstudium) und Konferenzen (vgl. *Wunderer/Dick* 2007, S. 236).

Mit den verschiedenen Personalentwicklungsinstrumenten können unterschiedliche Qualifikationen gefördert werden, wobei sich bestimmte Verfahren jeweils im Schwerpunkt für bestimmte Anliegen empfehlen. So zielen einige Instrumente lediglich auf den reinen Wissenserwerb ab, wohingegen mit anderen Instrumenten eine Verhaltensmodifikation oder gar eine Persönlichkeitsentwicklung angestrebt wird (vgl. *Sonntag* 2002; siehe auch *Sonntag/Schaper* 2006, S. 256 ff.; *Sonntag/Stegmaier* 2006, S. 282 ff.).

Wir wollen nun abschließend die beiden Instrumente Coaching und Mentoring einmal umfassender betrachten, da beiden Instrumenten im Zuge veränderter Rahmenbedingungen heutzutage in Organisationen eine wachsende Bedeutung zukommt (vgl. *Böning/Kegel* 2015; *Grant* 2013, S. 15 f.; *Edelkraut* 2011).

Coaching

Coaching ist in unser heutigen durch Komplexität, Beschleunigung, Druck, Stress und Werteänderungen geprägten Zeit allgegenwärtig (vgl. *Böning/Kegel* 2015). So wird Coaching mittlerweile von vielen Organisationen weltweit über alle Unternehmensgrößen und Branchen hinweg genutzt (vgl. *Rauen* 2014, S. 17). Es ist zu einer „*mainstream activity*" (*Grant* 2013, S. 15) aufgestiegen. Der deutsche Coaching-Markt ist dabei der drittgrößte Markt nach den USA und Großbritannien (Volumen 2012 von ca. 450 Mio. Euro) und wuchs in der jüngsten Vergangenheit um jährlich durchschnittlich 10 % (vgl. *Stephan/Gross* 2013, zitiert nach *Rauen* 2014, S. 17). Hierfür verantwortlich sind allerdings nicht nur Organisationen. Auch im Privatleben und im Sportbereich spielt Coaching eine immer bedeutendere Rolle. Mit Coaching wird dabei eine nahezu endlose Liste an unterschiedlichen Zielsetzungen und Themen verfolgt. Neben Leistungsverbesserungen (z. B. bei einem Einstellungsgespräch), der Reduktion von Stress am Arbeitsplatz, der Unterstützung von Individuen bei ihrer Karriereplanung, dem Teambuilding oder dem Aufbau von kommunikativen Kompetenzen können eben auch Veränderungen im Führungsverhalten von Führenden Gegenstand der Intervention sein. Aber auch der Umgang mit Krankheiten, die Lehrkompetenz von Pädagogen oder das Lernverhalten von Schülern stehen im Fokus von Coaching (vgl. *Böning/Kegel* 2015; *Grant* 2013, S. 16 f.). Die folgende Abbildung D.26 stellt eine inhaltliche Differenzierung der Coaching-Arbeitsfelder mit ihren jeweiligen Themen überblicksartig dar (vgl. *Böning* 2015a, S. 24).

Coaching als Führungsinstrument in Organisationen lenkt unseren Blick insbesondere auf die Bereiche des Business-Coaching und des Coaching im Non-Profit-Bereich. Besonders der Bereich des Business-Coaching hat seit den letzten 25 Jahren national wie international zunehmend an Bedeutung gewonnen. Hier lassen sich mit dem **Leadership-Coaching**, dem **Workplace-Coaching** und dem **Managerial-Coaching** drei Varianten voneinander abgrenzen (vgl. *Böning* 2015b, S. 37 ff.). Während beim Leadership-Coaching die jeweilige Führungskraft auf einen externen Coach zurückgreift, um etwa ihr eigenes Führungsverhalten zu verbessern und auf diesem Wege positiv auf ihre Führungsbeziehungen einzuwirken, erhalten beim Workplace-Coaching Mitarbeiter ohne Führungsverantwortung ein Coaching. Beim Managerial-Coaching fungiert die jeweilige Führungskraft dagegen selbst als Coach ihrer Mitarbeiter.

Wir hatten Personalentwicklung allgemein und damit auch das Instrument Coaching aus der Sicht eines Führenden den sekundär aktiven Führungsinstrumenten zugeordnet, da eine Führungskraft im Regelkreis der Personalentwicklung nicht autonom agiert und in der Regel eine vorherige organisationsweite Implementierung von Instrumenten (z. B. die Rekrutierung von externen Coaches im Rahmen eines formellen Coaching) vorausgesetzt wird. Eine Führungskraft könnte daher in enger Zusammenarbeit mit der Personalabteilung einem ihrer Geführten bei der Identifikation von Problemen einen externen Coach zur Seite stellen und damit eine Verhaltensbeeinflussung des Geführten intendieren. Zu beachten ist, dass im Rahmen des **Managerial-Coaching** eine Führungskraft zur Gestaltung ihrer Führungsbeziehung unmittelbar und daher unabhängig von einer konkreten organisationalen Struktur primär aktiv als

Business-Coaching

Leadership-Coaching
z.B. Führung

Managerial-Coaching
Die Führungskraft als Coach

Workplace-Coaching
z.B. Leistung und Zusammenarbeit

Life-Coaching

Coaching für private Lebensthemen
z.B. Elternkompetenz

Gesundheits-Coaching
z.B. Umgang mit Krankheiten

Coaching im Bildungskontext
z.B. Lehrkompetenz von Pädagogen
z.B. Lernverhalten von Schülern

Sport-Coaching
z.B. Mentale Stärke
z.B. Motivation
z.B. Emotionskontrolle

Coaching im Non-Profit-Bereich

Coaching in staatlichen und kommunalen Verwaltungen/Einrichtungen
z.B. Führung, Team-Effektivität

Coaching im Militär
z.B. Führung und Leistung

Coaching in Wohltätigkeitsorganisationen
z.B. Führung, Persönlichkeit

Coaching in der Sozialarbeit
z.B. Reintegration in den Arbeitsmarkt

Politik-Coaching
z.B. öffentliches Auftreten

Abb. D.26: Die inhaltliche Differenzierung von Coaching-Arbeitsfeldern
(eigene Darstellung in Anlehnung an *Böning* 2015a, S. 24)

Coach agiert (ein sogenanntes coachingorientiertes Führungsverhalten). Dieser Anwendungsfall wäre jedoch in dieser Variante nicht den Führungsinstrumenten, sondern den Führungsstilen (☞ D. II.) zuzuordnen.

Was ist aber unter Coaching genau zu verstehen? Die skizzierten diversen Anwendungsmöglichkeiten von Coaching haben dazu geführt, dass trotz zahlreicher Bemühungen in der Literatur bislang keine Standarddefinition von Coaching vorliegt (vgl. *Passmore/Peterson/Freire* 2013, S. 1). Eine breit gefasste Definition von Coaching stammt von *Whitmore* (1992):

> *„Coaching is unlocking people's potential to maximise their own performance. It is helping them to learn rather than teaching them"* (S. 10).

Nach dieser Auffassung geht es beim Coaching nicht um Wissensvermittlung von einem Coach an einen Coachee (Klienten), sondern vielmehr um die Schaffung von Räumen zur Selbstreflexion und Selbsterkenntnis und den damit verbundenen Lernprozessen (vgl. *Passmore/Peterson/Freire* 2013, S. 2). Danach geht es bei Coaching also um *„Hilfe zur Selbsthilfe"* (*Rauen* 2014, S. 10). *Cox* und Kollegen (2014) geben eine engere Definition von Coaching:

> *„Coaching is a human development process that involves structured, focused interaction and the use of appropriate strategies, tools, and techniques to promote desirable and sustained change for the benefit of the coachee and potentially for other stakeholder"* (S. 1).

Hier wird deutlich, dass im Coaching verschiedene **Werkzeuge**, **Strategien** und **Techniken** zum Einsatz kommen, mit denen der Coach den Coachee unterstützt. Eine deutsche Definition stammt von *Rauen* (2014):

> *„Coaching ist eine absichtsvoll herbeigeführte Arbeitsbeziehung, deren Qualität durch Freiwilligkeit, gegenseitige Akzeptanz, Vertrauen und Diskretion zwischen den beteiligten Personen bestimmt wird. Diese tragfähige Beziehung ermöglicht es, Anliegen zu klären, die ansonsten unausgesprochen bleiben"* (S. 2).

Insgesamt kann festgehalten werden, dass es beim Coaching grob um die Förderung von *„Selbstgestaltungspotenzialen"* (*Scholz* 2014, S. 1185) des Coachees geht. *Rauen* (2014) spricht von einer *„individuellen Hilfe zur Bewältigung verschiedener Aufgaben"* sowie von *„persönlicher Begleitung"* (S. 2). Im Rahmen dieser kann der Coach verschiedene Mittel und Methoden anwenden. Im Gegensatz zur **Psychotherapie**, um das zu klären, hat Coaching eine geringere Einwirkungstiefe, kreist nicht primär um Fehlentwicklungen und ist letztendlich instrumentell auf eine Erhöhung der Arbeitsfähigkeit im Sinne der Organisation ausgerichtet (vgl. ergänzend *Rauen* 2014, S. 5 f.; *Scholz* 2014, S. 1185). Zudem hat eine Psychotherapie einen längeren Zeithorizont und bedarf gesetzlicher fixierter Voraussetzungen, u. a. an den Ausübenden. Zertifikate werden aber auch beim externen Coaching regelmäßig verlangt. Übergänge zwischen den beiden Interventionen bestehen offensichtlich.

In der Literatur existieren zahlreiche **empirische Untersuchungen**, die sich mit Coaching in den unterschiedlichen Anwendungsfeldern beschäftigen (einen guten Überblick liefern etwa *Grant* 2013 sowie *Böning/Kegel* 2015). Dabei steht besonders die Frage nach der **Effektivität** von Coaching im Mittelpunkt. Im Zeitraum zwischen 1937 und 2011 konnte *Grant* (2013) insgesamt 643 publizierte wissenschaftliche Untersuchungen zur Effektivität von Coaching in den Anwendungsfeldern Business-Coaching aber auch im Life-Coaching ausfindig machen. Insbesondere seit dem Jahr 2000 sind die wissenschaftlichen Publikationen zu Coaching signifikant angestiegen, was erneut das wachsende Interesse an Coaching unterstreicht. Die Studien unterscheiden sich hinsichtlich ihres Designs. So handelt es sich bei den 643 Untersuchungen um 131 Fallstudien, 77 „within subject studies" (Studien mit zwei (oder mehr) experimentellen Bedingungen mit jeweils einer Probandengruppe) sowie 25 „between subject studies" (Studien mit zwei (oder mehr) experimentellen Bedingungen mit zwei (oder mehr) Probandengruppen). Längsschnittstudien, der Goldstandard zur Wirkungsmessung, sind jedoch kaum vorhanden. Zudem besteht keine Konsistenz bei der Messung der Effektivität von Coaching und den jeweils angewendeten Messmethoden. Dies erschwert den Vergleich verschiedener Studien und damit die Emergenz einer evidenzbasierten Coaching-Forschung. Trotz dieser kritischen Anmerkungen signalisiert die bestehende empirische Forschung, dass Coaching mit positiven Auswirkungen verbunden ist und es sich daher um eine *„very effective human chance methodology"* (*Grant* 2013, S. 33) handelt. Studienergebnisse deuten darauf hin, dass durch Coaching Stress reduziert werden kann, sich die Zielerreichung verbessert sowie Resilienz (Widerstandsfähigkeit) und Wohlbefinden am Arbeitsplatz steigen (vgl. für eine tabellarische Übersicht von Studien ebenfalls *Grant* 2013, S. 19 ff.).

In einer aktuellen Veröffentlichung, die auch Studien im Zeitraum zwischen 2011 und 2013 einbezieht, hat sich *Böning* (2015b) 61 Studien im Bereich des Business Coaching genauer angesehen. Davon befassten sich 32 Studien mit Leadership-Coaching, 8 Studien mit Workplace-Coaching und 21 Studien mit Managerial-Coaching. Die Tabelle D.7 gibt einen Überblick über die inhaltliche Konkretisierung der Studien.

Deutlich wird, wie schon bei *Grant* (2013), dass Coaching grundsätzlich mit positiven Ergebnissen in Verbindung steht. Exemplarisch wollen wir uns in diesem Zusammenhang einmal einer aktuellen Studie von *Ladegard* und *Gjerde* (2014) aus dem Bereich des Leadership-Coaching widmen, die von *Böning* (2015b) aufgrund ihrer Aktualität noch nicht berücksichtigt wurde. Das Besondere an der genannten Studie ist, dass sie im Vergleich zu den meisten anderen Studien über Coaching in einem Top-Journal mit hohem wissenschaftlichen Ansehen erschienen ist (Leadership Quarterly). Die Tatsache, dass Coaching auch hier thematisiert wird, zeigt, dass Coaching nicht nur in der Praxis, sondern auch in der Wissenschaft mehr Aufmerksamkeit erfährt (vgl. *Grant* 2013, S. 25). Ferner handelt es sich bei der Studie um eine der wenigen „*between-subject-studies*" (vgl. *Ladegard/Gjerde* 2014, S. 638). Interessant ist ebenfalls, dass die in Rede stehende Studie ihren Fokus sowohl auf Führungskräfte, Geführte als auch den Coach selbst richtet.

> **Empirie zum Leadership-Coaching**
>
> Konkret sind *Lagegard* und *Gjerde* in ihrer Untersuchung zum einen der Frage nachgegangen, ob Leadership-Coaching eine höhere Rollenwirksamkeit („leadership role-efficacy" (*LRE*)) der gecoachten Führungskräfte bewirkt. Unter *LRE* ist die Zuversicht einer Führungskraft zu verstehen, die an sie gestellten Rollenanforderungen erfüllen zu können (vgl. *Ladegard/Gjerde* 2014, S. 632). Zum anderen vermuten die Autoren, dass Coaching von Führungskräften das Vertrauen der jeweils gecoachten Führenden in ihre Geführten erhöht („leader's trust in subordinates" (*LTS*)) (vgl. *Ladegard/Gjerde* 2014, S. 636). Hiermit geht die Bereitschaft einer, Kontrolle an die Geführten abzugeben und ein größeres Unsicherheits-

Leadership-Coaching	Workplace-Coaching	Managerial-Coaching
Anzahl: 32 Studien	*Anzahl:* 8 Studien	*Anzahl:* 21 Studien
Teilnehmer der Studien: Führungskräfte unterschiedlicher Hierarchieebenen	*Teilnehmer der Studien:* Mitarbeiter und Angestellte ohne Führungspositionen	*Teilnehmer der Studien:* Führungskräfte und Mitarbeiter
Wesentliche Themen: Entwicklung von allgemeinen Führungskompetenzen (z. B. verbessertes Kommunikationsverhalten, verbesserte Zielsetzung und Priorisierung), Führungsstile, Verhaltens- und Rollenaspekte, Leistungsparameter	*Wesentliche Themen:* Emotionales Wohlbefinden, Weiterentwicklung der Karriere, Umgang mit Stress	*Wesentliche Themen:* U.a. Verhalten, Leistung, Kompetenzen
Zentrale Ergebnisse: Leadership-Coaching ist sehr wirksam zur Förderung der allgemeinen Führungskompetenz. Insbesondere beim Hineinwachsen in eine neue Führungsrolle ist Coaching besonders unterstützend (Reduktion von Inkongruenzerleben, Irritationen und Unsicherheiten; Schaffung von Räumen für Selbstreflexion). Häufig zu finden ist eine gesteigerte Selbstwirksamkeit der jeweiligen Führungskräfte.	*Zentrale Ergebnisse:* Workplace-Coaching steht mit durchweg positiven Ergebnissen in Verbindung: Verbesserter Umgang mit Emotionen; verbesserte Leistung; Reduktion von Stress; verbesserte Zielerreichung; stärkere Unternehmensbindung sowie Rückgang von Fehlzeiten.	*Zentrale Ergebnisse:* Managerial-Coaching führt zu einer größeren Rollen- und Zielklarheit, Zufriedenheit, besserer Leistung sowie stärkerer Selbstwirksamkeitserwartung. Zudem steht dieser Bereich mit einem höheren Karriere- und Organisationscommitment in Beziehung. Ungeklärt ist, ob ein selektiver bzw. situativ begrenzter Einsatz von Managerial-Coaching möglicherweise effektiver ist als ein „Dauer-Coaching" durch die jeweilige Führungskraft.

Tab. D.7: Inhaltliche Konkretisierung von Studien im Business-Coaching (vgl. *Böning* 2015b, S. 37 ff.)

risiko einzugehen. Ihre Vermutungen leiten die Autoren basierend auf Gruppendiskussionen mit Coaches ab (vgl. *Ladegard/Gjerde* 2014, S. 634). Neben diesen beiden Fragestellungen, die sich explizit auf die gecoachten Führungskräfte richten, vermuten *Ladegard* und *Gjerde* ferner, dass Leadership-Coaching sich auch auf die Geführten auswirkt. So kann das erhöhte Vertrauen der Führungskräfte in ihre Geführten das psychologische Empowerment der Geführten fördern (z. B. gedanklich und gefühlsmäßig mehr Kompetenz und Selbstbestimmung wahrnehmen) und gleichzeitig ihre Absicht reduzieren, das Unternehmen zu verlassen („turnover intention"). Ebenfalls stellen die Autoren die beiden Hypothesen auf, dass sich ein förderndes Coachingverhalten (Feedback geben, unterstützen („support") und auffordern/anregen („challenge") positiv auf *LRE* und *LTS* der gecoachten Führungskräfte auswirkt und somit der Coach selbst ein entscheidender Einflussfaktor auf die Wirksamkeit von Coaching darstellt. Die Hypothesen wurden an 30 Führungskräften (diese geringe Anzahl stellt ein Kritikpunkt an der Studie dar) in mittleren und hohen Führungspositionen unter Einbeziehung ihrer Geführten (insgesamt 80 Geführte haben teilgenommen) in Organisationen mit einer durchschnittlichen Mitarbeiterzahl von 500 Mitarbeitern überprüft. An dem insgesamt sechs Monate dauernden Coaching-Zeitraum, der acht Sitzungen (Dauer: zwischen 60 und 90 Minuten) umfasste, nahmen 24 Führungskräfte teil. Die restlichen 6 Führungskräfte bildeten die Kontrollgruppe und erhielten kein Coaching. Zudem waren in der Untersuchung 7 erfahrene und lizenzierte Coaches involviert. Die Daten wurden sowohl vor dem Coaching (T1) also auch nach dem Coaching (T2) anhand von Fragebögen erhoben. Die Datenauswertung konnte zeigen, dass die vermuteten Zusammenhänge mehrheitlich bestätigt wurden. So erhöhte sich durch das Coaching der Führungskräfte zum einen sowohl die Rollenwirksamkeit der Führungskräfte als auch das Vertrauen der Führungskräfte in ihre Geführten signifikant. In der Kontrollgruppe war dies nicht der Fall. Sichtbar wird dies anhand der Mittelwertunterschiede. Vor dem Coaching existierten signifikante Mittelwertunterschiede zwischen der Coachinggruppe und der Kontrollgruppe ($t = 4.04$, $p = 0.00$), die nachher deutlich reduziert wurden ($t = 1.73$, $p = 0.09$):

LRE der Coachinggruppe in T1: $M = 3.26$; $SD = 1.50$ und in T2: $M = 4.96$; $SD = 1.44$ sowie

LRE der Kontrollgruppe in T1: $M = 6.03$, $SD = .61$ und in T2: $M = 6.03$, $SD = .63$.

Das Coaching hat somit zu einer Angleichung der beiden Mittelwerte geführt. Auch die Wechselabsicht der Mitarbeiter wurde durch das durch Coaching bewirkte erhöhte Vertrauen reduziert. Keine Zusammenhänge konnten allerdings zwischen psychologischem Empowerment und *LTS* gefunden werden. Das Verhalten des jeweiligen Coaches übte im Übrigen einen moderierenden Einfluss aus, d. h. es kommt sehr auf das „Wie" an (T1 und T2: LTS: $\beta = .48$, $p < .05$ sowie LRE: $\beta = .55$, $p < .01$).

Insgesamt ist an der Studie für unsere Zwecke vor allem herauszustellen, dass sie schön illustriert, wie eine Führungskraft das sekundär aktive Führungsinstrument Leadership-Coaching für eine Selbstgestaltung nutzen kann, um hierüber ihre Führungsbeziehungen zu gestalten und Verhaltenswirkungen geführtenseitig zu generieren (hier z. B. geringe „turnover intentions").

Ob ein Coaching in einer konkreten Führungssituation allerdings eingesetzt werden sollte, muss im Einzelfall entschieden werden. Sicherlich wäre es nicht weiterführend und zu kostenintensiv, bei jedweden Problemen dem jeweiligen Mitarbeiter immer direkt einen Coach zur Verfügung zu stellen. Ein wesentlicher Einflussfaktor ist nämlich vor allem die Bereitschaft des jeweiligen Mitarbeiters, an einem Coaching teilzunehmen (vgl. *Ladegard/Gjerde* 2014, S. 638). Ein Coaching wird daher wahrscheinlich nur dann die gewünschten Effekte erzielen, wenn der Mitarbeiter das Coaching auch akzeptiert und bereit dazu ist, seine Potenziale gemeinsam mit dem Coach zur Entfaltung zu bringen. Ebenfalls von Bedeutung ist die Qualität des Coaches bzw. des Coaching-Verhaltens. Daher ist ein bewusster Auswahlprozess von Coaches (ob intern oder extern) von hoher Bedeutung für die Effektivität von Coaching. Auch Vorgesetzte sollten in dieser Hinsicht nach Möglichkeit geschult werden, bevor sie sich dieses Instrument zu Nutze machen wollen oder sollen.

Mentoring

Kommen wir nun auf ein zweites Instrument der Personalentwicklung zu sprechen: Dem **Mentoring**. Was ist konkret unter Mentoring zu verstehen? Der Begriff leitet sich aus dem griechischen Namen „Mentor" ab. In der griechischen Mythologie war *Mentor* ein Freund des *Odysseus*. Als dieser nach Troja zieht, ist Mentor für die Erziehung von *Odysseus'* Sohn *Telemach* verantwortlich und steht ihm als ein väterlicher Freund mit Rat und Tat zur Seite (vgl. *Graf/Edelkraut* 2014, S. 3). Mentoring kann vor diesem Hintergrund auch grob als eine Patenschaft zwischen einem unerfahrenen und einem erfahreneren Individuum beschrieben werden (vgl. *Rauen* 2014, S. 9).

In der wissenschaftlichen Literatur ist der Begriff Mentoring ähnlich wie der Coaching-Begriff allerdings ebenfalls nicht eindeutig definiert (vgl. *Passmore/Peterson/Freire* 2013, S. 5 f.). Dies ist wie beim Coaching unterschiedlichen Anwendungsmöglichkeiten und Formen geschuldet. Wird auf Mentoring als Personalentwicklungsinstrument abgestellt, so existiert in der Literatur allerdings eine Übereinstimmung dahingehend, dass es sich bei Mentoring um eine persönlichkeits- und berufsbezogene Entwicklungsförderung eines Mentees (jüngere und unerfahrene Person) durch einen Mentor (im Organisationskontext meist eine erfahrene Führungskraft außerhalb der eigentlichen Vorgesetzten-Mitarbeiter-Beziehung) handelt (vgl. *Kram* 1985). Obwohl Mentoring in der Regel außerhalb der eigentlichen Führungsbeziehung stattfindet, kann es aus Sicht von Führungskräften als sekundär aktives Führungsinstrument interpretiert werden. So könnte sich eine Führungskraft in einer Organisation etwa bewusst als Mentor außerhalb ihrer eigentlichen Führungsbeziehungen zur Verfügung stellen, da sie mit Übernahme dieser Aufgabe positive Rückwirkungen auf ihr eigenes Führungshandeln und ihre eigene persönliche Entwicklung erwartet. Erfahrungen zeigen tatsächlich, dass viele Führungskräfte durch den Austausch mit dem jeweiligen Mentee auf eine andere Art ihr eigenes Führungsverhalten reflektieren, etwa in dem sie sich mit ihren Mentees über deren Führungskräfte austauschen (vgl. *Graf/Edelkraut* 2014, S. 167). Vertrauensvolle Mentoring-Beziehungen können somit zur **Selbsterkenntnis** von Führenden beitragen und nachhaltige Lernprozesse in Gang setzen (vgl. hierzu auch *Roberts* 2007, S. 29 ff.). Dies kann sich dann wiederum als förderlich für die eigenen Führungsbeziehungen erweisen (authentische Führung, ☞ B. II. 5). Ferner ist zu bedenken, dass die jeweilige Führungskraft ohnehin nicht außen vor gelassen wird, wenn ihre Geführten an Mentoringprogrammen teilnehmen und andere Führungskräfte als Mentor agieren. So erfolgt die Zusammenarbeit mit den Führungskräften der Mentees häufig über Feedback durch Mentee, Mentor und Personalentwicklung. Bei der *Fraport AG* werden etwa Mentor und Mentee angehalten, die Inhalte in einem persönlichen Treffen an die jeweiligen Führungskräfte zu kommunizieren (vgl. *Graf/Edelkraut* 2014, S. 167). Diese Informationen können Führungskräfte dann wiederum gezielt zur weiteren Gestaltung der eigenen Führungsbeziehung mit dem jeweiligen Geführten nutzen.

Was macht nun konkret ein Mentor? Die Aufgaben des Mentors im Rahmen des Mentorings sind vielfältig und können etwa in der **Informations- und Wissensvermittlung** (z. B. Vermittlung von Riten und Normen der Organisationskultur, vgl. *Rauen* 2014, S. 9), der **karriereorientierten Beratung** oder der **Generierung von Feedback** liegen. Zudem kann ein Mentor als Vorbild dienen (vgl. *MacLennan* 1995, S. 4 ff.). Im Vergleich zum Coaching fällt auf, dass das länger ausgerichtete, oftmals in konkrete Entwicklungsprogramme gegossene Mentoring primär eine Erfahrungs- und Wissensweitergabe über konkrete Problemlagen hinaus ist (Lernen von einem Mentor), während beim Coaching eher das Lernen mit einem Coach aufgrund definierter Problemlagen im Vordergrund steht (vgl. auch *MacLennan* 1995, S. 4 ff.). Gemeinsam ist beiden die erforderliche Fähigkeit zum **aktiven Zuhören** und allgemeiner zu einer fruchtbaren Beziehungsgestaltung (vgl. *Rauen* 2014, S. 10).

Als Personalentwicklungsinstrument hat Mentoring seit den 1970er Jahren zunächst in Unternehmen im nordamerikanischen Raum an Bedeutung erlangt (vgl. *Healy/Welchert* 1990, S. 17). Ab den 1980er Jahren wurde das Instrument zunehmend auch in Deutschland in Organisationen implementiert (vgl. *Haasen* 2001, S. 5 f.). Aktuelle Studien über die Verbreitung von Mentoring in Deutschland sind allerdings kaum vorhanden (vgl. *Edelkraut* 2011, S. 30). Eine diesbezügliche Studie des *Adecco-Instituts* zeigt, dass im Jahr 2008 etwa ein Viertel (24 %) der insgesamt 504 in Deutschland befragten Unternehmen aus dem Handels-, Industrie- und Dienstleistungssektor (240 mittelgroße Unternehmen mit einem Umsatz von 10 bis 50 Millionen Euro und 264 große Unternehmen mit einem Umsatz von über 50 Millionen Euro) **Mentoring-Programme** implementiert haben (vgl. *Adecco Institute* 2009, S. 14).

Wie diese Programme genau ausgestaltet sind, wird in der Studie allerdings nicht spezifiziert (eine gute Übersicht über die praktische Ausgestaltung von Mentoringprogrammen mit zahlreichen Fallbeispielen liefert *Graf/Edelkraut* 2014). Da Mentoringprogramme vor dem Hintergrund veränderter Rahmenbedingungen (z. B. veränderte Anforderungen an betriebliche Lernprozesse) heutzutage nicht mehr nur für spezielle Zielgruppen (Frauen, Nachwuchsführungskräfte), sondern flexibler in der Personalentwicklung eingesetzt werden, spricht vieles dafür, dass sich der Anteil mittlerweile erhöht hat und in Zukunft auch weiter erhöhen wird (vgl. auch *Edelkraut* 2011).

Empirische Untersuchungen von Mentoring im Arbeitskontext wurden traditionell sehr häufig an Stichproben in den USA durchgeführt und beschäftigen sich schwerpunktmäßig mit den **Antezedenzien** und **Konsequenzen** von Mentoring (vgl. *Allen u. a.* 2008). Wird der Blick auf die Konsequenzen gelegt so deutet vieles darauf hin, dass mit Mentoring grundsätzlich positive Auswirkungen für den Mentee verbunden sind (für eine Übersicht vgl. etwa *Tong/Kram* 2013, S. 217 ff.). Eine Metaanalyse von *Allen u. a.* (2004) kommt bspw. zu dem Ergebnis, dass Mentoring sowohl mit objektiven Karrierevorteilen (Vergütung, Beförderung) als auch mit subjektiven Karrierevorteilen (Laufbahnzufriedenheit, Aufstiegserwartung, Laufbahnbindung, Arbeitszufriedenheit, negative Fluktuationsabsicht) des Mentees in Beziehung steht. Insbesondere stellen sich in einer kurzen Frist die subjektiven Karrierevorteile ein. Mentoring wird darüber hinaus mit einer steigenden Lernkurve des Mentees in Verbindung gebracht, die im Wesentlichen aus der Wissens- und Informationsteilung mit dem Mentor sowie dem besseren Netzwerkzugang generiert wird (vgl. *Tong/Kram* 2013, S. 219). Dies erklärt auch den empirischen Befund, dass ein Mentor mit einer größeren Machtbasis vorteilhafter für einen Mentee ist, da dieser die Karriere des Mentees besser unterstützen kann (vgl. *Blicke/Witzki/Schneider* 2009). Neben dieser **karrierebezogenen Funktion** erfüllt Mentoring auch eine **psychosoziale Funktion**. Diese umfasst die Entwicklung von Selbstvertrauen, Selbstwertgefühl und berufliche Kompetenz des Mentees. Die psychosoziale Funktion von Mentoring hängt mit den zwischenmenschlichen Aspekten der Mentor-Mentee Beziehung zusammen, die dem Mentee ein Gefühl von Kompetenz, Identität und Effektivität in der beruflichen Rolle vermitteln (vgl. *Kram* 1985, S. 32).

Neben den Auswirkungen auf den Mentee sind ferner Auswirkungen auf den Mentor selber beobachtbar (z. B. auf das eigene Führungsverhalten, Vergütung, Arbeitsleistung, Arbeitszufriedenheit, Sinnstiftung), auch wenn hier noch Forschungsbedarf aufgrund uneindeutiger Befunde und geringer Studienzahl besteht (vgl. *Tong/Kram* 2013, S. 221 ff.). Wir hatten bereits explizit angesprochen, dass Erfahrungen in der Praxis zeigen, dass Mentoring insbesondere zur Reflexion des eigenen Führungsverhaltens beim Mentor führen kann. Wissenschaftliche Studien müssen hier aber noch folgen und dies bestätigen. Moderatorvariablen beeinflussen die Effektivität von Mentoring. Exemplarisch zu nennen ist hier der Formalisierungsgrad: Informelles Mentoring (dem Mentoring liegt kein formales Programm zugrunde) hat gegenüber dem traditionellen formellen Mentoring Vorteile. Informell bedeutet dabei nicht, dass es sich hier nicht um ein konkretes Programm der Personalentwicklung handeln kann. So wird etwa bei der *Fraport AG* informelles Mentoring seit einigen Jahren explizit als Maßnahme der Personalentwicklung definiert (vgl. *Graf/Edelkraut* 2014, S. 167). Darüber hinaus steht auch das Geschlecht des Mentors mit dem späteren Karriereerfolg des Mentees in Zusammenhang. So deuten einzelne Studien (vgl. z. B. *Ragins/Catton* 1999; *Dreher/Cox* 1996) bislang darauf hin, dass Mentees von einer Mentorin in ihrem weiteren Karriereverlauf etwa im Hinblick auf Beförderungen und Vergütungen weniger profitieren als von einem Mentor. *Tong* und *Kram* (2013, S. 220) weisen aber auf die geringen Stichprobengrößen in den Untersuchungen und zum Teil auf gegenläufige Befunde etwa im Bereich des „Cross-Gender-Mentoring" (geschlechtsheterogene Mentoring-Beziehungen) hin.

Wie die Begriffe formelles und informelles sowie „Cross-Gender-Mentoring" andeuten, existieren unterschiedliche Formen von Mentoring. Spezielle, für viele ungewöhnliche, erläutern wir extra hervorgehoben abschließend (vgl. *Graf/Edelkraut* 2014, S. 18; *Edelkraut* 2011, S. 32):

Definition: Spezielle Formen des Mentorings

Blended Mentoring: Das Blended Mentoring ist eine Mischung aus dem traditionellen Mentoring und Online-Elementen. Der Mentor und die Mentee können sich zwischen den Treffen virtuell austauschen und die Vernetzung mit anderen Tandems suchen. Ferner stehen sowohl Mentor als auch insbesondere dem Mentee kleine Lerneinheiten und Hilfestellungen zur Verfügung, deren Ergebnisse in die Treffen einfließen sollten.

Cross-Mentoring: In einem Cross-Mentoring schließen sich mehrere Unternehmen zu einem Verbund zusammen, um zusammen ein Mentoring-Programm durchzuführen. Jedes Unternehmen stellt einen Mentor und einen Mentee und die Paare von Mentor und Mentee werden aus Vertretern unterschiedlicher Unternehmen zusammengestellt.

Peer-Mentoring: Beim Peer-Mentoring handelt es sich um eine Abweichung und zwar um Mentoring unter Gleichgestellten/Gleichrangigen und wird häufig auch in Gruppen durchgeführt. Das Konzept beruht auf der Selbstorganisation und gegenseitigen Unterstützung der möglichst statusgleichen Teilnehmer. Mi ihren eigenen Kompetenzen und individuellen Erfahrungen helfen sich die Teilnehmer beidseitig bei Planung und Entwicklung ihrer Karriere. Peer-Mentoring basiert auf den Prinzipien der Eigenverantwortlichkeit, der Selbstorganisation und der Notwendigkeit eigenen Engagements.

Reverse Mentoring: Beim Reverse Mentoring hat diesmal der Mentee die grundsätzlich größere Lebenserfahrung. Allerdings ist dieser hinsichtlich des Mentoringziels entwicklungsbedürftig. Der Mentor ist deshalb in der Regel jünger als der Mentee, jedoch Experte oder Expertin in dem speziellen Bereich. Besonders sind es Themen der jüngeren Generationen, wie der Umgang mit Social Media oder der generelle Einsatz von IT im Berufsalltag, die sich hier anbieten (die Abgrenzung zum Coaching erscheint fließend).

4.2 Personalbeurteilungen und formalisierte Mitarbeitergespräche

In einer weiten Begriffsverwendung bezeichnet die Personalbeurteilung sämtliche Formen der systematischen Einschätzung des Personals einer Organisation. Von *Wunderer* (2011) wird sie definiert als eine innerbetriebliche, systematische Urteilsbildung über Mitglieder von Organisationen hinsichtlich ihrer Potenziale und Leistungen (Verhalten und Ergebnisse). Wir wollen im Folgenden auf **Mitarbeiterbeurteilungen** und **Vorgesetztenbeurteilungen** als **zwei Formen von Personalbeurteilungen** abstellen. Sie sind aus der Perspektive eines Führenden als sekundär aktive Führungsinstrumente zu interpretieren, da die Beurteilungen in der Regel jährlich auf Basis standardisierter Beurteilungsverfahren erfolgen. Zudem wollen wir im Zusammenhang mit Mitarbeiterbeurteilungen auch genauer auf das Instrument des **formalisierten Mitarbeitergesprächs** eingehen.

Die verschiedenen Formen der Beurteilung, vergleichsweise hochgradig institutionalisiert, sind eine ideale Ergänzung, um periodisch über die Leistungen von Führenden und Geführten bzw. ihr Verhalten beim Erstellen der Leistungen zu diskutieren (vgl. *Bröckermann* 2012, S. 155). Auch ihre Anwendung ist schwierig, verlangt sie doch trotz strukturierter Vorgaben in der Anwendung ein hohes Maß an sozialer Kompetenz. Ihre Bedeutung in der Praxis erlangen sie vor allem deshalb, weil das Resultat dieser Beurteilungen – in der Regel bisher allerdings nur für die Geführten – karrierebezogene Konsequenzen hervorbringt. Dies führt dazu, sie in ihrer Wirkung für die tatsächliche Gestaltung einer Führungsbeziehung zu überschätzen.

Mitarbeiterbeurteilungen

Mitarbeiterbeurteilungen werden in der Praxis insbesondere verwendet, um eine bessere Grundlage für die Entlohnung und den weiteren Einsatz des Mitarbeiters zu schaffen (vgl. *Bröckermann* 2012, S. 156; siehe auch *Oechsler* 2011). Im Laufe der Zeit kam auch der Aspekt der Förderung und Führung als Resultat aus der Beurteilung hinzu. Gelegentlich wird die Mitarbeiterbeurteilung mit einer sogenannten Potenzialbeurteilung (vgl. hierzu z. B. *Becker* 1992) verbunden, die die perspektivischen Einsatzmöglichkeiten des Mitarbeiters in der Organisation näher bestimmt. Dies kann auch in spezifische Planungen münden (z. B. Laufbahnplanung, Nachfolgeplanung), wobei deren Wert in einer schlecht kalkulierbaren Umwelt zunehmend sinkt. Die Mitarbeiterbeurteilung bezieht sich auf die Einschätzung folgender Dimensionen (vgl. auch *Klimecki/Gmür* 2005, S. 264 ff.):

- **persönlichkeitsrelevante Faktoren** (z. B. Anstrengungsbereitschaft, Kreativität),
- **verhaltensbezogene Faktoren** (z. B. Umgang mit Kunden, unterstützendes Verhalten, Auftreten und Erscheinung),
- **leistungs- bzw. funktionsbezogene Faktoren** (z. B. Quantität und Qualität der Leistung mit Blick auf die stellenbezogenen Aufgaben).

Üblich ist aber auch eine Einteilung nach sogenannten Kernfähigkeiten wie Fach-, Methoden- und Sozialkompetenz, die dann wiederum mehrfach untergliedert werden.

Die **Ziele** der **Mitarbeiterbeurteilung** liegen vor allem in der

- Dokumentation der Einschätzung des Wertes des Mitarbeiters für die Organisation mit Folgen für die Honorierung und die individuelle Laufbahnplanung,
- Leistungsverbesserung durch Rückmeldung (z. B. Aufzeigen der Bewertungskriterien),
- Verhaltensverbesserung durch Rückmeldung (z. B. Freundlichkeit, Kundenzugang), sowie der
- unternehmensweiten Beurteilung der Qualifikation (ggf. des Potenzials) der Mitarbeiter und ggf. der zielgerichteten Steuerung der Personalentwicklung mit Folgen für die Teamzusammenstellung und Nachfolgeregelungen.

Die Mitarbeiterbeurteilung wird in der Regel vom direkten Vorgesetzten durchgeführt. Grundsätzlich lassen sich **zwei Formen der Erhebung** unterscheiden. Zum einen können dem Beurteiler die Beurteilungskriterien vollständig vorgegeben sein. Zu unterscheiden sind das Skalierungsverfahren (z. B. 1–5), das Rangordnungsverfahren (z. B. besser/schlechter als (…) und das Kennzeichnungsverfahren (ja/nein). Zum anderen kann auch eine freie(re) Form gewählt werden.

Die vorgegebene Beurteilungsform ist einfacher, fördert die Schnelligkeit der Beurteilung, spart Kosten bei der Auswertung und erhöht die Vergleichbarkeit. Allerdings stehen dem gravierende Nachteile gegenüber: Der Einzelfall wird unzureichend berücksichtigt, die Neigung zur Reflexion der Bewertung ist schwach ausgeprägt und die Instrumente sind vielfach unter wissenschaftlichen Kriterien vollkommen unzulänglich und damit sehr ungenau.

Eine besondere Erwähnung finden in der Literatur die **Verzerrungsmöglichkeiten**, die sich bei der Anwendung des Instruments ergeben (vgl. z. B. *Wunderer* 2011, S. 334 ff.; *Domsch/Gerpott* 2004, Sp. 1639; *Lattmann* 1975b, S. 157 ff.), wie beispielsweise:

- das „Andorra-Phänomen" (eine sich selbst erfüllende Prophezeiung; benannt nach einem Schauspiel von *Max Frisch*),
- der „Halo-Effekt" (ein Merkmal überstrahlt alle anderen),
- die „Tendenz zur Mitte" (die von einem Beurteiler abgegebenen Bewertungen liegen stets nahe am Mittelwert einer Skala),
- die „Tendenz zur Milde/Härte" (der Beurteiler ist im Vergleich zu seinen Kollegen systematisch milder/strenger in seinem Urteil).

Die Mitarbeiterbeurteilung in der hier geschilderten Form ist heutzutage bei modern geführten Organisationen in ihrem Einsatz rückläufig. Dies liegt zweifellos an ihren Schwächen und den Problemen in der praktischen Umsetzung (vgl. hierzu bereits *Becker/Fallgatter* 1998; *Neuberger* 1980), aber auch in einer veränderten Betrachtung der Vorgesetzten-Mitarbeiter-Beziehung, die zunehmend kooperativer und kommunikativer aufgefasst wird. Diese Sichtweise spiegelt sich in dem Instrument des **formalisierten Mitarbeitergesprächs** besser wider.

Das formalisierte Mitarbeitergespräch

Das formalisierte Mitarbeitergespräch, häufig auch als **Beurteilungsgespräch** oder **Jahresgespräch** (vgl. *Werkmann-Karcher* 2013, S. 207) bezeichnet, ist ein mehr oder minder strukturiertes Gespräch über die **Leistungen** und das **Verhalten** des Mitarbeiters innerhalb einer bestimmten Periode und wird vorzugsweise jährlich, manchmal aber auch in größeren Abständen von Führenden durchgeführt. Das Mitarbeitergespräch löst die standardisierte Mitarbeiterbeurteilung ab, weil es die dort bestehende kommunikative Einseitigkeit vermeidet.

In der Praxis gestaltet sich der Ablauf der traditionellen standardisierten Mitarbeiterbeurteilung nämlich häufig so, dass die Führungskraft hinsichtlich diverser Vorgaben (z. B. Sozialkompetenz) ihre Meinung gänzlich unkommentiert oder spärlich kommentiert abgibt. Dem Mitarbeiter wird dabei vielfach keine Möglichkeit zu einer Stellungnahme eingeräumt. Er kann die Ausführungen der Führungskraft nur zur Kenntnis nehmen. Bewertet zu seiner Überraschung die Führungskraft sein Verhalten anders als von ihm vermutet, bleiben ihm die Gründe hierfür verschlossen. Eine solche Situation wird der Mitarbeiter als unbefriedigend empfinden. Auf diese Weise werden mit dem Instrument unerwünschte negative Folgewirkungen erzielt. Ein formalisiertes Mitarbeitergespräch wurde daher als eine **kooperative Form** der Mitarbeiterbeurteilung in den Organisationsalltag implementiert.

Wir zählen das formalisierte Mitarbeitergespräch zu den sekundär aktiven Führungsinstrumenten und grenzen es von den täglichen Führungsgesprächen, die wir eingangs besprochen haben, ab (☞ D. III. 3.1). So kann ein jährliches Mitarbeitergespräch nicht einfach unmittelbar von einem Führenden im Führungsalltag kreiert werden. Vielmehr ist zunächst eine organisationsweite Implementierung Voraussetzung. Anschließend muss das Design entwickelt, Formulare und Leitfäden erstellt sowie die Führungskräfte instruiert werden.

Die **Ziele** des formalisierten Mitarbeitergesprächs liegen vor allem in der

- gegenseitigen Information und Erwartungsklärung,
- Erörterung von absolvierten und kommenden Aufgaben,
- Definition von operationalen Zielen, d. h. auch die Bestimmung von Leistungs- und Verhaltenskriterien,
- Motivation, insbesondere durch Respekt und Perspektiven,
- Leistungsverbesserung, insbesondere durch hilfreiches Feedback,
- Verbesserung der Zusammenarbeit.

Im Idealfall können durch den Einsatz formalisierter Mitarbeitergespräche Mitarbeiter und Organisation optimal aufeinander abgestimmt und so Reibungsverluste vermieden werden.

Das formalisierte Mitarbeitergespräch bildet den Rahmen dafür, dass eine Führungskraft mit ihren Geführten über ihre eigene Wahrnehmung des jeweiligen Verhaltens reden kann. Es sollte zum partnerschaftlichen Dialog kommen, bei dem die Führungskraft und der Geführte eine Verantwortung für den konstruktiven Verlauf des Gesprächs übernehmen, ebenso für die Umsetzung des Vereinbarten. Dabei gliedert sich der Verlauf des Mitarbeitergesprächs grundsätzlich in drei **Schritte** (vgl. *Nerdinger* 2012, S. 159 f.):

(1) Rückblick (Was war wie?),

(2) Standortbestimmung (Wo steht man wie warum?),

(3) Ausblick (Was soll sein?).

Ad (1): Am Anfang des Gesprächs werden die Leistungsresultate und das Verhalten des Mitarbeiters analysiert und es wird geprüft, wie genau die seit der letzten Beurteilung festgelegten Ziele erreicht werden konnten. Durch die Kombination mit einer Zielvereinbarung (☞ D. III. 4.3) wird der Rückblick entscheidend erleichtert und eine solide Grundlage für das Mitarbeitergespräch geschaffen.

Ad (2): Die Standortbestimmung ist das Herzstück der Beurteilung. Hier werden die Stärken und Schwächen des Mitarbeiters gemeinsam diskutiert und es wird eine Ursachenanalyse über die im Rückblick festgestellten Ereignisse vorgenommen (selbst zu vertretende vs. externe Ursachen). Zur Unterstützung des Gesprächs und um Rückblick und Standortbestimmung zu erleichtern, werden in aller Regel standardisierte Formulare genutzt, die vor dem Gespräch vom Vorgesetzten und vom Mitarbeiter getrennt ausgefüllt werden. Der Vorgesetzte überprüft die gesetzten Ziele auch auf ihre Kompatibilität mit den strategischen Zielen der Einheit hin und nimmt dann in Zusammenarbeit mit dem Mitarbeiter Korrekturen vor, falls dies nötig ist.

Der Mitarbeiter schildert vorher oder nachher seine Sicht der innerbetrieblichen Situation. Dabei kommt er auf das Klima, die Zusammenarbeit mit Kollegen und anderen Abteilungen zu sprechen, aber auch auf sein Verhältnis zu seinem direkten Vorgesetzten. Darauf aufbauend können Maßnahmen vereinbart werden, die die Situation verbessern und eventuell neue Konflikte verhindern sollen. Es geht jedoch ebenfalls darum, Stärken und Schwächen im Verhalten des Mitarbeiters festzustellen und konkrete Verbesserungsmöglichkeiten zu thematisieren. So ist ein Selbstbild/Fremdbild-Vergleich auf der Seite des Vorgesetzten wie auch des Mitarbeiters möglich. Wichtig ist dabei vor allem, dass das Gespräch konstruktiv verläuft und zu keinen persönlichen Verletzungen führt.

Ad (3): Letztendlich ist es wichtig, dass als Ausblick weitere Förder- und Weiterbildungsmaßnahmen sowie bestimmte sachliche wie persönliche Ziele, die in der nächsten Periode erreicht werden sollen, gemeinsam geplant und vereinbart werden.

Im Rahmen eines formalisierten Mitarbeitergespräches werden häufig Zielvereinbarungen getroffen. Es ist ein anspruchsvolles Instrument zur Förderung von eigenverantwortlichem Denken und Handeln und zur **unternehmerischen Ausrichtung** der Mitarbeiter. Die sachgerechte Anwendung hängt allerdings in großem Ausmaß von der **Führungskultur**, den **Führungsbeziehungen**, dem **Reifegrad** der Mitarbeiter und Führungskräfte sowie den **Planungs- und Controllingsystemen** der Organisation ab (vgl. *Wunderer* 2011, S. 345). Alles in allem ist das formalisierte Mitarbeitergespräch ein Führungsinstrument, das flexibel handhabbar ist und Fehlentwicklungen nicht nur aufzeigt, sondern ihnen auch vorbeugt. Es besitzt gegenüber der herkömmlichen Mitarbeiterbeurteilung eine deutliche Überlegenheit und ist durch die notwendige Verbindung mit der Zielvereinbarung in der Lage, strategische mit operativen Erwartungen zu verknüpfen. Eine Verbesserung bei der Bewertung der Leistungen und des Verhaltens der Mitarbeiter kann dadurch geschehen, dass sich der Kreis derer, die zu einer Beurteilung herangezogen werden, um zwei wichtige Anspruchsgruppen erweitert (z. B. um die Gruppen der Kunden zur Freundlichkeit und Hilfsbereitschaft eines Serviceangestellten und der Kollegen zur Kooperationsbereitschaft).

> *„Grundgedanke derartiger Verfahren ist es nämlich, angesichts eines „Unbehagens" bezüglich der Zuverlässigkeit (= Reliabilität), Genauigkeit und Vollständigkeit von mitarbeiterbezogenen Leistungseinschätzungen durch Vorgesetzte, solche Einschätzungen auch von weiteren Beurteilergruppen zu erheben, um Mitarbeitern Feedback dahingehend zu geben, wie ihre Arbeitsleistung aus unterschiedlichen Perspektiven wahrgenommen wird"* (Gerpott 2006, S. 211).

Wir werden hierauf gleich noch eingehen, wenn wir die 360-Grad-Beurteilung ansprechen.

Abschließend stellt sich noch die Frage nach den **Voraussetzungen** für den Einsatz des formalisierten Mitarbeitergesprächs. Das Instrument des Mitarbeitergesprächs bedarf einiger Voraussetzungen, um es angemessen durchzuführen. Dieses Führungsinstrument ist beispielsweise nicht unabhängig von der Führungskultur der Organisation bzw. von der Historie der Führungsbeziehung zu sehen. Dies trifft im Übrigen auch für die Vorgesetztenbeurteilung zu, die wir ebenfalls im Folgenden noch genauer betrachten. Insgesamt ist zu bemerken, dass das Unternehmen einen hohen kooperativen Reifegrad erreicht haben muss, um das doch sehr anspruchsvolle Instrument des formalisierten Mitarbeitergesprächs effektiv durchführen zu können. Liegt ein solcher hoher kooperativer Reifegrad nicht vor, muss zumindest der Willen hierzu deutlich artikuliert werden. Sollten diese Voraussetzungen nicht vorhanden sein, kann dies nicht nur dazu führen, dass das Instrument falsch und damit nutzlos eingesetzt wird, es kann sich sogar im Gegenteil auch kontraproduktiv auf die Führungsbeziehungen und das gesamte Klima innerhalb der Organisation auswirken. Aus diesem Grund werden in aller Regel die Führungskräfte vor dem erstmaligen Einsatz des Instruments geschult. Besteht eine konfliktträchtige Beziehung zwischen Führungskraft und Mitarbeiter, bietet sich zudem anfänglich eine externe Moderation an.

Vorgesetztenbeurteilungen

Eine Vorgesetztenbeurteilung (oder auch: Aufwärtsbeurteilung, Vorgesetzten-Feedback, engl.: „reverse review" oder „upward appraisal") ist die systematische Einschätzung des Verhaltens des direkten Vorgesetzten durch die ihm unmittelbar unterstellten Mitarbeiter mit Hilfe hierfür geeigneter Methoden wie z. B. Fragebogen, Interview oder Gruppengespräch (vgl. z. B. *Bröckermann* 2012; *Wunderer* 2011; *Weibler* 1996a; *Hofmann/Köhler/Steinhoff* 1995; *Ebner/Krell* 1991). Eine Vorgesetztenbeurteilung dient vor allem als Orientierungshilfe für das eigene Handeln. Dabei wird angenommen, dass der Vorgesetzte die Führungsbeziehung ohne entsprechende Informationen der Mitarbeiter stets nur aus seiner Perspektive heraus sehen kann. Da aber die soziale Realität nichts Absolutes ist, sondern von den Beteiligten auf Grundlage ihres Erfahrungshorizonts verschieden interpretiert und damit konstruiert wird, ist eine gemeinsame Verständigung z. B. über die Angemessenheit oder den Erfolg des Vorgesetztenverhaltens notwendig. Erst wenn ein gemeinsamer Verständigungsprozess über die jeweils individuelle Wahrnehmung in einem offenen Diskurs einsetzt, ist es möglich, Trennendes und Verbindendes zu erkennen. Die Vorgesetztenbeurteilung dient gerade dazu, diesen Verständigungsprozess zu fördern.

Die **Ziele** der Vorgesetztenbeurteilung (vgl. *Weibler* 1996a, S. 8) liegen neben der Erhöhung der Leistung und der Erhöhung der allgemeinen Arbeitszufriedenheit vor allem in der Verbesserung der Vorgesetzten-Mitarbeiter-Beziehung durch:

- Förderung eines allgemeinen Dialogs zwischen Vorgesetztem und Mitarbeiter,
- Klärung gegenseitiger Rollenerwartungen,
- Rückmeldung für den Vorgesetzten über das wahrgenommene Führungsverhalten,
- Rückmeldung für den Vorgesetzten über die Wirkung von ihm praktizierter Änderungen im Führungsverhalten,
- Förderung der Persönlichkeitsentwicklung des Vorgesetzten,
- Förderung der Partizipationsmöglichkeiten der Mitarbeiter,
- Förderung der Team- und Organisationsentwicklung,
- Abgleich der in Führungsgrundsätzen normierten Soll-Anforderungen mit dem Ist-Zustand auf Abteilungs-/Bereichs- oder Organisationsebene,
- Erstellung einer Führungs(stil)übersicht auf gesamtorganisatorischer Ebene (Informationssammlung),
- Orientierungshilfe für das eigene Handeln,
- Ermittlung des individuellen und gesamtorganisatorischen Entwicklungsbedarfs (Planungsgrundlage),
- Controlling vorgenommener Weiterbildungsmaßnahmen, sowie durch
- Vorgabe einer Entscheidungshilfe für vorgesetztenbezogene Personalentscheide.

Einige der aufgeführten Ziele hängen jedoch von der konkreten Ausgestaltung des Instruments ab. Entscheidend ist vor allem, inwieweit die Ergebnisse einer Vorgesetztenbeurteilung nur der persönlichen Information des Vorgesetzten dienen oder ebenfalls der Personalabteilung als Informationsgrundlage zur Verfügung gestellt werden. Um das gesamte Potenzial einer Vorgesetztenbeurteilung zu verdeutlichen, wurde hier einmal die volle Anwendungsmöglichkeit demonstriert. Der Einfachheit halber gehen wir aber ansonsten von der praxisüblichen Form der Vorgesetztenbeurteilung aus, die nur der persönlichen Information des Vorgesetzten und dem Dialog zwischen ihm und seinen Mitarbeitern dient. Aber diese Form reicht schon aus, um direkt gestaltend auf das Führungsverhalten und direkt auf die Führungsbeziehung einwirken zu können.

Die Vorgesetztenbeurteilung wird zumeist mit Hilfe eines Fragebogens durchgeführt. Andere Verfahren werden in der Literatur nur gelegentlich aufgegriffen. So berichtet *Grabner* (1985, zit. nach *Kiefer* 1995, S. 661) von einem Interviewverfahren bei einem Energieversorger, in dem 15 Interviewer die Mitarbeiter hinsichtlich ihres Verhältnisses zum Vorgesetzten, seines Führungsstils sowie ihrer Mitsprachemöglichkeiten am Arbeitsplatz befragten. Dieses Vorgehen stellt hohe Anforderungen an die Vorbereitung, Durchführung und Nachbereitung und ist beim Einsatz externer Interviewer i. d. R. kostenintensiv. Vorteile resultieren aus dem höheren Verbindlichkeitsgrad für die Mitarbeiter sowie in der Gewinnung von zusätzlichen Erkenntnissen, die durch eine professionelle Interviewtechnik erzielt werden können.

Generell hat es sich nach herrschender Meinung bewährt, eine Vorgesetztenbeurteilung anonym in Fragebogenform durchzuführen. Dies gilt ausdrücklich für die erste Anwendung. Eine namensgebundene Beurteilung ist im weiteren Verlauf bestenfalls in einer bereits dialogfreundlichen, offenen Organisationskultur sinnvoll. Es bedarf hier aber auch der Definition eindeutiger Kriterien, um nicht **Selbsttäuschungen** zu unterliegen. Der technische Vorteil einer namensgebundenen Beurteilung liegt darin, dass gezielte Rückfragen möglich sind. Darüber hinaus wird die angestrebte offene Kommunikation ausdrücklich sichtbar. Die Anwendung erfolgt regelmäßig und sollte sich am Rhythmus der Mitarbeiterbeurteilung – allerdings zeitlich getrennt (z. B. erste Jahreshälfte die Mitarbeiterbeurteilung, zweite

Jahreshälfte Vorgesetztenbeurteilung) – anlehnen. Die Ergebnisse werden in der Minimalvariante vom Vorgesetzten nur den Mitarbeitern rückgemeldet, normalerweise aber kommentiert und diskutiert, ggf. auch unter Einbeziehung eines Moderators.

Eine Vorgesetztenbeurteilung ist aus nachvollziehbaren Gründen immer dann Erfolg versprechend, wenn sie von Vorgesetzten und Mitarbeitern gleichermaßen als nützlich eingestuft wird. Wenn dies zutrifft, sind alle anderen Bedingungen zweitrangig. Deshalb kann eine Vorgesetztenbeurteilung auch ohne offizielle Unterstützung oder Vorgabe (d. h. wenn sie von der Personalabteilung/Personalverwaltung bislang nicht beabsichtigt ist) eingesetzt werden. Jeder Vorgesetzte wäre dann für eine Optimierung seiner Führung selbst verantwortlich. Deshalb sollte er mit seinen Mitarbeitern die Zielsetzung des Instruments diskutieren und sie – falls überhaupt nötig – zur freiwilligen Mitarbeit motivieren. In dem Fall eines von der Personalabteilung unabhängigen Einsatzes ist jedoch besser, von einem **Vorgesetzten-Feedback** zu sprechen. Im Vordergrund stehen die persönliche Rückmeldung und die Initiierung eines Dialogs. Dabei empfiehlt es sich, gemeinsam mit den Mitarbeitern die relevanten, später einzuschätzenden Merkmale/Verhaltensweisen des Vorgesetzten zu entwickeln. Dass all dies einfacher gelingt, wenn bereits ein gutes Klima respektive eine gegenseitige Achtung zwischen Vorgesetztem und Mitarbeiter besteht, und beide Seiten über soziale Kompetenz und entsprechende Reifegrade verfügen, ist offensichtlich. Diese stellen (im Gegensatz zu einer Vorgesetztenbeurteilung im Gruppengespräch) jedoch keine notwendige Vorbedingung für das Vorgesetzten-Feedback dar.

Die Vorgesetztenbeurteilung ist nicht nur eine wichtige Hilfestellung, um das Führungsverhalten zu optimieren, sondern ihre Anwendung stellt auch ein Symbol für eine vergleichsweise hohe persönliche und organisationale Reife im zwischenmenschlichen Umgang dar. Sie ist – durchgeführt in anonymisierter Form – die einzige Chance für die Geführten, dem Vorgesetzten ein systematisches, **offenes Feedback** ohne unmittelbare Sanktionsgefahr zu geben.

Mitarbeiter- und Vorgesetztenbeurteilungen mit dem 360-Grad-Feedback

Soll einer Führungskraft ein ganzheitliches Feedback über ihre Persönlichkeitsmerkmale, Führungsqualitäten, Verhaltensweisen und Arbeitsergebnisse ermöglicht werden, so bietet sich das schon bei der Mitarbeiterbeurteilung kurz angesprochene Instrument des 360-Grad-Feedbacks an (vgl. *Neuberger* 2000). 360-Grad-Feedbacks sind in der Praxis u. a. auch als „Rundumbeurteilung", „Full Circle Appraisal" oder auch „Multiperspective Rating" bekannt.

Kerngedanke bei dieser Beurteilungsmaßnahme ist, durch Einbezug eines größeren Personenkreises in den Beurteilungsprozess, eine verlässlichere Urteilsbasis zu erlangen. Als Beurteiler kommen dabei Personen aus der Gruppe der Vorgesetzten, Mitarbeiter, Kollegen aber auch Außenstehende wie Kunden und Lieferanten zum Einsatz (vgl. *Domsch/Gerpott* 2004, S. 1435). Prinzipiell geht es darum, verlässliche Informationen über das bisherige Verhalten und die bisherigen Leistungen von Führenden, Mitarbeitern oder Gruppen zu erlangen und darauf basierend individuelle oder gruppenspezifische Personalentwicklungsmaßnahmen aufzubauen. Ergebnis dieser, meist von externen Beratern auf Basis quantitativer Multi-Item-Fragebögen durchgeführten anonymen und schriftlichen 360-Grad-Befragungen, sind numerische und deskriptive Einschätzungen von den unterschiedlichen befragten Personengruppen über den Führer (vgl. *Fallgatter/Stelzer* 2008, S. 283).

Aufgrund des großen Beurteilerkreises verlangt die 360-Grad-Beurteilung eine sehr sorgfältige Durchführung. Insbesondere der benötigte Rückhalt der Organisationsleitung sowie eine eingehende Auswahl der Beurteiler sind hervorzuheben. Die Beurteiler sind gründlich im Vorlauf des Beurteilungsprozesses zu schulen, um eine Kumulation an möglichen Beurteilungsfehlern zu vermeiden. Zu beachten ist auch, die Beurteilungskriterien auf die jeweilige Beurteilergruppe anzupassen, da jede Gruppe in einer ganz eigenen Beziehung zu den Beurteilenden stehen sollte und daher immer nur einen Ausschnitt aus deren Verhaltensbereich einschätzen kann. So sollte die Kundenorientierung, ohne Zweifel ein wichtiges Kriterium für die Beurteilung einer Person für die Vertriebsabteilung, besser von dortigen Mitarbeitern oder gar von Kunden selbst eingeschätzt werden, als von Personen, die die Kunden und die Produktpalette gar nicht kennen, vielleicht nie Außendiensterfahrung gehabt haben.

Ursprünglich ist die 360-Grad-Beurteilung als ein reines Entwicklungsinstrument konzipiert worden, das führungspolitische Funktionen übernimmt und somit die Tätigkeit des „Führens" in den Mittelpunkt stellt. In der Praxis werden die durch die 360-Grad-Beurteilung gesammelten Daten allerdings häufig gleichzeitig auch zur Leistungsbeurteilung (vgl. zum Begriff *Becker* 2009) von Mitarbeitern oder Führenden eingesetzt, auf deren Basis dann mitarbeiterbezogene Entscheidungen wie Karriereplanung oder Lohnzahlungen aufgebaut werden.

Eine Vermischung von führungspolitischen Funktionen und personalpolitischen Funktionen ist die Folge, die durchaus als problematisch beurteilt werden kann. So können dadurch etwa Rollenkonflikte bei den Beurteilern entstehen, da diese zwar durch ihre bereitgestellten Informationen zu Problemlösungen beitragen, gleichzeitig aber damit auch die Leistung eines Führenden beurteilen (vgl. *Fallgatter/Stelzer* 2008, S. 285). Mögliche **Vor- und Nachteile von 360-Grad-Beurteilungen** sind in der folgenden Tabelle D.8 einmal dargestellt.

Zu berücksichtigen ist, dass das Resultat einer derartigen Kumulation subjektiver Beurteilungen aus verschiedenen Bezugsgruppen, wie sie das 360-Grad-Feedback ermöglicht, keinesfalls ein objektives Gesamturteil darstellt. Dies schon alleine deshalb nicht, da ein lediglich aus der Addition mehrerer Einzelurteile gebildetes Gesamturteil lediglich einen statistischen Durchschnittswert darstellt, der zu spezifischen Vorgaben passen kann oder auch nicht. Bereichsverzerrungen werden nicht automatisch nivelliert; sie können sich auch addieren. Ein besonderer Vorteil eines solch umfassenden Beurteilungsprozesses wird vielmehr darin gesehen, dass der Beurteilte eine genaue Erkenntnis darüber erlangt, wie er von verschiedenen Bezugsgruppen wahrgenommen wird (vgl. *Nerdinger* 2009, S. 200).

4.3 Zielvereinbarungen (Management by Objectives)

Mit der Zielvereinbarung, die in der Tradition der Human-Ressourcen-Modelle steht, wurde Mitte der 50er-Jahre ein Instrument entwickelt, das den Versuch unternimmt, Aufgaben- und Mitarbeiterorientierung integrativ zu verstehen (vgl. grundlegend *Odiorne* 1965; *Drucker* 1954; zusammenfassend *Carroll/Tosi* 1973). Unternehmerisches Wachstum soll mit dem Leistungswillen und dem postulierten Streben nach **Selbstentfaltung** verbunden werden (vgl. auch *Humble* 1972, S. 7). Betriebliche und persönliche Ziele werden daher nicht als grundsätzlich konfliktär betrachtet. Vielmehr wird die Möglichkeit gesehen, diese gemeinsam zu optimieren. Ziele sind nichts anderes als zukünftige Zustände, die Verhaltens- oder Leistungsgrößen annehmen sollen. Sie werden unmittelbar aus dem Arbeitskontext abgeleitet.

Das Instrument der Zielvereinbarung in Abkehr einer vorherigen Verfahrensorientierung findet vor allem im Führungsmodell des **Management by Objectives** (MbO) in seiner neueren Entwicklung seinen Niederschlag (ursprünglich *Peter Ferdinand Drucker* 1956 in seinem Bestseller *„Die Praxis des Managements"*; vgl. auch *Wunderer* 2011, S. 230 ff.; *Gebert* 1995). *Drucker* ging in den Anfängen des Führungsmodells noch von einer autoritären Zielvorgabe seitens der Führungskraft aus. Erst in den 1990er Jahren stieg die Bedeutung der Partizipation in diesem Prozess, mündend in einer gemeinsamen Vereinbarung von Zielen (vgl. hierzu etwa *Bungard/Kohnke* 2000, S. 18 f.). Als **Grundprinzipien** der heutigen Konzeption von MbO gelten daneben regelmäßige Zielüberprüfung und -anpassung sowie Kontrolle und Beurteilung der Managementleistung anhand von Soll-/Ist-Vergleichen (vgl. *Wunderer* 2011, S. 231).

Definition von Zielvereinbarungen

Was ist konkret unter Zielvereinbarungen zu verstehen? Hierfür ist es zentral, auf den Begriff des Ziels abzustellen. Nach *Comelli* und *von Rosenstiel* (2009) lassen sich Ziele „[...] als in der Zukunft liegende Soll-Größen interpretieren, in die ein gegenwärtiges Ist durch angemessenes Handeln zu überführen ist" (S. 87). *Kleinbeck* (2006) beschreibt Ziele als „Vorwegnahmen von Handlungsfolgen" (S. 256), die sich in zukünftigen Handlungsresultaten zeigen sollen. *Kolb* (2001) geht in seinen Ausführungen davon aus, dass ein Ziel einen konkreten spezifischen Zustand beschreibt, der für die Zukunft angestrebt wird. Bei der Festlegung von Zielen geht es also darum, dass

mögliche Vorteile	mögliche Nachteile
• umfassender Überblick über Leistungen und Verhaltensweisen von Mitarbeitern oder Gruppen • größere Verlässlichkeit der Beurteilungen durch eine größere Beurteilergruppe • Verbesserung der Kundenorientierung • Initiierung von Qualitätsverbesserungsprozessen	• hoher Zeitaufwand in der Durchführung und Auswertung der Beurteilungen • Möglichkeit der Anhäufung von Beurteilungsfehlern • ständige Beobachtung der zu Beurteilenden, die in Bewusstsein dessen ihr Verhalten so ausrichten, dass es nach ihrer Meinung positiv auf die Beurteiler wirkt • Anpassung des Verhaltens an die Erwartungen der einzelnen Beurteiler und keine Entwicklung eines eigenen Profils

Tab. D.8: Vor- und Nachteile eines 360-Grad-Feedbacks

ein existierender Ist-Zustand mit einem angestrebten Soll-Zustand in Zusammenhang gesetzt und dadurch die Gegenwart mit der Zukunft verknüpft wird. Wird auf die Zielentstehung abgestellt, so können **persönliche Ziele** („personal goals") von **vereinbarten** („participatively set goals") oder **zugewiesenen Zielen** („assigned goals") abgegrenzt werden (vgl. *Locke/Latham* 1990, S. 7f., S. 154ff.). Im Rahmen einer Betrachtung von Zielvereinbarungen stehen entsprechend die vereinbarten Ziele im Fokus, die partizipativ zwischen Führungskraft und dem jeweiligen Geführten festgelegt werden. Zu bedenken ist, dass somit auch persönliche Ziele zu vereinbaren werden können. Konkret kann damit unter einer **Zielvereinbarung** die planerische (gemeinschaftliche) Festlegung der von Mitarbeitern zu erreichenden Arbeitsziele innerhalb eines vorgegebenen bestimmten Zeitraums verstanden werden.

Konkretisierung von Zielvereinbarungen als Führungsinstrument

Zielvereinbarungen ordnen wir den sekundär aktiven Führungsinstrumenten zu. So bewegt sich eine Führungskraft bei der Vereinbarung von Zielen mit ihren Geführten häufig im Rahmen des organisationsweit implementierten MbO-Modells. Die Vereinbarung von Zielen erfolgt zudem im Rahmen des formalisierten Mitarbeitergesprächs. Gestaltungsmöglichkeiten von Führungsbeziehungen durch Zielvereinbarungen werden deutlich, wenn genauer auf die **Funktionen** von Zielvereinbarungen abgestellt wird. Diese liegen vor allem in der

- verbesserten **Orientierung** des Mitarbeiters über das, was er in der nächsten Periode fachlich wie persönlich erreichen sollte,
- erhöhten **Leistung**, die aufgrund der präzisen Kenntnis des Anzustrebenden erwartet wird,
- erhöhten **Motivation** des Mitarbeiters, die sich durch die Mitbeteiligung an der Zielfestlegung und der damit gestiegenen Chance zur Identifikation ergibt, wobei gleichzeitig Belohnungskriterien definiert werden, sowie
- der **Chance zur strategischen Verzahnung** der Ausrichtung aller Organisationsebenen.

Vor dem Mitarbeitergespräch formulieren Führungskraft und Mitarbeiter in Kenntnis des Organisationsplans der nächsten Periode separat ihre Zielvorstellungen, die sich auf der fachlichen Ebene mehrheitlich im Rahmen der Vorgaben der nächsthöheren Instanz bewegen müssen. Die persönlichen Entwicklungsziele sind zwar auch im Lichte der Philosophie, Kultur und Strategie der Organisation zu sehen (z. B. beinhaltet die Forderung nach der Erhöhung des Umsatzanteils von Neuprodukten auf 20% des Jahresumsatzes auf der Sachebene eine Entwicklungsmaßnahme in Richtung Ausweitung der Fähigkeiten, Trends zu beobachten oder mit externen Partnern besser kommunizieren zu lernen), doch besteht hier ein vergleichsweise größerer Spielraum, seine Fähigkeiten und Fertigkeiten nach eigener Einschätzung zu verbessern. Führungskraft und Mitarbeiter legen in der kooperativen Variante abschließend gemeinsam fest, welche Ziele erreicht werden sollen. Außerdem werden bestimmte Zwischenergebnisse festgehalten, um den Soll/Ist-Vergleich, der in regelmäßigen Abständen durchgeführt werden sollte, zu erleichtern.

Geben wir ein Beispiel (vgl. Abb. D.27), um die **Konkretisierung von Zielen** aufzuzeigen (vgl. *Richter* 1999, S. 425f. geringfügig verändert und ergänzt): Das strategische Organisationsziel, formuliert im oberen Management, lautet: „Das Unternehmen soll binnen drei Jahren einen neuen Drehmotor auf den Markt bringen, zu 80% der bisherigen Kosten. Der Marktanteil soll in 5 Jahren von jetzt 3% auf dann 8–10% erhöht werden". Hiernach könnte das taktische Unternehmensziel für die Entwicklungs- und Konstruktionsabteilung wie folgt aussehen: „Der neue Motor ist binnen zwei Jahren von Entwicklung/Konstruktion zur Produktionsreife zu entwickeln. Die Fertigung ist von Bereich 1 in 2,5 Jahren mit 500 Stück/Monat in Testserie aufzunehmen und in weiteren 2 Jahren auf 10.000 Stück/Monat hochzufahren". Für einen einzelnen Mitarbeiter in der Entwicklungs- und Konstruktionsabteilung sähe eine Zielsetzung nun wie folgt aus: „Entwicklung eines verbesserten Wärmeableitungsprofils für die Gehäuseoberfläche binnen eines Jahres mit einem Verbesserungswert von 15–20% zum derzeitigen Modell." Für einen anderen: „Erstellung von Planungsunterlagen für eine teilautomatisierte Fertigungsstraße des Motors binnen eines Jahres". Wieder für einen anderen: „Abschluss um 7% günstigerer Verträge für Gehäusekästen bis Ende des Jahres auf Basis des Durchschnitts des letzten Jahres".

Bei der Zielformulierung ist unbedingt darauf zu achten, dass nicht zu viele Ziele formuliert werden. Ansonsten tritt automatisch das **Problem der Priorisierung** in gesteigertem Umfang auf. Dies bedeutet, dass für den Mitarbeiter unklar sein könnte, welches Ziel er im Zweifelsfall vorrangig gegenüber einem anderen verfolgen soll. Ferner sind zu viele Ziele nicht mit gleicher Konzentration zu bearbeiten. In der Praxis bietet sich eine Beschränkung auf 3–7 herausfordernde, aber noch realistische Ziele an (vgl. auch *Lattmann* 1982, S. 229).

Diese können durchaus eine Mischung aus mehreren Bereichen enthalten, z. B. aus folgenden **Zielarten** (vgl. auch *Richter* 1999, S. 426 f.):

- **Wirtschaftlichkeitsziele**: z. B. Senkung des Rohstoffs X bei gleichem Output um 1 %,
- **Mengenziele**: z. B. Erhöhung des Umsatzes in Europa um 4 %,
- **Innovationsziele**: z. B. Entwicklung zweier unterschiedlicher Duftlinien für Kaufhäuser,
- **persönliche Entwicklungsziele**: z. B. Moderatorausbildung mit der Metaplanmethode.

Die Führungskraft hat darauf zu achten, dass dem Mitarbeiter die zur Zielerreichung notwendigen **Ressourcen** zur Verfügung stehen. Diese sind nach Möglichkeit bereits in der Zielvereinbarung zu veranschlagen. Auch liegt eine wichtige Leistung in der Würdigung der Zielschwierigkeit im Vergleich zu denen von Kollegen der gleichen Rangstufe (vgl. *Lattmann* 1982, S. 232 f.).

Strategisches Organisationsziel

- Binnen 3 Jahren einen neuen Drehmotor auf den Markt bringen
- zu 80% der bisherigen Kosten
- Erhöhung des Marktanteils von 3% auf 8-10% in 5 Jahren

Taktisches Unternehmensziel

- Neuer Motor binnen 2 Jahren
- Fertigung in 2,5 Jahren mit 500 Stk./Monat
- in weiteren 2 Jahren 10.000 Stk./Monat

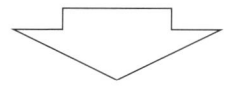

Gemeinsam formulierte operative Zielsetzung

- Verbesserungswert von 15-20% binnen eines Jahres
- Erstellung von Planungsunterlagen binnen eines Jahres
- Abschluss um 7% günstigere Verträge bis Ende des Jahres auf Basis des Durchschnitts des letzten Jahres

Abb. D.27: Zielkonkretisierung im MbO-Prozess (vgl. *Richter* 1999, S. 425 f.)

Bei der Bewertung, insbesondere mit Blick auf die Weiterverwendung, muss analysiert werden, ob die zur Bewertung stehenden Ziele als „objektiv" schwierig oder leicht einzustufen sind. Ein Mitarbeiter kann beispielsweise ein für ihn herausforderndes Ziel hervorragend erfüllen, doch könnte dieses Ziel im Vergleich zum Abteilungsstandard als recht einfach eingestuft werden. Gerechtigkeitsüberlegungen verlangen, eine Leistung auch im Kontext des üblicherweise zu Erwartenden zu sehen und deswegen Schwierigkeitsmaße (z. B. A–D) zu definieren. Dies beugt umgekehrt auch einer zu weichen Zielformulierung aus Mitarbeitersicht vor (siehe in diesem Zusammenhang auch die Beiträge zur Informationsökonomie in *Milgrom/Roberts* 1992). Ein Praxisbeispiel (vgl. Tab. D.9):

Im Rahmen eines Zielvereinbarungsgesprächs zwischen einer Führungskraft (im vorliegenden Fall: Herrn Müller) und einem Mitarbeiter (hier: Herrn Meier) werden zunächst die Leistungs- und Entwicklungsziele des Mitarbeiters inklusive von Bedingungen gemeinsam formuliert sowie die Zeitspanne für die Zielerreichung festgelegt. Zudem werden die Ziele anhand von Gewichten priorisiert und dem Mitarbeiter aufgezeigt, durch welche Kriterien bzw. Kontrollinformationen die Leistung abschließend vom Führenden bewertet wird.

Nach Ablauf der gesetzten Zeitspanne für die Zielerreichung erfolgt die Leistungsbewertung von Herrn Meier durch die Führungskraft Herrn Müller. Neben der Erreichung der vereinbarten Leistungs- und Entwicklungsziele wird auch der Aufgabenrest (z. B. administrative Aufgaben) in die Bewertung miteinbezogen. Dabei wird zunächst das Ausmaß der Erfüllung jedes Ziels vom Führenden unter Rückgriff auf die Kontrollinformationen bestimmt (individuelles Kriterium):

- bei weitem übertroffen worden (++),
- übertroffen (+),
- genau erfüllt (=),
- unterschritten (-),
- tief unterschritten (–).

Darüber hinaus wird das Schwierigkeitsmaß des jeweiligen Ziels als objektives Kriterium vom Führenden herangezogen. Hier wird betrachtet, wie die Leistungserbringung hätte eingestuft werden müssen, wenn das Ziel genau erfüllt (=) worden wäre. Im vorliegenden Beispiel werden die nachfolgenden Schwierigkeitsmaße verwendet:

- A = übertrifft die Erwartungen bei weitem,
- B = übertrifft die Erwartungen,

Kapitel D — Gestaltung von Führungsbeziehungen

Leistungs- und Entwicklungsziele von Herrn Alfred Meier, Sektionsleiter Technischer Dienst, Basel			
Rang Endergebnis	Bedingungen	Zeitspanne und Gewicht	Kontrollinformationen
A. Leistungsziele			
1. Erzielung einer vollen Kostendeckung für die Sektion	Aufrechterhaltung des bisherigen Qualitätsstandes	31.3.2015 (30 %)	Jahresabrechnung
2. Einführung vorbeugender Anlagewartung bei 50 % der Kunden	Normales Budget	31.3.2015 (15 %)	Service-Verträge
3. Ausbildung aller Servicetechniker der Sektion für die Wartung der Anlage CB 485 mit dem Ziel, auftretende Betriebsstörungen innerhalb von 6 Stunden nach Ankunft beim Kunden zu beheben	2 Kurse zu je 5 Tagen, durchgeführt von der Direktion Technischer Dienst	30.6.2014 (10 %)	Abschlussprüfung bei Kursende, durchgeführt vom Spezialisten für Anlage CB 485 des Hauptsitzes
4. Vorbereitung der Vorführung der Anlage CB 485 am 15.9.2014 und technische Unterstützung des Verkaufsleiters Geschäftsstelle Basel bei dessen Durchführung	Normales Budget	Vorbereitung abgeschlossen am 5.9.2014, Vorführung am 15.9.2014 (10 %)	Ausstellungsbericht des Verkaufsleiters Basel
Persönliche Entwicklungsziele			
5. Beherrschung der nicht direktiven Gesprächsführung	Innerbetrieblicher Kurs vom 2.–3. Mai 2014	3.5.2014 *Unterschriften:* Vorgesetzter: Bernhard Müller Mitarbeiter: Alfred Meier Basel, den 26. März 2014	Rollenspiel an der Arbeitstagung der Geschäftsstelle

Leistungsbewertung von Herrn Alfred Meier, Sektionsleiter Technischer Dienst, Basel								
Rang	Leistungsziel/Aufgabenrest	Gewicht	Ergebnis	Schwierigkeit	Bewertung				
					A 5	B 4	C 3	D 2	E 1
A. Leistungsziele								
1	Kostendeckung der Sektion	30 %	+	B	30				
2	Vorbeugende Anlagewartung bei 50 % der Kunden	15 %	–	C				15	
3	Schulung der Servicetechniker auf CB 485	10 %	+	C			10		

III. Gestaltung durch Führungsinstrumente — Kapitel D

Leistungsbewertung von Herrn Alfred Meier, Sektionsleiter Technischer Dienst, Basel									
Rang	Leistungsziel/Aufgabenrest	Gewicht	Ergebnis	Schwierigkeit	Bewertung				
					A 5	B 4	C 3	D 2	E 1
4	Vorbereitung der Vorführung Anlage CB 485	10 %	++	C	10				
	Aufgabenrest	35 %	+	C		35			
				Punktwerte	40 200	45 180	– –	15 30	–
				Gesamtwert	410 Punkte				
				Durchschnitt	4,1				
				Gesamtbewertung	B				
B. Persönliche Entwicklungsziele										
5.	Nicht direktive Gesprächsführung		=						
			Unterschriften: Vorgesetzter: Bernhard Müller Mitarbeiter: Alfred Meier Basel, den 4. April 2015							

Tab. D.9: Beispiele für vereinbarte Ziele und ihre Kontrolle (vgl. *Lattmann* 1982, S. 231 ff.; modifiziert)

- C = erfüllt die Erwartungen,
- D = bleibt hinter den Erwartungen zurück,
- E = bleibt weit hinter den Erwartungen zurück.

Abschließend bewertet dann die Führungskraft die tatsächlich erbrachte Leistung. Ausgehend vom Schwierigkeitsmaß des Ziels erfolgt eine Verschiebung in Richtung (A), wenn das Ziel überschritten wurde. Wird das Ziel dagegen unterschritten, erfolgt eine Verschiebung in Richtung (E). Schauen wir uns exemplarisch das Ziel „Erzielung einer vollen Kostendeckung für die Sektion" von Herrn Müller einmal an. Das Ziel besitzt ein Gewicht von 30 % und hat ein objektives Schwierigkeitsmaß B, wenn das Ziel genau erreicht wird. Nun übertrifft Herr Müller allerdings die Erwartungen (+), weshalb sich seine Leistungsbewertung von B auf A verschiebt. Deshalb geht dieses Ziel mit einem Wert von 150 (30 Punkte für das Gewicht und 5 Punkte für A) in den Gesamtwert (hier: 410 Punkte) ein. Nach diesem Vorgehen wird jedes Ziel bewertet. Deutlich wird anhand der Tabelle D.9, dass Herr Meier eine Gesamtbewertung von B erreicht hat. Diese Information kann dann vom Führenden als Grundlage für die weitere Gestaltung der Führungsbeziehung genutzt werden. Häufig wird in Unternehmen die Zielerreichung an einen individuellen Bonus gekoppelt (vgl. hierzu ☞ D. III. 4.5).

Kritische Würdigung von Zielvereinbarungen

Das MbO ist eine ernst zu nehmende Form der inzwischen hinreichend bekannten **Management-by-Konzepte**. Wie alle anderen derartigen Konzepte (z. B. „Management by Results", „Management by Motivation" etc.) reduziert es zwar die Ausrichtung des Management- bzw. Führungs-Handelns auch auf eine einzige bestimmte Größe, doch integriert es implizit viele der anderen Konzepte (z. B. „Management by Delegation"). Vor allem erweckt es nicht den Anschein, als universeller Problemlöser zu fungieren. Es verzahnt die Unternehmensführung mit der Personalführung und erweist sich bei richtiger Anwendung als praktikabel. Eine grundsätzliche Zielausrichtung von Entscheidungssystemen verbindet organisatorische Modelle (z. B. dezentral operierende Profit-Center) mit delegativen Führungsformen. Dies hat positive Auswirkungen auf die Leistungsfähigkeit der Organisation (vgl. *Sauerwald* 2007).

Zielvereinbarungen stellen eine gute Möglichkeit dar, jeden Mitarbeiter nach seinen persönlichen Fähigkeiten optimal einzusetzen. Dadurch, dass persönliche und betriebliche Ziele sinnvoll miteinander verknüpft werden, kann das Instrument zum beiderseitigen Nutzen verwendet werden. Es hat das Potenzial, negativen Entwicklungen, wie z. B. der inneren Kündigung, in einem gewissen Ausmaß entgegenzuwirken. Außerdem gewährleistet der regelmäßige Soll/Ist-Vergleich, dass keine allzu schwerwiegenden Fehlentwicklungen entstehen können.

Allerdings stellen Zielvereinbarungen für alle beteiligten Ebenen, also auch für die Organisationsleitung, eine Herausforderung dar. Bei ihrem Einsatz ist Vorsicht geboten. Wie gesagt: Nur bei richtiger Anwendung sind Zielvereinbarungen praktikabel. So müssen Ziele klar und (weitestgehend) widerspruchsfrei formuliert werden, da sonst die Orientierung an diesen Zielen erschwert wird. Andernfalls besteht die Gefahr, dass Fehlinterpretationen gemacht werden und so die Anlehnung an die Unternehmensziele auf den nachfolgenden Ebenen nicht mehr gewährleistet werden kann. Es gilt ein optimales Verhältnis zwischen einerseits herausfordernden und motivierenden, andererseits realistischen und erreichbaren Zielen zu finden. Andernfalls sind Frustration und Lethargie vorprogrammiert. Schwierig gestaltet sich auch die zeitliche Terminierung, da das Erreichen eines Ziels vielfach von anderen Personen oder Ereignissen abhängig ist (Koordinierungsbedarf). Außerdem ist es von Bedeutung, dass der einzelne Erfolg/Misserfolg dem einzelnen Mitarbeiter zugerechnet werden kann. Nur so kann einwandfrei erhoben werden, wo z. B. eine besondere Fähigkeit oder eine Schwachstelle mit Gegensteuerungsbedarf vorliegt. Eine hohe Flexibilität und ein hohes Verantwortungsbewusstsein sind auf beiden Seiten notwendig, um situationale Anpassungen rechtzeitig vorzunehmen. *Kleinbeck* (2004b) unterscheidet in diesem Zusammenhang zwischen den Merkmalen **Zielhöhe**(-schwierigkeit) und **Zielspezifität** (im Vergleich zu Vagheit). Er zeigt, dass höhere und spezifischere Ziele stärker auf die Leistung der Mitarbeiter wirken als niedrige und vage Ziele. Allerdings muss dabei beachtet werden, dass hohe Ziele auch das Risiko für Misserfolge fördern.

Darüber hinaus ist zu beachten, dass nicht die gesamte Tätigkeit des Mitarbeiters durch Leistungsziele festgelegt wird, da hierdurch **Verhaltensziele** vernachlässigt und **Kreativitätspotenziale** stark eingeengt werden könnten. Dies insbesondere dann, wenn Zielvereinbarungen direkt an das Gehaltsystem gekoppelt sind und primär einer **Erfolgsbewertung** dienen. Mitarbeiter konzentrieren sich dann eventuell aus Angst vor finanziellen Nachteilen häufig lediglich auf die vereinbarten Ziele und lassen dadurch andere wichtige Dinge unberücksichtigt. Zielvereinbarungen sollten, so eine vermittelnde Position (vgl. *Sprenger* 2014, S. 286), daher nicht primär einer Erfolgsbewertung dienen, sondern vielmehr zur Bündelung von Energien und zur **Leistungsentstehung** eingesetzt werden. Wird ein Ziel verfehlt, so kann eine Führungskraft hieraus wichtige Informationen gewinnen, die sie wiederum zur Gestaltung ihrer Führungsbeziehungen nutzen kann (für das eigene Führungsverhalten, für die individuelle Förderung). Eine Zielverfehlung – und da wird man *Reinhard Sprenger* (2014) zustimmen – gibt der Führungskraft Anlass, auch sich selbst zu hinterfragen. Als zentraler Teil des Leistungserstellungsprozesses ist sie, ob sie will oder nicht, letztlich für diese Verfehlung möglicherweise mitverantwortlich bzw. wird von außen dafür ohne viel Federlesen mitverantwortlich gemacht.

4.4 Führungsgrundsätze

Führungsgrundsätze bzw. eng verwandte, jedoch nicht immer eindeutig voneinander abgrenzbare Begriffe wie Leitsätze für Führung und Zusammenarbeit, Leitlinien zur Führung, Führungsprinzipien oder Führungsrichtlinien, wurden seit Ende der 1960er Jahre zunehmend diskutiert. Ihren Höhepunkt hatten sie während der 1980er und 1990er Jahre (vgl. *Jancsary* 2013, S. 29 f.), aber auch noch heute sind Führungsgrundsätze Standardrepertoire bei Führungsinstrumenten. Das Wissen um die Bedeutung von Grundsätzen zur Herausbildung von Charakter und Steuerung des Verhaltens ist jedoch schon altbekannt und findet sich in allen Weisheitstraditionen der Menschheit. Aber auch in dem, was uns seit früher Kindheit mit auf den Weg gegeben wird, den **Märchen**, sind Grundsätze beliebt. *Wunderer* (2010) hat dies eindrucksvoll aus dem Blickwinkel der unternehmerischen Führung herausgearbeitet.

Der Anlass für die dann expansive Ausbreitung der Führungsgrundsätze liegt in den Auswirkungen der veränderten gesellschaftlichen Situation auf die Personalführung, die zu einem Wertepluralismus führt. Führungsgrundsätze können so Unsicherheit reduzieren und Begründungen für das richtige Handeln geben. Allerdings haben Organisationen Führungsgrundsätze schon weit vor dem „Boom" in den 1980er und 1990er Jahren genutzt. Das „Generalregulativ" der Firma Krupp aus dem Jahre 1872 stellt für erwerbswirtschaftliche Organisationen einen ersten Meilenstein in dieser Hinsicht dar:

"Anregungen und Vorschläge zu Verbesserungen sind aus allen Kreisen der Mitarbeiter dankbar entgegenzunehmen. [...] Eine Abweisung der gemachten Vorschläge ohne eine vorangegangene Prüfung soll nicht stattfinden. Wohingegen dann auch nicht erwartet werden muss, dass eine erfolgte Ablehnung dem Betreffenden genüge und ihm keineswegs Grund zur Empfindlichkeit und Beschwerde gebe" (*Friedrich Krupp*, Generalregulativ, S. 13; zit. nach *Wunderer* 2011, S. 384).

Definition von Führungsgrundsätzen

In der Literatur existiert eine Vielzahl von Definitionsversuchen dazu, was unter Führungsgrundsätzen genau zu verstehen ist (vgl. *Jancsary* 2013, S. 19 ff.). Ursächlich hierfür ist die Tatsache, dass eine klare wissenschaftlich fundierte Basis, auf die Führungsgrundsätze aufbauen, nicht vorhanden ist (vgl. *Kossbiel* 1983, S. 20). Daher werden sie auch als **theorielos** bezeichnet (vgl. *Jancsary* 2013, S. 245). Entsprechend lassen sich zu dem Themenfeld auch viele Praktikerbeiträge finden, empirische Untersuchungen beschränken sich meist auf inhaltsanalytische Designs, Verbreitungsstudien sowie auf die Erhebung subjektiver Wirkungseinschätzungen unter Führungskräften. Eine in der Wissenschaft häufig zitierte und aktuellere Definition stammt von *Wunderer* (2011):

"Führungsgrundsätze beschreiben und/oder normieren die Führungsbeziehungen zwischen Vorgesetzten und Mitarbeitern im Rahmen einer ziel- und werteorientierten Führungskonzeption zur Förderung eines erwünschten organisations- und mitgliedergerechten Sozial- und Leistungsverhaltens. Sie können in schriftlicher Form (explizit) verbindlich fixiert werden oder als ungeschriebene Normen zur Verhaltensorientierung in den Führungsbeziehungen dienen" (S. 385).

Werte, Ziele, aber auch die damit verbundenen Instrumente, Programme und Aufgaben der Führung bilden daher elementare Bestandteile von Führungsgrundsätzen. Im Folgenden wollen wir uns auf die schriftlich fixierten Führungsgrundsätze fokussieren.

Konkretisierung von Führungsgrundsätzen als Führungsinstrument

Warum Führungsgrundsätze als Führungsinstrumente bezeichnet werden können wird deutlich, wenn man sich genauer mit den **Funktionen** von Führungsgrundsätzen auseinandersetzt. Eine wesentliche Funktion von Führungsgrundsätzen besteht in der **Organisationssteuerung** (Information und Orientierung, Motivation und Appell, Aktivierung und Legitimation, Beurteilung und Sanktion). Als sekundär aktives Führungsinstrument dienen sie aus der Sicht eines Führenden daher der Verhaltensbeeinflussung von Mitarbeitern, der Beeinflussung des eigenen Verhaltens sowie unmittelbar der Beziehungsgestaltung. Aus der Perspektive eines Führenden sind sie sekundär, da Führungsgrundsätze in einer konkreten Führungssituation bereits schriftlich festgelegt wurden. Der Einsatz von Führungsgrundsätzen erfordert jedoch die Aktivität des Führenden, sei es zum Anpassen und ständigen Überprüfen des Führungsverhaltens im Hinblick auf die Grundsätze im Führungsalltag, sei es etwa aber auch, um Mitarbeitern auf Basis der Grundsätze eine **Legitimierung** des eigenen Führungsverhaltens zu verdeutlichen. Über den Einsatz als Führungsinstrumente hinaus können Führungsgrundsätze auch der Organisationsdarstellung und dem Imageaufbau (Public Relations, Personalwerbung) sowie der Organisationsentwicklung dienen (vgl. *Wunderer* 2011, S. 391).

Inhalte von Führungsgrundsätzen

Generell gilt: Die **Inhalte** von Führungsgrundsätzen sind im Wording und in der Ausführungsbreite vielfältig, weisen aber große Überschneidungen auf. Wer sich einen Einblick verschaffen möchte, hat es leicht. Die in der Praxis vorkommenden Führungsgrundsätze sind heutzutage häufig auf den Internetpräsenzen sowohl privater als auch öffentlicher Organisationen zu finden. Wir haben Beispiele herausgesucht.

> **Beispiel zu Führungsgrundsätzen (1)**
>
> Das Unternehmen *Bosch* hat neun für eine effiziente Führung als relevant zu erachtende Führungsgrundsätze bzw. Leitlinien der Führung auf seiner Homepage veröffentlicht:
>
> 1. **Zielen Sie auf Erfolg**: Ertrag, Wachstum, Qualität, Kunden- und Prozessorientierung – das sind die Größen, an denen sich unsere Ziele ausrichten. Vermitteln Sie Ihren Mitarbeitern laufend die Unternehmensziele und machen Sie deutlich, was jeder Einzelne zu deren Erreichung beitragen kann.
> 2. **Zeigen Sie Initiative**: Entwickeln Sie mit Ihren Mitarbeitern neue Ideen und Strategien, die das Unternehmen voranbringen. Ermutigen Sie Ihre Mitarbeiter zu Veränderungen und Eigeninitiative und unterstützen Sie sie bei der Umsetzung.
> 3. **Zeigen Sie Mut**: Stehen Sie zu Ihren Mitarbeitern. Treffen Sie klare Entscheidungen und setzen Sie diese konsequent um. Seien Sie Vorbild und leben Sie die Bosch-Werte vor.
> 4. **Setzen Sie Ihre Mitarbeiter ins Bild**: Sachinformationen sind eine Selbstverständlichkeit. Aber Ihre Mitarbeiter sollten auch betriebliche Zusammenhänge und Hintergründe kennen – sie sind eine wichtige Voraussetzung für die Identifikation mit dem Unternehmen.

5. Führen Sie über Ziele: Übertragen Sie Aufgaben und Kompetenzen. Vereinbaren Sie klare Ziele und schaffen Sie Freiräume, damit sich Kreativität, Selbstvertrauen und Verantwortungsbewusstsein entwickeln können. So führen Sie Ihre Mitarbeiter zum Erfolg.

6. Geben Sie Feedback: Sehen Sie bei Ihren Mitarbeitern die Stärken und helfen Sie, diese zu nutzen und weiter auszubauen. Schauen Sie genau hin: Loben Sie – aber üben Sie auch faire, konstruktive Kritik. Fehler passieren auf allen Seiten; sprechen Sie diese sofort und offen an.

7. Schenken Sie Vertrauen: Ihre Mitarbeiter sind leistungsfähig und leistungsbereit. Wagen Sie es, mit wenig Kontrolle auszukommen. Ihr Vertrauen wird den unternehmerischen Schwung auslösen, den wir alle wollen.

8. Wechseln Sie die Perspektive: Versetzen Sie sich in die Lage Ihrer Mitarbeiter und betrachten Sie Situationen auch aus deren Perspektive. Wie würden Sie Ihre Entscheidungen aufnehmen – und welche Begründung würden Sie erwarten?

9. Gestalten Sie gemeinsam: Ihre Mitarbeiter denken mit. Beteiligen Sie sie an der Vorbereitung von Entscheidungen und nutzen Sie die Ideen und das Potenzial, das sich Ihnen durch die kulturelle Vielfalt im Unternehmen bietet. Arbeiten Sie mit Ihren Mitarbeitern daran, Schnittstellen in Kontaktstellen und Barrieren in neue Möglichkeiten zu verwandeln.

10. Fördern Sie Ihre Mitarbeiter: Beraten Sie Ihre Mitarbeiter in der beruflichen Entwicklung und begleiten Sie diese systematisch. Unterstützen Sie sie, wenn sie sich an anderer Stelle im Unternehmen weiter entwickeln können oder wollen.

(*Robert Bosch GmbH* 2015)

Bosch spricht eine Vielzahl von Themen an und fokussiert dabei auf Erfolg. Die entsprechenden Verhaltensgebote sollen diesen sichern. Schauen wir uns einmal ein weiteres Beispiel von Führungsgrundsätzen an. Es handelt sich um die Führungsgrundsätze der *Deutschen Flugsicherung*.

Beispiel zu Führungsgrundsätzen (2)

Auch die *Deutsche Flugsicherung* hat auf ihrer Homepage Führungsgrundsätze veröffentlicht:

1. Ziele vereinbaren: Durch die Möglichkeit, Ziele mit den Führungskräften zu vereinbaren, sollen die Mitarbeiter die Chance haben, mit ihren Aufgaben zu wachsen.

2. Entscheidungen treffen: Führungskräfte beteiligen ihre Mitarbeiter am Entscheidungsprozess, indem sie deren Kenntnisse und Erfahrungen einbeziehen.

3. Aufgaben, Verantwortung und Kompetenzen delegieren: Führungskräfte erwarten von den Mitarbeitern, dass sie im Rahmen ihrer Befugnisse selbstständig handeln und entscheiden.

4. Konsequent und zielgerichtet informieren: Einerseits müssen die Führungskräfte ihre Mitarbeiter so umfassend informieren, dass sie in ihrem Bereich selbstständig handeln und sachlich richtig entscheiden können. Andererseits müssen sich aber auch die Mitarbeiter aktiv um die Informationen bemühen, die sie für ihre Aufgaben benötigen.

5. Mitarbeiter beurteilen und fördern: Führungskräfte festigen und fördern das Selbstvertrauen ihrer Mitarbeiter, indem sie ihre Leistungen anerkennen – ihnen aber auch offen mitteilen, wenn die Ergebnisse einmal nicht den Erwartungen entsprechen. Regelmäßige Beratungs- und Förderungsgespräche gehören deshalb zu unserer Feedbackkultur.

6. Kommunikation und Zusammenarbeit: Sowohl von Führungskräften als auch von Mitarbeitern erwarten wir Zivilcourage und die Fähigkeit zur Selbstkritik. Mögliche Konflikte sollen so ausgetragen werden, dass sie keine negativen Auswirkungen auf die Arbeit haben und keine Spannungen innerhalb der Teams verursachen.

(*DFS Deutsche Flugsicherung GmbH* 2016)

Bei genauerer Betrachtung der Führungsgrundsätze der *Deutschen Flugsicherung* lassen sich gemeinsame, aber auch teilweise abweichende Themen im Vergleich zu *Bosch* feststellen. Ähnlichkeiten bestehen insbesondere im Hinblick auf den Aspekt der **Personalentwicklung**, des **Feedbacks**, der **Selbstbestimmung** sowie der **Zielorientierung**. Bei der *Deutschen Flugsicherung* werden Themen wie Vertrauen und gemeinsames Gestalten nicht explizit angesprochen, dagegen wird auf Konfliktmanagement abgestellt. Zudem werden bei der *Deutschen Flugsicherung* auch die Tätigkeiten von Mitarbeitern deutlicher angesprochen („Mitarbeiter müssen sich aktiv um die Informationen bemühen"; „von Mitarbeitern erwarten wir Zivilcourage und die Fähigkeit zur Selbstkritik"). Die beiden Beispiele geben somit einen ersten Hinweis auf Unterschiede und Gemeinsamkeiten. Wollten wir allerdings ein genaueres Bild über den generellen Inhalt von Führungsgrundsätzen erhalten, so müssten wir uns eine Vielzahl weiterer Führungsgrundsätze anschauen. Diese Arbeit hat uns *Jancsary* (2013) abgenommen. Der Autor hat in einer aktuellen empirischen Untersuchung ca. 60 Führungsgrundsätze in Deutschland, Österreich und der Schweiz analysiert und kam dabei zu folgenden wesentlichen Ergebnissen (vgl. S. 245 ff.):

- Die Tätigkeiten von Führenden werden in Führungsgrundsätzen häufiger thematisiert als die der Mitarbeiter.
- Der Führungskraft nimmt häufig die aktive Rolle als Gestalter und Lenker ein; sie ist sowohl für das Umfeld als auch für eine direkte, interaktionale Mitarbeiterführung verantwortlich. In diesem Bereich führt sie insbesondere koordinierende, kontrollierende, empathische und kommunikative Handlungen aus.
- Werden Mitarbeiter thematisiert, dann geht es vor allem um die Übernahme von Verantwortung und Gewährleistung sowie um kommunikative und analytische Handlungen. Mitarbeiter übernehmen in Führungsgrundsätzen die Rolle des passiv-abhängigen Akteurs.
- Führungsbeziehungen stehen in Führungsgrundsätzen im Mittelpunkt, während hingegen die operative Geschäftstätigkeit der Organisation kaum angesprochen wird.
- Führungskräfte werden auch ohne direkten Bezug zu ihren Mitarbeitern thematisiert, während die Mitarbeiter nur im Zusammenhang mit Führungskräften auftreten.

Neben diesen Ergebnissen konnten in der verdienstvollen Untersuchung von *Jancsary* (2013) zudem insgesamt 12 Beziehungstypen innerhalb von Führungsgrundsätzen gebildet werden (S. 240). Hierzu gehören:

- die **Entwicklungsbeziehung** (Fördern/Unterstützen),
- die **Integrationsbeziehung** (Einbeziehen, Aufklären, Informieren),
- die **Empathiebeziehung** (Erkennen und Verstehen),
- die **Kontroll- und Bewertungsbeziehung** (Analysieren, Bewerten, Anpassen),
- die **Befähigungsbeziehung** (Ermöglichung),
- die **Motivationsbeziehung** (Ermuntern/Ermutigen, Anerkennen/Belohnen),
- die **Bereitstellungsbeziehung** (Bereitstellen/Versorgen),
- die **Unterstützungsbeziehung** (Unterstützen, Vertreten, Einstehen),
- die **Anspruchsbeziehung** (Fordern; Bereitstellen/Versorgen),
- die **Steuerungsbeziehung** (Lenken/Leiten/Zuteilen),
- die **Verfügungsbeziehung** (Verfügen/Nutzen),
- die **Begrenzungsbeziehung** (Forderungen zurückweisen).

Sehr häufig sind Integrationsbeziehungen und Entwicklungsbeziehungen zu finden.

Kritische Würdigung von Führungsgrundsätzen

Für die Grundausrichtung einer Organisation nehmen die Führungsgrundsätze sicherlich eine wichtige Stellung ein. Zum einen kann eine bestehende „Kultur" beschrieben werden, gleichzeitig ist es auch möglich, mit Blick auf Zukünftiges einige Steuerungselemente einzubauen. Aus der Perspektive derer, die es betrifft, ist es jedoch wichtig, dass die Führungsgrundsätze dabei einige formale Anforderungen erfüllen, wie z. B. prägnante Darstellung und verständliche Formulierung. Neben diesen Formalien sollten Führungsgrundsätze einen klaren Bezug zur Zukunft haben und einen Realitätsbezug mit Blick auf die gelebte Führungskultur innerhalb der Organisation besitzen. Dies erweist sich in der Praxis meist als das Hauptproblem. Der wohl größte Schwachpunkt von Führungsgrundsätzen ist aber ihre mangelnde Sanktionsfähigkeit. Führungsgrundsätze ohne Anreiz- und Sanktionscharakter haben nur eine geringe Verhaltenswirksamkeit (vgl. *Wunderer* 2011, S. 396). Dadurch wird die konsequente Implementation des Instruments erschwert. Es ist also wichtig, dass auch andere Instrumente, wie z. B. Mitarbeiterbeurteilung (☞ D. III. 4.2), Auswahlgespräche etc. Kriterien enthalten, die mit den Inhalten der Führungsgrundsätze kompatibel sind. Damit wird den Mitarbeitern im Unternehmen verdeutlicht, dass den Grundsätzen ein erkennbarer Stellenwert eingeräumt wird.

Führungsgrundsätze nehmen letztendlich insgesamt wichtige Funktionen für die Ausgestaltung einer Führungsbeziehung ein. In der Führungspraxis werden sie von Führenden – häufig faktisch zu Recht, prinzipiell aber zu Unrecht – in ihrer Bedeutung als Führungsinstrument verkannt. Dies liegt daran, dass sie nicht selten zu weit von der Führungsrealität aus definiert werden und als Vorgaben und nicht als Resultat einer breiteren Diskussion erscheinen. Dann ist ein Rückgriff auf sie für einen Führenden mit einem geringen Gestaltungsnutzen verbunden, da eine Einlösung unwahrscheinlich wird und dementsprechend auch kein Commitment zu erzielen ist.

4.5 Betriebliche Anreizsysteme

Betriebliche Anreizsysteme als Führungsinstrument dienen primär dazu, Mitarbeiter nachhaltig zu motivieren, um so ein zielgerichtetes Verhalten zu bewirken und langfristig zur Sicherung bzw. Erhöhung des Unternehmenserfolgs beizutragen (vgl. *Becker* 1995, Sp. 34). Möchte man sich mit Anreizsystemen genauer beschäftigen, bleibt es nicht aus, zunächst den **Begriff des Anreizes** zu konkretisieren. Beständig beinhalten Situationen Reize, die von einem Individuum aufgenommen werden. Finden diese Reize Entsprechungen in den Motiven des Individuums, gewinnen sie als Anreize Aufforderungscharakter, führen zu **Motivation** und werden handlungsleitend. Motivation ergibt sich entsprechend aus der Interaktion zwischen **Situation** (Anreiz) und **Person** (Bedürfnis, vgl. *Heckhausen/Heckhausen* 2010a, S. 3 ff.).

Anreize können grundsätzlich nach Anreizarten, d. h. **materiellen** (z. B. individuelle Boni, Firmenwagen, Incentive-Reisen) wie **immateriellen** (Art der Arbeit und Arbeitsinhalt, Autonomie, Anerkennung, etc.) Anreizen (vgl. *Ridder* 2015, S. 56; *Becker* 1995, Sp. 39 f.) sowie nach **Anreizquellen**, d. h. **extrinsischen Anreizen** (Folgen und Begleitumstände einer Tätigkeit tragen zur Bedürfnisbefriedigung bei; z. B. Gehalt; Statussymbole) wie **intrinsischen Anreizen** (die Tätigkeit selbst trägt zur Bedürfnisbefriedigung bei; z. B. Freude an einem Kundengespräch, Lernmöglichkeiten, Sinn der Tätigkeit) voneinander abgegrenzt werden (vgl. *Heckhausen/Heckhausen* 2010a, S. 5; *Comelli/von Rosenstiel* 2009, S. 11). Dies ist einmal überblicksartig in der Abbildung D.28 dargestellt.

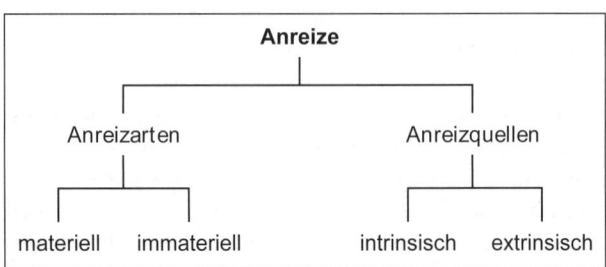

Abb. D.28: Anreizarten und Anreizquellen

Definition und Elemente von betrieblichen Anreizsystemen

Was sind nun konkret betriebliche Anreizsysteme und aus welchen Elementen setzen sie sich zusammen? Die Beantwortung insbesondere des ersten Teils der Frage ist alles andere als trivial, existiert in der Literatur eine Vielzahl an unterschiedlichen Definitionen von betrieblichen Anreizsystemen. Im Folgenden wollen wir eine weite und in der Literatur häufig anzutreffende Definition nach *Becker* (1995) heranziehen, die auf den möglichen Gestaltungsaspekt durch die Organisationsleitung abzielt. In diesem Sinne handelt es sich bei betrieblichen Anreizsystemen um

„[...] die Summe aller im Wirkungsverbund bewusst gestalteter und aufeinander abgestimmten Stimuli (Arbeitsbedingungen im weiteren Sinne), die in administrativ organisierter Form bestimmte Verhaltensweisen (durch positive Anreize, Belohnungen) auslösen bzw. verstärken sowie die Wahrscheinlichkeit des Auftretens unerwünschter Verhaltensweisen mindern (durch negative Anreize, Sanktionen) sollen" (*Becker* 1995, Sp. 35).

Zentrale Eckpfeiler des formalen Systems werden also durch oberste Instanzen organisationsweit vorgegeben. Dabei werden in einem betrieblichen Anreizsystem sowohl materielle als auch immaterielle Anreize bewusst als Stimuli zur Verhaltensbeeinflussung von Organisationsmitgliedern gewährt.

Kommen wir nun auf die Elemente betrieblicher Anreizsysteme zu sprechen. Hierfür bietet sich ein Blick auf die folgende Abbildung D.29 an, die mögliche Elemente von betrieblichen Anreizsystemen verdeutlicht.

Die Vielfalt der Anreize ist enorm, sodass wir nicht auf alle möglichen Anreize genauer eingehen können (vgl. für einen guten Überblick *Becker* 1995, Sp. 40 ff.). Hervorheben wollen wir exemplarisch das der individuellen Entgeltpolitik zuzuordnende **Cafeteria-System**, da diesem aufgrund einer Berücksichtigung individueller Unterschiede der Mitarbeiter ein wachsendes Interesse zukommt (vgl. *Scholz* 2014, S. 865).

> **Beispiel zur individuellen Entgeldpolitik**
>
> Beim Cafeteria-System erhalten die Mitarbeiter die Möglichkeit, zu einem selbst gewählten Zeitpunkt und innerhalb eines vorgegebenen Budgets die zu ihren Motiven passenden Leistungen aus einer unterschiedlichen Anzahl von Anreizen (z. B. Versicherungen, Beteiligungen, Sachleistungen) zu wählen. Die Bezeichnung Cafeteria-System ergibt sich daraus, dass das beschriebene Vorgehen der Menüwahl in einer Cafeteria ähnelt. Das Modell ist seit etwa 30 Jahren in Deutschland bekannt. Zentrales Ziel der Implementierung von Cafeteria-Systemen ist eine bessere Befriedigung der Mitarbeiterwünsche aufgrund kollektiver Grenznutzenoptimierung bei für die Organisation (ungefähr) gleicher Kostenhöhe. Bei der Gestaltung von Cafeteria-Systemen können einzelne Parameter unterschiedlich gestaltet werden. Dies betrifft etwa Austauschrelationen der Leistungen, den Freiheitsgrad bei den Wahlmöglichkeiten sowie den Zeitraum der Auswahlentscheidung (vgl. *Scholz* 2014, S. 865 ff.; *Becker* 1995, Sp. 41).

Neben Anreizen müssen in Anreizsystemen natürlich auch **Bewertungskriterien** (Merkmalsausprägungen der menschlichen Arbeit) gefunden und mit diesen Anreizen verbunden werden (**Kriteriums-Anreiz-Relationen**, vgl. *Kossbiel* 1994, S. 78). Bewertungskriterien werden von oberen Hierarchieebenen mehr und mehr auf untere Hierarchieebenen heruntergebrochen. Auf den höheren Hierarchieebenen sind sie eher strategisch, während sie hingegen auf niedrigeren Ebenen eher operativ ausgerichtet sind. Kriterien können etwa quantitative Messgrößen (z. B. Umsatz, Ergebnisgrößen), qualitative Messgrößen (z. B. Kooperationsbereitschaft, Kundenzufriedenheit) oder Zielvereinbarungen (☞ D. III. 4.3) sein (vgl. für eine Übersicht über möglich Bemessungsgrundlagen *Grewe* 2012, S. 18 ff.).

Funktionen von Anreizsystemen und ihr lern- wie motivationstheoretischer Hintergrund

Wir hatten zuvor schon angesprochen, dass Anreize Mitarbeitermotive ansprechen und zielgerichtetes Verhalten bewirken sollen. Entsprechend lassen sich die Ziele von Anreizsystemen durch die folgenden beiden Funktionen beschreiben (vgl. *Becker* 1995, Sp. 39 ff.):

- **Aktivierungsfunktion:** Mit der Bereitstellung von Anreizen werden bereits vorhandene Mitarbeitermotive aktiviert und somit für die Organisation nutzbar gemacht.
- **Steuerungsfunktion:** Anreize sind an die Erfüllung organisationaler Ziele gebunden und steuern so individuelles Verhalten.

Hinzu treten die:

- **Informationsfunktion:** Anreize geben den Mitarbeitern Informationen, welche Verhaltensweisen im Einklang mit der Organisationskultur stehen und positiv sanktioniert werden bzw. der Organisationskultur entgegenstehen und deshalb negativ sanktioniert werden.
- **Veränderungsfunktion:** Anreize helfen, veränderte Anforderungen an Organisationsmitglieder im Rahmen eines organisationalen Wandels zu vermitteln.

Fast alle in Organisationen bekannten Anreizsysteme sind auf die Erkenntnisse behavioristischer Lernforschung zurückzuführen (vgl. *Staehle* 1999, S. 213). Insbesondere *Skinners* (1953) Prinzipien des operanten Konditionierens sind hier von Bedeutung. Danach steht das Verhalten von Menschen in einem gesetzmäßigen Zusammenhang zu beobachtbaren Umweltbedingungen (☞ C. III.).

Wozu bedarf es aber der Bereitstellung von Anreizen? Ökonomische Ansätze gehen davon aus, dass zwischen Führendem und Geführten ein asymmetrisches Informationsverhältnis zugunsten der Geführten (als Experten für die jeweiligen Arbeitsaufgaben) besteht. Dies ist insofern problematisch, als Menschen hier als egoistische Nutzenmaximierer gesehen werden, die diesen Vorteil ausnutzen. Gerade der Prinzipal-Agent-Ansatz, der sich von den ökonomischen Ansätzen am besten auf den Organisationsalltag anwenden lässt, sieht das Führungsproblem darin, dass der Agent (Mitarbeiter) davon abgehalten werden muss, dem Prinzipal (Vorgesetzten) zu schaden (siehe hierzu grundlegend *Picot/Neuburger* 2004; *Milgrom/Roberts* 1992; *Arrow* 1985). Durch entsprechend gestaltete Anreizsysteme soll erreicht werden, dass es für den Agenten nützlicher ist, sich an die getroffenen Abmachungen zu halten, als im Falle eines entdeckten Betrugs oder der Nichterfüllung der Aufgabe die erworbenen Vorteile zu verlieren.

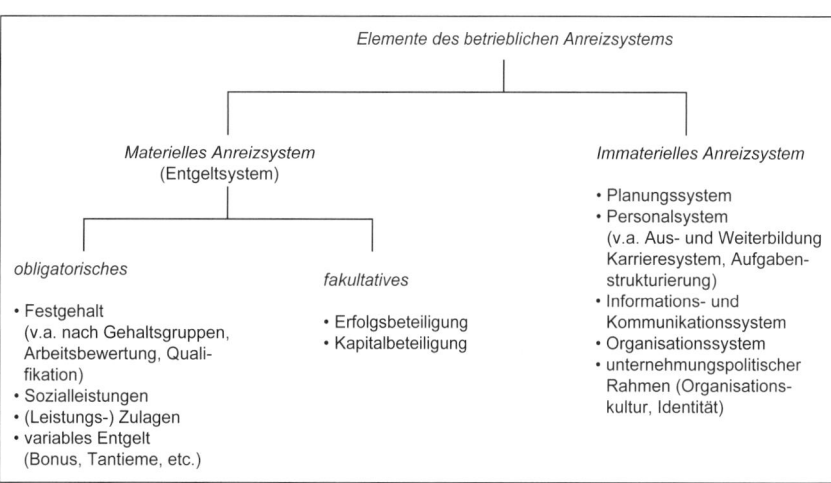

Abb. D.29: Elemente eines betrieblichen Anreizsystems (vgl. *Becker* 1995, Sp. 39 f.)

Konkretisierung von betrieblichen Anreizsystemen als Führungsinstrument

Aus der Perspektive eines Führenden (z. B. auf einer mittleren Hierarchieebene) kann das betriebliche Anreizsystem als **sekundär aktives Führungsinstrument** interpretiert werden. Strategische Bewertungskriterien sowie Anreize (z. B. die Entscheidung für die Implementierung eines Cafeteria-Systems) sind bereits von der Organisationsleitung festgelegt. Zwar ist vorstellbar, dass die einzelne Führungskraft im Rahmen ihrer Möglichkeiten selbst zusätzliche Anreize schafft. Doch sind solche Anreize bei der Verwendung des Begriffs „betriebliches Anreizsystem" in der Regel nicht gemeint. Dies bedeutet allerdings nicht, dass die jeweilige Führungskraft bei Anwendung betrieblicher Anreizsysteme als Führungsinstrument nicht aktiv ist. Vielmehr kommt der Führungskraft eine zentrale Rolle bei der Effizienzsicherung betrieblicher Anreizsysteme und damit der Verhaltensbeeinflussung der jeweiligen Geführten zu.

Neben der wichtigen Funktion der Erläuterung des betrieblichen Anreizsystems (Beschreibung, Begründung und Folgeninterpretation), die nach unserer Beobachtung gerne in der Praxis übersehen wird, wirken Führende bei der Implementierung operativer Bewertungsstandards mit, die für die Geführten dann orientierend maßgeblich sind (vgl. *Steiner/Landes* 2014, S. 38). Besonders wichtig ist der Implementierungsmodus: So können etwa Ziele vorgegeben oder im Rahmen eines Zielvereinbarungsgesprächs zwischen Führungskraft und dem jeweiligen Geführten inhaltlich wie intensitätsbezogen festgelegt werden.

Bei der Festlegung von Bewertungskriterien sollten Führende folgende Aspekte beachten (vgl. *Kossbiel* 2002, S. 525, 1994; *Lindstädt* 2002, S. 17 ff.):

- Die anzustrebenden Kriteriumsausprägungen sollten einen positiven Zusammenhang mit den Zielen des Unternehmens aufweisen **(Ziel-Kriteriums-Zusammenhang)**.
- Sie sollten durch Handlungen der (potenziellen) Anreizempfänger maßgeblich beeinflussbar sein **(Beeinflussbarkeitsprämisse)**.
- Diese (objektive) Beeinflussbarkeit sollte vom Geführten subjektiv auch bemerkt werden, d. h. er sollte einen Zusammenhang zwischen seinen Handlungen und der schließlich realisierten Ausprägung der Bewertungskriterien erwarten **(Handlungs-Kriteriums-Erwartung)**.
- Die Kriteriumsausprägungen sollten möglichst zuverlässig feststellbar sein **(Feststellbarkeitsprämisse)**.

In der Führungspraxis orientiert man sich hier oftmals an der **SMART-Regel**. Dieses Akronym steht für **s**pecific (spezifisch), **m**easurable (messbar), **a**ccepted (akzeptiert), **r**ealistic (realistisch) und **t**imely (terminiert) (vgl. *Comelli/von Rosenstiel* 2009, S. 58). Eine Unterstützung etwa bei der Auswahl von Anreizen im Cafeteria-System kann ebenfalls hilfreich sein. Besonders dann, wenn eine Führungskraft erkennt, dass die Geführten sich über- oder unterschätzen. So oder so gilt, dass Anreize nur dann motivierend wirken, wenn die Geführten über eine ausreichende **Selbstwirksamkeitsüberzeugung** verfügen (vgl. *Steiner/Landes* 2014, S. 37). Glaubt ein Geführter nicht daran, mit seinen Fähigkeiten bzw. seinem Verhalten das gesetzte Ziel erreichen und sich Anreize sichern zu können (Wirksamkeitserwartung), so verläuft der stets latent kritische Beeinflussungsversuch über Anreize definitiv ins Leere. Daher sollten Führende für einen zielführenden Einsatz von betrieblichen Anreizsystemen als sekundär aktives Führungsinstrument nach *Steiner* und *Landes* (2014, S. 38) versuchen

- Aufgaben genau zu definieren,
- nötige Ressourcen zur Aufgabenbewältigung (finanziell, zeitlich, räumlich etc.) zur Verfügung stellen,
- Störungen (z. B. Lärm) zu beseitigen,
- durch Lob und Wertschätzung den Glauben der Geführten an die eigenen Fähigkeiten zu stärken,
- Verantwortlichkeiten und Handlungsspielräume zu übertragen,
- Qualifikationen aufzubauen und/oder zu verstärken.

In einem abschließenden **Zielerreichungsgespräch** (etwa mit einem Punktwerteschema „Ziel übertroffen, Ziel erreicht, Ziel unterschritten" o. Ä.) kann dann das Ausmaß der Zielerreichung vom Führenden festgestellt und darauf aufbauend z. B. ein Bonus gewährt werden. Hierbei ist wichtig, dass es zu einer Einigung zwischen Führungskraft und dem jeweiligen Geführten über den jeweiligen Punktwert kommt (vgl. *Steiner/Baake* 2013, S. 629). Hierfür ist eine offene Kommunikation zentral. Allerdings ist hier auch Vorsicht geboten. So verweist *Sprenger* (2014) darauf, dass bei einer exakten Zuordnung von Zielerreichung und Gehalt eine Konditionierung nach dem Motto „*Wenn ich drei Sack Zielerreichung bringe, erhalte ich vier Sack Gehaltserhöhung*" (S. 286) stattfinden kann. Dies kann zu einer Verengung auf Ziele und damit zu einer Verringerung an Flexibilität führen. Er empfiehlt daher, Führungskräften Gestaltungsspielräume bei der Leistungsbewertung einzuräumen und lediglich gewisse Leitplanken vorzugeben.

III. Gestaltung durch Führungsinstrumente

> **Beispiel zu Gestaltungsspielräumen bei der Leistungsbewertung**
>
> Das Kölner Chemieunternehmen *LANXESS AG* verfolgt bei der Leistungsbewertung diesen von *Sprenger* diskutierten und als pragmatisch zu bezeichnenden Ansatz. Damit unterscheidet sich das als Ausgründung der *Bayer AG* im Jahr 2004 gegründete Start-up Unternehmen von vielen anderen, die bei ihrer Leistungsbewertung auf die klassischen Leistungsboni, basierend auf komplexen mathematischen Berechnungsmodellen, setzen. Konkret gestaltet sich dies bei *LANXESS AG* wie folgt: Neben dem Festgehalt erhält ein Mitarbeiter einen variablen Vergütungsanteil, der auf einer kollektiven Vergütung in Form einer Ergebnisbeteiligung am Gesamterfolg des Unternehmens basiert. Zusätzlich gibt es das Instrument einer individuellen Leistungszahlung, einer sogenannten „Individual Performance Payment" (IPP), auf deren Auszahlung kein grundsätzlicher Anspruch besteht. Für die letztgenannte Komponente beträgt der Anteil rund 1 % bis 5 % des jährlichen Grundgehalts. Die Leistungsbewertung ist somit insgesamt nicht an die Erfüllung von individuellen Zielvereinbarungen gekoppelt.
>
> Für die Gewährung des monetären Anreizes steht der jeweiligen Führungskraft ein ihr für eine jährliche Periode zugeteiltes Budget zur Verfügung. Dieses richtet sich nach der Abteilungsgröße und kann vom Führenden nach eigenem Ermessen verteilt werden. Eine 100 %ige Ausschöpfung ist nicht zwingend notwendig – allerdings sollte ein deutlicher Näherungswert erreicht werden. Bei der Vergütung ist ein „Gießkannenprinzip", bei dem vom Führenden jeweils derselbe Betrag an alle Geführten ausgeschüttet wird, in jedem Fall zu vermeiden und stattdessen eine gezielte Differenzierung innerhalb der Geführten anzustreben. Gewünscht ist die Wahl eines IPPs, das zum Gesamtgefüge Job Level und Vergütungshöhe passt sowie Bezug zur außerordentlichen Performance des jeweiligen Geführten besitzt. Als prüfende Instanz dienen bei *LANXESS AG* Arbeitnehmervertreter sowie HR als Business Partner, die Kenntnis von der gewählten Verteilung des jeweiligen Führenden besitzen (z. B. hinsichtlich der Auswertung nach Abteilungen, Job Grades, Tarifangestellten oder Leitenden sowie die geschlechtsspezifische Verteilung). Sie können prinzipiell auch regulierend aktiv werden.
>
> Die konkrete Umsetzung setzt umfangreiches Feedback und eine transparente Kommunikation zwischen Führungskraft und Geführten voraus. Die Geführten müssen nachvollziehen können, warum sie eine individuelle Zahlung als Bonus erhalten haben oder warum nicht. Daher sind hohe kommunikative und zwischenmenschliche Kompetenzen von Führenden erforderlich, die *LANXESS AG* im Rahmen ihrer Führungskräfteentwicklung durch Feedbacktrainings gezielt schult. Der jenseits komplexer Berechnungsverfahren beruhende Ansatz geht mit der Unternehmenskultur von *LANXESS AG* einher. So wurde das Unternehmen nach Ausgründung von der *Bayer AG* mit dem Ziel der Prozessverschlankung aufgestellt, die nun kongenial auf andere Strukturen, wie bspw. HR-Prozesse und Systeme angewandt werden soll (vgl. *Head of Global HR Policies der LANXESS AG* 2015).

Setzt ein Unternehmen auf die klassischen, an individuelle Zielvereinbarungen gekoppelte **Leistungsboni** und gelingt es dem jeweiligen Mitarbeiter hier nicht oder nur gelegentlich, die Messlatte zu erreichen, sollten Führungskräfte nach den Ursachen suchen. Eventuell ist der Mitarbeiter an seinem Arbeitsplatz überfordert oder die Ziele waren von vornherein oder aufgrund von unvorhergesehenen Entwicklungen unrealistisch. Gleichermaßen bedenklich wäre eine Unterforderung. Hier werden alle Ziele ohne Anstrengung erreicht und der Mitarbeiter wird mit Belohnungen „zugeschüttet". In beiden Fällen könnte eine Führungskraft versuchen, für den Mitarbeiter eine passende Stelle zu finden, die ihrem Potenzial entspricht (vgl. zu diesem Komplex erneut *Sprenger* 2014, S. 284). Möglicherweise ist aber auch das Anreizsystem selbst ineffektiv oder ineffizient.

Insgesamt ist zu berücksichtigen, dass die Gestaltung von betrieblichen Anreizsystemen in jedem Unternehmen anders aussieht (vgl. *Steiner/Baake* 2013, S. 629). Die Möglichkeiten sind sehr vielfältig. Daher sind die jeweils wichtigsten konkreten Aufgaben von Führungskräften bei Anwendung betrieblicher Anreizsysteme nicht zu generalisieren. Führungskräfte sollten allerdings stets den Weg zur Erlangung von Anreizen erleichtern, frustrierende Barrieren reduzieren und somit die Chancen zur Erlangung persönlicher Befriedigung kontingent zur effektiven Leistung erhöhen. Damit kommt Führungskräften in der Nutzung dieses Führungsinstrumentes eine zentrale **strategische Funktion** zu, die auch schon von *House* und *Dessler* (1974) als solche im Rahmen der **Weg-Ziel-Theorie** identifiziert wurde.

Kritische Würdigung von betrieblichen Anreizsystemen

Betrieblichen Anreizsystemen wird in der Praxis noch immer eine überragende Bedeutung zur Verhaltenssteuerung von Mitarbeitern zugewiesen. Warum ist dies so? Anscheinend wird unterstellt, dass eine arbeitsvertraglich definierte Verpflichtung zur Erbringung einer bestimmten Leistung, die mit einem vereinbarten Betrag abgegolten wird, alleine nicht ausreicht, um diese oder doch zumindest weitere Potenziale auszuschöpfen. Als Ausfluss dessen findet man in Unternehmen daher häufig individuelle Leistungsboni, die an Zielvereinbarungen mit den jeweiligen Mitarbeitern gekoppelt sind. Grundlage sind hier häufig komplexe mathematische Berechnungsformeln. Am Beispiel LANXESS AG haben wir gesehen, dass in der Praxis auch andere Ausgestaltungen individueller Boni als die genannte Kopplung an (durchgereichte) Zielvereinbarungen bestehen.

Neuere Entwicklungen deuten auf einen Trend in Richtung kollektiver Vergütungen in Form von Ergebnisbeteiligungen am Gesamterfolg des Unternehmens hin. Neben LANXESS AG wäre ein weiteres Beispiel hierfür die Volkswagen AG, die bei Managervergütungen ihr Vergütungssystem nach Auslaufen des Aktienoptionsplans neu gestaltet hat. Neben einem Grundgehalt und einem persönlichen Leistungsbonus ist ein sogenannter **Long-Term-Incentive-Bonus** (LTI) eingeführt worden. Hierbei handelt es sich um eine Bonuskomponente, die auf einer vierjährigen Bemessungsgrundlage basiert. Konkret werden zur Berechnung des LTI die Indikatoren Kundenzufriedenheit, Arbeitgeberattraktivität und Absatz addiert und mit dem Renditeindex multipliziert. Wird somit keine Rendite erwirtschaftet, wird entsprechend auch kein erfolgsabhängiger Bonus ausgezahlt (vgl. Schönhals 2010, S. 91). Auch die Robert Bosch GmbH ist dem skizzierten Trend gefolgt und hat die individuellen Boni bei Zielerreichung zugunsten einer kollektiven Komponente sogar gänzlich abgeschafft (vgl. Hank/Meck 2015). Konzernchef Volkmar Denner erklärt diese Entscheidung folgendermaßen:

> „Motivieren Sie Menschen nur über monetär bewertete Ziele, erhalten Sie am Ende nicht bessere, sondern sogar schlechtere Leistungen. Wir aber wollen Spitzenleistung. Deshalb schaffen wir diese Art von Bonus ab. Geld kann demotivierend wirken."

Die genannte Erklärung vom Konzernchef Denner macht deutlich, dass bei dieser Entscheidung motivationstheoretische Grundlagen (☞ C. II.) eine Rolle gespielt haben. So verweist er implizit auf den sogenannten **Verdrängungs- bzw. Korrumpierungseffekt**. Dieser besagt, dass unter bestimmten Bedingungen ein extrinsischer Anreiz zur Verdrängung der intrinsischen Motivation führen kann (vgl. Comelli/von Rosenstiel 2009, S. 11; Frey/Osterloh 2002, S. 26 ff.). Werden hingegen auch immaterielle Anreize eingesetzt, die in einer inhaltlichen Beziehung zu den Bedürfnissen der Mitarbeiter stehen (z. B. gleichermaßen die Ausweitung oder Reduzierung einer bestimmten Tätigkeit), sieht das Bild anders aus. Oftmals werden also die mit Anreizsystemen verbundenen Vorteile überschätzt, solange sie allein auf die extrinsische Motivation abzielen, insbesondere bei komplexen oder kreativen Tätigkeiten, deren Bewältigung vor allem von der inneren Einstellung des Bearbeitenden abhängt (vgl. z. B. Frey/Osterloh 2002; Frey 1997). Schon 1938 schrieb Chester Barnard mit unveränderter Gültigkeit:

> „It seems to be definitely a general fact that even in purely commercial organizations material incentives are so weak as to be almost negligible except when reinforced by other incentives" (S. 144).

Einen radikalen Schritt weiter gehen Unternehmen, die die Gehaltszuwendungen nicht nur durch Anreize nicht konditionieren, sondern sie in die Verantwortung der Mitarbeitenden selbst legen. In diesem Zusammenhang wird auch von freier **Gehaltswahl**, **Gehaltsdelegation** oder **Gehaltsdemokratie** gesprochen (vgl. Stehr 2013; Meinert 2011; siehe Weibler 2010c zum Begriff der **Wirtschaftsdemokratie**).

Mitarbeitern wird in diesem Modell nicht nur ein aktiver Part in der Entlohnung zugesprochen, sondern dieses Vorgehen wird regelmäßig auch als ein Ausdruck für den Umgang mit Mitarbeitern gesehen. Informationen über Unternehmen, die diesem Modell folgen, findet man in der Literatur noch selten. Bekannt geworden ist hier insbesondere das brasilianische Maschinenbau-Unternehmen SEMCO (vgl. Semler 1996, wo eine radikale Demokratisierung der Unternehmensprozesse und eine Neudefinition der Unternehmensstrukturen ausführlich dargestellt wird). In Deutschland werden das deutsche Tagungshotel Schindlerhof mit Sitz in Nürnberg sowie das Softwareunternehmen Mensch und Maschine genannt. In der Praxis sind es insbesondere kleinere Unternehmen, die den Weg der Gehaltsdemokratie beschreiten. Als ein Grund wird die Überschaubarkeit und Homogenität der Unternehmen genannt (vgl. Stehr 2013). Es lassen sich trotz Schwierigkeiten einzelne empirische Untersuchungen ausfindig machen, die sich mit den Auswirkungen einer freien Gehaltswahl genauer beschäftigen (z. B. Jeworrek/Mertins 2014; Farh/Griffeth/Balkin 1991).

Empirie zur freien Gehaltswahl

In einer aktuellen Feldstudie von Jeworrek/Mertins (2014) wurde untersucht, ob eine Gehaltswahl die Leistung von Individuen erhöht und ob diese ihre Gehaltsentscheidung im Hinblick auf ihre Leistung verantwortungsbewusst treffen. Zudem wurde der Frage nachgegangen, ob Individuen ohne Handlungsspielraum bei der Gehaltsfrage, aber bei Kenntnis des Handlungsspielraums von anderen, ihre Leistung reduzieren würden. Dabei teilten die Forscher die insgesamt 140 teilnehmenden Personen in vier Gruppen ein (diese Personen wurden ausschließlich für das Experiment rekrutiert; ihnen wurde mitgeteilt, dass für einen halbtägigen Mini-Job gesucht werde). Jede Person sollte jeweils eine 3,25 Stunden dauernde Aufgabe ausführen. Die Personen in der ersten Gruppe erhielten ein fixes Gehalt. Die Personen in der zweiten Gruppe konnten nach einer einstündigen Bearbeitung der Arbeitsaufgabe jeweils eine Gehaltswahl treffen. Dann wurde die Bearbeitung der Aufgabe für weitere 2 Stunden fortgesetzt. Personen in der dritten Gruppe erhielten das gleiche Gehalt wie die selbst wählenden Personen in der zweiten Gruppe, ohne dass diese über die Gehaltswahl der Personen in der zweiten Gruppe informiert wurden. Die Personen in der vierten Gruppe erhielten ebenfalls das gleiche Gehalt wie die selbst wählende Personen in der zweiten Gruppe, wussten nun aber über deren Handlungsspielraum bei der Gehaltswahl Bescheid. Die Ergebnisse machen deutlich, dass eine selbstbestimmte Gehaltswahl eine insgesamt 9%ige Steigerung der Leistung hervorrief. Da das Gehalt jedoch auch um insgesamt 20% anstieg, konnten die höheren Kosten für das Gehalt nicht durch die Leistungssteigerungen kompensiert werden. Dies wirft Fragen nach dem verantwortungsbewussten Treffen der Gehaltsentscheidung von Individuen auf. Zu beachten ist allerdings, dass den Personen vorab kommuniziert wurde, theoretisch auch eine 40%ige Gehaltssteigerung wählen zu können. Die Gehaltswahl fiel also unter dieser doch die Firmensituation verzerrenden Vorgabe eher moderat aus. Spannend ist ferner, dass diejenigen Personen, die vom Handlungsspielraum anderer Mitarbeiter wussten, ihre Leistungen nicht reduzierten, sondern ebenfalls steigerten (Anstieg um 6%). Hierfür könnte die Wahrnehmung insgesamt besserer Arbeitsbedingungen verantwortlich sein. Erwähnenswert ist abschließend noch, dass Frauen ein geringeres Gehalt verlangten als Männer. Dies könnte darauf zurückzuführen sein, dass aufgrund von stereotypen Attributionsprozessen Frauen sich im Durchschnitt selbst schlechter beurteilen als Männer oder einfach gesamtheitlicher entscheiden (☞ E. III. 1).

Empirische Untersuchungen deuten also daraufhin, dass eine selbstbestimmte Vergütung Potenzial besitzt. Bei den wenigen Beobachtungen steigerte sich sowohl die Leistung als auch die Gehaltszufriedenheit. Wie so oft muss jedoch genau geschaut werden, unter welchen Bedingungen diese Wirkungen im Feld auftreten (z.B. nur bei guter Selbsteinschätzung der eigenen Leistung) und welche Kontrapunkte sich möglicherweise einstellen. Experimentierfreudige Organisationen werden zu diesem Wissen beitragen.

4.6 Budgets

Budgets werden in der Literatur ebenfalls häufig zu den Führungsinstrumenten gezählt, obwohl es sich hierbei eigentlich um ein Instrument aus dem **Controlling-Bereich** handelt (vgl. z.B. *Horváth/Gleich/Seiter* 2015; *Malik* 2006; *Fischer* 1995; *Siegwart* 1987; *Grimmer* 1980). Nach *Malik* (2006) stellen Budgets sogar eines der wichtigsten und wirksamsten Führungsinstrumente dar, deren Bedeutung sich jede Führungskraft bewusst sein sollte. Allerdings muss berücksichtigt werden, dass es sich bei der Definition von Budgets als Führungsinstrument nur um eine von mehreren möglichen Definitionen handelt, denn eine präzise Begriffsabgrenzung ist weder in der Literatur noch in der Praxis vorhanden (vgl. *Horváth/Gleich/Seiter* 2015, S.119). Vielmehr wird der Budgetbegriff verschieden interpretiert und umfasst unterschiedliche Inhalte, die bezüglich ihres Umfangs differieren (vgl. *Grimmer* 1980, S.7ff.). Für uns ist die Definition des „Budgets als Führungsinstrument" von Interesse. Wir wollen wieder die Perspektive einer Führungskraft einnehmen und uns die Frage stellen, wie diese mit Hilfe von Budgets ihre Führungsbeziehungen gestalten kann. Dabei kann man sich den Fall vorstellen, dass die in Rede stehende Führungskraft ein bestimmtes Kostenbudget für ihre Entscheidungseinheit von der Organisationsleitung zur Verfügung gestellt bekommen hat und darauf basierend unterschiedliche Subbudgets aufstellt. Da sich die Führungskraft im Budgetierungsprozess der Organisation bewegt, sprechen wir von einem sekundär aktiven Führungsinstrument.

Konkretisierung des Budgetbegriffs

Für den Begriff „Budget" existiert bisher keine einheitliche Definition, obwohl die verschiedenen Auffassungen des Begriffs teils starke Ähnlichkeiten aufweisen. *Horváth*, *Gleich* und *Seiter* (2015) schlagen folgende Definition vor:

> „Ein Budget ist für uns ein formalzielorientierter, in wertmäßigen Größen formulierter Plan, der einer Entscheidungseinheit für eine bestimmte Zeitperiode mit einem bestimmten Verbindlichkeitsgrad vorgegeben wird. Budgets gibt es somit auf allen Planungsstufen und für alle Planungsfristen" (S.120).

Formalziele stellen Erfolgs- und Finanzziele (z.B. Umsatzziele, Kostenziele, Gewinnziele, Rentabilitätsziele) dar und lassen sich von **Sachzielen** (Leistungsziele: Arten, Mengen, Qualität) abgrenzen (vgl. *Wöhe/Döring* 2010, S.73). Da Budgets durch die Entscheidungen und Handlungen der Budgetverantwortlichen eingehalten werden sollen, stellen sie einen Handlungsrahmen dar, innerhalb dessen die Budgetverantwortlichen agieren und Handlungsvariablen und -alternativen eigenständig auswählen können. Budgets können von Plänen abgegrenzt werden. Ein Plan enthält Ziele für zukünftige Perioden und ist aktionsorientiert. Das Budget ist dagegen ein auf organisatorische Verantwortungsbereiche zugeschnittener Plan und ist weniger konkretisiert. Daher existiert bei Budgets ein **Handlungsspielraum**. Die Planung ist auf Entscheidungsprobleme gerichtet, das Budget dagegen auf organisatorische Einheiten (vgl. *Küpper u. a.* 2013, S. 433). Als Führungsinstrument können Budgets demzufolge insbesondere für die Verhaltensbeeinflussung geführter Führungskräfte genutzt werden.

Merkmale und Funktionen von Budgets

Wollen wir ebenfalls noch einen Blick auf die zentralen Merkmale und Funktionen von Budgets werfen. **Merkmale** sind nach *Horváth*, *Gleich* und *Seiter* (2015, S. 121):

- **Merkmal Entscheidungseinheit:** horizontale Differenzierung nach Funktionen, Prozessen, Produkten, Regionen oder Projekten; vertikale Differenzierung nach Ebenen der Unternehmenshierarchie,
- **Merkmal Geltungsdauer:** z. B. Monatsbudget, Quartalsbudget, Jahresbudget, Mehrjahresbudget,
- **Merkmal Wertedimension:** z. B. Ausgabenbudget, Kostenbudget, Deckungsbeitragsbudget, Umsatzbudget,
- **Merkmal Verbindlichkeitsgrad:** Budget mit Vorgabe einer absolut starren Ober- bzw. Untergrenze; Budget mit Vorgabe einer Orientierungsgröße.

Für unsere Zwecke zentral sind die **Funktionen** von Budgets, denn sie zeigen, warum Budgets als ein Führungsinstrument aufgefasst werden können. Folgende Funktionen von Budgets lassen sich hervorheben (vgl. *Schierenbeck* 2003, S. 137; *Fischer* 1995, Sp. 159; *Siegwart* 1987; *Hofstede* 1967):

- **Planungsfunktion:** Prognostizierung der Zukunftsentwicklung des Unternehmens, Förderung einer Auseinandersetzung mit den zukünftigen Erfolgen
- **Orientierungs- und Entscheidungsfunktion:** Lieferung eines Handlungsrahmens für die Mitarbeiter, Vergleich zwischen Soll und Ist-Werten bietet eine Orientierung und Möglichkeiten zur Kurskorrektur
- **Koordinationsfunktion:** Förderung der Kommunikation und Abstimmung zwischen verschiedenen Organisationseinheiten
- **Kontrollfunktion:** Unterstützung der Leistungsmessung und Ergebniskontrolle durch den Vergleich zwischen Plan und Ist
- **Motivationsfunktion:** Leistungsanreize zur Zielerreichung werden geschaffen.

Eine Führungskraft könnte somit durch die Aufstellung eines Budgets Leistungsanreize schaffen, die die Geführten zur Zielerreichung motivieren. Dadurch wird Verhalten also beeinflusst.

Zusammenhang von Budgetpartizipation und Führungserfolg

Neben dem Aufzeigen dieser Funktionen sollten auch **Fragen der Budgetanwendung** für einen wirksamen Einsatz von Budgets als Führungsinstrument berücksichtigt werden (vgl. *Grimmer* 1980, S. 30 f.). Hier steht die **Partizipation der Mitarbeiter** im Blickpunkt des Interesses. Der aufmerksame Leser wird hier Ähnlichkeiten zu den Zielvereinbarungen (Partizipation bei der Zielfestlegung) bemerken, wobei Budgets jedoch ausschließlich auf Formalziele ausgerichtet sind. Zahlreiche Studien beschäftigen sich denn auch mit dem Partizipationsaspekt und thematisieren dabei insbesondere den Zusammenhang zwischen Budgetpartizipation und der Arbeitsmotivation, der Arbeitsleistung und der Arbeitszufriedenheit (vgl. *Kyj/Parker* 2008; *Shields/Shields* 1998). Aufgrund des teilweise recht uneindeutigen direkten Zusammenhangs zwischen Budgetpartizipation und dem Führungserfolg werden in der Literatur ergänzend vermittelnde Variablen in die Untersuchung einbezogen. So betrachten etwa *Nouri* und *Parker* (1998) in ihrer Studie den Zusammenhang zwischen Budgetpartizipation und Arbeitsleistung unter dem mediierenden Einfluss der **Budgetangemessenheit** und des **organisationalen Commitments**. Budgetangemessenheit meint in diesem Zusammenhang, zu welchem Grad die Budgetvorgaben von den Budgetverantwortlichen als angemessen für die Erfüllung ihrer Arbeitsaufgaben empfunden werden. Die Studie kommt zu dem Ergebnis, dass eine Budgetpartizipation zunächst den Grad der empfundenen Budgetangemessenheit steigert. Diese Empfindung wirkt sich wiederum auf die Arbeitsleistung der Budgetverantwortlichen aus. Der Grad der empfundenen Budgetangemessenheit beeinflusst ferner auch das organisationale Commitment, welches wiederum die Arbeitsleistung der Budgetverantwortlichen steigert.

Neben den Auswirkungen von Budgetpartizipation auf den Führungserfolg stellt sich ferner die Frage, aus welchen Gründen es überhaupt zu einer Mitwirkung der Budgetverantwortlichen am **Budgetierungsprozess** kommt (vgl. *Kyj/Parker* 2008; *Shields/Shields* 1998). Warum lassen Führende ihre Geführten bei der Planung und Kontrolle der Budgetvorgaben teilhaben? Einige wesentliche Gründe wurden bereits schon angesprochen. So kann etwa neben einer Steigerung der Arbeitszufriedenheit auch die Erhöhung der Arbeitsmotivation Ziel einer Partizipationsmaßnahme sein.

Kyj/Parker (2008, S. 424) vermuten drei wesentliche Gründe, die dafür verantwortlich sein könnten, warum Führende eine Beteiligung der Geführten am Budgetierungsprozess wünschen könnten. Zum einen möchten Führende ein offenes Verhältnis zu ihren Geführten unterhalten, dass durch Vertrauen, Respekt und Unterstützung geprägt ist. Durch die Förderung der Budgetpartizipation können Führende beabsichtigen, ihren **beziehungsorientierten Führungsstil** (☞ D. II. 2.4) den Geführten konkret sichtbar zu machen. Ein weiterer wesentlicher Grund für die Beteiligung von Geführten an der Budgeterstellung kann in der Gewinnung von Informationen aus dem Verantwortungsbereich der Geführten liegen, zu denen die jeweilige Führungskraft aufgrund bestehender Informationsasymmetrien keinen Zugang hat. Ferner wird auch eine faire und gerechte Leistungsbewertung (auf Basis der Erreichung von Budgetzielen) als möglicher Grund für die Förderung der Budgetpartizipation gesehen. Durch eine Mitwirkung an der Budgeterstellung könnte so vermieden werden, dass ein Budgetziel von den Geführten als unangemessen wahrgenommen wird. Neben den Gründen der Förderung der Budgetpartizipation wird von *Kyj* und *Parker* darüber hinaus angenommen, dass sich die Förderung zur Budgetpartizipation wiederum positiv auf die tatsächliche Beteiligung der Geführten am Budgetierungsprozess auswirkt.

Die empirischen Ergebnisse der Studie von *Kyj/Parker* (2008, S. 430 ff.) bestätigen fast vollständig den in der Abbildung D.30 dargestellten Zusammenhang. Lediglich der Zusammenhang zwischen Informationsasymmetrie und der Förderung der Budgetpartizipation konnte anhand der Daten nicht gezeigt werden. Als ein zentrales und wesentliches Ergebnis der Studie ist somit zum einen festzuhalten, dass Führende mit einem **beziehungsorientierten Führungsstil** (☞ D. II. 2.4) mit einer höheren Wahrscheinlichkeit die Partizipation von Geführten am Budgetierungsprozess fördern (ß = .48, p = .01). Zum anderen hat die Studie aber auch gezeigt, dass Führende ihre Geführten insbesondere dann an der Erstellung von Budgets partizipieren lassen, wenn diese zur Leistungsbewertung eingesetzt werden (ß = .41, p = .01). Ursächlich hierfür ist neben der eigenen Selbstverpflichtung des Führenden, fair zu agieren, etwa auch der Aspekt, dass sich Führende offenbar über die hohe Bedeutung von Fairness und Gerechtigkeit für effektive Führung im Klaren sind.

Abschließend ist noch festzuhalten, dass die Geführten durch die Mitarbeit an der Budgeterstellung mit in die Verantwortung für den finanzwirtschaftlichen Erfolg genommen werden. Das Verständnis und die Gesamtschau für bzw. auf den eigenen Arbeitsbereich werden somit gleichzeitig geschärft. Dies würde dem oft gehörten Wunsch nach einem mitunternehmerischen Denken gerecht werden (vgl. *Wunderer* 2011).

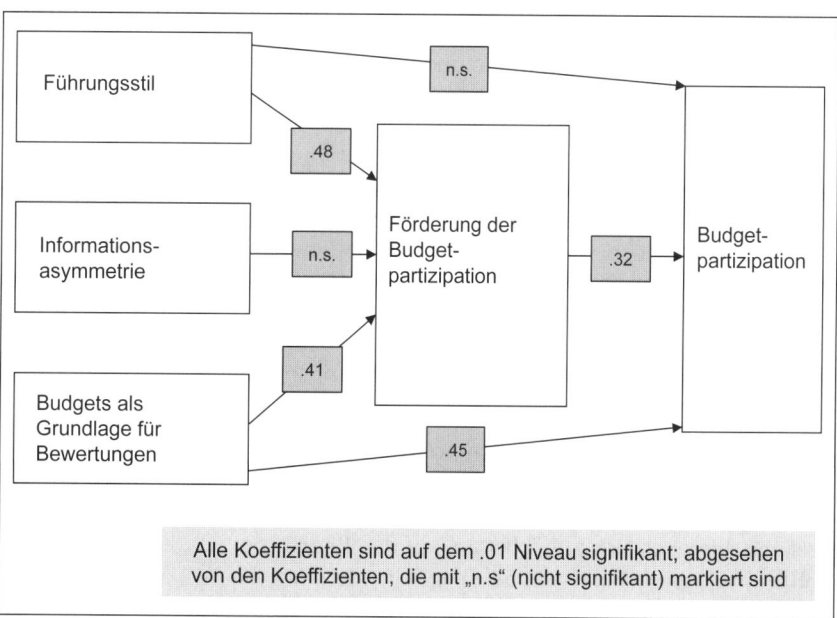

Abb. D.30: Einfluss von Führungsstil, Informationsasymmetrie und Fairness auf die Budgetpartizipation von Geführten (vgl. *Kyj/Parker* 2008, S. 435; modifiziert)

4.7 Stellenbeschreibungen

Wenden wir uns abschließend den **Stellenbeschreibungen** zu, die – sofern richtig gestaltet – in Organisationen vielfältig genutzt werden können. Zum einen intern als Grundlage für Personalbeurteilungen (☞ D. III. 4.2), Personaleinsatz, Personalentwicklung (☞ D. III. 4.1), Entgeltsystemen und zur Gestaltung von Organisationsprozessen. Zum anderen extern für Personalbeschaffung/-marketing und Personalauswahl (vgl. *Ulmer* 2014, S. 14; *Hentze/Kammel* 2001, S. 226 f.; *Krüger* 1995, Sp. 1987). Zudem sind Stellenbeschreibungen im Tarifrecht für Eingruppierungsfragen vorgeschrieben. Insbesondere rücken hier dann auch Fragen nach der Wertigkeit von Stellen und der Auswahl geeigneter Bewertungsmethoden (summarisch: Rangfolgeverfahren, Katalogverfahren vs. analytisch: Rangreihenverfahren, Stufenwertzahlverfahren) verstärkt in den Fokus (vgl. hierzu genauer *Bröckermann* 2012, S. 195 ff.). Einige der genannten Funktionen von Stellenbeschreibungen machen deutlich, dass sie als ein **sekundär aktives Führungsinstrument** von Führenden zur Verhaltensbeeinflussung ihrer Mitarbeiter genutzt werden können (vgl. *Ulmer* 2001; *Krüger* 1995). So kann eine Führungskraft etwa auf eine vorher gestaltete Stellenbeschreibung zugreifen und durch einen Vergleich der ausgewiesenen Anforderungen in der Stellenbeschreibung mit den beobachteten Fähigkeiten des Mitarbeiters Qualifikationslücken identifizieren und darauf aufbauend geeignete Personalentwicklungsmaßnahmen einleiten.

Über die genannten Funktionen hinaus kann eine Führungskraft anhand der Stellenbeschreibungen aber auch das Stellenverständnis samt organisatorischer Wirkungen ihren Mitarbeitern vermitteln und ihnen somit Orientierung in der Ausrichtung ihres Verhaltens geben (vgl. *Ulmer* 2014, S. 14). Diese Funktion ist insbesondere bei einem Neueintritt eines Geführten in die Organisation von Bedeutung. Führende greifen auf sie zurück, wenn etwa formale Anforderungen bei der Umsetzung von Arbeitsaufgaben verdeutlicht werden sollen (etwa das Aufzeigen der mit einer Stelle verbundenen Kompetenzen sowie die Pflichten, die mit einer Stelle verbunden sind). Stellenbeschreibungen werden ebenfalls herangezogen, wenn es innerhalb von Führungsbeziehungen einmal zu Kompetenzstreitigkeiten kommt.

Definition von Stellenbeschreibungen

Was ist nun genau unter einer Stellenbeschreibung zu verstehen? Um eine Stellenbeschreibung sinnvoll abzugrenzen, bietet es sich zunächst an, auf den Begriff der **Stelle** einzugehen. Bei einer Stelle handelt es sich um die „*kleinste organisatorische Handlungs- und zugleich Dispositions-, Planungs-, Kontroll- und meist örtliche Einheit, der im Rahmen der Gesamtorganisation [...] auf Dauer ein bestimmter Aufgabenkomplex oder Aufgabenbereich zur selbstständigen Erfüllung übertragen ist*" (*Knebel/Schneider* 2006, S. 251).

Unter einer Stellenbeschreibung wird dementsprechend in erster Linie eine **schriftliche Beschreibung** derjenigen **Aufgabengebiete** verstanden, die auf einen Stelleninhaber entfallen. Neben gegenwärtigen erfolgskritischen Aufgaben können auch zukünftig erfolgskritische Aufgaben eingefügt werden.

Inhalte und Typen von Stellenbeschreibungen

Neben der Beschreibung von Aufgabengebieten beinhalten Stellenbeschreibungen auch die **Kompetenzen**, die mit einer Stelle verbunden sind, ihre **Ziele** und **Beziehungen** zu anderen Stellen in der Organisation (Einordnung in die Organisationsstruktur), als auch die mit ihnen verbundenen **Rechte und Pflichten** eines Stelleninhabers (vgl. *Bröckermann* 2012, S. 41; *Krüger* 1995, Sp. 1986). Dabei wird die Stellenbeschreibung **personenunabhängig** und damit **sachbezogen** erstellt (vgl. *Fiedler* 2010, S. 22).

In Anlehnung an *Krüger* (1995) können die Inhalte von Stellenbeschreibungen folgendermaßen differenziert werden (Sp. 1987 f.):

- **Instanzenbild:** Bezeichnung und Inhaber der Stelle, Stellenvertretung; Über- und untergeordnete Stellen
- **Aufgabenbild:** Haupt-, Einzel-, Sonderaufgaben; Arbeitsort, Arbeitszeit, Ausstattung; Richtlinien, Vorschriften, Verfahren
- **Kompetenzbild:** Verfügungsrechte über Geld und Sachmittel; Entscheidungsrechte, Unterschriftsbefugnisse; Einflussrechte auf Personen/Stellen; Sonderrechte
- **Informations- und Kommunikationsbild:** Ein- und ausgehende Berichte; Information anderer Stellen; Konsultation, Beratung, Genehmigung; gemeinsame Entscheidungen
- **Kooperationsbild:** Zusammenarbeit mit un-/gleichrangigen Stellen; Mitwirkung in internen/externen Arbeitsgruppen, Teams und Gremien
- **Anforderungsbild:** Vorbildung, Ausbildung, Erfahrung; Persönlichkeit, Verhalten; fachliche und soziale Fähigkeiten; Interaktions- und Kommunikationsfähigkeit
- **Zielbild:** Standardziele; Sonder- und Innovationsziele; persönliche Entwicklungsziele

- **Beurteilungsbild:** Quantität/Qualität der Zielerreichung/Aufgabenerfüllung; individuelles Verhalten und äußere Erscheinung; Verhalten gegenüber Kollegen, Mitarbeitern, Vorgesetzten sowie externen Stellen

Aufbauend auf dieser inhaltlichen Differenzierung lassen sich dann die **funktionsorientierte**, die **rollenorientierte** und die **leistungsorientierte Stellenbeschreibung** als drei **Typen** von Stellenbeschreibungen ableiten. Die folgende Abbildung D.31 verdeutlicht nochmals, wie sich die drei Typen aus unterschiedlichen Inhalten zusammensetzen.

Ferner zeigt sie, dass **Führungsstil und -konzept** sowie **Organisationsstruktur und -kultur** einen Einfluss darauf haben, welche Stellenbeschreibungen in der jeweiligen Organisation überhaupt einsetzbar/anwendbar sind. Existieren etwa aufgrund eines streng **autoritären Führungsstils** (☞ D. II. 2.1) eigentlich gar keine festgelegten organisatorischen Regelungen, so ist die funktionsorientierte Stellenbeschreibung nicht einsetzbar. Fokussiert man auf die Organisationsstruktur und stellt beispielsweise fest, dass eine hohe Arbeitsteilung mit hoch standardisierten Tätigkeiten vorliegt, so ist die funktionsorientierte Stellenbeschreibung nützlich. Zeichnet sich eine Tätigkeit durch einen größeren Arbeitsumfang aus oder ist eine Tätigkeit durch Innovativität und Flexibilität gekennzeichnet, so sind funktionsorientierte Stellenbeschreibungen nicht mehr sinnvoll anwendbar und rollenorientierte oder leistungsorientierte Stellenbeschreibungen gewinnen aufgrund ihrer inhaltlichen Ausrichtung an Bedeutung. So entstehen bspw. Innovationen durch eine enge Zusammenarbeit, welche auch in der Stellenbeschreibung in Form des Kooperationsbildes Eingang finden sollte. In einer Unternehmenskultur, die etwa Innovativität und Flexibilität und damit Gruppenarbeit und Teamarbeit fördert, ist eine funktionsorientierte Stellenbeschreibung ebenfalls nicht mehr einsetzbar. Hier erscheint die Anwendung von Stellenbeschreibungen sinnvoller, die das Kooperationsbild, das Anforderungsbild, aber auch das Zielbild, etwa durch eine Festlegung von Innovationszielen, berücksichtigen.

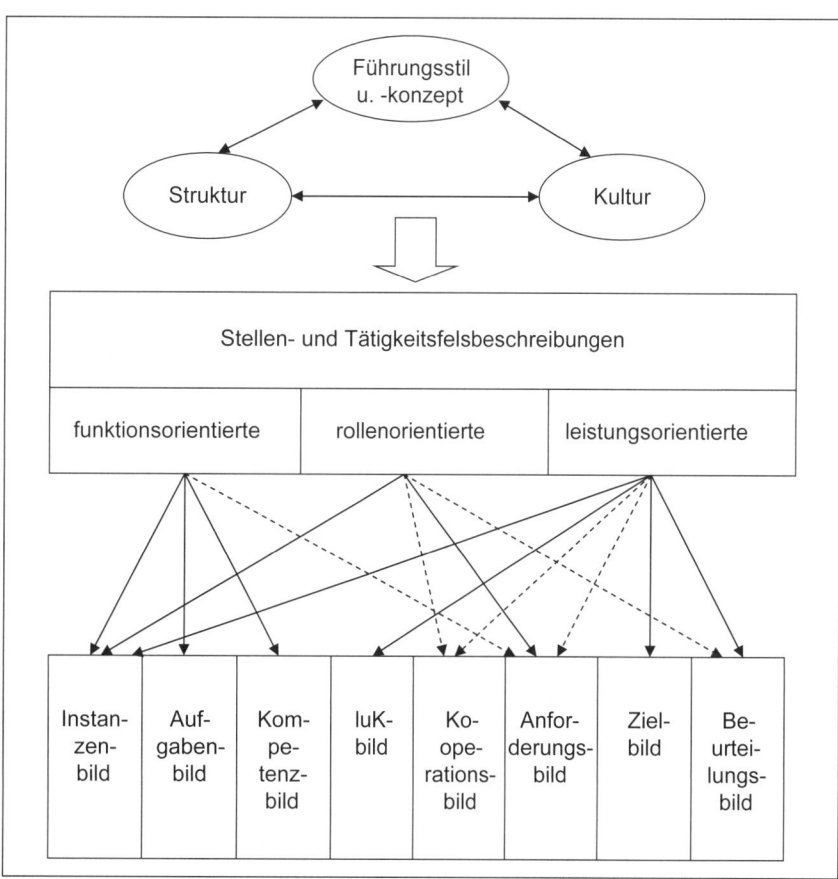

Abb. D.31: Einflussgrößen, Typen und Inhalte von Stellenbeschreibungen (*Krüger* 1995, Sp. 1989 f.)

Rollenbilder als neue Generation von Stellenbeschreibungen

Ulmer (2014) schlägt vor, den Begriff der Stellenbeschreibung durch den des **Rollenbildes** zu ersetzen. Ursächlich hierfür ist, dass Stellen in modernen Organisationen an Bedeutung verlieren und Mitarbeiter vielmehr **Rollen** mit dynamisch ändernden, wechselnden Aufgaben und mit einem hohen Selbstbestimmungsgrad übernehmen. Entsprechend reicht es nicht mehr aus, lediglich auf Aufgaben abzustellen, sondern es müssen vielmehr auch weitere Inhalte hinzukommen (vgl. *Ulmer* 2014, S. 25):

- Angaben zum Zeitaufwand, der für die einzelnen Aufgaben ungefähr eingesetzt wird,
- Angaben zur Anforderungsniveau der einzelnen Aufgaben,
- Angabe der wichtigsten Prozesse, denen die Aufgaben dienen,
- Anforderungsprofil der Stellen, eventuell ergänzt mit dem Stellenwert,
- Möglichkeiten zur Beurteilung der Aufgabenerfüllung.

Somit ähnelt das Rollenbild nach Ulmer dem von *Krüger* (1995) vorgeschlagenen Typ der rollenorientierten Stellenbeschreibung mit Instanzenbild, Beurteilungsbild, Anforderungsbild und Kooperationsbild. *Ulmer* (2014, S. 23) hebt hier allerdings explizit auf die Bedeutung von Prozessen für ein Stellen- bzw. Rollenverständnis ab.

Allgemein sind Stellenbeschreibungen dann wenig hilfreich, wenn sie alibimäßig, und ohne Einbindung in den Führungsalltag existieren. Allerdings sollte sich eine Führungskraft bewusst sein, dass dieses Instrument (laufend) zu aktualisieren ist (in der Regel mindestens einmal jährlich (zu prüfen); vgl. *Bröckermann* 2012, S. 41). In diesem Zusammenhang könnte vor dem Hintergrund komplexerer, dynamischer oder unsicherer Organisationsverhältnisse etwa auch über eine Clusterung von Stellenbeschreibungen zu Stellenbündeln aus Vergleichbarkeits- und Vereinfachungsgründen nachgedacht werden (Stichwort: Stellenbündel als Mittel der Führung; siehe dazu *Becker* 2014).

IV. Gestaltung durch Führungs-Controlling

Nachdem wir uns zuvor mit Führungsstilen und Führungsinstrumenten ausführlich beschäftigt haben, wenden wir uns der Gestaltung von Führungsbeziehungen durch Führungs-Controlling zu. Das Führungs-Controlling gibt nämlich erst Aufschluss darüber, ob die eingesetzten Führungsinstrumente die intendierte Wirkung erzielt haben oder der eigene Führungsstil erfolgreich war. Und es kann mehr, beispielsweise Differenzen zwischen Führungskraft und Geführten aufzeigen oder den Nutzen einer Weiterbildung für Führungskräfte bestimmen.

Die nachfolgende Abbildung D.32 zeigt ein Beispiel für eine solche empirisch feststellbare Differenz.

Sie lässt beispielhaft erkennen, dass die Unterschiede zwischen Selbst- und Fremdeinschätzung durchaus gravierend sind. Dies ist insofern nachteilig für eine Führungsbeziehung, als die Zuerkennung von Führung zu einem nicht unbedeutenden Teil davon abhängt, wie gut es Führende vermögen, den Erwartungen der Geführten zu entsprechen. Um die Erwartungen der Geführten berücksichtigen zu können, benötigt der Führende jedoch Kenntnisse darüber, wie diese beschaffen sind.

1. Was unter Führungs-Controlling zu verstehen ist

Bleiben wir zunächst beim Controlling selbst. Controlling geht über Kontrolle als einen bloßen Vergleich zwischen geplanten und realisierten Größen hinaus. Im Sinne der englischsprachigen Managementliteratur wird „*control*" als Steuern, Lenken, Beherrschen und Regeln von Prozessen verstanden. Controlling wird daher natürlicherweise als eine zentrale Aufgabe von Führungskräften gesehen (vgl. *Horváth/Gleich/Seiter* 2015, S. 13 f.). Ob sie diese selbst ausübt oder andere, gar extra hierfür institutionalisierte Abteilungen dies für die Führungskraft wahrnehmen (vgl. z. B. *Wimmer/Schumacher* 2008, S. 187 ff.), ändert an der **Funktion des Controllings**, Koordination, Planungsunterstützung, Informationsversorgung, prinzipiell nichts. Allerdings wird diese Funktion uneinheitlich konzipiert (siehe *Hubert* 2015, S. 8; *Weber/Schäffer* 2014, S. 1 f.). Kern der jeweiligen Konzeptionen sind Aussagen zu den Gründen von Controlling-Tätigkeiten sowie des Nutzens dieser Tätigkeiten für die Organisation (v. a. die Unternehmung).

Controlling-Konzeptionen

Einfache **klassische Konzeptionen** stellen die Aufgabe der **Informationsversorgung** in den Vordergrund; zunächst rein Rechnungswesen basiert, dann umfassender, weil stärker bedarfsorientiert (vgl. *Weibler/Lucht* 2004; *Heigl* 1989, S. 3; *Hoffmann* 1972, S. 85). Demnach sollen durch das Controlling Informationen beschafft, aufbe-

IV. Gestaltung durch Führungs-Controlling Kapitel D

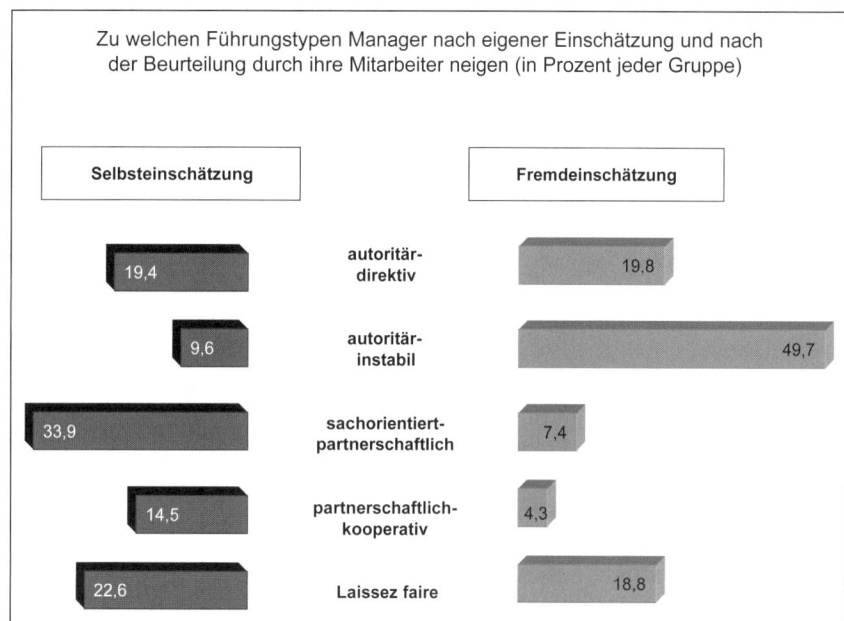

Abb. D.32: Selbst- und Fremdeinschätzung bei Führungsstilen (*geva-Institut München* 1994; zitiert nach *Franken* 2004, S. 271)

reitet und koordiniert werden, die dann für die zielgerichtete Steuerung des jeweiligen Subsystems oder aber gar für die Gesamtsteuerung des Unternehmens verwendet werden können.

Eine komplexere klassische Konzeption von Controlling geht von einer **koordinationsorientierten Sichtweise** aus (vgl. z. B. *Horváth/Gleich/Seiter* 2015, S. 65 ff.; *Küpper u. a.* 2013, S. 33 ff.; *Friedl* 2005). In diesem Rahmen soll das Controlling den Koordinationsbedarf decken, der durch die Aufspaltung eines Unternehmens in ein (Unternehmens-)Führungs- und ein Leistungssystem sowie durch die weitere Unterteilung des Führungssystems in Subsysteme entsteht (Sekundärkoordination als Problemstellung des Controllings).

Neben diesen klassischen Konzeptionen nimmt die Konzeption des Controllings als Rationalitätssicherung der Führung schon verbal eine Führungsperspektive ein (vgl. *Weber/Schäffer* 2014, S. 26 f.). Rationalitätssicherung soll in diesem Zusammenhang gewährleisten, dass Führungskräfte trotz Beschränkungen im Können und Wollen zu effizienten und rationalen Entscheidungen gelangen. Rationalität meint dabei insbesondere Zweckrationalität, d. h. als Abwägen von Mitteln vor dem Hintergrund gegebener Zwecke und Nebenfolgen. Diese Konzeption nimmt eine übergeordnete Perspektive ein. Je nachdem, welcher Rationalitätsengpass in einem bestimmten Kontext dominant ist, wird entweder ein koordinationsorientiertes oder informationsorientiertes Controlling favorisiert (vgl. *Pietsch* 2003, S. 11).

Eine neuere Konzeption ist die **reflexionsorientierte Sichtweise von Controlling** (vgl. *Scherm/Süß* 2010; *Pietsch/Scherm* 2001, 2000). Als Besonderheit kommt Controlling hier neben seiner Führungsunterstützungsfunktion der Informationsversorgung auch eine Führungsfunktion selbst zu. Diese ist in der **Reflexion** von Entscheidungen (in verschiedensten Bereichen wie Planung, Organisation und eben auch der Personalführung) zu sehen (vgl. *Scherm/Süß* 2010, S. 97). Gemeint ist eine „*kritisch-distanzierende Gedankenarbeit*" (*Pietsch* 2003, S. 24), die über eine kritische Erfolgsbeurteilung unternehmerischer Entscheidungen (abweichungsorientierte Reflexion; Führungsunterstützungsfunktion) hinausgeht. Vielmehr geht es in Ergänzung um das Aufdecken neuer Gestaltungs-Perspektiven und innovativer Gestaltungs-Vorschläge zu erwirken (vgl. *Scherm/Süß* 2010, S. 97 ff.). Die Führungsfunktion des Controllings lässt sich damit für unsere Zwecke als Reflexion über Verhaltensbeeinflussungsentscheidungen der Personalführung im Rahmen der Gestaltung von Führungsbeziehungen verstehen. Zu bedenken ist, dass auch eine Reflexion Informationen benötigt, die das führungsunterstützende Controlling als Informationen liefern muss. Führungs- und Führungsunterstützungsfunktion des Controllings verweisen somit wechselseitig aufeinander (vgl. Abb. D.33).

Was können wir nun aus der Betrachtung der Controlling-Konzeptionen mitnehmen? Die Ausführungen sollten deutlich gemacht haben, dass Controlling-Kon-

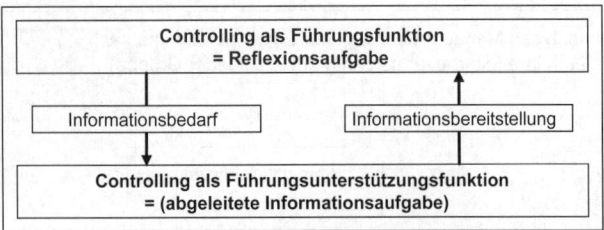

Abb. D.33: Controlling als Führungs- und Führungsunterstützungsfunktion (vgl. *Pietsch/Scherm* 2000, S. 12)

zeptionen jeweils unterschiedliche Schwerpunkte bezüglich der Funktion von Controlling setzen. Abschließend stellt sich nun die Frage, welche der genannten Auffassungen für unsere Zwecke besonders nützlich ist. Wir halten das reflexionsorientierte Controlling für angemessen. Hier können Informationen, deren Stellenwert wie Bezugspunkte, aber auch deren relative Bedeutung gut mit Führungsfragen verzahnt werden.

2. Wie Führungs-Controlling konkretisiert und differenziert werden kann

Im Folgenden wollen wir nun Führungs-Controlling konkretisieren und differenzieren. Hierzu gehen wir zunächst auf die Ebenen von Führungs-Controlling ein, bevor wir uns dann genauer mit dem Prozess des Führungs-Controllings sowie der Verankerung von Führungs-Controlling im Organisationskontext beschäftigen möchten.

Ebenen des Führungs-Controllings

Im Rahmen des Führungs-Controllings unterscheiden wir zwischen einer strategischen und einer operativen Ebene (vgl. auch *Wunderer* 2011, S. 419):

Die **strategische Ebene** ist durch eine längerfristige Perspektive bestimmt. Auf dieser Ebene sind die übergeordneten Ziele der Führung und die grundsätzlichen Entscheidungen für bestimmte Elemente und Instrumente der Führung anzusiedeln. Dazu zählen beispielsweise allgemeine Ziele, wie sie in Führungsgrundsätzen fixiert werden oder die Entscheidung, in der Organisation Mitarbeitergespräche als Führungsinstrument einzusetzen. Die Gewährleistung zur Erreichung vorgegebener Ziele ist somit insbesondere von den Maßnahmen, Instrumenten und den zur Verfügung stehenden Informationen abhängig. Die strategische Ebene setzt sozusagen den gröberen Rahmen um die Gestaltung von Führungsbeziehungen. Die strategische Ebene des Führungs-Controllings wird in der Regel von Führungskräften auf den hohen Hierarchieebenen sowie der Organisationsleitung in Zusammenarbeit mit Controlling-Abteilungen durchgeführt. Nichtsdestotrotz sollten auch Führungskräfte niedriger Hierarchieebenen für diese Ebene sensibilisiert und sprachfähig sein.

Die **operative Ebene** fokussiert auf die Gegenwart und die kurze Frist. Hierbei werden die ökonomischen und sozialen Folgen der Führung erfasst. Als ökonomische Folgen können beispielsweise die Kosten der Führung gesehen werden (vgl. *Avolio/Avey/Quisenberry* 2010, S. 634 f.). Dazu zählen zum einen die direkten Kosten der Führung (z. B. Gehälter der Führungskräfte, Kosten für einzelne Führungsmaßnahmen) und zum anderen der noch bedeutsamere Bereich der Opportunitätskosten (z. B. die Kosten, die durch einen unangepassten und damit suboptimalen Führungsstil entstehen). Die sozialen Folgen umfassen den gesamten Bereich der Führungsbeziehung (z. B. das Verhalten der Individuen und ihre Beziehung zueinander). Diese operative Ebene fördert die Abwicklung des „Tagesgeschäftes" und ist daher insbesondere für Führungskräfte aller Hierarchieebene von Bedeutung. Hier kann durch ein Führungs-Controlling konkret die Optimierung einer Gestaltung von Führungsbeziehungen angestrebt werden. Beide Bereiche (Führungsfunktion und Führungsunterstützungsfunktion) könnten etwa von einem Führenden selbst ausgeübt werden (Selbst-Controlling). Es besteht aber auch die Möglichkeit, dass die Führungsunterstützungsfunktion an eine Führungs-Controlling-Abteilung ausgelagert wird. Zudem kann es vorkommen, dass die Führungsfunktion von Führungs-Controlling von einer Führungskraft und einem Controller im Team durchgeführt wird (vgl. *Pietsch* 2003).

Mit Blick auf die Unterscheidung in eine **strategische** und in eine **operative** Ebene können wir Führungs-Controlling wie folgt definieren:

- **Strategisches Führungs-Controlling** ist die zielorientierte Information und darauf aufbauende Reflexion der Ziele, Elemente und Instrumente der Führungskonzeption einer Organisation und die Identifikation möglicherweise notwendiger Optimierungsmaßnahmen.

- **Operatives Führungs-Controlling** ist die zielorientierte Information und darauf aufbauende Reflexion der ökonomischen und sozialen Folgen der Führung und die Identifikation möglicherweise notwendiger Optimierungsmaßnahmen.

Auf beiden Ebenen soll das Controlling eine zielorientierte Evaluation der Controlling-Objekte leisten. Zu klären ist daher, was in diesem Zusammenhang **(1) ziel-**

orientiert bedeutet und **(2)** wie die **Objekte des Führungs-Controllings** spezifiziert werden können:

Ad (1): Zielorientiert bedeutet, dass die Evaluation mit Ausrichtung auf das Ziel des Führungs-Controllings stattfinden soll. Dies liegt konsequenterweise darin, die Führungs- und Führungsunterstützungsfunktion bezogen auf die Personalführung umzusetzen, um den Führungserfolg positiv zu beeinflussen.

Ad (2): Als **Objekte des Führungs-Controlling** sind die Bereiche der Führung zu sehen, die im Rahmen eines solchen Controllings evaluiert werden. Dabei kann man nach *Wunderer* (2011, S. 427) grundsätzlich vier Hauptbereiche unterscheiden:

- **Führungssituation:** v. a. Umwelt, Führungsstruktur, -kultur, -strategie sowie Aufgaben, Anforderungen, Ansprüche, Ressourcen und Rollen
- **Führungspotenziale und Personencharakteristika:** Strukturmerkmale wie Alter, Geschlecht, Karrieremuster, Qualifikation und Motivation, Entwicklungschancen
- **Führungsfunktionen und -prozesse sowie -instrumente und -strukturen:** Auswahl- und Beurteilungssysteme, Führungsgrundsätze, -organisation, -kommunikation, Anreiz- und Karrieresysteme, Weiterbildungsmaßnahmen
- **Führungsergebnisse und -verhalten:** v. a. Leistungsdaten und Zufriedenheiten

Zur Verdeutlichung seien zwei Beispiele genannt:

Beispiel zur zielorientierten Evaluation

Die zielorientierte Evaluation des Führungsgrundsatzes „Anwendung eines autoritären Führungsstils" ist dem strategischen Führungs-Controlling zuzuordnen. Zielorientiert bedeutet dann die Sammlung, Aufbereitung, Interpretation und Bereitstellung von Informationen darüber, ob ein autoritärer Führungsstil generell geeignet ist, den geplanten Führungserfolg zu erreichen. So kann es sein, dass zum ursprünglichen Erstellungszeitpunkt der Führungsgrundsätze ein solcher Stil tatsächlich funktional geeignet und sozial akzeptiert war, aber nunmehr – bedingt durch Wertewandel oder eine veränderte Organisationskultur – ein kooperativer Führungsstil optimal ist. Die Evaluation wird dann in der Hinsicht negativ ausfallen, als der autoritäre Führungsstil vor diesem Hintergrund grundsätzlich nicht mehr geeignet ist, den geplanten Führungserfolg zu erreichen. Als notwendige Optimierungsmaßnahme wird eine Veränderung des Führungsgrundsatzes in Richtung kooperativer Führung identifiziert und von der Organisationsleitung in engem Austausch mit dem Personalmanagement und Führungskräften hoher Hierarchieebenen anschließend umgesetzt.

Die zielorientierte Evaluation der Anwendung eines bestimmten Führungsstiles ist dem operativen Führungs-Controlling zuzuordnen. Denkbar ist beispielsweise, dass die Führungskraft mit einem kooperativen Führungsstil die Leistungsbereitschaft ihres Geführten positiv beeinflussen wollte. Zielorientierte Evaluation bedeutet dann die Sammlung, Aufbereitung, Interpretation und Bereitstellung von Informationen darüber, ob die geplante motivationale Wirkung eingetreten ist. Angenommen, die Wirkung ist nur teilweise eingetreten und aus den gesammelten und ausgewerteten Informationen ist deutlich geworden, dass die Ursache für den partiellen Misserfolg in der unzureichenden Anwendung des Führungsstils durch die Führungskraft liegt. Dann könnte sie sich dazu entscheiden, an einem Führungsverhaltenstraining als notwendige Optimierungsmaßnahme teilzunehmen.

Insgesamt betrachtet bezieht sich Führungs-Controlling also ausdrücklich auf die Bewertung und Optimierung der Personalführungsarbeit und klammert andere Unternehmensführungsprozesse aus. Damit lässt sich Führungs-Controlling von einem zentralen **Unternehmens-Controlling** abgrenzen, wo die Betrachtung auf der Ebene der gesamten Unternehmung verbleibt.

Führungs-Controlling als Prozess

Einige Abläufe des Führungs-Controllingprozesses sind bereits in den beiden vorangegangenen Beispielen zur zielgerichteten Evaluation angesprochen worden. Hier gehen wir nun auf die Idee des Regelkreises näher ein, die zur Veranschaulichung des Prozesscharakters immer wieder gewählt wird. Der hier vorgestellte einfache Regelkreis soll nur eine grundsätzliche Vorstellung geben und lässt sich noch erweitern (vgl. z. B. *Küpper u. a.* 2013, S. 268 f.).

Der **Controlling-Regelkreis** kann durch vier aufeinander folgende Phasen beschrieben werden (vgl. *Hölzle* 1999, S. 123 f.; vgl. Abb. D.34):

Zu Beginn der **Planungsphase** steht zunächst eine Analyse der Ist-Situation. Im Anschluss an diese Analyse folgt die Definition der Soll-Größe. Eine Differenz zwischen den beiden Größen soll durch geeignete Maßnahmen beseitigt werden. Am Schluss der Planungsphase wird eine Maßnahme festgelegt.

In der **Durchführungsphase** wird die in der Planungsphase bestimmte Maßnahme durchgeführt.

Die **Messungs- und Vergleichsphase** beginnt zunächst wieder mit einer Analyse des Ist-Zustandes. Mit anderen

Worten handelt es sich hierbei um eine reine Kontrollfunktion, die mögliche Abweichungen zwischen der Ist- und Sollsituation abbilden soll. Dabei ergeben sich zwei Möglichkeiten. Eine Möglichkeit ist es, zu prüfen, ob und in welchem Umfang die Maßnahme umgesetzt worden ist. Die zweite Möglichkeit ist die erneute Bestimmung des Ist-Zustandes der zu optimierenden Größe. In der Praxis wird die erste Möglichkeit vor allem dann häufig gewählt, wenn die Bestimmung der Maßnahmenumsetzung erheblich kostengünstiger ist, als die Bestimmung des Zustandes der zu optimierenden Größe. Diese Möglichkeit ist jedoch nur sinnvoll, wenn zwei Voraussetzungen erfüllt sind: Die Maßnahme muss grundsätzlich zur Optimierung geeignet sein und ihre wesentlichen Anwendungsvoraussetzungen dürfen sich in der Zwischenzeit nicht geändert haben. Im weiteren Verlauf der Messungs- und Vergleichsphase wird wiederum ein Soll/Ist-Vergleich durchgeführt, um Abweichungen zu erkennen.

Hat der Soll/Ist-Vergleich eine Abweichung ergeben, wird zu Beginn der **Steuerphase** eine Abweichungsanalyse durchgeführt. Sind die Ursachen der Abweichung identifiziert, können gegensteuernde Maßnahmen ergriffen werden. Der Kreislauf würde dann beginnend mit der Planungsphase in eine neue Runde eintreten und zwar solange, bis das Ziel bzw. die Soll-Größe erreicht ist.

Der beschriebene Controlling-Kreislauf arbeitet nach dem **Feedback-Prinzip** (Rückwärtskopplung), d.h. es wird ex post ein Vergleich zwischen einem bereits realisierten Ergebnis und vorher festgelegten Planwerten durchgeführt. Nachteilig ist dabei, dass bei Abweichungen von den Planwerten bei starrer Anwendung des Feedback-Prinzips nur reaktiv gehandelt werden kann, da es sich um eine vergangenheitsorientierte Steuerungsmethode handelt. In der Controlling-Literatur findet man daher auch das **Feedforward-Prinzip** (Vorwärtskopplung). Bezogen auf den Führungsprozess heißt dies Folgendes: Während das Feedback auf den Ergebnissen des Führungsprozesses und ihren Abweichungen von den Planwerten aufbaut, setzt das Feedforward an den Inputs des Führungsprozesses an. Kern des Konzeptes ist es, Hypothesen über die zukünftigen Wirkungen von Führungsmaßnahmen zu bilden und eventuelle Abweichungen von den Planwerten zu antizipieren. Die Vorwärtskopplung versucht somit die Störgrößen direkt zu erfassen und zu prognostizieren. Im oben geschilderten Controlling-Regelkreis würden bereits in der Planungsphase Früherkennungsindikatoren eingesetzt werden, um im Verlauf der weiteren Phasen zu erwartende Störungen zu berücksichtigen und die Erreichung der Ziele sicherzustellen. Damit wird die vergangenheitsorientierte Steuerung durch eine zukunftsorientierte ergänzt. Zentrales Element der Controlling-Konzeption bleibt jedoch die Feedback-Steuerung, da eine fehlerfreie Antizipation aller möglichen Wirkungen und Wechselwirkungen von Führungsmaßnahmen aufgrund der sich ständig verändernden Erfolgsdeterminanten nicht möglich ist.

Die abstrakte Betrachtung des **Regelkreises** soll nun durch ein **Beispiel** aus dem Führungskontext verdeutlicht werden. Es geht um die Motivation eines Geführten und um die Wirksamkeit eines Führungsinstrumentes (☞ D. III.), das auf sie einwirken soll:

Die Grundlage für unsere Darstellung bietet ein Gruppenmitglied, dessen Fehlzeiten überdurchschnittlich

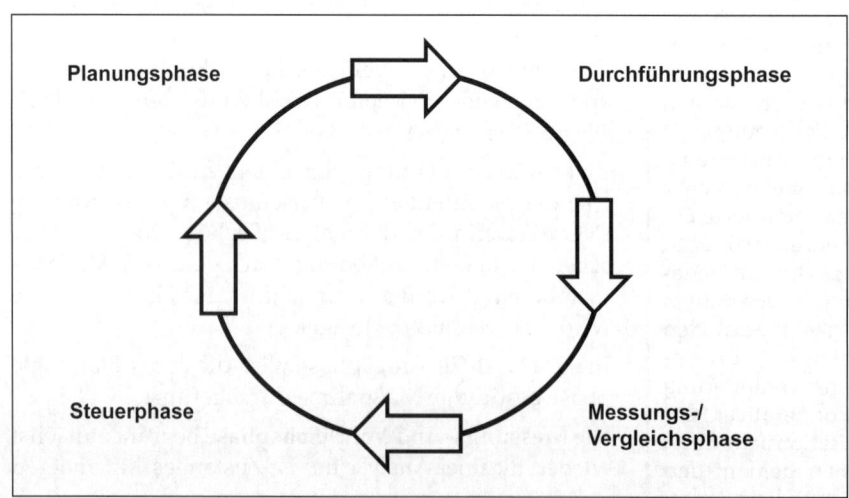

Abb. D.34: Controlling-Regelkreis (nach *Hölzle* 1999)

hoch sind, obwohl keine nennenswerten gesundheitlichen Probleme seinerseits vorliegen. Der Gruppenleiter führt dies auf eine ungenügende Motivation des Mitarbeiters und damit (auch) auf eine nicht ausreichend wirksame Führung zurück. Da die Motivation des Mitarbeiters nicht direkt messbar ist, verwendet der Gruppenleiter die Fehlzeiten und ihre Verteilung als Indikator. In der **Planungsphase** wird im Rahmen der Ist-Analyse der Umfang der Fehlzeiten bestimmt, der als Motivationsindikator genommen wird (natürlich eine problematische Annahme). Im Anschluss könnte der Gruppenleiter eine bestimmte Anzahl von tolerierbaren Fehltagen als Soll-Größe festlegen. Er könnte sich dabei z. B. am Durchschnitt der Gruppe oder der Organisation orientieren. Denkbar ist auch, dass die Personalabteilung eine entsprechende Vorgabe macht. Dort, wo der Gruppenleiter festgestellt hat, dass die Fehlzeiten höher liegen, als es der Soll-Größe entspricht, plant er, mit Hilfe des Führungsinstrumentes „Anerkennung und Kritik" (☞ D. III. 3.3) die Motivation des Mitarbeiters zu erhöhen und so die Fehlzeiten zu reduzieren.

In der **Durchführungsphase** wendet der Gruppenleiter das Instrument an und versucht, durch eine ausgeprägtere und differenziertere Anerkennung der jeweiligen Leistungen auf die Motivation des Mitarbeiters Einfluss zu nehmen.

In der folgenden **Messungs- und Vergleichsphase** stellt der Gruppenleiter im ersten Schritt den Ist-Zustand anhand der aktuellen Fehlzeiten fest. Im zweiten Schritt kommt der Vergleich mit der in der Planungsphase festgelegten Soll-Größe hinzu. So kann der Gruppenleiter feststellen, ob die Führungsmaßnahme (mit einer notwendigen ceteris paribus Annahme) wirksam war. Idealerweise stimmen beide Größen überein und der Kreislauf ist bereits hier beendet.

Ergibt sich jedoch eine Abweichung, stellt der Gruppenleiter in der anschließenden **Steuerphase** die Abweichungsursachen mit einer Abweichungsanalyse fest. In unserem Beispiel identifiziert der Gruppenleiter die folgende Abweichungsursache: Er hat dem Mitarbeiter die geplante Anerkennung nur im Rahmen der halbjährlich stattfindenden Mitarbeitergespräche zukommen lassen. Er reflektiert über Gestaltungsmöglichkeiten und beschließt, dem Mitarbeiter unabhängig von dieser institutionalisierten Form und erheblich häufiger auch zwischendurch die Anerkennung seiner Leistungen zu vermitteln. Mit der Planungsphase würde nun eine neue Runde des Kreislaufes beginnen.

Das beschriebene Beispiel entspricht dem **Feedback-Prinzip**, da aus dem Vergleich von geplanten und realisierten Fehlzeiten auf die Wirksamkeit der Führungsmaßnahme geschlossen wird. Aber auch das zuvor angesprochene **Feedforward-Prinzip** kann im Rahmen des Beispiels dargestellt werden. Denkbar ist u. a. folgende, leicht veränderte Konstellation: Im Rahmen der Planungsphase muss sich der Gruppenleiter für eine Führungsmaßnahme entscheiden. Aufgrund des Studiums der Personalakte des Mitarbeiters schätzt er, dass das Führungsinstrument „Anerkennung und Kritik" (☞ D. III. 3.3) grundsätzlich geeignet ist. Aus der Akte geht aber hervor, dass dieses Instrument in den verschiedenen Abteilungen, in denen der Mitarbeiter vorher gearbeitet hat, nur dann die gewünschte Wirkung gezeigt hat, wenn es besonders intensiv und häufig genutzt wurde. Feedforward würde nun bedeuten, dass der Gruppenleiter antizipiert, dass eine Anwendung des Instrumentes nur in den halbjährlichen formalisierten Mitarbeitergesprächen nicht ausreicht und dies bereits in der ersten Durchführungsphase berücksichtigt.

Verankerung des Führungs-Controllings in der Organisation

Theoretisch könnte in unserem Beispiel die Führungskraft diese Aufgabe freiwillig übernommen haben, ohne dass sie ihm zugewiesen wurde. Der Gruppenleiter hätte in allen vier Phasen selbst als maßgeblicher Träger der Controlling-Funktion fungiert: Die Analysen, die Planung der Maßnahme, die Durchführung und die Steuerung wurden von ihm durchgeführt. Dies wäre verdienstvoll, doch sollten sich Organisationen nicht hierauf verlassen. Deshalb werden solche Aufgaben wie bereits erwähnt institutionalisiert. Hier bestehen mehrere Möglichkeiten (vgl. z. B. *Friedl* 2005, S. 322). Zunächst einmal muss entschieden werden, ob alle Aufgaben (strategische, operative) von einer Stelle wahrgenommen werden, oder ob verschiedene Stellen für unterschiedliche Aufgaben zuständig sind. Dann ist zu entscheiden, ob die Controllingaufgaben von den Entscheidungsträgern (Führungskräften) selbst wahrgenommen werden (siehe Beispiel; Selbst-Controlling) oder ob zusätzliche, spezialisierte Stellen, möglicherweise gebündelt zu Bereichen, zur Wahrnehmung der Controllingaufgaben einzurichten sind (Fremd-Controlling). Im letzten Fall ist zu prüfen, ob das Controlling zentral in einer Organisationseinheit und damit unter einer einheitlichen Leitung stattfindet (mit oder ohne Einordnung in die Unternehmensleitung), oder ob eine dezentrale Lösung favorisiert wird (Bereichscontrolling), was wiederum dann der Bereichsführung oder aber fachlich, ggf. auch disziplinarisch, einem Zentralcontrolling unterstellt werden kann (vgl. *Schneider* 2005, S. 32). Abschließend sind die Kompetenzen, die diese Stellen/Bereiche besitzen, anzugeben (Linien-, Stabs- oder Querschnittsfunktion).

Ohne auf die einzelnen Vor- und Nachteile eingehen zu wollen, sei zumindest darauf hingewiesen, dass ein **Selbst-Controlling** gleichzeitig ein Konzept zur **Selbststeuerung** darstellt. Der wesentliche Vorteil einer solchen Konzeption liegt darin, dass sie insbesondere bei Controlling-Objekten, die direkt die Interaktion zwischen Führungskraft und Geführtem betreffen, eine maximale Problemnähe ermöglicht. Aus Sicht der Organisationsleitung haben insbesondere die Führungskräfte einen vollständigeren Überblick über relevante Einflussfaktoren, die ihre Führungsbeziehungen betreffen (vgl. *Wimmer/Schumacher* 2008, S. 188). Allerdings erfordert eine solche Konzeption auch von den jeweiligen Trägern eine entsprechende Motivation, Qualifikation, ein hohes Maß an Eigeninitiative und bringt das Risiko der Überforderung oder unbewussten Verzerrung mit sich (vgl. auch *Wunderer/Schlagenhaufer* 1994, S. 92). Des Weiteren sind Instrumente (z. B. Feedbackbögen) und aufbereitete Daten partiell seitens der Personalabteilung oder spezieller Servicestellen zur Verfügung zu stellen. Auf der anderen Seite liegt der Hauptvorteil der zentralisierten Perspektive in der professionelleren Herangehensweise und besseren Gesamtschau.

In der Praxis empfehlen sich daher Mischformen der beiden Konzeptionen. Im operativen Führungsbereich dominiert das dezentrale Selbst-Controlling. Dieses wird durch zentralisierte Elemente ergänzt. Im Rahmen des zentralisierten Führungs-Controllings wird der Schwerpunkt auf das strategische Führungs-Controlling gelegt.

Unabhängig von der Art, wie das Führungs-Controlling organisiert wird, bedarf es zu seiner Zielerreichung effektiv gestalteter Analysemethoden und Instrumente.

Im nächsten Kapitel wird daher zunächst auf allgemeine Analysemethoden und daran anschließend auf ausgewählte Instrumente Bezug genommen.

Institutionalisiert wird ein Führungs-Controlling insbesondere mit wachsender Unternehmensgröße und zunehmender Verflechtung des Unternehmens mit seiner Umwelt. Dies kann damit begründet werden, dass die zu untersuchenden Zusammenhänge dann immer komplexer werden. Controlling ist daher heutzutage organisatorisch häufig nicht mehr nur als eine zentrale Kontrollinstanz im Unternehmen implementiert, sondern findet sich in den verschiedensten Funktionsbereichen wieder. Jedes **Funktions-Controlling** soll dabei durch seinen engeren Fokus eine bessere Durchdringung der spezifischen Strukturen und Probleme seines Bereiches gewährleisten. Die folgende Abbildung D.36 stellt die Differenzierung des Unternehmens-Controllings einmal anschaulich dar.

Entsprechend lassen sich ein **Produktions-**, ein **Marketing-**, ein **Finanz-**, ein **Beschaffungs-**, ein **Personal-**, sowie ein **Forschungs- und Entwicklungscontrolling** identifizieren. Das hier betrachtete Führungs-Controlling ist ein Teilbereich des **Personal-Controllings**. Personal-Controlling als Funktions-Controlling bezieht sich aus der reflexionsorientierten Perspektive im weiteren Sinne auf die reflexive Erfolgssteuerung der Ressource Personal. Es muss dabei die spezifischen Besonderheiten dieser Ressource berücksichtigen. Während das Finanz-Controlling z. B. sehr gut auf die Daten des klassischen Rechnungswesens zurückgreifen und mit monetären Erfolgsgrößen arbeiten kann, reicht es für eine Erfolgssteuerung des Personals nicht aus, nur monetär fassbare Größen wie z. B. die Personalkosten zu beachten. Vielmehr sind für das Führungs-Controlling

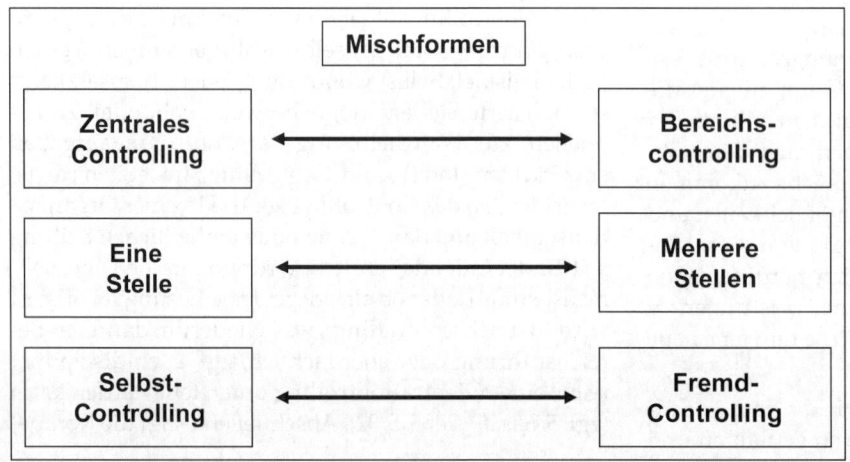

Abb. D.35: Formen der Organisation von Führungs-Controlling

zusätzlich qualitative Größen wie z. B. die soziale Qualifikation der Mitarbeiter, Arbeitszufriedenheit, Arbeitssituation und Identifikation zu berücksichtigen.

3. Welche Instrumente im Führungs-Controlling genutzt werden können

Nachdem wir uns genauer angeschaut haben, wie ein Führungs-Controlling konkretisiert und differenziert werden kann, stellt sich nun die Frage, welche Instrumente im Führungs-Controlling zum Einsatz kommen können (vgl. auch *Wunderer* 2011, S. 422 ff.). Als **Instrumente** wollen wir grundsätzlich in Anlehnung an *Welge* (1988)

> „[...] alle Methoden, Verfahren und Techniken zusammenfassen, die zur Lösung von Controllingproblemen herangezogen werden können" (S. 338).

Bezogen auf unsere Konzeption eines reflexionsorientierten Controllings sind somit hierunter alle Methoden zu verstehen, die die Gewinnung und Verarbeitung von Informationen inklusive einer Reflexion über Führung ermöglichen. Allerdings ist hier für die Einordnung als Führungs-Controlling-Instrument wieder die Perspektive, aus der man sie betrachtet, entscheidend. Stand für ihre Einordnung als Führungsinstrument etwa die Fähigkeit, Verhalten auszurichten im Vordergrund, so sind es hier (d. h. im Bereich des Führungs-Controllings) ihre informations- und reflexionsbezogenen Möglichkeiten.

In der folgenden Abbildung D.37 sind einige zentrale Instrumente im Führungs-Controlling überblicksartig dargestellt. Es wird deutlich, dass sehr unterschiedliche Instrumente existieren. Neben „weicheren" Instrumenten wie Gesprächen und Beobachtungen (z. B. Eigenbeobachtungen) stehen die klassischen personalwirtschaftlichen Instrumente wie Kennzahlen, Kennzahlensysteme und Mitarbeiterbeurteilungen und -befragungen (vgl. *Wunderer* 2011, S. 422). Andere Instrumente wie etwa die Nutzenanalyse setzen stärker auf mathematische Berechnungen zur Informationsversorgung (vgl. *Scholz* 2014, S. 610).

Interessant ist nun, dass einzelne der hier aufgeführten Instrumente bereits im Zusammenhang mit den Führungsinstrumenten behandelt worden sind, z. B. Mitarbeiterbeurteilungen (☞ D. III. 4.2). Warum? Mit ihnen sind ganz einfach unterschiedliche Zielsetzungen zu verbinden. Ihren Charakter erlangen sie also jeweils kontextspezifisch.

Im Folgenden wollen wir die genannten Instrumente einmal näher betrachten. Da eine ausführliche Darstellung jedes der Instrumente den Rahmen des Lehrbuchs sprengen würde sowie einige der Instrumente bereits an früherer Stelle genauer dargestellt wurden, werden wir nur dann auf das jeweilige Instrument genauer schauen, wenn uns eine tiefergehende Betrachtung besonders sinnvoll erscheint. Dies ist insbesondere bei denjenigen Instrumenten der Fall, die im Rahmen ihres Einsatzes mathematische Berechnungen erfordern. Hier werden wir dann auch einmal Rechenbeispiele zur Veranschaulichung geben. Der Umfang der Ausführungen zu den einzelnen Instrumenten lässt somit nicht auf ihre Bedeutung schließen. Alle hier behandelten Instrumente haben im Führungs-Controlling ihre Berechtigung und eine Führungskraft sollte sich ihrer Existenz bewusst sein.

3.1 Beobachtungen und Beurteilungen

Unter einer Beobachtung wollen wir im Folgenden das Sammeln von Erfahrungen in einem nicht kommunikativen Prozess mit Hilfe sämtlicher Wahrnehmungsmöglichkeiten verstehen. Es lassen sich **teilnehmende Beobachtungen** und **nicht-teilnehmende Beobachtungen**, **offene** und **verdeckte Beobachtungen** sowie **Selbst- und Fremdbeobachtungen** voneinander abgrenzen (vgl. *Döring/Bortz* 2016, S. 323 ff.). Von einer teilnehmenden Be-

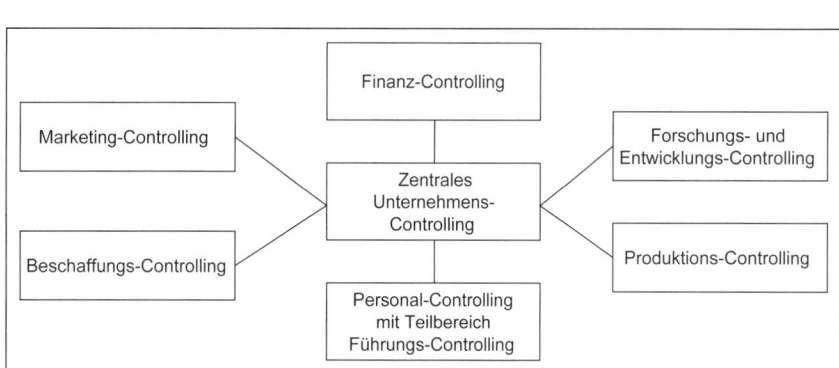

Abb. D.36: Differenzierung des Unternehmens-Controllings (vgl. *Hentze/Kammel* 1993, S. 71; leicht verändert)

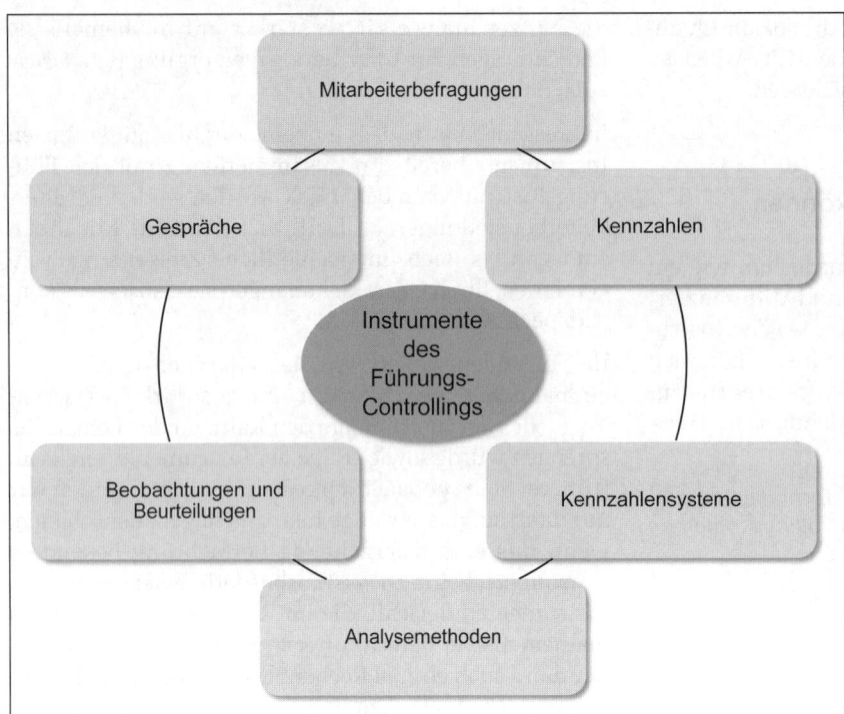

Abb. D.37: Instrumente des Führungs-Controllings

obachtung wird gesprochen, wenn der Beobachter selbst Teil des zu beobachtenden Geschehens ist. Offene Beobachtungen finden dann statt, wenn die Beobachtung transparent und nicht verdeckt erfolgt. Neben Beobachtungen von anderen Personen (Fremdbeobachtung), stellen Selbstbeobachtungen eine andere Möglichkeit dar (vgl. *Bröckermann* 2012, S. 164). Selbstbeobachtungen werden auch als Introspektion bezeichnet und beziehen sich auf die Beobachtung innerer Erlebnisse (vgl. *Myers* 2014, S. 3). Wichtig ist bei Beobachtungen, dass positive sowie negative Erscheinungen gleichermaßen berücksichtigt sowie Wahrnehmungsverzerrungen nach Möglichkeit eliminiert werden (vgl. *Bröckermann* 2012, S. 176).

Im Kontext der Führung ist anzunehmen, dass häufig teilnehmende sowie verdeckte/offene Fremdbeobachtungen zu finden sind. So können einerseits andere Führungskräfte und Mitarbeiter sowie weitere organisationale Akteure (z. B. Personaler) die jeweilige Führungskraft und ihr Verhalten beobachten. Voraussetzung für ein effizientes Führungs-Controlling ist, dass diese Beobachtungen als Feedback (und damit als Beurteilung) an die jeweilige Führungskraft zurückfließen. Dies setzt wiederum voraus, dass auf den Beobachtungen aufbauende Beschreibungen (systematisierte und wertfreie Wiedergabe der Beobachtungen) und Bewertungen anhand von geeigneten Maßstäben (bspw. ein organisationales Beurteilungsverfahren) erfolgen, die schließlich in die Beurteilung münden. Eine Fremdbeurteilung von Führungskräften ist deshalb ein wichtiges Instrument, da es der jeweiligen Führungskraft dazu verhelfen kann, ihre Verhaltensauswirkungen auf die Geführten besser zu verstehen und zur Selbsterkenntnis zu gelangen. Daher sind diese Instrumente in Organisationen auch häufig institutionalisiert und kommen für Führungskräfte in der Form von **Vorgesetzten- und 360-Grad-Beurteilungen** zum Einsatz. In der Regel geht es dabei um die Einschätzung von Leistungen sowie von Verhaltensweisen im Leistungserstellungsprozess der jeweiligen Führungskraft. Zudem können im Rahmen von Fremdbeobachtungen Führungskräfte das Verhalten ihrer Mitarbeiter beobachten (vgl. dazu *Bröckermann* 2012, S. 156 ff.). So existieren auch von Führungskräften durchgeführte institutionalisierte Mitarbeiterbeurteilungen, aus denen Führende ein Gesamtbild des Mitarbeiters ableiten können. Dadurch können sie etwa Rückmeldungen über Motivation, Leistung und Personalentwicklungsbedarf des Mitarbeiters erhalten und diese Informationen zur weiteren Gestaltung ihrer Führungsbeziehungen nutzen (vgl. *Werkmann-Karcher* 2013, S. 193 f.).

Ferner werden in Organisationen im Rahmen der Fremdbeobachtungen und Fremdbeurteilungen häufig

→ **Assessment Center** als Verfahren zur Ermittlung und Feststellung von Verhaltensleistungen eingesetzt, insbesondere in der Personalauswahl und Personalentwicklung (vgl. hierzu u. a. *Eck/Jöri/Vogt* 2010; *Grieger* 2009, S. 83; *Obermann* 2009; *Schuler* 2007; *Kompa* 2004). Im Rahmen eines meist mehrtägigen Verfahrens werden die Leistungen von Teilnehmenden, die sie in zwar gestellten, sich jedoch an der Realität orientierenden Situationen (Tests) zeigen, von mehreren Beobachtern (u. a. Führungskräfte, Psychologen) beurteilt. Die beim Assessment eingesetzten Techniken können etwa Interviews, Fallstudienanalysen, führerlose Gruppendiskussionen oder Intelligenztests sein. Durch Vorgabe der entsprechenden Situationen, in denen die Beurteilten agieren, kann ein Assessment Center spezifische Informationen z. B. über das Rollenverhalten oder den Führungsstil generieren. Im Führungs-Controlling und zur Gestaltung von Führungsbeziehungen kann das Verfahren dazu benutzt werden, Informationen für die Personal- bzw. Karriereentwicklung zu gewinnen. Aber auch eine andere Anwendung des Assessment Centers ist denkbar. Durchlaufen Personen das Verfahren in bestimmtem zeitlichen Abstand, sind ihre Entwicklungen, z. B. im Kommunikationsverhalten aufgrund zwischenzeitlich erfolgter Maßnahmen, bewertbar. Ein anderes Beispiel wäre die Evaluation eines Führungskräftetrainings, bei dem die Führenden, die an dem Training teilgenommen haben, vorher und nachher ein Assessment Center durchlaufen. Kritiker des Assessment Centers führen u. a. den hohen Planungs- und Organisationsaufwand (ohne den brauchbare Ergebnisse kaum zu erwarten sind), die Möglichkeit einer eventuellen Verfälschung der Ergebnisse durch „Schauspielerei" sowie die Validität des Verfahrens selbst an (vgl. *Kompa* 2004, S. 40 ff.). Diese Probleme gelten grundsätzlich auch bei einem Einsatz für das Führungs-Controlling, wobei sich aber stets die Frage besserer Alternativen stellt.

Insgesamt können auf **Fremdbeobachtungen** aufbauende Beurteilungen im Führungs-Controlling somit genutzt werden, um

- das Selbstbild der Führungskraft durch Fremdbilder zu ergänzen und so eventuelle Abweichungsursachen von geplanten zu bisher realisierten Führungsergebnissen aufzuspüren,
- punktuell, aber auch zeitraumbezogen (Vergleich der einzelnen Ergebnisse im Zeitablauf) statistisch auswertbare Informationen über das Führungsverhalten, Führungsergebnisse, das Führungspotenzial sowie über das Gesamtbild der Verhaltensleistungen der Geführten zu erhalten,
- aus der Summe aller Beurteilungen Rückschlüsse auf die Realisation von z. B. Führungsgrundsätzen zu ziehen und im Zeitablauf deren Wirksamkeit zu bewerten.

Im Zusammenhang mit Selbstbeobachtungen können Ereignisse, körperliches und seelisches Befinden, Gedanken, Gefühle und Handlungen sowie weitere Ausschnitte des eigenen Erlebens und Verhaltens beobachtet werden. Eine Möglichkeit zur Innenschau stellt das **Tagebuchverfahren** dar (vgl. *Döring/Bortz* 2016, S. 417 ff.). Im Tagebuchverfahren können wichtige Erfahrungen, Beobachtungen, Erfolge und Misserfolge, Fragen und Probleme, usw. der jeweiligen Führungskraft festgehalten werden, die sie anschließend im Rahmen des Führungs-Controllings als Informationen nutzen kann (siehe dazu *Nückles* 2010). Die Führungskräfte führen damit quasi einen Dialog mit sich selbst über wichtige Fragestellungen, die sie bei ihrer Arbeit beschäftigen. Ein regelmäßiges Aufschreiben und späteres Nachlesen fokussiert die Reflexion und schafft so eine gewisse Ordnung des Erlebens, mit der sich Erfahrungen miteinander vergleichen lassen. Ferner machen ein Tagebuch wie auch andere Formen **kreativer Schreibtechniken** (vgl. dazu *Haußmann/Rechenberg-Winter* 2015; *von Werder* 2004) unbewusste Prozesse teilweise bewusst, was häufig emotional entlastend wirkt und die Kreativität fördert. Auf diese Weise können nicht nur Praxiserfahrungen verarbeitet, sondern auch theoretisches Wissen praxisgemäß aufgearbeitet und in Bezug zum eigenen Erleben gebracht werden. Darauf aufbauend sind dann abschließende Selbstbeurteilungen möglich. Ambitioniert ist die Methode des Lautdenkens (vgl. *Deterding* 2008, S. 329), die bereits Meriten bei der Evaluation von Benutzerschnittstellen auf Endgeräten erworben hat. Damit gemeint ist das laute Aussprechen von Gedanken, während gleichzeitig eine Aufgabe bearbeitet wird. Anschließend erfolgt die Bewertung dieser aufgezeichneten Gedanken durch Kodierung. Diese Methode kann aber auch retrospektiv erfolgen, indem die Gedanken erst im Anschluss an die Aufgabe erfasst werden.

Der Selbstbeobachtung und der darauf aufbauenden Selbstbeurteilung kommen in der Praxis im Vergleich zu Fremdbeurteilungen eine geringere Bedeutung zu (vgl. *Bröckermann* 2012, S. 164). Aktuell lässt sich jedoch aufgrund der zunehmenden Relevanz von Selbsterkenntnis und Selbstreflexion ein Bedeutungsgewinn der Selbstbeurteilungen ausmachen. So sind heutzutage Online-Bewertungen populär und werden im Zusammenhang mit einer „Leadership Revolution" diskutiert, mit deren

Hilfe Führungskräfte etwa prüfen können, ob sie auf die Digitalisierung im Bereich der Führung vorbereitet sind (vgl. *DGFP* 2015). Ein wichtiger Aspekt, reflektiert man über mögliche virtuelle Gestaltungsmöglichkeiten von Führungsbeziehungen. Idealerweise kommen aber Eigen- und Fremdbeobachtung/-beurteilungen zusammen, da dann das Selbstbild des Führenden durch ein Fremdbild ergänzt wird. Unterschiede zwischen Beurteilungen können etwa nicht intendierte Wirkungen der Führung aufzeigen.

3.2 Gespräche

Neben Beobachtungen und Beurteilungen sind **informelle Gespräche** und **formalisierte Mitarbeitergespräche** zwei weitere zentrale Instrumente im Führungs-Controlling. Informelle **Gespräche** können etwa zwischen Mitarbeitern und Führungskraft, aber auch zwischen einer Führungskraft und Controllern einer institutionalisierten Controlling-Abteilung/Personalabteilung, geführt werden (vgl. *Scholz* 2014, S. 611). In diesen täglichen, zwanglosen Gesprächen **(Einzel- aber auch Gruppengesprächen)** besteht für die jeweilige Führungskraft die Möglichkeit, ein Führungsfeedback zu erhalten oder Gründe für eine unzureichende Wirksamkeit einer Führungsmaßnahme zu erforschen. Im Rahmen eines reflexionsorientierten Controllings kommt informellen Gesprächen eine sehr hohe Bedeutung zu, da die Schaffung möglichst vielfältiger Austausch- und Kommunikationsplattformen zur Förderung der Reflexion eigener Ansichten und der kollektiven Meinungsbildung unabdingbar ist. Aus den kleinen Vorkommnissen, dem scheinbar Unwichtigen sowie der Art und Weise, wie über Aufgaben, Projektabläufe, die beteiligten Personen und so fort gesprochen wird, lassen sich eben auch Einsichten über Führung und unhinterfragte Selbstverständlichkeiten gewinnen. Dabei ist es entscheidend, dass das Alltägliche und ganz gewöhnliche Abläufe sowie das in alltäglichen Gesprächen nur nebenbei Erwähnte (vgl. *Cunliffe* 2011) oft mehr erklären können als die Kommunikation etwa in formalisierten Mitarbeitergesprächen. Wenn eine Führungskraft in der Lage ist, hinter die vordergründige Rede auf die kleinen Details und gerade ablaufenden Geschehnisse zu blicken, so wird sie zusätzliche Einsichten gewinnen können. Eine reflexionsorientierte Sicht und das Instrument der informellen Gespräche schärfen also folglich den Blick für kontextspezifische Konstellationen und subtile, hinter beziehungsbezogenen Aspekten verborgene Dynamiken. Entsprechend gewinnen in diesem Zusammenhang dann auch wieder kommunikative Kompetenzen und Gesprächsführungstechniken an Bedeutung und werden zu einer Schlüsselkompetenz (vgl. *Moser/Fischer* 2015). Offen sein für die Sichtweise des anderen Akteurs, aber auch **Achtsamkeit** (vgl. z. B. *Brown/Ryan* 2003; ☞ D. II. 4.2) für das Einnehmen verschiedener Perspektiven, sind hier relevante Voraussetzungen für eine gelingende Kommunikation.

Aber es sind nicht nur die informellen Gespräche im Allgemeinen, die entscheidend sind. Vielmehr sind es **Dialoge** als spezielle

> „[...] Arten von Beziehungen, in denen Veränderung, Wachstum und neue Einsichten gefördert werden" (*Gergen* 2002, S. 186).

Ein Dialog ist für *Gergen* (zumindest im Idealfall) ein „transformatives Medium". Durch Dialoge in diesem Sinn soll also nicht lediglich der Austausch von Sichtweisen erfolgen, sondern gemeinsam Neues erschaffen und somit neue Gestaltungsperspektiven aufgezeigt werden. In diesem Zusammenhang kommt einer Methode eine hohe Bedeutung zu, die das Instrument der Eigenbeobachtung mit dem des Dialoges verknüpft. Bei dieser Methode handelt es sich um ein Verfahren der gruppengestützten **dialogischen Introspektion** (vgl. *Burkart/Kleining/Witt* 2010). Diese wurde im Rahmen einer umfassenden Forschungsstrategie in der Hamburger Forschungswerkstatt entwickelt. Im Rahmen dieser Methode beschäftigen sich 5–15 Personen mit einem konkreten Sachverhalt/Gegenstand (etwa einem Film). Während der Beobachtung des Sachverhaltes sollen die Personen ebenfalls ihre inneren Prozesse beobachten und sich hierzu (parallel) Aufzeichnungen machen. Anschließend teilt jede Person die Ergebnisse dieser Innenschau der Gruppe mit, ohne dass getätigte Aussagen positiv oder negativ von den anderen Personen bewertet werden. Daraufhin beginnt eine weitere Phase, in der sich die Teilnehmenden erneut mit ihren beobachteten Erlebnissen bei Betrachtung des Sachverhaltes beschäftigen und ihre bislang getätigten Aufzeichnungen ergänzen. Zudem werden die Gespräche in der Gruppe aufgezeichnet, transkribiert und nach der Methode der qualitativen Heuristik analysiert (vgl. *Burkart/Kleining/Witt* 2010, S. 14). Der Dialog innerhalb der Gruppe soll zur Vertiefung und Anregung des eigenen inneren Dialogs dienen.

Das **formalisierte Mitarbeitergespräch** (☞ D. III. 4.2) stellt im Führungs-Controlling ein Instrument dar, das Elemente von Gesprächen (z. B. direkter Austausch) mit Beurteilungen kombiniert. Der Führende erhält dadurch während des Mitarbeitergesprächs die Möglichkeit, ein detailliertes Feedback seitens des Geführten über dessen

Einschätzung der Arbeits- und Führungssituation und des Führungsverhaltens zu erhalten. Werden der Ablauf und die Ergebnisse des Mitarbeitergesprächs dokumentiert, können wie bei einer schriftlichen Beurteilung die Daten statistisch ausgewertet und auch für mehrere Beurteilte aggregiert werden. Im Vergleich zu einer institutionalisierten Beurteilung, die in der Regel stark standardisiert ist, können im Mitarbeitergespräch jedoch die für das Führungs-Controlling wichtigen Themen besonders flexibel angesprochen werden. Eine entsprechende Gestaltung des Gespräches sowie ein förderliches Klima vorausgesetzt, ist das formalisierte Mitarbeitergespräch damit im Vergleich zur Vorgesetztenbeurteilung das effizientere Instrument.

3.3 Mitarbeiterbefragungen

Ein weiteres Instrument des Führungs-Controllings stellt die **Mitarbeiterbefragung** dar. Im Rahmen einer Mitarbeiterbefragung werden die Organisationsmitglieder systematisch zu ihren Ansichten, Meinungen und Einstellungen bezüglich der in der Befragung zugrunde gelegten Themenbereiche befragt. Mitarbeiterbefragungen können somit zur Informationsbeschaffung und Diagnose sowie als Grundlage für gestalterische Maßnahmen dienen (vgl. *Ladwig/Domsch* 2014, S. 534 f.; *Scholz* 2014, S. 494 f.; *Domsch/Ladwig* 2013, S. 12 f.; *Wunderer* 2011, S. 432). So können durch eine Befragung etwa der Grad der Arbeitszufriedenheit der Mitarbeiter oder das Arbeitsklima ermittelt werden. Zudem lassen sich Schwachstellen in der Führung diagnostizieren (etwa ein geringer Grad der bisherigen Umsetzung von Führungsgrundsätzen). Durch einen Zeitreihenvergleich werden Veränderungen erfasst und wesentliche Informationen zur Planung und Evaluation steuernder Maßnahmen bereitgestellt.

Werden Mitarbeiterbefragungen eingesetzt, so sind viele **Formen und Ausgestaltungen** der Befragung möglich (vgl. *Ladwig/Domsch* 2014, S. 535; *Scholz* 2014, S. 496 f.; *Domsch/Ladwig* 2013, S. 12; *Domsch/Schneble* 1995, 1991):

- schriftliche vs. mündliche Befragung,
- umfassende Befragung vs. Auswahl bestimmter Themenbereiche,
- alle Mitarbeiter vs. bestimmte Mitarbeitergruppen,
- anonym vs. auf freiwilliger Basis,
- direkte Fragen vs. indirekte Fragen,
- standardisierte Fragebögen vs. teilstandardisierte Fragebögen (oft ergänzt durch (teil-)strukturierte Interviews),
- regelmäßige Befragung vs. unregelmäßige Befragung,
- Fragebögen in Papierform vs. Online-Fragebögen.

Der Inhalt und die Ausgestaltung der Befragung werden durch deren Zweck determiniert. In der Praxis hat sich jedoch bezüglich der Form die schriftliche, anonyme und standardisierte Befragung (mit geschlossener und teilweise auch offener Fragestellung) durchgesetzt. Zudem werden aktuell auch vermehrt online-Befragungen durchgeführt (vgl. *Domsch/Ladwig* 2013, S. 14). Die anonyme Form gewährleistet am ehesten eine hohe Beteiligung der Mitarbeiter und vor allem offene und ehrliche Antworten. Die Standardisierung in Verbindung mit einer regelmäßigen Erhebung führt zu einer gesicherten Datenlage, die zusätzlich die Information über die Entwicklung bestimmter Größen im Zeitablauf bietet. Allerdings besteht auch die Gefahr, dass aufgrund der Standardisierung die formal nicht erfassten Bereiche nicht weiter berücksichtigt werden. Die Befragung sollte daher auch Raum für freie Äußerungen der Befragten lassen und mit anderen Instrumenten kombiniert werden. Auf bestimmte Themenbereiche spezialisierte Befragungen ermöglichen meist eine tiefere Themenerfassung als umfassende Befragungen. Letztere bieten allerdings die Möglichkeit, durch statistische Analysen u.a. mit weiteren Größen vernetzte Informationen zu gewinnen.

Folgende **Themenbereiche** werden in Mitarbeiterbefragungen insbesondere erfasst (vgl. *Scholz* 2014, S. 495):

- Unternehmensimage: Perzeption vom Ruf des Unternehmens in der Öffentlichkeit,
- Führungskraft: gewünschtes und tatsächliches Führungsverhalten,
- Motivation: gewünschte und tatsächliche Ausprägung von Motivationen und Frustrationen bei der Arbeit, Arbeitsplatzgestaltung,
- Information: Informationsstand, Informationsbedürfnisse, Informationswege,
- Personalentwicklung: Aufstiegs- und Bildungsmöglichkeiten,
- Entlohnung: Akzeptanz,
- Statistik: Alter, Betriebszugehörigkeit, Geschlecht, Hierarchiestufe.

Dabei sind die Bereiche Führungskraft, Motivation, Information und Personalentwicklung für das Führungs-Controlling besonders zentral. Mitarbeiterbefragungen sind in Folge der Entwicklungen in den Informationstechnologien und der damit verbundenen rascheren Umsetzung zu einem sehr häufig verwendeten Instrument sowohl in größeren als auch in kleineren Unternehmen aufgestiegen. Es wird sogar schon von einem „Überangebot" und einer „Überflutung" (Ladwig/Domsch 2014, S. 534) der Mitarbeiter mit Befragungen gesprochen. Aufgrund dessen ist ein gezielter und sparsamer Einsatz des Instrumentes im Führungs-Controlling entscheidend, zumindest wenn eine hohe Rücklaufquote sowie Qualität in der Beantwortung nachhaltig gesichert werden soll. Kann dies gewährleistet werden, so ist es wahrscheinlich, dass Befragungen zukünftig auch weiterhin einen wertvollen Beitrag für die Gestaltung von Führungsbeziehungen im Rahmen des Führungs-Controllings liefern werden.

Trotz standardisierter Fragebögen erfordert die Mitarbeiterbefragung stets eine sorgsame und detaillierte **Vorausplanung**. Je nach Interesse ist ein bestimmtes Kriterium herauszuarbeiten. Wie wir bereits erläutert haben, können Mitarbeiterbefragungen umfassend oder sehr speziell ausgerichtet werden. Beispielsweise erfordern spezielle Befragungen zu ausgewählten Themen umfassendere Recherchen hinsichtlich der Fragebogenkonstellation. Daher können im Rahmen einer Befragung auch Widerstände aus folgenden Gründen auftreten (vgl. *Wunderer* 2011, S. 434): Die Organisationsleitung bezweifelt den Nutzen, scheut sich vor den mit der Befragung einhergehenden Kosten/Aktivitäten, fürchtet eine Verursachung oder Verstärkung von Problemen und beschränkt sich auf Befindlichkeitsanalysen und vernachlässigt die Umsetzung der erkannten Defizite. Die Mitarbeiter befürchten Sanktionen, unzureichende Anonymität und/oder bezweifeln, dass die Befragung positive Auswirkungen auf sie hat, erwarten aber gleichzeitig, dass sich das Management ändern muss. Zur Überwindung solcher Widerstände ist eine innerbetriebliche Aufklärungsarbeit von großer Bedeutung. Des Weiteren sollten eine freiwillige Teilnahme, Anonymität und eine hohe Transparenz gewährleistet sein.

3.4 Kennzahlen

In der allgemeinen Controlling-Praxis sind **Kennzahlen** ein wichtiges Instrument. Bei Kennzahlen handelt es sich um Größen, die als quantitative Daten über zahlenmäßig erfassbare Sachverhalte informieren und somit die komplexe Realität bewusst verdichtet wiedergeben (vgl. *Weber/Schäffer* 2014, S. 173; *Reichmann* 2011, S. 23 f.). Kennzahlen bilden einen Zustand oder eine Entwicklung *unmittelbar* ab, daher können sie schnell und prägnant über einen bestimmten Sachverhalt informieren. Kennzahlen können in absolute und relative Kennzahlen differenziert werden. Den relativen Kennzahlen wird grundsätzlich eine höhere Aussagefähigkeit zugeschrieben als den absoluten Kennzahlen (vgl. *Weber/Schäffer* 2014, S. 173 f.). Die folgende Tabelle D.10 gibt einen Überblick über mögliche Formen von Kennzahlen sowie jeweils ein Beispiel aus dem Führungs-Controlling.

Sie macht deutlich, dass unterschiedliche Formen von Kennzahlen bestehen. Gibt es aber überhaupt unternehmensübergreifende und standardisierte Kennzahlen, auf die eine Führungskraft im Rahmen des Führungs-Controlling zugreifen kann?

Tatsächlich könnten Führungskräfte im Rahmen eines Einsatzes von Kennzahlen auf einen entwickelten Standardisierungsvorschlag für das **Human Capital Reporting**, den **HCR 10 Standard**, zurückgreifen (vgl. *Scholz/Sattelberger* 2012). Dieser Standard definiert zum einen „Muss-Kennzahlen" für Geschäftsberichte von Unternehmen sowie Nachhaltigkeits-/Personalberichte. Zum anderen werden „Kann-Kennzahlen" ermittelt, die einem transparenten Personalcontrolling dienen. Insgesamt sind sieben Reportingbereiche im HCR 10 zu finden, in denen die einzelnen Kennzahlen eingeordnet werden. Hierzu gehören neben den Personalkosten das Mengengerüst, die Personalstruktur, die Aus- und Weiterbildung, die Mitarbeitermotivation, das Arbeitsumfeld sowie der Personalertrag. Personalabteilung wie Führungskraft sollten sich mit der Frage auseinandersetzen, welche Kennzahlen sie aus welchen Bereichen für die Gestaltung von Führungsbeziehungen nutzen können. Insbesondere spielen hier die Kennzahlen in den Reportbereichen Aus- und Weiterbildung, Mitarbeitermotivation, Arbeitsumfeld und Mengengerüst eine Rolle. Diese sind einmal überblicksartig in der Tabelle D.11 dargestellt.

Im Zusammenhang mit der Betrachtung von Kennzahlen möchten wir noch auf einen sehr zentralen Aspekt hinweisen: Streng genommen ist nämlich zwischen **Kennzahlen** und **Indikatoren** zu unterscheiden. Wieso ist dies so? Dies wird klar, wenn man etwa den in der obigen Tabelle dargestellten Fall betrachtet und die Fluktuationsquote ermittelt, um anschließend auf die Motivation der Mitarbeiter zu schließen. In diesem Fall handelt es sich bei der Fluktuationsquote streng genommen nicht um eine Kennzahl, da die Fluktuationsquote einen Sachverhalt (hier die Motivation) nicht unmittelbar abbildet, sondern nur indirekt misst. Indikatoren sind besonders im Personal- und Führungsbereich relevant, da man es hier häufig mit qualitativen Größen wie etwa der Mitarbeitermotivation zu tun hat. Diese Größen entziehen sich einer direkten Messbarkeit und ermöglichen somit auch nicht die Formulierung einer Kennzahl, die den

IV. Gestaltung durch Führungs-Controlling — Kapitel D

Absolute Zahlen			Verhältniszahlen		
Summen	Differenzen	Mittelwerte	Gliederungszahlen	Beziehungszahlen	Indexzahlen
Definition: Addition absoluter Größen der gleichen Dimension	Definition: Subtraktion absoluter Größen der gleichen Dimension	Definition: Gewogenes oder arithmetisches oder harmonisches Mittel	Definition: Teilmengen im Verhältnis zur Gesamtmenge (gleiche Dimension)	Definition: Verhältnis zweier Mengen unterschiedlicher Dimensionen	Definition: Werte gleicher Dimension, im Rahmen einer Zeitreihe erfasst und zum Basiswert ins Verhältnis gesetzt
Beispiel: Summe aller direkten Führungskosten	Beispiel: Fluktuation dieses Jahres minus Fluktuation im letzten Jahr	Beispiel: Durchschnittliche Dauer eines Mitarbeitergesprächs	Beispiel: Anzahl der Fehlstunden in einer Arbeitsgruppe im Verhältnis zur Anzahl der Fehlstunden der gesamten Abteilung	Beispiel: Führungskosten je Mitarbeiter	Beispiel: Anzahl der durch Mitarbeiter erfolgten Verbesserungsvorschläge eines Jahres dividiert durch die Anzahl im Basisjahr

Tab. D.10: Formen von Kennzahlen im Führungs-Controlling (in Anlehnung an *Schulte* 2002, S. 3)

Zustand oder die Entwicklung dieser qualitativen Größe unmittelbar abbildet. Es wird deshalb nach messbaren Ersatzgrößen gesucht, von denen man annimmt, dass sie mit der gesuchten Größe korrelieren. Sind Art und Ausmaß der Korrelation richtig bestimmt, ermöglichen die Ausprägung und Veränderung der Ersatzgrößen den Rückschluss auf die gewünschte qualitative Größe. Im Folgenden wollen wir wohlwissend des Unterschieds zwischen Kennzahlen und Indikatoren beide Begriffe allerdings synonym verwenden. Uns geht es hier letztlich nämlich primär um die Erhebung von Messgrößen, um sich einem bestimmten Sachverhalt der Wirklichkeit annähern zu können. Mal ist diese Annäherung direkt möglich, manchmal nur indirekt.

Welche **Funktionen** erfüllen Kennzahlen denn nun überhaupt? Wir haben einzelne Funktionen einmal aufgeführt (vgl. *Weber/Schäffer* 2014, S. 174 f.):

- **Anregungsfunktion:** Kennzahlen dienen zur Erkennung von Auffälligkeiten und Veränderungen,
- **Operationalisierungsfunktion:** Kennzahlen werden gebildet, um Ziele konkret fass- und messbar zu machen,
- **Vorgabefunktion:** Kennzahlen werden verwendet, um kritische Zielwerte als Vorgabe für unternehmerische Teilbereiche zu liefern,
- **Steuerungsfunktion:** Komplexe Steuerungsprozesse sollen durch Verwendung einer oder weniger Kennzahlen vereinfacht werden,
- **Kontrollfunktion:** Kennzahlen ermöglichen Soll-Ist-Vergleiche und daran anknüpfende Abweichungsanalysen.

Werden Kennzahlen im Führungs-Controlling als Instrumente eingesetzt, so sollte sich der jeweilige Anwender aber auch der potenziellen **Mängel** bewusst sein, die dabei entstehen können (vgl. *Geiß* 1986, S. 206 f.):

- **konzeptionelle Mängel:** unzureichende Beschreibung des Analyszieles, ungenaue Abgrenzung des Gegenstandsbereiches, keine zweckadäquate Definition,
- **messtheoretische Mängel:** häufig nur intuitive Begründung der Verwendung von Kennzahlen als Vergleichsgröße, Messgrößen unzuverlässig, willkürliche Festlegung der Toleranzbereiche, innerhalb derer von Normalität ausgegangen wird, zu hoher Interpretationsspielraum,
- **anwendungsbezogene Mängel:** keine Unterscheidbarkeit zwischen Beschreibungs- und Erklärungsabsicht bei der Interpretation der Messgrößen, fehlende Beschreibung der Gültigkeitsbedingungen bei erklärenden Größen.

Aus- und Weiterbildung	Motivation	Arbeitsumfeld	Mengengerüst
Teilnehmerzahl Weiterbildung	Arbeitgeberimage	Nutzung Kinderbetreuung	Mitarbeiterzahl Köpfe
Teilnehmertage oder -stunden Weiterbildung	Mitarbeiterbefragung Grundlagen	Arbeitszeitmodelle	Mitarbeiterzahl FTE
Anzahl Weiterbildungsseminare	Beteiligungsquote Mitarbeiterbefragung	Vorsorge/Präventionsprogramme (Nutzungshäufigkeit etc.)	External Workforce
Zufriedenheit mit Training	Ergebnisse Mitarbeiterbefragung	Gesundheitsquote/Krankenquote	Teilzeitquote (in Köpfen)
Gesamtausgaben Weiterbildung	Zufriedenheitsquote	Fehlzeiten	FTE Zugänge
Ausgaben Weiterbildung je Mitarbeiter	Commitment-Index	Abwesenheitsgründe	Anteil unbefristeter Verträge
Teilnehmer Talentmanagement	Bonusprogramme	Unfallhäufigkeit	Anteil (un)befristeter Verträge an Einstellungen
Nachfolgemanagement	Fluktuationsquote	Unfallbelastung	Beschäftigtenstruktur
Nutzung E-Learning	Ungesteuerte Fluktuationsquote	Arbeitsschutzschulungen	
Weiterbildungskonzept	Austrittsgründe		
Auszubildendenzahl	Anzahl Disziplinarverfahren		
Ausbildungsquote			
Übernahmen			
Übernahmequote			
Ausgaben Ausbildung/Einstieg			
Ausgaben Ausbildung/Einstieg je Mitarbeiter			
Ausbildungskonzept			

Tab. D.11: Kennzahlen des HCR 10 in ausgewählten Bereichen (in Anlehnung an *Scholz/Sattelberger* 2012, S. 54f.)

Trotz der Gefahr des Auftretens solcher Mängel ist die Anwendung von Kennzahlen sinnvoll, da sie – eine sorgfältige und methodisch saubere Entwicklung vorausgesetzt – auch im qualitativen Bereich (dann streng genommen als Indikatoren bezeichnet) Führung im Sinne eines Frühwarnsystems auf Schwachstellen und Fehlentwicklungen aufmerksam machen können.

3.5 Kennzahlensysteme

Wichtig ist im Zusammenhang mit Kennzahlen, dass diese aufgrund ihrer begrenzten Aussagekraft nicht nur sporadisch und vereinzelt ermittelt werden, sondern dass mehrere Kennzahlen kombiniert und in ein **Kennzahlensystem** integriert werden. Von einem Kennzahlensystem kann dann gesprochen werden, wenn zwei oder mehrere Kennzahlen in eine sachlich sinnvolle Beziehung zueinander gestellt werden, einander ergänzen und erklären (vgl. *Holtbrügge* 2015, S. 264; *Weber/Schäffer* 2014, S. 193).

Grundsätzlich erfassen Kennzahlensysteme entweder Informationen aus vielen Bereichen oder stellen nur einen speziellen Ausschnitt eines bestimmten Bereiches dar. In diesem Zusammenhang wird auch von der Ausgewogenheit gesprochen, die entweder hoch (dann breit) oder niedrig (dann tief) sein kann. Darüber hinaus können Kennzahlensysteme dahingehend differenziert werden, ob die Kennzahlen mathematisch miteinander verknüpft werden (Rechensystem), oder aber in einer Ursache-Wirkungsbeziehung zueinander stehen (Ordnungssystem) (vgl. Weber/Schäffer 2014, S. 193). Über eine solche Systematisierung hinaus ist es wichtig, dass eine Organisation maßgeschneiderte Kennzahlen entwickelt, die die spezifischen Organisationsgegebenheiten und ihre Veränderungen im Zeitablauf berücksichtigen. Schedler und Weibler (1996) stellen in diesem Zusammenhang für den Personalbereich die Entwicklung eines Kennzahlensystems mit einem „dynamischen Automatismus" vor. Grundlage ist ein dynamischer Prozess, bei dem das System analog eines Regelkreises entwickelt, implementiert sowie hinsichtlich seiner Wirksamkeit und Voraussetzungen regelmäßig überprüft und gegebenenfalls angepasst wird.

Zur Gestaltung von Kennzahlensystemen können die einzelnen für den Führungsbereich ermittelten Kennzahlen hinsichtlich verschiedener Aspekte mithilfe sogenannter Kennzahlenblätter systematisch erfasst werden (vgl. Friederichs/Armutat 2012, S. 84; streng genommen unterscheiden die Autoren zwischen Indikatoren und Kennzahlen und sprechen von einem Indikatorblatt). Ein Kennzahlenblatt dokumentiert dabei alle relevanten Informationen bezüglich der entsprechenden Kennzahl. Darüber hinaus kann der Verlauf und die Entwicklung der Kennzahl auch grafisch visualisiert werden (vgl. Friederichs/Armutat 2012, S. 84). Eine solche Aufbereitung von Kennzahlen hilft bei der strukturierten Gestaltung des Kennzahlensystems und der Vermittlung der zu Grunde liegenden Idee an die Anwender. Zu den erfassten Aspekten zählen neben dem Anwendungsbereich/Einsatzbereich auch die erforderlichen Basisdaten, die Vergleichsgrundlagen und mögliche Interpretationen.

Die folgende Abbildung D.38 zeigt ein **Kennzahlenblatt** am Beispiel der Fluktuationsrate. Diese Kennzahl dient hier als ein Maß für die Arbeitszufriedenheit und die organisatorische Stabilität und ist streng genommen daher als ein Indikator zu interpretieren.

Im Folgenden wollen wir uns einmal zwei **Beispiele** von Kennzahlensystemen genauer anschauen. Für das Führungs-Controlling erachten wir insbesondere die **Führungs-Scorecard** (FSC) sowie die Humankapitalbewertung mit der **Saarbrücker-Formel** als besonders relevante Kennzahlensysteme (vgl. auch Holtbrügge 2015, S. 266 ff.). Während es sich bei der FSC um ein Ordnungssystem mit einer hohen Ausgewogenheit handelt (vgl. Weber/Schäffer 2014, S. 193), stellt die Saarbrücker-Formel ein Rechensystem dar, das ebenfalls eine breiten Bereich abdeckt und daher eine hohe Ausgewogenheit aufweist.

Führungs-Scorecard

Bei der Führungs-Scorecard (FSC) (vgl. z. B. Bühner/Akitürk 2000) handelt es sich um eine Adaption der Balanced Scorecard (BSC) (vgl. Kaplan/Norton 1996, 1992). Mit ihrer Hilfe sollen die „Grundsätze der Personalführung messbar gemacht und zum Leben erweckt werden" (Bühner/Akitürk 2000, S. 44). Entsprechend wollen wir die FSC als ein sehr zentrales Kennzahlensystem bezeichnen. Neben der FSC hat in jüngster Vergangenheit auch die Personal-Scorecard (PSC) mehr und mehr Aufmerksamkeit erfahren (vgl. Holtbrügge 2015, S. 274). Im Gegensatz zur FSC werden bei der PSC Kennzahlen bezogen auf das gesamte Personalmanagement systematisch erfasst und integriert (vgl. Becker/Huselid/Ulrich 2001).

Grundüberlegung der BSC ist, dass eine Reduzierung auf finanzwirtschaftliche Kennzahlen nicht ausreichend ist, um den Unternehmenswert angemessen abbilden zu können. Daher wurde die finanzielle Sichtweise um nicht-monetäre Kennzahlen ergänzt (vgl. Kaplan/Norton 1996, S. 24 ff.). Ähnlich sieht es mit ihrer Übertragung auf die Personalführung aus. Der Lösungsansatz, den die FSC liefert, stellt einen „ausgewogenen Berichtsbogen" (wörtliche Übersetzung des Begriffs „BSC") in den Mittelpunkt der Betrachtungen. Diese Ausgewogenheit wird dabei sowohl durch die Aufnahme quantitativer und qualitativer Daten als auch durch die Berücksichtigung von Ex-post- sowie Ex-ante-Größen erreicht. Dieser ausgewogene und multikriterielle Berichtsbogen ersetzt die erwähnte einseitige Fokussierung auf monetäre Ergebnisse und liefert Antworten auf vier Fragen, welche die vier zentralen Perspektiven der Leistungsmessung widerspiegeln. Damit scheint die FSC für den Führungsbereich besonders interessant zu sein.

Wie im Fall der von Kaplan und Norton entwickelten BSC sind daher zunächst vier zentrale Fragen zu stellen, welche die vier Orientierungen der Leistungsmessung repräsentieren sollen (vgl. im Folgenden Bühner/Akitürk 2000, S. 45):

- **Marktorientierung:** „Was nützt eine Mitarbeiterführung, die bestes Einvernehmen zwischen Führungskräften und Mitarbeitern herstellt, wenn der Kunde unzufrieden abspringt?"

Bezeichnung	Fluktuationsrate	Kennzahl-Nr. 26
Formel	BDA-Formel: $\dfrac{\text{Freiwillig ausgeschiedene Beschäftigte}}{\text{Durchschnittlicher Personalbestand}} \times 100\,[\%]$	
Gliederungs-möglichkeiten	Mitarbeitergruppen Dauer der Betriebszugehörigkeit	
Erhebungszeitpunkt/-raum	halbjährlich jährlich	
Anwendungsbereich	Maß für die Arbeitszufriedenheit und die organisatorische Stabilität	
Mögliches Ziel	Senkung der Fluktuationsrate bis auf die natürliche Rate (bedingt durch Wohnungswechsel, Altersgründe usw.)	
Basisdaten	Anzahl der Abgänge Anzahl der Zugänge Personalbestand bei Periodenbeginn	
Vergleichsgrundlagen	Zeitvergleich Soll-Ist-Vergleich Betriebsvergleich	
Visualisierung	Zeitvergleich: Z.B. als Balken-, Säulen- oder Kurvendiagramm Soll-Ist- und Betriebsvergleich: z.B. Kreisdiagramm	
Interpretation	Eine hohe Rate, die zudem auch noch im Zeit- und/oder Betriebsvergleich auffällig ist, deutet auf Probleme hin, die auch in der Führung begründet sein können. Durch Abgangsinterviews lassen sich die Fluktuationsursachen systematisch erforschen und Informationen für die Planung geeigneter Steuerungsmaßnahmen gewinnen.	

Abb. D.38: Beispiel für ein Kennzahlenblatt (in Anlehnung an *Schulte* 2002)

- **Zielorientierung:** „Was nützen die intern vereinbarten Ziele der Unternehmensleitung, wenn diese nicht in der täglichen Führungsarbeit umgesetzt werden?"
- **Mitarbeiterorientierung:** „Was nützt eine Mitarbeiterführung, welche die Interessen, Wünsche und Ansprüche der Mitarbeiter nicht beachtet und damit nichts zur Erleichterung der Aufgabenbewältigung beiträgt?"
- **Verbesserungs- und Lernorientierung:** „Was nützen festgestellte Anforderungen, die an Führende gestellt werden, wenn diese nicht systematisch und kontinuierlich verbessert werden, bzw. wenn Führende nicht zu Änderungen bereit sind und Lernen nicht zum Programm machen?"

Stellt man nun auf Basis dieser vier zentralen Fragestellungen eine FSC auf, so hat dies in vier Schritten zu geschehen (vgl. im Folgenden *Bühner/Akitürk* 2000, S. 46 ff.):

- **Bestimmung der Anforderungen:** Für jede der vier Perspektiven sind allgemeine Anforderungen an die Mitarbeiterführung festzulegen, um in der Arbeit der Geführten präventiv jede Form von Verschwendung und Fehlleistungen zu verhindern. Dies setzt natürlich voraus, dass die Problembereiche überhaupt bekannt sind (z.B. führt die falsche Einschätzung der Fähigkeiten eines Mitarbeiters zu einem nicht qualifikationsgerechten Einsatz).
- **Übersetzen der Anforderungen in messbare Größen:** Für jede der vier Perspektiven sind Kennzahlen (weiche Faktoren) zu formulieren, damit Änderungen im Führungsverhalten für die Mitarbeiter nachprüfbar und sichtbar werden („What you measure is what you get"). Dies setzt voraus, dass Kennziffern verwendet werden, die zur Steuerung der Mitarbeiterführung überhaupt geeignet sind und auf breite Akzeptanz stoßen (z.B. Erhöhung der Anzahl der Mitarbeitergespräche (Mitarbeiterorientierung) für besseres Feedback und zur Erhöhung der Motivation bei den Geführten).

IV. Gestaltung durch Führungs-Controlling

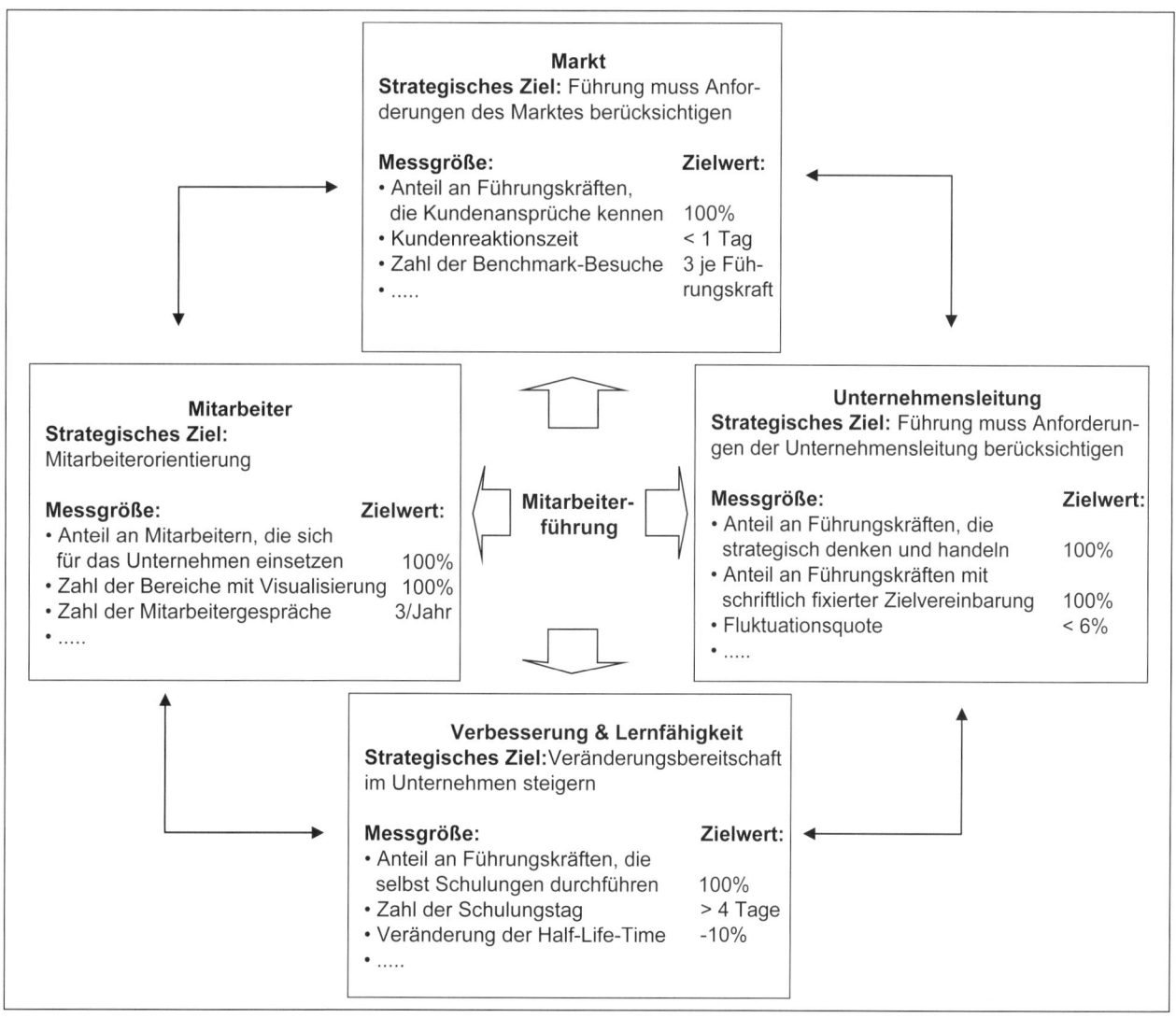

Abb. D.39: Die vier Perspektiven einer Führungs-Scorecard (vgl. *Bühner/Akitürk* 2000, S. 52)

- **Festlegung von konkreten Zielwerten:** Für jede ausgewählte Kennziffer sind operative Ziele festzusetzen, da Kennzahlen ohne konkrete Zielwerte wertlos sind. Diese Ziele sollten gemeinsam mit Führenden und Geführten festgelegt werden. Die aus der Zielfestlegung entstehenden Problematiken müssen dabei beachtet werden (z.B. muss man bei der Festlegung der Fluktuationsquote vorher genau wissen, was diese in den verschiedensten Ausprägungen aussagen kann. „Was besagt die Fluktuationsquote im Einzelfall genau?" „Handelt es sich beispielsweise bei den abgeworbenen Mitarbeitern um Mitarbeiter mit Spezialwissen aus einer speziellen Abteilung?" Insofern könnte auch eine niedrige Fluktuationsquote eine verheerende Auswirkung auf die Organisation haben).

- **Bestimmung der Aktivitäten:** Bei der Bestimmung von Kennzahlen ist es wichtig, dass solche Variablen gewählt werden, an denen sich konkrete Aktivitäten festmachen lassen. Es wäre sinnlos, ein Messsystem mit Informationen zu konzipieren, ohne dass diese sich in konkreten Aktionen auswirken (z.B. müssen die Ursachen für eine bisherige Fluktuation gründlichst ermittelt werden, bevor eine Vorgabe „Senken der Fluktuationsrate auf 5%" formuliert werden darf. Hier sind beispielsweise in Form von Abgängerinterviews die genauen Gründe zu erforschen. Erst dann, wenn ermittelt wurde, dass das Verhalten des Abteilungsleiters nicht dem vereinbarten Führungsstil entspricht, sind Sanktionen festzulegen).

Nach Durchlaufen dieser vier Schritte erhält man als Ergebnis eine FSC, wie sie beispielhaft in Abbildung D.39 dargestellt ist. Die FSC lenkt dabei die Aufmerksamkeit der Entscheidungsträger auf vier wesentliche Perspektiven. So reduziert sich die Datenflut auf eine begrenzte Anzahl weniger zentraler Kennzahlen. Auf diese Weise trägt die FSC wesentlich dazu bei, sich auf Kernmaßnahmen zur Verbesserung der Mitarbeiterführung zu beschränken (vgl. *Bühner/Akitürk* 2000, S. 53; siehe auch ein Anwendungsbeispiel von BSC und Führungsperformance bei *Keim* 2006). Zudem stehen die vier Perspektiven nicht nebeneinander, sondern werden in eine Gesamtperspektive integriert (vgl. *Holtbrügge* 2015, S. 274).

Die Führungs-Scorecard besitzt ebenso wie das von *Wunderer* (2011, S. 441 ff.) postulierte **Führungs-Benchmarking**, dem Lernen von den Besten – sei es intern oder extern –, Relevanz im Rahmen eines umfassenden Führungs-Controllings. Dies betrifft im nächsten Schritt auch Erfassungs- und Berechnungsverfahren, wie sie von *Weibler* und *Lucht* (2003, 2001) – basierend auf der **Data Envelopment-Analysis Methode** (DEA-Methode) – beispielhaft aufgeführt wurden. Die DEA misst die Führungseffizienz und stellt den Erfolg in einer einzigen Spitzenkennzahl dar. Dadurch hebt sie sich von den traditionellen Kennzahlensystemen wie der Führungs-Scorecard, die mit sehr vielen Einzelkennzahlen operieren, ab. In Abhängigkeit vom Analyseziel fließen unterschiedliche Daten wie Fluktuation und Gehalt in die DEA-Berechnung ein. Dadurch lassen sich mathematisch-fundiert die gesamten Leistungen von Führenden miteinander vergleichen und darauf aufbauend Führungstrainingsmaßnahmen einleiten. Die DEA-Berechnung läuft so, dass je Führungskraft einer Entscheidungseinheit zunächst die Produktivität als Quotient aus Output (z. B. Arbeitszufriedenheit, Kundenzufriedenheit, Fluktuationsquote) und Input (z. B. Brutto-Jahresgehalt der Führungskraft, Gesamtkosten der in den letzten Jahren besuchten Führungskräfteentwicklungsmaßnahmen) berechnet wird. Input und Output setzen sich dabei aus mehreren gewichteten Kriterien zusammen. Die Berechnung der optimalen Gewichte und ihre Verdichtung erfolgt nach Anwendung einer mathematischen Optimierung. Hierfür stehen spezielle Softwarepakete zur Verfügung. Anschließend wird die Produktivität jeder einzelnen Führungskraft durch den besten erreichten Wert aller Führungskräfte dividiert, um einen relativen Effizienzwert zu generieren (vgl. *Weibler/Lucht* 2001, S. 19 f.). Dieser gibt den Produktivitäts- oder Effizienzrückstand im Vergleich zur effizienteren Führungskraft an.

In der folgenden Tabelle D.12 ist einmal eine Effizienzbewertung von 30 Führungskräften beispielhaft dargestellt.

Deutlich wird, dass elf Führungskräfte sehr effizient arbeiten, die anderen sollten dagegen ihren Output um den angegeben Wert erhöhen. Zudem sind innerhalb der Tabelle individuelle Benchmarkpersonen (Führungskräfte, dessen Rahmenbedingungen vergleichbar sind) für die ineffizienteren Führungskräfte aufgeführt.

Humankapitalbewertung: Die Saarbrücker-Formel

Humankapitelrechnungen ermitteln den Wert des Humankapitals (weitgehend synonym: Human Capital; Humanvermögen) durch die Hinzuziehung unterschiedlicher personeller Kennzahlen (vgl. *Holtbrügge* 2015, S. 266). Die Frage nach dem ökonomischen Wert der Beschäftigten gewinnt in der Praxis zunehmend an Gewicht (vgl. z. B. *Scholz* 2014, S. 371 ff.; *Schwarz* 2010; *Cascio/Boudreau* 2008). Wettbewerbsgründe (Kosten/Kreativität), Beschaffungsprobleme, verbesserte Steuerungsnotwendigkeiten und wachsende Transparenzverpflichtungen (z. B. Kreditvergabe von Banken, Fusionen) sind die Ursachen.

Der Begriff **Humankapital** wurde nachhaltig von dem Wirtschaftswissenschaftler *Theodore Schultz* geprägt. *Schultz* (1981) definierte das Humankapital folgendermaßen:

> *„Consider all human abilities to be either innate or acquired. Every person is born with a particular set of genes which determines his innate ability. [...] attributes of acquired population quality, which are valuable and can be augmented by appropriate investment, will be treated as human capital"* (S. 21).

Verschiedene zugrunde gelegte Definitionen des Humankapitals führen je nach Perspektive und der Zielsetzung des Betrachters auch zu unterschiedlichen Interpretationen. Breite Literaturübersichten zeigen aber, dass es Merkmale gibt, die überwiegend genannt und als kennzeichnend charakterisiert werden können (vgl. z. B. *Fitz-Enz* 2009, S. 11 ff.; *Franz* 2009, S. 75 f.; *Wucknitz* 2009, S. 43 ff.; *Schmidt* 1982, S. 6). Wir wollen Humankapital im Folgenden wie folgt definieren:

> *„Humankapital ist der Oberbegriff für Kompetenzen, Fertigkeiten und Motivation der Mitarbeiter. Das Humankapital einer Organisation umfasst alle Eigenschaften und Fähigkeiten, die die einzelnen Mitarbeiter in die Organisation mit einbringen. Es ist im Besitz des Mitarbeiters und verlässt mit ihm die Organisation"* (BMWi 2013, S. 18).

IV. Gestaltung durch Führungs-Controlling — Kapitel D

Nr.	Führungskraft	Effizienzwert/Verbesserungspotenzial	individuelle Benchmarkperson
1	Becker	100 %	
2	Berger	11,09 %	Nr. 3;6
3	Broler	100 %	
4	Bürger	100 %	
5	Doms	17,46 %	Nr. 1;3;6;29
6	Dorf	100 %	
7	Fontane	7,41 %	Nr. 1;3;6;14
8	Gahring	10,41 %	Nr. 1;3;6
9	Gereiter	100 %	
10	Horrak	100 %	
11	Kessel	1,10 %	Nr. 3;6;14
12	Kiesewetter	100 %	
13	Mahler	13,10 %	Nr. 1;3;12;14
14	Mannheimer	100 %	
15	Mason	17,05 %	Nr. 1;3;6
16	Meier	13,73 %	Nr. 1;10
17	Meister	8,58 %	Nr. 1;3;6
18	Müller	11,44 %	Nr. 1;3;14;29
19	Neudecker	6,30 %	Nr. 4;12
20	Nürnberger	100 %	
21	Philippsen	2,51 %	Nr. 29
22	Rose	33,09 %	Nr. 1;6;29
23	Sahle	5,94 %	Nr. 3;12
24	Schiller	5,83 %	Nr. 1;3;6
25	Schmidt	1,39 %	Nr. 1;3;6;14
26	Seeler	100 %	
27	Smith	5,15 %	Nr. 1;3;12;14
28	Storm	21,30 %	Nr. 1;6;29
29	Timm	100 %	
30	Wahle	15,23 %	Nr. 1;6;29

Legende: weiß: effiziente FK (100 %); hellgrau: ineffiziente FK, die ihren Output um den jeweiligen %-Wert erhöhen sollten, um die 100 % zu erreichen; dunkelgrau: ineffiziente Führungskräfte, die an einem Seminar teilnehmen sollten

Tab. D.12: Effizienzbewertung von Führungskräften (*Weibler/Lucht* 2001, S. 22)

2004 wurde „Humankapital" von der Gesellschaft für Deutsche Sprache im Übrigen zum Unwort des Jahres gewählt, da damit die Degradierung von Menschen zu einer rein ökonomischen Größe vollzogen würde. Dies führte zu heftigen Diskussionen über den eigentlichen Bedeutungsgehalt des Begriffes.

Die Bewertung des Humankapitals ermöglicht den Führungskräften, das Potenzial ihres Verantwortungsbereichs auch in monetärer Hinsicht veranschaulicht zu bekommen und vergleichbare Zielgrößen für führungsbezogene Maßnahmen (z. B. Einsatz von Führungsinstrumenten) zu besitzen.

Für die Wertermittlung stehen außerordentlich viele Konzepte zur Verfügung. Eine übersichtliche Einordnungen der Grundlinien liefert *Scholz* (2014, S. 371 ff.). Danach können sechs Ansatzgruppen, die wiederum drei leitenden Denkrichtungen (Paradigmen) zugeordnet werden, unterschieden werden (vgl. Tab. D.13).

Diese Bewertungsansätze differenzieren insoweit, dass jeder Ansatz wiederum mehrere Konzepte zur personalwirtschaftlichen Wertermittlung darlegt und verschiedene Bemessungsgrundlagen zur Berechnung definiert (vgl. zum Überblick von Humankapital-Bewertungsansätzen ebenfalls *Scholz/Stein/Bechtel* 2006). Nachstehend erläutern wir den zurzeit im deutschsprachigen Raum bekanntesten **Ansatz**, die **Saarbrücker Formel**. Hierbei handelt es sich um einen **ertragspotenzialorientierten Ansatz**, der den **Marktwertansatz** (als Wertebasis), den **Accountingansatz** (als Werteverlust und Wertsteigerung) und den **Indikatorenansatz** (im Sinne von Veränderung durch Commitment, Kontext und Retention) miteinander kombiniert. Das Ertragspotenzial (als Potenzial im Sinne gegebener Möglichkeiten und unabhängig von konkreten Erträgen) ergibt sich hier somit aus dem aktuellen Marktwert unter Berücksichtigung der Veränderung im Sinne des Accounting- und des Indikatorenansatzes.

Aus **Führungssicht** ist der formelgebundene Ansatz **dreifach interessant**: Er kann (1) Führungskräften eine humankapitalbasierte Standortbestimmung ihres Verantwortungsbereiches geben und hierauf bezogene Wirkungen bei Veränderungen abschätzen helfen, (2) den Humankapitalwert explizit für die Multiplikatoren „Führungskräfte" ausweisen sowie (3) Lernen und Mitarbeitermotivation, so wie auch wir es zuvor bei der Ausrichtung von Führungsbeziehungen besonders herausgestellt haben, in den Fokus führungspraktischen Handelns richten.

Insgesamt wird die Formel durch zehn Komponenten zur Optimierung der Wertermittlung des Beschäftigtenbestandes beschrieben. Alle einzelnen Komponenten der Formel bilden zentrale personalwirtschaftliche Bereiche ab. Die folgende Abbildung D.40 zeigt die einzelnen Komponenten der Saarbrücker Formel.

Darin gibt der HC-Wert (Human-Capital-Wert) das in Euro ausgedrückte Ertragspotenzial der Mitarbeiter des Unternehmens, also das, was die Mitarbeiter im Sinne einer Ertragsuntergrenze zu erwirtschaften imstande sind, an (vgl. *Scholz/Stein* 2006a, S. 52 f.). Die Kenntnis über den HC-Wert ermöglicht letztlich die Optimierung einer fördernden Führung der Mitarbeiter. Erweisen sich in diesem Kontext einzelne Komponenten des Humankapitalwertes als zu niedrig, so sollte die Führungskraft handeln, beispielsweise indem sie die Leistungsbereitschaft oder die Bindungsbereitschaft seitens der Mitarbeiter erhöht oder dem Wissensverlust entgegensteuert. Daher kommt der Schlüsselkomponente der **HC-Wertkompensation** aus der Sicht von führungsnahen Fragestellungen eine besondere Bedeutung zu. Die Wertsteigerungs- und die Wertänderungskomponenten sind somit die Hebel, die die Saarbrücker Formel in den Fokus der Personalführung rücken lassen. Schlussendlich kann konstatiert werden, dass Praktiker mithilfe der Saarbrücker Formel leichter Kenntnis darüber gewinnen können, wie und besonders wann sie Personal- und Führungsmaßnahmen einzurichten haben.

Im ersten Teil nutzt die Saarbrücker Formel den **Marktwertansatz** und gibt die Wertbasis an. Dabei steht der Index (1) i für die einzelnen Beschäftigungsgruppen (1–g). Die Komponente (2) FTE bezeichnet „Full Time Equivalents" (Vollzeitarbeitskräfte). Hier wird die Mitarbeiterzahl einfach in Vollzeitarbeitskräfte umge-

Kostenverrechnungsparadigma	Überschussverteilungsparadigma	Ertragsparadigma
accountingorientierte Ansätze (indikatorenbasierte Ansätze)	renditeorientierte Ansätze marktwertorientierte Ansätze value-added-orientierte Ansätze (indikatorenbasierte Ansätze)	ertragspotenzialorientierte Ansätze (indikatorenbasierte Ansätze)

Tab. D.13: Sechs Ansatzgruppen der Humankapitalbewertung (vgl. *Scholz* 2014, S. 373)

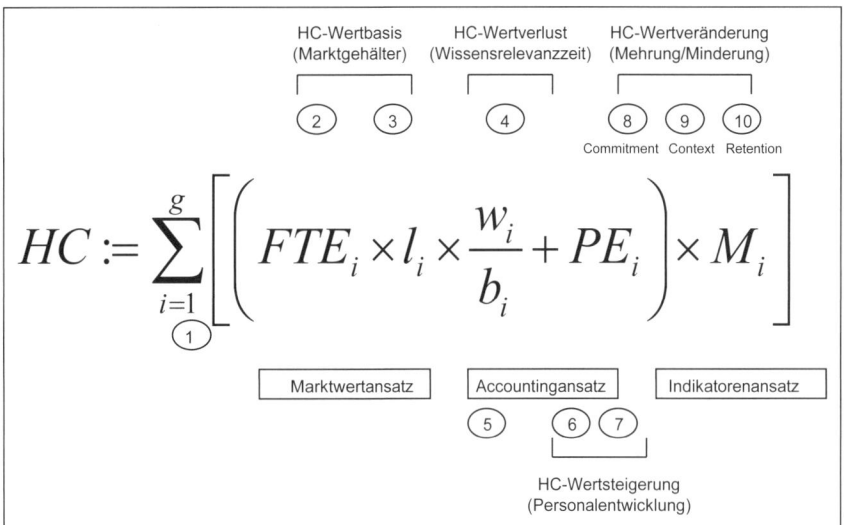

Abb. D.40: Saarbrücker Formel zur Bestimmung des Humankapitalwertes (vgl. *Scholz* 2005, S. 16)

rechnet. Sind im Unternehmen zum Beispiel 500 Mitarbeiter beschäftigt, wovon 100 Mitarbeiter eine halbe Stelle (Beschäftigungsgruppe 1), 60 Mitarbeiter eine Drittelstelle (Beschäftigungsgruppe 2) und 340 Mitarbeiter eine volle Stelle haben (Beschäftigungsgruppe 3), so würde die Berechnung von FTE wie folgt verlaufen: [(60×1/3)+(100×1/2)+340] = 410 FTE. Die Komponente (3) steht schließlich für die durchschnittlich am Markt gezahlten Gehälter der Mitarbeiter (Marktgehälter) – also gerade nicht die tatsächlich im Unternehmen gezahlten Gehälter. Diese Marktgehälter geben den Wiederbeschaffungswert der Mitarbeiter am Arbeitsmarkt an. Marktgehälter können etwa durch Rückgriff auf die Daten des Statistischen Bundesamtes ermittelt werden. Durch Multiplikation dieser Marktgehälter mit der Komponente FTE ergibt sich schließlich die Wertbasis.

Im zweiten Teil kommt der **Accountingansatz** mit vier Komponenten zum Einsatz. Dadurch soll der Wertverlust errechnet werden. Der Accountingansatz berücksichtigt eine abschreibungsähnliche Komponente. Mithin kann das Wissen der Mitarbeiter im Laufe der Zeit veralten und somit nicht mehr auf einem aktuell wünschenswerten Stand sein. Daher wird die (4) Wissensrelevanzzeit w_i (Zeit, in der der der jeweilige Mitarbeiter von seinem Ausbildungswissen profitieren kann) durch die durchschnittliche Dauer der (5) Betriebszugehörigkeit b_i dividiert. Die sich daraus ergebende Kennzahl gibt Aufschluss darüber, wie lange das vorhandene Wissen wertschöpfungsrelevant bleibt. Mit ihrer Hilfe lässt sich entsprechend der Wertverlust des Humankapitals berechnen. *Scholz* (2005) unterstellt hierbei, dass Wissen für eine Arbeitsverrichtung erforderlich ist, das wiederum im Laufe der Zeit an Aktualität und Substanz verliert. In einer erweiterten Fassung des Wertverlustes wird von einem funktionalen Zusammenhang zwischen w_i und b_i ausgegangen, der zwischen einem Zuwachs an Erfahrungswissen und einem Verlust an Fachwissen differenziert. Der Störfaktor Wertverlust kann durch die Komponente (6) Personalentwicklungsmaßnahmen (PE_i) kompensiert werden. Berücksichtigt wird dabei auch die Tatsache, dass nicht alle Personalentwicklungsmaßnahmen auszahlungswirksam sind und daher eine Modifizierung des Wertes möglich ist (7).

Im dritten Teil greift die Saarbrücker Formel auf den **Indikatorenansatz** zurück. Der Parameter M_i steht etwas allgemein und womöglich unscharf für Mitarbeitermotivation. Die Mitarbeitermotivation setzt sich nach *Scholz* (2005) aus den drei Komponenten (8) Leistungsbereitschaft (Commitment), (9) Arbeitsumfeld (Context) und (10) Verbleibetendenz (Retention) zusammen.

Insgesamt können die zehn Komponenten zu vier Schlüsselkomponenten addiert werden:

- **HC-Wertbasis des Humankapitals:** Berechnung des aktuellen Marktwertes der Beschäftigten durch FTE $i \times l_i$,
- **HC-Wertverlust des Humankapitals:** Wissensrelevanzzeit und dessen Verlust durch veraltetes Wissen, w_i/b_i,
- **HC-Wertkompensation/-steigerung des Humankapitals:** Der Wertverlust des Humankapitals wird durch Personalentwicklungsmaßnahmen gesteigert und/oder kompensiert, HC-Wertkompensation/-steigerung = PE_i,

- **HC-Wertveränderung des Humankapitals:** Wertsteigerung durch Motivation oder auch Wertreduktion durch Demotivation, HC-Wertveränderung = M_i.

Die Saarbrücker Formel wurde bereits in der Praxis eingesetzt (vgl. z.B. *Scholz/Stein/Müller* 2008; *Müller/Wurnig* 2007; *Scholz/Müller* 2007). Eine aus der internen Perspektive durchgeführte Bewertung stammt von der *Telekom Austria* und hatte die Bewertung der Festnetzsparte zum Objekt. Ziel war es, Chancen und Risiken bezogen auf das Humankapital zu lokalisieren, um dann entsprechende Optimierungsaktivitäten zu starten. Die Berechnung erfolgte über eine webbasierte Softwarelösung (ASP), wobei sowohl auf interne Unternehmensdaten als auch auf externe marktübliche Daten zurückgegriffen wurde. Die Abbildung D.41 zeigt exemplarisch das Ergebnis der Bewertung der vierten von insgesamt sieben betrachteten Beschäftigungsgruppen i bei der *Telekom Austria* sowohl insgesamt als auch pro Kopf. Für Vergleiche zwischen einzelnen Beschäftigtengruppen oder Unternehmen sind weniger die absoluten Werte heranzuziehen, als mehr die Werte pro FTE oder pro Kopf. Im Folgenden wollen wir kurz die Berechnung der absoluten Werte nachvollziehen, die Werte pro Kopf ergeben sich entsprechend (vgl. hierzu *Müller/Wurnig* 2007).

Für die Berechnung der Komponente FTE wurden die Arbeitszeiten der rund 10.000 Arbeitnehmer der *Telekom Austria* summiert und auf Vollzeitarbeitskräfte umgerechnet. Insgesamt ergab sich dadurch ein FTE-Wert in Höhe von 1785.13. Multipliziert mit den marktüblichen Gehältern von 40.325 Euro konnte so insgesamt eine Wertbasis von 71.985.339 Euro ermittelt werden. Für die Komponenten w_i und b_i wurden in der vierten Beschäftigungsgruppe bei der *Telekom Austria* Werte in Höhe von w_i = 7 Jahre und b_i = 21,98 Jahre unterstellt. Der Quotient w_i/b_i, mit dessen Hilfe sich der Wertverlust des Humankapitals berechnen lässt, ergab sich im vorliegenden Beispiel allerdings nicht durch einfaches Dividieren der beiden Komponenten w_i und b_i, sondern es wurde vielmehr ein funktionaler Zusammenhang zwischen w_i und b_i unterstellt. Auf dieser Basis wurde ein w_i/b_i–Koeffizient von 0,6133 ermittelt. Hieraus konnte anschließend ein Wertverlust in Höhe von 27.839.760 Euro $(1-w_i/b_i) * 71.985.339$ Euro) berechnet werden. Ferner zeigt die Abbildung D.41, dass die *Telekom Austria* zur Wertkompensation bzw. Wertsteigerung in Personalentwicklungsmaßnahmen investierte, deren Kosten sich insgesamt auf 1.129.932 Euro beliefen. Eine Multiplikation dieser Kosten mit der Wissensrelevanzzeit w_i führte zum dargestellten monetären Nutzen der Personalent-

			Input	Output		pro Kopf	pro FTE
1.785,13		FTE	Full-Time Equivalent				
40.325 €		L	Marktgehalt				
			Wertbasis:	71.985.339 €	→	40.058 €	40.324 €
7,00 J		W_I	Wissensrelevanzzeit				
21,98 J		B_I	Betriebszugehörigkeit				
0,6133			Vom Unternehmen berechneter Quotient				
			Wertverlust:	27.839.760 €	→	15.492 €	15.595 €
1.129.932 €		PE	**Personalentwicklung:**	7.909.525 €	→	4.401 €	4.430 €
1,46		M1	**Commitment:**	7.981.783 €	→	4.441 €	4.471 €
1,19		M2	**Context:**	3.296.823 €	→	1.834 €	1.846 €
1,54		M3	**Retention:**	9.369.919 €	→	5.214 €	5.248 €
			HC-Wert:	72.703.629 €		40.458 €	40.727 €

Abb. D.41: Exemplarische Berechnung des Humankapitalwerts einer Beschäftigtengruppe bei der *Telekom Austria* (*Müller/Wurnig* 2007, S. 31)

wicklungsmaßnahmen in Höhe von 7.909.525 Euro. Es lässt sich relativ leicht erkennen, dass dieser Betrag den Wertverlust des Humankapitals allerdings nicht kompensieren konnte.

Kommen wir abschließend auf die Motivationskomponenten Commitment, Context und Retention des vorliegenden Beispiels zu sprechen. Diese Komponenten wurden auf Basis von Befragungen im Unternehmen ermittelt. Das Commitment steigerte den Humankapitalwert demnach um 7.9 Millionen Euro, die Komponente Retention um 9.3 Millionen Euro und die Komponente Context um 3.3 Millionen Euro. Durch Einsetzen der Werte in die Saarbrücker Formel konnte insgesamt ein Humankapitalwert der vierten Beschäftigungsgruppe bei der *Telekom Austria* von 72.7 Millionen Euro ermittelt werden.

Die Frage ist nun, welche Schlussfolgerungen aus diesem Wert für unsere Frage der Gestaltung von Führungsbeziehungen durch Führungs-Controlling zu ziehen sind. Zum einen wird ersichtlich, dass die Personalentwicklungsmaßnahmen den Wertverlust nicht kompensieren konnten. Daher sollten im Rahmen der Gestaltung von Führungsbeziehungen Personalentwicklungsmaßnahmen mit höherer Wirksamkeit eingesetzt werden. In Kombination mit den drei Motivationskomponenten ist es aber insgesamt dennoch zu einer Wertsteigerung des Humankapitalwertes gekommen. Allerdings sollte das leichte Defizit im Bereich „Context" von der Führungskraft besonders beachtet werden. Die Mitarbeiter scheinen mit den ihnen gegebenen Umfeldbedingungen (Führung des Vorgesetzten, Arbeitsmaterialien) nicht vollends zufrieden zu sein, sodass hier Optimierungspotenziale vorhanden sind. Hier wäre dann aus der Sicht des Führenden anzusetzen. Dazu müsste sich die Führungskraft allerdings im Rahmen einer Reflexion die Ursachen im Detail und in ihrer Vernetzung natürlich genauer anschauen.

Kritische Würdigung der Saarbrücker Formel

Obwohl die Saarbrücker Formel in der Praxis mehr und mehr Anwendung findet (vgl. *Kossbiel* 2007, S. 336), werden von ihren Kritikern als solche gesehene **Nachteile** stärker hervorgehoben. Demnach sei die Wertigkeit und Verknüpfung der einzelnen Komponenten untereinander angreifbar. So haben durch die multiplikative Verknüpfung mögliche Veränderungen einzelner Faktoren wie etwa der Wissensrelevanzzeit w_i oder der durchschnittlichen Betriebszugehörigkeit b_i bei sonst gleich bleibenden Bedingungen starke Auswirkungen auf den Gesamtwert des Humankapitals. Diesem Argument wird jedoch mittlerweile widersprochen, da an Stelle des reinen Quotienten aus w_i und b_i ein funktionaler Verlauf aus Fach- und Erfahrungswissen betrachtet wird und bei Konstellationen, in denen $b_i < w_i$ gilt, ein Maximalwert von 1 festgelegt ist (vgl. *Scholz/Stein* 2006b). Die Wissensaktualität kann also nicht mehr als 100 % betragen. Weitere Kritikpunkte sagen, dass alle Komponenten nicht unerhebliche Möglichkeiten zur Manipulation aufweisen, da ihnen kein verbindlicher Charakter zugeschrieben werde, sondern lediglich Vorschläge zur Wertermittlung dargestellt würden. Es lege hiernach im Belieben und Bedienen des Anwenders, wie er die Komponenten interpretiere (vgl. zur weiteren Kritik *Kossbiel* 2007). Auch dieses Argument lässt sich entschärfen, da für die Erhebung der einzelnen Daten ein Standard existiert, an dem sich Unternehmen orientieren können. Dieser Standard wurde gemeinsam mit Vertretern aus Wissenschaft und Praxis erarbeitet (zur Stellungnahme der Kritik von *Kossbiel* siehe *Stein, V.* 2008). Darüber hinaus sage die Formel nichts oder zumindest zu wenig über die Produktivität der Mitarbeiter aus. Auch wenn *Scholz* die Produktivität anhand der Mitarbeitermotivation (M_i) messen wolle, so könne festgehalten werden, dass eine hohe Motivation nicht zugleich einer hohen Produktivität entspräche. Ferner könne es als Nachteil gesehen werden, dass die Wissensrelevanzzeiten nicht genau zu ermitteln seien (vgl. *Ortner/Thielmann-Holzmayer* 2007, S. 12). In diesem Zusammenhang ist allerdings auf die eingangs skizzierte Grundlogik der Saarbrücker Formel hinzuweisen, da bewusst Wertschöpfungsbeiträge beziehungsweise Produktivitätsargumente ausgeklammert werden. Es geht zunächst lediglich um das Potenzial der Mitarbeiter. In einem zweiten Schritt kann man beispielsweise den Humankapitalwert in Relation zu investierten Kosten (Humankapitalaufwand) und erzielten Erträgen (Humankapitalertrag) setzen.

In der Tat werden so Limitationen angesprochen, denen wir bei einer formelbezogenen Erfassung von menschlichem (Leistungs-)Verhalten oder Potenzial so oder so ähnlich immer begegnen werden (denken wir nur an die Prozesstheorien der Motivation, wo zum Teil identische Kritikpunkte angeführt werden). Wer dies vermeiden möchte, wählt Kunstwelten oder setzt die Blackbox. Deshalb gilt es, die aus Formeln entstandenen Werte richtig zu interpretieren. Vor allem bedeutet Interpretation, Werte *relativ* zu anderen Organisationen/Einheiten und in ihrer Veränderung im *Zeitablauf* zu sehen, denn das Absolute kennt beim Menschen kein Maß.

Einer der wesentlichen **Vorteile** der Saarbrücker Formel ist fraglos die neuartige Festlegung eines Humankapitalwertes. Unbestritten kann der Wert der Belegschaft bei

Unternehmensbewertungen, beispielsweise aus Anlass von Übernahmen oder Verkäufen von großer Bedeutung sein. Bei Agenturen, Beratungen oder F & E-Abteilungen ist dies geradezu offensichtlich. Aber auch für die Offenlegung von Unternehmensrisiken, wozu auch Personalrisiken zählen, sticht dies ins Auge. Dementsprechend wird die Formel bei Preisverhandlungen gute Dienste erweisen. Des Weiteren sprechen die wenigen und leicht zu beschaffenden Daten für die Verwendung der Formel. Darüber hinaus ist die gute Kommunizierbarkeit ein wesentlicher Faktor. Erfreulich zudem, dass sie nicht nur monetäre Größen, sondern auch qualitative Aspekte in der HC-Wertveränderung einbezieht. Schließlich kann dem formelgebundenen Ansatz zu Gute gehalten werden, dass er einerseits eine breite Basis für weitere Diskussionen bietet und andererseits den Aufbau eines Humankapital-Bewertungssystems vorantreibt (vgl. *Littkemann* 2006, S. 546). Da weder die Humankapitalkosten noch der Humankapitalertrag in die Formel einfließen, kann der HC-Wert zudem nachträglich hiermit verknüpft werden. Der Ausweis von Werthebeln („Drehknöpfen", „Stellgrößen") ermöglicht nach *Scholz* (2014, S. 386) eine direkte Verbindung zur in einer Situation gewählten Personalstrategie und letztendlich eine Abschätzung deren Wirksamkeit. Für Führungskräfte könnten wichtige Vorgaben daraus aus übergeordneter Sicht formuliert werden, die wiederum in Zielvereinbarung überführt werden.

Generell kann hier festgehalten werden, dass nach der Saarbrücker Formel das absolute Humankapital immer größer wird, je mehr Beschäftigte ein Unternehmen besitzt (FTE_i), je höher deren Durchschnittsgehälter (l_i) sind und je aktueller deren Wissen (w_i/b_i) ist. Darüber hinaus steigert sich der HC-Wert in Abhängigkeit der Motivation, insbesondere durch das erhöhte Commitment, den Kontext und die Retention. Mithilfe der Berechnung der genannten Kennzahlen lassen sich Managementaktivitäten in ein neues Licht rücken. Gehen wir einmal davon aus, dass eine Organisation aus Kostenüberlegungen heraus erheblich viele Mitarbeiter entlässt. Dies erreicht sie dann zwar, aber gemäß der Formel reduziert sie gleichzeitig und überproportional den Wert des Humankapitals. Diese Vernetzung ist in der Betriebswirtschaft durchaus bekannt, neu daran ist jedoch, dass Führungskräfte und die Personalabteilung die Differenz zwischen monetären Einsparungen und entstandenen Humankapitalkosten genauer fassen können (vgl. *Scholz* 2005, S. 19). Und in einer zahlendominierten Welt der allermeisten Entscheider, zumindest in Unternehmen, ist dies nicht wenig. Dass Setzungen nötig sind und scheinbar genaue Werte doch nur Annä-

herungen an eine gedachte Wirklichkeit darstellen, ist richtig, unterscheidet sie jedoch nicht ungünstig von den vermeintlichen Zahlengewissheiten im strategischen Management (Marktpotenziale, Fusionserfolge etc.) oder den Ergebnissen von Unternehmensbewertungen. Weiterentwicklungen werden die Diskussion bereichern. Empirische Studien zum Anwendungsprozess wie zur Nützlichkeit sind weiterhin notwendig. Auch deshalb sollten Anwendungen alternativer Ansätze nicht aus den Augen verloren werden (beispielsweise der Ansatz des **Hagener Schemas**; vgl. hierzu *Ortner/Thielmann-Holzmayer* 2007).

3.6 Analysemethoden

Im Personal-Controlling können unterschiedliche Analysemethoden unterschieden werden (vgl. *Scholz* 2014, S. 141). Diese eignen sich auch für die Umsetzung der Ziele des Führungs-Controllings. Sie lassen sich zudem entsprechend ihres Analysegegenstandes in materielle und formelle Analysen einteilen (vgl. *Schedler/Weibler* 1996, S. 12):

- **Aufwandsanalysen** sind Inputanalysen. Sie sollen beispielsweise die Kosten einer bestimmten Führungsmaßnahme ermitteln. Je nach Analysegegenstand kann es sich um eine zeitpunktbezogene (z. B. Kosten einer einmaligen Maßnahme) oder um eine zeitraumbezogene (z. B. alle direkten Personalkosten, die während der Periode auf bestimmte Führungskräfte entfielen) Analyse handeln.

- **Ergebnisanalysen** sind zeitpunktbezogene Outputanalysen. Analysegegenstand sind die Führungsergebnisse. Dazu zählen z. B. der Krankenstand und die Fluktuation in einer Gruppe.

- **Nutzenanalysen** sind zeitpunkt- oder zeitraumbezogen. Sie versuchen den Nutzen einzelner Maßnahmen durch Gegenüberstellung der Kosten und Ergebnisse zu bestimmen. Dazu zählt z. B. der Vergleich der Kosten von Personalentwicklungsmaßnahmen mit der beobachteten Veränderung der monetären Arbeitsleistung von Mitarbeitern. In diesem Zusammenhang fällt auch häufig der Begriff der Rentabilität (z. B. Return on Leadership Development (RODI) (vgl. *Richard/Holton/Katsioloudes* 2014; *Avolio/Avey/Quisenberry* 2010).

- **Wertschöpfungsanalysen** können als eine spezielle Form der Nutzenanalyse angesehen werden. Analysegegenstand ist die Wertschöpfungskette der Führung. Es soll also ermittelt werden, wo und wie durch

Materielle Analysen				Formelle Analysen			
Aufwands-analysen	Ergebnis-analysen	Nutzen-analysen	Wertschöpfungsana-lysen	Zustands-analysen	Ereignis-analysen	Vorgangs-analysen	Prozess-analysen

Tab. D.14: Analysemethoden des Controllings

gezielte Führungsmaßnahmen eine bestimmte Wertschöpfung und ein spezifischer Nutzen erreicht wird.

- **Zustandsanalysen** sind zeitpunktbezogen. Ihr Gegenstand ist ein spezifischer Zustand, beispielsweise die Motivation oder die Zufriedenheit der Mitarbeiter vor oder nach einer Führungsmaßnahme.
- **Ereignisanalysen** untersuchen konkrete Aktivitäten, die in einem spezifizierten Zeitraum stattfinden. Sie sind damit zeitraumbezogen. Ein Beispiel ist die Analyse der Einführung eines neuen Personalbeurteilungssystems hinsichtlich der Kosten und des entstehenden Nutzens.
- **Vorgangsanalysen** haben spezielle Abläufe als Analysegegenstand. Dazu wird beispielsweise eine gesamte Führungsmaßnahme in einzelne Teilschritte zerlegt und diese hinsichtlich ihrer Effektivität (Zielerreichungsbeitrag) und Effizienz (Verhältnis Nutzen zu Kosten) analysiert.
- **Systemanalysen** werden hier als gesamthafte Bewertung des Führungsprozesses gesehen. Damit ist ein „Grund-Check" der vorhandenen (Führungs-)Ziele, der leitenden Konzeption und der verwendeten Instrumente gemeint (vgl. *Schedler/Weibler* 1996, S. 13).

Deutlich wird, dass in den einzelnen Analysen auf Kennzahlen (z. B. direkte Kosten) oder aber auch auf andere Instrumente zurückgegriffen wird (etwa Mitarbeiterbefragungen für die Ermittlung eines Zustands). Wie kann die Durchführung einer Analyse nun konkret aussehen? Um uns dies anzuschauen, werden wir uns einmal einem konkreten Anwendungsbereich des Führungs-Controllings widmen: dem Personalentwicklungscontrolling.

Personalentwicklungs-Controlling als Anwendungsfall für die Führungsbeziehung

Personalentwicklungs-Controlling wird wichtiger. Entscheider benötigen mehr Transparenz zu Kosten und Nutzen von Maßnahmen, deren bestmögliche Koordinierung untereinander sowie Vorschläge zur Qualitätsverbesserung (vgl. *Scholz* 2014, S. 607). Insbesondere im Bereich der Führungskräfteentwicklung besteht sowohl aus wissenschaftlicher als auch aus praktischer Sicht ein großes Interesse daran, ein genaueres Verständnis über die Wirksamkeit von Entwicklungsmaßnahmen für Führungskräfte und ihre effiziente Ausgestaltung zu erlangen. Der konkrete Einsatz von **Instrumenten der Personalentwicklung** (☞ D. III. 4.1) für Mitarbeiter und Mitarbeiterinnen sowie für Führungskräfte kann zu einer direkten Verhaltensbeeinflussung etwa im Bereich ihres Könnens (Qualifikationsförderung und -erweiterung) führen. Entwicklungsmaßnahmen in Bezug auf Führungskräfte (Führungskräfteentwicklung) möchten auf die Führungskultur in einer Organisation und auf die Führungsbeziehung indirekt einwirken.

Sofern Vorgesetzte nach Teilnahme an einem Führungskräftetraining ihr Führungsverhalten verändern, verändert dies möglicherweise auch das Verhalten ihrer Mitarbeiter (z. B. Steigerung der Arbeitsleistung, Commitment). Spätestens nach solchen, hier angedeuteten Maßnahmen besteht ein berechtigtes Interesse daran, festzustellen, inwiefern das vorher festgelegte Bildungsziel erreicht wurde, möglicherweise aber bereits schon während der Maßnahme selbst (z. B. wenn sie sich über eine lange Periode erstreckt). Im Zusammenhang mit der Analyse und Bewertung von Personalentwicklungsmaßnahmen wird in der Literatur auch der Begriff der **Evaluation** verwendet (vgl. *Hoole/Martineau* 2014). Entsprechend wird zwischen einer Summativen und Formativen Evaluation unterschieden (vgl. *Höft* 2006, S. 784; *Holling/Liepmann* 2004, S. 369 ff.; *Hentze/Kammel* 2001, S. 398 f.). Während sich die **Formative Evaluation** der Ermittlung von Ergebnissen zur Gestaltung bzw. Optimierung von Personalentwicklungsinterventionen verschreibt und bereits vor oder während des Prozesses ansetzt, dient die **Summative Evaluation** der Gesamtbeurteilung einer durchgeführten Personalentwicklungsmaßnahme im Sinne einer abschließenden Qualitätskontrolle und setzt nach Ablauf der Intervention an.

In der Führungskräfteentwicklung wird ein ganzer Strauß an konkreten **Evaluationsmethoden** diskutiert, die sowohl auf der **individuellen Ebene** (z. B. Befragungen, Interviews, Beobachtungen, visuelle Methoden), der **Gruppenebene** (z. B. soziale Netzwerkmethoden, Beobachtungen, Simulationen), der **Organisationsebene** (z. B. Kennzahlen, Beobachtungen, Dokumentenanalyse, Storytelling) und der **Gesellschaftsebene** (z. B.

Befragungen, Beobachtungen, soziale Indikatoren, Dokumentenanalyse, Storytelling) ansetzen können (vgl. für einen umfassenden Überblick *Hoole/Martineau* 2014). So können beispielsweise im Rahmen der Anwendung visueller Methoden Informationen über den Entwicklungsprozess eines jeden Führenden und damit über die Wirksamkeit von Führungskräfteentwicklungsmaßnahmen auf individueller Ebene gewonnen werden, in dem Führungskräfte ihre individuelle Entwicklung als Reise bildlich darstellen. Soziale Netzwerkmethoden können auf Gruppen- und Organisationsebene etwa einen Überblick darüber verschaffen, ob sich nach Durchführung einer Führungskräfteentwicklungsmaßnahme Netzwerkstrukturen in Gruppen oder abteilungsübergreifende Strukturen im Vergleich zur Ausgangsituation verändert haben und wie sich dies auf den Output insgesamt auswirkt. So könnte es nach einer Intervention etwa auf Gruppenebene mehr Gruppenmitglieder geben, die an Entscheidungsprozessen partizipieren. Zentrums- und Peripheriepositionen der Gruppenmitglieder könnten sich verändern und neue Verbindungen entstehen.

Vor der Durchführung einer Führungskräfteentwicklungsmaßnahme könnte der Netzwerkansatz auf Organisationsebene dazu beitragen, kritische Führungskräfte zu identifizieren (z. B. Führende die eine Hürde für einen Wandel darstellen), um so Maßnahmen gezielt ausrichten zu können. Nach einer Durchführung könnte auch das Erzählen von Geschichten (Storytelling) Informationen über die Wirkung von Führungskräfteentwicklungsmaßnahmen geben. Auf der Gesellschaftsebene stellen soziale Indikatoren (z. B. Daten der *Weltbank*, der *OECD*, der *Europäischen Union*, der Human Development Index) eine Möglichkeit dar, aggregiert Informationen über die Wirksamkeit von Führungskräfteentwicklungsmaßnahmen etwa in einem Land zu erhalten (vgl. *Hoole/Martineau* 2014, S. 13 ff.).

Im Folgenden wollen wir mit Zustandsanalysen und Nutzenanalysen bzw. dem RODI beispielhaft zwei Analysemethoden genauer betrachten, bei dessen Durchführung einzelne der genannten Evaluationsmethoden und hier insbesondere Befragungen (z. B. Messung von Führungsverhalten), Beobachtungen (z. B. von Arbeitsleistungen) sowie Kennzahlen/Indikatoren (z. B. Anzahl abgesetzter Kredite als Indikator für die Arbeitsleistung) einfließen.

Summative Evaluation von Führungskräftetrainings mit Zustandsanalysen

Anwendungsfall sind hier Trainings für Führungskräfte. Die Messung einzelner Zustände (Führungsverhalten, Verhaltensveränderungen bei Geführten, Führungsfunktionen, Teameffektivität) soll dabei den Gütekriterien empirischer Forschung (Objektivität, Reliabilität, Validität) entsprechend vor und nach Teilnahme an der Entwicklungsmaßnahme erfolgen. Unterschiedliche Messzeitpunkte und damit unterschiedliche Zustände können im Zeitablauf berücksichtigt werden. Zudem werden typischerweise zum Teil Kontrollgruppen gebildet, um Unterschiede zwischen trainierten und nicht trainierten Führungskräften ableiten zu können. Lässt sich tatsächlich die Wirksamkeit eines Trainings durch eine Zustandsveränderung ermitteln, so kann diese Information zur Planung und Optimierung zukünftiger Entwicklungsmaßnahmen genutzt werden und wiederum auf die Gestaltung von Führungsbeziehungen rückwirken. Wird ein Führungs-Controlling dieser Art durchgeführt, so erhalten Führende etwa Informationen darüber, ob eine Veränderung ihres Führungsverhaltens auf die Führungsbeziehung Einfluss genommen hat. Dies schafft nicht nur Transparenz, sondern trägt auch zur Reflexion und zur Motivation für eine weitere Persönlichkeitsentwicklung der Führungskräfte bei.

Entwicklungsmaßnahmen für Führungskräfte umfassen grundsätzlich unterschiedliche Inhalte und basieren (im Glücksfall) auf Führungstheorien (z. B. **transformationale Führung** (D. II. 3), **LMX-Theorie** (B. III. 3), **funktionaler Führungsansatz** (vgl. *Santos/Caetano/Tavares* 2015, S. 471). In den letzten Jahren waren insbesondere Führungskräftetrainings zur transformationalen Führung populär. Im Folgenden wollen wir uns daher zum einen auf die Evaluation von Trainingsmaßnahmen zur transformationalen Führung konzentrieren (vgl. etwa Studien von *Frese/Beimel/Schoenborn* 2003; *Towler* 2003; *Dvir u. a.* 2002; *MacKenzie/Podsakoff/Rich* 2001; *Barling/Weber/Kelloway* 1996; sowie von *Abrell/Rowold/Weibler/Moenninghoff* 2011). Andererseits werden aktuell auch Führungskräftetrainings auf Basis weiterer Führungstheorien in der Führungsforschung evaluiert: So berichten etwa *Santos*, *Caetano* und *Tavares* (2015) in einer aktuellen Studie über ein Führungskräftetraining auf Basis des schon älteren funktionalistischen Paradigmas (vgl. auch *Fleishman u. a.* 1991; *McGrath* 1962). Auf diese Untersuchung werden wir daher auch einmal genauer schauen. Zunächst beginnen wir aber mit der Evaluation von transformationalen Führungskräftetrainings. Konkret möchten wir hierzu zwei Studien herausstellen:

IV. Gestaltung durch Führungs-Controlling

> **Empirie zum transformationalen Führungskräftetraining**
>
> In der ersten hier betrachteten Studie zeigen *Barling/Weber/Kelloway* (1996), dass ein transformationales Führungskräftetraining in einer kanadischen Bank in einem positiven Zusammenhang mit dem durch die Geführten wahrgenommenen transformationalen Führungsverhalten der Filialleiter, dem organisationalen Commitment und der Leistung der Geführten, operationalisiert durch die Anzahl an abgesetzten Krediten und den Abschluss an Verträgen von Kreditkarten, steht. In der Untersuchung nahmen 9 Filialleiter über einen Zeitraum von 4 Monaten an Trainingsmaßnahmen zur transformationalen Führung teil. Insgesamt umfasste das Training sowohl ein eintägiges Gruppentraining sowie ein einmal monatlich stattfindendes individuelles Training. Weitere 11 Filialleiter bildeten die Kontrollgruppe und nahmen nicht an den Trainingsmaßnahmen teil. Das transformationale Führungsverhalten der Filialleiter sowie die Leistung und das Commitment der Geführten wurden jeweils durch Fragebögen zwei Wochen vor und fünf Monate nach der Teilnahme an den Trainingsmaßnahmen erhoben. Als wesentliches Ergebnis der Studie zeigt sich, dass die Geführten von trainierten Führungskräften eine höhere Leistung sowie ein höheres Commitment aufweisen, als die Geführten der untrainierten Filialleiter in der Kontrollgruppe.

Das Ergebnis der Studie von *Barling, Weber* und *Kelloway* (1996) verdeutlicht, dass transformationale Führung trainierbar ist und sich auf das organisationale Commitment und die Arbeitsleistung auswirken kann. Die Studie gibt einen ersten konkreten Einblick, wie eine Evaluation von Führungskräftetrainings ablaufen kann. Kritisch ist jedoch bei Betrachtung der Studie anzumerken, dass sich die Autoren lediglich auf die Komponente der geistigen Anregung bzw. intellektuellen Stimulierung des transformationalen Führungsverhaltens (☞ D. II. 3) beschränken. Die anderen drei Komponenten transformationaler Führung („Idealized Influence", „Inspirational Motivation" und „Individual Consideration") bleiben in der Untersuchung weitgehend unberücksichtigt.

Die zweite und aktuellere Studie zur Evaluation eines transformationalen Führungstrainings wurde im Jahr 2011 von *Abrell, Rowold, Weibler* und *Moenninghoff* durchgeführt. Besonderheiten dieser – im Vergleich zu bisherigen Studien über Entwicklungsmaßnahmen zur transformationalen Führung – liegen insbesondere darin, dass auch langfristige Wirkungen der Entwicklungsmaßnahmen evaluiert werden. So werden die Trainingseffekte nicht nur 3 und 6 Monate, sondern auch 9 und 12 Monate nach dem Training erfasst. Ferner werden etwa im Vergleich zur zuvor skizzierten Studie von *Barling/Weber/Kelloway* (1996) alle vier Komponenten des transformationalen Führungsverhaltens in die Analyse einbezogen. Diese Integration wird durch die spezielle Ausgestaltung des Führungskräfteentwicklungsprogramms erreicht, das neben einem Gruppentraining und Feedback auch zusätzlich die Methode des **„Peer-based-Team Coaching (PTC)"** umfasst. Bei der Methode des PTC „coachen" sich die Führungskräfte gegenseitig, was dazu beitragen soll, dass die jeweilige Führungskraft das Gelernte besser verinnerlichen kann und es so insgesamt zu einem größeren Transfer (→ Lerntransfer) von den in den Trainingseinheiten gelernten Inhalten kommt (vgl. *Rowold/Rowold* 2008; *Rowold/Schley* 1998). Neben der Betrachtung von längerfristigen Wirkungen der Entwicklungsmaßnahmen und der Integration der Methode des PTC ist eine weitere Besonderheit der Studie darin zu sehen, dass auch die Leistungen der trainierten Führungskräfte (etwa technisch-administrative Aufgabenleistung, Hingabe sowie zwischenmenschliche Förderung; eingeschätzt durch die jeweiligen Vorgesetzten der trainierten Führungskräfte) sowie das **Organizational Citizenship Behavior** (OCB) durch Selbsteinschätzung der Geführten erhoben werden. Unter OCB ist ein Verhalten zu verstehen, das nicht Gegenstand der eigentlichen formalen Arbeitsrolle und des Arbeitsvertrages ist, also sozusagen freiwillig stattfindet, aber dennoch für eine Organisation wichtig, gar erfolgsrelevant sein kann (vgl. *Organ* 1988, S. 4).

Das Ergebnis der Studie von *Abrell, Rowold, Weibler* und *Moenninghoff* (2011) verdeutlicht, dass das skizzierte Trainingsprogramm in transformationaler Führung tatsächlich mit einer stärkeren Wahrnehmung transformationalen Führungsverhaltens (Geführten-Einschätzung) 6 Monate nach Beendigung des Trainings bei beeindruckender Effektstärke ($d = 1.00$) in Verbindung steht. Die Effektstärke ist ein Differenzmaß zur Bestimmung der Bedeutsamkeit von Untersuchungsergebnissen (für eine genaue statistische Definition und Berechnung von Effektstärken vgl. etwa *Rasch u. a.* 2014, S. 48 f.). Im Vergleich hierzu sind Effektstärken anderer Studien, die sich nicht auf die Methode des PTC zur Entwicklung transformationalen Führungsverhaltens stützen, wesentlich geringer. So beträgt die Effektstärke in der Studie von *Barling, Weber* und *Kelloway* (1996) etwa nur $d = .50$ und die Effektstärke einer Metaanalyse über Managementtrainings von *Collins/Holton* (2004) nimmt einen Wert von $d = .41$ an. Interessant ist, dass nach 3 Monaten noch keine Verbesserung in der transformationalen Führungsleistung bei den Führungskräften von den Geführten wahrgenommen werden konnte. Dies lässt darauf schließen, dass die Entwicklung transformationaler Führung eine gewisse Zeit in Ausübung wie Wahrnehmung beansprucht. Die Leistung der Führungskräfte verbesserte sich dagegen bereits nach 3 Monaten. Beim OCB der Geführten konnten zumindest tendenziell Verbesserungen nachgewiesen werden, wobei die Effekte jedoch nicht signifikant sind. Zukünftige Untersuchungen sollten sich daher mit der Frage auseinandersetzen, ob eine Veränderung des Geführtenverhaltens als Reaktion auf ein verändertes Führungsverhalten grundsätzlich eine größere Zeitspanne erfordert.

Wie wichtig ein wiederholtes und durch mehrere Quellen fundiertes Feedback für die Einübung von effektivem Verhalten ist, konnten *Seifert/Yukl* (2010) anhand von Beeinflussungsstrategien von Vorgesetzten zeigen. Vieles spricht also dafür, solche möglichen und wahrscheinlichen Effekte, die sich erst im Zeitablauf ergeben, zukünftig näher zu betrachten. Es könnte, so eine erste Vermutung, daran liegen, dass Führungskräfte Feedback nach einer Zeit sehr selektiv erinnern (vgl. hierzu differenziert *Smither/Brett/Atwater* 2008) und dass durch eine mehrfache Rückmeldung das Erkennen und Behalten realistischer Stärken und Schwächen und darauf bezogener Maßnahmen einfacher ist.

Kommen wir nun auf die aktuelle Studie von *Santos, Caetano* und *Tavares* (2015) zu sprechen. Die Studie evaluiert ein Führungskräftetraining basierend auf dem funktionsbezogenen Führungsansatz. Danach haben Führungskräfte verschiedene Funktionen für die Geführten zu erfüllen (z.B. Aufgabenerklärung), um erfolgreich zu sein. Abläufe folgen daher einer systematischen Ordnung und zielen grundsätzlich darauf ab, einen regelhaften und geordneten Zustand herzustellen. Organisationen werden hier als effizient und verlässlich steuerbar betrachtet.

Empirie zum funktionalen Führungsansatz

In der Studie von *Santos/Caetano/Tavares* (2015) nahmen insgesamt 90 männliche Führungskräfte teil, die beruflich im portugiesischen Militär beschäftigt waren. Von den 90 Führungskräften erhielten 45 Führungskräfte ein Training basierend auf dem funktionalen Führungsansatz. Konkret sollen die Funktionen der Situationsklärung („situation clarification function"), der Strategieklärung („strategy clarification function") und der Koordination („coordination function") entwickelt werden. Während es bei der Situationsklärung unter anderem um die Definition der Arbeitsaufgabe sowie der Schaffung eines gemeinsamen Verständnisses für das Ziel der Aufgabe geht, soll die Funktion der Strategieklärung, etwa der Entwicklung von Strategien zur Problemlösung und der Festlegung von Rollen und Verantwortlichkeiten, dienen. Die Koordinationsfunktion zielt auf Fragen der Koordination, Kommunikation und des Monitoring ab.

Konkret lief die Durchführung und Evaluation des Trainings wie folgt ab: Jede der 90 Führungskräfte führte zunächst ein Team bestehend aus 5 Mitgliedern, die dieser vorher nicht bekannt waren. Anschließend erhielten 45 Führungskräfte ein 20-tägiges Training basierend auf dem funktionalen Führungsansatz, dass sich aus Vorträgen, Gruppenübungen, Gruppendiskussionen und Feedback zusammensetzte. Die anderen 45 Führungskräfte fungierten als Kontrollgruppe und nahmen lediglich an einem allgemeinen „secretary training" teil. Im Anschluss an das Training wurde den einzelnen Führungskräften erneut ein Team mit 5 Mitgliedern zugeteilt. Es handelte sich allerdings um ein anderes Team als vor dem Training. Ziel ist die Vermeidung relationaler Verzerrungen (z.B. Führungsverhalten). Nach sechs Monaten wurde dann die Teameffektivität sowie die „Performance" der jeweiligen Führungskräfte in den einzelnen Führungsfunktionen evaluiert.

Dabei wurden folgende wesentliche Ergebnisse deutlich: Das Führungstraining konnte zum einen die Effektivität der Teams steigern (Effektstärke $d = 1.07$; im Vergleich $d = .01$ bei den untrainierten Kontrollgruppen). Zudem zeigten die trainierten Führungskräfte nach dem Training eine höhere „Performance" in Ausübung der Funktionen Strategieklärung und Koordination in ihren jeweiligen Gruppen als die untrainierten Führungskräfte ($d = .68$ in Bezug auf Strategieklärung; $d = .99$ in Bezug auf Koordination). Keine signifikanten Effekte gab es zwischen trainierten und untrainierten Führungskräften in Bezug auf die Situationsklärung. Darüber hinaus vermittelt die Ausübung der Funktionen den Zusammenhang zwischen dem Führungstraining und der Teameffektivität.

Was lässt sich aus den betrachteten Studien zur Summativen Evaluation von Führungskräftetraining nun mitnehmen? Es sollte deutlich geworden sein, dass es Gemeinsamkeiten (Verwendung von Effektstärken, Messung von Zuständen vor und nach dem Training, Bildung von Kontrollgruppen), aber auch Unterschiede (unterschiedliche Führungsansätze als Grundlage, unterschiedliche Messzeitpunkte, unterschiedliche Trainingsinhalte) im Hinblick auf eine Konzeption und Evaluation von Führungskräftetrainings gibt. Eine Führungskraft kann auf Basis einer Evaluation wertvolle Informationen über die Trainingseffekte erhalten. Dabei ist unserer Meinung nach insbesondere der Aufbau und die Umsetzung der Studie von *Abrell, Rowold, Weibler* und *Moenninghoff* (2011) bei allen Verbesserungsmöglichkeiten geeignet, dem Entwicklungs-Controlling bei Führungskräften neuen Schub zu verleihen (Stichwörter: PTC-Methode, unterschiedliche Messzeitpunkte). Wie Entwicklungsmaßnahmen aufbauend auf Effektstärken monetär bewertet werden können, werden wir nun anhand einer Nutzenanalyse ergänzend verdeutlichen.

Summative Evaluation einer Mitarbeiterentwicklungsmaßnahme mit einer Nutzenanalyse

Wir hatten gerade aufgezeigt, wie ein Führungskräftetraining evaluiert werden kann. Im Führungs-Controlling ist aber häufig auch die Frage interessant, welchen monetären Wert eine Maßnahme ausweisen kann. Für diese Zwecke können **Nutzenanalysen** (häufig auch als Kosten-Nutzen-Analyse bezeichnet) weiterhelfen. Nutzenanalysen fanden ihren Eingang in die Wissenschaft in den 1940iger Jahren (vgl. *Brogden* 1949, 1946). Ein Standardmodell der Nutzenanalyse stellt trotz zahlreicher Erweiterungen heutzutage das *Brogden, Cronbach* und *Gleser*-Modell (BCG-Modell) dar (vgl. *Rowold* 2007, S. 35). Konkret können Nutzenanalysen als ein Prozess aufgefasst werden,

„[...] der die Einflussfaktoren auf die Nützlichkeit oder die Güte von Entscheidungsoptionen beschreibt, vorhersagt und/oder erklärt und untersucht, wie diese Informationen die Entscheidungen beeinflussen" (*Boudreau* 1991, S. 622).

Das primäre Ziel von Nutzenanalysen im Personalmanagement besteht darin, den monetären Nutzen von Personalauswahl und Entwicklungsmaßnahmen zu schätzen (vgl. *Rowold/Kauffeld* 2007, S. 13). Wir widmen uns hier den Entwicklungsmaßnahmen.

Werden Nutzenanalysen durchgeführt, so kann auf dieser Grundlage etwa beurteilt werden, ob durchgeführte Investitionen/Maßnahmen aus ökonomischer Sicht sinnvoll sind oder nicht (vgl. *Rowold/Kauffeld* 2007, S. 13). Nutzenanalysen können im Übrigen sowohl im Rahmen einer Summativen und Formativen Evaluation zum Einsatz kommen. Wir zeigen hier die Bewertung einer bereits durchgeführten Personalentwicklungsmaßnahme, wählen also eine Summative Evaluation. Eine Berechnungsformel zur Kosten-Nutzen-Rechnung bei Trainingsmaßnahmen stellt sich aufbauend auf dem erweiterten BCG-Modell wie folgt dar:

$$\Delta U = \sum_{t=1}^{T} \frac{1}{(1+i)^t} N_s SD_y d(1-TAX)$$
$$-\sum_{t=1}^{T} \frac{1}{(1+i)^{t-1}} C_f (1-TAX)$$
$$-\sum_{t=1}^{T} \frac{1}{(1+i)^{t-1}} C_v N_s (1-TAX)$$

mit:
$$d = \frac{\mu R_2 - \mu R_1}{\sigma R_p}$$

Abb. D.42: Formel zur Kosten-Nutzen-Rechnung (*Cascio* 1989, aus *Rowold/Steinhardt* 2007, S. 69)

Auf den ersten Blick wirkt die Formel recht komplex. Grob vereinfacht erfolgt die Berechnung des zusätzlichen Nutzens ΔU der Entwicklungsmaßnahme jedoch lediglich durch eine Subtraktion der Kosten C von dem Nutzen durch die Durchführung der Maßnahme. Die Formel wird verständlicher, wenn die einzelnen Parameter näher erklärt werden.

Zum einen steht der Parameter T für die Wirkdauer des Trainings in Jahren. Dabei geht es um die Frage, wie lange der Trainingseffekt überhaupt anhält. Beträgt diese 2 Jahre, so wird für jedes Jahr der Zugewinn aufsummiert und mit den angefallenen Kosten verrechnet (daher die Summenzeichen). Der Parameter N_s bezeichnet die Anzahl der Trainingsteilnehmer. μR_2 gibt die mittlere Arbeitsleistung der Teilnehmer vor einem Training in Geldeinheiten an, während μR_1 die mittlere Arbeitsleistung der Teilnehmer nach einem Training in Geldeinheiten ausweist. Der Parameter σR_p steht für die gepoolte Standardabweichung der Arbeitsleistung vor und nach einem Training in Geldeinheiten (berechnet aus der Wurzel der summierten Varianz der Arbeitsleistung vor und nach einem Training dividiert durch 2). Aus den drei letztgenannten Größen lässt sich die Effektstärke d einer Trainingsintervention berechnen (Mittelwertdifferenzen dividiert durch die gemittelte Standardabweichung). Effektstärken kann man als ein Standardabweichungsmaß interpretieren (vgl. *Rasch u.a.* 2014, S. 49). Eine Effektstärke von d = 2 würde also angeben, dass die beiden Mittelwerte der Arbeitsleistungen vor und nach einem Training zwei Standardabweichungen voneinander entfernt liegen (zur Information: eine Streuungseinheit kann in einer Normalverteilung als Abstand zwischen dem Mittelwert und dem Wendepunkt einer Verteilung visualisiert werden; innerhalb von einer Streuungseinheit befinden sich ungefähr 68 % aller Messwerte; vgl. *Rasch u.a.* 2014, S. 49).

Grundsätzlich gilt: je größer eine Effektstärke, umso besser (d kann beliebige Werte annehmen; Konventionen von *Cohen* (1988): kleiner Effekt d = 0.20; mittlerer Effekt d = 0.50; großer Effekt d = 0.80). Die Kosten werden in C_v (variable Kosten) und C_f (fixe Kosten) unterteilt. Schließlich stellt i den Zinssatz und TAX den Steuersatz dar. Der Zinssatz wird einbezogen, da das Geld anstatt in die Personalentwicklungsmaßnahme auch am Kapitalmarkt angelegt hätte werden können. Der Steuersatz wird intergiert, da angenommen wird, dass der Gewinn aus der Maßnahme auch versteuert werden muss. Bislang noch unerwähnt blieb der Parameter SD_y. Hiermit wird eine Standardabweichung der Arbeitsleistung y (z. B. Kundenorientierung der Mitarbeiter) in Geldeinheiten angegeben (also der monetäre Wert der gepoolten Standardabweichung). Da die monetäre Arbeitsleistung häufig schwer operationalisiert werden kann, wird teilweise und unter Rückgriff auf Metaanalysen ein Wert von 40–70 % des Bruttojahresgehaltes der Mitarbeiter für den Parameter SD_y angesetzt. Weitere Möglichkeiten für die Ermittlung der Arbeitsleistung sind eine objektive Bestimmung (z. B. produzierte Güter/Zeit) oder Schätzverfahren durch Führungskräfte (vgl. *Rowold* 2007, S. 37 ff.). Allerdings ist die Arbeitsleistung gerade bei Berufen mit hohen kognitiven Anteilen nicht immer objektiv bestimmbar. Daher muss von Fall zu Fall unterschieden werden, wie die Arbeitsleistung und der entsprechende monetäre Wert einer Standardabweichung der Arbeitsleistung abgeleitet werden kann.

Um den Ablauf der Bewertung einer Personalentwicklungsmaßnahme durch die Berechnungsformel der Nutzenanalyse mit Leben zu füllen, werden wir nun ein Fallbeispiel betrachten (vgl. im Folgenden *Rowold/Steinhardt* 2007, S. 67 ff.). Konkret geht es in der Fallstudie um die Evaluation einer Mitarbeiterentwicklungsmaßnahme zur Steigerung der Kundenorientierung in Call Centern. Um die Arbeitsleistung von Mitarbeitern in den Call Centern und insbesondere ihre Kundenorientierung zu verbessern, nahmen insgesamt 72 Mitarbeiter verschiedener Call Center an einem Training zur Steigerung der Kundenorientierung teil. Dabei setzte sich das fünfstündige Training aus einem Referentenvortrag und aus interaktiven Elementen (z. B. Rollenspiele) zur Veranschaulichung der Inhalte und dem Einüben der demonstrierten Verhaltensweisen zusammen. Im Anschluss an das Training wurden die Mitarbeiter einige Tage später über die Trainingsinhalte geprüft. So sind für die Führungskraft genauere Informationen über die Wirkungen dieser Entwicklungsmaßnahme zu erhalten.

Der Nutzen der Mitarbeiterentwicklungsmaßnahme hängt selbstredend von den verschiedenen Parametern der Formel ab. Im Folgenden wollen wir annehmen, dass die einzelnen Parameter bereits von der Personalabteilung nach der Durchführung der Maßnahme bestimmt wurden. Die nächste Abbildung D.43 stellt die ermittelten Ausprägungen der Parameter einmal überblicksartig dar. Werden diese Werte nun in die Berechnungsformel eingesetzt, so kann der monetäre Nutzen der Entwicklungsmaßnahme berechnet werden. Dieser nimmt im vorliegenden Fall einen Wert von ΔU = 24.264 Euro an. Die Durchführung der Entwicklungsmaßnahme für die Mitarbeiter hat sich also für die Call Center rentiert (wiewohl die Opportunitätskosten dieser Maßnahme, in der Regel die für diesen Zeitraum anfallenden Gehaltszahlungen, unberücksichtigt geblieben sind. Sieht die Personalpolitik aber eine bestimmte Anzahl von Weiterbildungstagen außerhalb der ökonomischen Rentabilität ohnehin als verbindlich vor, können diese vernachlässigt werden).

Sind die Ausprägungen aller Parameter bekannt, so ist die Berechnung des Nutzens der Entwicklungsmaßnahme anhand der vorgestellten Bewertungsformel somit relativ leicht möglich. Die Schwierigkeit bei der Bewertung von Entwicklungsmaßnahmen liegt somit in der Bestimmung der einzelnen Parameterausprägungen. Da es sich um eine bereits durchgeführte Maßnahme handelt, sind einige der Parameter wie etwa die Teilnehmerzahl leicht beobachtbar. Einige Parameter müssen dagegen geschätzt werden.

Im vorliegenden Fall beruft sich der Bewerter auf Schätzungen und nimmt an, dass die Wirkdauer (T) 1 Jahr beträgt. Neben der Wirkdauer müssen auch die Anzahl der Teilnehmer an den Entwicklungsmaßnahmen bekannt sein, die hier bei N_s = 72 Mitarbeitern liegt. Auch die Bestimmung eines angemessenen Zins- und Steuersatzes ist für die Berechnung notwendig. Im Folgenden wird ein derzeit gültiger Steuersatz TAX von 0.4 angesetzt. Am Kapitalmarkt verzinst sich zur Zeit der Bewertung das Kapital zu i = 5 %. Die Kosten der Entwicklungsmaßnahme sind relativ leicht zu bestimmen, denn gerade bei der Einbeziehung von externen Trainern liegt häufig eine Rechnung vor. Die fixen Kosten der Trainingsmaßnahme C_f sind dem Bewertenden also ebenfalls bekannt und betragen hier 14.250 Euro, während die variablen Kosten bei C_v = 65 Euro pro Teilnehmer liegen. Schwieriger ist dagegen die Berechnung der Effektstärke d. Für die Berechnung der Effektstärke muss der jeweilige Bewerter Kenntnis über die durchschnittlichen Arbeitsleistungen vor und nach der Trainingsmaßnahme besitzen.

IV. Gestaltung durch Führungs-Controlling

Parameter	Bedeutung	Ausprägung
ΔU	Inkrementeller Nutzen in €	24 264
T	Wirkdauer des Trainings in Jahren	1
N_s	Anzahl der Trainingsteilnehmer	72
SD_y	Standardabweichung der Arbeitsleistung in €	2625
μR_1	Mittlere Arbeitsleistung der Teilnehmer vor dem Training in €	19 090
μR_2	Mittlere Arbeitsleistung der Teilnehmer nach dem Training in €	19 942
σR_p	Gepoolte Standardabweichung der Arbeitsleistung vor und nach dem Training in €	2625
d	Effektstärke der Trainingsintervention	0.33
i	Zinssatz	.05
TAX	Steuersatz	0.40
C_f	Fixe Kosten (Kosten für die Konzeption des Trainings) in €	14 250
C_v	Variable Kosten (Kosten pro Teilnehmer) in €	65

Abb. D.43: Nutzenanalyse in Anwendung (*Rowold/Steinhardt* 2007, S. 70)

Aufgrund dessen wurde die Arbeitsleistung der Mitarbeiter ca. zwei Wochen vor dem Training sowie zwei Wochen nach dem Training gemessen. Da die Arbeitsleistung allerdings nicht direkt ermittelt werden kann und schwer messbar ist, wurde die Arbeitsleistung hier durch unterschiedlich gewichtete **Leistungskriterien** (Höflichkeit, Kommunikation, Verständnis und Kompetenz) operationalisiert. Die Gewichtung der Leistungskriterien erfolgte dabei nach Relevanz und Frequenz für die jeweiligen Call Center durch die Abteilungsleiter auf einer Skala von 0–7. Im Anschluss wurde das relative Gewicht der einzelnen Kriterien bestimmt und mit dem durchschnittlichen Jahresgehalt der Mitarbeiter (Branchenschätzwert: 11.604 Euro), verrechnet. Somit konnte das monetäre Gewicht der einzelnen Kriterien bestimmt werden. Darauf aufbauend setzten dann Verhaltensbeobachtungen vor und nach dem Training der Mitarbeiter an. Grundlage der Bewertung bildeten drei bis vier Kundengespräche. Im Anschluss daran wurden die einzelnen beobachteten Leistungsindikatoren bei den Mitarbeitern mit ihrem jeweiligen monetären Gewicht multipliziert. Werden alle Trainingsteilnehmer betrachtet, so kann am Ende eine monetär bewertete durchschnittliche Arbeitsleistung vor und nach der Trainingsmaßnahme ermittelt werden. Auf Basis dieser monetär bewerteten durchschnittlichen Arbeitsleistungen sowie der gemeinsamen Standardabweichung der monetären Arbeitsleistung vor und nach dem Training ist es dann möglich, die Effektstärke zu berechnen, die im vorliegenden Fall $d = 0.33$ beträgt. Hierbei handelt es sich allerdings um einen relativ kleinen Effekt. Eine Standardabweichung der monetären Arbeitsleistung SD_y nimmt im vorliegenden Fall einen Wert von 2.625 Euro an. Auf Basis dieser Parameter kann dann entsprechend der Nutzen der Entwicklungsmaßnahmen berechnet werden, der hier insgesamt mit 24.264 Euro positiv zu Buche schlägt. Misserfolge würden ebenso ausgewiesen.

Im Rahmen des **reflexionsorientierten Controllings** kann nun über die Durchführung der Nutzenanalyse sowie der Entwicklungsmaßnahme befunden werden. Zudem können Ansatzpunkte zur Steigerung der Rentabilität dieser Maßnahme abgeleitet werden. Die Stellschrauben liegen dabei insbesondere in der Erhöhung der Effektstärke sowie der Reduzierung der Kosten. In der Vergangenheit wurden Nutzenanalysen im Organisationskontext trotz des doch recht einleuchtenden Vorgehens noch recht wenig akzeptiert (vgl. *Rowold/Kauffeld* 2007, S. 21 ff.). Ursächlich hierfür sind unter anderem die Schwierigkeiten bei den Schätzungen einzelner Parameter (etwa der Schätzung der Wirkdauer sowie der Bestimmung der monetären Arbeitsleistungen). Zudem führen in der Praxis Personalverantwortliche die Analysen häufig isoliert durch und präsentieren dann lediglich die Ergebnisse. Dadurch ist gerade Führungskräften das Vorgehen der Bewertung wenig transparent. Aufgrund dessen sollten zukünftig bei der Anwendung von Nutzenanalysen (Planung, Berechnung, Reflexion) alle Entscheidungsträger (Führungskräfte, Führungs-Controlling-Abteilung) einbezogen werden. Dann können Nutzenanalysen ein wichtiges Tool im Rahmen der Gestaltung von Führungsbeziehungen werden.

Formative Evaluation von Führungskräfteentwicklungsmaßnahmen mit dem Return on Leadership Development

Nachdem wir uns mit Evaluationen bereits durchgeführter Entwicklungsmaßnahmen beschäftigt haben, wollen wir uns nun die Frage stellen, wie der monetäre Wert geplanter Maßnahmen als Entscheidungsgrundlage für die Investition in eine Maßnahme abgeleitet werden kann. Eigentlich handelt es sich dabei um das gleiche Vorgehen, wie wir es ausführlich anhand der Nutzenanalyse zuvor veranschaulicht haben. Fokus sind jetzt allerdings Führungskräfteentwicklungsmaßnahmen, da gerade diese oft mit sehr hohen Investitionskosten einhergehen (vgl. *Richard/Holton/Katsioloudes* 2014, S. 1054).

Anstatt von einer Nutzenanalyse und dem zusätzlichen Nutzen ΔU wird in der Literatur zur Bewertung von Investitionen in Führungskräfteentwicklungsmaßnahmen gerne von dem **Return on Leadership Development (RODI)** gesprochen. Der RODI-Ansatz orientiert sich, ähnlich wie die Return on Investment Methode (ROI-Methode) aus der Finanzwissenschaft, an der Evaluierung eines für bestimmte Zwecke investierten Kapitals (vgl. *Avolio/Avey/Quisenberry* 2010, S. 635). Konkret zeigen *Avolio, Avey* und *Quisenberry* (2010) sowie *Richard, Holton* und *Katsioloudes* (2014) mit dem RODI-Ansatz unter Rückgriff auf mathematische Methoden der Nutzenanalyse (vgl. *Cascio/Boudreau* 2011, 2008; *Cronbach/Gleser* 1965; *Brogden* 1946), dass eine Rentabilität bezüglich führungstheoretischer Investitionen messbar ist und sich mit einer Formel berechnen lässt (vgl. Abb. D.44).

Deutlich wird, dass diese Berechnungsformel der zuvor bereits präsentierten Formel der Nutzenrechnung ähnelt. Analog zur Berechnung des zusätzlichen Nutzens werden beim RODI also auch Kosten (hier Kosten der Führungskräfteentwicklung) von dem monetären Nutzen durch die Investition in die Führungskräfteentwicklung subtrahiert. Der Zinssatz und Steuersatz sind in der Formel zum RODI hier allerdings nicht enthalten, könnten jedoch auch intergiert werden. Ziel des RODI-Ansatzes ist erneut, den ökonomisch-führungspraktischen Nutzen einer geplanten Investition vorherzusagen bzw. abzuleiten (vgl. *Avolio/Avey/Quisenberry* 2010, S. 633). Nun stellt sich die Frage, wie ein Bewerter an die Daten/Parameterausprägungen zur Vorhersage des RODI einer geplanten Investition gelangen kann. Waren wie am Fallbeispiel zu den Call-Centern gesehen, einige der Parameter ja ableitbar (z. B. Effektstärken vor und nach einem Training; die Kosten der Maßnahme), ist dies während oder bei geplanten Führungskräfteentwicklungsmaßnahmen noch nicht gegeben.

Avolio, Avey und *Quisenberry* (2010) haben für diese Situation einmal eine mögliche Strategie in ihrer empirischen Untersuchung genauer aufgezeigt. Diese Strategie liefert Implikationen für das Führungs-Controlling und mögliche Ansatzpunkte, wie im Organisationsalltag eine Investitionsentscheidung für eine Führungskräfteentwicklungsmaßnahme zur Gestaltung von Führungsbeziehungen getroffen werden kann. Außerdem wird deutlich, wie Evaluationen allgemein durch eine differenzierte Betrachtung von Parametern optimiert werden können.

Eine sehr zentrale Komponente im RODI-Ansatz stellen erneut die Effektstärken dar. Die Autoren verdeutlichen, dass es im Rahmen einer RODI-Berechnung sinnvoll ist, auf Metaanalysen und dort ausgewiesene Effektstärken Rückgriff zu nehmen. In der genannten Studie wird auf eine Metaanalyse von *Avolio u.a.* (2009) Bezug genommen, in der 35 Studien durchgeführter Führungskräfteentwicklungsmaßnahmen untersucht und eine durchschnittliche Effektstärke ausgewiesen wird. Diese Effektstärke könnte in die RODI-Formel eingesetzt werden. Nun sind alleinige Ausprägungen von Effektstärken für eine Berechnung des RODI bekanntlich nicht

---

$$RODI = NTdSD_y - C$$

N = Anzahl der Teilnehmer an der Führungskräfteentwicklungsmaßnahme
T = Erwartete Dauer des Interventionseffektes
d = Effektstärke der Intervention
SD_y = Standardabweichung in einer Dollar geschätzten Arbeitsleistung der untrainierten Führungskräfte oder 40 % des jährlichen Gehaltes (wenn Daten über Leistung nicht vorhanden)
C = Gesamtkosten der Intervention

Abb. D.44: Formel zum RODI-Ansatz (*Avolio/Avey/Quisenberry* 2010, übersetzt) ausreichend, fließen doch in die Berechnung des RODI zahlreiche weitere Parameterausprägungen ein. Zum einen die Dauer des Interventionseffektes (T), der hier als fester Wert auf 2 Monate festgelegt wird. Im Rahmen des Call-Center Fallbeispiels wurde mit einem Wert T von 1 Jahr gerechnet. *Avolio*, *Avey* und *Quisenberry* (2010, S. 635 ff.) nehmen damit eine viel geringere Wirkdauer an. Ferner gehen sie auf Basis von Evaluationsstudien davon aus, dass eine Intervention in der Regel entweder eine geringe Dauer (1,5 Tage) oder einer hohe Dauer (3 Tage) aufweisen kann. Eine Bewerterin sollte sich somit überlegen, wie lange die geplante Investition zeitlich dauern sollte, da dies den RODI beeinflusst. Dies ist deshalb möglich, da die Autoren unterstellen, dass sich die Effektstärke linear zur Anzahl der Trainingstage verhält. Somit verdoppeln sich die Effektstärken bei einem 3-tägigen im Vergleich zu einem 1,5-tägigen Training. Gehälter gehen ebenfalls wieder in die Berechnung des RODI ein. Zum einen dann, wenn man für den Parameter SD_y ein Wert von 40 % des jährlichen individuellen Gehaltes als konservative Schätzung für den monetären Wert der Arbeitsleistung einer Führungskraft ansetzt. *Avolio*, *Avey* und *Quisenberry* (2010) gehen in diesem Zusammenhang auf Basis von Interviews für Führungskräfte auf einer hohen Hierarchieebene von 100.000 Dollar jährlichem Gehalt und auf einer mittleren Ebene von 70.000 Dollar aus. Zudem findet interessanterweise auch das Gehalt der Geführten der Führungskräfte auf mittlerer Hierarchieebene als Leistungsindikator Eingang in die Berechnung des RODI (Annahme: 50.000 Dollar).

Dies ist deshalb der Fall, da angenommen wird, dass sich Diffusionseffekte auf Basis der Führungskräfteentwicklung einstellen. Unterschiedliche Hierarchieebenen finden somit ebenfalls Eingang in die Berechnungen. Im Call-Center Beispiel konnte der Parameter SD_y durch Beobachtung der Arbeitsleistung vor und nach dem Training bestimmt werden. Auch die Kostenkomponente stellt eine wichtige Größe in der Berechnung des RODI ähnlich wie im Call-Center Beispiel dar. Hier werden diese aber viel differenzierter betrachtet. So existieren neben den variablen und fixen Kosten auch Opportunitätskosten, die als „Lost Production Time" bezeichnet werden (Ausfallkosten, die den Umsatz des Unternehmens beeinflussen).

Ferner existiert die Kostenkomponente des „Time in Participant Salary" (*Avolio/Avey/Quisenberry* 2010, S. 637). Sie lässt sich dadurch ermitteln, indem der Stundenlohn mit der Anzahl der Stunden, die eine Führungskraft an einem Training teilnimmt, multipliziert wird. Es fließt somit auch als Kosten das jeweilige Gehalt der Führungskraft ein. Verdient eine Führungskraft etwa 100 Dollar pro Stunde, dann würde ein anderthalbtägiges Trainingsprogramm 1.200 Dollar kosten („Time in Participant Salary"). Würde beispielsweise durch das Fehlen der jeweiligen Führungskraft am Arbeitsplatz ungefähr 2.400 Dollar an Umsatz weniger generiert, so würden die Arbeits- und Opportunitätskosten der Teilnahme an der Führungskräfteentwicklungsmaßnahme insgesamt 3.600 Dollar betragen. Darüber hinaus sind auch Technologiekosten (Hardware etc.) für die Durchführung der Trainingsmaßnahme eine wichtige Komponente. Abschließend sollte auch die Art der Interventionsmaßnahme berücksichtigt werden. So spielt es bei der Berechnung der Kosten etwa aufgrund von Übernachtungs- und Fahrtkosten eine Rolle, ob die Maßnahmen vor Ort, außerhalb des Unternehmens oder virtuell durchgeführt werden.

Möchte ein Controller oder eine andere Person nun zu einem geplanten Investitionsvorhaben für Führungskräfte eine Empfehlung unterbreiten, so kann dieser auf die skizzierte Strategie zur Ermittlung des monetären Wertes der Investition Bezug nehmen. So könnte etwa auf die Metaanalyse von *Avolio u.a.* (2009) zurückgegriffen und die durchschnittliche Effektstärke als Ausgangsbasis angenommen werden. Eine validere Schätzung des RODI würde sich jedoch sicherlich ergeben, wenn auf organisationsinterne Effektstärken bereits durchgeführter Interventionen zurückgegriffen wird (vgl. *Avolio/Avey/Quisenberry* 2010, S. 363 und S. 642). Über Effektstärken hinaus könnte sich der Bewerter auch bei der Ermittlung der anderen Parameter an dem Vorgehen von *Avolio* und Kollegen orientieren. Hier sollten dann aber auch entsprechende Anpassungen in den Annahmen in Abhängigkeit von den Organisationsspezifika durchgeführt werden. So sind die Gehälter von Führungskräften in Deutschland nur schwer mit denen der USA vergleichbar. Daher bietet sich an, im Rahmen eines reflexionsorientierten Controllings darüber zu befinden, wie eine Bewertung mit dem RODI-Ansatz optimiert und wie jeweilige Daten effizient erhoben werden könnten. Zudem kann die Studie auch dazu beitragen, die Evaluation bereits durchgeführter Maßnahmen zu optimieren (etwa in dem Call-Center Beispiel eine differenzierte Betrachtung von Kosten).

Wir haben uns gerade auf die Studie von *Avolio*, *Avey* und *Quisenberry* (2010) bezogen. Eine zweite und aktuellere Studie von *Richard*, *Holton* und *Katsioloudes* (2014) stellt hierauf aufbauend eine etwas differenziertere Strategie zur Berechnung des RODI vor. So werden hier Verteilungen (Normalverteilungen, Poissonverteilungen) der

Parameterausprägungen generiert und darauf aufbauend eine **diskrete Computersimulation** durchgeführt. Ziel dieses Vorgehens ist es, zu statistisch valideren Aussagen über die zu erwartende Wahrscheinlichkeit der Rentabilität einer geplanten Investition zu gelangen (vgl. *Richard* 2012, S. 7). Konkret stellt sich das Vorgehen wie folgt dar:

Bezüglich Gehaltsdaten wird auf Daten des *U.S. Departments of Labor* (*Bureau of Labor Statistics*) zurückgegriffen. Eine Ermittlung auf Basis von Interviews wie in *Avolio/Avey/Quisenberry* (2010) erfolgt nicht. Auch bei Betrachtung der Dauer des Interventionseffektes (T) unterscheidet sich die Strategie von *Richard/Holton/Katsioloudes* (2014, S. 1057 ff.). So wird nicht von einem fixen 2-monatigen Interventionseffekt ausgegangen, sondern von einer Verteilung des Wertes, der zwischen 0 Jahren und maximal 1 Jahr liegen kann. Unterschiede in der Parameterausprägung von T entstehen etwa dadurch, dass es beispielsweise Führende gibt, die nicht in der Lage sind, das Gelernte in den Arbeitskontext zu transferieren, während sich hingegen andere Führungskräfte damit leichter tun. Zwischen diesen beiden Zuständen gibt es dann eine Vielzahl weiterer Möglichkeiten, die Einfluss auf den RODI ausüben können. Auch die unterschiedliche Dauer einer Intervention in Tagen kann von der Hierarchieebene der jeweiligen Führungskraft abhängig sein, was die Autoren ebenfalls berücksichtigen. Bezüglich der Kosten wird ebenfalls auf Normalverteilungen (etwa auf Basis von Industriereporten) zurückgegriffen. Während *Avolio/Avey/Quisenberry* (2010) annehmen, dass Trainingskosten für alle Hierarchieebenen gleich sind, berücksichtigen *Richard/Holton/Katsioloudes* (2014) zudem Unterschiede in den Kosten in Abhängigkeit von der Hierarchieebene. Insgesamt lässt sich an dem Vorgehen der zweiten empirischen Untersuchung zeigen, dass auf Basis von diskreten Simulationen und der Generierung von Verteilungsfunktionen der Parameter validere Prognosen des RODI-Wertes möglich sind. Zudem werden Wege aufgezeigt, wie man über Interviews hinaus an bestimmte Informationen gelangen kann (z. B. durch den Rückgriff auf statistische Daten).

Was ist also insgesamt aus unserem Eintauchen in die Welt des RODI mitzunehmen? Falls im Rahmen eines Führungs-Controllings eine geplante Investition in Führungskräfteentwicklungsmaßnahmen bewertet werden soll, so haben wir mögliche Strategien aufgezeigt. Nach *Avolio*, *Avey* und *Quisenberry* (2010, S. 642) ist darauf aufbauend grundsätzlich jede Organisation in der Lage, den RODI ermitteln zu können. Der Ansatz ist daher sicherlich als sehr vielversprechend zu bezeichnen, denn der Nutzen und der damit verbundene Profit, den die Personalführung mithilfe einer Führungskräfteentwicklungsmaßnahme realisieren kann, wird bei der Quantifizierung von Controlling-Kennzahlen gestützt und kann zudem gute Argumente für allein zahlengläubige Entscheider liefern. Bei aller Anschaulichkeit muss der RODI-Ansatz jedoch auch kritisch hinterfragt werden (dies hatten wir im Rahmen der Nutzenanalyse ja ebenfalls bereits kurz angesprochen). Die Operationalisierbarkeit einerseits und die Glaubwürdigkeit andererseits stehen in einem stetigen Spannungsfeld zueinander. Bei der Berechnung müssen zahlreiche Annahmen getroffen werden. Dies ist sicherlich problematisch, war jedoch bei den zuvor betrachteten Berechnungen sowie zahlreichen weiteren Berechnungen in der Betriebswirtschaftslehre der Fall. Im Rahmen eines reflexionsorientierten Controllings dürfte dieses Defizit jedoch weniger schwer wirken. Zumindest dann, wenn tatsächlich eine Reflexion über die Annahmen, den ermittelten RODI und die damit verbundenen Implikationen erfolgt. Es kann durchaus vorkommen, dass ein RODI einen negativen Wert annimmt, das Projekt aber dennoch durchgeführt wird, etwa weil dieses Projekt aus juristischer oder ethischer Sicht für die Organisation notwendig ist. Dann ist das Ziel lediglich, die monetäre Bedeutung unter gesetzten oder zu variierenden Wirkungsparametern abzuschätzen und entsprechende finanzielle Vorkehrungen zu treffen. Dennoch scheint es insgesamt gerade für kleinere Organisationen schwerer zu sein, eine RODI-Analyse durchzuführen. Für Techniken wie die voraussetzungsvolle diskrete Computersimulation ist dies nahe liegend. Allgemein wichtiger ist, dass bestimmte Daten häufig nur bei großen Organisationen verfügbar sind (vgl. *Avolio/Avey/Quisenberry* 2010, S. 643). Führungskräfteentwicklungscontrolling erfordert somit Kompetenzen.

Zudem bindet die Planung, Durchführung und Auswertung zeitliche und geldliche Ressourcen. Oftmals sind dies aber nur Anlaufschwierigkeiten. Wenn Routinen spielen, verringern sich auch die Kosten. Am Ende gilt: Wer die Ausgabe von Büromaterial akribisch SAP-gestützt nachhält und sechs- oder siebenstellige Summen nur mit Hoffnungen versehen in die Entwicklungsarbeit steckt, handelt unterkomplex. Dies gilt natürlich auch, wenn aus mangelnder Anstrengungsbereitschaft zur Erfassung das Budget ohne Prüfung gestrichen/gekürzt wird. Man kommt nicht daran vorbei, festzustellen, dass ein Führungs-Controlling der Umsicht bedarf. Werthaltig ist es allemal.

V. Zentrale Begriffe und Diskussionsfragen

Nachfolgend führen wir Begriffe auf, die wir in Teil D als zentral erachten. Sie dienen dazu, sich noch einmal an wichtige Inhalte zu erinnern. Gleichzeitig könnten Sie – falls Sie mögen – überprüfen, ob Ihnen die Bedeutung der Begriffe im Führungskontext hinreichend klar ist und sich fragen, welche Aussagen wie Assoziationen Sie hiermit verbinden.

Achtsamkeit • Aktives Zuhören • Analysemethoden • Anerkennung • Anreizsysteme • Aufgabenorientierung • Autokratischer Führungsstil • **B**eziehungsorientierung • Budgets • **C**afeteria-System • Coaching • Consideration • Controlling • Controlling-Regelkreis • **D**elegative Führung • Demokratischer Führungsstil • 360-Grad-Feedback • **E**ntscheidungsbaum • Entscheidungsmodell der Führung • **F**luktuierende Hierarchie • Führungs-Controlling • Führungs-Scorecard • Führungserfolg • Führungsgrundsätze • Führungsinstrumente • Führungskräfteentwicklung • Führungskräftetraining • Führungssituation • Führungsstilkontinuum • Führungsstiltypologie • Führungssubstitution • Führungsverhalten • **G**esprächsführungstechniken • **H**arvard-Konzept • Heterarchie • Hierarchie • Humankapital • Humankapitalbewertung • **I**dealized Influence • Indikator • Individualized Consideration • Initiating Structure • Inspirational Motivation • Intellectual Stimulation • Iowa-Studien • **K**ennzahlen • Kennzahlensysteme • Kommunikation • Konflikte • Konfliktlösungsstrategien • Kontingenztheorien • Kooperative Führung • Kritik • **L**aissez-Faire-Stil • LBDQ • LEAD • Legitime Führung • Leistung • LPC • **M**anagement by Objectives • Mentoring • Mitarbeiterbefragung • Mitarbeiterentwicklung • Mitarbeitergespräch • Mitarbeiterorientierung • MLQ • Motivation • **N**ächsthöherer Vorgesetzter • Nichtführung • **O**hio-Studien • **P**artizipation • Personalbeurteilung • Personalentwicklungsevaluation • Potenzialanalyse • **R**ODI • **S**aarbrücker-Formel • Sanktionierung • Selbstführung • Stellenbeschreibung • Superleadership • Symbol • Symbolische Führung • **T**ransaktionale Führung • Transformationale Führung • **V**erhaltensdimensionen der Führung • Verhaltensgitter der Führung • Verhandlungstechnik • Vorgesetztenbeurteilung • **W**eg-Ziel-Theorie • **Z**ielvereinbarungen • Zufriedenheit

---

Wir wollen Teil D wieder mit einigen Diskussionsfragen abschließen, die helfen sollen, die eigene Position zu Führungsthemen zu schärfen oder auch alternative Möglichkeiten der Wahrnehmung von Führung zu entwickeln. Diese Fragen eignen sich für das Selbststudium gleichermaßen wie für die Diskussion im Seminar oder in der Arbeitsgruppe.

- Was sind in Ihren Augen die Faktoren, die ein bestimmtes Führungsverhalten bedingen?
- Was sind unerlässliche Führungsverhaltensweisen und woran könnte man dies erkennen?
- Wann kann man von einem Führungsstil sprechen? Ist es sinnvoll, in einer Organisation einen einzigen Führungsstil zu etablieren?
- Unter welchen Bedingungen könnte Führung in Organisationen wirkungslos sein oder gar kontraproduktive Effekte hervorrufen? Welche Bedeutung spielt hier die Selbstführung?
- Welche instrumentellen Möglichkeiten haben Führende, um ihre Führungsabsicht zu unterstützen?
- Wie könnte man den Erfolg von Führungsentwicklungsmaßnahmen bestimmen?

Spezielle Blicke auf Führung und Führungsbeziehungen

Inhaltsübersicht

I. Überblick 467
II. Führung und organisationaler Wandel 467
III. Zentrale Perspektiven auf die Ausgestaltung von Führungsbeziehungen 471
    1. Female Leadership: Wenn Frauen führen (wollen) 471
        1.1 Hintergrund 471
        1.2 Zentrale Aussagen 473
        1.3 Kritische Würdigung 479
    2. Emotionssensible Führung: Wie Führung in die Tiefe vordringt 482
        2.1 Hintergrund 482
        2.2 Zentrale Aussagen 484
        2.3 Kritische Würdigung 487
    3. Neuroscience Leadership: Wie unser Gehirn Führung beeinflusst 489
        3.1 Hintergrund 489
        3.2 Zentrale Aussagen 496
        3.3 Kritische Würdigung 500
    4. Salutogenetische Führung: Wann Führung gesund hält 504
        4.1 Hintergrund 504
        4.2 Zentrale Aussagen 505
        4.3 Kritische Würdigung 511
    5. Servant Leadership: Wenn Führen Dienen ist 512
        5.1 Hintergrund 512
        5.2 Zentrale Aussagen 512
        5.3 Kritische Würdigung 516
    6. Ambidextre Führung: Wenn Führung effizient und innovativ ist 517
        6.1 Hintergrund 517
        6.2 Zentrale Aussagen 518
        6.3 Kritische Würdigung 522
    7. Multikulturelle Führung: Wie Führung anderenorts gesehen wird 523
        7.1 Hintergrund 523
        7.2 Zentrale Aussagen 524
        7.3 Kritische Würdigung 534
    8. Paternalistische Führung: Wo Führung Fürsorge bedeutet 536
        8.1 Hintergrund 536
        8.2 Zentrale Aussagen 536
        8.3 Kritische Würdigung 540

9. Distance Ladership: Wie Abstand Führung beeinflusst 541
   9.1 Hintergrund 541
   9.2 Zentrale Aussagen 542
   9.3 Kritische Würdigung 546
10. Digital Leadership: Wie elektronische Medien mit führen und führen lassen 547
   10.1 Hintergrund 547
   10.2 Zentrale Aussagen 552
   10.3 Kritische Würdigung 562
11. Artful Leadership: Wie eine umfassende Sinneswahrnehmung Führung anreichert 565
   11.1 Hintergrund 565
   11.2 Zentrale Aussagen 566
   11.3 Kritische Würdigung 577
12. Distributed/Shared Leadership: Wenn alle Führende sind 578
   12.1 Hintergrund 578
   12.2 Zentrale Aussagen 579
   12.3 Kritische Würdigung 589
13. Netzwerkführung: Wie Nähe und Gleichrangigkeit auf Führung wirken 592
   13.1 Hintergrund 592
   13.2 Zentrale Aussagen 595
   13.3 Kritische Würdigung 599
14. Complexity Leadership: Wie Führung mit Vielschichtigkeit umgeht 601
   14.1 Hintergrund 601
   14.2 Zentrale Aussagen 601
   14.3 Kritische Würdigung 612
15. Kooperation: Wo Führung aufhört und doch wieder anfängt ... 614
   15.1 Hintergrund 614
   15.2 Zentrale Aussagen 615
   15.3 Kritische Würdigung 619

IV. Zentrale Begriffe und Diskussionsfragen 620

I. Überblick

Nach den vorausgegangenen grundsätzlichen Erklärungen zu Führung und Führungsbeziehungen, deren Entstehung und Ausrichtung sowie deren Gestaltung beschäftigen wir uns im folgenden Kapitel mit speziellen Thematiken von Führung und Führungsbeziehungen. Dazu gehören Anregungen, die die Führungsforschung aus gesellschaftspolitischer Warte befruchteten (z.B. Frauen und Führung, teilweise auch Führung und Gesundheit), Entwicklungen, die in anderen Disziplinen vorangetrieben wurden, und nun stärker in der Führungsforschung reflektiert werden (z.B. Neuroscience Leadership, Ambidextrie und Führung, Kunst und Führung), oder Richtungen, die in der Führungsforschung grundsätzlich immer angelegt waren, aber nun prominenter hervorgehoben wurden (z.B. Emotionen und Führung). Vor allem auch Veränderungen in Organisationen und in der Zusammenarbeit zwischen Organisationen bescherten der Führungsforschung mit der Zeit neue Blickrichtungen (z.B. Digitalisierung der Organisation, ihre Globalisierung oder Netzwerkverbünde) und stimulierten die Emergenz verschiedenster Foci und Theoriekonzeptionen (siehe *Klenke* 2014, S. 119).

Hier ist nun der Ort, dies zu vertiefen. Dies heißt allerdings nicht, dass das, was wir bisher bezüglich der Grundlagen der Führung beschrieben haben, obsolet würde. Bereits eingebrachte Führungstheorien und Führungsinstrumente stellen weiterhin die zentrale Basis dar, um über Führung begründet nachzudenken und als Führungskraft zu handeln. Es geht hier vielmehr darum, jene Erweiterungen und Akzentverschiebungen darzulegen, die für ein komplettes und aktuelles Führungsverständnis wichtig sind. Es wird mit anderen Worten also nicht die grundsätzliche Logik der Führung verändert (es geht weiterhin um Beeinflussung, Gefolgschaft muss gefunden werden, eine Führungsbeziehung entwickelt und gepflegt werden), sondern es haben sich Verständnis wie Rahmenbedingungen erweitert (vgl. z.B. *Scharmer* 2015; *Hauser* 2013; *Kellerman* 2012). Da wir Führung in Organisationen betrachten, sind es nahe liegender Weise organisationale Gesichtspunkte, die uns besonders berühren. Das Organisationale umfasst begrifflich ja das Organisatorische wie alle die Organisation berührenden Entwicklungen.

Vor diesem konzeptionellen Hintergrund betrachten wir im Folgenden – nach einer grundsätzlichen Betrachtung zur **Einbettung von Führung in den organisationalen Wandel** (☞ E. II.) – die wichtigsten **Entwicklungen in der Ausgestaltung von Führung und Führungsbeziehungen** (☞ E. III.). Es wird dabei unübersehbar, dass der beständige Wandel von organisatorischen Gebilden auch zwangsläufig die Führung vor ganz neue Aufgaben und Anforderungen stellt, was die von uns beabsichtigte gemeinsame Betrachtung von Führung und Organisation mehr denn je als sinnvoll erscheinen lässt.

II. Führung und organisationaler Wandel

Wir haben bereits dargelegt, dass **Personalführung** und **Organisation** zusammenhängend betrachtet werden sollen (☞ A. IV. 2). Für eine Erforschung der Veränderung von Führungsbeziehungen wird somit eine Betrachtung der Organisation auf der einen Seite und der Personalführung auf der anderen Seite unerlässlich (vgl. auch *Parry* 2011). Einleitend möchten wir auf den – in der Vergangenheit stark beachteten – grundsätzlich konfliktträchtigen Gegensatz zwischen dem Individuellen und dem Kollektiven als Grundkonstante des menschlichen Zusammenlebens hinweisen, welcher unseren beruflichen und privaten Alltag prägt (vgl. *Deeg/Weibler* 2008; *Triandis* 1995). Diese nahezu paradigmatisch labile Konstellation erhielt besonders seit dem 20. Jahrhundert ausgesprochen viel Aufmerksamkeit in den unterschiedlichsten wissenschaftlichen Disziplinen (vgl. *Gelfand u.a.* 2004). Gerade weil dieses Spannungsverhältnis ein so Grundlegendes ist, treffen wir es selbstverständlich auch in heutigen Organisationen als Problem an. Denn hier stehen die Bedürfnisse des Individuums denen der Organisation direkt gegenüber.

Das daraus abgeleitete Problem der **Integration von Individuum und Organisation** ist folglich zwar kein gänzlich neues (vgl. *Argyris* 1964, S. 7), erfährt aber durch die Komplexität immer vielfältiger Umweltbezüge von Organisationen eine neue Bedeutung. Denn praktisch alle modernen Organisationen bewegen sich *gleichzeitig* im Spannungsfeld von Innen- vs. Außenorientierung sowie einer individuellen vs. kollektiven Ausrichtung (siehe näher dazu *Deeg/Küpers/Weibler* 2010). Der von uns verwendete Begriff der Integration meint in diesem Zusammenhang nicht bloß eine Koordination von Individuen, wie sie etwa bestimmte Organisationsformen auf unterschiedliche Weise zu erreichen versuchen, sondern die Einbeziehung und Eingliederung von Einzelnen in ein größeres Ganzes. Dabei entsteht durch die Inbeziehungsetzung von Teil und Ganzem eine neue Einheit aus der gegebenen Differenziertheit, die sich sowohl durch Angepasstheit als *Zustand* wie Anpassung als *Prozess* ergibt. Dies kann auf eine einseitige Weise – vornehmlich als Anpassung des Individuums an die Organisation – oder auf wechselseitige Weise als Annäherung beider zueinander hin geschehen.

Um das Verhältnis zwischen einzelnen Organisationsmitgliedern und der Gesamtorganisation zu verstehen, ist es allerdings notwendig, dieses komplexe, spannungsreiche Beziehungsgefüge zu erläutern (vgl. *Bartölke/Grieger* 2004b; *Nord/Fox* 1996, S. 156): So sind Organisationen von Individuen geschaffene Gebilde, die als solche wiederum auf Einzelne zurückwirken. Das heißt, Individuen schaffen, erhalten und verändern Organisationen, wie auch umgekehrt Organisationen ihre Mitglieder in ihrem Handeln bestimmen, beeinflussen und entwickeln (vgl. dazu populär auch *Giddens* 1988; vertiefend zur Rekursivität in Organisationen *Sydow/ Wirth* 2014). Dabei stellen die Gestaltung von Organisationen durch Individuen und die Steuerung von Individuen durch Organisationen untrennbare und sich wechselseitig konstituierende Interaktionsprozesse dar.

Zur näheren Gestaltung der Arena haben sich in Organisationen im Wesentlichen zwei zentrale **Formen der Verhaltenssteuerung** als Möglichkeiten der gezielten Gestaltung der Relation von Individuum und Organisation etabliert (vgl. *Deeg/Küpers/Weibler* 2010, S. 47): Die Personalführung als vorwiegend direkte, interaktive und individuell ausgestaltete Form der Verhaltenssteuerung und die Organisation (im Sinne von struktureller und prozessualer Gestaltung) als indirekte, unilaterale und kollektiv ausgestaltete Form der Verhaltenssteuerung. Bis zu einem gewissen Grad stehen sie dadurch sowohl in einem Konkurrenz- wie Substitutionsverhältnis zueinander. Die Integration wird somit sowohl zur Führungsaufgabe als auch zur Organisationsaufgabe.

Wenn Personalführung und Organisation also so eng aufeinander angewiesen sind, wenn auch die Führung der Organisation nachfolgend beitritt, taucht die Frage auf, ob die einschlägigen kontextuellen, d.h. organisationalen Wandlungsprozesse auch einen Einfluß auf die Führung haben, im Extrem einen **Führungswandel** nach sich ziehen – also das „traditionelle" Führungsverständnis gewissermaßen zugunsten eines „modernen" Führungsverständnisses zu verändern ist (vgl. auch *Weibler* 2004d und die dort vorgestellten Beiträge). Begründet wird dies damit, dass die gängigen Vorstellungen zu Führung in die Jahre gekommen sind und oft zu simplifizierend oder unterkomplex gehalten sind. Sie erscheinen daher vielen Autoren als ungeeignet, aktuellen oder zukünftigen, noch anspruchsvolleren, Bedingungen gerecht zu werden (siehe z. B. *Hauser* 2013; *Grote/ Hering* 2012; *Wimmer* 2011). In der Konsequenz müsse Führung vor dem Hintergrund solcher neuer, andersartiger Umstände teilweise anders und neu gedacht, wie auch gelebt werden (vgl. z. B. *Forman/Ross* 2013, S. 2 f.; *Ladkin* 2010; *Wüthrich/Osmetz/Kaduk* 2009).

Organisationen sind ständig grundlegenden und vielfältigen Veränderungsprozessen ausgesetzt, das wissen wir. Diese zu bewältigen, stellt neue Herausforderungen für die Gestaltung und Entwicklung von Organisationen dar (siehe z. B. *Doppler/Lauterburg* 2014; *Lauer* 2014; *Claßen* 2013). Grundlegend verstehen wir im Folgenden unter **Wandel** die Entwicklung und Schaffung einer neuen Ordnung von Organisationen oder die diese Ordnung konstituierenden Elemente. Demgegenüber beziehen sich **Veränderungen** auf konkrete Prozesse oder Einzelaspekte innerhalb des Wandels. Was macht nun die Besonderheiten des aktuellen Wandels von und in Organisationen aus und in welchem Kontext stehen die damit einhergehenden Veränderungsprozesse?

Organisationen, insbesondere Unternehmen waren immer schon Umwelteinflüssen ausgesetzt und mussten sich entsprechend anpassen und wandeln. Zudem gehört es zu einer seit langem bestehenden Aufgabe der Unternehmensführung wie Personalführung, eine vorausschauende und aktive Anpassung der Organisation an sich verändernde Rahmenbedingungen zu leisten. Wandel von und in Organisationen hat es so immer schon gegeben. Jedoch sieht man sich gegenwärtig einem steigenden Veränderungsdruck ausgesetzt und auch die Art des Wandels hat sich verändert. Wie äußert sich diese Art des Wandels? Oder anders gefragt, was macht den „Wandel des Wandels" (*Mann* 1993, S. 14 ff.) aus?

Das veränderte Wandlungsgeschehen ist insbesondere durch die **Zunahme von Komplexität** (vgl. *Scharmer* 2015, S. 83 ff.; *Rieckmann* 2007; *Klimecki/Probst/Eberl* 1994) bestimmt. Dieser komplexere Charakter des Wandels ist durch eine erhöhte Vielfalt, Dynamik und Diskontinuität bzw. Nichtlinearität sowie den Einfluss moderner Technologien gekennzeichnet. Die Zunahme der **Vielfalt** ist durch vernetzte Einflussfaktoren und Ereignisse bedingt, die in ihren Abhängigkeiten zueinander oft schwierig zu verstehen und einzuordnen sind. So vervielfältigt sich die Zahl interner und externer Interaktionen bei steigender Variabilität dieser Beziehungen (z. B. Vielzahl von Hierarchieebenen) und einem erhöhten Koordinationsbedarf (z. B. durch höhere Schnittstellendichte) im Rahmen der betrieblichen Leistungserstellung. Entsprechend unübersichtlich gestalten sich die Organisationsverhältnisse, besonders bei zunehmender

Differenzierung und gleichzeitig geographischer Expansion. Sie stellen Führung vor qualitativ neue Herausforderungen (vgl. *Dinh/Lord/Hoffman* 2014, S. 305). Denn im Zuge dessen strömt auf Führende wie Geführte eine Vielfalt von Informationen ein, deren Wahrnehmung und Verarbeitung im Rahmen kognitiver Prozesse und Umsetzung in Handeln zusehends anspruchsvoller wird.

Die zusätzliche **Dynamik des Wandels** bewirkt, durchaus mit Sprüngen, eine fortwährende Beschleunigung. So verändert sich das sozio-kulturelle und ökonomische Umfeld in einem sich globalisierenden, beständig Informationen generierenden Kontext immer rascher (z. B. gesellschaftlicher Wertewandel, neue Branchenstrukturen oder internationale Konkurrenten). Der dynamische Charakter des Wandels macht entsprechend eine permanente Anpassung z. B. der Führungs- und Organisationspraxis, der (Dienstleistungs-)Produktion und/oder des Marketings notwendig. Veränderungsprozesse gestalten sich dabei zunehmend diskontinuierlich, also unabsehbar und sprunghaft (vgl. *Deeg* 2009). Bewährtes Wissen, herkömmliche Routinen oder stabile Organisationsgefüge werden durch ständig neue Anforderungen infrage gestellt. Mit immer neuen Projektaufgaben, Stellenwechseln und Fluktuationen von Organisationsmitgliedern gehen mannigfaltige Schwankungen einher, die eine kontinuierliche Zusammenarbeit wirkungsmächtig beeinflussen. Schließlich sind Wandlungsprozesse zunehmend nicht linear und finalistisch, sondern entfalten sich eher spiralförmig und mit offenem Ende. Unerwartetes und Außer-Planmäßiges prägen damit immer mehr das Organisationsgeschehen (siehe dazu z. B. *Bechky/Okhuysen* 2011; *Weick/Sutcliffe* 2007).

Hinzu kommen Einflüsse durch neue Informations- und Kommunikationstechnologien, deren Sog sich Unternehmen kaum entziehen können, ohne die Auswirkungen ihres Einsatzes zu kennen. Mitarbeiter, Kunden und Lieferanten bewegen sich zunehmend in vernetzten und dezentralisierten Räumen einer „neuen Ökonomie". Dabei ist noch unabsehbar, welche erweiterten Handlungsmöglichkeiten oder aber problematischen Folgen mit einer fortschreitenden Entgrenzung und Vernetzung für das betriebliche Miteinander in Organisationen einhergehen.

Diese Einflusskräfte und neuen Bedingungen des Wandels bringen es mit sich, dass Organisationen sich von der Vorstellung absoluter Beherrschbarkeit, sicheren Prognosen und einmal festgelegten, weil zu einem bestimmten Zeitpunkt tauglichen Verhaltensmuster, weitgehend verabschieden müssen. Damit gehen Unsicherheiten und Ungewissheiten über die gegenwärtige Situation sowie zukünftige Entwicklungen einher. Außerhalb von Monopolen und vielleicht noch Oligopolen ist dies ein Problem. Zudem müssen sich Organisationen zunehmend mit gegensätzlichen und paradoxen Anforderungen (z. B. Stabilität und Flexibilität; Kooperation und Wettbewerb) auseinandersetzen (vgl. *Jarzabkowski/Lê/Van de Ven* 2013, S. 245 f.). Schließlich gehen von Veränderungsprozessen und -maßnahmen systemische Rück- und Wechselwirkungen aus (z. B. sind Wirkungen von Wandlungsprozessen wiederum Ursachen für weitere Veränderungen), die Herausforderungen nicht nur an die Planung, die Organisation und die Führung, sondern an alle in der Organisation Arbeitenden selbst stellt.

Der aktuelle Wandel verweist auf vielschichtige, verwobene Prozesse, für deren besseres Verständnis die Einbeziehung äußerer und interner Veränderungen notwendig ist. Vielfach hängen diese zusammen. Die Bedeutung der externen Umwelt für den Erfolg wurde bereits seit den 1960er und 1970er-Jahren des 20. Jahrhunderts offenkundig (Konjunkturkrisen, Ölpreisschock, Diskussion der „Grenzen des Wachstums", Gesellschaftswandel). Während der 1980er und 1990er-Jahre wurde die Bedeutung einer strategischen Ausrichtung auf diese Umwelteinflüsse verstärkt erkannt. Damit begründete sich auch eine Auseinandersetzung mit Fragen der Veränderungsfähigkeit von Organisationen, die sich nun immer mehr intensiviert. Aber auch die Bedeutung der internen Umwelt (Aufgabenstruktur, Prozesse, Personen usw.) ist nicht neu, wurde gar in verschiedenen Führungs(stil)theorien selektiv einbezogen, aber es hat den Anschein, als würde die Abhängigkeit des Organisationserfolgs bei zunehmendem Marktdruck immer wichtiger.

Als **externe Umfeldeinflüsse** sind zunächst sozio-kulturelle Veränderungen (z. B. steigendes Bildungsniveau, Abwendung von traditionellen Werten, Wertepluralismus, neue Arbeitsmodelle) zu nennen. Organisationen müssen heute viel stärker veränderte Werthaltungen und Erwartungen ihrer Mitarbeiter berücksichtigen (z. B. Selbstständigkeit und Sinnerfüllung).

Damit einhergehend wachsen auch die Ansprüche, die von relevanten gesellschaftlichen Gruppen (→ Stakeholder) an die Organisation herangetragen werden. Dazu treten Veränderungen der Markt- und Wettbewerbssituation. Beschaffungs-, Absatz- und Arbeitsmärkte werden zunehmend instabil. Mit einer wachsenden Marktsättigung, dem Markteintritt neuer Konkurrenten sowie der Deregulierung und Globalisierung von Märkten erhöht sich der Innovations- und Konkurrenzdruck. Entsprechend gewinnen Kooperationen (z. B. strategische Allianzen), Akquisitionen bzw. Fusionen zwischen und von Unternehmen an Bedeutung. Die Turbulenzen und die Veränderungsgeschwindigkeit der (Wettbewerbs-)Umwelt machen es dabei immer schwieriger, zeitnah zielgerichtete Entscheidungen (z. B. über den Standort, den Einsatz von Technik und die Rekrutierung von Mitarbeitern) zu treffen und umzusetzen.

Zusätzlich kommt es zu einem veränderten Konsum- und Nachfrageverhalten der Kunden. Dieses ist gekennzeichnet durch einen wachsenden Bedarf nach individuell differenzierten Produkten bei gleichzeitig verstärktem Qualitätsbewusstsein und erhöhten Dienstleistungsansprüchen. Mit den wechselnden Kundenbedürfnissen verkürzen sich die Produktlebenszyklen. Immer innovativere Produkte oder Dienstleistungen müssen in immer kürzerer Zeit entwickelt und marktfähig umgesetzt werden. Schließlich beschleunigen und intensivieren die Entwicklungen neuer (Informations-)Technologien die Produktions-, Organisations- und Kommunikationsprozesse von und zwischen Unternehmen. Der rasche technologische Fortschritt in der sog. „Wissensgesellschaft" verkürzt dabei die Halbwertszeit des Wissens, erhöht die computergestützte Vernetzung bzw. Virtualisierung von Tätigkeiten und Beziehungen und erfordert eine ständige Anpassung an neueste Forschungen bzw. Anwendungen (z. B. Software).

Zu den äußeren Einflüssen treten **interne Faktoren**, die Wandlungsprozesse verursachen. Diese verbinden sich oft mit den externen Einflüssen oder verstärken sie. So begründen sich interne Veränderungsprozesse, wenn Ziele (z. B. neue Produktziele, Qualitätsverbesserung) oder Ressourcen (z. B. neue Ressourcenarten, -verteilungen) verändert werden.

Besonders die **Veränderungen von Strukturen** machen einen internen Wandel notwendig. So bringt die Einführung neuer Organisationskonzepte und -modelle, die ja fast immer nur und aus guten Gründen abgestuft in Organisationen erfolgt, Anpassungsbedarf mit sich (z. B. Enthierarchisierung, Dezentralisierung, Lean-Konzepte, Outsourcing, → Business Process Reengineering).

Wandel in Organisationen wird aber auch durch **Veränderung der Personen**, also der Organisationsmitglieder selbst und ihrer Beziehungen untereinander verursacht. So erfordern neue Rollenverteilungen oder Anforderungen an die Organisationsmitglieder die Entwicklung entsprechender Kommunikations- und Koordinationskompetenzen. Andererseits sind auch die Ansprüche der Mitarbeiter an die Organisation gestiegen. Da eine lebenslange Beschäftigung heute weniger als früher quasi-garantiert werden kann, interessieren sich Mitarbeiterinnen verstärkt dafür, durch die Tätigkeit in einer Organisation ihre Arbeitsmarktfähigkeit (engl.: employability) zu verbessern, sich weiter zu qualifizieren und auch ihre Persönlichkeit zu entwickeln (☞ C. III.). Um für die Organisation wertvolle Mitarbeiter zu gewinnen und mittelfristig zu halten, müssen Unternehmen ihnen daher beispielsweise attraktive Aufgaben und Projekte anbieten und/oder ihnen individuelle Entwicklungsperspektiven bzw. arbeitsabhängige Lebensperspektiven wie eine Work-Life-Balance mit erschließen.

Wenn es nun eine übergreifende Folgerung für das Verständnis von Führungsbeziehungen hieraus gibt, ist es die, dass Führende und Geführte stärker als je zuvor ein gemeinsames Verständnis für ein erfolgreiches Miteinander finden müssen und dass sich beide, insbesondere natürlich die Führenden, auf veränderte Führungssituationen flexibel einzustellen haben. Dies ist natürlich nicht einfach, betreffen diese Veränderungen doch ganz unterschiedliche Bereiche: Einmal ist es das Selbstverständnis, ein anderes Mal sind es die Erwartungen der Mitarbeiterinnen und Mitarbeiter (hinsichtlich eines teamorientierten Führungsstils) und wiederum ein anderes Mal sind es Veränderungen der organisationalen, oftmals organisatorischen Rahmenbedingungen.

So sind auch die nachfolgenden Führungsperspektiven vielschichtig und keinesfalls als eine abgeschlossene Liste zu begreifen. Dennoch glauben wir schon, ganz zentrale Diskussionsstränge, so wie sie heute zu verfolgen sind, eingefangen zu haben.

Was möglicherweise zusätzliche Aufmerksamkeit in diesem Zusammenhang verdient hätte, wäre eine größere Würdigung der Gefahren einer überbordenden Glorifizierung von Führung und vor allem des Führenden gewesen (vgl. z. B. *Alvesson/Blom* 2015; *Brown* 2015; *Tourish* 2014b; *Weibler* 2013; *Western* 2013; *O'Reilly/Reed* 2010). Dazu gehört auch, den Einfluss von Führung zur Legitimation bestehender Abhängigkeiten in Organisationen zu sehen. Allerdings trifft uns die explizite Auslassung im Sinne einer geschlossenen Hervorhebung nicht so sehr, wie die obigen Autoren es nach Durchsicht der Führungsliteratur allgemein als notwendige Vertiefung anmahnen. Bei den Führungsverständnissen haben wir die Denkrichtung platziert und die Relativierung von Führung durch die konsequente Einbindung in das organisationale Geschehen mit berücksichtigt. Ebenso haben wir, was die ansonsten zu oft unterbelichteten strukturellen Formen der Führung angeht (strukturelle Führung), uns immer wieder kommentierend in diese Richtung geäußert. Mit den nachfolgenden ethischen

Reflexionen, die in der Regel in separaten Diskussionssträngen auftauchen, erinnern wir an die fundamentale Verpflichtung, die Führende haben und benennen Verfehlungen und ihre Konsequenzen. Dennoch wäre es ein lohnendes Unterfangen.

Es liegt in der Natur der Sache, dass wir bei den nun aufgenommenen speziellen Blicken nicht immer theoretisch wie führungspraktisch befriedigende Aussagen tätigen können, ganz einfach, weil es oftmals der jetzige Forschungsstand noch nicht hergibt. Vieles wird aber die intuitive Erfahrung treffen und/oder bereichern können. Zu berücksichtigen ist auch, dass wir diese Perspektiven aus darstellungstechnischen Gründen voneinander trennen, sie aber in der Führungspraxis durchaus zusammenfallen können (aber nicht müssen). So sind einige Führungsperspektiven eher als eine Wahloption zu sehen, die die Wahrscheinlichkeit eines positiven Führungserfolgs in einer spezifischen Führungssituation erhöht (z. B. paternalistische Führung). Andere spielen einfach nur in bestimmten Konstellationen eine, dann aber gewichtige Rolle, so wie es beispielsweise die Netzwerkführung exemplarisch ausdrückt. Sicherlich hätte man an dieser Stelle auch die ethische Führung mühelos einreihen können, möglicherweise auch als eine Metaperspektive. Wegen ihrer überragenden Bedeutung, aber auch aufgrund ihrer komplizierten Begründung und Ausformung, haben wir ihr dann das Schlusskapitel vollständig gewidmet.

III. Zentrale Perspektiven auf die Ausgestaltung von Führungsbeziehungen

1. Female Leadership: Wenn Frauen führen (wollen)

1.1 Hintergrund

1977 war Gesamtdeutschland, das es in den politischen Grenzen von heute so natürlich noch nicht gab, um eine Peinlichkeit ärmer: Auch in Westdeutschland durften Frauen endlich ohne Genehmigung ihres Ehemanns berufstätig werden. Der Erlaubnisentfall veränderte die Situation: 2013 betrug dann die Erwerbstätigenquote der Frauen beachtliche 68,8 % (Männer: 77,7 %; vgl. *Bundesagentur für Arbeit* 2015). Die Frau ist im Berufsleben eine Selbstverständlichkeit, in der nicht prestigeträchtigen Hausarbeit war sie es immer. Wie wir alle wissen, sagt das zahlenmäßige Engagement in der Berufstätigkeit noch nichts über den Umfang der Berufstätigkeit (Stichwort u. a. Teilzeitbeschäftigung), die geschlechtsspezifische Besetzung einzelner Berufsgruppen (Stichwort u. a. Sozialberufe) und vor allem nichts über die Besetzung hierarchisch höher stehender Positionen aus. Letzteres sind der Lackmustest der Gleichberechtigung: Gesellschaftliche Wertschätzung und überdurchschnittliche Einkommen korrelieren hiermit.

In Organisationen sind höhere Positionen grundsätzlich Führungspositionen. Die mit der höchsten Entscheidungsmacht sind die in der höchsten Hierarchiestufe, namentlich Vorstand und Geschäftsführung. Aufsichtsräte, als Kontrollgremium gesetzlich vorgeschrieben oder per Satzung oder Gesellschaftsvertrag ggf. vereinbart, nehmen hinsichtlich der Entscheidungsmacht eine Sonderstellung ein. Für Beiräte, die in der Diskussion keine Rolle spielen, gilt dies wesentlich eingeschränkter, wenn überhaupt.

Gemeinsam ist den Zentren der unternehmerischen Macht, dass **Frauen** hinsichtlich ihres Anteils an der Bevölkerung (rund 51 %) und an den Erwerbspersonen (rund 46 %) **unterrepräsentiert** sind. Somit gibt es weniger **weibliche Führungskräfte** in Organisationen und noch weniger in Top-Positionen als man unbedarft vermuten würde. Wir werden uns noch mit den Gründen beschäftigen. Vorher schauen wir uns die Zahlen genauer an.

In Unternehmen, worauf wir uns an dieser Stelle konzentrieren, ist die Unterrepräsentanz in Spitzenpositionen besonders augenfällig (vgl. *Oakley* 2000, S. 321 f.; siehe auch *Rost* 2010). Bei den symbolträchtigen DAX-Unternehmen sind auch 2015 noch alle Vorstandsvorsitzenden männlich. Lediglich im MDAX, TecDAX und SDAX bekleideten, betrachtet man die vergangenen zehn Jahre, insgesamt drei Frauen das Amt der Vorstandsvorsitzenden bei einem der rund 160 Unternehmen (vgl. *Weckes* 2015). Laut einer Studie des Beratungsunternehmens *Ernst & Young* sind nicht einmal 6 % der Vorstandsmitglieder in diesen Unternehmen 2015 weiblich; im Vorjahr wurde zumindest diese Schwelle noch knapp überschritten (vgl. *n-tv.de* 2015).

Etwas besser gestaltet sich die Situation in den Aufsichtsräten: Rund jedes fünfte Aufsichtsratsmandat der gesamten börsennotierten Unternehmen ist Ende 2014 weiblich besetzt, wenngleich 25 % der Unternehmen immer noch rein männlich besetzte Aufsichtsräte haben (vgl. *Weckes* 2015). Aufgrund des Seltenheitswertes der Frau in hierarchisch hohen Positionen ist es den Zeitungen noch immer eine Meldung wert, wenn ein weiblicher Vorstand (Aktiengesellschaft) oder eine weibliche

Geschäftsführerin eine große oder bekannte Unternehmung mit leitet (vgl. *Powell* 2011, S. 1). So wie im Herbst 2015, als die Presse im Zuge des Abgas-Skandals von *VW* breit darüber berichtete, dass die Juristin *Christine Hohmann-Dennhardt* zum Januar 2016 vom *Daimler*-Konzern in den Vorstand des *VW*-Konzerns als dessen erster weiblicher Vorstand wechseln wird (vgl. *dpa* 2015).

Die Unterrepräsentanz, die in der Privatwirtschaft unter repräsentativer Einbeziehung auch von Kleinst- und Kleinunternehmen mit rund 25 % Anteil an der ersten Führungsposition etwas freundlicher ausfällt (vgl. *IAB* 2016 für 2014, wobei nur 28 % überhaupt Führungspositionen auf der zweiten Ebenen und dahinter haben), ist allerdings kein hausgemacht deutsches Phänomen. Es ist **weltweit** zu beobachten. Betrachtet man zum Beispiel den Anteil weiblicher CEO's in den Fortune 500, so wird es deutlich: Gerade einmal 5 % Frauen haben 2015 diese Position inne (vgl. *Catalyst* 2015). In US-amerikanischen Großunternehmen erreicht der Prozentsatz von Frauen in Führungspositionen knapp 15 % (vgl. *Catalyst* 2007; *Adams/Flynn* 2005). In der EU liegt der Durchschnitt bei 13,7 % Frauen in den höchsten Entscheidungsgremien der größten börsennotierten Unternehmen (vgl. *Europäische Kommission* 2012, S. 9). Deutschland liegt hier mit einem Frauenanteil von rund 16 % in jenen Organisationen im Mittelfeld (vgl. *Statista* 2015). Dabei ist immerhin festzuhalten, dass der Frauenanteil in Führungspositionen in westlichen Kulturen höher liegt als anderswo. Die hervorragende Ausbildung ist ein wesentlicher Treiber (vgl. *Ryan/Haslam* 2007, S. 564); aber natürlich auch das wertgebundene gesellschaftliche Selbstverständnis wie die politische Kultur und die sanktionsbewehrte Gesetzgebung. Trotz dieser Relativierung: Der Anteil der weiblichen Führungskräfte ist auch in den westlichen Kulturen deutlich kleiner als der ihres numerischen Anteils in den Unternehmen.

Nach harten Debatten wurde im März 2015 zumindest für die Besetzung der Aufsichtsräte von börsennotierten Unternehmen mit paritätischer Mitbestimmung (insbesondere AG und KGaA) eine **Frauenquote** in der Höhe von 30 % zur Verbesserung der Situation gesetzlich vorgeschrieben. Sie ist ein Instrument des **„Gender Mainstreamings"**. Mit „Gender" ist die gesellschaftlich bedingte und gesellschaftlich bewusst wie unbewusst konstruierte Differenzierung der Geschlechterrollen und der so entstehenden Geschlechteridentität im Gegensatz zur biologischen Differenz gemeint. Ganz kurz könnte man sagen, dass „Gender" die sozio-kulturelle Interpretation der biologischen Unterschiedlichkeit in einer Gesellschaft ist (vgl. *Oakley* 1972). Das politisch-gestalterisch zu interpretierende „Mainstreaming" (das Hinführen zur Mitte der Gesellschaft) drückt den Aktivierungscharakter aus. Ziel dieses gesellschaftlichen Programms ist es, die Gleichstellung von Frau und Mann voranzutreiben (für die Aktivitäten der Bundesregierung siehe *BMFSFJ* 2015).

Ermutigt wurden die Befürworter der Frauenquote durch das norwegische Vorbild. Dort bewirkte die Quote eine Erhöhung des Frauenanteils in Aufsichtsgremien von 6,4 % in 2003 auf 38 % im Jahr 2007 (vgl. *McKinsey & Company* 2013, S. 8; allerdings abgesunken auf 34 % in 2013). In Deutschland ist obige Regelung seit 2016 sukzessiv für alle neu zu besetzenden Aufsichtsratspositionen der rund 100 betreffenden Unternehmen zu beachten (vgl. *Kittelberger/Kärcher-Heilemann* 2015). Sollte dies nicht eingehalten werden, drohen Sanktionen, über deren Wert man trefflich streiten kann: Die vorgesehenen Plätze für weibliche Mitglieder müssten unbesetzt bleiben (vgl. *BMJV* 2015). Des Weiteren werden die Unternehmen, die börsennotiert bzw. mitbestimmt sind (neben AG/KGaA insbesondere GmbH, Genossenschaften, Versicherungsvereine), dazu verpflichtet, eine Zielgröße für den Frauenanteil in Aufsichtsräten, Vorständen und dem obersten Management festzusetzen und über dessen Einhaltung zu berichten. Erstmals mussten bis zum 30. September 2015 rund 3.500 Unternehmen diese Frauenquoten bestimmt werden (vgl. *Lemmer* 2015). Umzusetzen sind die Zielgrößen dann bis zum 30. Juni 2017, spätere Zielquoten dürfen hingegen auf einen Horizont von fünf Jahren ausgelegt sein (vgl. *Kittelberger/Kärcher-Heilemann* 2015).

Seit 2010 gibt es in den DAX-Unternehmen bereits Zielquoten auf freiwilliger Basis (vgl. *Rößler* 2015). Durch die neue Verpflichtung zur Zielsetzung kommunizieren nun auch andere mehr oder weniger offen engagierte Pläne. Zielquoten von 15–20 % Frauen in den höheren Führungskreisen bis 2020, wie jene Quote der *Bilfinger SE* (vgl. *Bilfinger SE* 2015), sind keine Ausnahme und mögen irritieren. Macht man sich jedoch bewusst, wie viele Frauen derzeit eine Führungsposition bekleiden – wie in diesem Fall 7 % (vgl. *Bilfinger SE* 2014) – so wird die Zielsetzung plausibel. Schwerwiegender hingegen sind Zielquoten, die entgegen gesetzlich intendierter Erhöhung des Frauenanteils in Führungspositionen eine Aufrechterhaltung des Status Quo bedeuten – so auch geschehen bei namhaften Unternehmen wie der *BASF* und der *Commerzbank* (vgl. *Lemmer* 2015). Eine Nicht-Erhöhung wie eine zu antizipierende Nicht-Einhaltung der Zielgröße kommen nicht überraschend. Einerseits muss die Veröffentlichung der Zahlen nur im Lagebericht erfolgen und nicht sichtbar verbreitet werden. Andererseits drohen bisher kaum Konsequenzen. Eine Nicht-Einhaltung der Zielquoten (Ausnahme: Aufsichtsräte der AG/KgaA) verpflichtet lediglich zu einer Begründung (vgl. *Kittelberger/Kärcher-Heilemann* 2015).

Das bisher beschriebene sind die Fakten. In ihrer Aussage sind sie hinsichtlich der Unterrepräsentanz von Frauen auch im Vergangenheitsvergleich momentan noch recht stabil. Wir möchten an dieser Stelle hinter die Fakten schauen und besser verstehen, wie sich Vorstellungen zu weiblichen Führungskräften ausnehmen und warum dies zur Unterrepräsentanz beiträgt. Dabei fragen wir natürlich auch, ob Unterschiede in der Qualität der Ausübung von Führungspositionen zwischen Männern und Frauen auszumachen sind. Im Kern sind wir damit bei der Frage eines geschlechtstypischen Führungsverhaltens und der Effektivität einer weiblichen Führung (vgl. *Carli/Eagly* 2012; *Johns/Saks* 2008, S. 325; *Krell* 2008, S. 326 ff.; *Agars* 2004, S. 103 f.; *Eagly u. a.* 2003, S. 569 ff.).

1.2 Zentrale Aussagen

Um uns dieser Frage zu nähern, differenzieren wir zunächst zwischen **Geschlechtsstereotypen** und **Führungsstereotypen** sowie der Führungsrolle an sich. Unter Geschlechtsstereotypen verstehen wir gefestigte Auffassungen darüber, welche Merkmale (inklusive Verhaltensweisen) in den Augen der Gesellschaftsmitglieder typisch weiblich oder typisch männlich sind. Hierbei ist es (zwar nicht prinzipiell, doch zunächst) vollkommen uninteressant, ob diese Auffassungen eine objektiv nachweisbare Entsprechung finden. Entscheidend allein ist, dass diese Stereotype existieren und verhaltenswirksam werden. Aus welchem Grund das jeweilige Stereotyp entstanden ist, soll uns hier nicht interessieren (typische Kandidaten wären mehrheitlich beobachtbare und damit in das Allgemeingut übergegangene Merkmale oder ideologisch motivierte Zuschreibungen zur Machtgewinnung und Machterhaltung).

Geschlechtsspezifische Führungsstereotype übertragen allgemeine Ansichten zur Merkmaldifferenzierung von Männern und Frauen auf den Führungskontext bzw. den Managementkontext. Damit ist schon klar, dass wir hier nicht zwei voneinander distinkte Zuschreibungsprozesse haben, sondern dass die in einer Gesellschaft vermittelten Bilder auf ein Anwendungsfeld treffen, das wiederum spezifische Stereotype vorhält. Diese manifestieren sich auch in den Erwartungen zur Besetzung und Ausübung einer Führerrolle. In diesem Zusammenhang ist wichtig zu wissen, dass Führungspositionen mindestens bis in die 1970er Jahre in Unternehmen (wie früher Herrschaftspositionen dominant) traditionell von Männern ausgefüllt wurden. Damit wurden die auch medial vermittelten Vorstellungen von der Art und Weise des Geschäfts wie die damit verbundenen Anforderungen ausnahmslos von männlichen Vorstellungen geprägt. Dies führt faktisch zwangsläufig dazu, dass sich männliche Stereotype zur Besetzung von Führungspositionen in Organisationen, hier vor allem Unternehmen, dominant ausbildeten.

> **Empirie zur stereotypen Eigenschaftszuordnung**
>
> Um empirische Daten zur Ausprägung solcher Stereotype zu gewinnen, wird seit Anfang der 1970er Jahre zunächst und bis heute das sogenannte „Bem Sex Role Inventory" (BSRI) eingesetzt. Es handelt sich um eine Eigenschaftsliste (vgl. *Bem* 1974), die männliche, weibliche und neutrale Items differenziert. Jeweils 20 Items repräsentieren eine dieser drei Skalen, deren Zuordnung wiederum *„auf der Basis der Frage nach der sozialen Erwünschtheit dieser Eigenschaften für Männer und Frauen in der amerikanischen Gesellschaft zu Beginn der 70er Jahre"* erfolgte (vgl. *Gmür* 2004, S. 399).

Im Kern zeigen die Ergebnisse dieser und anderer Untersuchungen (vgl. z. B. *Eagly/Karau* 2002) durchgängig, dass eine Zuordnung der Eigenschaften hinsichtlich der Frage nach dem **idealen Manager** vor allem eine Liste mit **stereotyp männlichen Attributen** (vgl. Tab. E.1) ausweist („think manager – think male"). Stereotype weibliche Eigenschaften tauchen nennenswert nur in Kombination mit den männlichen auf, dann aber immer noch in einem deutlich geringeren Prozentsatz als in der männlichen Zuordnung. Rein weibliche Eigenschaften bilden regelmäßig den Schlusspunkt. *Gmür* (2004) weist allerdings zu Recht darauf hin, dass diese sehr häufig verwandte Zuordnungsbasis sehr verzerrend ist. Eine Vielzahl der hier ausgewählten weiblichen Items steht nämlich so diametral gegen das auch in der Führungsforschung vermittelte Bild zu den Anforderungen eines idealen Managers, dass bereits allein deshalb faktisch weniger Zuschreibungsmöglichkeiten existieren. Ziehen wir den anzunehmenden negativen Ausstrahlungseffekt offensichtlich unpassender Eigenschaften auf potenziell passende mit ins Kalkül, besteht ein hinreichender Verdacht einer sich selbst bestärkenden Bestätigung vorliegender Geschlechtsstereotype.

In einer eigenen Studie konnte *Gmür* zeigen, dass von Frauen bei der Besetzung von Führungspositionen eine stärkere Ausprägung männlicher Eigenschaften

Männliche Items	Neutrale Items	Weibliche Items
- aggressiv - analytisch - athletisch - bereit, für etwas einzutreten - dominant - ehrgeizig - eigenständig - energisch - entscheidungsfreudig - starke Persönlichkeit - hat Führungsfähigkeiten - individualistisch - männlich - risikofreudig - selbstständig - sich selbst behauptend - steht zu den eigenen Überzeugungen - unabhängig - verhält sich wie ein Führer - wettbewerbsorientiert	- anpassungsfähig - eifersüchtig - eingebildet - ernst - feierlich - freundschaftlich - gewissenhaft - glücklich - heimlichtuerisch - hilfsbereit - ineffizient - konventionell - launisch - liebenswert - taktvoll - theatralisch - unberechenbar - unsystematisch - vertrauensvoll - zuverlässig	- drückt sich nicht grob aus - einfühlsam - fröhlich - gefühlvoll - kinderlieb - kindlich - leichtgläubig - loyal - mitfühlend - mitleidend - nachgiebig - sanft - schmeichelnd - schüchtern - verständnisvoll - versucht Verletzungen auszugleichen - warmherzig - weiblich - zärtlich zurückhaltend

Tab. E.1: Eigenschaften des BSRI (in der Aufstellung nach *Gmür* 2004, S. 400)

erwartet wird, als dies bei Männern der Fall ist (vgl. hierzu *Foschi* 1996). Dies führt für die Frauen natürlich unmittelbar zu einer **Rolleninkongruenz** (→ Rolle), da sie entsprechende Merkmale, die gesellschaftlich vermittelt und akzeptiert sind und die sie bei ihrer Identitätsbildung beeinflusst haben, im Arbeitsalltag als nicht passend erleben. Eine Frau ist eben in der stereotypen Definition eher sensibel und unterwürfig und nicht wie der männliche Prototyp durchsetzungsfähig und willensstark. Zeigen Frauen dann doch jene Eigenschaften erwartungskonform zur Führungsrolle, wurden sie zumindest früher paradoxerweise als ungeeigneter für die Führungsrolle wahrgenommen (vgl. *Eagly/Karau* 2002; *Biernat/Kobrynowicz* 1997; *Williams/Best* 1990; gegenläufig allerdings *Bongiorno/Bain/David* 2014).

Der negativeren Bewertung männlicher Verhaltensweisen gemäß der Rolleninkongruenz-Theorie steht die Denkrichtung der **Expectancy Violation Theory** (vgl. *Jussim u. a.* 1987) gegenüber. Auf den Gender-Kontext angewendet würde sich gemäß dieser Theorie ergeben, dass stereotyp männliche, positive Verhaltensweisen bei einer Frau im Vergleich zu den gleichen Verhaltensweisen bei einem Mann einen stärker positiven Effekt aufgrund des Durchbrechens der Erwartung erzielen. Einen solchen Effekt konnten *Lanaj* und *Hollenbeck* (2015) nachweisen, indem sie zeigen, dass Frauen in selbst gemanagten Teams, also Teams, die keinen formalen Vorgesetzten haben, über das Ausmaß ihrer Führungseffektivität hinweg die Rolle der Führungskraft zuerkannt bekommen, wenn sie männliches Verhalten (insbesondere aufgabenorientiertes und konsultativ-koordinierendes Verhalten zu Außengruppen) zeigen. Man wird sehen müssen, ob die Befunde situationsübergreifend repliziert werden können. Würde das aber schon das Spannungsfeld einer wahrgenommenen Rolleninkongruenz bei Frauen entzerren? Nicht zwingend, denn, wie mehrfach empirisch belegt, bedeutet selbst die Akzeptanz stereotyp männlicher Verhaltensweisen bei Frauen nicht zwingend, dass stereotyp weibliche Eigenschaften der Gender-Rolle wegfallen dürfen. Frauen müssen danach auch die gemeinschaftlich-weiblichen Werte leben und gemäß ihrer Gender-Rolle agieren, also ein Sowohl-Als-Auch praktizieren (vgl. *Okimoto/Brescoll* 2010; *Johnson u. a.* 2008; *Heilman/Okimoto* 2007); das alles im Gegensatz zu dem männlichen Pendant, das „ganz natürlich" konform seines vermittelten Selbstbildes agieren kann.

> **Empirie zur Präferenz stereotyp männlicher Verhaltensweisen**
>
> *Powell* (2011, S. 2) stellt fest, dass befragte Amerikaner in 2006 auch heute noch einen männlichen Vorgesetzten (37 %) gegenüber einem weiblichen Vorgesetzten (19 %) deutlich präferieren, dass allerdings der höchste Wert mit 44 % in die Antwortkategorie „Macht für mich keinen Unterschied" fällt. Interessanterweise ist der Wunsch nach einem männlichen Vorgesetzten prozentual bei den weiblichen Befragten größer ausgeprägt (vgl. auch *Eagly* 2007). Im historischen Rückblick zeigt sich, dass die Favorisierung eines männlichen Vorgesetzten zwar abnimmt, aber immer noch in einem Verhältnis von zwei zu eins dominiert, wiewohl diese Tendenz in der jüngeren Generation zurückgeht: Letzteres geht konform mit einem zumindest bei Befragungen geäußerten Einstellungswandel von Executives im Zeitablauf: Nach einer in 2005 durchgeführten Replikationsstudie der Harvard Business Review von 1965 standen männliche Top-Führungskräfte mit 88 % der Frage nach Frauen im Management diesem Punkt nun sehr positiv gegenüber (früher 35 %), wohingegen die Einschätzung weiblicher Führungskräfte auf hohem Niveau recht konstant blieb (88 % gegenüber 82 %). Auch hier war wieder festzustellen, dass die Selbstwahrnehmung der Frauen in der angenommenen, voraussetzungslosen Akzeptanz („mehr leisten als Männer") hinter der Einschätzung der männlichen Kollegen zu ihren Ungunsten im Selbstbild zurückfiel.

Geschlechterstereotype und Führungsstil/Führungseffektivität

Während wir bislang dargestellt haben, dass Führungskräfte immer noch eher mit männlichen Geschlechterstereotypen belegt sind, interessieren wir uns nun stärker für die Frage, inwieweit der **Führungsstil** und die **Führungseffektivität** zwischen den Geschlechtern differiert. Sicherlich für viele enttäuschend muss man hier feststellen, dass Systematiken von sozialer Relevanz objektiv empirisch nicht ausgewiesen werden können (vgl. auch *Yukl* 2010, S. 468). Dennoch zeigen Experimente, dass im Kopf vorhandene geschlechtsspezifische Stereotype bei der Beurteilung des Verhaltens von Frauen und für Besetzungsfragen durchschlagen. Sobald allerdings klare Rollenvorgaben für Führungskräfte gegeben sind, vermindert sich nach *Eagly/Johannesen-Schmidt* (2001, S. 794) ihr Einfluss. Eine Metastudie von *Alice Eagly* und *Blair Johnson* (1990) fand schon früh keine geschlechtsspezifischen Unterschiede in der Anwendung eines **aufgabenorientierten** oder **mitarbeiterorientierten Führungsstils** (☞ D. II. 2.4). Es konnte lediglich eine leichte Tendenz zu einer größeren Neigung zur Partizipation (demokratischer Führungsstil) bei Frauen festgestellt werden (keinen Effekt fanden wiederum *Wunderer/Dick* 1997). In einer späteren Metaanalyse fanden *Eagly u. a.* (2003) eine ebenfalls nur leichte Bevorzugung eines transformationalen Führungsstils durch Frauen, wobei der entscheidende Unterschied im Eingehen auf andere lag. Dies wurde durch einen etwas stärkeren Einsatz von anlassbedingten Belohnungen flankiert (die wesentliche Komponente einer **transaktionalen Führung,** die Männer wiederum moderat häufiger zeigen, ☞ D. II. 3). Dies geht konform mit den Geschlechterstereotypen, die die kollaborativen und partizipativen Elemente des transformationalen Stils mit Frauen in Verbindung bringen. Aber dies sind Nuancen. Die nachfolgende Einschätzung drückt den Forschungsstand bislang am besten aus (vgl. *Ibarra/Obodaru* 2009, S. 68 f.; siehe dazu unterstützend *DeRue u. a.* 2011 oder *Vecchio* 2003, S. 844 zu methodischen Überlegungen):

> *„Do men and women really have different leadership styles? Certainly a lot of ink has been spilled on the question, but the answer provided by hundreds of studies, subjected to meta-analysis, is no. When other factors (such as title, role, and salary) are held constant, similarities in style vastly outweigh the differences. The occasional finding that women are slightly more people oriented and participative tends not to hold up in settings where there are few women – that is, in line positions and upper management."*

Aber, und dies ist für die Einordnung von Meinungsbekundungen oder subjektiven Ratings im Kopf zu behalten (*Ibarra/Obodaru* 2009, S. 69):

> *„But put aside the science and ask individuals for their opinion on whether men and women have different leadership styles, and most women (and men) answer yes."*

Damit haben wir also eine **Diskrepanz** zwischen dem, was viele denken, und dem, was man bei der Anwendung von kontrollierten Methoden objektiv findet. Sehr wohl kann man aber genau diese Annahmen und Mutmaßungen bei wissenschaftlichen Studien replizieren, was wiederum kein Widerspruch ist. Wie wir bereits anhand neuerer Studien gesehen haben, sind diese „gefühlten" Unterschiede eher rückläufig als voranschreitend. Aber solche Annahmen, Mutmaßungen und gefestigte Einstellungen produzieren harte Entscheidungen.

Schauen wir uns hierzu eine Studie der bereits oben angeführten Forscherinnen an (vgl. *Ibarra/Obodaru* 2009). Sie verantworteten eine Studie, bei der knapp 3.000 Exekutives aus 149 Ländern teilnahmen. Dortige Managerinnen und Manager besuchten ein Weiterbildungsprogramm von *INSEAD*. Als Instrument diente das *„Global Executive Leadership Inventory"* (GELI), ein früher von *Kets de Vries u. a.* entwickeltes 360-Grad Feedbackinstrument. Mehr als 22.000 Einschätzungen (Mitarbeitende, Kunden, Vorgesetzte, Peers) wurden neben den Selbsteinschätzungen der Managerinnen und Manager hinsichtlich zehn identischer Führungsdimensionen ausgewertet. Der Frauenanteil war 20 % bei den am Programm Teilnehmenden und 27 % bei den Bewertenden.

Zunächst dokumentiert diese Studie eine Abkehr von gängigen Geschlechterstereotypen. Nicht nur, dass Frauen sich leicht besser bewerteten, als es die Männer taten, sondern Frauen wurden auch in sieben (Männerbewertungen) bzw. acht (Frauenbewertungen) ihrer „Beobachter" vorne platziert. Nun ist es nicht so, dass für Zuschreibungen von Führungspositionen alle GELI-Dimensionen gleich wichtig sein müssten. Allerdings wird **„Envisioning"**, also die Handlungsnotwendigkeiten einbeziehende Vorstellungskraft, hier mit Blick auf Entwicklungen von Märkten, Produkten, Organisationsformen, Veränderungen, in den Führungsetagen als eine unverzichtbare Kompetenz betrachtet. Eine Artikulation von zukünftigen Welten ist gleichzeitig Voraussetzung für eine hieraus abgeleitete Strategiebildung. Und ausgerechnet hier schnitten die Frauen, allerdings nur in der Wahrnehmung von Männern (hier bei den Kollegen), schlechter ab (siehe hier auch die Umfrage von *KPMG*, *YSC* und dem *30percentclub* in 2014 oder zur inspirierenden Motivation auf CEO-Assoziationsebene gleichlautend *Vinkenburg u. a.* 2011).

Aber was heißt das nun? Artikulieren sie vielleicht einfach nur das nach Vornegedachte anders? Neigen sie weniger dazu, sich von belegbarem Material zu lösen, um nicht dem Genderstereotyp der zu emotionalen, Fakten ignorierenden Managerin zu entsprechen? Oder besteht hier in der Tat eine geringer ausgeprägte Fähigkeit oder vielleicht auch nur Bedeutungszumessung, die so nur noch nicht gezielt ermittelt wurde? Handelt man gar pragmatischer? Oder ist es das möglicherweise geringere Selbstbewusstsein, was nicht die Fähigkeit, sondern nur das Ausleben dieser Fähigkeit betrifft. Definitive Antworten sind dieser Studie jenseits solcher Spekulationen nicht zu entnehmen. So oder so kann als Empfehlung abgegeben werden, dass sich weibliche Führungskräfte der Bedeutung des Envisioning für die *Zuschreibung* von höheren und höchsten Führungsrollen bewusst sind und ihre Schlüsse daraus eigenständig zu ziehen haben.

Reproduktion von Geschlechtsstereotypen

Wie Zuschreibungen wirken, entnehmen wir Studien, die sich unmittelbar mit Geschlechterstereotypen beschäftigen. Einen originellen Beitrag für die Reproduktion von Geschlechtsstereotypen im Arbeitskontext liefern die Forscherinnen *Madeline Heilman* und *Michelle Hayners* (2005). Sie konnten in experimentellen Studien zeigen, dass der Beitrag von Frauen, beispielsweise manipuliert durch eine weibliche Namensnennung oder eine Fotografie, in geschlechtlich gemischten Arbeitsgruppen selbst im Erfolgsfall signifikant schlechter beurteilt wurde. Der erstaunliche Befund ist, dass in 74 von 100 Fällen der gemeinsam erreichte Erfolg der Leistung von Männern zugeschrieben und ihnen infolgedessen auch die Führungsrolle zugesprochen wurde. Auch wenn die Forscherinnen Begrenzungen im Forschungsdesign einräumen, bleibt es ein alarmierender Befund. Konsequenzen für die Karriereentwicklung und insbesondere Personalauswahlsituation sind bereits mehrfach belegt, hier oft im Hinblick auf die **Similarity Attraction Theory** (vgl. *Byrne* 1971). Danach haben Menschen eine Präferenz für die größtmögliche Ähnlichkeit von Personen in ihren Bezugsgruppen. Da derzeit männliche Entscheidungsträger in Unternehmen dominieren, ist ein grundlegender Wandel in der Besetzung von Führungspositionen nach dieser Lesart nicht wahrscheinlich.

Eagleson, *Waldersee* und *Simmons* (2000) stützen diese These durch eine Studie mit 126 Teilnehmenden, in der ein Selektionsprozess simuliert wurde und anschließend eine Befragung hinsichtlich des eigens präferierten Führungsstils erfolgte. Sie konnten belegen, dass das Ausmaß der Ähnlichkeit zu eigenem Verhalten die Auswahl beeinflusste. Des Weiteren wurde in einer experimentellen Studie von *Danielle Jackson*, *Erika Engstrom* und *Tara Emmers-Sommer* (2007) gezeigt, dass Männer sich lieber einen männlichen Führer wünschen, dass Frauen aber wiederum einen weiblichen Führer bevorzugen (dazu liegen aber auch konträre Befunde vor). Der Ähnlichkeitsmechanismus greift ebenfalls im Rahmen von männlich besetzten **Netzwerken**. Der Zugang hierzu bleibt Frauen oftmals verwehrt. Sie investieren zwar ebenso stark in den Aufbau von Netzwerken, verfügen allerdings über weniger informale und *„wenige[r] statushohe und mächtige Kontakte"* (*Peus/Welpe* 2011, S. 48). Sichtbarkeit auf individueller Ebene wird infolgedessen begrenzt, zentrale Karriereschritte bleiben aus.

Interessant ist einer von *Ryan u.a.* (2010) durchgeführte Studie nach, dass Manager von nicht erfolgreichen Unternehmen eher mit weiblichen Stereotypen beladen werden („*think crisis – think female*", S. 10), wohingegen erfolgreiche Unternehmen gleichermaßen maskuline wie feminine Eigenschaften aufweisen. Damit werden weibliche Stereotype (dankbar, moderat, sympathisch, einfühlsam, intuitiv) bevorzugt bei der Verantwortungsübernahme schlechter Leistungsdaten einer Unternehmung assoziiert, ebenso wie bei der Suche nach einer Person, die sich um die Krise nun kümmert. Dies im Übrigen nicht, weil erwartet wird, dass Frauen die Situation objektiv verbessern, sondern weil sie einfach als gute „people manager" gelten. Damit liegt in einer Krisensituation gleichermaßen eine Chance wie Gefahr für weibliche Führungskräfte. Ihnen wird in einer schwierigen Krisensituation danach durchaus die Bereitschaft entgegengebracht, Verantwortung zu übernehmen; sie laufen aber Gefahr, bei einem Scheitern Vorurteile gegenüber einer weiblichen Führung zu bestätigen. *Ryan/Haslam* (2007) haben die Neigung, Frauen nach Durchbrechen der „**gläsernen Decke**" (engl.: Glass Ceiling) in prekäre Führungssituationen hineinzubringen, mit der „**Glass Cliff**"-Metapher versehen. Danach stehen sie häufiger als Männer unfreiwillig auf einer unsichtbaren Klippe, von der sie leicht abstürzen können. Scheitern sie, wird implizit eine Bestätigung der Diskrepanz von weiblichem Stereotyp und Führerprotoyp vorgenommen.

Durch solche Prozesse werden sozialisationsbedingte Stereotypen aufrechterhalten und weiter getragen. Doch kann die Aufweichung oder gar Auflösung solch stereotypischer Attributionsprozesse mit einhergehender Diskriminierung aktiv initiiert werden? Eine Studie von *Van Quaquebeke/Schmerling* (2010) gibt hier Anlass zur Hoffnung. Durch eine mit Blick auf das Geschlechterstereotyp inkongruente Stimulation der Präsentation der Frau konnten in der dortigen Studie Frauen und Führung eingehender verbunden und es konnte einem diskriminierenden Assoziationsmustern entgegengewirkt werden.

> **Empirie zur Veränderung von geschlechtsspezifischen Assoziationsmustern**
>
> Ausgehend von den impliziten Führungstheorien, die eine Zuschreibung von Eigenschaften aufgrund eines im Laufe des Lebens entwickelten Idealbildes einer Führungskraft postulieren, erforschten *Van Quaquebeke* und *Schmerling* (2010) die Relativierung der geschlechtsspezifisch stereotypen Attribution über die Konfrontation mit inkongruenten Abbildungen. Sie untersuchten, ob durch die Beschäftigung mit Bildern weiblicher Führungskräfte eine Assoziation von Frauen und Führung gefördert würde. Zu diesem Zweck wurde die Stichprobe, bestehend aus 50 weiblichen und 27 männlichen Studierenden, in zwei Gruppen aufgeteilt. Eine der Gruppen erhielt fünf Bilder von weiblichen, prominenten Führungskräften mit passenden Positionsbeschreibungen, die andere Gruppe wurde mit fünf männlichen prominenten Führenden konfrontiert. Beiden Gruppen wurde eine Coverstory erzählt. Nach der kurzen Beschäftigung mit den Bildern wurde ein computergestützter Assoziationstest durchgeführt. Den Probanden wurden in mehreren Untersuchungsblöcken zehn Bilder von männlichen und weiblichen Führungskräften vorgelegt. In dem Testblock waren sie dazu angehalten, so schnell wie möglich Vornamen und Stellvertreterbegrifflichkeiten für Führungsverhalten (wie z.B. planen, unterstützen, steuern, usw.) der Person zuzuordnen. Über die Reaktionszeit konnte somit die Assoziationsstärke der Konzepte Frau/Führung bzw. Mann/Führung gemessen werden. Erwartungsgemäß trat eine kürzere Reaktionszeit bei der Verknüpfung von Mann/Führung als bei Frau/Führung in beiden Gruppen auf.
>
> Nach der Betrachtung von Bildern weiblicher Führungskräfte sinkt jedoch die Reaktionszeit der Verknüpfung bei Frau/Führung ab und es kommt zur Angleichung der Reaktionsmuster. Somit wird gezeigt, dass die Betrachtung stereotypinkonsistenter Bilder zumindest die kurzfristige Veränderung von Assoziationsmustern stimuliert. Da das Bild des männlichen Führerprototyps jedoch über mehrere Jahrhunderte mit vorwiegend männlichen Führenden geprägt worden ist und sich prototypische Vorstellungen grundsätzlich als schwierig veränderbar erwiesen haben, ist es nachvollziehbar, dass lediglich eine kurzfristige Angleichung und keine langfristige Umkehr der Assoziationsmuster durch eine Bildbetrachtung stattfinden kann. Trotzdem bieten Van Quaquebeke und Schmerling einen Ansatzpunkt zur Herstellung von Geschlechtergleichberechtigung, ohne eine Veränderung der Verhaltensweisen der Frau und damit einhergehender Rolleninkongruenz zu fordern. Ein Zusammenhang zu den jüngsten politischen Interventionen zur Gleichstellungsförderung wäre hiernach herzustellen.

Problematisch erweist sich dann sofort der bestehende Mangel an weiblichen Vorbildern in den Führungsetagen.

Diskriminierung in der Beförderung und Gender Pay Gap

Einhergehend mit unterschiedlichen Attributionsprozessen besteht die allgemeine Tendenz zur Kritik an der Führungsfähigkeit von Frauen. Infolge resultieren daraus, so die vielfach gehörte Meinung, erhöhte Anforderungen für die Übernahme einer Führungsfunktion – Frauen müssen sich also erst einmal beweisen (vgl. *Eagly/Karau* 2002). Diese kritische Perspektive haben viele Frauen bereits internalisiert und akzeptieren somit häufig klaglos längere Verweilzeiten geringere Beförderungschancen und Gehaltseinbußen.

Zweifelsohne, Wahlfreiheit bleibt den Frauen bei der Akzeptanz von niedrigeren Gehältern oft nicht. Sie fragen zwar genauso oft nach einer Gehaltserhöhung wie ihre männlichen Kollegen (vgl. *BMFSFJ* 2009, S. 14), erhalten aber durchschnittlich betrachtet deutlich weniger Gehalt. Das Statistische Bundesamt veröffentlicht jährlich entsprechende Zahlen: Es weist den sogenannten **Gender Pay Gap** aus, der die Abweichung des Bruttostundenverdienstes zwischen Männern und Frauen prozentual ausdrückt. 2014 betrug der (unbereinigte) Gender Pay Gap rund 22 % (vgl. *Eurostat* 2015), sodass also Frauen in Deutschland im Durchschnitt rund 22 % weniger verdienten als Männer – im Übrigen ist dies fast identisch zu Vorjahreszahlen. Zu berücksichtigen ist hierbei, dass weder eine Differenzierung aufgrund von Beschäftigungsumfängen noch eine branchenspezifische Trennung vorgenommen wird. Inwiefern z. B. der Gender Pay Gap allein bei Betrachtung der **Branche** variieren kann, stellt Abbildung E.1 dar. Hier ist jedoch wiederum zu berücksichtigen, dass die Lohnlücke zwar spezifisch pro Wirtschaftszweig angegeben wird, jedoch die Zahlen wiederum nicht von sonstigen anderen Einflüssen bereinigt sind (wie z. B. eben jene des unterschiedlichen Beschäftigungsumfangs etc.).

Werden sodann Faktoren wie der Grad der Berufserfahrung, der Beschäftigungsumfang sowie einige andere, verzerrende Faktoren aus dem Gender Pay Gap herausgerechnet, erhält man den bereinigten Gender Pay Gap, der sich auf rund 7 % schätzen lässt (vgl. *Grieß* 2014). Diese durchschnittliche Kennzahl ist jedoch aufgrund von **horizontaler** wie **vertikaler Segregation** ebenfalls nur bedingt aussagekräftig, denn es gilt zum Beispiel auch, dass mit ansteigender hierarchischer Ebene das

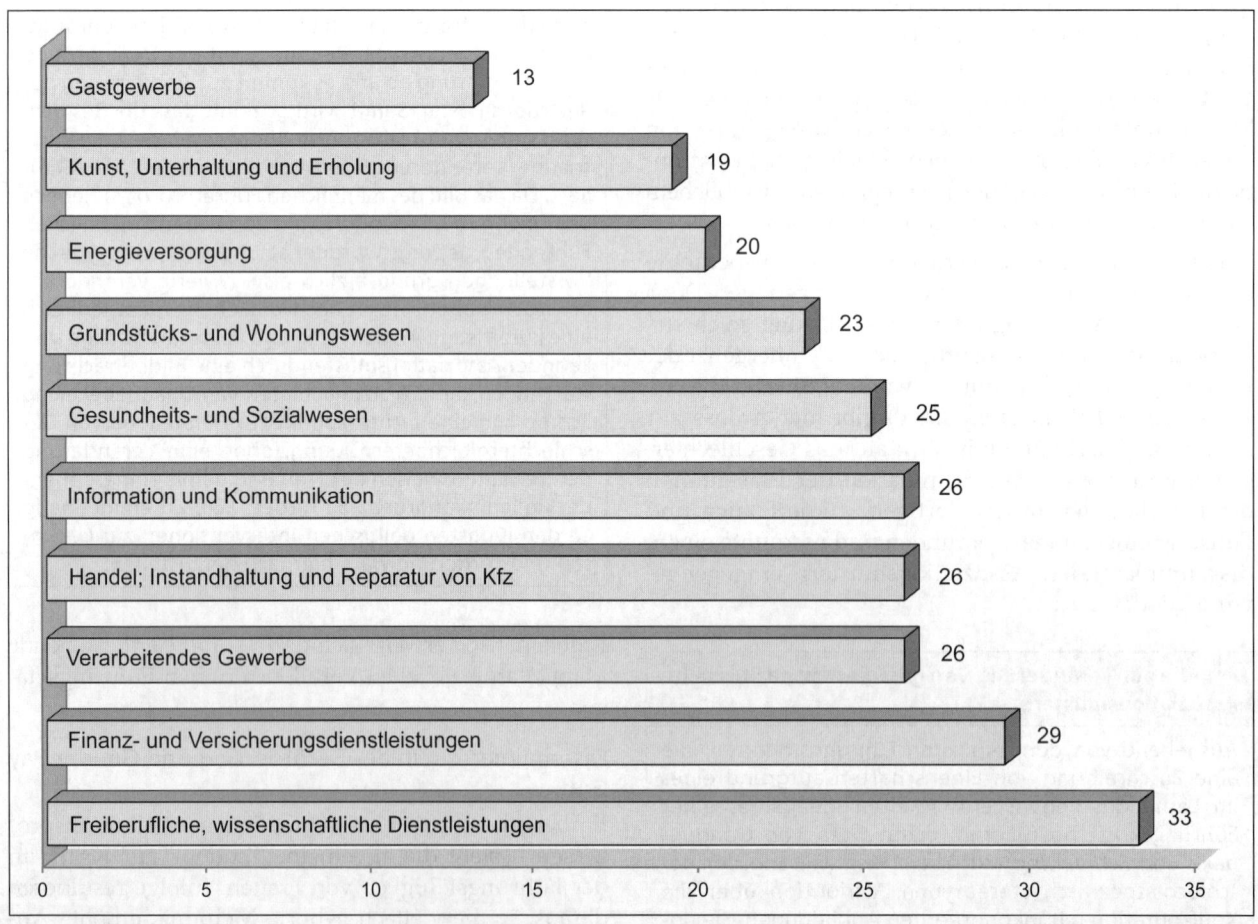

Abb. E.1: Unbereinigter Gender Pay Gap 2014 nach ausgewählten Wirtschaftszweigen in % (nach *Destatis* 2015)

geschlechtsspezifische Lohngefälle erhöht ist (vgl. *Hotchkiss u.a.* 2014). Das *Statistische Bundesamt* (2015) weist für vollzeitbeschäftigte Arbeitnehmer/innen in leitender Stellung 2014 sogar eine tendenziell im Zeitverlauf zustatt abnehmende Diskrepanz aus. 2014 verdienen somit Männer in leitender Position im früheren Bundesgebiet (einschl. Berlin) im produzierenden Gewerbe/Dienstleistungsbereich durchschnittlich 8.037 € brutto/Monat, während sich Frauen mit einem durchschnittlichen Gehalt von 6.080 € brutto/Monat abfinden müssen.

> **Empirie zum Gender Pay Gap**
>
> Eine aktuelle Studie der Executive-Search- und Talent-Beratung *Korn Ferry* mit dem *IR-Club* im Investor Relations Bereich fundiert empirisch, dass die Lohndifferenz zwischen Männern und Frauen mit dem Hierarchielevel positiv korreliert ist (vgl. *Jäger* 2015). Verdienen Einsteiger noch nahezu gleich (Durchschnitt Männer: 61.000 €/Jahr, Frauen: 65.000 €/Jahr), so müssen Frauen nachfolgend gleich zwei Karrierestufen erklimmen, um das Gehalt, das ein Mann nach dem Aufstieg einer Stufe erhält, zu erzielen (Durchschnitt als Manager: Mann: 81.000 €/Jahr, Frau: 72.000 €/Jahr; Durchschnitt als Direktor: Mann: 115.000 €/Jahr, Frau: 85.000). Das Gehalt, das ein Mann in der Spitzenposition verdient, können sie jedoch nie erreichen. Frauen müssen sich hier für die gleiche Verantwortung und die gleiche Leistung mit rund 42 % weniger Gehalt abfinden (Max. als IR-Chef: Mann: 240.000 €/Jahr, Frau: 140.000 €/Jahr; siehe auch *Joshi/Son/Roh* 2015 weiter unten).

Diese Lohnlücke setzt einen *„fortbestehenden (Fehl-)Anreiz für das Erwerbsverhalten von Frauen"* (vgl. *BMFSFJ* 2009, S. 5). Arbeitgeber geben Frauen niedrige Gehälter, da sie mangelnde Führungskompetenz sowie eine **Erwerbsunterbrechung** im Laufe der Anstellung erwarten. Diese Erwerbsunterbrechungen werden aber genau dann attraktiver für die Frau, sodass die geschlechtshierarchische Verantwortungsteilung in der Partnerschaft fortgeschrieben und die traditionelle Rollenaufteilung aufrechterhalten wird. Manche Frauen akzeptieren das resultierende Gehalt auch möglicherweise deswegen klaglos, weil sie eine Überforderung durch die mit höherer Vergütung einhergehenden Leistungserwartungen, die durch ihre familiäre Beanspruchung nicht tragbar wären, erwarten. Andere wiederum sind durch betriebliche Praktiken enttäuscht, demotiviert und resignieren. Eine derzeit noch unveröffentlichte Studie, die wir durchführten, spiegelt diese Empfindungen wieder. In narrativen Interviews berichteten insgesamt 506 weibliche Führungskräfte über ihre Diskriminierungserfahrungen am Arbeitsplatz in den letzten 24 Monaten. Oft wurde bei den Antworten Bezug auf die schlechtere Vergütung genommen. Überraschend, wie offen und direkt immer noch vermeintliche Ungleichheiten kommuniziert werden:

„Sie verstehen doch wohl, dass wir ihr [sic] Gehalt nicht vergleichbar anheben können, ihr [sic] Mann ist doch Hauptverdiener" (*Weibler* 2016, S. 27).

Subtilere Formen der Diskriminierung sind aber auf dem Vormarsch.

1.3 Kritische Würdigung

Wir konnten zeigen, dass die bezogen auf ihren Anteil an der arbeitenden Bevölkerung vergleichsweise geringe Besetzung von Frauen auf Führungspositionen nicht zufällig erfolgt, sondern systematische Gründe hat. Noch deutlicher müsste bei den in höheren oder höchsten Führungsfunktionen sich befindenden Frauen bestimmt werden, inwieweit dieser Anteil durch Gründer- oder Eigentümerfamilien unter- oder überdurchschnittlich oder pari zu dem der Männer liegt, um eine mögliche Verzerrung bereits bei der Einordnung der Quote an Top-Führungspositionen auszuschließen (siehe auch *Institut für Unternehmensführung* 2010). Bei unserer weiteren Darlegung haben wir uns auf die **Geschlechterstereotype** sowie deren Folgen für die **Besetzung von Führungspositionen** konzentriert. Nicht diskutiert haben wir, wiewohl das für die Frage der Bewertung der Anzahl in der Besetzung von weiblichen Führungspositionen wichtig wäre, inwieweit das **Interesse an Führungspositionen** zwischen den Geschlechtern gleich verteilt ist bzw. inwieweit der Weg in das Unternehmen aufgrund von tatsächlichen oder antizipierten strukturellen Barrieren, die jenseits von Werten, Einstellungen und eigenem Verhalten liegen (zum Beispiel Kinderbetreuung), trotz prinzipiellen Interesses gar nicht gesucht wird. Nach *Felfe u.a.* (2012) zeigt sich eine wenig zu differierende Grundbereitschaft zwischen den Geschlechtern, zu führen („Motivation to lead" oder → Führungsmotivation). Dabei ist der unbedingte Wille bei Männern etwas höher ausgeprägt und wahrgenommene oder tatsächliche Hemmnisse werden in ihrer Bedeutung von Frauen höher bei ihrer Entscheidung zur Übernahme von Führungsverantwortung gewichtet. *Hoobler, Lemmon* und *Wayne* (2014) liefern aber in ihrer Studie noch eine ergänzende Begründung: Dass Frauen eine geringere Karriereambition nachgesagt wird, liegt, das stimmt mit *Felfe u.a.* überein, nicht oder in der relevanten Zielgruppe kaum an einer „natürlichen Neigung", sondern

u. a. in der demotivierenden Vernachlässigung von attraktiven Angeboten (Projektleitungen, spannende Fortbildungen), die sie in ihrer Organisation aufgrund der verzerrten Vorstellungen ihrer Vorgesetzten über ihre Ambitionen erhalten (oder, wie wir ins Feld führen, möglicherweise bereits antizipieren und dann unbewusst signalisieren).

Eine psychologische Barriere ist motivationstheoretisch sicherlich der empirische Befund, dass Einflussversuche von Männern in der Regel erfolgreicher sind als die von Frauen (vgl. *Carli* 2001, S. 734). Dies hängt neben einer geringeren Vernetzung und somit geringerem Sozialkapital (vgl. *Rost* 2010, S. 335) damit zusammen, dass die **Akzeptanz von Einfluss**, die stark von der wahrgenommenen Kompetenz abhängig ist, typischerweise immer noch, wenngleich vermutlich abnehmend, Männern ohne nähere Kenntnis der Situation stärker zugeschrieben wird (vgl. hierzu bestätigend auch *Joshi* 2014). Das passiert zumindest so lange, bis die Überlegenheit von Frauen in einer bestimmten Situation evident wird. Es ist im Übrigen so, dass diese Stereotype in einem weit größeren Ausmaß bei den Männern selbst vorherrschen. Männer bewerten beispielsweise einen aufgabenorientierten Führungsstil dann schlechter, wenn er von Frauen gezeigt wird (vgl. auch *Ayman/Korabik* 2010, S. 165) und es sind auch Männer, die die Management Skills maskulin assoziieren. Erfolge von weiblichen Führungskräften laufen in männerdominierten Settings Gefahr, abgewertet zu werden (vgl. auch hier *Joshi* 2014). Dies erfolgt nach Auffassung von *Ibarra, Ely* und *Kolb* (2013) subtil und eher unsichtbar, eingebettet in die organisationalen Praktiken. Daher sprechen sie von einer Diskriminierung der zweiten Generation. Ein typisches Beispiel hierfür ist der benevolente Sexismus, der Frauen in der Übernahme der gesellschaftlichen Rolle paternalistisch hofiert („Frauen sind halt taktvoller", „Sie [als Frau] müssen das doch nicht machen, ich mache das schon" [Männer gingen hier leer aus]) und dadurch insbesondere in seiner wiederkehrenden Häufung rollenverstärkend wie belastend wirkt (vgl. *Jones u. a.* 2013; *Becker* 2014).

Bis zur Etablierung von geschlechtsspezifischen Lohndifferenzen ist es dann nur ein kleiner Schritt. *Joshi, Son* und *Roh* (2015) legten in einer branchenübergreifenden Metastudie dar, dass Frauen immerhin den „gender gap" in der **Leistungsbewertung** bereits oft schließen können, aber der Geschlechtsunterschied die **Entgeltungleichheit** zwischen Mann und Frau weiterhin zu erklären vermag. Dabei fällt auf, dass arbeitsbezogene Variablen, wie die Komplexität der Arbeitsaufgabe, neben der Entgeltungleichheit hier auch die Ungleichheit in der Leistungsbeurteilung zum Nachteil weiblicher Führungskräfte beeinflussen. Komplexere Aufgaben werden aber besser bezahlt. Der kognitive Bias des männlichen Vorgesetzten begünstigt bei schwieriger zu bewertenden Aufgaben den männlichen Mitarbeitenden. Dies trägt mit dazu bei, dass geschlechtsbezogene Unterschiede in der Belohnung (bezogen auf Gehalt, Bonus und Beförderung) **14 mal** so groß sind wie jene in der Leistungsbeurteilung. Ferner konnten die Forscher über die bereits beschriebene Tatsache hinaus passend ausweisen, dass die Unterrepräsentanz von Frauen mit der Hierarchieebene zunimmt und zeigen: Je prestigereicher der Job angesehen wird, umso schlechter verdienen Frauen (vgl. *Joshi/Son/Roh* 2015, S. 1529). Interessanterweise haben *Kulich/Ryan/Haslam* (2007) andernorts in einer experimentellen Studie gezeigt, dass zuzuteilende Boni bei Frauen von dem zugeschriebenen Charisma und der eingeschätzten Führungsfähigkeit abhängig gemacht wurde und nicht vom Unternehmenserfolg, worüber eine Information ebenfalls vorlag. Dies war bei den in der fiktiven Unternehmung agierenden Männern anders. Ihnen wurden Boni in Abhängigkeit des Firmenerfolgs zugeteilt, was die Streuung im Vergleich zu den weiblichen Führungskräften deutlich erhöhte. Frauen erhielten dementsprechend gemäßigtere Boni, vorteilhaft im Misserfolgsfall der Unternehmung, nachteilig im Erfolgsfall.

In der gegenwärtigen Führungspraxis wird also immer noch der **Mythos** von der übergreifenden männlichen Überlegenheit weitererzählt (vgl. *Weibler* 2016, 2013). Gute Leistungen helfen, dem entgegenzutreten, ein Allheilmittel sind sie nicht („*What is skill for the male is luck for the female*", *Deaux/Emswiller* 1974). Willkürliche Behauptungen bleiben in der Führungspraxis langlebig. *Sinclair* (2013) zeigt sehr schön, wie Äußerlichkeiten von Frauen permanent Arbeitsergebnisse überlagern oder irgendwie mit ihnen verwoben werden, wohingegen es bei Männern nur im Ausnahmefall vorkommt.

Die Forschung zu möglichen Unterschieden im Führungsverhalten von Männern und Frauen wird jedoch dadurch erschwert, dass die Führenden auch die Freiheit besitzen müssen, in der Organisation deutliche Unterschiede im Führungsverhalten überhaupt zu zeigen. Denn nur dann ist es theoretisch möglich, deutliche geschlechtsspezifische Verhaltensweisen im Feld samt ihren Folgen für die Effektivität von Führung aufzudecken (ansonsten wäre die Varianz zu klein; vgl. *Eagly/Carli* 2003, S. 857). Sachzwänge, Normerwartungen zum Führungsverhalten und die Organisationskultur wirken in der Praxis homogenisierend auf das Führungsverhalten, auch wenn wir keine Datenübersicht zu diesem Problemfeld haben. Dies scheint uns aber, oder auch deshalb, ein prioritärer Ansatzpunkt für die zukünftige Forschung zu sein. Dieser müsste gepaart werden mit einer stärkeren theoretischen Durchdringung von statistischen Korrelaten mit der Geschlechtervariablen, beispielsweise Selbstvertrauen (vgl. *Ely/Padavic* 2007). Es ist a priori unklar, ob solche allfälligen Unterschiede, dann tatsächlich auf die biologische Differenz attribuiert werden können oder nicht durch Sozialisationspraktiken und Geschlechtsstereotypen erst provoziert werden, um dann in empirischen Studien vorschnell als Stellvertreter für den biologischen Unterschied angesehen zu werden („Bei Frauen ist das …"). Bislang gilt, dass dispositive, führungsrelevante Merkmale intragruppenbezogen, also innerhalb des Geschlechtes, weitaus größer differieren als intergruppenbezogen, also zwischen den Geschlechtern (vgl. *Hyde* 2005). Dort, wo eine Geschlechterdifferenz nachweisbar wäre, müsste geprüft werden, ob sich diese Differenz auf führungsrelevante Kontexte auswirkte.

Sicherlich bieten die neuen Formen der Arbeit und eines **post-heroischen Führungsverständnisses** mit der Betonung von kollektivem Lernen (☞ C. III.), Gegenseitigkeit, beidseitigem Engagement und Gerechtigkeit einen Ansatzpunkt, oder wie *Krell* es formuliert: „*verlockende Verheißungen*" (2008, S. 320), die einseitige Vorteilhaftigkeit klassischer männlicher Geschlechterstereotype abzuschwächen. Der Grund ist, dass die hier benötigten Fähigkeiten eher Frauen als Männern zugeschrieben werden (vgl. *Shankman u.a.* 2010, S. 30 ff.; *Van Vugt* 2012, S. 167 f. begründet manches hiervon sogar evolutionsbiologisch). Bislang fehlt jedoch eine präzise Bestimmung der damit einhergehenden Anforderungen, insbesondere in ihrer relativen Bedeutung zueinander. Aber selbst wenn hier ein klarer Bezug zu weiblichen Stereotypen ausgewiesen werden könnte, wird bereits spekuliert, dass sich diese deshalb nicht so breitflächig durchsetzen, weil sie eben dem klassisch männlichen Vorstellungswert nicht entsprächen (vgl. *Fletcher* 2004, S. 653). Auch könnten Extrapunkte für Frauen alleine deshalb schmaler als zurzeit immer wieder artikuliert ausfallen, als sich Frauen in ihrer Berufswahl weniger häufig als Männer für Zukunftsbranchen – technisch und naturwissenschaftlich geprägt – entscheiden (vgl. *Strunk/Hermann* 2009, S. 244), wodurch ganze Bereiche zur Einnahme von Top-Positionen überproportional wegbrechen würden. Hier stellt sich dann die Frage „Biologie" oder „Gender" in aller Schärfe. Wir wollen an dieser Stelle jedoch nicht weiter auf die empirischen Befunde zwischen dem Zusammenhang von Persönlichkeit und geschlechterspezifischen Karriereerfolg eingehen (vgl. für weitere Analysen *Hermann* 2004; *Mayrhofer* 2002; *Melamed* 1995).

Allerdings helfen die immer wieder angeführten Beispiele für einen größeren finanziellen Erfolg von Unternehmen, die weibliche Vorstände überproportional haben, nicht wirklich weiter. So wurde in diesem Zusammenhang zuletzt unter anderem durch prominente Beratungsfirmen darauf hingewiesen, dass Firmen durch den vermehrten Einbezug von **Frauen in Führungspositionen** Gewinn und Wettbewerbsposition verbessern könnten. Grundlage dieses Arguments ist ein Vergleich des **ökonomischen Erfolgs** von Firmen mit und ohne weibliche Führungskräften in den oberen Managementebenen. Hier weisen Unternehmen mit weiblichen Führungskräften im Mittel bessere Leistungsdaten auf (vgl. *Ernst & Young* 2012; *Desvaux u.a.* 2007). Auch wenn dieser Befund auf den ersten Blick ein starkes und vor allem von genderpolitischen Überzeugungen unabhängiges Argument für eine Steigerung des Frauenanteils in oberen Führungspositionen zu bieten scheint, halten wir solch eine Argumentation aus zwei Gründen für wenig dienlich.

Zum einen halten die Ergebnisse einer kritischen Überprüfung bislang nicht stand. So werden in den betreffenden Studien lediglich Mittelwerte der Erfolgskennzahlen von Unternehmen mit und ohne weiblichen Führungskräften verglichen, ohne dass dabei jedoch andere potenzielle Einflussvariablen wie bspw. die Branche oder Firmengröße kontrolliert worden wären. Eine Studie nach wissenschaftlichen Kriterien im Auftrag des Bundesministeriums für Familie, Senioren, Frauen und Jugend (vgl. *Lindstädt/Fehre/Wolff* 2011), die auch allfällige Kontrollvariablen berücksichtigt, kommt demnach auch zu einem deutlichen differenzierteren Ergebnis. So lässt sich ein positiver Effekt von Frauen in Führungspositionen auf wirtschaftliche Erfolgskennzahlen nur für solche Unternehmen nachweisen, die eine überwiegend weibliche Belegschaft und/oder Kundschaft haben. Eine mögliche Erklärung wäre, dass in diesen Fällen das weibliche Führungspersonal als Vorbild für die weibliche Belegschaft dient und gleichfalls in besonderem Maße die Bedürfnisse der weiblichen Kundschaft versteht. Eine aktuelle Metastudie von *Corinne Post* und *Kris Byron* im sehr angesehenen Academy of Management Journal, die 140 Studien mit angloamerikanischem Schwerpunkt weltweit einbezieht, argumentiert ebenfalls differenzierter. Sie weist (nur) bei einem von zwei erfassten Firmenerfolgswerten – und zwar bei den kurzfristig orientierten „accounting returns", dem buchhalterischen Ertrag bzw. der Firmenprofitabilität, und eben nicht bei der langfristig orientierten „market performance" – einen dann immer noch sehr moderaten Einfluss (um die 0,25 % Varianzerklärung) weiblicher Mitglieder im Spitzengremium (Board, Aufsichtsrat) nach, sieht ihn aber vor allem dort, wo bessere regulatorische Vorkehrungen als Rahmenbedingung für dieses Spitzengremium existieren (z. B. Aktionärsschutz; Deutschland ist hier in der Schlussgruppe). Als Erklärungsversuch wird angeboten, dort eine größere Offenheit für anders gelagerte Erfahrungen und spezifisches Wissen zu vermuten. Dort, wo sozio-kulturell eine ausgeprägtere Geschlechteregalität besteht, ergäben sich ebenfalls Vorteile. Hier wäre wohl auf die Akzeptanz versuchter Einflussnahmen abzustellen.

Zum anderen birgt eine rein ökonomische Betrachtung der Vorteile eines erhöhten Frauenanteils in Führungspositionen auch bei einer differenzierten Betrachtung erhebliche Gefahren. Denn es könnte den gefährlichen Umkehrschluss nahe legen, dass beim Ausbleiben eines solchen ökonomischen Vorteils kein Grund mehr für die Berücksichtigung weiblicher Führungskräfte bestehen würde bzw. gravierender noch, dass bei einem empirisch nachgewiesenen ökonomischen Nachteil plötzlich ein Grund bestehen würde, Frauen aktiv aus Führungspositionen zu entfernen. Dies geben die Studien, dies muss klar gesagt werden, bislang zwar nicht her (keine einzige weist negative Entwicklungen aus), offenbart aber eine theoretisch mögliche Konsequenz.

Es kann bei abgewogener Betrachtung eben nicht nur als eine ökonomische Frage gesehen werden, ob Frauen von attraktiven Führungspositionen aktiv ferngehalten werden (sollten). Eine ökonomische Argumentation entspräche zwar im Falle negativer Vergleichszahlen der Logik des Marktsystems, müsste aber nicht als die eigentlich maßgebliche Position angenommen werden. Umfassender wäre eine Position, die auf prinzipielle Teilhabe an Entscheidungen, insbesondere von großer individueller und gesellschaftlicher Tragweite, abstellte. Dann ginge es um Gerechtigkeitsfragen. Im günstigen Fall laufen diese beiden Argumentationslinien parallel.

So oder so haben Führungskräfte aller Ebenen bereits jetzt die gesetzliche und je nach Maßstab moralische Verpflichtung, Diskriminierung auf Grund des Geschlechts zu vermeiden und gleiche Entfaltungsbedingungen in ihrem Verantwortungsbereich aktiv im Rahmen des Möglichen herzustellen. Dabei ist es höchst unglücklich, die Gender-Frage explizit oder implizit mit **der Diversity-Diskussion** zu vermengen, auch wenn dies permanent gemacht wird. Allein dadurch wird die grundlegende Problematik marginalisiert („eines von vielen Problemen, was gemanagt werden muss") und mit dem Etikett der Nicht-Normalität belegt („Führung ist männlich, Minoritäten müssen integriert werden"). Aber die Verfrachtung des Problems in das Vielfaltspaket wird unsere Neigung Komplexität zu reduzieren, um dadurch ökonomischer Handlungen zu können, besser gerecht.

Aber eines wird weiterhin gelten: Erfahrungen mit einem weiblichen Vorgesetzten tragen zu einem normalen Umgang mit weiblicher Führung bei. Nichtsdestoweniger weist *Powell* (2011, S. 4) darauf hin, dass eine positive Einschätzung weiblicher Führung nicht automatisch entsteht, sondern zunehmend erst dann, wenn die gemachten Erfahrungen mit weiblicher Führung für die Beteiligten positiv sind. Ermutigend ist in dieser Hinsicht als notwendige Voraussetzung dafür allemal, dass junge Frauen anscheinend zunehmend unbelasteter agieren. Dies und mehr könnte es vereinfachen, zukünftig den Pool an Führungsnachwuchs absolut und geschlechterrelativ breiter als bisher aufzufüllen. Sicher könnte neben anderen strukturellen und kulturellen Maßnahmen in den Organisationen, einen Beitrag dazu leistet, dass die automatische Assoziation, Führung mit Männlichkeit zu belegen, allmählich erodiert. Aber wer erklärt den Anspruchsberechtigten im Hier und Jetzt eigentlich, warum die Zeit für sie noch nicht gekommen ist? Und was könnte er mit guten Gründen dafür ins Feld führen?

2. Emotionssensible Führung: Wie Führung in die Tiefe vordringt

2.1 Hintergrund

„Gefühle sind die wahren Einwohner der menschlichen Lebensläufe", wie *Alexander Kluge* anschaulich im Vorwort zu seiner „Chronik der Gefühle" festhält (zit. n. *Leggewie* 2015, S. 139). Gefühle und Emotionen sind an allem beteiligt, was wir denken und tun und wie wir es empfinden. Sie bestimmen deshalb selbstverständlich auch die Arbeitswelt entscheidend mit. Führung gehört dazu. Menschen differieren dahingehend, wie sie Emotionen verstehen und damit umgehen. Der jederzeit erfahrbare Organisationsalltag ist damit deutlich anders, als uns rein rationalistisch konzipierte Verhaltensmodelle glauben machen möchten (vgl. zum Einfluss der Emotionen umfassend *Elfenbein* 2008 und *Weibler/Küpers* 2008; *Küpers/Weibler* 2005; *Wegge* 2004b; *Wegge/Kleinbeck* 2002). So wird beispielsweise bei der jährlich durchgeführten Untersuchung über die attraktivsten Arbeitsplätze in

Europa, im sog. „Great Place to Work®"-Modell, neben der Relevanz von Werten und Tugenden (z. B. Vertrauen, Glaubwürdigkeit, Respekt und Fairness, ☞ A. III. 2.2) immer auch die besondere **Bedeutung von Emotionen** für die Attraktivität von Arbeitsplätzen festgestellt, etwa in Form des Stolzes auf die Arbeit, des Stolzes auf das Team oder auch des Stolzes auf das Produkt bzw. die Dienstleistung. Selbstredend kennen wir auch die andere Seite, die der negativen Emotionen, die entstehen, wenn beispielsweise Vorgesetzte oder Kollegen die persönliche Integrität verletzten oder die eigene Scham, die gelegentlich bei der Enttäuschung der Erwartungen anderer bezüglich des eigenen Verhaltens oder einer Leistungsgüte auftritt.

Nach einer empirischen Untersuchung von *Temme* und *Zapf* (1997) sind die verbreitetsten **positiven Gefühle** in Organisationen Zuneigung, Freude und Zufriedenheit. Zu den häufigsten **negativen Gefühlen** zählen Besorgtheit, Frustration und Langeweile. Mithilfe des sogenannten affektiven Ereignisansatzes (vgl. *Weiss/Cropanzano* 1996) wurden arbeitstypische Situationen mit Blick auf spezifische Emotionen untersucht. Dabei zeigte sich, dass positive Gefühle (z. B. Enthusiasmus, Stolz) vor allem in Situationen auftreten, in denen „Zielerreichung" oder „Anerkennung bekommen" eine große Rolle spielen. Im Gegensatz dazu sind negative Emotionen (z. B. Peinlichkeit, Ärger) besonders mit „Handlungen der Kollegen" und „Handlungen des Managements" bzw. mit den eigenen Vorgesetzten verbunden. Empirisch zeigt sich, dass Mitarbeiter im Sinne der **„Bad-Is-Stronger-Than-Good-Hypothese"** (vgl. *Baumeister u. a.* 2001) häufiger über negative als über positive Erfahrungen mit ihren Führungskräften berichten. Nach den **„Trickle-Down-Modellen"** (vgl. *Mawritz u. a.* 2012) wäre dabei anzunehmen, dass auch die Führungskräfte selbst, die ja wiederum fast immer selbst Geführte sind, die eigenen negativen Erfahrungen nach unten durchreichen, aber auch Kollegen oder das private Umfeld davon nicht verschonen. Langzeiteffekte sind jedoch nicht hinreichend erforscht (vgl. dazu detaillierter *Pundt* 2015).

Dennoch wissen wir über die **Wirkungen von Gefühlen und Emotionen** recht gut Bescheid (vgl. *Elfenbein* 2008). Dieses Wissen wird in jüngerer Zeit auch durch neurowissenschaftliche Erkenntnisse angereichert (☞ E. III. 3). Emotionen werden insbesondere durch das evolutionsbiologisch gesehen früh entstandene → limbische System (und dort im Zusammenspiel mit anderen Hirnregionen), also einer Funktionseinheit des Gehirns, beeinflusst und wirken auf das individuelle Verhalten ein. Der Neurologe *Damásio* (2000) hat beispielsweise herausgestellt, dass Gefühle und ihre körperlichen Begleiterscheinungen ein integraler Anteil von Entscheidungsprozessen und damit unentbehrlich für rationales Verhalten sind. Des Weiteren sind Gefühle bioregulatorische Instrumente und Repräsentationsorgane, die das autobiografische und soziale Selbst sowie die Identität des Menschen wesentlich mitbestimmen und dies in einem komplizierten Wechselprozess von Physiologie und Geist. In einem solch komplizierten Wechselspiel werden bestimmte Informationen und Wissenselemente verstärkt oder vernachlässigt sowie stimmungsabhängig interpretiert. Geteilte Emotionen erhöhen die Verbundenheit zueinander, festigen Beziehungen und verbinden schlagartig selbst vorher nicht miteinander bekannte Personen. Emotionale Differenzen erschweren umgekehrt Beziehungen, aber auch die Arbeit selbst (vgl. *Ashforth/Humphrey* 1995). Für die Führung kann dies nicht unerheblich sein.

In diesem Zusammenhang zeigte *Humphrey* (2002, S. 501), dass Führungskräfte durch das Management der Emotionen ihrer Geführten sogar die organisationale Performance beeinflussen können.

„The management of group members' emotional states (such as feelings of frustration and optimism) is a major way leaders influence performance."

Auch scheint eine Verbreitung über verschiedene Ebenen in der Organisation (Individuum-Team-Organisation) via Klima und Kultur (langfristig) möglich (vgl. *Tee* 2015 oder *Joseph u. a.* 2015, in einer allerdings sehr limitierten Metastudie). Praktische Anwendung findet diese Erkenntnis im „Engagement Index", einer jährlichen Befragung des *Gallup Instituts* zur Stärke der emotionalen Bindung deutscher Arbeitskräfte. Das Institut führt aus, dass die Produktivität von Unternehmen durch entsprechende Maßnahmen zur Steigerung der emotionalen Bindung der Arbeitnehmer nachweisbar und erheblich verbessert werden kann (vgl. *Gallup Institut* 2015).

Klar ist allerdings, dass dies nur begrenzt rational anzugehen ist („gemanagt"). Die Vorstellung eines Emotionsingenieurs liefe ins Leere. Vielmehr ist die **emotionale Ansteckung** (vgl. Abb. E.2), also die automatische Tendenz, Körperhaltung und Körperbewegungen, Mimik und Stimmgebung so zu imitieren und zu synchronisieren, dass die Emotionen mit der einer anderen Person konvergieren (vgl. *Hatfield/Cacioppo/Rapson* 1994, S. 5), ein sich im Kern unbewusst vollziehender Prozess, der vermutlich durch Spiegelneuronen erfahrungsgetränkt unterstützt und durch kognitive Prozesse, wie die des Sich-Einlassens-Wollens, begleitet wird oder werden kann (vgl. *Tee* 2015). Die prinzipielle Existenz, beispiels-

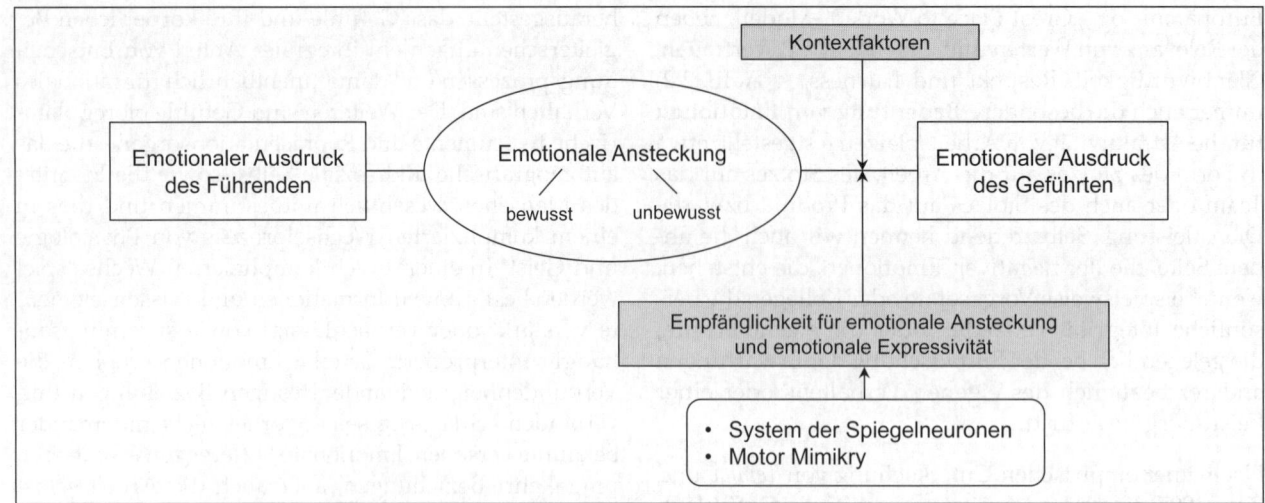

Abb. E.2: Modell einer emotionalen Ansteckung (vereinfachte Darstellung in Anlehnung an *Tee* 2015, S. 664)

weise von Führungskraft zu Mitarbeitern, ist ein gesichertes Phänomen, auch wenn der Prozess nicht trivial ist und interindividuell unterschiedliche Bereitschaften hierfür bestehen (z. B. aufgrund von Persönlichkeitseigenschaften; gesprochen wird speziell von einem langfristig wirkenden „trait affect", also einer dispositionalen Tendenz, positive oder negative Affekte zu spüren, im Gegensatz bzw. in Ergänzung zu einem eher kurzfristig existierenden „state affect", womit in der Terminologie von *Joseph u. a.* (2015) Stimmungen oder Emotionen gemeint sind).

Als Führungskraft geht es primär darum, Raum für die Entwicklung positiver Emotionen zu geben und seine eigenen angemessen auszudrücken. Wer stets das Leitbild des emotionslosen Machers vor sich herträgt, wird bei anderen schwerlich Arbeitsfreude, Stolz oder gar Begeisterung einfordern können. Da Führung selbst, wie wir immer betonen, ein wechselseitiger Prozess ist, kann eine „emotional contagion" auch in die andere Richtung impulsgebend verlaufen (siehe hierzu für Stimmungen *Tee/Ashkanasy/Paulsen* 2013; vertiefend, auch was die wechselseitige positive Bestärkung betrifft, *Rajah/Song/Arvey* 2011, S. 1130).

2.2 Zentrale Aussagen

Führung ist effektiver, wenn sie positiv emotional geladen ist. Die Führungslehre hat immer großen Wert darauf gelegt, festzustellen, dass durch Emotionen besondere Energien freigesetzt werden, die in Kombination mit Fähigkeiten und Führungssituationen zusätzliche, manchmal, beispielsweise in schwierigen Zeiten des Wandels gar entscheidende Anstrengungen bei den so gefühlsmäßig angesprochenen Geführten provozieren (ein schönes Beispiel aus der politischen Führung ist hierfür *Barack Obama*, vgl. *Weibler* 2010b; zum hier nicht verfolgten Unterschied zwischen Gefühlen und Emotionen siehe *Küpers/Weibler* 2005). Verwiesen sei an dieser Stelle nur auf die **charismatische Führungstheorie** (☞ B. II. 4), dessen Kernelement die besondere emotionale Beziehung des Geführten zum Führenden ausdrückt.

Dies ist alles wichtig, aber nicht neu. Auch ist nicht neu, dass Führende unterschiedlich stark willens und fähig sind, Gefühle und Emotionen bei anderen wahrzunehmen und zu beeinflussen. Diskussionswürdig ist hier jetzt die Frage, ob diese Unterschiedlichkeit durch eine unterschiedliche Verteilung einer sogenannten **emotionalen Intelligenz (EI)** bewirkt wird (vgl. z. B. *Emmerling/Shanwal/Mandal* 2008; *Schulze/Freund/Roberts* 2006). Diese emotionale Intelligenz, als engeres Konstrukt der von *Edward Thorndike* schon 1920 angesprochenen sozialen Intelligenz zu sehen (vgl. *McCleskey* 2014), wird als Voraussetzung dafür erachtet, eine – wie wir es nennen – **emotionssensible Führung** praktizieren zu können. Eine emotionssensible Führung ist somit mehr, als nur emotional intelligent zu sein. Sie fußt auf einem Sensorium für Emotionales *und* versteht es, korrespondierende Bewertungen – bewusst oder unbewusst – im Führungshandeln mit zu berücksichtigen. Relevant wird dies vor allem in emotionssensiblen Situationen (z. B. Beurteilungsgespräche, Konfliktlösung, Aufspüren von Stimmungen, außerordentliche Motivation, Wertvermittlung, Kritik an der eigenen Person). In der Führungsforschung und darüber hinaus haben die Ideen des amerikanischen Psychologen und Wissenschaftsjournalisten *Daniel Goleman* (1995) zu einer heftigen Auseinandersetzung mit dieser Frage angeregt. Mit diesem Konzept wird ein Rahmen gesteckt, der nicht nur den Bereich des Emotionalen analytisch und sprachlich zugänglich macht, sondern auch den praktischen Bedarf nach einer Integration dieses vernachlässigten Elements widerspiegelt. Die Aufnahme und Verbreitung des Konzeptes der emotionalen Intelligenz wurde sogar als eine Art **„Neo-Human-Relations-Bewegung"** interpretiert (vgl. *Langley* 2000; zum **Human Relations-Ansatz** siehe *Deeg/Weibler* 2008, S. 73).

Saloveys und Mayers Verständnis emotionaler Intelligenz

Bevor wir hierzu kommen, soll das kognitionswissenschaftliche Modell von *Peter Salovey* und *John Mayer* (1990) vorgestellt werden, das dann von *Goleman* aufgegriffen wurde, aber bis heute in Konkurrenz mit *Goleman* weitergeführt wird. *Salovey* und *Mayer* nehmen im Übrigen die Fokussierung auf Emotionen zu dem Zweck vor, Führung erfolgreicher zu gestalten. Dieses Modell schließt an die einflussreiche **Theorie multipler Intelligenzen** an (vgl. *Gardner* 1993, 1983). Dabei werden körperlich-kinästhetische, räumliche, musikalische, aber auch sprachliche, logisch-mathematische sowie intrapersonelle und interpersonelle Intelligenzen unterschieden. Aufbauend auf diesem Ansatz bestimmen die Psychologen *Salovey* und *Mayer* (1997, S. 11) emotionale Intelligenz als die Begabung bzw. die mentale Befähigung, mit den eigenen Gefühlen sowie den Gefühlen anderer so umzugehen, dass das eigene Denken und Handeln verbessert wird. Auf Basis der Fähigkeit, Emotionen korrekt wahrzunehmen, zu verstehen, zu nutzen und bei sich und anderen damit erfolgreich (sozialkompetent, d. h. gesteuert und kontextsensibel) umzugehen (vgl. *Mayer u. a.* 2003), soll auch emotionales und intellektuelles Wachstums durch Lernprozesse möglich sein. Emotionale Intelligenz wird hier als ein Unterbereich der „sozialen Intelligenz" aufgefasst (vgl. *Salovey/Mayer* 1990, S. 193). Mit dem von *Mayer u. a.* (2003) entwickelten **Emotional Intelligence Test** (MSCEIT) liegt auch ein entsprechendes Messinstrument im Verständnis der Autoren von emotionaler Intelligenz vor.

Golemans Verständnis emotionaler Intelligenz

Kommen wir jedoch nun zum zweiten einflussreichen Modell emotionaler Intelligenz, nämlich jenem bereits angesprochenen von *Daniel Goleman*. In nachfolgenden Büchern wie „EQ2 der Erfolgsquotient" (1999) und „Emotionale Führung" (2002) haben *Goleman* und andere das Konzept weiterentwickelt und verfeinert. In kritischer Auseinandersetzung mit *Salovey* und *Mayer* definiert er emotionale Intelligenz als die Metafähigkeit, die eigenen Gefühle und die Gefühle anderer zu erkennen, sich selbst zu motivieren und gut mit anderen umzugehen (vgl. *Goleman* 1998, S. 56).

Während *Salovey* und *Mayer*, ganz in der Tradition der Intelligenzforschung, einem kognitiven Paradigma folgen, bekennt sich *Goleman* zu einem verhaltenswissenschaftlichen und kompetenzorientierten Paradigma mit explizitem Interesse für die Leistungserstellung. Eine emotionale Kompetenz ist seiner Meinung nach eine Fähigkeit, die auf der emotionalen Intelligenz beruht und die herausragende Arbeitsleistungen zur Folge hat. Dabei zeigt eine emotionale Kompetenz, wie weit jemand die Möglichkeit der emotionalen Intelligenz in berufliche Fähigkeiten umsetzen kann. In anderen Worten, hängt es von der eigenen emotionalen Intelligenz ab, praktische Fertigkeiten – also emotionale Kompetenzen – überhaupt erst zu erlernen. Wichtig ist hierbei, dass Kompetenzen einer Emotionalen Intelligenz (EI) keine angeborenen, sondern erlernte Fähigkeiten sind, durch die Führungskräfte resonanter und somit effektiver werden sollen (vgl. *Goleman/Boyatzis/McKee* 2002, S. 60). *Goleman* (1999, S. 37) nennt hier zur Veranschaulichung das Beispiel eines Verkäufers. Kunden gut bedienen zu können, ist eine emotionale Kompetenz. Diese basiert auf einem der vier Bereiche der emotionalen Intelligenz, nämlich auf dem sozialen Bewusstsein. Die emotionale Kompetenz kann zu herausragenden Leistungen befähigen.

In ihrem integrativen Kompetenzmodell gehen *Goleman/Boyatzis/McKee* (2002, S. 59 ff.) von vier Bereichen emotionaler Intelligenz aus. Die praktischen Fertigkeiten eines Führenden beruhen somit auf den vier Bereichen emotionaler Intelligenz: **Selbstwahrnehmung, Selbstmanagement, soziales Bewusstsein** und **Beziehungsmanagement** (vgl. Tab. E.2; *Goleman* 2001, S. 28; *Goleman* 1999, S. 38 f.). Die persönlichen (EI-)Kompetenzen Selbstwahrnehmung und Selbstmanagement werden ergänzt durch die sozialen (EI-)Kompetenzen soziales Bewusstsein und Beziehungsmanagement. Beide Kompetenzbereiche werden in der unteren Tabelle nochmals in die Kategorien „**Anerkennung**" bzw. „**Regulation**" von Emotionen aufgefächert. Auf diese Weise entstehen 19 unterschiedliche EI-Kompetenzen. Das soziale Bewusstsein ist folglich einer der vier Bereiche der emotionalen Intelligenz, und das Organisationsbewusstsein ist eine emotionale Kompetenz dieses Bereichs der emotionalen Intelligenz.

Bei den **persönlichen Kompetenzen** behandelt der erste Schnittbereich „persönliche Kompetenzen/Aner-

	persönliche Kompetenzen	soziale Kompetenzen
Anerkennung	Selbstwahrnehmung • Emotionale Selbstwahrnehmung • Zutreffende Selbsteinschätzung • Selbstvertrauen	Soziales Bewusstsein • Empathie • Organisationsbewusstsein • Service
Regulation	Selbstmanagement • Emotionale Selbstkontrolle • Transparenz • Anpassungsfähigkeit • Leistung • Initiative • Optimismus	Beziehungsmanagement • Inspirierende Führung • Einfluss • Die Entwicklung anderer fördern • Konfliktmanagement • Veränderungskatalysator • Bindungen aufbauen • Teamwork und Kooperation

Tab. E.2: Kompetenzen emotionaler Intelligenz im Überblick (nach *Küpers/Weibler* 2005, S. 136)

kennung" das Wahrnehmen und Erkennen der eigenen Gefühle, Impulse, Präferenzen, Ressourcen und Intuitionen. Dies wird als Selbstwahrnehmung bezeichnet. Menschen mit diesen Kompetenzen besitzen z. B. eine hohe emotionale Selbstwahrnehmung. Das bedeutet, dass sie wahrnehmen können, welche Emotionen sie empfinden und warum. Dadurch kommen sie zu einer zutreffenden Selbsteinschätzung, denn sie wissen, wie ihre Gefühle ihre Leistung beeinflussen. Sie entwickeln ein das Verhalten leitendes Bewusstsein gemäß ihrer Werte und Ziele. Die zweite persönliche Kompetenz in der Schnittmenge „persönliche Kompetenzen/Selbstregulierung" bezieht sich auf die Fähigkeit, mit den inneren Zuständen konstruktiv umgehen zu können. Dieses Vermögen wird als Selbstmanagement bezeichnet. Diese Kompetenz hat vor allem den Zweck, mit impulsiven Gefühlen und leidvollen Emotionen zurechtzukommen. Dadurch bleiben diese Menschen auch in kritischen Situationen gelassen, positiv und unerschütterlich. So ist es auch einfacher, sich auf veränderte Anforderungen und Prioritäten einzustellen, ebenso die Initiative zu ergreifen und Ziele mit einer hohen Leistungsbereitschaft zu verfolgen.

Betrachten wir nun die **sozialen Kompetenzen**. Der Schnittbereich „soziale Kompetenzen/Anerkennung" bezieht sich auf die Kompetenz des Einzelnen, relevante Gefühle, Bedürfnisse und Sorgen anderer (z. B. Kunden, Mitarbeiter, Konkurrenten) zu berücksichtigen. Er wird auch als soziale Wahrnehmung bezeichnet. Menschen, die über derartige Kompetenzen verfügen, berücksichtigen emotionale Hinweise, hören gut zu, zeigen Einfühlungsvermögen und verstehen die Sichtweisen anderer.

Der vierte Schnittbereich „soziale Kompetenzen/Regulation" thematisiert die Fähigkeit eines Beziehungsmanagements. Gemeint ist damit, dass Menschen, die sich hierauf verstehen, andere für sich gewinnen können. Diese Menschen verfügen meist über hohe Kommunikations- und Konfliktbewältigungskompetenzen. Sie setzen sich diplomatisch mit schwierigen Problemen auseinander, betreiben eine offene Informationspolitik und bleiben aufnahmebereit für gute wie für schlechte Nachrichten. Führungskräfte, die über emotionale Kompetenzen im Beziehungsmanagement verfügen, wecken Enthusiasmus für eine gemeinsame Vision und leiten durch ihre Vorbildfunktion. Als Katalysatoren des Wandels erkennen sie die Notwendigkeit zu Veränderung und räumen Hindernisse aus dem Weg. Menschen mit der Kompetenz zum Aufbau sozialer Bindungen pflegen und erhalten ausgedehnte informelle Beziehungsnetze; sie erkennen Beziehungen, die von gegenseitigem Nutzen sind und stellen persönlichen Kontakt her. Darüber hinaus besitzen sie eine starke Fähigkeit zu Teamwork und Zusammenarbeit. Sie zeigen vorbildhaft Teamqualitäten wie Respekt, Hilfsbereitschaft und Kooperation und schaffen Teamidentität und Engagement.

Die hier aufgeführten Fähigkeiten sind einerseits autonom, doch andererseits interdependent, da es beständige Wechselwirkungen zwischen den Kompetenzen gibt und die Teilintelligenzen hierarchisch aufeinander aufbauen (vgl. *Goleman* 1999, S. 37 ff.). Zum Beispiel ist die Herausbildung einer angemessenen Selbstwahrnehmung Voraussetzung für eine effektive Selbstregulation. Auch sind diese beiden persönlichen Kompetenzen nur eine notwendige, jedoch keine hinreichende

Bedingung für das Beherrschen sozialer Fähigkeiten. So sind beispielsweise Zusammenarbeit und Teamfähigkeit nicht nur abhängig von den persönlichen Kompetenzen einer Person, sondern auch von den Strukturen und dem Arbeitsklima innerhalb der Organisation. Diese Überlegungen führen zu der Einsicht, dass der Besitz der Kompetenzen zur emotionalen Intelligenz längst noch nicht dazu befähigt, diese auch entsprechend zu praktizieren. Emotionale Kompetenzen sind insgesamt entwicklungsfähig (vgl. *Bar-On/Parker* 2000). Schlüsselfaktoren sind hier Zeit und Unterstützung (durch andere Personen, durch Programme).

2.3 Kritische Würdigung

Führung berührt vorhandene und weckt neue Emotionen. Wer dies ignoriert, geht fehl (vgl. auch *Dasborough* 2006). Eine emotionssensible Führung ist zweifelsfrei von Nutzen, sowohl für eine **Zielerreichung** (insbesondere, wenn dieses Ziel durch eine gemeinsame Arbeit erreicht werden muss, und insbesondere auch bei niedriger Machtdistanz; vgl. *Vidyarthy/Anand/Liden* 2014) als auch für eine **Anerkennung berechtigter Interessen der Geführten**. Dieser Nutzen wird sich in der Regel u. E. oftmals nur indirekt einstellen und zwar über den positiven Einfluss, der über eine bessere Teamauswahl, ein höheres Commitment etc. erzeugt werden kann (siehe dazu sehr schön bezüglich der Kohäsionskraft von Gruppen im Handel *Wilderom u. a.* 2015).

Die Kritik, die sich an diesem populären Thema entzündete, zielt auf zwei Punkte ab: Zum einen ist bislang offen, ob das, was in der Diskussion als emotionale Intelligenz bezeichnet wird, nicht durch den Faktor einer generellen Intelligenz (besonders sozialen Intelligenz; vgl. *Zaccaro/Kemp/Bader* 2004) oder durch andere Persönlichkeitsfaktoren, insbesondere den Big Five, bereits hinreichend inkorporiert ist. Zum anderen wird der Effekt auf führungsrelevante Erfolgsgrößen, der gelegentlich bis 60–90 % Varianzerklärung für Führungseffektivität in Praktikerbeiträgen angegeben wird, so oder so (und vollkommen zu Recht) als viel zu hoch erachtet. Hier wird einer anderen Form eines „great leader models" und dem Wunsch nach Simplifizierung der Führung gehuldigt. Einer der prominentesten Kritiker ist der Managementforscher *John Antonakis*. Seine eigenen psychometrischen Studien weisen regelmäßig eine hohe Konfundierung der emotionalen Intelligenz mit bereits bekannten, oben genannten Konstrukten aus (anders problematisieren beispielsweise *Lindebaum/Cartwright* (2010) die EI: Sie zeigen auf, dass der oft zitierte Zusammenhang von transformationaler Führung und EI dann nicht mehr nachweisbar ist, wenn die Daten nicht aus einer einzigen Quelle stammen). Die spitze Argumentation von Antonakis gilt ausdrücklich auch für die Messung der EI mittels des MSCEIT, dem er eine geringe Validität vorwirft. Insbesondere sei er wie *Golemans* Operationalisierung nicht in der Lage, eine zusätzliche Varianzaufklärung im Vergleich zu bekannten Konstrukten zu liefern (vgl. *Fiori/Antonakis* 2011; *Antonakis* 2004; *Schulte/Ree/Carretta* 2004); ganz im Gegenteil: eine Vorform vom MSCEIT werde überhaupt eine schwache Erklärungskraft für organisationale Performance-Maße beigemessen (vgl. *Van Rooy/Viswesvaran* 2004). Zwischenzeitlich wurden von *MacCann* and *Roberts* (2008) zwei neue Tests vorgelegt (STEU und STEM), die bessere psychometrische Eigenschaften aufweisen sollen. Eine sehr aktuelle, vielversprechende Entwicklung finden wir mit dem **North Dakota Emotional Abilities Test** (NEAT) von *Krishkanumar u. a.* (2015), der ganz gezielt Emotionen auf den Arbeitskontext bezieht und an einigen der dortigen Messgrößen von Erfolg testet (Korrelationen mit dem STEU und dem STEM zwischen r = .41–.69).

Ferner weist *Antonakis* in seinem Briefwechsel mit *Neal Ashkanasy* und *Marie Dasborough* (vgl. *Antonakis/Ashkanasy/Dasborough* 2009, S. 250 ff.) darauf hin, dass eine zu hohe emotionale Sensibilität eine Person davon abhalten könne, unangenehme Entscheidungen zu treffen, die aber für den Führungserfolg unerlässlich seien, was diese wiederum mit Verweis auf die mit einer hohen emotionalen Intelligenz einhergehenden Regulationsfähigkeit eigener wie fremder Emotionen kontern. Während intelligent Führende Situationen korrekt einschätzen, benötigte man persönlichkeitsstarke Führer, die die Einsicht auch beharrlich umsetzten, auch gegen Widerstände. Deshalb sei Intelligenz im Sinne kognitiver Fähigkeiten, gepaart mit bestimmten Persönlichkeitsfaktoren wie hoher Extraversion der zentrale, wenn auch nicht alleinige Faktor, die Entstehung von Führung und Führungseffektivität vorauszusagen. Diese Führenden wüssten auch, wann und wie Emotionen anzusprechen seien. Aus seiner Sicht fordert er konsequenterweise den Schwenk von einer „voodoo science" hin zu einer ernst zu nehmenden Forschung.

Anderenorts wurde ebenso die uneinheitliche Begriffsverwendung der emotionalen Intelligenz kritisiert und Widersprüchlichkeiten in den Konzepten herausgearbeitet (vgl. *Sieben* 2001; *Stankov* 1999; *Davies/Stankov/Roberts* 1998). Auch verweisen andere Autoren auf die Gefahr eines Missbrauchs des Intelligenzbegriffs (vgl. *Asendorpf* 2002; *Schuler* 2002) und problematisieren eine mangelnde empirische Fundierung (vgl. *Heller* 2002; *Sternberg* 1997).

Dem Konzept wurde zudem vorgeworfen, dass es Probleme bei der Erfassung von Emotionen vernachlässige und suggeriere, dass es eine einheitliche, universale Fähigkeit zum Umgang mit Gefühlen jeder Art gebe (vgl. *Asendorpf* 2002). Grundsätzlich besteht der Verdacht, dass mit dem Konzept eine normative Orientierung, eine implizite Tugendlehre oder sogar eine Ideologie (☞ A. II. 1.3) vertreten wird. Dementsprechend wird emotionale Intelligenz als Tugend vorgestellt (vgl. *Weber/Westmeyer* 1999), die auf „*americanized, male, positive mental attitudes*" (*Fineman* 2003, S. 53) ausgerichtet und für geschlechts-, klassen- und landeskulturelle Besonderheiten unsensibel ist. Auch wird auf die Vernachlässigung der dunklen Seite der emotionalen Intelligenz hingewiesen, die auf unethisches Verhalten abzielt (vgl. *Côté u. a.* 2010). Nicht zuletzt wurde auf die Gefahren einer „Light-Version" der emotionalen Intelligenz durch marktfähige Verwertung hingewiesen (vgl. *Fineman* 2004, 2003, 2002; *Weber/Westmeyer* 1999):

> „It becomes oversold, oversimplified and, therefore makes some claims that are bound to disappoint" (*Fineman* 2003, S. 52).

Nun, auch hier muss man das Kind nicht gleich mit dem Bade ausschütten. Richtig ist die der wissenschaftlichen Prüfung nicht förderliche Vermarktungsintensität, aber die Definitionsprobleme, die der EI-Forschung vorgeworfen werden, haben die klassischen Intelligenzforscher ebenfalls. Dies gilt auch für den kulturellen Bias, der ins Spiel kommt und ebenso, wie für unzählige, publizierte Studien, die nicht den alles umfassenden Prüfkriterien von *Antonakis* entsprechen, wie *Ashkanasy* und *Dasborough* fairerweise in dem schon erwähnten Briefwechsel betonen (vgl. *Antonakis/Ashkanasy/Dasborough* 2009, S. 258).

Sehr wohl geben dann auch *Mayer, Roberts* und *Barsade* (2008) eine differenzierte Einschätzung zum Feld, die ermutigender ist, als es die heftige Kritik vermuten lässt. In ihrem Übersichtsartikel zeigen sie ganz deutlich, dass das EI-Konzept einen wertvollen Beitrag zur zeitgenössischen Forschung und Praxis darstellt (vgl. *Mayer/Roberts/Barsade* 2008, S. 526). So prognostiziert EI viele wichtige Verhaltenskriterien in den verschiedensten Lebensbereichen. Zum Beispiel korreliert EI mit der Fähigkeit zu besseren sozialen Beziehungen in der Familie, während der Arbeit und in Verhandlungen. Dies zeigt sich schon in der Kindheit und setzt sich bis ins Erwachsenenalter fort (vgl. *Mayer/Roberts/Barsade* 2008, S. 525).

Wie so oft, wir erwähnten es bereits, ist der Erfolg einer emotionalen Intelligenz (oder wie immer man es bezeichnen möchte) von der Situation abhängig. Wir glauben im Unterschied zu *Antonakis* jedoch nicht, dass der kalkulative Einsatz von Empathie etc. bereits mittelfristig erfolgreich sein wird. Menschen, die eng mit einem zusammenarbeiten, reagieren sehr sensibel auf die Authentizität von Gestik, Mimik und paraverbalen Hinweisreizen wie der Tonlage (vgl. auch *Weischer/Weibler/Petersen* 2013). Dies gilt prinzipiell sogar für eine Wahrnehmung aus der Distanz (vgl. *Merten* 2010). Auf das Abdriften zu einer unethischen Führung (vgl. zur Problematik der emotionalen Intelligenz und der moralisch neutralen Ausrichtung *Segon/Booth* 2015) sei hier nochmals hingewiesen (☞ F.).

Alles in allem denken wir, dass **emotionale** und **kognitive Bestandteile der Intelligenz** zusammenwirken (vgl. *Côté/Miners* 2006). Als Perspektive für eine Weiterentwicklung des Konzeptes wird neuerdings neben einer weiteren Fundierung (beispielsweise der Frage, wie dimensional EI selbst ist) bisheriger Anstrengungen ein anderer Begriff, nämlich die **Weisheit**, ins Spiel gebracht (vgl. *Küpers* 2015; *Sternberg* 1999, S. 631 ff., 1990). Weisheit wird über Erfahrung gewonnen. Sie äußert sich insbesondere in der Anwendung von implizitem Wissen, Intuition und angemessenem Urteil. Weisheit kann in Organisationen als Ausformung der praktischen Intelligenz verstanden werden (vgl. *Wagner* 2000). *Sternberg* und *Wagner* (1986) definieren praktische Intelligenz als ein intelligentes Verhalten bei der Bewältigung von Alltagsproblemen sowie als eine Praxis impliziten Wissens und Lernen. Praktische Intelligenz erweist sich als Fähigkeit, Wissen in relevanten Situationen anzuwenden, zu hinterfragen und weiterzuentwickeln (vgl. *Brocke/Beauducel* 2001; *Sternberg/Caruso* 1985). In der letzten Zeit ist in diesem Zusammenhang vermehrt der Begriff der „**spirituellen Intelligenz**" aufgetaucht (vgl. z. B. *Wolman* 2001; *Zohar/Marshall* 2000; *Emmons* 2000, 1999; *Gardner* 1998). Die spirituelle Intelligenz soll ermöglichen, noch tiefer in das Individuum und seine integrale Einbettung vorzudringen (vgl. *Wilber* 2001a/b). Die Behandlung einer solchen Intelligenz muss allerdings immer im Zusammenhang mit den Möglichkeiten und Grenzen einer „Spiritualisierung" von Organisationen gesehen werden (vgl. *Bolman/Deal* 1995; *Conger* 1994). So sehr ein spirituell sensibler Umgang v. a. mit destruktiven Emotionen von einigen Autoren wertgeschätzt wird (vgl. *Goleman* 2003), so kritisch sind dabei die Gefahren einer Belebung einer „New Age Arbeitsethik" (vgl. *Bell/Taylor* 2003) zu sehen. Schließlich sind auch die Probleme dysfunktionaler oder pathogener Formen von → Spiritualität, insbesondere des Kultischen (vgl. *Tourish/Pinnington* 2002; *Deikman* 1990) zu beachten. Ingesamt betrachtet verweisen sowohl emotionale Intelligenz als auch Weisheit auf ein

Bedürfnis nach integralen Lebensformen im beruflichen Arbeitsalltag (vgl. *Deeg/Küpers/Weibler* 2010).

3. Neuroscience Leadership: Wie unser Gehirn Führung beeinflusst

3.1 Hintergrund

Die Führungsforschung hatte sich bereits in ihren Anfängen dafür interessiert, was Führungskräfte antreibt und wie sie sich von Nicht-Führungskräften differenzieren. Die Antwort wurde damals (wie teilweise heute auch noch) in verborgenen Eigenschaften gesehen. Da man diese genetisch hinterlegten Eigenschaften weder als solche sehen noch anfassen konnte, war und ist man für ihre indirekte Erhebung auf ereignis- bzw. kontextbezogene Rekonstruktionen oder diagnostische Instrumente angewiesen. Daran hat sich bis heute nichts geändert, auch wenn zwischenzeitlich das menschliche Genom kartiert wurde. Die Zuordnung zu Eigenschaften ist weiterhin nicht möglich, die Angelegenheit ist viel komplizierter als naiverweise erhofft (so stehen noch nicht einmal die Genomgröße und Organisationsgrad oder Leistungsfähigkeit eines Lebewesens in einem direkten Zusammenhang).

Der technologische Fortschritt ermöglicht jetzt den **Neurowissenschaften**, alte Fragen neu zu beobachten und damit einen anderen Weg, sich verborgenen Steuerungsgrößen für das Sein und Handeln von Führungskräften zu nähern, einzuschlagen. Während in verwandten Gebieten der Betriebswirtschaft, wie dem Marketing, schon früh neurowissenschaftliche Methoden genutzt wurden (beispielsweise über Untersuchungen der Präferenzbildung bei Marken; vgl. *McClure u.a.* 2004), erlangen diese in der Führung erst in jüngster Zeit verstärkt Beachtung (einen kurzen Überblick geben *Striewe/Weibler* 2016). Seit 2008 gibt es hierfür ein spezielles Journal, das NeuroLeadership Journal.

Die Attraktivität der Neurowissenschaften für die Führung ist an sich leicht zu verstehen. Schließlich ist im Unternehmens- und Managementkontext eine solche „harte" und originär naturwissenschaftliche Fundierung mit einem nahezu absoluten Vertrauensvorschuss belegt. Das Versprechen, dem hier viele anhängen, ist, dass die neurowissenschaftliche Führungsforschung objektiv bestimmen kann, was (effektive) Führung konstituiert und wie sie zu entwickeln wäre (vgl. *Lindebaum* 2013; *Lindebaum/Zundel* 2013; *Senior/Lee/Butler* 2011). Soziale Prozesse sind danach auf der neurobiologischen Ebene aufzuschlüsseln. Wenig überraschend finden sich daher auch neurowissenschaftlich fundierte Publikationen im Bereich von „Finance" und dem strategischem Management. Die Verbindung von Neuroscience und Leadership weist mittlerweile deutliche Merkmale einer Managementmode auf. *Ashkanasy* (2013) vergleicht die Entwicklung der neurowissenschaftlichen Führungsforschung mit der Debatte zur Emotionalen Intelligenz.

Möglich wurde der vertiefte Einblick in das **physiologische Innenleben des Menschen** vor allem durch die Entwicklung bildgebender Verfahren wie das der **funktionalen Magnetresonanztomographie** (fMRT, engl.: functional magnetic resonance imaging (fmri)), sowie verbesserter computergestützter Auswertungsmechanismen, die nun bessere Einsichten in das fortwährend als → Black Box angesehene Gehirn des Menschen als Quelle von Entscheidung und Verhalten bieten (vgl. *Lafferty/Alford* 2010).

Die einerseits euphorisch glorifizierte und andererseits auch extrem kritisch diskutierte Disziplin der **Neuroscience Leadership,** wie die Begründer, der Unternehmensberater *David Rock* und der Neurowissenschaftler *Jeffrey Schwartz*, die sich im Entstehungsprozess befindende Forschungsrichtung 2006 nannten, dreht sich letztendlich stark um Effektivitätsfragen. Wie sind Führende zu motivieren? Wie können Führungseigenschaften gemessen werden? Wie kann ich Führungskräfte sicher auswählen? Dies sind nur einige Fragen, die beantwortet werden sollen (vgl. *Ashkanasy* 2013; *Bernhut* 2011). Durch ein höheres Verständnis von Anatomie und Physiologie des Gehirns sollen **innovative Erklärungsansätze für Führungseffektivität** entwickelt, aber auch **bestehende Führungstheorien validiert und fundiert**, oder gar – im Sinne der Lösung konzeptueller Widersprüchlichkeiten – **revidiert** werden (vgl. *Becker/Cropanzano/Sanfey* 2011). Im deutschsprachigen Raum war es der Hirnforscher und Direktor der Klinik für Epileptologie, *Christian E. Elger*, Universitätsklinikum Bonn, der hierzu 2009 eine anwendungsorientierte Ausarbeitung vorlegte (Neuroleadership).

Im Konkreten interessiert vor allem die **Auswirkung der neuronalen Strukturen** von Führenden auf die Effektivität des Führungsverhaltens sowie die korrespondierende **Prognose** ihres **Verhaltens** auf Grundlage der Erklärung interindividueller Unterschiede in Struktur und Verknüpfungen von Nervenzellen. Des Weiteren von Interesse sind darauf basierende, sich bewusst und unbewusst vollziehende kognitive und emotionale Prozesse (vgl. z.B. *Boyatzis* 2011; *Cooper* 2000; *Kiefer* 2010; *Rock* 2010). *Lindebaum* (2013, S. 296) knüpft daran an, wenn er feststellt „*that leadership studies often cannot explain more* *than 10% of the variance in outcome variables".* Wie Lindebaum weiter ausführt, würde mehreren Autoren zufolge (vgl. *Waldmann/Balthazard/Peterson* 2011a) die Neurowissenschaft hier als vielversprechendes Tool angesehen, denn *„neuroscience holds that promise as a tool to identify and develop effective leadership."*

Die Verlockung einer Integration der Neurowissenschaften in die Führungsforschung liegt nach *Senior u.a.* (2011) auch darin, dass das, was Führung konstituiert, aufgedeckt werden kann. Nicht überraschend wird dann schnell auf die (in der Tat eigentlich mehr als umstrittene) genetische Basis von Führung unreflektiert abgestellt (vgl. ergänzend *Arvey u.a.* 2006):

> „Certainly, there is evidence that certain leadership traits are heritable [...] Therefore, theoretically speaking, an understanding of the way in which genetic differences are already known to lead to differences in brain chemistry naturally leads to a hypothesis that certain functional polymorphisms are highly likely to influence leadership performance (just as they are likely to influence other forms of task performance)" (Senior u.a. 2011, S. 807).

Um zu verstehen, wie neuronale Strukturen die Effektivität des Handelns und die Prognostizierbarkeit von Verhalten nach Auffassung mancher neurowissenschaftlicher Führungsforscher determinieren sollen, müssen wir kennenlernen, wie neuronale Netze aufgebaut und wie insbesondere die Struktur sowie Verarbeitungsvorgänge unseres Gehirns beschaffen sind. Es werden dabei in einer bewussten Reduktion nur solche Strukturen und Mechanismen vorgestellt, die für das Verständnis in Bezug zur Führungslehre essentiell sind (für ein vertieftes Verständnis siehe *Bear/Connors/Paradiso* 2007).

Neuronale Netze verstehen

Neuronale Netze sind quasi die Bestandteile unserer Existenz als denkendes und handelndes Wesen. Eine mannigfaltige Signalverarbeitung führt letztendlich zu körperlichen oder – je nach Anschauung – zu (umfänglichen) geistigen und emotionalen Reaktionen. Bleiben wir bei den körperlichen: Angesprochen sind beispielsweise die stabile Aufrechterhaltung von physiologischen Vorgängen, die durch das vegetative Nervensystem geprägt werden, wie der Atmung, Verdauungstätigkeit, Herzschlag, oder durch außergewöhnliche Situationen hervorgerufene körperliche Aktivierungen. Ein einfaches Beispiel für eine Situation in der wir uns der Steuerung unseres Körpers durch neurologische Vorgänge bewusst werden können, ist eine Stresssituation. Hier erfolgt eine körperliche Aktivierung, die Energiereserven mobilisiert, die Nervenbahnen aktiviert, den Blutdruck steigen lässt und die Gehirndurchblutung erhöht (vgl. *Kaluza* 2012). Diese starke körperliche Aktivierung passiert nahezu „automatisch". Aber auch schwächeren, alltäglicheren Phänomenen liegen komplexere Vorgänge zugrunde, als uns eigentlich bewusst ist. Allein an der bewussten Wahrnehmung eines Objekts sind vielfältige Gehirnbereiche beteiligt. Wir wählen bewusst und unbewusst, können dabei gezielt Aufmerksamkeit auf das Objekt richten, es greifen, oder basierend auf einem Abgleich mit Erinnerungen und der resultierenden Erwartung und Emotion, die Distanz zu dem Objekt wählen (vgl. *Reisyan* 2013). Die Steuerung dieser Vorgänge übernimmt das Gehirn als „Verarbeitungszentrale". Parallel und sequentiell werden Hirnstrukturen angesprochen, Informationen, kodiert als elektrische Impulse bzw. Signale, weitergeleitet und verarbeitet (vgl. *Gluck/Mercado/Myers* 2008).

Das Gehirn ist dabei ein wichtiger Bestandteil des Nervensystems. Dieses gliedert sind in zwei große Bereiche: Das **zentrale Nervensystem (ZNS)** und das **periphere Nervensystem (PNS)**. Während das ZNS die anatomischen Strukturen Gehirn und Rückenmark umfasst, gliedert sich das PNS als Teil des Nervensystems wie dieses ebenfalls funktionell in das somatische und vegetative Nervensystem (vgl. *Gluck u.a.* 2008). Wollen wir insbesondere das Gehirn in seinem Aufbau verstehen, da sich die neurowissenschaftliche Führungsforschung wegen seiner maßgeblichen Bedeutung für Verhalten fast ausschließlich mit jenem beschäftigt, müssen wir zunächst den Grundbauplan des Nervensystems und seine Bestandteile verstehen.

Fangen wir mit den **Neuronen** (Nervenzellen) an (vgl. Abb. E.3). Sie sind die funktionellen Grundeinheiten des Nervensystems. Aufgebaut sind sie im Wesentlichen wie andere Zellen in unserem Körper, haben jedoch eine entscheidende Funktion: die Informationsübermittlung (vgl. *Thompson* 1994). Welche Informationen übertragen werden, hängt von der Art des Neurons ab. Sensorische Neuronen geben z.B. die Informationen von Sinnesorganen an das Gehirn weiter und motorische Neuronen lösen u.a. Muskelreaktionen aus. Interneuronen haben dagegen eine reine Vermittlungsfunktion. Jede einzelne Nervenzelle ist auf vielfältige Weise mit anderen Nervenzellen verbunden. Dafür hat jedes Neuron sozusagen eine Verbindungsleitung, mit der der elektrische Reiz weitergeleitet wird und an andere Neurone abgegeben wird. Diese sogenannten **Axone** werden zusammen mit ihrer Umhüllungsschicht (Myelinschicht) als Nervenfaser bezeichnet. Sie sind abzugrenzen von den **Dendriten**, den feinadrigen Nervenzellfortsätzen, die am Nervenzellkörper die elektrischen Impulse aufnehmen. Der

Nervenzellkörper erzeugt die für die Signalwandlung benötigten chemischen Substanzen und stellt diese bereit (vgl. *Rösler* 2011). Die Verbindungsstelle zwischen einzelnen Nervenzellen bzw. zwischen Nervenzellen und anderen Zellen, nennt man **Synapsen**. Sie ermöglichen die interzellulare Kommunikation. Es gibt dabei unterschiedliche Typen von Synapsen. Im Synapsenspalt, der den Raum zwischen der präsynaptischen Membran des Axonendes und der postsynaptischen Membran des darauffolgenden Dendriten markiert (vgl. *Bear u. a.* 2007; *Thompson* 1994), geschieht die Informationsübermittlung mit Hilfe von chemischen Botenstoffen, den sogenannten **Neurotransmittern**. Man kann also sagen, ein Neuron wird „chemisch angeregt" und generiert daraufhin ein „elektrisches Aktionspotenzial", welches wiederum an das nachfolgende Neuron über Neurotransmitter fortgeleitet wird. (vgl. *Reisyan* 2013, S. 140). Zu den wichtigsten Neurotransmittern zählen das Dopamin, das hormonell, motivational und motorisch regulierend wirkt, aber auch – und das ist für eine Betrachtung von Führung und insb. in Feedbacksituationen wichtig – das Belohnungssystem stimuliert (vgl. *Pinel/Pauli* 2012); das Serotonin, das auch landläufig für seine Stimmungsbeeinflussung bekannt ist, sowie das Acetylcholin, das für kognitive Funktionen essentiell ist. Auch die Bedeutung des Adrenalins und Noradrenalins, die beide an Aktivierungen durch z. B. Stress oder Angst beteiligt sind, ist hervorzuheben.

Aufgrund dieser Struktur können wir ungefähr nachvollziehen, wie eine Reizweiterleitung bzw. Informationsübermittlung abläuft. Diese Informationsübermittlung findet unzählig oft für einfachste Vorgänge in unserem Körper statt. Dabei übernimmt unser Gehirn, wie beschrieben, die Funktion der Verarbeitungszentrale an. Allein in unserem Gehirn befinden sich ca. 86 Milliarden Neuronen (vgl. *Azevedo u. a.* 2009). Manche neuronalen Netze lassen sich aufgrund ihrer ähnlichen Strukturen und Wirkungsweise zusammenfassen. Diese wollen wir nun genauer betrachten – und somit ihre Wirkung in Bezug zum Führungsgeschehen verstehen lernen.

Aufbau des Gehirns

Unterschiedliche Bereiche unseres Gehirns spezialisieren sich aufgabenbezogen. **Funktionen** können jedoch nicht – wie oft angenommen – einem Bereich zugeschrieben werden. Sie realisieren sich erst in der hierarchischen und dynamischen **Interaktion unterschiedlicher neuronaler Netze** (vgl. *Lee/Senior/Butler* 2012; *Friston* 2000). Erst das Zusammenwirken der Reizübertragung und -verarbeitung in Netzwerken unterschiedlicher Areale ermöglicht ein Verhalten als eine Antwort auf Reize, die durch unsere Sinnesorgane aufgenommen werden. Forschung hat dabei gezeigt, dass die Interaktionen im gesamten Gehirn vielfältig sind – sowohl für einfache Prozesse, wie Gesichtsausdrücke, als auch für komplexe Prozesse, wie die soziale Belohnung (vgl. *Foley u. a.* 2012). Die komplexen Strukturen, die Fähigkeiten und Verhaltensweisen ermöglichen, haben sich phylogenetisch stetig weiterentwickelt. Stammesgeschichtlich haben sich Bereiche zusätzlich und immer differenzierter ausgeprägt. Insgesamt ist dabei die durchschnittliche Größe des menschlichen Gehirns innerhalb von Millionen Jahren auf nun mehr durchschnittlich 1400 g gestiegen, wobei primär nicht die Größe, sondern vor allem die komplexe Verwobenheit neuronaler Netze die Hauptaussagekraft über die Funktionsfähigkeit ausmacht (vgl. *Carter u. a.* 2010).

Beschäftigen wir uns kurz mit dem Aufbau des menschlichen Gehirns (vgl. Abb. E.4). Trotz ihrer enormen Bedeutung für den Menschen ist die **Großhirnrinde** bzw. der **Neokortex** der entwicklungsgeschichtlich jüngste Teil des menschlichen Gehirns. Flächenmäßig besitzt er jedoch den größten Anteil. Er „*macht den Menschen zu dem, was er ist*" (*Thompson* 1994, S. 32), grenzt den

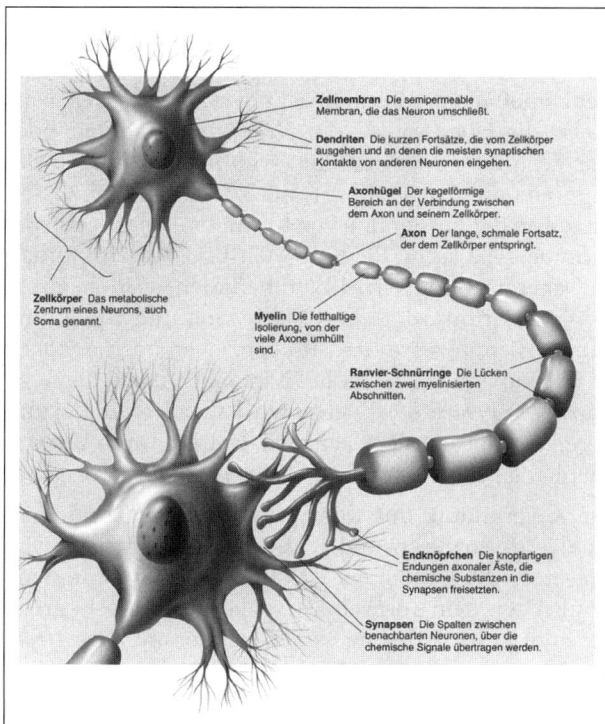

Abb. E.3: Aufbau eines Neurons (entnommen aus *Pinel/Pauli* 2012, S. 62)

Menschen durch sein Vorhandensein vom Tier ab, ist unverzichtbar für die Fähigkeit zur bewussten Wahrnehmung, zur Bewertung durch Abgleich mit Erinnerungen sowie zur Antizipation. Das Großhirn, wozu der Neokortex gehört, lässt sich in zwei Hemisphären unterteilen, die rechte und die linke Gehirnhälfte. Jede Seite ist wiederum in vier Hauptareale geteilt: Frontal-, Parietal-, Okzipital- und Temporallappen (vgl. *Lafferty/Alford* 2010). Derweil die Verarbeitung allgemeiner sensorischer Information vor allem im Parietallappen stattfindet, sind der Okzipitallappen speziell für die visuelle und der Temporallappen entsprechend für die auditorische Verarbeitung zuständig. Der Frontallappen beinhaltet den motorischen Kortex, der v. a. an Planung und Ausführung von Bewegungen mitwirkt sowie den **präfrontalen Kortex**. Letzterer ist essentieller Bestandteil der Betrachtung im Führungskontext, da ihm die „executive functions" (vgl. *Huettel u. a.* 2006; *Duff u. a.* 2005), wie die Fähigkeit, komplexe Reaktionen zu entwickeln, Verhalten zu planen, zu begründen oder zu verhindern, sowie abstraktes Denken und höhere Kognition zugeschrieben werden. Gleichermaßen ist er an kognitiven Funktionen wie der Lernfähigkeit und dem Gedächtnis beteiligt.

Die erwähnten Funktionen befähigen beispielsweise zur verhaltensbezogenen Anpassung an die Dynamiken der Umwelt sowie zum zielgerichteten Verhalten (vgl. *Duff u. a.* 2005). Bewertungen, durchdachte Entscheidungen und Reflexionsprozesse sind erst durch den präfrontalen Kortex möglich. Insgesamt ist die Ebene der Verarbeitung eher konzeptionell. Eigene Ziele und Informationen können, fernab von den Vorgaben der Umwelt, im Zuge der Denkvorgänge im präfrontalen Kortex realisiert werden. Ebenso ist auch erst die Verzögerung einer Belohnung für ein bestimmtes Verhalten sowie die Fokussierung der Aufmerksamkeit – u. a. auch auf relevante Erinnerungen – möglich. Insgesamt stellt der präfrontale Kortex mit seiner Lage innerhalb des (Neo-)Kortex die eigentliche Voraussetzung für komplexe Denkprozesse und Verhaltensweisen dar. Deshalb genießt er auch im Rahmen der neurowissenschaftlich geprägten Führungsforschung eine besondere Stellung. So konzentrieren sich mannigfaltige Studien auf die Untersuchung dieses Gehirnbereichs. Allerdings hat auch er keine singuläre Bedeutung für das innere Geschehen. Beispielhaft sei auf seine Sensitivität für chemische Neurotransmitter verwiesen. Die Neurotransmitter, die vom sogenannten limbischen System ausgehen, haben eine bemerkenswerte Wirkung auf die Stärke und die Richtung der Funktion des präfrontalen Kortex, was sich in Kognition und Emotion widerspiegelt (vgl. *Lafferty/Alford* 2010).

Unterhalb des Neokortex befinden sich stammesgeschichtlich ältere Strukturen. Neben den **Basalganglien**, die als große Kerne zu den Hauptelementen eines der beiden motorischen Systeme des Menschen zählen, sind **Thalamus** und **Hypothalamus** hervorstechende subkortikale Strukturen. Beide sind Hauptbestandteile des **Zwischenhirns**. Eine wichtige Funktion des Thalamus lässt sich schon aufgrund seiner etymologischen Bedeutung ableiten: Das griechische Wort *tholos*, von dem die Bezeichnung Thalamus abstammt, heißt so viel wie Eingangshallen. Alle eingehenden Signale der Sinnesorgane und Reize der subkortikalen Strukturen werden zunächst in den Thalamus geleitet. Infolgedessen kommunizieren Thalamus und Neokortex, um eine weitere Informationsverarbeitung zu ermöglichen (vgl. *Thompson* 1994). Im Thalamus hingegen findet nur eine rudimentäre Bewertung von eingehenden Informationen statt. Der Thalamus stellt also eher eine Art Schaltzentrale dar, die sensorische Informationen an den Kortex weiterleitet, als dass er selbst Informationen bewertet. Genauso wie der Thalamus stellt auch der Hypothalamus eine Ansammlung von Kernen dar. Diese sind der Hypophyse unmittelbar benachbart und steuern diese zum Teil. Der Hypothalamus übt insofern eine strenge Kontrolle über viele Körperfunktionen aus, als dass er, neben der Bildung von Neuropeptiden und dem Neurotransmitter Dopamin, verschiedene Hormone bildet, die auf die Hypophyse wirken. Substantiell steuert der Hypothalamus vegetative Funktionen, wie beispielsweise die Homöostase, die Nahrungsaufnahme, oder das Fortpflanzungsverhalten (vgl. *Bear u. a.* 2007). Der Hypothalamus beherbergt außerdem einen gewissen Anteil an der Entstehung von Gefühlen, sodass eine spezifische elektrische Reizung Wut und Angriffsverhalten, aber auch intensives Wohlbefinden auslösen kann, was wiederum zeigt, dass Motivation und Belohnung durch Hirnprozesse bzw. im speziellen auch endokrine Wirkungen beeinflusste Phänomene darstellen (vgl. *Thompson* 1994, S. 30). Ebenso wird auch Dominanz und Aggressivität mit dem Hormon Testosteron in Zusammenhang gebracht (vgl. *Book/Starzyk/Quinsey* 2001).

Stark verknüpft mit dem Hypothalamus und dem Thalamus, sowie aber auch mit der Großhirnrinde (vgl. *Thompson* 1994, S. 30), ist das **limbische System**, dem, ähnlich wie dem Kortex bzw. Neokortex, eine sehr große Beachtung im Führungskontext zukommt. Das Areal des limbischen Systems liegt gürtelförmig um das Zwischenhirn gruppiert und ist entwicklungsgeschichtlich sehr alt. Es erfüllt Funktionen bzgl. der Emotionen, des Verhaltens und des Langzeitgedächtnisses (vgl. *Lafferty/Alford* 2010). Wichtige Bestandteile des limbischen

Systems sind u. a. die Amygdala (auch Mandelkern genannt) und der Hippocampus. Der Amygdala ist bereits in vielen Studien zur neurowissenschaftlichen Führung eine große Aufmerksamkeit zu Teil geworden, da ihr durch ihre Rolle als emotionale Kommandozentrale eine überaus große Bedeutung für die Auslösung von Emotionen zukommt. Insbesondere Angst, Belohnung und emotionale Erinnerungen sind mit der Amygdala assoziiert (vgl. *LeDoux* 2000). Sie enkodiert die positiven oder negativen Stimuli, konsolidiert und moduliert das Gespeicherte als individuelle Erfahrung. Als Folge des Bewertungsprozesses eines Reizes, der eine Interaktion zwischen Kortex und Amygdala hervorruft, ist das Entscheidungsverhalten mit Emotionen eng verbunden (näheres dazu später). Viele Forscher versprechen sich somit, durch diesen Bestandteil des Gehirns Aufschlüsse zu Art und Weise sowie zur Begründung von Entscheidungen bzw. grundsätzlichem Verhalten von Führungskräften zu erhalten (vgl. *Lafferty/Alford* 2010). Die Rolle der Emotionen und insbesondere der emotionalen Intelligenz hat in den letzten Jahren zu kontroversen Diskussionen geführt, wie wir in dem Kapitel zur emotionssensiblen Führung bereits gesehen haben (☞ E. III. 2).

Im Führungskontext bisher weniger erforscht ist das sich unterhalb des limbischen Systems, der Basalganglien und des Thalamus befindende **Kleinhirn** (Cerebellum; vgl. *Thompson* 1994, S. 23). Als relativ alte Struktur werden ihm sowohl motorische und sensorische Funktionen als auch die Beteiligung an kognitiven Funktionen wie Aufmerksamkeit oder Sprachprozessen zuerkannt (vgl. *Rapp* 2001). Der entwicklungsgeschichtlich älteste Teil des Gehirns ist jedoch der **Hirnstamm**. Er verbindet Rückenmark und Gehirn, gilt jedoch als dem Gehirn zugehörig. Er besteht aus der Brücke (Pons) und der Medulla Oblongata. Die Informationen, die aus dem Rückenmark kommen, werden durch den Hirnstamm in die anderen Bereiche des Hirns übermittelt. Er ist beteiligt an der Regulierung von Vitalfunktionen, wie Herzfrequenz, Blutdruck und Atmung. In einem seiner Kerne wird ferner ein wichtiger Neurotransmitter (das Noradrenalin) übertragen, dessen Balance eine wichtige Determinante für die Beurteilung von Situationen, Antrieb und Stimmung darstellt.

Obwohl wir nun einzelne Bereiche abgegrenzt haben, gibt es viele Fähigkeiten und Leistungen des Gehirns, die man keinem bestimmten Teil des Gehirns hauptsächlich zuschreiben kann; Fähigkeiten sind eher in der Organisation der neuronalen Netze begründet. Eine dieser Fähigkeiten, ist das Vermögen, zu lernen. Eine Grundlage für das **Lernen** bietet die Fähigkeit des Gehirns, die neuronalen Strukturen selbst anzupassen, also neue Verknüpfungsmuster oder Schaltpläne selbst herzustellen. Diese **neuronale Plastizität** ist benutzungsabhängig und realisiert sich (eingeschränkt) lebenslang in neuen Verschaltungen der Nervenzellverbindungen im Rahmen von Wahrnehmungen oder Tätigkeiten. Es kann ebenso zu einem Neuaufbau neuronaler Pfade (der u. a. auch bei Beschädigung verschiedener Hirnareale erfolgt) sowie zu einer Stärkung der neuen neuronalen Netzen und der Synapsen kommen – damit auch zu einer Konsolidierung der gelernten Inhalte (vgl. *Reisyan* 2013). Lernen setzt die bei der Beschreibung einzelner Bereiche bereits angedeutete **Erinnerungsfähigkeit** vo-

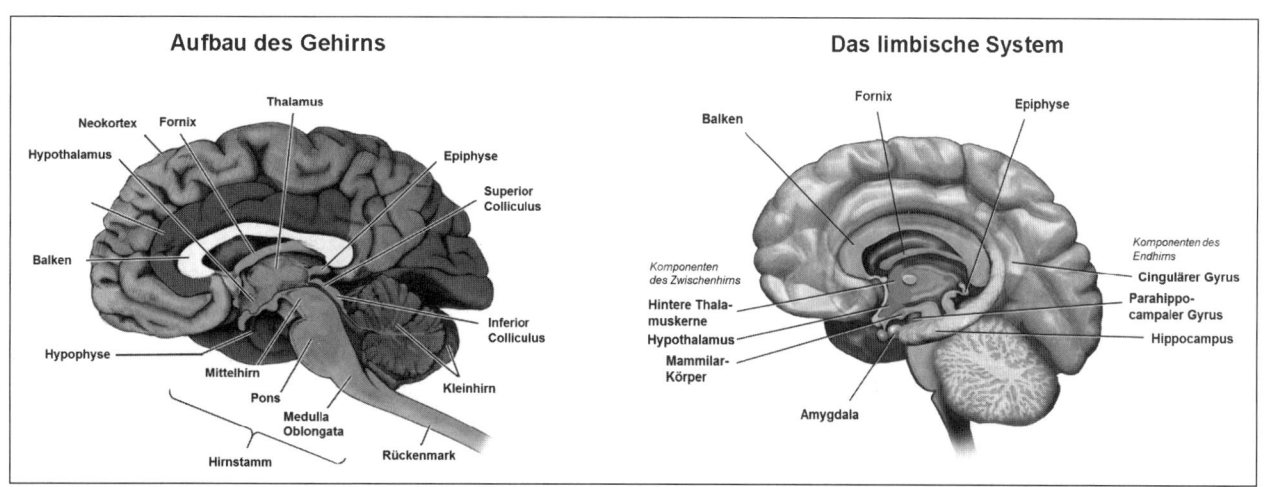

Abb. E.4: Aufbau des Gehirns und insbesondere des limbischen Systems (Eigene Darstellung in Anlehnung an *Vitalija.m* 2014 und *Blausen gallery* 2014)

raus, was das besondere Interesse für das Gedächtnis erklärt.

Die Speicherung von Erinnerungen erfolgt in sehr vielen Bereichen des Gehirns, nahezu überall. Ein großer Teil wird im Neokortex gespeichert. Fast vollständig wird dem Neokortex auch das semantische **Gedächtnis** zugeschrieben, während Anteile des episodischen Gedächtnisses auch auf die Amygdala in ihrer Funktion der Speicherung emotionaler Ladungen entfallen (vgl. *Pritzel/Brand/Markowitsch* 2009). Prozedurale Gedächtnisinhalte entfallen größtenteils auf Basalganglien und Kleinhirn, während das Arbeitsgedächtnis dem präfrontalen Kortex bzw. dem Frontallappen in Gänze zugeschrieben wird (vgl. *Reisyan* 2013). Die Verarbeitung und der Abruf aus den Gedächtnisteilen sind allerdings keineswegs unabhängig von anderen Verknüpfungen. Wie erwähnt, wird das Langzeitgedächtnis oft als Teil des limbischen Systems beschrieben. Dies gibt wiederum einen Hinweis auf die Bedeutung der Interaktion zwischen Gedächtnis und Emotion. So wird ersichtlich, dass die kognitive Verarbeitung auch von dem neuroendokrinen und somit dem emotionalen Zustand abhängt und vice versa. Als Beispiel für eine Wirkung hormoneller Reaktionen, die durch den Hypothalamus eingeleitet wird, kann hier eine Kortisolausschüttung genannt werden, die im Rahmen des Stressgeschehens zunächst die Gedächtnisleistung steigert (vgl. *Kaluza* 2012). Interaktion zwischen Emotion und Kognition ist ein essentieller Bestandteil im Neuroscience Leadership. Die zentralen Aussagen werden wir nach den Messverfahren genauer darstellen.

Messverfahren

Als relativ junge Disziplin und in der Tradition der (heute sehr stark kritisierten) positivistischen Führungsforschung stehend, „härtet" die Neuroscience Leadership nach eigener Sicht – faktenbasiert und objektiv – die sonst vielfach „weichen" Züge der Führungsforschung. Dadurch möchte sie mehr Akzeptanz für Verhaltensempfehlungen bei Führenden erzielen (vgl. *Rock* 2010).

Grundsätzlich wird bei den Messverfahren der Gehirnforschung zwischen **elektrophysiologischen und bildgebenden Verfahren** unterschieden (vgl. *Ghadiri/Peters* 2013). Zu den elektrophysiologischen Verfahren zählen im Wesentlichen die Elektroenzephalographie (EEG) und die Magnetenzephalographie (MEG), während die bildgebenden Verfahren, die auf neuronalen Stoffwechselprozessen basieren, unter anderem in die Positronen-Emissions-Tomographie (PET) und die funktionelle Magnetresonanz-Tomographie/-bildgebung (fmri) unterteilbar sind. Stimulationsverfahren wie die transkranielle Magnetstimulation als sehr selten angewendete Verfahren im Rahmen der Führungsforschung, seien an dieser Stelle nicht genauer erläutert. Ebenso wird die hormonelle Ebene, dessen Bedeutung sich aus der Tatsache ergibt, dass neuronale Systeme endokrine Systeme aktivieren, nicht genauer vorgestellt, da nur Erkenntnisse weniger neurowissenschaftlicher Studien auf dieser Methode beruhen. Im Folgenden werden daher die erwähnten Verfahren fokussiert. Für alle Messverfahren gilt, dass der Proband mit unterschiedlichsten Fragestellungen und Techniken der Fragestellung konfrontiert werden kann. Der genaue Einsatz einer Technik (Beispiel: „critical incident technique"; vgl. *Boyatzis* 2011) obliegt den Forschern.

Im Bereich der **elektrophysiologischen Verfahren** ist die **Elektroenzephalographie** ein beliebtes Instrument. Vormals ausschließlich für die Diagnose bestimmter Krankheiten, wie der Epilepsie, verwendet, werden nun mit der EEG verschiedenste Gehirnprozesse untersucht. Praktisch gesehen erhält der Proband eine vorgefertigte EEG-Haube, in die Elektrodenhalterungen eingearbeitet sind. Ein leitfähiges Gel wird zuvor auf die Kopfhaut aufgebracht (vgl. *Karnath/Thier* 2012). Mittels der EEG können so hirnelektrische Vorgänge an der Schädeloberfläche aufgezeichnet werden. Die EEG macht sich also die Tatsache zu Nutze, dass jede neuronale Aktivität ein elektrochemischer Vorgang mit spezifischen Membranpotenzialen ist. Die Aktivität eines einzelnen Neurons kann zwar nicht erfasst werden, jedoch ist es möglich, diese Potenziale zu messen, sofern sich verschiedene gleichartige Neuronen in ihren Potenzialveränderungen synchron verhalten. Mit Hilfe von Amplitude und Frequenz der Spannungsschwankungen über die Zeit hinweg, lässt sich der Befund beschreiben. Für die neurowissenschaftliche Führungsforschung sind dabei insbesondere zerebrale Aktivierungsvorgänge wichtig. Sie können sensorisch bedingt sein oder im Zusammenhang mit Aufmerksamkeitsprozessen, Bewusstseinszuständen/-veränderungen sowie kortikaler Plastizität und ereigniskorrelierter Gehirnaktivität (insb. Lern- und Gedächtnisprozesse) beobachtet werden (vgl. *Schandry* 2006). Für diese Phänomene ist die EEG besonders geeignet.

Die **Magnetenzephalographie** basiert auf den gleichen Mechanismen wie die EEG, jedoch nutzt sie die Tatsache, dass elektrische Ströme magnetische Felder erzeugen. Es misst die durch diese Ströme erzeugten Magnetfeldschwankungen (vgl. *Karnath/Thier* 2012). Die räumliche Lokalisation ist im Vergleich zur EEG besser möglich, allerdings gibt es andere Begrenzungen. Um die geringe Stärke der Magnetfeldschwankungen müssen beispielsweise sehr sensible Detektoren benutzt werden, die mit flüssigem Helium auf -269°C abgekühlt werden (vgl. *Karnath/Thier* 2012). Ebenso besteht eine hohe Störanfälligkeit gegenüber Geräuschen, sodass ein Einsatz der MEG nur unter ganz spezifischen Voraussetzungen möglich ist.

Während die elektrophysiologischen Verfahren eine Visualisierung neurophysiologischer Vorgänge ohne Informationen bzgl. der anatomischen Strukturen ermöglichen und erst durch verschiedene (mathematische) Verfahren ein Rückschluss auf solche möglich ist, stellen **bildgebende Verfahren** anatomische Strukturen möglichst präzise dar (vgl. *Jäncke* 2005, S. 11).

Die **Positronen-Emissions-Tomographie** ermöglicht die Visualisierung der räumlich-zeitlichen Verteilung von Molekülkonzentrationen innerhalb des Gehirns. Einfach beschrieben misst das Modell die Stoffwechselvorgänge im Gehirn über den regionalen zerebralen Blutfluss, in dem bestimmt wird, wie lange eine Substanz im Blutfluss benötigt, um den Zielort zu erreichen und wie lange es dauert, bis diese Substanz metabolisiert bzw. abgebaut wird, also wie schnell ein Zerfall von Positronen (Energieemissionen) stattfindet. Es können funktionelle Schnittbilder (z. B. mit PET-Kameras) erstellt werden, sodass nicht nur die Hirnrinde, sondern auch tiefer gelegene Strukturen, wie Basalganglien oder das Kleinhirn in einer räumlichen Auflösung kenntlich gemacht werden können. Allerdings besteht der große Nachteil dieser Methode darin, dass radioaktive Substanzen in den Körper eingebracht werden müssen (vgl. *Schandry* 2006).

Die **funktionelle Magnetresonanztomographie** (frmi) ist ein Verfahren des Kernspins, das die neurophysiologischen Veränderungen in bestimmten Hirnregionen durch starke Magnetfelder misst und dadurch funktionelle Parameter des Kortex analysierbar macht. Praktisch gesehen liegt dabei der Proband in einem Magnetresonanztomographen (vgl. Abb. E.5), zumeist ein Aufbau ähnlich einer großen Röhre. Das frmi ermöglicht nicht nur, den Aufbau des Gehirns über Querschnittbilder zu veranschaulichen, sondern auch die wechselseitigen Funktionszustände über die Aktvierungen der Bereiche zu erfahren.

Das fmri wird in den meisten kognitionswissenschaftlichen Studien verwendet. Die nicht-invasive Methode kann eine räumliche Auflösung in einer Zeitspanne von einigen 100 Millisekunden mittlerweile auch ohne exogene Verwendung von Kontrastmitteln darstellen. Die Signalintensität variiert hier über die Veränderung der Blutoxygenisierung. Andere Kontrastmechanismen, die allerdings die Gabe von Kontrastmitteln bedingen, sind die Beobachtung von Blutvolumenveränderungen und Blutflussänderungen. An dieser Stelle wollen wir auf die nähere Erklärung der Gründe für die Veränderung der Signale verzichten (für mehr Informationen siehe *Jäncke* 2005). Liegen die Signalveränderungen durch die Untersuchung vor, so können modellbasierte oder modellfreie Analysen erfolgen. Modellbasierte Analysen nutzen all-

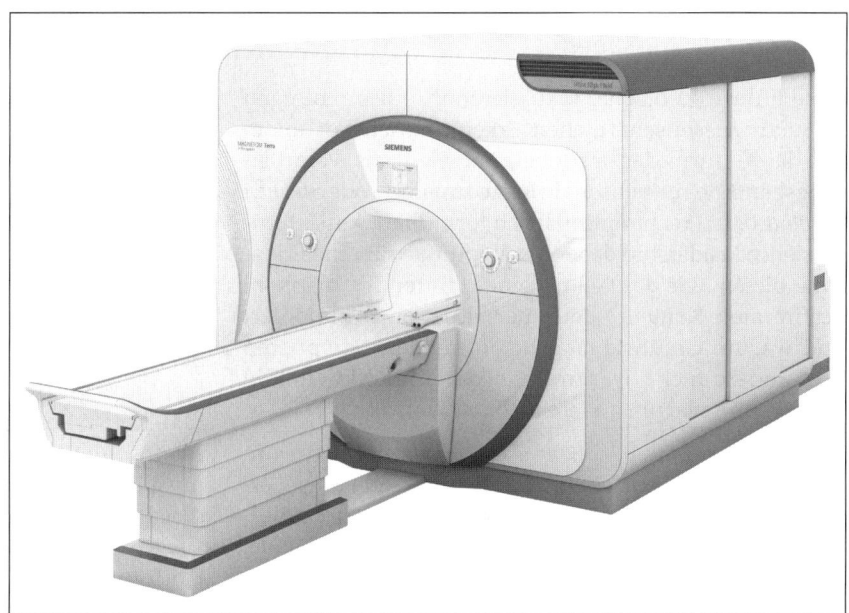

Abb. E.5: Ein Magnetresonanztomograph (© *Siemens AG*)

gemeine lineare Modelle, um den Zeitverlauf der Signalveränderungen zu modellieren, während modellfreie Analysen explorativ angelegt sind und beispielsweise über Verfahren wie die Hauptkomponenten-Komponenten-Analyse einen Signalverlauf erkunden. Auch die Untersuchungsdesigns für die funktionelle Magnetresonanzbildgebung können variieren. Ein beliebtes Verfahren ist zum Beispiel das Block-Design, in dem sich Kontrollbedingungen und experimentelle Bedingungen abwechseln. D.h. es werden beispielsweise 5 bis 50 Bilder während einer bestimmten Fragestellung aufgenommen (Experimentalbedingung) und darauffolgend wiederum einige Bilder in einer Ruhephase usw. Phasen unterschiedlicher Aktivität wechseln somit während einer kontinuierlichen Messung ab (vgl. *Jäncke* 2005). Ein großer Vorteil des fmri ist, dass im Vergleich zur EEG auch kleinere Bereiche des Gehirns genauer auf Aktivität untersucht werden können (vgl. *Cropanzano/Becker* 2013). Betrachtet man die Limitationen der anderen Verfahren und bezieht man sich auf die Häufigkeit der Anwendung des fmri, so kann man dem fmri die wohl größte Bedeutsamkeit für die neurowissenschaftliche Führungsforschung zugestehen. Man könnte zudem sagen, dass die Entwicklung des fmri erst das Aufkommen der Disziplin in dem Umfang ermöglicht hat (vgl. *Fellows u.a.* 2008; *Ochsner/Liebermann* 2001). Die erstmalige Nutzung des fmri um soziale Kognitionsprozesse zu untersuchen hat in den 1990er Jahren stattgefunden. Seine integrale Rolle für die sozialwissenschaftlich-psychologische Forschung fand aber v.a. seit den 2000er Jahren statt (vgl. *Ringleb/Rock* 2008).

3.2 Zentrale Aussagen

Viele Führungsforscher fokussieren ihre Bestrebungen zu neurowissenschaftlichen Erkenntnissen vor allem auf das Gehirn, das wie oben dargelegt als Verarbeitungszentrale für neuronale Reize fungiert. Wie *Stephen Bernhut* (2011) recht optimistisch formuliert, kann Neuroscience Leadership dabei Ansatzpunkte für eine Erklärung bieten, wie das Gehirn eines Führenden in einem bestimmten Kontext oder einer Situation funktioniert und warum Geführte manche Führenden akzeptieren und andere nicht, warum manche Führende effektiv agieren und warum andere nicht.

Becker, *Cropanzano* und *Sanfey* (2011) beschreiben es in ganz einfachen Worten: Neuroscience Leadership versucht mit Hilfe einer **Komplexitätsreduktion** (Individuen werden in diskrete Gehirnprozesse dekonstruiert) zu erklären, was gute Führung begründet und konstituiert (S. 936). Zunehmend wird dabei **interdisziplinär** gearbeitet. Neben der **sozial-kognitiven neurowissenschaftlichen Forschung**, die Verhalten und soziale Kognition mittels biologischer Systeme beschreiben, ggf. erklären möchte (vgl. *Lee/Senior/Butler* 2012), befasst sich die **organisational-kognitive Neurowissenschaft** als eine spezielle Variante der sozial-kognitiven Neurowissenschaften nicht nur mit der Struktur der Gehirnprozesse und deren Relevanz für organisationales Verhalten, sondern auch mit der Interkation zwischen den Systemen und der Kognition selbst. Innerhalb der sozial-kognitiven Forschung wurden Themen wie Empathie, soziale Zurückweisung, Selbstbewusstsein/-reflektion, soziale Faktoren der ökonomischen Entscheidungsfindung und sozialer Interaktion, ebenso wie die Emotionsregulierung von Individuen seither verstärkt untersucht. Dass diese Themen auch essentiell für Führung sind, ist augenscheinlich (vgl. *Ringleb/Rock* 2008, S. 2).

Parallel zu diesen Beobachtungen definiert *David Rock* schon früh **vier zentrale Dimensionen des Führungskräfteverhaltens**, die durch Neuroscience Leadership erforscht werden können: (a) die Fähigkeit, Probleme zu lösen und Entscheidungen zu treffen, (b) die Fähigkeit der Emotionsregulierung, (c) die Fähigkeit zur Zusammenarbeit mit und Beeinflussung von anderen sowie (d) die Fähigkeit, Wandel zu ermöglichen (vgl. *Lafferty/Alford* 2010; *Rock* 2010).

(a) Problemlösungs- und Entscheidungsverhalten von Führungskräften

Traditionelle Führungsforschung untersuchte bereits sehr intensiv, wie das Entscheidungsverhalten von Führungskräften funktioniert. Doch der Fokus lag bisher hauptsächlich auf den Typen der Entscheidung, den Bedingungen, unter denen sie getroffen werden oder darauf, welche Stile der Entscheidungsfindung es gibt (vgl. *Ringleb/Rock* 2008). Später wurden dann auch fehlerhafte Entscheidungen sowie implizit ablaufende, unbewusste Prozesse, Rollenintuition, Commitment und Risikoneigung Gegenstand der Forschungen (vgl. *Brousseau u.a.* 2006; *McNamara/Bromiley* 1999; *Plous* 1993). Entscheidungsfindung und Problemlösung werden in der Führungs- und Management-Literatur häufig als identische Aktivitäten gesehen. *Ringleb* und *Rock* (2008, S. 4) konstatieren, dass neurowissenschaftliche Forschung hier einen signifikanten Beitrag leisten kann, um enthüllen zu können, ob das Gehirn tatsächlich den gleichen Algorithmus zur Entscheidungsfindung wie zur Problemlösung nutzt. Hieraus könnten sich, so die Hoffnung, Implikationen hinsichtlich der verbesserten Nutzung der Stärken von Mitarbeitern ergeben.

III. Zentrale Perspektiven auf die Ausgestaltung von Führungsbeziehungen

Die durch traditionelle Führungsforschung bereits aufgegriffene Frage nach den **unbewussten, impliziten Prozessen der Entscheidungsfindung** wurde bereits mit Hilfe von neurowissenschaftlichen Erkenntnissen weiter verfolgt; bestätigen *Cropanzano* und *Becker* (2013) doch auch:

> *„neuroscientific methods provide the most reliable window into the nonconscious brain that is currently available"* (S. 307).

So können zum Beispiel die entdeckten Spindelzellen Intuition lokalisiert zuordnen. Diese Zellen, die bis zu vier Mal größer sind als andere Zellen des Gehirns, haben extralange Verzweigungen, die eine Reizweiterleitung schnell ermöglichen. Diese Zellen formen das, was Verhaltenswissenschaftler gemeinhin als *„social guidance system"* bezeichnen (*Goleman/Boyatzis* 2008, S. 4) – sie bestimmen in den ersten Sekunden einer Situation, was wir fühlen, was wir glauben, wie wir uns entscheiden. Sie helfen gleichfalls die beste Entscheidung unter vielen Möglichkeiten in Millisekunden zu eruieren, genauso wie sie uns – in nur einem zwanzigstel einer Sekunde – einen ersten Eindruck einer Person verleihen. Und wie man langläufig sagt, dass „der erste Eindruck zählt", scheint sehr oft zutreffend zu sein.

Auch **rationale Entscheidungsfindung in Situationen der Ambiguität und des Risikos** wurden auf neuronaler Ebene fokussiert – ebenso wie der systematische Prozess der **Entscheidung in Gruppensituationen bzw. in sozialen Situationen**. Letzterer wird zum Beispiel in einer Studie von *Izuma*, *Saito* und *Sadato* (2008) betrachtet. Sie konnten feststellen, dass Reputation ebenso wie monetäre Incentivierungen das Striatum (Eingangsstation der Basalganglien) aktivieren. Dieser Teil der Basalganglien (Erklärung s. oben) zeigt Belohnungen an. Gezeigt wird also damit das physiologische Korrelat einer bisher für die Sozialwissenschaften handlungsleitenden Annahme (zur Entscheidungsfindung mittels Heuristiken siehe *Caspers u. a.* 2012, ☞ C. IV).

Empirie zur neuronalen Identifikation von Entscheidungsfindung

Eine Studie zur Entscheidungsfindung in Ambiguitäts- und Risikosituationen führten *Huettel u. a.* 2006 durch. Die Forscher konnten zeigen, dass Entscheidungsfindung von Individuen je nach Ungewissheitssituation neuronal anders geprägt ist und von den Präferenzen des Individuums abhängt.

Bei Ambiguität, also einer Entscheidungssituation mit einer unbekannten Wahrscheinlichkeit für das Eintreffen der Alternativen, werden andere Hirnregionen aktiviert als bei Risiko, also einer Entscheidungssituation mit einer bekannten Wahrscheinlichkeit für das Eintreffen der Alternativen. Signifikant für die Führungsforschung erweist sich die Beobachtung von *Huettel* und Kollegen, dass die Aktivierungen der unterschiedlichen Regionen aufgrund der ökonomischen Präferenzen der Individuen vorhersehbar sind. Wäre theoretisch ein Umkehrschluss möglich, würden sich bedeutungsvolle Implikationen für die Personalauswahl und -entwicklung ergeben. Könnte man Individuen hinsichtlich ihrer Präferenzen durch Tests zur Aktivierung verschiedener Areale ihrer Gehirne provozieren, so wäre ihr Verhalten vorhersehbarer: Verhaltensbezogene Impulsivität ist nämlich positiv korreliert mit der Präferenz für Ambiguität (vgl. *Huettel u. a.* 2006).

Bleiben wir wegen seiner Bedeutung beim **Belohnungssystem** und damit beim Neurotransmitter Dopamin. Durch die Ausschüttung dieses Botenstoffes vom Mittelhirn zum präfrontalen Kortex wird eine Information über eine erwartete Belohnung durch eine Aktivierung vermittelt. Diese neuronalen Operationen könnten eine Anpassung oder Optimierung von Verhaltensstrategien begünstigen (vgl. *Thier* 2012, S. 581), sofern Zeitpunkt und Menge der Ausschüttung näher spezifiziert würden. Ein besseres Verständnis von **Botenstoffen** wie z. B. Dopamin und Noradrenalin wird auch zur Erhellung impliziter, kreativer Prozesse mit verantwortlich gemacht (vgl. *Ringleb/Rock* 2008, S. 4; *Vijayraghavan u. a.* 2007).

Insgesamt wird deutlich, dass eine große Parallelität bei den Forschungsfragen zur Problemlösungs- und Entscheidungsfähigkeit des Führenden bei traditionellen und neurowissenschaftlichen Studien besteht. Neurowissenschaften fundieren das Verständnis, erweitern es, bleiben aber bei wirklich weiterführenden Erkenntnissen sehr zurückhaltend. Es sei jedoch darauf hingewiesen, dass auch andere Phänomene, die der Entscheidungsfindung zugrunde liegen, neurowissenschaftlich bearbeitet wurden. Beispielhaft sei auf die Bedeutung der Neurowissenschaften zu Zeitpräferenzen oder für die Beeinflussung durch soziale Phänomene wie Vertrauen und Fairness hingewiesen. Hier geht die Verbindung dann über die neurowissenschaftliche Erörterung emotionaler Prozesse und emotionaler Kompetenzen.

(b) Die Fähigkeit zur Emotionsregulierung durch den Führenden

Wie wir bereits durch das Beispiel der intuitiven Entscheidungsfindung, die zweifelsohne eine emotionale Komponente enthält, gesehen haben, sind **Kognitionen**

eng verknüpft mit Emotionen. Oder wie *Ghadiri* und *Peters* sagen:

> *„die im Gehirn befindlichen emotionalen und rationalen Systeme stehen in gegenseitiger Interaktion"* (*Ghadiri/ Peters* 2013, S. 27).

Manche (vgl. *Lee/Senior/Butler* 2012) behaupten sogar, es bestehe eine Prädisposition, emotionale Entscheidungsfindung zu bevorzugen. Dies kann empirisch nicht mit ausreichender Validität bestätigt werden, jedoch kann aufgrund der Tatsache, dass das limbische System bereits innerhalb von acht Millisekunden auf eine Wahrnehmung reagiert, während der Neokortex ganze 40 Millisekunden für eine Interpretation und Konzeptualisierung benötigt (vgl. *LeDoux* 2002), auf eine beachtliche Einwirkung der Emotion auf die kognitive Interpretation geschlossen werden. Denn während das limbische System die Reaktion schon bewertet hat, wird der Reiz erst unter der Prämisse dieser Verarbeitung an das neokortikale System übersandt. Wahrnehmen, fühlen, interpretieren geschieht also eher durch das emotionale Zentrum, als durch andere Bereiche des Gehirns. *Cooper* (2000) nennt dies die **Wahrnehmung im Herzen**; also diejenige Kraft, die über die Emotion und die Moralvorstellung bestimmt, was richtig ist, was wir wertebasiert und zielbestimmt leben wollen, was uns motiviert.

Werfen wir einen Blick auf die Emotionsregulierung. Damit ist (als Voraussetzung) die Wahrnehmung und Regulierung der eigenen Emotionen und im weiteren Sinne die der Geführten gemeint. Der eigene Fokus bestimmt dabei ebenso diese Regulierung wie die bei Selbsterkenntnis aktivierten Gehirnareale, die sich signifikant von denen bei analytischer Problemlösung aktivierten unterscheiden (vgl. *Lafferty/Alford* 2010). Führt der emotionale Selbstreflexionsprozess zu einer positiven Änderung bei der Führungskraft, ist eine indirekte Beeinflussung der Geführten möglich.

Kombiniert man diese Theorie mit den Einsichten, die **Spiegelneuronen** zu geben vermögen, so liegt die Bestätigung der Effektivität **authentischer Führung** nahe. Spiegelneuronen sind Nervenzellen, die es dem Menschen ermöglichen, allein durch die Beobachtung von anderen dieselben Verhaltensweisen zu übernehmen oder dieselben Emotionen des gegenüber zu reproduzieren. Dabei muss kein Bewusstsein dieser Übertragung vorhanden sein (vgl. *Lindebaum/Zundel* 2013). Sind Führende ihrerseits gefühlsmäßig authentisch und achtsam gegenüber den Geführten, prägen also deren Sinneseindrücke in positiver Weise, so werden ihre Handlungen in der emotionalen Wirkung seitens der Geführten intensiviert. Spiegelneuronen können aber weit über diese Beziehung hinaus einen essentiellen Beitrag für das Verständnis von Führung schaffen. Sie legen die Automatik mit der sich Gehirnprozesse vollziehen offen (vgl. *Ringleb/Rock* 2008) und zeigen dadurch wie unterbewusst soziale Beziehungen zwischen Individuen durch die Übertragung von Emotionen entstehen (vgl. *Becker/ Cropanzano/Sanfey* 2011). Spiegelneuronen liefern nicht nur ein Erklärungsansatz für Empathie, sondern auch ein *„instant sense of shared experience"*, wie es Goleman und Boyatzis (2008, S. 3) nennen. Implizit beeinflussende Prozesse können genauer analysiert werden. Zum Beispiel können auch neue Einsichten in die Wirkung von der Körpersprache der Führenden errungen werden. Wir wissen z. B., dass Gestik und Mimik von überzeugenden Rednern Zuhörer zur gleichen Körpersprache animiert (vgl. *Weibler* 2010a/b). Mit den Spiegelneuronen haben wir nun einen entsprechenden Transmissionsriemen vor Augen.

Ein weiterer Aspekt der im Zuge der neurowissenschaftlich fundierten Analyse und Prognose der Emotionsregulierung fokussiert wird, ist die **Wirkung von Stress**, da ein Ziel der Forschung in dem Beitrag zur Vermeidung schädlicher Wirkungen von Emotionen liegt. Wie dargelegt, sind auch emotionale Reaktionen mit Hilfe von neurowissenschaftlichen Untersuchungen bestimmbar. So kann eine spezifische Erregung des limbischen Systems unter Stress beobachtet werden (vgl. *LeDoux* 2002; *McEwen* 1998; *Sapolsky* 1996; *McClelland/ Jemmott* 1980).

Auch zum Punkt der multiplen Intelligenzen und insbesondere der **emotionalen Intelligenz** kann die neurowissenschaftliche Forschung einen Beitrag leisten. So geben zum Beispiel *Berntson u.a.* (2007) einen Hinweis darauf, dass eine hohe Komplexität neuronaler Kanäle der Emotion im Gehirn vorhanden sind – was wiederum die Frage aufwirft, ob diese nicht zu komplex seien, um auf einen universellen Intelligenzindikator zurückgeführt werden zu können (vgl. *Antonakis/Ashkanasy/ Dasborough* 2009).

(c) Zusammenarbeit mit und Beeinflussung von anderen

Als dritte Dimension, die durch Neuroscience Leadership erforscht wird, ist die Fähigkeit zur Beeinflussung anderer bzw. die Zusammenarbeit mit ihnen. Akzeptanz (☞ A. II) ist dafür unentbehrlich (Führung) bzw. leistungsfördernd (Zusammenarbeit).

Auch *David Rock* wählt diesen Ansatzpunkt, um Einstellungen des Geführten bzw. den *„state[s] of mind"* zu evozieren, der eine Zusammenarbeit und Beeinflussung ermöglicht bzw. diese signifikant vereinfacht und verbessert (vgl. *Rock* 2008a, S. 3). Er entwarf dafür das **SCARF-Modell**, das soziale Trigger darstellt, die Führungskräfte in ihrem Verhalten berücksichtigen sollten, um positiv auf den State of Mind der Geführten einzuwirken. Es ist eines der beiden prominentesten, empirisch begründeten Modelle des Neuroleadership (vgl. auch die Konsistenztheorie nach *Grawe* 1998). Diese positive Einflussnahme begründet sich darauf, dass das Gefühl einer Belohnung bei den Geführten maximiert wird bzw. Risikoempfindungen minimiert werden. Die grundlegenden Bedürfnisse nach Anerkennung und Risikominimierung aktivieren die gleichen neuronalen Netze des Gehirns wie die physiologischen Primärbedürfnisse (vgl. *Liebermann/Eisenberger* 2008) und regulieren unsere Motivation (vgl. *Gordon* 2000).

Das SCARF-Modell benennt **fünf soziale Trigger**, die eine Belohnung oder eine Bedrohung hervorrufen oder mildern können. Die fünf Dimensionen des SCARF-Modells sind: Status (**S**tatus), Gewissheit (**C**ertainty), Autonomie (**A**utonomy), Zugehörigkeit (**R**elatedness) und Fairness (**F**airness) (vgl. *Rock* 2008a, S. 1).

Status, also die wahrgenommene relative Wichtigkeit im Vergleich zu anderen, aktiviert das Belohnungszentrum bei einer positiven Ausprägung. Über die Aktivierung des Striatum erfolgt eine Ausschüttung von Dopamin, sodass positive Emotionen resultieren. Dadurch kann nicht nur die Kreativität in der Lösung von Problemen gesteigert werden, sondern auch Zusammenarbeit und Gesamtleistung können signifikant verbessert werden. Praktische Implikationen ergeben sich für die vielfältigen Situationen, in denen Geführte andere Aufgaben zugeteilt werden (die sie als unwichtiger wahrnehmen könnten), in Situationen des Vergleichs von Leistung wie z. B. bei der Diskussion von Gruppenarbeiten, oder in Feedback-Gesprächen. Hier müssen Verhaltensweisen gefunden werden, die die Gefahr der Wahrnehmung eines sinkenden Status minimieren. Ein Beispiel für so ein Verhalten wäre, in einer Feedback-Situation den Geführten zu ermöglichen, sich selbst über ihre eigene Leistung Feedback zu geben.

Auch die Bedrohung durch Ungewissheitssituationen sollte über das Verhalten minimiert werden, da es die Aufmerksamkeit von einer Zielorientierung zu einer Gefahrenbeobachtung verschiebt (vgl. *Hedden/Gabrielli* 2006). Neurowissenschaftlich können solche Verhaltensweisen eruiert bzw. in ihrer Wirkung bestätigt werden. Eine Aktivierung des orbifrontalen Teil des präfrontalen Kortex kann zur Deutung dieser Reaktion des Geführten herangezogen werden (vgl. *Rock* 2008a). Um **Gewissheit** (Certainty) zu vermitteln, sollte die Führungskraft u. a. Erwartungen und Ziele klar definieren und eine Arbeitsplatzsicherheit kommunizieren.

Die dritte Dimension des SCARF-Modells konzentriert sich auf die **Autonomie** des Geführten. Mit Hilfe der Neurowissenschaften kann auch diesbezüglich belegt werden, dass ein Anstieg der wahrgenommenen Autonomie zu einer Aktivierung des Belohnungszentrums führt. Das Verhalten der Führungskraft sollte diese Erkenntnis ebenso berücksichtigen, wie jene zu den letzten beiden Dimensionen des Modells, Zugehörigkeit und Fairness.

Das **Zugehörigkeitsgefühl**, was aus einer Entscheidung über die Tatsache, ob jemand zu einer Gruppe gehört, oder ihr außen vorstehend ist (ingroup vs. outgroup), resultiert, ist eng mit Vertrauen verbunden. Es wird vor allem durch das Hormon Oxytocin begünstigt, das im Volksmund oft *Bindungshormon* genannt wird, da es ein stärker affiliatives Verhalten bewirkt (vgl. *Domes u.a.* 2007). Eine Studie, bei der den Probanden Oxytocin nasal verabreicht wurde, hat beispielsweise bestätigt, dass über einen höheren Anteil des Hormons im Körper die Zusammenarbeit mit anderen verbessert wird (vgl. *Kosfeld u.a.* 2005). Die Tatsache bestätigt wiederum die Aussage von *Ochsner* und *Liebermann* (2001), dass das Gehirn „*deeply social*" sei. Dieses Argument greifen auch Forscher der sozial-kognitiven neurowissenschaftlichen Forschung auf, die dafür plädieren, dass das Bedürfnis nach Zusammengehörigkeit in das Fundament der *Maslow'schen* Bedürfnispyramide aufgenommen wird (vgl. *Ringleb/Rock* 2008). Fundiert wird dies zudem durch die Erkenntnis von *Eisenberger* und *Liebermann* (2004), die mit Hilfe von Ergebnissen der Erforschung neuronaler Netzwerke darlegen, dass kein Unterschied zwischen physischem und sozialem Schmerz besteht.

Kontrovers diskutierte motivationale Grundlagen des Verhaltens werden somit durch neurowissenschaftliche Forschung bereichert (hier: Egoismus vs. Prosozialität). Hiernach wirkt die wahrgenommene **Gerechtigkeit** in einer Führungsbeziehung (zum Begriff der Gerechtigkeit als Basiskategorie von Interaktion siehe ☞ A. III 2.2) intrinsisch motivierend, während unfaire Austauschprozesse eine Gefahrenreaktion einleiten (vgl. *Tabibnia/Liebermann* 2007). Vor allem erkennen wir, dass frühere Softfacts nun zu Hardfacts werden. Deren Ignoranz lässt eine Führungskraft selbst zu einer in Sachen Führung zu vernachlässigenden Kraft werden.

(d) Die Fähigkeit Wandel zu ermöglichen

Wie bereits u. a. bei der Vermeidung von Gefahren verdeutlicht, werden in manchen Situationen kognitive Kapazitäten gebunden, die wiederum nicht mehr für die Ausführung der eigentlichen Aufgaben zur Verfügung stehen. Insbesondere ist hier auf den orbifrontalen Teil des präfrontalen Kortex eingegangen worden. Dieser Teil wird auch dann aktiv, wenn das Individuum realisiert, dass das Unternehmen einem Wandel unterliegt. Neuerungen bedingen natürlicherweise Unbehagen bzw. Angst, die aus der Amygdala gespeist werden. Erst wenn Handlungen und Abläufe zur Gewohnheit werden, können diese über die Basalganglien gesteuert werden. Dann kann die Aufmerksamkeit des präfrontalen Kortex wieder auf (andere) Führungsaufgaben übertragen werden (vgl. *Lafferty/Alford* 2010). Infolgedessen muss der Führende zwingend für eine positive Einstellung und für Akzeptanz der Veränderungen auf die Geführten einwirken. Nur so können sie effektiv daran mitwirken. Eine Möglichkeit, Wandel zu gestalten bietet die **transformationale Führung**. Insbesondere die Vermittlung einer positiv inspirierenden Vision kann für ein positives framing des Wandels fungieren. *Waldmann*, *Balthazard* und *Peterson* (2011b) konnten für die sozial-visionäre Kommunikation, die in der Studie wiederum mit charismatischer Führung korreliert war, eine positive Korrelation zu der hohen Interaktion innerhalb des rechten frontalen Gehirnbereichs feststellen. Sie fokussierten den frontalen Bereich der rechten Hemisphäre des Gehirns, da Regulation und Expression von Emotion ebenso wie höhere Kognition aus diesem Bereich resultieren und somit komplexes Verhalten aus diesem Bereich erklärbar ist. Infolgedessen bilden sie eine neurowissenschaftliche Fundierung für die Wirksamkeit sozial-visionärer Kommunikation, die wiederum die Wahrnehmung charismatischer Führung durch den Geführten stützt.

Jener Wandel, der sich im Zuge der Konfrontation mit Neuerungen und vor allem durch die Erfahrung von Erfolg bei einem bestimmten Verhalten im präfrontalen Kortex vollzieht (vgl. *Ringleb/Rock* 2009), kann als Lernen definiert werden. Wie bereits dargelegt, erklärt die neuronale Plastizität dieses Phänomen. Viele Studien belegen, dass Trainingsprogramme, Coaching, Mentoring und Mitarbeiterentwicklungsprogramme ebenso wie Führungskräfteentwicklung nur dann Wandel unterstützen können, wenn organisationales Lernen stattfindet und dieses auf dem Bewusstsein des Selbst basiert. Persönliche Stärken und Schwächen zu kennen und persönliche Weiterentwicklung und Ziele abschätzen zu können, ist hierfür Voraussetzung. Infolgedessen kann die neurowissenschaftliche Forschung über die Validierung der Interaktion von kognitiver Kontrolle und Achtsamkeit eine Möglichkeit bieten, effektivere Instrumente und Techniken für den Wandel herbeizuführen. Neuroplastizität im Kontext von Volition ist ein Ansatz für weitere Forschung (vgl. *Ringleb/Rock* 2008). Belastbare Verhaltensprognosen gibt es jedoch noch nicht.

3.3 Kritische Würdigung

Die neurowissenschaftliche Führungsforschung bietet interessante Einsichten und Perspektiven. Die vielfach anmaßende Popularisierung in der beratenden Praxis tut ihr keinen Gefallen, führt stattdessen zu mehr Kritik.

Bleiben wir aber zunächst bei den Verdiensten. Durch die bisherigen Ausführungen konnten wir erkennen, dass die Neurowissenschaften einen Ausgangspunkt bieten, um Entscheidungssituationen, in denen Führungskräfte stets stecken, zu erhellen. Auch lernen wir einiges über Emotionen und über die Emotionsregulierung, ebenfalls zentral für Führungskräfte. *Ghadiri* und *Peters* (2013, S. 12) propagieren in ihrem Überschwang die Entstehung **eines neuen Menschenbildes**, des sogenannten „**Brain-Directed Man**". Mittels dieses Ansatzes soll die Struktur von Handlungen und Entscheidungen von Menschen sowie die Struktur der darunter liegenden Motive über die im Gehirn ablaufenden Prozesse erklärt werden. In diesem Menschenbild wird vor allem die **Bedeutung von Emotionen** für das Verhalten, die **Determinierung neuronaler Strukturen durch Sozialisationserfahrungen**, aber auch die Möglichkeit der Veränderungen über eine Befriedigung des **Belohnungssystems** des Individuums herausgestellt.

Lafferty und *Alford* (2010, S. 33) sehen in der Vereinigung der weichen Führungsforschung und der harten, faktenbasierten Neurowissenschaft parallel zu *Rock* (2010, 2008b) bereits jetzt ein breites Anwendungsspektrum. Sie verweisen auf das Führungskräfte-Coaching oder die Führungskräfteauswahl sowie die Führungskräfteentwicklung, um Gehirnbereiche zu beeinflussen, die effektives Verhalten hervorbringen können. *Rock* (2010) nennt Neuroscience Leadership sogar den „missing link" zwischen Führungsverhalten und Führungskräfteentwicklung. Jenem sei eine Effizienz inhärent, da Kosteneinsparungen über eine Verbesserung der Auswahl und Ausdifferenzierung der Entwicklungsprogramme zu erwarten seien bzw. ein Controlling-Instrument für die Entwicklungsmaßnahmen nun gegeben sei (vgl. *Kiefer* 2010). *Cropanzano* und *Becker* (2013) führen, um eine solche Vision konkret zu machen, an, dass vor der Ein-

III. Zentrale Perspektiven auf die Ausgestaltung von Führungsbeziehungen

stellung von feindseligen oder aggressiven Menschen als Führende diese durch neurowissenschaftliche Methoden identifiziert und selektiert werden können. Folglich sollte sich die Gefahr destruktiver Führung minimieren.

Nun, selbst wenn es so wäre, wovon wir noch entfernt sind, könnte man dies guten Gewissens anders sehen. Wenn die letzte Bastion des Menschen fällt, die Freiheit der von außen nicht einsehbaren Gedanken, geht es nicht mehr um Führungseffektivität, sondern um Selbstbestimmung, Privatheit und damit auch um das Recht auf Unvollkommenheit. Die Menschenwürde ist dann tangiert, wenn nicht nur auf Erkenntnis, sondern auf die individualisierte Manipulation für ökonomische Verwertungsinteressen abgezielt wird. Dafür wird man, um bei dem obigen Beispiel zu bleiben, dann feindselige oder aggressive Vorgesetzte zu ertragen haben, für deren Abschaltung es bereits heute hinreichend Möglichkeiten gäbe, machte man nur davon Gebrauch. Die traurige Realität ist aber, dass vielfach überhaupt kein Interesse daran besteht. Nicht selten gelten diese Personen in ihrem Wesen und mit ihrem Menschenbild zur Durchsetzung des Organisationsinteresses als recht geeignet (vgl. *Kuhn/Weibler* 2012b). So gesehen sind diese und andere Positivbeispiele in ihrer Absolutheit naiv.

Wo aber liegen die Grenzen dieses Ansatzes? Sind noninvasive Verhaltensstudien wie transkranielle Magnetstimulation noch vertretbar? Gilt dies auch für genetische oder Medikamenten-Studien (vgl. *Fellows u.a.* 2008), bei denen neuronale Veränderungen des Probanden durch chemische Substanzen zur Untersuchungszwecken herbeigeführt werden? Zwar gibt es auch sehr große Chancen dieser Forschungsrichtung, das Leben/Wohlbefinden von Menschen zu verbessern – weit über die Arbeitswelt hinaus (z.B. in dem Sinne, dass ernsthafte Erkrankungen geheilt werden können) – jedoch muss die **ethische Bewertung** von Forschung darauf basieren, was die Methode für Menschen leisten kann und wie Menschen von ihr betroffen werden (vgl. *Cropanzano/Becker* 2013; *Lindebaum* 2013).

Fokussieren wir aber nun erst einmal die Tauglichkeit der gewonnenen Daten. Wenngleich bildgebende Verfahren immer wieder als gewinnbringend herausgestellt werden, so dürfen ihre **methodische Probleme** nicht außen vor bleiben. Diese beziehen sich nicht nur auf die Tatsache, dass lediglich Momentaufnahmen in einer künstlichen Situation möglich sind, sondern vor allem darauf, dass komplexes soziales Verhalten durch Beobachtung spezifischer Aktivierung von Gehirnregionen erfolgt (vgl. *Lee/Senior/Butler.* 2012). Mit der subtraktiv-experimentellen Methode, die eine Aktivierung eigentlich nur vor dem Hintergrund der Kenntnis eines Basisprozesses bewerten dürfte, kann, gemäß *Lee, Senior* und *Butler* die Wichtigkeit einer Aufgabe für das Gehirn nicht festgestellt werden, da die quantitative Ausprägung der Aktivierung hierfür kein Indiz gebe. Zudem besteht ein fundamentales Problem der Auswertung. Wendet man die sogenannte „**reverse inference**" an, wird ein Rückschluss von einem Signal (der Aktivierung der spezifischen Gehirnregion) auf den darunter liegenden mentalen Prozess gezogen. Allerdings kann eine spezifische Gehirnregion bei unterschiedlichen kognitiven Prozessen aktiv werden, sodass hier keine deduktive Validität gegeben ist, wie *Poldrack* (2008) konstatiert. Auch die sogenannte „**forward inference**", bei dem basierend auf der Veränderung einer spezifischen psychologischen Funktion die lokalisierten Effekte dieser Veränderung auf die Gehirnaktivität geprüft werden (vgl. *Henson* 2005), kann den Anforderungen nicht gerecht werden. *Lee/Senior/Butler* (2012) weisen darauf hin, dass es erst durch neue Methoden der Analyse eine validere Möglichkeit der Erforschung von Verhalten von Führungskräften gäbe.

Viele Forscher sehen die „**multivoxel pattern analysis**", eine analytische Methode, die Aktivitätsmuster mit spezifisch aktivierten Regionen abgleicht und kombiniert, als wichtige Entwicklung innerhalb der kognitiven Neurowissenschaften, da sie erstmals valide Schlussfolgerungen erlauben könnte (vgl. *Poldrack* 2011; *Norman u.a.* 2006). Das multivariate Dekodierungsverfahren nutzt Instrumente des computerbasierten Lernens, um statistische Einheiten zu schaffen, die die Aktivität des Geistes auf Grundlage spezifischer Bilder analysieren können. Studien zeigen, dass hieraus nicht nur eine höhere Validität resultiert, sondern auch komplexere Denkprozesse erfasst werden können (vgl. *Poldrack* 2011). Hier muss man abwarten.

Wir sollten ansonsten wissen, dass neuronale Aktivierungen zwar Maßstab für komplexe Phänomene wie beispielsweise die Beeinflussung von Stimmungen, Kognitionen oder die Beziehungsbildung sind. Rückschlüsse durch Signale ziehen – sei es mittels bildgebender Verfahren oder über hormonelle Marker – beinhalten natürlich immer eine Fehlerwahrscheinlichkeit. Wir sollten ebenfalls in Erinnerung halten, dass lediglich dem Verhalten vorgeschaltete Größen bzw. sogar den kognitiven Vorgängen vorgeschaltete Größen betrachtet werden. Verhalten aufgrund dessen deterministisch zu antizipieren, ist unmöglich.

Anwendungen wie jene der multivoxel pattern analysis, können allenfalls die Fehlerwahrscheinlichkeit der

Prognose schmälern. Problematisch ist hierbei zudem, dass eine parallele Messung verschiedener Gehirnregionen erfolgt, sodass es multiple abhängige Variablen gibt. Dies steht wiederum gegensätzlich zu den Forderungen valider parametrischer Testverfahren (vgl. *Lindebaum/ Zundel* 2013). Folgt man statistischen Gesetzen der Unabhängigkeit des Zusammenhangs zweier Variablen von anderen Einflüssen, so müsste eine spezifische Hirnregion nur dann aktiviert werden, wenn eine bestimmte Aktion/Aufgabe erfolgt, aber nicht in einer anderen Situation. Dies nennen *Lee, Senior* und *Butler* (2012) die „pure insertion hypothesis". Einzulösen ist sie aber nicht.

Was außerdem verbleibt, ist – wie bei anderen Instrumenten der sozialwissenschaftlich-psychologischen Forschung – das Kausalitätsproblem. Aus der Korrelation von kognitiven Aufgaben und Gehirnaktivität darf nicht gefolgert werden, dass eine Kausalbeziehung vorliegt. So ist die Unterstellung, dass eine bestimmte Hirnregion mit einem bestimmten Gedächtnisprozess bei einer gewissen Aufgabe immer verknüpft ist, unzutreffend oder unsicher (vgl. *Poldrack* 2011). Ferner wird oftmals der Fehler begangen, dass aus einer einzelnen Beobachtung auf Funktionen eines Bereichs geschlossen werden. Dabei ist die Aktivität in dem Bereich lediglich die Projektion einer erwarteten Konsequenz (vgl. *Hartmann u. a.* 2012).

Eine weitere inhärente Schwäche der Methode ist die Künstlichkeit der Untersuchungssituation. Führende und Geführte können nicht in einer realen Interaktion im organisationalen Kontext betrachtet werden, sondern müssen beispielsweise in Gehirnscannern liegen. Ihr Kopf muss ganz still gehalten werden, um die Funktionsfähigkeit des Instruments zu gewährleisten (vgl. *Ringleb/Rock* 2008). Ob Elektroenzephalographie, oder funktionale Magnetresonanztomographie – die Schwäche der bildgebenden Verfahren ist offensichtlich: es werden nur „real-time"-Informationen gegeben (vgl. *Poldrack* 2008). Somit können keine direkten mentalen Prozesse gemessen werden, obwohl diese oft unterstellt werden. Viele Forscher überschätzen die Methoden oder nutzen sie für ihren eigenen wirtschaftlichen Vorteil (vgl. *Cropanzano/Becker* 2013). In diesem Zuge rufen *Cropanzano* und *Becker* (2013) zu einer vorsichtigeren praktischen Anwendung der Methoden auf.

Problematisch sehen *Lindebaum* und *Zundel* (2013) die Komplexitätsreduktion des Neuroscience Leadership. Da komplexe soziale Phänomene in Basisprozesse – neuronale Prozesse – reduziert werden, treten dadurch grundsätzliche Probleme des **Reduktionismus** auf. Bewusstseinsprozesse könnten nicht so stark reduziert werden, als sie durch einfache funktionale Aktivierungen über alle Menschen hinweg beschreibbar wären. Dies würde einer Verkündigung der Nicht-Existenz subjektiver Erfahrungen gleichkommen (vgl. auch *Nagel* 1974). Zudem sind fortwährend multiple Wahrnehmungs-/Bewusstseinsprozesse aktiv, die simultan ablaufen. Die Messung der Wahrnehmung und im spezifischen der Emotionen, kann nur eine Differenzbetrachtung sein: Zwischen Erwartungen und wahrgenommenem Zustand. Allerdings ist kein Referenzpunkt gegeben, denn dafür müsste man die vorherigen Bedingungen kennen. Über diese reine messtheoretische Sicht hinweg, ist die beschriebene Komplexitätsreduktion auch im Hinblick auf Emotionen von vielen Forschern auch schon allein durch die Natur des Menschen und seine subjektiven Empfindungen nicht haltbar. Eine Emotion sei mehr als ein reiner neuraler Schaltkreis oder eine Synapsenänderungen (vgl. *Barrett u. a.* 2007).

Denken wir auch an das Problem multipler Realisierungen: Der gleiche psychologische Zustand kann sich mittels unterschiedlicher neuronaler Prozesse ausdrücken und vice versa (vgl. *Bickle* 2010). Bezieht man hier noch den sozialen Kontext mit ein, so variiert die Matrix möglicher Interpretationen in ihrer Anzahl stärker. Denn es kann durch einen anderen sozialen Kontext die gleiche Verhaltensweise des Führenden, basierend auf dem gleichen neuronalen Prozess, zu einer anderen Wahrnehmung beim Geführten führen, denn Wahrnehmung ist nicht nur eine Funktion bewusster und unbewusster mechanischer Prozesse, sondern immer im sozialen Kontext interpretierbar.

Betrachten wir die neuronale Aktivität von Individuen, so herrscht prinzipiell keine Übertragbarkeit über Analyseebenen hinweg – d. h. z. B. in der Gruppe kann ein Individuum ganz anders agieren (vgl. *Lindebaum/ Zundel* 2013; *Fisher/To* 2012). Dies impliziert, dass komplette facettenreiche organisationale Prozesse nicht nur durch Gehirnprozesse des Individuums erklärt werden können. Desgleichen werden mittels Dekonstruktion des Individuums in einzelne Gehirnprozesse Analyseeinheiten wie die Unternehmenskultur, organisationale Prozesse oder andere Individuen aus der Erklärung ausgeschlossen bzw. als Gründe zur Erklärung von Verhalten nicht weiter beachtet – es findet ein Ausschluss wichtiger Erklärungsvariablen statt. Relationale Variablen oder rekursive Aspekte von organisationalen Prozessen werden ebenfalls nicht berücksichtigt (vgl. *Cunliffe/Eriksen* 2011; *Cunliffe* 2009). Dies sehen zwar auch *Healey* und *Hodgkinson* (2014) so, sehen aber im Zusammenspiel von neuronalen Strukturen beim Individuum und organisationalen Gegebenheiten eine wichtige Erklärungsvariable für das Geschehen in Organisationen, vorzugsweise Entscheidungen. Sobald es möglich wäre, Gehirnvorgänge simultan bei zusammen agierenden Akteuren zu beobachten, könnten auch soziale Phänomene in Organisationen erhellt werden.

Allerdings, so der nahe liegende Einwand, beinhaltet die binäre Logik der neurowissenschaftlichen Methodik zur Charakterisierung relationaler und reziproker Prozesse in der Führungssituation (Aktivierung vs. nicht Aktivierung) keinerlei Passung zu organisationalen Terminologien und Logiken. Heterogenität und Komplexität kann nur schwer abgebildet werden. Sofern bei einer Ableitung von Schlussfolgerungen durch die Untersuchung der Aktivierung von Gehirnbereichen der Individuen die dyadische Interaktion überhaupt erfasst bzw. folgerichtig antizipiert werden sollte, wären in der Tat beide Seiten, Führender wie Geführter, in einer gemeinsam Untersuchung zu betrachten.

Letztlich, und da weisen *Lindebaum* und *Zundel* (2013) mit Recht darauf hin, wird die Neurowissenschaften zwar gerne als harte, faktenbasierte Wissenschaft gesehen, die die potenzielle Fehlerquelle Individuum (insbesondere bei Selbstauskünften) eliminieren könnte. Dies schließe aber nicht aus, dass auch der Forscher selbst durch seine Bewertung eine Verzerrung bewirke.

Aber die Forschung geht selbstredend weiter. Sicher, mehr Daten, auch längsschnittbezogene, würden bessere Interpretationen ermöglichen. Dies jedoch nur dann, sofern bei einem vernetzten Gehirn, wo (Teil-)Funktionen (durch Lernen) wechseln, Rückkopplungen beachtet und Intensitäten von Effekten bestimmt werden, die entscheidend sind. Die Nützlichkeit einmal unterstellt, wird der Forschungserfolg angesichts des benötigten Know Hows und der immensen Kosten wie der für die Studien benötigten Zeit nur durch die **Etablierung von Forschungsnetzwerken/-datenbanken** zu finden sein. Zur jetzigen Zeit bestehen solche Datenbanken für den Bereich der Läsionsstudien (für weitere Informationen siehe *Fellows u.a.* 2008). Einige weitere Initiativen wurden jedoch schon begonnen. Z. B. ist **OpenFMRI** ein Projekt, das das freie Teilen und Nutzen von fmri Daten ermöglicht. Ein Projekt, das die Verknüpfungen von Aufgaben und Prozessen inklusive der Verbindung zu den erhobenen Daten voranzutreiben versucht, ist das **Cognitive Atlas Projekt** von *Russell Poldrack*. Um eine Vergleichbarkeit, Replikation und ausreichende Validierung der Daten zu schaffen, sollten die Untersuchungsmethoden indes einer standardisierten Bewertung unterzogen werden (vgl. *Lafferty/Alford* 2010).

Potenzial für weitere Forschung des Neuroscience Leadership bietet auch das Projekt zur vollständigen Kartierung des menschlichen Gehirns, das vom US-Präsidenten *Barack Obama* 2013 ins Leben gerufen wurde: **BRAIN** (**B**rain **R**esearch **T**hrough **A**dvancing **I**nnovative **N**eurotechnologies). Dabei sollen alle geschätzt 100 Milliarden Nervenzellen und deren neuronale Aktivitäten wie molekulare Bestandteile erfasst werden (vgl. *Kandel u.a.* 2013). Dafür stellt die US-amerikanische Regierung drei Milliarden US-Dollar über den geplanten Zeitraum von zehn Jahren zur Verfügung (vgl. *Peters/Ghardiri* 2013; man beachte aber unsere Eingangsbemerkung, dass genau so ein Unterfangen zur Kartierung des menschlichen Genoms bislang enttäuschend verlief). Ebenso startete 2013 das auf zehn Jahre angelegte Forschungsprojekt **„Human Brain Project"** der Europäischen Kommission mit dem die Simulation eines kompletten menschlichen Gehirns mit Hilfe eines Supercomputers erreicht werden soll (vgl. *Kandel u.a.* 2013). Das mit 1,2 Milliarden Euro subventionierte Projekt soll von molekularem Aufbau bis hin zur Nachbildung von Verhalten durch die Unterstützung von neu entwickelter Software und mit neuen Datenbanken das menschliche Gehirn in Gänze darstellen können. Ziel ist es, neue Erkenntnisse über das menschliche Gehirn zu gewinnen, Krankheiten heilen zu können und Fortschritte für die Computer- und Robotertechnologie zu ermöglichen. Dass dabei etwas im positiven Fall für die Führung abfallen wird, ist wahrscheinlich. Dabei sollte das Feld den Einsatz multidisziplinärer Teams zur Erfassung, Interpretation und damit Schaffung von Verständnis für Gehirnaktivität forcieren. Dieser ist gerade vor dem Hintergrund, dass nur eine Verbindung neuronaler Netze einen Hinweis auf die Reaktion gibt und keine fest determinierten Bereiche für eine Funktion bestehen, essentiell (vgl. *Hartmann u.a.* 2012). Will man jeden Aspekt der verflochtenen Netze verstehen, muss man interdisziplinäre Zusammenarbeit gewährleisten.

Zusammenarbeit, die die **fragmentierte Disziplin** (vgl. *Bergner/Rybnicek* 2015) in ein → holistisches Bild integriert und Prognosen ermöglicht, ist die Zukunft dieser Disziplin. Gerade auch in der Führungsforschung selbst. Führungsphänomene sind nur begleitend neurowissenschaftlich zu sehen, nicht isoliert, sonst endet man in der Sackgasse, in der die Eigenschaftstheorie der Führung einst gelandet ist. Führungsprozesse sind nicht über einfache Funktionalitäten von Strukturen abzubilden. Führung ist nicht auf die Materie zu reduzieren. Hier kommen wir also schnurstracks an existenzielle Fragen.

4. Salutogenetische Führung: Wann Führung gesund hält

4.1 Hintergrund

Die Arbeit ist ein zentraler Faktor unseres Lebens. Mitarbeiterinnen und Mitarbeiter verbringen rund ein Drittel ihrer wöchentlichen Lebenszeit in ihrer Organisation, Führungskräfte oftmals noch mehr. Es ist offensichtlich, dass die tagtäglichen Arbeitsbedingungen, einen Einfluss auf das körperliche wie seelische Wohlbefinden haben. Die Führungskraft spielt in diesem komplexen Geflecht von arbeitsbedingten Einflussfaktoren auf die **Gesundheit** von Mitarbeitern eine besondere Rolle (vgl. *Sonnentag* 2015, S. 272; *Kuoppala u. a.* 2008; sowie grundlegend *Wegge/Shemla/Haslam* 2014), positiv wie negativ (vgl. *Kelloway/Barling* 2010). Dabei unterliegt sie selbst den sich sehr oft wandelnden Arbeitsbedingungen gleichermaßen (bspw. in Bezug auf Arbeitsaufgaben, Arbeitsorganisation, Arbeitsmittel).

Zwar sind Gefährdungen, die vor allem im Rahmen der ergonomischen und schadstofforientierten Arbeitsmedizin für die Gesundheit herangezogen werden, geringer geworden, doch sind Arbeitsverdichtung, Flexibilisierung, Entgrenzung von Arbeit und Angst vor einem Arbeitsplatzverlust beständige Themen und als potenzielle psychische Belastungen anzusehen (vgl. *Badura u. a.* 2012). Damit formulieren *Schiewek/Thielmann* (2014) mit Recht, dass der belastende Einfluss der Organisation auf die Gesundheit unter Umständen beachtenswerter als die Tätigkeit selbst ist. Dass der Einfluss der Organisation und speziell der Vorgesetzten auf die Gesundheit dabei empirisch schwieriger zu fassen und zu messen ist als ein toxischer Stoff (vgl. aber z. B. die Studie von *Falk u. a.* 2011 zum Zusammenhang von Herzfrequenz und ungerechter Aufteilung einer Geldprämie), ist eine regelmäßige Erfahrung, die in der subjektiven Welt der Betroffenen oft aber keines besonderen Beweises oder exakten Bestimmung mehr bedarf. Der Kloß im Hals beim ungeliebten Rapport reicht da völlig aus wie das befreiende Gefühl, durch seinen Vorgesetzten permanent Unterstützung statt Einschränkung zu erfahren.

Psychischen Belastungen sind dabei nach der DIN EN ISO 10075–1 als „*die Gesamtheit aller erfassbaren Einflüsse, die von außen auf den Menschen zukommen und psychisch auf ihn einwirken*" (*Lohmann-Haislah* 2012, S. 14) zu verstehen. Und diese psychische Belastung, die zunächst wertneutral sind, können unter bestimmten Umständen zu Beanspruchungen führen, die sich positiv, aber auch negativ auswirken (vgl. *Hofman* 2015, S. 45 ff.). Hier müssen wir nun Folgendes sehen: Prinzipiell wird eine als sinnvoll erlebte Arbeit, die die individuelle Leistungsfähigkeit und Leistungsbereitschaft nicht auf Dauer überstrapaziert, in aller Regel als ein das Leben bereicherndes Element angesehen (vgl. *Rudow* 2014, S. 6). Doch eine solche perfekte Passung gerät für viele Arbeitnehmer, selbstredend nicht nur für diese in unserer Gesellschaft, ins Wanken. Eindrucksvoll stehen am Ende der Entwicklung handfeste Zahlen. Nach Angaben der *Deutschen Rentenversicherung* (2015) gab im Jahr 2014 fast jeder zweite Frührentner (43 %) seine vormalige Arbeit aus psychischen Gründen auf: Rund 73.000 Versicherte waren dies – im Jahr 2000 waren es noch fast 20 % weniger. Und auch Krankschreibungen erfolgen immer häufiger in Verbindung mit psychischen Erkrankungen: Über 11 % der betrieblichen Fehltage in 2012 sind auf diese Ursache zurückzuführen. Damit hat sich dieser Anteil allein seit 2008 mehr als verdoppelt (vgl. *BMAS/BAuA* 2014; *BAuA* 2013). Unter Hinzunahme einschlägiger Studien (vgl. z. B. *Techniker Krankenkasse* 2015; *Ulich/Wülser* 2014; *Oppolzer* 2010) konstruiert sich so eine Entwicklung, die nicht zuletzt aufgrund einer älter werdenden Arbeitnehmerschaft Anlass zur Sorge bietet (vgl. *Frerichs* 2014). In der Medizin und in der Führungsdiskussion werden die Folgen dieser Entwicklung mit Begrifflichkeiten wie Stress, Burnout, Workaholismus und Work-Life-Balance belegt.

Stress ist in diesem Zusammenhang die Reaktion eines Körpers auf Beanspruchungen jedweder Art, die durch die Bewältigungsstrategien des Körpers nicht ohne Schaden neutralisiert werden können. Die Reaktion kann eine kognitive, emotionale, verhaltensbezogene oder physiologische sein und wird durch den Arbeitsinhalt, die Arbeitsorganisation und/oder die (soziale) Arbeitsumgebung – in der Regel gefiltert durch die individuelle Bedeutungszumessung dieser Umgebungsfaktoren – hervorgerufen (vgl. *Lazarus* 1999). Anders formuliert: Die eigenen Ressourcen reichen nicht aus, um einer Bedrohung, einer Schädigung oder einer Anforderung von außen gerecht zu werden. Sei es, weil die Fähigkeiten fehlen, der Wille zum Widerstand nicht ausreicht oder die Rahmenbedingungen eine angemessene Reaktion verunmöglichen. Solche individuellen oder arbeitsplatzbezogenen Faktoren können bei langfristig erlebten psychischen Stress neben psychosomatischen Störungen und Erkrankungen auch zu einem **Burnout** führen. Beim Burnout-Syndrom wird von einem emotionalen und körperlichen Erschöpfungszustand ausgegangen, der die Leistungsfähigkeit extrem herabsetzt. Die Betroffenen fühlen sich ausgebrannt und antriebsschwach, weitere Symptome dieser prozesshaften

Erkrankung reichen von einem emotionalen Rückzug aus dem Arbeitsfeld und den dort agierenden Personen (Depersonalisation), der Entwicklung von zynischen Einstellungen, einem Misserfolgserleben trotz übermäßiger Anstrengungen, bis hin zu aggressivem Verhalten und Depressionen (vgl. *Scherrmann* 2015, S. 11 ff.). Die steigenden Diagnosen im Bereich von Burnout und anderer psychischen Erkrankungen spiegeln sich nicht zuletzt in den erhöhten Fehlzeiten und steigenden Frühverrentungen wider (vgl. *Lohmann-Haislah* 2012; die methodisch nicht einfach zu untersuchende Verbindung zwischen Burnout und objektiven Leistungsdaten, die zumindest teilweise, so wie man sie vorab vermuten würde, unterstützt wird, zieht im Rahmen einer Metastudie mit heftiger Kritik am Forschungsstand *Taris* 2006). **Workaholismus** beschreibt die suchthafte Neigung, Arbeit und ihren Stellenwert für das Leben zu überhöhen, bis hin zum Verlust von Selbstkontrolle über das eigene Verhalten samt der damit verbundenen emotionalen und körperlichen Begleiterscheinungen.

Die zunehmenden psychischen Probleme am Arbeitsplatz haben zu einer Diskussion geführt, die unter dem Stichwort **Work-Life-Balance** die Ausgewogenheit von beruflichem und privatem Dasein thematisiert und eine wie auch immer im Detail definierte Balance zwischen diesen beiden Lebenswelten anstrebt (vgl. *Wiese* 2015). Das, worum es in dieser Auseinandersetzung letztendlich geht, ist die Gesundheit, nach der Definition der *Weltgesundheitsorganisation* (1946, S. 1) ein *„Zustand vollkommenen körperlichen, geistigen und sozialen Wohlbefindens und nicht allein das Fehlen von Krankheit und Gebrechen"* (siehe auch die *Ottawa-Charter* der *WHO* 1986 zur Gesundheitsförderung, die den Schwerpunkt auf die Befähigung legt, das individuelle und gesellschaftliche Leben positiv zu gestalten, u. a. durch einen gesunden Lebensstil). Der Medizinsoziologe *Aaron Antonovsky* (1997) kritisiert jedoch die implizite Trennung von Krankheit und Gesundheit und hat deswegen bereits in den 1980er Jahren ein viel beachtetes eigenständiges Modell entwickelt, das der Salutogenese. Es ermöglicht nach seinen Worten eine ganzheitliche Betrachtung des Individuums und betont vor allen Dingen die aktive Auseinandersetzung mit bedrohlichen wie hilfreichen Szenarien für das eigene Wohlbefinden. Die 1946iger WHO-Definition der Gesundheit beschreibt danach nur noch eine regulative Idee, einen wünschenswerten Idealzustand („vollkommen"), aber kein in der und durch die Führungspraxis ernsthaft zu erreichendes Ziel mehr.

4.2 Zentrale Aussagen

Das Modell der Salutogenese beruht auf der Annahme, dass Gesundheit und Krankheit keine sich ausschließende Gegensätze sind. Vielmehr sind es die Pole eines eindimensionalen Kontinuums. Jeder von uns findet dort zu einem bestimmten Zeitpunkt seinen Platz, der sich jedoch theoretisch wie faktisch mal mehr in die eine, mal mehr in die andere Richtung verschiebt (vgl. Abb. E.6). Im Unterschied zu vielen Gesundheitskonzep-

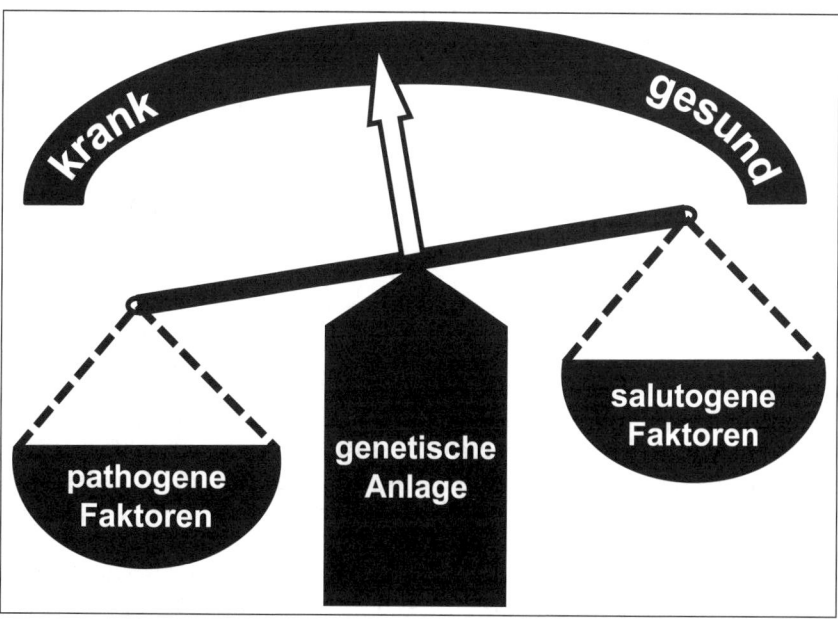

Abb. E.6: Gesundheitswaage nach *Antonovsky*

ten, in denen Gesundheit als Gleichgewicht und damit als homöostatisch beschrieben wird, ist das menschliche Leben nach Antonovsky durch ein Ungleichgewicht, der Heterostase, gekennzeichnet. Menschen verbleiben also nicht von alleine in einem gesunden Gleichgewicht, sondern sind vielfältigen Stimuli ausgesetzt, die einer kontinuierlichen Anpassung und einer aktiven Bewältigungsleistung bedürfen (*Franke* 2012, S. 170 ff.).

> „Niemand geht sicher am Ufer entlang", so *Antonovsky* (1997, S. 92).

Die salutogenetische Orientierung bewirke nach ihm über die Faktoren nachzudenken,

> „die zu einer Bewegung in Richtung auf das gesunde Ende des Kontinuums beitragen" (1997, S. 25).

Oftmals sind es verschiedene Faktoren, die ins Kalkül zu ziehen sind. Aber auch der Stress wird insofern rehabilitiert, als seine Mobilisierungskraft für den Körper anerkannt wird. Schon der Stressforscher *Hans Selye* (1976) unterschied zwischen dem sogenannten **Eustress** und **Disstress**. Ersterer sei förderlich für das Individuum und nur Letzterer sei pathogen. In dieser Blickweise der Salutogenese wird die dichotome Klassifizierung von Menschen als gesund oder krank aufgegeben. Gesamthaft wird sich stärker auf die Frage konzentriert, welche Faktoren dafür verantwortlich sind, dass Menschen zu dem einen oder zu dem anderen Pol wandern. *Antonovsky* nennt Faktoren, die einen positiven Einfluss auf einen konstruktiven Umgang mit Stressoren haben, diese werden als **Generalisierte Widerstandsressourcen** bezeichnet. Wenn ein Individuum über ausreichende internale und externale Widerstandsressourcen verfügt, kann mit belastenden Lebens- und Alltagserfahrungen produktiv umgegangen werden und Stressoren können ihr gesundheitsbeeinträchtigendes Potenzial nicht entfalten (vgl. *Franke* 2009, S. 85). Dabei, so *Antonovsky*, macht eine salutogenetische Orientierung aber keine

> „Vorschläge für ein gutes Leben im moralischen Sinne, sie kann nur das Verständnis von Krankheit und Gesundheit erleichtern" (1993, S. 13 f.).

Eine besondere Bedeutung in diesem Modell besitzt neben den Generalisierten Widerstandsressourcen das **Kohärenzgefühl** („Sense of Coherence"). Es ist entscheidend für die seelische Gesundheit, da es den Umgang mit Beanspruchungen moderiert. Dieses durchdringende, andauernde, aber dennoch dynamische Gefühl setzt sich aus drei Vertrauensüberzeugungen zusammen: Erstens, dass die Zukunft vorhersehbar ist oder doch zumindest eingeordnet und erklärt werden kann (**Verstehbarkeit**); zweitens dass man in der Lage ist, Antworten auf Herausforderung zu finden, die einen bedrohen und mit den Schicksalsschlägen des Lebens umgehen lassen (**Handhabbarkeit**); drittens Lebensbereiche zu besitzen, die einem wichtig sind und für die man sich anstrengen und engagieren möchte (**Sinnhaftigkeit**) (vgl. *Antonovsky* 1997, S. 36). Eine Skala zur Messung des Kohärenzgefühl (SOC-Skala) dieser drei Vertrauensüberzeugungen liegt vor, jedoch zeigen faktoranalytische Überprüfungen, dass die Konstrukte empirisch kaum zu unterscheiden sind und daher am ehesten von einem Generalfaktor auszugehen ist (vgl. *Tran/Walter/Remmel* 2012).

Auf dieser Grundlage ist es Aufgabe einer Führungskraft, sei es unter der Flagge der Nachhaltigkeit oder der Ethik, Mitarbeiterinnen und Mitarbeitern durch ihre Arbeit Möglichkeiten zu eröffnen, sich auf dem Kontinuum in Richtung Gesundheit zu bewegen und alles Erdenkliche zu tun, um Bedingungen, die eine Bewegung in Richtung Krankheit nach sich ziehen, zu vermeiden. Wie dies gelingen kann, zeigt die **positive Psychologie** auf (vgl. *Seligman/Csikszentmihalyi* 2000; *Seligman* 1998). Dieser Ansatz greift bekannte Überlegungen beispielsweise aus den Forschungen zur Arbeitszufriedenheit, zur Gerechtigkeit oder zur intrinsischen Motivation auf. Es geht darum, die Fähigkeit des Individuums, positiv zu denken und sich den eigenen Interessen entsprechend positiv zu entwickeln, zu unterstützen. Zentrale Begrifflichkeiten sind hier Inspiration, Hoffnung, Vertrauen oder Optimismus, die durch Lernerfahrungen gestärkt werden können und den fundamentalen Gegensatz zum konträren Konzept der → **erlernten Hilflosigkeit** bilden (vgl. *Seligman* 2010). *Seligman* spricht hier analog vom „**gelernten Optimismus**" (1990), der zu einem authentischen **Glücksempfinden** führen könne (vgl. *Seligman* 2002). Das Glücksempfinden forme sich dann aus – und man sieht die Verbindung zu Antonovsky – wenn man positive Emotionen auslebe und Fähigkeiten entwickle, diese zu stützen, eigene Stärken entfalten könne und seine Talente für eine Anbindung und Einbindung in etwas verspüre, dass über das eigene Selbst hinausgehe (zu den Glücksgründen siehe das kritische Review von *Dolan/Peasgood/White* 2008).

Grundlage zum Verständnis der günstigen Wirkung positiver Emotionen (vgl. Abb. E.7) auf die Gesundheit ist die **Broaden-and-Build Theorie** (vgl. *Frederickson* 2002, 1998). Entsprechend dem Namen dieser Theorie erweitern positive Emotionen die kognitiven Denkprozesse und bilden damit die Basis für den Aufbau neuer handfester Ressourcen und Fähigkeiten (z. B. soziale Unterstützung oder Wissen), die dann wiederum langfristige Auswirkungen auf das psychische und physische Wohlbefinden haben, was wiederum positive Emotionen auslöst.

Als Basis oder das Fundament aller positiven Führungsansätze kann das sich herausbildende **„psychologische Kapital"** angesehen werden. Nach *Luthans u. a.* (2007) beinhaltet das sogenannte PsyCap (a) das Zutrauen, durch Anstrengung Herausforderungen erfolgreich zu meistern **(Selbstwirksamkeitsüberzeugung)**, (b) grundsätzlich positiv über eine erfolgreiche Bewältigung der Gegenwart und der Zukunft zu denken **(Optimismus)**, (c) an Zielen festzuhalten, und wenn notwendig, die Zuversicht zu besitzen, neue Wege zur Zielerreichung zu finden **(Hoffnung)** und (d) sich gegenüber Problemen und anderen Widrigkeiten des Lebens zu behaupten sowie Widerständen standzuhalten **(Widerstandsfähigkeit)**, um Erfolg zu haben. Diese zu einem Index ausgebauten Konstrukte spiegeln den positiven psychologischen Entwicklungsstand eines Individuums wider, der vor allem durch belohnende Ereignisse im Jetzt und einer positiven Einschätzung solcher Belohnungen in der Zukunft entsteht.

> **Beispiel zur Messung des Psychologischen Kapitals**
>
> Der zur Indexbildung benutzte Fragebogen „Psychological Capital Questionnaire" (PCQ) besteht aus 24 Items. Beispielitems sind: „Ich bin zuversichtlich, in Sitzungen meinen Arbeitsbereich gegenüber dem Management vertreten zu können" oder „Ich bin zuversichtlich, bei der Zielsetzung in meinem Arbeitsbereich helfen zu können" (a); „Gerade im Moment erlebe ich mich als ziemlich erfolgreich bei meiner Arbeit" oder „Falls ich mich in Schwierigkeiten auf der Arbeit befinde, kann ich mir viele Wege vorstellen, da wieder raus zu kommen" (b); „Wenn ich einen Rückschlag auf der Arbeit habe, habe ich Probleme, mich davon zu erholen und weiterzumachen" (zu recodieren) oder „Im Allgemeinen gehe ich mit stressigen Sachen auf der Arbeit locker um" (c); Ich schau immer auf die angenehmen Seiten von Dingen bei meiner Arbeit" oder „Falls etwas für mich bei der Arbeit schief gehen kann, dann wird es passieren" (zu recodieren) (d). Die Autoren sprechen bewusst von einem Zustand, allerdings einem stabilen und nicht flüchtigem, aber nicht von einer Eigenschaft, um die Entwicklungsfähigkeit des positiven psychologischen Kapitals deutlich herauszustellen (im Gegensatz zu den Big Five [Eigenschaften] der Persönlichkeitsforschung beispielsweise).

Luthans und seine Forscherkollegen weisen dem positiven psychologischen Kapital organisational erwünschte Auswirkungen auf Verhalten zu. Mittlerweile zeigen eine Vielzahl an Studien, dass ein signifikant positiver Zusam-

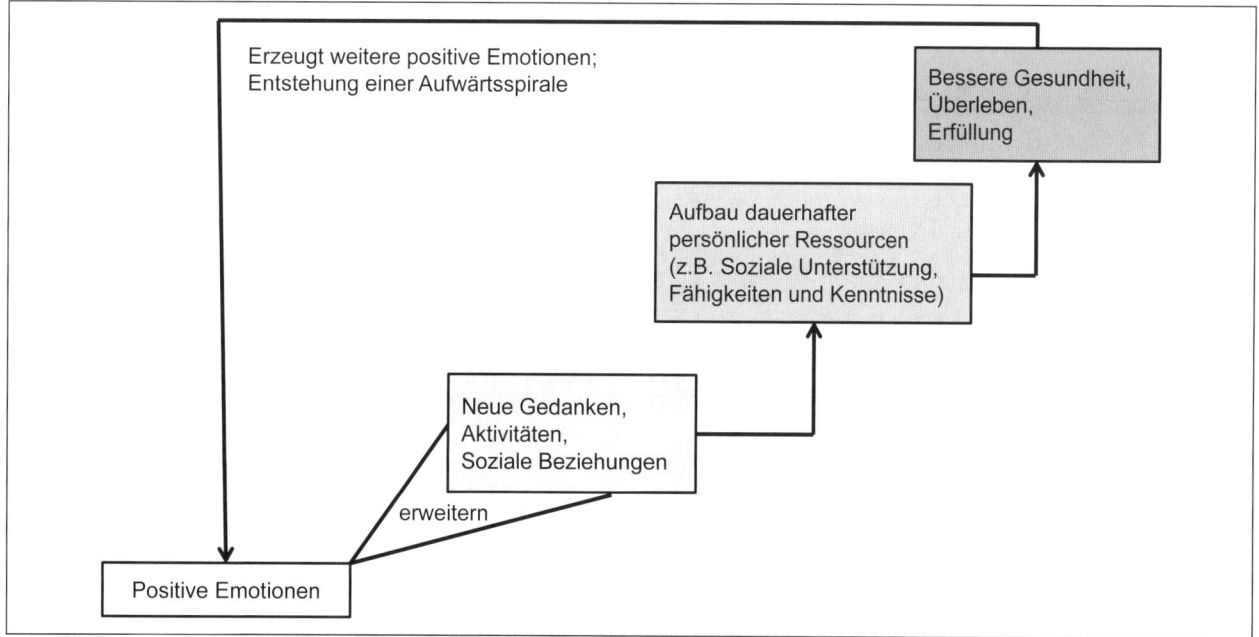

Abb. E.7: Wirkungen positiver Emotionen: Die Broaden-and-Build Theorie (*Cohn/Frederickson* 2009, S. 16, übersetzt)

menhang zwischen dem psychologischen Kapital und dem Arbeitsverhalten wie z. B. Arbeitsleistung, Arbeitszufriedenheit, Organisationales Commitment oder Engagement, besteht (vgl. *Newman u. a.* 2014; *Avey u. a.* 2011; vgl. auch Abb. E.8). Auch gibt es zunehmend Anhaltspunkte dafür, dass Interventionen, die das PsyCap als Orientierung verwenden, in einem relativ kurzen Zeitraum umgesetzt werden können und dass eine solche Entwicklung einen wesentlichen Einfluss auf Leistungsverhalten hat (vgl. *Fullagar/Kelloway* 2012, S. 152). Ferner deuten Untersuchungen daraufhin, dass ein Führungsverhalten, das die oben aufgezeigten Kriterien des psychologischen Kapitals fördert, weitere positive Auswirkungen hat. So steht Hoffnung mit dem Finden alternativer Lösungen und einer effektiveren Zielerreichung in einem positiven Zusammenhang. Der Umgang mit anspruchsvollen Aufgaben wird erleichtert oder gar aufgesucht (vgl. *Luthans/Youssef* 2007). Hoffnung trägt außerdem dazu bei, dass Menschen sich resilienter in Stresssituationen verhalten (vgl. *Ong/Edwards/Bergeman* 2006).

In diesem Zusammenhang ist auch das Konzept der Widerstandsfähigkeit zu berücksichtigen. Es steht in Verbindung mit Copingstrategien. So geht die **Cognitive Appraisal Theory** davon aus, dass Menschen, die widerstandsfähig sind, ihre Umgebung als weniger belastend bewerten und sich mehr auf die persönliche Entwicklung konzentrieren (vgl. *Lazarus* 1991). Wie wichtig Selbstwirksamkeitsüberzeugung und Optimismus sind, um die letzten beiden Punkte dieses psychologischen Kapitals herauszugreifen, zeigt ihr positiver Zusammenhang mit Engagement im Arbeitskontext (vgl. *Bakker* 2011). Allerdings offenbart der **„Engagement Index"** des *Gallup Instituts*, dass nur 15% der Deutschen laut dieser regelmäßig durchgeführten, internationalen Studie emotional engagiert arbeiten. 70% praktizierten hingegen Dienst nach Vorschrift und 15% hätten bereits innerlich gekündigt (vgl. *Gallup Institut* 2015). „**Flow** auf der Arbeit", eine mögliche wahrzunehmende Folge einer hohen Ausprägung des positiven psychologischen Kapitals (vgl. *Luthans/Youssef-Morgan/Avolio* 2015, S. 190), wird nach diesen Zahlen, die wir hier nur als *einen* Indikator interpretieren wollen, eher selten zu erwarten sein.

Führungskräfte sollten sich zuallererst der Auswirkungen von Emotionen bewusst sein, da sie auf viele Führungssituationen einwirken. So haben Menschen beispielsweise eine bessere Wahrnehmung, sind aufmerksamer und achtsamer, wenn sie positive Emotionen empfinden. Die emotionale Belastbarkeit, die positive Emotionen hervorruft, ermöglicht Arbeitnehmern mit dem täglichen arbeitsbedingten Stress besser umzugehen und fördert gleichzeitig persönliches Wachstum. Des Weiteren hat die Balance zwischen positiven und negativen Emotionen einen Einfluss auf das subjektive Wohlbefinden. Insgesamt kann positiven Emotionen zugeschrieben werden, dass sie zur Widerstandsfähigkeit, sozialen Integration und Leistungsfähigkeit von Individuen beitragen (vgl. *Creusen/Eschemann/Johann* 2010, S. 17 ff.).

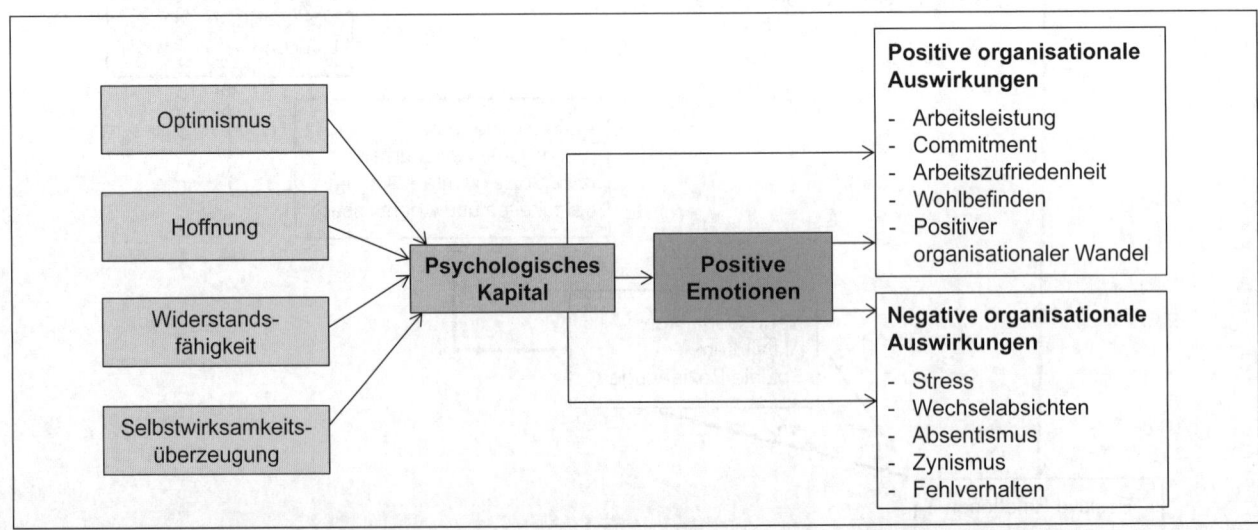

Abb. E.8: Der Einfluss des psychologischen Kapitals auf organisationale Auswirkungen (in Anlehnung an *Newman* u. a. 2014; *Avey* u. a. 2011; *Avey/Wernsing/Luthans* 2008)

Für Führungskräfte wäre der erste Ansatzpunkt sicherlich ein Vorleben im Sinne des PsyCap-Ansatzes. So argumentieren zumindest *Macik-Frey*, *Quick* und *Cooper* (2009), die konkret das Ausstrahlen positiver Emotionen durch Führungskräfte als „ansteckend" für Geführte wie Kolleginnen und Kollegen werten. In diesem Sinne könnten Führungskräfte auch durch den gezielten Einsatz von Emotionen – in ähnlicher Weise wie Servicemitarbeiter – einen Einfluss auf ihre Mitarbeiter ausüben. Allerdings wird dieses Verhalten, das auch unter dem Begriff **„Emotionsarbeit"** bekannt ist, mit einer Reihe an negativen Auswirkungen wie bspw. Stress und Burnout in Verbindung gebracht (vgl. *Humphrey* 2012).

Wenn auch verkürzt, aber nicht unzutreffend, geht es bei der Anwendung der Erkenntnisse aus der positiven Psychologie darum, Personen zu respektieren, ihnen glaubhafte Möglichkeiten zu eröffnen, für sie wichtige positive Erlebnisse und Belohnungen zu erhalten und mit ihnen konstruktiv und entwicklungsorientiert zu kommunizieren. Dies drückt sich ebenso im Führungsstil aus. *Kelloway u.a.* (2013) konnten bei einem als **„Positive Leadership"** bezeichneten Führungsstil einen Zusammenhang mit positiven Affekt und Wohlbefinden bei Mitarbeitern nachweisen. Des Weiteren zeigen die Daten einer groß angelegten Mitarbeiterbefragung (n = 28.223), dass Führung und Vorgesetztenverhalten zudem einen wichtigen Einfluss auf den Umgang mit Belastungen haben. Positive Einschätzungen des Vorgesetztenverhaltens von Mitarbeitern führten zu geringeren Angaben von gesundheitlichen Beschwerden und einem höheren Wohlbefinden (vgl. *Zok* 2011). Dazu passt auch, dass ein Führungsverhalten, das vor allem die Beziehungsqualität entwicklungsorientiert fokussiert (Leader-Member-Exchange), das erlebte geführtenseitige Wohlbefinden, positiv beeinflusst (vgl. *Gregersen/Vincent-Höper/Nienhaus* 2014). Ebenfalls konnte eine höhere Arbeitsleistung und -zufriedenheit sowie ein besserer Gruppenzusammenhalt vor allem bei mitarbeiterseitigem, aber eben auch führerseitigen **Humor** metaanalytisch festgestellt werden, wobei Letzterer allerdings je nach kontextsensitivem Einsatz auch ausgesprochen negativ aufgefasst werden kann und folglich negative Effekte provoziert (vgl. *Mesmer-Magnus u.a.* 2012).

Daneben sind **Arbeitsorganisation** und **Arbeitsumfeld** so zu gestalten, dass sie die Stärken der Geführten stützen und Kooperationen, die für den eigenen Erfolg auf der Arbeit in der Regel notwendig sind, fördern. Im organisatorischen Kontext wurde eine Fülle an Einzelmaßnahmen entwickelt, die auf eine direkte wie indirekte Beeinflussung der Personen- wie Umgebungsvariablen für eine Förderung des Gesundheitsgrades der Mitarbeiterinnen und Mitarbeiter abzielen (vgl. hierzu z.B. *Kern/Vosseler* 2013; *Badura/Walter/Hehlmann* 2010, S.46). Insbesondere die Institutionalisierung eines betrieblichen Gesundheitsmanagements (vgl. *Uhle/Treier* 2015; *Wilde u.a.* 2009) führt zum Aufbau von nachhaltigen Strukturen und Prozessen im Unternehmen, die Gesundheitsschutz als Führungsaufgabe verstehen (vgl. *Bamberg/Ducki/Metz* 2011, S.128 f.).

Basisfragen:
1. Weiß ich, was bei der Arbeit von mir erwartet wird?
2. Habe ich die Materialien und Arbeitsmittel, um meine Arbeit richtig zu machen?

Fragen zum eigenen Beitrag:
3. Habe ich bei der Arbeit jeden Tag die Gelegenheit, das zu tun, was ich am besten kann?
4. Habe ich in den letzten sieben Tagen für gute Arbeit Anerkennung und Lob bekommen?
5. Interessiert sich mein/e Vorgesetzte/r oder eine andere Person bei der Arbeit für mich als Mensch?
6. Gibt es bei der Arbeit jemanden, der mich in meiner Entwicklung unterstützt und fördert?

Fragen zur Passung mit der Organisation:
7. Habe ich den Eindruck, dass bei der Arbeit meine Meinungen und Vorstellungen zählen?
8. Geben wir die Ziele und die Unternehmensphilosophie meiner Firma das Gefühl, dass meine Arbeit wichtig ist?
9. Sind meine Kollegen bestrebt, Arbeit von hoher Qualität zu leisten?
10. Habe ich innerhalb der Firma einen sehr guten Freund?

Fragen zur gemeinsamen Entwicklung:
11. Hat in den letzten sechs Monaten jemand in der Firma mit mir über meine Fortschritte gesprochen?
12. Hatte ich bei der Arbeit während des letzten Jahres die Gelegenheit, Neues zu lernen und mich weiter zu entwickeln?

Abb. E.9: Attraktive Arbeitsbedingungen über den Tag hinaus (*Buckingham/Coffman* 2005)

Weiterführend in diesem Zusammenhang sind zudem die Ergebnisse der weltweit größten, vom *Gallup Institut* durchgeführten Langzeitstudien zur Arbeitsplatzattraktivität (☞ C. II. 2.1). Deren Kernelemente geben Auskunft darüber, inwieweit ein Unternehmen *„erstklassige Mitarbeiter gewinnen, an sich binden und produktiv beschäftigen"* will (*Buckingham/Coffman* 2005, S. 21). Die in der Abbildung E.9 aufgeführten Punkte, die die Qualität des Arbeitsplatzes und des Arbeitsumfeldes abbilden sollen, können sehr gut mit bisherigen wissenschaftlichen Erkenntnissen hinterlegt werden (zum Beispiel **Zielsetzungstheorie**, ☞ C. II. 2.2; Motivationstheorien, ☞ C. II.; Lerntheorie, ☞ C. III). So können die empirischen Ergebnisse aus dieser Studie zeigen, dass sowohl die Entwicklungsinteressen der Mitarbeiterinnen und Mitarbeiter wie auch die ökonomischen Interessen der Organisation davon beeinflusst sind (vgl. *Buckingham/Coffman* 2005, S. 38 ff.).

Wir erwarten, dass Führungskräfte, die dazu beitragen, dass Mitarbeiterinnen und Mitarbeiter diese Fragen überdurchschnittlich stark im Sinne der Intention beantworten, einen wesentlichen Beitrag für das Wohlergehen der Geführten leisten. Dies würden wir mit der Sensibilisierung durch den PsyCap-Ansatz und anderen Aktivitäten zur Förderung eines Kohärenzgefühls als eine organisationspraktisch hinterlegte salutogenetische Führung verstehen. Führungskräfte müssten dazu die beschriebenen 12 Punkte als eine Handlungsaufforderung interpretieren, solche Bedingungen zu schaffen, deren Umsetzung zu unterstützen und deren Erhalt durch ihre eigene Person selbstkritisch zu hinterfragen (vgl. zu weiteren Voraussetzungen für ein gesundheitsförderlichen Führen sehr instruktiv die Studie von *Wilde u. a.* 2009).

Es soll abschließend unbedingt noch darauf hingewiesen werden, dass bei allem Engagement und bei aller Förderung von und durch Führungskräfte im Bewusstsein bleiben muss, dass die **Erholung** als

> *„beanspruchungsregulierende und gesundheitsförderliche Ressource, die den Einzelnen in die Lage versetzt, mit Beanspruchungssituation in gesunder Weise ausgleichend umzugehen und protektiv auf die Gesundheitserhaltung Einfluss zu nehmen"* (*Allmer* 1996, S. 78),

zu erkennen und umzusetzen ist.

Die positive Wirkung von Erholungsphasen kann mit zwei theoretischen Modellen, dem **Anstrengungs-Erholungsmodell** von *Meijman* und *Mulder* (1998) oder dem **Modell der Ressourcenerhaltung** von *Hobfoll* (1989) theoretisch recht gut erklärt werden. So wird in dem Anstrengungs-Erholungsmodell davon ausgegangen, dass Beanspruchungen durch die physische und psychische Anstrengung bei der Arbeit auftreten. Damit der Zustand der Beanspruchung wieder aufgehoben werden kann, darf für einen gewissen Zeitraum keine Anstrengung erfolgen und die geforderten Funktionssysteme dürfen nicht weiter beansprucht werden. Wenn dies nicht geschieht, kommt es zu einer Akkumulation von Beanspruchungen aufgrund der fehlenden Erholungsphasen, die sich dann zu einer irreversiblen Beeinträchtigung des Wohlbefindens entwickeln kann (vgl. *Meijman/Mulder* 1998). Erholung wird damit als Bewältigungsstrategie für den Umgang mit oder zur Verhinderung von Erschöpfung angesehen. Auf Erholung ist dabei sowohl im Tages- wie im Jahresverlauf zu beachten, zunehmend auch intertemporal („Sabbatical"). Die Idee einer Work-Life-Balance steht hierfür im Besonderen (zur Differenzierung und Kritik am Konzept siehe *Chang/McDonald/Burton* 2010; *Eikhof/Warhurst/Haunschild* 2007). Ergänzend wäre zu argumentieren, dass Erholung die Möglichkeit eröffnet, Ressourcen anzusammeln. Beispielsweise können so Ressourcen im Urlaub präventiv aufgebaut werden, um anschließend besser Herausforderungen zu bewältigen (vgl. *ten Brummelhuis/Bakker* 2012, S. 446).

Diese Perspektive fußt auf dem **ressourcenorientierten Modell** von *Hobfoll* (2002). In diesem wird davon ausgegangen, dass Menschen über eine gewisse Menge an psychischen und physischen Ressourcen verfügen und danach streben, weitere Ressourcen aufzubauen. Ein Verlust bzw. ein antizipierter Verlust von Ressourcen sowie hohe Investitionen in Ressourcen, ohne dass sich daraus ein Ressourcengewinn ergibt, können daher zu Stress führen. Der Begriff der Ressource wird dabei sehr weit gefasst und beinhaltet Objekte (z. B. Auto, Haus), persönliche Charakteristika (z. B. Optimismus, Selbstwirksamkeit), Bedingungen (z. B. Handlungsspielräume, Arbeitsplatzsicherheit) und Energien (Zeit, Geld, Wissen), die als solche vom Individuum wertgeschätzt werden. Übertragen auf den Arbeitskontext bedeutet dies, dass während eines Arbeitstages Ressourcen beansprucht werden, die wieder aufgebaut werden müssen. Wenn also an einem anstrengenden Arbeitstag sich die Energie eines Individuums verringert, muss für einen Ausgleich gesorgt werden. Dies kann durch nicht beanspruchte Ressourcen oder den Aufbau von gleichwertigen Ressourcen erfolgen. So könnte das Individuum beispielsweise zusätzliche Zeit für soziale Kontakte aufwenden oder Geld in bevorzugte Aktivitäten investieren, um im Sinne von Erholung das Wohlbefinden wiederherzustellen. Werden die beanspruchten Ressourcen allerdings nicht vollständig wiederhergestellt, vermindern sich diese zusehends. *Hobfoll* (2001, S. 354 ff.) spricht in diesem Zusammenhang von sogenannten **Verlustspiralen**, d. h. das Fehlen von Ressourcen führt zum Verlust von weiteren Ressourcen, da Individuen nun weniger in der Lage sind, neue Ressourcen durch Investitionen zu gewinnen. Dieses gilt auch umgekehrt: Viele vorhandene Ressourcen mindern die Anfälligkeit von Verlusten und Individuen sind eher in der Lage, in Ressourcen zu investieren, um weitere aufzubauen **(Gewinnspiralen)**.

4.3 Kritische Würdigung

Der Charakter der Arbeit hat sich grundsätzlich für viele in den letzten Jahren gewandelt. Dies ist an sich nicht ungewöhnlich, beobachten wir doch ein beständiges Wechselspiel zwischen gesellschaftlichen, politischen und wirtschaftlichen Veränderungen und der Art und Weise, mit Arbeit umzugehen. Auch muss man sich vor Pauschalaussagen hüten, die die Arbeitswelt als Ganzes betreffen, denn dazu ist sie zu differenziert. Dennoch wird man für die gegenwärtige Zeit wohl sagen dürfen, dass die positive Bedeutung der Arbeit für die eigene Identitätsbildung zwar unverändert hoch ist, dass der „Preis", der dafür zu zahlen ist, aber tendenziell zunimmt. Der Einzelne befindet sich oftmals in einem sehr kompetitiven Umfeld, das Anerkennung sehr selektiv verteilt und wo sich die Bedingungen, Anerkennung zu erhalten, verschärfen. Dazu gehört auch, dass sich strukturell verschiedene Arbeitsformen durchsetzen, die das sogenannte Normalarbeitsverhältnis in seiner Bedeutung nennenswert schmälern (Teilzeit, Leiharbeit, gewollte oder erzwungene Selbstständigkeit als Freischaffender [Freelancer] und die jeweiligen Kombinationen). Dies kann man pauschal euphemistisch als Erhöhung von Optionen ausweisen, bietet in der Tat Spielräume zur Verwirklichung eigener Vorstellungen, ist für nicht wenige allerdings mit hohen, ungewohnten Belastungen verbunden.

Gemeinsam ist vielen Entwicklungen, dass die Arbeit als „entgrenzt" (vgl. *Minssen* 2011) empfunden wird, will heißen, dass die Trennung zwischen privatem und beruflichem Leben immer mehr verschwindet. Spontan fallen einem hierzu die Werkswohnungen ein, die früher unmittelbar in die Nähe der Fabrik gebaut wurden. So neu ist diese Entwicklung also wiederum auch nicht, nur anders ausgelegt und heute durch die Telekommunikation von einer Örtlichkeit der Anbindung befreit. Die Entgrenzung der Arbeit fördert Gefahren einer psychischen Beanspruchung, die nicht mehr angemessen eingefangen werden können.

Führungskräfte besitzen eine Fürsorgepflicht ihren Mitarbeiterinnen und Mitarbeitern gegenüber sowie – gerne vergessen – auch gegenüber sich selbst. Damit ist die Ausgangslage eindeutig. Ebenso eindeutig ist, dass dem im nennenswerten Ausmaß nicht nachgekommen wird, wie u. a. neuere Ausarbeitungen aus einem ganz anderen Bereich außerhalb des hier erwähnten zeigen, dem des „bad leadership" (*Kellerman* 2004) oder der „destruktiven Führung" (vgl. zur Übersicht *Schyns/Schilling* 2013). Innerhalb der Führungslehre selbst wird die Gefahr der Erkrankung am Arbeitsplatz sehr wohl gesehen. Stress ist eine Standardvariable, die mit den Wirkungen eines Führungsverhaltens untersucht wird. Persönlichkeitsvariablen moderieren diese Beziehung potenziell. *Lazarus* (1999) hat ja gezeigt, dass das Stressniveau, ja sogar die Stressqualität, erst in einer Interaktion aus Person und Umwelt manifest wird. Dabei wirken die Umweltfaktoren nicht einfach deterministisch, sondern müssen noch durch einen kognitiven und emotionalen Filter.

Generell sind die Erkenntnisse aus der positiven Psychologie für persönliches Wohlbefinden am Arbeitsplatz ausgesprochen aussagekräftig. Dies nicht von ungefähr, denn deren Erkenntnisse basieren entscheidend selbst wiederum auf einer langen Auseinandersetzung mit der Arbeit in unserer Gesellschaft. Angesichts von personell immer älter werdenden Organisationen wird eine salutogenetisch ausgerichtete Führung an Bedeutung gewinnen, aber auch anspruchsvoll bleiben. Es muss parallel gelingen, eine salutogenetisch orientierte Organisation als Leitbild zu entwickeln, die das individuelle Bewusstsein ihrer Mitglieder für die Gesundheit und ihre Gefährdungen sensibilisiert sowie praktische, unterstützende Regelungen und Maßnahmen im Sinne einer strukturellen Führung ergreift, und vor allem Erholungen garantiert (z. B. eine Kommunikation mit Kunden oder Kollegen außerhalb der Dienstzeiten im Regelfall ausschließt); die umgekehrt aber auch Erlebnisse zur Erhöhung des psychischen Kapitals fördert und Bedingungen schafft, um energiereiche Flow-Episoden zu begünstigen.

> **Beispiel zur Reduktion von Arbeitsbelastung**
>
> Inmitten der Wirtschaftskrise in 2009 bemerkte die Geschäftsleitung der *PhoenixContact*, eines deutschen Herstellers von industriell benötigten elektrischen und elektronischen Technologien, dass ihre Mitarbeiter überlastet waren. Die Reduktion von Arbeitsstunden der Mitarbeiter resultierte in eine geringere Kapazität der Firma, sodass *Gunther Olesch*, Mitglied der Geschäftsleitung, einen Prozess zur Reduktion der Arbeitsbelastung

> in allen Einheiten und Ebenen veranlasste. Er bat die Führungskräfte darum, alle gegenwärtigen und zukünftigen Projekte zu klassifizieren als A) wichtig für die gesamte Firma, B) wichtig, kann aber kurzzeitig zurückgestellt werden, oder C) kann für zwei Jahre verzögert oder abgebrochen werden. „Zuerst sagten die Leute: „Wir haben nur A-Aufgaben", erklärte *Olesch*, und ich antwortete: „Dann klassifizieren Sie Ihre Aufgaben als A1, A2, oder A3". Wir müssen manche Aktivitäten abbrechen, sonst verausgaben wir uns völlig [brennen wir aus] und werden aus dieser Krise nicht gesund herauskommen." (*Bruch/Menges* 2010, S. 82, übersetzt.).

Wie bedeutsam die Unterstützung, das Vorbild, aus dem Top-Management dafür ist, zeigt das obige Beispiel. Nur wenn gesundheitsförderliche Rahmenbedingungen vorgegeben und Wissen zum Gesundheitsmanagement zur Verfügung gestellt werden (z. B. zur Chronobiologie, zur Konflikthandhabung, zum psychologischen Kapital, zur Achtsamkeit), eröffnet dies Führungskräften die Handlungsräume und Handlungsmöglichkeiten, die sie benötigen, um Einfluss auf die zu bewältigenden Belastungen wie auf die zur Verfügung stehenden Ressourcen von Mitarbeitern zu nehmen. Auf diese Weise können sie zugleich die Motivation, Leistungsfähigkeit und Gesundheit der Mitarbeiter und Mitarbeiterinnen fördern und somit entscheidend zum langfristigen Erfolg der Organisation beitragen. Nicht zuletzt gehört dazu ein verantwortungsvoller Umgang mit Macht über andere und ein Denken über den Tag hinaus.

5. Servant Leadership: Wenn Führen Dienen ist

5.1 Hintergrund

Der Ansatz des „Servant Leadership" – geprägt von *Robert K. Greenleaf* – ist in Deutschland bisher eher zögerlich dargestellt und kommentiert worden; in den USA wurde die Idee in den letzten Jahren allerdings verstärkt in die Führungsforschung aufgenommen (vgl. *Spears* 2004; *Laub* 1999; *Graham* 1991). Ein Drittel der Fortune 100-Unternehmen gibt dabei an, Servant Leadership zu betreiben (vgl. *Hinterhuber u. a.* 2007, S. 11). Entsprechend viele Beratungsunternehmen nehmen sich diesem Ansatz an. Interessant wirkt er heute auch deshalb, weil er die unteilbare Verantwortlichkeit von Führungskräften für die Mitarbeiter, für das Unternehmen und für die Gesellschaft wie kein zweiter nordamerikanischer Ansatz so konsequent postuliert, Werte und Dienen in den Mittelpunkt der Betrachtung stellt und daher mit aktuellen Konzepten wie **Corporate Social Responsibility**, Integrität von Führungskräften (vgl. *Thielemann/ Weibler* 2007a) oder **Integrale Steuerung von Organisationen** (vgl. *Deeg/Küpers/Weibler* 2010) scheinbar gut korrespondiert. Die Philosophie des Servant Leadership entwickelte sich aus dem Aufsatz *„The Servant as Leader"* von *Robert K. Greenleaf* (1970). Nach einer fast 40-jährigen Karriere in der Abteilung Managementforschung, -entwicklung und -ausbildung bei *AT&T* – ehemals die größte Telefongesellschaft der Welt und heute ein Telekommunikationskonzern – arbeitete *Greenleaf* weitere 25 Jahre als Berater für zahlreiche US-Unternehmen und Universitäten und gründete das *Greenleaf Center of Applied Ethics* mit Sitz in Indianapolis (1985 wurde dies in *Robert K. Greenleaf Center for Servant-Leadership* umbenannt und nach *Greenleafs* Tod 1990 von *Larry C. Spears* weitergeführt). Die Philosophie des Servant Leader entspringt einem religiösen Hintergrund, da *Greenleaf* selbst Quäker war, wurde aber nach seinen Aussagen hauptsächlich durch *Hermann Hesses* Prosadichtung „Die Morgenlandschaft" inspiriert. Durch diese Erzählung kam er zu der Einsicht, dass große Führungspersönlichkeiten in erster Linie Diener seien. Menschen zu führen hieße demnach, ihnen zu dienen, wobei Dienen eine natürliche Lebenshaltung und keine Leistungsfunktion darstellt. Gesunde, profitable Organisationen und insgesamt eine bessere Gesellschaft entstehen durch eine wertebasierte Vision der Führungskräfte, die ihre Macht durch Überzeugung anstatt durch Zwang ausüben. Die Schaffung und Vermittlung der Vision auch in unsicheren oder gefährlichen Umständen ist damit Hauptaufgabe des Servant Leaders (vgl. *Greenleaf* 1977, S. 21 ff.).

5.2 Zentrale Aussagen

Servant Leadership ist zunächst einmal eine wertgetriebene Philosophie, die den eigenen Nutzen dem Nutzen der anderen unterordnet und folgerichtig keine austauschorientierte, kalkulative Gegenleistung erwartet. Ein natürlicher Antrieb für das Motiv des Dienens ist nach *Greenleaf* die eigene Spiritualitätserfahrung (→ Spiritualität) des Führenden, der hieraus notwendige Stärke und Integrität schöpfen kann (vgl. *Greenleaf* 1998, S. 263 f.). Dieses **Motiv des Dienens**, die Voraussetzung für Servant Leadership, wird einer aktuellen Studie zufolge (*Van Dierendonck/Patterson* 2015) am besten mit **„compassionate love"** ausgedrückt:

> *„In essence, we propose that a leader's propensity for compassionate love will encourage a virtuous attitude in terms of humility, gratitude, forgiveness and altruism. This virtuous attitude will give rise to servant leadership*

behavior in terms of empowerment, authenticity, stewardship and providing direction" (S. 119).

Zu verstehen ist „compassionate love" im Konkreten in den Worten der Autoren (S. 121) als:

„doing good with a clear motivation of concern for the followers, acts of kindness that are intended for the follower's benefit not for the leader's benefit (such as looking good) [...] containing feelings, cognitions, and behaviors that are focused on caring, concern, tenderness, and an orientation toward supporting, helping, and understanding the other(s) [...]" (*Sprecher/Fehr* 2005, S. 630).

Greenleaf legte den Grundstein für eine universale, normative Führungstheorie, wobei er allerdings Servant Leadership selber nie wirklich definiert hat (vgl. *Laub* 2004, S. 2). Er entwickelte demgegenüber einen häufig zitierten Fragenkatalog, um Servant Leader identifizieren zu können (*Greenleaf* 1970, S. 15):

„The best test, and difficult to administer, is: Do those served grow as persons? Do they, while being served, become healthier, wiser, freer, more autonomous, more likely themselves to become servants? And, what is the effect on the least privileged in society; will he benefit, or, at least, will he not be further deprived?"

Hiermit wird der Fokus auf die Geführten gerichtet, die durch den Servant Leader eine Anerkennung ihrer Persönlichkeit sowie Unterstützung in ihrer Entwicklung erfahren und somit kraftvoll und zuversichtlich zu größerer Selbstsicherheit und wachsendem Wohlbefinden gelangen. Auf diese Weise entwickeln sie sich selber zu dienenden Führern oder folgen ausschließlich dienenden Führern (vgl. *Greenleaf* 1977, S. 24).

Die Notwendigkeit einer Definition für Servant Leadership zur wissenschaftlichen Weiterführung, aber auch praktischen Verbreitung des Führungskonzeptes, wurde u.a. von *Laub* aufgegriffen, der zu folgender Definition kam (*Laub* 1999, S. 81):

„Servant leadership is an understanding and practice of leadership that places the good of those led over the self-interest of the leader. [...] Servant leadership promotes the valuing and development of people, the building of community, the practice of authenticity, the providing of leadership for the good of those led and the sharing of power and status for the common good of each individual, the total organization and those served by the organization."

Um diese heute auch in anderen Ansätzen teilweise einfließenden Merkmale einer so zu praktizierenden Führung konkreter fassen zu können, haben verschiedene Autoren Operationalisierungsvorschläge unterbreitet (vgl. *Dennis/Bocarnea* 2005; *Patterson* 2003; *Russel/Stone* 2002). *Spears* entwickelte als einer der ersten zehn **zentrale Attribute** eines Servant Leaders (vgl. zur weiteren Erläuterung der Attribute *Spears* 1998, S. 5 ff.):

- Aktives Zuhören („Listening"),
- Empathie („Empathy"),
- Heilung („Healing"),
- Bewusstsein („Awareness"),
- Überzeugungskraft („Persuasion"),
- Konzeptualisierung von Visionen („Conceptualization"),
- Voraussicht („Foresight"),
- Treuhänderische Verantwortung („Stewardship"),
- Engagement zur Weiterentwicklung der Geführten („Commitment to the growth of people"),
- Aufbau einer Gemeinschaft („Building Community").

Aufbauend auf diesen Charakteristika identifizierten *Russel* und *Stone* neun funktionale und elf begleitende Attribute und entwickelten daraus ein nachstehend aufgeführtes Modell für die weitere Forschung und praktische Anwendung (vgl. Abb. E.10). Demgemäß basiert das Servant Leadership auf der kognitiven **Werthaltung** und den **Überzeugungen des Führenden**, welche sich über die Jahre zu einem individuellen Wertesystem entwickelt haben (vgl. im Folgenden *Russel/Stone* 2002, S. 146 ff.). Als **abhängige Variablen** fungieren die funktionalen Attribute, welche die operativen Qualitäten und ausgeprägten Eigenschaften und Charakteristika der Führer darstellen und somit die Form und Effektivität des Verhaltens des Servant Leaders bestimmen: Vision („Vision"), Ehrlichkeit („Honesty"), Integrität („Integrity"), Vertrauen („Trust"), Dienen („Service"), Vorleben von Werten („Modeling"), Pioniergeist („Pioneering"), Anerkennung von Anderen („Appreciation of others"), Ermächtigung der Geführten (→ „Empowerment"). Die begleitenden Attribute ergänzen und erweitern die funktionalen Attribute, sie beeinflussen deren Niveau und deren Intensität und gelten als **Moderatorvariablen**. Genannt werden hier Kommunikation („Communication"), Glaubwürdigkeit („Credibility"), Kompetenz („Competence"), Verantwortungsübernahme zum Wohle Dritter („Stewardship"), Sichtbarkeit („Visibility"), Einfluss („Influence"), Überzeugungskraft („Persuasion"), Aktives Zuhören („Listening"), Unterstützung („Encouragement"), Lehren („Teaching"), Delegation („Delegation"). Vertrauen ist im Übrigen ein funktionales Attribut in dem Modell und deutet somit darauf hin,

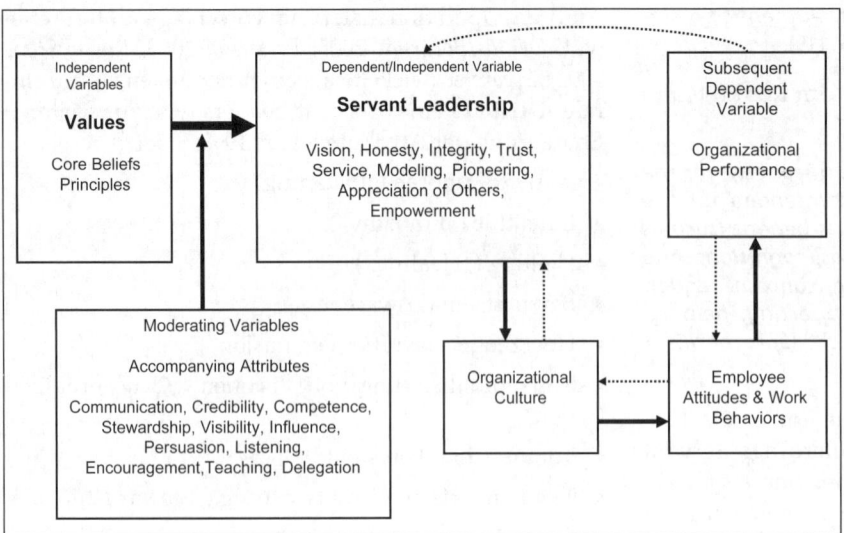

Abb. E.10: Modell des Servant Leadership
(vgl. *Russell/Stone* 2002, S. 154)

dass es ein Ergebnis von Servant Leadership ist. *Joseph* und *Winston* untersuchen in diesem Zusammenhang die Wahrnehmung der Geführten von Servant Leadership und dem Vertrauen in die Vorgesetzten sowie dem organisationalen Vertrauen. Sie schlussfolgern, dass Servant Leadership in Unternehmen helfen kann, das Vertrauen der Angestellten in die Führungskräfte als auch in die Organisation zu etablieren (vgl. *Joseph/Winston* 2005, S. 15).

Das Modell wird komplettiert, indem die **Organisationskultur**, die **Einstellungen und das Verhalten der Organisationsmitglieder** sowie die **Leistung der Organisation** integriert werden, wobei für diese Effekte das Führungsverhalten als unabhängige Variable anzusehen ist (vgl. *Russel/Stone* 2002, S. 153 f.).

Kurze Zeit später legte *Patterson* (2003) in ihrer Dissertation nahe, dass Servant Leader von sieben tugendhaften Einsichten geleitet werden, die in ihrer Gesamtheit typischerweise dienende Führer charakterisieren und ihr Verhalten formen. Die spiritualistisch gefärbte Einsicht des „Agapao Love" stellt sie als Grundpfeiler vor (s'agapo stammt aus dem Griechischen und bedeutet „Ich liebe dich"); es steht für bedingungslose Liebe in einem sozialen oder moralischen Sinn und veranlasst den Führer, seine Geführten ganz im Kantianischen Sinne nicht als Mittel zum Zweck, sondern als Persönlichkeit mit Bedürfnissen und Wünschen zu sehen. Weitere Einsichten des Servant Leadership nach *Patterson* sind Bescheidenheit („Humility"), Altruismus („Altruism"), Vision („Vision"), Vertrauen („Trust"), Stärkung der Geführten (→ „Empowerment") und Dienen („Service") (vgl. *Patterson* 2003, S. 10 ff.; vgl. auch Abb. E.11).

Auf Grundlage von Pattersons Modell haben *Dennis* und *Bocarnea* (2005) ein Instrument entwickelt, um die **Effektivität des Servant Leaders** messen zu können. Die Autoren kommen zu dem Ergebnis, dass fünf Einsichten (Konstrukte) zur Konstituierung von Servant Leadership gemessen, die Einsichten „Altruismus" und „Dienen" allerdings nicht ausreichend erfasst werden können (vgl. *Dennis/Bocarnea* 2005, S. 610).

> **Empirie zum Modell des Servant Leadership**
>
> Auf der Suche nach einer strukturellen Grundlage für weitere empirische Untersuchungen und für Anwendungen in der Management Praxis versuchten *Washington/Sutton/Fields* (2006) die Basis für ein Modell des Servant Leadership herauszuarbeiten, das sich auf die individuellen Unterschiede in den Eigenschaften zwischen den dienenden Führern fokussiert. Als mögliche individuelle Unterschiede werden einerseits die Werte Empathie, Integrität und Kompetenz sowie das Persönlichkeitsmerkmal Freundlichkeit bzw. Verträglichkeit des Vorgesetzten gegenüber seinen Angestellten identifiziert. Mithilfe eines Fragebogens untersuchten die Autoren zu zwei unterschiedlichen Zeitpunkten in drei verschiedenen Unternehmen 126 Vorgesetzte und 288 Angestellte, die direkt an die Vorgesetzten berichteten. Die Angestellten sollten ihre Wahrnehmung über die Attribute des Servant Leadership sowie auch über die Ausprägung der Werte Empathie, Integrität und Kompetenz bei ihren Vorgesetzten angeben, wobei die Vorgesetzten selber ihre Empfindung der eigenen Freundlichkeit gegenüber ihren Angestellten anzeigen sollten. Mithilfe einer Regressionsanalyse konnte dann das Verhältnis zwischen der abhängigen Variable – der Wahrnehmung der Angestellten über die Servant Leadership Qualitäten ihrer

III. Zentrale Perspektiven auf die Ausgestaltung von Führungsbeziehungen   Kapitel E

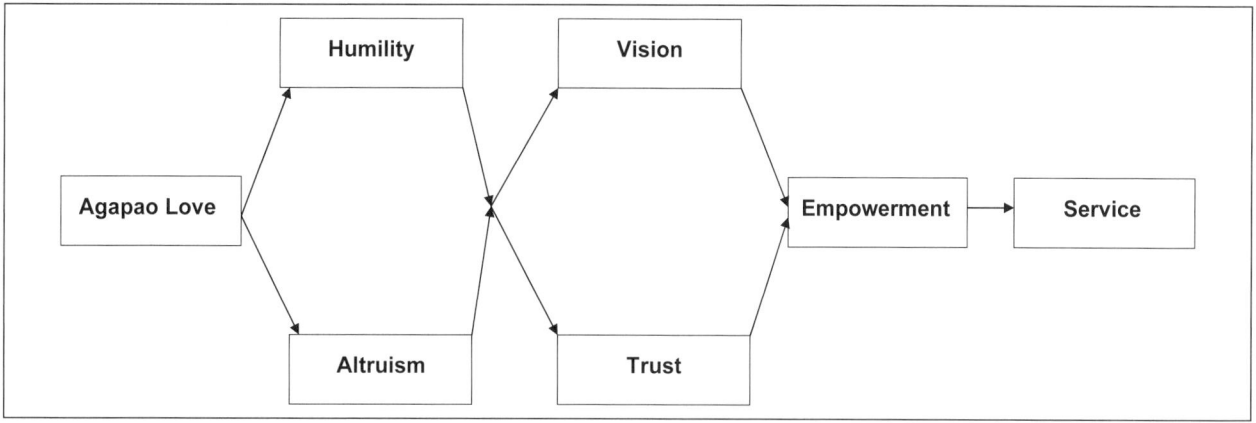

Abb. E.11: Tugendhafte Einsichten für Servant Leadership (vgl. *Patterson* 2003, S. 10)

Vorgesetzten – sowie den unabhängigen Variablen – die Werte und Persönlichkeitsmerkmale des Vorgesetzten – geschätzt werden. Die Autoren kommen zu dem Ergebnis, dass Vorgesetzte, die von ihren Angestellten als Repräsentanten der Werte Empathie, Integrität und Kompetenz wahrgenommen werden und die sich selber als freundlich, verträglich und großzügig bewerten, auch von ihren Angestellten eher als Servant Leader wahrgenommen werden.

Praktische Anwendung findet das Modell z. B. in der Rekrutierung, wenn ein das Servant Leadership favorisierendes Unternehmen bei der Auswahl seiner Führungskräfte auf die oben genannten persönlichen Attribute achtet oder während des Rekrutierungsprozesses Botschaften mit den gewünschten Attributen an potenzielle Bewerber sendet (z. B. über die Rekrutierungs-Website), um ihnen eine entsprechende Selbstselektion zu ermöglichen. Um daraufhin die Führungskräfte an das Unternehmen zu binden und die Servant Leadership Kultur aufrecht zu erhalten, sollte das Unternehmen beständig die gewünschten Werte und Persönlichkeitseigenschaften akkurat kommunizieren (vgl. *Washington/Sutton/Fields* 2006, S. 711).

Abgrenzung des Servant Leadership zu anderen Führungskonzepten

Die Abgrenzung des Servant Leadership zu anderen Konzepten, neben z. B. einer authentischen und ethischen Führung vor allem zur **transformationaler Führung** (☞ D. II. 3), wurde in der nahen Vergangenheit mehrfach untersucht (vgl. umfassend *Van Dierendonck* 2011; daneben *Smith/Montagno/Kuzmenko* 2004; *Stone/Russel/Patterson* 2004; *Graham* 1991). Zunächst einmal finden sich vielfältige, theoriespezifische Überschneidungen, aber eben auch Unterschiede. Die transformationale Führung, auf die wir uns auch hier konzentrieren wollen, beruht auf einer Beziehung zwischen Führungskraft und Geführten, bei der die Führungskraft ihre Geführten durch individuelle Behandlung, geistige Anregung, Inspiration und persönliche Ausstrahlung auf höhere Werte und Ziele transformieren soll (vgl. *Bass* 1998, S. 133). Schon *Graham* (1991, S. 116) kommt zu der Überzeugung, dass große Ähnlichkeiten zwischen den beiden Führungskonzepten bestehen, dass allerdings Servant Leadership noch einen Schritt weiter geht, indem es das Ausmaß des moralischen Denkvermögens der Geführten weiterentwickelt. *Stone u. a.* (2004, S. 353 ff.) betonen in diesem Zusammenhang die großen Ähnlichkeiten zwischen den Theorien, wie die Wertschätzung von anderen Menschen, die Fähigkeit des aktiven Zuhörens und des Empowerment der Mitarbeiter. Den größten Unterschied sehen die Autoren allerdings im Fokus der Führungskraft: der transformationale Führer konzentriert sich auf die organisationalen Ergebnisse und richtet auch das Engagement seiner Angestellten auf die Ziele der Organisation aus. Demgegenüber gilt die Aufmerksamkeit des Servant Leader komplett seinen Geführten, die organisationalen Ziele sind ihnen untergeordnet. Möglicherweise könnten die Unterschiede im Fokus der Führungskräfte auf den organisationalen Kontext oder die persönlichen Werte der Führungskräfte zurückzuführen sein. *Smith u. a.* (2004) und *Humphreys* (2005) fanden beide Hinweise darauf, dass transformationale Führung besser für dynamische und Servant Leadership eher für statische Umweltbedingungen geeignet ist. Dies lässt sich darauf zurückführen, dass trotz der konzeptuellen Ähnlichkeiten die Praktizierung von dienender oder transformationaler Führung unterschiedliche Unternehmenskulturen nach sich zieht, die sich somit in verschiedenen Kontexten als tauglicher erweisen können. Servant Leadership führt eher zu einer spirituell fruchtbaren Kultur, wogegen transformationale Führung eher eine gestärkte dynamische Kultur hervorruft (vgl. *Smith u. a.* 2004, S. 86 f.).

> **Empirie zum Servant Leadership**
>
> *Parolini/Patterson/Winston* (2009) setzen als eine der Ersten eine empirische Untersuchung zur Unterscheidung zwischen den beiden Führungskonzepten um, indem sie 19 Aussagen bezogen auf Moral, Fokus, Motiv, Mission, Entwicklung und Einfluss der Führungskräfte von den entsprechenden Angestellten mithilfe eines Online-Fragebogens bewerten lassen (z. B. „I feel as if my leader is focused on achieving the goals of the: organization/individual" – Focus Distinction). Darüber hinaus nehmen die Probanden noch selbst eine Zuordnung ihres Vorgesetzten in die Kategorien „dienender" oder „transformationaler" Führer vor. Mithilfe einer → Diskriminanzanalyse erhielten die Autoren aus den insgesamt 19 Aussagen fünf statistisch signifikante Items, die den Unterschied zwischen transformationaler und dienender Führung darstellen können („I believe this leader is primarily focused on meeting the needs of the: organization/individual" – Moral; „I believe this leader's first inclination is to first: lead/serve" – Entwicklung; „I believe this leader's allegiance and focus is primarily toward the: organization/individual" – Fokus; „I believe this leader influences me through more [...] means: customary/unconventional" – Einfluss; „When this leader attempts to influence or persuade me, I believe I am being/given: controlled/freedom" – Einfluss).
>
> Auch *Liden u. a.* (2008) erweitern die Literatur zur Einordnung des Servant Leadership Konzeptes, indem sie ein multidimensionales Messinstrument und eine mehrstufige Bewertungsmethode entwickeln, um Servant Leadership von den Theorien der **transformationalen Führung** und der **Dyadentheorie der Führung** (☞ B. III. 3) abzugrenzen. Mittels der Durchführung einer Befragung von 298 Studenten in der Pilotstudie sowie von weiteren 164 Angestellten und 25 Vorgesetzten in einer zweiten Studie ließen die Autoren 85 Items bewerten, die die Autoren zuvor unabhängig voneinander als zugehörig zu einer der acht Servant Leadership Dimensionen ausgewählt hatten, die wiederum nach einem Studium der bisherigen Literatur identifiziert wurden. Verschiedene Faktoranalysen lieferten den Beweis für die Existenz von sieben Servant Leadership Dimensionen („emotional healing", „creating value for the community", „conceptual skills", „empowering", „helping subordinates grow and succeed", „putting subordinates first", „behaving ethically", *Liden u. a.* 2008, S. 162). Der daraus resultierende Fragebogen besteht aus 28 verschiedenen Items **(SL-28)**, wobei pro Dimension 4 Items benötigt werden.
>
> In 2014 nutzen *Liden u. a.* eine damit hoch korrelierte 7-Item-Skala **(SL-7)**. Die Autoren schlussfolgern, dass Servant Leadership auf dem individuellen Level einen einzigartigen Beitrag zur Erklärung von organisationalen Engagement, Leistung und gemeinschaftlich, sozialen Verhalten der Angestellten liefert, der über die Erklärung durch transformationale Führung und durch die Dyadentheorie der Führung hinausgeht. Servant Leader können demnach die Arbeitsleistung und das organisationale Engagement ihrer Angestellten steigern und sie dazu inspirieren, eine aktive, soziale Rolle in ihrer Gemeinschaft einzunehmen (vgl. *Liden u. a.* 2008, S. 173). Dieser Befund wird in 2014 von *Liden u. a.* prinzipiell bestätigt. Hier übt Servant Leaderhip im Restaurantbereich vor allem über die dadurch erzeugte Servicekultur sowie ihren Einfluss auf die Mitarbeiteridentifikation eine deutlich positive Wirkung auf Ergebniszahlen wie Zufriedenheit aus, was durch die Einbeziehung mehrerer Datenquellen besonders aussagefähig ist. Sicherlich ist das Anwendungsfeld für die Grundidee prädestiniert.
>
> Ebenfalls in 2014 stellen *Verdorfer* und *Peus* eine 30-Item-Version des Servant Leadership Surveys (SLS) nach *Van Dierendonck* und *Nuijten* auf Deutsch vor. Diese Skala zeigt wie andere aber auch, dass sich Verhaltensweisen finden, die anderenorts ebenfalls einfließen (z. B. Entwicklung von Mitarbeitern, Vorgesetzter lernt aus Kritik). Das besondere scheint nach *Liden u. a.* (2015) zu sein, dass der aggregierte Wert aus allen Skalen für das Modell der Verwendung einer jeden einzelnen oder ihrer fallweisen Kombination auf die Effektgrößen vorzuziehen ist. Wenn man so möchte, entsteht Servant Leadership emergent aus diesem mehrdimensionalen Konstrukt seiner Erfassung.

5.3 Kritische Würdigung

Servant Leadership verlangt *Greenleaf* folgend nach einem neuen Verständnis von Führung, bei dem vor allem die Organisationsmitglieder an Entscheidungen beteiligt werden und diese von ihren Vorgesetzten zu autonomen, moralischen Geführten mit freien Willen und eigenem Gewissen entwickelt werden (vgl. *Greenleaf* 1977, S. 23 f.). Insgesamt betrachtet vertritt ein Großteil der Befürworter des Servant Leadership die Meinung, dass Servant Leader die Leistung der Organisation optimieren, die organisationale Zufriedenheit erhöhen und die Produktivität steigern können (vgl. z. B. *Joseph/Winston* 2005, S. 16).

Nach *Reinke* stellt das Konzept des Servant Leadership allerdings eine **idealistische Vision einer Führungstheorie** dar: Es ist eine philosophische Annäherung an das Thema Führung, dem jedoch eine exakte Auslegung fehlt. Sie ist der Meinung, dass *Greenleaf* das Konzept nicht klar genug kommuniziert, nicht von anderen Führungstheorien abgegrenzt und nicht erklärt hat, was genau die organisationale Leistung fördern soll (vgl. *Reinke* 2004). In seiner Ausformulierung bliebe das Konzept vage und metaphysisch und die von Autor zu Autor variierenden Charakteristika des Servant Leader würden zu jedem anderen Modell von wünschenswerter Führung ebenso passen wie zu dem Modell des „idealen Menschen" (vgl. *Bradley* 1999). Seit 2004, dem Jahr dieser Kritik, finden sich zunehmend empirische Studien in Journals. Auch in jüngeren Veröffentlichungen wird der juvenile konzeptionelle Stand immer wieder, wie bei *Liden u. a.* (2014), angesprochen. Sie gehen aber nun ausdrücklich auf den vermissten Übertragungsprozess ein und erklären die Wirkung mit den Theorien des Rollenlernens durch ein Model wie über soziale Prozesse der Identitätsbildung. Ansonsten bestätigen *Parris/Peachey* (2013) in ihrem systematischen Review über 39 empirische Studien die unübersichtliche Befundlage, lassen jedoch keinen Zweifel daran, dass diese Art der Führung dem Wohlbefinden der Geführten dient und Potenzial für eine mindestens moderate individuelle und organisationale Leistungsverbesserung darstellt. *Peterson/Galvin/Lange* (2012) zeigen u. a. anhand der Analyse des Führungsverhaltens von 126 CEOs in Technologieunternehmen, dass Servant Leadership den Firmenerfolg („Return on Assets") verbessert und negativ mit Narzissmus, also einer egoistischen Fokussierung auf die eigene Position, verbunden mit Gefühlen der Selbstüberhebung bis hin zur Verblendung und manipulativer Grundhaltung korreliert.

In der weiteren **Forschung** sollte neben der weiteren Arbeit an der Validität der Erfassungsinstrumente zweifelsfrei ein größerer Fokus darauf gelegt werden, die kontextuelle Abhängigkeit von Servant Leadership genauer zu untersuchen. Zu denken ist hier auch an veränderte Formen der Zusammenarbeit (z. B. virtuellen Unternehmen ☞ E. III. 10) und damit auch an neue Beschäftigungsstrukturen (vgl. *Scholz* 2005), die eine Veränderung der Kommunikationsstrukturen und Bindungen leicht nach sich ziehen können. *Hamilton/Bean* (2005) zeigen beispielsweise die Bedeutung kultureller Sensitivitäten durch ein praktisches Fallbeispiel eines international agierenden Unternehmens aus den USA, wo die Ausformung des dort bei einigen Organisationseinheiten festgestellten Servant Leadership nicht einfach auf einen Unternehmensableger in Großbritannien übertragen werden konnte. Eine Anpassung anhand der jeweiligen zum Teil länderspezifischen ethischen und moralischen Grundlagen der verschiedenen Kontexte (☞ E. III. 7; ein neueres Review weist immerhin eine prinzipielle Übertragbarkeit in viele Kulturen aus; vgl. *Parris/Peachey* 2013) erscheint demnach neben einer vermehrten Wirkungsforschung auf jeden Fall notwendig (vgl. *Hamilton/Bean* 2005, S. 345). Bei der Wirkungsforschung sollten mögliche negative Effekte wie mitarbeiterseitige Passivität oder opportunistisches Ausnutzen von Anstrengungen anderer nicht ausgeblendet werden, da in der Praxis derartige Bedenken angesichts konkurrierender „härterer" Führungsvorstellungen und weniger freundlicher Menschenbilder durchaus artikuliert werden. Und wie immer bleibt die Frage, inwieweit bei positiver Würdigung ein **dienendes Führungsverhalten** dort, wo nötig, erlernt werden kann/will (siehe auch *Van Dierendonck* 2011).

6. Ambidextre Führung: Wenn Führung effizient und innovativ ist

6.1 Hintergrund

Die wirtschaftliche Öffnung neuer Märkte, kontinuierlich an Tempo gewinnende technologische Entwicklungen und damit verbunden, immer kürzere Produktlebenszyklen, Kooperationen zwischen internationalen Unternehmen/Organisationen u.v.m. sind charakteristische Merkmale der Globalisierung (vgl. *Martin* 2006, S. 128; *McKenna* 1999, S. 774). Insbesondere für Unternehmen, aber auch für andere Organisationstypen, die je länger desto mehr in marktliche Prozesse gedrängt werden, bedeutet dies wachsende Unsicherheit in der Prognostizierung zukünftiger Marktentwicklungen und in der Auswahl geeigneter Strategien. Soll man beispielsweise der Entwicklung vorangehen oder erst einmal abwarten? Im Großen und Ganzen wird man aber sagen dürfen, dass es die Innovationen sind, die Wettbewerbsvorteile generieren und gar neue Märkte erschließen (vgl. *Krause* 2005, S. 61; *Gemünden/Högl* 1998, S. 277; siehe auch *Reuvers u. a.* 2008, S. 227; *Burr* 2004). Dabei lernen wir auch, dass Innovationen wieder auf die Ausgangssituation insofern zurückwirken, als sie andere anregen oder unter Druck setzen, wiederum innovativ zu werden. Der Prozess der „schöpferischen Zerstörung" (*Schumpeter* 1986 [1954]) ist dann ein sich selbst verstärkender.

Für Führungskräfte bedeutet diese Entwicklung zweierlei: Zum einen verändert sich die Situation, in der sie agieren, möglicherweise schnell und oftmals unvorhergesehen. Dies ist natürlich von der Branche abhängig, in der sie arbeiten, denn nicht überall ist die Halbwertszeit bislang erfolgreicher Lösungen gleich. Zum anderen gehört es in vielen Fällen zu ihrer Aufgabe, Innovationen herbeizuführen. Wenngleich wir hier in Organisationen funktionale Spezialisierungen antreffen, beispielsweise im Rahmen von Forschung und Entwicklung (Primärorganisation) oder aber von Produktentwicklungsgruppen (Sekundärorganisation), so wird doch sehr oft erwartet, dass Führungskräfte Strukturen, Prozesse und Denkweisen zukunftsfähig ausrichten. Und dazu gehört nun einmal auch die Modifikation des oder die Abkehr vom Bestehenden. Nicht jede Veränderung ist gleich eine Innovation, doch kommen Innovationen außer durch Zufall nicht ohne die Bereitschaft und den Willen zur Aufgabe des Status quo aus.

Der St. Galler Betriebswirt *Rolf Wunderer* hat diese Sicht zur Grundlage für die Entwicklung einer **unternehmerischen Führung** gemacht (2009b) und in seinem Ansatz des **Mitunternehmertums** dabei die Geführten mit ins Boot genommen (1999). Hauptziel ist die aktive und effiziente Unterstützung der Unternehmensstrategie durch problemlösendes, sozialkompetentes und umsetzendes Denken und Handeln möglichst vieler Mitarbeiter aller Hierarchie- und Funktionsbereiche. Hierzu hat er die beiden Gestaltungsdimensionen „Kontext" (strukturelle Führung) und „Beziehung" (interaktive Führung) so ausgefüllt, dass sie diesen Prozess befördern. Daneben verwendet Wunderer bekannte Förderstrategien (z. B. Team- und Projektorganisation), die er gezielt und geschickt auf die Komponenten des Mitunternehmertums (z. B. Mithandeln) und mitunternehmerische Schlüsselkompetenzen (Gestaltungskompetenz, Sozialkompetenz, Umsetzungskompetenz) transferiert und so einen eigenständigen Zugang zum Feld schafft.

Die Frage bleibt allerdings (und dies ist die innovative Frage auf dem Feld der **führungsseitigen Innovationsdebatte**), ob Führungskräfte überhaupt in der Lage sind, dem normativen Postulat zur Innovation zu folgen, wenn sie gleichzeitig auf Effizienz setzen, d. h. innerhalb von bestehenden Routinen dem Wirtschaftlichkeitsprinzip konsequent folgen. Für Mitarbeiterinnen und Mitarbeiter stellt sich dieses Problem im Übrigen noch stärker. Wir müssen hier nämlich bedenken, dass die **Ressourcen von Führungskräften** (und anderen Organisationsmitgliedern) begrenzt sind und zwischen Erkundung nach neuen Wegen und Ausnutzung vorhandener Quellen ein potenzielles **Spannungsfeld** besteht. Ganz praktisch zeigt sich dies darin, dass die Suche nach Neuem Zeit benötigt, die dann nicht mehr zur Ausnutzung des Bestehenden zur Verfügung steht. Da man aber im Vorhinein nicht weiß, ob die Zeit, die in die Suche gesteckt wird, rentierlich ist, fehlt im Misserfolgsfall der Erfolgsausweis. Nach einem kurzen Einblick in die natürlich weiterhin bedeutsame Innovationsproblematik konzentrieren wir uns im Folgenden vor allem auf dieses aktuell intensiv beforschte Spannungsfeld (vgl. z. B. *Cao/Gedajlovic/Zhang* 2009).

6.2 Zentrale Aussagen

Innovationen werden nicht einheitlich klassifiziert (vgl. *Burr* 2004, S. 21). Ungeachtet dessen bezeichnen Innovationen dennoch immer etwas Neuartiges (vgl. *Hauschildt/Salomo* 2011, S. 3; *Glynn* 1996, S. 1094 ff.). Am Anfang steht dabei die Idee und so nimmt jeder Innovationsprozess daher in der **Inventionsphase** (die Geburt einer neuen Idee) seinen Anfang und erstreckt sich weiter auf die eigentliche **Innovationsphase** (die Überführung der neuen Idee in ein marktfähiges Produkt oder die Einbindung der Innovation in den internen Leistungserstellungsprozess eines Unternehmensbereiches), an deren Ende sich die **Diffusionsphase** mit der marktlichen oder internen Verbreitung der Innovation anschließt (vgl. *Burr* 2004, S. 25 ff.; *Glynn* 1996, S. 1095). Die Innovationen selbst können dann in inkrementelle bzw. radikale unterschieden werden (vgl. hierzu *Alexander/Van Knippenberg* 2014; *Hauschildt/Salomo* 2005; *Burr* 2004, S. 24). Eine *inkrementelle* Innovation wäre z. B. die Weiterentwicklung eines Produktes bzw. dessen technische Verfeinerung. Vollkommen neue Dienstleistungen oder Produkte werden hingegen als *radikale* Innovationen bezeichnet, die einen Absatzmarkt grundlegend verändern oder infolge derer ein Absatzmarkt überhaupt erst noch gebildet werden muss. Während viele beim Innovationsbegriff zuallererst technische Innovationen oder neue Produkte vor Augen haben, werden auch organisationale (Strukturen, Prozesse/Verfahren, Kulturen) sowie geschäftsbezogene Innovationen (Geschäftsmodelle, Branchen, Marktstrukturen) thematisiert. Auf Abgrenzungsschwierigkeiten all dieser Unterteilungen gehen wir hier nicht ein.

Beeinflussung von Innovationen durch den Führungsprozess

Um Innovationen im Führungsprozess beeinflussen zu können, sollte man zunächst eine Vorstellung darüber gewinnen, wie Innovationen durch Führungskräfte angeregt werden können. Die für den gesamten Innovationsprozess besonders kritische Innovationsgenese wird von *Gebert* (2002, 1987) in der theoretischen Konzeption des **transaktionalen Stressmodells** von *Lazarus* (1966) erklärt. Danach vergleicht ein Individuum zunächst im Rahmen einer Primärbewertung den Ist-Zustand einer gegebenen Situation mit einem antizipierten Sollzu-

III. Zentrale Perspektiven auf die Ausgestaltung von Führungsbeziehungen — Kapitel E

stand. Die Abweichung zwischen Ist- und Soll-Zustand gibt dabei das Ausmaß der Veränderungsbedürftigkeit der Situation an (vgl. *Gebert* 1987, S. 942). In wechselseitiger Abhängigkeit des ersten Bewertungsschrittes wird noch ein zweiter Bewertungsschritt vollzogen. In diesem prüft die Person, über welche Ressourcen zur Veränderung der Situation sie selbst verfügt (vgl. *Krause* 2004, S. 64 f. und 2005, S. 62 f.). In dieser Bewertungsphase stehen also die eigenen **Selbstwirksamkeitsüberzeugungen** (vgl. *Bandura* 2003; ☞ C. III.) des Individuums im Fokus seiner Situationswahrnehmung. Die individuelle Selbstwirksamkeitsüberzeugung drückt aus, inwiefern sich eine Person selbst in der Lage sieht, eine Situation durch ihr eigenes Verhalten in eine gewünschte Richtung zu beeinflussen. Personen mit einer hohen Selbstwirksamkeitsüberzeugung schreiben sich selbst ein hohes Maß an Einflussmöglichkeiten auf die Gestaltung ihrer Umwelt zu. Im Gegensatz dazu schätzen Personen mit niedriger Selbstwirksamkeitsausprägung ihre Einflussmöglichkeiten auf die Umweltgestaltung als eher gering ein (vgl. *Rank u. a.* 2009). Beide Bewertungsprozesse sind dabei durch Rückkopplungsschleifen multiplikativ miteinander verbunden (vgl. *Gebert* 2002, S. 89 f.). Ungeachtet der sequentiellen Anordnung des Bewertungsprozesses und der Logik einer multiplikativen Verknüpfung zwischen Primär- und Sekundärbewertung folgend, sind Initiativen zur Innovation erst dann zu erwarten, wenn ein Mitarbeiter eine gegenwärtige Situation sowohl als veränderungsbedürftig wahrnimmt und sich diesbezüglich gleichzeitig auch als veränderungsfähig erachtet. Nimmt das Resultat einer der beiden Bewertungsschritte den Wert Null an, d. h. wird keine Diskrepanz zwischen Ist- und Sollsituation wahrgenommen oder sieht sich der Geführte nicht in der Lage, die Situation selbst zu beeinflussen, so sind von ihm keine innovationsbezogenen Initiativen zu erwarten. Kognitive, motivationale wie situationale Barrieren gilt es also zu beachten, wobei die Komplexität des Innovationsprozesses selbst bereits eine lähmende Vorstellung darstellen könnte.

So muss Führung im Innovationsprozess unmittelbar an der **Situationswahrnehmung der Geführten** ansetzen und diese für die Veränderungsbedürftigkeit der Situation sensibilisieren. In dieser Anfangsphase geht es zunächst darum, bei den Geführten gemeinschaftlich die Überzeugung wachsen zu lassen, dass Innovationen notwendig sind und die Überzeugung zu stärken, dass sie/er Veränderungen mit initiieren oder doch zumindest mit gehen kann. In der anschließenden Ideengenerierung sind dann letztendlich Entscheidungen zu treffen, die die weitere Richtung des Innovationsprozesses maßgeblich bestimmen. Führung muss hier ihrer unterstützenden Funktion nachkommen, beispielsweise durch die

- Interpretation der Ereignisse des externen und internen Organisationsgeschehens,
- Motivierung der Geführten (☞ C. II.),
- Weiterentwicklung der Fähigkeiten der Geführten (☞ C. III.),
- Visualisierung der Zielsetzungen,
- Bekundung von Belohnungen (☞ D. III. 4.5),
- Gewährung von Anerkennungen (☞ D. III. 3.3),
- Etablierung von Vertrauen (☞ A. III. 2.2).

In diesem Einflussmodell muss – und hierin liegt eine offensichtliche Schwäche – die Führungskraft zuallererst selbst einen Innovationsdruck aus den kontextuellen Bedingungen ableiten, um diesen im Rahmen der Situationsbeeinflussung an ihre Geführten weiterzugeben und sie anschließend im weiteren Verlauf mit ihrem Expertenwissen (vgl. *Krause* 2005) zu unterstützen. Neue Informationen müssen dazu ständig von der Führungskraft aus dem inneren und äußeren Umfeld aufgenommen werden, um daraus konsequente Entscheidungen abzuleiten. Anschließend muss sie ihr Wissen zu den an der Ausführung der Entscheidungen beteiligten Instanzen im Innovationsprozess weiterleiten. In ersterer Funktion gleicht die Führungskraft dabei einem „Informationsakquisiteur", während sie in der zweiten Funktion die Rolle eines „Informationsmaklers" (vgl. *von der Oelsnitz/Hahmann* 2003, S. 195) einnimmt. Dabei ist auch zu erwarten, dass die Führungskraft neuem Wissen im Innovationsprozess selbst aufgeschlossen gegenübersteht und damit das Verhalten, das sie im Umkehrschluss von ihren Geführten erwartet, in ihrem eigenen Verhalten zum Ausdruck bringt. Aber vergessen wir nicht, dass Führungskräfte nicht bereits mit Übernahme einer Leitungsfunktion automatisch zu Innovatoren mutieren, sondern dass auch sie prinzipiell Lerngesetzmäßigkeiten unterliegen, beispielsweise solchen, die im Lazarus-Modell angesprochen werden.

Unterstellen wir dennoch einmal, das Problem sei bekannt und die Fähigkeit sowie der prinzipielle Wille für eine Innovationsorientierung seien ebenso bei der Führungskraft vorhanden. Dann ist jedoch immer noch offen, ob die Führungskraft organisationspraktisch überhaupt in der Lage ist, ein innovationsorientiertes Verhalten aufgrund von ressourcialen Beschränkungen zu zeigen. Dieses Problem wird in jüngerer Zeit in der Innovationsforschung unter dem Stichwort **Ambidextrie** diskutiert (vgl. z. B. *Weibler/Keller* 2015; *Lavie/Stettner/*

Tushman 2010; *Weibler/Keller* 2010; *Konlechner/Güttel* 2009; *Tushman/O'Reilly* 1996).

Spannungsverhältnis zwischen Exploration und Exploitation in Organisationen

March (1999, 1991) ist in dieser Diskussion als ein wesentlicher Ideengeber zu sehen. Er differenzierte das Verhalten im Umgang mit Wissen im Allgemeinen und Informationen im Speziellen in zwei Klassen unterschiedlicher Verhaltensweisen. *Exploitative* Verhaltensweisen umfassen dabei Handlungen, die sich in ihrer Ausführung auf bereits vorhandenes, in der Vergangenheit erworbenes Wissen beziehen. Kennzeichnend für das Ergebnis solcher Verhaltensweisen ist, dass sich durch die wiederholte Anwendung des bereits bekannten Wissens, dessen Qualität zwar erhöht, aber kein wirklich neues Wissen generiert wird. Im Gegensatz dazu bezeichnen *explorative* Verhaltensweisen Handlungen, die nach völlig neuen Wissensaspekten suchen, im Ergebnis somit zu einer höheren Quantität an Wissen führen. Eine Ausnutzung vorhandener Stärken (**Exploitation**) würde die bisher gewählte strategische Ausrichtung sowie vorhandene Strukturen und Prozesse der Organisation (kurz- bis mittelfristig) stabilisieren, wohingegen ein lerngetriebener Aufbau von Potenzialen (**Exploration**) diese potenziell infrage stellt. Wie sollen Organisationen nun ihre Ressourcen auf diese beiden Metastrategien hin verteilen, um *„two games at one"* (*Tushman/Euchner* 2015, S. 16) zu spielen?

Durch den Kampf beider Aktivitätsmuster um knappe Unternehmensressourcen (z. B. Humankapital, Budget, Zeit) ergibt sich zwangsläufig ein konfliktäres Spannungsverhältnis zwischen **Exploration** und **Exploitation in Organisationen** (vgl. *Uotila u. a.* 2009). Dennoch seien, so eine Forderung von *James March*, Aktivitäten beider Orientierungsmuster zu integrieren (vgl. *March* 1999, S. 185). Ursprünglich im Bereich organisationaler Lerntheorien entwickelt, hat *Marchs* Konzeption mittlerweile auch eine Überführung auf die individuelle Ebene erfahren und spricht damit die organisationale Mikroebene der Person, hier Führungskräfte und Mitarbeiterinnen, an (vgl. z. B. *Mom* 2006; *Mom/Van den Bosch/Volberda* 2009, 2007). Auch sie stehen – und so ist unsere Einlassung hier begründet – prinzipiell in einem Spannungsfeld zwischen einer gezielten Exploration ihrer Umwelt in Gestalt der Generierung alternativer (bisher unbekannter) Möglichkeiten und der effizienten Nutzung ihres vorhandenen Wissens, was sich in einer Ausbeutung (der sog. Exploitation) der eigenen Wissensbasis äußert (vgl. *Mom* 2006). Durch die wiederholte Anwendung bekannter Aspekte gewinnt die Führungskraft zwar unmittelbar an Erfahrung hinzu (vgl. *Holmqvist* 2004; *Levinthal/March* 1993), der Zugewinn an Wissen infolge eines solch exploitativen Verhaltens ist dabei jedoch bestenfalls inkrementeller Natur, da die Führungskraft ihr vorhandenes Wissen lediglich *vertieft*. Erst durch die aktive Suche nach und das Experimentieren mit neuen Möglichkeiten in Form eines explorativen Verhaltens, ergeben sich grundlegend neue Erfahrungswerte, aus denen sich neues Wissen generieren lässt. Infolgedessen *verbreitert* sich die eigene Wissensbasis insgesamt (vgl. *Liu* 2006, S. 145; siehe auch *Sidhu/Volberda/Commandeur* 2004; *Katila/Ahuja* 2002).

Konzeption eines ambidextren Umgangs mit Exploration und Exploitation

In der Konzeption eines ambidextren Umgangs mit Exploration und Exploitation teilen wir deshalb die Überlegungen von *Cao, Gedajlovic* und *Zhang* (2009). Diese Autoren fordern eine situativ ausbalancierte Kombination von Exploration und Exploitation, um optimal vorhandene Ressourcen auszuschöpfen. Aber handeln Führungskräfte im Alltag überhaupt ambidexter? Dies

Aktivitätsmuster	Charakteristika	Fokus	Resultate
Exploration	**Suche** nach neuen Möglichkeiten	Flexibilität	• unsicher • radikal • langfristig sichtbar
	Experimentieren mit alternativen Prozessen, Strukturen, Technologien usw.		
	Überdenken des gegenwärtigen Status quo		
Exploitation	**Nutzung** vorhandener Potenziale	Effizienz	• vorhersagbar • inkrementell • unmittelbar sichtbar
	Optimierung vorhandener Prozesse, Strukturen, Technologien usw.		
	Erhaltung des gegenwärtigen Status quo		

Tab. E.3: Merkmale von Exploration und Exploitation (vgl. *Weibler/Keller* 2010, S. 260)

ist eine eminent wichtige Frage, denn wenn ein beidseitiges Verhalten empirisch nicht nachgewiesen werden kann, spräche dies für offensichtliche Probleme der Führungspraxis hiermit.

Weibler und *Keller* (2011) konnten nun aber in der Folge von *Mom* (2006) sowie *Mom, Van den Bosch* und *Volberda* (2009, 2007) in der Tat empirisch zeigen, dass dies möglich ist und dass sogar die Differenz zwischen Exploration und Exploitation im Arbeitsverhalten mit aufsteigender Hierarchie geringer wird (ein Befund, der auch in einer nachfolgenden Studie bestätigt werden konnte; siehe hierzu *Keller/Weibler* 2015). Erstmalig konnte neben der erneuten Stützung spärlicher empirischer Befunde auch nachgewiesen werden, dass der größte Unterschied zwischen dem Ausmaß an **Exploration** und **Exploitation** in der Gruppe der Mitarbeiter *ohne* Führungsverantwortung auftrat. Dies erklären sie mit der ceteris paribus größeren Handlungsbeschränkung auf dieser Ebene, wobei auch normative Anforderungen an die jeweilige Position mit hineinspielen dürften. Wenn auch die auf der untersten Hierarchieebene befragten Fachkräfte in der Studie nicht gänzlich auf Exploration verzichteten, so berichteten sie doch in einem wesentlich höheren Ausmaß von exploitativen Tätigkeiten und konzentrierten sich somit eher auf die ihnen bekannten Kompetenzbereiche. Dieser Unterschied wurde in der Gruppe der Mitarbeiter mit höherer Führungsverantwortung nicht mehr signifikant. Dennoch werden weitere Unterschiede in den Hierarchieleveln vermutet, die bei einer komplexeren und größeren Studie zutage treten würden. Den Ergebnissen zufolge involvieren sich Führungskräfte nicht signifikant weniger in exploitativen Aktivitäten als Mitarbeiter ohne Führungsverantwortung. Es gelingt ihnen jedoch, sich zudem zusätzlich auch noch stärker explorativ zu engagieren.

Damit liegt ein sicherlich noch differenziert zu bewertender Hinweis vor, dass Führungskräfte fähig sind, Zeit für innovatives Denken und Handeln aufzubringen, ohne dass Effizienzüberlegungen in ihrer Selbstwahrnehmung leiden müssten. Unklar ist allerdings noch, unter welchem persönlichen, insbesondere zeitlichen Einsatz dies gelingen kann, denn in jeweils für Fach- und Führungskräfte getrennt durchgeführten Regressionsanalysen wurde nämlich ein negativer Zusammenhang zwischen der Marktdynamik und dem Exploitationsverhalten von Führungskräften festgestellt: Während Führungskräfte ihr exploratives Engagement mit ansteigender Marktdynamik erhöhen, fahren sie exploitative Aktivitäten unter gleichen Bedingungen zurück. Diese Klärung ist wichtig, weil wir dann mehr darüber erfahren würden, in welchen Situationen und unter welchen Bedingungen Forderungen nach innovationsförderlichem Verhalten von Führungskräften überhaupt sinnvollerweise gestellt werden können. Ob die in ihrer Autonomie relativ stärker eingeschränkten Mitarbeiterinnen und Mitarbeiter eine Chance haben, diesen auch an sie gerichteten Forderungen systematisch gerecht werden zu können, bedarf ebenfalls einer präzisen Analyse, die beispielsweise noch Innovationsarten berücksichtigt. Eine reine Innovationslyrik ist jedenfalls nicht hilfreich, um Innovationen anzuregen. Ist dies aber der Fall, erwarten wir positive Resultate. So berichten *Zacher* und *Wilden* (2014) in ihrer Studie, dass ein ambidextres Führungsverhalten die Wahrnehmung von einem mitarbeiterseitigen innovativen Verhalten nach deren täglicher Selbsteinstufung erhöhe, und zwar über ein rein exploratives Verhalten hinaus. Für Teaminnovationen (siehe unten) liegen ebenfalls erste ermutigende Befunde vor. Über die Gestaltung des Kontexts (vgl. Tab. E.4) können für den Erfolg ambidextrer Führung günstige Rahmenbedingungen geschaffen werden.

Kontextfaktoren	Kontextmerkmale
Disziplin	• klare Leistungs- und Verhaltensstandards • offenes, aufrichtiges und schnelles Feedback • Konsistenz in der Anwendung von Sanktionen
Ehrgeiz	• geteilte Ambitionen • kollektive Identität • Hervorhebung der persönlichen Bedeutsamkeit jedes Organisationsmitglieds für den organisationalen Gesamterfolg
Unterstützung	• freier Zugang zu vorhandenen Ressourcen • Autonomie • Anleitung und Unterstützung
Vertrauen	• Fairness und Gerechtigkeit • Beteiligung der Organisationsmitglieder in Aktivitäten und Entscheidungen • Kompetenzbasierter Personaleinsatz

Tab. E.4: Kontextfaktoren und kontextuelle Gestaltungsmerkmale (*Weibler/Keller* 2015, S. 293)

Gebert und *Kearney* (2011) präferieren ergänzend einen Führungsstil, der durch das gleichzeitige **Austarieren entgegengerichteter Führungsstile** besondere Effekte provozieren solle (z. B. zentrale, koordinierende Führung für die Wissensverbreitung und dezentrale, delegative Führung für die Generierung neuen Wissens).

6.3 Kritische Würdigung

Wir haben herausgestellt, dass Führungskräfte gleichzeitig exploitativ wie explorativ agieren sollen und können. Erste empirische Befunde belegen, dass organisationalen wie marktsituationalen Faktoren dabei eine besondere Bedeutung zukommt (vgl. *Weibler/Keller* 2011; *Mom/Van den Bosch/Volberda* 2009, 2007). In der bisher nicht beantworteten Frage, inwiefern Personen- und Situationsparameter *gemeinsam* auf explorative und exploitative bzw. **ambidextre Verhaltensweisen von Führungskräften** einwirken, zeigt sich bisher noch ein blinder Fleck in der stark an Bedeutung zunehmenden Ambidextrieforschung (vgl. aber *Keller/Weibler* 2015, 2014; *Weibler/Keller* 2011). Notwendig wäre es auch, zu einer **einheitlichen Messung der Ambidextrie** zu kommen (vgl. *Weibler/Keller* 2015, S. 299).

Die Forschung zeigt bislang recht deutlich, dass Führungskräfte durch eine **transformationale Führung** Innovationen bei den Mitarbeitern anregen können (vgl. *Nemanich/Vera* 2009; *Gebert* 2002). Aber auch diese Erkenntnis ist noch zu undifferenziert, nicht nur, weil unterschiedlichste Maße und Skalen zur Erfassung des unscharfen Konstrukts „Innovation" bzw. „innovatives Verhalten" oder „organisationaler Innovationserfolg" genutzt werden. Deshalb mehren sich die Studien, die auch hier kontextuelle Faktoren zur Präzisierung ihrer Aussagen aufnehmen.

So erkennen *Rank u. a.* (2009) der Führung eine positive Auswirkung auf ein Innovationsverhalten besonders dann zu, wenn die Geführten eine vergleichsweise geringe Selbsteinschätzung ihrer eigenen Bedeutung in der Organisation haben. Auch *Gumusluoglu/Ilsev* (2009) dokumentieren einen innovationsförderlichen Effekt einer transformationalen Führung, hier einmal für Kleinunternehmen auf den Innovationserfolg der Organisationen, insbesondere dann, wenn das Umfeld der Organisation technische und finanzielle Unterstützung liefert, sodass die internen Anstrengungen mehr Wohlgefallen finden. *Jung/Wu/Chow* (2008) konnten wiederum zeigen, dass ein solcher Effekt durch einen transformational agierenden CEO bewirkt wird und betonen damit also die oberste interne Unterstützungsfunktion.

Wird hingegen Innovation als **Teaminnovation** erfasst, moderieren Größen wie Teamklima den Einfluss des Führungsstils (vgl. *Eisenbeiss/Van Knippenberg/Boerner* 2008). Hier fängt die Aufarbeitung möglicher Einflussfaktoren aber erst an und andere Führungsstile außerhalb des transformationalen wurden bislang vernachlässigt (Ausnahme z. B. *Krause/Gebert/Kearney* 2007). *Tushman* und *Euchner* (2015) plädieren jenseits verbindender Werte für separate Bereichskulturen in exploitativen (z. B. Fehlervermeidung) und explorativen (z. B. Risikoverhalten) Sektoren der Organisation.

Wird in *jeglichen* Innovationsinitiativen von Mitarbeitern zumeist auch ein positiver Beitrag für den organisationalen Gesamterfolg gesehen, steht eine genaue Bestimmung der **Folgen** eines ambidextren Umganges mit Exploration und Exploitation von Führungskräften auf breiterer Basis erst noch aus (vgl. *Weibler/Keller* 2011). Der Blick auf empirische Studien zu Ambidextrie auf der kollektiven Ebene (z. B. Teams oder Abteilungen) lässt theoretisch vermuten, dass sich Ambidextrie im Arbeitsverhalten von Führungskräften positiv für die Führungskraft selbst, das Team sowie die Gesamtorganisation auswirkt. *Holten* und *Brenner* (2015) weisen in ihrer Studie bei 33 Teams aus der Architektur- und Einrichtungsbranche nach, dass eine ambidextre Führung den Teamerfolg vergrößert, und zwar über die Wirkung einer transformationalen Führung hinaus. *Weibler/Keller* (2011) machen aber gleichzeitig insbesondere auf eine ebenso nahe liegende Verbindung zwischen einem ambidextren Arbeitsverhalten und einem erhöhten Stressempfinden aufmerksam. In ihrer Studie aus 2015 finden *Keller* und *Weibler* einen theoriegemäßen gleichlaufenden Zusammenhang zwischen einem durch transformationale Führung angeregten ambidextrem Verhalten von Managern und ihrem empfundenen Stressniveau. Das „Umswitchen" wird in weiterer Präzisierung dort, wo eine hohe Gewissenhaftigkeit als Disposition vorliegt, verstärkt mit Stress belegt und dort, wo eine große Offenheit für Erfahrung besteht, abgemildert. Dies ist ein wichtiges Indiz für die besondere Geeignetheit eines ambidextren Führungsverhaltens in Abhängigkeit persönlicher Dispositionen, das wiederum dann bei Einstellungs- und Karriereentscheidungen mitbedacht werden muss. Allerdings steht die Ausprägung dieser Persönlichkeitsfaktoren einem ambidextren Verhalten an sich nicht im Weg, denn ein Engagement in einem Verhaltensbereich (exploration) zieht durchaus ein solches im anderen nach (exploitation; vgl. *Keller/Weibler* 2014, S. 325 f.). Dies wirkt plausibel, wissen wir doch, dass transformationales und transaktionales Führungsverhalten, ein gleichfalls unterschiedliches und häufig untersuchtes Führungsverhalten im Innovationskontext, ebenfalls gleichzeitig von einer Person gezeigt werden kann. Wann welches Verhalten verstärkt gezeigt werden muss, kann nach *Tushman* und *Euchner* (2015, S. 17), u. a. aufgrund seiner Erfahrung mit *IBM*, nicht exakt vorausgesagt werden.

> „I don't think you ever really know, but you get a sense by paying attention to customers, paying attention to technology options, looking at technology scenarios, and asking yourself, what could destabilize our happy business model. You need to make sure that you're doing these explorations so that you don't get disrupted, like Kodak got disrupted by digital photography players"

aber

> „I think without the pressure of the CEO, this kind of growth just doesn't happen. There's too much money to be made in the short term by exploiting [...] It is really hard to measure performance of the explorer. You don't know what the future is [...]" (S. 18).

Interessanterweise wurde in diesem Zusammenhang auch bislang nicht die Frage aufgeworfen, inwieweit sich aus dem explorativen/exploitativen Verhalten einer Führungskraft Implikationen für deren **Zuschreibung einer Führungsrolle** ableiten lassen, d. h. ob eine explorativ bzw. exploitativ agierende Führungskraft auch als beispielsweise transformationaler oder transaktionaler Führer von ihren Geführten wahrgenommen wird (☞ A. II. 2.2). Wäre dies der Fall, so wäre ein wichtiger Hebel zur Beeinflussung der Zuschreibung von Führung seitens der Führungskraft gefunden. Dies wäre zumindest dann zu vermuten, wenn Innovation zum erwarteten Rollenbild der Führungskraft dazugehörte. Ein solcher Befund wäre dann mit dem bereits vorgestellten Führungsansatz von *Hollander* (im Überblick 2009) zu kontrastieren, der ja die Akzeptanz eines innovativen Führungsverhaltens an vorherige Leistungserfolge und die Gruppennormen stützende Verhaltensweisen koppelt. Es sei schließlich nochmals angemerkt, dass der Aufgabenbereich der Führungskraft im Innovationsprozess in der Praxis wesentlich komplexer erscheint als hier vorgestellt. Spezifische Aufgaben, denen sich Führungskräfte insbesondere in der Diffusionsphase des Innovationsprozesses prinzipiell gegenübersehen, wie z. B. die Finanzierung oder auch Vermarktung von Innovationsprodukten, wurden hier noch nicht einmal angesprochen, sind aber in der Führungspraxis Rahmenbedingungen des Handelns.

Auch müssen wir uns von dem Gedanken lösen, nur die Führungskraft *selbst* zu sehen (vgl. *Hauschildt/Salomo* 2011, S. 119 ff.), insbesondere, wenn wir den Erfolg an objektiven Größen (Patente, nachgewiesene Detaillösungen usw.) messen. In der Praxis spielen **Innovationsteams** eine immer größer werdende Rolle (vgl. *Högl/Gemünden* 2001; *Gemünden/Högl* 1998) und bereits frühere Forschungen haben diesbezüglich auf die notwendige Unterstützung anderer Personen, sogenannter Promotoren, verwiesen (vgl. *Hauschildt/Gemünden* 1999). Innovative Organisationen benötigen also mehr als die innovativ denkende bzw. gar ausschließlich explorativ tätige Führungskraft, aber diese benötigen sie auch, am besten in ambidextrer Kombination mit einer exploitativen Effizienzorientierung. Dass die Idee des Sowohl-als-Auch im Führungshandeln nicht nur auf die hier vorgestellte Innovations- bzw. Effizienzorientierung konzentriert bleiben muss, sondern als ein grundsätzliches Denken in (vermeintlichen) Gegensätzen aufzufassen ist (z. B. delegative und direktive Führung), verdeutlichen *Gebert/Kearney* (2011) mit ihrer diesbezüglichen interpretativen **Erweiterung des Ambidextriebegriffs**, dem sie damit zur Sicherstellung von Wissensgenerierung und Wissensintegration (als universelle Basisprozesse zur Bewältigung komplexer Aufgaben) eine fast paradigmatische Note für das Führungsverhalten zuerkennen. Zuvor haben bereits *Deeg/Küpers/Weibler* (2010) ein solches Denken in (vermeintlichen) Gegensätzen für die erfolgreiche Steuerung von Organisationen beschrieben (S. 37 ff.), allerdings mit dem umfassenden Entwurf einer **integralen Führung** einen anderen Zugriff gewählt (S. 202 ff.).

7. Multikulturelle Führung: Wie Führung anderenorts gesehen wird

7.1 Hintergrund

Die bisher vorgestellten Veränderungstendenzen in Führungsbeziehungen haben einen wichtigen Aspekt bislang nicht ausdrücklich aufgegriffen: die **Globalisierung** bzw. **Internationalisierung der Wirtschaft**. Sie nimmt einen immer größeren Einfluss auf unser gesellschaftliches Miteinander und insbesondere auf die Art und Weise, wie wirtschaftliche Tätigkeiten betrieben, Medien und soziale Netzwerke genutzt sowie politische System legitimiert werden. Bewirkt dies nun eine Angleichung in Werten, Normen und organisationalen Praktiken, oder besitzen Landeskulturen ein Beharrungsvermögen, das diese Art von Veränderung lediglich als ein Oberflächenphänomen ausweist?

Wir fokussieren an dieser Stelle allerdings nur einen, wenngleich zentralen Punkt: Welche Bedeutung besitzt die Landes- oder Nationalkultur darauf, wie Führung außerhalb des eigenen Kulturkreises entsteht bzw. wahrgenommen wird und welche Folgen sind hieraus zu ziehen? Ein Großteil der Wissenschaftler wie der Praktiker geht dabei davon aus, dass Kultur die zentrale Einflussgröße der internationalen Unternehmungstätigkeit ist (vgl. *Hofstede* 2001, 1980; siehe auch *Kutschker/Schmid* 2011, S. 678).

Die weltweite Verflechtung wirtschaftlicher Aktivitäten führt unter anderem dazu, dass immer mehr Personen in anderen, oftmals für sie fremden Kulturen arbeiten oder dass sie in ihrem Land mit fremden Kulturen konfrontiert werden. Für Führungskräfte ist dies eine ganz besondere Herausforderung, da ihre Entscheidungen und ihre Verhaltensweisen von besonderer Bedeutung für die jeweiligen Organisationen und die in ihr tätigen Mitarbeiterinnen und Mitarbeiter sind. Im Rahmen der Personalführung gibt es somit viele interessante Fragestellungen, die eine verstärkte Internationalisierung aufwerfen kann. Welche Probleme birgt z. B. die Führung multinationaler Arbeitsgruppen? Welche kulturellen Differenzen können bestehen und wie kann eine kulturorientierte Personalführung aussehen, die diese Differenzen überwindet? Wie genau sollten sich Führungskräfte in einem für sie fremden Kulturkreis verhalten? Dies ist nicht die Stelle, umfassende Antworten zu geben, aber sehr wohl, problemorientiert in das Thema einzusteigen und den einen oder anderen gestaltungsorientierten Hinweis anzuführen.

Und in der Tat: Führungsforscher beschäftigen sich seit geraumer Zeit mit den **Auswirkungen von Kultur** als einen zentralen, das Verhalten mitbestimmenden Faktor (vgl. z. B. *Ayman/Korabik* 2010). In mehreren Studien wurde bereits sehr früh bestätigt (vgl. *Hofstede* 1980 und die dort zitierte Literatur), dass die Organisationskultur sowie die persönliche Kultur stark mit der Effektivität von Führung zusammenhängen (vgl. *Kwantes/Boglarsky* 2007). Es war nur ein konsequenter Schritt, auch die Landeskultur als eine die Führungserwartung, den Führungsstil und die Führungseffektivität beeinflussende Größe zu erachten.

Byrne und *Bradley* (2007) fanden beispielsweise heraus, dass gerade die Werte der nationalen Kultur eine überaus wichtige Rolle in der Vermittlung eines bestimmten Führungsstils spielen. Auf diesem Feld kann auf zahlreiche Studien verschiedenster Disziplinen zurückgegriffen werden, die Wertstrukturen global oder für einen ausgewählten internationalen Bereich konzeptionell wie empirisch beleuchten (vgl. *Weibler* 2008, S. 17 ff. und 50 ff. sowie die dort zitierte Literatur). In einer anderen Studie wurden z. B. die Zusammenhänge zwischen nationaler Kultur, Führung und Gruppenkohäsion in 80 verschiedenen Ländern untersucht (vgl. *Wendt/Euwema/Emmerik* 2009). Die Autoren kamen zu dem Ergebnis, dass in **kollektivistischen** im Vergleich zu **individualistischen Gesellschaften**, Manager verstärkt direktives und unterstützendes Führungsverhalten anwenden. Dieser „paternalistische" Führungsansatz wurde hier gar als repräsentativ für viele kollektivistische Kulturen erachtet (☞ E. III. 8).

Wieder weitere Studien untersuchten die Auswirkung von ganz bestimmten Führungsstilen auf die einzelnen Kulturdimensionen *Hofstedes* (2001). So zeigten *Ergeneli*, *Gohar* und *Temibekova* (2007), um einen Anknüpfungspunkt zu früheren Themen unserer Ausarbeitung zu geben, dass eine signifikante und negative Verbindung zwischen der Unsicherheitsvermeidungsdimension und transformationaler Führung (☞ D. II. 3) besteht. Diese Liste ließe sich fortsetzen.

Wir konzentrieren uns hier aber auf die wohl bislang umfassendste Untersuchung in der ländervergleichenden Führungsforschung, die unter dem Akronym **GLOBE** bekannt geworden ist (vgl. *Chhokar/Brodbeck/House* 2007; *House u. a.* 2004) und folgen in der Darstellung wie bisher weitestgehend *Weibler* (2014b; eine sehr übersichtliche und umfassende Darstellung hat dazu jüngst *Brodbeck* 2016 vorgelegt). In den Neunzigerjahren vereinigte sich ein weltumspannendes Netzwerk von Forscherinnen und Forschern, um sich intensiv mit der Frage nach dem Einfluss der Landeskultur auf die Wahrnehmung einer herausragenden Führung zu beschäftigen (ein Gründungsmitglied war dieser Autor).

7.2 Zentrale Aussagen

GLOBE (**G**lobal **L**eadership and **O**rganisational **B**ehavior **E**ffectiveness research program) ist ein weltweites Forschungsprojekt, das sich über mehrere Phasen erstreckt und verschiedenste Methoden zur Erkenntnisgewinnung einsetzt. Sein Zweck ist die Erforschung des **Zusammenhanges von Landeskultur und Führung**. 1991 hat *Robert J. House*, bekannter Führungsforscher und ehemals tätig an der *Wharton School* (University of Pennsylvania, USA), die Idee entwickelt und als Principal Investigator über die Jahre mit seinem Leitungsteam (GLOBE Coordinating Team) sowie weiterer Unterstützung vorangebracht. Mehr als 170 Landesvertreter (Co-Country-Investigator, kurz CCI, 2–5 pro Land, oftmals Natives) aus insgesamt 62 Kulturen in 59 Ländern waren an diesem Langzeitprojekt beteiligt (eine Kultur musste später ausgeschlossen werden). Mindestens drei

III. Zentrale Perspektiven auf die Ausgestaltung von Führungsbeziehungen

Kulturen wurden jeweils für die Hauptregionen der Welt berücksichtigt. Die möglicherweise überraschende Differenz zwischen Kultur und Land erklärt sich dadurch, dass es in einzelnen Ländern gelang, mehr oder minder unterschiedliche Subkulturen parallel aufzunehmen (Deutschland: Ost und West; Schweiz: deutsch- und französischsprachig; Südafrika: weiße bzw. schwarze Bevölkerung). Offizielle Treffen aller Forscherinnen und Forscher fanden in der frühen und der mittleren Phase des Projektes 1994 und 1997 statt. Rund 17.000 mittlere Manager aus 951 Organisationen, vornehmlich dreier Branchen (Finanzdienstleistungen, Lebensmittelindustrie, Telekommunikation), nahmen an der quantitativen Untersuchung Mitte der 1990iger Jahre teil. Sie beantworteten einen interkulturell validierten Fragebogen zur Ausprägung ihrer Landeskultur („As Is" and „Should Be") und Führung (förderliche oder hinderliche Attribute/Verhaltensweisen für eine als herausragend erachtete Führungsperson). Vorbereitend oder begleitend wurden Interviews durchgeführt, in Fokusgruppen diskutiert, und es wurden umfangreiche qualitative Erhebungen, vor allem Medienanalysen oder Inhaltsanalysen von Dokumenten, vorgenommen sowie kulturelle Regelungen und Praktiken der jeweiligen Kultur ergänzend erfasst und interpretiert.

Insgesamt sind bis zur Veröffentlichung des ersten Hauptwerkes in 2004 zwei Hauptphasen zu unterscheiden, an denen die meisten, aber nicht jeweils alle Länder gleichermaßen beteiligt gewesen sind. Die **erste Phase** war der Entwicklung der Forschungsinstrumente gewidmet, die **zweite Phase** untersuchte hierauf aufbauend die interagierenden Effekte zwischen Landeskultur, organisationalen Praktiken und Führung. Ein wiederum kleinerer Teil der beteiligten Länder (25) hat dann im zweiten Hauptwerk in 2007 speziellere Landesanalysen vorgelegt. Parallel hierzu hat sich eine **dritte Phase** entwickelt, die sich diesmal auf die Führungsspitze der Organisation konzentrierte und – getrieben von transformationalen/charismatischen Führungstheorien (☞ B. II. 4 und D. II. 3) – vor allem die **Effektivität des Führungsverhaltens** auf Basis von mehr als 1.000 CEOs und rund 6.000 ihnen direkt berichtender Top-Manager in 24 Ländern bei jeweils rund 40 Firmen erforschte (vgl. *House u.a.* 2014). 17 Länder nahmen bislang an allen drei Forschungsphasen teil. GLOBE ist weiterhin ein existierender Verbund von inzwischen mehr als 200 Forscherinnen und Forschern, aus dem potenziell weitere Studien erwachsen können.

Bezugsrahmen der GLOBE-Studie

Die die gesamte Studie leitende Grundannahme des Projektes ist, dass diejenigen Merkmale und Institutionen, die eine spezifische Kultur von einer anderen unterscheiden, entscheidend für die Ausprägung von effektiven organisationalen Praktiken und erwarteten Eigenschaften und Verhaltensweisen der Führenden in eben dieser Kultur sind. Unter Berücksichtigung von Umweltkontingenzen der Organisation wurde der Bezugsrahmen zu Grunde gelegt, den Abbildung E.12 zeigt.

Deutlich wird, dass die Organisation in das kulturelle Umfeld eingebunden ist und dass sich durch diese kulturelle Eingebundenheit entscheidende Auswirkungen auf die erwartete Führung und das Führungsverhalten ergeben. Die kulturelle Eingebundenheit der Führung bewirkt, dass die Mitglieder einer Kultur eine sogenannte **implizite Führungstheorie** entwickeln (im Original: **Culturally Endorsed Implicit Leadership Theory (CLT)**, ☞ A. III. 1.1). Implizit bedeutet (vgl. *McClelland u.a.* 1953; siehe auch *Lord/Maher* 1991), dass die Überzeugungen, Annahmen, Einschätzungen und Wertungen über die richtige Art und Weise von Führung oder überhaupt zur Frage, was eine Führungsperson ausmacht und unter welchen Umständen er/sie akzeptiert wird und dementsprechend, inwiefern ihr/ihm Gefolgschaft geleistet wird, nicht oder nur teilweise bewusst sind. Dennoch leiten sie den Einzelnen wie ein vorgeschriebenes Skript an (vgl. *Hofstede* 2001). Diese kognitiven Voreinstellungen, ein Produkt aus persönlichen Erfahrungen und kulturell normierten Werten, können als Bindeglied zwischen kulturellen Erwartungen und tatsächlichen Führungsprozessen angesehen werden (vgl. *Dorfman/Hanges/Brodbeck* 2004, S. 714, FN 1). Durch sie kann im Alltag bei jedem Einzelnen von uns sehr effizient entschieden werden.

Führung ist nur *ein* Anwendungsfall derartiger impliziter Theorien. Es ergibt sich hieraus, dass Führung im Auge des Betrachters liegt, also das letztendlich Geführte definieren, wann Führung vorliegt und wer als Führungsperson angesehen werden kann (☞ A. II. 2). Es versteht sich von selbst, dass die Ausprägung einer solchen kulturell geformten impliziten Führungstheorie nur im Sinne eines Korridors von den in einer Gemeinschaft geteilten Grundüberzeugungen interpretiert werden kann. Diese Korridore müssen sich aber zwischen Gesellschaften signifikant unterscheiden lassen, damit einer Landeskultur überhaupt eine beachtenswerte Bedeutung für die Ausgestaltung von Führungserwartungen zugesprochen werden kann (**Value-Belief Theory**;

Kapitel E — Spezielle Blicke auf Führung und Führungsbeziehungen

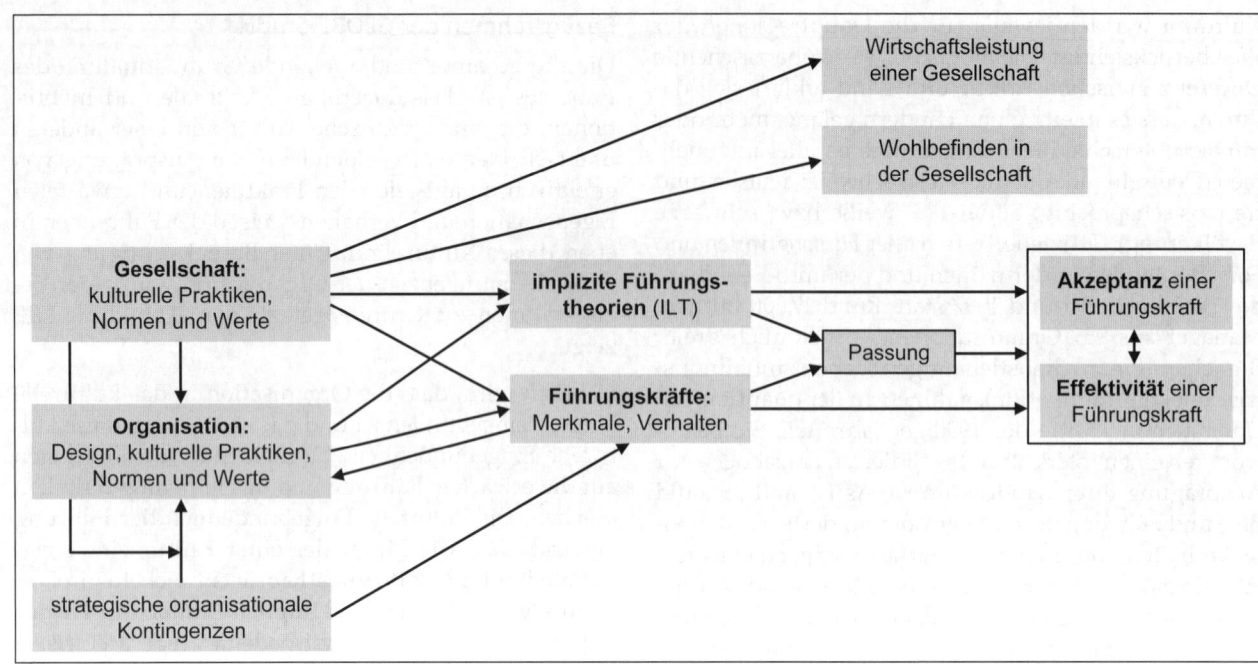

Abb. E.12: Bezugsrahmen der GLOBE-Studie
(ursprünglich *House/Javidan* 2004, S. 18; sowie aktuell nach *Brodbeck* 2016, S. 91)

vgl. *Hofstede* 2001; *Triandis* 1995). Dies schließt Überlappungen von Korridoren natürlich nicht aus. Aus dem unteren Bezugsrahmen sind zu Beginn insgesamt 15 spezifische Annahmen abgeleitet worden, die allerdings bis heute empirisch nicht vollständig getestet wurden. In 2013 wurde das theoretische Modell präzisiert (vgl. *House u. a.* 2014, S. 88).

GLOBE ist von Anfang an davon ausgegangen, dass der bisherige Forschungsstand es nicht zulässt, sich auf eine bestimmte Anzahl von Dimensionen zur Erfassung einer Landeskultur vorab festzulegen. *House* und *Javidan* (2004, S. 15) definieren dabei stellvertretend für **GLOBE** Kultur als

> „shared motives, values, beliefs, identities, and interpretations or meanings of significant events that result from common experiences of members of collectives that are transmitted across generations."

Empirie zum Kulturverständnis

Operationalisiert wird dieses Kulturverständnis sowohl durch Werte als durch Praktiken. Werte, die innerhalb eines Kollektivs geteilt werden, wurden durch Fragen abgebildet, wie etwas in der Gesellschaft sein sollte (attributes). Praktiken wurden dadurch abgebildet, inwieweit üblicherweise auftretende Verhaltensweisen, Institutionalisierungen, Vorschriften und Gebote in der Gesellschaft faktisch beobachtet oder nachgewiesen werden können (vor allem in Familien, Schulen, Arbeitsorganisationen, ökonomischen, politischen und rechtlichen Systemen). Dabei wurde zunächst angenommen, dass Werte und Praktiken positiv korrelieren (eine zu revidierende Annahme, siehe unten). Die empirischen Studien haben dann eine Lösung favorisiert, die es erlaubt, eine hinreichende Beschreibung einer Landeskultur durch insgesamt neun **Dimensionen** vorzunehmen. Diese Dimensionen sind in sich homogen, reliabel und valide und damit zur Unterscheidung von Kulturen angemessen und nicht trivial (für Details siehe *Gupta/Sully de Luque/House* 2004; *Hanges/Dickson* 2004). In Ergänzung zu der quantitativen Studie sollten durch standardisierte wie inhaltlich freie **qualitative Studien** die Kulturdimensionen tiefer beschrieben und ihr Einfluss für die Führung genauer spezifiziert werden. In der deutschsprachigen Schweiz wurden hierfür beispielsweise mittels Fokusgruppen, → ethnografischer Interviews oder der Verwendung von → „unobtrusive measures" wie Straßennamen oder Legenden, dahinterliegende Werte und Normen sowie deren Bedeutungshintergrund herausgearbeitet und deren Einfluss auf Erwartungen hinsichtlich einer herausragende Führung bestimmt (vgl. *Weibler/Wunderer* 2007, S. 275 ff.).

Kulturdimensionen der GLOBE-Studie

In diesen Dimensionen finden sich klare Bezüge zu der die Forschung bis dahin leitenden Untersuchung von *Hofstede*, aber auch weitergehende Differenzierungen und zusätzliche Bezugspunkte (vgl. Tab. E.5).

Sechs dieser Kulturdimensionen finden in der Tat ihre Ursprünge bei der Untersuchung von *Hofstede*. Machtdistanz und Unsicherheitsvermeidung entsprechen dem offensichtlich recht genau, auch wenn die erfassten Aspekte dieser Dimensionen variieren. Dieselbe Aussage gilt für die Kollektivismusdimension *Hofstedes*, die jedoch in dieser Studie in zwei eigenständige Dimensionen aufgespalten wird (institutioneller Kollektivismus und gruppen- bzw. familienbasierter Kollektivismus). Eine Zweiteilung eines Befundes von *Hofstede* erfolgte auch hinsichtlich der kritisch diskutierten Maskulinitätsdimension (Bestimmtheit sowie Geschlechtergleichstellung). Die empirisch bestätigte Dimension Zukunftsorientierung entsprang frühen Überlegungen

Culture Construct Definitions	Specific Questionnaire Item
Power Distance [Machtdistanz]: The degree to which members of a collective expect power to be distributed equally.	Followers are (should be) expected to obey their leaders without question.
Uncertainty Avoidance [Unsicherheitsvermeidung]: The extent to which a society, organization, or group relies on social norms, rules, and procedures to alleviate unpredictability of future events.	Most people lead (should lead) highly structured lives with few unexpected events.
Humane Orientation [Humanorientierung]: The degree to which a collective encourages and rewards individuals for being fair, altruistic, generous, caring, and kind to others.	People are generally (should be generally) very tolerant of mistakes.
Collectivism I (Institutional Collectivism) [Institutioneller Kollektivismus]: The degree to which organizational and societal institutional practices encourage and reward collective distribution of resources and collective action.	Leaders encourage (should encourage) group loyalty even if individual goals suffer.
Collectivism II (In-Group Collectivism) [Gruppenbasierter Kollektivismus]: The degree to which individuals express pride, loyalty, and cohesiveness in their organizations or families.	Employees feel (should feel) great loyalty toward this organization.
Assertiveness [Bestimmtheit]: The degree to which individuals are assertive, confrontational, and aggressive in their relationships with others.	People are (should be) generally dominant in their relationships with each other.
Gender Egalitarianism [Gleichberechtigung]: The degree to which a collective minimizes gender inequality.	Boys are encouraged (should be encouraged) more than girls to attain a higher education. (Scored inversely.)
Future Orientation [Zukunftsorientierung]: The extent to which individuals engage in future-oriented behaviors such as delaying gratification, planning, and investing in the future.	More people live (should live) for the present rather than for the future. (Scored inversely.)
Performance Orientation [Leistungsorientierung]: The degree to which a collective encourages and rewards group members for performance improvement and excellence.	Students are encouraged (should be encouraged) to strive for continuously improved performance.

Tab. E.5: Kulturdimensionen der GLOBE-Studie (*Javidan/House/Dorfman* 2004, S. 30)

von *Kluckhohn* und *Strodtbeck* (1961) und weist eine inhaltliche Nähe zu der später von *Hofstede* und *Bond* (1988) entdeckten Zeitdimension auf. Die Leistungsorientierung hingegen, eine ausgesprochen wichtige Kulturdimensionen, beruht auf den kulturanthropologischen Arbeiten *McClelland*s (1987a, 1978b, 1961). Die Humanorientierung wiederum finden wir als theoretisches Postulat ebenfalls schon bei *Kluckhohn* und *Strodtbeck* (1961). Entscheidend ist aber nun, dass durch diese Studie bisheriges theoretisches wie empirisches Material sinnhaft miteinander in Beziehung gesetzt werden konnte. In der Summe entsteht nun ein recht gut abgesicherter Zugang zur Beschreibung von Landeskulturen, der in der Lage ist, nicht nur die Landeskultur angemessen beschreiben zu können, sondern auch dazu geeignet ist, verschiedene Landeskulturen voneinander zu differenzieren. Beides ist notwendig, um eine kulturvergleichende Forschung überhaupt betreiben zu können.

Empirie zu den Kulturdimensionen

Diese gefundenen Kulturdimensionen wurden im weiteren Verlauf der Studie dann vierfach eingesetzt (vgl. Abb. E.13): Auf der Ebene der Landeskultur wurden die Hälfte der Teilnehmerinnen und Teilnehmer danach gefragt, inwieweit die jeweilige Dimension beschreibende Aussage „so sein sollte" bzw. „so zurzeit ausgeprägt ist" (78 Fragen). Genauso wurden analog angelegte Fragen für die Ebene der Organisationskultur entwickelt und bei der anderen Hälfte erfragt (75 Fragen). Damit lagen in der Summe 18 Dimensionen vor. Ausgewählte Sozio-Demographia wurden ebenfalls erfasst.

Die Kulturdimensionen werden in der GLOBE-Studie wie unabhängige Variablen behandelt. Sie wirken sich auf die implizite Führungstheorie des Einzelnen, aber auch auf die seiner Arbeits-/Bezugsgruppe (folgend der Idee des mentalen Teammodels der Teammitglieder nach *Klimoski/Mohammed* 1994) der Annahme gemäß aus und prägen damit in ihren offensichtlichen Manifestationen die typischen Führungsstile in einer

---

Organization As Is

The pay and bonus system in this organization is designed to maximize:

1   2   3   4   5   6   7

Individual Interests   Collective Interests

Organization Should Be

In this organization, the pay and bonus system *should* be designed to maximize:

1   2   3   4   5   6   7

Individual Interests   Collective Interests

Society As Is

The economic system in this society is designed to maximize:

1   2   3   4   5   6   7

Individual Interests   Collective Interests

Society Should Be

I believe that the economic system in this society *should* be designed to maximize:

1   2   3   4   5   6   7

Individual Interests   Collective Interests

Abb. E.13: Parallelität von Landes- und Organisationskultur in der GLOBE-Studie – Beispiel (*House/Javidan* 2004, S. 23)

Gesellschaft. Nach umfangreichem Literaturstudium und empirischen quantitativen wie qualitativen Voruntersuchungen bildeten insgesamt 112 Verhaltensweisen und Eigenschaften von Führungspersonen die Konkretisierung des Führungsverständnisses.

Führung selbst wird bei **GLOBE** (*House/Javidan* 2004, S. 15) verstanden als

„the ability of an individual to influence, motivate, and enable others to contribute toward the effectiveness and success of the organizations of which they are members."

Mittels einer → Faktoranalyse wurden insgesamt 21 Subskalen von Führung gebildet, die nach weiteren empirischen wie theoretischen Überlegungen in sechs übergeordnete, sogenannte globale Führungsdimensionen (vgl. Abb. E.14) mündeten, die wiederum zur Unterscheidung von Kulturen (zehn Kulturcluster) herangezogen wurden. Sie dienten allerdings auch der Beschreibung und der Benennung der Ausprägung von Führung in der jeweiligen Landeskultur.

Dabei versteht man hier unter der globalen charismatischen bzw. wertorientierten Führungsdimension das Ausmaß, inwieweit Führung durch die Bezugnahme auf Werte inspiriert und motiviert sowie außerordentliche Ergebnisse bewirken kann (☞ B. II. 2.4). Sechs Subskalen bilden diese Führungsdimension ab. Unter der teamorientierten Führungsdimension wird das Ausmaß erfasst, inwieweit Führung teambildende Prozesse unterstützt und die Energien der Teammitglieder auf ein gemeinsames Ziel hin zu lenken versteht. Fünf Subskalen bilden diese Führungsdimension ab. Unter der partizipativen Führungsdimension wird das Ausmaß verstanden, inwieweit Führung in der Entscheidungsbildung und Entscheidungsumsetzung andere Interessen einbezieht. Zwei Subskalen bilden diese Führungsdimension ab. Unter der humanorientierten Führungsdimension wird das Ausmaß verstanden, inwieweit Führung unterstützend und personenbezogen, aber auch leidenschaftlich und großherzig ist. Zwei Subskalen bilden diese Führungsdimension ab. Unter der autonomieorientierten Führungsdimension wird das Ausmaß verstanden, inwieweit Führung Unabhängigkeit in Anspruch nimmt und individualistisch ausgeübt wird. Die letzte, sechste Führungsdimension erfasst das Ausmaß, inwieweit der Führende selbstbezüglich, aber auch sicherheitsorientiert und Gesicht wahrend gegenüber Gruppenmitgliedern agiert. Fünf Subskalen bilden diese Führungsdimension ab. Diese sechs globalen Führungsdimensionen, die als mentale Modelle (→ Schema, → Prototyp) zur Charakterisierung einer Führung und damit zur Beurteilung einer Führungsperson herangezogen werden, wurden im nächsten Schritt mit den Kulturdimensionen verbunden. Für die insgesamt zehn Ländercluster wurden darüber hinaus übergreifende Führungsprofile entwickelt.

Es ist an dieser Stelle vollkommen unmöglich, die Vielfalt der gewonnenen Ergebnisse auch nur annähernd darzustellen. Hierzu muss vor allem auf die beiden Hauptwerke des Projektes verwiesen werden (vgl. *Chhokar/Brodbeck/House* 2007; *House u. a.* 2004). Bei deren Lektüre wird man dann auch erkennen, dass die weiter oben kurz besprochenen Instrumente zur Erfassung von Landeskulturen und Führungserwartungen durch ihre empirische Fundierung bereits einen wesentlichen Beitrag für die vergleichende Kulturforschung darstellen. Auch sind den Länderausführungen qualitative Methoden zu entnehmen, die bislang in dieser Form kaum oder gar nicht zum Einsatz gekommen sind. Diese kann man zukünftig nutzen, verbessern oder neu kombinieren.

Ausprägungen der Landeskulturen

Doch nun zu wesentlichen Ergebnissen im Überblick (außerhalb der qualitativen Länderstudien, siehe auch *Javidan/Dorfman u. a.* 2006). Hier interessieren zunächst einmal die **Ausprägungen der Landeskulturen** überhaupt. Die folgende Tabelle E.6 zeigt die Ausprägungen sowohl für die Werte als auch für die Praktiken.

1.	Charismatic/Value-Based leadership [Charismatische/Wertbasierte Führung]	(5,83)
2.	Team Oriented leadership [Teamorientierte Führung]	(5,76)
3.	Participative leadership [Partizipative Führung]	(5,33)
4.	Humane Oriented leadership [Humanorientierte Führung]	(4,89)
5.	Autonomous leadership [Autonomieorientierte Führung]	(3,85)
6.	Self-Protective leadership [Defensive Führung]	(3,47)

(in Klammern: Mittelwerte: 1 / 7 behindert / fördert eine herausragende Führung)

Abb. E.14: Globale Führungsdimensionen in der GLOBE-Studie (vgl. *Dorfman/Hanges/Brodbeck* 2004, S. 674)

GLOBE Cultural Dimensions Practices and Values	Minimum	Maximum	Mean	Standard Deviation
Uncertainty Avoidance practices	2.88	5.37	4.16	.60
Future Orientation practices	2.88	5.07	3.85	.46
Power Distance practices	3.89	5.80	5.17	.41
Institutional Collectivism practices	3.25	5.22	4.25	.42
Humane Orientation practices	3.18	5.23	4.09	.47
Performance Orientation practices	3.20	4.94	4.10	.41
In-Group Collectivism practices	3.53	6.36	5.13	.73
Gender Egalitarianism practices	2.50	4.08	3.37	.37
Assertiveness practices	3.38	4.89	4.14	.37
Uncertainty Avoidance values	3.16	5.61	4.62	.61
Future Orientation values	4.33	6.20	5.49	.41
Power Distance values	2.04	3.65	2.75	.35
Institutional Collectivism values	3.83	5.65	4.73	.49
Humane Orientation values	4.49	6.09	5.42	.25
Performance Orientation values	4.92	6.58	5.94	.34
In-Group Collectivism values	4.94	6.52	5.66	.35
Gender Egalitarianism values	3.18	5.17	4.51	.48
Assertiveness values	2.66	5.56	3.82	.65
N = 61 societal cultures				

Tab. E.6: Mittelwerte und Standardabweichungen für Werte und Praktiken (Landeskultur)
(vgl. *Javidan/House/Dorfman* 2004, S. 31)

- Danach sind die meisten GLOBE-Kulturen in ihren Praktiken von Machtunterschieden geprägt, tendenziell kollektiv orientiert und entsprechen eher männlichen Stereotypen (v. a. In-Group collectivism). Hinsichtlich ihrer Wertausprägungen sind die GLOBE-Kulturen von dem Wunsch beseelt, die vorhandene Machtdistanz zu verringern, die Zukunftsorientierung zu erhöhen, die Leistungsorientierung zu verbessern und ihrer Gesellschaft ein stärker dem weiblichen Stereotyp entsprechendes Gesicht zu verleihen. In der Regel (Ausnahme Machtdistanz und Bestimmtheit) liegen die Mittelwerte der Werte über denen der Praktiken.

- Entgegen der Erwartung sind die Korrelationen zwischen Werten und Praktiken in sieben von neun Fällen signifikant und negativ. Man sollte aber beachten, dass diese negativen Korrelationen auf beidseitig recht hohen Ausgangswerten beruhen und damit nur eine etwas, jedoch systematisch höhere Ausprägung eines an sich positiven Zahlenwertes zum Ausdruck bringen (vgl. *Javidan/House u. a.* 2006).

- Die GLOBE-Kulturen konnten in 10 Clustern zusammengefasst werden. Das sogenannte Germanic Cluster (vgl. Abb. E.7) besteht aus Deutschland, Österreich, der Schweiz und den Niederlanden.

- Die Organisationskulturen spiegeln die Gesellschaften wider, in denen sie eingebettet sind. Hier fallen die Differenzen zwischen Werten und Praktiken niedriger aus als innerhalb der Landeskultur.

- Ausprägungen in den Praktiken für Leistungsorientierung, Zukunftsorientierung und Unsicherheitsvermeidung korrelieren positiv mit den meisten Messungen einer gesunden wirtschaftlichen Entwicklung. Für die Wertedimensionen lässt sich dies allerdings nicht bestätigen, ganz im Gegenteil finden sich hier negative Korrelationen. Dies hängt wohl damit zusammen, dass Werte, die Wünsche repräsentieren, besonders dann ausgeprägt sind, wenn die Realität so gar nicht diesen Wünschen entspricht. Dies gilt ausdrücklich nicht für eine hohe Machtdistanz. Interessanterweise ist weder eine kulturelle Praxis noch eine Wertedimension mit ökonomischer Produktivität signifikant verknüpft.

- Weltweit wurden 22 Einzelmerkmale von Führungspersonen und spezifische Verhaltensweisen von Führung identifiziert, die universell gewünscht werden (auf einer siebenstufigen Skala mit Ausprägungen größer fünf). Acht Merkmale beziehungsweise Verhaltensweisen wurden gefunden, die universell unerwünscht sind. Die meisten von ihnen nehmen auf einer siebenstufigen Skala den Wert kleiner drei ein. Viele Merkmale und Attribute waren kulturkontingent, das heißt, sie variieren in Abhängigkeit der Ausprägung der Landeskultur. Damit konnte nachgewiesen werden, dass so etwas wie eine kulturbedingte implizite Führungstheorie existiert, die vor allem etwas über die Akzeptanz und Effektivität von Führung aussagt.

- Mittels der 21 faktoriell gefundenen Führungsdimensionen und den noch einmal im nächsten Schritt verdichteten sechs globalen Führungsdimensionen ist es möglich, die Kulturbedingtheit einer als herausragend eingestuften Führung zu fassen. Faktisch sind sie der inhaltliche Kern einer CLT. Bei den globalen Führungsdimensionen fällt auf, dass charismatische beziehungsweise werteorientierte, teamorientierte und partizipationsorientierte Führungsdimensionen auf einer siebenstufigen Skala nicht unter 4.5 fallen, aber im Regelfall eine Ausprägung zwischen 6.1 und 6.5 erreichen. Während die humanorientierte Führungsdimension in der Regel eher neutral oder moderat in ihrer Bedeutung für eine herausragende Führung eingeschätzt wird, wird eine autonomieorientierte und eine sich selbst schützende, defensiv agierende Führung, wenn nicht gerade noch neutral, so doch meistens negativ zur Erreichung dieses Ziels bewertet.

- Für die sechs globalen Führungsdimensionen wurden für alle Länder Führungsprofile erstellt, die es nun ermöglichen, vorhandene Unterschiede zu dokumentieren. Generell gilt, dass es die Werte und nicht die Praktiken sind, die eine Beziehung zu diesen globalen Führungsdimensionen besitzen. Jeweils einzelne Dimensionen der Landeskultur sagen bestimmte globale Führungsdimensionen recht gut voraus. Allerdings ist nur die Leistungsorientierung auf der Ebene der Organisationskultur mit sechs von sieben dieser globalen Führungsdimensionen signifikant verbunden. Im Einzelnen sind Aussagen, um dies einmal zu verdeutlichen, in der Form möglich, dass beispielsweise eine Leistungsorientierung, eine Humanorientierung und eine nicht maskuline Geschlechterorientierung eine partizipative Führung als wünschenswert erscheinen lassen, wohingegen ein hohes Maß an Unsicherheitsvermeidung und Machtdistanz hierzu in einer negativen Beziehung steht.

Auch würde es an dieser Stelle den vertiefenden Ausarbeitungen zur Landeskultur und dem prototypischen Bild einer herausragenden Führung für das „**Germanic Cluster**" und damit im Kern zu den drei deutschsprachigen Landeskulturen (daneben die Niederlande) nicht gerecht, würde hier der Anspruch erhoben, dies angemessen darzustellen (vgl. vielmehr hierzu für Deutschland *Brodbeck/Frese* 2007; sowie *Brodbeck/Frese/Javidan* 2002; für Österreich *Reber/Szabo* 2007; und für die deutschsprachige Schweiz *Weibler/Wunderer* 2007 und *Wunderer/Weibler* 2002). Deshalb sollen nur einige der wichtigsten *quantitativen* Befunde hier Erwähnung finden (alles nach *Szabo/Brodbeck/Den Hartog/Reber/Weibler/Wunderer* 2002; vgl. Tab. E.7).

Danach fällt auf, dass in diesem empirisch bestimmten Cluster hohe Werte in der Beschreibung der Ist-Situation (Praktiken) in den Landeskulturdimensionen Unsicherheitsvermeidung, Machtdistanz und Bestimmtheit zu finden sind, hingegen niedrige Werte für die Dimension Geschlechtergleichstellung. Die anderen Kulturdimensionen bewegen sich im Mittelbereich, nahe dem Durchschnittswert der Skala von vier (einzig die Dimension der Geschlechtergleichstellung ist beim Durchschnittswert vier maximal realisiert). Im *Vergleich* zu anderen Länderclustern ist bemerkenswert, dass das Cluster Germanic Europe hohe Werte auf den Landeskulturdimensionen Leistungsorientierung, Unsicherheitsvermeidung, Zukunftsorientierung und Bestimmtheit einnimmt. Gleichzeitig ist diese Region mit vergleichsweise niedrigen Werten auf den Kollektivismusdimensionen, der Dimension der Humanorientierung und der der Geschlechtergleichstellung (also eher stereotyp männlich) verbunden. Die Machtdistanz nimmt einen mittleren Wert im internationalen Vergleich ein. Bei den Praktiken fällt auf, dass Standardisierung und Regeln relativ bedeutsam sind. Die aktiv eingeschätzte Soll-Kultur ist vielfach augenfällig gegenläufig. Besonders eindrucksvoll lässt sich das am Beispiel der Landeskulturdimension Unsicherheitsvermeidung und hier im Übrigen ins-

	Austria	Germany (Former West)	Germany (Former East)	The Netherlands	Switzerland	Germanic Europe Cluster	
						Mean scores	Gap between „As Is" and „Should Be"
As Is							
Uncertainty avoidance	5.16	5.22	5.16	4.70	5.37	5.12	–1.66
Future orientation	4.46	4.27	3.95	4.61	4.73	4.40	0.61
Power distance	4.95	5.25	5.54	4.11	4.90	4.95	–2.44
Institutional collectivism	4.30	3.79	3.56	4.46	4.06	4.03	0.66
Humane orientation	3.72	3.18	3.40	3.86	3.60	3.55	1.93
Performance orientation	4.44	4.25	4.09	4.32	4.94	4.41	1.49
Group and family collectivism	4.85	4.02	4.52	3.70	3.97	4.21	0.95
Gender egalitarianism	3.09	3.10	3.06	3.50	2.97	3.14	1.77
Assertiveness	4.62	4.55	4.73	4.32	4.51	4.55	–1.48
Should Be							
Uncertainty avoidance	3.66	3.32	3.94	3.24	3.16	3.46	–1.66
Future orientation	5.11	4.85	5.23	5.07	4.79	5.01	0.61
Power distance	2.44	2.54	2.69	2.45	2.44	2.51	–2.44
Institutional collectivism	4.73	4.82	4.68	4.55	4.69	4.69	0.66
Humane orientation	5.76	5.46	5.44	5.20	5.54	5.48	1.93
Performance orientation	6.10	6.01	6.09	5.49	5.82	5.90	1.49
Group and family collectivism	5.27	5.18	5.22	5.17	4.94	5.16	0.95
Gender egalitarianism	4.83	4.89	4.90	4.99	4.92	4.91	1.77
Assertiveness	2.81	3.09	3.23	3.02	3.21	3.07	–1.48

Tab. E.7: Kulturdimensionen des Germanic Cluster nach GLOBE (*Szabo u. a.* 2002, S. 63)

besondere für die Schweiz zeigen, die hinsichtlich der Ist-Ausprägung der Landeskulturdimension Unsicherheitsvermeidung den weltweiten Spitzenwert einnimmt, hingegen bei dem korrespondierenden Soll-Wert die niedrigste Ausprägung weltweit inne hat. Hier drückt sich beispielhaft aus, was weiter oben bereits angemerkt wurde: die Ist-Kultur muss nicht mit der Soll-Kultur übereinstimmen und manchmal scheint es so, dass eine unbefriedigende Ist-Situation einen immens starken Wunsch nach einer Gegenläufigkeit provoziert. Inwiefern Praktiken mit der Zeit Werte beeinflussen beziehungsweise Werte auf Praktiken Einfluss nehmen, wird spannend sein zu beobachten. *Szabo, Reber, Weibler, Brodbeck* und *Wunderer* (2001) führen auf, dass sogenannte „close-to-action" Konzepte, wie es praktizierte Führungsstile darstellen, nicht einfach zu verändern sind. Die von GLOBE referierten Ergebnisse korrespondieren mit Blick auf die Praktiken im Großen und Ganzen sehr gut mit den frühen Befunden *Hofstedes*, ergänzen und differenzieren diese Befunde jedoch weiter.

Bei den Ergebnissen (Mittelwerte) zur herausragenden Führung, die in der nachstehenden Tabelle E.8 lediglich auf den verdichteten Dimensionen der globalen Führungsdimensionen dargestellt werden, ist zu berücksichtigen, dass es sich hier um Vorstellungen und Einschätzungen handelt, die ausdrücken, wann das Prädikat einer herausragenden Führung zugesprochen wird (maximal förderlich/hinderlich bei 7/1) und *nicht* um tatsächliche Führungspraktiken. Diese können, müssen aber nicht mit den Idealvorstellungen korrespondieren.

Es zeigt sich, dass eine charismatische/wertbasierte Orientierung und eine partizipative Führung merklich mit einer herausragenden Führung verbunden werden, eine Humanorientierung schon weniger, wohingegen eine als autonom eingestufte Führung keine klaren Vor- oder Nachteile besitzt, hingegen eine sich selbst schützende, defensiv agierende Führung negative Auswirkungen haben sollte. Im weltweiten Vergleich zeigt sich im Übrigen, dass die hohe Bedeutung für die charismatische/wertbasierte Führung (u. a. integer, visionär, aber auch leistungsorientiert und entschlossen) nun allseits so gesehen wird (vgl. *Den Hartog u. a.* 1999), wohingegen der Stellenwert von Teamorientierung und Partizipation und den damit empirisch einhergehenden Verhaltensweisen deutlich differiert. *Brodbeck, Frese, den Hartog, Koopman, Weibler u. a.* (2000) wiesen bereits für 22 europäische

	Austria	Germany (Former West)	Germany (Former East)	The Netherlands	Switzerland	Germanic Europe Cluster
Charismatic	6.02	5.84	5.87	5.98	5.93	5.93
Team-Oriented	5.74	5.49	5.51	5.75	5.61	5.62
Participative	6.00	5.88	5.70	5.75	5.94	5.85
Humane	4.93	4.44	4.60	4.82	4.76	4.71
Autonomous	4.47	4.30	4.35	3.53	4.13	4.16
Self-Protective	3.07	2.96	3.32	2.87	2.92	3.03

Tab. E.8: Globale Führungsdimensionen des Germanic Cluster nach GLOBE (*Szabo* u.a. 2002, S. 66)

Nationen nach, dass die Partizipationsdimension im Germanic Cluster überdurchschnittlich hoch geschätzt wird (wie im Anglo und Nordic Cluster, jedoch nicht im Latin, Central und Near East Europe Cluster).

Abschließend sei noch kurz auf die dritte Phase des GLOBE-Projektes eingegangen. Hier stehen ja **Führungsstile des Top-Managements** und ihre Bedeutung für die Werte und die Leistung des Unternehmens im Vordergrund. In diesem Zusammenhang weisen *Waldman* u.a. (2006), die Daten aus 15 Ländern und 561 Unternehmen verwenden, bereits nach, dass eine visionäre Führung und eine Integrität seitens des CEO gute Prädiktoren für Unternehmenswerte darstellen, die eine soziale Verantwortlichkeit dieser Unternehmung zum Ausdruck bringen. *Waldman, Siegel* und *Javidan* (2006) zeigten wiederum anhand von 56 nordamerikanischen Unternehmen, dass die geistige Anregung, die ein CEO in das Unternehmen hinein gibt, eine besondere Bedeutung für die (deklarierte) soziale Verantwortlichkeit dieses Unternehmens im Sinne eines Strategic Issue besitzt.

House u.a. (2014) legten nach umfangreichen Untersuchungen dar, dass nationale Werte nicht direkt das Führungsverhalten von CEOs beeinflussen, sondern den Umweg über implizite Erwartungen nehmen. Ebenso lassen sich klare Bezüge zur Effektivität von CEOs nachzeichnen, wie *Dorfman* u.a. (2012, S. 512) schon im Vorfeld berichteten: „*In short, the extent to which each leader's behavior is congruent with the culture's CLT counterparts determines the leader's effectiveness*". „Effectiveness" bezog sich auf interne wie externe Führungserfolgsgrößen. Befragt wurde das Top Management Team (TMT). Dies bestand aus dem CEO direkt unterstellten Personen und Personen, die dem CEO direkt berichten. Sie beurteilten in drei Survey-Runden das Führungsverhalten des CEO sowie die besagten Erfolgsgrößen (Einsatz, Commitment, gespürte Teamsolidarität bzw. Umsatzerlöse im Vergleich zum Hauptkonkurrenten, Dominanzlevel in der Branche und einiges mehr).

Dies heißt, dass die CEOs, die kulturelle Regeln – ggf. auch gut gemeint – verletzen, hiernach entweder in den Bewertungen ihrer Mitarbeiterinnen und Mitarbeiter im TMT oder der Leistungsbilanz ihrer Firma weniger erfolgreich sind. Danach solle in Abwandlung einer vertrauten Formulierung gelten: „*Roman leaders lead in a manner expected in Rome*" und wenn man nicht genau wisse, wie dort zu handeln sei, gelte als erste Annäherung: „*When in Rome and you don't know what to do, exhibit charismatic/value based leadership*" (*Dorfman* u.a. 2012, S. 514). Diese Aussage ist der empirisch gefundenen universell hohen Bedeutung dieser globalen Führungsdimension „Charisma" geschuldet (mit einem Mittelwert von 5.59 und einer Spannbreite von 4.63–6.17 [1 wäre „strongly disagree" und 7 „strongly agree"]). Gemeint ist damit Folgendes, was sich erkennbar von dem Medienhype schillernder Personen abhebt:

> „[C]harismatic leaders inspire their followers with a desirable and realistic vision that is developed based on appropriate analysis and high performance expectations. They are viewed as sincere, decisive, and credible because of their integrity and willingness to sacrifice their own self-interest" (*House* u.a. 2014, S. 335).

Kurzum: Ein Führungs*verhalten* (**Charisma** bzw. bei *Bass* später auf der Verhaltensebene als „idealized behavior" bezeichnet), das v.a. als visionär, inspirierend, integer und leistungsorientiert erlebt wird, wird universell am höchsten geschätzt und besitzt die relativ stärkste Bedeutung von allen erfassten sechs globalen Führungsskalen. Die Summe aller sechs globalen Führungsskalen erklärt immerhin 21% der erfassten Erfolgsgrößen bei den TMT und 16% bei der relativen Firmenleistungsstärke. Dies sind sehr ordentliche Ergebnisse. Es erwies sich, dass Teamorientierung und Partizipation am stärksten kulturkontingent waren (vgl. *House* u.a. 2014, S. 248ff.).

Inwieweit Werte oder Praktiken sich jeweils der anderen Seite im Falle eines Auseinanderklaffens annähern, ist empirisch momentan schwierig einzuschätzen, da selbst solche Erhebungen wie diese immer nur einen zeitlich sehr engen Zeitraum beobachten können. Dies gilt ausdrücklich auch, wenn man andere große Studien wie die von *Hofstede* interpretativ mit ins Kalkül zieht. Immerhin bestand für die jeweilige Datenaufnahme der Hauptphase nur eine überschaubare Differenz von rund 20 Jahren.

Da Führungskräfte aber nun einmal im Hier und Jetzt agieren, ist klar, dass sie die nachgewiesenen kulturellen Unterschiede berücksichtigen sollten, um Akzeptanz zu finden und damit die Wahrscheinlichkeit, Erfolg zu haben, zu erhöhen. Für Organisationen bedeutet dies, bereits bei der Besetzung solcher Führungspositionen auf die Spezifika des jeweiligen Führungsprofils in den zehn Weltregionen zu achten. Dies gilt im Übrigen nicht nur für privatwirtschaftliche Organisationen, sondern auch für militärische Organisationen, für UN-Einsätze oder für Hilfsorganisationen. Gerade dieser letzte Bereich wird in der managementbezogenen Forschung sträflich vernachlässigt, obschon er in der tatsächlichen Bedeutung für die Stellung eines Landes in der Welt oder für den Ausgleich von Länderinteressen heute mehr denn je eine überragende Bedeutung besitzt. Es ist anzunehmen, dass mit **wachsender kultureller Distanz** die Notwendigkeit zunimmt, sich entsprechend auf die andere Kultur vorzubereiten, auch wenn rein lineare Beziehungen sicherlich zu kurz greifen. Es liegen aber keine befriedigenden Ergebnisse darüber vor, wie sich die Effekte auf die praktizierte Führung ausnehmen, vermutlich werden es immer einige wenige kritische Situationen sein, die im alltäglichen Geschäft den Unterschied ausmachen.

GLOBE bietet gute Anhaltspunkte, worauf in den einzelnen **Weltregionen** zu achten ist. Aber es ist auch zu berücksichtigen, dass zwischen den einzelnen Ländern, die diese Weltregionen repräsentieren, Unterschiede bestehen. *Weibler, Brodbeck, Szabo, Reber, Wunderer* und *Moosmann* (2000) haben dies für die deutschsprachigen Länder bereits einmal aufgezeigt. Diese Unterschiede manifestierten sich bisweilen nur unzureichend in den eigentlichen Mittelwertdifferenzen. Beispielsweise wurde erst durch eine genauere Analyse mittels Multidimensionaler Skalierung (MDS) und einer hierarchischen Clusteranalyse deutlich, dass die semantische Nähe von Begrifflichkeiten teilweise differierte. So wurde, um das Gemeinte einmal zu veranschaulichen, die Führungszuschreibung „außergewöhnlich" in Österreich mit „risikobereit" gedanklich verbunden und positiv gesehen, wohingegen es in der Schweiz mit „selbstlos" in Beziehung gesetzt wurde, dort aber eher negativ gewertet wurde. Es kann also nur davor gewarnt werden, gerade dort, wo die kulturelle Distanz größer ist, ohne Weiteres vom selben Begriff (selbstredend außerhalb eines Sprachkreises in Übersetzung) auf eine kuluridentische Bedeutung zu schließen. Hier stoßen Managementforscher natürlich an die Grenze ihrer Kompetenz.

Für die **Entwicklung von Führungskräften** im internationalen Bereich folgt zwingend daraus, Programme zu konzipieren, die im besten Fall mit Experten aus verschiedenen Wissensdisziplinen besetzt sind. Naheliegenderweise ist mit Wissenschaftlern und Praktikern zusammenzuarbeiten, die eine Expertise im Bereich der interkulturellen Kommunikation besitzen. Mit ihnen zusammen sind Führungssituationen zu konzipieren, die für eine erfolgreiche Führung von herausragender Relevanz sind. Natürlich darf darüber nicht vergessen werden, dass Forschungsbedarf darüber besteht, inwieweit und wie genau sich die Kongruenz oder Divergenz des eigenen Führungsverhaltens zum kulturellen Standard auf die Akzeptanz des Führenden und die Leistung seines Teams auswirkt.

7.3 Kritische Würdigung

GLOBE hat zweifelsfrei die Forschungslandschaft bereichert und nützliche Ergebnisse für Verantwortliche in Organisationen wie Führungskräfte selbst hervorgebracht. Es wurden **Kulturdimensionen** identifiziert, die weltweit positiv, negativ oder ohne besondere Wertung belegt sind. Deren landesspezifische Verbindlichkeit („*tightness*" vs. „*looseness*") unterscheidet Nationen zudem (vgl. hierzu *Gelfand u.a.* 2011). Länder konnten zu weitgehend homogenen oder doch zumindest sehr ähnlichen Gruppen zusammengeführt werden, die auf Basis von Werten, kulturellen Praktiken und impliziten Vorstellungen über Führung gruppiert wurden. 21 originäre und 6 übergreifende Führungsdimensionen wurden benannt und empirisch gesichert. Aus diesen wurden 10 führungsbezogene Kulturcluster-Profile entwickelt, die der ebenfalls entwickelten kultursensiblen **impliziten Führungstheorie** (CLT) folgen. Insgesamt wurden recht stabile Bezüge zwischen den Kulturdimensionen, organisationalen Praktiken und Führungserwartungen hergestellt.

Aber es wurde auch versucht, Beziehungen zum ökonomischen Wachstum und zu Menschenbildern zu ziehen. So ist beispielsweise offensichtlich, dass deutliche Unterschiede darin bestehen, wie Gesellschaften Reichtum verteilen und sich um das Wohl ihrer Bevölkerung kümmern. Auch dies zeigt, dass die Chancen für eine Veränderung zwischen den Kulturen (Ländern) unterschiedlich wahrscheinlich sind. Ebenso wurde deutlich, dass Organisationskulturen eher an den Landeskulturen als mit dem industriellen Umfeld verwoben sind. Dieses scheint auch fast keinen Einfluss auf die Beurteilung von Landeskulturen zu besitzen. Die Differenzen zwischen kulturellen Werten und kulturellen Praktiken wirken sich stärker auf der nationalen Ebene als auf der Organisationsebene aus. Daraus ergibt sich notwendigerweise, dass es einfacher ist, Wandel auf der Organisations- denn auf der Landesebene herbeizuführen.

Um es noch einmal zu betonen: die Landeskultur wirkt nicht direkt auf die Führungseffektivität, sondern die Landeskultur formt die Erwartungen an eine herausragende Führung auf korrespondierenden Führungsdimensionen, die dann das beobachtete Führungsverhalten (theoretisch auch die beobachteten oder erschlossenen Eigenschaften und Fähigkeiten einer Person), als mehr oder weniger passend und damit akzeptiert wie effektiv ausweist. Diese folgenreiche Passung wird in der jüngsten GLOBE-Publikation durch eine **Fit-Betrachtung angereichert** (vgl. *House u. a.* 2014, S. 165 und S. 286, jeweils auch FN 1). Entscheidend dabei ist die gesamthafte **Gestalt** dieses Fits. GLOBE hat für die CEO-Studie extra einen Fit-Index entwickelt, der aus zwei Dimensionen der Passung zwischen CEO-Führungsverhalten (aktuell) und den kulturkontingenten impliziten Führungstheorien (aus 2004), die die Erwartungen an eine Führung landesspezifisch ausdrücken, besteht: Das übergreifende Muster dieser Passung wie die Intensität dieser Passung. Bei GLOBE wurden alle 21 Primärdimensionen der Führung nach GLOBE, die Gemeinsamkeiten und Unterschiede zwischen den Landeskulturen bestimmen, herangezogen. Dieser Fit, der für jeden einzelnen CEO und sein Verhalten berechnet wird, liefert einen eigenständigen Beitrag zur Erklärung der Effektivität des CEOs gegenüber der alleinigen Verwendung der sechs übergeordneten, globalen Führungsdimensionen, die sich generell für die Bestimmung des Einflusses der Landeskultur auf die Führung in früheren Studien qualifiziert haben, und immer direkt mit Effektivitätsmaßen verbunden werden. Beide zusammen sind der Erklärungsanteil an der Effektivität des CEO, der auf das Führungsverhalten zurückgeführt werden kann.

Zukünftig wird es vor allem darauf ankommen, Zusammenhänge weiter zu präzisieren, in den jeweiligen Landeskulturen qualitativ anzureichern und vor allem mit jeweils **kulturkontingentem Führungsverhalten** zu versehen. **Integrität** ist, um ein Beispiel zu nehmen, weltweit von herausragenden Führungskräften gefordert. Wie sich Integrität aber in der jeweiligen Kultur genau manifestiert, mag variieren. Hier ist eine offensichtliche Schnittstelle zur Forschung und zu den Praktiken der interkulturellen Kommunikation offen gelegt, an die mit Gewinn angedockt werden kann. In diesem Zusammenhang ist ebenfalls interessant, ob sich Personen, die einem kulturellen Cluster, aber unterschiedlichen Ländern entstammen, dann anders verhalten, wenn sie nicht nur mit sich selbst beschäftigt sind, sondern mit Personen arbeiten, die einem ganz anderen kulturellen Cluster zugehörig sind. Und wie wirkt sich hier die kulturelle Distanz aus? Auch müssen Situationen weiter verfolgt werden, in denen eine Führungskraft zwischen langfristig kultursensiblem Verhalten und kurzfristigen, dem kontär laufenden situativ angepassten Verhalten aus vermeintlich betrieblicher Notwendigkeit steht. Was ist langfristig erfolgreicher und welche kognitiven, emotionalen und motivationalen Prozesse treten bei Führenden wie Geführten auf? Muss in manchen Kulturkreisen mehr Gewicht auf bestimmte oder bisher vernachlässigte landeskulturelle Dimensionen und damit korrespondierende Führungsweisen gelegt werden, beispielsweise religiöse Überzeugungen? Und auch wenn wir wissen, dass verschiedene universell erwünschte Attribute und Verhaltensweisen bei hoch geschätzten Führungskräften nachweisbar sind, bleibt immer noch die Frage, warum dies denn so ist. Hat dies mit einer übergreifenden, gar evolutionär-pfadabhängigen Entwicklung von Führung an sich zu tun, die auf kulturüberspannende Bedürfnisse reagiert? Oder ist dies primär ein Resultat technologischer und wirtschaftlicher Angleichungen und zunehmend uniformer Ausbildungen des Managementnachwuchses? Und jenseits dessen: Muss nicht die Individualität eines jeden Einzelnen letztendlich entscheidend sein, auch wenn eine kultursensible Führung Wahrscheinlichkeiten eines mehr oder weniger geschätzten Führungsverhaltens ausweist?

Sicherlich wird auch die bei **GLOBE** verwendete Herangehensweise und Methode weiterhin Gegenstand der wissenschaftlichen Auseinandersetzung sein (vgl. z. B. *Hofstede/Hofstede/Minkov* 2010, S. 41 ff.; *Graen* 2006; *Hofstede* 2006; *Peterson/Castro* 2006; und hierzu dann jeweils als Replik: *Hanges/Dickson* 2006; *Javidan/House u. a.* 2006; sowie *House u. a.* 2006). Die hier zu findende Kritik bezieht sich allerdings fast ausschließlich auf den quantitativen Teil der Studie und natürlich auf die hieraus erwachsenden Schlussfolgerungen.

Deutlich wird so oder so, dass **GLOBE** einen anregenden **Beitrag zum multikulturellen Verständnis von Führung** geleistet hat, dass aber selbstredend noch Fragen unbeantwortet geblieben sind. Mit Blick auf die

Literatur weisen *Festing u.a.* (2011, S. 118) beispielsweise darauf hin, Handlungssituationen und nicht allein Werte zukünftig näher zu betrachten sowie die qualitative Forschung zu stärken (vgl. aber dazu bereits *Szabo* 2007). Die Häufung der theoretischen und empirischen Beiträge im Bereich der vergleichenden Kulturforschung verdeutlicht nicht nur ihre Bedeutung. Sie zeigt die Notwendigkeit, die Landeskultur als ein das Verhalten mitbestimmenden Faktor in der Führungsdiskussion zu sehen und weiter zu analysieren (vgl. *Ayman/Korabik* 2010; *Byrne/Bradley* 2007; *Scandura/Dorfman* 2004; siehe auch *Agrawal/Rook* 2014 und deren Referenz auf das *Global Executive Leadership Inventory* (**GELI**) nach *Kets de Vries*). All das gibt Hoffnung, bald noch mehr Wissen auf diesem zukunftsweisenden Feld zu erlangen.

8. Paternalistische Führung: Wo Führung Fürsorge bedeutet

8.1 Hintergrund

Paternalismus ist eine individuelle Haltung, eine kollektive Herrschaftsform, die seit der Antike die Gemüter bewegt. Heute ist sie insbesondere in nicht-westlichen Ländern verbreitet. Der wohlwollende Diktator oder der auf Eigennutz bedachte Führer sind zwei Seiten in der Diskussion, die zumindest Autonomie und Emanzipation des Machtschwächeren nicht auf den Plan hat. Vor mehr als neun Jahrzehnten schon wiesen die Behavioristen (☞ C. III. 1.3) darauf hin, dass Führungskräfte paternalistisch bzw. patriarchalisch sowie fördernd gegenüber ihren Geführten sein sollten, um produktive und zufriedene Arbeitsgruppen aufbauen zu können (vgl. *Follett* 1933; *Munsterberg* 1913). Kurze Zeit später entwarf *Max Weber* das Patriarchat als eine der drei Formen legitimer Herrschaft, wobei er Herrschaft definiert als *„die Chance, Gehorsam für einen bestimmten Befehl zu finden"* (*Weber* 1956, S. 151; ☞ B. II. 6). Neben der Bürokratie als Form der **legalen Herrschaft** und der **charismatischen Herrschaft** beschreibt *Weber* die **traditionelle Herrschaft** als patriarchalisch, welche ihren Ursprung im väterlichen Haushalt findet und auf Werten wie Loyalität und bedingungslosen Gehorsam gegenüber dem Führenden aufbaut. Für *Weber* allerdings wird die traditionelle patriarchalische Herrschaft hinfällig, sobald Organisationen sich mehr dem Modell der rationalen Bürokratie zuwenden, das durch strikte Regeln und Vorschriften das Verhalten der Mitarbeiter steuert und die individuellen Rechte der Geführten unterstützt (vgl. *Weber* 1968).

In Deutschland schenkte *Wunderer* dem Patriarchat Beachtung, indem er den **paternalistischen Führungsstil** in seine Führungsstiltypologie einbezog (vgl. *Wunderer* 2011, S. 210 ff.; ☞ D. II.). In seinem zweidimensionalen Konzept der Führungsstile beschreibt er diesen Führungsstil als „wohlwollend-autoritäre Führung":

> *„Der Patriarch oder die Matriarchin sorgen sich schon wertschätzender [als rein autoritäre Führer, J.W.] um ihre Mitarbeiter, behandeln sie aber im Entscheidungsprozess tendenziell wie ihre Kinder, also Unmündige"* (*Wunderer* 2007, S. 170).

Aycan u. a. (2013, S. 962) drücken es so aus:

> *„Paternalism in the context of leadership is defined as a hierarchical superior–subordinate relationship, where the role of the superior is to create a family environment, and provide care, protection, and guidance to subordinates in both the work and non-work domains, while the subordinates are expected to be loyal and deferent to the superior."*

Studien aus Lateinamerika, dem Nahen Osten und dem asiatisch-pazifischen Raum zeigen, dass paternalistische Vorgesetzte gerade in einem großen Ausmaß Unterstützung, Schutz und Fürsorge für ihre Geführten bereitstellen (vgl. z. B. *Pellegrini/Scandura* 2006; *Aycan u. a.* 2000; *Uhl-Bien u. a.* 1990). Dies führte dazu, dass die paternalistische Führung vorherrschend in den oben genannten Ländern ist, in der westlichen Literatur als effektiver Führungsstil allerdings bisher fast unbemerkt geblieben ist (vgl. *Pellegrini/Scandura* 2008, S. 584). Allenfalls könnte man die Arbeiten an einer **„ethics of care"** (*Gilligan* 1982) darauf beziehen. Denn in diesem, aus den Begrenzungen des moralorientierten Ansatzes von *Kohlberg* (1976, 1969) fortentwickelten Ansatzes, steht das helfende, fürsorgliche Verhalten im Mittelpunkt des Interesses. Das Besondere hier ist, dass fürsorgliches Verhalten nicht nach dem rational motivierten „Wer hat im Widerstreit von Interessen Recht" fragt, sondern bedürfnisorientiert fokussiert *„on identifying creative ways of simultaneously fulfilling competing responsibilities to others"* (*Simola/Barling/Turner* 2010, S. 181; vgl. auch *Simola* 2003).

8.2 Zentrale Aussagen

Im Bereich der Führungsforschung hat der Paternalismus als **väterlicher Führungsstil** Einzug gehalten, bei dem starke Autorität mit Anteilnahme und Rücksicht für die Geführten verbunden ist (vgl. *Westwood/Chan* 1992). Oder anders ausgedrückt: Disziplin und Autorität werden mit väterlicher Güte und Nächstenliebe („benevolence") kombiniert (vgl. *Farh/Cheng* 2000, S. 94).

III. Zentrale Perspektiven auf die Ausgestaltung von Führungsbeziehungen

Bei den Geführten selbst vollzieht sich demgemäß ein Prozess – schon von *Freud* (1926) als Transferenz bezeichnet. Dabei projizieren diese ihre originären Emotionen, die sie ursprünglich mit ihrem Vater verbunden haben, auf eine Autoritätsperson – gewöhnlicherweise ihren Vorgesetzten. *Maccoby* merkt in diesem Zusammenhang an, dass seiner Ansicht nach besten Führenden unserer Zeit meisterhaft die väterliche Transferenz ihrer Geführten zu manipulieren wissen. Beispielhaft nennt er hierfür *Francis Ford Coppola*, der in seiner Filmcrew stets eine familiäre Atmosphäre kreierte und sich von den Mitgliedern als „Papa" oder Pate anreden ließ (vgl. *Maccoby* 2004, S. 81). In paternalistischen Kulturen übernehmen die Führenden die Rolle des Vaters, sie leiten das berufliche Leben, zeigen daneben auch Interesse für das außerbetriebliche Leben ihrer Mitarbeiter und unterstützen ihr persönliches Wohlergehen (vgl. *Gelfand/Erez/Aycan* 2007, 493 f.). Darüber hinaus erkennen sie den Schutz ihrer Untergebenen als Verpflichtung an, wobei die Geführten sich erkenntlich zeigen, indem sie ihren Vorgesetzten mit Loyalität, Ehrerbietung und Folgsamkeit begegnen (vgl. *Pellegrini/Scandura* 2006, S. 267).

Kulturabhängigkeit paternalistischer Führung

Paternalismus als Führungskonzept sollte vor dem kulturellen Hintergrund eines jeweiligen Landes analysiert werden (☞ E. III. 8). *Hofstede* identifiziert in diesem Zusammenhang vier kulturelle Dimensionen zur Unterscheidung nationaler Kulturen (vgl. *Hofstede* 2001; siehe auch GLOBE, z. B. *Weibler* 2014b): Die **Machtdistanz** gibt an, in welchem Ausmaß weniger mächtige Individuen eine ungleiche Verteilung von Macht akzeptieren und erwarten, wobei eine hohe Machtdistanz für eine sehr ungleich verteilte Macht steht. Die **Unsicherheitsvermeidung** bezieht sich auf den Grad, in dem Individuen sich von Unsicherheit und ungewissen Situationen bedroht fühlen und diese zu vermeiden versuchen. Die dritte von *Hofstede* ausgemachte Dimension ist die **Maskulinität** (vs. Femininität), wobei hohe Maskulinität auf eine Dominanz typisch männlicher Werte wie Konkurrenzbereitschaft und Selbstbewusstsein hinweist und bei femininen Kulturen eher Werte wie Kooperation, Fürsorglichkeit und Bescheidenheit dominieren. Der **Kollektivismus** (vs. Individualismus) ist die vierte Kulturdimension; er zeigt das Ausmaß der gesellschaftlichen Belohnung und Bekräftigung kollektiver Handlungen an. In einer kollektivistischen Kultur dominiert die Integration von Netzwerken, und das Wir-Gefühl der Gemeinschaft ist charakteristisch, wobei in einer individualistischen Kultur die Selbstbestimmung, die Ich-Erfahrung und die Eigenverantwortung eine große Rolle spielen und die Rechte des Individuums besonders geschützt werden. Kurze Zeit später stellte *Hofstede* noch eine fünfte Dimension vor, die **Langzeitorientierung**, die angibt, wie groß der zeitliche Planungshorizont einer Gesellschaft ist (vgl. *Hofstede/Bond* 1988).

Generell gilt, dass Landeskulturen, die eine hohe Machtdistanz aufweisen und kollektivistisch geprägt sind, einen paternalistischen Führungsstil höher wertschätzen als ihre Counterparts.

> **Empirie zur soziokulturellen Dimension**
>
> Zur empirischen Überprüfung des Einflusses der soziokulturellen Umgebung auf die innerbetriebliche Arbeitskultur sowie die Personalmanagement-Methoden entwickeln *Aycan* und ihre Kollegen (2000) ein „Model of Culture Fit". Die Autoren befragen 1.954 Arbeitnehmer von Unternehmen aus 10 verschiedenen Ländern mithilfe eines Fragebogens bestehend aus jeweils 57 Items, der neben demographischen Informationen über die Teilnehmer hauptsächlich Items zu der Wahrnehmung der soziokulturellen Dimensionen, der innerbetrieblichen Kulturdimensionen und der Personalmanagement-Methoden enthielten. Auf diese Weise konstatieren die Autoren, dass der Paternalismus als eine der vier untersuchten soziokulturellen Dimensionen vor allem in China, Pakistan, Indien, der Türkei und den USA als Führungskonzept praktiziert wird und weniger in Deutschland, Kanada oder Israel.

Ergänzend zeigen Studien von *Martinez* (2005, 2003), dass mexikanische Arbeitnehmer über sehr hohe paternalistische Wertvorstellungen verfügen. Neben den bestehenden kulturellen Werten wie dem Respekt vor hierarchischen Verbindungen und starken familiären und zwischenmenschlichen Beziehungen, kann auch die Rechtsform des Landes paternalistische Methoden beeinträchtigen. Bspw. ist in Mexiko jeder Arbeitgeber verpflichtet, einem gekündigten Arbeitnehmer noch mindestens drei Monate nach der Kündigung sein Gehalt weiter zu zahlen, gerade weil es sonst in Mexiko keine Sozialhilfe oder Arbeitslosenunterstützung gibt (vgl. *Martinez/Dorfman* 1998, S. 115).

Auch in der Türkei hat ein gekündigter Arbeitnehmer Anrecht auf ähnliche Zahlungen, die sich aus seinem Monatslohn multipliziert mit der Beschäftigungsdauer in Jahren ergeben. Dass auch Frauen auf diese Trennungszahlung Anspruch haben, die ihre Arbeit innerhalb eines Jahres nach ihrer Hochzeit aufgeben, weil dies von ihrem Ehemann so gefordert wurde, zeigt noch einmal ganz deutlich die patriarchalische Natur der Familienstruktur und wie diese die Beschaffenheit betrieblicher Organisationen beeinflussen kann (vgl. *Pellegrini/Scandura* 2008, S. 571). Die Türkei gilt als eine kollektivistische Kultur mit einer stark ausgeprägten Machtdistanz, wobei der sozioökonomische Status sogar als gravierender angesehen wird als das Geschlecht (vgl. *Hofstede* 2001; siehe auch *Pellegrini/Scandura* 2006, S. 265 f.). Durch die vom paternalistischen Führenden bereitgestellte Unterstützung und Betreuung seiner Geführten werden gerade die Bedürfnisse einer kollektivistisch geprägten Gesellschaft, wie häufiger zwischenmenschlicher Kontakt und enge persönliche Beziehungen, erfüllt. Auf diese Weise hat paternalistische Führung in kollektivistischen Kulturen einen positiven Einfluss auf die Einstellung der Arbeitnehmer (vgl. *Gelfand u. a.* 2007). *Uhl-Bien* und ihre Kollegen postulierten schon früh, dass der für japanische Unternehmen passende Mitarbeiter jemand mit starken paternalistischen Wertvorstellungen sein müsste (vgl. *Uhl-Bien u. a.* 1990, S. 427). Auch für China gilt der Paternalismus als herrschende Führungsform, wobei *Farh* und seine Kollegen paternalistische Führung als effektive Strategie in chinesischen Familienbetrieben herausgestellt haben, da diese den Führenden zur Kontrolle über die Arbeitnehmer als auch über das Familienvermögen verhelfen kann (vgl. *Farh u. a.* 2006, S. 254 f.). Für viele vielleicht überraschend wurde die Effektivität der paternalistischen Führung in Nordamerika festgestellt. Dort wurden positive Einflüsse auf das organisationale Engagement der Arbeitnehmer nachgewiesen (vgl. *Pellegrini/Scandura/Jayaraman* 2007; *Aycan u. a.* 2000).

Entgegen der vorwiegend positiven Deutung des Paternalismus in Lateinamerika, dem Nahen Osten und dem asiatisch-pazifischen Raum, ist das Konzept der paternalistischen Führung in westlichen Ländern hauptsächlich negativ beladen. Dies spiegelt sich z. B. in Metaphern über den Paternalismus wider: „mildtätige Diktatur" (vgl. *Northouse* 1997, S. 39) oder auch „Country-Club Management" (vgl. *Winning* 1994) sind nur einige der negativen Assoziationen. Hauptkritikpunkt der westlichen Literatur ist die unbestrittene Machtunausgeglichenheit zwischen Führer und Geführten (vgl. *Aycan* 2006). Sie setzen paternalistische Führung mit Autoritarismus gleich (vgl. *Uhl-Bien/Maslyn* 2005), wobei diese autoritäre Beziehung auf Kontrolle und Ausbeutung basiert und die Geführten sich in dieser Diktion nur in Übereinstimmung mit dem Führenden verhalten, um einer Bestrafung auszuweichen. In anderen Kulturkreisen (China, Türkei, Pakistan) wird, wie bereits gesehen, autoritäres Gehabe gleichermaßen von einem Führenden erwartet wie akzeptiert (vgl. *Aycan u. a.* 2013); wohlwissend, dass es Unterschiede innerhalb der Bevölkerung in den Ländern gibt und die Art und Weise der Ausübung die Akzeptanz beeinflussen wird. Ebenso wird in westlichen Ländern generell ein damit verbundenes autoritäres Verhalten negativer gesehen.

Dimensionen paternalistischer Führung

Um das Konstrukt des Paternalismus besser zu verstehen, haben *Farh* und *Cheng* ein Modell der paternalistischen Führung für chinesische Organisationen entwickelt (vgl. *Farh/Cheng* 2000; siehe auch *Cheng/Wang* 2015). Die Autoren konstituieren Paternalismus aus drei verschiedenen Dimensionen: Autoritarismus, Gutmütigkeit („benevolence") und Moral. Alle finden im **Konfuzianismus** ihre Wurzeln. Autoritarismus bezeichnet ein Führungsverhalten, bei dem sich der Führende durch absolute Kontrolle und Autorität gegenüber seinen Geführten durchsetzt; Gutmütigkeit bezieht sich auf einen Führenden, der ein individuelles, verschiedene Lebenssituationen integrierendes Interesse an dem Wohlbefinden seiner Geführten zeigt, und Moral schildert einen Führenden, der seinen Untergebenen persönliche Tugenden, Selbstdisziplin und Selbstlosigkeit zeigt (vgl. *Farh/Cheng* 2000, S. 94). *Cheng/Chou/Farh* (2000, S. 94) definieren daraufhin Paternalismus als *„a style that combines strong discipline and authority with fatherly benevolence and moral integrity."*

Der Einfluss der drei Dimensionen paternalistischer Führung auf die psychologische Reaktion der Geführten – auch als **Resonanz der Geführten** bezeichnet – wird deutlich in Abbildung E.15. Einerseits werden die Auswirkungen des Paternalismus auf die drei unterschiedlichen Reaktionen Respekt und Identifikation, Abhängigkeit und Folgsamkeit sowie Dankbarkeit und Rückzahlung diskutiert. Bspw. vermuten die Autoren einen insgesamt positiven Effekt aller Paternalismusdimensionen auf die Resonanz der Geführten, wobei Autoritarismus den stärksten Effekt auf die Folgsamkeit ausübe, Moralität auf die Identifikation und Gutmütigkeit auf die Dankbarkeit. Auf der anderen Seite werden auch die Interaktionseffekte zwischen den drei Dimensionen geprüft, wobei Gutmütigkeit und Autoritarismus eine signifikant positive Wirkung auf die Resonanz der Geführten zu haben scheinen, aber Autoritarismus kombiniert mit Moral ein signifikant negatives Ergebnis hervorrufe (vgl. *Cheng u. a.* 2004, S. 96).

Zur empirischen Überprüfung dieser Hypothesen führen *Cheng* und ihre Kollegen (2004, S. 97 ff.) eine Befragung von 543 Arbeitnehmern aus 60 verschiedenen taiwanesischen Unternehmen durch, die schon mindestens ein halbes Jahr mit ihrem Vorgesetzten zusammenarbeiteten. Mehrere statistische Analysen bestätigten die

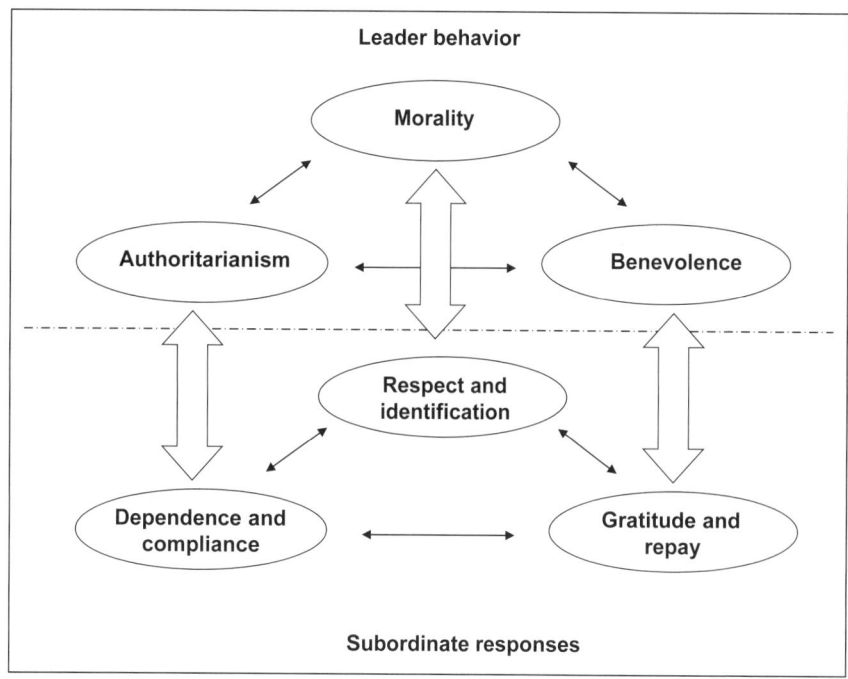

Abb. E.15: Paternalistische Führung und die Resonanz der Geführten (vgl. *Farh/Cheng* 2000, S. 120)

Annahmen der Autoren: Paternalismus hat eine einzigartige Auswirkung auf die **Resonanz der Geführten**, auch wenn die Variable „Transformationale Führung" (☞ D. II. 3) kontrolliert wird. Dabei beeinflusst eine autoritäre Führung die Reaktion der Geführten allerdings nur dann, wenn diese selbst autoritär orientiert sind. Dieser Einfluss ist lang nicht so ausgeprägt wie derjenige von gutmütiger oder auch moralischer Führung. Die Autoren resümieren dementsprechend, dass die autoritäre Domäne der paternalistischen Führung durch die fortschreitende Modernisierung der Gesellschaft ihren Einfluss verliere und demgegenüber gutmütige und moralische Führungsstile immer einflussreicher und wichtiger werden. *Pasa*, *Kabasakal* und *Bodur* (2001, S. 566 f.) unterscheiden genau wie *Kim* (1994, S. 262 f.) nur zwischen autoritärem und gutmütigem Paternalismus, wobei sie in der Türkei als auch in Korea eher den autoritären Paternalismus als dominantes Konzept sehen. Weitere empirische Untersuchungen wurden von *Pellegrini* und *Scandura* durchgeführt, die u. a. die Beziehung zwischen LMX (☞ B. III. 3), Delegation, Paternalismus und Arbeitszufriedenheit in türkischen Organisationen analysieren (vgl. *Pellegrini/Scandura* 2006; zur Veranschaulichung der Paternalismusskala siehe Abb. E.16).

Die Ergebnisse der Studie zeigen, dass ein ausgeprägtes paternalistisches Verhalten mit hoch qualitativen LMX-Beziehungen zwischen Führendem und Geführten verbunden ist, und dass weiterhin LMX zu einer erhöhten Arbeitszufriedenheit der Mitarbeiter führen wird. Die Autoren schließen daraus, dass der Paternalismus durch seine positive Wirkung auf die Führer-Geführten-Beziehung auch signifikant positive Auswirkungen auf die Arbeitszufriedenheit haben werde (vgl. *Pellegrini/Scandura* 2006, S. 274). In diesem Zusammenhang hatte schon *Bass* herausgefunden, dass sich in lateinamerikanischen Kulturen LMX durch die paternalistische Beziehung zwischen dem Führenden und den Geführten manifestieren kann (vgl. *Bass* 1990, S. 790 f.). Die Türkei als eine kollektivistische Kultur mit hoher Machtdistanz erwartet diesen Studien zufolge einen starken Führenden, der Befehle ausspricht. Dies könnte erklären, dass die Autoren einen signifikant negativen Effekt auf die Arbeitszufriedenheit von einem Führungsstil durch Delegation herausgestellt haben (vgl. *Pellegrini/Scandura* 2006, S. 274).

Neben den Befunden zu gesteigerter Arbeitszufriedenheit durch eine paternalistische Führung werden Effekte eines paternalistischen Führungsstils auch auf dem organisationalen Level postuliert, so u. a. eine erhöhte Flexibilität der Mitarbeiter, eine kostengünstige Möglichkeit zur verstärkten Kontrolle der Mitarbeiter durch das Management (vgl. *Padavic/Earnest* 1994, S. 401) sowie ein gestärktes organisationales Engagement der Arbeitnehmer (vgl. *Farh u. a.* 2006, S. 258). Bezogen auf die Arbeitseinstellung fanden *Pellegrini* und ihre Kollegen heraus, dass gutmütiger Paternalismus positiv mit

> **Paternalism**
> My manager:
> 1. Is interested in every aspect of his/her employees' lives.
> 2. Creates a family environment in the workplace.
> 3. Consults his/her employees on job matters.
> 4. Is like an elder family member (father/mother, elder brother/sister) for his employees.
> 5. Gives advice to his/her employees on different matters as if he were an elder family member.
> 6. Makes decisions on behalf of his employees without asking for their approval.
> 7. Knows each of his employees intimately (e.g., personal problems, family life, etc.)
> 8. Exhibits emotional reactions in his relations with the employees; doesn't refrain from showing emotions such as joy, grief, anger.
> 9. Participates in his/her employees' special days (e.g., weddings, funerals, etc.).
> 10. Tries his/her best to find a way for the company to help his employees whenever they need help on issues outside work (e.g., setting up home, paying for children's tuition).
> 11. Expects his/her employees to be devoted and loyal, in return for the attention and concern he shows them.
> 12. Gives his/her employees a chance to develop themselves when they display low performance.
> 13. Believes he/she is the only one who knows what is best for his employees.

Abb. E.16: Items für die Skala der Paternalistischen Führung (vgl. *Pellegrini/Scandura* 2006)

organisationalem Engagement verbunden ist, dies sogar innerhalb der nordamerikanischen Kultur (vgl. *Pellegrini u. a.* 2007). Aber auch *Cheng/Wang* (2015) stellten für den in China weit verbreiteten Paternalismus im Organisationskontext fest, dass sich ein Übermaß an Autoritarismus negativ auf die Teamkohäsion auswirke, da es das ethische Klima („caring", „benevolence") überlagere, gar zerstöre.

Chou u. a. (2015) kamen bei einer Studie im taiwanesischen Militär zu einem identischen Ergebnis. Sie bildeten mit Blick auf die konstitutiven Dimensionen einer paternalistischen Führung drei Führungstypen, die sich wie folgt verteilten:

> *„moral-authoritarian leadership profile (60.1 %), moral-benevolent leadership profile (29.1 %) [...] authoritarian leadership profile (10.8 %) low on both morality and benevolence. The probability of subordinate responses fitting in the moral-benevolent leadership profile was associated with greater supervisor identification, more occupational commitment, better task performance, and lower intention to leave; probability of subordinate responses fitting the authoritarian profile was associated with greater intention to leave"* (S. 685).

Bemerkenswert:

> *„There was considerable variability in leadership profile perceptions for the same company commander rated by different subordinates"* (S. 685).

Danach zeigt sich dort sehr klar, dass der Blick für andere, Integrität und Umsicht heutzutage deutlich bessere Ergebnisse bewirkt (siehe gleichlautend auch *Chen u. a.* 2014 im Unternehmenskontext), als es eine harsche autoritäre Einstellung zu leisten vermag. Letztere, so *Zhang/Huai/Xie* (2015) bewirke, und damit liefern sie eine Erklärung, dass der Geführte seine Leistungen für die Gruppe und die Wertschätzung des Führenden schwächer oder nicht mehr empfände, was deren Selbstkonzept (Statuswahrnehmung) unangenehm berühre und die Beziehungsqualität belaste. Eine aktuelle Studie von *Huang u. a.* (2015) sieht aber Leistungsvorteile (möglicherweise aber nur kurzfristig) für eine autoritäre Führung, untersucht bei einem chinesischen Telekommunikationsunternehmen, dann, wenn die Umwelt extrem rau und turbulent ist, und sich zentrale Entscheidung und Disziplin bei Entscheidungen in engen Zeitfenstern als vermutete Erfolgsfaktoren erweisen.

8.3 Kritische Würdigung

Globalisierung, verstärkter Stellenabbau und hyperkompetitive Märkte verändern die Bindung zwischen Arbeitgebern und Arbeitnehmern vielfach von einer durch Loyalität und Verantwortung geprägten Langzeitbeziehung hin zu einem vertraglich geregelten ökonomischen Austausch (vgl. *Scholz* 2006; *Tsui/Wu* 2005, S. 115 f.). Entgegen diesem Trend wurde allerdings auch festgestellt, dass gerade eine Führungskraft, die Traditionalität und Loyalität ausstrahlt, über produktivere, loyalere und engagiertere Mitarbeiter verfügt und auf diese Weise eine starke Performance ihres Unternehmens mit sicherstellen kann (vgl. *Tsui u. a.* 1997). Die Führungsforschung hat sich somit in den letzten Jahren verstärkt auf zwischenmenschliche und relationale Fähigkeiten von Führungskräften sowie deren Einfluss auf die Effektivität von Führung fokussiert (siehe auch

III. Zentrale Perspektiven auf die Ausgestaltung von Führungsbeziehungen

Transformationale Führung, ☞ D. II. 3; Charismatische Führung, ☞ B. II. 4).

Der hier vorgestellte Führungsansatz des Paternalismus weist **Schnittmengen zur Transformationalen Führung** auf, da beide Konzepte einen starken Fokus auf die individualisierte Fürsorge des Führenden gegenüber seinen Geführten sowie auf die Integrität bzw. Moral des Führenden legen; auch wenn sie in verschiedenen Kulturen entwickelt wurden (vgl. *Cheng u. a.* 2004, S. 92). *Simola*, *Barling* und *Turner* (2010) zeigen in einer Studie, dass eine „ethics of care" die Zuschreibung als transformationale Führungskraft auch in der westlichen Welt moderat erhöht. Von *Cheng* und seinen Kollegen (2004, S. 108) wird die Transformationale Führung als korrespondierende Führungsmethode des Westens bezeichnet. Der Paternalismus hat in China einen signifikant einzigartigen Effekt auf die Resonanz der Geführten, wobei dieser dort sogar über die Wirkung durch die westliche Transformationale Führung hinausgeht. Die Autoren stellen auch Unterschiede zwischen beiden Führungsansätzen heraus. Danach wird z. B. Loyalität in China durch eine Funktionsverpflichtung erklärt, wogegen sie im Westen eher in der persönlichen Zuneigung ihren Ursprung hat.

Letztendlich hat schon *Pearce* angemerkt, dass der Paternalismus niemals ganz aus der Führungspraxis verschwunden sei, auch nicht in den scheinbar rein nach rationalen Kriterien spielenden Organisation und Kulturen, und dass Gutmütigkeit, ein Pfeiler der paternalistischen Führung, von der westlichen Literatur die ganze Zeit über eher unterschätzt werde (vgl. *Pearce* 2005). Die Diskussion zum Paternalismus zeigt im Übrigen wieder einmal eindrucksvoll die Bedeutung einer Analyse des Erfolges der Führungskonzepte vor dem jeweiligen **landeskulturellen Hintergrund** (☞ E. III. 8). Sie verdeutlicht aber auch, dass zwischen den Landeskulturen oftmals mehr Gemeinsamkeiten mit Führungsrelevanz liegen als gemeinhin angenommen (siehe hierzu GLOBE: *Chhokar/Brodbeck/House* 2007; *House u. a.* 2004).

9. Distance Ladership: Wie Abstand Führung beeinflusst

9.1 Hintergrund

Die fortschreitende Globalisierung der Ökonomie, die Diversifikation der Erwerbstätigen sowie die Ausdehnung der Informationssysteme und Kommunikationstechnologien bewirken einen Wechsel hin zu dezentralisierten, virtuellen Führungsmethoden mit (☞ D. III. 10). Auch damit verschiebt sich das Augenmerk der Führungsforschung wiederum auf die Führungsbeziehung (☞ B. III. 3). *Napier* und *Ferris* (1993, S. 322) identifizierten in diesem Zusammenhang die Führer-Geführten-Beziehung als grundlegenden Aspekt der organisationalen Dynamik und auch *Collinson* (2005b, S. 237) verweist auf die besondere Bedeutung der Betrachtung des Verhältnisses zwischen Führer und Geführten. Seit einigen Jahren richtet sich ein auch, aber nicht nur durch intensivere Nutzung von Medien angeregter Forschungszweig vornehmlich auf die Distanz in Führungsbeziehungen – in der englischsprachigen Literatur als „Distance Leadership" eingeführt –, ein Folgeprodukt unserer globalen, unbeständigen und hoch verkoppelten Arbeitswelt (vgl. *Weisband* 2008, S. 3). Distanz bezieht sich hier allerdings nicht nur auf die steigende geografische Distanz in Arbeitsteams durch die anwachsende Zahl international operierender Unternehmen, sondern darüber hinaus auch auf eine demographische, soziale, strukturelle und funktionale Distanz (vgl. *Napier/Ferris* 1993; siehe auch *Weibler* 2004c; *Antonakis/Atwater* 2002).

Bogardus (1927) führte als einer der Ersten Anfang des letzten Jahrhunderts den Begriff der Distanz im Zusammenhang mit Führung ein, als er ein **Modell zur Sozialen Distanz** entwickelte. Er vertrat die Meinung, dass ein gewisses Maß an sozialer Distanz vom Führer zu seinen Geführten essentiell für eine Führungsbeziehung sei, um sich Einfluss und Respekt der Geführten zu sichern. Einige Zeit später konstruierten *Graen* und seine Kollegen die **Dyadentheorie der Führung**. Basierend auf der Rollentheorie wird zwischen einem In-Group und einem Out-Group Status der Geführten unterschieden, wobei die Out-Group eine höhere Distanz zur Führungskraft aufweist und somit gegenüber der In-Group benachteiligt ist (vgl. *Graen/Liden/Hoel* 1982; *Graen* 1976). Zu ungefähr der gleichen Zeit argumentierten *Katz* und *Kahn*, dass psychologische Distanz eine notwendige Voraussetzung für die Effizienz einer charismatischen Führung sei, da eine alltägliche und nahe Interaktion des Führers mit seinen Geführten das Image bzw. die Illusion des „great leader" zerstören könnte (vgl. *Katz/Kahn* 1978, S. 525 ff.; ☞ B. II. 4). *Neuberger* (2002) fasste dies später sinngemäß in das schöne Bild, dass der Kammerdiener keinen Herrn kennen würde, eben weil er auch das allzu Menschliche bei ihm erlebe.

Dennoch modifiziert *Shamir* (1995, S. 36 ff.) die von *Katz* und *Kahn* aufgestellte These und stellt die soziale Distanz als vermittelnden Faktor zwischen den möglichen Ausprägungen charismatischer Führung heraus. Er unterscheidet in Folge zwischen sozial „entfernten" und „nahen" charismatisch Führenden und argumentiert, dass Charisma bei beiden Formen der sozialen Distanz auftreten kann. Vor kurzem stellte *Shamir* mit weiteren Kollegen die Rolle der sozialen Distanz als Moderator der Effekte **transformationaler Führung** heraus (vgl. *Cole/Bruch/Shamir* 2009). Die Autoren erkennen soziale Distanz als eine kontextuelle Variable, die das Verhältnis zwischen Führungsverhalten und geführtenbezogenen Ergebnisvariablen beeinflusst. Dabei kann soziale Distanz einerseits Resultate verstärken (z. B. positives, emotionales Klima) und andererseits neutralisieren (z. B. das Führungsverhalten der Geführten). Die hierarchische Distanz wurde demgegenüber aufgegriffen von *Yammarino* (1994, S. 26 ff.), der in seiner Untersuchung die indirekte Führung als Möglichkeit zur Überbrückung der Distanz zwischen den einzelnen hierarchischen Leveln vor allem in großen Unternehmen identifizierte. Eine Aussage zur erlebten Qualität der Führung ist mit dieser formalen, aber praktisch relevanten Lösung damit aber nicht unmittelbar möglich.

9.2 Zentrale Aussagen

Auch wenn die Distanz in Führungsbeziehungen in den letzten Jahrzehnten häufiger von Forschern thematisiert und in ihre jeweiligen Theorien mit aufgenommen worden ist (vgl. *Yammarino* 1994; *Graen* 1976), so ist sie doch kaum wirklich definiert worden (vgl. *Antonakis/Atwater* 2002, S. 680). *Napier* und *Ferris* (1993) integrierten als eine der Ersten die verschiedenen Formen der Distanz in einen organisationalen Rahmen und entwickelten somit ein theoretisches Modell der Dyadischen Distanz in der Führer-Geführten-Beziehung. Die folgende Abbildung listet die das Modell konstituierenden drei Distanz-Dimensionen – psychologische Distanz, strukturelle Distanz und funktionale Distanz – auf und erläutert ihre generellen und speziellen Indikatoren (vgl. Abb. E.17).

So verweist die **psychologische Distanz** auf die psychologischen Auswirkungen einer tatsächlichen sowie wahrgenommenen demographischen, kulturellen und Werte-Differenz zwischen Führungskraft und Geführten. Die **strukturelle Distanz** schließt die physische Distanz, die organisationale Struktur sowie die Beschaffenheit der Beaufsichtigung durch den Vorgesetzten mit ein und bezieht sich somit auf die Häufigkeit der Interaktion in der Führungsbeziehung. Zuletzt informiert die **funktionale Distanz** über das Ausmaß der Nähe und Qualität der funktionalen Verbindung zwischen Führer und Geführten; sie zeigt, ob der Geführte ein Mitglied der In-Group oder der Out-Group ist. Die Autoren stellen die These auf, dass die Qualität der Arbeitsbeziehung zwischen Führer und Geführten – die funktionale Distanz – zwischen den beiden Antezedenzien der Führungsbeziehung – der psychologischen und strukturellen Distanz – bestimmt wird: ausgeprägte psychologische und strukturelle Distanz führen zu einer höheren funktionalen Distanz. Diese wiederum beeinflusst die Konsequenzen und Resultate der Dyade wie die Performance, Zufriedenheit und Fluktuation bzw. den Absentismus der Geführten, wobei eine geringere funktionale Distanz zu positiveren Ergebnissen – gestei-

Distance Construct	General Indicators	Specific Indicators
Psychological Distance	Demographic Similarity	Age, Sex, Education, Experience and Race Distance
	Power Distance	
	Perceived Similarity	Work Relates Value, Sex Role Orientation, and Cultural Value Distance
	Values Sililarity	
Structural Distance	Design Distance	Office Design Distance, Physical Distance
	Opportunity to Interest	Social Contact at Work, Social Contact outside Work, Accessibility
	Spatial Distance	
	Span of Management	
Functional Distance	Affect	Liking, Support, Trust
	Perceptual Congruence	Sex Role Perceptions
	Latitude	Role Discretion (Autonomy), Influence in Decision Making
	Relationship Quality	Supervisor Satisfaction, Relationship Satisfaction

Abb. E.17: Dimensionen der dyadischen Distanz in der Führer-Geführten-Beziehung (vgl. *Napier/Ferris* 1993, S. 327)

gerte Performance und Zufriedenheit sowie geringere Fluktuation – führen werde (vgl. zum Verständnis der Verbindungen Abb. E.18; *Napier/Ferris* 1993, S. 328 ff.).

Im Detail betrachtet kommen *Napier* und *Ferris* (1993, S. 333) z. B. zu dem Ergebnis, dass diejenigen Dyaden als weniger psychologisch distanziert betrachtet werden, bei denen sich Führer und Geführte in Bezug auf Werteorientierung und Demographie sowie auf die Wahrnehmung von Gleichheit näher stehen. Dies führt dann – laut dem Modell – zu einer verstärkten Mitarbeiterzufriedenheit sowie einer verbesserten Bewertung der Geführten-Performance.

Das **Modell der Dyadischen Distanz** wird im Folgenden erweitert von *Antonakis* und *Atwater* (2002), die die physische Distanz zwischen Führer und Geführten, die wahrgenommene soziale Distanz sowie die wahrgenommene Häufigkeit der Aufgaben-Interaktion als die drei unabhängigen Dimensionen zur Konstruktion ihres **integrierten Modells der Führer-Distanz** vorstellen.

Die Dynamik des Einflussprozesses eines Führers auf seine Geführten verändert sich dementsprechend abhängig davon, ob der Führer physisch distanziert von seinen Geführten ist, ob er seinen Status und seine Machtdistanz aufgrund seiner sozialen Position maximieren möchte und ob er selten Kontakt mit seinen Geführten pflegt (vgl. *Antonakis/Atwater* 2002, S. 674). Im Detail drückt die physische Distanz aus, wie räumlich nah bzw. fern der Führer von seinen Geführten ist, wobei sich eine Ausdehnung hiernach negativ auf die Resultate der Führung auswirkt. Dies wurde schon von *Kerr* und *Jermier* (1978, S. 396) herausgestellt, wogegen allerdings *Howell* und *Hall-Merenda* (1999, S. 689 f.) argumentierten, dass bei charismatischer Führung gerade eine hohe physische Distanz vorteilhafter sein könne. Die soziale Distanz – von *Napier* und *Ferris* (1993) zuvor als psychologische Distanz bezeichnet – bezieht sich hier auf den wahrgenommenen Unterschied zwischen Führer und Geführten hinsichtlich Status, Dienstgrad, Autorität, sozialem Ansehen und Macht. Zuletzt entscheidet die von den Geführten wahrgenommene Häufigkeit der Aufgaben-Interaktion über die Distanz zu ihrem Führenden, wobei eine häufige Interaktion mit Nähe und eine geringe Interaktion mit Distanz assoziiert werde (vgl. *Antonakis/Atwater* 2002, S. 682 ff.).

Basierend auf dem Auftreten eines hohen oder niedrigen Wertes der drei Distanzdimensionen identifizieren die Autoren acht verschiedene Typen von Distance Leadership, die in der folgenden Abbildung E.19 in drei verschiedene Klassen eingeteilt und anschließend mit verschiedenen intermediären oder abhängigen Ergebnissen vernetzt werden können. Exemplarisch lässt sich z. B. auf den „Proximal Leader" hinweisen, der durch eine geringe physische und soziale Distanz sowie eine hohe Häufigkeit der Interaktion gekennzeichnet ist. Ein Beispiel hierfür sei *Alexander der Große*, der ein hierarchisch hochstehender Führer war, aber trotzdem engen Kontakt mit seinen Soldaten gehalten und sie als gleichwertig behandelt hat, gar an ihrer Seite in den Krieg gezogen ist. Als anderes Extrem lasse sich der „Distal

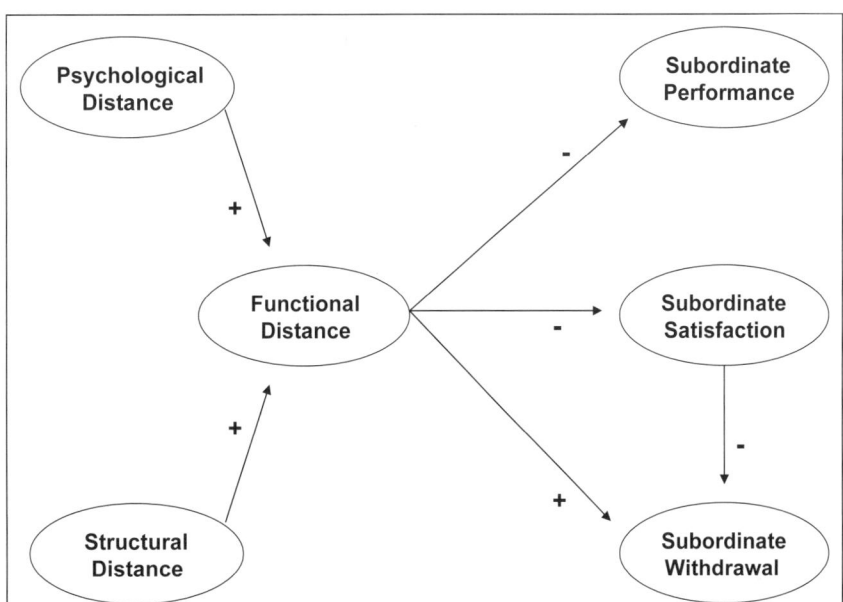

Abb. E.18: Konzeptionelles Modell dyadischer Distanz in der Führer-Geführten-Beziehung (vgl. *Napier/Ferris* 1993, S. 329)

Leader" nennen – gekennzeichnet durch hohe physische und soziale Distanz und geringe Häufigkeit der Interaktion – wofür Adolf Hitler in seinem Verhalten gegenüber seinen Soldaten ein angemessenes Beispiel darstellen würde (vgl. *Kegan* 1987).

Das Modell drückt aus, dass die organisationale Performance durch die Identifikation der Geführten mit ihrem Führenden sowie ihr Vertrauen in ihn bestimmt wird. Bei einer geringen Führungsdistanz ist eine direkte Bewertung der Führerqualitäten möglich, wobei bei einer hohen Distanz und somit einer nur indirekten Interaktion die Geführten die Performance ihres Führenden nur ungenau aufgrund „objektiver" Informationen attribuieren können. Es steht zu vermuten, dass in diesem Fall von wenigen beobachteten Ereignissen auf die Gesamtperson geschlossen wird. Die Legitimität eines Führers gegenüber seinen Geführten zeigt sich demnach als Funktion der Führungsdistanz (vgl. *Antonakis/Atwater* 2002, 677 ff.).

Des Weiteren wird das Ausmaß der Distanz durch vier vorhergehende Faktoren beeinflusst – (1) durch die nationale und organisationale Kultur, (2) die impliziten Motive von Führer und Geführten, (3) die Kontrollspanne des Führenden sowie (4) die Charakteristika der zu bewältigen Aufgabe und der Fähigkeit der Geführten (vgl. *Antonakis/Atwater* 2002, S. 690).

Distanz, bewirkt durch eine hohe Kontrollspanne, war Ausgangspunkt der theoretischen Untersuchung von *Schyns/Maslyn/Weibler* (2010). Sie postulieren, dass sich die physische Distanz zwischen Führenden und Mitarbeitenden auf die Gestaltung der Führungsbeziehung im Sinne von *Graen* auswirkt. Als Maß für die physische Distanz wird die **Führungsspanne** gewählt (Annahme: Eine wachsende Führungsspanne führt zu einer verminderten Kontakthäufigkeit, die wiederum für den Aufbau und die Pflege einer Beziehung benötigt wird – und umgekehrt). Hiernach gründet im Fall einer großen Kontrollspanne die von den Geführten bewertete Beziehungsqualität vornehmlich auf der Einschätzung ihrer

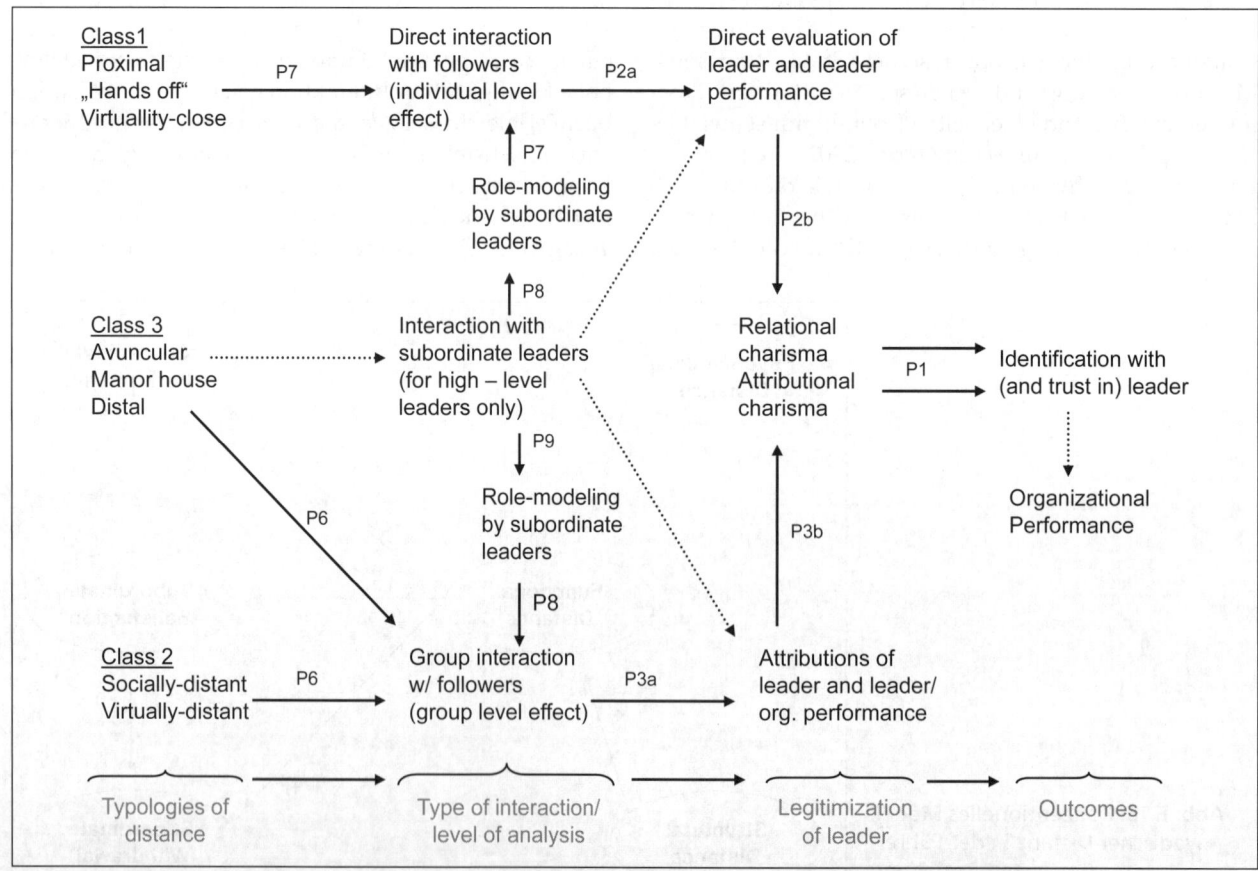

Abb. E.19: Modell der Führer-Distanz (vgl. *Antonakis/Atwater* 2002, S. 675)

III. Zentrale Perspektiven auf die Ausgestaltung von Führungsbeziehungen — Kapitel E

Loyalität und ihres Respekts gegenüber dem Führenden – und nicht auf den von ihnen empfundenen Emotionen für die Führungsperson oder die Organisation. Dies hat natürlich Konsequenzen für Führungshandlungen, möchte der Führende gezielt Einfluss auf die Beziehungsqualität nehmen. Beispielsweise wird empfohlen, gezielt über Multiplikatoren zu wirken und die Beziehungsqualität zu ihnen positiv zu gestalten. Auch wenn dann insgesamt eine für breit angelegtes Führungshandeln ungünstige Situation besteht, kann dies durch eine intensive Zuwendung zu diesen Multiplikatoren aufgefangen werden. Ihnen muss dann selbstredend mehr Zeit gewidmet werden, um die Vorteile einer Nähe ausspielen zu können. *Schyns*, *Maslyn* und *Weibler* (2010) führen noch weitere Beispiele auf, u. a. diskutieren sie die Substitution des Führungseinflusses durch eine positive Gestaltung der Kollegenbeziehungen (Co-Worker-Exchange, CWX; vgl. *Sherony/Green* 2002) als weitere Option zur Erreichung gewünschter Organisationsziele.

Weibler (2004c) richtet in seinem Beitrag die Aufmerksamkeit vornehmlich auf die organisationale Distanz und benennt vier Dimensionen der Distanz – die geografische, hierarchische, soziale und psychologische Distanz. Bezogen auf die Führungsforschung identifiziert er die hierarchische Distanz als vorherrschend, da die hierarchische Ordnung in Organisationen allgegenwärtig und dominant für alle Organisationsmitglieder sei. Zur Untersuchung dieser Distanzdimension befasst er sich vor allem mit dem Konzept der **Führung durch den nächsthöheren Vorgesetzten** (vgl. *Weibler* 1994). Ferner macht er im Einklang mit einer späteren Studie (vgl. *Schyns/Maslyn/Weibler* 2010) deutlich, dass Distanz in Unstimmigkeiten und Verschiedenheiten in der Beziehung zwischen Führer und Geführten mündet und somit das Führen an sich schwieriger wird. Auch *Collinson* (2005b, S. 241) zeigt, dass die organisationale Effektivität durch Führungsdistanz sinkt, da der Widerstand der Geführten in einer distanzierten Führungsbeziehung gesteigert wird.

Als weiteres Modell möchten wir die Arbeit von *Eichenberg* (2007) vorstellen, der Distance Leadership (allerdings sehr spezifisch) als „*standortübergreifende leistungs- und zufriedenheitsorientierte Führung von Mitarbeitern*" definiert (S. 2). In seiner Arbeit behandelt der Autor schwerpunktmäßig den Aspekt des kulturellen Einflusses auf die Distanzführung, der von den Forschern zuvor gar nicht oder nur rudimentär – wie bei *Antonakis* und *Atwater* (2002) – behandelt wurde. *Eichen-*

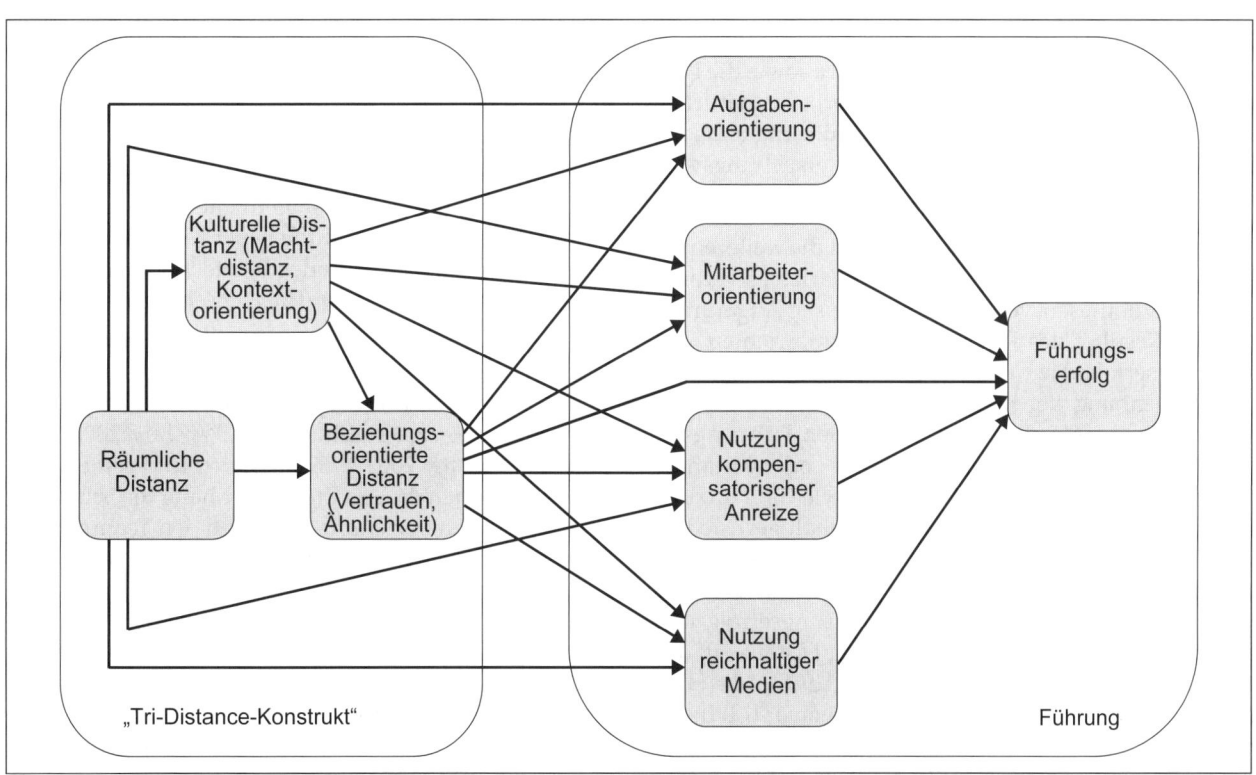

Abb. E.20: Modell zur Führungsdistanz samt Folgen (vgl. *Eichenberg* 2007, S. 69)

berg entwickelt theoriegestützt ein hypothesenbasiertes Modell zu Distance Leadership, das – wie auch schon *Napier* und *Ferris* (1993) – die dyadische Betrachtungsweise thematisiert und auf der schon zu Beginn des Buches vorgestellten Grundstruktur einer Führungsbeziehung aufbaut (vgl. hierzu Abb. E.20; ☞ A.).

Besonders hervorstechend ist hierbei das **Tri-Distance-Konstrukt** bestehend aus der räumlichen, kulturellen und beziehungsorientierten Distanz, welche die drei Dimensionen der Distanz darstellen. Bei Betrachtung des obigen Beziehungsgeflechts lässt sich anmerken, dass eine größere räumliche Distanz, gekennzeichnet durch einen hohen Zeitbedarf zum Herstellen einer persönlichen Nähe und kurzen arbeitstagbezogenen gemeinsamen Zeitfenstern, zu einer verstärkten beziehungsorientierten Distanz, also einer Verringerung von Vertrauen und Ähnlichkeit zwischen Führer und Geführten führt. Eine größere kulturelle Distanz, die geprägt ist durch eine starke Unterschiedlichkeit in der Kontextorientierung der Kommunikation oder der Präferenz der Machtdistanz zwischen Führer und Geführten, führt ebenfalls zu einer ausgeprägten beziehungsorientierten Distanz, u. a. aufgrund kulturell induzierter Missverständnisse, die zu einem Vertrauensverlust der Interaktionspartner führen können. Als weitere Modellvariablen werden der Führungsstil (Aufgaben- und Mitarbeiterorientierung), die Nutzung kompensatorischer Anreize sowie die Nutzung reichhaltiger Medien spezifiziert, die natürlich nicht vollständig das Phänomen der Führung abbilden können, dem Autor aber selbst als untersuchungswert erscheinen (vgl. *Eichenberg* 2007, S. 96 ff.).

Im Folgenden wollen wir allerdings auf die weiteren Erläuterungen der mit den zusätzlichen Variablen verbundenen Hypothesen verzichten und unser Augenmerk auf das Resultat des Distance Leadership richten, den Führungserfolg. Hervorgehoben werden soll in diesem Zusammenhang der negative Einfluss einer größeren beziehungsorientierten Distanz auf den Führungserfolg, der partiell durch eine Aufgaben- oder Mitarbeiterorientierung der Führungskraft sowie die Nutzung kompensatorischer Anreize und reichhaltiger Medien aufgehoben werden kann. Bezogen auf die kulturelle und räumliche Distanz fungieren alle vier Variablen als vollständige Mediatoren für den Führungserfolg und mildern somit die negative Wirkung der Distanz auf den Führungserfolg (vgl. *Eichenberg* 2007, 119 ff.). Mit Hilfe eines Online-Fragebogens, ausgefüllt von 111 Teilnehmern, konnten die theoretisch abgeleiteten Konstrukte als signifikante Einflussfaktoren auf den Führungserfolg im Rahmen von Distance Leadership empirisch bestätigt werden. Allerdings wurde gezeigt, dass die räumliche und kulturelle Distanz nur indirekte Effekte auf die Führungsvariablen, vermittelt durch die beziehungsorientierte Distanz, ausüben. Die Dimension der **beziehungsorientierten Distanz** gilt somit als einzige Distanzdimension, die direkte Auswirkungen auf die Führung hat, jedoch wird sie selbst durch räumliche und kulturelle Distanzen beeinflusst. Ein Führungserfolg bei einer Führung auf Distanz ist infolgedessen nur bei einer positiven Beziehungslage zwischen Führer und Geführten möglich (vgl. *Eichenberg* 2007, S. 191 ff.). Bezüge zur Dyadentheorie nach *Graen* und den hier bereits vorgestellten Untersuchungen sind offensichtlich.

9.3 Kritische Würdigung

Distanz zwischen Führenden und Geführten ist ein praktisch höchst relevantes, theoretisch aber nur mäßig beforschtes Konzept. Wir verfügen zwar über eine gute Strukturierung des Feldes, aber keinesfalls über hinreichende empirische Studien. Theoretisch wie empirisch wird es hinsichtlich ihrer Folgen in der Regel negativ konnotiert. Dies gilt wiederum mehrheitlich für die ausbleibende oder reduzierte persönliche Begegnung.

Eine anwendungsorientierte Hinwendung findet das Distanz-Konzept in letzter Zeit verstärkt in der **Theorie der virtuellen Teams** (vgl. *Hertel/Konradt/Orlikowski* 2004; für eine nähere Erläuterung siehe auch Digital Leadership, ☞ D. III. 10). Virtuelle Teamarbeit zeichnet sich hierbei dadurch aus, dass die Mitglieder eines Teams oder einer Arbeitsgruppe räumlich und ggf. auch zeitlich getrennt an unterschiedlichen Orten arbeiten und deshalb erheblich mithilfe neuer Kommunikationsmedien wie der Internet- oder Webtechnologie zusammenarbeiten (vgl. *Herrmann/Hüneke/Rohrberg* 2006, S. 25).

Die Fortschritte in der Kommunikationstechnologie ermöglichen, die physische Distanz zwischen Führer und Geführten zumindest partiell zu überwinden und die Kommunikation zu erleichtern (vgl. *Weisband* 2008, S. 7 f.; *Antonakis/Atwater* 2002, S. 697 f.). *Hertel* und seine Kollegen empfehlen in diesem Zusammenhang die Schaffung einer intensiven Beziehung zwischen den Teammitgliedern, um die Nachteile der motivationalen Schwierigkeiten durch die geringe physische Verbundenheit zum Führenden zu kompensieren. In einer Feldstudie mit 31 virtuellen Teams bestätigen die Autoren ihre Annahme und schlussfolgern, dass eine präzise Zielsetzung, eine Aufgabenverpflichtung sowie eine teamabhängige Belohnung zu der gewünschten Nähe führe und letztendlich eine verstärkte Teameffektivität sicherstelle (vgl. *Hertel u. a.* 2004, S. 22 f.).

Collinson stellt sich jedoch unterdies die Frage, ob neue digitale Technologien wirklich die Nachteile aller Dimensionen der Distanz reduzieren oder gar komplett überwinden können. Er weist darauf hin, dass eventuell der Einfluss und Wert einer physischen Präsenz und somit einer persönlichen Kommunikation und direkten Interaktion zwischen Führer und Geführten unterbewertet werden könnte (vgl. *Collinson* 2005b, S. 245 f.). Sicherlich können wir uns Situationen und Personen vorstellen, wo Distanz ein vernachlässigbares Problem sein könnte, dennoch sehen auch wir, dass Interaktionsdefizite über kurz oder lang bei der Mehrheit der Personen als unbefriedigend empfunden werden. Menschen sind soziale Wesen (*Aristoteles*: „zoon politikon") und der Reichtum an Informationen und Emotionen ist letztendlich nicht voll zu kompensieren.

Was die Informationsverarbeitung betrifft, steuert *Popper* (2013) einen wichtigen Beitrag zur Diskussion dazu. Er stellt in seiner theoretischen, aber empirische Studien einbeziehenden Betrachtung fest, dass je weiter sich der Führende vom Geführten psychologisch entfernt, also *„far away from the self, here, and now"* (*Berson u. a.* 2015, S. 145) ist, sich dieser umso mehr in abstrakten, damit weniger detailreichen Kategorien in der Wahrnehmung seines Vorgesetzten bewegt;

> *„more weight will be attributed to them in explaining occurrences of events; the followers will relate more to their traits and less to their behaviors, and will derive from their image more meaning for their own self worth"* (*Popper* 2013, S. 1).

Dies hätte auch, um eine praktische Seite zu zeigen, Auswirkungen auf **Führungskräftetrainings**.

> *„For instance, the training of close leaders – those who have direct contacts with their followers – might be oriented toward developing their relevant leadership behaviors [...] On the other hand, the development of leaders who are distant – who do not have direct contact with their followers – should be based more on knowing and understanding the psychological processes regarding followers' social judgments. This knowledge might help distant leaders to better use means of symbolic manifestations"* (*Popper* 2013, S. 8).

Im ersten Fall geht es also primär um Feedback, im zweiten Fall um Verständnis.

Wir lernen aber auch, dass Distanz nicht immer schlecht sein muss. Wie so oft lohnt sich ein differenzierter Blick je nach Art der Distanz und untersuchtem Effekt. So zeigen *Dragoni u. a.* (2014), dass eine globale Führungserfahrung insbesondere dann das strategische Denken förderte, sofern diese Erfahrung in kulturelle distanten Ländern gemacht werden konnte. *Berson u. a.* (2015), die mit der sozialpsychologischen **Construal Level Theorie** argumentieren (vgl. *Trope/Liberman* 2010), betonen, dass eine abstrakte, visionäre Kommunikation bei größerer physischer Distanz vorteilhafter für die Geführtenmotivierung sei als ein detailierte Zielsetzung, die wiederum bei Nähe besser sei. *Story u. a.* (2013) führen wiederum in ihrer Studie, durchgeführt bei Dyaden in mehreren multinationalen Unternehmungen der *Fortune 100* aus, dass sich die physische Distanz wie eine geringere Interaktionshäufigkeit zwar negativ auf die Qualität der Führungsbeziehung auswirke, dass sich aber dieser Effekt bei Führenden, die über hohes psychologisches Kapital verfügen (Hoffnung, Optimismus etc.), verringert.

Führungsdistanz wird ein zu vertiefendes Thema bleiben, nicht zuletzt in Verbindung mit den sich bietenden technischen Möglichkeiten.

10. Digital Leadership: Wie elektronische Medien mit führen und führen lassen

10.1 Hintergrund

Seit den 90er-Jahren des 20. Jahrhunderts konnten wir weltweit eine „leise Revolution" in Organisationen beobachten, die salopp gesagt auf ihrer elektronischen Verkabelung beruht (vgl. *Avolio/Kahai* 2003, S. 325). Diese, durch eine ständige Weiterentwicklung und Ausweitung moderner Informationssysteme und Kommunikationstechnologien möglich gewordene Entwicklung, beeinflusst dabei zusehends auch den organisationalen Alltag. Bereits im Jahre 2000 wurde deutlich, dass die einsetzende Internet-Ökonomie ein stärkeres Wachstum verursachte und einen größeren Einfluss auf die US-amerikanische Wirtschaft ausübte, als die gesamte industrielle Revolution, einsetzend mit dem späten 18. Jahrhunderts (vgl. *Avolio/Kahai/Dodge* 2001, S. 616). Diese „leise Revolution" ist damit, um im Bild zu bleiben, zwischenzeitlich deutlich lauter geworden. Viel mehr noch: Der Digitalisierung ist längst der ganz große Durchbruch gelungen und mit einer schier unerschöpflichen Fülle immer neuer Möglichkeiten ist sie zu einem beinah alternativlosen Mainstream avanciert.

Das Schlagwort des **„digital lifestyle"** (*Vielmetter/Sell* 2014, S. 77) verdeutlicht, dass digitale Medien längst nicht mehr nur als ein bloßes Werkzeug oder Mittel zum Zweck darstellen, sondern zum integralen Bestandteil heutiger Lebensweise oder gar zum Mittelpunkt des Lebens und seiner Gestaltung werden. Mit drahtlosen

Verbindungen („wireless lan") und den neuen sozialen Medien wurde in jüngster Zeit außerdem eine neue Qualitätsstufe der Entwicklung im Sinne permanenter, ubiquitärer Vernetzung und umfassender Verfügbarkeit erreicht. Dies hat zum Phänomen des „Always On" in Verbindung mit dem Web 2.0 geführt. Überdies hat die Häufigkeit wie Intensität der Nutzung von digitalen Devices und Applikationen signifikant zugenommen. Online-Kontakte und Online-Kommunikation fechten das Primat der traditionellen face-to-face-Begegnung und des mündlichen Austauschs zur Anknüpfung, Aufrechterhaltung und Pflege zwischenmenschlicher (sozialer) Beziehungen an. Digitale soziale Netzwerke und Austauschplattformen *(Facebook, LinkedIn, Twitter)* ergänzen nicht mehr nur bisherige, traditionelle Sozialstrukturen, sondern werden immer mehr zum Dreh- und Angelpunkt sozialen Geschehens. Damit bilden sie eine eigenständige Form realer sozialer Wirklichkeit. Man kann auch von einem **neuen sozialen Handlungsraum** sprechen (vgl. *Boes u. a.* 2015, S. 61 f.).

Diese **digitale Revolution**, wie sie gemeinhin bezeichnet wird (siehe z. B. *Isaacson* 2014), durchdringt heute nicht nur alle Lebensbereiche, sondern gestaltet sie auch tiefgreifend um – was nicht zuletzt auch im Wirtschaftssektor seinen Niederschlag findet. Ihre drei größten institutionellen Treiber, *Apple, Google* und *Microsoft*, bringen an der *Nasdaq-100* einen Wert von 1,6 Billionen Dollar auf die Waage. Damit sind diese drei US-Technologie-Unternehmen gleichzeitig und in dieser Reihenfolge im Herbst 2015 die am höchsten bewerteten börsennotierten Unternehmen, *Amazon* und *Facebook* folgen etwas später unter den Top-Ten (vgl. *welt-online* 2015). Die nachfolgende Abbildung E.21 veranschaulicht die Börsenentwicklung von *Apple* und *Amazon* verglichen mit traditionellen Leadern der jeweiligen Branche sehr eindrücklich.

Abgesehen davon sind die drei Genannten vielfältig in verschiedensten Geschäftsfeldern und Anwendungen unterwegs, weit über das jetzt Sichtbare hinaus. Ein ausgeprägter Mut zum Experimentieren zeichnet diese Vorzeige- wie Vorreiterunternehmen aus – und mehr noch als manche Etablierten die Konzentration auf ihre Gründungswerte und/oder Kundenbedürfnisse, dies es zu erahnen gilt, noch bevor sie greifbar werden. Zusammen mit *Facebook, eBay* oder *Instagram* (sowie *Alibaba* für noch vorwiegend asiatische Kulturkreise) sind sie aber auch in einer neuen Funktion des Unternehmertums einzigartige **Community-Maker**, die den Boden für veränderte Gewohnheiten wie Anforderungen bereiten. Diese haben handfeste Auswirkungen auf das Führungsgeschehen in Organisationen (siehe z. B. *Eberhardt/Majkovic* 2015, S. 25 ff.; *Vielmetter/Sell* 2014, S. 77 ff.).

Hinzu kommt die parallel verlaufende, aber durch digitale Technik weiter befeuerte Dynamisierung, Flexibilisierung und Fluidisierung der Arbeitswelt **(Arbeit 2.0)**, in der nun jederzeit überall alles (er)möglich(t) wird (siehe z. B. *Cole* 2015, S. 175 ff.; sowie *Negri* 2016; *Cernavin u. a.* 2015; *Kaiser/Kozica* 2015; *Schwarzmüller/Brosi/Welpe* 2015). Delokalisierung von Arbeitsplätzen und die Auflösung von festen Arbeitszeiten schreiten in gleichem Atemzug mit der immer weiter verbesserten technologischen Unterstützung gleichfalls fort.

In der Anwendung der digitalen Entwicklungen wird unter dem Stichwort **Industrie 4.0** mittlerweile aber nicht mehr nur der umfassende Einzug der digitalen Technologie in die Wirtschaft verstanden. Angestrebt wird deren integrative Verknüpfung. Gesucht wird die Ankopplung

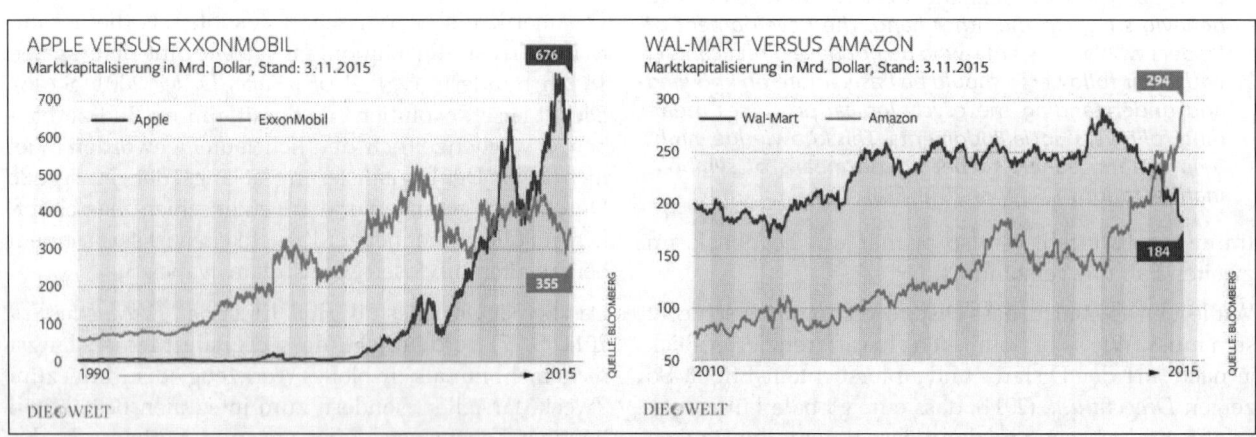

Abb. E.21: Marktkapitalisierung in Mrd. Dollar, Stand: 3.11.2015 (Infografik DieWelt)

an materielle Geschäftsaktivitäten. Dies alles im Dienste einer neuen digital regierten Wertschöpfung.

> „Das Zukunftsprojekt Industrie 4.0 zielt darauf ab, die deutsche Industrie in die Lage zu versetzen, für die Zukunft der Produktion gerüstet zu sein. Sie ist gekennzeichnet durch eine starke Individualisierung der Produkte unter den Bedingungen einer hoch flexibilisierten (Großserien-)Produktion. Kunden und Geschäftspartner sind direkt in Geschäfts- und Wertschöpfungsprozesse eingebunden. Die Produktion wird mit hochwertigen Dienstleistungen verbunden. Mit intelligenteren Monitoring- und Entscheidungsprozessen sollen Unternehmen und ganze Wertschöpfungsnetzwerke in nahezu Echtzeit gesteuert und optimiert werden können" (*BMBF* 2015).

Angesprochen ist dabei also nicht nur die typische, digital gestützte Beschleunigung und Verbesserung von Abläufen (vgl. *Peppard* 2015, S. 107 f.), sondern auch eine flexible dynamische Anpassung in kürzester Zeit – heute gerne als **Agilität** bezeichnet (siehe dazu z. B. *Worley/Williams/Lawler* 2014). Für die meisten Unternehmen ist dies erst einmal noch Zukunftsmusik, auch sind zumindest momentan noch nicht alle gleichermaßen davon betroffen oder können davon profitieren. Firmen wie *GE* oder *Nestlé* arbeiten allerdings intensiv an neuen digitalen Anwendungen für den Alltag. So hat *Nestlé* binnen zwei Jahren über 100 Projekte, sogenannte **„digital acceleration teams"** aufgesetzt, die im internen Wettbewerb zueinander stehen, der Multiplikatorlogik folgen und in oftmals weltweiter Besetzung in extra hierfür geschaffenen Settings agieren (vgl. *Blackshaw* 2014). Oft sind es noch Pionierprojekte, aus deren Erfahrungen übergreifende Anwendungen werden können.

Was für den einen nur nutzlos hinterlassene digitale Spuren sind, sind für den anderen neue Geschäftsmodelle (**Big Data**, siehe dazu z. B. *Reichert* 2014). Während die einen die Netzwelt mit der realen Welt digital verknüpfen (ohne wie *Airbnb* das Reale selbst außerhalb einer vertraglichen Zusage eines Dritten vorzuhalten bzw. bereitzustellen), spielen sich andere digitale Modelle unter Bereitstellung der Infrastruktur durch Dritte nur im Web ab (*Netflix*). Auch wenn andere noch Kupfer fördern, also händisch in Minen arbeiten lassen müssen, Leitungen zu vergraben haben oder Satelliten bauen und vieles mehr, können auch diese Firmen von der digitalen Technologie profitieren, beispielsweise in der Ortung von Lagerstätten, der Prüfung von Materialeigenschaften oder der zeichnerischen Planung von Vorhaben. Vergessen wir nicht den Zukunftsmarkt des **Internet of Things** (IoT), wo eine digitale Metasteuerung potenziell Zusatznutzen aus einer Kombination der realen mit der virtuellen Welt generiert.

Westerman, *Bonnet* und *McAfee* (2014) zufolge sind die **Digital Masters**, also die führenden Anwendungsunternehmen digitaler Technik (hier: mit über 500 Mio. Dollar Jahresertrag), um 26 % profitabler (u. a. EBIT-Marge) als der Durchschnitt ihrer Branche. Sie erlösen dabei 9 % mehr (u. a. Umsatz/Beschäftigte) aus ihrer physischen Kapazität (Maschinen, Personen etc.). Digital Masters transformieren Technologien in unternehmerischen Wert und ersetzen oder erweitern Bestehendes (Smartphone übernimmt PC-Funktionen; Scouts senden mit Tablets bereits sortierte Fotos von Trendsettern aus der Stadt an die Kreativabteilung, ohne sie wie bisher nach Einladung erst „shooten" zu müssen). Transformationen schaffen zudem neue Möglichkeiten für Kunden und in der Folge Werte für das Unternehmen, wie beispielsweise das FuelBand von *Nike* (Gesundheitsinformation, Leistungsvergleich *zwischen* Sportarten).

Leadership im weitesten Sinn dieses Wortes sei bei alledem weiterhin von erfolgszentraler Bedeutung (vgl. *Westerman/Bonnet/McAffe* 2014, S. 4). Hierbei interpretieren die Autoren Leadership zunächst als eine eindeutige Positionierung des Top-Managements für die Digitalisierung des Geschäftsfeldes bzw. seiner innovativen Verbreiterung, die top-down konsequent zu verwirklichen sei. Hierzu bedürfe es im Weiteren der Initiierung und Gestaltung des hierfür notwendigen Wandels. Bei beiden Hauptsträngen werden faktisch eine Vielzahl, manchmal alle, Führungsbeziehungen tangiert. Diese Konsequenz mache mit Hilfe der ebenfalls internen Nutzung von Technologien wie Soziale Medien, mobile Gerätschaften, Analytics und vernetzte Gerätschaften den Unterschied. Es sind die klare Vision zur Digitalisierung, durchaus kombiniert mit deutlichen Umsatzzielen, das exzellente Management der unterschiedlichen Bereiche („Silos"), wertbringende digitale Projekte und eine entsprechende digitale Kultur, die kennzeichnend für Digital Masters seien.

Damit sind wir bei den **prinzipiellen Folgen für die Führung** angelangt. Wie gerade gesehen, sind unterschiedlichste Bereiche angesprochen, die stärker als sonst strategische, strukturelle und interaktionelle wie kulturelle Aspekte verzahnen. Zunächst einmal zwingt die Entwicklung das Top-Management, Entscheidungen zur Einführung und Implementation von Technologien mit Blick auf das (sich möglicherweise dadurch bedeutsam verändernde) Geschäftsmodell herbeizuführen (**digitale Agenda**; vgl. *Peppard* 2015, S. 111). Damit einhergehen wie bei jeder Veränderung je nach Umfang und Tiefe variierende kulturelle, personelle und führungsprozessbezogene Auswirkungen – die sich im globalen Maßstab betrachtet noch extensivieren (siehe dazu *Smith/Cockburn* 2014a).

Um dies zu managen, sehen wir oft als erste Folge eine Erweiterung der formalen Führungs- oder Organisationsstruktur, in der wie bei *Starbucks* ein **Chief Information Officer** (CIO) die Fäden zusammenhalten soll. Oder es wird wie bei *Nike* gleich eine **digitale Sektion** kreiert. Dann gibt es die kulturellen Führungsleistungen, die die Digitalisierung voranbringen, wie bei *Pernod Ricard*, wo **Digital Champions** ausgewiesen und vernetzt werden, die in ihren Teams Erfahrungsausbau betreiben. Oder die personellen Führungsleistungen, wo wie bei *L'Oréal* der **Digitale IQ** durch eine Paarbildung von Digital Natives und Senior Management Members kollektiv erhöht werden soll.

Gerade an der letzteren Facette lassen sich sehr schön die **Push-Pull-Effekte**, die typisch für Digitalisierung als Entwicklungsprozess sind (vgl. *Vielmetter/Sell* 2014, S. 92), ablesen. Die rasante Entstehung und Verbreitung immer neuer digitale Werkzeuge oder Anwendungen überflügeln und übersteigen längst die limitierte Kapazität ihrer Vermittlung auf dem Weg von formellen Trainings für Führungskräfte. Die traditionelle Wissenspyramide wird dabei sozusagen umgekehrt, da nun jüngere Generationen auf untergeordneten Hierarchieebenen einen erheblichen Wissensvorsprung in der digitalen Welt gegenüber älteren und übergeordneten Führungskräften haben. Bildlich gesprochen ist im *„Bauch der Organisation"* (*Sattelberger* 2015, S. 49) potenziell die neue Innovativität versammelt. Ganz „nebenbei" entstehen so neue Macht- und Einflussgrundlagen auf der Seite der Mitarbeiter bzw. Geführten, die die unternehmensinternen Gewichte verlagern und traditionelle Autoritätsstrukturen erodieren lassen. Das schon geschwächte Hierarchieprinzip verliert weiter an Bedeutung wie Boden.

Bestätigung dafür, dass dies den Betroffenen selbst klar ist, fand eine Umfrage der Bertelsmann Stiftung und der Führungskräftevereinigung ULA (*United Leaders Association*) unter rund 300 Managern. Von denen bestätigten 81 %, dass sie stärker auf Augenhöhe kommunizieren müssen, statt Vorgaben von oben zu machen. Nicht nur die traditionelle Führungskarriere, sondern auch die klassische Führungsposition wird hierdurch infrage gestellt. Entsprechend rückt in jüngsten Überlegungen immer mehr die (auch) auf digitalem Weg zu leistende Führungsarbeit in den Fokus, anstatt nur über die Nutzung der digitalen Technik aufgabenbezogen nachzudenken. Hier zeigt sich eine Tendenz zum **„reversing the lens"** (☞ A. III. 1) – diesmal von der Person (Entität: der oder die Führende) hin zur Funktion der Führung (Was soll erreicht werden?).

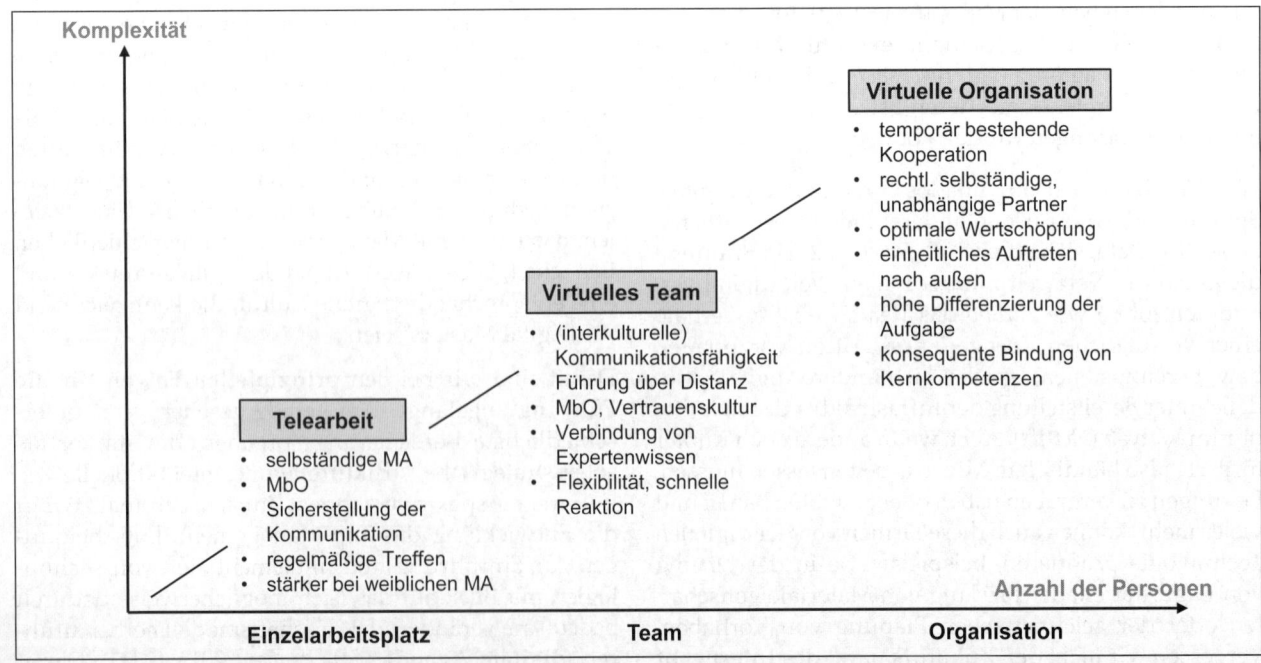

Abb. E.22: Virtuelle Strukturformen und ihre Besonderheiten (*Hofmann/Regnet* 2014, S. 603)

Durch die fortschreitende Nutzung elektronischer Medien verändert sich unter bestimmten Bedingungen (z. B. in einem dezidiert digitalen Organisationskontext; vgl. *Zeichhardt* 2016, S. 129; *Kahai* 2013) auch der **Führungsprozess** nachhaltig. Was wir bislang dazu wissen, ist naturgemäß ein Schwerpunkt unserer weiteren Ausführungen. Vielfach geht es allein um die Möglichkeiten und Folgen einer Kommunikation bzw. Interaktion unter nicht Anwesenden aufgrund räumlicher und zeitlicher Entkopplung (vgl. auch *Weibler/Deeg* 2005). Sogenannte **Virtuelle Teams** stellen hier die ambitionierteste Form eben dieser Zusammenarbeit mit steigender Praxisrelevanz dar (vgl. *Hoch/Koslowski* 2014; *Hofmann/Regnet* 2014; *Dixon/Panteli* 2010; *Krämer/Deeg* 2008; *Hambley/O'Neill/Kline* 2007). Es handelt sich um „*flexible Gruppen standortverteilter und ortsunabhängiger Mitarbeiter, die auf der Grundlage von gemeinsamen Zielen bzw. Arbeitsaufträgen geschaffen werden und informationstechnisch vernetzt sind*" (*Konradt/Hertel* 2002, S. 18; ☞ A. IV. 1). Sie bilden bei näherer Betrachtung eine Ausprägungsform mit spezifischen Besonderheiten (vgl. Abb. E.22):

Die Führung solcher virtueller Teams oder einzelner Mitarbeiter wurde zuerst als „Tele-Leadership" tituliert (vgl. *Shamir/Ben-Ari* 1999), wobei sich immer stärker auch die Bezeichnung des **„E-Leadership"** durchsetzte („E" für „electronic"; vgl. *Cascio/Shurygailo* 2003; *Zaccaro/Bader* 2003; *Avolio/Kahai/Dodge* 2000). Mittlerweile bilden aber nicht nur virtuelle Teams (oder individuelle Telearbeiter) die Adressaten oder Anwendungsgebiete von E-Leadership, sondern digitale Kontexte im weitesten Sinn (siehe *Zeichhardt* 2016). In dem Maße, wie durch Digitalisierung nicht nur Unternehmensstrukturen und Unternehmenskonfigurationen, sondern die gesamte inner- und außerbetriebliche Zusammenarbeit bzw. der komplette Leistungserstellungsprozess umfassend verändert wird, bildet **digitales Führen** einen formal eigenständigen Führungsstil bzw. ein universales Führungskonzept – oft abgegrenzt von traditionellen Gegebenheiten (vgl. Tab. E.9). Über die Inhalte der Führung ist damit noch nichts ausgesagt.

Unverändert bleibt der Grundgedanke, dass digitale Technologien in ihrer ganzen Bandbreite die Basis der Einflussausübung bilden. In diesem Sinne definierten *Avolio* und seine Kollegen E-Leadership als einen durch **Advanced Information Technology** (AIT) geprägten sozialen Einflussprozess (vgl. *Avolio/Kahai/Dodge* 2000, S. 617). Advanced Information Technologies werden dabei verstanden als Werkzeuge, Techniken und Kenntnisse, die durch ihr inhärentes Potenzial in der Lage sind, wissensrelevante Daten zu sammeln, bereitzustellen und zu übermitteln. Dadurch werden neue Formen der Zusammenarbeit ermöglicht.

Müller (2008, S. 55) steckt das Forschungsgebiet folgendermaßen ab:

> „*E-Leadership ist eine Form der direkten, interaktionellen Personalführung, die über computerbasierte Medien erfolgt und die Beeinflussung von Individuen, Gruppen und/oder Organisationen zum Ziel hat und sowohl innerhalb des Unternehmens als auch ortsverteilt stattfinden kann.*"

Führung in traditionellen Unternehmen	Führung in virtuellen Strukturen
• Stellenbeschreibungen • Klare Kompetenzen (project owner) • Häufig Einzelkämpfer • Verhaltensregeln • Kontrollkultur • Ressortdenken • Feststehende Abteilungen etc. • Kommunikation in hohem Maße face-to-face, viele Besprechungen • Führung mit den alten „3K" – kommandieren, kontrollieren, korrigieren	• Flexibilität • Zusammenarbeit und Koordination, Dezentralisierung von Befugnissen • Interdisziplinäre, z. T. international zusammengesetzte Teams • Eigenverantwortung • Vertrauenskultur • Übergreifende Zusammenarbeit • Häufige Veränderungen, zeitlich befristete Kooperationen • Einsatz neuer Medien zur Kommunikation • Zielvereinbarung und Delegation • Qualifizierte, anspruchsvolle und selbständige Mitarbeiter

Tab. E.9: Führung in alten und neuen Unternehmensstrukturen (*Hofmann/Regnet* 2014, S. 604)

E-Leadership kann freilich immer nur dann auftreten, wenn Arbeitsprozesse durch Informationstechnologien beeinflusst werden (vgl. *Avolio/Kahai* 2003, S. 326; *Zaccaro/Bader* 2003, S. 377). In der heutigen Arbeitswelt ist dies aber nicht mehr eine Frage des „ob überhaupt", sondern eher des „in welchem Ausmaß". Wir schlagen deswegen vor, eine derartige Einflussnahme unter dem Label **„Digital Leadership"** abzuhandeln, um die Nähe zu den zunehmend digitalen Geschäftsprozessen zu wahren, aus denen nicht nur mediale, sondern teilweise auch qualitativ veränderte Führungsbilder erwachsen. Ein typisches Beispiel für diese Sichtweise entnehmen wir der Literatur zur Führung und Zusammenarbeit unter virtuellen Bedingungen:

Diese von der Kontextanpassung geprägte Denkrichtung ist neben dem verständlicherweise eingehend beleuchteten Kommunikationsmedium (siehe *Hofmann/Regnet* 2014, S. 605 ff.) inhaltlich der zweite große Strang, zu dem aber bislang noch weniger wissenschaftliche Studien als für das E-Leadership vorliegen. Plakativ-holzschnittartige Vorstellungen, bunt gemischte Erfahrungsberichte und optimistisch Deklaratorisches dominieren das Feld. Dazu gesellen sich (bestenfalls) plausibilitätsgestützte Adaptionen und (Re-)Spezifizierungen des Bekannten. Daneben finden sich assoziativ „gelabelte" Leadership-Tools („Swarming"). Dies wird sich in der Zukunft ändern. Angesichts der rapide verlaufenden technologischen Entwicklung ist es für die Führungsforschung extrem herausfordernd, nicht bloß wie bisher die hinterlassenen Spuren im Nachhinein zu sichten, sondern sich auf der Höhe des Geschehens zu befinden oder gar Kommendes zu antizipieren (siehe *Avolio u. a.* 2014, S. 106).

10.2 Zentrale Aussagen

Anders als im Fall der inzwischen ziemlich gründlich ausgeleuchteten Virtualisierung organisationaler Strukturen (vgl. *Reiss* 2013; *Weibler/Deeg* 1998) und der Führung und Zusammenarbeit elektronisch verbundener organisationaler Einheiten (vgl. *Hofmann/Regnet* 2014), ist die digital vermittelte Einflussausübung noch längst nicht in befriedigender Weise untersucht und verstanden. Verkompliziert wird die Gewinnung von diesbezüglichen Kernaussagen durch die für entsprechende Literatur charakteristische Verknüpfung der Führungsthematik mit dem digitalen Wandel bzw. der digitalen Transformation (siehe *Cole* 2015). Dort ist Führung nicht nur ein den einsetzenden Entwicklungen passiv unterworfenes Veränderungsobjekt, sondern auch – ob selbst digital oder analog – ein unverzichtbarer aktiver Veränderungstreiber der Digitalisierung (vgl. z. B. *Peppard* 2015). Erschwert wird eine systematische Darlegung schließlich auch durch die unterschiedlichsten Label wie virtuelle Führung, E-Leadership und Leadership 2.0 etc. (vgl. *Zeichhardt* 2016; *Wald* 2014; *Lehky* 2011).

Unterschieden werden können aber mindestens drei Stränge oder auch Entwicklungsstufen der Diskussion (siehe dazu näher *Wald* 2014, S. 362 ff.): Anfangs ging es schlicht und ergreifend darum, mit neuen, digitalen Medien – auch aus der Distanz (☞ E. III. 9) heraus – (überhaupt) zu führen. Im weiteren Verlauf rückten die digitalen Möglichkeiten, neue (Arten und Qualitäten von) Führungsbeziehungen („digital relational leadership") zu kreieren, stärker in den Fokus der Aufmerksamkeit. Dies kam nicht von ungefähr, eröffnete doch das Aufkommen von Groupware-Systemen neue Formen digitaler *Inter*aktion, die sich von der unidirektionalen „Tele"-Einflussnahme durch Einzelpersonen der Anfangszeit unterschieden (vgl. *Avolio u. a.* 2014, S. 108). Damit verband sich ein zunehmend rekursives Verständnis der Beziehung von Führung und Informations- und Kommunikationstechnik, das Rückkopplungen in beide Richtungen miteinschließt (siehe exemplarisch *Dasgupta* 2011, S. 2). Die jüngsten Überlegungen gehen mehr und mehr dahin, Führung *digital zu verteilen* bzw. *emergieren zu lassen* („digitally distributed leadership" und „digital self-leadership") und knüpfen damit an andere aktuelle Entwicklungen und Debatten in der Führungslehre an (☞ E. III. 13 und D. II. 4.2). Die Aufweichung solider Strukturen im Führungszusammenhang schlägt sich in einer immer fluideren digitalen Interaktion (vgl. *Zeichhardt* 2016, S. 128) nieder. Damit ist der Weg von einer dyadischen und/oder teamorientierten Betrachtung zu einem systemischen Verständnis (im Sinne des „total leadership system"; vgl. *Avolio u. a.* 2014, S. 106) beschritten.

Wenden wir uns aber zunächst den grundlegenden Überlegungen zu, die am Anfang des Feldes standen und bis heute immer wieder Gegenstand der Auseinandersetzung sind.

E-Leadership als digitaler Einflussnahmeprozess

Bis heute ist es üblich, E-Leadership materiell dadurch zu bestimmen, dass es von einer klassischen face-to-face- (oder „analogen") Führung abgesetzt wird. Dazu wird typischerweise auf verschiedene **Abgrenzungsmerkmale** verwiesen, an denen dies deutlich werden soll (vgl. z. B. *Zeichhardt* 2016, S. 126 ff.): An erster Stelle steht dabei naturgemäß der *Technikeinsatz*, auf den wir zuvor schon hingewiesen haben, und ohne den gar nicht von E-Leadership gesprochen werden könnte. Des Weiteren ist die *räumliche Trennung* in der Führungskommunikation, die

III. Zentrale Perspektiven auf die Ausgestaltung von Führungsbeziehungen

nun auch unter nicht gleichzeitig Anwesenden stattfinden kann, ein hervorstechendes Merkmal. Dazu kommt die damit eng verbundene *Nicht-Gleichzeitigkeit*, die sich aus asynchronen Kommunikationsmöglichkeiten ergibt. Schließlich wird noch auf die *Menge* der Adressaten wie des Inhalts von Einflussversuchen verwiesen, die aus technisch-kapazitären Gründen als nunmehr praktisch unbegrenzt anzusehen ist.

Betrachtet man diese Faktoren genauer, dann wird jedoch schnell klar, dass vom ersten Aspekt alle weiteren abhängen. E-Leadership wäre damit nichts anderes als elektronisch oder in unserer Lesart: *digital getragene* Führung. Es handelte sich, um die Worte von *Avolio u.a.* (2014) zu verwenden, dann also lediglich um eine neue Art der *Übertragung* von Führung („transmission of leadership"). Allerdings lässt sich argumentieren, dass dieser spezifische Übertragungsweg die möglichen *Quellen* von Führung („sources/loci of leadership"), aus denen sich ein Beeinflussungsversuch speist (vgl. *Avolio u.a.* 2014, S. 108 f.), in ein anderes Licht rückt. Aus dieser **verursachungsbezogenen Sicht** müssten die Wirkmechanismen einer Überprüfung unterzogen werden; zumindest geht man davon aus, dass der Übertragungsweg eine Rolle bei ihrer Wirkkraft spielt. Das Medium steuert vielleicht sogar die Botschaft, sofern der Sender in Abhängigkeit des Mediums andere Akzente setzt, mindestens jedoch den Eindruck, der durch die sensorische Reichhaltigkeit des Mediums anders herüberkommt. Dazu ist die Führungslehre freilich auf anderenorts erarbeitete Vorüberlegungen angewiesen, wie der Faktor Technik zwischenmenschliche Prozesse und Beziehungsverhältnisse beeinflusst.

Entsprechende Überlegungen zum Einfluss von Technologien auf das Organisations- und damit auch das Führungsgeschehen reichen weit zurück. So thematisierte der **Socio-Technical Systems Approach** von *Trist* (1993, 1950) schon frühzeitig die Abhängigkeit der Effektivität einer Organisation vom Zusammenspiel zwischen sozialen und technischen Systemen sowie der externen Umwelt. *DeSanctis* und *Poole* (1994) entwickelten später eine Theorie zur Erklärung der Interaktion zwischen Technologien und Organisationen. Die **Adaptive Structuration Theory** (AST) hat als Gegenstand den Veränderungsprozess in Organisationen, der sich durch die Einführung neuer Kommunikations- bzw. Informationstechnologien ergibt. Die Beobachtung des Wandels erfolgt von zwei unterschiedlichen Standpunkten aus: Einerseits werden die strukturellen Eigenheiten der neuen Kommunikationstechnologien erforscht, andererseits werden die Aktivitäten der menschlichen Akteure betrachtet, die mit den Technologien interagieren. Somit gehen die Autoren von der Annahme aus, dass die Auswirkungen der **Advanced Information Technologies** (AIT) nicht nur eine Funktion der Technologien selber sind, sondern sich ebenfalls auf den Gebrauch durch die Nutzer zurückführen lassen. Die Theorie besagt im Detail, dass eine rekursive Beziehung zwischen der Technologie und den menschlichen Handlungen besteht, da beide sich schrittweise gegenseitig beeinflussen (vgl. *DeSanctis/Poole* 1994, S. 121 ff.).

Auch *Orlikowski* und ihre Kollegen sind der Auffassung, dass die Mitglieder einer Organisation – und insbesondere die Führenden – eine entscheidende Rolle bei der Erschaffung und Interpretation neuer Technologien spielen (vgl. *Yates/Orlikowski/Okamura* 1999; *Orlikowski* 1996, 1992; *Orlikowski u.a.* 1995). Sie bezeichnen ihre diesbezügliche Theorie zum besseren Verständnis der Interaktion von Technologie und Organisation als **Structurational Model of Technology**, die auf der **Theorie der Strukturierung** von *Giddens* (1984, 1979) beruht. Sie nimmt einen Mittelweg zwischen Positionen ein, die den Fokus entweder auf soziale Systeme oder auf das Individuum richten. Technologie ist so gesehen dual, da sie durch menschliches Handeln erschaffen und verändert wird, aber gleichzeitig auch als Medium bestimmter menschlicher Handlungen fungiert. Etwas später spezifizieren *Orlikowski* und ihre Kollegen (1995, S. 424 ff.) die Nutzung der neuen Technologien als „Technology-Use Mediation", eine bewusste Zusammenstellung von Aktivitäten durch die Organisation, um neue Kommunikationstechnologien für die Benutzung im Organisationskontext zu adaptieren und die Effektivität der Technologie im Zeitablauf zu erhöhen. Die Mediation dient somit als ein organisationaler Mechanismus, um die Einführung einer Technologie, ihre Benutzung und den organisationalen Kontext aufeinander sowie auf die sich verändernden Umstände einzustellen.

Die somit schon vor mehr als zwei Jahrzehnten entwickelte und elaborierte Adaptive Structuration Theory wurde in der jüngeren Vergangenheit von *Avolio* und seinen Kollegen aufgegriffen, die als erste den Begriff des **E-Leadership** in diesem Zusammenhang in die Forschungsdiskussion einbrachten (vgl. *Avolio/Kahai/Dodge* 2001). Ganz in der Tradition von *Orlikowsi*, *DeSanctis* und *Poole* zeigen die Autoren, dass Führung (verstanden als Teil der organisationalen Strukturen) und Technologie sich gegenseitig beeinflussen, und sich somit E-Leadership und Technologie in Organisationen **koentwickeln** (vgl. *Avolio/Kahai/Dodge* 2000, S. 619). Die Einflussmöglichkeiten der neuen Technologien auf die

Führung hängen im Detail ab von den strukturellen Gegebenheiten der Technologie, der internen organisationalen Kultur und dem internen Verbund der betrachteten Gruppe in der Organisation. Dieser Verbund wird durch den Interaktionsstil, die Erfahrungen und Erwartungen ihrer Mitglieder, die Identifikation mit der Gruppe und die gemeinsam geteilten mentalen Modelle bestimmt. Neuerdings betonen sie auch den Einfluss des Kontextes stärker (Vorwissen, wahrgenommene Kontrolle, Zeitpläne für die Kommunikation; vgl. *Avolio u. a.* 2014, S. 112).

Führung findet damit im Gegensatz zu einer traditionellen Führungssituation unter gleichzeitig Anwesenden zu einem großen Teil über den (Um-)Weg eines Mediums statt, wodurch Möglichkeiten einer Verzerrung, Verfälschung oder Fehlinterpretation entstehen (vgl. *Weibler/Deeg* 2005, S. 90; *Avolio/Kahai/Dodge* 2000, S. 624). Zur Bestätigung ihrer Thesen greifen die Autoren auf Studien zu einer bestimmten Unterart der neuen Informationstechnologien zurück, den **Group Support Systems** (GSS). Dies sind bestimmte Informations- und Kommunikationstechnologien, die ihren Fokus auf Gruppenprozesse und deren Ergebnissen haben (vgl. *Kahai/Sosik/Avolio* 2003, 1997; *Sosik u. a.* 1998; *Sosik/Kahai/Avolio* 1997). Durch eine Literaturübersicht zeigen sie, dass das Führungsverhalten in einem GSS-Kontext von der Verwendung dieser Gruppentechnologie abhängt. Zudem interagiert das Führungsverhalten mit den verschiedenen Gegebenheiten des GSS, um dessen Benutzung zu steuern. Letztendlich werden somit auch die Gruppenprozesse und Ergebnisse durch das GSS selbst beeinflusst (vgl. *Avolio/Kahai/Dodge* 2000, S. 644).

Bei genauerer Betrachtung der durch E-Leadership betroffenen Gruppen in der Organisation, die wir schon zuvor als virtuelle Teams bezeichnet haben (vgl. *Konradt/Hertel* 2002), formulieren *Avolio*, *Kahai* und *Dodge* (2000) ein Modell der Auswirkungen von Führung und Advanced Information Technology auf die Vertrauensbildung und den Erfolg in virtuellen Teams (vgl. Abb. E.23). Die Bildung von **Vertrauen** in virtuellen Teams ist besonders kritisch, da diese auf Distanz geführt werden. Damit ist

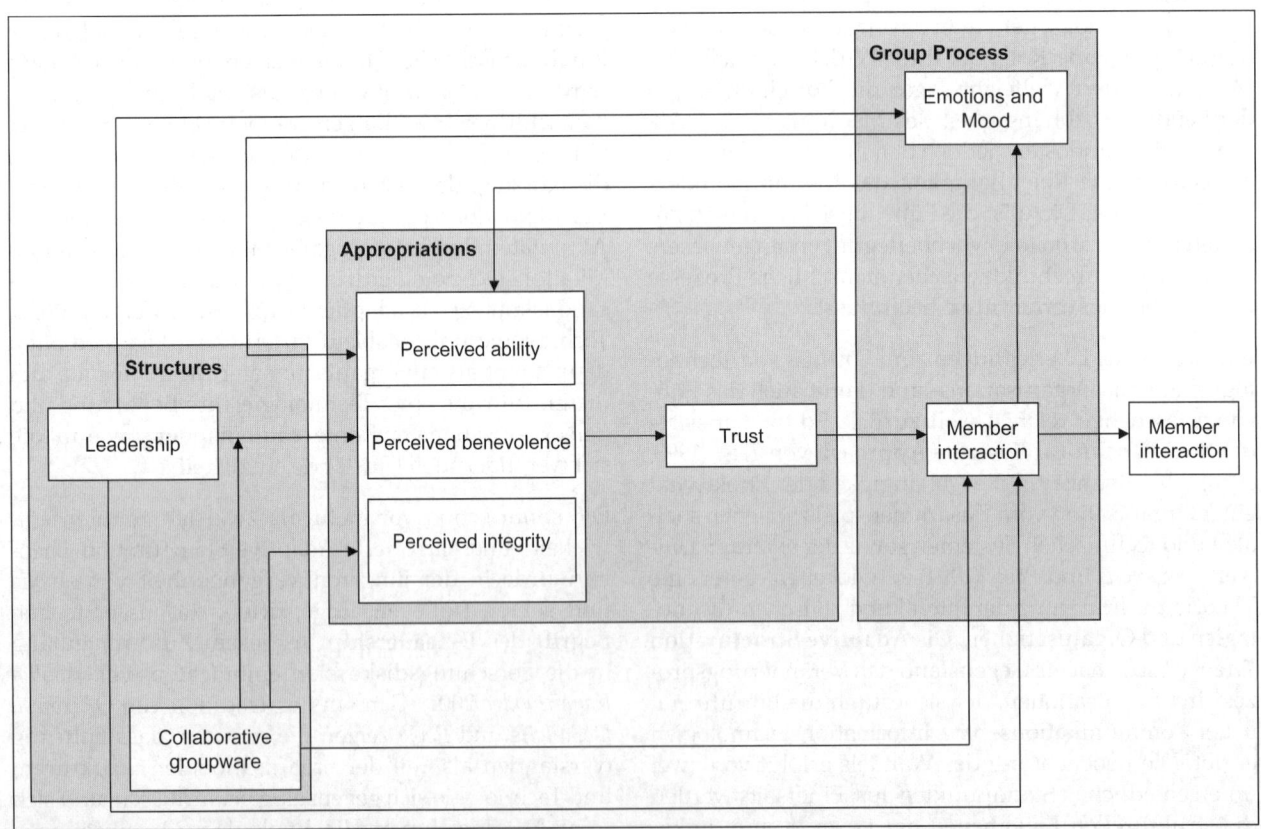

Abb. E.23: Modell der Auswirkung von Führung und Groupware in virtuellen Teams (vgl. *Avolio/Kahai/Dodge* 2000, S. 653)

eine soziale Kontrolle in Form einer direkten Überwachung nicht möglich.

Das bereits angesprochene Modell der Auswirkung von Führung und Groupware in virtuellen Teams soll verdeutlichen, wie ein bestimmtes Führungsverhalten unter dem Einfluss einer gemeinschaftlich verwendeten Kommunikationstechnologie über Wahrnehmungsprozesse und Vertrauensbildung Gruppenprozesse formt, die dann Ergebnisvariablen beeinflussen. Die Kommunikationstechnologie kann sich dabei in dem Ausmaß ihrer „Medienreichhaltigkeit" unterscheiden. Medienreichhaltigkeit steht hier für die Kapazität der Technologie, verschiedene Informationskanäle zu nutzen, ein zeitnahes Feedback bereitzustellen, Nachrichten personalisieren und sprachliche Vielfalt reflektieren zu können (vgl. *Daft/Lengel* 1986). Beim Führungsverhalten unterscheiden die Autoren im Modell zwischen **transaktionaler** und **transformationaler Führung** (☞ D. II. 3). Die Autoren stellen die Hypothese auf, dass Vertrauen durch transformationale Führung gefördert werden kann. Diese sensibilisiert die Fähigkeitswahrnehmung der Gruppenmitglieder, fördert die Wahrnehmung von Wohlverhalten („benevolence"; vgl. zum Begriff *Karakas/Sarigollu* 2012) und Integritätszuschreibungsprozesse. Eine so entstandene inspirierende und rücksichtsvolle Interaktion zwischen den einzelnen Teammitgliedern führt nun zu positiven Emotionen und Stimmungen untereinander (vgl. *Avolio* 1999). Diese Atmosphäre vereinfache nach Ansicht der Autoren die Fähigkeit, Gutmütigkeit und Integrität der anderen Gruppenmitglieder positiv wahrzunehmen (vgl. *Jones/George* 1998). Dies führe im Gegenzug zu einer Verstärkung des Vertrauens innerhalb des Teams und in der Folge zu vergleichsweise besseren Ergebnissen (vgl. *Avolio/Kahai/Dodge* 2000, S. 654).

Natürlich kann ein Führender auch direkt über seinen Führungsstil die Emotionen und Stimmungen seiner Geführten beeinflussen und damit unmittelbar Einfluss auf die Interaktion der Gruppenmitglieder nehmen (vgl. *Jones/George* 1998; siehe auch *Küpers/Weibler* 2008). Wie im Modell gezeigt, strukturiert – neben einem bestimmten Führungsverhalten – auch die Medienreichhaltigkeit der angewandten Technologie das Vertrauen innerhalb des virtuellen Teams. Die Medienreichhaltigkeit wirkt sich dabei einerseits auf die eigentliche Interaktion in der Gruppe sowie die Wahrnehmung der Fähigkeit, Gutmütigkeit und Integrität der Gruppenmitglieder untereinander aus (Antezedenzien von Vertrauen). Eine geringe Reichhaltigkeit der Kommunikationstechnologie führt aber z. B. zu einer reduzierten Interaktion zwischen den Teammitgliedern. Eine geringe Interaktion provoziert wiederum eine reduzierte Fähigkeitszuschreibung bei anderen, was letztendlich ein vermindertes Vertrauen untereinander bewirken kann (vgl. *Avolio/Kahai/Dodge* 2000, S. 654 f.). Damit beeinflusst die Medienreichhaltigkeit nicht nur die Auswirkungen des Führungsverhaltens auf die Wahrnehmung der Geführten, sondern auch den Führungserfolg.

Die Thematik der virtuellen Teams in Verbindung mit E-Leadership, von *Zaccaro* und *Bader* (2003, S. 377) auch als **E-Teams** bezeichnet, wurde von *Cascio* und *Shurygailo* vertieft, die fordern, dass jeder Führer seinen Führungsstil auf das virtuelle Arbeitsarrangement anpassen sollte (vgl. *Cascio/Shurygailo* 2003, S. 363). Als Schlüsselherausforderungen von E-Leadern benennen sie z. B. die Problematik, Normen und Prozeduren in einer frühen Phase der Teamformierung zu erstellen und aufrecht zu erhalten, die Schwierigkeit, aufstrebende Führer in virtuelles Teams zu bemerken und zu ermutigen sowie die Herausforderung, angemessene Grenzen zwischen dem Zuhause und der Arbeit zu schaffen (vgl. *Cascio/Shurygailo* 2003, S. 375).

In diesem Zusammenhang lässt sich auch die Arbeit von *Zigurs* (2003) benennen, die die Führung in virtuellen Teams als Chance ansieht, um die Fähigkeiten der Teammitglieder weiterzuentwickeln. Allerdings müssen ihrer Meinung nach einige Aspekte der Führung im Umfeld von virtuellen Teams gegenüber einer klassischen Kommunikation von Angesicht zu Angesicht neu definiert werden. So müssen z. B. die Prozesse der Bereitstellung von Feedback, Ermutigung, Belohnung und Motivation an die virtuelle Umgebung angepasst werden. In einer virtuellen Umgebung fokussierten sich die Mitglieder eher auf ihre Aufgabe, als dass sie sich Zeit nähmen, sich kennenzulernen und Kontakte zu pflegen. Da allerdings der physische Kontext und gewisse Kommunikationssignale wie Tonfall, Mimik und Gestik virtuell manchmal keine Rolle spielen, ist gerade in einem solchen Team die Beziehungsentwicklung besonders wichtig.

Dieser Punkt wird breit diskutiert, da die Bedeutung der Emotionen in der Personalführung gewachsen ist. Dieser Ausdrucksmangel wird beispielsweise sogar gelegentlich positiv gewendet: das Rauschen („noise") in der face-to-face-Kommunikation, bedingt durch eben diese Stimuli, lenke nur von der Sachaufgabe ab und ohne diese könne die Produktivität gar wachsen. Dies ist offensichtlich eine sehr rational hinterlegte Sicht der Dinge. Mehr spricht u. E. dafür, dass Emotionen weiter mitlaufen, aber nun schwerer zu kommunizieren und zu identifizieren sind. Dies reduziert eine gezielte Führung.

Je reicher das Medium, desto weniger liegen verständlicherweise die beiden Welten auseinander.

Eine andere Theorie zum E-Leadership entwickelten vor einiger Zeit *Fischer* und *Manstead* (2004). Ihr **„Computer-Mediated Leadership"** beruht nicht wie die Adaptive Structuration Theory (AST) auf der Theorie der Strukturierung. Die Autoren sehen es als förderlicher an, direkt Rückschlüsse von allgemeinen Theorien zur Führung sowie den Forschungsarbeiten zur **Computer-Mediated Communication** (CMC) zu ziehen (vgl. *Fischer/Manstead* 2004, S. 307). CMC ist eine synchrone oder asynchrone Kommunikation zwischen einem Absender und einem oder mehreren Empfängern. Sie beschreibt somit ein Pendant zu der von *DeSanctis* und *Poole* (1994, S. 121) eingeführten AIT. Sie ist allerdings nicht mit AIT gleichzusetzen, da CMC sich mehr durch die Überlieferung einer Nachricht zu einem speziellen Empfänger definiert und AIT auch weniger personalisierte Systeme wie z. B. Supply-Chain Management Systeme einbezieht (vgl. *Fischer/Manstead* 2004, S. 308).

Die Autoren diskutieren in diesem Rahmen, inwieweit eine **Charisma-Zuschreibung** dadurch berührt wird. Einerseits vermuten sie, dass – insofern sich Führung auf personalisierte und/oder charismatische Einflussmöglichkeiten verlässt –, sich ihre Auswirkung durch CMC wahrscheinlich reduzieren wird. Dies läge daran, dass charismatische Führung oft durch verbale und nonverbale Schlüsselreize sowie sozio-emotionale Inspiration erfolgt, die in einer virtuellen Umgebung ohne direkte soziale Kontakte annahmegemäß erschwert wird (vgl. *Fiol/Harris/House* 1999). Andererseits vermuten sie, dass in dem Ausmaß, in dem sich Geführte selbst als Mitglied einer positiv bewerteten Gruppe wahrnehmen, der Rückgang der individuell angepassten Informationen durch CMC zu einer in den Augen der Geführten sich erhöhenden Prototypikalität des Führenden münden kann. Die Prototypikalität bezeichnet das Ausmaß, inwieweit der Führende das von den Geführten als typisch für die Gruppe gesehene ideale Werte- und Normenverständnis verkörpert. Eine Erhöhung bewirke theoriegemäß eine zunehmende Wahrnehmung der Attraktivität, des Einflusses und des Charisma der Führenden, und letztendlich auch ein gesteigertes Gruppenergebnis (vgl. *Fischer/Manstead* 2004, S. 319). Eine Testung nehmen sie nicht vor (*Balthazard/Waldman/Warren* 2009 finden Bestätigung für die erste These). Wir haben dies referiert, um zu zeigen, dass man mit einfachen Kausalhypothesen auf diesem Feld vorsichtig sein muss, solange keine Daten vorliegen. Einiges spricht dafür, dass eine Präsenz in der virtuellen Gemeinschaft mit effektiver Führung in Verbindung zu bringen ist. Dafür stehen viele Medien zur Verfügung, bis hin zu den im Business Kontext zunehmend eingesetzten Videos.

Eine wieder etwas anders gelagerte Denkrichtung verfolgen später entstandene Überlegungen, von denen wir das **Komponentenmodell eines modular aufgebauten E-Leaderships** nach *Hertel/Lauer* (2012, S. 107) beispielhaft herausgreifen wollen. Stand im vorherigen Modell von *Fischer/Manstead* noch recht stark die einzelne Führungsperson im Mittelpunkt, geht es nun mehr um die – von wem auch immer – ausgeübte Führungsfunktion im Rahmen virtueller Zusammenarbeit. Des Weiteren kommt ein integrativer Gedanke zum Tragen: Insofern als eine herkömmliche und eine elektronisch vermittelte Führung als ergänzend zueinander gesehen werden sollen. Damit rückt der Blick weg von der Transmission von Führungspersönlichkeit und -verhalten über digitale Kanäle im engeren Sinn und weitet sich zu vielfältigen Faktoren, die verschiedenste indirekte Wege der Beeinflussung miteinschließen. Prominent angesprochen wird von den Autoren dabei insbesondere die Arbeitssituation.

Mit einem genau auf diesen Faktor abzielenden **„Management of Interdependence"** (vgl. Abb. E.24) soll desintegrativen Tendenzen virtueller Strukturen entgegengewirkt und so die Effektivität (auf Teamebene) gesteigert werden. Unterschieden werden dabei drei Formen der Interdependenz: Aufgaben, Ziel- und Ergebnisinterdependenz. Mit diesen verbinden sich jeweils spezifische Praktiken (Aufgabenstrukturierung, Management by Objectives, ☞ D. III. 4.3; teambasierte Incentives, ☞ D. III. 4.5), die wiederum auf einzelne Komponenten des individuellen Motivationsprozesses im Sinne der (Valenz-)Instrumentalitäts- bzw. Erwartungs-mal-Wert-Theorie (☞ C. II. 2.2) wirken. Diese wiederum können sowohl zu diagnostischen als auch instrumentell korrektiven Zwecken dienen; es lässt sich also die vorhandene Motivation einschätzen wie gezielt verbessernde Maßnahmen ergreifen. In letzter Konsequenz können damit sowohl die Individualebene- wie die Teamebene hinsichtlich Motivation und Leistung wie Teameffektivität positiv beeinflusst werden. Berücksichtigung finden dabei Kompetenzen der Mitarbeiter wie organisationale Rahmenbedingungen, auf die die Einflussgestaltung noch weiter abgestimmt werden kann. Flankiert wird dies durch **Online-Feedbacksysteme** (☞ D. IV. 3.1), die als digitale Variante des herkömmlichen Feedbacks als Führungsinstruments eine Rückmeldung zu Arbeitsprozessen und -ergebnissen über elektronische Netzwerke wie das Intranet geben.

III. Zentrale Perspektiven auf die Ausgestaltung von Führungsbeziehungen — Kapitel E

Gemäß den Autoren zeichnen sich diese durch vielfältige Vorteile (Schnelligkeit, Zuverlässigkeit und Flexibilität) aus. Auch hier werden der Kombinationslogik folgend ergebnis- und prozessorientiertes, sowie top-down, bottom-up und peer-group Feedback gleichermaßen eingesetzt. Eine weitere Komponente bildet die **Schaffung eines gemeinsamen Kontexts** (vgl. *Hertel/Lauer* 2012, S. 109 ff.), der als Gegengewicht zu den nachteiligen Aspekten räumlich-zeitlicher Verteilung und virtueller Anonymität fungieren soll. Geschaffen werden kann dieser u. a. über eine kontinuierliche, digital organisierte Informationsversorgung, die Abstimmung von Arbeitsaufgaben, oder die Entwicklung von Kommunikations(nutzungs)normen.

Einmal mehr soll mit technischen Mittel eine Arbeitssituation virtuell so gestaltet werden, dass sie zumindest gefühlt einen Zusammenhang herstellt, der für die Beteiligten im besten Fall wie ein realer wirkt. Abgerundet wird das Modell durch den **Task-Technology-Fit** (vgl. *Hertel/Lauer* 2012, S. 112) als letztem Bestandteil für ein effektives E-Leadership. Angesprochen ist hiermit die situationsangemessene (d. h. aufgabenadäquate) Wahl eines Kommunikationsmediums mit Hilfe von Heuristiken – wobei hierzu wieder auf die schon erwähnte Medienreichhaltigkeit zurückgegriffen wird.

Zu erwähnen bleibt noch, dass die Autoren wenigstens die initiale Komponente des „Management by Interpendence" als nicht bloß auf virtuelle, sondern auch auf traditionelle Arbeitskontexte anwendbar erachten. Damit ist ein erster Grundstein **hybrider Modellierung** mit einer breiteren, fallweisen Einsatzmöglichkeit gelegt.

Gehen wir als letztes noch auf Überlegungen ein, die sich anstelle der Transmission von Führung nunmehr eher den Quellen ihrer Entstehung im Sinne von *Avolio u. a.* (2014) widmen und **E-Leadership als digital-interaktiven Einflussversuch** konzipieren (siehe *Zeichhardt* 2016; vgl. Abb. E.25). Angeknüpft wird hierzu an machtbasenorientierte Ansätze der Führung und das Einflussprozessmodell (☞ B. II. 6) mit seinem interaktionszentrierten Verständnis von Führung. Dabei werden die uns schon bekannten vielfältigen Machtbasen aus digitalem Blickwinkel reinterpretiert und Einflusspotenziale der Führenden bzw. Geführten neu taxiert und gegeneinander abgewogen.

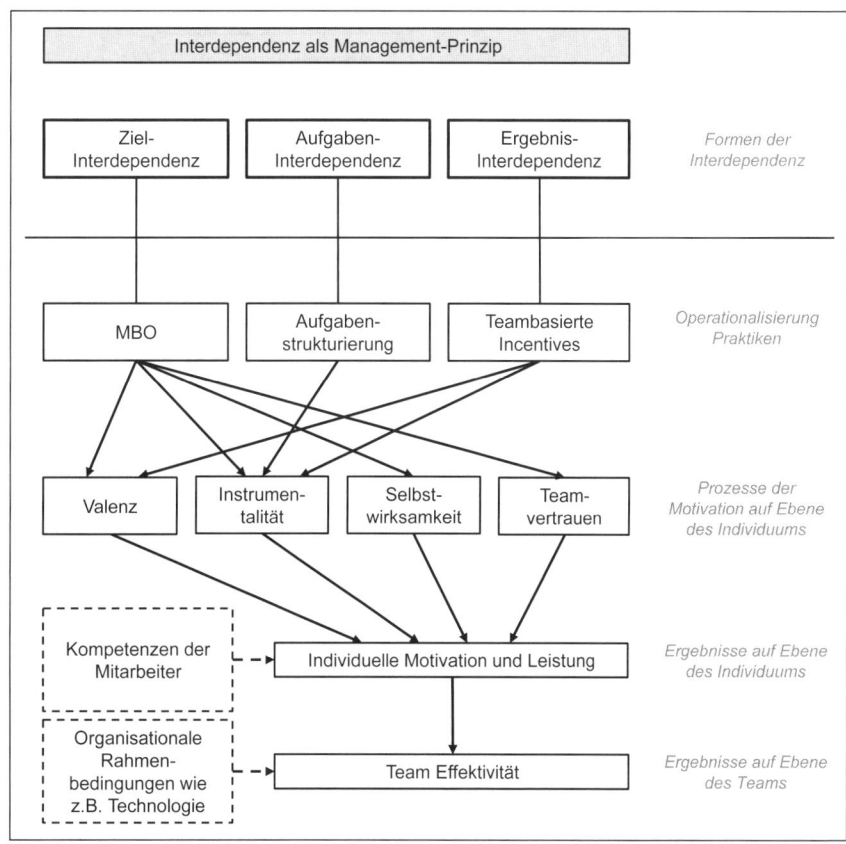

Abb. E.24: Bestandteile und Wirkungsbeziehungen eines Management of Interdependence (aus *Hertel/Lauer* 2012, S. 109)

Ausgangsprämisse ist, dass sich in einem vorwiegend oder gar rein digitalen Organisationskontext die Machtverhältnisse verschieben – und zwar tendenziell zu den Geführten hin. Auf Basis digitaler Technologien können diese von sich aus mehr in Führung gehen oder zumindest dazu gelassen werden (situative Ermöglichung). Sie hätten damit anders als in klassischen Hierarchien, in denen Einflussversuche von Vorgesetzten entweder hinzunehmen oder abzulehnen sind, ein Stück weit die relativ freie Wahl zwischen Fremd- und Selbstführung. Prägnant verdeutlich werden kann dies an der **Legitimationsmacht** im Sinne von *French/Raven* (1959), die durch Digitalisierungsprozesse aufgeweicht oder gar umverteilt wird (vgl. *Zeichhardt* 2016, S. 130; näher zu diesem Prozess *Kellerman* 2012). Wer Beeinflussender oder Beeinflusster ist oder sein könnte, ist damit weit weniger als in der Vergangenheit schon im Vorfeld klar. Erhöht wird also erst einmal die Ambiguität der Führungssituation, aus der sich längst nicht mehr so klar wie bislang die Rollenverteilung zwischen Führenden und Geführten herausschälen lässt.

In einem solchen Zusammenhang entstehen gleichwohl für Führungskräfte ganz neue Möglichkeiten, denn sie können von sich aus Abstand davon nehmen, klassische, v. a. in der (hierarchischen) Position begründete Machtbasen einzusetzen, um Mitarbeiter für sich einzunehmen. Dieser Verzicht könnte durchaus gewinnbringend sein. Was an (ohnehin kaum mehr begründbarer oder haltbarer) Legitimationsmacht eingebüßt wird, kann die Führungsperson an Persönlichkeitswirkung („referent power") zurückgewinnen. So kann der bewusste Verzicht einer Person auf formal bzw. positional zustehende Einflusspotenziale bei anderen Respekt oder Bewunderung auslösen, die dann wieder neue Quellen der Einflussnahme sein und spontane Gefolgschaft bewirken können. Argumentiert werden könnte auch mit der Attraktivität solcher plakativer Verzichte in den Augen der Geführten. Denn wie *French/Raven* (1959, S. 163) schon ausführten, steigt mit der Attraktivität einer

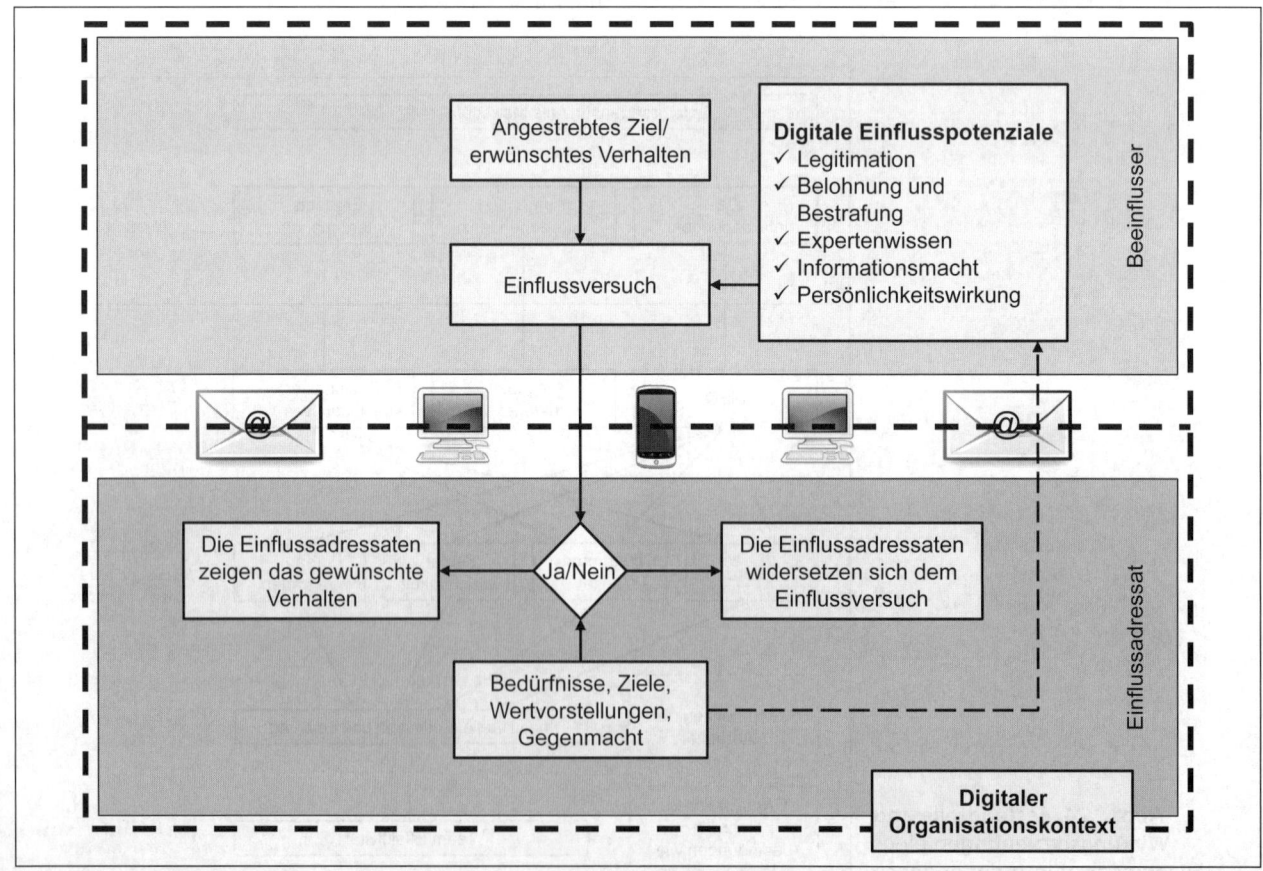

Abb. E.25: E-Leadership als digital-interaktiver Einflussversuch (aus *Zeichhardt* 2016, S. 129)

III. Zentrale Perspektiven auf die Ausgestaltung von Führungsbeziehungen

Person auch wiederum der Wunsch der Identifikation mit ihr, wodurch dann die entsprechende Machtbasis anwächst. Der Kreis schließt sich dann insofern wieder, als dass nun wie, *Festinger* (1950) herausgestellt hat, eine uneindeutige oder vieldeutige Situation, Individuen veranlasst, nach so etwas wie einer (verbindenden) sozialen Realität zu suchen. Ein möglicher Ausweg, aus der als unangenehm oder unbefriedigend erlebten Strukturlosigkeit herauszukommen, kann darin gesehen werden, sich an einer anderen Person anzulehnen. Eine damit hergestellte Übereinstimmung i.S.v. einer Identifikation wird das gleichzeitig das Bedürfnis nach Struktur befriedigen und Sicherheit oder Halt geben. Als Identifikationsbasis bietet sich dabei eine vorhandene Führungskraft an.

Ein anderer Fall, an dem differenziert zu betrachtende Verschiebungen im verästelten Gefüge von Führer-Geführten-Relationen illustriert werden kann, ist die Machtbase der **Expertenmacht** (siehe *Zeichhardt* 2016, S. 133 f.). Dabei ist im Zeichen der Digitalisierung nicht nur das unmittelbare Beherrschen der technischen Mittel (Hard- und Software) zudenken, sondern auch an den reflektierten Umgang mit digitalen Medien bzw. digitaler Kommunikation (Netiquette/elektronische Umgangsformen). Jene Personenkreise, die nun über solche IT-Schlüsselkompetenzen in einem erweiterten Sinn verfügen, sind damit auch gleichzeitig in der Lage, aufgrund einer solchen spezifischen Expertise Einfluss nehmen zu können. Mit steigendem organisationalen Digitalisierungsgrad wächst überdies ein solches Einflusspotenzial natürlich noch weiter. Sofort in den Sinn kommen einem dabei die Vertreter der Generation Y oder „digital natives", denen in der Literatur unbesehen ein überragendes Einflusspotenzial bescheinigt wird (vgl. *Zeichhardt* 2016, S. 134; *Vielmetter/Sell* 2014, S. 77).

Unter Rückbezug auf *French/Raven* muss der in diesem Zusammenhang gerne vermittelte Eindruck allerdings ein wenig relativiert werden, es könnte sich die Asymmetrie der Einflusschancen quasi komplett umdrehen und somit das digitale Unternehmen zur gänzlich von unten gesteuerten Expertokratie mutieren bzw. der Nachwuchs das Regiment führen. Schließlich ist Expertenmacht auf das spezifische Feld begrenzt, auf das sie sich inhaltlich gesehen bezieht (vgl. *French/Raven* 1959, S. 164). Digital versierte Personen verfügten also über eine *digitale* Expertise, die aber nicht andere Felder automatisch miteinschließt.

Mehr noch: Versucht man auf Expertise gründende Macht über die eigentliche Domäne hinaus auszudehnen, könnte dies eher zu ihrer Schwächung beitragen.

Das Zutrauen anderer schwindet schließlich mit der zunehmenden Distanz zum originären Wissen. Nicht zuletzt ist eine Expertenmacht aber schon rein prinzipiell von geringerer Spannweite als eine Identifikationsmacht, wie *French/Raven* abschließend betonen. Vorgesetzte müssen damit nicht notwendigerweise befürchten, gegenüber ihren ggf. digital kompetenteren Mitarbeitern soweit ins Hintertreffen zu geraten, dass sie diesen quasi machtlos gegenüber stünden. Außerdem ist daran zu erinnern, dass Macht relativ, d.h. in Abhängigkeit von Interpretationen, Attributionen oder Zugeständnissen, temporär zuerkannt wird und damit nicht fix oder objektiv im Besitz einer Person oder Personengruppe ist (siehe auch *Knoblach/Fink* 2012, S. 15). Gerade im Sinne des Einflussprozessgedankens hat man sich also die Akkumulation und Ausübung von Macht im Sinne sozialer Einflussnahme als interaktiven Prozess mit jeweiligen Zielen, Aktionen und Reaktionen vorzustellen. Deswegen sind auch die Reaktionen der Beeinflussten (Ablehnung oder Annahme) und die sich daraus ergebenden Rückwirkungen auf die Beeinflussenden mit in die Betrachtung aufzunehmen (siehe dazu *Scholl* 2012, S. 210 ff.).

Mitnichten muss man deswegen in einer digital-hochkompetenten **Generation Y** gleich die neuen Generalbevollmächtigten der Unternehmensführung sehen. Mit der **Generation Z** stehen bereits die nächsten digitalen Kompetenzträger ins Haus (vgl. dazu *Schutz* 2016), womöglich mit noch gewachsener medialer Expertise (sofern dies überhaupt denkbar ist). Ob daraus eine dominante Koalition wird, eine erbitterte Digital-Macht-Konkurrenz oder eine intergenerationale Wachablösung, ist derzeit eine völlig offene Frage. Letzten Endes kommt es aber auch hierbei mehr auf die Interaktion als die Aktion der einzelnen Akteure an. Wer wen führt und warum ist im Wirkgeflecht verschiedenster Faktoren und ihrer Beziehung zueinander zu sehen, womit wir wieder beim Ausgangsgedanken eines digital-interaktiven Einflussversuches wären.

Denkt man noch, um eine letzte Machtbase aufzugreifen, an die **Informationsmacht** im Sinne von *Yukl/Falbe* (1991), dann ist mit fortschreitender Digitalisierung eher von einer Erosion klassischer Machtpositionen, die sich mit der Informationsgewinnung, -verarbeitung, -speicherung oder -verbreitung in Organisationen verbinden (z.B. IT-Abteilungen oder -spezialisten), auszugehen (vgl. *Zeichhardt* 2016, S. 134 f.). Permanenter Datenzugriff, mobile Endgeräte, portable Speichermedien wie das Wissen um deren geschickte, ggf. auch zweckwidrige Nutzung lassen exklusive Verfügungsrechte verblassen.

Was informational nicht in einem Intranet vorhanden ist, kann ggf. über das Internet bezogen werden (oder intern vorhandenes dort veröffentlicht werden). Was an eine spezielle Person adressiert wurde, kann weitergereicht („gepostet") und mit vielen geteilt werden. Was auf einem lokalen Speichermedium hinterlegt ist, kann kopiert und transportiert werden. Was verteilt ist, kann integriert („verlinkt") und migriert werden usw.

Und je mehr IT- oder Medien-Kenntnisse zum Standardrepertoire von Individuen gehören, umso mehr entwerten sich die Wissensbestände von speziellen Funktionsträgern. Im Gegenzug wächst die Macht derjenigen, die aus der wachsenden Datenflut, mit digitalen Tools, Wichtiges herauszufiltern, auszuwerten und zu nutzen vermögen – unabhängig welcher Hierarchiestufe oder Funktion sie angehören mögen. Damit ist gleichsam die **Basis einer breiten Verteilung von Führungsmöglichkeiten** (oder zumindest Einflusspotenzialen) gelegt, der wir uns im Anschluss zuwenden wollen. Wir sehen darin eine neue Qualitäts- oder Entwicklungsstufe eines Digital Leadership erreicht. Entsprechend sollen diese jüngsten, oft noch sehr schemenhaften Überlegungen, einen eigenständigen Platz in unseren Ausführungen erhalten. Eingedenk der gerade erst in Ansätze vorhandenen Gedanken hierzu kommen wir um die eine oder andere Mutmaßung nicht herum.

Sozio-digitales Führen als kollektiv-emergenter Prozess

In den zurückliegenden Jahren war die Blickrichtung auf den digitalen Transformationsprozess neben einer starken Fokussierung auf die Individual-/Teamebene eher von einer Außensicht geprägt. Es ging kurz gesagt darum, wie elektronische Medien als exogener Faktor *auf* Organisationen bzw. Unternehmen und ihre Bestandteile einwirken. Inzwischen sind sie längst *in* diesen angekommen bzw. *intern* etabliert. Auch wenn wenigstens anfänglich das „Mitmach-Netz" **(Web 2.0)** Unternehmen quasi *„durch die Hintertür"* (*Buhse* 2012, S. 239), also ungewollt, betreten hat, sind gerade soziale Medien aus dem Arbeitsalltag nicht mehr wegzudenken.

Aus einer Innensicht könnte nun gefragt werden, was sie dadurch hervorbringen bzw. „emergieren" lassen. Vom Begriff einer Emergenz könnte insofern mit Gewinn ausgegangen werden (siehe zu diesem Gedanken auch *Kahai* 2013, S. 67), als dass dieser u. a. beinhaltet, dass entsprechende Erscheinungen nicht auf das Handeln einzelner Akteure vollständig reduziert werden können, sondern transintentionale, aus kollektiven und wechselwirksamen Verknüpfungen resultierende Effekte auftreten. Hiermit wäre sogleich eine Brücke nicht nur zur Sozialdimension des Organisationsgebildes und daraus erwachsenden Effekten geschlagen, sondern zu dem das Organisationsgeschehen heutzutage prägenden strukturellen Vernetzungsgedanken (vgl. *Richter* 2014) bzw. der Konnektivität (vgl. *Schwarzmüller/Brosi/Welpe* 2015, S. 158). Eine Digitalisierung (z. B. in Form des Webs bzw. Intranets) vereinfacht diese Vernetzung auf der materiellen wie immateriellen Ebene. Manchmal bildet sie in den Organisationen gar digitale Gemeinschaften („communities") heraus. Zusammengehalten werden jene wiederum durch genau die neuen *Sozialen* Medien, die die jüngste Weiterentwicklung elektronischer Medien bilden (siehe zu deren Mobilisierungspotenzial etwa *Smith* 2014). Dann gewinnen (netzwerkförmige) sozial-virtuelle Kontakte selbstverstärkend an Form und Raum (vgl. *Hofmann/Regnet* 2014, S. 611 f.; *Kahai* 2013, S. 76 ff.). In Anlehnung an den Begriff der Soziomaterialität (vgl. *Orlikowski/Scott* 2008) könnte hierfür der Ausdruck **Soziodigitalität** stehen.

Erinnern wir uns: Der Begriff der **Soziomaterialität** beschreibt die konstitutive Verbundenheit des sozialen (Menschen, Beziehungen) mit dem Materiellen (Technik), die in der Verbundenheit erst ein Setting (Artefakt) ergibt. *Latour* (2004) verdeutlicht dies plastisch an einer Armeeeinheit. Diese ist in der Vorstellung als eine untrennbare Einheit repräsentiert und sie besteht ausdrücklich nicht aus getrennten Elementen Menschen/Soldaten bzw. Material/Panzer/Gewehre, die interagieren. Sie sind zusammen erst die Armeeeinheit:

> „To distinguish a priori 'material' and 'social' ties before linking them together again makes about as much sense as to account for the dynamic of a battle by imagining, first, a group of soldiers and officers stark naked; second, a heap of paraphernalia – tanks, paperwork, uniforms – and then claim that 'of course there exists some (dialectical) relation between the two.' No! one should retort, there exists no relation whatsoever between the material and the social world, because it is the division that is first of all a complete artefact. To abandon the division is not to 'relate' the heap of naked soldiers with the heap of material stuff, it is to rethink the whole assemblage from top to bottom and from beginning to end." (S. 227)

Für Führung im Sinne unseres Verständnisses (☞ A. II. 2.2) könnte dies bedeuten, dass soziale Akzeptanz verstärkt oder gar nur noch auf sozio-medialem Weg zu erreichen wäre. Und dann wäre zugleich ein **(Digital) Social Leadership** eine zeitgemäße Antwort auf Soziale Medien (siehe zur Idee *Schütt* 2015, S. 141 ff.). Hierin wird Führung zu einer „Open Source", an der sich, wie im begrifflichen Vorbild enthalten, viele beteiligen können, aber nicht müssen (vgl. zum Open Leadership auch *Negri* 2016, S. 162); wobei die aktive Beteiligung die Zugehörigkeit markiert und das Endergebnis (sofern als fixer Größe davon überhaupt noch zu sprechen wäre) keiner Einzelperson mehr zuzurechnen ist. Die **„Weisheit" der Vielen** oder Schwarmintelligenz sorgte vielmehr für einen fließenden, energetischen Strom, ähnlich der Elektrizität, der mal diese, mal jene Person kurzzeitig in führender Rolle aufscheinen (und auch wieder verschwinden) ließe. Deren Führungsqualitäten kämen situationsabhängig ins Spiel und würden sich je nach Stand der Dinge auch wieder erübrigen. Bei *Google* wird dieses Führungsverständnis partiell so gelebt, eingebettet in einer Kultur fluider Macht (vgl. *Bock* 2015). Feste Größen mit anhaltender Dominanz (Überfiguren) gäbe es dagegen eher nicht, schon gar keine, die Sonderrechte beanspruchen könnten. Schlagwortartig kann dies mit dem Begriff des **„Co-Leadership"** (siehe *Eberhardt/Majkovic* 2015, S. 23), als kooperativ-interaktivem Führungsstil, belegt werden. Der schon vor längerer Zeit gefasste Heterarchie-Gedanke (vgl. *Hedlund* 1986) wäre damit digital wiederbelebt – möglicherweise mit mehr Aussicht auf Realisierung als je zuvor. Man könnte aber auch – um ein digital populäres Schlagwort zu variieren – von einem **„Leadership on demand"** sprechen. Dies würde aber nicht bei Bedarf von einer konkreten, darauf sozusagen wartenden Führungskraft abgeholt, sondern entstünde situativ.

Zu erwähnen ist aber auch die in der Folge ihrer Grundprinzipien ausgeprägte **Fluidität der Zusammenarbeit** in solchen Gemeinschaften, die sich zur stabilen Zusammenarbeit in festen Organisationsstrukturen abgrenzt (vgl. *Möslein/Dumbach/Reichwald* 2014, S. 593; *Vielmetter/Sell* 2014, S. 85). In Abwesenheit fremdbestimmter Zugehörigkeiten regulieren vorwiegend das aktive Interesse und die Begeisterung für die Sache oder die Gemeinschaft über den Verbleib des Einzelnen. In dem Maße, wie solche Motivationen verblassen, lässt die Mitwirkung wie Verankerung nach. Sich neu herausbildende Interessen oder Motive führen überdies ggf. zu anders gelagerten Anknüpfungspunkten und damit Kontakten oder Zugehörigkeiten. Das Erleben solcher Vorgänge prägt verständlicherweise das Bewusstsein des Einzelnen und lässt den Wunsch nach **informellen Arbeitswelten** entstehen, die diesen digital-virtuellen Sozialgemeinschaften nachgebildet sind (siehe *Buhse* 2012, S. 246).

So macht ein zunehmend größerer Anteil von Mitarbeiter ja schließlich tagtäglich (außerbetrieblich) die Erfahrung, dass viele Mitmach-Plattformen exzellent funktionieren (vgl. *Buhse* 2012, S. 239). Mit ihnen lässt sich effektiv ort- und zeitverteilt zusammenarbeiten, aber gezielt auch Fachleute finden, Rat suchen, Erfahrungen austauschen, Feedback erhalten oder Verabredungen treffen. Damit wächst nach und nach die Erwartung, dass man innerhalb von Unternehmen auch so barrierefrei kommunizieren und so kreativ sein könnte, wie man es im persönlichen Mitmach-Web gewohnt ist. Die digitale Transformation durch soziale Technologien wird dabei im **Outside-In-Verfahren** zu organisationaler Wirklichkeit: Das Außen wird dabei versucht, nach innen zu wenden; oder anders gesagt: das Soziale (im Umfeld) wird zum Maßstab des Organisationalen.

Damit ist es dann nur noch ein kleiner Schritt bis zum **Social Business** als digitalem Prinzip der Geschäftstätigkeit mit sich selbst *sozial* organisierenden Strukturen (vgl. *Schütt* 2015). Kollaboration mit entsprechenden Tools und in designten Systemumgebungen (z. B. Filesharing, Webconferencing, Workflow-Systeme, Social Media Management Systeme) sind auf Basis einer unterstützenden Kultur und entsprechenden Anwenderfähigkeiten erfolgsträchtig. Diese, auf einer Social Software basierenden Web 2.0-Prinzipien sind die Grundlage einer übergreifenden Unternehmenstransformation in diese Richtung, wobei die Social Software Anwendung in Verbindung mit einem digitalen Arbeitskontext das **Enterprise 2.0** entstehen lässt (siehe *Back* 2016, S. 124; *Negri* 2016, S. 160 ff.). Eng verknüpft ist dies mit einem innovationsorientierten Organisationsdesign, das ganz im Geiste des populär gewordenen **„design thinking"** (*Uebernickel/Brenner* 2016), durch iterative Prozesse neuartige Lösungen für komplexe Probleme, oft gemeinsam mit Kunden, Wissenschaftlern und anderen, eröffnen soll. Der Markt boomt.

> *„Angesichts dieser Entwicklungen prognostiziert die Experton Group dem deutschen Markt für Social Business in den kommenden Jahren ein rasantes Wachstum. Demzufolge werde das Geschäftsvolumen zwischen 2015 und 2019 von 2,7 auf 7,8 Milliarden Euro ansteigen. Das würde ein durchschnittliches Wachstum von 31 % pro Jahr bedeuten. Die Analysten attestieren dem Marktsegment damit eine Dynamik, die derzeit kaum ein anderer ITK-Bereich erreicht"* (Martin Bayer 2015 in Computerwoche).

Darüber hinaus sorgt die Digitalisierung auch für disruptive Veränderungen **kultureller Art** (vgl. *Smith/Cockburn* 2014a, S. 280). Prägnant ablesbar ist der sogenannten **BYOD-Kultur** („bring your own devices"), die in Unternehmen Einzug gehalten hat und nicht mehr aufzuhalten scheint (siehe *Vielmetter/Sell* 2014, S. 93; näher dazu z. B. *Blaisdell u. a.* 2014). Private Geräte (Smartphones, Laptops oder Tablets) werden dabei am Arbeitsplatz genutzt, auch um damit Arbeitsaufgaben zu erfüllen. Dies lässt nicht nur die Grenzen zwischen Privat- und Berufsleben weiter verschwimmen, sondern weicht auch die Kraft organisatorischer Regeln auf. IT-Vorschriften werden nachgewiesenermaßen umgangen, explizit gebrochen oder unternehmensseitig erst gar nicht durchzusetzen versucht. Ein gezieltes **Mobile Device Management** (MDM) existiert oft erst in Ansätzen. Neben verschiedenen Vorteilen (Motivation, Produktivitätsverbesserung, Flexibilität) hat das BYOD-Prinzip auch gravierende Risiken und Nachteile (Vertraulichkeit, Sicherheit: Datenraub oder die Verletzung von Urheberrechten). Ein Ausschluss sozialer Medien am Arbeitsplatz oder eine Abkehr vom BYOD-Prinzip erscheint allerdings weder den Betroffenen akzeptabel, noch verspricht er die erhofften Wirkungen zu zeigen – eher scheint das Gegenteil der Fall zu sein (siehe *Vielmetter/Sell* 2014, S. 95). Im Gegenzug dazu versuchen Unternehmen auch wiederum die Eigenarten sozialer Medien (Offenheit und Transparenz, Interaktion, Entfaltung) nicht nur instrumentell zu nutzen, sondern auch in ihrem Sinn und zu ihren Gunsten zu beeinflussen (siehe *Matthiesen/Muster* 2015).

Dessen ungeachtet wird durch diese „Kulturrevolution" klar, dass die Besitzer und versierten Nutzer von modernster digitaler Technik damit gleichzeitig ein machtvolles Instrument in den Händen halten, Organisationen von der Basis ungeplant zu verändern. Breitflächige Imitation bzw. homogenisierender Gruppendruck lässt eine Macht der Vielen entstehen, aus denen sich ggf. eine inverse (bottom-up) Führung speist (siehe zur Praxisgängigkeit auch *Rose* 2015). Die weiteren, auch führungsrelevanten Konsequenzen eines solchen **digital-emergenten Culture-Change** sind nicht absehbar. Analog zum „global mindset" verdeutlicht aber der Aufstieg der BYOD-Kultur ein neues **„digital mindset"** bei Beschäftigten, das stark normbildend bzw. normierend wirkt und entsprechend Verhalten steuert (ähnlich dazu *Buhse* 2012). Führung wäre dann nicht zuletzt eine Frage der (digitalen) Geisteshaltung und einer digitalen „like-mindedness". Erste Annäherungsversuche sind zu beobachten, z. B. wenn Mitarbeiter von sich aus entscheiden, zu *followern* ihrer Vorgesetzten in sozialen Medien zu werden (und/oder umgekehrt).

Zukünftige Chancen liegen in einer digital getragenen **sozio-kulturellen Führung** (vgl. *Windsor/Royal* 2014). Ihre Basis bezieht sie aus dem Aufbau und Pflege von Sozialkapital (vgl. *Kahai* 2013, S. 77), das wie bisher eine Währung der reziproken Anerkennung und Akzeptanz von Einflussansprüchen ist. Neu ist deren Quelle jenseits von face-to-face-Beziehungen. Stets sind es digitale Lösungen, die hier greifen: **Social Selling** von Positionen über z. B. Twitter oder anspruchsvoller über Instagram oder ein mitarbeiterbezogenes **Social Relationship Management** (vielleicht spezifiziert als **Employee Relation Management**; ERM). Social Liking und „Freundschaftlichkeit" sichern in einer zumindest virtuell engen Verbindung Loyalität. Empfehlungen („peer recommendations") begründeten das notwendige Vertrauen (siehe *Vielmetter/Sell* 2014, S. 83) und letztlich gar eine zuerkannte Führerschaft auf Probe. Außerhalb von Unternehmen sieht man die Zuweisung von informeller Führung oder Meinungsführerschaft deutlich. Möglicherweise geht der Outside-In Transformationsprozess im obigen Sinne unvermindert weiter. Bei *Google* empfehlen heute schon die Mitarbeitenden ihre Vorgesetzten im Rahmen eines standardisierten Feedbackprozesses als Führungskraft für andere (höhere) Aufgaben.

10.3 Kritische Würdigung

Auch wenn die Diskussion zum Digital Leadership mittlerweile über erste Anfänge hinausgekommen ist, hat sie über die Jahre eher an Breite als an Tiefe zugelegt. Während sich an der einen oder anderen Stelle Konturen schon etwas deutlicher zeigen, sind manche grundlegenden Fragen immer noch offen. Die wohl wichtigste darunter ist jene, ob mit einer auf einem digitalem Wege zustande kommenden Führung ein fundamentaler Bruch eintritt, der alles bislang Dagewesene in den Schatten stellt und es erforderlich macht, Führung in Gänze völlig neu zu denken. Dann markierte dies einen wahrhaftigen Paradigmenwechsel (oder „frame breaking change"), was von vielen der Proponenten ganz gewollt auch so gesehen wird, jedoch nicht immer überzeugend begründet wird.

Zwar herrscht in der vielstimmigen Diskussion relative Einigkeit darüber, dass sich Führung unter digitalen Vorzeichen verändert (oder verändern muss) – weniger allerdings, was dies im Einzelnen bedeutet (vgl. *Kahai* 2013, S. 64). Wie radikal die Abkehr vom Bisherigen tatsächlich ausfällt, lässt sich damit nicht genau bestimmen. Eine Reihe von Laborstudien, die *Kahai* (2013, S. 83) anführt, bestätigen eher bekannte Effekte (so u. a. das Führungsdual, ☞ B. III. 2) oder Ergebnisse (z. B. Wirkungen transformationaler Führung, ☞ D. II. 3) aus traditionellen Settings. Und wenn überhaupt, dann unterbindet medial vermittelte Führung nicht so sehr bekannte Wirkmechanismen, wie anfangs angenommen, sondern variiert oder verstärkt sie ggf. sogar. Damit hat man sich digitale Technik weniger als reinen Engpassfaktor, sondern fallweise als **Enabler** oder gar **Katalysator** vorzustellen. Wann welche dieser Wirkungen eintritt, wäre jedoch erst systematisch zu untersuchen. Ob dies allerdings auch außerhalb von Laborsituationen mit ihrer kontrollierten und von Störquellen freigehaltenen Situation gilt, wo bisher kommunikatives Verhalten im Remote-Modus studiert wurde, muss als offene Frage gelten.

Wie sehr eine digitale Führung von einer nicht-digitale Führung abweicht, ist darüber hinaus von Bedeutung dafür, ob sie jetzt oder in Zukunft ohne Alternative ist oder nicht. Nicht selten schwingt bei vielen hierzu geäußerten Vorstellungen wenigstens implizit der Gedanke mit, dass ein E-Leadership die einzig zeit- oder mehr noch zukunftsgemäße und damit exklusiv zu praktizierende Form der Führung darstellt – ganz so wie man bei der Virtualisierung von Teams oder Unternehmen ursprünglich davon ausging, dass diese neuen Formen ihre Vorläufer gänzlich verdrängen und ersetzten würden. Argumentiert wird dabei gerne mit den nachkommenden Generationen jener **„digital natives"**, die als „Always On", aber „Mobile Only" auf analogem Weg unerreichbar erscheinen (siehe auch *Vielmetter/Sell* 2014, S. 90 f.) bzw. sogar manchen Autoren als „die Unführbaren" gelten (vgl. *Schutz* 2016). Demnach muss Führung umfassend digital auf- oder nachgerüstet werden. Wobei allerdings, um in den gängigen Metaphern der Digitalisierung zu sprechen, nicht an ein bloßes „Update", sondern an einen Wechsel des Betriebssystems gedacht werden könne (siehe illustrativ hierfür *Stoffel* 2015).

Man darf gegen solche einfach gelagerten Vorstellungen allerdings mit gutem Grund Bedenken anmelden, da sich bis heute die Wirtschaftswelt auch nicht bloß aus rein virtuellen Unternehmen zusammensetzt und nicht alle Teams nur virtuell verfasst arbeiten. Eine etwas nüchternere Sichtweise legt die einstweilig **parallele Existenz** zweier **Systeme** oder **Modi** der **Führung** (analog/digital) nahe, die wie andere Parallelstrukturen in ihrer Koexistenz auch eine Kraftquelle sein können (siehe entsprechend *Kotter* 2015). Eine noch gänzlich ungelöste Frage ist in diesem Zusammenhang, wie – um einen anderen Weg aufzuzeigen – eine digitale Führung mit einer analogen zu einem **Hybrid Leadership** verschmolzen werden kann. Solche Hybridlösungen (siehe auch *Reiss* 2013) erweisen sich oft als passender als ausgeprägte Reinformen. Und wie bei anderen Kombinationen von Gegensätzen (Ambidextrie, ☞ E. III. 6), lässt sich eine bessere innere Ausgewogenheit mit der Vermeidung von spezifischen Schwächen und Nachteilen jeweiliger Extrempole erzielen. *Buhse* (2012, S. 246)

verweist etwa auf die Vorteile einer intelligenten Wechselwirkung zwischen klassischen Hierarchien (formalen Strukturen) mit sozialen Netzwerken (informellen Arbeitswelten). Nimmt man von einem dialektisch-trennenden Denken Abstand, kann auch gefragt werden, welche traditionellen Führungsmodelle oder Führungsweisen einen Beitrag zum Digital Leadership leisten können (vgl. *Hertel/Lauer* 2012, S. 105 ff.), wie wir es mit Rückgriff auf Machtbasenansätze oben gezeigt haben.

Immer noch bis zu einem gewissen Grad offen ist die virulente Frage, ob es sich bei einem E-Leadership oder Digital Leadership tatsächlich um eine eigenständige Form der Führung oder nur um bisherige Führung in einem neuen Gewand handelt. *Hertel/Lauer* (2012, S. 103) wollen bspw. unter einem E-Leadership explizit keinen speziellen oder konkreten Führungsansatz sehen. Sie deuten es quasi nur einen Überbegriff für (führungs-)strategierelevante Kontextveränderungen, die die Notwendigkeit elektronisch vermittelte Zusammenarbeit evozieren. Hiernach beträfe es nur die Herangehensweise an die Erfüllung der Führungsaufgabe, nicht deren Inhalt. Teilweise stellt sich bei der Lektüre so mancher Literatur ohnehin eher der Eindruck ein, dass nur der Werkzeugkasten der Führung um digitale Ausgaben/Ausführungen bekannter (analoger) Führungsinstrumente erweitert wird. Eine bloße Digitalisierung von Gestaltungsmitteln, wenn auch vielleicht auf breiterer Front, rechtfertigte allerdings kaum, von einer eigenständigen Variante des Führens zu sprechen. Oder anders gesagt: Dass in digitalen Medien ein Führungs*potenzial* steckt, muss noch nicht bedeuten, dass diese wie von selbst zu(r Entstehung von) Führung führen. Sie müssten erst zu diesem Zweck eingesetzt werden, ansonsten können nicht von intendierter Einflussnahme im Sinne unseres Führungsverständnisses im engeren Sein gesprochen werden.

Dies ist dann doch zu wenig, wenn wir an die Überlegung zur Soziodigitalität erinnern. Medium, Inhalt und Kontext ergeben eine Gestalt sui generis, die Führung verändert, insofern man sich stark darauf einlässt. Etwas weniger umständlich könnte jetzt von **neuen Wegen der Selbstführung** (☞ D. II. 4.2) – diesmal auf kollektivem wie digitalen Weg gesprochen werden.

Angesichts der mageren empirischen Evidenz (vgl. aber z. B. *Leduc/Guilbert/Vallery* 2015; *Pauleen* 2003; *Kayworth/Leidner* 2002) sowohl zu den Motiven, Prozessen und Folgen dieser Art der Führung, erscheinen Empfehlungen nur begrenzt opportun. Die wichtigste ist wohl, zum Experimentieren zu ermuntern und selbst genau zu beobachten. Diese wäre im Übrigen der *Google Way* (vgl. *Bock* 2015), nicht die schlechteste Adresse für Innovationen.

Dennoch: Versuchen wir abschließend noch einige **praktische Aspekte** aufzuzeigen, an denen Möglichkeiten eines Digital Leadership ablesbar werden. Eine effektive elektronische Führung sollte, so eine häufige Empfehlung, nach Gelegenheit spezielle soziale Identitätsbildungs- bzw. Teambuilding-Maßnahmen durchführen, wenn möglich auch von Angesicht zu Angesicht, um eine Beziehung innerhalb des Teams aufzubauen (vgl. *Hofmann/Regnet* 2014, S. 610). Auch könnte die Führung dafür sorgen, dass gewisse kontextabhängige Signale in elektronischen Nachrichten standardisiert und einheitlich interpretiert werden, um Missdeutungen zu vermeiden (vgl. *Zigurs* 2003, S. 347 ff.). Videokonferenzen (*Skype* o. Ä.), Standard reicherer Medien heute, vermeiden je nach Qualität einige der durch die Medien bedingten „Signalausfälle" ein wenig. Noch besser sieht es bei der perfekten Projektion aus: Man denke hier an einen virtuellen, gemeinsamen Schreibtisch, an dem alle sich sehend und hörend sitzen. Damit wird aber bewusst darauf abgezielt, die künstliche, virtuelle Situation einem realen Zustand anzunähern.

So entwickelte im Konkreten *Hewlett-Packard*, eine der größten US-amerikanischen Technologiefirmen, einen **Halo Collaboration Meeting Room**. Diese Technologie zur Überbrückung von traditionellen Videokonferenz-Systemen lässt mithilfe von Plasma-Displays und hochwertigen Audio- und Lichtsystemen Kolleginnen und Kollegen, die tausende von Kilometern voneinander entfernt arbeiten, virtuell an einem Besprechungstisch gegenüber sitzen. Zur weiteren Vereinfachung der Kommunikation ist es hier möglich eine Dolmetscher-Software zu nutzen, die von Englisch in mehr als 150 Sprachen übersetzt. Ob diese künstlich geschaffene Telepräsenz nun dazu in der Lage sein wird, eine reale Interaktion vollkommen zu ersetzen, muss sich erst noch erweisen. Eventuell erscheinen ja schon in einigen Jahren unsere auf anderen Kontinenten arbeitenden Kollegen und/oder **Führungskräfte** durch ein **holografisches 3D-Abbild** in unserem Büro, und eventuell ist es auch dann möglich ihre Emotionen und Stimmungen aufzunehmen und zu deuten. Die Raumbrille wird hier eine interessante Rolle spielen. Dies kann erst im Laufe der Jahre untersucht werden.

Erste elektronische Lösungen zur Vermittlung von Emotionen (durch eingefangene Körpersignale, z. B. in Form von **„affectice haptics"**; vgl. *Arafsha/Masudul Alam/Saddik* 2015) sind ebenfalls bereits auf dem Weg (siehe auch *MacLean* 2008). Andere „Tracking Devices" stellen dem Mitarbeiter, ggf. aber auch der Organisation, Informationen zur Verfügung, die verschiedenste Daten abnehmen, senden oder erst nach Verarbeitung übermitteln. Führungsbezogen bewegen wir uns auf dem Feld leistungsoptimierenden Feedbacks, der überwachenden Kontrolle, der präventiven Gesundheitsvorsorge oder der partiellen Substitution von Führung. All das dient dazu, die informationsreiche Nähe aus der Ferne zurückzuholen. Juristische und ethische Fragen drängen sich auf diesem erst in Anfängen mit dem Führungsfeld verbundenen Entwicklungen sofort auf. Schlüssige Antworten lassen aber noch auf sich warten.

Und wer denkt eigentlich daran, dass der Chef oder die Chefin in Meetings bei mobilen Technologien wie Smartphones oder Tablets theoretisch immer mit am Tisch sitzen. So können in Entscheidungssituationen auch Nicht-Anwesende Einfluss nehmen, indem sie Fragen über Anwesende lancieren, Back-Up Informationen liefern oder online entscheiden. Dies berührt massiv Fragen der Delegation und der Verantwortlichkeit. „Kontrollfreaks" bekommen neue Möglichkeiten. Da ihr Potenzial für Führende wie Geführte ein 7/24/365-Level besitzt, ist kürzer getaktete, permanente und damit entgrenzte Kommunikation bzw. ein Dauerkontakt (siehe *Kahai* 2013, S. 79 f.) möglich. Vor- und Nachteile liegen auf der Hand (siehe z. B. *Zeichhardt* 2016). Aber auch hier fehlen gezielte wissenschaftliche Studien zu den Auswirkungen für die Führung. Dieses gilt gleichermaßen für Überlegungen, **Gamification** für die Führung einzusetzen (vgl. z. B. *Stampfli* 2016). Unter Gamification verstehen *Deterding u. a.* (2011) Anwendungen, die Spielelemente enthalten und ein aus Computerspielen vertrautes Design besitzen, aber in Nicht-Spielkontexten eingesetzt werden. Anwendungen bieten sich vermutlich zuerst im Rahmen von Entwicklungsmaßnahmen für Mitarbeitende wie Führende an, wo Levels durchlaufen werden, an deren Ende ein Zertifikat ausgeworfen wird (oder aber, um es aufzuwerten, persönlich überreicht wird). Immerhin feiert so der homo ludens fröhliche Urständ.

Immer mehr geht es um die prozessuale *Organisation von Führung* als um die strukturelle Führungsorganisation im Sinne von ex ante festgelegter Über- und Unterordnungsverhältnisse. Führung reicht eher von außen kommend (Kunden, Märkte, aber auch → Stakeholder) nach innen (external leadership; vgl. *Yukl* 2013, S. 67). Letzten Endes werden Führende, die als inspirierender, intellektuell herausfordernder, fürsorglicher, ehrlicher, glaubhafter, stabiler und zielorientierter wahrgenommen werden, auch in einer digitalen Umgebung effektiver sein. *Weibler* und *Deeg* bemerkten in diesem Zusammenhang schon vor geraumer Zeit, dass die Virtualisierungsproblematik die Personalführungslehre zu ihren ureigensten Wurzeln zurückführt. In diesem Zuge eröffnet sie gleichzeitig neue Wege einer zeitgemäßen Verhaltensbeeinflussung von Personen in Organisationen (vgl. *Weibler/Deeg* 2005, S. 93). Alte Führungsaufgaben werden dabei keineswegs nur von neuen abgelöst, sondern manch alte Aufgabe stellt sich unter veränderten Bedingungen wieder neu, beispielsweise ein Gefühl der Verbundenheit zu erzeugen (vgl. *Vielmetter/Sell* 2014, S. 94) bzw. mit Hilfe von „bridging"-Fähigkeiten konkret Menschen auf vielfältigste Weise miteinander zu verbinden (vgl. *Eberhardt/Majkovic* 2015, S. 96). Das zeigt, dass Medienkompetenz allein noch keine Führungskompetenz ausmacht (vgl. *Smith/Cockburn* 2014b).

Dies führt uns zu einem letzten Gedanken: Während wir die ganze Zeit Digital Leadership bzw. virtuelle Führung unter Maßgabe einer dahinterstehenden Führungsfigur aus Fleisch und Blut betrachtet haben, die unter realen oder experimentellen Bedingungen agierte, weisen *Boje, Pullen, Rhodes* und *Rosile* (2011) auf einen noch ganz anderen Charakter des **virtuellen Führers** hin, nämlich den einer **Kunstfigur**. Auch diese Kunstfigur ist über Medien in der Lage, Einfluss auszuüben. *Boje u. a.* (2011, S. 522) zitieren hier eine Studie von *Royle* (2000), wo der Wiedererkennungseffekt von *Ronald McDonald* bei amerikanischen Kindern nur von der ebenfalls künstlichen Figur des *Santa Claus* geschlagen wird. Und dass der clowneske *Ronald* Werte transportiert, die attraktiv für Kinder sind und Verhaltensbereiche beeinflusst, steht außer Frage. Literarisch sind solche virtuellen Führer bereits ebenfalls aufgegriffen worden (vgl. *Orwell* 2009). Jüngst wird gar in (sozialen) Maschinen ohnehin gleich der „bessere Chef" vermutet (vgl. *Cole* 2015, S. 144 ff. und S. 154 ff.). Sicherlich sollte sich die Forschung verstärkt mit dieser Frage auseinandersetzen und es wäre ein interessantes Feldexperiment, ob sich ein künstlicher virtueller Führer in leibhaftigen Organisationen, um dieses Bild zu gebrauchen, – klug gesteuert – halten könnte. Bis dies soweit ist, gilt es zwei unterschiedliche (reale und digital-virtuelle) Welten miteinander zu verbinden und parallel zu managen. Wer es in diesem Doppelbetrieb schafft, Vorteile aus beiden zu ziehen, der kann für den Moment getrost als ein Digital Leader bezeichnet werden (vgl. *Buhse* 2012, S. 251).

11. Artful Leadership: Wie eine umfassende Sinneswahrnehmung Führung anreichert

11.1 Hintergrund

Jeder hat es wahrscheinlich so oder so ähnlich schon einmal erlebt: Man betritt einen Raum, sieht die Geschäftspartner aus unterschiedlichen Firmen und spürt sofort die Anspannung, die in diesem Raum herrscht. Alle haben auf Sie gewartet und erwarten nun, dass Sie erklären, warum die Zusammenarbeit in der bewährten Form nicht mehr fortgesetzt werden kann. Natürlich *wussten* Sie dies auch schon zuvor. Aber im Moment des Eintretens in den Raum *spüren* Sie es unmittelbar und ohne auch nur ein einziges Wort mit den Beteiligten gewechselt zu haben.

Dass man etwas in der zuvor beschriebenen Form **„spüren"** kann, ist zumindest eine gängige Alltagserfahrung. Den Weg in die Führungsforschung hat diese Erkenntnis jedoch erst spät gefunden, weil es dem vorherrschenden Erfahrungszugang nicht entsprach. „Spüren" ist schließlich keine Eigenschaft, kein Verhalten, keine Kognition oder Ähnliches. Vielmehr ist es das Produkt einer gesamtheitlichen Sinneserfahrung, die sich als ein Körpergefühl manifestiert. Dieses Körpergefühl mündet zwar sehr häufig in eine Kognition, nämlich dem Bewusstwerden des „Spürens", ist aber nicht im Kopf zu lokalisieren. Stattdessen manifestiert sich dieses Gefühl unbestimmt am und im Körper.

Die hiermit angerissenen Phänomene sind in der facettenreichen Diskussion der **Ästhetisierung der Führung** zu verorten. Der altgriechische Begriff *aisthésis* ist mit „Wahrnehmung" oder „Empfindung" zu übersetzen. Genauer ist allerdings die Ableitung vom altgriechischen Verb *aisthànomai*, das die „Stimulation der Fähigkeiten, welche die Sinnesempfindungen betreffen", beschreibt (vgl. *Strati* 2007, S. 100). Ästhetik bezieht sich hiernach auf das durch **subjektiv körperliche Wahrnehmung** vermittelte leibliche Empfinden (Sinnesempfinden). Im Mittelpunkt stehen damit Präsenzgefühl und kontextbezogene Gestimmtheit. Gemeint ist schlicht, mit allen Sinnen die Gegenwärtigkeit einer Situation aufzunehmen. Ästhetik ist daher eine eigene, **gleichberechtigte Art des Wissens**, die als *„Erkenntnis im sinnlichen Bereich"* (*Böhme* 2001, S. 16) abgrenzt wird von intellektuellem und rationalem Verstehen.

> *„Broadly, aesthetics is concerned with knowledge that is created from our sensory experiences. It also includes how our thoughts and feelings and reasoning around them inform our cognitions"* (*Taylor/Hansen* 2005, S. 1212).

Eine ästhetische Perspektive rückt die impliziten, subjektiv körperlich empfundenen, nicht unmittelbar (mit Worten) beschreibbaren Aspekte der **Wahrnehmung** sowie **ganzheitlich expressive Ausdrucksformen** in den Mittelpunkt (vgl. *Gagliardi* 1996). Dabei ist sie mehr als das alltagssprachliche Verständnis eines „Schönheitsempfindens". Gemeint sind hingegen *alle* gespürten Erfahrungen, also etwa auch Ekelgefühl, Ärger oder Missbehagen (vgl. *Strati* 2007). Ein derartiges **Spüren** wird in diesem Forschungskontext gerne als **„leibliche Erfahrung"** ausgegeben. Wir können uns dies beispielsweise vorstellen als das Empfinden von Anspannung, wie eingangs geschildert. Es kann sich aber auch um das Empfinden von Erhabenheit, wie sie sich bei der Betrachtung eines fulminanten Ausblicks einstellt, handeln oder um Beklemmung, die uns als unfreiwillig Anwesender beim Überbringen einer schlechten Nachricht zwischen anderen ergreifen kann. Sicherlich ist auch das ästhetische Empfinden interindividuell unterschiedlich ausgeprägt. Allerdings wird es traditionell in der westlichen Kultur und insbesondere im funktionalistisch geprägten Wirtschaftskontext weitgehend ignoriert. Es ist daher davon auszugehen, dass man von einer generell unter den menschlichen Möglichkeiten liegenden Ausbildung ästhetischer Wahrnehmung ausgehen muss. Nichtsdestotrotz ist der Einfluss vorhanden ohne dabei voll ins Bewusstsein zu treten.

Eine **Integration ästhetischer Dimensionen** verspricht nun, den Zugang zu neuen, anders gelagerten Führungserfahrungen zu legen und qualitativ neuartige Führungsressourcen zu erschließen. Attraktiv werden diese insbesondere dadurch, dass dort, wo Pläne und Kalkül an ihre natürlichen Grenzen stoßen, Führungskräfte wie Teammitglieder durch qualitative Methoden Zugang zu einer Ressource entwickeln können, die zu eigenständigen Einsichten jenseits logisch rationaler Erkenntnis führt. Damit ist die Bedeutung dieser Entwicklung für die Führung bereits grundgelegt. Es geht um eine besondere Erfassung von Personen und Ereignissen sowie um das Verständnis, wie sich Kontexte Personen und Ereignisse in ihrer Wahrnehmung berühren. Nicht zuletzt geht es dann darum, wie man selbst jenseits des gesprochenen Wortes und eines objektiv beschreibbaren Verhaltens gesamtheitlich auf andere wirkt. Dies werden wir im Folgenden durch Beispiele aus dem Führungskontext illustrieren. Danach werden wir intensiver auf Möglichkeiten zu sprechen zu kommen, deren Ziel es ist, diese Art der Wahrnehmung zu fördern, um letztlich ein **Artful Leadership** zu kultivieren.

11.2 Zentrale Aussagen

Die oben skizzierte Diskussion hat mit unterschiedlichen Vorschlägen in die wissenschaftliche Führungsliteratur Einzug gehalten. Von einer elaborierten Theorie eines Artful Leadership kann dabei allerdings nicht gesprochen werden. Wie der Name erkennen lässt, haben derartige Ideen zwar mit Kunst („art") zu tun. Dies darf allerdings nicht zu der Annahme verleiten, dass darunter lediglich eine Integration von Kunst oder kunstbasierten Methoden in die Führung zu verstehen wäre. Dies spiegelt sich auch im Modell von „Leadership as Art" von *Ladkin/Taylor* (2010) wider. Die hier als „Kernkomponenten" bezeichneten Bestandteile sind jedoch mehr als eine erste illustrative, teils empirisch untermauerte Sammlung zu verstehen.

Beispiel „Leadership as Art" – Kernkomponenten des Modells

1. Verkörperung von Führung (Embodiment) – Führung entsteht und wirkt durch die umfassend sensuell wahrgenommene Präsenz von Menschen in der Interaktion. Körperausdruck sowie kontextuelle materielle Aspekte wie Artefakte und Kunst sind inhärente Bestandteile der Führungsinteraktion. Führung basiert auf ästhetischer Erfahrung und implizitem Wissen und nicht nur auf kognitiver Erfahrung und analytisch erworbenem sowie sprachlich explorierbarem Wissen.

2. Produktiver Umgang mit Widersprüchen (holding contradictions) – Führung soll ähnlich wie die Kunst Fragen stellen sowie Freiräume für ästhetische Wahrnehmung und eigene Interpretationen geben anstatt zu beeinflussen. Widersprüche, Ambiguität und paradoxe Situationen in der Führung sollen basierend auf einer (etwa durch den Einsatz kunstbasierter Methoden verbesserten) Reflexionsfähigkeit und fixierten Wertevorstellungen konstruktiv bewältigt werden.

3. Künstlerisches Empfindungsvermögen und ästhetische Kompetenz (artistic sensibilities) – zur Praxis einer kunstvollen Führung bedarf es eines ästhetischen Verständnisses im Sinne von erweiterten Wahrnehmungsfähigkeiten (z.B. Gespür für den Kontext, Fähigkeit zum Zuhören) sowie eines Verständnisses für Leadership Embodiment. Dieses erweiterte Bewusstsein muss jenseits abstrakt rationaler Vermittlung praktisch auch im Leadership Development eingeübt werden.

Auch hier wird somit, wie von uns eingangs dargelegt, auf erweiterte Wahrnehmungsfähigkeiten abgestellt. Die Verbindung zur Kunst besteht also keinesfalls darin, dass auf Fähigkeiten der Ausübung von Kunst (z. B. Spielen eines Musikinstruments o.ä.) fokussiert würde. Es geht vielmehr darum, die Sinneswahrnehmung jenseits rationaler, kognitiver und sprachlicher Dimensionen um ästhetische Dimensionen zu erweitern.

Um dieses erweiterte und nicht nur auf „Kunst" beschränkte Verständnis von Artful Leadership zu illustrieren bzw. aufzuzeigen, wo die Verbindung zu den eingangs geschilderten ästhetischen Dimensionen liegen, bieten wir zwei Beispiele mit unterschiedlichen Zugangsweisen an. Im ersten liegt der Fokus auf der **Materialität**. Hier geht es um die Wahrnehmung des Kontextes, um Symbolik und Artefakte und wie daraus ästhetische Präsenz erwachsen kann. Im zweiten Beispiel steht **Embodiment** und damit die subjektiv körperliche Dimension des Führungsgeschehens im Mittelpunkt.

Im Kontext der ersten empirischen Illustration wird der Materialität ein besonderer Stellenwert eingeräumt. Materialität bezeichnet hier allerdings nicht Materialien oder Gegenstände im Allgemeinen. Materialität ist somit auch nicht auf das rein **Physikalische** von Gegenständen beschränkt. Vielmehr geht es umfassender um die Art und Weise, wie Dinge oder allgemein alles Gegenständliche arrangiert werden und dadurch eine bestimmte Form annehmen, die für ihre Nutzer eine gewisse Bedeutung hat (vgl. *Leonardi* 2012). Mit dieser Abgrenzung des Begriffs Materialität vom rein physikalisch Gegenständlichen soll ausgedrückt werden, dass Materialität im Grunde nie im luftleeren Raum sowie ohne Bezug auf das, was Menschen mit Materiellem machen, vorstellbar ist. Materialität wird somit niemals losgelöst von **sozialen Beziehungen** untersucht. Damit ist der Führungsbezug hergestellt. Wir verdeutlichen es an nur einem einzigen, aber eindrucksvollen Beispiel.

Fairhurst (2007) hat unter anderem einen Fall **verschleierter Wirkmächtigkeit von Materialität** in Zusammenhang mit der Entstehung von charismatischer Führung (☞ B. II. 4) beziehungsweise bei der Zuschreibung von Charisma identifiziert. Sie hat dies anhand von *Rudy Giulianis* Aktion als Bürgermeister von New York im Nachgang der Anschläge von 9/11 untersucht. Sie kommt zu dem Ergebnis, dass Charisma als Ausfluss einer hybridisierten Beziehung zwischen Führer, Artefakten und anderen beteiligten Individuen verstanden werden kann. Zur Erinnerung: *Rudy Giuliani* war von 1994 bis Ende 2011 Bürgermeister von New York und ist im Zusammenhang mit den Ereignissen im unmittelbaren Zusammenhang mit den Terroranschlägen des 11. September 2001 auf die Türme des World Trade Centers zu weltweitem Ruhm gelangt. Er wurde wegen seiner Führungsqualitäten und seines Krisenmanagements hoch gepriesen. Im Mittelpunkt standen immer wieder seine herausragenden Qualitäten als charismatischer Redner, allerdings erst *nach* den tragischen Ereignissen. Was ist also passiert?

Entscheidend dafür, dass *Rudy Giuliani* Charisma sowie außergewöhnliche Führungsqualitäten zugeschrieben wurden, waren die Ereignisse beim Einsturz des zweiten Towers sowie die Begebenheiten in den Tagen danach. Basierend auf biografischem Material und unter Einbezug feinteiliger Reportagen des Geschehens haben die Analysen von *Gail Fairhurst* ergeben, dass die Attribution außergewöhnlicher Fähigkeiten in dem Moment zum ersten Mal auftrat, als *Giuliani* und ein Reporter im Moment des Einsturzes des Towers gemeinsam wegrannten und *Guiliani* den Reporter bat, dessen **Mobiltelefon** benutzen zu dürfen, um die New Yorker Bevölkerung zu warnen. Damit hat *Giuliani* im Moment höchster Lebensgefahr als Makro-Akteur für New York City agiert, indem er sein Mandat durch die Nutzung des Mobiltelefons ausübt und im Namen von New York handelt. Die Funktion des Mobiltelefons sowie die damit in Zusammenhang stehenden Technologie wurde zwar nachfolgend bei einer Pressekonferenz erwähnt. Man verwies darauf, dass das Mobiltelefon „zum Glück ordnungsgemäß" funktioniert habe. Aber gerade mit diesem Verweis auf seine ordnungsgemäße technische Funktion wird das Mobiltelefon mit seiner Handlungsmächtigkeit in dieser Situation in eine Blackbox verbannt.

In den darauffolgenden Tagen zeigt sich *Rudy Giuliani* wiederholt in der Öffentlichkeit, etwa bei der Bestattungszeremonie für die über 200 getöteten Feuerwehrleute. Weiterhin zeigte er sich häufig vor Ort, an jenem „besonderen Ort", an dem das Unglück geschah und die Türme einstürzten. Die ersten Pressekonferenzen zeigten ihn in der Nähe der „Police Academy", einem eindrucksvollen ehrwürdigen Gebäude; sie zeigten ihn weiterhin in Gegenwart von uniformierten Polizisten und Feuerwehrmännern. Giuliani rief die Bevölkerung zur Ruhe auf und wandelte gleichzeitig über die Trümmerfelder von Ground Zero; er war die Verkörperung der Trauerarbeit, gleichsam ihr charismatisches und ehrwürdiges Zentrum. Die unverzichtbare, ja aktive Rolle von **Objekten** und **Symbolen** (Flaggen, Uniformen, Feuerwehrmänner usw.) und **Technologien** (wie das oben beschriebene Mobiltelefon) wird in dieser extremen Konstellation mit ihrer Wirkmächtigkeit deutlich. Schließlich ging es soweit, dass der New York Times Kolumnist *Bob Herbert* beobachtete:

„He moves about the stricken city like a god. [...] People wanted to be in his presence" (*Fairhurst* 2007, S. 305).

Auch wenn die im Nachhinein als überzogen bezeichneten Berichte der Medien die weitere Narration vom „Helden *Giuliani*" nährten, so ist doch der Ausgangspunkt dieser Helden-Narration nur in Zusammenhang mit der (hier nur auszugsweise) beschriebenen wirkmächtigen Materialität begreifbar. Materialität stellt somit eine wertvolle **Führungsressource** dar, wenngleich ihre Wirkung nie vollständig geplant und letztlich nur im unmittelbaren Geschehen vor Ort entfaltet werden kann.

Das zweite Beispiel ist im Kontext der Literatur des sogenannten „Corporeal Leadership" angesiedelt. Hierbei haben wir es aus einer ästhetischen Perspektive mit einer Aufmerksamkeitsverschiebung hin zu subjektiv körperlichen (leiblichen) Aspekten zu tun. Mit dem Konzept des **Embodiment** – was im Deutschen in etwa mit „Verkörperung" übersetzt werden kann – wird in der psychologisch orientierten Literatur ausgedrückt, dass Geist/Psyche/Seele immer in Bezug zum gesamten Körper stehen (vgl. *Storch u. a.* 2010; *Tschacher* 2010, S. 15). Das Konzept des Embodiment ist weniger ein klar abgegrenztes oder einheitliches Konstrukt als vielmehr eine wissenschaftliche Perspektive oder Herangehensweise. Auch wenn es dabei unterschiedliche Vorstellungen gibt, geht Embodiment im Allgemeinen von einer (mehr oder weniger) engen Verknüpfung von Körperlichem und Abstraktem (Geist/Psyche/Seele) aus.

In einer ausgeprägten Embodimentperspektive, wie sie in Abbildung E.26 visualisiert ist, wird die Vorstellung getrennt voneinander existierender Entitäten aufgegeben. Stattdessen wird die Einbettung mentaler Vorgänge in den Körper sowie in die Umwelt angenommen. Wichtig für ein ästhetisches Verständnis von Embodiment ist weiterhin, dass jenseits von objektiv physischen (und damit naturwissenschaftlichen) Dimensionen des Körperlichen der **subjektiv erlebte Körper** im Mittelpunkt steht (vgl. weiterführend *Gärtner* 2013; *Böhme* 2001). Dieser subjektive erlebte Körper wird einem phänomenologischen Verständnis folgend gerne als „Leib" tituliert (die Phänomenologie ist eine von *Edmund Husserl* geprägte philosophische Strömung; vgl. *Zahavi* 2007). Abgezielt wird, wie oben bereits skizziert, damit auf eine nicht zergliederbare, der Natur des Menschen entsprechenden Selbsterfahrung, die durch Anwesenheit und Unmittelbarkeit ungesteuert ausgelöst und als eine uns quasi übermannende Empfindung gespürt wird.

Damit kommen wir zu unserer zweiten empirischen Illustration. Es geht um die erfolgreiche Führungspraktik der australischen Polizeichefin *Christine Nixon*. Wir

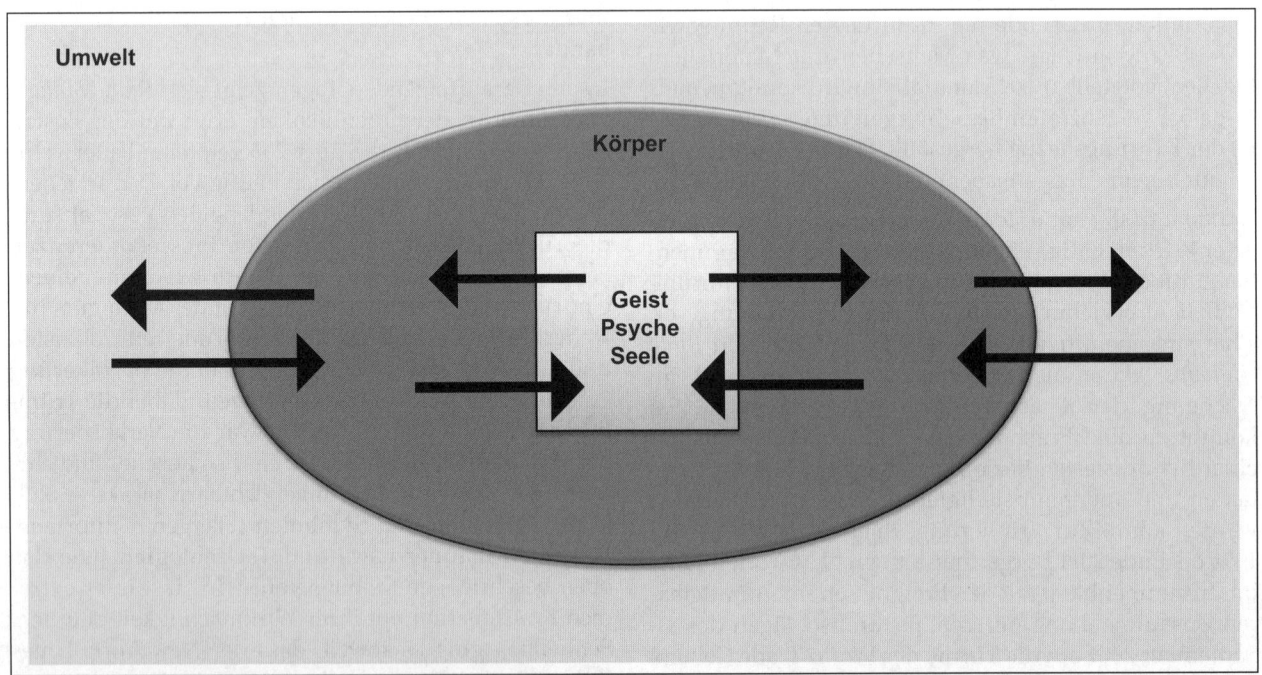

Abb. E.26: Einheit von Geist/Psyche/Seele, Körper und Umwelt aus einer Embodimentperspektive (vgl. *Tschacher* 2010, S. 15, modifiziert)

beschreiben den Fall unter Bezug auf *Sinclair* (2014, 2005). Hervorgehoben wird nicht nur ihr Bemühen, sich in ihren Verantwortungsbereich beständig im Bewusstsein von experimenteller Selbsterfahrung zu begeben, sondern vor allem die Wirkung ihrer Präsenz auf andere.

Nixon ist für eine Frau recht jung und damit ungewöhnlich, in die oberste Führungsriege der Polizei aufgestiegen. Ihre Führung war stark auf die wichtige Rolle der Körperlichkeit im Polizeikontext ausgerichtet. Im Grunde sind es scheinbar unspektakuläre, ja alltäglich anmutende Dinge, die *Nixons* Führung ausmachten. Ein erstes Merkmal ihrer Führung war ihre Erreichbarkeit und Zugänglichkeit. Die Polizeichefin hat sich nicht mehr in einem Polizeipräsidium und dort hinter einem schweren Eichentisch versteckt. Sie hat die Türen der Büros geöffnet und war „zugänglich" auf eine entspannte Weise. Bereits diese Veränderungen der Arbeitsumgebung löst etablierte Grenzen auf und schafft Nähe. Unmittelbar mit ihrem Dienstantritt begann sie eine intensive Kampagne der Konsultation: sie geht hinaus zur Truppe und ist häufig präsent. Sie ist **vor Ort**, um zu hören was abläuft. Sie war neugierig und interessiert an den Anliegen der Mitarbeiter. Diese Haltung vermittelte sie maßgeblich durch ihre **körperliche Präsenz**.

Weiterhin führte die neue Polizeichefin ein, dass jeder Mitarbeiter seine Anliegen oder Beschwerden unmittelbar und ohne Einhalten eines sonst üblichen strengen Dienstwegs an sie richten kann. Bald stellte sich beispielsweise heraus, dass das Thema Polizeiuniform ein Problemfeld war. Die Polizeiuniform stellte sich als das Sinnbild für die top-down Reglementierungen dar, durch die Polizisten „verwaltet" und entmachtet wurden. *Nixon* griff das Thema nüchtern und pragmatisch auf. *Nixon* wollte, dass die Polizistinnen und Polizisten sich wohler fühlten. Zunächst ging es ganz schlicht darum, Uniformen zu organisieren, die bequem sind, und die den immer unterschiedlicher ausfallenden Körpergrößen und individuellen körperlichen Eigenheiten der Polizistinnen und Polizisten vor Ort zu jeder Zeit gerecht werden und körperliches Wohlbefinden erzeugen. *Nixon* wollte aber auch den Mitarbeitern mehr Entscheidungsfreiheit geben, sodass diese sich nicht wie Opfer willkürlicher Entscheidungen eines gesichtslosen Systems fühlten.

Aber auch *Nixon* selbst experimentierte hinsichtlich des eigenen Umgangs mit der Uniform; sie legte die Uniform regelmäßig ab und trug stattdessen einen Anzug. Mit dieser Symbolik (☞ D. III. 3.5) sendete sie ein neues Signal aus: Uniformen sollten nicht länger als Medium der Grenzziehung oder der Einschüchterung dienen.

Es sollte gezeigt werden, dass Polizistinnen und Polizisten ein Teil der Gemeinschaft sind und nicht über ihr stehen. Allerdings war dies ein schwieriges Unterfangen, denn viele Mitarbeiter reagierten verstört und enttäuscht, wenn ihnen die oberste Polizeichefin ohne Uniform begegnete. Dennoch wurde die Polizeichefin aufgrund ihrer Natürlichkeit und Bodenständigkeit geschätzt. Insgesamt hat *Christine Nixon* nicht zuletzt über ihre körperliche Präsenz Nähe vermittelt sowie durch ein gelungenes **kontextsensitives Experimentieren mit körperbezogener Symbolik** umfangreiche Veränderungsprozesse in Gang gebracht (vgl. weiterführend *Sinclair* 2014).

Damit kommen wir auf die an dieser Stelle priorisierten Möglichkeiten zu sprechen, durch kunstbasierte Interventionen eine solche Art der kontextsensitiven ästhetischen Wahrnehmung zu fördern.

Die Anwendung **kunstbasierter Interventionen** im Organisations- und Führungskontext ist mittlerweile weiter verbreitet als man denkt. Dies mag viele überraschen, denn Führung und Kunst in einem Atemzug zu nennen, ist einem, dem Rationalitätsmythos folgenden Management (vgl. *Weibler* 2013) fremd. Allenfalls entnehmen wir Wendungen wie „Führung ist eine Kunst", dass nur eine hohe Meisterschaft von Irgendetwas erfolgreiche Führung ermöglicht. Hier fällt es dann Vorgesetzten wiederum leicht, sich als lebender Künstler zu verstehen. Ansonsten bleibt die Kunst als schmückendes, ggf. gezielt symbolisch eingesetztes Beiwerk auf die Führungsetagen begrenzt.

Allein Letzteres zu sehen, käme einer vertanen Chance gleich. Dort, wo es um das Aufbrechen von Pfaden, Gewohnheiten und ermüdender Selbstbezüglichkeit geht, bieten Anleihen aus der in der Tat recht anderen **Welt der Kunst** inspirierende Möglichkeiten, Innovationen in der Organisationskultur, der Handhabung von Beziehungen oder der Entwicklung von Produkten und Dienstleistungen anzustoßen. So sieht es auch *Ashkanasy* (2006, S. 484):

> *„We need to turn to an artist's knack of seeing the whole picture, including the inner meanings of events that so often escape the attention of analysts."*

Ähnlich hat *Nancy Adler*, eine renommierte kanadische Forscherin und Professorin für Internationales Management, die zugleich Künstlerin ist, in ihrem Beitrag *„The Arts and Leadership"* aus dem Jahr 2006 die zunehmende Anwendung kunstbasierter Methoden im Führungskontext als Teil einer breiten Welle der gegenseitigen Befruchtung von Business und Kunst aufgezeigt. *Adler* hat untersucht, warum eine zunehmende Zahl an Organisationen Künstler und künstlerische Prozesse in ihre Strategieansätze sowie in die alltägliche Management- und Führungspraxis einbeziehen. Ausgangspunkt ist die **Identifikation von zukünftigen Herausforderungen** (vgl. hierzu auch *Maas/Cachelin/Bühler* 2015), die den Einsatz von neuen, viel spontaneren und innovativeren Arten und Methoden von Leadership erfordern:

> „Given the dramatic changes taking place in society, the economy, and technology, 21st-century organizations need to engage in new, more spontaneous, and more innovative ways of managing. I investigate why an increasing number of companies are including artists and artistic processes in their approaches to strategic and day-to-day management and leadership" (Adler, N. 2006, S. 486).

Adler liefert Gründe dafür, warum sich die Wirtschafts- und Managementwelt den Künsten zuwendet (vgl. Abb. E.27).

Sie stellt mit diesen fünf Punkten auf unterschiedliche Entwicklungen und Trends ab, die nach einer anderen Art der Führung verlangen würden und zwar einer Art von Führung, die wir aus dem Bereich der Kunst kennen (siehe auch *Grint* 2000). Hier würden beispielsweise beständig Fähigkeiten geschult, die jenseits analytischer Herangehensweisen mittels Spontaneität und Improvisation Statements produzierten, die ein Angebot für andere machen. Anstatt logisch rationaler Planung sei die Fähigkeit zu simultanem Zuhören, Beobachten und Handeln gefordert. Gelingende Improvisation setzt voraus, dass sich Teammitglieder vertrauen und alle darauf vertrauen können, dass die Anderen das Beste für das gesamte Team wollen, anstatt Einzelinteressen zu verfolgen. Individuelle „Star Performance" habe ausgedient, da es die dringend benötigte gemeinsame Aktion eher unterminiere als fördere. Auf dieser Basis kann die Entwicklung hin zu mehr Spontaneität anstatt Planung gewagt werden. Gefragt seien deshalb nicht mehr (nur) die Analysten oder „Tester", sondern die Träumer, die dann die wertvollste Ressource eines Unternehmens darstellen. Dies verweise auf die Bedeutung von offenen, kreativen, nicht rationalen Herangehensweisen. Künstler können hier weiterhelfen, denn sie seien bekanntlich bessere Träumer als Manager. Zur Unterstützung bieten sich bildende Künstler, Tänzer, Musiker oder das Improvisationstheater an. Es ginge darum, mutiger die Realität zu sehen, mutiger Möglichkeiten wahrzunehmen sowie mutiger Möglichkeiten umzusetzen (vgl. weiterführend auch *Taylor/Ladkin* 2009).

Erste Versuche, kunstbasierte Interventionen im Organisationskontext anzuwenden, lassen sich bereits in den 1960er und 1970er Jahren nachweisen. Dennoch ist die Ausweitung von Kunstinterventionen in unterschiedlichen Arten von Organisationen ein Phänomen jüngeren Datums, wie etwa *Berthoin Antal* (2009, S. 8 ff.) aufzeigt. Eine **kunstbasierte Intervention** (artistic intervention) bezieht sich ganz allgemein auf den (zumeist temporären) Einsatz von Produkten, Menschen und/oder Praktiken aus der Kunst im Organisationskontext (vgl. ähnlich *Berthoin Antal* 2014, S. 179; *Biehl-Missal* 2010). Es handelt sich um künstlerische sowie an die Kunst angelehnte Methoden und Formen der Intervention in Organisationen, die direkt oder indirekt auch die uns hier interessierende Führung tangiert. Praktiziert wird etwa der Einsatz von Malerei, Theater, Musik oder Poesie. Es gibt hier weder Begrenzungen auf bestimmte Felder der Kunst, noch auf die Art ihrer methodischen Umsetzung. **Kunstbasierte Interventionen** („artistic interventions") werden häufig nach drei übergeordneten Kategorien unterschieden (vgl. *Berthoin Antal* 2014, S. 180 ff.; *Biehl-Missal* 2011, S. 102 ff.): (1) **Produkte** („products"), (2) **Menschen** („people") und (3) **Praktiken** („practices").

Die erste Kategorie kunstbasierter Interventionen, **„Produkte"** (*products*), umfasst den **Einsatz von Kunstwerken** oder allgemein von Produkten aus der Welt der Kunst (z. B. Gemälde oder Skulpturen). Diese produktba-

Kunst im Management

1. Rasant steigende internationale Verflechtung
2. Zunehmende Dominanz der Marktkräfte
3. Eine zunehmend turbulente, komplexe und chaotische Umwelt
4. Durch fallende Experimentierkosten aufgrund technologischen Fortschritts werden Träumer statt Tester zu der rarsten Ressource in Organisationen
5. Sehnsucht nach Sinn – Erfolg reicht nicht mehr

Abb. E.27: Fünf Gründe für den Einsatz kunstbasierter Methoden im Management
(*Adler, N.* 2006, S. 488 ff., übersetzt)

sierte künstlerische Intervention („product-based artistic intervention") betrifft beispielsweise Kunstsammlungen als eine der ältesten Methoden, der sich Unternehmen bedienen, um Bezüge zur Kunst herzustellen. Kunstsammlungen sind eine der konventionellsten Arten der Verbindung von Kunst mit Organisationen. Viele Firmen haben ihre eigenen Kollektionen von Gemälden, Skulpturen oder Ähnlichem. Kunst wird, vor allem in Form von Fotografien, in Geschäftsberichten und allgemein zur Selbstdarstellung genutzt. In Organisationen nutzen Firmeninhaber oder Top-Manager Kunst als Medium der Inszenierung von Macht und Größe. Kunst vermittelt Autorität und Hierarchie. Bilder und Kunstwerke in Unternehmen entfalten eine

> „stumme, kaum greifbare, aber eindrückliche Wirkung, beeinflussen die Identität der Führungspersonen" (Biehl-Missal 2011, S. 102).

Sie wirken jedoch potenziell auch auf die Selbstwahrnehmung der Mitarbeitenden und anderer Betrachter (z. B. Besucher) ein. Dies mutmaßlich positiver, wenn die Kunstwerke (z. B. Gemälde) den Mitarbeitern für ihre Büros nach freier Auswahl zur Verfügung gestellt werden. So berichtet *Berthoin Antal* (2014, S. 181) von positiven Erfahrungen der deutschen Firma Würth (aus dem Bereich Schrauben, Montagebedarf, Handwerkszeug usw.), die eine umfangreiche Kunstsammlung aufgebaut hat, aus der sich die Mitarbeiter Kunstwerke zur Büroausstattung auswählen können. Kunstwerke können weiterhin als Ausgangspunkt für **Kunstworkshops** genutzt werden, was deutlich sinnvoller ist, als die vorstehend geschilderte „passive" Kunstdarbietung. Kunst dient dann zur Stimulation. Nachfolgende **Bildinterpretationen** sollen die Fähigkeit zur Interpretation fördern sowie Auffassungs- und Beobachtungsfähigkeiten trainieren. Eine spontane Lösungssuche und Entscheidung ohne Druck und rationale Analyse werden in diesem Sinne als ideales Managementtraining verstanden, da der Manageralltag vielfältige unübersichtliche Situationen birgt, die ein Hin- und Herpendeln zwischen **induktivem** und **deduktivem Denken** erfordern.

Die zweite Kategorie zur Einteilung kunstbasierter Interventionen, „**Menschen**" *(people)*, bezieht sich auf Workshops oder ähnliche von **Künstlern** (an-)geleitete Maßnahmen im Organisationskontext. Diese finden sich etwa im Rahmen der Organisationsentwicklung (z. B. Change Management), der Personalentwicklung oder im Leadership Development. Aufgrund des direkten Bezugs zu Personen aus dem Kunstsektor wird von „artist-led interventions" gesprochen. Im Mittelpunkt steht hier das Engagement von Musikern, Schauspielern, Fotografen oder Tänzern. Das Repertoire ist aus thematischer Sicht ebenfalls nahezu unbegrenzt. Auch der Grad an erreichter Aktivierung und Einbeziehung der Teilnehmer kann stark variieren. Genannt werden beispielsweise gestalterische Kunst (Malerei, Zeichnungen), das Schreiben von Geschichten oder Gedichten, Poesie-Arbeit, Theaterspiel, Zirkusaufführung oder Jazz-Performance. Ein üblicher Ansatzpunkt ist, dass die Künstler Gemeinsamkeiten und Unterschiede in der Arbeits- und Herangehensweise sowie Wahrnehmungsweise von Künstlern im Gegensatz zu Managern aufzeigen. Es gelte aus den Gegensätzen zwischen der Welt der Kunst und der Welt der Wirtschaft zu lernen (vgl. *Biehl-Missal* 2011).

Festzuhalten ist an dieser Stelle, dass diese Kategorie der kunstbasierten Intervention im Gegensatz zur erstgenannten ein wesentlicher Fortschritt ist. Denn es wird nicht nur Kunst ins Unternehmen gebracht, sondern Künstler. Dies bringt größere Spielräume für eine **aktive Einbindung** der Organisationsmitglieder. Unverzichtbar sind die Berücksichtigung der Firmenkultur und die Einbindung in organisationweite Trainingsprogramme. *Berthoin Antal* (2014) verweist auf Beispiele der *Deutschen Bahn AG* sowie der Drogeriekette „*dm*".

Die dritte Kategorie zur Einteilung kunstbasierter Interventionen, „**Praktiken**" *(practices)*, zielt auf die möglichst umfassende Einführung von kunstbasierten Praktiken in Organisationen („practice-based artistic interventions"). Damit ist eine andere Qualität gemeint als in den beiden vorstehend genannten Arten kunstbasierter Interventionen. Es ist dann die Rede von *„artistic experimentations"*, die als Teil der Arbeitspraktiken auch tatsächlich in den Arbeitsalltag integriert werden sollen, um zu einer anderen Wahrnehmungsqualität und Achtsamkeit beizutragen (vgl. *Barry/Meisiek* 2010a). Im Mittelpunkt steht aktives Experimentieren. Der Phantasie hinsichtlich der Kunstformen (Malerei, Schauspiel, Bauen, Spielen und so fort) sind dabei kaum Grenzen gesetzt. Weiterhin sind hier Kunst und Kunstwerke nichts aus einer anderen Welt importiertes Fremdes. Die Kunst hat hier (im Gegensatz zur ersten Kategorie) keine grenzziehende, exklusive, statusdifferenzierende oder gar einschüchternde Wirkung. Gemeinsam können verschiedene Sichtweisen eruiert und integriert werden und beispielsweise zur Stärkung des Teams in einem Veränderungsprozess genutzt werden. *Biehl-Missal* (2011, S. 109 f.) beschreibt, dass bei einer Gruppenarbeit die Teilnehmer wesentliche Ereignisse wie Krisen, Erfolge und Projekte symbolisch auf große Wände malen und anschließend gemeinsam interpretieren. Nach und nach können Ideen und Gedanken malerisch ergänzt und schließlich eine für alle akzeptable Ausgestaltung konkret im Bild und abstrakt im Geiste gefunden werden. Weitere Beispiele sind das Herstellen von Skulpturen oder das Bauen mit Legosteinen im Rahmen des sogenannten **„Lego Serious Play"**. Hier bauen die Teilnehmer abstrakte Konzepte (z. B. die Firmenstrategie oder Veränderungsprozesse) mit Legosteinen nach und bringen das Abstrakte in eine kreative anschauliche Form. Durch die auf dieser Basis geschaffenen „greifbaren" Modelle werden sowohl die gemeinsame Kommunikation als auch die Bedeutungs- und Sinnfindung erleichtert (vgl. weiterführend *Berthoin Antal* 2014; *Barry/Meisiek* 2010b).

Am Beispiel einer der den „harten Zahlen" zunächst extrem konträr liegenden Kunstgattung, der **Poesie**, soll konkretisiert werden, worin das Potenzial für den Führungskontext gesehen wird (vgl. Tab. E.10). Ausgangspunkt ist die Idee, dass die Welt der Kunst anders „funktioniert" und ganz andere Praktiken sowie Lösungsansätze hervorbringt.

Die Beschäftigung mit Dichtung erfordert hiernach ein Sich Einlassen auf Widersprüchliches, Irritierendes, auf Ideen, die man nicht versteht und auch nicht sofort verstehen muss. Dies soll stimulieren und helfen, Mehrdeutigkeit und Widersprüchlichkeit besser auszuhalten. Ein präziser Sinn kann oftmals nicht erschlossen werden, sondern muss zwischen den Worten und dessen Rhythmus gefühlt werden. Das erinnert so manchen doch sofort wieder an den Führungsalltag, gerade auch im Misslingen.

Zusammenfassend stellt *Edgar Schein* (2013) folgende fünf Punkte heraus, die den Beitrag von Kunst und Künstlern für Gesellschaft, Wirtschaft und Verwaltung umschreiben (vgl. Abb. E.28).

Trotz dieser vielversprechenden Argumentation für die positiven Beiträge von Kunst und Künstlern existieren allerdings bislang kaum **Studien**, die sich auf einer wissenschaftlichen Basis mit der Frage nach den Effekten von kunstbasierten Interventionen beschäftigt haben. Eine aktuelle Ausnahme stellt die Studie von *Berthoin Antal* und *Strauß* aus dem Jahr 2013 dar. Unter Bezug auf diese Studie werden wir einen Überblick auf Anwendungsfelder und **Effekte von kunstbasierten Interventionen** in Organisationen geben, der neben einer Darstellung der angewandten Methoden insbesondere auf die empirische (fallbasierte) **Evidenz** der Effekte von kunstbasierten Interventionen in Organisationen abstellt. Dabei kann und soll vielfach allerdings nicht im Sinne des Aufzeigens kausaler Wirkungszusammenhänge argumentiert werden. *Komplexe* Wirkbeziehungen entziehen sich dieser Absicherung allerdings nicht nur hier. Auch werden keine Prozessbetrachtungen der Interventionen explizit nachvollzogen.

Die Datenbasis dieser Studie umfasst insgesamt 268 Publikationen über Kunst und Business sowie die Einflüsse von Kunst in Organisationen. Die Publikationen stammen überwiegend aus dem englisch- und deutschsprachigen Bereich; es wurden aber auch Studien aus Frankreich, Spanien und Schweden miteinbezogen. Der empirische Nachweis der Wirkung von kunstbasierten Interventionen konnte auf der Basis von 47 Studien erbracht werden. Die Studien bezogen sich zum Teil auf mehrere Anwendungsfälle, sodass sich die empirischen Daten (vorwiegend Interviews, Beobachtungen) auf 205 Organisationen unterschiedlicher Größe sowie Branchen/Sektoren beziehen (vgl. weiterführend *Berthoin Antal/Strauß* 2013, S. 10).

Gemäß dieser Studie haben viele Organisations- und Führungsverantwortliche erkannt, dass es sinnvoll ist, selbst einen innovativen Zugang zu wählen, um **In-

Ein Gedicht ist ...	Was können Manager daraus lernen:
ohne eine bestimmte Bedeutung und besitzt ein offenes Ende	mit Mehrdeutigkeit und Unbestimmtheit umgehen, unterschiedliche Interpretationen finden, assoziative Verknüpfungen und verborgene Verbindungen entdecken
ist unendlich interpretierbar	Sichtweisen überdenken und andere in Betracht ziehen, Veränderung von Bedeutung erkennen
voller Ergänzungen und Gegensätze	sorgfältiges Urteilen, Skepsis gegenüber Entweder-Oder-Denken
auf menschliche Bedürfnisse und Motivation ausgerichtet, stimulierend für vielschichtige Emotionen	ethische Fragestellungen einbeziehen, umfassende Antworten suchen

Tab. E.10: Was die Poesie für die Wirtschaftswelt bringt (*Biehl-Missal* 2011, S. 127; *Morgan u. a.* 2010, S. 24)

III. Zentrale Perspektiven auf die Ausgestaltung von Führungsbeziehungen — Kapitel E

> 1. Kunst und Künstler stimulieren unsere Wahrnehmungsfähigkeiten und helfen uns dabei besser zu spüren, was mit uns und um uns herum geschieht.
> 2. Kunst stört und sorgt für Unruhe, provoziert, schockiert und inspiriert – das gehört zu ihren originären Aufgaben.
> 3. Künstler können unsere Fähigkeiten, unser Verhaltensrepertoire sowie unsere Flexibilität im Umgang mit aktuellen Herausforderungen erweitern.
> 4. Die Rolle von Kunst und Künstlern ist es, unsere eigene ästhetische Wahrnehmung zu stimulieren und zu legitimieren.
> 5. Die Art und Weise, wie Künstler ausgebildet werden und arbeiten kann bedeutsame Einsichten über gelingende Performance sowie zur Rolle von Führung in und von Organisationen bereitstellen.

Abb. E.28: Beitrag von Kunst und Künstlern für Gesellschaft, Wirtschaft und Verwaltung (nach *Schein* 2013, übersetzt)

novation zu generieren. Gerne werde mit artistischen Interventionen experimentiert; gerne würden Künstler, Kunstpraktiken sowie Kunstprodukte in Unternehmen gebracht, um im Umgang mit anstehenden Themen (wie Change, Innovation, Lernen und vieles mehr) zu helfen. Auch wenn in vielen Fällen die Mitarbeiter beziehungsweise die teilnehmenden Organisationsmitglieder skeptisch waren, so gelänge es den Künstlern zumeist, diese zur Mitwirkung zu bewegen. Am Ende berichteten fast alle Teilnehmenden von positiven Erfahrungen – auch wenn Phasen der Frustration und Irritation mit einhergingen. Effekte wurden sowohl auf der individuellen Ebene, der Gruppen- und auf der Organisationsebene gefunden.

Die Forscherinnen entwickelten ihre Ergebnisse basierend auf einer systematischen Literaturanalyse einschließlich einer schrittweisen Entwicklung von Kategorien. Schließlich konnten **29 Effekt-Kategorien** identifiziert werden. Diese wurden zur besseren Übersichtlichkeit in acht Gruppen zusammengefasst (vgl. Abb. E.29; Balkenbreite spiegelt die qualitativ bestimmte Effektstärke wider).

Die Kategorie „Strategic and operational impact" wurde als erste genannt, da sich diese unmittelbar auf „harte" Leistungs- und Ergebnisparameter strategischer und operativer Geschäftsbereiche bezieht (37 Nennungen, Minimum). Es handelt sich hierbei um die leistungsbezogenen Effekte, nach denen organisationale Entscheidungsträger häufig fragen. Die drei folgenden Kategorien „Organization development", „Relationships" und „Personal development" beziehen sich auf Effekte im Zusammenhang mit **Change** Prozessen. Sie umfassen die organisationale Ebene, die kollektive (Team-)Ebene sowie die individuelle Ebene. Die beiden folgenden Kategorien „Collaborative ways of working" sowie „Artful ways of working" umfassen entwicklungsbezogene Effekte und schlagen sich in einer verbesserten Arbeitsweise sowie Kommunikation zwischen den Organisationsmitgliedern nieder. Die letzten beiden Kategoriegruppen, „Seeing more and differently" (117 Nennungen, Maximum) sowie „Activation", werden als die **Hauptkatalysatoren** für die Initiierung von Change und Erneuerung organisationaler Infrastruktur und ihrer Prozesse angesehen.

Bleiben wir kurz bei den harten, oder sagen wir, **härteren Effektkategorien** (Effektivität, Produktivität, Recruitingvorteile sowie Reputationsgewinne). Auch wenn in 44 % der ausgewerteten Studien ein strategischer und operativer Effekt genannt wurde, wurden diese Effekte im Vergleich zu den anderen Effekten am wenigsten häufig genannt. Die Forscherinnen verweisen hierbei auf einen interessanten Zusammenhang: Während Entscheidungsträger in Organisationen, die noch nicht von kunstbasierten Interventionen Gebrauch gemacht haben, diese erste Kategorie nachfragen, tritt dies in den Hintergrund, wenn man Personen befragt, die bereits eine kunstbasierte Intervention initiiert oder erlebt haben. Offensichtlich sind derartige „harten" Ergebnisparameter sowie unmittelbare Leistungsergebnisse nicht der bedeutendste Ergebnisbereich von kunstbasierten Interventionen. Den Unternehmen ist also gar nicht so sehr an einer „klassischen" Evaluation im Sinne einer unmittelbar harten Wirksamkeitsüberprüfung gelegen. Viel wichtiger wurden die nachgewiesenen Wirkungen auf **Innovation** und die **Förderung von Change Prozessen** gesehen, die direkt oder indirekt durch alle weiteren Effekt-Kategorien abgedeckt wurden. Wir werfen daher einen Blick auf ausgewählte Aspekte dieser Kategorien.

Kapitel E — Spezielle Blicke auf Führung und Führungsbeziehungen

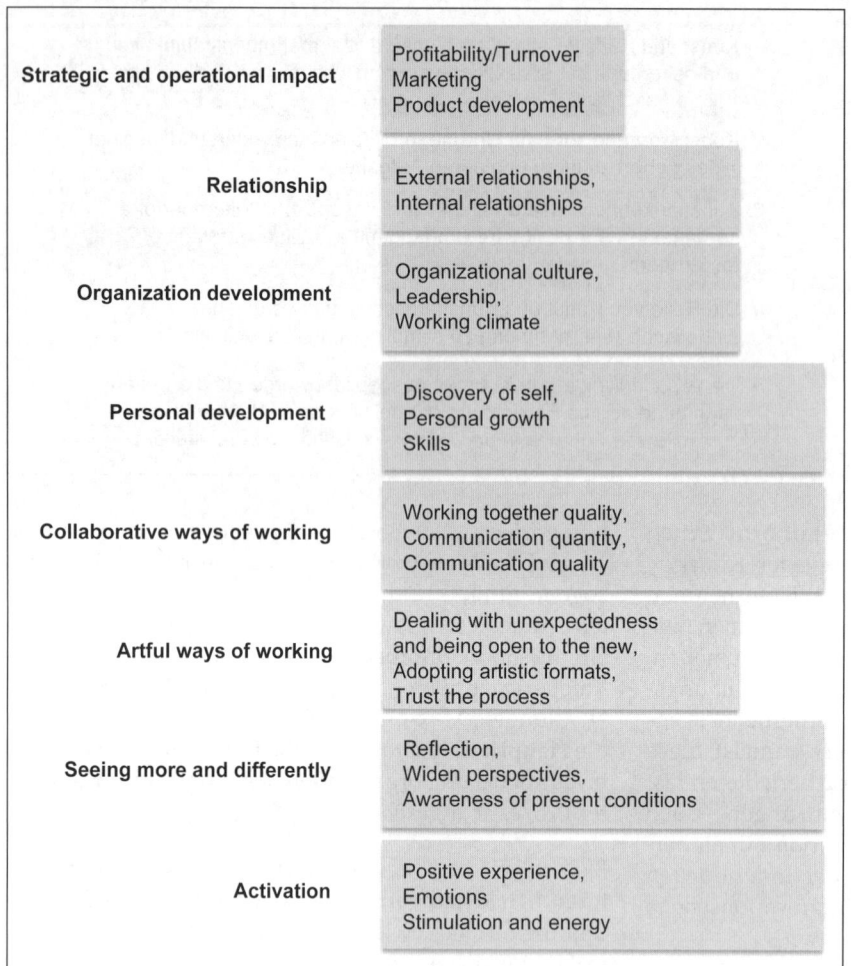

Abb. E.29: Effekte kunstbasierter Interventionen im Organisations- und Führungskontext (nach *Berthoin Antal/Strauß* 2013, S. 12)

Unter die Kategorie **organisationale Entwicklung** („organizational development/personal development") fallen drei miteinander verwobene Faktoren: **Organisationskultur, Führung** beziehungsweise **Leadership** sowie **Arbeitsklima**. Kunstinterventionen können Teil eines Prozesses sein, in dem Werte und Normen in einer Organisation thematisiert sowie Führungskräfte und Führungskultur entwickelt werden. Letztlich sind die Veränderungen im unmittelbaren Arbeitsklima spürbar gewesen. So wurde beispielsweise darauf verwiesen, dass die Teilnehmer nach einer Kunstintervention leichter Regeln im Umgang mit Erwartungen und Konflikten entwickeln. Weiterhin entstand viel eher ein **Klima der Achtsamkeit** und des **Respekts**. Viele Teilnehmer gaben an, sie würden jetzt nach gemeinsam entwickelten Regeln arbeiten, sich wohler fühlen und viel offener, **spontaner** und stärker **intuitiv** arbeiten.

Ein Hauptthema innerhalb des Themenfeldes der organisationalen Entwicklung stellt **Leadership Development** dar. Die Entwicklung von Führung (Leadership Development) ist ein häufiges Anliegen von kunstbasierten Interventionen. Teilnehmer stellen etwa nach Musik- oder Poesieworkshops fest, dass Kunst eine wertvolle Ressource sein kann, um die Führungsherausforderungen – die sich zentral um das Thema **Kreativität** und **Lernen** ranken – auf neue Weise anzugehen. Kognitive Fallen, limitierte einseitige festgefahrene Denkmuster können aufgebrochen werden. Achtsamkeit für aktuelle Gruppendynamiken in der täglichen Praxis, **Ambiguitäts- und Frustrationstoleranz**, Lernen aus Fehlern sowie verbesserter Umgang mit Unsicherheit und Risiko werden hier als die positiven Aspekte des Einsatzes von Kunst im Leadership Development genannt. Gefunden wurden auf der persönlichen Ebene (Personal Development) positive Effekte, etwa in Form einer verbesserten

Selbstwahrnehmung und Identitätsentwicklung sowie eines erhöhten Selbstwertgefühls, verbesserte kommunikative und kooperative beziehungsweise soziale Fähigkeiten sowie die Bereitschaft zu innovativem Verhalten.

Unter die Kategorie „**Kollaborative und kunstvolle Art der Zusammenarbeit**" („collaborative ways of working") fallen eine verbesserte Qualität der Zusammenarbeit auf der **kollektiven** Ebene sowie eine erhöhte und verbesserte **Kommunikation** (etwa verbesserte Feedbackprozesse sowie eine Sensibilisierung für die Bedeutung non-verbaler Kommunikation). Unter dem Begriff „artful ways of working" wurden ein verbesserter Umgang mit **Unerwartetem** und eine größere **Offenheit** gegenüber Neuem gefasst. Auch die Anwendung eines „künstlerischen Formats" bei der Lösung von Problemen oder der Entscheidungsfindung sind Hauptbestandteile einer in diesem Sinne „kunstvollen" Arbeitsweise. Merkmale sind etwa das **Vertrauen** in den Prozess, was einhergeht mit dem Verzicht alles (a priori) kontrollieren zu müssen. Auch das Aufschieben von Bewertung oder (vorschneller) Urteilsfindung wird hier genannt. Gefördert wird zudem die Fähigkeit, sich aufgeschlossen und positiv auf das, was geschieht einzulassen und dabei auch neue Methoden und Wege zur **Problembewältigung** zuzulassen und auszuprobieren. Kunstbasierte Interventionen versetzten Organisationsmitglieder hiernach eher in der Lage sich aus ihren Komfortzonen heraus zu begeben. **Irritationen und Widerstände** wurden konstruktiv genutzt und tragen zur Entwicklung neuer Ideen bei. Leicht erkennbar, dass mit der Ergebniskategorie „kunstvolle Art der Zusammenarbeit" in besonderer Weise Kreativität, Innovation und Wandel unterstützt wird.

Die Ergebniskategorie „**Seeing more and differently**" bezieht sich auf die Art und Weise, mit der kunstbasierte Interventionen die Haltung oder Denkweisen von Organisationsmitgliedern ändern können. Viele Teilnehmer

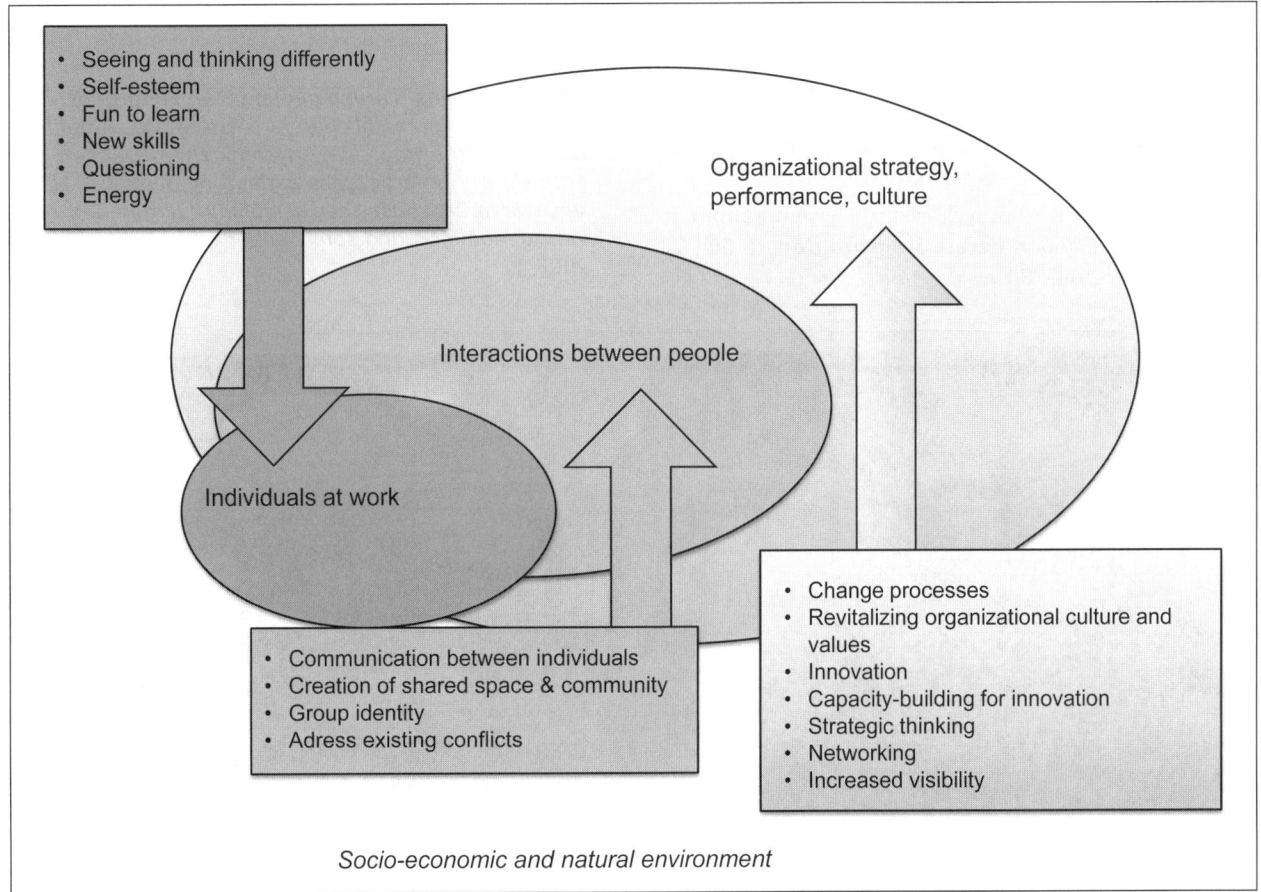

Abb. E.30: Nutzenpotenziale kunstbasierter Interventionen (nach *Berthoin Antal* 2009, S. 45, leicht verändert)

von Kunst-Workshops berichteten von einer erhöhten **Sensibilität** in der Wahrnehmung sowie einer **Perspektivenerweiterung**. Bislang unhinterfragte Wahrheiten oder „gültige" Auffassungen wurden entdeckt und konnten kritisch reflektiert werden. **Überkommene Denk- und Handlungsmuster** wurden identifiziert und diskutiert. Es ist die Rede von positivem Schock, von **Wachrütteln** oder von einem Katalysator für Reflexion. All dies stellt eine gute Ausgangsbasis für ein erhöhtes Bewusstsein hinsichtlich der alltäglichen organisationalen Probleme sowie nicht zuletzt auch für Verhaltensänderungen dar. Die dafür benötigte Energie wird ebenfalls aus kunstbasierten Interventionen geschöpft. Es zeigte sich, dass viele Teilnehmende durch die positive, auch emotional **aufrüttelnde** Erfahrung mit Kunst von einer **Stimulation** und **Aktivierung** sprachen, die die Teilnehmer in die Lage versetzte, Vorhaben gemeinsam in die Tat umzusetzen (**„Activation"**).

Insgesamt konnten Vielzahl an Effekten dokumentiert werden. Diese machen sich den Studien zufolge auf der individuellen Ebene, der Team- oder Abteilungsebene sowie auf der organisationalen Ebene bemerkbar. Die identifizierten Ergebniskategorien **„Seeing more and differently"** sowie **„Activation"** waren dabei nicht überraschend die bedeutendsten Effekte. Sie stehen in Zusammenhang zur Initiierung von Wandel (Change) sowie kreativen Lernprozessen.

Eine visualisierte Zusammenfassung der **Nutzenpotenziale auf drei Ebenen liefert die Abbildung E.30** (vgl. *Berthoin Antal* 2014, 2009).

Ähnlich hat auch *Katz-Buonicontro* (2015) das Nutzenpotenzial von kunstbasierten Interventionen aufgezeigt und diskutiert. Ausgehend von dem Problem, dass bei Nachwuchskräften im Management ein gravierender Mangel an Kreativität und Empathie zu verzeichnen ist, weist die Autorin auf das Potenzial von Kunstinterventionen in der Management-Ausbildung und im Leadership Development hin. Im Mittelpunkt stehen hier die positiven – **Kreativität und Empathie** förderlichen – Wirkungen von Poesie-Workshops, Storytelling, Improvisationstheater sowie visueller Kunstmethoden (z. B. Filme, Fotografien, Kollagen, Zeichnen, Skulpturen).

Ein anderer, sehr vielversprechender Ansatz zum Erreichen einiger der gerade beschriebenen Wirkungen ist die **Soziale Photo-Matrix (SPM)**. Sie ist eine von *Burkard Sievers* entwickelte Methode der Aktionsforschung. Sie ist eine Methode des „Erfahrungslernens" (vgl. *Sievers* 2007), die vor dem Hintergrund der Aktionsforschung und der Arbeit in Tavistock-Konferenzen (vgl. *Bion* 2007) entstanden ist. **Experiential Learning** basiert auf einem methodischen und erfahrungsorientierten Vorgehen. Dessen **Ziel** ist es,

> „durch die Visualisierung mit (digitalen) Photos der Teilnehmer- sowie anschließender Assoziation, Amplifikation [Anreicherung, J.W.], systemischem Denken und Reflexion – die verborgene Bedeutung dessen zu erfahren, was in Organisationen gewöhnlich ungesehen, nicht wahrgenommen und somit ungedacht bleibt" (*Sievers* 2006, S. 7).

Abb. E.31: Bürofotografien als Ausgangspunkt zur Reflexion über die Organisationen („Google Zurich" High Resolution Pictures/Evolution Design/Fotograf: *Peter Würmli* http://picasaweb.google.com/CamenzindEvolution/GoogleOfficeZurich#)

Unter Anwendung dieser Methode würde es leichter fallen, sich vom Massendenken zu distanzieren, vorherrschenden Denk- und Verhaltensweisen zu relativieren und Dinge mit anderen Augen zu sehen. Als **Methode des Erfahrungslernens** kann die SPM als freier Raum verstanden werden, in dem Menschen ihre Erfahrungen aus dem Leben und Arbeiten in verschiedenen soziokulturellen Systemen mitbringen. Diese stellen sie in einem kollektiven Kontext und beschäftigen sich mit Wirkung und Bedeutung. Gleichzeitig ist diese Erfahrungsarena aber der Raum, ohne Konformitätsdruck über die eigene Arbeit und die eigene Organisation zu reflektieren (vgl. *Serhane* 2012, S. 187; *Bion* 2007, S. 94). Die Abbildung E.31 vermittelt einen ersten visuellen Eindruck hierzu.

Die **Arbeitsmedien und Arbeitsinstrumente** der SPM sind Fotografien, Zeichnungen, freie Assoziationen, Amplifikationen, systemisches Denken und Reflexion. Erfahrungen mit der SPM zeigen, dass gerade Zeichnungen der Teilnehmenden zu einem bestimmten Thema (z. B. Geschlechterstereotype) in der Anfangsphase förderlich für den weiteren Verlauf und für die Reflexion in der Matrix sein können. Durch das Zeichnen haben die Teilnehmer Gelegenheit, sich dem Thema auf eine kreative Art und Weise anzunähern und ihre Gedanken mittels Licht, Schatten, Farben, Farbschattierungen und -kontrasten zum Ausdruck zu bringen und zu explorieren (vgl. *Serhane* 2012, S. 159 f.). Bildern kommt eine hervorstechende Bedeutung zu.

Bei der Arbeit mit Bildern im Rahmen der SPM ist der Fokus nicht auf eine Individualanalyse einzelner Fotografien gerichtet, sondern vielmehr stehen die Fotografien und die in ihnen enthaltenen sozialen Momente und Implikationen im Vordergrund. Seit ihrer Entwicklung wurde die SPM als Methode des Erfahrungslernens bereits in verschiedenen Organisationen u. a. in Form eines Workshops, Seminars bzw. als Teil eines Ausbildungsprogramms eingesetzt (z. B. Autostadt Wolfsburg, FernUniversität in Hagen). Sie dient als Methode nicht nur der verbreiterten sensuellen Wahrnehmung von Führungskräften, sondern kann auch als empirisch gestützte Reflexion *über* Führung eingesetzt werden.

11.3 Kritische Würdigung

In der Hinwendung zur Kunst und dem Versuch, Artful Leadership-Praktiken zu kultivieren, spiegelt sich die Einsicht, dass es zur Bewältigung zukünftiger Herausforderungen oft nicht mehr ausreicht, ein rein rationales Vorgehen zu wählen. Dies gilt auch für die Auffassung, mit und durch Sprache alles hinreichend abbilden zu können (vgl. z. B. *Boehm* 2004). Stattdessen wird eine verstärkte Hinwendung zur **Materialität**, zum **Körperlichen** und zum **Symbolischen** und **Bildhaften** gesehen.

Häufig werden Effekte kunstbasierter Interventionen im Organisationskontext unter Bezug auf Theorien des Wandels oder des Lernens erklärt. Gerade bei angestrebten Veränderungen treten häufig tiefer liegende, teils unbewusste emotionale Widerstände auf; hier sollen kunstbasierte Interventionen durch eine sensuelle und emotionale Ansprache Widerstände gegen Veränderungen lockern und diese greifbarer und partizipativer gestalten. Im Gegensatz zu rational analytischen Ansätzen heben kunstbasierte Ansätze die bearbeiteten Problemstellungen von der kognitiven auf eine sensuell erfahrbare und experimentelle Ebene. Neue Perspektiven können spielerisch aufgezeigt werden. Es wird davon ausgegangen, dass die Basis für Veränderungen durch die Unterbrechung des Arbeitsalltags gelegt wird. Anstatt wie üblich im „Download-Modus" zu agieren, regen kunstbasierte Methode und Praktiken dazu an, auf einen anderen Wahrnehmungsmodus, einen „sinnlich empfänglichen Zustand" umzuschalten (vgl. *Biehl-Missal* 2011, S. 100).

Die Initiierung von Veränderungen beziehungsweise das Aufbrechen von (überholten) Ritualen wird auch auf die Schaffung von **Schwellenphasen** oder **Liminalität** zurückgeführt. Liminalität umschreibt den „Zustand einer Zwischenexistenz", der zwischen „dem Alltag und dem Wiedereintritt in diesen" liegt (vgl. *Biehl-Missal* 2011, S. 100 f.). Dort würden Spielräume für Experimente, neue Erfahrungen sowie die spontane Entwicklung neuer Vorschläge eröffnet. So können Veränderungen „ausgespielt" werden.

Dies verweist auf ein Führungsverständnis **jenseits von unmittelbarer Einflussnahme oder Überzeugung**. Gerade für die stets besonders herausfordernde Aufgabe von Führung der Förderung und Begleitung von Change Prozessen, von Lernprozessen sowie der Generierung von Innovationen sind diese Erkenntnisse von besonderer Relevanz und decken sich recht gut mit Vorstellungen, wie wir sie aus der Organisationsentwicklung kennen. Im Mittelpunkt steht dann häufig ein spielerisches Experimentieren. Es geht um das zeitweise Aufbrechen der Grenzen zwischen Arbeit und Spiel sowie das Erzeugen der für kreative Veränderungen nötigen Spannungen (vgl. auch *Berthoin Antal/Strauss* 2013). Kunst kann dafür einen handlungsentlastenden Freiraum zur Verfügung stellen, da der Kunst im Allgemeinen jegliche Zweckorientierung fremd ist (vgl. *Böhme* 1995). Dies impliziert allerdings eine Abgrenzung vom rein instrumentellen Einsatz ästhetischer Mittel.

Aber es ist auch klar, dass in Organisationen mittels kunstbasierter Interventionen eine **indirekte Führung** erfolgen soll. Diese Führung richtet sich entweder konkret auf die Begleitung oder die Bewältigung herausfordernder Arbeitsaufgaben, oder zielt auf eine Rückbesinnung eines Erlebens von Situationen oder Personen ab, das auf ein breiteres Sensorium abgestützt ist.

Das Unterfangen ist jedoch unsicher, mögliche Effekte sind deshalb nie genau vorherzusagen. Bisherige Umfragen und Erfahrungen sowie aktuelle Studien und Untersuchungen haben gezeigt, dass erfahrungsorientierte und ästhetische Ansätze und Methoden ein zu hebendes Potenzial für die Personal- und Führungskräfteentwicklung haben (vgl. *Schyns/Tymon u. a.* 2012; *Sutherland* 2012; *Warren* 2012). Durch die Arbeit mit expressiven und evokativen Medien (z. B. Fotografien, Zeichnungen, Freie Assoziation und Metapher) haben Manager und Führungskräfte Gelegenheit, sich ein Stück weit von den alltäglichen organisationalen Zwängen und funktionellen Routinen zu distanzieren. Neue Perspektiven und Handlungsalternativen wären dadurch möglicherweise zu gewinnen (vgl. *Springborg* 2012, 2010; *Woodward/Funk* 2010). Wenig bis nichts wissen wir leider darüber, wie eine sensuelle Erfahrungsanreicherung der Führenden auf die **Führungsbeziehung** zurückwirkt. Abstrakt ist die Argumentation einer z. B. gewonnenen Achtsamkeit oder verbesserten Signalaufnahme nachvollziehbar. Mögliche Studien, die Konkreteres aufgrund qualitativer Befunde mitzuteilen haben, beispielsweise, ob die Interaktivität von Führungsbeziehungen zunimmt, konnten hier nicht einbezogen werden. Die Antworten spiegelten allerdings die Führungsrealität breiter wider, da Innovation und Wandel kein im eigentlichen Sinne alltägliches Phänomen der Führung ist.

Fairerweise muss zur Kenntnis genommen werden, dass sich eine Erfolgsmessung noch schwieriger ausnimmt, als es für das Führungscontrolling generell der Fall ist. Vielfach ist eine solche Messung aber von den praktizierenden Organisationen in dieser Form erst gar nicht gewollt. Befürchtet wird, dass zur Sicherung der Anforderung dann Routineprozesse (der Fassadenbildung) einsetzten, die u. a. durch die beabsichtige Erfahrungsanreicherung überwunden werden sollten. Und in der Tat: Ein leibliches Spüren, das definitionsgemäß gesamtheitlich empfunden wird, ist nicht zu wiegen. Hier werden Evidenzbeobachtungen im Laufe der Zeit, vor allem bei komplexeren Aufgaben und Entscheidungen, mehr Aufschluss geben können, inwieweit sich Handlungsweisen nun unterscheiden. Natürlich auch, ob die Führungsbeziehung dadurch wahrnehmbar fortentwickelt wird. Dies ist dann wiederum leichter zu ermitteln. Aber hieran muss es sich im ökonomischen Kontext messen lassen, solle es nicht den Status als eines von vielen „Goodies" erhalten. Auch muss man bei der Akzeptanz solcher Angebote realistisch bleiben. Begründete Akzeptanz im Vorfeld setzt ja rational bereits das Wissen um (anderenorts) positiv gemachte oder zumindest plausiblerweise anzunehmende nützliche Erfahrungen voraus. Der spielerische Umgang mit dem Erwecken von Neugierde ist vermutlich oftmals der einfachere Weg zur Entwicklung eines „Artful Leadership".

12. Distributed/Shared Leadership: Wenn alle Führende sind

12.1 Hintergrund

Kooperative teambasierte Arbeit ist heutzutage ein selbstverständlicher, ja unverzichtbarer Bestandteil organisationaler Settings. Es herrscht ein anhaltendes Interesse daran, die Funktionsweise von Teams sowie damit verbundene Führungsprozesse zu verstehen. Die diesbezügliche Literatur ist überbordend (vgl. z. B. *Peterson/Srikanth/Harvey* 2015; *Morgeson/DeRue/Karam* 2010; *Mathieu u. a.* 2008). Und dennoch existiert seit geraumer Zeit eine deutliche **Unzufriedenheit** darüber, dass Teamführung ganz vorwiegend auf **individuelles Führungsverhalten** einzelner fokussiert. Dem steht die Erkenntnis gegenüber, dass erfolgreiche Teams häufig weder formale Führungsstrukturen aufweisen noch einen (formal) Führenden an ihrer Spitze haben (müssen). Die vorherrschende traditionelle Perspektive von Teamführung wird daher als viel zu eng angesehen (vgl. z. B. *Day/Gronn/Salas* 2006; *Gronn* 2002; *Manz/Sims* 1984). Dies speist Bestrebungen, die individuenzentrierte Perspektive von Führung zu überwinden oder doch zumindest deutlich zu relativieren. Gefordert ist eine Perspektive, die Führung als eine Aufgabe versteht, die von **mehreren Personen** (auch gleichzeitig) wahrgenommen werden kann. In einem weiteren Schritt bewegt man sich dann in Richtung emergenter kollektiver Führungsprozesse, die *innerhalb* von Teams gemeinschaftlich hervorgebracht werden. Im Mittelpunkt steht dann die **Führungskapazität** des **Teams als Gesamtheit** (vgl. z. B. *Carson/Tesluk/Marrone* 2007; *Day/Gronn/Salas* 2004; *Fletcher/Käufer* 2003).

Führungsansätze, die dieses hier angerissene, **neu aufkommende Verständnis von Führung** abbilden, haben mittlerweile unter Bezeichnung wie „shared leadership", „collective leadership" oder „distributed leadership" sowie „verteilter Führung" Eingang in die Literatur gefunden. Diese Begriffe werden in der Führungsliteratur häufig synonym verwendet (vgl. z. B. *Avolio/Walumbwa/Weber* 2009, S. 431; *Pearce u. a.* 2010; *Day/Gronn/Salas* 2004) oder doch zumindest als sehr ineinander verwoben präsentiert (vgl. *Denis/Langley/Sergi* 2012; *Bolden* 2011; *Hoch/Wegge/Schmidt* 2009).

Dies bereitet bei der Gleichsetzung von „collective leadership" und „shared leadership" intuitiv wenig Mühe. Dahingegen sollte „distributed" oder „verteilte" Führung doch differenzierter gesehen werden. Verteilte Führung heißt ja zunächst nur, dass Führung nicht von einer einzigen Person (Instanz) ausgeht, sondern formal oder informell verteilt ist. Neben dieser Verteilung auf Personen (interaktionelle Führung), kann die strukturelle Führung (Strategie, Organisation, Kultur) als Verteilungsmedium mitgedacht werden (vgl. *Konradt* 2014; *Wunderer* 1975). Aus diesem Grund wird verteilte Führung beispielsweise als eine geeignete Rahmenkonzeption für die Führung in virtuellen Teams diskutiert,

> „die eine Vielzahl von spezifischen Modellen des simultanen Wirkens unterschiedlicher Führungsinstanzen zulässt" (vgl. *Hoch/Andreßen/Konradt* 2007, S. 51).

Konkret werden hier die interaktionelle und strukturelle Führung von der teambasierten Führung unterschieden (vgl. weiterführend *Konradt* 2014).

Im Kern können die hier genannten Formen von Führung allerdings korrekt unter dem allgemeineren Begriff der **pluralen Führung** eingeordnet werden („leadership in the plural"; vgl. *Denis/Langley/Sergi* 2012). Einen ebenfalls übergeordneten Sammelbegriff für derartige Führungsphänomene wählen *Dust/Ziegert* (2015); sie sprechen von **„Multi-Leader Teams"**. Auch hierbei wird auf eine genaue Abgrenzung von Einzelkonzepten wie Shared Leadership oder Distributed Leadership verzichtet. Betont werden hier allerdings unterschiedliche Ausprägungen, die an spezifischen inhaltlichen Dimensionen festgemacht werden. Wir werden hier vorwiegend und der Einfachheit halber undifferenziert für diese Spielarten der Führung das geläufige **Shared Leadership** (SL) verwenden.

Crevani/Lindgren/Packendorff (2007) haben eine multi-perspektivische Zusammenschau von Argumenten für eine geteilte oder verteilte Führungspraxis („shared leadership") versus Einzelführerschaft („solo leadership/single leadership") vorgelegt (vgl. Tab. E.11). Die Autoren unterscheiden (1) eine individuelle Perspektive („individual perspective"), (2) eine Mitarbeiterperspektive („coworker perspective"), (3) eine organisationale Perspektive („organizational perspective") und (4) eine gesellschaftliche Perspektive („societal perspective").

Aus der **individuellen Perspektive** führen die Autoren etwa Aspekte wie Überlastung, Stress und Wohlbefinden bei der Arbeit an. Die **Mitarbeiterperspektive** umfasst insbesondere Aspekte des Wertewandels und der damit verbundenen höheren Akzeptanz von demokratischen Führungsverständnissen, vor allem in der jüngeren Generation (vgl. auch *Weibler* 2008). Als Vorteile von Shared Leadership **für Organisationen** werden u. a. eine höhere Flexibilität, Wandlungs- und Anpassungsfähigkeit an komplexe Umwelten, eine verbesserte Entscheidungsqualität sowie auch eine geringere Anfälligkeit im Falle der Abwesenheit eines Führenden genannt. Betrachtet man die Vorteile auf der **gesellschaftlichen Ebene**, so rücken ethisch-moralische Dimensionen von Führung sowie nicht zuletzt Legitimitätsaspekte in den Vordergrund (vgl. weiterführend *Crevani/Lindgren/Packendorff* 2007 sowie die dort angegebene Literatur).

Nun stellen sich vielfältige Fragen, die die theoretische wie praktische Umsetzung betreffen: Unter welchen Bedingungen ist diese Führungsform Erfolg versprechend? In welchen Kontexten kann Shared Leadership erfolgreich implementiert werden oder gar von selbst entstehen? Wie können wir uns plurale Führungsformen in der Praxis vorstellen? Wir gehen dem im Folgenden nach.

12.2 Zentrale Aussagen

Shared Leadership wird einer nach Anschauung von *Avolio*, *Walumbwa* und *Weber* (2009, S. 431) am weitesten verbreiteten Definition zufolge definiert als

> „a dynamic interactive influence process among individuals in groups for which the objective is to lead one another to the achievement of group or organizational goals or both" (*Pearce/Conger* 2003, S. 1).

Historisch speist es sich aus verschiedenen Entwicklungen, was wir der Forschergruppe um *Pearce* entnehmen können.

Das geistige Fundament von SL rankt sich im Kern um Themen wie sozialer Austausch und Beziehungen, die Berücksichtigung sozialer Bedürfnisse von Beschäftigten, informale, emergente Führung (→ Emergenz), Partizipation und Empowerment sowie Self-Leadership (vgl. Tab. E.12). Mittlerweile hat die Forschung hierzu deutlich zugenommen.

Aus der Reihe der Forschungsbeiträge zu SL, die sich auf konzeptioneller Basis mit der theoretischen (Weiter-)Entwicklung dieses neuen Führungsansatzes beschäftigen,

Perspective	Arguments found in the literature	References
Individual perspective (shared leadership as a way of enhancing the lives of those who work in managerial positions)	• Solo leadership consumes people, and there is a risk for high level of stress and anxiety. • Enhanced balance of work requirements and personal responsibilities/private life. • Better sense of security and stability in decision making and implementation. • Enhanced possibility to learn having the coleader as an example and as a feedback giver. • More enjoyable work.	*Fletcher* (2004) *Sally* (2002) *Wilhelmson* (2006) *Kuhn/Weibler* (2003) *Hooker/Csikszentmihalyi* (2003)
Coworker perspective (*shared leadership as a way of enhancing the correspondence between employee expectations and actual organizational practices*)	• Young people are used to working in teams with some degree of shared leadership. When they rise to higher organizational levels, they are more likely to want to continue sharing leadership and resist traditional solo command. • Expectation for co-leadership created by the experience of living in modern (at least Western) family models where both parents participate in decision making, reinforced by experiences of working in teams. • Young employees expect more democratic leadership in modern organizations.	*Bradford/Cohen* (1998) *Lambert* (2002) *Pearce* (2004) *Sally* (2002) *Kuhn/Weibler* (2003)
Organizational perspective (*shared leadership as a way of enhancing leadership effectiveness*)	• Single-person leadership cannot reflect and handle the environmental complexity facing most organizations. Several different competences, skills, and roles are required. • Communication between professions can be enhanced through mutual leadership. • Shared leadership means that more parts of the organization and different interests can be represented at the same time at a managerial level. One consequence can be facilitation of change processes. • Both stability and change can be represented by a dual leadership, thereby facilitating organizational change. • Lower risk for suboptimal solutions if the leadership of an organization is truly shared by the management team.	*Bradford/Cohen* (1998) *Denis/Lamothe/Langley* (2001) *O'Toole/Galbraith/Lawler* (2003) *Pearce* (2004) *Pearce/Conger* (2003) *Pearce/Sims* (2002) *Sally* (2002) *Waldersee/Eagleson* (2002) *Wilhelmson* (2006) *Kuhn/Weibler* (2003)
	• Less vulnerability in the case of leader absence or resignation. • Coleaders can have a larger span of control together and more time for their coworkers and for reflecting on the strategy and the basic values for their unit. • Organizations can avoid losing young interesting leader candidates because of stress associated with leader posts. • Organizations can benefit from the cognitive and behavioral capabilities of a larger number of individuals.	*Pearce/Manz/Sims* (2008) *Ensley/Hmieleski/Pearce* (2006)
Societal perspective (*shared leadership as a way of maintaining and increasing the legitimacy of leadership*)	• When power is too concentrated, it may result in immoral and/or illegal actions taken by individual leaders struck by hubris. • Shared leadership increases the possibility of including minorities into managerial positions, thereby increasing the legitimacy of leadership.	*Kuhn/Weibler* (2003) *Pearce/Manz/Sims* (2008)

Tab. E.11: Argumente für Shared Leadership Praktiken (vgl. *Crevani/Lindgren/Packendorff* 2007, S. 46; modifiziert)

III. Zentrale Perspektiven auf die Ausgestaltung von Führungsbeziehungen — Kapitel E

Theory/Research	Key Issues	Representative Authors
Law of the situation	Let the situation, not the individual, determine the ‚others'.	*Follett* (1924)
Human relations and social systems perspective	One should pay attention to the social and psychological needs of employees.	*Mayo* (1933)
Co-leadership Role-differentiation	Concerns the division of the leadership role between two people.	*Solomon/Loeffer/Frank* (1953), *Bales/Slater* (1969)
Emergent leadership	Leaders can ‚emerge' from a leaderless group.	*Hollander* (1961)
Vertical dyad linkage/leader member exchange	Examines the process between leaders and followers and the creation of in-groups and out-groups.	*Graen* (1976)
Substitutes for leadership	Situation characteristics (e. g. highly routinized work) diminish the need for leadership.	*Kerr/Jermier* (1978)
Self-leadership	Employees, given certain conditions, are capable of leading themselves.	*Manz/Sims* (1980)
Self-managing work teams	Team members can take on roles that were formerly reserved for managers.	*Manz/Sims* (1987)
Followership	Examines the characteristics of good followers.	*Kelly* (1988)
Empowerment	Examines power sharing with subordinates.	*Conger/Kanungo* (1988b)
Shared cognition	Examines the extend to which team members hold similar mental models about key internal and external environmental issues.	*Klimoski/Mohammed* (1994), *Ensley/Pearce* (2001)

Tab. E.12: Theoretische Basis von Shared Leadership
(vgl. *Pearce/Sims* 2000, S. 119; *Pearce/Conger* 2003, S. 4 f.; modifiziert)

sind zunächst die Arbeiten von *Pearce* und Kollegen zu nennen (vgl. z. B. *Pearce/Conger* 2003; *Perry/Pearce/Sims* 1999). Daneben liegen eine Reihe weiterer Beiträge zu Shared oder Distributed Leadership mit abweichenden und teils distinkten recht eigenständigen theoretischen Basisannahmen sowie Weiterentwicklungen vor (vgl. z. B. *Day/Gronn/Salas* 2004; *Fletcher/Käufer* 2003).

Pearce und Kollegen verstehen Shared Leadership hier als ein moderierendes Konstrukt (Moderator), das unter bestimmten Bedingungen („**antecedentes**") das Zustandekommen unterschiedlicher (positiver) Ergebnisse/Wirkungen auf Gruppenebene („**group outcomes**") erklärt. Diese Ergebniskategorien beziehen sich auf die gruppeninterne Verfasstheit („**group psyche**"), das Gruppenverhalten („**group behavior**") sowie die Leistung der Gruppe („**group effectiveness**"). Gleichzeitig wird angenommen, dass diese Ergebniskategorien wieder auf SL selbst zurückwirken, wie die wechselseitigen Pfeilrichtungen dies visualisieren (vgl. Abb. E.32). Shared Leadership selbst ist in dieser noch recht allgemein gehaltenen Konzeption grundsätzlich *nicht* auf einen bestimmten Führungsstil/ein bestimmtes Führungsverhalten beschränkt. Vielmehr umfasst SL hier grundsätzlich ganz unterschiedliche **Arten der Einflussnahme** *(aversive, directive, transactional, transformational, empowering influence)*. Man spricht von einer zugrunde gelegten generalisierten Führungskonzeption („generalized leadership conceptualization"; vgl. *Dust/Ziegert* 2015, S. 6). Damit werden auch Führungsstile einbezogen, die im Grunde gar nicht so recht mit der modernen Auffassung einer (Ver-)Teilung von Führung kompatibel erscheinen. Schon eher wäre etwa transformationales Führungsverhalten oder Empowerment mit SL assoziiert. Verständlich wird diese umfassende Einbeziehung ganz unterschiedlicher Führungsstile/Führungsstrategien jedoch, wenn man sich vor Augen hält, dass es in dieser frühen Phase der SL-Konzeptualisierung zunächst darum ging, die *Perspektive* von Führung von seiner traditionell vertikal gedachten Einflussrichtung („vertical leadership") auf eine verteilte oder geteilte Führung („shared leadership") zu entwickeln und dadurch **mehrere Personen** an der Führung zu beteiligen.

Kapitel E — Spezielle Blicke auf Führung und Führungsbeziehungen

Weiterhin nennen *Pearce* und *Sims* (2000) Bedingungen („antecedents") für SL, die sich auf Merkmale der Gruppe („group charcteristics"), der Aufgabe („task characteristics") sowie auf Kontextfaktoren („environment characteristics") beziehen (vgl. Abb. E.32). Allerdings dürfen weder die Auflistung relevanter Bedingungen und Ergebnisse noch die aufgezeigten Relationen zwischen diesen als abschließendes Modell verstanden werden. Schon eher handelt es sich hierbei um eine Illustration relevanter Faktoren und angenommener Wirkungszusammenhänge.

Bei der empirischen Überprüfung des Modells fokussieren *Pearce* und *Sims* (2002) der traditionellen Führungsforschung folgend auf den Zusammenhang zwischen SL und **Teamleistung**. Sie verglichen es im Längsschnitt mit anderen vertikalen Führungsformen wie einer transaktionalen oder direktiven Führung und fanden eine vergleichsweise starke Beziehung. Gerade der Extremgruppenvergleich wies aus, dass High-Performance Teams nicht nur insgesamt mehr Führung, sondern eben auch mehr SL praktizierten. Dies spricht für eine Kombinierbarkeit.

Empirie zu Shared Leadership

Basierend auf einer Fragebogenstudie in zahlreichen Start-up Firmen in den Vereinigten Staaten, haben *Ensley/Hmieleski/Pearce* (2006) den Beitrag von vertikaler und verteilter (shared) Führung zum Leistungsergebnis untersucht. Sowohl vertikale als auch verteilte Führung hatten einen positiven Einfluss. Allerdings war der Beitrag von verteilter Führung zu „Performance"-Variablen höher. Als Leistungskennzahlen wurden Ertragszuwachs und Zunahme der Beschäftigtenzahlen der Start up Unternehmen herangezogen. Als Dimensionen von Führung untersuchten die Autoren direktive Führung, transaktionale und transformationale Führung sowie Empowerment.

Ein etwas anderes Forschungsdesign wählte *Solansky* (2008). Sie untersuchte, welche Vorteile Teams mit pluraler Führung im Vergleich zu Teams mit Einzelführerschaft haben. In einer Laborstudie, die mit einer Befragung kombiniert wurde, wurden 20 Teams untersucht. Die Teams arbeiteten in Laborsettings über 16 Wochen hinweg in unterschiedlichen Aktivitäten zusammen. Folgende Kriterien wurden als Grundlage zur Differenzierung der Effekte von pluraler Führung versus Einzelführung

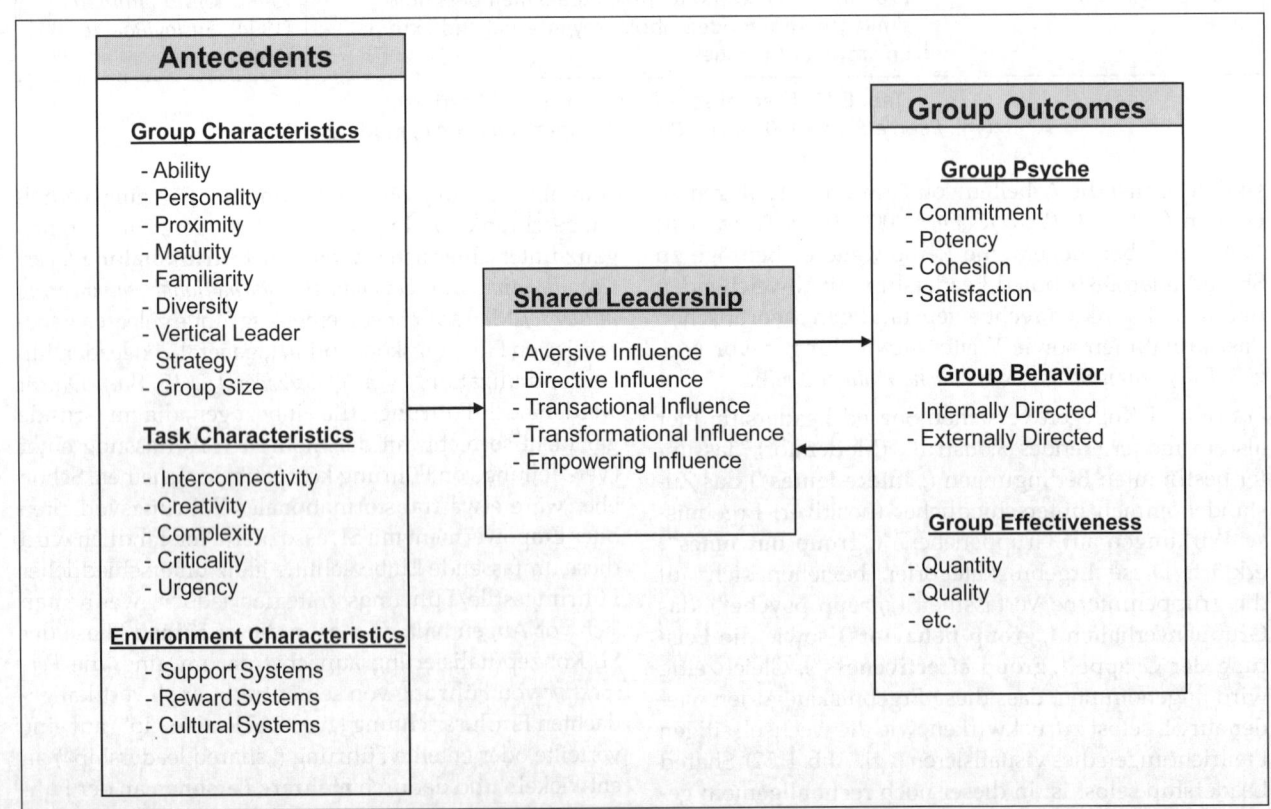

Abb. E.32: Traditioneller konzeptioneller Rahmen von Shared Leadership (vgl. *Pearce/Sims* 2000, S. 126)

herangezogen: (1) kollektive Selbstwirksamkeitsüberzeugung („collective efficacy"), (2) Beziehungskonflikte („relational conflict") und (3) Transaktives Gedächtnis („transactive memory system"), das sich u.a. auf das Ausmaß an geteilter Information bezieht. Hauptergebnisse waren: Es zeigten sich Vorteile von SL in Form einer höher wahrgenommenen kollektiven Selbstwirksamkeit und in Form eines stärker entwickeltes transaktiven Gedächtnisses. Weiterhin zeigte sich ein geringeres Maß an Beziehungskonflikten. Insgesamt begünstigte SL Teamcharakteristika, die für die **Teameffektivität** förderlich waren. Teams mit Shared Leadership hatten im Vergleich zu Teams mit Einzelführung **motivationale** (höhere Selbstwirksamkeit) und **kognitive Vorteile** (stärkeres transaktives Gedächtnis; vgl. weiterführend *Denis/Langley/Sergi* 2012, S. 227f.).

Ähnlich verweisen die Befunde von *Bergman u.a.* (2012) auf positive Befunde jenseits unmittelbarer harter Leistungsparameter. Vielmehr wurde auch hier festgestellt, dass sich in Teams durch SL die allgemeine **Teamfunktionalität** (weniger Konflikte, größerer Konsens, höheres gruppeninternes Vertrauen und Kohäsion) insgesamt verbessert. Andere, wenn auch bislang relativ wenige, Autoren nehmen hier allerdings eine kritische Haltung ein und verweisen auch auf dysfunktionale Dynamiken und Teamprozesse (vgl. z.B. *Chreim* 2015; *Dust/Ziegert* 2015; *Lindgren/Packendorff/Tham* 2011).

Mittlerweile liegen auch aktuelle **Metastudien** vor, die positive Leistungsergebnisse für Shared Leadership zusammenführend bestätigen (vgl. *D'Innocenzo/Mathieu/Kukenberger* 2014; *Wang/Waldman/Zhang* 2014). Tendenziell weisen die Befunde darauf hin, dass SL dann seine Stärken entfaltet, wenn es um eine Führung geht, die durch das sogenannte *„new-genre leadership"* gut beschrieben ist. Damit sind Führungsrichtungen gemeint, die wie die transformationale oder ermächtigende Führung Wandel, Entwicklung und Lernen besonders thematisieren. Demgegenüber wäre ein SL mit Blick auf Teameffektivität nicht vorteilhaft, wenn lediglich die klassischen Führungsfunktionen gemeinsam bedient würden (z.B. direktive, aufgabenorientierte Führung). *Wang/Waldman/Zhang* (2014) betonen, dass SL vor allem günstig auf Teamprozesse wirke, die in der Folge die Teamleistung beeinflussen und weniger auf die Teamleistung direkt einwirke. Danach werden prioritär Einstellungen zum Team und Verhaltensweisen im Team ergebnisgünstig geformt. Auch die Metaanalyse von *D'Innocenzo/Mathieu/Kukenberger* (2014), die auf der Analyse von 3.198 Teams basiert, bestätigt den positiven Zusammenhang zwischen SL und Teamleistung grundsätzlich, fand aber eine breite Streuung. Verdienstvollerweise untersuchten die Autoren auch den Einfluss von **Methoden** und **Moderatoren**. Bei der Methode stellten sie heraus, dass SL, wird es mittels der in ihren Augen für einige Kontexte exakteren sozialen Netzwerkanalyse bestimmt, größere Effekte aufwies, als eine einfache Aggregation von summarischen Befragteneinschätzungen. Bei den Moderatoren zeigte sich, dass Studentenpopulationen geringere Effekte für SL auswiesen, was sie mit einer mangelnden Einübung bei der Aufgabenbewältigung erklärten. Kontraintuitiv und gegenläufig zu anderen Ergebnissen (vgl. *Nicolaides u.a.* 2014; *Wang/Waldman/Zhang* 2014), auf die wir teilweise weiter unten noch eingehen, war jedoch ihr Befund, dass komplexe Aufgaben negativ mit den Effekten von SL korrelierten. Sie spekulieren, dass dieser Befund zu pauschal ausgefallen sei, weil er die Komplexität von Aufgaben und den damit verbundenen Vorteilen oder Nachteilen von SL nicht ausreichend kompetenzbasiert differenziere. Es könne aber auch deshalb so sein, dass das Management von Komplexität für viele zu schwierig werde. Oder es sei ein methodisches Artefakt, weil komplexe Aufgaben generell schlechter gelöst werden, unabhängig von der Art der Führung.

Hinsichtlich der Einflussbedingungen für die Entstehung von SL liegen unterschiedliche Vorschläge vor. So nennen etwa *Offermann/Scuderi* (2007) als relevante Einflussbedingungen für die Entstehung von SL: kognitive Fähigkeiten, emotionale Kompetenz, gemeinsam geteilte Ziele, Self-Leadership sowie die Gruppengröße. Weiterhin werden als Voraussetzungen für eine erfolgreiche Implementierung von SL Aspekte genannt, die aus der Gruppenforschung als Qualitätskriterien für erfolgreiche Teams bekannt sind, wie z.B. gemeinsam geteilte Orientierungen, Werte und Einstellungen, eine Teamorientierung sowie ein prosoziales, unterstützendes Teamklima (vgl. z.B. *Burke/Fiore/Salas* 2003). Mittlerweile konnten auch einige Bedingungen für die Entstehung von SL empirisch nachgewiesen werden.

> **Empirie zur Entstehung von geteilter Führung**
>
> *Small/Rentsch* (2010) haben in einer Längsschnittstudie einen positiven Zusammenhang zwischen der kollektiven Orientierung innerhalb eines Teams („team collectivism") sowie Vertrauen („intragroup trust") und der Entstehung von SL nachgewiesen. Ähnlich verweisen auch *Zhang*, *Waldman* und *Wang* (2012) auf die Bedeutung von gemeinsam geteilten Visionen für die Entstehung von Führung durch mehrere informelle Führer. *Carson*, *Tesluk* und *Marrone* (2007) nennen als Voraussetzungen für SL zum einen ein positives internes Teamklima (gemeinsames Verständnis über Teamziele, gegenseitige so-

ziale Unterstützung sowie das Ausmaß an Einflussmöglichkeiten auf den Prozess der Aufgabenerfüllung) und zum anderen externe Unterstützung durch Teamcoaching. Insgesamt wird hier den (emergenten) gruppeninternen Prozessen besondere Aufmerksamkeit geschenkt, die jedoch den Autoren zufolge nicht losgelöst vom Kontext betrachtet werden sollten und einer besonderen (gruppenexternen) Unterstützung (z. B. in Form von Coaching) bedürfen.

Weibler/Rohn-Endres (2010) verweisen auf die Bedeutung von besonders hoch ausgeprägten kommunikativen Praktiken, die zur Ausbildung der Unterstützung eines Moderators bedürfen. Weiterhin wird eine eher egalitär ausgerichtete organisationale Umgebung, wie sie in bestimmten Netzwerken vorzufinden ist, als bedeutende Bedingung für die Entwicklung von SL herausgestellt (vgl. auch *Endres/Weibler* 2014). Auf die große Relevanz einer stärkeren Berücksichtigung von kontextuellen Gegebenheiten verweisen beispielsweise auch *Dust* und *Ziegert* (2015; vgl. auch *Nicolaides u. a.* 2014).

Um hier mehr Klarheit zur Wirkung von SL zu gewinnen, begutachten *Dust/Ziegert* (2015) die umfangreiche Literatur über sogenannte **Multi-Leader Teams.** Gemeint ist hier eine Mehrzahl an Führenden in Teams, also **plurale Führungskonfigurationen** – ein Tatbestand, der sich in unterschiedlichen Arten und Ausprägungen der (Ver-)Teilung und gemeinsamen Ausübung von Führung in Teams manifestiert. Auf dieser Basis entwickeln sie eine **Kontingenz-Perspektive** zur **Effektivität** von Multi-Leader Teams. Vereinfacht ausgedrückt geht es darum, genauer zu schauen, welche Art von pluraler Führung unter welchen Situations- und Kontextausprägungen effektiv ist und welche nicht. Neun unterschiedliche Konfigurationen werden anhand von zwei Dimensionen abschließend ermittelt. Als die beiden Basisdimensionen fungieren:

(1) **Anteil von Führenden** in einem Team („proportion of leaders"); dieser Anteil variiert zwischen den Polen „alle Teammitglieder führen" („all") und „zwei Mitglieder führen" („dual"),

(2) **Ausmaß an gemeinsamer Ausübung von Führungsrollen** („dispersion of leadership"); dieses Ausmaß variiert zwischen einer umfassend gemeinsamen Ausübung von Führungsrollen („comprehensive") und einer unabhängigen („independent") Rollenausübung (keine Rollenüberlappung).

Wie in Abbildung E.33 ersichtlich wird, muss mindestens eine Führungsbeteiligung von zwei Personen („dual") vorliegen, um von einem Multi-Leader Team sprechen zu können. Diese Konstellation stellt quasi die mengenmäßige Minimalform von pluraler Führung dar. Der entsprechende Gegenpol der Maximalausprägung wird durch eine Führungsbeteiligung aller Teammitglieder repräsentiert („all").

Aus der Kombination der beiden Dimensionen mit ihren jeweiligen Polen ergeben sich **vier plurale Führungskonfigurationen**, die in den **vier Quadranten** dargestellt sind. Anzumerken ist, dass *Dust* und *Ziegert* (2015) weitere Abstufungen zwischen den Dimensionspolen vorgenommen haben und insgesamt neun Führungskonfigurationen vorstellen. Damit tragen sie der Komplexität der empirisch vorgefundenen Befunde Rechnung. Für die weiteren Betrachtungen fokussieren *Dust/Ziegert* allerdings auf die vier Führungskonfigurationen, die wir im Folgenden anhand exemplarischer empirischer Studien illustrieren. Diese pluralen Führungskonfigurationen bilden als idealtypische Ausprägungen die **Extrempole** ab.

Quadrant 1: Dual-independent

Diese Führungskonfiguration ist durch die Verteilung von Führung auf zwei Teammitglieder, die ihre Führungsrollen unabhängig wahrnehmen, gekennzeichnet („dual-independent"). Ein Beispiel hierfür bietet die Studie von *Bhansing/Leenders/Wijnberg* (2012). Hier wird im Kontext von künstlerisch agierender Organisationen (Theater, Tanzensembles in den Niederlanden) die Wahrnehmung der Führungsaufgabe durch eine Verlagerung auf zwei unterschiedliche funktional getrennte Führungsrollen („dual executive leadership") beschrieben. Konkret wurde das Top-Management von 51 Organisationen mit einer dualen Führungsstruktur, die aus einer Trennung zwischen der Leitung des Kunstbereichs („artistic director") und der Leitung des allgemeinen Managements („managing director") besteht, untersucht. Mit dieser komplementären Teilung der Führungsaufgabe sollten unterschiedliche Ziele der Organisationen zwischen den Polen Kunst und Management ausbalanciert werden. Dies ist vor allem in pluralistischen Kontexten eine zukunftsweisende Herausforderung. Die Ergebnisse der Untersuchung verweisen darauf, dass durch diese dualen Führungskonfigurationen eine kognitive Heterogenität entsteht, die sich sinnvoll auf organisationale Leistungsparameter auswirkt.

Ein anderer Kontext, in dem sich derartige plurale Führungskonfigurationen beobachten lassen sind Kliniken. Im Rahmen der Studie von *Steinert/Goebel/Rieger* (2006) werden beispielsweise Kliniken mit dualer Führung betrachtet, bei der Teams von einem Arzt oder Psychologen und einer Krankenschwester bzw. einem Krankenpfle-

III. Zentrale Perspektiven auf die Ausgestaltung von Führungsbeziehungen — Kapitel E

ger geführt werden. Diese Führungsstruktur wurde in den drei untersuchten Kliniken bewusst a priori formal implementiert. Diese duale Form von gemeinsam ausgeübter Führung wurde im Nachhinein durch eine Befragung mit 165 führenden Teammitgliedern mit positiven Zufriedenheitswerten belegt. Hier wird das geistige Erbe des Divergenztheorems von *Bales/Slater* (1969) deutlich, die schon früh eine komplementäre Rollenteilung unter Gruppenführern beobachteten (☞ B. III. 2).

Wie die Beispiele zeigen, handelt es sich hier um eine funktionale Rollenteilung mit hoher **Komplementarität** und geringer Rollenüberlappung. Komplementarität bezieht sich auf die Fähigkeiten und vorhandenen Ressourcen, die dann mehr als die Summe der einzelnen Ressourcen hervorbringen können. *Dust* und *Ziegert* (2015) bieten folgende Definition von Komplementarität:

„Complementarity is defined as matching heterogeneous resources whereby the returns of the combined resources are greater than those that each resource can generate on its own [...]. Complementary arrangements allow leaders to ensure that all key leadership roles are given adequate attention" (S. 12).

Komplementarität führt zu einer Verbesserung kognitiver Team-Prozesse – beispielsweise zu verbesserter (z. B. innovativer und nuancierter) Entscheidungsqualität durch Ideen- und Gedankenvielfalt („diversity of thought") aufgrund unterschiedlicher Expertisen und Erfahrungshintergründe. Gleichzeitig ist der Koordinationsaufwand bei nur zwei führenden Teammitgliedern

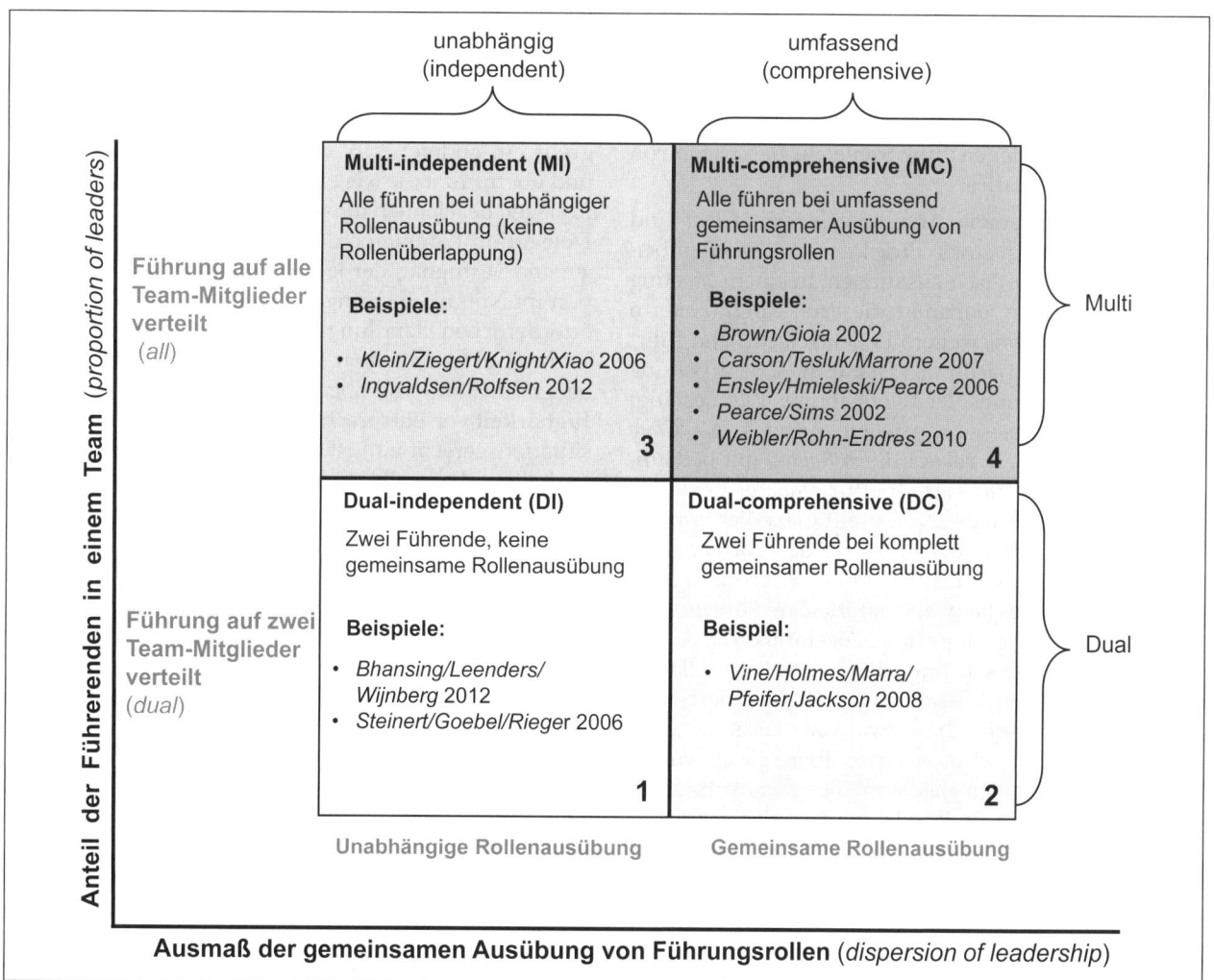

Abb. E.33: Plurale Führungskonfigurationen in Teams (nach *Dust/Ziegert* 2015; eigene Darstellung)

recht gering (vgl. weiterführend *Dust/Ziegert* 2015). Eine andere Variante dualer Führung in Teams bildet der nächste Quadrant ab.

Quadrant 2: Dual-comprehensive

Auch hier bleibt es bei einer Führungsbeteiligung von nur zwei Personen. Im Gegensatz zur vorgenannten Konstellation werden die Führungsrollen jedoch **gemeinsam** ausgeübt („dual-comprehensive"). Diese Konfiguration lässt sich durch die qualitative Studie von *Vine u.a.* (2008) empirisch illustrieren. Hier wird basierend auf der Untersuchung von Gesprächsabläufen aufgezeigt, wie sich eine gemeinsame Ausübung von zwei Führungsrollen in einem Team diskursiv abbildet und manifestiert. Wir sehen hier zwei Führende, die in harmonischer **Rollenüberlappung** ko-agieren. *Vine u.a.* (2008) analysieren alltägliche Gesprächsszenen und konkrete Gesprächspraktiken in Meetings. Sie zeigen dadurch auf, wie Führung in Form von Co-Leadership durch **kommunikative Akte** hervorgebracht und im Alltag ausgeübt wird. Besondere Aufmerksamkeit verdienen hier solche kommunikativen Äußerungen, die eine Brechung einleiten. Eine Szene aus den Daten von *Vine u.a.* illustriert dies:

Senior Manager sowie Abteilungsleiterin *Clara* und ihre Stellvertreterin sowie Projektleiterin *Smithy* arbeiten eng und harmonisch zusammen. In einem Meeting mit 14 Mitgliedern, darunter die Projektmitarbeiterin *Vita*, erläutert *Smithy*, weitere Projektschritte und führt an, das Team habe sich mit *Vita* auf die Überarbeitung des Implementierungsplans verständigt. *Vita* bestätigt die Ausführung dieses speziellen Auftrags. Als *Clara* nicht darauf reagiert, rekapituliert *Smithy* mit beiläufigem Tonfall, dass *Vita* extra hierfür einen gesonderten Arbeitsplan erstellt habe. Nun greift *Clara* dies auf und bekräftigt den Beitrag des Plans für den Fortgang des Projekts; sie drückt damit auch ihre Wertschätzung *Vita* gegenüber aus. Dies kann als unmittelbare Führungsaktivität, insbesondere zur positiven Beeinflussung der Beziehungsebene angesehen werden. Damit hat *Smithy* auf sehr diskrete Weise die Reaktion von *Clara* initiiert. Nach außen ausgeführt wird diese zwar von *Clara* selbst, aber es besteht kein Zweifel, dass die resultierende Führungspraktik de facto beiden gleichermaßen zuzurechnen ist. *Clara* und *Smithy* haben ihre Führungsrollen *gemeinsam* ausgeübt und **erfolgreiche „Ko-Führung"** praktiziert.

Das Fallbeispiel demonstriert schön, dass Kommunikation mit ihren subtilen Untertönen das maßgebliche Medium der Entstehung von Führung ist. Das heißt, Kommunikation wird im Kontext dieser Forschung als konstitutives, erzeugendes Medium von Führung angesehen und nicht lediglich als (rhetorisches) Instrument zur Durchsetzung von individuellem Führungseinfluss (vgl. weiterführend *Vine u.a.* 2008; siehe auch *Endres/Weibler* 2016; *Weibler/Rohn-Endres* 2010).

Quadrant 3: Multi-independent

In dieser pluralen Führungskonfiguration sind mehrere bzw. im Extremfall alle Teammitglieder an der Ausübung von Führungsrollen beteiligt. Allerdings handelt es sich um voneinander **unabhängige** („independent") **Rollen**. Die qualitative Studie von *Klein, Ziegert, Knight* und *Xiao* (2006) über Notfallteams im Bereich der Trauma-Intervention beschreibt eine solche Führungskonfiguration. Hier gibt es zwar formale oberste Leitungspositionen mit Ausführungs- und Entscheidungsmacht. Ist diese oberste Führungsinstanz jedoch gerade nicht verfügbar, übernimmt ein anderes Teammitglied die Aufgabe. Dies ist im Sinne der steten Aufrechterhaltung der Aufgabenerfüllung (hier: des Notfalldienstes) geregelt und erfolgt quasi automatisch. Auch in besonders komplizierten Situationen, wenn das gerade führende Teammitglied mit seiner Aufgabe überfordert ist, greift ein anderer, z.B. weiter spezialisierter Arzt ein und übernimmt die weitere Notfallbetreuung. *Klein* und Kollegen bezeichnen dieses Phänomen als **dynamische Delegation** („dynamic delegation"). Es ist also immer jemand verfügbar, der je nach Anforderung der Situation im Notfall einspringen kann. Die Ausführung der erforderlichen Handlungsschritte in diesen besonderen Teams („extreme action teams") ist also (im beschriebenen Idealfall) voll abgesichert. Durch die **stete Verfügbarkeit** von entsprechenden Personen (jeder springt situationsgerecht ein) ist die Führungsaufgabe auf der Verhaltensebene **abgesichert** („backup behaviors"). Da jeder im Notfall im Prinzip weiß, was zu tun ist, ist der Kommunikations- und Koordinationsbedarf im Einzelfall sehr gering. Jeder übernimmt seinen Part, oft in sequenziellen Handlungsschritten, sodass im Prinzip keine Rollenüberlappungen vorliegen. Die Delegation der Aufgaben erfolgt schnell und routiniert. Die Funktionsweise dieser Prozesse beruht allerdings auf einer dahinterliegenden funktionalen und ent-individualisierten Organisationsstruktur (vgl. weiterführend *Klein u.a.* 2006).

Eine weitere Möglichkeit der Führungsbeteiligung aller bei getrennter Rollenausübung beschreiben *Ingvaldsen* und *Rolfsen* (2012). Die hier untersuchten Gruppen waren als autonome Arbeitsgruppen mit spezialisierten Produktionsaufgaben in der Industrie im Einsatz. Die Gruppenmitglieder haben sich (basierend auf ihrer Entscheidungsautonomie) zu einer rotierenden Übernahme

III. Zentrale Perspektiven auf die Ausgestaltung von Führungsbeziehungen — Kapitel E

von Führungsaufgaben entschieden. Die Gruppe wollte, dass alle Mitglieder gleichermaßen Verantwortung übernehmen und dass alle die gleichen Möglichkeiten zur Weiterentwicklung haben. Konkret wurde die Rolle des Gruppensprechers wöchentlich gewechselt. Damit sind im Grunde alle Gruppenmitglieder zwar in die Führungsaufgabe involviert. Die Ausübung der Führungsaufgabe selbst erfolgt jedoch ohne konkrete Rollenüberlappung, da es zu jedem Zeitpunkt immer nur einen Wortführer gibt. Allerdings war der wöchentliche Wechsel der Führungsrollen mit erheblichen Koordinationsproblemen und Konflikten innerhalb der Gruppe verbunden. Konflikte resultierten jedoch weniger aus der Tatsache des Führungswechsels. Vielmehr waren sie maßgeblich dadurch verursacht, dass die Gruppenmitglieder ihre Führungsrolle unterschiedlich interpretierten und recht unterschiedliche Vorstellungen darüber hatten, wie die Führungsaufgabe konkret auszuüben sei.

Quadrant 4: Multi-comprehensive
Hierunter fallen Konstellationen, bei denen grundsätzlich **alle** oder doch zumindest eine größere Zahl an Organisations- oder Teammitgliedern Führungsaufgaben **gemeinsam** ausüben. Diese Führungskonfiguration stellt die mit Abstand am häufigsten untersuchte Form pluraler Führung in Multi-Leader Teams dar. So fanden beispielsweise *Weibler* und *Rohn-Endres* (2010) in unterschiedlichen kollaborativen interorganisationalen Netzwerken gemeinsam geteilte Einflussprozesse. Deutlich war eine **Aufmerksamkeitsverschiebung** weg vom Individuum hin zu Interaktionen und Beziehungen zwischen Individuen zu beobachten.

Was diese Aufmerksamkeitsverschiebung weg vom Individuum hin zu **Interaktionen und Beziehungen** *zwischen* Individuen in der Praxis bedeutet, verdeutlichen wir nachfolgend unter Bezug auf den Shared Leadership Ansatz in relationaler Lesart von *Fletcher* und *Käufer* (2003): Gemeinsame Verantwortung und gemeinsames Lernen sind hier die Schlüsselbegriffe bei der Entwicklung von gemeinschaftlicher Führung (SL). Diese Führung wird durch eine bestimmte Form **kommunikativer Praktiken** repräsentiert. Man spricht in diesem Zusammenhang von einem **Lern-Dialog**, der (unter später aufzuzeigenden Umständen) in **Shared Leadership** mündet (vgl. Abb. E.34; vgl. *Endres/Weibler* 2014, S. 407 f.; *Weibler/Rohn-Endres* 2010, S. 182 f.). Man interessiert sich dann im Detail dafür, wie dieser soziale Einflussprozess konkret Gestalt annimmt: Das heißt, wie eine Gruppe von zuvor ungebundenen Personen (gleichberechtigte Netzwerkteilnehmer) so agiert, dass am Ende das sichere Gefühl einer nicht mehr auf einzelne Personen zurechenbaren Verantwortung für die Führung der Gruppe entsteht – und schließlich einen fruchtbaren Lern-Dialog mit Shared Leadership praktiziert. Die im untersuchten Netzwerk empirisch vorgefundenen Beziehungs- und Dialogpraktiken wurden unter Bezug auf den Ansatz von *Fletcher/Käufer* (2003) für den Netzwerkkontext spezifiziert.

Fletcher und *Käufer* (2003) konzeptualisieren SL als bestimmte hochqualitative Form kommunikativer Interaktion: als einen Lern-Dialog („learning conversation"), der in seiner besonderen Ausprägung, seiner quasi höchsten Qualitätsstufe, als generativer oder schöpferischer Dialog („generative dialogue") bezeichnet wird. Eingebettet in verflochtene Interaktions- und Beziehungsprozesse entsteht im Gesamtergebnis ein Zustand **emergenter Koordination**, in dem die Gruppe als Ganzes die Verantwortung für den Prozess übernimmt und gemeinsam führt:

„A generative dialogue is by definition shared leadership. It is a form of social interaction in which the whole team or group shares the responsibility of the process itself and improves their ability to cooperate. [...] The quality of social interaction – in other words, the high level of trust and mutual engagement – allows the group as a whole to explore new ideas and ways of thinking and to coordinate itself easily. Thus, we suggest that generative dialogue is by definition shared leadership" (*Fletcher/Käufer* 2003, S. 3 und 39).

Die Entstehung von SL ist hiernach an die Entwicklung eines **Lern-Dialogs („Learning Conversation")** gekoppelt, der vier unterschiedliche Dialog-Phasen mit je spezifischen Sprachspielen umfasst (vgl. Abb. E.34; vgl. *Scharmer* 2001; *Isaacs* 1999).

Zu Beginn spielt sich eine **Höflichkeitsphase** („talking nice") ab. In dieser ersten Phase der Entwicklung einer „Learning Conversation" stehen höfliche, oberflächliche, eher auf die eigene Wirkung bedachte Sprachspiele im Vordergrund. Anstatt zu sagen, was man wirklich denkt, gibt man eher Allgemeinplätze von sich. Vorhandene Normen und Regeln werden sorgfältig eingehalten. In der zweiten Phase, der **Debatte** („talking tough") wird die Kommunikation offener. Eigene Gedanken und Meinungen werden geäußert sowie Regeln in Frage gestellt. Auch Konfliktbehaftetes wird verstärkt thematisiert. Die Teilnehmer versuchen, neue Regeln auszuhandeln. Diese häufig turbulente „Zusammenrauf"-Phase ist sehr wichtig, muss aber überwunden werden, ohne dass die Gesprächspartner in die oberflächliche Höflichkeit der ersten Phase zurückfallen.

In der nächsten Phase, dem **Reflektierenden Dialog** („reflective dialogue") kultivieren die Gesprächspartner zunehmend eine Haltung gegenseitigen Interesses. Sie hören einander zu, ohne dass sie sich gezwungen sehen, andere von ihren Meinungen zu überzeugen. Vielmehr werden die eigene Situation, eigene Einstellungen und Vorstellungen kritisch reflektiert und die Ideen anderer mit Interesse und ohne Vorbehalte aufgenommen. Dies wird als wesentliche Voraussetzung dafür angesehen, Neues aufnehmen und gemeinsam neue Ideen entwickeln zu können (vgl. *Isaacs* 1999). Durch einen intensiven, offenen Austausch von Gedanken und Erfahrungen entwickeln sich schließlich gemeinsame Lernprozesse. Hierbei entsteht kollektives Wissen, basierend auf dem Wissensbestand der Gruppe als Gesamtheit. Kollektives, gemeinsam hergestelltes Wissen geht qualitativ über das hinaus, was ein Einzelner produzieren kann. Dies, weil es auf einer Vielzahl an Perspektiven beruht, einer fortwährenden gemeinsamen Reflexion standhalten muss und in verschiedenen Kontexten erprobt wurde (vgl. *Scharmer* 2001). Eingebettet in eine Atmosphäre gegenseitiger Wertschätzung entwickeln die Gesprächspartner gegenseitiges Verständnis. Gleichzeitig nehmen Vertrauen und gegenseitige Verpflichtung zu.

Mit zunehmender Beziehungsqualität bewegt sich die Gruppe auf die nächste entscheidende Phase des Lern-Dialogs, den **Generativen Dialog** („generative dialogue", meint: schöpferischer Dialog) zu. Auf der Basis vertrauensvoller Beziehungen und gegenseitig unterstützender Zusammenarbeit verbessert die Gruppe schließlich die Koordinierung ihrer gruppeninternen Prozesse soweit, dass ein Zustand emergenter gemeinschaftlicher Koordination entsteht und gemeinsam Neues generiert wird. Zur Manifestierung von SL ist jedoch noch ein wichtiger und recht anspruchsvoller Schritt zu vollziehen: Die Gruppenmitglieder müssen sich mit ihrer Einbettung in den Gruppenzusammenhang wahrnehmen, Interdependenzen erkennen und *an*erkennen sowie einen Sinn für das „Ganze" und damit eine gewissermaßen **relationale Orientierung** entwickeln („primacy of the whole"; vgl. *Scharmer* 2001; *Weibler/Rohn-Endres* 2010). Insgesamt stellt diese Konzeption von SL auf das gruppeninterne Interaktions- und Beziehungsgeschehen und die daraus emergierenden Qualitäten und Führungskapazitäten ab (vgl. weiterführend *Endres/Weibler* 2014, 2012; ☞ E. III. 13).

Auch die Konzeption von *Day*, *Gronn* und *Salas* 2004 stellt auf die Bedeutung emergenter Teamführung ab. Die Autoren wollen zu einem umfassenden Verständnis von ver- oder geteilter sowie kollektiver Teamführung beitragen. Sie führen dazu das Konzept **„team leadership capacity"** (S. 876) ein und verstehen darunter

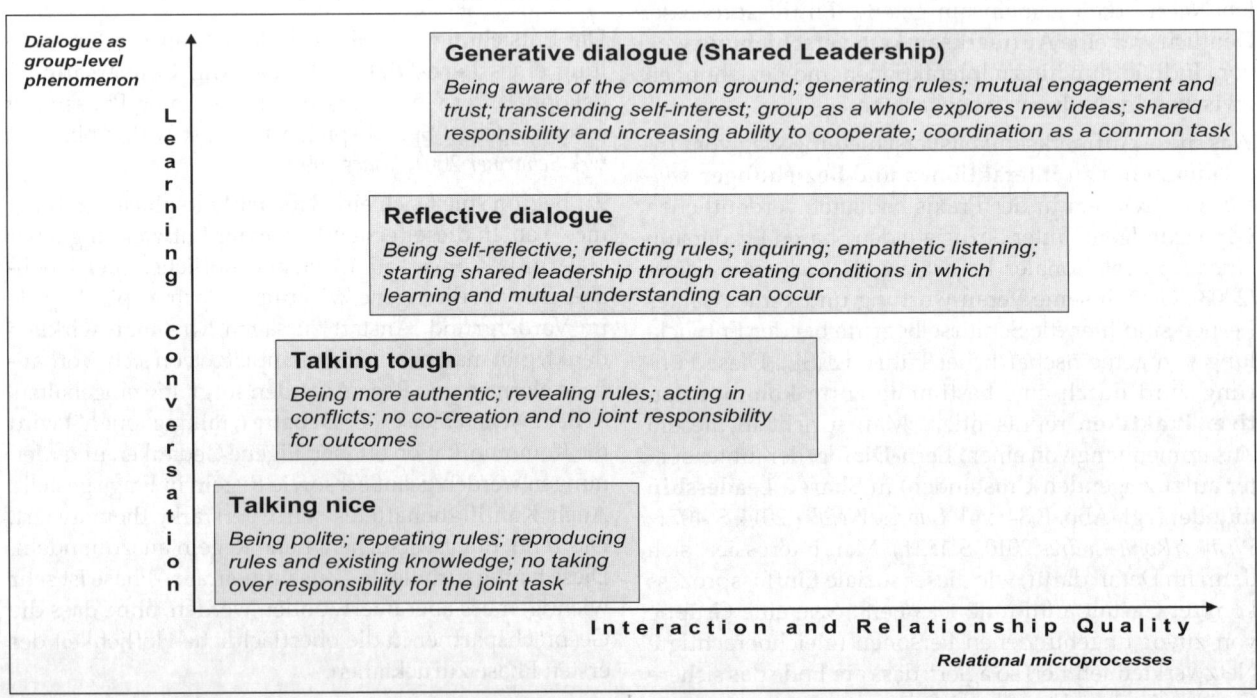

Abb. E.34: Entwicklung von Shared Leadership (vgl. *Weibler/Rohn-Endres* 2010, S. 183)

> „a resource that develops as a function of individual human capital (knowledge, skills, and abilities) – including the leadership resources of a formal or informal leader – as well as teamwork and team learning".

Derartige Führungsphänomene sind dynamischer Natur und entwickeln sich auf der Basis unterschiedlicher Ressourcen innerhalb von Teams. „Leadership capacity" ist daher untrennbar mit gruppeninternen Prozessen verbunden. Im Ergebnis ist sie als ein sich aus der Gruppe herausbildender Zustand zu begreifen, also

> „an ‚emergent state' or a construct that develops over the life of the team" (Day/Gronn/Salas 2004, S. 861).

Ein ähnliches Verständnis von SL findet sich beispielsweise auch bei *Carson*, *Tesluk* und *Marrone* (2007, S. 1218), die SL definieren

> „as an emergent team property that results from the distribution of leadership influence across multiple team members".

Insgesamt sehen diese hier skizzierten Perspektiven Shared Leadership als ein Phänomen, das mit **emergenten Teamprozessen** verschmolzen ist. Damit wird auch ersichtlich dass dieses Verständnis von SL weit über die etwas schlichteren (eingangs aufgezeigten) Vorstellungen hinausgeht, die SL zum Beispiel lediglich als eine temporäre und (oder) situationsangemessene (Ver-)Teilung von Führungsaufgaben auf mehrere Mitglieder eines Teams begreifen. Shared Leadership wird vielmehr *als kollektive* Aktivität und als *Prozess* angesehen. Das traditionelle Führungsverständnis der Einteilung von Personen in Führende und Geführte wird aufgegeben.

12.3 Kritische Würdigung

Eine große Zahl an empirischen Befunden hat das Potenzial von SL gegenüber einer Führung durch Einzelne belegt. **Innovations- und Kreativitätsvorteile**, eine verbesserte Entscheidungsqualität durch **multiple Expertisen** sowie eine erhöhte **Perspektiven- und Ideenvielfalt** stechen bei der Teamführung ins Auge. Diesem Nutzen stehen selbstredend Kosten zum Beispiel in Form von zusätzlichem Kommunikations- und Koordinationsaufwand gegenüber (vgl. weiterführend *Dust/Ziegert* 2015).

Diese dokumentierten Stärken sollten deshalb nicht zu einer „je mehr desto besser"-These verleiten. Oftmals ist es nämlich besser, wenn weniger Teammitglieder führen (vgl. auch *Chreim* 2015). Auch besteht erheblicher Forschungsbedarf bei der Bestimmung von Effekten in Abhängigkeit der **Art und des Ausmaßes von Shared Leadership**. Zurzeit wird ja fast alles darunter gefasst,

was sich von einer formalen hierarchischen Führung abhebt: Teammitglieder, die in die formale Führungsrolle informell schlüpfen („leading up"), die, die ein Teammitglied oder mehrere Teammitglieder lateral führen („leading across"), die, die sich Führungsfunktionen aufteilen („leading jointly") oder das Team, was ohne erkennbare Differenzierung gemeinsam führt („leading collectively"). Solche Konstellationen kommen bei rein vertikal denkenden Führungstheorien erst gar nicht vor und sind auch qualitativ anders zu beurteilen, da beispielsweise formale Machtressourcen nicht mitgegeben werden (vgl. dazu *DeRue* 2011).

Dust/Ziegert (2015) setzen immerhin mit ihrem **Konfiguration-Kontextualisierungsansatz** („configuration-contextualization approach") die Erfolgswirksamkeit von Shared Leadership (als Gesamtkategorie) mit den Rahmenbedingungen, in der sie ausgeübt wird, in Bezug. Damit räumen sie unter anderem mit der ungerechtfertigten Annahme auf, dass es für alle Gruppenmitglieder ideal sei, an Führungsprozessen zu partizipieren. Man müsse stets gleichzeitig die jeweilige Führungskonstellation und den spezifischen Kontext berücksichtigen, um einen passenden Multi-Leader Team Ansatz – sprich: eine **effektive Form pluraler Führungsausübung** – zu evaluieren.

Als ein maßgebliches Kontextmerkmal wird zunächst die **Komplexität** von Umgebung und Arbeitsaufgabe identifiziert. Ausprägung und Form von Komplexität entscheiden darüber, ob eine zunehmende Zahl an führenden Teammitgliedern zur Verbesserung der Effektivität beiträgt. Die Autoren stellen hierbei insbesondere auf die **Neuartigkeit** („novel") und die **Dynamik/Dringlichkeit** („urgent") des situativen Kontexts und der zu bewältigenden Arbeitsaufgaben ab. Insgesamt zeigen sich hier die Vorteile von pluralen Führungskonfigurationen des Typs „multi-comprehensive", bei dem alle gemeinsam in die Ausübung von Führung eingebunden sind, am deutlichsten. Hier schlägt der Vorteil eines Mehr an verschiedenartiger Information, an Ideen- und Perspektivenvielfalt („diversity of thought") voll positiv zu Buche. Die „Kosten", die etwa in Form von höherem Koordinations- und Kommunikationsaufwand zu begleichen sind, werden mehr als aufgewogen. Hier ist somit eine Führungskonfiguration mit einem hohen Anteil an Führenden am effektivsten. Solche Kontexte und Situationsausprägungen finden sich in wissensgetriebenen, kreativen sowie künstlerischen Kontexten. Auch lern- und innovationsorientierte interorganisationale Netzwerke fallen in diese Kategorie (vgl. *Endres/Weibler* 2014). Hier kommt es auf Originalität, Innovation sowie ein offenes Denken in kreativen Möglichkeitsräumen an. Weiterhin geht es häufig zudem um schnelle Anpassung und Agieren in einem temporeichen Arbeitssetting (vgl. z. B. *Brown/Gioia* 2002).

In weniger komplexen Kontexten (z. B. bei stärker spezialisierten Arbeitsaufgaben) schlägt dahingegen der Kommunikations- und Koordinationsaufwand bei gemeinsamer Ausübung der Führungsrollen durch mehrere Führende negativ zu Buche. Hier sind zum Beispiel die Vorteile an Perspektiven- und Ideenvielfalt nicht so bedeutend, als dass sie die Nachteile aufwiegen könnten. Führungskonfigurationen mit weniger Führenden sind dann effektiver. Dies trifft auch für weniger dynamische Kontexte sowie bei der Bewältigung weniger dringlicher Arbeitsaufgaben zu. Während es beispielsweise im Kontext der von *Klein/Ziegert* (2006) beschriebenen Teams in der Notfallversorgung sinnvoll war, da alle Teammitglieder zur Absicherung der Führung für alle (Not-)Fälle bereitstehen, ist dies in weniger dringlichen Arbeitsumgebungen nicht erforderlich bzw. sogar kontra-produktiv (vgl. *Dust/Ziegert* 2015).

Insgesamt ist es bei klar terminierten und/oder spezialisierten (produktionsorientierten) Aufgabenkontexten wenig effektiv, wenn das gesamte Team für Führungsaufgaben zur Verfügung steht. Hier würden also plurale Führungskonfigurationen vom Typ „multi-comprehensive", bei der alle gemeinsam an der Ausübung von Führungsrollen beteiligt sind, eine Ressourcenverschwendung bedeuten. *Dust/Ziegert* (2015) ergänzen hier, dass eben manchmal *nicht* ein Mehr an Führenden effektiv sei, sondern talentierte „Follower" gebraucht werden, die sich auf die Ausübung spezialisierter Aufgaben fokussieren können und dürfen. Weiterhin könnten in der Praxis nicht alle eine potenzielle Beteiligung an gemeinsamen Führungsprozessen auch erfolgreich umsetzen. Häufig sind auftretende Rollenkonflikte und → Rollenambiguitäten zu bewältigen. Die eigene Führungsrolle bzw. Beteiligung am gemeinsamen Führungsprozess muss in Bezug auf andere und den Kontext erfolgreich geklärt werden (vgl. *DeRue/Ashford* 2010). Wie gut oder schlecht, diese Kommunikations- und Koordinationsarbeit hinsichtlich der Klärung der Führungsrollen gelingt, hängt aber auch von kommunikativen und beziehungsbezogenen Fähigkeiten ab. Wenn zum Beispiel alle Teammitglieder hier hoch ausgeprägte Kompetenzen besitzen, verringert dies den Koordinationsaufwand in pluralen Führungskonfigurationen mit hoher Führerzahl und gemeinsamer Rollenausübung; sie werden dann im Ergebnis wieder effektiver.

Eine weitere Stärke, die beim SL eingebracht wird, ist das **emanzipatorische Potenzial**. Diese Diskussion fordert dazu auf, nicht nur einige wenige Organisationsmitglieder mit Führung zu betrauen und den großen Rest hiervon auszuschließen (vgl. z. B. *Crevani/Lindgren/Packendorff* 2010; *Uhl-Bien* 2006). Im Extrem dieser Diskussion wird Führung dann grundsätzlich als gemeinsam geteilter Einflussprozess verstanden. Man löst sich dann von einer unidirektionalen personenorientierten Zuschreibung von Führung. Der Fokus liegt grundsätzlich auf den Interaktionen *zwischen* Personen, die potenziell am Führungsprozess beteiligt sind. Die Einflussrichtungen verlaufen wechselseitig bzw. lateral. Im Ergebnis mündet dieser Spezialfall wechselseitiger Beeinflussungen in einen gemeinsam geteilten sozialen Einflussprozess, der eine Führer-Geführten-Zuordnung in traditioneller Sichtweise nicht mehr sinnvoll erscheinen lässt. Je nach Ansatz wird diese traditionelle Sichtweise (der Führer-Geführten-Zuordnung) dann mehr oder weniger vollständig überwunden (vgl. z. B. *Crevani* 2015; *Denis/Langely/Sergi* 2012; *Ospina/Uhl-Bien* 2012; sowie *Endres/Weibler* 2016 für einen kritischen Überblick zum relationalen Paradigma in der Führung).

Aus inhaltlicher Sicht ist eine glaubwürdige und überzeugende Konzeptualisierung von SL damit mit der Überwindung des traditionell vorherrschenden **heroischen Führungsparadigmas** verbunden (vgl. *Yukl* 2010, S. 494 ff.; siehe auch *Raelin* 2014; *Uhl-Bien/Maslyn/Ospina* 2012; *DeRue* 2011). Derartige Entwicklungen lassen sich auch als eine paradigmatische Verschiebung hin zu einem mehr relational ausgerichteten, **post-heroischen Führungsverständnis** umschreiben. Dieses ist unter anderem durch eine Verschiebung hin zu mehr lateralen Einflussbeziehungen sowie einem Fokus auf die Qualität von Interaktions- und Beziehungsdynamiken gekennzeichnet. Wesentliche Charakteristika dieser beiden Führungsparadigmen sind in der Tabelle E.13 konturscharf gegenübergestellt (vgl. auch *Crevani/Lindgren/Packendorff* 2010; *Fletcher* 2004).

Wir haben gezeigt, dass offenen vertrauensvollen Kommunikationspraktiken eine besondere Bedeutung für SL zukommt. Wie aber kann sich ein dergestalt hochqualitativer Umgang in organisationalen Settings praktisch entwickeln? Es wäre sicherlich naiv, anzunehmen, dass der organisationale Alltag überall so aussieht, wie in egalitären, kooperativen Netzwerkkontexten, in denen Unternehmensvertreter freiwillig und getragen von gegenseitigem Interesse und Wertschätzung zum inspirierenden Netzwerk-Lern-Dialog zusammentreffen (☞ E. III. 13). Andererseits machen gerade solche exem-

Heroic Leadership	Postheroic Leadership
• One single accountable leader • Focus on visible positional heroes • Subordinates are seen as inferiors, interchangeable drones • All wisdom is concentrated in the leader • Leader needs to keep up his or her appearance • Vulnerability for the organization if the leader leaves • Individualism, control, assertiveness, and skills of advocacy and domination are important for leadership • Dominant logic of effectiveness: how to produce things • Doing masculinity • Focus on individuals • Static roles	• Participation of coworkers to leadership is recognized • Coworkers take responsibility and gain knowledge • Leaders encourage innovation and participation • Consensus in decision making • Leader becomes dispensable • Empathy, vulnerability, and skills of inquiry and collaboration become important for leadership • Dominant logic of effectiveness: how to grow people • Doing femininity • Focus on actions and interactions • Dynamic collective construction processes

Tab. E.13: Heroic Leadership vs. Postheroic Leadership (vgl. *Crevani/Lindgren/Packendorff* 2007, S. 48; modifiziert)

plarischen Kontext-Konstellationen den Blick frei, auf das, worauf es bei SL sicherlich besonders ankommt: Die Kommunikation, die hier in Abwesenheit von Macht- und Statusunterschieden in besonderer Weise gedeiht.

Daher lohnt es sich, einen Blick auf die organisationsbezogene Kommunikationsforschung zu werfen, die sich aus einer kritischen Perspektive auch der Problematik von **Kommunikation** bei **Macht- und Statusunterschieden** widmet. *Tourish* (2013, S. 78 ff.) legt beispielsweise dar, dass Aufwärtskommunikation und Aufwärtsfeedback, trotz seiner Vorteile in Organisationen (z. B. für die Entwicklung von Shared Leadership) häufig nicht (bzw. nur in geringem Ausmaß) praktiziert werden. Häufig verweigern Organisationsmitglieder derartiges Feedback. Bei einer explorativen Befragung von *Milliken, Morrison* und *Hewlin* (2003) gaben 85 % der Antwortenden gaben zumindest einen Fall an, in dem sie sich nicht in der Lage fühlten, ein Thema anzusprechen oder Bedenken ihren Chefs gegenüber zu artikulieren, obwohl sie das Gefühl hatten, dass das Thema von Bedeutung ist.

Organisationsmitglieder sind im alltäglichen Organisationsgeschehen ständig mit der Frage konfrontiert, sich mit abweichender oder kritischer Meinung zu Wort zu melden oder zu schweigen. Stillschweigen bewahren trotz besseren Wissens ist dann die Strategie, hinter der sich oft die Angst vor negativen Folgen für Mitarbeiter verbirgt. Eine derartige Angst ist hier durchaus eine rational begründete Angelegenheit. Forschungsbefunde belegen die nachteiligen Folgen für Kritiker und solche, die abweichende Meinungen äußern. Sie würden als schlechte „Teamplayer" angesehen, was noch negativer ins Gewicht falle, als mangelnde Kompetenzen und Fähigkeiten. Es gibt deutliche Hinweise dafür, dass Vorgesetzte Konformität und Zustimmung ernten wollen anstelle von Kritik (vgl. *Tourish* 2013, S. 78 ff.; siehe auch *Derler/Weibler* 2014). Allerdings auch, dass Mitarbeiter diesem Wunsch durch Schmeichelei nachkommen. *Tourish* (2013, S. 80 f.) sieht daher in der **„ingratiation theory"** eine der aufschlussreichsten Erklärungen für die Probleme mit Aufwärtsfeedback. Studien verweisen darauf, dass Personen mit niedrigerem Statuslevel (und niedrigerer Macht) dazu tendieren, in übertriebenem Maß mit Zustimmung zu Meinungen und Handlungen von statushöheren (machtvollen) Personen zu reagieren. Diese Strategien kämen bei Vorgesetzten besser an als kritisches Feedback oder die Artikulierung abweichender Meinung. Überdies tendierten Vorgesetzte – aufgrund einer häufig verzerrten Wahrnehmung der Kommunikation mit ihren Mitarbeitern – dazu, die Häufigkeit von kritischem Feedback zu überschätzen. Außerdem werde Kritik im Sinne eines außergewöhnlichen und seltenen Ereignisses in übersteigerter Form wahrgenommen und Vorgesetzte reagierten mit Ignoranz, Ablehnung oder (zumindest unbewusst) mit Restriktionen den entsprechenden Mitarbeitern gegenüber.

Die vorstehend skizzierten Befunde illustrieren, inwiefern Macht- und Statusunterschiede Praktiken fördern (z. B. Schmeichelei), die sich negativ auf solche kommunikativen Praktiken (z. B. Aufwärtsfeedback) auswirken, die für die Entwicklung von SL relevant sind. Dies legt nahe, zur Entwicklung von SL in traditionellen (üblicherweise eher hierarchisch strukturierten) Organisationen die Bedingungen für ein ungehindertes Aufwärtsfeedback zu verbessern. Ohne eine weitreichende **Nivellierung** von **Status- und Machtunterschieden** bei Kommunikationsanlässen (Meetings, Teamsitzungen, Telefonaten usw.) wird dies nicht gehen (vgl. z. B. *Tourish* 2013; *Galperin/Bennet/Aquino* 2011 siehe auch Machttheoretische Fundierung, ☞ B. II. 6; Digital Leadership, ☞ E. III. 10).

13. Netzwerkführung: Wie Nähe und Gleichrangigkeit auf Führung wirken

13.1 Hintergrund

Netzwerke haben in der letzten Dekade im Organisations- und Managementkontext wie kaum ein anderes Konzept Furore gemacht. Und dies gleichermaßen aus praktischer wie wissenschaftlicher Sicht. Zwei übergreifende Betrachtungsrichtungen lassen sich hierbei identifizieren. Erstens, die **Netzwerkperspektive** in der Organisations- und Managementforschung: Hierbei geht es um den Trend, unterschiedlichste sozialwissenschaftliche Phänomene durch eine „Netzwerkbrille" zu betrachten, also eine Netzwerkperspektive einzunehmen. Man interessiert sich dann beispielsweise für die strukturelle Ausprägung von Kommunikations- und Beziehungsnetzen in Organisationen (vgl. z. B. *Venkataramani/Richter/Clarke* 2014; *Kilduff/Brass* 2010; *Borgatti/Foster* 2003). Im Mittelpunkt steht die Anwendung sogenannter netzwerkanalytischer Methoden. Dabei können auch wertvolle Einsichten über **Netzwerkeffekte auf Führungsphänomene** generiert werden, etwa zum Zusammenhang von Netzwerkeinbettung und der Zuschreibung von Führung (vgl. *Wald/Weibler* 2005; *Pastor/Meindl/Mayo* 2002; siehe *Carter u. a.* 2015 für einen aktuellen Überblick).

Zweitens, die organisationsbezogene Betrachtung von Netzwerken im Sinne einer **Vernetzung zwischen Organisationen** (z. B. interorganisationale Netzwerke/Kooperationen, Allianzen, Joint Ventures, strategische Unternehmensnetzwerke; vgl. *Majchrzak/Jarvenpaa/Bagherzadeh* 2015; *Parmigiani/Rivera-Santos* 2011). Hierbei werden auch die vielfältigen positiven Netzwerkeffekte und Nutzenpotenziale zur Erreichung organisationaler Ziele und nachhaltiger Wettbewerbsvorteile aufgezeigt (vgl. z. B. *Najafian/Colabi* 2014; *Gulati/Lavie/Madhavan* 2011; *Barringer/Harrison* 2000). Angesichts der steigenden Bedeutung derartiger Organisationsformen gehen *Raab/Kenis* (2009) davon aus, dass interorganisationale Netzwerke die traditionelle, hierarchische Organisationsform allmählich ablösen. Hiernach bewegen wir uns längst in Richtung einer „Society of Networks" (vgl. *Raab/Kenis* 2009, S. 198; siehe auch *Endres/Weibler* 2014, S. 403). Diese signifikante Relevanz hat auch ein verstärktes Interesse an den Funktionsprinzipien sowie der Führung in interorganisationalen Netzwerken hervorgerufen (vgl. z. B. *Endres/Weibler* 2014; *Müller-Seitz* 2012; *Sydow* 2010a).

Diese beiden grundlegenden Diskussionsrichtungen der sozialwissenschaftlichen Netzwerkforschung (vgl. auch *Oliver/Ebers* 1998) sind in Abbildung E.35 schematisch visualisiert. Sie stellt einen in erster Linie analytischen Ordnungsrahmen dar. In der Forschungspraxis kommt es zu Überschneidungen.

(1) Netzwerkperspektive in der Organisationsforschung

Netzwerke werden hier primär als methodisches Konstrukt verstanden und in einem allgemein formalen Sinn definiert als

„*a set of actors connected by a set of ties. The actors (often called ‚nodes') can be persons, teams, organizations, concepts, etc.*" (*Borgatti/Foster* 2003, S. 992).

Auf dieser Basis ist es möglich, zum einen Organisationen/Kontexte jeglicher Art (z. B. Hierarchien, Märkte, soziale Gemeinschaften) als Netzwerke zu konzeptualisieren. Solche „Netzwerke" sind dann als strukturelle, analytisch konzipierte Netzwerke zu verstehen. Zum anderen können Konstrukte oder Phänomene jeglicher Art (z. B. Ähnlichkeit von Wahrnehmung, Innovation, Kreativität, sozialer Einfluss, Machtverteilung) mit **netzwerkanalytischen Methoden** untersucht werden (vgl. z. B. *Kilduff/Brass* 2010; *Brass u. a.* 2004).

Dabei wird auf unterschiedliche Konzepte des **sozialen Netzwerkansatzes** zurückgegriffen. In Tabelle E.14 sind Kernkonzepte der organisationsbezogenen sozialen Netzwerkforschung zusammengestellt („organizational social network core ideas"; vgl. *Kilduff/Brass* 2010).

Soziale Beziehungen („social relations"), als erstes von *Kilduff* und *Brass* (2010) genanntes Konzept, basieren auf der zunächst ganz schlichten Erkenntnis, dass Menschen soziale Wesen sind, die zur Befriedigung ihrer Bedürfnisse und Bewältigung ihrer Aufgaben soziale Beziehungen eingehen sowie unterschiedliche Beziehungsmuster bilden (vgl. *Kilduff/Tsai* 2003). Diese Diskussion wird nicht zuletzt gefördert durch die Hawthorne-Studien (vgl. *Deeg/Weibler* 2008, S. 73 ff. für einen Überblick; → Hawthorne-Effekt). Im Kern resultiert daraus eine verstärkte Beachtung **informaler sozialer Beziehungsnetze** in Organisationen (vgl. z. B. *Cullen/Gerba-*

III. Zentrale Perspektiven auf die Ausgestaltung von Führungsbeziehungen — Kapitel E

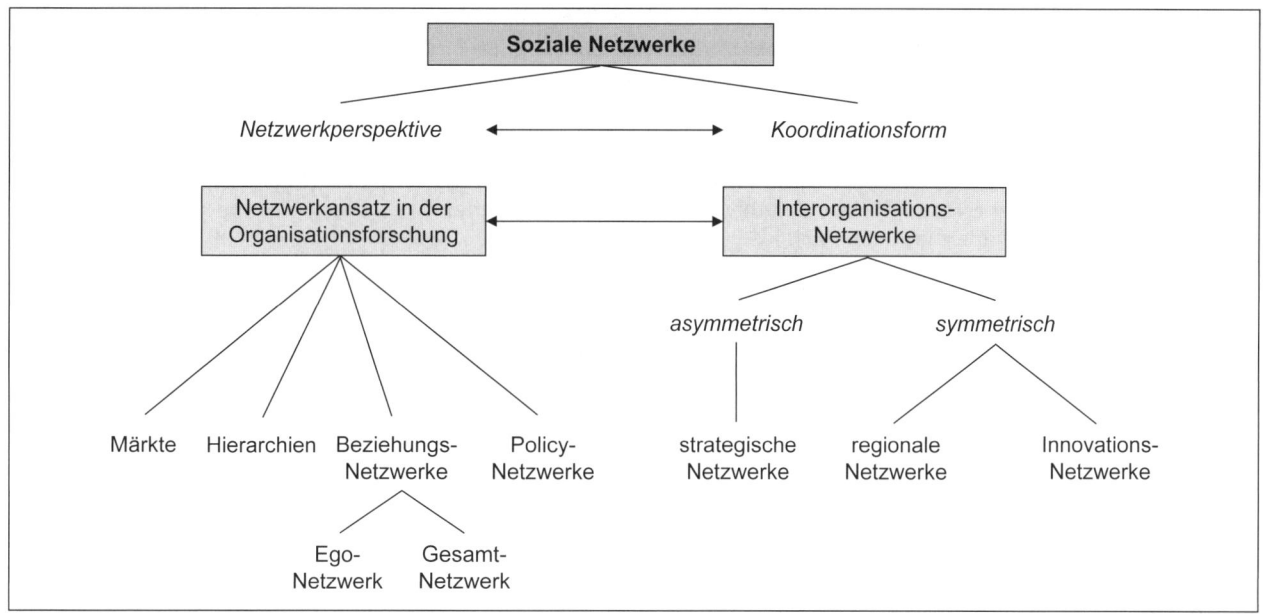

Abb. E.35: Landkarte der sozialwissenschaftlichen Netzwerkforschung (in Anlehnung an *Weyer* 2000, S. 15; modifiziert)

si/*Chrobot-Mason* 2015; *Kilduff/Krackhardt* 2008; *Balkundi/Kilduff* 2006). Die soziale Netzwerkanalyse bezieht sich dabei auf die Untersuchung unterschiedlicher (struktureller) Beziehungsmuster („structural patterning", vgl. Tab. E.14). So wird beispielsweise der Inhalt der Verbindungen (z. B. freundschaftlich oder arbeitsbezogen) zwar definiert, der analytische Fokus richtet sich jedoch auf die formale Struktur der Beziehungen. Diese wird in der Regel anhand struktureller Maßzahlen (z. B. Dichte von Netzen, Kontakthäufigkeit, Zentralität von Akteuren) und basierend auf Methoden der **strukturellen Netzwerkanalyse** untersucht (vgl. weiterführend z. B. *Kilduff/Brass* 2010). Damit geht es um die Gestalt des Beziehungsnetzes.

Das Konzept der Einbettung („**embeddedness**"; vgl. Tab. E.14) knüpft an der Bedeutung sozialer Beziehungsstrukturen an und lenkt den Blick darauf, dass menschliches Verhalten – und explizit auch alle wirtschaftlichen Aktivitäten und Transaktionen – in unterschiedliche Netze an Beziehungen eingebettet sind (vgl. *Granovetter* 1985). Ein Grundgedanke hierbei ist, dass Menschen dazu neigen, Austausch innerhalb ihrer vorhandenen Beziehungsnetze zu pflegen. Weiterhin soll die Einbettung in Netzwerke eigene Handlungsbeschränkungen überwinden. Aus den Beziehungen erwachsen Handlungsoptionen, die auf **Sozialkapital** (Ressourcen, die aufgrund sozialer Beziehungen verfügbar sind oder gemacht werden können) beruhen. Sie verweisen auf die Nützlichkeit der Netzwerkeinbettung („utility of network connections"; vgl. z. B. *Dyer/Singh* 1998; kritisch dazu z. B. *Ring/deLeo* 2009).

Aktuelle Beispiele für die Anwendung des Netzwerkansatzes in der führungsrelevanten Organisationsforschung sind etwa die Untersuchung von Ähnlichkeit von Wahrnehmungen („attitude similarity") (vgl. *Rice/Aydin* 1991), Innovation (vgl. *Obstfeld* 2005), Kreativität (vgl. *Perry-Smith* 2006; *Burt* 2004), sozialem Einfluss und Macht (vgl. *White/Currie/Lockett* 2014; *Sparrowe/Liden* 2005; *Brass* 1984), unethischem Verhalten (vgl. *Zuber* 2015) sowie Organizational Citizenship Behavior (vgl. *Bowler/Brass* 2006). Nicht zuletzt fallen hierunter auch direkt Führungsphänomene, wie beispielsweise die Zuschreibung von charismatischer Führung (vgl. insgesamt *Carter u. a.* 2015; *Wald/Weibler* 2005; *Pastor/Meindl/Mayo* 2002). Wir konkretisieren diese Überlegungen weiter unten („Die Netzwerkperspektive in der Führungsforschung").

(2) Netzwerke als Form der Handlungskoordination

Die zweite klassische Perspektive der sozialen Netzwerkforschung (vgl. Abb. E.35), die **Interorganisationsforschung**, stellt primär auf Netzwerke als konkreten organisationalen Kontext ab. Netzwerke werden als eine **Koordinationsform** zur Erreichung organisationaler Ziele und damit als ein qualitativ **eigenständiger** Typus der Handlungskoordination („network governance") verstanden (vgl. z. B. *Sydow* 2010b; *Provan/Kenis* 2008;

Organizational Social Network Core Ideas	Key citations
Social relations: Social network research involves the study of sets of actors and the relations that connect and divide them.	*Freeman* (2004) *Tichy/Tushman/Fombrum* (1979)
Embeddedness: Actors are embedded within a network to the extent that they show a preference for transacting with network members or to the extent that social ties are forged, renewed, and extended through the community rather than through actors outside the community.	*Granovetter* (1985) *Uzzi* (1996)
Structural patterning: Beneath the complexity of social relations, there are enduring patterns of clustering, connectivity, and centralization.	*Wellman/Berkowitz* (1988) *White/Boorman/Breiger* (1976)
Utility of network connections: Social network connections constrain and facilitate outcomes of importance to individuals and groups.	*Burt* (1992) *Nahapiet/Ghoshal* (1998)

Tab. E.14: Kernkonzepte organisationaler sozialer Netzwerke (*Kilduff/Brass* 2010, S. 319)

Jones/Hesterly/Borgatti 1997). Gemeint sind dann Netzwerke *zwischen* Organisationen, die auch **als interorganisationale Netzwerke** bezeichnet werden. Innerhalb der Interorganisationsforschung stellt unter anderem *Powell* (1990) besonders deutlich ein Verständnis von Netzwerken als distinkten Typus der Handlungskoordination heraus. Hiernach stellen Netzwerke eine klar identifizierbare und unter spezifischen Umständen lebensfähige und damit idealtypisch verstandene ökonomische Austauschform dar:

> „*relational or network forms of organization are a clearly identifiable and viable form of economic exchange under certain specifiable circumstances*" (*Powell* 1990, S. 296).

Der qualitativ eigenständige Koordinationsmodus „Netzwerk" wird anderen klassischen Formen, wie dem Markt (Koordination durch Preise) und der Hierarchie (Koordination durch Anweisung) kontrastierend gegenüber gestellt:

> „*In network modes of resource allocation, transactions occur neither through discrete exchanges nor by administrative fiat, but through networks of individuals engaged in reciprocal, preferential, mutually supportive actions*" (*Powell* 1990, S. 303).

Mit dieser Begriffslegung sind zugleich (idealtypische) Merkmale von Netzwerken wie Wechselseitigkeit (Reziprozität), Autonomie, Interdependenz sowie vertrauensvolle und eher horizontale denn vertikale Beziehungen verbunden (vgl. auch *Weyer* 2000). Solche interorganisationalen Netzwerke funktionieren also weder nach (traditionell) hierarchischen Kontrollprinzipien noch nach freien Marktprinzipien – und sie sind häufig dynamisch und instabil (vgl. *Majchrzak/Jarvenpaa/Bagherzadeh* 2015 für einen aktuellen Überblick).

Praktisch sind unterschiedlichste Formen interorganisationaler Zusammenarbeit denkbar. Weithin bekannt sind beispielsweise (strategische) Allianzen und Joint Ventures. Diese unterscheiden sich zumeist dadurch, dass Joint Ventures vorwiegend aus gleichberechtigten Partnern bestehen, während bei strategischen Allianzen zumeist ein fokales Unternehmen zentrale Kontrollfunktionen ausübt (vgl. *Parmigiani/Rivera-Santos* 2011). Eine noch stärker vertikal ausgerichtete Art von Netzwerkzusammenarbeit findet sich bei sogenannten Lieferanten-Netzwerken und Wertschöpfungsketten. Da hier oftmals nicht mehr von Kooperationsbeziehungen relativ autonomer Mitgliedsunternehmen ausgegangen werden kann, fallen sie im Prinzip nicht mehr unter die vorstehende allgemeine Definition von interorganisationalen Netzwerken. Wir fokussieren daher im Folgenden auf kollaborativ angelegte Netzwerke, in denen Organisationen/Unternehmen grundsätzlich gleichberechtigt zusammenarbeiten. Entsprechend kann bei einem interorganisationalen Netzwerk von einem „bewusst geschaffenen kooperativen Arrangement von drei oder mehr juristisch autonomen Organisationen", die sich zusammenfinden, um übergeordnete Problemstellungen oder Ziele gemeinsam zu bearbeiten, ausgegangen werden (vgl. *Endres/Weibler* 2014, S. 404; siehe auch *Provan/Fish/Sydow* 2007). Gerade solche kooperationsorientieren Netzwerkkonstellationen werden als besonders zukunftsrelevante Organisationsformen angesehen (vgl. z. B. *Miles u. a.* 2010).

Durch diese Charakteristika stellen interorganisationale Netzwerke einen ganz spezifischen **Führungskontext** dar (vgl. z. B. *Weibler/Rohn-Endres* 2010; *Huxham/Vangen* 2000). Ein wesentlicher Unterschied liegt in der Regel schon in der vergleichsweise geringen bzw. ganz fehlenden formalen Vorsteuerung (z. B. aufgrund fehlender vordefinierter hierarchischer Machtstrukturen; (☞ A. IV. 2.3). Es stellt sich beispielsweise die Frage, wie autonome „Nicht-Mitarbeiter", die sich in solchen kollaborativen Netzwerken zusammenfinden, geführt werden (können)? Es geht also um Führung *in* interorganisationalen Netzwerken, genauer um *personale* Führung innerhalb von Netzwerken (Mikro-Ebene). Ausgeklammert bleibt folglich (strategische) Führung *von* Netzwerken durch einzelne Organisationen (Netzwerkebene bzw. Makro-Ebene).

13.2 Zentrale Aussagen

Wir knüpfen an die vorstehend skizzierten Diskussionsstränge innerhalb der sozialwissenschaftlichen Netzwerkforschung an und starten mit der **Netzwerkperspektive**.

Netzwerkperspektive in der Führungsforschung

Im Gegensatz zur Organisationsforschung im Allgemeinen ist die Integration der sozialen Netzwerkanalyse in der Führungsforschung noch relativ neu. Wenngleich eine konzeptionelle Pionierarbeit von *McElroy* und *Shrader* (1986) das Potenzial netzwerkanalytischer Konzepte zur Beantwortung führungstheoretischer Fragestellungen (z. B. Attribution von Führung) schon früh herausgestellt hat, lagen bis vor Kurzem erst relativ wenige empirische Arbeiten vor, die auf einer Anwendung des Netzwerkansatzes basieren (vgl. *Wald/Weibler* 2005; *Borgatti/Foster* 2003). Aktuell ist hier jedoch ein zunehmendes Interesse zu verzeichnen (vgl. *Carter u. a.* 2015). Bisher durchgeführte Untersuchungen zielen u. a. darauf ab, Führungsphänomene mit ihrer kontextuellen Einbettung in strukturelle Beziehungsgefüge zu analysieren (vgl. *Wald/Weibler* 2005). Innerhalb dieses Diskussionsstranges geht es insbesondere um die Untersuchung des Zusammenhangs zwischen der **Netzwerkeinbettung** und der **Zuschreibung von Führung**. In der Regel werden hierzu attributionstheoretische Erkenntnisse und kognitive Führungstheorien (vgl. z. B. *Lord/Emrich* 2001) mit strukturellen netzwerkanalytischen Erklärungsansätzen verknüpft. Dadurch sollen Wahrnehmungsphänomene (z. B. Zuschreibung von Führung) umfassender erklärt werden (vgl. auch *Wald/Weibler* 2005).

Empirie zu netzwerkanalytischen Ansätzen

Andreas Wald und *Jürgen Weibler* (2005) haben im Rahmen einer explorativen Studie in einem mittelständischen Unternehmen untersucht, ob und inwiefern die Einbettung in Netzwerke (strukturelle Einbettung) von Unternehmensmitgliedern einen Einfluss auf die Zuschreibung von Führung hat. Konkret wurde der Frage nachgegangen, welchen Effekt (1) die **Nähe von Akteurspositionen** und (2) die **strukturelle Äquivalenz von Akteurspositionen** in Netzwerken auf die Ähnlichkeit der Zuschreibung von Führung haben. Zum Einsatz kamen netzwerkanalytische Verfahren sowie von Regressionsanalysen. Die postulierten Hypothesen, dass sowohl die Nähe in Netzwerken als auch die Besetzung strukturell äquivalenter Positionen zu einer ähnlichen Zuschreibung von Führung führt, konnten bestätigt werden. Wenngleich die Effekte uneinheitlich sowie teilweise gering auftraten, bestätigt die Untersuchung, dass die Netzwerkeinbettung und resultierende Netzwerkeffekte grundsätzlich einen Einfluss auf die Zuschreibung von Führung haben.

In Tabelle E.15 sind exemplarische empirische Studien, die netzwerkanalytische Verfahren zur Erklärung von Führungsphänomenen eingesetzt haben, zusammengestellt.

Gemeinsam ist den Untersuchungen, dass die Zuschreibung/Attribution von Führung (z. B. charismatischer Führung) als abhängige Variable und unterschiedliche strukturelle Maßzahlen zur Konkretisierung der Netzwerkeinbettung (z. B. Nähe, Zentralität, Äquivalenz) als unabhängige Variablen fungieren.

Einen anderen Ansatz verfolgt ein mittlerweile entstandener Diskussionsstrang, der sich insbesondere mit der Bedeutung (informeller) sozialer Netze für die Führung beschäftigt. Hier liegen u. a. Forschungsarbeiten über **Netzwerkeffekte** auf die **Teameffektivität** (Wirkung der Netzwerkeinbettung) vor. *Balkundi* und *Harrison* (2006) haben dazu eine Metaanalyse vorgelegt. Die Autoren gehen der Frage nach, inwiefern und wie die Art der strukturellen Einbettung (z. B. Dichte von formalen und informalen teaminternen Netzen) von Teammitgliedern und Führenden (z. B. Zentralität von Führenden innerhalb des teaminternen Netzes) dazu beiträgt, Teameffektivität zu fördern oder zu beeinträchtigen. Die abhängigen Variablen beziehen sich hier jedoch nicht auf die Zuschreibung/Attribution von Führung, sondern auf gruppenbezogene Effektivitätsparameter.

Die Metaanalyse von *Balkundi* und *Harrison* (2006) basiert auf insgesamt 37 netzwerkanalytisch durchgeführten Studien von Teams in natürlichen organisationalen Settings. Die Autoren kommen zu folgenden Ergebnissen: Teams mit dichten (informellen) Freundschaftsnetzwerken („expressive social networks") und dichten arbeitsbezogenen formalen sozialen Netzwerken („instrumental social networks") erzielen bessere Leistungen und entwickeln zugleich eine erhöhte Viabilität („viability").

Studie	Gegenstand	Ergebnisse
Pastor/ Meindl/Mayo (2002)	Effekt der Netzwerkeinbettung auf die Attribution charismatischer Führung („longitudinales Design") unabhängige Variable: Nähe („proximity") in Netzwerken (ein arbeitsbezogenes Informationsaustausch-Netzwerk und ein Freundschaftsnetzwerk)	Bestätigung der postulierten Konvergenz-Effekte („convergence-effects") auf die Attribution von charismatischer Führung bei struktureller Nähe in Netzwerken („network proximity"), d. h. Angleichung der Attribution von Personen, die Positionen in Netzwerken innehaben, die nahe zueinander sind
Neubert/ Taggar (2004)	Netzwerkeffekte (u. a. die Netzwerkzentralität) auf die Zuschreibung von Führung mit dem Fokus auf geschlechterspezifische Unterschiede bei der Zuschreibung informeller Führung	Bestätigung des Zusammenhangs zwischen Netzwerkzentralität der Teammitglieder und der Attribution emergenter Führung (Wahrnehmung als informelle Führer); abweichend von der postulierten Hypothese, tritt dies jedoch bei Männern deutlich stärker auf als bei Frauen
Wald/Weibler (2005)	Netzwerkeffekte auf die Zuschreibung von Führung (Ähnlichkeit der Attribution) in arbeitsbezogenen Informationsnetzen und darüber hinausgehender sozialer Beziehungen; unabhängige Variablen: Nähe und strukturelle Äquivalenz	Bestätigung von Netzwerkeffekten (Besetzung strukturell äquivalenter Netzwerkpositionen und Nähe in Netzwerken) auf die Zuschreibung von Führung

Tab. E.15: Empirische Studien über Netzwerkeffekte und die Zuschreibung/Attribution von Führung unter Anwendung netzwerkanalytischer Methoden

Viabilität bezieht sich hierbei auf die nachhaltige Funktions- und Überlebensfähigkeit des Teams und umfasst Beschreibungsgrößen wie Zufriedenheit und den Willen zur weiteren Zusammenarbeit. Mit Blick auf **Teamführung** hat die Studie gezeigt, dass die **Zentralität von Teamführern** innerhalb team*interner* Netze einen positiven Einfluss auf die Teamleistung hat.

In den Kontext dieser Forschungstradition sind auch die Studien von *Mehra, Dixon u. a.* (2006) und *Mehra, Smith u. a.* (2006) einzuordnen, die den Einfluss der Netzwerkeinbettung von Gruppenführern („the leaders' social network structures") untersucht haben. Im Mittelpunkt stehen Effekte, die von informellen sowohl internen als auch externen Freundschaftsnetzwerken von Führenden ausgehen. Die Ergebnisse belegen, dass sich die Zentralität des Führenden in externen und internen Freundschaftsnetzwerken sowohl positiv auf die Teamleistung als auch auf die Reputation des Führenden innerhalb der Organisation auswirkt. Die Autoren empfehlen daher, dass Organisationen für die Leistungsfähigkeit von Teams Führungskräfte viel mehr dabei unterstützen sollten, ihre *informellen* (externen wie teaminternen) sozialen Netzwerkbeziehungen („friendship networks") zu pflegen und Führende in ihrer Rolle als „social architects" zu unterstützen (vgl. *Mehra, Dixon u. a.* 2006, S. 76).

In ähnlicher Weise stellen *Oh/Chung/Labianca* (2004) die Bedeutung informeller sozialer Beziehungen heraus und fordern u. a. zu einem sensiblen Management sozialer Beziehungen innerhalb von Gruppen und Organisationen auf. In einem konzeptionellen Beitrag argumentieren *Balkundi/Kilduff* (2006, S. 434) ganz ähnlich und betonen: „*Leadership requires the management of social relationships*". Die Autoren verknüpfen Kernkonzepte des sozialen Netzwerkansatzes mit kognitiven Führungsansätzen (z. B. *Lord/Emrich* 2001) sowie der Leader-Member-Exchange (LMX) Theorie (vgl. *Graen/Uhl-Bien* 1995); sie stellen ebenfalls die Bedeutung informeller Beziehungen von Führenden für ein effektives Führungshandeln („leader effectiveness") heraus (vgl. auch *Kilduff/Krackhardt* 2008 sowie *Carter u. a.* 2015 für einen weiterführenden Überblick).

Dies wird aktuell verstärkt aufgegriffen durch umfangreiche Beiträge, die auf die Bedeutung und die Vorteile von **„Networking"**, gerade für Führungskräfte, verweisen (vgl. weiterführend *Porter/Woo* 2015; *Venkataramani/Richter/Clarke* 2014). Weiterhin wird es als Führungsaufgabe angesehen, Mitarbeiter zum Networking zu ermutigen. Dadurch soll auch das in einer Organisation verfügbare soziale Kapital insgesamt vermehrt werden (vgl. *Anderson/Sun* 2015b). Dabei mag es alle Beteiligten zu positivem proaktivem Netzwerkengagement ermu-

III. Zentrale Perspektiven auf die Ausgestaltung von Führungsbeziehungen — Kapitel E

tigen, dass man aus Netzwerken auch Vorteile ziehen kann, indem man andere unterstützt (vgl. weiterführend *Shah/Cross/Levin* 2015). Die hier anklingende Idee der aktiven Kooperation und gegenseitigen Unterstützung ist gerade für interorganisationale Netzwerke zentral (vgl. *Powell* 1990; siehe auch *Weibler/Rohn-Endres* 2010).

Führung in interorganisationalen Netzwerken

Interorganisationale Netzwerke als eine distinkte Form der Handlungskoordination stellen, wie eingangs bereits ausgeführt, einen besonderen **organisationalen Führungskontext** dar. Führung in interorganisationalen Netzwerken stellt gängige Vorstellungen von Führung in Frage. Der Erklärungsgehalt etablierter Führungstheorien ist hier, zumindest für sich allein, schnell erschöpft. Traditionelle Führungsansätze sind zudem eher selten, und wenn, dann in traditionellen organisationalen Kontexten entwickelt worden (vgl. z. B. *Porter/McLaughlin* 2006). Insgesamt fehlen elaborierte, tragfähige Alternativen zu vorhandenen herkömmlichen Erklärungsansätzen. Dennoch liegen erste Befunde vor.

Ein Diskussionsstrang, der sich innerhalb der Interorganisationsforschung mittlerweile verstärkt der empirischen Untersuchung von Führung widmet, ist im Umfeld des Public Management („collaborative governance" sowie „collaborative public management") angesiedelt (vgl. z. B. *Crosby/Bryson* 2010a/b; *Silvia/McGuire* 2010).

Empirie zum Führungsverhalten in Netzwerken

Um Führungsverhalten in Netzwerken des öffentlichen Bereichs („public sector networks") geht es in einer Studie von *Silvia* und *McGuire* (2010). Die Autoren knüpfen an die – von uns vorstehend bereits vorgestellte – Annahme an, dass Netzwerkführung sich von Führung im innerorganisatorischen Kontext unterscheide. In einer quantitativen Studie (standardisierter Fragebogen) werden 417 Netzwerk-Manager im Kontext des landesweit vernetzen Notfall- und Katastrophenmanagements („emergency management in cross-sector collaborations") in den USA danach befragt, wie sie zum einen innerhalb ihrer Verwaltungsorganisation führen und wie sie im Vergleich dazu im Kontext ihres Netzwerkes führen. Die Untersuchung kommt zu dem Ergebnis, dass (1) organisationsorientiertes Führungsverhalten uneinheitlich auftritt, jedoch (2) bei Führung im Netzwerk im Gegensatz zu Führung in der eigenen Verwaltung ein weniger aufgabenorientiertes („task-oriented") Führungsverhalten und ein stärker den Akteuren zugewandtes („people-oriented") Führungsverhalten gezeigt wird. Die Autoren konzeptualisieren weiterhin einen Netzwerkführer als „integrative leader" (vgl. *Crosby/Bryson* 2010b) der insbesondere (1) alle Netzwerkmitglieder als Gleichgestellte behandelt, (2) freien Meinungsaustausch pflegt und (3) vertrauensbildend wirkt (vgl. *Silvia/McGuire* 2010, S. 270 f.). Insgesamt liefert die Studie erste empirische Belege dafür, dass sich das Führungsverhalten (identischer Führungskräfte) im Netzwerkkontext von Führung im organisationalen Kontext unterscheidet.

Basierend auf einem qualitativen Forschungsdesign untersuchten *Vangen* und *Huxham* (2003) interorganisationale Kollaborationen des öffentlichen Sektors. Die Autorinnen definieren **Führung** („collaborative leadership") als „the mechanisms that make things happen in a collaboration" (*Vangen/Huxham* 2003, S. 62).

Konkret beschäftigt sich die Studie mit der Führungsrolle von sogenannten Partnership Managern („partnership manager"), deren Aufgabe es ist, die Aktivitäten der Kollaboration zu organisieren. Im Ergebnis werden als „essence of leadership enactment for collaborative advantage" zwei gegensätzliche Rollensets identifiziert: (1) Führungsverhalten, das im Geist der Kollaboration („spirit of collaboration") steht und insbesondere Unterstützung, Empowerment und Integration umfasst („facilitative roles") und (2) Führungsverhalten, das als rücksichtsloses Vorgehen zur Erreichung der Kooperationsziele („collaborative thuggery") bezeichnet wird und beispielsweise mikropolitische Taktiken sowie Beeinflussungsstrategien umfasst („directive roles"). Die Studie illustriert dilemmatische Situationen für Führende in Netzwerken und verweist zugleich auf die pragmatische Ebene von Netzwerkführung, die aus der übergreifenden Führungsanforderung, Dinge voranbringen zu müssen (**„making things happen"**), erwachse.

Auf widersprüchliche und paradoxe Anforderungen an Netzwerkführung verweisen auch die Ergebnisse von *Ospina* und *Saz-Carranza* (2010). Einerseits ist nach Gemeinschaft im Netzwerk zu streben, andererseits ist die Vielfalt der Netzwerkteilnehmer zu erhalten. Sie argumentieren, dass ein Verständnis von Führung als **relationaler Prozess** hierbei angemessener sei als traditionelle Führungsverständnisse (vgl. weiterführend *Ospina/Saz-Carranza* 2010). Auch *Huxham* und *Vangen* (2000) zeigen die Relevanz einer relationalen Perspektive von Führung in interorganisationalen Netzwerken auf. Netzwerkführung umfasst hiernach alle „Mechanismen", die die „Dinge" im Netzwerk, also alle Netzwerkangelegenheiten (Netzwerkagenda), voranbringen (vgl. *Huxham/Vangen* 2000, S. 1165). Hier wird eine traditionelle individuenzentrierte Führungsperspektive deutlich erweitert. Die Autorinnen benennen drei **Führungsmedien**: Strukturen (z. B. formale Regelungen, Verwaltungsstrukturen), Prozesse (z. B. Abwicklung von Workshops, Abläufe zur Ermöglichung und Sicherung der Netzwerk-Kommunikation) und die Netzwerkteilnehmer selbst. Keines dieser drei Medien könne unmittelbar von einzelnen Mitgliedern kontrolliert werden. Die unterschiedlichen, nicht vorherbestimmbaren Ausgestaltungen der Führungsprozesse entwickeln sich vielmehr durch die Netzwerk*aktivitäten* (vgl. *Huxham/Vangen* 2000, S. 1171).

In diesem Sinne argumentieren auch *Weibler/Rohn-Endres* (2010). Sie stellen am Ende ihrer qualitativen Studie auf die Bedeutung von Dynamiken, die aus dem Zusammenspiel von Strukturen, kollektiven Prozessen und Individuen hervorgebracht werden, ab (vgl. auch *Endres/Weibler* 2014). Schauen wir uns dies einmal stellvertretend genauer an.

Die Netzwerkführung wurde in zwei interorganisationalen Netzwerken im Profit-Sektor (Unternehmensnetzwerke) untersucht. Gewählt wurde ein qualitativ exploratives Forschungsdesign. Die empirisch vorgefundenen Führungsphänomene wurden in einem induktiv-deduktiven Kodierungsprozess (der zwischen dem empirischen Datenmaterial und theoretischer Literatur hin und her pendelt) als „**Shared Network Leadership (SNL)**" konzeptualisiert. Die Autoren rekurrieren hierzu auf den ursprünglichen Shared Leadership Ansatz (sensu *Fletcher/Käufer* 2003) und spezifizieren diesen für den Netzwerkkontext (zur Darstellung des Distributed/Shared Leadership ☞ E. III. 12).

Die Entwicklung von SNL durchläuft hiernach **vier Dialog-Phasen**. Zusammenfassend ist dieser Entwicklungsprozess dadurch gekennzeichnet, dass die Netzwerkakteure ihre Kapazitäten zur Koordinierung ihrer Netzwerkaktivitäten nach und nach verbessern und gemeinsam Verantwortung für den Prozess übernehmen. Auf diese Weise wird (zumindest immer wieder) ein Zustand **emergenter Koordination** (→ Emergenz) erreicht. Dieser Zustand ist getragen von kollektiven Lernprozessen. Er mündet in eine kollektive Handlungsfähigkeit und einen gemeinsam geteilten Einflussprozess. Daraus resultieren unter anderem Ergebnisse auf der Netzwerkebene („network-level outcomes"). Genannt werden eine Steigerung des Solidaritätspotenzials im Netzwerk sowie Netzwerklernen („network learning"; vgl. Abb. E.36).

Weibler und *Rohn-Endres* (2010) zeigen auch relevante strukturelle Kontextbedingungen für die Entstehung von SNL auf. Identifiziert wurden die Homogenität der Mitgliederstruktur (ähnliche Netzwerkunternehmen sowie ähnliche berufliche Rollen der Akteure in einzelnen Arbeitskreisen), die Gruppengröße sowie die Stabilität derartiger Netzwerkteams. Kritisch für die Entwicklung von SNL ist weiterhin die sorgfältige Gestaltung des Kontextes („learning environment") durch einen Netzwerk-Koordinator („way of organizing network

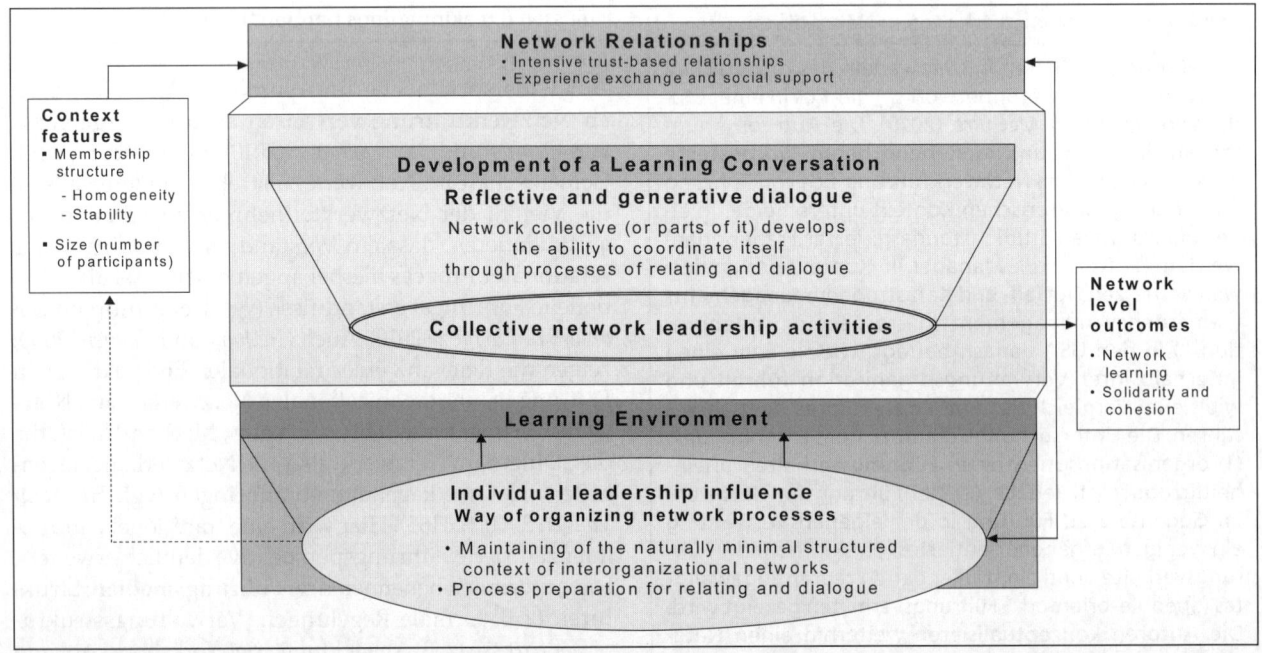

Abb. E.36: Shared Network Leadership – Zusammenspiel von individueller und kollektiver Führung (vgl. *Weibler/Rohn-Endres* 2010, S. 188)

processes"). Derartige Führung durch eine einzelne Person („individual leadership influence") umfasst beispielsweise die Aufrechterhaltung struktureller Freiräume, die den Netzwerk-Kontext üblicherweise kennzeichnen. Stärkere Formalisierungen sollten vermieden werden. Erforderlich ist jedoch eine sensible Gestaltung der Netzwerkkommunikation mit umfangreichen Feedbackschleifen, bedürfnisangepasster Information sowie der Integration von Netzwerkakteuren. Weiterhin erwies sich die Einrichtung vielfältiger Austausch- und Kommunikationsplattformen als förderlich. Diese sollten primär der eigenen Reflexion und Meinungsbildung dienen und *nicht* dazu, andere zu überzeugen. Auf diese Weise soll ein Klima entwickelt werden, das ein echtes Interesse an den Meinungen und Problemsichten anderer („spirit of curiosity"; vgl. *Isaacs* 1999) sowie gegenseitiges Vertrauen und gegenseitige motivationale und emotionale Unterstützung fördert (vgl. *Weibler/Rohn-Endres* 2010 sowie *Endres/Weibler* 2014 für eine weitere Konkretisierung praktischer Implikationen).

Zusammenfassend zeigte sich eine enge wechselseitige Beziehung von individueller und kollektiver Führung: Einerseits bedürfen kollektiv geteilte Führungsprozesse der Unterstützung durch Koordinatoren („individual network leadership"). Andererseits ist der Einfluss eines Einzelnen (hier eines Koordinators) im Netzwerk nicht vorstellbar ohne gewisse hochqualitative Interaktions- und Beziehungsprozesse der grundsätzlich gleichberechtigten Akteure untereinander. Dies stützt zugleich die bereits von *Fletcher* und *Käufer* (2003) aufgestellte Vermutung, dass sich Shared Leadership eher in egalitären organisationalen Kontexten entwickelt. Damit ergibt sich ein **Shared Network Leadership** als ein **neues Führungsmuster** („pattern of leadership"), das kollektive *und* individuelle Führung unter dem Dach eines hochqualitativen Lern-Dialogs („learning conversation") vereint. Es wird ersichtlich, dass zwar für die Betrachtung von Netzwerk-Führungsphänomenen die personale, interaktionale Mikro-Ebene hochrelevant ist, aber die sich abspielenden Führungsprozesse nur zusammen mit den strukturellen Gegebenheiten des (Netzwerk-)Kontexts hinreichend verstanden werden können.

13.3 Kritische Würdigung

Bis vor kurzem war es noch relativ neu, eine **Netzwerkperspektive** auf Führungsphänomene einzunehmen. Mittlerweile ist allerdings eine steigende Zahl an netzwerkanalytischen Beiträgen zu verzeichnen (vgl. z.B. *Carter u. a.* 2015). Eine Netzwerkperspektive auf Führung trägt dazu bei, die als zunehmend limitiert angesehene dyadische Perspektive in der Führung zu überwinden. Dies wird dadurch erreicht, dass Führungsbeziehungen mit ihrem Einfluss aus dem gesamten Beziehungsgeflecht (Einbettung) betrachtet werden. Weiterhin sensibilisiert die Netzwerkperspektive dafür, dass Netzwerkeinbettung sowie die Wahrnehmung derartiger Beziehungsmuster (kognitive Ebene) das Ausmaß an Handlungsmöglichkeiten, das Führende zur effektiven Erfüllung ihrer Aufgaben zur Verfügung haben, entscheidend beeinflussen (vgl. z.B. *Balkundi/Kilduff* 2006). So kann sowohl zur Erklärung der Entstehung (Zuschreibung von Führung) als auch der Effektivität von Führung beigetragen werden.

Ausgangspunkt aktueller netzwerkperspektivischer Überlegungen ist eine Abkehr vom traditionell vorherrschenden Fokus auf Eigenschaften und Verhalten von formal bestimmten Führenden. *Carter u. a.* (2015, S. 597) beschreiben diese Aufmerksamkeitsverschiebung zusammenfassend als:

> „[...] *a paradigm shift in leadership research – from an emphasis on the static traits and behaviors of formal leaders whose actions are contingent upon situational constraints, toward an emphasis on the complex and patterned relational processes that interact with the embedding social context to jointly constitute leadership emergence and effectiveness.*"

Eine Netzwerkperspektive auf Beziehungskonstellationen und Führungsphänomene verdeutlicht, dass Individuen nicht losgelöst von ihrer Einbettung in soziale (Netzwerk-)Strukturen verstanden werden können. Dabei stellt sich die Frage, in welcher (Wechsel-)wirkung Individuum und soziale (Netzwerk-)struktur stehen; dies ist eine grundlegende Debatte innerhalb der Sozialwissenschaften.

Basierend auf einem Überblick relevanter organisationsbezogener Studien aus der Netzwerkforschung zeigen *Tasselli/Kilduff/Menges* (2015) zunächst die folgenden beiden konträren Perspektiven auf: (1) Individuen (individuelle Eigenschaften, Kognitionen, Einstellungen) formen die soziale Netzwerk-Struktur, in die Individuum eingebettet sind. Diese Perspektive wird als „individual agency perspective" bezeichnet. Der individuellen Handlungsmacht (individual agency) wird hier Vorrang vor strukturellen Aspekten (des Netzwerkes) eingeräumt. (2) Strukturelle Musterbildungen sozialer Netzwerke formen Individuen. Diese Perspektive wird als „network patterning perspective" bezeichnet. Hier wird strukturellen Aspekten der Netzwerkeinbettung der Vorrang gegenüber individuelle Handlungsmacht eingeräumt.

Diese Dichotomie soll mit einer dritten Perspektive überwunden werden. Hierbei handelt es sich den Autoren zufolge um eine **Koevolutionsperspektive** („coevolution perspective"). Individuen mit ihren idiosynkratischen Merkmalen (z. B. Eigenschaften, Einstellungen, Kognitionen) und Netzwerke mit ihren spezifischen Strukturen entwickeln sich in (wechselseitiger) Koevolution. Die an sich wenig überraschende, aber wichtige Schlussfolgerung, die *Tasselli*, *Kilduff* und *Menges* (2015, S. 1361) aus ihrem umfangreichen Überblicksbeitrag ziehen, lautet:

> „We conclude that individual attitudes, behaviors, and outcomes cannot be fully understood without considering the structuring of organizational contexts in which people are embedded, and that social network structuring and change in organizations cannot be fully understood without considering the psychology of purposive individuals."

Abschließend plädieren die Autoren dafür, viel stärker von dynamischen, reziproken Einflüssen zwischen Individuum und (strukturellen) Netzwerkkonstellationen auszugehen (vgl. weiterführend *Tasselli/Kilduff/Menges* 2015).

Nicht ausreichend ist dabei allerdings ein rein struktureller, statischer Blick auf soziale (Führungs-)Netze, die auf der Basis vordefinierter Beziehungsinhalte und mittels struktureller Maßzahlen (wie oben dargelegt) beschrieben werden (vgl. z. B. *Mützel* 2008; *Hollstein* 2006; *Emirbayer/Goodwin* 1994). An dieser vielfach geäußerten Kritik, knüpfen denn auch Bestrebungen innerhalb der Netzwerkforschung an (vgl. z. B. *Kilduff/Brass* 2010). So wird u. a. für die Entwicklung einer **post-strukturalistischen Perspektive** plädiert (vgl. *Kilduff/Tsai* 2003). Indes warnen andere Netzwerkforscher angesichts der erheblichen methodischen Herausforderungen vor allzu unrealistischen Erwartungen an das, was die Netzwerkanalyse (bis heute) zu leisten vermag (vgl. z. B. *Galaskiewicz* 2007, S. 11).

Insgesamt wird deutlich, dass die strukturelle soziale Netzwerkanalyse bei der Konzeptualisierung von **Netzwerkführung** und ihrer interaktionalen Dynamiken an ihre Grenzen stößt. Analysen sozialer Netzwerkstrukturen durch strukturelle netzwerkanalytische Methoden lassen keine umfassenden Aussage über die Entstehung und Entwicklung (unterschiedlicher) Beziehungsqualitäten sowie hieraus möglicherweise emergierender kollektiver Führungsprozesse zu (vgl. auch *Uhl-Bien* 2006). In der Folge kann kein umfassendes Verständnis für geteilte oder kollektive Führungsformen entwickelt werden. Hierzu müsste die netzwerkanalytische Forschung zunächst ihre zum Teil extrem aufwändig empirisch zu füllenden Modelle fortentwickeln, um beispielsweise umfassende dynamische Langzeitstudien durchführen zu können, wie aktuell etwa auch *White u. a.* (2014, S. 742) ausführen.

Die zweite hier vorgestellte Diskussionsrichtung – **Führung in interorganisationalen Netzwerken** – hat das Potenzial, zur Überwindung der vorstehend skizzierten Begrenzungen beizutragen. Denn innerhalb dieser Strömung besteht ein besonderes Interesse an qualitativen und dynamischen Aspekten von Netzwerkinteraktionen, die auch mit qualitativen und prozessorientierten Methoden untersucht werden können und müssen. Die bislang vorliegenden Befunde über Führung in interorganisationalen Netzwerken sind ein Anfang und zeigen vielversprechende Richtungen auf. Indes ist bereits jetzt deutlich geworden, dass interorganisationale Netzwerke eine besondere Herausforderung für die Führungsforschung darstellen.

Um ein netzwerkspezifisches Führungsverständnis zu entwickeln, muss zunächst untersucht werden, unter welchen Kontextbedingungen Führung entsteht und sich in Abhängigkeit unterschiedlicher Einflüsse in möglicherweise unterschiedliche Richtungen wie Qualitäten entwickelt. Dabei gilt es, das Zusammenspiel individueller und kollektiver Führung sowie deren Wechselwirkungen mit Netzwerkstrukturen und -prozessen zu verstehen. Dazu müssen Prämissen vorhandener Führungsansätze zunächst auf ihre Gültigkeit überprüft und die Anwendbarkeit vorhandener Führungskonzepte im Netzwerkkontext evaluiert werden. Dies birgt die Chance, einen neuen, offenen Blick auf Führung zu wagen und auf diese Weise konzeptionelle Vereinseitigungen bestehender Ansätze sowie gedankliche Engführungen bei der Untersuchung von Führung zu überwinden. In (kooperativen) Netzwerken kann die Entwicklung von Führungseinfluss in einem originären, das heißt ursprünglichen, unverfälschten organisationalen Kontext untersucht werden. Dieser wird in der Regel nicht überlagert von strukturellen Gegebenheiten sowie stets mitschwingenden (formalen) Machtstrukturen traditioneller Organisationen. Die Erforschung von Netzwerkführung sollte daher auch dazu beitragen können, dem Phänomen einer originären und in besonderer Weise sozial akzeptierten Form von Führung auf die Spur zu kommen.

14. Complexity Leadership: Wie Führung mit Vielschichtigkeit umgeht

14.1 Hintergrund

Komplexität wird als zentrales Paradigma des 21. Jahrhunderts angesehen. Schlüsselthemen in unterschiedlichsten Disziplinen haben mit Komplexität zu tun, sodass auch alles wissenschaftliche Tun fachübergreifend vom Umgang mit Komplexität bestimmt wird (vgl. z. B. *Mainzer* 2008, S. 10 f.). Auch Organisationen sowie ihre Mitglieder müssen in immer komplexer werdenden Kontexten agieren. Der Umgang mit Komplexität wird daher üblicherweise als Schlüsselkomponente jedweder Unternehmensführung angesehen. Indes ist klar geworden, dass eine adäquate Komplexitätsbewältigung eine anhaltende Herausforderung für Organisation und Führung darstellt (vgl. z. B. *Schwarzmüller/Brosi/Welpe* 2015, S. 160 f.; *Greenwood u. a.* 2011; *Kirchhof* 2003).

Aktuell entwickelt sich innerhalb der Führungsforschung ein distinkter Diskussionsstrang. Unter dem Label **Complexity Leadership** wird aufgezeigt, wie eine **komplexitätstheoretisch informierte Führung** aussehen sollte und wie diese zu einem adäquaten Umgang mit Komplexität beitragen kann.

Die Entwicklung von Complexity Leadership Ansätzen fußt auf zwei Kernargumenten: Erstens, wird zunehmend (an-)erkannt, dass dem **Kontext von Führung** (☞ A. III. 3) viel mehr Beachtung zu schenken ist. Zweitens, wird argumentiert, dass ein adäquater Umgang mit Komplexität in der Führung nicht bzw. nicht allein auf der Basis traditioneller Ansätze erfolgen kann. Vielmehr müssen dazu interdisziplinäre Erkenntnisse auf der Basis der **naturwissenschaftlichen Komplexitätstheorie** herangezogen werden (vgl. z. B. *Marion* 2008; *Lichtenstein u. a.* 2006; *Marion/Uhl-Bien* 2001).

14.2 Zentrale Aussagen

Unter **Complexity Leadership** können allgemein solche Führungskonzeptionen verstanden werden, die versuchen, die dynamische Anpassungsfähigkeit von sogenannten **komplexen adaptiven Systemen** (KAS) für die Führung zu nutzen. *Uhl-Bien/Marion* (2009, S. 631) stellen heraus:

> „At its most basic level, Complexity Leadership Theory (CLT) is about leadership in and of complex adaptive systems, or CAS" (vgl. ähnlich *Uhl-Bien/Marion/McKelvey* 2007).

Damit rekurriert Complexity Leadership ganz prominent auf ein **Kernkonzept der Komplexitätstheorie** (KT): Auf komplexe adaptive Systeme (KAS bzw. „complex adaptive systems", CAS). Die Untersuchung von KAS steht im Zentrum der aktuellen komplexitätswissenschaftlichen Forschung und verkörpert zugleich die paradigmatische Säule der Komplexitätstheorie. Für ein Verständnis von Complexity Leadership ist es daher unverzichtbar, mit den grundlegenden Begriffen über KAS vertraut zu sein. Dies bedarf jedoch zunächst einiger Aufmerksamkeit, weil essenzielle Themen und Denkmuster der KT häufig mit recht sperrigen und abstrakten, naturwissenschaftlichen Begrifflichkeiten beschrieben werden.

Der Begriff **„komplex"** wird im alltäglichen Sprachgebrauch recht inflationär und teilweise als modischer Ersatz für **„kompliziert"** verwendet. *Richter* und *Rost* (2004, S. 3 ff.) zeigen den Unterschied zwischen komplex und kompliziert an einem recht eingängigen Beispiel auf. So wäre etwa die Verkehrsführung einer typischen, verwinkelt und verschachtelt angeordneten, italienischen Altstadt mit ihren unzähligen Einbahnstraßenregelungen als kompliziert zu bezeichnen. Doch wenn man das Prinzip einmal durchschaut hat, findet man sich gut zurecht. Schon eine kleine Änderung kann jedoch aus diesem *komplizierten* System ein *komplexes* machen. Dies wäre beispielsweise der Fall, wenn man die Richtung der Einbahnstraßen flexibel dem Verkehrsaufkommen anpassen würde und so bedarfsgerecht etwa jeweils mehr Straßenzüge stadteinwärts oder stadtauswärts öffnen würde. Auf diese Weise entstehen Rückkopplungsmechanismen, die eine zuverlässige Vorhersage der Richtung der Einbahnstraße unmöglich macht, da diese u. a. von den Verkehrsteilnehmern selbst abhängt.

Komplexe Systeme können daher von einfachen und komplizierten Systemen abgegrenzt werden. Einfache Systeme setzen sich aus wenigen, kaum miteinander verknüpften Elementen zusammen. Komplizierte Systeme weisen eine Vielzahl, relativ stark miteinander verknüpfter Elemente auf, die jedoch wenig miteinander interagieren. Komplexe Systeme können dahingegen durch eine viel stärkere Eigendynamik sowie Interdependenz der Elemente charakterisiert werden (vgl. *Stüttgen* 2003, S. 22). Aufgrund der Interaktionen zwischen vielen sowie vielfältigen Systemelementen kommt es zu ständig wechselnden (Verhaltens-)mustern und/oder Konstellationen. Dabei können sich entweder die **Elemente** selbst und/oder die **Art der Verbindungen** verändern. Komplexitätstreiber ist nicht nur die Elementenkomplexität (Vielfalt und Veränderlichkeit von Systemelementen), sondern auch eine Relationenkomplexität. Letztere beruht auf der Vielfalt, Dynamik und Veränderlichkeit der Verbindungen (Relationen) zwischen den Elementen (vgl. *Kirchhof* 2003, S. 17 f.). Komplexität ist daher keine statische Größe, sondern ein Gradbegriff, der ein Entwicklungsergebnis bezeichnet (vgl. *Stüttgen* 2003, S. 22). Diese Binnensicht sollte allerdings noch um mehr als rein durch die Außenwelt angestoßene innere Veränderungen erweitert werden. Die Außenwelt ist selber insofern zu qualifizieren, als **disruptive**, also diskontinuierliche, pfadbrechende **Entwicklungen** vorkommen, die ihrer Natur nach nicht vorhergesehen oder berechnet werden können. Erst dann ist die höchste Komplexitätsstufe erreicht.

Nun könnte leicht der Schluss gezogen werden, dass komplexe Systeme aufgrund der bislang beschriebenen Eigenschaften chaotische Verhaltensweisen oder Systemzustände entwickeln. Doch dies tun sie (zumindest im Idealfall) gerade nicht. Vielmehr enthalten die Elemente komplexer Systeme (einfache) Ordnungsmuster. Diese weisen auf der Systemebene häufig ein kohärentes, regelgeleitetes Verhalten auf, sodass sich in bestimmten Bereichen allgemeine Muster manifestieren. Komplexe Systeme sind im Sinne der Komplexitätstheorie also *keine* chaotischen Systeme (vgl. *Richter/Rost* 2004; *Kappelhoff* 2002). Mit Komplexitätstheorie meinen wir hier in erster Linie eine theoretische Richtung innerhalb der umfassenden Komplexitätswissenschaften, die sich mit der Untersuchung komplexer adaptiver Systeme befasst. Streng genommen gibt es jedoch *die* Komplexitätstheorie im Sinne eines monolithischen Theoriegebildes nicht. Vielmehr führt die Komplexitätsforschung unterschiedliche Denkansätze aus verschiedensten wissenschaftlichen Disziplinen zusammen (vgl. *Kirchhof* 2003, S. 29; *Stüttgen* 2003, S. 60 ff.).

Wie aus Abbildung E.37 ersichtlich wird, umfasst der Radar der Komplexitätswissenschaften viele unterschiedliche **naturwissenschaftliche Disziplinen** wie die Evolutionsbiologie, Neurophysiologie, Artificial Intelligence Forschung, Ungleichgewichtsthermodynamik, Physik, mathematische Systemtheorie, die Entomologie (z. B. Ameisenforschung) sowie vielfältiger Weiterentwicklungen (vgl. z. B. *Mainzer* 2008; *Stüttgen* 2003 sowie die dort angegebene Literatur). Diese Disziplinen fallen als managementfremde Bereiche in die obere Kreishälfte der Abbildung E.37. Die untere Kreishälfte weist dahingegen eher die managementnahen Disziplinen aus. Unter anderem sind hier etwa die St. Galler Schule um *Hans Ulrich* oder die Münchner Schule um *Werner Kirsch* genannt. Charakteristisch für komplexitätstheoretische Forschung ist, dass die einzelnen Disziplinen in einem Wechselspiel stehen und sich gegenseitig befruchten.

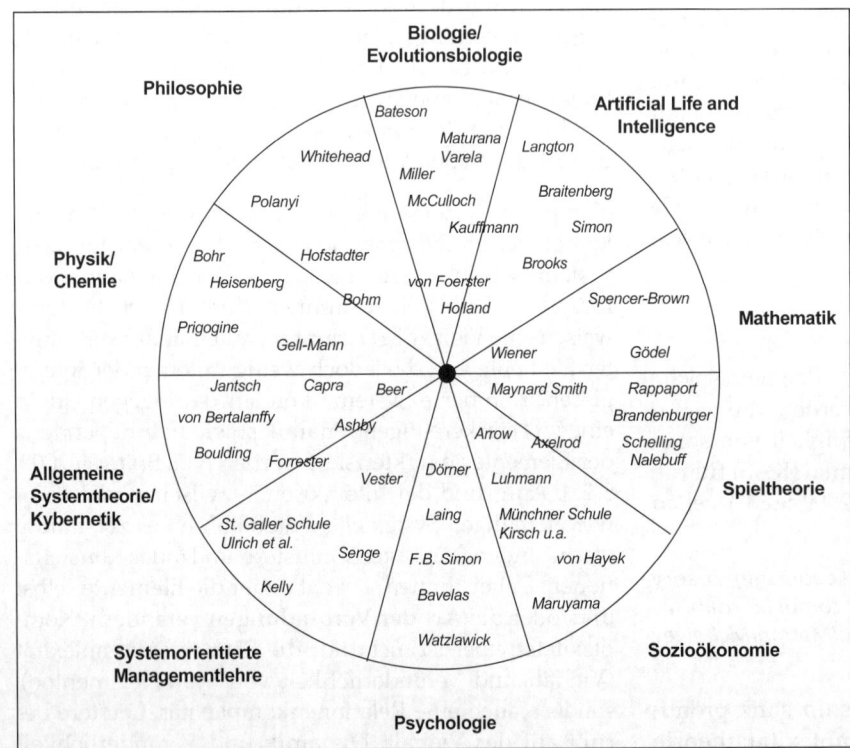

Abb. E.37: Wurzeln und bedeutende Vertreter der Komplexitätswissenschaften (in Anlehnung an *Stüttgen* 2003, S. 60 ff.; vgl. *Kirchhof* 2003, S. 29)

III. Zentrale Perspektiven auf die Ausgestaltung von Führungsbeziehungen — Kapitel E

Ausgangspunkt und Zentrum der Komplexitätsforschung im engeren Sinn bildet vornehmlich die Gründung des *Santa Fe Institute*, New Mexico im Jahr 1984 (vgl. *Stüttgen* 2003, S. 41 f.). Zentraler Untersuchungsgegenstand dieser Gemeinschaft hochkarätiger Wissenschaftler sind **komplexe adaptive Systeme** (KAS). Allgemeines Ziel ist es, aufzuzeigen, wie durch Wechselwirkungen der Elemente eines KAS (z. B. Moleküle in Materialien, Zellen in Organismen, Ameisen in Ameisenkolonien oder Menschen in Märkten und Organisationen) **Ordnungsmuster** und **Systemstrukturen** entstehen und sich entwickeln (vgl. *Mainzer* 2008, S. 10; *Stüttgen* 2003). Ziel der KT ist daher die Erforschung jener fundamentalen Prinzipien, Strukturen und Verhaltensweisen, von denen angenommen wird, dass sie den meisten KAS bei ihrer Evolution inhärent sind. Es geht also um die Identifizierung allgemeingültiger Prinzipien von KAS und zwar ganz unabhängig davon, ob es sich bei diesen um physikalische, biologische oder soziale Anordnungen (wie Märkte oder Organisationen) handelt (vgl. *Kappelhoff* 2002; *Holland* 1995).

Um dieses Ziel zu erreichen, erfolgt eine Abgrenzung von traditionellen, vorwiegend monodisziplinär orientierten Wissenschaftsansätzen und einer analytisch-reduktionistischen Forschungslogik. Komplexitätswissenschaftler versuchen, innovative Denkmodelle zu entwickeln, um den Dynamiken und Gestaltungsprinzipien von KAS auf die Spur zu kommen. Eine zentrale Rolle spielen dynamische mathematische Modellierungen sowie moderne Computersimulationstechniken. Basisannahme vieler komplexitätstheoretischer Forschungsbemühungen ist, dass es einfache Ordnungsprinzipien (auf Elementenebene bzw. unteren Systemebenen) gibt, aus denen komplexe Funktionsprinzipien und emergente Charakteristika von KAS als Ganzes abgeleitet werden können. Oder wie es *Kappelhoff* (2002, S. 59) ausdrückt, es soll erklärt werden, wie „**Oberflächenkomplexität**" aus „**Tiefeneinfachheit**" erwächst. Die bisherige Forschung verweist darauf, dass KAS in ihren fortwährenden Anpassungsbestrebungen an interne und externe Bedingungen grundlegende und gleich bleibende Mechanismen und Muster entwickeln. Die disziplinübergreifende Attraktivität von KAS liegt also letztlich darin, dass KAS fortwährend **äußerst flexible Anpassungsleistungen** scheinbar „von selbst" hervorbringen. Auf **adaptive** Art und Weise werden das Überleben sowie die Entwicklungsfähigkeit des Gesamtsystems (induktiv) aus sich selbst heraus gesichert (vgl. weiterführend z. B. *Stüttgen* 2003; *Holland* 1995).

In einem ersten Zugriff definiert *Stüttgen* (2003, S. 42) komplexe adaptive Systeme (KAS) als

„*nicht-lineare, dynamische Systeme, die aus einer Vielzahl miteinander interagierender Komponenten zusammengesetzt sind und die sich in einem permanenten Prozess der (Ko-)evolution in/mit ihrer Umwelt entwickeln.*"

Folgende vier charakteristischen Merkmale werden dabei auf komprimierte Weise von *Anderson* (1999, S. 216) herausgestellt:

„*They [KAS] are characterized by four key elements: agents with schemata, self-organizing networks sustained by importing energy, coevolution to the edge of chaos, and system evolution based on recombination.*"

Dahinter verbergen sich einige zentrale Prinzipien, die wir im Folgenden unter Bezug auf *Tilebein* (2005), *Stüttgen* (2003), *Anderson* (1999) und *Holland* (1995) sowie der dort angegebenen Literatur kurz skizzieren.

Das erste Prinzip, die **dezentrale Systemaggregation** aus Agenten, betrifft den Aufbau von KAS. Es besagt, dass sich KAS aus einzelnen dezentralen bzw. in Subsystemen organisierten Elementen, die auch als Agenten bezeichnet werden, zusammensetzen. Das System ist (in der Regel) schichtenartig aufgebaut und die einzelnen Elemente bzw. Agenten sind grundsätzlich, d. h. insbesondere mit Blick auf das Gesamtsystem **autonom**. Die Agenten sind jedoch in vielfältiger Weise untereinander gekoppelt oder zu Netzwerken verknüpft sowie in **interdependente** Interaktionen und Beziehungen eingebunden. Aus diesen Interaktionen der Elemente/Agenten (auf unteren Systemebenen) entwickeln sich in selbstorganisatorischen Prozessen auf der Ebene des *Gesamt*systems neue Strukturen oder Eigenschaften, die eine andere Qualität als die der untergeordneten Einzelelemente aufweisen. Diese sich neu entwickelnde Qualität des Gesamtsystems lässt sich daher auch *nicht* durch die Addition der einzelnen Eigenschaften der Elemente ermitteln. So ist beispielsweise Wasser feucht, nicht aber die Wassermoleküle selbst. Oder Gehirne können denken, nicht aber die Neuronen, aus denen das Gehirn besteht (vgl. *Mainzer* 2008, S. 119). Das Ganze ist in diesem Sinne jedenfalls qualitativ mehr oder eben etwas anderes, als die Summe seiner Teile. Dieses Phänomen wird als **Emergenz** bezeichnet (vgl. zum Phänomen und Begriff *Hartig-Perschke* 2009, S. 43 ff.; *Heintz* 2004).

Emergenz ist zugleich das zentrale Credo der Modellvorstellungen komplexer adaptiver Systeme. Damit ist auch die Vorstellung verbunden, dass sämtliche Eigenschaften, Verhaltensweisen oder Ordnungsstrukturen des *Gesamt*systems aus fortwährenden Interaktionen einzelner untergeordneter Systemkomponenten (Elemente/Agenten) resultieren. Wichtig ist, dass diese untergeordneten Elemente bzw. Agenten quasi blind für das Gesamtsystem sind und auf der Basis **eigener Schemata** sowie der Beziehungen zu anderen (ebenfalls untergeordneten) Agenten agieren und ein übergeordnetes Ordnungssystem *nicht* existiert. Das System organisiert sich also **induktiv** aus sich selbst heraus. In der Literatur wird dies auch als **bottom-up Prozess** beschrieben. Durch vielfältige Rückkopplungen und Interaktionen von Einzelelementen bzw. Agenten entwickeln sich also Selbstorganisationsprozesse. Damit das System als Ganzes überleben kann, muss es sich optimal (an das Umfeld) anpassen (vgl. z. B. *Tilebein* 2005). Dies wird u. a. dadurch erreicht, dass Informationen (aus dem Umfeld) optimal verarbeitet (aufgenommen, verteilt, gespeichert) werden (vgl. z. B. *Stacey* 2000). Die Speicherfunktion verlangt eher eine gewisse Stabilität, während der Transport von Informationen eher eine gewisse Dynamik verlangt. Das System muss nun eine Balance zwischen diesen beiden widersprüchlichen Polen finden bzw. beide Muster gleichzeitig kultivieren, da in diesem Zwischenzustand optimale Anpassung bzw. Erneuerung (z. B. Entwicklung von Wissen) möglich ist (vgl. *Stacey* 2000, S. 29). All dies wird auch als emergente Ordnungsbildung am **Rand des Chaos** („edge of chaos") beschrieben. Das faszinierend Schöne daran ist, dass diese Ordnung in emergenter Weise und sozusagen „zum Nulltarif" („order for free") entsteht (vgl. z. B. *Kappelhoff* 2002).

Hieraus folgt unter anderem, dass der Rand des Chaos, der zwischen den Polen vollkommener Ordnung und Chaos (vollkommene Unregelmäßigkeit) liegt, als der Ort optimaler Lebens- und Entwicklungsfähigkeit anzusehen ist (vgl. *Stüttgen* 2003, S. 226 ff.). Man könnte auch sagen, dass sich am Rand des Chaos eine **gesunde Komplexität** entwickelt hat, die es dem System erlaubt, ausreichend innovativ und anpassungsfähig zu sein, weil es weder überreguliert ist (also zuviel Ordnung und Bestätigung von Vorhandenem aufweist), noch chaotisch, d. h. völlig ohne Regulation oder Struktur ist. Es geht also letztlich um ein *„subtiles Zusammenwirken von Chaos und Regularität"* (*Richter/Rost* 2004, S. 23 f.; vgl. *Kappelhoff* 2002). Eine Folge dieser Zusammenhänge ist, dass die Agenten bzw. Systemelemente am besten eine Mischung aus eher ruhigen, adaptiven oder stabilisierenden Mustern/Strategien (auch als Exploitation bezeichnet) und nach neuen Impulsen suchenden Mustern/Strategien (auch als Exploration bezeichnet) kultivieren sollten (vgl. z. B. *Tilebein* 2005; ☞ E. III. 6).

Zur Illustration komplexer adaptiver Funktionsweise bietet sich ein Beispiel aus der Biologie, genauer der Soziobiologie an, und zwar komplexe Populationen von (einfachen) Lebewesen wie Ameisenkolonien oder sich zu Schwärmen formierenden Fische (vgl. *Mainzer* 2008, S. 90 f.). Im Mittelpunkt des Interesses steht dabei die Frage, wie Tierpopulationen (z. B. Insekten) auf der Basis komplexer Transport-, Signal- und Kommunikationsprozesse eine Art **kollektive Intelligenz** erzeugen, die hier als **Schwarmintelligenz** („swarm intelligence"; vgl. z. B. *Bonabeau/Meyer* 2001) bezeichnet wird. *Mainzer* (2008, S. 91) definiert Schwarmintelligenz als die

„kollektive Intelligenz einer Population (z. B. Insekten), die mehr leisten kann als das einzelne Individuum. Als makroskopisches Phänomen entspricht sie Ordnungsparametern dieses Systems. Das Gesamtsystem organisiert sich danach selbst durch lokale (z. B. chemische oder akustische) Signale zwischen tausenden von Tieren."

Das heißt es gibt keinen „kommandierenden Ameisengeneral", der den Aufmarschplan der gesamten Kolonie entwickelt oder vorgibt. Vielmehr reagieren die Tiere auf lokaler Ebene nach vielen in der Evolution entwickelten sowie genetisch festgelegten Optionen auf unterschiedliche Signale der anderen Populationsmitglieder. Kollektive Intelligenz (die mehr kann als das einzelne Mitglied) wird erst in den Wechselwirkungen *zwischen* Einzelnen als emergentes Ergebnis hervorgebracht (vgl. *Mainzer* 2008, S. 90 f.).

Angesichts solch faszinierender Eigenschaften *natürlicher* komplexer adaptiver Systeme ist es nicht verwunderlich, dass versucht wird, die Erkenntnisse über deren Funktionsprinzipien auch auf von Menschen geschaffene (soziale) Systeme jeglicher Art zu übertragen. Einen derartigen Versuch hat beispielsweise *Kevin Kelly* (1994) unternommen. Basierend auf einer interdisziplinären Zusammenschau will *Kelly* in seinem umfangreichen Werk *„Out of control"* aufzeigen, was der Mensch aus der Natur bzw. natürlichen KAS lernen kann. Er destilliert am Ende neun sloganartig formulierte Regeln heraus (Abb. E.38). Nach diesen Prinzipien würden komplexe Systeme in der Natur robust funktionieren und überleben. Sie besitzen eine wünschenswert hoch ausgeprägte Anpassungs- und Evolutionsfähigkeit und sollten daher auch für den Management- und Führungskontext von großer Bedeutung sein (vgl. *Stüttgen* 2003, S. 50 f.; *McKergow* 1996, S. 726).

Wenngleich *Kelly* (1994) unmittelbar auf die komplexitätswissenschaftliche Forschung des *Santa Fe Institute* rekurriert, stellen die recht plakativ daher kommenden Regeln keine streng abgeleiteten Hypothesen oder wis-

III. Zentrale Perspektiven auf die Ausgestaltung von Führungsbeziehungen — Kapitel E

senschaftlichen Erkenntnisse dar. Dennoch wollen wir *Kellys* Gestaltungsprinzipien hier aufgreifen, weil sie auf erfrischende Art die Essenz des komplexitätswissenschaftlichen Paradigmas transportieren. *Kelly* provoziert und fängt auf stimulierende Weise die Energie der Komplexitätstheorie ein, oder wie *Rivkin* (2000, S. 182) es formuliert:

> „The book accurately captures the energy of complexity theory's youth."

Um einen möglichst starken Bezug zur Organisations- und Managementforschung herzustellen, präsentieren wir *Kellys* Gestaltungsprinzipien in Zusammenhang mit einer für den Organisationskontext reformulierten Form. *Manfred Stüttgen* (2003) interpretiert diese ursprünglichen Gestaltungsprinzipien auf der Basis eines konstruktivistischen Forschungsansatzes und leitet daraus zentrale Aussagen über Struktur und Verhalten komplexer Systeme für den Organisations- und Managementkontext ab. Im Einzelnen werden folgende Prinzipien der Gestaltung und Entwicklung komplexer adaptiver Systeme (KAS) formuliert, die wir im Folgenden unter Bezug auf die beiden genannten Autoren darstellen werden (vgl. Abb. E.38).

Das **Prinzip der verteilten Intelligenz** („distribute being") verweist unmittelbar auf ein fundamentales strukturelles Merkmal von KAS: Die Zusammensetzung von KAS aus vielen relativ autonomen Elementen (Agenten), die sich in vielerlei Subsystemen (schichtenartig) dezentral organisieren. Durch deren vielfältige, nicht zentral gesteuerte Interaktionen können innerhalb des Systems (selbstorganisatorische) Eigendynamiken entwickelt werden. So ist eine sehr flexible und unmittelbare Anpassung an die jeweiligen lokalen Kontexte möglich. Eine von innen erwachsende Lebendigkeit erhöht die Anpassungsfähigkeit des Gesamtsystems und lässt es auf faszinierende Weise intelligent erscheinen, da sich trotz der Abwesenheit einer zentralen Steuerung ein äußerst kohärentes und adaptiv koordiniertes Systemverhalten einstellt (wie etwa bei den vorstehend beschriebenen Insektenpopulationen). Dieses Ergebnis ist jedoch weder auf das Verhalten einzelner Elemente oder Subsysteme noch auf eine zentrale Steuerung zurückzuführen. Vielmehr erwächst es aus den Interaktionen zwischen den Elementen und ist damit emergentes Resultat einer über das gesamte System verteilten Intelligenz. Unternehmen sollten daher den Vorteil dezentral operierender Unternehmenseinheiten nutzen, da diese als dezentrale Problemlösungs- und Entscheidungszentren größere Informationsmengen parallel, flexibel und schnell sowie kontextangepasster verarbeiten können. Weiterhin sollte Führung den Aufbau eines dichten Interaktions- und Beziehungsnetzes fördern sowie laterale Entscheidungsprozesse legitimieren.

Die hier angesprochene Legitimation dezentraler und lokaler Entscheidungszentren verweist bereits auf das zweite Prinzip, der **Lenkung „von unten herauf"** („control from the bottom up"). Hier wird neben dem schichtenartigen Aufbau von Systemen die Autonomie der einzelnen Elemente/Agenten betont, da die von lokal angesiedelten Subsystemen ausgehenden Steuerungsprozesse (bottom-up) einer globalen **Top-Down Steuerung** überlegen sind. Es gilt somit die

> „Prämisse der Autonomie der kleinsten Einheit" (*Stüttgen* 2003, S. 361).

In dieser Logik ist die Legitimation einer übergeordneten Steuerung von deren Zusatznutzen abhängig. In Analogie zum Föderalismus- und Subsidiaritätsprinzip (innerhalb der Politik- und Staatswissenschaften) wird daher eine Einschränkung der **Autonomie** untergeordneter Einheiten nur für zulässig bzw. sinnvoll angesehen, wenn die jeweiligen Untereinheiten die gerade vorhandene Komplexität (und die aus ihr resultierenden

1. Distribute being	Verteile Intelligenz
2. Control from the bottom up	Lenke von unten herauf
3. Cultivate increasing returns	Kultiviere zunehmend Grenzerträge
4. Grow by chunking	Wachse über funktionierende Einheiten
5. Maximize the fringes	Fördere Randgruppen (Diversität)
6. Honor your errors	Behandle Fehler freundlich
7. Pursue no optima; have multiple goals	Balanciere multiple Ziele
8. Seek persistant disequilibrum	Suche stabiles Ungleichgewicht
9. Change changes itself	Wandle den Wandel

Abb. E.38: Prinzipien der Gestaltung und Entwicklung komplexer adaptiver Systeme (vgl. *Stüttgen* 2003, S. 51 ff. und S. 358 ff.; *Kelly* 1994, S. 602 ff.)

Anforderungen) nicht selbst bewältigen bzw. absorbieren können.

Das nächste Prinzip: **Kultiviere zunehmend Grenzerträge** („cultivate increasing returns") bezieht sich auf die positive Wirkung von Feedbackschleifen. Diese bringen gleichsam wie Schneeballeffekte weitere selbst verstärkende Mechanismen sowie Lernprozesse in Gang. Das selbst verstärkende Potenzial von „positive feedback" oder „snowballing" umschreibt *Kelly* (1994, S. 603 f.) vereinfacht mit der sozialen Dynamik:

> „To those who have, more will be given."

Dies meint auch, dass sich im Zeitverlauf starke und besonders funktionsfähige Untereinheiten innerhalb eines Systems herausbilden können.

Daher sollten genau hier alle Wachstums- und Entwicklungsprozesse des Gesamtsystems ihren Ausgang nehmen, was im Prinzip **Wachse über funktionierende Untereinheiten** („grow by chunking") ausgedrückt wird. In Organisationen sollten daher Wachstumsstrategien bei funktionierenden Untereinheiten ansetzen. Oder anders herum ausgedrückt: Der Versuch, eine hochkomplexe Organisation in einem Schritt aufzubauen, würde zum vollkommenen Zusammenbruch führen. Vielmehr gilt es, Schritt für Schritt die Entwicklung von weitgehend unabhängig voneinander funktionstüchtiger Untereinheiten (Module) abzuwarten und diese dann nach und nach zusammenzufügen, um damit die Komplexität langsam und inkremental anwachsen zu lassen. Die mit einem Unternehmenswachstum unweigerlich verbundene Komplexitätssteigerung sollte daher durch Aufspaltung in weniger komplexe Untereinheiten **(Module)** sowie durch **lose Kopplung** dieser besser möglich sein. Damit ist auch eine höhere Anpassungsfähigkeit an Kontextbedingungen zu erreichen.

Darum geht es insbesondere bei dem nächsten Gestaltungsprinzip, das die **Förderung von Randgruppen** („maximize the fringes") und damit von **Diversität** als funktional ansieht. Dahinter verbirgt sich der komplexitätstheoretische Befund, dass ein heterogener Aufbau mit einer zudem hohen Vielfalt an Elementen (Varietät) zur Steigerung der Elastizität, Innovativität sowie Anpassungsfähigkeit an sich wandelnde Kontexte führt. So werden paradoxerweise gerade die Steigerung von Heterogenität und Diversität, die ja die Eigenkomplexität einer Organisation zunächst erhöhen, als erforderliches Mittel zur Komplexitätsbewältigung angesehen. Durch eine Erhöhung der Diversität und Vielfalt in der Unternehmens*inwelt* wird die Anpassungsfähigkeit an neuartige Entwicklungen der Unternehmens*umwelt* verbessert, weil ein entsprechend vielfältiges (Re-)aktionspotenzial von Unternehmensseite her zur Verfügung steht. Andererseits führt eine große Heterogenität und Diversität organisationsintern zu neuen Anforderungen. Aufgabe von Führung ist es hiernach, Umfeldbedingungen für die Kultivierung von Diversität und Vielfalt zu fördern (z. B. Erhöhung der Ambiguitätstoleranz der Mitarbeiter, adaptiver Umgang mit Konflikten; Förderung von Toleranz sowie Abbau des sozialen Drucks auf „Abweichler") und damit ein funktionales Diversitätsmanagement zu praktizieren.

Diese hier skizzierte **komplexitätsbejahende** Perspektive setzt sich in der Einstellung gegenüber Fehlern fort, was sich im **Prinzip der Fehlerfreundlichkeit** („honor your errors") ausdrückt. Ebenso wie alles Abweichende oder Andersartige in einer Organisation mit ihrem Potenzial herausgestellt wird, so werden auch Fehler sowie das Abweichen von etablierten Standards nicht als etwas Störendes verstanden, sondern als Quelle von Kreativität und Innovativität. Denn adaptive komplexe Systeme können aufgrund ihrer Fähigkeit zu emergenter Selbstorganisation den positiven (Lern-)effekt von Fehlern nutzen und zugleich den möglicherweise entstandenen Schaden leicht absorbieren.

Das nächste **Prinzip der Balancierung multipler Ziele** („pursue no optima"; „have multiple goals") basiert auf der Erkenntnis, dass eine einseitige Optimierung einzelner Funktionen sowie einseitige Schwerpunktbildung die Anpassungs- und Überlebensfähigkeit insgesamt herabsetzt. Daher gilt es multiple, auch widersprüchliche Ziele gleichzeitig zu verfolgen und somit den Bedürfnissen vielfältiger Anspruchsgruppen gerecht zu werden.

Paradoxien und Spannungsverhältnisse werden auch mit dem nächsten **Prinzip der Suche nach stabilem Ungleichgewicht** („seek persistant disequilibrum") adressiert, das schon von seiner Aussage her widersprüchlich erscheint. Dieses Gestaltungsprinzip basiert auf einem Charakteristikum komplexer adaptiver Systeme (KAS), das darin besteht, dass bei der Erreichung eines Gleichgewichtszustandes alle Dynamiken im System zum Erliegen kommen und somit ein Systemstillstand eintritt. Da Systemstillstand jedoch mit Tod des Systems gleichzusetzen ist, müssen KAS vielfältige Ungleichgewichtsphänomene fördern.

In eine ähnliche Richtung geht auch das hier abschließend zu nennende **Prinzip der Wandlung des Wandels** („change changes itself"). Dies bedeutet insbesondere, dass sich nicht nur die einzelnen Systemelemente oder Subsysteme verändern, sondern auch die Muster, nach denen sich der Wandel auf der Ebene des Gesamtsys-

III. Zentrale Perspektiven auf die Ausgestaltung von Führungsbeziehungen — Kapitel E

tems vollzieht, verändern sollten. Dies erfordert Freiräume, die es durch eine entsprechende Kontextgestaltung zu kultivieren gilt. Der bewusste Verzicht auf potenziell strukturverfestigende und Stabilität erreichende bzw. das Vorhandensein von Stabilität suggerierende Organisationsinstrumente ist daher ein Muss (vgl. weiterführend zu den Funktions- und Gestaltungsprinzipien von KAS und ihrer Anwendbarkeit auf Organisationen *Stüttgen* 2003; *Anderson* 1999).

Diese Gestaltungs- und Funktionsprinzipien von KAS berühren auf ganz fundamentale Weise Fragen von Steuerung und Führung in und von Systemen. Dennoch wurden die Befunde der KT im Gegensatz zur Organisationsforschung im Allgemeinen (vgl. dazu z. B. *Kappelhoff* 2002; *Anderson* 1999) aus dem originär führungsbezogenen Forschungskontext erst vergleichsweise spät aufgegriffen.

Complexity Leadership Ansätze nehmen ihren Ausgang in einer zunehmenden Unzufriedenheit mit traditionellen Führungsverständnissen. Sich wandelnde und immer komplexer werdende Kontexte würden Organisationen eine deutlich gestiegene Anpassungs- und Innovationsleistung abverlangen. Abläufe innerhalb von Organisationen seien viel stärker wissensgetrieben. Eine Führung basierend auf traditionellen Prämissen wird hierbei als mehr und mehr nutzlos angesehen. Führungskonzeptionen müssten sich weiterentwickeln um dem gestiegenen Anpassungs- und Innovationsdruck nachzukommen (vgl. z. B. *Lichtenstein u. a.* 2006; *Marion/Uhl-Bien* 2001). Als Antwort wird u. a. eine interaktive prozessorientierte Perspektive von Führung vorgeschlagen. Führung (leadership) wird dabei von dem, was einzelne Führende (leaders) tun, abgegrenzt. Führung wird damit nicht mehr einzelnen Personen zugeordnet, sondern als *dynamischer Einflussprozess* verstanden:

> „Leadership (as opposed to leaders) can be seen as a complex dynamic process that emerges in the interactive spaces between people and ideas. That is, leadership is a dynamic that transcends the capabilities of individuals alone" (*Lichtenstein u. a.* 2006, S. 2).

Dieser dynamische Prozess, der sich aus den Interaktionen zwischen Individuen entwickelt, wird als **„Adaptive Leadership"** (adaptive Führung) bezeichnet (vgl. ähnlich *Uhl-Bien/Marion/McKelvey* 2007). Dieses Verständnis von Führung als ein emergenter adaptiver Prozesses verweist auf eine systemische Sicht von Führung: Führung kann sich als Einflussprozess überall innerhalb einer Organisation herausbilden und sollte dann im Ergebnis zu besonderer Adaptionsfähigkeit der Organisation und damit zur Bewältigung der vorstehend skizzierten Probleme beitragen (vgl. z. B. *Uhl-Bien/Marion* 2008; *Lichtenstein u. a.* 2006). Dies impliziert einen grundlegenden Paradigmenwechsel, dessen Bedeutsamkeit bereits *Marion/Uhl-Bien* (2001, S. 390) aufgezeigt haben:

> „This paradigm shift has potenzial for addressing problems faced in leadership research. Complexity science moves us away from reductionist perspectives that reduce holistic systems to isolated observations – a strategy which may simply analysis and enable fomulaic prescription but which ignores the significant influence of interactive dynamics. Instead, complexity theory encourages us to see organizations as complex adaptive systems composed of a diversity of agents who interact with one another, mutually affect one another, and in so doing generate novel behavior for the system as a whole [...]."

Es wird also eine Verschiebung weg von analytisch-reduktionistischen Führungsperspektiven hin zu einer holistischen Betrachtungsweise gefordert. Viel stärker berücksichtigt werden müssen Führungsprozesse, die sich als dynamische und aus wechselseitigen Interaktionen resultierende Einflussprozesse darstellen, aus denen gemeinschaftliche Ergebnisse (z. B. kollektive Intelligenz) hervorgebracht werden. Auf diese Weise sollen schnelle Antworten auf komplexe kontextuelle Anforderungen generiert werden und die Organisation als Ganzes zu mehr Anpassungs- und Innovationsfähigkeit gelangen (vgl. auch *Geer-Frazier* 2014; *Nienaber/Svensson* 2013; *Lichtenstein u. a.* 2006).

Plowman/Duchon (2008) zeigen grundlegende Unterschiede zwischen komplexitätstheoretisch orientierten und traditionellen Führungsverständnissen auf. Die Autoren arbeiten zunächst grundlegende Mythen von traditioneller Führung (vgl. auch *Weibler* 2013) heraus und stellen diese den identifizierten neuen (komplexitätsorientierten) Realitäten („new realities") gegenüber (vgl. Tab. E.16).

Auch beim „complexity view" von Führung wird Führung als emergenter Prozess, der aus Interaktionen hervorgeht wird, verstanden. Führung wird daher auch nicht auf einzelne (formale) Führungskräfte beschränkt gesehen. Dennoch – oder gerade deswegen – setzen *Plowman* und *Duchon* bei der Aufdeckung grundlegender Führungsmythen bei den traditionellen Vorstellungen über Führende an und stellen eine Komplexitätsperspektive gegenüber (im Folgenden unter Bezug auf *Plowman/Duchon* 2008, S. 137 ff.):

In traditioneller Perspektive („traditional view") sind Führende diejenigen, die beispielsweise durch Visionen Wege in die Zukunft weisen, Wandel voranbringen und andere beeinflussen, um zukünftige Ziele zu erreichen.

Traditional view of leadership Myths	Complexity view of leadership New Reality
• Leaders specify desired futures.	• Leaders provide linkages to emergent structures; enhance connections among organizational members.
• Leaders direct change.	• Leaders make sense of patterns in small changes.
• Leaders eliminate disorder and gap between intentions and reality.	• Leaders encourage disequilibrum; disrupt existing patterns of behavior.
• Leaders influence others to enact desired futures.	• Leaders encourage processes that enable emergent order.

Tab. E.16: Mythen traditioneller Führungsverständnisse und Implikationen einer komplexitätstheoretischen Führung (vgl. *Plowman/Duchon* 2008, S. 144; modifiziert)

Führende beseitigen Spannungen und erweisen sich als erfolgreiche Konfliktmanager. Ein komplexitätstheoretisch informiertes Führungsverständnis stellt dahingegen auf emergente Führungsprozesse ab, die selbstorganisatorische Prozesse unterstützen, indem lebendige Interaktionen zwischen den Organisationsmitgliedern gefördert werden. Dazu sollte das Gesamtsystem eher in einem **spannungsreichen Ungleichgewichtszustand** gehalten werden als in Stabilität.

Wir erinnern uns an dieser Stelle daran, dass aus komplexitätstheoretischer Sicht ein Gleichgewichtszustand zum Erliegen der Systemdynamiken und damit zum Tod des Systems führt. Ein optimaler und zudem von selbst (also zum Nulltarif!) gegebener Lebens- und Entwicklungszustand liegt daher im Ungleichgewichtszustand („disequilibrum") am Rand des Chaos, wie eingangs ausgeführt (vgl. auch *Osborn/Hunt* 2007). Vorhandene Ordnung und Stabilität muss daher irritiert und aus dem Lot gebracht werden. Dadurch werden die Mitglieder selbst zur Suche von Lösungen animiert, die für sie in ihrem lokalen Kontext genau passen. Nicht der Führende ist somit Innovationstreiber, sondern die emergenten und nicht vorhersehbaren Prozesse auf unterschiedlichen Ebenen (Untergruppen) innerhalb der Organisation. Nicht Führende motivieren zur Erreichung von Zielen, sondern emergente kollektive Einflussprozesse führen zu Anpassungs- und Wandelprozessen für die gesamte Organisation. Vor dem Hintergrund dieser Ausführungen versteht es sich fast schon von selbst, dass sich derartige Prozesse einer übergeordneten Kontrolle oder Gestaltung entziehen. Führende haben hierbei die Funktion von „Ermöglichern" („leaders as enablers") emergenter adaptiver Prozesse (vgl. auch *Marion/Uhl-Bien* 2001).

Empirie zu emergent adaptiven Prozessen

Wie diese grundlegend veränderten Funktionen von Führenden bei der Ermöglichung adaptiver Selbstorganisation aussehen können, haben etwa *Plowman u. a.* 2007 in einer (qualitativ explorativen) empirischen Studie in einer Non-Profit-Organisation (Kirchengemeinde einer Mission Church) beschrieben. Führende „ermöglichen" hiernach emergente Selbstorganisationsprozesse folgendermaßen: 1) *„leaders disrupt existing patterns of behavior"*, 2) *„leaders encourage novelty"* und 3) *„leaders make sense of emerging events for others"*. Führende irritieren also vorhandene Ordnungsmuster, initiieren Konflikte bzw. betonen den Wert von Konflikten und erkennen Ungewissheit an. Führungskräfte sollten daher eher zur Destabilisierung als zur Stabilisierung von Organisationen beitragen. Die Aufgabe, Konflikte zu beseitigen oder Ungewissheit zu beseitigen, wie dies in traditionellen Führungsverständnissen zu finden ist, übernehmen sie daher nicht. Führende fördern die Entwicklung von Innovationen über die Anregung von Interaktionen auf lokaler (untergeordneter) Ebene durch lediglich ganz einfache Regeln zwischen den Mitgliedern. Dadurch sollen auch emotionale Verbindungen zwischen den einzelnen Mitgliedern sowie kollektive (Verhaltens-)Prozesse gefördert werden. Weiterhin sollten Führende, die aus emergenten Prozessen hervorgebrachten Geschehnisse und Veränderungen in kommunikativen Prozessen interpretieren und dadurch verstehbar machen. Damit tragen sie zur Entwicklung eines gemeinsamen Verständnisses bei. Führende kreieren somit nicht Veränderungen, sondern interpretieren diese. In diesem Sinne sind Führende dann auch eher als Manager von Worten zu verstehen („*leaders manage words rather than manage people*"; *Plowman u. a.* 2007, S. 347; siehe hier einen aufschlussreichen Bezug zur politischen Führung: Barack Obama und die Macht der Worte, *Weibler* 2010a).

III. Zentrale Perspektiven auf die Ausgestaltung von Führungsbeziehungen

Wie wir sehen, treten so grundlegende organisationale Themen, wie der Umgang mit Konflikten, der Zweck von Sprache sowie die Bedeutung von Interaktionen und Beziehungen in den Fokus der Aufmerksamkeit. *Plowman* und *Duchon* (2008) postulieren für diese (und weitere) zentrale Themen eine grundlegende Bedeutungsverschiebung und schlagen eine Rekonzeptualisierung vor. In Tabelle E.17 sind die identifizierten Kernthemen bzw. organisationalen Variablen genannt: Konflikt, Information, Teams, Wandel, Sprache und Beziehungen. Diese Themen sind mit ihrer jeweiligen Bedeutung im Rahmen konventioneller Führungsverständnisse (*conventional view of leadership*) der jeweiligen neuen Bedeutung im Rahmen von Complexity Leadership (*emergent view of leadership*) gegenübergestellt. Erreicht werden müsse eine grundlegend neue Sicht auf die genannten Themen. Was sich dahinter verbirgt, zeigen wir im Folgenden unter Bezug auf *Plowman/Duchon* (2008, S. 145 ff.) auf.

In dieser komplexitätstheoretischen Perspektive werden **Konflikte** im Gegensatz zu traditionellen Sichtweisen *nicht* als Ergebnis schlecht gelaufener (Führungs-)Prozesse gesehen. Sie müssen somit nicht ausgeräumt werden, um Ordnung und Zielerreichung sicherzustellen. Vielmehr werden Konflikte als Energiequelle für selbstorganisatorische Prozesse gesehen, die zu adaptiven Problemlösungen und emergenter Ordnungsbildung beitragen. Konflikte sind daher positive Quelle von Ordnung und nicht ein Störfaktor von Ordnung.

Grundlegend unterschiedlich ist auch das Verständnis von Sprache. **Sprache** ist nicht lediglich ein Medium, um sich anderen gegenüber durchzusetzen, Kontrolle auszuüben und seine Meinung zu vermitteln. Vielmehr ist Sprache bzw. die Verwendung von Sprache ein Prozess, in dem Sinn und Bedeutung generiert wird. Indem Organisationsmitglieder über sich verändernde Umstände u.ä. kommunizieren, geben sie emergenten Wandlungsprozessen eine Bedeutung und schaffen so Schritt für Schritt (eine gemeinsame) Wirklichkeit.

Ähnlich sind **Informationen** Träger von Bedeutungen bzw. Bedeutungszuschreibungen. Es wird eine semantische Perspektive eingenommen, die den Charakter, Inhalt und die Bedeutung von Informationen in den Mittelpunkt rückt. „Emergente Führer" („emergent leader") versuchen daher nicht, Informationen zu kontrollieren, sondern achten auf einen freien, transparenten organisationsumfassenden Informationsfluss.

Wandel wird nicht als Resultat reaktiver Prozesse oder geplanter Restrukturierung zur Zielerreichung gesehen. Wandel kann daher nicht als maßgeblich von Führungskräften (und deren Visionen) vorangetrieben werden. Vielmehr wird Wandel verstanden als ein fortlaufender emergenter Prozess, der sich in zunächst sehr kleinen Anpassungsschritten (auf allen Ebenen und in Wechselwirkung zum Kontext) vollzieht; dieser kann jedoch akkumulieren und in radikalen Wandel münden. Emergente Führende haben hierbei insbesondere die

Organizational Variables	Conventional view of leadership	Emergent view of leadership
Conflict	Disruption is the result of flawed management or leadership mistakes.	Disruption is the result of self-organizing and can be the source of new order.
Information	Syntactic information, in which information is measured in bits, treated as a commodity.	Semantic information, in which emphasis is on what things mean.
Teams	Small task groups made up members with a shared purpose and interdependent roles.	Ensembles that often form independently due to interactions among autonomous agents in the system.
Change	Change occurs in distinct episodes as ‚planned replacements' intended to fix a problem, or achieve a goal.	Change occurs continuously, as minor adaptions, which can accumulate, amplify and become radical.
Language	Means of directing follower behavior.	Mechanism for giving meaning to emergent changes.
Relationships	Sources of power that leader can use to ‚get things done'.	Key to mental models and team cognition that enables undirected actions by others.

Tab. E.17: Rekonzeptualisierung organisationaler Variablen aus komplexitätstheoretischer Sicht (vgl. *Plowman/Duchon* 2008, S. 145)

Aufgabe, kleine Wandlungsschritte sowie deren Ausgangsbedingungen zu erkennen sowie zusammen mit anderen Personen (und nicht geleitet von eigenen Visionen) diese Veränderungen kommunikativ mit (neuem) Sinn zu belegen.

Weiterhin werden auch **Beziehungen** („relationships") ganz anders gesehen. Sie werden nicht, wie dies in traditioneller Perspektive häufig der Fall ist, als individuelle (machtvolle) Ressourcen betrachtet, die primär dazu dienen, um bei der Aufgabenerfüllung (besser) voranzukommen. Zwar ist die Aufrechterhaltung und Pflege eines dichten (auch freundschaftlichen) Beziehungsnetzes weder kontraproduktiv noch unethisch. Dennoch ist in komplexitätstheoretischer Sicht etwas ganz anderes bedeutsam. Beim Aufbau von Beziehungen muss eine auf einzelne Individuen bzw. Führende zentrierte Perspektive zu Gunsten einer Netzwerkperspektive aufgehoben werden. Hierbei geht es um systemumfassende Interaktions- und Beziehungsnetze, sodass die Macht (bzw. machtvollen Beziehungen) von einzelnen Führenden auf das gesamte System zu verteilen sind, um das System als Gesamtes zu befähigen. Eine Voraussetzung dafür sind freie, vielfältig und netzwerkartig fließende Informationen, die (wie vorstehend angesprochen) dann als Basis für gemeinsame Sinnkonstruktionen und Interpretationen von Veränderungen dienen. Dies ermöglicht schnelle Antworten auf externe Anforderungen und trägt im Ergebnis zu flexiblen Anpassungsleistungen der gesamten Organisation bei (vgl. auch *Lichtenstein u.a.* 2006).

Führende kleben daher in Fortführung dieser Logik nicht an ihren vorgegeben Rollen oder Job-Beschreibungen. Sie sind aufmerksam und beobachten genau, fördern einen freien Informationsfluss und tragen zur Entwicklung vielfältiger Interaktions- und Beziehungsnetze bei. Dies alles basiert auf einer großen Bescheidenheit von Führenden. Sie erkennen an, dass sie nicht alleine wissen (können), in welcher Art und in welche Richtung sich Veränderungen entwickeln werden oder (sollen), weil die zukünftigen Bedingungen eben nicht vorhersagbar sind. Eine derartige offene, führerkritische und stattdessen pluralistische Haltung ist, wie etwa auch *Richardson* (2008) herausstellt, ein Fundament von **„Complexity Thinking"** (vgl. auch *Regine/Lewin* 2000).

In weiteren konzeptionellen Beiträgen (z.B. von *Uhl-Bien/Marion* 2009; *Uhl-Bien/Marion/McKelvey* 2007) wird versucht, komplexitätstheoretisches Denken und insbesondere die Erkenntnisse über komplexe adaptive Systeme (KAS) unmittelbar für eine Anwendung in traditionellen Kontexten weiter zu entwickeln. So geht es bei der von *Uhl-Bien*, *Marion* und *McKelvey* 2007 entwickelten Rahmenkonzeption, die die Autoren wie auch *Lichtenstein u.a.* (2006) als „Complexity Leadership Theory" bezeichnen, darum, die dynamischen Systemkapazitäten von KAS, also die große Innovationskraft, Kreativität und flexible Anpassungsfähigkeit auch für traditionelle Organisationen nutzbar zu machen. Allerdings handelt es sich bei dem von *Uhl-Bien/Marion/McKelvey* (2007) vorgelegten Rahmenkonzept nicht um eine Komplexitätstheorie der Führung im engeren Sinn, sondern vielmehr um einen integrativen Ansatz, der eine komplexitätstheoretische Perspektive mit traditionellen Führungsformen bzw. Führung innerhalb traditioneller Kontexte verbinden will:

> „*It [this framework] seeks to integrate complexity dynamics and bureaucracy, enabling and coordinating, exploration and exploitation, CAS and hierarchy, and informal emergence and top-down control.*" (*Uhl-Bien/Marion/McKelvey* 2007, S. 304)

Damit wird in besonderer Weise der Erkenntnis Rechnung getragen, dass traditionelle Organisationen in aller Regel nun mal keine komplexen adaptiven Systeme im Sinne der Komplexitätstheorie sind, sondern immer auch bürokratisch hierarchische Strukturen und Ordnungsmuster aufweisen (vgl. auch *Dess/Picken* 2000). Dennoch liegt der Fokus auf den (wünschenswerten) adaptiven Dynamiken von KAS, die innerhalb traditioneller Strukturen entwickelt werden sollen. Daraus ergeben sich unterschiedliche Führungsanforderungen, die mittels drei verschiedener, jedoch miteinander verwobener Führungsfunktionen oder -rollen bewältigt werden sollen. Diese drei Führungsfunktionen oder Führungsrollen werden als **Administrative Leadership**, **Adaptive Leadership** und **Enabling Leadership** bezeichnet (vgl. *Uhl-Bien/Marion/McKelvey* 2007; vgl. Abb. E.39).

Die drei dargestellten Führungsfunktionen oder -rollen sind auf eine spezifische Art miteinander verwoben („entanglement"). Die Ursache liegt in einer widersprüchlichen Systemdynamik. Diese resultiert aus dem spannungsreichen Verhältnis zwischen administrativen (top-down) Kräften und den informellen, emergenten Organisationsprozessen. Beim Ausgleich der hierbei zwangsläufig auftretenden Spannungen und Probleme kommt der Führungsform „Enabling Leadership" (ermöglichende Führung) eine besondere, vor allem ausgleichende Rolle zu, wie dies auch die wechselseitigen Pfeile in Abbildung E.39 symbolisieren (vgl. *Uhl-Bien/Marion/McKelvey* 2007, S. 305).

Doch zunächst zu der für das Verständnis von Complexity Leadership essentiell bedeutsamen Führungsfunktion **„Adaptive Leadership"** (adaptive Führung). Adaptive Leadership bezieht sich auf emergente Führungsprozesse, die aus den Interaktionen zwischen Organisationsmitgliedern hervorgebracht werden. Auch hier wird die Bedeutung des „zwischen" (also des „space between"; vgl. *Bradbury/Lichtenstein* 2000) betont, wodurch die entstandenen Führungsprozesse nicht mehr einzelnen Individuen, sondern eher der Interaktion zwischen Individuen zugerechnet werden. *Uhl-Bien/Marion/McKelvey* (2007, S. 309) definieren „adaptive leadership" als

> „emergent change behaviors under conditions of interaction, interdependence, asymmetrical information, complex network dynamics, and tension. Adaptive leadership manifests in CAS and interactions among agents rather than in individuals, and is recognizable when it has significance and impact".

Adaptive Führung wird demnach sichtbar in kollektiven Lernprozessen und/oder weiteren kreativen Anpassungsleistungen basierend auf kollektiver Intelligenz. Es handelt sich um eine „adaptive Aktivität" („adaptive activity"), einer emergenten kollektiven Aktion („emergent collective action"; vgl. auch *Schreiber/Carley* 2006, S. 64) und nicht um eine klassische (oder auch autoritär hierarchische) Einflussnahme. Adaptive Leadership wird insbesondere durch eine Einbettung in asymmetrische und daher spannungsreiche Interaktionen von untereinander vernetzten Organisationsmitgliedern gefördert. Die Suche nach einem Ausgleich asymmetrischer Präferenzen sowie damit verbundener Irritationen und Spannungen nach innen und außen fördern passende Antworten und Lösungen zu Tage und tragen zu adaptivem Wandel bei. Netzwerkartige Strukturen werden daher als förderlich für die Entwicklung adaptiver Führungsprozesse angesehen (vgl. auch *Geer-Frazier* 2014; *Clarke* 2013).

In krassem Gegensatz dazu steht **„Administrative Leadership"**, also administrative Führung, die durch formale Führungsrollen in klassischer top-down Richtung ausgeübt wird. Sie zielt darauf ab, durch Planen, Koordinieren oder Kontrollieren die (vorgegebenen) Organisationsziele auf effektive Weise zu erreichen. Hier greift nun wieder **„Enabling Leadership"** ein. Seine Funktion besteht zum einen darin, zwischen Administrative und Adaptive Leadership zu vermitteln. D.h. insbesondere die Informationsflüsse aufrecht zu erhalten, damit Wissen und Kreativität, resultierend aus kollektiven Prozessen, in die formal bürokratische Organisationsstruktur hineingetragen wird. Zum anderen muss Enabling Leadership das Umfeld und die Bedingungen fördern, die zur Entwicklung emergenter kollektiver Führungsprozesse („Adaptive Leadership") beitragen (vgl. *Uhl-Bien/Marion/McKelvey* 2007, S. 305 f.). Dazu sollte die Interaktionsdichte und -dynamik sowie Vernetzung erhöht und Interdependenzen (wechselseitige Abhängigkeiten) gefördert werden. Auch die Heterogenität und Diversität soll erhöht werden. Spannungen sollen nicht reduziert, sondern induziert werden um insgesamt den (kollektiven) Problemlösungsdruck (etwa innerhalb von Untergruppen) zu erhöhen (vgl. auch *Hazy/Uhl-Bien* 2015; *Schreiber/Carley* 2006).

Damit ist Enabling Leadership als die dritte Führungsfunktion innerhalb der Complexity Leadership Konzeption von *Uhl-Bien*, *Marion* und *McKelvey* (2007) wie auch schon Adaptive Leadership ebenfalls keine Führungseinflussnahme in klassischem Sinn. Vielmehr ist sie eine **führungsermöglichende Aktivität**, die letztlich darauf gerichtet ist, kollektive Führungsprozesse in Form von **„Adaptive Leadership"** zu katalysieren; dies alles mit dem Ziel, möglichst viel von der intelligenten, höchst kreativen Funktionsweise komplexer adaptiver Systeme auch in Organisationen und selbst innerhalb tradi-

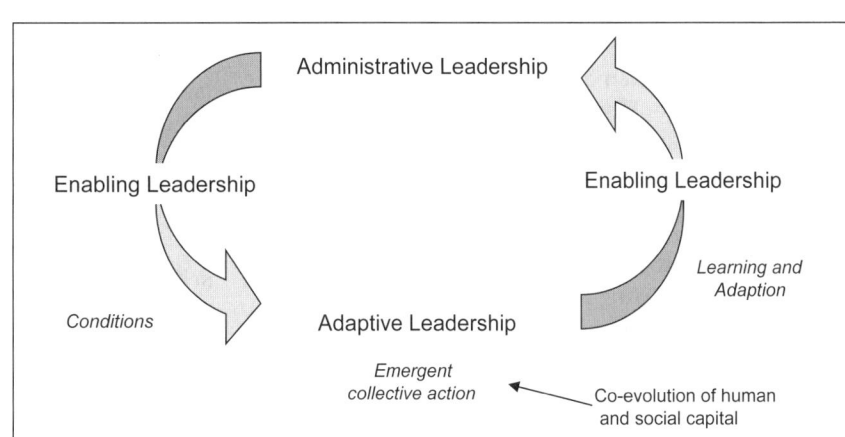

Abb. E.39: Führungsrollen der Complexity Leadership Konzeption von Uhl-Bien/Marion/McKelvey 2007 (vgl. *Schreiber/Carley* 2006, S. 64; modifiziert)

tioneller Organisationsstrukturen zu entwickeln (vgl. auch *Hazy/Uhl-Bien* 2015; *Uhl-Bien/Marion* 2009; *Regine/Lewin* 2000). Aus einer komplexitätstheoretischen Führungsperspektive heraus ist es somit primäre Aufgabe von Führung, zunächst Systemdynamiken in Gang zu bringen, die mühelos von innen heraus oder genauer: von unten herauf (bottum up) zu kreativen, kollektiven Anpassungsleistungen in der Lage sind (vgl. auch *Osborn/Hunt* 2007; *Marion/Uhl-Bien* 2001).

14.3 Kritische Würdigung

Komplexe organisationale Kontexte zwingen Organisationen heutzutage zu immer größeren Adaptions- und Innovationsleistungen. Ein adäquater Umgang mit Komplexität stellt daher eine gegenwärtig höchst bedeutsame Führungsaufgabe dar. Traditionelle Führung wird für sich allein als unzureichend, ja teilweise gar als kontraproduktiv im Umgang mit gestiegener Komplexität angesehen. Denn viel zu wenig würden hier die Wirkungen komplexer kontextgetriebener Prozesse berücksichtigt werden, sodass dringend benötigte Kreativität und flexible Anpassungsleistungen ausbleiben würden (vgl. z.B. *Osborn/Hunt/Jauch* 2002; *Marion/Uhl-Bien* 2001). Von dieser Kritik werden teilweise selbst so prominente zeitgenössische Führungsansätze wie die transformationale Führung nicht ausgespart (vgl. z.B. *Hunt/Osborn/Boal* 2009; *Osborn/Marion* 2009).

So wird beispielsweise die Vermittlung einer Vision durch einen Führenden – eine essentielle transformationale Führungspraktik – in komplexitätstheoretischer Sicht unter gewissen Umständen als schädlich angesehen. Die Vision eines Führenden würde, vereinfacht ausgedrückt, dazu beitragen, dass davon abweichende oder aufkeimende neue Ideen einzelner Organisationsmitglieder nicht (weiter-)entwickelt würden. Dies wiederum schwäche das Kreativitäts- und das Innovationspotenzial des gesamten Systems (vgl. weiterführend *Hunt/Osborn/Boal* 2009; *Osborn/Marion* 2009). In dieser Logik wird denn auch davor gewarnt, auf das Erneuerungspotenzial der Vision eines einzelnen transformationalen Führers zu setzen (vgl. *Osborn/Hunt* 2007, S. 338). Die Vorstellung eines *„über leader with a transformational vision"* (*Hunt/Osborn/Boal* 2009, S. 514) ist daher mit Complexity Thinking nicht vereinbar. Dies trifft jedoch nicht auf alle Aspekte bzw. Führungspraktiken transformationaler Führung zu (vgl. hierzu *Marion/Uhl-Bien* 2001). Wir haben weitere Gründe für diese und ähnliche Argumentationen aus Sicht von Complexity Leadership vorstehend aufgezeigt.

Zusammenfassend lässt sich festhalten, dass die Complexity Leadership Diskussion traditionell verstandene Führung relativiert. Im Mittelpunkt eigener Vorschläge stehen emergente kollektive Führungsprozesse („Emergent leadership"; „Adaptive leadership"). Es ist die adaptive Funktionsweise von komplexen adaptiven Systemen, die, so das übereinstimmende Credo, möglichst umfassend in Organisationen kultiviert werden sollte. Dieses Bestreben ist verständlich angesichts der Verlockungen komplexitätstheoretischer Konzeptionen. Diese haben mittels ebenso weltbildprägender wie assoziationsstarker Metaphern wie kollektive Intelligenz und emergente Ordnungsbildung und so fort, einen beachtenswerten Einzug in die Organisations- und Managementforschung gehalten. Dass die gepriesene Ordnungsbildung am Rand des Chaos zudem kostenfrei sei, kann denn auch, wie *Kappelhoff* (2002, S. 54) es trefflich formuliert, als die „frohe Botschaft" der Komplexitätstheorie (KT) bezeichnet werden.

Die KT hat daher einen rasanten Aufstieg in der Literatur der Organisations- und Managementforschung, wie auch der Führungsforschung hinter sich (vgl. z.B. auch *Morrison* 2010; *Anderson* 1999). Allerdings wird die grundsätzliche Problematik der Übertragbarkeit komplexitätstheoretischer Erkenntnisse auf die Organisationswissenschaften nur unzureichend reflektiert (vgl. z.B. *Hazy/Uhl-Bien* 2015; *Clarke* 2013). Die vorwiegend auf naturwissenschaftlichen Konzeptionen basierenden Befunde über komplexe adaptive Systeme können leider nicht so einfach unmittelbar auf organisationswissenschaftliche Fragestellungen übertragen werden. Sollen mehr als ein paar schöne Geschichten erzählt werden, muss eine wissenschaftlich abgesicherte **Transfermethode** angewandt werden (vgl. z.B. *Morrison* 2010; *Richardson/Cilliers* 2001). Bei der Frage nach der Art des Transfers wird einer quasi naturalistischen und auf streng mathematischen Modellierungen bzw. Computersimulationen basierenden Variante (auch als „hard complexity science" bezeichnet) eine rein metaphorische (auch als „soft complexity science" bezeichnete) Variante gegenübergestellt (vgl. z.B. *Richardson/Cilliers* 2001). Als eine aussichtsreiche und tendenziell zu favorisierende Form des Transfers wird eine gewissermaßen dazwischen liegende Form herausgestellt, die (zumeist) auf der Basis eines **sozial-konstruktivistischen Wissenschaftsverständnisses** sinnhafte Vorschläge gerade für die Organisationswissenschaften bereitstellt (vgl. z.B. *Stüttgen* 2003; *Richardson/Cilliers* 2001; *Stacy* 2000).

Insgesamt ist weitere, insbesondere empirische Forschung erforderlich, um den Complexity Leadership

Ansatz weiterzuentwickeln. *Morrison* (2010) ist daher durchaus zuzustimmen, wenn er einer leichtfertigen Anwendung der Komplexitätstheorie auf Führungsfragen eine Absage erteilt (vgl. auch *Avolio/Walumbwa/Weber* 2009). Erschwerend kommt hinzu, dass die empirische Untersuchung Forscher vor ganz besondere methodische Probleme stellt. Erforderlich sind Forschungsansätze, die in der Lage sind, nichtlineare Entwicklungspfade, wechselnde, unvorhersehbare Phänomene und Dynamiken komplexer Prozesse einzufangen. Hierzu müssen anspruchsvolle Forschungsdesigns entwickelt werden, die es ermöglichen, selbst vielfältig vernetzte Interaktionen sowie kontextuelle Einflüsse zu erfassen.

Damit wird einer in der Führungsforschung traditionell vorherrschenden Fokussierung auf wenige und zudem häufig statische und dekontextualisierte Variablen eine Absage erteilt. An Stelle von „quick and easy"-Befragungen (vgl. *Uhl-Bien/Marion* 2009, S. 647) sollten vor allem qualitative Methoden, z. B. Grounded Theory Studien, Case Studies, narrative Techniken sowie teilnehmende Beobachtungen („real time observations"; vgl. insb. *Dooley/Lichtenstein* 2008) zum Einsatz kommen. Von Bedeutung sind jedoch auch Netzwerkanalysen und Computersimulationstechniken, allerdings nur in Form von sehr elaborierten, dynamisch angelegten Varianten (vgl. *Dooley/Lichtenstein* 2008; *Lichtenstein u. a.* 2006).

Verständlich werden diese diffizilen methodologischen Implikationen, wenn wir uns daran erinnern, dass sich die komplexitätswissenschaftliche Forschung allgemein und selbst innerhalb so streng naturwissenschaftlicher Disziplinen wie der Physik und Mathematik ganz vehement von einer analytisch-reduktionistischen Forschungslogik abgrenzt. Statisch deterministische (nach Ursache-Wirkungszusammenhängen suchende) Denkmuster weichen in den Komplexitätswissenschaften einer systemisch-emergenten Perspektive, einem damit holistischen Blick auf komplexe adaptive Systeme (vgl. z. B. *Kappelhoff* 2002; *Anderson* 1999).

Es mag deshalb helfen, dass die Complexity Leadership Diskussion recht deutlich und teilweise explizit an den Diskussionsstrang der **relationalen Führung** sowie verwandter Strömungen wie **Collective/Shared Leadership** (☞ E. III. 12) Anschluss sucht (vgl. z. B. *Marion* 2008; *Lichtenstein u. a.* 2006). So stellen *Uhl-Bien/Marion* (2009, S. 646) heraus:

> „CLT [complexity leadership theory] is in line with a genre of leadership approaches which Hunt & Dodge (2000) call the relational perspective, 'at the forefront of emerging leadership thrusts' (p. 445). This perspective includes a focus on networks, lateral, representative and distributive approaches, collectivities, and systems."

Diese relationale Perspektive auf netzwerkartige, verteilte und kollektive Prozesse werde den Autoren zufolge trotz ihrer offensichtlichen Bedeutung in der Führungsforschung bislang vernachlässigt. Daher sehen sie den zusätzlichen Nutzen von **Complexity Leadership** darin, dass durch das Konzept der KAS ein Denkrahmen zur Verfügung gestellt werde, der es ermögliche, relationale Führungsprozesse (die basierend auf vielfältigen Interaktionen dem Kollektiv emergieren) zu untersuchen (vgl. auch *Hazy/Uhl-Bien* 2015; *Clarke* 2013). So wird auch die Argumentation innerhalb der Complexity Leadership Forschung mit einem ähnlichen Ton geführt – teils basierend auf ähnlichen Prämissen, wie dies im Kontext von relationalen Führungsansätzen geschieht (vgl. *Uhl-Bien* 2006; ☞ E. III. 13). Allerdings besteht die sofort erkennbare Gefahr, dass die Spezifika von komplexitätstheoretisch informierten Führungsansätzen, noch bevor sie eine solide konzeptionell wie empirisch fundierte Erhärtung erfahren hätten, verwässert werden. Das wäre jedoch schade, denn die Bereicherung von Complexity Leadership liegt gerade im anspruchsvollen komplexitätstheoretischen Konstrukt der KAS begründet, das einen innovativen Denkrahmen zur Verfügung stellt. Dieser setzt fundamental bei der Anerkenntnis von Unwissenheit und der Begrenztheit allen Wissens und Verstehens und damit bei einer uneingeschränkten Bejahung von Komplexität an.

Diese zunächst nicht weiter Aufsehen erregende Logik des „Complexity Thinking" trifft die Führung jedoch in ihrem Kern: Das Anerkenntnis von Ungewissheit sowie der unaufhebbaren Begrenzung unseres Wissens und Verstehens impliziert das Ende des Mythos der Machbarkeit (vgl. z. B. *Weibler* 2013). Dies fordert Manager dazu auf, sich als „sophisticated thinker" auf die philosophischen Dimensionen der Komplexitätstheorie einzulassen und eine kritisch pluralistische Grundhaltung zu kultivieren (vgl. *Richardson* 2008, S. 22). Nichts sollte daher – auch wenn es in einer ähnlichen Situation in der Vergangenheit so gewesen sein mag – als gegeben angesehen werden. Eigene Prämissen des Denkens und Verstehens sollten stets auf dem Prüfstand stehen. Complexity Thinking kultiviert die Frage danach, *was sein könnte* und nicht danach, wie etwas ist oder sein wird, wie dies etwa *Allen* (2001, S. 41) beschreibt. Jede, auch noch so abweichende Meinung zählt (vgl. weiterführend *Richardson* 2008; *Regine/Lewin* 2000).

Führung also als emergenter kollektiver gemeinsamer Prozess – oder bildhaft dargestellt, als das Ergebnis des

Gewimmels in einer Ameisenkolonie!? Selbst wenn daraus eine außergewöhnliche und jedes einzelne Mitglied übersteigende kollektive Intelligenz hervorgeht (um diesen Befund aus dem Kontext der Schwarmtheorie hier in vereinfachter Weise nochmals aufzugreifen), mag sich damit nicht jeder so leicht anzufreunden. Vielleicht liegt dies daran, dass das Gewimmel im Ameisenhaufen leicht als chaotisch empfunden wird oder damit assoziiert wird, dass hier jeder tun könne, was er wolle. Doch, wie wir aufgezeigt haben, ist dem ja nicht so. Komplexität ist weder Anarchie noch Chaos, sondern Ordnung am Rand des Chaos. Um beim Bild der Ameisenkolonie zu bleiben, folgen Ameisen einfachen, im Verlauf ihrer Evolution entwickelten Regeln und Signalen, die sie wechselseitig aussenden.

Vielleicht entsteht ein Gefühl der Abneigung aber auch, weil der Eindruck entstehen könnte, dass das Individuum quasi dem Kollektiv „geopfert" werden soll. Auch hier gilt es genau hinzuschauen. Denn, obschon es natürlich um das emergente Gesamtergebnis (vgl. → Emergenz, kollektive Intelligenz und Adaptionsfähigkeit) geht, dürfen wir nicht vergessen, dass die einzelnen Mitglieder eines Systems (Agenten) relativ autonom agieren, da es keine übergeordnete Steuerungsinstanz gibt – quasi also ein **emanzipatorischer Ansatz**!

Auch dürfen wir nicht vergessen, dass damit dem Einzelnen eine essenzielle Bedeutung zukommt, weil die jeweils erforderlichen Antworten lokal auf Agentenebene erzeugt werden. Hierbei kommt es eben gerade auf die Idee **jedes Einzelnen** an (vgl. Agenten mit Schemata; siehe auch *Bonabeau/Meyer* 2001). Diese individuellen Ideen werden – basierend auf der ausgeprägten gegenseitigen Fähigkeit, **Signale** der anderen **wahrzunehmen** und zu **beantworten** – im gemeinsamen Tun „veredelt" und in eine für alle sinnvolle neue Qualität transformiert (Emergenz). Dies sichert die Überlebens- und Entwicklungsfähigkeit des Gesamtsystems. Ein allmächtiger „Ameisen-General" würde hier eine Systemgefährdung darstellen. Eine herausfordernde Vorstellung für manche, aber nicht für alle.

15. Kooperation: Wo Führung aufhört und doch wieder anfängt

15.1 Hintergrund

Alle sozialen Lebewesen sind definitionsgemäß kooperativ, da eben das Soziale die differentia specifica als Kennzeichnungsmerkmal zu anderen Lebewesen ausmacht. Das Soziale ist ohne ein Mindestmaß an Kooperation einfach nicht denkbar. Menschsein heißt deshalb sozial sein, theoretisch wie empirisch. Kooperation als grundsätzliche Lebensform ermöglicht die Verfolgung gemeinsamer Ziele oder die gemeinsame Verfolgung individueller, sich nicht ausschließender Ziele ggf. besser (schneller, ressourcenschonender, hochwertiger), als es eine jeweils isolierte Verfolgung leisten könnte. Nicht selten wird eine Zielerreichung gar erst durch ein aufeinander bezogenes Handeln ermöglicht (vgl. z.B. *Tomasello* 2010). Das Soziale manifestiert sich beim Menschen in Gemeinschaften, zu denen auch Organisationen gehören, ebenso wie in Verhaltensweisen, zu denen ein hilfreiches Verhalten für andere gehört.

Diese abstrakte Fassung besagt offensichtlich nicht, dass eine Kooperation stets automatisch entsteht. Zudem ist sie weder die einzige Form der Abstimmung des Verhaltens untereinander, noch im Konkreten automatisch die beste Verhaltensweise. Sie entsteht nicht automatisch, weil sie an Bedingungen geknüpft ist (z.B. Kooperation zwischen vertrauten Partnern und nicht zwischen zunächst Fremden), weil andere Formen der Abstimmung existieren (z.B. Hierarchie) oder weil die Zielerreichung anders schneller gelingt (z.B. Wettbewerb). Insofern ist Führung eine Form der Abstimmung des Verhaltens zweier oder mehrerer Personen, die potenziell dann greift, wenn sich eine Kooperation natürlicherweise nicht einstellt, ob zunächst oder auf Dauer, oder vom Ergebnis her suboptimal wäre.

Diese rationale Fassung von Kooperation und Führung ist prinzipiell hilfreich, um die Entstehung und funktionsweise einer überlebensfähigen menschlichen Sozietät zu verstehen. Sie wäre aber verkürzt gedacht, sofern sich nur auf Leistungsparameter konzentriert würde. Kooperation zielt auch auf natürliche Bedürfnisse wie Wohlbefinden und Gerechtigkeit ab. Dies gilt für Gesellschaften wie für ihre Gebilde (hier: Organisationen). Evolutionäre Prägungen (natürliche Verhaltensbereitschaften), Emotionen sowie die allgegenwärtige Unsicherheit, unter der eine sichere, aber nicht kalkulierbare (risikoorientierte) Entscheidung über die optimale Abstimmung wegen a priori fehlender Informationen nicht einmal theoretisch möglich ist, sprechen dagegen. Erklärungsmächtiger sind Lösungen, die in Kenntnis tatsächlicher, also empirischer Daten kontextspezifische Aussagen über die Förderlichkeit der Rahmenbedingungen für eine Abstimmungsform annäherungsweise möglich machen. Praktisch, und darum geht es uns ja hier, sind dies Erfahrungen, die in realen Umfeldern (empirische Studien in Organisationen) oder unter realitätssimulierenden Umfeldern (empirische Studien in experimentellen Laboratorien, möglichst mit in Organisationen Tätigen) gemacht werden.

Wir möchten an dieser Stelle allerdings nicht darauf eingehen, ob eine Kooperation oder eine Führung die bessere praktische Wahl in einem bestimmten Setting wäre. In Organisationen, die die Hierarchie als zentrales konstitutives Element besitzen, ist dies jenseits dieser Grundsatzentscheidung nur kontextspezifisch zu beurteilen. Nur unter (extrem verkürzenden) Modellbedingungen gelingt es, normative Vorgaben für Organisationen zu machen (vgl. für diese Sichtweise aber sehr übersichtlich und konsequent *Jost* 2008a, S. 592 ff.). In der Praxis hängt dies ganz entscheidend von der jeweiligen Ausgestaltung der Kooperation und der Führung wie von Vorerfahrungen der Beteiligten, kulturellen Gepflogenheiten und mehr ab. Auch möchten wir uns nicht mit Kombinationen beider Formen im Einzelnen beschäftigen. Bei der Führung gibt es ja beispielsweise den Versuch, durch eine kooperative Führung (vgl. *Wunderer/Grunwald* 1980) Elemente der Kooperation in die Führung zu integrieren (z. B. Mitsprache, Abstimmung). Bei dem für die Kooperation typischen Anwendungsfall des Netzwerks wird umgekehrt einem fokalen Akteur ggf. die Rolle eines primus inter pares zugesprochen, wodurch hierarchische Akzente (in)formell gesetzt werden.

Uns geht es vielmehr darum, aufzuzeigen, dass kooperatives Verhalten zwischen Personen ein eigentlich notwendiges und auch verbreitetes Verhalten ist. Deshalb ist es erstaunlich, dass in der Führungsrealität ohne nähere Prüfung zu oft voreilig unterstellt wird, dass die Mitarbeiterschaft rein eigennutzmotiviert handelt. Damit erscheint eine kooperative Lösung, beispielsweise bei der Teamarbeit, von vornherein als für die Organisation ineffizient, gar gefährlich. Parallel sehen wir, dass Führungsstile praktiziert werden, die jeglichen Kooperationswillen ersticken. Beides lässt Vorteile, die mit Kooperation bzw. kooperativem Verhalten verbunden werden, z. B. Vertrauen, dem Schmiermittel von Organisationen, ungenutzt. In der Konsequenz skizzieren wir, wie Vorgesetzte Kooperationen und kooperatives Verhalten fördern können. Wegen der Anschaulichkeit werden wir im Schwerpunkt auf verhaltensökonomische Studien, also realitätssimulierende Umfelder, zurückgreifen. Mit diesem Wissen möchten wir Führungskräften verdeutlichen, dass nicht alles der Führung zum Vorteil gereicht; aber auch bewusst machen, dass Führung einen entscheidenden Anteil daran hat, Kooperation zu erreichen.

15.2 Zentrale Aussagen

Einer der Grundpfeiler der modernen ökonomischen Theorie liegt in der Annahme des Eigennutzes als primärer Motivation menschlichen Handelns (☞ C. IV. 1.3). Diese Prämisse nimmt auch in Bezug auf verschiedene Modelle des organisationalen Verhaltens eine zentrale Rolle ein. Solch eine einseitige Annahme widerspricht jedoch nicht nur, wie bereits im vorigen Abschnitt dargestellt, dem Verständnis vom Menschen als einem sozialen Wesen. Vielmehr würden ohne Kooperation zahlreiche Handlungen erschwert, wenn nicht sogar verunmöglicht. Wir sind an anderer Stelle im Zusammenhang mit der rationalen Entscheidungstheorie (☞ C. IV. 2) bereits umfänglich auf das **Gefangenendilemma** als einen prototypischen Kooperationskonflikt zu sprechen gekommen. Der vereinfachte Grundgedanke ist hier, dass ein optimales Ergebnis für die Gruppe (bzw. im organisationalen Bereich das Team) jeweils nur durch kooperatives Handeln erreicht werden kann. Im Kontrast dazu ist der einzelne Akteur dann am besten gestellt, wenn der jeweils andere kooperiert, man selbst diese Kooperation allerdings nicht erwidert.

Das Gefangenendilemma steht damit prototypisch für einen grundsätzlichen Konflikt, der bei (fast) jeder menschlichen Interaktion zu Tage tritt: Eine gelungene Kooperation ist aus einer generalisierten Perspektive fast immer erfolgreicher, als wenn einzelne Individuen (oder auch Organisationen) ausschließlich gegeneinander arbeiten. Hinter dieser Auffassung steht die Annahme, dass durch die Kooperation mit anderen Synergieeffekte frei werden, die anschließend produktiv zur Problemlösung eingesetzt werden können. Evolutionär wird hier vor allem die Jagd größerer Beutetiere genannt, die überhaupt erst durch die Kooperation einer Gruppe möglich wurde. Auch in der heutigen Zeit finden sich aber zahlreiche vergleichbare Situationen, in denen eine Zusammenarbeit mit anderen das Erreichen eines Ergebnisses nicht nur einfacher, sondern oft auch überhaupt erst möglich macht. Die Beispiele reichen hier von einfacher Nachbarschaftshilfe bis hin zur Kooperation großer Industrieunternehmen bei der Umsetzung von Großprojekten bspw. im Netzwerkbereich.

Exemplarisch lässt sich das Dilemma der Kooperation gerade für den organisationalen Bereich sehr anschaulich mit dem bekannten **Prinzipal-Agenten-Problem** (vgl. *Jensen/Meckling* 1976) darstellen. Die Grundidee ist sinngemäß die, dass der Prinzipal (in unserem Fall die Führungskraft) die Erledigung verschiedener Aufgaben an einen Agenten (in unserem Fall den Geführten) abgeben möchte, um damit die eigenen Ressourcen (Arbeitszeit) für andere Aufgaben zur Verfügung zu haben. Damit können beide Seiten ihre Arbeitskraft optimal einsetzen und somit gemeinsam ein besseres Ergebnis erreichen. Sobald die Führungskraft allerdings die Bearbeitung einer Aufgabe delegiert hat, kommt es auf ihrer Seite unweigerlich zu Informationsverlusten. Zu denken wäre hier beispielsweise an spezifisches Wissen, welches von Seiten des Geführten durch die inhaltliche Einarbeitung in eine Thematik erworben wird oder aus Verhandlungen mit Kunden erwächst. Diesen **Wissensvorsprung** könnte der Geführte nun dazu verwenden, um aus der Bearbeitung der Aufgabe einen Nutzen zu Lasten der Organisation zu ziehen. Dies kann beispielsweise dadurch geschehen, dass die Aufgabe als übermäßig komplex dargestellt und somit mehr Zeit zur Bearbeitung veranschlagt wird oder, dass mit dem Kunden Konditionen vereinbart werden, die vor allem im Sinne des Geführten, nicht aber im Sinne der Führungskraft (oder weiter gedacht der Organisation) sind.

Verhindern lässt sich dies bei der Unterstellung eines nutzenmaximierenden Verhaltens nur dann, wenn die Führungskraft jeden einzelnen Arbeitsschritt des Geführten eigenhändig überprüft. Rein praktisch gesehen würde dies bedeuten, dass die Führungskraft alle Aufgaben auch selbst erledigen könnte und eine Delegation damit überflüssig wäre. Eine zweite Alternative besteht darin, die Interessen von Führungskraft und Geführtem in Übereinkunft zu bringen. In diesem Fall sollte der Geführte allein aus Eigeninteresse das gewünschte Verhalten zeigen, sodass jegliche Überwachung der Aufgabenausführung überflüssig wäre. Auch wenn dies prinzipiell als eine passable Lösungsmöglichkeit des Dilemmas erscheinen mag, so bedeutet dies konsequent zu Ende gedacht, dass Führungskraft und Geführter immer zu absolut gleichen Teilen am (finanziellen) Erfolg beteiligt werden müssten. Somit wäre eine Differenzierung der Erfolgsbeteiligung nach Verantwortlichkeit oder getragenem Risiko nicht mehr möglich. Beide theoretischen Lösungen des Dilemmas erweisen sich also in der Realität wenig zielführend.

Als Konsequenz daraus zielen klassische Überlegungen zur Lösung des Dilemmas auch nicht auf eine vollständige Überwachung oder vollständige Gleichbeteiligung des Agenten, sondern vielmehr auf die Schaffung regulierender Rahmenbedingungen ab. Hier hat sich insbesondere die Schule der **Neuen Institutionenökonomie** (vgl. u. a. *Coase* 1960) einen Namen gemacht, die den Prinzipal-Agenten-Konflikt über die Schaffung passender Rahmenbedingungen aufzulösen versucht. Dies könnte beispielsweise bedeuten, dass für Falschinformationen oder Vorteilsnahmen durch den Geführten Strafen festgelegt werden. Solch ein Vorgehen ist offensichtlich erheblich näher an der Realität, als die zuvor genannten Maßnahmen und lässt sich in verschiedenen Formen in den meisten Organisationen ausmachen.

Nichtsdestotrotz wäre es jedoch falsch anzunehmen, dass sich alleine durch Regulierung jeder Missbrauch eines Informationsvorsprungs durch Geführte vermeiden ließe. Denn mit einer wachsenden Distanz zwischen Führungskraft und Geführten in großen Arbeitsgruppen und steigenden Anforderungen komplexer Aufgaben erhöht sich auch unweigerlich die Anzahl der Freiheitsgrade in der Aufgabenausführung. Somit sind eine genaue Regulierung aller Arbeitsschritte und deren konsequente Überwachung in den meisten Fällen weder zweckmäßig noch möglich.

Mit dieser Denkweise kommen wir letztendlich nicht weiter. Sie erzeugt oftmals eher die Ergebnisse, die sie meint ausschließen zu müssen. Genauer betrachtet ist also eine jegliche Führungsbeziehung oder eine laterale Zusammenarbeit in Teams oder zwischen Abteilungen ohne ein Mindestmaß an Kooperation nicht vorstellbar. Ebenso wäre es aber auch gefährlich, sich darauf zu verlassen, dass ein (wirtschaftlicher) Austausch ohne jegliche Absicherung allein auf Grund der Kooperationsneigung aller Beteiligten reibungslos funktionieren kann. Die zentrale Frage ist also nicht, ob sich eine Führungsfunktion durch Kooperation ersetzen lässt. Vielmehr gilt es, die Maßnahmen zu spezifizieren, die eine Führungskraft ergreifen kann, um die Entstehung von Kooperation zu fördern und somit zu besseren Arbeitsergebnissen für alle Beteiligten beizutragen. Bei der Klärung dieser Frage kommt, wie wir weiter oben bereits angesprochen haben, vor allem der empirischen Erforschung des Phänomens der Kooperation eine zentrale Rolle zu. In diesem Zusammenhang hat sich als Denkschule in den vergangenen Jahren vor allem das im Beispielkasten näher erläuterte **Dilemma des öffentlichen Gutes** bewährt. Zum einen ermöglicht es, anders als das Gefangenendilemma, eine Interaktion von mehr als zwei Personen zu berücksichtigen, zum anderen aber auch verschiedene Grade von Kooperation über eine einfache „alles oder nichts" Entscheidung hinaus zu messen.

Beispiel zum Dilemma des öffentlichen Gutes

Beim Dilemma des öffentlichen Gutes bekommt jedes Mitglied einer Gruppe zunächst einen einheitlichen Geldbetrag zugeteilt. Anschließend kann jedes Gruppenmitglied entscheiden, den Geldbetrag entweder für sich zu behalten oder einen beliebigen Teil davon in einen gemeinschaftlichen Topf, das sogenannte öffentliche Gut, zu investieren. Der Teil des Geldes, den ein Gruppenmitglied für sich behält, wird ohne Veränderung mit dem Nennbetrag ausgezahlt. Der Teil hingegen, der in das öffentliche Gut investiert wird, wird um einen bestimmten Faktor vervielfacht, wobei dieser Faktor allerdings immer niedriger als die Gesamtzahl der Personen in der Gruppe ist. Anschließend wird das öffentliche Gut zwischen allen Gruppenmitgliedern gleich geteilt, und zwar unabhängig davon, wie viel jede(r) Einzelne jeweils dazu beigetragen hat.

Um die Dynamik und die daraus folgenden Implikationen besser nachvollziehen zu können, sei dieser Mechanismus an einem konkreten Beispiel verdeutlicht: In einer Gruppe von 5 Personen bekommt jede(r) zu Anfang einen Betrag von 10 Euro zugesprochen und es wird festgelegt, dass Beiträge zum öffentlichen Gut mit dem Faktor 4 vervielfältigt werden. Wenn alle Gruppenmitglieder ihr Geld für sich behalten, bekommt jede(r) einzelne 10 Euro ausgezahlt, d. h. die Gruppe als Ganzes hätte 50 Euro erwirtschaftet. Investieren hingegen alle Gruppenmitglieder ihr gesamtes Geld in das öffentliche Gut, so würden die 50 Euro vervierfacht. Damit stünden insgesamt 200 Euro zur Aufteilung zur Verfügung und jedes Gruppenmitglied bekäme 40 Euro ausgezahlt. Die Kooperation scheint also zunächst gegenüber dem Einbehalten des Geldes die weitaus attraktivere Option. Aus der Sicht des einzelnen Gruppenmitglieds gibt es jedoch scheinbar noch eine „bessere" Wahl, denn jeder in das öffentliche Gut investierte Euro wird zwar zunächst vervierfacht, anschließend aber auch durch fünf geteilt. Damit fließen für jeden investierten Euro nur 0,80 Cent in die eigene Tasche zurück. Ein rationaler Spieler würde also darauf setzen, dass die anderen Teammitglieder einen möglichst großen Anteil ihres Geldes in das öffentliche Gut investieren, selbst aber nichts beitragen. Tritt dieser Fall ein, würden die 40 Euro der vier anderen Spieler zu 160 Euro vervierfacht, sodass jeder der fünf Teammitglieder 32 Euro aus dem öffentlichen Topf erhält. Da der fünfte Spieler seine 10 Euro nicht investiert hat, hätte er insgesamt 42 Euro und damit mehr als bei vollständiger Kooperation verdient. Da man aber bei der Annahme von rationalen Akteuren davon ausgehen muss, dass alle Gruppenmitglieder so denken und handeln, würde sich im Endeffekt keine(r) für die Kooperation entscheiden. Damit würde der Vervielfältigungseffekt des öffentlichen Gutes völlig ungenutzt bleiben und jedes Teammitglied am Ende nur 10 Euro erhalten. (vgl. z.B. *Fehr/Schmidt* 2006; *Fischbacher/Gächter/Fehr* 2001)

Im Einklang mit den zuvor dargestellten Überlegungen zeigt eine Vielzahl der empirischen Studien, dass die ökonomisch rationale (also egoistische) Verhaltensweise, als Trittbrettfahrer auf die Kooperation der anderen zu setzen, selbst aber nicht zu kooperieren, nur bei einer Minderheit der Versuchspersonen auftritt. So entscheiden sie sich mehrheitlich, auch bei einmaliger Interaktion mit unbekannten Partnern, für eine substantielle Investition in das öffentliche Gut. Damit ist eine kooperative Lösung zumindest am Anfang das dominante Verhalten (vgl. *Fischbacher/Gächter/Fehr* 2001). Voreilige Schlussfolgerungen alleinig auf Basis dieses Befundes würden allerdings zu kurz greifen: In den genannten Experimenten wird ebenfalls deutlich, dass das kooperative Verhalten der Mehrheit nicht von langer Dauer ist, sondern bei wiederholter Interaktion Runde um Runde abnimmt. Die gängigste Erklärung hierfür ist, dass die Mehrheit der Akteure zwar grundsätzlich zur Kooperation bereit ist, allerdings das Trittbrettfahren der unkooperativen Minderheit nicht durch weitere Beträge belohnen möchte.

Dieses Verhalten entspricht von der Grundidee der sogenannten **Tit-for-Tat-Strategie**. Bei diesem evolutionär vorteilhaften reziproken Verhalten wird bei der Interaktion mit einem unbekannten Gegenüber zunächst immer mit einer kooperativen Handlung begonnen und anschließend grundsätzlich das Verhalten des Gegenübers kopiert. Damit gelingt es kooperativen Individuen, auf lange Sicht produktiv zusammenzuarbeiten und gleichzeitig die Wahrscheinlichkeit zu minimieren, dass die eigene Kooperationsneigung durch Trittbrettfahrer ausgenutzt wird (vgl. *Axelrod* 1984). Im Zusammenhang mit dem Dilemma des öffentlichen Gutes trifft solch eine Verweigerung der Kooperation als Reaktion auf Trittbrettfahrer unweigerlich immer die gesamte Gruppe. Somit sinken in jeder neuen Runde die Anzahl und die Höhe der Beiträge.

Diese destruktive Dynamik lässt sich allerdings dann verhindern, wenn die einzelnen Beiträge zum öffentlichen Gut sichtbar gemacht werden und den Experimentalteilnehmern die Möglichkeit gegeben wird, unkooperative Spieler zu bestrafen. Hier zeigen die Befunde, dass die überwiegende Mehrheit der kooperativen Spieler dazu bereit ist, eigene Ressourcen aufzuwenden, um unkooperatives Verhalten zu sanktionieren. Damit wird ein Ausscheren aus der Kooperation langfristig auch für rein eigennutzorientierte Spieler unattraktiv gemacht und empirisch ein hohes Niveau von Beiträgen zum öffentlichen Gut aufrechterhalten. Entsprechende Befunde konnten sowohl für verschiedene spieltheoretische Paradigmen (vgl. *Bolton/Zwick* 1995), als auch über verschiedene Kulturen hinweg (vgl. *Henrich u.a.* 2006) bestätigt werden. Dies gilt auch dann, wenn nicht die handelnde Person selbst, sondern ein Dritter von den Folgen des unkooperativen Verhaltens betroffen ist (vgl. *Fehr/Fischbacher* 2004). Dadurch wird deutlich, dass die kooperativ handelnden Personen nicht nur auf Grund selbst erlittener Nachteile zur Sanktionierung greifen. Vielmehr missbilligen sie allgemein eine Verletzung von kooperativen Normen.

Wie können nun diese Erkenntnisse für **konkretes Führungshandeln** genutzt werden? Hier lassen sich zwei zentrale Problemkomponenten identifizieren, die es durch spezifische Interventionen zu adressieren gilt. Zum einen die Frage nach der **Koordination**, also vor allem danach, wie bei kooperativen Individuen die Unsicherheit über die Handlungsneigungen der jeweiligen (unbekannten) Kooperationspartner reduziert und damit die Entstehung von Kooperation begünstigt werden kann. Zum anderen die Frage nach passenden **Sanktionsmöglichkeiten**, also vor allem danach, wie eine eventuell vorhandene Minderheit unkooperativer Trittbrettfahrer (Mitarbeiter) in einer kooperativen Gruppe daran gehindert werden kann, eine unkooperative Abwärtsspirale auszulösen.

In Bezug auf die Koordination kooperativer Individuen geht es vor allem darum, in solchen Situationen, in denen sich noch kein kooperatives Gefüge zwischen den Mitarbeitern etabliert hat, dessen Entstehung zu fördern. Dabei ist die Grundidee, dass Menschen mehrheitlich zur Kooperation bereit sind, sich allerdings auch davor schützen möchten, unkooperative Personen für ihr Trittbrettfahren zu belohnen. Bei der Auflösung dieses Dilemmas kommt empirischen Erkenntnissen zu Folge offensichtlich der Führungskraft als **Rollenvorbild** eine zentrale Funktion zu. So konnte von *Güth u. a.* (2007) gezeigt werden, dass allein die Tatsache, dass eine Führungsperson ihren geplanten Beitrag zum öffentlichen Gut den anderen Spielern ankündigte, zu einer erheblichen Steigerung der Kooperationswilligkeit (gemessen an der Höhe der Beiträge zum öffentlichen Gut) führte. Eine Führungskraft im realen Leben wird natürlich selten in der Situation sein, exakt die gleichen Entscheidungen wir ihre Geführten zu treffen. Allerdings dürften sich die Ergebnisse auch dahingehend übertragen lassen, dass innerhalb eines Teams grundsätzlich (und nicht nur aufgabenspezifisch) durch ein entsprechendes Vorbildverhalten der Führungskraft eine schon vorhandene Kooperationsneigung der Teammitglieder deutlich unterstützt werden kann. Dies heißt auch, eine existierende Kooperation nicht für selbstverständlich zu nehmen, sondern deren Bedeutung immer wieder einmal herauszustellen. Zu oft wird in der Führungspraxis der Fehler gemacht, sich nur auf Abweichungen zu konzentrieren.

An diese Schlussfolgerung schließt direkt die Fragestellung an, wie in solchen Fällen vorzugehen ist, in denen diese Kooperationsneigung per se nicht gegeben ist. Hier sprechen vor allem die Ergebnisse von *Fehr* und *Schmidt* (2006) sowie *Fehr* und *Fischbacher* (2004) eine recht eindeutige Sprache. Zunächst einmal muss grundsätzlich davon ausgegangen werden, dass in einer größeren Gruppe trotz einer mehrheitlichen **Kooperationsbereitschaft** immer auch mit einem Anteil unkooperativer Individuen gerechnet werden muss. Schönrederei hilft da nicht weiter. Die Autoren sprechen hier von einem recht stabilen Verhältnis von etwa 30 zu 70. Die größte Gefahr liegt vor allem darin, dass unkooperative Individuen die Kooperationsbereitschaft der gesamten Gruppe in eine Abwärtsspirale und bis hin zu einem völligen Stillstand bringen können. Solch eine vollständig unkooperative Gruppe würde nicht nur weit hinter ihrem Leistungspotenzial zurückbleiben, sondern langfristig in den meisten Fällen auch deutlich nachteilige Einflüsse auf die Wahrnehmung des gesamten Arbeitsumfeldes ausüben.

Soll dies verhindert werden, muss also bewusst auch auf unkooperative Teammitglieder eingegangen werden. Das Verhalten solcher individueller Nutzenmaximierer lässt sich empirisch begründet vor allem durch eine Veränderung der Anreizstruktur beeinflussen, sodass die Nicht-Kooperation nicht nur sozial, sondern auch ökonomisch nachteilig wird. Solch eine Veränderung der Anreizstruktur wird experimentell üblicherweise über glaubwürdige finanzielle Sanktionen erreicht, die allerdings im realen Führungskontext nur begrenzt umsetzbar sind. Denkbar ist aber, dass Erfolgsbeteiligungen beispielsweise nicht an individuellen Leistungsdaten, sondern auch an den Erfolg einer Gruppe gekoppelt werden, sodass zumindest der Anreiz für ein kooperatives Verhalten im engeren Bezugskreis erhöht wird. Im weiteren Sinne kann ein Anreiz und damit eine Sanktionsmöglichkeit allerdings auch in sozialer Anerkennung bestehen, sodass allein die Sichtbarmachung abweichenden Verhaltens und damit einhergehende soziale Konsequenzen eine Verhaltensänderung bewirken können. Auch hier wird bei einer entsprechenden Intervention von Seiten der Führungskraft mit viel Augenmaß reagiert werden müssen.

Die bisher vorgestellten Ansätze zielen darauf ab, dass bei den Geführten feste Verhaltensdispositionen bestehen, die sich nicht ohne Weiteres ändern lassen. Damit geht es vor allem um einen Umgang mit bestehenden Verhältnissen und nicht um deren Änderung. Die

Aufgabe von Führungskräften bei der Förderung von Kooperation muss allerdings nicht zwangsläufig nur darauf beschränkt sein, auf bestehende Verhältnisse zu reagieren. Verschiedene Studien zeigen, dass ein proaktives Engagement im Sinne einer **Veränderung der Organisationskultur**, also der Handlungsumgebung, ebenso deutliche und vor allem nachhaltige Effekte hervorbringen kann. So ließen *Peysakhovich* und *Rand* (2015) eine Gruppe von Personen zunächst eine Reihe von Entscheidungen treffen, bei denen Kooperation offensichtlich belohnt wurde, während bei einer anderen Gruppe das Gegenteil der Fall war, d. h., dass eigennütziges Verhalten zu den höchsten Auszahlungen führte. Anschließend mussten alle weitere Entscheidungen treffen, bei denen weder für kooperatives noch für eigennütziges Verhalten ein finanzieller Anreiz bestand. Hierbei zeigte sich, dass überproportional häufig das in den vorherigen Runden erlernte Verhalten weitergeführt wurde. D. h. die Personen, die zuvor gelernt hatten, dass Kooperation sich auszahlt, kooperierten weiter. Die Personen, die zuvor gelernt hatten, dass eigennütziges Verhalten sich auszahlt, entschieden weiter eigennützig. Zudem wurde deutlich, dass Personen, die sich zuvor in der kooperativen Gruppe befunden hatten, eher dazu bereit waren, unkooperatives Verhalten zu sanktionieren.

Während eine vorschnelle Interpretation hier auf eine einfache Konditionierung abzielen könnte, lesen sich diese Ergebnisse im Licht weiterer empirischer Arbeiten durchaus komplexer. So entscheiden Personen in der Regel nicht in jeder Situation neu, wie sie sich verhalten, sondern versuchen vielmehr, ihren **Handlungskontext** und die damit verbundenen Regeln zu verstehen. Wenn also in einer Lernphase die Erfahrung gemacht wird, dass kooperatives Verhalten erwünscht ist und zu guten Ergebnissen führt, wird dieses Verhalten auch in vergleichbaren Situationen angewendet, ohne dass es hierfür wieder einer erneuten Verdeutlichung der Regel bedarf. Selbiges gilt natürlich auch für den umgekehrten Fall des eigennützigen Verhaltens (vgl. *Messick* 1999). Die Frage, wie die Bedeutung von Fairness und Kooperation im Arbeitskontext von den Geführten wahrgenommen wird, dürfte sich also langfristig auf das Verhalten im Sinne einer Neigung zur Kooperation oder gegenteilig einem stärker eigennutzorientierten Verhalten auswirken. Damit kommt der Führungskraft über die Funktion eines Verhaltensmodells hinaus vor allem die Aufgabe zu, durch die Verdeutlichung und Förderung von gewünschtem Verhalten sowie auf der anderen Seite auch einer entsprechend konsequenten Reaktion bei Abweichungen die Entstehung einer kooperativen Kultur in der eigenen Organisation bzw. dem eigenen Team zu fördern. Insofern dies gelingt, kann davon ausgegangen werden, dass langfristig ein Grundkonsens dahingehend entsteht, auftretende Probleme kooperativ zu lösen.

Dies kann in der Konsequenz nicht nur zu höheren Leistungen führen, da die zur Verfügung stehende Arbeitskraft vollständig auf die gemeinsame Zielerreichung und nicht auf individuelle Vorteilsnahme gerichtet werden kann, sondern sollte auch einen deutlich positiven Effekt für das Arbeitsklima und damit das Wohlbefinden aller Beteiligten haben. Dabei soll nicht unterschlagen werden, dass die Verdeutlichung von Normen und insbesondere die Sanktionierung einer eventuellen Nichteinhaltung durch die Führungskraft (oder auch horizontal unter den Geführten) gerade in der Anfangszeit zu Irritationen führen kann. Das Ziel sollte es aber sein, diese Normen als selbstverständlich zu etablieren, sodass es im besten Fall langfristig zwar einer gelegentlichen Hervorhebung (ggf. durch die Teammitglieder selbst: „Wir sind hier kooperativ", „nur weil alle mitgezogen haben, ging das"), aber keiner Sanktionierung mehr bedarf. Eine gute Führung macht sich damit in dieser Hinsicht bei Erfolg zu einem Stück weit selbst überflüssig.

15.3 Kritische Würdigung

Evolutionär hat sich die Vielfalt an Handlungsmöglichkeiten als vorteilhaft für menschliche Gemeinschaften erwiesen. Kooperationen einzugehen, gehört dazu. Sie ist allerdings mehr als nur eine Variante neben anderen, denn sie ist die dominant bevorzugte Strategie, da sie die bestmögliche Kontrolle über das eigene Schicksal garantiert. Hinzu kommt, dass die gleichberechtigte Gegenwart anderer das eigene Wohlbefinden fördert und Stress minimiert. Funktional gesehen werden durch Kooperation zudem Problemlösungen möglich, die **Freiwilligkeit der Zusammenarbeit als Voraussetzung** haben, aber als Resultat in höherwertigen Leistungsbeiträgen münden.

Vor diesem Hintergrund ist es wenig verwunderlich, dass Menschen eine angeborene Neigung besitzen, Kooperationen einzugehen und die zu bestrafen, die kooperative Regeln verletzen – im Gegensatz zu der vielfach vorherrschenden Auffassung einer vom Sozialen losgelösten, allein egoistischen Nutzenorientierung. Dies setzt natürlich eine **Sanktionsmacht** voraus, die in Organisationen formal nur Führungskräfte mit Blick auf ihre zu verantwortende Einheit haben. Im Team selbst (oder bei einer interorganisationalen Zusammenarbeit) hingegen greifen stattdessen, durchaus auch schmerzende, informelle Sanktionen wie Missachtung, Druck,

Bloßstellung und Ähnliches. Dies ist aber nicht der einzige Grund, warum sich kooperatives Verhalten, dort wo es sinnvoll wäre, nicht ausreichend vollzieht.

Belmi und *Pfeffer* (2015) argumentieren aufgrund ihrer experimentellen Befunde, dass die Bereitschaft für **reziprokes Handeln in Organisationen** grundsätzlich schwächer ausgeprägt ist als im privaten Bereich. Dies läge daran, dass die Organisationsmitglieder ein beobachtetes kooperatives Verhalten mit dem Generalverdacht des Opportunismus versehen. Anders formuliert: Man handelt zwar kooperativ, aber der Beobachter attribuiert dies nicht der Person, sondern der Situation. Da er oder sie weiß, dass die Kooperation in Organisationen erwartet wird, sei es zwischen Kollegen, sei es zwischen Geführten und Führenden, wird das so beobachtete Verhalten nicht automatisch als bare Münze genommen. Gelten dürfte dies insbesondere dort, wo Organisationsziele (z. B. Eigenkapitalrendite von 25 %) oder Anreizsysteme (z. B. Bonus für die Erfüllung individueller Ziele) ausdrücken, dass es weder um die Produkte noch um die Art und Weise der Zielerreichung geht. Eine Organisation, die ihre Interessen einseitig an den Stakeholdern ausrichtet, die als machtvoll erlebt werden, sendet so Signale, die nach innen entsprechend gedeutet werden.

Kooperationen finden bevorzugt in Gruppen statt, deren Mitglieder sich vertrauen. **Vertrauen** bedingt jenseits des Systemvertrauens persönliche Beziehungen (☞ A. III. 2). Dort, wo Marktelemente stärker in die Organisation hineingeholt werden, wird die Bedeutung persönlicher Beziehungen geschwächt. *Falk* und *Szech* haben 2013 in einem schönen Experiment demonstriert, dass anonyme Marktumgebungen soziale Werte erodieren lassen. Personen handelten in diesem Fall gegen ihren eigentlichen Anspruch, indem sie das Leben von Mäusen gegen Geld verkauften. Dort, wo mehrere Personen gleichzeitig auftraten, verloren noch mehr Mäuse ihr leben. Dies war selbstredend ein plakatives Beispiel, was ein Verhalten in Grenzsituationen aufgriff. Die Grundaussage ist aber auch für weniger dramatische Ereignisse gut belegt. Organisationen tun also sehr gut daran, persönliche Beziehungen zu fördern, den anderen sichtbar zu machen, und in diesen persönlichen Beziehungen beständig kooperatives Verhalten zu würdigen. Rahmenbedingungen und Regeln, die das unterstützen, müssen sich hinzugesellen. Rahmenbedingungen sind neben deklarierten Werten und Narrationen (organisationsspezifische Erzählungen), die die Kooperation in ein günstiges Licht rücken, auch Anreizsysteme, die kooperative und nicht (allein) individuelle Leistungen belohnen. Regeln zielen auf die Verpflichtung ab, die Voraussetzungen für Kooperationen wie Fairness und Respekt zu stützen und diejenigen, die sie verletzen, zu bestrafen. Dies gilt ausdrücklich für Führungskräfte, die isoliert und unangebunden durch die Organisation schweben und beständig nach neuen, höherliegenden Landeplätzen Ausschau halten. Aber auch eine ungebührliche Rücksichtnahme auf Mitarbeiterinnen und Mitarbeiter, die sich im Team verweigern, möglicherweise aber eine gute individuelle Leistung erbringen, gehört dazu. Die letzten Beispiele stehen dafür, dass Kooperation und Führung nicht gegensätzlich zu denken sind. Führung bietet den Raum für Kooperationen und ein kooperativer Geist stützt eine *gelingende* Führung dort, wo eine Kooperation nicht möglich oder sinnvoll ist.

IV. Zentrale Begriffe und Diskussionsfragen

Nachfolgend führen wir Begriffe auf, die wir in Teil E als zentral erachten. Sie dienen dazu, sich noch einmal an wichtige Inhalte zu erinnern. Gleichzeitig könnten Sie – falls Sie mögen – überprüfen, ob Ihnen die Bedeutung des Begriffs im Führungskontext hinreichend klar ist und sich fragen, welche Aussagen wie Assoziationen Sie hiermit verbinden.

Adaptive Führung • **A**dvanced Information Technology • **A**mbidextrie • **A**rtful Leadership • **B**urnout • **C**omputer-Mediated Leadership • **C**orporate Social Responsibility • **D**ienende Führung • **D**igitale Führung • **D**istanz • **E**mbodiment • **E**motionale Intelligenz • **E**motionale Kompetenz • **E**motionen • **E**ntitative Führung • **E**xploration vs. Exploitation • **F**low • **F**unktionale Distanz • **F**ührungsstereotypen • **F**ührungswandel • **G**ender • **G**eschlechtsstereotype • **G**esundheit • **GLOBE**-Studie • **G**roup Support Systems • **H**eroische Führung • **I**ndividualismus vs. Kollektivismus • **I**nnovation • **I**nterkulturalität • **I**nterorganisationsforschung • **K**omplexität • **K**onstruktionismus • **K**ooperation • **K**ultur • **L**andeskultur • **M**ultikulturell • **N**etzwerke • **N**etzwerkperspektive • **N**euroScience Leadership • **O**rganisationale Distanz • **P**aternalismus • **P**ositive Psychologie • **P**ost-heroische Führung • **P**sychologische Distanz • **P**sychologisches Kapital • **R**elationales Paradigma • **R**elationale Wende • **S**alutogenese • **S**piritualität • **S**tress • **S**trukturelle Distanz • **V**erteilte und geteilte Führung • **V**irtualität • **V**irtuelle Teams • **W**eisheit • **W**ertewandel • **W**ork-Life-Balance • **W**orkaholismus

IV. Zentrale Begriffe und Diskussionsfragen

Wir wollen Teil E wieder mit einigen Diskussionsfragen abschließen, die helfen sollen, die eigene Position zu Führungsthemen zu schärfen oder auch alternative Möglichkeiten der Wahrnehmung von Führung zu entwickeln. Diese Fragen eignen sich für das Selbststudium gleichermaßen wie für die Diskussion im Seminar oder in der Arbeitsgruppe.

- Inwiefern ändern sich die Anforderungen an Führung durch Veränderung der Führungssituation?
- „Es gibt grundlegende Wahrheiten zur Führung, die sind zeitlos" – Ist dies ein Gegensatz zu der Behauptung, dass Führung sich situationalen Veränderungen anzupassen hat?
- Führen Frauen anders? Lassen sich Frauen anders führen?
- Wie viel Emotion verträgt eine Führungsbeziehung?
- „Das Gehirn denkt mich" oder wie autonom sind Führungskräfte in ihren Entscheidungen? Helfen uns hier die Neurowissenschaften weiter?
- Dienen und Führung – ist dies ein Gegensatz oder eine hilfreiche Verbindung?
- Warum könnte es sinnvoll sein, sich bei Interventionen, die eine Vitalisierung von Führungsbeziehungen zum Ziel haben, auf künstlerische Methoden und Techniken zu beziehen?
- Führung, Tablets, Smartphones und soziale Netzwerke – was fällt Ihnen dazu ein?
- Was bedeutet es, Führung nicht lediglich (zeitweise oder aufgabenbezogen) auf mehrere Personen zu verteilen, sondern gemeinsam auszuüben?
- Inwiefern fordern interorganisationale Netzwerke die Führungslehre auf fundamentale Weise heraus?
- Homo homini lupus! Das war die Auffassung von Thomas Hobbes; würde die moderne Verhaltensökonomie dies gleichermaßen eindeutig formulieren?

Ethische Reflexion von Führung und Führungsbeziehungen

Inhaltsübersicht

- I. Überblick 625
- II. Führermacht und Geführtenbeeinflussung 626
- III. The light side of leadership: Die helle Seite der Führung 629
- IV. Bad Leadership: Die dunkle Seite der Führung 632
    1. Wie man Bad Leadership charakterisieren kann 632
    2. Welche Ansätze es in der Bad Leadership-Forschung gibt 634
        - 2.1 Bad Leadership durch schlechte Führer und Geführte 634
        - 2.2 Bad Leadership durch schlechte Situationen 635
        - 2.3 Bad Leadership als Ausdruck schlechter Führungsmittel... 637
        - 2.4 Bad Leadership als Ausdruck schlechter Führungsziele ... 638
    3. Wie ein Bezugsrahmen zum Bad Leadership aussehen kann ... 640
    4. Welche Erkenntnisse die Bad Leadership-Forschung noch liefert 641
        - 4.1 Schlechte Führer: Die „dunkle Triade" der Führungspersönlichkeit 641
        - 4.2 Schlechte Geführte: Erkenntnisse zum „bad followership" . 644
        - 4.3 Schlechte Situationen: „The dark side of goal setting" und „The dark side of success" 645
- V. Führungsethik: Die moralische Herausforderung der Führung.. 648
    1. Wenn gute Führung eine Folge guter Führender ist 649
    2. Wenn gute Führung eine Folge guter Situationen ist 655
    3. Wenn gute Führung eine Folge guter Geführter ist........... 660
    4. Wenn gute Führung eine Folge guter Führungsziele und guten Führungshandelns ist 661
- VI. Zentrale Begriffe und Diskussionsfragen 663

I. Überblick

Die Führungsforschung befasst sich im Wesentlichen mit der Frage, wie Führende *effektiv* führen können. Das heißt im Sinne unserer Führungsdefinition, die ja zusätzlich Führung an die **Akzeptanz** des Einflussversuches koppelt: Wie können Führende *andere* durch eigenes, sozial akzeptiertes Verhalten so beeinflussen, dass bei den Beeinflussten – den dann Geführten – mittelbar oder unmittelbar ein intendiertes Verhalten bewirkt wird? Das zentrale Führungsziel ist so gesehen eine zielgerichtete Beeinflussung – oder letztlich: nachhaltige Steuerung – des Verhaltens anderer Personen.

Von *Führungserfolg* ist im Rahmen der Personalführung entsprechend dann zu sprechen, wenn es Führenden (Vorgesetzten) gelingt, das (v. a. leistungsrelevante) Verhalten der Geführten (Mitarbeiter) wirksam (effektiv) in eine erwünschte Richtung (Erfüllung bestimmter Verhaltens- oder Leistungserwartungen) zu lenken. Eine kritische Reflexion der Führung muss u. E. mit der Erkenntnis beginnen, dass eine jede Beeinflussung (oder Steuerung) des Verhaltens anderer denknotwendig auf relevanter (personal oder positional begründeter) **Macht** basieren muss. Der Einsatz und Gebrauch von Macht seinerseits hat allerdings regelmäßig eine ethische Dimension, die sich vor allem an den Fragen festmachen lässt, in welche Richtung Führung das Verhalten der Geführten steuert (Ziele der Organisation, Ziele des Führenden und/oder Ziele der Geführten?) und welche lebenspraktischen Wirkungen das dazu gewählte Führungshandeln jeweils auf die Geführten hat (Förderung oder Beeinträchtigung der individuellen Arbeits- und Lebensqualität?). Wer wirkungsmächtig führt, sollte sich infolge dessen nicht damit zufrieden geben, dass er oder sie effektiv führt, sondern sollte sich stets auch mit der Frage auseinandersetzen, ob sie oder er dabei auch ethisch führt.

Dieses von uns eingebrachte normative „Sollte" basiert auf zwei Überlegungen: Zum einen besteht eine von uns zuerkannte **Selbstverpflichtung**, im klassischen Sinne „gut" – und dies heißt immer auch: „gerecht" zu führen. Einflussnahme unter Abweisung jeder Verantwortlichkeit für eben diese Einflussnahme ist weder eine zureichende noch akzeptierte Vorgehensweise und damit nicht mit Führung zu verbinden. Dass diese zwingende Übernahme von Verantwortlichkeit notwendig, aber nicht hinreichend ist, um die Einflussnahme ethisch (positiv) zu qualifizieren, werden wir später noch zeigen. Zum anderen besteht ein **gesellschaftliches Interesse** daran, Machtbeziehungen auf der Gesellschaftsebene und in den sie tragenden Teilbereichen (z. B. Wirtschaft), also auch unmittelbar auf der zwischenmenschlichen Ebene (Führungsbeziehung), so zu regulieren, dass sie den Werten dieser Gesellschaft entsprechen, die dann wiederum selbst einem ethischen Gültigkeitsanspruch genügen müssen. Ansonsten würde die bei uns anerkannte unveräußerliche geistige wie körperliche Integrität von Menschen potenziell gefährdet. Worin der unverletzliche Kern liegt, ist wiederum reflektiert zu bestimmen und markiert die Grenze, die Führende nicht überschreiten dürfen. Der ausführlicheren Herausarbeitung dieser ethischen Relevanz einer jeden Führung wollen wir uns zunächst in ☞ F. II. widmen.

Betrachtet man die einschlägigen Führungstheorien und Führungskonzepte vor diesem Hintergrund, dann fällt auf, dass nur wenige dieser Ansätze die ethische Dimension überhaupt thematisieren. Und wenn sie dies tun, dann wird – so etwa von der charismatischen oder transformationalen Führungstheorie – in der Regel nur das expliziert, was andere Theorien undifferenziert implizieren oder auf Anfrage nachschieben würden, dass nämlich Führung im Grunde nur dann effektiv bzw. erfolgreich sein kann, wenn sie ethischen Ansprüchen genügt. Die Führungslehre ist so gesehen – wie im Übrigen auch unser Alltagsverständnis von Führung – durch einen weitreichenden **Harmonismus** geprägt, dessen Credo (implizit oder explizit) lautet: „Ohne Ethik kein Erfolg!" Diese bemerkenswerte Prägung des allgemeinen Führungsverständnisses wollen wir unter dem Signum der **„light side of leadership"** in Kapitel ☞ F. III. nachzeichnen.

Für die These, dass Führungserfolg und Führungsethik nicht per se Hand in Hand gehen müssen, stand über lange Zeit vor allem der berühmt-berüchtigte Begriff des **Machiavellismus**, der auf den florentinischen Philosophen *Niccolò Machiavelli* (1469–1527) zurückgeht. Dessen These war komplett anders als jene der modernen Führungslehre, lautete sie doch im Kern: Es gibt nur erfolgreiche und erfolglose Führung – und wer erfolgreiche Führung anstrebt, der muss stets auch zu unethischen Handlungsweisen bereit sein! Dieses potenzielle Auseinanderfallen von Ethik und Erfolg im Kontext der Führung wird seit wenigen Jahren – wenn man so will: rund 500 Jahre nach *Machiavelli* – erstmals systematisch im Kontext der Führungslehre thematisiert und reflektiert. Unter dem Stichwort *„bad leadership"* – andere sprechen von *„ethical leadership derailment"* (Führungsversagen), *„destructive leadership"*, *„toxic leadership"*, *„tyrannical leadership"* oder auch *„negative leadership"* (vgl. zur Übersicht: *Klaußner* 2012; *Bardes/Piccolo* 2010) – merkt *Barbara Kellerman* realistisch an, dass *"(i)n the real world, in everyday life, we come into constant contact not only with good leaders and good followers doing good things but also with bad leaders and bad followers doing bad things"* (Kellerman 2004, S. 4 f.).

Und dabei müssen wir nicht selten auch beobachten, dass einst gute Führer plötzlich zu schlechten mutieren, was unter Rückgriff auf biblische Erfahrungen treffend auch als „Bathsheba Syndrom" (*Ludwig/Longenecker* 1993) bezeichnet wird. Zentrale Ansätze und Erkenntnisse dieser Auseinandersetzung mit der (ethisch) **„dunklen Seite" der Führung** stehen im Mittelpunkt des Kapitels ☞ F. IV.

In Anerkennung der ethischen Dimension der Führung (☞ F. II.) einerseits und der – die harmonistische Prägung der Führung (☞ F. III.) zumindest teilweise konterkarierenden – „dunklen Seite" der Führung (☞ F. IV.) andererseits, wollen wir uns schließlich der noch recht juvenilen Diskussion über **Führungsethik** zuwenden (☞ F. V.). Im Mittelpunkt stehen hier insbesondere folgende Fragen: Was heißt ethische Führung? Woran bemisst sich, ob eine Führung das Attribut „ethisch" verdient oder nicht? Und wie erklärt sich die Entwicklung und Aufrechterhaltung einer ethischen Führung? Inwieweit ist dieses das Verdienst moralisch guter Führer? Und in welchen Ausmaßen ist ethische Führung auch bedingt durch das konkrete Verhalten der Geführten sowie auch eine entgegenkommende Führungssituation?

Um hierauf eine umfassende und in sich stimmige Antwort zu finden, werden wir wesentlich häufiger als zuvor bei verschiedenen Abhandlungen Aussagen treffen und Richtungen vorgeben, von denen wir überzeugt sind, dass sich Führungskräfte, Geführte wie institutionelle Akteure daran orientieren können.

II. Führermacht und Geführtenbeeinflussung

Die bereits Jahrtausende währende Diskussion über Ethik war und ist im Kern stets eine Diskussion über die Konsequenzen eigenen (Nicht-)Handelns für andere. Und insofern, als realiter nahezu jedes menschliche (Nicht-)Handeln Auswirkungen auf andere (Menschen, aber auch nichtmenschliche Lebewesen) haben kann, besteht eine universelle Aufforderung zur ethischen Reflexion des eigenen Tuns oder Unterlassens. In Entsprechung dessen ist zunächst grundsätzlich zu konstatieren, dass natürlich auch jedes Führungshandeln – sowie denknotwendig auch der Verzicht auf ein eben solches Handeln (Stichwort „Laissez-faire") – eine ethische Dimension insofern hat, als es unweigerlich mit Konsequenzen für die jeweils Geführten verbunden ist. Allerdings ist die Ethik der Personalführung durch einige Besonderheiten gekennzeichnet, die sich im Beziehungs- und Interessengeflecht zwischen Organisation, Führenden und Geführten festmachen und wie folgt ausführen lassen:

Von Personalführung ist generell nur dann zu sprechen, wenn die Beziehung zwischen zwei Organisationsmitgliedern (Vorgesetzter und Mitarbeiter) asymmetrisch (vor-)strukturiert ist, sprich: wenn der eine (Führer, Vorgesetzter) systematisch auf **Machtpotenziale** zurückgreifen kann, die dem anderen (Geführter, Mitarbeiter) verwehrt bleiben. Andere Führungsformen, die wir bereits kennen gelernt haben (z. B. Shared Leadership, ☞ E. III. 12) bleiben hier fürs Erste außen vor. Die damit angesprochene **Führungsmacht** resultiert unmittelbar aus der hierarchisch übergeordneten Position des Vorgesetzten, die ihm regelmäßig formale Weisungsbefugnisse, aber auch spezifische Sanktionsmöglichkeiten einerseits in Form von in Aussicht gestellten respektive tatsächlich zugesprochenen Belohnungen, andererseits in Form von angedrohten respektive ausgeführten Bestrafungen gegenüber dem Mitarbeiter einräumt; Führungsmacht kann ergänzend dazu aber auch aus einer Besonderheit der Person des Vorgesetzten bzw. daraus entstehen, dass der Mitarbeiter dem Vorgesetzten eine außergewöhnliche Ausstrahlung zuschreibt (charismatische Macht), sich stark mit ihm identifiziert (Identifikationsmacht), ihn als überlegen Experten anerkennt (Expertenmacht) u.ä.m. (vgl. *Yukl/Falbe* 1991, 416 ff.; ☞ B. II. 6). Unter Einsatz der ihm jeweils „gegebenen" (positionalen, personalen) Führungsmacht geht es für den Vorgesetzten im Rahmen des organisationalen Führungsprozesses wesentlich darum, einen bestimmten – und seitens der Organisation auch erwarteten – **Führungserfolg** bestmöglich zu realisieren (☞ A. III. 4). Der Erfolg der Führung bemisst sich dabei aus den jeweiligen Beiträgen der Führung zur Sicherung bzw. Steigerung des organisationalen Erfolges, was sich in einer Beeinflussung des personalen Arbeitsverhaltens, genauer in einer Steigerung der personalen Leistung konkretisiert (vgl. bspw. *Kuhn/Weibler* 2012a, S. 45 f.). Für den einzelnen Vorgesetzten bedeutet dies, dass die Organisation ihm einerseits (v. a. positionale) Führungsmacht verleiht, ihn andererseits aber auch (z. B. vermittels entsprechend ausgerichteter Führungskräftebeurteilungssysteme und Führungskräftebelohnungssysteme) dazu verpflichtet, diese Führungsmacht darauf zu verwenden, das Arbeits- und Leistungsverhalten der geführten Mitarbeiter im Sinne der organisationalen Erfolgsziele zu beeinflussen (*Erfolgsverantwortung des Vorgesetzten*; vgl. Abb. F.1).

Personalführung ist nun aber nicht nur ein „weiches" Verfahren zur Sicherung bzw. Steigerung des organisationalen Erfolges, sondern überdies stets auch eine wichtige Bestimmungsgröße der subjektiven Arbeits- und Lebensqualität der Mitarbeiter. Diese lebenspraktische Bedeutung resultiert aus dem Umstand, dass Personalführung notwendigerweise die konkreten Arbeitsbedingungen (z. B. Leistungsstandards, Arbeitsinhalte, Arbeitszeiten) und Arbeitsbeziehungen (z. B. Art und Qualität der Führungsbeziehung sowie der Kooperationsbeziehungen) (mit-)bestimmt und infolge dessen den persönlichen Wünschen, Erwartungen, Bedürfnissen, Interessen und Werten der Geführten mehr oder minder weitgehend entgegenkommen oder entgegenstehen kann. Dies betont beispielsweise auch *Johnson* (2009, S. 3), der – in der Wortwahl vielleicht etwas überzogen, im Kern aber sicher zutreffend – festschreibt:

> „*Leaders have the power to illuminate the lives of followers or to cover them in darkness.*"

Für die Vorgesetzten ergibt sich hieraus die ethisch-normative Maßgabe, die Arbeits- und Lebensqualität „ihrer" Mitarbeiter so weit als möglich zu wahren bzw. zu befördern, was konkret auf eine individualisierte Berücksichtigung grundlegender Mitarbeiterziele (z. B. „work-life-balance", Selbstentwicklung und Selbstentfaltung, Anerkennung und Belohnung, soziale Einbindung, Abwesenheit physischer Unter- und Überbelastung sowie psychischer Unter- und Überforderung; vgl. *Kuhn* 2002, S. 355; *Meran* 1994, S. 277) verweist. Vorgesetzte tragen neben ihrer bereits skizzierten (organisationalen) Erfolgsverantwortung folglich auch eine (individuelle) *Humanverantwortung* (vgl. Abb. F.1), die sie dazu auffordert, ihre (Führungs-)Macht in einer „lebensdienlichen" Weise (vgl. *Ulrich* 2010, 28 ff.) einzusetzen bzw. schlicht danach zu fragen, ob Führung die individuelle Zufriedenheit, die die Mitarbeiterinnen und Mitarbeiter bei ihrer Arbeit empfinden, eher steigert oder eher senkt (vgl. auch *Fischer/Fischer* 2007, S. 22; *Kuhn/Weibler* 2014). Jenseits dessen ist zu bedenken, dass Führung auch eine „konditionierende Kraft" (vgl. *Rieckmann* 1990, S. 16) in dem Sinne hat, dass sie eben nicht nur im Rahmen der beruflichen Arbeit (unmittelbar) auf die subjektive Zufriedenheit wirkt, sondern die Geführten (mittelbar) auch als Menschen in ihren familiären, sozialen und politischen Bezügen prägt (vgl. *Enderle* 1993, S. 238; *Badaracco/Webb* 1995). In diesem Sinne stellt *Gini* (1998, S. 713) fest:

> „*Work is where we spend our lives, and the lessons we learn there, good or ill, play a part in the development of our moral perspective and how we formulate and adjudicate ethical choices.*"

Führung hat so gesehen offenkundig eine besondere ethische Dimension, die über die lebenspraktisch „normale" Verantwortung (für andere) insofern deutlich hinausgeht, als Führung regelmäßig eben auch **Macht** (über andere) umfasst (vgl. beispielsweise *Brown/Treviño/Harrison* 2005, S. 119; *Ciulla* 2005a, S. 326 f.; *Treviño/Brown* 2014). Dabei ist präzisierend zu vermerken, dass der Grad der Verantwortung im Führungskontext im-

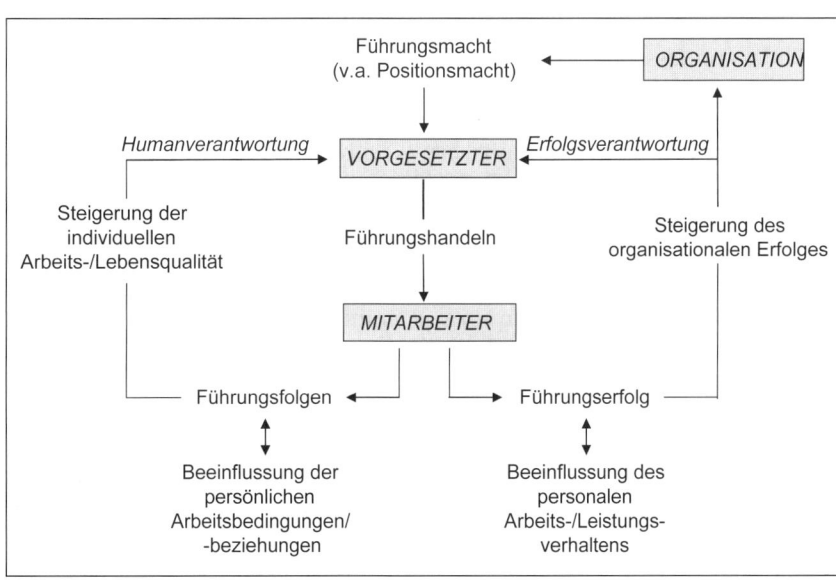

Abb. F.1: Mitarbeiterführung – ein problemorientierter Bezugsrahmen (vgl. *Kuhn/Weibler* 2003, S. 377; modifiziert)

mer auch mit dem Ausmaß der Macht korrespondiert. Es gilt quasi die „Faustformel":

> *„The more power the leaders have, the greater their responsibility for what they do and do not do"* (*Ciulla* 2005a, S. 326).

Das Ausmaß der Fremdbestimmung bestimmt mithin das Ausmaß der Verantwortung, die Führenden hieraus erwächst (vgl. *Johnson* 2009, S. 7; *Karmasin* 1996, S. 343).

Hinterlegt man diese Überlegung mit den unterschiedenen Grundlagen der Macht (vgl. *Yukl/Falbe* 1991, S. 416 ff.; ☞ B. II. 6), dann ist zweierlei festzustellen:

- Geht man davon aus, dass die **positionale Macht** eines Führenden umso grösser ist, je höher seine hierarchische Position ist, dann sind die führungsethischen Herausforderungen respektive die *„moral burdens of leadership"* (*Ciulla* 2005a, S. 328) für Top-Manager wohl deutlich umfassender als beispielsweise für Führungskräfte des unteren Managements. Pointiert gesprochen könnte man auch sagen: Führungsethik ist tendenziell eher ein Thema für CEOs als für Gruppenführer – aber auch für diese ist es natürlich nicht abweisbar und beide verbindet eine untere, nicht hintergehbare Linie der Verantwortlichkeit für das eigene Tun.

- Geht man überdies davon aus, dass realiter auch der Grad der **personalen Macht** zwischen Führenden erheblich variieren kann, dann ist Führungsethik vor allem ein Thema für solche Führer, die über ein hohes Maß an personaler (z. B. Identifikations-)Macht verfügen. Dies würde im Übrigen erklären, warum führungsethische Aspekte bis dato vorrangig in jenen Führungstheorien berücksichtigt werden, die auf besonders umfassende personale Machtpotenziale verweisen – nämlich in der charismatischen Führung, der transformationalen Führung sowie auch der authentischen Führung (vgl. hierzu bspw. *Tourish/Vatcha* 2005; *Price* 2003; *Bass/Steidlmeier* 1999).

Zur ethischen Reflexion der Führung gehört des Weiteren der Hinweis, dass Führung in Organisationen systematisch auf zweierlei Art und Weise erfolgt (vgl. *Wunderer* 2011, 5 ff.): Einerseits in Form jener interaktiven bzw. **direkten Führung** („Mitarbeiterführung"), deren Vollzug den Vorgesetzten in der „Linie" obliegt und auf die wir uns hier konzentrieren wollen. Führung erfolgt andererseits aber auch in Form einer strukturellen bzw. **indirekten Führung** („Personalmanagement"), für die insbesondere die oberste Unternehmensleitung in Zusammenarbeit mit der zentralen Personalabteilung verantwortlich ist (☞ A. IV. 2.3). Bezüglich dieser Führungsdimension ist zum einen festzustellen, dass selbstverständlich auch das (strukturelle, indirekte) Personalmanagement von relevanten ethischen Fragestellungen begleitet ist (z. B. Humanität der Arbeitsstrukturen, Gerechtigkeit der Einkommen bzw. Anreizsysteme, Verantwortbarkeit der Beschäftigungspolitik), die allerdings im Kontext einer speziellen **„Personalmanagement-Ethik"** (vgl. beispielsweise *Kaiser/Kozica* 2012; *Kuhn* 2009; *Wittmann* 1998; *Steinmann/Löhr* 1992) diskutiert werden und vom Bereich **„Führungsethik"** entsprechend abzugrenzen sind. Zu vermerken ist zum anderen, dass das (strukturelle, indirekte) Personalmanagement – im Sinne einer Situationsvariablen – in aller Regel und in zweifellos bedeutsamer Weise auf die interaktive Führung einwirkt, indem sie eine Art „Führung der Führungskräfte" repräsentiert und insofern auch von hoher Bedeutung für die Führungsethik ist. Wir werden hierauf im Weiteren (v. a. ☞ F. IV. und F. V.) noch ausführlicher zu sprechen kommen.

Anzufügen ist schließlich, dass Führungsethik ein Begriff ist, der in durchaus unterschiedlichen Kontexten – und insofern zuweilen auch missverständlich – verwandt wird. Ein *weites* Begriffsverständnis rekurriert dabei auf die Verantwortung der Führenden gegenüber allen relevanten unternehmerischen Anspruchsgruppen, sprich: neben den Mitarbeitern auch gegenüber Kunden und Lieferanten, Staat und Gesellschaft, Umwelt und Natur, u. a. m. So fordern beispielsweise *Pless* und *Maak* (2008) eine „verantwortliche Führung" im Kontext einer globalen Stakeholder-Gesellschaft, und *Freeman* (2005) postuliert ein *„ethical leadership"*, welches sich der Förderung des „Stakeholder-Values" verpflichtet sieht. Dieses Verständnis von Führungsethik i. w. S. bezieht sich somit weniger auf den Bereich der Personalführung als vielmehr auf jenen der Unternehmensführung und hier vor allem auf die vieldiskutierte Forderung nach einer ausgeprägten und nachhaltigen Corporate Social Responsibility (vgl. dazu bspw. *Crane u. a.* 2008; *Lee* 2008; *Caroll* 1991). Die hiermit einhergehende Forderung nach einer (stärkeren) gesellschaftlichen Verantwortung der (Unternehmens-)Führenden wird heute allerdings zunehmend unter den Stichworten **„Responsible Leadership"** (vgl. beispielsweise *Waldman* 2014 mit Abgleich von Führungstheorien; *Christensen/Mackey/Whetten* 2014; *Voegtlin/Patzer/Scherer* 2012; *Waldman/Galvin* 2008) oder **„Sustainable Leadership"** (vgl. *Müller-Christ* 2014, S. 395 ff.; *McCann/Holt* 2010; *Ferdig* 2007) in jeweils eigener Akzentuierung diskutiert. Das *engere* – und hier zugrundegelegte – Begriffsverständnis beschränkt sich demgegenüber im Besonderen auf die Verantwortung der (Personal-)Führenden gegenüber den Geführten.

Dabei geht es, wie gesehen, vor allem um einen ethisch reflektierten und letztlich legitimierbaren Ausgleich zwischen den grundlegenden Kategorien *Erfolgsverantwortung* und *Humanverantwortung* (vgl. Abb. F.1) – oder, wie auch gesagt wird, zwischen **Sachgerechtigkeit** und **Menschengerechtigkeit** (vgl. *Rich* 1992, 1991), zwischen **ökonomischer Effizienz** und **sozialer Effizienz** (vgl. *Wunderer/Kuhn* 1993; *Marr/Stitzel* 1979) sowie auch zwischen **Effizienzziel** und **Humanziel** (vgl. *Fischer/Fischer* 2007, S. 22).

In Anbetracht dieses führungsethischen „**Verantwortungsdualismus**" stellt sich die Frage, als wie „spannungsreich" die Beziehung zwischen den Verantwortungsdimensionen im Allgemeinen anzusehen bzw. inwieweit realiter von bedeutsamen Konflikten zwischen Erfolgs- und Humanverantwortung auszugehen ist. Hinsichtlich dieses Fragenkomplexes erscheint in Theorie und Praxis, sofern über Ethik überhaupt gesprochen wird, traditionell ein Verständnis vorherrschend, demzufolge **Führungserfolg** und **Führungsethik** letztlich immer *harmonieren* – denn, so das allgemeine Credo: Ohne Ethik kann keine Führung erfolgreich sein! Wir wollen diese – hier als „the light side of leadership" bezeichnete – Sichtweise im Folgenden ausführlicher darstellen und diskutieren.

III. The light side of leadership: Die helle Seite der Führung

Unser Führungsverständnis ist traditionell stark harmonistisch geprägt. Das heißt, es wird in aller Regel von keiner sonderlichen Spannung bzw. keinem größeren Konflikt zwischen der Erfolgs- und der Humanverantwortung des Führenden ausgegangen. Vielmehr wird üblicherweise zu Grunde gelegt, dass – zumindest „in the long run" – nur eine *ethische* Führung auch eine *erfolgreiche* Führung sein kann. *Barbara Kellerman* (2004, S. 7 ff.) spricht in diesem Zusammenhang von der „*light side of leadership*", die sie kurz und treffend charakterisiert, indem sie festschreibt:

> „We presume that to be a leader is to do good and to be good" (*Kellerman* 2004, S. 10).

Erfolgreiche Führung korrespondiert so gesehen regelmäßig mit Führungspersonen bzw. -persönlichkeiten, die mit besonderen (charakterlichen) Eigenschaften ausgezeichnet sind („to *be* good") und die aufgrund dieser guten Eigenschaften stets auch in einer verantwortungs- resp. mitarbeitergerechten Weise denken und handeln („to *do* good"). Diese Einschätzung dominiert weite Bereiche der „Leadership-Industry" (*Kellerman* 2004, S. 10).

So analysiert beispielsweise *Smith* (1995, S. 1) die einschlägige Literatur bezüglich der Frage, welche Eigenschaften *erfolgreiche* Führungskräfte auszeichnen und stellt dabei fest:

> „Books on leadership, from the popular, 'how to' books through scholary research studies, stress that integrity and trustworthiness are essential for leaders at all levels."

Und *Ciulla* (1995, S. 5) vermerkt in diesem Zusammenhang:

> „Somewhere in almost any book devoted to the subject, there are either a few sentences, paragrafs, pages, or even a chapter on how integrity and strong ethical values are crucial to leadership."

Als exemplarische Protagonisten der „light side of leadership" erscheinen *Frey u. a.* (2002, sowie auch 2010), wenn sie mit Bezug auf das (allein) erfolgversprechende Führungshandeln postulieren, dass eine (humanverantwortliche) „*Wahrung von Menschenwürde im Führungsstil*" stets eine „*höhere Leistungsbereitschaft*" bzw. eine „*Leistung auf hohem Niveau*" bewirkt, derweil eine (humanunverantwortliche) „*Verletzung der Menschenwürde*" unweigerlich innere Kündigungen, Burnouts, Aggressionen, Intrigen, Konkurrenzkämpfe, höheren Absentismus, höhere Fluktuation und damit gleichsam drastische Verluste an personaler Leistung nach sich ziehen wird. Mit gleichem Tenor lesen sich auch *Höhler* (2002), der zufolge Führende, die Leistung wollen, den Geführten Sinn, Selbstverwirklichung, Selbstständigkeit, Spaß, gleichsam also (immer) höhere Arbeits- und Lebensqualität bieten müssen, sowie *Ruckriegel* (2012), der generelle „Happiness" fordert, da nur glückliche Mitarbeiter ein Zukunftspotenzial für Unternehmen beinhalten.

Grundsätzlich wird damit bedeutet: Erfolgreiche Führung, die sich etwa in einer personalen „*performance beyond expectations*" (*Bass* 1985) äußert, ist nicht zu haben ohne eine ethische Führung, die auf moralisch „guten Führern", die „Gutes tun", gründet (vgl. Abb. F.2).

Gewissermaßen als „Speerspitze" der harmonistisch geprägten „light side of leadership" lassen sich verschiedene **normative Führungstheorien** interpretieren (vgl. *Brown/Mitchell* 2010, S. 586; *Ciulla* 1995, S. 14 ff.), die eben nicht nur außergewöhnlichen Führungserfolg verheißen, sondern diesen regelmäßig an eine starke ethische Ausrichtung bzw. Legitimität der Führung rückbinden.

Abb. F.2: Die helle Seite der Führung

In diesem Zusammenhang stellen beispielsweise *Brown* und *Treviño* (2006, S. 598 ff.) heraus, dass die **transformationale Führung** (☞ D. II. 3), die **authentische Führung** (☞ B. II. 5) sowie auch die **spirituelle Führung** (vgl. *Reave* 2005; *Fry* 2003) erhebliche Gemeinsamkeiten mit einer ethischen Führung aufweisen. Dies insofern, als

> „all of these types of leaders [...] are altruistically motivated, demonstrating a genuine caring and concern for people. All of them also are thought to be individuals of integrity who make ethical decisions and who become models for others" (*Brown/Treviño* 2006, S. 600).

In vergleichbarer Weise geht auch die **Charismatheorie der Führung** (☞ B. II. 4) davon aus, dass charismatische Führer den *„Traum einer besseren Zukunft"* verkünden und verfolgen müssen, *„auf die Menschen einen moralischen Anspruch haben"* (*House/Shamir* 1995, Sp. 882), und dass die Führung dafür mit einem Geführtenverhalten belohnt wird, das durch die

> *„Bereitschaft länger zu arbeiten, freiwillig unangenehme oder mühevolle Aufgaben zu übernehmen, eigene Interessen zugunsten jener der Gemeinschaft hintenanzustellen sowie auch geringere Abwesenheit"* (*House/Shamir* 1995, Sp. 889 f.)

bestimmt ist.

Auf den quasi unverbrüchlichen Zusammenhalt von Ethik und Erfolg stellt schließlich auch das sog. **„Servant Leadership"** (*Greenleaf* 2002; ☞ E. III. 5) ab, das sich selbst als *„journey into the nature of legitimate power and greatness"* versteht und von Führenden ausgeht, die den Geführten dienen wollen – und von Geführten, die eben deshalb den Führenden (leistungs-)bereitwillig folgen wollen (vgl. *Ciulla* 1995, S. 17).

Der Glaube an die „helle" Seite der Führung wird schließlich aber auch von verschiedenen empirischen Studien bestärkt (vgl. bspw. *Peus u. a.* 2010; *Neubert u. a.* 2009; *Toor/Ofori* 2009), die generell bedeuten, dass eine ethische Führung typische, mitarbeiterseitige Variablen wie Zufriedenheit, Commitment und Engagement positiv befördert. Und im Umkehrschluss wird gleichsam bedeutet, dass eine unethische Führung Einstellungen von Mitarbeiterinnen und Mitarbeitern negativ beeinflusst und Widerstandsverhalten provoziert (vgl. *Brown/ Mitchell* 2010, S. 586 ff.). Somit verkündet auch die Empirie häufig in pauschaler Weise, dass die **ethische Qualität der Führung** ein klassischer **Erfolgsfaktor** sei, getreu dem „Quasi-Prinzip": Ethische Führung zahlt sich aus (vgl. *Ciulla* 2005a, S. 327) und unethische Führung kostet Geld (vgl. *Brown/Mitchell* 2010, S. 588). Diese Befunde können zum einen sicherlich aus methodologischer Sicht kritisch hinterfragt werden (z. B. Validität der gewählten Verfahren zur „Ethikmessung"); sie sind zum anderen aber auch von daher zu relativieren, als andere Studien (bspw. zur dunklen Seite der Führung) hieraus durchaus andere bzw. differenziertere Ergebnisse liefern (z. B. *Bormann/Rowold* 2014). Hierauf werden wir im Weiteren noch eingehen.

Fragt man nach den Erklärungen für den harmonischen Zusammenhang zwischen Führungsethik und Führungserfolg, so wird auf verschiedene Theorien bzw. soziale Wirkungsmechanismen verwiesen. *Brown* und *Mitchell* (2010, S. 585) führen die positiven Effekte ethischer Führung auf das Leistungsverhalten der Mitarbeiter insbesondere auf die **Theorie des sozialen Lernens** (*Bandura* 1986, 1977; ☞ C. III. 2.2) sowie auf die **Theorie des Sozialen Austauschs** (*Blau* 1964) zurück, die im Kern besagen, dass Individuen sich verpflichtet fühlen, wohlwollendes Verhalten zurückzugeben. *Fischer* und *Fischer* (2007, S. 23) argumentieren mit der Austauschtheorie von *Homans* (1958), der zufolge eine ethische Führung eine hohe Mitarbeiterzufriedenheit nach sich zieht, die ihrerseits eine starke Leistungsbereitschaft hervorruft.

Diesen, von der **Human-Relations-Bewegung** erstmals herausgestellten positiven Zusammenhang zwischen der Zufriedenheit und der Leistung von Mitarbeitern, hat *Roth* (1987) auf die wohl kürzest mögliche Formel gebracht: „Mehr Zufriedenheit – höhere Leistung – größerer Gewinn". Eine Studie von *Ehrlich/Lange* (2006) zeigt diesbezüglich, dass mehr als Dreiviertel der Personalfachleute, nämlich 77 %, der Aussage zustimmen, dass die Leistung der Mitarbeiter umso höher ist, je zufriedener die Mitarbeiter sind – eine Annahme, die im Übrigen von erkennbar weniger, nämlich 50 % der Fachwissenschaftler, geteilt wird (vgl. Abb. F.3).

III. The light side of leadership: Die helle Seite der Führung

Die bisherigen Ausführungen zeigen, dass relevante normative Theorien, aber auch diverse empirische Untersuchungen, bestätigen, wovon das allgemeine Verständnis üblicherweise auch ausgeht – dass nämlich eine **erfolgreiche Führung** grundsätzlich eine **ethische Führung** voraussetzt. Geht man des Weiteren davon aus, dass Führung bzw. Führende in aller Regel erfolgreich führen *wollen*, dann ist die Praktizierung einer ethischen Führung als eine conditio sine qua non einzustufen. Damit ist schließlich festzustellen: Führungstheorie und Führungsethik erscheinen vor dem Hintergrund der „light side of leadership" als völlig kompatibel – was mit Blick auf die hier angestrebte ethische Reflexion von Führung bedeutet, dass eine originäre Auseinandersetzung mit dem Thema Führungsethik eigentlich überflüssig ist, da ethische Reflexion und Aktion für jede „normale" (erfolgsorientierte) Führungstheorie ohnehin unabdingbar sind.

Wir wollen uns mit diesem Stand der Erkenntnis allerdings nicht begnügen, sondern an dieser Stelle zunächst einige Auffälligkeiten der „light side of leadership" ansprechen und dieses Führungsverständnis im Weiteren vermittels einiger Fragen kritisch bedenken:

Eine erste Auffälligkeit der „light side of leadership" ist darin zu sehen, dass Führungsethik hier potenziell nicht als Selbstzweck (Fairness, Gerechtigkeit gegenüber anderen), sondern als ein Mittel zum Zweck (Steigerung von Leistung und Erfolg) interpretiert werden kann, weshalb zumindest die Gefahr einer **Instrumentalisierung der Ethik** vorliegt (vgl. *Sims/Brinkmann* 2003, S. 243; *Kuhn* 2009). In diesem Sinne vermerkt beispielsweise *Cameron* (2011, S. 28):

„*If kindness toward employees is demonstraded in an organization, for example, soley to obtain a payback or an advantage (kindness is displayed only if people work harder), it ceases to be kindness and is, instead, manipulation.*"

Eine zweite Auffälligkeit der „light side of leadership" ist dessen harmonistische, gleichsam konfliktfreie Interpretation sozialer Realität. Dieser Glaube innerhalb der Führungslehre steht quasi in der Tradition jenes paradigmatischen Glaubens innerhalb der Betriebswirtschaftslehre, dem zufolge ein unbegrenztes Streben der Unternehmen nach maximalen Gewinnen faktisch nicht nur den Unternehmerinteressen, sondern grundsätzlich auch den Interessen aller weiteren unternehmerischen Anspruchsgruppen dienlich sei (vgl. affirmativ *Albach* 2005; *Friedman* 1973; sowie kritisch *Thielemann/Weibler* 2007a/b). In diesem Verständnis lässt sich auch die „light side of leadership" lesen, verkündet sie doch mit spezifischem Blick auf den Stakeholder „Mitarbeiter", dass das organisationale Interesse an einer möglichst hohen personalen Leistung keinesfalls gegen die Interessen und Bedürfnisse der Mitarbeiter durchgesetzt werden kann. Denn werden die Mitarbeiter führungsseitig nicht

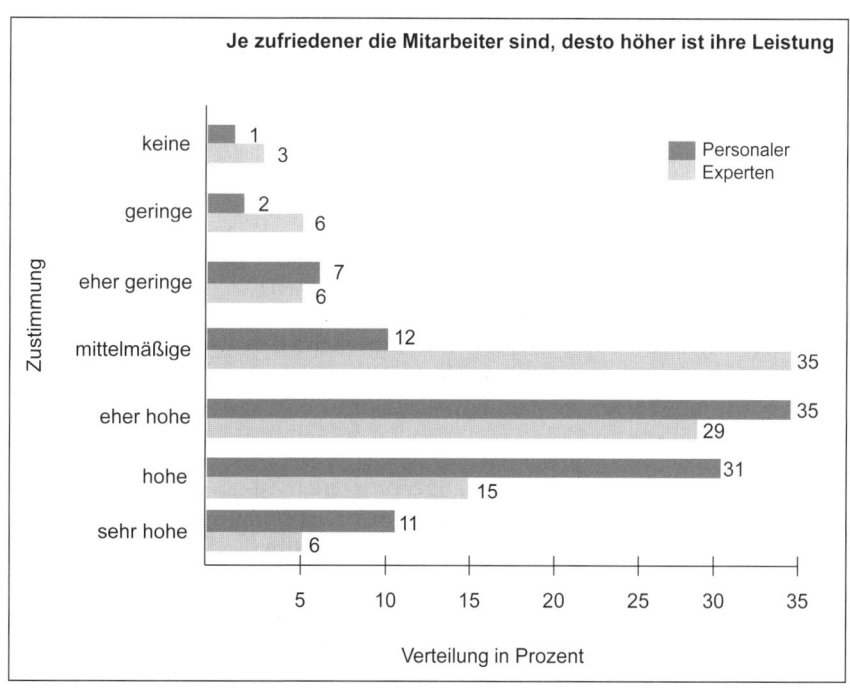

Abb. F.3: Zufriedenheit und Leistung (*Ehrlich/Lange* 2006, S. 25)

ethisch bzw. (interessen-)gerecht behandelt, dann verlieren sie ihre Motivation und Identifikation, gleichsam ihre Leistungsbereitschaft, verlassen womöglich das Unternehmen (hohe Fluktuation, „brain drain") und gefährden – als zentraler Erfolgsfaktor – nachhaltig den Organisationserfolg (vgl. dazu kritisch *Kuhn* 2009). Die „helle Seite" der Führung gründet damit auf einem sehr speziellen Machtverständnis, welches im Grunde davon ausgeht, dass jeder Macht (hier: der Führenden) immer auch eine adäquate Gegenmacht (hier: der Geführten) gegenüber steht, weshalb Vorteilsnahmen der einen (Steigerung des organisationalen Erfolges) auf Kosten der anderen (sinkende Arbeits- und Lebensqualität der Geführten) – gleichsam **„win-lose"-Konstellationen** – praktisch unmöglich und innerhalb sozialer (Führungs-)Beziehungen eigentlich nur **„win-win"-Situationen** denkbar seien (getreu dem Motto: „höhere Wertschöpfung durch mehr Wertschätzung"; vgl. *Frey u.a.* 2010, S. 642).

Wie alle harmonistischen Grundverständnisse von sozialen Kontexten, so ist auch die „light side of leadership"-Perspektive als durchaus fragwürdig einzustufen. Diese Fragwürdigkeit lässt sich vorab anhand einiger kurzer Fragen veranschaulichen:

- So ist mit Blick auf die charismatische Führung beispielsweise (rhetorisch) zu fragen, ob die Erfahrungen mit diesem Führungsstil nicht auch zeigen, dass Führer schlecht sein und Schlechtes tun können – und trotzdem einen hohen Führungserfolg im Sinne einer effektiven Beeinflussung des Verhaltens anderer erreichen?

- Überhaupt ist angesichts der These, dass nur Menschen mit guten Eigenschaften und integren Verhaltensweisen erfolgreiche Führer sein können, kritisch nachzufragen, was dann eigentlich mit den „schlechten" menschlichen Eigenschaften ist? Konkreter gefragt: Müssen „gute" Führer vollkommen frei von „schlechten" Eigenschaften sein? Gibt es solche Persönlichkeiten realiter überhaupt? Und was ist mit den Menschen, die überwiegend „schlechte" Eigenschaften besitzen? Können sie dann letztlich nur Geführte sein?

- Und wie verhält es sich mit dem angenommenen Zusammenhang zwischen Zufriedenheit und Leistung? Kann wirklich ausgeschlossen werden, dass Mitarbeiter infolge ethischer Führung zwar zufriedener, womöglich aber gar nicht leistungsbereiter werden? Und wenn es so wäre, müsste die ethische Führungskraft dann nicht auf „unethische" Weise hierauf reagieren?

- Und wie realistisch ist schließlich die Annahme, dass Geführte ihre personale Leistungsverausgabung stets in Abhängigkeit von ihrem persönlichen Zufriedenheitsgrad (mit der Führung) – gleichsam fakultativ – bestimmen können? Ist es wirklich unrealistisch, dass Mitarbeiter führungsseitig schlecht behandelt (z. B. schikaniert) werden, angesichts dessen hoch unzufrieden sind – und trotzdem (z. B. aus Angst vor einem Arbeitsplatzverlust) überdurchschnittlich viel leisten?

Diese wenigen (Reflexions-)Fragen nähren den Verdacht, dass es mit der (Interessen-)Harmonie, die die „Leadership-Industry" mit Blick auf den Führungskontext im Allgemeinen zeichnet, gegebenenfalls gar nicht so weit her ist – und dass die „light side of leadership" womöglich weniger die Realitäten als vielmehr ein gutes Stück Wunschdenken widerspiegelt (vgl. *Ciulla* 2005b, S.7). Oder nochmals als Frage formuliert: Was wäre, wenn sich weisen würde, dass man ein erfolgreicher Führer sein kann, auch wenn man nicht moralisch denkt und verantwortungsbewusst handelt (vgl. *Ciulla* 1995, S.14)? Diese Frage korrespondiert aufs Engste mit einer neuartigen Forschungsrichtung, die wir als **„bad leadership"-Forschung** bezeichnen wollen und die dazu angetan ist, den verbreiteten Glauben an die unverbrüchliche Harmonie von Ethik und Erfolg im Führungskontext zumindest ansatzweise zu erschüttern, indem sie systematisch die „dunkle" – und nicht per se erfolglose – Seite der Führungspraxis thematisiert und reflektiert.

IV. Bad Leadership: Die dunkle Seite der Führung

1. Wie man Bad Leadership charakterisieren kann

Der historisch prominenteste Protagonist für die – aktuell eher unübliche bzw. unpopuläre – Vorstellung, dass Führungserfolg und Führungsethik nicht notwendigerweise Hand in Hand gehen müssen, ist vermutlich *Niccolò Machiavelli*. Dessen klassische Schrift „Il Principe" steht bis heute für die These, dass Führung auch erfolgreich sein kann, wenn sie vollständig „befreit" von ethischen Betrachtungen und Bedenken erfolgt. Im Gegensatz zu den gegenwärtig vorherrschenden ethisch-normativen Führungstheorien ging *Machiavelli* davon aus, dass Führungserfolg (im Sinne einer Erreichung der persönlichen Zielen des/der Führenden; vgl. *Brown/Treviño* 2006, S.604) nicht nur auf ethischen

IV. Bad Leadership: Die dunkle Seite der Führung

Wegen erreicht werden könne. Vielmehr sei hierzu je nachdem auch ein *„vernünftiger Einsatz von Härte und Grausamkeit"* (*Kellerman* 2004, S. 5) ins Kalkül zu ziehen. In Entsprechung dessen war die Frage, ob Führende (in ethischer Hinsicht) *gut* oder *schlecht* sind, für *Machiavelli* schlicht irrelevant; sein Augenmerk galt allein der Frage, was (in erfolgsbezogener Hinsicht) **starke Führung** von **schwacher Führung** unterscheidet (vgl. *Kellerman* 2004, S. 5). Und hier gilt: Schwach ist eine Führung dann, wenn sie nicht imstande ist, schlecht zu handeln, wenn die Notwendigkeit es erfordert (vgl. *Machiavelli* 1990, S. 79).

Machiavelli kann so gesehen als Spiritus Rector jener neuartigen Forschungsrichtung betrachtet werden, die systematisch die „dunkle" Seite der Führungspraxis betrachtet (vgl. dazu bspw. *Klaußner* 2012; *Schyns/Hansbrough* 2010; *Clements/Washbush* 1999; *Conger* 1990) und grundlegend davon ausgeht, dass Führung durchaus auch ethisch fragwürdige Ziele verfolgen und/oder ethisch kaum oder nicht zu rechtfertigende Mittel einsetzen kann, um Führungserfolg zu realisieren. „Dark-side"-Betrachtungen der Führung wurden dabei zunächst vor allem im Kontext der **charismatischen Führung** angestellt (vgl. beispielsweise *Price* 2003). Dies deshalb, weil Führende gerade in charismatischen Führungsbeziehungen über eine **außergewöhnliche Macht** verfügen und hervorstechende Beispiele verdeutlichen, dass Führer diese Macht häufig nicht im Sinne der Geführten, sondern auf unethische, kriminelle oder gar menschenverachtende Weise nutzten. *Kellerman* (1999) bezeichnet diesen Problembereich treffend als *„Hitler's ghosts"*.

Einen besonderen Schub hat die Deskription und Diskussion der **„dark side of leadership"** (vgl. so z. B. *Pierce/Newstrom* 2008) jedoch erst in den frühen 2000er-Jahren erhalten, als namhafte und bedeutende Unternehmen infolge unmoralischer Führungspraktiken auf überaus aufsehenerregende und folgenreiche Weise untergingen (v. a. *Enron, WorldCom*). Anzumerken ist in diesem Zusammenhang allerdings, dass die **„bad leadership"**-Forschung sich ausdrücklich nicht nur auf einige wenige Ausnahme- bzw. Skandalfälle bezieht, sondern unethische Führungspraktiken vielmehr als weitverbreitetes Phänomen vorstellt (vgl. *Lipman-Blumen* 2005b, S. 3 ff.). Moralisch schlechte Führung wird damit gleichsam als Alltagsproblem erachtet (vgl. *Lipman-Blumen* 2005a, S. ix; *Kellerman* 2004, S. xv).

Wir wollen diese neue Forschungsrichtung hier gesamthaft als **„bad-leadership"-Forschung** bezeichnen. Die Beiträge zu diesem Forschungsgegenstand sind inzwischen recht zahlreich, stehen dabei allerdings noch weitgehend unverbunden nebeneinander und firmieren auch unter sehr unterschiedlichen Begrifflichkeiten. Relevante Begriffe und Begriffsbestimmungen im Kontext dieser Forschungsrichtung sind im Folgenden (vgl. Tab. F.1) übersichtsartig zusammengefasst. Einige der exponiertesten Ansätze wollen wir im Weiteren darstellen.

Begriff	Definition
Petty tyranny	Führungskräfte, die ihre Macht und Autorität in einer unterdrückenden, unberechenbaren und möglichweise auch rachsüchtigen Weise nutzen (*Ashforth* 1997, S. 126)
Supervisor undermining	beschreibt ein Vorgesetztenverhalten, das darauf abzielt, die Möglichkeit guter zwischenmenschlicher Beziehungen, arbeitsbezogener Erfolge sowie des Aufbaus eines guten Rufes unterstellter Mitarbeiter dauerhaft zu verhindern (*Duffy/Ganster/Pagon* 2002, S. 332)
Managerial tyranny	gründet auf einer eigentümlichen, zwanghaften und glasklaren Vision des Führenden und äußert sich in der Anwendung unerbittlicher und konsequent durchgesetzter Methoden, die die Organisation zügig zur Verwirklichung der Vision veranlassen soll (*Ma/Karri/Chittipeddi* 2004, S. 34)
Toxic leaders	Führende, die ernsthaften und nachhaltigen Schaden für Individuen, Gruppen, Organisationen, Gemeinschaften oder sogar ganze Nationen anrichten (*Lipman-Blumen* 2005a, S. 2)
Destructive archievers	Führende, die Ethik für Effizienz und persönlichen Erfolg opfern (vgl. *Kelly* 1988)

Tab. F.1: Begriffe und Begriffsbestimmungen im Kontext der „bad-leadership"-Foschung (vgl. *Bardes/Piccolo* 2010, S. 5, übersetzt)

2. Welche Ansätze es in der Bad Leadership-Forschung gibt

2.1 Bad Leadership durch schlechte Führer und Geführte

Die Arbeit der Harvard-Professorin *Barbara Kellerman* stellt sich dezidiert gegen die konventionelle „light side of leadership", indem sie eine Spannung zwischen der oftmals „schlechten" Führung in der Praxis und der durchweg „guten" Sicht auf die Führung in der Theorie anspricht (vgl. *Kellerman* 2004, S. 4). Diese Diskrepanz erachtet sie als problematisch insofern, als sie davon ausgeht, dass Führungsprozesse und -beziehungen letztlich nur dann besser werden können, wenn auch und gerade das Phänomen der „schlechten" Führung in seiner Entstehung, Ausprägung und Bekämpfung umfassender untersucht und verstanden wird. Denn das allgemeine Ziel solle sein, **schlechte Führung** zu minimieren und **gute Führung** zu maximieren (vgl. *Kellerman* 2004, S. xvi).

Ihre Untersuchung beginnt *Kellerman* mit der Frage nach den **Gründen für schlechte Führung** (vgl. *Kellerman* 2004, S. 15 ff.), die sie insbesondere an schlechten Eigenschaften (v. a. Gier) sowie an einem schlechten Charakter (v. a. Narzissmus) der Führenden festmacht. In diesem Zusammenhang bedeutet sie beispielsweise:

> „When leaders are unwilling or unable to control their desire for more, bad leadership will be the result" (*Kellerman* 2004, S. 20).

Darüber hinaus betont sie aber auch die Bedeutung der Geführten im Zuge der Entstehung und Aufrechterhaltung einer schlechten Führung. Das Problem sei hier vor allem, dass Geführte sich nicht ausdrücklich von schlechter Führung abwendeten. Die Gründe hierfür können „positiver" Natur (v. a. die → Fähigkeit auch schlechter Führer, die Bedürfnisse nach Sicherheit und Orientierung zu befriedigen), aber auch negativer Natur sein (v. a. die Angst vor negativen Folgen im Falle eines Widerstandes gegen den Führer). Die **Akzeptanz schlechter Führung** durch die Geführten könne dabei unterschiedliche Dimensionen annehmen, die vom weitgehend unbeteiligten Zuschauer („bystander") bis zum überzeugten Mittäter („acolyte") reichten (vgl. *Kellerman* 2004, S. 21 ff.).

Was aber genau ist unter „schlechter" Führung zu verstehen? *Kellerman* (2004, S. 32 ff.) unterscheidet diesbezüglich zwei grundlegende Dimensionen: **Ineffektive Führung** und **unethische Führung**. Ineffektive Führung sei dadurch bestimmt, dass aufgrund fehlender Eigenschaften und Qualifikationen des/der Führenden die angestrebten Führungsziele nicht erreicht würden. Unethische Führung sei ihrerseits dadurch bestimmt, dass nicht richtig zwischen (moralisch) guten und schlechten Zielen unterschieden wird, was insbesondere auf eine Überhöhung der eigenen Ziele auf Kosten der Ziele der Geführten sowie der Gemeinschaft verweise. Im Konkreten ergibt sich hieraus beispielsweise die (Kombinations-)Möglichkeit, dass Führung einerseits höchst effektiv (i.S. der Zielerreichung) und gleichzeitig absolut unethisch (im Sinne der Zielsetzung) sein kann. Vor dem Hintergrund dieser Dimensionen guter und schlechter Führung bestimmt *Kellerman* sieben → Idealtypen eines „bad leadership", wobei die drei erstgenannten eher auf ineffiziente und die vier letztgenannten eher auf unethische Führung verweisen (vgl. *Kellerman* 2004, S. 39). Schlechte Führung (vgl. Abb. F.4) kann demnach wie folgt charakterisiert sein (vgl. *Kellerman* 2004, S. 37 ff.):

- Inkompetent („incompetent"), d. h. ein mangelhafter Wille oder eine mangelhafte Fähigkeit (oder beides) zum effektiven Führungshandeln sowie zur Erreichung der Führungsziele.
- Unbeweglich („rigid"), d. h. Unfähigkeit oder Nicht-Bereitschaft zur Anerkennung neuer Ideen, neuer Informationen oder gewandelter Umstände.
- Unmäßig („intemperate"), d. h. mangelhafte Selbstkontrolle.
- Gefühllos („callous"), d. h. mangelhaftes Interesse an den Zielen und Bedürfnissen der Geführten.
- Korrupt („corrupt"), d. h. unbedingte Verfolgung eigener Interessen unter Inkaufnahme von Lüge, Betrug und Diebstahl.
- Beschränkt („insular"), d. h. Gleichgültigkeit gegenüber dem Wohlergehen all jener, die nicht unmittelbar zur Gruppe bzw. zur Organisation gehören.
- Böse („evil"), d. h. Nutzung von physischer wie psychischer Macht bzw. Gewalt gegenüber anderen als Mittel der Führung.

Diese Idealtypen veranschaulicht *Kellerman* (2004, S. 38 f.) ausführlich anhand zahlreicher personen- bzw. führerbezogener Fallbeispiele, stellt mit Blick auf diese Fallbeispiele allerdings auch klar:

- dass die Intensität eines „bad leadership" stark variieren kann, d. h. *„some leaders […] are very bad, others are less bad"*;
- dass die Einschätzungen interpersonal divergieren können, d. h. der Vorwurf des „bad leadership" kann in jedem Einzelfall natürlich auch von anderer Seite

bezweifelt bzw. völlig zurückgewiesen werden. Die Konsequenz dessen unterstreicht *Lipman-Blumen* (2005b, S. 6), indem sie konstatiert: *„Even Hitler [...] has still admirers"*;

- dass Einschätzungen eines „bad leadership" einem zeitlichen Wandel unterliegen können, d.h. was früher einmal als schlechte Führung angesehen wurde, kann später als gute Führung gewertet werden – und umgekehrt.

Gemäß der eigenen Zielsetzung schließt *Kellerman* (2004, S. 219 ff.) ihre Untersuchung mit konkreten Handlungsempfehlungen dahingehend, wie schlechte Führung („unethical" und/oder „ineffective") zu minimieren und gute Führung („ethical" und „effective") zu maximieren ist. Eingedenk des Umstandes, dass schlechtes **„Leadership"** ohne entgegenkommendes **„Followership"** im Grunde nicht zu erklären und zu vermeiden ist, formuliert *Kellerman* normative Handlungsempfehlungen sowohl an die Führungskräfte wie auch an die Geführten. Ersten schreibt sie dabei unter anderem ins „Stammbuch" (vgl. *Kellerman* 2004, S. 233 ff.):

- Begrenze deine Amtszeit!
- Begrenze deine Macht!
- Verliere nicht den Kontakt mit der Realität!
- Widme dich nicht nur deinem Job, sondern auch deiner Familie und deinen Freunden!
- Kenne und kontrolliere deinen „Hunger" nach Macht, Geld, Erfolg und Sex!
- Glaube nicht an den „Hype" um deine Person!
- Stelle dich selber in Frage!

Zur Wahrnehmung ihrer Verantwortung im Rahmen der Vermeidung bzw. Minimierung schlechter Führung gibt *Kellerman* schließlich den Geführten unter anderem folgende Aufforderungen mit auf den Weg (vgl. *Kellerman* 2004, S. 237 ff.):

- Ermächtige dich selbst!
- Sei nicht nur einem Einzelnen, sondern stets dem Ganzen verpflichtet!
- Sei skeptisch und habe einen Standpunkt!
- Sei aufmerksam!
- Finde Verbündete!
- Informiere Dich unabhängig!
- Nimm die Führenden in die Verantwortung!

2.2 Bad Leadership durch schlechte Situationen

Der vielbeachtete Ansatz von *Padilla*, *Hogan* und *Kaiser* (2007, S. 176 ff.) thematisiert „bad leadership" unter dem Begriff der **„destruktiven Führung"**. In definitorischer Hinsicht kennzeichnen die Autoren diese Art der Führung durch fünf zentrale Bestimmungsgrößen (vgl. Abb. F.5):

Ähnlich wie *Kellerman* wenden sich *Padilla/Hogan/Kaiser* damit zunächst gegen eine führungsethische „Schwarz-Weiß-Sicht", der zufolge Führung entweder gut oder

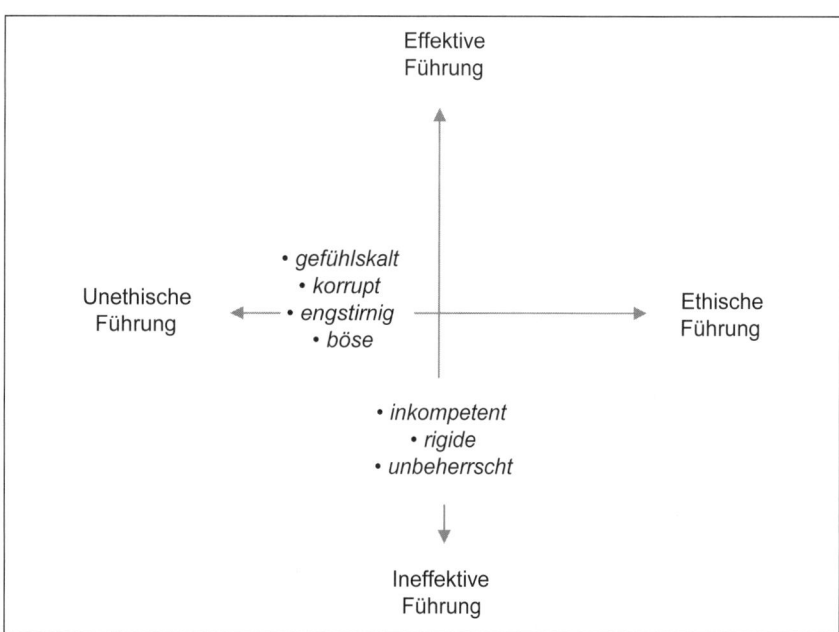

Abb. F.4: Bad leadership – Dimensionen und Typen

> 1. Destruktive Führung ist selten absolut oder ausschließlich destruktiv; in den meisten Führungssituationen gibt es gute und schlechte Ergebnisse.
> 2. Der Prozess der destruktiven Führung beinhaltet Dominanz, Zwang und Manipulation und weniger Einflussnahme, Überredung und Verpflichtung.
> 3. Der Prozess der destruktiven Führung hat eine eigennützige Orientierung; er fokussiert eher die Bedürfnisse des Führenden als die Bedürfnisse der Geführten.
> 4. Destruktive Führung gefährdet die Lebensqualität der Geführten und ist der Erreichung der Organisationsziele abträglich.
> 5. Destruktive Führung und ihre Folgewirkungen sind nicht ausschließlich das Resultat von destruktiv Führenden, sondern auch das Resultat von beeinflussbaren Geführten und einer begünstigenden Umwelt.

Abb. F.5: Bestimmungsgrößen einer destruktiven Führung (vgl. *Padilla/Hogan/Kaiser* 2007, S. 179)

schlecht sein muss und jede Führung diesen Bewertungen auch objektiv zugeordnet werden kann. Im Unterschied zu *Kellerman*, die „bad leadership" vor allem im Kontext der schlechten Eigenschaften von Führenden rekonstruiert, sehen *Padilla/Hogan/Kaiser* **„destructive leadership"** eher als Ausdruck einer rein egoistischen Interessenverfolgung seitens des Führenden, die andere Interessen (v. a. die der Geführten sowie ggf. auch jene der Organisation) systematisch außer Acht lässt, gar kalkuliert schädigt und zu einem Führungsverhalten tendiert, das eher auf Zwang und Manipulation denn auf Überzeugung und Verpflichtung setzt. Schließlich stimmen *Padilla/Hogan/Kaiser* mit *Kellerman* insoweit überein, als sie – neben der **Bedeutung der Führenden** – auch die **Bedeutung der Geführten** im Rahmen der Entstehung einer destruktiven Führung betonen. Allerdings gehen sie auch insofern deutlich über *Kellermans* Analyse hinaus, als sie überdies auch den **Rahmenbedingungen**, gleichsam einer „schlechten Situation", eine hohe Bedeutung bei der Entstehung (und Vermeidung) destruktiver Führung zuschreiben. Insgesamt stellen *Pandilla/Hogan/Kaiser* (2007, S. 179 ff.) destruktive Führung damit in den Kontext einer **„toxic triangle"** (vgl. Abb. F.6), die sie in den Mittelpunkt ihrer Betrachtung stellen.

Bedeutung der Führenden: Destructive Leaders

Auf Grundlage einer Literaturanalyse bestimmen *Padilla, Hogan* und *Kaiser* (2007, S. 180 ff.) fünf kritische Faktoren, die Führer potenziell zu destruktiven Führern werden lassen. Im Einzelnen führen sie dazu aus, dass …

- destruktive Führung und charismatische Führung stark korrelieren – dies in dem Sinne, dass zwar nicht alle charismatischen Führer destruktive Führer sind, dass aber wohl die meisten destruktiven Führer über ein besonderes Charisma verfügen;

- destruktive Führer durch ein starkes Bedürfnis nach persönlicher Macht gekennzeichnet sind und ihre bereits erworbene Macht regelmäßig (nur) in den Dienst ihrer eigenen (Karriere-)Ziele stellen;

- destruktive Führer in der Regel stark narzisstisch geprägt sind, gleichsam also den Traum von Macht und Ruhm träumen und von Arroganz, Dominanz und Gefühlen der Besonderheit geleitet sind;

- destruktive Führer negative Weltbilder in sich tragen, die auf frühe und leidvolle Kindheitserfahrungen zurückzuführen sind;

- destruktive Führer eine Ideologie des Hasses verfolgen und – verbal oder real – ausgemachte Rivalen zu besiegen und verachtete Feinde zu vernichten trachten.

Bedeutung der Geführten: Susceptible Followers

Mit Blick auf die Entstehung und Fortdauer destruktiver Führung unterstreichen *Padilla/Hogan/Kaiser* überdies die Bedeutung der Geführten. Unter ausdrücklicher Bezugnahme auf *Kellermans* Differenzierung zwischen (passiven) „bystanders" und (aktiven) „acolytes" (vgl. *Kellerman* 2004, S. 26 f.) unterscheiden *Padilla, Hogan* und *Kaiser* (2007, S. 182 ff.) ihrerseits zwischen:

- konformen Geführten („conformers"), die durch eine unzureichende Befriedigung (selbst) ihrer (Grund-)Bedürfnisse, ein geringes Selbstwertgefühl sowie durch eine geringe psychologische Reife charakterisiert sind und – vor allem geleitet von Furcht – destruktive Führung deshalb dulden;

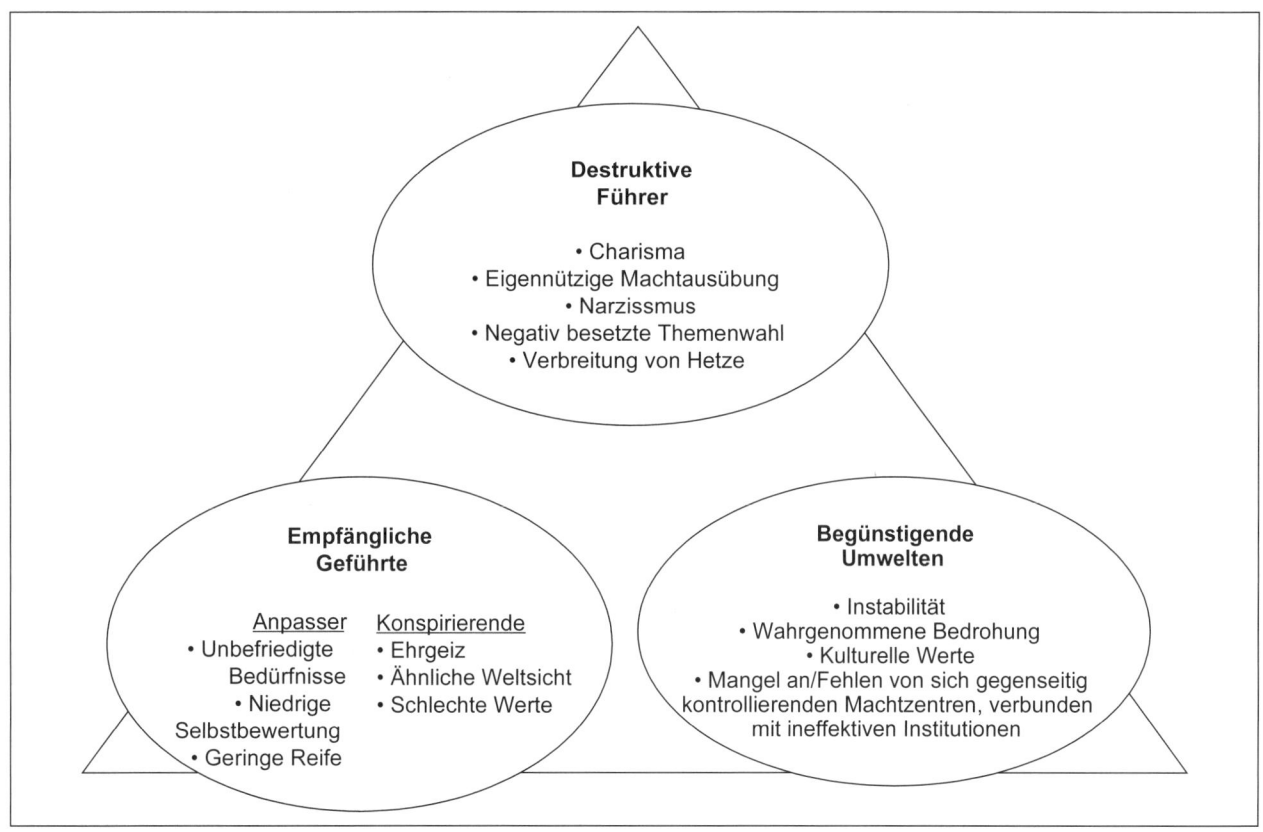

Abb. F.6: Die toxische Triangel der Führung (vgl. *Padilla/Hogan/Kaiser* 2007, S. 180)

- konspirierenden Geführten („colluders"), die durch besonderen Ehrgeiz, Egoismus und Gier charakterisiert sind und destruktive Führung aktiv unterstützen, weil sie sich hiervon eine verbesserte Befriedigung ihrer Bedürfnisse versprechen.

Bedeutung der Rahmenbedingungen: Conductive Environments

Im Unterschied zu *Kellerman*, die schlechte Führung vor allem im Kontext der beteiligten Personen (Führer und Geführte) betrachtet, betonen *Padilla*, *Hogan* und *Kaiser*, dass auch und gerade die *Situation* von entscheidender Bedeutung für die Beförderung (und Begrenzung) einer destruktiven Führung sei. Relevante Situationsvariablen, die eine destruktive Führung begünstigen, sind demzufolge (vgl. *Padilla/Hogan/Kaiser* 2007, S. 185 f.):

- Instabilität gesellschaftlicher und organisationaler Art, die zentralisierte und führerexklusive Entscheidungsprozesse häufig unvermeidlich erscheinen lässt;
- wahrgenommene Bedrohungen, die ein unkritisches Gefolgschaftsverhalten befördern – und von daher zuweilen auch von den Führenden lediglich inszeniert werden;
- kulturelle Werte, die sich in einem starken Bedürfnis nach Strukturen und Regeln manifestieren und eine Befriedigung dieser Bedürfnisse tendenziell einer starken Führung überantworten;
- wenige und/oder schwache Kontrollinstanzen für die oberste Führung, wovon insbesondere bei kleineren oder neu gegründeten Organisationen sowie auch in Bezug auf schnell wachsende bzw. sich stark wandelnde Institutionen auszugehen ist.

2.3 Bad Leadership als Ausdruck schlechter Führungsmittel

Während die Ansätze von *Kellerman* (2004) und *Padilla/Hogan/Kaiser* (2007) sich eher mit der Frage auseinandersetzen, wie „bad leadership" entsteht, widmet sich *Bennett Tepper* (2007, 2000) vorrangig der Frage, wie sich bad leadership konkret äußert. Er untersucht dazu das Phänomen der „abusive supervision", welches

„*refers to subordinates' perceptions of the extent to which supervisors engage in the sustained display of hostile verbal and nonverbal behaviors, excluding physical contact*" (Tepper 2000, S. 178).

Tepper fokussiert damit feindselige und aggressive Verhaltensweisen von Führungskräften, die sich verbal, aber auch non-verbal ausdrücken können (womit physische Übergriffe ausdrücklich von der Betrachtung ausgeschlossen sind), die von Mitarbeitern in wiederkehrender Weise wahrgenommen werden (womit einmalige oder seltene „Ausrutscher" ebenfalls ausgeschlossen sind), und die von Seiten der Vorgesetzten gegebenenfalls auch bewusst und zweckorientiert (z. B. als Mittel der Leistungssteigerung) eingesetzt werden. Als typische Ausdrucksformen eines feindseligen Führungsverhaltens gelten dabei insbesondere (vgl. *Tepper* 2007, S. 262; *Tepper* 2000, S. 179):

- Lautes und ärgerliches Anschreien;
- öffentliche Kritik und öffentliches „zum Sündenbock" stempeln;
- öffentliches Bloßstellen und Lächerlich machen;
- taktlose und kränkende Bemerkungen;
- Herabsetzungen und Nötigungen;
- Unhöflichkeiten und Grobheiten;
- Darstellung von Leistungen und Ideen der Geführten als die eigenen.

Zu vermerken ist dabei, dass feindseliges Führungsverhalten zunächst sicherlich auf die Person des Führenden, also beispielsweise als Folge einer narzisstischen Persönlichkeitsprägung oder auch als ein „Treten nach unten" infolge eigener Frustrationserlebnisse zurückgeführt werden kann (vgl. *Schreyögg* 2009, S. 378). Da *abusive supervision* per definitionem allerdings von der subjektiven Wahrnehmung der Geführten abhängig ist, kann überdies auch die Persönlichkeit des Geführten (z. B. Sensibilität, Verletzbarkeit) ausschlaggebend dafür sein, ob ein bestimmtes Verhalten als „feindselig" oder „angemessen" interpretiert wird (vgl. *Martinko/Harvey/Sikora u. a.* 2011).

2.4 Bad Leadership als Ausdruck schlechter Führungsziele

Ein nochmals anderer Problemzugang ist schließlich den Arbeiten der Norwegischen Forschergruppe um *Stale Einarsen* zu entnehmen (vgl. *Einarsen/Aasland/Skogstad* 2007; *Aasland u. a.* 2010). Diese Gruppe widmet sich dem „bad leadership" unter dem Signum des **„destructive leadership behavior"** und definiert dieses folgendermaßen (*Einarsen/Aasland/Skogstad* 2007, S. 207):

„*Destructive leadership behavior is defined as the systematic and repeated behavior by a leader, supervisor or manager that violates the legitimate interest of the organization by undermining and/or sabotaging the organization's goals, tasks, resources, and effectiveness and/or the motivation, well-being or job satisfaction of his/her subordinates.*"

Die Bestimmung ethisch fragwürdiger Führung erfolgt hier also – anders als bei den bisher skizzierten Ansätzen – durch eine Klärung der Frage, ob bzw. inwieweit Führungsverhalten geeignet ist, die legitimen **Ziele der Organisation** sowie die **Ziele der Geführten** zu erreichen. *Einarsen*, *Aasland* und *Skogstad* (2007, S. 208 ff.) bestimmen ihr Verständnis von schlechter Führung dabei wie folgt näher:

- Sie verstehen ihre Definition als „all-inclusive-concept", was bedeutet, dass sie alle Formen destruktiven Führungsverhaltens zu berücksichtigen suchen. Dieses kann, einer Definition von *Buss* (1961) folgend, (a) physisch und verbal, (b) aktiv und passiv, sowie (c) direkt und indirekt ausgeprägt sein. So würde destruktive Führung beispielsweise dann vorliegen, wenn Führende Mitarbeiterinnen in einem Umfeld arbeiten lassen, das potenzielle Gesundheitsrisiken birgt („passive-physical-indirect behavior") oder wenn Führende es versäumen, Mitarbeiter mit erforderlichen Informationen zu versorgen („passive-verbal-indirect behavior").

- Von einem destruktiven Führungsverhalten gehen sie ferner nur dann aus, wenn dieses Verhalten systematisch und wiederholt erfolgt. Ein seltener, ungerechtfertigter Wutausbruch ist also nicht gleich das Ende für eine gute Führung.

- Destruktives Führungsverhalten bedarf gleichwohl keiner bewussten Intention, sondern kann auch das Ergebnis von Gedankenlosigkeit, fehlender Sensibilität oder auch geringer (z. B. sozialer) Kompetenz sein. Schlechte Führung hat so gesehen nicht zwingend mit dem – ohnehin schwer zu überprüfenden – Willen des Führenden als vielmehr mit den konkreten Wirkungen des Führungshandelns zu tun.

- *Einarsen/Aasland/Skogstad* spezifizieren schließlich auch die definitorisch angesprochene Kategorie der „legitimate interest of the organization" dahingehend, dass hierunter alles zu fassen ist, was „*rightful and lawful*" (S. 210) ist – was gleichsam impliziert, dass destruktives Führungsverhalten keinen universellen

Charakter hat, sondern in unterschiedlichen Kulturen und zu unterschiedlichen Zeiten völlig anders bestimmt werden kann (vgl. *Einarsen/Aasland/Skogstad* 2007, S. 210; aber auch *Fein/Weibler* 2014).

Zur differenzierten Analyse destruktiver Führung entwickeln *Einarsen, Aasland* und *Skogstad* (2007) im Weiteren ein Modell, das an das **Konzept des Managerial Grid** von *Blake/Mouton* (1985; ☞ D. II. 2.5) angelehnt ist und zwei grundlegende Verhaltensdimensionen der Führung unterscheidet: Geführtenorientierte sowie organisationsorientierte Verhaltensweisen, die ihrerseits jeweils positiv oder negativ ausgerichtet sein können. Hieraus leiten die Autoren vier grundlegende Varianten des Führungsverhaltens ab (vgl. *Einarsen/Aasland/Skogstad* 2007, S. 212 ff.), die sie in einer späteren Studie (*Aasland u. a.* 2010) um eine fünfte Variante („Laissez-faire leadership behavior") ergänzen. Führungsverhalten kann demnach wie folgt ausgeprägt sein (vgl. Abb. F.7):

- **Tyrannical leadership behavior** bezeichnet ein Führungsverhalten, dass organisationale (Leistungs-)Ziele auf Kosten der Mitarbeiter(-ziele) zu erreichen sucht, dabei unter anderem Schikane, → Mobbing, Demütigung und Bestrafung beinhaltet und in offenem Widerspruch zur „light side of leadership" steht.
- **Derailed leadership behavior** bezeichnet ein Führungsverhalten, das insofern völlig „entgleist" ist, als die Führung hier sowohl (z. B. aufgrund von Drohungen oder Einschüchterungen) gegen die Mitarbeiterziele als auch (z. B. aufgrund von Drückebergerei oder Absentismus) gegen die Organisationziele wirkt.
- **Supportive-disloyal leadership behavior** bezeichnet ein Führungsverhalten, dass auf kameradschaftliche Beziehungen mit den Geführten ausgerichtet ist und im Zuge dessen die Verfolgung organisationaler Ziele vernachlässigt – wobei zu vermerken ist:

  „*The intention of the supportive-disloyal leader may not necessarily be to harm the organization; rather he or she may be acting upon a different 'vision' or strategy in support of other values and goals than that of the organization, even believing that he or she acts with the organization's best interest at heart*" (*Einarsen/Aasland/Skogstad* 2007, S. 214).

- **Laissez-faire leadership behavior** bezeichnet ein Führungsverhalten, das auf eine Führungskraft verweist, die zwar formal eine Führungsposition bekleidet, sich tatsächlich aber innerlich von allen Führungsverantwortungen und -verpflichtungen verabschiedet hat. Typische Ausdrucksformen eines solchen Führungsverhaltens sind die Verweigerung oder Verschiebung von Führungsentscheidungen, lediglich geringes Interesse an der Erreichung bestimmter (Erfolgs-)Ziele sowie auch abnehmende Verbundenheit und Kontakthäufigkeit mit den Geführten (vgl. *Aasland u. a.* 2010, S. 441).
- **Constructive leadership behavior** steht schließlich für ein – ideales – Führungsverhalten, bei dem die

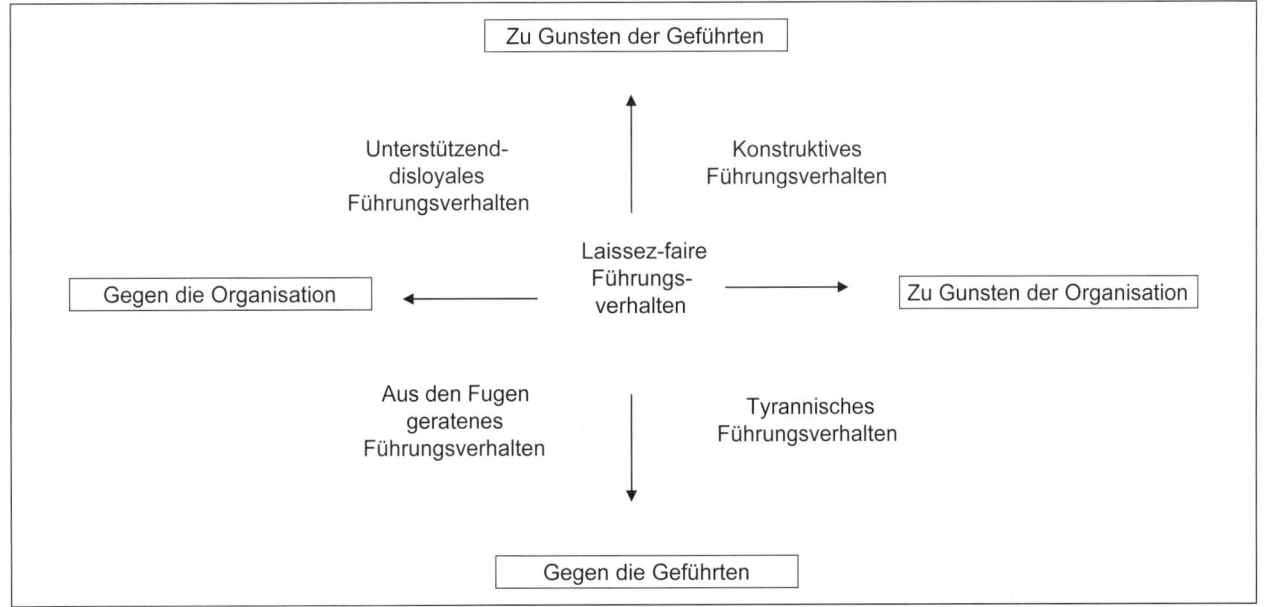

Abb. F.7: Modell eines destruktiven wie konstruktiven Führungshandelns (vgl. *Aasland u. a.* 2010, S. 440)

Führenden bestrebt sind, sowohl den Mitarbeitern und ihren Zielen wie auch den „legitimen" Zielen der Organisation gerecht zu werden (vgl. *Einarsen/ Aasland/Skogstad* 2007, S. 214).

Aasland u. a. (2010) zeigen in einer empirischen Studie für Norwegen auf, dass ihr konzeptioneller Zugriff die Vielfalt destruktiven Führungsverhaltens relevant zu beschreiben vermag. Immerhin berichteten über 80 % der rund 2500 Befragten davon, eine der infrage stehenden destruktiven Verhaltensweisen schon einmal in ihrer Organisation beobachtet zu haben und – je nach Auswertungstechnik – 35 % bis 61 % von ihnen sogar des Öfteren oder nahezu regelmäßig in den letzten sechs Monaten.

3. Wie ein Bezugsrahmen zum Bad Leadership aussehen kann

Fasst man die ausgewählten Ansätze pointiert zusammen, dann ergibt sich folgendes Gesamtbild (vgl. Abb. F.8): Zunächst einmal ist – nahe liegender Weise – zu konstatieren, dass „bad leadership" zum einen durch schlechte Menschen bzw., wie es metaphorisch auch häufig heißt, durch „bad apples" (vgl. *Thoroughgood/Hunter/Sawyer* 2011, S. 647 ff.; *Zimbardo* 2008, S. xii; *Cook* 2005, S. 135) zu erklären ist. Das heißt: Bad leadership korrespondiert aufs Engste mit **Führenden**, die durch (moralisch) schlechte (Charakter-)Eigenschaften (z. B. Gefühllosigkeit, Bösartigkeit) geprägt sind. Von mitentscheidender Bedeutung für das Entstehen und Fortbestehen schlechter Führung sind überdies aber auch **Geführte**, die als „conformers" oder „colluders" (*Padilla/Hogan/Kaiser* 2007) bzw. als „bystanders" oder „acolytes" (*Kellerman* 2004) schlechte Führung tolerieren oder sogar evozieren. Wie das „toxic triangle" (*Padilla/ Hogan/Kaiser* 2007) verdeutlicht, ist schlechte Führung überdies aber auch situativ (mit-)bestimmt, d. h. sie kann durch bestimmte **Situationsvariablen** (z. B. geringe Kontrolle der Führenden, ☞ A. III. 3) begünstigt oder sogar befördert werden. Auf die mitunter extrem verhaltensrelevante „Macht der Umstände" hat dabei nicht zuletzt der Sozialpsychologe *Philip Zimbardo* mit seinem berühmt gewordenen *Stanford Prison Experiment* hingewiesen (vgl. *Zimbardo* 2008), das wesentlich für die Erkenntnis steht, dass gute bzw. normale Personen („good apples") in schlechten Situationen („bad barrels") schnell „verderben", sprich: sich in verhaltensbezogener Hinsicht zu „bad apples" entwickeln können (vgl. *Kuhn/ Weibler* 2012b, S. 73 ff.; *Zimbardo* 2008).

Experiment: „Stanford Prison"

Das *Stanford Prison Experiment* (SPE) wurde im Jahre 1971 auf Initiative und unter Leitung von *Philip Zimbardo*, einem Sozialpsychologen der Stanford University, durchgeführt. Ziel war es, die Situation in einem Gefängnis möglichst realistisch zu simulieren und auf diese Weise die „Psychologie des Gefangenseins" genauer zu studieren. Hierzu wurden die Kellerräume eines Universitäts-Gebäudes so umgebaut, dass drei vergitterte Zellen für die Gefangenen, Überwachungsräume für die Wärter sowie ein neun Meter langer Korridor für Inspektionen entstanden. Die Teilnehmer des Experiments wurden per Zeitungsannonce rekrutiert und per Losentscheid in zwei Gruppen unterteilt: (1) Wärter, die in kakifarbene Uniformen eingekleidet und jeweils mit Trillerpfeife, Gummiknüppel und Sonnenbrille ausgestattet wurden, und (2) Gefangene, die Gefängniskleider erhielten (weiße Schürzen mit Nummern vorne und hinten, Plastiksandalen und einen Nylonstrumpf als Kopfbedeckung). Während des – bis zu seinem vorzeitigen Abbruch durch *Zimbardo* – lediglich sechstägigen Experiments kam es unter anderem zu folgenden Vorkommnissen:

- Die anfänglich zehnminütigen Zählappelle, während derer die Gefangenen ihre Nummer sowie die siebzehn vorgegebenen Regeln des Gefängnislebens aufsagen mussten, wurden immer häufiger – auch nachts – durchgeführt und dauerten am Ende mitunter mehrere Stunden.
- Die Wärter erließen fortgesetzt neue Regeln, die zunächst absurd und sinnlos (z. B. Kisten hin und her tragen), später dann zunehmend menschenverachtend (z. B. Reinigung der Toiletten mit bloßen Händen, Nachstellen sexueller Handlungen) ausfielen.
- Die Wärter mussten immer häufiger darauf hingewiesen werden, dass die Anwendung körperlicher Gewalt verboten war.
- Mehrere Gefangene zeigten Symptome extremer Depression, der erste bereits nach weniger als 36 Stunden.
- Zimbardo selbst verlor zunehmend die wissenschaftliche Distanz zum Experiment und wähnte sich immer häufiger als „Gefängnisdirektor".

Das Experiment endete (anders übrigens als in der deutschen Verfilmung aus dem Jahre 2001), als Zimbardos Freundin am Abend des fünften Tages zu Besuch kam und sah, wie Wärter aneinander gekettete Gefangene anschrien und ihnen Papiersäcke über die Köpfe steckten. Darauf kam es zum Streit mit *Zimbardo* über die moralische Vertretbarkeit des Experimentes – mit dem Ergebnis, dass *Zimbardo* dieses am Morgen des sechsten Tages abbrach.

IV. Bad Leadership: Die dunkle Seite der Führung — Kapitel F

> Als zentrale Erkenntnisse aus dem SPE gelten: (1) Es kann zu einem kompletten Triumph der „Macht der Situation" gegenüber der „Macht des Individuums" kommen; Verhalten ist dann nicht mehr durch die Person, sondern ausschließlich durch die Situation bestimmt. (2) Es kann in schlechten Situationen zu einem „Luzifer-Effekt" kommen, in dessen Verlauf Menschen andere (v. a. andersartige) Menschen als weniger wertvoll oder geradezu als Feinde (v)erachten, die es verdient haben, gequält, gefoltert oder gar vernichtet zu werden.

Neben den zentralen **Determinanten schlechter Führung** geben vor allem die Ansätze von *Tepper* (2007, 2000) und *Einarsen/Aasland/Skogstad* (2007) ergänzende Hinweise auf die grundlegenden Ausdrucksformen bzw. **Dimensionen schlechter Führung**, die sich zum einen in ethisch problematischen Handlungen (oder auch Nichthandlungen) seitens des Führenden sowie zum anderen in ethisch problematischen Zielen der Führung vergegenwärtigen können. Zum **schlechten Führungshandeln** zählen dabei etwa die verschiedenen Formen feindseligen und aggressiven Verhaltens von Führungskräften (z. B. ärgerliches Anschreien, öffentliches Bloßstellen, kränkende Bemerkungen). Von **schlechten Führungszielen** kann gesprochen werden, wenn Führung eine Vermittlung zwischen den Zielen des Führenden, den Zielen der Geführten sowie „übergeordneten" Zielen der Organisation (sowie darüber hinaus ggf. auch der Gemeinschaft) systematisch verfehlt, indem spezifische Ziele (z. B. des Führers und/oder der Organisation) unter Außerachtlassung oder gar „auf Kosten" anderer Ziele (z. B. der Mitarbeiter und/oder der Gemeinschaft) verfolgt und verwirklicht werden (vgl. *Krasikova/Green/LeBreton* 2013; *Liden* 2010; *Nielsen* 1991).

4. Welche Erkenntnisse die Bad Leadership-Forschung noch liefert

Vor dem Hintergrund dieses Bezugsrahmens und zum Zwecke eines vertieften Verständnisses des „Alltagsphänomens" schlechter Führung wollen wir im Folgenden noch einige weitere, interessante und aufschlussreiche Ansätze sowie Erkenntnisse zu den verschiedenen Determinanten des „bad leadership" nachzeichnen.

4.1 Schlechte Führer: Die „dunkle Triade" der Führungspersönlichkeit

Die Erklärung der „dunklen Seite" der Führung durch eine „dunkle Seite" der Führenden ist, wie bereits angesprochen, unmittelbar naheliegend und kann ohne Zweifel auch als prägend für die einschlägige Diskussion erachtet werden. Im Unterschied etwa zu *Kellerman* (2004), die schlechte Führung mit eher speziellen (Negativ-)Eigenschaften in Verbindung bringt (z. B. Unbeweglichkeit, Engstirnigkeit), fokussiert die Mehrheit der Diskussionsbeiträge deutlich andere Charakter- und Verhaltensprägungen. *Paulhus* und *Williams* (2002, S. 556) stellen hierzu dezidiert fest:

> „Of the offensive yet non-pathological personalities in the literature, three are espacially prominent: Machiavellianism, subclinical narcissism, and subclinical psychopathy."

Diese als **„dark triad of personality"** (vgl. *Küfner/Dufner/Back* 2015; *Paulhus/Williams* 2002) bezeichneten Persönlichkeitstypen werden häufig als entscheidende Ursache für massive „Entgleisungen" in der Führung (vgl. *Harms/Spain/Hannah* 2011, S. 495 und auch die Metastu-

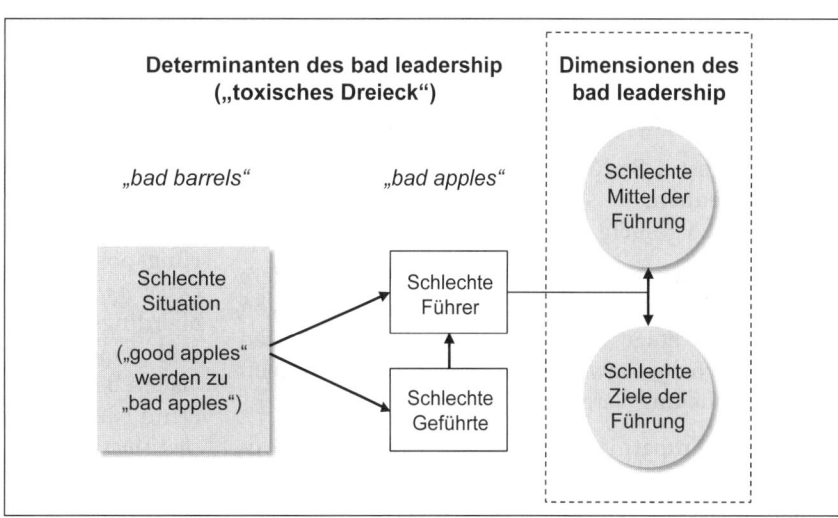

Abb. F.8: Determinanten und Dimensionen des „bad leadership" – ein Bezugsrahmen

die von *O'Boyle u. a.* 2012) bzw. für den „ganz alltäglichen Wahnsinn" in Organisationen (vgl. *Dammann* 2007, S. 13) angeführt. Wir wollen diese Trias deshalb im Folgenden etwas näher betrachten.

Narzissmus

Seine moderne Bedeutung erhielt der Begriff vor allem infolge der Freudschen Psychoanalyse (vgl. *Rothmann* 2000), die sich mit unbewussten, in der Regel kindheitsbezogenen psychischen Vorgängen auseinandersetzt und unter **Narzissmus** allgemein die *„Konzentration des seelischen Interesses auf das eigene Selbst"* (*Dammann* 2007, S. 37) versteht. Entgegen der landläufigen Meinung ist Narzissmus dabei zunächst einmal *„kein Unwort"* (vgl. *Volkan* 2006, S. 225), da die Konzentration auf das eigene Selbst nicht per se als schlecht, sondern vielmehr – im rechten Maß – als sinnvoll, wünschenswert und für ein gutes Leben letztlich unverzichtbar erscheint. So gesehen gibt es einen positiven, produktiven und normativen Narzissmus (vgl. dazu *Lubit* 2002; *Kets de Vries/Miller* 1985), der allerdings klar von einem negativen, pathologischen und destruktiven Narzissmus zu unterscheiden ist (vgl. dazu *Chandler/Fields* 2010; *McFarlin/Sweeney* 2010; *Maccoby* 2000). Von herausragender Bedeutung bei der konkreten medizinisch-diagnostischen Bestimmung des destruktiven Narzissmus dürfte der Kriterienkatalog der *American Psychiatric Association* sein (vgl. dazu *Kuhn/Weibler* 2012b, S. 49 f.). In enger Korrespondenz mit diesem Katalog bestimmen *Rosenthal* und *Pittinsky* (2006, S. 619 ff.) die folgenden psychologischen **Merkmale** einer narzisstischen **Persönlichkeit**:

- **Arroganz**, die üblicherweise als das hervorstechendste Merkmal narzisstischer Personen gilt;

- **Minderwertigkeitsgefühle**, welche die innere Gefühlslage des Narzissten dauerhaft beherrschen und vermittels ostentativer Arroganz und Selbstgefälligkeit sowie herablassender Verhaltensweisen gegenüber anderen kompensiert werden sollen;

- übersteigertes **Bedürfnis nach Anerkennung und Überlegenheit**, das ständig und immer aufs Neue zu befriedigen gesucht wird;

- **Überempfindlichkeit** und **Wut**, welche insbesondere in Situationen, in denen die eigene Überlegenheit von anderen in Frage gestellt wird, zu unkontrollierten Wutausbrüchen sowie auch nachhaltigen Wünschen nach Rache und Vergeltung führen;

- **fehlende Empathie**, das heißt eine weitgehende Unfähigkeit die Sicht anderer zu verstehen, woraus eine egozentrische Sicht der Dinge resultiert;

- **Amoralität**, die sich insbesondere in der Bereitschaft äußert, gegenüber wahrgenommenen Feinden, aber auch gegenüber vermeintlich unfähigen oder illoyalen Gefolgsleuten, auf rücksichtslose und mitunter brutale Weise zu agieren;

- **Irrationalität** und **Inflexibilität**, die bewirken, dass Narzissten unfähig oder unwillig sind, subjektiv unpassende oder unangenehme Wahrheiten anzuerkennen bzw. sich in einer situativ angepassten Weise zu verhalten;

- **Paranoia**, die sich häufig darin äußert, dass narzisstische Personen auch und gerade ihre loyalsten Gefolgsleute als Feinde wahrnehmen, ihnen misstrauen, sie zurückweisen und sie gegebenenfalls sogar zu vernichten suchen.

Diese Merkmale verdeutlichen, dass Narzissmus seine „dunkle" respektive destruktive Wirkung insbesondere natürlich in sozialen Beziehungen entfaltet. Pathologisch wird Narzissmus im Grunde dann, wenn die Konzentration auf das eigene Selbst auch die Beziehungen zu anderen Menschen dominiert (vgl. *Dammann* 2007, S. 37), das Individuum gleichsam von einer *„pathological preoccupation with himself"* (*Maccoby* 2000, S. 70) beherrscht ist. Typische Folgewirkungen dessen sind dann beispielsweise ein ständiger Vergleich mit anderen, ein starkes Bedürfnis nach Bestätigung von anderen, Neid auf andere, Entwertung von anderen, das Kleinreden von Leistungen anderer bzw. das Beanspruchen von Verdiensten anderer für sich selbst (vgl. *Dammann* 2007, S. 37 f.). So gesehen ist der pathologische Narzissmus, wie *Wirth* (2006, S. 162) treffend bemerkt, wesentlich dadurch gekennzeichnet, *„dass andere Menschen [...] funktionalisiert werden, um das eigene Selbstwertgefühl zu stabilisieren."* Seinen emotionalen Idealzustand erreicht der pathologische Narzisst im Grunde dann, wenn er selbst überaus erfolgreich ist, während alle anderen versagen (vgl. *Dammann* 2007, S. 44).

Eingedenk der „light side of leadership" sollte man annehmen, dass pathologische Narzissten lediglich in seltenen Ausnahmefällen einmal in gehobene Führungspositionen aufsteigen. Zahlreiche Studien (vgl. *Grijalva u. a.* 2015; *Nevicka u. a.* 2011; *Lubit* 2002) belegen allerdings das genaue Gegenteil, dass nämlich – auch und gerade pathologischer – Narzissmuss tatsächlich als ein bedeutender „Karriere-Treiber" einzustufen ist. Denn Narzissten sind, kurz gesprochen, *„charming and charismatic, at least for a while"* (*McFarlin/Sweeney* 2010, S. 247). Etwas ausführlicher gesprochen können insbesondere folgende **karriereförderliche Charakteristika** narzisstischer Persönlichkeiten bestimmt werden (vgl. *Dammann* 2007, S. 40):

- oberflächlicher Charme;
- übersteigertes Selbstwertgefühl;
- Tendenz, sich selbst zu überschätzen;
- charismatische Eigenschaften [besser: Eigenschaften, die gehäuft mit einer Charisma-Attribution verbunden werden];
- suchtartiges Arbeitsverhalten;
- Fähigkeit, andere zu lenken, zu beeinflussen und zu manipulieren;
- Risikofreudigkeit;
- große innere Flexibilität aufgrund mangelhafter Bindung und Identität.

Psychopathie

Unter **Psychopathie** versteht man ganz allgemein eine *antisoziale Persönlichkeitsstörung*, die durch eine bestimmte Kombination von Verhaltensweisen und daraus gefolgerten Charaktereigenschaften definiert ist (vgl. *Hare* 2005, S. ix). Eine gute Annäherung an die typischen Verhaltensweisen und Eigenschaften eines Psychopathen ermöglicht *Robert Hare*, der seiner Schrift über die „Psychopathen unter uns" bezeichnenderweise den Titel „Gewissenlos" gibt und dazu ausführt:

> „Zusammengesetzt ergeben die Einzelteile des Puzzles das Bild einer egozentrischen, gefühllosen und brutalen Persönlichkeit ohne jegliches Mitgefühl, unfähig, warmherzige Gefühlsbindungen einzugehen, eines Menschen, der ohne die Instanz des Gewissens 'funktioniert'" (Hare 2005, S. 2).

Als wesentliche – und allesamt gesellschaftsfeindliche – **Charakteristika des Psychopathen** werden dabei insbesondere benannt: Selbstbezogenheit, Unberechenbarkeit, Skrupellosigkeit, Emotionslosigkeit, Treulosigkeit, Verantwortungslosigkeit, Furchtlosigkeit, hohe Risikofreudigkeit sowie – nicht zuletzt – kriminelle Energie (vgl. *Burch/McCormick* 2009, S. 225 ff.; *Dammann* 2007, S. 93 ff.; *Paulhus/Williams* 2002; *Hare* 2005).

Stellt man die Psychopathie in den Konnex der Führung (vgl. *Babiak/Neumann/Hare* 2010; *Burch/McCormick* 2009; *Boddy* 2006), dann zeigt sich, dass Psychopathen sich in Organisationen in aller Regel hervorragend präsentieren und „verkaufen" können. Mittels eines außergewöhnlich charmanten Auftretens, geschickter Schmeichelei, Lüge und Manipulation gelingt es ihnen schnell, hierarchisch aufzusteigen und in Machtpositionen mit hohem Status und Einkommen zu gelangen (vgl. *Boddy* 2006). Eine Studie von *Babiak/Hare* (2007) ergab in diesem Zusammenhang, dass der Anteil von Psychopathen bei oberen Führungskräften („high potential executives") um das Dreifache über dem gesellschaftlichen Durchschnitt liegt (vgl. auch *Gilbert u.a.* 2012, S. 33; illustrativ *Hossiep/Ringelband* 2014). Mit Blick auf die Schäden, die das (antisoziale) Verhalten von Psychopathen in Führungspositionen bei übermäßiger Ausprägung verursacht, stellt *Boddy* (2006, S. 1461) fest:

> „[O]rganizational psychopaths may be responsible for more than their share of organizational misbehavior including accounting fraud, stock manipulation, unnecessary high job losses and corporately induced environmental damage."

Machiavellismus

Als dritter Typus in der „dunklen Triade" der Führungspersönlichkeit gilt der sogenannte Machiavellist. Der Begriff geht zurück auf den florentinischen Philosophen, Politiker und Dichter *Niccolò Machiavelli* und dessen zentrale Schrift „Der Fürst" (1990), aus dem Jahre 1513. **Machiavellismus** vergegenwärtigt einen bis heute überaus schillernden, dabei stets allerdings auch negativ konnotierten Begriff (vgl. *Gable/Topol* 1991, S. 355), der regelmäßig auf politische Kontexte (Stichwort „Macht"- oder „Real"-Politik) sowie auch auf interpersonelle Führungsbeziehungen bezogen wird (vgl. *Harris* 2010). Als wichtigste **Charakteristika** des Machiavellisten gelten (vgl. *Dahling/Whitaker/Levy* 2009, S. 227 ff.; sowie grundlegend *Christie/Geis* 1970):

- **Bedürfnis nach Macht und Status:** Der Machiavellist verfolgt eine strikte Maximierung seines eigenen Nutzens. Von Nutzen sind ihm dabei weniger immateriell respektive intrinsisch dimensionierte Zielverwirklichungen (z. B. Selbstentwicklung), sondern vielmehr materielle und extrinsische Erfolgsausweise wie Reichtum, Macht und Status. Zentrales Handlungsmotiv ist insofern *„a desire to accumulate external indicators of success"* (*Dahling/Whitacker/Levy* 2009, S. 228).

- **Misstrauen gegenüber anderen:** Der Machiavellist erlebt sich dabei als „Einzelkämpfer" unter *„vielen, die das Schlechte tun"* (*Machiavelli* 1990, S. 78), zeichnet sich folglich durch ein stark negatives Menschenbild aus und lebt mithin in ständiger Sorge vor den negativen Auswirkungen, die das Vorteilsstreben der anderen auf sein eigenes Vorteilsstreben haben kann.

- **Bedürfnis nach Kontrolle:** Da der Machiavellist sich von anderen bedroht fühlt, muss er sich stets behaupten, indem er soziale Beziehungen dominiert.

- **Unmoralische Manipulation:** In seinem Streben nach sozialer Dominanz und Macht über andere ist dem

Machiavellisten jedes – „ethische" und unethische – Mittel recht. Er ist so gesehen „moralisch flexibel" (*Dahling/Whitaker/Levy* 2009, S. 227) und damit imstande, schlecht gegen andere zu handeln, wenn es gut für ihn ist. In diesem Zusammenhang wird vor allem die Fähigkeit des Machiavellisten zur Manipulation anderer herausgestellt, die sich auch und gerade auf unmoralische Verhaltensweisen wie lügen, betrügen, täuschen, stehlen u.ä.m. stützt (vgl. *Dahling/Whitaker/Levy* 2009, S. 228; *Gable/Topol* 1991, S. 355; *Christie* 1970, S. 3).

Als Führender in Organisationen ist der Machiavellist entsprechend dadurch gekennzeichnet, dass er – auf der Basis seines individuellen Nutzenkalküls – absolut flexibel (re-)agieren kann, beispielsweise problemlos zwischen kooperativen und manipulativen Verhaltensweisen (vgl. *Dahling/Whitaker/Levy* 2009, S. 228) bzw. zwischen direktiven und partizipativen Führungspraktiken (vgl. *Drory/Gluskinos* 1980, S. 85) zu changieren vermag. Der Vergleich zwischen stark machiavellisten Persönlichkeiten („high Machs") und wenig machiavellistischen Persönlichkeiten („low Machs") zeigt überdies, das „high Machs" signifikant häufiger in Führungspositionen aufsteigen und dort auch bessere Leistungsergebnisse erzielen als „low Machs" (vgl. *Drory/Gluskinos* 1980, S. 81).

Narzissten, Psychopathen und Machiavellisten sind sich insgesamt zweifellos ähnlich – jedoch gilt auch: Sie sind nicht gleich! Den Bereich der Gemeinsamkeit bestimmen *Paulhus/Williams* (2002, S. 557), indem sie feststellen:

> „[...] all three entail a socially malevolent character with behavior tendencies toward self-promotion, emotional coldness, duplicity, and aggessiveness."

Die Unterschiede lassen sich vor allem daran festmachen, dass für jeden Typus tatsächlich andere charakterliche Grunddispositionen auszumachen sind: So speist sich der Narzissmus aus dem Prinzip der uneingeschränkten *Eigenliebe*, während der Machiavellismus dem Prinzip des grenzenlosen *Eigennutzes* folgt, und die Psychopathie schließlich dem Prinzip einer grundlegenden *Gesellschaftsfeindlichkeit* unterliegt (vgl. Abb. F.9). Diese Überlegung wird von einer Studie von *Paulhus/Williams* gestützt, die die Bezüge innerhalb der „dark triad of personality" untersucht und dabei „*overlapping but distinct constructs*" herausgearbeitet haben (*Paulhus/Williams* 2002, S. 556). Im Besonderen weist die Studie einen hohen Korrelationskoeffizienten zwischen Narzissten und Psychopathen aus (.50), wohingegen die Zusammenhangsmaße zwischen diesen Persönlichkeitstypologien und dem Machiavellismus deutlich niedriger ausfallen (.25/.31; vgl. zu den Zusammenhängen auch die Metastudie von *O'Boyle u.a.* 2012, die insbesondere den Zusammenhang von Psychopathologie und Machiavellismus höher ausweist sowie die Untersuchung von *Küfner/Dufner/Back* 2015).

4.2 Schlechte Geführte: Erkenntnisse zum „bad followership"

Die Erklärung des „bad leadership" durch führerbezogene Konzepte wie die „dunkle Triade" der Führenden erscheint naheliegend und begründet. Gleichwohl kann hieraus nicht gefolgert werden, dass allein die Führenden im Konnex einer schlechten Führung die „Täter" sind, während die Geführten grundsätzlich nur als „Opfer" von narzisstischen, psychopathischen oder machiavellistischen Führern anzusehen sind. Vielmehr ist zu konstatieren, dass Führung keinen reinen „top-down" (Beeinflussungs-)Prozess darstellt, sondern vielmehr eine *soziale Beziehung*, in welcher auch die Geführten – wenngleich mit weniger (Führungs-)Macht ausgestattet – durchaus Einfluss auf die Führung nehmen

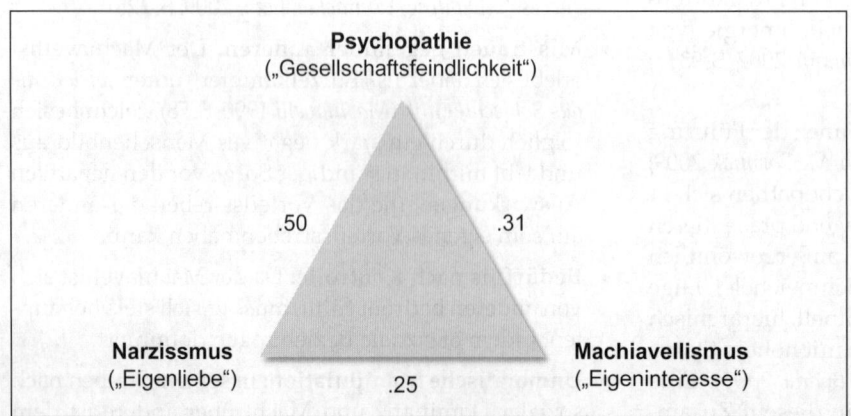

Abb. F.9: Die „dunkle Triade" der Führungspersönlichkeit und ihre Korrelationen (nach *Paulhus/Williams* 2002, S. 559; modifiziert)

können. So gesehen verweist **„bad leadership"** immer auch auf ein **„bad followership"**, sprich auf Geführte, die schlechte Führer tolerieren, akzeptieren oder gar evozieren. Zur Erklärung dieses Phänomens erscheint – neben anderen Ansätzen (vgl. zur Übersicht *Kuhn/ Weibler* 2012b, S. 61 ff.) – insbesondere die Arbeit von *Jean Lipman-Blumen* (2005a/b) geeignet, die dezidiert der Frage nachgeht:

> „What are the forces that propel followers, again and again, to accept, often favor, and sometimes even create toxic leaders" (*Lipman-Blumen* 2005a, S. 24).

Lipman-Blumen definiert schlechte (toxische) Führer dabei als

> „leaders who engage in numerous destructive behaviors and who exhibit certain dysfunctional personal characteristics. To count as toxic, these behaviors and qualities of character must inflict some reasonably serious and enduring harm on their followers and their organizations" (*Lipman-Blumen* 2005a, S. 18).

In Anbetracht ihrer Diagnose einer weiten Verbreitung solcher „toxischen" Führung (vgl. *Lipman-Blumen* 2005a, S. 3 ff.) stellt *Lipman-Blumen* die Frage nach den Ursachen der Akzeptanz oder Tolerierung dieser Führung durch die Geführten. Im Zuge einer breit angelegten Diskussion dieser Problematik bestimmt sie folgende „psychologische Schlüsselfaktoren", die die **Attraktivität „toxischer" Führer** erklären (vgl. *Lipman-Blumen* 2005a, S. 29 ff.; 2005b, S. 2 ff.):

- **tiefenpsychologische Grundbedürfnisse**, die weitgehend unbewusst und frühkindlich angelegt sind und sich in dem Wunsch nach (autoritären) Führungspersönlichkeiten äußern, die den Geführten Mut machen, Trost spenden und letztlich eine Befriedigung aller wesentlichen Grundbedürfnisse (Sicherheit, Schutz, soziale Wärme, Anerkennung und Selbstverwirklichung) versprechen;

- **existenzielle Grundbedürfnisse**, die aus der „existenziellen Angst" des Menschen vor der eigenen Sterblichkeit resultieren und die Führende den Geführten dadurch nehmen, indem sie ihnen das Gefühl vermitteln, zu Lebzeiten Bedeutendes und Überdauerndes zu schaffen, damit gleichsam besonders oder gar auserwählt zu sein – ihnen zuletzt sogar „Unsterblichkeit" verheißen, *„either physically here or in another world, or symbolically, in the memory of generations yet unborn"* (*Lipman-Blumen* 2005a, S. 3).

- **situative Ängste**, die der Vielschichtigkeit und Unübersichtlichkeit der modernen, turbulenten und krisengeschüttelten Welt geschuldet sind und denen Führer dadurch begegnen, indem sie eine einfache, geordnete und überschaubare Welt verkünden bzw. (zumindest in der subjektiven Wahrnehmung der Geführten) schaffen;

- **Misserfolgsängste**, die von einer zunehmend erfolgsorientierten Gesellschaft geschürt werden und die Führende den Geführten dadurch nehmen, indem sie ihnen das Gefühl geben, Teil eines erfolgreichen Ganzen bzw. Anhänger eines außergewöhnlichen Führers zu sein;

- **Wunsch nach einem wert- und sinnvollen Leben**, den „toxische" Führer durch das Aufzeigen von großen – aber unrealistischen – „Illusionen" aufgreifen und für die eigene „Gefolgschaft" auch als erfüllbar erklären.

Der psychodynamisch inspirierte Ansatz von *Lipman-Blumen* steht damit in erkennbarer Nähe zu Theorien und Praktiken der charismatisch-transformationalen Führung und erklärt das Phänomen des „bad followership" durch den Bezug auf verschiedene (allgemeingültige wie situationsspezifische) Motivlagen der Geführten. Er bedeutet kurz gesagt, dass der Wunsch nach Führung konstitutiv für den Menschen und die Gefahr einer schlechten Führung damit stets latent vorhanden ist.

4.3 Schlechte Situationen: „The dark side of goal setting" und „The dark side of success"

Wie in unserem Bezugsrahmen (vgl. Abb. F.8) bereits verdeutlicht, ist „bad leadership" nach allgemeiner Einschätzung keineswegs ausschließlich durch die Eigenschaften und Charaktere der Führenden und Geführten, sondern in mehr oder minder weiten Bereichen immer auch situativ bestimmt. Aus den vorliegenden Beiträgen über Situationsgestaltungen, die schlechte Führung begünstigen oder gar befördern können (vgl. dazu *Kuhn/ Weibler* 2012b, S. 72 ff.), wollen wir zwei Argumentationslinien genauer betrachten, die jeweils große Erklärungskraft besitzen und von daher besondere Beachtung verdienen. Es ist dies zum einen die Diskussion über die sogenannte **„dark side of goal setting"** (*Welsh/Ordóñez* 2014), die schlechte Führung insbesondere im mittleren und unteren Management durch falsche Leistungsziele und -anreize zu erklären sucht. Es ist dies zum anderen die Diskussion über die sozusagen *„dark side of success"* (*Ludwig/Longenecker* 1993, S. 270), die den Ursprung schlechter Führung vor allem für das oberste Management untersucht und das Phänomen dabei durch einen falschen Umgang mit den eigenen Erfolgen erklärt.

"The dark side of goal setting"
Dieser Erklärungsansatz geht grundlegend davon aus, dass das Instrument der Zielvereinbarung nicht in jedem Falle zu höherer Motivation und gesteigerter Leistung führt (vgl. i.d.S. *Locke/Latham* 2002), sondern dass überzogene („high performance") Zielsetzungen – insbesondere wenn sie mit leistungsabhängigen („pay for performance") Anreizsystemen verbunden sind – bei Führenden wie Geführten Stress auslösen können, der seinerseits schlechtes (unethisches) Führungs- wie Geführtenverhalten nach sich ziehen kann. Aus den verschiedenen Beiträgen, die sich theoretisch wie empirisch mit dieser Problematik auseinandersetzen (vgl. *Welsh/Ordóñez* 2014; *Ordóñez u.a.* 2009; *Barsky* 2008; *Schweitzer/Ordóñez/Douma* 2004; sowie kritisch dazu *Locke/Latham* 2009) wollen wir exemplarisch den Erklärungsansatz von *Bardes* und *Piccolo* (2010) herausgreifen, der das Phänomen des destruktiven Führungsverhaltens stressbedingt erklärt und eine Zunahme schlechter Führung vor allem auf mittleren und unteren Führungsebenen befürchtet. Der Ansatz (vgl. Abb. F.10) geht von folgenden Annahmen aus (vgl. *Bardes/Piccolo* 2010, S. 11 ff.):

- Erstens: Der Grad der **Schwierigkeit**, den Führende bei der Erreichung vorgegebener Zielsetzungen wahrnehmen, korreliert positiv mit dem Grad an **Stress**, den Führende empfinden.

- Zweitens: Der Grad, in welchem die **Vergütung** des Führenden **leistungsorientiert** erfolgt, korreliert positiv mit dem Grad an **Stress**, den Führende empfinden.

- Drittens: Der Grad, in welchem Führende **Stress** empfinden, korreliert positiv mit dem Grad eines **destruktiven Führungsverhaltens**.

Bardes und *Piccolo* (2010, S. 11 ff.) beziehen sich in ihren Überlegungen vor allem natürlich auf den sogenannten negativen Stress, der Emotionen wie Angst und Wut schürt und sich in der Regel einstellt, wenn „Dinge" (a) einen hohen Schaden verursachen können, und (b) nicht oder nicht sicher „gemanagt" werden können. Organisationale Zielvorgaben vermögen dementsprechend dann negativen Stress zu verursachen, wenn sie den Führenden in ihrer Höhe als unerreichbar erscheinen (z.B. Steigerungen der Leistung um 25% unter sonst gleichen Bedingungen) und/oder wenn sie aufgrund der zur Verfügung stehenden Ressourcen als unrealistisch wahrgenommen werden (z.B. gleiche Leistungen trotz eines Personalabbaus von 25%). In diesem Sinne schwierig oder immer schwieriger zu erfüllende Zielvorgaben vermögen (zunehmend) Stress bei Führungskräften hervorzurufen, der nochmals gesteigert wird, wenn – und je weitreichender – die eigene Vergütung von der Erreichung der vorgegebenen Ziele abhängig gemacht wird. Immer höhere Leistungsvorgaben (Management by Objectives, ☞ D. III. 4.3) in Verbindung mit stark leistungsorientierten Vergütungssystemen (Pay for Performance, ☞ D. III. 4.5: Anreizsysteme) begründen so gesehen einen höheren **Stress bei Führungskräften**, der sich auch und gerade in einem verstärkt **destruktiven (unethischen) Führungsverhalten** manifestieren kann.

Dieser Zusammenhang (vgl. dazu auch *Chandler/Fields* 2010, S. 110; *Spreier/Fontaine/Malloy* 2006), der in empirischen Untersuchungen gut bestätigt wurde (vgl. *Welsh/Ordóñez* 2014; *Barsky* 2008; *Schweitzer/Ordóñez/Douma* 2004), verweist in bemerkenswerter Weise darauf, dass die zunehmende Bedeutung schlechter Führung unmittelbar auch dem situativen Realphänomen eines kontinuierlich steigenden **Leistungs- und Erfolgsdrucks**, einer Verbreitung von **leistungsorientierten Vergütungssystemen** sowie – als Resultante dessen – einem immer stärkeren Leistungsstress der Führenden geschuldet ist.

Empirische Bestätigung findet dieser Erklärungszusammenhang auch in einer Studie der *American Management Association* (2006), der zufolge 70% der befragten Manager und Führungskräfte angaben, dass der Druck zur Erreichung unrealistischer Zielvorgaben als wichtigste Ursache für unethische Verhaltensweisen in Organisationen anzusehen sei (vgl. dazu auch die Studie von *Fifka/Kraus/Meyer* 2013). *Desmet/Hoogervorst/Van Dijke* (2015) zeigten in ihrer Studie entsprechend, dass ein als wettbewerbsintensiv wahrgenommenes Umfeld eine

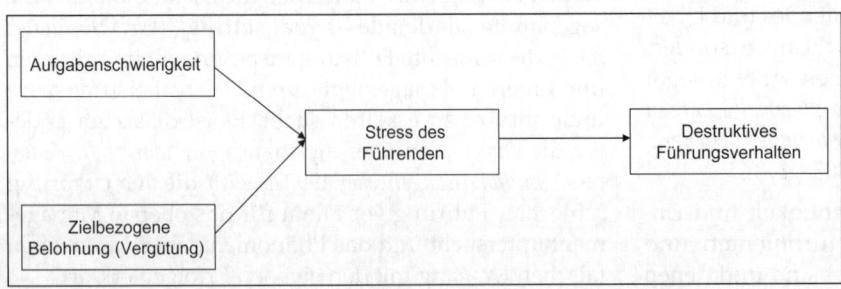

Abb. F.10: Stress und destruktives Führungsverhalten
(vgl. *Bardes/Piccolo* 2010, S. 12)

instrumentelle statt ethische Orientierung begünstigte und vermuten, dass die Verfehlungsbereitschaft bei stärkerer Identifikation mit den Organisationszielen noch höher ausfallen könnten. Als Konsequenz fordern *Welsh/Ordóñez* (2014, S. 87) eine deutlich stärkere Berücksichtigung der „dark side of goal setting" derart, dass im Rahmen der Zielsetzungsverfahren nicht länger nur das Kriterium der (maximalen) Performance beachtet, sondern auch potenziell induzierte Gefahren wie destruktive Führung sowie überdies auch Erschöpfung und Auszehrung der Mitarbeiter (vgl. dazu auch *Kuhn/Weibler* 2014, S. 113 ff.) mitbedacht werden sollten.

„The dark side of success"

Geht die *„dark side of goal setting"* davon aus, dass kontinuierlich fortgesetzter und/oder steigender Erfolgsdruck „bad leadership" begründen kann, so geht die **„dark side of success"** davon aus, dass „bad leadership" auch als direkte Folge oder „Nebenwirkung" enormer persönlicher Erfolge, vor allem auf Seiten oberster Führungskräfte, verstanden werden kann. Als literarische Referenz verweisen *Ludwig* und *Longenecker* (1993, S. 265 f.) in diesem Zusammenhang auf die biblische Geschichte von König David, der ein bescheidener und ehrenwerter Mann und ein guter und gerechter Führer seines Volkes war. In dem Moment des höchsten Erfolges allerdings, als er sich absoluter Beliebtheit erfreute und sein Leben ihm alles bot, was er sich nur wünschen konnte, entwickelte er ein unstillbares Bedürfnis nach etwas, das ihm moralisch nicht zustand – nämlich nach Bathsheba, der Frau seines Kriegers Uriah. Sie zu gewinnen wurde nunmehr sein alleiniges Trachten, das er unter Anwendung aller Macht und unter Preisgabe aller Moral verfolgte – bis er zuletzt befahl, Uriah in vorderster Front in eine Schlacht zu schicken, um ihn dort schutzlos vom übermächtigen Feind töten zu lassen.

Diese Parabel – *Ludwig* und *Longenecker* bezeichnen sie als **„Bathsheba Syndrom"** – steht für ein moralisches Scheitern, dass (guten) Führern aus einer (schlechten) Situation erwächst, welche den Einzelnen mit einem solchen (Über-)Maß an Macht, Einfluss, Reichtum, Status und Ansehen ausstattet, dass er einen unersättlichen Wunsch nach „immer mehr" entwickelt, den Bezug zur Realität verliert, innerlich vereinsamt und schließlich einem egozentrischen Größenwahn verfällt. Die Versuchungen eines besonderen Führungserfolges können so gesehen eine negative Dynamik entfalten, die in letzter Konsequenz den Führenden (hier: *David*), die Geführten (hier: *Bathsheba* und *Uriah*) und schließlich auch die Organisation (hier: *Davids* Königreich) zerstören kann (vgl. *Ludwig/Longenecker* 1993, S. 270 f.). Mit Blick auf die dem

„Bathsheba Syndrom" anheim gefallenen Führenden resümieren *Ludwig* und *Longenecker* (1993, S. 267):

> „But just the moment of seemingly 'having it all', they have thrown it all away by engaging in an activity that is wrong, which they know is wrong, which they know would lead to their downfall if discovered, and which they mistakenly believe they have the power to conceal."

Auf diese „dunkle Seite des Erfolges" verweisen zwischenzeitlich auch zahlreiche andere Autoren. Dieses zum einen unter dem Eindruck der zunehmend entgrenzten Vergütung erfolgreicher Führungskräfte (z. B. durch Aktienoptionen, Boni, u. ä. m.), die in ihrer Höhe bis vor kurzem kaum vorstellbar waren (vgl. *Reuter* 2010, S. 73). Dies zum anderen aber auch aufgrund einer fortschreitenden Wandlung von CEOs in sogenannte *„celebrity CEOs"* (vgl. *Conger* 2005, S. 86), die im Wesentlichen von den Medien vorangetrieben wird (vgl. *Chen* 2010; *Hayward/Rindova/Pollock* 2004), bei den „Betroffenen" leichthin internalisiert werden kann und dann die Gefahr einer *„CEO hubris"* (*Hayward/Rindova/Pollock* 2004, S. 649) induziert. So geht beispielsweise *Price* (2006, S. 152) im Sinne des „Bathsheba Syndroms" davon aus,

> „that when we grant these privileges to leaders, we create situations that make it easy for them to believe that they are beyond the scope of morality by which the rest of the society lives."

Und auch *Bowie* (2005, S. 152) betont, dass, wenn Macht und Erfolg zunehmen, schlicht auch die Wahrscheinlichkeit einer charakterlich negativen Veränderung des Betreffenden zunimmt. In diesem Sinn wird dem englischen Liberalen *Lord Acton* die Formulierung zugeschrieben, dass Macht korrumpiere und absolute Macht absolut korrumpiere.

Die Herausforderung, dem „Bathsheba Syndrom" effektiv zu begegnen, wird bislang kaum strukturell bedacht, sondern überwiegend als individuelle Aufgabe des Einzelnen interpretiert. So fordern *Hayward/Rindova/Pollock* (2004) CEOs im Kern dazu auf, ihrer eigenen Presse nicht zu glauben. Im Übrigen keine ganz neue Erkenntnis: Ein Staatssklave soll (die Historizität des Spruches ist umstritten) beim römischen Triumph, einem ritualisierten, nur selten gewährten Einzug in die Stadt Rom, den erfolgreichen Feldherren ununterbrochen gemahnt haben: „Respice post te, hominem te esse memento" (sieh dich um; bedenke, auch du bist nur ein Mensch; ursprünglich nur: „Recipe!" – Halte dich (… die Zügel) zurück [damit der Abstand zum Heer nicht zu groß wird]). Und auch *Ludwig/Longenecker* (1993, S. 272) gehen davon aus, *"that living a balanced live reduces the likelihood of the negatives of success causing you to lose touch with reality."*

Diese Autoren stehen damit in erkennbarer Nähe zu den bereits angesprochenen Handlungsempfehlungen, die *Kellerman* (2004, S. 233 ff.) Führungskräften in ethisch-normativer Absicht zu dachte, nämlich insbesondere:

- Verliere nicht den Kontakt mit der Realität!
- Kenne und kontrolliere deinen „Hunger" nach Macht, Geld, Erfolg und Sex!
- Glaube nicht an den „Hype" um deine Person!

Folgt man den bisherigen Überlegungen, dann entspringt der unzulänglich hinterfragte Glaube an das automatisch Gute in der Führung („light side of leadership") eher einem Wunschdenken (vgl. *Ma/Kerri/Chittipeddi* 2004, S. 39), wenn nicht gar einem ökonomistischen Irrglauben (vgl. *Ulrich* 2008, S. 137 ff.) oder einer ideologischen Setzung (☞ A. II. 1.3). Tatsächlich ist davon auszugehen, dass erfolgreich Führende sehr wohl Menschen mit guten Eigenschaften sein können, die abgewogen, gerecht, gar altruistisch handeln, sie gleichwohl aber auch Personen mit schlechten Eigenschaften sein können, die klug, aber eben auch korrupt, gefühllos oder sogar böse agieren (vgl. *Kellerman* 2004, S. 119 ff.). Schlechte Führung dürfte aktuell durch Veränderungen in den **Führungskontexten**, wo vielfach wenig Raum für Erklärungen oder Leistungsschwankungen existiert, sicher befördert werden. Wer nur finanzwirtschaftliche Zahlen fordert und nach ihnen entscheidet, definiert das Moralische als Entscheidungskategorie aus der Organisation heraus (vgl. empirisch dazu *Fifka/Kraus/Meyer* 2013; *April u. a.* 2010; *Badaracco/Webb* 1995). Insgesamt erscheint es damit angebracht, von einem höchst komplexen und weitgehend kontingenten Verhältnis zwischen Führungserfolg und Führungsethik auszugehen, was eben auch bedeutet:

„In some situations ethical leadership may have negative effects on work unit performance, and sometimes unethical leadership has positive effects" (*Yukl u. a.* 2013, S. 41).

Derzeit scheinen zentrale Voraussetzungen und Bedingungen für eine schlechte Führung immer häufiger gegeben, was sich in zunehmend schlechtem Führungsverhalten (z. B. mitarbeiterbezogene Drohungen, Schikane und/oder Bestrafungen) konkretisiert und insbesondere die Gefahr einer abnehmenden Orientierung der Führung an den Zielen der Mitarbeiter (Arbeits- und Lebensqualität) induziert. Aus dieser Erkenntnis ergibt sich unmittelbar die Notwendigkeit eines genaueren Nachdenkens über die Ausformungen und Vorbedingungen eines ethischen Führungsverhaltens – eine Aufgabe, der wir uns im Folgenden widmen wollen.

V. Führungsethik: Die moralische Herausforderung der Führung

Wie gesehen, ist die Führungspraxis in einem beachtlichen und bedenkenswerten Ausmaße durch schlechte (unethische) Führung geprägt. Eine kontinuierliche Verbesserung der Führung im Sinne einer (ethisch) guten Führung ist von daher als ein grundlegendes Ziel zu sehen, dass sich für Organisationen sicherlich mit erfolgsstrategischen Überlegungen hinterlegen lässt, dass vor allem aber auch als moralische Herausforderung zu verstehen ist. Das fachspezifische und wissenschaftlich-methodisch geleitete Nachdenken über **Führungsethik** hat allerdings noch keine allzu lange Tradition. Vielmehr ist mit Blick auf den Forschungsstand zu vermerken, dass Führungsethik („ethical leadership") ein höchst juveniles und noch sehr offenes Forschungsfeld darstellt. Trotzdem – oder eben deshalb – wollen wir im Folgenden den Versuch unternehmen, das Thema auf möglichst systematische Weise zu erschließen. Hierzu wollen wir auf den oben entwickelten Bezugsrahmen des „bad leadership" (vgl. Abb. F.8) zurückgreifen und diesen Erklärungsansatz für „unethische" Führung gewissermaßen um 180-Grad wenden. Auf diese Weise lassen sich drei zentrale Bestimmungsgrößen (Determinanten) guter Führung bestimmen, die wir – in Abgrenzung zum „toxischen Dreieck" (vgl. Abb. F.6) – als **„moralisches Dreieck"** bezeichnen und die auf die Bedeutung *guter Führer*, *guter Geführter* sowie auch *guter Situationen* abstellen. Überdies lassen sich – analog zu den in dieser Hinsicht recht übereinstimmenden Einschätzungen innerhalb der Forschung (vgl. z. B. *Krasikova/Green/LeBreton* 2013, S. 1308 ff.; *Brown/Mitchell* 2010, S. 588; *Pless/Maak* 2008, S. 229; *Ciulla* 2005a, S. 332) – zwei grundlegende Ausprägungsformen (Dimensionen) ethischer Führung unterscheiden, nämlich *gute (legitime) Ziele* sowie *gute (legitime) Mittel* der Führung.

Diese Determinanten und Dimensionen eines **„ethical leadership"** (vgl. Abb. F.11) wollen wir im Folgenden unter Rückgriff auf Beiträge und Erkenntnisse aus der einschlägigen Diskussion ausführlicher erläutern und erörtern.

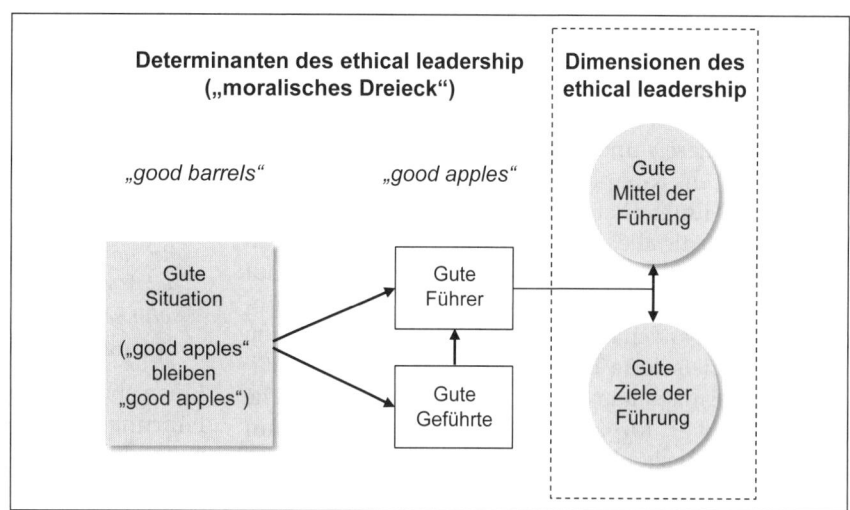

Abb. F.11: Determinanten und Dimensionen des „ethical leadership" – ein Bezugsrahmen

1. Wenn gute Führung eine Folge guter Führender ist

Die Vorstellung, dass ethische Führung wesentlich an die Person des Führenden geknüpft ist, dominiert zweifellos die fachwissenschaftliche Diskussion über Führungsethik – sowie wohl auch das Alltagsverständnis. Wesentlich für einen reflektierten Zugang zu dieser Thematik ist – unter Zugrundelegung unserer bisherigen Überlegungen –, dass systematisch zwischen den Fähigkeiten und Eigenschaften von *erfolgreichen Führern* und jenen von *guten Führern* unterschieden wird. Erstere sind per definitionem *„leader who knows how to get results, make profits"* (*Ciulla* 2005a, S. 333) und können gemäß empirischen Befunden dabei durchaus moralisch fragwürdige oder schlechte (z. B. machiavellistische) Persönlichkeiten sein. Was aber sind per definitionem ethisch gute Führer? Wir wollen dieser Frage im Folgenden durch einen Blick auf ausgewählte Ansätze und Erkenntnisse normativer sowie empirischer Forschungen nachgehen.

Gute Führung durch tugendhafte Führer – tugendethische Ansätze im Überblick

Im Mittelpunkt der tugendethischen Überlegungen, die die führungsethische Debatte klar dominieren (vgl. *Kuhn/Weibler* 2003, S. 380; *Neuberger* 2002, S. 737), steht das Ziel eines guten und starken Charakters des Menschen. **Tugendhaftigkeit**, die auch als *Exzellenz* oder *Vortrefflichkeit* des Charakters bezeichnet wird (vgl. *MacIntyre* 1998, S. 93), gilt damit gleichsam als Ursprung und Voraussetzung allen (ethisch) guten menschlichen Handelns (vgl. *Woodruff* 2001, S. 6). Nur tugendhafte Menschen vermögen das Richtige vom Falschen zu unterscheiden und besitzen die Kraft, gemäß diesem Vermögen zu handeln. In diesem Sinne definierte *Thomas von Aquin* (zit. nach *Honecker* 1998, S. 169) die Tugend einst als das, *„was den, der sie besitzt, in seinem Sein und Handeln gut macht"*. Wichtig zu vermerken ist dabei, dass man Tugend nicht einfach „besitzt" (oder nicht), sondern ein tugendhafter Charakter *entwickelt* und *gewahrt* werden muss. Dies im Zuge einer moralischen Erziehung (vgl. *Rippe/Schaber* 1998, S. 12; *Hunter* 2000) bzw. einer andauernden (lebenslangen) Übung (Praxis) tugendhaften Verhaltens (vgl. *Palanski/Yammarino* 2007, S. 175; *Honecker* 1998, S. 168). Tugend ist damit eine „erworbene menschliche Fähigkeit", die für den, der sie entwickelt und wahrt, letztlich *Harmonie mit sich selbst* und *Glückseligkeit* bedeutet (vgl. *MacIntyre* 1998, S. 96).

Die **Tugendethik** als philosophisch ethischer Ansatz geht zurück auf die Antike und hier insbesondere auf den griechischen Philosophen *Aristoteles* (2002). Dieser bestimmte die Tugend allgemein als

„ein Verhalten (eine Handlung) der Entscheidung, begründet in der Mitte in Bezug auf uns, einer Mitte, die durch Vernunft bestimmt wird und danach, wie sie der Verständige bestimmen würde" (*Aristoteles* 2002, S. 141).

Bekanntester Ausfluss der Aristotelischen Ethik ist sicherlich die Unterscheidung zwischen vier → *Kardinaltugenden*, die bis hinein in die Gegenwart für die allgemeine Lebenspraxis (vgl. *Hoye* 2005; *Pieper* 1991) sowie auch für den spezifischen Führungskontext (vgl. *Grün* 2010; *Riggio u. a.* 2010) diskutiert werden. Im Einzelnen lassen die Kardinaltugenden sich dabei wie folgt – allgemein wie themenspezifisch – interpretieren:

- **Klugheit** wird allgemein verstanden als die Fähigkeit, einen Ausgleich („moral sweet spot") zwischen entgegenstehenden (extremen) Positionen zu finden und auf diese Weise das (unvermeidliche) Schlechte zu minimieren und das (erstrebenswerte) Gute zu maximieren. Klugheit gilt für viele dabei insofern als die „Mutter aller Tugenden", als sie jene (innere) Instanz ist, die alleine die in moralischen Belangen zu findende „Mitte" zu bestimmen vermag. Mit Blick auf die anderen Tugenden heißt dies: Ohne Klugheit können alle Tugenden ihre erforderliche „Mitte" verlieren und beispielsweise Tapferkeit in Tollkühnheit, Mäßigung in Fanatismus oder Gerechtigkeit in Schwäche ausarten (vgl. *Riggio u. a.* 2010, S. 237). Bezogen auf den Führungskontext kann dies dahingehend interpretiert werden, dass gute Führung stets nach einem Ausgleich – der richtigen „Mitte" – zwischen *Erfolgs- und Humanverantwortung* streben sollte (vgl. Abb. F.1). Führende sollten sich dabei aber stets bewusst sein, dass das „Schlechte" niemals gänzlich zu vermeiden sein wird und ethische Führung insofern ein Ideal ist, dem die Realität leider niemals gänzlich entsprechen kann (vgl. i.d.S. *Woodruff* 2001, S. 163).

- **Tapferkeit** steht für die Fähigkeit des Einzelnen, sich sein Handeln (vor allem in unangenehmen oder buchstäblich schrecklichen Situationen) nicht von der Furcht diktieren zu lassen, sondern *(zivil-)couragiert* dafür einzustehen, was die Klugheit befiehlt. Tapferkeit bedarf es so gesehen insbesondere unter widrigen Umständen und äußert sich dann in dem Mut, eigene Einsichten und Überzeugungen gegen Widerstände (von Mächtigeren, der Mehrheit) zu vertreten. Bezogen auf den Führungskontext bedeutet dies, dass gute Führende in konfliktträchtigen Situationen gezwungen sein können, mutig für oder gegen die Geführten (bzw. die Organisation) harte Entscheidungen zu treffen (vgl. *Wellershoff* 1992, S. 152) und im Zuge dessen gegebenenfalls auch bereit sein müssen, ihre Führungsposition aufgrund moralischer Überzeugungen zu gefährden oder gar aufzugeben (vgl. *Riggio u. a.* 2010, S. 238).

- **Mäßigung** bezieht sich auf das Verhältnis des Menschen zu seiner physischen Umwelt und vergegenwärtigt sich in einem – von der Klugheit – gezügelten und begrenzten Verlangen nach materiellen Gütern und sinnlichen Genüssen. Mäßigung zielt damit konkret auf die Vermeidung jener (faktischen) *Maßlosigkeit*, die führungsbezogen im „Bathsheba Syndrom" (☞ F. IV. 4.3) problematisiert wurde und die Führenden in Bezug auf extrinsische Erfolgsgrößen wie Macht, Status und Geld immer wieder vorgehalten wird (vgl. *Reuter* 2010; *Thielemann* 2006; *Conger* 2005).

- **Gerechtigkeit** meint – unterhalb der allgemeinen Forderung, geltenden Gesetzen gerecht zu werden („general justice") – vor allem einen gerechten (fairen) Ausgleich zwischen den jeweils eigenen Interessen und den Interessen anderer („particular justice"; vgl. *Riggio u. a.* 2010, S. 237 ff.). Für Führende bedeutet dieses Postulat, dass sie nicht von einer *„pre-occupation with self and success"* (*Knights/O'Leary* 2005, S. 362 ff.) befangen sein dürfen.

Einen ebenfalls tugendethisch begründeten Ansatz zur Führungsethik entwickelt *Hinterhuber* (2002), der Führung als **„Dienst an der Gemeinschaft"** versteht und sich auf die Philosophie der *Stoa* bzw. auf die hieran ausgerichteten „Selbstbetrachtungen" des römischen Kaisers *Marc Aurel* bezieht. Ausgangspunkt der Betrachtungen ist die Einschätzung, dass die herkömmlichen Führungstheorien (inklusive der Eigenschaftstheorie sowie der transformationalen Führungstheorie) das komplexe Führungsverhalten nicht hinreichend zu erklären vermögen und es *„zur Verbesserung eines an der Gemeinschaft orientierten Leadership-Verhaltens"* insbesondere einer *„stoischen Grundhaltung"* des Führenden bedarf, die ein *„unerschütterliches Fundament für seine Entscheidungen wie für seine gesamte Lebensführung"* abgibt und sich aus der *Orientierung an drei Disziplinen* (oder „leitenden Prinzipien") entwickelt (vgl. *Hinterhuber* 2002, S. 40 ff.):

- **Disziplin der Vorstellungen:** Ausgangspunkt dieser (ersten) Disziplin ist die Ansicht des Stoikers *Epiktet*, dass nicht die Dinge an sich die Menschen beunruhigen, sondern nur unsere Vorstellungen über die Dinge. Eine unaufgeregte (stoische) Einstellung vermag man angesichts dessen dadurch zu erreichen, dass man *angemessene* Vorstellungen entwickelt – das heißt, Vorstellungen zulässt, *„die uns unseren Zielen näherbringen"*, und Vorstellungen verweigert, *„die uns von unseren Zielen abhalten"* (*Hinterhuber* 2002, S. 44). Dieses Verfahren, das *Hinterhuber* mit einer (bewussten und gezielten) *Konstruktion der Wirklichkeit* vergleicht (vgl. dazu auch *Watzlawick* 1985), bewirkt, dass der Einzelne zu einer „inneren Burg" bzw. zum „Herren über sein Innenleben" werden kann. Zur Verdeutlichung dessen gibt *Hinterhuber* das – unternehmensethisch höchst relevante – Beispiel, dass ein Unternehmer oder Manager im Zuge seines Strebens nach maximalen Gewinnen nur dann zu unethischen Mitteln greifen wird, wenn er die Vorstellung zugelassen hat, dass ein maximaler Gewinn ein unbedingt erstrebenswertes Ziel sei. Umgekehrt heißt dies: Wenn ein

Führender als „Herr seines Innenlebens" die „äußere Maxime" zurückweist, dass Gewinnmaximierung das Ziel seines unternehmerischen Handelns zu sein habe, dann schafft er damit Freiräume für Handlungsweisen, die ihm aus ethischer Sicht richtiger und angemessener erscheinen (vgl. *Hinterhuber* 2002, S. 45).

- **Disziplin des Strebens:** Ausgangspunkt dieser (zweiten) Disziplin ist wiederum eine Ansicht *Epiktets*, nämlich die, dass wir nur danach Streben sollten, was zu erreichen auch in unserer Macht steht und somit nicht nach Dingen trachten sollten, auf die wir keinen Einfluss haben (vgl. *Hinterhuber* 2002, S. 45 ff.). Das, wonach wir sinnvollerweise streben dürfen, sollte sich dabei stets am *Vernünftigen* orientieren. Das Vernünftige seinerseits ergibt sich „im Dialog und in der Interaktion zwischen Menschen", wobei *Hinterhuber* diesbezüglich präzisiert: *„Mehr als vor anderen müssen Führende vor sich selbst bestehen können"* (*Hinterhuber* 2002, S. 50).

- **Disziplin des Handels:** Ausgangspunkt dieser (dritten) Disziplin ist ein Zitat *Epiktets*, welches lautet: *„Mache dir immer den Vorbehalt, dass der äußere Erfolg ausbleiben kann, damit dein Seelenfriede nicht durch Enttäuschung gestört wird"* (zit. nach *Hinterhuber* 2002, S. 47). Seelenfrieden (oder Glück) sollte der Mensch aufgrund dessen vor allem auf dem Wege des „inneren Friedens" verfolgen, der seinerseits das Ergebnis eines *erfüllten Lebens* ist, dass sich (nur) einstellt, *„wenn es gut für uns und gut für die anderen ist"* (*Hinterhuber* 2002, S. 47). Das Handeln der Menschen (Führenden) sollte demzufolge weder an einen (naiven) Altruismus, noch an einen (zerstörerischen) Egoismus ausgerichtet sein. Vielmehr sollte der stoische Führer so agieren, dass seine (berechtigten) Eigeninteressen sowie auch die (berechtigten) Interessen der anderen (der Geführten, der Organisation) verwirklicht werden können (vgl. Abb. F.12).

Tugendethische Ansätze, die in der führungsethischen Debatte vorherrschend sind und hier nur exemplarisch nachgezeichnet werden konnten, erscheinen durchaus geeignet, praktische Orientierungen für Führende zu geben, die nach Tugendhaftigkeit oder moralischer Exzellenz streben. Insbesondere die klassischen aristotelischen Kardinaltugenden können dabei nach wie vor als „Messlatte" für die Bestimmung der Güte und Stärke eines Charakters fungieren. Denn tatsächlich lassen sich ja, wie bereits angesprochen (F. IV. 2), viele ethische Verwerfungen in der Führungspraxis entlang des „Viergespanns" der (Un-)Klugheit, der (fehlenden) Tapferkeit, der (Un-)Mäßigung sowie der (Un-)Gerech-

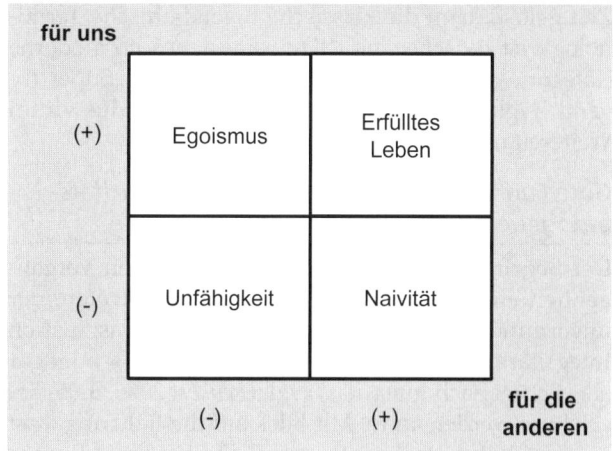

Abb. F.12: Das „erfüllte Leben" diesseits von Egoismus und Naivität (*Hinterhuber* 2002, S. 47)

tigkeit festmachen. In gesamtwürdigender Hinsicht ist den tugendethisch orientierten Ansätzen der Führungsethik gleichwohl auch entgegen zu halten, dass es ihnen bislang nicht gelungen ist, einen geschlossenen und abschließenden „Generalkatalog" führungsethisch relevanter Tugenden zu formulieren. Denn jeder Ansatz, so scheint es, bedient sich recht beliebig in der Vielzahl denkbarer Tugenden, fokussiert also entweder eine einzige Tugend (z. B. Ehrfurcht; vgl. *Woodruff* 2001) oder rekurriert auf eine mehr oder minder umfangreiche oder unüberschaubare Aufzählung bedeutsamer Tugenden (vgl. *Conger/Hollenbeck* 2010, S. 312; *Knights/O'Leary* 2005, S. 364). In Anerkennung dessen räumt *Wellershoff* (1992, S. 152) ein:

„Kochrezepte für Tugenden gibt es nicht."

Nimmt man überdies die Sicht einer modernen Ethik ein, dann erscheint das (vormoderne) Projekt, alle führungsethischen Problemlösungen aus einer präsumtiven Tugendhaftigkeit der Führenden ableiten zu wollen, letztlich als etwas kurz gesprungen. Das verkündete Credo:

„Führung ist ethisch, wenn der Führende tugendhaft ist!"

erscheint in jedem Falle unterkomplex (vgl. dazu *Kuhn/Weibler* 2003, S. 384 ff.; *Rippe/Schaber* 1998, S. 15). Wir werden hierauf noch genauer eingehen (F. V. 4). Zuletzt ist aber auch zu vermerken, dass der Verweis auf aristotelische, stoische oder gar „vergessene" (vgl. *Woodruff* 2001) Tugenden in aktuellen Debatten leicht in den Ruch des etwas antiquierten – oder gar völlig obsoleten – kommen kann. Dieses Problem zumindest erscheint seit kurzer

Zeit gelöst, denn die klassische tugendethische Terminologie ist zwischenzeitlich um eine neue und moderne Kategorie bereichert worden, nämlich um die „Super-Tugend" (vgl. *Solomon* 2005, S. 31) der *Integrität*, die wir im Weiteren näher betrachten wollen.

Gute Führung durch integre Führer – integritätsbezogene Ansätze im Überblick

Der Begriff der **Integrität** hat in der jüngeren Vergangenheit einen regelrechten Siegeszug angetreten, der unvermindert andauert und pointiert als „Faszination Integrität" (vgl. *Palanski/Yammarino* 2007, S. 171) oder gar als „Schrei nach Integrität" (vgl. *Brenkert* 2006, S. 95) bezeichnet werden kann. Mit Blick auf die Führung lässt sich feststellen, dass der Begriff auf breiter Front Einzug in die einschlägige Führungstheorie gefunden hat (vgl. *Palanski/Yammarino* 2007; sowie die dort angegebene Literatur), zudem aber auch auf Websites ungezählter Organisationen weltweit an prominenter Stelle zu finden ist. Das bemerkenswerte Bedürfnis nach Integrität in Verbindung mit einer zunehmenden Versicherung der je eigenen (persönlichen oder organisationalen) Integrität lässt sich dabei allerdings auch so deuten, dass ein erhebliches Defizit an Integrität besteht (vgl. *Brenkert* 2006, S. 95). Warum aber sollte es davon (heutzutage) so wenig geben? Wird Integrität womöglich zunehmend erschwert oder gar auf breiter Front zerstört? Zur Erörterung solcher Fragen (vgl. dazu *Kuhn/Weibler* 2012b, S. 110 ff.; *Pollmann* 2005) ist es allerdings unverzichtbar, den Begriff der Integrität erst einmal inhaltlich genauer zu bestimmen.

Als eine in der Führungsdiskussion richtungsweisende Auseinandersetzung mit dem Integritätsbegriff (bzw. -begriffen) kann die Arbeit von *Palanski/Yammarino* (2007) gelten, die auf einer umfassenden Auswertung der vorliegenden Literatur zum Thema beruht und zeigt, dass fünf **grundlegende Verständnisse von Integrität** zu unterscheiden sind (vgl. Abb. F.13):

- **Integrität als Ganzheit:** Dieser Integritätsbegriff leitet sich unmittelbar aus dem lateinischen Wort *integer* ab, das übersetzt Ganzheit oder Vollständigkeit bedeutet. Unter Integrität wird hier vor allem eine über die Zeit und verschiedene Situationen hinweg bestehende Konsistenz im Denken, Fühlen und Handeln von Menschen verstanden (vgl. *Palanski/Yammarino* 2007, S. 174).

- **Integrität als Authentizität:** Dieser Integritätsbegriff verweist auf ein gewissenhaftes Handeln im Einklang mit den je eigenen Werten. Als archetypisch hierfür verweisen *Palanski/Yammarino* (2007, S. 174) auf *Shakespeares'* Hamlet und dessen Aufforderung: „*to thine own self be true!*" (Akt I, Szene iii).

- **Integrität als Entsprechung von Worten und Taten:** Dieser Integritätsbegriff bezieht sich auf die (von anderen) beobachtbare Übereinstimmung von Werten, die man offen vertritt, und Handlungen, die man begeht. Begriffliche Gegenteile dieses Integritätsverständnisses sind die Heuchelei und die Scheinheiligkeit; faktische Ausdrucksform fehlender Integrität ist hier beispielsweise das Versprechen „in die Hand", das nachher gebrochen wird.

- **Integrität als Standhaftigkeit im Angesicht von Widerständen:** Integrität wird hier systematisch auf eine Situation bezogen, die für den Einzelnen als höchst schwierig und misslich zu bezeichnen ist, weil integres Verhalten in dieser Situation gleichbedeutend mit einem Verzicht auf mögliche persönliche Vorteile oder mit der Inkaufnahme erheblicher persönlicher Nachteile verbunden ist. Zahlreiche Autoren sehen genau hierin die tatsächliche „Nagelprobe" einer jeden persönlichen Integrität. So stellt beispielsweise *Worden* (2003, S. 34) fest: „*The hallmark of integrity is an acted out commitment to principled behavior in the face of adversity or temptation at great cost to oneself.*"

- **Integrität als moralisches Verhalten:** Dieser Integritätsbegriff verweist schließlich auf die besondere moralische Qualität integren Verhaltens. Das heißt,

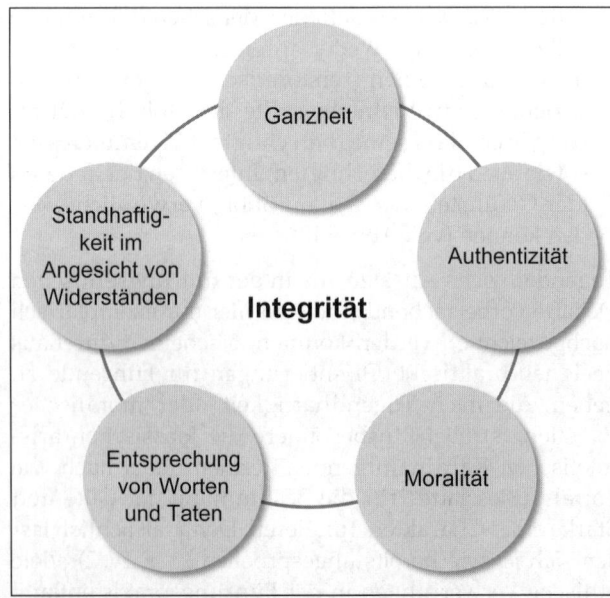

Abb. F.13: Die fünf Bedeutungen der Integrität (*Kuhn/Weibler* 2012c, S. 71)

Integrität steht für viele für ein *„better-than-expected ethical or moral behavior"* (Palanski/Yammarino 2007, S. 174). Auch offenbart dieser Integritätsbegriff dessen tugendethische Herkunft insofern, als Integrität hier auch regelmäßig mit anderen Tugenden (wie Ehrlichkeit, Vertrauenswürdigkeit, Gerechtigkeit, Offenheit, Mitgefühl) gleichgesetzt wird.

Zu vermerken ist an dieser Stelle, dass bestimmte Integritätsverständnisse (v. a. Ganzheit, Authenzität) persönliche Integrität nicht per se mit hoher Moralität (Tugend) gleichsetzen, sondern den Begriff eher als *ethisch neutral* interpretieren. Deutlich wird dies beispielsweise dadurch, dass problemlos angenommen werden kann, dass auch ein schlechter Führer mit unmoralischen Werten („a moral monster") Konsistenz im Denken, Fühlen und Handeln aufweisen und im Einklang mit den eigenen (schlechten) Werten leben kann (vgl. dazu *Bauman* 2013). Diese Interpretationsweise entspricht allerdings nicht dem allgemeinen Sprachgebrauch und widerspiegelt sich auch eher selten in der einschlägigen Fachdiskussion, weshalb *Bauman* (2013) dafür plädiert, den Integritätsbegriff grundsätzlich nur in moralischen Kontexten zu verwenden.

Einen weiteren Ansatz zur Bestimmung des Integritätsbegriffs entwickelt *Brenkert* (2006), der die aktuelle Popularität der Integrität zunächst dadurch erklärt, dass dieser Begriff etwas Besonderes und Einzigartiges beinhaltet, das mit keinem anderen Begriff besser gefasst werden könnte. In definitorischer Hinsicht unterscheidet er **vier zentrale Dimensionen der Integrität** (vgl. *Brenkert* 2006, S. 99 ff.):

- **Wertebezogene Dimension:** Diese Dimension verweist darauf, dass Integrität mit einer *spezifischen Wertestruktur* einhergeht und damit gleichsam von großer Bedeutung für die Herausbildung persönlicher *Identität* ist. Diese Wertestruktur beinhaltet dabei stets (auch) moralische Werte, die tief im Inneren des Menschen verankert sein müssen – womit Integrität letztlich keinesfalls kompatibel mit einer kurzfristigen Übernahme externer (z. B. gruppen- oder organisationsspezifischer) Werte ist.

- **Zeitliche Dimension:** Diese Dimension verweist darauf, dass persönliche Integrität als Verinnerlichung fester (moralischer) Werte nur über einen langen Zeitraum (der Identitätsbildung) entstehen kann – sie umgekehrt allerdings, im schlimmsten Fall, sehr wohl von einem Moment auf den anderen zerstört werden kann.

- **Motivationale Dimension:** Diese Dimension verweist darauf, dass Integrität sich letztlich nur in Situationen zeigen kann, die persönliche Herausforderungen, Bedrohungen oder auch Versuchungen darstellen, und sich dann darin äußert, dass die Handelnden den Mut („toughness") besitzen, diesen Situationen kompromisslos im Sinne ihrer eigenen Identität und Werte zu begegnen.

- **Soziale Dimension:** Diese Dimension verweist darauf, dass Integrität sich nur in sozialen Beziehungen entwickeln und äußern kann. Pointiert gesprochen meint dies, dass Integrität für *Robinson Crusoe* kein Thema sein konnte (vgl. *Brenkert* 2006, S. 101). Vielmehr bedarf es zur Ausbildung von Integrität einer fortwährenden dialogischen und argumentativen Auseinandersetzung mit anderen über das, was man richtigerweise tun oder zu tun beabsichtigen sollte (vgl. hierzu auch ☞ F. V. 4).

Jenseits dieser Begriffsbestimmung thematisiert *Brenkert* auch den spezifischen Konnex der Integrität in Organisationen und erörtert dabei zwei bedeutsame Fragestellungen (vgl. *Brenkert* 2006, S. 102 ff.), nämlich erstens: *Können Organisationen Integrität zerstören?* Diese Frage wird insofern eindeutig bejaht, als strukturelle wie kulturelle Settings von Organisationen

> *„can reduce the number of people who have a sufficient courage to act on their values"* (*Brenkert* 2006, S. 105).

Auf derartige, von *Brenkert* als „bad structures" bezeichnete Settings sind wir bereits eingegangen (☞ F. IV. 4.3). Die zweite Frage lautet: *Können Organisationen Integrität fördern?* Diese Frage wird insofern deutlich vorsichtiger beantwortet, als Integrität im Sinne einer verinnerlichten Wertestruktur sich grundsätzlich nur über einen langen Zeitraum entwickeln kann, gleichwohl aber auch Ansatzpunkte und Möglichkeiten auszumachen sind, wie Integrität in Organisationen durch „good structures" zumindest ermöglicht oder sogar (begrenzt) entwickelt werden kann. Auf diese Determinante guter Führung wollen wir sogleich (☞ F. V. 2) näher eingehen. Zuvor sollen allerdings noch einschlägige Verfahren kurz vorgestellt werden, die auf eine empirisch-methodische Bestimmung der ethischen Qualität eines Führenden und seines Führungsverhaltens abzielen.

Die Bestimmung guter (und schlechter) Führer – Verfahren zur Messung eines ethical leadership

Im Zuge der Auseinandersetzung mit dem Thema Führungsethik ist in Theorie wie Praxis das Bedürfnis entstanden, die ethische Qualität von Führung mittels wissenschaftlicher Methoden möglichst genau zu bestimmen und zu erfassen. Mit Blick auf die vorliegende Literatur sind insbesondere vier Versuche herauszustellen, die auf dem Wege der Erstellung standardisierter Fragebogen (vgl. methodenkritisch dazu *Badaracco/Webb* 1995, S. 23 ff.) anwendungsbezogene Verfahren zur **Messung eines ethical leadership** zu entwickeln versuchen. Im Einzelnen sind dies – in chronologischer Reihenfolge – der *Perceived Leader Integrity Scale (PLIS)* von *Craig* und *Gustafson* (1998), der *Ethical Leadership Scale (ELS)* von *Brown, Treviño* und *Harrison* (2005), der auch in einer deutschen Adaption *(ELS–D)* vorliegt (vgl. *Rowold/Borgmann/Heinitz* 2009), der *Ethical Leadership at Work (ELW) Questionnaire* des niederländischen Forschertrios *Kalshoven/Hartog/Hoogh* (2011), sowie schließlich der *Ethical Leadership Questionnaire (ELQ)* von *Yukl u. a.* (2013), der auf einer Kritik der vorgenannten Verfahren aufbaut und deren je spezifische Mängel zu vermeiden sucht. Da wir an dieser Stelle nicht auf alle diese Verfahren eingehen können, wollen wir uns begründet auf die synoptische Darstellung und Diskussion zweier Methoden beschränken.

Perceived Leader Integrity Scale (PLIS)

Die *Perceived Leader Integrity Scale (PLIS)* von *Craig/ Gustafson* (1998), der im Wesentlichen aus einer umfassenden Literaturrecherche der Autoren resultiert, unterscheidet sich markant von allen anderen Verfahren zur Messung einer ethischen Führung, weil die insgesamt 31 Fragestellungen dieses Fragebogens allesamt *negativ* formuliert sind. Implizit wird insofern davon ausgegangen, dass eine Führung, die nicht unethisch ist, als ethisch zu werten sei – was allerdings kurzschlüssig gedacht sein könnte. Kritisch zu bewerten ist der *PLIS* überdies deshalb, weil dessen Fragenauswahl insgesamt recht unstrukturiert und willkürlich erscheint und die Antwortungen häufig im Spekulativen verweilen („*would* he/ she …") (vgl. *Yukl u. a.* 2013, S. 39). Interessant im Kontext unserer Ausführungen erscheint der Fragebogen gleichwohl deshalb, weil er nicht nur einen ersten Versuch darstellt, den Grad eines *ethical leadership* zu bestimmen, sondern gleichzeitig auch – und ggf. sogar besser – eingesetzt werden kann, um ein *bad leadership* (☞ F. IV.) zu identifizieren und zu konkretisieren. Die von den Mitarbeitenden zu beantwortenden Fragestellungen beziehen sich dabei ausdrücklich auf den jeweils unmittelbar Vorgesetzten („immediate supervisor") bzw. auf die Person

> „you feel has the most control over your daily activities"
> (*Craig/Gustafson* 1998, S. 143).

Die Antwortmöglichkeiten lauten für alle Fragen: (1) = stimmt überhaupt nicht; (2) = stimmt etwas; (3) = stimmt weitgehend; (4) = stimmt exakt.

„Perceived Leader Integrity Scale" (PLIS)

1. Would use my mistakes to attack me personally
2. Always gets even
3. Gives special favors to certain „pet" employees, but not to me
4. Would lie to me
5. Would risk me to protect himself/herself in work matters
6. Deliberately fuels conflict among employees
7. Is evil
8. Would use my performance appraisal to criticize me as a person
9. Has it in for me
10. Would allow me to be blamed for his/her mistake
11. Would falsify records if it would help him/her work situation
12. Lacks high morals
13. Makes fun on my mistakes instead of coaching me as to how to do my job better
14. Wouls deliberately exaggerate my mistakes to make me look bad when describing my performance to his/ her superiors
15. Is vindictive
16. Would blame me for his/her own mistake
17. Avoids coaching me because (s)he wants me to fail
18. Would treat me better if I belonged to a different ethnic group
19. Would deliberately distort what I say
20. Deliberately makes employees angry to each other
21. Is a hypocrite
22. Would limit my training opportunities to prevent me from advancing
23. Would blackmail an employee if (s)he thought (s)he could get away with it
24. Enjoys turning down my requests
25. Would make trouble for me if I got on his/her bad side
26. Would take credits for my ideas
27. Would steal from the organization
28. Would risk me to get back on someone else
29. Would engage in sabotage against the organization
30. Would fire people just because (s)he doesn't like them if (s)he get away with it
31. Would do things which violate organizational policy and then expect his/her subordinates to cover for him/her

Ethical Leadership Scale (ELS)

Der *Ethical Leader Scale (ELS)* von *Brown/Treviño/Harrison* (2005), der auf Abfragen von Vorstellungen beruht, die Menschen über ethische Führer haben, erscheint aus mehreren besonders Gründen interessant. So stellt der *ELS* nicht nur auf einen besonderen Charakter bzw. ausgeprägte Tugenden der Führenden ab, sondern bezieht überdies die Forderung mit ein, dass Führende die Geführten bewusst und gezielt zu ethischen Verhaltensweisen anleiten sollten. Das Verfahren korrespondiert so gesehen mit der Vorstellung, dass ethische Führung nicht nur „moralische Personen", sondern auch „moralische Manager" erfordert – ein Gedanke, auf den wir im Weiteren noch ausführlicher eingehen werden. Hervorzuheben ist des Weiteren, dass die Kritik an diesem Verfahren vergleichsweise moderat ausfällt (vgl. dazu *Yukl u. a.* 2013, S. 39) und zudem auch eine deutsche Adaption der *Ethical Leadership Scale (ELS–D)* vorliegt (vgl. *Rowold/Borgmann/Heinitz* 2009). Nicht zuletzt versteht sich der ELS–D aber auch als ein Führungsinstrument, dass in vielfältigen Kontexten (z. B. Signalwirkung hinsichtlich der Bedeutung von Ethik in der Organisation, Leistungsrückmeldung an Führungskräfte, Grundlage für Führungskräftebeurteilung und -entwicklung) praktische Anwendung finden kann und sollte (vgl. *Rowold/Borgmann/Heinitz* 2009, S. 67).

„Ethical Leadership Scale" (ELS–D)
1. hört auf das, was Mitarbeiter zu sagen haben.
2. bestraft Mitarbeiter disziplinarisch, die ethische Standards verletzen.
3. führt ihr/sein Leben in einer ethischen Art und Weise.
4. denkt an die Interessen der Mitarbeiter.
5. trifft faire und ausgewogene Entscheidungen.
6. ihr/ihm kann vertraut werden.
7. diskutiert Geschäftsethiken und -werte mit Mitarbeitern.
8. gibt Beispiele, wie Dinge aus ethischer Sicht richtig gemacht werden sollten.
9. beurteilt Erfolge nicht nur nach Ergebnissen, sondern auch danach, wie sie erreicht wurden.
10. wenn sie/er Entscheidungen fällt, fragt sie/er: „Wie kann ich bei dieser Entscheidung das Richtige tun?"

2. Wenn gute Führung eine Folge guter Situationen ist

Das Ziel einer moralisch guten bzw. das Problem einer moralisch schlechten Führung verweist nicht allein auf eine besondere Tugendhaftigkeit respektive Charakterlosigkeit der jeweils Führenden, sondern korrespondiert stets auch mit der spezifischen **Situation**, in der Führung stattfindet (☞ A. III. 3). Folglich ist davon auszugehen, dass die situativen Rahmenbedingungen eine gute Führung ebenso begünstigen können wie eine schlechte Führung (vgl. *Eisenbeiß/Giessner* 2012; *Liden* 2010). *Brenkert* (2006, S. 102 ff.) spricht, wie bereits gesagt, hier von „good structures" und „bad structures". Ebenso verweist der Sozialpsychologe *Philip Zimbardo* vor dem Hintergrund seiner Erkenntnisse aus dem *Stanford Prison Experiment* (vgl. *Kuhn/Weibler* 2012b, S. 73 ff.; *Zimbardo* 2008) auf die enorme verhaltenssteuernde „Macht der Umstände", wozu er folgende Metapher verwendet (vgl. *Zimbardo* 2008, S. xii): „Gute Äpfel" werden eher früher als später schlecht, wenn man sie in „schlechten Fässern" lagert. Genauso verhält es sich mit „guten" (integren) Führern, die in schlechten organisationalen Settings tätig sind: Sie verlieren zunehmend ihre Integrität und übernehmen die Ziele und Verhaltensweisen schlechter Führung. Von daher gilt es aus Sicht der Führungsethik, gute Führer immer auch in **guten Situationen** zu wissen.

Zur Konkretisierung dessen wollen wir im Folgenden einige Erkenntnisse aus der führungsethischen Debatte nachzeichnen, die sich auf die Gestaltung „guter Strukturen" wie auch „guter Kulturen" beziehen. Überdies wollen wir auf einen weiteren wichtigen Aspekt einzugehen, nämlich auf die Überlegung, dass gute Situationen „nicht vom Himmel" fallen, sondern bewusst zu gestalten sind. Das ethische Postulat „guter Situationen" rekurriert damit mittelbar auf die faktische Existenz *„guter Situationsgestalter"* bzw., wiederum metaphorisch gesprochen, *„guter Böttcher"*, gleichsam also auf *„diejenigen, die die Macht haben, das Fass zu konstruieren"* (*Zimbardo* 2008, S. 8; vgl. zur Übersicht Abb. F.14).

Gute Führung durch gute Strukturen: Verantwortungsbewusste Leistungsziele

Eingedenk der Erkenntnisse zur *„dark side of goal setting"* (☞ F. IV. 4.3) können **Leistungsziele** mit *Sherman/Kerr* (1995, S. 231) dann als *unverantwortlich* angesehen werden, wenn sie auf „normale" Weise *nicht zu erreichen* sind. Hiervon ist beispielsweise dann auszugehen, wenn dauerhaft ambitionierte bzw. *„consecutive high performance goals"* (vgl. *Welsh/Ordóñez* 2014) vorgegeben werden, ohne dass die Verantwortlichen mit den für die

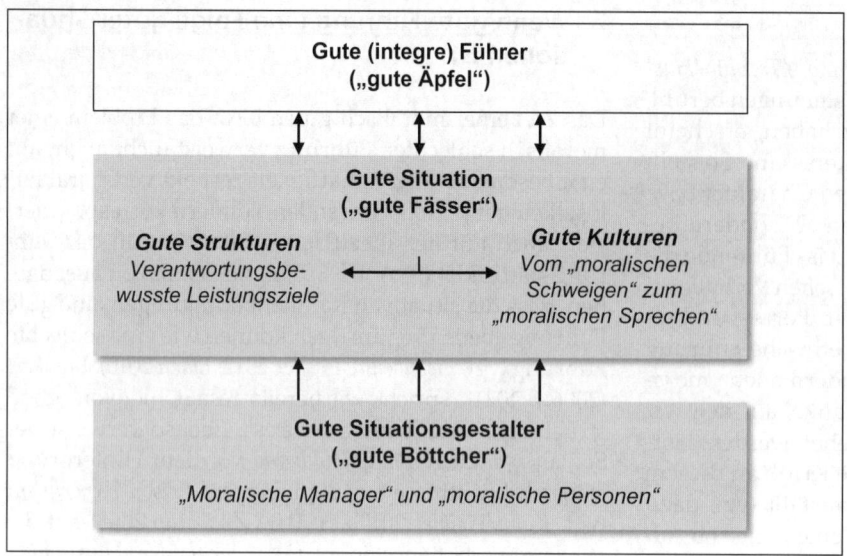

Abb. F.14: Gute Führung durch gute Situationen – ein Bezugsrahmen

Zielerreichung erforderlichen Ressourcen ausgestattet werden, Führenden vielmehr lapidar (und zumeist latent) bedeutet wird:

> „We're not going to give you more people, or money, or physical space; we're not going to give you more of any resource, so the solution is going to have to be to work smarter, get out of the box, and be creative" (Sherman/Kerr 1995, S. 231).

Folgewirkung einer solchen Zielvereinbarungspraxis ist eine schlechte Führungssituation, die Führende faktisch dazu nötigt, auf die einzige Ressource zurückzugreifen, die „frei" verfügbar ist: die eigene Arbeitskraft sowie die Arbeitskraft der unterstellten Mitarbeiter, deren Nutzung von daher fortgesetzt zu intensivieren (Leistungsverdichtung) und zu extensivieren (Überstunden) ist. Diese strukturelle Verflechtung aus grenzenlosen Anforderungen, begrenzten Ressourcen und häufig auch erweiterten Spielräumen (Stichwort „Vertrauensarbeitszeit") wird derzeit facettenreich beschrieben und kritisch bedacht (vgl. bspw. *von der Oelsnitz/Schirmer/Wüstner* 2014; *Moosbrugger* 2012; *Moldaschl/Voß* 2002). Ohne auf diese Diskussion hier näher eingehen zu können (vgl. synoptisch *Kuhn/Weibler* 2014), kann mit Blick auf das führungsethisch relevante Ziel verantwortungsbewusst gestalteter Leistungsziele anwendungsbezogen schlicht gefordert werden:

> „No. 1, don't set goals that stress people crazily. No. 2, if you set goals that stretch them or stress them crazily, don't punish failure. No. 3, if you're going to ask them to do what they have never done, give them whatever tools and help you can" (Sherman/Kerr 1995, S. 231).

Korrespondierend hiermit fordern *Welsh/Ordóñez* (2014) eine systematische Abkehr von „consecutive high performance goals", da diese persönlich auszehrend wirken und unethisches (Führungs-)Verhalten befördern. An deren Stelle sollten insbesondere „consecutive low goals" bzw. „DYB (do your best) goals" treten.

Gute Führung durch gute Kulturen: Vom „moralischen Schweigen" zum „moralischen Sprechen"

Gutes (oder schlechtes) Führungsverhalten in Organisationen ist immer auch stark geprägt von der herrschenden **(Führungs-)Kultur**. Gerade in der heutigen Zeit, in der Organisationen im Allgemeinen und erwerbswirtschaftliche Unternehmen im Besonderen einem zunehmenden Leistungswettbewerb ausgesetzt sind (z. B. Ökonomisierung, Globalisierung) und sich verstärkt an ökonomischen Erfolgsgrößen (z. B. Kostensenkung, Shareholder Value, Wertsteigerung) orientieren, wächst entsprechend die kulturelle Gefahr, dass

> „ethics messages can get lost amidst messages about the bottom line and immediate tasks at hand" (Brown/Treviño 2006, S. 597).

Auf diesen problematischen Umstand haben früh bereits *Bird* und *Waters* (1989) hingewiesen, die feststellen, dass – verglichen mit den gängigen ökonomisch relevanten Fragen – ethische Fragestellungen in Organisationen tatsächlich kaum oder gar nicht zur Sprache kommen, dieses Thema weithin also ein *Un-Thema* („non-topic") darstellt. Entsprechend gilt, dass vor allem im Management eine weitreichende „moral muteness" herrscht. In ihrer Auseinandersetzung mit dieser unternehmenskulturellen Grundproblematik bestimmen *Bird/Waters*

(1989, S. 76 ff.) vor allem folgende *Ursachen des* **„moralischen Schweigens"**:

- **Bedrohung für die soziale Harmonie:** Dies bedeutet, dass Führende einen „moral talk" häufig mit einer ausgesprochenen Kritik an Verhaltensweisen oder Entscheidungen anderer (Kollegen, Vorgesetzte, Geführte) assoziieren, was sie als Bedrohung der sozialen Harmonie innerhalb der Organisation werten und weshalb sie einen offenen „moral talk" zu vermeiden suchen (bzw. diesen bestenfalls auf einen vertraulichen Gedankenaustausch mit (wenigen) ausgewählten Bezugspersonen beschränken).
- **Bedrohung für die organisatorische Effizienz:** Dies bedeutet, dass Führende einen „moral talk" als ein subjektives und letztlich nur Verwirrung stiftendes Vorgehen erachten, dass die (ohnehin schwierigen) „Dinge" nur noch weiter und unnötig verkompliziert.
- **Bedrohung für die eigene Reputation:** Dies bedeutet, dass Führende einen „moral talk" nicht zuletzt auch deshalb meiden, weil sie fürchten, dass andere (Kollegen, Vorgesetzte, Mitarbeiter) sie sonst als esoterisch, idealistisch oder schlicht unrealistisch bewerten. Offene Dialoge über (führungs-)ethische Probleme werden von daher als mögliche Quelle eines persönlichen Ansehens-, Autoritäts- und Machtverlustes eingestuft.

Das „moralische Schweigen" unter den Führenden ist aus verschiedenen Gründen allerdings als problematisch zu werten. *Bird/Waters* (1989, S. 79 ff.) benennen in diesem Zusammenhang folgende *negative Konsequenzen*:

- **Ethische Amnesie:** Dies bedeutet, dass die Verweigerung des „moral talk" einer weiteren (letztlich: reinen) Konzentration der Führenden auf (vermeintlich) rationale Ziele wie Profit und Leistung Vorschub leistet.
- **Ökonomische Scheuklappen:** Dies bedeutet, dass kreative Prozesse, die einen verbesserten Ausgleich zwischen konfligierenden Interessen (der Führenden, der Organisation, der Geführten) schaffen könnten, weitgehend unterbleiben.
- **Moralischer Stress:** Dies bedeutet, dass Führende ihre Rollenkonflikte zwischen Führungserfolg und Führungsethik nicht offen kommunizieren und klären können, sie diese folglich „mit sich alleine" ausmachen müssen, was individuellen (moralischen) Stress erzeugt.
- **Führungsethische Verdrängungseffekte:** Dies bedeutet, dass führungsethische Problematiken tendenziell ignoriert, führungsethische Perspektiven weitgehend negiert und führungsethische Dilemmata völlig unthematisiert bleiben – das „moralische Schweigen" der Einzelnen gleichsam eine organisationale „Kultur der Verdrängung" führungsethischer Fragestellungen nach sich zieht.
- **Auflösung moralischer Standards:** Dies bedeutet, dass alle strukturellen Bemühungen zur Verbesserung der Führungsethik solange folgenlos bleiben werden, wie die Führenden eine direkte Ansprache von und offene Auseinandersetzung mit führungsethischen Fragen (kulturell) systematisch verweigern.

Die Umsetzung von Führungsethik in Organisationen steht und fällt so gesehen mit der kulturellen Bereitschaft und Fähigkeit zum „moralischen Sprechen" in Organisationen. Dieses kann durch entsprechende (motivationale, qualifikatorische) Förderungen der Führungskräfte in Verbindung mit entsprechend modifizierten Führungsgrundsätzen befördert werden (vgl. dazu *Kuhn/Weibler* 2012b, S. 139 ff.). Hierzu wiederum bedarf es jedoch „guter Situationsgestalter", die die kulturelle wie strukturelle Sicherung und Verbesserung der Führungsethik als originäre Aufgabe interpretieren. Auf diesen Aspekt wollen wir im Folgenden eingehen.

Gute Führung durch gute Situationsgestalter: „Moralische Manager" und „moralische Personen"

Wie bereits angesprochen (vgl. auch Abb. F.14), bedarf es zur Gestaltung führungsethisch guter Situationen entsprechender Situationsgestalter. Oder in der Metaphorik *Zimbardos'* (2008, S. 8) gesprochen: Zur Gestaltung jener *„guten Fässer"* (Situationen), in denen *„gute Äpfel"* (integre Führer) dauerhaft gut agieren können, bedarf es notwendigerweise „guter Böttcher". Wer aber sind die „Böttcher" *in* und *von* Organisationen? *Zimbardo* (2008, S. 8) gibt hier – im eher gesamtgesellschaftlichen Kontext – folgende Antwort:

> „Es sind die Mitglieder der „Machtelite", die oft im Hintergrund arbeitenden Böttcher, die so viele der Lebensumstände für uns andere bestimmen, die wir in den vielfältigen institutionellen Rahmen unserer Zeit verbringen müssen, die sie konstruiert haben."

Die Bedeutung der **„Machtelite"** bestätigen – bezogen auf den Bereich der Ethik in Organisationen – *Dickson* und *Ehrhart* (2001), die das ethikbezogene Klima in Organisationen im Wesentlichen als Folgewirkung der persönlichen Werte und Ziele der Organisationsgründer sowie der auf diese folgenden Organisationsleitenden erklären:

> „The founder and early leaders bring to the organization their individual values, and these values play a primary role in determining an organizations strategy, structure, climate, and culture" (S. 201).

Die herausragende Bedeutung der obersten Organisationsleitung für die Entwicklung und Wahrung einer ethischen Führung betonen überdies auch *Mayer u.a.* (2009, S. 2), die hier von „kaskadenartigen" Auswirkungen (*„trickle-down model"*) sprechen, denen gemäß ein „ethical leadership" ausgehend vom Top-Management über die Führungskräfte in der Linie bis hin schließlich zu entsprechenden Verhaltensweisen der Mitarbeiter „fließen" und sich ausbreiten sollte. Ein bekannter und aussagekräftiger Ansatz in diesem Zusammenhang stammt von *Treviño, Hartman* und *Brown* (2000), der wie folgt nachgezeichnet werden kann:

Der Ansatz von *Treviño/Hartman/Brown* (2000) gründet auf einer empirischen Befragung von Geschäftsführern und Ethik-Beauftragten US-amerikanischer Unternehmen und geht von einem **„Zwei-Säulen Modell" der Führungsethik** (vgl. Abb. F.15) bzw. davon aus, dass ethische Führung letztlich nur als gelungenes (*intraindividuelles*) Zusammenspiel von „moralischen Personen" *und* „moralischen Managern" zu verstehen ist. Was aber ist mit diesen Termini gemeint?

Die „erste Säule" einer ethischen Führung postuliert den Führenden als „moralische Person", die auf dreierlei Weise bestimmt ist:

- **Eigenschaften**, d.h. „moralische Personen" verfügen über (Charakter-)Eigenschaften, die das eigene Verhalten nachhaltig in einer ethischen Weise prägen; als solche Eigenschaften gelten vor allem Aufrichtigkeit, Vertrauenswürdigkeit und – als in den Befragungen meistgenanntes Charakteristikum – Integrität.

- **Verhaltensweisen**, d.h. „moralische Personen" leben ihre moralischen (Charakter)Eigenschaften erkennbar, in dem sie sich stets bemühen, das Richtige zu tun, alle Mitarbeiter ohne Ansehen ihrer hierarchischen Position mit Würde und Respekt behandeln, offen sind für (auch schlechte oder unangenehme) Rückmeldungen seitens der Mitarbeiter und ihre ethischen Maßstäbe auch im privaten Bereich zu Grunde legen.

- **Entscheidungsverhalten**, d.h. „moralische Personen" versuchen objektiv und fair zu entscheiden und berücksichtigen nicht nur die erfolgsrelevanten Konsequenzen ihrer Entscheidungen, sondern auch deren Auswirkungen auf die Mitarbeiter sowie auf andere Betroffene.

Mit Blick auf den (Gesamt-)Begriff einer **„ethischen Führung"** gehen die Autoren nun allerdings davon aus, dass eine „moralische Person" sozusagen nur den Begriffsaspekt „ethisch" abdeckt, eine „moralischen Person"

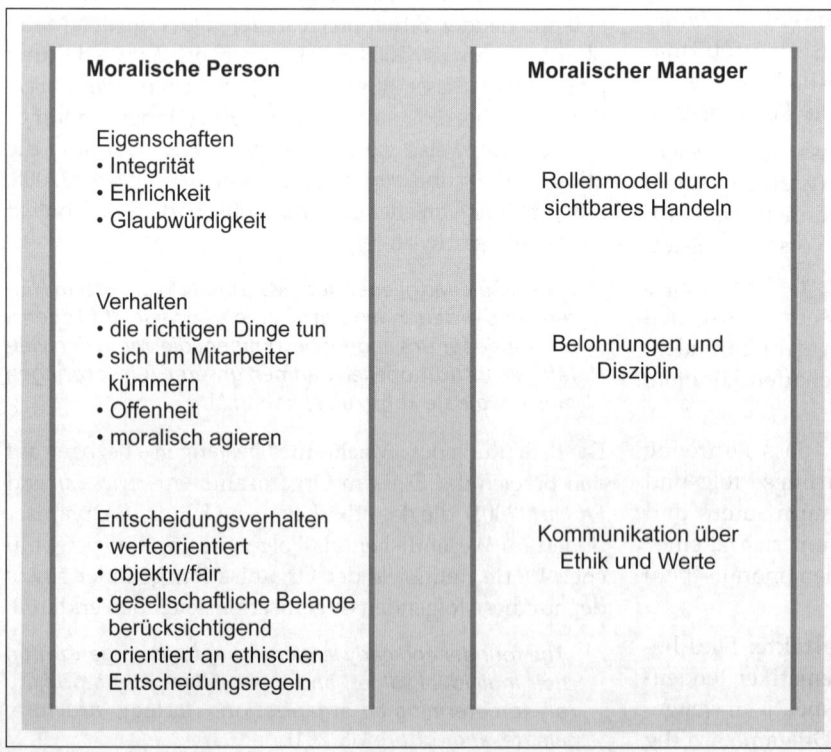

Abb. F.15: Die zwei Säulen ethischer Führung
(vgl. *Treviño/Hartman/Brown* 2000, S. 131)

also nicht notwendigerweise schon eine entsprechende „Führung" garantiere. Damit die Führung ethisch wird, müssen Führende zusätzlich auch „moralische Manager" sein. In den Worten von *Treviño/Hartman/Brown* (2000, S. 133) gesprochen heißt dies:

> „Having a reputation for being a moral person tells employees what **you** are likely to do – a good start, but it does not necessarily tell them what **they** should do. That requires moral managing – taking the ethics message to the rest of the organization."

Einen „moralischen Manager" charakterisieren sie infolge ihrer Befragungen wie folgt:

- **Vorbild durch sichtbares Handeln**, d. h. „moralische Manager" sind sich bewusst, dass die Geführten ihr Handeln an den Handlungsweisen der Führenden ausrichten, weshalb sie ethisches Verhalten sichtbar vorleben und ethische Verhaltensweisen bei den Geführten damit bestärken.
- **Bewusstes Ansprechen ethischer Werte und Ziele**, d. h. „moralische Manager" kommunizieren in geeigneter Weise (v. a. nicht „predigend") sowie in angemessener Häufigkeit (v. a. verglichen mit den Erfolgszielen) auch die ethischen Werte und Ziele der Organisation. Diesbezüglich vermerken die Autoren, dass das Sprechen über Ethik in Organisationen zumeist (noch) sehr ungewöhnlich ist und Führende sich entsprechend häufig eher unwohl bei dieser Thematik fühlen – es gleichsam ein bisschen so sei wie *„teaching children about sex"* (*Treviño/Hartman/Brown* 2000, S. 135).
- **Einführung eines ethischen Sanktionssystems**, d. h. „moralische Manager" belohnen ethische Verhaltensweisen von Mitarbeitern und bestrafen überdies auch entschieden alle Mitarbeiter, die ethischen Regelwerken zuwider handeln – was impliziert, dass ein dezentes Ausscheiden oder auch eine unauffällige Versetzung letzterer Mitarbeiter keine ethische Führung darstellt.

Aus dieser Bestimmung des „ethischen Führers" als „moralische Person" *und* „moralischen Manager" leiten *Treviño/Hartman/Brown* (2000, S. 136 ff.) schließlich drei weitere weniger erfreuliche → (Ideal-)Typen der Führung ab (vgl. Abb. F.16), nämlich den:

- **unethischen Führer** (schwache moralische Person und schwacher moralischer Manager, der tendenziell dem Typus „schlechter Führer" (☞ F. IV. 4.1) entspricht);
- **scheinheiligen Führer** (schwache moralische Person, aber „starker" moralischer bzw. moralisierender Manager), der viel über Ethik spricht, im praktischen Handeln jedoch Integrität und Moralität weitestgehend vermissen lässt und aus Sicht der Geführten deshalb als ethisch unglaubwürdig gilt;
- **ethisch neutralen Führer**, der zwar durchaus eine moralisch starke Person sein kann, jedoch auf ein moralisches Management verzichtet und von den Geführten deshalb als „ethisch neutral" wahrgenommen wird. Für diesen (Neutralitäts-)Fall, dass das oberste Management kaum oder keine „ethischen Signale" in die Organisation sendet, stellen *Treviño/ Hartman/Brown* (2000, S. 130) fest:

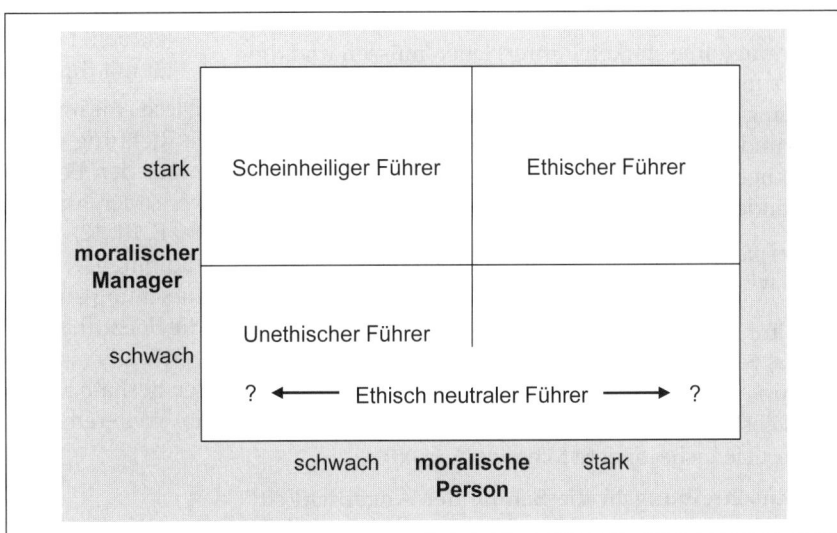

Abb. F.16: Die ethische Reputation von Führenden und die Ethik der Führung (vgl. *Treviño/Hartman/Brown* 2000, S. 137)

"As a result, employees will believe that the bottom line is the only value that should guide their decisions and that the CEO cares more about himself and the short-term financials than about the long-term interests of the organization and its multiple stakeholders."

3. Wenn gute Führung eine Folge guter Geführter ist

Wenn Führung als eine wechselseitige Beziehung verstanden wird, sind die Geführten nicht nur Betroffene, sondern im Rahmen ihrer Möglichkeiten auch Mitverantwortliche für eine ethische Ausrichtung der Führungsbeziehung (vgl. auch *Ciulla* 2005a, S. 329). Was aber beinhaltet eine „Ethik der Geführten"? Oder anders formuliert: Was ist der Beitrag der Geführten zu einer guten Führung? Zu dieser Frage lassen sich innerhalb der Führungsforschung bislang erst wenige bzw. lediglich erste Ansätze ausmachen.

Zu nennen ist hier sicherlich der renommierte „Geführten-Forscher" *Robert Kelley* (1992, 1991). Dieser bemängelt grundsätzlich, dass die traditionelle Führungsforschung aufgrund ihres *„hero leadership myth"* (*Kelley* 1992, S. 19) lediglich eine Richtung der Beeinflussung zwischen Führenden und Geführten anerkennt, nämlich die *von oben nach unten* (vgl. *Kelley* 1992, S. 201; vgl. auch *Weibler* 2013). Diese Sichtweise und deren wichtigste Implikation, dass Geführte von den Führenden notwendigerweise *„from someting worse into something better"* (*Kelley* 1992, S. 211 f.) überführt werden müssen, konfrontiert *Kelley* mit der „Macht der Geführten". Zentral ist hier das Argument, dass (auch) Geführte tatsächlich ja erwachsene, vernünftige und verantwortungsbewusste Menschen sind (bzw. prinzipiell sein sollten), die ihr Leben selbstbestimmt (ohne starken Führer) leben müssen und dies auch zumeist vermögen (vgl. *Kelley* 1991, S. 213). Für die Führung in Organisationen fordert *Kelley* (1992, S. 34) aufgrund dessen eine Neudefinition, derzufolge Geführte als hoch kompetente und gleichwertige Partner der Führenden zu verstehen seien, was gleichsam bedeutet:

> *„we must replace the traditional 'topdog/underdog' model with a new concept: partnership"* (*Kelley* 1991, S. 213).

Mit ähnlicher Intention entwickelt *Lipman-Blumen* (2005a, S. 235 ff.) Strategien, die Geführte von formaler Führung befreien und sie zur Findung des „Führers in sich selbst" befähigen sollen. In diesem Zusammenhang erörtert sie insbesondere folgende Aspekte:

- **„Einschreibung in die Schule der Ängstlichkeit":** Mit dieser, dem dänischen Philosophen *Sören Kierke-gaard* entliehenen Umschreibung betont *Lipman-Blumen*, dass jene Ängste, die Führung „von oben" den Geführten üblicherweise nimmt, im Zuge einer (inneren) Befreiung von äußerer Führung unweigerlich auf die Befreiten selbst zurückfallen, weshalb dieser Prozess unvermeidlich von einer Auseinandersetzung mit diversen (existenziellen, situativen) persönlichen Ängsten begleitet ist. Auf der anderen Seite resultiert aus diesem Prozess aber auch eine Stärkung der eigenen Identität und Authentizität sowie des persönlichen Mutes. Durch die „Einschreibung in die Schule der Ängstlichkeit" lernen Geführte somit, sich auf ihr eigenes Führungspotenzial, gleichsam auf den „Führer in uns selbst" zu verlassen.

- **Beförderung „demokratischer Organisationen":** Hiermit ist bedeutet, dass in dem Maße, in dem aus (abhängigen) Geführten unabhängig denkende und handlungsaktive „Organisationsbürger" werden, auch die Anzahl der mündigen Persönlichkeiten in Organisationen steigt. Für Organisationen entsteht damit die Möglichkeit (oder Pflicht), sich in „demokratische Organisationen" zu wandeln und insofern nicht länger von wenigen – und möglicherweise ineffizienten oder unethischen – Führern abhängig zu sein. Für die Organisationsmitglieder bedeutet dies gleichsam, nicht länger nur Führende zu kritisieren, sondern sich als „Mit-Führende" auch selbstkritisch zu betrachten bzw. sich der Kritik von anderen zu stellen.

- **Zurückweisung der „Wir/Ihr-Unterscheidung":** Finden Geführte den „Führer in sich selbst" und entwickeln sie sich zu mündigen Organisationsbürgern, dann ist auch die gängige Unterscheidung zwischen Führenden und Geführten aufzugeben – was für die (aktuell) Führenden bedeutet, ihre Macht und Autorität mit ihren (neuen) Mit-Führenden zu teilen.

Diese Ansätze fügen sich erkennbar in jene hochaktuelle Richtung innerhalb der Führungsforschung ein, die unter den Begriffen „distributed leadership", „collective leadership" oder auch „shared leadership" firmiert (☞ E. III. 12). Die Konsequenzen dieser (potenziellen) paradigmatischen Verschiebung innerhalb der Führungsforschung sind bislang allerdings nur in Ansätzen auf die Spezifika der Führungsethik bzw. auf die Idee eines „ethically shared leadership" bezogen worden und sollen deshalb hier nicht weiter erwogen werden (vgl. dazu im Weiteren *Kuhn/Weibler* 2012b, S. 125 ff.).

4. Wenn gute Führung eine Folge guter Führungsziele und guten Führungshandelns ist

Wie kann vor dem Hintergrund des „moralischen Dreiecks" (gute Führer, gute Geführte, gute Situation; vgl. Abb. F.11) nunmehr eine ethisch legitime oder schlicht gute Führungspraxis dargestellt werden? Von zentraler Bedeutung erscheint hier, eine anwendungsbezogene Führungsethik nicht wieder auf die harmonistische, aber unrealistische „light side of leadership"-Perspektive (☞ F. III.) zu reduzieren. Vielmehr sollte eine gute Führung bedeutsame **Divergenzen** zwischen den Bedürfnissen, Interessen und Werten der Führenden, der Geführten sowie der Organisation **konstitutiv** zu Grunde legen und ihre wesentliche Aufgabe darin erkennen, einen **gerechten Ausgleich** zwischen diesen (konfligierenden) Perspektiven herbeizuführen. Wie aber könnte diese Aufgabe am besten bewältigt werden?

Eine erste – und die in der einschlägigen Diskussion vorherrschende – Beantwortung dieser Frage war im Wesentlichen Gegenstand der vorangegangenen Ausführungen. Kurz gesprochen bedeutet dies: „Führung ist ethisch bzw. legitim, wenn der Führende gut (tugendhaft, integer) ist!" – was zu ergänzen wäre um die Maßgaben, dass auch die Geführten sowie die Führungssituation möglichst „gut" im dargestellten Sinne sein sollten. Wir wollen diese Position abschließend mit einer alternativen Sichtweise kontrastieren, die in der führungsethischen Debatte ebenfalls – wenngleich seltener – vertreten wird, die sich auf die Erkenntnisse der sog. Diskursethik stützt und deren Credo kurz gesprochen lautet: „Führung ist ethisch bzw. legitim, wenn der Führende sein Handeln gegenüber dem/den Geführten zu rechtfertigen vermag!". Diese Sichtweise wollen wir nun folgend näher ausführen:

Das zentrale Moment der modernen **Diskursethik** (vgl. *Habermas* 1991, 1988, S. 53 ff., 1981; *Apel* 1986, 1976) ist die These, dass die Bestimmung des ethisch richtigen Handelns grundsätzlich nicht metaphysisch erfolgen kann, sprich: dass eben hierfür in einer modernen Gesellschaft keinesfalls auf „höhere" Instanzen (v.a. Gott, die „Natur") zurückgegriffen werden kann. Vielmehr ist die Diskursethik metaphysikfrei angelegt, was bedeutet, dass ihr allein die **menschliche Vernunft** als letzte Instanz zur Bestimmung des ethisch Richtigen gilt. Der Ansatz baut damit auf der klassischen Vernunft- bzw. Pflichtethik von *Immanuel Kant* auf, die ihrerseits als eine Gewissensethik konstituiert ist und den Kategorischen Imperativ (vgl. *Kant* 2000, S. 433) als prinzipiell geeignetes Verfahren zur Prüfung von Gewissensentscheidungen vorstellt. Genau in diesem Verfahren sieht die Diskursethik allerdings die Gefahr des sog. Solipsismus begründet – was bedeutet, dass reine Gewissensentscheidungen stets nur eine subjektive (individuelle) Gültigkeit beanspruchen können. Die Diskursethik fordert deshalb eine Abkehr von (subjektiven) Gewissensentscheidungen im Sinne des Kategorischen Imperativs und postuliert – im Sinne einer „regulativen Idee" (vgl. *Apel* 1986) – den sog. **„herrschaftsfreien Diskurs"**. Dieser verweist auf ein kommunikativ-argumentatives Verfahren, das im Falle einer (möglichst) „idealen Sprechsituation" zu einem überindividuell (intersubjektiv) gültigen Konsens über das ethisch Richtige führt. Der „herrschaftsfreie Diskurs" verweist mithin auf eine Kommunikationsform, innerhalb derer alle Handlungsbeteiligten und Handlungsbetroffenen – getragen von einem unbedingten „Willen zur Vernunft" – „gute Gründe" für und wider bestimmte Handlungsalternativen vorbringen können und in welchen sich – jenseits aller Macht, Persuasion und Sanktion – schließlich jene Handlungsnormen durchsetzen, für die die „besten Gründe" sprechen und die deshalb die Zustimmung aller Diskursteilnehmer finden (vgl. *Habermas* 1988, S. 53 ff.). Als höchstes Vernunftkriterium gilt der Diskursethik damit nicht, wie bei Kant, das Gewissen und auch nicht, wie bei *Aristoteles*, die Tugendhaftigkeit des Einzelnen, sondern der *„eigentümlich zwanglose Zwang des besseren Argumentes"* (*Habermas* 1971, S. 137).

Folgt man den normativen Vorgaben der Diskursethik und überträgt sie auf den Kontext der Führung, dann vergegenwärtigt sich eine legitime bzw. gute Führung in einem **dialogischen Führungshandeln**, das Führende und Geführte auf gleicher Augenhöhe führen und welches ergebnisoffen die Bestimmung eines gerechten (konsensualen) Ausgleichs zwischen allen **führungsrelevanten Bedürfnissen und Interessen** (der Organisation, des Führenden sowie der Geführten) sucht. Anklänge einer solchen Führungsethik finden sich beispielsweise bei *Enderle* (1986, S. 3 ff.), der die Führenden dazu anhält, *„hellhörig (zu sein) für die Stimmen derer, die von den Führungsentscheiden betroffen werden"* und im Weiteren dazu auffordert, den Geführten Gelegenheiten zu geben, *„ihren Mund aufzutun"*. Wesentlich dezidierter wird die Dialogethik jedoch im führungsethischen Ansatz von *Ulrich* (1998) vertreten, der eine „dialog- und konsensorientierte Beziehungsgestaltung" postuliert, innerhalb derer es darum geht, dass die Mitarbeiter

> *„tatsächlich zu allen Entscheidungen, von denen ihre persönliche Arbeitssituation und die Spielregeln der Zusammenarbeit mit anderen abhängen, etwas 'zu sagen' befugt sind"* (*Ulrich* 1998, S. 15).

Dieses bedeutet konkret, dass die Vorgesetzten den Mitarbeitern

> „Red' und Antwort stehen, im Dialog [...] akzeptable Gründe für eigene Handlungsabsichten vorbringen" (Ulrich/Fluri 1992, S. 71)

und dabei ebenfalls bereit sein müssen, kritische Einwände und Gegenargumente – auch und gerade in lebenspraktischer Hinsicht – zu prüfen, gegebenenfalls anzuerkennen und dann auch in die Führungsentscheidungen einfließen zu lassen. Zu vermerken ist in diesem Zusammenhang, dass eine solche dialogische Führungsethik nicht mit einem kooperativen Führungsstil (☞ D. II.) zu verwechseln ist, da Führungsstile als „reine" Führungstechniken einzig auf einen höheren Führungserfolg abstellen (*instrumentelle Vernunft*) und zudem führerzentriert bleiben, wohingegen eine dialogische Führungsethik darauf abzielt, vermittels offener und fairer Verständigungsprozesse – und **ohne die Möglichkeit einer autoritativen Letztentscheidung** in Moralfragen durch den Führenden – einen gerechten Ausgleich zwischen allen relevanten Führungsmitteln und -zielen „herzustellen" (*kommunikative Vernunft*).

Eine solche dialogische Konzeption der Führungsethik steht dem traditionellen (top-down) Führungsverständnis, wie es beispielsweise der transformationalen Führung zu Grunde liegt, nahezu diametral entgegen. Deutlich wird dies, wenn *Ciulla* (1995, S. 15) anmerkt, dass

> „transforming leaders [...] do not water down their values and moral ideals by consensus."

Auf dieses dialogethische Verständnis von Führungsethik, das im Übrigen als durchaus anschlussfähig an das vorherrschende tugendethische Verständnis angesehen werden kann (vgl. dazu *Kuhn/Weibler* 2012b, S. 125 ff.), wollen wir an dieser Stelle nun allerdings nicht vertiefender eingehen (vgl. dazu *Kuhn/Weibler* 2003; *Ulrich* 1998).

Was bleibt zum Schluss: Womöglich ist es eine der großen Herausforderungen unserer Zeit (endlich) anzuerkennen, dass Ethik und Erfolg weder in unserer Alltagswelt, noch in unserer Wirtschaft, und so auch nicht im Kontext hierarchischer Führungsbeziehungen in einer unbedingten Abhängigkeit zueinander stehen. Das heißt: So wie Unternehmen, die ethisch herausragend agieren *gegebenenfalls* (kurz-, mittel- und auch langfristig) vergleichsweise weniger Gewinne generieren als „unethischere" Konkurrenten (vgl. dazu grundlegend *Kuhn/Weibler* 2011, sowie anwendungsbezogen *Koch* 2007), so können tugendhafte Führungskräfte in ihren Gruppen oder Abteilungen *gegebenenfalls* deutlich geringere Leistungsniveaus realisieren als etwa tyrannische Führungskräfte mit ihrem Personal (vgl. i.d.S. bspw. *Yukl u.a.* 2013, S. 41 f.; *April u.a.* 2010; *Badaracco/Webb* 1995). Infolge dessen gilt es zu realisieren, dass praktizierte Führungsethik keine Maßgabe ist, die sich stringent aus ökonomischen Kalkülen ableitet, sondern vielmehr eine Herausforderung darstellt, die zuvorderst moralisch dimensioniert ist. So bleibt einzig wahr: Man führt nicht ethisch, weil man dadurch erfolgreicher werden möchte, sondern weil man anderen gegenüber gerecht sein will.

Und diese Aussage führt uns ganz zum Schluss auch zu einer **Erweiterung unserer eigenen Führungsdefinition**. Wir erinnern uns, dass wir die Akzeptanz des Einflussversuchs, der ja eine bestimmte Handlung, vielleicht im Vorgriff zunächst auch erst eine bestimmte Einstellung seitens der Mitarbeiterinnen und Mitarbeiter einfordert, unabwendbar mit Führung verbunden haben. Wer keine Akzeptanz besitzt, führt nicht, sondern leitet, erzwingt oder manipuliert, um etwas zu erreichen oder scheitert daran? Aber selbst wenn der Einflussversuch akzeptiert würde, können wir nicht sicher sein, dass hieraus eine ethisch einwandfreie Handlung entspränge. Warum? Die Akzeptanz bezeichnet strenggenommen nämlich (in der Mindestanforderung) nur das Nicht-Auftreten von Widerstand gegenüber dem Einflussversuch und *„bezieht sich so bloß auf die Kategorie der (sozialen) faktischen Geltung"* (*Ulrich* 2008, S. 454) – und zwar Geltung jeweils nur aus Sicht des einzelnen Geführten. Dies muss nicht wenig sein und ist es auch nicht, zumal die Akzeptanz in ihrer höchsten Qualität ein ausdrückliches Einverständnis seitens des Geführten bedeuten kann. Aber damit wissen wir noch nicht, ob nicht berechtigte Interessen anderer, z.B. anderer Geführter oder Personen außerhalb der Führungsbeziehung oder jene der Organisation oder anderer Institutionen tangiert sind. Sehr schnell kann Akzeptanz auch aufgrund beidseitiger opportunistischer Interessen entstehen und dies ist gerade kein Kennzeichen einer ethischen Orientierung (vgl. *Thielemann* 2009).

Soll Führung nicht nur auf Akzeptanz basieren, was notwendig ist, um ihre Potenziale erfolgreich auszuschöpfen, sondern auch **Legitimität** beanspruchen, muss die faktische Geltung durch eine **begründbare Gültigkeit** ersetzt werden (vgl. *Ulrich* 2008, S. 454). Und dies folgt, wie wir zuvor gezeigt haben, einer verständigungsorientierten Logik. Hierbei geht es um die Feststellung der Richtigkeit der eingeforderten Handlung einerseits („Darf der Führende diese Handlung berechtigterweise einfordern, selbst wenn der Geführte zustimmt?")

und um die Folgen dieser Handlung auf Dritte andererseits („Darf diese Handlungsforderung ausgeführt werden?"). Beide Fragen müssen bejaht werden können, um diese Einflussnahme als legitim zu charakterisieren.

Die Bejahung der Gültigkeit kann in pluralistischen Gesellschaften und unter Vermeidung des Rückgriffs auf metaphysische Kategorien (z. B. religiöse Gebote und Verbote) nur durch argumentative Diskurse geleistet werden, die u. a. an dem Kriterium der Wahrhaftigkeit (und nicht des absolut gesetzten Eigeninteresses und seiner strategischen Durchsetzung) orientiert sind. Es geht um die Werbung um Zustimmung für das nachvollziehbare Argument, das überzeugt – denn:

> „was wahr beziehungsweise richtig ist, müsste von jedem, der Verstand hat, eingesehen werden können" (Thielemann 2009, S. 127).

Führungspraktisch entsteht durch als legitim angesehene Entscheidungen eine generalisierte, allerdings jederzeit aufkündbare Zuschreibung von Legitimität, die die Verpflichtung erzeugt, zunächst diese Entscheidung, oftmals aber auch die Führungsperson selbst, ggf. auch die Institution bzw. das soziale Arrangement, indem man sich bewegt, anzuerkennen (siehe in diesem Sinne *Tyler* 2006, S. 376; zur Entstehung von Legitimität in Organisationen siehe *Jost/Major* 2001 und *Johnson/Dowd/Ridgeway* 2006. Hier wird zwar Legitimität primär als empirische und nicht normative Kategorie, und damit gebunden an nicht weiter infrage gestellte Werte und Regeln, behandelt, dennoch kann man hieraus sehr viel für die Folgen einer Legitimitätszuschreibung für die Handelnden in Organisationen lernen.). Führende, wollen sie Legitimität für sich beanspruchen und dazu gibt es also normativ wie empirisch gute Gründe, sind, so unsere Aussage, bei moralisch relevanten Sachverhalten begründungspflichtig, und sie sind es nicht allein gegenüber ihrem Gewissen, sondern eben auch gegenüber anderen. Dies geht nicht ohne vernunftgeleitete und -orientierte Kommunikation. Entsprechendes gilt für Geführte übrigens auch. Damit wollen wir eine legitime Führung als ethische Führung begreifen und folgendermaßen definieren:

> **Definition: Ethische Führung**
>
> Ethische Führung heißt, andere durch eigenes, legitimiertes Verhalten so zu beeinflussen, dass dies bei den Beeinflussten mittelbar oder unmittelbar ein intendiertes Verhalten bewirkt.

Sicherlich kann sich die Führungspraxis dem nur annähern, ist die Welt nicht so einfach und nicht jedes Argument allein priorität überzeugend (vgl. hierzu detaillierter *Weibler* 2005). Vieles wird aber auch von dem anderen prima vista als überzeugend und nicht weiter hinterfragbar gesehen, u. a. die hierarische Ordnung selbst (vgl. hierzu sehr differenziert und instruktiv *Pongratz* 2002). Dennoch besteht dort, wo Unbehagen bei der ethischen Qualität einer beabsichtigten, gar einseitig vollzogenen Handlung (Entscheidung) auftritt, das Anrecht auf eine Begründung und auf die Auseinandersetzung damit, ggf. auch stellvertretend für oder durch andere. Also müssen Führungskräfte auch hier wieder einmal unter Unsicherheit handeln, denn die moderne Ethik ist keine **Rezeptethik**, sondern eine **Reflexionsethik** (vgl. *Thielemann* 2009). Aber Reflexion des eigenen Handelns bzw. des eigenen Anliegens darüber, wie andere handeln sollen, ist nicht der schlechteste Anfang, um die berechtigten Interessen anderer zu erkennen.

VI. Zentrale Begriffe und Diskussionsfragen

Nachfolgend führen wir Begriffe auf, die wir in Teil F als zentral erachten. Sie dienen dazu, sich noch einmal an wichtige Inhalte zu erinnern. Gleichzeitig könnten Sie – falls Sie mögen – überprüfen, ob Ihnen die Bedeutung der Begriffe im Führungskontext hinreichend klar ist und sich fragen, welche Aussagen wie Assoziationen Sie hiermit verbinden.

> **A**busive Supervision • Anspruchsgruppen • Arbeitsbedingungen • **B**ad Leadership • Bescheidenheit • **C**itizenship • Destruktive Führung • Direkte vs. indirekte Führung • Diskurs • Diskursethik • **E**hrfurcht • Ehrlichkeit • Empathie • Entscheidungsverhalten • Erfolg • Ethik der Geführten • **F**airness • Führungserfolg • Führungsethik • Führungsfolgen • Führungsleitbild • Führungsmacht • Führungssituation • Führungssysteme • Führungsziel • **G**erechtigkeit • Gewissensethik • Globalisierung • **H**armonismus • **I**nstrumentalisierung • Integrität • Interessen • **K**ommunikation • Lebensqualität • Leistung • Leistungswettbewerb • **M**achiavellismus • Macht • Manipulation • Mobbing • Moral • Mündigkeit • **N**arzissmus • **Ö**konomisierung • **P**aranoia • Personalmanagement-Ethik • Petty Tyranny • Pflichtethik • Privilegierung • **R**eflexion • Reflexionsethik • **S**anktion • Shareholder Value • Stress • Supervisor Aggression • Supervisor Undermining • **T**oxic Leadership • Tugenden • Tugendethik • Tyrannical Leadership • **V**erantwortung • Vernunft • Victimization • Vorbild • **Z**iele • Zufriedenheit • Zwang

Kapitel F — Ethische Reflexion von Führung und Führungsbeziehungen

Wir wollen Teil F mit einigen Diskussionsfragen abschließen, die helfen sollen, die eigene Position zu Führungsthemen zu schärfen oder auch alternative Möglichkeiten der Wahrnehmung von Führung zu entwickeln. Diese Fragen eignen sich für das Selbststudium gleichermaßen wie für die Diskussion im Seminar oder in der Arbeitsgruppe.

- Wann ist eine Führung ethisch gut?
- Inwiefern hängen Macht und Verantwortung im Führungskontext zusammen?
- Welche Situationen fördern eine destruktive Führung? Welche Charaktereigenschaften?
- Gibt es Situationen, in denen sich Führende über die in einer Gesellschaft gültige Moral hinwegsetzen dürfen?
- Führungsethik und Führungserfolg: Was ist wann warum prioritär?
- „Wer Gesetze einhält, dem ist nichts vorzuwerfen." Was antworten Sie auf eine solche Position?

Glossar

Glossar

Aktives Zuhören: In der interpersonellen Kommunikation die affektive Reaktion eines Gesprächspartners (Empfängers) auf die Botschaft eines Sprechers (Senders). Hintergrund ist die Einsicht, dass der innere Zustand des Senders (seine Bedürfnisse, Gefühle, Empfindungen und affektiv getönten Gedanken) vom Empfänger nur indirekt erfahren werden kann: Der Sender verschlüsselt seinen inneren Zustand und teilt sich dem Empfänger über sprachliche und nicht-sprachliche Äußerungen (z. B. Körpersprache) mit. Will der Empfänger an der Erlebniswelt des Gesprächspartners teilhaben, muss er dessen Botschaft entschlüsseln. Dazu formuliert der Empfänger die Botschaft in eigenen Worten und meldet sie dem Gesprächspartner zurück. Er sendet dabei keine eigenen Botschaften (wie z. B. Urteile, Ratschläge, Ermahnungen).

Ambiguitätstoleranz: Fähigkeit, Mehrdeutigkeiten und widersprüchliche Verhaltenserwartungen in sozialer Interaktion auszuhalten und handlungspraktisch zu bewältigen.

Assessment Center (AC): (engl.: to assess = einschätzen); systematisch durchgeführtes eignungsdiagnostisches Verfahren der Personalauswahl und Personalentwicklung, das auf die Beurteilung von Fähigkeiten/Fähigkeitspotenzialen und Verhaltensweisen abzielt. Formal zeichnet sich das AC durch den Einsatz unterschiedlichster Testmethoden und die Teilnahme mehrerer Beurteiler und Beurteilter aus. Inhaltliches Hauptmerkmal des AC ist die Simulation aufgabentypischer Situationen.

Attribut: Unterscheidbare Eigenschaften von Objekten. In der Kognitionspsychologie das Wissen über elementare Merkmale von Objekten der Welt.

Attributionsfehler: (auch: „Fundamentaler Attributionsfehler" oder „Korrespondenzverzerrung") Die Tendenz von Beobachtern, den Einfluss von dispositionalen Faktoren (Eigenschaften, Einstellungen und Meinungen einer Person) als Ursache für das Verhalten der Personen zu überschätzen, bei gleichzeitiger Unterbewertung von situationalen und externen Faktoren.

Bedeutsamer Anderer: Rollenträger (→ Rolle), an dem eine handelnde Person ihr Tun und ihre Erwartungen ausrichtet.

Black Box: Bildhafte Umschreibung für die Annahme des Behaviorismus, dass über Prozesse im Inneren des menschlichen Organismus keine Angaben gemacht werden können. Generell das Ausblenden von nicht erkennbaren oder als nicht wichtig erachteten Zusammenhängen.

Brainstorming: Methode, die darauf abzielt, Kreativität und schöpferisches Denken in Gruppen zu verbessern. Dabei sollen in einer begrenzten Zeit im Hinblick auf ein bestimmtes Thema so viele Ideen wie möglich generiert werden.

Business Process Reengineering: Tiefgreifende Neustrukturierung von geschäftlichen Abläufen (Geschäftsprozessen) vor dem Hintergrund moderner Informations- und Kommunikationstechnologien und veränderter Kundenanforderungen mit dem Ziel der Effizienz- und Flexibilitätssteigerung.

CEO-Blog: Ein Blog ist ein auf einer Website und damit zumeist öffentlich geführtes Tagebuch oder Journal. CEO-Blogs sind Blogs, die von einem Mitglied des Top-Managements (z. B. Vorstand) oder vom CEO (Chief Executive Officer) geführt werden. Sie erscheinen entweder unter einem privaten URL oder sind in den Internetauftritt des Unternehmens integriert. Meist weisen sie einen starken Unternehmensbezug auf und gelten als Instrument der Unternehmenskommunikation.

Chunking: Strategie zur Erweiterung von Gedächtnisleistungen, indem Einzelinformationen zu „Informationspaketen" höherer Ordnung (chunks) zusammengefasst werden. Beispiel: Erkennen einer Folge von vier Ziffern als Geburtsjahr einer Person.

Clusteranalyse: Heuristisches Verfahren der empirischen Sozialforschung, die Untersuchungsobjekte nach Maßgabe der Ähnlichkeit ihrer Merkmalsausprägungen in Gruppen (Cluster) aufteilt. Die Cluster sollten in sich möglichst homogen, untereinander möglichst heterogen sein.

Coaching: Intensive entwicklungsförderliche Unterstützung von Mitarbeitern und Führungskräften (Coachee) durch in besonderer Weise psychologisch ausgebildete Berater (Coach) in individuellen und kollektiven Beratungssituationen. Coaching zielt auf Hilfe zur Selbsthilfe.

Commitment: Innere Bindung an eine Sache, Aufgabe oder ein organisatorisches Gebilde, die eine Selbstverpflichtung und einen persönlichen Einsatz hierfür bewirkt.

Corporate Social Responsibility: Freiwillige Übernahme gesellschaftlicher Verantwortung von Unternehmen und anderen Organisationen über deren rechtliche Pflichten hinaus. Dabei bezieht sich die gesellschaftliche Verantwortung auf soziale und ökologische Belange in der eigentlichen Geschäftstätigkeit und auf die Wechselbeziehungen mit den relevanten → Stakeholdern.

Deklaratives Wissen: → Wissen

Dichotomie: Bezeichnung für die Zweiteilung oder zweigliedrige Einteilung eines Ganzen, z. B. mittels dichotomer Merkmale. Dies sind Merkmale von Untersuchungseinheiten, die nur in zwei Ausprägungen (z. B. jung/alt, groß/klein) auftreten oder in solche überführt werden.

Diskriminanzanalyse: In der empirischen Sozialforschung Methode zur Überprüfung von Unterschieden zwischen mehreren Stichproben, die durch mehrere abhängige Variablen beschrieben sind. Die Diskriminanzanalyse ermittelt Gewichte, die angeben, wie bedeutsam die abhängigen Variablen für die Unterscheidung der Stichproben sind. Aufgrund dieser (linearen) Gewichtung kann eine maximale Trennung der untersuchten Gruppen erreicht werden.

Disposition: Allgemein: Verfügung über die Verwendung oder den Einsatz einer Sache. In der Psychologie: Angeborene oder erworbene Anlage zu einer immer wieder durchbrechenden Eigenschaft oder zu einem typischen Verhalten.

Effektstärke: Bei Experimenten ein Differenzmaß (z. B. Cohens d), das die relative Größe und damit die praktische Relevanz von Mittelwertunterschieden zwischen zwei Gruppen oder zwischen zwei oder mehreren Messzeitpunkten ein und derselben Gruppe wiedergibt; in Regressionsmodellen ein standardisierter Indikator für den Einfluss der unabhängigen Variable auf die abhängige Variable.

Einstellung: Bezeichnet die Neigung einer Person, ein Objekt (z. B. Personen, Sachen) oder dessen symbolische Repräsentation in einer bestimmten Weise zu bewerten. Einstellungen drücken ein inneres Verhältnis zu den (Einstellungs-)Objekten aus und erfüllen eine bewusstseinsstrukturierende Funktion, die Einstellungsobjekte mit einer bestimmten Wertigkeit (Valenz) und Präferenz ausstatten. Diese sind wiederum abhängig von der persönlichen Wichtigkeit eines Objekts, seiner Relevanz für das Handeln der betreffenden Person und vom jeweiligen Kontext.

Emergenz: Bezeichnet das Entstehen neuer Strukturen, Eigenschaften, Prozesse oder Zustände aus dem Zusammenspiel/Zusammenwirken der Elemente (z. B. Personen) in einem komplexen System.

Emotion: Komplexes Muster von Veränderungen, das physiologische Erregung, Gefühle, Prozesse und Verhaltensweisen einschließt. Diese Veränderungen treten in Reaktion auf eine Situation ein, die als persönlich bedeutsam wahrgenommen worden ist.

Empowerment: (dt.: Ermächtigung); Erhöhung des Handlungsspielraums (Ausweitung der Entscheidungsbefugnisse) von Mitarbeitern. Damit gehen zumeist strukturelle und kulturelle Veränderungen in der Organisation einher.

Enkulturation: Hineinwachsen des (jungen) Menschen in die Kultur der ihn umgebenden Gesellschaft. Genauer: Jene Lernprozesse, die sich auf den Erwerb von sozial bestimmten Meinungen und → Überzeugungen, von Normen für das soziale Verhalten, den Gebrauch von Zeichensystemen (z. B. Sprache) und „Werkzeugen" (→ Kulturtechniken) beziehen.

Entdeckendes Lernen: Grundform des Lernens, das auf explorativem Verhalten gründet. Lernende setzten sich aktiv mit Problemen auseinander, sammeln eigene Erfahrungen und kommen auf diese Weise zu neuen Einsichten in komplexe Sachverhalte. Exploratives Lernen reicht vom Versuch-und-Irrtum-Lernen eines Kindes bis zur induktiven Begründung einer neuen Theorie in der Wissenschaft.

Entität: Bezeichnet in den Sozialwissenschaften einen Betrachtungsgegenstand, der für sich genommen eine eigene Einheit bzw. Ganzheit darstellt (z. B. Person, Organisation).

Epigenetik: Die Epigenetik ist ein Forschungsfeld der Molekularbiologie. Sie beschäftigt sich mit den Mechanismen, die die Genaktivität in Zellen steuern. Denn obwohl die Zellen eines vielzelligen Organismus genetisch gleich sind, können sie aufgrund unterschiedlicher Genaktivität zu vielen verschiedenen Zell- und Gewebetypen differenzieren. Dabei werden einzelne Gene an- und abgeschaltet, ohne dass sich die DNA-Sequenz verändert. Die so entstehenden Zelleigenschaften können von Zellen zu Tochterzellen weitergegeben sowie von Elterngenerationen auf die Nachkommen vererbt werden. Wie genetische und epigenetische Steuerungsmechanismen zusammenwirken und wie sich die genetische Information unter dem Einfluss von aus der Umwelt kommenden Signalen auf die Entwicklung und das individuelle Profil eines Organismus auswirken, ist noch weitgehend unerforscht.

Ethnografisches Interview: An die Feldforschungssituation (→ Felduntersuchung) angepasste (Daten-)Erhebungsmethode. In der Feldforschung entstehen bei teilnehmenden Beobachtungen häufig spontane Gelegenheiten für ein informelles Gespräch, was – wenn dieses methodisch kontrolliert abläuft – ethnografisches Interview genannt wird.

Glossar

Experiment: Empirische Untersuchung oder auch Methode, bei der gezielt bestimmte Bedingungen (Stufen der unabhängigen Variablen) hergestellt und in ihren Auswirkungen auf ausgewählte abhängige Variablen beobachtet werden.

Fähigkeiten: Fähigkeiten (engl.: abilities) stellen die kognitive, emotionale, physische und psychische Basis für Handlungen und Leistungserbringung dar. Fähigkeiten sind angeboren und erworben; viele Fähigkeiten können durch Training verbessert werden.

Faktorenanalyse: Methode der empirischen Sozialforschung, die viele wechselseitig korrelierte Variablen in wenigen Dimensionen (Faktoren) zusammenfasst. Dabei umfasst ein Faktor inhaltlich das Gemeinsame der zu ihm gehörenden korrelierenden Variablen. Statt z. B. eine Person durch viele (letztlich redundante) Werte auf den einzelnen korrelierten Variablen zu kennzeichnen, kann man sie nach der Faktorenanalyse durch wenige Faktorwerte charakterisieren. Die Korrelation einer Variablen mit dem Faktor nennt man Faktorladung.

Feldtheorie: Auf *Kurt Lewin* zurückgehende Theorie, wonach das Verhalten V eine Funktion der Person P und der Umwelt U darstellt: $V = f(P,U)$. P und U sind in dieser Formel wechselseitig abhängige Größen.

Felduntersuchung: Untersuchung, die im natürlichen Umfeld stattfindet.

Fertigkeiten: Fertigkeiten (engl.: skills) sind durch Übung und Wiederholung automatisierte („eingeschliffene") Komponenten von Tätigkeiten ohne bzw. mit nur geringer Bewusstseinskontrolle. Fertigkeiten stellen insbesondere auf die sensumotorischen Aspekte des individuellen Leistungsvermögens (z. B. handwerkliches Geschick), aber auch auf kognitive Tätigkeiten (z. B. Rechentechniken) ab. Das Erlernen von Fertigkeiten wird durch die → Fähigkeiten einer Person beeinflusst.

Folie à deux: (dt.: Geistesstörung zu zweit), auch „induzierte wahnhafte Störung" oder „symbiotischer Wahn"; bezeichnet die ganz oder teilweise Übernahme einer Wahnsymptomatik durch eine nahestehende, primär nicht wahnkranke Person. Nach einer Trennung verschwindet der Wahn bei der vormals gesunden Person in den meisten Fällen.

Führungsmotivation: (engl.: motivation to lead) Individuelle Präferenz, eine Führungsposition anzustreben. Begründet wird das Motiv zur Übernahme von Führungsverantwortung mit den drei Erlebnisqualitäten kalkulativ („weil es sich lohnt"), affektiv („weil es Spaß macht") und normativ („weil es erwartet wird").

Erlernte Hilflosigkeit: Wenn Menschen in einer Situation die Erfahrung machen, dass sie ein bestimmtes Ereignis nicht kontrollieren können, entwickeln sie die Erwartung, in ähnlichen Situationen auch keine Kontrolle zu haben. Das Hilflosigkeitserleben wird als Erfahrung abgespeichert und generalisiert, sodass in ähnlichen Situationen diese Hilflosigkeit erneut empfunden wird und effektives Handeln oder Problemlösen blockiert. Typische Äußerungen von Betroffenen dabei sind z. B. „ich kann sowieso nichts tun/ändern" oder „es ist egal, ob ich mich anstrenge oder nicht, ich scheitere eh".

Gestaltpsychologie: Psychologische Schule, begründet Anfang des 20. Jahrhunderts in Deutschland durch *M. Wertheimer, W. Köhler* und *K. Koffka* („Berliner Schule der Gestaltpsychologie"). Die Gestaltpsychologie hebt die Bedeutung ganzheitlicher Wahrnehmungs- und Lernprozesse hervor.

Hawthorne-Effekt: Effekt der entsteht, wenn sich Teilnehmer an einer Studie der Tatsache bewusst sind, dass ihr Verhalten beobachtet wird; → Human Relations Bewegung.

Holismus: (auch: Ganzheitslehre); Lehre, die besagt, dass die Elemente eines Systems – einer „Ganzheit" oder „Gestalt" – durch die Strukturbeziehungen vollständig bestimmt sind. Der Holismus ist die entgegengesetzte Position zum Reduktionismus. Hauptargument des Holismus gegen den Reduktionismus ist die Problematik der → Emergenz, d. h. der nicht vollständigen Erklärbarkeit des Ganzen aus den Teilen. Einfacher ausgedrückt besagt der Holismus, dass das Ganze mehr ist als die Summe seiner Teile, während der Reduktionismus das Gegenteil behauptet. Der holistische Ansatz in Bezug auf die Führung in Organisationen ist ein integrierender Ansatz, der sowohl die mechanistische als auch die systemische Perspektive einschließt und auch metaphysische Aspekte berücksichtigt.

Human Relations Bewegung: Die Human Relations Bewegung entstand in den 1920er Jahren aus den von *E. Mayo* durchgeführten arbeitswissenschaftlichen Experimenten („Hawthorne-Experimente", benannt nach dem Werk, in dem sie durchgeführt wurden). Zentrale These ist, dass der Organisationserfolg durch die Beachtung der sozialen Bedürfnisse der Mitarbeiter gesteigert wird (→ Hawthorne-Effekt).

Idealtypus: In der Wissenschaftstheorie ein zielgerichtet konstruierter Begriff, der Ausschnitte der sozialen Wirklichkeit ordnet und erfasst, indem er deren wesentliche Aspekte heraushebt und oft mit Absicht überzeichnet.

Glossar

Implizites Wissen: (engl.: tacit knowledge) Diese Form von Wissen wird von seinem Träger oftmals nicht bewusst wahrgenommen, ist nicht artikulierbar oder kann nicht im Detail spezifiziert werden. Es basiert auf Erfahrungen, Intuition und Überzeugungen. Damit ist es eine entscheidende Orientierung für menschliches Verhalten.

Inhaltsanalyse: In der empirischen Sozialforschung Oberbegriff für eine heterogene Gruppe von Verfahren zur Datenerhebung und -auswertung, die darauf abzielen, den Bedeutungsgehalt und die Gestaltungsmerkmale von Texten (aber auch von Bildern, Kunstgegenständen, Kleidungsstücken etc.) zu erfassen. Es gibt quantitative und qualitative Inhaltsanalysen.

Innere Kündigung: Der von Organisationsmitgliedern bewusst oder unbewusst geübte Verzicht auf Arbeitsengagement. Die Ursachen innerer Kündigung können im privaten Bereich (z. B. familiäre Probleme) und/oder im beruflichen Bereich (z. B. schlechte Beziehungen zum Vorgesetzten bzw. zu Kollegen) liegen. Ausdrucksformen innerer Kündigung sind z. B. „Dienst nach Vorschrift", hohe Fehlzeiten (Absentismus), fehlende Identifikation mit der Organisation bzw. der eigenen Tätigkeit, Vermeidung von Kontakten zu Kollegen/Vorgesetzten, Hinnahme von als ungerechtfertigt empfundener Kritik.

Instanz: Stelle mit Weisungsbefugnis.

Introspektion: Selbstbeobachtung; in der Psychologie Methode der Datenerhebung, bei der instruierte und trainierte Personen so genau wie möglich über eigene Bewusstseinsinhalte berichten.

Item: In der empirischen Sozialforschung eine Frage oder Aussage in einem Fragebogen bzw. Aufgabe in einem Test.

Job Enlargement: Arbeitserweiterung um Teilaufgaben mit gleichwertigen Anforderungen.

Job Enrichment: Arbeitsbereicherung um Teilaufgaben mit höherwertigen Anforderungen (qualitative Anreicherung).

Job Rotation: Systematischer Wechsel von Arbeitsplatz und Arbeitsaufgaben innerhalb eines Arbeitssystems.

Kardinaltugenden: (lat.: cardo = Türangel); mit diesem Begriff werden seit griechisch-römischer Zeit vier teilweise dann unterschiedliche Tugenden als zentrale Angelpunkte des Sittlichen („Tugenden, um die sich alles dreht") bezeichnet: Dies sind Weisheit (Klugheit), Gerechtigkeit, Tapferkeit und Besonnenheit.

Kartenabfrage: Moderationstechnik, die in einer Gruppe allen Teilnehmerinnen und Teilnehmern gleichzeitig eine schriftliche Form der Äußerung ermöglicht. Dabei schreiben die Teilnehmer ihre Äußerungen zu einer vom Moderator gestellten Frage (z. B. „Welche Aufgaben wollen wir im nächsten Jahr „anpacken"?" auf Karten, die anschließend an einer Stellwand/Pinnwand vom Moderator nach gemeinsam entwickelten Kriterien sortiert und (um-)gruppiert werden. Die Anzahl der Karten wird normalerweise nicht begrenzt; es gilt jedoch immer die Regel, dass auf jeder Karte nur ein Stichwort bzw. eine Idee notiert werden darf (→ Metaplanmethode).

Kognition: Sammelbegriff für alle Prozesse der Aufnahme, Verarbeitung, Speicherung und Nutzung von Informationen.

Kohäsion: Kraft, die Gruppenmitglieder an ihre Gruppe bindet.

Konstrukt: Gedankliche Abbildung von Sachverhalten, die nicht unmittelbar beobachtbar sind, sondern nur aus beobachtbaren Daten erschlossen werden können. Konstrukte werden mit theoretischen Eigenschaftsdimensionen operationalisiert (→ Operationalisierung).

Konstruktvalidität: Bezieht sich auf die Zulässigkeit von Aussagen aufgrund der → Operationalisierung über das dahinter liegende Konstrukt. Konstruktvalidität liegt vor, wenn Messungen das erfassen, was sie erfassen sollen. Werden aus einem Konstrukt Hypothesen abgeleitet, dann lässt die empirische Bestätigung dieser Hypothesen auf eine hohe Konstruktvalidität schließen.

Korrelation: Statistische Bezeichnung für die Art und das Ausmaß des Zusammenhangs zwischen zwei oder mehr → Variablen. Maßzahl für die Korrelation ist der Korrelationskoeffizient.

Kulturtechniken: In einem Kulturkreis gebräuchliche Fertigkeiten, die von allen Mitgliedern erworben werden müssen (z. B. Lesen und Schreiben).

Legenden: Ursprünglich Leidensgeschichten von Märtyrern, Heiligen und religiösen Autoritäten im Mittelalter. Verlesen wurden sie bei kirchlichen Anlässen. Im 15. Jahrhundert tauchen Legenden jedoch bereits auch im außerkirchlichen Bereich auf. Hier bezeichnen sie nicht beglaubigte Berichte oder unwahrscheinliche Geschichten. Eng verbunden sind sie dabei zumeist mit einem volkstümlichen, später auch mit einem kunstvoll-literarischen Erzählen. In dieser verweltlichten Form wandeln sich Legenden zu moralisch-didaktischen Erzählungen über außergewöhnliche Schicksale. Im heutigen Alltag wird zumeist dann von einer Legende gesprochen, wenn der Wahrheitsgehalt einer Erzählung sehr in Zweifel gezogen werden kann.

Lerninsel: Bezeichnet eine Form der beruflichen Aus- und Weiterbildung, die – auch in räumlicher Hinsicht –

Glossar

in den Prozess der Arbeit integriert ist. Lerninseln gibt es v. a. im Produktionsbereich. In Gruppenarbeit werden Arbeitsaufgaben von den Lernenden selbstständig bearbeitet, die Teil der echten Arbeits- und Produktionsprozesse sind. Allerdings ist in der Lerninsel für die Bearbeitung der Aufgaben mehr Zeit vorhanden, was wiederum Voraussetzung für nachhaltiges Lernen ist.

Lernmotivation: Überdauernde Bereitschaft zu lernen; kann auf intrinsischen Faktoren (z. B. Interessen) oder extrinsischen Faktoren (z. B. in Aussicht gestellte Belohnung) beruhen. Menschen messen ihren Lernzuwachs an einem selbst- oder fremdbestimmten Gütemaßstab.

Lernstatt: Setzt sich zusammen aus „Lernen" und „Werkstatt". Das Lernstattkonzept wurde in den 1970er Jahren ursprünglich zur besseren betrieblichen Integration von ausländischen Mitarbeitern in Großbetrieben wie BMW und Hoechst entwickelt. Ziel war es, die zum produktiven Arbeiten notwendigen Grundkenntnisse (Sprache, Unternehmensstruktur) zu vermitteln und so die Folgen mangelnder Integration (hohe Fluktuation und Fehlzeiten, hohe Ausschussquoten und Zeitverluste, schwieriges Betriebsklima) zu verringern. In der Folge zeigte sich, dass diese Qualifikationsmethode auch un- und angelernte deutsche Mitarbeiter ansprach: Es wurden Lerngruppen von 6–8 Mitarbeitern gebildet, die sich unter der Leitung von zwei erfahrenen und methodisch besonders geschulten Mitarbeitern (z. B. Schichtführer, Vorarbeiter) mit Themen wie Bildung eines Qualitätsbewusstseins, Identifikation mit dem Betrieb, Bereitschaft für Veränderungen, übergreifende Zusammenarbeit sowie persönliche und fachliche Qualifikationserweiterung beschäftigten. Seitdem sind solche und ähnliche Themen Schwerpunkt der Lernstattarbeit. Die besondere Leistung des Lernstattkonzepts liegt darin begründet, dass Mitarbeiter unter Gleichberechtigten ihren Qualifikationsbedarf selbst definieren und diese Qualifikationen während der Arbeit bzw. ausgehend von der Arbeit erwerben.

Lernstil: Persönlich geprägte Schemata und Gewohnheiten, Lernaufgaben in einer bestimmten Weise zu bearbeiten (z. B. Rigidität vs. Flexibilität).

Lerntransfer: Übertragung und Anwendung von Lerninhalten auf neue Situationen.

Limbisches System: Gehirnregion, die das emotionale Verhalten, grundlegende motivationale Bedürfnisse, das Gedächtnis sowie wichtige physiologische Funktionen kontrolliert.

Logotherapie: Die Logotherapie, gegründet vom Wiener Psychiater *Viktor E. Frankl* (1905–1997), ist eine sinnzentrierte Psychotherapie. Bekannt geworden als „Dritte Wiener Schule der Psychotherapie" stellt sie eine sinnorientierte Beratungs- und Behandlungsform dar.

Metaplanmethode: Intervenierende Moderationsmethode, die die Denkgebäude von Gruppenmitgliedern im Diskurs beeinflussen und so Verständigung zwischen ihnen herstellen will. Kennzeichnend ist die Arbeit mit Stellwänden/Pinnwänden/Flipcharts, auf denen der Moderator von der Gruppe generierte Ideen zusammenträgt. Mit der Metaplanmethode können z. B. → Kartenabfragen, Mind-Maps oder Zuruflisten (Ideen werden dem Moderator zugerufen und gleich an Pinnwand oder Flipchart notiert) umgesetzt werden. Metaplan ist ein international eingetragenes Warenzeichen des gleichnamigen Unternehmens mit Sitz in Hamburg. Es setzt sich zusammen aus der griechischen Vorsilbe „meta" und dem in mehreren Sprachen gleich lautenden Wort „Plan". In Assoziation zum griechischen Wort „Metamorphose" (Umwandlung) soll „Metaplan" für einen ergebnisoffenen, partizipativen Planungsprozess stehen.

Mobbing: (engl. to mob = anpöbeln, über jemand herfallen); bezeichnet die fortgesetzte Schikanierung einer Person durch andere Personen. Mobbing kann dabei sowohl verbal (z. B. in Form von Beschimpfungen) als auch nonverbal (z. B. Vorenthalten von Informationen) oder physisch (z. B. körperliche Berührungen) erfolgen. Täter sind entweder einzelne Personen oder Gruppen. Zumeist geht Mobbing jedoch von Gruppen aus. Die Angriffe führen unter Umständen so weit, dass einzelne Personen nicht mehr „funktionstüchtig" sind bzw. körperliche und seelische Beschwerden davontragen.

Moderatorvariable: Eine Moderatorvariable ist eine Variable, die die Beziehung zwischen zwei anderen Variablen (unabhängige und abhängige Variable) in Form eines Interaktionseffekts beeinflusst. Dies bedeutet, dass die Beziehung zwischen abhängiger und unabhängiger → Variable durch die Ausprägung der Moderatorvariable mitbestimmt wird.

Moral Hazard: Gefahr, dass ein Vertragspartner größere Risiken eingeht oder generell eigennützig handelt, weil sein Beitrag hierzu bzw. Verantwortlichkeit hierfür von der anderen Seite aus verschiedenen Gründen nicht kontrolliert werden kann. Dieses moralische Risiko (auch: moralische Versuchung), was beim besser informierten Vertragspartner unterstellt wird, ist dann beispielsweise ein Thema, wenn der Vertrag regelt, dass eventuelle negative Folgen der eigenen Handlung vom anderen Vertragspartner übernommen werden. Beispiel: Ein Versicherungsnehmer ist durch eine Vollkaskoversicherung vor finanziellem Schaden am eigenen Auto umfassend geschützt und zeigt ein riskanteres Fahrverhalten als ohne diesen Versicherungsschutz. Generell wird damit die bewusste Suche des eigenen Vorteils zulasten anderer (des Kollektivs) in bestimmten Situation angesprochen.

Norm: Verbindliche Erwartungen zu typischen oder erwünschten Verhaltensweisen, jedoch ohne die Kraft von Gesetzen. Soziale Normen sollen sicherstellen, dass gesellschaftliche Wertvorstellungen (→ Wert) auf vorgeschriebenen Wegen erreicht werden. Je nach Verbindlichkeit der Norm wird abweichendes Verhalten negativ sanktioniert.

Objektivität: Gütekriterium bei der Erhebung (quantitativer) empirischer Daten. Objektivität ist dann gegeben, wenn die Erhebungsergebnisse unabhängig von der Person des Durchführenden (Durchführungsobjektivität), des Auswertenden (Auswertungsobjektivität) und des Interpretierenden (Interpretationsobjektivität im Sinne eines möglichst geringen subjektiven Interpretationsspielraumes) sind. In der qualitativen Forschung wird dies annäherungsweise durch den Begriff der Intersubjektivität weitergegeben.

Operationalisierung: Maßnahme zur empirischen Erfassung von Merkmalsausprägungen. Genauer: Aufgliederung der zu untersuchenden Phänomene in messbare Dimensionen.

Operations Research: Anwendung mathematischer Methoden und rechentechnischer Verfahren auf komplexe Entscheidungsprobleme zur Findung einer optimalen Lösung.

Parkinson'sche Gesetze: Die vom britischen Historiker *C.N. Parkinson* aufgestellte Behauptung, dass bürokratischen Organisationen eine (gesetzmäßige) Tendenz zum immer weiteren Wachstum innewohne – und zwar unabhängig davon, ob die Arbeit zunimmt, abnimmt oder ganz verschwindet. Hintergrund seiner (ironisierenden) Arbeiten war dabei das Phänomen, dass in der britischen Admiralität die Anzahl der Beamten drastisch zunahm, obwohl die Anzahl der Kriegsschiffe währenddessen deutlich abnahm.

Position, soziale: Stelle in der Gesellschaft, mit der bestimmte Rechte und Pflichten verbunden sind (z. B. Vorgesetzte, Vater, Lehrerin).

Prototyp: Besonders repräsentativer Vertreter einer Kategorie, der charakteristische Merkmale besitzt. Kategorien können als Regeln aufgefasst werden, die es ermöglichen, die Zugehörigkeit eines Objekts zu einer Klasse gleichartiger Objekte zu bestimmen (Attribut).

Proxy-Variable: (engl.: proxy = Stellvertreter); Variable, die ersatzweise zur Anwendung kommen kann (z. B. Abiturnote als Maß für Intelligenz), um Eigenschaften (z. B. Intelligenz) zu messen, die auf direktem Weg (z. B. Intelligenztest) nicht oder nur unter hohem Aufwand gemessen werden könnten.

Prozedurales Wissen: → Wissen

Psychometrie: Messung psychischer Zustände und Vorgänge nach definierten Gütestandards mithilfe von quantitativen Methoden und die mathematische Auswertung entsprechender Testergebnisse.

Pygmalion Effekt: (auch: „Rosenthal Effekt") Dieser Effekt beschreibt die Auswirkungen einer sich selbst bewahrheitenden Prophezeiung (engl.: self-fulfilling prophecy). Basierend auf den Felduntersuchungen von *Rosenthal* und Mitarbeitern konnte festgestellt werden, dass die Leistungserwartungen eines Lehrers an einen Schüler (z. B. der Schüler ist hochbegabt) nicht nur die Beurteilung des Lehrers, sondern auch die tatsächlichen Leistungen des Schülers beeinflussen. Das Verhalten des Schülers wird dabei indirekt über ein durch den Lehrer erzeugtes positives emotionales Klima, wie z. B. persönliche Zuwendung, fordernde Aufgabenstellung, längere Wartezeiten bei Antworten und differenziertes Feedback, beeinflusst. Im Führungsbereich wird dieser Effekt herangezogen, um die Wirkung der „Voreinstellung" der Führungskraft gegenüber ihren Mitarbeitern zu erklären. Das Wissen darum hilft, die Potenziale des Gegenübers entfalten zu helfen.

Qualitätszirkel: Form der Kleingruppenarbeit in Organisationen, bei der Mitarbeiterinnen und Mitarbeitern einer Hierarchiestufe in einer kleinen, auf Dauer angelegten Gruppe regelmäßig zusammenkommen, um die in ihrem Arbeitsbereich auftretenden Probleme zu lösen. Ursprünglich auf Qualitätssicherung der Produkte gerichtet, können heute z. B. auch Fragen der sozialen Kompetenz oder die Verbesserung gruppendynamischer Prozesse Ziele eines Qualitätszirkels sein.

Reframing: (engl.: to reframe = neu ausrichten, frame = Rahmen); Methode in Beratungs- Prozessen, die auf eine Änderung des Blickwinkels (Rahmens) zielt. Reframing eignet sich, um festgefahrene Sichtweisen, → Einstellungen oder Positionen in Frage zu stellen und sie zu verändern. Im Motivationskontext bezeichnet Reframing die (willkürliche) kognitive Umbewertung ungünstiger Motivationslagen durch das Individuum selbst.

Reliabilität: Gütekriterium bei der Erhebung empirischer Daten. Der Reliabilitätskoeffizient gibt an, wie stark die Messwerte durch Störeinflüsse und Fehler belastet sind. In der qualitativen Forschung wird dies annäherungsweise durch den Begriff der Reproduzierbarkeit wiedergegeben.

Reziprozitätsprinzip: Grundsatz der Gegenseitigkeit in einer sozialen Interaktion.

Rolle, soziale: Summe der Verhaltensweisen, die Mitglieder von Bezugsgruppen von dem Inhaber einer sozialen → Position erwarten.

Rollenambiguität: (lat.: ambiguitas = Zweideutigkeit, Doppelsinn); Rollenambiguität liegt vor, wenn die Erwartungen an eine → Rolle nicht eindeutig definiert sind.

Rollenkonflikt: Widersprüche zwischen den Erwartungen in Bezug auf soziale Rollen. Beim Interrollenkonflikt geht es um Widersprüche zwischen den Erwartungen, die *verschiedene* Rollen festlegen. Beim Intrarollenkonflikt geht es um Widersprüche zwischen den Erwartungen, die die Segmente *einer* Rolle festlegen.

Schema, kognitives: Komplexe kognitive Struktur oder mentale Repräsentation, die durch vielfältige Erfahrungen in einem bestimmten Gegenstandsbereich entsteht. Schemata organisieren und strukturieren vorverarbeitete Informationen und umfangreiches Wissen über typische Objekte und Menschen bestimmter Kategorien sowie über typische Situationen, Sachverhalte und Zusammenhänge auf einer höheren Abstraktionsebene. Skripte (→ Skript) sind spezifische kognitive Schemata, die prototypische Klassen von Ereignissen oder Abläufen repräsentieren. Sie werden daher manchmal auch als „Drehbuch" bezeichnet.

Scientific Management: (dt.: wissenschaftliche Betriebsführung), ein maßgeblich auf *F.W. Taylor* zurückgehendes betriebswirtschaftliches Rationalisierungsmuster, das u. a. die strikte Trennung von Hand- und Kopfarbeit postuliert.

Selbstwirksamkeit: Generalisierte Erwartungen einer Person, schwierige Herausforderungen bewältigen und Einfluss auf die Umwelt und wichtige Ereignisse nehmen zu können.

Situierte Kognition: Begriff der sozio-konstruktivistisch orientierten Kognitionswissenschaft, der darauf hinweist, dass jede Informationsverarbeitung in einer spezifischen Situation mit spezifischen Anforderungen abläuft.

Skala: Maßeinteilung zur Abbildung von quantitativen Daten.

Skript, kognitives: Im Gedächtnis gespeichertes → Schema, das die reguläre Struktur von bestimmten Ereignissen bzw. Handlungsabläufen (z. B. Ablauf eines Kundengesprächs) repräsentiert. Die dem Skript zugeordneten Wissensstrukturen erleichtern sowohl das Verstehen als auch die (automatisierte) Realisierung dieser Handlung.

Sozialisation: Sozialisation ist ein lebenslanger Prozess sozialen Lernens, der das Hineinwachsen des Menschen in soziale Beziehungsnetze ermöglicht. Um in halbwegs angepasster und kompetenter Weise in gesellschaftlichen Beziehungszusammenhängen handeln zu können, lernt der Mensch vor allem soziale Wertvorstellungen – also Ideen über wünschenswerte Zustände – sowie soziale Normen – also die Kenntnis bestimmter Erwartungen, die andere Personen im Hinblick auf das eigene Verhalten hegen – und schließlich auch ganze soziale Rollen – also Vorstellungen darüber, wie bestimmte Positionen (z. B. die Geschlechterrolle, die altersspezifische Rolle, die Elternrolle) auszufüllen sind.

Soziometrie: Verfahren der Sozialpsychologie zur Erfassung der Struktur einer Gruppe insbesondere hinsichtlich Sympathie- und Antipathiebeziehungen.

Spiritualität: Die Erfahrung der Überschreitung des Selbst und die dabei empfundene Einbettung in einen größeren, das Menschsein transzendierenden Zusammenhang.

Stakeholder: Als Stakeholder bezeichnet man in der Unternehmensführung *alle* internen und externen Anspruchsgruppen des Unternehmens (z. B. Mitarbeiter, Kunden, Lieferanten, Staat). Im Gegensatz dazu bezeichnet der Begriff des Shareholders nur eine *einzige* Anspruchsgruppe, nämlich die der Kapitalgeber (Anteilseigner).

Symbolischer Interaktionismus: Forschungsrichtung, die das Zusammenspiel von Menschen als soziales Handlungssystem begreift, dieses durch wechselseitiges, deutendes Verstehen konstituiert auffasst und mittels Zeichen- und Sprachuntersuchungen analysieren möchte. Äußerungen in diesem Handlungssystem sind hiernach Symbole, da sich ihre (Überschuss-)Bedeutung erst interpretativ im Kontext erschließt.

Thematischer Apperzeptions-Test: Projektiver, d. h. auf Interpretationen qualitativer Äußerungen (Geschichten) basierender psychologischer Test, der mittels bebilderter, z. T. dramatisch anmutender (Alltags-)Situationen unbewusste Motive und Konflikte des Antwortenden im Rahmen der Persönlichkeitsdiagnostik erschließen möchte (z. B. Leistungs- und Machtmotive).

Tit-for-tat-Strategie: Eine Strategie im Rahmen spieltheoretischer Modelle, die auf jede Handlung des Gegenspielers eine gleichartige Reaktion folgen lässt („Wie du mir, so ich dir"), wobei zu Beginn mit einer „freundlichen" (kooperativen) Handlungsweise gestartet wird.

Träges Wissen: → Wissen

Transaktionskosten: Alle Kosten, die im Zusammenhang mit einem Vertragsabschluss anfallen. Transaktionskosten entstehen bei der Übertragung von Gütern und Dienstleistungen von einem Wirtschaftssubjekt zum anderen. Konkret sind dies ex ante (*bevor die Transaktion ausgeführt wird*) Informationsbeschaffungskosten (z. B. Informationssuche über potenzielle Transaktionspartner), Anbahnungskosten (z. B. Kontaktaufnahme), Vereinbarungskosten (z. B. Vertragsformulierung) und ex post (*nachdem die Transaktion ausgeführt wurde*) Abwicklungskosten (z. B. Transportkosten), Kontrollkosten (z. B. Einhaltung von Qualitätsabsprachen) sowie Änderungskosten (z. B. bei Terminänderungen).

Transkription: In der qualitativen Sozialforschung das Verschriftlichen von verbaler, teilweise auch nonverbaler Kommunikation, die auf Video- oder Tonträgern aufgezeichnet wurde.

Überzeugungen: Elementare, nicht zerlegbare kognitive Einheiten von Einstellungen und Werthaltungen.

Unobtrusive Measures: (dt.: unaufdringliche Messungen); bezeichnet in der empirischen Sozialforschung Daten, die durch sog. nicht-reaktive Verfahren erhoben werden. Reaktivität meint in diesem Zusammenhang, dass die Qualität von Daten durch das Erhebungsverfahren „verfälscht" werden können. Beispielsweise kann nie exakt bestimmt werden, inwieweit die Antwort in einem Interview nur deshalb zu Stande gekommen ist, weil so und nicht anders gefragt wurde. Die Gefahr der durch eine Messmethode verzerrten Datengewinnung besteht nicht, wenn Daten erhoben werden, die bereits in der natürlichen Umgebung vorliegen (z. B. Straßennamen, Verkehrsströme oder Abnutzungsspuren).

Validität: Gütekriterium bei der Erhebung empirischer Daten. Der Validitätskoeffizient gibt an, in welchem Maß ein Erhebungsverfahren tatsächlich das misst, was es zu messen beansprucht.

Variable: Variablen sind in der empirischen Forschung Ausschnitte der Beobachtungsrealität, über deren Ausprägung und Relationen Hypothesen (= Annahmen über einen Sachverhalt in Form eines konditionalen „Wenn-Dann"-Satzes) formuliert und geprüft werden. Dabei ist die unhabhängige Variable diejenige Variable, die zum „Wenn"-Teil einer Hypothese gehört. Die abhängige Variable ist diejenige Variable, die zum „Dann"-Teil einer Hypothese gehört und in der sich die Wirkungen der unabhängigen Variablen (Ursachen, Bedingungen) widerspiegeln.

Varianz: In der empirischen Sozialforschung Maß für die Unterschiedlichkeit (Variabilität) einer Menge von Messwerten.

Virtuelle Organisation: Eine „nicht wirkliche" bzw. „nur scheinbare" Organisation; als Begriff heute zumeist verwandt mit Blick auf Organisationen, die unter konsequenter Ausnutzung moderner Informations- und Kommunikationstechniken weniger räumlich verbunden, dafür (global) stark vernetzt interagieren.

Wahrnehmung: Im weiteren Sinne der Prozess der sinnesgebundenen Aufnahme und begleitenden Interpretation von Informationen durch das kognitive System (→ Kognition) sowie das hieraus erwachsende Ergebnis.

Wert: Bezeichnet die bewussten oder unbewussten Orientierungsstandards und Leitvorstellungen, von denen sich Individuen und Gruppen bei ihrer Handlungswahl leiten lassen. Speziell sind Werte generelle, dauerhafte Überzeugungen von dem, was beispielsweise als richtig/falsch, schön/hässlich oder gut/böse zu gelten hat.

Wiki: (hawaiianisch für „schnell"); Hypertext-System für Webseiten, deren Inhalte von den Benutzern nicht nur gelesen, sondern auch interaktiv überarbeitet werden können. Bekannteste Anwendung ist die Online-Enzyklopädie Wikipedia.

Wissen: Inhalte des Gedächtnisses; gliedert sich in deklaratives Wissen und prozedurales Wissen. Deklaratives Wissen ist Faktenwissen („Wissen, was"), das eine Person im semantischen Gedächtnis gespeichert hat und daraus wieder abrufen kann. Deklaratives Wissens ist explizites (bewusstes) Wissen. Prozedurales Wissen („Wissen, wie") bezieht sich auf die im Operationsgedächtnis verfügbaren Operationen, die eine Person in die Lage versetzt, komplexe kognitive und sensumotorische Prozesse durchzuführen, ohne dabei einzelne Komponenten bewusst zu kontrollieren. Prozedurales Wissen ist implizites Wissen, das sich nur im Verhalten äußert („Können"). Träges Wissen bezeichnet theoretisch vorhandenes (deklaratives) Wissen, das jedoch nicht auf praktische Situationen übertragen und daher nicht konstruktiv (z. B. zur Lösung eines Problems) eingesetzt werden kann. Es besteht eine Kluft zwischen „Wissen" und „Können". Träges Wissen sind z. B. Vokabeln, die im Fremdsprachenkurs erlernt wurden, in der konkreten Kommunikationssituation im Berufsalltag jedoch nicht abgerufen werden können.

Work-Life-Balance: Bezeichnet einen Zustand, in dem Arbeit und Privatleben in einem ausgewogenen Verhältnis stehen.

Literaturverzeichnis

Literaturverzeichnis

Aasland, M.S.; Skogstad, A.; Notelaers, G.; Nielsen, M.B.; Einarsen, S. (2010): The prevalence of destructive leadership behavior. In: British Journal of Management 21(2), S. 438–452

Abrams, D.; de Moura, G.R.; Travaglino, G.A. (2013): A double standard when group members behave badly: Transgression credit to ingroup leaders. In: Journal of Personality and Social Psychology 105(5), S. 799–815

Abrell, C.; Rowold, J.; Weibler, J.; Moenninghoff, M. (2011): Evaluation of a long-term transformational leadership development program. In: Zeitschrift für Personalforschung 25(3), S. 205–224

Ach, N. (1935): Analyse des Willens. In: *Abderhalden, E.* (Hrsg.): Handbuch der biologischen Arbeitsmethoden, Band VI. Berlin

Achleitner, A.-K.; Lutz, E.; Mayer, J.; Spiess-Knafl, W. (2012): Disentangling gut feeling: Assessing the integrity of social entrepreneurs. In: VOLUNTAS: International Journal of Voluntary and Nonprofit Organizations 24(1), S. 93–124

Ackoff, R.L. (1999): Re-Creating the Corporation: A Design of Organizations for the 21st Century. New York/Oxford

Ackroyd, S.; Thompson, P. (1999): Organizational Misbehavior, London

Adams, J.S. (1965): Inequity in social exchange. In: *Berkowitz, L.* (Hrsg.): Advances in Experimental Social Psychology. Vol. 2, S. 267–299

Adams, S.M.; Flynn, P.M. (2005): Local knowledge advances women's access to corporate boards. In: Corporate Governance: An International Review 13(6), S. 836–846

Adecco Institute (2009): Die Demografische Fitness Umfrage 2008: Demografische Fitness deutscher Unternehmen in Zeiten der Krise. Adecco Institute Research Paper (http://www.demografie-exzellenz.de/fileadmin/pdf/Adecco-Institute-Demographic-Fitness-De-2008.pdf, abgerufen am 17.09.2015)

Adler, A. (2006): Praxis und Theorie der Individualpsychologie. 12. Aufl. (Erstaufl. 1920), Frankfurt am Main

Adler, N.J. (2006): The arts and leadership: Now that we can do anything what will we do? In: Academy of Management Learning & Education 5(4), S. 486–499

Aebli, H. (1993): Denken: Das Ordnen des Tuns, Teil 1: Kognitive Aspekte der Handlungstheorie. 2. Aufl., Stuttgart

Aebli, H. (2003): Zwölf Grundformen des Lehrens. 12. Aufl., Stuttgart

Agars, M.D. (2004): Reconsidering the impact of gender stereotypes on the advancement of women in organizations. In: Psychology of Women Quarterly 28(2), S. 103–111

Agho, A.O. (2009): Perspectives of senior-level executives on effective followership and leadership. In: Journal of Leadership & Organizational Studies 16(2), S. 159–166

Agrawal, A.; Rook, C. (2014): Global leaders in east and west: Do all global leaders lead in the same way? In: *Osland, J.S.; Li, M.; Wang, Y.* (Hrsg.): Advances in Global Leadership 8, S. 155–179

Ahearne, M.; Mathieu, J.; Rapp, A. (2005): To empower or not to empower your sales force? An empirical examination of the influence of leadership empowerment behavior on customer satisfaction and performance. In: Journal of Applied Psychology 90(5), S. 945–955

Ajzen, I. (1991): The theory of planned behavior. In: Organizational Behavior and Human Decision Processes 50(2), S. 179–211

Akinci, C.; Sadler-Smith, E. (2012): Intuition in management research: A historical review. In: International Journal of Management Reviews 14(1), S. 104–122

Albach, H. (2005): Betriebswirtschaftslehre ohne Unternehmensethik. In: Zeitschrift für Betriebswirtschaft 75(9), S. 809–831

Albar, F.M.; Jetter, A.J. (2013): Fast and frugal heuristics for new product screening – is managerial judgment "good enough?" In: International Journal of Management and Decision Making, 12(2), S. 165–189

Alderfer, C.P. (1969): An empirical test of a new theory of human needs. In: Organizational Behavior and Human Performance 4(2), S. 142–175

Alderfer, C.P. (1972): Existence, Relatedness and Growth: Human Needs in Organizational Settings. New York/London

Alexander, L.; Van Knippenberg, D. (2014): Teams in pursuit of radical innovation: A goal orientation perspective. In: The Academy of Management Review 39(4), S. 423–438

Algera, P.M.; Lips-Wiersma, M. (2012): Radical authentic leadership. Co-creating the conditions under which all members of the organization can be authentic. In: The Leadership Quarterly 23(1), S. 118–131

Alimo-Metcalfe, B.; Alban-Metcalfe, R.J. (2001): The development of a new Transformational Leadership Questionnaire. In: Journal of Occupational and Organizational Psychology 74(1), S. 1–27

Alimo-Metcalfe, B.; Alban-Metcalfe, R.J. (2007): Development of a private sector version of the (engaging) transformational leadership questionnaire. In: Leadership & Organization Development Journal 28(2), S. 104–121

Allee, W.C.; Park, O.; Emerson, A.E.; Park, T.; Schmidt, K.P. (1949): Principles of Animal Ecology. Philadelphia/London

Allen, P. (2001): What is complexity science? Knowledge of the limits to knowledge. In: Emergence 3(1), S. 24–42

Allen, T.D.; Eby, L.; Poteet, M.; Lentz, E.; Lima, L. (2004): Carreer benfetis associated with mentoring for protegee: A meta-analysis. In: The Journal of Applied Psychology 89(1), S. 127–136

Allen, T.D.; Eby, L.T.; Kimberly, E.O.; Lentz, E. (2008): The state of mentoring research: A qualitative review of current research methods and future research implications. In: Journal of Vocational Behavior 73(3), S. 343–357

Allmer, H. (1996): Erholung und Gesundheit. Göttingen

Alvesson, M.; Berg, P.O. (1992): Corporate Culture and Organizational Symbolism. Berlin u. a.

Alvesson, M.; Blom, M. (2015): Less followership, less leadership? An inquiry into the basic but seemingly forgotten downsides of leadership. In: M@n@gement 18(3), S. 266–282

Alvesson, M.; Spicer, A. (2011): Theories of leadership. In: *Alvesson, M.; Spicer A.* (Hrsg.): Metaphors We Lead by: Understanding Leadership in the Real World. London, S. 8–30

Alvesson, M.; Spicer, A. (2012): Critical leadership studies: The case for critical performativity. In: Human Relations 65(3), S. 367–390

Literaturverzeichnis

Alvesson, M.; Spicer, A. (2013): Does leadership create stupidity? In: *Lemmergaard, J; Muhr, S.L.* (Hrsg.): Critical Perspectives on Leadership: Emotion, Toxicity, and Dysfunction. Cheltenham u. a., S. 183–202

Alvesson, M.; Spicer, A. (2014): Critical perspectives on leadership. In: *Day, D.* (Hrsg.): The Oxford Handbook of Leadership and Organizations. Oxford u. a., S. 40–56

Alvesson, M; Sveningsson, S. (2003): Managers doing leadership: The extra-ordinarization of the mundane. In: Human Relations, 56(12), S. 1435–1459

Amelang, M.; Bartussek, D. (2001): Differentielle Psychologie und Persönlichkeitsforschung. 5. Aufl., Stuttgart

American Management Association (2006): The Ethical Enterprise: A Global Study of Business Ethics. New York

Ames, D.; Flynn, F.J. (2007): What breaks a leader: The curvilinear relationship between assertiveness and leadership. In: Journal of Personality and Social Psychology 92(2), S. 307–324

Amundsen, S.; Martinsen, O.L. (2014): Empowering leadership: Construct clarification, conceptualization, and validation of a new scale. In: The Leadership Quarterly 25(3), S. 487–511

Anand, S.; Vidyarthi, P.R.; Park, H.S. (2016): LMX differentiation: Understanding relational leadership at individual and group levels. In: *Bauer, T.N.; Erdogan, B.* (Hrsg.): The Oxford Handbook of Leader-Member Exchange. Oxford/New York, S. 263–292

Anderson, M.H.; Sun, P.Y.T. (2015a): Reviewing leadership styles: Overlaps and the need for a new 'full-range' theory. In: International Journal of Management Reviews, DOI: 10.1111/ijmr.12082

Anderson, M.H.; Sun, P.Y.T. (2015b): The downside of transformational leadership when encouraging followers to network. In: The Leadership Quarterly 26(5), S. 790–801

Anderson, P. (1999): Complexity theory and organization science. In: Organization Science 10(3), S. 216–232

Andreßen, P.; Konradt, U. (2007): Messung von Selbstführung: Psychometrische Überprüfung der deutschsprachigen Version des RSLQ. In: Zeitschrift für Personalpsychologie 6(3), S. 117–128

Antonakis, J. (2004): On why „emotional intelligence" will not predict leadership effectiveness beyond IQ or the „big five": An extension and rejoinder. In: Organizational Analysis 12(2), S. 171–182

Antonakis, J. (2011): Predictors of leadership: The usual suspects and the suspect traits. In: *Bryman, A.; Collinson, D.; Grint, K.; Jackson, B.; Uhl-Bien, M.* (Hrsg.): The Sage Handbook of Leadership. Thousand Oaks, S. 269–285

Antonakis, J. (2012): Transformational and charismatic leadership. In: *Day, D.V.; Antonakis, J.* (Hrsg.): The Nature of Leadership. London, S. 256–288

Antonakis, J., Avolio, B.J.; Sivasubramaniam, N. (2003): Context and leadership: An examination of the nine-factor full-range leadership theory using the Multifactor Leadership Questionnaire. In: The Leadership Quarterly 14(3), S. 261–295

Antonakis, J.; Ashkanasy, N.M.; Dasborough, M.T. (2009): Does leadership need emotional intelligence? In: The Leadership Quarterly 20(2), S. 247–261

Antonakis, J.; Atwater, L. (2002): Leader distance: A review and a proposed theory. In: The Leadership Quarterly 13(6), S. 673–704

Antonakis, J.; Cianciolo A.T.; Sternberg R.J. (2004): Leadership: Past, present, and future. In: *Antonakis J.; Cianciolo A.T.; Sternberg R.J.* (Hrsg.): The Nature of Leadership. Thousand Oaks, S. 3–15

Antonakis, J.; Dalgas, O. (2009): Predicting elections: Child's play! In: Science 323(5918), S. 1183

Antonakis, J.; House, R.J. (2002): An analysis of the full-range leadership theory: The way forward. In: *Avolio, B.J.; Yammarino, F.J.* (Hrsg.): Transformational and Charismatic Leadership: The Road Ahead. Amsterdam, S. 3–33

Antonakis, J.; Jacquart, P. (2013): The far side of leadership: Rather difficult to face. In: *Bligh, M.C.; Riggio, R.E.* (Hrsg.): When Near is Far and Far is Near: Distance in Leader-Follower Relationships. New York, S. 155–187

Antoni, C. (1994): Gruppenarbeit im Unternehmen: Konzepte, Erfahrungen, Perspektiven. Weinheim

Antoni, C. (2009): Gruppenarbeitskonzepte. In: *Rosenstiel, L.v.; Regnet, E.; Domsch, M.* (Hrsg.): Führung von Mitarbeitern: Handbuch für erfolgreiches Personalmanagement. 6. Aufl., Stuttgart, S. 336–343

Antoni, C.; Bungard, W. (2004): Arbeitsgruppen. In: *Schuler, H.* (Hrsg.): Organisationspsychologie 2: Gruppe und Organisation. Enzyklopädie der Psychologie. Göttingen, S. 129–191

Antonovsky, A. (1993): Gesundheitsforschung versus Krankheitsforschung. In: *Franke, A.; Broda, M.* (Hrsg.): Psychosomatische Gesundheit. Tübingen, S. 3–14

Antonovsky, A. (1997): Salutogenese. Zur Entmystifizierung von Gesundheit. Tübingen

Apel, K.-O. (1976): Transformation der Philosophie. 2 Bände, Frankfurt am Main

Apel, K.-O. (1986): Grenzen der Diskursethik? Versuch einer Zwischenbilanz. In: Zeitschrift für philosophische Forschung 40(1), S. 3–31

April, K.; Peters, K.; Locke, K.; Mlambo, C. (2010): Ethics and leadership: Enablers and stumbling blocks. In: Journal of Public Affairs 10(3), S. 152–172

Arafsha, F.; Masudul Alam, K.; Saddik, A. (2015): Design and development of a user centric affective haptic jacket. In: Journal for Multimedia Tools and Applications 74(9), S. 3035–3052

Arbeitsgruppe Soziologie (Hrsg.) (1993): Denkweisen und Grundbegriffe der Soziologie: Eine Einführung. Frankfurt am Main/New York

Argyle, M. (2013): Körpersprache & Kommunikation: Nonverbaler Ausdruck und Soziale Interaktion. 10. Aufl., Paderborn

Argyris, C. (1964): Integrating the Individual and the Organization. New York u. a.

Argyris, C.; Schön, D.A. (1978): Organizational Learning: Theory, Method and Practice. Reading, MA

Argyris, C.; Schön, D.A. (2008): Die Lernende Organisation: Grundlagen, Methode, Praxis. 3. Aufl., Stuttgart

Aristoteles (2002): Die Nikomachische Ethik. Aus dem Griechischen und mit einer Einführung und Erläuterungen versehen von Olof Gigon. 5. Aufl., München

Arnaud, G. (2012): The contribution of psychoanalysis to organization studies and management: An overview. In: Organization Studies 33(9), S. 1121–1135

Arnold, J.A.; Arad, S.; Rhoades, J.A.; Drasgow, F. (2000): The empowering leadership questionnaire: The construction and validation of a new scale for measuring leader behaviors. In: Journal of Organizational Behavior 21(3), S. 249–269

Arnold, P. (2003): Kooperatives Lernen im Internet: Qualitative Analyse einer Community of Practice im Fernstudium. Münster

Arnold, R. (2000): Das Santiago-Prinzip: Führung und Personalentwicklung im lernenden Unternehmen. Köln

Arnold, R. (2004): Lernen und Lerntheorien. In: Gaugler, E. (Hrsg.): Handwörterbuch des Personalwesens. 3. Aufl., Stuttgart, Sp. 1096–1103

Arnold, R.; Milbach, B. (2002): Annäherung an eine Erwachsenendidaktik des selbst gesteuerten Lernens. In: Clement, U.; Arnold, R. (Hrsg.): Kompetenzentwicklung in der beruflichen Bildung. Opladen, S. 13–28

Arnold, R.; Pachner, A. (2011): Konstruktivistische Lernkulturen für eine kompetenzorientierte Ausbildung künftiger Generationen. In: Eckert, T.; Hippel, A.v.; Pietraß, M.; Schmidt-Hertha, B. (Hrsg.): Bildung der Generationen. Wiesbaden, S. 299–307

Arrow, K.J. (1985): The economics of agency. In: Pratt, J.W.; Zeckhauser, R.J. (Hrsg.): Principals and Agents: The Structure of Business. Boston, S. 37–51

Artinger, F.; Petersen, M.; Gigerenzer, G.; Weibler, J. (2015): Heuristics as adaptive decision strategies in management. In: Journal of Organizational Behavior 36, S. 33–52

Arvey, R.D.; Ivancevich, J.M. (1980): Punishment in organizations: A review, propositions, and research suggestions. In: The Academy of Management Review 5(1), S. 123–132

Arvey, R.D.; Jones, A.P. (1985): The use of discipline in organizational settings: A framework for future research. In: Research in Organizational Behavior 7, S. 367–408

Arvey, R.D.; Rotundo, M.; Johnson, W.; Zhang, Z.; McGue, M. (2006): The determinants of leadership role occupancy: Genetic and personality factors. In: The Leadership Quarterly 17(1), S. 1–20

Arvey, R.D.; Wang, N.; Song, Z.; Li, W. (2014): The biology of leadership. In: Day, D.V. (Hrsg.): The Oxford Handbook of Leadership and Organizations. Oxford u. a., S. 73–92

Arvey, R.D.; Zhang, Z.; Avolio, B.J.; Krueger, R.F. (2007): Developmental and genetic determinants of leadership role occupancy among females. In: Journal of Applied Psychology 92(3), S. 693–706

Asendorpf, J.B. (2002): Emotionale Intelligenz nein, emotionale Kompetenz ja. Kommentar zum Artikel „Emotionale Intelligenz – ein irreführender und unnötiger Begriff" von Heinz Schuler. In: Zeitschrift für Personalpsychologie 1(4), S. 180–181

Asendorpf, J.B. (2005): Enzyklopädie der Psychologie. Serie Entwicklungspsychologie. Band 3: Soziale, emotionale und Persönlichkeitsentwicklung. Göttingen

Ashforth, B. (1997): Petty tyranny in organizations: A preliminary examination of antecedents and consequences. In: Canadian Journal of Administrative Science 14(2), S. 126–140

Ashforth, B.E.; Humphrey, R.H. (1995): Emotions in the workplace: A reappraisal. In: Human Relations 48(2), S. 97–125

Ashkanasy, N.M. (1989): Causal attributions and supervisors' response to subordinate performance: The Green and Mitchell model revisited. In: Journal of Applied Social Psychology 19, S. 309–330

Ashkanasy, N.M. (2002): Studies of cognition and emotions in organisations: Attributions, affective events, emotional intelligence and perception of emotion. In: Australian Journal of Management 27, S. 11–22

Ashkanasy, N.M. (2006): Special selection: Art and design in management education. In: Academy of Management Learning & Education 5(4), S. 484–485

Ashkanasy, N.M. (2013): Neuroscience and leadership: Take care not to throw the baby out with the bathwater. In: Journal of Management Inquiry 22(3), S. 311–313

Atkinson, J.W. (1957): Motivational determinants of risk-taking behavior. In: Psychological Review 64(6), S. 359–372

Atwater, L.E. (1988): The relative importance of situational and individual variables in predicting leader behavior. In: Group and Organization Studies 13(3), S. 290–310

Atwater, L.E.; Waldman, D.A.; Carey, J.A.; Cartier, P. (2001): Recipient and observer reactions to discipline: Are managers experiencing wishful thinking? In: Journal of Organizational Behavior 22(3), S. 249–270

Auer-Rizzi, W. (1998): Entscheidungsprozesse in Gruppen. Wiesbaden

Avey, J.B.; Reichard, R.J.; Luthans, F.; Mhatre, K.H. (2011): Meta-analysis of the impact of positive psychological capital on employee attitudes, behaviors, and performance. In: Human Resource Development Quarterly 22(2), S. 127–152

Avey, J.B.; Wernsing, T.S.; Luthans, F. (2008): Can positive employees help positive organizational change? Impact of psychological capital and emotions on relevant attitudes and behaviors. In: The Journal of Applied Behavioral Science 44(1), S. 48–70

Avolio, B.J. (1999): Full Leadership Development: Building the Vital Forces in Organizations. Thousand Oaks

Avolio, B.J. (2007): Promoting more integrative strategies for leadership theory building. In: American Psychologist 62(1), S. 25–33

Avolio, B.J.; Avey, J.B.; Quisenberry, D. (2010): Estimating return on leadership development investment. In: The Leadership Quarterly 21(4), S. 633–644

Avolio, B.J.; Bass, B.M. (2004): Multifactor Leadership Questionnaire Manual. 3. Aufl., Lincoln

Avolio, B.J.; Gardner, W.L. (2005): Authentic leadership development: Getting to the root of positive forms of leadership. In: The Leadership Quarterly 16(3), S. 315–338

Avolio, B.J.; Gardner, W.L.; Walumbwa, F.O.; Luthans, F.; May, D.R. (2004): Unlocking the mask: A look at the process by which authentic leaders impact follower attitudes and behaviors. In: The Leadership Quarterly 15(6), S. 801–823

Avolio, B.J.; Kahai, S.S. (2003): Adding the „E" to E-leadership: How it may impact your leadership. In: Organizational Dynamics 31(4), S. 325–338

Avolio, B.J.; Kahai, S.S.; Dodge, G.E. (2000): E-leadership: Implications for theory, research, and practice. In: The Leadership Quarterly 11(4), S. 615–668

Avolio, B.J.; Reichard, R.J.; Hannah, S.T.; Walumbwa, F.O.; Chan, A. (2009): A meta-analytic review of leadership impact research: Experimental and quasi-experimental studies. In: The Leadership Quarterly 20(5), S. 764–784

Avolio, B.J.; Sosik, J.J.; Kahai, S.S.; Baker, B. (2014): E-Leadership: Re-examining transformations in leadership source and transmission. In: 25th Anniversary Special Issue of The Leadership Quarterly 25(1), S. 105–131

Avolio, B.J.; Waldman, D.A.; Yammarino, F.J. (1991): Leading in the 1990s: The four I's of transformational leadership. In: Journal of European Indsutrial Training 15(4), S. 9–16

Avolio, B.J.; Walumbwa, F.O.; Weber, T.J. (2009): Leadership: Current theories, research, and future directions. In: Annual Review of Psychology 60, S. 421–449

Avolio, B.J.; Yammarino, F.J. (2002): Transformational and Charismatic Leadership: The Road Ahead. Oxford

Avolio, B.J.; Yammarino, F.J. (2013): Transformational and Charismatic leadership: The Road Ahead. 2. Aufl., Bingley

Avolio, B.J.; Zhu, W.; Koh, W.; Bhatia, P. (2004): Transformational leadership and organizational commitment: Mediating role of psychological empowerment and moderating role of structural distance. In: Journal of Organizational Behavior 25(8), S. 951–968

Axelrod, R. (1984): The Evolution of Cooperation. New York

Aycan, Z. (2006): Paternalism: Towards conceptual refinement and operationalization. In: *Yang, K.S.; Hwang, K.K.; Kim, U.* (Hrsg.): Scientific Advances in Indigenous Psychologies: Empirical, Philosophical, and Cultural Contributions. London, S. 445–466

Aycan, Z.; Kanungo, R.; Mendonca, M.; Yu, K.; Deller, J.; Stahl, G.; Kurshid, A. (2000): Impact of culture on human resource management practices: A 10-country comparison. In: Applied Psychology: An International Review 49(1), S. 192–221

Aycan, Z.; Schyns, B.; Sun, J.-M.; Felfe, J.; Saher, N. (2013): Convergence and divergence of paternalistic leadership: A cross-cultural investigation of prototypes. In: Journal of International Business Studies 44, S. 962–969

Ayman, R.; Adams, S. (2012): Contingencies, context, situation, and leadership. In: *Day, D.V.; Antonakis, J.* (Hrsg.): The Nature of Leadership. London, S. 218–255

Ayman, R.; Korabik, K. (2010): Leadership – Why gender and culture matter. In: American Psychologist 65(3), S. 157–170

Azevedo, F.A.; Carvalho, L.R.; Grinberg, L.T.; Farfel, J.M.; Ferretti, R.E.; Leite, R.E.; Jacob Filho, W.; Lent, R.; Herculano-Houzel, S. (2009): Equal numbers of neuronal and nonneuronal cells make the human brain an isometrically scaled-up primate brain. In: Journal of Comparative Neurology 513(5), S. 532–541

Babiak, P.; Hare, R.D. (2007): Snakes in Suits: When Psychopaths Go to Work. New York u. a.

Babiak, P.; Neumann, C.S.; Hare, R.D. (2010): Corporate psychopathy: Talking the walk. In: Behavioral Sciences and the Law 28(2), S. 174–193

Bachmann, R.; Lane, C. (1997): Vertrauen und Macht in zwischenbetrieblichen Kooperationen: Zur Rolle von Wirtschaftsrecht und Wirtschaftsverbänden in Deutschland und Großbritannien. In: *Schreyögg, G.; Sydow, J.* (Hrsg.): Managementforschung 7: Gestaltung von Organisationsgrenzen. Berlin/New York, S. 79–110

Back, A. (2016): Enterprise 2.0 – Digitale Transformation durch soziale Technologien. In: *Hoffmann, C.P.; Lennerts, S.; Schmitz, C.; Stölzle, W.; Uebernickel, F.* (Hrsg.): Business Innovation: Das St. Galler Managementmodell. Wiesbaden, S. 123–138

Badaracco, J.L.; Webb, A.P. (1995): Business Ethics: A view from the trenches. In: California Management Review 37(2), S. 8–28

Badura, B.; Ducki, A.; Schröder, H.; Klose, J.; Meyer, M. (2012): Fehlzeiten-Report 2012: Gesundheit in der flexiblen Arbeitswelt: Chancen nutzen – Risiken minimieren. Berlin/Heidelberg

Badura, B.; Walter, U.; Hehlmann, T. (2010): Betriebliche Gesundheitspolitik: Der Weg zur gesunden Organisation. 2. Aufl., Berlin/Heidelberg

Baer, R.A. (2003): Mindfulness training as a clinical intervention: A conceptual and empirical review. In: Clinical Psychology: Science and Practice 10(2), S. 125–143

Baer, R.A.; Smith, G.T.; Allen, K.B. (2004): Assessment of mindfulness by self-report: The Kentucky Inventory of Mindfulness Skills. In: Assessment 11(3), S. 191–206

Baethge-Kinsky, V.; Holm, R.; Tullius, K. (2006): Dynamische Zeiten – langsamer Wandel: Betriebliche Kompetenzentwicklung von Fachkräften in zentralen Tätigkeitsfeldern der deutschen Wirtschaft, Schlussbericht des Forschungsvorhabens „Kompetenzentwicklung in deutschen Unternehmen: Formen, Voraussetzungen und Veränderungsdynamik". Göttingen

Baker, S.P.; Qiang, Y.; Rebok, G.W.; Li, G. (2008): Pilot error in air carrier mishaps: Longitudinal trends among 558 reports, 1983–2002. In: Aviation, Space, and Environmental Medicine 79(1), S. 2–6

Bakker, A. (2011): An evidence-based model of work engagement. In: Current Directions in Psychological Science 20(4), S. 265–269

Bales, R.F. (1950): Interaction Process Analysis. Reading, MA

Bales, R.F. (1972): Instrumentelle und soziale Rollen in problemlösenden Experimentalgruppen. In: *Kunczik, M.* (Hrsg.): Führung: Theorien und Ergebnisse. Düsseldorf/Wien, S. 199–214

Bales, R.F.; Slater, P.E. (1969): Role differentiation in small decision-making groups. In: *Gibb, C.* (Hrsg.): Leadership. Harmondsworth, S. 255–276

Balkundi, P.; Harrison D.A. (2006): Ties, leaders, and time in teams: Strong inference about network structure's effects on team viability and performance. In: The Academy of Management Journal 49(1), S. 49–68

Balkundi, P.; Kilduff, M. (2006): The ties that lead: A social network approach to leadership. In: The Leadership Quarterly 17(4), S. 419–439

Literaturverzeichnis

Ball, G.A.; Sims, H.P. (1991): A conceptual analysis of cognition and affect in organizational punishment. In: Human Resources Management Review 1(3), S. 227–243

Baltes, B.; Zawacki-Richter, O. (2006): Didaktik des Distributed eLearning. Oldenburg

Balthazard, P.A.; Waldman, D.A.; Warren, J.E. (2009): Predictors of the emergence of transformational leadership in virtual decision teams. In: The Leadership Quarterly 20(5), S. 651–663

Bamberg, E.; Ducki, A.; Metz, A.-M. (2011): Gesundheitsförderung – Gesundheitsmanagement: Wissenschaftliche Grundlagen. In: *Bamberg, E.; Ducki, A.; Metz, A.-M.* (Hrsg.): Gesundheitsförderung und Gesundheitsmanagement in der Arbeitswelt: Ein Handbuch. Göttingen, S. 17–24

Bandura, A. (1976): Lernen am Modell: Ansätze zu einer sozial-kognitiven Lerntheorie. Stuttgart

Bandura, A. (1977): Self-efficacy: Toward a unifying theory of behavioral change. In: Psychological Review 84(2), S. 191–215

Bandura, A. (1979): Sozial-kognitive Lerntheorie. Stuttgart

Bandura, A. (1986): Social Foundation of Thought and Action: A Social Cognitive Theory. Englewood Cliffs, NJ

Bandura, A. (2001): Social cognitive theory: An agentic perspective. In: Annual Review of Psychology 52, S. 1–26

Bandura, A. (2003): Self-Efficacy: The Exercise of Control. 6. Aufl., New York

Bandura, A.; Cervone, D. (1986): Differential engagement of self-reactive influences in cognitive motivation. In: Organizational Behavior and Human Decision Processes 38(1), S. 92–113

Bardes, M.; Piccolo, R.F. (2010): Goal setting as an antecedent of destructive leader behaviors. In: *Schyns, B.; Hansbrough, T.* (Hrsg.): When Leadership Goes Wrong: Destructive Leadership, Mistakes, and Ethical Failures. Portsmouth, S. 3–22

Barkholz, U.; Israel, G.; Paulus, P.; Posse, N. (1997): Gesundheitsförderung in der Schule: Ein Handbuch für Lehrerinnen und Lehrer. Landesinstitut für Schule und Weiterbildung, Soest

Barling, J.; Weber, T.; Kelloway, E.K. (1996): Effects of transformational leadership training on attitudinal and financial outcomes: A field experiment. In: Journal of Applied Psychology 81(6), S. 827–832

Barnard, C. (1938): The Functions of the Executive. Cambridge

Bar-On, R.; Parker, J.D.A. (2000): The Bar-On Emotional Quotient Inventory: Youth Version (EQ- i:YV). Toronto

Barrett, L.F.; Mesquita, B.; Ochsner, K.N.; Gross, J.J. (2007): The experience of emotion. In: Annual Review of Psychology 58, S. 373–403

Barringer, B.R.; Harrison, J.S. (2000): 'Walking a tightrope': Creating value through interorganizational relationships. In: Journal of Management 26(3), S. 367–403

Barros, M. (2010): Emancipatory management: The contradiction between practice and discourse. In: Journal of Management Inquiry 19(2), S. 166–184

Barry, D.; Meisiek, S. (2010a): Seeing more and seeing differently: Sensemaking, mindfulness, and the workarts. In: Organization Studies 31(11), S. 1505–1530

Barry, D.; Meisiek, S. (2010b): The art of leadership and its fine art shadow. In: Leadership 6(3), S. 331–349

Barsky, A. (2008): Understanding the ethical cost of organizational goal-setting: A review and theory development. In: Journal of Business Ethics 81(1), S. 63–81

Bartel, C.A.; Wiesenfeld, B.M. (2013): The social negotiation of group prototype ambiguity in dynamic organizational contexts. In: The Academy of Management Review 38(4), S. 503–524

Bartlett, C.A.; Goshal, S. (1998): Wie sich die Rolle des Managers verändert. In: Harvard Business Manager 20, S. 79–90

Bartölke, K.; Grieger, J. (2004a): Führung und Kommunikation. In: *Gaugler, E.; Oechsler, W.A.; Weber, W.* (Hrsg): Handwörterbuch des Personalwesens. 3. Aufl., Stuttgart, Sp. 777–790

Bartölke, K.; Grieger, J. (2004b): Individuum und Organisation. In: *Schreyögg, G.; Werder, A.v.* (Hrsg.): Handwörterbuch Unternehmensführung und Organisation. 4. Aufl., Stuttgart, Sp. 464–472

Bartscher, T.R. (1990): Situatives Gedankengut innerhalb der Personalführung: Ein Überblick. In: Wirtschaftswissenschaftliches Studium 19(9), S. 457–462

Bass, B.M. (1985): Leadership and Performance beyond Expectations. New York

Bass, B.M. (1986): Charisma entwickeln und zielführend einsetzen. Landsberg/Lech

Bass, B.M. (1990): Bass and Stogdill's Handbook of Leadership: Theory, Research, and Managerial Applications. 3. Aufl., New York/London

Bass, B.M. (1998): Transformational Leadership: Industry, Military, and Educational Impact. Mahwah, NJ

Bass, B.M. (1999): Two decades of research and development in transformational leadership. In: European Journal of Work and Organizational Psychology 8(1), S. 9–32

Bass, B.M.; Avolio, B.J. (1990): Developing transformational leadership: 1992 and beyond. In: Journal of European Industrial Training 14(5), S. 21–27

Bass, B.M.; Avolio, B.J. (1993): Transformational leadership: A response to critiques. In: *Chemers, M.M.; Ayman, R.* (Hrsg.): Leadership Theory and Research. San Diego u. a., S. 49–80

Bass, B.M.; Avolio, B.J. (1994): Improving Organizational Effectiveness through Transformational Leadership. Thousand Oaks

Bass, B.M.; Avolio, B.J. (1995): Multifactor Leadership Questionnaire: Technical Report. Redwood City, CA

Bass, B.M.; Avolio, B.J.; Jung, D.I.; Berson, Y. (2003): Predicting unit performance by assessing transformational and transactional leadership. In: Journal of Applied Psychology 88(2), S. 207–218

Bass, B.M.; Bass, R. (2008): The Bass Handbook of Leadership: Theory, Research, and Managerial Applications. 4. Aufl., New York

Bass, B.M.; Riggio, R.E. (2006): Transformational Leadership. 2. Aufl., Mahwah, NJ

Bass, B.M.; Steidlmeier, P. (1999): Ethics, character and authentic transformational leadership behavior. In: The Leadership Quarterly 10(2), S. 181–217

Bass, B.M.; Valenzi, E.R.; Farrow, D.L.; Solomon, R.J. (1975): Management styles associated with organizational, task, personal, and interpersonal contingencies. In: Journal of Applied Psychology 60(6), S. 720–729

Batson, C.D. (1991): The Altruism Question: Toward a Social-Psychological Answer. Hillsdale, NJ

BAuA (Bundesanstalt für Arbeitsschutz und Arbeitsmedizin) (Hrsg.) (2013): Arbeitswelt im Wandel. Zahlen – Daten – Fakten. Ausgabe 2013, Dortmund

Bauman, D.C. (2013): Leadership and the three faces of integrity. In: The Leadership Quarterly 24(3), S. 414–426

Baumeister, R.F.; Bratslavsky, E.; Finkenauer, C.; Vohs, K.D. (2001): Bad is stronger than good. In: Review of General Psychology 5(4), S. 323–370

Baumgarten, R. (1977): Führungsstile und Führungstechniken. Berlin

Baur, J.E.; Ellen, P.B.; Buckley, M.R.; Ferris, G.R.; Allison, T.H.; McKenny, A.F.; Short, J.C. (2016): More than one way to articulate a vision: A configurations approach to leader charismatic rhetoric and influence. In: The Leadership Quarterly 27(1), S. 156–171

Bayer, M. (2015): Social Business treibt die digitale Transformation. In: Computerwoche. (http://www.computerwoche.de/a/social-business-treibt-die-digitale-transformation,3220384, abgerufen am 15.12.2015)

Bazerman, M.H.; Moore, D.A. (2008): Judgment in Managerial Decision Making. New York

Bear, M.F.; Connors, B.W.; Paradiso, M.A. (2007): Neuroscience: Exploring the Brain. 3. Aufl., Baltimore

Bechky, B.A.; Okhuysen, G.A. (2011): Expecting the unexpected? How SWAT officers and film crews handle surprises. In: The Academy of Management Journal 54(2), S. 239–261

Becker, B.E.; Huselid, M.A.; Ulrich, D. (2001): The HR Scorecard: Linking People, Strategy, and Performance. Boston, MA

Becker, F.G. (1992): Potentialbeurteilung. In: Gaugler, E.; Weber, W. (Hrsg.): Handwörterbuch des Personalwesens. 2. Aufl., Stuttgart, Sp. 1921–1929

Becker, F.G. (1994): Lexikon des Personalmanagements. München

Becker, F.G. (1995): Anreizsysteme als Führungsinstrumente. In: Kieser, A.; Reber, G.; Wunderer, R. (Hrsg.): Handwörterbuch der Führung. 2. Aufl., Stuttgart, Sp. 34–45

Becker, F.G. (2009): Grundlagen betrieblicher Leistungsbeurteilungen. 5. Aufl., Stuttgart

Becker, F.G.; Fallgatter, M.J. (1998): Betriebliche Leistungsbeurteilung: Lohnt die Lektüre der Fachbücher? In: Die Betriebswirtschaft 58(2), S. 225–241

Becker, M. (2013): Personalentwicklung: Bildung, Förderung und Organisationsentwicklung in Theorie und Praxis. 6. Aufl., Stuttgart

Becker, M. (2014): Führen mit Stellenbündeln. In: Rosenstiel, L. v./Regnet, E./Domsch, M.E. (Hrsg.): Führung von Mitarbeitern: Handbuch für ein erfolgreiches Personalmanagement, 7. Aufl., Stuttgart, S. 429–446

Becker, P. (2002): The four-plus-X-factor model as a framework for the description of normal and disordered personality: A pilot study. In: Trierer Psychologische Berichte. Band 29, Heft 1, Universität Trier, Trier

Becker, W.J.; Cropanzano, R.; Sanfey, A.G. (2011): Organizational neuroscience: Taking organizational theory inside the neural black box. In: Journal of Management 37(4), S. 933–961

Beckmann, J.; Heckhausen, H. (2006): Motivation durch Erwartung und Anreiz. In: Heckhausen, J.; Heckhausen, H. (Hrsg.): Motivation und Handeln. 3. Aufl., New York, S. 105–142

Bedorf, T. (2011): Andere: Eine Einführung in die Sozialphilosophie. Bielefeld

Beese, D. (1997): Wirkungen der Führung aus ethischer Sicht. In: Schriftenreihe der Polizei-Führungsakademie, 3 (Selbstverantwortung – Prinzip der Zukunft). Lübeck/Münster, S. 51–65

Bell, E.; Taylor, S. (2003): The elevation of work. In: Organization 10(2), S. 329–350

Belmi, P.; Pfeffer, J. (2015): How "organization" can weaken the norm of reciprocity: The effects of attributions for favors and a calculative mindset. In: Academy of Management Discoveries 1(1), S. 36–57

Bem, S.L. (1974): The measurement of psychological androgyny. In: Journal of Consulting and Clinical Psychology 42(2), S. 155–162

Bendahan, S.; Zehnder, C.; Pralong, F.P.; Antonakis, J. (2015): Leader corruption depends on power and testosterone. In: The Leadership Quarterly 26(2), S. 101–122

Bender, W. (2002): Selbst oder fremd – ist das die Frage? Selbstgesteuertes Lernen in der betrieblichen Weiterbildung. In: Kraft, S. (Hrsg.): Selbstgesteuertes Lernen in der Weiterbildung. Baltmannsweiler, S. 90–104

Berger, P.L.; Luckmann, T. (2009): Die gesellschaftliche Konstruktion der Wirklichkeit: Eine Theorie der Wissenssoziologie. 23. Aufl., Frankfurt am Main

Berggren, N.; Jordahl, H.; Pountvaara, P. (2010): The looks of a winner: Beauty and electoral success. In: Journal of Public Economics 94(1-2), S. 8–15

Bergman, J.Z.; Rentsch, J.R.; Small, E.E.; Davenport, S.W.; Bergman, M. (2012): The shared leadership process in decision-making teams. In: Journal of Social Psychology 152(1), S. 17–42

Bergner, S.; Rybnicek, R. (2015): Führungsforschung aus neurowissenschaftlicher Sicht. In: Felfe, J. (Hrsg.): Trends der psychologischen Führungsforschung: Neue Konzepte, Methoden und Erkenntnisse. Göttingen u. a., S. 543–565

Bernardin, H.J. (1989): Increasing the accuracy of performance measurement: A proposed solution to erroneous attributions. In: Human Resource Planning 12(3), S. 239–250

Bernerth, J.B.; Armenakis, A.; Feild, H.S.; Giles, W.F.; Walker, H.J. (2007a): Is personality associated with perceptions of LMX? An empirical study. In: Leadership & Organization Development Journal 28(7), S. 613–631

Bernerth, J.B.; Armenakis, A.; Feild, H.S.; Giles, W.F.; Walker, H.J. (2007b): Leader-member social exchange (LMSX): Development and validation of a scale. In: Journal of Organizational Behavior 28(8), S. 979–1003

Bernhut, S. (2011): In focus: The neuroscience of leadership. In: Ivey Business Journal 75(1), S. 1

Berntson, G.G.; Bechara, A.; Damasio, H.; Tranel, D.; Cacioppo, J.T. (2007): Amygdala contribution to selective dimensions of emotion. In: Social Cognitive and Affective 2(2), S. 123–129

Berson, Y.; Halevy, N.; Shamir, B.; Erez, M. (2015): Leading from different psychological distances: A construal-level perspective on vision communication, goal setting, and follower motivation. In: The Leadership Quarterly 26(2), S. 143–155

Berthel, J.; Becker, F.G. (2013): Personal-Management: Grundzüge für Konzeptionen betrieblicher Personalarbeit. 10. Aufl., Stuttgart

Berthoin Antal, A. (2009): Transforming Organizations with Arts. Research Report. WZB, Berlin

Berthoin Antal, A. (2014): When arts enter organizational spaces: Implications for organizational learning. In: *Berthoin Antal, A.; Meusburger, P.; Suarsana, L.* (Hrsg.): Learning Organizations. Dordrecht, S. 177–201

Berthoin Antal, A.; Strauß, A. (2013): Artistic interventions in organisations: Finding evidence of values added. Creative Clash Report. Forschungsbericht. WZB, Berlin

Beugré, C.D. (1998): Managing Fairness in Organizations. Westport, CT

Bewernick, M.; Schreyögg, G.; Costas, J. (2013): Charismatische Führung: Die Konstruktion von Charisma durch die deutsche Wirtschaftspresse am Beispiel von Ferdinand Piëch. In: Zeitschrift für betriebswirtschaftliche Forschung, 65(6), S. 434–465

Bhansing, P.V.; Leenders, M.A.; Wijnberg, N.M. (2012): Performance effects of cognitive heterogeneity in dual leadership structures in the arts: The role of selection system orientations. In: European Management Journal 30(6), S. 523–534

Bickle, J. (2010): Has the last decade of challenges to the multiple realization argument provided aid and comfort to psychoneural reductionists? In: Synthese 177(29), S. 247–260

Biehl-Missal, B. (2010): Hero takes a fall: A lesson from theatre for leadership. In: Leadership 6(3), S. 279–294

Biehl-Missal, B. (2011): Wirtschaftsästhetik: Wie Unternehmen die Kunst als Inspiration und Werkzeug nutzen. Wiesbaden

Bierhoff, H.W. (1992): Trust and trustworthiness. In: *Montada, L.; Filipp, S.H.; Lerner, M.J.* (Hrsg.): Life Crises and Experiences of Loss in Adulthood. Hillsdale, NJ, S. 411–433

Biernat, M.; Kobrynowicz, D. (1997): Gender- and race-based standards of competence: Lower minimum standards but higher ability standards for devalued groups. In: Journal of Personality and Social Psychology 72(3), S. 544–557

Bies, R.J.; Moag, J.S. (1986): Interactional justice: Communication criteria for fairness. In: *Sheppard, B.* (Hrsg.): Research on Negotiation in Organizations. Vol. 1, S. 43–55

Bies, R.J.; Tripp, T.M. (1996): Beyond distrust: „Getting even" and the need for revenge. In: *Kramer, R.M.; Tyler, T.R.* (Hrsg.): Trust in organizations. Thousand Oaks, S. 246–260

Bilfinger SE (2014): Bilfinger Nachhaltigkeitsbericht 2013, Pressenotiz (http://www.bilfinger.com/fileadmin/corporate_webseite/Presse/pressenotizen/2014/Bilfinger_Nachhaltigkeitsbericht_2013.pdf, abgerufen am 27.08.2015)

Bilfinger SE (2015): Diversity (http://www.bilfinger.com/karriere/diversity/, abgerufen am 27.08.2015)

Bingham, C.B.; Eisenhardt, K.M. (2011): Rational heuristics: The "simple rules" that strategists learn from process experience. In: Strategic Management Journal 32(13), S. 1437–1464

Bion, W.R. (1961): Experiences in Groups. London

Bion, W.R. (2007): Die Tavistock-Seminare. Tübingen

Bird, C. (1940): Social Psychology. New York

Bird, F.B.; Waters, J.A. (1989): The moral muteness of managers. In: California Management Review 32(1), S. 73–88

Bitterman, M.E. (2006): Classical conditioning since Pavlov. In: Review of General Psychology 10(4), S. 365–376

Björnavold, J. (2000): Lernen sichtbar machen: Ermittlung, Bewertung und Anerkennung nicht formal erworbener Kompetenzen in Europa. Thessaloniki

Black, D.S. (2015): Mindfulness training for children and adolescents: A state-of-the-science review. In: *Brown, K.W.; Creswell, D.; Ryan, R.M.* (Hrsg.): Handbook of Mindfulness. New York, S. 283–310

Blackshaw, P. (2014): Digital transformation at Nestlé: Playing to win. In: Journal of Brand Strategy 3(1), S. 6–11

Blaisdell, J.; Lang, M.; Kelly, M.; Muldoon, K.; Toner, J. (2014): Embracing "Bring your own device": Balancing risks of security breaches with the benefits of agile work practices. In: *Smith, P. A.C.; Cockburn, T.* (Hrsg.): Impact of Emerging Digital Technologies on Leadership in Global Business. Hershey, PA, S. 113–123

Blake, R.R.; McCanse, A. A. (1995): Das GRID-Führungsmodell. 3. Aufl., Düsseldorf u. a.

Blake, R.R.; Mouton, J.S. (1964): The Managerial Grid. Houston

Blake, R.R.; Mouton, J.S. (1985): The Managerial Grid III. Houston

Blaker, N.M.; Rompa, I.; Dessing, I.H.; Vriend, A.F.; Herschberg, C.; Van Vugt, M. (2013): The height leadership advantage in men and women: Testing evolutionary psychology predictions about the perceptions of tall leaders. In: Group Processes & Intergroup Relations 16(1), S. 17–27

Blank, W.; Weitzel, J.R.; Green, S.G. (1990): A test of the situational leadership theory. In: Personnel Psychology 43(3), S. 579–597

Blau, P.M. (1964): Exchange and Power in Social Life. New York

Blausen gallery (2014): The Limbic System. Wikimedia Commons (https://commons.wikimedia.org/wiki/File:Blausen_0614_LimbicSystem.png, abgerufen am 18.12.2015)

Bleicher, K.; Meyer, E. (1976): Führung in der Unternehmung: Formen und Modelle. Reinbek

Blessin, B.; Wick, A. (2014): Führen und Führen lassen. 7. Aufl., Konstanz

Blickle, G. (2004): Interaktion und Kommunikation. In: *Schuler, H.* (Hrsg.): Enzyklopädie der Psychologie. Band 4, Göttingen, S. 55–128

Blickle, G.; Witzki, A.H.; Schneider, P.B. (2009): Mentoring support and power: A three year predictive field study on protege networking and career success. In: Journal of Vocational Behavior 74(2), S. 181–189

Bligh, M.C.; Kohles, J.C.; Pillai, R. (2011): Romancing leadership: Past, present, and future. In: The Leadership Quarterly 22(6), S. 1058–1077

Blom, M.; Alvesson, M. (2015a): All-inclusive and all good: The hegemony ambiguity of leadership. In: Scandinavian Journal of Management 31(4), S. 480–492

Blom, M.; Alvesson, M. (2015b): A critical perspective on strategy as practice. In: *Golsorkhi, D.; Roulau, L.; Seidl, D.; Vaara, E.* (Hrsg.): Cambridge Handbook of Strategy as Practice. 2. Aufl., Cambridge, S. 409–431

Blumer, H. (1969): Symbolic Interactionism: Perspective and Method. Englewood Cliffs, NJ

Blumer, H. (1973): Der methodologische Standort des symbolischen Interaktionismus. In: *Arbeitsgruppe Bielefelder Soziologen* (Hrsg.): Alltagswissen, Interaktion und gesellschaftliche Wirklichkeit. Band 1: Symbolischer Interaktionismus und Ethnomethodologie, Reinbek, S. 80–146

BMAS/BAuA (Bundesministerium für Arbeit und Soziales/Bundesanstalt für Arbeitsschutz und Arbeitsmedizin) (Hrsg.) (2014): Sicherheit und Gesundheit bei der Arbeit 2012. Unfallverhütungsbericht Arbeit. Dortmund u. a.

BMBF (Bundesministerium für Bildung und Forschung) (2015): Zukunftsprojekt Industrie 4.0. (https://www.bmbf.de/de/zukunftsprojekt-industrie-4-0-848.html, abgerufen am 16.12.2015)

BMFSFJ (Bundesministerium für Familie, Senioren, Frauen und Jugend) (2009): Entgeltungleichheit zwischen Frauen und Männern in Deutschland, Dossier (http://www.bmfsfj.de/RedaktionBMFSFJ/Abteilung4/Pdf-Anlagen/dossier-entgeltungleichheit,property=pdf,rwb=true.pdf, abgerufen am 25.02.2016)

BMFSFJ (Bundesministerium für Familie, Senioren, Frauen und Jugend) (2015): Strategie "Gender Mainstreaming" (http://www.bmfsfj.de/BMFSFJ/gleichstellung,did=192702.html, abgerufen am 17.11.2015)

BMJV (Bundesministerium für Justiz und Verbraucherschutz) (2015): Mehr Frauen in Führungspositionen – Bundesrat beschließt Gesetz zur Frauenquote, Pressemitteilung (http://www.bmjv.de/SharedDocs/Pressemitteilungen/DE/2015/03272015_Frauenquote_Bundesrat.html, abgerufen am 25.02.2016)

BMWi (Bundesministerium für Wirtschaft und Technologie) (2013): Wissensbilanz-Made in Germany. Leitfaden 2.0 zur Erstellung einer Wissensbilanz (http://www.bmwi.de/BMWi/Redaktion/PDF/W/wissensmanagement-fw2013-teil3,property=pdf,bereich=bmwi2012,sprache=de,rwb=true.pdf, abgerufen am 11.08.15)

Bock, L. (2015): Work Rules. New York u. a.

Boddy, C.R. (2006): The dark side of management decisions: Organizational psychopaths. In: Management Decision 44(10), S. 1461–1475

Boehm, C. (2001): Hierarchy in the Forrest: The Evolution of Egalitarian Behavior. 2. Aufl., Cambridge, MA

Boehm, G. (2004): Bildbegriffe: Was ist ein Bild? In: *Maar, C.; Burda, H.* (Hrsg.): Iconic turn: Die neue Macht der Bilder. Köln, S. 27–54

Boehm, S.A.; Dwertmann, D.J.; Bruch, H.; Shamir, B. (2015): The missing link? Investigating organizational identity strength and transformational leadership climate as mechanisms that connect CEO charisma with firm performance. In: The Leadership Quarterly 26(2), S. 156–171

Boehringer Ingelheim (2015): Lead & Learn (https://www.boehringer-ingelheim.de/unternehmensprofil/unsere_vision.html, abgerufen am 21.09.2015)

Boes, A.; Bultemeier, A.; Gül, K.; Kämpf, T.; Langes, B.; Lühr, T.; Marrs, K.; Ziegler, A. (2015): Zwischen Empowerment und digitalem Fließband: Das Unternehmen der Zukunft in der digitalen Gesellschaft. In: *Sattelberger, T.; Welpe, I.; Boes, A.* (Hrsg.): Das demokratische Unternehmen: Neue Arbeits- und Führungsformen im Zeitalter digitaler Wirtschaft. Freiburg/München, S. 57–73

Bogardus, E.S. (1927): Leadership and social distance. In: Sociology and Social Research 12(1), S. 173–178

Böhme, G. (1995): Atmosphäre: Essays zur neuen Ästhetik. Frankfurt am Main

Böhme, G. (2001): Aisthetik: Vorlesungen über Ästhetik als allgemeine Wahrnehmungslehre. Paderborn

Böhnisch, W. (1991): Führung und Führungskräftetraining nach dem Vroom/Yetton-Modell. Stuttgart

Bohr, K. (1993): Effizienz und Effektivität. In: *Wittmann, W. u. a.* (Hrsg.): Handwörterbuch der Betriebswirtschaft. 5. Aufl., Teilband 1, Stuttgart, Sp. 855–869

Boies, K.; Fiset, J.; Gill, H. (2015): Communication and trust are key: Unlocking the relationship between leadership and team performance and creativity. In: The Leadership Quarterly 26(6), S. 1080–1094

Boje, D.M.; Pullen, A.; Rhodes, C.; Rosile, G.A. (2011): The virtual leader. In: *Bryman, A.; Collinson, D.; Grint, K.; Jackson, B.; Uhl-Bien, M.* (Hrsg.): The Sage Handbook of Leadership. Thousand Oaks, S. 518–129

Bolden, R. (2011): Distributed leadership in organizations: A review of theory and research. In: International Journal of Management Reviews 13(3), S. 251–269

Bollnow, O.F. (2008): Schriften – Studienausgabe in 12 Bänden. Band 1: Das Wesen der Stimmungen. Würzburg

Bolman, L.G.; Deal, T.E. (1995): Leading with Soul: An Uncommon Journey of Spirit. San Francisco

Bolton, G.E.; Zwick, R. (1995): Anonymity versus punishment in ultimatum bargaining. In: Games and Economic Behavior 10(1), S. 95–121

Bonabeau, E.; Meyer, C. (2001): Swarm intelligence: A whole new way to think about business. In: Harvard Business Review 79(5), S. 107–114

Bonacker, T.; Imbusch, P. (2010): Zentrale Begriffe der Friedens- und Konfliktforschung: Konflikt, Gewalt, Krieg, Frieden. In: *Imbusch, P.; Zoll, R.* (Hrsg.): Friedens- und Konfliktforschung – Eine Einführung. 5. Aufl., Wiesbaden, S. 67–142

Bongiorno, R.; Bain, P.G.; David, B. (2014): If your're going to be a leader, at least act like it! Prejudice towards women who are tentative in leader roles. In: British Journal of Social Psychology 53, S. 217–234

Böning, U. (2015a): Die systematische Ordnung aus der Sicht der empirischen Forschung. In: *Böning, U.; Kegel, C.*: Ergebnisse der Coaching-Forschung: Aktuelle Studien – ausgewertet für die Coaching-Praxis. Berlin/Heidelberg, S. 29–35

Böning, U. (2015b): Business-Coaching: 61 Studien. In: *Böning, U.; Kegel, C.*: Ergebnisse der Coaching-Forschung: Aktuelle Studien – ausgewertet für die Coaching-Praxis. Berlin/Heidelberg, S. 37–99

Böning, U.; Kegel, C. (2015): Ergebnisse der Coaching-Forschung. Aktuelle Studien – ausgewertet für die Coaching-Praxis. Berlin/Heidelberg

Bono, J.E., Judge, T. (2004): Personality and transformational and transactional leadership: A meta-analysis. In: Journal of Applied Psychology 89(5), S. 901–910

Bonus, T. (2009): Führung, Wandel und Innovationsbarrieren: Entwurf und empirische Untersuchung einer ökonomisch basierten Führungstheorie. Köln

Book, A.S.; Starzyk, K.B.; Quinsey, V.L. (2001): The relationship between testosterone and aggression: A meta-analysis. In: Aggression and Violent Behavior 6(6), S. 579–599

Borgatti, S.P.; Foster, P.C. (2003): The network paradigm in organizational research: A review and typology In: Journal of Management 29(6), S. 991–1013

Borman, W.C. (1987): Personal constructs, performance schemata, and „folk theories" of subordinate effectiveness: Explorations in an army officer sample. In: Organizational Behavior and Human Decision Processes 40(3), S. 307–322

Bormann, K.C.; Rowold, J. (2014): Führungsversagen im Alltag: Kann ethische Führung helfen? In: Wirtschaftspsychologie 16(3), S. 45–56

Boudreau, J.W. (1991): Utility analysis for decisions in human-resource-management. In: *Dunnette, M.D.; Hough, L.M.* (Hrsg.): Handbook of Industrial and Organizational Psychology. 2. Aufl., Palo Alto, CA, S. 621–745

Bowie, N.E. (2005): Expanding the horizons of leadership. In: *Ciulla, J.B.; Price, T.L.; Murphy, S.E.* (Hrsg.): The Quest for Moral Leaders: Essays on Leadership. Cheltenham/Northampton, S. 144–160

Bowler, M.; Brass D.J. (2006): Relational correlates of interpersonal citizenship behaviour: A social network perspective. In: Journal of Applied Psychology 91(1), S. 70–82

Boyatzis, R. (2011): Neuroscience and leadership: The promise of insights. In: Ivey Business Journal 75(1), S. 2

Boyd, R.; Richerson, P.J. (2005): The Origin and Evolution of Cultures. Oxford

Bradbury, H.; Lichtenstein, B. (2000): Relationality in organizational research: Exploring the „space between". In: Organization Science 11(5), S. 551–564

Bradford, D.L.; Cohen, A.R. (1998): Power up: Transforming Organizations through Shared Leadership. Chichester

Bradley, Y. (1999): Servant leadership: A critique of Robert Greenleaf's concept of leadership. In: Journal of Christian Education 42(2), S. 43–54

Brand, C.R. (1994): Open to experience – closed intelligence: Why the ‚Big Five' are really the ‚Comprehensive Six'. In: European Journal of Personality 8(4), S. 299–310

Brass, D.J. (1984): Being in the right place: A structural analysis of individual influence in an organization. In: Administrative Science Quarterly 29(4), S. 518–539

Brass, D.J.; Galaskiewicz, J.; Greve, H.R.; Tsai, W. (2004): Taking stock of networks and organizations: A multilevel perspective. In: The Academy of Management Journal 47(6), S. 795–817

Braun, S.; Peus, C.; Weisweiler, S.; Frey, D. (2013): Transformational leadership, job satisfaction, and team performance: A multilevel mediation model of trust. In: The Leadership Quarterly 24(1), S. 270–283

Braverman, H. (1974): Labor and Monopoly Capital: The Degradation of Work in the Twentieth Century. New York

Breevaart, K.; Bakker, A.B.; Demerouti, E.; Derks, D. (2015): Who takes the lead? A multi-source diary study on leadership, work engagement, and job performance. In: Journal of Organizational Behavior, DOI: 10.1002/job.2041

Breevaart, K.; Bakker, A.B.; Demerouti, E.; Van den Heuvel, M. (2015): Leader-member exchange, work engagement, and job performance. In: Journal of Managerial Psychology 30(7), S. 754–770

Brehm, J.W. (1966): A Theory of Psychological Reactance. New York

Brenkert, G.G. (2006): Integrity, responsible leaders and accountability. In: *Maak, T.; Pless, N.M.* (Hrsg.): Responsible leadership. London u. a., S. 95–107

Brocke, B.; Beauducel, A. (2001): Intelligenz als Konstrukt. In: *Stern, E.; Guthke, J.* (Hrsg.): Perspektiven der Intelligenzforschung: Ein Lehrbuch für Fortgeschrittene. Lengerich, S. 13–42

Bröckermann, R. (2012): Personalwirtschaft: Lehr- und Übungsbuch für Human Resource Management. 6. Aufl., Stuttgart

Brodbeck, F.C. (2016): Internationale Führung: Das GLOBE-Brevier in der Praxis. Berlin/Heidelberg

Brodbeck, F.C.; Frese, M. (2007): Societal culture and leadership in Germany. In: *Chhokar, J.S.; Brodbeck, F.C.; House, R.J.* (Hrsg.): Culture and Leadership across the World: The GLOBE Book of In-Depth Studies of 25 Societies. Mahwah, NJ, S. 147–214

Brodbeck, F.C.; Frese, M.; den Hartog, D.N.; Koopman, P.L.; Weibler, J. u. a. (2000): Cultural variation of leadership prototypes across 22 European countries. In: Journal of Occupational and Organizational Psychology 73(1), S. 1–29

Brodbeck, F.C.; Frese, M.; Javidan, M. (2002): Leadership made in Germany: Low on compassion, high on performance. In: The Academy of Management Executive 16(1), S. 16–29

Brogden, H.E. (1946): On the interpretation of the correlation coefficient as a measure of predicitive efficiency. In: Journal of Educational Psychology 37(2), S. 64–76

Brogden, H.E. (1949): When testing pays off. In: Personnel Psychology 2(2), S. 171–185

Brösel, G.; Keuper, F.; Wölbling, I. (2007): Zur Übertragung biologischer Konzepte in die Betriebswirtschaft. In: Zeitschrift für Management 2(4), S. 436–466

Brousseau, K.R.; Driver, M.J.; Hourihan, G.; Larsson, R. (2006): The seasoned executive's decision-making style. In: Harvard Business Review 84(2), S. 110–121

Brower, H.H.; Schoorman, F.D.; Tan, H.H. (2000): A model of relational leadership: The integration of trust and leader-member exchange. In: The Leadership Quarterly 11(2), S. 2227–2250

Brown, A. (2015): Questioning the mythology of the strong leader. In: Leadership 11(3), S. 374–383

Brown, D.J. (2012): In the minds of followers: Follower-centric approaches to leadership. In: *Day, D.; Antonakis, J.* (Hrsg.): The Nature of Leadership. London, S. 331–362

Brown, D.J.; Keeping, L.M. (2005): Elaborating the construct of transformational leadership: The role of affect. In: The Leadership Quarterly 16(2), S. 245–272

Brown, K.W.; Creswell, D.; Ryan, R.M. (2015): Introduction: The evolution of mindfulness science. In: *Brown, K.W.; Creswell, D.; Ryan, R.M.* (Hrsg.): Handbook of Mindfulness. New York, London, S. 1–6

Brown, K.W.; Ryan, R.M. (2003): The benefits of being present: Mindfulness and it's role in psychological well-being. In: Journal of Personality and Scoial Psychology 84(4), S. 822–848

Brown, K.W.; Ryan, R.M.; Creswell, D.J. (2007): Mindfulness: Theoretical foundations and evidence for its salutary effects. In: Psychological Inquiry 18(4), S. 211–237

Brown, M.E.; Gioia, D.A. (2002): Making things click: Distributive leadership in an online division of an offline organization. In: The Leadership Quarterly 13(4), S. 397–419

Brown, M.E.; Mitchell, M.S. (2010): Ethical and unethical leadership: Exploring new avenues for future research. In: Business Ethics Quarterly 20(4), S. 583–616

Brown, M.E.; Treviño, L.K. (2006): Ethical leadership: A review and future directions. In: The Leadership Quarterly 17(6), S. 595–616

Brown, M.E.; Treviño, L.K.; Harrison, D.A. (2005): Ethical leadership: A social learning perspective for construct development and testing. In: Organizational Behavior and Human Decision Processes 97(2), S. 117–134

Bruce, J. (2014): Become a mindful leader: Slow down to move faster. In: Forbes (http://www.forbes.com/sites/janbruce/2014/03/11/become-a-mindful-leader-slow-down-to-move-faster/, abgerufen am 10.11.2015)

Bruch, H.; Kunze, F. (2007): Management einer Aging Workforce: Ansätze zu Kultur und Führung. In: Zeitschrift Führung + Organisation 76(2), S. 72–77

Bruch, H.; Kunze, F.; Böhm, S.A. (2010): Generationen erfolgreich führen: Konzepte und Praxiserfahrungen zum Management des demographischen Wandels. Wiesbaden

Bruch, H.; Menges, J.I. (2010): The acceleration trap. In: Harvard Business Review 88(3), S. 80–86

Bruch, H.; Vogel, B.; Morhart, F. (2006): Organisationale Energie: Messen, Nutzen und Erhalten der produktiven Kraft von Unternehmen. In: Zeitschrift Führung + Organisation 75(1), S. 4–10

Bruch, H.; Walter, F. (2007): Leadership in context: Investigating hierarchial impacts on transformational leadership. In: Leadership and Organization Development Journal 28(8), S. 710–726

Bruner, J.S. (1990): Acts of Meaning. Cambridge, MA

Brunstein, J. (2006): Implizite und explizite Motive. In: *Heckhausen, J.; Heckhausen, H.* (Hrsg.): Motivation und Handeln. 3. Aufl., New York, S. 235–253

Brunstein, J.; Heckhausen, H. (2006): Leistungsmotivation. In: *Heckhausen, J.; Heckhausen, H.* (Hrsg.): Motivation und Handeln. 3. Aufl., New York, S. 143–191

Brunstein, J.; Maier, G.W. (2005): Implicit and self-attributed motives to achieve: Two separate but interacting needs. In: Journal of Personality and Social Psychology 89(2), S. 205–222

Bryman A. (1992): Charisma and Leadership in Organizations. London

Bryman, A. (1996): Leadership in organizations. In: *Clegg, S.R.; Hardy, C.; Nord, W.R.* (Hrsg.): Handbook of Organizational Studies. London, S. 276–292

Buchheld, N.; Grossman, P.; Walach, H. (2001): Measuring mindfulness in insight meditation (vipassana) and meditation-based psychotherapy: The development of the Freiburg Mindfulness Inventory (FMI). In: Journal for Meditation and Meditation Research 1(11), S. 11–34

Buchhofer, B. (1995): Soziale Rolle. In: *Fuchs-Heinritz, W. u.a.* (Hrsg.): Lexikon zur Sozialpsychologie. 3. Aufl., Opladen, S. 567–568

Buckingham, M.; Coffman, C. (2005): Erfolgreiche Führung gegen alle Regeln – Wie Sie wertvolle Mitarbeiter gewinnen, halten und fördern. Frankfurt am Main

Bühner, R.; Akitürk, D. (2000): Die Mitarbeiter mit einer Scorecard führen. In: Harvard Business Manager 22(4), S. 44–53

Buhse, W. (2012): Changing the mindset: Die Bedeutung des Digital Leadership für die Enterprise 2.0-Strategieentwicklung. In: *Lembke, G.; Soyez, N.* (Hrsg.): Digitale Medien im Unternehmen. Berlin/Heidelberg, S. 237–252

Bundesagentur für Arbeit (2015): Der Arbeitsmarkt in Deutschland. Frauen und Männer am Arbeitsmarkt 2014. Statistik/Arbeitsmarktberichterstattung, Juni 2015, Nürnberg (https://statistik.arbeitsagentur.de/Statischer-Content/Arbeitsmarktberichte/Personengruppen/generische-Publikationen/Frauen-Maenner-Arbeitsmarkt-2015-07.pdf, abgerufen am 06.12.2015)

Bungard, W.; Kohnke, O. (2000): Zielvereinbarungen erfolgreich umsetzen. Wiesbaden

Burch, G.St.J.; McCormick, I. (2009): The dark side: Relationships with psychopaths at work. In: *Morrison, R.L.; Wright, S.L.* (Hrsg.): Friends and Enemies in Organizations: A Work Psychology Perspective. Houndmills u.a., S. 224–249

Burkart, T.; Kleining, G.; Witt, H. (2010): Dialogische Introspektion: Ein gruppengestütztes Verfahren zur Erforschung des Erlebens. Wiesbaden

Burke, C.S.; Fiore, S.M.; Salas, E. (2003): The role of shared cognition in enabling shared leadership and team adaptability. In: *Pearce, C.L.; Conger, J.A.* (Hrsg.): Shared Leadership: Reframing the Hows and Whys of Leadership. Thousand Oaks, S. 103–122

Burke, C.S.; Sims, D.E.; Lazzara, E.H.; Salas, E. (2007): Trust in leadership: A multi-level review and integration. In: The Leadership Quarterly 18(6), S. 606–632

Burke, M.J.; Day, R.D. (1986): A cumulative study of the effectiveness of managerial training. In: Journal of Applied Psychology 71(2), S. 232–245

Burns, J.M. (1978): Leadership. New York

Burr, W. (2004): Innovationen in Organisationen. Stuttgart

Burrell, G.; Morgan, G. (1979): Sociological Paradigms and Organizational Analysis: Elements of the Sociology of Corporate Life. London

Burt, R.S. (1992): Structural Holes: The Social Structure of Competition. Cambridge, MA

Burt, R.S. (2004): Structural holes and good ideas. In: American Journal of Sociology 110(2), S. 349–399

Burt, R.S.; Knez, M. (1996): Trust and third-party-gossip. In: *Kramer, R.M.; Tyler, T.R.* (Hrsg.): Trust in Organizations. Thousand Oaks, S. 68–89

Busch, M. (2015): Management und Dynamik teambezogener Lernprozesse. München

Buss, A.H. (1961): The Psychology of Aggression. New York

Butterfield, K.D.; Treviño, L.K.; Ball, G.A. (1996): Punishment from the manager's perspective: A grounded investigation and inductive model. In: The Academy of Management Journal 39(6), S. 1479–1512

Butterfield, K.D.; Treviño, L.K.; Wade, K.J.; Ball, G.A. (2005): Organizational punishment from the manager's perspective: An exploratory study. In: Journal of Managerial Issues 17(3), S. 363–382

Bycio, P.; Hackett, R.D.; Allen, J.S. (1995): Further assessment of Bass's (1985) conceptualization of transactional and transformational leadership. In: Journal of Applied Psychology 80(4), S. 468–478

Byrne, D. (1971): The Attraction Paradigm. New York

Byrne, G.J.; Bradley, F. (2007): Culture's influence on leadership efficiency: How personal and national cultures affect leadership style. In: Journal of Business Research 60(2), S. 168–175

Calder, R.J. (1977): An attribution theory of leadership. In: *Staw, B.; Salanczik, G.* (Hrsg.): New Directions in Organizational Behavior. Chicago, S. 179–204

Camerer, C.F. (2003): Behavioral Game Theory: Experiments in Strategic Interaction. Princeton, NJ

Cameron, K. (2008): Positive Leadership: Strategies for Extraordinary Performance. 2. Aufl., San Francisco

Cameron, K. (2011): Responsible leadership as virtuous leadership. In: Journal of Business Ethics 98(1), S. 25–35

Campbell, J.P.; Pritchard, R.D. (1976): Motivations theory in industrial and organizational psychology. In*: Dunette, M.D.* (Hrsg.): Handbook of Industrial and Organizational Psychology. Chicago, S. 63–130

Campbell, S.M.; Ward, A.J.; Sonnenfeld, J.A.; Agle, B.R. (2008): Relational ties that bind: Leader-follower relationship dimensions and charismatic attribution. In: The Leadership Quarterly 19(5), S. 556–568

Cannon, M.D.; Edmondson, A.C. (2005): Failing to learn and learning to fail intelligently: How great organizations put failure to work to innovate and improve. In: Long Range Planning 38(3), S. 299–319

Cao, Q.; Gedajlovic, E.; Zhang, H. (2009): Unpacking organizational ambidexterity: Dimensions, contingencies, and synergistic effects. In: Organization Science 20(4), S. 781–796

Carli, L.C.; Eagly, A.H. (2012): Leadership and gender. In: *Day, D.V.; Antonakis, J.* (Hrsg.): The Nature of Leadership. London, S. 427–476

Carli, L.L. (2001): Gender and social influence. In: Journal of Social Issues 57(4), S. 725–741

Carli, L.L.; Eagly, A.H. (2001): Gender, hierarchy, and leadership: An introduction. In: Journal of Social Issues 57(4), S. 629–636

Carlyle, T. (1846): On Heroes, Hero-Worship and the Heroic in History. London

Carneiro, R.L. (1970): A theory of the origin of the state: Traditional theories of state origins are considered and rejected in favor of a new ecological hypothesis. In: Science 169(3947), S. 733–738

Carroll, A.B. (1991): The pyramid of corporate social responsibility: Toward the moral management of organizational stakeholders. In: Business Horizons 34(4), S. 39–48

Carroll, B. (2015): Leadership learning and development. In: *Carroll, B.; Ford, J.; Taylor, S.* (Hrsg.): Leadership Contemporary Critical Perspectives, London, S. 89–108

Carroll, B.; Levy, L.; Richmond, D. (2008): Leadership as practice: Challenging the competency paradigm. In: Leadership 4(4), S. 363–379

Carroll, S.J.; Tosi, H.L. (1973): Management by Objectives. New York

Carson, J.B.; Tesluk, P.E.; Marrone, J.A. (2007): Shared leadership in teams: An investigation of antecedent conditions and performance. In: The Academy of Management Journal 50(5), S. 1217–1234

Carsten, M.K.; Uhl-Bien, M.; West, B.J.; Patera, J.L.; McGregor, R. (2010): Exploring social constructions of followership: A qualitative study. In: The Leadership Quarterly 21(3), S. 543–562

Carter, D.R.; DeChurch, L.A.; Braun, M.T.; Contractor, N.S. (2015): Social network approaches to leadership: an integrative conceptual review. In: The Journal of Applied Psychology 100(3), S. 597–622

Carter, R.; Aldrige, S.; Page, M.; Parker, S.; Frith, C.; Frith, U.; Hofmann, K.; Wissmann, J. (2010): Das Gehirn: Anatomie, Sinneswahrnehmung, Gedächtnis, Bewusstsein, Störungen. London u. a.

Carver, C.S.; Scheier, M.F. (1981): Attention and Self-Regulation: A Control-Theory Approach to Human Behavior. New York

Carver, C.S.; Scheier, M.F. (1998): On the Self-Regulation of Behavior. Cambridge u. a.

Cascio, W.F. (1989): Using utility analysis to assess training outcomes. In: *Goldstein, I.L.* (Hrsg.): Training and Development in Organizations. San Francisco, S. 63–88

Cascio, W.F.; Boudreau, J.W. (2008): Investing in People: Financial Impact of Human Resource Initiatives. Upper Saddle River, NJ

Cascio, W.F.; Shurygailo, S. (2003): E-Leadership and virtual teams. In: Organizational Dynamics 31(4), S. 362–376

Caspers, S.; Heim, S.; Lucas, M.G.; Stephan, E.; Fischer, L.; Amunts, K.; Zilles, K. (2012): Dissociated neural processing for decisions in managers and non-managers. In: PLoS One 7(8): e43537. DOI: 10.1371/journal.pone.0043537

Cassirer, E. (1944): An Essay on Man. New Haven

Catalyst (2007): Catalyst Census of Women Board Directors of Fortune 500. New York

Catalyst (2015): Women CEOs of the S&P 500 (http://www.catalyst.org/knowledge/women-ceos-sp-500, abgerufen am 22.07.2015)

Cernavin, O.; Thiele, T.; Kowalski, M.; Winter, A. (2015): Digitalisierung der Arbeit und demografischer Wandel. In: *Jeschke, S.; Richert, A.; Hees, F.; Jooß, C.* (Hrsg.): Exploring Demographics: Transdisziplinäre Perspektiven zur Innovationsfähigkeit im demografischen Wandel. Wiesbaden, S. 67–81

Cha, J.H.; Nam, K.D. (1985): A test of Kelley's cube theory of attribution: A cross-cultural replication of McArthur's study. In: Korean Social Science Journal 12, S. 151–180

Chandler, D.J.; Fields, D. (2010): Ignoring the signposts: A process perspective of unethical and destructive leadership. In: *Schyns, B.; Hansbrough, T.* (Hrsg.): When Leadership Goes Wrong: Destructive Leadership, Mistakes, and Ethical Failures. Portsmouth, S. 99–143

Chang, S.; McDonald, P.; Burton, P. (2010): Methodological choices in work-life balance research 1987 to 2006: A critical review. In: The International Journal of Human Resource Management 21(13), S. 2381–2413

Chase, W.G.; Simon, H.A. (1973): Perception in chess. In: Cognitive Psychology 4, S. 55–81

Chemers, M.M.; Hays, R.B.; Rhodewalt, F.; Wysocki, J. (1985): A person-environment analysis of job stress: A contingency model explanation. In: Journal of Personality and Social Psychology 49(3), S. 628–635

Chen, C.C.; Belkin, L.Y.; McNamee, R.; Kurtzberg, T.R. (2013): Charisma attribution during organizational change: The importance of followers' emotions and concern for well-being. In: Journal of Applied Social Psychology 43(6), S. 1136–1158

Chen, G.; Sharma, P.N.; Edinger, S.K.; Shapiro, D.L.; Farh, J.-L. (2011): Motivating and demotivating forces in teams: Cross-level influences of empowering leadership and relationship conflict. In: Journal of Applied Psychology 96(3), S. 541–557

Chen, S. (2010): Bolstering unethical leaders: The role of media, financial analysts and shareholders. In: Journal of Public Affairs 10(3), S. 200–215

Chen, X.-P.; Eberly, M.B.; Chiang, T.-J.; Farh, J.-L.; Cheng, B.-S. (2014): Affective trust in Chinese leaders: Linking paternalistic leadership to employee performance. In: Journal of Management 40(3), S. 796–819

Cheng, B.S.; Chou, L.F.; Farh, J.L. (2000): A triad model of paternalistic leadership: The constructs and measurement. In: Indigenous Psychological Research in Chinese Societies 14, S. 3–64

Cheng, B.S.; Chou, L.F.; Wu, T.Y.; Huang, M.P.; Farh, J.L. (2004): Paternalistic leadership and subordinate responses: Establishing a leadership model in Chinese organizations. In: Asian Journal of Social Psychology 7(1), S. 89–117

Cheng, M.-Y.; Wang, L. (2015): The mediating effect of ethical climate on the relationship between paternalistic leadership and team identification: A team-level analysis in the Chinese context. In: Journal of Business Ethics 129(3), S. 639–654

Chhokar, J.S.; Brodbeck, F.C.; House, R.J. (Hrsg.) (2007): Culture and Leadership across the World: The GLOBE Book of In-Depth Studies of 25 Societies. Mahwah, NJ

Chiesa, A.; Serretti, A. (2009): Mindfulness-based stress reduction for stress management in healthy people: A review and meta-analysis. In: Journal of Alternative and Complementary Medicine 15(5), S. 593–600

Choi, J. (2008): Event justice perceptions and employees' reactions: Perceptions of social entity justice as a moderator. In: Journal of Applied Psychology 93(3), S. 513–528

Chou, W.-J.; Sibley, C.G.; Liu, J.H.; Lin, T.-T.; Cheng, B.-S. (2015): Paternalistic leadership profiles: A person-centered approach. In: Group & Organization Management 40(5), S. 685–710

Chreim, S. (2015): The (non)distribution of leadership roles: Considering leadership practices and configurations. In: Human Relations 68(4), S. 517–543

Christensen, J.L.; Mackey, A.; Whetten, D. (2014): Taking responsibility for corporate social responsibility: The role of leaders in creating, implementing, sustaining, or avoiding socially responsible firm behaviors. In: The Academy of Management Perspectives 28(2), S. 164–178

Christie, R. (1970): Why Machiavelli? In: *Christie, R.; Geis, F.L.* (Hrsg.): Studies in Machiavellianism. New York u.a., S. 1–9

Christie, R.; Geis, F.L. (Hrsg.) (1970): Studies in Machiavellianism. New York u.a.

Church, R.M. (1963): The varied effects of punishment on behavior. In: Psychological Review 70(5), S. 369–402

Cialdini, R.B.; Brown, S.L.; Lewis, B.P.; Luce, C.; Neuberg, S.L. (1997): Reinterpreting the empathy-altruism relationship: When one into one equals oneness. In: Journal of Personality and Social Psychology 73(3), S. 481–494

Cianci, A.M.; Hannah, S.T.; Roberts, R.P.; Tsakumis, G.T. (2014): The effects of authentic leadership on followers' ethical decision-making in the face of temptation: An experimental study. In: The Leadership Quarterly 25(3), S. 581–594

Ciulla, J.B. (1995): Leadership ethics: Mapping the territory. In: Business Ethics Quarterly 5(1), S. 5–28

Ciulla, J.B. (2005a): The state of leadership ethics and the work that lies before us. In: Business Ethics: A European Review 14(4), S. 323–335

Ciulla, J.B. (2005b): Introduction. In: *Ciulla, J.B.; Price, T.L.; Murphy, S.E.* (Hrsg.): The Quest for Moral Leaders: Essays on Leadership. Cheltenham/Northampton, S. 1–9

Clarke, N. (2013): Model of complexity leadership development. In: Human Resource Development International 16(2), S. 135–150

Claßen, M. (2013): Change Management aktiv gestalten: Personalmanager und Führungskräfte als Architekten des Wandels. 2. Aufl., Köln

Claxton, G.; Owen, D.; Sadler-Smith, E. (2013): Hubris in leadership: A peril of unbridled intuition? In: Leadership 11(1), S. 57–78

Clements, C.; Washbush, J.B. (1999): The two faces of leadership: Considering the dark side of leader-follower dynamics. In: Journal of Workplace Learning 11(5), S. 170–175

Cluley, R. (2008): The psychoanalytic relationship between leaders and followers. In: Leadership 4(2), S. 201–212

Coase, R.H. (1960): The problem of social cost. In: The Journal of Law and Economics 3, S. 1–44

Cogliser, C.C.; Schriesheim, C.A.; Scandura, T.A.; Gardner, W.L. (2009): Balance in leader and follower perceptions of leader- member exchange: Relationships with performance and work attitudes. In: The Leadership Quarterly 20(3), S. 452–465

Cohen, J. (1988): Statistical Power Analysis for the Behavioral Sciences. Hillsdale, NY

Cohen, M.D.; March, J.G. (1974): Leadership and Ambiguity: The American College President. New York

Cohen, S.G.; Bailey, D.E. (1997): What makes teams work: Group effectiveness research from the shop floor to the executive suite. In: Journal of Management 23(3), S. 239–290

Cohn, A.; Frederickson, B.L. (2009): Positive Emotions. In: *Lopez, S.J.; Snyder C.R.* (Hrsg.): The Oxford Handbook of Positive Psychology. 2. Aufl., New York, S. 13–24

Cole, M.S.; Bedeian, A.G.; Bruch, H. (2011): Linking leader behavior and leadership consensus to team performance: Integrating direct consensus and dispersion models of group composition. In: The Leadership Quarterly 22(2), S. 383–398

Cole, M.S.; Bruch, H.; Shamir, B. (2009): Social distance as a moderator of the effects of transformational leadership – Both neutralizer and enhancer. In: Human Relations 62(11), S. 1697–1733

Cole, T. (2015): Digitale Transformation: Warum die deutsche Wirtschaft gerade die Zukunft verschläft und was jetzt getan werden muss! München

Collins, D.B.; Holton, E.F. (2004): The effectiveness of managerial leadership development programs: A meta-analysis of studies from 1982 to 2001. In: Human Resource Development Quarterly 15(2), S. 217–248

Collinson, D. (2005a): Dialects of leadership. In: Human Relations 58(11), S. 1419–1442

Collinson, D. (2005b): Questions of distance. In: Leadership 1(2), S. 235–250

Collinson, D. (2006): Rethinking followership: A post-structuralist analysis of follower identities. In: The Leadership Quarterly 17(2), S. 179–189

Colman, A.M. (2003): Cooperation, psychological game theory, and limitations of rationality in social interaction. In: The Behavioral and Brain Sciences 26(2), S. 139–153

Colquitt, J.A. (2001): On the dimensionality of organizational justice: A construct validation of a measure. In: Journal of Applied Psychology 86(3), S. 386–400

Colquitt, J.A.; Scott, B.A.; LePine, J.A. (2007): Trust, trustworthiness, and trust propensity: A meta-analytic test of their unique relationships with risk taking and job performance. In: Journal of Applied Psychology 92(4), S. 909–927

Combe, I.A.; Carrington, D.J. (2015): Leaders' sensemaking under crises: Emerging cognitive consensus over time within management teams. In: The Leadership Quarterly 26(3), S. 307–322

Comelli, G.; Rosenstiel, L.v. (2009): Führung durch Motivation: Mitarbeiter für Organisationsziele gewinnen. 4. Aufl., München

Conger, J.A. (1990): The dark side of leadership. In: Organizational Dynamics 19(2), S. 44–55

Conger, J.A. (1993): Max Weber's conceptualization of charismatic authority: Its influence on organizational research. In: The Leadership Quarterly 4(3-4), S. 277–288

Conger, J.A. (1994): Spirit at Work: Discovering the Spirituality in Leadership. San Francisco

Conger, J.A. (2005): „Oh Lord, won't you buy me a Mercedes-Benz": How compensation practices are undermining the credibility of executive leaders. In: *Ciulla, J.B.; Price, T.L.; Murphy, S.E.* (Hrsg.): The Quest for Moral Leaders: Essays on Leadership. Cheltenham, S. 80–97

Conger, J.A. (2011): Charismatic leadership. In: *Bryman, A.; Collinson, D.; Grint, K.; Jackson, B.; Uhl- Bien, M.* (Hrsg.): The Sage Handbook of Leadership. Thousand Oaks, S. 86–102

Conger, J.A.; Hollenbeck, G.P. (2010): What is the character of research on leadership character? In: Consulting Psychology Journal: Practice and Research 62(4), S. 311–316

Conger, J.A.; Kanungo, R.N. (1988a): Behavioral dimensions of charismatic leadership. In: *Conger, J.A.; Kanungo, R.N.* (Hrsg.): Charismatic Leadership: The Elusive Factor in Organizational Effectiveness. San Francisco, S. 78–97

Conger, J.A.; Kanungo, R.N. (1988b): The empowerment process: Integrating theory and practice. In: The Academy of Management Review 13(4), S. 639–652

Conger, J.A.; Kanungo, R.N. (1994): Charismatic leadership in organizations: Perceived behavioral attributes and their measurement. In: Journal of Organizational Behavior 15(5), S. 439–452

Congleton, C.; Hölzel, B.K.; Lazar, S.W. (2015): Workout für das Gehirn. In: Harvard Business Manager (http://www.harvardbusinessmanager.de/blogs/wie-achtsamkeit-undmeditation-ihr-gehirn-veraendern-kann-a-1016687.html, abgerufen am 13.11.2015)

Conroy, S.A.; O'Leary-Kelly, A.M. (2013): Letting go and moving on: Work-related identity loss and recovery. In: The Academy of Management Review 39(1), S. 67–87

Cook, S.D.N. (2005): That which governs best: Leadership, ethics and human systems. In: *Ciulla, J.B.; Price, T.L.; Murphy, S.E.* (Hrsg.): The Quest for Moral Leaders. Essays on Leadership. Cheltenham, S. 131–143

Cooper, C.D.; Scandura, T.A.; Schriesheim, C.A. (2005): Looking forward but learning from our past: Potential challenges to developing authentic leadership theory and authentic leaders. In: The Leadership Quarterly 16(3), S. 475–493

Cooper, R. (2000): A new neuroscience of leadership: Bringing out more of the best in people. In: Strategy & Leadership 28(6), S. 11–15

Corbin, R.M. (1980): The secretary problem as a model of choice. In: Journal of Mathematical Psychology 21(1), S. 1–29

Costa, P.T.; McCrae, R.R. (1992): Multiple uses for longitudinal personality data. In: European Journal of Personality 6(2), S. 85–102

Costas, J.; Taheri, A. (2012): 'The return of the primal father' in postmodernity? A Lacanian analysis of authentic leadership. In: Organization Studies 33(9), S. 1195–1216

Côté, S.; Miners, C.T.H. (2006): Emotional intelligence, cognitive intelligence and job performance. In: Administrative Science Quarterly 51(1), S. 1–28

Covrig, D. (1998): Ethical dimensions of leadership (Book review). In: The Leadership Quarterly 9(2), S. 234–238

Cox, E.; Bachkirova, T.; Clutterbuck, D. (2014): Introduction. In: *Cox, E.; Bachkirova, T.; Clutterbuck, D.* (Hrsg.): The Complete Handbook of Coaching. 2. Aufl., London, S. 1–18

Craig, S.B.; Gustafson, S.B. (1998): Perceived leader integrity scale: An instrument for assessing employee perceptions of leader integrity. In: The Leadership Quarterly 9(2), S. 127–145

Crane, A.; McWilliams, A.; Matten, D.; Moon, J.; Siegel, D.S. (Hrsg.) (2008): The Oxford Handbook of Corporate Social Responsibility. Oxford

Creusen, U.; Eschemann, N.-R.; Johann, T. (2010): Positive Leadership: Psychologie erfolgreicher Führung – Erweiterte Strategie zur Anwendung des Grid-Modells. Wiesbaden

Creusen, U.; Müller-Seitz, G. (2010): Das Positive-Leadership-GRID – Eine Analyse aus Sicht des Positiven Managements. Wiesbaden

Crevani, L. (2015): Relational leadership. In: *Carroll, B.; Ford, J.; Taylor, S.* (Hrsg.): Leadership: Contemporary Critical Perspectives. London, S. 188–211

Crevani, L.; Lindgren, M.; Packendorff, J. (2007): Shared leadership: A postheroic perspective on leadership as a collective construction. In: International Journal of Leadership Studies 3(1), S. 40–67

Crevani, L.; Lindgren, M.; Packendorff, J. (2010): Leadership, not leaders: On the study of leadership as practices and interactions. In: Scandinavian Journal of Management 26(1), S. 77–86

Cronbach, L.J.; Gleser, G.C. (1965): Psychological Tests and Personnel Decisions. 2. Aufl., Urbana

Cropanzano, R.; Becker, W.J. (2013): The promise and peril of organizational neuroscience: Today and tomorrow. In: Journal of Management Inquiry 22(3), S. 306–310

Crosby, B.C.; Bryson, J.M. (2010a): Special issue on public integrative leadership: Multiple turns of the kaleidoscope. In: The Leadership Quarterly 21(2), S. 205–208

Crosby, B.C.; Bryson, J.M. (2010b): Integrative leadership and the creation and maintenance of cross-sector collaborations. In: The Leadership Quarterly 21(2), S. 211–230

Croskerry, P.; Singhal, G.; Mamede, S. (2013): Cognitive debiasing 1: Origins of bias and theory of debiasing. In: BMJ Quality & Safety 22 (Suppl 2), S. ii58–ii64

Csikszentmihalyi, M. (1975): Beyond Boredom and Anxiety: Experiencing Flow in Work and Play. San Francisco

Csikszentmihalyi, M. (2005a): Das Flow-Erlebnis. 9. Aufl., Stuttgart

Csikszentmihalyi, M. (2005b): Das Geheimnis des Glücks. Stuttgart

Csikszentmihalyi, M.; LeFevre, J. (1989): Optimal experience in work and leisure. In: Journal of Personality and Social Psychology 56(5), S. 815–822

Cube, F.v.; Dehner, K.; Schnabel, A. (2003): Führen durch Fordern: Die BioLogik des Erfolgs. München

Cullen, K.L.; Gerbasi, A.; Chrobot-Mason, D. (2015): Thriving in central network positions: The role of political skill. In: Journal of Management, DOI: 10.1177/0149206315571154

Cunliffe, A.L. (2009): The philosopher leader: On relationalism, ethics and reflexivity – A critical perspective to teaching leadership. In: Management Learning 40(1), S. 87–101

Cunliffe, A.L. (2011): Crafting qualitative research: Morgan and Smircich 30 years on. In: Organizational Research Methods 14(4), S. 647–673

Cunliffe, A.L.; Eriksen, M. (2011): Relational leadership. In: Human Relations 64(11), S. 1425–1449

Czarniawska, B. (2008): A Theory of Organizing. Cheltenham

D'Intino, R.; Goldsby, M.; Houghton, J.D.; Neck, C.P. (2007): Self-leadership: A process for entrepreneurial success. In: Journal of Leadership and Organizational Studies 13(4), S. 105–120

Dachler P.; Dyllick T. (1988): „Machen und Kultivieren": Zwei Grundperspektiven der Führung. In: Die Unternehmung 42(4), S. 283–295

Daft, R. (1983): Symbols in Organizations: A dual-content framework of analysis. In: *Pondy, L.R.; Frost, P.J.; Morgan, G.; Danbridge, T.C.* (Hrsg.): Organizational Symbolism. Greenwich, S. 199–206

Daft, R.L.; Lengel, R.H. (1986): Organizational information requirements, media richness and structural design. In: Management Science 32(5), S. 554–571

Daft, R.L.; Weick, K.E. (1984): Toward a model of organizations as interpretation systems. In: The Academy of Management Review 9(2), S. 284–295

Dahling, J.J.; Whitaker, B.D.; Levy, P.E. (2009): The development and validation of a new Machiavellianism scale. In: Journal of Management 35(2), S. 219–257

Daly, M.; Egan, M.; O'Reilly, F. (2015): Childhood general cognitive ability predicts leadership role occupancy across life: Evidence from 17,000 cohort study participants. In: The Leadership Quarterly 26(3), S. 323–341

Damásio, A.R. (2000): Ich fühle, also bin ich: Die Entschlüsselung des Bewusstseins. München. [Titel der englischen Originalausgabe: The Feeling of What Happens: Body and Emotions in the Making of Conciousness. New York]

Dammann, G. (2007): Narzissten, Egomanen, Psychopathen in der Führungsetage: Fallbeispiele und Lösungswege für ein wirksames Management. Bern u. a.

Danbridge, T.C.; Mitroff, I.; Joyce, W.F. (1980): Organizational symbolism: A topic to expand organizational analysis. In: The Academy of Management Review 5(1), S. 77–82

Dane, E.; Pratt, M.G. (2007): Exploring intuition and its role in managerial decision making. In: The Academy of Management Review 32(1), S. 33–54

Dansereau, F.; Graen, G.; Haga, W.J. (1975): A vertical dyad linkage approach to leadership within formal organizations: A longitudinal investigation of role making process. In: Organizational Behavior and Human Performance 13(1), S. 46–78

Darwin, C. (1871): Descent of Man. London

Dasborough, M.T. (2006): Cognitive asymmetry in employee emotional reactions to leadership behaviors. In: The Leadership Quarterly 17(2), S. 163–178

Dasborough, M.T.; Ashkanasy, N.M.; Tee, E.Y.J.; Tse, H.M. (2009): What goes around comes around: How meso-level negative emotional contagion can ultimately determine organizational attitudes toward leaders. In: The Leadership Quarterly 20(4), S. 571–585

Dasgupta, P. (1988): Trust as a commodity. In: *Gambetta, D.* (Hrsg.): Trust: Making and Breaking Cooperative Relations. Cambridge, S. 49–72

Dasgupta, P. (2011): Literature review: E-Leadership. In: Emerging Leadership Journeys 4, S. 1–36

David, F.R.; Pierce, J.A.; Randolph, W.A. (1989): Linking technology and structure to enhance group performance. In: Journal of Applied Psychology 74(2), S. 233–241

Davies, M.; Stankov, L.; Roberts, R.D. (1998): Emotional intelligence: In search of an elusive construct. In: Journal of Personality and Social Psychology 75(4), S. 989–1015

Davis, F.D.; Yi, M.Y. (2004): Improving computer skill training: Behavior modelling, symbolic mental rehearsal and role of knowledge structures. In: Journal of Applied Psychology 89(3), S. 509–523

Davis, K.M.; Gardner, W.L. (2012): Charisma under crisis revisited: Presidential leadership, perceived leader effectiveness, and contextual influences. In: The Leadership Quarterly 23(5), S. 918–933

Day, D.V. (2012): The nature of leadership development. In: *Day, D.V.; Antonakis, J.* (Hrsg.): The Nature of Leadership. London, S. 108–140

Day, D.V. (2014): The furture of leadership: challanges and prospects. In: *Day, D.V.* (Hrsg.): The Oxford Handbook of Leadership and Organizations. Oxford u. a., S. 589–587

Day, D.V.; Antonakis, J. (2012): The nature of leadership. London

Day, D.V.; Gronn, P.; Salas, E. (2004): Leadership capacity in teams. In: The Leadership Quarterly 15(6), S. 857–880

Day, D.V.; Gronn, P.; Salas, E. (2006): Leadership in team-based organizations: On the threshold of a new era. In: The Leadership Quarterly 17(3), S. 211–216

Day, D.V.; Harrison, M.M.; Halpin, S.M. (2009): An Integrative Approach to Leader Development: Connecting Adult Development, Identity and Expertise. New York/London

Day, D.V.; Lord, R.G. (1988): Executive leadership and organizational performance: Suggestions for a new theory and methodology. In: Journal of Management 14(3), S. 453–464

Day, D.V.; Miscenko, D. (2016): Leader–member exchange (LMX): Construct evolution, contributions, and future prospects for advancing leadership theory. In: *Bauer, T.N.; Erdogan, B.* (Hrsg.): The Oxford Handbook of Leader-Member Exchange. Oxford/New York, S. 1–23

De Cremer, D.; Van Dijke, M.; Mayer, D.M. (2010): Cooperating when "you" and "I" are treated fairly: The moderating role of leader prototypicality. In: Journal of Applied Psychology 95(6), S. 1121–1133

De Dreu, C.K.W. (2011): Conflict at work: Basic principles and applied issues. In: *Zedeck, S.* (Hrsg.): APA Handbook of Industrial and Organizational Psychology, Band 3: Washington, D.C, S. 461–493

de Groot, A.D. (1978): Thought and Choice in Chess. The Hague

de Hoogh, A.H.B.; den Hartog, D.N.; Koopman, P.L.; Thierry, H.; Van den Berg, P.T.; Van der Weide, J.G.; Wilderom, C.P.M. (2004): Charismatic leadership, environmental dynamism, and performance. In: European Journal of Work and Organizational Psychology 13(4), S. 447–471

De Vries, R.E.; Roe, R.A.; Taillieu, T.C.B. (1999): On charisma and need for leadership. In: European Journal of Work and Organizational Psychology 8(1), S. 109–133

de Waal, F. (2005): Der Affe in uns: Warum wir sind, wie wir sind. München

de Waal, F. (2008): Primaten und Philosophen: Wie die Evolution die Moral hervorbrachte. München

de Wit, F.R.; Greer, L.L.; Jehn, K.A. (2012): The paradox of intragroup conflict: A meta-analysis. In: Journal of Applied Psychology 97(2), S. 360–390

Deaux, K.; Emswiller, T. (1974): Explanations of successful performance on sex-linked tasks: What is skill for the male is luck for the female. In: Journal of Personality and Social Psychology 29(1), S. 80–85

Deci, E.L.; Koestner, R.; Ryan, R.M (1999): A meta-analytic review of experiments examining the effects of extrinsic rewards on intrinsic motivation. In: Psychological Bulletin 125(3), S. 627–668

Deci, E.L.; Ryan, R.M. (1985): Intrinsic Motivation and Self-Determination in Human Behavior. New York

Deci, E.L.; Ryan, R.M. (2000): The „what" and „why" of goal pursuits: Human needs and the self-determination of behavior. In: Psychological Inquiry 11(4), S. 227–268

Deci, E.L.; Ryan, R.M. (2002): Handbook of Self-Determination Research. Rochester, NY

Deckop, J.; Jurkiewicz, C.; Giacalone, R. (2010): Effects of materialism on work-related personal well-being. In: Human Relations 36(12), S. 1007–1030

DeDreu, C.K.W.; Weingart, L.R. (2003): Task versus relationship conflict, team performance, and team member satisfaction: A meta-analysis. In: Journal of Applied Psychology 88(4), S. 741–749

Deeg, J. (2009): Organizational discontinuity: Integrating evolutionary and revolutionary change theories. In: Management Revue 20(2), S. 190–208

Deeg, J. (2010): Der Abschied vom Vorgesetzten im traditionellen Sinn? Probleme und Perspektiven zeitgemäßer Personalführung in der öffentlichen Verwaltung. In: *Gourmelon, A.; Mroß, M.* (Hrsg.): Führung im öffentlichen Sektor. Baden-Baden, S. 90–113

Deeg, J.; Küpers, W.; Weibler, J. (2010): Integrale Steuerung von Organisationen. München

Deeg, J.; Weibler, J. (2008): Die Integration von Individuum und Organisation. Wiesbaden

Deeg, J.; Weibler, J. (2012): Führungstheorien auf dem Prüfstand – Eine Spurensuche nach (proto-)integralem Denken in der Führungslehre. In: Wirtschaftspsychologie 14(3), S. 21–33

Dehnbostel, P. (2002): Informelles Lernen: Aktualität und begrifflich inhaltliche Einordnungen. In: *Dehnbostel, P.; Gonon, P.* (Hrsg.): Informelles Lernen – eine Herausforderung für die berufliche Aus- und Weiterbildung. Bielefeld, S. 3–11

Dehnbostel, P. (2007): Lernen im Prozess der Arbeit. Münster

Dehnbostel, P.; Molzberger, G.; Overwien, B. (2003): Informelles Lernen in modernen Arbeitsprozessen: Dargestellt am Beispiel von Klein- und Mittelbetrieben der IT-Branche. Berlin

Deikman, A. (1990): The Wrong Way Home: Cults in Everyday Life. Boston

DeMiguel, V.; Garlappi, L.; Uppal, R. (2009): Optimal versus naive diversification: How inefficient is the 1/N portfolio strategy? In: Review of Financial Studies 22(5), S. 1915–1953

Den Hartog, D.N.; House, R.J.; Hanges, P.J.; Ruiz-Quintanilla, S.; Dorfman, P.W.; Brodbeck, F.C. and GLOBE Associates (including Weibler, J.) (1999): Culture specific and cross culturally generalizable implicit leadership theories: Are attributes of charismatic/transformational leadership universally endorsed? In: The Leadership Quarterly 10(2), S. 219–256

Denis, J.-L.; Kisfalvi, K.; Langley, A.; Rouleau, L. (2011): Perspectives on strategic leadership. In: *Bryman, A.; Collinson, D.; Grint, K.; Jackson, B.; Uhl-Bien, M.* (Hrsg): The Sage Handbook of Leadership, Thousand Oaks, S. 71–85

Denis, J.-L.; Lamothe, L.; Langley, A. (2001): The dynamics of collective leadership and strategic change in pluralistic organizations. In: The Academy of Management Journal 44(4), S. 809–837

Denis, J.-L.; Langley, A.; Sergi, V. (2012): Leadership in the plural. In: The Academy of Management Annals 6(1), S. 211–283

Dennis, R.; Bocarnea, M. (2005): Development of the servant leadership assessment instrument. In: Leadership & Organization Development Journal 26(8), S. 600–615

Derler, A. (2015): The Ideal Employee: The Influence of Work Context, Personality and Organizational Culture on Leaders' Prototypical Implicit Follower Theories. Dissertation. FernUniversität in Hagen

Derler, A.; Weibler, J. (2014): The ideal employee: Context and leaders' implicit follower theories. In: Leadership & Organization Development Journal 35(5), S. 386–409

DeRue, D.S. (2011): Adaptive leadership theory: Leading and following as a complex adaptive process. In: Research in Organizational Behavior 31, S. 125–150

DeRue, D.S.; Ashford, S.J. (2010): Who will lead and who will follow? A social process of leadership identity construction in organizations. In: The Academy of Management Review 35(4), S. 627–647

DeRue, D.S.; Nahrgang, J.D.; Wellman, N.; Humphrey, S.E. (2011): Trait and behavioral theories of leadership: An integration and meta-analytic test of their relative validity. In: Personnel Psychology 64(1), S. 7–52

DeSanctis, G.; Poole, M.S. (1994): Capturing the complexity in advanced technology use: Adaptive structuration theory. In: Organization Science 5(2), S. 121–147

Desmet, P.T.M.; Hoogervorst, N.; Van Dijke, M. (2015): Prophets vs. profits: How market competition influences leaders' disciplining behavior towards ethical transgressions. In: The Leadership Quarterly 26(6), S. 1034–1050

Dess, G.G.; Picken, J.C. (2000): Changing roles: Leadership in the 21st century. In: Organizational Dynamics 28(3), S. 18–34

Destatis (2015): Gender Pay Gap 2014. Abbildung, Statistisches Bundesamt, Wiesbaden (https://www.destatis.de/DE/ZahlenFakten/Indikatoren/QualitaetArbeit/Dimension1/1_5_GenderPayGap.html, abgerufen 09.12.2015)

Desvaux, G.; Devillard-Hoellinger, S.; Baumgarten, P. (2007): Women Matter: Gender Diversity, a Corporate Performance Driver. McKinsey & Company, Inc.

Deterding, S. (2008): Introspektion – Begriffe, Verfahren und Einwände in Psychologie und Kognitionswissenschaft. In: *Raab, J.; Pfadenhauer, M.; Stegmaier, P.; Dreher, J.; Schnettler, B.* (Hrsg.): Phänomenologie und Soziologie – Theoretische Positionen, aktuelle Problemfelder und empirische Umsetzungen. Wiesbaden, S. 327–337

Deterding, S.; Khaled, R.; Nacke, L.E.; Dixon, D. (2011): From game design elements to gamefulness: Defining "gamification." Proceedings of the MindTrek 2011 Conference. (https://www.cs.auckland.ac.nz/courses/compsci747s2c/lectures/paul/definition-deterding.pdf, abgerufen am 15.12.2015)

Deutsche Rentenversicherung (2015): Rentenversicherung in Zahlen 2015. Aktuelle Ergebnisse, Stand 12. Juni 2015.

DeVito, J.A. (1976): The Interpersonal Communication Book. New York

DFS Deutsche Flugsicherung GmbH (2016): Führung und Zusammenarbeit (http://www.dfs.de/dfs_karriereportal/de/Karriere/Arbeiten%20bei%20der%20DFS/Unternehmenskultur/Grunds%C3%A4tze%20f%C3%BCr%20F%C3%BChrung%20&%20Zusammenarbeit/, abgerufen am 15.01.2016)

DGFP (Deutsche Gesellschaft für Personalführung e.V.) (2015): Leadership Revolution! Führung im Umbruch gestalten. DGFP//lab (http://lab.dgfp.de/startseite.html, abgerufen am 12.08.2015)

Diaz-Bone, R. (Hrsg.) (2015): Methoden-Lexikon für die Sozialwissenschaften. Wiesbaden

Dickson, M.M.W.; Ehrhart, M. (2001): An organizational climate regarding ethics: The outcome of leader values and the practices that reflect them. In: The Leadership Quarterly 12(2), S. 197–217

Diddams, M.; Chang, G.C. (2012): Only human: Exploring the nature of weakness in authentic leadership. In: The Leadership Quarterly 23(3), S. 593–603

Dienesch, R.M.; Liden, R.C. (1986): Leader-member exchange model of leadership: A critique and further development. In: The Academy of Management Review 11(3), S. 618–634

Diettrich, A. (2004): Externalisierung betrieblicher Bildungsarbeit und Kompetenzentwicklung in Netzwerken: Konsequenzen für die Betriebspädagogik. In: *Dehnbostel, P.* (Hrsg.): Innovationen und Tendenzen der betrieblichen Berufsbildung. Stuttgart, S. 31–42

Dietz, J.; Dietz, T.; Stierlin, H. (2008): Selbst in Führung: Achtsam die Innenwelt meistern. 3. Aufl., Paderborn

DiLiello, T.C.; Houghton, J.D. (2004): Maximizing organizational leadership capacity for the future: Toward a model of self-leadership, innovation and creativity. In: Journal of Managerial Psychology 21(4), S. 319–337

Dinh, J.E.; Lord, R.G.; Gardner, W.L.; Meuser, J.D.; Liden, R.C.; Hu, J. (2014): Leadership theory and research in the new millennium: Current theoretical trends and changing perspectives. In: The Leadership Quarterly 25(1), S. 36–62

Dinh, J.E.; Lord, R.G.; Hoffman, E. (2014): Leadership perception and information processing: Influences of symbolic, connectionist, emotional, and embodied architectures. In: *Day, D.* (Hrsg.): The Oxford Handbook of Leadership and Organizations. Oxford u. a., S. 305–330

D'Innocenzo, L.; Mathieu, J. E.; Kukenberger, M.R. (2014): A meta-analysis of different forms of shared leadership-team performance relations. In: Journal of Management, DOI: 10.1177/0149206314525205

Dionne, S.D.; Yammarino, F.J.; Atwater, L.E.; James, L.R. (2002): Neutralizing substitutes for leadership theory: Leadership effects and common-source bias. In: Journal of Applied Psychology 87(3), S. 454–464

Dionne, S.D.; Yammarino, F.J.; Howell, J.P.; Villa, J. (2005): Substitutes for leadership, or not. In: The Leadership Quarterly 16(1), S. 169–193

Dirks, K.T.; Ferrin, D.L. (2002): Trust in leadership: Metaanalytic findings and implications for research and practice. In: Journal of Applied Psychology 87(4), S. 611–628

Dittrich-Brauner, K.; Dittmann, E.; List, V.; Windisch, C. (2008): Großgruppenverfahren: Lebendig Lernen – Veränderung gestalten. Heidelberg

Dixon, K.; Panteli, N. (2010): From virtual teams to virtuality in teams. In: Human Relations 63(8), S. 1177–1197

Dobbins, G.H.; Russel, J.M. (1986): Self-serving biases in leadership: A laboratory experiment. In: Journal of Management 12(4), S. 475–483

Dolan, P.; Peasgood, T.; White, M. (2008): Do we really know what makes us happy? A review of the economic literature on the factors associated with subjective well-being. In: Journal of Economic Psychology 29(1), S. 94–122

Domes, G.; Heinrichs, M.; Gläscher, J.; Büchel, C.; Braus, D.; Herpertz, S. (2007): Oxytocin attenuates amygdala responses to emotional faces regardless of valence. In: Biological Psychiatry 62(10), S. 1187–1190

Domsch, M.; Gerpott, T.J. (2004): Personalbeurteilung. In: *Gaugler, E.; Oechsler, W.A.; Weber, W.* (Hrsg.): Handwörterbuch des Personalwesens. 3. Aufl., Stuttgart, Sp. 1431–1441

Domsch, M.; Schneble, A. (1991): Mitarbeiterbefragungen. Heidelberg

Domsch, M.; Schneble, A. (1995): Mitarbeiterbefragungen. In: *Rosenstiel, L.v.* (Hrsg.): Führung von Mitarbeitern: Handbuch für erfolgreiches Personalmanagement. 3. Aufl., Stuttgart, S. 635–648

Domsch, M.E.; Ladwig, D. (2013): Mitarbeiterbefragungen – Stand und Entwicklung. In: *Domsch, M.E.; Ladwig, D.* (Hrsg.): Handbuch Mitarbeiterbefragung. 3. Aufl., Berlin/Heidelberg, S. 11–55

Dooley, K.J.; Lichtenstein, B. (2008): Research methods for studying the dynamics of leadership. In: *Uhl-Bien, M.; Marion, R.* (Hrsg.): Complexity Leadership. Part I: Conceptual Foundations. Charlotte, NC, S. 269–290

Doppler, K.; Lauterburg, C. (2014): Change Management: Den Unternehmenswandel gestalten. 13. Aufl., Frankfurt am Main

Dorfman, P.; Javidan, M.; Hanges, P.; Dastmalchian, A.; House, R. (2012): GLOBE: A twenty year journey into the intriguing world of culture and leadership. In: Journal of World Business 47(4), S. 504–518

Dorfman, P.W.; Hanges, P.J.; Brodbeck, F.C. (2004): Leadership and cultural variation: The identification of culturally endorsed leadership profiles In: *House, R.J.; Hanges, P.J.; Javidan, M.; Dorfman, P.W.; Gupta, V.* (Hrsg.): Culture, Leadership and Organizations: The GLOBE Study of 62 Societies. Thousand Oaks, S. 669–719

Döring, N.; Bortz, J. (2016): Forschungsmethoden und Evaluation in den Sozial- und Humanwissenschaften. 5. Aufl., Berlin/Heidelberg

Dörner, D.; Wearing, A.J. (1995): Complex problem solving: Toward a (computersimulated) theory. In: *Frensch, P.A.; Funke, J.* (Hrsg.): Complex Problem Solving: The European Perspective. Hillsdale, NJ, S. 65–99

Downton, J.V. (1973): Rebel Leadership: Commitment and Charisma in the Revolution Process. New York

dpa (2015): Folgen des Abgas-Skandals. VW holt Hohmann-Dennhardt in den Vorstand, T-Online (http://www.t-online.de/wirtschaft/unternehmen/id_75800872/abgas-skandal-vw-holt-hohmann-dennhardt-von-daimler.html, abgerufen am 20.10.2015)

Dragoni, L.; Oh, I.-S.; Tesluk, P.E.; Moore, O.A.; VanKatwyk, P.; Hazucha, J. (2014): Developing leaders' strategic thinking through global work experience: The moderating role of cultural distance. In: Journal of Applied Psychology 99(5), S. 867–882

Drath, W.H. (2001): The Deep Blue Sea: Rethinking the Source of Leadership. San Francisco

Drath, W.H.; McCauley, C.D.; Palus, C.J.; Van Velsor, E.; O'Connor, P.M.; McGuire, J.B. (2008): Direction, alignment, commitment: Toward a more integrative ontology of leadership. In: The Leadership Quarterly 19(6), S. 635–653

Dreher, G.F.; Cox, T.H. (1996): Race, gender, and opportunity: A study of compensation attainment and the establishment of mentoring relationships. In: Journal of Applied Psychology 81(3), S. 297–308

Drescher, M.A.; Korsgaard, M.A.; Welpe, I.M.; Picot, A.; Wigand, R.T. (2014): The dynamics of shared leadership: Building trust and enhancing performance. In: Journal of Applied Psychology 99(5), S. 771–783

Dreyfus, H.L.; Dreyfus, S.L. (1986): Mind over Machine. Oxford

Driver, M. (2013): The lack of power or the power of lack in leadership as a discursively constructed identity. In: Organization Studies 34(3), S. 407–422

Driver, M. (2015): How trust functions in the context of identity work. In: Human Relations 68(6), S. 899–923

Drory, A.; Gluskinos, U.M. (1980): Machiavellianism and leadership. In: Journal of Applied Psychology 65(1), S. 81–86

Drucker, P. (1954): The Practice of Management. New York

Dubs, R. (1995a): Pädagogik und Führung. In: *Kieser, A.; Reber, G.; Wunderer, R.* (Hrsg): Handwörterbuch der Führung. 2. Aufl., Stuttgart, Sp. 1689–1694

Dubs, R. (1995b): Sanktionen als Führungsinstrumente. In: *Kieser, A.; Reber, G.; Wunderer, R.* (Hrsg.): Handwörterbuch der Führung. 2. Aufl., Stuttgart, Sp. 1868–1873

Duff, K.; Schoenberg, M.R.; Scott, J.G.; Adams, R.L. (2005): The relationship between executive functioning and verbal and visual learning and memory. In: Archives of Clinical Neuropsychology 20(1), S. 111–122

Duffy, M.K.; Ganster, D.; Pagon, M. (2002): Social undermining in the workplace. In: The Academy of Management Journal 45(2), S. 331–351

Duignan, P.A.; Bhindi, N. (1996): Authenticity in leadership: An emerging perspective. In: Journal of Educational Administration 35(3), S. 195–209

Dulebohn, J.H.; Bommer, W.H.; Liden, R.C.; Brouer, R.L.; Ferris, G.R. (2012): A Meta-analysis of antecedents and consequences of leader-member exchange: Integrating the past with an eye toward the future. In: Journal of Management 38(6), S. 1715–1759

Dumdum, U.R.; Lowe, K.B.; Avolio, B.J. (2002): A meta-analysis of transformational and transactional leadership correlates of effectiveness and satisfaction: An update and extension. In: *Avolio, B.J.; Yammarino, F.J.* (Hrsg.): Transformational and Charismatic Leadership: The Road Ahead. Oxford, S. 36–66

Dumdum, U.R.; Lowe, K.B.; Avolio, B.J. (2013): A meta-analysis of transformational and transactional leadership correlates of effectiveness and satisfaction: An update and extension. In: *Avolio, B.J.; Yammarino, F.J.* (Hrsg.): Transformational and Charismatic Leadership: The Road Ahead. 2. Aufl., S. 39–70

Dust, S.B.; Ziegert, J.C. (2015): Multi-leader teams in review: A contingent-configuration perspective of effectiveness. In: International Journal of Management Reviews, DOI: 10.1111/ijmr.12073

Dutfield, M.; Eling, C. (1993): Gesprächsführung für Manager: Mitarbeiter kompetent beraten und beurteilen. Frankfurt am Main

Düwell, M.; Hübenthal, C.; Werner, M.H. (2002): Handbuch Ethik. Stuttgart

Dvir, T.; Eden, D.; Avolio, B.J.; Shamir, B. (2002): Impact of transformational leadership on follower development and performance: A field experiment. In: The Academy of Management Journal 45(4), S. 735–744

Dweck, C.S. (1986): Motivational processes affecting learning. In: American Psychologist 41(10), S. 1040–1048

Dweck, C.S.; Leggett, E.L. (1988): A social-cognitive approach to motivation and personality. In: Psychological Review 95(2), S. 256–273

Dyer, J.H.; Singh, H. (1998): The relational view: Cooperative strategy and sources of interorganizational competitive advantage. In: The Academy of Management Review 23(4), S. 660–679

Dyer, J.R.G.; Johansson, A.; Helbing, D.; Couzin, I.D.; Krause, J. (2009): Leadership, consensus, decision making and collective behavior in human crowds. In: Philosophical Transactions of the Royal Society 364(1518), S. 781–789

Eagleson, G.; Waldersee, R.; Simmons, R. (2000): Leadership behavior similarity as a basis of selection into a management team. In: The British Psychological Society 39(2), S. 301–308

Eagly, A.H. (2005): Achieving relational authenticity in leadership: Does gender matter? In: The Leadership Quarterly 16(3), S. 459–474

Eagly, A.H.; Carli, L.L. (2003): The female leadership advantage: An evaluation of the evidence. In: The Leadership Quarterly 14(6), S. 807–834

Eagly, A.H.; Johannesen-Schmidt, M.C. (2001): The leadership styles of women and men. In: Journal of Social Issues 57(4), S. 781–797

Eagly, A.H.; Johannesen-Schmidt, M.C.; Van Engen, M.L. (2003): Transformational, transactional, and laissez faire leadership styles: A meta-analysis comparing women and men. In: Psychological Bulletin 129(4), S. 569–591

Eagly, A.H.; Johnson, B.T. (1990): Gender and leadership style: A meta-analysis. In: Psychological Bulletin 108(2), S. 233–256

Eagly, A.H.; Karau, S.J. (2002): Role congruity theory of prejudice toward female leaders. In: Psychological Review 109(3), S. 573–598

Eberhardt, D.; Majkovic, A.-L. (2015): Die Zukunft der Führung: Eine explorative Studie zu den Führungsherausforderungen von morgen. Wiesbaden

Eberl, P. (1996): Die Idee des organisationalen Lernens: Konzeptionelle Grundlagen und Gestaltungsmöglichkeiten. Bern u.a.

Eberly, M.B.; Johnson, M.D.; Hernandez, M.; Avolio, B.J. (2013): An integrative process model of leadership: Examining loci, mechanisms, and event cycles. In: American Psychologist 68(6), S. 427–443

Ebers, M.; Gotsch, W. (2014): Institutionenökonomische Theorien der Organisation. In: *Kieser, A., Ebers, M.* (Hrsg.): Organisationstheorien. 7. Aufl., Stuttgart u.a., S. 195–255

Ebner, H.G.; Krell, G. (1991): Die Vorgesetztenbeurteilung: Ein Verfahren zur Verbesserung der Führungsqualität in Organisationen. In: *Berthel, J.; Groenewald, H.* (Hrsg.): Personal-Management: Zukunftsorientierte Personalarbeit. Landsberg/Lech, Abschnitt 4.2, S. 1–14

Ebner, N.C.; Freund, A.M. (2009): Konzepte der Motivationspsychologie: Annäherungs- vs. Vermeidungsmotivation. Approach vs. Avoidance Motivation. In: *Brandstätter, V.; Otto, J.H.* (Hrsg.): Handbuch der Allgemeinen Psychologie – Motivation und Emotion. Göttingen, S. 72–78

Eck, C.; Jöri, H.; Vogt, M. (2010): Assessment-Center. Entwicklung und Anwendung. 2. Aufl., Berlin/Heidelberg

Eckloff, T.; Van Quaquebeke, N. (2008): „Ich folge Dir, wenn Du in meinen Augen eine gute Führungskraft bist, denn dann kann ich mich auch mit Dir identifizieren." Wie Einflussoffenheit von Untergebenen über Identifikationsprozesse vermittelt wird. In: Zeitschrift für Arbeits- und Organisationspsychologie 52(4), S. 169–181

Edelkraut, F. (2011): Mentoring 2.0: Nischenthema auf dem Vormarsch. In: Weiterbildung 5, S. 30–33

Edelmann, W. (2000): Lernpsychologie. 6. Aufl., Weinheim

Eden, D.; Leviatan, U. (2005): From implicit personality theory to implicit Leadership theory. In: *Schyns, B.; Meindl, J.R.* (Hrsg.): Implicit Leadership Theories – Essays and Explorations. Greenwich, CT, S. 3–14

Eder, A.; Bös, C. (2008): „Sometimes you must have a conflict": Eine kostenstruktur-bezogene Typologisierung von sozialen Konflikten in Unternehmen unter Berücksichtigung von Konfliktkulturen, Forschungsbericht Projekt „Kostenstruktur-bezogene Typologisierung von Konflikten in Unternehmen". Wien

Ehrhart, M.G.; Klein, K.J. (2001): Predicting followers' preferences for charismatic leadership: The influence of follower values and personality. In: The Leadership Quarterly 12(2), S. 153–179

Ehrlich, C.; Lange, Y. (2006): Zufrieden statt motiviert. In: Personal 58(4), S. 24–28

Eichenberg, T. (2007): Distance Leadership: Modellentwicklung, empirische Überprüfung und Gestaltungsempfehlungen. Wiesbaden

Eikhof, D.R.; Warhurst, C.; Haunschild, A. (2007): Introduction: What work? What life? What balance? – Critical reflections on the work-life balance debate. In: Employee Relations 29(4), S. 325–333

Eilers, S.; Möckel, K.; Rump, J.; Schabel, F. (2014): HR-Report 2014/2015 – Schwerpunkt Führung: Eine empirische Studie des Instituts für Beschäftigung und Employability IBE im Auftrag von Hays für Deutschland, Österreich und die Schweiz (https://www.hays.de/documents/10192/118775/hays-studie-hr-report-2014-2015.pdf, abgerufen am 19.10.2015)

Einarsen, S.; Aasland, M.S.; Skogstad, A. (2007): Destructive leadership behavior: A definition and conceptual model. In: The Leadership Quarterly 18(3), S. 207–216

Eisenbeiß, S.A.; Giessner, S.R. (2012): The emergence und maintainance of ethical leadership in organizations: A question of embeddedness? In: Journal of Personnel Psychology 11(1), S. 7–19

Eisenbeiss, S.A.; Van Knippenberg, D. (2015): On ethical leadership impact: The role of follower mindfulness and moral emotions. In: Journal of Organizational Behavior 36(2), S. 182–195

Eisenbeiss, S.A.; Van Knippenberg, D.; Boerner, S. (2008): Transformational leadership and team innovation: Integrating team climate principles. In: Journal of Applied Psychology 93(6), S. 1438–1446

Eisenberger, N.I.; Lieberman, M.D. (2004): Why rejection hurts: A common neural alarm system for physical and social pain. In: Trends in Cognitive Sciences 8(7), S. 294–300

Eisenhardt, K.M.; Sull, D.N. (2001): Strategy as simple rules. In: Harvard Business Review 79(1), S. 106–116

Elbanna, S. (2015): Intuition in project management and missing links: Analyzing the predicating effects of environment and the mediating role of reflexivity. In: International Journal of Project Management 33(6), S. 1236–1248

Elfenbein, H.A. (2008): Emotions in organizations: A review and theoretical integration. In: The Academy of Management Annals 1(1), S. 315–386

Elger, C. (2009): Neuroleadership: Erkenntnisse der Hirnforschung für die Führung von Mitarbeitern. München

Ellemers, N.; De Gilder, D.; Haslam, S.A. (2004): Motivating individuals and groups at work: A social identity perspective on leadership and group performance. In: The Academy of Management Review 29(3), S. 459–478

Elloy, D.F. (2005): The influence of superleader behaviors on organization commitment, job satisfaction and organization self-esteem in a self-managed work team. In: Leadership & Organizational Development Journal 26(2), S. 120–127

Elster, J. (1986): Rational Choice. New York

Ely, R.; Padavic, I. (2007): A feminist analysis of organizational research on sex differences. In: The Academy of Management Review 32(4), S. 1121–1143

Emirbayer, M.; Goodwin, J. (1994): Network analysis, culture, and the problem of agency. In: American Journal of Sociology 99(6), S. 1411–1454

Emmerling, R.J.; Shanwal, V.K.; Mandal, M.K. (2008): Emotional Intelligence: Theoretical and Cultural Perspectives. New York

Emmons, R.A. (1999): The Psychology of Ultimate Concerns: Motivation and Spirituality in Personality. New York

Emmons, R.A. (2000): Is spirituality an intelligence? Motivation, cognition, and the psychology of ultimate concern. In: The International Journal for the Psychology of Religions 10(1), S. 3–26

Enderle, G. (1986): Problembereiche einer Führungsethik im Unternehmen. Beiträge und Berichte des Instituts für Wirtschaftsethik an der Universität St. Gallen. Nr. 15, St. Gallen

Enderle, G. (1993): Handlungsorientierte Wirtschaftsethik: Grundlagen und Anwendungen. Bern u. a.

Enderle, K. (2008): „Misstrauenssignale entfernen". Interview mit Michael Kosfeld. In: Personalmagazin 07/08, S. 16–17

Endres, S.; Weibler, J. (2012): Führung in Unternehmensnetzwerken: „Wenn kollektive Lernprozesse nicht verstanden werden, dann …". In: *Domsch, M.E.; Regnet, E.; Rosenstiel, L.v.* (Hrsg.): Führung von Mitarbeitern: Fallstudien zum Personalmanagement. 3. Aufl., Stuttgart, S. 393–396

Endres, S.; Weibler, J. (2014): Führung in interorganisationalen Netzwerken – Shared Network Leadership. In: *Rosenstiel, L.v.; Regnet, E.; Domsch, M.E.* (Hrsg.): Führung von Mitarbeitern: Handbuch für erfolgreiches Personalmanagement. 7. Aufl., Stuttgart, S. 403–428

Endres, S.; Weibler, J. (2016): Towards a three-component model of relational social constructionist leadership (RSCL): A systematic review and critical interpretive synthesis. In: International Journal of Management Reviews, DOI: 1111/ijmr. 12095

Endrissat, N.; Müller, W.R.; Kaudela-Baum, S. (2007): En route to an empirically-based understanding of authentic leadership. In: European Management Journal 25(3), S. 207–220

Engeser, S.; Vollmeyer, R. (2005): Tätigkeitsanreize und Flow-Erleben. In: *Vollmeyer, R.; Brunstein, J.* (Hrsg.): Motivationspsychologie und ihre Anwendung. Stuttgart, S. 59–71

Ensley, M.D.; Hmieleski, K.M.; Pearce, C.L. (2006): The importance of vertical and shared leadership within new venture top management teams: Implications for the performance of startups. In: The Leadership Quarterly 17(3), S. 217–231

Ensley, M.D.; Pearce, C.L. (2001): Shared cognition in top management teams: Implications for new venture performance. In: Journal of Organizational Behavior 22(2), S. 145–160

Erdogan, B.; Bauer, T.N. (2014): Leader-member exchange (LMX) theory: The relational approach to leadership. In: *Day, D.V.* (Hrsg.): The Oxford Handbook of Leadership and Organizations. New York, S. 407–433

Erdogan, B.; Bauer, T.N. (2016): Leader-member exchange theory: A glimpse into the future. In: *Bauer, T.N.; Erdogan, B.* (Hrsg.): The Oxford Handbook of Leader-Member Exchange. Oxford/New York, S. 413–423

Ergeneli, A.; Gohar, R.; Temirbekova, Z. (2007): Transformational leadership: Its relationship to culture value dimensions. In: International Journal of Intercultural Relations 31(6), S. 703–724

Erikson, E.H. (1973): Identität und Lebenszyklus. Frankfurt am Main

Ernst & Young (2012): Mixed Leadership: Gemischte Führungsteams und ihr Einfluss auf die Unternehmensperformance (http://www.mff-memorandum.de/fileadmin/pdfs/Forschung/Ernst___Young_Mixed_Leadership_2012.pdf, abgerufen am 06.12.2015)

Erpenbeck, J.; Heyse, V. (2007): Die Kompetenzbiografie: Wege der Kompetenzentwicklung. 2. Aufl., Münster u. a.

Etzioni, A. (1967): Soziologie der Organisation. München

Europäische Kommission (2012): Frauen in wirtschaftlichen Entscheidungspositionen in der EU: Fortschrittsbericht. Eine Europa-2020-Initiative, Amt für Veröffentlichungen der Europäischen Union, Luxemburg (http://ec.europa.eu/justice/newsroom/gender-equality/opinion/files/120528/women_on_board_progress_report_de.pdf, abgerufen am 27.08.2015)

Eurostat (2015): The unadjusted gender pay gap, 2013(1) – difference between average gross hourly earnings of male and female employees as % of male gross earnings (http://ec.europa.eu/eurostat/statistics-explained/index.php/File:The_unadjusted_gender_pay_gap,_2013_%281%29_-_difference_between_average_gross_ hourly_earnings_of_male_and_female_employees_as_%25_of_male_gross_earnings.png, abgerufen am 28.07.2015)

Evans, M. (1987): Führungstheorien: Weg-Ziel-Theorie. In: *Kieser, A.; Rieber, G.; Wunderer, R.* (Hrsg.): Handwörterbuch der Führung. Stuttgart, Sp. 948–965

Evans, M.G. (1970): The effects of supervisory behavior on the path-goal relationship. In: Organizational Behavior and Human Performance 5(3), S. 277–298

Evans, M.G. (1995): Führungstheorien – Weg-Ziel-Theorie. In: *Kieser, A.; Reber, G.; Wunderer, R.* (Hrsg.): Handwörterbuch der Führung. 2. Aufl., Stuttgart, Sp. 1075–1092

Fairhurst, G.T. (2007): Discursive Leadership: In Conversation with Leadership Psychology. Los Angeles

Fairhurst, G.T. (2009): Considering context in discursive leadership research. In: Human Relations 62(1), S. 1607–1633

Fairhurst, G.T.; Connaughton, S.L. (2014): Leadership: A communicative perspective. In: Leadership 10(1), S. 7–35

Fairhurst, G.T.; Cooren, F. (2009): Leadership as the hybrid production of presence(s). In: Leadership 5(4), S. 469–490

Fairhurst, G.T.; Grant, D. (2010): A sailing guide to the social construction of leadership. In: Management Communication Quarterly 23(2), S. 171–210

Fairhurst, G.T.; Putnam, L. (2004): Organizations as discursive constructions. In: Communication Theory 14(1), S. 5–26

Falk, A.; Kosfeld, M. (2006): The hidden costs of control. In: American Economic Review 96(5), S. 1611–1630

Falk, A.; Menrath, I.; Verde, P.E.; Siegrist, J. (2011): Cardiovascular consequences of unfair pay. Discussion paper series No. 5720. Forschungsinstitut zur Zukunft der Arbeit (http://nbn-resolving.de/urn:nbn:de:101:1-201106013332, abgerufen am 17.11.2015)

Falk, A.; Szech, N. (2013): Morals and markets. In: Science 340(6133), S. 707–711

Fallgatter, M.J.; Stelzer, F. (2008): Zum 360-Grad-Dilemma – wo Feedback kein Feedback ist. In: Zeitschrift für Management 3(3), S. 282–297

Farh, J.-L.; Cheng, B.S. (2000): A cultural analysis of paternalistic leadership in Chinese organizations. In: *Li, J.T.; Tsui, A.S.; Weldon, E.* (Hrsg.): Management and Organizations in the Chinese Context. London, S. 84–127

Farh, J.L.; Cheng, B.S.; Chou, L.F.; Chu, X.P. (2006): Authority and benevolence: Employees' responses to paternalistic leadership in China. In: *Tsui, A.S.; Bian, Y.; Cheng, L.* (Hrsg.): China's Domestic Private Firms: Multidisciplinary Perspectives on Management and Performance. New York, S. 230–260

Farh, J.L.; Griffeth, R.W.; Balkin, D.B. (1991): Effects of choice of pay plans on satisfaction, goal setting, and performance. In: Journal of Organizational Behavior 12(1), S. 55–62

Farh, J.-L.; Podsakoff, P.M.; Organ, D.W. (1990): Accounting for organizational citizenship behavior: Leader fairness and task scope versus satisfaction. In: Journal of Management 16(4), S. 705–721

Faulstich, P. (1998): Strategien der betrieblichen Weiterbildung: Kompetenz und Organisation. München

Fehr, E.; Fischbacher, U. (2003): The nature of human altruism. In: Nature 425(6960), S. 785–791

Fehr, E.; Fischbacher, U. (2004): Third-party punishment and social norms. In: Evolution and Human Behavior 25(106), S. 63–87

Fehr, E.; Schmidt, K.M. (2006): The economics of fairness, reciprocity and altruism – experimental evidence and new theories. In: *Kolm, S.-C.; Ythier, J.M.* (Hrsg.): Handbook of the Economics of Giving, Altruism and Reciprocity. Amsterdam, S. 615–691

Fein, E.; Weibler, J. (2014): Review and shortcomings of literature on corruption in organizations in offering a multi-faceted and integrative understanding of the phenomenon. In: Behavioral Development Bulletin, Special Issue on Positive Adult Development 19(3), S. 67–77

Feinbier, R.J. (2015): Psycholinguistik in der Gesprächsführung: Theorie und Praxis einer psycholinguistischen Sprechaktanalyse. Wiesbaden

Feldmann, M. (2010): Die Wahrnehmung der Gerechtigkeit von Führungskräften in Arbeitssituationen – Ein kritischer Beitrag zur Messung und Analyse von Gerechtigkeitswahrnehmungen in Organisationen. Dissertation. FernUniversität in Hagen

Felfe, J. (2005): Personality and romance of leadership. In: *Schyns, B.; Meindl, J.R.* (Hrsg.): Implicit Leadership Theories: Essays and Explorations: The Leadership Horizon Series. Vol. 3, Greenwich, CT, S. 199–225

Felfe, J. (2006a): Transformationale und charismatische Führung – Stand der Forschung und aktuelle Entwicklungen. In: Zeitschrift für Personalpsychologie 5(4), S. 163–176

Felfe, J. (2006b): Validierung einer deutschen Version des "Multifactor Leadership Questionnaire" (MLQ Form 5 x Short) von Bass und Avolio (1995). In: Zeitschrift für Arbeits- und Organisationspsychologie 50(2), S. 61–78

Felfe, J. (2009): Mitarbeiterführung. Göttingen

Felfe, J.; Elprana, G.; Gatzka, M.; Stiehl, S. (2012): FÜMO Hamburger Führungsmotivationsinventar. Göttingen

Felix, S. (2015): McMindfulness: Reguliere dich selbst. In: ZEITonline (http://www.zeit.de/kultur/2015-09/mcmindfulness-silicon-valley-kapitalismus-buddhismus, abgerufen am 16.11.2015)

Fellows, L.K.; Stark, M.; Berg, A.; Chatterjee, A. (2008): Patient registries in cognitive neuroscience research: Advantages, challenges, and practical advice. In: Journal of Cognitive Neuroscience 20(6), S. 1107–1113

Ferdig, M.A. (2007): Sustainability Leadership: Co-creating a Sustainable Future. In: Journal of Change Management 7(1), S. 25–35

Fernandez, S.; Cho, Y.J.; Perry, J.L. (2010): Exploring the link between integrated leadership and public sector performance. In: The Leadership Quarterly 21(2), S. 308–323

Fersch, J.M. (2005): Erfolgsorientierte Gesprächsführung: Leitfaden für effektive und effiziente Mitarbeitergespräche und Mitarbeiterbesprechungen. Wiesbaden

Festing, M.; Dowling, P.J.; Weber, W.; Engle, A.D. (2011): Internationales Personalmanagement. 3. Aufl., Wiesbaden

Festinger, L. (1950): Informal social communication. In: Psychological Review 57(5), S. 271–282

Festinger, L.; Schachter, S.; Back, K. (1950): Social Pressures in Informal Groups: A Study of Human Factors in Housing. Palo Alto, CA

Fiedler, F.E. (1967): A Theory of Leadership Effectiveness. New York

Fiedler, F.E. (2002): The curious role of cognitive resources in leadership. In: *Riggio, R.E.; Murphy, S.E.; Pirozzolo, F.J.* (Hrsg.): Multiple Intelligences and Leadership. Mahwah, NJ, S. 91–104

Fiedler, F.E.; Chemers, M.M.; Mahar, L. (1979): Der Weg zum Führungserfolg: Ein Selbsthilfeprogramm für Führungskräfte. Stuttgart

Fiedler, F.E.; Garcia, J.E. (1987): New Approaches to Effective Leadership: Cognitive Resources and Organizational Performance. New York

Fiedler, F.E.; Mai-Dalton, R. (1995): Führungstheorien – Kontingenztheorie. In: *Kieser, A.; Reber, G.; Wunderer, R.* (Hrsg.): Handwörterbuch der Führung. 2. Aufl., Stuttgart, Sp. 940–953

Fiedler, R. (2010): Organisation kompakt. 2. Aufl., München/Wien

Field, R.H.G.; House, R.J. (1990): A test of the Vroom-Yetton Model using manager and subordinate reports. In: Journal of Applied Psychology 75(3), S. 362–366

Fields, D.L. (2007): Determinants of follower perceptions of a leader's authenticity and integrity. In: European Management Journal 25(3), S. 195–206

Fifka, M.; Kraus, S.; Meyer, J. (2013): Das mittlere Management – Rollenkonflikt, Leistungsdruck und Moral, Köln

Fineman, S. (2002): Commodifying the emotionally intelligent. In: *Fineman, S.* (Hrsg.): Emotion in Organizations. London, S. 101–114

Fineman, S. (2003): Understanding Emotion at Work. London

Fineman, S. (2004): Getting the measure of emotion – and the cautionary tale of emotional intelligence. In: Human Relations 57(6), S. 719–740

Finkelstein, S.; Hambrick, D.C. (1996): Strategic Leadership: Top Executives and Their Effects on Organization. New York

Finkelstein, S.; Hambrick, D.C.; Cannella, A.A.J. (2009): Strategic Leadership – Theory and Research on Executives, Top Management Teams, and Boards. Oxford

Fiol, C.M.; Harris, D.; House, R. (1999): Charismatic leadership: Strategies for effecting social change. In: The Leadership Quarterly 10(3), S. 449–482

Fiori, M.; Antonakis, J. (2011): The ability model of emotional intelligence: Searching for valid measures. In: Personality and Individual Differences 40(3), S. 329–334

Fischbacher, U.; Gächter, S.; Fehr, E. (2001): Are people conditionally cooperative? Evidence from a public goods experiment. In: Economic Letters 71(3), S. 397–404

Fischbein, R.; Lord, R.G. (2004): Implicit leadership theories. In: *Goethals, G.R.; Sorenson, G.J.; Burns, J.M* (Hrsg.): The Encyclopedia of Leadership. Thousand Oaks, S. 700–706

Fischer, J. (2006): Philosophische Anthropologie – Ein wirkungsvoller Denkansatz in der deutschen Soziologie nach 1945. In: Zeitschrift für Soziologie 35(5), S. 322–347

Fischer, L.; Fischer, O. (2007): Sind zufriedene Mitarbeiter gesünder und arbeiten härter? In: Personalführung 40(3), S. 20–32

Fischer, L.; Wiswede, G. (1997): Grundlagen der Sozialpsychologie. München/Wien

Fischer, O.; Manstead, A.S.R. (2004): Computer-mediated leadership: Deficits, hypercharisma, and the hidden power of social identiy. In: Zeitschrift für Personalforschung 18(3), S. 306–327

Fischer, T.M. (1995): Budgets als Führungsinstrument. In: *Kieser, A.; Reber, G.; Wunderer, R.* (1995): Handwörterbuch der Führung. 2. Aufl., Stuttgart, Sp. 155–164

Fisher, C.D.; To, M.L. (2012): Using experience sampling methodology in organizational behavior. In: Journal of Organizational Behavior 33(7), S. 865–877

Fisher, R.; Ury, W.; Patton P. (2014): Das Harvard-Konzept: Der Klassiker der Verhandlungstechnik. 23. Aufl., Frankfurt am Main

Fitz-Enz, J. (2009): The ROI of Human Capital: Measuring the Economic Value of Employee Performance. 2. Aufl., New York

Flammer, A. (1997): Einführung in die Gesprächspsychologie. Bern

Flavell, J.H. (1984): Annahmen zum Begriff Metakognition sowie zur Entwicklung von Metakognition. In: *Weinert, F.E.; Kluwe, R.H.* (Hrsg.): Metakognition, Motivation und Lernen. Stuttgart u. a., S. 23–31

Fleck, L. (1980 [1935]): Entstehung und Entwicklung einer wissenschaftlichen Tatsache. Einführung in die Lehre vom Denkstil und Denkkollektiv. Mit einer Einleitung hrsg. von Lothar Schäfer und Thomas Schnelle. Frankfurt am Main (Erstausgabe 1935)

Fleishman, E. (1953): The description of supervisory behavior. In: Journal of Applied Psychology 37(1), S. 1–6

Fleishman, E.A. (1973): A leader behavior description for industry. In: *Stogdill, R.M.; Coons, A.F.* (Hrsg.): Leader Behavior: Its Description and Measurement. 4. Aufl., Columbus, S. 103–119

Fleishman, E.A.; Harris, E.F. (1962): Patterns of leadership behavior related to employee grievances and turnover. In: Personnel Psychology 15(1), S. 247–259

Fleishman, E.A.; Harris, E.F.; Burtt, H.E. (1955): Leadership and Supervision in Industry. Columbus

Fleishman, E.A.; Mumford, M.D; Zaccaro, S.J.; Levin, K.Y.; Korotkin, A.L. (1991): Taxonomic efforts in the description of leader behavior: A synthesis and functional interpretation. In: The Leadership Quarterly 2(4), S. 245–287

Fleishman, E.A.; Quaintance M.K. (1984): Taxonomies of Human Performance. Orlando u. a.

Fleming, P. (2005): Metaphors of resistance. In: Management Communication Quarterly 19(1), S. 45–66

Fleming, P.; Spicer, A. (2014): Power in management and organization science. In: The Academy of Management Annals 8(1), S. 237–298

Fletcher, J.K. (2004): The paradox of postheroic leadership: An essay on gender, power, and transformational change. In: The Leadership Quarterly 15(5), S. 647–661

Fletcher, J.K.; Käufer, K. (2003): Shared leadership: Paradox and possibility. In: *Pearce, C.; Conger, J.* (Hrsg.): Shared Leadership: Reframing the Hows and Whys of Leadership. Thousand Oaks, S. 21–47

Foley, E.; Rippon, G.; Thai, N.J.; Longe, O.; Senior, C. (2012): Dynamic facial expressions evoke distinct activation in the face perception network: A connectivity analysis study. In: Journal of Cognitive Neuroscience 24(2), S. 507–520

Follett, M.P. (1924): Creative Experience. New York

Follett, M.P. (1933): The Essentials of Leadership. In: Proceedings of the Rowntree Lecture Conferences. London

Ford, J. (2010): Studying leadership critically: A psychosocial lens on leadership identities. In: Leadership 6(1), S. 47–65

Forman, J.P.; Ross, L.A. (2013): Integral Leadership: The Next Half Step. Albany, NY

Försterling, F. (2009a): Theorien der Motivationspsychologie: Attributionstheorie und attributionale Theorien. In: *Brandstätter, V.; Otto, J.H.* (Hrsg.): Handbuch der Allgemeinen Psychologie – Motivation und Emotion. Göttingen, S. 126–134

Försterling, F. (2009b): Theoretische Ansätze der Emotionspsychologie: Attributionale Ansätze. In: *Brandstätter, V.; Otto, J.H.* (Hrsg.): Handbuch der Allgemeinen Psychologie – Motivation und Emotion. Göttingen, S. 429–434

Foschi, M. (1996): Double standards in the evaluation of men and women. In: Social Psychology Quarterly 59(3), S. 237–254

Fotaki, M.; Long, S.; Schwartz, H.S. (2012): What can psychoanalysis offer organization studies today? Taking stock of current developments and thinking about future directions. In: Organization Studies 33(9), S. 1105–1120

Franke, A. (2009): Psychologie und Gesundheitserziehung. In: *Wulffhorst, B.; Hurrelmann, K.* (Hrsg.): Handbuch Gesundheitserziehung. Bern, S. 82–92

Franke, A. (2012): Modelle von Gesundheit und Krankheit. 3. Aufl., Bern

Franke, J. (1980): Sozialpsychologie des Betriebes: Erkenntnisse zur Förderung der innerbetrieblichen Zusammenarbeit. Stuttgart

Franken, S. (2004): Verhaltensorientierte Führung: Individuen – Gruppen – Organisationen. Wiesbaden

Franken, S. (2007): Verhaltensorientierte Führung: Handeln, Lernen und Ethik im Unternehmen. 2. Aufl., Wiesbaden

Frankl, V.E. (2002): Was nicht in meinen Büchern steht: Lebenserinnerungen. Weinheim

Franz, W. (2009): Arbeitsmarktökonomik. 7. Aufl., Berlin u. a.

Fredrickson, B.L. (1998): What good are positive emotions? In: Review of General Psychology 2(3), S. 300–319

Fredrickson, B.L. (2002): Positive emotions. In: *Snyder, C.R.; Lopez, S.J.* (Hrsg.): Handbook of Positive Psychology. New York, S. 120–134

Freeman, L.C. (2004): The Development of Social Network Analysis: A Study in the Sociology of Science. Vancouver, BC

Freeman, R.E. (2005): Ethical leadership and creating value for stakeholders. In: *Peterson, R.A.; Ferrell, O.C.* (Hrsg.): Business Ethics: New Challenges for Business Schools and Corporate Leaders. New York u. a., S. 82–97

French, J.R.P.; Raven, B. (1959): The bases of social power. In: *Cartwright, D.* (Hrsg.): Studies in Social Power. Ann Arbor, S. 150–165

Frerichs, F. (2014): Demografischer Wandel in der Erwerbsarbeit – Risiken und Potentiale alternder Belegschaften. In: Journal for Labour Market Research, S. 1–14 (http://dx.doi.org/10.1007/s12651-014-0171-4, abgerufen am 17.11.2015)

Frese, M.; Beimel, S.; Schoenborn, S. (2003): Action training for charismatic leadership: Two evaluations of studies of a commercial training module on inspirational communication of a vision. In: Personnel Psychology 56(3), S. 671–698

Freud, S. (1915): Triebe und Triebschicksale. (Gesammelte Werke, Band X), Frankfurt am Main

Freud, S. (1921): Die Masse und die Urhorde, aus: Massenpsychologie und Ich-Analyse. Frankfurt am Main, S. 62–67, wiederabgedruckt in: *Kunczik, M.* (Hrsg.) (1972): Führung: Theorien und Ergebnisse. Düsseldorf/Wien, S. 36–40

Freud, S. (1926): Psychoanalysis: Freudian school. In: Encyclopedia Britannica. 13. Ausgabe, London

Freud, S. (1936): Das Ich und die Abwehrmechanismen. London

Freud, S. (1996): Abriss der Psychoanalyse: Einführende Darstellungen. Frankfurt am Main

Frey, B.S. (1997): Markt und Motivation: Wie ökonomische Anreize die (Arbeits-)Moral verdrängen. München

Frey, B.S.; Osterloh, M. (2002): Motivation – der zwiespältige Produktionsfaktor. In: *Frey, B.S.; Osterloh, M.* (Hrsg.): Managing Motivation: Wie Sie die neue Motivationsforschung für Ihr Unternehmen nutzen können. 2. Aufl., Wiesbaden, S. 19–42

Frey, B.S.; Osterloh, M. (2005): Yes, managers should be paid like bureaucrats, CESifo working paper No. 1379 (http://papers.ssrn.com/sol3/papers.cfm?abstract_id=555697, abgerufen am 01.04.2011)

Frey, D.; Faulmüller, N.S.; Winkler, M.; Wendt, M. (2002): Verhaltensregeln als Voraussetzung zur Realisierung moralisch-ethischer Werte in Firmen. In: Zeitschrift für Personalforschung 16(2), S. 135–155

Frey, D.; Nikitopoulos, A.; Peus, C.; Weisweiler, S.; Kastenmüller, A. (2010): Unternehmenserfolg durch ethikorientierte Unternehmens- und Mitarbeiterführung. In: *Meier, U.; Sill, B.* (Hrsg.): Führung. Macht. Sinn: Ethos und Ethik für Entscheider in Wirtschaft, Gesellschaft und Kirche. Regensburg, S. 637–656

Frey, D.; Schmalzried, L.K. (2013): Die Philosophie der Führung – Gute Führung lernen von Kant, Aristoteles, Popper & Co. Berlin/Heidelberg

Friebe, J. (2005): Merkmale unternehmensbezogener Lernkulturen und ihr Einfluss auf die Kompetenzen der Mitarbeiter. Heidelberg

Friedel-Howe, H. (1999): Frauen und Führung: Mythen und Fakten. In: *Rosenstiel, L.v.; Regnet, E.; Domsch, M.E.* (Hrsg.): Führung von Mitarbeitern: Handbuch für erfolgreiches Personalmanagement. 4. Aufl., Stuttgart, S. 533–546

Friederichs, P.; Armutat, S. (2012): Human Capital Auditierung – Aufgabe für das Personalmanagement: Grundlagen, Verfahren, Anwendungen. Bielefeld

Friedl, B. (2005): Controlling. In: *Bea, F.X.; Friedl, B.; Schweitzer, M.* (Hrsg.): Allgemeine Betriebswirtschaftslehre. Band 2, 9. Aufl., S. 235–335

Friedman, M. (1973): The social responsibility of business is to increase its profits. In: The New York Times Magazin, 13. Sept., S. 32–33

Friedrich, H.F.; Mandl, H. (1997): Analyse und Förderung selbstgesteuerten Lernens. In: *Weinert, F.E.; Mandl, H.* (Hrsg.): Psychologie der Erwachsenenbildung. Göttingen u. a., S. 237–293

Friese, M.; Messner, C.; Schaffner, Y. (2012): Mindfulness meditation counteracts self-control depletion. In: Consciousness and Cognition 21(2), S. 1016–1022

Friston, K.J. (2000): The labile brain: I. Neuronal transients and nonlinear coupling. In: Philosophical Transactions of the Royal Society in London – Series B: Biological Sciences 355(1394), S. 215–236

Fromm, E. (2000): Authentisch leben. Freiburg im Breisgau u. a.

Frömmer, D.; Wegge, J.; Strobel, A. (2014): Risiko durch Verschlossenheit? Das Zusammenspiel von Führung, Mitarbeiterschweigen und Managerversagen. In: Wirtschaftspsychologie 16(3), S. 39–44

Frooman, J.; Mendelson, M.B. (2012): Transformational and passive avoidant leadership as determinants of absenteeism. In: Leadership & Organization Development Journal 33(5), S. 447–463

Fruhen, L.S.; Watkins, C.D.; Jones, B.C. (2015): Perceptions of facial dominance, trustworthiness and attractiveness predict managerial pay awards in experimental tasks. In: The Leadership Quarterly 26(6), S. 1005–1016

Fry, L.W. (2003): Toward a theory of spiritual leadership. In: The Leadership Quarterly 14(6), S. 693–727

Fry, L.W.; Kriger, M. (2009): Towards a theory of being-centered leadership: Multiple levels of being as context for effective leadership. In: Human Relations 62(11), S. 1667–1696

Fuchs-Brüninghoff, E. (1997): Was hat eine Blechente mit Wissenschaft zu tun? In: *Nuissl, E.* (Hrsg.): Pluralisierung des Lehrens und Lernens. Bad Heilbrunn, S. 225–230

Fukushige, A.; Spicer, D.P. (2011): Leadership and followers' work goals: A comparison between Japan and the UK. In: The International Journal of Human Resource Management 22(10), S. 2110–2134

Fullagar, C.; Kelloway, K. (2012): New directions in positive psychology: Implications for a healthy workplace. In: *Houdmont, J.; Leka, S.; Sinclair, R.R.* (Hrsg.): Contemporary Occupational Health Psychology: Global Perspectives on Research and Practice. Vol. 2, Chichester, S. 143–161

Furtner, M.; Baldegger, U. (2013): Self-Leadership und Führung: Theorien, Modelle und praktische Umsetzung. Wiesbaden

Furtner, M.R.; Baldegger, U.; Rauthmann, J.F. (2013): Leading yourself and leading others: Linking self-leadership to transformational, transactional, and laissez-faire leadership. In: European Journal of Work and Organizational Psychology 22(4), S. 436–449

Gable, M.; Topol, M.T. (1991): Machiavellian managers: Do they perform better? In: Journal of Business and Psychology 5(3), S. 355–365

Gabriel, Y. (1997): Meeting God: When organizational members come face to face with the supreme leader. In: Human Relations 50(4), S. 315–342

Gabriel, Y. (2011): Psychoanalytic approaches to leadership. In: *Bryman, A.; Collinson, D.; Grint, K.; Jackson, B.; Uhl-Bien, M.* (Hrsg): The Sage Handbook of Leadership. Thousand Oaks, S. 393–404

Gabriel, Y. (2015): The caring leader – What followers expect of their leaders and why? In: Leadership 11(3), S. 316–334

Gade, C. (2003): Persönlichkeit und Arbeitsverhalten. In: *Martin, A.* (Hrsg.): Organizational Behavior – Verhalten in Organisationen. Stuttgart, S. 263–281

Gagliardi, P. (1996): Exploring the aesthetic side of organizational life. In: *Clegg, S.R.; Hardy, C.; Nord, W.R.* (Hrsg.): Handbook of Organization Studies. London, S. 565–580

Gagné, R.M.; Fleishman, E.A. (1959): Psychology and Human Performance. New York

Gajendran, R.; Joshi, A. (2012): Innovation in globally distributed teams: The role of LMX, communication frequency, and member influence on team decisions. In: Journal of Applied Psychology 97(6), S. 1252–1261

Galaskiewicz, J. (2007): Has a network theory of organizational behavior lived up to its promises? In: Management and Organization Review 3(1), S. 1–18

Galliker, M.; Weimer, D. (2006): Psychologie der Verständigung: Eine Einführung in die kommunikative Praxis. Stuttgart

Gallup Institut (2015): Engagement Index Deutschland (http://www.gallup.com/de-de/181871/engagement-index-deutschland.aspx, abgerufen am 08.02.2016)

Galperin, B.L.; Bennet, R.J.; Aquino, K. (2011): Status differentiation and the protean self: A social-cognitive model of unethical behavior in organizations. In: Journal of Business Ethics 98(3), S. 407–424

Galton, F. (1869): Hereditary Genius. London

Gambetta, D. (1988): Can we trust trust? In: *Gambetta, D.* (Hrsg.): Trust: Making and Breaking Cooperative Relations. Cambridge, S. 213–237

Gans, K.D. (1994): Learning Through Listening. Dubuque

Gardner, H. (1983): Frames of Mind: The Theory of Multiple Intelligences. New York

Gardner, H. (1993): Creating Minds. New York

Gardner, H. (1998): Are there additional intelligences? The case for naturalist, spiritual, and existential intelligences. In: *Kane, J.* (Hrsg.): Education, Information, and Transformation. New York, S. 111–131

Gardner, W.; Cogliser, C.C.; Davis, K.M.; Dickens, M.P. (2011): Authentic leadership: A review of the literature and research agenda. In: The Leadership Quarterly 22(6), S. 1120–1145

Gardner, W.L.; Avolio, B.J.; Luthans, F.; May, D.R.; Walumbwa, F. (2005): „Can you see the real me?" A self-based model of authentic leader and follower development. In: The Leadership Quarterly 16(3), S. 343–372

Gärtner, C. (2013): Cognition, knowing and learning in the flesh: Six views on embodied knowing in organization studies. In: Scandinavian Journal of Management 29(4), S. 338–352

Gatzka, M.; Felfe, J. (2015): Führungsmotivation. In: *Felfe, J.* (Hrsg.): Trends der psychologischen Führungsforschung: Neue Konzepte, Methoden und Erkenntnisse. Göttingen u. a., S. 381–391

Gatzka, M.; Felfe, J.; Elprana, G.; Stiehl, S. (2014): Passiv-vermeidendes Führungsverhalten: Prävalenz und motivationale Antezedenzien. In: Wirtschaftspsychologie 16(3), S. 28–38

Gebert, D. (1987): Führung und Innovation. In: Schmalenbachs Zeitschrift für betriebswirtschaftliche Forschung 39(10), S. 941–952

Gebert, D. (1995): Führung im MbO-Prozeß. In: *Kieser, A.; Reber, G.; Wunderer, R.* (Hrsg.): Handwörterbuch der Führung. 2. Aufl., Stuttgart, Sp. 426–436

Gebert, D. (2002): Führung und Innovation. Stuttgart

Gebert, D.; Kearney, E. (2011): Ambidextre Führung: Eine andere Sichtweise. In: Zeitschrift für Arbeits- und Organisationspsychologie 55(2), S. 74–87

Geer-Frazier, B. (2014): Complexity leadership generates innovation, learning, and adaptation of the organization. In: Emergence 16(3), S. 105–116

Gehlen, A. (1961): Anthropologische Forschung: Zur Selbstbegegnung und Selbstentdeckung des Menschen. Reinbek

Geiß, W. (1986): Betriebswirtschaftliche Kennzahlen. Frankfurt am Main

Geißler, H. (2000): Organisationspädagogik: Umrisse einer neuen Herausforderung. München

Geldermann, B.; Severing, E.; Stahl, T. (2006): Perspektiven des selbst gesteuerten Lernens in der betrieblichen Bildung. In: Zeitschrift für Berufs- und Wirtschaftspädagogik 102, Beiheft 20: Selbst gesteuertes Lernen in der beruflichen Bildung, S. 109–120

Gelfand, M.J.; Bhawuk, D.P.S.; Nishii, L.H.; Bechtold, D.J. (2004): Individualism and collectivism. In: *House, R.J. u.a.* (Hrsg.): Culture, Leadership, and Organizations: The GLOBE Study of 62 Societies. Thousand Oaks, S. 437–512

Gelfand, M.J.; Erez, M.; Aycan, Z. (2007): Cross-cultural organizational behavior. In: Annual Review of Psychology 58(1), S. 479–514

Gelfand, M.J.; Raver, J.L.; Nishii, L.; Leslie, L.M.; Lun, J. u.a. (2011): Differences between tight and loose cultures: A 33-nation study. In: Science Magazine 332(6033), S. 1100–1104

Gemünden, H.G.; Högl, M. (1998): Teamarbeit in innovativen Projekten: Eine kritische Bestandsaufnahme der empirischen Forschung. In: Zeitschrift für Personalforschung 12(3), S. 277–301

George, J.M. (2000): Emotions and leadership: The role of emotional intelligence. In: Human Relations 53(8), S. 1027–1055

Gephart, R.P. (2004): Qualitative research and the academy of management journal. In: The Academy of Management Journal 47(4), S. 454–462

Gergen, K. (2002): Konstruierte Wirklichkeiten. Stuttgart

Gerpott, T.J. (2000): Personelle Veränderungen im Top Management nach Unternehmensakquisitionen in Ostdeutschland: Eine empirische Analyse. In: Zeitschrift für Betriebswirtschaft, 70(7-8), S. 887–911

Gerpott, T.J. (2006): 360-Grad-Feedbackverfahren als spezielle Variante der Mitarbeiterbefragung. In: *Domsch, M.; Ladwig, D.* (Hrsg.): Handbuch Mitarbeiterbefragung. 2. Aufl., Heidelberg, S. 211–245

Gerpott, T.J.; Paukert, M. (2011): The relationship between employee satisfaction and customer satisfaction: A meta-analysis. In: Zeitschrift für Personalforschung 25(1), S. 28–54

Gerstenmaier, J.; Mandl.; H. (2001): Methodologie und Empirie zum Situierten Lernen. Forschungsbericht Nr. 137, München, Ludwig-Maximilians-Universität, Lehrstuhl für Empirische Pädagogik und Pädagogische Psychologie

Gerstner, C.R.; Day, D.V. (1997): Meta-analytic review of leader-member exchange theory: Correlates and construct issues. In: Journal of Applied Psychology 82(6), S. 827–844

Geyer, A.L.; Steyrer, J. (1994): Transformationale Führung, klassische Führungstheorien und Erfolgsindikatoren von Bankbetrieben. In: Zeitschrift für Betriebswirtschaft 64(8), S. 961–979

Ghadiri, A.; Peters, T. (2013): Neuroleadership: Grundlagen, Konzepte, Beispiele. Erkenntnisse der Neurowissenschaften für die Mitarbeiterführung. 2. Aufl., Wiesbaden

Ghiselli, E. (1963): Management talent. In: American Psychologist 18(10), S. 631–41

Giannantonio, C.M.; Hurley-Hanson, A.E. (2013): Extreme Leadership: Leaders, Teams and Situations Outside the Norm. Northampton

Gibb, C.A. (1947): The principles and traits of leadership. In: Journal of Abnormal and Social Psychology 42(3), S. 267–284

Gibbons, R. (1997): An introduction to applicable game theory. In: Journal of Economic Perspectives, 11(1), S. 127–149

Giddens, A. (1979): Central Problems in Social Theory: Action, Structure and Contradiction in Social Analysis. Berkeley, CA

Giddens, A. (1984): The Constitution of Society: Outline of the Theory of Structure. Berkeley, CA

Giddens, A. (1988): Die Konstitution der Gesellschaft: Grundzüge der Theorie der Strukturation. Frankfurt am Main/New York

Giddens, A. (1990): The Consequences of Modernity. Cambridge

Giessner, S.R.; Jacobs, G. (2015): Gruppenprozesse: Identität und Prototypikalität. In: *Felfe, J.* (Hrsg.): Trends der psychologischen Führungsforschung: Neue Konzepte, Methoden und Erkenntnisse. Göttingen u.a., S. 117–128

Giessner, S.R.; Van Knippenberg, D.; Sleebos, E. (2009): License to fail? How leader group prototypicality moderates the effects of leader performance on perceptions of leadership effectiveness. In: The Leadership Quarterly 20(3), S. 434–451

Giessner, S.R.; Van Knippenberg, D.; Van Ginkel, W.; Sleebos, E. (2013): Team-oriented leadership: The interactive effects of leader group prototypicality, accountability, and team identification. In: Journal of Applied Psychology 98(4), S. 658–667

Giffin, K.; Patton, B.R. (1967): Fundamentals of Interpersonal Communication. New York

Gigerenzer, G. (2008): Bauchentscheidungen: Die Intelligenz des Unbewussten und die Macht der Intuition. 6. Aufl., München

Gigerenzer, G. (2015): On the supposed evidence for libertarian paternalism. In: Review of Philosophy and Psychology 6(3), S. 361–383

Gigerenzer, G.; Gaissmaier, W. (2011): Heuristic decision making. In: Annual Review of Psychology 62(1), S. 451–482

Gigerenzer, G.; Gaissmaier, W. (2013): Intuition und Führung. Gütersloh

Gigerenzer, G.; Gaissmaier, W.; Kurz-Milcke, E.; Schwartz, L.M.; Woloshin, S. (2007): Helping doctors and patients make sense of health statistics. In: Psychological Science in the Public Interest 8(2), S. 53–96

Gigerenzer, G.; Selten, R. (2001): Bounded Rationality: The Adaptive Toolbox. Cambridge

Gigerenzer, G.; Todd, P.M.; the ABC Research Group (1999): Simple Heuristics that Make Us Smart. New York

Gilbert, J.A.; Carr-Ruffino, N.; Ivancevich, J.M.; Konopaske, R. (2012): Toxic versus cooperative behaviors at work: The role of organizational culture and leadership in creating community-centered organizations. In: International Journal of Leadership Studies 7(1), S. 29–47

Gill, C.; Caza, A. (2015): An investigation of authentic leadership's individual and group influences on follower responses. In: Journal of Management, DOI: 10.1177/0149206314566461

Gillespie, N.A.; Mann, L. (2004): Transformational leadership and shared values: The building blocks of trust. In: Journal of Managerial Psychology 19(6), S. 588–607

Gilligan, C. (1982): In a Different Voice. Cambridge, MA

Gilson, L.L.; Maynard, M.T.; Jones Young, N.C.; Vartiainen, M.; Hakonen, M. (2015): Virtual teams research: 10 years, 10 themes, and 10 opportunities. In: Journal of Management 41(5), S. 1313–1337

Gini, A. (1998): Work, identity and self: How we are formed by the work we do. In: Journal of Business Ethics 17(7), S. 707–714

Glasl, F. (2004a): Konflikte in Organisationen. In: *Schreyögg, G.; Werder, A.* (Hrsg.) Handwörterbuch Unternehmensführung und Organisation. 4. Aufl., Stuttgart, Sp. 628–635

Glasl, F. (2004b): Konfliktmanagement: Ein Handbuch für Führungskräfte, Beraterinnen und Berater. 8. Aufl., Bern

Glasl, F. (2011): Konfliktmanagement: Ein Handbuch für Führungskräfte und Beraterinnen und Berater. 10. Aufl., Bern/Stuttgart

Glomb, T.M; Duffy, M.K.; Bono, J.E.; Yang, T. (2011): Mindfulness at work. In: Research in Personnel and Human Resources Management 30, S. 115–157

Gluck, M.A.; Mercado, E.; Myers, C.E. (2008): Learning and Memory: From Brain to Behavior. New York

Glynn, M.A. (1996): The innovative genius: A framework for relating individual and organizational intelligences to innovation. In: The Academy of Management Review 2(4), S. 1081–1111

Glynn, M.A.; Raffaeli, R. (2010): Uncovering mechanisms of theory development in an academic field: Lessons from leadership research. In: The Academy of Management Annals 4(1), S. 359–401

Gmür, M. (2004): Was ist ein idealer Manager und was ist eine ideale Managerin? Geschlechtsrollenstereotypen und ihre Bedeutung für die Eignungsbeurteilung von Männern und Frauen in Führungspositionen. In: Zeitschrift für Personalforschung 18(4), S. 396–417

Göbel, E. (2014): Entscheidungen in Unternehmen. Konstanz

Goethals, G.; Sorenson, G. (2006): The Quest for a General Theory of Leadership. Cheltenham, UK

Goldenfeld, N.; Woese, C. (2007): Biology's next revolution. In: Nature 445, S. 369

Golding, W. (1954): Lord of the Flies. Boston

Goldstein, D.G.; Johnson, E.J.; Herrmann, A.; Heitman, M. (2008): Nudge your customers toward better choices. In: Harvard Business Review 86(12), S. 99–105

Goleman, D. (1995): Emotional Intelligence. London

Goleman, D. (1998): Emotionale Intelligenz. 6. Aufl., München

Goleman, D. (1999): EQ2 – Der Erfolgsquotient. München

Goleman, D. (2001): EI-Based theory of performance. In: *Cherniss, C.; Goleman, D.* (Hrsg.): The Emotionally Intelligent Work-

Goleman, D. (2003): Dialog mit dem Dalai Lama: Wie wir destruktive Emotionen überwinden können. München

Goleman, D.; Boyatzis, R. (2008): Social intelligence and the biology of leadership. In: Harvard Business Review 86(9), S. 74–81

Goleman, D.; Boyatzis, R.; McKee, A. (2002): Emotionale Führung. Berlin

Golomb, J. (1995): In Search of Authenticity: From Kierkegaard to Camus. London/New York

Good, D. (1988): Individuals, interpersonal relations, and trust. In: *Gambetta, D.* (Hrsg.): Trust: Making and breaking cooperative relations. Cambridge, S. 31–48

Goodall, A.; Pogrebna, G. (2015): Expert leaders in a fast-moving environment. In: Leadership Quarterly 26(2), S. 123–142

Goodson, J.R.; McGee, G.W.; Cashman, S.F. (1989): Situational leadership theory: A test of leadership prescriptions. In: Group & Organization Studies 14(4), S. 446–461

Goodwin, V.; Wofford, J.; Boyd, N. (2000): A laboratory experiment testing the antecedents of leader cognitions. In: Journal of Organizational Behavior 21(7), S. 769–788

Gordon, E. (2000): Integrative Neuroscience: Bringing Together Biological, Psychological and Clinical Models of the Human Brain. Singapur

Grabner, G. (1985): Betriebsbefragungen bei der Hamburgische Electricitätswerke AG. In: *Töpfer, A.; Zander, E.* (Hrsg.): Mitarbeiter-Befragungen – Ein Handbuch. Frankfurt am Main, S. 232–258

Graen, G.B. (1976): Role-making processes within complex organizations. In: *Dunnette, M.D.* (Hrsg.): Handbook of Industrial and Organizational Psychology. Chicago, S. 1201–1245

Graen, G.B. (2006): Post Simon, March, Weick, and Graen: New leadership sharing as a key to understanding organizing. In: *Graen, G.B.; Graen, J.A.* (Hrsg.): Sharing Network Leadership. Greenwich, S. 269–278

Graen, G.B.; Cashman, J.F. (1975): A role making model of leadership in formal organizations. In: *Hunt, J.G.; Larson, L.L.* (Hrsg.): Leadership Frontiers. Kent, OH, S. 143–165

Graen, G.B.; Liden, R.; Hoel, W. (1982): Role of leadership in the employee withdrawal process. In: Journal of Applied Psychology 67(6), S. 868–872

Graen, G.B.; Scandura, T.A. (1987): Toward a psychology of dyadic organizing. In: Research in Organizational Behavior 9(2), S. 175–208

Graen, G.B.; Uhl-Bien, M. (1995): Relationship-based approach to leadership: Development of leader-member exchange (LMX) theory of leadership over 25 years: Applying multi-level multi-domain perspective. In: The Leadership Quarterly 6(2), S. 219–247

Graf, A. (2007): Personalentwicklung als Kompetenzerweiterung – Mitarbeitende fordern und fördern. In: *Ochsenbein, G.; Pekruhl, U.* (Hrsg.): Erfolgsfaktor Human Resource Management. Kapitel 6/2. Zürich

Graf, N.; Edelkraut, F. (2014): Mentoring: Ein Praxisbuch für Personalverantwortliche und Unternehmer. Wiesbaden

Graham, J.W. (1991): Servant-leadership in organizations: Inspiration and moral. In: The Leadership Quarterly 2(2), S. 105–119

Graham, W.J.; Cooper, W.H. (2013): Taking credit. In: Journal of Business Ethics 115(2), S. 403–425

Grandey, A.; Diamond, J. (2010): Interactions with the public: Bridging job design and emotional labor perspectives. In: Journal of Organizational Behavior 31(2-3), S. 338–350

Granovetter, M. (1985): Economic action and social structure: The problem of embeddedness. In: American Journal of Sociology 91(3), S. 481–510

Grant, A.M. (2007): Relational job design and the motivation to make a prosocial difference. In: The Academy of Management Review 32(2), S. 393–417

Grant, A.M. (2013): The efficacy of coaching. In: *Passmore, J.; Peterson, D.B.; Freire, T.* (Hrsg.): The Wiley-Blackwell Handbook of the Psychology of Coaching and Mentoring. Chichester, S. 15–39

Grant, A.M.; Parker, S.K. (2009): Redesigning work design theories: The rise of relational and proactive perspectives. In: The Academy of Management Annals 3(1), S. 317–375

Grawe, K. (1998): Psychologische Therapie. Göttingen

Green, N.; Green, K. (2005): Kooperatives Lernen im Klassenraum und im Kollegium: Das Trainingsbuch. Seelze

Green, S.G.; Mitchell, T.R. (1979): Attributional processes of leaders in leader-member interactions. In: Organizational Behavior and Human Performance 23(3), S. 429–458

Greenberg, J. (1993): The social side of fairness: Interpersonal and informational classes of organizational justice. In: *Cropanzano, R.* (Hrsg.): Justice in the Workplace: Approaching Fairness in Human Resource Management. Hillsdale, NJ, S. 79–103

Greenberg, J.; Colquitt, J.A. (2005): Handbook of Organizational Justice, Mahwah, NJ

Greenleaf, R.K. (1970): The Servant as Leader. Indianapolis

Greenleaf, R.K. (1977): Servant Leadership: A Journey into the Nature of Legitimate Power & Greatness. New York

Greenleaf, R.K. (1998): Servant: Retrospect and prospect. In: *Spears, L.C.* (Hrsg.): The Power of Servant-Leadership. San Francisco, S. 17–59

Greenleaf, R.K. (2002): Servant Leadership: A Journey into the Nature of Legitimate Power and Greatness (25th anniversary edition). New York

Greenwood, R.; Raynard, M.; Kodeih, F.; Micelotta, E.R.; Lounsbury, M. (2011): Institutional complexity and organizational responses. In: The Academy of Management Annals 5(1), S. 317–371

Gregersen, S.; Vincent-Höper, S.; Nienhaus, A. (2014): Health-relevant leadership behaviour: A comparison of leadership constructs. In: Zeitschrift für Personalforschung 28(1-2), S. 96–116

Grewe, A. (2012): Implementierung neuer Anreizsysteme: Grundlagen, Konzept und Gestaltungsempfehlungen. 4. Aufl., München/Mering

Grieger, J. (2009): Assessment Center. In: *Scholz, C.* (Hrsg.): Vahlens großes Personallexikon. München

Grieß, A. (2014): Weshalb Frauen weniger Geld verdienen. In: Statista (http://de.statista.com/infografik/2020/anteil-derfuer-den-verdienstunterschied-zwischen-maennern-und-frauen-verantwortlichen-ursachen/, abgerufen am 13.07.2015)

Griffith, J.; Connelly, S.; Thiel, C.; Johnson, G. (2015): How outstanding leaders lead with affect: An examination of charismatic, ideological, and pragmatic leaders. In: The Leadership Quarterly 26(4), S. 502–517

Grijalva, E.; Harms, P.D. (2014): Narcissism: An integrative synthesis and dominance complementarity model. In: The Academy of Management Perspectives 28(2), S. 108–127

Grijalva, E.; Harms, P.D.; Newman, D.A.; Gaddis, B.H.; Fraley, R.C. (2015): Narcissism and leadership: A meta-analysis of linear and nonlinear relationships. In: Personnel Psychology 68(1), S. 1–47

Grimmer, H. (1980): Budgets als Führungsinstrument. Frankfurt am Main

Grint, K. (2000): The Arts of Leadership. Oxford

Grint, K. (2005a): Leadership: Limits and Possibilities. London

Grint, K. (2005b): Problems, problems, problems: The social construction of ‚leadership'. In: Human Relations 58(11), S. 1467–1494

Grint, K. (2011): History of leadership. In: *Bryman, A.; Collinson, D.; Grint, K.; Jackson, B.; Uhl- Bien, M.* (Hrsg.): The Sage Handbook of Leadership. Thousand Oaks, S. 3–14

Gronn, P. (2002): Distributed leadership as a unit of analysis. In: The Leadership Quarterly 13(4), S. 423–451

Grossberg, S. (1999): The link between brain learning, attention, and consciousness. In: Consciousness and Cognition 8(1), S. 1–44

Grossman, P.; Niemann, L.; Schmidt, S.; Walach, H. (2004): Mindfulness-based stress reduction and health benefits: A meta-analysis. In: Journal of Psychosomatic Research 57(1), S. 35–43

Grote, S.; Hering, V.W. (2012): Mythen der Führung. In: *Grote, S.* (Hrsg.): Zukunft der Führung. Berlin/Heidelberg, S. 1–23

Grün, A. (2010): Wertvolle Leitbilder guter Führung. In: *Meier, U.; Sill, B.* (Hrsg.): Führung. Macht. Sinn: Ethos und Ethik für Entscheider in Wirtschaft, Gesellschaft und Kirche. Regensburg, S. 513–524

Grunwald, W. (1996): Psychologische Gesetzmäßigkeiten der Gruppenarbeit: Über die Grundbedingungen erfolgreicher Zusammenarbeit. In: Personalführung 29, S. 740–750

Guffey, C.J.; Helms, M.M. (2001): Effective employee discipline: A case of the internal revenue service. In: Public Personnel Management 30(1), S. 111–127

Gulati, R.; Lavie, D.; Madhavan, R. (2011): How do networks matter? The performance effects of interorganizational networks. In: Research in Organizational Behavior 31, S. 207–224

Gumusluoglu, L.; Ilsev, A. (2009): Transformational leadership, creativity, and organizational innovation. In: Journal of Business Research 62(4), S. 461–473

Gunnthorsdottir, A.; Rapoport, A. (2006): Embedding social dilemmas in intergroup competition reduces free-riding. In: Organizational Behavior and Human Decision Processes 101(2), S. 184–199

Gupta, V.; Sully de Luque, M.S.; House, R.J. (2004): Multisource construct validity of GLOBE scales. In: *House, R.J.; Hanges, P.J.; Javidan, M.; Dorfman, P.W.; Gupta, V.* (Hrsg.): Culture, Leadership and Organizations: The GLOBE Study of 62 Societies. Thousand Oaks, S. 152–177

Güth, W.; Levati, M.V.; Sutter, M.; Van der Heijden, E. (2007): Leading by example with and without exclusion power in voluntary contribution experiments. In: Journal of Public Economics 91(5-6), S. 1023–1042

Guzzo, R.A.; Shea, G.P. (1991): Group performance and intergroup relations in organizations. In: *Dunnette, M.D.; Hough, L.M.* (Hrsg.): Handbook of Industrial and Organizational Psychology. 2. Aufl., Palo Alto, CA, S. 269–313

Haasen, N. (2001): Mentoring: Persönliche Karriereförderung als Erfolgsrezept. München

Habermas, J. (1971): Vorbereitende Bemerkungen zu einer Theorie der kommunikativen Kompetenz. In: *Habermas, J.; Luhmann, N.* (Hrsg.): Theorie der Gesellschaft oder Sozialtechnologie? Was leistet die Systemforschung? Frankfurt am Main, S. 101–141

Habermas, J. (1981): Theorie des kommunikativen Handelns. 2 Bände, Frankfurt am Main

Habermas, J. (1988): Moralbewusstsein und kommunikatives Handeln. Frankfurt am Main

Habermas, J. (1991): Erläuterungen zur Diskursethik. Frankfurt am Main

Habermas, J. (2008): Erkenntnis und Interesse. Hamburg (Erstausgabe 1968)

Hacker, W. (1983): Ziele – eine vergessene psychologische Schlüsselvariable? Zur antriebsregulatorischen Potenz von Tätigkeitsinhalten. In: Psychologie für die Praxis 2, S. 5–26

Hacker, W. (2005): Allgemeine Arbeitspsychologie: Psychische Regulation von Wissens-, Denk- und körperlicher Arbeit. 2. Aufl., Bern

Hacker, W.; Skell, W. (1993): Lernen in der Arbeit. Berlin

Hackman, J.R.; Oldham, G.R. (1975): Development of the job diagnostic survey. In: Journal of Applied Psychology 60(2), S. 159–170

Hackman, J.R.; Oldham, G.R. (1976): Motivation through the Design of Work. In: Organizational Behavior and Human Performance 16(2), S. 250–279

Hackman, J.R.; Oldham, G.R. (1980): Work Redesign. Reading, MA

Hackman, M.Z.; Johnson, C.E. (2009): Leadership: A Communication Perspective. 5. Aufl., Long Grove, Ill.

Hagen, J.U. (2013): Fatale Fehler. Berlin

Hall, C.S.; Lindzey, G. (1978): Theorien der Persönlichkeit. Band 1, München

Hambley, L.A.; O'Neill, T.A.; Kline, T.J.B. (2007): Virtual team leadership: The effects of leadership style and communication medium on team interaction styles and outcomes. In: Organizational Behavior and Human Decision Processes 103(1), S. 1–20

Hambrick, D.C. (2007): Upper echelons theory: An update. In: The Academy of Management Review 32(2), S. 334–343

Hamilton, F.; Bean, C.J. (2005): The importance of context, beliefs and values in leadership development. In: Business Ethics: A European Review 14(4), S. 336–347

Hamilton, W.D. (1964): The genetical evolution of social behavior: In: Journal of Theoretical Biology 7(1), S. 1–16

Hammer, R.; Kaltenbrunner, K.A. (2009): Organisation, Personal & Führung, Management. Wien

Hanges, P.J.; Dickson, M.W. (2004): The development and validation of the GLOBE culture and leadership scales. In: *House, R.J.; Hanges, P.J.; Javidan, M.; Dorfman, P.W.; Gupta, V.* (Hrsg.): Culture, Leadership and Organizations: The GLOBE Study of 62 Societies. Thousand Oaks, S. 122–151

Hanges, P.J.; Dickson, M.W. (2006): Agitation over aggregation: Clarifying the development of and the nature of the GLOBE scales. In: The Leadership Quarterly 17(5), S. 522–536

Hank, R.; Meck, G. (2015): „Geld wirkt demotivierend." Interview mit Bosch-Chef Volkmar Denner. In: Frankfurter Allgemeine Zeitung, 19. September 2015. http://www.faz.net/aktuell/beruf-chance/recht-und-gehalt/bosch-chef-volkmar-denner-im-interview-ueber-krawattenzwang-13813042-p2.html?printPagedArticle=true#pageIndex 2, abgerufen am 11.04.2016)

Hank, R.; Petersdorff, W.v. (2011): „Kein Volk ist so radikal wie wir". Interview mit Jürgen Großmann. In: Frankfurter Allgemeine Sonntagszeitung 26, 3. Juli 2011, S. 33 (http://www.faz.net/suche/?query=Hank+Petersdorff&suchbegriffImage.x=0&suchbegriffImage.y=0&resultsPerPage=20, abgerufen am 05.07.2011)

Hannah, S.T.; Avolio, B.J.; Luthans, F.; Harms, P.D. (2008): Leadership efficacy: Review and future directions. In: The Leadership Quarterly 19(6), S. 669–692

Hannah, S.T.; Lester, P.B. (2009): A multilevel approach to building and leading learning organizations. In: The Leadership Quarterly 20(1), S. 34–48

Hannah, S.T.; Sumanth, J.J.; Lester, P.; Cavarretta, F. (2014): Debunking the false dichotomy of leadership idealism and pragmatism: Critical evaluation and support of newer genre leadership theories. In: Journal of Organizational Behavior 35(5), S. 598–621

Hannah, S.T.; Uhl-Bien, M.; Avolio, B.J.; Cavarretta, F.L. (2009): A framework for examining leadership in extreme contexts. In: The Leadership Quarterly 20(6), S. 897–919

Hansbrough, T.K.; Lord, R.; Schyns, B. (2015): Reconsidering the accuracy of follower leadership ratings. In: The Leadership Quarterly 26(2), S. 220–237

Hare, R.D. (2005): Gewissenlos: Die Psychopathen unter uns. Wien u. a.

Harms, P.D.; Spain, S.M.; Hannah, S.T. (2011): Leader development and the dark side of personality. In: The Leadership Quarterly 22(3), S. 495–509

Harquail, C.V. (1998): Organizational identification and the "whole person": Integrating affect, behavior, and cognition. In: *Whetten, D.A.; Godfrey, P.C.* (Hrsg.): Identity in Organizations: Building Theory Through Conversations. Thousand Oaks, S. 223–231

Harris, P. (2010): Machiavelli and the global compass: Ends and means in ethics and leadership. In: Journal of Business Ethics 93(1), S. 131–138

Harris, T.B.; Li, N.; Kirkman, B.L. (2014): Leader–member exchange (LMX) in context: How LMX differentiation and LMX relational separation attenuate LMX's influence on OCB and turnover intention. In: The Leadership Quarterly 25(2), S. 314–328

Hartig-Perschke, R. (2009): Anschluss und Emergenz: Betrachtungen zur Irreduzibilität des Sozialen und zum Nachtragsmanagement der Kommunikation. Wiesbaden

Hartmann, F.; Kramer, S.; Bosmann, C.; Slapnicar, S.; Dalla Via, N. (2012): Can neuroscience inform management accountants? In: Financial Management, S. 50–53

Harvey, M. (2006): Power. In: *Goethals, G.; Sorenson, G.* (Hrsg.): The Quest for a General Theory of Leadership. Cheltenham, S. 74–95

Harvey, P.; Martinko, M.J.; Borkowski, N. (2007): Unethical behavior among physicians and students: Testing an attributional and emotional framework. Paper presented at the Academy of Management Conference, Philadelphia

Haslam, S.A.; Reicher, S.D.; Platow, M.J. (2011): The New Psychology of Leadership: Identity, Influence and Power. Hove u. a.

Hasselhorn, M.; Gold, A. (2009): Pädagogische Psychologie: Erfolgreiches Lernen und Lehren. 2. Aufl., Stuttgart

Hatfield, E.; Cacioppo, J.T.; Rapson, R.L. (1994): Emotional Contagion. Paris

Hauschildt, J.; Gemünden, H.G. (1999): Promotoren: Champions der Innovation. Wiesbaden

Hauschildt, J.; Salomo, S. (2005): Je innovativer, desto erfolgreicher? Eine kritische Analyse des Zusammenhangs zwischen Innovationsgrad und Innovationserfolg. In: Journal für Betriebswirtschaft 55(1), S. 3–20

Hauschildt, J.; Salomo, S. (2011): Innovationsmanagement. 5. Aufl., München

Hauschildt, K; Konradt, U. (2012): Self leadership and team members' work role performance. In: Journal of Managerial Psychology 27(5), S. 497–517

Hauser, B. (2013): Wo ist die Führungs-KRAFT? Management, Leadership, Shared Leadership und die Evolution der Führungsrolle. In: *Landes, M.; Steiner, E.* (Hrsg.): Psychologie der Wirtschaft: Psychologie für die berufliche Praxis. Wiesbaden, S. 279–295

Hauser, B. (2014): Konflikte in und zwischen Gruppen. In: *Rosenstiel, L.v.; Regnet, E.; Domsch, M.E.* (Hrsg.): Führung von Mitarbeitern: Handbuch für ein erfolgreiches Personalmanagement. 7. Aufl., Stuttgart, S. 354–367

Hauser, M. (1999): Theorien charismatischer Führung: Kritischer Literaturüberblick und Forschungsanregungen. In: Zeitschrift für Betriebswirtschaft 69(9), S. 1003–1023

Hausman, D.M.; Welch, B. (2010): Debate: To nudge or not to nudge. In: Journal of Political Philosophy 18(1), S. 123–136

Haußmann, R.; Rechenberg-Winter, P. (2015): Kreatives und biographisches Schreiben: Arbeiten mit Gruppen, Göttingen

Hayward, M.L.A.; Rindova, V.P.; Pollock, T.G. (2004): Believing one's own press: The causes and consequences of CEO celebrity. In: Strategic Management Journal 25(7), S. 637–653

Hazy, J.K.; Uhl-Bien, M. (2015): Towards operationalizing complexity leadership. How generative, administrative and community-building leadership practices enact organizational outcomes. In: Leadership 11(1), S. 79–104

Head of Global HR Policies der Lanxess AG (2015): Telefoninterview am 27.10.2015

Healey, M.P.; Hodgkinson, G.P. (2014): Rethinking the philosophical and theoretical foundations of organizational neuroscience: A critical realist alternative. In: Human Relations 67(7), S. 765–792

Healy, C.C.; Welchert, A. (1990): Mentoring relations: A definition to advance research and practice. In: Educational Researcher 19(9), S. 17–21

Heckhausen, H. (1983): Zur Lage der Psychologie. In: Psychologische Rundschau 34, S. 1–20

Heckhausen, H. (1987): Perspektiven einer Psychologie des Wollens. In: *Heckhausen, H.; Gollwitzer, P.M.; Weinert, F.E.* (Hrsg.): Jenseits des Rubikon: Der Wille in den Humanwissenschaften. Berlin, S. 121–142

Heckhausen, H. (1989): Motivation und Handeln. 2. Aufl., Berlin

Heckhausen, H. (2006): Entwicklungslinien der Motivationsforschung. In: *Heckhausen, J.; Heckhausen, H.* (Hrsg.): Motivation und Handeln. 3. Aufl., New York, S. 11–43

Heckhausen, H. (2010): Entwicklungslinien der Motivationsforschung. In: *Heckhausen, J.; Heckhausen, H.* (Hrsg.): Motivation und Handeln. 4. Aufl. Berlin/Heidelberg, S. 11–42

Heckhausen, H.; Rheinberg, F. (1980): Lernmotivation im Unterricht, erneut betrachtet. In: Unterrichtswissenschaft 8(1), S. 7–47

Heckhausen, J.; Heckhausen, H. (2010a): Motivation und Handeln: Einführung und Überblick. In: *Heckhausen, J.; Heckhausen, H.* (Hrsg.): Motivation und Handeln. 4. Aufl. Berlin/Heidelberg, S. 1–9

Heckhausen, J.; Heckhausen, H. (2010b): Motivation und Entwicklung. In: *Heckhausen, J.; Heckhausen, H.* (Hrsg.): Motivation und Handeln. 4. Aufl. Berlin/Heidelberg, S. 427–488

Heckt, D. (2008): Das Prinzip Think – Pair – Share: Über die Wiederentdeckung einer wirkungsvollen Methode. In: *Biermann, C.; Fink, M.; Hänze, M.; Heckt, D.H.; Meyer, M.A.; Stäudel, L.* (Hrsg.): Individuell lernen – kooperativ arbeiten. Friedrich Jahresheft 26, S. 31–33

Hedden, T.; Gabrieli, J.D.E. (2006): The ebb and flow of attention in the human brain. In: Nature Neuroscience 9(7), S. 863–865

Hedlund, G. (1986): The hypermodern MNC – a heterarchy? In: Human Resource Management 25(1), S. 9–35

Heider, F. (1958): The Psychology of Interpersonal Relations. New York

Heidsieck, C. (2010): Beratung und Organisationslernen. In: *Heidsiek, C.; Petersen, J.* (Hrsg.): Organisationslernen im 21. Jahrhundert. Frankfurt am Main u. a., S. 115–126

Heigl, A. (1989): Controlling-Interne Revision. 2. Aufl., Stuttgart u. a.

Heigl, N.J. (2014): Konflikte verstehen und steuern, Wiesbaden

Heilman, M.E.; Haynes, M.C. (2005): No credit where credit is due: Attributional rationalization of women's success in male-female teams. In: Journal of Applied Psychology 90(5), S. 905–916

Heilman, M.E.; Okimoto, T.G. (2007): Why are women penalized for success at male tasks? The implied communality deficit. In: Journal of Applied Psychology 92(1), S. 81–92

Heinen, E.; Dill, P. (1986): Unternehmenskultur: Überlegungen aus betriebswirtschaftlicher Sicht. In: Zeitschrift für Betriebswirtschaft 56(3), S. 202–218

Heinitz, K.; Rowold, J. (2007): Gütekriterien einer deutschen Adaption des Transformational Leadership Inventory (TLI) von Podsakoff. In: Zeitschrift für Arbeits- und Organisationspsychologie 1, S. 1–15

Heintz, B. (2004): Emergenz und Reduktion: Neue Perspektiven auf das Mikro-Makro-Problem. In: Kölner Zeitschrift für Soziologie und Sozialpsychologie 56(1), S. 1–31

Heinze, F.; Farwer, H. (2009): Beobachtung mit SYMLOG. In: *Kühl, S.; Strodtholz, P.; Taffertshofer, A.* (Hrsg.): Handbuch Methoden der Organisationsforschung. Quantitative und qualitative Methoden. Wiesbaden, S. 600–625

Heller, K.A. (2002): Intelligenz: allgemein oder domain-spezifisch? Kommentar zum Artikel „Emotionale Intelligenz – ein irreführender und unnötiger Begriff" von Heinz Schuler. In: Zeitschrift für Personalpsychologie 1(4), S. 179–180

Helms, L. (2000): „Politische Führung" als politikwissenschaftliches Problem. In: Politische Vierteljahresschrift 41(3), S. 411–434

Henrich, J.; McElreath, R.; Barr, A.; Ensminger, J.; Barrett, C.; Bolyanatz, A.; Cardenas, J.C.; Gurven, M.; Gwako, E.; Henrich, N.; Lesorogol, C.; Marlowe, F.; Tracer, D.; Ziker, J. (2006): Costly punishment across human societies. In: Science 312(5781), S. 1767–1770

Henson, R. (2005): What can functional neuroimaging tell the experimental psychologist? In: The Quarterly Journal of Experimental Psychology 58(2), S. 193–233

Hentze, J.; Graf, A.; Kammel, A.; Lindert, K. (2005): Personalfuhrungslehre. 4. Aufl., Stuttgart

Hentze, J.; Kammel, A. (1993): Personalcontrolling: Eine Einführung in Grundlagen, Aufgabenstellungen, Instrumente und Organisation des Controlling in der Personalwirtschaft. Bern

Hentze, J.; Kammel, A. (2001): Personalwirtschaftslehre 1: Grundlagen. Personalbedarfsermittlung, -beschaffung, -entwicklung und -einsatz. 7. Aufl., Stuttgart

Herkner, W. (2008): Lehrbuch Sozialpsychologie. 3. Aufl., Bern

Hermann, A. (2004): Teams und Teamentwicklung unter Gender- und Diversitäts-Fokus. In: *Bendl, R.; Hanappi-Egger, E.; Hofmann, R.* (Hrsg.): Interdisziplinäres Gender- und Diversitätsmanagement – Einführung in Theorie und Praxis. Wien, S. 103–129

Hernandez, M.; Long, C.P.; Sitkin, S.B. (2014): Cultivating trust in leaders: Are all leader behaviors equally influential? In: Organization Studies 35(12), S. 1867–1892

Hernandez, M.; Eberly, M.B.; Avolio, B.J.; Johnson, M.D. (2011): The loci and mechanisms of leadership: Exploring a more comprehensive view of leadership theory. In: The Leadership Quarterly 22(6), S. 1165–1185

Herrmann, D.; Felfe, J. (2009): Romance of Leadership und die Qualität von Managemententscheidungen. In: Zeitschrift für Arbeits- und Organisationspsychologie 53(4), S. 163–176

Herrmann, D.; Hüneke, K.; Rohrberg, A. (2006): Führung auf Distanz: Mit virtuellen Teams zum Erfolg. Wiesbaden

Hersey, P.; Blanchard, K.H. (1982 [1969]): Management of Organization Behavior: Utilizing Human Resources. Englewood Cliffs, NJ

Hersey, P.; Blanchard, K.H. (1988 [1969]): Management of Organization Behavior: Utilizing Human Resources. 5. Aufl., New York

Hersey, P.; Blanchard, K.H.; Johnson, D.E. (1996): Management of Organizational Behavior: Utilizing human resources. 7. Aufl., Upper Saddle River, NJ

Hertel, A.v. (2013): Professionelle Konfliktlösung. 3. Aufl., Bad Langensalza

Hertel, G.; Konradt, U.; Orlikowski, B. (2004): Managing distance by interdependence: Goal setting, task interdependence, and team-based rewards in virtual teams. In: European Journal of Work and Organizational Psychology 13(1), S. 1–28

Hertel, G.; Lauer, L. (2012): Führung auf Distanz und E-Leadership – die Zukunft der Führung? In: *Grote, S.* (Hrsg.): Die Zukunft der Führung. Berlin/Heidelberg, S. 103–118

Herzberg, F. (1973): The Motivation to Work. New York

Herzberg, F.; Mausner, B.; Snyderman, B. (1959): The Motivation to Work. New York

Herzer, H.; Dybowski, G.; Bauer, H.G. (1990): Methoden betrieblicher Weiterbildung: Ansätze zur Integration fachlicher und fachübergreifender beruflicher Bildung. Eschborn

Hetland, H.; Skogstad, A.; Hetland, J.; Mikkelsen, A. (2011): Leadership and learning climate in a work setting. In: European Psychologist 16(3), S. 163–173

Hill, E. (1995): Verhandlungstechniken als Führungsinstrument. In: *Kieser, A.; Reber, G.; Wunderer, R.* (Hrsg.): Handwörterbuch der Führung. 2. Aufl., Stuttgart, Sp. 2139–2147

Hiller, N.J.; Beauchesne, M.-M. (2014): Executive leadership: CEOs, top management, and organizational-level outcomes. In: *Day, D.V.* (Hrsg.): The Oxford Handbook of Leadership and Organizations. Oxford u. a., S. 556–588

Hiller, N.J.; DeChurch, L.A.; Murase, T.; Doty, D. (2011). Searching for outcomes of leadership: A 25-year review. In: Journal of Management 37(4), S. 1137–1177

Hinkin, T.R.; Schriesheim, C.A. (1989): Development and application of new scales to measure the French and Raven (1959) bases of power. In: Journal of Applied Psychology 74(4), S. 561–567

Hinterhuber, H.H. (2002): Leadership als Dienst an der Gemeinschaft: Was Unternehmer und Führungskräfte von Marc Aurel lernen können. In: Zeitschrift Führung und Organisation 71(1), S. 40–52

Hinterhuber, H.H.; Pircher-Friedrich, A.M.; Reinhardt, R.; Schnorrenberg, L.J. (2007): Servant Leadership: Prinzipien dienender Unternehmensführung. Berlin

Hintz, A.J. (2011): Erfolgreiche Mitarbeiterführung durch soziale Kompetenz: Eine praxisbezogene Anleitung. Wiesbaden

Hirning, A. (2009): Integration von formellen und informellen Lernen. In: *Schwuchow, K.H.; Gutmann, J.* (Hrsg.): Jahrbuch Personalentwicklung 2009: Ausbildung, Weiterbildung, Management Development. München/Unterschleißheim, S. 165–171

Hmieleski, K.M.; Cole, M.S.; Baron, R.A. (2012): Shared authentic leadership and new venture performance. In: Journal of Management 38(5), S. 1476–1499

Hobfoll, S.E. (1989): Conservation of resources: A new attempt at conceptualizing stress. In: American Psychologist 44(3), S. 513–524

Hobfoll, S.E. (2001): The influence of culture, community, and the nested-self in the stress process: Advancing conservation of resources theory. In: Applied Psychology 50(3), S. 337–421

Hobfoll, S.E. (2002): Social and psychological resources and adaptation. In: Review of General Psychology 6(4), S. 307–324

Hoch, J.E.; Andreßen, P.; Konradt, U. (2007): E-Leadership und die Bedeutung verteilter Führung. In: Wirtschaftspsychologie 9(3), S. 50–58

Hoch, J.E.; Koslowski, S.W.J. (2014): Leading virtual teams: Hierarchical leadership, structural supports, and shared team leadership. In: Journal of Applied Psychology 99(3), S. 390–403

Hoch, J.E.; Wegge, J.; Schmidt, K.-H. (2009): Führen mit Zielen. In: Report Psychologie 34(7-8), S. 308–320

Hochschild, A.R. (1983): The Managed Heart: Commercialization of Human Feeling. Berkely, CA

Hodgkinson, G.P.; Langan-Fox, J.; Sadler-Smith, E. (2008): Intuition: A fundamental bridging construct in the behavioural sciences. In: British Journal of Psychology 99(1), S. 1–27

Hodgkinson, G.P.; Sadler-Smith, E.; Sinclair, M.; Ashkanasy, N.M. (2009): More than meets the eye? Intuition and analysis revisited. In: Personality and Individual Differences 47(4), S. 342–346

Hoel, M. (2008): The quota story: Five years of change in Norway. In: *Vinnicombe, S.; Singh, V.; Burke, R.J.; Bilimoria, D.; Huse, M.* (Hrsg.): Women on Corporate Boards of Directors – International Research and Practice. Cheltenham, S. 79–82

Hoffman, B.J.; Bynum, B.H.; Piccolo, R.F.; Sutton, A.W. (2011): Person-organization value congruence: How transformational leaders influence work group effectiveness. In: The Academy of Management Journal 54(4), S. 779–796

Hoffmann, F. (1972): Merkmale der Führungsorganisation amerikanischer Unternehmen: Auszüge aus den Ergebnissen einer Forschungsreise 1970. In: Zeitschrift Führung und Organisation 41(3), S. 3–8, 85–89 und 145–148

Hofman, E. (2015): Wo brennt es beim Burnout? Eine passungspräventive Sichtweise zur Analyse und Vermeidung von Burnout. Wiesbaden

Hofmann, K.; Köhler, F.; Steinhoff, V. (1995): Vorgesetztenbeurteilung in der Praxis: Konzepte, Analysen und Erfahrungen. Weinheim

Hofmann, L.M.; Regnet, E. (1994): Innovative Weiterbildungskonzepte: Trends, Inhalte und Methoden der Personalentwicklung in Unternehmen. Göttingen

Hofmann, L.M.; Regnet, E. (2014): Führung und Zusammenarbeit in virtuellen Strukturen. In: *Rosenstiel, L.v.; Regnet, E.; Domsch, M.* (Hrsg.): Führung von Mitarbeitern: Handbuch für ein erfolgreiches Personalmanagement. 7. Aufl., Stuttgart, S. 602–612

Hofstätter, P.R. (1986): Gruppendynamik. Reinbek

Literaturverzeichnis

Hofstätter, P.R. (1995): Führungstheorien, psychologische. In: Kieser A.; Reber, G.; Wunderer, R. (Hrsg.): Handwörterbuch der Führung. 2. Aufl., Stuttgart, Sp. 1035–1044

Hofstede, G. (1967): The Game of Budget Controls. Assen, NL/London

Hofstede, G. (1980): Culture's Consequences: International Differences in Work-Related Values. London

Hofstede, G. (2001): Culture's Consequences: Comparing Values, Behaviors, Institutions, and Organizations Across Nations. Thousand Oaks

Hofstede, G. (2006): What did GLOBE really measure? Researchers' minds versus respondents' minds. In: Journal of International Business Studies 37(6), S. 882–896

Hofstede, G.; Bond, M.H. (1988): The Confucius connection: From cultural roots to economic growth. In: Organization Dynamics 16(4), S. 5–21

Hofstede, G.; Hofstede, G.J.; Minkov, M. (2010): Cultures and Organizations: Software of the Mind. 3. Aufl., New York u. a.

Höft, S. (2006): Erfolgsüberprüfung personalpsychologischer Arbeit. In: Schuler, H. (Hrsg.): Lehrbuch der Personalpsychologie. 2. Aufl., Göttingen

Hogan, R.; Curphy, G.J.; Hogan, J. (1994): What we know about leadership: Effectiveness and personality. In: American Psychologist 49(6), S. 493–504

Hogarth, R.M. (2001): Educating Intuition. Chicago

Hogg, M.A. (2001): A social identity theory of leadership. In: Personality and Social Psychology Review 5(3), S. 184–200

Hogg, M.A.; Fielding, K.S.; Johnson, D.; Masser, B.; Russell, E.; Svensson, A. (2006): Demographic category membership and leadership in small groups: A social identity analysis. In: The Leadership Quarterly 17(4), S. 335–350

Hogg, M.A.; Hains, S.C.; Mason, I. (1998): Identification and leadership in small groups: Salience, frame of reference, and leader stereotypicality effects on leader evaluations. In: Journal of Personality and Social Psychology 75(5), S. 1248–1263

Hogg, M.A.; Martin, R.; Epitropaki, O.; Mankad, A.; Svensson, A.; Weeden, K. (2005): Effective leadership in salient groups: Revisiting leader-member exchange theory from the perspective of the social identity theory of leadership. In: Personality and Social Psychology Bulletin 31(7), S. 991–1004

Hogg, M.A.; Terry, D.J.; White, K.M. (1995): A tale of two theories: A critical comparison of identity theory with social identity theory. In: Social Psychology Quarterly 58(4), S. 255–269

Hogg, M.A.; Van Knippenberg, D. (2003): Social identity and leadership processes in groups. In: Advances in Experimental Social Psychology 35, S. 1–52

Hogg, M.A.; Van Knippenberg, D.; Rast, D.E. (2012a): Intergroup leadership in organizations: Leading across group and organizational boundaries. In: The Academy of Management Review 37(2), S. 232–255

Hogg, M.A.; Van Knippenberg, D.; Rast, D.E. (2012b): The social identity theory of leadership: Theoretical origins, research findings, and conceptual developments. In: European Review of Social Psychology 23(1), S. 258–304

Hoggervorst, N.; De Cremer, D.; Van Dijke, M. (2010): Why leaders not always disapprove of unethical follower behavior: It depends on the leader's self-interest and accountability. In: Journal of Business Ethics 95(1), S. 29–41

Högl, M.; Gemünden, H.G. (2001): Teamwork quality and the success of innovative projects: A theoretical concept and empirical evidence. In: Organization Science 12(4), S. 425–449

Höhler, G. (2002): Die Sinn-Macher: Wer siegen will, muss führen lernen. München

Holland, J.H. (1995): Hidden Order: How Adaptation Builds Complexity. Reading, MA

Hollander, E.P. (1958): Conformity, status, and idiosyncrasy credit. In: Psychological Review 65(2), S. 117–127

Hollander, E.P. (1961): Some effects of perceived status on responses to innovative behavior. In: Journal of Abnormal and Social Psychology 63(3), S. 247–250

Hollander, E.P. (1978): Leadership Dynamics: A Practical Guide to Effective Relationships. New York

Hollander, E.P. (1992): The essential interdependence of leadership and followership. In: Current Directions in Psychological Science 1(2), S. 71–75

Hollander, E.P. (1993): Legitimacy, power, and influence: A perspective on relational features of leadership. In: Chemers, M.M.; Ayman, R. (Hrsg.): Leadership Theory and Research: Perspectives and Directions. New York, S. 29–43

Hollander, E.P. (1995): Führungstheorien – Idiosynkrasiekreditmodell. In: Kieser, A.; Reber, G.; Wunderer, R. (Hrsg.): Handwörterbuch der Führung. 2. Aufl., Stuttgart, Sp. 926–940

Hollander, E.P. (2009): Inclusive Leadership – The Essential Leader-Follower Relationship. New York

Holling, H.; Liepmann, D. (2004): Personalentwicklung. In: Schuler, H. (Hrsg.): Lehrbuch Organisationspsychologie. 3. Aufl., Bern, S. 345–383

Hollstein, B. (2006): Qualitative Methoden und Netzwerkanalyse. In: Hollstein, B.; Straus, F. (Hrsg.): Qualitative Netzwerkanalyse: Konzepte, Methoden, Anwendungen. Wiesbaden, S. 11–35

Holmberg, I.; Tyrstrup, M. (2010): Well then – What now? An everyday approach to managerial leadership. In: Leadership 6(4), S. 353–372

Holmqvist, M. (2004): Experiental learning processes of exploitation and exploration within and between organizations: An empirical study of product development. In: Organization Science 15(1), S. 70–81

Holtbrügge, D. (2015): Personalmanagement. 6. Aufl., Berlin/Heidelberg

Holten, A.L.; Brenner, S.O. (2015): Leadership style and the process of organisational change. In: Leadership and Organization Development Journal 36(1), S. 2–16

Holtz, B.C. (2013): Trust primacy: A model of the reciprocal relations between trust and perceived justice. In: Journal of Management 39(7), S. 1891–1923

Holzkamp, K. (1993): Lernen: Subjektwissenschaftliche Grundlegung. Frankfurt am Main/New York

Holzkamp, K. (1996): Wider den Lehr-Lern-Kurzschluss: Interview zum Thema Lernen. In: Arnold, R. (Hrsg.): Lebendiges Lernen. Baltmannsweiler, S. 21–30

Hölzle, P. (1999): Prozeßorientierte Personalarbeit – Vom Personal- zum Führungs-Controlling. Frankfurt am Main

Homans, G.C. (1958): Social behavior as exchange. In: American Journal of Sociology 63(6), S. 597–606

Homberg, F.; Bui, H.T.M. (2013): Top management team diversity: A systematic review. In: Group & Organization Management 38(4), S. 455–479

Honecker, M. (1998): Schwierigkeiten mit dem Begriff Tugend. In: *Rippe, K.P.; Schaber, P.* (Hrsg.): Tugendethik. Stuttgart, S. 166–184

Hoobler, J. M.; Lemmon, G.; Wayne, S. J. (2014): Women's managerial aspirations: An organizational development perspective. In: Journal of Management 40(3), S. 703–730

Hooijberg, R.; Choi, J. (2000): Which leadership roles matter to whom? An examination of rater effects on perceptions of effectiveness. In: The Leadership Quarterly 11(3), S. 341–364

Hooijberg, R.; Hunt, J.; Antonakis, J.; Boal, K. (2007): Being there even when you are not: The leadership of organizations. In: *Hooijberg, R.; Hunt, J.; Antonakis, J.; Boal, K.; Lane, N.* (Hrsg.): Being There Even When You Are Not: Leading Through Structures, Systems, and Processes. Amsterdam, S. 1–12

Hooker, C.; Csikszentmihalyi, M. (2003): Flow, creativity, and shared leadership: Rethinking the motivation and structuring of knowledge work. In: *Pearce, C.L.; Conger, J.A.* (Hrsg.): Shared Leadership: Reframing the Hows and Whys of Leadership. Thousand Oaks, S. 217–234

Hoole, E.R.; Martineau, J. (2014): Evaluation methods. In: *Day, D.V.* (Hrsg.): The Oxford Handbook of Leadership and Organizations. New York, S. 167–198

Horváth, P.; Gleich, R.; Seiter, M. (2015): Controlling. 13. Aufl., München

Hosking, D.M. (2007): Not leaders, not followers: A post-modern discourse of leadership processes. In: *Shamir, B.; Pillai, R.; Bligh, M.C.; Uhl-Bien, M.* (Hrsg.): Follower-Centered Perspectives on Leadership: A Tribute to the Memory of James R. Meindl. Greenwich, CT, S. 167–186

Hossiep, R.; Ringelband, O. (2014): Psychopathische Persönlichkeitsfacetten im Top-Management: Persönlichkeitseigenschaften und Derailment-Risiken von Top-Managern. In: Wirtschaftspsychologie 16(3), S. 21–27

Hotchkiss, J.L.; Pitts, M.M.; Walker, M.B. (2014): Impact of first-birth career interruption on earnings: Evidence from administrative data. Working paper. In: Federal Reserve Bank of Atlanta Working Paper Series 23, S. 1–26

Houghton, J.D.; Neck, C.P. (2002): The revised self-leadership questionnaire: Testing a hierarchical factor structure for self-leadership. In: Journal of Managerial Psychology 17(8), S. 672–691

Houghton, J.D.; Neck, C.P.; Manz, C.C. (2003): Self-leadership and superleadership: The heart and art of facilitating shared leadership. In: *Pearce, C.L.; Conger, J.A.* (Hrsg.): Shared Leadership: Reframing the How's and Why's of Leadership, Thousand Oaks, S. 123–140

Houghton, J.D.; Yoho, S.K. (2005): Toward a contingency model of leadership and psychological empowerment: When should self-leadership be encouraged? In: Journal of Leadership and Organizational Studies 11(4), S. 65–83

House, R.J. (1971): A path goal theory of leader effectiveness. In: Administrative Science Quarterly 16(3), S. 321–338

House, R.J. (1977): A 1976 theory of charismatic leadership. In: *Hunt, J.G.; Larson, L.L.* (Hrsg.): Leadership: The Cutting Edge. Carbondale u. a., S. 189–207

House, R.J. (1988): Power and personality in complex organizations. In: Research in Organizational Behavior 10, S. 305–357

House, R.J. (1991): The distribution and exercise of power in complex organizations: A MESO theory. In: The Leadership Quarterly 2(1), S. 23–58

House, R.J. (1996): Path-goal theory of leadership: Lessons, legacy, and a reformulated theory. In: The Leadership Quarterly 7(3), S. 332–352

House, R.J.; Dessler, G. (1974): The path-goal theory of leadership: Some post hoc and a priori tests. In: *Hunt, J.G.; Larson, L.L.* (Hrsg.): Contingency Approaches to Leadership. Carbondale u. a., S. 29–62

House, R.J.; Dorfman, P.W.; Javidan, M.; Hanges, P.J.; Sully de Luque, M.F. (2014): Strategic Leadership Across Cultures: The Globe Study of CEO Leadership Behavior and Effectiveness in 24 Countries. Thousand Oaks

House, R.J.; Hanges, P.J.; Javidan, M.; Dorfman, P.W.; Gupta, V.; Globe Associates (2004): Culture, Leadership, and Organizations: The GLOBE Study of 62 Societies. Thousand Oaks

House, R.J.; Javidan, M. (2004): Overview of GLOBE. In: *House, R.J.; Hanges, P.J.; Javidan, M.; Dorfman, P.W.; Gupta, V.; Globe Associates* (Hrsg.): Culture, Leadership and Organizations: The GLOBE Study of 62 Societies. Thousand Oaks, S. 9–28

House, R.J.; Javidan, M.; Dorfman, P.W.; Sully de Luque, M. (2006): A failure of scholarship: Response to George Graen's critique of GLOBE. In: The Academy of Management 20(4), S. 102–114

House, R.J.; Mitchell, T.T. (1974): Path-goal theory of leadership. In: Journal of Contemporary Business 3(4), S. 81–97

House, R.J.; Shamir, B. (1993): Toward the integration of transformational, charismatic, and visionary theories. In: *Chemers, M.M.; Ayman, R.* (Hrsg.): Leadership Theory and Research. San Diego u. a., S. 81–107

House, R.J.; Shamir, B. (1995): Führungstheorien – Charismatische Führung. In: *Kieser, A.; Reber, G.; Wunderer, R.* (Hrsg.): Handwörterbuch der Führung. 2. Aufl., Stuttgart, Sp. 878–897

House, R.J.; Singh, J.V. (1987): Organizational behavior: Some new directions for I/O psychology. In: Annual Review of Psychology 38, S. 669–718

House, R.J.; Wright, N.S.; Aditya, R.N. (1997): Cross-cultural research on organizational leadership: A critical analysis and a proposed theory. In: *Early, P.C.; Erez, M.* (Hrsg.): New Perspectives on International Industrial/Organizational Psychology. San Francisco, S. 535–625

Howell, J.M. (1988): Two faces of charisma: Socialized and personalized leadership in organizations. In: *Conger, J.A.; Kanungo, R.N.* (Hrsg.): Charismatic Leadership: The Elusive Factor in Organizational Effectiveness. San Francisco, S. 213–236

Howell, J.M.; Hall-Merenda, K. (1999): The ties that bind: The impact of leader-member exchange, transformational and transaction leadership, and distance on predicting follower performance. In: Journal of Applied Psychology 84(5), S. 680–694

Howell, J.P.; Bowen, D.; Dorfman, P.W.; Kerr, S.; Podsakoff, P.M. (1990): Substitutes for leadership: Effective alternatives to ineffective leadership. In: Organizational Dynamics 19(1), S. 20–38

Howell, J.P.; Dorfman, P.W.; Kerr, S. (1986): Moderator variables in leadership research. In: The Academy of Management Review 11(1), S. 88–102

Hoye, W.J. (2005): Die Grundstruktur des guten Menschen nach Josef Pieper: Die vier Kardinaltugenden. In: *Fechtrup, H.; Schulze, F.; Sternberg, T.* (Hrsg.): Wissen und Weisheit. Münster, S. 173–197

Hu, J.; Liden, R.C. (2015): Making a difference in the teamwork: Linking team prosocial motivation to team processes and effectiveness. In: The Academy of Management Journal 58(4), S. 1102–1127

Huang, X.; Xu, E.; Chiu, W.; Lam, C.; Farh, J.-L. (2015): When authoritarian leaders outperform transformational leaders: Firm performance in a harsh economic environment. In: Academy of Management Discoveries 1(2), S. 180–200

Hubert, B. (2015): Controlling-Konzeptionen: Ein schneller Einstieg in die Praxis. Wiesbaden

Huettel, S.A.; Mack, P.B.; McCarthy, G. (2002): Perceiving patterns in random series: Dynamic processing of sequence in prefrontal cortex. In: Nature Neuroscience 5(5), S. 485–490

Huettel, S.A.; Stowe, C.J.; Gordon, E.M.; Warner, B.T.; Platt, M.L. (2006): Neural signatures of economic preferences for risk and ambiguity. In: Neuron 49(5), S. 765–775

Huettermann, H.; Doering, S.; Boerner, S. (2014): Leadership and team identification. Exploring the followers' perspective. In: The Leadership Quarterly 25(3), S. 413–432

Humble, J.W. (1972): Praxis des Management by Objectives. München

Humphrey, R.H. (2002): The many faces of emotional leadership. In: The Leadership Quarterly 13(5), S. 493–504

Humphrey, R.H. (2012): How do leaders use emotional labor? In: Journal of Organizational Behavior 33(5), S. 740–744

Humphrey, S.E.; Aime, F. (2014): Team microdynamics: Toward an organizing approach to teamwork. In: The Academy of Management Annals 8(1), S. 443–503

Humphrey, S.E.; Nahrgang, J.D.; Morgeson, F.P. (2007): Integrating motivational, social, and contextual work design features: A meta-analytic summary and theoretical extension of the work design literature. In: Journal of Applied Psychology 92(5), S. 1332–1356

Humphreys, J.H. (2005): Contextual implications for transformational and servant leadership. In: Management Decision 43(10), S. 1410–1431

Hunt, J.G. (1991): Leadership: A New Synthesis. Newbury Park u. a.

Hunt, J.G.; Boal, K.B.; Sorenson, R.L. (1990): Top management leadership: Inside the black box. In: The Leadership Quarterly 1(1), S. 41–65

Hunt, J.G.; Dodge, G. (2000): Leadership déjà vu all over again. In: The Leadership Quarterly 11(4), S. 435–458

Hunt, J.G.; Osborn, R.N. (1982): Toward a macro-oriented model of leadership: An odyssey. In: *Hunt, J.G.; Sekaran, U.; Schriesheim, C.A.* (Hrsg.): Leadership: Beyond Established Views. Carbondale, S. 196–221

Hunt, J.G.; Osborn, R.N.; Boal, K.B. (2009): The architecture of managerial leadership: Stimulation and channeling of organizational emergence. In: The Leadership Quarterly 20(4), S. 503–516

Hunter, J.D. (2000): The Death of Character: Moral Education in an Age without Good or Evil. New York

Huusko, L. (2007): Teams as substitutes for leadership. In: Team Performance Management 13(7-8), S. 244–258

Huxham, C.; Vangen, S. (2000): Leadership in the shaping and implementation of collaboration agendas: How things happen in a (not quite) joined up world. In: The Academy of Management Journal 43(6), S. 1159–1175

Hyde, J.S. (2005): The gender similarities hypothesis. In: American Psychologist 60(6), S. 581–592

Ibarra, H.; Ely, R.; Kolb, D. (2013): Women rising: The unseen barriers. In: Harvard Business Review 61(9), S. 61–66

Ibarra, H.; Obodaru, O. (2009): Women and the vision thing. In: Harvard Business Review 87(1), S. 62–70

Ibarra, H.; Wittman, S.; Petriglieri, G.; Day, D.V. (2014): Leadership and identity: An examination of three theories and new research directions. In: *Day, D.V.* (Hrsg.): The Oxford Handbook of Leadership and Organizations. New York, S. 285–304

Ilgen, D.R.; Davis, C.A. (2000): Bearing bad news: Reactions to negative performance feedback. In: Applied Psychology: An International Review 49(3), S. 550–565

Ilgen, D.R.; Hollenbeck, J.R.; Johnson, M.; Jundt, D. (2005): Teams in organizations: From input-process-output models to IMOI models. In: Annual Review of Psychology 56(1), S. 517–543

Ilies, R.; Arvey, R.D.; Bouchard, T.J. (2006): Darwinism, behavioral genetics and organizational behavior: A review and agenda for future research. In: Journal of Organizational Behavior 27(1), S. 121–141

Ilies, R.; Gerhardt, M.; Le, H. (2004): Individual differences in leadership emergence: Integrating meta-analytic findings and behavioral genetics estimates. In: International Journal of Selection and Assessment 12(3), S. 207–219

Ilies, R.; Morgeson, F.P.; Nahrgang, J.D. (2005): Authentic leadership and eudaemonic well-being: Understanding leader-follower outcomes. In: The Leadership Quarterly 16(3), S. 373–394

Ilies, R.; Nahrgang, J.D.; Morgeson, F.P. (2007): Leader-member exchange and citizenship behaviors: A meta-analysis. In: Journal of Applied Psychology 92(1), S. 269–277

Ilmarinen, J.; Giesert, M.; Tempel, J. (2002): Arbeitsfähigkeit 2010. Was können wir tun, damit Sie gesund bleiben? Hamburg

Imhof, M. (2003): Zuhören: Psychologische Aspekte auditiver Informationsverarbeitung. Göttingen

Ingvaldsen, J.A.; Rolfsen, M. (2012): Autonomous work groups and the challenge of inter-group coordination. In: Human Relations 65(7), S. 861–881

Institut für Unternehmensführung (2010): Frauen in Führungspositionen. Karlsruhe

Isaacs, W. (1999): Dialogue and the Art of Thinking Together: A Pioneering Approach to Communicating in Business and in Life. New York

Isaacson, W. (2014): The Innovators: How a Group of Hackers, Geniuses and Geeks Created the Digital Revolution. New York

Islam, G. (2009): Animating leadership: Crisis and renewal of governance in 4 mythic narratives. In: The Leadership Quarterly 20(5), S. 828–836

Islam, G. (2014): Identities and ideals: Psychoanalytic dialogues of self and leadership. In: Leadership 10(3), S. 344–360

Izuma, K.; Saito, D.N.; Sadato, N. (2008): Processing of social and monetary rewards in the human striatum. In: Neuron 58(2), S. 284–294

Jackson, D.; Engstrom, E.; Emmers-Sommer, T. (2007): Think leader, think male and female: Sex vs. seating arrangement as leadership cues. In: Sex Roles 57(9-10), S. 713–723

Jackson, D.N. (1984): Personality Research Form. 3. Aufl., Port Huron, MI

Jacquart, P.; Antonakis, J. (2015): When does charisma matter for top-level leaders? Effect of attributional ambiguity. In: The Academy of Management Journal 58(4), S. 1051–1074

Jacquart, P.; Antonakis, J.; Ramus, C. (2008): Does CEO personality matter? Implications for financial performance and corporate social responsibility. In: International Journal of Psychology 43(3-4), S. 596

Jacques, E. (1989): Requisite Organization: The CEO's Guide to Creative Structure and Leadership. Arlington

Jäger, A. (2015): IR-Vergütungsstudie 2015: Geschlecht und Marktkapitalisierung entscheiden über Höhe des Gehalts von Investor-Relations-Profis, Pressemitteilung, Perspektive Mittelstand (http://www.perspektive-mittelstand.de/IR-Verguetungsstudie-2015-Geschlecht-und-Marktkapitalisierung-entscheiden-ueber-Hoehe-des-Gehalts-von/pressemitteilung/76108.html, abgerufen am 23.07.2015)

Jago, A.G. (1995): Führungstheorien – Vroom/Yetton-Modell. In: Kieser A.; Reber, G.; Wunderer, R. (Hrsg.): Handwörterbuch der Führung. 2. Aufl., Stuttgart, Sp. 1058–1075

Jahnke, I. (2006): Dynamik sozialer Rollen beim Wissensmanagement. Wiesbaden

Jahoda, M. (1995): Wieviel Arbeit braucht der Mensch? Arbeit und Arbeitslosigkeit im 20. Jahrhundert. Neu hrsg. und eingel. von Dieter Frey, Weinheim [Titel der Originalausgabe: Employment and Unemployment. Cambridge, 1982]

Jäncke, L. (2005): Methoden der Bildgebung in der Psychologie und den kognitiven Neurowissenschaften. Stuttgart

Jäncke, L. (2009): Psychobiologische Aspekte von Motivation: Neurobiologie der Motivation und Volition. In: *Brandstätter, V.; Otto, J.H.* (Hrsg.): Handbuch der Allgemeinen Psychologie – Motivation und Emotion. Göttingen, S. 287–297

Jancsary, D. (2013): Die rhetorische Konstruktion von Führung und Steuerung: Eine argumentationsanalytische Untersuchung deutschsprachiger Führungsgrundsätze. Frankfurt am Main

Janis, I.L. (1972): Victims of Group Think: A Psychological Study of Foreign-Policy Decisions and Fiascoes. Boston

Janis, I.L. (1982): Groupthink: Psychological Studies of Policy Decisions and Fiascoes. 2. Aufl., Boston

Jansen, J.J.P.; Vera, D.; Crossan, M. (2009): Strategic leadership for exploration and exploitation: The moderating role of environmental dynamism. In: The Leadership Quarterly 20(1), S. 5–18

Jarzabkowski, P.; Lê, J.K.; Van de Ven, A.H. (2013): Responding to competing strategic demands: How organizing, belonging, and performing paradoxes coevolve. In: The Journal of Applied Behavioral Science 11(3), S. 245–280

Javidan, M.; Dorfman, P.W.; Sully de Luque, M.; House, R.J. (2006): In the eye of the beholder: Cross cultural lessons in leadership from project GLOBE. In: The Academy of Management Perspective 20(1), S. 67–90

Javidan, M.; House, R.J.; Dorfman, P.W. (2004): A nontechnical summary of Globe findings. In: *House, R.J.; Hanges, P.J.; Javidan, M.; Dorfman, P.W.; Gupta, V.; GLOBE Associates* (Hrsg.): Culture, Leadership and Organizations: The GLOBE Study of 62 Societies. Thousand Oaks, S. 29–48

Javidan, M.; House, R.J.; Dorfman, P.W.; Hanges, P.J.; Sully de Luque, M. (2006): Conceptualizing and measuring cultures and their consequences: A comparative review of GLOBE's and HOFSTEDE's approaches. In: Journal of International Business Studies 37(6), S. 897–914

Jehn, K.A.; Bendersky, C. (2003): Intragroup conflict in organizations: A contingency perspective on the conflict-outcome relationship. In: Research in Organizational Behavior 25, S. 187–242

Jehn, K.A.J.; De Wit, F.R.C.; Baretto, M.; Rink, F. (2015): Task conflict asymmetries: Effects on expectations and performance. In: International Journal of Conflict Management 26(2), S. 172–191

Jensen, M.C.; Meckling, W.H. (1976): Theory of the firm: Managerial behavior, agency costs and ownership structure. In: Journal of Financial Economics 3(4), S. 305–360

Jensen, S.M.; Luthans, F. (2006): Entrepreneurs as authentic leaders: Impact on employees' attitudes. In: Leadership & Organization Development Journal 27(8), S. 646–666

Jermier, J.M. (1996): The path-goal theory of leadership: A subtextual analysis. In: The Leadership Quarterly 7(3), S. 311–316

Jernigan, E.; Beggs, J. (2010): Substitutes for leadership and job satisfaction: Is there a relationship? In: Journal of Organizational Culture, Communications and Conflict 14(2), S. 97–106

Jeworrek, S.; Mertins, V. (2014): Wage delegation in the field. In: Institute for Labour Law and Industrial Relations in the European Union (http://www.iaaeg.de/images/DiscussionPaper/2014_08.pdf, abgerufen am 19.11.2015)

Johns, G. (2006): The essential impact of context on organizational behavior. In: The Academy of Management Review 31(2), S. 386–408

Literaturverzeichnis

Johns, G.; Saks, A.M. (2008): Organizational Behavior – Understanding and Managing Life at Work. 7. Aufl., Toronto

Johnson, C.; Dowd, T.J.; Ridgeway, C.L. (2006): Legitimacy as a social process. In: Annual Review of Sociology 32(1), S. 53–78

Johnson, C.E. (2009): Meeting the Ethical Challenges of Leadership: Casting Light or Shadow. Los Angeles u. a.

Johnson, D.W.; Johnson, R.T. (1995): Social interdependence. In: *Bunker, B.B.; Rubin, J.Z.* (Hrsg.): Conflict, Cooperation and Justice, San Francisco, S. 205–251

Johnson, S.K.; Murphy, S.E.; Zewdie, S.; Reichard, R.J. (2008): The strong, sensitive type: Effects of gender stereotypes and leadership prototypes on the evaluation of male and female leaders. In: Organizational Behavior and Human Decision Processes 106(1), S. 39–60

Johnson, W. (1951): The spoken word and the great unsaid. In: Quarterly Journal of Speech 37(4), S. 419–429

Jones, C.; Hersterly, W.S.; Borgatti, S.P. (1997): A general theory of network governance: Exchange conditions and social mechanisms. In: The Academy of Management Review 22(4), S. 911–945

Jones, G.; George, J. (1998): The experience and evolution of trust: Implications for cooperation and teamwork. In: The Academy of Management Review 23(3), S. 531–546

Jones, K.P.; Peddie, C.I.; Gilrane, V.L.; King, E.B.; Gray, A.L. (2013): Not so subtle: A meta-analytic investigation of the correlates of subtle and overt discrimination. In: Journal of Management, DOI: 10.1177/0149206313506466

Joseph, D.L.; Dhanani, L.Y.; Shen, W.; McHugh, B.C.; McCord, M.A. (2015): Is a happy leader a good leader? A meta-analytic investigation of leader trait affect and leadership. In: The Leadership Quarterly 26(4), S. 557–576

Joseph, E.E.; Winston, B.E. (2005): A correlation of servant leadership, leader trust, and organizational trust. In: Leadership & Organization Development Journal 26(1-2), S. 6–22

Joshi, A. (2014): By whom and when is women's expertise recognized? The interactive effects of gender and education in science and engineering teams. In: Administrative Science Quaterly 59(2), S. 202–239

Joshi, A.; Son, J.; Roh, H. (2015): When can women close the gap? A meta-analytic test of sex differences in performance and rewards. In: The Academy of Management Journal 58(5), S. 1516–1545

Jost, J.T.; Major, B. (Hrsg.) (2001): The Psychology of Legitimacy: Emerging Perspectives on Ideology, Justice, and Intergroup Relations. New York

Jost, P.-J. (2008a): Organisation und Motivation, 2. Aufl., Wiesbaden

Jost, P.-J. (2008b): Eine ökonomische Theorie der Mitarbeiterführung. In: *Franz, W.; Ramser, H.J.; Stadler, M.* (Hrsg.): Arbeitsverträge. Tübingen, S. 73–102

Jost, P.-J. (2013): An economic theory of leadership styles. In: Review of Managerial Science 7(4), S. 365–391

Judge, T.A.; Bono, J.E.; Ilies, R.; Gerhardt, M.W. (2002): Personality and leadership: A qualitative and quantitative review. In: Journal of Applied Psychology 87(4), S. 765–780

Judge, T.A.; Cable, D.M. (2004): The effect of physical height on workplace success and income. In: Journal of Applied Psychology 89(3), S. 428–441

Judge, T.A.; Long, D.M. (2012): Individual differences in leadership. In: *Day, D.V.; Antonakis, J.* (Hrsg.): The Nature of Leadership. London, S. 179–217

Judge, T.A.; Piccolo, R.F. (2004): Transformational and transactional leadership: A meta-analytic test of their relative validity. In: Journal of Applied Psychology 89(5), S. 755–769

Judge, T.A.; Piccolo, R.F.; Illies, R. (2004): The forgotten ones? The validity of consideration and initiating structure in leadership research. In: Journal of Applied Psychology 89(1), S. 36–51

Judge, T.A.; Van Vianen, A.E.M.; De Pater, I.E. (2004): Emotional stability, core self-evaluations, and job outcomes: A review of the evidence and an agenda for future research. In: Human Performance 17(3), S. 325–346

Judge, T.A.; Woolf, E.F.; Hurst, C.; Livingston, B. (2006): Charismatic and transformational leadership – A review and an agenda for future research. In: Zeitschrift für Arbeits- und Organisationspsychologie 50(4), S. 203–214

Jung, C.G. (1964): Symbole der Wandlung. Gesammelte Werke. Band 5, Zürich

Jung, D.; Wu, A.; Chow, C.W. (2008): Towards understanding the direct and indirect effects of CEOs' transformational leadership on firm innovation. In: The Leadership Quarterly 19(5), S. 582–594

Jussim, L.; Coleman, L.M.; Lerch, L. (1987): The nature of stereotypes: A comparison and integration of three theories. In: Journal of Personality and Social Psychology 53(3), S. 536–546

Kabat-Zinn, J. (1982): An outpatient program in behavioral medicine for chronic pain patients based on the practice of mindfulness meditation: Theoretical considerations and preliminary results. In: General Hospital Psychiatry 4, S. 33–47

Kabat-Zinn, J. (1990): Full Catastrophe Living: Using the Wisdom of Your Body and Mind to Face Stress, Pain and Illness, New York

Kabat-Zinn, J. (1994): Wherever You Go, There You Are: Mindfulness Meditation in Everyday Life. London

Kabat-Zinn, J. (2003): Mindfulness-based interventions in context: Past, present and future. In: Clinical Psychology: Science and Practice 10(2), S. 144–156

Kabat-Zinn, J.; Lipworth, L.; Burney, R. (1985): The clinical use of mindfulness meditation for the self-regulation of chronic pain. In: Journal of Behavioral Medicine 8(2), S. 163–190

Kahai, S.S. (2013): Leading in a digital age: What's different, issues raised and what we know. In: *Bligh, M.C.; Riggio, R.E.* (Hrsg.): Exploring Distance in Leader-Follower-Relationships: When Near Is Far and Far is Near. New York, S. 63–108

Kahai, S.S.; Sosik, J.J.; Avolio, B.J. (1997): Effects of leadership style and problem structure on work group process and outcomes in an electronic meeting system environment. In: Personnel Psychology 50(1), S. 121–146

Kahai, S.S.; Sosik, J.J.; Avolio, B.J. (2003): Effects of leadership style, anonymity, and rewards in an electronic meeting system context. In: The Leadership Quarterly 14(4-5), S. 449–524

Kahneman, D. (2003): Maps of bounded rationality: Psychology for behavioral economics. In: American Economic Review 93(5), S. 1449–1475

Kahneman, D. (2011): Thinking, Fast and Slow. London

Kahneman, D.; Deaton, A. (2010): High income improves evaluation of life but not emotional well-being. In: Proceedings of the National Academy of Sciences of the United States of America 107(38), S. 16489–16493

Kahneman, D.; Klein, G.A. (2009): Conditions for intuitive expertise: A failure to disagree. In: The American Psychologist 64(6), S. 515–526

Kaiser, R.B.; Hogan, R. (2007): The dark side of discretion: Leaders personality and organizational decline. In: *Hooijberg, R.; Hunt, J.; Antonakis, J.; Boal, K.; Lane, N.* (Hrsg.): Being There Even When You Are Not: Leading Through Structures, Systems, and Processes. Amsterdam, S. 173–193

Kaiser, R.B.; Hogan, R.; Craig, S.B. (2008): Leadership and the fate of organizations. In: American Psychologist 63(2), S. 96–110

Kaiser, S.; Kozica, A. (2012): Ethik im Personalmanagement: Zentrale Konzepte, Ansätze und Fragestellungen. München u. a.

Kaiser, S.; Kozica, A. (2015): Zukunftsfähige Führung in fluiden Organisationen und modernen Arbeitswelten. In: *Widuckel, W.; de Molina, K.; Ringlstetter, M.J.; Frey, D.* (Hrsg.): Arbeitskultur 2020: Herausforderungen und Best Practices der Arbeitswelt der Zukunft. Wiesbaden, S. 307–322

Kalshoven, K.; Den Hartog, D.N.; De Hoogh, A.H.B. (2011): Ethical leadership at work questionnaire (ELW): Development and validation of a multidimensional measure. In: The Leadership Quarterly 22(1), S. 51–69

Kaluza, G. (2012): Gelassen und sicher im Stress: Das Stresskompetenz-Buch. Stress erkennen, verstehen, bewältigen. 4. Aufl., Berlin/Heidelberg

Kaminski, G. (1981): Überlegungen zur Funktion von Handlungstheorien in der Psychologie. In: *Lenk, H.* (Hrsg.): Handlungstheorien interdisziplinär. Band 3, 1. Halbband, München, S. 93–123

Kandel, E.R.; Markram, H.; Matthews, P.M.; Yuste, R.; Koch, C. (2013): Neuroscience thinks big (and collaboratively). In: Nature Reviews Neuroscience 14(9), S. 659–664

Kanfer, R.; Ackerman, P.L. (2004): Aging, adult development, and work motivation. In: The Academy of Management Review 29(3), S. 440–458

Kanitz, A.v.; Scharlau, C. (2012): Gesprächstechniken. 2. Aufl., München

Kanning, U.P. (2014): Managementversagen – Eine diagnostische Perspektive. In: Wirtschaftspsychologie 16(3), S. 13–20

Kant, I. (2000): Grundlegung zur Metapysik der Sitten. In: *Kant, I.*: Sämtliche Werke. Band 2, o. O., S. 403–747

Kaplan, R.S.; Norton, D.P. (1992): The balanced scorecard – Measures that drive performance. In: Harvard Business Review 70(1), S. 71–79

Kaplan, R.S.; Norton, D.P. (1996): Using the balanced scorecard as a strategic management system. In: Harvard Business Review 74(1), S. 75–85

Kappelhoff, P. (2002): Komplexitätstheorie: Neues Paradigma für die Managementforschung? In: *Schreyögg, G.; Conrad, P.* (Hrsg.): Managementforschung 12: Theorien des Managements. Wiesbaden, S. 49–101

Karakas, F.; Sarigollu, E. (2012): Benevolent leadership: Conceptualization and construct development. In: Journal of Business Ethics 108(4), S. 537–553

Karau, S.J.; Williams, K.D. (1993): Social loafing: A meta-analytic review and theoretical integration. In: Journal of Personality and Social Psychology 65(4), S. 681–706

Karmasin, M. (1996): Ethik als Gewinn: Zur ethischen Rekonstruktion der Ökonomie: Konzepte und Perspektiven der Wirtschaftsethik, Unternehmensethik, Führungsethik. Wien

Karnath, H.-O.; Thier, P. (Hrsg.) (2012): Kognitive Neurowissenschaften. 3. Aufl., Berlin/Heidelberg

Kartmann, S.W. (2001): Wie wir fragen und zuhören… könnten! 5. Aufl., Stuttgart

Katila, R.; Ahuja, G. (2002): Something old, something new: A longitudinal study of search behavior and new product introduction. In: The Academy of Management Journal 45(6), S. 1183–1194

Katz, D.; Kahn, R.L. (1966): The Social Psychology of Organizations. New York u. a.

Katz, D.; Kahn, R.L. (1978): The Social Psychology of Organizations. 2. Aufl., New York

Katz, D.; Maccoby, N.; Morse, N.C. (1950): Productivity, Supervision and Morale in an Office Situation. Ann Arbor

Katz-Buonincontro, J. (2015): Decorative integration or relevant learning? A literature review of studio arts-based management education with recommendations for teaching and research. In: Journal of Management Education 39(1), S. 81–115

Kauffeld, S. (2010): Nachhaltige Weiterbildung. Berlin

Kauschke, J.E. (2010): Reflexive Führung: Die Führungskraft als Coach? Frankfurt am Main

Kayworth, T.R.; Leidner, D.E. (2002): Leadership effectiveness in global virtual teams. In: Journal of Management Information Systems 18(3), S. 7–40

Kearney, E. (2008): Age differences between leader and followers as a moderator of the relationship between transformational leadership and team performance. In: Journal of Occupational and Organizational Psychology 81(4), S. 803–811

Kearney, E.; Gebert, D. (2009): Managing diversity and enhancing team outcomes: The promise of transformational leadership. In: Journal of Applied Psychology 94(1), S. 77–89

Kearney, E.; Gebert, D.; Voelpel, S.C. (2009): When and how diversity benefits teams – The importance of team members' need for cognition. In: The Academy of Management Journal 52(3), S. 581–598

Kee, H.W.; Knox, R.E. (1970): Conceptual and methodological considerations in the study of trust and suspicion. In: Journal of Conflict Resolution 14(3), S. 357–366

Kegan, J. (1987): The Mask of Command. New York

Kehr, H.M. (2000): Die Legitimation von Führung: Ein Kleingruppenexperiment zum Einfluß der Quelle der Autorität auf die Akzeptanz des Führers, den Gruppenprozeß und die Effektivität. Berlin

Kehr, H.M. (2001): Volition und Motivation: Zwischen impliziten Motiven und expliziten Zielen: Das „Schnittmengenmodell

Literaturverzeichnis

von Motivation und Wille" eröffnet neue Perspektiven für die Führungspraxis. In: Personalführung. Sonderheft: Motivation 4, S. 20–28

Kehr, H.M. (2002): Souveränes Selbstmanagement: Ein wirksames Konzept zur Förderung von Motivation und Willensstärke. Weinheim

Kehr, H.M. (2004a): Integrating implicit motives, explicit motives, and perceived abilities: The compensatory model of work motivation and volition. In: The Academy of Management Review 29(3), S. 479–499

Kehr, H.M. (2004b): Motivation und Volition. Motivationsforschung Band 20. Göttingen

Kehr, H.M. (2004c): Implicit/explicit motive discrepancies and volitional depletion among managers. In: Personality and Social Psychology Bulletin 30(3), S. 315–327

Kehr, H.M. (2005): Das Kompensationsmodell der Motivation und Volition als Basis für die Führung von Mitarbeitern. In: *Vollmeyer, R.; Brunstein, J.* (Hrsg.): Motivationspsychologie und ihre Anwendung. Stuttgart, S. 131–150

Kehr, H.M. (2008): Für Veränderungen motivieren mit Kopf, Bauch und Hand. In: Organisationsentwicklung 3, S. 23–30

Kehr, H.M. (2009): Authentisches Selbstmanagement – Ein wirksames Konzept zur Stärkung von Motivation und Wille. Weinheim

Kehr, H.M. (2011): Führung und Motivation: Implizite Motive, explizite Ziele und die Steigerung der Willenskraft. In: Personalführung 4, S. 67–72

Kehr, H.M. (2015): Das 3K-Modell der Motivation. In: *Felfe, J.* (Hrsg.): Trends der psychologischen Führungsforschung: Neue Konzepte, Methoden und Erkenntnisse. Göttingen u. a., S. 103–113

Keim, R. (2006): Zusammenhang zwischen Führungsverhalten und messbarer Performance. Frankfurt am Main

Keller, N.; Katsikopoulos, K.V. (2016): On the role of psychological heuristics in operational research; and a demonstration in military stability operations. In: European Journal of Operational Research 249(3), S. 1063–1073

Keller, R.T. (2006): Transformational leadership, initiating structure and substitutes for leadership on project team performance. In: Journal of Applied Psychology 91(1), S. 202–210

Keller, T.; Weibler, J. (2014): Behind managers' ambidexterity – Studying personality traits, leadership and environmental conditions associated with exploration and exploitation. In: Schmalenbach Business Review 66, S. 309–333

Keller, T.; Weibler, J. (2015): What it takes and costs to be an ambidextrous manager: Linking leadership and cognitive strain to balancing exploration and exploitation. In: Journal of Leadership & Organizational Studies 22(1), S. 54–71

Kellerman, B. (1999): Hitler's ghost: A manifesto. In: *Kellerman, B.; Matusak, L.* (Hrsg.): Cutting Edge: Leadership 2000. College Park, S. 65–68

Kellerman, B. (2004): Bad Leadership: What It Is, How It happens, Why It Matters. Boston

Kellerman, B. (2009): What every leader needs to know about followers. In: *Jon, B.* (Hrsg.): Discovering Leadership. Basingstoke, Hampshire/New York, S. 157–166

Kellerman, B. (2012): The End of Leadership. New York

Kelley, H.H. (1967): Attribution theory in social psychology. In: *Levine, D.* (Hrsg.): Nebraska Symposium on Motivation. Vol. 15, Lincoln, S. 192–240

Kelley, H.H. (1973): The process of causal attribution. In: American Psychologist 28(2), S. 107–128

Kelley, R.E. (1991): Combining followership and leadership into partnership. In: *Kilmann, R.E.; Kilmann, I.* (Hrsg.): Making Organizations Competitive: Enhancing Networks and Relationships Across Boundaries. San Francisco, S. 195–220

Kelley, R.E. (1992): The Power of Followership: How We Create Leaders people Want To Follow and Followers Who Lead Themselves. New York u. a.

Kelley, R.E. (2004): Followership. In: *Goethals, G.R.; Sorenson, G.J.; Burns, J.M.* (Hrsg.): The Encyclopedia of Leadership. Thousand Oaks, S. 504–513

Kelley, R.E. (2008): Rethinking followership. In: *Riggio, R.; Chaleff, I.; Lipman-Blumen, J.* (Hrsg.): The Art of Followership. New York, S. 5–15

Kelloway, E.K.; Barling, J. (2010): Leadership development as an intervention in occupational health psychology. In: Work & Stress 24(3), S. 260–279

Kelloway, E.K.; Weigand, H.; McKee, M.C.; Das, H. (2013): Positive leadership and employee well-being. In: Journal of Leadership & Organizational Studies 20(1), S. 107–117

Kelly, C.M. (1988): The Destructive Achiever: Power and Ethics in American Corporations. Reading, MA u. a.

Kelly, K. (1994): Out of Control: The New Biology of Machines. London

Kempster, S. (2009): How Managers Have Learnt to Lead: Exploring the Development of Leadership Practice. Basingstoke, Hampshire

Kennecke, S.; Frey, D. (2014): Problemverschiebung als zentraler Mechanismus in MvD-Prozessen. In: Wirtschaftspsychologie 16(3), S. 57–65

Kenney, R.A.; Schwartz-Kenney, B.M.; Blascovich, J. (1996): Implicit leadership theories: Defining leaders described as worthy of influence. In: Personality and Social Psychology Bulletin 22(11), S. 1128–1143

Kern, A.; Vosseler, B. (2013): Betriebliches Gesundheitsmanagement ist Führungsaufgabe und Erfolgsfaktor. In: *Buchenau, P.H.* (Hrsg.): Chefsache Gesundheit: Der Führungsratgeber fürs 21. Jahrhundert. Wiesbaden, S. 135–154

Kern, H.; Schumann, M. (1984): Das Ende der Arbeitsteilung? Rationalisierung in der industriellen Produktion: Bestandsaufnahme, Trendbestimmung. München

Kernberg, O.F. (1979): Regression in organizational leadership. In: Psychiatry 42(1), S. 24–39

Kernis, M.H. (2003): Toward a conceptualization of optimal self-esteem. In: Psychological Inquiry 14(1), S. 1–26

Kerr, S. (1977): Substitutes for leadership: Some implications for organizational design. In: Organization and Administrative Sciences 8(1), S. 135–146

Kerr, S.; Jermier, J. (1978): Substitutes for leadership: Their meaning and measurement. In: Organizational Behavior and Human Performance 22, S. 374–403

Kerr, S.; Mathews, C.S. (1995): Führungstheorien – Theorie der Führungssubstitution. In: *Kieser, A.; Reber, G.; Wunderer, R.* (Hrsg.): Handwörterbuch der Führung. 2. Aufl., Stuttgart, Sp. 1021–1034

Kershaw, T.S.; Alexander, S. (2003): Procedural fairness, blame attributions, and presidential leadership. In: Social Justice Research 16(1), S. 79–93

Kersting, W. (1994): Die politische Philosophie des Gesellschaftsvertrags. Darmstadt

Kets de Vries, M.F.R (2004): Lessons on Leadership by Terror. Cheltenham u. a.

Kets de Vries, M.F.R.; Balazs, K. (2011): The Shadow Side of Leadership. In: *Bryman, A.; Collinson, Grint, K.; Jackson, B.; Uhl-Bien, M.* (Hrsg.): The Sage Handbook of Leadership. Thousand Oaks, S. 380–392

Kets de Vries, M.F.R.; Miller, D. (1984): Neurotic style and organizational pathology. In: Strategic Management Journal 5(1), S. 35–55

Kets de Vries, M.F.R.; Miller, D. (1985): Organisationspathologien und Management-Neurose. In: Manager Forum 5, S. 3–24

Kiefer, B.-U. (1995): Mitarbeiterurteile. In: *Sarges, W.* (Hrsg.): Management-Diagnostik. 2. Aufl., Göttingen u. a., S. 655–670

Kiefer, T. (2010): Neuroleadership – More than another leadership framework. In: People & Strategy 33(4), S. 10–11

Kieserling, A. (1999): Kommunikation unter Anwesenden: Studien über Interaktionssysteme. Frankfurt am Main

Kilduff, M.; Brass, D.J. (2010): Organizational social network research: Core ideas and key debates. In: The Academy of Management Annals 4(1), S. 317–357

Kilduff, M.; Krackhardt, D. (2008): Interpersonal Networks in Organizations: Cognition, Personality, Dynamics, and Culture. Cambridge

Kilduff, M.; Tsai, W. (2003): Social Networks and Organizations. London

Kim, K.; Dansereau, F.; Kim, I. (2002): Extending the concept of charismatic leadership using Bass (1990) categories. In: *Avolio, B.J.; Yammarino, F.J.* (Hrsg.): Transformational and Charismatic Leadership: The Road Ahead. Oxford, S. 143–172

Kim, U.M. (1994): Significance of paternalism and communalism in the occupational welfare system of Korean firms: A national survey. In: *Kim, U.; Triandis, H.C.; Kagitcibasi, C.; Choi, S.; Yoon, G.* (Hrsg.): Individualism and Collectivism: Theory, Method and Applications (Cross-Cultural Research and Methodology), Thousand Oaks, S. 251–266

King, A.J.; Cowlishaw, G. (2009): Leaders, followers and group decision-making. In: Communicative & Integrative Biology 2(2), S. 147–150

King, A.J.; Johnson, D.D.P.; Van Vugt, M. (2009): The origins and evolution of leadership. In: Current Biology 19(19), S. 911–916

King, L.A. (1995): Whishes, motives, goals, and personal memories: Relations of measures of human motivation. In: Journal of Personality 63(4), S. 985–1007

Kipnis, D. (1996): Trust and technology. In: *Kramer, R.M.; Tyler, T.R.* (Hrsg.): Trust in Organizations. Thousand Oaks, S. 39–50

Kipnis, D.; Schmidt, S.M.; Wilkinson, I. (1980): Intraorganizational influence tactics: Explorations in getting one's way. In: Journal of Applied Psychology 65(4), S. 440–452

Kirchhof, R. (2003): Ganzheitliches Komplexitätsmanagement: Grundlagen und Methodik des Umgangs mit Komplexität im Unternehmen. Wiesbaden

Kirchhof, S. (2007): Informelles Lernen und Kompetenzentwicklung für und in beruflichen Werdegängen. Münster u. a.

Kirchler, E. (2008): Arbeits- und Organisationspsychologie. 2. Aufl., Wien

Kirkbride, P. (2006): Developing transformational leaders: The full range leadership model in action. In: Industrial and Commercial Training 38(1), S. 23–32

Kittelberger, R.; Kärcher-Heilemann, T. (2015): Eckpunkte des neuen Gesetzes. In: Personalmagazin 11, S. 24–26

Klaußner, S. (2012): Die dunkle Seite der Führung – Stand der Forschung und offene Fragen. In: Arbeit 21(1), S. 5–19

Klein, G.A. (2008): Naturalistic decision making. In: Human Factors, 50(3), S. 456–460

Klein, G.A.; Calderwood, R.; Clinton-Cirocco, A. (1986): Rapid decision making on the fireground. In: Proceedings of the Human Factors and Ergonomics Society 30th Annual Meeting, S. 576–580

Klein, K.J.; House, R.J. (1995): On fire: Charismatic leadership and levels of analysis. In: The Leadership Quarterly 6(2), S. 183–198

Klein, K.J.; Ziegert, J.C.; Knight, A.P.; Xiao, Y. (2006): Dynamic delegation: Shared, hierarchical, and deindividualized leadership in extreme action teams. In: Administrative Science Quarterly 51(4), S. 590–621

Kleinbeck, U. (1996): Arbeitsmotivation: Entstehung, Wirkung und Förderung. Weinheim

Kleinbeck, U. (2004a): Der Umgang mit Misserfolg. In: *Wegge, J.; Schmidt, K-H.* (Hrsg.): Förderung von Arbeitsmotivation und Gesundheit in Organisationen. Motivationsforschung Band 21, Göttingen, S. 279–294

Kleinbeck, U. (2004b): Die Wirkung von Zielsetzungen auf die Leistung. In: *Schuler, H.* (Hrsg.): Beurteilung und Förderung beruflicher Leistung. 2. Aufl., Göttingen, S. 215–238

Kleinbeck, U. (2006): Handlungsziele. In: *Heckhausen, J.; Heckhausen, H.* (Hrsg.): Motivation und Handeln. 3. Aufl., New York, S. 255–276

Klenke, K. (2014): Sculpting the contours of the qualitative landscape of leadership research. In: *Day, D.V.* (Hrsg.): The Oxford Handbook of Leadership and Organizations. Oxford u. a., S. 118–145

Klima, R. (1995): Interaktion. In: *Fuchs-Heinritz, W. u. a.* (Hrsg.): Lexikon zur Soziologie. 3. Aufl., Opladen, S. 307–308

Klimecki, R.G.; Gmür, M. (2005): Personalmanagement. 3. Aufl., Stuttgart

Klimecki, R.G.; Probst, G.J.B.; Eberl, P. (1994): Entwicklungsorientiertes Management. Stuttgart

Klimoski, R.; Mohammed, S. (1994): Team mental model: Construct or metaphor. In: Journal of Management 20(2), S. 403–437

Klofstad, C.A.; Anderson, R.C.; Nowicki, S. (2015): Perceptions of competence, strength, and age influence voters to select leaders with lower-pitched voices. In: PLoS ONE 10(8), S. 1–14

Kluckhohn, F.R.; Strodtbeck, F.L. (1961): Variations in Value Orientations. Evanston

Kluge, F. (2002): Etymologisches Wörterbuch der deutschen Sprache. Berlin

Kluger, A.N.; DeNisi, A. (1996): The effects of feedback interventions on performance: A historical review, a meta-analysis, and a preliminary feedback intervention theory. In: Psychological Bulletin 119(2), S. 254–284

KMPG/YSC/30percentclub (2014): Cracking The Code (http://www.kpmg.com/UK/en/IssuesAndInsights/ArticlesPublications/Documents/PDF/About/Cracking%20the%20code.pdf, abgerufen am 25.02.2016)

Knebel, H.; Schneider, H. (2006): Die Stellenbeschreibung: Mit Speziallexikon. 8. Aufl., Frankfurt am Main

Kniehl, A. (1998): Motivation und Volition in Organisationen. Ein Beitrag zur theoretischen Fundierung des Motivationsmanagements. Wiesbaden

Knight, F.H. (1921): Risk, Uncertainty and Profit. New York

Knights, D.; O'Leary, M. (2005): Reflecting on corporate scandals: The failure of ethical leadership. In: Business Ethics: A European Review 14(4), S. 359–366

Knights, D.; Willmott, H. (1992): Conceptualizing leadership processes: A study of senior managers in a financial services company. In: Journal of Management Studies 29(6), S. 761–782

Knoblach, B.; Fink, D. (2012): Konstruktivismus, Macht und die Realitäten der Manager. In: *Knoblach, B.; Oltmanns, T.; Hajnal, I.; Fink, D.* (Hrsg.): Macht in Unternehmen: Der vergessene Faktor. Wiesbaden, S. 13–25

Knowles, H.P.; Saxberg, B.O. (1967): Human relations and the nature of man. In: Harvard Business Review 45(2), S. 22–40 und 172–178

Koch, H. (2007): Soziale Kapitalisten: Vorbilder für eine gerechte Wirtschaft. Berlin

Koffka, K. (1925): Die Grundlagen der psychischen Entwicklung: Eine Einführung in die Kinderpsychologie. 2. Aufl., Osterwieck a.H.

Kohlberg, L. (1969): Stages in the Development of Moral Thought and Action. New York

Kohlberg, L. (1976): Moral stages and moralization: The cognitive-developmental approach. In: *Lickona, T.* (Hrsg.): Moral Development and Behavior. New York, S. 31–53

Kohs, S.C.; Irle, K.W. (1920): Prophesying army promotion. In: Journal of Applied Psychology 4(1), S. 73–87

Kohut, H. (1971): The Analysis of the Self. New York

Kolb, M. (2001): Führen mit Zielen – Ein wiederentdecktes Haus- bzw. (All)Heilmittel?! In: *Schwaab, M.O.; Bergmann, G.; Gairing, F.; Kolb, M.* (Hrsg.): Führen mit Zielen. Konzepte – Erfahrungen – Erfolgsfaktoren. 2. Aufl., Wiesbaden, S. 5–22

Kompa, A. (2004): Assessment Center. München

Konlechner, S.W.; Güttel, W.H. (2009): Kontinuierlicher Wandel mit Ambidextrie: Vorhandenes Wissen nutzen und gleichzeitig neues entwickeln. In: Zeitschrift Führung + Organisation 78(1), S. 45–53

Konovsky, M.A.; Pugh, S.D. (1994): Citizenship behaviour and social exchange. In: The Academy of Management Journal 37(3), S. 656–669

Konradt, U. (2014): Toward a theory of dispersed leadership in teams: Model, findings, and directions for future research. In: Leadership 10(3), S. 289–307

Konradt, U.; Andreßen, P.; Ellwart, T. (2009): Self-leadership in organizational teams: A multilevel analysis of moderators and mediators. In: European Journal of Work and Organizational Psychology 18(3), S. 322–346

Konradt, U.; Hertel, G. (2002): Management virtueller Teams – Von der Telearbeit zum virtuellen Unternehmen. Weinheim

Korman, A.K. (1966): "Consideration", "initiating structure", and organizational criteria – A review. In: Personnel Psychology 19(4), S. 349–361

Kort, E.D. (2008): What, after all, is leadership? ‚Leadership' and plural action. In: The Leadership Quarterly 19(4), S. 409–425

Kosfeld, M.; Heinrichs, M.; Zak, P.J.; Fischbacher, U.; Fehr, E. (2005): Oxytocin increases trust in humans. In: Nature 435(2), S. 673–676

Kossbiel, H. (1983): Die Bedeutung formalisierter Führungsgrundsätze für die Verhaltenssteuerung in Organisationen. In: *Wunderer, R.* (Hrsg.): Führungsgrundsätze in Wirtschaft und öffentlicher Verwaltung. Stuttgart, S. 17–27

Kossbiel, H. (1990): Personalbereitstellung und Personalführung. In: *Jacob, H.* (Hrsg.): Allgemeine Betriebswirtschaftslehre: Handbuch für Studium und Prüfung. 5. Aufl., Wiesbaden, S. 1045–1253

Kossbiel, H. (1994): Überlegungen zur Effizienz betrieblicher Anreizsysteme. In: Die Betriebswirtschaft 54(1), S. 75–92

Kossbiel, H. (1995): Anerkennung und Kritik als Führungsinstrument. In: *Kieser, A.; Reber, G.; Wunderer, R.* (Hrsg.): Handwörterbuch der Führung. 2. Aufl., Stuttgart, Sp. 22–34

Kossbiel, H. (2002): Personalwirtschaft. In: *Bea, F.X.; Dichtl, E.; Schweitzer, M.* (Hrsg.): Allgemeine Betriebswirtschaftslehre. Band 3, 8. Aufl., Stuttgart u. a., S. 467–553

Kossbiel, H. (2007): Anmerkungen zur Logik, Mystik und Heroik in der so genannten Saarbrücker Formel für die Bewertung des Humankapitals. In: Zeitschrift für Management 2(3), S. 336–348

Kotter, J.P. (2015): Die Kraft der zwei Systeme. In: Harvard Business Manager Spezial 34(12), S. 80–93

Kozlowski, S.W.J.; Ilgen D.R. (2006): Enhancing the effectiveness of work groups and teams. In: Psychological Science in the Public Interest 7(3), S. 77–124

Kram, K.E. (1985): Mentoring at Work: Developmental Relationships in Organizational Life. Glenview, IL.

Krämer, B.; Deeg, J. (2008): Die Optimierung der virtuellen Teamarbeit: Ein integratives Managementmodell. In: *Schreyögg, G.; Conrad, P.* (Hrsg.): Gruppen und Teamorganisation. Managementforschung 18, Wiesbaden, S. 165–208

Kramer, R.M. (1994): The sinister attribution error: Paranoid cognition and collective distrust in organizations. In: Motivation and Emotion 18(2), S. 199–230

Kramer, R.M. (2011): Trust and distrust in the leadership process: A review and assessment of theory and evidence. In: *Bryman,*

A.; Collinson, D.; Grint, K.; Uhl-Bien, M.; Jackson, B. (Hrsg.): The Sage Handbook of Leadership. Thousand Oaks, S. 136–150

Krappmann, L. (2000): Soziologische Dimensionen der Identität: Strukturelle Bedingungen für die Teilnahme an Interaktionsprozessen. 9. Aufl., Stuttgart

Krasikova, D.V.; Green, S.G.; LeBreton, J.M. (2013): Destructive leadership: A theoretical review, integration, and future research agenda. In: Journal of Management 39(5), S. 1308–1338

Krause, D.E. (2004): Kognitiv-emotionale Prozesse als Auslöser von Innovationen: Empirische Überprüfung der Lazarus-Theorie im Innovationskontext. In: Zeitschrift für Personalpsychologie 3(2), S. 63–78

Krause, D.E. (2005): Innovationsförderliche Führung – eine empirische Analyse. In: Zeitschrift für Psychologie 213(2), S. 61–76

Krause, D.E.; Gebert, D.; Kearney, E. (2007): Implementing process innovations: The benefits of combining delegative-participative with consultative-advisory leadership. In: Journal of Leadership & Organizational Studies 14(1), S. 16–25

Krauss, A.; Mohr, B. (2004): Prozessorientierung in der betrieblichen Weiterbildung – neue Funktionen für Führungskräfte: Der Vorgesetzte als Lernberater und Coach. In: Berufsbildung in Wissenschaft und Praxis 29(5), S. 33–36

Krauss, A.; Mohr, B. (2005a): Das Erfahrungswissen der Mitarbeiter in betrieblichen Veränderungsprozessen nutzen. In: Berufsbildung in Wissenschaft und Praxis 30(5), S. 31–33

Krauss, A.; Mohr, B. (2005b): Vorgesetzte werden zu Gestaltern und Förderern informeller und non-formaler Lernprozesse im Betrieb. In: GdWZ – Grundlagen der Weiterbildung. Heft 2/2005, S. 1–6

Kreikebaum, H. (2004): Gerechtigkeit und Fairness. In: *Schreyögg, G.; Werder, A.v.* (Hrsg.): Handwörterbuch Unternehmensführung und Organisation. 4. Aufl., Stuttgart, Sp. 347–353

Krell, G. (2008): „Vorteile eines neues weiblichen Führungsstils": Ideologiekritik und Diskursanalyse. In: *Krell, G.* (Hrsg.): Chancengleichheit durch Personalpolitik. Gleichstellung von Frauen und Männern in Unternehmen und Verwaltungen. Rechtliche Regelungen – Problemanalysen – Lösungen. 5. Aufl., Wiesbaden, S. 319–330

Krell, G.; Riedmüller, B.; Sieben, B.; Vinz, D. (2007): Diversity Studies: Grundlagen und disziplinäre Ansätze, Frankfurt am Main

Krishnakumar, S.; Hopkins, K.; Szmerekovsky, J.G.; Robinson, M.D. (2015): Assessing workplace emotional intelligence: Development and validation of an ability-based measure. In: The Journal of Psychology, DOI: 10.1080/00223980.2015.1057096

Krüger, W. (1992): Macht. In: *Gaugler, E.; Weber, W.* (Hrsg.): Handwörterbuch des Personalwesens. 2. Aufl., Stuttgart, Sp. 1313–1324

Krüger, W. (1995): Stellenbeschreibung als Führungsinstrument. In: *Kieser, A.; Reber, G.; Wunderer, R.* (Hrsg.): Handwörterbuch der Führung. 2. Aufl., Stuttgart, Sp. 940–953

Krummaker, S.; Vogel, B. (2011): Fokus Followership: Führungsbeziehungen als quasi gleichberechtigter Interaktionsprozess zwischen Führungskräften und Geführten. In: *Eggers, B.; Ahlers, F.; Eichenberg, T.* (Hrsg.): Integrierte Unternehmensführung. Wiesbaden, S. 151–160

Küfner, A.C.P.; Dufner, M.; Back, M.D. (2015): Das Dreckige Dutzend und die Niederträchtigen Neun: Kurzskalen zur Erfassung von Narzissmus, Machiavellismus und Psychopathie. In: Diagnostica 61(2), S. 76–91

Kuhl, J. (1983): Motivation, Konflikt und Handlungskontrolle. Berlin

Kuhl, J. (1996): Wille und Freiheitserleben: Formen der Selbststeuerung. In: *Kuhl, J.; Heckhausen, H.* (Hrsg.): Motivation, Volition und Handlung. Enzyklopädie der Psychologie. C; IV; 4, S. 665–765

Kuhl, J. (2001): Motivation und Persönlichkeit: Interaktionen psychischer Systeme. Göttingen

Kuhl, J. (2006): Individuelle Unterschiede in der Selbststeuerung. In: *Heckhausen, J.; Heckhausen, H.* (Hrsg.): Motivation und Handeln. 3. Aufl., New York, S. 303–329

Kuhl, J. (2010): Individuelle Unterschiede in der Selbststeuerung. In: *Heckhausen, J.; Heckhausen, H.* (Hrsg.): Motivation und Handeln. 4. Aufl., Heidelberg, S. 337–363

Kuhl, J.; Beckmann, J. (1994): Alienation: Ignoring one's preferences. In: *Kuhl, J.; Beckmann, J.* (Hrsg.): Volition and Personality. Seattle, S. 376–390

Kuhl, J.; Fuhrmann, A. (1998): Decomposing self-regulation and self-control: The volitional components inventory. In: *Heckhausen, J.; Dweck, C.* (Hrsg.): Motivation and Self-Regulation across the Life Span. Cambridge, S. 15–49

Kuhl, J.; Henseler, W. (2004): Systemdiagnostik: Assessment und Förderung persönlicher Kompetenzen. In: *Wegge, J.; Schmidt, K.H.* (Hrsg.): Förderung von Arbeitsmotivation und Gesundheit in Organisationen. Göttingen u. a., S. 125–142

Kuhl, J.; Koole, S. (2005): Wie gesund sind Ziele? Intrinsische Motivation, Affektregulation und das Selbst. In: *Vollmeyer, R.; Brunstein, J.* (Hrsg.): Motivationspsychologie und ihre Anwendung. Stuttgart, S. 109–127

Kühl, S. (2010): Die Irrationalität lernender Organisationen: Überlegungen zur Nützlichkeit von Managementkonzepten. In: *Heidsiek, C.; Petersen, J.* (Hrsg.): Organisationslernen im 21. Jahrhundert. Frankfurt am Main u. a., S. 57–67

Kühlmann, T.M. (2008): Mitarbeiterführung in internationalen Unternehmen. Stuttgart

Kuhn, T. (2000): Internes Unternehmertum: Begründung und Bedingungen einer „kollektiven Kehrtwendung". München

Kuhn, T. (2002): Humanisierung der Arbeit: Ein Projekt vor dem erfolgreichen Abschluss oder vor neuen Herausforderungen? In: Zeitschrift für Personalforschung 16(3), S. 342–358

Kuhn, T. (2009): Ethik im Personalmanagement. In: *Scholz, C.* (Hrsg.): Vahlens Großes Personallexikon, S. 315–318

Kuhn, T.; Weibler, J. (2003): Führungsethik: Notwendigkeit, Ansätze und Vorbedingungen ethikbewusster Mitarbeiterführung. In: Die Unternehmung 57(5), S. 375–392

Kuhn, T.; Weibler, J. (2011): Ist Ethik ein Erfolgsfaktor? Unternehmensethik im Spannungsfeld von Oxymoron Case, Business Case und Integrity Case. In: Zeitschaft für Betriebswirtschaft 81(1), S. 93–118

Literaturverzeichnis

Kuhn, T.; Weibler, J. (2012a): Ethikbewusstes Personalmanagement: Erfolgsstrategische Selbstverständlichkeit oder moralische Herausforderung? In: *Kaiser, S.; Kozica, A.* (Hrsg.): Ethik im Personalmanagement. München u. a., S. 45–62

Kuhn, T.; Weibler, J. (2012b): Führungsethik in Organisationen. Stuttgart

Kuhn, T.; Weibler, J. (2012c): Einmal integer, nicht immer integer. In: Personalwirtschaft 39(9), S. 70–72

Kuhn, T.; Weibler, J. (2014): Die egomanische Organisation: Auszehrung der Mitarbeiter als Folge einer unethischen Führung. In: *Oelsnitz, D.v.d.; Schirmer, F.; Wüstner, K.* (Hrsg.): Die auszehrende Organisation: Leistung und Gesundheit in einer anspruchsvollen Arbeitswelt. Wiesbaden, S. 113–131

Kuhn, T.S. (2012 [1962]): The Structure of Scientific Revolutions. 4. Aufl., Chicago (Erstausgabe 1962)

Kulich, C.; Ryan, M.K.; Haslam, S.A. (2007): Where is the romance for women leaders? The effects of gender on leadership attributions and performamce-based pay. In: Applied Psychology 56(4), S. 582–601

Kunczik, M. (1972): Der Stand der Führungsforschung. In: *Kunczik, M.* (Hrsg.): Führung: Theorien und Ergebnisse. Düsseldorf/Wien, S. 260–291

Künzle, B.; Zala-Mezö, E.; Kolbe, M.; Wacker, J.; Grote, G. (2010): Substitutes for leadership in anaesthesia teams and their impact on leadership effectiveness. In: European Journal of Work and Organizational Psychology 19(5), S. 505–531

Kuoppala, J.M.; Lamminpää, A.; Liira, J.; Vainio, H. (2008): Leadership, job well-being, and health effects – A systematic review and a meta-analysis. In: Journal of Occupational & Environmental Medicine 50(8), S. 904–915

Küpers, W. (2006): Authentische und integrale, transformationale Führung. Ein Überblick über den „state-of-the-art" aus akademischer Perspektive. In: *Wielens, H.* (Hrsg.): Führen mit Herz und Verstand – Authentisch und integral zu einer neuen Kultur der Unternehmens- und Personalführung 2, Bielefeld, S. 335–378

Küpers, W. (2015): Zur Kunst praktischer Weisheit in Organisation und Führung. In: *Fröse, M.W.; Kaudela-Baum, S.; Dievernich, F.E.P.* (Hrsg.): Emotion und Intuition in Führung und Organisation. Wiesbaden, S. 65–100

Küpers, W.; Weibler, J. (2005): Emotionen in Organisationen. Stuttgart

Küpers, W.; Weibler, J. (2008): Inter-leadership: Why and how should we think of leadership and followership integrally? In: Leadership 4(4), S. 443–475

Küpper, H.-U.; Friedl, G.; Hofmann, C.; Hofmann, Y.; Pedell, B. (2013): Controlling: Konzeption, Aufgaben, Instrumente. 6. Aufl., Stuttgart

Kutschker, M.; Schmid, S. (2011): Internationales Management. München

Kwantes, C.T.; Boglarsky, C.A. (2007): Perceptions of organizational culture, leadership effectiveness and personal effectiveness across six countries. In: Journal of International Management 13(2), S. 204–230

Kyj, L.; Parker, R.J. (2008): Antecedents of budget participation: Leadership style, information asymmetry, and evaluative use of budget. In: Journal of Accounting, Finance and Business Studies 44(4), S. 423–442

Ladegard, G.; Gjerde, S. (2014): Leadership coaching, leader role-efficacy, and trust in subordinates: A mixed methods study assessing leadership coaching as a leadership development tool. In: The Leadership Quarterly 25(4), S. 631–646

Ladkin, D. (2008): Leading beautifully: How mastery, congruence and purpose create the aesthetic of embodied leadership practice. In: The Leadership Quarterly 19(1), S. 31–41

Ladkin, D. (2010): Rethinking Leadership: A New Look at Old Leadership Questions. Cheltenham

Ladkin, D.; Taylor, S.S. (2010): Enacting the 'true self': Towards a theory of embodied authentic leadership. In: The Leadership Quarterly 21(1), S. 64–74

Ladwig, D.H. (2009): Team-Diversity – Die Führung gemischter Teams. In: *Rosenstiel, L.v.; Regnet, E.; Domsch, M.E.* (Hrsg.): Führung von Mitarbeitern: Handbuch für erfolgreiches Personalmanagement. 6. Aufl., Stuttgart, S. 388–399

Ladwig, D.H.; Domsch, M.E. (2014): Mitarbeiterbefragung als Führungsinstrument. In: *Zerfaß, A.; Piwinger, M.* (2014): Handbuch Unternehmenskommunikation. Strategie-Management-Wertschöpfung. 2. Aufl., Wiesbaden, S. 534–547

Lafferty, C.L.; Alford, K.L. (2010): NeuroLeadership: Sustaining research relevance into the 21st century. In: SAM Advanced Management Journal 75(3), S. 32–40

Lakey, C.E.; Kernis, M.H.; Heppner, W.L.; Lance, C.E. (2008): Individual differences in authenticity and mindfulness as predictors of verbal defensiveness. In: Journal of Research in Personality 42(1), S. 230–238

Lakshman, C. (2008): Attributional theory of leadership: A model of functional attributions and behaviors. In: Leadership and Organization Development Journal 29(4), S. 317–339

Lambert, L. (2002): A framework for shared leadership. In: Educational Leadership 59(8), S. 37–40

Lambert, L.; Walker, D.; Zimmerman, D.P.; Cooper, J.E.; Lambert, M.D.; Gardner, M.E.; Szabo, M. (2002): The Constructivist Leader. 2. Aufl., New York/Oxford

Lamoureux, K. (2007): High-Impact Leadership Development: Best Practices, Vendor Profiles, and Industry Solutions. Oakland, CA

Lanaj, K.; Hollenbeck, J.R. (2015): Leadership over-emergence in self-managing teams: The role of gender and countervailing biases. In: The Academy of Management Journal 58(5), S. 1476–1494

Langens, T.A. (2009): Konzepte der Motivationsforschung: Methoden der Motiv-, Motivations- und Volitionsdiagnostik. In: *Brandstätter, V.; Otto, J.H.* (Hrsg.): Handbuch der Allgemeinen Psychologie – Motivation und Emotion. Göttingen, S. 94–106

Langens, T.A.; Schmalt, H.D.; Sokolowski, K. (2005): Motivmessung: Grundlagen und Anwendungen. In: *Vollmeyer, R.; Brunstein, J.* (Hrsg.): Motivationspsychologie und ihre Anwendung. Stuttgart, S. 72–91

Langley, A. (2000): Emotional intelligence – a new evaluation for management development? In: Career Development International 5(3), S. 177–184

Lapp, S. (2013): It's the Emotions, Stupid! Führungskräftekommunikation als Emotionsmanagement. In: *Kinter, A.; Grünewald-Zowislo, N.* (Hrsg.): Mitarbeiterführung im 21. Jahrhundert. Baden-Baden, S. 95–108

Lash, S. (1996): Reflexivität und ihre Doppelung: Struktur, Ästhetik und Gemeinschaft. In: *Beck, U.; Giddens, A.; Lash, S.* (Hrsg.): Reflexive Modernisierung: Eine Kontroverse. Frankfurt am Main, S. 195–286

Latané, B.; Williams, K.D.; Harkins, S. (1979): Many hands make light the work: The causes and consequences of social loafing. In: Journal of Personality and Social Psychology 37(6), S. 822–832

Latham, G.P.; Locke, E.A. (1991): Self-regulation through goal setting. In: Organizational Behavior and Human Decision Processes 50(2), S. 212–247

Latham, G.P.; Saari, L.M. (1979): The application of social learning theory to training supervisors through behavior modelling. In: Journal of Applied Psychology 64(3), S. 239–246

Latham, G.P.; Stajkovic, A.D.; Locke, E.A. (2010): The relevance and viability of subconscious goals in the workplace. In: Journal of Management 36(1), S. 234–255

Latham, G.P; Pinder, C. (2005): Work motivation theory and research at the dawn of the twenty-first century. In: Annual Review of Psychology 56(1), S. 485–516

Latour, B. (2004): How to talk about the body? The normative dimension of science studies. In: Body & Society 10(2-3), S. 205–229

Lattmann, C. (1975a): Führungsstil und Führungsrichtlinien. Bern/Stuttgart

Lattmann, C. (1975b): Die Leistungsbeurteilung als Führungsmittel. Bern/Stuttgart

Lattmann, C. (1982): Führung durch Zielsetzung. In: *Schuler, H.; Stehle, W.* (Hrsg.): Psychologie in Wirtschaft und Verwaltung. Stuttgart, S. 221–237

Laub, J.A. (1999): Assessing the servant organization: Development of the Servant Organizational Leadership Assessment (SOLA) instrument. In: Dissertation Abstracts International 60(2): 308A (UMI No. 9921922)

Laub, J.A. (2004): Defining servant leadership: A recommended typology for servant leadership studies, Servant Leadership Research Roundtable, School of Leadership Studies, Regent University (http://www.regent.edu/acad/global/publications/sl_proceedings/2004/laub_defining_servant.pdf, abgerufen am 05.07.2011)

Lauer, T. (2014): Change Management: Grundlagen und Erfolgsfaktoren. 2. Aufl., Berlin u. a.

Laux, H.; Gillenkirch, R.M.; Schenk-Mathes, H.Y. (2012): Entscheidungstheorie. Berlin

Laux, L. (2003): Persönlichkeitspsychologie. Reihe: Grundriss der Psychologie. Stuttgart

Lave, J.; Wenger, E. (1991): Situated Learning: Legitimate Peripheral Participation. Cambridge

Lavie, D.; Stettner, U.; Tushman, M.L. (2010): Exploration and exploitation within and across organizations. In: The Academy of Management Annals 4(1), S. 109–155

Lawler, E.E. (1977): Motivierung in Organisationen: Ein Leitfaden für Studenten und Praktiker, Bern u. a.

Law-Penrose, J.C.; Wilson, K.S.; Taylor, D. (2016): Leader-member exchange (LMX) from the resource exchange perspective: Beyond resource predictors and outcomes of LMX. In: *Bauer, T.N.; Erdogan, B.* (Hrsg.): The Oxford Handbook of Leader-Member Exchange. Oxford/New York, S. 55–66

Lay, R. (2001): Führen durch das Wort: Motivation, Kommunikation, Praktische Führungsdialektik. München

Lazarus, R.S. (1966): Psychological Stress and the Coping Process. New York

Lazarus, R.S. (1991): Emotion and Adaptation. New York u. a.

Lazarus, R.S. (1999): Stress and Emotion: A New Synthesis. New York

Le Bon, G. (1922): Psychologie der Massen. 4. Aufl., Stuttgart

Leban, W.; Zulauf, C. (2004): Linking emotional intelligence abilities and transformational leadership styles. In: The Leadership & Organization Development Journal 25(7), S. 554–564

LeDoux, J.E. (2000): Emotion circuits in the brain. In: Annual Review of Neuroscience 23, S. 155–184

LeDoux, J.E. (2002): Synaptic Self: How Our Brains Become Who We Are. New York

Leduc, S.; Guilbert, L.; Vallery, G. (2015): Impact of ICTs on leadership practices: representations and actions. In: Leadership & Organization Development Journal 36(4), S. 380–395

Lee, M.-D.P. (2008): A review of the theories of corporate social responsibility: Its evolutionary path and the road ahead. In: International Journal of Management Reviews 10(1), S. 53–73

Lee, N.; Senior, C.; Butler, M. (2012): The domain of organizational cognitive neuroscience: Theoretical and empirical challenges. In: Journal of Management 38(4), S. 921–931

Lefrancois, G.R. (2006): Psychologie des Lernens. 4. Aufl., Heidelberg

Leggewie, C. (2015): Populisten verstehen: Ein Versuch zur Politik der Gefühle. In: *Korte, K.-R.* (Hrsg.): Emotionen und Politik: Begründungen, Konzeptionen und Praxisfelder einer politikwissenschaftlichen Emotionsforschung. Baden-Baden, S. 137–154

Lehky, M. (2011): Leadership 2.0: Wie Führungskräfte die neuen Herausforderungen im Zeitalter von Smartphone, Burn-out & Co. Managen. Frankfurt am Main/New York

Leitl, M.; Sackmann, S. (2010): Unternehmenskultur als Erfolgsfaktor. In: Harvard Business Manager 1, S. 36–45

Lemmer, R. (2015): Mehr als Kosmetik, bitte! In: Personalmagazin 11, S. 20–22

Leonardi, P.M. (2012): Materiality, sociomateriality, and socio-technical systems: What do these terms mean? How are they different? Do we need them? In: *Leonardi, P.M.; Nardi, B.A.; Kallinikos, J.* (Hrsg.): Materiality and Organizing: Social Interaction in a Technological World. Oxford, S. 25–48

Leontjew, A.N. (1987): Tätigkeit, Bewusstsein, Persönlichkeit. Berlin

Lerner, M.J. (1980): The Belief in a Just World: A Fundamental Delusion (Perspectives in Social Psychology). New York

Leroy, H.; Anseel, F.; Dimitrova, N.G.; Sels, L. (2013): Mindfulness, authentic functioning, and work engagement: A growth modeling approach. In: Journal of Vocational Behavior 82(3), S. 238–247

Leroy, H.; Anseel, F.; Gardner, W.L.; Sels, L. (2015): Authentic leadership, authentic followership, basic need satisfaction, and work role performance: A cross-level Study. In: Journal of Management 41(6), S. 1677–1697

Leung, K.; Wang, Z.; Smith, P.B. (2001): Job attitudes and organizational justice in joint venture hotels in China: The role of expatriate managers. In: International Journal of Human Resource Management 12(6), S. 926–945

Levinthal, D.A.; March, J.G. (1993): The myopia of learning. In: Strategic Management Journal 14(8), S. 95–112

Lewicki, R.J.; Bunker, B.B. (1996): Developing and maintaining trust in work-relationships. In: Kramer, R.M.; Tyler, T.R. (Hrsg.): Trust in Organizations. Thousand Oaks, S. 114–139

Lewin, K. (1936): Principles of Topological Psychology. New York

Lewin, K. (1947): Frontiers in group dynamics. In: Human Relations 1(5), S. 5–41

Lewin, K. (1975): Die Lösung sozialer Konflikte. 4. Aufl., Bad Nauheim

Lewin, K.; Lippitt, R.; White, R.K. (1939): Patterns of aggressive behavior in experimentally created social climates. In: Journal of Social Psychology 10, S. 271–299

Lewin, M. (1998): Kurt Lewin: Sozialpsychologie. In: Gruppendynamik 29(1), S. 9–18

Leybourne, S.; Sadler-Smith, E. (2006): The role of intuition and improvisation in project management. In: International Journal of Project Management 24(6), S. 483–492

Li, N.; Kirkman, B.L.; Porter, C. O. (2014): Toward a model of work team altruism. In: The Academy of Management Review 39(4), S. 541–565

Lichtenstein, B.B.; Uhl-Bien, M.; Marion, R.; Seers, A.; Orton, D.J.; Schreiber, C. (2006): Complexity leadership theory: An interactive perspective on leading in complex adaptive systems. In: Emergence 8(4), S. 2–12

Liden, R.C.; Antonakis, J. (2009): Considering context in psychological leadership research. In: Human Relations 62(11), S. 1587–1605

Liden, R.C. (2010): Preface. In: Schyns, B.; Hansbrough, T. (Hrsg.): When Leadership Goes Wrong: Destructive Leadership, Mistakes, and Ethical Failures. Portsmouth, S. ix–xii

Liden, R.C.; Maslyn, J.M. (1998): Multidimensionality of leader-member exchange: An empirical assessment through scale development. In: Journal of Management 24(1), S. 43–72

Liden, R.C.; Sparrow, R.T.; Wayne, S.J. (1997): Leader-member exchange theory: The past and potential for the future. In: Research in Personnel and Human Resources Management 15, S. 47–119

Liden, R.C.; Wayne, S.J.; Liao, C.; Meuser, J.D. (2014): Servant leadership and serving culture: Influence on individual and unit performance. In: The Academy of Management Journal 57(5), S. 1434–1452

Liden, R.C.; Wayne, S.J.; Meuser, J.D.; Hu, J.; Wu, J.; Liao, C. (2015): Servant leadership: Validation of a short form of the SL-28. In: The Leadership Quarterly 26(2), S. 254–269

Liden, R.C.; Wayne, S.J.; Zhao, H.; Henderson, D. (2008): Servant leadership: Development of a multidimensional measure and multi-level assessement. In: The Leadership Quarterly 19(2), S. 161–177

Liden, R.C.; Wu, J.; Cao, A.X.; Wayne, S.J. (2016): Leader-member exchange measurement. In: Bauer, T.N.; Erdogan, B. (Hrsg.): The Oxford Handbook of Leader-Member Exchange. Oxford/New York, S. 29–54

Lieberman, M.D.; Eisenberger, N.I. (2008): The pains and pleasures of social life. In: NeuroLeadership Journal (1), S. 38–43

Lieberson, S.; O'Connor, J.F. (1972): Leadership and organizational performance: A study of large corporations. In: American Sociological Review 37(2), S. 117–130

Liebig, S. (1997): Soziale Gerechtigkeit und Gerechtigkeit in Unternehmen. München

Lieblich, A.; Tuval-Mashiach, R.; Zilber, T. (1998): Narrative Research: Reading, Analysis, and Interpretation. Thousand Oaks

Ligon, G.S.; Hunter, S.T.; Mumford, M.D. (2008): Development of outstanding leadership: A life narrative approach. In: The Leadership Quarterly 19(3), S. 312–334

Likert, R. (1961): New Patterns of Management. New York

Likert, R. (1975): Die integrierte Führungs- und Organisationsstruktur. Frankfurt am Main/New York

Lindebaum, D. (2013): Pathologizing the healthy but ineffective: Some ethical reflections on using neuroscience in leadership research. In: Journal of Management Inquiry 22(3), S. 295–305

Lindebaum, D.; Cartwright, S. (2010): A critical examination of the relationship between emotional intelligence and transformational leadership. In: Journal of Management Studies 47(7), S. 1317–1342

Lindebaum, D.; Zundel, M. (2013): Not quite a revolution: Scrutinizing organizational neuroscience in leadership studies. In: Human Relations 66(6), S. 857–877

Lindgren, M.; Packendorff, J.; Tham, H. (2011): Relational dysfunctionality: Leadership interactions in a Sarbanes-Oxley Act implementation project. In: European International Journal of Management 5(1), S. 13–29

Lindsey, J.L. (2011): Fine art metaphors reveal leader archetypes. In: Journal of Leadership & Organizational Studies 18(1), S. 56–63

Lindstädt, H. (2002): Gestaltung eines Anreizsystems in der Pharmaindustrie. In: Kossbiel, H.; Spengler, T. (Hrsg.): Modellgestützte Personalentscheidungen 6. München/Mering, S. 11–27

Lindstädt, H.; Fehre, K.; Wolff, M. (2011): Frauen in Führungspositionen. Auswirkungen auf den Unternehmenserfolg. Eine Untersuchung für das Bundesministerium für Familie, Senioren, Frauen und Jugend, August 2011 (http://www.bmfsfj.de/RedaktionBMFSFJ/Abteilung4/Anlagen__binaer/frauen-in-f_C3_BChrungspositionen-lange-fassung,property=blob,bereich=bmfsfj,sprache=de,rwb=true.pdf, abgerufen am 06.12.2015)

Linstead, S.A.; Maréchal, G. (2015): Re-reading masculine organization: Phallic, testicular and seminal metaphors. In: Human Relations 68(9), S. 1461–1489

Lipman-Blumen, J. (2005a): The Allure of Toxic Leaders: Why We Follow Destructive Bosses and Corrupt Politicians – and How We Can Survive Them. New York

Lipman-Blumen, J. (2005b): The allure of toxic leaders: Why followers rarely escape their clutches. In: Ivey Business Journal 69(3), S. 1–8

Lippmann, E. (2013a): Gesprächsführung. In: *Steiger, T.; Lippmann, E.* (Hrsg.): Handbuch Angewandte Psychologie für Führungskräfte. 4. Aufl., Band I, Heidelberg, S. 264–285

Lippmann, E. (2013b): Konfliktmanagement. In: *Steiger, T.; Lippmann, E.* (Hrsg.): Handbuch Angewandte Psychologie für Führungskräfte. 4. Aufl., Band II, Heidelberg, S. 315–357

Lipshitz, R.; Klein, G.A.; Orasanu, J.; Salas, E. (2001): Taking stock of naturalistic decision making. In: Journal of Behavioral Decision Making 14(5), S. 331–352

Litt, T. (1976): Führen oder Wachsenlassen: Eine Erörterung des pädagogischen Grundproblems. 13. Aufl., Stuttgart

Littkemann, J. (2006): Unternehmenscontrolling. Herne/Berlin

Liu, W. (2006): Knowledge exploitation, knowledge exploration, and competency trap. In: Knowledge and Process Management 13(3), S. 144–161

Locke, E.A.; Latham, G.P. (1984): Goal Setting – A Motivational Technique that Works! Englewood Cliffs, NJ

Locke, E.A.; Latham, G.P. (1990): A Theory of Goal Setting and Task Performance. Englewood Cliffs, NJ

Locke, E.A.; Latham, G.P. (2002): Building a practically useful theory of goal setting and task motivation: A 35-year odyssey. In: American Psychologist 57(9), S. 705–717

Locke, E.A.; Latham, G.P. (2004): What should we do about motivation theory? Six recommendations for the twenty-first-century. In: The Academy of Management Review 29(3), S. 388–403

Locke, E.A.; Latham, G.P. (2009): Has goal setting gone wild, or have its attackers abandoned good scholarship? In: The Academy of Management Perspectives 23(2), S. 17–23

Lohmann-Haislah, A. (Hrsg.) (2012): Stressreport Deutschland 2012: Psychische Anforderungen, Ressourcen und Befinden. Bundesanstalt für Arbeitsschutz und Arbeitsmedizin, Dortmund/Berlin/Dresden

Loock, M.; Hinnen, G. (2015): Heuristics in organizations : A review and a research agenda. In: Journal of Business Research 68(9), S. 2027–2036

Lord, R.G.; Brown, D.J.; Harvey, J.L.; Hall, R.J. (2001): Contextual constraints on prototype generation and their multilevel consequences for leadership perceptions. In: The Leadership Quarterly 12(3), S. 311–338

Lord, R.G.; Dinh, J.E. (2012): Aggregation processes and levels of analysis as organizing structures for leadership theory. In: *Day, D.V.; Antonakis, J.* (Hrsg.): The Nature of Leadership. London, S. 29–65

Lord, R.G.; Dinh, J.E. (2014): What have we learned that is critical in understanding leadership perceptions and leader-performance relations? In: Industrial and Organizational Psychology 7(2), S. 158–177

Lord, R.G.; Emrich, C. (2001): Thinking outside the box by looking inside the box: Extending the cognitive revolution in leadership research. In: The Leadership Quarterly 11(4), S. 551–579

Lord, R.G.; Maher, K.J. (1990): Alternative information-processing models and their implications for theory, research, and practice. In: The Academy of Management Review 15(1), S. 9–28

Lord, R.G.; Maher, K.J. (1991): Leadership and Information Processing: Linking Perceptions and Performance, Boston u. a.

Lord, R.G.; Shondrick, S.J. (2011): Leadership and knowledge: Symbolic, connectionist, and embodied perspectives. In: The Leadership Quarterly 22(1), S. 207–222

Lord, R.G.; Smith, J.E. (1983): Theoretical, information processing, and situational factors affecting attribution theory models of organizational behavior. In: The Academy of Management Review 8(1), S. 50–60

Lorenz, K. (1975): Die Rückseite des Spiegels – Versuch einer Naturgeschichte menschlichen Erkennens. München

Lowe, K.B.; Kroeck, K.G.; Sivasubramaniam, N. (1996): Effectiveness correlates of transformational and transactional leadership: A meta-analytic review of the MLQ literature. In: The Leadership Quarterly 7(3), S. 385–425

Lubit, R. (2002): The long-term organizational impact of destructively narcissistic managers. In: The Academy of Management Executive 16(1), S. 127–138

Lucas, R.E.; Donnellan, M.B. (2009): If the person-situation debate is really over, why does it still generate so much negative affect? In: Journal of Research in Personality 43(2), S. 146–149

Ludwig, D.C.; Longenecker, C.O. (1993): The Bathsheba syndrom: The ethical failure of successful leaders. In: Journal of Business Ethics 12(4), S. 265–273

Luhmann, N. (1988): Familiarity, confidence, trust: Problems and alternatives. In: *Gambetta, D.* (Hrsg.): Trust: Making and Breaking Cooperative Relations. Cambridge, S. 94–107

Luhmann, N. (1989): Vertrauen: Ein Mechanismus der Reduktion sozialer Komplexität. 3. Aufl., Stuttgart

Luhmann, N. (1999): Soziale Systeme: Grundriß einer allgemeinen Theorie. 7. Aufl., Frankfurt am Main

Luhmann, N. (2000): Vertrauen: Ein Mechanismus der Reduktion sozialer Komplexität. 4. Aufl., Stuttgart

Lührmann, T. (2006): Führung, Interaktion und Identität: Die neuere Identitätstheorie als Beitrag zur Fundierung einer Interaktionstheorie der Führung. Wiesbaden

Luthans, F.; Avolio, B.J. (2003): Authentic leadership: A positive developmental approach. In: *Cameron, K.S.; Dutton, J.E.; Quinn, R.E.* (Hrsg.): Positive Organizational Scholarship. San Francisco, S. 241–261

Luthans, F.; Avolio, B.J.; Avey, J.B.; Norman, S.M. (2007): Positive psychological capital: Measurement and relationship with performance and satisfaction. In: Personnel Psychology 60(3), S. 541–572

Luthans, F.; Rosenkrantz, S.A. (1995): Führungstheorien: Soziale Lerntheorie. In: *Kieser, A.; Reber, G.; Wunderer, R.* (Hrsg): Handwörterbuch der Führung. 2. Aufl., Stuttgart, Sp. 1005–1021

Luthans, F.; Youssef, C.M. (2007): Positive organizational behavior in the workplace: The impact of hope, optimism, and resilience. In: Journal of Management 33(5), S. 774–800

Luthans, F.; Youssef-Morgan, C.M.; Avolio, B.J. (2015): Psychological Capital and Beyond. New York

Ma, H.; Karri, R.; Chittipeddi, K. (2004): The paradox of managerial tyranny. In: Business Horizons 47(4), S. 33–40

Maas, P.; Cachelin, J.L.; Bühler, P. (2015): 2050 Megatrends: Alltagswelten. Zukunftsmärkte. St. Gallen

MacCann, C.; Roberts, R.D. (2008): New paradigms for assessing emotional intelligence: Theory and data. In: Emotion 8(4), S. 540–551

Maccoby, M. (2000): Narcissistic leaders: The incredible pros, the inevitable cons. In: Harvard Business Review 78(1), S. 69–77

Maccoby, M. (2004): The power of transference. In: Harvard Business Review 82(9), S. 76–85

Machiavelli, N. (1990): Der Fürst. Frankfurt am Main u.a.

Macik-Frey, M.; Quick, J.; Cooper, C. (2009): Authentic leadership as a pathway to positive health. In: Journal of Organizational Behavior 30(3), S. 453–458

MacIntyre, A. (1998): Das Wesen der Tugend. In: *Rippe, K.P.; Schaber, P.* (Hrsg.): Tugendethik. Stuttgart, S. 92–113

MacKenzie, S.B.; Podsakoff, P.M.; Rich, G.A. (2001): Transformational and transactional leadership and salesperson performance. In: Journal of the Academy of Marketing Science 29(2), S. 115–134

MacLean, K.E. (2008): Haptic interaction design for everyday interfaces. In: Reviews of Human Factors and Ergonomics 4(1), S. 149–194

MacLennan, N. (1995): Coaching and Mentoring. Farnham

Maidique, M. (2011): The Leader's Toolbox. Miami

Mainzer, K. (2008): Komplexität. Paderborn

Majchrzak, A.; Jarvenpaa, S.L.; Bagherzadeh, M. (2015): A review of interorganizational collaboration dynamics. In: Journal of Management 41(5), S. 1338–1360

Malik, F. (2006): Führen, leisten, leben: Wirksames Management für eine neue Zeit. Frankfurt am Main

Mangler, W.-D. (2000): Grundlagen und Probleme der Organisation. Köln

Mann, R. (1993): Die fünfte Dimension der Führung: Quelle für Produktivität und Kreativität im Unternehmen. Düsseldorf u.a.

Mann, R.D. (1959): A review of the relationships between personality and performance in small groups. In: Psychological Bulletin 56(4), S. 241–270

Manz, C.C. (1983): The Art of Self-Leadership: Strategies for Personal Effectiveness in Your Life and Work. Upper Saddle River, NJ

Manz, C.C. (1986): Self-leadership: Toward an expanded theory of self-influence processes in organizations. In: The Academy of Management Review 11(3), S. 585–600

Manz, C.C. (2015): Taking the self-leadership high road: Smooth surface or potholes ahead? In: The Academy of Management Perspectives 29(1), S. 132–151

Manz, C.C.; Sims, H.P. Jr. (1981): Vicarious learning: The influence of modeling on organizational behavior. In: The Academy of Management Review 6(1), S. 105–113

Manz, C.C.; Sims, H.P. Jr. (1984): Searching for the „unleader": Organizational member views on leading self-managed groups In: Human Relaitons 37(5), S. 409–424

Manz, C.C.; Sims, H.P. Jr. (1987): Leading workers to lead themselves: The external leadership of self- managing work teams. In: Administrative Science Quarterly 32(1), S. 106–128

Manz, C.C.; Sims, H.P. Jr. (1989): SuperLeadership: Leading Others to Lead Themselves. New York

Manz, C.C.; Sims, H.P. Jr. (1992): Becoming a SuperLeader. In: *Glaser, R.* (Hrsg.): Classic Readings in Self-Managing Teamwork – 20 of the Most Important Articles. King of Prussia, PA, S. 308–330

Manz, C.C.; Sims, H.P. Jr. (1995a): Selbststeuernde Gruppen, Führung in. In: *Kieser, A.; Reber, G.; Wunderer, R.* (Hrsg.): Handwörterbuch der Führung. 2. Aufl., Stuttgart, Sp. 1873–1894

Manz, C.C.; Sims, H.P. Jr. (1995b): Unternehmen ohne Bosse: Schneller und besser im Superteam. Wiesbaden

March, J.G. (1991): Exploration and exploitation in organizational learning. In: Organization Science 2(2), S. 71–87

March, J.G. (1999): The Pursuit of Organizational Intelligence. Malden

Margerison, C.; McCann, J. (1985): How to Lead a Winning Team. Bradford

Marion, R. (2008): Complexity theory for organizations and organizational leadership. In: *Uhl-Bien, M.; Marion, R.* (Hrsg.): Complexity Leadership. Charlotte, NC, S. 1–15

Marion, R.; Uhl-Bien, M. (2001): Leadership in complex organizations. In: The Leadership Quarterly 12(4), S. 389–418

Marks, M.A.; Mathieu, J.E.; Zaccaro, S.J. (2001): A temporally based framework and taxonomy of team processes. In: The Academy of Management Review 26(3), S. 356–376

Markus, H.R.; Kitayama, S. (1991): Culture and the self: Implications for cognition, emotion, and motivation. In: Psychological Review 98(2), S. 224–253

Marr, R.; Stitzel, M. (1979): Personalwirtschaft: Ein konfliktorientierter Ansatz. München

Martens, J.-W.; Kuhl, J. (2009): Die Kunst der Selbstmotivierung: Neue Erkenntnisse der Motivationsforschung praktisch nutzen. Stuttgart

Martignon, L.; Katsikopoulos, K.V.; Woike, J.K. (2008): Categorization with limited resources: A family of simple heuristics. In: Journal of Mathematical Psychology 52(6), S. 352–361

Martin, G. (2006): Managing People and Organizations in Changing Contexts. Amsterdam

Martin, R.; Guillaume, Y.; Thomas, G.; Lee, A.; Epitropaki, O. (2015): Leader-member exchange (LMX) and performance: A meta-analytic review. In: Personnel Psychology, online first, DOI: 10.1111/peps.12100

Martinez, P.G. (2003): Paternalism as a positive form of leader-subordinate exchange: Evidence from Mexico. In: Management Research 1(3), S. 227–242

Martinez, P.G. (2005): Paternalism as a positive form of leadership in the Latin American context: Leader benevolence, decision-making control and human resource management practices. In: *Elvira, M.; Davila, A.* (Hrsg.): Managing Human Resources in Latin America: An Agenda for International Leaders. Oxford, UK, S. 75–93

Martinez, P.G.; Dorfman, P.W. (1998): The Mexican entrepreneur: An ethnographic study of the Mexican empresario. In: International Studies of Management and Organization 28(2), S. 97–123

Martinko, M.J.; Gardner, W.L. (1987): The leader/member attribution process. In: The Academy of Management Review 12(2), S. 235–249

Martinko, M.J.; Harvey, P.; Dasborough, M.T. (2011): Attribution theory in the organizational sciences: A case of unrealized potential. In: Journal of Organizational Behavior 32(1), S. 144–149

Martinko, M.J.; Harvey, P.; Douglas, S.C. (2007): The role, function, and contribution of attribution theory to leadership: A review. In: The Leadership Quartley 18(6), S. 561–585

Martinko, M.J.; Harvey, P.; Sikora, D.; Douglas, S.C. (2011): Perceptions of abusive supervision: The role of subordinates' attribution styles. In: The Leadership Quarterly 22(4), S. 751–764

Martinko, M.J.; Moss, S.E.; Douglas, S.C.; Borkowski, N. (2007): Anticipating the inevitable: When the attribution styles of leaders and members clash. In: Organizational Behavior and Human Decision Processes 104(2), S. 158–174

Maruping, L.M.; Venkatesh, V.; Thatcher, S.M.; Patel, P.C. (2015): Folding under pressure or rising to the occasion? Perceived time pressure and the moderating role of team temporal leadership. In: The Academy of Management Journal 58(5), S. 1313–1333

Maslow, A.H. (1954): Motivation and Personality. New York

Maslow, A.H. (1994): Religion, Values and Peak Experiences. New York

Mathieu, J.E.; Maynard, M.T.; Rapp, T.; Gilson, L. (2008): Team effectiveness 1997–2007: A review of recent advancements and a glimpse into the future. In: Journal of Management 34(3), S. 410–476

Matthiesen, K.; Muster, J. (2015): Social Media? Macht doch nichts. In: OrganisationsEntwicklung 3/2015, S. 16–17

Mawritz, M.B.; Mayer, D.M.; Hoobler, J.M.; Wayne, S.J.; Marinova, S.V. (2012): A trickle-down-model of abusive supervision. In: Personnel Psychology 65(2), S. 325–357

Max, C. (1999): Entwicklung von Kompetenz: Ein neues Paradigma für das Lernen in Schule und Arbeitswelt. Frankfurt am Main u. a.

Mayer, D.M.; Kuenzi, M.; Greenbaum, R.; Bardes, M.; Savador, R. (2009): How low does ethical leadership flow? Test of a trickle-down model. In: Organizational Behavior and Human Decision Processes 108(1), S. 1–13

Mayer, J.D.; Roberts, R.D.; Barsade, S.G. (2008): Human abilities: Emotional intelligence. In: Annual Review of Psychology 59, S. 507–536

Mayer, J.D.; Salovey, P. (1997): What is emotional intelligence? In: *Salovey, P.; Sluyter, D.* (Hrsg.): Emotional Development and Emotional Intelligence: Implications for Educators. New York, S. 3–31

Mayer, J.D.; Salovey, P.; Caruso, D.R.; Sitarenios, G. (2003): Measuring emotional intelligence with the MSCEIT V.2.0. In: Emotion 3(1), S. 97–105

Mayer, R.C.; Davis, J.H.; Schoorman, F.D. (1995): An integrative model of oragnizational trust. In: The Academy of Management Review 20(3), S. 709–734

Mayer, R.E. (2001): What good is educational psychology? The case of cognition and instruction. In: Educational Psychologist 36(2), S. 83–88

Maynard, M.T., Mathieu, J.E., Gilson, L.L. O'Boyle Jr., E.H.; Cigularou, K.P. (2013): Drivers and outcomes of team psychological empowerment: A meta-analytic review and model test. In: Organizational Psychology Review 3(2), S. 101–137

Mayo, E. (1933): The Human Problems of an Industrial Civilization. New York

Mayrhofer, W. (2002): Einmal gut, immer gut? Einflussfaktoren auf Karrieren in „neuen" Karrierefeldern. In: Zeitschrift für Personalforschung 16(3), S. 392–414

McCallister, L. (1992): I Wish I'd Said That! How to Talk Your Way out of Trouble and into Success. New York

McCann, J.T.; Holt, R.A. (2010): Defining sustainable leadership. In: International Journal of Sustainable Strategic Management 2(2), S. 204–210

McClelland, D.C. (1961): The Achieving Society. Princeton.

McClelland, D.C. (1987a): Human Motivation. Cambridge, MA

McClelland, D.C. (1987b): Biological aspects of human motivation. In: *Halisch, F.; Kuhl, J.* (Hrsg.): Motivation, Intention and Volition. Berlin, S. 11–19

McClelland, D.C.; Atkinson, J.W.; Clark, R.A.; Lowell, E.L. (1953): The Achievement Motive. New York

McClelland, D.C.; Boyatzis, R.E. (1982): Leadership motive pattern and long term success in management. In: Journal of Applied Psychology 67(6), S. 737–743

McClelland, D.C.; Jemmott, J.B. III (1980): Power, motivation, stress, and physical illness. In: Journal of Human Stress 6(4), S. 6–15

McClelland, D.C.; Koestner, R.; Weinberger, J. (1989): How do self attributed and implicit motives differ? In: Psychological Review 96(4), S. 690–702

McCleskey, J. (2014): Emotional intelligence and leadership: A review of the progress, controversy, and criticism. In: International Journal of Organizational Analysis 22(1), S. 76–93

McClure, S.M.; Li, J.; Tomlin, D.; Cypert, K.S.; Montague, L.M.; Montague P.R. (2004): Neural correlates of behavioral preference for culturally familiar drinks. In: Neuron 44(2), S. 379–387

McElroy, J.C. (1982): A typology of attribution leadership research. In: The Academy of Management Review 7(3), S. 413–417

McElroy, J.C.; Morrow, P.C. (1983): An attribution theory of sex discrimination. In: Personnel Review 12(4), S. 11–13

McElroy, J.C.; Shrader, C.B. (1986): Attribution theories of leadership and network analysis. In: Journal of Management 12(3), S. 351–362

McEwen, B.S. (1998): Protective and damaging effects of stress mediators. In: New England Journal of Medicine 338(3), S. 171–179

McFarlin, D.B.; Sweeney, P.D. (2010): The corporate reflecting pool: Antecedents and consequences of narcissism in executives. In: *Schyns, B.; Hansbrough, T.* (Hrsg.): When Leadership Goes Wrong: Destructive Leadership, Mistakes, and Ethical Failures. Portsmouth, S. 247–283

McGrath, J.E. (1962): Leadership Behavior: Some Requirements for Leadership Training. Washington, DC

McGrath, J.E. (1964): Social Psychology: A Brief Introduction. New York

McGregor, D. (1960): The Human Side of Enterprise. New York u. a.

McGregor, D. (1973): Der Mensch im Unternehmen. 3. Aufl., Düsseldorf/Wien

McKenna, S. (1999): Maps of complexity and organizational learning. In: Journal of Management Development 18(9), S. 772–793

McKergow, M. (1996): Complexity science and management: What's in it for business? In: Long Range Planning 29(5), S. 721–727

McKinsey & Company (2013): Women Matter. Paris

McNamara, G.; Bromiley, S. (1999): Risk and return in organizational decision making. In: The Academy of Management Journal 42(3), S. 330–339

Mead, G.H. (1975): Geist, Identität und Gesellschaft. Frankfurt am Main

Medvedeff, M.E.; Lord, R.G. (2007): Implicit leadership theories as dynamic processing structures. In: *Shamir, B.; Pillai, R.; Bligh, M.C.; Uhl-Bien, M.* (Hrsg.): Follower-Centered Perspectives on Leadership: A Tribute to the Memory of James R. Meindl. Greenwich, CT, S. 19–50

Mehra, A.; Dixon, A.L.; Brass, D.J.; Robertson, B. (2006): The social network ties of group leaders: Implications for group performance and leader reputation. In: Organization Science 17(1), S. 64–79

Mehra, A.; Smith, B.R.; Dixon, A.L.; Robertson, B. (2006): Distributed leadership in teams: The network of leadership perceptions and team performance. In: The Leadership Quarterly 17(3), S. 232–245

Meijman, T.F.; Mulder, G. (1998): Psychological aspects of workload. In: *Drenth, P.J.D.; Thierry, H.* (Hrsg.): Handbook of Work and Organizational Psychology. 2. Aufl., Hove, S. 5–33

Meindl, J.R. (1990): On leadership: An alternative to the conventional wisdom. In: *Staw, B.M.; Cummings, L.L.* (Hrsg.): Research in Organizational Behavior. Vol. 12, S. 159–203

Meindl, J.R. (1995): The romance of leadership as a follower-centric theory: A social constructionist approach. In: The Leadership Quarterly 6(3), S. 329–341

Meindl, J.R.; Ehrlich, S.B.; Dukerich, J.M. (1985): The romance of leadership. In: Administrative Science Quarterly 30(1), S. 78–102

Meinert, S. (2011): Der Trick mit der freien Gehaltswahl (http://leadone.de/aktuelles/ftd-online-uta-von-boyen-im-interview, abgerufen am 19.11.2015)

Melamed, T. (1995): Career success: The moderating effect of gender. In: Journal of Vocational Behavior 47(1), S. 35–60

Mento, A.J.; Steele, R.P.; Karren, R.J. (1987): A meta-analytic study of the effects of goal setting on task performance: 1966–1984. In: Organizational Behavior and Human Decision Processes 39(1), S. 52–83

Menzius [372–289 v. Chr.]: The Works of Mencius. Englische Übersetzung von Gu Lu. Shanghai

Meran, J. (1994): „Wir haben wirklich andere Sorgen": Unternehmensethik im Zeichen der Rezession. In: *Forum für Philosophie* (Hrsg.): Markt und Moral. Bern u. a., S. 269–289

Merten, J. (2010): Mimische Indikatoren der Solidarisierung und Handlungsmacht in den Reden Barack Obamas – Wie mimischer Ausdruck die Überzeugungskraft des gesprochenen Wortes steigert. In: *Weibler, J.* (Hrsg.): Barack Obama und die Macht der Worte. Wiesbaden, S. 190–206

Mesmer-Magnus, J.; Glew, D.J.; Viswesvaran, C. (2012): A meta-analysis of positive humor in the workplace. In: Journal of Managerial Psychology 27(2), S. 155–190

Messick, D.M. (1993): Equality as a decision heuristic. In: *Mellers, B.A.; Barn, J.* (Hrsg.): Psychological Perspectives on Justice: Theory and Application. Cambridge, S. 11–31

Messick, D.M. (1999): Alternative logics for decision making in social settings. In: Journal of Economic Behavior & Organization, 39(1), S. 11–28

Meyer, W.V.; Schmalt, H.-D. (1978): Die Attributionstheorie. In: *Frey, D.* (Hrsg.): Kognitive Theorien der Sozialpsychologie. Bern, S. 98–138

Meyer-Eppler, W. (1959): Grundlagen und Anwendungen der Informationstheorie. Kommunikation und Kybernetik in Einzeldarstellungen. Band 1, Berlin

Michalak, J.; Heidenreich, T.; Ströhle, G.; Nachtigall, C. (2008): Die deutsche Version der Mindful Attention and Awareness Scale (MAAS): Psychometrische Befunde zu einem Achtsamkeitsfragebogen. In: Zeitschrift für Klinische Psychologie und Psychotherapie 37(3), S. 200–208

Michel, A.; Bosch, C.; Rexroth, M. (2014): Mindfulness as a cognitive-emotional segmentation strategy: An intervention promoting work-life balance. In: Journal of Occupational and Organizational Psychology 87(4), S. 733–754

Michie, S.; Gooty, J. (2005): Values, emotions, and authenticity: Will the real leader please stand up? In: The Leadership Quarterly 16(3), S. 441–457

Mielke, R. (2001): Psychologie des Lernens: Eine Einführung. Stuttgart u. a.

Miles, R.E. (1964): Attitudes toward management theory as a factor in managers' relationships with their superiors. In: The Academy of Management Journal 7(4), S. 308–314

Miles, R.E.; Snow, C.; Fjeldstad, O.D.; Miles, G.; Lettl, C. (2010): Designing organizations to meet 21st-century opportunities and challenges. In: Organizational Dynamics 39(2), S. 93–103

Milgrom, P.; Roberts, J. (1992): Econonmics, Organization and Management. Upper Saddle River, NJ

Miller, M. (1986): Kollektive Lernprozesse – Studien zur Grundlegung einer soziologischen Lerntheorie. Frankfurt am Main

Milliken, F.; Morrison, E.; Hewlin, P. (2003): An exploratory study of employee silence: Issues that employees don't communicate upward and why. In: Journal of Management Studies 40(6), S. 1453–1476

Mineo, D.L. (2014): The importance of trust in leadership. In: Research Management Review 20(1), S. 1–6

Minssen, H. (1990): Kontrolle und Konsens: Anmerkungen zu einem vernachlässigten Thema der Industriesoziologie. In: Soziale Welt 41(3), S. 365–382

Minssen, H. (2011): Arbeit in der modernen Gesellschaft: Eine Einführung. Wiesbaden

Mintzberg, H. (1973): The Nature of Managerial Work. New York

Mintzberg, H. (1975): The manager's job: Folklore and fact. In: Harvard Business Review 53(4), S. 49–61

Miron, A.M.; Brehm, W. (2006): Reactance theory – 40 years later. In: Zeitschrift für Sozialpsychologie 37(1), S. 9–18

Mitchell, T.R. (1982): Attributions and actions: A note of caution. In: Journal of Management 8(1), S. 65–74

Mitchell, T.R.; Kalb, L.S. (1982): Effects of job experience on supervisor attributions for a subordinate's poor performance. In: Journal of Applied Psychology 67(2), S. 181–188

Mitchell, T.R.; Wood, R.E. (1980): Supervisors' responses to subordinate poor performance: A test of an attributional model. In: Organizational Behavior and Human Performance 25(1), S. 123–138

Moldaschl, M.; Voß, G.G. (Hrsg.) (2002): Subjektivierung von Arbeit. München

Möllering, G. (2006): Trust: Reason, Routine, Reflexivity. Oxford

Mom, T.J.M. (2006): Managers' Exploration and Exploitation Activities: The Influence of Organizational Factors and Knowledge Inflows. Dissertation. Rotterdam

Mom, T.J.M.; Van den Bosch, F.A.J.; Volberda, H.W. (2007): Investigating managers' exploration and exploitation activities: The influence of top-down, bottom-up, and horizontal knowledge inflows. In: Journal of Management Studies 44(6), S. 910–931

Mom, T.J.M.; Van den Bosch, F.A.J.; Volberda, H.W. (2009): Understanding variation in managers' ambidexterity: Investigating direct and interaction effects of formal structural and personal coordination mechanisms. In: Organization Science 20(4), S. 812–828

Mooijman, M.; Van Dijk, W.W.; Ellemers, N.; Van Dijk, E. (2015): Why leaders punish: A power perspective. In: Journal of Personality and Social Psychology 109(1), S. 75–89

Moore, K. (2006): Biology as technology: A social constructionist framework for an evolutionary psychology. In: Review of General Psychology 10(4), S. 285–301

Moormann, R.H. (1991): Relationship between organizational justice and organizational citizenship behaviors: Do fairness perceptions influence employee citizenship? In: Journal of Applied Psychology 76(6), S. 845–855

Moosbrugger, J. (2012): Subjektivierung von Arbeit: Freiwillige Selbstausbeutung – Ein Erklärungsmodell für die Verausgabungsbereitschaft von Hochqualifizierten. 2. Aufl., Wiesbaden

Morgan, C.; Lange, K.; Buswick, T. (2010): What Poetry Brings to Business. Ann Arbor

Morgan, G. (1980): Paradigms, metaphors and puzzle solving in organizational theory. In: Administrative Science Quarterly 25(4), S. 605–622

Morgan, G.; Smircich, L. (1980): The case for qualitative research. In: The Academy of Management Review 5(4), S. 491–500

Morgeson, F.P.; DeRue, D.S.; Karam, E.P. (2010): Leadership in teams: A functional approach to understanding leadership structures and processes. In: Journal of Management 36(1), S. 5–39

Morgeson, F.P.; Hofmann, D.A. (1999): The structure and function of collective constructs: Implications for multilevel research and theory development. In: The Academy of Management Review 24(2), S. 249–265

Morrison, K. (2010): Complexity theory, school leadership and management: Questions for theory and practice. In: Educational Management Administration & Leadership 38(3), S. 374–393

Moscovici, S.; Zavalloni, M. (1969): The group as polariser of attitudes. In: Journal of Personality and Social Psychology 12(2), S. 125–135

Moser, G.; Fischer, M. (2015): Kommunikation und Controlling: Mit Coaching-Methoden zu persönlichem und unternehmerischem Erfolg. Wiesbaden

Möslein, K.; Dumbach, M.; Reichwald, R. (2014): Informelle Zusammenarbeit und Technologie. In: *Rosenstiel, L.v.; Regnet, E.; Domsch, M.E.* (Hrsg.): Führung von Mitarbeitern: Handbuch für ein erfolgreiches Personalmanagement. 7. Aufl., Stuttgart, S. 590–601

Mount, M.; Barrick, M.; Stewart, G. (1998): Personality predictors of performance in jobs involving interaction with others. In: Human Performance 11, S. 153–200

Muck, P.M.; Schuler, H. (2004): Beurteilungsgespräch, Zielsetzung und Feeedback. In: *Schuler, H.* (Hrsg.): Beurteilung und Förderung beruflicher Leistung. 2. Aufl., Göttingen, S. 255–289

Muck, P.M. (2004): Rezension des „NEO-Persönlichkeitsinventar nach Costa und McCrae (NEO-PI-R)" von F. Ostendorf und A. Angleitner. In: Zeitschrift für Arbeits- und Organisationspsychologie 48(4), S. 203–210

Muck, P.M. (2006): Persönlichkeit und berufsbezogenes Sozialverhalten. In: *Schuler H.* (Hrsg.): Lehrbuch der Peronalpsychologie. 2. Aufl., Göttingen, S. 528–577

Mudra, P. (2004): Personalentwicklung: Integrative Gestaltung betrieblicher Lern- und Veränderungsprozesse. München

Müller, D. (2009): Moderatoren und Mediatoren in Regressionen. In: *Albers, S.; Klapper, D.; Konradt, U.; Walter, A.; Wolf, J.* (Hrsg.): Methodik der empirischen Forschung. 3. Aufl., Wiesbaden, S. 237–252

Müller, G.F.; Georgianna, S.G.; Schermelleh-Engel, K.; Roth, A.C.; Schreiber, W.A.; Sauerland, M.; Muessigmann, M.J.; Jilg, F. (2013): Super-leadership and work enjoyment: Direct and moderated influences. In: Psychological Reports 113(3), S. 804–821

Müller, M. (2000): Taylorismus: Abschied oder Wiederkehr? In: Die Mitbestimmung 46(7), S. 12–17

Müller, M.; Dachrodt, H.-G. (2001): Moderation im Beruf: Besprechungen, Workshops, Sitzungen. Frankfurt am Main

Müller, R.C. (2008): E-Leadership: Neue Medien in der Personalführung – Erfolgreich vernetzt führen. Norderstedt

Müller, S.; Wurnig, M. (2007): Human Capital Management mit der Saarbrücker Formel – im Einsatz bei der Telekom Austria. In: personal manager 4, S. 29–31

Müller, W.R. (1981): Führung und Identität. Bern/Stuttgart

Müller-Christ, G. (2014): Nachhaltiges Management: Einführung in Ressourcenorientierung und widersprüchliche Managementrationalitäten, 2. Aufl., Stuttgart

Müller-Seitz, G. (2012): Leadership in interorganizational networks: A literature review and suggestions for future research. In: International Journal of Management Review 14(4), S. 428–443

Müller-Vogg, H. (2010): Die Douglas-Story: Jörn Kreke über Handel mit Herz und Verstand. Hamburg

Mumford, M.D. (2011): A hale farewell: The state of leadership research. In: The Leadership Quarterly 22(1), S. 1–7

Mumford, M.D.; Zaccaro, S.; Johnson, J.; Diana, M.; Gilbert, J.; Threlfall, K. (2000): Patterns of leader characteristics: Implications for performance and development. In: The Leadership Quarterly 11(1), S. 115–133

Münker, S.; Roesler, A. (2012): Poststrukturalismus. 2. Aufl., Stuttgart

Munsterberg, H. (1913): Psychology and Industrial Efficiency. Boston

Muraven, M; Baumeister R.F. (2000): Self-regulation and depletion of limited resources: Does self-control resemble a muscle? In: Psychological Bulletin 126(2), S. 247–259

Murray, H.A. (1938): Explorations in Personality. New York

Murray, H.A. (1943): Thematic Apperceptive Test Manual. Cambridge, MA

Murrell, K. (1997): Emergent theories of leadership for the next century: Towards relational concepts. In: Organization Development Journal 15(3), S. 35–42

Mützel, S. (2008): Netzwerkperspektiven in der Wirtschaftssoziologie. In: *Maurer, A.* (Hrsg.): Handbuch der Wirtschaftssoziologie. Wiesbaden, S. 185–206

Myers, D.G. (2014): Die Geschichte der Psychologie. In: *Myers, D.G.* (Hrsg.): Psychologie. 3. Aufl., Berlin/Heidelberg, S. 1–16

Nachreiner, F.; Müller, G.F. (1995): Verhaltensdimensionen der Führung. In: *Kieser A.; Reber, G.; Wunderer, R.* (Hrsg.): Handwörterbuch der Führung. 2. Aufl., Stuttgart, Sp. 2113–2126

Nagel, T. (1974): What is it like to be a bat? In: The Philosophical Review LXXXIII(4), S. 435–450

Nahapiet, J.; Ghoshal, S. (1998): Social capital, intellectual capital, and the organizational advantage. In: The Academy of Management Review 23(2), S. 242–266

Nahrgang, J.D.; Seo, J.J. (2016): How and why high leader-member exchange (LMX) Relationships develop: Examining the antecedents of LMX. In: *Bauer, T.N.; Erdogan, B.* (Hrsg.): The Oxford Handbook of Leader-Member Exchange. Oxford/New York, S. 87–118

Najafian, M.; Colabi, A. M. (2014): Inter-organizational relationship and innovation: A review of literature. In: Global Business and Management Research: An International Journal 6(1), S. 52–70

Napier, B.; Ferris, G. (1993): Distance in organizations. In: Human Resource Management Review 3(4), S. 321–357

Neck, C.P.; Houghton, J.D. (2006): Two decades of self-leadership theory and research. In: Journal of Managerial Psychology 21(4), S. 270–295

Neck, C.P.; Houghton, J.D.; Sardeshmukh; Goldsby, M.; Godwin, J.L. (2013): Self-leadership: A cognitive resource for entrepreneurs. In: Journal of Small Business & Entrepreneurship 26(5), S. 463–480

Neck, C.P.; Manz, C.C. (2012): Mastering Self-Leadership: Empowering Yourself for Personal Excellence. 6. Aufl., Upper Saddle River, NJ

Negri, C. (2016): Führung im Zeitalter virtueller Arbeitswelten: Informelles und mobiles Lernen als Führungskraft aktiv nutzen und zu einem Führungsthema machen. In: *Geramanis, O.; Hermann, K.* (Hrsg.): Führen in ungewissen Zeiten: Impulse, Konzepte und Praxisbeispiele. Wiesbaden, S. 159–172

Neidhardt, F. (1999): Innere Prozesse und Außenweltbedingungen sozialer Gruppen. In: *Schäfers, B.* (Hrsg.): Einführung in die Gruppensoziologie. 3. Aufl., Wiesbaden, S. 135–156

Nemanich, L.A.; Vera, D. (2009): Transformational leadership and ambidexterity in the context of an acquisition. In: The Leadership Quarterly 20(1), S. 19–33

Nerdinger, F.W. (1995): Motivation und Handeln in Organisationen: Eine Einführung. Stuttgart u. a.

Nerdinger, F.W. (1996): Motivation in der Kundenbetreuung. In: Bayerisches Genossenschaftsblatt 100(3), S. 24–27

Nerdinger, F.W. (2004): Ziele im persönlichen Verkauf. In: *Wegge, J.; Schmidt, K.-H.* (Hrsg.): Förderung von Arbeitsmotivation und Gesundheit in Organisationen. Göttingen, S. 11–26

Nerdinger, F.W. (2009): Formen der Beurteilung. In: *Rosenstiel, L.v.; Regnet, E.; Domsch, M.E.* (Hrsg.): Führung von Mitarbeitern: Handbuch für erfolgreiches Personalmanagement. 6. Aufl., Stuttgart, S. 192–203

Nerdinger, F.W. (2012): Grundlagen des Verhaltens in Organisationen. 3. Aufl., Stuttgart

Nerdinger, F.W. (2014a): Arbeitsmotivation und Arbeitszufriedenheit. In: *Nerdinger, F.W.; Blickle, G.; Schaper, N.* (Hrsg.): Arbeits- und Organisationspsychologie. 3. Aufl., Heidelberg, S. 419–440

Nerdinger, F.W. (2014b): Interaktion und Kommunikation. In: *Nerdinger, F.W.; Blickle, G.; Schaper, N.* (Hrsg.): Arbeits- und Organisationspsychologie. 3. Aufl., Heidelberg, S. 55–67

Neubauer, W. (1999): Zur Entwicklung von interpersonalen, interorganisationalen und interkulturellen Vertrauens durch Führung – Empirische Ergebnisse der sozialpsychologischen Vertrauensforschung. In: *Schreyögg, G.; Sydow, J.* (Hrsg.): Führung – neu gesehen. Managementforschung 9, Berlin/New York, S. 89–116

Neubauer, W.; Rosemann, B. (2006): Führung, Macht und Vertrauen in Organisationen. Stuttgart

Neuberger, O. (1976): Führungsverhalten und Führungserfolg. Berlin

Neuberger, O. (1980): Rituelle (Selbst-)Täuschung: Kritik der irrationalen Praxis der Personalbeurteilung. In: Die Betriebswirtschaft 40(1), S. 27–43

Neuberger, O. (1995a): Führen und geführt werden. 5. Aufl., Stuttgart

Neuberger, O. (1995b): Führungstheorien – Machttheorie. In: *Kieser, A.; Reber, G.; Wunderer, R.* (Hrsg.): Handwörterbuch der Führung. 2. Aufl., Stuttgart, Sp. 953–968

Neuberger, O. (1995c): Mikropolitik, Stuttgart

Neuberger, O. (1998): Das Mitarbeitergespräch: Praktische Grundlagen für erfolgreiche Führungsarbeit. 4. Aufl., Leonberg

Neuberger, O. (2000): Das 360°-Feedback. München u. a.

Neuberger, O. (2002): Führen und führen lassen: Ansätze, Ergebnisse und Kritik der Führungsforschung. 6. Aufl., Stuttgart

Neuberger, O. (2015): Senden und Empfangen. In: *Neuberger, O.* (Hrsg.): Das Mitarbeitergespräch: Praktische Grundlagen für erfolgreiche Führungsarbeit. 6. Aufl., Wiesbaden, S. 87–127

Neubert, M. (1998): The value of feedback and goal setting over goal setting alone and potential moderators of this effect: A meta-analysis. In: Human Performance 11(4), S. 321–335

Neubert, M.J.; Carlson, D.S.; Kacmar, K.M.; Roberts, J.A.; Chonko, L.B. (2009): The virtuous influence of ethical leadership behavior: Evidence from the field. In: Journal of Business Ethics 90(2), S. 157–170

Neubert, M.J.; Taggar, S. (2004): Pathways to informal leadership: The moderating role of gender on the relationship of individual differences and team member network centrality to informal leadership emergence. In: The Leadership Quarterly 15(2), S. 175–194

Neumann, J.v.; Morgenstern, O. (1953): Theory of Games and Economic Behavior. 3. Aufl., Princeton

Nevicka, B.; Ten Velden, F.S.; De Hoogh, A.H.B.; Van Vianen, A.E.M. (2011): Reality at odds with perceptions: Narcissistic leaders and group performance. In: Psychological Science 20(10), S. 1259–1264

Newman, A.; Ucbasaran, D.; Zhu, F.; Hirst, G. (2014): Psychological capital: A review and synthesis. In: Journal of Organisational Behavior 35(1), S. 120–138

Nicholls, J. (1987) Leadership in organisations: Meta, macro and micro. In: European Management Journal 6(1), S. 16–25

Nicolaides, V.C.; LaPort, K.A.; Chen, T.R.; Tomassetti, A.J.; Weis, E.J.; Zaccaro, S.J.; Cortina, J.M. (2014): The shared leadership of teams: A meta-analysis of proximal, distal, and moderating relationships. In: The Leadership Quarterly 25(5), S. 923–942

Nida-Rümelin, J. (1994): Das rational choice-Paradigma: Extensionen und Revisionen. In: *Nida-Rümelin, J.* (Hrsg.): Perspektiven der Analytischen Philosophie. Band 2, Berlin, S. 3–29

Nielsen, R.P. (1991): Arendt's action philosophy and the manager as Eichmann, Richard III, Faust, or institution citizen. In: *Steinmann, H.; Löhr, A.* (Hrsg.): Unternehmensethik. 2. Aufl., Stuttgart, S. 315–327

Nienaber, A.-M.; Hofeditz, M.; Romeike P.D. (2015): Vulnerability and trust in leader-follower relationships. In: Personnel Review 44(4), S. 567–591

Nienaber, H.; Svensson, G. (2013): An analysis of the contribution of leadership to organisational performance using complexity science. In: Journal of Management Development 32(8), S. 836–851

Nink, M. (2011): Gallup-Studie 2011: Jeder vierte Arbeitnehmer hat innerlich gekündigt (www.gallup.de, abgerufen am 18.01.2016)

Nolting, H.-P.; Paulus, P. (1999): Psychologie lernen: Eine Einführung und Anleitung. Weinheim

Nord, W.R.; Fox, S. (1996): The individual in organization studies: The great dissappearing act? In: *Clegg, S.R.; Hardy, C.; Nord, W.R.* (Hrsg.): Handbook of Organization Studies. London u. a., S. 148–174

Norman, K.A.; Polyn, S.M.; Detre, G.J.; Haxby, J.V. (2006): Beyond mind-reading: Multi-voxel pattern analysis of fMRI data. In: Trends in Cognitive Sciences 10(9), S. 424–430

Norris, W.R.; Vecchio, R.P. (1992): Situational leadership theory: A replication. In: Group & Organization Management 17(3), S. 331–342

Northouse, P.G. (1997): Leadership: Theory and Practice. Thousand Oaks

Nouri, H.; Parker, R. (1998): The relationship between budget participation and job performance: The roles of budget adequacy and organizational commitment. In: Accounting, Organizations and Society 23(5-6), S. 467–483

n-tv.de (2015): Schlechtes Zeugnis für Unternehmen. Immer weniger Frauen im Vorstand, 13. Juli 2015 (http://www.n-tv.de/wirtschaft/Immer-weniger-Frauen-im-Vorstand-article15502701.html, abgerufen am 27.08.2015)

Nübold, A.; Muck, P.M.; Maier, G.W. (2013): A new substitute for leadership? Follower's state core self-evaluations. In: The Leadership Quarterly 24(1), S. 29–44

Nückles, M. (2010): Selbstreguliert lernen durch Schreiben von Lerntagebüchern. In: *Gläser-Zikuda, M.* (Hrsg.): Lerntagebuch und Portfolio aus empirischer Sicht, Landau, S. 59–80

Nussbaum, M.C. (1999): Virtue ethics: A misleading category. In: The Journal of Ethics 3(3), S. 163–201

Nyberg, D.; Sveningsson, S. (2014): Paradoxes of authentic leadership: Leader identity struggles. In: Leadership 10(6), S. 437–455

o.V. (2011): Ausgewählte konstruktivistische Techniken des Lehrens und Lernens (http://www.erasmus.hsnr.de/methoden/index.html, abgerufen am 06.07.2011)

O'Reilly, D.; Reed, M. (2010): 'Leaderism': An evolution of managerialism in UK public service reform. In: Public Administration 88(4), S. 960–978

O'Leonard, K. (2014): The Corporate Learning Factbook 2014. o.O.

O'Toole, J.; Galbraith J.; Lawler, E.E. (2003): The promise and pitfalls of shared leadership: When two (or more) heads are better than one. In: *Pearce, C.L.; Conger, J.A.* (Hrsg.): Shared Leadership – Reframing the Hows and Whys of Leadership. Thousand Oaks, S. 250–267

Oakley, A. (1972): Sex, Gender and Society. London

Oakley, J.G. (2000): Gender-based barriers to senior management positions: Understanding the scarcity of female CEOs. In: Journal of Business Ethics 27(4), S. 321–327

Ober, S. (2007): Contemporary Business Communication. 7. Aufl., Boston/New York

Obermann, C. (2009): Assessment Center: Entwicklungen, Durchführung, Trends. 4. Aufl., Wiesbaden

O'Boyle Jr., E.H.; Forsyth, D.R.; Banks, G.C.; McDaniel, M.A. (2012): A meta-analysis of the dark triad and work behavior: A social exchange perspective. In: Journal of Applied Psychology 97(3), S. 557–579

Obstfeld, D. (2005): Social networks, the tertius iungens orientation, and involvement in innovation. In: Administrative Science Quarterly 50(1), S. 100–130

Ochsner, K.N.; Lieberman, M.D. (2001): The emergence of social cognitive neuroscience. In: American Psychologist 56(9), S. 717–734

Odiorne, G.S. (1965): Management by Objectives: A System of Managerial Leadership. New York

Odiorne, G.S. (1967): Management by Objectives: Führung durch Vorgabe von Zielen. München

Oechsler, W.A. (2011): Personal und Arbeit. 9. Aufl., München

Oelsnitz, D.v.d.; Busch, M.W. (2006): Social Loafing – Leistungsminderung in Teams. In: Personalführung 39(9), S. 64–75

Oelsnitz, D.v.d.; Busch, M.W. (2010): Narzisstische Manager – Falsche Götter am Unternehmenshimmel? In: Zeitschrift für Führung und Organisation (ZfO) 78(3), S. 188–190

Oelsnitz, D.v.d.; Hahmann, M. (2003): Wissensmanagement – Strategien und Lernen in wissensbasierten Unternehmen. Stuttgart

Oelsnitz, D.v.d.; Schirmer, F.; Wüstner, K. (Hrsg.) (2014): Die auszehrende Organisation: Leistung und Gesundheit in einer anspruchsvollen Arbeitswelt. Wiesbaden

Offermann, L.R.; Scuderi, N.F. (2007): Sharing leadership: Who, what, when, and why. In: *Shamir, B.; Pillai, R.; Bligh, M.C.; Uhl-Bien, M.* (Hrsg.): Follower-Centered Perspectives on Leadership: A Tribute to the Memory of James R. Meindl. Greewich, CT, S. 71–91

Oh, H.; Chung, M.; Labianca G. (2004): Group social capital and group effectiveness: The role of informal socializing ties. In: The Academy of Management Journal 47(6), S. 860–875

Okimoto, T.G.; Brescoll, V.L. (2010): The price of power: Power seeking and backlash against female politicians. In: Personality and Social Psychology Bulletin 36(7), S. 923–936

Oldham, G.R.; Hackman, J.R. (2010): Not what it was and not what it will be: The future of job design research. In: Journal of Organizational Behavior 31(2-3), S. 463–479

Oliver, A.L.; Ebers, M. (1998): Networking network studies: An analysis of conceptual configurations in the study of inter-organizational relationships. In: Organization Studies 19(4), S. 549–583

Ong, A.D.; Edwards, L.; Bergeman, C.S. (2006): Hope as a source in resilience in later adulthood. In: Personality and Individual Differences 41(7), S. 1263–1273

Opens, M.; Sydow, J. (1980): Situative Führungstheorien: Ein Vergleich zweier erwartungs-valenz-theoretischer Konzepte. DBW-Depot 81(1-4), Berlin

Oppolzer, W. (2010): Gesundheitsmanagement im Betrieb: Integration und Koordination menschengerechter Gestaltung der Arbeit. Hamburg

Opwis, K. (1998): Reflexionen über eigenes und fremdes Wissen. In: *Klix, F.; Spada, H.* (Hrsg.): Wissen. Göttingen u.a., S. 369–401

Ordóñez, L.D.; Schweitzer, M.E.; Galinsky, A.D.; Bazerman, M.H. (2009): Goals gone wild: The systematic side effects of overprescribing goal setting. In: The Academy of Management Perspectives 23(1), S. 1–16

Organ, D.W. (1988): Organizational Citizenship Behaviour: The Good Soldier Syndrome. Lexington

Orlikowski, W. J.; Scott, S. V. (2008): Sociomateriality: Challenging the separation of technology, work and organization. In: The Academy of Management Annals 2(1), S. 433–474

Orlikowski, W.J. (1992): The dualty of technology: Rethinking the concept of technology in organizations. In: Organization Science 3(3), S. 398–427

Orlikowski, W.J. (1996): Improving organizational transformation over time: A situated change perspective. In: Information Systems Research 7(1), S. 63–92

Orlikowski, W.J.; Yates, J.; Okamura, K.; Fujimoto, M. (1995): Shaping electronic communication: The metastructuring of technology in the context of use. In: Organization Science 6(4), S. 423–444

Ortner, G.E.; Thielmann-Holzmayer, C. (2007): Hagener Schema: Gemessen an vier Werten. In: Personal 11, S. 12–13

Orwell, G. (2009): 1984. München

Osborn, R.N.; Hunt, J.G. (1975): An adaptive-reactive theory of leadership: The role of macro variables in leadership research. In: *Hunt, J.G.; Larson, L.L.* (Hrsg.): Leadership Frontiers. Kent, OH, S. 27–44

Osborn, R.N.; Hunt, J.G. (2007): Leadership and the choice of order: Complexity and hierarchical perspectives near the edge of chaos. In: The Leadership Quarterly 18(4), S. 319–340

Osborn, R.N.; Hunt, J.G.; Jauch, L.R. (2002): Toward a contextual theory of leadership. In: The Leadership Quarterly 13(6), S. 797–837

Osborn, R.N.; Marion, R. (2009): Contextual leadership, transformational leadership and the performance of international innovation seeking alliances. In: The Leadership Quarterly 20(2), S. 191–206

Osborn, R.N.; Uhl-Bien, M.; Milosevic, I. (2014): The context and leadership. In: *Day, D.V.* (Hrsg.): The Oxford Handbook of Leadership and Organizations. Oxford u.a., S. 589–612

Ospina, S.; Sorenson G. (2006): A constructionist lens on leadership: Charting new territory. In: *Goethals, G.; Sorenson, G.* (Hrsg.): The Quest for a General Theory of Leadership. Cheltenham, S. 188–204

Ospina, S.; Uhl-Bien, M. (2012): Mapping the terrain: Convergence and divergence around relational leadership. In: *Uhl-Bien, M.; Ospina, S.* (Hrsg.): Advancing Relational Leadership: A Dialogue among Perspectives. Charlotte, NC, S. xix–xlvii

Ospina, S.M.; Saz-Carranza, A. (2010): Paradox and collaboration in network management. In: Administration and Society 42(4), S. 404–440

Ostendorf, F. (1990): Sprache und Persönlichkeitsstruktur: Zur Validität des Fünf-Faktoren-Modells der Persönlichkeit. Regensburg

Ostendorf, F.; Angleitner, A. (2004): NEO-Persönlichkeitsinventar nach Costa und McCrae. Göttingen

Otteson, J.R. (2005): Adam Smith und die Objektivität moralischer Urteile: Ein Mittelweg. In: *Fricke, C.; Schütt, H.-P.* (Hrsg.): Adam Smith als Moralphilosoph. Berlin, S. 15–32

Padavic, I.; Earnest, W.R. (1994): Paternalism as a component of managerial strategy. In: Social Science Journal 31(4), S. 389–405

Padilla, A.; Hogan, R.; Kaiser, R.B. (2007): The toxic triangle: Destructive leaders, susceptible followers, and conductive environments. In: The Leadership Quarterly 18(3), S. 176–194

Palanski, M.E.; Yammarino, F.J. (2007): Integrity and leadership: Clearing a conceptual confusion. In: European Management Journal 25(3), S. 171–184

Pang, J.S. (2010): Content coding methods in implicit motive assessment: Standards of measurement and best practices for the picture story exercise. In: *Schultheiss, O.C.; Brunstein, J.C.* (Hrsg.): Implicit Motives. New York, NY, S. 119–150

Papies, E.K.; Barsalou, L.W.; Custers, R. (2012): Mindful attention prevents mindless impulses. In: Social Psychological and Personality Science 3(3), S. 291–299

Parmigiani, A.; Rivera-Santos, M. (2011): Clearing a path through the forest: A meta-review of interorganizational relationships. In: Journal of Management 37(4), S. 1108–1136

Parolini, J.; Patterson, K.; Winston, B. (2009): Distinguishing between transformational and servant leadership. In: Leadership & Organization Development Journal 30(3), S. 274–291

Parris, D.L.; Peachey, J.W. (2013): A systematic literature review of servant leadership theory in organizational contexts. In: Journal of Business Ethics 113(3), S. 377–393

Parry, K.; Kempster, S. (2014): Love and leadership: Constructing follower narrative identities of charismatic leadership. In: Management Learning 45(1), S. 21–38

Parry, K.W. (2002): Four phenomenologically determined social processes of organizational leadership: Further support for the construct of transformational leadership. In: *Avolio, B.J.; Yammarino, F.J.* (Hrsg.): Transformational and Charismatic Leadership: The Road Ahead. Amsterdam, S. 339–372

Parry, K.W. (2011): Leadership and organization theory. In: *Bryman, A.; Collinson, D.; Grint, K.; Jackson, B.; Uhl-Bien, M.* (Hrsg.): The Sage Handbook of Leadership. Thousand Oaks, S. 53–70

Parsons, T. (1951): The Social System. Glencoe

Pasa, S.F.; Kabasakal, H.; Bodur, M. (2001): Society, organisations, and leadership in Turkey. In: Applied Psychology: An International Review 50(4), S. 559–589

Passmore, J.; Peterson, D.B.; Freire, T. (2013): The psychology of coaching and mentoring. In: *Passmore, J.; Peterson, D.B.; Freire, T.* (Hrsg.): The Wiley-Blackwell Handbook of the Psychology of Coaching and Mentoring. Chichester, S. 1–12

Pastor, J.-C.; Meindl, J.R.; Mayo, M.C. (2002): A network effects model of charisma attributions. In: The Academy of Management Journal 45(2), S. 410–420

Patterson, K. (2003): Servant Leadership: A Theoretical Model. Dissertation. Regent University, Virginia Beach, AAT 3082719

Pätzold, G. (1993): Lehrmethoden in der beruflichen Bildung. Heidelberg

Paul, T.; Schyns, B. (2014): Deutsche Leader-Member Exchange Skala (LMX MDM). In: *Danner, D.; Glöckner-Rist, A.* (Hrsg.): Zusammenstellung sozialwissenschaftlicher Items und Skalen. DOI: 10.6102/zis25

Pauleen, D.J. (2003): Leadership in a global virtual team: An action learning approach. In: Leadership and Organization Development Journal 24(3), S. 153–162

Paulhus, D.L.; Williams, K.M. (2002): The dark triad of personality: Narcissism, Machiavellism, and psychopathy. In: Journal of Research in Personality 36(6), S. 556–563

Pawlowsky, P. (2008): Führung in Hochleistungssystemen. In: *Sackmann, S.A.* (Hrsg.): Mensch und Ökonomie: Wie sich Unternehmen das Innovationspotential dieses Wertespagats erschließen. Wiesbaden, S. 303–316

Pawlowsky, P.; Menzel, D.; Wilkens, U. (2005): Wissens- und Kompetenzerfassung in Organisationen. In: *Arbeitsgemeinschaft Betriebliche Weiterbildungsforschung e.V.* (Hrsg.): Kompetenzmessung im Unternehmen: Lernkultur- und Kompetenzanalysen im betrieblichen Umfeld. München/Berlin, S. 341–451

Pawlowsky, P.; Mistele, P.; Geithner, S. (2008): Auf dem Weg zur Hochleistung. In: *Pawlowsky, P.; Mistele, P.* (Hrsg.): Hochleistungsmanagement: Leistungspotenziale in Organisationen gezielt fördern. Wiesbaden, S. 19–32

Pawlowsky, P.; Mistele, P.; Steigenberger, N. (2008): Quellen der Hochleistung: Theoretische Grundlagen und empirische Befunde. In: *Pawlowsky, P.; Mistele, P.* (Hrsg.): Hochleistungsmanagement: Leistungspotenziale in Organisationen gezielt fördern. Wiesbaden, S. 33–60

Pearce, C.L. (2004): The future of leadership: Combining vertical and shared leadership to transform knowledge work. In: The Academy of Management Executive 18(1), S. 47–57

Pearce, C.L.; Conger, J.A. (2003): All those years ago: The historical underpinnings of shared leadership. In: *Pearce, C.L.; Conger, J.A.* (Hrsg.): Shared Leadership: Reframing the Hows and Whys of Leadership. Thousand Oaks, S. 1–18

Pearce, C.L.; Hoch, J.E.; Jeppesen, H.J.; Wegge, J. (2010): New forms of management: Shared and distributed leadership in organizations. In: Journal of Personnel Psychology 9(4), S. 151–153

Pearce, C.L.; Manz, C.C.; Sims, H.P. Jr. (2008): The roles of vertical and shared leadership in the enactment of executive corruption: Implications for research and practice. In: The Leadership Quarterly 19(3), S. 353–359

Pearce, C.L.; Sims, H.P. Jr. (2000): Shared leadership: Toward a mutli-level theory of leadership. In: *Beyerlein, M.M.; Johnson, D.A.; Beyerlein, S.T.* (Hrsg.): Advances in Interdisciplinary Studies of Work Teams. Vol. 7, S. 115–139

Pearce, C.L.; Sims, H.P. Jr. (2002): Vertical versus shared leadership as predictors of the effectiveness of change management teams: An examination of aversive, directive, transactional, transformational, and empowering leader behaviors. In: Group Dynamics: Theory, Research, and Practice 6(2), S. 172–197

Pearce, J.L. (2005): Paternalism and radical organizational change. Paper presented at the meeting of the Academy of Management, Honolulu, Hawaii

Pellegrini, E.K.; Scandura, T.A. (2006): Leader-member exchange (LMX): Paternalism, and delegation in the Turkish business culture: An empirical investigation. In: Journal of International Business Studies 37(2), S. 264–279

Pellegrini, E.K.; Scandura, T.A. (2008): Paternalistic leadership: A review and agenda for future research. In: Journal of Management 34(3), S. 566–593

Pellegrini, E.K.; Scandura, T.A.; Jayaraman, V. (2007): Generalizability of the paternalistic leadership concept: A cross-cultural investigation. Working Paper. University of Missouri, St. Louis

Pelz, D.C. (1952): Influence: A key to effective leadership in the first-line supervisor. In: Personnel 29, S. 209–217

Penning Consulting GmbH/Bundesverband Materialwirtschaft, Einkauf und Logistik e.V. (2015): Personalbarometer Einkauf 2015: Gute Führung ist ein zentraler Erfolgsfaktor (https://www.cebra.biz/news/einkauf/15-09-2015-gute-fuehrung-ist-zentraler-erfolgsfaktor, abgerufen am 16.09.2015)

Peppard, J. (2015): Der grosse Treiber. In: Harvard Business Manager Spezial 2015, S. 107–111

Pepping, C.A.; Duvenage, M. (2015): The origins of individual differences in dispositional mindfulness. In: Personality and Individual Differences. DOI: 10.1016/j.paid.2015.05.027

Perry, M.L.; Pearce, C.L.; Sims, H.P. Jr. (1999): Empowered selling teams: How shared leadership can contribute to selling team outcomes. In: Journal of Personal Selling and Sales Management 19(3), S. 35–51

Perry-Smith, J.E. (2006): Social yet creative: The role of social relationships in facilitating individual creativity. In: The Academy of Management Journal 49(1), S. 85–101

Pervin, L.A. (2000): Persönlichkeitstheorien. 4. Aufl., München

Pervin, L.A.; Cervone, D.; John, O.P. (2005): Persönlichkeitstheorien. 5. Aufl., München u. a.

Pescosolido, A.T. (2002): Emergent leaders as managers of group emotion. In: The Leadership Quarterly 13(5), S. 583–599

Peters, N. (2014): Energie durch Entschleunigung: Achtsamkeit in der Arbeitswelt. In: ManagerSeminare 192, S. 38–43

Peterson, M.F.; Castro, S.L. (2006): Measurement metrics at aggregate levels of analysis: Implications for organization culture research and the GLOBE project. In: The Leadership Quarterly 17(5), S. 506–521

Peterson, R.; Srikanth, K.; Harvey, S. (2015): A dynamic perspective on diverse teams: Moving from the dual-process model to a dynamic coordination-based model of diverse team performance. In: The Academy of Management Annals, S. 1–59. DOI: 10.1080/19416520.2016.1120973

Peterson, S.J.; Galvin, B.M.; Lange, D. (2012): CEO servant leadership: Exploring executive characteristics and firm performance. In: Personnel Psychology 65(3), S. 565–596

Petriglieri, G.; Stein, M. (2012): The unwanted self: Projective identification in leaders' identity work. In: Organization Studies 33(9), S. 1217–1235

Petty, R.E.; Cacioppo, J.T.; Strathmann, A.J.; Priester, J.R. (2005): To think or not to think: Exploring two routes to persuasion. In: *Brock, T.C.; Green, M.C.* (Hrsg.): Persuasion: Psychological Insights and Perspectives. Thousand Oaks, S. 81–116

Peukert, R. (2006): Rolle, soziale. In: *Schäfers, B.; Kopp, J.* (Hrsg.): Grundbegriffe der Soziologie. 9. Aufl., Wiesbaden, S. 242–245

Peus, C.; Kerschreiter, R.; Frey, D.; Traut-Mattausch, E. (2010): What is the value? Economic effects of ethically-oriented leadership. In: Journal of Psychology 218(4), S. 198–212

Peus, C.; Welpe, I.M. (2011): Frauen in Führungspositionen: Was Unternehmen wissen sollten. In: Organisationsentwicklung 2, S. 47–55

Peysakhovich, A.; Rand, D.G. (2015): Habits of virtue: Creating norms of cooperation and defection in the laboratory. In: Management Science. http://dx.doi.org/10.1287/mnsc.2015.2168

Pfeffer, J. (1977): The ambiguity of leadership. In: The Academy of Management Review 2(1), S. 104–112

Pfeffer, J. (1999): Competitive Advantage through People: Unleashing the Power of the Workforce. 5. Aufl., Boston

Pfeffer, J.; Salancik, G.R. (1978): The External Control of Organizations: A Resource Dependence Perspective. New York

Phillips, J.S.; Lord, R.G. (1982): Schematic information processing and perceptions of leadership in problem-solving groups. In: Journal of Applied Psychology 67(4), S. 486–492

Picot, A.; Neuburger, R. (1995): Agency Theorie und Führung. In: *Kieser, A.; Reber, G.; Wunderer, R.* (Hrsg.): Handwörterbuch der Führung. 2. Aufl., Stuttgart, Sp. 14–21

Picot, A.; Neuburger, R. (2004): Modulare Organisationsformen. In: *Schreyögg, G.; Werder, A.v.* (Hrsg.): Handwörterbuch Unternehmensführung und Organisation. 4. Aufl., Stuttgart, Sp. 897–906

Pieper, J. (1991): Das Viergespann: Klugheit – Gerechtigkeit – Tapferkeit – Maß. München

Pierce, J.L.; Newstrom, J.W. (2008): The dark side of leadership. In: *Pierce, J.L.; Newstrom, J.W.* (Hrsg.): Leaders & the Leadership Process: Readings, Self Assessments & Applications. New York, S. 427–454

Pierro, A.; Cicero, L.; Bonaito, M.; Van Knippenberg, D.; Kruglanski, A.W. (2005): Leader team prototypicality and leadership effectiveness: The moderating role of need for cognitive closure. In: The Leadership Quarterly 16(4), S. 503–516

Pietsch, G. (2003): Reflexionsorientiertes Controlling: Konzeption und Gestaltung. Wiesbaden

Pietsch, G.; Scherm, E. (2000): Die Präzisierung des Controlling als Führungs- und Führungsunterstützungsfunktion. In: Die Unternehmung 54(5), S. 395–412

Pietsch, G.; Scherm, E. (2001): Die Reflexionsaufgabe im Zentrum des Controlling. In: krp-Kostenrechnungspraxis 45(5), S. 307–313

Pillai, R.; Schriesheim, C.A.; Williams, E.S. (1999): Fairness perceptions and trust as mediators for transformational and transactional leadership: A two-sample study. In: Journal of Management 25(6), S. 897–933

Pinel, J.P.J.; Pauli, P. (2012): Biopsychologie. 8. Aufl., München

Pinnow, M. (2009): Psychobiologische Aspekte von Motivation: Endokrinologische Korrelate von Motiven. In: *Brandstätter, V.; Otto, J.H.* (Hrsg.): Handbuch der Allgemeinen Psychologie – Motivation und Emotion. Göttingen, S. 298–305

Pircher-Friedrich, A.M. (2005): Mit Sinn zum nachhaltigen Erfolg. Berlin

Pirola-Merlo, A.; Härtel, C.; Mann, L.; Hirst, G. (2002): How leaders influence the impact of affective events on team climate and performance in R&D teams. In: The Leadership Quarterly 13(5), S. 561–581

Platow, M.J.; Van Knippenberg, D.; Haslam, S.A.; Van Knippenberg, B.; Spears, R. (2006): A special gift we bestow on you for being representative of us: Considering leader charisma from a self-categorization perspective. In: British Journal of Social Psychology 45, S. 303–320

Pless, N.; Maak, T. (2008): Responsible Leadership: Verantwortliche Führung im Kontext einer globalen Stakeholder-Gesellschaft. In: Zeitschrift für Wirtschafts- und Unternehmensethik 9(2), S. 222–243

Plous, S. (1993): The Psychology of Judgment and Decision Making. New York

Plowman, D.A.; Duchon, D. (2008): Dispelling the myths about leadership: From cybernetics to emergence. In: *Uhl-Bien, M.; Marion, R.* (Hrsg.): Complexity Leadership. Charlotte, NC, S. 129–154

Plowman, D.A.; Solansky, S.; Beck, T.E.; Baker, L.; Kulkarni, M.; Travis, D.V. (2007): The role of leadership in emergent, self-organization. In: The Leadership Quarterly 18(4), S. 341–356

Podolny, J.M.; Khurana, R.; Hill-Popper, M. (2004): Revisiting the meaning of leadership. In: Research in Organizational Behavior 26, S. 1–36

Podsakoff, N.P.; Podsakoff, P.M.; Koskova, V.V. (2010): Dispelling misconceptions and providing guidelines for leader reward and punishment behavior. In: Business Horizons 53(3), S. 291–303

Podsakoff, P.M.; Bommer, W.H.; Podsakoff, N.P.; MacKenzie, S.B. (2006): Relationships between leader reward and punishment behavior and subordinate attitudes, perceptions, and behaviors: A meta-analytic review of existing and new research. In: Organizational Behavior and Human Decision Processes 100(2), S. 113–142

Podsakoff, P.M.; MacKenzie, S.B. (1993): Substitutes for leadership and the management of professionals. In: The Leadership Quarterly 4(1), S. 1–44

Podsakoff, P.M.; MacKenzie, S.B.; Lee, J.Y.; Podsakoff, N.P. (2003): Common method biases in behavioral research: A critical review of the literature and recommended remedies. In: Journal of Applied Psychology 88(5), S. 879–903

Podsakoff, P.M.; MacKenzie, S.B.; Moorman, R.H.; Fetter, R. (1990): Transformational leader behaviors and their effects on followers' trust in leader, satisfaction, and organizational citizenship behaviors. In: The Leadership Quarterly 1(2), S. 107–142

Poldrack, R.A. (2008): The Role of fMRI in cognitive neuroscience: Where do we stand? In: Current Opinion in Neurobiology 18(2), S. 223–227

Poldrack, R.A. (2011): Inferring mental states from neuroimaging data: From reverse inference to large-scale decoding. In: Neuron 72(5), S. 692–697

Pollmann, A. (2005): Integrität: Aufnahme einer sozialphilosophischen Personalie. Bielefeld

Pongratz, H.J. (2002): Legitimitätsgeltung und Interaktionsstruktur: Die symbolische Repräsentation hierarchischer Verfügungsrechte in Führungsinteraktionen. In: Zeitschrift für Soziologie 31(4), S. 255–274

Popper, K. (2000): Lesebuch. Tübingen

Popper, M. (2011): Toward a theory of followership. In: Review of General Psychology 15(1), S. 29–36

Popper, M. (2013): Leaders perceived as distant and close: Some implications for psychological theory on leadership. In: The Leadership Quarterly 24(1), S. 1–8

Pörksen, B.; Schulz von Thun, F. (2014): Kommunikation als Lebenskunst: Philosophie und Praxis des Miteinander-Redens. Heidelberg

Porter, C.M.; Woo, S.E. (2015): Untangling the networking phenomenon: A dynamic psychological perspective on how and why people network. In: Journal of Management 41(5), S. 1477–1500

Porter, L.W.; Lawler, E.E. (1968): Managerial Attitudes and Performance. Homewood, Ill.

Porter, L.W.; McLaughlin, G.B. (2006): Leadership and the organizational context: Like the weather? In: The Leadership Quarterly 17(6), S. 559–576

Post, C.; Byron, K. (2015): Women on boards and firm finanical performance: A meta-analysis. In: The Academy of Management Journal 58(5), S. 1546–1571

Powell, G.N. (2011): The gender and leadership wars. In: Organizational Dynamics 40(1), S. 1–9

Powell, W.W. (1990): Neither market nor hierarchy: Network forms of organization. In: Research in Organizational Behavior 12, S. 295–336

Powers, S.T.; Lehmann, L. (2013): The co-evolution of social institutions, demography, and large-scale human cooperation. In: Ecology Letters 16(11), S. 1356–1364

Prenzel, M.; Mandl, H.; Reinmann-Rothmeier, G. (1997): Ziele und Aufgaben von Erwachsenenbildung. In: *Weinert, F.E.; Mandl, H.* (Hrsg.): Psychologie der Erwachsenenbildung. Göttingen u.a., S. 1–44

Price, R. (2008): Kant's advice for leaders: „No, you aren't special". In: The Leadership Quarterly 19(4), S. 478–487

Price, T.L. (2003): The ethics of authentic transformational leadership. In: The Leadership Quarterly 14(1), S. 67–81

Price, T.L. (2006): Understanding the Ethical Failures in Leadership. Cambridge u.a.

Pritchard, R.D. (1990): Measuring and Improving Organizational Productivity: A Practical Guide. New York

Pritzel, M.; Brand, M.; Markowitsch, H.J. (2009): Gehirn und Verhalten: Ein Grundkurs der physiologischen Psychologie. Heidelberg

Provan, K.G.; Fish, A.; Sydow, J. (2007): Interorganizational networks at the network level: A review of the empirical literature on whole networks. In: Journal of Management 33(3), S. 479–516

Provan, K.G.; Kenis, P. (2008): Modes of network governance: Structure, management, and effectiveness. In: Journal of Public Administration Research and Theory 18(2), S. 229–252

Pruitt, D.G.; Kimmel, M.J. (1976): Twenty years of experimental gaming: Critique, synthesis and suggestions for the future. In: Annual Review of Psychology 28(1), S. 363–392

Puca, R.M. (2009): Theorien der Motivationspsychologie: Historische Ansätze der Motivationspsychologie. In: *Brandstätter, V.; Otto, J.H.* (Hrsg.): Handbuch der Allgemeinen Psychologie – Motivation und Emotion. Göttingen, S. 109–119

Pullen, A.; Rhodes, C. (2008): 'It's all about me!': Gendered narcissism and leaders' identity work. In: Leadership 4(1), S. 5–25

Pundt, A. (2015): Emotion, Emotionsregulation und Humor im Führungsprozess. In: *Felfe, J.* (Hrsg.): Trends der psychologischen Führungsforschung: Neue Konzepte, Methoden und Erkenntnisse. Göttingen u.a., S. 191–202

Quirin, M.; Kuhl, J. (2009a): Theorien der Motivationspsychologie: Handlungskontrolltheorie. In: *Brandstätter, V.; Otto, J.H.* (Hrsg.): Handbuch der Allgemeinen Psychologie – Motivation und Emotion. Göttingen, S. 157–162

Quirin, M.; Kuhl, J. (2009b): Theorien der Motivationspsychologie: Theorie der Persönlichkeits-System-Interaktionen (PSI). In: *Brandstätter, V.; Otto, J.H.* (Hrsg.): Handbuch der Allgemeinen Psychologie – Motivation und Emotion. Göttingen, S. 163–173

Raab, J.; Kenis, P. (2009): Heading toward a society of networks: Empirical developments and theoretical challenges. In: Journal of Management Inquiry 18(3), S. 198–210

Racker, H. (2001): Transference and Countertransference. London

Raelin, J.A. (2014): The ethical essence of leaderful practice. In: Journal of Leadership, Accountability and Ethics 11(1), S. 64–72

Rafferty, A.E.; Griffin, M.A. (2004): Dimensions of transformational leadership: Conceptual and empirical extensions. In: The Leadership Quarterly 15(3), S. 329–354

Ragins, B.R.; Catton, J.L. (1999): Mentor functions and outcomes: A comparison of men and women in formal and informal mentoring relationships. In: Journal of Applied Psychology 84(4), S. 529–550

Rahim, M.A. (2011): Managing Conflict in Organizations. 4. Aufl., New Brunswick/NJ

Raich, M. (2014): Achtsamkeit in der Führung. In: *Matzler, K.; Pechlaner, H.; Renzl, B.* (Hrsg.): Strategie und Leadership: Festschrift für Hans H. Hinterhuber. Wiesbaden, S. 147–159

Rajah, R.; Song, Z.; Arvey, R.D. (2011): Emotionality and leadership: Taking stock of the past decade of research. In: The Leadership Quarterly 22(6), S. 1107–1119

Rank, J.; Nelson, N.E.; Allen, T.D.; Xu, X. (2009): Leadership predictors of innovation and task performance: Subordinates' self-esteem and self-presentation as moderators. In: Journal of Occupational and Organizational Psychology 82(3), S. 465–489

Rapp, B. (2001): The Handbook of Cognitive Neuropsychology: What Deficits Reveal about the Human Mind. London

Rasch, B.; Friese, M.; Hofmann, W.; Naumann E. (2014): Der t-Test. In: *Rasch, B.; Friese, M.; Hofmann, W.; Naumann E.* (Hrsg.): Quantitative Methoden 1: Einführung in die Statistik für Psychologen und Sozialwissenschaftler. 4. Aufl., Berlin/Heidelberg, S. 33–79

Rauen, C. (2014): Coaching. 3. Aufl., Göttingen u.a.

Rawls, J. (1971): A Theory of Justice. 4. Aufl., Cambridge, MA

Rawls, J. (1979): Eine Theorie der Gerechtigkeit. Frankfurt am Main

Rawolle, M.; Glaser, J.; Kehr, H.M. (2008): Why self-set goals may sometimes be non-motivating. In: *Wankel, C.* (Hrsg.): 21st Century Management: A Reference Handbook. Los Angeles u.a., S. 203–210

Rawolle, M.; Wallis, M.S.v.; Badham, R.; Kehr, H.M. (2016): No fit, no fun: The effect of motive incongruence on job burnout and the mediating role of intrinsic motivation. In: Personality and Individual Differences 89(1), S. 65–68

Read, D.; Grushka-Cockayne, Y. (2011): The similarity heuristic. In: Journal of Behavioral Decision Making 24(1), S. 23–46

Reave, L. (2005): Spiritual values and practices related to leadership effectiveness. In: The Leadership Quarterly 16(5), S. 655–687

Reb, J.; Atkins, P.W. (Hrsg.) (2015): Mindfulness in Organizations: Foundations, Research, Applications. St. Ives

Reb, J.; Narayanan, J.; Chaturvedi, S. (2014): Leading mindfully: Two studies on the influence of supervisor trait mindfulness on employee well-being and performance. In: Mindfulness 5(1), S. 36–45

Reb, J.; Sim, S.; Chintakananda, K.; Bhave, D.P. (2015): Leading with mindfulness: Exploring the relation of mindfulness with leadership behaviors, styles, and development. In: *Reb, J.; Atkins, P.W.* (Hrsg.): Mindfulness in Organizations: Foundations, Research, Applications. St. Ives, S. 257–284

Reber, G. (1996): The development of a descriptive leadership model. In: *Suominen, A.* (Hrsg.): Management in Transition. Turku, S. 137–162

Reber, G.; Jago, A.G. (1997): Festgemauert in der Erde. Eine Studie zur Veränderung und Stabilität des Führungsverhaltens von Managern in Deutschland, Frankreich, Österreich, Polen, Tschechien und der Schweiz zwischen 1989 und 1996. In: *Klimecki, R.; Remer, A.* (Hrsg.): Personal als Strategie. Neuwied, S. 158–184

Reber, G.; Szabo, E. (2007): Culture and leadership in Austria. In: *Chhokar, J.S.; Brodbeck, F.C.; House, R.J.* (Hrsg.): Culture and Leadership across the World: The GLOBE Book of In-Depth Studies of 25 Societies. Mahwah, NJ, S. 109–146

Reddin, W.J. (1981): Das 3–D-Programm zur Leistungssteigerung des Managements, Landsberg/Lech (dt. Fassung von ders. (1970): Managerial Effectiveness, London u. a.)

Regine, B.; Lewin, R. (2000): Leading at the edge: How leaders influence complex systems. In: Emergence 2(2), S. 5–23

Regnet, E. (2009): Der Weg in die Zukunft – Anforderungen an die Führungskraft. In: *Rosenstiel, L.v.; Regnet, E.; Domsch, M.E.* (Hrsg.): Führung von Mitarbeitern: Handbuch für erfolgreiches Personalmanagement. 6. Aufl., Stuttgart, S. 36–50

Reich, K. (2006): Konstruktivistische Didaktik. 3. Aufl., Weinheim und Basel

Reichert, R. (2014): Big Data – Analysen zum digitalen Wandel von Wissen, Macht und Ökonomie. Bielefeld

Reichmann, T. (2011): Controlling mit Kennzahlen: Die systemgestützte Controlling-Konzeption mit Analyse- und Reportinginstrumenten. 8. Aufl., München

Reihlen, M. (1999): Moderne, Postmoderne und heterarchische Organisation. In: *Schreyögg, G.* (Hrsg.): Organisation und Postmoderne: Grundfragen – Analysen – Perspektiven. Wiesbaden, S. 265–303

Reinke, S.J. (2004): Service before self: Towards a theory of servant-leadership. In: Global Virtue Ethics Review 5(3), S. 30–57

Reinmann-Rothmeier, G.; Mandl, H. (1997): Lehren im Erwachsenenalter: Auffassungen vom Lehren und Lernen, Prinzipien und Methoden. In: *Weinert, F.E.; Mandl, H.* (Hrsg.): Psychologie der Erwachsenenbildung. Göttingen u. a., S. 355–403

Reiss, M. (2013): Hybridorganisation: Netzwerke und virtuelle Strukturen. Stuttgart

Reisyan, G.D. (2013): Neuro-Organisationskultur: Moderne Führung orientiert an Hirn- und Emotionsforschung. Berlin/Heidelberg

Rettler, P.; Göll, S. (2010): Anerkennung und Kritik als Erfolgskriterium moderner Personalführung. In: Journal für Psychologie 18(2), S. 1–27

Reuter, E. (2010): Stunde der Heuchler: Wie Manager und Politiker uns zum Narren halten. Berlin

Reuvers, M.; Van Engen, M.L.; Vinkenburg, C.J.; Wilson-Evered, E. (2008): Transformational leadership and innovative work behavior: Exploring the relevance of gender differences. In: Leadership and Innovation 17(3), S. 227–244

Rheinberg, F. (1989): Zweck und Tätigkeit. Göttingen

Rheinberg, F. (1996): Flow-Erleben, Freude an riskantem Sport und andere „unvernünftige" Motivationen. In: *Kuhl, J.; Heckhausen, H.* (Hrsg.): Motivation, Volition und Handlung. Enzyklopädie der Psychologie 4, Göttingen, S. 101–118

Rheinberg, F. (2002): Freude am Kompetenzerwerb, Flow-Erleben und motivpassende Ziele. In: *Salisch, M.v.* (Hrsg.): Emotionale Kompetenz entwickeln. Stuttgart, S. 179–206

Rheinberg, F. (2006): Intrinsische Motivation und Flow-Erleben. In: *Heckhausen, J.; Heckhausen, H.* (Hrsg.): Motivation und Handeln. 3. Aufl., New York, S. 331–354

Rheinberg, F.; Manig, Y.; Kliegl, R.; Engeser, S.; Vollmeyer, R. (2007): Flow bei der Arbeit, doch Glück in der Freizeit: Zielausrichtung, Flow und Glücksgefühle. In: Zeitschrift für Arbeits- und Organisationspsychologie 51(3), S. 105–115

Rheinberg, F.; Vollmeyer, R. (2004): Flow-Erleben bei der Arbeit und in der Freizeit. In: *Wegge, J.; Schmidt, K.-H.* (Hrsg.): Förderung von Arbeitsmotivation und Gesundheit in Organisationen. Göttingen, S. 163–180

Rheinberg, F.; Vollmeyer, R. (2012): Motivation. 8. Aufl., Stuttgart

Ricardo, D. (1821): On the Principles of Political Economy and Taxation. 3. Aufl., London

Rice, R.E.; Aydin, C. (1991): Attitudes toward new organizational technology: Network proximity as a mechanism for social information processing. In: Administrative Science Quarterly 36(2), S. 219–244

Rich, A. (1991): Wirtschaftsethik. Band 1: Grundlagen in theologischer Perspektive. 4. Aufl., Gütersloh

Rich, A. (1992): Wirtschaftsethik. Band 2: Marktwirtschaft, Planwirtschaft, Weltwirtschaft aus sozialethischer Sicht. 2. Aufl., Gütersloh

Richard, B.W. (2012): The Use of Discrete Computer Simulation Modeling to Estimate the Direct and Diffusion Effects of Leadership Development Intervention on the Return on Investment. Dissertation. Louisiana State University and Agricultural and Mechanical College, Baton Rouge

Richard, B.W.; Holton, E.F.; Katsioloudes, V. (2014): The use of discrete computer simulation modeling to estimate return on leadership development investment. In: The Leadership Quarterly 25(5), S. 1054–1068

Richardson, H.A.; Vandenberg, R.J. (2005): Integrating managerial perceptions and transformational leadership into a work-unit level model of employee involvement. In: Journal of Organizational Behavior 26(2), S. 561–589

Richardson, K.A.; Cilliers, P. (2001): Special editors' introduction: What is complexity science? A view from different directions. In: Emergence 3(1), S. 5–23

Richardson, K.A. (2008): Managing complex organizations: Complexity thinking and the science and art of management. In: Emergence 10(2), S. 13–26

Richter, A. (Hrsg.) (2014): Vernetzte Organisation. München

Richter, D. (2005): Das Scheitern der Biologisierung der Soziologie – Zum Stand der Diskussion um die Soziobiologie und anderer evolutionstheoretischer Ansätze. In: Kölner Zeitschrift für Soziologie und Sozialpsychologie 57(3), S. 523–542

Richter, K.; Rost, J. (2004): Komplexe Systeme. 2. Aufl., Frankfurt am Main

Richter, M. (1999): Personalführung: Grundlagen und betriebliche Praxis. 4. Aufl., Stuttgart

Richter, P. (2004): Gesundheitsförderung in Organisationen – Arbeits- und organisationspsychologische Präventionsansätze. In: *Wegge, J.; Schmidt, K.-H.* (Hrsg.): Förderung von Arbeitsmotivation und Gesundheit in Organisationen. Göttingen, S. 197–214

Ricoeur, P. (1992): Oneself as Another. Chicago

Ridder, H.G. (2015): Personalwirtschaftslehre. 5. Aufl., Stuttgart

Ridge, J.W.; Ingram, A. (2014): Modesty in the top management team: Investor reaction and performance implications. In: Journal of Management. DOI: 10.1177/0149206314551796

Rieckmann, H. (1990): Eine Antwort auf acht Thesen: Sieben Thesen und ein Fazit. In: Personalführung 23(1), S. 12–17

Rieckmann, H.A. (2007): Managen und Führen am Rande des 3. Jahrtausends. 4. Aufl., Frankfurt am Main

Rieken, B. (2010): Obamas märchenhafte Wirklichkeit – volkskundlich-psychoanalytische Zugänge. In: *Weibler, J.* (Hrsg.): Barack Obama und die Macht der Worte, Wiesbaden, S. 142–157

Riggio, R.E.; Zhu, W.; Reina, C.; Maroosis, J.A. (2010): Virtue-based measurement of ethical leadership: The leadership virtue questionnaire. In: Consulting Psychology Journal: Practice and Research 62(4), S. 235–250

Rigotti, T.; Schyns, B.; Mohr, G. (2008): A short version of the occupational self-efficacy scale: Structural and construct validity across five countries. In: Journal of Career Assessment 16(2), S. 238–255

Ring, P.S.; de Leo, F. (2009): Toward a network society: Some reflections on dark sides – Figurative and literal. In: Journal of Management Inquiry 18(3), S. 211–218

Ringleb, A.H.; Rock, D. (2008): The emerging field of NeuroLeadership. In: NeuroLeadership Journal 1, S. 1–17

Ringleb, A.H.; Rock, D. (2009): NeuroLeadership in 2009. In: NeuroLeadership Journal 2, S. 1–7

Rippe, K.P.; Schaber, P. (1998): Einleitung. In: *Rippe, K.P.; Schaber, P.* (Hrsg.): Tugendethik. Stuttgart, S. 7–18

Ritter, B.A.; Lord, R.G. (2007): The impact of previous leaders on the evaluation of new leaders: An alternative to prototype matching. In: Journal of Applied Psychology 92(6), S. 1683–1695

Rivera-McCutchen, R.L.; Watson, T.N. (2014): Leadership for social justice: It is a matter of trust. In: Journal of Cases in Educational Leadership 17(4), S. 54–65

Rivkin, J.W. (2000): Out of control: The new biology of machines, social systems, and the economic world. (Review zu Kevin Kelly 1994). In: Emergence 1(2), S. 179–182

Rizzolatti, G. (2008): Empathie und Spiegelneurone: Die biologische Basis des Mitgefühls. Frankfurt am Main

Robert Bosch GmbH (2015): Bosch Führungsgrundsätze (http://www.bosch.com/media/de/com/sustainability/archive_1/download_and_order_1/bosch_guidelines_for_leadership_en.pdf, abgerufen am 15.10.2015)

Roberts, B.W.; DelVecchio, W.F. (2000): The rank-order consistency of personality from childhood to old age: A quantitative review of longitudinal studies. In: Psychological Bulletin 126(1), S. 3–25

Roberts, L.M. (2007): From proving to becoming: How positive relationships create a context for self-discovery and self-actualization. In: *Dutton, J.E.; Ragins, B.R.* (Hrsg.): Exploring Positive Relationships at Work: Building a Theoretical and Research Foundation. Mahwah, S. 29–45

Robertson, L.T. (1990): Behavior modelling: Its record and potential in training and development. In: British Journal of Management 1(2), S. 117–125

Rock, D. (2008a): SCARF: A brain-based model for collaborating with and influencing others. In: NeuroLeadership Journal, S. 1–9

Rock, D. (2008b): Coaching with the brain in mind: A new science for coaching. Symposium conducted at the 2008 North American NeuroLeadership Summit. New York

Rock, D. (2010): Impacting leadership with neuroscience. In: People & Strategy 33(4), S. 6–7

Rock, D.; Schwartz, J. (2006): The neuroscience of leadership. In: Strategy + Business 43 (abrufbar unter: http://www.strategy-business.com/article/06207?gko=6da0a)

Rodgers, R.; Hunter, J.E. (1991): Impact of management by objectives on organizational productivity. In: Journal of Applied Psychology 76(2), S. 322–336

Rogers, C.R. (2012): Entwicklung der Persönlichkeit. 18. Aufl., Stuttgart

Rollinson, D.J. (2000): Supervisor and manager approaches to handling discipline and grievance: A follow-up study. In: Personnel Review 29(6), S. 743–768

Romhardt, K.; Eppler, M. (2013): Müheloseres Management durch Achtsamkeit oder was Change Manager vom Buddhismus lernen können. In: Organisationsentwicklung 2/2013, S. 13–17

Rosch, E. (1978): Principles of categorization. In: *Rosch, E.; Lloyd, B.B.* (Hrsg.): Cognition and Categorization. Hillsdale, S. 27–48

Rosch, E. (1983): Prototype classification and logical classification: The two systems. In: *Scholnick, E.K.* (Hrsg.): New Trends in Conceptual Representation: Challenges to Piaget's Theory? Hillsdale, S. 73–86

Rose, N. (2015): Demokratisierung von Unternehmensleitung: Führung auf Zeit, Führung von unten, Führung ohne Führung. In: *Widuckel, W.; de Molina, K.; Ringlstetter, M.J.; Frey, D.* (Hrsg.): Arbeitskultur 2020: Herausforderungen und Best Practices der Arbeitswelt der Zukunft. Wiesbaden, S. 323–334

Rosen, C.C.; Harris, K.J.; Kacmar, K.M. (2010): LMX, context perceptions, and performance: An uncertainty management perspective. In: Journal of Management 37(3), S. 819–838

Rosenstiel, L.v. (1992): Symbolische Führung. In: io Managementzeitschrift 63, S. 55–58

Rosenstiel, L.v. (1995): Kommunikation und Führung in Arbeitsgruppen. In: *Schuler, H.* (Hrsg.): Lehrbuch Organisationspsychologie. 2. Aufl., Bern u. a., S. 312–351

Rosenstiel, L.v. (1999): Tiefenpsychologische Grundlagen der Führung. In: *Rosenstiel, L.v.; Regnet, E.; Domsch, M.E.* (Hrsg.): Führung von Mitarbeitern: Handbuch für erfolgreiches Personalmanagement. 4. Aufl., Stuttgart, S. 25–38

Rosenstiel, L.v. (2000): Grundlagen der Organisationspsychologie: Basiswissen und Anwendungshinweise. 4. Aufl., Stuttgart

Rosenstiel, L.v. (2003): Grundlagen der Organisationspsychologie. 5. Aufl., Stuttgart

Rosenstiel, L.v. (2014): Grundlagen der Führung. In: *Rosenstiel, L.v.; Regnet, E.; Domsch, M.* (Hrsg.): Führung von Mitarbeitern: Handbuch für erfolgreiches Personalmanagement. 7. Aufl., Stuttgart, S. 3–28

Rosenstiel, L.v.; Molt, W.; Rüttinger, B. (2005): Organisationspsychologie. 9. Aufl., Stuttgart

Rosenthal, S.A.; Pittinsky, T.L. (2006): Narcissistic leadership. In: The Leadership Quarterly 17(6), S. 617–633

Rösler, F. (2011): Psychophysiologie der Kognition: Eine Einführung in die Kognitive Neurowissenschaft. Heidelberg

Rosner, S. (2008): Wirkungsvolle Kommunikation: Ein Leitfaden für Gespräche, Verhandlungen und Konflikte – Ein Trainingsbuch. 4. Aufl., Bonn

Ross, L. (1977a): The false consensus effect: An egocentric bias in social perception and attribution processes. In: Journal of Experimental Social Psychology 13(3), S. 279–301

Ross, L. (1977b): The intuitive psychologist and his shortcomings: Distortions in the attribution process. In: *Berkowitz, L.* (Hrsg.): Advances in Experimental Social Psychology. Vol. 10, New York, S. 173–220

Rößler, M. (2015): Nur Zahlen zählen. In: Personalmagazin 11, S. 28–29

Rost, J. (2008): Followership: An outmoded concept. In: *Riggio, R.E.; Chaleff, I.; Lipman-Blumen, J.* (Hrsg.): The Art of Followership: How Great Followers Create Great Leaders and Organizations. San Francisco: Jossey-Bass, S. 53–66

Rost, J.C. (1991): Leadership for the Twenty-First Century. Westport, CT

Rost, K. (2010): Frauen in Führungspositionen in der Wirtschaft. In: Die Unternehmung 64(3), S. 315–344

Roth, C.; Wegge, J.; Schmidt, K.-H. (2007): Konsequenzen des demographischen Wandels für das Management von Humanressourcen. In: Zeitschrift für Personalpsychologie 6(3), S. 99–116

Roth, G. (2003): Fühlen, Denken, Handeln: Wie das Gehirn unser Verhalten steuert. Frankfurt am Main

Roth, H. (1962): Pädagogische Psychologie des Lehrens und Lernens. 6. Aufl., Hannover u. a.

Roth, W. (1987): Mehr Zufriedenheit – bessere Leistung – größerer Gewinn. 2. Aufl., Landsberg/Lech

Rotmann, J.M. (Hrsg.) (2000): Über Freuds 'Zur Einführung in den Narzissmus'. Stuttgart u. a.

Rotter, J.B. (1967): A new scale for the measurement of interpersonal trust. In: Journal of Personality 35(4), S. 651–665

Rowold, G.; Rowold, J. (2008): Grundlagen des KTCs. In: *Rowold, J.; Rowold, G.* (Hrsg.): Das Kollegiale Team Coaching. Köln, S. 15–82

Rowold, G.; Schley, W. (1998): Kollegiales Team Coaching (KTC). In: Journal für Schulentwicklung 4, S. 70–78

Rowold, J. (2004): MLQ-5X: German Translation of Bass & Avolio's Multifactor Leadership Questionnaire. Redwood City

Rowold, J. (2007): Überblick über Kosten-Nutzen-Analysen im Bereich der Arbeits- und Organisationspsychologie. In: *Süßmair, A.; Rowold, J.* (Hrsg.): Kosten-Nutzen-Analysen und Human Resources. Weinheim/Basel, S. 34–49

Rowold, J. (2014): Instrumental leadership: Extending the transformational-transactional leadership paradigm. In: Zeitschrift für Personalforschung 28(3), S. 367–390

Rowold, J.; Borgmann, L. (2013): Are leadership constructs really independent? In: Leadership & Organizational Development Journal 34(1), S. 20–43

Rowold, J.; Borgmann, L.; Diebig, M. (2015): A "tower of babel"? Interrelations and structure of leadership constructs. In: Leadership & Organization Development Journal 36(2), S. 137–160

Rowold, J.; Borgmann, L; Heinitz, K. (2009): Ethische Führung – Gütekriterien einer deutschen Adaption der ethical leadership scale (ELS-D) von Brown et al. (2005). In: Zeitschrift für Arbeits- und Organisationspsychologie 53(2), S. 57–69

Rowold, J.; Heinitz, K. (2007): Transformational and charismatic leadership: Assessing the convergent, divergent and criterion validity of the MLQ and the CKS. In: The Leadership Quarterly 18(2), S. 121–133

Rowold, J.; Kauffeld, S. (2007): Einführung: Kosten-Nutzen-Analysen in Organisationen als Evaluations- und Entscheidungsinstrument. In: *Süßmair, A.; Rowold, J.* (Hrsg.): Kosten-Nutzen-Analysen und Human Resources. Weinheim/Basel, S. 12–30

Rowold, J.; Steinhardt, C. (2007): Kosten-Nutzen-Analyse von Personalentwicklungsmaßnahmen in Call Centern. In: *Süßmair, A.; Rowold, J.* (Hrsg.): Kosten-Nutzen-Analysen und Human Resources. Weinheim/Basel, S. 67–79

Royle, T. (2000): Working for McDonald's in Europe: The Unequal Struggle. London

Ruckriegel, K. (2012): Happiness – „Das" Zukunftspotenzial für deutsche Unternehmen. In: Politische Studien 63(1), S. 40–54

Rudolph, U. (2009): Motivationspsychologie kompakt. 2. Aufl., Basel

Rudow, B. (2014): Die gesunde Arbeit: Psychische Belastungen, Arbeitsgestaltung und Personalführung. München

Rueden, C.v.; Van Vugt, M. (2015): Leadership in small-scale societies: Some implications for theory, research, and practice. In: The Leadership Quarterly 26(6), S. 978–990

Ruedy, N.E.; Schweitzer, M.E. (2010): In the moment: The effect of mindfulness on ethical decision making. In: Journal of Business Ethics 95(1), S. 73–87

Rus, D.; Van Knippenberg, D.; Wisse, B. (2010): Leader self-definition and leader self-serving behavior. In: The Leadership Quarterly 21(3), S. 509–529

Russel, R.F.; Stones, G.A. (2002): A review of servant leadership attributes: Developing a practical model. In: Leadership & Organization Development Journal 23(3), S. 145–157

Ryan, M.K.; Haslam, S.A. (2007): The glass cliff: Exploring the dynamics surrounding the appointment of women to precarious leadership positions. In: The Academy of Management Review 32(2), S. 549–572

Ryan, M.K.; Haslam, S.A.; Hersby, M.D.; Bongiorno, R. (2010): Think crisis – think female: The glass cliff and contextual variation in the think manager – think male stereotype. In: Journal of Applied Psychology 95(6), S. 1–15

Sader, M. (1975): Rollentheorie. In: *Graumann, C.F.* (Hrsg.): Handbuch der Psychologie. Band 7: Sozialpsychologie. Göttingen, S. 204–231

Sader, M. (1998): Psychologie der Gruppe. 6. Aufl., Weinheim/München

Salancik, G.R.; Pfeffer, J. (1977): Constraints on administrator discretion: The limited influence of mayors on city budgets. In: Urban Affairs Quarterly 12(4), S. 475–498

Salgado, J.F.; Anderson, N.; Moscoso, S.; Bertua, C.; DeFruyt, F. (2003): International validity generalization of GMA and cognitive abilities and the prediction of work behaviors. In: Personnel Psychology 56(3), S. 573–606

Sally, D. (2002): Co-leadership: Lessons from republican Rome. In: California Management Review 44(4), S. 84–99

Salovey, P.; Mayer, J.D. (1990): Emotional intelligence. In: Imagination, Cognition, and Personality 9(3), S. 185–211

Sandelands, L.; St. Clair, L. (1993): Toward an empirical concept of group. In: Journal for the Theory of Social Behavior 23(4), S. 423–458

Sanders, M.M. (1999): Leader, follower, team player, thief: An exploration of managers' performer categories. In: Journal of Business and Psychology 14(1), S. 199–215

Sandner, K. (1988): Strukturen der Führung von Mitarbeitern: Steuerung und Kontrolle beruflicher Arbeit. In: *Hofmann, M.; Rosenstiel, L.v.* (Hrsg.): Funktionale Managementlehre. Berlin u. a., S. 38–58

Santos, J.P.; Caetano, A.; Tavares, S.M. (2015): Is training leaders in functional leadership a useful tool for improving the performance of leadership functions and team effectiveness? In: The Leadership Quarterly 26(3), S. 470–484

Sapolsky, R.M. (1996): Why stress is bad for your brain. In: Science 273(5276), S. 749–750

Sattelberger, T. (2015): Abhängiger Mensch oder souveräner Unternehmensbürger – der Mensch in der Aera der Digitalisierung. In: *Sattelberger, T./Welpe, I./Boes, A.* (Hrsg.): Das demokratische Unternehmen: Neue Arbeits- und Führungskulturen im Zeitalter digitaler Wirtschaft, Freiburg/München, S. 33–56

Sauerwald, K. (2007): Effektivität und Effizienz: Zielbeziehungen organisationaler Entscheidungen. München u. a.

Scandura, T.; Dorfman, P. (2004): Leadership research in an international and cross-cultural context. In: The Leadership Quarterly 15(2), S. 277–307

Schandry, R. (2006): Biologische Psychologie. 2. Aufl., Weinheim

Schaper, N. (2014): Arbeitsgestaltung in Produktion und Verwaltung. In: *Nerdinger, F.W.; Blickle, G.; Schaper, N.* (Hrsg.): Arbeits- und Organisationspsychologie. 3. Aufl., Heidelberg, S. 371–392

Scharmer, C.O. (2001): Self-transcending knowledge: Organizing around emerging realities. In: *Nonaka, I.; Teece, D.* (Hrsg.): Managing Industrial Knowledge: Creation, Transfer and Utilization. London, S. 68–90

Scharmer, C.O. (2015): Theorie U – Von der Zukunft her führen. 4. Aufl., Heidelberg

Schaubroeck, J.; Lam, S.S.K.; Cha, S.E. (2007): Embracing transformational leadership: Team values and the impact of leader behavior on team performance. In: Journal of Applied Psychology 92(4), S. 1020–1030

Schedler, K.; Weibler, J. (1996): Personalcontrolling in der öffentlichen Verwaltung. In: *Goller, G.u.a.* (Hrsg.): Handbuch für öffentliche Verwaltungen und öffentliche Betriebe. Lose-Blatt-Sammlung, 34. Ergänzungslieferung, Stuttgart u. a., Abschnitt C 5.3, S. 1–31

Scheffer, D.; Heckhausen, H. (2006): Eigenschaftstheorien der Motivation. In: *Heckhausen, J.; Heckhausen, H.* (Hrsg.): Motivation und Handeln. 3. Aufl., New York, S. 45–72

Schein, E.H. (1980): Organizational Psychology. 3. Aufl., Englewood Cliffs, NJ

Schein, E.H. (2011): Lernen den Wandel klug zu gestalten: Ein Interview mit Edgar Schein. In: OrganisationsEntwicklung 1, S. 31–33

Schein, E.H. (2013): The role of art and the artist. In: Organizational Aesthetics 2(1), S. 1–4

Scherer, A.; Marti, E. (2014): Wissenschaftstheorie der Organisationstheorie. In: *Kieser, A.; Ebers, M.* (Hrsg.): Organisationstheorien. 7. Auflage, Stuttgart, S. 15–42

Scherm, E.; Süß, S. (2010): Personalmanagement. 2. Aufl., München

Scherrmann, U. (2015): Stress und Burnout in Organisationen: Ein Praxisbuch für Führungskräfte, Personalentwickler und Berater. Berlin/Heidelberg

Schiefele, U.; Streblow, L. (2005): Intrinsische Motivation – Theorien und Befunde. In: *Vollmeyer, R.; Brunstein, J.* (Hrsg.): Motivationspsychologie und ihre Anwendung. Stuttgart, S. 39–58

Schierenbeck, H. (2003): Grundzüge der Betriebswirtschaftslehre. 16. Aufl., München

Schiersmann, C. (2006): Profile lebenslangen Lernens: Weiterbildungserfahrungen und Lernbereitschaft der Erwerbsbevölkerung. Bielefeld

Schiersmann, C. (2007): Berufliche Weiterbildung. Wiesbaden

Schiersmann, C.; Thiel, H.U. (2000): Projektmanagement als organisationales Lernen: Ein Studien- und Werkbuch (nicht nur) für den Bildungs- und Sozialbereich. Opladen

Schiewek, W.; Thielmann, G. (2014): Gesunde und ethische Führung. In: *Stierle, J.; Vera, A.* (Hrsg.): Handbuch Betriebliches Gesundheitsmanagement. Unternehmenserfolg durch Gesundheits- und Leistungscontrolling. Stuttgart, S. 195–237

Schmalt, H.D.; Heckhausen, H. (2006): Machtmotivation. In: *Heckhausen J.; Heckhausen H.* (Hrsg.): Motivation und Handeln. 3. Aufl., Berlin, S. 211–234

Schmalt, H.-D.; Sokolowski, K.; Langens, T. (2000): Das Multi-Motiv-Gitter für Anschluß, Leistung und Macht (MMG): Manual. Frankfurt am Main

Schmid, W. (1998): Philosophie der Lebenskunst: Eine Grundlegung. Frankfurt am Main

Schmid, W. (2004): Mit sich selbst befreundet sein. Frankfurt am Main

Schmid, W. (2015): Dem Leben Sinn geben. In: *Fröse, M.W.; Kaudela-Baum, S.; Dievernich, E.P.* (Hrsg.): Emotion und Intuition in Führung und Organisation. Wiesbaden, S. 305–314

Schmidt, H. (1982): Humanvermögensrechnung der Unternehmen – Einzel- und gesamtwirtschaftliche Argumente zur Ergänzung der betrieblichen Rechnungslegung, In: *Schmidt, H.* (Hrsg.): Humanvermögensrechnung: Instrumentarium zur Ergänzung der unternehmerischen Rechnungslegung – Konzepte und Erfahrungen, Berlin u. a., S. 3–44

Schmidt, S. (2011): Mindfulness in east and west – is it the same? In: *Walach, H.; Schmidt, S.; Jonas, W.B.* (Hrsg.): Neuroscience, Consciousness and Spirituality. London, S. 23–38

Schmitt, C.H.; Brunstein, J. (2004): Motive und Ziele. In: *Wegge, J.; Schmidt, K.H.* (Hrsg.): Förderung von Arbeitsmotivation und Gesundheit. Göttingen, S. 87–101

Schnabel, U. (2013): Neue Haltung im Büro. In: ZEITonline (http://www.zeit.de/2013/42/achtsamkeit-stressbewaeltigung-business, abgerufen am 16.11.2015)

Schneider, C.H.; Schmalt, H.-D. (2000): Motivation. Stuttgart

Schneider, D.J. (1973): Implicit personality theory: A review. In: Psychological Bulletin 79(5), S. 294–309

Schneider, M. (2005): Gestaltungsprinzipien für Personal-Kennzahlensysteme: Abschied von der Zahlengläubigkeit. In: Betriebswirtschaftliche Forschung und Praxis 57(1), S. 30–42

Scholl, W. (2012): Machtausübung oder Einflussnahme: Die zwei Gesichter der Machtnutzung. In: *Knoblach, B.; Oltmanns, T.; Hajnal, I.; Fink, D.* (Hrsg.) (2012): Macht in Unternehmen: Der vergessene Faktor. Wiesbaden, S. 203–221

Scholz, C. (2005): Die Saarbrücker Formel: Was Ihre Belegschaft wert ist. In: Personal-Manager 2, S. 16–19

Scholz, C. (2006): Personalmanagement 2020: Trends und Zukunftsstrategien. In: *Schwuchow, K.; Gutmann, J.* (Hrsg.): Jahrbuch Personalentwicklung 2007, Ausbildung, Weiterbildung Management Development. Neuwied, S. 5–18

Scholz, C. (2014): Personalmanagement: Informationsorientierte und verhaltenstheoretische Grundlagen. 6. Aufl., München

Scholz, C.; Müller, S. (2007): Wege aus der Kapitalvernichtungsfalle. In: Personalwirtschaft 34(9), S. 42–45

Scholz, C.; Sattelberger, T. (2012): Human Capital Reporting: HCR 10 als Standard für eine transparente Personalberichtserstattung. München

Scholz, C.; Stein, V. (2006a): Das neue Paradigma der Humankapitalbewertung. In: Personal 58(7-8), S. 52–53

Scholz, C.; Stein, V. (2006b): Wissensrelevanz in der Humankapitalbewertung. In: CoPers 2, S. 30–32

Scholz, C.; Stein, V.; Bechtel, R. (2006): Human Capital Management: Wege aus der Unverbindlichkeit. 2. Aufl., München

Scholz, C.; Stein, V.; Müller, S. (2008): Humankapitalisten und Humankapitalvernichter, Institut für Managementkompetenz, Saarbrücken

Schönhals, M. (2010): Trend zur Ausrichtung am langfristigen Unternehmenserfolg. In: Personalführung 8, S. 90–91

Schoorman, F.D.; Mayer, R.C.; Davis, J.H. (2007): An integrative model of organizational trust: Past, present, and future. In: The Academy of Management Review 32(2), S. 344–354

Schrader, S. (1995): Spitzenführungskräfte, Unternehmensstrategie und Unternehmenserfolg. Tübingen

Schreiber, C.; Carley, K.M. (2006): Leadership style as an enabler of organizational complex functioning. In: Complexity and Organization 8(4), S. 61–76

Schreyögg, A. (2009): Abusive supervision in work organizations – als Ursache für Workstress und Burnout. In: Organisationsberatung, Supervision, Coaching 16(4), S. 375–384

Schreyögg, G. (1995): Führungstheorien – Situationstheorie. In: *Kieser, A.; Reber, G.; Wunderer, R.* (Hrsg.): Handwörterbuch der Führung. 2. Aufl., Stuttgart, Sp. 993–1005

Schreyögg, G.; Geiger, D. (2016): Organisation: Grundlagen moderner Organisationsgestaltung. 6. Aufl., Wiesbaden

Schreyögg, G.; Lührmann, T. (2006): Führungsidentität: Zu neueren Entwicklungen in Führungskonstellationen und der Identitätsforschung. In: Zeitschrift für Führung und Organisation 75(1), S. 11–16

Schriesheim, C.; Castro, S.; Zhou, X.; DeChurch, L. (2006): An investigation of path-goal and transformational leadership theory predictions at the individualth level of analysis. In: The Leadership Quarterly 17(1), S. 21–38

Schriesheim, C.A.; Neider, L.L. (1996): Path-goal leadership theory: The long and winding road. In: The Leadership Quarterly 7(3), S. 317–321

Schuh, S.; Van Dick, R. (2015): Das Transfermodell der sozialen Identität. In *Felfe, J.* (Hrsg.): Trends der psychologischen Führungsforschung: Neue Konzepte, Methoden und Erkenntnisse. Göttingen u. a., S. 129–142

Schülein, J.A.; Reitze, S. (2012): Wissenschaftstheorie für Einsteiger. 3. Aufl., Stuttgart

Schuler, H. (2002): Emotionale Intelligenz – ein irreführender und unnötiger Begriff. In: Zeitschrift für Personalpsychologie 1(3), S. 138–140

Schuler, H. (2007): Assessment Center als multiples Verfahren zur Potenzialanalyse: Einleitung und Überblick. In: *Schuler, H.* (Hrsg.): Assessment Center zur Potenzialanalyse. Göttingen, S. 3–36

Schüler, J. (2009): Selbstbewertungsmodell der Leistungsmotivation. In: *Brandstätter, V.; Otto, J.H.* (Hrsg.): Handbuch der Allgemeinen Psychologie – Motivation und Emotion. Göttingen, S. 135–141

Schulte, C. (2002): Personal-Controlling mit Kennzahlen. 2. Aufl., München

Schulte, M.J.; Ree, M.J.; Carretta, T.R. (2004): Emotional intelligence: Not much more than g and personality. In: Personality and Individual Differences 37(5), S. 1059–1068

Schulte-Zurhausen, M. (2014): Organisation. 6. Aufl., München

Schultheiss, O.C. (2007): A biobehavioral model of implicit power motivation arousal, reward and frustration. In: *Harmon-Jones, E.; Winkielman, P.* (Hrsg.): Social Neuroscience: Integrating Biological and Psychological Explanations of Social Behavior. New York, S. 176–196

Schultheiss, O.C.; Brunstein, J.C. (1999): Goal imagery: Bridging the gap between implicit motives and explicit goals. In: Journal of Personality 67(1), S. 1–38

Schultheiss, O.C.; Campbell, K.L.; McClelland, D. (1999): Implicit power motivation moderates men's testosteron response to imagined and real dominance success. In: Hormones and Behavior 36(3), S. 234–241

Schultheiss, O.C.; Pang, J.S. (2007): Measuring implicit motives. In: *Robins, R.W.; Fraley, R.C.; Krueger, R.* (Hrsg.): Handbook of Research Methods in Personality Psychology. New York, S. 322–344

Schultz, T.W. (1981): Investing in People: The Economics of Population Quality. Berkeley u. a.

Schulz von Thun, F. (1981): Miteinander reden 1: Störungen und Klärungen. Reinbek

Schulz von Thun, F.; Zach, K.; Zoller, K. (2012): Miteinander reden von A bis Z: Lexikon der Kommunikationspsychologie. Reinbek

Schulz, A.W. (2011): Gigerenzer's evolutionary arguments against rational choice theory: An assessment. In: Philosophy of Science 78(5), S. 1272–1282

Schulze, R.; Freund, P.A.; Roberts, R.D. (2006): Emotionale Intelligenz: Ein internationales Handbuch. Göttingen

Schumpeter, J.A. (1986 [1954]): History of Economic Analysis. 12. Aufl., New York (Erstausgabe 1954)

Schütt, P. (2015): Der Weg zum digitalen Unternehmen. Berlin/Heidelberg

Schutz, T. (2016): Die digital geprägten Generationen Y & Z: Wie führe ich die Unführbaren? In: *Geramanis, O.; Hermann, K.* (Hrsg.): Führen in ungewissen Zeiten: Impulse, Konzepte und Praxisbeispiele. Wiesbaden, S. 299–311

Schwaninger, M. (2006): Fehlertoleranz – ein zweischneidiges Schwert. In: Zeitschrift für Personalforschung 20(3), S. 277–281

Schwarz, D. (2010): Strategische Planung und Humankapitalbewertung. Wiesbaden

Schwarz, G. (2014): Konfliktmanagement: Konflikte erkennen, analysieren und lösen. 9. Aufl., Wiesbaden

Schwarzmüller, T.; Brosi, P.; Welpe, I.M. (2015): Führung im digitalen Zeitalter. In: *Becker, T.; Knop, C.* (Hrsg.): Digitales Neuland: Warum Deutschlands Manager jetzt Revolutionäre werden. Wiesbaden, S. 155–166

Schweitzer, M.E.; Ordonez, L.; Douma, B. (2004): Goal setting as a motivator of unethical behavior. In: The Academy of Management Journal 47(3), S. 422–432

Schyns, B. (2016): Leader and follower personality and LMX. In: *Bauer, T.N.; Erdogan, B.* (Hrsg.): The Oxford Handbook of Leader-Member Exchange. Oxford/New York, S. 119–138

Schyns, B.; Day, D. (2010): Critique and review of leader-member exchange theory: Issues of agreement, consensus, and excellence. In: European Journal of Work and Organizational Psychology 19(1), S. 1–29

Schyns, B.; Felfe, J.; Blank, H. (2007): The relationship between romance of leadership and the perception of transformational/charismatic Leadership: A meta-analysis. In: Applied Psychology 56(4), S. 505–527

Schyns, B.; Hansbrough, T. (2008): Why the brewery ran out of beer – The attribution of mistakes in a leadership context. In: Social Psychology 39(3), S. 197–203

Schyns, B.; Hansbrough, T. (Hrsg.) (2010): When Leadership Goes Wrong: Destructive Leadership, Mistakes, and Ethical Failures. Portsmouth

Schyns, B.; Maslyn, J.M.; Van Veldhoven, M.P.M. (2012): Can some leaders have a good relationship with many followers? The role of personality in the relationship between leader-member exchange and span of control. In: Leadership & Organization Development Journal 33(6), S. 594–606

Schyns, B.; Maslyn, J.M.; Weibler, J. (2010): Understanding the relationship beetween span of control and subordinate consensus in leader-member exchange. In: European Journal of Work and Organizational Psychology 19(3), S. 388–406

Schyns, B.; Schilling, J. (2011): Implicit leadership theories: Think leader, think effective? In: Journal of Management Inquiry 20(2), S. 141–150

Schyns, B.; Schilling, J. (2013): How bad are the effects of bad leaders? A meta-analysis of destructive leadership and its outcomes. In: The Leadership Quarterly 24(1), S. 138–158

Schyns, B.; Tymon, A.; Kiefer, T.; Kerschreiter, R. (2012): New ways to leadership development: A picture paints a thousand words. In: Management Learning 44(1), S. 11–24

Seabright, P. (2013): The birth of hierachy. In: *Sterelny, K.; Joyce, R.; Calcott, B.; Fraser, B.* (Hrsg.): Cooperation and Its Evolution. Cambridge u. a., S. 109–116

See, K.E.; Morrison, E.W.; Rothman, N.B.; Soll, J.B. (2011): The detrimental effects of power on confidence, advice taking, and accuracy. In: Organizational Behavior and Human Decision Processes 116(2), S. 272–285

Seel, N.M. (2003): Psychologie des Lernens: Lehrbuch für Pädagogen und Psychologen. 2. Aufl., München

Segal, Z.V.; Williams, J.M.G.; Teasdale, J.D. (2001): Mindfulness-Based Cognitive Therapy for Depression: A New Approach to Preventing Relapse. New York/London

Segon, M.; Booth, C. (2015): Virtue: The missing ethics element in emotional intelligence. In: Journal of Business Ethics 128(4), S. 789–802

Seidel, E. (1978): Betriebliche Führungsformen: Geschichte, Konzepte, Hypothesen, Forschung. Stuttgart

Seidel, E.; Jung, R.H.; Redel, W. (1988): Führungsstil und Führungsorganisation. Band 1, Darmstadt

Seifert, C.F.; Yukl, G. (2010): Effects of repeated multi-source feedback on the influence behavior and effectiveness of managers: A field experiment. In: The Leadership Quarterly 21(5), S. 856–866

Seijts, G.H.; Latham, G.P. (2005): Learning versus performance goals: When should each be used? In: The Academy of Management Executive 19(1), S. 124–131

Seligman, M.E.P. (1975): Helplessness: On Depression, Development, and Death. San Francisco

Seligman, M.E.P. (1990): Learned Optimism. New York

Seligman, M.E.P. (1998): Learned Optimism. 2. Aufl., New York

Seligman, M.E.P. (2002): Authentic Happiness. New York

Seligman, M.E.P. (2010): Erlernte Hilflosigkeit. Mit einem Anhang von Franz Petermann. Weinheim und Basel

Seligman, M.E.P.; Csikszentmihalyi, M. (2000): Positive psychology: An introduction. In: American Psychologist 55(1), S. 5–14

Selye, H. (1976): Stress in Health and Disease. Boston

Semler, R. (1996): Das SEMCO System: Management ohne Manager – Das neue revolutionäre Führungsmodell. München

Semmer, N.K.; Udris, I. (2007): Bedeutung und Wirkung von Arbeit. In: *Schuler, H.* (Hrsg.): Organisationspsychologie. Bern, S. 157–195

Senge, P.; Kleiner, A.; Roberts, C.; Ross, R.; Roth, G.; Smith, B. (2000): The Dance of Change: Die 10 Herausforderungen tiefgreifender Veränderungen in Organisationen. Wien/Hamburg

Senge, P.M. (1990): The Fifth Discipline: The Art and Practice of the Learning Organization. New York

Senge, P.M. (1992): The leader's new work: Building learning organizations. In: *Renesch, J.* (Hrsg.): New Traditions in Business. San Francisco, S. 81–93

Senior, C.; Lee, N.; Butler, M. (2011): Organizational cognitive neuroscience. In: Organization Science 22(3), S. 804–815

Sennett, R. (1980): Authority. New York

Serhane, W. (2012): Des-Integrative Organisationsforschung als psychosozialer Lernprozess: Ein Fallbeispiel zur Sozialen Photo-Matrix. Saarbrücken

Seufert, S. (2010): Organisationslernen: Die „Organisation des Informellen" als treibender Motor? In: *Heidsiek, C.; Petersen, J.* (Hrsg.): Organisationslernen im 21. Jahrhundert. Frankfurt am Main u. a., S. 105–114

Severing, E. (1994): Arbeitsplatznahe Weiterbildung: Betriebspädagogische Konzepte und betriebliche Umsetzungsstrategien. Neuwied

Severing, E. (1995): Arbeitsplatznahe Weiterbildung. In: *Loebe, H.; Severing, E.* (Hrsg.): Bildungsplanung im Betrieb: Strategien zur Ökonomisierung betrieblicher Weiterbildung in kleinen und mittleren Unternehmen. München, S. 79–104

Severing, E. (2002): Personalförderung durch Lernen im Arbeitsprozess. In: *Grap, R.; Bohlander, H.* (Hrsg.): Lernkultur Kompetenzentwicklung: Neue Ansätze zum Lernen im Beruf. Aachen, S. 15–26

Sgro, J.A.; Worchel, P.; Pence, E.C.; Orban, J.A. (1980): Perceived leader behavior as a function of the leaders interpersonal trust orientation. In: The Academy of Management Journal 23(1), S. 161–165

Shah, N.P.; Cross, R.; Levin, D.Z. (2015): Performance benefits from providing assistance in networks: Relationships that generate learning. In: Journal of Management. DOI: 10.1177/0149206315584822

Shamir, B. (1995): Social distance and charisma: Theoretical notes and an exploratory study. In: The Leadership Quarterly 6(1), S. 19–47

Shamir, B. (2004): Motivation of followers. In: *Goethals, G.R.; Sorenson, G.; Burns, J.M.* (Hrsg.): The Encyclopedia of Leadership. Thousand Oaks, S. 499–504

Shamir, B. (2011): Leadership takes time: Some implications of (not) taking time seriously in leadership research. In: The Leadership Quarterly 22(2), S. 307–315

Shamir, B.; Ben-Ari, E. (1999): Leadership in an open army? Civilian connections, interorganizational frameworks, and changes in military leadership. In: *Hunt, J.G.; Dodge, G.E.; Wong, L.* (Hrsg.): Out of the Box Leadership: Transforming the 21st Century Army and Other Top Performing Organizations. Stamford, S. 515–540

Shamir, B.; Dayan-Horesh, H.; Adler, D. (2005): Leading by biography: Towards a life-story approach to the study of leadership. In: Leadership 1(1), S. 13–29

Shamir, B.; Eilam, G. (2005): „What's your story?" A life-stories approach to authentic leadership development. In: The Leadership Quarterly 16(3), S. 395–517

Shamir, B.; House, R.J.; Arthur, M.B. (1993): The motivational effects of charismatic leadership: A self-concept based theory. In: Organization Science 4(4), S. 577–594

Shankman, M.L.; Haber, P.; Facca, T.; Allen, S.J. (2010): Gender and leadership through the lens of emotionally intelligent leadership. In: Leadership Review 10, S. 88–103

Shannon, C.E.; Weaver, W. (1963): The Mathematical Theory of Communication. Urbana/Chicago

Shanteau, J. (1992): How much information does an expert use? Is it relevant? In: Acta Psychologica 81(1), S. 75–86

Shapiro, D.L.; Sheppard, B.H.; Cheraskin, L. (1992): Business on a handshake. In: Negotiation Journal 8(4), S. 365–377

Shapiro, S.L.; Carlson, L.E.; Astin, J.A.; Freedman, B. (2006): Mechanisms of mindfulness. In: Journal of Clinical Psychology 62(3), S. 373–386

Shapiro, S.L.; Jazaieri, H. (2015): Mindfulness-based stress reduction for healthy stressed adults. In: In: *Brown, K.W.; Creswell, D.; Ryan, R.M.* (Hrsg.): Handbook of Mindfulness. New York, S. 269–282

Shapiro, S.L.; Wang, M.C.; Peltason, E.H. (2015): What is mindfulness, and why should organizations care about it. In: *Reb, J.; Atkins, P.W.* (Hrsg.): Mindfulness in Organizations: Foundations, Research, Applications. St. Ives, S. 17–41

Sheldon, K.M.; Kasser, T. (1995): Coherence and congruence: Two aspects of personality integration. In: Journal of Personality and Social Psychology 68(3), S. 531–543

Sherman, S.; Kerr, S. (1995): Stretch goals: The dark side of asking for miracles. In: Fortune 132(10), S. 231

Sherony, K.M.; Green, S.G. (2002): Coworker exchange: Relationships between coworkers, leader-member exchange, and work attitudes. In: Journal of Applied Psychology 87(3), S. 542–548

Shields, J.F.; Shields, M.D. (1998): Antecedents of participative budgeting. In: Accounting, Organizations and Society 23(1), S. 49–76

Sidhu, J.S.; Volberda, H.W.; Commandeur, H.R. (2004): Exploration orientation and its determinants: Some empirical evidence. In: Journal of Management Studies 41(6), S. 913–932

Sieben, B. (2001): Emotionale Intelligenz – Golemans Erfolgskonstrukt auf dem Prüfstand. In: *Schreyögg, G.; Sydow, J.* (Hrsg.): Emotionen und Management. Managementforschung 11, Wiesbaden, S. 135–170

Siebert, H. (2001): Lernen. In: *Arnold, R.; Nolda, S.; Nuissl, E.* (Hrsg.): Wörterbuch der Erwachsenenpädagogik. Bad Heilbrunn, S. 194–197

Siecke, B. (2007): Lernen und Emotionen: Zur didaktischen Relevanz von Emotionskonzepten im Kontext beruflicher Bildung. Bielefeld

Siegwart, H. (1987): Budgets als Führungsinstrument. In: *Kieser, A.; Reber, G.; Wunderer, R.* (Hrsg.): Handwörterbuch der Führung. Stuttgart, Sp. 105–115

Sievers, B. (2006): Vielleicht haben Bilder den Auftrag, einen in Kontakt mit dem Unheimlichen zu bringen: Die Soziale Photo-Matrix als ein Zugang zum Unbewussten in Organisationen. In: Freie Assoziation 2, S. 7–28

Sievers, B. (2007): Die Soziale Photo-Matrix als eine Methode der Aktionsforschung: Bilder von unterhalb der Oberfläche der Universität. In: Werkblatt 59(2), S. 75–97

Silver, W.S.; Mitchell, T.R.; Gist, M.E. (1995): Responses to successful and unsuccessful performance: The moderating effect of self-efficacy on the relationship between performance and attributions. In: Organizational Behavior and Human Decision Processes 62(3), S. 286–299

Silvia, C.; McGuire, M. (2010): Leading public sector networks: An empirical examination of integrative leadership behaviors. In: The Leadership Quarterly 21(2), S. 264–277

Simola, S.K. (2003): Ethics of justice and care in corporate crisis management. In: Journal of Business Ethics 46(4), S. 351–361

Simola, S.K.; Barling, J.; Turner, N. (2010): Transformational leadership and leader moral orientation: Contrasting an ethic of justice and an ethic of care. In: The Leadership Quarterly 21(1), S. 179–188

Simon, H.A. (1947): Administrative Behavior. New York

Simon, H.A. (1955): A behavioral model of rational choice. In: The Quarterly Journal of Economics 69(1), S. 99–118

Simon, H.A. (1956): Rational choice and the structure of the environment. In: Psychological Review 63(2), S. 129–138

Simon, H.A. (1962): New developments in the theory of the firm. In: The American Economic Review 52(2), S. 1–15

Simon, H.A. (1979): Rational decision-making in business organizations. In: The American Economic Review 69(4), S. 493–513

Simon, H.A. (1989): The scientist as problem solver. In: *Klar, D.; Kotovsky, K.* (Hrsg.): Complex Information Processing: The Impact of Herbert A. Simon. Hillsdale, NJ, S. 345–398

Simon, H.A. (1990): Invariants of human behavior. In: Annual Review of Psychology 41, S. 1–19

Simon, P. (2003): Wie sich Gruppen entwickeln: Modellvorstellungen zur Gruppenentwicklung. In: *Stumpf, S.; Thomas, A.* (Hrsg.): Teamarbeit und Teamentwicklung. Göttingen, S. 35–55

Simons, P.R.-J. (1993): Constructive learning: The role of the learner. In: *Duffy, T.M.; Lowyck, J.; Jonassen, D.H.; Welsh, T. H.* (Hrsg.): Designing Environments for Constructive Learning. Berlin/Heidelberg, S. 291–313

Sims, H.-P.; Lorenzi, P. (1992): The New Leadership Paradigm: Social Learning and Cognition in Organizations. Newbury Park u. a.

Sims, R.R.; Brinkmann, J. (2003): Enron ethics (or: why culture matters more than codes). In: Journal of Business Ethics 45(3), S. 243–256

Sin, H.-P.; Nahrgang, J.D.; Morgeson, F.P. (2009): Understanding why they don't see eye-to-eye: An examination of leader-member exchange (LMX) agreement. In: Journal of Applied Psychology 94(4), S. 1048–1057

Sinclair, A. (2005): Body possibilities in leadership. In: Leadership 1(4), S. 387–406

Sinclair, A. (2013): Essay: Can I really be me? The challenges for women leaders constructing authenticity. In: *Ladkin, D.; Spiller, C.* (Hrsg.): Authentic Leadership: Clashes, Convergences, and Coalescences, Cheltenham, S. 239–251

Sinclair, A. (2014): On knees, breasts and being fully human in leadership. In: *Ladkin, D.; Taylor, S.S.* (Hrsg.): Physicality of Leadership: Gesture, Entanglement, Taboo, Possibilities. Bingley, S. 177–197

Sinclair, M.; Ashkanasy, N.M. (2005): Intuition: Myth or a decision-making tool? In: Management Learning 36(3), S. 353–370

Six, F. (2005): The Trouble with Trust: The Dynamics of Interpersonal Trust Building. Cheltenham u. a.

Skinner, B.F. (1953): Science and Human Behavior. New York

Sluss, D.M.; Ashforth, B.E. (2007): Relational identity and identification: Defining ourselves through work relationships. In: The Academy of Management Review 32(1), S. 9–32

Small, E.E.; Rentsch, J.R. (2010): Shared leadership in teams: A matter of distribution. In: Journal of Personnel Psychology 9(4), S. 203–211

Smith, A. (1994 [1759]): Theorie der ethischen Gefühle. Übersetzung mit einer Einleitung hrsg. von Walter Eckstein. Hamburg (Erstausgabe 1759)

Smith, A. (2005 [1776]): An Inquiry into the Nature and Causes of the Wealth of Nations. Electronic Classics Series Publication. Hazleton (Erstausgabe 1776)

Smith, B.N.; Montagno, R.V.; Kuzmenko, T.N. (2004): Transformational and servant leadership: Content and contextual comparisons. In: Journal of Leadership & Organizational Studies 10(4), S. 80–91

Smith, C.P. (1992): Motivation and Personality: Handbook of Thematic Content Analysis. Cambridge

Smith, D.C. (1995): Ethics and leadership: The 1990's introduction to the special issue of the Business Ethics Quarterly. In: Business Ethics Quarterly 5(1), S. 1–3

Smith, J. (2014): Leadership in the age of social media: The "social media uprisings" and implications for global business leadership. In: *Smith, P.A.C.; Cockburn, T.* (Hrsg.): Impact of Emerging Digital Technologies on Leadership in Global Business. Hershey, PA, S. 64–89

Smith, J.E.; Carson, K.P.; Alexander, R.A. (1984): Leadership: It can make a difference. In: The Academy of Management Journal 27(4), S. 765–776

Smith, P.A.C.; Cockburn, T. (Hrsg.) (2014a): Impact of Emerging Digital Technologies on Leadership in Global Business. Hershey, PA

Smith, P.A.C.; Cockburn, T. (2014b): Reflecting emerging digital technologies in leadership models. In: *Smith, P.A.C.; Cockburn, T.* (Hrsg.): Impact of Emerging Digital Technologies on Leadership in Global Business. Hershey, PA, S. 19–44

Smither, J.W.; Brett, J.F.; Atwater, L.E. (2008): What do leaders recall about their multisource feedback? In: Journal of Leadership and Organizational Studies 14(3), S. 202–218

Sobek, C. (2012): Endstation für die Karriere – das Derailment-Phänomen. Interview mit Damaris Sander und Burkhard Birkner. In: Personalführung 9, S. 70–72

Sokolowksi, K. (1993): Emotion und Volition. Göttingen

Sokolowski, K.; Heckhausen, H. (2006): Soziale Bindung: Anschlussmotivation und Intimitätsmotivation. In: *Heckhausen, J.; Heckhausen, H.* (Hrsg.): Motivation und Handeln. 3. Aufl., Berlin, S. 193–210

Sokolowski, K.; Schmalt, H.-D.; Langens, T.A.; Puca, R.M. (2000): Assessing achievement, affiliation, and power motives all at once: The Multi-Motive Grid (MMG). In: Journal of Personality Assessment 74(1), S. 126–145

Solansky, S. (2008): Leadership style and team processes in self-managed teams. In: Journal of Leadership & Organizational Studies 14(4), S. 332–341

Solga, M. (2011): Konflikte in Organisationen. In: *Nerdinger, F.W.; Blickle, G.; Schaper, N.* (Hrsg.): Arbeits- und Organisationspsychologie. 2. Aufl., Berlin/Heidelberg, S. 111–124

Solomon, A.; Loeffer, F.J.; Frank, G.H. (1953): An analysis of co-therapist interaction in group psychotherapy. In: International Journal of Group Psychotherapy 3(2), S. 171–180

Solomon, R.C. (2005): Emotional leadership, emotional integrity. In: *Ciulla, J.B.; Price, T.L.; Murphy, S.E.* (Hrsg.): The Quest for Moral Leaders: Essays on Leadership. Cheltenham, S. 28–44

Sonnentag, S. (2015): Dynamics of well-being. In: Annual Review of Organizational Psychology and Organizational Behavior 2(1), S. 261–293

Sonntag, K. (2002): Personalentwicklung und Training – Stand der psychologischen Forschung und Gestaltung. In: Zeitschrift für Personalpsychologie 1(2), S. 59–79

Sonntag, K.; Schaper, N. (2006): Wissensorientierte Verfahren der Personalentwicklung. In: *Schuler, H.* (Hrsg.): Lehrbuch der Personalpsychologie. 2. Aufl., Göttingen

Sonntag, K.; Schaper, N.; Friebe, J. (2005): Erfassung und Bewertung von Merkmalen unternehmensbezogener Lernkulturen. In: *Arbeitsgemeinschaft Betriebliche Weiterbildungsforschung e.V.* (Hrsg.): Kompetenzmessung im Unternehmen: Lernkultur- und Kompetenzanalysen im betrieblichen Umfeld. München/Berlin, S. 19–339

Sonntag, K.; Stegmaier, R. (2006): Verhaltensorientierte Verfahren der Personalentwicklung. In: *Schuler, H.* (Hrsg.): Lehrbuch der Personalpsychologie. 2. Aufl., Göttingen, S. 281–304

Sonntag, K.; Stegmaier, R. (2007): Arbeitsorientiertes Lernen: Zur Psychologie der Integration von Lernen und Arbeit. Stuttgart

Soros, G. (2009): The Crash of 2008 and What It Means: The New Paradigm for Financial Markets. New York

Sosik, J.J. (2005): The role of personal values in the charismatic leadership of corporate managers: A model and preliminary field study. In: The Leadership Quarterly 16(2), S. 221–244

Sosik, J.J.; Avolio, B.J.; Kahai, S.S.; Jung, D.I. (1998): Computer-supported work group potency and effectiveness: The role of transformational leadership, anonymity and task interdependence. In: Computers in Human Behavior 14(3), S. 491–511

Sosik, J.J.; Dinger, S. (2007): Relationships between leadership style and vision content: The moderating role of need for social approval, self-monitoring, and need for social power. In: The Leadership Quarterly 18(2), S. 134–153

Sosik, J.J.; Godshalk, V.M. (2000): Leadership styles, mentoring functions received and job related stress: A conceptual model and preliminary study. In: Journal of Organizational Behavior 21(4), S. 365–390

Sosik, J.J.; Jung, D.I. (2010): Full Range Leadership Development: Pathways for People, Profit and Planet. New York

Sosik, J.J.; Kahai, S.S.; Avolio, B.J. (1997): Effects of leadership style and anonymity and group potency and effectiveness in a group decision support system environment. In: Journal of Applied Psychology 82(1), S. 89–103

Spangler, W.D. (1992): Validity of questionnaire and TAT measures of need for achievement: Two meta-analyses. In: Psychological Bulletin 112(1), S. 140–154

Sparrowe, R.T. (2005): Authentic leadership and the narrative self. In: The Leadership Quarterly 16(3), S. 419–439

Sparrowe, R.T.; Liden, R.C. (2005): Two routes to influence: Integrating leader-member exchange and network perspectives. In: Administrative Science Quarterly 50(4), S. 505–535

Spears, L.C. (1998): Introduction. In: *Spears, L.C.* (Hrsg.): The Power of Servant-Leadership. San Francisco, S. 1–16

Spears, L.C. (2004): Practicing servant-leadership. In: Leader to Leader 34, S. 7–11

Spector, B.A. (2015): Carlyle, Freud, and the Great Man Theory more fully considered. In: Leadership, DOI: 10.1177/1742715015571392

Spencer, C.S. (1993): Human agency, biased transmission, and the cultural evolution of chiefly authority. In: Journal of Anthropological Archaeology 12(1), S. 41–74

Spiegel Online (2015): Studie über Politiker: Baritone bekommen mehr Wählerstimmen. 10. August 2015 (http://www.spiegel.de/wissenschaft/mensch/politiker-mit-tiefer-stimme-haben-bessere-chancen-bei-wahlen-a-1047309.html, abgerufen am 30.09.2015)

Spieß, E.; Winterstein, H. (1999): Verhalten in Organisationen: Eine Einführung. Stuttgart

Spinath, B. (2009): Konzepte der Motivationspsychologie: Zielorientierungen. Goal orientations. In: *Brandstätter, V.; Otto, J.H.* (Hrsg.): Handbuch der Allgemeinen Psychologie – Motivation und Emotion. Göttingen, S. 64–71

Spitzer, M. (2009): Lernen: Gehirnforschung und die Schule des Lebens. Heidelberg

Spranger, E. (1965 [1914]): Lebensformen: Geisteswissenschaftliche Psychologie und Ethik der Persönlichkeit. Mit einer Einleitung Hrsg. von Hans Wenke. Tübingen (Erstausgabe 1914)

Sprecher, S.; Fehr, B. (2005): Compassionate love for close others and humanity. In: Journal of Social and Personal Relationships 22(5), S. 629–651

Spreier, S.W.; Fontaine, M.H.; Malloy, R.L. (2006): Leadership run amok: The destructive potential of overachievers. In: Harvard Business Review 84(6), S. 72–82

Sprenger, R.K. (2014): Mythos Motivation: Wege aus einer Sackgasse. 20. Aufl., Frankfurt am Main

Springborg, C. (2010): Leadership as art – leaders coming to their senses. In: Leadership 6(3), S. 243–258

Springborg, C. (2012): Perceptual refinement: Art-based methods in managerial education. In: Organizational Aesthetics 1(1), S. 116–137

Srivastava, A.; Batrol, K.M.; Locke, E.A. (2006): Empowering leadership in management teams: Effects on knowledge sharing, efficacy and performance. In: The Academy of Management Journal 49(6), S. 1239–1251

Staats, A.W.; Staats, C.K. (1958): Attitudes established by classical conditioning. In: Journal of Abnormal and Social Behavior 57(1), S. 37–40

Stacey, R. (2000): The emergence of knowledge in organizations. In: Emergence 2(4), S. 23–39

Staehle, W.H. (1999): Management: Eine verhaltenswissenschaftliche Perspektive. 8. Aufl., München

Stajkovic, A.D.; Luthans, F. (1998): Self-efficacy and work-related performance: A meta-analysis. In: Psycholgical Bulletin 124(2), S. 240–261

Stampfl, N.S. (2016): Gamification: Die Ludifizierung der Führungskultur. In: *Geramanis, O.; Hermann, K.* (Hrsg.): Führen in ungewissen Zeiten: Impulse, Konzepte und Praxisbeispiele. Wiesbaden, S. 313–327

Stankov, L. (1999): Mining on the „no man's land" between intelligence and personality. In: *Ackermann, P.L.; Kyllonen, P.C.; Roberts, R.D.E.* (Hrsg.): Learning and Individual Differences: Process, Trait, and Content Determinants. Washington, DC, S. 315–338

Starke, F.A.; Shama, G.; Mauws, M.K.; Dyck, B.; Dass, P. (2011): Exploring archetypal change: The importance of leadership and its substitutes. In: Journal of Organizational Change Management 24(1), S. 29–50

Statista (2015): Frauenanteil in Führungspositionen in Deutschland nach Unternehmensgröße im Jahr 2015 (Stand 04. Mai) (http://de.statista.com/statistik/daten/studie/182510/umfrage/frauenanteil-in-fuehrungspositionen-nach-unternehmensgroesse/, abgerufen am 27.08.2015)

Statistisches Bundesamt (2015): Verdienste und Arbeitskosten. Nettoverdienste – Modellrechnung – 2014. Fachserie 16, Reihe 2.5 (https://www.destatis.de/DE/Publikationen/Thematisch/VerdiensteArbeitskosten/ReallohnNetto/NettoverdiensteModellrechnung.html, abgerufen am 25.02.2016)

Staw, B.M.; Sutton, R.I. (1993): Macro organizational psychology. In: *Murnighan, J.K.* (Hrsg.): Social Psychology in Organizations. Englewood Cliffs, NJ, S. 350–384

Steffens, N.K.; Haslam, S.A.; Reicher, S.D.; Platow, M.J.; Fransen, K.; Yang, J.; Ryan, M.R.; Jetten, J.; Peters, K.; Boen, F. (2014): Leadership as social identity management: Introducing the Identity Leadership Inventory (ILI) to assess and validate a four-dimensional model. In: The Leadership Quarterly 25(5), S. 1001–1024

Steffens, N.K.; Schuh, S.C.; Haslam, S.A.; Pérez, A.; Van Dick, R. (2015): 'Of the group' and 'for the group': How followership is shaped by leaders' prototypicality and group identification. In: European Journal of Social Psychology 45, S. 180–190

Stehr, C. (2013): Welches Gehalt darf's denn sein? In: SPIEGELonline (http://www.spiegel.de/karriere/berufsleben/gehalts-revoluzzer-mitarbeiter-legen-gehaelter-selber-fest-a-879626.html, abgerufen am 19.11.2015)

Steiger, R. (2008): Zuhören – Fragen – Argumentieren. Frauenfeld

Steil, L.K.; Summerfield, J.; DeMare, G. (1986): Aktives Zuhören: Eine Anleitung zur erfolgreichen Kommunikation. Heidelberg

Stein, M. (2008): Oedipus rex at Enron: Leadership, oedipal struggles, and organizational collapse. In: Human Relations 60(9), S. 1387–1410

Stein, M. (2013): When does narcissistic leadership become problematic? Dick Fuld at Lehman Brothers. In: Journal of Management Inquiry 22(3), S. 282–293

Stein, V. (2008): Sine ira et studio: Entgegnung auf eine Stellungnahme. In: Zeitschrift für Personalforschung 22(1), S. 88–89

Steiner, E.; Baake, K. (2013): Anreizsysteme. In: *Landes, M.; Steiner E.* (Hrsg.): Psychologie der Wirtschaft. Wiesbaden, S. 613–640

Steiner, E.; Landes, M. (2014): Kommunikations- und Motivationsfunktion von Anreizsystemen. In: Controlling & Management Review 58(8), S. 34–41

Steinert, T.; Goebel, R.; Rieger, W. (2006): A nurse-physician co-leadership model in psychiatric hospitals: Results of a survey among leading staff members in three sites. In: International Journal of Mental Health Nursing 15(4), S. 251–257

Steinle, C. (1978): Führung: Grundlagen, Prozesse und Modelle der Führung in der Unternehmung. Stuttgart

Steinmann, H.; Löhr, A. (1992): Ethik im Personalwesen. In: *Gaugler, E.; Weber, W.* (Hrsg.): Handwörterbuch des Personalwesens. 2. Aufl., Stuttgart, Sp. 843–852

Steinmann, H.; Schreyögg, G. (2005): Management: Grundlagen der Unternehmensführung. 6. Aufl., Berlin

Stephan, M.; Gross, P.P. (2013): Coaching-Marktanalyse 2013, Ergebnisse der 3. Marburger Coachingstudie. Unveröffentliches Manuskript, Phillips-Universität Marburg

Sternberg, L. (2011): Führungskommunikation zwischen Konsens und Dissens: Führung, Kommunikation und Beratung. Dissertation. Bochum

Sternberg, R.J. (1990): Wisdom: Its Nature, Origins, and Development. New York

Sternberg, R.J. (1997): Intelligence and lifelong learning: What's new and how can we use it? In: American Psychologist 52(10), S. 1134–1139

Sternberg, R.J. (1999): Handbook of Creativity. New York

Sternberg, R.J.; Caruso, D. (1985): Practical modes of knowing. In: *Eisner, E.* (Hrsg.): Learning the Ways of Knowing. Chicago, S. 133–158

Sternberg, R.J.; Wagner, R.K. (1986): Practical Intelligence: Nature and Origins of Competence in the Everyday World. New York

Stewart, G.L.; Courtright, S.H.; Manz, C.C. (2011): Self-Leadership: A multilevel review. In: Journal of Management 37(1), S. 185–222

Steyrer, J. (1995): Charisma in Organisationen: Sozial-kognitive und psychodynamisch-interaktive Aspekte von Führung. Frankfurt am Main u.a.

Steyrer, J. (1999): Charisma in Organisationen – Zum Stand der Theorienbildung und empirischen Forschung. In: *Schreyögg, G.; Sydow, J.* (Hrsg.): Führung – neu gesehen. Managementforschung 9, Berlin/New York, S. 143–197

Steyrer, J.; Meyer, M. (2010): Welcher Führungsstil führt zum Erfolg? 60 Jahre Führungsstilforschung – Einsichten und Aussichten. In: Zeitschrift für Führung und Organisation 79(3), S. 148–155

Stiensmeier-Pelster, J.; Heckhausen, H. (2006): Kausalattribution von Verhalten und Leistung. In: *Heckhausen, J.; Heckhausen, H.* (Hrsg.): Motivation und Handeln. 3. Aufl., New York, S. 355–392

Stiensmeier-Pelster, J.; Heckhausen, H. (2010): Kausalattribution von Verhalten und Leistung. In: *Heckhausen, J.; Heckhausen,*

H. (Hrsg.): Motivation und Handeln. 4. Aufl., New York, S. 389–426

Stock, G.; Kolz, H. (2005): Zukunftsszenarien der Personalpolitik. In: Personalmagazin 4(10), S. 50–53

Stoffel, M. (2015): Mitarbeiter führen Unternehmen – Demokratie und Agilität bei der Haufe-umantis AG. In: *Sattelberger, T.; Welpe, I.; Boes, A.* (Hrsg.): Das demokratische Unternehmen: Neue Arbeits- und Führungsformen im Zeitalter digitaler Wirtschaft. Freiburg/München, S. 263–283

Stogdill, R.M. (1948): Personal factors associated with leadership: A survey of the literature. In: Journal of Psychology 25(1), S. 35–71

Stogdill, R.M. (1959): Individual Behavior and Group Achievement. New York

Stogdill, R.M. (1972): Group productivity, drive and cohesiveness. In: Organizational Behavior and Human Performance 8(1), S. 26–43

Stogdill, R.M. (1997): Leadership, membership and organization. In: *Grint, K.* (Hrsg.): Leadership: Classical, Contemporary, and Critical Approaches. Oxford, S. 112–125

Stone, A.G.; Russel, R.F.; Patterson, K. (2004): Transformational versus servant leadership: A difference in leader focus. In: The Leadership & Organization Development Journal 25(4), S. 349–361

Stone, T.H.; Cooper, W.H. (2009): Emerging credits. In: The Leadership Quarterly 20(5), S. 785–798

Stoner, J.A.F. (1961): A comparison of individual and group decisions involving risk. Unpublished M.A. thesis, Massachusetts Institute of Technology

Storch, M.; Cantieni, B.; Hüther, G.; Tschacher, W. (Hrsg.) (2010): Embodiment: Die Wechselwirkung von Körper und Psyche verstehen und nutzen. 2. Aufl., Bern

Story, J.S.P.; Youssef, C.M.; Luthans, F.; Barbuto, J.E.; Bovaird, J. (2013): Contagion effect of global leaders' positive psychological capital on followers: Does distance and quality of relationship matter? In: The International Journal of Human Resource Management 24(13), S. 2534–2553

Straka, G.A (1997): Selbstgesteuertes Lernen in der Arbeitswelt. In: *Faulstich-Wieland, H.; Nuissl, E.; Siebert, H.; Weinberg, J.* (Hrsg.): Lebenslanges Lernen – Selbstorganisiert? Report 39, S. 146–154

Strang, K.D. (2011): Leadership substitutes and personality impact on time and quality in virtual new product development projects. In: Project Management Journal 42(1), S. 73–90

Strati, A. (2007): Der ästhetische Ansatz in der Organisationsforschung. In: *Markowski, M.; Wöbken, H.* (Hrsg.): Oeconomenta: Wechselspiele zwischen Kunst und Wirtschaft. Berlin, S. 97–106

Striewe, C.; Weibler, J. (2016): Neuroscience Leadership – Die Bedeutung neurowissenschaftlicher Forschung für die Personalführung. In: Wirtschaftswissenschaftliches Studium (WiSt), im Druck

Strikker, F.; Flore, M.B. (2010): Systematisierung von Coaching-Tools. In: *Heidsiek, C.; Petersen, J.* (Hrsg.): Organisationslernen im 21. Jahrhundert. Frankfurt am Main, S. 139–152

Strunk, G.; Hermann, A. (2009): Berufliche Chancengleichheit von Frauen und Männern: Eine empirische Untersuchung zum Gender Pay Gap. In: Zeitschrift für Personalforschung 23(3), S. 237–257

Stryker, S.; Statham, A. (1985): Symbolic interaction and role theory. In: *Lindzey, G.; Aronson, E.* (Hrsg.): Handbook of Social Psychology. Vol. 1: Theory and Method. New York, S. 311–378

Stumpf, H.; Angleitner, A.; Wieck, T.; Jackson, D.N.; Beloch-Till, H. (1985): Deutsche Personality Research Form (PRF) [German Personality Research Form]. Göttingen

Sturm, M.; Reiher, S.; Heinitz, K.; Soellner, R. (2011): Transformationale, transaktionale und passiv-vermeidende Führung – Eine metaanalytische Untersuchung ihres Zusammenhangs mit Führungserfolg. In: Zeitschrift für Arbeits- und Organisationspsychologie 55(2), S. 88–104

Sturm, R.E.; Antonakis, J. (2015): Interpersonal power: A review, critique, and research agenda. In: Journal of Management 41(1), S. 136–163

Stüttgen, M. (2003): Strategien der Komplexitätsbewältigung in Unternehmen: Ein transdisziplinärer Bezugsrahmen. 2. Aufl., Bern

Suchaneck, A.; Kerscher, K.-J. (2007): Der Homo Oeconomicus: Verfehltes Menschenbild oder leistungsfähiges Analyseinstrument? In: *Lang R.; Schmidt, A.* (Hrsg.): Individuum und Organisation. Wiesbaden, S. 251–275

Suddaby, R. (2010a): Challenges for institutional theory. In: Journal of Management Inquiry 19(1), S. 14–20

Suddaby, R. (2010b): Construct clarity in theories of management and organization. In: The Academy of Management Review 35(3), S. 346–357

Sukale, M. (2002): Max Weber: Leidenschaft und Disziplin. Tübingen

Sun, P.Y.; Anderson, M.H. (2012): The importance of attributional complexity for transformational leadership studies. In: Journal of Management Studies 49(6), S. 1001–1022

Sunstein, C.R. (2005): Moral heuristics. In: The Behavioral and Brain Sciences 28(4), S. 531–542

Sutherland, I. (2012): Arts-based methods in leadership development: Affording aesthetic workspaces, reflexivity and memories with momentum. In: Management Learning 44(1), S. 25–43

Sutton, R.; Staw, B. (1995): What theory is not. In: Administrative Science Quarterly 40(3), S. 371–384

Sy, T. (2010): What do you think of followers? Examining the content, structure, and consequences of implicit followership theories. In: Organizational Behavior and Human Decision Processes 113(2), S. 73–84

Sydow, J. (2010a): Führung in Netzwerkorganisationen – Fragen an die Führungsforschung. In: *Sydow, J.* (Hrsg.): Management von Netzwerkorganisationen. 5. Aufl., Wiesbaden, S. 359–372

Sydow, J. (2010b): Management von Netzwerkorganisationen – Zum Stand der Forschung. In: *Sydow, J.* (Hrsg.): Management von Netzwerkorganisationen. 5. Aufl., Wiesbaden, S. 373–470

Sydow, J.; Wirth, C. (Hrsg.) (2014): Organisation und Strukturation: Eine fallbasierte Einführung. Wiesbaden

Szabo, E. (2007): Participative Management and Culture: A Qualitative and Integrative Study in Five European Countries. Frankfurt am Main u. a.

Szabo, E.; Brodbeck, F.C.; Den Hartog, D.N.; Reber, G.; Weibler, J.; Wunderer, R. (2002): The Germanic Europe cluster: Where employees have a voice. In: Journal of World Business 37(1), S. 55–68

Szabo, E.; Reber, G.; Weibler, J.; Brodbeck, F.C.; Wunderer, R. (2001): Values and behavior orientation in leadership studies: Reflections based on findings in three German-speaking countries. In: The Leadership Quarterly 12(2), S. 219–244

Tabibnia, G.; Liebermann, M.D. (2007): Fairness and cooperation are rewarding: Evidence from social cognitive neuroscience. In: Annals of the New York Academy of Science 1118, S. 90–101

Tajfel, H. (1978): Differentiation between Social Groups: Studies in the Social Psychology of Intergroup Relations. London

Tajfel, H. (1982): Gruppenkonflikt und Vorurteil. Bern u. a.

Tajfel, H.; Turner, J.C. (1986): The social identity theory of intergroup behavior. In: *Worchel, S.; Austin, W.G.* (Hrsg.): Psychology of Intergroup Relations. Chicago, S. 7–24

Takala, T.; Tanttu, S.; Lämsä, A.-M.; Virtanen, A. (2013): Discourses of charisma: Barack Obama's first 6 months as the president of the USA. In: Journal of Business Ethics 115(1), S. 149–166

Takeuchi, R.; Yun, S.; Wong, K.F.E. (2011): Social influence of a coworker: A test of the effect of employee and coworker exchange ideologies on employees' exchange qualities. In: Organizational Behavior and Human Decision Processes 115(2), S. 226–237

Tangirala, S.; Green, S.G.; Ramanujam, R. (2007): In the shadow of the boss's boss: Effects of supervisors' upward exchange relationships on employees. In: Journal of Applied Psychologie 92(2), S. 309–320

Tannenbaum, R.; Schmidt W.H. (1958): How to choose a leadership pattern. In: Harvard Business Review 36(2), S. 95–101

Tannenbaum, R.; Weschler, I.R.; Massarik F. (1961): Leadership and Organization. New York u. a.

Tannenbaum, S.I.; Mathieu, J.E.; Salas, E.; Cohen, D. (2012): Teams are changing: Are research and practice evolving fast enough? In: Industrial and Organizational Psychology 5(1), S. 2–24

Tänzler, D. (2007): Politisches Charisma in der entzauberten Welt. In: *Gostmann, P.; Merz-Benz, P.-U.* (Hrsg.): Macht und Herrschaft. Wiesbaden, S. 107–137

Taris, T.W. (2006): Is there a relationship between burnout and objective performance? A critical review of 16 studies. In: Work & Stress 20(4), S. 316–334

Tasselli, S.; Kilduff, M.; Menges, J.I. (2015): The microfoundations of organizational social networks: A review and an agenda for future research. In: Journal of Management 41(5), S. 1361–1387

Taylor, F.W. (1911): The Principles of Scientific Management. New York

Taylor, P.J.; Russ-Eft, D.F.; Chan, D.W.L. (2005): A meta-analytic review of behavior modelling training. In: Journal of Applied Psychology 90(4), S. 692–709

Taylor, S.S.; Hansen, H. (2005): Finding form: Looking at the field of organizational aesthetics. In: Journal of Management Studies 42(6), S. 1211–1231

Taylor, S.S.; Ladkin, D. (2009): Understanding arts based methods in managerial development. In: Academy of Management Learning & Education 8(1), S. 55–69

Techniker Krankenkasse (2015): Gesundheitsreport 2015: Gesundheit von Studenten. Hamburg

Tee, E.Y.J. (2015): The emotional link: Leadership and the role of implicit and explicit emotional contagion processes across multiple organizational levels. In: The Leadership Quarterly 26(4), S. 654–670

Tee, E.Y.J.; Ashkanasy, N.M.; Paulsen, N. (2013): The influence of follower mood on leader mood and task performance: An affective, follower-centric perspective of leadership. In: The Leadership Quarterly 24(4), S. 496–515

Tee, E.Y.J.; Paulsen, N.; Ashkanasy, N.M. (2013): Revisiting followership through a social identity perspective: The role of collective follower emotion and action. In: The Leadership Quarterly 24(6), S. 902–918

Tejeda, M.J.; Scandura, T.A.; Pillai, R. (2001): The MLQ revisited: Psychometric properties and recommendations. In: The Leadership Quarterly 12(1), S. 31–52

Temme, G.; Zapf, D. (1997): Measurement of discrete emotions at work: An empirical study to assess the frequencies of emotions at work and to determine the emotional validity of job satisfaction. (Manuskript zum Symposium „Emotion at work" in Verona)

ten Brummelhuis, L.L.; Bakker, A.B. (2012): Staying engaged during the week: The effect of off-job activities on next day work engagement. In: Journal of Occupational Health Psychology 17(4), S. 445–455

Teper, R.; Segal, Z.V.; Inzlicht, M. (2013): Inside the mindful mind: How mindfulness enhances emotion regulation through improvements in executive control. In: Current Directions in Psychological Science 22(6), S. 449–554

Tepper, B.J. (2000): Consequences of abusive supervision. In: The Academy of Management Journal 43(2), S. 178–190

Tepper, B.J. (2007): Abusive supervision in work organizations: Review, synthesis, and research agenda. In: Journal of Management 33(3), S. 261–289

Ternes, D. (2008): Kommunikation – eine Schlüsselqualifikation. Paderborn

Thaler, R.H.; Sunstein, C.R. (2008): Nudge: Improving Decisions about Health, Wealth, and Happiness. New Haven/London

Thibaut, J.; Walker, L. (1975): Procedural Justice: A Psychological Analysis. New York

Thielemann, U. (2006): Zwischen Neidargument und Dschungeltheorie. In: Personalführung 39(7), S. 18–25

Thielemann, U. (2009): System Error: Warum der freie Markt zur Unfreiheit führt. 2. Aufl., Frankfurt am Main

Thielemann, U.; Weibler, J. (2007a): Betriebswirtschaftslehre ohne Unternehmensethik? – Vom Scheitern einer Ethik ohne Moral. In: Zeitschrift für Betriebswirtschaft 77(2), S. 179–194

Thielemann, U.; Weibler, J. (2007b): Integre Unternehmensführung – Antwort auf die Replik von Horst Albach. In: Zeitschrift für Betriebswirtschaft 77(2), S. 207–210

Thielmann, G.; Weibler, J. (2014): Polizeiliche Führungslehre: Begründung, Gestaltung, Perspektive. Hilden

Thier, P. (2012): Die funktionelle Architektur des präfrontalen Kortex. In: *Karnath, H.-O.; Thier, P.* (Hrsg.): Kognitive Neurowissenschaften. 3. Aufl., Berlin/Heidelberg, S. 575–583

Thomas, A.B. (1988): Does leadership make a difference to organizational performance? In: Administrative Science Quarterly 33(3), S. 338–400

Thompson, R.F. (1994): Das Gehirn: Von der Nervenzelle zur Verhaltenssteuerung. 2. Aufl., Heidelberg u. a.

Thoroughgood, C.N.; Hunter, S.T.; Sawyer, K.B. (2011): Bad apples, bad barrels, and broken followers? An empirical examination of contextual influences on follower perceptions and reactions to aversive leadership. In: Journal of Business Ethics 100(4), S. 647–672

Tichy, N.M.; Devanna, M.A. (1986): The Transformational Leader. New York u. a.

Tichy, N.M.; Tushman M.L.; Fombrum C. (1979): Social network analysis for organizations. In: The Academy of Management Review 4(4), S. 507–519

Tilebein, M. (2005): Nachhaltiger Unternehmenserfolg in turbulenten Umfeldern: Die Komplexitätsforschung und ihre Implikationen für die Gestaltung wandlungsfähiger Unternehmen. Frankfurt am Main

Todd, P.M.; Gigerenzer, G.; the ABC Research Group (2012): Ecological Rationality. Oxford

Tokar, T.; Aloysius, J.A.; Waller, M.A. (2012): Supply chain inventory replenishment: The debiasing effect of declarative knowledge. In: Decision Sciences, 43(3), S. 525–546

Tomasello, M. (2010): Warum wir kooperieren. Berlin

Tong, C.; Kram, K.E. (2013): The efficacy of mentoring – the benefits for mentees, mentors, and organizations. In: *Passmore, J.; Peterson, D.B.; Freire, T.* (Hrsg.): The Wiley-Blackwell Handbook of the Psychology of Coaching and Mentoring. Chichester, S. 217–242

Toor, S.; Ofori, G. (2009): Ethical leadership: Examining the relationships with full range leadership model, employee outcomes, and organizational culture. In: Journal of Business Ethics 90(4), S. 533–547

Tost, L.P.; Gino, F.; Larrick, R.P. (2013): When power makes others speechless: The negative impact of leader power on team performance. In: The Academy of Management Journal 56(5), S. 1465–1486

Tourish, D. (2011): Leadership and cults. In: *Bryman, A.; Collinson, D.; Grint, K.; Jackson, B.; Uhl- Bien, M.* (Hrsg): The Sage Handbook of Leadership. Thousand Oaks, S. 215–228

Tourish, D. (2013): The Dark Side of Transformational Leadership: A Critical Perspective. New York

Tourish, D. (2014a): Dysfunctional leadership in corporations. Conference video. Recorded at the Daedalus Trust-RSM conference 'Leadership, stress and hubris' in London, https://www.youtube.com/watch?v=I9O5r-_2V0s, abgerufen am 3.1.2016

Tourish, D. (2014b): Leadership, ingratiation, and upward communication in organizations. In: *Miller, V.D.; Gordon, M.E.* (Hrsg.): Meeting the Challenge of Human Resource Management: A Communication Perspective. New York, S. 121–133

Tourish, D. (2015): Editorial: Some announcements, reaffirming the critical ethos of 'Leadership', and what we look for in submissions. In: Leadership 11(2), S. 135–141

Tourish, D.; Pinnington, A. (2002): Transformational leadership, corporate cultism and the spirituality paradigm: An unholy trinity in the workplace? In: Human Relations 55(2), S. 147–172

Tourish, D.; Vatcha, N. (2005): Charismatic leadership and corporate cultism at Enron: The elimination of dissent, the promotion of conformity and organizational collapse. In: Leadership 1(4), S. 455–480

Towler, A.J. (2003): Effects of charismatic influence training on attitudes, behavior, and performance. In: Personnel Psychology 56(2), S. 363–381

Tran, U.S.; Walter, T.; Remmel, A. (2012): Faktoren psychosozialer Beeinträchtigung: Konstruktanalyse klinischer Skalen unter besonderer Berücksichtigung der SCL-90-R. In: Diagnostica 58(2), S. 75–86

Treviño, L.K. (1992): The social effects of punishment in organizations: A justice perspective. In: The Academy of Management Review 17(4), S. 647–676

Treviño, L.K.; Brown, M.E. (2014): Ethical leadership. In: *Day, D.V.* (Hrsg.): The Oxford Handbook of Leadership and Organizations. Oxford u. a., S. 524–538

Treviño, L.K.; Hartman, L.P.; Brown, M. (2000): Moral person and moral manager: How executives develop a reputation for ethical leadership. In: California Management Review 42(4), S. 128–142

Triandis, H.C. (1995): Individualism and Collectivism. Boulder

Trier, M. (1999): Lernen im Prozess der Arbeit: Zur Ausdifferenzierung arbeitsintegrierter Lernprozesse. In: *Arnold, R.; Gieseke, W.* (Hrsg.): Die Weiterbildungsgesellschaft. Band 1: Bildungstheoretische Grundlagen und Perspektiven. Neuwied/Kriftel, S. 46–68

Trist, E.L. (1950): The concept of culture as a psycho-social process. Proceedings, Anthropolitical Section. British Association for the Advancement of Science

Trist, E.L. (1993): A socio-technical critique of scientific management. In: *Trist, E.; Murray, H.* (Hrsg): The Social Engagement of Social Science: A Tavistock Anthology. Philadelphia, PA, S. 580–598

Trivers, R.L. (1971): The evolution of reciprocal altruism. In: Quarterly Review of Biology 46(1), S. 35–57

Trope, Y.; Liberman, N. (2010): Construal-level theory of psychological distance. In: Psychological Review 117(2), S. 440–463

Tschacher, W. (2010): Wie Embodiment zum Thema wurde. In: *Storch, M.; Cantieni, B.; Hüther, G.; Tschacher, W.* (Hrsg.): Embodiment: Die Wechselwirkung von Körper und Psyche verstehen und nutzen. 2. Aufl., Bern, S. 11–34

Tscheulin, D.; Rausche, A. (1970): Beschreibung und Messung des Führungsverhaltens in der Industrie mit der deutschen Version des Ohio-Fragebogens. In: Psychologie und Praxis 14, S. 49–64

Tscheuschner, M.; Wagner, H. (2011): Das Team Management System: Der Weg zum Hochleistungsteam. 2. Aufl., Offenbach

Tse, H.H.M.; Huang, X.; Lam, W. (2013): Why does transformational leadership matter for employee turnover? A multi-foci social exchange perspective. In: The Leadership Quarterly 24(5), S. 763–776

Tsui, A.S.; Pearce, J.L.; Porter, L.W.; Tripoli, A.M. (1997): Alternative approaches to the employee-organization relationship: Does investment in employees pay off? In: The Academy of Management Journal 40(5), S. 1089–1121

Tsui, A.S.; Wu, J.B. (2005): The new employment relationship versus the mutual investment approach: Implications for human resource management. In: Human Resource Management 44(2), S. 115–121

Tuckman, B. (1965): Developmental sequence in small groups. In: Psychological Bulletin 63(6), S. 384–399

Türk, K. (1978): Soziologie der Organisation. Stuttgart

Türk, K. (1981): Personalführung und soziale Kontrolle. Stuttgart

Türk, K. (1995): Entpersonalisierte Führung. In: *Kieser, A.; Reber, G.; Wunderer, R.* (Hrsg.): Handwörterbuch der Führung. 2. Aufl., Stuttgart, Sp. 328–340

Turner, J.; Mavin, S. (2008): What can we learn from senior leader narratives? The strutting and fretting of becoming a leader. In: Leadership & Organization Development Journal 29(4), S. 376–391

Turner, J.C. (1982): Toward a cognitive redefinition of the social group. In: *Tajfel, H.* (Hrsg.): Social Identity and Intergroup Behavior. Cambridge, S. 15–40

Turner, J.C. (1987): A self categorization theory. In: *Turner, J.C.; Hogg, M.A.; Oakes, P.J.; Reicher, S.D.; Wetherell, M.S.* (Hrsg.): Rediscovering the Social Group: A Self-Categorization Theory. Oxford, S. 42–67

Turner, J.C. (1999): The prejudiced personality and social change: A self-categorization perspective. Tajfel Memorial Lecture delivered at the meeting of the European Association of Experimental Social Psychology. Oxford

Turner, J.C.; Hogg, M.A.; Oakes, P.J.; Reicher, S.D.; Wetherell, M.S. (Hrsg.) (1987): Rediscovering the Social Group: A Self-Categorization Theory. Oxford

Turner, R.H. (1962): Role-taking: Process vs. conformity. In: *Rose, A.M.* (Hrsg.): Human Behavior and Social Processes. Boston, S. 20–40

Turner, S. (2007): Charisma – neu bedacht. In: *Gostmann, P.; Merz-Benz, P.-U.* (Hrsg.): Macht und Herrschaft. Wiesbaden, S. 81–105

Tushman, M.; Euchner, J. (2015): The challenges of ambidextrous leadership: An interview with Michael Tushman. In: Research-Technology Management 58(3), S. 16–20

Tushman, M.L.; O'Reilly III, C.A. (1996): Ambidextrous organizations: Managing evolutionary and revolutionary change. In: California Management Review 38(4), S. 8–30

Tversky, A.; Kahneman, D. (1974): Judgment under uncertainty: Heuristics and biases. In: Science, 185(4157), S. 1124–1131

Tversky, A.; Kahneman, D. (1983): Extensional verus intuitive reasoning: The conjunction fallacy in probability judgment. In: Psychological Review 90(4), S. 293–315

Tyler, T.R. (1986): The psychology of leadership evaluation. In: *Bierhoff, H.W.; Cohen, R.L.; Greenberg, J.* (Hrsg.): Justice in Social Relations. New York, S. 299–316

Tyler, T.R. (2006): Psychological perspectives on legitimacy and legitimation. In: Annual Review of Psychology 57(2), S. 375–400

Tyler, T.R.; De Cremer, D. (2005): Process-based leadership: Fair procedures and reactions to organizational change. In: The Leadership Quarterly 16(4), S. 529–545

Tyler, T.R.; Degoey, P. (1996): Trust in organizational authorities. In: *Kramer, R.M.; Tyler, T.R.* (Hrsg.): Trust in Organizations. Thousand Oaks, S. 331–356

Tyler, T.R.; Smith, H. (1998): Social justice and social movements. In: *Gilbert, D.; Fiske, S.; Lindzey, G.* (Hrsg.): The Handbook of Social Psychology. Vol. 2, New York, S. 595–628

Uebernickel, F.; Brenner, W. (2016): Design Thinking. In: *Hoffmann, C.P.; Lennerts, S.; Schmitz, C.; Stölzle, W.; Uebernickel, F.* (Hrsg.): Business Innovation: Das St. Galler Managementmodell. Wiesbaden, S. 243–265

Uhl-Bien, M. (2006): Relational leadership theory: Exploring the social processes of leadership and organizing. In: The Leadership Quarterly 17(6), S. 654–676

Uhl-Bien, M.; Marion, R. (2008): Introduction: Complexity leadership – A framework for leadership in the twenty-first century. In: *Uhl-Bien, M.; Marion, R.* (Hrsg.): Complexity Leadership. Charlotte, NC, S. xi–xxiv

Uhl-Bien, M.; Marion, R. (2009): Complexity leadership in bureaucratic forms of organizing: A meso model. In: The Leadership Quarterly 20(4), S. 631–650

Uhl-Bien, M.; Marion, R.; McKelvey, B. (2007): Complexity leadership theory: Shifting leadership from the industrial age to the knowledge era. In: The Leadership Quarterly 18(4), S. 298–318

Uhl-Bien, M.; Maslyn, J.; Ospina, S. (2012): The nature of relational leadership: A multitheoretical lens on leadership relations and processes. In: *Day, D.V.; Antonakis, J.* (Hrsg.): The Nature of Leadership. 2. Aufl., Thousand Oaks, S. 289–330

Uhl-Bien, M.; Maslyn, M. (2005): Paternalism as a form of leadership: Differentiating paternalism from leader-member exchange. Paper presented at the meeting of the Academy of Management, Honolulu, Hawaii

Uhl-Bien, M.; Pillai, R. (2007): The romance of leadership and the social construction of followership. In: *Shamir, B.; Pillai, R.; Bligh, M.C.; Uhl-Bien, M.* (Hrsg.): Follower-Centered Perspectives on Leadership: A Tribute to the Memory of James R. Meindl. Greenwich, CT, S. 187–209

Uhl-Bien, M.; Riggio, R.E.; Lowe, K.B.; Carsten, M.K. (2014): Followership theory: A review and research agenda. In: The Leadership Quarterly 25(1), S. 83–104

Uhl-Bien, M.; Tierney, P.S.; Graen, G.B.; Wakabayashi, M. (1990): Company paternalism and the hidden-investment process: Identification of the „right type" for line managers in leading Japanese organizations. In: Group & Organizaiton Studies 15(4), S. 414–430

Uhle, T.; Treier, M. (2015): Betriebliches Gesundheitsmanagement: Gesundheitsförderung in der Arbeitswelt – Mitarbeiter einbinden, Prozesse gestalten, Erfolge messen. Berlin/Heidelberg

Ulich, E. (2007): Gestaltung von Arbeitstätigkeiten. In: *Schuler, H.* (Hrsg.): Organisationspsychologie. 4. Aufl., Bern, S. 221–251

Ulich, E. (2011): Arbeitspsychologie. 7. Aufl., Stuttgart

Ulich, E.; Wülser, M. (2014): Gesundheitsmanagement in Unternehmen: Arbeitspsychologische Perspektiven. 6. Aufl., Wiesbaden

Ullrich, J.; Christ, O.; Van Dick, R. (2009): Substitutes for procedural fairness: Prototypical leaders are endorsed whether they are fair or not. In: Journal of Applied Psychology 94(1), S. 235–244

Ulmer, G. (2001): Stellenbeschreibungen als Führungsinstrument: Stellenanforderung, Teambeschreibung, Mitarbeiterbeurteilung, Personalentwicklung, Fallbeispiele. Wien/Frankfurt am Main

Ulmer, G. (2014): Führen mit Rollenbildern: Neue Stellenbeschreibungen für die Führungspraxis. Heidelberg

Ulrich, P. (1998): Führungsethik: Ein grundrechteorientierter Ansatz. Beiträge und Berichte des Instituts für Wirtschaftsethik an der Universität St. Gallen, Nr. 68, 2. Aufl., St. Gallen

Ulrich, P. (2008): Integrative Wirtschaftsethik: Grundlagen einer lebensdienlichen Ökonomie. 4. Aufl., Bern u. a.

Ulrich, P. (2010): Zivilisierte Marktwirtschaft: Eine wirtschaftsethische Orientierung. Bern u. a.

Ulrich, P.; Fluri, E. (1992): Management: Eine konzentrierte Einführung. 6. Aufl., Bern u. a.

Uotila, J.; Maula, M.; Keil, T.; Zahra, S.A. (2009): Exploration, exploitation, and financial performance: Analysis of S&P 500 corporations. In: Strategic Management Journal 30(2), S. 221–231

Uzzi, B. (1996): The sources and consequences of embeddedness for the economic performance of organizations: The network effect. In: American Sociological Review 61, S. 674–698

Van Dick, R.; Schuh, S.C. (2010): My boss' group is my group: Experimental evidence for the leader-follower identity transfer. In: Leadership & Organization Development Journal 31(6), S. 551–563

Van Dick, R.; Wegge, J. (2004): Arbeitsgestaltung, Zielvereinbarung und berufliche Identifikation: Drei zentrale Ansatzpunkte zur Förderung von Arbeitsmotivation. In: *Wegge, J.; Schmidt, K.-H.* (Hrsg.): Förderung von Arbeitsmotivation und Gesundheit in Organisationen. Motivationsforschung Band 21, Göttingen, S. 215–238

Van Dierendonck, D. (2011): Servant leadership: A review and synthesis. In: Journal of Management 37(4), S. 1228–1261

Van Dierendonck, D.; Patterson, K. (2015): Compassionate love as a cornerstone of servant leadership: An integration of previous theorizing and research. In: Journal of Business Ethics 128(1), S. 119–131

Van Gils, S.; Van Quaquebeke, N.; Van Knippenberg, D.; van Dijke, De Cremer, D. (2015): Ethical leadership and follower organizational deviance: The moderating role of follower moral attentiveness. In: The Leadership Quarterly 26(2), S. 190–203

Van Knippenberg, B.; Van Knippenberg, D. (2005): Leader self-sacrifice and leadership effectiveness: The moderating role of leader prototypicality. In: Journal of Applied Psychology 90(1), S. 25–37

Van Knippenberg, D. (2011): Embodying who we are: Leader group prototypicality and leadership effectiveness. In: The Leadership Quarterly 22(6), S. 1078–1091

Van Knippenberg, D. (2012): Leadership and identity. In *Day, D.V.; Antonakis, J.* (Hrsg.): The Nature of Leadership. 2. Aufl., Los Angeles, S. 477–507

Van Knippenberg, D.; De Cremer, D.; Van Knippenberg, B. (2007): Leadership and fairness: The state of the art. In: European Journal of Work and Organizational Psychology 16(2), S. 113–140

Van Knippenberg, D.; Hogg, M.A. (2003): A social identity model of leadership effectiveness in organizations. In: Research in Organizational Behavior 25, S. 243–295

Van Knippenberg, D.; Sitkin, S.B. (2013): A critical assessment of charismatic-transformational leadership research: Back to the drawing board? In: The Academy of Management Annals 7(1), S. 1–60

Van Knippenberg, D.; Van Dick, R.; Tavares, S. (2007): Social identity and social exchange: Identification, support, and withdrawal from the job. In: Journal of Applied Social Psychology 37(3), S. 457–477

Van Quaquebeke, N.; Henrich, D.C.; Eckloff, T. (2007): „It's not tolerance I'm asking for, it's respect!" A conceptual framework to differentiate between tolerance, acceptance and (two types of) respect. In: Gruppendynamik und Organisationsberatung 38(2), S. 185–200

Van Quaquebeke, N.; Schmerling, A. (2010): Kognitive Gleichstellung: Wie die bloße Abbildung bekannter weiblicher und männlicher Führungskräfte unser implizites Denken zu Führung beeinflusst. In: Zeitschrift für Arbeits- und Organisationspsychologie 54(3), S. 91–104

Van Quaquebeke, N.; Van Knippenberg D. (2012): Second generation leader categorization research: How subordinates' self- and typical leader perceptions moderate leader categorization effects. In: Journal of Applied Social Psychology 42(6), S. 1293–1319

Van Quaquebeke, N.; Van Knippenberg, D.; Brodbeck, F.C. (2011): More than meets the eye: The role of subordinates' self-perceptions in leader categorization processes. In: The Leadership Quarterly 22(2), S. 367–382

Van Rooy, D.L.; Viswesvaren, C. (2004): Emotional intelligence: A meta-analytic investigation of predictive validity and nomological net. In: Journal of Vocational Behavior 65(1), S. 71–95

Van Vugt, M. (2012): The nature in leadership: Evolutionary, biological, and social neuroscience perspectives. In: *Day, D.; Antonakis, J.* (Hrsg.): The Nature of Leadership. London, S. 141–175

Van Vugt, M.; Ahuja, A. (2010): Selected: Why Some Lead, Others Follow and Why It Matters. London

Van Vugt, M.; Hogan, R.; Kaiser, R. (2008): Leadership, followership, and evolution: Some lessons from the past. In: American Psychologist 63(3), S. 182–196

Vangen, S.; Huxham, C. (2003): Enacting leadership for collaborative advantage: Dilemmas of ideology and pragmatism in the activities of partnership managers. In: British Journal of Management 14(1), S. 61–76

Vecchio, R.P. (2002): Leadership and gender advantage. In: The Leadership Quarterly 13(6), S. 643–671

Vecchio, R.P. (2003): In search of gender advantage. In: The Leadership Quarterly 14(6), S. 835–850

Venkataramani, V.; Richter, A.W.; Clarke, R. (2014): Creative benefits from well-connected leaders: Leader social network ties as facilitators of employee radical creativity. In: The Journal of Applied Psychology 99(5), S. 966–975

Vidyarthi, P.R.; Anand, S.; Liden, R.C. (2014): Do emotionally perceptive leaders motivate higher employee performance? The moderating role of task interdependence and power distance. In: The Leadership Quarterly 25(2), S. 232–244

Vielmetter, G.; Sell, Y. (2014): Leadership 2030: The Six Megatrends You Need to Understand to Lead Your Company into the Future. New York u. a.

Vijayraghavan, S.; Wang, M.; Brinbaum, S.G.; Williams, G.V.; Arnsten, A. (2007): Inverted-U dopamine D1 receptor actions on prefrontal neurons engaged in working memory. In: Nature Neuroscience 10, S. 376–384

Vine, B.; Holmes, J.; Marra, M.; Pfeifer, D.; Jackson, B. (2008): Exploring co-leadership talk through interactional sociolinguistics. In: Leadership 4(3), S. 339–360

Vinkenburg, C.J.; Van Engen, M.L.; Eagly, A.H.; Johannesen-Schmidt, M.C. (2011): An exploration of stereotypical beliefs about leadership styles: Is transformational leadership a route to women's promotion? In: The Leadership Quarterly 22(1), S. 10–21

Vitalija.m (2014): Smegenu sandara. Wikimedia Commons (https://commons.wikimedia.org/wiki/File:Smegenu_sandara.png, abgerufen 18.12.2015)

Voegtlin, C.; Patzer, M.; Scherer, A.G. (2012): Responsible leadership in global business: A new approach to leadership and its multi-level outcomes. In: Journal of Business Ethics 105(1), S. 1–16

Vogl, S. (1974): Modellernen. In: *Kraiker, C.* (Hrsg.): Handbuch der Verhaltenstherapie. München, S. 85–100

Volkan, V.D. (2006): Großgruppen und ihre politischen Führer mit narzisstischer Persönlichkeitsorganisation. In: *Kernberg, O.F.; Hartmann, H.-P.* (Hrsg.): Narzissmus: Grundlagen – Störungsbilder – Therapie. Stuttgart u. a., S. 205–227

von der Heyde, A.; von der Linde, B. (2009): Gesprächsführungstechniken für Führungskräfte: Methoden und Übungen zur erfolgreichen Kommunikation. 3. Aufl., München

Voronov, M.; Vince, R. (2012): Integrating emotions into the analysis of institutional work. In: The Academy of Management Review 37(1), S. 58–81

Vroom, V.H. (1964): Work and Motivation. New York

Vroom, V.H.; Jago, A.G. (1991): Flexible Führungsentscheidungen: Management der Partizipation in Organisationen. Stuttgart

Vroom, V.H.; Yetton, P.W. (1973): Leadership and Decision-Making. Pittsburgh

Wagner, R.K. (2000): Practical intelligence. In: *Kazdin, A.E.* (Hrsg.): Encyclopedia of Psychology. Vol. 6, Washington, DC, S. 266–270

Wahren, H.-K. (1992): Zwischenmenschliche Kommunikation und Interaktion in Unternehmen: Grundlagen, Probleme und Ansätze. Berlin

Wald, A.; Weibler, J. (2005): Soziale Einbettung und die Zuschreibung von Führung – Ein Netzwerkansatz. In: Zeitschrift für Betriebswirtschaft 75(10), S. 947–969

Wald, P.M. (2014): Virtuelle Führung (Kapitel 13). In: *Lang, R.; Rybnikova, I.*: Aktuelle Führungstheorien und -konzepte. Wiesbaden, S. 355–386

Waldersee, R.; Eagleson, G. (2002): Shared leadership in the implementation of re-orientations. In: Leadership & Organization Development Journal 23(7), S. 400–407

Waldman, D.A. (2014): Bridging the domains of leadership and corporate social responsibility. In: *Day, D.V.* (Hrsg.): The Oxford Handbook of Leadership and Organizations. Oxford u. a., S. 539–555

Waldman, D.A.; Galvin, B.M. (2008): Alternative perspectives of responsible leadership. In: Organizational Dynamics 37(4), S. 327–341

Waldman, D.A.; Siegel, D.S.; Javidan, M. (2006): Components of CEO transformational leadership and Corporate Social Responsibility. In: Journal of Management Studies 43(8), S. 1703–1725

Waldman, D.A.; Sully de Luque, M.; Washburn, N.; House, R.J.; Lang, R. u.a. (2006): Cultural and leadership predictors of corporate social responsibility values of top management: A GLOBE study of 15 countries. In: Journal of International Business Studies 37(6), S. 823–837

Waldmann, D.A.; Balthazard, P.A.; Peterson, S.J. (2011a): Leadership and neuroscience: Can we revolutionize the way that inspirational leaders are identified and developed? In: Academy of Management Perspectives 25(1), S. 60–74

Waldmann, D.A.; Balthazard, P.A.; Peterson, S.J. (2011b): Social cognitive neuroscience and leadership. In: The Leadership Quarterly 22(6), S. 1092–1106

Walgenbach, P. (2011): Das Ende der Organisationsgesellschaft und die Wiederentdeckung der Organisation. In: Die Betriebswirtschaft 71(5), S. 419–438

Walker, D. (2002): Constructivist leadership: Standards, equity and learning: Weaving whole cloth from multiple strands. In: *Lambert, L.; Walker, D.; Zimmerman, D.P.; Cooper, J.E.; Lambert, M.D.; Gardner, M.E.; Szabo, M.* (Hrsg.): The Constructivist Leader. 2. Aufl., New York/Oxford, S. 1–33

Walker, M.C. (2006): The theory and metatheory of leadership: The important but contested nature of theory. In: *Goethal, G.; Sorenson, G.* (Hrsg.): The Quest for a General Theory of Leadership. Cheltenham, S. 46–73

Walter-Busch, E. (2008): Arbeits- und Organisationspsychologie im Überblick. Stuttgart

Walumbwa, F.O.; Avolio, B.J.; Gardner, W.L.; Wernsing, T.S.; Peterson, S.J. (2008): Authentic leadership: Development and validation of a theory-based measure. In: Journal of Management 34(1), S. 89–126

Walumbwa, F.O.; Cropanzano, R.; Goldman, B.M. (2011): How leader-member exchange influences effective work behaviors: Social exchange and internal-external efficacy perspectives. In: Personnel Psychology 64(3), S. 739–770

Walzer, M. (1983): Spheres of Justice: A Defence of Pluralism and Equality. Oxford

Wanberg, C.R.; Welsh, E.T.; Hezlett, S.A. (2003): Mentoring research: A review and dynamic process model. In: Research in Personnel and Human Resources Management 22, S. 39–124

Wang, D.; Waldman, D.A.; Zhang, Z. (2014): A meta-analysis of shared leadership and team effectiveness. In: Journal of Applied Psychology 99(2), S. 181–198

Wang, G.; Oh, I.-S.; Courtright, S.H.; Colbert, A.E. (2011): Transformational leadership and performance across criteria and levels: A meta-analytic review of 25 years of research. In: Group & Organization Management 36(2), S. 223–270

Warren, S. (2012): Psychoanalysis, collective viewing and the 'Social Photo Matrix' in organizational research. In: Qualitative Research in Organizations and Management: An International Journal 7(1), S. 86–104

Washington, R.R.; Sutton, C.D.; Field, H.S. (2006): Individual differences in servant leadership: The roles of values and personality. In: Leadership & Organization Development Journal 27(8), S. 700–716

Wasserman; N.; Nohria, N.; Anand, B.N. (2010): When does leadership matter? The contingent opportunities view of CEO leadership. In: *Nohria, N.; Khurana, R.* (Hrsg.): Handbook of Leadership Theory and Practice. Boston, S. 27–63

Wasserzieher, E. (1974): Woher? Ableitendes Wörterbuch der deutschen Sprache. 18. Aufl., Bonn

Watson, J.B. (1913): Psychology as the behaviorist views it. In: Psychological Review 20(2), S. 158–177

Watzlawick, P. (1985): Die erfundene Wirklichkeit: Wie wissen wir, was wir zu wissen glauben? Beiträge zum Konstruktivismus. München

Watzlawick, P.; Beavin, J.B.; Jackson, D.D. (1967): Pragmatics of Human Communication. New York

Watzlawick, P.; Beavin, J.B.; Jackson, D.D. (1985): Menschliche Kommunikation: Formen, Störungen, Paradoxien. 7. Aufl., Bern

Watzlawick, P.; Beavin, J.B.; Jackson, D.D. (2011): Menschliche Kommunikation: Formen, Störungen, Paradoxien. 12. Aufl., Bern

Weaver, G.R.; Reynolds, S.J.; Brown, M.E. (2014): Moral intuition: Connecting current knowledge to future organizational research and practice. In: Journal of Management 40(1), S. 100–129

Weber, H. (2008): Die Kinder von Handy, Facebook und Wikipedia: Wie sich Arbeits- und Lernstile verändern. In: Bildung Schweiz (Zeitschrift des Dachverbandes Schweizer Lehrerinnen und Lehrer) 153(11a), S. 15–17

Weber, H.; Westmeyer, H. (1999): Emotionale Intelligenz: Kritische Analyse eines populären Konstrukts. In: www.literaturkritik.de, Rezensionsforum, 1. Jahrgang, Ausgabe Nr. 2/3 März 1999 (http://www.literaturkritik.de/public/rezension.php?rez_id=190&ausgabe=199902, abgerufen am 11.02.2016)

Weber, J.; Schäffer, U. (2014): Einführung in das Controlling. 14. Aufl., Stuttgart

Weber, M. (1956): Soziologie – Weltgeschichtliche Analysen – Politik. Stuttgart

Weber, M. (1968): The types of legitimate domination. In: *Roth, G.; Wittich, C.* (Hrsg.): Economy and Society. Vol. 3, New York, S. 212–216

Weber, M. (1980 [1922]): Wirtschaft und Gesellschaft: Grundriß der verstehenden Soziologie. 5. Aufl., Tübingen

Weber, T.P. (2003): Soziobiologie. Frankfurt am Main

Weber, W. (2012): Wege zum helfenden Gespräch: Gesprächspsychotherapie in der Praxis. 14. Aufl., München

Weckes, M. (2015): Geschlechterverteilung in Vorständen und Aufsichtsräten: Eine 10-Jahresbetrachtung gibt Aufschluss und zeigt, wie notwendig das Gesetz zur Geschlechterquote ist. Hans Böckler Stiftung, Report Nr. 10 (http://www.boeckler.de/pdf/p_mbf_report_2015_10.pdf, abgerufen am 30.07.2015)

Wegge, J. (2004a): Führung von Arbeitsgruppen. Göttingen

Wegge, J. (2004b): Emotionen in Organisationen. In: *Schuler, H.* (Hrsg.): Organisationspsychologie – Grundlagen und Personalpsychologie. Göttingen, S. 673–736

Wegge, J. (2006): Gruppenarbeit. In: *Schuler, H.* (Hrsg.): Lehrbuch der Personalpsychologie. Bern, S. 579–610

Wegge, J.; Jeppesen, H.J.; Weber, W.G.; Pearce, C.L.; Silva, S.A.; Pundt, A.; Jonsson, T.; Wolf, S.; Wassenaar, C.L.; Unterrainer, C.; Piecha, A. (2010): Promoting work motivation in organizations: Should employee involvement in organizational leadership become a new tool in the organizational psychologist's kit? In: Journal of Personnel Psychology 9(4), S. 154–171

Wegge, J.; Kleinbeck, U. (Hrsg.) (2002): Themenheft Emotion und Arbeit. In: Zeitschrift für Arbeits- und Organisationspsychologie 46(4), S. 171–228

Wegge, J.; Shemla, M.; Haslam, A. (2014): Leader behavior as a determinant of health at work: Specification and evidence of five key pathways. In: Zeitschrift für Personalforschung 28(1-2), S. 6–23

Weibler, J. (1989): Rationalisierung im Wandel – Chancen und Risiken einer technologischen Entwicklung für das Individuum in der betrieblichen Organisation: Eine empirische Studie im Produktionsbereich. Frankfurt am Main

Weibler, J. (1994): Führung durch den nächsthöheren Vorgesetzten. Wiesbaden

Literaturverzeichnis

Weibler, J. (1995): Symbolische Führung. In: *Kieser, A.; Reber, G.; Wunderer, R.* (Hrsg.): Handwörterbuch der Führung. 2. Aufl., Stuttgart, Sp. 2015–2026

Weibler, J. (1996a): Die Vorgesetztenbeurteilung. In: *Goller, J.* u. a. (Hrsg.) Handbuch für öffentliche Verwaltungen und öffentliche Betriebe. Loseblattsammlung, 34. Ergänzungslieferung, Stuttgart u. a., Abschnitt C 7.7, S. 1–30

Weibler, J. (1996b): Führungslehre – Ursachensuche für die Heterogenität einer Disziplin. In: *Weber, W.* (Hrsg.): Grundlagen der Personalwirtschaft: Theorien und Konzepte. Wiesbaden S. 185–221

Weibler, J. (1997a): Internationalisierung als Herausforderung für die Personalwirtschaftslehre: Plädoyer zur Entwicklung einer interkulturellen Kompetenz für die Ankopplung der personalwirtschaftlichen Ausbildung an eine zentrale Entwicklung in der Unternehmenspraxis. In: Zeitschrift für Personalforschung, Sonderheft 1997: *Auer, M.; Laske, S.* (Hrsg.): Personalwirtschaftliche Ausbildung an Universitäten, S. 171–182

Weibler, J. (1997b): Unternehmenssteuerung durch charismatische Führungspersönlichkeiten? Anmerkungen zur gegenwärtigen Transformationsdebatte. In: Zeitschrift Führung und Organisation 66(1), S. 27–32

Weibler, J. (1997c): Vertrauen und Führung. In: *Klimecki, R.; Remer, A.* (Hrsg.): Personal als Strategie. Neuwied u. a., S. 185–214

Weibler, J. (1998): Management: Führung von unten. In: Marktforschung und Management 42, S. 31–32

Weibler, J. (2004a): Führung und Führungstheorien. In: *Schreyögg, G.; Werder, A.v.* (Hrsg.): Handwörterbuch Unternehmensführung und Organisation. 4. Aufl., Stuttgart, Sp. 294–308

Weibler, J. (2004b): Führungsmodelle. In: *Gaugler, E.; Oechsler, W.A.; Weber, W.* (Hrsg.): Handwörterbuch des Personalwesens. 3. Aufl., Stuttgart, Sp. 802–816

Weibler, J. (2004c): Leading at a distance. In: *Goethals, G.R.; Sorenson, G.; Burns, J.M.* (Hrsg.): The Encyclopedia of Leadership. Thousand Oaks, S. 874–880

Weibler, J. (2004d): New perspectives on leadership research. In: Zeitschrift für Personalforschung – German Journal of Human Resource Research 18(3), S. 257–261

Weibler, J. (2005): Diskursethik und Organisationsgestaltung – Einige Überlegungen zur Passung. In: *Burckhart, H.; Sikora, J.* (Hrsg.): Praktische Philosophie in gesellschaftlicher Perspektive. Band 2, Münster, S. 9–23

Weibler, J. (2008): Werthaltungen junger Führungskräfte – Forschungsstand und Forschungsoptionen, (Böckler Forschungsmonitoring 4). Düsseldorf

Weibler, J. (Hrsg.) (2010a): Barack Obama und die Macht der Worte. Wiesbaden

Weibler, J. (2010b): Obama kam, sprach und siegte – Oder wie Reden Führung begründen. In: *Weibler, J.* (Hrsg.): Barack Obama und die Macht der Worte. Wiesbaden, S. 12–38

Weibler, J. (2010c): Wirtschaftsdemokratie – einem Phantom auf der Spur? In: Zeitschrift für Personalforschung 24(3), S. 297–299

Weibler, J. (2013): Entzauberung der Führungsmythen. München

Weibler, J. (2014a): Führung der Mitarbeiter durch den nächsthöheren Vorgesetzten. In: *Rosenstiel, L.v.; Regnet, E.; Domsch, M.* (Hrsg.): Führung von Mitarbeitern: Handbuch für erfolgreiches Personalmanagement. 7. Aufl., Stuttgart, S. 271–283

Weibler, J. (2014b): Führung in anderen Kulturen – Ergebnisse der GLOBE-Studie. In: *Rosenstiel, L.v.; Regnet, E.; Domsch, M.* (Hrsg.): Führung von Mitarbeitern: Handbuch für erfolgreiches Personalmanagement. 7. Aufl., Stuttgart, S. 478–493

Weibler, J. (2016): Frauen als Fremdkörper im Management? Eine schonungslose Analyse der Führungssituation von Frauen und eine machtvolle Empfehlung. Hemer

Weibler, J.; Brodbeck, F.C.; Szabo, E.; Reber, G.; Wunderer, R.; Moosmann, O. (2000): Führung in kulturverwandten Regionen: Gemeinsamkeiten und Unterschiede bei Führungsidealen in Deutschland, Österreich und der Schweiz. In: Die Betriebswirtschaft (DBW) 60(5), S. 588–606

Weibler, J.; Deeg, J. (1998): Virtuelle Unternehmen: Eine kritische Analyse aus strategischer, struktureller und kultureller Perspektive. In: Zeitschrift für Planung 9, S. 107–124

Weibler, J.; Deeg, J. (2005): Personalführung in virtueller werdenden Unternehmen – Diskussionsstand und Zukunftsaussichten. In: *Mroß, D.; Thielmann-Holzmayer, C.* (Hrsg.): Zeitgemäßes Personalmanagement. Wiesbaden, S. 77–97

Weibler, J.; Deeg, J. (2014): Werthaltungen von Führungskräften. In: *Felfe, J.* (Hrsg.): Trends der psychologischen Führungsforschung: Neue Konzepte, Methoden und Erkenntnisse. Göttingen u. a., S. 355–368

Weibler, J.; Feldmann, M. (2006): Führung und Gerechtigkeit. In: *Zaugg, R.J.* (Hrsg.): Handbuch Kompetenzmanagement – Durch Kompetenz nachhaltig Werte schaffen, Bern u. a., S. 209–220

Weibler, J.; Keller, T. (2010): Ambidextrie – Die organisationale Balance im Spannungsfeld von Exploration und Exploitation. In: Wirtschaftswissenschaftliches Studium (WiSt) 39(5), S. 260–262

Weibler, J.; Keller, T. (2011): Ambidextrie in Abhängigkeit von Führungsverantwortung und Marktwahrnehmung: Eine empirische Analyse des individuellen Arbeitsverhaltens in Unternehmen. In: Zeitschrift für betriebswirtschaftliche Forschung 63(2), S. 155–188

Weibler, J.; Keller, T. (2015): Führungsverhalten im Kontext von Ambidextrie. In: *Felfe, J.* (Hrsg.): Trends der psychologischen Führungsforschung: Neue Konzepte, Methoden und Erkenntnisse. Göttingen u. a., S. 289–302

Weibler, J.; Küpers, W. (2008): Intelligente Entscheidungen in Organisationen – Zum Verhältnis von Kognition, Emotion und Intuition. In: *Bortfeldt, A.; Homberger, J.; Kopfer, H.; Pankratz, G.; Strangmeier, R.* (Hrsg.): Intelligent Decision Support – Current Challenges and Approaches. Intelligente Entscheidungsunterstützung – Aktuelle Herausforderungen und Lösungsansätze. Festschrift for/für Hermann Gehring. Wiesbaden, S. 457–478

Weibler, J.; Lucht, T. (2001): Führungseffizienz mit DEA messen. In: Personalwirtschaft 28(12), S. 18–23

Weibler, J.; Lucht, T. (2003): Bewertung der Effizienz von Entscheidungseinheiten. In: Zeitschrift Führung und Organisation 72(4), S. 229–235

Weibler, J.; Lucht, T. (2004): Controlling und Ethik – Grundlegung eines Zusammenhangs. In: *Scherm, E.; Pietsch, G.* (Hrsg.): Controlling: Theorien und Konzeptionen. München, S. 871–891

Weibler, J.; Oswald, H. (1996): Nachwuchspool: Ein neues Entwicklungsinstrument für angehende Kader. In: io Managementzeitschrift 65, S. 43–46

Weibler, J.; Rohn-Endres, S. (2010): Learning conversation and shared network leadership: Development, gestalt, and consequences. In: Journal of Personnel Psychology 9(4), S. 181–194

Weibler, J.; Wunderer, R. (2007): Leadership and culture in Switzerland – Theoretical and empirical findings. In: *Chhokar, J.S.; Brodbeck, F.C.; House, R.J.* (Hrsg.): Culture and Leadership across the World: The GLOBE Book of In-Depth Studies of 25 Societies. Mahwah, NJ, S. 251–295

Weick, K. E. (1995): Sensemaking in Organizations. Thousand Oaks u. a.

Weick, K.; Sutcliffe, K.M. (2007): Managing the Unexpected: Resilient Performance in an Age of Uncertainty. San Francisco

Weiner, B. (1975): Die Wirkung von Erfolg und Misserfolg auf die Leistung. Stuttgart

Weiner, B. (1986): An Attributional Theory of Motivation and Emotion. New York

Weiner, B. (1994): Motivationspsychologie. 3. Aufl., Weinheim

Weiner, B. (2004): Social motivation and moral emotions: An attribution perspektive. In: *Martinko, M.J.* (Hrsg.): Attribution Theory in the Organizational Sciences. Greenwich, CT, S. 5–24

Weiner, B. (2006): Social Motivation, Justice, and the Moral Emotions: An Attributional Approach. Mahwah, NJ

Weiner, B.; Frieze, I.; Kukla, A.; Reed, L.; Rest, S.; Rosenbaum, R.M. (1971): Perceiving the Causes of Success and Failure. Morristown, NJ

Weinert, A.B. (1995): Menschenbilder der Führung. In: *Kieser, A.; Reber, G.; Wunderer, R.* (Hrsg.): Handwörterbuch der Führung. 2. Aufl., Stuttgart, Sp. 1495–1510

Weinert, A.B. (2004): Organisations- und Personalpsychologie. 5. Aufl., Weinheim

Weinert, A.B.; Langer, C. (1995): Menschenbilder: Empirische Feldstudie unter den Führungskräften eines internationalen Energiekonzerns. In: Die Unternehmung 49(2), S. 75–90

Weinert, A.B.; Scheffer, D. (1999): Neue Wege zur Identifikation von Führungs- und Managementpotential: Arbeiten mit dem „Rev. Deutschen CPI" zur Früherkennung von Talent. In: Zeitschrift Führung und Organisation 68(4), S. 194–201

Weinert, F.E. (1984): Metakognition und Motivation als Determinanten der Lerneffektivität: Einführung und Überblick. In: *Weinert, F.E.; Kluwe, R.H.* (Hrsg.): Metakognition, Motivation und Lernen. Stuttgart u. a., S. 9–21

Weis, K. (1993): Menschenbilder – woher und wozu? In: *Weis, K.* (Hrsg.): Bilder vom Menschen in Wissenschaft, Technik und Religion. München, S. 11–38

Weisband, S.P. (2008): Leadership at a Distance: Research in Technologically-Supported Work. New York

Weischer, A.E.; Weibler, J.; Petersen, M. (2013): „To thine own self be true": The effects of enactment and life storytelling on perceived leader authenticity. In: The Leadership Quarterly 24(4), S. 477–495

Weiss, H.M.; Cropanzano, R. (1996): Affective events theory: A theoretical discussion of the structure, causes and consequences of affective experiences at work. In: *Staw, B.M.; Cummings, L.L.* (Hrsg.): Research in Organizational Behavior. Vol. 18, S. 1–74

Welge, K. (1988): Unternehmensführung. Band 3: Controlling. Stuttgart

Wellershoff, D. (1992): Führung zwischen Ethik und Effizienz. In: Zeitschrift für Betriebswirtschaft, Ergänzungsheft 1, S. 147–156

Wellhöfer, P.R. (2007): Gruppendynamik und soziales Lernen. 3. Aufl., Stuttgart

Wellman, B.; Berkowitz S.D. (1988): Social Structures: A Network Approach. New York

Welsh, D.T.; Ordóñez, L.D. (2014): The dark side of consecutive high performance goals: Linking goal setting, depletion, and unethical behaviour. In: Organizational Behavior and Human Decision Processes 123(2), S. 79–89

welt-online (2015): Marktkapitalisierung in Mrd. Dollar, Stand: 3.11.2015

Wendt, H.; Euwema, M.C.; Van Emmerik, I.J.H. (2009): Leadership and team cohesiveness across cultures. In: The Leadership Quarterly 20(3), S. 358–370

Wenger, E. (1998): Communities of Practice: Learning, Meaning and Identity. Cambridge

Werder, L.v. (2004): Lehrbuch des kreativen Schreibens. 4. Aufl., Berlin

Werkmann-Karcher, B. (2013): Mitarbeitende beurteilen. In: *Steiger, T.; Lippmann, E.* (Hrsg.): Handbuch angewandte Psychologie für Führungskräfte. 4. Aufl., Band II, Berlin/Heidelberg, S. 192–214

Werner, G. (2004): Authentizität – Führung – Dialog, Vorlesung Universität Karlsruhe (TH) – Interfakultatives Institut für Entrepreneurship, IEP – Prof. Götz W. Werner WS 2003/2004 EPI – 7. Vorlesung am 14.01.2004

Wernimont, P.F. (1971): What supervisors and subordinates expect of each other. In: Personnel Journal 50, S. 204–208

Wesche, J.S.; May, D.; Muck, P.M. (2015): Der Einfluss verschiedener Führungsstile auf die Leistung von Geführten. In: *Felfe, J.* (Hrsg.): Trends der psychologischen Führungsforschung: Neue Konzepte, Methoden und Erkenntnisse. Göttingen u. a., S. 239–252

Westerman, G.; Bonnet, D.; McAfee, A. (2014): Leading Digital. Boston

Western, S. (2013): Leadership: A Critical Text. 2. Aufl., Los Angeles

Westwood, R.; Chan, A. (1992): Headship and leadership. In: *Westwood, R.* (Hrsg.): Organisational Behavior: Southeast Asian Perspectives. Hong Kong, S. 118–142

Weyer, J. (2000): Zum Stand der Netzwerkforschung in den Sozialwissenschaften. In: Weyer, J. (Hrsg.): Soziale Netzwerke: Konzepte und Methoden der sozialwissenschaftlichen Netzwerkforschung. München, S. 1–34

Wheeler, H.N. (1976): Punishment theory and industrial discipline. In: Industrial Relations 15(2), S. 235–243

White, H.C.; Boorman S.A.; Breiger R.L. (1976): Social structures from multiple networks: Blockmodels of roles and positions. In: American Journal of Sociology 81(4), S. 730–779

White, L.; Currie, G.; Lockett, A. (2014): The enactment of plural leadership in a health and social care network: The influence of institutional context. In: The Leadership Quarterly 25(4), S. 730–745

Whitmore, J. (1992): Coaching for Performance. London

WHO (1946): Verfassung der Weltgesundheitsorganisation vom 22. Juli 1946. AS 1948 1015: Stand 8.5.2014 (https://www.admin.ch/opc/de/classified-compilation/19460131/201405080000/0.810.1.pdf, abgerufen am 11.02.2016)

WHO (1986): Ottawa Charter for Health Promotion. First International Conference on Health Promotion. 21. November 1986 (http://www.who.int/healthpromotion/conferences/previous/ottawa/en/, abgerufen am 25.02.2016)

Widuelle, W. (2012): Gesprächsführung in der Sozialen Arbeit: Grundlagen und Gestaltungshilfen. 2. Aufl., Wiesbaden

Wiegand, M. (1996): Prozesse organisationalen Lernens. Wiesbaden

Wieland, R. (2004): Arbeitsgestaltung, Selbstregulationskompetenz und berufliche Kompetenzentwicklung. In: Wiese, B. (Hrsg.): Individuelle Steuerung beruflicher Entwicklung. Kernkompetenzen in der modernen Arbeitswelt. Frankfurt am Main, S. 169–196

Wiendieck, G. (1994): Arbeits- und Organisationspsychologie. München

Wiese, B.S. (2015): Work-Life-Balance. In: Moser, K. (Hrsg.): Wirtschaftspsychologie. Berlin/Heidelberg, S. 227–244

Wieser, W. (2007): Gehirn und Genom: Ein neues Drehbuch für die Evolution. München

Wilber, K. (2001a): Eros, Kosmos, Logos: Eine Vision an der Schwelle zum nächsten Jahrtausend. Frankfurt am Main

Wilber, K. (2001b): Ganzheitlich Handeln: Eine integrale Vision für Wirtschaft, Politik, Wissenschaft und Spiritualität. Freiamt

Wilde, B.; Hinrichs, S.; Bahamondes Pavez, C.; Schüpbach, H. (2009): Führungskräfte und ihre Verantwortung für die Gesundheit ihrer Mitarbeiter – Eine empirische Untersuchung zu den Bedingungsfaktoren gesundheitsförderlichen Führens. In: Wirtschaftspsychologie 11(2), S. 74–89

Wilderom, C.P.M.; Hur, Y.; Wiersma, U.J.; Van den Berg, P.T.; Lee, J. (2015): From manager's emotional intelligence to objective store performance: Through store cohesiveness and sales-directed employee behavior. In: Journal of Organizational Behavior 36(6), S. 825–844

Wilhelmson, L. (2006): Transformative learning in joint leadership. In: Journal of Workplace Learning 18(7-8), S. 495–507

Wilkesmann, U. (1999): Lernen in Organisationen: Die Inszenierung von kollektiven Lernprozessen. Frankfurt am Main

Williams, J.E.; Best, D.L. (1990): Measuring Sex Stereotypes: A Multination Study. Newbury Park

Williams, M.J. (2014): Serving the self from the seat of power: Goals and threats predict leaders' self-interested behavior. In: Journal of Management 40(5), S. 1365–1395

Willke, H. (1989): Systemtheorie entwickelter Gesellschaften: Dynamik und Riskanz moderner gesellschaftlicher Selbstorganisation. Weinheim/München

Willmott, H. (2013): Reflections on the darker side of conventional power analytics. In: Academy of Management Perspectives 27(4), S. 281–286

Willner, A.R. (1984): The Spellbinders: Charismatic Political Leadership. New Haven u. a.

Wilson, E.O. (1975): Sociobiology: The New Synthesis. Cambridge, MA

Wilson, E.O. (1978): On Human Nature. Cambridge, MA

Wilson, E.O. (2000): Die Einheit des Wissens. München

Wilson, K.S.; Sin, H.P.; Conlon, D.E. (2010): What about the leader in leader-member exchange? The impact of resource exchanges and substitutability on the leader. In: The Academy of Management Review 35(3), S. 358–372

Wiltermuth, S.S.; Flynn, F.J. (2013): Power, moral clarity, and punishment in the workplace. In: The Academy of Management Journal 56(4), S. 1002–1023

Wimmer, R. (2009): Führung und Organisation – zwei Seiten ein und derselben Medaille. In: Revue für postheroisches Management 4, S. 20–33

Wimmer, R. (2011): Die Steuerung des Unsteuerbaren: Konstruktivismus in der Organisationsberatung und im Management. In: Pörksen, B. (Hrsg.): Schlüsselwerke des Konstruktivismus. Wiesbaden, S. 520–547

Wimmer, R.; Schumacher, T. (2008): Führung und Organisation. In: Wimmer, R.; Meissner, J.O.; Wolf, P. (Hrsg.): Praktische Organisationswissenschaft: Lehrbuch für Studium und Beruf. Heidelberg, S. 169–193

Windsor, G.S.S.; Royal, C. (2014): A new breed of socio-cultural leaders and how they use CSR in ICT for development as a tool of sustainability: A case study of telecentres in a South Asian developing country. In: Smith, P.A.C.; Cockburn, T. (Hrsg.): Impact of Emerging Digital Technologies on Leadership in Global Business. Hershey, PA, S. 90–112

Winkel, S.; Petermann, F.; Petermann, U. (2006): Lernpsychologie. Paderborn

Winkler, I. (2004): Aktuelle theoretische Ansätze der Führungsforschung. TU Chemnitz, Professur für Organisation und Arbeitswissenschaft, Schriften zur Organisationswissenschaft. Nr. 2, Chemnitz

Winning, E.A. (1994): Pitfalls in paternalism (http://www.ewin.com/articles/paternal.htm, abgerufen am 5.7. 2011)

Winter, D.G. (1999): Linking personality and „scientific" psychology: The development of empirically derived Thematic Apperception Test measures. In: Gieser, L.; Stein, M.I. (Hrsg.): Evocative Images: The Thematic Apperception Test and the Art of Projection. Washington, DC, S. 107–124

Wirth, H.-J. (2006): Pathologischer Narzissmus und Machtmissbrauch in der Politik. In: Kernberg, O.F.; Hartmann, H.-P.

(Hrsg.): Narzissmus: Grundlagen – Störungsbilder – Therapie. Stuttgart u. a., S. 158–170

Wirtz, M.A. (Hrsg.) (2013): Dorsch – Lexikon der Psychologie. 16. Aufl., Bern

Wiswede, G. (1992): Soziale Rolle. In: *Gaugler, E.; Weber, W.* (Hrsg.): Handwörterbuch des Personalwesens. 2. Aufl., Stuttgart, Sp. 2001–2010

Wiswede, G. (1998): Soziologie: Grundlagen und Perspektiven für den wirtschafts- und sozialwissenschaftlichen Bereich. 3. Aufl., Landsberg/Lech

Witte, E. (1974): Zu einer empirischen Theorie der Führung. In: *Wild, J.* (Hrsg.): Unternehmensführung. Berlin, S. 181–220

Witte, E. (1995): Effizienz der Führung. In: *Kieser, A.; Reber, G.; Wunderer, R.* (Hrsg.): Handwörterbuch der Führung. 2. Aufl., Stuttgart, Sp. 265–276

Wittmann, S. (1998): Ethik im Personalmanagement: Grundlagen und Perspektiven einer verantwortungsbewussten Führung von Mitarbeitern. Bern u. a.

Wofford, J.C.; Liska, L. (1993): Path-goal theories of leadership: A meta-analysis. In: Journal of Management 19(4), S. 857–876

Wöhe, G.; Döring, U. (2010): Einführung in die Allgemeine Betriebswirtschaftslehre. 14. Aufl., München

Wolman, R.N. (2001): Thinking With Your Soul: Spiritual Intelligence and Why It Matters. New York

Womack, J.P.; Jones, D.T.; Roos, D. (1990): The Machine that Changed the World. New York

Wong, C.A.; Cummings, G.G. (2009): The influence of authentic leadership behaviors on trust and work outcomes of health care staff. In: Journal of Leadership Studies 3(2), S. 6–23

Wood, M. (2005): The fallacy of misplaced leadership. In: Journal of Management Studies 42(6), S. 1101–1121

Wood, R.E.; Bandura, A. (1989): Impact of conceptions of ability on self-regulatory mechanisms and complex decision making. In: Journal of Personality and Social Psychology 56(3), S. 407–415

Woodruff, P. (2001): Reverence: Renewing a Forgotten Virtue. New York

Woods, P.A. (2004): Democratic leadership: Drawing distinctions with distributed leadership. In: International Journal of Leadership in Education 7(1), S. 3–26

Woodward, B.J.; Funk, C. (2010): Developing the artist-leader. In: Leadership 6(3), S. 295–309

Worden, S. (2003): The role of integrity as a mediator in strategic leadership: A recipe for reputational capital. In: Journal of Business Ethics 46(1), S. 31–44

Worley, C.G.; Williams, T.; Lawler, E.E. (2014): The Agility Factor: Building Adaptable Organizations for Superior Performance. San Francisco

Wortman, C.B.; Brehm, J.W. (1975): Response to uncontrollable outcomes: An integration of reactance theory and the learned helplessness model. In: *Berkowitz, L.* (Hrsg.): Advances in Experimental Social Psychology. Vol. 8, S. 277–336

Wren, T. (2006): A quest for a grand theory of leadership. In: *Goethals, G.R.; Sorenson, G.L.J.* (Hrsg.): A Quest for a General Theory of Leadership. Cheltenham, S. 1–38

Wucknitz, U. (2009): Handbuch Personalbewertung: Messgrößen, Anwendungsfelder, Fallstudien für das Human Capital Management. 2. Aufl., Stuttgart

Wuketits, F.M. (2002): Was ist Soziobiologie? München

Wunderer, R. (1975): Personalwesen als Wissenschaft. In: Personal 31, S. 33–36

Wunderer, R. (1992): Vom Autor zum Herausgeber? Vom Dirigenten zum Impressario – Unternehmenskultur und Unternehmensführung im Wandel. In: *Ingold, F.; Wunderlich, W.* (Hrsg.): Fragen nach dem Autor. Konstanz, S. 223–236

Wunderer, R. (1995): Kooperative Führung. In: *Kieser A.; Reber, G.; Wunderer, R.* (Hrsg.): Handwörterbuch der Führung. 2. Aufl., Stuttgart, Sp. 1350–1358

Wunderer, R. (1999): Mitarbeiter als Mitunternehmen. Neuwied

Wunderer, R. (2007): Der gestiefelte Kater als Unternehmer – Lehre aus Management und Märchen. Wiesbaden

Wunderer, R. (2009a): Führung des Chefs. In: *Rosenstiel, L.v.; Regnet, E.; Domsch, M.E.* (Hrsg.): Führung von Mitarbeitern: Handbuch für erfolgreiches Personalmanagement. 6. Aufl., Stuttgart, S. 249–269

Wunderer, R. (2009b): Führung und Zusammenarbeit: Eine unternehmerische Führungslehre. 8. Aufl., Köln

Wunderer, R. (2010): Führung in Management und Märchen. Köln

Wunderer, R. (2011): Führung und Zusammenarbeit: Eine unternehmerische Führungslehre. 9. Aufl., München

Wunderer, R.; Dick, P. (1997): Frauen im Management: Besonderheiten und personalpolitische Folgerungen – eine empirische Studie. In: *Wunderer, R.; Dick, P.* (Hrsg.): Frauen im Management: Kompetenzen, Führungsstile, Fördermodelle. Neuwied, S. 5–205

Wunderer, R.; Dick, P. (2007): Personalmanagement – Quo vadis? Analysen und Prognosen bis 2010. 5. Aufl., Köln

Wunderer, R.; Grunwald, W. (1980): Führungslehre. Band I: Grundlagen der Führung. Berlin u. a.

Wunderer, R.; Kuhn, T. (1993): Unternehmerisches Personalmanagement. Frankfurt am Main u. a.

Wunderer, R.; Schlagenhaufer, P. (1994): Personal-Controlling: Funktionen, Instrumente, Praxisbeispiele. Stuttgart

Wunderer, R.; Weibler, J. (1992): Vertikale und laterale Einflussstrategien – Zur Replikation und Kritik des „Profiles of Organizational Influence Strategies (POIS)" und seiner konzeptionellen Weiterführung. In: Zeitschrift für Personalforschung 6(4), S. 515–536

Wunderer, R.; Weibler, J. (2002): Risikovermeidung und Vorsorge als Schlüssel der schweizerischen Nationalkultur? – Eine Bestandsaufnahme und ausgewählte Folgen. In: *Auer-Rizzi, W.; Szabo, E.; Innreiter-Moser, C.* (Hrsg.): Management in einer Welt der Globalisierung und Diversität. Stuttgart, S. 159–178

Wurche, S. (1994): Vertrauen und ökonomische Rationalität in kooperativen Interorganisationsbeziehungen. In: *Sydow, J.; Windeler, A.* (Hrsg.): Management interorganisationaler Beziehungen. Opladen, S. 142–159

Wüthrich, H.A.; Osmetz, D.; Kaduk, S. (2009): Musterbrecher: Führung neu leben. 3. Aufl., Wiesbaden

Literaturverzeichnis

Xue, Y.; Bradley, J.; Liang, H. (2011): Team climate, empowering leadership, and knowledge sharing. In: Journal of Knowledge Management 15(2), S. 299–312

Yammarino, F.J. (1994): Indirect leadership: Transformational leadership at a distance. In: *Bass, B.M.; Avolio, B.J.* (Hrsg.): Improving Organizational Effectiveness through Transformational Leadership. Thousand Oaks, S. 26–47

Yammarino, F.J.; Dionne, S.D.; Schriesheim, C.A.; Dansereau, F. (2008): Authentic leadership and positive organizational behavior: A meso, multi-level perspective. In: The Leadership Quarterly 19(6), S. 693–707

Yang, J.; Mossholder, K.W. (2010): Examining the effects of trust in leaders: A bases-and-foci approach. In: The Leadership Quarterly 21(1), S. 50–63

Yates, J.; Orlikowski, W.J.; Okamura, K. (1999): Explicit and implicit structuring of genres in electronic communication: Reinforcement and change of social interaction. In: Organization Science 10(1), S. 83–103

Yukl, G. (1989): Managerial leadership: A review of theory and research. In: Journal of Management 15(2), S. 251–289

Yukl, G. (1999): An evaluative essay on current conceptions of effective leadership. In: European Journal of Work and Organizational Psychology 8(1), S. 33–48

Yukl, G. (2009): Leading organizational learning: Reflections on theory and research. In: The Leadership Quarterly 20(1), S. 49–53

Yukl, G. (2010): Leadership in Organizations. 7. Aufl., Upper Saddle River, NJ

Yukl, G. (2013): Leadership in Organizations. 8. Aufl., Harlow

Yukl, G.; Becker, W. (2007): Effective empowerment in organizations. In: Organization Management Journal 3(3), S. 210–231

Yukl, G.; Chavez, C.; Seifert, C. (2005): Assessing the construct validity and utility of two new influences tactics. In: Journal of Organizational Behavior 26(6), S. 705–725

Yukl, G.; Falbe, C.M. (1991): Importance of different power sources in downward and lateral relations. In: Journal of Applied Psychology 76(3), S. 416–423

Yukl, G.; Kim, H.; Falbe, C.M. (1996): Antecedents of influence outcomes. In: Journal of Applied Psychology 81(3), S. 309–317

Yukl, G.; Mahsud, R.; Hassan, S.; Prussia, G.E. (2013): An improved measure of ethical leadership. In: Journal of Leadership & Organizational Studies 20(1), S. 38–48

Yukl, G.; Seifert, C.; Chavez, C. (2008): Validation of the extended influence behavior questionnaire. In: The Leadership Quarterly 19(5), S. 609–621

Yun, S.; Cox, J.; Sims, H.P. Jr. (2006): The forgotten follower: A contingency model of leadership and follower self-leadership. In: Journal of Managerial Psychology 21(4), S. 374–388

Yusainy, C.; Lawrence, C. (2015): Brief mindfulness induction could reduce aggression after depletion. In: Consciousness and Cognition. DOI: 10.1016/j.concog.2014.12.008

Zaccaro, S.J. (2007): Trait-based perspectives of leadership. In: American Psychologist 62(1), S. 6–16

Zaccaro, S.J.; Bader, P. (2003): E-leadership and the challenges of leading E-teams: Minimizing the bad and maximizing the good. In: Organizational Dynamics 31(4), S. 377–387

Zaccaro, S.J.; Kemp, C.; Bader, P. (2004): Leader traits and attributes. In: *Antonakis, J.; Cianciolo, A.T.; Sternberg, R.J.* (Hrsg.): The Nature of Leadership. Thousand Oaks, S. 101–124

Zaccaro, S.J.; Rittman, A.L.; Marks, M.A. (2001): Team leadership. In: The Leadership Quarterly 12(4), S. 451–483

Zacher, H.; Rosing, K. (2015): Ambidextrous leadership and team innovation. In: Leadership & Organization Development Journal 36(1), S. 54–68

Zacher, H.; Wilden, R.G. (2014): A daily diary study on ambidextrous leadership and self-reported employee innovation. In: Journal of Occupational and Organizational Psychology 87(4), S. 813–820

Zagenczyk, T.J.; Purvis, R.L.; Shoss, M.K.; Scott, K.L.; Cruz, K.S. (2015): Social influence and leader perceptions: Multiplex social network ties and similarity in leader-member exchange. In: Journal of Business and Psychology 30(1), S. 105–117

Zahavi, D. (2007): Phänomenologie für Einsteiger. Paderborn

Zalesny, M.; Graen, G.B. (1995): Führungstheorien – Austauschtheorie. In: *Kieser, A.; Reber, G.; Wunderer, R.* (Hrsg.): Handwörterbuch der Führung. 2. Aufl., Stuttgart, Sp. 862–877

Zaleznik, A. (1977): Managers and leaders: Are they different? In: Harvard Business Review 55(5), S. 67–80

Zeichhardt, R. (2016): E-Leadership und Leistungssteigerung in digitalen Kontexten. In: *Künzel, H.* (Hrsg.): Erfolgsfaktor Performance Management: Leistungsbereitschaft einer aufgeklärten Generation. Berlin/Heidelberg, S. 125–140

Zeuner, C.; Faulstich, P. (2009): Erwachsenenbildung – Resultate der Forschung: Entwicklung, Situation und Perspektiven. Weinheim/Basel

Zhang, X.; Bartol, K.M. (2015): Empowerment and employee creativity: A cross-level integrative model. In: *Shalley, C.; Hitt, M.; Zhou, J.* (Hrsg.): The Oxford Handbook of Creativity, Innovation, and Entrepreneurship. New York, S. 31–45

Zhang, Y.; Huai, M.-y.; Xie, Y.-h. (2015): Paternalistic leadership and employee voice in China: A dual process model. In: The Leadership Quarterly 26(1), S. 25–36

Zhang, Z.; Waldman, D.A.; Wang, Z. (2012): A multilevel investigation of leader–member exchange, informal leader emergence, and individual and team performance. In: Personnel Psychology 65(1), S. 49–78

Zhou, X.T.; Schriesheim, C.A. (2010): Quantitative and qualitative examination of propositions concerning supervisor-subordinate convergence in descriptions of leader-member exchange (LMX) quality. In: The Leadership Quarterly 21(5), S. 826–843

Zigurs, I. (2003): Leadership in virtual teams: Oxymoron or opportunity? In: Organizational Dynamics 31(4), S. 325–338

Zimbardo, P. (2008): Der Luzifer-Effekt: Die Macht der Umstände und die Psychologie des Bösen. Heidelberg

Zohar, D.; Marshall, I. (2000): SQ: Connecting with Our Spiritual Intelligence. London.

Zok, K. (2011): Führungsverhalten und Auswirkungen auf die Gesundheit der Mitarbeiter – Analyse von WIdO-Mitarbeiterbefragungen. In: *Badura, B.; Ducki, A.; Schröder, H.; Klose,*

J.; Macco, K. (Hrsg.): Fehlzeiten-Report 2011: Führung und Gesundheit. Berlin/Heidelberg, S. 27–36

Zuber, F. (2015): Spread of unethical behavior in organizations: A dynamic social network perspective. In: Journal of Business Ethics 131(1), S. 151–172

Zucker, L. (1986): Production of trust: Institutional sources of economic structure 1840–1920. In: Research in Organizational Behavior 8(1), S. 53–111

Stichwortverzeichnis

Stichwortverzeichnis

A

Abusive supervision 637
Achtsamkeit 354
Adaptive
– Heuristiken 282, 294
– Leadership 607, 611
– Resonance Theory 29
– Structuration Theory 553
Adaptiver Werkzeugkasten 294
Advanced Information Technology 551
Ähnlichkeitsheuristik 296
Aktives Zuhören → Kommunikationstechnik 376
Akzeptanz 22, 28, 143, 274, 365, 662
Altruismus 651
Ambidextrie 519
Analysemethoden 452
Andorra-Phänomen 405
Anerkennung → Führungsinstrument 383
Ankerheuristik 293
Anreiz 171, 418
Anreizsystem → Führungsinstrument 417
Anschlussmotiv → Motiv 178
Anstrengungsbereitschaft 343
Anstrengungs-Erholungsmodell 510
Arbeits-
– aufgabe 216
– gestaltung 185, 217, 228
– gruppe 146
– leistung 458
– reife 329
– umfeld 218
– unterweisung 259
Arroganz 642
Artful Leadership 565
Assessment Center 437
Ästhetisierung der Führung 565
Attribution 109, 128, 201, 220
Attributionsfehler, fundamentaler 115, 161, 223
Attributionstheorie der Führung → Führungstheorien 109
Aufgaben-
– gestaltung 262
– komplexität 199
– orientierter Führungsstil → Führungsstil 329, 332
– orientierung 311
– spezialist 322
– struktur 332
– unterweisung 216
Aufmerksamkeit 355
Augmentationseffekt 344, 345
Authentische Führungstheorie → Führungstheorien 129
Authentizität 129, 354, 652
Autokratischer Führungsstil → Führungsstil 312
Axiom 287, 371

B

Bad Leadership 633

Balanced Scorecard 443
Bathsheba Syndrom 647
Bedürfnis 171
Bedürfnispyramide nach Maslow 176
Befehl-Gehorsam-Management 325
Behaviorismus 239, 259, 419
Beobachtung 435
Beobachtungslernen → Modell-Lernen 249
Betriebliche Weiterbildung 135, 256, 279, 392, 440
Beurteilungsgespräch 405
Beurteilung 435
Bewertungskriterium 418
Bewusstsein 239
Beziehungsorientierter Führungsstil → Führungsstil 329, 332
Bias 282, 292
Big Five 101, 487
Bildinterpretation 571
Bonus 421
Brain-Direct Man 500
Broaden-and-Build Theorie 506
Budgetanwendung 424
Budgets → Führungsinstrument 423
Burnout 504
Bürokratie 90
BYOD-Kultur 561

C

Cafeteria-System 418
CEO-Blog 133
CEO hubris 647
Change Prozesse 573
Charakter 649
Charisma 123
Charismatische Führung → Führungstheorien 123, 533, 567
Charismatische Herrschaft 123
Coaching 256, 269, 397
Cognitive Appraisal Theory 508
Complexity Leadership 601
Computer-Mediated Communication 556
Computersimulation 462
Consideration → Ohio Studien 321
Controlling, Regelkreis des 431
Controlling → Führungs-Controlling 428
Corporate Social Responsibility 512, 628

D

Dark side of
– goal setting 645
– leadership 633
– success 647
Data Envelopment-Analysis Methode 446
Debiasing 300
Delegation → Reifegrad-Modell der Führung 330
Demokratischer Führungsstil → Führungsstil 312
Depersonalisierung 161
Deprivation 378

Stichwortverzeichnis

Deskriptive Entscheidungstheorie 284, 291
Destructive Leadership Behavior 638
Dialog 408, 438
Dichotomie 333
Didaktik, konstruktivistische 280
Dienende Führung 512
Digital
– Acceleration Teams 549
– Leadership 547
– Revolution 548
– Social Leadership 560
Dilemma des öffentlichen Gutes 616
Direkte Führung 88, 628
Diskurs, herrschaftsfreier 661
Disposition 5, 125
Distanzführung 541
Distributed Leadership 578
Distributive Gerechtigkeit 48
Divergenztheorem der Führung → Führungstheorien 146
Diversity 482
Dyadentheorie der Führung → Führungstheorien 151
Dynamik des Wandels 469

E

Effektivität → Führungseffektivität 65
Effektivität von Coaching 399
Effektstärke 455, 460
Effizienzsicherung 420
Effizienz → Führungseffizienz 65
Egoismus 651
Eigeninteresse 285
Eigenschaft 98, 489
Eigenschaftstheorie der Führung → Führungstheorien 98
E-Leadership 551
Embodiment 568
Emergenzphänomen 72, 598, 603
Emotion 482, 498
Emotionale
– Ansteckung 483
– Intelligenz 485
– Kompetenz 485
Emotionsarbeit 190, 509
Empathie 7
Empowering Leadership 358
Empowerment 60, 139
Enkulturation 41
Entgrenzung der Arbeit 511
Entität 109
Entitätenattribution 110
Entpersonalisierte Führung 89
Entscheidungen 282, 283
Entscheidungs-
– architekt 301
– baum 303, 318
– findung 497
– modell der Führung → Führungsstilmodell 317

– partizipation 311, 317
– regeln 318
Entwicklungsziel → Ziel 411
Epigenetik 5
Epistemologie 13
Equity Theorie 48
Erfahrungswissen 266
Erfolgsdruck 646
Erfolg → Führungserfolg 201
ERG-Theorie → Motivationstheorien 177
Erholung 510
Ermöglichungsdidaktik 259, 274
Erwartung 193, 336
Erwartungs-mal-Wert-Theorie 192, 204, 251, 288
Erwartungsmotiv → Motiv 178
Es → Tiefenpsychologische Führungstheorie 116
Ethical Leader Scale 655
Ethik 501
– Diskurs- 661
– Führungs- 628, 648
– Gewissens- 661
– Tugend- 649
Ethologie 5, 6
Evaluation 453
– formative 460
– summative 457
Evolutions-
– biologie 5, 6
– theorie 5, 173
– theorie der Führung → Führungstheorien 5
Expectancy Violation Theory 474
Experimental Learning 576
Expertiseforschung 254
Exploitation 520
Exploration 520
Extended Training 260
Externale Attribution 203
Extremsituation → Situation 6, 84
Extrinsischer Anreiz 184

F

Fazit-Tendenz 197
Feedback 199, 297, 302, 375
– 360-Grad- 436, 437
– -kultur 383
– -Prinzip 432
Feedforward-Prinzip 432
Fehlerkultur 303
Female Leadership 471
Fließbandarbeit 70
Flow 172, 184, 263, 508
Fokusgruppe 525, 526
Followership 30, 33
Followership, bad 645
Formalisiertes Mitarbeitergespräch 405, 438
Formalstufenmethode 259

Stichwortverzeichnis

Frauenquote 472
Fremdmotivierung 227
Führer 26
– Beliebtheits- 148
– -Identität 30, 119
– -rolle 16, 26
– Tüchtigkeits- 148
Führung 3, 14, 22, 91
– adaptive 607, 611
– als Lückenbüßer 86
– als Prozess 16, 18, 30, 144
– destruktive 345, 635
– dienende 512
– direkte 88, 350, 628
– diskursive 56
– dunkle Seite der 632
– entpersonalisierte 89
– helle Seite der 630
– heroische 33, 470, 590
– indirekte 88, 578, 628
– informelle 25, 71, 72, 76
– interaktionale 518, 579
– kollektive 599
– kooperative 615
– laterale 25
– legitime 25
– Netzwerk- 592
– paternalistische 536
– plurale 579
– post-heroische 33, 470, 590
– proaktive 367
– relationale 269, 613
– schlechte 634
– spirituelle 630
– strukturelle 25, 470, 518, 564, 579
– symbolische 390
– systemische 607
– unethische 634
– unternehmerische 518
– verteilte 579
– von unten 139
– wertgeladene 354
Führungs-
– bedarf 16, 86, 88
– benchmarking 446
– beziehung 26
– Controlling 428
– dual 148, 322
– dyade 151, 156
– ebenen 9
– effektivität 65, 67, 334, 475
– effizienz 65
– erfolg 26, 59, 62, 101, 625, 632
– ethik 358, 628
– grundsätze → Führungsinstrument 414
– ideologie 10, 108, 648

– kompetenz → Kompetenz 255, 276
– kritik → Führungsparadigma, interpretatives 57
– lücke 22, 23
– macht 626
– motiv 109
– motivation 479
– praxis 61, 270, 314, 331, 338, 415, 416, 450
– rolle 107, 149
– situation 55, 311, 318
– situationsfaktor 57, 60
– spielraum 335
– stereotyp 473
– substitut 349
– substitution 86, 347
– talent 108
– triade 156
– ziel 625
Führungs-Controlling-Instrumente 435
Führungsethik 648
– dialogische 662
– Messung der 654
– Zwei-Säulen-Modell der 658
Führungsinstrument 365
– Anerkennung und Kritik 383
– betriebliches Anreizsystem 417
– Budgets 423
– Führungsgespräche/Kommunikationstechniken 368
– Führungsgrundsätze 414
– Instrumente der Personalentwicklung 392
– Kommunikationstechniken 374
– Konfliktlösungsstrategien 326, 377
– Personalbeurteilungen 404
– primär aktives 366, 367
– Sanktionierung 386
– sekundär aktives 367
– Stellenbeschreibung 426
– Symbolnutzung 389
– Zielvereinbarungen 409, 646
Führungskräfte-
– entwicklung 393, 534
– training 314, 454
Führungsparadigma → Paradigma
– funktionalistisches 18
– interpretatives 18, 57
– kritisches 19
– relationales 46
Führungspersönlichkeit, dunkle Triade der 641
Führungs-Scorecard → Kennzahlensystem 443
Führungsstil 310, 317, 332
– aufgabenorientierter 329, 332
– autokratischer 312
– beziehungsorientierter 329, 332, 425
– demokratischer 312
– direktiver 336
– ergebnisorientierter 336
– -kontinuum → Führungsstilmodell 314

Stichwortverzeichnis

– -modelle 310
– partizipativer 337
– -taxonomie 310
– -typologie 310, 316
– unterstützender 337
Führungsstilmodell
– Entscheidungsmodell der Führung 317
– Führungsstilkontinuum 314
– Kontingenzmodell der Führung 311, 332
– Reifegrad-Modell der Führung 329
– Verhaltensgitter der Führung 324
– Weg-Ziel-Theorie 311, 335
Führungstheorien 97
– Attributionstheorie der Führung 109
– Authentische Führungstheorie 129
– Charismatische Führungstheorie 123, 533, 567, 630
– Divergenztheorem der Führung 146
– Dyadentheorie der Führung 151
– Eigenschaftstheorie der Führung 98
– Evolutionstheorie der Führung 5
– Idiosynkrasie-Kredit-Theorie der Führung 142
– Implizite Führungstheorien 27
– Kontingenztheorie der Führung 311, 332
– Kritische Führungstheorie 33, 470
– Machttheorie der Führung 136
– Normative Führungstheorie 629
– Soziale Identitätstheorie der Führung 159
– Soziale Lerntheorie der Führung 264
– Strategische Führungstheorie 64
– Substitutionstheorie der Führung 347
– Tiefenpsychologische Führungstheorie 115
– Transaktionale Führungstheorie 339
– Transformationale Führungstheorie 339
Führungsverhalten
– differenziertes 329
– feindseliges 638
Full Range Leadership Model 342
Fundamentaler Attributionsfehler 115, 161, 223
Funktion, strategische 336, 421

G

Gamification 564
Gefangenendilemma 288, 615
Geführte 3
Geführten
– Ethik der 660
– -Identität 30
– -rolle 10, 26
– -theorie, implizite 34
Gehaltswahl 422
Gehirn 491
Gender 481
Gender Mainstreaming 472
Gender Pay Gap 478
Generation X/Y 278
Generation Y/Z 559

Gerechtigkeit 47, 650
Geschlechtsstereotyp 473
Gespräch 438
Gesprächsführung 371, 376
Gestaltpsychologie 240
Gestaltungsmittel 309
Gewinnmaximierung 651
Glacéhandschuh-Management 325
Glass Ceiling Effekt 477
Gleichverteilungsheuristik 296
Global Executive Leadership Inventory 476
Globalisierung 231, 469, 523
GLOBE-Studie 524
Goldene Regel 8
Great-Man-Hypothese 147
Größenwahn, egozentrischer 647
Großgruppenverfahren 270
Grounded Theory 613
Group Support System 554
Groupthink 80
Gruppe(n) 69
– -arbeit 70
– -dauer 73
– -denken 80
– -diversität 75
– -druck 74
– -effekt 78
– -entwicklung 74
– -größe 72
– -identität 83
– -kohäsion 74, 143
– -leistung 333
– -norm 74, 143
– -werte 74
– -ziel 74

H

Halo-Effekt 405
Handeln 41, 242
Handlung
– partialisierte 259, 260
– vollständige 260
Handlungs-
– kompetenz 255
– kontrolltheorie 205
– koordination 12
– orientierung 212
– regulationstheorie 261
Harvard-Konzept 382
Headship 24
Hedonismus 173
Heroische Führung 33, 470, 590
Herrschaft 123
Heterarchie 360
Heuristik 282, 292
Hierarchie 12, 25, 360

– fluktuierende 71
Hilflosigkeit, erlernte 23, 506
Homo Oeconomicus 286, 338
Human Capital Reporting 440
Humankapitalrechnung 446
Human-Relations-Bewegung 630
Humor 509
Hygienefaktor → Zwei-Faktoren-Theorie 186

I

Ich-Botschaften → Kommunikationstechnik 374
Ich → Tiefenpsychologische Führungstheorie 117
Idealized Infuence 340
Identifikation 119
Identifikationsbasiertes Vertrauen 52
Identität 45, 48
Idiosynkrasie-Kredit-Theorie der Führung → Führungstheorien 142
Implizite Führungstheorien → Führungstheorien 27
Implizite Geführtentheorien 34
Impressionmanagement 135
Inclusive Leadership 144
Indikator 440
Indirekte Führung 88, 578, 628
Individualized Consideration 340
Informationsverarbeitung 380
Inhaltstheorien der Motivation → Motivationstheorien 175
Initiating Structure → Ohio Studien 321
Innovation 518, 573
Innovationsziel → Ziel 411
Inspirational Motivation 340
Instinkt 8
Instrumentalität 193, 336
Instrumente der Personalentwicklung 396
Integrität 54, 652
Intellectual Stimulation 340
Intelligenz
– emotionale 488
– fluide 279
– kollektive 604
– kristalline 279
– multiple 485
– spirituelle 488
Interaktionale Gerechtigkeit 49
Interaktionelle Führung 88
Interaktionismus, symbolischer 41, 44
Interaktion, soziale 40
Interaktions-Prozess-Analyse 147
Internale Attribution 203
Into-the-job-Maßnahmen 396
Intrinsischer Anreiz 184
Introspektion 170
Introspektion, dialogische 438
Intuition 283, 297
Iowa-Studien 312

J

Jahresgespräch 405
Job Characteristics Model → Motivationstheorien 188
Job Diagnostic Survey 188

K

Kalkülbasiertes Vertrauen 52
Kardinaltugenden 649
Kausalattribution 111
Kennzahlen 440
Kennzahlensystem 442
– Führungs-Scorecard 443
– Saarbrücker-Formel 446
Klassische Konditionierung 238
Klugheit 650
Kognition 241
Kognitives Training 262
Kognitive Wende 241
Kognitivismus 257, 260
Kollektiv 6
Kollektivismus 527, 537
Kommunikation 44, 55, 70, 261, 321, 369, 575
Kommunikationsmodell 370
– Fünf-Axiome der Kommunikation 371
– Shannon-Weaver-Modell 370
– Vier-Seiten-Modell der Kommunikation 372
Kommunikationsprozess 369
Kommunikationstechnik → Führungsinstrument 368, 374
Kompensationsmodell der Motivation u. Volition 205, 215, 225
Kompetenz 253, 254
– Führungs- 276, 277
– Handlungs- 253
– metamotivationale 213
– metavolitionale 213
– Risiko- 301
– Sozial- 392
Komplexe adaptive Systeme 603
Komplexität 589
Komplexitätstheorie 601
Konflikt 378
– aufgabenorientierter 379
– beziehungsorientierter 379
– -eskaltionsmodell 380
– latenter 378
– lateraler Kooperations- 378
– manifester 378
Konfliktlösung → Führungsinstrument 326, 377
Konfuzianismus 538
Konstruktivismus 257, 258, 265, 612
Kontextuelle Führung 88
Kontingenzmodell der Führung → Führungsstilmodell 311, 332
Kontrolle 33, 470
– soziale 86
Kooperation 12, 53, 614

Stichwortverzeichnis

Körpersprache → Kommunikationstechnik 375
Korrumpierungseffekt 208, 422
Kritik → Führungsinstrument 383
Kritische Führungstheorie → Führungstheorien 33, 470
Kultur 5, 91, 524, 526
– -dimensionen 527, 534
– Führungs- 656
– Landes- 534, 535
– Lern- 277
– -Management 91
Kundenorientierung 458
Kunstbasierte Interventionen 569

L

Lageorientierung 212
Laissez-faire-Stil 313, 342, 639
Landeskultur 524, 534
LBDQ 321
LEAD 331
Leadership 24
– -Coaching 398
– destructive 636
– Development 574
– ethical 648
– -Identität 30
– -Industry 629
– New-Genre 339
Learning Conversation 587
Lebensnahe Entscheidungen 298
Legale Herrschaft 123
Legitimierung 415
Legitimität 662
Lehr-Lern-Arrangement 259
Lehr-Lern-Kurzschluss 274
Leibliche Erfahrung 566
Leistung 313, 631
Leistungs-
– entstehung 414
– kriterien 459
– motivation 182, 202
– motiv → Motiv 178, 202
– verdichtung 656
– ziel → Ziel 183, 219, 656
Leistungsdruck 646
Leitung 24
Lern-
– barriere 261, 270
– kultur 257, 277
– statt 256, 396
– transfer 260
– umgebung 268
– ziel → Ziel 183, 219
Lernen 236
– arbeitsintegriertes 232
– assoziatives 238
– Begriffs- 248, 261

– entdeckendes 277
– individuelles 271, 272
– informelles 237, 274
– instrumentelles 239
– kollektives 271
– lebenslanges 232
– metakognitives 251, 277
– Modell- 241, 249, 263, 384
– organisationales 234, 270
– Reiz-Reaktions- 239
– selbstgesteuertes 258, 278
– Team- 233, 234
Lerntheorie 238
– behavioristische 257
– kognitivistische 257
– konstruktivistische 243, 257
– sozial-kognitive 242, 249, 263
– subjektwissenschaftliche 274
Lexikographische Heuristik 296
Life-stories approach 132
Light side of leadership 629
Liminalität 577
Linking Pin 156
LMX-Theorie 151
Logotherapie 40
Lokomotionsfunktion 76
LPC-Skala 332

M

Machiavellismus 625, 643
Macht 136, 275, 625
– absolute 647
– -base 137
– -basentypologie 138
– distanz 537
– Experten- 559
– Legitimations- 558
– -motiv → Motiv 178
– -theorie der Führung → Führungstheorien 136
Management by Exception 342
Management by Objectives → Zielvereinbarung 409
Management of Interdependence 556
Manager 26
Managerial-Coaching 398
Managerial Grid 324
Manager, moralische 659
Managervergütung 422
Manipulation 643
Maskulinität 537
Massen-Ideal 118
Mäßigung 650
Materialität 128, 567
McMindfulness 358
Mediator 60, 79
Mengenziel → Ziel 411
Menschenbild 36, 125, 500

Stichwortverzeichnis

Mentoring 135, 256, 401
Messverfahren
– bildgebende 495
– elektrophysiologische 494
Metakognition 265
Metakommunikation → Kommunikationstechnik 375
Methodologischer Individualismus 287
Michigan-Gruppe 322
Mikropolitik 139
Minderwertigkeitsgefühle 642
Mindful Attention Awareness Scale 356
Mindful Leadership 354
Mindfulness Based Cognitive Therapy 356
Minfulness Based Stress Reduction 355
Misserfolg 201, 219
Misstrauen 51, 643
Mitarbeiter 26
– ältere 279
– -analyse 314
– -beurteilung 404
– -entwicklung 392
– -orientierung 311, 321
Mitarbeiterbefragung 439
Mitarbeitergespräch → Führungsinstrument 404
Mitunternehmertum 518
Mixed-Media-Ansatz 373
MLQ 342
Mobile Device Management 562
Modell der Ressourcenerhaltung 510
Modell-Lernen → Lernen 384
Modell, mentales 272
Moderation 269, 270
Moderatorvariable 347, 364
Moderatorwirkung 59
Moral 8
Moralische Klarheit 389
Moralisches Dreieck 648
Moralisches Schweigen 657
Motiv 171, 193, 418
– Anschluss- 178
– Erwartungs- 178
– explizites 171, 205, 206, 225
– implizites 171, 205, 206, 225
– -inkongruenz 225
– Leistungs- 178
– Leistungsmotiv 182
– Macht- 178
– unbewusstes 179
– Vermeidungs- 178
Motivation 169, 246, 418
– extrinsische 208, 422
– intrinsische 172, 187, 206, 350, 422
Motivations-
– gleichung 336
– prozess 336
– syndrom 127

Motivationstheorien 175
– ERG-Theorie 177
– Erwartungstheorie der Motivation 335
– Inhaltstheorien der Motivation 175
– Job Characteristics Model 188
– Prozesstheorien der Motivation 174
– Zwei-Faktoren-Theorie 217, 218
Motivator → Zwei-Faktoren-Theorie 186
Motivierung durch Führung 227
Muddling Through 19
Multikollinearität 346
Multi-Leader Teams 584
Multivoxel Pattern Analysis 501

N

Narzissmus 118, 642
Near-the-job-Maßnahmen 396
Networking 596
Netzwerkführung 592
Neue Institutionenökonomik 616
Neuroleadership 489
Neurolinguistisches Programmieren 276
Neuro-Logik 373
Neuronale Netze 490
Neuroscience Leadership 489
Neurowissenschaft 489
Neutralisation 348
Nichtführung 345
Normative Führungstheorien → Führungstheorien 629
Normen 42
Nudging 294, 300
Nutzen 287

O

Ohio-Studien 311, 320, 332
Ökonomische Entscheidungstheorie 286
Online-Feedbacksysteme 556
On-the-job-Maßnahmen → Instrumente der Personalentwicklung 396
Ontologie 13
Operatives Führungs-Controlling 430
Opportunitätskosten 458
Ordnungsaxiom 287
Organisation
– lernende 234
– soziales Gebilde 169
– virtuelle 58
Organisationales Lernen 234, 270
Organisational-kognitive Neurowissenschaft 496
Organisations-
– kultur 91
– management 325
– steuerung 415
– substitut 350
– ziele 169
Organizational Citizenship Behavior 455

Stichwortverzeichnis

Orientierung
- opportunisitische 326
- patriachalische 326

Out-off-the-job-Maßnahmen 396

P

Pädagogische Psychologie 256
Paradigma 17
Parallel-the-job-Maßnahmen 396
Paranoia 642
Participating → Reifegrad-Modell der Führung 329
Paternalismus 536
Paternalistische Führung 536
Pay for Performance 646
Peer-based-Team Coaching 455
Perceived Leader Integrity Scale 654
Personal 26
- -beurteilung → Führungsinstrument 404
- -entwicklung 393
- -führung → Führung 84
Personenattribution 110
Picture Story Excercise 180
Plurale Führung 579
Poesie 572
Position 24, 42, 139
Positionsmacht 332
Positive Psychologie 506
Positivismus 17
Post-heroische Führung 33, 470, 590
Präskriptive Entscheidungstheorie 284, 287
Prinzipal-Agenten-Theorie 23, 51, 419, 615
Produktivität 343
Prototyp 16, 28, 34, 249
Prototypikalität 161, 164
Prozedurale Gerechtigkeit 48
PSI-Theorie 210
Psyche 116
Psychische Belastung 504
Psycholgisches Kapital 507
Psychologische Reife 329
Psychometrie 323
Psychopathie 643
Pygmalion-Effekt 153

Q

Qualitätszirkel 70, 256, 396

R

Rational Choice Theorie 282, 286
Rationale Entscheidungstheorie 286
Rationalität, begrenzte 286, 289
Reaktanztheorie 23, 38, 142
Reduktionismus 502
Reflexion 429
Reflexionsprozess 266
Regelkreis der Personalentwicklung 393

Reifegrad-Modell der Führung → Führungsstilmodell 329
Relationale Führung 269, 613
Relationale Identität 46
Rentabilität 459
Repräsentativitätsheuristik 292
Ressourcentheoretischter Ansatz 154
Return on Leadership Development 460
Reversing the lens 550
Risiko 289, 300
Risikoschub 80, 82
Rolle 42, 428
Rollen-
- differenzierung 75, 147
- episode 152
- erwartung 42
- freiraum 43
- inkongruenz 474
- theorie 41, 146
- vorbild 618
Romantisierung der Führung 28, 64
Rubikon-Modell 192

S

Saarbrücker-Formel → Kennzahlensystem 446
Salienz 161
Salutogenese 505
Sanktionsmacht 619
Sanktionssysteme, ethische 659
Sanktion → Führungsinstrument 275, 386
Satisficing → Heuristik 224, 291, 295
SCARF-Modell 499
Schema
- kausales 222
- kognitives 27, 224, 246, 265
Schlüsselqualifikation 108, 253, 395
Scientific Management 37
Selbst 45, 211
- -achtung 385
- -auskunft 346
- -bestimmungstheorie der Motivation 207
- -Controlling 434
- -einsicht 131
- -entfaltung 409
- -erschöpfung 357
- -führung 353
- -kategorisierungstheorie 159
- -kontrolle 211, 357
- -konzept 159
- -management-Training 213
- -motivierung 227, 228
- -reflexivität 254
- -regulation 131, 211, 353, 357
- -steuerung 227, 253, 434
- -wahrnehmung 213
- -wirksamkeit 199, 251, 353, 519
- -wirksamkeitsüberzeugung 420

Stichwortverzeichnis

Self-Leadership 353
Selling → Reifegrad-Modell der Führung 329
Sensegiving 265
Sensemaking 265
Serious Play 572
Servant Leadership 512, 630
Shared Leadership 578
Shared Network Leadership 598
Shareholder Value 656
Similarity Attraction Theory 476
Situation
– Extrem- 6, 84
– Günstigkeit der 332
Situationsanalyse 314
Situationsattribution 111
Skript, kognitives 27, 246, 265
SMART-Regel 420
Social Information Processing Theory 22, 27, 249
Social Relationship Management 562
Solipsismus 661
Soziale
– Austauschtheorie 151
– Identitätstheorie der Führung → Führungstheorien 159
– Lerntheorie der Führung → Führungstheorien 264
Sozialer Netzwerkansatz 592
Soziales Handeln 41, 123
Sozialisation 41, 247
Sozialkapital 593
Sozial-kognitive Neurowissenschaft 496
Sozialkonstruktionismus 46
Sozio
– biologie 5, 6
– digitalität 560
– -Logik 373
– materialität 560
Spiegelneuronen 498
Spieltheorie 286, 288
Stakeholder 63
Stanford Prison Experiment 640
Stellenbeschreibung → Führungsinstrument 426
Stoa 650
Storytelling 132
Strategien
– metamotivationale 214, 227
– metavolitionale 213
Strategische Führungstheorie → Führungstheorien 64
Strategisches Führungs-Controlling 430
Stress 504, 511, 646
Substitution 348
Substitutionstheorie der Führung → Führungstheorie 347
Superleadership 358
Sustainable Leadership 628
Symbol 389
Symbolische Führung 390
Symbolischer Interaktionismus 41, 44
System 1 und 2 → Heuristiken 293

Systemvertrauen 53, 55

T

Tagebuchverfahren 437
Talismann → Führer 87
Tapferkeit 650
Task-Technology-Fit 557
Taylorismus 37, 260
Team
– E- 555
– -effektivität 78, 456
– Hochleistungs- 70, 83
– Innovations- 70, 523
– -Leadership Ansatz 78
– -Management 325
– virtuelles 551
Technical Systems Approach 553
Technologie 89
Telling → Reifegrad-Modell der Führung 329
Thematischer Apperzeptionstest 180
Theorie der Bedürfnishierarchie (Maslow) 176
Theorie der ethischen Gefühle 285
Theorie X und Y → Menschenbild 37
Tiefenpsych. Führungstheorie → Führungstheorien 115
Tit-for-Tat Strategie 617
Toxic Leaders 645
Toxic Triangle 636
Traditionale Herrschaft 123
Training, psychoregulativ akzentuiertes 262
Transaktionale Führungstheorie → Führungstheorien 339
Transformationale Führungstheorie → Führungstheorien 339
Transitivitätsaxiom 287
Trieb 171
Tugendethik 649

U

Über-Ich → Tiefenpsychologische Führungstheorie 116
Überlebensmanagement 325
Unobtrusive measures 526
Unsicherheit 283, 289, 302
Unsicherheitsvermeidung 537
Urvertrauen 49

V

Valenz 193, 336
Value-Belief Theory 525
Verantwortung
– Erfolgs- 627
– Human- 627
Verfügbarkeitsheuristik 293
Vergütung, kollektive 422
Verhalten 41, 242
Verhaltens-
– beeinflussung 41, 85, 309
– genetik 5, 6

Stichwortverzeichnis

– gitter der Führung → Führungsstilmodell 324
– ökonomie 282
Vermeidungsmotiv → Motiv 178
Vernunft 662
Verteilte Führung 579
Vertical Dyad Linkage Theory 151
Vertrauen 49, 554, 620
Vertrauensneigung 53
Vertrauenswürdigkeit 53
Virtualität 547
Volition 172, 197, 209, 246
Vorgesetzenbeurteilung 406
Vorgesetztenanalyse 314
Vorgesetzter 23, 24, 92
– nächsthöherer 156, 545
Vorsteuerung, organisationale 26, 86

W
Wahrnehmung 16, 22
Weg-Ziel-Theorie → Führungsstilmodell 311, 335
Weisheit 488
Weiterbildung, betriebliche 135, 256, 279, 392, 440
Wertschätzung 383
Widerstand 142
Wiedererkennungsheuristik 296
Wille → Volition 255
Win-lose 632
Win-win 632
Wirtschaftlichkeitsziel → Ziel 411
Wissen 5, 253
– deklaratives 253
– metakognitives 252
– prozedurales 253
– träges 253, 267

Wissens-
– basiertes Vertrauen 52
– generierung 364
– gesellschaft 231, 232
– integration 364
Workaholismus 505
Work-Life-Balance 505
Workplace-Coaching 398
World Café 270

X
X und Y, Theorie → Menschenbild 37

Z
Zeit 363
Ziel 16, 219, 284, 409
– -arten 411
– -bindung 199
– -erreichungsgespräch 420
– Formal- 423
– -höhe 414
– Leistungs- 183
– Lern- 183
– persönliches 410
– Sach- 423
– -setzungstheorie 198, 204
– spezifität 414
– vereinbartes 410
– -vereinbarungen → Führungsinstrument 409, 646
– zugewiesenes 410
Zufriedenheit 313, 343
Zwei-Faktoren-Theorie → Motivationstheorien 185, 217